神社・寺院名よみかた辞典

普及版

日外アソシエーツ

Guide to Reading
of
Each Japanese Shrine and Temple

Compiled by
Nichigai Associates, Inc.

©2004 by Nichigai Associates, Inc.
Printed in Japan

本書はディジタルデータでご利用いただくことができます。詳細はお問い合わせください。

●編集担当● 比良 雅治
装丁：赤田 麻衣子

刊行にあたって

　古来、日本人は自然の中に潜む精霊を神として崇拝してきたが、その神のいる山や森等の神聖な場所が神社の起源と言われている。従って、神社の名はそこに祀られている神の名に由来するものが多い。玉祖命（たまのやのみこと）を祀る玉祖（たまのや）神社、水若酢命（みずわかすのみこと）を祀る水若酢（みずわかす）神社等である。

　一方、寺院は6世紀前半に仏教が伝来した際、蘇我稲目が自宅を改造して仏像を祀り、向原寺と称したのが日本で最初の寺院と言われている。寺号は、その寺を建立した人の名や法号、経典、故事、地名に由来するものが多い。

　ところで、神社名・寺院名いずれの場合も実際に使われている名称は正式名称ばかりとは限らず、「一の宮さん」「八幡さま」「金閣寺」「銀閣寺」のように愛称・通称的なものも多い。

　また、音読み・訓読みの両方があり、その確定に悩まされる代表的なものとして「浅間神社」「白山神社」「清水寺」「長谷寺」がある。

　本書は、神社名と寺院名について、その読み仮名と所在地を示した「読みかた辞典」である。収録の範囲は難読と思われるものだけに限定せずに、誤読の恐れのあるものや著名なものも幅広く収録した。また、主要な祭神・本尊、教団・宗派等を併記することで神社・寺院に関する簡便なツールとしても利用できるよう配慮した。普及版を刊行するにあたり、前版のレイアウト・装丁を変え、より使いやすいものとした。

　本書が、便利なツールとして前版にも増して多くの方々に利用されることを願ってやまない。

2004年4月

　　　　　　　　　　　　　　　　　　　　日外アソシエーツ

目　次

凡　例 …………………………………………… vi

親字一覧 ………………………………………… viii

本　文 …………………………………………… 1

親字音訓ガイド ………………………………… 741

凡　例

1. 本書の内容
　本書は、通称・別称・旧称等を含む全国の様々な神社・寺院の名称の中から、一般に難読と思われるもの、誤読の恐れのあるもの、比較的著名なもの等23,661を選び、それぞれの読み仮名、所在地、祭神・本尊、教団・宗派等を示した「読み方辞典」である。

2. 記載事項
 1) 親字見出し
　　社寺名の先頭第一文字を親字とし、先頭に立てた。但し、第一字目が平仮名の場合は、第二字目の漢字を第一字目の漢字とみなした。
 2) 見出し社寺名の第二字目の画数
　　見出し社寺名の前に、その第二字目の画数を記載した。名称の第二字目が平仮名、片仮名である場合は「0」、繰り返し記号「々」の場合は、第一字目の漢字と同一の漢字が使用されているものとみなした。
 3) 見出し社寺名
　　(1) 原則として新字体を使用した。
　　(2) 接頭語「お」を持つ社寺名も、そのままの形で収録した。
　　(3) 社寺名が通称・別称・旧称等の場合は、名称の後に《称》と付記し、正称を所在地の後に示した。
　　　〈例〉泉殿神社《称》　いずどのじんじゃ〔社〕
　　　　　　大阪府吹田市・吹田泉殿神社
 4) 見出しの読み
　　平仮名を使用し、現代仮名づかいで示した。なお、「ぢ」は「じ」に、「づ」は「ず」に統一した。
 5) 神社・寺院の区別
　　見出しの読みの後に、神社・寺院の区別を〔社〕〔寺〕で示した。
 6) 所在地
　　現行の都道府県・市区郡町村名で示した。同一の市区郡町村内に同名の寺社が複数存在する場合は、さらに下位の地名等を示して区別した。

〈例〉神明社　しんめいしゃ　〔社〕
　　　　　秋田県大館市釈迦内字館
　　　　神明社　しんめいしゃ　〔社〕
　　　　　秋田県大館市花岡町

7) 別称等
　　別称等がある場合は、これを記載した。
8) 祭神・本尊
　　神社については主要な祭神を1件、寺院については主要な本尊を3件まで記載した。それ以外に祭神・本尊がある場合は、［他］と付記した。
9) 所属教団・宗派
　　各社寺が所属する教団または宗派名を示した。それらが無い場合は、「単立」と記載した。
10) 排　列
　(1) 親字の排列
　　　総画数、部首順に排列した。
　(2) 見出し社寺名の排列
　　　同じ親字については、第二字目が平仮名、片仮名、漢字の順。平仮名、片仮名の場合は五十音順、漢字の場合は総画数、部首順に排列した。第二字目も同一の場合は、さらに第三字目について同様の方法で排列した。漢字表記が全く同一の場合は、都道府県ごとに北から南へ順に排列した。

3．親字音訓ガイド
　　親字見出しを、その漢字が持つ一般的な音・訓の五十音順に排列し、本文の掲載ページを示した。

4．参考資料等
　　　『日本社寺大鑑』（名著刊行会　1970）
　　　『全国神社名鑑』（全国神社名鑑刊行会史学センター　1977）
　　　『神社辞典』（東京堂出版　1979）
　　　『神社祭神辞典』（展望社　1983）
　　　『全国寺院名鑑』（全日本仏教会寺院名鑑刊行会　1969）
　　　『古寺名刹辞典』（東京堂出版　1970）
　　　『大日本寺院総覧』（名著刊行会　1974）
　　　『浄土宗寺院名鑑』（浄土宗宗務所　1976）

親字一覧

【1画】		六	106	外	155	光	214	行	257	投	306
一	1	円	107	奴	155	充	226	衣	258	抜	306
乙	4	内	117	尻	155	先	226	西	258	更	306
		刈	117	尼	155	全	227			杉	306
【2画】		切	117	巨	155	共	227	【7画】		村	307
七	4	匹	117	市	156	印	227	串	279	杜	307
乃	5	厄	117	布	156	各	227	位	279	来	307
九	5	双	118	平	158	吉	230	伽	279	李	309
了	6	友	118	広	161	吸	230	佐	279	杣	309
二	7	壬	118	弁	161	向	231	作	280	沖	309
人	9	太	118	弘	161	合	231	似	281	求	309
入	9	天	120	忉	163	同	231	住	281	沙	310
八	9	少	132	打	163	名	231	但	282	沢	310
十	33	屯	132	札	163	因	232	伯	283	汾	310
卜	35	巴	132	本	163	回	232	余	283	牡	310
		引	132	末	173	在	232	児	283	玖	310
【3画】		幻	132	正	173	地	234	兵	283	男	310
下	35	心	133	母	185	多	236	冷	283	町	310
三	36	戸	134	永	185	夷	236	初	283	社	310
上	43	手	134	氷	189	好	237	判	284	秀	310
丈	45	支	135	玄	190	如	238	利	284	秃	310
万	45	文	135	玉	191	存	238	助	284	究	310
与	48	斗	135	瓦	194	安	245	医	284	良	311
丸	48	方	135	甘	194	守	247	即	284	芦	311
久	49	日	136	生	195	宅	247	含	285	花	311
也	51	月	140	用	195	寺	247	吟	286	芝	312
千	51	木	141	甲	195	帆	247	呉	286	芳	312
口	54	止	142	田	197	庄	247	吾	286	芬	313
土	54	比	142	由	197	式	247	吹	286	見	313
士	54	毛	143	疋	197	当	247	呈	286	角	313
夕	54	水	143	白	202	成	248	呑	286	谷	313
大	54	火	144	目	203	旭	250	坐	287	豆	314
女	85	片	145	矢	203	早	250	坂	287	貝	314
子	85	牛	145	石	206	有	251	壱	287	赤	314
小	86	犬	146	示	206	朱	251	売	287	走	317
山	89	王	146	礼	206	気	251	妓	287	足	317
川	93			穴	207	汲	251	妙	287	身	317
弓	94	【5画】		立	208	江	251	孝	301	車	318
		世	146	辻	208	池	252	宏	301	辛	318
【4画】		乎	147	辺	208	灯	253	宋	301	辰	318
丑	95	以	147			牟	253	寿	301	近	318
不	95	仙	148	【6画】		百	253	対	302	迎	318
中	96	代	148	両	208	竹	254	尾	303	那	318
丹	99	出	149	亘	208	米	254	岐	303	邦	319
井	99	加	150	亥	209	糸	254	床	303	邑	319
五	100	功	151	交	209	羽	255	形	303	酉	319
化	102	北	152	伊	209	老	256	応	304	防	319
今	102	卯	153	会	212	耳	256	快	304		
仁	103	可	153	休	212	自	257	忌	304		
仏	103	叶	153	仰	212	臼	257	志	304		
元	105	古	153	仲	212	舟	257	忍	305		
公	106	台	154	伝	213	艮	257	戒	305		
		四	154	任	213	芋	257	折	306		
				伏	213	虫	257				

viii

親字一覧

【8画】

並	319
乳	319
事	319
京	319
兔	320
免	320
典	320
函	320
刺	320
到	320
受	320
周	320
味	320
和	322
国	324
垂	324
夜	324
奈	325
奉	325
妻	325
始	325
姉	325
学	325
宛	325
宜	325
実	327
宗	330
定	331
宝	341
居	341
岡	342
岳	342
岸	342
岩	344
幸	345
庚	345
府	345
延	347
弥	348
往	349
彼	349
忽	349
性	349
忠	349
念	350
押	350
承	350
招	350
担	350
放	351
於	351
易	351
昆	351

昇	351
昌	351
明	352
昊	357
服	357
杵	357
杭	357
枝	357
松	357
東	362
板	374
枚	374
枕	374
林	374
杲	375
枡	375
欣	375
武	376
河	376
治	377
沼	377
泥	377
波	378
泊	378
法	389
油	389
炎	389
物	389
牧	389
狗	389
疝	389
直	390
知	390
祈	390
祇	390
祂	391
空	391
肯	392
臥	392
舎	392
苔	392
英	392
芽	392
若	392
苔	395
苫	395
苗	396
茂	396
虎	396
虱	396
表	396
迦	396
金	396
長	404

門	420
阿	421
雨	424
青	424

【9画】

乗	426
亮	427
信	427
保	428
冠	429
前	429
則	430
勅	430
勇	430
南	430
厚	432
哆	432
品	432
囿	433
垣	433
城	433
威	434
姥	434
孤	434
客	434
室	434
宣	435
宥	435
専	435
屋	440
屏	440
峠	440
巻	440
帝	440
度	440
建	440
彦	441
後	441
待	441
律	441
恒	441
持	441
政	442
施	442
春	442
昭	445
是	445
星	446
栄	446
柿	447
柴	447
染	447
栃	447

柏	447
柳	447
柞	448
毘	448
海	448
洪	451
洲	451
浄	451
泉	462
浅	464
洗	466
津	466
洞	467
為	468
炭	468
狭	468
狩	468
独	468
珉	468
珍	468
珀	468
甚	468
畑	469
疫	469
発	469
皆	469
盈	469
看	470
県	470
省	470
相	470
砂	471
祝	471
神	478
祖	478
祐	479
科	479
秋	479
籾	479
紀	479
紅	480
美	480
胡	480
胎	480
茜	480
茨	480
荏	481
荒	481
草	482
荘	482
茶	482
茗	482
要	482
計	483

訂	483
貞	483
軍	483
逆	483
退	483
追	484
郊	484
重	484
面	484
革	484
音	484
風	484
飛	484
首	485
香	485

【10画】

倶	487
修	487
倉	487
俵	487
倫	487
倭	487
兼	487
凌	487
剣	488
原	488
唐	488
埋	488
姫	488
家	489
宮	489
宰	490
射	490
将	490
島	490
峰	491
峯	491
帰	491
帯	491
庫	491
座	491
従	491
恩	492
恐	492
恵	493
悟	493
息	493
恋	493
扇	493
挙	493
敏	493
時	494
格	494

栢	494
桐	494
栗	494
桑	494
桂	494
根	495
栽	496
桜	496
栖	497
桃	497
梅	497
栲	498
残	498
浦	498
浩	498
泰	498
浜	499
浮	500
涌	500
流	500
浪	500
烏	500
狸	500
狼	501
珠	501
班	501
畝	501
畠	501
留	501
益	501
真	508
砥	508
破	508
祥	509
称	510
秩	510
竜	520
粉	520
素	520
納	520
紋	520
耕	521
胸	521
能	521
脇	522
般	522
莵	522
荻	522
華	523
莫	523
蚊	524
蚕	524
衾	524
訓	524

ix

親字一覧

託	524	捧	548	菱	563	握	592	葺	610	楽	635
財	524	掟	548	菩	563	提	592	葉	610	業	635
軒	524	救	548	虚	563	揖	592	落	610	極	635
逢	524	教	548	蚶	563	敢	592	葭	610	榊	637
造	524	斎	550	袋	563	敬	592	蛭	610	楯	638
速	524	晧	550	許	564	斑	593	蛟	610	椿	638
通	524	曹	550	転	564	斐	593	蛤	610	楢	638
連	525	曼	550	逸	564	晩	593	補	610	楠	638
郡	525	梶	550	進	564	景	593	覚	611	楊	638
酒	525	梨	551	郷	564	晴	593	証	612	楡	638
配	526	椰	551	都	564	智	594	象	612	楞	639
釜	526	梵	551	部	565	普	594	賀	612	歳	639
針	526	毫	551	釈	565	最	597	貴	614	殿	639
院	526	渓	551	野	565	曾	598	越	614	滑	639
降	526	済	551	釣	567	朝	599	超	615	漢	639
除	526	渋	551	陶	567	椛	599	軽	615	源	639
隼	526	深	551	陸	567	植	599	運	615	準	640
馬	526	清	552	隆	567	森	599	達	615	滝	640
高	527	淡	556	雀	567	椙	600	道	616	滓	641
鬼	534	添	557	雪	567	棲	600	遍	616	照	641
		淵	557	頂	568	棚	600	酢	618	猿	643
【11画】		淀	557	魚	568	椎	600	量	618	獅	643
乾	535	涼	557	鳥	568	椋	601	開	618	瑞	643
亀	535	焔	557	鹿	569	棹	601	閑	618	瑶	646
健	536	猪	557	麻	570	欽	601	隅	618	琵	646
側	536	猫	557	黄	570	歯	601	随	618	碓	646
冨	536	猛	557	黒	571	温	601	陽	618	禅	647
副	536	現	557			滋	601	雁	619	福	648
啓	536	琢	557	【12画】		渡	601	集	619	筠	654
商	536	理	558	備	571	湯	602	雄	620	節	655
唱	536	産	558	創	572	滴	602	雲	620	筥	655
唯	537	皎	558	勝	572	湊	604	順	620	継	655
埼	537	盛	558	博	575	渭	605	須	622	絹	655
埴	537	眼	559	厨	575	焼	605	飯	622	続	655
堂	537	眺	559	喜	575	無	605		623	置	655
堀	537	祭	559	善	575	犀	607			義	655
寄	537	移	559	堺	583	瑛	607	【13画】		群	655
寂	537	窓	559	塚	583	琴	607	傑	624	聖	655
宿	538	笠	559	堤	583	琳	607	勧	625	腹	657
寅	538	笹	559	塔	584	登	607	勢	625	蒲	657
密	538	第	560	報	584	皓	607	園	625	蒔	657
崖	539	笛	560	堯	585	童	607	塩	625	蒼	657
崇	539	粒	560	奥	585	筑	607	寛	626	逢	658
崋	539	経	560	媛	586	等	607	嵯	626	蓮	658
常	539	細	560	寒	586	筒	608	慕	626	蛸	663
康	547	紫	560	富	586	筏	608	愛	626	蜂	663
強	547	紹	561	尋	588	粟	608	意	627	解	663
得	547	脚	561	尊	588	粥	609	感	627	誠	663
惟	547	船	561	嵐	588	結	609	愚	628	誉	664
悉	547	菓	561	幅	588	統	609	慈	628	豊	664
情	547	菊	562	御	588	舒	609	慎	631	遠	665
捻	547	菰	562	復	591	葦	609	想	631	遣	666
掛	548	菜	562	惣	592	葛	609	摂	631	酬	666
掲	548	菖	562	悲	592	萱	610	斟	632	鉄	666
		萱	562			萩	610	新	632	鈴	666

x

親字一覧

雉	666	遙	684	謁	695	醍	713	蟠	721	轟	737
雷	666	銀	684	諸	695	鋸	713	覆	721	鐸	737
零	667	銭	684	諏	695	錦	713	観	721	鑁	737
靖	667	銚	684	諾	699	錫	714	邇	727	饒	737
頓	667	銅	684	誕	699	開	714	鎧	727	鶴	737
飽	667	鉾	684	談	699	隣	714	鎌	727		
鳩	667	閏	684	調	699	頭	714	鎖	728	【22画】
鼓	667	関	684	輪	699	頼	714	鎮	728	籠	738
		隠	685	選	700	館	714	難	728	讃	738
【14画】	雑	685	霊	700	鮎	714	額	728	鰻	738
嘉	667	静	685	鞍	701	鴨	714	顕	728		
境	667	鞆	686	頤	701	鴟	715	題	729	【23画】
増	667	領	686	養	701			騎	729	鷲	738
墨	668	駆	686	駒	703	【17画】	開	729		
嶋	668	鳳	686	黙	704	優	715	鯉	729	【24画】
彰	668	鳴	686			厳	715	鵜	729	鱗	739
徳	668	鼻	687	【16画】	嶺	716	鵠	729	鷺	739
旗	671			儒	704	曙	716	融	729	鷹	739
榎	672	【15画】	叡	704	檀	716			麟	739
榛	672	儀	687	嘯	704	櫛	716	【19画】		
演	672	導	687	憶	704	檀	717	櫟	730	【26画】
漆	672	幡	687	曇	704	檜	717	瀬	730	釁	740
熊	672	幣	687	機	704	濤	717	鏃	730		
爾	676	影	687	橘	704	磯	717	羅	730	【27画】
瑠	676	慶	687	橋	704	篠	717	蘇	730	鸕	740
碩	676	慧	689	樹	705	糠	718	藻	730		
碧	676	撃	689	樽	705	糟	718	蟹	730		
稲	676	摩	689	濃	705	聰	718	蟻	730		
種	679	敷	689	澤	705	聯	718	警	731		
稗	679	槵	689	燕	705	薩	718	鏡	731		
窪	679	横	689	瓢	705	講	718	鏑	731		
端	679	樺	690	甑	705	蹉	718	離	731		
管	679	権	690	盧	705	鍬	718	霧	731		
箸	679	樗	691	積	705	鍵	718	願	731		
箕	679	槻	691	穆	705	鍛	718	鯖	735		
箆	679	標	691	築	705	鍋	718	鶏	735		
精	679	歓	691	繁	706	闇	718	鵲	735		
綾	679	潤	692	膳	706	霞	718	鴉	735		
綱	680	澄	692	興	706	韓	718	麓	735		
総	680	潮	692	舊	709	鮭	719		
綴	681	熱	693	稱	709	鴻	719	【20画】
綿	681	璉	693	薗	709	齢	719	巌	735
網	681	盤	693	薫	709			耀	735
緑	681	磐	693	薦	709	【18画】	護	735
練	682	穂	693	薬	709	櫃	719	醴	736
聞	682	箭	694	蘊	712	瞽	719	露	736
聚	682	箱	694	融	712	礒	719	饗	736
蔭	682	縁	694	衡	712	襦	719	鰐	736
蜈	682	綬	694	親	712	織	719		
裳	682	舞	694	諦	713	臍	719	【21画】
語	682	蔵	694	論	713	臨	719	曩	737
誓	682	蕃	695	諫	713	藤	720	竈	737
説	684	蕨	695	賢	713	藪	721		
豪	684	蝮	695	還	713		

1画

【一】

0 一の宮《称》　いちのみや〔社〕
　福島県南会津郡伊南村・香取神社　《祭神》水用清成大神［他］　〔神社本庁〕

一の宮《称》　いちのみや〔社〕
　東京都多摩市・小野神社　《祭神》天下春命［他］　〔神社本庁〕

一の宮《称》　いちのみや〔社〕
　新潟県糸魚川市・天津神社　《祭神》瓊瓊杵尊［他］　〔神社本庁〕

一の宮《称》　いちのみや〔社〕
　新潟県佐渡市・度津神社　《祭神》五十猛命［他］　〔神社本庁〕

一の宮《称》　いちのみや〔社〕
　山梨県西八代郡市川大門町・一宮浅間神社　《祭神》木花咲耶姫命［他］　〔神社本庁〕

一の宮《称》　いちのみや〔社〕
　大阪府枚方市・片埜神社　《祭神》建速須之男大神［他］　〔神社本庁〕

一の宮《称》　いちのみや〔社〕
　兵庫県篠山市・川内多多奴比神社　《祭神》天照皇大御神［他］　〔神社本庁〕

一の宮《称》　いちのみや〔社〕
　兵庫県川辺郡猪名川町・八阪神社　《祭神》素盞嗚尊　〔神社本庁〕

一の宮《称》　いちのみや〔社〕
　島根県飯石郡三刀屋町・三屋神社　《祭神》大己貴命［他］　〔神社本庁〕

一の宮《称》　いちのみや〔社〕
　岡山県久米郡中央町・八幡神社　《祭神》誉田別命［他］　〔神社本庁〕

一の宮《称》　いちのみや〔社〕
　鹿児島県日置郡郡山町・智賀尾神社　《祭神》伊邪那美乃命　〔神社本庁〕

一の宮さん《称》　いちのみやさん〔社〕
　鳥取県岩美郡国府町・宇倍神社　《祭神》武内宿禰　〔神社本庁〕

一の宮さん《称》　いちのみやさん〔社〕
　徳島県徳島市・一宮神社　《祭神》大宜都売命［他］　〔神社本庁〕

一の宮神社《称》　いちのみやじんじゃ〔社〕
　京都府北桑田郡美山町・道相神社　《祭神》神武天皇［他］　〔神社本庁〕

一ノ宮さま《称》　いちのみやさま〔社〕
　大分県大野郡緒方町・一ノ宮八幡社　《祭神》仲哀天皇［他］　〔神社本庁〕

一ノ宮八幡社　いちのみやはちまんしゃ〔社〕
　大分県大野郡緒方町　《別称》一ノ宮さま　《祭神》仲哀天皇［他］　〔神社本庁〕

3 一山神社　いっさんじんじゃ〔社〕
　埼玉県さいたま市　《別称》一山さま　《祭神》誉田別命［他］　〔神社本庁〕

4 一之室院　いちのむろいん〔寺〕
　奈良県奈良市　〔真言律宗〕

一之宮　いちのみや〔社〕
　鹿児島県肝属郡串良町・月読神社　《祭神》月読命［他］　〔神社本庁〕

一之宮さん《称》　いちのみやさん〔社〕
　神奈川県横浜市神奈川区・一之宮社　《祭神》素盞嗚尊　〔神社本庁〕

一之宮社　いちのみやしゃ〔社〕
　神奈川県横浜市神奈川区　《別称》一之宮さん・一之宮社　《祭神》素盞嗚尊　〔神社本庁〕

一之宮神社《称》　いちのみやじんじゃ〔社〕
　神奈川県横浜市神奈川区・一之宮社　《祭神》素盞嗚尊

一之宮神社　いちのみやじんじゃ〔社〕
　岐阜県吉城郡国府町　《別称》大宮　《祭神》下照姫命　〔神社本庁〕

一之宮神社　いちのみやじんじゃ〔社〕
　兵庫県加東郡東条町　《別称》素盞嗚社　《祭神》素盞嗚命　〔神社本庁〕

一之宮神社　いちのみやじんじゃ〔社〕
　鹿児島県薩摩郡樋脇町　《祭神》大物主命　〔神社本庁〕

一之宮貫前神社　いちのみやぬきさきじんじゃ〔社〕
　群馬県富岡市　《別称》一宮様　《祭神》経津主神［他］　〔神社本庁〕

一切経寺《称》　いっさいきょうじ〔寺〕
　奈良県奈良市・白毫寺　《本尊》阿弥陀如来　〔真言律宗〕

一心寺　いっしんじ〔寺〕
　埼玉県さいたま市　《別称》浦和東本願寺　《本尊》阿弥陀如来　〔真宗大谷派〕

一心寺　いっしんじ〔寺〕
　東京都品川区　《別称》品川不動堂　《本尊》不動明王　〔真言宗智山派〕

一心寺　いっしんじ〔寺〕
　滋賀県長浜市　《本尊》阿弥陀如来　〔真宗大谷派〕

一心寺　いっしんじ〔寺〕
　大阪府大阪市天王寺区　《別称》お骨仏の寺・円光大師霊場第七番　《本尊》阿弥陀如来　〔浄土宗〕

1画(一)

一心院　いっしんいん〔寺〕
　秋田県大館市　《本尊》阿弥陀三尊　〔浄土宗〕
一心院　いっしんいん〔寺〕
　京都府京都市東山区　《別称》本山　《本尊》
　阿弥陀如来　　　　　　　〔浄土宗捨世派〕
5 一石山神社　いっせきさんじんじゃ〔社〕
　東京都西多摩郡奥多摩町　　〔神社本庁〕
6 一休寺《称》　いっきゅうじ〔寺〕
　京都府京田辺市・酬恩庵　《本尊》釈迦如来
　　　　　　　　　　　　　〔臨済宗大徳寺派〕
一光寺　いっこうじ〔寺〕
　福岡県福岡市東区　《本尊》阿弥陀如来
　　　　　　　　　　　　　　　　〔浄土宗〕
一刎の御坊《称》　ひとはねのごぼう〔寺〕
　富山県氷見市・浄念寺　《本尊》阿弥陀如来
　　　　　　　　　　　　　　　〔真宗大谷派〕
一向寺　いっこうじ〔寺〕
　茨城県真壁郡協和町　《本尊》阿弥陀三尊
　　　　　　　　　　　　　　　　〔浄土宗〕
一向寺　いっこうじ〔寺〕
　栃木県宇都宮市　《本尊》阿弥陀如来
　　　　　　　　　　　　　　　　　〔時宗〕
一行寺　いちぎょうじ〔寺〕
　群馬県藤岡市　《別称》身代観音　《本尊》阿
　弥陀如来　　　　　　　　　　　　〔浄土宗〕
一行寺　いちぎょうじ〔寺〕
　神奈川県川崎市川崎区　《本尊》阿弥陀如
　来　　　　　　　　　　　　　　　〔浄土宗〕
一行寺　いちぎょうじ〔寺〕
　静岡県熱海市　《本尊》阿弥陀三尊　〔浄土宗〕
一行寺　いちぎょうじ〔寺〕
　鳥取県鳥取市　《本尊》阿弥陀如来　〔浄土宗〕
一行院　いちぎょういん〔寺〕
　東京都新宿区　《別称》千日谷会堂　《本尊》
　阿弥陀三尊　　　　　　　　　　　〔浄土宗〕
7 一条公さん《称》　いちじょうこうさん〔社〕
　高知県中村市・一条神社　《祭神》若藤男命
　〔他〕　　　　　　　　　　　　　〔神社本庁〕
一条神社　いちじょうじんじゃ〔社〕
　高知県中村市　《別称》一条公さん　《祭神》
　若藤男命〔他〕　　　　　　　　　〔神社本庁〕
8 一念寺　いちねんじ〔寺〕
　三重県伊勢市　《別称》東寺　《本尊》阿弥陀
　如来・十一面観世音菩薩　　　　　〔浄土宗〕
一念寺　いちねんじ〔寺〕
　京都府京都市伏見区　《別称》鳥羽のおおほ
　とけ　《本尊》阿弥陀如来　　　　〔浄土宗〕
一念寺　いちねんじ〔寺〕
　福岡県八女市　《本尊》阿弥陀如来　〔浄土宗〕

一松神社　ひとつまつじんじゃ〔社〕
　千葉県長生郡長生村　《別称》だいろくてん
　様　《祭神》神皇産霊尊〔他〕　　〔神社本庁〕
9 一乗山総持院《称》　いちじょうさんそう
　じいん〔寺〕
　徳島県海部郡宍喰町・大日寺　《本尊》金剛
　界大日如来・薬師如来・青面金剛童子
　　　　　　　　　　　　　　　〔高野山真言宗〕
一乗寺　いちじょうじ〔寺〕
　北海道函館市　《本尊》日蓮聖人奠定の大曼
　荼羅　　　　　　　　　　　〔法華宗(陣門流)〕
一乗寺　いちじょうじ〔寺〕
　茨城県行方郡麻生町　《本尊》釈迦如来・日
　蓮聖人　　　　　　　　　　　　　〔日蓮宗〕
一乗寺　いちじょうじ〔寺〕
　東京都台東区　《別称》かど一　《本尊》一塔
　両尊・日蓮聖人・四天王・四菩薩・釈迦如
　来　　　　　　　　　　　　　　　〔日蓮宗〕
一乗寺　いちじょうじ〔寺〕
　岐阜県羽島市　《別称》小熊弘法　《本尊》阿
　弥陀如来　　　　　　　　　〔臨済宗妙心寺派〕
一乗寺　いちじょうじ〔寺〕
　静岡県静岡市　《本尊》釈迦如来　〔曹洞宗〕
一乗寺　いちじょうじ〔寺〕
　愛知県額田郡幸田町　《本尊》阿弥陀如来
　　　　　　　　　　　　　　　　〔真宗興正派〕
一乗寺　いちじょうじ〔寺〕
　三重県松阪市　《別称》神山寺　《本尊》薬師
　如来・大日如来・阿弥陀如来　　　〔天台宗〕
一乗寺　いちじょうじ〔寺〕
　大阪府高槻市　《別称》冠鍋日親上人の寺
　《本尊》一塔両尊四菩薩・日蓮聖人
　　　　　　　　　　　　　　　　　〔日蓮宗〕
一乗寺　いちじょうじ〔寺〕
　兵庫県加西市　《別称》西国第二六番霊場
　《本尊》聖観世音菩薩　　　　　　〔天台宗〕
一乗寺　いちじょうじ〔寺〕
　島根県能義郡伯太町　《別称》井尻寺　《本
　尊》阿弥陀三尊　　　　　　　　　〔浄土宗〕
一乗院　いちじょういん〔寺〕
　茨城県つくば市上ノ室　《別称》阿弥陀如来
　《本尊》阿弥陀如来・弘法大師
　　　　　　　　　　　　　　　〔真言宗豊山派〕
一乗院　いちじょういん〔寺〕
　茨城県つくば市筑波町安食　《別称》安食の寺
　《本尊》十一面観世音菩薩　　〔真言宗豊山派〕
一乗院　いちじょういん〔寺〕
　茨城県つくば市上大島　《本尊》不動明王
　　　　　　　　　　　　　　　〔真言宗豊山派〕

2　神社・寺院名よみかた辞典

一乗院　いちじょういん〔寺〕
　茨城県那珂郡那珂町　《本尊》不動明王
　　　　　　　　　　　　　　〔真言宗智山派〕
一乗院　いちじょういん〔寺〕
　栃木県那須郡烏山町　《本尊》不動明王
　　　　　　　　　　　　　　〔真言宗智山派〕
一乗院　いちじょういん〔寺〕
　埼玉県川越市　《本尊》阿弥陀如来　〔天台宗〕
一乗院　いちじょういん〔寺〕
　埼玉県熊谷市　《本尊》阿弥陀如来・大日如来　　　　　　　　　　　　　〔真言宗智山派〕
一乗院　いちじょういん〔寺〕
　埼玉県越谷市　《本尊》阿弥陀如来
　　　　　　　　　　　　　　〔真言宗智山派〕
一乗院　いちじょういん〔寺〕
　埼玉県朝霞市　《本尊》十一面観世音菩薩
　　　　　　　　　　　　　　〔真言宗智山派〕
一乗院　いちじょういん〔寺〕
　大阪府池田市　《本尊》聖観世音菩薩・雨宝童子　　　　　　　　　　　　〔高野山真言宗〕
一乗院　いちじょういん〔寺〕
　和歌山県伊都郡高野町　《本尊》弥勒菩薩
　　　　　　　　　　　　　　〔高野山真言宗〕
一畑寺　いちばたじ〔寺〕
　島根県平田市　《別称》一畑薬師　《本尊》薬師如来　　　　　　　　　〔臨済宗妙心寺派〕
一畑薬師　《称》　いちばたやくし〔寺〕
　島根県平田市・一畑寺　《本尊》薬師如来
　　　　　　　　　　　　　　〔臨済宗妙心寺派〕
一音寺　いちおんじ〔寺〕
　東京都文京区　《本尊》阿弥陀如来
　　　　　　　　　　　　　〔浄土真宗本願寺派〕
10 一宮さま《称》　いちのみやさま〔社〕
　静岡県周智郡森町・小国神社　《祭神》大己貴命　　　　　　　　　　　　　〔神社本庁〕
一宮さま《称》　いっきゅうさま〔社〕
　岡山県真庭郡勝山町・一宮神社　《祭神》須佐之男命〔他〕　　　　　　　〔神社本庁〕
一宮さん《称》　いちのみやさん〔社〕
　山梨県東八代郡一宮町・浅間神社　《祭神》木花開耶姫命　　　　　　　　　〔神社本庁〕
一宮さん《称》　いちのみやさん〔社〕
　岐阜県大野宮村・飛騨一宮水無神社　《祭神》水無大神　　　　　　　　〔神社本庁〕
一宮さん《称》　いちのみやさん〔社〕
　兵庫県出石郡出石町・出石神社　《祭神》出石八前大神〔他〕　　　　　　　〔神社本庁〕
一宮さん《称》　いちのみやさん〔社〕
　鳥取県西伯郡大山町・壱宮神社　《祭神》天忍穂耳命〔他〕　　　　　　　　〔神社本庁〕

一宮さん《称》　いちのみやさん〔社〕
　岡山県真庭郡新庄村・御鴨神社　《祭神》味鉏高彦根命〔他〕　　　　　　　〔神社本庁〕
一宮さん《称》　いちのみやさん〔社〕
　広島県福山市・吉備津神社　《祭神》大吉備津彦命　　　　　　　　　　〔神社本庁〕
一宮さん《称》　いちのみやさん〔社〕
　香川県高松市・田村神社　《祭神》倭迹迹日百襲姫命〔他〕　　　　　　　〔神社本庁〕
一宮さん《称》　いっくさん〔社〕
　愛媛県新居浜市・一宮神社　《祭神》大山積神〔他〕　　　　　　　　　　〔神社本庁〕
一宮寺　いちのみやじ〔寺〕
　香川県高松市　《別称》四国第八三番霊場　《本尊》聖観世音菩薩　〔真言宗御室派〕
一宮浅間神社　いちのみやせんげんじんじゃ〔社〕
　山梨県西八代郡市川大門町　《別称》一の宮　《祭神》木花咲耶姫命〔他〕　〔神社本庁〕
一宮神社　いちのみやじんじゃ〔社〕
　山形県米沢市　《祭神》少彦名大神〔他〕
　　　　　　　　　　　　　　〔神社本庁〕
一宮神社　いちのみやじんじゃ〔社〕
　山形県米沢市広幡町　《別称》小菅虚空蔵様　《祭神》倉稲魂命〔他〕　　　〔神社本庁〕
一宮神社　いちのみやじんじゃ〔社〕
　山梨県北都留郡上野原町　《祭神》木花開耶姫命　　　　　　　　　　　　〔神社本庁〕
一宮神社　いっきゅうじんじゃ〔社〕
　京都府福知山市　《祭神》大己貴命
　　　　　　　　　　　　　　〔神社本庁〕
一宮神社　いちのみやじんじゃ〔社〕
　兵庫県神戸市中央区　《祭神》田心姫命
　　　　　　　　　　　　　　〔神社本庁〕
一宮神社　いっきゅうじんじゃ〔社〕
　岡山県真庭郡勝山町　《別称》一宮さま　《祭神》須佐之男命〔他〕　　　　〔神社本庁〕
一宮神社　いちのみやじんじゃ〔社〕
　徳島県徳島市　《別称》一の宮さん　《祭神》大宜都比売命〔他〕　　　　　〔神社本庁〕
一宮神社　いっくじんじゃ〔社〕
　愛媛県新居浜市　《別称》一宮さん　《祭神》大山積神〔他〕　　　　　　　〔神社本庁〕
一宮賀茂神社　いちのみやかもじんじゃ〔社〕
　山梨県南巨摩郡身延町　《祭神》天津日高彦穂瀰邇杵尊　　　　　　　　〔神社本庁〕
一宮様《称》　いちのみやさま〔社〕
　群馬県富岡市・一之宮貫前神社　《祭神》経津主神〔他〕　　　　　　　　〔神社本庁〕

1画（乙）2画（七）

一宮様《称》　いちのみやさま〔社〕
愛知県宝飯郡一宮町・砥鹿神社　《祭神》大己貴命
〔神社本庁〕

一宮様《称》　いちのみやさま〔社〕
愛媛県宇和島市・宇和津彦神社　《祭神》宇和津彦神〔他〕
〔神社本庁〕

一峰院　いっぽういん〔寺〕
東京都羽村市　《本尊》十一面観世音菩薩
〔臨済宗建長寺派〕

一真院　いっしんいん〔寺〕
佐賀県鳥栖市　《本尊》十一面観世音菩薩
〔曹洞宗〕

11 一宿寺　いっしゅくじ〔寺〕
徳島県阿南市　《別称》お薬師さん　《本尊》薬師如来
〔高野山真言宗〕

一瓶塚稲荷神社　いっぺいずかいなりじんじゃ〔社〕
栃木県安蘇郡田沼町　《祭神》豊受姫命〔他〕
〔神社本庁〕

12 一運寺　いちうんじ〔寺〕
大阪府大阪市住吉区　《別称》山之寺　《本尊》阿弥陀如来
〔浄土宗〕

一閑寺　いっかんじ〔寺〕
茨城県行方郡玉造町　《本尊》釈迦如来・二三夜尊・准胝観世音菩薩
〔曹洞宗〕

13 一蓮寺　いちれんじ〔寺〕
山梨県甲府市
〔単立〕

14 一徳寺　いっとくじ〔寺〕
神奈川県小田原市　《本尊》釈迦如来
〔臨済宗建長寺派〕

一樣院　いちよんいん〔寺〕
京都府京都市北区
〔黄檗宗〕

15 一幡神社　いちまんじんじゃ〔社〕
静岡県榛原郡相良町　《別称》おいちまんさま　《祭神》息長足比売命
〔神社本庁〕

一幣司浅間神社　いっぺいしせんげんじんじゃ〔社〕
静岡県御殿場市　《祭神》木花開耶姫命
〔神社本庁〕

【乙】

3 乙女不動尊《称》　おとめふどうそん〔寺〕
栃木県小山市・泉竜寺　《本尊》不動明王
〔真言宗豊山派〕

8 乙事諏訪神社《称》　おっことすわじんじゃ〔社〕
長野県諏訪郡富士見町・諏訪神社　《祭神》建御名方命
〔神社本庁〕

乙宝寺　おっぽうじ〔寺〕
新潟県北蒲原郡中条町　《別称》きのと大日さま　《本尊》胎蔵界大日如来・阿弥陀如来・薬師如来
〔真言宗智山派〕

9 乙咩神社　おとめじんじゃ〔社〕
大分県宇佐市　《祭神》仲哀天皇〔他〕
〔神社本庁〕

乙津寺　おつしんじ〔寺〕
岐阜県岐阜市　《別称》鏡島弘法梅寺　《本尊》十一面千手観世音菩薩・弘法大師
〔臨済宗妙心寺派〕

10 乙姫神社《称》　おとひめじんじゃ〔社〕
宮崎県日南市・吾平津神社　《祭神》吾平津比売命
〔神社本庁〕

乙宮社　おとみやしゃ〔社〕
佐賀県小城郡牛津町　《祭神》多伎里比女命〔他〕
〔神社本庁〕

乙宮神社　おとみやじんじゃ〔社〕
長崎県長崎市　《祭神》建速須佐之男命
〔神社本庁〕

乙訓寺　おとくにでら〔寺〕
京都府長岡京市　《別称》今里の弘法さん　《本尊》合躰大師
〔真言宗豊山派〕

11 乙部八幡《称》　おとべはちまん〔社〕
北海道爾志郡乙部町・八幡神社　《祭神》誉田別命〔他〕
〔神社本庁〕

2画

【七】

3 七夕さん《称》　たなばたさん〔社〕
福岡県小郡市・媛社神社　《祭神》媛社神〔他〕
〔神社本庁〕

4 七戸神明宮《称》　しちのへしんめいぐう〔社〕
青森県上北郡七戸町・神明宮　《祭神》大日孁貴命
〔神社本庁〕

5 七代天社　ななよあまつかみしゃ〔社〕
岐阜県郡上市　《祭神》国常立尊〔他〕
〔神社本庁〕

6 七寺　ななつでら〔寺〕
愛知県名古屋市中区　《本尊》阿弥陀三尊
〔真言宗智山派〕

七百余所神社　しちひゃくよしょじんじゃ〔社〕
千葉県八千代市　《祭神》国常立尊
〔神社本庁〕

7 七社宮《称》　しちしゃぐう〔社〕
長崎県南松浦郡奈良尾町・奈良尾神社　《祭神》国常立尊〔他〕
〔神社本庁〕

4　神社・寺院名よみかた辞典

2画（乃, 九）

8 七宝寺　しちほうじ〔寺〕
　兵庫県神崎郡神崎町　《本尊》薬師如来・大日如来
　　　　　　　　　　　　　　　〔高野山真言宗〕
　七宝滝寺　しっぽうりゅうじ〔寺〕
　大阪府泉佐野市　《別称》大本山・犬鳴山不動尊　《本尊》倶利伽羅大竜不動明王
　　　　　　　　　　　　　　　〔真言宗犬鳴派〕
　七所社　しちしょしゃ〔社〕
　愛知県名古屋市中村区　《別称》しっちゃ様
　《祭神》日本武尊〔他〕　　〔神社本庁〕
　七所神社　ななしょじんじゃ〔社〕
　愛知県名古屋市南区　《祭神》日本武尊〔他〕
　　　　　　　　　　　　　　　〔神社本庁〕
　七所宮《称》　しちしょぐう〔社〕
　熊本県下益城郡城南町・宮地神社　《祭神》健磐竜命〔他〕　　　〔神社本庁〕
9 七狩長田貫神社　ななかりおさだぬきじんじゃ〔社〕
　鹿児島県鹿屋市　《祭神》別雷命　〔神社本庁〕
　七神社　しちじんじゃ〔社〕
　島根県邑智郡瑞穂町　《別称》権現宮　《祭神》伊邪那岐命〔他〕　〔神社本庁〕
10 七倉神社　ななくらじんじゃ〔社〕
　秋田県北秋田郡上小阿仁村　《祭神》菅原大神〔他〕　　　　　〔神社本庁〕
　七宮神社　しちのみやじんじゃ〔社〕
　兵庫県神戸市兵庫区　《祭神》大己貴命〔他〕
　　　　　　　　　　　　　　　〔神社本庁〕
　七座天神《称》　ななくらてんじん〔社〕
　秋田県山本郡二ツ井町・七座神社　《祭神》天津神　　　　　〔神社本庁〕
　七座神社　ななくらじんじゃ〔社〕
　秋田県山本郡二ツ井町　《別称》七座天神　《祭神》天津神　〔神社本庁〕
11 七崎正観音《称》　ならさきせいかんぜおん〔社〕
　青森県八戸市・七崎神社　《祭神》伊邪那美命〔他〕　　　　　〔神社本庁〕
　七崎神社　ならさきじんじゃ〔社〕
　青森県八戸市　《別称》七崎正観世音　《祭神》伊邪那美命〔他〕　〔神社本庁〕
　七郷神社　しちごうじんじゃ〔社〕
　宮城県仙台市若林区　《祭神》天照皇太神〔他〕
　　　　　　　　　　　　　　　〔神社本庁〕

【乃】

4 乃木神社　のぎじんじゃ〔社〕
　栃木県那須郡西那須野町　《別称》乃木さん　《祭神》乃木希典〔他〕　〔神社本庁〕

　乃木神社　のぎじんじゃ〔社〕
　東京都港区　《祭神》乃木希典〔他〕
　　　　　　　　　　　　　　　〔神社本庁〕
　乃木神社　のぎじんじゃ〔社〕
　京都府京都市伏見区　《別称》伏見桃山乃木神社　《祭神》乃木希典〔他〕　〔神社本教〕
　乃木神社　のぎじんじゃ〔社〕
　山口県下関市　《祭神》乃木希典〔他〕
　　　　　　　　　　　　　　　〔神社本庁〕

【九】

4 九戸神社　くのへじんじゃ〔社〕
　岩手県九戸郡九戸村　《別称》妙見様　《祭神》天之御中主大神〔他〕　〔神社本庁〕
　九手神社　くてじんじゃ〔社〕
　京都府船井郡丹波町　《祭神》大山咋命
　　　　　　　　　　　　　　　〔神社本庁〕
6 九州日光《称》　きゅうしゅうにっこう〔寺〕
　福岡県久留米市・専念寺　《本尊》阿弥陀如来　　　　　　〔浄土宗〕
　九州本山《称》　きゅうしゅうほんざん〔寺〕
　福岡県久留米市・善道寺　《本尊》阿弥陀如来　　　　　　〔浄土宗〕
　九州別院《称》　きゅうしゅうべついん〔寺〕
　福岡県北九州市若松区・東南院　《本尊》弘法大師　　　〔高野山真言宗〕
7 九条西光寺《称》　くじょうさいこうじ〔寺〕
　京都府京都市下京区・西光寺　《本尊》阿弥陀如来　　　〔浄土真宗本願寺派〕
8 九所御霊天神社　くしょごりょうてんじんしゃ〔社〕
　兵庫県姫路市　《別称》神屋天神社　《祭神》少彦名命〔他〕　〔神社本庁〕
9 九品仏《称》　くほんぶつ〔寺〕
　東京都世田谷区・浄真寺　《本尊》釈迦如来
　　　　　　　　　　　　　　　〔浄土宗〕
　九品仏さん《称》　くほんぶつさん〔寺〕
　長野県長野市・蓮台寺　《本尊》九品仏　　　　　　〔真言宗智山派〕
　九品寺　くほんじ〔寺〕
　福島県いわき市　《本尊》阿弥陀如来
　　　　　　　　　　　　　　　〔浄土宗〕
　九品寺　くほんじ〔寺〕
　群馬県高崎市　《本尊》阿弥陀如来　〔浄土宗〕
　九品寺　くほんじ〔寺〕
　東京都葛飾区　《本尊》阿弥陀如来
　　　　　　　　　　　　　　　〔真言宗豊山派〕
　九品寺　くほんじ〔寺〕
　神奈川県鎌倉市　《本尊》阿弥陀三尊
　　　　　　　　　　　　　　　〔浄土宗〕

神社・寺院名よみかた辞典　5

2画（了）

九品寺　くほんじ〔寺〕
　滋賀県甲賀郡水口町　《本尊》阿弥陀三尊
〔浄土宗〕

九品寺　くほんじ〔寺〕
　京都府京都市南区　《本尊》阿弥陀如来
〔浄土宗〕

九品寺　くほんじ〔寺〕
　京都府船井郡園部町　《別称》船坂観音　《本尊》三面千手観世音菩薩　〔真言宗御室派〕

九品寺　くほんじ〔寺〕
　大阪府大阪市北区　《別称》赤壁の九品仏
　《本尊》阿弥陀如来
〔浄土宗〕

九品寺　くほんじ〔寺〕
　奈良県御所市　《本尊》阿弥陀如来　〔浄土宗〕

九品寺　くほんじ〔寺〕
　和歌山県御坊市　《本尊》阿弥陀如来
〔浄土宗〕

九品寺　くほんじ〔寺〕
　山口県山口市　《本尊》阿弥陀如来　〔浄土宗〕

九品寺　くほんじ〔寺〕
　長崎県佐世保市　《本尊》阿弥陀如来
〔浄土宗〕

九品寺　くほんじ〔寺〕
　熊本県天草郡有明町　《本尊》阿弥陀如来
〔浄土宗〕

九品院　くほんいん〔寺〕
　東京都練馬区　《別称》そば喰地蔵　《本尊》阿弥陀如来
〔浄土宗〕

九品院　くほんいん〔寺〕
　愛知県岡崎市　《別称》荒井山　《本尊》阿弥陀如来・善光寺如来
〔浄土宗〕

10九島院　きゅうとういん〔寺〕
　大阪府大阪市西区　《本尊》聖観世音菩薩
〔黄檗宗〕

13九蓮寺　きゅうれんじ〔寺〕
　三重県松阪市　《本尊》阿弥陀如来　〔浄土宗〕

16九頭の宮《称》　くずのみや〔社〕
　岐阜県郡上市・戸隠神社　《祭神》手力男之命
〔神社本庁〕

九頭竜大社　くずりゅうたいしゃ〔社〕
　京都府京都市左京区　《別称》八瀬の九頭竜さん　《祭神》九頭竜弁財天大神　〔単立〕

【了】

4了仁寺　りょうにんじ〔寺〕
　大分県大野郡野津町　《本尊》阿弥陀如来
〔浄土真宗本願寺派〕

了月院　りょうげついん〔寺〕
　愛媛県八幡浜市　《本尊》阿弥陀三尊
〔浄土宗〕

5了仙寺　りょうせんじ〔寺〕
　静岡県下田市　《本尊》日蓮聖人奠定の大曼荼羅
〔日蓮宗〕

了広寺　りょうこうじ〔寺〕
　石川県金沢市　《本尊》阿弥陀如来
〔真宗大谷派〕

6了安寺　りょうあんじ〔寺〕
　滋賀県甲賀郡甲西町　《本尊》阿弥陀如来
〔浄土宗〕

了安寺　りょうあんじ〔寺〕
　大阪府泉南市　《本尊》阿弥陀如来　〔浄土宗〕

7了応寺　りょうおうじ〔寺〕
　新潟県新潟市　《本尊》阿弥陀如来
〔浄土真宗本願寺派〕

了応寺　りょうおうじ〔寺〕
　岐阜県羽島市　《本尊》阿弥陀如来
〔真宗大谷派〕

了見寺　りょうけんじ〔寺〕
　静岡県榛原郡相良町　《本尊》阿弥陀如来
〔真宗大谷派〕

8了性寺　りょうしょうじ〔寺〕
　愛知県西尾市　《本尊》日蓮聖人奠定の大曼荼羅
〔法華宗（陣門流）〕

了念寺　りょうねんじ〔寺〕
　滋賀県長浜市　《本尊》阿弥陀如来
〔真宗大谷派〕

了英寺　りょうえいじ〔寺〕
　北海道登別市　《本尊》阿弥陀如来
〔真宗興正派〕

12了勝寺　りょうしょうじ〔寺〕
　福井県福井市　《本尊》阿弥陀如来
〔浄土真宗本願寺派〕

了敬寺　りょうきょうじ〔寺〕
　滋賀県坂田郡山東町　《本尊》阿弥陀如来
〔真宗大谷派〕

了運寺　りょううんじ〔寺〕
　岐阜県羽島郡笠松町　《本尊》阿弥陀如来
〔真宗大谷派〕

13了源寺　りょうげんじ〔寺〕
　東京都台東区　《本尊》阿弥陀如来　〔浄土宗〕

了源寺　りょうげんじ〔寺〕
　三重県上野市　《本尊》阿弥陀如来
〔真宗仏光寺派〕

了源寺　りょうげんじ〔寺〕
　兵庫県揖保郡太子町　《本尊》阿弥陀如来
〔真宗大谷派〕

了瑞寺　りょうずいじ〔寺〕
　富山県氷見市　《本尊》阿弥陀如来
〔真宗大谷派〕

2画（二）

了福寺　りょうふくじ〔寺〕
　岐阜県岐阜市　《本尊》阿弥陀如来
　　　　　　　　　　　　〔真宗大谷派〕
了福寺　りょうふくじ〔寺〕
　滋賀県東浅井郡虎姫町　《別称》中野東の寺
　《本尊》木仏尊像　　　〔真宗大谷派〕
了義寺　りょうぎじ〔寺〕
　神奈川県足柄上郡大井町　《別称》山田の寺
　《本尊》延命地蔵菩薩　〔臨済宗建長寺派〕
了蓮寺　りょうれんじ〔寺〕
　京都府京都市左京区　《本尊》阿弥陀如来
　　　　　　　　　　　　　　　　〔浄土宗〕
14 了徳寺　りょうとくじ〔寺〕
　滋賀県彦根市　《別称》南出の寺　《本尊》阿弥陀如来　　　　　　　　〔真宗大谷派〕
了徳寺　りょうとくじ〔寺〕
　京都府京都市上京区　《本尊》阿弥陀如来
　　　　　　　　　　　　〔真宗大谷派〕
了徳寺　りょうとくじ〔寺〕
　京都府京都市右京区　《別称》大根焚寺　《本尊》阿弥陀如来　　　　　〔真宗大谷派〕
了徳院　りょうとくいん〔寺〕
　大阪府大阪市福島区　《別称》大阪浦江の聖天さん　《本尊》十一面観世音菩薩・歓喜天　　　　　　　　　　〔真言宗東寺派〕
16 了賢寺　りょうけんじ〔寺〕
　秋田県南秋田郡五城目町　《別称》ふるでら　《本尊》阿弥陀如来　　　　〔真宗大谷派〕
17 了厳寺　りょうごんじ〔寺〕
　三重県桑名市　《本尊》阿弥陀如来
　　　　　　　　　　　　〔真宗大谷派〕

【二】

0 二の宮　《称》　にのみや〔社〕
　山形県酒田市・城輪神社　《祭神》倉稲魂神
　　　　　　　　　　　　　　　〔神社本庁〕
二の宮　《称》　にのみや〔社〕
　神奈川県中郡二宮町・川勾神社　《祭神》大名貴命[他]　　　　　〔神社本庁〕
二の宮　《称》　にのみや〔社〕
　愛知県犬山市・大県神社　《祭神》大県大神
　　　　　　　　　　　　　　　〔神社本庁〕
二の宮　《称》　にのみや〔社〕
　兵庫県多可郡加美町・荒田神社　《祭神》少彦名命[他]　　　　　〔神社本庁〕
二の宮　《称》　にのみや〔社〕
　岡山県御津郡建部町・和田神社　《祭神》品陀和気命[他]　　　　〔神社本庁〕
二の宮　《称》　にのみや〔社〕
　山口県下関市・忌宮神社　《祭神》仲哀天皇[他]　　　　　　　　〔神社本庁〕

二の宮さま　《称》　にのみやさま〔社〕
　香川県三豊郡高瀬町・大水上神社　《祭神》大山積命[他]　　　　〔神社本庁〕
二の宮さま　《称》　にのみやさま〔社〕
　大分県大分市・丹生神社　《祭神》罔象売命[他]　　　　　　　　〔神社本庁〕
二ノ宮　《称》　にのみや〔社〕
　山梨県西八代郡市川大門町・弓削神社　《祭神》瓊瓊杵尊[他]　　〔神社本庁〕
二ノ宮神社　にのみやじんじゃ〔社〕
　大阪府枚方市　《祭神》建速須佐之男命[他]
　　　　　　　　　　　　　　　〔神社本庁〕
3 二上権現　《称》　ふたかみごんげん〔社〕
　奈良県北葛城郡當麻町・葛木二上神社　《祭神》豊布都魂神[他]　〔神社本庁〕
二川八幡神社　《称》　ふたがわはちまんじんじゃ〔社〕
　愛知県豊橋市二川町・八幡神社　《祭神》応神天皇　　　　　　　〔神社本庁〕
4 二之宮さん　《称》　にのみやさん〔社〕
　山梨県東八代郡御坂町・美和神社　《祭神》大物主命　　　　　　〔神社本庁〕
二之宮はん　《称》　にのみやはん〔社〕
　徳島県名西郡神山町・二之宮八幡神社　《祭神》応神天皇[他]　　〔神社本庁〕
二之宮八幡神社　にのみやはちまんじんじゃ〔社〕
　徳島県名西郡神山町　《別称》二之宮はん　《祭神》応神天皇[他]　　　〔神社本庁〕
二之宮神社　にのみやじんじゃ〔社〕
　岐阜県揖斐郡揖斐川町　《祭神》天照皇大神[他]　　　　　　　　〔神社本庁〕
二之宮神社　にのみやじんじゃ〔社〕
　兵庫県神崎郡福崎町　《別称》山崎明神・郡祖二之宮神社　《祭神》建石敷命[他]　　　〔神社本庁〕
二井田八幡神社　にいだはちまんじんじゃ〔社〕
　秋田県大館市　《祭神》誉田別大神[他]
　　　　　　　　　　　　　　　〔神社本庁〕
二日市八幡宮　ふつかいちはちまんぐう〔社〕
　福岡県筑紫野市　《祭神》応神天皇[他]
　　　　　　　　　　　　　　　〔神社本庁〕
5 二本松神社　にほんまつじんじゃ〔社〕
　福島県二本松市　《祭神》伊邪那美命[他]
　　　　　　　　　　　　　　　〔神社本庁〕
二田大明神　《称》　ふただだいみょうじん〔社〕
　新潟県刈羽郡西山町・物部神社　《祭神》二田天物部命[他]　　　〔神社本庁〕

神社・寺院名よみかた辞典　7

2画（二）

7 二村神社　にむらじんじゃ〔社〕
　兵庫県篠山市　《祭神》伊弉諾命〔他〕
　　　　　　　　　　　　　　　〔神社本庁〕
　二社神社　にしゃじんじゃ〔社〕
　高知県吾川郡伊野町　《祭神》高靇神〔他〕
　　　　　　　　　　　　　　　〔神社本庁〕
　二見神社　ふたみじんじゃ〔社〕
　新潟県佐渡市　《別称》中宮さん　《祭神》国
　常立尊〔他〕　　　　　　　　　〔神社本庁〕
　二見神社《称》ふたみじんじゃ〔社〕
　兵庫県明石市・御厨神社　《祭神》誉田別命
　〔他〕　　　　　　　　　　　　〔神社本庁〕
　二見興玉神社　ふたみおきたまじんじゃ
　〔社〕
　三重県度会郡二見町　《祭神》猿田彦大神〔他〕
　　　　　　　　　　　　　　　〔神社本庁〕
8 二岡神社　にのおかじんじゃ〔社〕
　静岡県御殿場市　《祭神》天津彦火瓊瓊杵尊
　〔他〕　　　　　　　　　　　　〔神社本庁〕
　二所さま《称》にしょさま〔社〕
　山口県周南市・二所山田神社　《祭神》天照
　大神〔他〕　　　　　　　　　　〔神社本庁〕
　二所山田神社　にしょやまだじんじゃ〔社〕
　山口県周南市　《別称》二所さま　《祭神》天
　照大神〔他〕　　　　　　　　　〔神社本庁〕
　二所神社　にしょじんじゃ〔社〕
　茨城県下館市　《祭神》武甕槌命〔他〕
　　　　　　　　　　　　　　　〔神社本庁〕
9 二俣八幡宮《称》ふたまたはちまんぐう
　〔社〕
　福島県いわき市・二俣神社　《祭神》品陀和
　気命　　　　　　　　　　　　　〔神社本庁〕
　二俣神社　ふたまたじんじゃ〔社〕
　福島県いわき市　《別称》二俣八幡宮　《祭
　神》品陀和気命　　　　　　　　〔神社本庁〕
　二俣神社　ふたまたじんじゃ〔社〕
　山口県周南市　《祭神》大物主神〔他〕
　　　　　　　　　　　　　　　〔神社本庁〕
　二柱神社　ふたはしらじんじゃ〔社〕
　宮城県仙台市泉区　《祭神》伊弉諾尊〔他〕
　　　　　　　　　　　　　　　〔神社本庁〕
　二神様《称》ふたがみさま〔社〕
　宮崎県西臼杵郡五ヶ瀬町・三ケ所神社　《祭
　神》伊弉諾命〔他〕　　　　　　〔神社本庁〕
　二荒さん《称》ふたらさん〔社〕
　栃木県宇都宮市・二荒山神社　《祭神》豊城
　入彦命〔他〕　　　　　　　　　〔神社本庁〕
　二荒山神社　ふたらやまじんじゃ〔社〕
　栃木県宇都宮市　《別称》二荒さん・明神さ
　ん　《祭神》豊城入彦命〔他〕　〔神社本庁〕

二荒山神社　ふたらさんじんじゃ〔社〕
　栃木県日光市　《別称》日光二荒山神社　《祭
　神》二荒山大神　　　　　　　　〔神社本庁〕
二荒神社　ふたらじんじゃ〔社〕
　新潟県小千谷市　《祭神》事代主命
　　　　　　　　　　　　　　　〔神社本庁〕
10 二宮《称》にのみや〔社〕
　兵庫県三原郡三原町・大和大国魂神社　《祭
　神》大和大国魂大神　　　　　　〔神社本庁〕
　二宮さま《称》にのみやさま〔社〕
　栃木県今市市・報徳二宮神社　《祭神》二宮
　尊徳〔他〕　　　　　　　　　　〔神社本庁〕
　二宮さま《称》にのみやさま〔社〕
　埼玉県児玉郡神川町・金鑚神社　《祭神》天
　照大神〔他〕　　　　　　　　　〔神社本庁〕
　二宮さん《称》にのみやさん〔社〕
　神奈川県小田原市・報徳二宮神社　《祭神》二
　宮尊徳　　　　　　　　　　　　〔神社本庁〕
　二宮八幡社　にのみやはちまんしゃ〔社〕
　大分県大野郡緒方町　《祭神》応神天皇〔他〕
　　　　　　　　　　　　　　　〔神社本庁〕
　二宮赤城神社　にのみやあかぎじんじゃ
　〔社〕
　群馬県前橋市　《祭神》大国主命　〔神社本庁〕
　二宮神社　にのみやじんじゃ〔社〕
　千葉県船橋市　《別称》明神様　《祭神》速須
　佐之男命〔他〕　　　　　　　　〔神社本庁〕
　二宮神社　にくうじんじゃ〔社〕
　新潟県佐渡市　《別称》明神さん　《祭神》玉
　島姫命　　　　　　　　　　　　〔神社本庁〕
　二宮神社　にのみやじんじゃ〔社〕
　静岡県浜名郡新居町　《祭神》大物主神
　　　　　　　　　　　　　　　〔神社本庁〕
　二宮神社《称》にのみやじんじゃ〔社〕
　山口県佐波郡徳地町・出雲神社　《祭神》事
　代主神〔他〕　　　　　　　　　〔神社本庁〕
　二恩寺《称》におんじ〔寺〕
　岐阜県海津郡海津町・東本願寺高須別院
　《本尊》阿弥陀如来　　　　　〔真宗大谷派〕
11 二郷神社　にごうじんじゃ〔社〕
　三重県北牟婁郡紀伊長島町　《祭神》金山彦
　命〔他〕　　　　　　　　　　　〔神社本庁〕
12 二尊寺　にそんじ〔寺〕
　福岡県山門郡瀬高町　《本尊》釈迦如来・無
　量寿如来　　　　　　　〔臨済宗妙心寺派〕
　二尊寺　にそんじ〔寺〕
　熊本県葦北郡芦北町　《別称》しろやまの寺
　《本尊》釈迦如来　　　　　　　　〔曹洞宗〕

8　神社・寺院名よみかた辞典

二尊院　にそんいん〔寺〕
　京都府京都市右京区　《別称》円光大師霊場
　第一七番　《本尊》釈迦如来・阿弥陀如来
　　　　　　　　　　　　　　　　〔天台宗〕

【人】

3 人丸神社　ひとまるじんじゃ〔社〕
　栃木県佐野市　《祭神》柿本人麿〔神社本庁〕
人丸神社《称》　ひとまるじんじゃ〔社〕
　兵庫県明石市・柿本神社　《祭神》柿本人麿
　　　　　　　　　　　　　　　　〔神社本庁〕
6 人吉神社《称》　ひとよしじんじゃ〔社〕
　熊本県人吉市・相良神社　《祭神》相良長頼
　〔他〕　　　　　　　　　　　　〔神社本庁〕
7 人形寺《称》　にんぎょうでら〔寺〕
　京都府京都市上京区・宝鏡寺　《本尊》聖観
　世音菩薩　　　　　　　　　　　　〔単立〕
人見神社　ひとみじんじゃ〔社〕
　千葉県君津市　《祭神》天御中主命〔他〕
　　　　　　　　　　　　　　　　〔神社本庁〕
18 人麿社《称》　ひとまろしゃ〔社〕
　島根県益田市・柿本神社　《祭神》柿本人麿
　　　　　　　　　　　　　　　　〔神社本庁〕

【入】

4 入仏寺　にゅうぶつじ〔寺〕
　愛媛県伊予市　《本尊》阿弥陀如来
　　　　　　　　　　　　　　　〔真言宗智山派〕
入水寺　にっすいじ〔寺〕
　福島県田村郡滝根町　《本尊》釈迦如来
　　　　　　　　　　　　　　　　〔曹洞宗〕
6 入江大明神《称》　いりえだいみょうじん
　〔社〕
　静岡県焼津市・焼津神社　《祭神》日本武尊
　〔他〕　　　　　　　　　　　　〔神社本庁〕
入江御所《称》　いりえごしょ〔寺〕
　京都府京都市上京区・三時知恩寺　《本尊》阿
　弥陀如来・善導大師　　　　　　　〔単立〕
7 入見神社　いりみじんじゃ〔社〕
　愛知県知多郡南知多町　《祭神》五男三女
　神　　　　　　　　　　　　　　〔神社本庁〕
入谷鬼子母神《称》　いりやきしもじん〔寺〕
　東京都台東区・真源寺　《本尊》日蓮聖人奠定
　の大曼荼羅・日蓮聖人　　　　〔法華宗(本門流)〕
8 入明寺　にゅうみょうじ〔寺〕
　山梨県甲府市　《本尊》阿弥陀如来
　　　　　　　　　　　　　　　〔真宗大谷派〕
9 入信院　にゅうしんいん〔寺〕
　京都府京都市東山区　《本尊》阿弥陀如来
　　　　　　　　　　　　　　　　〔浄土宗〕

入海神社　いるみじんじゃ〔社〕
　愛知県知多郡東浦町　《祭神》弟橘媛命
　　　　　　　　　　　　　　　　〔神社本庁〕
12 入善寺　にゅうぜんじ〔寺〕
　滋賀県坂田郡山東町　《本尊》阿弥陀如来
　　　　　　　　　　　　　　　〔真宗大谷派〕

【八】

3 八千堂《称》　はっせんどう〔社〕
　富山県氷見市・御田神社　《祭神》大年大御
　神〔他〕　　　　　　　　　　　〔神社本庁〕
八女津媛神社　やめつひめじんじゃ〔社〕
　福岡県八女郡矢部村　《別称》ごんげんさん
　《祭神》八女津媛命　　　　　　〔神社本庁〕
4 八天神社　はってんじんじゃ〔社〕
　佐賀県藤津郡塩田町　《祭神》火之迦具土大
　神〔他〕　　　　　　　　　　　〔神社本庁〕
八心大市比古神社　やごころおおいちひこ
　じんじゃ〔社〕
　富山県黒部市　《別称》三島神社　《祭神》天
　照皇大神〔他〕　　　　　　　　〔神社本庁〕
八木神社　やぎじんじゃ〔社〕
　滋賀県愛知郡秦荘町　《祭神》天之児屋根命
　〔他〕　　　　　　　　　　　　〔神社本庁〕
八王子さま《称》　はちおうじさま〔社〕
　静岡県浜松市・八柱神社　《祭神》天之忍穂
　耳命〔他〕　　　　　　　　　　〔神社本庁〕
八王子さま《称》　はちおうじさま〔社〕
　愛知県豊橋市・老津神社　《祭神》天忍穂耳
　命〔他〕　　　　　　　　　　　〔神社本庁〕
八王子さん《称》　はちおうじさん〔社〕
　香川県香川郡香川町・八幡神社　《祭神》応
　神天皇〔他〕　　　　　　　　　〔神社本庁〕
八王子社　はちおうじしゃ〔社〕
　山梨県南アルプス市　《祭神》正哉吾勝勝速
　日天忍穂耳尊〔他〕　　　　　　〔神社本庁〕
八王子神社　はちおうじんじゃ〔社〕
　山梨県南都留郡富士河口湖町　《祭神》素戔
　嗚尊　　　　　　　　　　　　　〔神社本庁〕
八王子神社　はちおうじんじゃ〔社〕
　岐阜県恵那郡明智町　《祭神》天之忍穂耳命
　〔他〕　　　　　　　　　　　　〔神社本庁〕
八王子神社　はちおうじんじゃ〔社〕
　愛知県蒲郡市　《祭神》国狭槌尊〔神社本庁〕
八王子神社　はちおうじんじゃ〔社〕
　愛知県幡豆郡一色町　《祭神》誉田別命
　　　　　　　　　　　　　　　　〔神社本庁〕
八王子神社　はちおうじんじゃ〔社〕
　兵庫県加西市　《祭神》国狭槌命〔他〕
　　　　　　　　　　　　　　　　〔神社本庁〕

2画（八）

八王子神社　はちおうじじんじゃ〔社〕
　高知県須崎市　《祭神》五男三女神
　　　　　　　　　　　　　　〔神社本庁〕
八王子宮　はちおうじぐう〔社〕
　高知県室戸市　《祭神》五男三女神
　　　　　　　　　　　　　　〔神社本庁〕
八王子宮　はちおうじぐう〔社〕
　高知県香美郡土佐山田町　《祭神》大山咋命
　〔他〕　　　　　　　　　　　〔神社本庁〕
八王寺　はちおうじ〔寺〕
　埼玉県飯能市　《別称》天王山竹寺　《本尊》
　牛頭天王　　　　　　　　　　〔天台宗〕
八王寺　はちおうじ〔寺〕
　兵庫県神戸市兵庫区　《別称》般若林　《本
　尊》十一面観世音菩薩　　　　〔曹洞宗〕
5 八代神社　やつしろじんじゃ〔社〕
　熊本県八代市　《別称》妙見宮・妙見さん
　《祭神》天御中主神［他］　　〔神社本庁〕
八代宮　やつしろぐう〔社〕
　熊本県八代市　《別称》将軍さん　《祭神》懐
　良親王［他］　　　　　　　　〔神社本庁〕
八出天満宮《称》　はちでてんまんぐう〔社〕
　岡山県津山市・八出神社　《祭神》菅原大神
　　　　　　　　　　　　　　〔神社本庁〕
八出神社　はちでじんじゃ〔社〕
　岡山県津山市　《別称》八出天満宮　《祭神》
　菅原大神　　　　　　　　　　〔神社本庁〕
八正寺　はっしょうじ〔寺〕
　山口県周南市　《本尊》阿弥陀如来　〔浄土宗〕
八田八幡宮　やあたはちまんぐう〔社〕
　山口県大島郡久賀町　《別称》氏神　《祭神》
　応神天皇［他］　　　　　　　〔神社本庁〕
6 八百富神社　やおとみじんじゃ〔社〕
　愛知県蒲郡市　《別称》竹島弁天　《祭神》市
　杵島姫命　　　　　　　　　　〔神社本庁〕
7 八坂の庚申《称》　やさかのこうしん〔寺〕
　京都府京都市東山区・金剛寺　《本尊》青面
　金剛　　　　　　　　　　　　〔天台宗〕
八坂の塔《称》　やさかのとう〔寺〕
　京都府京都市東山区・法観寺　《本尊》五智
　如来　　　　　　　　〔臨済宗建仁寺派〕
八坂寺　やさかじ〔寺〕
　愛媛県松山市　《別称》四国第四七番霊場
　《本尊》阿弥陀如来　　〔真言宗醍醐派〕
八坂社　やさかしゃ〔社〕
　大分県東国東郡国東町富来中村　《別称》祇
　園　《祭神》素盞鳴尊［他］　〔神社本庁〕
八坂社　やさかしゃ〔社〕
　大分県東国東郡安岐町朝来　《別称》祇園宮
　《祭神》速須佐男命［他］　　〔神社本庁〕
八坂社　やさかしゃ〔社〕
　大分県東国東郡安岐町糸長　《別称》祇園社
　《祭神》素盞鳴尊［他］　　　〔神社本庁〕
八坂神社　やさかじんじゃ〔社〕
　青森県弘前市　《別称》大円寺　《祭神》須佐
　之男命［他］　　　　　　　　〔神社本庁〕
八坂神社　やさかじんじゃ〔社〕
　青森県南津軽郡常盤村　《別称》八坂様　《祭
　神》素盞雄命　　　　　　　　〔神社本庁〕
八坂神社　やさかじんじゃ〔社〕
　岩手県二戸市　《別称》天王さま　《祭神》須
　佐之男命　　　　　　　　　　〔神社本庁〕
八坂神社　やさかじんじゃ〔社〕
　岩手県二戸郡一戸町　《別称》天王さま　《祭
　神》素佐雄命　　　　　　　　〔神社本庁〕
八坂神社　やさかじんじゃ〔社〕
　宮城県仙台市宮城野区　《別称》天王様　《祭
　神》素盞男尊　　　　　　　　〔神社本庁〕
八坂神社　やさかじんじゃ〔社〕
　宮城県志田郡三本木町　《別称》天王様　《祭
　神》素盞鳴命［他］　　　　　〔神社本庁〕
八坂神社　やさかじんじゃ〔社〕
　宮城県玉造郡岩出山町　《祭神》素盞鳴神［他］
　　　　　　　　　　　　　　〔神社本庁〕
八坂神社　やさかじんじゃ〔社〕
　秋田県仙北郡中仙町　《別称》天王様　《祭
　神》須佐之男命　　　　　　　〔神社本庁〕
八坂神社　やさかじんじゃ〔社〕
　山形県東村山郡中山町　《祭神》須盞男命
　　　　　　　　　　　　　　〔神社本庁〕
八坂神社　やさかじんじゃ〔社〕
　茨城県土浦市　《別称》天王様　《祭神》素盞
　之男命　　　　　　　　　　　〔神社本庁〕
八坂神社　やさかじんじゃ〔社〕
　栃木県宇都宮市　《祭神》国常立命［他］
　　　　　　　　　　　　　　〔神社本庁〕
八坂神社　やさかじんじゃ〔社〕
　栃木県安蘇郡葛生町　《別称》天王様　《祭神》
　素戔嗚尊［他］　　　　　　　〔神社本庁〕
八坂神社　やさかじんじゃ〔社〕
　群馬県新田郡尾島町　《祭神》素盞鳴命
　　　　　　　　　　　　　　〔神社本庁〕
八坂神社　やさかじんじゃ〔社〕
　埼玉県北葛飾郡栗橋町　《別称》天王社　《祭
　神》素戔嗚尊　　　　　　　　〔神社本庁〕
八坂神社　やさかじんじゃ〔社〕
　千葉県佐原市　《祭神》素戔嗚命　〔神社本庁〕
八坂神社　やさかじんじゃ〔社〕
　千葉県市原市　《別称》天王様　《祭神》建速
　須佐之男命　　　　　　　　　〔神社本庁〕

2画（八）

八坂神社　やさかじんじゃ〔社〕
　千葉県富津市富津　《別称》天王様　《祭神》
　素戔嗚尊　　　　　　　　　　〔神社本庁〕
八坂神社　やさかじんじゃ〔社〕
　東京都青梅市　《別称》天王さま　《祭神》須
　佐之男命［他］　　　　　　　　〔神社本庁〕
八坂神社　やさかじんじゃ〔社〕
　新潟県上越市　《祭神》須佐之男命［他］
　　　　　　　　　　　　　　　〔神社本庁〕
八坂神社　やさかじんじゃ〔社〕
　福井県あわら市　《祭神》大己貴命
　　　　　　　　　　　　　　　〔神社本庁〕
八坂神社　やさかじんじゃ〔社〕
　福井県丹生郡朝日町　《別称》お天王さん
　《祭神》素戔嗚尊［他］　　　　〔神社本庁〕
八坂神社　やさかじんじゃ〔社〕
　静岡県小笠郡大東町　《別称》祇園　《祭神》
　素戔嗚尊　　　　　　　　　　〔神社本庁〕
八坂神社　やさかじんじゃ〔社〕
　京都府京都市東山区　《別称》祇園さん　《祭
　神》素戔嗚尊［他］　　　　　　〔神社本庁〕
八坂神社　やさかじんじゃ〔社〕
　京都府宮津市　《別称》祇園社　《祭神》素戔
　嗚命［他］　　　　　　　　　　〔神社本庁〕
八坂神社　やさかじんじゃ〔社〕
　大阪府池田市　《別称》早苗の森・神田の宮
　《祭神》素戔嗚尊　　　　　　　〔神社本庁〕
八坂神社　やさかじんじゃ〔社〕
　山口県山口市　《別称》祇園さま　《祭神》素
　戔嗚尊［他］　　　　　　　　　〔神社本庁〕
八坂神社　やさかじんじゃ〔社〕
　山口県長門市　《別称》祇園様　《祭神》素戔
　嗚命［他］　　　　　　　　　　〔神社本庁〕
八坂神社　やさかじんじゃ〔社〕
　山口県周南市　《祭神》須佐之男大神
　　　　　　　　　　　　　　　〔神社本庁〕
八坂神社　やさかじんじゃ〔社〕
　徳島県板野郡上板町　《別称》滝宮八坂神社・
　滝宮さん　《祭神》素戔嗚　　　〔神社本庁〕
八坂神社　やさかじんじゃ〔社〕
　徳島県美馬郡貞光町　《祭神》健速素戔嗚命
　［他］　　　　　　　　　　　　〔神社本庁〕
八坂神社　やさかじんじゃ〔社〕
　香川県高松市　《祭神》須佐之男命［他］
　　　　　　　　　　　　　　　〔神社本庁〕
八坂神社　やさかじんじゃ〔社〕
　香川県綾歌郡飯山町　《祭神》素戔雄尊［他］
　　　　　　　　　　　　　　　〔神社本庁〕
八坂神社　やさかじんじゃ〔社〕
　高知県吾川郡吾北村　《別称》祇園　《祭神》
　素戔嗚尊［他］　　　　　　　　〔神社本庁〕

八坂神社　やさかじんじゃ〔社〕
　福岡県北九州市小倉北区　《別称》こくらの
　ぎおんさん　《祭神》須佐之男命［他］
　　　　　　　　　　　　　　　〔神社本庁〕
八坂神社　やさかじんじゃ〔社〕
　福岡県山門郡瀬高町　《別称》祇園神社　《祭
　神》素盞嗚尊［他］　　　　　　〔神社本庁〕
八坂神社　やさかじんじゃ〔社〕
　福岡県築上郡新吉富村　《別称》牛頭天王
　《祭神》須佐之男尊［他］　　　〔神社本庁〕
八坂神社　やさかじんじゃ〔社〕
　佐賀県唐津市　《別称》疫神宮　《祭神》須佐
　廼男命［他］　　　　　　　　　〔神社本庁〕
八坂神社　やさかじんじゃ〔社〕
　熊本県阿蘇郡白水村　《別称》祇園さん　《祭
　神》須佐之男命［他］　　　　　〔神社本庁〕
八坂神社　やさかじんじゃ〔社〕
　大分県臼杵市　《別称》祇園さま　《祭神》建
　速須佐之男神［他］　　　　　　〔神社本庁〕
八坂神社　やさかじんじゃ〔社〕
　大分県東国東郡国東町来浦　《別称》来浦八
　坂神社　《祭神》建速須佐之男命［他］
　　　　　　　　　　　　　　　〔神社本庁〕
八坂神社　やさかじんじゃ〔社〕
　大分県南海部郡弥生町　《別称》祇園さま
　《祭神》素盞嗚尊［他］　　　　〔神社本庁〕
八坂神社　やさかじんじゃ〔社〕
　大分県大野郡大野町　《別称》祇園宮　《祭
　神》素盞嗚尊［他］　　　　　　〔神社本庁〕
八坂神社　やさかじんじゃ〔社〕
　宮崎県児湯郡高鍋町　《祭神》素盞嗚尊［他］
　　　　　　　　　　　　　　　〔神社本庁〕
八坂神社　やさかじんじゃ〔社〕
　鹿児島県鹿児島市　《別称》祇園社　《祭神》
　素盞嗚尊［他］　　　　　　　　〔神社本庁〕
八坂様　《称》　　　やさかさま〔社〕
　青森県南津軽郡常盤村・八坂神社　《祭神》素
　盞雄命　　　　　　　　　　　　〔神社本庁〕
八尾地蔵尊《称》　　やおじぞうそん〔寺〕
　大阪府八尾市・常光寺　《本尊》延命地蔵菩
　薩　　　　　　　　　　　　〔臨済宗南禅寺派〕
八尾別院大信寺　やおべついんだいしんじ
〔寺〕
　大阪府八尾市　《別称》八尾御坊　《本尊》阿
　弥陀如来　　　　　　　　　　〔真宗大谷派〕
八尾御坊　《称》　　やおごぼう〔寺〕
　大阪府八尾市・八尾別院大信寺　《本尊》阿
　弥陀如来　　　　　　　　　　〔真宗大谷派〕

神社・寺院名よみかた辞典　11

2画 (八)

八条のお大師さん《称》　はちじょうのおだいしさん〔寺〕
　奈良県磯城郡田原本町・本光明寺　《本尊》弘法大師　〔真言律宗〕

八町神明社《称》　はっちょうしんめいしゃ〔社〕
　愛知県豊橋市・安久美神戸神明社　《祭神》天照皇大神〔他〕　〔神社本庁〕

八町観音《称》　はっちょうかんのん〔寺〕
　茨城県結城郡八千代町・新長谷寺　《本尊》十一面観世音菩薩　〔真言宗豊山派〕

八社神社　はっしゃじんじゃ〔社〕
　福岡県築上郡大平村　《別称》東上　《祭神》天照皇大神〔他〕　〔神社本庁〕

八社神社　はっしゃじんじゃ〔社〕
　大分県直入郡直入町　《祭神》八王子神〔他〕　〔神社本庁〕

八角神社　やすみじんじゃ〔社〕
　福島県会津若松市　《祭神》伊邪那岐神〔他〕　〔神社本庁〕

八阪神社　やさかじんじゃ〔社〕
　大阪府大阪市大正区　《別称》しものみや　《祭神》素盞嗚尊〔他〕　〔神社本庁〕

八阪神社　やさかじんじゃ〔社〕
　大阪府大阪市東成区　《別称》中道八阪神社　《祭神》素盞嗚尊〔他〕　〔神社本庁〕

八阪神社　やさかじんじゃ〔社〕
　兵庫県川辺郡猪名川町　《別称》一の宮　《祭神》素盞嗚尊

八阪神社　やさかじんじゃ〔社〕
　徳島県海部郡宍喰町　《別称》祇園　《祭神》須佐之男命〔他〕　〔神社本庁〕

8 八所明神《称》　はちしょみょうじん〔社〕
　愛知県名古屋市昭和区・御器所八幡宮　《祭神》五男三女神〔他〕　〔神社本庁〕

八所神社　はっしょじんじゃ〔社〕
　山形県東置賜郡川西町　《別称》鎮守様　《祭神》神皇産霊神〔他〕　〔神社本庁〕

八所神社　はっしょじんじゃ〔社〕
　福岡県宗像市　《祭神》泥土煮尊〔他〕

八所鞍馬神社　はっしょくらまじんじゃ〔社〕
　高知県吾川郡吾北村　《祭神》天御中主大神〔他〕　〔神社本庁〕

八枝神社　やえだじんじゃ〔社〕
　埼玉県上尾市　《別称》平方のおしっさま　《祭神》素盞嗚尊　〔神社本庁〕

9 八保神社　やほじんじゃ〔社〕
　兵庫県赤穂郡上郡町　《別称》岡の宮　《祭神》豊受姫命〔他〕　〔神社本庁〕

八咫烏神社　やたがらすじんじゃ〔社〕
　奈良県宇陀郡榛原町　《別称》やたがらす　《祭神》建角見命　〔神社本庁〕

八柱神社　やはしらじんじゃ〔社〕
　茨城県真壁郡真壁町　《別称》はなわせの聖天　〔神社本庁〕

八柱神社　やはしらじんじゃ〔社〕
　静岡県浜松市　《別称》八王子さま　《祭神》天之忍穂耳命〔他〕　〔神社本庁〕

八柱神社　やはしらじんじゃ〔社〕
　愛知県岡崎市　《祭神》五男三女神〔他〕　〔神社本庁〕

八柱神社　やはしらじんじゃ〔社〕
　愛知県碧南市　《祭神》五男三女神　〔神社本庁〕

八柱神社　やはしらじんじゃ〔社〕
　愛知県田原市　《祭神》五男三女神　〔神社本庁〕

八柱神社　やはしらじんじゃ〔社〕
　愛知県西加茂郡藤岡町　《祭神》五男三女神　〔神社本庁〕

八柱神社　やはしらじんじゃ〔社〕
　愛媛県上浮穴郡美川村　《祭神》五男三女神

八柱神社　やはしらじんじゃ〔社〕
　大分県大分市　《祭神》高皇産霊神〔他〕　〔神社本庁〕

八津島神社　やつしまじんじゃ〔社〕
　大分県速見郡日出町　《祭神》天忍穂耳尊〔他〕　〔神社本庁〕

八重垣神社　やえがきじんじゃ〔社〕
　千葉県八日市場市　《別称》天王様　《祭神》須佐之男大神〔他〕　〔神社本庁〕

八重垣神社　やえがきじんじゃ〔社〕
　千葉県香取郡山田町　《祭神》須佐之男命〔他〕

八重垣神社　やえがきじんじゃ〔社〕
　島根県松江市　《別称》八重垣さん　《祭神》素盞嗚尊〔他〕　〔神社本庁〕

八重籬神社　やえがきじんじゃ〔社〕
　岡山県高梁市　《祭神》板倉勝重〔他〕　〔神社本庁〕

10 八剣の宮《称》　やつるぎのみや〔社〕
　大阪府大阪市鶴見区・阿遅速雄神社　《祭神》阿遅鉏高日子根神〔他〕　〔神社本庁〕

八剣八幡神社　やつるぎはちまんじんじゃ〔社〕
　千葉県木更津市　《祭神》応神天皇〔他〕　〔神社本庁〕

八剣社　やつるぎしゃ〔社〕
　愛知県名古屋市中川区　〔神社本庁〕

12　神社・寺院名よみかた辞典

2画（八）

八剣社　やつるぎしゃ〔社〕
　愛知県江南市　《祭神》日本武尊　〔神社本庁〕

八剣社　やつるぎしゃ〔社〕
　愛知県海部郡美和町　《祭神》日本武命[他]
　　　　　　　　　　　　　　　　〔神社本庁〕

八剣社　やつるぎしゃ〔社〕
　愛知県海部郡蟹江町　《祭神》熱田五神
　　　　　　　　　　　　　　　　〔神社本庁〕

八剣神社　やつるぎじんじゃ〔社〕
　長野県諏訪市　《祭神》八千矛神[他]
　　　　　　　　　　　　　　　　〔神社本庁〕

八剣神社　はちけんじんじゃ〔社〕
　岐阜県羽島市桑原町　《祭神》櫛岩窓神
　　　　　　　　　　　　　　　　〔神社本庁〕

八剣神社　はっけんじんじゃ〔社〕
　岐阜県羽島市竹鼻町　《祭神》日本武尊
　　　　　　　　　　　　　　　　〔神社本庁〕

八剣神社　やつるぎじんじゃ〔社〕
　岐阜県土岐市　《祭神》日本武尊　〔神社本庁〕

八剣神社　やつるぎじんじゃ〔社〕
　岐阜県羽島郡岐南町　《祭神》日本武命
　　　　　　　　　　　　　　　　〔神社本庁〕

八剣神社　やつるぎじんじゃ〔社〕
　岐阜県養老郡養老町　《祭神》日本武尊
　　　　　　　　　　　　　　　　〔神社本庁〕

八剣神社　やつるぎじんじゃ〔社〕
　愛知県碧南市　《祭神》天照坐皇大神[他]
　　　　　　　　　　　　　　　　〔神社本庁〕

八剣神社　やつるぎじんじゃ〔社〕
　愛知県西尾市　《祭神》熱田大神　〔神社本庁〕

八剣神社　やつるぎじんじゃ〔社〕
　愛知県蒲郡市　《祭神》日本武尊　〔神社本庁〕

八剣神社　やつるぎじんじゃ〔社〕
　大阪府大阪市城東区　《祭神》速素盞嗚尊[他]

八剣神社　やつるぎじんじゃ〔社〕
　福岡県北九州市八幡西区　《祭神》大和武尊*[他]
　　　　　　　　　　　　　　　　〔神社本庁〕

八剣神社　やつるぎじんじゃ〔社〕
　長崎県長崎市　《祭神》景行天皇第二皇子[他]
　　　　　　　　　　　　　　　　〔単立〕

八剣宮《称》　やつるぎぐう〔社〕
　岐阜県羽島市・阿遅加神社　《祭神》日本武尊

八宮神社　はちのみやじんじゃ〔社〕
　兵庫県神戸市中央区　《別称》八幡さん　《祭神》熊野樟日命[他]　〔神社本庁〕

八栗寺　やくりじ〔寺〕
　香川県木田郡牟礼町　《別称》八栗聖天・四国第八五番霊場　《本尊》聖観世音菩薩・歓喜天　〔高野山真言宗〕

八栗聖天《称》　やくりしょうてん〔寺〕
　香川県木田郡牟礼町・八栗寺　《本尊》聖観世音菩薩・歓喜天　〔高野山真言宗〕

八竜大明神《称》　はちりゅうだいみょうじん〔社〕
　福島県相馬郡飯舘村・綿津見神社　《祭神》大海津持神[他]　〔神社本庁〕

11 八菅神社　やすげじんじゃ〔社〕
　神奈川県愛甲郡愛川町　《祭神》国常立尊[他]
　　　　　　　　　　　　　　　　〔神社本庁〕

八野神社　やのじんじゃ〔社〕
　島根県出雲市矢野町　《祭神》八野若姫命[他]
　　　　　　　　　　　　　　　　〔神社本庁〕

八陵の森《称》　はちりょうのもり〔社〕
　愛媛県伊予市・伊予岡八幡神社　《祭神》誉田別命[他]　〔神社本庁〕

12 八塚の御坊《称》　やつずかのごぼう〔寺〕
　富山県東礪波郡福野町・西源寺　《本尊》阿弥陀如来　〔真宗大谷派〕

八塔寺　はっとうじ〔寺〕
　岡山県和気郡吉永町　《本尊》十一面観世音菩薩　〔天台宗〕

八尋石八幡宮　やひろいしはちまんぐう〔社〕
　山口県熊毛郡田布施町　《祭神》応神天皇[他]
　　　　　　　　　　　　　　　　〔神社本庁〕

八葉寺　はちようじ〔寺〕
　福島県河沼郡河東町　《別称》会津高野　《本尊》阿弥陀如来　〔真言宗室生寺派〕

八葉寺　はちようじ〔寺〕
　兵庫県神崎郡香寺町　〔天台宗〕

八街神社　やちまたじんじゃ〔社〕
　千葉県八街市　《祭神》須佐之男命[他]
　　　　　　　　　　　　　　　　〔神社本庁〕

八雲さん《称》　やぐもさん〔社〕
　愛媛県新居浜市・宗像神社　《祭神》市杵島姫命[他]　〔神社本庁〕

八雲社　やぐものやしろ〔社〕
　兵庫県三木市　《祭神》素盞嗚神[他]
　　　　　　　　　　　　　　　　〔神社本庁〕

八雲神社　やぐもじんじゃ〔社〕
　岩手県花巻市　《別称》お天王様　《祭神》素盞嗚命[他]　〔神社本庁〕

八雲神社　やくもじんじゃ〔社〕
　宮城県柴田郡柴田町　《別称》祇園社　《祭神》速須佐廼男命[他]　〔神社本庁〕

八雲神社　やくもじんじゃ〔社〕
　宮城県桃生郡河南町　《別称》天王宮　《祭神》須佐之男命　〔神社本庁〕

神社・寺院名よみかた辞典　13

2画（八）

八雲神社　やくもじんじゃ〔社〕
　山形県米沢市　《別称》お天王様　《祭神》素
　盞鳴尊　　　　　　　　　　　　〔神社本庁〕
八雲神社　やくもじんじゃ〔社〕
　栃木県足利市　《別称》天王様　《祭神》素戔
　鳴男命　　　　　　　　　　　　〔神社本庁〕
八雲神社　やくもじんじゃ〔社〕
　栃木県芳賀郡茂木町　《別称》天王様　《祭
　神》素盞嗚命［他］　　　　　　〔神社本庁〕
八雲神社　やくもじんじゃ〔社〕
　栃木県芳賀郡芳賀町　《祭神》素盞嗚命［他］
　　　　　　　　　　　　　　　　〔神社本庁〕
八雲神社　やくもじんじゃ〔社〕
　栃木県那須郡烏山町　《別称》天王さん　《祭
　神》素戔嗚命　　　　　　　　　〔神社本庁〕
八雲神社　やくもじんじゃ〔社〕
　千葉県鴨川市　《祭神》素盞男尊　〔神社本庁〕
八雲神社　やくもじんじゃ〔社〕
　千葉県君津市　《別称》天王様　《祭神》須佐
　之男命［他］　　　　　　　　　〔神社本庁〕
八雲神社　やくもじんじゃ〔社〕
　千葉県富津市岩坂　《別称》天王様　《祭神》
　素盞嗚尊［他］　　　　　　　　〔神社本庁〕
八雲神社　やぐもじんじゃ〔社〕
　神奈川県鎌倉市　《別称》祇園社　《祭神》須
　佐之男命［他］　　　　　　　　〔神社本庁〕
八雲神社　やくもじんじゃ〔社〕
　岐阜県岐阜市　《祭神》素盞嗚尊［他］
　　　　　　　　　　　　　　　　〔神社本庁〕
八雲神社　やくもじんじゃ〔社〕
　静岡県榛原郡金谷町　《別称》お天王さま
　《祭神》素盞嗚尊　　　　　　　〔神社本庁〕
八雲神社　やくもじんじゃ〔社〕
　三重県松阪市　《別称》八雲さん　《祭神》建
　速須佐之男命［他］　　　　　　〔神社本庁〕
八雲神社　やくもじんじゃ〔社〕
　愛媛県四国中央市　《別称》天王宮　《祭神》
　素盞嗚尊［他］　　　　　　　　〔神社本庁〕
13 八溝嶺神社　やみぞみねじんじゃ〔社〕
　茨城県久慈郡大子町　《祭神》大己貴命［他］
　　　　　　　　　　　　　　　　〔神社本庁〕
14 八旗様　《称》　はっきさま〔社〕
　大分県速見郡山香町・八幡神社　《祭神》仲
　哀天皇［他］　　　　　　　　　〔神社本庁〕
八鉾神社　やほこじんじゃ〔社〕
　徳島県阿南市　《祭神》大己貴神［他］
　　　　　　　　　　　　　　　　〔神社本庁〕
15 八幡　《称》　はちまん〔社〕
　香川県香川郡塩江町・西谷八幡神社　《祭神》
　応神天皇［他］　　　　　　　　〔神社本庁〕

八幡さま　《称》　はちまんさま〔社〕
　青森県東津軽郡今別町・今別八幡宮　《祭神》
　誉田別尊　　　　　　　　　　　〔神社本庁〕
八幡さま　《称》　はちまんさま〔社〕
　岩手県水沢市・鎮守府八幡宮　《祭神》誉田
　別尊［他］　　　　　　　　　　〔神社本庁〕
八幡さま　《称》　はちまんさま〔社〕
　福島県いわき市泉町・諏訪神社　《祭神》建
　御名方命［他］　　　　　　　　〔神社本庁〕
八幡さま　《称》　はちまんさま〔社〕
　栃木県下都賀郡岩舟町・村檜神社　《祭神》誉
　田別命［他］　　　　　　　　　〔神社本庁〕
八幡さま　《称》　はちまんさま〔社〕
　東京都港区・御田八幡神社　《祭神》誉田別
　尊［他］　　　　　　　　　　　〔神社本庁〕
八幡さま　《称》　はちまんさま〔社〕
　東京都大田区・磐井神社　《祭神》応神天皇
　［他］　　　　　　　　　　　　〔神社本庁〕
八幡さま　《称》　はちまんさま〔社〕
　神奈川県茅ヶ崎市・鶴嶺八幡社　《祭神》誉
　田別命［他］　　　　　　　　　〔神社本庁〕
八幡さま　《称》　はちまんさま〔社〕
　新潟県三島郡与板町・都野神社　《祭神》多
　紀理姫命［他］　　　　　　　　〔神社本庁〕
八幡さま　《称》　はちまんさま〔社〕
　長野県千曲市・武水別神社　《祭神》武水別
　神［他］　　　　　　　　　　　〔神社本庁〕
八幡さま　《称》　はちまんさま〔社〕
　静岡県浜松市有玉南町・有玉神社　《祭神》天
　照意保比留売貴命［他］　　　　〔神社本庁〕
八幡さま　《称》　はちまんさま〔社〕
　愛知県豊橋市・牟呂八幡社　《祭神》品陀和
　気命［他］　　　　　　　　　　〔神社本庁〕
八幡さま　《称》　はちまんさま〔社〕
　三重県桑名市・立坂神社　《祭神》大日孁貴
　尊［他］　　　　　　　　　　　〔神社本庁〕
八幡さま　《称》　はちまんさま〔社〕
　三重県久居市・野辺神社　《祭神》品陀和
　気命［他］　　　　　　　　　　〔神社本庁〕
八幡さま　《称》　はちまんさま〔社〕
　京都府京都市上京区・首途八幡宮　《祭神》誉
　田別尊［他］　　　　　　　　　〔神社本庁〕
八幡さま　《称》　はちまんさま〔社〕
　兵庫県出石郡出石町・須義神社　《祭神》菅
　竈由良度美命［他］　　　　　　〔神社本庁〕
八幡さま　《称》　はちまんさま〔社〕
　兵庫県津名郡東浦町・松帆神社　《祭神》応
　神天皇［他］　　　　　　　　　〔神社本庁〕
八幡さま　《称》　はちまんさま〔社〕
　鳥取県東伯郡東伯町・大元神社　《祭神》品
　陀和気大神［他］　　　　　　　〔神社本庁〕

2画（八）

八幡さま《称》　はちまんさま〔社〕
　岡山県岡山市・大井神社　《祭神》百田大兄命［他］
　　　　　　　　　　　　　　　　〔神社本庁〕
八幡さま《称》　はちまんさま〔社〕
　岡山県浅口郡寄島町・大浦神社　《祭神》応神天皇［他］
　　　　　　　　　　　　　　　　〔神社本庁〕
八幡さま《称》　はちまんさま〔社〕
　広島県呉市・亀山神社　《祭神》中津日子命［他］
　　　　　　　　　　　　　　　　〔神社本庁〕
八幡さま《称》　はちまんさま〔社〕
　山口県柳井市・代田八幡宮　《祭神》応神天皇［他］
　　　　　　　　　　　　　　　　〔神社本庁〕
八幡さま《称》　はちまんさま〔社〕
　香川県高松市・宇佐神社　《祭神》応神天皇［他］
　　　　　　　　　　　　　　　　〔神社本庁〕
八幡さま《称》　はちまんさま〔社〕
　大分県国東郡国東町・桜八幡神社　《祭神》応神天皇［他］
　　　　　　　　　　　　　　　　〔神社本庁〕
八幡さま《称》　はちまんさま〔社〕
　大分県宇佐郡安心院町・妻垣神社　《祭神》比咩大神［他］
　　　　　　　　　　　　　　　　〔神社本庁〕
八幡さま《称》　はちまんさま〔社〕
　宮崎県延岡市・今山八幡宮　《祭神》品陀和気命［他］
　　　　　　　　　　　　　　　　〔神社本庁〕
八幡さま《称》　はちまんさま〔社〕
　宮崎県北諸県郡山之口町・円野神社　《祭神》息長足姫命［他］
　　　　　　　　　　　　　　　　〔神社本庁〕
八幡さま《称》　はちまんさま〔社〕
　宮崎県東臼杵郡北浦町・古江神社　《祭神》品陀和気命［他］
　　　　　　　　　　　　　　　　〔神社本庁〕
八幡さま《称》　はちまんさま〔社〕
　鹿児島県日置郡吹上町・大汝牟遅神社　《祭神》大汝牟遅神［他］
　　　　　　　　　　　　　　　　〔神社本庁〕
八幡さん《称》　はちまんさん〔社〕
　福井県武生市・大塩八幡神社　《祭神》仲哀天皇［他］
　　　　　　　　　　　　　　　　〔神社本庁〕
八幡さん《称》　はちまんさん〔社〕
　兵庫県神戸市中央区・八宮神社　《祭神》熊野樔樟日命［他］
　　　　　　　　　　　　　　　　〔神社本庁〕
八幡さん《称》　はちまんさん〔社〕
　奈良県生駒市・高山八幡宮　《祭神》誉田別命［他］
　　　　　　　　　　　　　　　　〔単立〕
八幡さん《称》　はちまんさん〔社〕
　島根県隠岐郡都万村・天健金草神社　《祭神》大屋津媛命［他］
　　　　　　　　　　　　　　　　〔神社本庁〕
八幡さん《称》　はちまんさん〔社〕
　広島県府中市・府中八幡神社　《祭神》品陀和気命［他］
　　　　　　　　　　　　　　　　〔神社本庁〕
八幡さん《称》　はちまんさん〔社〕
　広島県安芸郡倉橋町・桂浜神社　《祭神》応神天皇［他］
　　　　　　　　　　　　　　　　〔神社本庁〕
八幡さん《称》　はちまんさん〔社〕
　香川県さぬき市・多和神社　《祭神》速秋津比売尊［他］
　　　　　　　　　　　　　　　　〔神社本庁〕
八幡さん《称》　はちまんさん〔社〕
　愛媛県越智郡伯方町・喜多浦八幡大神社　《祭神》息長帯比売命［他］
　　　　　　　　　　　　　　　　〔神社本庁〕
八幡さん《称》　はちまんさん〔社〕
　長崎県佐世保市・亀山八幡宮　《祭神》応神天皇［他］
　　　　　　　　　　　　　　　　〔神社本庁〕
八幡さん《称》　はちまんさん〔社〕
　熊本県牛深市牛深町・牛深八幡宮　《祭神》応神天皇［他］
　　　　　　　　　　　　　　　　〔神社本庁〕
八幡のはちまん様《称》　やわたのはちまんさま〔社〕
　新潟県加茂市・長瀬神社　《祭神》瀬織津姫命［他］
　　　　　　　　　　　　　　　　〔神社本庁〕
八幡大江神社　はちまんおおえじんじゃ〔社〕
　大分県中津市萱津町　《祭神》応神天皇［他］
　　　　　　　　　　　　　　　　〔神社本庁〕
八幡大神社　はちまんだいじんじゃ〔社〕
　山梨県中巨摩郡竜王町　《祭神》品和気命［他］
　　　　　　　　　　　　　　　　〔神社本庁〕
八幡大神社　はちまんだいじんじゃ〔社〕
　山梨県北巨摩郡須玉町　《祭神》若宮八幡［他］
　　　　　　　　　　　　　　　　〔神社本庁〕
八幡大神社　はちまんだいじんじゃ〔社〕
　宮崎県西臼杵郡高千穂町　《別称》下野の八幡さま　《祭神》玉依姫命［他］
　　　　　　　　　　　　　　　　〔神社本庁〕
八幡日吉神社　はちまんひよしじんじゃ〔社〕
　山梨県南巨摩郡早川町　《祭神》誉田別命［他］
　　　　　　　　　　　　　　　　〔神社本庁〕
八幡古表神社　はちまんこひょうじんじゃ〔社〕
　福岡県築上郡吉富町　《別称》こひょうさま　《祭神》息長帯比売命［他］
　　　　　　　　　　　　　　　　〔神社本庁〕
八幡寺　はちまんじ〔寺〕
　岩手県気仙郡住田町　《本尊》大日如来
　　　　　　　　　　　　　　　　〔真言宗智山派〕
八幡寺　やわたじ〔寺〕
　宮城県遠田郡田尻町　《本尊》大日如来・十一面観世音菩薩
　　　　　　　　　　　　　　　　〔真言宗智山派〕
八幡社　はちまんしゃ〔社〕
　千葉県佐倉市　《祭神》誉田別尊［神社本庁〕
八幡社　はちまんしゃ〔社〕
　神奈川県海老名市　《祭神》誉田別命
　　　　　　　　　　　　　　　　〔神社本庁〕
八幡社　はちまんしゃ〔社〕
　富山県婦負郡八尾町　《祭神》誉田別命
　　　　　　　　　　　　　　　　〔神社本庁〕

神社・寺院名よみかた辞典　15

2画（八）

八幡社　はちまんしゃ〔社〕
　山梨県南アルプス市　《祭神》誉田別命
　　　　　　　　　　　　　　　〔神社本庁〕
八幡社《称》　はちまんしゃ〔社〕
　山梨県北巨摩郡高根町・熱那神社　《祭神》誉田別命〔他〕　　　　　　　〔神社本庁〕
八幡社　はちまんしゃ〔社〕
　愛知県名古屋市北区　　　　〔神社本庁〕
八幡社　はちまんしゃ〔社〕
　愛知県名古屋市中区　《別称》くらがりの森八幡社　《祭神》応神天皇〔他〕〔神社本庁〕
八幡社　はちまんしゃ〔社〕
　愛知県名古屋市天白区　《祭神》応神天皇
　　　　　　　　　　　　　　　〔神社本庁〕
八幡社　はちまんしゃ〔社〕
　愛知県豊橋市杉山町　《祭神》応神天皇
　　　　　　　　　　　　　　　〔神社本庁〕
八幡社　はちまんしゃ〔社〕
　愛知県一宮市　《祭神》応神天皇〔神社本庁〕
八幡社　はちまんしゃ〔社〕
　愛知県瀬戸市　《祭神》神功皇后〔他〕
　　　　　　　　　　　　　　　〔神社本庁〕
八幡社　はちまんしゃ〔社〕
　愛知県半田市　《祭神》品陀別尊〔他〕
　　　　　　　　　　　　　　　〔神社本庁〕
八幡社　はちまんしゃ〔社〕
　愛知県豊川市牛久保町　《祭神》大雀命〔他〕
　　　　　　　　　　　　　　　〔神社本庁〕
八幡社　はちまんしゃ〔社〕
　愛知県安城市　《祭神》誉田別尊〔神社本庁〕
八幡社　はちまんしゃ〔社〕
　愛知県西尾市中畑町　《祭神》誉田別命
　　　　　　　　　　　　　　　〔神社本庁〕
八幡社　はちまんしゃ〔社〕
　愛知県西尾市寺津町　《祭神》誉田別尊
　　　　　　　　　　　　　　　〔神社本庁〕
八幡社　はちまんしゃ〔社〕
　愛知県小牧市上末町　《祭神》誉田別尊〔他〕
　　　　　　　　　　　　　　　〔神社本庁〕
八幡社　はちまんしゃ〔社〕
　愛知県高浜市吉浜町　《祭神》誉田別尊
　　　　　　　　　　　　　　　〔神社本庁〕
八幡社　はちまんしゃ〔社〕
　愛知県田原市　《祭神》品陀和気命
　　　　　　　　　　　　　　　〔神社本庁〕
八幡社　はちまんしゃ〔社〕
　愛知県西春日井郡春日村　《祭神》応神天皇
　　　　　　　　　　　　　　　〔神社本庁〕
八幡社　はちまんしゃ〔社〕
　愛知県海部郡美和町　《祭神》応神天皇
　　　　　　　　　　　　　　　〔神社本庁〕

八幡社　はちまんしゃ〔社〕
　愛知県幡豆郡一色町　《祭神》誉田別尊
　　　　　　　　　　　　　　　〔神社本庁〕
八幡社《称》　はちまんしゃ〔社〕
　広島県広島市佐伯区・八幡神社　《祭神》帯仲津日子命〔他〕　　　　　　〔神社本庁〕
八幡社　はちまんしゃ〔社〕
　佐賀県唐津市　《別称》お八幡さま　《祭神》応神天皇〔他〕　　　　　　〔神社本庁〕
八幡社　はちまんしゃ〔社〕
　大分県佐伯市長谷　《祭神》産土神〔他〕
　　　　　　　　　　　　　　　〔神社本庁〕
八幡社　はちまんしゃ〔社〕
　大分県竹田市次倉　《別称》宮砥皇神　《祭神》応神天皇〔他〕　　　　　〔神社本庁〕
八幡社　はちまんしゃ〔社〕
　大分県豊後高田市真中　《別称》本宮　《祭神》田心姫命〔他〕　　　　　〔神社本庁〕
八幡社　はちまんしゃ〔社〕
　大分県豊後高田市築地　《祭神》誉田別命
　　　　　　　　　　　　　　　〔神社本庁〕
八幡社　はちまんしゃ〔社〕
　大分県西国東郡香々地町　《祭神》応神天皇〔他〕　　　　　　　　　　　〔神社本庁〕
八幡社　はちまんしゃ〔社〕
　大分県東国東郡安岐町　《別称》焼畑八幡　《祭神》誉田別命〔他〕　　　〔神社本庁〕
八幡社　はちまんしゃ〔社〕
　大分県大野郡野津町　《別称》中山八幡社　《祭神》品陀和気命〔他〕　　〔神社本庁〕
八幡社　はちまんしゃ〔社〕
　大分県下毛郡耶馬渓町平田　《別称》城井八幡　《祭神》応神天皇〔他〕　〔神社本庁〕
八幡社《称》　はちまんしゃ〔社〕
　鹿児島県日置郡金峰町・高良神社　《祭神》応神天皇〔他〕　　　　　　　〔神社本庁〕
八幡和気神社　はちまんわけじんじゃ〔社〕
　岡山県赤磐郡熊山町　《祭神》誉田別命〔他〕
　　　　　　　　　　　　　　　〔神社本庁〕
八幡若宮神社　はちまんわかみやじんじゃ〔社〕
　新潟県佐渡市　《祭神》大鷦鷯尊〔神社本庁〕
八幡神社　はちまんじんじゃ〔社〕
　北海道亀田郡恵山町　《別称》尻岸内八幡神社　《祭神》誉田別命　　　　〔神社本庁〕
八幡神社　はちまんじんじゃ〔社〕
　北海道爾志郡乙部町　《別称》乙部八幡　《祭神》誉田別命〔他〕　　　　〔神社本庁〕

16　神社・寺院名よみかた辞典

八幡神社　はちまんじんじゃ〔社〕
北海道白老郡白老町　《別称》白老八幡神社・白老神社　《祭神》誉田別神［他］
〔神社本庁〕

八幡神社　はちまんじんじゃ〔社〕
青森県上北郡横浜町　《祭神》誉田別尊
〔神社本庁〕

八幡神社　はちまんじんじゃ〔社〕
岩手県一関市　《祭神》誉田別命［他］
〔神社本庁〕

八幡神社　はちまんじんじゃ〔社〕
岩手県東磐井郡大東町　《祭神》誉田別命
〔神社本庁〕

八幡神社　はちまんじんじゃ〔社〕
岩手県二戸郡一戸町　《祭神》誉田別命
〔神社本庁〕

八幡神社　はちまんじんじゃ〔社〕
宮城県角田市　《祭神》応神天皇［他］
〔神社本庁〕

八幡神社　はちまんじんじゃ〔社〕
宮城県多賀城市　《祭神》誉田別尊［他］
〔神社本庁〕

八幡神社　はちまんじんじゃ〔社〕
宮城県黒川郡大和町　《祭神》応神天皇
〔神社本庁〕

八幡神社　はちまんじんじゃ〔社〕
宮城県加美郡色麻町　《祭神》誉田別命
〔神社本庁〕

八幡神社　はちまんじんじゃ〔社〕
宮城県玉造郡岩出山町下金沢　《祭神》応神天皇［他］
〔神社本庁〕

八幡神社　はちまんじんじゃ〔社〕
宮城県玉造郡岩出山町下一栗片岸浦　《別称》古館八幡神社　《祭神》応神天皇［他］
〔神社本庁〕

八幡神社　はちまんじんじゃ〔社〕
宮城県栗原郡瀬峰町　《別称》早稲八幡・瀬峰八幡神社　《祭神》応神天皇［他］
〔神社本庁〕

八幡神社　はちまんじんじゃ〔社〕
宮城県登米郡東和町　《祭神》応神天皇
〔神社本庁〕

八幡神社　はちまんじんじゃ〔社〕
宮城県登米郡中田町　《祭神》応神天皇
〔神社本庁〕

八幡神社　はちまんじんじゃ〔社〕
宮城県桃生郡河北町　《別称》亀ケ森八幡神社　《祭神》誉田別命［他］
〔神社本庁〕

八幡神社　はちまんじんじゃ〔社〕
秋田県能代市　《祭神》八幡大神［他］
〔神社本庁〕

八幡神社　はちまんじんじゃ〔社〕
秋田県横手市　《別称》金沢山八幡神社・お山　《祭神》誉田別命［他］　〔神社本庁〕

八幡神社　はちまんじんじゃ〔社〕
秋田県大館市　《祭神》誉田別命［他］
〔神社本庁〕

八幡神社　はちまんじんじゃ〔社〕
秋田県本荘市松ケ崎　《祭神》応神天皇［他］
〔神社本庁〕

八幡神社　はちまんじんじゃ〔社〕
秋田県本荘市谷地町　《祭神》誉田別命［他］
〔神社本庁〕

八幡神社　はちまんじんじゃ〔社〕
秋田県北秋田郡合川町上杉　《祭神》誉田別命［他］　〔神社本庁〕

八幡神社　はちまんじんじゃ〔社〕
秋田県北秋田郡合川町下杉　《祭神》本牟多和気命［他］　〔神社本庁〕

八幡神社　はちまんじんじゃ〔社〕
秋田県山本郡山本町　《祭神》誉田別命［他］
〔神社本庁〕

八幡神社　はちまんじんじゃ〔社〕
秋田県南秋田郡井川町　《祭神》誉田別命［他］
〔神社本庁〕

八幡神社　はちまんじんじゃ〔社〕
秋田県河辺郡河辺町　《祭神》仁徳天皇
〔神社本庁〕

八幡神社　はちまんじんじゃ〔社〕
秋田県仙北郡神岡町　《祭神》保牟田和気命［他］　〔神社本庁〕

八幡神社　はちまんじんじゃ〔社〕
秋田県仙北郡中仙町　《祭神》誉田別命
〔神社本庁〕

八幡神社　はちまんじんじゃ〔社〕
秋田県平鹿郡平鹿町醍醐　《祭神》誉田別命［他］　〔神社本庁〕

八幡神社　はちまんじんじゃ〔社〕
秋田県平鹿郡平鹿町浅舞藤沼　《祭神》誉田別命［他］　〔神社本庁〕

八幡神社　はちまんじんじゃ〔社〕
山形県山形市蔵王成沢　《祭神》誉田別命
〔神社本庁〕

八幡神社　はちまんじんじゃ〔社〕
山形県山形市柏倉　《祭神》応神天皇
〔神社本庁〕

八幡神社　はちまんじんじゃ〔社〕
山形県米沢市　《祭神》誉田別尊　〔神社本庁〕

八幡神社　はちまんじんじゃ〔社〕
山形県鶴岡市　《祭神》誉田別尊［他］
〔神社本庁〕

2画（八）

八幡神社　はちまんじんじゃ〔社〕
山形県酒田市木川　《祭神》玉依姫命［他］
〔神社本庁〕

八幡神社　はちまんじんじゃ〔社〕
山形県酒田市生石　《祭神》誉田別尊［他］
〔神社本庁〕

八幡神社　はちまんじんじゃ〔社〕
山形県新庄市大字鳥越　《祭神》応神天皇
〔神社本庁〕

八幡神社　はちまんじんじゃ〔社〕
山形県新庄市上金沢町　《祭神》応神天皇
〔神社本庁〕

八幡神社　はちまんじんじゃ〔社〕
山形県寒河江市　《祭神》応神天皇［他］
〔神社本庁〕

八幡神社　はちまんじんじゃ〔社〕
山形県上山市　《別称》正八幡　《祭神》誉田別命
〔神社本庁〕

八幡神社　はちまんじんじゃ〔社〕
山形県村山市　《祭神》応神天皇〔神社本庁〕

八幡神社　はちまんじんじゃ〔社〕
山形県長井市　《祭神》仁徳天皇［他］
〔神社本庁〕

八幡神社　はちまんじんじゃ〔社〕
山形県天童市　《別称》清池八幡　《祭神》誉田別尊［他］
〔神社本庁〕

八幡神社　はちまんじんじゃ〔社〕
山形県東根市　《祭神》応神天皇〔神社本庁〕

八幡神社　はちまんじんじゃ〔社〕
山形県西村山郡河北町　《祭神》応神天皇
〔神社本庁〕

八幡神社　はちまんじんじゃ〔社〕
山形県西村山郡大江町　《祭神》応神天皇
〔神社本庁〕

八幡神社　はちまんじんじゃ〔社〕
山形県北村山郡大石田町　《祭神》誉田別命
〔神社本庁〕

八幡神社　はちまんじんじゃ〔社〕
山形県最上郡金山町　《祭神》誉田別命
〔神社本庁〕

八幡神社　はちまんじんじゃ〔社〕
山形県東置賜郡高畠町　《別称》あくつ八幡　《祭神》誉田別命
〔神社本庁〕

八幡神社　はちまんじんじゃ〔社〕
山形県東置賜郡川西町大塚　《祭神》誉田別命
〔神社本庁〕

八幡神社　はちまんじんじゃ〔社〕
山形県東置賜郡川西町州島新町　《祭神》応神天皇［他］
〔神社本庁〕

八幡神社　はちまんじんじゃ〔社〕
山形県西置賜郡白鷹町　《祭神》応神天皇［他］
〔神社本庁〕

八幡神社　はちまんじんじゃ〔社〕
山形県西置賜郡飯豊町　《祭神》応神天皇［他］
〔神社本庁〕

八幡神社　はちまんじんじゃ〔社〕
山形県東田川郡立川町　《祭神》帯中日子命［他］
〔神社本庁〕

八幡神社　はちまんじんじゃ〔社〕
山形県東田川郡余目町　《別称》余目八幡神社　《祭神》玉依姫命［他］
〔神社本庁〕

八幡神社　はちまんじんじゃ〔社〕
山形県東田川郡羽黒町　《祭神》応神天皇［他］
〔神社本庁〕

八幡神社　はちまんじんじゃ〔社〕
山形県東田川郡櫛引町　《別称》山添八幡　《祭神》誉田別命［他］
〔神社本庁〕

八幡神社　はちまんじんじゃ〔社〕
山形県飽海郡遊佐町　《別称》扇宮八幡　《祭神》誉田別命［他］
〔神社本庁〕

八幡神社　やはたじんじゃ〔社〕
山形県飽海郡八幡町　《祭神》足仲津彦命［他］
〔神社本庁〕

八幡神社　はちまんじんじゃ〔社〕
福島県福島市　《祭神》誉田別命［他］
〔神社本庁〕

八幡神社　はちまんじんじゃ〔社〕
福島県相馬市　《別称》涼ヶ岡八幡神社　《祭神》品陀和気命［他］
〔神社本庁〕

八幡神社　はちまんじんじゃ〔社〕
福島県河沼郡河東町　《祭神》品陀和気命
〔神社本庁〕

八幡神社　はちまんじんじゃ〔社〕
福島県石川郡古殿町　《別称》古殿八幡神社　《祭神》誉田別命［他］
〔神社本庁〕

八幡神社　はちまんじんじゃ〔社〕
福島県相馬郡鹿島町　《別称》若宮八幡神社　《祭神》誉田別命
〔単立〕

八幡神社　はちまんじんじゃ〔社〕
栃木県芳賀郡益子町　《祭神》誉田別命［他］
〔神社本庁〕

八幡神社　はちまんじんじゃ〔社〕
埼玉県熊谷市　《祭神》誉田別命［他］
〔神社本庁〕

八幡神社　はちまんじんじゃ〔社〕
埼玉県所沢市　《別称》鳩峯八幡様　《祭神》誉田別尊［他］
〔神社本庁〕

八幡神社　はちまんじんじゃ〔社〕
埼玉県東松山市　《祭神》誉田別尊［他］
〔神社本庁〕

2画（八）

八幡神社　はちまんじんじゃ〔社〕
　埼玉県春日部市　《別称》新方荘総社・春日部八幡神社　《祭神》誉田別尊[他]
　〔神社本庁〕

八幡神社　はちまんじんじゃ〔社〕
　埼玉県深谷市　《別称》上野台八幡神社　《祭神》品陀和気命　〔神社本庁〕

八幡神社　はちまんじんじゃ〔社〕
　埼玉県八潮市　《祭神》誉田別尊　〔神社本庁〕

八幡神社　はちまんじんじゃ〔社〕
　埼玉県比企郡嵐山町　《祭神》誉田別尊[他]
　〔神社本庁〕

八幡神社　はちまんじんじゃ〔社〕
　埼玉県児玉郡児玉町　《別称》八幡さま　《祭神》応神天皇[他]　〔神社本庁〕

八幡神社　はちまんじんじゃ〔社〕
　埼玉県南埼玉郡白岡町　《別称》白岡八幡宮　《祭神》仲哀天皇[他]　〔神社本庁〕

八幡神社　はちまんじんじゃ〔社〕
　千葉県館山市　《別称》鶴谷八幡神社　《祭神》品陀和気命[他]　〔神社本庁〕

八幡神社　はちまんじんじゃ〔社〕
　千葉県野田市　《祭神》応神天皇　〔神社本庁〕

八幡神社　はちまんじんじゃ〔社〕
　千葉県茂原市　《祭神》誉田別尊　〔神社本庁〕

八幡神社　はちまんじんじゃ〔社〕
　千葉県成田市　《祭神》応神天皇　〔神社本庁〕

八幡神社　はちまんじんじゃ〔社〕
　千葉県習志野市　《別称》誉田八幡神社　《祭神》誉田別之命　〔神社本庁〕

八幡神社　はちまんじんじゃ〔社〕
　千葉県市原市　《祭神》誉田別尊　〔神社本庁〕

八幡神社　はちまんじんじゃ〔社〕
　千葉県鴨川市　《別称》吉保八幡　《祭神》誉田別命[他]　〔神社本庁〕

八幡神社　はちまんじんじゃ〔社〕
　千葉県君津市　《別称》鶴舞八幡　《祭神》誉田別命　〔神社本庁〕

八幡神社　はちまんじんじゃ〔社〕
　千葉県山武郡大網白里町　《祭神》応神天皇　〔神社本庁〕

八幡神社　はちまんじんじゃ〔社〕
　千葉県長生郡長南町　《祭神》誉田別命　〔神社本庁〕

八幡神社　はちまんじんじゃ〔社〕
　東京都港区　《別称》西久保八幡さま　《祭神》品陀和気命[他]　〔神社本庁〕

八幡神社　はちまんじんじゃ〔社〕
　東京都新宿区市ヶ谷八幡町　《祭神》応神天皇[他]　〔神社本庁〕

八幡神社　はちまんじんじゃ〔社〕
　東京都新宿区筑土八幡町　《別称》つくど八幡神社　《祭神》応神天皇[他]　〔神社本庁〕

八幡神社　はちまんじんじゃ〔社〕
　東京都品川区戸越　《別称》戸越八幡神社　《祭神》誉田別命　〔神社本庁〕

八幡神社　はちまんじんじゃ〔社〕
　東京都品川区旗の台　《別称》旗ヶ岡八幡　《祭神》誉田別尊　〔神社本庁〕

八幡神社　はちまんじんじゃ〔社〕
　東京都大田区蒲田　《別称》蒲田八幡神社　《祭神》誉田別尊　〔神社本庁〕

八幡神社　はちまんじんじゃ〔社〕
　東京都大田区南馬込　《祭神》品陀和気命　〔神社本庁〕

八幡神社　はちまんじんじゃ〔社〕
　東京都大田区仲池上　《別称》根方八幡・子安八幡　《祭神》品陀和気命[他]　〔神社本庁〕

八幡神社　はちまんじんじゃ〔社〕
　東京都渋谷区渋谷　《別称》金王八幡宮　《祭神》応神天皇　〔神社本庁〕

八幡神社　はちまんじんじゃ〔社〕
　東京都渋谷区代々木　《別称》代々木八幡宮　《祭神》応神天皇[他]　〔神社本庁〕

八幡神社　はちまんじんじゃ〔社〕
　東京都渋谷区千駄ヶ谷　《別称》鳩森八幡　《祭神》応神天皇[他]　〔神社本庁〕

八幡神社　はちまんじんじゃ〔社〕
　東京都中野区　《別称》鷺宮　《祭神》誉田別命　〔神社本庁〕

八幡神社　はちまんじんじゃ〔社〕
　東京都杉並区　《別称》荻窪八幡　《祭神》応神天皇　〔神社本庁〕

八幡神社　はちまんじんじゃ〔社〕
　東京都北区　《祭神》帯中津日子命[他]
　〔神社本庁〕

八幡神社　はちまんじんじゃ〔社〕
　東京都荒川区　《別称》尾久八幡神社　《祭神》応神天皇　〔神社本庁〕

八幡神社　はちまんじんじゃ〔社〕
　東京都八王子市　《別称》元八王子・八幡さま　《祭神》応神天皇　〔神社本庁〕

八幡神社　はちまんじんじゃ〔社〕
　神奈川県横浜市磯子区西町　《別称》榊八幡・根岸八幡神社　《祭神》誉田別命
　〔神社本庁〕

八幡神社　はちまんじんじゃ〔社〕
　神奈川県横浜市磯子区原町　《別称》やわた橋八幡神社　《祭神》誉田別命[他]
　〔神社本庁〕

神社・寺院名よみかた辞典　*19*

2画（八）

八幡神社　はちまんじんじゃ〔社〕
　神奈川県横浜市磯子区杉田町　《別称》八幡
　さま　《祭神》誉田別尊　〔神社本庁〕

八幡神社　はちまんじんじゃ〔社〕
　神奈川県横浜市金沢区寺前町　《別称》金沢
　八幡　《祭神》応神天皇　〔神社本庁〕

八幡神社　はちまんじんじゃ〔社〕
　神奈川県平塚市　《別称》平塚八幡神社　《祭
　神》応神天皇［他］　〔神社本庁〕

八幡神社　はちまんじんじゃ〔社〕
　神奈川県秦野市　《祭神》誉田別尊［他］
　　　　　　　　　　　　　　　〔神社本庁〕

八幡神社　はちまんじんじゃ〔社〕
　神奈川県足柄上郡中井町　《祭神》誉田別命
　［他］　〔神社本庁〕

八幡神社　はちまんじんじゃ〔社〕
　神奈川県津久井郡城山町　《別称》川尻八幡
　神社・並木の八幡さま　《祭神》応神天皇
　　　　　　　　　　　　　　　〔神社本庁〕

八幡神社　はちまんじんじゃ〔社〕
　新潟県東蒲原郡津川町　《祭神》足仲彦命
　　　　　　　　　　　　　　　〔神社本庁〕

八幡神社　はちまんじんじゃ〔社〕
　石川県七尾市　《祭神》息長足姫命［他］
　　　　　　　　　　　　　　　〔神社本庁〕

八幡神社　はちまんじんじゃ〔社〕
　石川県小松市　《別称》金野八幡　《祭神》応
　神天皇［他］　〔神社本庁〕

八幡神社　はちまんじんじゃ〔社〕
　福井県福井市古市町　《別称》古市八幡宮
　《祭神》誉田別尊［他］　〔神社本庁〕

八幡神社　はちまんじんじゃ〔社〕
　福井県福井市和田東町　《祭神》応神天皇［他］
　　　　　　　　　　　　　　　〔神社本庁〕

八幡神社　はちまんじんじゃ〔社〕
　福井県敦賀市　《別称》八幡宮　《祭神》誉田
　別尊［他］　〔神社本庁〕

八幡神社　はちまんじんじゃ〔社〕
　福井県武生市　《別称》お八幡さん　《祭神》
　誉田別尊　〔神社本庁〕

八幡神社　はちまんじんじゃ〔社〕
　福井県小浜市　《別称》八幡さん　《祭神》応
　神天皇［他］　〔神社本庁〕

八幡神社　はちまんじんじゃ〔社〕
　福井県足羽郡美山町中手　《別称》樺八幡宮
　《祭神》応神天皇［他］　〔神社本庁〕

八幡神社　はちまんじんじゃ〔社〕
　福井県足羽郡美山町大宮　《祭神》誉田別尊
　［他］　〔神社本庁〕

八幡神社　はちまんじんじゃ〔社〕
　福井県坂井郡丸岡町　《祭神》応神天皇
　　　　　　　　　　　　　　　〔神社本庁〕

八幡神社　はちまんじんじゃ〔社〕
　福井県坂井郡坂井町　《祭神》応神天皇
　　　　　　　　　　　　　　　〔神社本庁〕

八幡神社　はちまんじんじゃ〔社〕
　福井県今立郡今立町　《祭神》天万栲幡千幡
　比売命［他］　〔神社本庁〕

八幡神社　はちまんじんじゃ〔社〕
　福井県丹生郡越廼村　《祭神》応神天皇
　　　　　　　　　　　　　　　〔神社本庁〕

八幡神社　はちまんじんじゃ〔社〕
　山梨県甲府市古府中町　《祭神》誉田別命［他］
　　　　　　　　　　　　　　　〔神社本庁〕

八幡神社　はちまんじんじゃ〔社〕
　山梨県甲府市飯田町　《祭神》誉田別命
　　　　　　　　　　　　　　　〔神社本庁〕

八幡神社　はちまんじんじゃ〔社〕
　山梨県甲府市千塚町　《祭神》誉田別命［他］
　　　　　　　　　　　　　　　〔神社本庁〕

八幡神社　はちまんじんじゃ〔社〕
　山梨県東八代郡石和町　《祭神》応神天皇［他］
　　　　　　　　　　　　　　　〔神社本庁〕

八幡神社　はちまんじんじゃ〔社〕
　山梨県南巨摩郡鰍沢町　《祭神》誉田別命［他］
　　　　　　　　　　　　　　　〔神社本庁〕

八幡神社　はちまんじんじゃ〔社〕
　山梨県南巨摩郡中富町下田原　《祭神》品陀
　和気命　〔神社本庁〕

八幡神社　はちまんじんじゃ〔社〕
　山梨県南巨摩郡中富町八日市場　《祭神》応
　神天皇　〔神社本庁〕

八幡神社　はちまんじんじゃ〔社〕
　山梨県南巨摩郡南部町　《別称》内船八幡神
　社　《祭神》誉田別命　〔神社本庁〕

八幡神社　はちまんじんじゃ〔社〕
　山梨県中巨摩郡玉穂町　《祭神》帯中日子命
　［他］　〔神社本庁〕

八幡神社　はちまんじんじゃ〔社〕
　山梨県中巨摩郡田富町　《祭神》誉田別命
　　　　　　　　　　　　　　　〔神社本庁〕

八幡神社　はちまんじんじゃ〔社〕
　山梨県南都留郡西桂町小沼　《祭神》誉田別
　尊　〔神社本庁〕

八幡神社　はちまんじんじゃ〔社〕
　長野県北安曇郡池田町　《祭神》誉田別尊［他］
　　　　　　　　　　　　　　　〔神社本庁〕

八幡神社　はちまんじんじゃ〔社〕
　岐阜県岐阜市　《別称》菅生八幡神社　《祭
　神》応神天皇［他］　〔神社本庁〕

2画（八）

八幡神社　はちまんじんじゃ〔社〕
岐阜県大垣市西外側町　《祭神》応神天皇〔他〕
〔神社本庁〕

八幡神社　はちまんじんじゃ〔社〕
岐阜県大垣市多芸島町　《祭神》応神天皇
〔神社本庁〕

八幡神社　はちまんじんじゃ〔社〕
岐阜県大垣市開発町　《祭神》応神天皇〔他〕
〔神社本庁〕

八幡神社　はちまんじんじゃ〔社〕
岐阜県高山市　《別称》桜山八幡宮　《祭神》応神天皇〔他〕
〔神社本庁〕

八幡神社　はちまんじんじゃ〔社〕
岐阜県関市　《祭神》誉田別尊〔他〕
〔神社本庁〕

八幡神社　はちまんじんじゃ〔社〕
岐阜県中津川市　《祭神》応神天皇
〔神社本庁〕

八幡神社　はちまんじんじゃ〔社〕
岐阜県美濃市　《祭神》応神天皇　〔神社本庁〕

八幡神社　はちまんじんじゃ〔社〕
岐阜県羽島市　《祭神》応神天皇〔他〕
〔神社本庁〕

八幡神社　はちまんじんじゃ〔社〕
岐阜県土岐市　《祭神》八幡大神　〔神社本庁〕

八幡神社　はちまんじんじゃ〔社〕
岐阜県可児市　《祭神》崇神天皇〔他〕
〔神社本庁〕

八幡神社　はちまんじんじゃ〔社〕
岐阜県郡上市　《祭神》応神天皇　〔神社本庁〕

八幡神社　はちまんじんじゃ〔社〕
岐阜県下呂市　《別称》森八幡神社　《祭神》応神天皇〔他〕
〔単立〕

八幡神社　はちまんじんじゃ〔社〕
岐阜県下呂市　《別称》祖師野の宮　《祭神》応神天皇
〔神社本庁〕

八幡神社　はちまんじんじゃ〔社〕
岐阜県羽島郡笠松町　《祭神》応神天皇
〔神社本庁〕

八幡神社　はちまんじんじゃ〔社〕
岐阜県海津郡海津町　《祭神》応神天皇
〔神社本庁〕

八幡神社　はちまんじんじゃ〔社〕
岐阜県海津郡南濃町　《祭神》応神天皇〔他〕
〔神社本庁〕

八幡神社　はちまんじんじゃ〔社〕
岐阜県養老郡養老町小倉　《祭神》応神天皇
〔神社本庁〕

八幡神社　はちまんじんじゃ〔社〕
岐阜県養老郡養老町船附　《別称》船附八幡神社　《祭神》応神天皇〔他〕
〔神社本庁〕

八幡神社　はちまんじんじゃ〔社〕
岐阜県不破郡関ヶ原町　《祭神》応神天皇
〔神社本庁〕

八幡神社　はちまんじんじゃ〔社〕
岐阜県揖斐郡大野町　《別称》南八幡様　《祭神》応神天皇
〔神社本庁〕

八幡神社　はちまんじんじゃ〔社〕
岐阜県揖斐郡池田町　《祭神》応神天皇
〔神社本庁〕

八幡神社　はちまんじんじゃ〔社〕
岐阜県揖斐郡久瀬村　《祭神》応神天皇〔他〕
〔神社本庁〕

八幡神社　はちまんじんじゃ〔社〕
岐阜県武儀郡武芸川町　《別称》武芸八幡神社　《祭神》応神天皇
〔神社本庁〕

八幡神社　はちまんじんじゃ〔社〕
岐阜県武儀郡上之保村　《祭神》応神天皇〔他〕
〔神社本庁〕

八幡神社　はちまんじんじゃ〔社〕
岐阜県可児郡御嵩町井尻　《別称》八幡様　《祭神》応神天皇〔他〕
〔神社本庁〕

八幡神社　はちまんじんじゃ〔社〕
岐阜県可児郡御嵩町顔戸　《祭神》応神天皇
〔神社本庁〕

八幡神社　はちまんじんじゃ〔社〕
岐阜県恵那郡岩村町　《祭神》誉田別之命〔他〕
〔神社本庁〕

八幡神社　はちまんじんじゃ〔社〕
岐阜県大野郡久々野町　《祭神》応神天皇
〔神社本庁〕

八幡神社　はちまんじんじゃ〔社〕
静岡県静岡市　《祭神》品陀和気命
〔神社本庁〕

八幡神社　はちまんじんじゃ〔社〕
静岡県静岡市　《祭神》応神天皇〔他〕
〔神社本庁〕

八幡神社　はちまんじんじゃ〔社〕
静岡県島田市　《祭神》誉田別命　〔神社本庁〕

八幡神社　はちまんじんじゃ〔社〕
静岡県藤枝市　《祭神》品陀和気命〔他〕
〔神社本庁〕

八幡神社　はちまんじんじゃ〔社〕
静岡県天竜市横山　《祭神》誉田別尊
〔神社本庁〕

八幡神社　はちまんじんじゃ〔社〕
静岡県天竜市山東　《祭神》誉田別命
〔神社本庁〕

八幡神社　はちまんじんじゃ〔社〕
静岡県浜北市　《祭神》誉田別之命〔他〕
〔神社本庁〕

2画(八)

八幡神社　はちまんじんじゃ〔社〕
静岡県湖西市　《別称》お諏訪さま　《祭神》建御名方命[他]
〔神社本庁〕

八幡神社　はちまんじんじゃ〔社〕
静岡県駿東郡清水町　《別称》やはたはちまん　《祭神》応神天皇[他]
〔神社本庁〕

八幡神社　はちまんじんじゃ〔社〕
静岡県榛原郡相良町　《祭神》誉田別命[他]
〔神社本庁〕

八幡神社　はちまんじんじゃ〔社〕
静岡県榛原郡吉田町
〔神社本庁〕

八幡神社　はちまんじんじゃ〔社〕
静岡県榛原郡金谷町　《祭神》誉田別命
〔神社本庁〕

八幡神社　はちまんじんじゃ〔社〕
静岡県磐田郡浅羽町　《祭神》息長帯比売命[他]
〔神社本庁〕

八幡神社　はちまんじんじゃ〔社〕
静岡県磐田郡浅羽町浅岡　《祭神》息長帯比売命[他]
〔神社本庁〕

八幡神社　はちまんじんじゃ〔社〕
静岡県磐田郡浅羽町梅山　《別称》浅羽三社　《祭神》帯仲日子命[他]
〔神社本庁〕

八幡神社《称》　はちまんじんじゃ〔社〕
愛知県名古屋市中区・泥江県神社　《祭神》三女神[他]
〔神社本庁〕

八幡神社　はちまんじんじゃ〔社〕
愛知県豊橋市二川町　《別称》二川八幡神社　《祭神》応神天皇
〔神社本庁〕

八幡神社　はちまんじんじゃ〔社〕
愛知県知多市　《別称》尾張八幡神社　《祭神》誉田別命[他]
〔神社本庁〕

八幡神社　はちまんじんじゃ〔社〕
愛知県東加茂郡旭町　《別称》八幡さま　《祭神》品陀和気命[他]
〔神社本庁〕

八幡神社　はちまんじんじゃ〔社〕
愛知県東加茂郡稲武町　《別称》子安八幡　《祭神》誉田別天皇[他]
〔神社本庁〕

八幡神社　はちまんじんじゃ〔社〕
愛知県北設楽郡設楽町　《別称》八幡さま　《祭神》応神天皇[他]
〔神社本庁〕

八幡神社　はちまんじんじゃ〔社〕
三重県津市　《祭神》応神天皇[他]
〔神社本庁〕

八幡神社　はちまんじんじゃ〔社〕
滋賀県彦根市　《祭神》応神天皇
〔神社本庁〕

八幡神社　はちまんじんじゃ〔社〕
京都府船井郡日吉町　《別称》厄神さん　《祭神》応神天皇[他]
〔神社本庁〕

八幡神社　はちまんじんじゃ〔社〕
京都府与謝郡野田川町　《祭神》誉田別命[他]
〔神社本庁〕

八幡神社　はちまんじんじゃ〔社〕
兵庫県神戸市兵庫区　《別称》湊八幡神社　《祭神》応神天皇
〔神社本庁〕

八幡神社　はちまんじんじゃ〔社〕
兵庫県神戸市須磨区　《別称》厄除八幡宮　《祭神》応神天皇
〔神社本庁〕

八幡神社　はちまんじんじゃ〔社〕
兵庫県神戸市北区淡河町　《別称》おうご八幡神社　《祭神》応神天皇[他]
〔神社本庁〕

八幡神社　はちまんじんじゃ〔社〕
兵庫県神戸市北区山田町　《祭神》八幡大神
〔神社本庁〕

八幡神社　はちまんじんじゃ〔社〕
兵庫県神戸市中央区熊内町　《別称》権現さん・熊内八幡神社　《祭神》彦火火出見尊[他]
〔神社本庁〕

八幡神社　はちまんじんじゃ〔社〕
兵庫県神戸市中央区　《別称》小野八幡神社　《祭神》応神天皇
〔神社本庁〕

八幡神社　はちまんじんじゃ〔社〕
兵庫県神戸市西区　《別称》田中八幡神社　《祭神》玉依姫命[他]
〔神社本庁〕

八幡神社　はちまんじんじゃ〔社〕
兵庫県姫路市林田町　《祭神》誉田別命[他]
〔神社本庁〕

八幡神社　はちまんじんじゃ〔社〕
兵庫県西宮市神明町　《祭神》八幡皇大神
〔神社本庁〕

八幡神社　はちまんじんじゃ〔社〕
兵庫県西宮市上甲子園　《別称》四社大神宮　《祭神》天照皇大神[他]
〔神社本庁〕

八幡神社　はちまんじんじゃ〔社〕
兵庫県洲本市山手　《別称》洲本八幡　《祭神》誉田別尊[他]
〔神社本庁〕

八幡神社　はちまんじんじゃ〔社〕
兵庫県洲本市炬口　《祭神》応神天皇[他]
〔神社本庁〕

八幡神社　はちまんじんじゃ〔社〕
兵庫県洲本市安乎町　《別称》浜の宮　《祭神》仲哀天皇[他]
〔神社本庁〕

八幡神社　はちまんじんじゃ〔社〕
兵庫県芦屋市　《祭神》八幡大神
〔神社本庁〕

八幡神社　はちまんじんじゃ〔社〕
兵庫県相生市　《別称》那波八幡　《祭神》応神天皇
〔神社本庁〕

八幡神社　やはたじんじゃ〔社〕
兵庫県加古川市八幡町　《別称》宗佐厄神　《祭神》品陀別命[他]
〔神社本庁〕

八幡神社　はちまんじんじゃ〔社〕
　兵庫県加古川市西神吉町　《祭神》誉田別尊
　　　　　　　　　　　　　　　〔神社本庁〕
八幡神社　はちまんじんじゃ〔社〕
　兵庫県加古川市志方町　《別称》しかたおおみや　《祭神》応神天皇[他]　〔神社本庁〕
八幡神社　はちまんじんじゃ〔社〕
　兵庫県赤穂市東有年　《別称》うねはちまん　《祭神》誉田別命[他]　〔神社本庁〕
八幡神社　はちまんじんじゃ〔社〕
　兵庫県赤穂市大津　《別称》大津八幡神社　《祭神》誉田別尊　〔神社本庁〕
八幡神社　はちまんじんじゃ〔社〕
　兵庫県小野市　《祭神》応神天皇[他]
　　　　　　　　　　　　　　　〔神社本庁〕
八幡神社　はちまんじんじゃ〔社〕
　兵庫県篠山市　《祭神》応神天皇[他]
　　　　　　　　　　　　　　　〔神社本庁〕
八幡神社　はちまんじんじゃ〔社〕
　兵庫県揖保郡新宮町　《祭神》仲哀天皇[他]
　　　　　　　　　　　　　　　〔神社本庁〕
八幡神社　はちまんじんじゃ〔社〕
　兵庫県佐用郡上月町　《祭神》誉田別尊
　　　　　　　　　　　　　　　〔神社本庁〕
八幡神社　はちまんじんじゃ〔社〕
　兵庫県佐用郡三日月町　《祭神》応神天皇[他]
　　　　　　　　　　　　　　　〔神社本庁〕
八幡神社　はちまんじんじゃ〔社〕
　兵庫県宍粟郡山崎町　《祭神》仲哀天皇[他]
　　　　　　　　　　　　　　　〔神社本庁〕
八幡神社　はちまんじんじゃ〔社〕
　兵庫県宍粟郡波賀町　《別称》波賀八幡　《祭神》応神天皇[他]　〔神社本庁〕
八幡神社　はちまんじんじゃ〔社〕
　兵庫県美方郡温泉町　《祭神》応神天皇[他]
　　　　　　　　　　　　　　　〔神社本庁〕
八幡神社　はちまんじんじゃ〔社〕
　兵庫県朝来郡朝来町山口　《祭神》誉田別尊
　　　　　　　　　　　　　　　〔神社本庁〕
八幡神社　はちまんじんじゃ〔社〕
　兵庫県朝来郡朝来町物部　《別称》もののべ八幡　《祭神》品陀和気命[他]　〔神社本庁〕
八幡神社　はちまんじんじゃ〔社〕
　兵庫県氷上郡柏原町　《祭神》誉田別[他]
　　　　　　　　　　　　　　　〔神社本庁〕
八幡神社　はちまんじんじゃ〔社〕
　兵庫県津名郡北淡町石田　《別称》富島八幡神社　《祭神》応神天皇[他]　〔神社本庁〕
八幡神社　はちまんじんじゃ〔社〕
　兵庫県津名郡北淡町育波　《祭神》応神天皇　　　　　　　　　　　〔神社本庁〕

八幡神社　はちまんじんじゃ〔社〕
　兵庫県津名郡一宮町草香　《別称》草香八幡宮・草香八幡神社　《祭神》誉田別命
　　　　　　　　　　　　　　　〔神社本庁〕
八幡神社　はちまんじんじゃ〔社〕
　兵庫県津名郡一宮町山田　《祭神》足仲彦命[他]　〔神社本庁〕
八幡神社　はちまんじんじゃ〔社〕
　兵庫県津名郡五色町都志大宮　《祭神》応神天皇[他]　〔神社本庁〕
八幡神社　はちまんじんじゃ〔社〕
　兵庫県津名郡五色町広石中　《祭神》誉田別尊　〔神社本庁〕
八幡神社　はちまんじんじゃ〔社〕
　兵庫県三原郡緑町倭文庄田　《別称》庄田八幡神社　《祭神》誉田別命[他]　〔神社本庁〕
八幡神社　はちまんじんじゃ〔社〕
　兵庫県三原郡緑町1034　《祭神》誉田別尊
　　　　　　　　　　　　　　　〔神社本庁〕
八幡神社　はちまんじんじゃ〔社〕
　兵庫県三原郡西淡町　《別称》猪守八幡宮　《祭神》誉田別命　〔神社本庁〕
八幡神社　はちまんじんじゃ〔社〕
　兵庫県三原郡三原町神代　《別称》こうだ八幡宮　《祭神》八幡大神[他]　〔神社本庁〕
八幡神社　はちまんじんじゃ〔社〕
　兵庫県三原郡三原町八木　《祭神》誉田別命[他]　〔神社本庁〕
八幡神社　はちまんじんじゃ〔社〕
　兵庫県三原郡南淡町阿万上町　《別称》阿万亀岡八幡宮　《祭神》応神天皇[他]　〔神社本庁〕
八幡神社　はちまんじんじゃ〔社〕
　兵庫県三原郡南淡町賀集　《別称》やはたはちまん　《祭神》応神天皇[他]　〔神社本庁〕
八幡神社　はちまんじんじゃ〔社〕
　兵庫県三原郡南淡町2522-1　《祭神》足仲津彦命[他]　〔神社本庁〕
八幡神社　はちまんじんじゃ〔社〕
　兵庫県三原郡南淡町福良　《別称》福良八幡神社　《祭神》誉田別尊　〔神社本庁〕
八幡神社《称》　はちまんじんじゃ〔社〕
　和歌山県那賀郡粉河町・鞆淵八幡神社　《祭神》応神天皇[他]　〔神社本庁〕
八幡神社　はちまんじんじゃ〔社〕
　和歌山県日高郡南部町　《別称》藤の宮　《祭神》誉田別命[他]　〔神社本庁〕
八幡神社　はちまんじんじゃ〔社〕
　鳥取県米子市　《祭神》誉田別尊[他]
　　　　　　　　　　　　　　　〔神社本庁〕

神社・寺院名よみかた辞典　23

2画（八）

八幡神社　はちまんじんじゃ〔社〕
　鳥取県東伯郡北条町　《祭神》誉田別尊［他］
　　　　　　　　　　　　　　　　〔神社庁〕
八幡神社　はちまんじんじゃ〔社〕
　島根県邑智郡瑞穂町　《別称》田所八幡神社
　《祭神》天照大神［他］　　〔神社本庁〕
八幡神社　はちまんじんじゃ〔社〕
　岡山県岡山市下足守　《別称》足守八幡神社
　《祭神》応神天皇［他］　　〔神社本庁〕
八幡神社　はちまんじんじゃ〔社〕
　岡山県倉敷市　《別称》清田八幡神社・八幡
　宮　《祭神》応神天皇［他］〔神社本庁〕
八幡神社　はちまんじんじゃ〔社〕
　岡山県津山市　《別称》鶴山八幡宮　《祭神》
　誉田別［他］　　　　　　　〔神社本庁〕
八幡神社　はちまんじんじゃ〔社〕
　岡山県高梁市川面町　《祭神》神功皇后［他］
　　　　　　　　　　　　　　　〔神社本庁〕
八幡神社　はちまんじんじゃ〔社〕
　岡山県高梁市和田町　《祭神》天照皇大神［他］
　　　　　　　　　　　　　　　〔神社本庁〕
八幡神社　はちまんじんじゃ〔社〕
　岡山県新見市　《祭神》品陀和気命［他］
　　　　　　　　　　　　　　　〔神社本庁〕
八幡神社　はちまんじんじゃ〔社〕
　岡山県上房郡賀陽町　《別称》大八幡神社
　《祭神》応神天皇［他］　　〔神社本庁〕
八幡神社　はちまんじんじゃ〔社〕
　岡山県川上郡成羽町　《祭神》帯中日子天皇
　［他］　　　　　　　　　　　〔神社本庁〕
八幡神社　はちまんじんじゃ〔社〕
　岡山県阿哲郡哲多町　《祭神》誉田別命［他］
　　　　　　　　　　　　　　　〔神社本庁〕
八幡神社　はちまんじんじゃ〔社〕
　岡山県真庭郡湯原町木津　《祭神》誉田別
　命　　　　　　　　　　　　〔神社本庁〕
八幡神社　はちまんじんじゃ〔社〕
　岡山県真庭郡湯原町見明戸　《別称》見明戸
　八幡神社　《祭神》息長帯姫命［他］
　　　　　　　　　　　　　　　〔神社本庁〕
八幡神社　はちまんじんじゃ〔社〕
　岡山県真庭郡久世町　《祭神》誉田別命［他］
　　　　　　　　　　　　　　　〔神社本庁〕
八幡神社　はちまんじんじゃ〔社〕
　岡山県勝田郡勝央町　《祭神》誉田別尊［他］
　　　　　　　　　　　　　　　〔神社本庁〕
八幡神社　はちまんじんじゃ〔社〕
　岡山県勝田郡勝北町　《祭神》品陀和気命［他］
　　　　　　　　　　　　　　　〔神社本庁〕

八幡神社　はちまんじんじゃ〔社〕
　岡山県久米郡中央町　《別称》一の宮　《祭
　神》誉田別命［他］　　　　〔神社本庁〕
八幡神社　はちまんじんじゃ〔社〕
　岡山県久米郡久米町　《祭神》応神天皇［他］
　　　　　　　　　　　　　　　〔神社本庁〕
八幡神社　はちまんじんじゃ〔社〕
　岡山県久米郡柵原町　《別称》藤原八幡　《祭
　神》誉田別尊［他］　　　　〔神社本庁〕
八幡神社　はちまんじんじゃ〔社〕
　広島県広島市佐伯区　《別称》八幡社　《祭
　神》帯仲津日子命［他］　　〔神社本庁〕
八幡神社　はちまんじんじゃ〔社〕
　広島県呉市　《祭神》帯中津日子命［他］
　　　　　　　　　　　　　　　〔神社本庁〕
八幡神社　はちまんじんじゃ〔社〕
　広島県尾道市　《祭神》帯中津日子命［他］
　　　　　　　　　　　　　　　〔神社本庁〕
八幡神社　はちまんじんじゃ〔社〕
　広島県福山市芦田町　《祭神》応神天皇
　　　　　　　　　　　　　　　〔神社本庁〕
八幡神社　はちまんじんじゃ〔社〕
　広島県福山市神村町　《別称》八幡さん　《祭
　神》誉田別尊［他］　　　　〔神社本庁〕
八幡神社　はちまんじんじゃ〔社〕
　広島県福山市　《祭神》応神天皇　〔神社本庁〕
八幡神社　はちまんじんじゃ〔社〕
　広島県府中市　《別称》八幡様　《祭神》竈神
　［他］　　　　　　　　　　　〔神社本庁〕
八幡神社　はちまんじんじゃ〔社〕
　広島県山県郡千代田町南方　《祭神》品陀和
　気命　　　　　　　　　　　〔神社本庁〕
八幡神社　はちまんじんじゃ〔社〕
　広島県山県郡千代田町今田　《祭神》品陀和
　気命［他］　　　　　　　　〔神社本庁〕
八幡神社　はちまんじんじゃ〔社〕
　広島県豊田郡瀬戸田町　《別称》沢八幡　《祭
　神》品陀和気命［他］　　　〔神社本庁〕
八幡神社　はちまんじんじゃ〔社〕
　広島県御調郡向島町　《別称》西の宮・亀森八
　幡宮　《祭神》品陀和気命［他］〔神社本庁〕
八幡神社　はちまんじんじゃ〔社〕
　広島県深安郡神辺町　《別称》郷領八幡宮
　《祭神》息長足姫命［他］　〔神社本庁〕
八幡神社　はちまんじんじゃ〔社〕
　広島県神石郡油木町　《別称》亀鶴山八幡神
　社・八幡様　《祭神》神功皇后［他］
　　　　　　　　　　　　　　　〔神社本庁〕
八幡神社　はちまんじんじゃ〔社〕
　徳島県徳島市八万町　《別称》銅の鳥居の八
　幡さん　《祭神》応神天皇［他］〔神社本庁〕

2画（八）

八幡神社　はちまんじんじゃ〔社〕
　徳島県徳島市下助任町　《祭神》誉田別命[他]
　　　　　　　　　　　　　　　　〔神社本庁〕

八幡神社　はちまんじんじゃ〔社〕
　徳島県徳島市伊賀町　《祭神》応神天皇[他]
　　　　　　　　　　　　　　　　〔神社本庁〕

八幡神社　はちまんじんじゃ〔社〕
　徳島県徳島市南島田町　《祭神》応神天皇
　　　　　　　　　　　　　　　　〔神社本庁〕

八幡神社　はちまんじんじゃ〔社〕
　徳島県徳島市国府町井戸　《祭神》応神天皇
　[他]　　　　　　　　　　　　　〔神社本庁〕

八幡神社　はちまんじんじゃ〔社〕
　徳島県徳島市国府町芝原　《祭神》応神天皇
　[他]　　　　　　　　　　　　　〔神社本庁〕

八幡神社　はちまんじんじゃ〔社〕
　徳島県小松島市立江町　《祭神》誉田別命[他]
　　　　　　　　　　　　　　　　〔神社本庁〕

八幡神社　はちまんじんじゃ〔社〕
　徳島県阿南市　《祭神》誉田別命[他]
　　　　　　　　　　　　　　　　〔神社本庁〕

八幡神社　はちまんじんじゃ〔社〕
　徳島県勝浦郡勝浦町　《別称》氏神様　《祭
　神》誉田別命　　　　　　　　　〔神社本庁〕

八幡神社　はちまんじんじゃ〔社〕
　徳島県名西郡神山町　《祭神》彦火火出見神
　[他]　　　　　　　　　　　　　〔神社本庁〕

八幡神社　はちまんじんじゃ〔社〕
　徳島県那賀郡那賀川町三栗堤下　《祭神》応
　神天皇　　　　　　　　　　　　〔神社本庁〕

八幡神社　はちまんじんじゃ〔社〕
　徳島県那賀郡那賀川町八幡石川原　《祭神》
　誉田別命　　　　　　　　　　　〔神社本庁〕

八幡神社　はちまんじんじゃ〔社〕
　徳島県那賀郡上那賀町　《祭神》誉田別命[他]
　　　　　　　　　　　　　　　　〔神社本庁〕

八幡神社　はちまんじんじゃ〔社〕
　徳島県海部郡牟岐町　《祭神》誉田別命[他]
　　　　　　　　　　　　　　　　〔神社本庁〕

八幡神社　はちまんじんじゃ〔社〕
　徳島県海部郡海南町　《祭神》誉田別命[他]
　　　　　　　　　　　　　　　　〔神社本庁〕

八幡神社　はちまんじんじゃ〔社〕
　徳島県板野郡板野町下庄栖養　《祭神》応神
　天皇[他]　　　　　　　　　　　〔神社本庁〕

八幡神社　はちまんじんじゃ〔社〕
　徳島県板野郡板野町矢武鏡松　《祭神》応神
　天皇　　　　　　　　　　　　　〔神社本庁〕

八幡神社　はちまんじんじゃ〔社〕
　徳島県麻植郡鴨島町　《祭神》応神天皇[他]
　　　　　　　　　　　　　　　　〔神社本庁〕

八幡神社　はちまんじんじゃ〔社〕
　徳島県麻植郡山川町　《祭神》三女神[他]
　　　　　　　　　　　　　　　　〔神社本庁〕

八幡神社　はちまんじんじゃ〔社〕
　徳島県美馬郡脇町　《別称》上野の八幡さま
　《祭神》誉田別命　　　　　　　〔神社本庁〕

八幡神社　はちまんじんじゃ〔社〕
　徳島県美馬郡美馬町　《祭神》仲哀天皇[他]
　　　　　　　　　　　　　　　　〔神社本庁〕

八幡神社　はちまんじんじゃ〔社〕
　徳島県美馬郡半田町　《祭神》応神天皇[他]
　　　　　　　　　　　　　　　　〔神社本庁〕

八幡神社　はちまんじんじゃ〔社〕
　徳島県美馬郡穴吹町　《祭神》誉田別命[他]
　　　　　　　　　　　　　　　　〔神社本庁〕

八幡神社　はちまんじんじゃ〔社〕
　徳島県三好郡三好町　《祭神》応神天皇
　　　　　　　　　　　　　　　　〔神社本庁〕

八幡神社　はちまんじんじゃ〔社〕
　香川県高松市屋島中町　《祭神》応神天皇[他]
　　　　　　　　　　　　　　　　〔神社本庁〕

八幡神社　はちまんじんじゃ〔社〕
　香川県高松市前田西町　《別称》前田八幡神
　社　《祭神》品陀和気命[他]　　〔神社本庁〕

八幡神社　はちまんじんじゃ〔社〕
　香川県高松市西山崎町　《別称》山崎八幡神
　社　《祭神》応神天皇[他]　　　〔神社本庁〕

八幡神社　はちまんじんじゃ〔社〕
　香川県丸亀市　《祭神》応神天皇[他]
　　　　　　　　　　　　　　　　〔神社本庁〕

八幡神社　はちまんじんじゃ〔社〕
　香川県坂出市　《別称》大宮　《祭神》品陀和
　気命[他]　　　　　　　　　　　〔神社本庁〕

八幡神社　はちまんじんじゃ〔社〕
　香川県小豆郡内海町苗羽　《別称》内海八幡
　神社　《祭神》品陀和気命[他]　〔神社本庁〕

八幡神社　はちまんじんじゃ〔社〕
　香川県小豆郡内海町福田　《別称》葺田宮
　《祭神》品陀和気命[他]　　　　〔神社本庁〕

八幡神社　はちまんじんじゃ〔社〕
　香川県小豆郡土庄町大木戸　《別称》土庄八
　幡神社　《祭神》誉田別命[他]　〔神社本庁〕

八幡神社　はちまんじんじゃ〔社〕
　香川県小豆郡土庄町伊喜末　《祭神》品陀和
　気命[他]　　　　　　　　　　　〔神社本庁〕

八幡神社　はちまんじんじゃ〔社〕
　香川県小豆郡土庄町豊島家浦　《祭神》誉田
　別命[他]　　　　　　　　　　　〔神社本庁〕

八幡神社　はちまんじんじゃ〔社〕
　香川県香川郡塩江町　《別称》岩部八幡神社
　《祭神》応神天皇[他]　　　　　〔神社本庁〕

神社・寺院名よみかた辞典　25

2画（八）

八幡神社　はちまんじんじゃ〔社〕
　香川県香川郡香川町川東下　《別称》川東八
　幡神社　《祭神》応神天皇[他]　〔神社本庁〕
八幡神社　はちまんじんじゃ〔社〕
　香川県香川郡香川町　《別称》八王子さん
　《祭神》応神天皇[他]　　　〔神社本庁〕
八幡神社　はちまんじんじゃ〔社〕
　香川県香川郡直島町　《祭神》仲哀天皇[他]
　　　　　　　　　　　　　　〔神社本庁〕
八幡神社　はちまんじんじゃ〔社〕
　香川県綾歌郡綾南町　《祭神》誉田天皇
　　　　　　　　　　　　　　〔神社本庁〕
八幡神社　はちまんじんじゃ〔社〕
　香川県綾歌郡綾歌町　《別称》正八幡神社・庄
　ノ宮　《祭神》品田天皇[他]　〔神社本庁〕
八幡神社　はちまんじんじゃ〔社〕
　香川県三豊郡山本町　《祭神》品陀別命[他]
　　　　　　　　　　　　　　〔神社本庁〕
八幡神社　はちまんじんじゃ〔社〕
　香川県三豊郡大野原町　《別称》大野原八幡
　神社　《祭神》誉田別命[他]　〔神社本庁〕
八幡神社　はちまんじんじゃ〔社〕
　香川県三豊郡詫間町　《別称》船越八幡宮
　《祭神》応神天皇[他]　　　〔神社本庁〕
八幡神社　はちまんじんじゃ〔社〕
　愛媛県宇和島市　《別称》伊吹八幡　《祭神》
　誉田天皇[他]　　　　　　　〔神社本庁〕
八幡神社　はちまんじんじゃ〔社〕
　愛媛県八幡浜市　《別称》総鎮守さま　《祭
　神》誉田天皇[他]　　　　　〔神社本庁〕
八幡神社　はちまんじんじゃ〔社〕
　愛媛県新居浜市　《祭神》誉田別天皇[他]
　　　　　　　　　　　　　　〔神社本庁〕
八幡神社　はちまんじんじゃ〔社〕
　愛媛県大洲市　《祭神》田心姫命[他]
　　　　　　　　　　　　　　〔神社本庁〕
八幡神社　はちまんじんじゃ〔社〕
　愛媛県四国中央市　《別称》川之江八幡様
　《祭神》足仲彦天皇[他]　　　〔神社本庁〕
八幡神社　はちまんじんじゃ〔社〕
　愛媛県西予市　《祭神》田心姫命[他]
　　　　　　　　　　　　　　〔神社本庁〕
八幡神社　はちまんじんじゃ〔社〕
　愛媛県温泉郡中島町　《別称》忽那七島鎮守
　《祭神》稲田姫命[他]　　　　〔神社本庁〕
八幡神社　はちまんじんじゃ〔社〕
　愛媛県西宇和郡伊方町九町　《別称》お八幡
　様　《祭神》田心姫尊[他]　　〔神社本庁〕
八幡神社　はちまんじんじゃ〔社〕
　愛媛県西宇和郡伊方町湊浦　《祭神》足仲彦
　天皇[他]　　　　　　　　　〔神社本庁〕

八幡神社　はちまんじんじゃ〔社〕
　愛媛県西宇和郡瀬戸町　《祭神》誉田別命[他]
　　　　　　　　　　　　　　〔神社本庁〕
八幡神社　はちまんじんじゃ〔社〕
　愛媛県西宇和郡三崎町　《祭神》品陀和気命
　[他]　　　　　　　　　　　〔神社本庁〕
八幡神社　はちまんじんじゃ〔社〕
　愛媛県北宇和郡吉田町　《別称》南山八幡神
　社・うぶすな様　《祭神》多紀理毘売命[他]
　　　　　　　　　　　　　　〔神社本庁〕
八幡神社　はちまんじんじゃ〔社〕
　愛媛県北宇和郡津島町　《祭神》品陀和気命
　[他]　　　　　　　　　　　〔神社本庁〕
八幡神社　はちまんじんじゃ〔社〕
　福岡県北九州市戸畑区　《別称》戸畑八幡神
　社・浅生八幡宮　《祭神》神功皇后[他]
　　　　　　　　　　　　　　〔神社本庁〕
八幡神社　はちまんじんじゃ〔社〕
　福岡県大牟田市　《祭神》応神天皇[他]
　　　　　　　　　　　　　　〔神社本庁〕
八幡神社　はちまんじんじゃ〔社〕
　福岡県柳川市　《祭神》応神天皇　〔神社本庁〕
八幡神社　はちまんじんじゃ〔社〕
　福岡県浮羽郡吉井町　《別称》若宮八幡宮
　《祭神》応神天皇　　　　　　〔神社本庁〕
八幡神社　はちまんじんじゃ〔社〕
　福岡県山門郡瀬高町　《祭神》応神天皇
　　　　　　　　　　　　　　〔神社本庁〕
八幡神社　はちまんじんじゃ〔社〕
　福岡県築上郡築城町　《別称》赤幡八幡宮
　《祭神》神功皇后[他]　　　　〔神社本庁〕
八幡神社　はちまんじんじゃ〔社〕
　佐賀県多久市　《別称》若宮八幡宮　《祭神》
　応神天皇[他]　　　　　　　〔神社本庁〕
八幡神社　はちまんじんじゃ〔社〕
　佐賀県三養基郡三根町　《別称》西の宮八幡
　宮　《祭神》誉田別命[他]　　〔神社本庁〕
八幡神社　はちまんじんじゃ〔社〕
　佐賀県杵島郡大町町　《別称》大町八幡神社
　《祭神》応神天皇[他]　　　　〔神社本庁〕
八幡神社　はちまんじんじゃ〔社〕
　長崎県福江市　《祭神》神功皇后[他]
　　　　　　　　　　　　　　〔神社本庁〕
八幡神社　はちまんじんじゃ〔社〕
　長崎県壱岐市　《別称》大谷八幡宮　《祭神》
　応神天皇　　　　　　　　　　〔神社本庁〕
八幡神社　はちまんじんじゃ〔社〕
　大分県西国東郡真玉町　《別称》真玉八幡宮
　《祭神》足仲彦尊[他]　　　　〔神社本庁〕

八幡神社　はちまんじんじゃ〔社〕
　大分県速見郡山香町　《別称》八旗様　《祭神》仲哀天皇[他]
　　　　　　　　　　　　　　　　〔神社本庁〕
八幡神社　はちまんじんじゃ〔社〕
　大分県玖珠郡九重町　《別称》宝八幡　《祭神》品陀和気命[他]
　　　　　　　　　　　　　　　　〔神社本庁〕
八幡神社　はちまんじんじゃ〔社〕
　大分県下毛郡三光村　《祭神》応神天皇[他]
　　　　　　　　　　　　　　　　〔神社本庁〕
八幡神社　はちまんじんじゃ〔社〕
　大分県下毛郡耶馬渓町大野　《別称》大野八幡　《祭神》応神天皇[他]
　　　　　　　　　　　　　　　　〔神社本庁〕
八幡神社　はちまんじんじゃ〔社〕
　宮崎県宮崎市　《祭神》足仲彦命[他]
　　　　　　　　　　　　　　　　〔神社本庁〕
八幡神社　はちまんじんじゃ〔社〕
　宮崎県日向市　《別称》八幡宮　《祭神》足仲彦尊[他]
　　　　　　　　　　　　　　　　〔神社本庁〕
八幡神社　はちまんじんじゃ〔社〕
　宮崎県東諸県郡国富町　《祭神》誉田別尊[他]
　　　　　　　　　　　　　　　　〔神社本庁〕
八幡神社　はちまんじんじゃ〔社〕
　宮崎県児湯郡新富町　《別称》八幡さま　《祭神》仲哀天皇[他]
　　　　　　　　　　　　　　　　〔神社本庁〕
八幡神社　はちまんじんじゃ〔社〕
　宮崎県児湯郡西米良村　《祭神》懐良親王[他]
　　　　　　　　　　　　　　　　〔神社本庁〕
八幡神社《称》　はちまんじんじゃ〔社〕
　鹿児島県出水市・箱崎八幡神社　《祭神》応神天皇
　　　　　　　　　　　　　　　　〔神社本庁〕
八幡神社　はちまんじんじゃ〔社〕
　鹿児島県大口市　《祭神》神功皇后
　　　　　　　　　　　　　　　　〔神社本庁〕
八幡神社　はちまんじんじゃ〔社〕
　鹿児島県日置郡日吉町　《祭神》天照大神[他]
　　　　　　　　　　　　　　　　〔神社本庁〕
八幡神社　はちまんじんじゃ〔社〕
　鹿児島県姶良郡姶良町　《別称》城の八幡　《祭神》応神天皇[他]
　　　　　　　　　　　　　　　　〔神社本庁〕
八幡神社　はちまんじんじゃ〔社〕
　鹿児島県姶良郡蒲生町　《別称》蒲生八幡　《祭神》仲哀天皇[他]
　　　　　　　　　　　　　　　　〔神社本庁〕
八幡神社　はちまんじんじゃ〔社〕
　鹿児島県曽於郡大隅町　《別称》岩川八幡神社　《祭神》応神天皇[他]
　　　　　　　　　　　　　　　　〔神社本庁〕
八幡秋田神社　はちまんあきたじんじゃ〔社〕
　秋田県秋田市　《祭神》誉田別命[他]
　　　　　　　　　　　　　　　　〔神社本庁〕
八幡宮　はちまんぐう〔社〕
　青森県青森市　《祭神》誉田別尊

八幡宮　はちまんぐう〔社〕
　青森県弘前市　《別称》八幡様　《祭神》誉田別尊
　　　　　　　　　　　　　　　　〔神社本庁〕
八幡宮　はちまんぐう〔社〕
　青森県五所川原市　《祭神》誉田別尊[他]
　　　　　　　　　　　　　　　　〔神社本庁〕
八幡宮　はちまんぐう〔社〕
　青森県十和田市　《祭神》誉田別尊
　　　　　　　　　　　　　　　　〔神社本庁〕
八幡宮　はちまんぐう〔社〕
　青森県西津軽郡鯵ヶ沢町　《祭神》誉田別尊[他]
　　　　　　　　　　　　　　　　〔神社本庁〕
八幡宮　はちまんぐう〔社〕
　青森県西津軽郡森田村床舞　《祭神》誉田別尊
　　　　　　　　　　　　　　　　〔神社本庁〕
八幡宮《称》　はちまんぐう〔社〕
　青森県西津軽郡森田村下相野・高城八幡宮　《祭神》誉田別尊[他]
　　　　　　　　　　　　　　　　〔神社本庁〕
八幡宮　はちまんぐう〔社〕
　青森県南津軽郡平賀町　《祭神》誉田別尊
　　　　　　　　　　　　　　　　〔神社本庁〕
八幡宮　はちまんぐう〔社〕
　青森県北津軽郡板柳町　《別称》三千石八幡宮　《祭神》誉田別命
　　　　　　　　　　　　　　　　〔神社本庁〕
八幡宮　はちまんぐう〔社〕
　青森県北津軽郡金木町　《祭神》誉田別命[他]
　　　　　　　　　　　　　　　　〔神社本庁〕
八幡宮　はちまんぐう〔社〕
　青森県上北郡野辺地町　《別称》野辺地八幡宮　《祭神》応神天皇
　　　　　　　　　　　　　　　　〔神社本庁〕
八幡宮　はちまんぐう〔社〕
　青森県下北郡川内町　《祭神》誉田別命
　　　　　　　　　　　　　　　　〔神社本庁〕
八幡宮　はちまんぐう〔社〕
　青森県下北郡大畑町　《祭神》応神天皇
　　　　　　　　　　　　　　　　〔神社本庁〕
八幡宮　はちまんぐう〔社〕
　青森県下北郡佐井村　《別称》矢ノ根森八幡　《祭神》誉田別命
　　　　　　　　　　　　　　　　〔神社本庁〕
八幡宮　はちまんぐう〔社〕
　青森県下北郡脇野沢村　《祭神》応神天皇
　　　　　　　　　　　　　　　　〔神社本庁〕
八幡宮　はちまんぐう〔社〕
　岩手県岩手郡西根町　《祭神》誉田別命
　　　　　　　　　　　　　　　　〔神社本庁〕
八幡宮　はちまんぐう〔社〕
　宮城県栗原郡栗駒町　《別称》屯岡八幡神社　《祭神》誉田別命
　　　　　　　　　　　　　　　　〔神社本庁〕
八幡宮《称》　はちまんぐう〔社〕
　秋田県北秋田郡鷹巣町・綴子神社　《祭神》八幡山大神[他]
　　　　　　　　　　　　　　　　〔神社本庁〕

神社・寺院名よみかた辞典

2画（八）

八幡宮　はちまんぐう〔社〕
茨城県水戸市　《別称》水戸八幡宮　《祭神》
応神天皇［他］　　　　　　　〔神社本庁〕

八幡宮　はちまんぐう〔社〕
栃木県足利市八幡町　《祭神》誉田別命［他］
　　　　　　　　　　　　　　〔神社本庁〕

八幡宮　はちまんぐう〔社〕
栃木県足利市樺崎町　《祭神》誉田別命［他］
　　　　　　　　　　　　　　〔神社本庁〕

八幡宮　はちまんぐう〔社〕
栃木県佐野市　《祭神》誉田別命［他］
　　　　　　　　　　　　　　〔神社本庁〕

八幡宮　はちまんぐう〔社〕
栃木県小山市　《祭神》誉田別命　〔神社本庁〕

八幡宮　はちまんぐう〔社〕
栃木県大田原市　《祭神》誉田別命［他］
　　　　　　　　　　　　　　〔神社本庁〕

八幡宮　はちまんぐう〔社〕
栃木県河内郡南河内町　《別称》吉田八幡宮
《祭神》誉田別命　　　　　　〔神社本庁〕

八幡宮　はちまんぐう〔社〕
栃木県那須郡烏山町　《祭神》誉田別尊
　　　　　　　　　　　　　　〔神社本庁〕

八幡宮　はちまんぐう〔社〕
栃木県那須郡塩原町　《祭神》誉田別命［他］
　　　　　　　　　　　　　　〔神社本庁〕

八幡宮　はちまんぐう〔社〕
群馬県前橋市　《祭神》品陀和気命［他］
　　　　　　　　　　　　　　〔神社本庁〕

八幡宮　はちまんぐう〔社〕
群馬県高崎市八幡町　《別称》やわた八幡宮・
上野国一社八幡宮　《祭神》品陀和気命［他］
　　　　　　　　　　　　　　〔神社本庁〕

八幡宮　はちまんぐう〔社〕
群馬県高崎市山名町　《別称》山名八幡宮
《祭神》誉田別命［他］　　　　〔神社本庁〕

八幡宮　はちまんぐう〔社〕
群馬県太田市新井町　《祭神》品陀和気命［他］
　　　　　　　　　　　　　　〔神社本庁〕

八幡宮　はちまんぐう〔社〕
群馬県太田市大島　《祭神》品陀和気命［他］
　　　　　　　　　　　　　　〔神社本庁〕

八幡宮　はちまんぐう〔社〕
群馬県渋川市　《祭神》誉田別命　〔神社本庁〕

八幡宮　はちまんぐう〔社〕
群馬県新田郡尾島町　《祭神》誉田別命
　　　　　　　　　　　　　　〔神社本庁〕

八幡宮　はちまんぐう〔社〕
神奈川県横浜市金沢区富岡町　《祭神》応神
天皇［他］　　　　　　　　　〔神社本庁〕

八幡宮　はちまんぐう〔社〕
新潟県三条市　《祭神》気長足姫命［他］
　　　　　　　　　　　　　　〔神社本庁〕

八幡宮　はちまんぐう〔社〕
新潟県佐渡市　《別称》正八幡宮・久知八幡
《祭神》誉田別命［他］　　　　〔神社本庁〕

八幡宮　はちまんぐう〔社〕
新潟県佐渡市　《祭神》誉田別尊［他］
　　　　　　　　　　　　　　〔神社本庁〕

八幡宮　はちまんぐう〔社〕
新潟県佐渡市　《祭神》応神天皇［他］
　　　　　　　　　　　　　　〔神社本庁〕

八幡宮　はちまんぐう〔社〕
新潟県南魚沼郡六日町　《祭神》大国主命［他］
　　　　　　　　　　　　　　〔神社本庁〕

八幡宮　はちまんぐう〔社〕
富山県富山市　《祭神》誉田別命［他］
　　　　　　　　　　　　　　〔神社本庁〕

八幡宮　はちまんぐう〔社〕
富山県東礪波郡井波町　《別称》井波八幡宮
《祭神》応神天皇［他］　　　　〔神社本庁〕

八幡宮《称》　はちまんぐう〔社〕
福井県敦賀市・八幡神社　《祭神》誉田別尊
［他］　　　　　　　　　　　〔神社本庁〕

八幡宮《称》　はちまんぐう〔社〕
福井県今立郡池田町・鵜甘神社　《祭神》応
神天皇［他］　　　　　　　　〔神社本庁〕

八幡宮　はちまんぐう〔社〕
長野県飯田市　《別称》伊豆木八幡宮　《祭
神》誉田別尊［他］　　　　　〔神社本庁〕

八幡宮　はちまんぐう〔社〕
静岡県静岡市　《別称》小芝神社　《祭神》誉
田別尊［他］　　　　　　　　〔神社本庁〕

八幡宮　はちまんぐう〔社〕
静岡県浜松市八幡町　《別称》浜松八幡宮
《祭神》応神天皇［他］　　　　〔神社本庁〕

八幡宮《称》　はちまんぐう〔社〕
静岡県浜松市神ヶ谷町・賀久留神社　《祭神》
闇御津羽神［他］　　　　　　〔神社本庁〕

八幡宮　はちまんぐう〔社〕
静岡県富士市　《別称》中里八幡宮　《祭神》
誉田別命［他］　　　　　　　〔神社本庁〕

八幡宮　はちまんぐう〔社〕
静岡県浜北市　《祭神》誉田別命　〔神社本庁〕

八幡宮　はちまんぐう〔社〕
静岡県志太郡大井川町下江留　《祭神》品陀
和気命　　　　　　　　　　　〔神社本庁〕

八幡宮　はちまんぐう〔社〕
静岡県志太郡大井川町利右衛門　《祭神》誉
田別尊　　　　　　　　　　　〔神社本庁〕

28　神社・寺院名よみかた辞典

2画（八）

八幡宮 《称》 はちまんぐう〔社〕
　静岡県引佐郡引佐町・渭伊神社　《祭神》品陀和気命［他］
　　　　　　　　　　　　　　　〔神社本庁〕

八幡宮　はちまんぐう〔社〕
　愛知県岡崎市福岡町　《祭神》応神天皇［他］
　　　　　　　　　　　　　　　〔神社本庁〕

八幡宮　はちまんぐう〔社〕
　愛知県岡崎市六供町　《祭神》応神天皇
　　　　　　　　　　　　　　　〔神社本庁〕

八幡宮　はちまんぐう〔社〕
　愛知県一宮市島村　　　　　　〔神社本庁〕

八幡宮　はちまんぐう〔社〕
　愛知県豊川市八幡町　《祭神》応神天皇［他］
　　　　　　　　　　　　　　　〔神社本庁〕

八幡宮　はちまんぐう〔社〕
　愛知県豊田市吉原町　《祭神》誉田別尊［他］
　　　　　　　　　　　　　　　〔神社本庁〕

八幡宮　はちまんぐう〔社〕
　愛知県豊田市　《別称》お八幡さん　《祭神》品陀和気命［他］　　　〔神社本庁〕

八幡宮　はちまんぐう〔社〕
　京都府綾部市高津町　《別称》岩清水八幡宮　《祭神》応神天皇［他］　〔神社本庁〕

八幡宮　はちまんぐう〔社〕
　京都府綾部市宮代町　《祭神》仲哀天皇［他］
　　　　　　　　　　　　　　　〔神社本庁〕

八幡宮　はちまんぐう〔社〕
　京都府綾部市広瀬町　《別称》八幡さま　《祭神》応神天皇　　　〔神社本庁〕

八幡宮　はちまんぐう〔社〕
　京都府綾部市於与岐町　《祭神》応神天皇［他］
　　　　　　　　　　　　　　　〔神社本庁〕

八幡宮 《称》 はちまんぐう〔社〕
　京都府京丹後市・矢田八幡神社　《祭神》応神天皇［他］　〔神社本庁〕

八幡宮　はちまんぐう〔社〕
　京都府船井郡瑞穂町　《祭神》誉田別命
　　　　　　　　　　　　　　　〔神社本庁〕

八幡宮 《称》 はちまんぐう〔社〕
　大阪府東大阪市・石田神社　《祭神》誉田別尊［他］　　　　　　　〔単立〕

八幡宮　はちまんぐう〔社〕
　兵庫県赤穂市尾崎　《別称》赤穂八幡宮　《祭神》仲哀天皇［他］　〔神社本庁〕

八幡宮 《称》 はちまんぐう〔社〕
　兵庫県宍粟郡山崎町・野口神社　《祭神》天照皇大神［他］　　〔神社本庁〕

八幡宮　はちまんぐう〔社〕
　鳥取県東伯郡大栄町　《祭神》誉田別尊［他］
　　　　　　　　　　　　　　　〔神社本庁〕

八幡宮　はちまんぐう〔社〕
　島根県浜田市国府町　《祭神》誉田別命［他］
　　　　　　　　　　　　　　　〔神社本庁〕

八幡宮　はちまんぐう〔社〕
　島根県浜田市日脚町　《祭神》応神天皇［他］
　　　　　　　　　　　　　　　〔神社本庁〕

八幡宮　はちまんぐう〔社〕
　島根県浜田市内村町　《別称》美川八幡宮・高井ヶ岡八幡宮　《祭神》誉田別命［他］　〔神社本庁〕

八幡宮　はちまんぐう〔社〕
　島根県益田市白上町　《祭神》少彦名神［他］
　　　　　　　　　　　　　　　〔神社本庁〕

八幡宮　はちまんぐう〔社〕
　島根県益田市上黒谷町　《祭神》誉田別命［他］
　　　　　　　　　　　　　　　〔神社本庁〕

八幡宮　はちまんぐう〔社〕
　島根県益田市下種町　《祭神》誉田別命［他］
　　　　　　　　　　　　　　　〔神社本庁〕

八幡宮　はちまんぐう〔社〕
　島根県益田市津田町　《祭神》応神天皇［他］
　　　　　　　　　　　　　　　〔神社本庁〕

八幡宮　はちまんぐう〔社〕
　島根県益田市美濃地町　《祭神》誉田別命［他］
　　　　　　　　　　　　　　　〔神社本庁〕

八幡宮　はちまんぐう〔社〕
　島根県益田市隅村町　《祭神》応神天皇［他］
　　　　　　　　　　　　　　　〔神社本庁〕

八幡宮　はちまんぐう〔社〕
　島根県大田市大田町大田イ2743　《別称》喜多八幡宮・喜々の宮　《祭神》応神天皇［他］　〔神社本庁〕

八幡宮　はちまんぐう〔社〕
　島根県大田市祖式町　《別称》祖式八幡宮　《祭神》応神天皇［他］　〔神社本庁〕

八幡宮　はちまんぐう〔社〕
　島根県大田市大田町大田ロ1384　《別称》鶴岡八幡宮・南八幡宮　《祭神》気長足姫命［他］　　　　　　　　〔神社本庁〕

八幡宮　はちまんぐう〔社〕
　島根県大田市波根町　《祭神》誉田別天皇［他］
　　　　　　　　　　　　　　　〔神社本庁〕

八幡宮　はちまんぐう〔社〕
　島根県江津市　《祭神》誉田別命［他］
　　　　　　　　　　　　　　　〔神社本庁〕

八幡宮　はちまんぐう〔社〕
　島根県能義郡伯太町西母里　《別称》西八幡宮　《祭神》誉田別命［他］　〔神社本庁〕

八幡宮　はちまんぐう〔社〕
　島根県能義郡伯太町井尻　《祭神》誉田別尊　　　　　　　　　〔神社本庁〕

神社・寺院名よみかた辞典　29

2画（八）

八幡宮　はちまんぐう〔社〕
島根県仁多郡仁多町　《別称》三成八幡宮
《祭神》応神天皇〔他〕　　〔神社本庁〕

八幡宮　はちまんぐう〔社〕
島根県飯石郡赤来町　《別称》大徳山八幡宮
《祭神》応神天皇〔他〕　　〔神社本庁〕

八幡宮　はちまんぐう〔社〕
島根県邇摩郡温泉津町　《別称》郷社八幡宮
《祭神》足仲津彦命〔他〕　　〔神社本庁〕

八幡宮　はちまんぐう〔社〕
島根県邑智郡川本町　《別称》弓ヶ峰八幡宮
《祭神》応神天皇〔他〕　　〔神社本庁〕

八幡宮　はちまんぐう〔社〕
島根県邑智郡邑智町　《別称》佐和八幡宮
《祭神》誉田別尊〔他〕　　〔神社本庁〕

八幡宮　はちまんぐう〔社〕
島根県邑智郡桜江町市山　《祭神》応神天皇
〔他〕　　〔神社本庁〕

八幡宮　はちまんぐう〔社〕
島根県邑智郡桜江町川越　《別称》群鳩八幡宮　《祭神》応神天皇〔他〕　〔神社本庁〕

八幡宮　はちまんぐう〔社〕
島根県那賀郡金城町下来原　《別称》下来原八幡宮　《祭神》仲哀天皇〔他〕　〔神社本庁〕

八幡宮　はちまんぐう〔社〕
島根県那賀郡金城町波佐　《別称》常磐山
《祭神》応神天皇〔他〕　　〔神社本庁〕

八幡宮　はちまんぐう〔社〕
島根県那賀郡金城町今福　《祭神》応神天皇
〔他〕　　〔神社本庁〕

八幡宮　はちまんぐう〔社〕
島根県那賀郡旭町今市　《別称》今市八幡宮
《祭神》応神天皇〔他〕　　〔神社本庁〕

八幡宮　はちまんぐう〔社〕
島根県那賀郡旭町木田　《祭神》応神天皇〔他〕
　　〔神社本庁〕

八幡宮　はちまんぐう〔社〕
島根県那賀郡弥栄村長安本郷　《別称》長安八幡宮　《祭神》神功皇后〔他〕　〔神社本庁〕

八幡宮　はちまんぐう〔社〕
島根県那賀郡弥栄村木津賀　《祭神》誉田別尊〔他〕　　〔神社本庁〕

八幡宮　はちまんぐう〔社〕
島根県那賀郡三隅町井野　《祭神》応神天皇
〔他〕　　〔神社本庁〕

八幡宮　はちまんぐう〔社〕
島根県那賀郡三隅町湊浦　《別称》湊八幡宮
《祭神》田心姫命〔他〕　　〔神社本庁〕

八幡宮　はちまんぐう〔社〕
島根県美濃郡美都町　《別称》島山八幡宮
《祭神》誉田別命〔他〕　　〔神社本庁〕

八幡宮　はちまんぐう〔社〕
島根県美濃郡匹見町　《別称》匹見八幡宮・東の宮　《祭神》誉田別命〔他〕　〔神社本庁〕

八幡宮　はちまんぐう〔社〕
島根県鹿足郡津和野町中曽野　《別称》富長山八幡宮　《祭神》応神天皇〔他〕　〔神社本庁〕

八幡宮　はちまんぐう〔社〕
島根県鹿足郡津和野町鷲原　《別称》鷲原八幡宮　《祭神》誉田別命〔他〕　〔神社本庁〕

八幡宮　はちまんぐう〔社〕
島根県鹿足郡日原町　《祭神》神功皇后〔他〕
　　〔神社本庁〕

八幡宮　はちまんぐう〔社〕
島根県鹿足郡日原町池村　《別称》下領八幡宮　《祭神》応神天皇〔他〕　〔神社本庁〕

八幡宮　はちまんぐう〔社〕
島根県鹿足郡日原町滝元　《別称》滝元八幡宮　《祭神》応神天皇〔他〕　〔神社本庁〕

八幡宮　はちまんぐう〔社〕
島根県鹿足郡柿木村　《別称》郷社八幡宮
《祭神》神功皇后〔他〕　　〔神社本庁〕

八幡宮　はちまんぐう〔社〕
島根県鹿足郡六日市町　《祭神》仲哀天皇〔他〕
　　〔神社本庁〕

八幡宮《称》　はちまんぐう〔社〕
岡山県倉敷市・八幡神社　《祭神》応神天皇
〔他〕　　〔神社本庁〕

八幡宮　はちまんぐう〔社〕
岡山県玉野市　《祭神》足仲彦命〔他〕
　　〔神社本庁〕

八幡宮《称》　はちまんぐう〔社〕
岡山県和気郡和気町・長田神社　《祭神》事代主命〔他〕　　〔神社本庁〕

八幡宮《称》　はちまんぐう〔社〕
広島県呉市・宇佐神社　《祭神》品陀和気命〔他〕　　〔神社本庁〕

八幡宮《称》　はちまんぐう〔社〕
広島県安芸郡海田町・出崎森神社　《祭神》多紀理比売命〔他〕　　〔神社本庁〕

八幡宮　はちまんぐう〔社〕
山口県下関市大字吉田　《別称》吉田の八幡宮　《祭神》応神天皇〔他〕　〔神社本庁〕

八幡宮　はちまんぐう〔社〕
山口県下関市彦島迫町　《祭神》応神天皇〔他〕
　　〔神社本庁〕

八幡宮　はちまんぐう〔社〕
山口県山口市大字嘉川　《祭神》応神天皇〔他〕
　　〔神社本庁〕

八幡宮　はちまんぐう〔社〕
山口県山口市大内長野　《祭神》応神天皇〔他〕
　　〔神社本庁〕

2画（八）

八幡宮　はちまんぐう〔社〕
山口県山口市仁保下郷　《祭神》田心姫命［他］
〔神社本庁〕

八幡宮《称》　はちまんぐう〔社〕
山口県山口市・今八幡宮　《祭神》応神天皇
［他］　〔神社本庁〕

八幡宮　はちまんぐう〔社〕
山口県萩市大井　《祭神》応神天皇［他］
〔神社本庁〕

八幡宮　はちまんぐう〔社〕
山口県萩市大島　《祭神》応神天皇［他］
〔神社本庁〕

八幡宮　はちまんぐう〔社〕
山口県周南市　《祭神》応神天皇［他］
〔神社本庁〕

八幡宮　はちまんぐう〔社〕
山口県周南市　《別称》亀山八幡宮　《祭神》
息長足姫尊［他］　〔神社本庁〕

八幡宮　はちまんぐう〔社〕
山口県玖珂郡本郷村　《別称》本郷八幡宮
《祭神》応神天皇［他］　〔神社本庁〕

八幡宮　はちまんぐう〔社〕
山口県玖珂郡大畠町　《別称》正八幡宮　《祭
神》仲哀天皇［他］　〔神社本庁〕

八幡宮　はちまんぐう〔社〕
山口県熊毛郡田布施町　《祭神》応神天皇［他］
〔神社本庁〕

八幡宮　はちまんぐう〔社〕
山口県熊毛郡平生町　《別称》大野八幡宮
《祭神》天照皇大神［他］　〔神社本庁〕

八幡宮　はちまんぐう〔社〕
山口県佐波郡徳地町　《別称》船路八幡　《祭
神》道反大神［他］　〔神社本庁〕

八幡宮　はちまんぐう〔社〕
山口県厚狭郡楠町　《別称》吉部八幡宮　《祭
神》応神天皇［他］　〔神社本庁〕

八幡宮　はちまんぐう〔社〕
山口県豊浦郡豊北町神田　《別称》住吉八幡
宮　《祭神》住吉大神［他］　〔神社本庁〕

八幡宮　はちまんぐう〔社〕
山口県豊浦郡豊北町粟野　《祭神》応神天皇
［他］　〔神社本庁〕

八幡宮　はちまんぐう〔社〕
山口県美祢郡美東町　《祭神》応神天皇［他］
〔神社本庁〕

八幡宮　はちまんぐう〔社〕
山口県大津郡三隅町　《別称》三隅八幡宮
《祭神》品陀和気命［他］　〔神社本庁〕

八幡宮　はちまんぐう〔社〕
山口県大津郡油谷町　《祭神》応神天皇［他］
〔神社本庁〕

八幡宮　はちまんぐう〔社〕
山口県阿武郡阿武町　《別称》鶴ヶ嶺　《祭神》
品陀別命［他］　〔神社本庁〕

八幡宮　はちまんぐう〔社〕
山口県阿武郡福栄村福井下　《別称》福井八
幡宮　《祭神》応神天皇［他］　〔神社本庁〕

八幡宮　はちまんぐう〔社〕
山口県阿武郡福栄村大字紫福　《別称》上野山
八幡宮　《祭神》応神天皇［他］　〔神社本庁〕

八幡宮《称》　はちまんぐう〔社〕
香川県東かがわ市・誉田神社　《祭神》誉田
別命［他］　〔神社本庁〕

八幡宮　はちまんぐう〔社〕
高知県高知市　《別称》立石八幡　《祭神》応
神天皇［他］　〔神社本庁〕

八幡宮　はちまんぐう〔社〕
高知県室戸市佐喜浜町　《祭神》応神天皇
〔神社本庁〕

八幡宮　はちまんぐう〔社〕
高知県室戸市羽根町　《祭神》神功皇后［他］
〔神社本庁〕

八幡宮　はちまんぐう〔社〕
高知県室戸市浮津　《祭神》応神天皇
〔神社本庁〕

八幡宮　はちまんぐう〔社〕
高知県安芸市　《祭神》応神天皇　〔神社本庁〕

八幡宮　はちまんぐう〔社〕
高知県須崎市　《別称》須崎八幡宮　《祭神》
誉田別命　〔神社本庁〕

八幡宮　はちまんぐう〔社〕
高知県宿毛市　《祭神》応神天皇［他］
〔神社本庁〕

八幡宮　はちまんぐう〔社〕
高知県土佐清水市　《祭神》誉田別命［他］
〔神社本庁〕

八幡宮　はちまんぐう〔社〕
高知県安芸郡東洋町野根中の坂　《祭神》応
神天皇　〔神社本庁〕

八幡宮　はちまんぐう〔社〕
高知県安芸郡東洋町甲浦河内　《祭神》応神
天皇　〔神社本庁〕

八幡宮　はちまんぐう〔社〕
高知県安芸郡田野町　《祭神》応神天皇［他］
〔神社本庁〕

八幡宮　はちまんぐう〔社〕
高知県安芸郡安田町　《祭神》気長帯姫命［他］
〔神社本庁〕

八幡宮　はちまんぐう〔社〕
高知県香美郡野市町　《祭神》応神天皇
〔神社本庁〕

神社・寺院名よみかた辞典

2画〔八〕

八幡宮　はちまんぐう〔社〕
　高知県香美郡夜須町　《別称》大宮八幡　《祭神》応神天皇〔他〕　〔神社本庁〕

八幡宮　はちまんぐう〔社〕
　高知県吾川郡春野町森山　《別称》森山八幡宮　《祭神》藤原資朝〔他〕　〔神社本庁〕

八幡宮　はちまんぐう〔社〕
　高知県吾川郡春野町弘岡　《別称》やはた八幡宮　《祭神》応神天皇〔他〕　〔神社本庁〕

八幡宮　はちまんぐう〔社〕
　高知県吾川郡春野町東諸木　《別称》諸木八幡宮　《祭神》応神天皇〔他〕　〔神社本庁〕

八幡宮　はちまんぐう〔社〕
　高知県高岡郡中土佐町　《別称》久礼八幡宮　《祭神》応神天皇〔他〕　〔神社本庁〕

八幡宮　はちまんぐう〔社〕
　高知県高岡郡窪川町　《祭神》応神天皇〔他〕　〔神社本庁〕

八幡宮　はちまんぐう〔社〕
　福岡県福岡市博多区　《祭神》応神天皇〔他〕　〔神社本庁〕

八幡宮　はちまんぐう〔社〕
　福岡県甘木市　《祭神》住吉大神〔他〕　〔神社本庁〕

八幡宮　はちまんぐう〔社〕
　福岡県八女市　《別称》福島八幡宮　《祭神》応神天皇〔他〕　〔神社本庁〕

八幡宮　はちまんぐう〔社〕
　福岡県筑後市　《祭神》誉田天皇　〔神社本庁〕

八幡宮　はちまんぐう〔社〕
　福岡県山門郡瀬高町　《別称》広田八幡宮・芳司八幡様　《祭神》応神天皇〔他〕　〔神社本庁〕

八幡宮《称》　はちまんぐう〔社〕
　佐賀県西松浦郡有田町・陶山神社　《祭神》品陀和気命　〔神社本庁〕

八幡宮　はちまんぐう〔社〕
　佐賀県杵島郡大町町　《別称》福母八幡宮　《祭神》応神天皇〔他〕　〔神社本庁〕

八幡宮《称》　はちまんぐう〔社〕
　宮崎県日向市・八幡神社　《祭神》足仲彦尊〔他〕

八幡宮《称》　はちまんぐう〔社〕
　宮崎県東諸県郡国富町・衾田神社　《祭神》誉田別尊〔他〕　〔神社本庁〕

八幡宮　はちまんぐう〔社〕
　沖縄県那覇市　《祭神》玉依姫〔他〕　〔神社本庁〕

八幡宮来宮神社　はちまんぐうきのみやじんじゃ〔社〕
　静岡県伊東市　《別称》八幡様　《祭神》誉田別命〔他〕　〔神社本庁〕

八幡宮神社　はちまんぐうじんじゃ〔社〕
　長崎県対馬市　《別称》厳原八幡宮神社　《祭神》応神天皇〔他〕　〔神社本庁〕

八幡朝見神社　はちまんあさみじんじゃ〔社〕
　大分県別府市朝見　《祭神》大鷦鷯尊〔他〕　〔神社本庁〕

八幡様《称》　はちまんさま〔社〕
　宮城県登米郡登米町・登米神社　《祭神》品陀別命〔他〕　〔神社本庁〕

八幡様《称》　はちまんさま〔社〕
　埼玉県大里郡寄居町・出雲乃伊波比神社　《祭神》素盞嗚命〔他〕　〔神社本庁〕

八幡様《称》　はちまんさま〔社〕
　神奈川県横浜市戸塚区・富塚八幡宮　《祭神》誉田別命〔他〕　〔神社本庁〕

八幡様《称》　はちまんさま〔社〕
　富山県下新川郡朝日町・脇子八幡宮　《祭神》応神天皇〔他〕　〔神社本庁〕

八幡様《称》　はちまんさま〔社〕
　石川県小松市・多太神社　《祭神》衝桙等乎而留比古命〔他〕　〔神社本庁〕

八幡様《称》　はちまんさま〔社〕
　岐阜県岐阜市・茜部神社　《祭神》応神天皇〔他〕　〔神社本庁〕

八幡様《称》　はちまんさま〔社〕
　岐阜県瑞浪市日吉町・酒波神社　《祭神》酒波大神〔他〕　〔神社本庁〕

八幡様《称》　はちまんさま〔社〕
　岐阜県各務原市・加佐美神社　《祭神》加佐美大神　〔神社本庁〕

八幡様《称》　はちまんさま〔社〕
　静岡県伊東市・八幡宮来宮神社　《祭神》誉田別命〔他〕　〔神社本庁〕

八幡様《称》　はちまんさま〔社〕
　静岡県磐田市・府八幡宮　《祭神》足仲彦命〔他〕　〔神社本庁〕

八幡様《称》　はちまんさま〔社〕
　愛知県半田市・業葉神社　《祭神》応神天皇〔他〕　〔神社本庁〕

八幡様《称》　はちまんさま〔社〕
　愛知県葉栗郡木曽川町・伊富利部神社　《祭神》若都保命〔他〕　〔神社本庁〕

八幡様《称》　はちまんさま〔社〕
　鳥取県西伯郡西伯町・長田神社　《祭神》多古理比売命〔他〕　〔神社本庁〕

八幡様《称》　はちまんさま〔社〕
　鳥取県日野郡溝口町・野上荘神社　《祭神》天照大神[他]　〔神社本庁〕
八幡様《称》　はちまんさま〔社〕
　岡山県津山市・田神社　《祭神》応神天皇[他]　〔神社本庁〕
八幡様《称》　はちまんさま〔社〕
　広島県安芸高田市・高頭神社　《祭神》帯中津彦命[他]　〔神社本庁〕
八幡様《称》　はちまんさま〔社〕
　山口県下関市・清末八幡宮　《祭神》応神天皇[他]　〔神社本庁〕
八幡様《称》　はちまんさま〔社〕
　山口県萩市・三田八幡宮　《祭神》応神天皇[他]　〔神社本庁〕
八幡様《称》　はちまんさま〔社〕
　山口県美祢市・広籏八幡宮　《祭神》応神天皇[他]　〔神社本庁〕
八幡様《称》　はちまんさま〔社〕
　山口県大島郡橘町・長尾八幡宮　《祭神》誉田別尊[他]　〔神社本庁〕
八幡様《称》　はちまんさま〔社〕
　山口県熊毛郡田布施町・高松八幡宮　《祭神》誉田別尊[他]　〔神社本庁〕
八幡様《称》　はちまんさま〔社〕
　山口県豊浦郡豊浦町・川棚神社　《祭神》応神天皇[他]　〔神社本庁〕
八幡様《称》　はちまんさま〔社〕
　山口県美祢郡秋芳町・岩永八幡宮　《祭神》応神天皇[他]　〔神社本庁〕
八幡様《称》　はちまんさま〔社〕
　香川県仲多度郡多度津町・熊手八幡宮　《祭神》品陀別尊[他]　〔神社本庁〕
八幡様《称》　はちまんさま〔社〕
　愛媛県今治市・大浜八幡大神社　《祭神》乎致命[他]　〔神社本庁〕
八幡様《称》　はちまんさま〔社〕
　福岡県前原市・宇美八幡宮　《祭神》八幡大神[他]　〔神社本庁〕
八幡様《称》　はちまんさま〔社〕
　宮崎県宮崎市・宮崎八幡宮　《祭神》誉田別尊[他]　〔神社本庁〕
八幡様《称》　はちまんさま〔社〕
　宮崎県児湯郡新富町・上富田八幡神社　《祭神》帯中津彦命[他]　〔神社本庁〕
八幡様《称》　はちまんさま〔社〕
　宮崎県児湯郡新富町新田・新田神社　《祭神》彦火火出見命　〔神社本庁〕
八幡様《称》　はちまんさま〔社〕
　鹿児島県薩摩郡下甑村・新田神社　《祭神》瓊瓊杵尊[他]　〔神社本庁〕

八幡様《称》　はちまんさま〔社〕
　鹿児島県姶良郡栗野町・勝栗神社　《祭神》応神天皇[他]　〔神社本庁〕
八幡様《称》　はちまんさま〔社〕
　鹿児島県姶良郡吉松町・箱崎八幡神社　《祭神》応神天皇[他]　〔神社本庁〕
八幡様《称》　はちまんさま〔社〕
　鹿児島県曽於郡松山町・松山神社　《祭神》応神天皇[他]　〔神社本庁〕
八幡磨能峰宮　やはたうすのみねぐう〔社〕
　山口県美祢市　《祭神》天照大神[他]　〔神社本庁〕
八幡竈門神社　はちまんかまどじんじゃ〔社〕
　大分県別府市亀川町　《別称》竈八幡　《祭神》応神天皇[他]　〔神社本庁〕
八幡鶴市神社　はちまんつるいちじんじゃ〔社〕
　大分県中津市相原　《祭神》鶴女命[他]　〔神社本庁〕
八槻さま《称》　やつきさま〔社〕
　福島県東白川郡棚倉町大字八槻・都都古別神社　《祭神》味耜高彦根命[他]　〔神社本庁〕
八蔵坊《称》　はちぞうぼう〔寺〕
　千葉県匝瑳郡野栄町・徳寿院　《本尊》聖不動明王　〔真言宗智山派〕
19 八瀬の九頭竜さん《称》　やせのくずりゅうさん〔社〕
　京都府京都市左京区・九頭竜大社　《祭神》九頭竜弁財天大神　〔単立〕

【十】

1 十一面観音さん《称》　じゅういちめんかんのんさん〔寺〕
　静岡県焼津市・信香院　《本尊》十一面観世音菩薩　〔曹洞宗〕
2 十二山《称》　じゅうにさん〔社〕
　群馬県勢多郡富士見村横室・赤城神社　《祭神》豊城入日子命[他]　〔神社本庁〕
十二天《称》　じゅうにてん〔社〕
　神奈川県横浜市中区・本牧神社　《祭神》大日孁貴命[他]　〔神社本庁〕
十二坊《称》　じゅうにぼう〔寺〕
　京都府京都市北区・上品蓮台寺　《本尊》延命地蔵菩薩　〔真言宗智山派〕
十二社《称》　じゅうにそう〔社〕
　徳島県那賀郡木沢村・宇奈為神社　《祭神》豊玉彦命[他]　〔神社本庁〕
十二社さん《称》　じゅうにそうさん〔社〕
　静岡県榛原郡榛原町・服織田神社　《祭神》麻立比古命[他]　〔神社本庁〕

神社・寺院名よみかた辞典　33

2画（十）

十二社熊野さま《称》　じゅうにそうくまのさま〔社〕
　東京都新宿区・熊野神社　《祭神》伊邪那美命［他］　〔神社本庁〕
十二社権現寺　じゅうにしゃごんげんじ〔寺〕
　大阪府東大阪市　《別称》総本山・堂之宮権現　《本尊》聖観世音菩薩・不動明王　〔妙法宗〕
十二所神社　じゅうにしょじんじゃ〔社〕
　兵庫県姫路市　《祭神》少彦名大神［他］　〔神社本庁〕
3 十三社神社　じゅうさんしゃじんじゃ〔社〕
　東京都新島村　《別称》明神さま　《祭神》事代主命［他］　〔神社本庁〕
十三番観音さん《称》　じゅうさんばんかんのんさん〔寺〕
　山梨県北巨摩郡須玉町・海岸寺　《本尊》釈迦如来・千手観世音菩薩　〔臨済宗妙心寺派〕
4 十五社　じゅうごしゃ〔社〕
　長野県岡谷市本町　《祭神》健御名方命［他］　〔神社本庁〕
十五社《称》　じゅうごしゃ〔社〕
　熊本県天草郡苓北町・坂瀬川神社　《祭神》天照皇大神［他］　〔神社本庁〕
十五社大神宮《称》　じゅうごしゃだいじんぐう〔社〕
　岐阜県山県市・十五社神社　《祭神》天之常立尊［他］　〔神社本庁〕
十五社神社　じゅうごしゃじんじゃ〔社〕
　長野県岡谷市山下町　《祭神》建御名方富命［他］　〔神社本庁〕
十五社神社　じゅうごしゃじんじゃ〔社〕
　岐阜県山県市　《別称》十五社大神宮　《祭神》天之常立尊［他］　〔神社本庁〕
十方寺　じっぽうじ〔寺〕
　東京都文京区　《本尊》阿弥陀三尊　〔浄土宗〕
十日恵比須神社　とおかえびすじんじゃ〔社〕
　福岡県福岡市博多区　《祭神》事代主命［他］　〔神社本庁〕
十王寺　じゅうおうじ〔寺〕
　滋賀県守山市　《別称》焔魔堂　《本尊》倶生尊・焔魔大王・地蔵菩薩・十王・阿弥陀如来　〔浄土宗〕
十王院　じゅうおういん〔寺〕
　青森県八戸市　《別称》うえのやまでら　《本尊》八戸南部公御霊屋本尊・阿弥陀如来　〔浄土宗〕
6 十如寺　じゅうにょじ〔寺〕
　京都府京都市上京区　《別称》法華堂　《本尊》日蓮聖人奠定の大曼荼羅　〔日蓮宗〕

7 十条の尼寺《称》　じゅうじょうのあまでら〔寺〕
　東京都北区・雪峰院　《本尊》阿弥陀如来　〔浄土宗〕
8 十和田山《称》　とわださん〔社〕
　青森県上北郡十和田湖町・十和田神社　《祭神》日本武尊　〔神社本庁〕
十和田神社　とわだじんじゃ〔社〕
　青森県上北郡十和田湖町　《別称》十和田山　《祭神》日本武尊　〔神社本庁〕
十念寺　じゅうねんじ〔寺〕
　福島県須賀川市　《本尊》阿弥陀如来・勢至菩薩・観世音菩薩
十念寺　じゅうねんじ〔寺〕
　東京都江戸川区　《本尊》阿弥陀如来　〔真言宗豊山派〕
十念寺　じゅうねんじ〔寺〕
　三重県桑名市　《本尊》阿弥陀如来　〔浄土宗〕
十念寺　じゅうねんじ〔寺〕
　京都府京都市上京区　《本尊》阿弥陀如来　〔西山浄土宗〕
十波羅密寺　じゅうはらみつじ〔寺〕
　香川県三豊郡仁尾町　〔真言宗醍醐派〕
12 十勝神社　とかちじんじゃ〔社〕
　北海道広尾郡広尾町　《祭神》大海津見神　〔神社本庁〕
十善寺　じゅうぜんじ〔寺〕
　兵庫県神戸市灘区　《別称》一王山　《本尊》十一面観世音菩薩　〔臨済宗永源寺派〕
13 十楽寺　じゅうらくじ〔寺〕
　新潟県刈羽郡刈羽村　《本尊》薬師如来　〔真言宗豊山派〕
十楽寺　じゅうらくじ〔寺〕
　島根県出雲市　《本尊》阿弥陀如来　〔曹洞宗〕
十楽寺　じゅうらくじ〔寺〕
　徳島県板野郡土成町　《別称》四国第七番霊場　《本尊》阿弥陀三尊　〔高野山真言宗〕
十禅寺　じゅうぜんじ〔寺〕
　京都府京都市山科区　《別称》河原観音堂　《本尊》聖観世音菩薩　〔本修験宗〕
十禅師宮《称》　じゅうぜんじぐう〔社〕
　滋賀県彦根市・高宮神社　《祭神》天津日高日子番能邇邇芸命［他］　〔神社本庁〕
15 十輪寺　じゅうりんじ〔寺〕
　埼玉県秩父郡小鹿野町　《本尊》十一面観世音菩薩　〔真言宗智山派〕
十輪寺　じゅうりんじ〔寺〕
　三重県桑名郡木曽岬町　《本尊》阿弥陀如来　〔浄土宗〕

34　神社・寺院名よみかた辞典

2画（ト）3画（下）

十輪寺　じゅうりんじ〔寺〕
　京都府京都市西京区　《別称》腹帯地蔵　《本尊》延命腹帯地蔵菩薩　〔天台宗〕
十輪寺　じゅうりんじ〔寺〕
　京都府相楽郡山城町　《別称》柳谷　《本尊》延命地蔵菩薩・薬師如来・観世音菩薩　〔真言宗智山派〕
十輪寺　じゅうりんじ〔寺〕
　兵庫県高砂市　《別称》円光大師霊場第三番　《本尊》阿弥陀如来・法然上人宝瓶御影・地蔵菩薩　〔浄土宗西山禅林寺派〕
十輪寺　じゅうりんじ〔寺〕
　和歌山県日高郡南部川村　《本尊》聖観世音菩薩　〔臨済宗妙心寺派〕
十輪院　じゅうりんいん〔寺〕
　奈良県奈良市　《本尊》地蔵菩薩　〔真言宗醍醐派〕
十輪教会　じゅうりんきょうかい〔寺〕
　福岡県田川市　〔高野山真言宗〕

【ト】

12 卜雲寺　ぼくうんじ〔寺〕
　埼玉県秩父郡横瀬町　《別称》荻ノ堂・秩父第六番霊場　《本尊》聖観世音菩薩
　〔曹洞宗〕

3 画

【下】

0 下のお宮《称》　しものおみや〔社〕
　愛知県碧南市・大浜熊野大神社　《祭神》伊弉冉尊[他]　〔神社本庁〕
下の宮《称》　しものみや〔社〕
　福井県南条郡今庄町・白鬚神社　《祭神》猿田彦命[他]　〔神社本庁〕
下の宮《称》　しものみや〔社〕
　静岡県賀茂郡松崎町・伊那下神社　《祭神》彦火火出見尊[他]　〔神社本庁〕
下の宮《称》　しものみや〔社〕
　長崎県南松浦郡有川町・祖母君神社　《祭神》伊邪奈美命　〔神社本庁〕
下ノ宮《称》　しものみや〔社〕
　高知県高岡郡越知町越知丙・横倉神社　《祭神》伊弉那美神[他]　〔神社本庁〕
4 下水神社　しもすいじんじゃ〔社〕
　静岡県御前崎市　《別称》水神さま　《祭神》弥都波能売神　〔神社本庁〕
5 下加茂神社　しもかもじんじゃ〔社〕
　徳島県三好郡三野町　《祭神》玉依姫命
　〔神社本庁〕

下市御坊《称》　しもいちごぼう〔寺〕
　奈良県吉野郡下市町・願行寺　《本尊》阿弥陀如来　〔浄土真宗本願寺派〕
下田八幡宮　しもだはちまんぐう〔社〕
　山口県大島郡東和町　《祭神》応神天皇[他]　〔神社本庁〕
下田西宮神社　しもだにしのみやじんじゃ〔社〕
　熊本県阿蘇郡長陽村　《祭神》健磐竜命[他]　〔神社本庁〕
下立松原神社　しもたてまつばらじんじゃ〔社〕
　千葉県安房郡白浜町　《祭神》天日鷲命　〔神社本庁〕
7 下来原八幡宮《称》　しもくるはらはちまんぐう〔社〕
　島根県那賀郡金城町・八幡宮　《祭神》仲哀天皇[他]　〔神社本庁〕
下谷神社　したやじんじゃ〔社〕
　東京都台東区　《別称》下谷稲荷　《祭神》大年神[他]　〔神社本庁〕
下谷稲荷《称》　したやいなり〔社〕
　東京都台東区・下谷神社　《祭神》大年神[他]　〔神社本庁〕
下谷摩利支天さん《称》　したやまりしてんさん〔寺〕
　東京都台東区・徳大寺　《本尊》十界曼荼羅・摩利支天　〔日蓮宗〕
下里観音《称》　しもざとかんのん〔寺〕
　埼玉県比企郡小川町・大聖寺　《本尊》如意輪観世音菩薩　〔天台宗〕
10 下宮さま《称》　げくうさま〔社〕
　大分県竹田市・健男霜凝日子神社　《祭神》健男霜凝日子大神　〔神社本庁〕
下宮さん　しもみやさん〔社〕
　山梨県富士吉田市下吉田・小室浅間神社　《祭神》木花咲耶姫命　〔神社本庁〕
下宮神社　しもみやじんじゃ〔社〕
　徳島県美馬郡一宇村　《祭神》猿田彦命[他]　〔神社本庁〕
下浦社　しもうらじんじゃ〔社〕
　熊本県本渡市　《祭神》天照大神[他]　〔神社本庁〕
下高根教会　しもたかねきょうかい〔寺〕
　愛知県豊明市　《本尊》阿弥陀如来　〔真宗大谷派〕
11 下郷神社　しもごうじんじゃ〔社〕
　鳥取県東伯郡東伯町　《祭神》素盞鳴大神[他]　〔神社本庁〕

神社・寺院名よみかた辞典　35

3画（三）

下野の八幡さま《称》　しもののはちまんさま〔社〕
　宮崎県西臼杵郡高千穂町・八幡大神社　《祭神》玉依姫命［他］　　　　　　　〔神社本庁〕
12 下善明寺《称》　しもぜんみょうじ〔寺〕
　岐阜県揖斐郡揖斐川町・善明寺　《本尊》阿弥陀如来　　　　　　〔浄土真宗本願寺派〕
下遍照寺《称》　しもへんじょうじ〔寺〕
　岡山県真庭郡落合町・遍照寺　《本尊》十一面観世音菩薩　　　　　〔高野山真言宗〕
13 下新川神社　しもにいかわじんじゃ〔社〕
　滋賀県守山市　《祭神》豊城入彦命［他］
　　　　　　　　　　　　　　　　〔神社本庁〕
14 下増田神社　しもますだじんじゃ〔社〕
　宮城県名取市　《祭神》大日孁命［他］
　　　　　　　　　　　　　　　　〔神社本庁〕
下領八幡宮《称》　しもりょうはちまんぐう〔社〕
　島根県鹿足郡日原町池村・八幡宮　《祭神》応神天皇［他］　　　　　　〔神社本庁〕
16 下鴨神社《称》　しもかもじんじゃ〔社〕
　京都府京都市左京区・賀茂御祖神社　《祭神》玉依姫命［他］　　　　　　〔神社本庁〕

【三】

0 三の宮《称》　さんのみや〔社〕
　千葉県成田市・埴生神社　《祭神》埴山姫之命　　　　　　　　　　　　〔神社本庁〕
お三の宮《称》　おさんのみや〔社〕
　神奈川県横浜市南区・日枝神社　《祭神》大山咋命　　　　　　　　　　　〔神社本庁〕
三の宮《称》　さんのみや〔社〕
　三重県上野市・波多岐神社　《祭神》大鷦鷯尊　　　　　　　　　　　　〔神社本庁〕
三の宮《称》　さんのみや〔社〕
　島根県鹿足郡六日市町・三宮神社　《祭神》応神天皇［他］　　　　　　〔神社本庁〕
三の宮《称》　さんのみや〔社〕
　山口県山口市・仁壁神社　《祭神》表筒男命［他］　　　　　　　　　　　〔神社本庁〕
三の宮さま《称》　さんのみやさま〔社〕
　神奈川県伊勢原市・比比多神社　《祭神》豊国主尊［他］　　　　　　　〔神社本庁〕
三の宮さま《称》　さんのみやさま〔社〕
　鳥取県倉吉市・倭文神社　《祭神》経津主神［他］　　　　　　　　　　　〔神社本庁〕
三ヶ所神社　さんがしょじんじゃ〔社〕
　宮崎県西臼杵郡五ヶ瀬町　《別称》二神様　《祭神》伊弉諾神［他］　　〔神社本庁〕

三ヶ日神明宮《称》　みっかびしんめいぐう〔社〕
　静岡県引佐郡三ヶ日町・浜名惣社神明宮　《祭神》天照皇大神　　　　〔神社本庁〕
2 三八城神社　みやきじんじゃ〔社〕
　青森県八戸市　《祭神》南部直房［他］
　　　　　　　　　　　　　　　　〔神社本庁〕
三十三間堂本坊《称》　さんじゅうさんげんどうほんぼう〔寺〕
　京都府京都市東山区・妙法院　《本尊》普賢延命菩薩・千手観世音菩薩　〔天台宗〕
3 三上八幡宮　みかみはちまんぐう〔社〕
　高知県吾川郡伊野町　《祭神》神功皇后［他］　　　　　　　　　　　　〔神社本庁〕
三千石八幡宮《称》　さんぜんごくはちまんぐう〔社〕
　青森県北津軽郡板柳町・八幡宮　《祭神》誉田別命　　　　　　　　　　〔神社本庁〕
三千坊　さんぜんぼう〔寺〕
　山口県萩市　《本尊》阿弥陀如来
　　　　　　　　　　　　　　〔浄土真宗本願寺派〕
三千院　さんぜんいん〔寺〕
　京都府京都市左京区　《別称》梶井門跡　《本尊》薬師如来　　　　　　〔天台宗〕
三女神社　さんにょうじんじゃ〔社〕
　大分県宇佐郡安心院町　《祭神》田心姫命［他］　　　　　　　　　　〔神社本庁〕
三川元三大師《称》　みかわがんさんだいし〔寺〕
　滋賀県東浅井郡虎姫町・玉泉寺　《本尊》元三大師　　　　　　　　　　〔天台宗〕
4 三之宮神社　さんのみやじんじゃ〔社〕
　千葉県長生郡睦沢町　《別称》三之宮様　《祭神》五瀬命［他］　　　　〔神社本庁〕
三之宮神社　さんのみやじんじゃ〔社〕
　大阪府枚方市　《祭神》天津神［他］
　　　　　　　　　　　　　　　　〔神社本庁〕
三井寺《称》　みいでら〔寺〕
　滋賀県大津市・園城寺　《本尊》弥勒菩薩・智証大師・黄不動明王　　〔天台寺門宗〕
三仏寺　さんぶつじ〔寺〕
　神奈川県横浜市旭区　《本尊》阿弥陀如来
　　　　　　　　　　　　　　　　　〔浄土宗〕
三仏寺　さんぶつじ〔寺〕
　鳥取県東伯郡三朝町　《本尊》阿弥陀如来・釈迦如来・大日如来　　　　〔天台宗〕
三友寺　さんゆうじ〔寺〕
　岡山県岡山市　《本尊》観世音菩薩
　　　　　　　　　　　　　　　〔臨済宗妙心寺派〕
三太神社　さんたじんじゃ〔社〕
　愛媛県西条市　《祭神》高龗神　〔神社本庁〕

36　神社・寺院名よみかた辞典

3画（三）

三戸大神宮　さんのへだいじんぐう〔社〕
　青森県三戸郡三戸町　《別称》神明さま　《祭神》天照坐皇大神
　　　　　　　　　　　　　　　　〔神社本庁〕
三日月神社　みかずきじんじゃ〔社〕
　栃木県鹿沼市　《祭神》月読命　〔神社本庁〕
三月寺　さんがつじ〔寺〕
　茨城県下妻市　《本尊》阿弥陀如来
　　　　　　　　　　　　　　　　〔真宗大谷派〕
5 三代王神社　さんだいおうじんじゃ〔社〕
　千葉県千葉市　《祭神》天種子命　〔神社本庁〕
三本木稲荷神社《称》　さんぽんぎいなりじんじゃ〔社〕
　青森県十和田市・稲荷神社　《祭神》倉稲魂命
　　　　　　　　　　　　　　　　〔神社本庁〕
三玄寺　さんげんじ〔寺〕
　愛知県東加茂郡旭町　《本尊》釈迦如来
　　　　　　　　　　　　　　〔臨済宗妙心寺派〕
三玄院　さんげんいん〔寺〕
　京都府京都市北区　《本尊》釈迦如来
　　　　　　　　　　　　　　〔臨済宗大徳寺派〕
三生院　さんしょういん〔寺〕
　静岡県引佐郡引佐町　〔臨済宗方広寺派〕
三田八幡宮　みたはちまんぐう〔社〕
　山口県萩市　《別称》八幡様　《祭神》応神天皇〔他〕
　　　　　　　　　　　　　　　　〔神社本庁〕
三田天神《称》　さんだてんじん〔社〕
　兵庫県三田市・天満神社　《祭神》菅原道真〔他〕
　　　　　　　　　　　　　　　　〔神社本庁〕
三田洞弘法《称》　みたほらこうぼう〔寺〕
　岐阜県岐阜市・法華寺　《本尊》聖観世音菩薩・弘法大師
　　　　　　　　　　　　　　　　〔高野山真言宗〕
三石神社　みついしじんじゃ〔社〕
　北海道三石郡三石町　《祭神》市杵島比売神〔他〕
　　　　　　　　　　　　　　　　〔神社本庁〕
三石神社　みついしじんじゃ〔社〕
　兵庫県神戸市兵庫区　《祭神》神功皇后〔他〕
　　　　　　　　　　　　　　　　〔神社本庁〕
6 三会寺　さんねじ〔寺〕
　神奈川県横浜市港北区　《本尊》弥勒菩薩
　　　　　　　　　　　　　　　　〔高野山真言宗〕
三光寺　さんこうじ〔寺〕
　青森県三戸郡南部町　《本尊》釈迦如来
　　　　　　　　　　　　　　〔臨済宗妙心寺派〕
三光寺　さんこうじ〔寺〕
　山梨県東山梨郡勝沼町　《本尊》阿弥陀如来
　　　　　　　　　　　　　　〔浄土真宗本願寺派〕
三光寺　さんこうじ〔寺〕
　長野県諏訪郡富士見町　《本尊》釈迦如来
　　　　　　　　　　　　　　　　〔曹洞宗〕

三光寺　さんこうじ〔寺〕
　静岡県榛原郡川根町　《本尊》阿弥陀如来
　　　　　　　　　　　　　　　　〔曹洞宗〕
三光寺　さんこうじ〔寺〕
　愛知県豊田市　　　　〔真言宗醍醐派〕
三光寺　さんこうじ〔寺〕
　山口県宇部市　《本尊》阿弥陀如来
　　　　　　　　　　　　　　〔浄土真宗本願寺派〕
三光寺　さんこうじ〔寺〕
　福岡県北九州市門司区　《本尊》阿弥陀如来
　　　　　　　　　　　　　　〔浄土真宗本願寺派〕
三光院　さんこういん〔寺〕
　東京都東大和市　《本尊》阿弥陀如来
　　　　　　　　　　　　　　　〔真言宗豊山派〕
三吉さん《称》　みよしさん〔社〕
　秋田県秋田市・太平山三吉神社　《祭神》大己貴大神〔他〕
　　　　　　　　　　　　　　　　〔神社本庁〕
三吉本宮《称》　みよしもとみや〔社〕
　秋田県秋田市・三吉神社　《祭神》三吉霊神〔他〕
　　　　　　　　　　　　　　　　　〔単立〕
三吉神社　みよしじんじゃ〔社〕
　北海道札幌市中央区　《別称》みよしさん　《祭神》大己貴神〔他〕
　　　　　　　　　　　　　　　　〔神社本庁〕
三吉神社　みよしじんじゃ〔社〕
　北海道釧路市　《別称》さんきちさん　《祭神》大己貴神〔他〕
　　　　　　　　　　　　　　　　〔神社本庁〕
三吉神社　みよしじんじゃ〔社〕
　秋田県秋田市　《別称》三吉本宮　《祭神》三吉霊神〔他〕
　　　　　　　　　　　　　　　　　〔単立〕
三宅八幡社　みやけはちまんしゃ〔社〕
　京都府京都市左京区　《別称》虫八幡　《祭神》応神天皇
　　　　　　　　　　　　　　　　〔神社本庁〕
三宅長福寺《称》　みやけちょうふくじ〔寺〕
　愛知県中島郡平和町・長福寺　《本尊》千手観世音菩薩
　　　　　　　　　　　　　　〔真言宗智山派〕
三成八幡宮《称》　みなりはちまんぐう〔社〕
　島根県仁多郡仁多町・八幡宮　《祭神》応神天皇〔他〕
　　　　　　　　　　　　　　　　〔神社本庁〕
7 三坂神社　みさかじんじゃ〔社〕
　山口県佐波郡徳地町　《別称》三坂様　《祭神》大国主神〔他〕
　　　　　　　　　　　　　　　　〔神社本庁〕
三尾寺　みおじ〔寺〕
　岡山県新見市　《別称》備中高野山　《本尊》十一面千手観世音菩薩・不動明王・毘沙門天
　　　　　　　　　　　　　　〔高野山真言宗〕
三尾神社　みおじんじゃ〔社〕
　滋賀県大津市　《別称》みおんさん　《祭神》伊弉諾尊〔他〕
　　　　　　　　　　　　　　　　〔神社本庁〕

神社・寺院名よみかた辞典　37

3画（三）

三条西別院《称》　さんじょうにしべついん〔寺〕
　新潟県三条市・西本願寺三条別院　《本尊》阿弥陀如来　〔浄土真宗本願寺派〕

三沢神社　みさわじんじゃ〔社〕
　島根県仁多郡仁多町　《別称》大森大明神　《祭神》阿遅須枳高日子根命　〔神社本庁〕

三社さま《称》　さんじゃさま〔社〕
　東京都台東区・浅草神社　《祭神》土師真仲知〔他〕　〔神社本庁〕

三社大明神《称》　さんじゃだいみょうじん〔社〕
　島根県八束郡美保関町・爾佐神社　《祭神》都久頭美命〔他〕　〔神社本庁〕

三社山《称》　さんじゃさん〔社〕
　岩手県花巻市・鳥谷崎神社　《祭神》豊玉姫大神〔他〕　〔神社本庁〕

三社明神《称》　さんじゃみょうじん〔社〕
　東京都葛飾区・香取神社　《祭神》経津主命〔他〕　〔神社本庁〕

三社神社　さんじゃじんじゃ〔社〕
　大阪府大阪市港区　《祭神》天照皇大神〔他〕　〔神社本庁〕

三社宮《称》　さんしゃぐう〔社〕
　青森県西津軽郡木造町・三新田神社　《祭神》天照皇大神〔他〕　〔神社本庁〕

三社座神社　さんしゃざじんじゃ〔社〕
　岩手県岩手郡雫石町　《別称》神明さま　《祭神》天照大神〔他〕　〔神社本庁〕

三社様《称》　さんじゃさま〔社〕
　静岡県小笠郡大須賀町・三熊野神社　《祭神》伊弉那美命〔他〕　〔神社本庁〕

三芳野神社　みよしのじんじゃ〔社〕
　埼玉県川越市　《別称》天神様　《祭神》素戔嗚尊〔他〕　〔神社本庁〕

三角山神社　みすみやまじんじゃ〔社〕
　鳥取県八頭郡用瀬町　《別称》峰錫さま　《祭神》猿田彦大神　〔神社本庁〕

三角寺　さんかくじ〔寺〕
　愛媛県四国中央市　《別称》四国第六五番霊場　《本尊》十一面観世音菩薩　〔高野山真言宗〕

三谷八幡神社　みたにはちまんじんじゃ〔社〕
　香川県高松市　《別称》三谷八幡宮　《祭神》誉田別尊〔他〕　〔神社本庁〕

三谷八幡宮《称》　みたにはちまんぐう〔社〕
　香川県高松市・三谷八幡神社　《祭神》誉田別尊〔他〕　〔神社本庁〕

三谷寺　みたにじ〔寺〕
　香川県綾歌郡飯山町　《別称》世尊院　《本尊》十一面観世音菩薩　〔真言宗御室派〕

三谷観音堂《称》　みたにかんのんどう〔寺〕
　高知県高知市・安楽寺　《本尊》阿弥陀如来　〔真言宗豊山派〕

三邑院　さんゆういん〔寺〕
　静岡県小笠郡大東町　《本尊》聖観世音菩薩　〔臨済宗妙心寺派〕

8 三味せん寺《称》　しゃみせんでら〔寺〕
　東京都港区・大信寺　《本尊》阿弥陀如来　〔浄土宗〕

三和神社　みわじんじゃ〔社〕
　栃木県那須郡小川町　《祭神》大物主命　〔神社本庁〕

三国神社　みくにじんじゃ〔社〕
　福井県坂井郡三国町　《別称》山王さん　《祭神》大山咋命〔他〕　〔神社本庁〕

三学院　さんがくいん〔寺〕
　埼玉県蕨市　《本尊》十一面観世音菩薩・平和観音　〔真言宗智山派〕

三宝寺　さんぽうじ〔寺〕
　東京都練馬区　《本尊》不動明王　〔真言宗智山派〕

三宝寺　さんぽうじ〔寺〕
　神奈川県横浜市神奈川区　《本尊》釈迦如来　〔浄土宗〕

三宝寺　さんぽうじ〔寺〕
　石川県金沢市　《本尊》日蓮聖人　〔日蓮宗〕

三宝寺　さんぽうじ〔寺〕
　京都府京都市中京区　《本尊》阿弥陀如来　〔浄土宗〕

三宝寺　さんぽうじ〔寺〕
　京都府京都市右京区　《本尊》釈迦如来・日蓮聖人　〔日蓮宗〕

三宝寺　さんぽうじ〔寺〕
　兵庫県氷上郡柏原町　《本尊》十一面観世音菩薩・達磨大師　〔臨済宗妙心寺派〕

三宝寺　さんぽうじ〔寺〕
　広島県福山市　《本尊》釈迦如来・准胝観世音菩薩　〔曹洞宗〕

三宝寺　さんぽうじ〔寺〕
　愛媛県西予市　《本尊》釈迦如来　〔臨済宗妙心寺派〕

三宝寺　さんぽうじ〔寺〕
　長崎県長崎市　《本尊》阿弥陀如来　〔浄土宗〕

三宝寺　さんぽうじ〔寺〕
　熊本県下益城郡小川町　《本尊》釈迦如来　〔黄檗宗〕

三宝荒神《称》　さんぽうこうじん〔寺〕
　兵庫県洲本市・威徳寺　《本尊》三宝荒神　〔真言宗荒神派〕

38　神社・寺院名よみかた辞典

3画（三）

三宝院　さんぽういん〔寺〕
　東京都足立区　《別称》千住の道了様　《本尊》道了大薩埵　〔曹洞宗〕
三宝院《称》　さんぽういん〔寺〕
　神奈川県小田原市・玉伝寺　《本尊》釈迦如来・多宝如来　〔単立〕
三宝院　さんぽういん〔寺〕
　京都府京都市伏見区　《別称》大本山　《本尊》弥勒菩薩　〔真言宗醍醐派〕
三宝院　さんぽういん〔寺〕
　兵庫県津名郡五色町　《本尊》聖観世音菩薩　〔高野山真言宗〕
三宝院　さんぽういん〔寺〕
　和歌山県伊都郡高野町　《本尊》金剛界大日如来　〔高野山真言宗〕
三宝院　さんぽういん〔寺〕
　岡山県玉野市　《本尊》地蔵菩薩・薬師如来・観世音菩薩　〔高野山真言宗〕
三宝教団　さんぽうきょうだん〔寺〕
　東京都西東京市　〔三宝教団〕
三岳寺　さんがくじ〔寺〕
　佐賀県小城郡小城町　〔臨済宗南禅寺派〕
三念寺　さんねんじ〔寺〕
　東京都文京区　《本尊》薬師如来　〔真言宗豊山派〕
三所神社　さんしょじんじゃ〔社〕
　徳島県三好郡池田町　《祭神》大山祇命[他]　〔神社本庁〕
三所宮《称》　さんしょぐう〔社〕
　大分県中津市・奥平神社　《祭神》奥平貞能[他]　〔神社本庁〕
三明寺　さんみょうじ〔寺〕
　愛知県豊川市　《別称》豊川弁天　《本尊》豊川弁財天　〔曹洞宗〕
三明院　さんみょういん〔寺〕
　埼玉県川越市　《本尊》金剛界大日如来　〔真言宗智山派〕
三松園《称》　さんしょうえん〔寺〕
　福岡県北九州市八幡西区・遍照院　《本尊》大日如来　〔高野山真言宗〕
三河国分寺《称》　みかわこくぶんじ〔寺〕
　愛知県豊川市・国分寺　《本尊》薬師如来　〔曹洞宗〕
三河島大師《称》　みかわじまだいし〔寺〕
　東京都荒川区・密厳院　《本尊》如意輪観世音菩薩　〔真言宗豊山派〕
三河稲荷神社　みかわいなりじんじゃ〔社〕
　東京都文京区　《別称》さんくさま　《祭神》宇迦之魂命　〔神社本庁〕

三河総社《称》　みかわそうじゃ〔社〕
　愛知県豊川市・総社　《祭神》三河国総社神　〔神社本庁〕
9 三乗院　さんじょういん〔寺〕
　福島県伊達郡霊山町　《本尊》釈迦如来　〔曹洞宗〕
三保大明神《称》　みほだいみょうじん〔社〕
　静岡県静岡市・御穂神社　《祭神》大己貴命[他]　〔神社本庁〕
三室戸寺　みむろどじ〔寺〕
　京都府宇治市　《別称》三室戸の観音さま・西国第一〇番霊場　《本尊》千手観世音菩薩　〔本山修験宗〕
三屋神社　みとやじんじゃ〔社〕
　島根県飯石郡三刀屋町　《別称》一の宮　《祭神》大己貴命[他]　〔神社本庁〕
三春大神宮　みはるだいじんぐう〔社〕
　福島県田村郡三春町　《別称》神明宮　《祭神》天照皇大神[他]　〔神社本庁〕
三柱神社　みはしらじんじゃ〔社〕
　千葉県富津市　《別称》造海神社　《祭神》天太玉命[他]　〔神社本庁〕
三柱神社　みはしらじんじゃ〔社〕
　福岡県山門郡三橋町　《別称》御新宮　《祭神》立花宗茂[他]　〔神社本庁〕
三柱神社　みはしらじんじゃ〔社〕
　長崎県北松浦郡佐々町　《祭神》素盞嗚命[他]　〔神社本庁〕
三津寺　みつでら〔寺〕
　大阪府大阪市中央区　《別称》大福院　《本尊》十一面観世音菩薩　〔真言宗御室派〕
三界寺　さんがいじ〔寺〕
　東京都世田谷区　《本尊》日蓮聖人奠定の十界大曼荼羅・日蓮聖人　〔日蓮誠宗〕
三皇神社　さんこうじんじゃ〔社〕
　愛媛県四国中央市　《別称》佐遠之宮　《祭神》日本武尊[他]　〔神社本庁〕
三重県護国神社　みえけんごこくじんじゃ〔社〕
　三重県津市　《祭神》護国の神霊　〔神社本庁〕
三面大黒《称》　さんめんだいこく〔寺〕
　愛知県碧南市・遍照院　《本尊》阿弥陀如来　〔浄土宗〕
10 三倫寺　さんりんじ〔寺〕
　岐阜県不破郡関ヶ原町　《本尊》阿弥陀如来　〔真宗大谷派〕
三原八幡宮　みはらはちまんぐう〔社〕
　島根県邑智郡川本町　《祭神》応神天皇[他]　〔神社本庁〕

神社・寺院名よみかた辞典　39

3画（三）

三原観音寺《称》　みはらかんのんじ〔寺〕
　広島県三原市・観音寺　《本尊》十一面観世
　音菩薩　　　　　　　　　　　　　〔時宗〕
お三宮さん《称》　おさんのみやさん〔社〕
　熊本県宇土市・西岡神宮　《祭神》春日大神
　[他]　　　　　　　　　　　　〔神社本庁〕
三宮さん《称》　さんのみやさん〔社〕
　熊本県宇土郡三角町・郡浦神社　《祭神》蒲
　智比咩神[他]　　　　　　　　〔神社本庁〕
三宮八幡社　さんのみやはちまんしゃ〔社〕
　大分県大野郡緒方町　《祭神》神功皇后
三宮神社　さんのみやじんじゃ〔社〕
　兵庫県神戸市中央区　《祭神》湍津姫命
　　　　　　　　　　　　　　　〔神社本庁〕
三宮神社　さんぐうじんじゃ〔社〕
　島根県鹿足郡六日市町　《別称》三の宮　《祭
　神》応神天皇[他]　　　　　　〔神社本庁〕
三島の弘法《称》　みしまのこうぼう〔寺〕
　静岡県三島市・薬師院　《本尊》薬師如来・観
　世音菩薩・不動明王　　　〔高野山真言宗〕
三島大明神社　みしまだいみょうじんしゃ
　〔社〕
　愛媛県温泉郡中島町　《別称》鎧掛の松　《祭
　神》大山祇命[他]　　　　　　〔神社本庁〕
三島神社　みしまじんじゃ〔社〕
　千葉県君津市　《祭神》大山祇命〔神社本庁〕
三島神社　みしまじんじゃ〔社〕
　神奈川県平塚市　《別称》須賀の明神さま
　《祭神》大山祇神[他]　　　　〔神社本庁〕
三島神社　みしまじんじゃ〔社〕
　神奈川県足柄上郡大井町　《祭神》積羽八重
　言代主神[他]　　　　　　　　〔神社本庁〕
三島神社　みしまじんじゃ〔社〕
　新潟県柏崎市　《祭神》大山祇神〔神社本庁〕
三島神社　みしまじんじゃ〔社〕
　新潟県東蒲原郡鹿瀬町　《祭神》大山祇命[他]
　　　　　　　　　　　　　　　〔神社本庁〕
三島神社《称》　みしまじんじゃ〔社〕
　富山県黒部市・八心大市比古神社　《祭》天
　照皇大神[他]　　　　　　　　〔神社本庁〕
三島神社　みしまじんじゃ〔社〕
　山梨県大月市　《別称》三島さん　《祭神》大
　山祇命　　　　　　　　　　　〔神社本庁〕
三島神社　みしまじんじゃ〔社〕
　静岡県賀茂郡南伊豆町　《祭神》溝樴姫命[他]
　　　　　　　　　　　　　　　〔神社本庁〕
三島神社　みしまじんじゃ〔社〕
　京都府京都市東山区　《別称》三島さん　《祭
　神》大山祇之命[他]　　　　　　　〔単立〕

三島神社　みつしまじんじゃ〔社〕
　大阪府門真市　《祭神》天照大神[他]
　　　　　　　　　　　　　　　〔神社本庁〕
三島神社　みしまじんじゃ〔社〕
　愛媛県宇和島市　《祭神》大山積神[他]
　　　　　　　　　　　　　　　〔神社本庁〕
三島神社　みしまじんじゃ〔社〕
　愛媛県四国中央市　《祭神》大山祇神[他]
　　　　　　　　　　　　　　　〔神社本庁〕
三島神社　みしまじんじゃ〔社〕
　愛媛県西予市　《祭神》若雷神[他]
　　　　　　　　　　　　　　　〔神社本庁〕
三島神社　みしまじんじゃ〔社〕
　愛媛県西予市　《祭神》大山積神[他]
　　　　　　　　　　　　　　　〔神社本庁〕
三島神社　みしまじんじゃ〔社〕
　愛媛県上浮穴郡久万町　《別称》三島さん
　《祭神》大山積神[他]　　　　〔神社本庁〕
三島神社　みしまじんじゃ〔社〕
　愛媛県上浮穴郡小田町　《祭神》大山積命[他]
　　　　　　　　　　　　　　　〔神社本庁〕
三島神社　みしまじんじゃ〔社〕
　愛媛県伊予郡広田村　《祭神》大山積命[他]
　　　　　　　　　　　　　　　〔神社本庁〕
三島神社　みしまじんじゃ〔社〕
　愛媛県伊予郡双海町上灘　《祭神》大山積大
　神[他]　　　　　　　　　　　〔神社本庁〕
三島神社　みしまじんじゃ〔社〕
　愛媛県伊予郡双海町高岸　《祭神》大山積大
　神[他]　　　　　　　　　　　〔神社本庁〕
三島神社　みしまじんじゃ〔社〕
　愛媛県喜多郡長浜町　《祭神》大山積神[他]
　　　　　　　　　　　　　　　〔神社本庁〕
三島神社　みしまじんじゃ〔社〕
　愛媛県喜多郡内子町成留屋　《祭神》大山積
　命[他]　　　　　　　　　　　〔神社本庁〕
三島神社　みしまじんじゃ〔社〕
　愛媛県喜多郡内子町川中　《祭神》大山積神
　[他]　　　　　　　　　　　　〔神社本庁〕
三島神社　みしまじんじゃ〔社〕
　愛媛県喜多郡五十崎町　《祭神》大山祇神[他]
　　　　　　　　　　　　　　　〔神社本庁〕
三島神社　みしまじんじゃ〔社〕
　愛媛県西宇和郡保内町　《別称》お三島さま
　《祭神》大山祇命[他]　　　　〔神社本庁〕
三島神社　みしまじんじゃ〔社〕
　愛媛県北宇和郡三間町　《祭神》大山積神[他]
　　　　　　　　　　　　　　　〔神社本庁〕
三島神社　みしまじんじゃ〔社〕
　愛媛県北宇和郡広見町　《別称》三島様　《祭
　神》大山祇命[他]　　　　　　〔神社本庁〕

3画（三）

三島神社　みしまじんじゃ〔社〕
　愛媛県北宇和郡津島町増穂　《祭神》大山積命［他］　〔神社本庁〕

三島神社　みしまじんじゃ〔社〕
　愛媛県北宇和郡津島町岩松　《別称》三島さま　《祭神》大山積命［他］　〔神社本庁〕

三島神社　みしまじんじゃ〔社〕
　高知県南国市　《祭神》応神天皇［他］
　〔神社本庁〕

三島神社　みしまじんじゃ〔社〕
　高知県高岡郡葉山村　《祭神》大山祇命［他］　〔神社本庁〕

三島神社　みしまじんじゃ〔社〕
　福岡県三潴郡大木町大角　《祭神》事代主神［他］　〔神社本庁〕

三島神社　みしまじんじゃ〔社〕
　福岡県三潴郡大木町蛭池　《別称》恵比須様　《祭神》事代主神　〔神社本庁〕

三島神社　みしまじんじゃ〔社〕
　福岡県三潴郡三潴町　《祭神》大山積命
　〔神社本庁〕

三島神社　みしまじんじゃ〔社〕
　大分県臼杵市　《祭神》大山積命〔神社本庁〕

三島神社《称》　みしまじんじゃ〔社〕
　大分県玖珠郡玖珠町・末広神社　《祭神》大山積之大神［他］　〔神社本庁〕

三島様《称》　みしまさま〔社〕
　愛媛県北宇和郡広見町・三島神社　《祭神》大山祇命［他］　〔神社本庁〕

三峰様《称》　みつみねさま〔社〕
　群馬県沼田市・河内神社　《祭神》大己貴命［他］　〔神社本庁〕

三峯神社　みつみねじんじゃ〔社〕
　埼玉県秩父郡大滝村　《祭神》伊弉諾尊［他］　〔神社本庁〕

三時知恩寺　さんじちおんじ〔寺〕
　京都府京都市上京区　《別称》門跡・入江御所　《本尊》阿弥陀如来・善導大師　〔単立〕

11 三崎神社《称》　みさきじんじゃ〔社〕
　東京都千代田区・三崎稲荷神社　《祭神》宇迦之御魂命［他］　〔神社本庁〕

三崎稲荷神社　みさきいなりじんじゃ〔社〕
　東京都千代田区　《別称》三崎神社　《祭神》宇迦之御魂命［他］　〔神社本庁〕

三崎権現《称》　みさきごんげん〔社〕
　石川県珠洲市・須須神社　《祭神》天津日高彦穂瓊瓊杵尊［他］　〔神社本庁〕

三瓶神社　みかめじんじゃ〔社〕
　愛媛県西予市　《祭神》阿蘇津彦命［他］　〔神社本庁〕

三笠一の宮《称》　みかさいちのみや〔社〕
　北海道三笠市・市来知神社　《祭神》天照大神［他］　〔神社本庁〕

三笠神社　みかさじんじゃ〔社〕
　福岡県大牟田市　《祭神》高橋鎮種［他］
　〔神社本庁〕

三都神社　さんとじんじゃ〔社〕
　大阪府大阪狭山市　《別称》熊野神社　《祭神》伊邪那岐尊［他］　〔神社本庁〕

12 三勝寺　さんしょうじ〔寺〕
　広島県三次市　《本尊》阿弥陀三尊　〔浄土宗〕

三富貴神社　みふきじんじゃ〔社〕
　山梨県北巨摩郡武川村　《別称》大尾崎大明神　《祭神》健御名方命［他］　〔神社本庁〕

三尊寺　さんぞんじ〔寺〕
　滋賀県蒲生郡竜王町　《本尊》阿弥陀如来
　〔真宗木辺派〕

三間のお稲荷さん《称》　みまのおいなりさん〔寺〕
　愛媛県北宇和郡三間町・竜光寺　《本尊》十一面観世音菩薩　〔真言宗御室派〕

三隅八幡宮《称》　みすみはちまんぐう〔社〕
　山口県大津郡三隅町・八幡宮　《祭神》品陀和気命［他］　〔神社本庁〕

三隅神社　みすみじんじゃ〔社〕
　島根県那賀郡三隅町　《祭神》三隅兼連
　〔神社本庁〕

13 三新田神社　さんしんでんじんじゃ〔社〕
　青森県西津軽郡木造町　《別称》三社宮　《祭神》天照皇大神［他］　〔神社本庁〕

三福寺　さんぷくじ〔寺〕
　群馬県吾妻郡吾妻町　《本尊》阿弥陀如来
　〔浄土宗〕

三福寺　さんぷくじ〔寺〕
　千葉県匝瑳郡光町　《別称》毘沙門　《本尊》不動明王・毘沙門天・薬師如来
　〔真言宗智山派〕

三福寺　さんぷくじ〔寺〕
　京都府京都市左京区　《別称》夢見地蔵尊　《本尊》地蔵菩薩　〔浄土宗西山深草派〕

三福寺　さんぷくじ〔寺〕
　宮崎県延岡市　《本尊》阿弥陀如来　〔浄土宗〕

三蓮寺　さんれんじ〔寺〕
　山口県下関市　《本尊》阿弥陀如来
　〔西山浄土宗〕

三鈷寺　さんごじ〔寺〕
　京都府京都市西京区　《別称》往生院・本山　《本尊》西山善慧上人像・西山歯骨舎利・不動明王・歓喜天・だきとめ阿弥陀如来・如法仏眼曼荼羅　〔西山宗〕

神社・寺院名よみかた辞典　*41*

3画(三)

14 三嶋大社　みしまたいしゃ〔社〕
　静岡県三島市　《別称》三嶋大明神　《祭神》事代主命[他]　〔神社本庁〕

三嶋大明神《称》　みしまだいみょうじん〔社〕
　静岡県三島市・三嶋大社　《祭神》事代主命[他]　〔神社本庁〕

三嶋神社　みしまじんじゃ〔社〕
　秋田県雄勝郡稲川町　《祭神》天照皇大神[他]　〔神社本庁〕

三嶋神社　みしまじんじゃ〔社〕
　群馬県邑楽郡明和町　《祭神》大山祇命[他]　〔神社本庁〕

三嶋神社　みしまじんじゃ〔社〕
　千葉県夷隅郡大原町　《祭神》大山祇命[他]　〔神社本庁〕

三嶋神社　みしまじんじゃ〔社〕
　愛媛県西予市　《祭神》大山祇神[他]　〔神社本庁〕

三嶋神社　みしまじんじゃ〔社〕
　愛媛県周桑郡小松町　《別称》新宮さん　《祭神》大山祇大神[他]　〔神社本庁〕

三嶋神社　みしまじんじゃ〔社〕
　高知県高岡郡檮原町檮原東　《祭神》雷神[他]　〔神社本庁〕

三嶋神社　みしまじんじゃ〔社〕
　高知県高岡郡檮原町田野々　〔神社本庁〕

三嶋神社　みしまじんじゃ〔社〕
　大分県宇佐郡安心院町　《祭神》天忍穂耳命　〔神社本庁〕

三徳寺　さんとくじ〔寺〕
　山口県宇部市　《本尊》阿弥陀如来　〔浄土真宗本願寺派〕

三熊野神社　みくまのじんじゃ〔社〕
　静岡県小笠郡大須賀町　《別称》三社様　《祭神》伊弉那美命[他]　〔神社本庁〕

15 三穂神社　みほじんじゃ〔社〕
　岡山県勝田郡奈義町　《別称》頭さま　《祭神》事代主命[他]　〔神社本庁〕

三縁寺　さんえんじ〔寺〕
　京都府京都市東山区　《本尊》阿弥陀如来　〔浄土〕

三縁寺　さんえんじ〔寺〕
　京都府京都市伏見区　《本尊》阿弥陀如来　〔浄土〕

三縁寺　さんえんじ〔寺〕
　京都府城陽市　《本尊》阿弥陀如来　〔浄土〕

三蔵院　さんぞういん〔寺〕
　東京都足立区　《本尊》地蔵菩薩　〔真言宗豊山派〕

三輪明神《称》　みわみょうじん〔社〕
　静岡県志太郡岡部町・神神社　《祭神》大物主命　〔神社本庁〕

三輪明神《称》　みわみょうじん〔社〕
　兵庫県三田市・三輪神社　《祭神》大己貴命　〔神社本庁〕

三輪明神《称》　みわみょうじん〔社〕
　奈良県桜井市・大神神社　《祭神》大物主大神[他]　〔神社本庁〕

三輪神社　みわじんじゃ〔社〕
　秋田県雄勝郡羽後町　《祭神》大物主大神　〔神社本庁〕

三輪神社　みわじんじゃ〔社〕
　長野県上伊那郡辰野町　《祭神》大己貴命[他]　〔神社本庁〕

三輪神社　みわじんじゃ〔社〕
　岐阜県岐阜市　《祭神》大物主命　〔神社本庁〕

三輪神社　みわじんじゃ〔社〕
　岐阜県揖斐郡揖斐川町　《祭神》大物主大神　〔神社本庁〕

三輪神社　みわじんじゃ〔社〕
　愛知県名古屋市中区　《祭神》大物主大神　〔神社本庁〕

三輪神社　みわじんじゃ〔社〕
　兵庫県三田市　《別称》三輪明神　《祭神》大己貴命　〔神社本庁〕

三輪神社　みわじんじゃ〔社〕
　鳥取県西伯郡淀江町　《祭神》大物主命[他]　〔神社本庁〕

三輪神社　みわじんじゃ〔社〕
　長崎県平戸市　《別称》沖の宮　《祭神》大物主神[他]　〔神社本庁〕

三霊社《称》　さんれいしゃ〔社〕
　長野県飯田市・長姫神社　《祭神》堀秀政[他]　〔神社本庁〕

三養院　さんよういん〔寺〕
　静岡県賀茂郡河津町　《本尊》三尊仏　〔曹洞宗〕

16 三諦寺　さんだいじ〔寺〕
　新潟県柏崎市　《本尊》薬師如来　〔真言宗豊山派〕

17 三嶽山神社　みだけさんじんじゃ〔社〕
　秋田県北秋田郡比内町　《祭神》天照皇大神[他]　〔神社本庁〕

三嶽寺　さんがくじ〔寺〕
　三重県三重郡菰野町　《本尊》阿弥陀如来　〔真宗大谷派〕

三嶽神社　みたけじんじゃ〔社〕
　青森県三戸郡新郷村　《別称》お三嶽さま　《祭神》宇迦之御魂命[他]　〔神社本庁〕

3画（上）

三嶽神社　みたけじんじゃ〔社〕
　長野県塩尻市中西條　《祭神》高産霊神〔他〕
　　　　　　　　　　　　　　　　　〔神社本庁〕
三嶽神社　みたけじんじゃ〔社〕
　佐賀県鹿島市　《祭神》押武金日命〔他〕
　　　　　　　　　　　　　　　　　〔神社本庁〕

【上】

0　上の天神《称》　かみのてんじん〔社〕
　大阪府大阪市福島区・福島天満宮　《祭神》菅
　原道真〔他〕　　　　　　　　　　〔神社本庁〕
　上の天神《称》　かみのてんじん〔社〕
　大阪府大阪市西成区・生根神社　《祭神》少
　彦名命〔他〕　　　　　　　　　　〔神社本庁〕
　上ノ国八幡宮　かみのくにはちまんぐう〔
　社〕
　北海道檜山郡上ノ国町　《祭神》誉田別命〔他〕
　　　　　　　　　　　　　　　　　〔神社本庁〕
　上ノ宮《称》　かみのみや〔社〕
　高知県高岡郡越知町越知丁・横倉宮　《祭神》
　安徳天皇　　　　　　　　　　　　〔神社本庁〕
　上ノ宮神社《称》　かんのみやじんじゃ〔社〕
　鹿児島県垂水市・手貫神社　《祭神》応神天
　皇〔他〕　　　　　　　　　　　　〔神社本庁〕
1　上一宮大粟神社　かみいちのみやおおあわ
　じんじゃ〔社〕
　徳島県名西郡神山町　《別称》大宜都比売神
　社・埴生女屋神社　《祭神》大宜都比売
　　　　　　　　　　　　　　　　　〔神社本庁〕
3　上下宮《称》　じょうげぐう〔社〕
　福井県小浜市・若狭彦神社　《祭神》彦火火
　出見尊〔他〕　　　　　　　　　　〔神社本庁〕
　上千両神社　かみちぎりじんじゃ〔社〕
　愛知県豊川市　《別称》牛頭天王　《祭神》素
　盞嗚尊　　　　　　　　　　　　　〔神社本庁〕
　上山王様《称》　かみさんのうさま〔社〕
　山形県鶴岡市大字日枝坂本・日枝神社　《祭
　神》大己貴命　　　　　　　　　　〔神社本庁〕
　上山田お薬師さん《称》　かみやまだおや
　くしさん〔寺〕
　長野県千曲市・東耕寺　《本尊》薬師如来
　　　　　　　　　　　　　　　　　〔天台宗〕
　上山神社《称》　じょうさんじんじゃ〔社〕
　岡山県久米郡柵原町・上山宮　《祭神》素盞
　嗚尊〔他〕　　　　　　　　　　　〔神社本庁〕
　上山宮　じょうさんぐう〔社〕
　岡山県久米郡柵原町　《別称》上山神社・亥
　の子宮・塚角神社　《祭神》素盞嗚尊〔他〕
　　　　　　　　　　　　　　　　　〔神社本庁〕

上川神社　かみかわじんじゃ〔社〕
　北海道旭川市　《祭神》天照皇大御神〔他〕
　　　　　　　　　　　　　　　　　〔神社本庁〕
4　上之村神社　うえのむらじんじゃ〔社〕
　埼玉県熊谷市　《祭神》事代主神　〔神社本庁〕
　上之宮《称》　かみのみや〔社〕
　静岡県湖西市・熱田神社　《祭神》日本武尊
　〔他〕　　　　　　　　　　　　　　〔神社本庁〕
　上分の賀茂さま《称》　かみぶんのかもさ
　ま〔社〕
　高知県須崎市上分・賀茂神社　《祭神》賀茂
　建角身命〔他〕　　　　　　　　　〔神社本庁〕
　上水神社　かみすいじんしゃ〔社〕
　静岡県御前崎市　《別称》お水神さま　《祭
　神》罔象女神　　　　　　　　　　〔神社本庁〕
5　上正寺　じょうしょうじ〔寺〕
　神奈川県茅ヶ崎市　《本尊》阿弥陀如来
　　　　　　　　　　　　　　　〔浄土真宗本願寺派〕
　上生院　じょうしょういん〔寺〕
　岡山県岡山市　《本尊》聖観世音菩薩
　　　　　　　　　　　　　　　　〔高野山真言宗〕
　上田招魂社　うえだしょうこんしゃ〔社〕
　長野県上田市　《祭神》護国の神霊
　　　　　　　　　　　　　　　　　〔神社本庁〕
6　上名寺　じょうみょうじ〔寺〕
　北海道上川郡下川町　《本尊》阿弥陀如来
　　　　　　　　　　　　　　　〔浄土真宗本願寺派〕
　上安田八幡神社　かみやすたはちまんじん
　じゃ〔社〕
　石川県松任市　《別称》安田の神さん　《祭
　神》八幡大神〔他〕　　　　　　　〔神社本庁〕
　上池院　じょうちいん〔寺〕
　和歌山県伊都郡高野町　《本尊》大日如来
　　　　　　　　　　　　　　　　〔高野山真言宗〕
　上行寺　じょうぎょうじ〔寺〕
　千葉県東金市　《別称》高坊院　《本尊》日蓮
　聖人・開山日弁像　　　　　　〔法華宗(本門流)〕
　上行寺　じょうぎょうじ〔寺〕
　神奈川県横浜市金沢区　《本尊》日蓮聖人奠
　定の大曼荼羅　　　　　　　　　　〔日蓮宗〕
　上行寺　じょうぎょうじ〔寺〕
　三重県上野市　《本尊》十界大曼荼羅
　　　　　　　　　　　　　　　　　〔日蓮宗〕
　上行寺　じょうぎょうじ〔寺〕
　愛媛県伊予市　《本尊》釈迦如来　〔日蓮宗〕
7　上坂神社　こうざかじんじゃ〔社〕
　滋賀県長浜市　《別称》かみさかたのみや
　《祭神》素盞嗚尊　　　　　　　　〔神社本庁〕
　上妙寺　じょうみょうじ〔寺〕
　東京都江東区　《別称》砂町鬼子母神　《本
　尊》十界曼荼羅　　　　　　　　　〔日蓮宗〕

神社・寺院名よみかた辞典　43

3画（上）

上杉神社　うえすぎじんじゃ〔社〕
　山形県米沢市　《祭神》上杉謙信　〔神社本庁〕
上村白髪神社　うえむらしらがじんじゃ
〔社〕
　熊本県球磨郡あさぎり町　《別称》お白髪さん
　《祭神》鸕鷀草葺不合尊〔他〕　〔神社本庁〕
上沢寺　じょうたくじ〔寺〕
　山梨県南巨摩郡身延町　《別称》いちょうで
　ら　《本尊》釈迦如来　〔日蓮宗〕
8 上国寺　じょうこくじ〔寺〕
　北海道檜山郡上ノ国町　《別称》かみのくに
　の寺　《本尊》阿弥陀如来　〔浄土宗〕
上弥彦大明神《称》　かみいやひこだいみ
ょうじん〔社〕
　新潟県小千谷市・魚沼神社　《祭神》天香語
　山命　〔神社本庁〕
上牧の祖師《称》　かんまきのそし〔寺〕
　大阪府高槻市・本澄寺　《本尊》十界大曼荼
　羅　〔日蓮宗〕
9 上乗寺　じょうじょうじ〔寺〕
　滋賀県甲賀郡甲西町　《別称》観音でら　《本
　尊》十一面観世音菩薩・達磨大師
　〔臨済宗妙心寺派〕
上品寺　じょうぼんじ〔寺〕
　宮城県栗原郡栗駒町　《本尊》不動明王
　〔真言宗智山派〕
上品寺　じょうぼんじ〔寺〕
　埼玉県秩父郡東秩父村　《本尊》阿弥陀如
　来　〔真言宗智山派〕
上品寺　じょうぼんじ〔寺〕
　滋賀県彦根市　《別称》法界坊の釣鐘　《本
　尊》阿弥陀如来　〔浄土真宗本願寺派〕
上品寺　じょうぼんじ〔寺〕
　滋賀県滋賀郡志賀町　《本尊》阿弥陀如来
　〔天台真盛宗〕
上品蓮台寺　じょうぼんれんだいじ〔寺〕
　京都府京都市北区　《別称》十二坊　《本尊》
　延命地蔵菩薩　〔真言宗智山派〕
上浅間《称》　かみせんげん〔社〕
　山梨県富士吉田市上吉田町・北口・本宮・富
　士浅間神社　《祭神》木花開耶姫命〔他〕
　〔神社本庁〕
上津神社　あげつじんじゃ〔社〕
　大分県大野郡大野町　《別称》上津さま　《祭
　神》月読尊〔他〕　〔神社本庁〕
10 上宮《称》　じょうぐう〔社〕
　大分県日田郡天瀬町・金鑚神社　《祭神》綏
　靖天皇〔他〕　〔神社本庁〕
上宮寺　じょうぐうじ〔寺〕
　茨城県那珂郡那珂町　《別称》真宗二四輩旧跡
　《本尊》阿弥陀如来　〔浄土真宗本願寺派〕

上宮寺　じょうぐうじ〔寺〕
　東京都渋谷区　《本尊》阿弥陀如来
　〔浄土真宗本願寺派〕
上宮寺　じょうぐうじ〔寺〕
　石川県金沢市　《本尊》阿弥陀如来
　〔真宗大谷派〕
上宮寺　じょうぐうじ〔寺〕
　岐阜県岐阜市　《本尊》阿弥陀如来
　〔浄土真宗本願寺派〕
上宮寺　じょうぐうじ〔寺〕
　愛知県岡崎市　《本尊》阿弥陀如来
　〔真宗大谷派〕
上宮寺　じょうぐうじ〔寺〕
　愛知県江南市　《本尊》阿弥陀如来
　〔真宗大谷派〕
上宮寺　じょうぐうじ〔寺〕
　三重県津市　《本尊》聖徳太子　〔真宗高田派〕
上秦野神社　かみはたのじんじゃ〔社〕
　神奈川県秦野市　《祭神》誉田別尊〔他〕
　〔神社本庁〕
上高野神社　かみたかのじんじゃ〔社〕
　埼玉県幸手市　《祭神》建速須佐之男之命
　〔神社本庁〕
11 上許曾神社　かみこそじんじゃ〔社〕
　滋賀県東浅井郡浅井町　《別称》世代さん
　《祭神》草野姫命〔他〕　〔神社本庁〕
上野の八幡さま《称》　うえののはちまん
さま〔社〕
　徳島県美馬郡脇町・八幡神社　《祭神》誉田
　別命　〔神社本庁〕
上野八幡宮　うえのはちまんぐう〔社〕
　山口県周南市　《祭神》応神天皇〔他〕
　〔神社本庁〕
上野大黒天《称》　うえのだいこくてん〔寺〕
　東京都台東区・護国院　《本尊》釈迦如来
　〔天台宗〕
上野山八幡宮《称》　うえのやまはちまん
ぐう〔社〕
　山口県阿武郡福栄村大字紫福・八幡宮　《祭
　神》応神天皇〔他〕　〔神社本庁〕
上野天神宮《称》　うえのてんじんぐう〔社〕
　三重県上野市・菅原神社　《祭神》菅原道真
　〔他〕　〔神社本庁〕
上野天満宮　うえのてんまんぐう〔社〕
　愛知県名古屋市千種区　《祭神》菅原道真〔他〕
　〔神社本庁〕
上野台八幡神社《称》　うわのだいはちま
んじんじゃ〔社〕
　埼玉県深谷市・八幡神社　《祭神》品陀和気
　命　〔神社本庁〕

3画（丈, 万）

上野寺　うえのじ〔寺〕
　岡山県苫田郡奥津町　《別称》箱のお大師さま　《本尊》不空羂索観音　〔高野山真言宗〕

上野国一社八幡宮《称》　こうずけのくにいっしゃはちまんぐう〔社〕
　群馬県高崎市・八幡宮　《祭神》品陀和気命〔他〕　〔神社本庁〕

上野総社神社　こうずけのそうじゃじんじゃ〔社〕
　群馬県前橋市　《祭神》磐筒男命〔他〕　〔神社本庁〕

12 上善寺　じょうぜんじ〔寺〕
　愛知県豊川市　《本尊》阿弥陀如来　〔浄土宗〕

上善寺　じょうぜんじ〔寺〕
　京都府京都市北区　《別称》深泥池地蔵　《本尊》地蔵菩薩　〔浄土宗〕

上善寺　じょうぜんじ〔寺〕
　大阪府貝塚市　《本尊》阿弥陀如来　〔浄土宗〕

上富良野お西《称》　かみふらのおにし〔寺〕
　北海道空知郡上富良野町・聞信寺　《本尊》阿弥陀如来　〔浄土真宗本願寺派〕

上御霊さん《称》　かみごりょうさん〔社〕
　京都府京都市上京区・御霊神社　《祭神》崇道天皇〔他〕　〔神社本庁〕

上賀茂神社《称》　かみかもじんじゃ〔社〕
　京都府京都市北区・賀茂別雷神社　《祭神》賀茂別雷神　〔神社本庁〕

上雲院　じょううんいん〔寺〕
　京都府京都市左京区　《本尊》阿弥陀如来　〔浄土宗〕

13 上聖寺　じょうしょうじ〔寺〕
　東京都台東区　〔日蓮宗〕

14 上徳寺　じょうとくじ〔寺〕
　京都府京都市下京区　《別称》世継地蔵　《本尊》阿弥陀如来・世継延命地蔵菩薩　〔浄土宗〕

上総小身延《称》　かずさこみのぶ〔寺〕
　千葉県夷隅郡大多喜町・光善寺　《本尊》十界の大曼荼羅・日蓮聖人　〔日蓮宗〕

上総国一之宮《称》　かずさのくにいちのみや〔社〕
　千葉県長生郡一宮町・玉前神社　《祭神》玉依姫命　〔神社本庁〕

上総国分寺《称》　かずさこくぶんじ〔寺〕
　千葉県市原市・国分寺　《本尊》薬師如来　〔真言宗豊山派〕

16 上醍醐寺　かみだいごじ〔寺〕
　京都府京都市伏見区　《別称》上醍醐観音堂・西国第一一番霊場　《本尊》准胝観世音菩薩　〔真言宗醍醐派〕

上醍醐観音堂《称》　かみだいごかんのんどう〔寺〕
　京都府京都市伏見区・上醍醐寺　《本尊》准胝観世音菩薩　〔真言宗醍醐派〕

17 上嶽寺　じょうがくじ〔寺〕
　静岡県袋井市　《本尊》釈迦如来　〔曹洞宗〕

19 上願寺　じょうがんじ〔寺〕
　岡山県岡山市　《本尊》薬師如来　〔天台宗〕

【丈】

4 丈六寺　じょうろくじ〔寺〕
　徳島県徳島市　《本尊》釈迦如来・聖観世音菩薩　〔曹洞宗〕

【万】

4 万尺寺　まんしゃくじ〔寺〕
　岐阜県美濃加茂市　《本尊》聖観世音菩薩　〔臨済宗妙心寺派〕

5 万弘寺　まんこうじ〔寺〕
　大分県東国東郡国東町　《本尊》観世音菩薩・釈迦如来　〔臨済宗妙心寺派〕

6 万休院　ばんきゅういん〔寺〕
　山梨県北巨摩郡武川村　《本尊》観世音菩薩　〔曹洞宗〕

万伝寺　まんでんじ〔寺〕
　滋賀県坂田郡伊吹町　《本尊》阿弥陀如来　〔真宗大谷派〕

万因寺　まんいんじ〔寺〕
　京都府京都市山科区　《本尊》阿弥陀如来　〔真宗大谷派〕

万年寺　まんねんじ〔寺〕
　北海道函館市　《本尊》阿弥陀如来　〔真宗大谷派〕

万年寺　まんねんじ〔寺〕
　宮城県古川市　《別称》中の目の文覚上人　《本尊》如意輪観世音菩薩・釈迦如来　〔曹洞宗〕

万年寺　まんねんじ〔寺〕
　茨城県真壁郡関城町　《本尊》十一面観世音菩薩　〔曹洞宗〕

万年寺　まんねんじ〔寺〕
　山梨県富士吉田市　《本尊》阿弥陀如来　〔浄土宗〕

万年寺　ばんねんじ〔寺〕
　愛知県名古屋市中区　《本尊》千手観世音菩薩　〔曹洞宗〕

万舟寺　まんしゅうじ〔寺〕
　広島県豊田郡豊町　《本尊》十一面観世音菩薩　〔広島県真言宗教団〕

神社・寺院名よみかた辞典　45

3画（万）

万行寺　まんぎょうじ〔寺〕
　北海道夕張市　《本尊》阿弥陀如来
　　　　　　　　　　　　〔浄土真宗本願寺派〕
万行寺　まんぎょうじ〔寺〕
　奈良県宇陀郡室生村　《本尊》阿弥陀如来
　　　　　　　　　　　　〔浄土真宗本願寺派〕
万行寺　まんぎょうじ〔寺〕
　奈良県吉野郡大淀町　《本尊》阿弥陀如来
　　　　　　　　　　　　〔浄土真宗本願寺派〕
万行寺　まんぎょうじ〔寺〕
　島根県簸川郡佐田町　《本尊》阿弥陀如来
　　　　　　　　　　　　〔浄土真宗本願寺派〕
万行寺　まんぎょうじ〔寺〕
　福岡県福岡市博多区　《本尊》阿弥陀如来
　　　　　　　　　　　　〔浄土真宗本願寺派〕
万行神社　まんぎょうじんじゃ〔社〕
　石川県七尾市　《祭神》息長足姫命〔他〕
　　　　　　　　　　　　〔神社本庁〕
7 万寿寺　まんじゅじ〔寺〕
　愛知県春日井市　《本尊》薬師如来　〔曹洞宗〕
万寿寺　まんじゅじ〔寺〕
　京都府京都市東山区　《本尊》阿弥陀如来
　　　　　　　　　　　　〔臨済宗東福寺派〕
万寿寺　まんじゅじ〔寺〕
　島根県松江市　《本尊》釈迦如来
　　　　　　　　　　　　〔臨済宗妙心寺派〕
万寿寺　まんじゅじ〔寺〕
　佐賀県佐賀郡大和町　〔臨済宗南禅寺派〕
万寿寺　まんじゅうじ〔寺〕
　大分県大分市　《本尊》釈迦如来
　　　　　　　　　　　　〔臨済宗妙心寺派〕
8 万性寺　ばんしょうじ〔寺〕
　和歌山県和歌山市　《本尊》阿弥陀如来
　　　　　　　　　　　　〔浄土宗〕
万昌寺　ばんしょうじ〔寺〕
　静岡県駿東郡小山町　《本尊》釈迦三尊
　　　　　　　　　　　　〔臨済宗建長寺派〕
万松寺　ばんしょうじ〔寺〕
　秋田県鹿角市　《本尊》釈迦如来　〔曹洞宗〕
万松寺　ばんしょうじ〔寺〕
　東京都町田市　《本尊》薬師三尊
　　　　　　　　　　　　〔臨済宗建長寺派〕
万松寺　ばんしょうじ〔寺〕
　新潟県南魚沼郡六日町　《本尊》釈迦如来・十
　一面観世音菩薩　　　　　〔曹洞宗〕
万松寺　ばんしょうじ〔寺〕
　愛知県名古屋市中区　《別称》万松寺の不動
　尊　《本尊》十一面観世音菩薩　〔曹洞宗〕
万松院　ばんしょういん〔寺〕
　長崎県対馬市　《本尊》如意輪観世音菩薩
　　　　　　　　　　　　〔天台宗〕

万松院　ばんしょういん〔寺〕
　沖縄県那覇市　《本尊》聖観世音菩薩
　　　　　　　　　　　　〔臨済宗妙心寺派〕
万法寺　まんぽうじ〔寺〕
　福井県鯖江市　《本尊》阿弥陀如来
　　　　　　　　　　　　〔浄土真宗本願寺派〕
万法寺　まんぽうじ〔寺〕
　長野県長野市　《本尊》阿弥陀如来
　　　　　　　　　　　　〔浄土真宗本願寺派〕
万法寺　まんぽうじ〔寺〕
　奈良県宇陀郡大宇陀町　《本尊》阿弥陀如
　来　　　　　　　　　〔浄土真宗本願寺派〕
9 万栄寺　まんえいじ〔寺〕
　新潟県新潟市　《本尊》阿弥陀如来
　　　　　　　　　　　　〔浄土真宗本願寺派〕
万神社　よろずじんじゃ〔社〕
　岐阜県揖斐郡大野町　《祭神》豊受姫大神
　　　　　　　　　　　　〔神社本庁〕
11 万隆寺　ばんりゅうじ〔寺〕
　東京都台東区　《別称》浅草田甫石の門　《本
　尊》釈迦如来　　　　　　〔曹洞宗〕
12 万勝寺　まんしょうじ〔寺〕
　山梨県東山梨郡牧丘町　《本尊》阿弥陀如
　来　　　　　　　　　　〔真宗大谷派〕
万勝寺　まんしょうじ〔寺〕
　静岡県磐田市　《本尊》薬師如来
　　　　　　　　　　　　〔臨済宗妙心寺派〕
万勝寺　まんしょうじ〔寺〕
　兵庫県小野市　《本尊》薬師如来
　　　　　　　　　　　　〔真言宗大覚寺派〕
万勝寺　まんしょうじ〔寺〕
　兵庫県三原郡南淡町　《本尊》大日如来
　　　　　　　　　　　　〔高野山真言宗〕
万善寺　ばんぜんじ〔寺〕
　新潟県三島郡寺泊町　《本尊》阿弥陀如来
　　　　　　　　　　　　〔真言宗豊山派〕
万満寺　まんまんじ〔寺〕
　千葉県松戸市　《本尊》阿弥陀如来・不動明
　王　　　　　　　　　　〔臨済宗大徳寺派〕
万象寺　まんぞうじ〔寺〕
　静岡県静岡市　《本尊》白衣観世音菩薩
　　　　　　　　　　　　〔臨済宗妙心寺派〕
万遊寺　まんゆうじ〔寺〕
　富山県砺波市　《別称》柳瀬御坊　《本尊》阿
　弥陀如来　　　　　　　　〔真宗大谷派〕
13 万楽寺　まんらくじ〔寺〕
　和歌山県御坊市　《本尊》阿弥陀如来
　　　　　　　　　　　　〔浄土宗〕
万福寺　まんぷくじ〔寺〕
　岩手県北上市　《別称》毘沙門堂　《本尊》毘
　沙門天　　　　　　　　　〔修験宗〕

3画（万）

万福寺　まんぷくじ〔寺〕
　茨城県行方郡玉造町　《本尊》阿弥陀如来・観
　世音菩薩・勢至菩薩　　　　　　〔天台宗〕

万福寺　まんぷくじ〔寺〕
　茨城県猿島郡三和町　《本尊》如意輪観世音
　菩薩　　　　　　　　　　　〔真言宗豊山派〕

万福寺　まんぷくじ〔寺〕
　栃木県芳賀郡市貝町　《本尊》釈迦如来
　　　　　　　　　　　　　　　　〔曹洞宗〕

万福寺　まんぷくじ〔寺〕
　埼玉県飯能市　《別称》永田甲子　《本尊》聖
　観世音菩薩・大黒天・歓喜天
　　　　　　　　　　　　　　〔真言宗豊山派〕

万福寺　まんぷくじ〔寺〕
　埼玉県秩父郡皆野町　《本尊》阿弥陀如来
　　　　　　　　　　　　　　〔真言宗豊山派〕

万福寺　まんぷくじ〔寺〕
　千葉県印旛郡印旛村　《本尊》阿弥陀三尊
　　　　　　　　　　　　　　〔真言宗豊山派〕

万福寺　まんぷくじ〔寺〕
　東京都墨田区　《本尊》阿弥陀如来
　　　　　　　　　　　　　　〔真言宗豊山派〕

万福寺　まんぷくじ〔寺〕
　東京都大田区　《別称》大森の万福寺　《本
　尊》阿弥陀三尊　　　　　　　　〔曹洞宗〕

万福寺　まんぷくじ〔寺〕
　東京都足立区　　　　　　　〔真言宗豊山派〕

万福寺　まんぷくじ〔寺〕
　東京都江戸川区　《本尊》阿弥陀如来
　　　　　　　　　　　　　　〔真言宗豊山派〕

万福寺　まんぷくじ〔寺〕
　東京都八王子市　《本尊》金剛界大日如来
　　　　　　　　　　　　　　〔真言宗智山派〕

万福寺　まんぷくじ〔寺〕
　神奈川県三浦郡葉山町　《本尊》阿弥陀如来・
　日光菩薩・月光菩薩　　　　　　〔浄土宗〕

万福寺　まんぷくじ〔寺〕
　神奈川県足柄下郡箱根町　《本尊》阿弥陀如
　来　　　　　　　　　　　　〔真宗大谷派〕

万福寺　まんぷくじ〔寺〕
　新潟県西蒲原郡巻町　《別称》仁箇村の万福
　寺　《本尊》聖観世音菩薩・洞穴出現観世
　音菩薩　　　　　　　　　　　　〔曹洞宗〕

万福寺　まんぷくじ〔寺〕
　石川県羽咋郡富来町　《本尊》阿弥陀如来
　　　　　　　　　　　　　　　〔真宗大谷派〕

万福寺　まんぷくじ〔寺〕
　石川県珠洲郡内浦町　《本尊》如意輪観世音
　菩薩　　　　　　　　　　　　　〔曹洞宗〕

万福寺　まんぷくじ〔寺〕
　山梨県東山梨郡勝沼町　《別称》杉之御坊
　《本尊》阿弥陀如来　　　〔浄土真宗本願寺派〕

万福寺　まんぷくじ〔寺〕
　愛知県名古屋市緑区　《本尊》阿弥陀如来
　　　　　　　　　　　　　　　〔真宗高田派〕

万福寺　まんぷくじ〔寺〕
　愛知県豊橋市　《別称》すせ万福寺　《本尊》
　地蔵菩薩　　　　　　　　〔臨済宗妙心寺派〕

万福寺　まんぷくじ〔寺〕
　愛知県豊田市　《別称》おおばやしでら　《本
　尊》阿弥陀如来　　　　　　　　〔浄土宗〕

万福寺　まんぷくじ〔寺〕
　愛知県知立市　《本尊》阿弥陀如来
　　　　　　　　　　　　　　　〔真宗大谷派〕

万福寺　まんぷくじ〔寺〕
　三重県鈴鹿市　《本尊》阿弥陀如来
　　　　　　　　　　　　　　　〔真宗大谷派〕

万福寺　まんぷくじ〔寺〕
　滋賀県大津市　《本尊》阿弥陀如来
　　　　　　　　　　　　　　　〔真宗大谷派〕

万福寺　まんぷくじ〔寺〕
　京都府宇治市　《別称》黄檗山・大本山　《本
　尊》釈迦如来　　　　　　　　　〔黄檗宗〕

万福寺　まんぷくじ〔寺〕
　大阪府吹田市　《本尊》阿弥陀如来
　　　　　　　　　　　　　〔浄土真宗本願寺派〕

万福寺　まんぷくじ〔寺〕
　大阪府高槻市　《本尊》阿弥陀如来
　　　　　　　　　　　　　〔浄土真宗本願寺派〕

万福寺　まんぷくじ〔寺〕
　兵庫県加古川市　《本尊》釈迦如来　〔曹洞宗〕

万福寺　まんぷくじ〔寺〕
　兵庫県三原郡南淡町　《別称》かじやの寺
　《本尊》金剛界大日如来　　　〔高野山真言宗〕

万福寺　まんぷくじ〔寺〕
　奈良県吉野郡大塔村　《本尊》阿弥陀如来
　　　　　　　　　　　　　〔浄土真宗本願寺派〕

万福寺　まんぷくじ〔寺〕
　和歌山県御坊市　《別称》あしきりさん　《本
　尊》阿弥陀如来・足切地蔵菩薩　〔浄土宗〕

万福寺　まんぷくじ〔寺〕
　和歌山県西牟婁郡すさみ町　《本尊》釈迦如
　来　　　　　　　　　　　〔臨済宗妙心寺派〕

万福寺　まんぷくじ〔寺〕
　鳥取県八頭郡河原町　《本尊》聖観世音菩
　薩　　　　　　　　　　　　〔高野山真言宗〕

万福寺　まんぷくじ〔寺〕
　島根県出雲市　《別称》大寺　《本尊》薬師如
　来　　　　　　　　　　　　　　〔浄土宗〕

神社・寺院名よみかた辞典　47

3画（与, 丸）

万福寺　まんぷくじ〔寺〕
　島根県益田市　《別称》雪舟の寺　《本尊》阿弥陀如来
　　　　　　　　　　　　　　　　　〔時宗〕
万福寺　まんぷくじ〔寺〕
　島根県大田市　《本尊》阿弥陀三尊　〔浄土宗〕
万福寺　まんぷくじ〔寺〕
　島根県八束郡美保関町　《本尊》阿弥陀如来
　　　　　　　　　　　　　　　　　〔曹洞宗〕
万福寺　まんぷくじ〔寺〕
　広島県山県郡筒賀村　《本尊》阿弥陀如来
　　　　　　　　　　　　　　〔浄土真宗本願寺派〕
万福寺　まんぷくじ〔寺〕
　愛媛県松山市　《本尊》阿弥陀如来
　　　　　　　　　　　　　　　〔真言宗豊山派〕
万福寺　まんぷくじ〔寺〕
　愛媛県南宇和郡城辺町　《本尊》阿弥陀如来
　　　　　　　　　　　　　　〔浄土真宗本願寺派〕
万福寺　まんふくじ〔寺〕
　福岡県京都郡勝山町　《本尊》阿弥陀如来
　　　　　　　　　　　　　　　〔西山浄土宗〕
万福寺　まんぷくじ〔寺〕
　宮崎県東諸県郡国富町　《本尊》三尊仏
　　　　　　　　　　　　　　　　　〔天台宗〕
14万徳寺　まんとくじ〔寺〕
　新潟県糸魚川市　《本尊》阿弥陀如来
　　　　　　　　　　　　　　　〔真宗大谷派〕
万徳寺　まんとくじ〔寺〕
　福井県福井市　《本尊》阿弥陀如来
　　　　　　　　　　　　　　　〔真宗大谷派〕
万徳寺　まんとくじ〔寺〕
　福井県小浜市　　　　　　　〔高野山真言宗〕
万徳寺　まんとくじ〔寺〕
　愛知県稲沢市　《別称》大寺　《本尊》阿弥陀三尊・聖観世音菩薩　〔真言宗豊山派〕
万徳寺　まんとくじ〔寺〕
　兵庫県尼崎市　《本尊》阿弥陀如来
　　　　　　　　　　　　　　〔浄土真宗本願寺派〕
15万慶寺　ばんけいじ〔寺〕
　福井県鯖江市　《本尊》釈迦如来　〔曹洞宗〕
万蔵寺　まんぞうじ〔寺〕
　神奈川県横浜市緑区　《本尊》阿弥陀如来
　　　　　　　　　　　　　　　〔高野山真言宗〕
万蔵寺　まんぞうじ〔寺〕
　新潟県南魚沼郡六日町　《本尊》阿弥陀如来
　　　　　　　　　　　　　　　　　〔浄土宗〕
万蔵院　まんぞういん〔寺〕
　茨城県猿島郡猿島町　《本尊》胎蔵界大日如来
　　　　　　　　　　　　　　　〔真言宗豊山派〕
万蔵様《称》　まんぞうさま〔社〕
　宮城県白石市・万蔵稲荷神社　《祭神》宇迦能御魂命［他］　　　〔神社本庁〕

万蔵稲荷神社　まんぞういなりじんじゃ〔社〕
　宮城県白石市　《別称》万蔵様　《祭神》宇迦能御魂命［他］　　　〔神社本庁〕
17万嶽寺　ばんがくじ〔寺〕
　岐阜県中津川市　《本尊》聖観世音菩薩
　　　　　　　　　　　　　　　　　〔曹洞宗〕

【与】

4与止日女神社　よどひめじんじゃ〔社〕
　佐賀県佐賀郡大和町　《別称》河上神社　《祭神》与止日女命　〔神社本庁〕
与止妃宮《称》　よどひめぐう〔社〕
　福岡県糸島郡志摩町・桜井神社　《祭神》神直日神［他］　　〔神社本庁〕
5与田寺　よだじ〔寺〕
　香川県東かがわ市　《本尊》薬師如来
　　　　　　　　　　　　　　　　　〔真言宗〕
7与位神社　よいじんじゃ〔社〕
　兵庫県神崎郡福崎町　《祭神》須佐男命［他］　　　　〔神社本庁〕
与志漏神社　よしろじんじゃ〔社〕
　滋賀県伊香郡木之本町　《祭神》素佐之男命［他］　　〔神社本庁〕
8与杼神社　よどじんじゃ〔社〕
　京都府京都市伏見区　《別称》淀姫さん　《祭神》豊玉姫命［他］　〔神社本庁〕
10与能神社　よのじんじゃ〔社〕
　京都府亀岡市　《祭神》事代主命［他］
　　　　　　　　　　　　　　　　　〔神社本庁〕
12与賀神社　よかじんじゃ〔社〕
　佐賀県佐賀市　《祭神》豊玉姫命［他］
　　　　　　　　　　　　　　　　　〔神社本庁〕
13与楽寺　よらくじ〔寺〕
　栃木県那須郡那須町　《本尊》薬師如来
　　　　　　　　　　　　　　　〔真言宗智山派〕
与楽寺　よらくじ〔寺〕
　東京都北区　《本尊》地蔵菩薩・阿弥陀如来
　　　　　　　　　　　　　　　〔真言宗豊山派〕
19与瀬のごんげん《称》　よせのごんげん〔社〕
　神奈川県津久井郡相模湖町・与瀬神社　《祭神》日本武尊　　　〔神社本庁〕
与瀬神社　よせじんじゃ〔社〕
　神奈川県津久井郡相模湖町　《別称》与瀬のごんげん　《祭神》日本武尊　〔神社本庁〕

【丸】

3丸子神社　まるこじんじゃ〔社〕
　静岡県沼津市　　　　　　　　　〔神社本庁〕

3画（久）

丸山神社《称》　まるやまじんじゃ〔社〕
　島根県松江市・持田神社　《祭神》大宮比売命〔他〕〔神社本庁〕
丸山神明社《称》　まるやましんめいしゃ〔社〕
　愛知県名古屋市千種区・神明社　《祭神》天照皇大神〔神社本庁〕
丸山稲荷教会　まるやまいなりきょうかい〔社〕
　愛知県知多郡南知多町　《別称》白菊稲荷　《祭神》豊受大神〔単立〕
8丸門寺《称》　がんもんじ〔寺〕
　宮城県仙台市青葉区・寿徳寺　《本尊》阿弥陀如来〔曹洞宗〕

【久】

3久久美雄彦神社　くくみおひこじんじゃ〔社〕
　岐阜県養老郡養老町　《祭神》久久美雄彦神〔神社本庁〕
4久円寺　きゅうえんじ〔寺〕
　宮城県石巻市　《本尊》日蓮聖人奠定の大曼荼羅〔日蓮宗〕
久木原神社　くきはらじんじゃ〔社〕
　鹿児島県川内市　《別称》権現様　《祭神》久木原神〔神社本庁〕
5久世神社　くぜじんじゃ〔社〕
　岡山県真庭郡久世町　《祭神》神阿чит都姫命〔他〕〔神社本庁〕
久本寺　くほんじ〔寺〕
　大阪府大阪市中央区　《本尊》十界大曼荼羅〔本門法華宗〕
久本寺　くほんじ〔寺〕
　熊本県熊本市　《本尊》日蓮聖人奠定の十界勧請大曼荼羅〔法華宗(本門流)〕
久本院　くほんいん〔寺〕
　京都府京都市上京区　《本尊》一塔両尊四士〔日蓮宗〕
久氐比古神社　くでひこじんじゃ〔社〕
　石川県鹿島郡鹿島町　《祭神》久延毘古神〔他〕〔神社本庁〕
久永寺　きゅうえいじ〔寺〕
　福井県遠敷郡上中町　《本尊》釈迦如来〔曹洞宗〕
久玉町正光寺《称》　くたままちしょうこうじ〔寺〕
　熊本県牛深市・正光寺　《本尊》阿弥陀如来〔浄土真宗本願寺派〕
久礼八幡宮《称》　くれはちまんぐう〔社〕
　高知県高岡郡中土佐町・八幡宮　《祭神》応神天皇〔他〕〔神社本庁〕

6久伊豆神社　ひさいずじんじゃ〔社〕
　埼玉県行田市　《祭神》大己貴命〔他〕〔神社本庁〕
久伊豆神社　ひさいずじんじゃ〔社〕
　埼玉県岩槻市　《祭神》大己貴命〔神社本庁〕
久伊豆神社　ひさいずじんじゃ〔社〕
　埼玉県越谷市　《祭神》大国主命〔他〕〔神社本庁〕
久伊豆神社　ひさいずじんじゃ〔社〕
　埼玉県蓮田市黒浜　《別称》黒浜明神さま　《祭神》大己貴命〔他〕〔神社本庁〕
久伊豆神社　ひさいずじんじゃ〔社〕
　埼玉県蓮田市江ヶ崎　《別称》江ヶ崎明神さま　《祭神》大己貴命〔神社本庁〕
久多美神社　くたみじんじゃ〔社〕
　鳥取県八頭郡河原町　《祭神》伊弉諾命〔他〕〔神社本庁〕
久多島神社　くたしまじんじゃ〔社〕
　鹿児島県日置郡吹上町　《祭神》久多島神〔他〕〔神社本庁〕
久安寺　きゅうあんじ〔寺〕
　大阪府池田市　《本尊》千手観世音菩薩〔高野山真言宗〕
久成寺　くじょうじ〔寺〕
　神奈川県横浜市西区　《本尊》十界曼荼羅〔日蓮宗〕
久成寺　くじょうじ〔寺〕
　山梨県南アルプス市　《本尊》一塔両尊四菩薩〔日蓮宗〕
久成寺　くじょうじ〔寺〕
　島根県松江市　《本尊》日蓮聖人奠定の大曼荼羅〔日蓮宗〕
久成寺　くじょうじ〔寺〕
　大分県佐伯市　《本尊》一塔両尊四菩薩〔日蓮宗〕
久成院　くじょういん〔寺〕
　東京都世田谷区　《本尊》阿弥陀如来〔天台宗〕
久米大師《称》　くめだいし〔寺〕
　大阪府岸和田市・久米田寺　《本尊》釈迦如来〔高野山真言宗〕
久米田寺　くめだじ〔寺〕
　大阪府岸和田市　《別称》久米田大師　《本尊》釈迦如来〔高野山真言宗〕
久米寺　くめでら〔寺〕
　奈良県橿原市　《別称》仁和寺別院・久米仙人の久米寺　《本尊》薬師如来・大日如来・久米仙人〔真言宗御室派〕
7久佐佐神社　くささじんじゃ〔社〕
　大阪府豊能郡能勢町　《別称》宿野の大宮　《祭神》賀茂別雷神〔他〕〔神社本庁〕

神社・寺院名よみかた辞典　49

3画（久）

久佐奈岐神社　くさなぎじんじゃ〔社〕
　静岡県静岡市　《祭神》日本武尊　〔神社本庁〕
久住神社　くじゅうじんじゃ〔社〕
　大分県直入郡久住町　《祭神》彦五瀬命
　　　　　　　　　　　　　　　〔神社本庁〕
久妙寺　くみょうじ〔寺〕
　愛媛県周桑郡丹原町　《別称》久妙寺観音
　《本尊》千手観世音菩薩　〔真言宗御室派〕
久妙寺観音《称》くみょうじかんのん〔寺〕
　愛媛県周桑郡丹原町・久妙寺　《本尊》千手
　観世音菩薩　　　　　　　〔真言宗御室派〕
久志伊奈太伎比咩神社　くしいなだきひめ
　じんじゃ〔社〕
　石川県七尾市国分町　《祭神》奇稲田姫命[他]
　　　　　　　　　　　　　　〔神社本庁〕
久志伊奈太伎比咩神社　くしいなたきひめ
　じんじゃ〔社〕
　石川県七尾市飯川町　《祭神》奇稲田姫命[他]
　　　　　　　　　　　　　　〔神社本庁〕
久良弥神社　くらみじんじゃ〔社〕
　島根県松江市　《祭神》豊受姫大神[他]
　　　　　　　　　　　　　　〔神社本庁〕
8久国寺　きゅうこくじ〔寺〕
　愛知県名古屋市北区　《本尊》聖観世音菩
　薩　　　　　　　　　　　　　〔曹洞宗〕
久学寺　きゅうがくじ〔寺〕
　兵庫県加西市　《本尊》釈迦如来　〔曹洞宗〕
久宝寺　きゅうほうじ〔寺〕
　愛知県名古屋市中区　《本尊》阿弥陀如来
　　　　　　　　　　　　　　　〔曹洞宗〕
久宝寺御坊《称》きゅうほうじごぼう〔寺〕
　大阪府八尾市・顕証寺　《本尊》阿弥陀如来
　　　　　　　　　　　　〔浄土真宗本願寺派〕
久延寺　きゅうえんじ〔寺〕
　静岡県掛川市　《別称》小夜の中山子育観音
　《本尊》聖観世音菩薩　　〔高野山真言宗〕
久昌寺　きゅうしょうじ〔寺〕
　岩手県盛岡市　《本尊》三尊仏　〔曹洞宗〕
久昌寺　きゅうしょうじ〔寺〕
　茨城県常陸太田市　《別称》由緒寺院　《本
　尊》日蓮聖人奠定の大曼荼羅　〔日蓮宗〕
久昌寺　きゅうしょうじ〔寺〕
　埼玉県秩父市　《別称》御手判寺（おてはんじ）
　・秩父第二五番霊場　《本尊》聖観世音菩
　薩・阿弥陀如来　　　　　　〔曹洞宗〕
久昌寺　きゅうしょうじ〔寺〕
　岡山県玉野市　《本尊》釈迦如来・薬師如来
　　　　　　　　　　　　　〔臨済宗妙心寺派〕
久昌院　きゅうしょういん〔寺〕
　長野県木曽郡木曽福島町　《本尊》釈迦如
　来　　　　　　　　　　〔臨済宗妙心寺派〕

久松寺　きゅうしょうじ〔寺〕
　愛知県名古屋市昭和区　《本尊》阿弥陀如
　来　　　　　　　　　　　　　〔曹洞宗〕
久武八幡神社　ひさたけはちまんじんじゃ
　〔社〕
　広島県賀茂郡福富町　《別称》神田さん　《祭
　神》帯仲津日子命[他]　　　〔神祇本庁〕
久知八幡《称》くじはちまん〔社〕
　新潟県佐渡市・八幡宮　《祭神》誉田別命[他]
　　　　　　　　　　　　　　〔神社本庁〕
9久保の御坊《称》くぼのごぼう〔寺〕
　富山県氷見市・立法寺　《本尊》阿弥陀如来
　　　　　　　　　　　　　〔真宗大谷派〕
久保市乙剣宮　くぼいちおとつるぎぐう
　〔社〕
　石川県金沢市　《別称》久保市さん　《祭神》
　素盞嗚命　　　　　　　　　〔神社本庁〕
久保寺　きゅうほじ〔寺〕
　長野県岡谷市　《本尊》薬師如来
　　　　　　　　　　　　　〔臨済宗妙心寺派〕
久保神社《称》くぼじんじゃ〔社〕
　大阪府貝塚市・阿理莫神社　《祭神》饒速日
　命[他]　　　　　　　　　　　〔神社本庁〕
久津の宮《称》くずのみや〔社〕
　岐阜県下呂市・久津八幡宮　《祭神》応神天
　皇　　　　　　　　　　　　　〔神社本庁〕
久津八幡宮　くずはちまんぐう〔社〕
　岐阜県下呂市　《別称》久津の宮　《祭神》応
　神天皇　　　　　　　　　　　〔神社本庁〕
10久修園院　くしゅうおんいん〔寺〕
　大阪府枚方市　《別称》釈迦堂　《本尊》釈迦
　如来　　　　　　　　　　　　〔真言律宗〕
久留里神社　くるりじんじゃ〔社〕
　千葉県君津市　《別称》妙見様　《祭神》大御
　中主命[他]　　　　　　　　　〔神社本庁〕
久翁寺　きゅうおうじ〔寺〕
　神奈川県小田原市　《本尊》釈迦如来
　　　　　　　　　　　　　　　〔曹洞宗〕
久能山東照宮　くのうざんとうしょうぐう
　〔社〕
　静岡県静岡市　《祭神》徳川家康[他]
　　　　　　　　　　　　　　〔神社本庁〕
11久斎寺　きゅうさいじ〔寺〕
　福井県福井市　《本尊》阿弥陀如来
　　　　　　　　　　　　　〔真宗大谷派〕
久麻久神社　くまくじんじゃ〔社〕
　愛知県西尾市　《別称》お天王さま　《祭神》
　須佐之男命[他]　　　　　　〔神社本庁〕

50　神社・寺院名よみかた辞典

3画（也，千）

久麻加夫都阿良加志比古神社　くまかぶとあらかしひこじんじゃ〔社〕
　石川県鹿島郡中島町　《別称》お熊甲　《祭神》都奴賀阿良斯止神〔他〕　〔神社本庁〕
12久渡寺　くどじ〔寺〕
　青森県弘前市　《別称》久渡寺観音　《本尊》聖観世音菩薩　〔真言宗智山派〕
久運寺　きゅううんじ〔寺〕
　岐阜県岐阜市　《本尊》三尊仏　〔曹洞宗〕
13久慈感応教会　くじかんのうきょうかい〔寺〕
　茨城県常陸太田市　《別称》ご祈祷の寺　《本尊》日蓮聖人奠定の大曼荼羅
　　　　　　　　　　〔法華宗(本門流)〕
久遠寺　くおんじ〔寺〕
　神奈川県川崎市川崎区　《本尊》阿弥陀如来　〔天台宗〕
久遠寺　くおんじ〔寺〕
　山梨県南巨摩郡身延町　《別称》身延山・祖山　《本尊》日蓮聖人奠定の大曼荼羅　〔日蓮宗〕
久遠寺　くおんじ〔寺〕
　岐阜県大垣市　《本尊》阿弥陀如来　〔真宗大谷派〕
久遠寺　くおんじ〔寺〕
　静岡県富士宮市　《別称》由緒寺院　《本尊》日蓮聖人奠定の大曼荼羅　〔日蓮宗〕
久遠寺　くおんじ〔寺〕
　兵庫県神戸市兵庫区　《別称》浜の寺　《本尊》日蓮聖人奠定の十界勧請大曼荼羅　〔法華宗(本門流)〕
久遠院　くおんいん〔寺〕
　京都府京都市下京区　《別称》中坊　《本尊》阿弥陀如来　〔真宗仏光寺派〕

【也】
7也足寺　やそくじ〔寺〕
　兵庫県氷上郡山南町　《本尊》釈迦如来　〔曹洞宗〕

【千】
3千万院　せんまんいん〔寺〕
　奈良県磯城郡田原本町　《本尊》薬師如来・十二神将　〔真言律宗〕
千山寺　ちやまじ〔寺〕
　兵庫県加西市　《本尊》十一面観世音菩薩　〔高野山真言宗〕
4千手の観音様　《称》せんじゅのかんのんさま〔寺〕
　新潟県長岡市・千蔵院　《本尊》千手観世音菩薩　〔真言宗豊山派〕

千手寺　せんじゅじ〔寺〕
　富山県氷見市　《別称》こばし山　《本尊》千手観世音菩薩　〔高野山真言宗〕
千手寺　せんじゅじ〔寺〕
　愛知県海部郡佐織町　《本尊》千手観世音菩薩　〔真言宗智山派〕
千手寺　せんじゅうじ〔寺〕
　滋賀県彦根市　《本尊》千手観世音菩薩・釈迦如来　〔臨済宗妙心寺派〕
千手寺　せんじゅじ〔寺〕
　京都府亀岡市　《別称》独鈷抛山　《本尊》千手観世音菩薩　〔臨済宗妙心寺派〕
千手寺　せんじゅうじ〔寺〕
　大阪府東大阪市　《別称》大本山・光堂・上之坊　《本尊》千手観世音菩薩　〔真言毘盧舎那宗〕
千手寺　せんじゅじ〔寺〕
　広島県比婆郡東城町　《本尊》釈迦如来・千手観世音菩薩　〔曹洞宗〕
千手院　せんじゅいん〔寺〕
　岩手県西磐井郡平泉町　《本尊》不動明王・阿弥陀如来・千手観世音菩薩　〔天台宗〕
千手院　せんじゅいん〔寺〕
　秋田県河辺郡河辺町　《本尊》釈迦如来　〔曹洞宗〕
千手院　せんじゅいん〔寺〕
　栃木県那須郡烏山町　《本尊》千手観世音菩薩　〔真言宗智山派〕
千手院　せんじゅいん〔寺〕
　埼玉県羽生市　《本尊》大日如来　〔真言宗智山派〕
千手院　せんじゅいん〔寺〕
　千葉県佐倉市　《本尊》千手観世音菩薩　〔真言宗豊山派〕
千手院　せんじゅいん〔寺〕
　千葉県富津市　《本尊》不動明王　〔真言宗智山派〕
千手院　せんじゅいん〔寺〕
　千葉県香取郡多古町　《本尊》十一面観世音菩薩　〔真言宗智山派〕
千手院　せんじゅいん〔寺〕
　東京都台東区　《本尊》千手観世音菩薩　〔真言宗豊山派〕
千手院　せんじゅいん〔寺〕
　東京都町田市　《別称》岩子　《本尊》不動明王　〔真言宗智山派〕
千手院　せんじゅいん〔寺〕
　東京都福生市　《本尊》千手観世音菩薩　〔臨済宗建長寺派〕

神社・寺院名よみかた辞典

3画（千）

千手院　せんじゅいん〔寺〕
　神奈川県横浜市港南区　《本尊》阿弥陀如来・観世音菩薩・勢至菩薩・千手十一面観世音菩薩・不動明王　〔真言宗大覚寺派〕

千手院　せんじゅいん〔寺〕
　神奈川県鎌倉市　《本尊》千手観世音菩薩　〔浄土宗〕

千手院　せんじゅいん〔寺〕
　新潟県南魚沼郡大和町　《別称》神の寺　《本尊》千手観世音菩薩　〔真言宗豊山派〕

千手院　せんじゅいん〔寺〕
　滋賀県東浅井郡びわ町　《別称》川道観音　《本尊》千手観世音菩薩　〔真言宗豊山派〕

千手院　せんじゅいん〔寺〕
　島根県松江市　《本尊》千手観世音菩薩・不動明王・弘法大師・十一面観世音菩薩　〔高野山真言宗〕

千手院　せんじゅいん〔寺〕
　岡山県井原市　《本尊》不動明王・千手観世音菩薩・薬師如来　〔真言宗大覚寺派〕

千手院　せんじゅいん〔寺〕
　岡山県備前市　《別称》正楽寺　《本尊》十一面観世音菩薩　〔高野山真言宗〕

千手堂善福寺《称》　せんじゅどうぜんぷくじ〔寺〕
　岐阜県岐阜市・善福寺　《本尊》阿弥陀如来・十一面千手観世音菩薩　〔浄土真宗本願寺派〕

千日堂《称》　せんにちどう〔寺〕
　茨城県水戸市・中根寺　《本尊》延命地蔵菩薩・阿弥陀如来・摩利支天　〔真言宗豊山派〕

5千代神社　ちよじんじゃ〔社〕
　滋賀県彦根市　《別称》千代の宮　《祭神》天宇受売命　〔神社本庁〕

千本えんま堂《称》　せんぼんえんまどう〔寺〕
　京都府京都市上京区・引接寺　《本尊》えんま法王　〔高野山真言宗〕

千本松《称》　せんぼんまつ〔社〕
　岐阜県海津郡海津町・治水神社　《祭神》平田靱負正輔〔他〕　〔神社本庁〕

千本釈迦堂《称》　せんぼんしゃかどう〔寺〕
　京都府京都市上京区・大報恩寺　《本尊》釈迦如来　〔真言宗智山派〕

お千田さん《称》　おちださん〔社〕
　和歌山県有田市・須佐神社　《祭神》素盞嗚尊　〔神社本庁〕

千田の如来様《称》　せんだのにょらいさま〔寺〕
　千葉県長生郡長南町・称念寺　《本尊》竜宮出現歯吹如来　〔浄土宗〕

千田八幡宮　せんだはちまんぐう〔社〕
　熊本県鹿本郡鹿央町　《別称》千田聖母宮　《祭神》神功皇后〔他〕　〔神社本庁〕

千田浄光寺《称》　ちだじょうこうじ〔寺〕
　島根県江津市・浄光寺　《本尊》阿弥陀如来　〔浄土真宗本願寺派〕

千田胡子神社　せんだえびすじんじゃ〔社〕
　広島県広島市中区　《別称》千田胡子《祭神》事代主命　〔単立〕

千田聖母宮《称》　せんだせいぼぐう〔社〕
　熊本県鹿本郡鹿央町・千田八幡宮　《祭神》神功皇后〔他〕　〔神社本庁〕

6千光寺　せんこうじ〔寺〕
　北海道登別市　《本尊》弘法大師・千手観世音菩薩・聖観世音菩薩・大日如来　〔高野山真言宗〕

千光寺　せんこうじ〔寺〕
　茨城県つくば市　《本尊》千手観世音菩薩　〔天台宗〕

千光寺　せんこうじ〔寺〕
　神奈川県横浜市金沢区　《別称》観音様　《本尊》十一面千手千眼観世音菩薩　〔浄土宗〕

千光寺　せんこうじ〔寺〕
　富山県砺波市　〔高野山真言宗〕

千光寺　せんこうじ〔寺〕
　石川県珠洲市　《本尊》千手観世音菩薩・釈迦如来　〔曹洞宗〕

千光寺　せんこうじ〔寺〕
　岐阜県大野郡丹生川村　《別称》千光寺の観音　《本尊》千手観世音菩薩　〔高野山真言宗〕

千光寺　せんこうじ〔寺〕
　滋賀県甲賀郡甲賀町　《本尊》十一面千手観世音菩薩　〔天台宗〕

千光寺　せんこうじ〔寺〕
　京都府京都市西京区　《別称》嵐山大悲閣　《本尊》千手観世音菩薩・不動明王・毘沙門天　〔黄檗宗〕

千光寺　せんこうじ〔寺〕
　兵庫県神戸市兵庫区　《別称》淡路先山神戸別院　《本尊》千手観世音菩薩　〔高野山真言宗〕

千光寺　せんこうじ〔寺〕
　兵庫県洲本市　《別称》せんざん　《本尊》千手千眼観世音菩薩　〔高野山真言宗〕

千光寺　せんこうじ〔寺〕
　奈良県生駒郡平群町　《別称》元山上別格本山　《本尊》千手観世音菩薩・不動明王・役行者　〔真言宗醍醐派〕

千光寺　せんこうじ〔寺〕
　和歌山県田辺市　《本尊》千手観世音菩薩　〔臨済宗妙心寺派〕

3画（千）

千光寺　せんこうじ〔寺〕
　島根県松江市　《別称》天路山　《本尊》釈迦如来　〔曹洞宗〕

千光寺　せんこうじ〔寺〕
　岡山県赤磐郡山陽町　《本尊》十一面千手観世音菩薩　〔天台宗〕

千光寺　せんこうじ〔寺〕
　広島県尾道市　《別称》火伏せの観音　《本尊》千手観世音菩薩　〔単立〕

千光寺　せんこうじ〔寺〕
　香川県東かがわ市　〔真言宗御室派〕

千光寺　せんこうじ〔寺〕
　福岡県久留米市　《本尊》釈迦三尊　〔曹洞宗〕

千光寺　せんこうじ〔寺〕
　大分県杵築市　《本尊》薬師如来　〔臨済宗妙心寺派〕

千光寺　せんこうじ〔寺〕
　宮崎県延岡市　《本尊》釈迦如来　〔曹洞宗〕

千光院　せんこういん〔寺〕
　新潟県刈羽郡西山町　《本尊》千手観世音菩薩　〔真言宗豊山派〕

千灯寺　せんどうじ〔寺〕
　大分県東国東郡国見町　《本尊》千手観世音菩薩　〔天台宗〕

7千住天王《称》　せんじゅてんのう〔社〕
　東京都荒川区・素盞雄神社　《祭神》須佐之男命〔他〕　〔神社本庁〕

千住神社　せんじゅじんじゃ〔社〕
　東京都足立区　《別称》西森さま　《祭神》須佐之男命〔他〕　〔神社本庁〕

千体寺　せんたいじ〔寺〕
　奈良県大和郡山市　〔浄土宗〕

千体荒神《称》　せんたいこうじん〔寺〕
　東京都品川区・海雲寺　《本尊》十一面観世音菩薩・千体三宝荒神　〔曹洞宗〕

千妙寺　せんみょうじ〔寺〕
　茨城県真壁郡関城町　《別称》東叡山本坊　《本尊》釈迦如来　〔天台宗〕

千寿院　せんじゅいん〔寺〕
　埼玉県川越市　《本尊》薬師如来　〔曹洞宗〕

千寿院観覚寺《称》　せんじゅいんかんかくじ〔寺〕
　奈良県高市郡高取町・子島寺　《本尊》大日如来・十一面観世音菩薩　〔高野山真言宗〕

8千松院　せんしょういん〔寺〕
　山梨県甲府市　《本尊》釈迦如来　〔曹洞宗〕

10千原観音《称》　ちはらかんのん〔寺〕
　群馬県甘楽郡南牧村・慈島寺　《本尊》阿弥陀如来・聖観世音菩薩・勢至菩薩・不動明王　〔天台宗〕

千栗八幡宮　ちりくはちまんぐう〔社〕
　佐賀県三養基郡北茂安町　《別称》ちりくさん　《祭神》応神天皇〔他〕　〔神社本庁〕

11千眼寺　せんげんじ〔寺〕
　新潟県岩船郡神林村　《別称》保呂羽山　《本尊》千手千眼観世音菩薩・保呂羽大菩薩　〔曹洞宗〕

千眼寺　せんがんじ〔寺〕
　福岡県福岡市早良区　《別称》どんげ庵　《本尊》釈迦如来　〔黄檗宗〕

千貫神社　せんがんじんじゃ〔社〕
　宮城県岩沼市　《別称》おしんざんさん　《祭神》大山祇神〔他〕　〔神社本庁〕

千郷神社　ちさとじんじゃ〔社〕
　愛知県新城市　《祭神》誉田別尊〔他〕　〔神社本庁〕

12千葉寺　せんようじ〔寺〕
　福島県北会津郡北会津村　《本尊》大日如来　〔真言宗豊山派〕

千葉寺　せんようじ〔寺〕
　千葉県千葉市　《別称》千葉寺観音・坂東第二九番霊場　《本尊》十一面観世音菩薩　〔真言宗豊山派〕

千葉県護国神社　ちばけんごこくじんじゃ〔社〕
　千葉県千葉市　《祭神》護国の神霊　〔神社本庁〕

千葉神社　ちばじんじゃ〔社〕
　千葉県千葉市　《別称》妙見さん　《祭神》天之御中主神〔他〕　〔神社本庁〕

千葉薬師《称》　ちばやくし〔寺〕
　千葉県千葉市・東禅寺　《本尊》薬師如来　〔曹洞宗〕

13千歳神社　ちとせじんじゃ〔社〕
　北海道千歳市　《祭神》豊受姫大神　〔神社本庁〕

千福寺　せんぷくじ〔寺〕
　茨城県日立市　《本尊》阿弥陀如来　〔天台宗〕

千福寺　せんぷくじ〔寺〕
　兵庫県洲本市　《本尊》愛染明王　〔高野山真言宗〕

15千蔵寺　せんぞうじ〔寺〕
　神奈川県横浜市中区　《本尊》不動明王　〔高野山真言宗〕

千蔵院　せんぞういん〔寺〕
　千葉県千葉市　《本尊》薬師如来　〔真言宗豊山派〕

千蔵院　せんぞういん〔寺〕
　新潟県長岡市　《別称》千手の観音様　《本尊》千手観世音菩薩　〔真言宗豊山派〕

神社・寺院名よみかた辞典　53

3画（口，土，士，夕，大）

16 千樹寺　せんじゅじ〔寺〕
　滋賀県犬上郡豊郷町　《別称》江州音頭発祥の寺・観音堂　《本尊》阿弥陀如来・聖観世音菩薩・三十三観世音菩薩
　　　　　　　　　　　〔臨済宗永源寺派〕

【口】

10 口宮様《称》　くちみやさま〔社〕
　山形県西村山郡西川町・湯殿山神社　《祭神》大己貴命〔他〕　　　　〔神社本庁〕

【土】

3 土山の願成寺《称》　つちやまのがんせいじ〔寺〕
　福井県武生市・願成寺　《本尊》阿弥陀如来
　　　　　　　　　　　　　　　　〔曹洞宗〕

4 土手神明《称》　どてしんめい〔社〕
　富山県富山市・神明宮　《祭神》天照皇大神〔他〕　　　　　　　　　　〔神社本庁〕

5 土生神社　はぼうじんじゃ〔社〕
　三重県いなべ市　《祭神》天湯河板挙命〔他〕　　　　　　　　　　　　〔神社本庁〕

6 土庄八幡神社《称》　とのしょうはちまんじんじゃ〔社〕
　香川県小豆郡土庄町大木戸・八幡神社　《祭神》誉田別命〔他〕　〔神社本庁〕

7 土佐の文殊《称》　とさのもんじゅ〔寺〕
　高知県高知市・竹林寺　《本尊》文殊菩薩・侍者像　　　　　　　　〔真言宗智山派〕

土佐二宮《称》　とさにのみや〔社〕
　高知県高岡郡日高村・小村神社　《祭神》国常立命　　　　　　　　　〔神社本庁〕

土佐神社　とさじんじゃ〔社〕
　高知県高知市　《別称》志奈禰様　《祭神》味鉏高彦根命　　　　　　　〔神社本庁〕

土佐稲荷神社　とさいなりじんじゃ〔社〕
　大阪府大阪市西区　《祭神》宇賀御魂神〔他〕　　　　　　　　　　　　〔神社本庁〕

8 土居之宮《称》　どいのみや〔社〕
　香川県高松市・鶴尾神社　《祭神》応神天皇〔他〕　　　　　　　　　　〔神社本庁〕

9 土室白山神社　つちむろはくさんじんじゃ〔社〕
　石川県能美郡川北町　《祭神》伊邪那岐命〔他〕　　　　　　　　　　　〔神社本庁〕

10 土宮　つちのみや〔社〕
　三重県伊勢市(豊受大神宮域内)　伊勢神宮・豊受大神宮の別宮　《祭神》大土乃御祖神　　　　　　　　　　　〔神社本庁〕

【士】

7 士別の不動尊《称》　しべつのふどうそん〔寺〕
　北海道士別市・不動院　《本尊》不動明王　　　　　　　　　　　〔高野山真言宗〕

士別神社　しべつじんじゃ〔社〕
　北海道士別市　《祭神》天照皇大神　　　　　　　　　　　　　　〔神社本庁〕

【夕】

11 夕張寺　ゆうばりじ〔寺〕
　北海道夕張市　《本尊》不動明王・矜迦羅童子・制多迦童子　　〔真言宗智山派〕

夕張神社　ゆうばりじんじゃ〔社〕
　北海道夕張市　《別称》炭砿神社　《祭神》大山積大神〔他〕　　　　〔神社本庁〕

18 夕顔観音《称》　ゆうがおかんのん〔寺〕
　千葉県香取郡小見川町・樹林寺　《本尊》千手千眼観世音菩薩　〔臨済宗妙心寺派〕

19 夕願寺　せきがんじ〔寺〕
　大阪府大阪市北区　《本尊》日蓮聖人奠定の大曼荼羅　　　　　〔法華宗(陣門流)〕

【大】

0 大みや《称》　おおみや〔社〕
　兵庫県神崎郡福崎町・大歳神社　《祭神》大歳神〔他〕　　　　　　　〔神社本庁〕

2 大乃宮《称》　おおのみや〔社〕
　山口県美祢市・西八幡宮　《祭神》品陀別命〔他〕　　　　　　　　　〔神社本庁〕

大八幡神社《称》　おおやわたじんじゃ〔社〕
　岡山県上房郡賀陽町・八幡神社　《祭神》応神天皇〔他〕　　　　　　〔神社本庁〕

3 大三島さん《称》　おおみしまさん〔社〕
　愛媛県越智郡大三島町・大山祇神社　《祭神》大山積神　　　　　　〔神社本庁〕

大久寺　だいきゅうじ〔寺〕
　神奈川県小田原市　《本尊》三宝四菩薩　　　　　　　　　　　　　　〔日蓮宗〕

大久保神社　おおくぼじんじゃ〔社〕
　神奈川県小田原市　《祭神》大久保忠世〔他〕　　　　　　　　　　　〔神社本庁〕

大久保薬師堂《称》　おおくぼやくしどう〔寺〕
　千葉県習志野市・薬師寺　《本尊》薬師如来　　　　　　　　　〔真言宗豊山派〕

大山さま《称》　おおやまさま〔社〕
　神奈川県伊勢原市・大山阿夫利神社　《祭神》大山祇大神〔他〕　〔大山阿夫利神社本庁〕

54　神社・寺院名よみかた辞典

3画（大）

大山さま《称》　おおやまさま〔社〕
　島根県那賀郡三隅町・大麻山神社　《祭神》天日鷲命〔他〕
〔神社本庁〕

大山不動堂　おおやまふどうどう〔寺〕
　千葉県鴨川市　《別称》大山不動　《本尊》不動明王
〔真言宗智山派〕

大山白山神社　おおやまはくさんじんじゃ〔社〕
　岐阜県加茂郡白川町　《別称》金幣社　《祭神》菊理姫神〔他〕
〔神社本庁〕

大山寺　たいさんじ〔寺〕
　茨城県東茨城郡桂村　《別称》虫切高根山　《本尊》大日如来・乾闥婆王・十一面観世音菩薩
〔真言宗豊山派〕

大山寺　たいさんじ〔寺〕
　神奈川県伊勢原市　《別称》大山不動　《本尊》不動明王・五大明王・十一面観世音菩薩・倶利迦羅龍王・不動明王
〔真言宗大覚寺派〕

大山寺　だいせんじ〔寺〕
　鳥取県西伯郡大山町　《別称》大山さん　《本尊》大智明大権現
〔天台宗〕

大山寺　だいせんじ〔寺〕
　徳島県板野郡上板町　《別称》大山観音　《本尊》千手千眼観世音菩薩・弘法大師
〔真言宗醍醐派〕

大山咋神社　おおやまぐいじんじゃ〔社〕
　京都府船井郡丹波町　《祭神》大山咋命〔他〕
〔神社本庁〕

大山祇神社　おおやまずみじんじゃ〔社〕
　新潟県佐渡市　《祭神》大山祇命〔他〕
〔神社本庁〕

大山祇神社　おおやまずみじんじゃ〔社〕
　愛媛県越智郡大三島町　《別称》大三島さん　《祭神》大山積神
〔神社本庁〕

大山阿夫利神社　おおやまあふりじんじゃ〔社〕
　神奈川県伊勢原市　《別称》大山さま　《祭神》大山祇大神〔他〕
〔大山阿夫利神社本庁〕

大山神社　おおやまじんじゃ〔社〕
　岐阜県加茂郡富加町　《祭神》大山祇神
〔神社本庁〕

大山様《称》　おおやまさま〔社〕
　長崎県北松浦郡小値賀町・神嶋神社　《祭神》鴨一速王命〔他〕

大川上美良布神社　おおかわかみみらふじんじゃ〔社〕
　高知県香美郡香北町　《別称》川上様　《祭神》大田田禰古之神〔他〕
〔神社本庁〕

大川寺　だいせんじ〔寺〕
　秋田県大曲市　《本尊》釈迦如来・大日如来
〔曹洞宗〕

大川寺　だいせんじ〔寺〕
　富山県上新川郡大山町　《本尊》釈迦如来
〔曹洞宗〕

大川神社　おおかわじんじゃ〔社〕
　京都府舞鶴市　《祭神》保食神〔他〕
〔神社本庁〕

大川神社　おおかわじんじゃ〔社〕
　香川県仲多度郡琴南町　《祭神》木花開耶姫命〔他〕
〔神社本庁〕

大己貴神社　おおなむちじんじゃ〔社〕
　福岡県朝倉郡三輪町　《別称》おんがさま　《祭神》大己貴大神〔他〕
〔神社本庁〕

4 大中寺　だいちゅうじ〔寺〕
　栃木県下都賀郡大平町榎本　《本尊》釈迦如来
〔曹洞宗〕

大中寺　だいちゅうじ〔寺〕
　栃木県下都賀郡大平町西山田　《別称》七不思議の寺　《本尊》釈迦如来・文殊菩薩・普賢菩薩
〔曹洞宗〕

大中寺　だいちゅうじ〔寺〕
　静岡県沼津市　《本尊》不動明王
〔臨済宗妙心寺派〕

大中寺　だいちゅうじ〔寺〕
　鹿児島県鹿児島市　《別称》大中禅寺　《本尊》釈迦如来・観世音菩薩・地蔵菩薩　〔曹洞宗〕

大中院　だいちゅういん〔寺〕
　京都府京都市東山区　《本尊》白衣観世音菩薩
〔臨済宗建仁寺派〕

大中様《称》　おおなかさま〔社〕
　鹿児島県鹿児島市・松原神社　《祭神》島津貴久
〔神社本庁〕

大井の大仏《称》　おおいのだいぶつ〔寺〕
　東京都品川区・養玉院　《本尊》釈迦如来
〔天台宗〕

大井八幡神社　おおいはちまんじんじゃ〔社〕
　香川県仲多度郡琴平町　《祭神》弥都波能売神〔他〕
〔神社本庁〕

大井八幡宮　おおいはちまんぐう〔社〕
　静岡県志太郡大井川町　《別称》田遊さん　《祭神》品陀和気命〔他〕
〔神社本庁〕

大井俣窪八幡神社　おおいまたくぼはちまんじんじゃ〔社〕
　山梨県山梨市　《別称》窪八幡神社　《祭神》足仲彦尊〔他〕
〔神社本庁〕

大井神社　おおいじんじゃ〔社〕
　岐阜県本巣郡北方町　《別称》お天王様　《祭神》建速須佐之男命〔他〕
〔神社本庁〕

大井神社　おおいじんじゃ〔社〕
　静岡県島田市　《祭神》弥都波能売神〔他〕
〔神社本庁〕

神社・寺院名よみかた辞典　55

大井神社　おおいじんじゃ〔社〕
　京都府亀岡市　《祭神》木股命[他]
　　　　　　　　　　　　　〔神社本庁〕
大井神社　おおいじんじゃ〔社〕
　岡山県岡山市　《別称》八幡さま　《祭神》百田大兄命[他]　　　　　　　〔神社本庁〕
大井聖天《称》　おおいしょうてん〔寺〕
　東京都品川区・大福生寺　《本尊》歓喜天
　　　　　　　　　　　　　　　　〔天台宗〕
大井関明神《称》　おおいぜきみょうじん〔社〕
　大阪府泉佐野市・日根神社　《祭神》鸕鶿草葺不合尊[他]　　　　　　　　〔神社本庁〕
大井蔵王権現神社　おおいざおうごんげんじんじゃ〔社〕
　東京都品川区　《別称》権現神社　《祭神》金山毘古命[他]　　　　　　　　　　〔単立〕
大仁神社　おおひとじんじゃ〔社〕
　静岡県田方郡大仁町　《別称》山王権現・山王宮　《祭神》大山咋命[他]〔神社本庁〕
大仏《称》　だいぶつ〔寺〕
　京都府京都市東山区・方広寺　《本尊》釈迦如来　　　　　　　　　　　　〔天台宗〕
大仏さん《称》　だいぶつさん〔寺〕
　滋賀県長浜市・良疇寺　《本尊》阿弥陀如来
　　　　　　　　　　　　　〔臨済宗妙心寺派〕
大仏さん《称》　だいぶつさん〔寺〕
　香川県高松市・聴徳院　《本尊》阿弥陀如来
　　　　　　　　　　　　　〔真宗仏光寺派〕
大仏の大円寺《称》　だいぶつのだいえんじ〔寺〕
　福岡県福岡市中央区・大円寺　《本尊》阿弥陀如来　　　　　　　　　　　〔浄土宗〕
大仏寺　たいぶつじ〔寺〕
　富山県高岡市　《別称》高岡大仏　《本尊》阿弥陀如来　　　　　　　　　　　〔浄土宗〕
大元帥護国の寺《称》　だいげんすいごこくのてら〔寺〕
　和歌山県伊都郡高野町・西南院　《本尊》大元帥明王・大日如来　〔高野山真言宗〕
大元神社　たいげんじんじゃ〔社〕
　鳥取県東伯郡東伯町　《別称》八幡さま　《祭神》品陀和気大神　　　　　〔神社本庁〕
大元神社　おおもとじんじゃ〔社〕
　愛媛県八幡浜市　《祭神》天御中主尊[他]
　　　　　　　　　　　　　〔神社本庁〕
大元神社　おおもとじんじゃ〔社〕
　高知県安芸市　《祭神》天御中主神[他]
　　　　　　　　　　　　　〔神社本庁〕
大円寺　だいえんじ〔寺〕
　北海道函館市　《本尊》阿弥陀如来　〔浄土宗〕

大円寺　だいえんじ〔寺〕
　北海道美唄市　《本尊》釈迦如来　〔曹洞宗〕
大円寺《称》　だいえんじ〔社〕
　青森県弘前市・八坂神社　《祭神》須佐之男命[他]　　　　　　　　　　〔神社本庁〕
大円寺《称》　だいえんじ〔寺〕
　青森県弘前市・最勝院　《本尊》金剛界大日如来・牛頭天王　　　　〔真言宗智山派〕
大円寺　だいえんじ〔寺〕
　青森県南津軽郡大鰐町　《別称》大鰐大日堂　《本尊》盧遮那仏　〔高野山真言宗〕
大円寺　だいえんじ〔寺〕
　岩手県下閉伊郡川井村　《本尊》釈迦如来
　　　　　　　　　　　　　　　　〔曹洞宗〕
大円寺　だいえんじ〔寺〕
　秋田県鹿角市　《本尊》釈迦如来　〔曹洞宗〕
大円寺　だいえんじ〔寺〕
　福島県福島市　《本尊》阿弥陀如来　〔浄土宗〕
大円寺　だいえんじ〔寺〕
　群馬県群馬郡群馬町　《本尊》地蔵菩薩
　　　　　　　　　　　　　〔真言宗豊山派〕
大円寺　だいえんじ〔寺〕
　千葉県富津市　《本尊》延命地蔵菩薩
　　　　　　　　　　　　　〔真言宗智山派〕
大円寺　だいえんじ〔寺〕
　東京都台東区　《別称》笠森稲荷　《本尊》日蓮聖人奠定の大曼荼羅・薬王菩薩　〔日蓮宗〕
大円寺　だいえんじ〔寺〕
　東京都杉並区　《本尊》釈迦如来　〔曹洞宗〕
大円寺　だいえんじ〔寺〕
　東京都葛飾区　《本尊》盧舎那仏・薬師如来
　　　　　　　　　　　　　〔真言宗豊山派〕
大円寺　だいえんじ〔寺〕
　東京都東久留米市　《本尊》阿弥陀三尊
　　　　　　　　　　　　　　　　〔天台宗〕
大円寺　だいえんじ〔寺〕
　神奈川県横浜市中区　《本尊》日蓮聖人奠定の大曼荼羅　　　　　　　　〔日蓮宗〕
大円寺　だいえんじ〔寺〕
　新潟県新潟市　《別称》梨島薬師　《本尊》薬師如来　　　　　　　　　〔真言宗豊山派〕
大円寺　だいえんじ〔寺〕
　静岡県磐田郡豊田町　《別称》おいげ　《本尊》阿弥陀如来　　　　　　　〔曹洞宗〕
大円寺　だいえんじ〔寺〕
　滋賀県蒲生郡蒲生町　《本尊》阿弥陀如来
　　　　　　　　　　　　　　　　〔浄土宗〕
大円寺　だいえんじ〔寺〕
　兵庫県城崎郡日高町　《本尊》釈迦如来・迦葉尊者・阿難尊者　〔臨済宗南禅寺派〕

3画（大）

大円寺　だいえんじ〔寺〕
　福岡県福岡市中央区　《別称》大仏の大円寺
　《本尊》阿弥陀如来　　　　　　〔浄土宗〕
大円院　だいえんいん〔寺〕
　千葉県夷隅郡大多喜町　《本尊》十界勧請大
　曼荼羅　　　　　　　　　　　　〔日蓮宗〕
大円院　だいえんいん〔寺〕
　和歌山県伊都郡高野町　《本尊》阿弥陀如
　来　　　　　　　　　　　〔高野山真言宗〕
大内神社　おおうちじんじゃ〔社〕
　岡山県備前市　《祭神》大山津見神［他］
　　　　　　　　　　　　　　　〔神社本庁〕
大分八幡神社　だいぶはちまんじんじゃ〔社〕
　福岡県行橋市　《祭神》誉田別命［他］
　　　　　　　　　　　　　　　〔神社本庁〕
大分八幡宮　だいぶはちまんぐう〔社〕
　福岡県嘉穂郡筑穂町　《別称》大分宮　《祭
　神》応神天皇［他］　　　　　　〔神社本庁〕
大分寺　たいぶんじ〔寺〕
　福岡県糟屋郡新宮町　《別称》上の府てら
　《本尊》阿弥陀如来　　　　　　〔浄土宗〕
大分社　おおいたしゃ〔社〕
　大分県大分市　《祭神》豊門別命［他］
　　　　　　　　　　　　　　　〔神社本庁〕
大分県護国神社　おおいたけんごこくじん
　じゃ〔社〕
　大分県大分市　《祭神》護国の神霊
　　　　　　　　　　　　　　　〔神社本庁〕
大分宮《称》　だいぶぐう〔社〕
　福岡県嘉穂郡筑穂町・大分八幡宮　《祭神》応
　神天皇［他］　　　　　　　　　〔神社本庁〕
大心寺　だいしんじ〔寺〕
　北海道浜益郡浜益村　《本尊》阿弥陀如来
　　　　　　　　　　　　　　　　〔浄土宗〕
大心寺　だいしんじ〔寺〕
　鹿児島県川辺郡知覧町　《本尊》阿弥陀如
　来　　　　　　　　　　　　〔真宗大谷派〕
大心院　だいしんいん〔寺〕
　京都府京都市右京区　《別称》阿吽洞　《本
　尊》如意輪観世音菩薩　　〔臨済宗妙心寺派〕
大戸神社　おおとじんじゃ〔社〕
　千葉県佐原市　《祭神》天手力男命
　　　　　　　　　　　　　　　〔神社本庁〕
大日本獅子吼教会　だいにほんししくきょ
　うかい〔寺〕
　東京都新宿区　《別称》獅子吼会　《本尊》日
　蓮聖人・十界曼荼羅　　　　〔法華宗(本門流)〕
大日寺　だいにちじ〔寺〕
　千葉県千葉市　《本尊》大日如来
　　　　　　　　　　　　　〔真言宗豊山派〕

大日寺　だいにちじ〔寺〕
　静岡県掛川市　《本尊》釈迦如来　　〔曹洞宗〕
大日寺　だいにちじ〔寺〕
　愛知県稲沢市　《別称》お大日　《本尊》大日
　如来　　　　　　　　　　〔真言宗智山派〕
大日寺　だいにちじ〔寺〕
　大阪府大阪市北区　《別称》萩寺
　　　　　　　　　　　　　〔真言宗御室派〕
大日寺　だいにちじ〔寺〕
　兵庫県姫路市　《別称》朝日山観音
　　　　　　　　　　　　　〔真言宗御室派〕
大日寺　だいにちじ〔寺〕
　奈良県吉野郡吉野町　《別称》胃癌のお寺・五
　智如来のお寺　《本尊》五智如来
　　　　　　　　　　　　　〔真言宗醍醐派〕
大日寺　だいにちじ〔寺〕
　和歌山県那賀郡岩出町　《本尊》大日如来
　　　　　　　　　　　　　〔真言宗豊山派〕
大日寺　だいにちじ〔寺〕
　鳥取県倉吉市　《本尊》阿弥陀如来　〔天台宗〕
大日寺　だいにちじ〔寺〕
　徳島県徳島市　《別称》一の宮・四国第一三
　番霊場　《本尊》十一面観世音菩薩
　　　　　　　　　　　　〔真言宗大覚寺派〕
大日寺　だいにちじ〔寺〕
　徳島県海部郡宍喰町　《別称》一乗山総持院
　《本尊》金剛界大日如来・薬師如来・青面金
　剛童子　　　　　　　　　〔高野山真言宗〕
大日寺　だいにちじ〔寺〕
　徳島県板野郡板野町　《別称》黒谷寺・四国
　第四番霊場　《本尊》大日如来
　　　　　　　　　　　　　〔真言宗東寺派〕
大日寺　だいにちじ〔寺〕
　高知県香美郡野市町　《別称》四国第二八番
　霊場　《本尊》大日如来　〔真言宗智山派〕
大日坊　だいにちぼう〔寺〕
　山形県東田川郡朝日村　《別称》湯殿山大日
　坊　《本尊》金剛界大日如来・胎蔵界大日
　如来　　　　　　　　　　〔真言宗豊山派〕
大日堂《称》　だいにちどう〔社〕
　秋田県鹿角市・大日霊貴神社　《祭神》天照
　皇大神［他］　　　　　　　　　〔神社本庁〕
大日堂《称》　だいにちどう〔社〕
　秋田県北秋田郡比内町独鈷字大日堂前・神明
　社　《祭神》大日霊貴命［他］　〔神社本庁〕
大日堂《称》　だいにちどう〔寺〕
　滋賀県東浅井郡浅井町・光信寺　《本尊》大
　日如来　　　　　　　　〔浄土真宗本願寺派〕

神社・寺院名よみかた辞典　57

3画（大）

大日堂　《称》　だいにちどう〔寺〕
　奈良県大和高田市・不動院　《本尊》大日如来・千手観世音菩薩・弘法大師
　　　　　　　　　　　　　　〔真言宗御室派〕
大日孁神社　おおひるめじんじゃ〔社〕
　宮城県桃生郡河北町　《別称》御多峯様　《祭神》大日孁貴尊　　〔神社本庁〕
大日孁貴神社　おおひるめむちじんじゃ〔社〕
　秋田県鹿角市　《別称》大日堂　《祭神》天照皇大神[他]　　　〔神社本庁〕
大毛五坊　《称》　おおけごぼう〔寺〕
　愛知県一宮市・河野栄泉寺　《本尊》阿弥陀如来　　　　　　　〔真宗大谷派〕
大水上神社　おおみなかみじんじゃ〔社〕
　香川県三豊郡高瀬町　《別称》二の宮さま　《祭神》大山積命[他]　〔神社本庁〕
大王寺　だいおうじ〔寺〕
　埼玉県北葛飾郡庄和町　《本尊》大日如来
　　　　　　　　　　　　　　〔真言宗豊山派〕
大王寺　だいおうじ〔寺〕
　大阪府高石市　《別称》浜の寺　《本尊》阿弥陀如来　　　　　　〔浄土宗〕
大王寺　だいおうじ〔寺〕
　山口県下関市　《別称》総本山　　　〔一切宗〕
大王神社　《称》　だいおうじんじゃ〔社〕
　鹿児島県薩摩郡祁答院町・大楠神社　《祭神》猿田彦命　　　　〔神社本庁〕
大王権現　《称》　だいおうごんげん〔社〕
　宮崎県西諸県郡野尻町・高都万神社　《祭神》猿田彦命　　　　〔神社本庁〕
5大仙寺　たいせんじ〔寺〕
　神奈川県横浜市保土ヶ谷区　《本尊》大日如来　　　　　　　〔高野山真言宗〕
大仙寺　だいせんじ〔寺〕
　岐阜県加茂郡八百津町　《本尊》釈迦如来
　　　　　　　　　　　　　　〔臨済宗妙心寺派〕
大仙寺　だいせんじ〔寺〕
　愛知県知多郡美浜町　《本尊》釈迦如来・文殊菩薩・普賢菩薩　〔臨済宗妙心寺派〕
大仙寺　だいせんじ〔寺〕
　三重県度会郡南島町　《本尊》釈迦如来
　　　　　　　　　　　　　　〔臨済宗妙心寺派〕
大仙寺　だいせんじ〔寺〕
　奈良県橿原市　《本尊》阿弥陀如来
　　　　　　　　　　　　　　〔浄土真宗本願寺派〕
大仙寺　だいせんじ〔寺〕
　愛媛県今治市　《本尊》釈迦如来　　〔曹洞宗〕
大仙院　だいせんいんじ〔寺〕
　京都府京都市北区　《本尊》釈迦如来
　　　　　　　　　　　　　　〔臨済宗大徳寺派〕

大処神社　おおところじんじゃ〔社〕
　滋賀県高島郡マキノ町　《別称》くにぬし　《祭神》大地主命　　〔神社本庁〕
大巧寺　だいぎょうじ〔寺〕
　神奈川県鎌倉市　《別称》産女霊神　《本尊》産女霊神　　　　　〔単立〕
大市神社　おおいちじんじゃ〔社〕
　三重県津市　《祭神》大市比売命[他]
　　　　　　　　　　　　　　〔神社本庁〕
大広寺　だいこうじ〔寺〕
　新潟県中頸城郡板倉町　《本尊》釈迦如来　　　　　　　　　〔曹洞宗〕
大広寺　だいこうじ〔寺〕
　大阪府池田市　《本尊》釈迦三尊　〔曹洞宗〕
大本八幡神社　おおもとはちまんじんじゃ〔社〕
　岡山県新見市　《祭神》応神天皇[他]
　　　　　　　　　　　　　　〔神社本庁〕
大本山総持寺北海道別院　だいほんざんそうじじほっかいどうべついん〔寺〕
　北海道松前郡松前町　《本尊》釈迦如来　　　　　　　　　〔曹洞宗〕
大本山総持寺能登別院　だいほんざんそうじじのとべついん〔寺〕
　石川県鳳至郡門前町　《別称》祖院　《本尊》釈迦如来　　　　　〔曹洞宗〕
大本神社　おおもとじんじゃ〔社〕
　愛媛県北宇和郡広見町　《祭神》国常立尊[他]
　　　　　　　　　　　　　　〔神社本庁〕
大正寺　たいしょうじ〔寺〕
　北海道上川郡美瑛町　《本尊》阿弥陀如来　　　　　　　　　〔真宗大谷派〕
大正寺　だいしょうじ〔寺〕
　埼玉県熊谷市　《本尊》不動明王
　　　　　　　　　　　　　　〔真言宗豊山派〕
大正寺　だいしょうじ〔寺〕
　東京都台東区　《本尊》日蓮聖人奠定の十界大曼荼羅　　　　　〔日蓮宗〕
大正寺　たいしょうじ〔寺〕
　神奈川県津久井郡城山町　《本尊》釈迦三尊　〔臨済宗建長寺派〕
大正寺　たいしょうじ〔寺〕
　福岡県北九州市八幡東区　《本尊》釈迦如来・観世音菩薩　〔臨済宗大徳寺派〕
大正院　だいしょういん〔寺〕
　埼玉県本庄市　《別称》お不動様　《本尊》大日如来　　　　　　〔真言宗智山派〕
大永寺　だいえいじ〔寺〕
　静岡県焼津市　《本尊》釈迦如来　〔曹洞宗〕

58　神社・寺院名よみかた辞典

3画（大）

大生寺　だいしょうじ〔寺〕
　福岡県浮羽郡浮羽町　《本尊》釈迦如来・薬師如来　〔臨済宗妙心寺派〕

大生神社　おおうじんじゃ〔社〕
　茨城県潮来市　《祭神》建御雷之男神
　　　　　　　　　　　　　　〔神社本庁〕

大生部兵主神社　おおいくべひょうずんじゃ〔社〕
　兵庫県出石郡但東町　《別称》お天王さま　《祭神》素盞嗚尊[他]　〔神社本庁〕

大田八幡宮　おおたはちまんぐう〔社〕
　山口県美祢郡美東町　《祭神》応神天皇[他]
　　　　　　　　　　　　　　〔神社本庁〕

大田寺　だいでんじ〔寺〕
　滋賀県東浅井郡浅井町　〔真言宗豊山派〕

大田神社　おおたじんじゃ〔社〕
　長野県長野市　《祭神》誉田別尊　〔神社本庁〕

大田原成田山《称》　おおたわらなりたさん〔寺〕
　栃木県大田原市・遍照院　《本尊》不動明王
　　　　　　　　　　　　　　〔真言宗智山派〕

大田原神社　おおたわらじんじゃ〔社〕
　栃木県大田原市　《別称》大神宮　《祭神》大己貴神[他]　〔神社本庁〕

大田原護国神社　おおたわらごこくじんじゃ〔社〕
　栃木県大田原市　《別称》招魂社　《祭神》護国の神霊　〔神社本庁〕

大矢田神社　おおやたじんじゃ〔社〕
　岐阜県美濃市　《別称》天王様　《祭神》建速須佐之男神[他]　〔神社本庁〕

大石大神宮《称》　おおいしだいじんぐう〔社〕
　福岡県久留米市・伊勢天照御祖神社　《祭神》天火明命　〔神社本庁〕

大石寺　たいせきじ〔寺〕
　静岡県富士宮市　《別称》総本山　《本尊》日蓮聖人所顕の本門戒壇大曼荼羅
　　　　　　　　　　　　　　〔日蓮正宗〕

大石神社　おおいしじんじゃ〔社〕
　京都府京都市山科区　《祭神》大石良雄
　　　　　　　　　　　　　　〔神社本庁〕

大石神社　おおいしじんじゃ〔社〕
　兵庫県赤穂市　《別称》大石さん　《祭神》大石内蔵助良雄以下四十七士[他]　〔神社本庁〕

大穴持神社　おおなもちじんじゃ〔社〕
　鹿児島県国分市　《祭神》大己貴命[他]
　　　　　　　　　　　　　　〔神社本庁〕

大穴持像石神社　おおあなもちかたいしじんじゃ〔社〕
　石川県羽咋市　《祭神》大己貴命[他]
　　　　　　　　　　　　　　〔神社本庁〕

大立寺　だいりゅうじ〔寺〕
　京都府京都市山科区　《本尊》日蓮聖人奠定の大曼荼羅　〔日蓮宗〕

大立寺　だいりゅうじ〔寺〕
　和歌山県和歌山市　《本尊》阿弥陀如来
　　　　　　　　　　　　　　〔浄土宗〕

6 大休寺　だいきゅうじ〔寺〕
　北海道旭川市　《本尊》三尊仏　〔曹洞宗〕

大光寺　だいこうじ〔寺〕
　岩手県東磐井郡千厩町　《本尊》釈迦如来
　　　　　　　　　　　　　　〔曹洞宗〕

大光寺　だいこうじ〔寺〕
　群馬県佐波郡赤堀町　《本尊》勢至菩薩
　　　　　　　　　　　　　　〔天台宗〕

大光寺　だいこうじ〔寺〕
　埼玉県児玉郡上里町　《別称》蚕影さん　《本尊》聖観世音菩薩　〔臨済宗円覚寺派〕

大光寺　だいこうじ〔寺〕
　埼玉県北葛飾郡鷲宮町　《本尊》延命地蔵菩薩　〔真言宗智山派〕

大光寺　だいこうじ〔寺〕
　千葉県我孫子市　《別称》あびこ聖天　《本尊》不動明王・弘法大師・歓喜天
　　　　　　　　　　　　　　〔真言宗豊山派〕

大光寺　だいこうじ〔寺〕
　東京都足立区　《本尊》阿弥陀如来
　　　　　　　　　　　　　　〔新義真言宗〕

大光寺　だいこうじ〔寺〕
　東京都あきる野市　《本尊》十一面観世音菩薩　〔真言宗豊山派〕

大光寺　だいこうじ〔寺〕
　神奈川県横浜市南区　《本尊》阿弥陀如来
　　　　　　　　　　　　　　〔高野山真言宗〕

大光寺　だいこうじ〔寺〕
　神奈川県横須賀市　《本尊》十界勧請曼荼羅　〔日蓮宗〕

大光寺　だいこうじ〔寺〕
　静岡県周智郡春野町　《本尊》梵天・帝釈天・閻魔大王　〔曹洞宗〕

大光寺　だいこうじ〔寺〕
　愛知県名古屋市東区　《本尊》一塔両尊・日蓮聖人　〔日蓮宗〕

大光寺　だいこうじ〔寺〕
　京都府京都市伏見区　《本尊》阿弥陀如来
　　　　　　　　　　　　　　〔浄土宗〕

神社・寺院名よみかた辞典

大光寺　だいこうじ〔寺〕
　大阪府泉佐野市　《本尊》阿弥陀如来
　　　　　　　　　　　　　　　　〔浄土宗〕
大光寺　だいこうじ〔寺〕
　熊本県鹿本郡鹿本町　《本尊》阿弥陀如来
　　　　　　　　　　　　　　〔浄土真宗本願寺派〕
大光寺　だいこうじ〔寺〕
　宮崎県宮崎郡佐土原町　《別称》大光寺の耳
　仏　《本尊》十一面観世音菩薩
　　　　　　　　　　　　　　　〔臨済宗妙心寺派〕
大光明寺　だいこうみょうじ〔寺〕
　京都府京都市上京区　《本尊》普賢菩薩
　　　　　　　　　　　　　　　〔臨済宗相国寺派〕
大光明院　だいこうみょういん〔寺〕
　福岡県北九州市門司区　《別称》門司の高野
　山　《本尊》延命地蔵菩薩　〔高野山真言宗〕
大光院《称》　だいこういん〔寺〕
　宮城県柴田郡柴田町・神宮寺　《本尊》不動
　明王　　　　　　　　　　　　〔真言宗智山派〕
大光院　だいこういん〔寺〕
　群馬県太田市　《別称》太田の呑竜・子育て
　呑竜　《本尊》阿弥陀如来　　　　〔浄土宗〕
大光院　だいこういん〔寺〕
　埼玉県羽生市　《本尊》大日如来
　　　　　　　　　　　　　　　〔真言宗智山派〕
大光院　だいこういん〔寺〕
　神奈川県横浜市南区　《本尊》阿弥陀如来
　　　　　　　　　　　　　　　　〔浄土宗〕
大光院　だいこういん〔寺〕
　愛知県名古屋市中区　《別称》明王さん　《本
　尊》釈迦如来　　　　　　　　　　〔曹洞宗〕
大光院　だいこういん〔寺〕
　京都府京都市北区　《本尊》釈迦如来
　　　　　　　　　　　　　　　〔臨済宗大徳寺派〕
大光院　だいこういん〔寺〕
　岡山県小田郡矢掛町　《本尊》正観世音菩
　薩　　　　　　　　　　　　　〔高野山真言宗〕
大光普照寺　だいこうふしょうじ〔寺〕
　埼玉県児玉郡神川町　《別称》かなさな大師
　《本尊》十一面観世音菩薩・元三大師
　　　　　　　　　　　　　　　　〔天台宗〕
大吉寺　だいきちじ〔寺〕
　東京都世田谷区　《本尊》阿弥陀如来
　　　　　　　　　　　　　　　　〔浄土宗〕
大吉寺　だいきちじ〔寺〕
　滋賀県東浅井郡浅井町　《本尊》聖観世音菩
　薩・阿弥陀如来・地蔵菩薩・不動明王・毘
　沙門天　　　　　　　　　　　　〔天台宗〕
大同寺　だいどうじ〔寺〕
　兵庫県朝来郡山東町　《本尊》観世音菩薩
　　　　　　　　　　　　　　　〔臨済宗妙心寺派〕

大名持神社　おおなもちじんじゃ〔社〕
　奈良県吉野郡吉野町　《祭神》大名持神〔他〕
　　　　　　　　　　　　　　　　〔神社本庁〕
大地主神社　おおとこぬしじんじゃ〔社〕
　石川県七尾市　《別称》山王　《祭神》大山咋
　神〔他〕　　　　　　　　　　　〔神社本庁〕
大安寺　だいあんじ〔寺〕
　青森県下北郡大畑町　《本尊》釈迦如来
　　　　　　　　　　　　　　　　〔曹洞宗〕
大安寺　だいあんじ〔寺〕
　岩手県水沢市　《本尊》聖観世音菩薩
　　　　　　　　　　　　　　　〔臨済宗妙心寺派〕
大安寺　だいあんじ〔寺〕
　茨城県岩井市　《本尊》聖観世音菩薩
　　　　　　　　　　　　　　　　〔真言宗豊山派〕
大安寺　だいあんじ〔寺〕
　東京都港区　《本尊》釈迦如来　　〔曹洞宗〕
大安寺　だいあんじ〔寺〕
　福井県福井市　《本尊》聖十一面観世音菩
　薩　　　　　　　　　　　　　〔臨済宗妙心寺派〕
大安寺　だいあんじ〔寺〕
　長野県長野市　《本尊》釈迦如来　〔曹洞宗〕
大安寺　だいあんじ〔寺〕
　岐阜県各務原市　《本尊》釈迦如来
　　　　　　　　　　　　　　　〔臨済宗妙心寺派〕
大安寺　だいあんじ〔寺〕
　岐阜県本巣市　《本尊》地蔵菩薩
　　　　　　　　　　　　　　　〔臨済宗妙心寺派〕
大安寺　だいあんじ〔寺〕
　大阪府大阪市天王寺区　《本尊》阿弥陀如
　来　　　　　　　　　　　　　　　〔浄土宗〕
大安寺　だいあんじ〔寺〕
　大阪府堺市　《本尊》釈迦如来
　　　　　　　　　　　　　　　〔臨済宗東福寺派〕
大安寺　だいあんじ〔寺〕
　奈良県奈良市　《別称》南都七大寺　《本尊》
　十一面観世音菩薩　　　　　　〔高野山真言宗〕
大安寺　だいあんじ〔寺〕
　愛媛県温泉郡重信町　《本尊》釈迦如来
　　　　　　　　　　　　　　　〔臨済宗妙心寺派〕
大安楽寺　だいあんらくじ〔寺〕
　長野県松本市　《別称》安楽寺　《本尊》大日
　如来・観世音菩薩　　　　　　　〔真言宗智山派〕
大安楽寺　だいあんらくじ〔寺〕
　愛媛県西予市　《本尊》阿弥陀如来
　　　　　　　　　　　　　　　〔臨済宗東福寺派〕
大安興寺　だいあんこうじ〔寺〕
　鳥取県八頭郡用瀬町　《別称》いなばの医王
　山　《本尊》薬師如来・日光菩薩・月光菩
　薩・十二神将　　　　　　　　〔高野山真言宗〕

大年神社　おおとしじんじゃ〔社〕
　兵庫県神崎郡香寺町　《祭神》大年神
　　　　　　　　　　　　　　　〔神社本庁〕
大年神社　おおとしじんじゃ〔社〕
　宮崎県西諸県郡須木村　《祭神》素盞嗚命[他]
　　　　　　　　　　　　　　　〔神社本庁〕
大成寺　だいじょうじ〔寺〕
　北海道釧路市　《本尊》阿弥陀三尊・大阿弥
　陀如来　　　　　　　　　　　〔浄土宗〕
大成寺　だいじょうじ〔寺〕
　福井県大飯郡高浜町　《本尊》聖観世音菩
　薩　　　　　　　　　　〔臨済宗建仁寺派〕
大江神社　おおえじんじゃ〔社〕
　大阪府大阪市天王寺区　《祭神》豊受皇大神
　[他]　　　　　　　　　　　　〔神社本庁〕
大江神社　おおえじんじゃ〔社〕
　鳥取県八頭郡船岡町　《祭神》大己貴命[他]
　　　　　　　　　　　　　　　〔神社本庁〕
大池寺　だいちじ〔寺〕
　滋賀県甲賀郡水口町　《本尊》釈迦如来
　　　　　　　　　　　　　〔臨済宗妙心寺派〕
大池聖天　《称》　おおいけしょうてん〔寺〕
　兵庫県神戸市北区・興隆寺　《本尊》歓喜天
　　　　　　　　　　　　　　〔高野山真言宗〕
大汝牟遅神社　おおなむちじんじゃ〔社〕
　鹿児島県日置郡吹上町　《別称》八幡さま
　《祭神》大汝牟遅神[他]　　　　〔神社本庁〕
大灯寺　だいとうじ〔寺〕
　兵庫県氷上郡青垣町　《本尊》釈迦如来・聖
　観世音菩薩　　　　　　　〔臨済宗妙心寺派〕
大虫神社　おおむしじんじゃ〔社〕
　福井県武生市　《祭神》彦火火見命[他]
　　　　　　　　　　　　　　　〔神社本庁〕
大虫神社　おおむしじんじゃ〔社〕
　京都府与謝郡加悦町　《別称》犬鏡大明神
　《祭神》大己貴命[他]　　　　　〔神社本庁〕
大行寺　だいぎょうじ〔寺〕
　福井県福井市　《本尊》阿弥陀如来
　　　　　　　　　　　　　　〔真宗大谷派〕
大行寺　だいぎょうじ〔寺〕
　静岡県賀茂郡西伊豆町　《本尊》日蓮聖人奠
　定の大曼荼羅　　　　　　　　　〔日蓮宗〕
大行寺　だいぎょうじ〔寺〕
　京都府京都市下京区　《本尊》阿弥陀如来
　　　　　　　　　　　　　　〔真宗仏光寺派〕
大行事八幡神社　だいぎょうじはちまんじ
　んじゃ〔社〕
　大分県大野郡緒方町　《別称》大行事八幡宮
　《祭神》仲哀天皇[他]　　　　　〔神社本庁〕

大行事八幡宮《称》　だいぎょうじはちま
　んぐう〔社〕
　大分県大野郡緒方町・大行事八幡神社　《祭
　神》仲哀天皇[他]　　　　　　　〔神社本庁〕
大弐さん《称》　だいにさん〔社〕
　山梨県中巨摩郡竜王町・山県神社　《祭神》山
　県大弐　　　　　　　　　　　　〔神社本庁〕
7大串稲荷神社《称》　おおくしいなりじん
　じゃ〔社〕
　茨城県水戸市・稲荷神社　《祭神》倉稲魂命
　　　　　　　　　　　　　　　〔神社本庁〕
大佐佐神社　おおささじんじゃ〔社〕
　岡山県津山市　《祭神》月読命[他]
　　　　　　　　　　　　　　　〔神社本庁〕
大伴神社　おおともじんじゃ〔社〕
　長野県佐久市　《祭神》健御名方命[他]
　　　　　　　　　　　　　　　〔神社本庁〕
大兵主神社《称》　だいひょうずじんじゃ
　〔社〕
　奈良県桜井市・穴師坐兵主神社　《祭神》若
　御魂神[他]　　　　　　　　　　〔神社本庁〕
大呑六合総社《称》　おおのみろくごうそ
　うしゃ〔社〕
　石川県七尾市・阿良加志比古神社　《祭神》阿
　良加志比古神　　　　　　　　　〔神社本庁〕
大坂山口神社　おおさかやまぐちじんじゃ
　〔社〕
　奈良県香芝市　《祭神》大山祇命　〔神社本庁〕
大売神社　おおひるめじんじゃ〔社〕
　兵庫県篠山市　《祭神》大宮売命　〔神社本庁〕
大尾崎大明神《称》　だいおざきだいみょ
　うじん〔社〕
　山梨県北巨摩郡武川村・三富貴神社　《祭神》
　健御名方命[他]　　　　　　　　〔神社本庁〕
大応寺　だいおうじ〔寺〕
　埼玉県富士見市　《本尊》不動明王
　　　　　　　　　　　　　　〔真言宗智山派〕
大応寺　だいおうじ〔寺〕
　神奈川県中郡二宮町　《本尊》釈迦如来
　　　　　　　　　　　　　　　　〔曹洞宗〕
大応寺　だいおうじ〔寺〕
　愛知県日進市　《別称》岩崎の弁天さん　《本
　尊》阿弥陀如来　　　　　　　　〔浄土宗〕
大応寺　だいおうじ〔寺〕
　大阪府大阪市天王寺区　《本尊》阿弥陀如
　来　　　　　　　　　　　　　　〔浄土宗〕
大応寺　だいおうじ〔寺〕
　和歌山県日高郡龍神村　《本尊》大日如来
　　　　　　　　　　　　　〔臨済宗妙心寺派〕

3画（大）

大杉神社　おおすぎじんじゃ〔社〕
　茨城県稲敷郡桜川村　《別称》あんばさま
　《祭神》倭大物主櫛甕玉命　〔神社本庁〕

大村寺　おおむらじ〔寺〕
　岡山県上房郡賀陽町　《別称》本坊　《本尊》
　薬師如来・阿弥陀如来　〔天台宗〕

大村神社　おおむらじんじゃ〔社〕
　三重県名賀郡青山町　《祭神》大村神〔他〕
　　　　　　　　　　　　　　　　〔神社本庁〕

大村神社　おおむらじんじゃ〔社〕
　長崎県大村市　《別称》新宮　《祭神》大村直
　澄〔他〕　　　　　　　　　　〔神社本庁〕

大沢本山《称》　おおさわほんざん〔寺〕
　栃木県芳賀郡益子町・円通寺　《本尊》阿弥
　陀如来　　　　　　　　　　　〔浄土宗〕

大沢寺　だいたくじ〔寺〕
　長野県大町市　《本尊》三尊仏　〔曹洞宗〕

大町八幡神社《称》　おおまちはちまんじ
　んじゃ〔社〕
　佐賀県杵島郡大町町・八幡神社　《祭神》応
　神天皇〔他〕　　　　　　　　　〔神社本庁〕

大町不動《称》　おおまちふどう〔寺〕
　福島県会津若松市・桂松院　《本尊》竜造寺
　不動明王　　　　　　　　　　〔真言宗智山派〕

大社神社　おおやしろじんじゃ〔社〕
　山形県東置賜郡高畠町　《祭神》大国主大
　神　　　　　　　　　　　　　　〔神社本庁〕

大社神社　たいしゃじんじゃ〔社〕
　愛知県豊川市　《祭神》大国主命　〔神社本庁〕

大社梓神社　たいしゃあずさじんじゃ〔社〕
　山形県米沢市　《祭神》伊邪那岐命〔他〕
　　　　　　　　　　　　　　　　〔神社本庁〕

大秀寺　だいしゅうじ〔寺〕
　東京都葛飾区　《本尊》阿弥陀三尊　〔浄土宗〕

大谷の種蒔大師《称》　おおたにのたねま
　きだいし〔寺〕
　徳島県鳴門市・東林院　《本尊》薬師如来・愛
　染明王　　　　　　　　　　　〔高野山真言宗〕

大谷八幡宮《称》　おおたにはちまんぐう
　〔社〕
　長崎県壱岐市・八幡神社　《祭神》応神天皇
　　　　　　　　　　　　　　　〔神社本庁〕

大谷寺　おおやじ〔寺〕
　栃木県宇都宮市　《別称》大谷観音・坂東第
　一九番霊場　《本尊》千手観世音菩薩
　　　　　　　　　　　　　　　〔天台宗〕

大谷寺　おおたにじ〔寺〕
　福井県丹生郡朝日町　《別称》大長院　《本
　尊》十一面観世音菩薩・阿弥陀如来・聖観
　世音菩薩　　　　　　　　　　〔天台宗〕

大谷派堺別院　おおたにはさかいべついん
　〔寺〕
　大阪府堺市　《別称》堺南御坊　《本尊》阿弥
　陀如来　　　　　　　　　　　〔真宗大谷派〕

大谷御坊《称》　おおたにごぼう〔寺〕
　奈良県大和高田市・東本願寺大和大谷別院
　《本尊》阿弥陀如来　　　　　　〔真宗大谷派〕

大谷観音《称》　おおやかんのん〔寺〕
　栃木県宇都宮市・大谷寺　《本尊》千手観世
　音菩薩　　　　　　　　　　　〔天台宗〕

大阪天満宮　おおさかてんまんぐう〔社〕
　大阪府大阪市北区　《別称》てんまの天神さ
　ん　《祭神》菅原道真〔他〕　　〔神社本庁〕

大阪別院《称》　おおさかべついん〔寺〕
　大阪府大阪市北区・鶴満寺　《本尊》阿弥陀
　如来・善光寺如来・聖観世音菩薩・波切不
　動明王　　　　　　　　　　　〔天台真盛宗〕

大阪東伏見稲荷神社《称》　おおさかひが
　しふしみいなりじんじゃ〔社〕
　大阪府大阪市生野区・稲荷神社　《祭神》稲
　荷大神〔他〕　　　　　　　　　〔単立〕

大阪高野山《称》　おおさかこうやさん〔寺〕
　大阪府大阪市天王寺区・六大院　《本尊》弘
　法大師・延命地蔵菩薩・弁財天
　　　　　　　　　　　　　　　〔高野山真言宗〕

大阪善光寺　おおさかぜんこうじ〔寺〕
　大阪府大阪市生野区　《本尊》善光寺如来三
　尊　　　　　　　　　　　　　〔浄土宗〕

大阪興正寺別院　おおさかこうしょうじべ
　ついん〔寺〕
　大阪府大阪市旭区　《別称》産寺・天満御坊
　《本尊》阿弥陀如来　　　　　　〔真宗興正派〕

大阪護国神社　おおさかごこくじんじゃ
　〔社〕
　大阪府大阪市住之江区　《祭神》護国の神
　霊　　　　　　　　　　　　　〔神社本庁〕

8大依羅神社　おおよさみじんじゃ〔社〕
　大阪府大阪市住吉区　《祭神》建豊波豆羅和
　気王〔他〕　　　　　　　　　　〔単立〕

大味御坊《称》　おおみごぼう〔寺〕
　福井県丹生郡越廼村・法雲寺　《本尊》阿弥
　陀如来　　　　　　　　　　　〔真宗大谷派〕

大和大国魂神社　やまとおおくにたまじん
　じゃ〔社〕
　兵庫県三原郡三原町　《別称》二宮　《祭神》
　大和大国魂大神　　　　　　　〔神社本庁〕

大和田の千体地蔵尊《称》　おおわだのせ
　んたいじぞうそん〔寺〕
　埼玉県新座市・普光明寺　《本尊》不動明王・
　千体地蔵菩薩　　　　　　　　〔真言宗智山派〕

3画(大)

大和神社　やまとじんじゃ〔社〕
　岐阜県揖斐郡揖斐川町　《祭神》大国魂命[他]
　　　　　　　　　　　　　　　　　〔神社本庁〕
大和神社　おおやまとじんじゃ〔社〕
　奈良県天理市　《別称》朝和之宮　《祭神》大和大国御魂大神[他]　　〔神社本庁〕
大国主神社　おおくにぬしじんじゃ〔社〕
　秋田県大館市花岡町　《別称》国蔵様　《祭神》大国主神　　　　　　〔神社本庁〕
大国寺　だいこくじ〔寺〕
　兵庫県篠山市　《別称》薬師寺　《本尊》大日如来・阿弥陀如来　　　〔天台宗〕
大国神社　おおくにじんじゃ〔社〕
　北海道深川市　《祭神》天照皇大神[他]
　　　　　　　　　　　　　　　　　〔神社本庁〕
大国神社　おおくにじんじゃ〔社〕
　群馬県佐波郡境町　《別称》五護宮　《祭神》大国主命[他]　　　　〔神社本庁〕
大国魂神社　おおくにたまじんじゃ〔社〕
　東京都府中市　《別称》六所宮　《祭神》大国魂大神[他]　　　　　〔神社本庁〕
大宜都比売神社《称》　おおげつひめじんじゃ〔社〕
　徳島県名西郡神山町・上一宮大粟神社　《祭神》大宜都比売　　　　　〔神社本庁〕
大宝八幡神社　だいほうはちまんじんじゃ〔社〕
　茨城県下妻市　《祭神》足仲彦命[他]
　　　　　　　　　　　　　　　　　〔神社本庁〕
大宝寺　だいほうじ〔寺〕
　北海道富良野市　《本尊》釈迦如来　〔曹洞宗〕
大宝寺　だいほうじ〔寺〕
　福島県いわき市　《本尊》日蓮聖人　〔日蓮宗〕
大宝寺　だいほうじ〔寺〕
　神奈川県鎌倉市　《別称》佐竹屋敷跡　《本尊》日蓮聖人奠定の十界勧請大曼荼羅
　　　　　　　　　　　　　　　　　　〔日蓮宗〕
大宝寺　だいほうじ〔寺〕
　新潟県北蒲原郡聖籠町　《本尊》日蓮聖人奠定の大曼荼羅　　　　　　〔日蓮宗〕
大宝寺　だいほうじ〔寺〕
　富山県新湊市　《別称》海老江御坊　《本尊》阿弥陀如来　　　　　〔真宗大谷派〕
大宝寺　だいほうじ〔寺〕
　福井県武生市　《本尊》阿弥陀如来　〔浄土宗〕
大宝寺　だいほうじ〔寺〕
　岐阜県岐阜市　《本尊》聖観世音菩薩
　　　　　　　　　　　　　　　　〔臨済宗妙心寺派〕
大宝寺《称》　だいほうじ〔寺〕
　大阪府南河内郡河南町・得生寺　《本尊》阿弥陀如来　　　　　　　　〔浄土宗〕

大宝寺　たいほうじ〔寺〕
　愛媛県松山市　《別称》乳母薬師　《本尊》薬師如来・阿弥陀如来・釈迦如来
　　　　　　　　　　　　　　　　〔真言宗豊山派〕
大宝寺　だいほうじ〔寺〕
　愛媛県上浮穴郡久万町　《別称》四国第四四番霊場　《本尊》十一面観世音菩薩・不動明王・毘沙門天・弘法大師　〔真言宗豊山派〕
大宝神社　だいほうじんじゃ〔社〕
　滋賀県栗東市　《祭神》素盞嗚尊[他]
　　　　　　　　　　　　　　　　〔神社本庁〕
大宝院　だいほういん〔寺〕
　三重県津市　《別称》国府阿弥陀堂　《本尊》阿弥陀如来　　　　〔真言宗醍醐派〕
大岡寺　だいこうじ〔寺〕
　滋賀県甲賀郡水口町　《別称》城山の観音　《本尊》十一面千手観世音菩薩　〔単立〕
大岡寺　たいこうじ〔寺〕
　滋賀県甲賀郡甲賀町　《別称》おかでら　《本尊》地蔵菩薩・聖観世音菩薩・阿弥陀如来
　　　　　　　　　　　　　　　　　　〔浄土宗〕
大岩の毘沙門さま《称》　おおいわのびしゃもんさま〔寺〕
　栃木県足利市・最勝寺　《本尊》毘沙門天
　　　　　　　　　　　　　　　　〔真言宗豊山派〕
大岩寺　だいがんじ〔寺〕
　愛知県豊橋市　《別称》岩屋観音　《本尊》千手観世音菩薩　　　　〔曹洞宗〕
大幸寺　だいこうじ〔寺〕
　愛知県名古屋市東区　《本尊》薬師如来
　　　　　　　　　　　　　　　　〔臨済宗妙心寺派〕
大念仏寺　だいねんぶつじ〔寺〕
　大阪府大阪市平野区　《別称》総本山・平野の大念仏　《本尊》天得如来　〔融通念仏宗〕
大念寺　だいねんじ〔寺〕
　茨城県稲敷郡江戸崎町　《本尊》阿弥陀如来　　　　　　　　　　　　〔浄土宗〕
大念寺　だいねんじ〔寺〕
　神奈川県平塚市　《本尊》阿弥陀如来
　　　　　　　　　　　　　　　　　〔浄土宗〕
大念寺　だいねんじ〔寺〕
　大阪府守口市　《本尊》阿弥陀如来　〔浄土宗〕
大念寺　だいねんじ〔寺〕
　大阪府南河内郡河南町　《別称》牡丹の寺　《本尊》天得如来・二五菩薩　〔融通念仏宗〕
大念寺　だいねんじ〔寺〕
　奈良県桜井市　《本尊》阿弥陀三尊・元祖像・中祖像・地蔵菩薩　〔融通念仏宗〕
大念寺　だいねんじ〔寺〕
　島根県出雲市　《本尊》阿弥陀如来・観世音菩薩・勢至菩薩　　　〔浄土宗〕

神社・寺院名よみかた辞典　63

3画（大）

大念寺　だいねんじ〔寺〕
　広島県福山市　《本尊》阿弥陀如来　〔浄土宗〕
大念寺　だいねんじ〔寺〕
　長崎県佐世保市早岐町　《本尊》阿弥陀如来　〔浄土宗〕
大念寺　だいねんじ〔寺〕
　長崎県佐世保市柚木町　《別称》しんでら　《本尊》阿弥陀如来　〔浄土真宗本願寺派〕
大旺社《称》　だいおうしゃ〔社〕
　長崎県長崎市・矢上神社　《祭神》素盞嗚尊〔他〕　〔神社本庁〕
大昌寺　だいしょうじ〔寺〕
　山形県鶴岡市　《本尊》釈迦如来　〔曹洞宗〕
大昌寺　だいしょうじ〔寺〕
　愛知県半田市　《本尊》釈迦如来・文殊菩薩・普賢菩薩　〔曹洞宗〕
大昌寺　だいしょうじ〔寺〕
　兵庫県尼崎市　《本尊》阿弥陀如来　〔浄土宗〕
大昌寺　だいしょうじ〔寺〕
　兵庫県川西市　《本尊》釈迦如来・観世音菩薩　〔曹洞宗〕
大昌寺　だいしょうじ〔寺〕
　山口県吉敷郡秋穂町　《本尊》阿弥陀三尊　〔曹洞宗〕
大明王院　だいみょうおういん〔寺〕
　神奈川県川崎市高津区　《別称》身代わり不動　《本尊》身代不動明王　〔真言宗醍醐派〕
大明王院　だいみょうおういん〔寺〕
　和歌山県伊都郡高野町　《本尊》不動明王　〔高野山真言宗〕
大明寺　だいみょうじ〔寺〕
　神奈川県横須賀市　《本尊》日蓮聖人奠定の大曼荼羅・日蓮聖人　〔日蓮宗〕
大明寺　だいみょうじ〔寺〕
　兵庫県朝来郡生野町　〔臨済宗妙心寺派〕
大明神《称》　だいみょうじん〔社〕
　山形県米沢市・稲荷神社　《祭神》倉稲魂命　〔神社本庁〕
大明神《称》　だいみょうじん〔社〕
　東京都八王子市・子安神社　《祭神》木花開耶姫命〔他〕　〔神社本庁〕
大明神《称》　だいみょうじん〔社〕
　静岡県引佐郡三ヶ日町・猪鼻湖神社　《祭神》武甕槌命　〔神社本庁〕
大明神《称》　だいみょうじん〔社〕
　広島県府中市・甘南備神社　《祭神》事代主神〔他〕　〔神社本庁〕
大明神さま《称》　だいみょうじんさま〔社〕
　大分県玖珠郡九重町・鉾神社　《祭神》建窳竜命〔他〕　〔神社本庁〕

大明神さん《称》　だいみょうじんさん〔社〕
　茨城県ひたちなか市・橿原神宮　《祭神》神武天皇〔他〕　〔神社本庁〕
大明神社　だいみょうじんじゃ〔社〕
　愛知県尾西市　《祭神》天児屋根命　〔神社本庁〕
大明神様《称》　だいみょうじんさま〔社〕
　鹿児島県国分市・剣神社　《祭神》日本武尊〔他〕　〔神社本庁〕
大枝神社　おおえだじんじゃ〔社〕
　大阪府守口市　《祭神》誉田別命　〔神社本庁〕
大松寺　だいしょうじ〔寺〕
　神奈川県横須賀市　《本尊》釈迦如来　〔曹洞宗〕
大松寺　だいしょうじ〔寺〕
　神奈川県平塚市　《本尊》阿弥陀如来　〔浄土宗〕
大松寺　だいしょうじ〔寺〕
　長野県松本市　《本尊》釈迦如来　〔曹洞宗〕
大東の宮《称》　おおひがしのみや〔社〕
　千葉県茂原市・水主神社　《祭神》罔象女神　〔神社本庁〕
大林寺　だいりんじ〔寺〕
　北海道稚内市　《本尊》阿弥陀如来　〔浄土宗〕
大林寺　だいりんじ〔寺〕
　岩手県胆沢郡前沢町　《別称》小山の大林寺　《本尊》釈迦如来　〔曹洞宗〕
大林寺　だいりんじ〔寺〕
　宮城県仙台市若林区　《本尊》釈迦三尊　〔曹洞宗〕
大林寺　だいりんじ〔寺〕
　群馬県佐波郡赤堀町　《本尊》聖観世音菩薩　〔曹洞宗〕
大林寺　だいりんじ〔寺〕
　東京都文京区　《本尊》三尊仏　〔曹洞宗〕
大林寺　だいりんじ〔寺〕
　東京都大田区　《本尊》日蓮聖人奠定の大曼荼羅　〔日蓮宗〕
大林寺　だいりんじ〔寺〕
　東京都三宅村　《本尊》阿弥陀如来　〔浄土宗〕
大林寺　だいりんじ〔寺〕
　神奈川県横浜市港北区　《本尊》釈迦如来　〔曹洞宗〕
大林寺　だいりんじ〔寺〕
　長野県長野市　《別称》白水流れの大林寺　《本尊》釈迦如来　〔曹洞宗〕
大林寺　だいりんじ〔寺〕
　長野県佐久市　《本尊》釈迦如来　〔曹洞宗〕
大林寺　だいりんじ〔寺〕
　静岡県静岡市　《本尊》聖観世音菩薩　〔曹洞宗〕

3画（大）

大林寺　だいりんじ〔寺〕
　愛知県名古屋市千種区　《本尊》釈迦如来
　　　　　　　　　　　　　　〔臨済宗妙心寺派〕
大林寺　だいりんじ〔寺〕
　愛知県岡崎市　《本尊》阿弥陀如来
　　　　　　　　　　　　　〔浄土宗西山深草派〕
大林寺　だいりんじ〔寺〕
　三重県伊勢市　《本尊》阿弥陀如来
　　　　　　　　　　　　　〔浄土宗西山禅林寺派〕
大林寺　だいりんじ〔寺〕
　兵庫県明石市　《本尊》楊柳観世音菩薩
　　　　　　　　　　　　　　〔臨済宗妙心寺派〕
大林寺　だいりんじ〔寺〕
　兵庫県神崎郡大河内町　《本尊》釈迦如来
　　　　　　　　　　　　　　　　　〔曹洞宗〕
大林寺　だいりんじ〔寺〕
　岡山県真庭郡湯原町　《本尊》聖観世音菩薩
　　　　　　　　　　　　　　　　　〔曹洞宗〕
大林寺　だいりんじ〔寺〕
　愛媛県松山市　《本尊》阿弥陀如来　〔浄土宗〕
大林寺　だいりんじ〔寺〕
　愛媛県南宇和郡西海町　《別称》福浦の薬師
　《本尊》阿弥陀如来　　　　　　　〔曹洞宗〕
大林院　だいりんいん〔寺〕
　滋賀県大津市　《本尊》不動明王・阿弥陀如来
　　　　　　　　　　　　　　　　　〔天台宗〕
大沼明神　おおぬまみょうじん〔社〕
　山形県西村山郡西川町・大沼神社　《祭神》天
　之水分命〔他〕　　　　　　　　〔神社本庁〕
大沼神社　おおぬまじんじゃ〔社〕
　山形県西村山郡西川町　《別称》大沼明神
　《祭神》天之水分命〔他〕　　　〔神社本庁〕
大法寺　だいほうじ〔寺〕
　北海道枝幸郡中頓別町　《別称》真言でら
　《本尊》不動明王　　　　　〔真言宗智山派〕
大法寺　だいほうじ〔寺〕
　埼玉県坂戸市　《本尊》不動明王
　　　　　　　　　　　　　　〔真言宗智山派〕
大法寺　だいほうじ〔寺〕
　東京都港区　《別称》大黒天　《本尊》十界
　曼荼羅・日蓮聖人　　　　　　　　〔日蓮宗〕
大法寺　だいほうじ〔寺〕
　東京都江戸川区　《本尊》日蓮聖人奠定の大
　曼荼羅　　　　　　　　　　　　　〔日蓮宗〕
大法寺　だいほうじ〔寺〕
　東京都八王子市　《本尊》十界大曼荼羅
　　　　　　　　　　　　　　　　　〔日蓮宗〕
大法寺　だいほうじ〔寺〕
　神奈川県綾瀬市　《本尊》日蓮聖人図顕の大
　曼荼羅　　　　　　　　　　　　　〔日蓮宗〕

大法寺　だいほうじ〔寺〕
　富山県富山市　《別称》除厄のかねの寺　《本
　尊》日蓮聖人奠定の大曼荼羅　　　〔日蓮宗〕
大法寺　だいほうじ〔寺〕
　富山県高岡市　《本尊》十界勧請略式曼荼
　羅　　　　　　　　　　　　　　　〔日蓮宗〕
大法寺　だいほうじ〔寺〕
　長野県駒ヶ根市　《本尊》釈迦如来　〔日蓮宗〕
大法寺　だいほうじ〔寺〕
　長野県小県郡青木村　《本尊》釈迦如来・十
　一面観世音菩薩・普賢菩薩　　　　〔天台宗〕
大法寺　だいほうじ〔寺〕
　愛知県名古屋市南区　《本尊》聖観世音菩
　薩　　　　　　　　　　　　〔臨済宗妙心寺派〕
大法寺　だいほうじ〔寺〕
　兵庫県神戸市長田区　《本尊》本門八品所顕
　の大曼荼羅　　　　　　　　　　〔本門仏立宗〕
大法寺　だいほうじ〔寺〕
　愛媛県松山市　《本尊》十界大曼荼羅
　　　　　　　　　　　　　　　　　〔日蓮宗〕
大法寺　だいほうじ〔寺〕
　愛媛県八幡浜市　《本尊》阿弥陀如来
　　　　　　　　　　　　　　〔臨済宗妙心寺派〕
大法寺　だいほうじ〔寺〕
　佐賀県三養基郡北茂安町　《本尊》阿弥陀如
　来　　　　　　　　　　　　　　　〔浄土宗〕
大法寺　だいほうじ〔寺〕
　大分県中津市　《本尊》二尊四士・清正公
　　　　　　　　　　　　　　　　　〔日蓮宗〕
大法院　だいほういん〔寺〕
　奈良県生駒郡三郷町　《別称》本部教会　《本
　尊》釈迦如来　　　　　　　　　　〔妙法宗〕
大物主さま　おおものぬしさま〔社〕
　宮崎県西都市・山王大物主神社　《祭神》大
　物主神〔他〕　　　　　　　　　〔神社本庁〕
大物忌神社　おおものいみじんじゃ〔社〕
　山形県酒田市　《祭神》倉稲魂命　〔神社本庁〕
大空閣寺　だいくうかくじ〔寺〕
　東京都世田谷区　《本尊》虚空蔵菩薩
　　　　　　　　　　　　　　　〔真言宗豊山派〕
大英寺　だいえいじ〔寺〕
　長野県長野市　《別称》だいじ　《本尊》阿弥
　陀如来　　　　　　　　　　　　　〔浄土宗〕
大長寺　だいちょうじ〔寺〕
　埼玉県行田市　《本尊》阿弥陀如来　〔浄土宗〕
大長寺　だいちょうじ〔寺〕
　東京都府中市　《本尊》日蓮聖人　〔日蓮宗〕
大長寺　だいちょうじ〔寺〕
　神奈川県鎌倉市　《本尊》阿弥陀如来
　　　　　　　　　　　　　　　　　〔浄土宗〕

神社・寺院名よみかた辞典　65

3画（大）

大長寺　だいちょうじ〔寺〕
　神奈川県足柄上郡開成町　《本尊》釈迦如来
　　　　　　　　　　　　　　　　　〔曹洞宗〕
大長寺　だいちょうじ〔寺〕
　三重県津市　《本尊》地蔵菩薩
　　　　　　　　　　　　〔臨済宗興聖寺派〕
大長寺　だいちょうじ〔寺〕
　大阪府大阪市都島区　《別称》網島の大長寺
　《本尊》阿弥陀如来　　　　　　〔浄土宗〕
大長寿院　だいちょうじゅいん〔寺〕
　岩手県西磐井郡平泉町　《別称》西谷坊　《本尊》胎蔵界大日如来　　　　　〔天台宗〕
大長院（称）　だいちょういん〔寺〕
　福井県丹生郡朝日町・大谷寺　《本尊》十一面観世音菩薩・阿弥陀如来・聖観世音菩薩
　　　　　　　　　　　　　　　　　〔天台宗〕
大門寺　だいもんじ〔寺〕
　宮城県仙台市青葉区　《別称》大門寺の毘沙門様　《本尊》不動明王　〔真言宗智山派〕
大阿弥陀経寺　だいあみだきょうじ〔寺〕
　大阪府堺市　《別称》旭蓮社　《本尊》阿弥陀如来　　　　　　　　　　　　〔浄土宗〕
9 大乗仏教教会　だいじょうぶっきょうきょうかい〔寺〕
　東京都杉並区　《別称》大乗院　《本尊》阿弥陀三尊　　　　　　　　　　　　〔浄土宗〕
大乗寺　だいじょうじ〔寺〕
　北海道帯広市　《別称》秋葉さん　《本尊》聖観世音菩薩　　　　〔臨済宗妙心寺派〕
大乗寺　だいじょうじ〔寺〕
　岩手県東磐井郡川崎村　《別称》総本山
　　　　　　　　　　　　　　　　　〔大和宗〕
大乗寺　だいじょうじ〔寺〕
　千葉県香取郡栗源町　《本尊》十界大曼荼羅　　　　　　　　　　　　　　　〔日蓮宗〕
大乗寺　だいじょうじ〔寺〕
　東京都文京区　《別称》白山　《本尊》日蓮聖人・鬼子母神　　　　　　〔日蓮宗〕
大乗寺　だいじょうじ〔寺〕
　神奈川県横浜市港北区　《本尊》釈迦如来
　　　　　　　　　　　　　　　　　〔曹洞宗〕
大乗寺　だいじょうじ〔寺〕
　神奈川県三浦市　《本尊》十界曼荼羅
　　　　　　　　　　　　　　　　　〔日蓮宗〕
大乗寺　だいじょうじ〔寺〕
　石川県金沢市　《本尊》釈迦如来　〔曹洞宗〕
大乗寺　だいじょうじ〔寺〕
　石川県鳳至郡能都町　《本尊》久遠実成本師釈迦如来　　　　　　　　　〔日蓮宗〕

大乗寺　だいじょうじ〔寺〕
　静岡県御殿場市　《本尊》阿弥陀三尊
　　　　　　　　　　　　　　　　　〔浄土宗〕
大乗寺　だいじょうじ〔寺〕
　三重県松阪市　《本尊》阿弥陀如来　〔浄土宗〕
大乗寺　だいじょうじ〔寺〕
　兵庫県篠山市　《本尊》薬師如来
　　　　　　　　　　　　　　　〔高野山真言宗〕
大乗寺　だいじょうじ〔寺〕
　兵庫県城崎郡香住町　《別称》応挙寺　《本尊》聖観音菩薩　　　〔高野山真言宗〕
大乗寺　だいじょうじ〔寺〕
　和歌山県有田郡吉備町　《本尊》阿弥陀如来　　　　　　　　　　　　　　〔浄土宗〕
大乗寺　だいじょうじ〔寺〕
　山口県下関市　《本尊》阿弥陀如来　〔浄土宗〕
大乗寺　だいじょうじ〔寺〕
　愛媛県北宇和郡吉田町　《本尊》釈迦如来
　　　　　　　　　　　　　　〔臨済宗妙心寺派〕
大乗寺　だいじょうじ〔寺〕
　佐賀県唐津市　《本尊》十界大曼荼羅
　　　　　　　　　　　　　　　　　〔日蓮宗〕
大乗寺　だいじょうじ〔寺〕
　熊本県下益城郡砥用町　《本尊》阿弥陀如来　　　　　　　　　　　　　〔真宗大谷派〕
大乗寺恵光院　だいじょうじえこういん〔寺〕
　大阪府大阪市西成区　《別称》恵光院　《本尊》阿弥陀如来　　　〔高野山真言宗〕
大乗坊　だいじょうぼう〔寺〕
　大阪府大阪市浪速区　《別称》日本橋毘沙門天　《本尊》毘沙門天　〔高野山真言宗〕
大乗院　だいじょういん〔寺〕
　埼玉県加須市　《本尊》不動明王
　　　　　　　　　　　　　　　〔真言宗豊山派〕
大乗院　だいじょういん〔寺〕
　千葉県松戸市　《本尊》阿弥陀如来
　　　　　　　　　　　　　　　〔真言宗豊山派〕
大乗院（称）　だいじょういん〔寺〕
　東京都杉並区・大乗仏教教会　《本尊》阿弥陀三尊　　　　　　　　　　　　〔浄土宗〕
大乗院　だいじょういん〔寺〕
　東京都足立区　《本尊》聖観世音菩薩・薬師三尊　　　　　　　　　　　〔単立〕
大乗院　だいじょういん〔寺〕
　神奈川県川崎市中原区　《本尊》聖観世音菩薩　　　　　　　　　　　　〔曹洞宗〕
大乗院　だいじょういん〔寺〕
　神奈川県平塚市　《本尊》阿弥陀如来
　　　　　　　　　　　　　　　　　〔天台宗〕

3画（大）

大乗院　だいじょういん〔寺〕
　愛知県名古屋市熱田区　《別称》総本山大乗教会　《本尊》一尊四菩薩　〔大乗教〕

大乗院　だいじょういん〔寺〕
　京都府京都市山科区　《本尊》地蔵菩薩
　　　　　　　　　　　　　　　　〔真言宗〕

大乗院　だいじょういん〔寺〕
　高知県高岡郡佐川町　《別称》大願寺　《本尊》薬師三尊　　　　　　〔天台寺門宗〕

大乗院　だいじょういん〔寺〕
　福岡県宗像郡津屋崎町　《本尊》阿弥陀如来　　　　　　　　　　　　　　〔浄土宗〕

大乗滝寺　だいじょうりゅうじ〔寺〕
　奈良県生駒市　《別称》滝寺　《本尊》正観世音菩薩　　　　　　　　〔真言律宗〕

大信寺　だいしんじ〔寺〕
　群馬県高崎市　《本尊》阿弥陀如来　〔浄土宗〕

大信寺　だいしんじ〔寺〕
　群馬県邑楽郡邑楽町　《本尊》阿弥陀如来・薬師如来　　　　　　　　　　〔浄土宗〕

大信寺　だいしんじ〔寺〕
　東京都港区　《別称》三味せん寺　《本尊》阿弥陀如来　　　　　　　　　〔浄土宗〕

大信寺　だいしんじ〔寺〕
　岐阜県各務原市　《別称》那加寺　《本尊》阿弥陀如来　　　　〔浄土真宗本願寺派〕

大信寺　だいしんじ〔寺〕
　大阪府大阪市北区　《本尊》阿弥陀如来
　　　　　　　　　　　　　　　　〔浄土宗〕

大信寺　だいしんじ〔寺〕
　奈良県大和郡山市　《本尊》阿弥陀如来
　　　　　　　　　　　　　　　　〔浄土宗〕

大信寺　だいしんじ〔寺〕
　奈良県橿原市　《本尊》阿弥陀如来
　　　　　　　　　　　　〔浄土真宗本願寺派〕

大信寺　だいしんじ〔寺〕
　熊本県人吉市　《本尊》阿弥陀如来　〔浄土宗〕

大前神社　おおさきじんじゃ〔社〕
　栃木県真岡市　《祭神》大己貴命［他］
　　　　　　　　　　　　　　　　〔神社本庁〕

大前神社　おおさきじんじゃ〔社〕
　栃木県下都賀郡藤岡町　《祭神》於褒婀娜武知命［他］　　　　　　　〔神社本庁〕

大城神社　おおしろじんじゃ〔社〕
　滋賀県神崎郡五個荘町　《別称》天満宮　《祭神》高皇産霊神［他］　〔神社本庁〕

大宥寺　だいゆうじ〔寺〕
　北海道札幌市中央区　《別称》山鼻の禅寺　《本尊》釈迦如来　　　　　〔曹洞宗〕

大専寺　だいせんじ〔寺〕
　新潟県南蒲原郡中之島町　《本尊》阿弥陀如来　　　　　　　　　　〔真宗大谷派〕

大専寺　だいせんじ〔寺〕
　岐阜県海津郡南濃町　《別称》梅寺　《本尊》阿弥陀如来　　　　　〔真宗大谷派〕

大専寺　だいせんじ〔寺〕
　山口県豊浦郡豊浦町　《本尊》阿弥陀如来
　　　　　　　　　　　　〔浄土真宗本願寺派〕

大専寺　だいせんじ〔寺〕
　福岡県北九州市門司区　《別称》大里の大専寺　《本尊》阿弥陀如来　〔浄土真宗本願寺派〕

大屋さん《称》　おおやさん〔社〕
　和歌山県和歌山市・大屋都姫神社　《祭神》大屋都姫命［他］　　　　〔神社本庁〕

大屋戸の天神さん《称》　おおやどのてんじんさん〔社〕
　三重県名張市・杉谷神社　《祭神》天之穂日命［他］　　　　　　　　〔神社本庁〕

大屋神社　おおやじんじゃ〔社〕
　長野県上田市　《祭神》伊弉冉尊［他］
　　　　　　　　　　　　　　　　〔神社本庁〕

大屋都姫神社　おおやつひめじんじゃ〔社〕
　和歌山県和歌山市　《別称》大屋さん　《祭神》大屋都姫命［他］　　〔神社本庁〕

大昭寺　たいしょうじ〔寺〕
　京都府綴喜郡宇治田原町　《本尊》阿弥陀如来　　　　　　　　　　　　〔浄土宗〕

大星神社　おおぼしじんじゃ〔社〕
　青森県青森市　《別称》妙見神社　《祭神》天之御中主神　　　　　　〔神社本庁〕

大栄寺　だいえいじ〔寺〕
　千葉県夷隅郡岬町　《本尊》日蓮聖人奠定の大曼荼羅　　　　　　　　　〔日蓮宗〕

大栄寺　だいえいじ〔寺〕
　新潟県中蒲原郡横越町　《本尊》釈迦如来
　　　　　　　　　　　　　　　　〔曹洞宗〕

大栄寺　だいえいじ〔寺〕
　新潟県三島郡和島村　《別称》高森さん　《本尊》十界大曼荼羅　　　　〔日蓮宗〕

大栄寺　だいえいじ〔寺〕
　富山県氷見市　《本尊》阿弥陀如来　〔浄土宗〕

大洲七椙神社　おおしまななすぎじんじゃ〔社〕
　長野県下伊那郡松川町　《別称》ななすぎ神社　《祭神》誉田別命［他］　〔神社本庁〕

大洲神社　おおずじんじゃ〔社〕
　愛媛県大洲市　《祭神》大国主命［他］
　　　　　　　　　　　　　　　　〔神社本庁〕

神社・寺院名よみかた辞典　67

3画（大）

大泉氷川神社《称》　おおいずみひかわじんじゃ〔社〕
　東京都練馬区大泉町・氷川神社　《祭神》素盞嗚尊〔他〕　〔神社本庁〕

大泉寺　だいせんじ〔寺〕
　北海道上磯郡木古内町　《本尊》釈迦如来・承陽大師・常済大師　〔曹洞宗〕

大泉寺　だいせんじ〔寺〕
　青森県五所川原市　《本尊》阿弥陀如来
　〔浄土宗〕

大泉寺　だいせんじ〔寺〕
　岩手県盛岡市　《本尊》阿弥陀如来　〔浄土宗〕

大泉寺　だいせんじ〔寺〕
　茨城県猿島郡五霞町　《本尊》阿弥陀如来
　〔浄土宗〕

大泉寺　だいせんじ〔寺〕
　東京都港区　《本尊》釈迦如来　〔曹洞宗〕

大泉寺　だいせんじ〔寺〕
　東京都文京区　《本尊》阿弥陀如来　〔浄土宗〕

大泉寺　だいせんじ〔寺〕
　東京都台東区　《本尊》阿弥陀如来　〔天台宗〕

大泉寺　だいせんじ〔寺〕
　東京都町田市　《本尊》釈迦如来　〔曹洞宗〕

大泉寺　だいせんじ〔寺〕
　神奈川県横須賀市　《本尊》延命地蔵菩薩
　〔曹洞宗〕

大泉寺　だいせんじ〔寺〕
　新潟県柏崎市　《別称》大清水観音　《本尊》千手観音菩薩　〔真言宗豊山派〕

大泉寺　だいせんじ〔寺〕
　富山県高岡市　《本尊》阿弥陀如来
　〔真宗大谷派〕

大泉寺　だいせんじ〔寺〕
　富山県魚津市　《別称》だいせつさん　《本尊》阿弥陀如来　〔浄土宗〕

大泉寺　だいせんじ〔寺〕
　山梨県甲府市　《本尊》釈迦如来・聖観世音菩薩　〔曹洞宗〕

大泉寺　だいせんじ〔寺〕
　長野県木曽郡三岳村　《本尊》聖観世音菩薩　〔臨済宗妙心寺派〕

大泉寺　だいせんじ〔寺〕
　静岡県沼津市　《別称》銀杏観音　《本尊》釈迦如来・聖観世音菩薩　〔曹洞宗〕

大泉寺　だいせんじ〔寺〕
　静岡県富士宮市　《本尊》十界勧請大曼荼羅　〔日蓮宗〕

大泉寺　だいせんじ〔寺〕
　愛知県犬山市　《本尊》聖観世音菩薩
　〔臨済宗妙心寺派〕

大泉寺　だいせんじ〔寺〕
　京都府京都市下京区　《本尊》阿弥陀如来
　〔浄土宗〕

大泉寺　だいせんじ〔寺〕
　京都府舞鶴市　《本尊》釈迦如来・文殊菩薩・普賢菩薩　〔臨済宗妙心寺派〕

大泉院　だいせんいん〔寺〕
　岩手県岩手郡西根町　《本尊》釈迦如来
　〔曹洞宗〕

大泉院　だいせんいん〔寺〕
　埼玉県さいたま市　《本尊》釈迦如来
　〔曹洞宗〕

大洗磯前神社　おおあらいいそざきじんじゃ〔社〕
　茨城県東茨城郡大洗町　《別称》大洗さま　《祭神》大己貴命〔他〕　〔神社本庁〕

大津の大師《称》　おおつのだいし〔寺〕
　大阪府泉大津市・長生寺　《本尊》薬師如来
　〔高野山真言宗〕

大津の不動尊《称》　おおつのふどうそん〔寺〕
　島根県出雲市・出雲教会　《本尊》不動明王・毘沙門天・出雲大天狗・不動院僧正坊
　〔真言宗醍醐派〕

大津八幡神社《称》　おおつはちまんじんじゃ〔社〕
　兵庫県赤穂市大津・八幡神社　《祭神》誉田別尊〔他〕　〔神社本庁〕

大津大神宮　おおつだいじんぐう〔社〕
　滋賀県大津市　《祭神》天照皇大神〔他〕
　〔神社本庁〕

大津山阿蘇神社　おおつやまあそじんじゃ〔社〕
　熊本県玉名郡南関町　《別称》大津山神社　《祭神》健磐竜命〔他〕　〔神社本庁〕

大津山神社《称》　おおつやまじんじゃ〔社〕
　熊本県玉名郡南関町・大津阿蘇神社　《祭神》健磐竜命〔他〕　〔神社本庁〕

大津日吉神社　おおつひよしじんじゃ〔社〕
　熊本県菊池郡大津町　《別称》山王さん　《祭神》大山咋神〔他〕　〔神社本庁〕

大津神社　おおつじんじゃ〔社〕
　岐阜県飛騨市　《祭神》大彦大神〔他〕
　〔神社本庁〕

大津神社　おおつじんじゃ〔社〕
　兵庫県西脇市　《別称》つまやくじん　《祭神》大津乃命〔他〕　〔神社本庁〕

大津神社　おおつじんじゃ〔社〕
　岡山県真庭郡久世町　《祭神》天手力男命
　〔神社本庁〕

68　神社・寺院名よみかた辞典

大洞院　だいとういん〔寺〕
　静岡県周智郡森町　《本尊》麻蒔地蔵菩薩
　　　　　　　　　　　　　　　〔曹洞宗〕
大県神社　おおあがたじんじゃ〔社〕
　愛知県犬山市　《別称》二の宮・姫の宮　《祭
　神》大県大神　　　　　　　〔神社本庁〕
大神山八幡宮　おおかみやまはちまんぐう
〔社〕
　静岡県湖西市　《祭神》品陀和気命〔他〕
　　　　　　　　　　　　　　　〔神社本庁〕
大神山神社　おおかみやまじんじゃ〔社〕
　鳥取県米子市　《祭神》大己貴命〔他〕
　　　　　　　　　　　　　　　〔神社本庁〕
大神社　おおじんじゃ〔社〕
　和歌山県田辺市　《別称》寄言の宮　《祭神》
　天照大御神〔他〕　　　　　　〔神社本庁〕
大神明《称》　だいしんめい〔社〕
　富山県東礪波郡城端町・城端神明宮　《祭神》
　天照皇大神〔他〕　　　　　　〔神社本庁〕
大神神社　おおみわじんじゃ〔社〕
　栃木県栃木市　《別称》惣社　《祭神》倭大物
　主櫛甕玉命　　　　　　　　　〔神社本庁〕
大神神社　おおみわじんじゃ〔社〕
　岐阜県養老郡上石津町　《別称》流彦大明神
　《祭神》大物主櫛甕玉命　　　〔神社本庁〕
大神神社　おおみわじんじゃ〔社〕
　奈良県桜井市　《別称》三輪明神　《祭神》大
　物主大神〔他〕　　　　　　　〔神社本庁〕
大神神社　おおがじんじゃ〔社〕
　岡山県岡山市　《祭神》大物主神〔他〕
　　　　　　　　　　　　　　　〔神社本庁〕
大神宮　だいじんぐう〔社〕
　岩手県久慈市　《別称》神明様　《祭神》天照
　皇大神〔他〕　　　　　　　　〔神社本庁〕
大神宮　だいじんぐう〔社〕
　茨城県那珂郡東海村　《別称》村松大神宮
　《祭神》天照皇大神〔他〕　　〔神社本庁〕
大神宮《称》　だいじんぐう〔社〕
　栃木県足利市・伊勢神社　《祭神》天照大
　神　　　　　　　　　　　　　〔神社本庁〕
大神宮《称》　だいじんぐう〔社〕
　栃木県大田原市・大田原神社　《祭神》大己
　貴神　　　　　　　　　　　　〔神社本庁〕
大神宮《称》　だいじんぐう〔社〕
　三重県伊勢市・皇大神宮　《祭神》天照坐皇
　大御神〔他〕　　　　　　　　〔神社本庁〕
大神宮　だいじんぐう〔社〕
　京都府相楽郡南山城村　《祭神》天照皇太神
　〔他〕　　　　　　　　　　　〔神社本庁〕

大神宮《称》　だいじんぐう〔社〕
　鳥取県東伯郡東伯町・方見神社　《祭神》天
　照皇大神〔他〕　　　　　　　〔神社本庁〕
大神宮《称》　だいじんぐう〔社〕
　鳥取県東伯郡上吉津村・蚊屋島神社　《祭神》
　天照皇大御神〔他〕　　　　　〔神社本庁〕
大神宮　だいじんぐう〔社〕
　熊本県天草郡河浦町　《別称》古江天照皇大
　神宮　《祭神》天照大神〔他〕〔神社本庁〕
大神宮さま《称》　だいじんぐうさま〔社〕
　千葉県館山市・安房神社　《祭神》天太玉命
　〔他〕　　　　　　　　　　　〔神社本庁〕
大神宮さま《称》　だいじんぐうさま〔社〕
　大分県中津市・中津大神宮　《祭神》天照皇
　大神〔他〕　　　　　　　　　〔神社本庁〕
大神宮さん《称》　だいじんぐうさん〔社〕
　北海道松前郡福島町・福島大神宮　《祭神》天
　照皇大神〔他〕　　　　　　　〔神社本庁〕
大神宮神社　だいじんぐうじんじゃ〔社〕
　長崎県西彼杵郡琴海町　《祭神》天照大御
　神　　　　　　　　　　　　　〔神社本庁〕
大神宮様《称》　だいじんぐうさま〔社〕
　栃木県足利市・御厨神社　《祭神》天照皇大
　神〔他〕　　　　　　　　　　〔神社本庁〕
大祖大神社　たいそだいじんしゃ〔社〕
　福岡県行橋市　《祭神》天御中主大神〔他〕
　　　　　　　　　　　　　　　〔神社本庁〕
大美弥神社　おおみやじんじゃ〔社〕
　岡山県苫田郡鏡野町　《祭神》大宮能売命
　　　　　　　　　　　　　　　〔神社本庁〕
大胡神社　おおごじんじゃ〔社〕
　群馬県勢多郡大胡町　《祭神》大己貴命〔他〕
　　　　　　　　　　　　　　　〔神社本庁〕
大荒比古神社　おおあらひこじんじゃ〔社〕
　滋賀県高島郡マキノ町　　　　〔神社本庁〕
大荒比古神社　おおあらひこじんじゃ〔社〕
　滋賀県高島郡新旭町　《祭神》豊城入彦命〔他〕
　　　　　　　　　　　　　　　〔神社本庁〕
大草神社　おおくさじんじゃ〔社〕
　愛知県額田郡幸田町　《別称》鎮守様・杉大明
　神様　《祭神》大己貴命〔他〕〔神社本庁〕
大貞八幡　おおさだはちまん〔社〕
　大分県中津市・薦神社　《祭神》応神天皇〔他〕
　　　　　　　　　　　　　　　〔神社本庁〕
大重院　だいじゅういん〔寺〕
　群馬県利根郡月夜野町　《本尊》弁才天
　　　　　　　　　　　　　　　〔天台寺門宗〕
大面の東山寺《称》　おおものとうざんじ
〔寺〕
　新潟県南蒲原郡栄町・東山寺　《本尊》釈迦
　如来　　　　　　　　　　　　〔曹洞宗〕

神社・寺院名よみかた辞典　69

3画〔大〕

大音寺　だいおんじ〔寺〕
　東京都台東区　《別称》寝釈迦でら　《本尊》阿弥陀如来　〔浄土宗〕

大音寺　だいおんじ〔寺〕
　東京都世田谷区　《本尊》阿弥陀如来　〔浄土宗〕

大音寺　だいおんじ〔寺〕
　愛媛県松山市　《本尊》十一面観世音菩薩　〔真言宗豊山派〕

大音寺　だいおんじ〔寺〕
　長崎県長崎市　《本尊》阿弥陀如来　〔浄土宗〕

10 大倭物代主神社　おおやまとものしろぬしじんじゃ〔社〕
　兵庫県宍粟郡山崎町　《別称》もろす神社　《祭神》健御名方神[他]　〔神社本庁〕

大原八幡神社　おおはらはちまんじんじゃ〔社〕
　福岡県京都郡苅田町　《祭神》誉田別命[他]　〔神社本庁〕

大原八幡神社　おおはらはちまんじんじゃ〔社〕
　福岡県京都郡勝山町　《祭神》大原足尼命[他]　〔神社本庁〕

大原八幡宮　おおはらはちまんぐう〔社〕
　大分県日田市　《別称》大原様　《祭神》応神天皇[他]　〔神社本庁〕

大原神社　おおはらじんじゃ〔社〕
　栃木県足利市　《祭神》天児屋根命[他]　〔神社本庁〕

大原神社　おおはらじんじゃ〔社〕
　千葉県君津市　《祭神》天児屋根命[他]　〔神社本庁〕

大原神社　おおはらじんじゃ〔社〕
　京都府北桑田郡美山町　《祭神》伊弉那美尊　〔神社本庁〕

大原神社　おおばらじんじゃ〔社〕
　京都府天田郡三和町　《別称》天一位大原神社　《祭神》天照大日霊命[他]　〔神社本庁〕

大原神社　おおはらじんじゃ〔社〕
　島根県仁多郡仁多町　《別称》大森さん　《祭神》大己貴命[他]　〔神社本庁〕

大原神社　おおはらじんじゃ〔社〕
　島根県邑智郡石見町　《祭神》建御賀豆智命[他]　〔神社本庁〕

大原神社　おおはらじんじゃ〔社〕
　岡山県英田郡大原町　《別称》山王さん　《祭神》大己貴大神　〔神社本庁〕

大原問答証拠堂《称》　おおはらもんどうしょうこどう〔寺〕
　京都府京都市左京区・勝林院　《本尊》阿弥陀如来　〔天台宗〕

大原野神社　おおはらのじんじゃ〔社〕
　京都府京都市西京区　《別称》京春日　《祭神》建御賀豆智命[他]　〔神社本庁〕

大原様《称》　おおはらさま〔社〕
　大分県日田市・大原八幡宮　《祭神》応神天皇[他]　〔神社本庁〕

大宮《称》　おおみや〔社〕
　栃木県那須郡黒羽町・温泉神社　《祭神》大己貴命[他]　〔神社本庁〕

大宮《称》　おおみや〔社〕
　新潟県西頸城郡名立町・江野神社　《祭神》素佐能男命[他]　〔神社本庁〕

大宮《称》　おおみや〔社〕
　石川県輪島市・住吉神社　《祭神》神功皇后[他]　〔神社本庁〕

大宮《称》　おおみや〔社〕
　長野県飯山市・健御名方富命彦神別神社　《祭神》健御名方富命[他]　〔神社本庁〕

大宮《称》　おおみや〔社〕
　岐阜県山県市・篠倉神社　《祭神》大己貴命　〔神社本庁〕

大宮《称》　おおみや〔社〕
　岐阜県吉城郡国府町・一之宮神社　《祭神》下照姫命　〔神社本庁〕

大宮《称》　おおみや〔社〕
　愛知県額田郡幸田町・鷲田神明宮　《祭神》天照大神[他]　〔神社本庁〕

大宮《称》　おおみや〔社〕
　京都府綾部市・河牟奈備神社　《祭神》天下春命　〔神社本庁〕

大宮《称》　おおみや〔社〕
　兵庫県篠山市・櫛石窓神社　《祭神》櫛石窓命[他]　〔神社本庁〕

大宮《称》　おおみや〔社〕
　岡山県赤磐郡吉井町・宗形神社　《祭神》多紀理比売命[他]　〔神社本庁〕

大宮《称》　おおみや〔社〕
　岡山県真庭郡八束村・福田神社　《祭神》大己貴命[他]　〔神社本庁〕

大宮《称》　おおみや〔社〕
　徳島県三好郡三好町・天椅立神社　《祭神》伊邪那岐命[他]　〔神社本庁〕

大宮《称》　おおみや〔社〕
　香川県坂出市・八幡神社　《祭神》品陀和気命[他]　〔神社本庁〕

大宮《称》　おおみや〔社〕
　高知県吾川郡池川町・河嶋山神社　《祭神》神世七代神　〔神社本庁〕

大宮さま《称》　おおみやさま〔社〕
　徳島県板野郡藍住町・若一王子神社　《祭神》国常立尊[他]　〔神社本庁〕

70　神社・寺院名よみかた辞典

3画（大）

大宮さん《称》　おおみやさん〔社〕
　石川県かほく市・賀茂大宮　《祭神》賀茂別雷神［他］　　　　　　　　　〔神社本庁〕
大宮さん《称》　おおみやさん〔社〕
　長野県埴科郡坂城町・坂城神社　《祭神》大己貴命［他］　　　　　　　　〔神社本庁〕
大宮さん《称》　おおみやさん〔社〕
　滋賀県甲賀郡水口町・水口神社　《祭神》大水口宿禰命［他］　　　　　　〔神社本庁〕
大宮さん《称》　おおみやさん〔社〕
　兵庫県三木市・大宮八幡宮　《祭神》応神天皇［他］　　　　　　　　　　〔神社本庁〕
大宮八幡《称》　おおみやはちまん〔社〕
　高知県香美郡夜須町・八幡宮　《祭神》応神天皇［他］　　　　　　　　　〔神社本庁〕
大宮八幡神社　おおみやはちまんじんじゃ〔社〕
　徳島県阿南市　《別称》大宮の八幡さん　《祭神》誉田別命　　　　　　　〔神社本庁〕
大宮八幡神社　おおみやはちまんじんじゃ〔社〕
　徳島県勝浦郡勝浦町　《祭神》誉田別命［他］　　　　　　　　　　　　　〔神社本庁〕
大宮八幡神社　おおみやはちまんじんじゃ〔社〕
　徳島県名東郡佐那河内村　《祭神》八幡大神［他］　　　　　　　　　　　〔神社本庁〕
大宮八幡神社　おおみやはちまんじんじゃ〔社〕
　愛媛県松山市　《別称》大宮社　《祭神》応神天皇［他］　　　　　　　　〔神社本庁〕
大宮八幡神社　おおみやはちまんじんじゃ〔社〕
　愛媛県伊予郡砥部町　《別称》大宮社　《祭神》天照皇大神［他］　　　　〔神社本庁〕
大宮八幡神社　おおみやはちまんじんじゃ〔社〕
　大分県佐伯市　《祭神》神功皇后［他］　　　　　　　　　　　　　　　　〔神社本庁〕
大宮八幡宮　おおみやはちまんぐう〔社〕
　東京都杉並区　《祭神》応神天皇［他］　　　　　　　　　　　　　　　　〔神社本庁〕
大宮八幡宮　おおみやはちまんぐう〔社〕
　兵庫県三木市　《別称》大宮さん　《祭神》応神天皇［他］　　　　　　　〔神社本庁〕
大宮八幡宮　おおみやはちまんぐう〔社〕
　香川県綾歌郡綾南町　《祭神》誉田天皇　　　　　　　　　　　　　　　　〔神社本庁〕
大宮大明神《称》　おおみやだいみょうじん〔社〕
　長野県南安曇郡梓川村・大宮熱田神社　《祭神》梓水大神［他］　　　　　〔神社本庁〕
大宮大明神《称》　おおみやだいみょうじん〔社〕
　香川県仲多度郡琴平町・櫛梨神社　《祭神》神櫛皇子命　　　　　　　　　〔神社本庁〕
大宮・子易両神社　おおみやこやすりょうじんじゃ〔社〕
　山形県西置賜郡小国町　《別称》大宮様　《祭神》大己貴命［他］　　　　〔神社本庁〕
大宮五十鈴神社　おおみやいすずじんじゃ〔社〕
　長野県駒ヶ根市　《別称》五十鈴神社　《祭神》熱田大神［他］　　　　　〔神社本庁〕
大宮五所大神　おおみやごしょおおかみ〔社〕
　山梨県山梨市　《祭神》伊弉諾尊［他］　　　　　　　　　　　　　　　　〔神社本庁〕
大宮天神《称》　おおみやてんじん〔社〕
　大阪府守口市・津嶋部神社　《祭神》津嶋部大神［他］　　　　　　　　　〔神社本庁〕
大宮寺　おおみやじ〔寺〕
　千葉県君津市　《別称》大宮様　《本尊》阿弥陀如来　　　　　　　　　　〔真言宗智山派〕
大宮住吉神社　おおみやすみよしじんじゃ〔社〕
　埼玉県坂戸市　《祭神》底筒之男命［他］　　　　　　　　　　　　　　　〔神社本庁〕
大宮売神社　おおみやめじんじゃ〔社〕
　京都府京丹後市　《祭神》大宮売［他］　　　　　　　　　　　　　　　　〔神社本教〕
大宮社《称》　おおみやしゃ〔社〕
　愛媛県松山市・大宮八幡神社　《祭神》応神天皇［他］　　　　　　　　　〔神社本庁〕
大宮社《称》　おおみやしゃ〔社〕
　愛媛県温泉郡川内町・川上神社　《祭神》伊弉冉尊［他］　　　　　　　　〔神社本庁〕
大宮社《称》　おおみやしゃ〔社〕
　愛媛県伊予郡砥部町・大宮八幡神社　《祭神》天照皇大神［他］　　　　　〔神社本庁〕
大宮浅間神社　おおみやせんげんじんじゃ〔社〕
　愛知県犬山市　《別称》お富士様　《祭神》木花開耶姫命［他］　　　　　〔神社本庁〕
大宮神社　おおみやじんじゃ〔社〕
　岩手県盛岡市　《祭神》豊受姫命　　　　　　　　　　　　　　　　　　　〔神社本庁〕
大宮神社　おおみやじんじゃ〔社〕
　千葉県市原市　《別称》大宮さま　《祭神》国常立命［他］　　　　　　　〔神社本庁〕

神社・寺院名よみかた辞典　71

大宮神社　おおみやじんじゃ〔社〕
　千葉県山武郡松尾町　《祭神》大山咋命［他］
　　　　　　　　　　　　　　　　〔神社本庁〕
大宮神社　おおみやじんじゃ〔社〕
　千葉県山武郡横芝町　《祭神》大国主命
　　　　　　　　　　　　　　　　〔神社本庁〕
大宮神社　おおみやじんじゃ〔社〕
　千葉県夷隅郡大多喜町　《祭神》大国主神
　　　　　　　　　　　　　　　　〔神社本庁〕
大宮神社　おおみやじんじゃ〔社〕
　東京都大島町　《祭神》天照皇大神［他］
　　　　　　　　　　　　　　　　〔神社本庁〕
大宮神社　おおみやじんじゃ〔社〕
　長野県松本市　《祭神》建南方富命［他］
　　　　　　　　　　　　　　　　〔神社本庁〕
大宮神社　おおみやじんじゃ〔社〕
　愛知県蒲郡市　《祭神》伊邪那美命［他］
　　　　　　　　　　　　　　　　〔神社本庁〕
大宮神社　おおみやじんじゃ〔社〕
　大阪府大阪市旭区　《祭神》応神天皇［他］
　　　　　　　　　　　　　　　　〔神社本庁〕
大宮神社　おおみやじんじゃ〔社〕
　和歌山県那賀郡岩出町　《別称》岩出大宮さん　《祭神》日本武尊［他］　〔神社本庁〕
大宮神社　おおみやじんじゃ〔社〕
　香川県仲多度郡満濃町　《別称》吉野大宮　《祭神》倭姫命［他］　　　〔神社本庁〕
大宮神社　おおみやじんじゃ〔社〕
　高知県幡多郡西土佐村　《祭神》日本武尊
　　　　　　　　　　　　　　　　〔神社本庁〕
大宮神社　おおみやじんじゃ〔社〕
　熊本県山鹿市　《別称》山鹿神宮　《祭神》景行天皇［他］　　　　　　〔神社本庁〕
大宮神社　おおみやじんじゃ〔社〕
　鹿児島県薩摩郡入来町　《祭神》大己貴命
　　　　　　　　　　　　　　　　〔神社本庁〕
大宮様《称》　おおみやさま〔社〕
　山形県西置賜郡小国町・大宮・子易両村社　《祭神》大己貴命［他］　　〔神社本庁〕
大宮様《称》　おおみやさま〔社〕
　岐阜県養老郡上石津町・湯葉神社　《祭神》天鈿売命［他］　　　　　　〔神社本庁〕
大宮様《称》　おおみやさま〔社〕
　静岡県沼津市・楊原神社　《祭神》大山祇命［他］　　　　　　　　　　〔神社本庁〕
大宮様《称》　おおみやさま〔社〕
　高知県長岡郡本山町・若一王子宮　《祭神》天照皇大神［他］　　　　　〔神社本庁〕

大宮熱田神社　おおみやあつたじんじゃ〔社〕
　長野県南安曇郡梓川村　《別称》大宮大明神　《祭神》梓水大神［他］　〔神社本庁〕
大宮諏訪神社　おおみやすわじんじゃ〔社〕
　長野県飯田市　《別称》明神さま　《祭神》建御名方命［他］　　　　　〔神社本庁〕
大宮巌鼓神社　おおみやいわつつみじんじゃ〔社〕
　群馬県吾妻郡吾妻町　《祭神》日本武尊［他］
　　　　　　　　　　　　　　　　〔神社本庁〕
大将軍八神社　だいしょうぐんはちじんじゃ〔社〕
　京都府京都市上京区　《別称》大将軍　《祭神》素盞嗚命［他］　　　　〔神社本庁〕
大将軍神社　だいしょうぐんじんじゃ〔社〕
　大分県大分郡挾間町　《祭神》保食神［他］
　　　　　　　　　　　　　　　　〔神社本庁〕
大将軍神社《称》　だいしょうぐんじんじゃ〔社〕
　宮崎県東臼杵郡門川町・門川神社　《祭神》宇気母智神［他］　　　　　〔神社本庁〕
大島神社　おおしまじんじゃ〔社〕
　宮城県石巻市　《別称》住吉神社　《祭神》底筒男神［他］　　　　　　〔神社本庁〕
大島神社　おおしまじんじゃ〔社〕
　宮城県気仙沼市　《別称》お田乃神様　《祭神》倉稲魂命　　　　　　　〔神社本庁〕
大峯本宮《称》　おおみねもとみや〔社〕
　奈良県吉野郡天川村・天川神社　《祭神》市杵島姫命［他］　　　　　　〔神社本庁〕
大師之寺　だいしのてら〔寺〕
　三重県四日市市　《本尊》弘法大師・阿弥陀如来・不動明王　　　　　　〔高野山真言宗〕
大師寺　だいしじ〔寺〕
　三重県四日市市　《別称》おざいしさま　《本尊》弘法大師・阿弥陀如来・不動明王・毘沙門天　　　　　　　　　〔高野山真言宗〕
大師寺　だいしじ〔寺〕
　広島県安芸郡海田町　《別称》海田のお大師さん　《本尊》弘法大師・毘沙門天・地蔵菩薩　　　　　　　　　　　〔高野山真言宗〕
大師寺　だいしじ〔寺〕
　福岡県北九州市門司区　《本尊》弘法大師
　　　　　　　　　　　　　　　　〔高野山真言宗〕
大帯八幡社　おおたらしはちまんしゃ〔社〕
　大分県東国東郡姫島村　《祭神》息長帯姫命［他］　　　　　　　　　　〔神社本庁〕
大帯姫八幡宮　おおたらしひめはちまんぐう〔社〕
　山口県柳井市　《別称》日積八幡宮　《祭神》誉田別天皇［他］　　　　〔神社本庁〕

3画（大）

大庭大宮《称》　おおばおおみや〔社〕
　島根県松江市・神魂神社　《祭神》伊弉冊神
　〔他〕　　　　　　　　　　　　〔神社本庁〕
大庭神社　おおばじんじゃ〔社〕
　神奈川県藤沢市　《祭神》神産霊神〔他〕
　　　　　　　　　　　　　　　　〔神社本庁〕
大恩寺　だいおんじ〔寺〕
　東京都北区　《本尊》日蓮聖人奠定の大曼荼
　羅　　　　　　　　　　　　　　　〔日蓮宗〕
大恩寺　だいおんじ〔寺〕
　愛知県宝飯郡御津町　《本尊》憂喜安志把富
　貴如来　　　　　　　　　　　　　〔浄土宗〕
大恩寺　だいおんじ〔寺〕
　京都府京都市左京区　《本尊》阿弥陀如来
　　　　　　　　　　　　　　　　　〔浄土宗〕
大恩寺　だいおんじ〔寺〕
　山口県熊毛郡田布施町　《本尊》阿弥陀如
　来　　　　　　　　　　　　　　　〔浄土宗〕
大恵寺　だいえじ〔寺〕
　岐阜県羽島市　《本尊》善光寺如来三尊
　　　　　　　　　　　　　　〔臨済宗妙心寺派〕
大桂寺　だいけいじ〔寺〕
　福島県伊達郡飯野町　《別称》高雲山　《本
　尊》釈迦如来　　　　　　　　〔臨済宗妙心寺派〕
大根川神社　おおねがわじんじゃ〔社〕
　大分県宇佐市　《祭神》誉田別命　〔神社本庁〕
大梅寺　たいばいじ〔寺〕
　埼玉県比企郡小川町　《本尊》釈迦如来
　　　　　　　　　　　　　　　　　〔曹洞宗〕
大浦神社　おおうらじんじゃ〔社〕
　岡山県浅口郡寄島町　《別称》八幡さま　《祭
　神》応神天皇〔他〕　　　　　　〔神社本庁〕
大浦開山堂《称》　おおうらかいさんどう
　〔寺〕
　新潟県北魚沼郡小出町・西福寺　《本尊》阿
　弥陀如来　　　　　　　　　　　　〔曹洞宗〕
大浦諏訪神社《称》　おおうらすわじんじ
　ゃ〔社〕
　長崎県長崎市相生町・諏訪神社　《祭神》建
　御名方大神　　　　　　　　　　　〔単立〕
大泰寺　だいたいじ〔寺〕
　和歌山県東牟婁郡那智勝浦町　《本尊》薬師
　如来　　　　　　　　　　　　〔臨済宗妙心寺派〕
大浜八幡大神社　おおはまはちまんだいじ
　んじゃ〔社〕
　愛媛県今治市　《別称》八幡様　《祭神》乎致
　命〔他〕　　　　　　　　　　　〔神社本庁〕
大浜熊野大神社　おおはまくまのだいじん
　じゃ〔社〕
　愛知県碧南市　《別称》下のお宮　《祭神》伊
　弉冉尊〔他〕　　　　　　　　　〔神社本庁〕

大真寺　だいしんじ〔寺〕
　北海道紋別郡遠軽町　《本尊》阿弥陀如来
　　　　　　　　　　　　　　　　〔真宗大谷派〕
大祥寺　だいしょうじ〔寺〕
　岩手県西磐井郡花泉町　《別称》峠の岡寺
　《本尊》釈迦如来　　　　　　　　〔曹洞宗〕
大祥寺　だいしょうじ〔寺〕
　茨城県つくば市　《本尊》千手観世音菩薩・承
　陽大師・常済大師　　　　　　　〔曹洞宗〕
大祥寺　だいしょうじ〔寺〕
　鳥取県境港市　《本尊》釈迦如来　〔曹洞宗〕
大祥院　だいしょういん〔寺〕
　愛知県知多市　《本尊》釈迦如来　〔曹洞宗〕
大竜寺　だいりゅうじ〔寺〕
　北海道深川市　《別称》禅寺　《本尊》釈迦如
　来　　　　　　　　　　　　　　　〔曹洞宗〕
大竜寺　だいりゅうじ〔寺〕
　秋田県由利郡由利町　《別称》うえの寺　《本
　尊》阿弥陀如来　　　　　　　　　〔浄土宗〕
大竜寺　だいりゅうじ〔寺〕
　山形県山形市　《本尊》薬師如来
　　　　　　　　　　　　　　〔臨済宗妙心寺派〕
大竜寺　だいりゅうじ〔寺〕
　福島県会津若松市　《本尊》聖観世音菩薩
　　　　　　　　　　　　　　〔臨済宗妙心寺派〕
大竜寺　だいりゅうじ〔寺〕
　東京都新宿区　《本尊》釈迦如来　〔曹洞宗〕
大竜寺　だいりゅうじ〔寺〕
　新潟県村上市　《本尊》釈迦如来　〔曹洞宗〕
大竜寺　だいりゅうじ〔寺〕
　岐阜県岐阜市　《別称》子安観音　《本尊》観
　世音菩薩・達磨大師　　　　　〔臨済宗妙心寺派〕
大竜寺　だいりゅうじ〔寺〕
　愛知県名古屋市千種区　《別称》五百羅漢
　《本尊》釈迦如来・地蔵菩薩　　　〔黄檗宗〕
大竜寺　だいりゅうじ〔寺〕
　三重県上野市　《本尊》金剛界大日如来・不
　動明王・薬師如来　　　　　　〔真言宗豊山派〕
大竜寺　だいりゅうじ〔寺〕
　京都府京都市中京区　《別称》うすさまの寺
　《本尊》阿弥陀如来　　　　　　　〔浄土宗〕
大竜寺　だいりゅうじ〔寺〕
　兵庫県神戸市中央区　《本尊》聖如意輪観世
　音菩薩　　　　　　　　　　　〔真言宗東寺派〕
大竜院　だいりゅういん〔寺〕
　新潟県中魚沼郡津南町　《本尊》聖観世音菩
　薩　　　　　　　　　　　　　　　〔曹洞宗〕
大竜院　だいりょういん〔寺〕
　京都府京都市右京区　《本尊》釈迦如来
　　　　　　　　　　　　　　〔臨済宗妙心寺派〕

3画（大）

大竜院　だいりゅういん〔寺〕
　鳥取県気高郡気高町　《本尊》釈迦如来
　　　　　　　　　　　　　　　　〔曹洞宗〕
大通寺　だいつうじ〔寺〕
　群馬県新田郡新田町　《本尊》釈迦如来
　　　　　　　　　　　　　　　　〔曹洞宗〕
大通寺　だいつうじ〔寺〕
　長野県木曽郡木曽福島町　《本尊》聖観世音
　菩薩　　　　　　　　　　　〔臨済宗妙心寺派〕
大通寺《称》　だいつうじ〔寺〕
　滋賀県長浜市・東本願寺長浜別院大通寺
　《本尊》阿弥陀如来　　　　　　〔真宗大谷派〕
大通寺　だいつうじ〔寺〕
　京都府京都市南区　《本尊》阿弥陀如来
　　　　　　　　　　　　　　〔真言宗東寺派〕
大通寺　だいつうじ〔寺〕
　大阪府大阪市天王寺区　《本尊》阿弥陀如
　来　　　　　　　　　　　　　　〔浄土宗〕
大通寺　だいつうじ〔寺〕
　島根県松江市　《本尊》千手観世音菩薩
　　　　　　　　　　　　　　　　〔単立〕
大通寺　だいつうじ〔寺〕
　岡山県小田郡矢掛町　《本尊》釈迦如来
　　　　　　　　　　　　　　　　〔曹洞宗〕
大通寺　だいつうじ〔寺〕
　愛媛県北条市　《本尊》大通智勝仏　〔曹洞宗〕
大通寺　だいつうじ〔寺〕
　福岡県福岡市中央区　《本尊》十界曼荼羅
　　　　　　　　　　　　　　　　〔日蓮宗〕
大通院　だいつういん〔寺〕
　埼玉県秩父郡皆野町　《本尊》釈迦如来
　　　　　　　　　　　　　　　　〔曹洞宗〕
大通院　だいつういん〔寺〕
　静岡県浜松市　《本尊》釈迦如来
　　　　　　　　　　　　　　〔臨済宗方広寺派〕
大通院　だいつういん〔寺〕
　京都府京都市上京区　《別称》相国寺専門道
　場　《本尊》釈迦如来　　　〔臨済宗相国寺派〕
大馬神社　おおまじんじゃ〔社〕
　三重県熊野市　《別称》大馬さま　《祭神》天
　照大御神［他］　　　　　　　　　〔神社本庁〕
大高山神社　おおたかやまじんじゃ〔社〕
　宮城県柴田郡大河原町　《祭神》日本武尊［他］
　　　　　　　　　　　　　　　　〔神社本庁〕
11 大亀八幡大神社　おおきはちまんだいじん
　じゃ〔社〕
　愛媛県越智郡吉海町　《祭神》帯中日子尊［他］
　　　　　　　　　　　　　　　　〔神社本庁〕
大亀神社《称》　おおかめじんじゃ〔社〕
　宮城県黒川郡富谷町・鹿嶋天足別神社　《祭
　神》武甕槌命［他］　　　　　　　〔神社本庁〕

大堂神社　おおどうじんじゃ〔社〕
　佐賀県佐賀郡諸富町　《祭神》事代主命［他］
　　　　　　　　　　　　　　　　〔神社本庁〕
大崎の観音《称》　おおさきのかんのん〔寺〕
　新潟県南魚沼郡大和町・竜谷寺　《本尊》阿
　弥陀如来・十一面観音菩薩　　　　〔曹洞宗〕
大崎八幡社　おおさきはちまんしゃ〔社〕
　愛知県豊橋市　《祭神》天照大御神［他］
　　　　　　　　　　　　　　　　〔神社本庁〕
大崎八幡神社　おおさきはちまんじんじゃ
　〔社〕
　宮城県仙台市青葉区　《祭神》応神天皇［他］
　　　　　　　　　　　　　　　　〔神社本庁〕
大崎八幡神社　おおさきはちまんじんじゃ
　〔社〕
　宮城県遠田郡田尻町　《別称》やわたの八幡
　様　《祭神》応神天皇［他］　　　〔神社本庁〕
大庵寺　だいあんじ〔寺〕
　栃木県佐野市　《本尊》阿弥陀如来　〔浄土宗〕
大得寺　だいとくじ〔寺〕
　三重県度会郡玉城町　《本尊》阿弥陀如来
　　　　　　　　　　　　　　　　〔浄土宗〕
大教寺　だいきょうじ〔寺〕
　東京都目黒区　《本尊》日蓮聖人奠定の大曼
　荼羅　　　　　　　　　　　　　　〔日蓮宗〕
大教寺　たいきょうじ〔寺〕
　京都府京都市北区　　　　　　〔正法法華宗〕
大清水観音《称》　おおしみずかんのん〔寺〕
　新潟県柏崎市・大泉寺　《本尊》千手観世音
　菩薩　　　　　　　　　　　　〔真言宗豊山派〕
大淵寺　だいえんじ〔寺〕
　埼玉県秩父市　《別称》月影堂(つきかげどう)
　・秩父第二七番霊場　《本尊》聖観世音菩
　薩　　　　　　　　　　　　　　　〔曹洞宗〕
大淵寺橋立観音堂《称》　だいえんじはし
　だてかんのんどう〔寺〕
　埼玉県秩父市・橋立堂　《本尊》馬頭観世音
　菩薩　　　　　　　　　　　　　　〔曹洞宗〕
大盛寺　だいせいじ〔寺〕
　東京都三鷹市　《本尊》弁財天　　〔天台宗〕
大眼院　たいげんいん〔寺〕
　東京都港区　《本尊》阿弥陀如来　〔浄土宗〕
大祭天石門彦神社　おおまつりあめのいわ
　とひこじんじゃ〔社〕
　島根県浜田市　《祭神》天石門別命［他］
　　　　　　　　　　　　　　　　〔神社本庁〕
大笹原神社　おおささはらじんじゃ〔社〕
　滋賀県野洲郡野洲町　《祭神》素盞嗚尊［他］
　　　　　　　　　　　　　　　　〔神社本庁〕

3画（大）

大経寺　だいきょうじ〔寺〕
　山形県鶴岡市　《本尊》虚空蔵菩薩・大日如来
　　　　　　　　　　　　　　　　〔真言宗智山派〕
大経寺　だいきょうじ〔寺〕
　埼玉県八潮市　《本尊》阿弥陀三尊　〔浄土宗〕
大船大明神《称》　おおふねだいみょうじん〔社〕
　島根県平田市・多久神社　《祭神》多伎都彦命［他］　　　　　　　　　　　〔神社本庁〕
大船山《称》　おおふねさん〔社〕
　岐阜県加茂郡八百津町・大船神社　《祭神》大船大神［他］　　　　　　　　　〔神社本庁〕
大船神社　おおふねじんじゃ〔社〕
　岐阜県加茂郡八百津町　《別称》大船山　《祭神》大船大神［他］　　　　　　　　〔神社本庁〕
大菩提寺　だいぼだいじ〔寺〕
　熊本県荒尾市　　　　　　　　　〔仏教真宗〕
大菩薩《称》　だいぼさつ〔社〕
　岐阜県養老郡養老町・多岐神社　《祭神》倉稲魂神［他］　　　　　　　　　〔神社本庁〕
大貫神社　おおぬきじんじゃ〔社〕
　宮崎県延岡市　《別称》権現さん　《祭神》事解男命［他］　　　　　　　　　〔神社本庁〕
大野さま《称》　おおのさま〔社〕
　福岡県北九州市小倉南区・東大野八幡神社　《祭神》応神天皇［他］　　　　〔神社本庁〕
大野八幡　おおのはちまん〔社〕
　大分県下毛郡耶馬渓町大野・八幡神社　《祭神》応神天皇［他］　　　　　　〔神社本庁〕
大野八幡宮《称》　おおのはちまんぐう〔社〕
　山口県熊毛郡平生町・八幡宮　《祭神》天照皇大神［他］　　　　　　　　　〔神社本庁〕
大野不動閣《称》　おおのふどうかく〔寺〕
　愛知県常滑市・済年寺　《本尊》釈迦如来
　　　　　　　　　　　　　　　　　　〔曹洞宗〕
大野寺　おおのじ〔寺〕
　奈良県宇陀郡室生村　《別称》大野寺の石仏・大野寺のしだれ桜　《本尊》弥勒菩薩
　　　　　　　　　　　　　　　〔真言宗室生寺派〕
大野寺　おおのじ〔寺〕
　徳島県阿波郡市場町　《別称》香美虚空蔵　《本尊》大日如来・虚空蔵菩薩・阿弥陀如来
　　　　　　　　　　　　　　　　〔高野山真言宗〕
大野見宿禰命神社　おおのみのすくねのみことじんじゃ〔社〕
　鳥取県鳥取市　《祭神》大野見宿禰命
　　　　　　　　　　　　　　　　　〔神社本庁〕
大野神社　おおのじんじゃ〔社〕
　滋賀県栗東市　《祭神》菅原道真　〔神社本庁〕

大野原八幡神社《称》　おおのはらはちまんじんじゃ〔社〕
　香川県三豊郡大野原町・八幡神社　《祭神》誉田別［他］　　　　　　　　　〔神社本庁〕
大野湊神社　おおのみなとじんじゃ〔社〕
　石川県金沢市　《祭神》猿田彦大神［他］
　　　　　　　　　　　　　　　　　〔神社本庁〕
大野嶽神社　おおのだけじんじゃ〔社〕
　鹿児島県揖宿郡頴娃町　《別称》大野嶽さま　《祭神》多岐理毘売命　〔神社本庁〕
大隆寺　だいりゅうじ〔寺〕
　千葉県四街道市　《本尊》虚空蔵菩薩
　　　　　　　　　　　　　　　　　　〔曹洞宗〕
大隆寺　だいりゅうじ〔寺〕
　岐阜県高山市　《本尊》釈迦如来　〔曹洞宗〕
大隆寺　たいりゅうじ〔寺〕
　大阪府枚方市　《本尊》十界勧請曼荼羅
　　　　　　　　　　　　　　　〔法華宗(本門流)〕
大隆寺　だいりゅうじ〔寺〕
　愛媛県宇和島市　《別称》金剛山　《本尊》釈迦如来　　　　　　　　　　〔臨済宗妙心寺派〕
大頂寺　だいちょうじ〔寺〕
　静岡県富士宮市　《本尊》阿弥陀如来
　　　　　　　　　　　　　　　　　　〔浄土宗〕
大頂寺　だいちょうじ〔寺〕
　京都府宮津市　《本尊》阿弥陀如来　〔浄土宗〕
大鳥神社　おおとりじんじゃ〔社〕
　東京都目黒区　《別称》目黒のお酉さん　《祭神》日本武尊［他］　　　　〔神社本庁〕
大鳥神社　おおとりじんじゃ〔社〕
　東京都豊島区　《祭神》日本武命［他］
　　　　　　　　　　　　　　　　　〔神社本庁〕
大鳥神社　おおとりじんじゃ〔社〕
　滋賀県甲賀郡甲賀町　《祭神》素盞嗚尊
　　　　　　　　　　　　　　　　　〔神社本庁〕
大鳥神社　おおとりじんじゃ〔社〕
　大阪府堺市　《別称》大鳥さん　《祭神》日本武尊［他］　　　　　　　　〔神社本庁〕
大麻さん《称》　おおあささん〔社〕
　徳島県鳴門市・大麻比古神社　《祭神》大麻比古大神［他］　　　　　　　〔神社本庁〕
大麻大明神《称》　おおあさだいみょうじん〔社〕
　香川県善通寺市・大麻神社　《祭神》天太玉命［他］　　　　　　　　　〔神社本庁〕
大麻山神社　たいまやまじんじゃ〔社〕
　島根県那賀郡三隅町　《別称》大山さま　《祭神》天日鷲命［他］　　　　〔神社本庁〕
大麻天神《称》　おおあさてんじん〔社〕
　香川県善通寺市・大麻神社　《祭神》天太玉命［他］　　　　　　　　　〔神社本庁〕

神社・寺院名よみかた辞典　75

3画（大）

大麻止乃豆乃天神社　おおまとのずのてんじんしゃ〔社〕
　東京都稲城市　《祭神》櫛真知命　〔神社本庁〕

大麻比古神社　おおまひこじんじゃ〔社〕
　徳島県徳島市　《別称》やきち明神さん　《祭神》猿田彦命　〔神社本庁〕

大麻比古神社　おおあさひこじんじゃ〔社〕
　徳島県鳴門市　《別称》大麻さん　《祭神》大麻比古大神［他］　〔神社本庁〕

大麻神社　おおあさじんじゃ〔社〕
　香川県善通寺市　《別称》大麻大明神・大麻天神　《祭神》天太玉命［他］　〔神社本庁〕

大黒寺　だいこくじ〔寺〕
　京都府京都市伏見区　〔単立〕

12 大勝院　だいしょういん〔寺〕
　千葉県松戸市　《本尊》十一面観世音菩薩　〔真言宗豊山派〕

大喜寺　だいぎじ〔寺〕
　愛知県名古屋市瑞穂区　《本尊》大日如来　〔真言宗豊山派〕

大善寺　だいぜんじ〔寺〕
　青森県北津軽郡板柳町　《別称》じょうどでら　《本尊》阿弥陀如来　〔浄土宗〕

大善寺　だいぜんじ〔寺〕
　東京都八王子市　《本尊》阿弥陀如来　〔単立〕

大善寺　だいぜんじ〔寺〕
　神奈川県横浜市戸塚区　《本尊》阿弥陀如来　〔浄土宗〕

大善寺　だいぜんじ〔寺〕
　福井県坂井郡坂井町　《本尊》十一面観世音菩薩　〔真言宗智山派〕

大善寺　だいぜんじ〔寺〕
　山梨県東山梨郡勝沼町　《別称》ぶどう薬師　《本尊》薬師如来　〔真言宗智山派〕

大善寺　だいぜんじ〔寺〕
　静岡県島田市　《本尊》阿弥陀如来　〔浄土宗〕

大善寺　だいぜんじ〔寺〕
　愛知県江南市　《本尊》聖観世音菩薩　〔臨済宗妙心寺派〕

大善寺　だいぜんじ〔寺〕
　滋賀県高島郡新旭町　〔天台真盛宗〕

大善寺　だいぜんじ〔寺〕
　京都府京都市伏見区　《別称》六地蔵　《本尊》阿弥陀如来・地蔵菩薩　〔浄土宗〕

大善寺　だいぜんじ〔寺〕
　大阪府大阪市天王寺区　《本尊》阿弥陀如来　〔浄土宗〕

大善寺　だいぜんじ〔寺〕
　奈良県五條市　《本尊》釈迦如来　〔高野山真言宗〕

大善寺　だいぜんじ〔寺〕
　広島県三原市　《本尊》阿弥陀如来　〔浄土宗〕

大善坊　だいぜんぼう〔寺〕
　山梨県南巨摩郡身延町　《本尊》三宝尊・日蓮聖人　〔日蓮宗〕

大善院　だいぜんいん〔寺〕
　千葉県木更津市　《本尊》不動明王　〔真言宗智山派〕

大善院　だいぜんいん〔寺〕
　東京都東村山市　《別称》東村山不動尊　《本尊》阿弥陀如来・不動明王　〔天台宗〕

大善院　だいぜんいん〔寺〕
　愛知県常滑市　《本尊》十一面観世音菩薩　〔真言宗豊山派〕

大善院　だいぜんいん〔寺〕
　京都府京都市下京区　《別称》南坊　《本尊》阿弥陀如来　〔真宗仏光寺派〕

大堰神社　おおぜきじんじゃ〔社〕
　福岡県三井郡大刀洗町　《別称》水天宮さん　《祭神》菅原道真［他］　〔神社本庁〕

大塚の愛染様《称》　おおつかのあいぜんさま〔寺〕
　愛知県稲沢市・性海寺　《本尊》善光寺如来三尊・愛染明王　〔真言宗智山派〕

大塔宮《称》　だいとうのみや〔社〕
　神奈川県鎌倉市・鎌倉宮　《祭神》護良親王　〔単立〕

大報恩寺　だいほうおんじ〔寺〕
　京都府京都市上京区　《別称》千本釈迦堂　《本尊》釈迦如来　〔真言宗智山派〕

大富神社　おおとみじんじゃ〔社〕
　福岡県豊前市　《祭神》住吉大神［他］　〔神社本庁〕

大御和神社　おおみわじんじゃ〔社〕
　徳島県徳島市　《別称》府中の宮　《祭神》大己貴命　〔神社本庁〕

大御食神社　おおみけじんじゃ〔社〕
　長野県駒ヶ根市　《別称》美女ヶ森　《祭神》日本武尊［他］　〔神社本庁〕

大御堂寺　おおみどうじ〔寺〕
　愛知県知多郡美浜町　《別称》野間大坊　《本尊》阿弥陀如来・開運地蔵菩薩・大日如来　〔真言宗豊山派〕

大御堂教会　おおみどうきょうかい〔寺〕
　茨城県つくば市　《別称》坂東第二五番霊場・中禅寺　《本尊》千手観世音菩薩　〔真言宗豊山派〕

大悲王院　だいひおういん〔寺〕
　福岡県前原市　《別称》雷山千如寺・別格本山　《本尊》十一面千手千眼観世音菩薩・清賀上人・二八部衆　〔真言宗大覚寺派〕

大悲寺　だいひじ〔寺〕
　秋田県秋田市　《本尊》十一面観世音菩薩
　　　　　　　　　　　　〔臨済宗妙心寺派〕
大悲院　だいひいん〔寺〕
　奈良県吉野郡西吉野村　《本尊》大日如来
　　　　　　　　　　　〔真言宗大覚寺派〕
大悲願寺　だいひがんじ〔寺〕
　東京都あきる野市　《本尊》千手観世音菩薩
　　　　　　　　　　　　　〔真言宗豊山派〕
大智寺　だいちじ〔寺〕
　埼玉県坂戸市　《本尊》大日如来・文殊菩薩
　　　　　　　　　　　　　〔真言宗智山派〕
大智寺　だいちじ〔寺〕
　岐阜県岐阜市　《本尊》釈迦如来
　　　　　　　　　　　　〔臨済宗妙心寺派〕
大智寺　だいちじ〔寺〕
　京都府相楽郡木津町　《本尊》文殊菩薩
　　　　　　　　　　　　　　〔真言律宗〕
大智寺　だいちじ〔寺〕
　京都府相楽郡和束町　《本尊》文殊菩薩
　　　　　　　　　　　　〔臨済宗永源寺派〕
大智院　だいちいん〔寺〕
　愛知県知多市　《別称》身代わり弘法めがね大師　《本尊》聖観世音菩薩・馬頭観世音菩薩
　　　　　　　　　　　　　〔真言宗智山派〕
大智院　だいちいん〔寺〕
　三重県桑名郡長島町　《本尊》不動明王
　　　　　　　　　　　　　〔真言宗智山派〕
大智院　だいちいん〔寺〕
　長崎県佐世保市　《本尊》薬師如来
　　　　　　　　　　　　　〔高野山真言宗〕
大森さん《称》　おおもりさん〔社〕
　福井県大飯郡高浜町・青海神社　《祭神》椎根津彦命
　　　　　　　　　　　　　　〔神社本庁〕
大森さん《称》　おおもりさん〔社〕
　島根県仁多郡仁多町・大原神社　《祭神》大己貴命[他]
　　　　　　　　　　　　　　〔神社本庁〕
大森の万福寺《称》　おおもりのまんぷくじ〔寺〕
　東京都大田区・万福寺　《本尊》阿弥陀三尊
　　　　　　　　　　　　　　　〔曹洞宗〕
大森大明神《称》　おおもりだいみょうじん〔社〕
　鳥取県気高郡青谷町・利川神社　《祭神》速開津比咩命[他]　　　　〔神社本庁〕
大森大明神《称》　おおもりだいみょうじん〔社〕
　島根県松江市・法吉神社　《祭神》宇武加比比売命　　　　　　　　〔神社本庁〕

大森大明神《称》　おおもりだいみょうじん〔社〕
　島根県仁多郡仁多町・三沢神社　《祭神》阿遅須枳高日子根命　　　〔神社本庁〕
大森大明神《称》　おおもりだいみょうじん〔社〕
　島根県大原郡大東町・海潮神社　《祭神》宇能活比古命　　　　　　〔神社本庁〕
大森神社　おおもりじんじゃ〔社〕
　群馬県群馬郡榛名町　《別称》大森さま　《祭神》国常立命　　　　〔神社本庁〕
大森神社　おおもりじんじゃ〔社〕
　大阪府泉南郡熊取町　《祭神》菅原道真[他]
　　　　　　　　　　　　　　〔神社本庁〕
大森神社　おおもりじんじゃ〔社〕
　兵庫県佐用郡南光町　《祭神》大山津見命[他]
　　　　　　　　　　　　　　〔神社本庁〕
大港神社　おおみなとじんじゃ〔社〕
　鳥取県境港市　《祭神》品陀別命[他]
　　　　　　　　　　　　　　〔神社本庁〕
大満寺　だいまんじ〔寺〕
　宮城県仙台市太白区　《本尊》釈迦如来・虚空蔵菩薩　　　　　　〔曹洞宗〕
大満寺　だいまんじ〔寺〕
　宮城県仙台市泉区　《本尊》虚空蔵菩薩
　　　　　　　　　　　　　　〔曹洞宗〕
大湊神社　おおみなとじんじゃ〔社〕
　福井県坂井郡三国町　《別称》雄島さん　《祭神》事代主神[他]　〔神社本庁〕
大統寺　だいとうじ〔寺〕
　福島県白河市　《本尊》釈迦如来
　　　　　　　　　　　　〔臨済宗妙心寺派〕
大統寺　だいとうじ〔寺〕
　茨城県龍ヶ崎市　《本尊》釈迦如来　〔曹洞宗〕
大覚寺　だいがくじ〔寺〕
　北海道札幌市東区　《本尊》釈迦如来
　　　　　　　　　　　　　　〔曹洞宗〕
大覚寺　だいかくじ〔寺〕
　茨城県新治郡八郷町　《本尊》阿弥陀如来
　　　　　　　　　　　　〔浄土真宗本願寺派〕
大覚寺　だいかくじ〔寺〕
　岐阜県下呂市　《本尊》馬頭観世音菩薩
　　　　　　　　　　　　〔臨済宗妙心寺派〕
大覚寺　だいかくじ〔寺〕
　愛知県西加茂郡三好町　《本尊》阿弥陀如来　　　　　　　　　　〔真宗大谷派〕
大覚寺　だいかくじ〔寺〕
　京都府京都市右京区　《別称》嵯峨御所・大本山　《本尊》五大明王・勅封般若心経
　　　　　　　　　　　　〔真言宗大覚寺派〕

3画（大）

大覚寺　だいかくじ〔寺〕
　大阪府大阪市天王寺区　《本尊》阿弥陀如来　〔浄土宗〕
大覚寺　だいかくじ〔寺〕
　兵庫県姫路市　《本尊》阿弥陀如来
　　〔浄土宗西山禅林寺派〕
大覚寺　だいかくじ〔寺〕
　福岡県田川郡糸田町　《本尊》阿弥陀如来
　　〔浄土真宗本願寺派〕
大覚寺　だいかくじ〔寺〕
　鹿児島県鹿児島市　《本尊》阿弥陀如来
　　〔真宗大谷派〕
大覚院　だいかくいん〔寺〕
　千葉県船橋市　《別称》赤門寺　《本尊》大日如来　〔真言宗豊山派〕
大超寺　だいちょうじ〔寺〕
　三重県上野市　《本尊》阿弥陀三尊　〔浄土宗〕
大超寺　だいちょうじ〔寺〕
　京都府京都市上京区　《本尊》阿弥陀如来・天照皇大神　〔浄土宗〕
大超寺　だいちょうじ〔寺〕
　大分県日田市　《別称》代官寺　《本尊》阿弥陀如来　〔浄土宗〕
大運寺　だいうんじ〔寺〕
　群馬県吾妻郡吾妻町　《本尊》阿弥陀如来　〔浄土宗〕
大運寺　だいうんじ〔寺〕
　神奈川県横浜市戸塚区　《本尊》阿弥陀如来　〔浄土宗〕
大運寺　だいうんじ〔寺〕
　神奈川県中郡大磯町　《本尊》阿弥陀如来　〔浄土宗〕
大道寺　だいどうじ〔寺〕
　北海道旭川市　《別称》禅寺　《本尊》釈迦如来・夢殿観世音菩薩・達磨大師
　　〔臨済宗妙心寺派〕
大道寺　だいどうじ〔寺〕
　愛知県田原市　《本尊》阿弥陀如来　〔浄土宗〕
大道寺　だいどうじ〔寺〕
　山口県山口市　《本尊》十一面観世音菩薩　〔曹洞宗〕
大隅国一之宮《称》　おおすみのくにいちのみや〔社〕
　鹿児島県姶良郡隼人町・鹿児島神宮　《祭神》天津日高彦穂穂出見尊[他]　〔神社本庁〕
大隅神社　おおすみじんじゃ〔社〕
　岡山県津山市　《祭神》大己貴命[他]　〔神社本庁〕
大陽寺　たいようじ〔寺〕
　三重県多気郡宮川村　《本尊》北辰妙見大菩薩　〔曹洞宗〕

大雄寺　だいおうじ〔寺〕
　北海道伊達市　《本尊》釈迦如来　〔曹洞宗〕
大雄寺　だいおうじ〔寺〕
　宮城県本吉郡志津川町　《本尊》阿弥陀如来　〔曹洞宗〕
大雄寺　だいおうじ〔寺〕
　群馬県甘楽郡南牧村　《本尊》釈迦如来　〔天台宗〕
大雄寺　だいゆうじ〔寺〕
　新潟県岩船郡荒川町　《本尊》聖観世音菩薩　〔曹洞宗〕
大雄寺　だいおうじ〔寺〕
　岐阜県高山市　《本尊》阿弥陀如来　〔浄土宗〕
大雄寺　だいゆうじ〔寺〕
　長崎県南松浦郡岐宿町　《別称》東の寺　《本尊》阿弥陀如来　〔浄土真宗本願寺派〕
大雄寺　だいゆうじ〔寺〕
　宮崎県東臼杵郡西郷村　《本尊》延命地蔵菩薩　〔曹洞宗〕
大雄院　だいおういん〔寺〕
　茨城県日立市　《本尊》釈迦三尊　〔曹洞宗〕
大雄院　だいゆういん〔寺〕
　群馬県桐生市　《本尊》釈迦如来　〔曹洞宗〕
大雲寺　だいうんじ〔寺〕
　茨城県久慈郡大子町　《本尊》大日如来・正観世音菩薩　〔真言宗智山派〕
大雲寺　だいうんじ〔寺〕
　群馬県高崎市　《本尊》釈迦如来　〔曹洞宗〕
大雲寺　だいうんじ〔寺〕
　東京都江戸川区　《別称》役者寺　《本尊》阿弥陀如来　〔浄土宗〕
大雲寺　だいうんじ〔寺〕
　新潟県西頸城郡青海町　《本尊》阿弥陀如来　〔真宗大谷派〕
大雲寺　だいうんじ〔寺〕
　長野県千曲市　《本尊》釈迦如来　〔曹洞宗〕
大雲寺　だいうんじ〔寺〕
　岐阜県関市　《本尊》聖観世音菩薩　〔臨済宗妙心寺派〕
大雲寺　だいうんじ〔寺〕
　三重県熊野市　《本尊》十一面観世音菩薩　〔曹洞宗〕
大雲寺　だいうんじ〔寺〕
　滋賀県長浜市　《本尊》阿弥陀如来　〔真宗大谷派〕
大雲寺　だいうんじ〔寺〕
　京都府京都市左京区　《別称》岩倉観音　《本尊》十一面観世音菩薩　〔単立〕
大雲院　だいうんいん〔寺〕
　静岡県御殿場市　《本尊》薬師如来・阿弥陀千体仏　〔曹洞宗〕

3画（大）

大雲院　だいうんいん〔寺〕
　京都府京都市下京区　《別称》本山　《本尊》阿弥陀如来　〔単立〕

大雲院　だいうんいん〔寺〕
　鳥取県鳥取市　《本尊》阿弥陀如来・元三大師　〔天台宗〕

大須賀大神　おおすがおおかみ〔社〕
　千葉県香取郡大栄町　《祭神》天照大神［他］　〔神社本庁〕

大須観音《称》　おおすかんのん〔寺〕
　愛知県名古屋市中区・宝生院　《本尊》聖観世音菩薩　〔真言宗智山派〕

大飯神社　おおいじんじゃ〔社〕
　福井県大飯郡大飯町　《別称》上の宮さん　《祭神》大飯鍬立大神　〔神社本庁〕

13 大塩八幡宮　おおしおはちまんぐう〔社〕
　福井県武生市　《別称》八幡さん　《祭神》仲哀天皇［他］　〔神社本庁〕

大慈寺　だいじ〔寺〕
　青森県八戸市　《本尊》聖観世音菩薩　〔曹洞宗〕

大慈寺　だいじ〔寺〕
　岩手県盛岡市　《別称》原敬さんの寺　《本尊》如意輪観世音菩薩・十一面観世音菩薩　〔黄檗宗〕

大慈寺　だいじ〔寺〕
　岩手県遠野市　《本尊》釈迦如来　〔曹洞宗〕

大慈寺　だいじ〔寺〕
　宮城県登米郡東和町　《本尊》釈迦如来　〔曹洞宗〕

大慈寺　だいじ〔寺〕
　秋田県平鹿郡大森町　《本尊》釈迦如来　〔曹洞宗〕

大慈寺　だいじ〔寺〕
　栃木県下都賀郡岩舟町　《本尊》日本七仏・薬師如来　〔天台宗〕

大慈寺　だいじ〔寺〕
　埼玉県秩父郡横瀬町　《別称》秩父第一〇番霊場　《本尊》聖観世音菩薩　〔曹洞宗〕

大慈寺　だいじ〔寺〕
　新潟県新潟市　《本尊》釈迦如来　〔曹洞宗〕

大慈寺　だいじ〔寺〕
　岐阜県不破郡垂井町　《本尊》十一面観世音菩薩　〔臨済宗妙心寺派〕

大慈寺　だいじ〔寺〕
　三重県志摩郡大王町　《本尊》十一面観世音菩薩　〔臨済宗妙心寺派〕

大慈寺　だいじ〔寺〕
　広島県三次市　《本尊》聖観世音菩薩　〔臨済宗仏通寺派〕

大慈寺　だいじ〔寺〕
　熊本県熊本市　《本尊》釈迦如来　〔曹洞宗〕

大慈寺　だいじ〔寺〕
　鹿児島県曽於郡志布志町　《本尊》聖観世音菩薩　〔臨済宗妙心寺派〕

大慈恩寺　だいじおんじ〔寺〕
　千葉県香取郡大栄町　《本尊》釈迦如来　〔真言宗智山派〕

大慈院　だいじいん〔寺〕
　京都府京都市北区　《本尊》釈迦如来　〔臨済宗大徳寺派〕

大慈院　だいじいん〔寺〕
　兵庫県加東郡滝野町　《別称》光明善導寺　《本尊》阿弥陀如来　〔高野山真言宗〕

大楽寺　だいらくじ〔寺〕
　栃木県芳賀郡茂木町　《本尊》不動明王　〔真言宗豊山派〕

大楽寺　だいらくじ〔寺〕
　東京都大田区　《本尊》阿弥陀如来　〔真言宗智山派〕

大楽寺　だいらくじ〔寺〕
　富山県新湊市　《本尊》阿弥陀如来　〔浄土宗〕

大楽寺　だいらくじ〔寺〕
　大分県大分市　《本尊》観世音菩薩　〔臨済宗妙心寺派〕

大楽寺　だいらくじ〔寺〕
　大分県宇佐市　《本尊》弥勒菩薩・如意輪観世音菩薩　〔高野山真言宗〕

大楽院　だいらくいん〔寺〕
　福島県双葉郡楢葉町　《別称》興福寺　《本尊》薬師如来　〔真言宗豊山派〕

大楽院　だいらくいん〔寺〕
　神奈川県川崎市中原区　《本尊》大日如来・十一面観世音菩薩　〔真言宗豊山派〕

大楠神社　おおくすじんじゃ〔社〕
　鹿児島県薩摩郡祁答院町　《別称》大王神社　《祭神》猿田彦命　〔神社本庁〕

大歳神社　おおとしじんじゃ〔社〕
　岐阜県飛騨市　《祭神》大歳神　〔神社本庁〕

大歳神社　おおとしじんじゃ〔社〕
　京都府京都市西京区　《別称》栢の森　《祭神》大歳神［他］　〔神社本庁〕

大歳神社　おおとしじんじゃ〔社〕
　兵庫県姫路市　《祭神》大年大神　〔神社本庁〕

大歳神社　おおとしじんじゃ〔社〕
　兵庫県飾磨郡夢前町　《祭神》大歳神［他］　〔神社本庁〕

大歳神社　おおとしじんじゃ〔社〕
　兵庫県神崎郡神崎町　《祭神》大歳大神［他］　〔神社本庁〕

神社・寺院名よみかた辞典　79

大歳神社　おおとしじんじゃ〔社〕
　兵庫県神崎郡福崎町　《別称》大みや　《祭神》大歳神［他］　　　　〔神社本庁〕

大歳神社　おおとしじんじゃ〔社〕
　兵庫県美方郡浜坂町　《祭神》大年神［他］
　　　　　　　　　　　　　　　　〔神社本庁〕

大歳御祖神社　おおとしみおやじんじゃ〔社〕
　静岡県静岡市　《祭神》大歳御祖命
　　　　　　　　　　　　　　　　〔神社本庁〕

大滝大権現《称》　おおたきだいごんげん〔社〕
　福井県今立郡今立町・大滝神社　《祭神》国常立尊［他］　　　　　　〔神社本庁〕

大滝山《称》　おおたきさん〔社〕
　徳島県美馬郡脇町・西照神社　《祭神》月読尊［他］　　　　　　　　〔神社本庁〕

大滝寺　おおたきじ〔寺〕
　徳島県美馬郡脇町　《別称》西照大権現　《本尊》西照大権現　　　〔真言宗御室派〕

大滝神社　おおたきじんじゃ〔社〕
　福井県今立郡今立町　《別称》大滝大権現　《祭神》国常立尊［他］　〔神社本庁〕

大滝神社　おおたきじんじゃ〔社〕
　山梨県北巨摩郡小淵沢町　《別称》滝権現　《祭神》大国主命［他］　〔神社本庁〕

大滝神社　おおたきじんじゃ〔社〕
　滋賀県犬上郡多賀町　《別称》滝の宮　《祭神》高龗神［他］　　　　〔神社本庁〕

大滝神社　おおたきじんじゃ〔社〕
　広島県大竹市　《祭神》多岐都比売命［他］
　　　　　　　　　　　　　　　　〔神社本庁〕

大照寺　だいしょうじ〔寺〕
　北海道上川郡比布町　《本尊》不動明王
　　　　　　　　　　　　　　　〔真言宗智山派〕

大照院　だいしょういん〔寺〕
　茨城県猿島郡境町　《本尊》延命地蔵菩薩
　　　　　　　　　　　　　　　〔真言宗豊山派〕

大照院　だいしょういん〔寺〕
　山口県下関市　《本尊》阿弥陀如来　〔浄土宗〕

大照院　だいしょういん〔寺〕
　山口県萩市　《本尊》聖観世音菩薩
　　　　　　　　　　　　　〔臨済宗南禅寺派〕

大猷院廟　だいゆういんびょう〔寺〕
　栃木県日光市　　　　　　　　　〔天台宗〕

大禅寺　だいぜんじ〔寺〕
　愛媛県大洲市　《本尊》釈迦如来
　　　　　　　　　　　　　〔臨済宗妙心寺派〕

大福生寺　だいふくじょうじ〔寺〕
　東京都品川区　《別称》大井聖天　《本尊》歓喜天　　　　　　　　〔天台宗〕

大福田寺　だいふくでんじ〔寺〕
　三重県桑名市　《別称》桑名大仏　《本尊》阿弥陀如来・観世音菩薩　〔高野山真言宗〕

大福光寺　だいふくこうじ〔寺〕
　京都府船井郡丹波町　《別称》蕨の毘沙門さん　《本尊》毘沙門天　〔真言宗御室派〕

大福寺　だいふくじ〔寺〕
　福島県福島市　《本尊》地蔵菩薩
　　　　　　　　　　　　　　　〔真言宗豊山派〕

大福寺　だいふくじ〔寺〕
　茨城県鹿嶋市　《別称》棚木観音　《本尊》十一面観世音菩薩・地蔵菩薩　〔真言宗豊山派〕

大福寺　だいふくじ〔寺〕
　埼玉県加須市　《本尊》薬師如来
　　　　　　　　　　　　　　　〔真言宗智山派〕

大福寺　だいふくじ〔寺〕
　埼玉県大里郡大里町　《本尊》地蔵菩薩
　　　　　　　　　　　　　　　〔真言宗智山派〕

大福寺　だいふくじ〔寺〕
　千葉県館山市　《別称》崖の観音　《本尊》十一面観世音菩薩　　　〔真言宗智山派〕

大福寺　だいふくじ〔寺〕
　新潟県南魚沼郡塩沢町　《本尊》阿弥陀三尊　　　　　　　　　〔真言宗豊山派〕

大福寺　だいふくじ〔寺〕
　静岡県引佐郡三ヶ日町　《本尊》薬師如来
　　　　　　　　　　　　　　　〔高野山真言宗〕

大福寺　だいふくじ〔寺〕
　滋賀県甲賀郡甲賀町　《本尊》阿弥陀如来
　　　　　　　　　　　　　　　　　〔浄土宗〕

大福寺　だいふくじ〔寺〕
　大阪府貝塚市　《本尊》阿弥陀三尊・釈迦如来・善導大師・法然上人　〔浄土宗〕

大福寺　だいふくじ〔寺〕
　奈良県生駒郡安堵町　《本尊》地蔵菩薩
　　　　　　　　　　　　　　　〔融通念仏宗〕

大福寺　だいふくじ〔寺〕
　奈良県北葛城郡広陵町　《本尊》薬師如来
　　　　　　　　　　　　　　　〔高野山真言宗〕

大福寺　だいふくじ〔寺〕
　愛媛県西条市　《本尊》延命地蔵菩薩
　　　　　　　　　　　　　　　〔高野山真言宗〕

大福寺　だいふくじ〔寺〕
　長崎県南高来郡吾妻町　《本尊》阿弥陀如来　　　　　　　　〔浄土宗本願寺派〕

大福寺　だいふくじ〔寺〕
　大分県大野郡緒方町　《本尊》釈迦如来
　　　　　　　　　　　　　　　〔臨済宗妙心寺派〕

大福院《称》　だいふくいん〔寺〕
　大阪府大阪市中央区・三津寺　《本尊》十一面観世音菩薩　　　　　〔真言宗御室派〕

3画（大）

大義寺　だいぎじ〔寺〕
　東京都八王子市　《別称》大元寺　《本尊》薬師如来
　　　　　　　　　　　　　　　〔真言宗智山派〕
大聖寺　だいしょうじ〔寺〕
　北海道夕張市　《別称》禅寺　《本尊》釈迦如来
　　　　　　　　　　　　　　　　　　〔曹洞宗〕
大聖寺　だいしょうじ〔寺〕
　北海道上川郡上川町　《本尊》不動明王・矜迦羅童子・制多迦童子　〔真言宗豊山派〕
大聖寺　だいしょうじ〔寺〕
　宮城県仙台市宮城野区　《別称》お聖天さま　《本尊》不動明王・歓喜天　〔真言宗智山派〕
大聖寺　だいしょうじ〔寺〕
　山形県東置賜郡高畠町　《別称》亀岡文殊　《本尊》文殊菩薩　〔真言宗智山派〕
大聖寺　だいしょうじ〔寺〕
　福島県伊達郡桑折町　《本尊》阿弥陀如来
　　　　　　　　　　　　　　　〔真言宗豊山派〕
大聖寺　だいしょうじ〔寺〕
　福島県田村郡船引町　《本尊》大日如来
　　　　　　　　　　　　　　　〔真言宗豊山派〕
大聖寺　だいしょうじ〔寺〕
　茨城県土浦市　《本尊》大日如来
　　　　　　　　　　　　　　　〔真言宗豊山派〕
大聖寺　だいしょうじ〔寺〕
　埼玉県越谷市　《別称》大相模不動尊　《本尊》不動明王　〔真言宗豊山派〕
大聖寺　だいしょうじ〔寺〕
　埼玉県比企郡小川町　《別称》下里観音　《本尊》如意輪観世音菩薩　〔天台宗〕
大聖寺　だいしょうじ〔寺〕
　千葉県千葉市　《本尊》不動明王
　　　　　　　　　　　　　　　〔真言宗豊山派〕
大聖寺　だいしょうじ〔寺〕
　千葉県夷隅郡大原町　《別称》波切不動　《本尊》阿弥陀如来・不動明王　〔天台宗〕
大聖寺　だいしょうじ〔寺〕
　東京都足立区　《別称》関原不動尊　《本尊》不動明王　〔真言宗豊山派〕
大聖寺　だいしょうじ〔寺〕
　神奈川県横浜市鶴見区　《本尊》阿弥陀如来・観世音菩薩・勢至菩薩　〔天台宗〕
大聖寺　だいしょうじ〔寺〕
　静岡県浜松市　《本尊》文殊菩薩　〔曹洞宗〕
大聖寺　だいしょうじ〔寺〕
　静岡県沼津市　《本尊》観世音菩薩
　　　　　　　　　　　　　〔臨済宗妙心寺派〕
大聖寺　だいしょうじ〔寺〕
　愛知県岡崎市　《本尊》阿弥陀如来　〔浄土宗〕
大聖寺　だいしょうじ〔寺〕
　愛知県豊川市　《本尊》阿弥陀如来　〔浄土宗〕

大聖寺　だいしょうじ〔寺〕
　愛知県犬山市　《別称》成田山名古屋別院　《本尊》不動明王　〔真言宗智山派〕
大聖寺　だいしょうじ〔寺〕
　三重県度会郡南勢町　《本尊》釈迦如来
　　　　　　　　　　　　　〔臨済宗妙心寺派〕
大聖寺　だいしょうじ〔寺〕
　滋賀県蒲生郡日野町　《本尊》阿弥陀如来
　　　　　　　　　　　　　　　　　　〔浄土宗〕
大聖寺　だいしょうじ〔寺〕
　京都府京都市上京区　《別称》御寺の御所・門跡寺院　《本尊》釈迦如来　〔単立〕
大聖寺　だいしょうじ〔寺〕
　岡山県玉野市　《別称》備前身延別院　《本尊》大曼荼羅・鬼子母神　〔日蓮宗〕
大聖寺　だいしょうじ〔寺〕
　岡山県英田郡作東町　《別称》別格本山・蓮華谷本坊　《本尊》不動明王・如意輪観世音菩薩・愛染明王　〔真言宗大覚寺派〕
大聖寺　だいしょうじ〔寺〕
　佐賀県杵島郡北方町　《本尊》不動明王
　　　　　　　　　　　　　　　〔真言宗大覚寺派〕
大聖峰寺　だいしょうぶじ〔寺〕
　群馬県藤岡市　《別称》お不動様　《本尊》不動明王　〔真言宗豊山派〕
大聖院　だいしょういん〔寺〕
　茨城県古河市　《本尊》釈迦如来　〔曹洞宗〕
大聖院　だいしょういん〔寺〕
　千葉県安房郡千倉町　《別称》高塚不動尊　《本尊》不動明王　〔真言宗智山派〕
大聖院　だいしょういん〔寺〕
　東京都港区　《本尊》大日如来
　　　　　　　　　　　　　　　〔真言宗智山派〕
大聖院　だいしょういん〔寺〕
　東京都目黒区　《本尊》十一面観世音菩薩
　　　　　　　　　　　　　　　　　　〔天台宗〕
大聖院　だいしょういん〔寺〕
　神奈川県横浜市西区　《本尊》不動明王
　　　　　　　　　　　　　　　〔高野山真言宗〕
大聖院　だいしょういん〔寺〕
　神奈川県横浜市磯子区　《本尊》阿弥陀如来・不動明王　〔高野山真言宗〕
大聖院　だいしょういん〔寺〕
　神奈川県横浜市港北区　《別称》箕輪のお寺　《本尊》不動明王・二脇士　〔天台宗〕
大聖院　だいしょういん〔寺〕
　愛知県名古屋市西区　《本尊》地蔵菩薩
　　　　　　　　　　　　　　　〔真言宗豊山派〕
大聖院　だいしょういん〔寺〕
　愛知県海部郡佐屋町　《本尊》薬師如来
　　　　　　　　　　　　　　　〔真言宗智山派〕

3画（大）

大聖院　だいしょういん〔寺〕
　三重県四日市市　《本尊》不動明王
　　　　　　　　　　　　　　〔真言宗醍醐派〕
大聖院　だいしょういん〔寺〕
　徳島県徳島市　《本尊》歓喜天
　　　　　　　　　　　　　　〔高野山真言宗〕
大聖院　だいしょういん〔寺〕
　佐賀県唐津市　《本尊》弘法大師
　　　　　　　　　　　　　　〔高野山真言宗〕
大聖勝軍寺　だいしょうしょうぐんじ〔寺〕
　大阪府八尾市　《別称》下の太子・野中寺・願成就寺・むくの木寺・太子堂　《本尊》聖徳太子・四天王・毘沙門天　〔高野山真言宗〕
大聖観音寺　だいしょうかんのんじ〔寺〕
　大阪府大阪市住吉区　《別称》あびこ観音・総本山
　　　　　　　　　　　　　　〔観音宗〕
大蓮寺　だいれんじ〔寺〕
　岩手県岩手郡岩手町　《本尊》阿弥陀如来
　　　　　　　　　　　　　　〔浄土宗〕
大蓮寺　だいれんじ〔寺〕
　埼玉県飯能市　《本尊》釈迦如来　〔曹洞宗〕
大蓮寺　だいれんじ〔寺〕
　千葉県浦安市　《本尊》阿弥陀如来　〔浄土宗〕
大蓮寺　だいれんじ〔寺〕
　石川県羽咋郡志雄町　《本尊》日蓮聖人
　　　　　　　　　　　　　　〔日蓮宗〕
大蓮寺　だいれんじ〔寺〕
　滋賀県八日市市　《本尊》阿弥陀如来
　　　　　　　　　　　　　　〔浄土宗〕
大蓮寺　だいれんじ〔寺〕
　大阪府大阪市天王寺区　《本尊》阿弥陀如来
　　　　　　　　　　　　　　〔浄土宗〕
大誠寺　だいじょうじ〔寺〕
　北海道空知郡栗沢町　《別称》真言寺　《本尊》不動明王・弘法大師・興教大師
　　　　　　　　　　　　　　〔真言宗智山派〕
大雷神社　たいらいじんじゃ〔社〕
　群馬県佐波郡赤堀町　《別称》雷電宮　《祭神》大雷命［他］　〔神社本庁〕
14 大寧寺　たいねいじ〔寺〕
　山口県長門市　《本尊》釈迦三尊　〔曹洞宗〕
大嶋神社　おおしまじんじゃ〔社〕
　滋賀県近江八幡市　《祭神》大国主神
　　　　　　　　　　　　　　〔神社本庁〕
大徳山八幡宮《称》　おおとくやまはちまんぐう〔社〕
　島根県飯石郡赤来町・八幡宮　《祭神》応神天皇［他］　　　　〔神社本庁〕
大徳寺　だいとくじ〔寺〕
　北海道富良野市　《本尊》阿弥陀如来
　　　　　　　　　　　　　　〔真宗大谷派〕

大徳寺　だいとくじ〔寺〕
　富山県魚津市　《別称》慈興寺の寺　《本尊》阿弥陀如来　〔真宗大谷派〕
大徳寺　だいとくじ〔寺〕
　長野県佐久市　《本尊》釈迦如来　〔曹洞宗〕
大徳寺　だいとくじ〔寺〕
　静岡県静岡市　《本尊》釈迦如来　〔曹洞宗〕
大徳寺　だいとくじ〔寺〕
　愛知県南設楽郡鳳来町　《別称》寺林のお寺　《本尊》聖観世音菩薩　〔臨済宗南禅寺派〕
大徳寺　だいとくじ〔寺〕
　滋賀県神崎郡能登川町　《別称》寝てて山見る大徳寺　《本尊》聖観世音菩薩
　　　　　　　　　　　　　　〔臨済宗妙心寺派〕
大徳寺　だいとくじ〔寺〕
　京都府京都市北区　《別称》大本山・紫野大徳寺　《本尊》大灯国師釈迦如来
　　　　　　　　　　　　　　〔臨済宗大徳寺派〕
大徳寺　だいとくじ〔寺〕
　鳥取県倉吉市　《別称》天神野寺　《本尊》阿弥陀如来　　　　〔真宗大谷派〕
大徳寺　だいとくじ〔寺〕
　大分県大野郡三重町　《別称》新蔵院　《本尊》阿弥陀如来・不動明王　〔天台宗〕
大徳寺僧堂《称》　だいとくじそうどう〔寺〕
　京都府京都市北区・竜翔寺　《本尊》釈迦如来　　　　　　　〔臨済宗大徳寺派〕
大徳院　だいとくいん〔寺〕
　千葉県安房郡丸山町　《別称》大井寺　《本尊》不動明王　〔真言宗智山派〕
大徳院　だいとくいん〔寺〕
　岐阜県美濃加茂市　《別称》古井の不動　《本尊》不動明王　〔天台寺門宗〕
大稲荷神社　だいいなりじんじゃ〔社〕
　神奈川県小田原市　《祭神》田中大神［他］
　　　　　　　　　　　　　　〔神社本庁〕
大窪寺　おおくぼじ〔寺〕
　香川県さぬき市　《別称》四国第八八番霊場　《本尊》薬師如来　〔真言宗大覚寺派〕
大窪神社　おおくぼじんじゃ〔社〕
　静岡県浜松市　《祭神》天照皇大神［他］
　　　　　　　　　　　　　　〔神社本庁〕
大窪御坊《称》　おおくぼごぼう〔寺〕
　富山県砺波市・常福寺　《本尊》阿弥陀如来
　　　　　　　　　　　　　　〔真宗大谷派〕
大網門跡《称》　おおあみもんぜき〔寺〕
　茨城県東茨城郡大洗町・願入寺　《本尊》阿弥陀如来　〔単立(原始真宗)〕
大練寺　だいれんじ〔寺〕
　滋賀県大津市　《本尊》釈迦如来・地蔵菩薩
　　　　　　　　　　　　　　〔曹洞宗〕

3画（大）

大誓寺　だいせいじ〔寺〕
神奈川県横浜市栄区　《本尊》阿弥陀如来
〔浄土宗〕

大領神社　だいりょうじんじゃ〔社〕
岐阜県不破郡垂井町　《祭神》不破大領勝木実〔他〕　〔神社本庁〕

大領神社　だいりょうじんじゃ〔社〕
島根県仁多郡仁多町　《別称》郡の宮　《祭神》伊弉諾命〔他〕　〔神社本庁〕

15 大幡不動《称》　おおはたふどう〔寺〕
東京都八王子市・宝生寺　《本尊》身代不動明王・十一面観世音菩薩　〔真言宗智山派〕

大幡神杉伊豆牟比咩神社　おおはたかみすぎいずむひめじんじゃ〔社〕
石川県輪島市　《祭神》足摩乳命〔他〕
〔神社本庁〕

大幡神社　おおはたじんじゃ〔社〕
新潟県佐渡市　《祭神》大股主命　〔神社本庁〕

大幡様《称》　おおはたさま〔社〕
愛知県豊橋市・賀茂神社　《祭神》賀茂別雷命〔他〕　〔神社本庁〕

大慶寺　だいけいじ〔寺〕
静岡県藤枝市　《本尊》久遠実成本師釈迦如来
〔日蓮宗〕

大慶寺　たいけいじ〔寺〕
島根県平田市　《別称》説法山　《本尊》十界勧請大曼荼羅　〔日蓮宗〕

大慧会教団　だいえいかいきょうだん〔寺〕
大阪府堺市　《別称》本部教会　《本尊》日蓮聖人奠定の十界大曼荼羅　〔大慧会教団〕

大蔵寺　だいぞうじ〔寺〕
秋田県本荘市　《本尊》釈迦如来　〔曹洞宗〕

大蔵寺　だいぞうじ〔寺〕
静岡県磐田市　《本尊》薬師如来
〔臨済宗妙心寺派〕

大蔵寺　だいぞうじ〔寺〕
愛知県北設楽郡設楽町　《本尊》阿弥陀三尊　〔臨済宗妙心寺派〕

大蔵寺　だいぞうじ〔寺〕
京都府京都市東山区　《本尊》阿弥陀如来
〔浄土宗西山禅林寺派〕

大蔵寺　だいぞうじ〔寺〕
奈良県宇陀郡大宇陀町　《本尊》薬師如来・愛染明王　〔真言宗豊山派〕

大蔵寺　だいぞうじ〔寺〕
愛媛県松山市　《本尊》虚空蔵菩薩
〔真言宗豊山派〕

大蔵神社　おおくらじんじゃ〔社〕
奈良県吉野郡吉野町　《別称》川上鹿塩神社　《祭神》鹿葦津比売命〔他〕　〔神社本庁〕

大蔵神社　おおくらじんじゃ〔社〕
広島県福山市　《別称》大蔵宮　《祭神》下照姫命〔他〕　〔神社本庁〕

大蔵宮《称》　おおくらぐう〔社〕
広島県福山市・大蔵神社　《祭神》下照姫命〔他〕　〔神社本庁〕

大蔵院　だいぞういん〔寺〕
福島県河沼郡河東町　《別称》八田野のお寺様　《本尊》胎蔵界大日如来・金剛界大日如来・阿弥陀如来　〔真言宗豊山派〕

大蔵経寺　だいぞうきょうじ〔寺〕
山梨県東八代郡石和町　《本尊》不動明王
〔真言宗智山派〕

大輪寺　だいりんじ〔寺〕
茨城県結城市　《本尊》如意輪観世音菩薩・聖観世音菩薩　〔真言宗豊山派〕

大輪寺　だいりんじ〔寺〕
新潟県北蒲原郡中条町　《本尊》釈迦如来
〔曹洞宗〕

大輪寺　だいりんじ〔寺〕
長野県上田市　《本尊》釈迦如来　〔曹洞宗〕

大輪院　だいりんいん〔寺〕
長野県飯山市　《別称》愛宕山　《本尊》大日如来　〔真言宗豊山派〕

大養寺　だいようじ〔寺〕
東京都港区　《本尊》阿弥陀如来　〔浄土宗〕

16 大橋寺　だいきょうじ〔寺〕
大分県臼杵市　《本尊》阿弥陀如来
〔浄土宗西山禅林寺派〕

大樹寺　だいじゅじ〔寺〕
愛知県岡崎市　《本尊》阿弥陀如来　〔浄土宗〕

大樹寺　だいじゅじ〔寺〕
鳥取県八頭郡郡家町　《本尊》釈迦如来
〔曹洞宗〕

大興寺　だいこうじ〔寺〕
岩手県稗貫郡石鳥谷町　《別称》土仏観音　《本尊》釈迦如来・観世音菩薩　〔曹洞宗〕

大興寺　だいこうじ〔寺〕
埼玉県児玉郡美里町　《本尊》釈迦如来
〔臨済宗妙心寺派〕

大興寺　だいこうじ〔寺〕
静岡県榛原郡相良町　《本尊》文殊菩薩
〔曹洞宗〕

大興寺　だいこうじ〔寺〕
京都府京都市左京区　《別称》芝の薬師　《本尊》薬師如来・十二神将　〔臨済宗東福寺派〕

大興寺　だいこうじ〔寺〕
香川県三豊郡山本町　《別称》小松尾寺・四国第六七番霊場　《本尊》薬師如来
〔真言宗〕

3画（大）

大興寺　だいこうじ〔寺〕
　愛媛県伊予郡中山町　《本尊》釈迦如来
　　　　　　　　　　　　　　　　〔曹洞宗〕
大興善寺　だいこうぜんじ〔寺〕
　福岡県北九州市小倉南区　《本尊》如意輪観
　世音菩薩　　　　　　　　　　　〔曹洞宗〕
大興善寺　だいこうぜんじ〔寺〕
　佐賀県三養基郡基山町　《別称》つつじでら
　《本尊》十一面観世音菩薩　　　〔天台宗〕
大薬師《称》　だいやくし〔寺〕
　愛知県名古屋市熱田区・不動院　《本尊》薬
　師如来　　　　　　　　　　〔真言宗豊山派〕
大避神社　おおさけじんじゃ〔社〕
　兵庫県赤穂市　《祭神》天照大神[他]
　　　　　　　　　　　　　　　〔神社本庁〕
大隣寺　だいりんじ〔寺〕
　福島県二本松市　《別称》少年隊の寺　《本
　尊》釈迦如来　　　　　　　　　〔曹洞宗〕
大隣寺　だいりんじ〔寺〕
　鳥取県鳥取市　《本尊》釈迦如来
　　　　　　　　　　　　　〔臨済宗妙心寺派〕
大頭竜神社　おおずりゅうじんじゃ〔社〕
　静岡県小笠郡菊川町　《別称》山王様　《祭
　神》大物主大神[他]　　　　　〔神社本庁〕
17大厳寺　だんごんじ〔寺〕
　新潟県上越市　《本尊》阿弥陀如来　〔浄土宗〕
大厳寺　だいごんじ〔寺〕
　新潟県東頸城郡松之山町　《本尊》阿弥陀如
　来　　　　　　　　　　　　〔真宗大谷派〕
大嶽山《称》　おおたけさん〔寺〕
　山梨県東山梨郡三富村・那賀都神社　《祭神》
　大山祇神[他]　　　　　　　　〔神社本庁〕
大嶽神社　おおたけじんじゃ〔社〕
　東京都西多摩郡檜原村　《祭神》大国主命[他]
　　　　　　　　　　　　　　　〔神社本庁〕
大鎚稲荷神社　おおつちいなりじんじゃ
　〔社〕
　岩手県上閉伊郡大槌町　《別称》にたわたり
　いなり　《祭神》倉稲魂命[他]　〔神社本庁〕
19大瀬子観音《称》　おおせこかんのん〔寺〕
　愛知県名古屋市熱田区・等覚院　《本尊》十
　一面観世音菩薩　　　　　　〔真言宗豊山派〕
大瀬氷川様《称》　おおぜひかわさま〔社〕
　埼玉県八潮市大瀬・氷川神社　《祭神》素戔
　嗚尊[他]　　　　　　　　　　〔神社本庁〕
大瀬明神《称》　おおせみょうじん〔社〕
　静岡県沼津市・大瀬神社　《祭神》引手力命
　　　　　　　　　　　　　　　〔神社本庁〕
大瀬神社　おおせじんじゃ〔社〕
　静岡県沼津市　《別称》大瀬明神　《祭神》引
　手力命　　　　　　　　　　　〔神社本庁〕

大鏑矢神社　おおかぶらやじんじゃ〔社〕
　福島県田村郡船引町　《別称》船引太神宮
　《祭神》高皇産霊神[他]　　　　〔神社本庁〕
大瀧神社　たいろうじんじゃ〔社〕
　滋賀県愛知郡愛知川町　《祭神》伊邪那美
　命　　　　　　　　　　　　　〔神社本庁〕
大願寺　だいがんじ〔寺〕
　北海道函館市　《本尊》阿弥陀如来　〔浄土宗〕
大願寺　だいがんじ〔寺〕
　北海道美唄市　《本尊》阿弥陀如来
　　　　　　　　　　　　　〔真宗仏光寺派〕
大願寺　だいがんじ〔寺〕
　富山県中新川郡舟橋村　《別称》仏生寺の尼
　寺　《本尊》阿弥陀如来　　　　〔浄土宗〕
大願寺　だいがんじ〔寺〕
　愛知県稲沢市　《本尊》薬師如来
　　　　　　　　　　　　　〔真言宗智山派〕
大願寺　だいがんじ〔寺〕
　京都府相楽郡加茂町　《本尊》阿弥陀如来
　　　　　　　　　　　　　〔浄土真宗本願寺派〕
大願寺　だいがんじ〔寺〕
　大阪府大阪市淀川区　《別称》長柄人柱の寺
　《本尊》十界勧請曼荼羅・人柱三尊
　　　　　　　　　　　　　　　〔本門法華宗〕
大願寺　だいがんじ〔寺〕
　大阪府阪南市　《別称》しもいでの寺　《本
　尊》阿弥陀如来　　　　　　　　〔浄土宗〕
大願寺　だいがんじ〔寺〕
　島根県大田市　《本尊》阿弥陀如来　〔浄土宗〕
大願寺　だいがんじ〔寺〕
　広島県佐伯郡宮島町　《別称》宮島の弁財天
　《本尊》弁財天　　　　　　〔高野山真言宗〕
大願寺《称》　だいがんじ〔寺〕
　高知県高岡郡佐川町・大乗院　《本尊》薬師
　三尊　　　　　　　　　　　　〔天台寺門宗〕
大願寺　だいがんじ〔寺〕
　福岡県遠賀郡芦屋町　《本尊》阿弥陀如来
　　　　　　　　　　　　　　　　〔浄土宗〕
大願寺　だいがんじ〔寺〕
　鹿児島県指宿市　《本尊》阿弥陀如来
　　　　　　　　　　　　　　　〔真宗大谷派〕
20大巌寺　だいがんじ〔寺〕
　千葉県千葉市　《別称》鵜ノ森大巌寺　《本
　尊》阿弥陀三尊・不動明王　　　〔浄土宗〕
大巌院　だいがんいん〔寺〕
　千葉県館山市　《本尊》阿弥陀如来　〔浄土宗〕
大鰐大日堂《称》　おおわにだいにちどう
　〔寺〕
　青森県南津軽郡大鰐町・大円寺　《本尊》盧
　遮那仏　　　　　　　　　　〔高野山真言宗〕

84　神社・寺院名よみかた辞典

3画（女, 子）

23大鷲神社　おおわしじんじゃ〔社〕
　　千葉県印旛郡栄町　《祭神》天之日鷲之尊[他]
　　　　　　　　　　　　　　　　　　〔神社本庁〕
　　大鷲院　だいじゅいん〔寺〕
　　愛知県東加茂郡足助町　《本尊》釈迦如来
　　　　　　　　　　　　　　　　　　〔曹洞宗〕
24大鷹神社　おおたかじんじゃ〔社〕
　　山形県山形市　《別称》お明神さま　《祭神》
　　日本武尊　　　　　　　　　　　　〔神社本庁〕

【女】

2女人祈願霊場《称》　にょにんきがんれいじょう〔寺〕
　　愛知県豊橋市・正林寺　《本尊》釈迦如来・子育千体骨地蔵菩薩　　　　　〔曹洞宗〕
　　女人高野《称》　にょにんこうや〔寺〕
　　奈良県宇陀郡室生村・室生寺　《本尊》釈迦如来・十一面観世音菩薩・如意輪観世音菩薩・文殊菩薩　　　　　　　〔真言宗室生寺派〕
　　女人高野山《称》　にょにんこうやさん〔寺〕
　　三重県多気郡勢和村・神宮寺　《本尊》十一面観世音菩薩・弘法大師　〔真言宗山階派〕
4女化神社　おなばけじんじゃ〔社〕
　　茨城県龍ヶ崎市　《別称》女化稲荷　《祭神》保食命　　　　　　　　　　　　〔神社本庁〕
　　女化稲荷《称》　おなばけいなり〔社〕
　　茨城県龍ヶ崎市・女化神社　《祭神》保食命
　　　　　　　　　　　　　　　　　　〔神社本庁〕
5女代神社　めしろじんじゃ〔社〕
　　兵庫県豊岡市　《別称》お女代さん　《祭神》高皇産霊神　　　　　　　　　　　〔神社本庁〕
7女体社《称》　にょたいしゃ〔社〕
　　埼玉県さいたま市・氷川女体神社　《祭神》奇稲田姫命[他]
8女河八幡宮　めがわはちまんぐう〔社〕
　　静岡県湖西市　《祭神》品陀和気命[他]
　　　　　　　　　　　　　　　　　　〔神社本庁〕
10女高野山《称》　おんなこうやさん〔寺〕
　　埼玉県秩父郡大滝村・太陽寺　《本尊》釈迦如来　　　　　　　　　　〔臨済宗建長寺派〕

【子】

6子安の観音《称》　こやすのかんのん〔寺〕
　　大分県玖珠郡玖珠町・安楽寺　《本尊》聖観世音菩薩　　　　　　　　　　　〔曹洞宗〕
　　子安八幡《称》　こやすはちまん〔社〕
　　東京都大田区仲池上・八幡神社　《祭神》品陀和気命　　　　　　　　　　　〔神社本庁〕
　　子安八幡《称》　こやすはちまん〔社〕
　　愛知県東加茂郡稲武町・八幡神社　《祭神》誉田別天皇[他]　　　　　　　　　〔神社本庁〕

子安大師《称》　こやすだいし〔寺〕
　　愛媛県周桑郡小松町・香園寺　《本尊》大日如来・地蔵菩薩・不動明王　〔真言宗御室派〕
子安大師尊《称》　こやすだいしそん〔寺〕
　　愛知県知多郡南知多町・影向寺　《本尊》十一面観世音菩薩　　　　　〔曹洞宗〕
子安地蔵《称》　こやすじぞう〔寺〕
　　奈良県奈良市・法融寺　《本尊》阿弥陀如来
　　　　　　　　　　　　　　　　　〔融通念仏宗〕
子安神社　こやすじんじゃ〔社〕
　　東京都八王子市　《別称》大明神　《祭神》木花開耶姫命[他]　　　　　　　　　〔神社本庁〕
子安神社　こやすじんじゃ〔社〕
　　岐阜県大垣市　《祭神》神功皇后　〔神社本庁〕
子安観音《称》　こやすかんのん〔寺〕
　　茨城県鹿島郡神栖町・弥勒院　《本尊》聖観世音菩薩・大日如来・地蔵菩薩
　　　　　　　　　　　　　　　　　〔真言宗豊山派〕
子安観音《称》　こやすかんのん〔寺〕
　　岐阜県岐阜市・大竜寺　《本尊》観世音菩薩・達磨大師　　　　　　〔臨済宗妙心寺派〕
子安観音《称》　こやすかんのん〔寺〕
　　静岡県焼津市・江月院　《本尊》十一面観世音菩薩　　　　　　　　　　　〔曹洞宗〕
子安観音《称》　こやすかんのん〔寺〕
　　静岡県掛川市・岩井寺　《本尊》聖観世音菩薩・不動明王　　　　　　　〔高野山真言宗〕
子安観音《称》　こやすかんのん〔寺〕
　　京都府京都市東山区・泰産寺　《本尊》十一面千手観世音菩薩　　　　　　〔北法相宗〕
子安観音《称》　こやすかんのん〔寺〕
　　香川県善通寺市・観智院　《本尊》十一面観世音菩薩　　　　　　　　　　〔真言宗〕
子守神社　こもりじんじゃ〔社〕
　　千葉県千葉市　《祭神》稲田姫之命[他]
　　　　　　　　　　　　　　　　　　〔神社本庁〕
子守神社　こもりじんじゃ〔社〕
　　岐阜県可児市　《祭神》天之水分神[他]
　　　　　　　　　　　　　　　　　　〔神社本庁〕
子守神社《称》　こもりじんじゃ〔社〕
　　愛知県豊田市・挙母神社　《祭神》高皇産霊神[他]　　　　　　　　　　　〔神社本庁〕
子守神社《称》　こもりじんじゃ〔社〕
　　京都府船井郡丹波町　《祭神》天水分神[他]
　　　　　　　　　　　　　　　　　　〔神社本庁〕
子守観音《称》　こもりかんのん〔寺〕
　　京都府綾部市・心田院　《本尊》釈迦如来・護世観世音菩薩　〔臨済宗妙心寺派〕
7子赤城明神《称》　こあかぎみょうじん〔社〕
　　群馬県邑楽郡板倉町・西丘神社　《祭神》豊城入彦命[他]　　　　　　　　〔神社本庁〕

神社・寺院名よみかた辞典　85

3画（小）

8 子易神社《称》　こやすじんじゃ〔社〕
　　山形県西置賜郡小国町・大宮・子易両神社
　　《祭神》大己貴命［他］　　〔神社本庁〕

　子松神社　こまつじんじゃ〔社〕
　　福島県田村郡常葉町　《別称》明神さま　《祭
　　神》素戔嗚命［他］　　〔神社本庁〕

　子育呑竜《称》　こそだてどんりゅう〔寺〕
　　群馬県太田市・大光院　《本尊》阿弥陀如来
　　　　　　　　　　　　　　　　〔浄土宗〕

　子育観音《称》　こそだてかんのん〔寺〕
　　神奈川県横浜市鶴見区・東福寺　《本尊》如
　　意輪観世音菩薩　　　〔真言宗智山派〕

9 子持神社　こもちじんじゃ〔社〕
　　群馬県北群馬郡子持村　《祭神》木花咲夜姫
　　之命［他］　　　　　　　　〔神社本庁〕

　子眉嶺神社　こびみねじんじゃ〔社〕
　　福島県相馬郡新地町　《別称》奥之相善宮
　　《祭神》豊受比売之命［他］　〔神社本庁〕

　子神社　ねのじんじゃ〔社〕
　　山梨県南巨摩郡身延町　《別称》国玉様　《祭
　　神》大国主命　　　　　　　〔神社本庁〕

10 子島寺　こじまでら〔寺〕
　　奈良県高市郡高取町　《別称》千寿院観覚寺
　　《本尊》大日如来・十一面観世音菩薩
　　　　　　　　　　　　　　〔高野山真言宗〕

11 子授け観音《称》　こさずけかんのん〔寺〕
　　香川県三豊郡財田町・伊舎那院　《本尊》如
　　意輪観世音菩薩　　　〔高野山真言宗〕

　子授け観音《称》　こさずけかんのん〔寺〕
　　大分県東国東郡安岐町・両子寺　《本尊》千
　　手観世音菩薩・不動明王　　　〔天台宗〕

　子規堂《称》　しきどう〔寺〕
　　愛媛県松山市・正宗寺　《本尊》釈迦如来
　　　　　　　　　　　　　〔臨済宗妙心寺派〕

17 子檀嶺神社　こまゆみのねのじんじゃ〔社〕
　　長野県小県郡青木村　《祭神》木俣神［他］
　　　　　　　　　　　　　　　　〔神社本庁〕

　子鍬倉神社　こくわくらじんじゃ〔社〕
　　福島県いわき市　《別称》子鍬倉稲荷神社
　　《祭神》宇迦之御魂命　　　〔神社本庁〕

　子鍬倉稲荷神社《称》　こくわくらいなり
　　じんじゃ〔社〕
　　福島県いわき市・子鍬倉神社　《祭神》宇迦
　　之御魂命　　　　　　　　　〔神社本庁〕

【小】

1 小一領神社　こいちりょうじんじゃ〔社〕
　　熊本県上益城郡矢部町　《祭神》健磐竜命［他］
　　　　　　　　　　　　　　　〔神社本庁〕

3 小山八幡神社　おやまはちまんじんじゃ
　　〔社〕
　　広島県山県郡大朝町　《別称》養生寺　《祭
　　神》仲哀天皇［他］　　〔神社本庁〕

　小山寺　おやまじ〔寺〕
　　茨城県西茨城郡岩瀬町　《別称》富谷観音
　　《本尊》十一面観世音菩薩　　〔天台宗〕

　小川八幡宮　おがわはちまんぐう〔社〕
　　長野県上水内郡小川村　《別称》武部八幡宮
　　《祭神》日本武尊［他］　　〔神社本庁〕

　小川天神社　おがわてんじんしゃ〔社〕
　　愛知県安城市　　　　　　　〔神社本庁〕

　小川寺　おがわじ〔寺〕
　　兵庫県洲本市　《本尊》阿弥陀如来・弁財天・聖
　　観世音菩薩・虚空蔵菩薩　〔高野山真言宗〕

　小川神社　おがわじんじゃ〔社〕
　　長野県上水内郡小川村　《祭神》健御名方命
　　［他］　　　　　　　　　　〔神社本庁〕

　小川神社　おがわじんじゃ〔社〕
　　大分県宇佐郡安心院町　《祭神》息長足姫
　　命

4 小井川賀茂神社《称》　おいかわかもじん
　　じゃ〔社〕
　　長野県岡谷市・賀茂神社　《祭神》別雷大神
　　［他］　　　　　　　　　　〔神社本庁〕

　小内八幡神社　おうちはちまんじんじゃ
　　〔社〕
　　長野県中野市　《別称》安源寺の八幡さん
　　《祭神》応神天皇［他］　　〔神社本庁〕

　小天少彦名命神社　おあますくなひこなの
　　みことじんじゃ〔社〕
　　熊本県玉名郡天水町　《別称》火の神神社
　　《祭神》少彦名命［他］　　〔神社本庁〕

　小木阿蘇神社　おぎあそじんじゃ〔社〕
　　熊本県下益城郡城南町　《祭神》阿蘇大神［他］
　　　　　　　　　　　　　　〔神社本庁〕

5 小布勢神社　おぶせじんじゃ〔社〕
　　新潟県佐渡市　《祭神》素盞嗚尊　〔神社本庁〕

　小平正福寺《称》　おだいらしょうふくじ
　　〔寺〕
　　群馬県山田郡大間々町・正福寺　《本尊》阿
　　弥陀如来　　　　　　　　　　〔天台宗〕

　小平神宮　こだいらしんめいぐう〔社〕
　　東京都小平市　《別称》明神さま　《祭神》大
　　日霎貴尊［他］　　　　　　　〔神社本庁〕

　小平潟天満宮　こひらかたてんまんぐう
　　〔社〕
　　福島県耶麻郡猪苗代町　《祭神》菅原道真
　　　　　　　　　　　　　　　〔神社本庁〕

3画（小）

小田井社《称》　おだいしゃ〔社〕
　兵庫県豊岡市・小田井県神社　《祭神》国作大己貴命
　　　　　　　　　　　　　　　〔神社本庁〕
小田井県神社　おだいあがたじんじゃ〔社〕
　兵庫県豊岡市　《別称》小田井社　《祭神》国作大己貴命
　　　　　　　　　　　　　　　〔神社本庁〕
小田神社　おだじんじゃ〔社〕
　滋賀県近江八幡市　《祭神》大山咋命
　　　　　　　　　　　　　　　〔神社本庁〕
小田草神社　おたくさじんじゃ〔社〕
　岡山県苫田郡鏡野町　《祭神》高皇産霊神[他]
　　　　　　　　　　　　　　　〔神社本庁〕
小白山神社　こはくさんじんじゃ〔社〕
　石川県松任市　《祭神》白山御子神[他]
　　　　　　　　　　　　　　　〔神社本庁〕
小石川大神宮　こいしかわだいじんぐう〔社〕
　東京都文京区　《祭神》天照大神　〔神社本庁〕
6 小向神社　おむけじんじゃ〔社〕
　三重県三郡朝日町　《祭神》大日孁貴尊[他]
　　　　　　　　　　　　　　　〔神社本庁〕
小宅神社　おやけじんじゃ〔社〕
　兵庫県龍野市　《祭神》神功皇后[他]
　　　　　　　　　　　　　　　〔神社本庁〕
小早川神社《称》　こばやかわじんじゃ〔社〕
　広島県竹原市・和賀神社　《祭神》小早川隆景
　　　　　　　　　　　　　　　〔神社本庁〕
小竹八幡神社　しのはちまんじんじゃ〔社〕
　和歌山県御坊市　《祭神》誉田別命[他]
　　　　　　　　　　　　　　　〔神社本庁〕
小西由緒寺院《称》　こにしゆいしょじいん〔寺〕
　千葉県山武郡大網白里町・正法寺　《本尊》三宝尊
　　　　　　　　　　　　　　　〔日蓮宗〕
7 小坂神社　こさかじんじゃ〔社〕
　石川県金沢市　《祭神》武甕槌命[他]
　　　　　　　　　　　　　　　〔神社本庁〕
小坂神社　おさかじんじゃ〔社〕
　長野県須坂市　《祭神》誉田別命　〔神社本庁〕
小村神社　おむらじんじゃ〔社〕
　高知県高岡郡日高村　《別称》土佐二宮　《祭神》国常立命
　　　　　　　　　　　　　　　〔神社本庁〕
小芝神社《称》　こしばじんじゃ〔社〕
　静岡県静岡市・八幡宮　《祭神》誉田別尊[他]
　　　　　　　　　　　　　　　〔神社本庁〕
8 小国両神社《称》　おぐにりょうじんじゃ〔社〕
　熊本県阿蘇郡小国町・宮原両神社　《祭神》高橋大明神[他]
　　　　　　　　　　　　　　　〔神社本庁〕

小国神社　おくにじんじゃ〔社〕
　静岡県周智郡森町　《別称》一宮さま　《祭神》大己貴命
　　　　　　　　　　　　　　　〔神社本庁〕
小国神社　おぐにじんじゃ〔社〕
　静岡県周智郡春野町　《祭神》大己貴命[他]
　　　　　　　　　　　　　　　〔神社本庁〕
小岩不動《称》　こいわふどう〔寺〕
　東京都江戸川区・善養寺　《本尊》地蔵菩薩・不動明王
　　　　　　　　　　　　　　　〔真言宗豊山派〕
小房観音《称》　おうさかんのん〔寺〕
　奈良県橿原市・観音寺　《本尊》十一面観世音菩薩
　　　　　　　　　　　　　　　〔高野山真言宗〕
小松天満宮　こまつてんまんぐう〔社〕
　石川県小松市　《別称》天神様　《祭神》菅原道真[他]
　　　　　　　　　　　　　　　〔神社本庁〕
小松寺　こまつじ〔寺〕
　茨城県東茨城郡常北町　《本尊》大日如来
　　　　　　　　　　　　　　　〔真言宗智山派〕
小松寺　こまつじ〔寺〕
　岐阜県関市　《本尊》十一面観世音菩薩
　　　　　　　　　　　　　　　〔黄檗宗〕
小松寺　こまつじ〔寺〕
　愛知県小牧市　《本尊》千手観世音菩薩
　　　　　　　　　　　　　　　〔真言宗智山派〕
小松寺　こまつでら〔寺〕
　滋賀県神崎郡五個荘町　《本尊》十一面千手千眼観世音菩薩
　　　　　　　　　　　　　　　〔黄檗宗〕
小松寺　こまつじ〔寺〕
　京都府亀岡市　《本尊》阿弥陀如来　〔浄土宗〕
小松谷御坊《称》　こまつだにごぼう〔寺〕
　京都府京都市東山区・正林寺　《本尊》阿弥陀如来
　　　　　　　　　　　　　　　〔浄土宗〕
小松神社　こまつじんじゃ〔社〕
　大分県東国東郡国東町　《祭神》平重盛[他]
　　　　　　　　　　　　　　　〔神社本庁〕
小松原霊跡寺院《称》　こまつばられいせきじいん〔寺〕
　千葉県鴨川市・鏡忍寺　《本尊》久遠実成本師釈迦如来
　　　　　　　　　　　　　　　〔日蓮宗〕
小松原観音《称》　こまつばらかんのん〔寺〕
　愛知県豊橋市・東観音寺　《本尊》馬頭観世音菩薩
　　　　　　　　　　　　　　　〔臨済宗妙心寺派〕
小松院　こまついん〔寺〕
　和歌山県那賀郡粉河町　《別称》王子の宮寺　《本尊》十一面観世音菩薩・阿弥陀如来
　　　　　　　　　　　　　　　〔天台宗〕
小林寺　しょうりんじ〔寺〕
　埼玉県上尾市　《本尊》阿弥陀三尊　〔浄土宗〕
小河内神社　おごうちじんじゃ〔社〕
　東京都西多摩郡奥多摩町　《祭神》天照皇大神
　　　　　　　　　　　　　　　〔神社本庁〕

3画（小）

小沼神社　おぬまじんじゃ〔社〕
　秋田県仙北郡中仙町　《祭神》伊邪那岐命[他]
　　　　　　　　　　　　　　　　　〔神社本庁〕

小物忌神社　こものいみじんじゃ〔社〕
　山形県酒田市　《祭神》級長津彦命[他]
　　　　　　　　　　　　　　　　　〔神社本庁〕

小物忌神社　おものいみじんじゃ〔社〕
　山形県飽海郡平田町　《祭神》豊受比売命[他]
　　　　　　　　　　　　　　　　　〔神社本庁〕

小牧神明社《称》　こまきしんめいしゃ〔社〕
　愛知県小牧市・神明社　《祭神》天照大御神
　[他]　　　　　　　　　　　　　〔神社本庁〕

小茂田浜神社　こもたはまじんじゃ〔社〕
　長崎県対馬市　《祭神》宗助国　〔神社本庁〕

9 小室天神《称》　こむろてんじん〔社〕
　兵庫県神崎郡市川町小室・天満神社　《祭神》
　菅原道真[他]　　　　　　　　　〔神社本庁〕

小室浅間神社　おむろあさまじんじゃ〔社〕
　山梨県富士吉田市大明見　《別称》おせんげ
　んさま　《祭神》木花開耶姫命[他]
　　　　　　　　　　　　　　　　　〔神社本庁〕

小室浅間神社　おむろあさまじんじゃ〔社〕
　山梨県富士吉田市下吉田　《別称》下宮さん
　《祭神》木花咲耶姫命　　　　　〔神社本庁〕

小泉神社　こいずみじんじゃ〔社〕
　岐阜県可児郡御嵩町　《別称》天王様　《祭
　神》建速須佐之男命　　　　　　〔神社本庁〕

小津神社　おづじんじゃ〔社〕
　滋賀県守山市　《祭神》宇賀之御魂命[他]
　　　　　　　　　　　　　　　　　〔神社本庁〕

小津神社　おずじんじゃ〔社〕
　高知県高知市　《祭神》須佐之男命[他]
　　　　　　　　　　　　　　　　　〔神社本庁〕

小祝神社　おほりじんじゃ〔社〕
　群馬県高崎市　《別称》おほりさん　《祭神》
　少彦名命[他]　　　　　　　　　〔神社本庁〕

10 小倉神社　おぐらじんじゃ〔社〕
　京都府乙訓郡大山崎町　《祭神》天児屋根命
　[他]　　　　　　　　　　　　　〔神社本庁〕

小島寺　こじまじ〔寺〕
　長崎県佐世保市　《別称》えがみのお寺　《本
　尊》釈迦三尊・十一面観世音菩薩
　　　　　　　　　　　　　　　　　〔曹洞宗〕

小島御坊《称》　こじまごぼう〔寺〕
　新潟県阿賀野市・梅護寺　《本尊》阿弥陀如
　来　　　　　　　　　　　〔浄土真宗本願寺派〕

小梳神社　おぐしじんじゃ〔社〕
　静岡県静岡市紺屋町　《別称》少将さま　《祭
　神》建速須佐之男命[他]　　　　〔神社本庁〕

小浜神社　おばまじんじゃ〔社〕
　石川県河北郡内灘町　《別称》黒津船権現
　《祭神》大己貴命[他]　　　　　〔神社本庁〕

小浜神社　おばまじんじゃ〔社〕
　石川県羽咋郡志賀町　《祭神》天照大御神[他]
　　　　　　　　　　　　　　　　　〔神社本庁〕

小浜神社　おばまじんじゃ〔社〕
　福井県小浜市　《祭神》酒井忠勝[他]
　　　　　　　　　　　　　　　　　〔神社本庁〕

小浜御坊《称》　こはまごぼう〔寺〕
　兵庫県宝塚市・毫攝寺　《本尊》阿弥陀如来
　　　　　　　　　　　　　〔浄土真宗本願寺派〕

小烏さん《称》　こがらすさん〔社〕
　香川県綾歌郡宇多津町・宇夫階神社　《祭神》
　大己貴命　　　　　　　　　　　〔神社本庁〕

11 小笠神社　おがさじんじゃ〔社〕
　静岡県小笠郡大東町　《祭神》事解男命[他]
　　　　　　　　　　　　　　　　　〔神社本庁〕

小笠原神社　おがさわらじんじゃ〔社〕
　福岡県京都郡豊津町　《祭神》小笠原長清[他]
　　　　　　　　　　　　　　　　　〔神社本庁〕

小菅神社　こすげじんじゃ〔社〕
　長野県飯山市　《祭神》素盞嗚尊[他]
　　　　　　　　　　　　　　　　　〔神社本庁〕

小菅虚空蔵様《称》　こすげこくぞうさま
　〔社〕
　山形県米沢市広幡町・一宮神社　《祭神》倉
　稲魂命[他]　　　　　　　　　　〔神社本庁〕

小野の権現《称》　おののごんげん〔社〕
　山梨県都留市・小野熊野神社　《祭神》伊弉
　諾命[他]　　　　　　　　　　　〔神社本庁〕

小野八幡神社《称》　おのはちまんじんじ
　ゃ〔社〕
　兵庫県神戸市中央区・八幡神社　《祭神》応
　神天皇　　　　　　　　　　　　〔神社本庁〕

小野門跡《称》　おのもんぜき〔寺〕
　京都府京都市山科区・随心院　《本尊》如意
　輪観世音菩薩　　　　　　　　　〔真言宗〕

小野神社　おのじんじゃ〔社〕
　千葉県香取郡東庄町　《別称》天皇様　《祭
　神》素盞嗚尊[他]　　　　　　　〔神社本庁〕

小野神社　おのじんじゃ〔社〕
　東京都府中市　《祭神》天下春命[他]
　　　　　　　　　　　　　　　　　〔神社本庁〕

小野神社　おのじんじゃ〔社〕
　東京都多摩市　《別称》一の宮　《祭神》天
　春命[他]　　　　　　　　　　　〔神社本庁〕

小野神社　おのじんじゃ〔社〕
　神奈川県厚木市　《別称》かんかさま　《祭
　神》日本武尊　　　　　　　　　〔神社本庁〕

3画 (山)

小野神社　おのじんじゃ〔社〕
　長野県塩尻市　《別称》信濃国二之宮　《祭神》建御名方命
　　　　　　　　　　　　　　　　〔神社本庁〕
小野神社　おのじんじゃ〔社〕
　滋賀県滋賀郡志賀町　《祭神》天足彦国押入命[他]
　　　　　　　　　　　　　　　　〔神社本庁〕
小野神社　おのじんじゃ〔社〕
　高知県南国市　《祭神》天足彦国押人命
　　　　　　　　　　　　　　　　〔神社本庁〕
小野善光寺《称》　おのぜんこうじ〔寺〕
　兵庫県神戸市中央区・東福寺　《本尊》善光寺如来　　　　　　　　　〔曹洞宗〕
小野照崎神社　おのてるさきじんじゃ〔社〕
　東京都台東区　《別称》おのてるさん　《祭神》小野篁[他]
　　　　　　　　　　　　　　　　〔神社本庁〕
小野熊野神社　おのくまのじんじゃ〔社〕
　山梨県都留市　《別称》小野の権現　《祭神》伊弉諾命[他]
　　　　　　　　　　　　　　　　〔神社本庁〕
小鹿神社　おがのじんじゃ〔社〕
　埼玉県秩父郡小鹿野町　《別称》おしか神社　《祭神》天児屋根命[他]
　　　　　　　　　　　　　　　　〔神社本庁〕
12 小塔院　しょうとういん〔寺〕
　奈良県奈良市　《本尊》虚空蔵菩薩・愛染明王
　　　　　　　　　　　　　　　　〔真言律宗〕
小富士神社　こふじじんじゃ〔社〕
　大分県竹田市　《別称》片ケ瀬様　《祭神》菅原道真[他]
　　　　　　　　　　　　　　　　〔神社本庁〕
小御門神社　こみかどじんじゃ〔社〕
　千葉県香取郡下総町　《祭神》藤原師賢
　　　　　　　　　　　　　　　　〔神社本庁〕
小椋神社　おぐらじんじゃ〔社〕
　滋賀県大津市　《祭神》闇靇神[他]
　　　　　　　　　　　　　　　　〔神社本庁〕
小湊誕生寺《称》　こみなとたんじょうじ〔寺〕
　千葉県安房郡天津小湊町・誕生寺　《本尊》日蓮聖人奠定の大曼荼羅・日蓮聖人
　　　　　　　　　　　　　　　　〔日蓮宗〕
小童寺　しょうどうじ〔寺〕
　兵庫県川西市　《本尊》阿弥陀如来　〔浄土宗〕
13 小園神明社　おぞのしんめいしゃ〔社〕
　愛知県岡崎市　《別称》浮島の森　《祭神》豊宇気姫命
　　　　　　　　　　　　　　　　〔神社本庁〕
小楠公さん《称》　しょうなんこうさん〔社〕
　大阪府四條畷市・四条畷神社　《祭神》楠正行[他]
　　　　　　　　　　　　　　　　〔神社本庁〕
14 小熊弘法《称》　おぐまこうぼう〔寺〕
　岐阜県羽島市・一乗寺　《本尊》阿弥陀如来
　　　　　　　　　　　　　　　　〔臨済宗妙心寺派〕

小網寺　こあみじ〔寺〕
　千葉県館山市　《本尊》不動明王
　　　　　　　　　　　　　　　　〔真言宗智山派〕
15 小槻大社　おつきたいしゃ〔社〕
　滋賀県栗東市　《別称》おづえ社　《祭神》息速別命[他]
　　　　　　　　　　　　　　　　〔神社本庁〕
小槻神社　おつきじんじゃ〔社〕
　滋賀県草津市　《別称》池の宮　《祭神》於知別命[他]
　　　　　　　　　　　　　　　　〔神社本庁〕
16 小樽稲荷神社　おたるいなりじんじゃ〔社〕
　北海道小樽市　《別称》手宮稲荷　《祭神》保食神[他]
　　　　　　　　　　　　　　　　〔神社本庁〕
小鴨神社　おがもじんじゃ〔社〕
　鳥取県倉吉市　《祭神》大己貴命[他]
　　　　　　　　　　　　　　　　〔神社本庁〕
17 小鎚神社　こつちじんじゃ〔社〕
　岩手県上閉伊郡大槌町　《別称》明神さま　《祭神》日本武尊[他]
　　　　　　　　　　　　　　　　〔神社本庁〕
19 小鯖八幡宮《称》　こさばはちまんぐう〔社〕
　山口県山口市・鰐鳴八幡宮　《祭神》応神天皇[他]
　　　　　　　　　　　　　　　　〔神社本庁〕

【山】

お山《称》　おやま〔社〕
　秋田県横手市・八幡神社　《祭神》誉田別命[他]
　　　　　　　　　　　　　　　　〔神社本庁〕
0 お山さん《称》　おやまさん〔社〕
　佐賀県藤津郡塩田町・吉浦神社　《祭神》鍋島直澄
　　　　　　　　　　　　　　　　〔神社本庁〕
2 山八幡神社　やまはちまんじんじゃ〔社〕
　山梨県甲府市　《祭神》足仲彦尊[他]
　　　　　　　　　　　　　　　　〔神社本庁〕
3 山上大神宮　やまのうえだいじんぐう〔社〕
　北海道函館市　《別称》神明宮　《祭神》天照皇大神[他]
　　　　　　　　　　　　　　　　〔神社本庁〕
山口大神宮　やまぐちだいじんぐう〔社〕
　山口県山口市　《祭神》天照皇大神・豊受皇大神
　　　　　　　　　　　　　　　　〔神社本庁〕
山口寺　さんこうじ〔寺〕
　滋賀県栗東市　《本尊》地蔵菩薩　〔天台宗〕
山口県護国神社　やまぐちけんごこくじんじゃ〔社〕
　山口県山口市　《祭神》護国の神霊
　　　　　　　　　　　　　　　　〔神社本庁〕
山口神社　やまぐちじんじゃ〔社〕
　岡山県英田郡美作町　《別称》県多総社　《祭神》手力男命[他]
　　　　　　　　　　　　　　　　〔神社本庁〕
山口観音《称》　やまぐちかんのん〔寺〕
　埼玉県所沢市・金乗院　《本尊》千手観世音菩薩・聖観世音菩薩・不動明王・大日如来・二十五菩薩・布袋尊　〔真言宗豊山派〕

神社・寺院名よみかた辞典　89

3画（山）

4 山中八幡宮　やまなかはちまんぐう〔社〕
　　愛知県岡崎市舞木町　《祭神》応神天皇
　　　　　　　　　　　　　　　　〔神社本庁〕
　山中明神《称》　やまなかみょうじん〔社〕
　　山梨県南都留郡山中湖村・諏訪神社　《祭神》
　　豊玉姫命〔他〕　　　　　　　　〔神社本庁〕
　山内神社　やまのうちじんじゃ〔社〕
　　山口県玖珂郡美川町　《祭神》国狭槌尊〔他〕
　　　　　　　　　　　　　　　　〔神社本庁〕
　山内神社　やまうちじんじゃ〔社〕
　　高知県高知市　《祭神》山内豊信〔他〕〔単立〕
　山王《称》　さんのう〔社〕
　　山形県鶴岡市山王町・日枝神社　《祭神》大
　　己貴命〔他〕　　　　　　　　　〔神社本庁〕
　お山王《称》　おさんのう〔社〕
　　新潟県上越市・日枝神社　《祭神》大山咋命
　　〔他〕　　　　　　　　　　　　〔神社本庁〕
　山王《称》　さんのう〔社〕
　　新潟県佐渡市・日吉神社　《祭神》大山咋神
　　〔他〕　　　　　　　　　　　　〔神社本庁〕
　山王《称》　さんのう〔社〕
　　石川県七尾市・大地主神社　《祭神》大山咋
　　神〔他〕　　　　　　　　　　　〔神社本庁〕
　山王《称》　さんのう〔社〕
　　京都府与謝郡岩滝町・木積神社　《祭神》五
　　十猛神〔他〕　　　　　　　　　〔神社本庁〕
　山王さま《称》　さんのうさま〔社〕
　　神奈川県川崎市川崎区・稲毛神社　《祭神》武
　　甕槌神〔他〕　　　　　　　　　〔神社本庁〕
　山王さま《称》　さんのうさま〔社〕
　　静岡県磐田市・坂本神社　《祭神》大山咋神
　　　　　　　　　　　　　　　　〔神社本庁〕
　山王さま《称》　さんのうさま〔社〕
　　滋賀県高島郡高島町・日吉神社　《祭神》大
　　山咋神　　　　　　　　　　　　〔神社本庁〕
　山王さま《称》　さんのうさま〔社〕
　　兵庫県神戸市北区・有間神社　《祭神》天御
　　中主神〔他〕　　　　　　　　　〔神社本庁〕
　山王さま《称》　さんのうさま〔社〕
　　岡山県英田郡美作町・豊国神社　《祭神》高
　　淤迦美神〔他〕　　　　　　　　〔神社本庁〕
　山王さま《称》　さんのうさま〔社〕
　　大分県宇佐市・高家神社　《祭神》田心姫命
　　〔他〕　　　　　　　　　　　　〔神社本庁〕
　山王さん《称》　さんのうさん〔社〕
　　秋田県秋田市・日吉八幡神社　《祭神》大山
　　咋神〔他〕　　　　　　　　　　〔神社本庁〕
　山王さん《称》　さんのうさん〔社〕
　　東京都千代田区・日枝神社　《祭神》大山咋
　　神〔他〕　　　　　　　　　　　〔神社本庁〕

　山王さん《称》　さんのうさん〔社〕
　　富山県富山市・日枝神社　《祭神》大山咋命
　　〔他〕　　　　　　　　　　　　〔神社本庁〕
　山王さん《称》　さんのうさん〔社〕
　　石川県小松市・本折日吉神社　《祭神》大山
　　咋命　　　　　　　　　　　　　〔神社本庁〕
　山王さん《称》　さんのうさん〔社〕
　　福井県坂井郡三国町・三国神社　《祭神》大
　　山咋命〔他〕　　　　　　　　　〔神社本庁〕
　山王さん《称》　さんのうさん〔社〕
　　福井県大飯郡大飯町・日吉神社　《祭神》大
　　山咋神　　　　　　　　　　　　〔神社本庁〕
　山王さん《称》　さんのうさん〔社〕
　　滋賀県大津市・日吉大社　《祭神》大山咋大
　　神〔他〕　　　　　　　　　　　〔神社本庁〕
　山王さん《称》　さんのうさん〔社〕
　　京都府宮津市・日吉神社　《祭神》大己貴命
　　〔他〕　　　　　　　　　　　　〔神社本庁〕
　山王さん《称》　さんのうさん〔社〕
　　兵庫県豊岡市・日吉神社　《祭神》大山咋命
　　〔他〕　　　　　　　　　　　　〔神社本庁〕
　山王さん《称》　さんのうさん〔社〕
　　兵庫県神崎郡大河内町・日吉神社　《祭神》大
　　山咋命〔他〕　　　　　　　　　〔神社本庁〕
　山王さん《称》　さんのうさん〔社〕
　　鳥取県西伯郡淀江町・日吉神社　《祭神》大
　　己貴神〔他〕　　　　　　　　　〔神社本庁〕
　山王さん《称》　さんのうさん〔社〕
　　岡山県英田郡大原町・大原神社　《祭神》大
　　己貴大神〔他〕　　　　　　　　〔神社本庁〕
　山王さん《称》　さんのうさん〔社〕
　　広島県府中市・日吉神社　《祭神》大山咋神
　　〔他〕　　　　　　　　　　　　〔神社本庁〕
　山王さん《称》　さんのうさん〔社〕
　　香川県三豊郡高瀬町・日枝神社　《祭神》大
　　山咋命〔他〕　　　　　　　　　〔神社本庁〕
　山王さん《称》　さんのうさん〔社〕
　　福岡県久留米市日吉町・日吉神社　《祭神》大
　　山咋命　　　　　　　　　　　　〔神社本庁〕
　山王さん《称》　さんのうさん〔社〕
　　熊本県菊池郡大津町・大津日吉神社　《祭神》
　　大山咋神〔他〕　　　　　　　　〔神社本庁〕
　山王大物主神社　さんのうおおものぬしじ
　んじゃ〔社〕
　　宮崎県西都市　《別称》大物主さま　《祭神》
　　大物主神〔他〕　　　　　　　　〔神社本庁〕
　山王社《称》　さんのうしゃ〔社〕
　　山口県玖珂郡玖珂町・比叡神社　《祭神》大
　　山咋命〔他〕　　　　　　　　　〔神社本庁〕

90　神社・寺院名よみかた辞典

山王社《称》　さんのうしゃ〔社〕
　香川県三豊郡三野町・日枝神社　《祭神》大
　山咋命　　　　　　　　　　　　　〔神社本庁〕
山王神社　さんのうじんじゃ〔社〕
　山形県東置賜郡高畠町　《祭神》大己貴命[他]
　　　　　　　　　　　　　　　　　〔神社本庁〕
山王神社《称》　さんのうじんじゃ〔社〕
　福井県大野市・日枝神社　《祭神》大山咋命
　[他]　　　　　　　　　　　　　　〔神社本庁〕
山王宮《称》　さんのうぐう〔社〕
　秋田県由利郡由利町・日枝神社　《祭神》大
　山咋神[他]　　　　　　　　　　　〔神社本庁〕
山王宮《称》　さんのうぐう〔社〕
　石川県珠洲市・高倉彦神社　《祭神》高倉彦
　神[他]　　　　　　　　　　　　　〔神社本庁〕
山王宮《称》　さんのうぐう〔社〕
　静岡県田方郡大仁町・大仁神社　《祭神》大
　山咋命[他]　　　　　　　　　　　〔神社本庁〕
山王宮《称》　さんのうぐう〔社〕
　滋賀県長浜市・日枝神社　《祭神》大山咋命
　[他]　　　　　　　　　　　　　　〔神社本庁〕
山王宮《称》　さんのうぐう〔社〕
　兵庫県姫路市野里・日吉神社　《祭神》大己
　貴命[他]　　　　　　　　　　　　〔神社本庁〕
山王宮《称》　さんのうぐう〔社〕
　兵庫県赤穂市・日吉神社　《祭神》大山咋神
　[他]　　　　　　　　　　　　　　〔神社本庁〕
山王宮《称》　さんのうぐう〔社〕
　長崎県南松浦郡上五島町・青方神社　《祭神》
　大己貴命[他]　　　　　　　　　　〔神社本庁〕
山王宮《称》　さんのうぐう〔社〕
　熊本県菊池郡泗水町・住吉日吉神社　《祭神》
　大山咋命[他]　　　　　　　　　　〔神社本庁〕
山王様《称》　さんのうさま〔社〕
　宮城県宮城郡松島町・日吉神社　《祭神》大
　山咋神　　　　　　　　　　　　　〔神社本庁〕
山王様《称》　さんのうさま〔社〕
　福島県相馬郡鹿島町・日吉神社　《祭神》大
　山咋命[他]　　　　　　　　　　　〔神社本庁〕
山王様《称》　さんのうさま〔社〕
　茨城県新治郡新治村・日枝神社　《祭神》大
　山咋命　　　　　　　　　　　　　〔神社本庁〕
山王様《称》　さんのうさま〔社〕
　千葉県松戸市・日枝神社　《祭神》大山咋命
　　　　　　　　　　　　　　　　　〔神社本庁〕
山王様《称》　さんのうさま〔社〕
　新潟県中蒲原郡村松町・日枝神社　《祭神》大
　山咋命[他]　　　　　　　　　　　〔神社本庁〕
山王様《称》　さんのうさま〔社〕
　岐阜県高山市・日枝神社　《祭神》大山咋大
　神　　　　　　　　　　　　　　　〔神社本庁〕

山王様《称》　さんのうさま〔社〕
　岐阜県郡上市・日吉神社　《祭神》日吉大神
　　　　　　　　　　　　　　　　　〔神社本庁〕
山王様《称》　さんのうさま〔社〕
　静岡県沼津市・日枝神社　《祭神》大山咋命
　　　　　　　　　　　　　　　　　〔神社本庁〕
山王様《称》　さんのうさま〔社〕
　静岡県小笠郡菊川町・大頭竜神社　《祭神》大
　物主大神[他]　　　　　　　　　　〔神社本庁〕
山王様《称》　さんのうさま〔社〕
　愛知県安城市・不乗森神社　《祭神》大山咋
　神　　　　　　　　　　　　　　　〔神社本庁〕
山王様《称》　さんのうさま〔社〕
　兵庫県姫路市書写・日吉神社　《祭神》大山
　咋神[他]　　　　　　　　　　　　〔神社本庁〕
山王様《称》　さんのうさま〔社〕
　高知県香美郡野市町・日吉神社　《祭神》大
　山咋神　　　　　　　　　　　　　〔神社本庁〕
山王権現《称》　さんのうごんげん〔社〕
　静岡県田方郡大仁町・大仁神社　《祭神》大
　山咋命[他]　　　　　　　　　　　〔神社本庁〕
5山代神社　やましろじんじゃ〔社〕
　島根県松江市　《祭神》山代日子命
　　　　　　　　　　　　　　　　　〔神社本庁〕
山出の虚空蔵《称》　やまでのこくうぞう
〔寺〕
　三重県上野市・勝因寺　《本尊》虚空蔵菩薩
　　　　　　　　　　　　　　　　〔真言宗豊山派〕
山北八幡神社　やまのきたはちまんじんじ
ゃ〔社〕
　香川県丸亀市　《祭神》品陀別命[他]
　　　　　　　　　　　　　　　　　〔神社本庁〕
山本不動尊《称》　やまもとふどうそん〔寺〕
　福島県東白川郡棚倉町・徳善院　《本尊》不
　動明王・阿弥陀如来　　　　　　〔真言宗智山派〕
山田さん《称》　やまださん〔社〕
　三重県員弁郡東員町・鳥取山田神社　《祭神》
　角凝魂命[他]　　　　　　　　　　〔神社本庁〕
山田本坊《称》　やまだほんぼう〔寺〕
　東京都八王子市・広園寺　《本尊》弥勒菩薩
　　　　　　　　　　　　　　　〔臨済宗南禅寺派〕
山田寺　やまだでら〔寺〕
　奈良県桜井市　《本尊》十一面観世音菩薩
　　　　　　　　　　　　　　　　　〔法相宗〕
山田神社　やまだじんじゃ〔社〕
　滋賀県彦根市　《別称》山田さん　《祭神》猿
　田彦神[他]　　　　　　　　　　　〔神社本庁〕
山田神社　やまだじんじゃ〔社〕
　香川県観音寺市　《祭神》大穴牟遅命[他]
　　　　　　　　　　　　　　　　　〔神社本庁〕

3画（山）

山田神社　やまだじんじゃ〔社〕
　宮崎県西都市　《別称》権現さま　《祭神》伊奘冉尊　〔神社本庁〕
山辺神社　やまのべじんじゃ〔社〕
　島根県江津市　《別称》祇園さん　《祭神》布都之御魂[他]　〔神社本庁〕
6山名八幡宮《称》　やまなはちまんぐう〔社〕
　群馬県高崎市・八幡宮　《祭神》誉田別尊[他]　〔神社本庁〕
山名神社　やまなじんじゃ〔社〕
　静岡県袋井市　《別称》天王様　《祭神》須佐之男命　〔神社本庁〕
7山住神社　やまずみじんじゃ〔社〕
　静岡県磐田市　《祭神》大山祇命[他]　〔神道大教〕
山住神社　やまずみじんじゃ〔社〕
　静岡県磐田郡水窪町　《祭神》大山積命　〔神社本庁〕
山形県護国神社　やまがたけんごこくじんじゃ〔社〕
　山形県山形市　《祭神》護国の神霊　〔神社本庁〕
山村御殿《称》　やまむらごてん〔寺〕
　奈良県奈良市・円照寺　《本尊》如意輪観世音菩薩　〔臨済宗妙心寺派〕
山那神社　やまなじんじゃ〔社〕
　愛知県丹羽郡扶桑町　《祭神》八野若比売命[他]　〔神社本庁〕
山阪神社　やまさかじんじゃ〔社〕
　大阪府大阪市東住吉区　《祭神》天穂日命[他]　〔神社本庁〕
8山東の宮《称》　さんとうのみや〔社〕
　和歌山県和歌山市・伊太祁曾神社　《祭神》五十猛命[他]　〔神社本庁〕
山直神社　やまだえじんじゃ〔社〕
　大阪府岸和田市　《祭神》天照大神[他]　〔神社本庁〕
9山城国分寺　やましろこくぶんじ〔寺〕
　京都府相楽郡加茂町　《別称》国分寺　《本尊》薬師如来　〔真言宗智山派〕
山城善光寺さん《称》　やましろぜんこうじさん〔寺〕
　京都府京田辺市・西方寺　《本尊》阿弥陀三尊　〔黒谷浄土派〕
山津照神社　やまつてるじんじゃ〔社〕
　滋賀県坂田郡近江町　《別称》青木さん　《祭神》国常立尊　〔神社本庁〕
山県神社　やまがたじんじゃ〔社〕
　山梨県中巨摩郡竜王町　《別称》大弐さん　《祭神》山県大弐　〔神社本庁〕

山神社　やまのかみしゃ〔社〕
　宮城県遠田郡小牛田町　《祭神》木花咲耶姫命[他]　〔神社本庁〕
山神社　やまじんじゃ〔社〕
　秋田県北秋田郡阿仁町　《別称》さんじんさま　《祭神》金山毘古大神[他]　〔神社本庁〕
山神社　やまじんじゃ〔社〕
　千葉県君津市　《祭神》大山祇命　〔神社本庁〕
山神社　やまじんじゃ〔社〕
　兵庫県城崎郡日高町　《祭神》大山祇命[他]　〔神社本庁〕
山神宮　さんじんぐう〔社〕
　山梨県東八代郡石和町　《別称》松本のお天狗さん　《祭神》大山祇命[他]　〔神社本庁〕
山神宮《称》　やまじんぐう〔社〕
　島根県大田市・佐比売山神社　《祭神》金山彦命　〔神社本庁〕
山科の地蔵さん《称》　やましなのじぞうさん〔寺〕
　京都府京都市山科区・徳林庵　《本尊》聖観世音菩薩・地蔵菩薩・大日如来　〔臨済宗南禅寺派〕
山科一の宮《称》　やましないちのみや〔社〕
　京都府京都市山科区・山科神社　《祭神》日本武尊[他]　〔神社本庁〕
山科東御坊《称》　やましなひがしごぼう〔寺〕
　京都府京都市山科区・東本願寺山科別院長福寺　《本尊》阿弥陀如来　〔真宗大谷派〕
山科毘沙門天《称》　やましなびしゃもんてん〔寺〕
　京都府京都市山科区・毘沙門堂　《本尊》毘沙門天　〔天台宗〕
山科神社　やましなじんじゃ〔社〕
　京都府京都市山科区　《別称》山科一の宮　《祭神》日本武尊[他]　〔神社本庁〕
山科聖天《称》　やましなしょうてん〔寺〕
　京都府京都市山科区・双林院　《本尊》阿弥陀如来・歓喜天　〔天台宗〕
10山倉大神　やまくらおおかみ〔社〕
　千葉県香取郡山田町　《祭神》高皇産霊神[他]　〔神社本庁〕
山家神社　やまがじんじゃ〔社〕
　長野県小県郡真田町　《別称》白山様　《祭神》大国主命[他]　〔神社本庁〕
山宮神社　やまみやじんじゃ〔社〕
　鹿児島県曾於郡志布志町安楽　《祭神》天智天皇[他]　〔神社本庁〕
山宮神社　やまみやじんじゃ〔社〕
　鹿児島県曾於郡志布志町田之浦　《祭神》天智天皇　〔神社本庁〕

3画（川）

11 山崎八幡神社《称》　やまさきはちまんじんじゃ〔社〕
　　香川県高松市西山崎町・八幡神社　《祭神》応神天皇[他]　　　　　　　　　　〔神社本庁〕
　山崎明神《称》　やまさきみょうじん《社》
　　兵庫県神崎郡福崎町・二之宮神社　《祭神》建石敷命[他]　　　　　　　　　〔神社本庁〕
　山崎神社　やまざきじんじゃ〔社〕
　　和歌山県那賀郡岩出町　《祭神》大市姫之命[他]　　　　　　　　　　　　〔神社本庁〕
　山崎聖天《称》　やまざきしょうてん〔寺〕
　　京都府乙訓郡大山崎町・観音寺　《本尊》十一面千手観世音菩薩・歓喜天　　〔単立〕
　山梨岡神社　やまなしおかじんじゃ〔社〕
　　山梨県山梨市　《別称》石森山　《祭神》伊弉冉尊[他]　　　　　　　　　〔神社本庁〕
　山梨岡神社　やまなしおかじんじゃ〔社〕
　　山梨県東山梨郡春日居町　《祭神》大山祇神[他]　　　　　　　　　　〔神社本庁〕
　山梨県護国神社　やまなしけんごこくじんじゃ〔社〕
　　山梨県甲府市　《祭神》護国の神霊
　　　　　　　　　　　　　　　　　　〔神社本庁〕
　山渓寺　さんけいじ〔寺〕
　　三重県上野市　　　　　〔臨済宗東福寺派〕
　山清寺　さんせいじ〔寺〕
　　福島県郡山市　《本尊》大日如来
　　　　　　　　　　　　　　　　〔真言宗豊山派〕
　山添八幡《称》　やまぞえはちまん〔社〕
　　山形県東田川郡櫛引町・八幡神社　《祭神》誉田別命[他]　　　　　　　　　〔神社本庁〕
　山陰身延《称》　さんいんみのぶ〔寺〕
　　鳥取県鳥取市・芳心寺　《本尊》日蓮聖人奠定の大曼荼羅　　　　　　　　　〔日蓮宗〕
　山陰神社　やまげじんじゃ〔社〕
　　宮崎県東臼杵郡東郷町　《別称》利国　《祭神》大己貴命　　　　　　　　　　　〔神社本庁〕
　山鹿神宮《称》　やまがじんぐう〔社〕
　　熊本県山鹿市・大宮神社　《祭神》景行天皇[他]　　　　　　　　　　　　〔神社本庁〕
12 山崎八幡宮　やまさきはちまんぐう〔社〕
　　山口県周南市　《別称》江宮・富田の八幡様　《祭神》応神天皇[他]　　　　〔神社本庁〕
13 山路寺　さんろじ〔寺〕
　　兵庫県養父市　《本尊》十一面観世音菩薩
　　　　　　　　　　　　　　　〔高野山真言宗〕

【川】

3 川下神社《称》　かわしもじんじゃ〔社〕
　　兵庫県美方郡浜坂町・宇都野神社　《祭神》素盞嗚尊[他]　　　　　　　　〔神社本庁〕

　川上山《称》　かわかみさん〔社〕
　　三重県一志郡美杉村・若宮八幡神社　《祭神》大鷦鷯命[他]　　　　　　　〔神社本庁〕
　川上山若宮八幡神社　かわかみさんわかみやはちまんじんじゃ〔社〕
　　三重県一志郡美杉村・若宮八幡神社　《祭神》大鷦鷯命[他]　　　　　　　〔神社本庁〕
　川上神社　かわかみじんじゃ〔社〕
　　香川県綾歌郡綾上町　《祭神》水速売命
　　　　　　　　　　　　　　　　　　〔神社本庁〕
　川上神社　かわかみじんじゃ〔社〕
　　愛媛県温泉郡川内町　《別称》大宮社　《祭神》伊弉冉尊[他]　　　　　　〔神社本庁〕
　川上鹿塩神社《称》　かわかみかしおじんじゃ〔社〕
　　奈良県吉野郡吉野町・大蔵神社　《祭神》鹿葦津比売命[他]　　　　　　　〔神社本庁〕
　川上様《称》　かわかみさま〔社〕
　　高知県香美郡香北町・大川上美良布神社　《祭神》大田田禰古之神[他]　　〔神社本庁〕
　川口神社　かわぐちじんじゃ〔社〕
　　宮城県亘理郡亘理町　《祭神》宇迦之魂神[他]　　　　　　　　　　　　〔神社本庁〕
　川口神社　かわぐちじんじゃ〔社〕
　　埼玉県川口市　《別称》氷川様　《祭神》氷川大神[他]　　　　　　　　　〔神社本庁〕
　川口神社　かわぐちじんじゃ〔社〕
　　千葉県銚子市　《祭神》速秋津姫命
　　　　　　　　　　　　　　　　　　〔神社本庁〕
4 川之江八幡様《称》　かわのえはちまんさま〔社〕
　　愛媛県四国中央市・八幡神社　《祭神》足仲彦天皇[他]　　　　　　　　　〔神社本庁〕
　川井の愛染さま《称》　かわいのあいぜんさま〔寺〕
　　新潟県小千谷市・妙高寺　《本尊》愛染明王
　　　　　　　　　　　　　　　　　　〔曹洞宗〕
　川井長源寺《称》　かわいちょうげんじ〔寺〕
　　神奈川県横浜市旭区・長源寺　《本尊》大日如来　　　　　　　　　〔高野山真言宗〕
　川内多多奴比神社　かわちたたぬひじんじゃ〔社〕
　　兵庫県篠山市　《別称》一の宮　《祭神》天照皇大御神[他]　　　　　　　〔神社本庁〕
　川勾神社　かわわじんじゃ〔社〕
　　神奈川県中郡二宮町　《別称》二の宮　《祭神》大名貴命[他]　　　　　　〔神社本庁〕
　川巴良諏訪神社　かわらすわじんじゃ〔社〕
　　富山県高岡市　《別称》川原の宮　《祭神》建御名方神[他]　　　　　　　　〔単立〕

3画（弓）

5 川尻八幡神社《称》　かわしりはちまんじんじゃ〔社〕
　神奈川県津久井郡城山町・八幡神社　《祭神》応神天皇　〔神社本庁〕

川田神社　かわたじんじゃ〔社〕
　滋賀県甲賀郡水口町　《祭神》天湯川桁命[他]　〔神社本庁〕

川辺薬師《称》　かわべやくし〔寺〕
　千葉県匝瑳郡野栄町・薬師寺　《本尊》大日如来・薬師如来　〔真言宗智山派〕

6 川合神社　かわいじんじゃ〔社〕
　長野県長野市　《祭神》健御名方命[他]　〔神社本庁〕

川合院　せんごういん〔寺〕
　静岡県磐田郡佐久間町　《本尊》愛宕地蔵菩薩　〔曹洞宗〕

川名弁天《称》　かわなべんてん〔社〕
　愛知県名古屋市昭和区・川原神社　《祭神》日神[他]　〔神社本庁〕

川西総社《称》　かわにしそうしゃ〔社〕
　岐阜県下呂市・宮谷神明宮　《祭神》天照大御神[他]　〔神社本庁〕

8 川東八幡神社《称》　かわひがしはちまんじんじゃ〔社〕
　香川県香川郡香川町川東下・八幡神社　《祭神》応神天皇[他]　〔神社本庁〕

9 面神社　かわもじんじゃ〔社〕
　兵庫県宝塚市　《祭神》天照大御神[他]　〔神社本庁〕

10 川原の宮《称》　かわらのみや〔社〕
　富山県高岡市・川巴良諏訪神社　《祭神》建御名方神[他]　〔単立〕

川原神社　かわはらじんじゃ〔社〕
　愛知県名古屋市昭和区　《別称》川名弁天　《祭神》日神[他]　〔神社本庁〕

川島神社　かわしまじんじゃ〔社〕
　徳島県麻植郡川島町　《祭神》誉田別天皇[他]　〔神社本庁〕

川竜院　せんりゅういん〔寺〕
　青森県弘前市　《本尊》釈迦如来　〔曹洞宗〕

11 川崎大師《称》　かわさきだいし〔寺〕
　神奈川県川崎市川崎区・平間寺　《本尊》厄除弘法大師　〔真言宗智山派〕

川添神社　かわぞいじんじゃ〔社〕
　三重県多気郡大台町　《祭神》天手力雄命[他]　〔神社本庁〕

12 川棚八幡　かわだなはちまん〔社〕
　山梨県都留市・勝山八幡神社　《祭神》誉田別命[他]　〔神社本庁〕

川棚神社　かわたなじんじゃ〔社〕
　山口県豊浦郡豊浦町　《別称》八幡様　《祭神》応神天皇[他]　〔神社本庁〕

川渡の宮《称》　かわどのみや〔社〕
　高知県高岡郡仁淀村川渡・五処神社　《祭神》大山積命[他]　〔神社本庁〕

川越の呑竜様《称》　かわごえのどんりゅうさま〔寺〕
　埼玉県川越市・蓮馨寺　《本尊》阿弥陀如来・呑竜上人　〔浄土宗〕

川越八幡神社　かわごえはちまんじんじゃ〔社〕
　埼玉県川越市　《別称》通町の八幡様　《祭神》誉田別命　〔神社本庁〕

川越大師《称》　かわごえだいし〔寺〕
　埼玉県川越市・喜多院　《本尊》阿弥陀如来・慈恵大師・慈眼大師　〔天台宗〕

川越氷川神社《称》　かわごえひかわじんじゃ〔社〕
　埼玉県川越市・氷川神社　《祭神》素盞嗚尊[他]　〔神社本庁〕

川越御坊《称》　かわごえごぼう〔寺〕
　静岡県榛原郡金谷町・西照寺　《本尊》阿弥陀如来　〔真宗大谷派〕

川道神社　かわみちじんじゃ〔社〕
　滋賀県東浅井郡びわ町　《祭神》大山咋命[他]　〔神社本庁〕

川道観音《称》　がわみちかんのん〔寺〕
　滋賀県東浅井郡びわ町・千手院　《本尊》千手観世音菩薩　〔真言宗豊山派〕

13 川福寺　せんぷくじ〔寺〕
　千葉県銚子市　《本尊》金剛界大日如来　〔真言宗智山派〕

14 川端の祖師《称》　かわばたのそし〔寺〕
　東京都台東区・本寿寺　《本尊》日蓮聖人　〔日蓮宗〕

川端の宮《称》　かわばたのみや〔社〕
　富山県高岡市・浅井神社　《祭神》水波能女命　〔神社本庁〕

川関さん《称》　かわぜきさん〔社〕
　静岡県藤枝市・飽波神社　《祭神》少彦名命[他]　〔神社本庁〕

【弓】

0 弓ヶ峰八幡宮《称》　ゆみがみねはちまんぐう〔社〕
　島根県邑智郡川本町・八幡宮　《祭神》応神天皇[他]　〔神社本庁〕

8 弓取様《称》　ゆみとりさま〔社〕
　岐阜県武儀郡武儀町・若栗神社　《祭神》若栗大神　〔神社本庁〕

弓弦羽神社　ゆずるはじんじゃ〔社〕
　兵庫県神戸市東灘区　《祭神》伊邪奈美尊[他]
　　　　　　　　　　　　　　　　〔神社本庁〕
9弓削神社　ゆげじんじゃ〔社〕
　山梨県西八代郡市川大門町　《別称》二ノ宮
　《祭神》瓊瓊杵尊[他]　　　　〔神社本庁〕
16弓頭神社　ゆがしらじんじゃ〔社〕
　福岡県三潴郡三潴町　《祭神》国乳別命
　　　　　　　　　　　　　　　　〔神社本庁〕

4 画

【丑】

0丑の宮《称》　うしのみや〔社〕
　福岡県八女郡黒木町・津江神社　《祭神》国
　常立神[他]　　　　　　　　　　〔神社本庁〕
11丑寅様《称》　うしとらさま〔社〕
　岡山県小田郡矢掛町・矢掛神社　《祭神》吉
　備津彦命　　　　　　　　　　　〔神社本庁〕

【不】

2不二軒　ふじけん〔寺〕
　山形県鶴岡市　《別称》石山寺　《本尊》観世
　音菩薩　　　　　　　　　　　　　〔曹洞宗〕
9不乗森神社　のらずのもりじんじゃ〔社〕
　愛知県安城市　《別称》山王様　《祭神》大山
　咋神　　　　　　　　　　　　　〔神社本庁〕
不退寺　ふたいじ〔寺〕
　奈良県奈良市　《別称》在原業平寺　《本尊》
　聖観世音菩薩　　　　　　　　　　〔真言律宗〕
10不破八幡宮　ふわはちまんぐう〔社〕
　高知県中村市　《祭神》応神天皇[他]
　　　　　　　　　　　　　　　　〔神社本庁〕
11お不動さん《称》　おふどうさん〔社〕
　秋田県南秋田郡若美町・渡部神社　《祭神》岩
　戸別命[他]　　　　　　　　　　〔神社本庁〕
不動山《称》　ふどうさん〔社〕
　秋田県山本郡八森町・白瀑神社　《祭神》火
　産霊神[他]　　　　　　　　　　〔神社本庁〕
不動寺　ふどうじ〔寺〕
　福島県福島市　《本尊》不動明王
　　　　　　　　　　　　　　　〔真言宗豊山派〕
不動寺　ふどうじ〔寺〕
　栃木県宇都宮市　《別称》多気不動尊　《本
　尊》不動明王　　　　　　　〔真言宗智山派〕
不動寺　ふどうじ〔寺〕
　群馬県甘楽郡南牧村　《別称》黒滝不動　《本
　尊》不動明王・釈迦如来　　　　〔黄檗宗〕

不動寺　ふどうじ〔寺〕
　群馬県碓氷郡松井田町　《本尊》千手観世音
　菩薩　　　　　　　　　　　〔真言宗豊山派〕
不動寺　ふどうじ〔寺〕
　千葉県君津市　《本尊》不動明王
　　　　　　　　　　　　　　　〔真言宗智山派〕
不動寺　ふどうじ〔寺〕
　新潟県小千谷市　《本尊》不動明王
　　　　　　　　　　　　　　　〔真言宗智山派〕
不動寺　ふどうじ〔寺〕
　石川県河北郡津幡町　《別称》倶利伽羅不動
　《本尊》不動明王　　　　　　〔高野山真言宗〕
不動寺　ふどうじ〔寺〕
　長野県長野市　《本尊》不動明王
　　　　　　　　　　　　　　　〔真言宗豊山派〕
不動寺　ふどうじ〔寺〕
　長野県須坂市　《本尊》不動明王
　　　　　　　　　　　　　　　〔真言宗豊山派〕
不動寺　ふどうじ〔寺〕
　静岡県富士市　《別称》花川戸浪切不動尊
　《本尊》浪切不動明王　　　　〔高野山真言宗〕
不動寺　ふどうじ〔寺〕
　愛知県海部郡甚目寺町　《本尊》不動明王
　　　　　　　　　　　　　　　〔真言宗智山派〕
不動寺　ふどうじ〔寺〕
　三重県四日市市　《本尊》不動明王　〔黄檗宗〕
不動寺　ふどうじ〔寺〕
　三重県名張市　《別称》長瀬聖天　《本尊》不
　動明王　　　　　　　　　　〔真言宗豊山派〕
不動寺　ふどうじ〔寺〕
　滋賀県大津市　《別称》田上不動　《本尊》不
　動明王　　　　　　　　　　　　〔天台寺門宗〕
不動寺　ふどうじ〔寺〕
　京都府京都市下京区　《別称》松原不動　《本
　尊》不動明王　　　　　　　　〔真言宗東寺派〕
不動寺　ふどうじ〔寺〕
　和歌山県田辺市　《本尊》不動明王　〔曹洞宗〕
不動寺　ふどうじ〔寺〕
　和歌山県那賀郡那賀町　《本尊》不動明王
　　　　　　　　　　　　　　　〔高野山真言宗〕
不動寺　ふどうじ〔寺〕
　岡山県倉敷市　《別称》総本山　《本尊》不動
　明王・大日経・不動経・法華経　〔不動宗〕
不動院　ふどういん〔寺〕
　北海道小樽市　《別称》成田さん　《本尊》成
　田山不動明王・延命地蔵菩薩
　　　　　　　　　　　　　　　〔真言宗豊山派〕
不動院　ふどういん〔寺〕
　北海道士別市　《別称》士別の不動尊　《本
　尊》不動明王　　　　　　　　〔高野山真言宗〕

4画（中）

不動院　ふどういん〔寺〕
　茨城県土浦市　《本尊》不動明王
　　　　　　　　　　　　〔真言宗豊山派〕
不動院　ふどういん〔寺〕
　茨城県稲敷郡江戸崎町　《別称》江戸崎不動
　尊　《本尊》不動明王　　　　〔単立〕
不動院　ふどういん〔寺〕
　茨城県筑波郡伊奈町　《別称》板橋安産不動
　《本尊》不動明王　　　　〔真言宗豊山派〕
不動院　ふどういん〔寺〕
　埼玉県入間市　《本尊》不動明王
　　　　　　　　　　　　〔真言宗豊山派〕
不動院　ふどういん〔寺〕
　千葉県市川市　《別称》すがののお不動さん
　《本尊》不動明王　　　　〔真言宗豊山派〕
不動院　ふどういん〔寺〕
　千葉県船橋市　《本尊》不動明王
　　　　　　　　　　　　〔真言宗豊山派〕
不動院　ふどういん〔寺〕
　千葉県山武郡成東町　《別称》浪切不動・成東
　不動　《本尊》不動明王　〔真言宗智山派〕
不動院　ふどういん〔寺〕
　東京都台東区　《本尊》不動明王
　　　　　　　　　　　　〔真言宗智山派〕
不動院　ふどういん〔寺〕
　神奈川県川崎市麻生区　《別称》麻生不動
　《本尊》不動明王　　　　〔真言宗豊山派〕
不動院　ふどういん〔寺〕
　新潟県新潟市　《本尊》不動明王
　　　　　　　　　　　　〔真言宗豊山派〕
不動院　ふどういん〔寺〕
　新潟県柏崎市　《別称》鷲尾寺　《本尊》十一
　面千手千眼観世音菩薩　〔真言宗豊山派〕
不動院　ふどういん〔寺〕
　新潟県見附市　《別称》小栗山観音様　《本尊》
　千手千眼観世音菩薩・金剛界大日如来
　　　　　　　　　　　　〔真言宗豊山派〕
不動院　ふどういん〔寺〕
　新潟県北魚沼郡湯之谷村　《本尊》阿弥陀如
　来　　　　　　　　　　〔真言宗智山派〕
不動院　ふどういん〔寺〕
　愛知県名古屋市熱田区　《別称》大薬師　《本
　尊》薬師如来　　　　　〔真言宗豊山派〕
不動院　ふどういん〔寺〕
　愛知県豊橋市　《別称》吉田不動　《本尊》不
　動明王　　　　　　　　　　　〔単立〕
不動院　ふどういん〔寺〕
　大阪府豊中市　《本尊》不動明王・大黒天・千
　手観世音菩薩　　　　　〔高野山真言宗〕

不動院　ふどういん〔寺〕
　奈良県大和高田市　《別称》大日堂　《本尊》
　大日如来・千手観世音菩薩・弘法大師
　　　　　　　　　　　　〔真言宗御室派〕
不動院　ふどういん〔寺〕
　和歌山県伊都郡高野町　《本尊》不動明王
　　　　　　　　　　　　〔高野山真言宗〕
不動院　ふどういん〔寺〕
　鳥取県八頭郡若桜町　《別称》岩屋堂　《本
　尊》不動明王　　　　　〔真言宗醍醐派〕
不動院　ふどういん〔寺〕
　岡山県浅口郡里庄町　《本尊》不空羂索観世
　音菩薩　　　　　　　　〔高野山真言宗〕
不動院　ふどういん〔寺〕
　広島県広島市東区　《本尊》薬師如来・不動
　明王　　　　　　　　　〔広島県真言宗教団〕
不動堂《称》　ふどうどう〔寺〕
　千葉県印旛郡酒々井町・勝蔵院　《本尊》不
　動明王　　　　　　　　〔真言宗智山派〕
不動教会　ふどうきょうかい〔寺〕
　東京都北区　《別称》成田のお不動様　《本
　尊》不動明王　　　　　〔真言宗醍醐派〕
不動教会　ふどうきょうかい〔寺〕
　愛知県名古屋市中村区　《別称》岩屋不動尊
　《本尊》不動明王　　　　　〔不動教〕
お不動様《称》　おふどうさま〔社〕
　宮城県栗原郡栗駒町・新山神社　《祭神》天
　之手力男神　　　　　　　〔神社本庁〕
不動様《称》　ふどうさま〔社〕
　秋田県河辺郡雄和町・新波神社　《祭神》大
　国主神〔他〕　　　　　　　〔神社本庁〕
不動護国寺　ふどうごこくじ〔寺〕
　香川県三豊郡仁尾町　《別称》覚城院　《本
　尊》千手観世音菩薩　　〔真言宗御室派〕
不断光院　ふだんこういん〔寺〕
　鹿児島県鹿児島市　《本尊》阿弥陀如来
　　　　　　　　　　　　　　　〔浄土宗〕
不断寺　ふだんじ〔寺〕
　神奈川県横須賀市　《本尊》阿弥陀如来
　　　　　　　　　　　　　　　〔浄土宗〕
不断寺　ふだんじ〔寺〕
　大阪府高石市　《本尊》阿弥陀如来　〔浄土宗〕
不断院　ふだんいん〔寺〕
　東京都港区　《本尊》阿弥陀如来　〔浄土宗〕
12不軽寺　ふきょうじ〔寺〕
　福岡県北九州市小倉北区　《別称》仏立さん
　《本尊》本門肝心上行所伝の南無妙法蓮華
　経　　　　　　　　　　　〔本門仏立宗〕

【中】

0中の院《称》　なかのいん〔寺〕

岡山県小田郡矢掛町・捧沢寺　《本尊》聖観世音菩薩
〔真言宗御室派〕
3中山八幡社《称》　なかやまはちまんしゃ〔社〕
大分県大野郡野津町・八幡社　《祭神》品陀和気命[他]
〔神社本庁〕
中山不動尊《称》　なかやまふどうそん〔寺〕
佐賀県三養基郡基山町・滝光徳寺　《本尊》中山不動明王
〔中山身語正宗〕
中山寺　ちゅうざんじ〔寺〕
三重県伊勢市　《本尊》釈迦如来
〔臨済宗妙心寺派〕
中山寺　なかやまでら〔寺〕
兵庫県宝塚市　《別称》大本山・中山観音・西国第二四番霊場　《本尊》十一面観世音菩薩
〔真言宗中山寺派〕
中山谷大社《称》　なかやまだにたいしゃ〔社〕
鳥取県西伯郡中山町・中山神社　《祭神》大己貴命[他]
〔神社本庁〕
中山神社　なかやまじんじゃ〔社〕
山形県飽海郡松山町　《祭神》倉稲魂命[他]
〔神社本庁〕
中山神社　なかやまじんじゃ〔社〕
岐阜県恵那郡串原村　《別称》中山権現・おいぬ様　《祭神》広国押武金日命
〔神社本庁〕
中山神社　なかやまじんじゃ〔社〕
鳥取県西伯郡中山町　《別称》中山谷大社　《祭神》大己貴命[他]
〔神社本庁〕
中山神社　なかやまじんじゃ〔社〕
岡山県津山市　《祭神》鏡作神[他]
〔神社本庁〕
中山神社　なかやまじんじゃ〔社〕
山口県下関市　《別称》中山さま　《祭神》中山忠光
〔神社本庁〕
中山権現《称》　なかやまごんげん〔社〕
岐阜県恵那郡串原村・中山神社　《祭神》広国押武金日命
〔神社本庁〕
中山観音《称》　なかやまかんのん〔寺〕
兵庫県宝塚市・中山寺　《本尊》十一面観世音菩薩
〔真言宗中山寺派〕
中川神社　なかがわじんじゃ〔社〕
大分県竹田市　《祭神》中川清秀[他]
〔神社本庁〕
4中之坊《称》　なかのぼう〔寺〕
愛知県常滑市・中之坊寺　《本尊》十一面観世音菩薩・悪病除弘法大師
〔真言宗智山派〕
中之坊　なかのぼう〔寺〕
奈良県北葛城郡当麻町　《本尊》十一面観世音菩薩
〔高野山真言宗〕

中之坊寺　なかのぼうじ〔寺〕
愛知県常滑市　《別称》中之坊　《本尊》十一面観世音菩薩・悪病除弘法大師
〔真言宗智山派〕
中之島明神《称》　なかのしまみょうじん〔社〕
和歌山県和歌山市・志磨神社　《祭神》中津島姫命[他]
〔神社本庁〕
中之嶽神社　なかのたけじんじゃ〔社〕
群馬県甘楽郡下仁田町　《祭神》日本武尊[他]
〔神社本庁〕
5中央寺　ちゅうおうじ〔寺〕
北海道札幌市中央区　《本尊》釈迦如来
〔曹洞宗〕
中央院　ちゅうおういん〔寺〕
北海道苫小牧市　《本尊》三尊仏　〔曹洞宗〕
中広大師《称》　なかひろだいし〔寺〕
広島県広島市西区・薬王寺　《本尊》薬師如来
〔真言宗大覚寺派〕
中氷川神社　なかひかわじんじゃ〔社〕
埼玉県所沢市　《祭神》素戔嗚命[他]
〔神社本庁〕
中田の宮《称》　なかだのみや〔社〕
富山県高岡市・移田八幡宮　《祭神》移田神[他]
〔神社本庁〕
中田寺　ちゅうでんじ〔寺〕
神奈川県横浜市泉区　《本尊》阿弥陀如来
〔浄土宗〕
7中坊《称》　なかのぼう〔寺〕
京都府京都市下京区・久遠院　《本尊》阿弥陀如来
〔真宗仏光寺派〕
中村のお聖天《称》　なかむらのおしょうてん〔寺〕
愛知県名古屋市中村区・宝寿寺　《本尊》歓喜天
〔真言宗智山派〕
中村八幡宮　なかむらはちまんぐう〔社〕
栃木県真岡市　《別称》中村の八幡様　《祭神》誉田別尊
〔神社本庁〕
中村八幡宮　なかむらはちまんぐう〔社〕
神奈川県横浜市南区　《祭神》誉田別尊[他]
〔神社本庁〕
中村大神宮　なかむらだいじんぐう〔社〕
高知県中村市　《祭神》天照皇大神[他]
〔神社本庁〕
中村神社　なかむらじんじゃ〔社〕
石川県金沢市　《祭神》武甕槌命[他]
〔神社本庁〕
中臣印達神社　なかとみいんたつじんじゃ〔社〕
兵庫県龍野市　《祭神》五十猛命　〔神社本庁〕

神社・寺院名よみかた辞典　97

4画（中）

中臣神社　なかとみじんじゃ〔社〕
　三重県桑名市　《祭神》天日別命〔他〕
　　　　　　　　　　　　　　　〔神社本庁〕
中臣須牟地神社　なかとみすむちじんじゃ
〔社〕
　大阪府大阪市東住吉区　《祭神》住道神〔他〕
　　　　　　　　　　　　　　　〔神社本庁〕
中谷神社　なかたにじんじゃ〔社〕
　岡山県苫田郡鏡野町　《祭神》伊邪那岐命〔他〕
　　　　　　　　　　　　　　　〔神社本庁〕
中里の観音様《称》　なかさとのかんのん
さま〔寺〕
　千葉県香取郡下総町・楽満寺　《本尊》安産
　子育如意輪観世音菩薩　〔臨済宗妙心寺派〕
中里八幡宮　なかさとはちまんぐう〔社〕
　青森県北津軽郡中里町　《別称》彦田の八幡
　宮　《祭神》誉田別尊　　　〔神社本庁〕
中里八幡宮《称》　なかざとはちまんぐう
〔社〕
　静岡県富士市・八幡宮　《祭神》誉田別命〔他〕
　　　　　　　　　　　　　　　〔神社本庁〕
8中河原観音《称》　なかがわらかんのん〔寺〕
　東京都府中市・法音寺　《本尊》十一面観世
　音菩薩・不動明王　　　〔真言宗豊山派〕
9中泉寺　ちゅうせんじ〔寺〕
　静岡県磐田市　《別称》御殿のお寺　《本尊》
　虚空蔵菩薩　　　　　〔臨済宗妙心寺派〕
中津大神宮　なかつだいじんぐう〔社〕
　大分県中津市　《別称》大神宮さま　《祭神》
　天照皇大神〔他〕　　　　　〔神社本庁〕
中津屋神社　なかつやじんじゃ〔社〕
　福岡県朝倉郡夜須町　《祭神》神功皇后〔他〕
　　　　　　　　　　　　　　　〔神社本庁〕
中津神社　なかつじんじゃ〔社〕
　長崎県壱岐市　《祭神》天津日高彦火瓊瓊杵
　尊〔他〕　　　　　　　　　〔神社本庁〕
中津神社　なかつじんじゃ〔社〕
　大分県中津市　《祭神》素盞嗚尊〔他〕
　　　　　　　　　　　　　　　〔神社本庁〕
中津神社　なかつじんじゃ〔社〕
　鹿児島県鹿屋市　《祭神》中津少童之命
　　　　　　　　　　　　　　　〔神社本庁〕
10中原寺　ちゅうげんじ〔寺〕
　千葉県市川市　《本尊》阿弥陀如来
　　　　　　　　　　　　〔浄土真宗本願寺派〕
中原照粧社《称》　なかばらてるとこしゃ
〔社〕
　島根県松江市・阿羅波比神社　《祭神》天照
　大御神〔他〕　　　　　　　〔神社本庁〕

中宮寺　ちゅうぐうじ〔寺〕
　奈良県生駒郡斑鳩町　《別称》門跡・いかる
　が御所　《本尊》如意輪観世音菩薩
　　　　　　　　　　　　　　　〔聖徳宗〕
中島惣社　なかじまそうしゃ〔社〕
　大阪府大阪市東淀川区　《祭神》宇賀御魂神
　〔他〕　　　　　　　　　　　〔単立〕
中根寺　ちゅうこんじ〔寺〕
　茨城県水戸市　《別称》千日堂　《本尊》延命
　地蔵菩薩・阿弥陀如来・摩利支天
　　　　　　　　　　　　〔真言宗豊山派〕
11中郷不動《称》　ちゅうごうふどう〔寺〕
　愛知県名古屋市中川区・宝珠院　《本尊》地
　蔵菩薩・不動明王　　　〔真言宗智山派〕
中野のお不動様《称》　なかののおふどう
さま〔社〕
　青森県黒石市・中野神社　《祭神》日本武尊
　〔他〕　　　　　　　　　　　〔神社本庁〕
中野の宮《称》　なかののみや〔社〕
　富山県富山市・越中白山総社　《祭神》菊理
　姫命　　　　　　　　　　　　〔単立〕
中野天満神社　なかのてんまんじんじゃ
〔社〕
　香川県高松市　《別称》大天神さん　《祭神》
　菅原道真　　　　　　　　　〔神社本庁〕
中野神社　なかのじんじゃ〔社〕
　青森県黒石市　《別称》中野のお不動様　《祭
　神》日本武尊〔他〕　　　　〔神社本庁〕
中野観音《称》　なかのかんのん〔寺〕
　東京都中野区・宝福寺　《本尊》如意輪観世
　音菩薩　　　　　　　　〔真言宗豊山派〕
12中勝寺　ちゅうしょうじ〔寺〕
　兵庫県神戸市東灘区　《本尊》阿弥陀如来
　　　　　　　　　　　　　　　〔浄土宗〕
中善寺　ちゅうぜんじ〔寺〕
　福島県喜多方市　《本尊》薬師如来・延命地
　蔵菩薩　　　　　　　　〔真言宗豊山派〕
中尊寺　ちゅうそんじ〔寺〕
　岩手県西磐井郡平泉町　《別称》東北大本山
　《本尊》阿弥陀三尊・地蔵菩薩・二天王・観世
　音菩薩・地蔵菩薩・一字金輪・他諸仏像
　　　　　　　　　　　　　　　〔天台宗〕
中道八阪神社《称》　なかみちやさかじん
じゃ〔社〕
　大阪府大阪市東成区・八阪神社　《祭神》素
　盞嗚尊〔他〕　　　　　　　〔神社本庁〕
中道寺　ちゅうどうじ〔寺〕
　京都府北桑田郡京北町　《本尊》十一面観世
　音菩薩　　　　　　　　〔真言宗大覚寺派〕

4画（丹, 井）

中道院　ちゅうどういん〔寺〕
　群馬県甘楽郡南牧村　《本尊》薬師如来
　　　　　　　　　　　　　　　　〔天台宗〕
13中禅寺《称》　ちゅうぜんじ〔寺〕
　茨城県つくば市・大御堂教会　《本尊》千手観世音菩薩　〔真言宗豊山派〕
中禅寺　ちゅうぜんじ〔寺〕
　栃木県日光市　《別称》立木「たちき」観音堂・坂東第一八番霊場　《本尊》千手観世音菩薩　〔天台宗〕
中禅寺　ちゅうぜんじ〔寺〕
　長野県上田市　《本尊》延命地蔵菩薩
　　　　　　　　　　　　　　　〔真言宗智山派〕
14中嶋神社　なかしまじんじゃ〔社〕
　北海道室蘭市　《別称》神明様　《祭神》天照皇大神〔他〕　〔神社本庁〕
中嶋神社　なかしまじんじゃ〔社〕
　兵庫県豊岡市　《別称》菓祖中嶋神社　《祭神》田道間守命〔他〕　〔神社本庁〕
中嶋宮　なかしまのみや〔社〕
　愛知県一宮市　《祭神》須佐之男神　〔社〕
　　　　　　　　　　　　　　　〔神社本庁〕
中領八幡宮　なかりょうはちまんぐう〔社〕
　山口県吉敷郡小郡町　《祭神》応神天皇〔他〕　〔神社本庁〕
15中蔵院　ちゅうぞういん〔寺〕
　岡山県玉野市　　　　　　〔単立〕

【丹】

4丹内山神社　たんないさんじんじゃ〔社〕
　岩手県和賀郡東和町　《別称》谷内権現　《祭神》多邇知比古神〔他〕　〔神社本庁〕
5丹生大師《称》　にゅうだいし〔寺〕
　三重県多気郡勢和村・神宮寺　《本尊》十一面観世音菩薩・弘法大師　〔真言宗山階派〕
丹生川上大社《称》　にうかわかみたいしゃ〔社〕
　奈良県吉野郡下市町・丹生川上神社下社　《祭神》闇龗神　〔神社本庁〕
丹生川上神社　にうかわかみじんじゃ〔社〕
　奈良県吉野郡東吉野村　《別称》中社・雨師の明神・蟻通さん　《祭神》罔象女神〔他〕
　　　　　　　　　　　　　　　〔神社本庁〕
丹生川上神社下社　にうかわかみじんじゃしもしゃ〔社〕
　奈良県吉野郡下市町　《別称》丹生川上大社　《祭神》闇龗神　〔神社本庁〕
丹生川上神社上社　にうかわかみじんじゃかみしゃ〔社〕
　奈良県吉野郡川上村　《別称》さこの官幣大社　《祭神》高龗神〔他〕　〔神社本庁〕

丹生官省符神社　にうかんじょうぶじんじゃ〔社〕
　和歌山県伊都郡九度山町　《別称》丹生神社　《祭神》丹生津比売命〔他〕　〔神社本庁〕
丹生神社　にぶじんじゃ〔社〕
　千葉県習志野市　《祭神》伊邪那岐命〔他〕
　　　　　　　　　　　　　　　〔神社本庁〕
丹生神社　にうじんじゃ〔社〕
　東京都西多摩郡奥多摩町　《祭神》丹生津姫神　〔神社本庁〕
丹生神社　にうじんじゃ〔社〕
　滋賀県伊香郡余呉町　《祭神》丹生津比売命〔他〕　〔神社本庁〕
丹生神社《称》　にうじんじゃ〔社〕
　和歌山県伊都郡九度山町・丹生官省符神社　《祭神》丹生津比売命〔他〕　〔神社本庁〕
丹生神社　たんじょうじんじゃ〔社〕
　佐賀県藤津郡塩田町　《祭神》丹生都媛命　〔神社本庁〕
丹生神社　にぶじんじゃ〔社〕
　大分県大分市　《別称》二の宮さま　《祭神》罔象売命〔他〕　〔神社本庁〕
丹生都比売神社　にうつひめじんじゃ〔社〕
　和歌山県伊都郡かつらぎ町　《別称》天野大社　《祭神》丹生都比売大神〔他〕　〔神社本庁〕
8丹波国一之宮《称》　たんばのくにいちのみや〔社〕
　京都府亀岡市・出雲大神宮　《祭神》大国主命〔他〕　〔単立〕
9丹後国分寺《称》　たんごこくぶんじ〔寺〕
　京都府宮津市・国分寺　《本尊》薬師如来・日光菩薩・月光菩薩　〔高野山真言宗〕
丹後善光寺《称》　たんごぜんこうじ〔寺〕
　京都府与謝郡加悦町・光明寺　《本尊》聖観世音菩薩・阿弥陀如来　〔臨済宗妙心寺派〕

【井】

0井の宮《称》　いのみや〔社〕
　神奈川県秦野市・曾屋神社　《祭神》水波能売命〔他〕　〔神社本庁〕
3井上神社　いのうえじんじゃ〔社〕
　岐阜県不破郡関ヶ原町　《祭神》天武天皇
　　　　　　　　　　　　　　　〔神社本庁〕
井口院　いこういん〔寺〕
　東京都三鷹市　《本尊》薬師如来
　　　　　　　　　　　　　　　〔新義真言宗〕
4井戸八幡《称》　いどはちまん〔社〕
　香川県木田郡三木町・和爾賀波神社　《祭神》豊玉比売命〔他〕　〔神社本庁〕

神社・寺院名よみかた辞典　99

4画（五）

井戸寺　いどじ〔寺〕
　徳島県徳島市　《別称》四国第一七番霊場
　《本尊》薬師如来　　　　　　〔真言宗〕
井戸神社　いどじんじゃ〔社〕
　島根県大田市　《別称》芋代官さま　《祭神》
　井戸平左衛門正明　　　　　〔神社本庁〕
井手神社　いでじんじゃ〔社〕
　愛媛県松山市　《別称》橘社　《祭神》大山積
　神[他]　　　　　　　　　　〔神社本庁〕
5 井田八幡宮　いだはちまんぐう〔社〕
　愛知県岡崎市　《祭神》応神天皇[他]
　　　　　　　　　　　　　　〔神社本庁〕
6 井伊谷宮　いいのやぐう〔社〕
　静岡県引佐郡引佐町　《別称》新宮さん　《祭
　神》宗良親王　　　　　　　〔神社本庁〕
井伊神社　いいじんじゃ〔社〕
　滋賀県彦根市　《祭神》井伊共保[他]
　　　　　　　　　　　　　　〔神社本庁〕
7 井沢不動尊《称》　いざわふどうそん〔寺〕
　千葉県夷隅郡岬町・眺洋寺　《本尊》不動明
　王　　　　　　　　　　　　　〔天台宗〕
井谷寺　せいこくじ〔寺〕
　愛媛県西予市　《本尊》正観世音菩薩・地蔵
　菩薩　　　　　　　　　　　　〔曹洞宗〕
8 井岡の仁王様《称》　いのおかのにおうさ
　ま〔寺〕
　山形県鶴岡市・井岡寺　《本尊》十一面観世
　音菩薩・勢至菩薩　　　　〔真言宗智山派〕
井岡寺　せいこうじ〔寺〕
　山形県鶴岡市　《別称》井岡の仁王様　《本
　尊》十一面観世音菩薩・勢至菩薩
　　　　　　　　　　　　　〔真言宗智山派〕
井於神社　いのべじんじゃ〔社〕
　大阪府茨木市　《祭神》素盞嗚尊[他]
　　　　　　　　　　　　　　〔神社本庁〕
井波八幡宮《称》　いなみはちまんぐう〔社〕
　富山県東礪波郡井波町・八幡宮　《祭神》応
　神天皇[他]
井波別院《称》　いなみべついん〔寺〕
　富山県東礪波郡井波町・瑞泉寺　《本尊》阿
　弥陀如来・聖徳太子　　　　〔真宗大谷派〕
9 井草八幡宮　いぐさはちまんぐう〔社〕
　東京都杉並区　《祭神》八幡大神〔神社本庁〕
10 井原八幡神社　いはらはちまんじんじゃ〔
　社〕
　広島県世羅郡甲山町　《祭神》品陀和気尊
　　　　　　　　　　　　　　〔神社本庁〕
井栗観音《称》　いぐりかんのん〔寺〕
　新潟県三条市・来迎寺　《本尊》阿弥陀如来・
　聖観世音菩薩　　　　　　〔真言宗智山派〕

14 井関三神社　いせきさんじんじゃ〔社〕
　兵庫県龍野市　《別称》いせきさん　《祭神》
　天照国照彦火明櫛玉饒速日命[他]
　　　　　　　　　　　　　　〔神社本庁〕

【五】

2 五十猛大明神《称》　いたけるだいみょう
　じん〔社〕
　島根県仁多郡横田町・伊賀多気神社　《祭神》
　五十猛命　　　　　　　　　〔神社本庁〕
五十嵐神社　いがらしじんじゃ〔社〕
　新潟県南蒲原郡下田村　《祭神》五十足彦命
　[他]　　　　　　　　　　　〔神社本庁〕
五十鈴神社　いすずじんじゃ〔社〕
　宮城県気仙沼市　《別称》神明社　《祭神》天
　照大神　　　　　　　　　　〔神社本庁〕
五十鈴神社《称》　いすずじんじゃ〔社〕
　長野県駒ヶ根市・大宮五十鈴神社　《祭神》熱
　田大神[他]　　　　　　　　〔神社本庁〕
五十鈴宮《称》　いすずのみや〔社〕
　三重県伊勢市・皇大神宮　《祭神》天照坐皇
　大御神[他]　　　　　　　　〔神社本庁〕
3 五大院　ごだいいん〔寺〕
　福島県伊達郡飯野町　《別称》飯野の五大院
　さま　《本尊》不動明王　　　　〔天台宗〕
五大院　ごだいいん〔寺〕
　和歌山県伊都郡高野町　　　〔高野山真言宗〕
4 五毛天神《称》　ごもうてんじん〔社〕
　兵庫県神戸市灘区・河内国魂神社　《祭神》大
　己貴命[他]　　　　　　　　〔神社本庁〕
5 五処神社　ごしょじんじゃ〔社〕
　高知県高岡郡仁淀村川渡　《別称》川渡の宮
　《祭神》大山積命[他]　　　　〔神社本庁〕
五台山文殊《称》　ごだいさんもんじゅ〔寺〕
　岡山県笠岡市・日光寺　《本尊》薬師如来
　　　　　　　　　　　　　〔高野山真言宗〕
6 五百禩神社　いおしじんじゃ〔社〕
　宮崎県日南市　《別称》本寺　《祭神》伊東家
　祖先累代之神霊[他]
五百羅漢寺　ごひゃくらかんじ〔寺〕
　東京都目黒区　《本尊》釈迦如来　　〔単立〕
五百羅漢堂《称》　ごひゃくらかんどう〔寺〕
　滋賀県大津市・円福院　《本尊》釈迦如来
　　　　　　　　　　　　　　　〔天台宗〕
7 五劫院　ごこういん〔寺〕
　京都府京都市上京区　《本尊》阿弥陀如来
　　　　　　　　　　　　　　　〔浄土宗〕
五劫院　ごこういん〔寺〕
　奈良県奈良市　《本尊》阿弥陀如来〔華厳宗〕

4画（五）

五坊寂静院　ごほうじゃくじょういん〔寺〕
　和歌山県伊都郡高野町　《本尊》阿弥陀三尊
　　　　　　　　　　　　　　〔高野山真言宗〕
五条さま《称》　ごじょうさま〔社〕
　東京都台東区・五条天神社　《祭神》大名貴命[他]　　　　　　　　〔神社本庁〕
五条天神社　ごじょうてんじんしゃ〔社〕
　東京都台東区　《別称》五条さま　《祭神》大名貴命[他]　　　　　　　　〔神社本庁〕
五村御坊《称》　ごむらごぼう〔寺〕
　滋賀県東浅井郡虎姫町・東本願寺五村別院　《本尊》阿弥陀如来　　〔真宗大谷派〕
五社《称》　ごしゃ〔社〕
　長野県松本市・松本神社　《祭神》一色義遠[他]　　　　　　　　〔神社本庁〕
五社《称》　ごしゃ〔社〕
　大阪府岸和田市・積川神社　《祭神》生井神[他]　　　　　　　　〔神社本庁〕
五社大明神《称》　ごしゃだいみょうじん〔社〕
　静岡県掛川市・五社神社　《祭神》天児屋根命[他]　　　　　　　　〔神社本庁〕
五社大明神《称》　ごしゃだいみょうじん〔社〕
　佐賀県武雄市・武雄神社　《祭神》仲哀天皇[他]　　　　　　　　〔神社本庁〕
五社大権現《称》　ごしゃだいごんげん〔社〕
　石川県鹿島郡鹿島町・伊須流岐比古神社　《祭神》伊須流岐比古神[他]　〔神社本庁〕
五社明神《称》　ごしゃみょうじん〔社〕
　神奈川県鎌倉市・稲荷神社　《祭神》保食神[他]　　　　　　　　〔神社本庁〕
五社神社　ごしゃじんじゃ〔社〕
　神奈川県綾瀬市　《祭神》天照日霎貴尊[他]　　　　　　　　〔神社本庁〕
五社神社　ごしゃじんじゃ〔社〕
　新潟県新潟市　《別称》蒲原神社　《祭神》久久廼智命[他]　　　　〔神社本庁〕
五社神社　ごしゃじんじゃ〔社〕
　山梨県東八代郡中道町　《祭神》天照皇大神[他]　　　　　　　　〔神社本庁〕
五社神社　ごしゃじんじゃ〔社〕
　岐阜県飛騨市　《別称》五社宮　《祭神》大津大神[他]　　　　　　〔神社本庁〕
五社神社　ごしゃじんじゃ〔社〕
　静岡県浜松市　《祭神》太玉命[他]　　　　　　　　〔神社本庁〕
五社神社　ごしゃじんじゃ〔社〕
　静岡県掛川市　《別称》五社大明神　《祭神》天児屋根命[他]　　　　〔神社本庁〕

五社神社　ごしゃじんじゃ〔社〕
　大阪府大阪市西淀川区　《別称》城島のくさ神様　《祭神》天照皇大神[他]　〔神社本庁〕
五社神社　ごしゃじんじゃ〔社〕
　高知県高岡郡檮原町　　　　　〔神社本庁〕
五社神社　ごしゃじんじゃ〔社〕
　高知県幡多郡三原村　《祭神》天照皇大神[他]　　　　　　　　〔神社本庁〕
五社神社　ごしゃじんじゃ〔社〕
　長崎県福江市　《祭神》天照大神[他]　　　　　　　　〔神社本庁〕
五社神社《称》　ごしゃじんじゃ〔社〕
　鹿児島県鹿児島郡桜島町・月読神社　《祭神》月読命[他]　　　　　　〔神社本庁〕
五社宮《称》　ごしゃぐう〔社〕
　岐阜県飛騨市・五社神社　《祭神》大津大神[他]　　　　　　　　〔神社本庁〕
五社宮《称》　ごしゃぐう〔社〕
　兵庫県加古川市・野口神社　《祭神》大山咋命[他]　　　　　　　〔神社本庁〕
五社様《称》　ごしゃさま〔社〕
　高知県高岡郡東津野村・河内五社神社　《祭神》大山祇神　　　　〔神社本庁〕
五社権現《称》　ごしゃごんげん〔社〕
　石川県鳳至郡柳田村・白山神社　《祭神》久久利姫尊[他]　　　　　〔神社本庁〕
五里神社　ごのさとじんじゃ〔社〕
　岐阜県揖斐郡大野町　《祭神》素盞鳴尊[他]　　　　　　　　〔神社本庁〕
8 五宝寺　ごほうじ〔寺〕
　群馬県館林市　《本尊》大日如来　　　　　　　〔新義真言宗〕
五所八幡宮　ごしょはちまんぐう〔社〕
　福岡県古賀市　《祭神》応神天皇[他]　　　　　　　　〔神社本庁〕
五所社　ごしょしゃ〔社〕
　大分県佐伯市　《別称》五所明神　《祭神》別雷神[他]　　　　　　〔神社本庁〕
五所明神《称》　ごしょみょうじん〔社〕
　大分県佐伯市・五所社　《祭神》別雷神[他]　　　　　　　　〔神社本庁〕
五所神社　ごしょじんじゃ〔社〕
　茨城県下妻市　《祭神》道雄命[他]　　　　　　　　〔神社本庁〕
五所神社　ごしょじんじゃ〔社〕
　千葉県山武郡蓮沼村　《祭神》大日霎貴尊[他]　　　　　　　　〔神社本庁〕
五所神社　ごしょじんじゃ〔社〕
　神奈川県鎌倉市　《祭神》天照大神[他]　　　　　　　　〔神社本庁〕

神社・寺院名よみかた辞典　101

4画（化, 今）

五所神社　ごしょじんじゃ〔社〕
　神奈川県足柄下郡湯河原町　《祭神》天照大神［他］
　　　　　　　　　　　　　　　　〔神社本庁〕
五所神社　ごしょじんじゃ〔社〕
　徳島県美馬郡一宇村　《祭神》猿田彦命［他］
　　　　　　　　　　　　　　　　〔神社本庁〕
五所神社　ごしょじんじゃ〔社〕
　高知県高岡郡仁淀村長者　《祭神》大山津見神［他］
　　　　　　　　　　　　　　　　〔神社本庁〕
9 五皇神社　ごおうじんじゃ〔社〕
　福井県武生市　《祭神》男大迹皇子［他］
　　　　　　　　　　　　　　　　〔神社本庁〕
五郎地蔵寺　ごろうじぞうじ〔寺〕
　和歌山県田辺市　《本尊》延命地蔵菩薩
　　　　　　　　　　　　　　　　〔曹洞宗〕
五香の善光寺《称》　ごこうのぜんこうじ〔寺〕
　千葉県松戸市・善光寺　《本尊》阿弥陀三尊
　　　　　　　　　　　　　　　　〔浄土宗〕
10 五流尊滝院　ごりゅうそんりゅういん〔寺〕
　岡山県倉敷市　《別称》五流・児島山伏　《本尊》熊野大権現・不動明王・神変大菩薩・聖徳太子・観世音菩薩・地蔵菩薩　〔修験道〕
11 五郷飛鳥神社《称》　いさとあすかじんじゃ〔社〕
　三重県熊野市・飛鳥神社　《祭神》事代主命［他］
　　　　　　　　　　　　　　　　〔神社本庁〕
12 五智院　ごちいん〔寺〕
　新潟県小千谷市　《本尊》阿弥陀如来・五智如来
　　　　　　　　　　　　　　　　〔真言宗智山派〕
五智院　ごちいん〔寺〕
　愛媛県四国中央市　《本尊》大日如来
　　　　　　　　　　　　　　　　〔高野山真言宗〕
五葉山神社　ごようざんじんじゃ〔社〕
　岩手県大船渡市　《祭神》大山咋神［他］
　　　　　　　　　　　　　　　　〔神社本庁〕
14 五箇神社　ごかじんじゃ〔社〕
　滋賀県神崎郡五個荘町　《祭神》天照大御神［他］
　　　　　　　　　　　　　　　　〔神社本庁〕
17 五霞観音《称》　ごかかんのん〔寺〕
　茨城県猿島郡五霞町・実相院　《本尊》千手観世音菩薩
　　　　　　　　　　　　　　　　〔真言宗豊山派〕
20 五護宮《称》　ごごぐう〔社〕
　群馬県佐波郡境町・大国神社　《祭神》大国主命［他］
　　　　　　　　　　　　　　　　〔神社本庁〕

【化】

5 化生寺　かせいじ〔寺〕
　岡山県真庭郡勝山町　《本尊》釈迦如来・玉雲大権現・十一面観世音菩薩　〔曹洞宗〕

6 化気神社　けきじんじゃ〔社〕
　岡山県御津郡加茂川町　《祭神》伊奢沙和気神［他］
　　　　　　　　　　　　　　　　〔神社本庁〕

【今】

2 今八幡宮　いまはちまんぐう〔社〕
　山口県山口市　《別称》八幡宮　《祭神》応神天皇［他］
　　　　　　　　　　　　　　　　〔神社本庁〕
3 今山八幡宮　いまやまはちまんぐう〔社〕
　宮崎県延岡市　《別称》八幡さま　《祭神》品陀和気命［他］
　　　　　　　　　　　　　　　　〔神社本庁〕
今山大師寺　いまやまたいしじ〔寺〕
　宮崎県延岡市　《本尊》釈迦如来　〔単立〕
4 今井の祇園さま《称》　いまいのぎおんさま〔社〕
　福岡県行橋市・須佐神社　《祭神》素戔嗚大神［他］
　　　　　　　　　　　　　　　　〔神社本庁〕
今井の観音《称》　いまいのかんのん〔寺〕
　三重県津市・専蔵院　《本尊》十一面観世音菩薩・不動明王・毘沙門天　〔真言宗醍醐派〕
今井御坊《称》　いまいごぼう〔寺〕
　奈良県橿原市・称念寺　《本尊》阿弥陀如来
　　　　　　　　　　　　　　　〔浄土真宗本願寺派〕
5 今市八幡宮《称》　いまいちはちまんぐう〔社〕
　島根県那賀郡旭町今市・八幡宮　《祭神》応神天皇［他］
　　　　　　　　　　　　　　　　〔神社本庁〕
今市報徳二宮神社《称》　いまいちほうとくにのみやじんじゃ〔社〕
　栃木県今市市・報徳二宮神社　《祭神》二宮尊徳［他］
　　　　　　　　　　　　　　　　〔神社本庁〕
6 今伊勢内宮外宮　いまいせないぐうげぐう〔社〕
　広島県福山市　《別称》伊勢宮さん　《祭神》天照皇大神［他］
今江春日神社　いまえかすがじんじゃ〔社〕
　石川県小松市　《別称》王子さま　《祭神》経津主命［他］
　　　　　　　　　　　　　　　　〔神社本庁〕
7 今別八幡宮　いまべつはちまんぐう〔社〕
　青森県東津軽郡今別町　《別称》八幡さま　《祭神》誉田別尊
　　　　　　　　　　　　　　　　〔神社本庁〕
今尾神社　いまおじんじゃ〔社〕
　岐阜県海津郡平田町　《別称》神明様　《祭神》豊受姫大神［他］
　　　　　　　　　　　　　　　　〔神社本庁〕
今村宮　いまむらぐう〔社〕
　岡山県岡山市　《祭神》天照大神［他］
　　　　　　　　　　　　　　　　〔神社本庁〕
9 今城青坂稲実池上神社　いまきあおさかいなみいけがみじんじゃ〔社〕
　埼玉県児玉郡上里町　《祭神》豊受姫命［他］
　　　　　　　　　　　　　　　　〔神社本庁〕

今泉不動《称》　いまいずみふどう〔寺〕
　神奈川県鎌倉市・称名寺　《本尊》阿弥陀如
　来・不動明王　　　　　　　　　　〔浄土宗〕
今津八幡《称》　いまずはちまん〔社〕
　山口県岩国市・白崎八幡宮　《祭神》応神天
　皇〔他〕　　　　　　　　　　　〔神社本庁〕
10今宮《称》　いまみや〔社〕
　長野県飯田市・郊戸神社　《祭神》誉田別尊
　〔他〕　　　　　　　　　　　　〔神社本庁〕
今宮えびす《称》　いまみやえびす〔社〕
　静岡県熱海市・今宮神社　《祭神》事代主命
　〔他〕　　　　　　　　　　　　〔神社本庁〕
今宮戎神社　いまみやえびすじんじゃ〔社〕
　大阪府大阪市浪速区　《別称》えべっさん
　《祭神》天照坐皇大御神〔他〕　〔神社本庁〕
今宮神社　いまみやじんじゃ〔社〕
　栃木県宇都宮市　《祭神》大己貴命
　　　　　　　　　　　　　　　　〔神社本庁〕
今宮神社　いまみやじんじゃ〔社〕
　栃木県鹿沼市　《別称》今宮さん　《祭神》大
　己貴命〔他〕　　　　　　　　　〔神社本庁〕
今宮神社　いまみやじんじゃ〔社〕
　栃木県塩谷郡氏家町　《別称》明神さま　《祭
　神》素戔嗚尊〔他〕　　　　　　〔神社本庁〕
今宮神社　いまみやじんじゃ〔社〕
　静岡県熱海市　《別称》今宮えびす　《祭神》
　事代主命〔他〕　　　　　　　　〔神社本庁〕
今宮神社　いまみやじんじゃ〔社〕
　京都府京都市北区　《祭神》大国主命〔他〕
　　　　　　　　　　　　　　　　〔神社本庁〕
13今滝寺　こんりゅうじ〔寺〕
　静岡県小笠郡大東町　《本尊》如意輪観世音
　菩薩　　　　　　　　　　　〔高野山真言宗〕
14今熊野《称》　いまくまの〔社〕
　京都府京都市東山区・観音寺　《本尊》十一
　面観世音菩薩・不動明王・毘沙門天
　　　　　　　　　　　　　　〔真言宗泉涌寺派〕
今熊野権現《称》　いまくまのごんげん〔社〕
　京都府京都市東山区・新熊野神社　《祭神》伊
　奘冉美命　　　　　　　　　　　〔神社本教〕

【仁】

4仁井田五社《称》　にいだごしゃ〔社〕
　高知県高岡郡窪川町・高岡神社　《祭神》大
　日本根子彦大邇尊〔他〕　　　　〔神社本庁〕
仁井田神社　にいだじんじゃ〔社〕
　高知県高知市北秦泉寺　《祭神》大日本根子
　彦太瓊命〔他〕　　　　　　　　〔神社本庁〕
仁井田神社　にいだじんじゃ〔社〕
　高知県高知市仁井田町　《祭神》大日根子彦
　太瓊命〔他〕　　　　　　　　　〔神社本庁〕

仁井田神社　にいだじんじゃ〔社〕
　高知県南国市　《祭神》大日本根子彦太邇命
　〔他〕　　　　　　　　　　　　〔神社本庁〕
仁比山神社　にいやまじんじゃ〔社〕
　佐賀県神埼郡神埼町　《祭神》大山咋命〔他〕
　　　　　　　　　　　　　　　　〔神社本庁〕
仁王寺　にんのうじ〔寺〕
　島根県大原郡加茂町　《本尊》薬師如来・不
　動明王・多聞天　　　　　　〔臨済宗妙心寺派〕
7仁尾の明神《称》　におのみょうじん〔社〕
　香川県三豊郡仁尾町・賀茂神社　《祭神》賀
　茂別雷神　　　　　　　　　　　〔神社本庁〕
8仁和寺　にんなじ〔寺〕
　京都府京都市右京区　《別称》御室・総本山
　《本尊》阿弥陀三尊　　　　　〔真言宗御室派〕
仁和寺別院《称》　にんなじべついん〔寺〕
　奈良県橿原市・久米寺　《本尊》薬師如来・大
　日如来・久米仙人　　　　　　〔真言宗御室派〕
9仁科神明宮　にしなしんめいぐう〔社〕
　長野県大町市　《祭神》天照皇大神
　　　　　　　　　　　　　　　　〔神社本庁〕
10仁叟寺　じんそうじ〔寺〕
　秋田県鹿角市　《本尊》釈迦如来　〔曹洞宗〕
仁叟寺　じんそうじ〔寺〕
　群馬県多野郡吉井町　《本尊》釈迦如来
　　　　　　　　　　　　　　　　　〔曹洞宗〕
仁真寺　にんしんじ〔寺〕
　富山県小矢部市　《本尊》阿弥陀如来
　　　　　　　　　　　　　　　〔真宗大谷派〕
12仁勝寺　にんしょうじ〔寺〕
　山梨県甲府市　《本尊》聖徳太子
　　　　　　　　　　　　　　〔臨済宗向嶽寺派〕
14仁箇村の万福寺《称》　にかむらのまんぷ
　くじ〔寺〕
　新潟県西蒲原郡巻町・万福寺　《本尊》聖観
　世音菩薩・洞穴出現観世音菩薩　　〔曹洞宗〕
16仁壁神社　にかべじんじゃ〔社〕
　山口県山口市　《別称》三の宮　《祭神》表筒
　男命〔他〕　　　　　　　　　　〔神社本庁〕

【仏】

3仏土寺　ぶっとうじ〔寺〕
　三重県上野市　《本尊》阿弥陀如来
　　　　　　　　　　　　　　　〔真言宗豊山派〕
仏土寺　ぶつどじ〔寺〕
　岡山県真庭郡落合町　《本尊》阿弥陀如来
　　　　　　　　　　　　　　〔臨済宗妙心寺派〕
4仏心寺　ぶっしんじ〔寺〕
　栃木県宇都宮市　《本尊》釈迦如来・達磨大
　師　　　　　　　　　　　　　　　　〔単立〕

神社・寺院名よみかた辞典　103

4画（仏）

仏心寺　ぶっしんじ〔寺〕
　富山県氷見市　《本尊》釈迦如来
　　　　　　　　　　　〔臨済宗国泰寺派〕

仏心寺　ぶっしんじ〔寺〕
　滋賀県長浜市　《別称》山階坊
　　　　　　　　　　　〔真宗仏光寺派〕

仏心寺　ぶっしんじ〔寺〕
　兵庫県姫路市　《本尊》阿弥陀如来
　　　　　　　　　　　　〔真宗大谷派〕

仏心寺　ぶっしんじ〔寺〕
　愛媛県周桑郡小松町　《別称》えんかくさん
　《本尊》釈迦如来　　　〔臨済宗妙心寺派〕

仏日庵　ぶつにちあん〔寺〕
　神奈川県鎌倉市　《本尊》延命地蔵菩薩
　　　　　　　　　　　〔臨済宗円覚寺派〕

仏木寺　ぶつもくじ〔寺〕
　愛媛県北宇和郡三間町　《別称》お大日さん・
　四国第四二番霊場　《本尊》大日如来
　　　　　　　　　　　　〔真言宗御室派〕

[5]仏号寺　ぶつごうじ〔寺〕
　滋賀県蒲生郡日野町　《本尊》阿弥陀如来
　　　　　　　　　　　　〔真宗大谷派〕

仏母寺　ぶつもじ〔寺〕
　埼玉県本庄市　《別称》高尾山　《本尊》准胝
　仏母観世音菩薩・飯縄大権現
　　　　　　　　　　　　〔高野山真言宗〕

仏生寺　ぶっしょうじ〔寺〕
　栃木県真岡市　《本尊》薬師如来
　　　　　　　　　　　〔真言宗豊山派〕

仏立寺　ぶつりゅうじ〔寺〕
　滋賀県大津市　《別称》追分の本門さん　《本
　尊》法華経本門八品所顕本因下種の大曼荼
　羅　　　　　　　　　　〔本門仏立宗〕

[6]仏光寺　ぶっこうじ〔寺〕
　栃木県小山市　《本尊》大日如来
　　　　　　　　　　　〔真言宗豊山派〕

仏光寺　ぶっこうじ〔寺〕
　静岡県伊東市　《本尊》日蓮聖人奠定の十界
　曼荼羅　　　　　　　　　〔日蓮宗〕

仏光寺　ぶっこうじ〔寺〕
　京都府京都市下京区　《別称》本山　《本尊》
　阿弥陀如来　　　　　〔真宗仏光寺派〕

仏光寺八幡別院　ぶっこうじはちまんべつ
　いん〔寺〕
　滋賀県近江八幡市　《別称》西方寺　《本尊》
　阿弥陀如来　　　　　〔真宗仏光寺派〕

仏光寺大阪別院　ぶっこうじおおさかべつ
　いん〔寺〕
　大阪府大阪市住吉区　《別称》光専寺　《本
　尊》阿弥陀如来　　　〔真宗仏光寺派〕

仏光寺本廟　ぶっこうじほんびょう〔寺〕
　京都府京都市東山区　《別称》東山本廟　《本
　尊》阿弥陀如来　　　〔真宗仏光寺派〕

仏光寺東京別院《称》ぶっこうじとうきょ
　うべついん〔寺〕
　東京都台東区・西徳寺　《本尊》阿弥陀如来・
　親鸞聖人・聖徳太子　　〔真宗仏光寺派〕

仏向寺　ぶっこうじ〔寺〕
　山形県天童市　《本尊》阿弥陀如来　〔浄土宗〕

[7]仏谷寺　ぶっこくじ〔寺〕
　島根県八束郡美保関町　《別称》行在所の寺・
　吉三の寺　《本尊》阿弥陀如来・薬師如来・
　聖観世音菩薩三体・月光菩薩　〔浄土宗〕

[8]仏国寺　ぶっこくじ〔寺〕
　山梨県甲府市　《本尊》日蓮聖人奠定の十界
　大曼荼羅　　　　　　　　〔日蓮宗〕

仏国寺　ぶっこくじ〔寺〕
　京都府京都市伏見区　　　〔黄檗宗〕

仏性寺　ぶっしょうじ〔寺〕
　滋賀県野洲郡中主町　《別称》三因山　《本
　尊》阿弥陀如来　　　　〔天台真盛宗〕

仏性寺　ぶっしょうじ〔寺〕
　兵庫県姫路市　《本尊》阿弥陀如来
　　　　　　　　　　　〔真宗仏光寺派〕

仏所護念会教団　ぶっしょごねんかいきょ
　うだん〔寺〕
　東京都港区　《別称》本部　〔仏所護念会教団〕

仏法寺　ぶっぽうじ〔寺〕
　滋賀県野洲郡中主町　《別称》大日寺　《本
　尊》大日如来・阿弥陀如来　　〔浄土宗〕

仏法寺　ぶっぽうじ〔寺〕
　愛媛県四国中央市　《本尊》阿弥陀如来・観
　世音菩薩・勢至菩薩　　　〔浄土宗〕

仏法紹隆寺　ぶっぽうしょうりゅうじ〔寺〕
　長野県諏訪市　《別称》仏法寺　《本尊》大日
　如来・薬師如来　　　　〔高野山真言宗〕

仏舎利塔《称》　ぶっしゃりとう〔寺〕
　熊本県熊本市・日本山妙法寺熊本中僧伽
　《本尊》今此三界曼荼羅・一塔両尊・日蓮聖
　人・仏舎利　　〔日本山妙法寺大僧伽〕

仏陀寺　ぶつだじ〔寺〕
　京都府京都市上京区　《本尊》阿弥陀如来
　　　　　　　　　　　　〔西山浄土宗〕

[9]仏乗院　ぶつじょういん〔寺〕
　千葉県八日市場市　《本尊》不動明王
　　　　　　　　　　　〔真言宗智山派〕

仏乗院　ぶつじょういん〔寺〕
　東京都港区　《本尊》千手観世音菩薩
　　　　　　　　　　　〔真言宗智山派〕

仏乗院　ぶつじょういん〔寺〕
　滋賀県大津市　《本尊》阿弥陀如来　〔天台宗〕

仏城寺　ぶつじょうじ〔寺〕
　　愛媛県今治市　《本尊》釈迦如来
　　　　　　　　　　　　　　〔臨済宗東福寺派〕
10仏通寺　ぶっつうじ〔寺〕
　　広島県三原市　《別称》大本山　《本尊》釈迦
　　如来　　　　　　　　　　　〔臨済宗仏通寺派〕
11仏教寺　ぶっきょうじ〔寺〕
　　岡山県久米郡久米南町　《本尊》薬師如来
　　　　　　　　　　　　　　　　〔高野山真言宗〕
　仏教寺　ぶっきょうじ〔寺〕
　　熊本県荒尾市　《本尊》阿弥陀如来
　　　　　　　　　　　　　　〔浄土真宗本願寺派〕
　仏現寺　ぶつげんじ〔寺〕
　　静岡県伊東市　《別称》厄除祖師・霊跡寺院
　　《本尊》日蓮聖人奠定の十界大曼荼羅
　　　　　　　　　　　　　　　　　　〔日蓮宗〕
　仏眼寺　ぶつげんじ〔寺〕
　　三重県津市　《本尊》日蓮聖人奠定の大曼荼
　　羅　　　　　　　　　　　　　　　〔日蓮宗〕
　仏隆寺　ぶつりゅうじ〔寺〕
　　奈良県宇陀郡榛原町　　　　　　　　〔単立〕
13仏照寺　ぶっしょうじ〔寺〕
　　石川県輪島市　《別称》正力　《本尊》阿弥陀
　　如来　　　　　　　　　　　　　〔真宗大谷派〕
　仏照寺　ぶっしょうじ〔寺〕
　　岐阜県揖斐郡大野町　《本尊》阿弥陀如来
　　　　　　　　　　　　　　〔浄土真宗本願寺派〕
15仏縁寺　ぶつえんじ〔寺〕
　　滋賀県東浅井郡浅井町　《本尊》阿弥陀如
　　来　　　　　　　　　　　　　〔真宗仏光寺派〕
17仏厳寺　ぶつごんじ〔寺〕
　　滋賀県長浜市　《本尊》阿弥陀如来
　　　　　　　　　　　　　　　　〔真宗仏光寺派〕
　仏厳寺　ぶつごんじ〔寺〕
　　熊本県熊本市　《本尊》阿弥陀如来
　　　　　　　　　　　　　　〔浄土真宗本願寺派〕
19仏願寺　ぶつがんじ〔寺〕
　　岐阜県羽島市　《別称》太閤山　《本尊》阿弥
　　陀如来　　　　　　　　　　　〔真宗大谷派〕
　仏願寺　ぶつがんじ〔寺〕
　　大阪府大阪市東住吉区　《本尊》阿弥陀如
　　来　　　　　　　　　　　　　〔真宗仏光寺派〕

【元】

2元八王子《称》　もとはちおうじ〔社〕
　　東京都八王子市・八幡神社　《祭神》応神天
　　皇　　　　　　　　　　　　　　〔神社本庁〕
3元三大師《称》　がんさんだいし〔寺〕
　　香川県丸亀市・妙法寺　《本尊》大日如来・元
　　三大師　　　　　　　　　　　　　〔天台宗〕

　元三大師《称》　がんさんだいし〔寺〕
　　福岡県久留米市・国分寺　《本尊》聖観世音
　　菩薩　　　　　　　　　　　　　　〔天台宗〕
5元出雲《称》　もといずも〔社〕
　　京都府亀岡市・出雲大神宮　《祭神》大国主
　　命〔他〕　　　　　　　　　　　　　〔単立〕
　元立寺　がんりゅうじ〔寺〕
　　大阪府堺市　《本尊》阿弥陀如来
　　　　　　　　　　　　　　〔浄土真宗本願寺派〕
6元伊勢大元宮《称》　もといせだいげんぐ
　う〔社〕
　　京都府宮津市・籠神社　《祭神》彦火明命〔他〕
　　　　　　　　　　　　　　　　　〔神社本庁〕
　元伊勢内宮《称》　もといせないくう〔社〕
　　京都府加佐郡大江町・皇大神社　《祭神》天
　　照皇大神〔他〕　　　　　　　　　〔神社本庁〕
　元伊勢外宮《称》　もといせげくう〔社〕
　　京都府加佐郡大江町・豊受大神社　《祭神》豊
　　受姫命〔他〕　　　　　　　　　　〔神社本庁〕
　元伊勢根本宮《称》　もといせこんぽんぐ
　う〔社〕
　　京都府宮津市・籠神社　《祭神》彦火明命〔他〕
　　　　　　　　　　　　　　　　　〔神社本庁〕
　元光院　げんこういん〔寺〕
　　東京都台東区　《本尊》阿弥陀如来　〔天台宗〕
7元亨院　げんこういん〔寺〕
　　高知県須崎市　《本尊》観世音菩薩　〔曹洞宗〕
8武社《称》　げんぶしゃ〔社〕
　　島根県鹿足郡津和野町・津和野神社　《祭神》
　　埴山比売神〔他〕　　　　　　　　〔神社本庁〕
　元祇園社《称》　もとぎおんしゃ〔社〕
　　京都府京都市中京区・梛神社　《祭神》素盞
　　鳴命〔他〕　　　　　　　　　　　〔神社本教〕
　元長寺　げんちょうじ〔寺〕
　　静岡県静岡市　《本尊》聖観世音菩薩
　　　　　　　　　　　　　　　　　　〔曹洞宗〕
9元海寺　がんかいじ〔寺〕
　　長崎県南松浦郡新魚目町　《本尊》阿弥陀如
　　来　　　　　　　　　　　　〔浄土真宗本願寺派〕
10元宮《称》　もとみや〔社〕
　　神奈川県足柄下郡箱根町元箱根駒岳山頂・箱
　　根元宮　《祭神》箱根大神　　　　　〔単立〕
12元善光寺　もとぜんこうじ〔寺〕
　　長野県飯田市　《別称》座光如来寺　《本尊》
　　阿弥陀三尊　　　　　　　　　　　〔天台宗〕
　元貴船神社《称》　もときふねじんじゃ〔社〕
　　大分県中津市・島田神社　《祭神》高靇神〔他〕
　　　　　　　　　　　　　　　　　〔神社本庁〕
14徳寺　がんとくじ〔寺〕
　　長野県須坂市　《本尊》阿弥陀如来
　　　　　　　　　　　　　　〔浄土真宗本願寺派〕

元稲田神社　げんどうだじんじゃ〔社〕
　秋田県雄勝郡羽後町　《別称》あぐりこ神社
　《祭神》豊受比売命　　　　　〔神社本庁〕
15元慶寺　がんけいじ〔寺〕
　京都府京都市山科区　《別称》花山寺　《本尊》
　薬師如来・花山法皇・五大力王　〔天台宗〕
16元興寺　がんごうじ〔寺〕
　奈良県奈良市　《別称》南都七大寺　《本尊》
　弥勒菩薩　　　　　　　　　　〔華厳宗〕
元興寺極楽坊　がんごうじごくらくぼう
〔寺〕
　奈良県奈良市　《本尊》智光曼陀羅・阿弥陀
　如来　　　　　　　　　　　〔真言律宗〕

【公】

10公卿寺　くきょうじ〔寺〕
　岡山県苫田郡加茂町　《本尊》聖観世音菩
　薩　　　　　　　　　　　　　　〔単立〕
12公智神社　くちじんじゃ〔社〕
　兵庫県西宮市　《祭神》久久能智命〔他〕
　　　　　　　　　　　　　　　〔神社本庁〕

【六】

3六万寺　ろくまんじ〔寺〕
　香川県木田郡牟礼町　　　　　〔真言宗〕
六大院　ろくだいいん〔寺〕
　大阪府大阪市天王寺区　《別称》大阪高野山
　《本尊》弘法大師・延命地蔵菩薩・弁財天
　　　　　　　　　　　　　〔高野山真言宗〕
4六之井神社　むつのいじんじゃ〔社〕
　岐阜県揖斐郡池田町　《祭神》天照大神〔他〕
　　　　　　　　　　　　　　　〔神社本庁〕
5六生社　ろくしょうしゃ〔社〕
　愛知県名古屋市中村区　《祭神》塩土老翁
　命　　　　　　　　　　　　　〔神社本庁〕
六甲八幡神社　ろっこうはちまんじんじゃ
〔社〕
　兵庫県神戸市灘区　《祭神》応神天皇〔他〕
　　　　　　　　　　　　　　　〔神社本庁〕
7六条八幡神社　ろくじょうはちまんじんじ
ゃ〔社〕
　兵庫県龍野市　《祭神》仲哀天皇〔他〕
　　　　　　　　　　　　　　　〔神社本庁〕
六条八幡宮　ろくじょうはちまんぐう〔社〕
　高知県吾川郡春野町　《祭神》品陀和気尊
　　　　　　　　　　　　　　　〔神社本庁〕
六条神社　ろくじょうじんじゃ〔社〕
　岐阜県岐阜市　《別称》牛頭天王　《祭神》素
　盞嗚尊〔他〕　　　　　　　　〔神社本庁〕

六条霊跡寺院《称》　ろくじょうれいせき
じいん〔寺〕
　京都府京都市下京区・本圀寺　《本尊》日蓮
　聖人奠定の大曼荼羅　　　　　〔日蓮宗〕
六社さん《称》　ろくしゃさん〔社〕
　京都府京丹後市・六神社　《祭神》天照皇大
　神〔他〕　　　　　　　　　　〔神社本庁〕
六社さん《称》　ろくしゃさん〔社〕
　島根県松江市・六所神社　《祭神》伊邪那岐
　命〔他〕　　　　　　　　　　〔神社本庁〕
六社の宮《称》　ろくしゃのみや〔社〕
　宮城県柴田郡村田町・菅生神社　《祭神》武
　甕槌命〔他〕　　　　　　　　〔神社本庁〕
六社大明神《称》　ろくしゃだいみょうじ
ん〔社〕
　岐阜県揖斐郡春日村・六社神社　《祭神》天
　照皇大神〔他〕　　　　　　　〔神社本庁〕
六社神社　ろくしゃじんじゃ〔社〕
　岐阜県揖斐郡春日村　《別称》六社大明神
　《祭神》天照皇大神〔他〕　　〔神社本庁〕
六社堂《称》　ろくしゃどう〔社〕
　宮城県柴田郡村田町・菅生神社　《祭神》武
　甕槌命〔他〕　　　　　　　　〔神社本庁〕
六角堂《称》　ろっかくどう〔寺〕
　京都府京都市中京区・頂法寺　《本尊》如意
　輪観世音菩薩　　　　　　　　〔天台宗〕
六角堂観音《称》　ろっかくどうかんのん
〔寺〕
　熊本県熊本市・本覚寺　《本尊》十界曼荼羅
　　　　　　　　　　　　　　　〔日蓮宗〕
8六所さま《称》　ろくしょさま〔社〕
　石川県鳳至郡穴水町・神杉伊豆牟比咩神社
　《祭神》大名持命〔他〕　　　〔神社本庁〕
六所大神　ろくしょおおかみ〔社〕
　千葉県香取郡多古町　《祭神》伊邪諾命〔他〕
　　　　　　　　　　　　　　　〔神社本庁〕
六所神社　ろくしょじんじゃ〔社〕
　山形県東田川郡藤島町　《祭神》大物忌神〔他〕
　　　　　　　　　　　　　　　〔神社本庁〕
六所神社　ろくしょじんじゃ〔社〕
　神奈川県中郡大磯町　《別称》相模国総社六所
　神社　《祭神》櫛稲田姫命〔他〕〔神社本庁〕
六所神社　ろくしょじんじゃ〔社〕
　静岡県浜松市　《別称》水晶六所神社　《祭
　神》天照大神〔他〕　　　　　〔神社本庁〕
六所神社　ろくしょじんじゃ〔社〕
　静岡県天竜市　《祭神》三綿津見神〔他〕
　　　　　　　　　　　　　　　〔神社本庁〕
六所神社　ろくしょじんじゃ〔社〕
　静岡県浜北市　《別称》宮口の檜森　《祭神》
　底津海祇神〔他〕　　　　　　〔神社本庁〕

4画（円）

六所神社　ろくしょじんじゃ〔社〕
　静岡県引佐郡引佐町谷沢　《祭神》表津綿津
　見神〔他〕　　　　　　　　　　〔神社本庁〕
六所神社　ろくしょじんじゃ〔社〕
　静岡県引佐郡引佐町渋川　《祭神》三綿津見
　神〔他〕　　　　　　　　　　　〔神社本庁〕
六所神社　ろくしょじんじゃ〔社〕
　愛知県名古屋市西区　《祭神》天照大神〔他〕
　　　　　　　　　　　　　　　　〔神社本庁〕
六所神社　ろくしょじんじゃ〔社〕
　愛知県岡崎市　《祭神》猿田彦命〔他〕
　　　　　　　　　　　　　　　　〔神社本庁〕
六所神社　ろくしょじんじゃ〔社〕
　愛知県豊田市　《祭神》猿田彦神〔他〕
　　　　　　　　　　　　　　　　〔神社本庁〕
六所神社　ろくしょじんじゃ〔社〕
　島根県松江市　《別称》六社さん　《祭神》伊
　邪那岐命〔他〕　　　　　　　　〔神社本庁〕
六所神社　ろくしょじんじゃ〔社〕
　山口県阿武郡旭村　《祭神》伊弉冉尊〔他〕
　　　　　　　　　　　　　　　　〔神社本庁〕
六所神社　ろくしょじんじゃ〔社〕
　福岡県糸島郡志摩町　《祭神》伊弉冉神〔他〕
　　　　　　　　　　　　　　　　〔神社本庁〕
六所宮《称》　ろくしょぐう〔社〕
　東京都府中市・大国魂神社　《祭神》大国魂
　大神〔他〕　　　　　　　　　　〔神社本庁〕
六所宮《称》　ろくしょぐう〔社〕
　大分県大分郡湯布院町・宇奈岐日女神社
　　《祭神》国常立尊〔他〕　　　〔神社本庁〕
六波羅蜜寺　ろくはらみつじ〔寺〕
　京都府京都市東山区　《別称》西国第一七番
　霊場　《本尊》十一面観世音菩薩
　　　　　　　　　　　　　　　〔真言宗智山派〕
9 六人社　ろくじんしゃ〔社〕
　京都府京丹後市　《別称》六社さん　《祭神》
　天照皇大神〔他〕　　　　　　　〔神社本庁〕
10 六孫王神社　ろくそんのうじんじゃ〔社〕
　京都府京都市南区　《別称》六孫さん　《祭
　神》源経基　　　　　　　　　　〔神社本教〕
11 六郷大社《称》　ろくごうたいしゃ〔社〕
　石川県鳳至郡穴水町・諸橋稲荷神社　《祭神》
　神目伊豆岐比古神〔他〕　　　　〔神社本庁〕
六郷神社　ろくごうじんじゃ〔社〕
　東京都大田区　《祭神》誉田別命　〔神社本庁〕
12 六道珍皇寺　ろくどうちんこうじ〔寺〕
　京都府京都市東山区　《別称》珍皇寺　《本
　尊》薬師如来　　　　　　　〔臨済宗建仁寺派〕

13 六椹八幡神社　むつくぬぎはちまんじんじ
　ゃ〔社〕
　山形県山形市　《祭神》品陀和気命〔他〕
　　　　　　　　　　　　　　　　〔神社本庁〕
六殿神社　ろくでんじんじゃ〔社〕
　熊本県下益城郡富合町　《別称》六殿宮　《祭
　神》阿蘇大明神〔他〕　　　　　〔神社本庁〕
六殿宮《称》　ろくでんぐう〔社〕
　熊本県下益城郡富合町・六殿神社　《祭神》阿
　蘇大明神〔他〕　　　　　　　　〔神社本庁〕
14 六嘉社　ろくかじんじゃ〔社〕
　熊本県上益城郡嘉島町　《別称》六嘉宮　《祭
　神》健磐竜命〔他〕　　　　　　〔神社本庁〕
六嘉宮《称》　ろくかぐう〔社〕
　熊本県上益城郡嘉島町・六嘉神社　《祭神》健
　磐竜命〔他〕　　　　　　　　　〔神社本庁〕
17 六嶽神社　むつがだけじんじゃ〔社〕
　福岡県鞍手郡鞍手町　《別称》六嶽宮　《祭
　神》田心姫命〔他〕　　　　　　〔神社本庁〕
六嶽宮《称》　むつがだけぐう〔社〕
　福岡県鞍手郡鞍手町・六嶽神社　《祭神》田
　心姫命〔他〕　　　　　　　　　〔神社本庁〕

【円】

3 円山毘沙門《称》　まるやまびしゃもん〔寺〕
　滋賀県近江八幡市・宝珠寺　《本尊》毘沙門
　天　　　　　　　　　　　　　　　〔天台宗〕
4 円天寺　えんてんじ〔寺〕
　千葉県印旛郡印旛村　《本尊》阿弥陀如来
　　　　　　　　　　　　　　　　　〔浄土宗〕
円心寺　えんしんじ〔寺〕
　埼玉県本庄市　《別称》呑竜様　《本尊》阿弥
　陀如来・観世音菩薩・勢至菩薩　　〔浄土宗〕
円心寺　えんしんじ〔寺〕
　岐阜県海津郡海津町　《本尊》阿弥陀如来
　　　　　　　　　　　　　　　　　〔浄土宗〕
5 円台坊　えんだいぼう〔寺〕
　山梨県南巨摩郡身延町　《本尊》一塔両尊・文
　殊菩薩　　　　　　　　　　　　　〔日蓮宗〕
円正寺　えんしょうじ〔寺〕
　千葉県安房郡千倉町　《本尊》千手観世音菩
　薩　　　　　　　　　　　　〔真言宗智山派〕
円正寺　えんしょうじ〔寺〕
　大分県別府市　《本尊》阿弥陀如来
　　　　　　　　　　　　　　〔浄土真宗本願寺派〕
円立寺　えんりゅうじ〔寺〕
　福井県大野市　《別称》祈祷所　《本尊》十界
　大曼荼羅　　　　　　　　　　　　〔日蓮宗〕
円立寺　えんりゅうじ〔寺〕
　滋賀県守山市　《本尊》阿弥陀如来
　　　　　　　　　　　　　　〔浄土真宗本願寺派〕

神社・寺院名よみかた辞典　107

4画（円）

6 円光寺　えんこうじ〔寺〕
　岩手県盛岡市　《本尊》阿弥陀如来　〔浄土宗〕

円光寺　えんこうじ〔寺〕
　栃木県日光市　《本尊》阿弥陀如来　〔天台宗〕

円光寺　えんこうじ〔寺〕
　千葉県成田市　《本尊》善光寺三尊　〔時宗〕

円光寺　えんこうじ〔寺〕
　東京都台東区　《別称》藤寺　《本尊》釈迦如来
　　　　　　　　　　　　　　　〔臨済宗妙心寺派〕

円光寺　えんこうじ〔寺〕
　東京都世田谷区　《本尊》阿弥陀如来
　　　　　　　　　　　　　　〔浄土宗西山禅林寺派〕

円光寺　えんこうじ〔寺〕
　石川県金沢市　《本尊》日蓮聖人奠定の大曼荼羅
　　　　　　　　　　　　　　　　　　〔日蓮宗〕

円光寺　えんこうじ〔寺〕
　石川県小松市　《本尊》阿弥陀如来
　　　　　　　　　　　　　　　　〔真宗大谷派〕

円光寺　えんこうじ〔寺〕
　石川県鹿島郡鹿島町　《本尊》阿弥陀如来
　　　　　　　　　　　　　　　　〔高野山真言宗〕

円光寺　えんこうじ〔寺〕
　福井県福井市　《本尊》阿弥陀如来
　　　　　　　　　　　　　　　　〔真宗大谷派〕

円光寺　えんこうじ〔寺〕
　静岡県磐田郡佐久間町　《本尊》十一面観世音菩薩
　　　　　　　　　　　　　　　　　　〔曹洞宗〕

円光寺　えんこうじ〔寺〕
　愛知県安城市　《本尊》阿弥陀如来
　　　　　　　　　　　　　　　　〔真宗大谷派〕

円光寺　えんこうじ〔寺〕
　愛知県稲沢市　《本尊》聖観世音菩薩
　　　　　　　　　　　　　　〔臨済宗妙心寺派〕

円光寺　えんこうじ〔寺〕
　滋賀県野洲郡野洲町　《別称》豆木太鼓の観音　《本尊》聖観音菩薩・阿弥陀如来
　　　　　　　　　　　　　　　　〔天台真盛宗〕

円光寺　えんこうじ〔寺〕
　滋賀県甲賀郡水口町　《本尊》阿弥陀如来
　　　　　　　　　　　　　　　　　〔浄土宗〕

円光寺　えんこうじ〔寺〕
　滋賀県神崎郡五個荘町　《本尊》阿弥陀如来
　　　　　　　　　　　　　　　　　〔浄土宗〕

円光寺　えんこうじ〔寺〕
　京都府京都市左京区　《本尊》千手観世音菩薩
　　　　　　　　　　　　　　〔臨済宗南禅寺派〕

円光寺　えんこうじ〔寺〕
　京都府京都市東山区　《本尊》阿弥陀如来
　　　　　　　　　　　　　　〔浄土真宗本願寺派〕

円光寺　えんこうじ〔寺〕
　京都府京都市山科区　《本尊》阿弥陀如来
　　　　　　　　　　　　　　　　〔真宗大谷派〕

円光寺　えんこうじ〔寺〕
　大阪府大阪市西淀川区　《本尊》阿弥陀如来
　　　　　　　　　　　　　　　　〔真宗興正派〕

円光寺　えんこうじ〔寺〕
　大阪府貝塚市　《本尊》阿弥陀如来
　　　　　　　　　　　　　　〔浄土真宗本願寺派〕

円光寺　えんこうじ〔寺〕
　兵庫県神戸市東灘区　《本尊》阿弥陀如来
　　　　　　　　　　　　　　〔浄土真宗本願寺派〕

円光寺　えんこうじ〔寺〕
　兵庫県姫路市　《本尊》一塔両尊　〔日蓮宗〕

円光寺　えんこうじ〔寺〕
　兵庫県龍野市　《別称》玉川御坊　《本尊》阿弥陀如来
　　　　　　　　　　　　　　　　〔真宗大谷派〕

円光寺　えんこうじ〔寺〕
　兵庫県加古郡稲美町　《本尊》阿弥陀如来
　　　　　　　　　　　　　　　　〔高野山真言宗〕

円光寺　えんこうじ〔寺〕
　奈良県生駒市　《本尊》阿弥陀如来
　　　　　　　　　　　　　　　　〔真宗大谷派〕

円光寺　えんこうじ〔寺〕
　奈良県吉野郡西吉野村　《別称》檜川のごぼうさん　《本尊》阿弥陀如来
　　　　　　　　　　　　　　〔浄土真宗本願寺派〕

円光寺　えんこうじ〔寺〕
　和歌山県西牟婁郡串本町　《本尊》阿弥陀如来・観世音菩薩・勢至菩薩
　　　　　　　　　　　　　　〔臨済宗妙心寺派〕

円光寺　えんこうじ〔寺〕
　島根県出雲市　《本尊》薬師如来　〔浄土宗〕

円光寺　えんこうじ〔寺〕
　広島県比婆郡比和町　《本尊》阿弥陀如来
　　　　　　　　　　　　　　〔浄土真宗本願寺派〕

円光寺　えんこうじ〔寺〕
　山口県下関市　《本尊》阿弥陀如来
　　　　　　　　　　　　　　〔浄土真宗本願寺派〕

円光寺　えんこうじ〔寺〕
　香川県仲多度郡多度津町　《本尊》阿弥陀如来
　　　　　　　　　　　　　　　　〔真宗興正派〕

円光寺　えんこうじ〔寺〕
　福岡県築上郡築城町　《本尊》阿弥陀如来
　　　　　　　　　　　　　　〔浄土真宗本願寺派〕

円光寺　えんこうじ〔寺〕
　長崎県壱岐市　《本尊》延命地蔵菩薩
　　　　　　　　　　　　　　　　　〔曹洞宗〕

円光寺　えんこうじ〔寺〕
　熊本県下益城郡松橋町　《本尊》阿弥陀如来
　　　　　　　　　　　　　　〔浄土真宗本願寺派〕

4画（円）

円光院　えんこういん〔寺〕
　東京都世田谷区　《本尊》不動明王
　　　　　　　　　　　　　〔真言宗豊山派〕
円光院　えんこういん〔寺〕
　東京都練馬区　《別称》子の権現　《本尊》不
　動明王・子聖大権現・弘法大師・興教大師
　　　　　　　　　　　　　〔真言宗豊山派〕
円光院　えんこういん〔寺〕
　神奈川県伊勢原市　《本尊》不動明王・子安
　観世音菩薩　　　　　　　〔高野山真言宗〕
円如寺　えんにょじ〔寺〕
　千葉県君津市　《本尊》大日如来
　　　　　　　　　　　　　〔真言宗智山派〕
円成寺　えんじょうじ〔寺〕
　東京都葛飾区　《本尊》日蓮聖人奠定の大曼
　荼羅　　　　　　　　　　　　　〔日蓮宗〕
円成寺　えんじょうじ〔寺〕
　東京都町田市　《本尊》阿弥陀如来
　　　　　　　　　　　　〔浄土真宗本願寺派〕
円成寺　えんじょうじ〔寺〕
　静岡県静岡市　《本尊》薬師如来
　　　　　　　　　　　　〔臨済宗妙心寺派〕
円成寺　えんじょうじ〔寺〕
　静岡県榛原郡榛原町　《本尊》釈迦如来
　　　　　　　　　　　　　　　　〔曹洞宗〕
円成寺　えんじょうじ〔寺〕
　愛知県津島市　《別称》関通寺　《本尊》阿弥
　陀如来　　　　　　　　　　　　〔浄土宗〕
円成寺　えんしゅうじ〔寺〕
　京都府相楽郡山城町　《本尊》阿弥陀如来
　　　　　　　　　　　　〔浄土真宗本願寺派〕
円成寺　えんじょうじ〔寺〕
　大阪府池田市　《本尊》阿弥陀如来
　　　　　　　　　　　　　〔真宗大谷派〕
円成寺　えんじょうじ〔寺〕
　兵庫県氷上郡柏原町　《別称》ほうよけの寺
　《本尊》聖観世音菩薩　　　　　〔曹洞宗〕
円成寺　えんじょうじ〔寺〕
　奈良県奈良市　《別称》忍辱山の寺　《本尊》
　阿弥陀如来・大日如来・不動明王
　　　　　　　　　　　　　〔真言宗御室派〕
円成寺　えんじょうじ〔寺〕
　島根県松江市　《本尊》釈迦如来
　　　　　　　　　　　　〔臨済宗妙心寺派〕
円成院　えんじょういん〔寺〕
　東京都小平市　　　　　　　　〔黄檗宗〕
円行寺　えんぎょうじ〔寺〕
　愛知県海部郡甚目寺町　《本尊》日蓮聖人奠
　定の大曼荼羅　　　　　　　　〔日蓮宗〕

円行寺　えんぎょうじ〔寺〕
　滋賀県伊香郡高月町　《本尊》阿弥陀如来
　　　　　　　　　　　　　〔真宗大谷派〕
円行院　えんぎょういん〔寺〕
　千葉県市川市　《本尊》日蓮聖人　〔日蓮宗〕
7 円住院　えんじゅういん〔寺〕
　東京都狛江市　《本尊》十一面観世音菩薩
　　　　　　　　　　　　　　　　〔天台宗〕
円妙寺　えんみょうじ〔寺〕
　茨城県新治郡玉里村　《本尊》薬師如来
　　　　　　　　　　　　　　　　〔天台宗〕
円妙寺　えんみょうじ〔寺〕
　大阪府大阪市中央区　《別称》水の寺　《本尊》
　十界勧請大曼荼羅・日蓮聖人　　〔日蓮宗〕
円寿寺　えんじゅうじ〔寺〕
　福井県吉田郡松岡町　《別称》合月の法華寺
　《本尊》日蓮聖人奠定の大曼荼羅
　　　　　　　　　　　　　　　　〔日蓮宗〕
円寿寺　えんじゅじ〔寺〕
　大分県大分市　《本尊》不動明王　〔天台宗〕
円応寺　えんのうじ〔寺〕
　山形県山形市　《別称》おびくさま　《本尊》
　地蔵菩薩　　　　　　　　〔真言宗智山派〕
円応寺　えんのうじ〔寺〕
　千葉県成田市　《本尊》聖観世音菩薩
　　　　　　　　　　　　　〔真言宗智山派〕
円応寺　えんのうじ〔寺〕
　千葉県佐倉市　《本尊》釈迦如来
　　　　　　　　　　　　〔臨済宗妙心寺派〕
円応寺　えんのうじ〔寺〕
　神奈川県鎌倉市　《別称》あらいのえんま
　《本尊》閻魔法王　　　〔臨済宗建長寺派〕
円応寺　えんのうじ〔寺〕
　山口県厚狭郡山陽町　《本尊》釈迦如来
　　　　　　　　　　　　　　　　〔曹洞宗〕
円応寺　えんのうじ〔寺〕
　福岡県北九州市小倉北区　《本尊》阿弥陀如
　来　　　　　　　　　　　　　　〔浄土宗〕
円応寺　えんおうじ〔寺〕
　福岡県福岡市中央区　《本尊》阿弥陀如来
　　　　　　　　　　　　　　　　〔浄土宗〕
円応寺　えんのうじ〔寺〕
　佐賀県武雄市　《本尊》十一面観世音菩薩
　　　　　　　　　　　　　　　　〔曹洞宗〕
8 円受寺　えんじゅうじ〔寺〕
　兵庫県尼崎市　《本尊》阿弥陀如来
　　　　　　　　　　　　　〔真宗大谷派〕
円宗寺　えんそうじ〔寺〕
　福岡県鞍手郡鞍手町　《本尊》阿弥陀如来
　　　　　　　　　　　　　　　　〔浄土宗〕

神社・寺院名よみかた辞典　109

4画（円）

円定寺　えんじょうじ〔寺〕
　神奈川県横浜市西区　《本尊》阿弥陀如来
　　　　　　　　　　　　　　〔臨済宗建長寺派〕
円性寺　えんしょうじ〔寺〕
　東京都足立区　《本尊》薬師如来
　　　　　　　　　　　　　　〔真言宗豊山派〕
円性寺　えんしょうじ〔寺〕
　熊本県天草郡栖本町　《本尊》阿弥陀如来
　　　　　　　　　　　　　　〔浄土宗〕
円明寺　えんめいじ〔寺〕
　茨城県下妻市　《本尊》延命地蔵菩薩
　　　　　　　　　　　　　　〔新義真言宗〕
円明寺　えんみょうじ〔寺〕
　栃木県下都賀郡大平町　《本尊》大日如来・延命地蔵菩薩　〔真言宗豊山派〕
円明寺　えんみょうじ〔寺〕
　群馬県前橋市　《本尊》阿弥陀如来　〔天台宗〕
円明寺　えんみょうじ〔寺〕
　群馬県安中市　《本尊》大日如来
　　　　　　　　　　　　　　〔真言宗豊山派〕
円明寺　えんみょうじ〔寺〕
　埼玉県秩父郡皆野町　〔真言宗智山派〕
円明寺　えんみょうじ〔寺〕
　東京都練馬区　《別称》穴守弁天　《本尊》不動明王　〔真言宗豊山派〕
円明寺　えんみょうじ〔寺〕
　新潟県西蒲原郡中之口村　《別称》小吉上御坊　《本尊》阿弥陀如来　〔真宗大谷派〕
円明寺　えんみょうじ〔寺〕
　福井県福井市　《本尊》阿弥陀如来
　　　　　　　　　　　　　　〔真宗大谷派〕
円明寺　えんみょうじ〔寺〕
　福井県武生市　《別称》塚町の御祖師様　《本尊》大曼荼羅・日蓮聖人　〔法華宗(真門流)〕
円明寺　えんみょうじ〔寺〕
　静岡県三島市　《別称》あかはしのお寺　《本尊》一塔両尊四士　〔日蓮宗〕
円明寺　えんめいじ〔寺〕
　愛知県名古屋市東区　《本尊》阿弥陀如来
　　　　　　　　　　　　　　〔真宗大谷派〕
円明寺　えんみょうじ〔寺〕
　愛知県犬山市　《本尊》阿弥陀如来
　　　　　　　　　　　　　　〔真宗大谷派〕
円明寺　えんみょうじ〔寺〕
　兵庫県飾磨郡夢前町　《本尊》薬師如来・阿弥陀如来　〔天台宗〕
円明寺　えんみょうじ〔寺〕
　兵庫県朝来郡和田山町　《本尊》聖観世音菩薩　〔臨済宗妙心寺派〕

円明寺　えんみょうじ〔寺〕
　徳島県三好郡山城町　《本尊》延命地蔵菩薩　〔真言宗御室派〕
円明寺　えんみょうじ〔寺〕
　愛媛県松山市　《別称》四国第五三番霊場　《本尊》阿弥陀三尊　〔真言宗智山派〕
円明寺　えんめいじ〔寺〕
　高知県高岡郡檮原町　《本尊》釈迦三尊
　　　　　　　　　　　　　　〔臨済宗妙心寺派〕
円明院　えんみょういん〔寺〕
　埼玉県三郷市　《別称》中ほんじ　《本尊》薬師如来　〔真言宗豊山派〕
円明院　えんみょういん〔寺〕
　千葉県市原市　《本尊》不動明王
　　　　　　　　　　　　　　〔真言宗智山派〕
円明院　えんみょういん〔寺〕
　新潟県三島郡出雲崎町　《本尊》聖観世音菩薩　〔真言宗豊山派〕
円明院　えんみょういん〔寺〕
　香川県三豊郡仁尾町　《本尊》薬師如来
　　　　　　　　　　　　　　〔真言宗御室派〕
円長寺　えんちょうじ〔寺〕
　山形県西置賜郡小国町　《本尊》大日如来
　　　　　　　　　　　　　　〔真言宗豊山派〕
円長寺　えんちょうじ〔寺〕
　千葉県匝瑳郡野栄町　《本尊》大日如来
　　　　　　　　　　　　　　〔真言宗智山派〕
円長寺　えんちょうじ〔寺〕
　長野県須坂市　《本尊》阿弥陀如来
　　　　　　　　　　　　　　〔浄土真宗本願寺派〕
9 円乗寺　えんじょうじ〔寺〕
　石川県金沢市　《本尊》日蓮聖人奠定の大曼荼羅・子育鬼子母神　〔日蓮宗〕
円乗寺　えんじょうじ〔寺〕
　大阪府大阪市東淀川区　《本尊》阿弥陀如来　〔浄土真宗本願寺派〕
円乗寺　えんじょうじ〔寺〕
　山口県宇部市　《本尊》阿弥陀如来
　　　　　　　　　　　　　　〔真宗木辺派〕
円乗院　えんじょういん〔寺〕
　埼玉県さいたま市　〔真言宗智山派〕
円乗院　えんじょういん〔寺〕
　東京都世田谷区　《本尊》不動明王
　　　　　　　　　　　　　　〔真言宗豊山派〕
円乗院　えんじょういん〔寺〕
　岡山県倉敷市　《本尊》阿弥陀如来　〔天台宗〕
円信寺　えんしんじ〔寺〕
　岡山県後月郡芳井町　《本尊》十界大曼荼羅　〔日蓮宗〕
円城寺　えんじょうじ〔寺〕
　岐阜県飛騨市　《本尊》釈迦如来　〔曹洞宗〕

4画（円）

円城寺　えんじょうじ〔寺〕
　岡山県御津郡加茂川町　《本尊》千手観世音菩薩
　　　　　　　　　　　　　　　　〔天台宗〕
円政寺　えんせいじ〔寺〕
　山口県萩市　《別称》金毘羅山　《本尊》地蔵菩薩・金毘羅神
　　　　　　　　　　　　　　〔真言宗御室派〕
円柳寺　えんりゅうじ〔寺〕
　新潟県北魚沼郡川口町　《本尊》虚空蔵菩薩・不動明王
　　　　　　　　　　　　　　〔真言宗智山派〕
円浄寺　えんじょうじ〔寺〕
　山梨県北巨摩郡長坂町　《本尊》千手観世音菩薩
　　　　　　　　　　　　　〔臨済宗妙心寺派〕
円浄寺　えんじょうじ〔寺〕
　京都府福知山市　《本尊》釈迦如来　〔曹洞宗〕
円浄寺　えんじょうじ〔寺〕
　大分県東国東郡国見町　《本尊》阿弥陀三尊
　　　　　　　　　　　　　　　　〔浄土宗〕
円泉寺　えんせんじ〔寺〕
　東京都世田谷区　《別称》太子さま　《本尊》不動明王・聖徳太子
　　　　　　　　　　　　　　〔真言宗豊山派〕
円重寺　えんじゅうじ〔寺〕
　新潟県東頸城郡浦川原村　《別称》菱田の寺　《本尊》阿弥陀如来
　　　　　　　　　　　　　　〔真宗大谷派〕
10円宮寺　えんぐうじ〔寺〕
　富山県小矢部市　《本尊》阿弥陀如来
　　　　　　　　　　　　　　〔真宗大谷派〕
円宮寺　えんぐうじ〔寺〕
　福井県武生市　《本尊》阿弥陀如来
　　　　　　　　　　　　　　〔真宗大谷派〕
円流寺　えんりゅうじ〔寺〕
　島根県松江市　《本尊》不動明王　〔天台宗〕
円珠寺　えんじゅじ〔寺〕
　東京都港区　《別称》さいじょうさま　《本尊》十界曼荼羅・最上位経王大菩薩・七面天女
　　　　　　　　　　　　　　　　〔日蓮宗〕
円珠院　えんじゅいん〔寺〕
　東京都台東区　《本尊》薬師如来　〔天台宗〕
円珠院　えんじゅいん〔寺〕
　岡山県浅口郡鴨方町　《本尊》阿弥陀如来
　　　　　　　　　　　　　　　　〔天台宗〕
円珠庵　えんじゅあん〔寺〕
　大阪府大阪市天王寺区　《別称》鎌八幡　《本尊》十一面観世音菩薩
　　　　　　　　　　　　　　〔真言宗豊山派〕
円称寺　えんしょうじ〔寺〕
　山形県山形市　《本尊》阿弥陀如来
　　　　　　　　　　　　　〔浄土真宗本願寺派〕
円竜寺　えんりゅうじ〔寺〕
　山形県山形市　《本尊》阿弥陀如来
　　　　　　　　　　　　　　〔真宗大谷派〕

円竜寺　えんりゅうじ〔寺〕
　岐阜県岐阜市　《本尊》阿弥陀如来
　　　　　　　　　　　　　　〔真宗大谷派〕
円竜寺　えんりゅうじ〔寺〕
　愛知県名古屋市緑区　《本尊》阿弥陀如来
　　　　　　　　　　　　　　〔真宗大谷派〕
円竜寺　えんりゅうじ〔寺〕
　大阪府大阪市生野区　《別称》小路の寺　《本尊》阿弥陀如来
　　　　　　　　　　　　　　〔真宗大谷派〕
円竜寺　えんりゅうじ〔寺〕
　山口県山口市　《別称》讃井の円竜寺　《本尊》阿弥陀如来
　　　　　　　　　　　　　〔浄土真宗本願寺派〕
円竜寺　えんりゅうじ〔寺〕
　香川県丸亀市　《本尊》阿弥陀如来
　　　　　　　　　　　　　　〔真宗興正派〕
円竜寺　えんりゅうじ〔寺〕
　高知県須崎市　《別称》川端のお寺　《本尊》阿弥陀如来
　　　　　　　　　　　　　〔浄土真宗本願寺派〕
円能寺　えんのうじ〔寺〕
　埼玉県三郷市　《本尊》不動明王
　　　　　　　　　　　　　　〔真言宗豊山派〕
円能寺　えんのうじ〔寺〕
　東京都大田区　《別称》成田山大森不動尊　《本尊》不動明王
　　　　　　　　　　　　　　〔真言宗智山派〕
円能院　えんのういん〔寺〕
　神奈川県川崎市川崎区　《本尊》大日如来
　　　　　　　　　　　　　　〔真言宗智山派〕
円通寺　えんつうじ〔寺〕
　青森県むつ市　《別称》霊場恐山　《本尊》釈迦如来
　　　　　　　　　　　　　　　　〔曹洞宗〕
円通寺　えんつうじ〔寺〕
　茨城県水戸市　《本尊》釈迦如来　〔曹洞宗〕
円通寺　えんつうじ〔寺〕
　栃木県栃木市　《本尊》千手観世音菩薩
　　　　　　　　　　　　　　　　〔天台宗〕
円通寺　えんつうじ〔寺〕
　栃木県芳賀郡益子町　《別称》大沢本山　《本尊》阿弥陀如来　〔浄土宗〕
円通寺　えんつうじ〔寺〕
　埼玉県児玉郡児玉町　《本尊》十一面観世音菩薩
　　　　　　　　　　　　　　〔真言宗豊山派〕
円通寺　えんつうじ〔寺〕
　東京都港区　《本尊》十界大曼荼羅　〔日蓮宗〕
円通寺　えんつうじ〔寺〕
　東京都文京区　《別称》赤門の寺　《本尊》釈迦如来
　　　　　　　　　　　　　〔臨済宗妙心寺派〕
円通寺　えんつうじ〔寺〕
　東京都墨田区　《本尊》阿弥陀如来　〔天台宗〕
円通寺　えんつうじ〔寺〕
　東京都足立区　《本尊》聖観世音菩薩
　　　　　　　　　　　　　　〔真言宗豊山派〕

神社・寺院名よみかた辞典　111

4画（円）

円通寺　えんつうじ〔寺〕
東京都八王子市　《本尊》聖観世音菩薩
〔天台宗〕

円通寺　えんつうじ〔寺〕
東京都清瀬市　《別称》馬止観音　《本尊》聖観世音菩薩
〔真言宗豊山派〕

円通寺　えんつうじ〔寺〕
新潟県柏崎市　《本尊》聖徳太子
〔真言宗豊山派〕

円通寺　えんつうじ〔寺〕
新潟県十日町市　《本尊》釈迦三尊　〔曹洞宗〕

円通寺　えんつうじ〔寺〕
新潟県中蒲原郡横越町　《本尊》釈迦如来
〔曹洞宗〕

円通寺　えんつうじ〔寺〕
石川県河北郡津幡町　《本尊》阿弥陀如来
〔真宗大谷派〕

円通寺　えんつうじ〔寺〕
山梨県北巨摩郡小淵沢町　《本尊》観世音菩薩
〔曹洞宗〕

円通寺　えんつうじ〔寺〕
岐阜県大垣市　《本尊》阿弥陀如来　〔浄土宗〕

円通寺　えんつうじ〔寺〕
愛知県名古屋市熱田区　《本尊》釈迦如来・観世音菩薩
〔曹洞宗〕

円通寺　えんつうじ〔寺〕
愛知県大府市　《本尊》馬頭観世音菩薩・准胝観世音菩薩
〔曹洞宗〕

円通寺　えんつうじ〔寺〕
滋賀県草津市　《本尊》阿弥陀如来
〔真宗大谷派〕

円通寺　えんつうじ〔寺〕
京都府京都市上京区　《別称》東の関通　《本尊》阿弥陀如来
〔浄土宗〕

円通寺　えんつうじ〔寺〕
京都府京都市左京区　《本尊》正観世音菩薩
〔臨済宗妙心寺派〕

円通寺　えんつうじ〔寺〕
大阪府大阪市鶴見区　《本尊》阿弥陀如来
〔真宗大谷派〕

円通寺　えんつうじ〔寺〕
兵庫県高砂市　《本尊》十一面観世音菩薩
〔臨済宗妙心寺派〕

円通寺　えんつうじ〔寺〕
兵庫県養父市　《本尊》聖観世音菩薩
〔臨済宗妙心寺派〕

円通寺　えんつうじ〔寺〕
兵庫県氷上郡氷上町　《本尊》如意輪観世音菩薩
〔曹洞宗〕

円通寺　えんつうじ〔寺〕
奈良県五條市　〔高野山真言宗〕

円通寺　えんつうじ〔寺〕
和歌山県伊都郡高野町　《別称》真別処　《本尊》釈迦如来
〔高野山真言宗〕

円通寺　えんつうじ〔寺〕
島根県大田市　《本尊》聖観世音菩薩
〔曹洞宗〕

円通寺　えんつうじ〔寺〕
島根県飯石郡掛合町　《本尊》如意輪観世音菩薩
〔天台宗〕

円通寺　えんつうじ〔寺〕
岡山県倉敷市　《別称》良寛さまの寺　《本尊》聖観世音菩薩
〔曹洞宗〕

円通寺　えんつうじ〔寺〕
岡山県総社市　《別称》観音堂　《本尊》聖観世音菩薩
〔高野山真言宗〕

円通寺　えんつうじ〔寺〕
広島県庄原市　《別称》円通閣　《本尊》千手観世音菩薩・阿弥陀如来・聖観世音菩薩
〔臨済宗妙心寺派〕

円通寺　えんつうじ〔寺〕
香川県さぬき市　《本尊》聖観世音菩薩・地蔵菩薩・不動明王
〔真言宗〕

円通寺　えんつうじ〔寺〕
香川県綾歌郡宇多津町　《本尊》聖如意輪観世音菩薩
〔真言宗御室派〕

円通寺　えんつうじ〔寺〕
愛媛県松山市　《本尊》薬師如来
〔真言宗豊山派〕

円通寺　えんつうじ〔寺〕
佐賀県伊万里市　《本尊》聖観世音菩薩
〔臨済宗南禅寺派〕

円通寺　えんつうじ〔寺〕
佐賀県小城郡小城町　《別称》本寺　《本尊》千手千眼観世音菩薩
〔臨済宗南禅寺派〕

円通寺　えんつうじ〔寺〕
長崎県南高来郡布津町　《本尊》釈迦如来
〔曹洞宗〕

円通寺　えんつうじ〔寺〕
大分県宇佐市　《本尊》聖観世音菩薩
〔臨済宗大徳寺派〕

円通院　えんつういん〔寺〕
宮城県宮城郡松島町　《別称》バラでら　《本尊》聖観世音菩薩
〔臨済宗妙心寺派〕

円通院　えんつういん〔寺〕
山梨県都留市　《別称》えんずう　《本尊》釈迦如来
〔曹洞宗〕

円通院　えんつういん〔寺〕
福岡県鞍手郡若宮町　《本尊》聖観世音菩薩
〔曹洞宗〕

円通閣　《称》　えんつうかく〔寺〕
　広島県庄原市・円通寺　《本尊》千手観世音
　菩薩・阿弥陀如来・聖観世音菩薩
　　　　　　　　　　　　　　　〔臨済宗妙心寺派〕
11円常寺　えんじょうじ〔寺〕
　滋賀県彦根市　《本尊》阿弥陀三尊　〔浄土宗〕
円授寺　えんじゅじ〔寺〕
　三重県桑名市　《本尊》阿弥陀如来
　　　　　　　　　　　　　　　〔真宗大谷派〕
円教寺　えんきょうじ〔寺〕
　神奈川県座間市　《本尊》十界大曼荼羅
　　　　　　　　　　　　　　　〔日蓮宗〕
円教寺　えんきょうじ〔寺〕
　愛知県名古屋市中区　《本尊》十一面観世音
　菩薩　　　　　　　　　　　　〔天台宗〕
円教寺　えんぎょうじ〔寺〕
　大阪府岸和田市　《本尊》一尊四士　〔日蓮宗〕
円教寺　えんぎょうじ〔寺〕
　兵庫県姫路市　《別称》書写寺・西国第二七
　番霊場　《本尊》如意輪観世音菩薩
　　　　　　　　　　　　　　　〔天台宗〕
円清寺　えんせいじ〔寺〕
　福岡県鞍手郡鞍手町　《本尊》阿弥陀如来
　　　　　　　　　　　　　　　〔浄土宗〕
円清寺　えんせいじ〔寺〕
　福岡県朝倉郡杷木町　《本尊》聖観世音菩
　薩　　　　　　　　　　　　　〔曹洞宗〕
円野神社　まるのじんじゃ〔社〕
　宮崎県北諸県郡山之口町　《別称》八幡さま
　《祭神》息長足姫命〔他〕　　〔神社本庁〕
円隆寺　えんりゅうじ〔寺〕
　神奈川県平塚市　《本尊》日蓮聖人奠定の十
　界勧請大曼荼羅　　　　　　　〔日蓮宗〕
円隆寺　えんりゅうじ〔寺〕
　新潟県栃尾市　《別称》塩川の鬼子母神　《本
　尊》十界大曼荼羅　　　　　　〔日蓮宗〕
円隆寺　えんりゅうじ〔寺〕
　京都府舞鶴市　《別称》本堂　《本尊》阿弥陀
　如来・薬師如来・釈迦如来　〔真言宗御室派〕
円陵寺　えんりょうじ〔寺〕
　山口県下関市　《本尊》千手観世音菩薩
　　　　　　　　　　　　　　　〔天台寺門宗〕
円頂寺　えんちょうじ〔寺〕
　岐阜県恵那郡上矢作町　《本尊》釈迦如来
　　　　　　　　　　　　　　　〔曹洞宗〕
12円勝寺　えんしょうじ〔寺〕
　千葉県松戸市　《本尊》勢至菩薩
　　　　　　　　　　　　　　　〔真言宗豊山派〕
円勝寺　えんしょうじ〔寺〕
　東京都北区　《本尊》阿弥陀如来・勢至菩薩
　　　　　　　　　　　　　　　〔浄土宗〕

円勝寺　えんしょうじ〔寺〕
　岐阜県本巣市　《本尊》阿弥陀如来
　　　　　　　　　　　　　　　〔浄土真宗本願寺派〕
円勝寺　えんしょうじ〔寺〕
　三重県四日市市　《本尊》阿弥陀如来
　　　　　　　　　　　　　　　〔浄土真宗本願寺派〕
円勝院　えんしょういん〔寺〕
　東京都江戸川区　《本尊》阿弥陀如来
　　　　　　　　　　　　　　　〔真言宗豊山派〕
円満寺　えんまんじ〔寺〕
　山形県山形市　《本尊》阿弥陀如来
　　　　　　　　　　　　　　　〔真宗大谷派〕
円満寺　えんまんじ〔寺〕
　山形県新庄市　《別称》お聖天様　《本尊》五
　大明王　　　　　　　　　　　〔真言宗智山派〕
円満寺　えんまんじ〔寺〕
　福島県耶麻郡西会津町　《本尊》不動明王・聖
　観世音菩薩　　　　　　　　　〔真言宗室生寺派〕
円満寺　えんまんじ〔寺〕
　茨城県結城郡八千代町　《本尊》不動明王
　　　　　　　　　　　　　　　〔真言宗豊山派〕
円満寺　えんまんじ〔寺〕
　群馬県桐生市　《本尊》虚空蔵菩薩・北辰妙
　見大菩薩　　　　　　　　　　〔高野山真言宗〕
円満寺　えんまんじ〔寺〕
　埼玉県本庄市　《本尊》阿弥陀如来
　　　　　　　　　　　　　　　〔真言宗智山派〕
円満寺　えんまんじ〔寺〕
　東京都文京区　《別称》木食寺　《本尊》不動
　明王　　　　　　　　　　　　〔真言派御室派〕
円満寺　えんまんじ〔寺〕
　長野県佐久市　《本尊》不動明王
　　　　　　　　　　　　　　　〔真言宗智山派〕
円満寺　えんまんじ〔寺〕
　静岡県掛川市　《別称》御堂会館円満寺　《本
　尊》阿弥陀如来　　　　　　　〔真宗大谷派〕
円満寺　えんまんじ〔寺〕
　滋賀県近江八幡市　《別称》金比羅　《本尊》
　十一面観世音菩薩　　　　　　〔臨済宗永源寺派〕
円満寺　えんまんじ〔寺〕
　大阪府大阪市福島区　《別称》野田御坊　《本
　尊》阿弥陀如来　　　　　　　〔浄土真宗本願寺派〕
円満寺　えんまんじ〔寺〕
　兵庫県西宮市　《別称》西宮成田山　《本尊》
　薬師如来・成田山不動尊・毘沙門天
　　　　　　　　　　　　　　　〔高野山真言宗〕
円満寺　えんまんじ〔寺〕
　山口県宇部市　《本尊》久遠実成釈迦如来
　　　　　　　　　　　　　　　〔日蓮宗〕

4画（円）

円満寺　えんまんじ〔寺〕
　愛媛県東予市　《本尊》虚空蔵菩薩
　　　　　　　　　　　　　　〔真言宗御室派〕

円満寺　えんまんじ〔寺〕
　福岡県嘉穂郡穂波町　《本尊》十界大曼荼羅
　　　　　　　　　　　　　　　　　〔日蓮宗〕

円満院（称）　えんまんいん〔寺〕
　滋賀県大津市・円満院門跡　《本尊》不動明王
　　　　　　　　　　　　　　　　　〔単立〕

円満院門跡　えんまんいんもんぜき〔寺〕
　滋賀県大津市　《別称》円満院　《本尊》不動明王
　　　　　　　　　　　　　　　　　〔単立〕

円覚寺　えんかくじ〔寺〕
　青森県西津軽郡深浦町　《別称》観音様　《本尊》十一面観世音菩薩　〔真言宗醍醐派〕

円覚寺　えんがくじ〔寺〕
　神奈川県鎌倉市　《別称》大本山　《本尊》釈迦如来
　　　　　　　　　　　　　　〔臨済宗円覚寺派〕

円覚寺　えんがくじ〔寺〕
　岐阜県羽島市　《本尊》阿弥陀如来
　　　　　　　　　　　　　〔浄土真宗本願寺派〕

円覚寺　えんがくじ〔寺〕
　愛知県岡崎市　《本尊》阿弥陀如来
　　　　　　　　　　　　　　〔真宗大谷派〕

円覚寺　えんがくじ〔寺〕
　奈良県吉野郡東吉野村　《本尊》釈迦如来・薬師如来
　　　　　　　　　　　　　　　　　〔曹洞宗〕

円覚寺　えんかくじ〔寺〕
　山口県柳井市　《本尊》阿弥陀如来・釈迦如来
　　　　　　　　　　　　　〔浄土真宗本願寺派〕

円覚寺　えんかくじ〔寺〕
　福岡県福岡市博多区　〔臨済宗妙心寺派〕

円覚寺　えんがくじ〔寺〕
　熊本県八代市　《本尊》阿弥陀如来
　　　　　　　　　　　　　〔浄土真宗本願寺派〕

円証寺　えんしょうじ〔寺〕
　奈良県奈良市　《本尊》釈迦三尊　〔真言律宗〕

円超寺　えんちょうじ〔寺〕
　岐阜県海津郡平田町　《本尊》阿弥陀如来
　　　　　　　　　　　　　　〔真宗大谷派〕

13　円楽寺　えんらくじ〔寺〕
　山梨県東八代郡中道町　《本尊》薬師如来
　　　　　　　　　　　　　　〔真言宗智山派〕

円楽寺　えんらくじ〔寺〕
　岐阜県安八郡輪之内町　《本尊》阿弥陀如来
　　　　　　　　　　　　　　〔真宗大谷派〕

円照寺　えんしょうじ〔寺〕
　北海道札幌市中央区　《本尊》阿弥陀如来
　　　　　　　　　　　　　　〔真宗大谷派〕

円照寺　えんしょうじ〔寺〕
　栃木県佐野市　《本尊》大日如来
　　　　　　　　　　　　　〔真言宗豊山派〕

円照寺　えんしょうじ〔寺〕
　埼玉県熊谷市　《別称》熊谷不動様　《本尊》阿弥陀如来・不動明王　〔天台宗〕

円照寺　えんしょうじ〔寺〕
　埼玉県羽生市　《別称》菩薩様　《本尊》薬師如来
　　　　　　　　　　　　　〔真言宗豊山派〕

円照寺　えんしょうじ〔寺〕
　埼玉県入間市　《別称》絵馬寺　《本尊》阿弥陀如来
　　　　　　　　　　　　　〔真言宗智山派〕

円照寺　えんしょうじ〔寺〕
　埼玉県八潮市　《本尊》大日如来
　　　　　　　　　　　　　〔真言宗豊山派〕

円照寺　えんしょうじ〔寺〕
　東京都新宿区　《本尊》薬師如来
　　　　　　　　　　　　　〔真言宗豊山派〕

円照寺　えんしょうじ〔寺〕
　東京都台東区　《本尊》阿弥陀如来
　　　　　　　　　　　　　　〔真宗大谷派〕

円照寺　えんしょうじ〔寺〕
　東京都江戸川区　《別称》赤門寺　《本尊》不動明王　〔新義真言宗〕

円照寺　えんしょうじ〔寺〕
　福井県小浜市　《本尊》釈迦如来
　　　　　　　　　　　　〔臨済宗南禅寺派〕

円照寺　えんしょうじ〔寺〕
　滋賀県伊香郡高月町　《本尊》阿弥陀如来
　　　　　　　　　　　　　　〔真宗大谷派〕

円照寺　えんしょうじ〔寺〕
　大阪府大阪市西区　《本尊》阿弥陀如来
　　　　　　　　　　　　　　〔真宗大谷派〕

円照寺　えんしょうじ〔寺〕
　大阪府大阪市西成区　《本尊》阿弥陀如来
　　　　　　　　　　　　　〔浄土真宗本願寺派〕

円照寺　えんしょうじ〔寺〕
　兵庫県朝来郡山東町　《本尊》阿弥陀如来
　　　　　　　　　　　　　〔浄土真宗本願寺派〕

円照寺　えんしょうじ〔寺〕
　奈良県奈良市　《別称》山村御殿　《本尊》如意輪観世音菩薩　〔臨済宗妙心寺派〕

円照寺　えんしょうじ〔寺〕
　和歌山県海草郡野上町　《本尊》阿弥陀如来
　　　　　　　　　　　　　〔浄土真宗本願寺派〕

円照寺　えんしょうじ〔寺〕
　愛媛県今治市　《別称》乳地蔵尊　《本尊》阿弥陀如来　〔臨済宗東福寺派〕

円福寺　えんぷくじ〔寺〕
　秋田県鹿角市　《本尊》釈迦如来　〔曹洞宗〕

4画（円）

円福寺　えんぷくじ〔寺〕
　山形県寒河江市　《本尊》大日如来
　　　　　　　　　　　　〔真言宗智山派〕
円福寺　えんぷくじ〔寺〕
　福島県いわき市　《本尊》胎蔵界大日如来
　　　　　　　　　　　　〔真言宗智山派〕
円福寺　えんぷくじ〔寺〕
　茨城県東茨城郡茨城町　《本尊》阿弥陀如来
　　　　　　　　　　　　〔天台宗〕
円福寺　えんぷくじ〔寺〕
　群馬県高崎市　《本尊》正観世音菩薩
　　　　　　　　　　　　〔高野山真言宗〕
円福寺　えんぷくじ〔寺〕
　埼玉県秩父市　《本尊》釈迦如来
　　　　　　　　　　　　〔臨済宗南禅寺派〕
円福寺　えんぷくじ〔寺〕
　埼玉県春日部市　《別称》一の割の呑竜様
　《本尊》阿弥陀如来・呑竜　〔浄土宗〕
円福寺　えんぷくじ〔寺〕
　埼玉県三郷市　《別称》長戸呂の寺　《本尊》阿弥陀如来　　〔真言宗豊山派〕
円福寺　えんぷくじ〔寺〕
　埼玉県児玉郡美里町　《本尊》文殊菩薩
　　　　　　　　　　　　〔真言宗智山派〕
円福寺　えんぷくじ〔寺〕
　千葉県銚子市　《別称》銚子観音・飯沼観音・坂東第二七番霊場　《本尊》十一面観世音菩薩　　　　　　　　〔真言宗智山派〕
円福寺　えんぷくじ〔寺〕
　千葉県野田市　《別称》おおはらくちのお寺　《本尊》不動明王　〔真言宗豊山派〕
円福寺　えんぷくじ〔寺〕
　東京都新宿区　《本尊》日蓮聖人・鬼子母神
　　　　　　　　　　　　〔日蓮宗〕
円福寺　えんぷくじ〔寺〕
　東京都調布市　《本尊》阿弥陀如来
　　　　　　　　　　　　〔浄土真宗本願寺派〕
円福寺　えんぷくじ〔寺〕
　東京都西多摩郡瑞穂町　《本尊》薬師如来・釈迦如来・阿弥陀如来　〔臨済宗建長寺派〕
円福寺　えんぷくじ〔寺〕
　神奈川県川崎市高津区　《本尊》釈迦如来
　　　　　　　　　　　　〔曹洞宗〕
円福寺　えんぷくじ〔寺〕
　神奈川県小田原市　《本尊》不動明王・薬師如来　　　　　　　〔真言宗東寺派〕
円福寺　えんぷくじ〔寺〕
　新潟県長岡市　《別称》かわふろの寺　《本尊》大日如来・薬師如来　〔真言宗智山派〕
円福寺　えんぷくじ〔寺〕
　山梨県山梨市　《本尊》観世音菩薩　〔浄土宗〕

円福寺　えんぷくじ〔寺〕
　山梨県大月市　《別称》大寺　《本尊》薬師如来　　　　　　　〔臨済宗建長寺派〕
円福寺　えんぷくじ〔寺〕
　岐阜県関市　《本尊》聖観世音菩薩
　　　　　　　　　　　　〔臨済宗妙心寺派〕
円福寺　えんぷくじ〔寺〕
　愛知県岡崎市　《別称》大本山　《本尊》阿弥陀如来　　　　　〔浄土宗西山深草派〕
円福寺　えんぷくじ〔寺〕
　三重県亀山市　《別称》観音さん　《本尊》聖観世音菩薩　　　〔黄檗宗〕
円福寺　えんぷくじ〔寺〕
　京都府八幡市　《別称》達磨堂　《本尊》釈迦如来・文殊菩薩・普賢菩薩・十六善神
　　　　　　　　　　　　〔臨済宗妙心寺派〕
円福寺　えんぷくじ〔寺〕
　奈良県生駒市　《本尊》阿弥陀如来・十一面観世音菩薩　　　　〔真言宗醍醐派〕
円福寺　えんぷくじ〔寺〕
　岡山県笠岡市　《本尊》地蔵菩薩・阿弥陀如来　　　　　　　　〔高野山真言宗〕
円福寺　えんぷくじ〔寺〕
　岡山県邑久郡邑久町　《本尊》釈迦如来
　　　　　　　　　　　　〔高野山真言宗〕
円福寺　えんぷくじ〔寺〕
　岡山県英田郡作東町　《本尊》無量寿如来・観世音菩薩・勢至菩薩　〔高野山真言宗〕
円福寺　えんぷくじ〔寺〕
　徳島県三好郡東祖谷山村　《別称》剣山　《本尊》不動明王・弘法大師・阿弥陀如来
　　　　　　　　　　　　〔真言宗醍醐派〕
円福寺　えんぷくじ〔寺〕
　愛媛県松山市湯山町　《本尊》聖観世音菩薩　　　　　　　　〔天台宗〕
円福寺　えんぷくじ〔寺〕
　愛媛県松山市木屋町　《本尊》不動明王
　　　　　　　　　　　　〔真言宗豊山派〕
円福寺　えんぷくじ〔寺〕
　愛媛県新居浜市　《本尊》地蔵菩薩
　　　　　　　　　　　　〔高野山真言宗〕
円福寺　えんぷくじ〔寺〕
　愛媛県越智郡菊間町　《別称》亀岡たね・青木地蔵堂　《本尊》十一面観世音菩薩・不動明王・毘沙門天・青木地蔵菩薩
　　　　　　　　　　　　〔真言宗豊山派〕
円福寺　えんぷくじ〔寺〕
　長崎県西彼杵郡香焼町　《別称》香焼大師　《本尊》十一面観世音菩薩　〔曹洞宗〕

4画（円）

円福寺　えんぷくじ〔寺〕
　大分県豊後高田市　《別称》百段の寺　《本尊》釈迦三尊　〔臨済宗大徳寺派〕

円福寺　えんぷくじ〔寺〕
　宮崎県児湯郡高鍋町　《本尊》阿弥陀三尊　〔浄土宗〕

円福院　えんぷくいん〔寺〕
　滋賀県大津市　《別称》五百羅漢堂　《本尊》釈迦如来　〔天台宗〕

円福院　えんぷくいん〔寺〕
　山口県萩市　《本尊》釈迦如来　〔黄檗宗〕

円頓寺　えんとんじ〔寺〕
　東京都大田区　《本尊》大曼荼羅　〔日蓮宗〕

円頓寺　えんとんじ〔寺〕
　愛知県名古屋市西区　《本尊》日蓮聖人奠定の大曼荼羅　〔日蓮宗〕

円頓寺　えんとんじ〔寺〕
　京都府京丹後市　《別称》薬師さん　《本尊》薬師如来　〔高野山真言宗〕

14円徳寺　えんとくじ〔寺〕
　岩手県花巻市　《本尊》阿弥陀如来　〔真宗大谷派〕

円徳寺　えんとくじ〔寺〕
　秋田県仙北郡仙南村　《本尊》阿弥陀如来　〔浄土真宗本願寺派〕

円徳寺　えんとくじ〔寺〕
　東京都墨田区　《別称》赤門寺　《本尊》薬師如来　〔曹洞宗〕

円徳寺　えんとくじ〔寺〕
　神奈川県三浦市　《別称》あかべ稲荷　《本尊》一塔両尊四菩薩　〔日蓮宗〕

円徳寺　えんとくじ〔寺〕
　福井県大野市　《本尊》阿弥陀如来　〔真宗大谷派〕

円徳寺　えんとくじ〔寺〕
　長野県上水内郡豊野町　《本尊》阿弥陀如来　〔真宗大谷派〕

円徳寺　えんとくじ〔寺〕
　岐阜県岐阜市　《本尊》阿弥陀如来　〔浄土真宗本願寺派〕

円徳寺　えんとくじ〔寺〕
　岐阜県恵那郡山岡町　《本尊》釈迦如来　〔臨済宗妙心寺派〕

円徳寺　えんとくじ〔寺〕
　大阪府大阪市生野区　《本尊》阿弥陀如来　〔真宗大谷派〕

円徳寺　えんとくじ〔寺〕
　香川県仲多度郡仲南町　《本尊》阿弥陀如来　〔真宗興正派〕

15円蔵寺　えんぞうじ〔寺〕
　福島県河沼郡柳津町　《別称》柳津の虚空蔵　《本尊》虚空蔵菩薩　〔臨済宗妙心寺派〕

円蔵寺　えんぞうじ〔寺〕
　神奈川県茅ヶ崎市　《本尊》薬師如来・厄除大師　〔高野山真言宗〕

円蔵寺　えんぞうじ〔寺〕
　新潟県小千谷市　《本尊》釈迦如来　〔曹洞宗〕

円蔵寺　えんぞうじ〔寺〕
　新潟県中頸城郡大潟町　《本尊》大日如来　〔真言宗豊山派〕

円蔵寺　えんぞうじ〔寺〕
　愛媛県松山市　《本尊》薬師如来・十一面観世音菩薩　〔真言宗豊山派〕

円蔵院　えんぞういん〔寺〕
　福島県福島市　《別称》八幡寺　《本尊》金剛界大日如来　〔真言宗豊山派〕

円蔵院　えんぞういん〔寺〕
　群馬県沼田市　《別称》榛名のお薬師様　《本尊》阿弥陀如来　〔天台宗〕

円蔵院　えんぞういん〔寺〕
　千葉県船橋市　《別称》えんが地蔵尊　《本尊》不動明王・えんが地蔵尊　〔真言宗豊山派〕

円蔵院　えんぞういん〔寺〕
　千葉県安房郡千倉町　《本尊》地蔵菩薩　〔真言宗智山派〕

円蔵院　えんぞういん〔寺〕
　東京都江戸川区　《本尊》地蔵菩薩　〔真言宗豊山派〕

円蔵院　えんぞういん〔寺〕
　和歌山県和歌山市　《別称》本山　《本尊》大日如来　〔明算真言宗〕

円輪寺　えんりんじ〔寺〕
　愛知県名古屋市中区　《本尊》阿弥陀如来　〔浄土宗〕

円養寺　えんにょうじ〔寺〕
　岐阜県羽島市　《本尊》阿弥陀如来　〔真宗大谷派〕

16円興寺　えんこうじ〔寺〕
　岐阜県大垣市　《本尊》聖観世音菩薩　〔天台宗〕

円融寺　えんゆうじ〔寺〕
　埼玉県秩父市　《別称》岩井堂・秩父第二六番霊場　《本尊》聖観世音菩薩　〔臨済宗建長寺派〕

円融寺　えんゆうじ〔寺〕
　東京都目黒区　《本尊》釈迦如来　〔天台宗〕

円融寺　えんゆうじ〔寺〕
　滋賀県草津市　《本尊》日蓮聖人奠定の大曼荼羅　〔日蓮宗〕

4画（内, 刈, 切, 匹, 厄）

円融寺　えんゆうじ〔寺〕
　兵庫県揖保郡御津町　《別称》稲富のお大師
　さん　《本尊》十一面観世音菩薩
　　　　　　　　　　　　　　〔真言宗御室派〕
19円鏡寺　えんきょうじ〔寺〕
　茨城県猿島郡境町　《本尊》阿弥陀如来
　　　　　　　　　　　　　　〔真宗大谷派〕
円鏡寺　えんきょうじ〔寺〕
　岐阜県本巣郡北方町　《本尊》聖観世音菩
　薩　　　　　　　　　　　　〔高野山真言宗〕
円鏡寺　えんきょうじ〔寺〕
　和歌山県西牟婁郡上富田町　《本尊》薬師如
　来　　　　　　　　　　　〔臨済宗妙心寺派〕
円願寺　えんがんじ〔寺〕
　滋賀県近江八幡市　《本尊》阿弥陀如来
　　　　　　　　　　　　　　〔真宗大谷派〕

【内】

3内山観音《称》　うちやまかんのん〔寺〕
　大分県大野郡三重町・蓮城寺　《本尊》千手
　観世音菩薩　　　　　　　　〔高野山真言宗〕
4内内神社　うつつじんじゃ〔社〕
　愛知県春日井市　《祭神》建稲種命〔他〕
　　　　　　　　　　　　　　　〔神社本庁〕
5内田の観音《称》　うちだのかんのん〔寺〕
　福岡県田川郡赤村・朝日寺　《本尊》聖観世
　音菩薩　　　　　　　　　　　　〔天台寺門宗〕
内田八幡宮　うちだはちまんぐう〔社〕
　熊本県鹿本郡菊鹿町　《祭神》応神天皇〔他〕
　　　　　　　　　　　　　　　〔神社本庁〕
7内尾神社　うちのおじんじゃ〔社〕
　兵庫県氷上郡氷上町　《別称》内尾さん　《祭
　神》鸕鷀草葺不合尊〔他〕　　　〔神社本庁〕
9内海八幡神社《称》　うちのみはちまんじ
　んじゃ〔社〕
　香川県小豆郡内海町苗羽・八幡神社　《祭神》
　品陀和気命〔他〕　　　　　　　〔神社本庁〕
10内宮《称》　ないくう〔社〕
　三重県伊勢市・皇大神宮　《祭神》天照坐皇
　大御神〔他〕　　　　　　　　　〔神社本庁〕
内宮さん《称》　ないくうさん〔社〕
　島根県隠岐郡五箇村・伊勢命神社　《祭神》伊
　勢命　　　　　　　　　　　　　〔神社本庁〕
11内船八幡神社《称》　うつぶなはちまんじ
　んじゃ〔社〕
　山梨県南巨摩郡南部町・八幡神社　《祭神》誉
　田別命　　　　　　　　　　　　〔神社本庁〕
内船寺　ないせんじ〔寺〕
　山梨県南巨摩郡南部町　《本尊》十界大曼荼
　羅　　　　　　　　　　　　　　〔日蓮宗〕

18内観寺　ないかんじ〔寺〕
　奈良県大和郡山市　《本尊》阿弥陀如来
　　　　　　　　　　　　　　〔真宗木辺派〕

【刈】

5刈田大明神《称》　かりただいみょうじん
　〔社〕
　香川県観音寺市・粟井神社　《祭神》天太玉
　命　　　　　　　　　　　　　　〔神社本庁〕
刈田嶺神社　かったみねじんじゃ〔社〕
　宮城県刈田郡蔵王町宮　《別称》白鳥大明神
　《祭神》日本武尊　　　　　　　〔神社本庁〕
刈田嶺神社　かったみねじんじゃ〔社〕
　宮城県刈田郡蔵王町遠刈田温泉仲町　《別称》
　権現様・蔵王刈田嶺神社　《祭神》天之水
　分之神〔他〕　　　　　　　　　〔神社本庁〕

【切】

5切目神社　きりめじんじゃ〔社〕
　和歌山県日高郡印南町　　　　　〔神社本庁〕
15切幡寺　きりはたじ〔寺〕
　徳島県阿波郡市場町　《別称》四国第一〇番
　霊場　《本尊》千手観世音菩薩
　　　　　　　　　　　　　　〔高野山真言宗〕

【匹】

7匹見八幡宮《称》　ひきみはちまんぐう〔社〕
　島根県美濃郡匹見町・八幡宮　《祭神》誉田
　別命〔他〕　　　　　　　　　　〔神社本庁〕

【厄】

0厄よけの祖師《称》　やくよけのそし〔寺〕
　栃木県足利市・妙隆寺　《本尊》十界曼荼羅・
　日蓮聖人　　　　　　　　　　　　〔日蓮宗〕
9厄神さん《称》　やくがみさん〔社〕
　京都府船井郡日吉町・八幡神社　《祭神》応
　神天皇〔他〕　　　　　　　　　〔神社本庁〕
10厄除の奥沢神社《称》　やくよけのおくさ
　わじんじゃ〔社〕
　東京都世田谷区・奥沢神社　《祭神》誉田別
　命〔他〕　　　　　　　　　　　〔神社本庁〕
厄除八幡宮《称》　やくよけはちまんぐう
　〔社〕
　兵庫県神戸市須磨区・八幡神社　《祭神》応
　神天皇　　　　　　　　　　　　〔神社本庁〕
厄除大師《称》　やくよけだいし〔寺〕
　茨城県多賀郡十王町・法鷲院　《本尊》大日如
　来・弘法大師・興教大師　　〔真言宗豊山派〕

神社・寺院名よみかた辞典　117

4画（双, 友, 壬, 太）

厄除大師《称》　やくよけだいし〔寺〕
　東京都港区・明王院　《本尊》不動明王・厄除弘法大師
　〔真言宗豊山派〕
厄除元三大師《称》　やくよけがんさんだいし〔寺〕
　東京都調布市・深大寺　《本尊》阿弥陀如来・元三大師
　〔天台宗〕
厄除祖師《称》　やくよけそし〔寺〕
　静岡県伊東市・仏現寺　《本尊》日蓮聖人奠定の十界大曼荼羅
　〔日蓮宗〕
厄除観音《称》　やくよけかんのん〔寺〕
　静岡県浜松市・両光寺　《本尊》大日如来
　〔臨済宗方広寺派〕
厄除観音《称》　やくよけかんのん〔寺〕
　静岡県引佐郡三ヶ日町・摩訶耶寺　《本尊》聖観世音菩薩
　〔高野山真言宗〕
厄除観音《称》　やくよけかんのん〔寺〕
　三重県松阪市・継松寺　《本尊》如意輪観世音菩薩
　〔高野山真言宗〕
厄除観音《称》　やくよけかんのん〔寺〕
　奈良県大和郡山市・松尾寺　《本尊》千手千眼観世音菩薩
　〔真言宗醍醐派〕
厄除観音寺《称》　やくよけかんのんじ〔寺〕
　静岡県浜松市・宝珠寺　《本尊》延命子育地蔵菩薩・岩戸観世音菩薩　〔臨済宗方広寺派〕

【双】

5 双玄寺　そうげんじ〔寺〕
　群馬県勢多郡北橘村　《本尊》釈迦如来
　〔曹洞宗〕
8 双林寺　そうりんじ〔寺〕
　宮城県栗原郡築館町　《別称》杉薬師　《本尊》薬師如来
　〔曹洞宗〕
双林寺　そうりんじ〔寺〕
　群馬県北群馬郡子持村　《別称》七不思議の寺　《本尊》釈迦如来
　〔曹洞宗〕
双林寺　そうりんじ〔寺〕
　新潟県南蒲原郡中之島町　《本尊》阿弥陀如来
　〔真宗大谷派〕
双林寺　そうりんじ〔寺〕
　京都府京都市東山区　《本尊》薬師如来
　〔天台宗〕
双林院　そうりんいん〔寺〕
　京都府京都市山科区　《別称》山科聖天　《本尊》阿弥陀如来・歓喜天
　〔天台宗〕
12 双善寺　そうぜんじ〔寺〕
　新潟県三島郡出雲崎町　《本尊》阿弥陀如来
　〔曹洞宗〕
13 双照院　そうしょういん〔寺〕
　広島県三原市　《本尊》聖観世音菩薩
　〔曹洞宗〕

14 双碧寺　そうへきじ〔寺〕
　新潟県加茂市　《本尊》薬師如来　〔曹洞宗〕
15 双輪寺　そうりんじ〔寺〕
　千葉県市川市　《本尊》金剛界大日如来・胎蔵界大日如来
　〔新義真言宗〕

【友】

4 友内神社　ともうちじんじゃ〔社〕
　徳島県美馬郡貞光町　《祭神》天日鷲命
　〔神社本庁〕
10 友倉神社　ともくらじんじゃ〔社〕
　秋田県北秋田郡上小阿仁村　《祭神》宇迦魂之大神
　〔神社本庁〕

【壬】

5 壬生寺　みぶでら〔寺〕
　京都府京都市中京区　《別称》壬生の地蔵さん　《本尊》地蔵菩薩
　〔律宗〕
壬生神社　みぶじんじゃ〔社〕
　広島県山県郡千代田町　《祭神》応神天皇[他]
　〔神社本庁〕
壬生神社　みぶじんじゃ〔社〕
　山口県美祢郡秋芳町　《祭神》高龗神[他]
　〔神社本庁〕

【太】

2 太刀宮《称》　たちのみや〔社〕
　京都府京丹後市・神谷神社　《祭神》八千矛神[他]
　〔神社本庁〕
太刀帯神社　たちおびじんじゃ〔社〕
　福岡県大川市　《祭神》天穂日命　〔神社本庁〕
3 太子寺　たいしじ〔寺〕
　岐阜県羽島市・西方寺　《本尊》阿弥陀如来
　〔真宗大谷派〕
太子寺《称》　たいしじ〔寺〕
　愛知県中島郡祖父江町・祐専寺　《本尊》阿弥陀如来
　〔真宗大谷派〕
太子寺《称》　たいしじ〔寺〕
　三重県松阪市・聖寺　《本尊》聖徳太子・阿弥陀如来
　〔浄土宗〕
太子寺　たいしじ〔寺〕
　三重県鈴鹿市　《本尊》聖徳太子
　〔真宗高田派〕
太子寺《称》　たいしじ〔寺〕
　兵庫県神崎郡市川町・福林寺　《本尊》阿弥陀如来
　〔曹洞宗〕
太子寺《称》　たいしじ〔寺〕
　奈良県北葛城郡當麻町・法善寺　《本尊》阿弥陀如来
　〔真宗大谷派〕

4画（太）

太子堂《称》　たいしどう〔寺〕
　大阪府八尾市・大聖勝軍寺　《本尊》聖徳太
　子・四天王・毘沙門天　　〔高野山真言宗〕
太子堂安養寺《称》　たいしどうあんよう
　じ〔寺〕
　京都府京都市上京区・安養寺　《本尊》阿弥
　陀如来　　　　　　　　〔浄土真宗本願寺派〕
太山寺　たいさんじ〔寺〕
　兵庫県神戸市西区　《別称》太山寺薬師　《本
　尊》薬師如来　　　　　　　　　　〔天台宗〕
太山寺　たいさんじ〔寺〕
　愛媛県松山市　《別称》四国第五二番霊場
　《本尊》十一面観世音菩薩・不動明王・聖徳
　太子・陀枳尼天尊・弘法大師・大日如来・
　薬師如来　　　　　　　　　　〔真言宗智山派〕
5太平山三吉神社　たいへいざんみよしじん
　じゃ〔社〕
　秋田県秋田市　《別称》三吉さん　《祭神》大
　己貴大神〔他〕　　　　　　　　〔神社本庁〕
太平山神社　おおひらさんじんじゃ〔社〕
　栃木県栃木市　《祭神》天津日高彦穂瓊伎
　命〔他〕　　　　　　　　　　　〔神社本庁〕
太平寺　たいへいじ〔寺〕
　愛知県名古屋市昭和区　《本尊》聖観世音菩
　薩　　　　　　　　　　　　　　　〔曹洞宗〕
太平寺　たいへいじ〔寺〕
　愛知県豊橋市　《本尊》薬師如来
　　　　　　　　　　　　　　〔臨済宗妙心寺派〕
太平寺　たいへいじ〔寺〕
　滋賀県甲賀郡土山町　《別称》祥雲山　《本
　尊》聖観世音菩薩　　　　　〔臨済宗東福寺派〕
太平寺　たいへいじ〔寺〕
　大阪府大阪市天王寺区　《別称》十三まいり
　の寺　《本尊》釈迦如来　　　　　　〔曹洞宗〕
太平寺　たいへいじ〔寺〕
　高知県中村市　《本尊》延命地蔵菩薩
　　　　　　　　　　　　　　〔臨済宗妙心寺派〕
太平寺　たいへいじ〔寺〕
　福岡県宗像郡福間町　《本尊》聖観世音菩
　薩　　　　　　　　　　　　　　　〔曹洞宗〕
太平寺　たいへいじ〔寺〕
　長崎県長崎市　《本尊》三尊仏　　　〔曹洞宗〕
太平寺　たいへいじ〔寺〕
　長崎県壱岐市　《本尊》薬師如来　　〔曹洞宗〕
太玉神社　ふとたまじんじゃ〔社〕
　鹿児島県曽於郡輝北町　《祭神》太玉命
　　　　　　　　　　　　　　　　〔神社本庁〕
太田の呑竜《称》　おおたのどんりゅう〔寺〕
　群馬県太田市・大光院　《本尊》阿弥陀如来
　　　　　　　　　　　　　　　　　〔浄土宗〕

太田の宮《称》　おおたのみや〔社〕
　香川県高松市・広田八幡神社　《祭神》応神
　天皇〔他〕　　　　　　　　　　　〔神社本庁〕
太田八幡宮《称》　おおたはちまんぐう〔社〕
　茨城県常陸太田市・若宮八幡宮　《祭神》大
　鷦鷯命〔他〕　　　　　　　　　　〔神社本庁〕
太田妙見《称》　おおたみょうけん〔社〕
　福島県原町市・太田神社　《祭神》天之御中
　主大神　　　　　　　　　　　　　〔神社本庁〕
太田神社　おおたじんじゃ〔社〕
　福島県原町市　《別称》太田妙見　《祭神》天
　之御中主大神　　　　　　　　　　〔神社本庁〕
太田御坊《称》　おおたごぼう〔寺〕
　石川県河北郡津幡町・永照寺　《本尊》阿弥
　陀如来　　　　　　　　　　　　〔真宗大谷派〕
6太江寺　たいこうじ〔寺〕
　三重県度会郡二見町　《本尊》千手観世音菩
　薩　　　　　　　　　　　　　〔真言宗醍醐派〕
7太芳寺　たいほうじ〔寺〕
　埼玉県久喜市　《本尊》不動明王
　　　　　　　　　　　　　　　〔真言宗智山派〕
8太宗寺　たいそうじ〔寺〕
　東京都新宿区　《別称》新宿えんま寺　《本
　尊》阿弥陀如来　　　　　　　　　〔浄土宗〕
太岳院　たいがくいん〔寺〕
　神奈川県秦野市　《本尊》釈迦如来　〔曹洞宗〕
太林寺　たいりんじ〔寺〕
　島根県大原郡木次町　《本尊》十一面観世音
　菩薩　　　　　　　　　　　　　　〔曹洞宗〕
9太政神社　だじょうじんじゃ〔社〕
　千葉県山武郡大網白里町　《祭神》藤原長
　良　　　　　　　　　　　　　　　〔神社本庁〕
太洋寺　たいようじ〔寺〕
　佐賀県唐津市　《本尊》薬師如来　　〔曹洞宗〕
太祝詞神社　ふとのりとじんじゃ〔社〕
　長崎県対馬市　《別称》加志大明神　《祭神》
　天之児屋根命〔他〕　　　　　　　〔神社本庁〕
太神宮　だいじんぐう〔社〕
　佐賀県佐賀市・伊勢神社　《祭神》天照皇大
　神　　　　　　　　　　　　　　　〔神社本庁〕
太祖神社　たいそじんじゃ〔社〕
　福岡県糟屋郡篠栗町　《祭神》伊弉諾命〔他〕
　　　　　　　　　　　　　　　　〔神社本庁〕
太郎坊さま《称》　たろうぼうさま〔社〕
　茨城県真壁郡真壁町・加波山普明神社　《祭
　神》国常立尊〔他〕　　　　　　　〔神社本庁〕
太郎坊宮《称》　たろうぼうぐう〔社〕
　滋賀県八日市市・阿賀神社　《祭神》正哉吾
　勝勝速日天忍穂耳尊　　　　　　　〔神社本庁〕

4画(天)

10太原寺　たいげんじ〔寺〕
　岐阜県山県市　《本尊》十一面観世音菩薩
　　　　　　　　　　　　〔臨済宗妙心寺派〕
　太宰府天満宮　だざいふてんまんぐう〔社〕
　福岡県太宰府市　《別称》宰府天神　《祭神》
　菅原道真　　　　　　　　　〔神社本庁〕
　太梅寺　たいばいじ〔寺〕
　静岡県下田市　《別称》ばいさん　《本尊》地
　蔵菩薩・薬師如来　　　　　　　〔曹洞宗〕
　太秦の太子さん《称》　うずまさのたいし
　さん〔　〕
　京都府京都市右京区・広隆寺　《本尊》聖徳
　太子　　　　　　　　　　〔真言宗御室派〕
　太竜寺　たいりゅうじ〔寺〕
　徳島県阿南市　《別称》西の高野・四国第二
　十一番霊場　《本尊》虚空蔵菩薩
　　　　　　　　　　　　　〔高野山真言宗〕
11太清寺　たいせいじ〔寺〕
　岐阜県美濃市　《本尊》薬師如来
　　　　　　　　　　　　〔臨済宗妙心寺派〕
　太清寺　たいせいじ〔寺〕
　愛知県春日井市　《本尊》釈迦如来・薬師如
　来・阿弥陀如来　　　　　〔臨済宗妙心寺派〕
12太陽寺　たいようじ〔寺〕
　埼玉県秩父郡大滝村　《別称》女高野山・東
　国女人高野山　《本尊》釈迦如来
　　　　　　　　　　　　　〔臨済宗建長寺派〕
　太陽院　たいよういん〔寺〕
　愛知県一宮市　《本尊》十一面観世音菩薩
　　　　　　　　　　　　〔臨済宗妙心寺派〕
13太鼓谷稲成神社　たいこだにいなりじんじ
　ゃ〔社〕
　島根県鹿足郡津和野町　《別称》津和野おい
　なりさん　《祭神》宇迦之御魂大神[他]
　　　　　　　　　　　　　　　〔神社本庁〕
14太総寺　たいそうじ〔寺〕
　新潟県北蒲原郡中条町　《本尊》釈迦如来
　　　　　　　　　　　　　　　〔曹洞宗〕
　太閤さん《称》　たいこうさん〔社〕
　大阪府大阪市中央区・豊国神社　《祭神》豊
　臣秀吉[他]　　　　　　　　　〔神社本庁〕
16太融寺　たいゆうじ〔寺〕
　大阪府大阪市北区　　　　〔高野山真言宗〕

【天】

1天一位大原神社《称》　てんいちいおおば
　らじんじゃ〔社〕
　京都府天田郡三和町・大原神社　《祭神》天
　照大日孁命[他]　　　　　　　〔神社本庁〕

2天乃神奈斐神社　あめのかんなびじんじゃ
　〔社〕
　鳥取県東伯郡赤碕町　《別称》中の宮　《祭
　神》大己貴命[他]　　　　　　〔神社本庁〕
3天上山護国神社　てんじょうざんごこくじ
　んじゃ〔社〕
　山梨県南都留郡富士河口湖町　《別称》招魂
　社　《祭神》護国の神霊　　　〔神社本庁〕
　天上寺　てんじょうじ〔寺〕
　北海道小樽市　《本尊》阿弥陀如来・観世音
　菩薩・勢至菩薩・善光寺開帳仏・阿弥陀三
　尊　　　　　　　　　　　　　　〔浄土宗〕
　天与庵　てんよあん〔寺〕
　福岡県福岡市博多区　《本尊》聖観世音菩
　薩　　　　　　　　　　　〔臨済宗東福寺派〕
　天山社　てんざんしゃ〔社〕
　佐賀県小城郡小城町　《別称》弁財天　《祭
　神》多紀理比売命[他]　　　　〔神社本庁〕
　天山神社　てんざんじんじゃ〔社〕
　佐賀県小城郡小城町　《祭神》市杵島比売命
　[他]　　　　　　　　　　　　〔神社本庁〕
　天山神社　てんざんじんじゃ〔社〕
　佐賀県東松浦郡厳木町　《祭神》天之御中主
　命[他]　　　　　　　　　　　〔神社本庁〕
　天川神社　あまがわじんじゃ〔社〕
　長野県下高井郡山ノ内町　《祭神》健御名方
　富命[他]　　　　　　　　　　〔神社本庁〕
　天川神社　てんのかわじんじゃ〔社〕
　奈良県吉野郡天川村　《別称》大峯本宮　《祭
　神》市杵島姫命[他]　　　　　〔神社本庁〕
　天川神社　あまがわじんじゃ〔社〕
　香川県仲多度郡琴南町　《祭神》興台産霊命
　[他]　　　　　　　　　　　　〔神社本庁〕
　天巳大神神社　てんみおおがみじんじゃ
　〔社〕
　和歌山県那賀郡粉河町　《祭神》天巳大神
　　　　　　　　　　　　　　　　〔単立〕
4天日隅宮《称》　あめのひすみのみや〔社〕
　島根県簸川郡大社町・出雲大社　《祭神》大
　国主大神　　　　　　　　　　〔神社本庁〕
　天王　てんのう〔社〕
　三重県尾鷲市・尾鷲神社　《祭神》建速須佐
　之男命[他]　　　　　　　　　〔神社本庁〕
　天王《称》　てんのう〔社〕
　兵庫県赤穂郡上郡町・高嶺神社　《祭神》須
　佐之男命[他]　　　　　　　　〔神社本庁〕
　天王さま《称》　てんのうさま〔社〕
　岩手県二戸市・八坂神社　《祭神》須佐之男
　命[他]　　　　　　　　　　　〔神社本庁〕

4画（天）

天王さま《称》　てんのうさま〔社〕
岩手県二戸郡一戸町・八坂神社　《祭神》素佐雄命
〔神社本庁〕

天王さま《称》　てんのうさま〔社〕
東京都新宿区・須賀神社　《祭神》建速佐能男命〔他〕
〔神社本庁〕

天王さま《称》　てんのうさま〔社〕
東京都青梅市・八坂神社　《祭神》須佐之男命〔他〕
〔神社本庁〕

天王さま《称》　てんのうさま〔社〕
神奈川県足柄下郡湯河原町・素鵞神社　《祭神》素盞嗚神〔他〕
〔神社本庁〕

お天王さま《称》　おてんのうさま〔社〕
岐阜県本巣市・長屋神社　《祭神》建速須佐男大神〔他〕
〔神社本庁〕

天王さま《称》　てんのうさま〔社〕
静岡県掛川市・雨桜神社　《祭神》素盞男命〔他〕
〔神社本庁〕

お天王さま《称》　おてんのうさま〔社〕
静岡県榛原郡相良町・飯津佐和乃神社　《祭神》素盞嗚尊〔他〕
〔神社本庁〕

お天王さま《称》　おてんのうさま〔社〕
静岡県榛原郡金谷町・八雲神社　《祭神》素盞嗚尊
〔神社本庁〕

お天王さま《称》　おてんのうさま〔社〕
静岡県引佐郡細江町・細江神社　《祭神》素盞嗚尊〔他〕
〔神社本庁〕

天王さま《称》　てんのうさま〔社〕
愛知県津島市・津島神社　《祭神》建速佐之男命〔他〕
〔神社本庁〕

お天王さま《称》　おてんのうさま〔社〕
愛知県西尾市・久麻久神社　《祭神》須佐男命〔他〕
〔神社本庁〕

天王さま《称》　てんのうさま〔社〕
滋賀県高島郡安曇川町・田中神社　《祭神》建速素戔嗚尊〔他〕
〔神社本庁〕

お天王さま《称》　おてんのうさま〔社〕
兵庫県出石郡但東町・大生部兵主神社　《祭神》素盞嗚尊〔他〕
〔神社本庁〕

天王さま《称》　てんのうさま〔社〕
岡山県御津郡加茂川町・素盞嗚神社　《祭神》素盞嗚尊〔他〕
〔神社本庁〕

天王さま《称》　てんのうさま〔社〕
岡山県久米郡柵原町・高此野神社　《祭神》素盞嗚尊〔他〕
〔神社本庁〕

天王さま《称》　てんのうさま〔社〕
徳島県三好郡三野町・武大神社　《祭神》素戔嗚命〔他〕
〔神社本庁〕

天王さん《称》　てんのうさん〔社〕
秋田県南秋田郡天王町・東湖八坂神社　《祭神》素盞嗚尊
〔神社本庁〕

天王さん《称》　てんのうさん〔社〕
栃木県那須郡烏山町・八雲神社　《祭神》素戔嗚命
〔神社本庁〕

お天王さん《称》　おてんのうさん〔社〕
福井県福井市・簸川神社　《祭神》素盞嗚尊〔他〕
〔神社本庁〕

お天王さん《称》　おてんのうさん〔社〕
福井県丹生郡朝日町・八坂神社　《祭神》素盞嗚尊〔他〕
〔神社本庁〕

天王さん《称》　てんのうさん〔社〕
静岡県榛原郡中川根町・徳山神社　《祭神》建速須佐之男命〔他〕
〔神社本庁〕

天王さん《称》　てんのうさん〔社〕
三重県伊勢市・河辺七種神社　《祭神》須佐之男命〔他〕
〔神社本庁〕

天王さん《称》　てんのうさん〔社〕
京都府京都市左京区・岡崎神社　《祭神》素盞嗚尊〔他〕
〔神社本庁〕

天王さん《称》　てんのうさん〔社〕
兵庫県神戸市東灘区・保久良神社　《祭神》須佐之男命〔他〕
〔神社本庁〕

天王さん《称》　てんのうさん〔社〕
愛媛県今治市・野間神社　《祭神》飽速玉命
〔神社本庁〕

天王寺　てんのうじ〔寺〕
福島県福島市　《別称》天王寺毘沙門　《本尊》釈迦如来
〔臨済宗妙心寺派〕

天王寺　てんのうじ〔寺〕
東京都台東区　《本尊》阿弥陀如来・毘沙門天
〔天台宗〕

天王寺　てんのうじ〔寺〕
京都府綾部市　《別称》上寺　《本尊》多聞天・不動明王
〔高野山真言宗〕

天王寺　てんのうじ〔寺〕
大阪府大阪市天王寺区・四天王寺　《本尊》救世観世音菩薩
〔和宗〕

天王寺の聖天さん《称》　てんのうじのしょうてんさん〔寺〕
大阪府大阪市天王寺区・蒼竜寺　《本尊》阿弥陀如来
〔浄土宗〕

天王寺庚申堂　てんのうじこうしんどう〔寺〕
大阪府大阪市天王寺区　《別称》四天王寺　《本尊》青面金剛童子
〔和宗〕

天王寺毘沙門《称》　てんのうじびしゃもん〔寺〕
福島県福島市・天王寺　《本尊》釈迦如来
〔臨済宗妙心寺派〕

天王坊《称》　てんのうぼう〔寺〕
群馬県勢多郡粕川村・西福寺　《本尊》阿弥陀如来
〔真言宗豊山派〕

4画（天）

天王社《称》　てんのうしゃ〔社〕
　福島県南会津郡田島町・田出宇賀神社　《祭神》宇迦之御魂命［他］　〔神社本庁〕
天王社《称》　てんのうしゃ〔社〕
　埼玉県北葛飾郡栗橋町・八坂神社　《祭神》素戔嗚尊　〔神社本庁〕
天王社《称》　てんのうしゃ〔社〕
　神奈川県厚木市・厚木神社　《祭神》建速須佐之男命　〔神社本庁〕
天王社《称》　てんのうしゃ〔社〕
　新潟県佐渡市・牛尾神社　《祭神》素戔嗚命［他］　〔神社本庁〕
天王社《称》　てんのうしゃ〔社〕
　愛知県豊橋市・吉田神社　《祭神》素戔嗚尊　〔神社本庁〕
天王社《称》　てんのうしゃ〔社〕
　広島県福山市・素戔嗚神社　《祭神》素戔嗚尊［他］　〔神社本庁〕
天王宮《称》　てんのうぐう〔社〕
　宮城県桃生郡河南町・八雲神社　《祭神》須佐之男命　〔神社本庁〕
天王宮《称》　てんのうぐう〔社〕
　福島県双葉郡浪江町・標葉神社　《祭神》神健速須佐之男大神［他］　〔神社本庁〕
天王宮《称》　てんのうぐう〔社〕
　福井県遠敷郡上中町・広嶺神社　《祭神》素戔嗚命［他］　〔神社本庁〕
天王宮《称》　てんのうぐう〔社〕
　岡山県浅口郡鴨方町・真止戸山神社　《祭神》素戔嗚尊［他］　〔神社本庁〕
天王宮《称》　てんのうぐう〔社〕
　愛媛県四国中央市・八雲神社　《祭神》素戔嗚尊［他］　〔神社本庁〕
天王院　てんのういん〔寺〕
　福島県相馬市　《本尊》大日如来・阿弥陀如来・不動明王・牛頭天王　〔天台寺門宗〕
天王院　てんおういん〔寺〕
　埼玉県久喜市　《別称》くきでら　《本尊》延命地蔵菩薩　〔曹洞宗〕
天王院　てんのういん〔寺〕
　神奈川県横浜市鶴見区　《本尊》阿弥陀如来・観世音菩薩・勢至菩薩　〔天台宗〕
天王院　てんのういん〔寺〕
　神奈川県南足柄市　《本尊》釈迦如来　〔曹洞宗〕
お天王様《称》　おてんのうさま〔社〕
　岩手県花巻市・八雲神社　《祭神》素戔嗚命［他］　〔神社本庁〕
天王様《称》　てんのうさま〔社〕
　宮城県仙台市宮城野区・八坂神社　《祭神》素戔男尊　〔神社本庁〕

天王様《称》　てんのうさま〔社〕
　宮城県志田郡三本木町・八坂神社　《祭神》素戔嗚命［他］　〔神社本庁〕
天王様《称》　てんのうさま〔社〕
　秋田県仙北郡中仙町・八坂神社　《祭神》須佐之男命　〔神社本庁〕
お天王様《称》　おてんのうさま〔社〕
　山形県米沢市・八雲神社　《祭神》素戔嗚命　〔神社本庁〕
天王様《称》　てんのうさま〔社〕
　茨城県土浦市・八坂神社　《祭神》素戔之男命　〔神社本庁〕
天王様《称》　てんのうさま〔社〕
　茨城県潮来市・素鵞熊野神社　《祭神》須佐男命［他］　〔神社本庁〕
天王様《称》　てんのうさま〔社〕
　栃木県足利市・八雲神社　《祭神》素戔嗚男命　〔神社本庁〕
天王様《称》　てんのうさま〔社〕
　栃木県小山市・須賀神社　《祭神》素戔嗚命［他］　〔神社本庁〕
天王様《称》　てんのうさま〔社〕
　栃木県芳賀郡茂木町・八雲神社　《祭神》素戔嗚命［他］　〔神社本庁〕
天王様《称》　てんのうさま〔社〕
　栃木県安蘇郡葛生町・八坂神社　《祭神》素戔嗚尊［他］　〔神社本庁〕
天王様《称》　てんのうさま〔社〕
　千葉県八日市場市・八重垣神社　《祭神》須佐之男大神［他］　〔神社本庁〕
天王様《称》　てんのうさま〔社〕
　千葉県市原市・八坂神社　《祭神》建速須佐之男命　〔神社本庁〕
天王様《称》　てんのうさま〔社〕
　千葉県君津市・八雲神社　《祭神》須佐之男命［他］　〔神社本庁〕
天王様《称》　てんのうさま〔社〕
　千葉県富津市岩坂・八雲神社　《祭神》素戔嗚命［他］　〔神社本庁〕
天王様《称》　てんのうさま〔社〕
　千葉県富津市富津・八坂神社　《祭神》素戔嗚尊　〔神社本庁〕
天王様《称》　てんのうさま〔社〕
　千葉県夷隅郡大多喜町・夷瀧神社　《祭神》須佐男命　〔神社本庁〕
天王様《称》　てんのうさま〔社〕
　千葉県安房郡富山町・岩井神社　《祭神》素戔嗚尊［他］　〔神社本庁〕
天王様《称》　てんのうさま〔社〕
　千葉県安房郡鋸南町・加知山神社　《祭神》建速須佐之男命［他］　〔神社本庁〕

4画（天）

天王様《称》　てんのうさま〔社〕
　神奈川県横浜市保土ヶ谷区・橘樹神社　《祭神》素盞嗚尊　　　　　　　〔神社本庁〕
天王様《称》　てんのうさま〔社〕
　岐阜県美濃市・大矢田神社　《祭神》建速須佐之男神［他］　　　　　〔神社本庁〕
お天王様《称》　おてんのうさま〔社〕
　岐阜県本巣郡北方町・大井神社　《祭神》建速須佐之男命［他］　　　〔神社本庁〕
天王様《称》　てんのうさま〔社〕
　岐阜県可児郡御嵩町・小泉神社　《祭神》建速須佐之男命　　　　　　〔神社本庁〕
お天王様《称》　おてんのうさま〔社〕
　静岡県浜松市・須賀神社　《祭神》須佐之男命　　　　　　　　　　　〔神社本庁〕
天王様《称》　てんのうさま〔社〕
　静岡県袋井市・山名神社　《祭神》須佐之男命　　　　　　　　　　　〔神社本庁〕
天王様《称》　てんのうさま〔社〕
　愛知県名古屋市中区・洲崎神社　《祭神》須佐之男命［他］　　　　　〔神社本庁〕
天王様《称》　てんのうさま〔社〕
　愛知県岡崎市・矢作神社　《祭神》素盞嗚命［他］　　　　　　　　　〔神社本庁〕
天王様《称》　てんのうさま〔社〕
　愛知県豊田市・野見神社　《祭神》甘美乾飯根命　　　　　　　　　　〔神社本庁〕
天王様《称》　てんのうさま〔社〕
　愛知県新城市・富永神社　《祭神》須佐之男命　　　　　　　　　　　〔神社本庁〕
天王様《称》　てんのうさま〔社〕
　愛知県愛知郡長久手町・景行天皇社　《祭神》大帯日子於斯呂和気命　〔神社本庁〕
天王様《称》　てんのうさま〔社〕
　愛知県宝飯郡御津町・引馬神社　《祭神》素盞嗚尊　　　　　　　　　〔神社本庁〕
5 天台寺　てんだいじ〔寺〕
　岩手県二戸郡浄法寺町　《別称》桂泉観音　《本尊》聖観音菩薩・十一面観世音菩薩　〔天台宗〕
天台寺　てんだいじ〔寺〕
　京都府舞鶴市　《本尊》阿弥陀如来　〔単立〕
天台寺　てんだいじ〔寺〕
　岡山県岡山市　《別称》玉泉院　《本尊》薬師如来　　　　　　　　　　〔天台宗〕
天平寺　てんぴょうじ〔寺〕
　石川県鹿島郡鹿島町　《本尊》虚空蔵菩薩・十一面観世音菩薩　　　〔高野山真言宗〕
天正寺　てんしょうじ〔寺〕
　北海道浜益郡浜益村　《本尊》阿弥陀如来　〔真宗大谷派〕

天正寺　てんしょうじ〔寺〕
　長野県大町市　《本尊》釈迦如来　〔曹洞宗〕
天用寺　てんようじ〔寺〕
　長野県長野市　《本尊》阿弥陀如来　〔浄土宗〕
天石門別八倉比売神社　あめのいわとわけやくらひめじんじゃ〔社〕
　徳島県徳島市　《別称》杉尾山　《祭神》大日孁命　　　　　　　　　〔神社本庁〕
天石門別安国玉主天神社　あまのいわとわけやすくにたまぬしあまつかみしゃ〔社〕
　高知県吾川郡伊野町　《祭神》天石門別安国玉主天神　　　　　　　〔神社本庁〕
天石門別安国玉主天神社　あまのいわとわけやすくにたまぬしあまつかみしゃ〔社〕
　高知県高岡郡越知町　《祭神》天手力男命　　　　　　　　　　　　〔神社本庁〕
天石門別保布羅神社　あめのいわとわけほふらじんじゃ〔社〕
　岡山県倉敷市　《別称》天形星　《祭神》天手力男命［他］　　　　〔神社本庁〕
天石門別神社　あめのいわとわけじんじゃ〔社〕
　岡山県英田郡英田町　《別称》作州滝の宮　《祭神》天手力男命　　〔神社本庁〕
6 天光院　てんこういん〔寺〕
　東京都港区　《本尊》阿弥陀如来　〔浄土宗〕
天地大明神《称》　てんちだいみょうじん〔社〕
　兵庫県津名郡淡路町・石屋神社　《祭神》国常立命［他］　　　　　〔神社本庁〕
天池庵　てんちあん〔寺〕
　神奈川県横浜市南区　《本尊》仏牙分身舎利　〔臨済宗円覚寺派〕
7 天別豊姫神社　あまわけとよひめじんじゃ〔社〕
　広島県深安郡神辺町　《別称》明神様　《祭神》豊玉姫命［他］　　〔神社本庁〕
天寿院　てんじゅいん〔寺〕
　静岡県熱海市　《本尊》観世音菩薩　〔曹洞宗〕
天岑寺　てんしんじ〔寺〕
　埼玉県狭山市　《別称》沢のお寺　《本尊》釈迦如来　　　　　　　〔曹洞宗〕
天応院　てんのういん〔寺〕
　神奈川県相模原市　《本尊》虚空蔵菩薩・薬師如来　　　　　　　　〔曹洞宗〕
天志良波神社　あめのしらわじんじゃ〔社〕
　茨城県常陸太田市　《祭神》天志良波命　　　　　　　　　　　　〔神社本庁〕
天忍穂別神社　あめのおしほわけじんじゃ〔社〕

神社・寺院名よみかた辞典　123

4画（天）

高知県香美郡香我美町　《別称》石船様　《祭神》正哉吾勝勝速日天忍穂耳尊[他]
〔神社本庁〕

天沢寺　てんたくじ〔寺〕
福島県田村郡三春町　《本尊》釈迦如来
〔曹洞宗〕

天沢寺　てんたくじ〔寺〕
山梨県中巨摩郡敷島町　《別称》亀沢の大寺　《本尊》釈迦三尊
〔曹洞宗〕

天沢寺　てんたくじ〔寺〕
兵庫県川辺郡猪名川町　《別称》さつき寺　《本尊》阿弥陀如来
〔浄土宗〕

天沢院　てんたくいん〔寺〕
岐阜県岐阜市　《本尊》如意輪観世音菩薩
〔臨済宗妙心寺派〕

天沢院　てんたくいん〔寺〕
愛知県常滑市　《本尊》観世音菩薩　〔曹洞宗〕

8 天周院　てんしゅういん〔寺〕
長野県長野市　《本尊》釈迦如来　〔曹洞宗〕

天宗寺　てんそうじ〔寺〕
群馬県北群馬郡伊香保町　《別称》天渓園　《本尊》釈迦如来
〔曹洞宗〕

天宗寺　てんそうじ〔寺〕
埼玉県羽生市　《本尊》釈迦如来・承陽大師・常済大師
〔曹洞宗〕

天宗寺　てんそうじ〔寺〕
神奈川県横浜市緑区　《本尊》阿弥陀如来
〔浄土宗〕

天宗寺　てんしゅうじ〔寺〕
神奈川県厚木市　《本尊》阿弥陀如来
〔浄土宗〕

天岸の宮《称》　あまぎしのみや〔社〕
大阪府大阪市東住吉区・阿麻美許曾神社　《祭神》素盞嗚尊[他]
〔神社本庁〕

天岩戸神社　あまのいわとじんじゃ〔社〕
宮崎県西臼杵郡高千穂町　《祭神》大日孁尊
〔神社本庁〕

天性寺　てんしょうじ〔寺〕
山形県東村山郡中山町　《本尊》釈迦如来
〔曹洞宗〕

天性寺　てんしょうじ〔寺〕
栃木県那須郡烏山町　《本尊》観世音菩薩
〔曹洞宗〕

天性寺　てんしょうじ〔寺〕
京都府京都市中京区　《本尊》阿弥陀如来
〔浄土宗〕

天性寺　てんしょうじ〔寺〕
大阪府大阪市天王寺区　《本尊》阿弥陀如来
〔浄土宗〕

天性寺　てんしょうじ〔寺〕
大阪府岸和田市　《別称》蛸地蔵　《本尊》阿弥陀如来・延命地蔵菩薩
〔浄土宗〕

天念寺　てんねんじ〔寺〕
大分県豊後高田市　《本尊》釈迦如来・薬師如来
〔天台宗〕

天昌寺　てんしょうじ〔寺〕
新潟県南魚沼郡塩沢町　《本尊》釈迦如来
〔曹洞宗〕

天林寺　てんりんじ〔寺〕
静岡県浜松市　《本尊》釈迦如来　〔曹洞宗〕

天武天皇社　てんむてんのうしゃ〔社〕
三重県桑名市　《別称》天皇さん　《祭神》天武天皇[他]
〔神社本庁〕

天長寺　てんちょうじ〔寺〕
京都府宮津市　《本尊》釈迦如来・文殊菩薩・普賢菩薩・十一面観世音菩薩
〔臨済宗妙心寺派〕

9 天洲寺　てんしゅうじ〔寺〕
埼玉県行田市　《別称》お太子様の寺　《本尊》釈迦如来
〔曹洞宗〕

天浄寺　てんじょうじ〔寺〕
山口県大島郡久賀町　《本尊》十一面観世音菩薩
〔曹洞宗〕

天津寺　てんしんじ〔寺〕
北海道砂川市　《本尊》釈迦如来　〔曹洞宗〕

天津神社　あまつじんじゃ〔社〕
新潟県糸魚川市　《別称》一の宮　《祭神》瓊瓊杵尊[他]
〔神社本庁〕

天津神社　あまつじんじゃ〔社〕
兵庫県美嚢郡吉川町　《祭神》天津彦根命[他]
〔神社本庁〕

天津神社《称》　あまつかみしゃ〔社〕
島根県安来市・支布佐神社　《祭神》天穂日命
〔神社本庁〕

天津神社　あまつじんじゃ〔社〕
島根県邑智郡邑智町　《祭神》高皇産霊神
〔神社本庁〕

天津神社　あまつじんじゃ〔社〕
岡山県真庭郡落合町　《祭神》天児屋根命[他]
〔神社本庁〕

天津神明神社《称》　あまつしんめいじんしゃ〔社〕
千葉県安房郡天津小湊町・神明神社　《祭神》天照皇大神[他]
〔神社本庁〕

天津神神社《称》　あまつかみじんじゃ〔社〕
岐阜県瑞穂市・天神神社　《祭神》高皇産霊神[他]
〔神社本庁〕

天皇さん《称》　てんのうさん〔社〕
三重県桑名市・天武天皇社　《祭神》天武天皇[他]
〔神社本庁〕

4画（天）

天皇さん《称》　てんのうさん〔社〕
　奈良県奈良市・崇道天皇社　《祭神》早良親王
　　　　　　　　　　　　　　　　〔神社本教〕
天皇さん《称》　てんのうさん〔社〕
　香川県坂出市・白峰宮　《祭神》崇徳天皇
　　　　　　　　　　　　　　　　〔神社本庁〕
天皇寺《称》　てんのうじ〔寺〕
　香川県坂出市・高照院　《本尊》十一面観世音菩薩
　　　　　　　　　　　　　　〔真言宗御室派〕
天皇神社　てんのうじんじゃ〔社〕
　滋賀県滋賀郡志賀町　《祭神》素盞嗚尊
　　　　　　　　　　　　　　　　〔神社本庁〕
天皇様《称》　てんのうさま〔社〕
　千葉県香取郡東庄町・小野神社　《祭神》素盞嗚命〔他〕
　　　　　　　　　　　　　　　　〔神社本庁〕
天神《称》　てんじん〔社〕
　長野県松本市・深志神社　《祭神》建御名方命〔他〕
　　　　　　　　　　　　　　　　〔神社本庁〕
天神《称》　てんじん〔寺〕
　滋賀県甲賀郡甲南町・嶺南寺　《本尊》地蔵菩薩
　　　　　　　　　　　　　　　　〔天台宗〕
天神《称》　てんじん〔社〕
　鹿児島県川内市・菅原神社　《祭神》菅原道真
　　　　　　　　　　　　　　　　〔神社本庁〕
天神さま《称》　てんじんさま〔社〕
　神奈川県鎌倉市・荏柄天神社　《祭神》菅原道真
　　　　　　　　　　　　　　　　〔神社本庁〕
天神さま《称》　てんじんさま〔社〕
　岐阜県岐阜市・加納天満宮　《祭神》菅原道真
　　　　　　　　　　　　　　　　〔神社本庁〕
天神さま《称》　てんじんさま〔社〕
　京都府京都市上京区・北野天満宮　《祭神》菅原道真〔他〕
　　　　　　　　　　　　　　　　〔神社本庁〕
天神さま《称》　てんじんさま〔社〕
　京都府京都市下京区・文子天満宮　《祭神》菅原道真〔他〕
　　　　　　　　　　　　　　　　〔神社本庁〕
天神さま《称》　てんじんさま〔社〕
　徳島県阿南市・天神社　《祭神》菅原道真
　　　　　　　　　　　　　　　　〔神社本庁〕
天神さま《称》　てんじんさま〔社〕
　大分県宇佐市・桜岡神社　《祭神》事代主命〔他〕
　　　　　　　　　　　　　　　　〔神社本庁〕
天神さま《称》　てんじんさま〔社〕
　大分県速見郡山香町・天満社　《祭神》菅原道真〔他〕
　　　　　　　　　　　　　　　　〔神社本庁〕
天神さま《称》　てんじんさま〔社〕
　宮崎県都城市・科長神社　《祭神》科津彦神〔他〕
　　　　　　　　　　　　　　　　〔神社本庁〕
天神さん《称》　てんじんさん〔社〕
　山形県山形市・天満神社　《祭神》日本武尊〔他〕
　　　　　　　　　　　　　　　　〔神社本庁〕

天神さん《称》　てんじんさん〔社〕
　茨城県ひたちなか市・天満宮　《祭神》菅原道真
　　　　　　　　　　　　　　　　〔神社本庁〕
天神さん《称》　てんじんさん〔社〕
　福井県敦賀市・天満神社　《祭神》菅原道真〔他〕
　　　　　　　　　　　　　　　　〔神社本庁〕
天神さん《称》　てんじんさん〔社〕
　滋賀県彦根市・北野神社　《祭神》菅原道真
　　　　　　　　　　　　　　　　〔神社本庁〕
天神さん《称》　てんじんさん〔社〕
　京都府船井郡園部町・生身天満宮　《祭神》菅原道真
　　　　　　　　　　　　　　　　〔神社本庁〕
天神さん《称》　てんじんさん〔社〕
　兵庫県津名郡津名町・志筑神社　《祭神》少彦名命
　　　　　　　　　　　　　　　　〔神社本庁〕
天神さん《称》　てんじんさん〔社〕
　和歌山県和歌山市・和歌浦天満宮　《祭神》菅原道真
　　　　　　　　　　　　　　　　〔神社本庁〕
天神さん《称》　てんじんさん〔社〕
　島根県隠岐郡西郷町・水祖神社　《祭神》水波売神〔他〕
　　　　　　　　　　　　　　　　〔神社本庁〕
天神さん《称》　てんじんさん〔社〕
　徳島県海部郡海南町・天神社　《祭神》菅原道真
　　　　　　　　　　　　　　　　〔神社本庁〕
天神さん《称》　てんじんさん〔社〕
　香川県綾歌郡綾歌町・宇閇神社　《祭神》武内宿禰〔他〕
　　　　　　　　　　　　　　　　〔神社本庁〕
天神さん《称》　てんじんさん〔社〕
　宮崎県延岡市・亀井神社　《祭神》菅原道真〔他〕
　　　　　　　　　　　　　　　　〔神社本庁〕
天神山清滝寺　てんじんやまきよたきでら〔寺〕
　北海道室蘭市　《別称》知利別不動尊　《本尊》不動明王　〔真言宗醍醐派〕
天神多久頭魂神社　てんじんたくつたまじんじゃ〔社〕
　長崎県対馬市　《別称》お天道さま　《祭神》天神地祇
　　　　　　　　　　　　　　　　〔神社本庁〕
天神坊《称》　てんじんぼう〔寺〕
　岡山県岡山市・宝琳寺　《本尊》千手観世音菩薩・薬師如来　〔高野山真言宗〕
天神社　てんじんしゃ〔社〕
　宮城県白石市　《祭神》菅原道真　〔神社本庁〕
天神社　てんじんしゃ〔社〕
　宮城県角田市　《祭神》菅原道真〔他〕
　　　　　　　　　　　　　　　　〔神社本庁〕
天神社　てんじんしゃ〔社〕
　宮城県柴田郡川崎町　《祭神》菅原道真
　　　　　　　　　　　　　　　　〔神社本庁〕

神社・寺院名よみかた辞典　125

4画（天）

天神社　てんじんしゃ〔社〕
　福島県伊達郡梁川町　《祭神》天満天神［他］
　　　　　　　　　　　　　　　　　〔神社本庁〕
天神社　てんじんしゃ〔社〕
　千葉県夷隅郡岬町　《別称》天神様　《祭神》
　菅原道真　　　　　　　　　　　　〔神社本庁〕
天神社　てんじんしゃ〔社〕
　千葉県安房郡富山町　《別称》天神様　《祭神》菅原道真　　　　　　　　　　　〔神社本庁〕
天神社　てんじんしゃ〔社〕
　神奈川県横浜市港南区　《別称》日本三体永谷天満宮　《祭神》菅原道真　〔神社本庁〕
天神社　てんじんしゃ〔社〕
　山梨県東八代郡八代町　《祭神》伊弉諾神［他］
　　　　　　　　　　　　　　　　　〔神社本庁〕
天神社　てんじんしゃ〔社〕
　山梨県南巨摩郡増穂町　《祭神》菅原道真
　　　　　　　　　　　　　　　　　〔神社本庁〕
天神社　てんじんしゃ〔社〕
　愛知県名古屋市中区　《別称》桜天神社　《祭神》菅原道真　　　　　　　　　　〔神社本庁〕
天神社　てんじんしゃ〔社〕
　滋賀県高島郡マキノ町　《祭神》菅原道真
　　　　　　　　　　　　　　　　　〔神社本庁〕
天神社〈称〉　てんじんしゃ〔社〕
　京都府相楽郡木津町・岡田国神社　《祭神》天神立神［他］　　　　　　　　　　〔神社本庁〕
天神社　あまつかむのやしろ〔社〕
　大阪府大阪市北区　《別称》淀川天神社　《祭神》天穂日命　　　　　　　　　　〔神社本庁〕
天神社　てんじんしゃ〔社〕
　兵庫県神戸市兵庫区　《別称》柳原天神社　《祭神》菅原道真［他］　　　　　　〔神社本庁〕
天神社　てんじんしゃ〔社〕
　兵庫県明石市　《別称》休天神・やすみてんじん　　　　　　　　　　　　　　　〔神社本庁〕
天神社〈称〉　てんじんしゃ〔社〕
　兵庫県加西市・乎疑原神社　《祭神》少彦名命［他］　　　　　　　　　　　　　〔神社本庁〕
天神社〈称〉　てんじんしゃ〔社〕
　兵庫県飾磨郡家島町・家島神社　《祭神》大己貴命［他］　　　　　　　　　　　〔神社本庁〕
天神社〈称〉　てんじんしゃ〔社〕
　奈良県大和高田市・天神宮　《祭神》高皇産霊神　　　　　　　　　　　　　　　〔神社本庁〕
天神社　てんじんしゃ〔社〕
　奈良県吉野郡大塔村　《祭神》伊邪那岐命［他］
　　　　　　　　　　　　　　　　　〔神社本庁〕
天神社〈称〉　てんじんしゃ〔社〕
　和歌山県有田郡吉備町・藤並神社　《祭神》菅原道真［他］　　　　　　　　　　〔神社本庁〕

天神社　てんじんしゃ〔社〕
　広島県府中市　《祭神》菅原道真　〔神社本庁〕
天神社　てんじんしゃ〔社〕
　徳島県徳島市　《祭神》菅原道真　〔神社本庁〕
天神社　てんじんしゃ〔社〕
　徳島県阿南市　《別称》天神さま　《祭神》菅原道真　　　　　　　　　　　　　〔神社本庁〕
天神社　てんじんしゃ〔社〕
　徳島県海部郡海南町　《別称》天神さん　《祭神》菅原道真　　　　　　　　　　〔神社本庁〕
天神社　てんじんしゃ〔社〕
　徳島県麻植郡鴨島町　《祭神》高皇産霊神［他］
　　　　　　　　　　　　　　　　　〔神社本庁〕
天神神社　てんじんじんじゃ〔社〕
　岐阜県岐阜市　《別称》長良天神　《祭神》菅原道真　　　　　　　　　　　　　〔神社本庁〕
天神神社　てんじんじんじゃ〔社〕
　岐阜県瑞穂市　《別称》天津神神社　《祭神》高皇産霊神［他］　　　　　　　　〔神社本庁〕
天神宮　てんじんぐう〔社〕
　大阪府大阪市生野区　《別称》御幸森天神宮　《祭神》仁徳天皇［他］　　　　　〔神社本庁〕
天神宮　てんじんぐう〔社〕
　奈良県大和高田市　《別称》天神社　《祭神》高皇産霊神［他］　　　　　　　　〔神社本庁〕
天神宮　てんじんぐう〔社〕
　高知県高岡郡檮原町　《別称》松原天神宮　《祭神》菅原道真　　　　　　　　　〔神社本庁〕
天神宮　てんじんぐう〔社〕
　高知県高岡郡大野見村　《別称》天神様　《祭神》菅原道真　　　　　　　　　　〔神社本庁〕
天神様〈称〉　てんじんさま〔社〕
　埼玉県川越市・三芳野神社　《祭神》素戔嗚尊［他］　　　　　　　　　　　　　〔神社本庁〕
天神様〈称〉　てんじんさま〔社〕
　埼玉県児玉郡上里町・菅原神社　《祭神》武夷鳥神［他］　　　　　　　　　　　〔神社本庁〕
天神様〈称〉　てんじんさま〔社〕
　千葉県夷隅郡岬町・天神社　《祭神》菅原道真
天神様〈称〉　てんじんさま〔社〕
　千葉県安房郡富山町・天神社　《祭神》菅原道真　　　　　　　　　　　　　　　〔神社本庁〕
天神様〈称〉　てんじんさま〔社〕
　新潟県佐渡市・菅原神社　《祭神》菅原道真［他］　　　　　　　　　　　　　　〔神社本庁〕
天神様〈称〉　てんじんさま〔社〕
　富山県富山市・於保多神社　《祭神》菅原道真［他］　　　　　　　　　　　　　〔神社本庁〕

4画（天）

天神様《称》　てんじんさま〔社〕
　石川県小松市・小松天満宮　《祭神》菅原道真［他］　〔神社本庁〕

天神様《称》　てんじんさま〔社〕
　愛知県新城市・竹生神社　《祭神》菅原道真［他］　〔神社本庁〕

天神様《称》　てんじんさま〔社〕
　高知県高岡郡大野見村・天神宮　《祭神》菅原道真　〔神社本庁〕

天神様《称》　てんじんさま〔社〕
　宮崎県えびの市・菅原神社　《祭神》菅原道真　〔神社本庁〕

天祖若宮八幡宮　てんそわかみやはちまんぐう〔社〕
　東京都練馬区　《祭神》大日靈貴尊［他］　〔神社本庁〕

天祖神社　てんそじんじゃ〔社〕
　東京都杉並区　《別称》神明様　《祭神》天照大御神　〔神社本庁〕

天祖神社　てんそじんじゃ〔社〕
　東京都豊島区　《祭神》天照大御神　〔神社本庁〕

天祖神社　てんそじんじゃ〔社〕
　東京都板橋区　《別称》神明さま　《祭神》天照大御神［他］　〔神社本庁〕

天祖神社　てんそうじんじゃ〔社〕
　大分県玖珠郡玖珠町　《祭神》天御中主神［他］　〔神社本庁〕

天祐寺　てんゆうじ〔寺〕
　北海道函館市　《別称》聖天さまのお寺　《本尊》薬師如来・歓喜天　〔天台宗〕

天祐寺　てんゆうじ〔寺〕
　福岡県糟屋郡粕屋町　《本尊》観世音菩薩　〔臨済宗大徳寺派〕

天祐寺　てんゆうじ〔寺〕
　長崎県諫早市　《本尊》釈迦如来　〔曹洞宗〕

10 天倫寺　てんりんじ〔寺〕
　島根県松江市　《本尊》釈迦如来　〔臨済宗妙心寺派〕

天孫神社　てんそんじんじゃ〔社〕
　滋賀県大津市　《別称》四の宮神社　《祭神》彦火火出見命［他］　〔神社本庁〕

天宮神社　あめのみやじんじゃ〔社〕
　静岡県周智郡森町　《祭神》田心姫命［他］　〔神社本庁〕

天恩寺　てんおんじ〔寺〕
　愛知県額田郡額田町　《本尊》延命地蔵菩薩　〔臨済宗妙心寺派〕

天桂寺　てんけいじ〔寺〕
　群馬県沼田市　《本尊》釈迦如来　〔曹洞宗〕

天桂寺　てんけいじ〔寺〕
　東京都杉並区　《本尊》聖観世音菩薩　〔曹洞宗〕

天桂寺　てんけいじ〔寺〕
　愛知県西春日井郡春日村　《本尊》如意輪観世音菩薩・釈迦如来　〔曹洞宗〕

天桂院　てんけいいん〔寺〕
　愛知県蒲郡市　《本尊》十一面千手観世音菩薩　〔曹洞宗〕

天真寺　てんしんじ〔寺〕
　北海道増毛郡増毛町　《別称》成田さん　《本尊》不動明王・日蓮聖人　〔真言宗智山派〕

天真寺　てんしんじ〔寺〕
　東京都港区　《本尊》釈迦如来　〔臨済宗大徳寺派〕

天竜寺　てんりゅうじ〔寺〕
　秋田県秋田市　《本尊》釈迦如来　〔曹洞宗〕

天竜寺　てんりゅうじ〔寺〕
　群馬県藤岡市　《別称》庚申さま　《本尊》釈迦如来・日蓮聖人　〔日蓮宗〕

天竜寺　てんりゅうじ〔寺〕
　埼玉県飯能市　《別称》子ノ権現　《本尊》子聖大権現・十一面観世音菩薩　〔天台宗〕

天竜寺　てんりゅうじ〔寺〕
　東京都新宿区　《本尊》千手観世音菩薩　〔曹洞宗〕

天竜寺　てんりゅうじ〔寺〕
　東京都品川区　《本尊》釈迦如来　〔曹洞宗〕

天竜寺　てんりゅうじ〔寺〕
　東京都足立区　《本尊》釈迦如来　〔曹洞宗〕

天竜寺　てんりゅうじ〔寺〕
　東京都八王子市　《本尊》不動明王　〔真言宗智山派〕

天竜寺　てんりゅうじ〔寺〕
　福井県吉田郡松岡町　《本尊》釈迦如来　〔曹洞宗〕

天竜寺　てんりゅうじ〔寺〕
　京都府京都市右京区　《別称》大本山　《本尊》釈迦如来　〔臨済宗天竜寺派〕

天竜寺　てんりゅうじ〔寺〕
　鹿児島県日置郡吹上町　《別称》高野山　《本尊》十一面観世音菩薩　〔真言宗醍醐派〕

天竜院　てんりゅういん〔寺〕
　東京都台東区　《本尊》釈迦如来　〔臨済宗妙心寺派〕

天竜院　てんりゅういん〔寺〕
　愛媛県温泉郡重信町　《別称》浄土寺　《本尊》大日如来・身代不動明王　〔真言宗醍醐派〕

天翁院　てんのういん〔寺〕
　栃木県小山市　《本尊》釈迦如来　〔曹洞宗〕

神社・寺院名よみかた辞典　*127*

4画（天）

11 天健金草神社　あまたけかなかやじんじゃ
〔社〕
　　島根県隠岐郡都万村　《別称》八幡さん　《祭神》大屋津媛命［他］　　〔神社本庁〕
　天授院　てんじゅいん〔寺〕
　　京都府京都市右京区　《別称》妙心僧堂　《本尊》聖観世音菩薩　　〔臨済宗妙心寺派〕
　天授庵　てんじゅあん〔寺〕
　　京都府京都市左京区　《本尊》延命地蔵菩薩　　〔臨済宗南禅寺派〕
　天渓園《称》　てんけいえん〔寺〕
　　群馬県北群馬郡伊香保町・天宗寺　《本尊》釈迦如来　　〔曹洞宗〕
　天清院　てんせいいん〔寺〕
　　岐阜県大垣市　《別称》赤坂吞竜大士　《本尊》阿弥陀如来　　〔浄土宗〕
　天球院　てんきゅういん〔寺〕
　　京都府京都市右京区　《本尊》釈迦如来　　〔臨済宗妙心寺派〕
　天野の宮《称》　あまののみや〔社〕
　　奈良県宇陀郡榛原町・墨坂神社　《祭神》墨坂大神　　〔神社本庁〕
　天野大社《称》　あまのたいしゃ〔社〕
　　和歌山県伊都郡かつらぎ町・丹生都比売神社　《祭神》丹生都比売大神［他］　〔神社本庁〕
12 天喜寺　てんきじ〔寺〕
　　岐阜県養老郡上石津町　《本尊》聖観世音菩薩　　〔臨済宗妙心寺派〕
　天御中主神社　あめのみなかぬしじんじゃ〔社〕
　　鹿児島県国分市　《別称》北辰神社　《祭神》天御中主命［他］　　〔神社本庁〕
　天椅立神社　あまのはしだてじんじゃ〔社〕
　　徳島県三好郡三好町　《別称》大宮　《祭神》伊邪那岐命［他］　　〔神社本庁〕
　天満さん《称》　てんまさん〔社〕
　　石川県加賀市・江沼神社　《祭神》前田利治［他］　　〔神社本庁〕
　天満天神《称》　てんまんてんじん〔社〕
　　愛知県岡崎市・岡崎天満宮　《祭神》菅原道真［他］　　〔神社本庁〕
　天満天神《称》　てんまんてんじん〔社〕
　　滋賀県伊香郡余呉町・草岡神社　《祭神》高皇産霊神［他］　　〔神社本庁〕
　天満天神社　てんまてんじんしゃ〔社〕
　　埼玉県所沢市　　〔神社本庁〕
　天満天神社　てんまんてんじんしゃ〔社〕
　　滋賀県彦根市　《祭神》菅原道真［他］　　〔神社本庁〕

　天満社　てんまんしゃ〔社〕
　　愛知県碧南市鷲塚字神有　《祭神》菅原道真［他］　　〔神社本庁〕
　天満社　てんまんしゃ〔社〕
　　兵庫県姫路市　《別称》浜の宮　《祭神》菅原道真　　〔神社本庁〕
　天満社　てんまんしゃ〔社〕
　　大分県日田市高瀬本町　《祭神》菅原道真　　〔神社本庁〕
　天満社　てんまんしゃ〔社〕
　　大分県日田市三和　《祭神》菅原道真　　〔神社本庁〕
　天満社　てんまんしゃ〔社〕
　　大分県日田市大肥　《祭神》菅原道真　　〔神社本庁〕
　天満社　てんまんしゃ〔社〕
　　大分県速見郡山香町　《別称》天神さま・立石天満　《祭神》菅原道真［他］　〔神社本庁〕
　天満神社　てんまんじんじゃ〔社〕
　　山形県山形市　《別称》天神さん　《祭神》日本武尊［他］　　〔神社本庁〕
　天満神社　てんまんじんじゃ〔社〕
　　山形県米沢市　《祭神》菅原道真　　〔神社本庁〕
　天満神社　てんまんじんじゃ〔社〕
　　山形県新庄市　《祭神》菅原道真　　〔神社本庁〕
　天満神社　てんまんじんじゃ〔社〕
　　千葉県安房郡富山町　《祭神》菅原道真［他］　　〔神社本庁〕
　天満神社　てんまんじんじゃ〔社〕
　　福井県敦賀市公文名　《別称》天神さん　《祭神》菅原道真［他］　　〔神社本庁〕
　天満神社　てんまんじんじゃ〔社〕
　　福井県敦賀市常宮　《祭神》菅原道真　　〔神社本庁〕
　天満神社　てんまんじんじゃ〔社〕
　　愛知県碧南市鷲塚字鷲林　《祭神》菅原道真［他］　　〔神社本庁〕
　天満神社　てんまんじんじゃ〔社〕
　　兵庫県姫路市大塩町　《祭神》菅原道真　　〔神社本庁〕
　天満神社　てんまんじんじゃ〔社〕
　　兵庫県姫路市広畑区北野町　《別称》広畑天満宮　《祭神》天満大神［他］　〔神社本庁〕
　天満神社　てんまんじんじゃ〔社〕
　　兵庫県姫路市飾磨区恵美酒宮　《別称》恵美酒宮　《祭神》菅原道真［他］　〔神社本庁〕
　天満神社　てんまんじんじゃ〔社〕
　　兵庫県相生市　《祭神》天忍穂耳命［他］　　〔神社本庁〕

4画（天）

天満神社　てんまんじんじゃ〔社〕
　兵庫県高砂市　《別称》曾根の宮　《祭神》菅原道真［他］　　　　　　　　〔神社本庁〕
天満神社　てんまんじんじゃ〔社〕
　兵庫県三田市　《別称》三田天神　《祭神》菅原道真［他］　　　　　　　　〔神社本庁〕
天満神社　てんまじんじゃ〔社〕
　兵庫県加古郡稲美町　《別称》おかのみや　《祭神》市杵島姫命［他］　　〔神社本庁〕
天満神社　てんまんじんじゃ〔社〕
　兵庫県神崎郡市川町小畑　《祭神》菅原道真［他］　　　　　　　　　〔神社本庁〕
天満神社　てんまんじんじゃ〔社〕
　兵庫県神崎郡市川町小室　《別称》小室天神　《祭神》菅原道真［他］　〔神社本庁〕
天満神社　てんまんじんじゃ〔社〕
　兵庫県神崎郡市川町下瀬加　《別称》郡天神　《祭神》天神七代　　〔神社本庁〕
天満神社　てんまんじんじゃ〔社〕
　奈良県大和高田市　《祭神》菅原道真［他］　　　　　　　　　　　〔神社本庁〕
天満神社　てんまんじんじゃ〔社〕
　徳島県名西郡石井町　《祭神》菅原道真　　　　　　　　　　　　　〔神社本庁〕
天満神社　てんまんじんじゃ〔社〕
　香川県高松市　《祭神》菅原道真　〔神社本庁〕
天満神社　てんまじんじゃ〔社〕
　香川県綾歌郡綾南町　《別称》天満宮　《祭神》菅原道真［他］　　〔神社本庁〕
天満神社　てんまんじんじゃ〔社〕
　愛媛県宇和島市　《祭神》菅原道真　　　　　　　　　　　　　　〔神社本庁〕
天満神社　てんまんじんじゃ〔社〕
　愛媛県八幡浜市　《別称》天満宮　《祭神》天穂日命［他］　　　　〔神社本庁〕
天満神社　てんまんじんじゃ〔社〕
　愛媛県西予市　《祭神》菅原道真　〔神社本庁〕
天満神社　てんまんじんじゃ〔社〕
　愛媛県北宇和郡広見町　《祭神》菅原道真　　　　　　　　　　　〔神社本庁〕
天満神社　てんまんじんじゃ〔社〕
　愛媛県北宇和郡松野町　《祭神》菅原道真［他］　　　　　　　　〔神社本庁〕
天満神社　てんまんじんじゃ〔社〕
　福岡県筑後市　《別称》水田天満宮　《祭神》菅原道真　　　　　〔神社本庁〕
天満神社　てんまんじんじゃ〔社〕
　福岡県三井郡北野町　《祭神》菅原道真　　　　　　　　　　　　〔神社本庁〕

天満神社　てんまんじんじゃ〔社〕
　佐賀県唐津市　《別称》唐津天満宮　《祭神》菅原道真　　　　　〔神社本庁〕
天満神社　てんまんじんじゃ〔社〕
　佐賀県佐賀郡大和町　《祭神》菅原道真　　　　　　　　　　　　〔神社本庁〕
天満神社　てんまんじんじゃ〔社〕
　大分県中津市　《祭神》菅原道真［他］　　　　　　　　　　　　〔神社本庁〕
天満宮　てんまんぐう〔社〕
　茨城県ひたちなか市　《別称》天神さん　《祭神》菅原道真　　　〔神社本庁〕
天満宮　てんまんぐう〔社〕
　栃木県足利市　《祭神》菅原道真　〔神社本庁〕
天満宮　てんまんぐう〔社〕
　栃木県芳賀郡芳賀町　《別称》舟戸天満宮　《祭神》菅原道真　　〔神社本庁〕
天満宮　てんまんぐう〔社〕
　群馬県桐生市　《祭神》天穂日命［他］　　　　　　　　　　　　〔神社本庁〕
天満宮　てんまんぐう〔社〕
　千葉県野田市　《祭神》菅原道真　〔神社本庁〕
天満宮　てんまんぐう〔社〕
　東京都国立市　《別称》谷保天神　《祭神》菅原道真［他］　　　〔神社本庁〕
天満宮《称》　てんまんぐう〔社〕
　滋賀県神崎郡五個荘町・大城神社　《祭神》高皇産霊神［他］　　〔神社本庁〕
天満宮　てんまんぐう〔社〕
　京都府京都市南区　《別称》吉祥院天満宮　《祭神》菅原道真　　〔神社本庁〕
天満宮　てんまんぐう〔社〕
　京都府相楽郡和束町　《別称》和束天満宮　《祭神》菅原道真　　〔神社本庁〕
天満宮　てんまんぐう〔社〕
　鳥取県米子市　　　　　　　　　　〔神社本庁〕
天満宮　てんまんぐう〔社〕
　岡山県岡山市　《別称》金田天神　《祭神》菅原道真［他］　　　〔神社本庁〕
天満宮《称》　てんまんぐう〔社〕
　香川県綾歌郡綾南町・天満神社　《祭神》菅原道真［他］　　　　〔神社本庁〕
天満宮《称》　てんまんぐう〔社〕
　愛媛県八幡浜市・天満神社　《祭神》天穂日命［他］　　　　　　〔神社本庁〕
天満宮　てんまんぐう〔社〕
　高知県高知市　《別称》潮江天満宮　《祭神》菅原道真［他］　　〔神社本庁〕
天満宮　てんまんぐう〔社〕
　高知県南国市　《祭神》菅原道真［他］　　　　　　　　　　　　〔神社本庁〕

神社・寺院名よみかた辞典　129

4画（天）

天満宮　てんまんぐう〔社〕
　高知県須崎市　《祭神》菅原道真　〔神社本庁〕
天満宮　てんまんぐう〔社〕
　高知県宿毛市　《祭神》菅原道真　〔神社本庁〕
天満宮　てんまんぐう〔社〕
　高知県土佐清水市　《祭神》菅原道真
　　　　　　　　　　　　　　　〔神社本庁〕
天満宮　てんまんぐう〔社〕
　高知県安芸郡芸西村　《祭神》菅原道真
　　　　　　　　　　　　　　　〔神社本庁〕
天満宮　てんまんぐう〔社〕
　高知県高岡郡窪川町　《祭神》菅原道真
　　　　　　　　　　　　　　　〔神社本庁〕
天満宮《称》　てんまんぐう〔社〕
　福岡県久留米市・櫛原天満宮　《祭神》菅原道真
　　　　　　　　　　　　　　　〔神社本庁〕
天満宮　てんまんぐう〔社〕
　福岡県三潴郡城島町　《別称》青木天満宮　《祭神》菅原道真　〔神社本庁〕
天満宮《称》　てんまんぐう〔社〕
　福岡県田川郡添田町・添田神社　《祭神》菅原道真[他]　〔神社本庁〕
天満宮《称》　てんまんぐう〔社〕
　熊本県上天草市・登立菅原神社　《祭神》菅原道真　〔神社本庁〕
天満淵神社　てんまんふちじんじゃ〔社〕
　大分県大分郡庄内町　《祭神》菅原道真
　　　　　　　　　　　　　　　〔神社本庁〕
天満御坊《称》　てんまごぼう〔寺〕
　大阪府大阪市旭区・大阪興正寺別院　《本尊》阿弥陀如来　〔真宗興正派〕
天然寺　てんねんじ〔寺〕
　山形県山形市　《本尊》阿弥陀如来　〔浄土宗〕
天然寺　てんねんじ〔寺〕
　静岡県掛川市　《本尊》阿弥陀如来　〔浄土宗〕
天然寺　てんねんじ〔寺〕
　三重県津市　《本尊》阿弥陀如来　〔浄土宗〕
天然寺　てんねんじ〔寺〕
　大阪府大阪市天王寺区　《別称》菅原道真遺跡・おちつき天神　《本尊》阿弥陀如来・菅原道真　〔浄土宗〕
お天道さま《称》　おてんとうさま〔社〕
　長崎県対馬市・天神多久頭魂神社　《祭神》天神地祇　〔神社本庁〕
お天道さん《称》　おてんとうさん〔社〕
　愛知県名古屋市東区・松山神社　《祭神》天照皇大神[他]　〔神社本庁〕
13天源院　てんげんいん〔寺〕
　神奈川県鎌倉市　《本尊》大応国師
　　　　　　　　　　　　〔臨済宗建長寺派〕

天照大神宮《称》　てんしょうだいじんぐう〔社〕
　三重県伊勢市・皇大神宮　《祭神》天照坐皇大御神[他]　〔神社本庁〕
天照寺　てんしょうじ〔寺〕
　岐阜県高山市　《本尊》阿弥陀如来　〔浄土宗〕
天照寺　てんしょうじ〔寺〕
　三重県名賀郡青山町　《本尊》釈迦如来　〔曹洞宗〕
天照皇大神宮《称》　てんしょうこうたいじんぐう〔社〕
　三重県伊勢市・皇大神宮　《祭神》天照坐皇大御神[他]　〔神社本庁〕
天照皇太神宮　てんしょうこうたいじんぐう〔社〕
　福岡県糟屋郡久山町　《祭神》天照大神[他]　〔神社本庁〕
天照神社　てんしょうじんじゃ〔社〕
　福岡県鞍手郡宮田町　《別称》天照宮　《祭神》天照国照彦火明櫛玉饒速日尊　〔神社本庁〕
天照宮《称》　てんしょうぐう〔社〕
　福岡県鞍手郡宮田町・天照神社　《祭神》天照国照彦火明櫛玉饒速日尊　〔神社本庁〕
天照御祖神社　あまてらすみおやじんじゃ〔社〕
　岩手県大船渡市　《別称》神明宮　《祭神》天照大神　〔神社本庁〕
天照御祖神社　あまてらすみおやじんじゃ〔社〕
　岩手県釜石市　《別称》常竜山　《祭神》天照大御神　〔神社本庁〕
天獄寺　てんゆうじ〔寺〕
　岐阜県瑞浪市　《別称》椿寺　《本尊》聖観世音菩薩　〔臨済宗妙心寺派〕
天瑞寺　てんずいじ〔寺〕
　兵庫県三田市　《別称》かめの寺　《本尊》十一面観世音菩薩・聖観世音菩薩　〔曹洞宗〕
天福寺　てんぷくじ〔寺〕
　神奈川県南足柄市　《本尊》地蔵菩薩・如意輪観世音菩薩　〔臨済宗円覚寺派〕
天福寺　てんぷくじ〔寺〕
　岐阜県土岐市　《本尊》聖観世音菩薩・虚空蔵菩薩・延命地蔵菩薩　〔臨済宗妙心寺派〕
天福寺　てんぷくじ〔寺〕
　岡山県上房郡賀陽町　《本尊》薬師如来　〔天台宗〕
天福寺　てんぷくじ〔寺〕
　香川県香川郡香南町　《本尊》薬師如来　〔真言宗御室派〕

4画（天）

天福寺　てんぷくじ〔寺〕
　福岡県八女市　《本尊》阿弥陀如来　〔浄土宗〕
天稚彦神社　あめわかひこじんじゃ〔社〕
　滋賀県犬上郡豊郷町　《別称》あめわかさん
　《祭神》天稚彦命[他]　〔神社本庁〕
天聖寺　てんしょうじ〔寺〕
　青森県八戸市　《本尊》阿弥陀如来　〔浄土宗〕
天豊足柄姫命神社　あめとよたらしがらひ
めみことじんじゃ〔社〕
　島根県浜田市　《別称》石神社　《祭神》天豊
　足柄姫命[他]　〔神社本庁〕
14天増寺　てんぞうじ〔寺〕
　群馬県伊勢崎市　《別称》殿様寺　《本尊》千
　手観世音菩薩　〔曹洞宗〕
天寧寺　てんねいじ〔寺〕
　北海道旭川市　《本尊》阿弥陀如来
　　　　　　　　　　　〔浄土真宗本願寺派〕
天寧寺　てんねいじ〔寺〕
　秋田県仙北郡角館町　《本尊》釈迦如来
　　　　　　　　　　　　　　　〔曹洞宗〕
天寧寺　てんねいじ〔寺〕
　千葉県安房郡鋸南町　《本尊》釈迦如来
　　　　　　　　　　　〔臨済宗建長寺派〕
天寧寺　てんねいじ〔寺〕
　東京都青梅市　《本尊》釈迦如来　〔曹洞宗〕
天寧寺　てんねいじ〔寺〕
　京都府京都市北区　《本尊》三尊仏　〔曹洞宗〕
天寧寺　てんねいじ〔寺〕
　京都府福知山市　《本尊》釈迦如来
　　　　　　　　　　　〔臨済宗妙心寺派〕
天寧寺　てんねいじ〔寺〕
　広島県尾道市　《本尊》釈迦如来　〔曹洞宗〕
天徳寺　てんとくじ〔寺〕
　北海道江別市　《本尊》阿弥陀如来　〔浄土宗〕
天徳寺　てんとくじ〔寺〕
　青森県弘前市　《本尊》阿弥陀如来　〔浄土宗〕
天徳寺　てんとくじ〔寺〕
　秋田県秋田市　《本尊》三尊仏　〔曹洞宗〕
天徳寺　てんとくじ〔寺〕
　福島県耶麻郡猪苗代町　《本尊》釈迦如来
　　　　　　　　　　　　　　　〔曹洞宗〕
天徳寺　てんとくじ〔寺〕
　茨城県水戸市　《本尊》十一面観世音菩薩
　　　　　　　　　　　　　　　〔曹洞宗〕
天徳寺　てんとくじ〔寺〕
　東京都港区　《本尊》阿弥陀如来　〔浄土宗〕
天徳寺　てんとくじ〔寺〕
　神奈川県横浜市中区　《本尊》不動明王
　　　　　　　　　　　　　　〔高野山真言宗〕

天徳寺　てんとくじ〔寺〕
　神奈川県秦野市　《本尊》釈迦如来　〔天台宗〕
天徳寺　てんとくじ〔寺〕
　岐阜県関市　《本尊》釈迦如来　〔曹洞宗〕
天徳寺　てんとくじ〔寺〕
　岐阜県中津川市　《本尊》釈迦如来
　　　　　　　　　　　〔臨済宗妙心寺派〕
天徳寺　てんとくじ〔寺〕
　静岡県島田市　《本尊》釈迦如来　〔曹洞宗〕
天徳寺　てんとくじ〔寺〕
　大阪府大阪市北区　《本尊》如意輪観世音菩
　薩　〔曹洞宗〕
天徳寺　てんとくじ〔寺〕
　鳥取県鳥取市　《本尊》釈迦如来・承陽大師・
　常済大師　〔曹洞宗〕
天徳寺　てんとくじ〔寺〕
　山口県防府市　《本尊》釈迦如来　〔曹洞宗〕
天徳寺　てんとくじ〔寺〕
　愛媛県西宇和郡伊方町　《本尊》阿弥陀三
　尊　〔臨済宗妙心寺派〕
天徳寺　てんとくじ〔寺〕
　長崎県壱岐市　《本尊》延命地蔵菩薩
　　　　　　　　　　　　　　　〔曹洞宗〕
天徳寺　てんとくじ〔寺〕
　大分県佐伯市　《本尊》文殊菩薩・薬師如来
　　　　　　　　　　　〔臨済宗妙心寺派〕
天徳院　てんとくいん〔寺〕
　青森県三戸郡南郷村　《本尊》釈迦如来
　　　　　　　　　　　　　　　〔曹洞宗〕
天徳院　てんとくいん〔寺〕
　神奈川県横浜市保土ヶ谷区　《本尊》地蔵菩
　薩　〔曹洞宗〕
天徳院　てんとくいん〔寺〕
　石川県金沢市　《本尊》三尊仏　〔曹洞宗〕
天徳院　てんとくいん〔寺〕
　和歌山県伊都郡高野町　《本尊》阿弥陀如
　来　〔高野山真言宗〕
15天磐門別神社　あめのいわとわけじんじゃ
〔社〕
　広島県山県郡大朝町　《祭神》天磐門別大
　神　〔神社本庁〕
天穂日命神社　あめのほひのみことじんじ
ゃ〔社〕
　鳥取県鳥取市　《祭神》天穂日[他]
　　　　　　　　　　　　　　〔神社本庁〕
16天融寺　てんゆうじ〔寺〕
　北海道恵庭市　《本尊》阿弥陀如来
　　　　　　　　　　　　　　〔真宗大谷派〕
天鴨神社　あまがもじんじゃ〔社〕
　岡山県岡山市　《祭神》賀茂健角身命
　　　　　　　　　　　　　　〔神社本庁〕

神社・寺院名よみかた辞典　131

4画（少, 屯, 巴, 幻, 引）

17天嶽院　てんがくいん〔寺〕
　神奈川県藤沢市　《本尊》千手観世音菩薩
　　　　　　　　　　　　　　　　〔曹洞宗〕
24天鷺神社　あまさぎじんじゃ〔社〕
　秋田県由利郡岩城町　《祭神》平国香［他］
　　　　　　　　　　　　　　　　〔神社本庁〕
　天麟院　てんりんいん〔寺〕
　宮城県宮城郡松島町　《本尊》釈迦如来
　　　　　　　　　　　　　　〔臨済宗妙心寺派〕

【少】

8少林寺　しょうりんじ〔寺〕
　福島県二本松市　《本尊》聖観世音菩薩
　　　　　　　　　　　　　　　　〔曹洞宗〕
　少林寺　しょうりんじ〔寺〕
　埼玉県大里郡寄居町　《別称》羅漢様　《本尊》釈迦如来　　　　　　　　　〔曹洞宗〕
　少林寺　しょうりんじ〔寺〕
　新潟県東頸城郡松代町　《本尊》釈迦如来
　　　　　　　　　　　　　　　　〔曹洞宗〕
　少林寺　しょうりんじ〔寺〕
　山梨県東八代郡石和町　《本尊》聖観世音菩薩　　　　　　　　　　　　　〔曹洞宗〕
　少林寺　しょうりんじ〔寺〕
　岐阜県関市　《本尊》聖観世音菩薩
　　　　　　　　　　　　　　〔臨済宗妙心寺派〕
　少林寺　しょうりんじ〔寺〕
　岐阜県各務原市　《別称》まむきさまの寺
　《本尊》聖観世音菩薩　〔臨済宗妙心寺派〕
　少林寺　しょうりんじ〔寺〕
　静岡県静岡市　《本尊》千手観世音菩薩
　　　　　　　　　　　　　　〔臨済宗妙心寺派〕
　少林寺　しょうりんじ〔寺〕
　静岡県掛川市　《別称》死霊よけの寺　《本尊》阿弥陀如来　　　　　　　　〔曹洞宗〕
　少林寺　しょうりんじ〔寺〕
　滋賀県彦根市　　　　〔臨済宗妙心寺派〕
　少林寺　しょうりんじ〔寺〕
　大阪府堺市　　　　　〔臨済宗大徳寺派〕
　少林寺　しょうりんじ〔寺〕
　岡山県久米郡久米町　《本尊》十一面観世音菩薩　　　　　　　　　　　　　〔曹洞宗〕
　少林寺　しょうりんじ〔寺〕
　広島県三原市　《本尊》延命地蔵菩薩
　　　　　　　　　　　　　　　　〔曹洞宗〕
　少林寺　しょうりんじ〔寺〕
　香川県仲多度郡多度津町　《別称》少林寺拳法総本部　《本尊》達磨大師　〔単立〕
　少林寺　しょうりんじ〔寺〕
　福岡県福岡市中央区　《本尊》阿弥陀如来
　　　　　　　　　　　　　　　　〔浄土宗〕

　少林寺　しょうりんじ〔寺〕
　福岡県久留米市　《本尊》阿弥陀如来
　　　　　　　　　　　　　　〔臨済宗妙心寺派〕
　少林寺　しょうりんじ〔寺〕
　福岡県三池郡高田町　《本尊》阿弥陀如来
　　　　　　　　　　　　　　　　〔真宗大谷派〕
　少林寺　しょうりんじ〔寺〕
　大分県大分市　《別称》わさ田の少林　《本尊》阿弥陀如来　　　　　　〔臨済宗妙心寺派〕
　少林院　しょうりんいん〔寺〕
　静岡県静岡市　《本尊》阿弥陀如来
　　　　　　　　　　　　　　〔臨済宗妙心寺派〕
9少彦名神社　すくなひこなじんじゃ〔社〕
　大阪府大阪市中央区　《祭神》少彦名命［他］
　　　　　　　　　　　　　　　　〔神社本庁〕
10少将さま《称》　しょうしょうさま〔社〕
　静岡県静岡市紺屋町・小椋神社　《祭神》建速須佐之男命［他］　　　　〔神社本庁〕

【屯】

8屯岡八幡神社《称》　むらおかはちまんじんじゃ〔社〕
　宮城県栗原郡栗駒町・八幡宮　《祭神》誉田別命　　　　　　　　　　　〔神社本庁〕
10屯倉神社　みやけじんじゃ〔社〕
　大阪府松原市　《祭神》菅原道真［他］
　　　　　　　　　　　　　　　　〔神社本庁〕

【巴】

6巴江神社　はこうじんじゃ〔社〕
　愛知県田原市　《祭神》児島範長［他］
　　　　　　　　　　　　　　　　〔神社本庁〕
11巴陵院　はりょういん〔寺〕
　和歌山県伊都郡高野町　《別称》御所房　《本尊》阿弥陀如来　　　　　〔高野山真言宗〕

【幻】

7幻住庵　げんじゅうあん〔寺〕
　福岡県福岡市博多区　　〔臨済宗妙心寺派〕
8幻性寺　げんしょうじ〔寺〕
　山口県大島郡大島町　《本尊》阿弥陀如来
　　　　　　　　　　　　　　　　〔浄土宗〕

【引】

5引本神社　ひきもとじんじゃ〔社〕
　三重県北牟婁郡海山町　《祭神》誉田別命［他］
　　　　　　　　　　　　　　　　〔神社本庁〕
　引田の観音《称》　ひきだのかんのん〔寺〕
　千葉県市原市・蓮蔵院　《本尊》大日如来
　　　　　　　　　　　　　　　〔真言宗豊山派〕

132　神社・寺院名よみかた辞典

引田部神社　ひきたべじんじゃ〔社〕
新潟県佐渡市 《祭神》大己貴命 〔神社本庁〕
10引馬神社　ひくまじんじゃ〔社〕
愛知県宝飯郡御津町 《別称》天王様 《祭神》素盞嗚尊 〔神社本庁〕
11引接寺　いんじょうじ〔寺〕
福井県武生市 《本尊》阿弥陀如来・勢至菩薩・観世音菩薩 〔天台真盛宗〕
引接寺　いんじょうじ〔寺〕
京都府京都市上京区 《別称》千本えんま堂 《本尊》えんま法王 〔高野山真言宗〕
引接寺　いんじょうじ〔寺〕
山口県下関市 《本尊》阿弥陀三尊 〔浄土宗〕
引接寺　いんじょうじ〔寺〕
福岡県山門郡瀬高町 《本尊》阿弥陀如来・観世音菩薩・勢至菩薩 〔浄土宗〕
13引摂寺　いんじょじ〔寺〕
兵庫県津名郡津名町 《本尊》阿弥陀如来 〔高野山真言宗〕

【心】

2心入寺　しんにゅうじ〔寺〕
愛知県名古屋市北区 《本尊》釈迦如来 〔曹洞宗〕
4心公院　しんこういん〔寺〕
岩手県宮古市 《本尊》釈迦如来 〔曹洞宗〕
心月院　しんげついん〔寺〕
兵庫県三田市 《本尊》釈迦如来 〔曹洞宗〕
心月斎　しんげっさい〔寺〕
愛知県知多郡美浜町 《本尊》阿弥陀如来 〔曹洞宗〕
5心田院　しんでんいん〔寺〕
京都府綾部市 《別称》交通観音・子守観音 《本尊》釈迦如来・護世観世音菩薩 〔臨済宗妙心寺派〕
6心光寺　しんこうじ〔寺〕
青森県下北郡大畑町 《本尊》阿弥陀如来 〔浄土宗〕
心光寺　しんこうじ〔寺〕
福島県いわき市 《別称》西町の寺 《本尊》阿弥陀三尊 〔浄土宗〕
心光寺　しんこうじ〔寺〕
東京都文京区 《本尊》阿弥陀三尊 〔浄土宗〕
心光寺　しんこうじ〔寺〕
神奈川県小田原市 《本尊》阿弥陀如来 〔浄土宗〕
心光寺　しんこうじ〔寺〕
滋賀県甲賀郡水口町 《本尊》阿弥陀如来 〔浄土宗〕
心光寺　しんこうじ〔寺〕
京都府京都市伏見区 《本尊》阿弥陀如来 〔浄土宗〕
心光寺　しんこうじ〔寺〕
大阪府大阪市天王寺区 《本尊》阿弥陀如来 〔浄土宗〕
心光寺　しんこうじ〔寺〕
鳥取県米子市 《本尊》阿弥陀如来 〔浄土宗〕
心光寺　しんこうじ〔寺〕
山口県阿武郡須佐町 《本尊》阿弥陀如来 〔浄土宗〕
心光寺　しんこうじ〔寺〕
福岡県久留米市 《本尊》阿弥陀如来・不動明王 〔浄土宗〕
心光院　しんこういん〔寺〕
東京都港区 《本尊》阿弥陀如来 〔浄土宗〕
心光院　しんこういん〔寺〕
静岡県静岡市 《本尊》釈迦如来 〔臨済宗妙心寺派〕
心光院　しんこういん〔寺〕
京都府京都市左京区 《本尊》阿弥陀三尊 〔浄土宗〕
心行寺　しんぎょうじ〔寺〕
東京都江東区 《本尊》阿弥陀如来 〔浄土宗〕
心行寺　しんぎょうじ〔寺〕
東京都府中市 《本尊》阿弥陀如来 〔浄土宗〕
心行寺　しんぎょうじ〔寺〕
神奈川県横浜市緑区 《本尊》阿弥陀如来 〔浄土宗〕
心行寺　しんぎょうじ〔寺〕
福岡県大川市 《本尊》阿弥陀如来 〔浄土宗〕
8心宝寺　しんぽうじ〔寺〕
静岡県浜北市 《別称》かみの手 《本尊》如意輪観世音菩薩 〔臨済宗方広寺派〕
心岳寺様《称》　しんがくじさま〔社〕
鹿児島県鹿児島市・平松神社 《祭神》島津歳久 〔神社本庁〕
心岸寺　しんがんじ〔寺〕
新潟県佐渡市 《本尊》阿弥陀如来 〔浄土宗〕
心岩寺　しんがんじ〔寺〕
神奈川県座間市 〔臨済宗建長寺派〕
心性院　しんしょういん〔寺〕
茨城県真壁郡関城町 《本尊》阿弥陀如来 〔天台宗〕
心法寺　しんぽうじ〔寺〕
東京都千代田区 《本尊》阿弥陀如来 〔浄土宗〕
9心城院　しんじょういん〔寺〕
東京都文京区 《別称》湯島聖天・亀の子寺 《本尊》歓喜天・十一面観世音菩薩・弁財天 〔天台宗〕

4画（戸, 手）

心海寺　しんかいじ〔寺〕
　東京都品川区　《本尊》阿弥陀如来
　　　　　　　　　　　　　　〔真宗大谷派〕
心海寺　しんかいじ〔寺〕
　愛知県名古屋市東区　《本尊》阿弥陀如来
　　　　　　　　　　　　　　〔真宗大谷派〕
心海寺　しんかいじ〔寺〕
　三重県鈴鹿市　《本尊》阿弥陀如来
　　　　　　　　　　　　　　〔真宗高田派〕
10心造寺　しんぞうじ〔寺〕
　静岡県浜松市　《本尊》阿弥陀如来　〔浄土宗〕
心通院　しんつういん〔寺〕
　栃木県足利市　《本尊》釈迦如来　〔曹洞宗〕
11心清水八幡神社　こころしみずはちまんじんじゃ〔社〕
　福島県河沼郡会津坂下町　《別称》とうでら八幡宮　《祭神》誉田別尊〔他〕〔神社本庁〕
心眼寺　しんがんじ〔寺〕
　大阪府大阪市天王寺区　《別称》真田山・万直しの寺　《本尊》阿弥陀如来　〔浄土宗〕
12心覚院　しんがくいん〔寺〕
　島根県浜田市　《本尊》阿弥陀如来　〔浄土宗〕
13心源院　しんげんいん〔寺〕
　東京都港区　《本尊》釈迦如来
　　　　　　　　　　　　〔臨済宗妙心寺派〕
心源院　しんげんいん〔寺〕
　東京都八王子市　《本尊》聖観世音菩薩
　　　　　　　　　　　　　　〔曹洞宗〕
心蓮寺　しんれんじ〔寺〕
　京都府北桑田郡美山町　《別称》下の寺　《本尊》十界大曼荼羅　〔日蓮宗〕
心蓮寺　しんれんじ〔寺〕
　兵庫県洲本市　《本尊》阿弥陀如来
　　　　　　　　　　　　　　〔高野山真言宗〕
心蓮坊　しんれんぼう〔寺〕
　富山県魚津市　《別称》小川の寺　《本尊》弥勒菩薩　〔高野山真言宗〕
心蓮社　しんれんしゃ〔寺〕
　石川県金沢市　《本尊》阿弥陀如来　〔浄土宗〕
19心鏡寺　しんきょうじ〔寺〕
　岡山県倉敷市　《本尊》阿弥陀如来　〔浄土宗〕
心鏡院　しんきょういん〔寺〕
　埼玉県幸手市　《本尊》十一面観世音菩薩
　　　　　　　　　　　　　　〔曹洞宗〕
20心巌寺　しんがんじ〔寺〕
　千葉県鴨川市　《本尊》阿弥陀如来　〔浄土宗〕

【戸】

3戸上神社　とのえじんじゃ〔社〕
　福岡県北九州市門司区　《祭神》天御中主神〔他〕　〔神社本庁〕

戸山神社　とやまじんじゃ〔社〕
　大分県日田市　《祭神》瓊瓊杵尊　〔神社本庁〕
7戸村観音《称》　とむらかんのん〔寺〕
　茨城県那珂郡那珂町・文殊院　《本尊》大日如来・十一面観世音菩薩　〔真言宗智山派〕
戸沢神社　とざわじんじゃ〔社〕
　山形県新庄市　《祭神》戸沢衡盛〔他〕
　　　　　　　　　　　　　　〔神社本庁〕
9戸津の報土寺《称》　へつのほうどじ〔寺〕
　山口県熊毛郡上関町・報土寺　《本尊》阿弥陀如来　〔浄土真宗本願寺派〕
戸畑八幡神社《称》　とばたはちまんじんじゃ〔社〕
　福岡県北九州市戸畑区・八幡神社　《祭神》神功皇后〔他〕　〔神社本庁〕
戸神社　とのじんじゃ〔社〕
　兵庫県城崎郡日高町　《祭神》大戸比売命
　　　　　　　　　　　　　　〔神社本庁〕
戸神様《称》　とがみさま〔社〕
　静岡県掛川市・利神社　《祭神》大年神〔他〕
　　　　　　　　　　　　　　〔神社本庁〕
10戸島神社　としまじんじゃ〔社〕
　岡山県倉敷市　《祭神》伊邪那岐尊〔他〕
　　　　　　　　　　　　　　〔神社本庁〕
戸島神明社《称》　としましんめいしゃ〔社〕
　秋田県河辺郡河辺町・神明社　《祭神》天照大神〔他〕　〔神社本庁〕
12戸越八幡神社《称》　とごしはちまんじゃ〔社〕
　東京都品川区戸越・八幡神社　《祭神》誉田別命　〔神社本庁〕
14戸隠神社　とがくしじんじゃ〔社〕
　長野県上水内郡戸隠村　《祭神》天手力男命〔他〕
戸隠神社　とがくしじんじゃ〔社〕
　岐阜県郡上市　《別称》九頭の宮　《祭神》手力男之命　〔神社本庁〕

【手】

2手刀雄神社　たぢからおじんじゃ〔社〕
　千葉県館山市　《祭神》天手力雄命
　　　　　　　　　　　　　　〔神社本庁〕
手力さん《称》　たぢからさん〔社〕
　岐阜県各務原市・手力雄神社　《祭神》手力雄神〔他〕
手力雄神社　たぢからおじんじゃ〔社〕
　岐阜県岐阜市　《別称》手力様　《祭神》天手力雄大神　〔神社本庁〕
手力雄神社　たぢからおじんじゃ〔社〕
　岐阜県各務原市　《別称》手力さん　《祭神》手力雄神〔他〕　〔神社本庁〕

4画（支, 文, 斗, 方）

手力様《称》　たぢからさま〔社〕
　岐阜県岐阜市・手力雄神社　《祭神》天手力
　雄大神　　　　　　　　　　　　〔神社本庁〕
6手向山八幡宮《称》　たむけやまはちまん
　ぐう〔社〕
　奈良県奈良市・手向山神社　《祭神》応神天
　皇[他]　　　　　　　　　　　　〔神社本教〕
手向山神社　たむけやまじんじゃ〔社〕
　奈良県奈良市　《別称》手向山八幡宮　《祭
　神》応神天皇[他]　　　　　　　〔神社本教〕
手向神社　たむけじんじゃ〔社〕
　石川県河北郡津幡町　《祭神》素盞鳴命[他]
　　　　　　　　　　　　　　　　〔神社本庁〕
8手長神社　てながじんじゃ〔社〕
　長野県諏訪市　《祭神》手摩乳命〔神社本庁〕
10手宮稲荷《称》　てみやいなり〔社〕
　北海道小樽市・小樽稲荷神社　《祭神》保食
　神[他]　　　　　　　　　　　　〔神社本庁〕
11手貫神社　たぬきじんじゃ〔社〕
　鹿児島県垂水市　《別称》上ノ宮神社　《祭
　神》応神天皇[他]　　　　　　　〔神社本庁〕
14手稲神社　ていねじんじゃ〔社〕
　北海道札幌市手稲区　《祭神》大国魂神[他]
　　　　　　　　　　　　　　　　〔神社本庁〕

【支】

5支布佐神社　しふさじんじゃ〔社〕
　島根県安来市　《別称》天津神社　《祭神》天
　穂日命　　　　　　　　　　　　〔神社本庁〕

【文】

3文子天満宮　あやこてんまんぐう〔社〕
　京都府京都市下京区　《別称》天神さま　《祭
　神》菅原道真[他]　　　　　　　〔神社本庁〕
5文永寺　ぶんえいじ〔寺〕
　愛知県江南市　《本尊》釈迦如来
　　　　　　　　　　　　　〔臨済宗妙心寺派〕
9文保寺　ぶんぽうじ〔寺〕
　兵庫県篠山市　《別称》文保寺の観音さん
　《本尊》聖観世音菩薩・千手観世音菩薩
　　　　　　　　　　　　　　　　　〔天台宗〕
10文殊仙寺　もんじゅせんじ〔寺〕
　大分県東国東郡国東町　《別称》文殊山　《本
　尊》文殊菩薩　　　　　　　　　　〔天台宗〕
文殊寺　もんじゅじ〔寺〕
　埼玉県大里郡江南町　《本尊》もんじゅさま
　《本尊》文殊菩薩　　　　　　　　〔曹洞宗〕
文殊院　もんじゅいん〔寺〕
　茨城県那珂郡那珂町　《別称》戸村観音　《本
　尊》大日如来・十一面観世音菩薩
　　　　　　　　　　　　　　　〔真言宗智山派〕

文殊院　もんじゅいん〔寺〕
　茨城県新治郡千代田町　《本尊》文殊菩薩
　　　　　　　　　　　　　　　　　〔日蓮宗〕
文殊院　もんじゅいん〔寺〕
　東京都板橋区　《本尊》文殊菩薩
　　　　　　　　　　　　　　　〔真言宗豊山派〕
文殊院　もんじゅいん〔寺〕
　愛知県津島市　《本尊》文殊菩薩
　　　　　　　　　　　　　　　〔真言宗智山派〕
文殊院　もんじゅいん〔寺〕
　奈良県桜井市　《別称》安倍の文殊　《本尊》
　文殊菩薩・脇士　　　　　　　　　〔華厳宗〕
文殊密寺　もんじゅみつじ〔寺〕
　岐阜県大垣市　《別称》鬼門よけの寺　《本
　尊》文殊菩薩　　　　　　　　〔高野山真言宗〕
11文常寺　もんじょうじ〔寺〕
　兵庫県豊岡市　《本尊》聖観世音菩薩
　　　　　　　　　　　　　　　〔高野山真言宗〕

【斗】

5斗布神社　とふじんじゃ〔社〕
　福井県武生市　《祭神》天津日高彦火火出見
　尊　　　　　　　　　　　　　　〔神社本庁〕
15斗蔵山神社　とくらやまじんじゃ〔社〕
　宮城県角田市　《祭神》保食神[他]
　　　　　　　　　　　　　　　　〔神社本庁〕

【方】

5方外院　ほうがいん〔寺〕
　山梨県西八代郡下部町　《別称》瀬戸観音
　《本尊》如意輪観世音菩薩　　　　〔曹洞宗〕
方広寺　ほうこうじ〔寺〕
　静岡県引佐郡引佐町　《別称》大本山・奥山
　半僧坊　《本尊》釈迦如来・文殊菩薩・普
　賢菩薩　　　　　　　　　　〔臨済宗方広寺派〕
方広寺　ほうこうじ〔寺〕
　京都府京都市東山区　《別称》大仏　《本尊》
　釈迦如来　　　　　　　　　　　　〔天台宗〕
方広寺　ほうこうじ〔寺〕
　兵庫県三田市　《本尊》釈迦如来　〔黄檗宗〕
7方見神社　かたみじんじゃ〔社〕
　鳥取県東伯郡東伯町　《別称》大神宮　《祭
　神》天照皇大神[他]　　　　　　〔神社本庁〕
9方県津神社　かたがたつじんじゃ〔社〕
　岐阜県岐阜市　《祭神》丹波之摩須之郎女
　　　　　　　　　　　　　　　　〔神社本庁〕
12方等院　ほうとういん〔寺〕
　愛知県名古屋市千種区　《本尊》愛染明王
　　　　　　　　　　　　　　　〔真言宗豊山派〕

神社・寺院名よみかた辞典　135

4画（日）

13 方違神社　かたたがいじんじゃ〔社〕
　　大阪府堺市　《別称》ほうちがい　《祭神》八十天万魂神〔他〕　〔神社本庁〕

【日】

0 日ぐらしの宮《称》　ひぐらしのみや〔社〕
　　岐阜県土岐市・熊野神社　《祭神》伊邪那美命　〔神社本庁〕

　日の宮《称》　ひのみや〔社〕
　　熊本県阿蘇郡蘇陽町・幣立神社　《祭神》神漏岐命〔他〕　〔神社本庁〕

4 日仏寺聖殿　にちぶつじせいでん〔寺〕
　　東京都日野市　《別称》総本山　〔天宗〕

　日方磐神社　ひかたいわじんじゃ〔社〕
　　長野県上伊那郡飯島町　《祭神》春日大神〔他〕　〔神社本庁〕

5 日出八幡社《称》　ひのではちまんしゃ〔社〕
　　大分県速見郡日出町・若宮八幡神社　《祭神》大雀命〔他〕　〔神社本庁〕

　日出若宮八幡神社《称》　ひのでわかみやはちまんじんじゃ〔社〕
　　大分県速見郡日出町・若宮八幡神社　《祭神》大雀命〔他〕　〔神社本庁〕

　日本三大稲荷《称》　にほんさんだいいなり〔社〕
　　佐賀県鹿島市・祐徳稲荷神社　《祭神》倉稲魂大神〔他〕　〔神社本庁〕

　日本三体永谷天満宮《称》　にほんさんたいながやてんまんぐう〔社〕
　　神奈川県横浜市港南区・天神社　《祭神》菅原道真　〔神社本庁〕

　日本山妙法寺大僧伽　にほんざんみょうほうじだいさんが〔寺〕
　　東京都千代田区　《別称》本部　《本尊》妙法蓮華経如来寿量品所顕の久遠実成本師釈迦如来　〔日本山妙法寺大僧伽〕

　日本山妙法寺熊本中僧伽　にほんざんみょうほうじくまもとちゅうさんが〔寺〕
　　熊本県熊本市　《別称》仏舎利塔・行勝寺　《本尊》今此三界曼荼羅・一塔両尊・日蓮聖人・仏舎利　〔日本山妙法寺大僧伽〕

　日本火出初社《称》　ひのもとひでぞめのやしろ〔社〕
　　島根県八束郡八雲村・熊野大社　《祭神》素戔嗚尊　〔神社本庁〕

　日本寺　にちほんじ〔寺〕
　　千葉県香取郡多古町　《別称》中村檀林・由緒寺院　《本尊》一塔両尊四菩薩　〔日蓮宗〕

　日本寺　にほんじ〔寺〕
　　千葉県安房郡鋸南町　《別称》鋸山日本寺　《本尊》薬師如来　〔曹洞宗〕

　日本神社　やまとじんじゃ〔社〕
　　山口県熊毛郡田布施町　《祭神》天照大御神〔他〕　〔神道天行居〕

　日本神宮　にっぽんじんぐう〔社〕
　　北海道帯広市　《祭神》天照皇大神大神〔他〕　〔日本神宮本庁〕

　日本橋毘沙門天《称》　にほんばしびしゃもんてん〔寺〕
　　大阪府大阪市浪速区・大乗坊　《本尊》毘沙門天　〔高野山真言宗〕

　日永寺　にちえいじ〔寺〕
　　千葉県千葉市　《本尊》大日如来　〔真言宗豊山派〕

　日石寺　にっせきじ〔寺〕
　　富山県中新川郡上市町　《別称》大岩さん　《本尊》不動明王・熊野権現・矜迦羅童子・行基菩薩・制多迦童子　〔真言宗〕

6 日光二荒山神社《称》　にっこうふたらさんじんじゃ〔社〕
　　栃木県日光市・二荒山神社　《祭神》二荒山大神　〔神社本庁〕

　日光寺　にっこうじ〔寺〕
　　新潟県糸魚川市　《本尊》胎蔵界大日如来　〔真言宗豊山派〕

　日光寺　にっこうじ〔寺〕
　　新潟県東蒲原郡上川村　《別称》西山のお薬師様　《本尊》薬師如来・阿弥陀如来　〔天台宗〕

　日光寺　にっこうじ〔寺〕
　　新潟県東頸城郡浦川原村　《別称》杉坪薬師　《本尊》薬師如来　〔真言宗豊山派〕

　日光寺　にっこうじ〔寺〕
　　岡山県笠岡市　《別称》五台山文殊　《本尊》薬師如来　〔高野山真言宗〕

　日光寺　にっこうじ〔寺〕
　　広島県福山市　《本尊》薬師如来　〔真言宗大覚寺派〕

　日光神社　にっこうじんじゃ〔社〕
　　鹿児島県曽於郡財部町　《祭神》撞賢木厳御魂天疎向津毘売命〔他〕　〔神社本庁〕

　日光院　にっこういん〔寺〕
　　兵庫県養父市　《別称》但馬妙見　《本尊》妙見大菩薩　〔高野山真言宗〕

　日光鹿島神社　にっこうかしまじんじゃ〔社〕
　　栃木県足利市　《祭神》事代主命〔他〕　〔神社本庁〕

　日吉さん《称》　ひよしさん〔社〕
　　京都府京都市東山区・新日吉神宮　《祭神》後白河天皇〔他〕　〔単立〕

4画（日）

日吉八幡神社　ひよしはちまんじんじゃ〔社〕
　秋田県秋田市　《別称》山王さん　《祭神》大山咋神〔他〕
〔神社本庁〕

日吉大社　ひよしたいしゃ〔社〕
　滋賀県大津市　《別称》山王さん　《祭神》大山咋大〔他〕
〔神社本庁〕

日吉山王《称》　ひえさんのう〔社〕
　石川県石川郡美川町・藤塚神社　《祭神》大山咋神〔他〕
〔神社本庁〕

日吉山王《称》　ひよしさんのう〔社〕
　鳥取県東伯郡東伯町・照国神社　《祭神》伊弉冊尊〔他〕
〔神社本庁〕

日吉神社　ひえじんじゃ〔社〕
　宮城県宮城郡松島町　《別称》山王様　《祭神》大山咋神
〔神社本庁〕

日吉神社　ひよしじんじゃ〔社〕
　秋田県秋田市　《祭神》大山咋神〔他〕
〔神社本庁〕

日吉神社　ひよしじんじゃ〔社〕
　秋田県能代市　《別称》能代鎮守　《祭神》大山咋神〔他〕
〔神社本庁〕

日吉神社　ひよしじんじゃ〔社〕
　福島県相馬郡鹿島町　《別称》山王様　《祭神》大山咋命〔他〕
〔神社本庁〕

日吉神社　ひえじんじゃ〔社〕
　新潟県佐渡市　《別称》山王　《祭神》大山咋神〔他〕
〔神社本庁〕

日吉神社　ひよしじんじゃ〔社〕
　石川県金沢市　《祭神》大山咋神〔他〕
〔神社本庁〕

日吉神社　ひよしじんじゃ〔社〕
　福井県武生市　《祭神》大山咋神
〔神社本庁〕

日吉神社　ひよしじんじゃ〔社〕
　福井県大野市　《別称》山王神社　《祭神》大山咋命〔他〕
〔神社本庁〕

日吉神社　ひよしじんじゃ〔社〕
　福井県丹生郡宮崎村　《祭神》大山咋命〔他〕
〔神社本庁〕

日吉神社　ひよしじんじゃ〔社〕
　岐阜県郡上市　《別称》山王様　《祭神》日吉神
〔神社本庁〕

日吉神社　ひよしじんじゃ〔社〕
　岐阜県安八郡神戸町　《別称》神戸山王さん　《祭神》大己貴神〔他〕
〔神社本庁〕

日吉神社　ひよしじんじゃ〔社〕
　静岡県富士宮市　《祭神》大名牟遅神〔他〕
〔神社本庁〕

日吉神社　ひよしじんじゃ〔社〕
　静岡県島田市　《祭神》大山咋命
〔神社本庁〕

日吉神社　ひよしじんじゃ〔社〕
　愛知県豊橋市　《祭神》大山咋命
〔神社本庁〕

日吉神社　ひえじんじゃ〔社〕
　愛知県西春日井郡清洲町　《祭神》大山咋命〔他〕
〔神社本庁〕

日吉神社　ひえじんじゃ〔社〕
　滋賀県長浜市　《祭神》大山咋命〔他〕
〔神社本庁〕

日吉神社　ひよしじんじゃ〔社〕
　滋賀県八日市市　《別称》建部大宮　《祭神》大山咋命〔他〕
〔神社本庁〕

日吉神社　ひよしじんじゃ〔社〕
　滋賀県甲賀郡信楽町　《祭神》大山咋神〔他〕
〔単立〕

日吉神社　ひよしじんじゃ〔社〕
　滋賀県伊香郡高月町　《祭神》大山咋命
〔神社本庁〕

日吉神社　ひよしじんじゃ〔社〕
　滋賀県高島郡高島町　《別称》山王さま　《祭神》大山咋神
〔神社本庁〕

日吉神社　ひえじんじゃ〔社〕
　京都府宮津市　《別称》山王さん　《祭神》大己貴命〔他〕
〔神社本庁〕

日吉神社　ひえじんじゃ〔社〕
　大阪府大阪市旭区　《別称》ひよし神社　《祭神》大山咋命
〔神社本庁〕

日吉神社　ひよしじんじゃ〔社〕
　兵庫県姫路市書写　《別称》山王様　《祭神》大山咋神〔他〕
〔神社本庁〕

日吉神社　ひよしじんじゃ〔社〕
　兵庫県姫路市野里　《別称》山王宮　《祭神》大己貴命〔他〕
〔神社本庁〕

日吉神社　ひよしじんじゃ〔社〕
　兵庫県豊岡市　《別称》山王さん　《祭神》大山咋命〔他〕
〔神社本庁〕

日吉神社　ひよしじんじゃ〔社〕
　兵庫県赤穂市　《別称》山王宮　《祭神》大山咋命〔他〕
〔神社本庁〕

日吉神社　ひよしじんじゃ〔社〕
　兵庫県加西市　《別称》富家の大宮　《祭神》大山咋命〔他〕
〔神社本庁〕

日吉神社　ひよしじんじゃ〔社〕
　兵庫県神崎郡大河内町　《別称》山王さん　《祭神》大山咋命〔他〕
〔神社本庁〕

日吉神社　ひよしじんじゃ〔社〕
　鳥取県西伯郡淀江町　《別称》山王さん　《祭神》大己貴命〔他〕
〔神社本庁〕

日吉神社　ひえじんじゃ〔社〕
　岡山県御津郡加茂川町　《祭神》大山咋命〔他〕
〔神社本庁〕

4画（日）

日吉神社　ひよしじんじゃ〔社〕
　岡山県勝田郡勝央町　《祭神》大山咋命〔他〕
　　　　　　　　　　　　　　　　〔神社本庁〕
日吉神社　ひよしじんじゃ〔社〕
　広島県府中市　《別称》山王さん　《祭神》大
　山咋神〔他〕　　　　　　　　　　〔神社本庁〕
日吉神社　ひよしじんじゃ〔社〕
　山口県大津郡油谷町　《祭神》大山咋神〔他〕
　　　　　　　　　　　　　　　　〔神社本庁〕
日吉神社　ひえじんじゃ〔社〕
　高知県南国市　《祭神》大山咋命　〔神社本庁〕
日吉神社　ひえじんじゃ〔社〕
　高知県香美郡野市町　《別称》山王様　《祭
　神》大山咋神
日吉神社　ひえじんじゃ〔社〕
　福岡県久留米市城南町　《祭神》大山咋命〔他〕
　　　　　　　　　　　　　　　　〔神社本庁〕
日吉神社　ひよしじんじゃ〔社〕
　福岡県久留米市日吉町　《別称》山王さん
　《祭神》大山咋命　　　　　　　　〔神社本庁〕
日吉神社　ひえじんじゃ〔社〕
　福岡県柳川市　《祭神》大山咋命　〔神社本庁〕
日吉神社　ひえじんじゃ〔社〕
　福岡県行橋市　《祭神》大己貴神〔他〕
　　　　　　　　　　　　　　　　〔神社本庁〕
日吉神社　ひえじんじゃ〔社〕
　佐賀県小城郡三日月町　《祭神》大山咋命〔他〕
　　　　　　　　　　　　　　　　〔神社本庁〕
日吉神社　ひよしじんじゃ〔社〕
　熊本県熊本市　《祭神》大山咋神　〔神社本庁〕
日吉神社　ひよしじんじゃ〔社〕
　大分県大分市　《別称》日吉さん　《祭神》大
　己貴命〔他〕　　　　　　　　　　〔神社本庁〕
日向さん　《称》　ひゅうがさん〔社〕
　兵庫県加古川市・日岡神社　《祭神》天伊
　佐佐比古命〔他〕　　　　　　　　〔神社本庁〕
日向大神宮　ひむかいだいじんぐう〔社〕
　京都府京都市山科区　《別称》日向神社　《祭
　神》天照大御神　　　　　　　　〔神社本教〕
日向国一之宮　《称》　ひゅうがのくにいち
　のみや〔社〕
　宮崎県児湯郡都農町・都農神社　《祭神》大
　己貴命〔他〕　　　　　　　　　　〔神社本庁〕
日向神社　《称》　ひむかいじんじゃ〔社〕
　京都府京都市山科区・日向大神宮　《祭神》天
　照大御神〔他〕　　　　　　　　　〔神社本教〕
日向薬師　《称》　ひなたやくし〔寺〕
　神奈川県伊勢原市・宝城坊　《本尊》薬師三
　尊　　　　　　　　　　　　　〔高野山真言宗〕

日牟礼八幡宮　ひむれはちまんぐう〔社〕
　滋賀県近江八幡市　《祭神》誉田別尊〔他〕
　　　　　　　　　　　　　　　　〔神社本庁〕
7 日坂八幡宮　《称》　にっさかはちまんぐう
　〔社〕
　静岡県掛川市・事任八幡宮　《祭神》誉田別
　命〔他〕　　　　　　　　　　　　〔神社本庁〕
日宏寺　にっこうじ〔寺〕
　東京都調布市　《別称》本山　〔本門経王宗〕
日尾八幡神社　ひおはちまんじんじゃ〔社〕
　愛媛県松山市　《祭神》品陀和気天皇〔他〕
　　　　　　　　　　　　　　　　〔神社本庁〕
日応寺　にちおうじ〔寺〕
　岡山県岡山市　《本尊》十界曼荼羅　〔日蓮宗〕
日谷神社　ひだにじんじゃ〔社〕
　鳥取県日野郡日南町　《祭神》大日本根子彦
　太瓊命〔他〕　　　　　　　　　　〔神社本庁〕
8 日典寺　にってんじ〔寺〕
　鹿児島県西之表市　《別称》日典様　《本尊》
　十界大曼荼羅　　　　　　〔法華宗(本門流)〕
日和佐八幡神社　ひわさはちまんじんじゃ
　〔社〕
　徳島県海部郡日和佐町　《祭神》誉田別尊〔他〕
　　　　　　　　　　　　　　　　〔神社本庁〕
日岡神社　ひおかじんじゃ〔社〕
　兵庫県加古川市　《別称》日向さん　《祭神》
　天伊佐佐比古命〔他〕　　　　　　〔神社本庁〕
日招八幡大神社　ひまねきはちまんだいじ
　んじゃ〔社〕
　愛媛県松山市　《祭神》市杵島姫命〔他〕
　　　　　　　　　　　　　　　　〔神社本庁〕
日枝神社　ひえじんじゃ〔社〕
　秋田県由利郡由利町　《別称》山王宮　《祭
　神》大山咋神〔他〕　　　　　　　〔神社本庁〕
日枝神社　ひえじんじゃ〔社〕
　山形県鶴岡市大字日枝坂本　《別称》上山王
　様　《祭神》大己貴命〔他〕　　　　〔神社本庁〕
日枝神社　ひえじんじゃ〔社〕
　山形県鶴岡市山王町　《別称》山王　《祭神》
　大己貴命〔他〕　　　　　　　　　〔神社本庁〕
日枝神社　ひえじんじゃ〔社〕
　山形県酒田市宮野浦　《祭神》大己貴神〔他〕
　　　　　　　　　　　　　　　　〔神社本庁〕
日枝神社　ひえじんじゃ〔社〕
　山形県酒田市日吉町　《祭神》大己貴命〔他〕
　　　　　　　　　　　　　　　　〔神社本庁〕
日枝神社　ひえじんじゃ〔社〕
　福島県福島市　《別称》みやしろ山王　《祭
　神》大山咋命〔他〕　　　　　　　〔神社本庁〕

4画（日）

日枝神社　ひえじんじゃ〔社〕
　茨城県新治郡新治村　《別称》山王様　《祭神》大山咋命　〔神社本庁〕

日枝神社　ひえじんじゃ〔社〕
　埼玉県川越市　〔神社本庁〕

日枝神社　ひえじんじゃ〔社〕
　千葉県松戸市　《別称》山王様　《祭神》大山咋命　〔神社本庁〕

日枝神社　ひえじんじゃ〔社〕
　千葉県東金市　《祭神》大山咋命　〔神社本庁〕

日枝神社　ひえじんじゃ〔社〕
　東京都千代田区　《別称》山王さん　《祭神》大山咋神[他]　〔神社本庁〕

日枝神社　ひえじんじゃ〔社〕
　神奈川県横浜市南区　《別称》お三の宮　《祭神》大山咋命　〔神社本庁〕

日枝神社　ひえじんじゃ〔社〕
　新潟県上越市　《別称》お山王　《祭神》大山咋命[他]　〔神社本庁〕

日枝神社　ひえじんじゃ〔社〕
　新潟県中蒲原郡村松町　《別称》山王様　《祭神》大山咋命[他]　〔神社本庁〕

日枝神社　ひえじんじゃ〔社〕
　富山県富山市　《別称》山王さん　《祭神》大山咋命[他]　〔神社本庁〕

日枝神社　ひえじんじゃ〔社〕
　福井県大飯郡大飯町　《別称》山王さん　《祭神》大山咋神　〔神社本庁〕

日枝神社　ひえじんじゃ〔社〕
　岐阜県高山市　《別称》山王様　《祭神》大山咋大神　〔神社本庁〕

日枝神社　ひえじんじゃ〔社〕
　静岡県沼津市　《別称》山王様　《祭神》大山咋神

日枝神社　ひえじんじゃ〔社〕
　静岡県下田市　《祭神》大山咋命　〔神社本庁〕

日枝神社　ひえじんじゃ〔社〕
　静岡県伊豆市　《祭神》大山咋命　〔神社本庁〕

日枝神社　ひえじんじゃ〔社〕
　滋賀県長浜市　《別称》山王宮　《祭神》大山咋命[他]　〔神社本庁〕

日枝神社　ひえじんじゃ〔社〕
　滋賀県高島郡安曇川町　《祭神》瓊瓊杵尊　〔神社本庁〕

日枝神社　ひえじんじゃ〔社〕
　香川県三豊郡高瀬町　《別称》山王さん　《祭神》大山咋神[他]　〔神社本庁〕

日枝神社　ひえじんじゃ〔社〕
　香川県三豊郡三野町　《別称》山王社　《祭神》大山咋命　〔神社本庁〕

日枝神社　ひえじんじゃ〔社〕
　鹿児島県薩摩郡祁答院町　《祭神》大山咋命　〔神社本庁〕

日長神社　ひながじんじゃ〔社〕
　愛知県知多市　《祭神》日本武尊[他]　〔神社本庁〕

9 日前神宮　ひのくまじんぐう〔社〕
　和歌山県和歌山市　《別称》日前宮　《祭神》日前大神　〔単立〕

日前宮《称》　ひのくまぐう〔社〕
　和歌山県和歌山市・日前神宮　《祭神》日前大神　〔単立〕

日咩坂鍾乳穴神社　ひめさかかなちあなじんじゃ〔社〕
　岡山県新見市　《別称》日咩宮さん　《祭神》大己貴命[他]　〔神社本庁〕

日咩宮さん《称》　ひめみやさん〔社〕
　岡山県新見市・日咩坂鍾乳穴神社　《祭神》大己貴命[他]　〔神社本庁〕

日神社　ひのかみしゃ〔社〕
　和歌山県西牟婁郡白浜町　《祭神》天照皇大神　〔神社本庁〕

10 日宮神社　ひのみやじんじゃ〔社〕
　富山県氷見市　《祭神》大日孁命[他]　〔単立〕

日峯神社　ひのみねじんじゃ〔社〕
　徳島県小松島市　《別称》ひのみねさん　《祭神》少那比古名命[他]　〔神社本庁〕

日根神社　ひねじんじゃ〔社〕
　大阪府泉佐野市　《別称》大井関明神　《祭神》鸕鷀草葺不合尊[他]　〔神社本庁〕

日泰寺　にったいじ〔寺〕
　愛知県名古屋市千種区　《別称》覚王山　《本尊》釈迦如来　〔単立〕

日竜峰寺　にちりゅうぶじ〔寺〕
　岐阜県武儀郡武儀町　《別称》高沢観音　《本尊》十一面千手千眼観世音菩薩　〔高野山真言宗〕

お日高さん《称》　おひだかさん〔社〕
　宮城県角田市・熱日高彦神社　《祭神》天津日高比古火邇邇邇杵命[他]　〔神社本庁〕

日高寺　にっこうじ〔寺〕
　北海道沙流郡門別町　《本尊》大日如来　〔高野山真言宗〕

日高見さま《称》　ひたかみさま〔社〕
　宮城県桃生郡桃生町・日高見神社　《祭神》天照皇大神[他]　〔神社本庁〕

日高見神社　ひたかみじんじゃ〔社〕
　宮城県桃生郡桃生町　《別称》日高見さま　《祭神》天照皇大神[他]　〔神社本庁〕

神社・寺院名よみかた辞典　139

4画（日）

日高神社　ひたかじんじゃ〔社〕
　岩手県水沢市　《祭神》天御中主神〔他〕
　　　　　　　　　　　　　　　　〔神社本庁〕
11 日野大宮《称》　ひのおおみや〔社〕
　滋賀県蒲生郡日野町・馬見岡綿向神社　《祭神》天穂日命〔他〕　　〔神社本庁〕
日野神社　ひのじんじゃ〔社〕
　福井県武生市荒谷町　《祭神》伊弉諾尊〔他〕
　　　　　　　　　　　　　　　　〔神社本庁〕
日野神社　ひのじんじゃ〔社〕
　福井県武生市中平吹町　《祭神》継体天皇〔他〕
　　　　　　　　　　　　　　　　〔神社本庁〕
日野宮神社　ひのみやじんじゃ〔社〕
　福井県今立郡池田町　《別称》狼様　《祭神》天照大神〔他〕　　　〔神社本庁〕
日野薬師《称》　ひのやくし〔寺〕
　京都府京都市伏見区・法界寺　《本尊》薬師如来　　　　　　　〔真言宗醍醐派〕
12 日勝寺　にっしょうじ〔寺〕
　北海道滝川市　《別称》ほっけでら　《本尊》日蓮聖人奠定の大曼荼羅　〔日蓮宗〕
日御子神社　ひのみこじんじゃ〔社〕
　石川県石川郡鶴来町　《祭神》彦火火出見尊　　　　　　　　　　　　〔神社本庁〕
日御碕神社　ひのみさきじんじゃ〔社〕
　鳥取県境港市渡町　《祭神》大日孁尊〔他〕
　　　　　　　　　　　　　　　　〔神社本庁〕
日御碕神社　ひのみさきじんじゃ〔社〕
　鳥取県境港市小篠津町　《祭神》大日孁貴命〔他〕　　　　　　　　　〔神社本庁〕
日御碕神社　ひのみさきじんじゃ〔社〕
　島根県簸川郡大社町　《別称》御碕さん　《祭神》日沈宮〔他〕　　　〔神社本庁〕
日運寺　にちうんじ〔寺〕
　千葉県安房郡丸山町　《本尊》十界大曼荼羅　　　　　　　　　　　〔日蓮宗〕
日間宮《称》　ひまのみや〔社〕
　京都府京丹後市・蛭児神社　《祭神》火遠理命〔他〕　　　　　　　〔神社本庁〕
13 日置八幡宮　へきはちまんぐう〔社〕
　愛知県海部郡佐屋町　《祭神》応神天皇〔他〕
　　　　　　　　　　　　　　　　〔神社本庁〕
日置八幡宮　へきはちまんぐう〔社〕
　山口県大津郡日置町　《祭神》応神天皇〔他〕
　　　　　　　　　　　　　　　　〔神社本庁〕
日置江神社　ひきえじんじゃ〔社〕
　岐阜県岐阜市　《祭神》火雷神〔他〕
　　　　　　　　　　　　　　　　〔神社本庁〕
日置神社　ひおきじんじゃ〔社〕
　愛知県名古屋市中区　《祭神》天太玉命〔他〕
　　　　　　　　　　　　　　　　〔神社本庁〕

日置神社　ひおきじんじゃ〔社〕
　滋賀県高島郡今津町　《別称》かみのみや　《祭神》素盞嗚命〔他〕　〔神社本庁〕
日蓮主義仏立講　にちれんしゅうぎぶつりゅうこう〔寺〕
　愛知県春日井市　　〔日蓮主義仏立講〕
日蓮寺　にちれんじ〔寺〕
　千葉県安房郡天津小湊町　《本尊》日蓮聖人奠定の大曼荼羅　　　〔日蓮宗〕
15 日撫神社　ひなでじんじゃ〔社〕
　滋賀県坂田郡近江町　《祭神》少毘古名命〔他〕　　　　　　　　　〔神社本庁〕
日澄寺　にっちょうじ〔寺〕
　千葉県安房郡天津小湊町　《本尊》日蓮聖人奠定の大曼荼羅　　　〔日蓮宗〕
日澄寺　にっちょうじ〔寺〕
　富山県射水郡小杉町　《別称》右門の寺　《本尊》十界大曼荼羅　　〔日蓮宗〕
日蔵寺　にちぞうじ〔寺〕
　島根県出雲市　《本尊》大日如来
　　　　　　　　　　　　　　　〔臨済宗妙心寺派〕
日輪寺　にちりんじ〔寺〕
　福島県安達郡本宮町　《本尊》釈迦如来　　　　　　　　　　　〔天台宗〕
日輪寺　にちりんじ〔寺〕
　茨城県日立市　《本尊》阿弥陀如来
　　　　　　　　　　　　　　　〔真言宗豊山派〕
日輪寺　にちりんじ〔寺〕
　茨城県久慈郡大子町　《別称》八溝観音堂・坂東第二一番霊場　《本尊》十一面観世音菩薩　　　　　　　　　　　〔天台宗〕
日輪寺　にちりんじ〔寺〕
　群馬県前橋市　《本尊》不動明王
　　　　　　　　　　　　　　　〔真言宗豊山派〕
日輪寺　にちりんじ〔寺〕
　埼玉県児玉郡児玉町　《本尊》大日如来
　　　　　　　　　　　　　　　〔真言宗豊山派〕
日輪寺　にちりんじ〔寺〕
　千葉県長生郡長柄町　《本尊》不動明王
　　　　　　　　　　　　　　　〔真言宗豊山派〕
日輪寺　にちりんじ〔寺〕
　東京都台東区　《本尊》阿弥陀如来　〔時宗〕
16 日積八幡宮《称》　ひずみはちまんぐう〔社〕
　山口県柳井市・大帯姫八幡宮　《祭神》誉田別天皇〔他〕　　　　　　〔神社本庁〕
日頼寺　にちらいじ〔寺〕
　山口県下関市　《本尊》阿弥陀如来
　　　　　　　　　　　　　　　〔臨済宗東福寺派〕

【月】

3 月山寺　がっさんじ〔寺〕

4画（木）

　　茨城県西茨城郡岩瀬町　《本尊》薬師如来
　　　　　　　　　　　　　　　　　　〔天台宗〕
月山神社　がっさんじんじゃ〔社〕
　　秋田県鹿角市　《祭神》月読命〔他〕
　　　　　　　　　　　　　　　　　〔神社本庁〕
月山神社　がっさんじんじゃ〔社〕
　　秋田県南秋田郡昭和町　《別称》うぶすなさ
　　ま　《祭神》伊邪那岐神〔他〕〔神社本庁〕
月山神社　がっさんじんじゃ〔社〕
　　秋田県平鹿郡増田町　《祭神》月読命〔他〕
　　　　　　　　　　　　　　　　　〔神社本庁〕
月山神社　がっさんじんじゃ〔社〕
　　山形県東田川郡羽黒町　《別称》出羽三山神
　　社　《祭神》月読命　　　　　　〔神社本庁〕
6月江寺　げっこうじ〔寺〕
　　山梨県富士吉田市　《本尊》釈迦如来
　　　　　　　　　　　　　　　〔臨済宗妙心寺派〕
8月夜見神社　つきよみじんじゃ〔社〕
　　青森県西津軽郡木造町　《祭神》月夜見尊
　　　　　　　　　　　　　　　　　〔神社本庁〕
月夜見宮　つきよみのみや〔社〕
　　三重県伊勢市　伊勢神宮・豊受大神宮の別宮
　　《祭神》月夜見尊〔他〕　　　　〔神社本庁〕
月岡神社　つきおかじんじゃ〔社〕
　　山形県上山市　《祭神》松平利長〔他〕
　　　　　　　　　　　　　　　　　〔神社本庁〕
9月泉寺　げっせんじ〔寺〕
　　福井県福井市　《本尊》阿弥陀如来　〔浄土宗〕
10月峰院　げっぽういん〔寺〕
　　青森県弘前市　《本尊》十一面観世音菩薩
　　　　　　　　　　　　　　　　　　〔曹洞宗〕
月桂寺　げっけいじ〔寺〕
　　東京都新宿区　《本尊》釈迦如来
　　　　　　　　　　　　　　　〔臨済宗円覚寺派〕
月桂寺　げっけいじ〔寺〕
　　大分県臼杵市　《別称》臼杵石仏
　　　　　　　　　　　　　　　〔臨済宗妙心寺派〕
月真院　げっしんいん〔寺〕
　　京都府京都市東山区　《本尊》千体地蔵菩
　　薩　　　　　　　　　　　　〔臨済宗建仁寺派〕
11月崇寺　げっそうじ〔寺〕
　　茨城県笠間市　《本尊》阿弥陀如来　〔浄土宗〕
月窓寺　げっそうじ〔寺〕
　　福井県坂井郡三国町　《本尊》阿弥陀如来
　　　　　　　　　　　　　　　　　　〔浄土宗〕
月窓寺　げっそうじ〔寺〕
　　長野県上田市　《本尊》釈迦如来　　〔曹洞宗〕
12月間神社　つきまじんじゃ〔社〕
　　静岡県賀茂郡南伊豆町　《祭神》事代主命〔他〕
　　　　　　　　　　　　　　　　　〔神社本庁〕

13月照寺　げっしょうじ〔寺〕
　　兵庫県明石市　《別称》人丸寺　《本尊》三尊
　　仏　　　　　　　　　　　　　　　〔曹洞宗〕
月照寺　げっしょうじ〔寺〕
　　島根県松江市　《本尊》阿弥陀如来　〔浄土宗〕
14月読神社　つきよみじんじゃ〔社〕
　　京都府船井郡園部町　《祭神》月読命
　　　　　　　　　　　　　　　　　〔神社本庁〕
月読神社　つきよみじんじゃ〔社〕
　　鹿児島県鹿児島郡桜島町　《別称》五社神社
　　《祭神》月読命〔他〕　　　　　〔神社本庁〕
月読神社　つきよみじんじゃ〔社〕
　　鹿児島県肝属郡串良町　《別称》一之宮　《祭
　　神》月読命〔他〕　　　　　　　〔神社本庁〕
月読荒御魂宮　つきよみのあらみたまのみ
　　や〔社〕
　　三重県伊勢市(月読宮域内)　伊勢神宮・皇大
　　神宮の別宮　《祭神》月読尊荒御魂
　　　　　　　　　　　　　　　　　〔神社本庁〕
月読宮　つきよみのみや〔社〕
　　三重県伊勢市　伊勢神宮・皇大神宮の別宮
　　《祭神》月読尊　　　　　　　　〔神社本庁〕
15月影堂　《称》　つきかげどう〔寺〕
　　埼玉県秩父市・大淵寺　《本尊》聖観世音菩
　　薩　　　　　　　　　　　　　　　〔曹洞宗〕
月輪寺　がつりんじ〔寺〕
　　千葉県長生郡長柄町　《本尊》大日如来
　　　　　　　　　　　　　　　　〔真言宗豊山派〕
月輪寺　げつりんじ〔寺〕
　　大阪府堺市　《別称》月輪　《本尊》大日如
　　来　　　　　　　　　　　　〔高野山真言宗〕
月輪寺　げつりんじ〔寺〕
　　兵庫県三木市　《本尊》十一面千手観世音菩
　　薩　　　　　　　　　　　　〔真言宗大覚寺派〕
月輪院　げつりんいん〔寺〕
　　京都府京都市右京区　《別称》月の輪寺・円光
　　大師霊場第一八番　《本尊》阿弥陀如来
　　　　　　　　　　　　　　　　　　〔天台宗〕
16月橋院　げっきょういん〔寺〕
　　京都府京都市伏見区　《別称》しゃぼてん寺
　　《本尊》釈迦如来　　　　　　　　〔曹洞宗〕

【木】

0木の丸殿《称》　このまるでん〔社〕
　　福岡県朝倉郡朝倉町・恵蘇八幡宮　《祭神》応
　　神天皇〔他〕　　　　　　　　　〔神社本庁〕
3木山寺　きやまじ〔寺〕
　　岡山県真庭郡落合町　《別称》善覚寺　《本
　　尊》薬師如来・十一面観世音菩薩
　　　　　　　　　　　　　　　〔高野山真言宗〕

神社・寺院名よみかた辞典　141

4画（止，比）

木山神社　きやまじんじゃ〔社〕
　岡山県真庭郡落合町　《祭神》須佐之男命
　　　　　　　　　　　　　　　〔神社本庁〕
4木之本地蔵《称》　きのもとじぞう〔寺〕
　滋賀県伊香郡木之本町・浄信寺　《本尊》延
　命地蔵菩薩　　　　　　　　　　〔時宗〕
木井神社　きいじんじゃ〔社〕
　福岡県京都郡犀川町　《祭神》安楽倉大明神
　〔他〕　　　　　　　　　　　　〔神社本庁〕
木内大神　きうちだいじん〔社〕
　千葉県香取郡小見川町　《祭神》豊受姫命
　　　　　　　　　　　　　　　〔神社本庁〕
5木古庭のお祖師様《称》　きこばのおそし
　さま〔寺〕
　神奈川県三浦郡葉山町・本円寺　《本尊》大
　曼荼羅　　　　　　　　　　　　〔日蓮宗〕
木本八幡宮　きもとはちまんぐう〔社〕
　和歌山県和歌山市　《祭神》誉田別尊〔他〕
　　　　　　　　　　　　　　　〔神社本庁〕
木母寺　もくぼじ〔寺〕
　東京都墨田区　《別称》梅若堂　《本尊》地蔵
　菩薩・慈恵大師　　　　　　　　〔天台宗〕
木田神社　きだじんじゃ〔社〕
　福井県福井市　《祭神》建速須佐之男尊〔他〕
　　　　　　　　　　　　　　　〔神社本庁〕
10木原不動尊《称》　きわらふどうそん〔寺〕
　熊本県下益城郡富合町・長寿寺　《本尊》不
　動明王　　　　　　　　　　　　〔天台宗〕
木原延命寺《称》　きはらえんめいじ〔寺〕
　山梨県東八代郡豊富村・延命寺　《本尊》安
　産子安地蔵菩薩　　　　　　〔真言宗智山派〕
木原宮《称》　きわらぐう〔社〕
　静岡県袋井市・許禰神社　《祭神》伊弉冉命
　〔他〕　　　　　　　　　　　　〔神社本庁〕
木浜観音《称》　このはまかんのん〔寺〕
　滋賀県守山市・福林寺　《本尊》十一面観世
　音菩薩　　　　　　　　　　　　〔天台宗〕
木華佐久耶比咩神社　このはなさくやひめ
　じんじゃ〔社〕
　岡山県倉敷市　《祭神》木華佐久耶比咩命〔他〕
　　　　　　　　　　　　　　　〔神社本庁〕
11木崎神社　きざきじんじゃ〔社〕
　新潟県佐渡市　《祭神》木花開耶姫命〔他〕
　　　　　　　　　　　　　　　〔神社本庁〕
木梨神社　きなしじんじゃ〔社〕
　兵庫県加東郡社町　《別称》聖九社　《祭神》
　八十柱津日神〔他〕　　　　　　〔神社本庁〕
木野山神社　きのやまじんじゃ〔社〕
　岡山県高梁市津川町　《祭神》大山祇尊〔他〕
　　　　　　　　　　　　　　　〔神社本庁〕

12木曾三社神社　きそさんしゃじんじゃ〔社〕
　群馬県多野郡北橘村　《別称》滝の宮　《祭
　神》須佐之男命〔他〕　　　　　〔神社本庁〕
木曾根御氷川様《称》　きぞねおひかわさ
　ま〔社〕
　埼玉県八潮市木曽根・氷川神社　《祭神》建
　速須佐之男命〔他〕　　　　　　〔神社本庁〕
14木熊野神社　きぐまのじんじゃ〔社〕
　香川県善通寺市　《別称》梛乃宮・なぎのみ
　や　《祭神》伊弉冊尊〔他〕　　〔神社本庁〕
15木幡の弁天様《称》　こわたのべんてんさ
　ま〔社〕
　福島県安達郡東和町・隠津島神社　《祭神》隠
　津島姫命〔他〕　　　　　　　　〔神社本庁〕
木幡神社　きばたじんじゃ〔社〕
　栃木県矢板市　《祭神》正哉吾勝勝速日天忍
　穂耳尊　　　　　　　　　　　　〔神社本庁〕
16木積神社　こずみじんじゃ〔社〕
　京都府与謝郡岩滝町　《別称》山王　《祭神》
　五十猛神〔他〕　　　　　　　　〔神社本庁〕

【止】

3止上神社　とかみじんじゃ〔社〕
　鹿児島県国分市　《別称》止上権現　《祭神》
　彦火火出見尊〔他〕　　　　　　〔神社本庁〕
止上権現《称》　とかみごんげん〔社〕
　鹿児島県国分市・止上神社　《祭神》彦火火
　出見尊〔他〕　　　　　　　　　〔神社本庁〕

【比】

4比木神社　ひきじんじゃ〔社〕
　宮崎県児湯郡木城町　《祭神》大己貴命〔他〕
　　　　　　　　　　　　　　　〔神社本庁〕
比比多神社　ひひたじんじゃ〔社〕
　神奈川県伊勢原市　《別称》三の宮さま　《祭
　神》豊国主尊〔他〕　　　　　　〔神社本庁〕
5比古神社《称》　ひこじんじゃ〔社〕
　石川県輪島市・石倉比古神社　《祭神》天手
　力男神〔他〕　　　　　　　　　〔神社本庁〕
比布智神社　ひふちじんじゃ〔社〕
　島根県出雲市　《別称》古志の大宮　《祭神》
　伊弉冉尊〔他〕　　　　　　　　〔神社本庁〕
6比自岐神社　ひじきじんじゃ〔社〕
　三重県上野市　《祭神》比自岐神〔他〕
　　　　　　　　　　　　　　　〔神社本庁〕
7比売神社　ひめじんじゃ〔社〕
　富山県小矢部市　《別称》藤巻様　《祭神》田
　心姫命　　　　　　　　　　　　〔神社本庁〕
比売神社　ひめじんじゃ〔社〕
　長崎県北松浦郡生月町　《祭神》豊玉姫大
　神　　　　　　　　　　　　　　〔神社本庁〕

比売許曾神社　ひめこそじんじゃ〔社〕
　大阪府大阪市東成区　《祭神》下照比売命[他]
　　　　　　　　　　　　　　　　〔神社本庁〕
比売語曾神社　ひめこそじんじゃ〔社〕
　大分県東国東郡姫島村　　　　〔神社本庁〕
比志神社　ひしじんじゃ〔社〕
　山梨県北巨摩郡須玉町　《祭神》安閑天皇
　　　　　　　　　　　　　　　　〔神社本庁〕
8比治山神社　ひじやまじんじゃ〔社〕
　広島県広島市南区　《別称》黄幡さん　《祭
　神》大国主神[他]　　　　　　〔神社本庁〕
比沼麻奈為神社　ひぬまないじんじゃ〔社〕
　京都府京丹後市　《別称》真名井さん　《祭
　神》豊受大神[他]　　　　　　〔神社本庁〕
11比都佐神社　ひつさじんじゃ〔社〕
　滋賀県蒲生郡日野町　《祭神》日子火火出見
　尊[他]　　　　　　　　　　　〔神社本庁〕
16比叡山延暦寺《称》　ひえいざんえんりゃ
　くじ〔寺〕
　滋賀県大津市・延暦寺　《本尊》薬師如来・大
　日如来・釈迦如来　　　　　　　　〔天台宗〕
比叡神社　ひえいじんじゃ〔社〕
　山口県玖珂郡玖珂町　《別称》山王社　《祭
　神》大山咋命[他]　　　　　　〔神社本庁〕

【毛】

7毛谷黒竜神社　けやくろたつじんじゃ〔社〕
　福井県福井市　《別称》黒竜宮　《祭神》高龗
　大神[他]　　　　　　　　　　〔神社本庁〕
8毛知比神社　もちひじんじゃ〔社〕
　滋賀県大津市　《祭神》日本武尊[他]
　　　　　　　　　　　　　　　　〔神社本庁〕
10毛原の大師《称》　けばらのだいし〔寺〕
　奈良県山辺郡山添村・長久寺　《本尊》地蔵
　菩薩・弘法大師　　　　　　〔真言宗東寺派〕
12毛越寺　もうつうじ〔寺〕
　岩手県西磐井郡平泉町　《本尊》薬師如来・阿
　弥陀如来　　　　　　　　　　　　〔天台宗〕

【水】

3水上八幡神社　みなかみはちまんじんじゃ
　〔社〕
　山形県鶴岡市　《祭神》闇龗神[他]
　　　　　　　　　　　　　　　　〔神社本庁〕
水上不動尊《称》　みなかみふどうそん〔寺〕
　群馬県利根郡水上町・成田山水上大教会
　《本尊》不動明王　　　　　　〔真言宗智山派〕
水口天満宮《称》　みなくちてんまんぐう
　〔社〕
　滋賀県甲賀郡水口町・綾野神社　《祭神》菅
　原道真　　　　　　　　　　　〔神社本庁〕

水口神社　みなくちじんじゃ〔社〕
　滋賀県甲賀郡水口町　《別称》大宮さん　《祭
　神》大水口宿禰命[他]　　　　〔神社本庁〕
水口神社　みなくちじんじゃ〔社〕
　高知県安芸市　《祭神》水波女命[他]
　　　　　　　　　　　　　　　　〔神社本庁〕
4水内大社《称》　みのちたいしゃ〔社〕
　長野県長野市・健御名方富命彦神別神社
　《祭神》健御名方富命　　　　　〔神社本庁〕
水分神社《称》　みくまりじんじゃ〔社〕
　大阪府南河内郡千早赤阪村・建水分神社
　《祭神》天御中主神　　　　　　〔神社本庁〕
水天宮　すいてんぐう〔社〕
　北海道小樽市　《別称》お多賀さま　《祭神》
　弥津波能売神[他]　　　　　　〔神社本庁〕
水天宮　すいてんぐう〔社〕
　東京都中央区　《祭神》天御中主大神[他]
　　　　　　　　　　　　　　　　〔神社本庁〕
水天宮　すいてんぐう〔社〕
　福岡県久留米市　《祭神》天之御中主神[他]
　　　　　　　　　　　　　　　　〔神社本庁〕
水天宮さん《称》　すいてんぐうさん〔社〕
　福岡県三井郡大刀洗町・大堰神社　《祭神》菅
　原道真　　　　　　　　　　　〔神社本庁〕
水引地蔵《称》　みずひきじぞう〔寺〕
　岩手県東磐井郡千厩町・地蔵院　《本尊》延
　命地蔵菩薩　　　　　　　　　　　〔曹洞宗〕
水戸八幡宮《称》　みとはちまんぐう〔社〕
　茨城県水戸市・八幡宮　《祭神》応神天皇[他]
　　　　　　　　　　　　　　　　〔神社本庁〕
水月寺　すいげつじ〔寺〕
　宮崎県日向市　《本尊》釈迦如来　〔曹洞宗〕
5水主神社　すいしゅじんじゃ〔社〕
　千葉県茂原市　《別称》大東の宮　《祭神》罔
　象女神　　　　　　　　　　　〔神社本庁〕
水主神社　みずしじんじゃ〔社〕
　香川県東かがわ市　《別称》みずしのやしろ
　《祭神》倭迹迹日百襲姫命　　　〔神社本庁〕
水田天満宮《称》　みずたてんまんぐう〔社〕
　福岡県筑後市・天満神社　《祭神》菅原道真
　　　　　　　　　　　　　　　　〔神社本庁〕
7水尾神社　みおじんじゃ〔社〕
　滋賀県高島郡高島町　《祭神》磐衝別命[他]
　　　　　　　　　　　　　　　　〔神社本庁〕
水沢寺　みずさわじ〔寺〕
　群馬県北群馬郡伊香保町　《別称》水沢観音・
　坂東第一六番霊場　《本尊》千手観世音菩
　薩　　　　　　　　　　　　　　　〔天台宗〕
水沢観音《称》　みずさわかんのん〔寺〕
　群馬県北群馬郡伊香保町・水沢寺　《本尊》千
　手観世音菩薩　　　　　　　　　　〔天台宗〕

神社・寺院名よみかた辞典　143

水沢観音《称》　みずさわかんのん〔寺〕
　長野県東筑摩郡波田町・盛泉寺　《本尊》釈
　迦如来・千手観世音菩薩・不動明王・薬師
　如来　　　　　　　　　　　　　〔曹洞宗〕
8 水沼観世音《称》　みずぬまかんぜおん〔寺〕
　群馬県群馬郡倉渕村・蓮華院　《本尊》阿弥
　陀如来　　　　　　　　　　〔真言宗豊山派〕
水若酢神社　みずわかすじんじゃ〔社〕
　島根県隠岐郡五箇村　《別称》明神さん　《祭
　神》水若酢命[他]　　　　　　　〔神社本庁〕
9 水俣諏訪神社　みなまたすわじんじゃ〔社〕
　熊本県水俣市　《祭神》建御名方神[他]
　　　　　　　　　　　　　　　　〔神社本庁〕
水度神社　みとじんじゃ〔社〕
　京都府城陽市　《祭神》天照大御神[他]
　　　　　　　　　　　　　　　　〔神社本庁〕
水神《称》　すいじん〔社〕
　東京都墨田区・隅田川神社　《祭神》速秋津
　比古神[他]　　　　　　　　　　〔神社本庁〕
お水神さま《称》　おすいじんさま〔社〕
　静岡県御前崎市・上水神社　《祭神》罔象女
　神　　　　　　　　　　　　　　〔神社本庁〕
水神さま《称》　すいじんさま〔社〕
　静岡県御前崎市・下水神社　《祭神》弥都波
　能賣神　　　　　　　　　　　　〔神社本庁〕
水神社　すいじんしゃ〔社〕
　秋田県仙北郡中仙町　《別称》観音様　《祭
　神》水波能売命[他]　　　　　　〔神社本庁〕
水神社　すいじんしゃ〔社〕
　静岡県富士市　《祭神》弥都波能売神
　　　　　　　　　　　　　　　　〔神社本庁〕
水神社　すいじんしゃ〔社〕
　静岡県磐田市　《祭神》罔象女命[他]
　　　　　　　　　　　　　　　　〔神社本庁〕
水神社《称》　すいじんしゃ〔社〕
　愛知県安城市・明治川神社　《祭神》大水上
　祖神[他]　　　　　　　　　　　〔神社本庁〕
水神社　すいじんじゃ〔社〕
　大阪府大阪市城東区　《別称》野江神社　《祭
　神》水波女大神
水神社　すいじんしゃ〔社〕
　福岡県浮羽郡吉井町　《別称》長野水神社
　《祭神》弥都波能売神[他]　　　〔神社本庁〕
水祖神社　みおやじんじゃ〔社〕
　島根県隠岐郡西郷町　《別称》天神さん　《祭
　神》水波売神[他]　　　　　　　〔神社本庁〕
10 水宮寺　すいぐうじ〔寺〕
　群馬県藤岡市　《本尊》不動明王
　　　　　　　　　　　　　　〔真言宗智山派〕

11 水掛け地蔵《称》　みずかけじぞう〔寺〕
　長崎県北松浦郡江迎町・寿福寺　《本尊》釈
　迦如来　　　　　　　　　　〔真言宗智山派〕
12 水晶山神社　すいしょうざんじんじゃ〔社〕
　山形県天童市　《祭神》大物主神[他]
　　　　　　　　　　　　　　　　〔神社本庁〕
水晶六所神社《称》　すいしょうろくしょじ
　んじゃ〔社〕
　静岡県浜松市・六所神社　《祭神》天照大神
　[他]　　　　　　　　　　　　　〔神社本庁〕
水無さん《称》　みなしさん〔社〕
　岐阜県大野郡宮村・飛騨一宮水無神社　《祭
　神》水無大神　　　　　　　　　〔神社本庁〕
水無神社　すいむじんじゃ〔社〕
　長野県木曽郡木曽福島町　《祭神》高照姫
　命　　　　　　　　　　　　　　〔神社本庁〕
水無神社　みなしじんじゃ〔社〕
　岐阜県武儀郡武儀町　《祭神》高照光姫命
　[他]　　　　　　　　　　　　　〔神社本庁〕
水無瀬神宮　みなせじんぐう〔社〕
　大阪府三島郡島本町　《祭神》後鳥羽天皇
　[他]　　　　　　　　　　　　　〔神社本庁〕
水間寺　みずまでら〔寺〕
　大阪府貝塚市　《別称》水間観音　《本尊》聖
　観世音菩薩　　　　　　　　　　　〔天台宗〕
14 水稲荷神社　みずいなりじんじゃ〔社〕
　東京都新宿区　《祭神》倉稲魂大神[他]
　　　　　　　　　　　　　　　　〔神社本庁〕
15 水潜寺　すいせんじ〔寺〕
　埼玉県秩父郡皆野町　《別称》水くぐり寺・秩
　父第三四番霊場　《本尊》千手観世音菩薩・
　阿弥陀如来・薬師三尊　　　　　　〔曹洞宗〕
16 水橋神社　みずはしじんじゃ〔社〕
　富山県富山市　《祭神》大山咋命　〔神社本庁〕
水薬師寺　みずやくしじ〔寺〕
　京都府京都市下京区　　　　〔真言宗東寺派〕
19 水鏡天満宮《称》　すいきょうてんまんぐ
　う〔社〕
　福岡県福岡市中央区・水鏡神社　《祭神》菅
　原道真　　　　　　　　　　　　〔神社本庁〕
水鏡神社　すいきょうじんじゃ〔社〕
　福岡県福岡市中央区　《別称》水鏡天満宮
　《祭神》菅原道真　　　　　　　　〔神社本庁〕

【火】

0 火の神神社《称》　ひのかみじんじゃ〔社〕
　熊本県玉名郡天水町・小天少彦名命神社
　《祭神》少彦名命[他]　　　　　〔神社本庁〕
6 火守神社　ひもりじんじゃ〔社〕
　島根県出雲市　《祭神》櫛八玉之命
　　　　　　　　　　　　　　　　〔神社本庁〕

4画（片，牛）

7火男火売神社　ほのおほのめじんじゃ〔社〕
　大分県別府市東山　《別称》御嶽権現　《祭神》火之加具土命［他］
　　　　　　　　　　　　　　　　　〔神社本庁〕
　火男火売神社　ほのおほのめじんじゃ〔社〕
　大分県別府市大字鶴見　《別称》鶴見権現　《祭神》伊弉冉命［他］　〔神社本庁〕
　火走神社　ひばしりじんじゃ〔社〕
　大阪府泉佐野市　《別称》滝大明神　《祭神》軻遇突智神　　　　〔神社本庁〕
10火除けの祖師《称》　ひよけのそし〔寺〕
　大阪府大阪市中央区・妙慶寺　〔本門法華宗〕
　火除の太子《称》　ひよけのたいし〔寺〕
　東京都台東区・称福寺《本尊》阿弥陀如来
　　　　　　　　　　　　　〔浄土真宗本願寺派〕
　火除の観音《称》　ひよけのかんのん〔寺〕
　東京都大田区・蓮花寺　《本尊》十一面観世音菩薩　　　　　　〔真言宗智山派〕
11火産霊神社　ほむすびじんじゃ〔社〕
　福井県福井市　《別称》秋葉神社　《祭神》火産霊大神　　　　　　〔神社本庁〕
13火雷神社　ほのいかずちじんじゃ〔社〕
　群馬県佐波郡玉村町　《祭神》火雷神
　　　　　　　　　　　　　　　　〔神社本庁〕

【片】
0片ケ瀬様《称》　かたがせさま〔社〕
　大分県竹田市・小富士神社　《祭神》菅原道真［他］　　　　　　〔神社本庁〕
3片山八幡社　かたやまはちまんしゃ〔社〕
　愛知県小牧市　《祭神》誉田別尊［他］
　　　　　　　　　　　　　　　　〔神社本庁〕
　片山八幡神社　かたやまはちまんじんじゃ〔社〕
　愛知県名古屋市東区　《祭神》品陀別尊［他］
　　　　　　　　　　　　　　　　〔神社本庁〕
　片山日子神社　かたやまひこじんじゃ〔社〕
　岡山県邑久郡長船町　《祭神》片山日子命
　　　　　　　　　　　　　　　　〔神社本庁〕
　片山寺　へんざんじ〔寺〕
　三重県度会郡南島町　《本尊》釈迦如来・文殊菩薩・普賢菩薩　〔臨済宗妙心寺派〕
　片山神社　かたやまじんじゃ〔社〕
　愛知県名古屋市東区　《別称》お蔵王さま　《祭神》蔵王大権現［他］　〔神社本庁〕
　片山神社　かたやまじんじゃ〔社〕
　三重県鈴鹿郡関町　《別称》鈴鹿の権現さん　《祭神》倭比売命［他］　〔神社本庁〕
　片山神社　かたやまじんじゃ〔社〕
　岡山県赤磐郡赤坂町　《祭神》片山神
　　　　　　　　　　　　　　　　〔神社本庁〕

5片平大神宮《称》　かたひらだいじんぐう〔社〕
　宮城県仙台市青葉区・仙台大神宮　《祭神》天照皇大神［他］　　〔神社本庁〕
8片岡神社　かたおかじんじゃ〔社〕
　静岡県榛原郡吉田町　《別称》住吉神社　《祭神》底筒男命［他］　〔神社本庁〕
　片岡神社　かたおかじんじゃ〔社〕
　奈良県北葛城郡王寺町　《祭神》豊受姫命［他］　　　　　　　　〔神社本庁〕
9片俣阿蘇神社　かたまたあそじんじゃ〔社〕
　熊本県阿蘇郡産山村　《祭神》健磐竜命［他］　　　　　　　　　〔神社本庁〕
11片埜神社　かたのじんじゃ〔社〕
　大阪府枚方市　《別称》一の宮　《祭神》建速須佐之男大神［他］　〔神社本庁〕

【牛】
0牛ノ御前《称》　うしのごぜん〔社〕
　東京都墨田区・牛嶋神社　《祭神》須佐之男命［他］　　　　　　〔神社本庁〕
4牛天神《称》　うしてんじん〔社〕
　東京都文京区・北野神社　《祭神》菅原道真
　　　　　　　　　　　　　　　　〔神社本庁〕
6牛伏寺　ごふくじ〔寺〕
　長野県松本市　《別称》うしぶせ厄除観音　《本尊》十一面観世音菩薩　〔真言宗智山派〕
　牛伏堂《称》　うしぶせどう〔寺〕
　埼玉県秩父郡横瀬町・法長寺　《本尊》十一面観世音菩薩・釈迦如来・大黒天　〔曹洞宗〕
7牛尾神社　うしおじんじゃ〔社〕
　新潟県佐渡市　《別称》天王社　《祭神》素盞鳴命［他］　　　　　〔神社本庁〕
　牛尾神社　うしおじんじゃ〔社〕
　佐賀県小城郡小城町　《祭神》天之葺根命
　　　　　　　　　　　　　　　　〔神社本庁〕
10牛島太子堂《称》　うしじまたいしどう〔寺〕
　東京都墨田区・如意輪寺　《本尊》如意輪観世音菩薩・聖徳太子　　〔天台宗〕
11牛深八幡宮　うしぶかはちまんぐう〔社〕
　熊本県牛深市牛深町　《別称》八幡さん　《祭神》応神天皇［他］　〔神社本庁〕
　牛窓神社　うしまどじんじゃ〔社〕
　岡山県邑久郡牛窓町　《祭神》応神天皇［他］
　　　　　　　　　　　　　　　　〔神社本庁〕
14牛嶋神社　うしじまじんじゃ〔社〕
　東京都墨田区　《別称》牛ノ御前　《祭神》須佐之男命［他］　　　〔神社本庁〕
　牛鼻神社　うしはなじんじゃ〔社〕
　三重県南牟婁郡紀宝町　《祭神》高倉下命［他］　　　　　　　　〔神社本庁〕

4画（犬, 王）5画（世）

16牛頭天王《称》　ごずてんのう〔社〕
　　岐阜県岐阜市・六条神社　《祭神》素盞嗚尊
　　〔他〕　　　　　　　　　　　　　〔神社本庁〕
　牛頭天王《称》　ごずてんのう〔社〕
　　愛知県豊川市・上千両神社　《祭神》素盞嗚尊
　　　　　　　　　　　　　　　　　　〔神社本庁〕
　牛頭天王《称》　ごずてんのう〔社〕
　　愛知県豊田市・津島神社　《祭神》素盞嗚尊
　　　　　　　　　　　　　　　　　　〔神社本庁〕
　牛頭天王《称》　ごずてんのう〔社〕
　　鳥取県鳥取市・栗渓神社　《祭神》須佐之男神〔他〕　　　　　　　　　　　　　〔神社本庁〕
　牛頭天王《称》　ごずてんのう〔社〕
　　福岡県築上郡新吉富村・八坂神社　《祭神》須佐之男尊〔他〕　　　　　　　　　　　〔神社本庁〕
　牛頭天王宮《称》　ごずてんのうぐう〔社〕
　　岐阜県飛騨市・津島神社　《祭神》健速須佐之男神〔他〕　　　　　　　　　　　　〔神社本庁〕

【犬】

3犬山神社　いぬやまじんじゃ〔社〕
　　鳥取県八頭郡用瀬町　《別称》葦男大明神
　　《祭神》国常立尊〔他〕　　　　〔神社本庁〕
13犬飼のお大師さん《称》　いぬかいのおだいしさん〔寺〕
　　奈良県五條市・転法輪寺　《本尊》弘法大師・不動明王・狩場明神　　　〔高野山真言宗〕
16犬頭神社　けんとうじんじゃ〔社〕
　　愛知県豊川市　《祭神》保食大神　〔神社本庁〕
19犬鏡大明神《称》　けんきょうだいみょうじん〔社〕
　　京都府与謝郡加悦町・大虫神社　《祭神》大己貴命〔他〕　　　　　　　　　　　〔神社本庁〕

【王】

3王子さま《称》　おうじさま〔社〕
　　石川県小松市・今江春日神社　《祭神》経津主命〔他〕　　　　　　　　　　　　〔神社本庁〕
　王子坊《称》　おうじぼう〔寺〕
　　香川県東かがわ市・若王寺　《本尊》阿弥陀如来　　　　　　　　　　　　〔真言宗御室派〕
　王子神社　おうじじんじゃ〔社〕
　　東京都北区王子本町　《祭神》伊邪那岐尊〔他〕　　　　　　　　　　　　　〔神社本庁〕
　王子神社　おうじじんじゃ〔社〕
　　大阪府大阪市阿倍野区・阿倍王子神社　《祭神》伊弉諾命〔他〕　　　　　　　〔神社本庁〕
　王子神社　おうじじんじゃ〔社〕
　　兵庫県加西市北条町　《祭神》国常立尊〔他〕　　　　　　　　　　　　　〔神社本庁〕

王子神社　おうじじんじゃ〔社〕
　兵庫県加西市王子町　《祭神》天照皇大神
　　　　　　　　　　　　　　　　　〔神社本庁〕
王子神社　おうじじんじゃ〔社〕
　大分県南海部郡蒲江町　《別称》氏神　《祭神》伊邪那美大神〔他〕　　　　　〔神社本庁〕
王子宮　おうじぐう〔社〕
　高知県室戸市　《祭神》天照皇大御神
　　　　　　　　　　　　　　　　　〔神社本庁〕
王子稲荷神社　おうじいなりじんじゃ〔社〕
　東京都北区岸町　《祭神》宇迦之御魂神〔他〕
　　　　　　　　　　　　　　　　　〔神社本庁〕
4王日神社　おおひじんじゃ〔社〕
　長野県中野市　《祭神》建御名方神〔他〕
　　　　　　　　　　　　　　　　　〔神社本庁〕
9王城山神社　みこしろやまじんじゃ〔社〕
　群馬県吾妻郡長野原町　《祭神》建御名方命〔他〕　　　　　　　　　　　〔神社本庁〕
10王竜寺　おうりゅうじ〔寺〕
　奈良県奈良市　《本尊》十一面観世音菩薩
　　　　　　　　　　　　　　　　　〔黄檗宗〕
13王禅寺　おうぜんじ〔寺〕
　神奈川県川崎市麻生区　《本尊》聖観世音菩薩　　　　　　　　　　　　〔真言宗豊山派〕
　王福寺　おうふくじ〔寺〕
　神奈川県中郡大磯町　《本尊》薬師如来
　　　　　　　　　　　　　　　　　〔真言宗東寺派〕

5画

【世】

5世代さん《称》　よしろさん〔社〕
　滋賀県東浅井郡浅井町・上許曾神社　《祭神》草野姫命〔他〕　　　　　　　　　〔神社本庁〕
　世田谷八幡宮　せたがやはちまんぐう〔社〕
　東京都世田谷区　《祭神》応神天皇〔他〕
　　　　　　　　　　　　　　　　　〔神社本庁〕
7世良田東照宮《称》　せらだとうしょうぐう〔社〕
　群馬県新田郡尾島町・東照宮　《祭神》徳川家康〔他〕　　　　　　　　　　〔神社本庁〕
12世尊寺　せそんじ〔寺〕
　東京都台東区　《別称》大門の寺　《本尊》大日如来　　　　　　　　　　〔真言宗豊山派〕
　世尊寺　せそんじ〔寺〕
　新潟県佐渡市　《本尊》日蓮聖人奠定の大曼荼羅　　　　　　　　　　　　〔日蓮宗〕
　世尊寺　せそんじ〔寺〕
　奈良県吉野郡大淀町　《別称》比蘇寺　《本尊》三尊仏　　　　　　　　　〔曹洞宗〕

5画（乎, 以, 仙）

世尊寺　せそんじ〔寺〕
　大分県津久見市　《本尊》釈迦如来
　　　　　　　　　　　〔臨済宗妙心寺派〕
世尊院　せそんいん〔寺〕
　東京都杉並区　　　　〔真言宗豊山派〕
世尊院　せそんいん〔寺〕
　長野県長野市　《別称》釈迦堂　《本尊》釈迦
　如来　　　　　　　　　　　〔天台宗〕
世尊院《称》　せそんいん〔寺〕
　香川県綾歌郡飯山町・三谷寺　《本尊》十一
　面観世音菩薩　　　　　〔真言宗御室派〕
13世楽院　せらくいん〔寺〕
　静岡県掛川市　《本尊》釈迦如来　〔曹洞宗〕
世継ぎ観音《称》　よつぎかんのん〔寺〕
　東京都北区・正光寺　《本尊》阿弥陀如来
　　　　　　　　　　　　　　　〔浄土宗〕
世継地蔵《称》　よつぎじぞう〔寺〕
　京都府京都市下京区・上徳寺　《本尊》阿弥
　陀如来・世継延命地蔵菩薩　　　〔浄土宗〕
世義寺　せぎじ〔寺〕
　三重県伊勢市　《本尊》薬師如来
　　　　　　　　　　　〔真言宗醍醐派〕

【乎】
5乎加神社　おかじんじゃ〔社〕
　滋賀県神崎郡能登川町　《別称》おかのみや
　《祭神》豊遠迦比売命〔他〕　　　〔神社本庁〕
7乎豆神社　おずじんじゃ〔社〕
　静岡県引佐郡細江町　《祭神》天照大神〔他〕
　　　　　　　　　　　　　　　〔神社本庁〕
14乎疑原神社　おぎはらじんじゃ〔社〕
　兵庫県加西市　《別称》天神社　《祭神》少彦
　名命〔他〕　　　　　　　　　〔神社本庁〕

【以】
10以速寺　いそくじ〔寺〕
　富山県西礪波郡福光町　《本尊》阿弥陀如
　来　　　　　　　　　　　　〔真宗大谷派〕

【仙】
4仙元さま《称》　せんげんさま〔社〕
　群馬県館林市・富士嶽神社　《祭神》木花佐
　久耶毘売命〔他〕　　　　　　　〔神社本庁〕
5仙台大神宮　せんだいだいじんぐう〔社〕
　宮城県仙台市青葉区　《別称》片平大神宮
　《祭神》天照皇大神〔他〕　　　〔神社本庁〕
仙台東照宮《称》　せんだいとうしょうぐ
　う〔社〕
　宮城県仙台市青葉区・東照宮　《祭神》徳川
　家康　　　　　　　　　　　　〔神社本庁〕

仙台精舎正楽寺《称》　せんだいしょうじゃ
　しょうらくじ〔寺〕
　宮城県仙台市若林区・正楽寺　《本尊》阿弥
　陀如来　　　　　　　　　　　　〔単立〕
6仙光寺　せんこうじ〔寺〕
　奈良県生駒郡斑鳩町　《本尊》十一面観世音
　菩薩　　　　　　　　　　　〔融通念仏宗〕
仙行寺　せんこうじ〔寺〕
　東京都豊島区　《本尊》日蓮聖人奠定の大曼
　荼羅　　　　　　　　　　　　　〔日蓮宗〕
7仙寿院　せんじゅいん〔寺〕
　東京都渋谷区　《本尊》釈迦如来　〔日蓮宗〕
仙床寺　せんしょうじ〔寺〕
　大分県南海部郡弥生町　《本尊》勢至菩薩・観
　世音菩薩　　　　　　　〔臨済宗妙心寺派〕
8仙岳院　せんがくいん〔寺〕
　宮城県仙台市青葉区　《本尊》釈迦三尊
　　　　　　　　　　　　　　　〔天台宗〕
仙林寺　せんりんじ〔寺〕
　福島県伊達郡保原町　《本尊》釈迦如来
　　　　　　　　　　　　　　　〔曹洞宗〕
仙波東照宮　せんばとうしょうぐう〔社〕
　埼玉県川越市　《別称》権現様　《祭神》徳川
　家康　　　　　　　　　　　　〔神社本庁〕
9仙海寺本院　せんかいじほんいん〔寺〕
　北海道室蘭市　《別称》観音堂　《本尊》千手
　観世音菩薩　　　　　　　　　　〔浄土宗〕
仙海寺別院　せんかいじべついん〔寺〕
　北海道室蘭市　《別称》地蔵堂・元室蘭教会
　《本尊》阿弥陀如来　　　　　　〔浄土宗〕
10仙宮神社　せんぐうじんじゃ〔社〕
　三重県度会郡南島町　《祭神》猿田彦神〔他〕
　　　　　　　　　　　　　　　〔神社本庁〕
仙竜寺　せんりゅうじ〔寺〕
　東京都文京区　《本尊》釈迦如来
　　　　　　　　　　　〔臨済宗妙心寺派〕
仙竜寺　せんりゅうじ〔寺〕
　愛媛県四国中央市　《本尊》弘法大師
　　　　　　　　　　　〔真言宗大覚寺派〕
仙翁寺　せんのうじ〔寺〕
　宮城県本吉郡本吉町　《本尊》薬師如来
　　　　　　　　　　　　　　　〔曹洞宗〕
12仙遊寺　せんゆうじ〔寺〕
　三重県志摩郡大王町　《本尊》十一面観世音
　菩薩　　　　　　　　　〔臨済宗妙心寺派〕
仙遊寺　せんゆうじ〔寺〕
　愛媛県越智郡玉川町　《別称》四国第五八番
　霊場　《本尊》千手観世音菩薩
　　　　　　　　　　　　　〔高野山真言宗〕

神社・寺院名よみかた辞典　147

5画（代，出）

13仙福寺　せんぷくじ〔寺〕
　　福井県福井市　《本尊》阿弥陀如来
　　　　　　　　　　　　　　〔真宗高田派〕
15仙蔵寺　せんぞうじ〔寺〕
　　東京都台東区　《本尊》大日如来
　　　　　　　　　　　　　　〔真言宗智山派〕
　　仙蔵院　せんぞういん〔寺〕
　　東京都中野区　《別称》鷺宮尼寺　《本尊》薬師如来
　　　　　　　　　　　　　　　　〔単立〕
　　仙養寺　せんようじ〔寺〕
　　三重県四日市市　《本尊》阿弥陀如来
　　　　　　　　　　　　　　〔真宗高田派〕

【代】

5代々木八幡宮《称》　よよぎはちまんぐう〔社〕
　　東京都渋谷区代々木・八幡神社　《祭神》応神天皇〔他〕　　　　〔神社本庁〕
　　代田八幡宮　しろたはちまんぐう〔社〕
　　山口県柳井市　《別称》八幡さま　《祭神》応神天皇〔他〕　　　　〔神社本庁〕
13代継宮　よつぎのみや〔社〕
　　熊本県熊本市　《祭神》住吉大神〔他〕
　　　　　　　　　　　　　　〔神社本庁〕

【出】

4出水神社　いずみじんじゃ〔社〕
　　石川県加賀市　《祭神》天津日高彦火火出見命〔他〕　　　　　　〔神社本庁〕
　　出水神社　いずみじんじゃ〔社〕
　　熊本県熊本市　《祭神》細川藤孝〔他〕
　　　　　　　　　　　　　　〔神社本庁〕
　　出水神堂《称》　いずみしんどう〔社〕
　　鹿児島県指宿市・豊玉媛神社　《祭神》豊玉姫之命　　　　　　〔神社本庁〕
5出世不動《称》　しゅっせふどう〔寺〕
　　東京都江東区・長専院　《本尊》阿弥陀如来・出世不動尊　　　　〔浄土宗〕
　　出世・雷除観音《称》　しゅっせ・かみなりよけかんのん〔寺〕
　　滋賀県神崎郡五個荘町・齢仁寺　《本尊》釈迦如来・聖観世音菩薩　〔臨済宗妙心寺派〕
　　出世稲荷神社《称》　しゅっせいなりじんじゃ〔社〕
　　島根県松江市寺町・稲荷神社　《祭神》宇賀御魂神〔他〕　　　　〔神社本庁〕
　　出石寺　しゅっせきじ〔寺〕
　　愛媛県喜多郡長浜町　《別称》おいずし　《本尊》千手観世音菩薩　〔真言宗御室派〕

出石神社　いずしじんじゃ〔社〕
　　兵庫県出石郡出石町　《別称》一宮さん　《祭神》出石八前大神〔他〕　〔神社本庁〕
6出羽のはせ寺《称》　でわのはせでら〔寺〕
　　山形県西村山郡河北町・長谷寺　《本尊》聖観世音菩薩　　　　〔曹洞宗〕
　　出羽三山神社《称》　でわさんざんじんじゃ〔社〕
　　山形県東田川郡羽黒町・月山神社　《祭神》月読命　　　　　　〔神社本庁〕
　　出羽三山神社《称》　でわさんざんじんじゃ〔社〕
　　山形県東田川郡羽黒町・出羽神社　《祭神》伊氐波神　　　　　〔神社本庁〕
　　出羽三山神社《称》　でわさんざんじんじゃ〔社〕
　　山形県東田川郡羽黒町・湯殿山神社　《祭神》大山祇命〔他〕　　〔神社本庁〕
　　出羽神社　でわじんじゃ〔社〕
　　岩手県水沢市　《祭神》倉稲魂命　〔神社本庁〕
　　出羽神社　いではじんじゃ〔社〕
　　山形県東田川郡羽黒町　《別称》出羽三山神社　《祭神》伊氐波神　〔神社本庁〕
9出城八幡宮　でじろはちまんぐう〔社〕
　　石川県松任市　《祭神》応神天皇　〔神社本庁〕
10出流観音千手院《称》　いずるかんのんせんじゅいん〔寺〕
　　栃木県栃木市・満願寺　《本尊》十一面千手観世音菩薩　　　　〔真言宗智山派〕
11出崎森神社　でさきもりじんじゃ〔社〕
　　広島県安芸郡海田町　《別称》八幡宮　《祭神》多紀理比売命〔他〕　〔神社本庁〕
　　出釈迦寺　しゅっしゃかじ〔寺〕
　　香川県善通寺市　《別称》四国第七三番霊場　《本尊》釈迦如来　〔真言宗御室派〕
12出雲の極楽寺《称》　いずものごくらくじ〔寺〕
　　京都府亀岡市・極楽寺　《本尊》十一面観世音菩薩　　　　　　〔浄土宗〕
　　出雲乃伊波比神社　いずものいわいじんじゃ〔社〕
　　埼玉県大里郡寄居町　《別称》八幡様　《祭神》素盞嗚命〔他〕　〔神社本庁〕
　　出雲大社　いずもおおやしろ〔社〕
　　島根県簸川郡大社町　《別称》出雲大社(いずもたいしゃ)・天日隅宮・出雲大神宮・杵築大社　《祭神》大国主大神　〔神社本庁〕
　　出雲大社相模教会　いずもたいしゃさがみきょうかい〔社〕
　　神奈川県秦野市　《別称》相模分院様　《祭神》大国主之命〔他〕　〔出雲大社教〕

5画（加）

出雲大社御坊《称》　いずもたいしゃごぼう〔寺〕
　島根県簸川郡大社町・乗光寺　《本尊》阿弥陀如来　〔浄土真宗本願寺派〕

出雲大神宮　いずもだいじんぐう〔社〕
　京都府亀岡市　《別称》丹波国一之宮・元出雲　《祭神》大国主命〔他〕　〔単立〕

出雲大神社　いずもだいじんぐう〔社〕
　島根県簸川郡大社町・出雲大社　《祭神》大国主大神　〔神社本庁〕

出雲本山《称》　いずもほんざん〔寺〕
　島根県出雲市・願楽寺　《本尊》阿弥陀如来　〔浄土真宗本願寺派〕

出雲伊波比神社　いずもいわいじんじゃ〔社〕
　埼玉県入間郡毛呂山町　《別称》明神様　《祭神》大名牟遅命〔他〕　〔神社本庁〕

出雲国一宮《称》　いずものくにいちのみや〔社〕
　島根県八束郡八雲村・熊野大社　《祭神》素盞鳴尊　〔神社本庁〕

出雲松尾神社《称》　いずもまつおじんじゃ〔社〕
　島根県平田市小境町・佐香神社　《祭神》久斯之神〔他〕　〔神社本庁〕

出雲神社　いずもじんじゃ〔社〕
　福島県喜多方市　《祭神》大国主神〔他〕　〔神社本庁〕

出雲神社　いずもじんじゃ〔社〕
　兵庫県篠山市　《祭神》大国主大神　〔神社本庁〕

出雲神社　いずもじんじゃ〔社〕
　山口県佐波郡徳地町　《別称》二宮神社　《祭神》事代主神〔他〕　〔神社本庁〕

出雲教会　いずもきょうかい〔寺〕
　島根県出雲市　《別称》大津の不動尊　《本尊》不動明王・毘沙門天・出雲大天狗・不動院僧正坊　〔真言宗醍醐派〕

【加】

3 加久藤神社　かくとうじんじゃ〔社〕
　宮崎県えびの市　《祭神》足仲彦尊〔他〕　〔神社本庁〕

4 加太春日神社　かだかすがじんじゃ〔社〕
　和歌山県和歌山市　《祭神》天照大御神〔他〕　〔神社本庁〕

加夫刀比古神社　かぶとひこじんじゃ〔社〕
　石川県鳳至郡穴水町　《祭神》大己貴命〔他〕　〔神社本庁〕

加毛神社　かもじんじゃ〔社〕
　岐阜県安八郡輪之内町　《祭神》白鬚明神　〔神社本庁〕

6 加多神社　かたじんじゃ〔社〕
　島根県大原郡大東町　《祭神》少彦名命〔他〕　〔神社本庁〕

加江田神社　かえだじんじゃ〔社〕
　宮崎県宮崎市　《別称》お伊勢さま　《祭神》天照大神〔他〕　〔神社本庁〕

7 加佐美神社　かさみじんじゃ〔社〕
　岐阜県各務原市　《別称》八幡様　《祭神》加佐美大神　〔神社本庁〕

加佐登神社　かさどじんじゃ〔社〕
　三重県鈴鹿市　《祭神》日本武尊　〔神社本庁〕

加志大明神《称》　かしだいみょうじん〔社〕
　長崎県対馬市・太祝詞神社　《祭神》天之児屋根命〔他〕　〔神社本庁〕

加志波良比古神社　かしはらひこじんじゃ〔社〕
　石川県珠洲市　《祭神》加志波良比古神〔他〕　〔神社本庁〕

8 加波山三枝祇神社本宮　かばさんさいなずみじんじゃほんぐう〔社〕
　茨城県真壁郡真壁町　《祭神》伊弉冉神〔他〕　〔神社本庁〕

加波山大権現《称》　かばさんだいごんげん〔社〕
　茨城県新治郡八郷町・加波山神社　《祭神》国常立命〔他〕　〔神社本庁〕

加波山神社　かばさんじんじゃ〔社〕
　茨城県新治郡八郷町　《別称》加波山大権現　《祭神》国常立命〔他〕　〔神社本庁〕

加波山普明神社　かばさんふみょうじんじゃ〔社〕
　茨城県真壁郡真壁町　《別称》太郎坊さま　《祭神》国常立尊〔他〕　〔神社本庁〕

加知山神社　かちやまじんじゃ〔社〕
　千葉県安房郡鋸南町　《別称》天王様　《祭神》建速須佐之男命〔他〕　〔神社本庁〕

加知弥神社　かちみじんじゃ〔社〕
　鳥取県気高郡鹿野町　《別称》勝宿社　《祭神》彦火火出見命〔他〕　〔神社本庁〕

加茂さま《称》　かもさま〔社〕
　岐阜県美濃加茂市・県主神社　《祭神》彦坐王命　〔神社本庁〕

加茂の明神さま《称》　かものみょうじんさま〔社〕
　新潟県加茂市・青海神社　《祭神》椎根津彦命〔他〕　〔神社本庁〕

神社・寺院名よみかた辞典　149

5画（功）

加茂社　かもしゃ〔社〕
　富山県射水郡小杉町　《祭神》別雷神
　　　　　　　　　　　　　　　〔神社本庁〕
加茂社《称》　かもしゃ〔社〕
　大分県宇佐市・長洲神社　《祭神》賀茂別雷命
　　　　　　　　　　　　　　　〔神社本庁〕
加茂若宮神社　かもわかみやじんじゃ〔社〕
　岐阜県飛騨市　《別称》加茂神社　《祭神》別雷大神
　　　　　　　　　　　　　　　〔神社本庁〕
加茂廼神社　かものじんじゃ〔社〕
　福井県福井市　《祭神》別雷神　〔神社本庁〕
加茂神社　かもじんじゃ〔社〕
　栃木県那須郡南那須町　《別称》鳴井山　《祭神》別雷神
　　　　　　　　　　　　　　　〔神社本庁〕
加茂神社　かもじんじゃ〔社〕
　新潟県佐渡市　《祭神》別雷神[他]
　　　　　　　　　　　　　　　〔神社本庁〕
加茂神社　かもじんじゃ〔社〕
　富山県射水郡下村　《別称》脚気の宮　《祭神》玉依姫命[他]　〔神社本庁〕
加茂神社　かもじんじゃ〔社〕
　福井県小浜市　《祭神》事代主命　〔神社本庁〕
加茂神社
　岐阜県山県市　《祭神》玉依比売命
　　　　　　　　　　　　　　　〔神社本庁〕
加茂神社《称》　かもじんじゃ〔社〕
　岐阜県飛騨市・加茂若宮神社　《祭神》別雷大神
　　　　　　　　　　　　　　　〔神社本庁〕
加茂神社　かもじんじゃ〔社〕
　京都府京丹後市　《祭神》別雷神　〔神社本庁〕
加茂神社　かもじんじゃ〔社〕
　兵庫県宍粟郡安富町　《祭神》別雷神
　　　　　　　　　　　　　　　〔神社本庁〕
加茂神社　かもじんじゃ〔社〕
　島根県大原郡加茂町　《祭神》八重事代主命
　　　　　　　　　　　　　　　〔神社本庁〕
加茂神社　かもじんじゃ〔社〕
　岡山県苫田郡加茂町　《祭神》味鋤高日子根命[他]
　　　　　　　　　　　　　　　〔神社本庁〕
加茂神社　かもじんじゃ〔社〕
　愛媛県越智郡菊間町　《祭神》賀茂別雷命[他]
　　　　　　　　　　　　　　　〔神社本庁〕
加茂神社　かもじんじゃ〔社〕
　高知県幡多郡大方町　《祭神》別雷神[他]
　　　　　　　　　　　　　　　〔神社本庁〕
加茂様《称》　かもさま〔社〕
　岐阜県加茂郡坂祝町・坂祝神社　《祭神》正勝山祇神
　　　　　　　　　　　　　　　〔神社本庁〕
9加賀茂神社　かはたかもじんじゃ〔社〕
　静岡県賀茂郡南伊豆町　《祭神》八重事代主命
　　　　　　　　　　　　　　　〔神社本庁〕

10加納天満宮　かのうてんまんぐう〔社〕
　岐阜県岐阜市　《別称》天神さま　《祭神》菅原道真
　　　　　　　　　　　　　　　〔神社本庁〕
11加紫久利神社　かしくりじんじゃ〔社〕
　鹿児島県出水市　《祭神》天照皇大神[他]
　　　　　　　　　　　　　　　〔神社本庁〕
加都良神社　かつらじんじゃ〔社〕
　兵庫県多可郡中町　《別称》勝手大明神　《祭神》加都良乃命　〔神社本庁〕
12加賀神社　かがじんじゃ〔社〕
　石川県河北郡津幡町　《祭神》健御名方命[他]
　　　　　　　　　　　　　　　〔神社本庁〕
加賀神社　かがじんじゃ〔社〕
　島根県八束郡島根町　《別称》潜戸大神宮　《祭神》枳佐加比比売命[他]　〔神社本庁〕
加賀神明宮　かがしんめいぐう〔社〕
　石川県加賀市　《祭神》天照大神　〔神社本庁〕
16加積雪嶋神社　かずみゆきしまじんじゃ〔社〕
　富山県滑川市　《別称》西の宮　《祭神》大山咋命　〔神社本庁〕
18加藤洲の観音《称》　かとうずのかんのん〔寺〕
　千葉県佐原市・長善院　《本尊》十一面観世音菩薩　　　　　〔真言宗智山派〕
加藤神社　かとうじんじゃ〔社〕
　熊本県熊本市　《別称》加藤社　《祭神》加藤清正[他]　〔神社本庁〕
19加蘇山神社　かそやまじんじゃ〔社〕
　栃木県鹿沼市　《別称》石裂山(おざくさん)　《祭神》磐裂命[他]　〔神社本庁〕

【功】

3功山寺　こうざんじ〔寺〕
　山口県下関市　《本尊》釈迦如来　〔単立〕
8功岳寺　こうがくじ〔寺〕
　宮城県桃生郡鳴瀬町　《本尊》聖観世音菩薩　　　　　　　　〔曹洞宗〕
功岳寺　こうがくじ〔寺〕
　佐賀県東松浦郡浜玉町　《本尊》釈迦如来
　　　　　　　　　　　　　　　〔曹洞宗〕
12功運寺　こううんじ〔寺〕
　東京都中野区　《別称》万昌院　《本尊》釈迦如来　〔曹洞宗〕
功雲寺　こううんじ〔寺〕
　神奈川県津久井郡津久井町　《本尊》釈迦如来　〔曹洞宗〕
功雲院　こううんいん〔寺〕
　東京都豊島区　《別称》鳩寺　《本尊》釈迦如来　〔曹洞宗〕

14功徳寺　くどくじ〔寺〕
　長野県茅野市　《本尊》阿弥陀如来　〔浄土宗〕
功徳寺　くどくじ〔寺〕
　広島県比婆郡高野町　《本尊》聖観世音菩薩　〔曹洞宗〕
功徳林寺　くどくりんじ〔寺〕
　東京都台東区　《本尊》阿弥陀如来　〔浄土宗〕
功徳院　くどくいん〔寺〕
　山口県下関市　《別称》藪之内弁天　《本尊》聖観世音菩薩・弁財天　〔高野山真言宗〕

【北】

0北の天王社《称》　きたのてんのうしゃ〔社〕
　東京都品川区・品川神社　《祭神》天比理乃咩命〔他〕　〔神社本庁〕
3北口・本宮・富士浅間神社　きたぐちほんぐうふじせんげんじんじゃ〔社〕
　山梨県富士吉田市上吉田町　《別称》上浅間　《祭神》木花開耶姫命〔他〕　〔神社本庁〕
北大寺　ほくだいじ〔寺〕
　北海道札幌市北区　《別称》天野さん　《本尊》釈迦如来・千手観世音菩薩・十一面観世音菩薩　〔曹洞宗〕
北山浄光寺《称》　きたやまじょうこうじ〔寺〕
　新潟県新潟市・浄光寺　《本尊》阿弥陀如来　〔浄土真宗本願寺派〕
北山神社　きたやまじんじゃ〔社〕
　岡山県久米郡久米南町　《祭神》速玉男命〔他〕　〔神社本庁〕
北山宮　きたやまのみや〔社〕
　奈良県吉野郡上北山村　《祭神》後亀山天皇〔他〕　〔神社本庁〕
北山御坊《称》　きたやまごぼう〔寺〕
　京都府京都市左京区・西本願寺北山別院　《本尊》阿弥陀如来　〔浄土真宗本願寺派〕
北山稲荷《称》　きたやまいなり〔寺〕
　静岡県浜松市・普済寺　《本尊》釈迦如来　〔曹洞宗〕
4北之坊　きたのぼう〔寺〕
　山梨県南巨摩郡身延町　《本尊》十界勧請曼荼羅・一塔両尊　〔日蓮宗〕
北天院　ほくてんいん〔寺〕
　神奈川県横浜市戸塚区　《本尊》釈迦如来　〔臨済宗円覚寺派〕
北斗星寺　ほくとせいじ〔寺〕
　茨城県つくば市　《別称》栗原の妙見様　《本尊》北斗妙見大菩薩・薬師如来　〔新義真言宗〕

北方八幡宮　きたがたはちまんぐう〔社〕
　山口県吉敷郡阿知須町　《祭神》応神天皇〔他〕　〔神社本庁〕
5北本願寺　きたほんがんじ〔寺〕
　北海道小樽市　《本尊》阿弥陀如来・親鸞聖人　〔真宗北本願寺派〕
6北向の観音《称》　きたむきのかんのん〔寺〕
　滋賀県甲賀郡甲南町・正福寺　《本尊》十一面観世音菩薩・釈迦如来・子安地蔵菩薩　〔臨済宗妙心寺派〕
北向八幡《称》　きたむきはちまん〔社〕
　愛媛県北条市・宇佐八幡神社　《祭神》天照大神〔他〕　〔神社本庁〕
北向山不動院　きたむきざんふどういん〔寺〕
　京都府京都市伏見区　《別称》北向不動　《本尊》北向不動明王　〔単立〕
北向不動《称》　きたむきふどう〔寺〕
　京都府京都市伏見区・北向山不動院　《本尊》北向不動明王　〔単立〕
北向地蔵《称》　きたむきじぞう〔寺〕
　三重県志摩郡浜島町・極楽寺　《本尊》阿弥陀如来・北向地蔵菩薩　〔臨済宗南禅寺派〕
北向地蔵《称》　きたむきじぞう〔寺〕
　大阪府大阪市天王寺区・慶伝寺　《本尊》阿弥陀三尊　〔浄土宗〕
北向薬師《称》　きたむきやくし〔寺〕
　東京都世田谷区・金剛寺　《本尊》大日如来　〔真言宗智山派〕
北向観音《称》　きたむきかんのん〔寺〕
　長野県上田市・常楽寺　《本尊》千手観世音菩薩・妙観察智如来　〔天台宗〕
北寺　きたでら〔寺〕
　高知県安芸郡安田町　《本尊》薬師如来　〔真言宗豊山派〕
7北尾神社　きたおじんじゃ〔社〕
　鹿児島県肝属郡田代町　《祭神》天照皇大神〔他〕　〔神社本庁〕
北条神社　ほうじょうじんじゃ〔社〕
　大阪府大東市　《祭神》誉田別命〔他〕　〔単立〕
北沢八幡神社　きたざわはちまんじんじゃ〔社〕
　東京都世田谷区　《別称》北沢八幡宮　《祭神》比売神〔他〕　〔神社本庁〕
北沢八幡宮《称》　きたざわはちまんぐう〔社〕
　東京都世田谷区・北沢八幡神社　《祭神》比売神〔他〕　〔神社本庁〕
北見神社　きたみじんじゃ〔社〕
　北海道北見市　《別称》氏神しゃ　《祭神》天照皇大神〔他〕　〔神社本庁〕

神社・寺院名よみかた辞典　151

5画（半）

北辰寺　ほくしんじ〔寺〕
　岐阜県郡上市　《本尊》釈迦如来　〔曹洞宗〕
北辰妙見尊　ほくしんみょうけんそん〔寺〕
　福島県いわき市　〔単立〕
北辰神社《称》　ほくしんじんじゃ〔社〕
　鹿児島県国分市・天御中主神社　《祭神》天御中主命〔他〕　〔神社本庁〕
8北和田《称》　きたわだ〔社〕
　山形県東置賜郡高畠町・高房神社　《祭神》武甕槌大神〔他〕　〔神社本庁〕
北国身延《称》　ほっこくみのぶ〔寺〕
　福井県南条郡南条町・妙泰寺　《本尊》十界大曼荼羅　〔日蓮宗〕
北岡神社　きたおかじんじゃ〔社〕
　熊本県熊本市　《別称》祇園様　《祭神》健速須盞鳴尊〔他〕　〔神社本庁〕
北門神社　ほくもんじんじゃ〔社〕
　北海道稚内市　《祭神》天照大神〔他〕　〔神社本庁〕
9北室院　きたむろいん〔寺〕
　奈良県生駒郡斑鳩町　《本尊》阿弥陀如来　〔聖徳宗〕
北室院　きたむろいん〔寺〕
　和歌山県伊都郡高野町　《本尊》准胝観世音菩薩　〔高野山真言宗〕
北海寺　ほっかいじ〔寺〕
　北海道札幌市中央区　《本尊》日蓮聖人奠定の大曼荼羅　〔法華宗（陣門流）〕
北海寺　ほっかいじ〔寺〕
　北海道虻田郡豊浦町　《別称》禅寺　《本尊》如意輪観世音菩薩　〔臨済宗妙心寺派〕
北海道神宮　ほっかいどうじんぐう〔社〕
　北海道札幌市中央区　《祭神》大那牟遅神〔他〕　〔神社本庁〕
北海道護国神社　ほっかいどうごこくじんじゃ〔社〕
　北海道旭川市　《祭神》護国の神霊　〔単立〕
10北宮《称》　きたみや〔社〕
　熊本県阿蘇郡一の宮町・国造神社　《祭神》国造速瓶玉命〔他〕　〔神社本庁〕
北宮阿蘇神社　きたみやあそじんじゃ〔社〕
　熊本県菊池市　《別称》北宮さん　《祭神》速瓶玉命　〔神社本庁〕
北宮諏方神社　きたみやすわじんじゃ〔社〕
　福島県喜多方市　《祭神》建御名方命〔他〕　〔神社本庁〕
北浦神社　きたうらじんじゃ〔社〕
　秋田県男鹿市　《別称》うぶすな様　《祭神》大山咋命〔他〕　〔神社本庁〕

北畠神社　きたばたけじんじゃ〔社〕
　三重県一志郡美杉村　《祭神》北畠顕能〔他〕　〔神社本庁〕
11北野の天神さま《称》　きたののてんじんさま《称》
　京都府京都市上京区・北野天満宮　《祭神》菅原道真〔他〕　〔神社本庁〕
北野天神社　きたのてんじんしゃ〔社〕
　山梨県北巨摩郡小淵沢町　《祭神》日本武尊〔他〕　〔神社本庁〕
北野天満宮　きたのてんまんぐう〔社〕
　京都府京都市上京区　《別称》北野の天神さま・天神さま　《祭神》菅原道真〔他〕　〔神社本庁〕
北野寺　きたのじ〔寺〕
　群馬県安中市　《本尊》十一面観世音菩薩　〔真言宗豊山派〕
北野寺　きたのじ〔寺〕
　滋賀県彦根市　《別称》観音さん　《本尊》聖観世音菩薩・歓喜天・役行者・弘法大師・不動明王・十一面観世音菩薩　〔真言宗豊山派〕
北野神社　きたのじんじゃ〔社〕
　秋田県南秋田郡天王町　《祭神》菅原道真　〔神社本庁〕
北野神社　きたのじんじゃ〔社〕
　東京都文京区　《別称》牛天神　《祭神》菅原道真　〔神社本庁〕
北野神社　きたのじんじゃ〔社〕
　岐阜県本巣市　《祭神》菅原道真　〔神社本庁〕
北野神社　きたのじんじゃ〔社〕
　滋賀県彦根市　《別称》天神さん　《祭神》菅原道真　〔神社本庁〕
12北御堂《称》　きたみどう〔寺〕
　大阪府大阪市中央区・西本願寺津村別院　《本尊》阿弥陀如来　〔浄土真宗本願寺派〕
13北僧坊　きたそうぼう〔寺〕
　奈良県大和郡山市　《別称》矢田さん　《本尊》不動明王　〔高野山真言宗〕
北蓮寺　ほくれんじ〔寺〕
　愛媛県宇和島市　《別称》不動様　《本尊》毘盧遮那仏・不動明王・不空羂索観世音菩薩・地蔵菩薩　〔華厳宗〕
16北館神社　きただてじんじゃ〔社〕
　山形県東田川郡立川町　《祭神》北館大学助利長　〔神社本庁〕

【半】

10半原神社　はんばらじんじゃ〔社〕
　神奈川県愛甲郡愛川町　《祭神》信州諏訪神　〔神社本庁〕

5画（卯, 可, 叶, 古）

13半僧坊《称》　はんそうぼう〔寺〕
　東京都台東区・霊梅寺　《本尊》釈迦如来
　　　　　　　　　　　　　〔臨済宗妙心寺派〕
　半僧坊《称》　はんそうぼう〔寺〕
　滋賀県甲賀郡土山町・清涼寺　《本尊》釈迦
　如来　　　　　　　　　　　　　〔曹洞宗〕
　半僧坊長野別院《称》　はんそうぼうながのべついん〔寺〕
　長野県長野市・長野半僧坊教会　《本尊》半
　僧坊大権現・釈迦如来・観世音菩薩
　　　　　　　　　　　　　〔臨済宗方広寺派〕

【卯】

0卯の神さま《称》　うのかみさま〔社〕
　東京都江東区・御嶽神社　《祭神》法性坊尊意　　　　　　　　　　　　　　〔神社本庁〕

【可】

11可部の願船坊《称》　かべのがんせんぼう〔寺〕
　広島県広島市安佐北区・願船坊　《本尊》阿弥陀如来　　　　　　　　〔浄土真宗本願寺派〕
13可睡斎　かすいさい〔寺〕
　静岡県袋井市　《別称》秋葉総本殿　《本尊》聖
　観世音菩薩・秋葉三尺坊大権現　〔曹洞宗〕

【叶】

9叶神社　かのうじんじゃ〔社〕
　神奈川県横須賀市　《祭神》誉田別尊[他]
　　　　　　　　　　　　　　　　〔神社本庁〕

【古】

3古川寺　こせんじ〔寺〕
　長野県東筑摩郡朝日村　《本尊》大日如来
　　　　　　　　　　　　　　　　〔高野山真言宗〕
　古川薬師《称》　ふるかわやくし〔寺〕
　東京都大田区・安養寺　《本尊》五智如来
　　　　　　　　　　　　　　　　〔真言宗智山派〕
4古井の八幡《称》　ふるいのはちまん〔社〕
　愛知県名古屋市千種区・高牟神社　《祭神》高
　皇産霊神[他]　　　　　　　　　〔神社本庁〕
5古四王神社　こしおうじんじゃ〔社〕
　秋田県秋田市　《祭神》武甕槌命[他]
　　　　　　　　　　　　　　　　〔神社本庁〕
　古四王神社　こしおうじんじゃ〔社〕
　秋田県大曲市　《祭神》大彦命
　　　　　　　　　　　　　　　　〔神社本庁〕
　古四王神社　こしおうじんじゃ〔社〕
　秋田県由利郡象潟町　《祭神》甕速日神[他]
　　　　　　　　　　　　　　　　〔神社本庁〕

古市八幡宮《称》　ふるいちはちまんぐう〔社〕
　福井県福井市古市町・八幡神社　《祭神》誉田別尊[他]　　　　　　　　　　〔神社本庁〕
　古田阿蘇神社　ふるたあそじんじゃ〔社〕
　熊本県八代郡坂本村　《祭神》健磐竜命[他]
　　　　　　　　　　　　　　　　〔神社本庁〕
6古江天照皇大神宮《称》　ふるえてんしょうこうたいじんぐう〔社〕
　熊本県天草郡河浦町・大神宮　《祭神》天照大神[他]　　　　　　　　　　〔神社本庁〕
　古江神社　ふるえじんじゃ〔社〕
　宮崎県東臼杵郡北浦町　《別称》八幡さま
　《祭神》品陀和気命[他]　　　　〔神社本庁〕
7古尾谷八幡神社　ふるおやはちまんじんじゃ〔社〕
　埼玉県川越市　《祭神》品陀和気命[他]
　　　　　　　　　　　　　　　　〔神社本庁〕
　古志の大宮《称》　こしのおおみや〔社〕
　島根県出雲市・比布智神社　《祭神》伊弉冊尊[他]　　　　　　　　　　　〔神社本庁〕
　古里神社　ふるさとじんじゃ〔社〕
　佐賀県東松浦郡鎮西町　《別称》権現宮　《祭神》伊邪那岐神[他]　　　　　〔神社本庁〕
8古知野神社　こちのじんじゃ〔社〕
　愛知県江南市　《祭神》天照大神[他]
　　　　　　　　　　　　　　　　〔神社本庁〕
9古城の観音様《称》　ふるじょうのかんのんさま〔寺〕
　宮崎県宮崎市・伊満福寺　《本尊》聖観世音菩薩　　　　　　　　　　〔真言宗智山派〕
10古宮八幡神社　こみやはちまんじんじゃ〔社〕
　福岡県田川郡香春町　《別称》産土神　《祭神》豊比咩命[他]　　　　　　〔神社本庁〕
　古峯ヶ原さま《称》　ふるみねがはらさま〔社〕
　栃木県鹿沼市・古峯神社　《祭神》日本武尊
　　　　　　　　　　　　　　　　〔神社本庁〕
　古峯神社　ふるみねじんじゃ〔社〕
　宮城県本吉郡志津川町　《祭神》日本武尊
　　　　　　　　　　　　　　　　〔神社本庁〕
　古峯神社　ふるみねじんじゃ〔社〕
　栃木県鹿沼市　《別称》古峯ヶ原さま　《祭神》日本武尊　　　　　　　　　〔神社本庁〕
11古麻志《称》　こまし〔社〕
　石川県珠洲市・古麻志比古神社　《祭神》日子坐王命　　　　　　　　　　〔神社本庁〕
　古麻志比古神社　こましひこじんじゃ〔社〕
　石川県珠洲市　《別称》古麻志　《祭神》日子坐王命

5画（台, 四）

13 古殿八幡神社《称》　ふるどのはちまんじんじゃ〔社〕
　　福島県石川郡古殿町・八幡神社　《祭神》誉田別命［他］　　〔神社本庁〕
14 古稲荷《称》　こいなり〔社〕
　　岩手県紫波郡紫波町・志和古稲荷神社　《祭神》宇迦御魂命　　〔神社本庁〕
16 古館八幡神社《称》　ふるだてはちまんじんじゃ〔社〕
　　宮城県玉造郡岩出山町下一栗片岸浦・八幡神社　《祭神》応神天皇［他］　〔神社本庁〕
20 古懸不動尊《称》　こがけふどうそん〔寺〕
　　青森県南津軽郡碇ヶ関村・国上寺　《本尊》不動明王・正観世音菩薩　〔真言宗智山派〕

【台】

12 台雲寺　だいうんじ〔寺〕
　　宮崎県延岡市　《本尊》釈迦如来　〔曹洞宗〕
13 台蓮寺　だいれんじ〔寺〕
　　秋田県仙北郡六郷町　《本尊》阿弥陀如来・聖観世音菩薩　〔浄土宗〕

【四】

0 四の宮《称》　しのみや〔社〕
　　山口県山口市・赤田神社　《祭神》大己貴命［他］　〔神社本庁〕
　四の宮神社《称》　しのみやじんじゃ〔社〕
　　滋賀県大津市・天孫神社　《祭神》彦火火出見命［他］　〔神社本庁〕
2 四十九所神社　しじゅうくしょじんじゃ〔社〕
　　鹿児島県肝属郡高山町　《祭神》豊宇気毘売大神［他］　〔神社本庁〕
　四十万八幡神社　しじまはちまんじんじゃ〔社〕
　　石川県金沢市　《祭神》応神天皇　〔神社本庁〕
3 四万部寺《称》　しまぶでら〔寺〕
　　埼玉県秩父市・妙音寺　《本尊》聖観世音菩薩　〔曹洞宗〕
　四山神社　よつやまじんじゃ〔社〕
　　熊本県荒尾市　《別称》虚空蔵さん　《祭神》天之御中主神［他］　〔神社本庁〕
4 四天王寺　してんのうじ〔寺〕
　　三重県津市　《本尊》薬師如来・釈迦如来　〔曹洞宗〕
　四天王寺　してんのうじ〔寺〕
　　大阪府大阪市天王寺区　《別称》総本山・天王寺・難波寺　《本尊》救世観世音菩薩　〔和宗〕

四天王寺《称》　してんのうじ〔寺〕
　　大阪府大阪市天王寺区・天王寺庚申堂　《本尊》青面金剛童子　〔和宗〕
四天王寺大和別院　してんのうじやまとべついん〔寺〕
　　奈良県奈良市　《本尊》如意輪観世音菩薩　〔和宗〕
四天王寺別院《称》　してんのうじべついん〔寺〕
　　大阪府大阪市天王寺区・勝鬘院　《本尊》愛染明王・大勝金剛尊　〔和宗〕
四天王様《称》　してんのうさま〔寺〕
　　福島県石川郡石川町・宝海寺　《本尊》不動明王・四天王　〔真言宗智山派〕
四日市御坊《称》　よっかいちごぼう〔寺〕
　　大分県宇佐市・西本願寺四日市別院　《本尊》阿弥陀如来　〔浄土真宗本願寺派〕
四王子神社　しおうじじんじゃ〔社〕
　　熊本県玉名郡長洲町　《祭神》日本武尊　〔神社本庁〕
7 四条畷神社　しじょうなわてじんじゃ〔社〕
　　大阪府四條畷市　《別称》小楠公さん　《祭神》楠正行［他］　〔神社本庁〕
四条鰐河八幡宮《称》　しじょうわにかわはちまんぐう〔社〕
　　香川県木田郡三木町下高岡・鰐河神社　《祭神》豊玉姫命［他］　〔神社本庁〕
四社大神宮《称》　ししゃだいじんぐう〔社〕
　　兵庫県西宮市上甲子園・八幡神社　《祭神》天照皇大神［他］　〔神社本庁〕
四社神社　ししゃじんじゃ〔社〕
　　千葉県山武郡横芝町　《祭神》建速須佐之男命［他］　〔神社本庁〕
四谷観音《称》　よつやかんのん〔寺〕
　　東京都新宿区・真成院　《本尊》薬師如来・汐干観世音菩薩　〔高野山真言宗〕
8 四国山霊場　しこくざんれいじょう〔寺〕
　　愛媛県八幡浜市　〔単立〕
四所明神《称》　ししょみょうじん〔社〕
　　兵庫県城崎郡城崎町・四所神社　《祭神》湯山主大神［他］　〔神社本庁〕
四所神社　ししょじんじゃ〔社〕
　　兵庫県城崎郡城崎町　《別称》四所明神　《祭神》湯山主大神［他］　〔神社本庁〕
四所神社　ししょじんじゃ〔社〕
　　徳島県徳島市　《祭神》武甕槌命［他］　〔神社本庁〕
四所神社　ししょじんじゃ〔社〕
　　徳島県三好郡山城町　《祭神》神功皇后［他］　〔神社本庁〕

154　神社・寺院名よみかた辞典

5画（外, 奴, 尻, 尼, 巨, 市）

四所神社　ししょじんじゃ〔社〕
　大分県速見郡山香町　《祭神》天照皇大神［他］
　　　　　　　　　　　　　　　　〔神社本庁〕
四阿屋神社　あずまやじんじゃ〔社〕
　佐賀県鳥栖市　《祭神》住吉大神［他］
　　　　　　　　　　　　　　　　〔神社本庁〕
9四柱神社　よはしらじんじゃ〔社〕
　長野県松本市　《別称》神道　《祭神》天之御
　中主神［他］　　　　　　　　　〔神社本庁〕
お四面さん《称》　おしめんさん
　長崎県諫早市・諫早神社　《祭神》天照大神
　［他］　　　　　　　　　　　　〔神社本庁〕
四面宮《称》　しめんぐう〔社〕
　長崎県南高来郡小浜町・温泉神社　《祭神》白
　日別命［他］　　　　　　　　　〔神社本庁〕
四面宮《称》　しめんぐう〔社〕
　長崎県南高来郡加津佐町・温泉神社　《祭神》
　白日別命［他］　　　　　　　　〔神社本庁〕
四面宮《称》　しめんぐう〔社〕
　長崎県南高来郡有家町・温泉神社　《祭神》白
　日別命［他］　　　　　　　　　〔神社本庁〕
10四宮八幡神社　しのみやはちまんじんじゃ
　〔社〕
　福岡県京都郡犀川町　《祭神》応神天皇［他］
　　　　　　　　　　　　　　　　〔神社本庁〕
四宮大明神《称》　しのみやだいみょうじ
　ん〔社〕
　鳥取県東伯郡北条町・国坂神社　《祭神》少
　彦名神　　　　　　　　　　　　〔神社本庁〕
12四番のお宮《称》　よんばんのおみや〔社〕
　大阪府門真市・門真神社　《祭神》素盞嗚尊
　　　　　　　　　　　　　　　　〔神社本庁〕
14四熊嶽神社　しくまだけじんじゃ〔社〕
　山口県周南市　《別称》権現さま　《祭神》神
　武天皇［他］　　　　　　　　　〔神社本庁〕

【外】
10外宮《称》　げくう〔社〕
　三重県伊勢市・豊受大神宮　《祭神》豊受大
　御神［他］　　　　　　　　　　〔神社本庁〕

【奴】
5奴可神社　ぬかじんじゃ〔社〕
　広島県比婆郡東城町　《祭神》天照皇大神［他］
　　　　　　　　　　　　　　　　〔神社本庁〕
8奴奈川神社　ぬながわじんじゃ〔社〕
　新潟県糸魚川市　《祭神》奴奈川比売命［他］
　　　　　　　　　　　　　　　　〔神社本庁〕

【尻】
8尻岸内八幡神社《称》　しりきしないはち
　まんじんじゃ〔社〕
　北海道亀田郡恵山町・八幡神社　《祭神》誉
　田別命　　　　　　　　　　　　〔神社本庁〕

【尼】
10尼将軍の寺《称》　あましょうぐんのてら
　〔寺〕
　神奈川県横浜市南区・乗蓮寺　《本尊》不動
　明王・千手観世音菩薩・弘法大師
　　　　　　　　　　　　　　〔高野山真言宗〕

【巨】
5巨田神社　こたじんじゃ〔社〕
　宮崎県宮崎郡佐土原町　《祭神》誉田別尊［他］
　　　　　　　　　　　　　　　　〔神社本庁〕
13巨勢神社　こせじんじゃ〔社〕
　佐賀県佐賀市　《祭神》巨勢大連　〔神社本庁〕
巨福寺　こうふくじ〔寺〕
　岡山県高梁市　《本尊》十界大曼荼羅
　　　　　　　　　　　　　　　　〔日蓮宗〕

【市】
0市の宮さま《称》　いちのみやさま〔社〕
　宮崎県児湯郡西米良村・米良神社　《祭神》大
　山祇命［他］　　　　　　　　　〔神社本庁〕
3市川文珠《称》　いちかわもんじゅ〔社〕
　山梨県西八代郡三珠町・表門神社　《祭神》天
　照大神［他］　　　　　　　　　〔神社本庁〕
4市木神社　いちきじんじゃ〔社〕
　島根県那賀郡旭町　《祭神》市寸嶋姫命
　　　　　　　　　　　　　　　　〔神社本庁〕
市木稲荷《称》　いちぎいなり〔社〕
　三重県南牟婁郡御浜町・稲荷神社　《祭神》倉
　稲魂命［他］　　　　　　　　　〔神社本庁〕
5市辺田八幡社　いちべたはちまんしゃ〔社〕
　大分県大野郡三重町　《祭神》応神天皇［他］
　　　　　　　　　　　　　　　　〔神社本庁〕
7市来知神社　いちきしりじんじゃ〔社〕
　北海道三笠市　《別称》三笠一の宮　《祭神》
　天照大神［他］　　　　　　　　〔神社本庁〕
8市房山神宮　いちふさやまじんぐう〔社〕
　熊本県球磨郡水上村　《別称》お岳さん　《祭
　神》彦火火出見命［他］　　　　〔神社本庁〕
10市原さん《称》　いちはらさん〔社〕
　愛知県刈谷市・市原稲荷神社　《祭神》倉稲
　魂命［他］　　　　　　　　　　〔神社本庁〕

神社・寺院名よみかた辞典　155

市原の寅薬師《称》　いちはらのとらやくし〔寺〕
　千葉県市原市・光善寺　《本尊》薬師如来
　　　　　　　　　　　　　　　　〔真言宗豊山派〕
市原稲荷神社　いちはらいなりじんじゃ〔社〕
　愛知県刈谷市　《別称》市原さん　《祭神》倉稲魂命〔他〕
　　　　　　　　　　　　　　　　〔神社本庁〕
12市場の地蔵さん《称》　いちばのじぞうさん〔寺〕
　滋賀県甲賀郡土山町・長泉寺　《本尊》阿弥陀如来・地蔵菩薩　　　〔浄土宗〕
市場寺　いちばじ〔寺〕
　三重県上野市　《本尊》阿弥陀如来
　　　　　　　　　　　　　　　　〔真言宗豊山派〕

【布】

3布久漏神社　ふくろじんじゃ〔社〕
　福井県坂井郡丸岡町　《祭神》応神天皇〔他〕
　　　　　　　　　　　　　　　　〔神社本庁〕
5布弁神社　ふべじんじゃ〔社〕
　島根県能義郡広瀬町　《祭神》市杵島姫命〔他〕
　　　　　　　　　　　　　　　　〔神社本庁〕
6布多天神社　ふだてのじんじゃ〔社〕
　東京都調布市　《別称》ふだ天神　《祭神》少彦名命〔他〕　　　　〔神社本庁〕
布自伎美神社　ふじきみじんじゃ〔社〕
　島根県松江市　《祭神》都留支日子命
　　　　　　　　　　　　　　　　〔神社本庁〕
7布良崎神社　めらさきじんじゃ〔社〕
　千葉県館山市　《祭神》天富命〔他〕
　　　　　　　　　　　　　　　　〔神社本庁〕
9布施弁天《称》　ふせべんてん〔寺〕
　千葉県柏市・東海寺　《本尊》八臂弁財天
　　　　　　　　　　　　　　　　〔真言宗豊山派〕
10布留社《称》　ふるしゃ〔社〕
　奈良県天理市・石上神宮　《祭神》布都御魂大神〔他〕　　　　　〔神社本庁〕
12布智神社　ふちじんじゃ〔社〕
　愛知県中島郡祖父江町　《別称》火神社　《祭神》軻具突智命
布須麻廼宮《称》　ふすまのみや〔社〕
　福井県丹生郡宮崎村・長岡神社　《祭神》天御中主大神〔他〕　　〔神社本庁〕
13布勢神社　ふせじんじゃ〔社〕
　岡山県赤磐郡吉井町　《祭神》大国主命〔他〕
　　　　　　　　　　　　　　　　〔神社本庁〕
布勢神社　ふせじんじゃ〔社〕
　岡山県苫田郡富村　《祭神》素盞嗚尊〔他〕
　　　　　　　　　　　　　　　　〔神社本庁〕

【平】

3平川神社　ひらかわじんじゃ〔社〕
　大分県大野郡野津町　《祭神》気長足姫命〔他〕
　　　　　　　　　　　　　　　　〔神社本庁〕
4平之荘神社　へいのそうじんじゃ〔社〕
　兵庫県加古川市　《別称》幣の宮　《祭神》建速素盞嗚尊〔他〕　　〔神社本庁〕
平井弁天《称》　ひらいべんてん〔寺〕
　東京都江戸川区・安養寺　《本尊》阿弥陀如来　　　　　　　　　　〔真言宗豊山派〕
平方のおしっさま《称》　ひらかたのおしっさま〔社〕
　埼玉県上尾市・八枝神社　《祭神》素戔嗚尊
　　　　　　　　　　　　　　　　〔神社本庁〕
5平出神社　ひらでじんじゃ〔社〕
　栃木県宇都宮市　《別称》雷電様　《祭神》別雷命〔他〕　　　　　〔神社本庁〕
平田の妙見さま《称》　ひらたのみょうけんさま〔寺〕
　愛媛県松山市・妙見寺　《本尊》十界曼荼羅・妙見大菩薩・鬼子母神　　〔日蓮宗〕
平田寺　へいでんじ〔寺〕
　静岡県榛原郡相良町　《本尊》釈迦如来
　　　　　　　　　　　　　　　〔臨済宗妙心寺派〕
平田神社　へだじんじゃ〔社〕
　宮崎県児湯郡川南町　《祭神》日本武尊〔他〕
　　　　　　　　　　　　　　　　〔神社本庁〕
平田薬師《称》　ひらたやくし〔寺〕
　島根県平田市・瑞雲寺　《本尊》薬師如来
　　　　　　　　　　　　　　　　〔天台宗〕
6平安寺　へいあんじ〔寺〕
　岐阜県揖斐郡池田町　《本尊》薬師如来
　　　　　　　　　　　　　　　〔臨済宗妙心寺派〕
平安寺　へいあんじ〔寺〕
　大阪府和泉市　《本尊》釈迦如来
　　　　　　　　　　　　　　　〔臨済宗妙心寺派〕
平安神宮　へいあんじんぐう〔社〕
　京都府京都市左京区　《祭神》桓武天皇〔他〕
　　　　　　　　　　　　　　　　〔神社本庁〕
7平尾社　ひらおしゃ〔社〕
　大分県大野郡千歳村　《祭神》田心姫神〔他〕
　　　　　　　　　　　　　　　　〔神社本庁〕
平尾御坊《称》　ひらおごぼう〔寺〕
　岐阜県不破郡垂井町・願証寺　《本尊》阿弥陀如来　　　　　　　　〔真宗大谷派〕
平沢神社　ひらさわじんじゃ〔社〕
　秋田県河辺郡雄和町　《祭神》大国主命〔他〕
　　　　　　　　　　　　　　　　〔神社本庁〕

5画（平）

平見神社　ひらみじんじゃ〔社〕
　兵庫県津名郡一宮町　《別称》平見さん　《祭神》布都御魂大神[他]　〔神社本庁〕

8平和寺　へいわじ〔寺〕
　兵庫県神戸市長田区　《本尊》釈迦如来・阿弥陀如来
　〔単立〕

平岡八幡宮　ひらおかはちまんぐう〔社〕
　京都府京都市右京区　《祭神》応神天皇
　〔神社本教〕

平岡野神社　ひらおかのじんじゃ〔社〕
　石川県金沢市　《祭神》大山咋神[他]
　〔神社本庁〕

平松神社　ひらまつじんじゃ〔社〕
　鹿児島県鹿児島市　《別称》心岳寺様　《祭神》島津歳久
　〔神社本庁〕

平林寺　へいりんじ〔寺〕
　埼玉県新座市　《本尊》釈迦如来
　〔臨済宗妙心寺派〕

平河天神　《称》　ひらかわてんじん〔社〕
　東京都千代田区・平河天満宮　《祭神》菅原道真[他]　〔神社本庁〕

平河天満宮　ひらかわてんまんぐう〔社〕
　東京都千代田区　《別称》平河天神　《祭神》菅原道真[他]　〔神社本庁〕

9平泉寺　《称》　へいせんじ〔社〕
　福井県勝山市・白山神社　《祭神》伊弉冊尊
　〔神社本庁〕

平泉寺　へんせんじ〔寺〕
　福井県勝山市　《別称》六千坊玄成院　《本尊》十一面観世音菩薩・阿弥陀如来・聖観世音菩薩　〔天台宗〕

平泉寺　へいせんじ〔寺〕
　愛知県知多郡阿久比町　《別称》尾張不動　《本尊》不動明王　〔天台宗〕

平泉寺　へいせんじ〔寺〕
　三重県阿山郡阿山町　《本尊》阿弥陀如来・勢至菩薩・観世音菩薩　〔浄土宗〕

10平家の宮　へいけのみや〔社〕
　広島県沼隈郡沼隈町・通盛神社　《祭神》平通盛　〔誠心明生会〕

平浜八幡宮　ひらはまはちまんぐう〔社〕
　島根県松江市　《別称》武内さん　《祭神》応神天皇[他]　〔神社本庁〕

11平野神社　ひらのじんじゃ〔社〕
　宮城県栗原郡若柳町　《祭神》大鷦鷯命[他]
　〔神社本庁〕

平野神社　ひらのじんじゃ〔社〕
　滋賀県大津市　《別称》松本の明神　《祭神》平野大明神[他]　〔神社本庁〕

平野神社　ひらのじんじゃ〔社〕
　京都府京都市北区　《祭神》今木ノ神[他]
　〔神社本庁〕

平隆寺　へいりゅうじ〔寺〕
　奈良県生駒郡三郷町　《別称》施鹿恩寺・平群寺　《本尊》弥勒菩薩　〔融通念仏宗〕

12平塚八幡神社《称》　ひらつかはちまんじゃ〔社〕
　神奈川県平塚市・八幡神社　《祭神》応神天皇[他]　〔神社本庁〕

平塚神社　ひらつかじんじゃ〔社〕
　東京都北区　《祭神》源義家[他]　〔神社本庁〕

平等会寺　びょうどうえじ〔寺〕
　福井県鯖江市　《別称》平井の寺・本山　《本尊》一塔両尊四菩薩　〔法華宗(真門流)〕

平等寺　びょうどうじ〔寺〕
　茨城県石岡市　《本尊》大曼荼羅　〔日蓮宗〕

平等寺　びょうどうじ〔寺〕
　群馬県沼田市　《本尊》阿弥陀如来
　〔真宗大谷派〕

平等寺　びょうどうじ〔寺〕
　新潟県東蒲原郡三川村　《別称》いわやの薬師堂　《本尊》薬師如来・地蔵菩薩　〔曹洞宗〕

平等寺　びょうどうじ〔寺〕
　静岡県富士宮市　《本尊》阿弥陀如来
　〔浄土宗〕

平等寺　びょうどうじ〔寺〕
　京都府京都市下京区　《別称》因幡薬師　《本尊》薬師如来　〔真言宗智山派〕

平等寺　びょうどうじ〔寺〕
　兵庫県三原郡緑町　《本尊》大日如来
　〔高野山真言宗〕

平等寺　びょうどうじ〔寺〕
　徳島県阿南市　《別称》四国第二二番霊場　《本尊》薬師如来　〔高野山真言宗〕

平等寺　びょうどうじ〔寺〕
　福岡県田川市　《別称》みつい寺　《本尊》不動明王・弘法大師　〔真言宗御室派〕

平等院　びょうどういん〔寺〕
　千葉県木更津市　《本尊》阿弥陀如来・虚空蔵菩薩　〔真言宗豊山派〕

平等院　びょうどういん〔寺〕
　石川県鹿島郡中島町　《本尊》阿弥陀如来
　〔浄土真宗同朋教団〕

平等院　びょうどういん〔寺〕
　京都府宇治市　《別称》鳳凰堂　《本尊》阿弥陀如来　〔単立〕

平間寺　へいけんじ〔寺〕
　神奈川県川崎市川崎区　《別称》川崎大師　《本尊》厄除弘法大師　〔真言宗智山派〕

神社・寺院名よみかた辞典　157

5画（広）

13平照寺　へいしょうじ〔寺〕
　香川県三豊郡高瀬町　《別称》首山観音　《本尊》十一面観世音菩薩　〔天台寺門宗〕
　平福寺　へいふくじ〔寺〕
　茨城県行方郡北浦町　《本尊》不動明王
　　〔真言宗豊山派〕
　平福寺　へいふくじ〔寺〕
　長野県南安曇郡三郷村　《本尊》聖観世音菩薩
　　〔高野山真言宗〕
　平群神社　へぐりじんじゃ〔社〕
　三重県桑名市　《別称》へぐりさん　《祭神》木菟宿禰
　　〔神社本庁〕
15平慶寺　へいきょうじ〔寺〕
　福井県吉田郡松岡町　《別称》御陵の寺　《本尊》阿弥陀如来　〔真宗大谷派〕
　平潟神社　ひらかたじんじゃ〔社〕
　新潟県長岡市　《別称》智賢様　《祭神》建御名方富命
　　〔神社本庁〕

【広】

0広の大黒天《称》　ひろのだいこくてん〔寺〕
　和歌山県有田郡広川町・養源寺　《本尊》一塔両尊四菩薩　〔日蓮宗〕
2広八幡神社　ひろはちまんじんじゃ〔社〕
　和歌山県有田郡広川町　《別称》南紀男山　《祭神》仲哀天皇〔他〕　〔神社本庁〕
3広大寺　こうだいじ〔寺〕
　北海道歌志内市　《別称》おにし　《本尊》阿弥陀如来　〔浄土真宗本願寺派〕
　広大寺　こうだいじ〔寺〕
　新潟県十日町市　《本尊》聖観世音菩薩
　　〔曹洞宗〕
　広小路の神明様《称》　ひろこうじのしんめいさま〔社〕
　愛知県名古屋市中区・朝日神社　《祭神》天照皇大神〔他〕　〔神社本庁〕
　広山寺　こうさんじ〔寺〕
　広島県深安郡神辺町　《本尊》地蔵菩薩
　　〔高野山真言宗〕
　広山神社　ひろやまじんじゃ〔社〕
　大分県宇佐市　《祭神》誉田別尊〔他〕
　　〔神社本庁〕
4広円寺　こうえんじ〔寺〕
　新潟県加茂市　《本尊》阿弥陀如来
　　〔真宗大谷派〕
5広台寺　こうだいじ〔寺〕
　大阪府大阪市阿倍野区　《本尊》阿弥陀如来　〔浄土真宗本願寺派〕

広田八幡神社　ひろたはちまんじんじゃ〔社〕
　香川県高松市　《別称》太田の宮　《祭神》応神天皇〔他〕　〔神社本庁〕
広田八幡宮《称》　ひろたはちまんぐう〔社〕
　福岡県山門郡瀬高町・八幡神社　《祭神》応神天皇〔他〕　〔神社本庁〕
広田神社　ひろたじんじゃ〔社〕
　兵庫県西宮市　《祭神》天照大御神荒魂
　　〔神社本庁〕
広矛神社　ひろほこじんじゃ〔社〕
　山口県厚狭郡楠町　《別称》若一王子社　《祭神》大己貴神〔他〕　〔神社本庁〕
6広伝寺　こうでんじ〔寺〕
　福島県郡山市　《本尊》虚空蔵菩薩・観世音菩薩　〔真言宗豊山派〕
　広伝寺　こうでんじ〔寺〕
　新潟県糸魚川市　《本尊》阿弥陀如来
　　〔真宗大谷派〕
　広全寺　こうぜんじ〔寺〕
　岩手県二戸郡一戸町　《本尊》釈迦如来
　　〔曹洞宗〕
　広西寺　こうさいじ〔寺〕
　富山県氷見市　《本尊》阿弥陀如来
　　〔真宗大谷派〕
7広利寺　こうりじ〔寺〕
　和歌山県有田市　《本尊》十一面観世音菩薩　〔臨済宗妙心寺派〕
　広沢寺　こうたくじ〔寺〕
　青森県八戸市　《本尊》地蔵菩薩　〔曹洞宗〕
　広沢寺　こうたくじ〔寺〕
　長野県松本市　《本尊》釈迦如来　〔曹洞宗〕
　広沢寺　こうたくじ〔寺〕
　佐賀県東松浦郡鎮西町　《本尊》釈迦如来・観世音菩薩・地蔵菩薩　〔曹洞宗〕
　広町東の宮《称》　ひろまちひがしのみや〔社〕
　広島県呉市・船津八幡神社　《祭神》八幡大神〔他〕　〔神社本庁〕
　広見天神《称》　ひろみてんじん〔社〕
　石川県金沢市・泉野菅原神社　《祭神》菅原道真〔他〕　〔神社本庁〕
　広見寺　こうけんじ〔寺〕
　埼玉県秩父市　《本尊》釈迦三尊　〔曹洞宗〕
9広宣寺　こうせんじ〔寺〕
　北海道夕張郡由仁町　《本尊》十界大曼荼羅　〔日蓮宗〕
　広宣寺　こうせんじ〔寺〕
　神奈川県小田原市　《本尊》日蓮聖人奠定の大曼荼羅　〔日蓮宗〕

158　神社・寺院名よみかた辞典

5画（広）

広宣寺　こうせんじ〔寺〕
　兵庫県西宮市　《別称》本門さん　《本尊》法華経本門八品所顕の大曼荼羅・日蓮聖人
　　　　　　　　　　　　　　　　　〔本門仏立宗〕

広宣寺　こうせんじ〔寺〕
　長崎県西彼杵郡長与町　《本尊》日蓮聖人奨定の十界勧請大曼荼羅　〔法華宗(本門流)〕

広度寺　こうどじ〔寺〕
　兵庫県赤穂市　《別称》かんのむしふうじでら　《本尊》阿弥陀如来　〔浄土宗〕

広栄寺　こうえいじ〔寺〕
　石川県珠洲市　《本尊》阿弥陀如来
　　　　　　　　　　　　　　　　　〔真宗大谷派〕

広泉寺　こうせんじ〔寺〕
　静岡県小笠郡大須賀町　《本尊》正観世音菩薩　〔臨済宗妙心寺派〕

広畑天満宮〔称〕　ひろはたてんまんぐう〔社〕
　兵庫県姫路市・天満神社　《祭神》天満大神［他］　　　　　　　　〔神社本庁〕

10 広島護国神社　ひろしまごこくじんじゃ〔社〕
　広島県広島市中区　《祭神》護国の神霊
　　　　　　　　　　　　　　　　　〔神社本庁〕

広峰神社　ひろみねじんじゃ〔社〕
　福岡県築上郡築城町　《祭神》素盞嗚尊［他］
　　　　　　　　　　　　　　　　　〔神社本庁〕

広峯牛頭天王《称》　ひろみねごずてんのう〔社〕
　兵庫県姫路市・広峯神社　《祭神》素盞嗚尊［他］　　　　　　　　〔神社本庁〕

広峯神社　ひろみねじんじゃ〔社〕
　兵庫県姫路市　《別称》広峯牛頭天王　《祭神》素盞嗚尊［他］　　〔神社本庁〕

広泰寺　こうたいじ〔寺〕
　三重県度会郡玉城町　《本尊》釈迦如来
　　　　　　　　　　　　　　　　　〔曹洞宗〕

11 広埜神社　ひろのじんじゃ〔社〕
　高知県高岡郡中土佐町　《祭神》気長足姫命［他］　　　　　　　　〔神社本庁〕

広教寺　こうきょうじ〔寺〕
　大阪府大阪市西区　《別称》薩摩堀御堂　《本尊》阿弥陀如来　〔浄土真宗本願寺派〕

広教寺　こうきょうじ〔寺〕
　広島県広島市中区　《別称》柳町の薬師さん　《本尊》阿弥陀如来・薬師如来　〔浄土宗〕

広済寺　こうさいじ〔寺〕
　山形県鶴岡市　《本尊》阿弥陀如来
　　　　　　　　　　　　　　　　　〔真宗大谷派〕

広済寺　こうさいじ〔寺〕
　埼玉県川越市　《本尊》釈迦如来　〔曹洞宗〕

広済寺　こうさいじ〔寺〕
　千葉県匝瑳郡光町　《本尊》地蔵菩薩
　　　　　　　　　　　　　　　　　〔真言宗智山派〕

広済寺　こうさいじ〔寺〕
　東京都江戸川区　《本尊》正観世音菩薩
　　　　　　　　　　　　　　　　　〔黄檗宗〕

広済寺　こうさいじ〔寺〕
　神奈川県小田原市　《本尊》釈迦三尊
　　　　　　　　　　　　　　　　　〔曹洞宗〕

広済寺　こうさいじ〔寺〕
　新潟県刈羽郡高柳町　《本尊》如意輪観世音菩薩　　　　　　　　　〔曹洞宗〕

広済寺　こうさいじ〔寺〕
　富山県高岡市　《本尊》阿弥陀如来
　　　　　　　　　　　　　　　　　〔浄土真宗本願寺派〕

広済寺　こうさいじ〔寺〕
　石川県河北郡津幡町　《別称》領家の寺　《本尊》阿弥陀如来　〔真宗大谷派〕

広済寺　こうさいじ〔寺〕
　兵庫県尼崎市　《別称》近松寺　《本尊》十界大曼荼羅　　　　　　〔日蓮宗〕

広淵寺　こうえんじ〔寺〕
　宮城県桃生郡河南町　《本尊》釈迦如来
　　　　　　　　　　　　　　　　　〔曹洞宗〕

広野大神社　ひろのだいじんじゃ〔社〕
　埼玉県児玉郡神川町　《祭神》天穂日命［他］
　　　　　　　　　　　　　　　　　〔神社本庁〕

広野神社　ひろのじんじゃ〔社〕
　静岡県静岡市　《祭神》速須佐之男命
　　　　　　　　　　　　　　　　　〔神社本庁〕

広隆寺　こうりゅうじ〔寺〕
　岩手県花巻市　《本尊》阿弥陀如来　〔浄土宗〕

広隆寺　こうりゅうじ〔寺〕
　京都府京都市右京区　《別称》太秦の太子さん　《本尊》聖徳太子　〔真言宗御室派〕

12 広勝寺　こうしょうじ〔寺〕
　長野県上伊那郡高遠町　《本尊》虚空蔵菩薩　　　　　　　　　　　〔曹洞宗〕

広善寺　こうぜんじ〔寺〕
　福井県丹生郡清水町　《本尊》阿弥陀如来
　　　　　　　　　　　　　　　　　〔真宗大谷派〕

広渡寺　こうとじ〔寺〕
　福島県郡山市　《別称》鬼生田の寺　《本尊》釈迦如来　〔曹洞宗〕

広渡寺　こうどじ〔寺〕
　埼玉県飯能市　《本尊》延命地蔵菩薩
　　　　　　　　　　　　　　　　　〔曹洞宗〕

広渡寺　こうどうじ〔寺〕
　静岡県田方郡函南町　《本尊》阿弥陀如来
　　　　　　　　　　　　　　　　　〔浄土宗〕

5画（広）

広覚寺　こうかくじ〔寺〕
　福島県石川郡古殿町　《本尊》聖観世音菩
　薩　　　　　　　　　　　〔臨済宗妙心寺派〕
広雲寺　こううんじ〔寺〕
　京都府天田郡三和町　《本尊》釈迦如来
　　　　　　　　　　　　　〔臨済宗妙心寺派〕
13広園寺　こうおんじ〔寺〕
　東京都八王子市　《別称》山田本坊　《本尊》
　弥勒菩薩　　　　　　　　〔臨済宗南禅寺派〕
広楽寺　こうらくじ〔寺〕
　東京都台東区　《本尊》阿弥陀如来
　　　　　　　　　　　　　　　　〔真宗大谷派〕
広源寺　こうげんじ〔寺〕
　新潟県佐渡市　《本尊》阿弥陀如来　　〔浄土宗〕
広照寺　こうしょうじ〔寺〕
　大阪府柏原市　《本尊》阿弥陀如来
　　　　　　　　　　　　　　　　〔真宗大谷派〕
広禅寺　こうぜんじ〔寺〕
　三重県上野市　《本尊》釈迦如来　　〔曹洞宗〕
広福寺　こうふくじ〔寺〕
　茨城県鹿島郡神栖町　《本尊》大日如来
　　　　　　　　　　　　　　　〔真言宗智山派〕
広福寺　こうふくじ〔寺〕
　埼玉県狭山市　《本尊》薬師如来　　〔天台宗〕
広福寺　こうふくじ〔寺〕
　神奈川県川崎市多摩区　《別称》稲毛観音
　《本尊》五智如来　　　　　〔真言宗山派〕
広福寺　こうふくじ〔寺〕
　岐阜県土岐市　《本尊》十一面観世音菩薩
　　　　　　　　　　　　　〔臨済宗妙心寺派〕
広福寺　こうふくじ〔寺〕
　愛知県名古屋市北区　　　　　　　〔黄檗宗〕
広福寺　こうふくじ〔寺〕
　愛知県額田郡幸田町　《本尊》阿弥陀如来
　　　　　　　　　　　　　　　　〔真宗大谷派〕
広福寺　こうふくじ〔寺〕
　滋賀県東浅井郡湖北町　《本尊》阿弥陀如
　来　　　　　　　　　　　　　〔真宗大谷派〕
広福寺　こうふくじ〔寺〕
　兵庫県神戸市兵庫区　《本尊》阿弥陀如来
　　　　　　　　　　　　　〔浄土真宗本願寺派〕
広福寺　こうふくじ〔寺〕
　熊本県玉名市　《本尊》釈迦如来　　〔曹洞宗〕
広福院　こうふくいん〔寺〕
　埼玉県北葛飾郡鷲宮町　《本尊》阿弥陀如
　来　　　　　　　　　　　　　〔真言宗山派〕
広福護国禅寺　こうふくごこくぜんじ〔寺〕
　佐賀県武雄市　《本尊》延命地蔵菩薩
　　　　　　　　　　　　　〔臨済宗南禅寺派〕

広誠院　こうせいいん〔寺〕
　京都府京都市中京区　《本尊》観世音菩薩
　　　　　　　　　　　　　　　　　　〔単立〕
14広徳寺　こうとくじ〔寺〕
　北海道上磯郡上磯町　《別称》禅寺　《本尊》
　釈迦如来　　　　　　　　　　　　〔曹洞宗〕
広徳寺　こうとくじ〔寺〕
　東京都台東区　《本尊》釈迦如来
　　　　　　　　　　　　　〔臨済宗大徳寺派〕
広徳寺　こうとくじ〔寺〕
　東京都あきる野市　《本尊》聖観世音菩薩・不
　動明王・毘沙門天　　　　〔臨済宗建長寺派〕
広徳寺　こうとくじ〔寺〕
　滋賀県甲賀郡水口町　《別称》庚申さん　《本
　尊》大青面金剛庚申尊　　　　　　〔天台宗〕
広徳寺　こうとくじ〔寺〕
　兵庫県尼崎市　《本尊》釈迦如来・観世音菩
　薩　　　　　　　　　　　〔臨済宗大徳寺派〕
広徳院　こうとくいん〔寺〕
　福島県双葉郡楢葉町　《本尊》聖観世音菩薩・
　不動明王　　　　　　　　　　〔真言宗智山派〕
広徳院　こうとくいん〔寺〕
　埼玉県北埼玉郡川里町　《本尊》観世音菩
　薩　　　　　　　　　　　　　　　〔曹洞宗〕
広徳院　こうとくいん〔寺〕
　千葉県千葉市　《本尊》大日如来
　　　　　　　　　　　　　　　〔真言宗豊山派〕
広旗神社　ひろはたじんじゃ〔社〕
　香川県高松市　《祭神》応神天皇　〔神社本庁〕
15広幡八幡宮　ひろはたはちまんぐう〔社〕
　千葉県柏市　《別称》増尾八幡さん　《祭神》
　誉田別命［他］　　　　　　　　　〔神社本庁〕
広幡神社　ひろはたじんじゃ〔社〕
　三重県三重郡菰野町　《祭神》品陀和気命
　　　　　　　　　　　　　　　　〔神社本庁〕
17広厳寺　こうごんじ〔寺〕
　栃木県鹿沼市　《本尊》千手観世音菩薩
　　　　　　　　　　　　　　　　　〔曹洞宗〕
広厳寺　こうごんじ〔寺〕
　新潟県北蒲原郡中条町　《本尊》釈迦如来
　　　　　　　　　　　　　　　　　〔曹洞宗〕
広厳寺　こうごんじ〔寺〕
　岐阜県山県市　《本尊》薬師如来
　　　　　　　　　　　　　〔臨済宗妙心寺派〕
広厳寺　こうごんじ〔寺〕
　兵庫県神戸市中央区　《別称》楠寺　《本尊》
　釈迦如来　　　　　　　　〔臨済宗南禅寺派〕
広厳寺　こうごんじ〔寺〕
　佐賀県伊万里市　《本尊》薬師如来　〔曹洞宗〕

5画（弁，弘）

広厳院　こうごんいん〔寺〕
　山梨県東八代郡一宮町　《別称》中山さん
　《本尊》聖観世音菩薩　　　　　　〔曹洞宗〕
広嶺神社　ひろみねじんじゃ〔社〕
　福井県小浜市　《祭神》素盞嗚尊［他］
　　　　　　　　　　　　　　　　〔神社本庁〕
広嶺神社　ひろみねじんじゃ〔社〕
　福井県遠敷郡上中町　《別称》天王宮　《祭
　神》素盞嗚命［他］　　　　　　〔神社本庁〕
19広瀬八幡宮　ひろせはちまんぐう〔社〕
　山口県玖珂郡錦町　《祭神》応神天皇［他］
　　　　　　　　　　　　　　　　〔神社本庁〕
広瀬神社　ひろせじんじゃ〔社〕
　埼玉県狭山市　《祭神》若宇迦能売命
　　　　　　　　　　　　　　　　〔神社本庁〕
広瀬神社　ひろせじんじゃ〔社〕
　岐阜県揖斐郡坂内村　《祭神》天照大神［他］
　　　　　　　　　　　　　　　　〔神社本庁〕
広瀬神社　ひろせじんじゃ〔社〕
　静岡県田方郡伊豆長岡町　《祭神》三島溝樴
　姫命　　　　　　　　　　　　　〔神社本庁〕
広瀬神社　ひろせじんじゃ〔社〕
　奈良県北葛城郡河合町　《祭神》若宇加能売
　命［他］　　　　　　　　　　　〔神社本庁〕
広瀬神社　ひろせじんじゃ〔社〕
　愛媛県上浮穴郡小田町　《別称》妙見宮　《祭
　神》天御中主神［他］　　　　　〔神社本庁〕
広瀬神社　ひろせじんじゃ〔社〕
　大分県竹田市　《祭神》広瀬武夫［他］
　　　　　　　　　　　　　　　　〔神社本庁〕
広瀬神社　ひろせじんじゃ〔社〕
　宮崎県宮崎郡佐土原町　《祭神》事代主神［他］
　　　　　　　　　　　　　　　　〔神社本庁〕
20広簸八幡宮　ひろはたはちまんぐう〔社〕
　山口県美祢市　《別称》八幡様　《祭神》応神
　天皇［他］　　　　　　　　　　〔神社本庁〕

【弁】

4弁天さま《称》　べんてんさま〔社〕
　北海道網走市・網走神社　《祭神》市杵島姫
　命［他］　　　　　　　　　　　〔神社本庁〕
弁天さま《称》　べんてんさま〔社〕
　長野県上水内郡信濃町・宇賀神社　《祭神》倉
　稲魂命［他］　　　　　　　　　〔神社本庁〕
弁天社《称》　べんてんしゃ〔社〕
　福井県小浜市・宗像神社　《祭神》田心姫命
　［他］　　　　　　　　　　　　〔神社本庁〕
弁天神社《称》　べんてんじんじゃ〔社〕
　兵庫県神戸市兵庫区・厳島神社　《祭神》市
　杵嶋姫命　　　　　　　　　　　〔神社本庁〕

弁天神社《称》　べんてんじんじゃ〔社〕
　兵庫県洲本市・厳島神社　《祭神》市杵島姫
　命　　　　　　　　　　　　　　〔神社本庁〕
弁天様《称》　べんてんさま〔社〕
　北海道釧路市・厳島神社　《祭神》市杵島姫
　命［他］　　　　　　　　　　　〔神社本庁〕
弁天様《称》　べんてんさま〔社〕
　山形県西田川郡温海町・厳島神社　《祭神》市
　杵島姫命［他］　　　　　　　　〔神社本庁〕
弁天様《称》　べんてんさま〔社〕
　茨城県つくば市・厳島神社　《祭神》市杵島
　姫命　　　　　　　　　　　　　〔神社本庁〕
10弁財天《称》　べんざいてん〔社〕
　佐賀県小城郡小城町・天山社　《祭神》多紀
　理比売命［他］　　　　　　　　〔神社本庁〕
弁財天社《称》　べんざいてんしゃ〔社〕
　北海道古宇郡神恵内村・厳島神社　《祭神》市
　杵島姫大神［他］　　　　　　　〔神社本庁〕

【弘】

3弘川寺　ひろかわでら〔寺〕
　大阪府南河内郡河南町　《別称》西行終焉の
　寺　《本尊》薬師如来　　　　〔真言宗醍醐派〕
4弘仁寺　こうにんじ〔寺〕
　新潟県佐渡市　《別称》あらくらさん　《本
　尊》薬師如来・大日如来・不動明王
　　　　　　　　　　　　　　　〔真言宗智山派〕
弘仁寺　こうにんじ〔寺〕
　奈良県奈良市　《別称》高樋の虚空蔵さん
　《本尊》虚空蔵菩薩　　　　　〔高野山真言宗〕
6弘安寺　こうあんじ〔寺〕
　福島県大沼郡新鶴村　《別称》会津中田観世
　音　《本尊》釈迦如来・十一面観世音菩薩・
　不動明王・地蔵菩薩　　　　　　〔曹洞宗〕
弘安寺　こうあんじ〔寺〕
　島根県大原郡大東町　《別称》うしおの札所
　でら　《本尊》釈迦如来・十一面観世音菩
　薩・聖観世音菩薩　　　　　　　〔曹洞宗〕
7弘妙寺　ぐみょうじ〔寺〕
　長野県上伊那郡高遠町　《本尊》一塔両尊四
　菩薩　　　　　　　　　　　　　〔日蓮宗〕
弘見神社　ひろみじんじゃ〔社〕
　高知県幡多郡大月町　《祭神》大山祇神［他］
　　　　　　　　　　　　　　　　〔神社本庁〕
8弘明寺　ぐみょうじ〔寺〕
　神奈川県横浜市南区　《別称》弘明寺観音・坂
　東第一四番霊場　《本尊》十一面観世音菩
　薩　　　　　　　　　　　　　〔高野山真言宗〕
弘明寺観音《称》　ぐみょうじかんのん〔寺〕
　神奈川県横浜市南区・弘明寺　《本尊》十一
　面観世音菩薩　　　　　　　　〔高野山真言宗〕

神社・寺院名よみかた辞典　161

5画（弘）

弘法大師南都草庵《称》　こうほうだいしなんとそうあん〔寺〕
　奈良県奈良市・空海寺　《本尊》地蔵菩薩・不動明王・聖徳太子・弘法大師　〔華厳宗〕

弘法寺　ぐぼうじ〔寺〕
　青森県北津軽郡中里町　《本尊》十界大曼荼羅　〔日蓮宗〕

弘法寺　ぐほうじ〔寺〕
　千葉県市川市　《別称》由緒寺院　《本尊》日蓮聖人奠定の大曼荼羅・釈迦如来　〔日蓮宗〕

弘法寺　こうほうじ〔寺〕
　大阪府大阪市福島区　《別称》西野田高野山　《本尊》弘法大師　〔高野山真言宗〕

弘法寺　こうほうじ〔寺〕
　島根県浜田市　《本尊》十一面観世音菩薩　〔高野山真言宗〕

弘法寺　こうほうじ〔寺〕
　岡山県邑久郡牛窓町　《本尊》千手千眼観世音菩薩　〔高野山真言宗〕

弘法院　こうほういん〔寺〕
　静岡県袋井市　《別称》お弘法さま　《本尊》十一面観世音菩薩　〔高野山真言宗〕

弘法堂《称》　こうほうどう〔寺〕
　愛知県瀬戸市・放光寺　《本尊》阿弥陀如来　〔浄土宗〕

弘法尊院　こうほうそんいん〔寺〕
　埼玉県さいたま市　《別称》二度栗山大師　《本尊》弘法大師　〔真言宗智山派〕

弘長寺　こうちょうじ〔寺〕
　新潟県岩船郡関川村　《本尊》阿弥陀如来　〔浄土宗〕

弘長寺　こうちょうじ〔寺〕
　島根県八束郡宍道町　《本尊》聖観世音菩薩　〔曹洞宗〕

9弘前八幡宮　ひろさきはちまんぐう〔社〕
　青森県弘前市　《祭神》誉田別尊〔他〕　〔神社本庁〕

弘前東照宮《称》　ひろさきとうしょうぐう〔社〕
　青森県弘前市・東照宮　《祭神》徳川家康〔他〕　〔神社本庁〕

弘前神明宮《称》　ひろさきしんめいぐう〔社〕
　青森県弘前市・神明宮　《祭神》天照大御神　〔神社本庁〕

弘泉寺　こうせんじ〔寺〕
　岡山県倉敷市　《本尊》聖観世音菩薩・不動明王・愛染名王・三宝荒神　〔真言宗御室派〕

11弘常寺　ぐじょうじ〔寺〕
　大阪府大阪市平野区　《本尊》阿弥陀如来　〔浄土真宗本願寺派〕

弘済寺　こうさいじ〔寺〕
　山口県宇部市　《本尊》三尊仏　〔曹洞宗〕

弘清寺　こうせいじ〔寺〕
　北海道夕張郡栗山町　《本尊》弘法大師　〔真言宗〕

弘経寺　ぐぎょうじ〔寺〕
　茨城県結城市　《本尊》阿弥陀如来　〔浄土宗〕

弘経寺　ぐきょうじ〔寺〕
　茨城県水海道市　《本尊》阿弥陀如来　〔浄土宗〕

弘経寺　ぐきょうじ〔寺〕
　茨城県取手市　《本尊》阿弥陀如来　〔浄土宗〕

12弘善寺　こうぜんじ〔寺〕
　福岡県北九州市八幡西区　《別称》穴生のお寺　《本尊》阿弥陀如来　〔浄土宗〕

弘道寺　こうどうじ〔寺〕
　北海道網走市　《別称》真言寺　《本尊》大日如来　〔高野山真言宗〕

13弘源寺　こうげんじ〔寺〕
　福島県いわき市　《本尊》延命地蔵菩薩　〔曹洞宗〕

弘源寺　こうげんじ〔寺〕
　富山県氷見市　《別称》小竹の山寺　《本尊》釈迦如来　〔臨済宗国泰寺派〕

弘照寺　こうしょうじ〔寺〕
　北海道空知郡中富良野町　《別称》真言寺　《本尊》大日如来・弘法大師　〔高野山真言宗〕

弘福寺　こうふくじ〔寺〕
　群馬県多野郡吉井町　《本尊》五如来・不動明王　〔真言宗豊山派〕

弘福寺　こうふくじ〔寺〕
　東京都墨田区　《本尊》釈迦如来　〔黄檗宗〕

弘福寺　ぐふくじ〔寺〕
　奈良県高市郡明日香村　《別称》川原寺　《本尊》十一面観世音菩薩　〔真言宗豊山派〕

14弘徳寺　こうとくじ〔寺〕
　茨城県結城郡八千代町　《別称》真宗二四輩旧跡　《本尊》阿弥陀如来　〔真宗大谷派〕

弘徳寺　こうとくじ〔寺〕
　神奈川県厚木市　《別称》真宗二四輩旧跡　《本尊》阿弥陀如来　〔浄土真宗本願寺派〕

弘徳寺　こうとくじ〔寺〕
　島根県松江市　《本尊》弥勒菩薩・弘法大師　〔高野山真言宗〕

弘誓寺　ぐぜいじ〔寺〕
　宮城県名取市　《本尊》不動明王　〔真言宗智山派〕

弘誓寺　ぐぜいじ〔寺〕
　新潟県北魚沼郡堀之内町　《本尊》聖観世音菩薩・不動明王　〔真言宗智山派〕

162　神社・寺院名よみかた辞典

5画（忉, 打, 札, 本）

弘誓寺　ぐぜいじ〔寺〕
　福井県三方郡三方町　《本尊》如意輪観世音菩薩
　　　　　　　　　　　　　　　〔曹洞宗〕
弘誓寺　ぐぜいじ〔寺〕
　岐阜県山県市　《本尊》釈迦如来・聖観世音菩薩・延命地蔵菩薩・毘沙門天
　　　　　　　　　　　　　〔臨済宗妙心寺派〕
弘誓寺　ぐぜいじ〔寺〕
　滋賀県八日市市建部下野町　《別称》野村の寺　《本尊》阿弥陀如来　〔浄土宗〕
弘誓寺　ぐぜいじ〔寺〕
　滋賀県八日市市瓜生津町　《別称》瓜生津の弘誓寺　《本尊》阿弥陀如来
　　　　　　　　　　　　　〔浄土真宗本願寺派〕
弘誓寺　ぐぜいじ〔寺〕
　滋賀県神崎郡五個荘町　《本尊》阿弥陀如来
　　　　　　　　　　　　　　〔真宗大谷派〕
弘誓寺　ぐぜいじ〔寺〕
　滋賀県神崎郡能登川町　《本尊》阿弥陀如来
　　　　　　　　　　　　〔浄土真宗本願寺派〕
弘誓寺　ぐぜいじ〔寺〕
　京都府京都市上京区　《別称》長門寺　《本尊》阿弥陀如来　〔浄土宗〕
弘誓寺　ぐぜいじ〔寺〕
　大阪府池田市　《本尊》阿弥陀如来
　　　　　　　　　　　　〔浄土真宗本願寺派〕
弘誓寺　ぐぜいじ〔寺〕
　兵庫県篠山市　《別称》板井の寺　《本尊》大日如来・如意輪観世音菩薩　〔天台宗〕
弘誓院　ぐぜいいん〔寺〕
　千葉県東葛飾郡沼南町　《別称》柳戸の観音　《本尊》聖観世音菩薩・不動明王・毘沙門天
　　　　　　　　　　　　　〔真言宗豊山派〕
弘誓院　ぐぜいいん〔寺〕
　神奈川県横浜市南区　《本尊》聖観世音菩薩
　　　　　　　　　　　　　〔高野山真言宗〕
15弘蔵寺　こうぞうじ〔寺〕
　千葉県木更津市　《別称》望陀下寺　《本尊》地蔵菩薩
　　　　　　　　　　　　　〔真言宗智山派〕
16弘憲寺　こうけんじ〔寺〕
　香川県高松市　《本尊》不動明王
　　　　　　　　　　　　　〔高野山真言宗〕
弘樹寺　こうじゅじ〔寺〕
　新潟県佐渡市　《本尊》地蔵菩薩
　　　　　　　　　　　　　〔真言宗豊山派〕
19弘願寺　ぐがんじ〔寺〕
　新潟県村上市　《本尊》阿弥陀如来　〔浄土宗〕
弘願寺　ぐがんじ〔寺〕
　石川県河北郡津幡町　《本尊》阿弥陀如来
　　　　　　　　　　　　　〔真宗大谷派〕

弘願寺　ぐがんじ〔寺〕
　愛知県岡崎市　《本尊》阿弥陀如来
　　　　　　　　　　　　　〔真宗大谷派〕

【忉】
7忉利天上寺　とうりてんじょうじ〔寺〕
　兵庫県神戸市灘区　《別称》摩耶の観音　《本尊》十一面観世音菩薩・摩耶夫人
　　　　　　　　　　　　　〔高野山真言宗〕

【打】
12打越寺　うちこしじ〔寺〕
　徳島県海部郡日和佐町　〔高野山真言宗〕

【札】
13札幌興正寺別院　さっぽろこうしょうじべついん〔寺〕
　北海道札幌市中央区　《本尊》阿弥陀如来
　　　　　　　　　　　　　〔真宗興正派〕
札幌護国神社　さっぽろごこくじんじゃ〔社〕
　北海道札幌市中央区　《祭神》護国の神霊
　　　　　　　　　　　　　〔神社本庁〕

【本】
3本久寺　ほんきゅうじ〔寺〕
　東京都墨田区　《本尊》十界曼荼羅・日蓮聖人
　　　　　　　　　　　　　〔日蓮宗〕
本久寺　ほんきゅうじ〔寺〕
　岡山県和気郡佐伯町　《本尊》十界大曼荼羅
　　　　　　　　　　　　　〔日蓮宗〕
本土寺　ほんどじ〔寺〕
　千葉県松戸市　《別称》由緒寺院　《本尊》日蓮聖人奠定の大曼荼羅
　　　　　　　　　　　　　〔日蓮宗〕
本土寺　ほんどうじ〔寺〕
　石川県鹿島郡鹿西町　《別称》ばんばの寺　《本尊》十界大曼荼羅　〔日蓮宗〕
本土神社　ほんどじんじゃ〔社〕
　岐阜県多治見市　《祭神》猿田彦命〔他〕
　　　　　　　　　　　　　〔神社本庁〕
本山寺　ほんざんじ〔寺〕
　大阪府高槻市　《別称》本山　《本尊》毘沙門天　〔天台宗〕
本山寺　ほんざんじ〔寺〕
　岡山県久米郡柵原町　《本尊》聖観世音菩薩・十一面観世音菩薩　〔天台宗〕
本山寺　もとやまじ〔寺〕
　香川県三豊郡豊中町　《別称》四国第七〇番霊場　《本尊》馬頭観世音菩薩・薬師如来・阿弥陀如来
　　　　　　　　　　　　　〔高野山真言宗〕

神社・寺院名よみかた辞典　163

5画（本）

本山獅子谷法然院　ほんざんししがたにほうねんいん〔寺〕
　京都府京都市左京区　《本尊》阿弥陀如来
　　　　　　　　　　　　　　　　〔浄土宗捨世派〕
4本化妙宗連盟　ほんけみょうしゅうれんめい〔寺〕
　神奈川県鎌倉市　　　　　　〔本化妙宗連盟〕
本仏寺　ほんぶつじ〔寺〕
　東京都杉並区　《本尊》十界勧請大曼荼羅
　　　　　　　　　　　　　　　　　　〔日蓮宗〕
本仏寺　ほんぶつじ〔寺〕
　福岡県浮羽郡浮羽町　《別称》西身延　《本尊》十界曼荼羅　　　　　　　〔日蓮宗〕
本円寺　ほんえんじ〔寺〕
　神奈川県三浦郡葉山町　《別称》木古庭のお祖師様　《本尊》大曼荼羅　〔日蓮宗〕
本王院　ほんのういん〔寺〕
　和歌山県伊都郡高野町　　　〔高野山真言宗〕
5本弘寺　ほんこうじ〔寺〕
　北海道岩内郡岩内町　《別称》真言寺　《本尊》大日如来・不動明王・愛染明王・如意輪観世音菩薩・千手観世音菩薩　〔高野山真言宗〕
本正寺　ほんしょうじ〔寺〕
　香川県善通寺市　《本尊》阿弥陀如来
　　　　　　　　　　　　　　　〔浄土真宗本願寺派〕
本永寺　ほんえいじ〔寺〕
　宮崎県東諸県郡高岡町　　　　　　〔大日蓮宗〕
本立寺　ほんりゅうじ〔寺〕
　東京都品川区　《別称》能勢の妙見さん　《本尊》日蓮聖人図顕の十界大曼荼羅
　　　　　　　　　　　　　　　　　　〔日蓮宗〕
本立寺　ほんりゅうじ〔寺〕
　東京都豊島区　《本尊》日蓮聖人奠定の大曼荼羅　　　　　　　　　　　〔日蓮宗〕
本立寺　ほんりゅうじ〔寺〕
　神奈川県藤沢市　《別称》宝光様　《本尊》日蓮聖人奠定の大曼荼羅・宝光天子　〔日蓮宗〕
本立寺　ほんりゅうじ〔寺〕
　静岡県田方郡韮山町　《別称》由緒寺院　《本尊》十界大曼荼羅　　　　〔日蓮宗〕
本立寺　ほんりゅうじ〔寺〕
　愛知県名古屋市昭和区　《別称》常題目　《本尊》大曼荼羅・日蓮聖人　〔日蓮宗〕
本立寺　ほんりゅうじ〔寺〕
　兵庫県明石市　《別称》浜の妙見さん　《本尊》一塔両尊四菩薩四士・日蓮聖人奠定の大曼荼羅　　　　　　　　〔日蓮宗〕
6本伝寺　ほんでんじ〔寺〕
　東京都文京区　《別称》波切不動のお寺　《本尊》久遠実成釈迦如来　　〔日蓮宗〕

本伝寺　ほんでんじ〔寺〕
　愛知県碧南市　《本尊》阿弥陀如来
　　　　　　　　　　　　　　　　〔真宗大谷派〕
本伝寺　ほんでんじ〔寺〕
　大阪府大東市　《本尊》阿弥陀如来
　　　　　　　　　　　　　　　　〔真宗大谷派〕
本伝寺　ほんでんじ〔寺〕
　大分県中津市　《本尊》日蓮聖人奠定の大曼荼羅　　　　　　　　　〔法華宗(本門流)〕
本光寺　ほんこうじ〔寺〕
　秋田県山本郡山本町　《本尊》十界曼荼羅・鬼子母神　　　　　　　　　〔日蓮宗〕
本光寺　ほんこうじ〔寺〕
　栃木県安蘇郡田沼町　《本尊》釈迦如来
　　　　　　　　　　　　　　　　　　〔曹洞宗〕
本光寺　ほんこうじ〔寺〕
　新潟県佐渡市　《別称》泉の観音様　《本尊》十界大曼荼羅　　　　　〔日蓮宗〕
本光寺　ほんこうじ〔寺〕
　新潟県佐渡市　《本尊》十界勧請大曼荼羅
　　　　　　　　　　　　　　　　　　〔日蓮宗〕
本光寺　ほんこうじ〔寺〕
　長野県飯山市　《別称》七面さんのお寺　《本尊》十界勧請大曼荼羅　　〔日蓮宗〕
本光寺　ほんこうじ〔寺〕
　長野県上水内郡牟礼村　《本尊》阿弥陀如来　　　　　　　　　　〔真宗大谷派〕
本光寺　ほんこうじ〔寺〕
　静岡県富士市　《本尊》十界大曼荼羅　〔日蓮宗〕
本光寺　ほんこうじ〔寺〕
　愛知県犬山市　《別称》妙見さま　《本尊》一塔二尊・日蓮聖人　〔日蓮宗〕
本光寺　ほんこうじ〔寺〕
　三重県いなべ市　《本尊》阿弥陀如来
　　　　　　　　　　　　　　　　〔真宗大谷派〕
本光寺　ほんこうじ〔寺〕
　和歌山県和歌山市　《別称》赤門寺　《本尊》日蓮聖人奠定の十界大曼荼羅　〔日蓮宗〕
本光寺　ほんこうじ〔寺〕
　佐賀県伊万里市　《本尊》釈迦如来　〔曹洞宗〕
本光寺　ほんこうじ〔寺〕
　大分県大分市　《本尊》十界大曼荼羅
　　　　　　　　　　　　　　　　　　〔日蓮宗〕
本光明寺　ほんこうみょうじ〔寺〕
　奈良県磯城郡田原本町　《別称》八条のお大師さん　《本尊》弘法大師　〔真言律宗〕
本光院　ほんこういん〔寺〕
　福井県坂井郡丸岡町　《本尊》阿弥陀如来・観世音菩薩・勢至菩薩　　　〔浄土宗〕

5画（本）

本光院　ほんこういん〔寺〕
　京都府京都市上京区　《別称》尼門跡　《本尊》延命地蔵菩薩　〔天台真盛宗〕
本光院　ほんこういん〔寺〕
　京都府京都市下京区　《本尊》阿弥陀如来
　　　　　　　　　　　　　　　〔浄土宗〕
本因寺　ほんにんじ〔寺〕
　山口県防府市　《本尊》一塔両尊　〔日蓮宗〕
本地宮《称》　ほんじぐう〔社〕
　愛知県南設楽郡作手村・白鳥神社　《祭神》日本武尊　〔神社本庁〕
本如院　ほんにょいん〔寺〕
　愛媛県西予市　《別称》法華寺　《本尊》十界大曼茶羅　〔日蓮宗〕
本安寺　ほんなんじ〔寺〕
　広島県福山市　《別称》有地本安寺　《本尊》日蓮聖人奠定の大曼茶羅　〔法華宗(本門流)〕
本寺《称》　ほんじ〔社〕
　宮崎県日南市・五百禩神社　《祭神》伊東家祖先累代之神霊〔他〕　〔神社本庁〕
本庄神社　ほんじょうじんじゃ〔社〕
　佐賀県佐賀市　《祭神》豊玉姫命〔他〕
　　　　　　　　　　　　　　　〔神社本庁〕
本成寺　ほんじょうじ〔寺〕
　北海道深川市　《本尊》阿弥陀如来
　　　　　　　　　　　　　〔真宗出雲路派〕
本成寺　ほんじょうじ〔寺〕
　新潟県三条市　《別称》総本山　《本尊》日蓮聖人奠定の十界勧請大曼茶羅
　　　　　　　　　　　　　〔法華宗(陣門流)〕
本成寺　ほんじょうじ〔寺〕
　石川県羽咋市　《本尊》日蓮聖人奠定の大曼茶羅　〔日蓮宗〕
本成寺　ほんじょうじ〔寺〕
　山梨県南巨摩郡中富町　《本尊》十界大曼茶羅　〔日蓮宗〕
本成寺　ほんじょうじ〔寺〕
　静岡県富士郡芝川町　《別称》内房のお寺　《本尊》久遠実成釈迦如来・日蓮聖人　〔日蓮宗〕
本成寺　ほんじょうじ〔寺〕
　大阪府大阪市福島区　《別称》玉の寺　《本尊》本門八品所顕本因下種の曼茶羅・日蓮聖人　〔本門仏立宗〕
本行寺　ほんぎょうじ〔寺〕
　北海道夕張郡長沼町　《本尊》阿弥陀如来
　　　　　　　　　　　　　　〔真宗大谷派〕
本行寺　ほんぎょうじ〔寺〕
　青森県弘前市　《別称》赤門　《本尊》日蓮聖人奠定の大曼茶羅　〔日蓮宗〕

本行寺　ほんぎょうじ〔寺〕
　茨城県水戸市　《本尊》一塔両尊四菩薩
　　　　　　　　　　　　　　　〔日蓮宗〕
本行寺　ほんぎょうじ〔寺〕
　千葉県千葉市　《別称》上総七里法華日泰様　《本尊》日蓮聖人奠定の大曼茶羅
　　　　　　　　　　　　　　　〔顕本法華宗〕
本行寺　ほんぎょうじ〔寺〕
　千葉県勝浦市　《本尊》日蓮聖人奠定の大曼茶羅・久遠実成本師釈迦如来　〔日蓮宗〕
本行寺　ほんぎょうじ〔寺〕
　東京都大田区　《別称》大坊　《本尊》妙法大曼茶羅　〔日蓮宗〕
本行寺　ほんぎょうじ〔寺〕
　東京都荒川区　《別称》月見寺　《本尊》十界大曼茶羅・三十番神　〔日蓮宗〕
本行寺　ほんぎょうじ〔寺〕
　東京都足立区　《本尊》阿弥陀如来
　　　　　　　　　　　　　〔浄土真宗本願寺派〕
本行寺　ほんぎょうじ〔寺〕
　新潟県佐渡市　《本尊》十界大曼茶羅
　　　　　　　　　　　　　　　〔日蓮宗〕
本行寺　ほんぎょうじ〔寺〕
　富山県小矢部市　《本尊》十界大曼茶羅
　　　　　　　　　　　　　　　〔日蓮宗〕
本行寺　ほんぎょうじ〔寺〕
　滋賀県神崎郡能登川町　《本尊》阿弥陀如来　〔浄土真宗本願寺派〕
本行寺　ほんぎょうじ〔寺〕
　京都府舞鶴市　《別称》法華さん　《本尊》日蓮聖人奠定の大曼茶羅　〔法華宗(真門流)〕
本行寺　ほんぎょうじ〔寺〕
　大阪府大阪市中央区　　　　　　〔単立〕
本行寺　ほんぎょうじ〔寺〕
　大阪府高槻市　《別称》高槻妙見　《本尊》日蓮聖人奠定の大曼茶羅・妙見大菩薩
　　　　　　　　　　　　　　　〔日蓮宗〕
本行寺　ほんぎょうじ〔寺〕
　大阪府寝屋川市　《本尊》阿弥陀如来
　　　　　　　　　　　　　　〔真宗大谷派〕
本行寺　ほんぎょうじ〔寺〕
　兵庫県朝来郡生野町　《本尊》十界大曼茶羅　〔日蓮宗〕
本行寺　ほんぎょうじ〔寺〕
　岡山県津山市　《別称》中ノ寺　《本尊》十界大曼茶羅　〔日蓮宗〕
本行寺　ほんぎょうじ〔寺〕
　山口県下関市　《本尊》日蓮聖人奠定の大曼茶羅　〔法華宗(本門流)〕

神社・寺院名よみかた辞典　165

5画（本）

7 本住吉神社　もとすみよしじんじゃ〔社〕
　兵庫県神戸市東灘区　《祭神》底筒男命［他］
　　　　　　　　　　　　　　　　〔神社本庁〕
　本住寺　ほんじゅうじ〔寺〕
　　山形県鶴岡市　《本尊》日蓮聖人奠定の大曼荼羅
　　　　　　　　　　　　　　　　〔日蓮宗〕
　本住寺　ほんじゅうじ〔寺〕
　　広島県福山市　《本尊》日蓮聖人奠定の十界勧請大曼荼羅・三宝尊　〔法華宗(本門流)〕
　本別神社　ほんべつじんじゃ〔社〕
　　北海道中川郡本別町　《祭神》天御中主大神［他］
　　　　　　　　　　　　　　　　〔神社本庁〕
　本妙寺　ほんみょうじ〔寺〕
　　東京都港区　《本尊》十界曼荼羅　〔日蓮宗〕
　本妙寺　ほんみょうじ〔寺〕
　　東京都豊島区　《別称》振袖火事の寺　《本尊》久遠実成釈迦如来　〔法華宗(陣門流)〕
　本妙寺　ほんみょうじ〔寺〕
　　静岡県富士宮市　《本尊》十界大曼荼羅
　　　　　　　　　　　　　　　　〔日蓮宗〕
　本妙寺　ほんみょうじ〔寺〕
　　兵庫県洲本市　《本尊》十界大曼荼羅
　　　　　　　　　　　　　　〔法華宗(本門流)〕
　本妙寺　ほんみょうじ〔寺〕
　　香川県綾歌郡宇多津町　《別称》控本山　《本尊》十界勧請大曼荼羅　〔法華宗(本門流)〕
　本妙寺　ほんみょうじ〔寺〕
　　熊本県熊本市　《別称》お清正公さん　《本尊》日蓮聖人奠定の大曼荼羅　〔曹洞宗〕
　本寿寺　ほんじゅじ〔寺〕
　　千葉県千葉市　《別称》日泰様の寺　《本尊》十界曼荼羅・日蓮聖人・日什像
　　　　　　　　　　　　　　　〔顕本法華宗〕
　本寿寺　ほんじゅうじ〔寺〕
　　東京都台東区　《別称》川端の祖師　《本尊》日蓮聖人　〔日蓮宗〕
　本寿寺　ほんじゅうじ〔寺〕
　　富山県富山市　《本尊》日蓮聖人奠定の久遠常住輪円具足の大曼荼羅　〔法華宗(陣門流)〕
　本応寺　ほんのうじ〔寺〕
　　佐賀県藤津郡塩田町　《本尊》阿弥陀如来・観世音菩薩・勢至菩薩　〔浄土宗〕
　本折日吉神社　もとおりひよしじんじゃ〔社〕
　　石川県小松市　《別称》山王さん　《祭神》大山咋命
　　　　　　　　　　　　　　　　〔神社本庁〕
　本村井神社　もとむらいじんじゃ〔社〕
　　石川県松任市　《祭神》少彦名命　〔神社本庁〕

8 本国寺　ほんこくじ〔寺〕
　　千葉県山武郡大網白里町　《別称》みやざく檀林　《本尊》日蓮聖人奠定の大曼荼羅
　　　　　　　　　　　　　　　　〔日蓮宗〕
　本国寺　ほんこくじ〔寺〕
　　山梨県南巨摩郡身延町　《本尊》日蓮聖人奠定の大曼荼羅　〔日蓮宗〕
　本国寺　ほんこくじ〔寺〕
　　静岡県富士市　《本尊》日蓮聖人奠定の大曼荼羅　〔日蓮宗〕
　本宗寺　ほんしゅうじ〔寺〕
　　愛知県岡崎市　《別称》平地御坊　《本尊》阿弥陀如来　〔浄土真宗本願寺派〕
　本宗寺　ほんしゅうじ〔寺〕
　　三重県松阪市　《本尊》阿弥陀如来
　　　　　　　　　　　　　　　〔真宗大谷派〕
　本居神社　もとおりじんじゃ〔社〕
　　三重県松阪市　《祭神》本居宣長［他］
　　　　　　　　　　　　　　　　〔神社本庁〕
　本岳寺　ほんがくじ〔寺〕
　　福岡県福岡市博多区　《本尊》十界大曼荼羅
　　　　　　　　　　　　　　　　〔日蓮宗〕
　本性寺　ほんしょうじ〔寺〕
　　埼玉県行田市　《本尊》阿弥陀如来
　　　　　　　　　　　　　　　〔真言宗豊山派〕
　本念寺　ほんねんじ〔寺〕
　　秋田県仙北郡西仙北町　《本尊》阿弥陀如来・観世音菩薩・勢至菩薩　〔浄土宗〕
　本念寺　ほんねんじ〔寺〕
　　東京都文京区　《本尊》十界大曼荼羅・日蓮聖人　〔日蓮宗〕
　本念寺　ほんねんじ〔寺〕
　　大阪府大東市　《本尊》阿弥陀如来
　　　　　　　　　　　　　　　〔真宗大谷派〕
　本承寺　ほんしょうじ〔寺〕
　　福井県武生市　《本尊》日蓮聖人奠定の大曼荼羅　〔法華宗(真門流)〕
　本招寺　ほんしょうじ〔寺〕
　　富山県魚津市　《別称》墓苑の寺　《本尊》阿弥陀如来　〔浄土真宗本願寺派〕
　本明寺　ほんみょうじ〔寺〕
　　石川県石川郡美川町　《本尊》阿弥陀如来
　　　　　　　　　　　　　　　〔真宗大谷派〕
　本明寺　ほんみょうじ〔寺〕
　　奈良県橿原市　《別称》釈迦堂　《本尊》釈迦如来　〔浄土宗〕
　本松寺　ほんしょうじ〔寺〕
　　千葉県東金市　《本尊》日蓮聖人奠定の大曼荼羅
　　　　　　　　　　　　　　　〔顕本法華宗〕

5画（本）

本松寺　ほんしょうじ〔寺〕
　兵庫県明石市　《本尊》日蓮聖人奠定の大曼
　荼羅　　　　　　　　　　　　　〔日蓮宗〕
本法寺　ほんぽうじ〔寺〕
　千葉県松戸市　《本尊》久遠実成本師釈迦如
　来　　　　　　　　　　　　　　〔日蓮宗〕
本法寺　ほんぽうじ〔寺〕
　千葉県夷隅郡大多喜町　《本尊》日蓮聖人奠
　定の大曼荼羅　　　　　　　　　〔日蓮宗〕
本法寺　ほんぽうじ〔寺〕
　東京都文京区　《本尊》阿弥陀如来
　　　　　　　　　　　　　　　〔真宗大谷派〕
本法寺　ほんぽうじ〔寺〕
　東京都台東区　《別称》熊谷稲荷　《本尊》久
　遠実成釈迦如来・熊谷稲荷　　　〔日蓮宗〕
本法寺　ほんぽうじ〔寺〕
　神奈川県横浜市港北区　《本尊》一塔両尊・十
　界勧請の木像　　　　　　　　　〔日蓮宗〕
本法寺　ほんぽうじ〔寺〕
　新潟県岩船郡荒川町　《本尊》日蓮聖人奠定
　の大曼荼羅　　　　　　　　〔法華宗(陣門流)〕
本法寺　ほんぽうじ〔寺〕
　富山県婦負郡八尾町　《別称》別院　《本尊》
　久遠実成本師釈迦如来　　　〔法華宗(陣門流)〕
本法寺　ほんぽうじ〔寺〕
　静岡県沼津市　《本尊》日蓮聖人奠定の久遠
　実成輪円具足の南無妙法蓮華経
　　　　　　　　　　　　　〔法華宗(本門流)〕
本法寺　ほんぽうじ〔寺〕
　愛知県幡豆郡一色町　《別称》江戸小日向本
　法寺支坊　《本尊》阿弥陀如来
　　　　　　　　　　　　　　　〔真宗大谷派〕
本法寺　ほんぽうじ〔寺〕
　三重県安芸郡芸濃町　《本尊》阿弥陀如来
　　　　　　　　　　　　　　　〔真宗高田派〕
本法寺　ほんぽうじ〔寺〕
　京都府京都市上京区　《別称》鍋冠り日親上人
　の寺・由緒寺院　《本尊》三宝尊　〔日蓮宗〕
本法寺　ほんぽうじ〔寺〕
　兵庫県神戸市兵庫区　《本尊》十界曼陀羅
　　　　　　　　　　　　　　　〔本門仏立宗〕
本牧神社　ほんもくじんじゃ〔社〕
　神奈川県横浜市中区　《別称》十二天　《祭
　神》大日孁貴命〔他〕　　　　　〔神社本庁〕
本長寺　ほんちょうじ〔寺〕
　石川県金沢市　《本尊》本門の三宝
　　　　　　　　　　　　　　　〔顕本法華宗〕
本長寺　ほんちょうじ〔寺〕
　大阪府大阪市中央区　《別称》最上稲荷さん
　《本尊》日蓮聖人奠定の大曼荼羅
　　　　　　　　　　　　　　　　〔日蓮宗〕

本門寺　ほんもんじ〔寺〕
　北海道夕張郡栗山町　《本尊》日蓮聖人奠定
　の大曼荼羅　　　　　　　　〔法華宗(本門流)〕
本門寺　ほんもんじ〔寺〕
　東京都大田区　《別称》霊跡寺院　《本尊》日
　蓮聖人奠定の曼荼羅　　　　　　〔日蓮宗〕
本門寺　ほんもんじ〔寺〕
　静岡県富士宮市　《別称》重須・霊跡寺院
　《本尊》日蓮聖人奠定の十界曼荼羅・日蓮聖
　人　　　　　　　　　　　　　　〔日蓮宗〕
本門寺　ほんもんじ〔寺〕
　静岡県富士郡芝川町　《本尊》日蓮聖人奠定
　の大曼荼羅　　　　　　　　　　〔単立〕
本門寺　ほんもんじ〔寺〕
　兵庫県津名郡一宮町　《本尊》日蓮聖人奠定
　の十界勧請大曼荼羅　　　　〔法華宗(本門流)〕
本門寺　ほんもんじ〔寺〕
　香川県三豊郡三野町　《別称》高瀬大坊　《本
　尊》板曼荼羅　　　　　　　　〔日蓮正宗〕
9本乗寺　ほんじょうじ〔寺〕
　神奈川県横浜市港北区　《本尊》十界曼陀
　羅　　　　　　　　　　　　　　〔日蓮宗〕
本圀寺　ほんこくじ〔寺〕
　京都府京都市下京区　《別称》光山・六条霊跡
　寺院　《本尊》日蓮聖人奠定の大曼荼羅
　　　　　　　　　　　　　　　　〔日蓮宗〕
本城寺　ほんじょうじ〔寺〕
　群馬県富岡市　《別称》鬼子母神　《本尊》一
　塔両尊四士　　　　　　　　　　〔日蓮宗〕
本政寺　ほんせいじ〔寺〕
　大阪府大阪市中央区　《別称》どんつく寺
　《本尊》十界大曼荼羅　　　　　〔日蓮宗〕
本是寺　ほんぜじ〔寺〕
　石川県金沢市　《別称》六斗の本浄寺　《本
　尊》日蓮聖人奠定の大曼荼羅　　〔日蓮宗〕
本栄寺　ほんえいじ〔寺〕
　東京都品川区　《別称》ばんばでら　《本尊》
　日蓮聖人奠定の曼荼羅　　　　　〔日蓮宗〕
本柳寺　ほんりゅうじ〔寺〕
　兵庫県姫路市　《本尊》阿弥陀如来
　　　　　　　　　　　　　　〔浄土真宗本願寺派〕
本浄寺　ほんじょうじ〔寺〕
　北海道利尻郡利尻富士町　《本尊》阿弥陀如
　来　　　　　　　　　　　　　〔真宗大谷派〕
本浄寺　ほんじょうじ〔寺〕
　石川県鹿島郡中島町　《別称》上町のお寺
　《本尊》阿弥陀如来　　　　　〔真宗大谷派〕
本浄寺　ほんじょうじ〔寺〕
　山梨県南巨摩郡増穂町　《本尊》十界曼荼
　羅　　　　　　　　　　　　　　〔日蓮宗〕

神社・寺院名よみかた辞典　167

5画（本）

本浄寺　ほんじょうじ〔寺〕
　岐阜県大垣市　《本尊》阿弥陀如来
　　　　　　　　　　　　〔真宗大谷派〕
本泉寺　ほんせんじ〔寺〕
　茨城県取手市　《本尊》阿弥陀如来　〔浄土宗〕
本泉寺　ほんせんじ〔寺〕
　茨城県那珂郡山方町　《本尊》阿弥陀如来
　　　　　　　　　　　　〔浄土真宗本願寺派〕
本泉寺　ほんせんじ〔寺〕
　石川県金沢市　《別称》二俣の蓮如寺　《本尊》阿弥陀如来　〔真宗大谷派〕
本泉寺　ほんせんじ〔寺〕
　愛知県瀬戸市　《本尊》阿弥陀如来
　　　　　　　　　　　　〔真宗高田派〕
本泉寺　ほんせんじ〔寺〕
　大阪府四條畷市　《本尊》阿弥陀如来
　　　　　　　　　　　　〔真宗大谷派〕
本泉寺　ほんせんじ〔寺〕
　兵庫県伊丹市　《本尊》十界大曼荼羅・日蓮聖人　〔日蓮宗〕
本荘の春日さん《称》　ほんじょうのかすがさん〔社〕
　福井県あわら市・春日神社　《祭神》武甕槌命〔他〕　〔神社本庁〕
本荘八幡宮　ほんじょうはちまんぐう〔社〕
　岡山県倉敷市　《祭神》品陀別命〔他〕
　　　　　　　　　　　　〔神社本庁〕
本荘神社　ほんじょうじんじゃ〔社〕
　秋田県本荘市　《祭神》建御名方命〔他〕
　　　　　　　　　　　　〔神社本庁〕
本荘神社　ほんじょうじんじゃ〔社〕
　岐阜県岐阜市　《祭神》素盞嗚大神
　　　　　　　　　　　　〔神社本庁〕
本要寺　ほんようじ〔寺〕
　北海道富良野市　《本尊》日蓮聖人奠定の大曼荼羅　〔日蓮宗〕
本要寺　ほんようじ〔寺〕
　滋賀県大津市　《本尊》釈迦如来・日蓮聖人
　　　　　　　　　　　　〔日蓮宗〕
本要寺　ほんようじ〔寺〕
　兵庫県三木市　《本尊》一塔両尊・日蓮聖人
　　　　　　　　　　　　〔日蓮宗〕
10本宮八幡神社　ほんぐうはちまんじんじゃ〔社〕
　広島県賀茂郡豊栄町　《別称》本宮八幡宮　《祭神》帯仲津日子命〔他〕　〔神祇本庁〕
本宮神社　ほんぐうじんじゃ〔社〕
　高知県高知市　《祭神》速玉男命〔他〕
　　　　　　　　　　　　〔神社本庁〕

本将寺　ほんしょうじ〔寺〕
　千葉県市川市　《本尊》一塔両尊四菩薩・日蓮聖人・鬼子母神　〔日蓮宗〕
本流寺　ほんりゅうじ〔寺〕
　福井県坂井郡三国町　《本尊》阿弥陀如来
　　　　　　　　　　　　〔真宗高田派〕
本称寺　ほんしょうじ〔寺〕
　静岡県浜松市　《別称》浜松御坊　《本尊》阿弥陀如来　〔浄土真宗本願寺派〕
本竜寺　ほんりゅうじ〔寺〕
　東京都台東区　《本尊》阿弥陀如来
　　　　　　　　　　　　〔真宗大谷派〕
本竜寺　ほんりゅうじ〔寺〕
　新潟県中頸城郡板倉町　《本尊》阿弥陀如来　〔真宗大谷派〕
本竜寺　ほんりゅうじ〔寺〕
　石川県金沢市　《別称》銭五の寺　《本尊》阿弥陀如来　〔真宗大谷派〕
本竜寺　ほんりゅうじ〔寺〕
　岐阜県不破郡垂井町　《本尊》阿弥陀如来
　　　　　　　　　　　　〔真宗大谷派〕
本竜寺　ほんりゅうじ〔寺〕
　愛知県犬山市　《本尊》阿弥陀如来
　　　　　　　　　　　　〔真宗大谷派〕
本竜寺　ほんりゅうじ〔寺〕
　京都府京都市中京区　《本尊》阿弥陀如来
　　　　　　　　　　　　〔真宗大谷派〕
本竜院　ほんりゅういん〔寺〕
　東京都台東区　《別称》待乳山聖天　《本尊》歓喜天・十一面観世音菩薩　〔聖観音宗〕
本能寺　ほんのうじ〔寺〕
　静岡県静岡市　《本尊》一塔二尊四士
　　　　　　　　　　　　〔日蓮宗〕
本能寺　ほんのうじ〔寺〕
　京都府京都市中京区　《別称》大本山　《本尊》日蓮聖人奠定の十界勧請大曼荼羅
　　　　　　　　　　　　〔法華宗(本門流)〕
本通寺　ほんつうじ〔寺〕
　東京都台東区　《本尊》日蓮聖人奠定の大曼荼羅　〔法華宗(陣門流)〕
本迹寺　ほんちゃくじ〔寺〕
　神奈川県足柄下郡箱根町　《別称》東七面山　《本尊》十界曼荼羅　〔日蓮宗〕
11本教寺　ほんきょうじ〔寺〕
　愛知県西春日井郡西春町　《本尊》阿弥陀如来　〔真宗大谷派〕
本教寺　ほんきょうじ〔寺〕
　京都府京都市伏見区　《別称》牡丹の寺　《本尊》十界大曼荼羅　〔日蓮宗〕

168　神社・寺院名よみかた辞典

5画（本）

本教寺　ほんきょうじ〔寺〕
　岡山県英田郡作東町　《本尊》阿弥陀如来
　　　　　　　　　　　　　　　〔真宗大谷派〕
本教寺　ほんきょうじ〔寺〕
　大分県津久見市　《本尊》阿弥陀如来
　　　　　　　　　　　　〔浄土宗西山禅林寺派〕
本経寺　ほんきょうじ〔寺〕
　大阪府大阪市中央区　《本尊》日蓮聖人奠定
　の大曼荼羅　　　　　　　　〔法華宗(本門流)〕
本経寺　ほんきょうじ〔寺〕
　長崎県大村市　《本尊》日蓮聖人奠定の大曼
　荼羅　　　　　　　　　　　　　　〔日蓮宗〕
本郷八幡宮《称》　ほんごうはちまんぐう
　〔社〕
　山口県玖珂郡本郷村・八幡宮　《祭神》応神
　天皇〔他〕　　　　　　　　　　　〔神社本庁〕
本郷不動様《称》　ほんごうふどうさま〔寺〕
　埼玉県所沢市・東福寺　《本尊》不動明王
　　　　　　　　　　　　　　　〔真言宗豊山派〕
本郷寺　ほんごうじ〔寺〕
　山梨県南巨摩郡南部町　《本尊》十界大曼荼
　羅　　　　　　　　　　　　　　　〔日蓮宗〕
本隆寺　ほんりゅうじ〔寺〕
　千葉県山武郡九十九里町　《本尊》日蓮聖人
　奠定の十界大曼荼羅　　　　　　〔顕本法華宗〕
本隆寺　ほんりゅうじ〔寺〕
　福井県敦賀市　《本尊》日蓮聖人奠定の大曼
　荼羅　　　　　　　　　　　　〔法華宗(本門流)〕
本隆寺　ほんりゅうじ〔寺〕
　京都府京都市上京区　《別称》総本山　《本
　尊》日蓮聖人奠定の大曼荼羅
　　　　　　　　　　　　　　〔法華宗(真門流)〕
本隆寺　ほんりゅうじ〔寺〕
　岡山県岡山市　《本尊》日蓮聖人奠定の大曼
　荼羅　　　　　　　　　　　　〔法華宗(本門流)〕
12本勝寺　ほんしょうじ〔寺〕
　石川県鳳至郡門前町　《本尊》阿弥陀如来
　　　　　　　　　　　　　　　〔真宗大谷派〕
本勝寺　ほんしょうじ〔寺〕
　福井県敦賀市　　　　　　〔法華宗(本門流)〕
本勝寺　ほんしょうじ〔寺〕
　静岡県小笠郡大東町　《本尊》十界勧請大曼
　荼羅　　　　　　　　　　　　　　〔日蓮宗〕
本善寺　ほんぜんじ〔寺〕
　石川県加賀市　《本尊》阿弥陀如来
　　　　　　　　　　　　　　　〔真宗大谷派〕
本善寺　ほんぜんじ〔寺〕
　岐阜県養老郡上石津町　《別称》いちのせ寺
　《本尊》阿弥陀如来　　　　　　〔真宗大谷派〕

本善寺　ほんぜんじ〔寺〕
　奈良県吉野郡吉野町　《本尊》阿弥陀如来
　　　　　　　　　　　　　　〔浄土真宗本願寺派〕
本善寺　ほんぜんじ〔寺〕
　愛媛県周桑郡小松町　《本尊》阿弥陀如来・金
　毘羅大権現・薬師如来　　　　　　〔浄土宗〕
本敬寺　ほんきょうじ〔寺〕
　秋田県秋田市　《本尊》阿弥陀如来
　　　　　　　　　　　　　　　〔真宗大谷派〕
本敬寺　ほんきょうじ〔寺〕
　千葉県千葉市　《本尊》日蓮聖人奠定の十界
　勧請大曼荼羅　　　　　　　　　　〔日蓮宗〕
本智院　ほんちいん〔寺〕
　東京都北区　《別称》飛鳥山の不動　《本尊》
　不動明王　　　　　　　　　　〔真言宗智山派〕
本渡諏訪神社　ほんどすわじんじゃ〔社〕
　熊本県本渡市　《別称》お諏訪さん　《祭神》
　健御名方神〔他〕　　　　　　　　〔神社本庁〕
本満寺　ほんまんじ〔寺〕
　京都府京都市上京区　《別称》由緒寺院　《本
　尊》日蓮聖人奠定の大曼荼羅・日蓮聖人
　　　　　　　　　　　　　　　　　〔日蓮宗〕
本然寺　ほんねんじ〔寺〕
　東京都台東区　《本尊》釈迦如来　〔曹洞宗〕
本覚寺　ほんがくじ〔寺〕
　北海道北見市　《本尊》阿弥陀如来
　　　　　　　　　　　　　　〔浄土真宗本願寺派〕
本覚寺　ほんがくじ〔寺〕
　青森県東津軽郡今別町　《別称》いまべつ本
　覚寺　《本尊》阿弥陀如来　　　　〔浄土宗〕
本覚寺　ほんかくじ〔寺〕
　福島県会津若松市　《本尊》阿弥陀如来
　　　　　　　　　　　　　　　　　〔浄土宗〕
本覚寺　ほんがくじ〔寺〕
　福島県伊達郡梁川町　《本尊》阿弥陀如来
　　　　　　　　　　　　　　　〔真宗大谷派〕
本覚寺　ほんがくじ〔寺〕
　東京都台東区　《別称》ひぎり祖師　《本尊》久
　遠実成本師釈迦如来・日蓮聖人　　〔日蓮宗〕
本覚寺　ほんがくじ〔寺〕
　東京都品川区　《本尊》阿弥陀三尊　〔天台宗〕
本覚寺　ほんがくじ〔寺〕
　東京都大田区　《本尊》日蓮聖人奠定の大曼
　荼羅　　　　　　　　　　　　　　〔日蓮宗〕
本覚寺　ほんがくじ〔寺〕
　神奈川県横浜市神奈川区　《別称》米国領事
　館　《本尊》地蔵菩薩　　　　　　〔曹洞宗〕
本覚寺　ほんがくじ〔寺〕
　神奈川県鎌倉市　《別称》日朝さま・東身延
　《本尊》釈迦三尊　　　　　　　　〔日蓮宗〕

神社・寺院名よみかた辞典　169

5画（本）

本覚寺　ほんがくじ〔寺〕
　神奈川県海老名市　《本尊》大日如来
　　　　　　　　　　　　　　〔真言宗大覚寺派〕
本覚寺　ほんがくじ〔寺〕
　新潟県新潟市　《本尊》一塔両尊四脇士
　　　　　　　　　　　　　　〔日蓮宗〕
本覚寺　ほんがくじ〔寺〕
　新潟県長岡市　《本尊》阿弥陀如来
　　　　　　　　　　　　　　〔真宗大谷派〕
本覚寺　ほんがくじ〔寺〕
　石川県金沢市　《本尊》十界大曼荼羅
　　　　　　　　　　　　　　〔顕本法華宗〕
本覚寺　ほんがくじ〔寺〕
　福井県吉田郡永平寺町　《本尊》阿弥陀如来　　　　　　　　　　　〔浄土真宗本願寺派〕
本覚寺　ほんがくじ〔寺〕
　福井県丹生郡清水町　《本尊》阿弥陀如来
　　　　　　　　　　　　　　〔真宗山元派〕
本覚寺　ほんかくじ〔寺〕
　岐阜県羽島市　《本尊》釈迦如来　〔曹洞宗〕
本覚寺　ほんかくじ〔寺〕
　岐阜県吉城郡上宝村　《本尊》釈迦三尊
　　　　　　　　　　　　　　〔臨済宗妙心寺派〕
本覚寺　ほんがくじ〔寺〕
　静岡県静岡市　《別称》由緒寺院　《本尊》日蓮聖人奠定の大曼荼羅　〔日蓮宗〕
本覚寺　ほんかくじ〔寺〕
　静岡県三島市　《別称》三島の日朝様　《本尊》一塔両尊四士　　　　〔日蓮宗〕
本覚寺　ほんがくじ〔寺〕
　静岡県下田市　《別称》日蓮聖人奠定の大曼荼羅　　　　　　　　　〔日蓮宗〕
本覚寺　ほんかくじ〔寺〕
　愛知県名古屋市東区　《本尊》十界曼荼羅
　　　　　　　　　　　　　　〔日蓮宗〕
本覚寺　ほんかくじ〔寺〕
　京都府京都市下京区　《本尊》阿弥陀如来
　　　　　　　　　　　　　　〔浄土宗〕
本覚寺　ほんかくじ〔寺〕
　京都府京丹後市　《本尊》一塔両尊四士・日蓮聖人　　　　　　　　〔日蓮宗〕
本覚寺　ほんかくじ〔寺〕
　兵庫県姫路市　《別称》総本山金剛院別院　《本尊》阿弥陀如来　〔真言宗金剛院派〕
本覚寺　ほんかくじ〔寺〕
　和歌山県西牟婁郡白浜町　《別称》貝寺　《本尊》阿弥陀如来　　　　〔浄土宗〕
本覚寺　ほんかくじ〔寺〕
　岡山県御津郡御津町　《別称》本山本覚寺　《本尊》日蓮聖人奠定の十界勧請妙法曼荼羅　　　　　　　　　　〔日蓮講門宗〕

本覚寺　ほんかくじ〔寺〕
　広島県広島市中区　《本尊》一塔両尊・日蓮聖人　　　　　　　　　〔日蓮宗〕
本覚寺　ほんがくじ〔寺〕
　山口県下関市　《本尊》阿弥陀如来　〔浄土宗〕
本覚寺　ほんがくじ〔寺〕
　香川県小豆郡土庄町　《別称》一髪観音　《本尊》五大力不動明王・大随求明王・馬鳴菩薩　　　　　　　　　〔高野山真言宗〕
本覚寺　ほんかくじ〔寺〕
　愛媛県伊予郡双海町　《本尊》阿弥陀如来
　　　　　　　　　　　　　　〔浄土宗〕
本覚寺　ほんかくじ〔寺〕
　福岡県甘木市　《別称》古処のお寺　《本尊》観心本尊鈔所顕の大曼荼羅・釈迦如来・日蓮聖人　　　　　　　　　〔中山妙宗〕
本覚寺　ほんかくじ〔寺〕
　佐賀県藤津郡嬉野町　《本尊》日蓮聖人奠定の大曼荼羅　　　　　　　〔日蓮宗〕
本覚寺　ほんかくじ〔寺〕
　熊本県熊本市　《別称》六角堂観音　《本尊》十界曼荼羅　　　　　　　〔日蓮宗〕
本覚坊　ほんがくぼう〔寺〕
　新潟県上越市　《本尊》阿弥陀如来
　　　　　　　　　　　　　　〔真宗大谷派〕
本覚院　ほんがくいん〔寺〕
　山形県東田川郡朝日村　《本尊》不動明王
　　　　　　　　　　　　　　〔真言宗豊山派〕
本覚院　ほんがくいん〔寺〕
　埼玉県児玉郡児玉町　《本尊》大日如来・不動明王　　　　　　　　　〔真言宗豊山派〕
本覚院　ほんがくいん〔寺〕
　新潟県西蒲原郡分水町　《本尊》大日如来
　　　　　　　　　　　　　　〔真言宗豊山派〕
本覚院　ほんがくいん〔寺〕
　滋賀県大津市　《別称》西塔のお大師さん　《本尊》元三大師　　　　〔天台宗〕
本覚院　ほんがくいん〔寺〕
　和歌山県伊都郡高野町　《本尊》不動明王
　　　　　　　　　　　　　　〔高野山真言宗〕
本証寺　ほんしょうじ〔寺〕
　北海道足寄郡陸別町　《本尊》阿弥陀如来
　　　　　　　　　　　　　　〔浄土真宗本願寺派〕
本証寺　ほんしょうじ〔寺〕
　富山県富山市　《別称》水かけ仏　《本尊》日蓮聖人奠定の大曼荼羅・妙見大菩薩　　　　　　　　　　〔日蓮宗〕
本証寺　ほんしょうじ〔寺〕
　愛知県安城市　《別称》野寺本坊　《本尊》阿弥陀如来　　　　　　　　〔真宗大谷派〕

5画（本）

本量寺　ほんりょうじ〔寺〕
　新潟県加茂市　《本尊》一塔両尊四士
　　　　　　　　　　　　　　〔法華宗(陣門流)〕
13 本楽寺　ほんらくじ〔寺〕
　福井県鯖江市　《本尊》阿弥陀如来
　　　　　　　　　　　　　　〔真宗大谷派〕
本楽寺　ほんらくじ〔寺〕
　愛知県安城市　《本尊》阿弥陀如来
　　　　　　　　　　　　　　〔真宗大谷派〕
本楽寺　ほんらくじ〔寺〕
　三重県一志郡三雲町　《本尊》阿弥陀如来
　　　　　　　　　　　　　　〔真宗高田派〕
本源寺　ほんげんじ〔寺〕
　静岡県富士宮市　《本尊》日蓮聖人奠定の大曼荼羅
　　　　　　　　　　　　　　〔日蓮宗〕
本源寺　ほんげんじ〔寺〕
　静岡県小笠郡大須賀町　《本尊》一塔両尊四士
　　　　　　　　　　　　　　〔日蓮宗〕
本源寺　ほんげんじ〔寺〕
　大阪府茨木市　《本尊》釈迦如来・観世音菩薩
　　　　　　　　　　　　　　〔臨済宗妙心寺派〕
本源寺　ほんげんじ〔寺〕
　岡山県津山市　《本尊》釈迦如来
　　　　　　　　　　　　　　〔臨済宗妙心寺派〕
本滝寺　ほんりゅうじ〔寺〕
　大阪府豊能郡能勢町　《別称》総本山・妙見のたき　《本尊》釈迦如来・妙見大菩薩・常富大菩薩　　〔妙見宗〕
本照寺　ほんしょうじ〔寺〕
　群馬県碓氷郡松井田町　《別称》門徒寺　《本尊》阿弥陀如来　　〔真宗大谷派〕
本照寺　ほんしょうじ〔寺〕
　静岡県富士市　《別称》じんしろう様　《本尊》十界大曼荼羅　　〔日蓮宗〕
本照寺　ほんしょうじ〔寺〕
　大阪府大阪市中央区　《別称》楠寺　《本尊》題目・宝塔・釈迦如来　　〔日蓮宗〕
本照寺　ほんしょうじ〔寺〕
　大阪府高槻市　《別称》富田御坊　《本尊》阿弥陀如来　　〔浄土真宗本願寺派〕
本照寺　ほんしょうじ〔寺〕
　大阪府東大阪市　《本尊》阿弥陀如来
　　　　　　　　　　　　　　〔浄土真宗本願寺派〕
本瑞寺　ほんずいじ〔寺〕
　神奈川県三浦市　《別称》桜の御所旧跡　《本尊》延命地蔵菩薩　　〔曹洞宗〕
本瑞寺（称）　ほんずいじ〔寺〕
　福井県福井市・東本願寺福井別院本瑞寺　《本尊》阿弥陀如来　　〔真宗大谷派〕

本瑞寺　ほんずいじ〔寺〕
　京都府京都市上京区　《本尊》十界大曼荼羅・妙見大菩薩　　〔日蓮宗〕
本瑞寺　ほんずいじ〔寺〕
　京都府京都市右京区　《別称》安養寺　《本尊》日蓮聖人奠定の大曼荼羅　〔日蓮宗〕
本禅寺　ほんぜんじ〔寺〕
　京都府京都市上京区　《別称》別院　《本尊》大界勧請曼陀羅　〔法華宗(陣門流)〕
本福寺　ほんぷくじ〔寺〕
　千葉県松戸市　《本尊》阿弥陀如来　〔時宗〕
本福寺　ほんぷくじ〔寺〕
　石川県金沢市　《本尊》阿弥陀如来
　　　　　　　　　　　　　　〔真宗大谷派〕
本福寺　ほんぷくじ〔寺〕
　滋賀県大津市　《本尊》阿弥陀如来
　　　　　　　　　　　　　　〔浄土真宗本願寺派〕
本福寺　ほんぷくじ〔寺〕
　京都府京都市左京区　《本尊》阿弥陀如来
　　　　　　　　　　　　　　〔真宗大谷派〕
本蓮寺　ほんれんじ〔寺〕
　神奈川県藤沢市　《別称》子安さま　《本尊》十界曼荼羅　　〔日蓮宗〕
本蓮寺　ほんれんじ〔寺〕
　石川県小松市　《本尊》阿弥陀如来
　　　　　　　　　　　　　　〔真宗大谷派〕
本蓮寺　ほんれんじ〔寺〕
　岡山県津山市　《別称》中寺　《本尊》日蓮聖人奠定の曼荼羅　〔顕本法華宗〕
本蓮寺　ほんれんじ〔寺〕
　岡山県邑久郡牛窓町　《本尊》日蓮聖人奠定の大曼荼羅　〔法華宗(本門流)〕
本蓮寺　ほんれんじ〔寺〕
　長崎県長崎市　《本尊》日蓮聖人奠定の十界大曼荼羅　　〔日蓮宗〕
本遠寺　ほんおんじ〔寺〕
　山梨県南巨摩郡身延町　《別称》由緒寺院　《本尊》日蓮聖人奠定の大曼荼羅　〔日蓮宗〕
本遠寺　ほんえんじ〔寺〕
　愛知県名古屋市熱田区　《本尊》日蓮聖人奠定の大曼荼羅　　〔日蓮宗〕
14 本境寺　ほんきょうじ〔寺〕
　福井県小浜市　《別称》本山　《本尊》一塔両尊四菩薩　〔法華宗(真門流)〕
本徳寺　ほんとくじ〔寺〕
　福井県小浜市　《別称》せいの七面さん　《本尊》十界大曼荼羅　〔日蓮宗〕
本徳寺　ほんとくじ〔寺〕
　大阪府岸和田市　《本尊》十一面観世音菩薩　　〔臨済宗妙心寺派〕

5画（本）

本徳寺　ほんとくじ〔寺〕
　兵庫県姫路市　《別称》亀山御坊　《本尊》阿弥陀如来　〔浄土真宗本願寺派〕
本漸寺　ほんぜんじ〔寺〕
　千葉県東金市　〔顕本法華宗〕
本誓寺　ほんせいじ〔寺〕
　北海道芦別市　《別称》紫雲閣　《本尊》阿弥陀如来　〔浄土真宗本願寺派〕
本誓寺　ほんせいじ〔寺〕
　岩手県盛岡市　《別称》真宗二四輩旧跡　《本尊》阿弥陀如来　〔真宗大谷派〕
本誓寺　ほんせいじ〔寺〕
　栃木県真岡市　《本尊》阿弥陀如来　〔真宗大谷派〕
本誓寺　ほんせいじ〔寺〕
　東京都江東区　《本尊》阿弥陀如来　〔浄土宗〕
本誓寺　ほんせいじ〔寺〕
　神奈川県小田原市　《本尊》歯吹阿弥陀如来・阿弥陀如来　〔浄土宗〕
本誓寺　ほんせいじ〔寺〕
　新潟県上越市　《別称》笠原御坊　《本尊》阿弥陀如来　〔真宗大谷派〕
本誓寺　ほんぜいじ〔寺〕
　石川県松任市　《本尊》阿弥陀如来　〔真宗大谷派〕
本誓寺　ほんせいじ〔寺〕
　石川県鳳至郡門前町　《別称》あぎしの寺　《本尊》阿弥陀如来　〔真宗大谷派〕
本誓寺　ほんせいじ〔寺〕
　長野県長野市　《別称》真宗二四輩旧跡　《本尊》阿弥陀如来　〔真宗大谷派〕
本誓寺　ほんせいじ〔寺〕
　岐阜県岐阜市　《本尊》阿弥陀如来　〔浄土宗〕
本誓寺　ほんせいじ〔寺〕
　滋賀県蒲生郡日野町　《本尊》阿弥陀如来　〔真宗大谷派〕
本誓寺　ほんせいじ〔寺〕
　福岡県飯塚市　《本尊》阿弥陀如来　〔浄土宗〕
15本慶寺　ほんけいじ〔寺〕
　岐阜県海津郡南濃町　《本尊》阿弥陀如来　〔真宗大谷派〕
本澄寺　ほんちょうじ〔寺〕
　秋田県能代市　《本尊》日蓮聖人奠定の大曼荼羅　〔日蓮宗〕
本澄寺　ほんちょうじ〔寺〕
　大阪府高槻市　《別称》上牧の祖師　《本尊》十界大曼荼羅　〔日蓮宗〕
本蔵寺　ほんぞうじ〔寺〕
　東京都江戸川区　《本尊》釈迦如来・日蓮聖人　〔日蓮宗〕

本養寺　ほんようじ〔寺〕
　大阪府池田市　《別称》呉春の寺　《本尊》十界大曼荼羅　〔日蓮宗〕
16本興寺　ほんこうじ〔寺〕
　千葉県長生郡長生村　《別称》大寺　《本尊》大曼荼羅　〔法華宗(本門流)〕
本興寺　ほんこうじ〔寺〕
　神奈川県横浜市泉区　《別称》由緒寺院　《本尊》日蓮聖人奠定の大曼荼羅　〔日蓮宗〕
本興寺　ほんこうじ〔寺〕
　石川県金沢市　《別称》薬師の御祖師様・除厄祖師　《本尊》十界大曼荼羅　〔日蓮宗〕
本興寺　ほんこうじ〔寺〕
　福井県武生市　《別称》本山　《本尊》日蓮聖人奠定の大曼荼羅　〔法華宗(真門流)〕
本興寺　ほんこうじ〔寺〕
　静岡県湖西市　《別称》文晁寺別院　《本尊》日蓮聖人奠定の十界勧請大曼荼羅　〔法華宗(陣門流)〕
本興寺　ほんこうじ〔寺〕
　兵庫県尼崎市　《別称》尼山・大本山　《本尊》日蓮聖人奠定の十界大曼荼羅・日蓮聖人・日隆上人　〔法華宗(本門流)〕
本興寺　ほんこうじ〔寺〕
　福岡県福岡市博多区　《別称》大黒寺　《本尊》一尊四士　〔日蓮宗〕
17本厳寺　ほんごんじ〔寺〕
　大阪府寝屋川市　《別称》御霊屋　《本尊》日蓮聖人奠定の大曼荼羅　〔本門法華宗〕
18本顕寺　ほんけんじ〔寺〕
　福岡県北九州市小倉南区　《本尊》十界大曼荼羅　〔日蓮宗〕
19本願寺　ほんがんじ〔寺〕
　北海道北見市　《別称》本山・門徒の本願寺　《本尊》阿弥陀如来　〔門徒宗一味派〕
本願寺　ほんがんじ〔寺〕
　茨城県取手市　《本尊》阿弥陀如来　〔浄土宗〕
本願寺　ほんがんじ〔寺〕
　千葉県香取郡小見川町　《本尊》阿弥陀如来　〔浄土宗〕
本願寺　ほんがんじ〔寺〕
　東京都品川区　《本尊》阿弥陀三尊　〔浄土宗〕
本願寺　ほんがんじ〔寺〕
　東京都府中市　《本尊》阿弥陀如来　〔浄土宗〕
本願寺《称》　ほんがんじ〔寺〕
　長野県松本市・西本願寺松本別院　《本尊》阿弥陀如来　〔浄土真宗本願寺派〕
本願寺　ほんがんじ〔寺〕
　三重県阿山郡大山田村　《本尊》阿弥陀如来　〔天台真盛宗〕

本願寺　ほんがんじ〔寺〕
　京都府京都市下京区　《別称》本山・西本願寺
　《本尊》阿弥陀如来　　　〔浄土真宗本願寺派〕
本願寺　ほんがんじ〔寺〕
　京都府京都市下京区　《別称》本山・東本願
　寺　《本尊》阿弥陀如来　　　〔真宗大谷派〕
本願寺　ほんがんじ〔寺〕
　京都府京丹後市　《本尊》阿弥陀如来
　　　　　　　　　　　　　　　　〔浄土宗〕
本願寺　ほんがんじ〔寺〕
　鳥取県鳥取市　《本尊》阿弥陀如来　〔浄土宗〕
本願寺　ほんがんじ〔寺〕
　徳島県徳島市　《本尊》阿弥陀如来
　　　　　　　　　　　　　　　　〔新真言宗〕
本願寺　ほんがんじ〔寺〕
　愛媛県伊予市　《本尊》阿弥陀如来
　　　　　　　　　　　　　　　〔真言宗智山派〕
本願寺　ほんがんじ〔寺〕
　愛媛県喜多郡肱川町　《別称》とさかやくし
　《本尊》薬師三尊・十二神将・阿弥陀三尊・千
　手観世音菩薩・愛宕権現　　　〔高野山真言宗〕
本願寺　ほんがんじ〔寺〕
　福岡県福岡市西区　《別称》野方本願寺　《本
　尊》阿弥陀如来　　　　　　　　　〔浄土宗〕
本願寺　ほんがんじ〔寺〕
　大分県別府市・西本願寺別府別院　《本尊》阿
　弥陀如来　　　　　　　　　〔浄土真宗本願寺派〕
本願寺天満御坊《称》　ほんがんじてんま
　ごぼう〔寺〕
　大阪府大阪市北区・東本願寺天満別院　《本
　尊》阿弥陀如来　　　　　　　〔真宗大谷派〕
本願寺堺別院　ほんがんじさかいべついん
　〔寺〕
　大阪府堺市　《別称》信証院　《本尊》阿弥陀
　如来　　　　　　　　　　　〔浄土真宗本願寺派〕
本願寺塩屋別院　ほんがんじしおやべつい
　ん〔寺〕
　香川県丸亀市　《別称》塩屋御坊　《本尊》阿
　弥陀如来　　　　　　　　　〔浄土真宗本願寺派〕
本願院　ほんがんいん〔寺〕
　和歌山県伊都郡高野町　《本尊》阿弥陀如
　来　　　　　　　　　　　　　〔高野山真言宗〕

【末】

5末広神社　すえひろじんじゃ〔社〕
　大分県玖珠郡玖珠町　《別称》三島神社　《祭
　神》大山積之大神[他]　　　　　〔神社本庁〕
15末慶寺　まつけいじ〔寺〕
　京都府京都市下京区　《本尊》阿弥陀如来
　　　　　　　　　　　　　　〔浄土宗西山禅林寺派〕

【正】

0正の宮《称》　しょうのみや〔社〕
　福岡県行橋市・正八幡神社　《祭神》誉田別
　命[他]　　　　　　　　　　　〔神社本庁〕
　正ノ木稲荷《称》　しょうのきいなり〔社〕
　山梨県甲府市・稲積神社　《祭神》宇気母智
　命[他]　　　　　　　　　　　〔神社本庁〕
2正八幡《称》　しょうはちまん〔社〕
　山形県上山市・八幡神社　《祭神》誉田別命
　　　　　　　　　　　　　　　　〔神社本庁〕
　正八幡《称》　しょうはちまん〔社〕
　鹿児島県姶良郡隼人町・鹿児島神宮　《祭神》
　天津日高彦穂穂出見尊[他]　　　〔神社本庁〕
　正八幡さま《称》　しょうはちまんさま〔社〕
　福岡県行橋市・正八幡神社　《祭神》応神天
　皇[他]　　　　　　　　　　　〔神社本庁〕
　正八幡神社　しょうはちまんじんじゃ〔社〕
　兵庫県姫路市船津町宮脇　《祭神》比咩神[他]
　　　　　　　　　　　　　　　　〔神社本庁〕
　正八幡神社《称》　しょうはちまんじんじゃ
　〔社〕
　香川県綾歌郡綾歌町・八幡神社　《祭神》品
　田天皇[他]　　　　　　　　　　〔神社本庁〕
　正八幡神社　しょうはちまんじんじゃ〔社〕
　福岡県行橋市神田町　《別称》正八幡さま
　《祭神》応神天皇[他]　　　　　〔神社本庁〕
　正八幡神社　しょうはちまんじんじゃ〔社〕
　福岡県行橋市草野　《別称》正の宮　《祭神》
　誉田別命[他]　　　　　　　　　〔神社本庁〕
　正八幡神社　しょうはちまんじんじゃ〔社〕
　福岡県築上郡椎田町　《祭神》応神天皇[他]
　　　　　　　　　　　　　　　　〔神社本庁〕
　正八幡宮　しょうはちまんぐう〔社〕
　青森県南津軽郡藤崎町　《祭神》誉田別命
　　　　　　　　　　　　　　　　〔神社本庁〕
　正八幡宮《称》　しょうはちまんぐう〔社〕
　新潟県佐渡市・八幡宮　《祭神》誉田別命[他]
　　　　　　　　　　　　　　　　〔神社本庁〕
　正八幡宮《称》　しょうはちまんぐう〔社〕
　山口県玖珂郡大畠町・八幡宮　《祭神》仲哀
　天皇[他]　　　　　　　　　　　〔神社本庁〕
　正八幡宮　しょうはちまんぐう〔社〕
　山口県吉敷郡秋穂町　《別称》秋穂八幡宮
　《祭神》応神天皇[他]　　　　　〔神社本庁〕
3正万寺　しょうまんじ〔寺〕
　島根県美濃郡美都町　《本尊》阿弥陀如来
　　　　　　　　　　　　　　　　〔真宗大谷派〕
　正大寺　しょうだいじ〔寺〕
　香川県高松市　《本尊》薬師如来・愛染明王・
　千手薬師如来・不動明王・阿弥陀如来

神社・寺院名よみかた辞典　173

5画（正）

〔真言宗大覚寺派〕
4正円寺　しょうえんじ〔寺〕
　宮城県仙台市青葉区　《本尊》阿弥陀如来
〔浄土宗〕
正円寺　しょうえんじ〔寺〕
　埼玉県三郷市　《本尊》阿弥陀如来
〔真言宗豊山派〕
正円寺　しょうえんじ〔寺〕
　東京都墨田区　《本尊》釈迦如来　〔天台宗〕
正円寺　しょうえんじ〔寺〕
　新潟県中蒲原郡村松町　《本尊》不動明王
〔真言宗智山派〕
正円寺　しょうえんじ〔寺〕
　新潟県北魚沼郡小出町　《本尊》釈迦如来
〔曹洞宗〕
正円寺　しょうえんじ〔寺〕
　山口県厚狭郡楠町　《本尊》阿弥陀如来
〔浄土真宗本願寺派〕
正円寺　しょうえんじ〔寺〕
　愛媛県伊予市　《本尊》阿弥陀如来
〔真言宗智山派〕
正文寺　しょうぶんじ〔寺〕
　千葉県安房郡和田町　《本尊》十界大曼荼羅・
　正観世音菩薩　　　　　　　　　〔日蓮宗〕
5正仙寺　しょうせんじ〔寺〕
　栃木県栃木市　《本尊》不動明王
〔真言宗豊山派〕
正平寺　しょうへいじ〔寺〕
　秋田県横手市　《別称》赤門の寺　《本尊》十
　一面観世音菩薩　　　　　　　　〔曹洞宗〕
正永寺　しょうえいじ〔寺〕
　埼玉県秩父郡小鹿野町　《本尊》釈迦如来
〔曹洞宗〕
正永寺　しょうえいじ〔寺〕
　石川県鹿島郡中島町　《本尊》阿弥陀如来
〔真宗大谷派〕
正永寺　しょうえいじ〔寺〕
　長野県飯田市　《本尊》虚空蔵菩薩　〔曹洞宗〕
正玄寺　しょうげんじ〔寺〕
　福井県足羽郡美山町　《本尊》阿弥陀如来
〔浄土真宗本願寺派〕
正立寺　しょうりゅうじ〔寺〕
　大阪府寝屋川市　《本尊》十界曼陀羅・題目・
　宝塔　　　　　　　　　　　〔法華宗(本門流)〕
正立寺　しょうりゅうじ〔寺〕
　佐賀県佐賀郡諸富町　《本尊》阿弥陀如来
〔浄土真宗本願寺派〕
6正休寺　しょうきゅうじ〔寺〕
　滋賀県大津市　《本尊》阿弥陀如来
〔真宗大谷派〕

正伝寺　しょうでんじ〔寺〕
　東京都港区　《別称》毘沙門様　《本尊》毘沙
　門天　　　　　　　　　　　　　〔日蓮宗〕
正伝寺　しょうでんじ〔寺〕
　滋賀県高島郡新旭町　《本尊》釈迦如来
〔曹洞宗〕
正伝寺　しょうでんじ〔寺〕
　京都府京都市北区　《別称》正伝護国禅寺
　《本尊》釈迦如来　　　〔臨済宗南禅寺派〕
正伝院　しょうでんいん〔寺〕
　佐賀県藤津郡太良町　《本尊》阿弥陀如来
〔浄土宗〕
正伝庵　しょうでんあん〔寺〕
　神奈川県鎌倉市　《本尊》釈迦如来
〔臨済宗円覚寺派〕
正伝護国禅寺《称》　しょうでんごこくぜ
　んじ〔寺〕
　京都府京都市北区・正伝寺　《本尊》釈迦如
　来　　　　　　　　　　〔臨済宗南禅寺派〕
正光寺　しょうこうじ〔寺〕
　青森県弘前市　《本尊》釈迦如来　〔曹洞宗〕
正光寺　しょうこうじ〔寺〕
　岩手県一関市　《本尊》阿弥陀如来
〔浄土真宗本願寺派〕
正光寺　しょうこうじ〔寺〕
　茨城県稲敷郡東町　《本尊》阿弥陀如来
〔天台宗〕
正光寺　しょうこうじ〔寺〕
　埼玉県羽生市　《本尊》阿弥陀如来　〔浄土宗〕
正光寺　しょうこうじ〔寺〕
　東京都北区　《別称》世継ぎ観音　《本尊》阿
　弥陀如来　　　　　　　　　　　〔浄土宗〕
正光寺　しょうこうじ〔寺〕
　神奈川県横須賀市　《本尊》阿弥陀如来
〔浄土宗〕
正光寺　しょうこうじ〔寺〕
　愛知県西尾市　《本尊》阿弥陀如来
〔真宗大谷派〕
正光寺　しょうこうじ〔寺〕
　滋賀県蒲生郡竜王町　《別称》上の寺　《本
　尊》阿弥陀如来　　　　　　　〔天台真盛宗〕
正光寺　しょうこうじ〔寺〕
　和歌山県西牟婁郡日置川町　《本尊》阿弥陀
　如来　　　　　　　　　　　　　〔浄土宗〕
正光寺　しょうこうじ〔寺〕
　徳島県那賀郡相生町　《本尊》地蔵菩薩
〔高野山真言宗〕
正光寺　しょうこうじ〔寺〕
　福岡県福岡市博多区　《本尊》阿弥陀如来
〔浄土真宗本願寺派〕

174　神社・寺院名よみかた辞典

5画（正）

正光寺　しょうこうじ〔寺〕
　熊本県牛深市　《別称》久玉町正光寺　《本尊》阿弥陀如来　〔浄土真宗本願寺派〕

正光院　しょうこういん〔寺〕
　茨城県岩井市　《本尊》十一面観世音菩薩　〔真言宗豊山派〕

正光院　しょうこういん〔寺〕
　東京都府中市　《本尊》不動明王　〔真言宗豊山派〕

正光院　しょうこういん〔寺〕
　岡山県和気郡吉永町　《本尊》聖観世音菩薩　〔高野山真言宗〕

正安寺　しょうあんじ〔寺〕
　東京都足立区　《本尊》阿弥陀三尊　〔浄土宗〕

正安寺　しょうあんじ〔寺〕
　神奈川県横浜市栄区　《本尊》阿弥陀如来　〔臨済宗円覚寺派〕

正安寺　しょうあんじ〔寺〕
　長野県佐久市　《本尊》釈迦如来　〔曹洞宗〕

正灯寺　しょうとうじ〔寺〕
　東京都台東区　《本尊》聖観世音菩薩　〔臨済宗妙心寺派〕

正行寺　しょうぎょうじ〔寺〕
　北海道松前郡松前町　《本尊》阿弥陀如来　〔浄土宗〕

正行寺　しょうぎょうじ〔寺〕
　栃木県宇都宮市　《本尊》阿弥陀如来　〔浄土真宗本願寺派〕

正行寺　しょうぎょうじ〔寺〕
　長野県松本市　《本尊》阿弥陀如来　〔真宗大谷派〕

正行寺　しょうぎょうじ〔寺〕
　長野県飯山市　《本尊》阿弥陀如来　〔浄土真宗本願寺派〕

正行寺　しょうぎょうじ〔寺〕
　大阪府大阪市西淀川区　《本尊》阿弥陀如来　〔浄土真宗本願寺派〕

正行寺　しょうぎょうじ〔寺〕
　奈良県宇陀郡室生村　《本尊》阿弥陀如来　〔真宗大谷派〕

正行寺　しょうぎょうじ〔寺〕
　福岡県北九州市小倉北区　《本尊》阿弥陀如来　〔浄土真宗本願寺派〕

正行寺　しょうぎょうじ〔寺〕
　福岡県筑紫野市　《本尊》阿弥陀如来　〔真宗大谷派〕

正行院　しょうぎょういん〔寺〕
　神奈川県横須賀市　《別称》秋谷寺　《本尊》阿弥陀如来　〔浄土宗〕

正行院　しょうぎょういん〔寺〕
　岐阜県不破郡垂井町　《本尊》阿弥陀如来　〔天台宗〕

正行院　しょうぎょういん〔寺〕
　京都府京都市下京区　《別称》猿寺　《本尊》阿弥陀如来　〔浄土宗捨世派〕

正行院　しょうぎょういん〔寺〕
　山口県柳井市　《本尊》阿弥陀如来　〔浄土宗〕

正西寺　しょうさいじ〔寺〕
　福島県双葉郡浪江町　《本尊》阿弥陀如来　〔真宗大谷派〕

正西寺　しょうさいじ〔寺〕
　奈良県吉野郡黒滝村　《本尊》阿弥陀如来　〔浄土真宗本願寺派〕

7正住寺　しょうじゅうじ〔寺〕
　神奈川県愛甲郡清川村　《本尊》釈迦三尊　〔臨済宗建長寺派〕

正住寺　しょうじゅうじ〔寺〕
　和歌山県和歌山市　《別称》鬼門さん　《本尊》釈迦如来　〔日蓮宗〕

正住院　しょうじゅういん〔寺〕
　静岡県湖西市　《別称》浜名鬼子母神　《本尊》十界勧請大曼荼羅　〔日蓮宗〕

正住院　しょうじゅういん〔寺〕
　愛知県常滑市　《本尊》阿弥陀如来　〔西山浄土宗〕

正寿寺　しょうじゅじ〔寺〕
　石川県石川郡美川町　《本尊》阿弥陀如来　〔真宗大谷派〕

正寿寺　しょうじゅじ〔寺〕
　熊本県下益城郡小川町　《本尊》阿弥陀如来　〔浄土真宗本願寺派〕

正応寺　しょうおうじ〔寺〕
　東京都新宿区　《本尊》阿弥陀如来　〔真宗大谷派〕

正応寺　しょうおうじ〔寺〕
　神奈川県横浜市港南区　《本尊》阿弥陀如来　〔浄土宗〕

正応寺　しょうおうじ〔寺〕
　神奈川県小田原市　《本尊》釈迦如来　〔曹洞宗〕

正応寺　しょうおうじ〔寺〕
　新潟県小千谷市　《別称》若栃の寺　《本尊》釈迦如来　〔曹洞宗〕

正応寺　しょうおうじ〔寺〕
　新潟県三島郡出雲崎町　《別称》大門の寺　《本尊》釈迦如来　〔曹洞宗〕

正応寺　しょうおうじ〔寺〕
　島根県出雲市　《本尊》阿弥陀如来　〔浄土真宗本願寺派〕

神社・寺院名よみかた辞典　175

5画（正）

正見寺　しょうけんじ〔寺〕
　東京都中野区　《本尊》阿弥陀如来
　　　　　　　　　　　　　　〔浄土真宗本願寺派〕
8正受院　しょうじゅいん〔寺〕
　東京都新宿区　《本尊》阿弥陀如来　〔浄土宗〕
正受寺　しょうじゅいん〔寺〕
　京都府京都市北区　《本尊》釈迦如来・清庵宗胃和尚
　　　　　　　　　　　　　　〔臨済宗大徳寺派〕
正受庵　しょうじゅあん〔寺〕
　長野県飯山市　《本尊》釈迦如来
　　　　　　　　　　　　　　〔臨済宗妙心寺派〕
正国寺　しょうこくじ〔寺〕
　宮崎県串間市　《別称》たちやまの寺　《本尊》阿弥陀如来　〔浄土真宗本願寺派〕
正宗寺　しょうしゅうじ〔寺〕
　北海道厚岸郡浜中町　《別称》山の寺　《本尊》釈迦如来　〔臨済宗妙心寺派〕
正宗寺　しょうじゅうじ〔寺〕
　茨城県常陸太田市　《本尊》十一面観世音菩薩　〔臨済宗円覚派〕
正宗寺　しょうじゅうじ〔寺〕
　岐阜県瑞浪市　《本尊》十一面観世音菩薩
　　　　　　　　　　　　　　〔臨済宗妙心寺派〕
正宗寺　しょうしゅうじ〔寺〕
　岐阜県大野郡丹生川村　《本尊》釈迦如来
　　　　　　　　　　　　　　〔曹洞宗〕
正宗寺　しょうじゅうじ〔寺〕
　愛知県豊橋市　《別称》すせの寺　《本尊》釈迦如来　〔臨済宗妙心寺派〕
正宗寺　しょうじゅうじ〔寺〕
　愛媛県松山市　《別称》子規堂　《本尊》釈迦如来　〔臨済宗妙心寺派〕
正宗寺　しょうじゅうじ〔寺〕
　長崎県平戸市　〔臨済宗大徳寺派〕
正定寺　しょうじょうじ〔寺〕
　茨城県古河市　《別称》土井様の寺　《本尊》阿弥陀如来　〔浄土宗〕
正定寺　しょうじょうじ〔寺〕
　静岡県藤枝市　《本尊》阿弥陀三尊・弁才天
　　　　　　　　　　　　　　〔浄土宗〕
正定寺　しょうじょうじ〔寺〕
　奈良県宇陀郡室生村　《本尊》阿弥陀如来
　　　　　　　　　　　　　　〔浄土真宗本願寺派〕
正定寺　しょうじょうじ〔寺〕
　島根県八束郡宍道町　《本尊》阿弥陀如来・善導大師・法然上人　〔浄土宗〕
正定寺　しょうじょうじ〔寺〕
　佐賀県佐賀郡川副町　《本尊》阿弥陀如来
　　　　　　　　　　　　　　〔浄土宗〕

正定寺　しょうじょうじ〔寺〕
　大分県南海部郡直川村　《本尊》釈迦如来・聖観世音菩薩　〔臨済宗妙心寺派〕
正定院　しょうじょういん〔寺〕
　京都府京都市左京区　《別称》竹谷山　《本尊》阿弥陀如来　〔浄土宗〕
正定院　しょうじょういん〔寺〕
　京都府京都市右京区　《本尊》阿弥陀如来
　　　　　　　　　　　　　　〔浄土宗〕
正念寺　しょうねんじ〔寺〕
　秋田県由利郡岩城町　《本尊》阿弥陀三尊
　　　　　　　　　　　　　　〔浄土宗〕
正念寺　しょうねんじ〔寺〕
　茨城県行方郡玉造町　《本尊》阿弥陀如来
　　　　　　　　　　　　　　〔浄土宗〕
正念寺　しょうねんじ〔寺〕
　新潟県西蒲原郡巻町　《本尊》阿弥陀如来
　　　　　　　　　　　　　　〔真宗大谷派〕
正念寺　しょうねんじ〔寺〕
　長野県飯田市　《本尊》阿弥陀如来
　　　　　　　　　　　　　　〔浄土真宗本願寺派〕
正念寺　しょうねんじ〔寺〕
　愛知県海部郡飛島村　《本尊》阿弥陀如来
　　　　　　　　　　　　　　〔真宗大谷派〕
正念寺　しょうねんじ〔寺〕
　京都府京都市上京区　《本尊》阿弥陀如来
　　　　　　　　　　　　　　〔真宗大谷派〕
正念寺　しょうねんじ〔寺〕
　京都府綾部市　《本尊》阿弥陀如来
　　　　　　　　　　　　　　〔浄土真宗本願寺派〕
正念寺　しょうねんじ〔寺〕
　大阪府枚方市　《本尊》阿弥陀如来　〔浄土宗〕
正念寺　しょうねんじ〔寺〕
　兵庫県宝塚市　《本尊》阿弥陀如来　〔浄土宗〕
正念寺　しょうねんじ〔寺〕
　島根県那賀郡金城町　《本尊》阿弥陀如来
　　　　　　　　　　　　　　〔浄土真宗本願寺派〕
正念寺　しょうねんじ〔寺〕
　広島県豊田郡安芸津町　《本尊》阿弥陀如来　〔浄土宗〕
正念寺　しょうねんじ〔寺〕
　佐賀県東松浦郡浜玉町　《本尊》阿弥陀如来　〔浄土宗〕
正念寺　しょうねんじ〔寺〕
　熊本県熊本市　《本尊》阿弥陀如来
　　　　　　　　　　　　　　〔浄土真宗本願寺派〕
正念寺　しょうねんじ〔寺〕
　熊本県玉名郡玉東町　《本尊》阿弥陀如来
　　　　　　　　　　　　　　〔単立〕

正念寺　しょうねんじ〔寺〕
　大分県北海部郡佐賀関町　《本尊》阿弥陀三
　尊　〔浄土宗〕
正念寺　しょうねんじ〔寺〕
　宮崎県日向市　《本尊》阿弥陀如来
　　　　　　　　　　　　　〔浄土真宗本願寺派〕
正明寺　しょうみょうじ〔寺〕
　埼玉県北葛飾郡杉戸町　《別称》矢畑のお寺
　《本尊》釈迦如来　〔曹洞宗〕
正明寺　しょうみょうじ〔寺〕
　愛知県名古屋市中川区　《別称》松下の蓮如
　様　《本尊》阿弥陀如来　〔真宗大谷派〕
正明寺　しょうみょうじ〔寺〕
　滋賀県蒲生郡日野町　《本尊》十一面千手観
　世音菩薩・不動明王・毘沙門天　〔黄檗宗〕
正明寺　しょうみょうじ〔寺〕
　大阪府堺市　《本尊》阿弥陀如来　〔浄土宗〕
正明寺　しょうみょうじ〔寺〕
　兵庫県姫路市　《別称》姫路寺　《本尊》阿弥
　陀如来　〔天台宗〕
正明寺　しょうみょうじ〔寺〕
　鳥取県倉吉市　《本尊》釈迦如来　〔曹洞宗〕
正明寺　しょうみょうじ〔寺〕
　福岡県大牟田市　《本尊》阿弥陀如来
　　　　　　　　　　　　　〔浄土真宗本願寺派〕
正東院　しょうとういん〔寺〕
　茨城県土浦市　《本尊》薬師如来
　　　　　　　　　　　　　〔真言宗豊山派〕
正林寺　しょうりんじ〔寺〕
　福島県郡山市　《本尊》虚空蔵菩薩
　　　　　　　　　　　　　〔真言宗豊山派〕
正林寺　しょうりんじ〔寺〕
　静岡県小笠郡小笠町　《本尊》十一面観世音
　菩薩　〔曹洞宗〕
正林寺　しょうりんじ〔寺〕
　愛知県豊橋市　《別称》しょうれんじさま・女
　人祈願霊場　《本尊》釈迦如来・子育千体
　骨地蔵菩薩　〔曹洞宗〕
正林寺　しょうりんじ〔寺〕
　京都府京都市東山区　《別称》小松谷御坊・
　円光大師霊場第一四番　《本尊》阿弥陀如
　来　〔浄土宗〕
正林寺　しょうりんじ〔寺〕
　長崎県長崎市　《本尊》阿弥陀如来
　　　　　　　　　　　　　〔真宗大谷派〕
正法会　しょうほうかい〔寺〕
　東京都品川区　《別称》本部　〔正法会〕
正法寺　しょうほうじ〔寺〕
　北海道小樽市　《本尊》三尊仏　〔曹洞宗〕

正法寺　しょうほうじ〔寺〕
　北海道苫小牧市　《別称》中山でら　《本尊》
　釈迦如来・観世音菩薩　〔臨済宗妙心寺派〕
正法寺　しょうほうじ〔寺〕
　青森県十和田市　《別称》切田の寺　《本尊》
　釈迦如来　〔曹洞宗〕
正法寺　しょうほうじ〔寺〕
　青森県西津軽郡木造町　《本尊》釈迦如来
　　　　　　　　　　　　　〔曹洞宗〕
正法寺　しょうほうじ〔寺〕
　岩手県水沢市　《本尊》釈迦如来・観世音菩
　薩　〔曹洞宗〕
正法寺　しょうほうじ〔寺〕
　山形県鶴岡市　《本尊》聖観世音菩薩
　　　　　　　　　　　　　〔曹洞宗〕
正法寺　しょうほうじ〔寺〕
　群馬県高崎市　《本尊》十界大曼荼羅
　　　　　　　　　　　　　〔日蓮宗〕
正法寺　しょうほうじ〔寺〕
　埼玉県東松山市　《別称》岩殿観音・坂東第
　一〇番霊場　《本尊》千手観世音菩薩
　　　　　　　　　　　　　〔真言宗智山派〕
正法寺　しょうほうじ〔寺〕
　埼玉県入間郡越生町　《本尊》聖観世音菩
　薩　〔臨済宗建長寺派〕
正法寺　しょうほうじ〔寺〕
　千葉県船橋市　《本尊》阿弥陀三尊
　　　　　　　　　　　　　〔真言宗豊山派〕
正法寺　しょうほうじ〔寺〕
　千葉県山武郡大網白里町　《別称》小西由緒
　寺院　《本尊》三宝尊　〔日蓮宗〕
正法寺　しょうほうじ〔寺〕
　東京都台東区　《別称》毘沙門　《本尊》日蓮
　聖人・毘沙門天　〔日蓮宗〕
正法寺　しょうほうじ〔寺〕
　新潟県佐渡市　《別称》泉の世阿弥寺　《本
　尊》釈迦如来　〔曹洞宗〕
正法寺　しょうほうじ〔寺〕
　新潟県三島郡出雲崎町　《本尊》十一面観世
　音菩薩　〔真言宗豊山派〕
正法寺　しょうほうじ〔寺〕
　富山県高岡市　《別称》八八ヵ所　《本尊》釈
　迦如来・観世音菩薩　〔曹洞宗〕
正法寺　しょうほうじ〔寺〕
　福井県大飯郡高浜町　《本尊》延命地蔵菩
　薩　〔臨済宗相国寺派〕
正法寺　しょうほうじ〔寺〕
　岐阜県岐阜市　《本尊》大日如来
　　　　　　　　　　　　　〔高野山真言宗〕

神社・寺院名よみかた辞典　177

5画（正）

正法寺　しょうほうじ〔寺〕
　岐阜県各務原市　《本尊》阿弥陀如来
　　　　　　　　　　　　　　〔真宗大谷派〕
正法寺　しょうほうじ〔寺〕
　静岡県富士郡芝川町　《本尊》十界大曼荼羅　〔日蓮宗〕
正法寺　しょうほうじ〔寺〕
　愛知県安城市　《本尊》阿弥陀如来・薬師如来　〔真宗大谷派〕
正法寺　しょうほうじ〔寺〕
　愛知県宝飯郡音羽町　《本尊》阿弥陀如来
　　　　　　　　　　　　　　〔真宗大谷派〕
正法寺　しょうほうじ〔寺〕
　三重県度会郡度会町　《本尊》三尊仏
　　　　　　　　　　　　　　〔曹洞宗〕
正法寺　しょうほうじ〔寺〕
　滋賀県大津市下阪本町　《本尊》阿弥陀如来　〔天台真盛宗〕
正法寺　しょうほうじ〔寺〕
　滋賀県大津市石山内畑町　《別称》岩間寺・西国第一二番霊場　《本尊》千手観世音菩薩　〔真言宗醍醐派〕
正法寺　しょうほうじ〔寺〕
　滋賀県大津市田上黒津町　《本尊》観世音菩薩　〔臨済宗妙心寺派〕
正法寺　しょうほうじ〔寺〕
　滋賀県野洲郡中主町　《本尊》阿弥陀如来
　　　　　　　　　　　　　　〔真宗木辺派〕
正法寺　しょうほうじ〔寺〕
　滋賀県犬上郡豊郷町　《本尊》阿弥陀如来
　　　　　　　　　　　　　　〔浄土真宗本願寺派〕
正法寺　しょうほうじ〔寺〕
　滋賀県高島郡安曇川町　《別称》みょう正法寺　《本尊》釈迦如来　〔曹洞宗〕
正法寺　しょうほうじ〔寺〕
　京都府京都市東山区今熊野南日吉町　《本尊》阿弥陀如来　〔浄土宗西山禅林寺派〕
正法寺　しょうほうじ〔寺〕
　京都府京都市東山区清閑寺霊山町　《別称》りょうぜん　《本尊》阿弥陀如来・国阿上人　〔時宗〕
正法寺　しょうほうじ〔寺〕
　京都府京都市伏見区　《別称》伏見正法寺　《本尊》阿弥陀三尊　〔浄土宗〕
正法寺　しょうほうじ〔寺〕
　京都府八幡市　《本尊》阿弥陀如来　〔浄土宗〕
正法寺　しょうほうじ〔寺〕
　京都府相楽郡和束町　《本尊》無量寿如来・観世音菩薩　〔臨済宗永源寺派〕

正法寺　しょうほうじ〔寺〕
　大阪府大阪市北区　《本尊》釈迦如来
　　　　　　　　　　　　　　〔臨済宗妙心寺派〕
正法寺　しょうほうじ〔寺〕
　大阪府大阪市中央区　《本尊》十界大曼荼羅　〔日蓮宗〕
正法寺　しょうほうじ〔寺〕
　大阪府寝屋川市　《本尊》阿弥陀如来
　　　　　　　　　　　　　　〔浄土真宗本願寺派〕
正法寺　しょうほうじ〔寺〕
　兵庫県姫路市　《本尊》阿弥陀三尊　〔浄土宗〕
正法寺　しょうほうじ〔寺〕
　兵庫県朝来郡朝来町伊由市場　《別称》自性院　《本尊》胎蔵界大日如来　〔高野山真言宗〕
正法寺　しょうほうじ〔寺〕
　兵庫県朝来郡朝来町石田　《別称》金剛院　《本尊》大日如来・阿閦如来・宝生如来・阿弥陀如来・釈迦如来　〔高野山真言宗〕
正法寺　しょうほうじ〔寺〕
　島根県大田市　《本尊》阿弥陀如来　〔浄土宗〕
正法寺　しょうほうじ〔寺〕
　広島県三原市　《本尊》弘法大師・不動明王・千手観世音菩薩　〔真言宗御室派〕
正法寺　しょうほうじ〔寺〕
　広島県庄原市　《本尊》阿弥陀如来
　　　　　　　　　　　　　　〔真言宗御室派〕
正法寺　しょうほうじ〔寺〕
　福岡県福岡市南区　《本尊》阿弥陀如来
　　　　　　　　　　　　　　〔浄土宗〕
正法寺　しょうほうじ〔寺〕
　福岡県豊前市　《本尊》阿弥陀如来
　　　　　　　　　　　　　　〔浄土真宗本願寺派〕
正法寺　しょうほうじ〔寺〕
　佐賀県佐賀市　《本尊》阿弥陀如来
　　　　　　　　　　　　　　〔臨済宗東福寺派〕
正法寺　しょうほうじ〔寺〕
　長崎県西彼杵郡多良見町　《本尊》阿弥陀如来　〔浄土宗〕
正法院　しょうぼういん〔寺〕
　青森県東津軽郡蓬田村　《本尊》釈迦如来　〔曹洞宗〕
正法院　しょうぼういん〔寺〕
　埼玉県さいたま市　〔真言宗智山派〕
正法院　しょうぼういん〔寺〕
　埼玉県南埼玉郡菖蒲町　《本尊》不動明王　〔真言宗智山派〕
正法院　しょうぼういん〔寺〕
　東京都豊島区　《別称》火伏観音　《本尊》聖観世音菩薩・十一面観世音菩薩　〔天台宗〕

5画（正）

正法院　しょうほういん〔寺〕
　静岡県賀茂郡西伊豆町　《本尊》正観世音菩薩　〔臨済宗円覚寺派〕

正法院　しょうほういん〔寺〕
　愛知県知多市　《本尊》地蔵菩薩
　　〔真言宗豊山派〕

正法院　しょうほういん〔寺〕
　滋賀県高島郡マキノ町　《本尊》阿弥陀如来　〔浄土宗〕

正法院　しょうほういん〔寺〕
　京都府京都市下京区　《本尊》阿弥陀如来　〔浄土宗〕

正法院　しょうほういん〔寺〕
　広島県三原市　《本尊》薬師如来
　　〔臨済宗仏通寺派〕

正金寺　しょうきんじ〔寺〕
　福島県西白河郡表郷村　《本尊》釈迦如来　〔曹洞宗〕

9 正乗寺　しょうじょうじ〔寺〕
　熊本県下益城郡中央町　《本尊》阿弥陀如来　〔浄土真宗本願寺派〕

正信坊　しょうしんぼう〔寺〕
　長野県長野市　《別称》赤門　《本尊》円光大師・善光寺如来　〔浄土宗〕

正専寺　しょうせんじ〔寺〕
　茨城県水海道市　《本尊》阿弥陀如来　〔浄土宗〕

正専寺　しょうせんじ〔寺〕
　熊本県本渡市　《本尊》阿弥陀如来
　　〔浄土真宗本願寺派〕

正春寺　しょうしゅんじ〔寺〕
　東京都渋谷区　《本尊》阿弥陀如来
　　〔真宗大谷派〕

正昭寺　しょうしょうじ〔寺〕
　佐賀県杵島郡江北町　《本尊》六臂如意輪観世音菩薩　〔曹洞宗〕

正栄寺　しょうえいじ〔寺〕
　京都府京都市左京区　《本尊》阿弥陀如来　〔浄土宗〕

正栄寺　しょうえいじ〔寺〕
　奈良県御所市　《本尊》阿弥陀如来　〔浄土宗〕

正浄寺　しょうじょうじ〔寺〕
　岐阜県羽島郡笠松町　《本尊》阿弥陀如来　〔真宗大谷派〕

正泉寺　しょうせんじ〔寺〕
　神奈川県横浜市鶴見区　《本尊》薬師如来　〔真言宗智山派〕

正泉寺　しょうせんじ〔寺〕
　神奈川県相模原市　《本尊》虚空蔵菩薩　〔曹洞宗〕

正泉寺　しょうせんじ〔寺〕
　熊本県山鹿市　《本尊》阿弥陀如来
　　〔浄土真宗本願寺派〕

正洞院　しょうとういん〔寺〕
　東京都台東区　《本尊》釈迦如来　〔曹洞宗〕

正祐寺　しょうゆうじ〔寺〕
　大阪府大阪市天王寺区　《本尊》五智如来　〔高野山真言宗〕

10 正恩寺　しょうおんじ〔寺〕
　神奈川県小田原市　《本尊》阿弥陀如来　〔真宗大谷派〕

正恩寺　しょうおんじ〔寺〕
　岡山県久米郡中央町　《本尊》阿弥陀如来　〔真宗大谷派〕

正真寺　しょうしんじ〔寺〕
　東京都江戸川区　《本尊》阿弥陀如来　〔真言宗豊山派〕

正竜寺　しょうりゅうじ〔寺〕
　大分県大野郡三重町　《本尊》阿弥陀如来　〔浄土真宗本願寺派〕

正翁寺　しょうおうじ〔寺〕
　長野県中野市　《別称》若宮のお寺　《本尊》阿弥陀如来　〔浄土宗〕

正通寺　しょうつうじ〔寺〕
　愛知県半田市　《本尊》阿弥陀如来
　　〔真宗大谷派〕

正通寺　しょうつうじ〔寺〕
　岡山県邑久郡長船町　《本尊》薬師如来　〔高野山真言宗〕

正院厳島神社　しょういんいつくしまじんじゃ〔社〕
　熊本県鹿本郡植木町　《祭神》多紀理比売命　〔他〕　〔神社本庁〕

正高寺　しょうこうじ〔寺〕
　愛知県一宮市　《本尊》阿弥陀如来
　　〔真宗大谷派〕

11 正崇寺　しょうそうじ〔寺〕
　滋賀県蒲生郡日野町　《本尊》阿弥陀如来　〔浄土真宗本願寺派〕

正授院　しょうじゅいん〔寺〕
　広島県尾道市　《別称》常念仏　《本尊》阿弥陀如来　〔浄土宗〕

正教寺　しょうきょうじ〔寺〕
　福島県会津若松市　《本尊》阿弥陀如来　〔真宗大谷派〕

正清院　しょうせいいん〔寺〕
　広島県広島市西区　《本尊》阿弥陀三尊　〔浄土宗〕

正現寺　しょうげんじ〔寺〕
　山口県美祢郡美東町　《本尊》阿弥陀如来　〔浄土真宗本願寺派〕

5画（正）

正眼寺　しょうがんじ〔寺〕
　群馬県邑楽郡大泉町　《本尊》釈迦如来
　　　　　　　　　　　　　　　〔曹洞宗〕

正眼寺　しょうげんじ〔寺〕
　埼玉県南埼玉郡菖蒲町　《本尊》釈迦如来
　　　　　　　　　　　　　　　〔曹洞宗〕

正眼寺　しょうげんじ〔寺〕
　神奈川県足柄下郡箱根町　《本尊》薬師如
　来　　　　　　　　　〔臨済宗大徳寺派〕

正眼寺　しょうげんじ〔寺〕
　新潟県南魚沼郡六日町　《本尊》釈迦如来
　　　　　　　　　　　　　　　〔曹洞宗〕

正眼寺　しょうげんじ〔寺〕
　岐阜県美濃加茂市　《本尊》釈迦如来
　　　　　　　　　　　　〔臨済宗妙心寺派〕

正眼寺　しょうげんじ〔寺〕
　愛知県小牧市　《本尊》三世如来　〔曹洞宗〕

正眼院　しょうげんいん〔寺〕
　長野県小諸市　《本尊》釈迦如来　〔曹洞宗〕

正隆寺　しょうりゅうじ〔寺〕
　山口県美祢市　《本尊》阿弥陀如来
　　　　　　　　　　　　〔浄土真宗本願寺派〕

12 正善寺　しょうぜんじ〔寺〕
　岐阜県本巣市　《本尊》阿弥陀如来
　　　　　　　　　　　　〔浄土真宗本願寺派〕

正善寺　しょうぜんじ〔寺〕
　佐賀県多久市　《本尊》准胝観世音菩薩
　　　　　　　　　　　　　　　〔曹洞宗〕

正善院　しょうぜんいん〔寺〕
　千葉県千葉市　《本尊》聖観世音菩薩
　　　　　　　　　　　　　　〔真言宗豊山派〕

正塔院　しょうとういん〔寺〕
　和歌山県伊都郡高野町　〔高野山真言宗〕

正尊寺　しょうそんじ〔寺〕
　岐阜県本巣市　《別称》中島の正尊寺　《本
　尊》阿弥陀如来　　〔浄土真宗本願寺派〕

正智寺　しょうちじ〔寺〕
　大阪府池田市　《本尊》阿弥陀如来
　　　　　　　　　　　　〔浄土真宗本願寺派〕

正智院　しょうちいん〔寺〕
　和歌山県伊都郡高野町　《本尊》不動明王
　　　　　　　　　　　　　〔高野山真言宗〕

正智院　しょうちいん〔寺〕
　岡山県備前市　《別称》西寺　《本尊》薬師如
　来　　　　　　　　　　　　〔高野山真言宗〕

正満寺　しょうまんじ〔寺〕
　東京都港区　《本尊》阿弥陀如来
　　　　　　　　　　　　〔浄土真宗本願寺派〕

正満寺　しょうまんじ〔寺〕
　長野県長野市　《本尊》阿弥陀如来　〔浄土宗〕

正琳寺　しょうりんじ〔寺〕
　愛知県中島郡祖父江町　《別称》森上御坊
　《本尊》阿弥陀如来　　　　〔真宗大谷派〕

正等寺　しょうとうじ〔寺〕
　富山県西礪波郡福光町　《本尊》阿弥陀如
　来　　　　　　　　　　　　〔真宗大谷派〕

正等寺　しょうとうじ〔寺〕
　福井県勝山市　《本尊》阿弥陀如来
　　　　　　　　　　　　　　〔真宗大谷派〕

正統院　しょうとういん〔寺〕
　神奈川県鎌倉市　《本尊》文殊菩薩
　　　　　　　　　　　　〔臨済宗建長寺派〕

正覚寺　しょうがくじ〔寺〕
　北海道留萌市　《本尊》釈迦如来・承陽大師・
　常済大師　　　　　　　　　〔曹洞宗〕

正覚寺　しょうがくじ〔寺〕
　青森県青森市　《別称》にばんでら　《本尊》
　阿弥陀如来　　　　　　　　　〔浄土宗〕

正覚寺　しょうがくじ〔寺〕
　山形県鶴岡市　《本尊》阿弥陀如来　〔浄土宗〕

正覚寺　しょうがくじ〔寺〕
　山形県寒河江市　《本尊》阿弥陀如来
　　　　　　　　　　　　　　　〔浄土宗〕

正覚寺　しょうかくじ〔寺〕
　群馬県桐生市　《別称》足仲の寺　《本尊》阿
　弥陀如来　　　　　　　　　〔浄土宗〕

正覚寺　しょうかくじ〔寺〕
　群馬県沼田市　《本尊》阿弥陀如来　〔浄土宗〕

正覚寺　しょうがくじ〔寺〕
　埼玉県川口市　《本尊》釈迦如来　〔曹洞宗〕

正覚寺　しょうがくじ〔寺〕
　東京都台東区　《本尊》釈迦如来　〔曹洞宗〕

正覚寺　しょうがくじ〔寺〕
　東京都墨田区　《本尊》薬師如来
　　　　　　　　　　　　　　〔真言宗智山派〕

正覚寺　しょうがくじ〔寺〕
　東京都目黒区　《別称》目黒の鬼子母神様
　《本尊》日蓮聖人奠定の大曼荼羅・日蓮聖
　人・鬼子母神　　　　　　　　〔日蓮宗〕

正覚寺　しょうがくじ〔寺〕
　神奈川県横浜市南区　《別称》十夜寺　《本
　尊》阿弥陀三尊　　　　　　〔浄土宗〕

正覚寺　しょうがくじ〔寺〕
　神奈川県横浜市港北区　《本尊》虚空蔵菩
　薩　　　　　　　　　　　　〔天台宗〕

正覚寺　しょうかくじ〔寺〕
　神奈川県海老名市　《本尊》十一面観世音菩
　薩　　　　　　　　　　　　〔高野山真言宗〕

正覚寺　しょうがくじ〔寺〕
　新潟県長岡市　《別称》赤門寺　《本尊》阿弥
　陀如来　　　　　　　　〔浄土真宗本願寺派〕

正覚寺　しょうかくじ〔寺〕
　新潟県佐渡市　《本尊》阿弥陀如来　〔浄土宗〕
正覚寺　しょうがくじ〔寺〕
　富山県射水郡小杉町　《別称》みずかみのてら　《本尊》阿弥陀如来　〔浄土宗〕
正覚寺　しょうがくじ〔寺〕
　石川県かほく市　《本尊》阿弥陀如来
　　　　　　　　　　　　　　　〔真宗大谷派〕
正覚寺　しょうがくじ〔寺〕
　福井県福井市鉾ヶ崎町　《本尊》阿弥陀如来
　　　　　　　　　　　　　　　〔真宗大谷派〕
正覚寺　しょうがくじ〔寺〕
　福井県福井市鹿俣町　《本尊》阿弥陀如来
　　　　　　　　　　　　　〔浄土真宗本願寺派〕
正覚寺　しょうがくじ〔寺〕
　福井県武生市　《本尊》阿弥陀如来　〔浄土宗〕
正覚寺　しょうがくじ〔寺〕
　山梨県塩山市　《本尊》聖観世音菩薩
　　　　　　　　　　　　　　〔臨済宗向嶽寺派〕
正覚寺　しょうがくじ〔寺〕
　山梨県北巨摩郡須玉町御門　《本尊》薬師如来
　　　　　　　　　　　　　　〔臨済宗妙心寺派〕
正覚寺　しょうがくじ〔寺〕
　山梨県北巨摩郡須玉町若神子　《本尊》虚空蔵菩薩・不動明王・阿弥陀如来　〔曹洞宗〕
正覚寺　しょうがくじ〔寺〕
　愛知県名古屋市熱田区　《別称》亀足山　《本尊》阿弥陀如来　　　　　〔西山浄土宗〕
正覚寺　しょうかくじ〔寺〕
　愛知県名古屋市南区　《本尊》十一面観世音菩薩　　　　　　　　　　　〔曹洞宗〕
正覚寺　しょうがくじ〔寺〕
　愛知県岡崎市　《本尊》阿弥陀如来
　　　　　　　　　　　　　　　〔真宗大谷派〕
正覚寺　しょうがくじ〔寺〕
　愛知県刈谷市　《本尊》阿弥陀如来
　　　　　　　　　　　　　　　〔真宗大谷派〕
正覚寺　しょうがくじ〔寺〕
　愛知県海部郡佐屋町　《本尊》阿弥陀如来
　　　　　　　　　　　　　　　〔真宗大谷派〕
正覚寺　しょうがくじ〔寺〕
　三重県四日市市　《本尊》阿弥陀如来
　　　　　　　　　　　　　〔浄土真宗本願寺派〕
正覚寺　しょうがくじ〔寺〕
　三重県三重郡楠町　《本尊》神変観世音菩薩　　　　　　　　　　〔臨済宗妙心寺派〕
正覚寺　しょうがくじ〔寺〕
　滋賀県伊香郡木之本町　《本尊》阿弥陀如来　　　　　　　　　　　　　〔浄土宗〕

正覚寺　しょうがくじ〔寺〕
　京都府京都市中京区　《別称》赤門　《本尊》阿弥陀如来・弁財天　〔浄土宗〕
正覚寺　しょうがくじ〔寺〕
　京都府京田辺市　《別称》忠魂山　《本尊》阿弥陀如来　　　　　　　　〔真宗興正派〕
正覚寺　しょうがくじ〔寺〕
　大阪府大阪市浪速区　《本尊》阿弥陀如来
　　　　　　　　　　　　　〔浄土宗本願寺派〕
正覚寺　しょうがくじ〔寺〕
　大阪府枚方市　《本尊》阿弥陀如来　〔浄土宗〕
正覚寺　しょうがくじ〔寺〕
　兵庫県伊丹市　《本尊》阿弥陀如来　〔浄土宗〕
正覚寺　しょうがくじ〔寺〕
　兵庫県三田市　《本尊》阿弥陀如来　〔浄土宗〕
正覚寺　しょうがくじ〔寺〕
　兵庫県篠山市　《本尊》阿弥陀如来　〔浄土宗〕
正覚寺　しょうがくじ〔寺〕
　兵庫県佐用郡上月町　《本尊》阿弥陀如来
　　　　　　　　　　　　　　　〔高野山真言宗〕
正覚寺　しょうがくじ〔寺〕
　兵庫県氷上郡春日町　《別称》中山の寺　《本尊》阿弥陀如来　　　　　　〔浄土宗〕
正覚寺　しょうがくじ〔寺〕
　兵庫県氷上郡山南町　《本尊》釈迦如来・延命地蔵菩薩　　　〔臨済宗妙心寺派〕
正覚寺　しょうがくじ〔寺〕
　奈良県奈良市　《本尊》阿弥陀如来
　　　　　　　　　　　　　〔浄土真宗本願寺派〕
正覚寺　しょうがくじ〔寺〕
　和歌山県西牟婁郡串本町　《本尊》阿弥陀如来　　　　　　　　　　　　〔浄土宗〕
正覚寺　しょうがくじ〔寺〕
　山口県周南市　《本尊》阿弥陀如来　〔浄土宗〕
正覚寺　しょうがくじ〔寺〕
　香川県高松市　《本尊》阿弥陀如来　〔浄土宗〕
正覚寺　しょうがくじ〔寺〕
　福岡県福岡市城南区　《本尊》千手観世音菩薩　　　　　　　　〔臨済宗東福寺派〕
正覚寺　しょうがくじ〔寺〕
　福岡県糸島郡二丈町　《本尊》阿弥陀如来
　　　　　　　　　　　　　　　　　〔浄土宗〕
正覚寺　しょうがくじ〔寺〕
　福岡県山門郡瀬高町　《本尊》阿弥陀如来
　　　　　　　　　　　　　　　〔真宗大谷派〕
正覚寺　しょうかくじ〔寺〕
　長崎県長崎市　《本尊》阿弥陀如来
　　　　　　　　　　　　　　　〔真宗仏光寺派〕
正覚寺　しょうがくじ〔寺〕
　長崎県南高来郡国見町　《本尊》阿弥陀如来　　　　　　　　〔浄土真宗本願寺派〕

5画（正）

正覚寺　しょうかくじ〔寺〕
　熊本県天草郡有明町　《本尊》釈迦三尊
　　　　　　　　　　　　　　　　〔曹洞宗〕
正覚寺　しょうかくじ〔寺〕
　大分県杵築市　《本尊》阿弥陀如来　〔浄土宗〕
正覚寺　しょうがくじ〔寺〕
　大分県宇佐市　《本尊》聖観世音菩薩
　　　　　　　　　　　　　　　　〔曹洞宗〕
正覚寺　しょうがくじ〔寺〕
　宮崎県日向市　《本尊》阿弥陀如来
　　　　　　　　　　　　　〔浄土真宗本願寺派〕
正覚院　しょうがくいん〔寺〕
　北海道檜山郡江差町　《本尊》釈迦如来
　　　　　　　　　　　　　　　　〔曹洞宗〕
正覚院　しょうかくいん〔寺〕
　福島県須賀川市　《本尊》大日如来・不動明
　王・阿弥陀如来・七仏観世音菩薩
　　　　　　　　　　　　　　〔真言宗智山派〕
正覚院　しょうがくいん〔寺〕
　埼玉県羽生市　《本尊》不動明王
　　　　　　　　　　　　　　〔真言宗智山派〕
正覚院　しょうがくいん〔寺〕
　埼玉県吉川市　《本尊》虚空蔵菩薩
　　　　　　　　　　　　　　〔真言宗豊山派〕
正覚院　しょうがくいん〔寺〕
　東京都江東区　《本尊》阿弥陀如来　〔浄土宗〕
正覚院　しょうがくいん〔寺〕
　東京都練馬区　《本尊》不動明王
　　　　　　　　　　　　　　〔真言宗豊山派〕
正覚院　しょうがくいん〔寺〕
　東京都足立区　《本尊》不動明王
　　　　　　　　　　　　　　〔真言宗豊山派〕
正覚院　しょうがくいん〔寺〕
　石川県羽咋市　《別称》西のおおてら　《本
　尊》大日如来　　　　　　　〔高野山真言宗〕
正覚院　しょうがくいん〔寺〕
　滋賀県大津市　　　　　　　　　〔天台宗〕
正覚院　しょうがくいん〔寺〕
　滋賀県蒲生郡竜王町　《本尊》地蔵菩薩・阿
　弥陀如来　　　　　　　　　　　〔浄土宗〕
正覚院　しょうがくいん〔寺〕
　京都府宇治市　《本尊》阿弥陀如来　〔浄土宗〕
正覚院　しょうがくいん〔寺〕
　岡山県井原市　《別称》準別格本山　《本尊》
　十一面観世音菩薩　　　　　〔真言宗大覚寺派〕
正覚院　しょうがくいん〔寺〕
　香川県丸亀市　《別称》山寺　《本尊》正観世
　音菩薩・聖宝理源大師　　　〔真言宗醍醐派〕
正運寺　しょううんじ〔寺〕
　群馬県太田市　《本尊》阿弥陀如来　〔浄土宗〕

正運寺　しょううんじ〔寺〕
　京都府京都市中京区　《本尊》阿弥陀如来
　　　　　　　　　　　　　　　　〔浄土宗〕
正道寺　しょうどうじ〔寺〕
　愛知県岡崎市　《本尊》阿弥陀如来
　　　　　　　　　　　　　　〔真宗大谷派〕
正道寺　しょうどうじ〔寺〕
　愛媛県南宇和郡西海町　《本尊》阿弥陀如
　来　　　　　　　　　　〔浄土真宗本願寺派〕
正雲寺　しょううんじ〔寺〕
　岡山県新見市　《本尊》如意輪観世音菩薩
　　　　　　　　　　　　　　　　〔曹洞宗〕
13正楽寺　しょうらくじ〔寺〕
　宮城県仙台市若林区　《別称》仙台精舎正楽
　寺　《本尊》阿弥陀如来　　　　　〔単立〕
正楽寺　しょうらくじ〔寺〕
　神奈川県横浜市鶴見区　《本尊》不動明王
　　　　　　　　　　　　　　〔真言宗智山派〕
正楽寺　しょうらくじ〔寺〕
　新潟県三条市　《本尊》阿弥陀如来
　　　　　　　　　　　　　　〔真宗大谷派〕
正楽寺　しょうらくじ〔寺〕
　大阪府泉佐野市　《本尊》阿弥陀如来
　　　　　　　　　　　　　　〔真宗興正派〕
正楽寺　しょうらくじ〔寺〕
　奈良県生駒郡平群町　《本尊》阿弥陀三尊・宗
　祖像・中祖像　　　　　　　　〔融通念仏宗〕
正楽寺　しょうらくじ〔寺〕
　島根県那賀郡三隅町　《本尊》阿弥陀如来
　　　　　　　　　　　　　　〔真宗大谷派〕
正楽寺　しょうらくじ〔寺〕
　山口県萩市　《本尊》阿弥陀如来
　　　　　　　　　　　　　〔浄土真宗本願寺派〕
正楽院　しょうらくいん〔寺〕
　東京都立川市　《本尊》大日如来
　　　　　　　　　　　　　　〔真言宗智山派〕
正業寺　しょうごうじ〔寺〕
　神奈川県横須賀市　《本尊》阿弥陀三尊
　　　　　　　　　　　　　　　　〔浄土宗〕
正業寺　しょうごうじ〔寺〕
　岐阜県揖斐郡久瀬村　《別称》一本木寺　《本
　尊》阿弥陀如来　　　　　　　〔真宗高田派〕
正源寺　しょうげんじ〔寺〕
　山形県最上郡真室川町　《本尊》釈迦如来
　　　　　　　　　　　　　　　　〔曹洞宗〕
正源寺　しょうげんじ〔寺〕
　長野県長野市　《本尊》阿弥陀如来　〔浄土宗〕
正源寺　しょうげんじ〔寺〕
　岐阜県瑞浪市　《本尊》釈迦如来
　　　　　　　　　　　　　　〔臨済宗妙心寺派〕

正瑞寺　しょうずいじ〔寺〕
　愛知県一宮市　《別称》天満山　《本尊》阿弥
　陀如来　　　　　　　　　　　　〔真宗大谷派〕
正福寺　しょうふくじ〔寺〕
　岩手県釜石市　《本尊》釈迦如来　〔曹洞宗〕
正福寺　しょうふくじ〔寺〕
　山形県米沢市　《本尊》釈迦如来　〔曹洞宗〕
正福寺　しょうふくじ〔寺〕
　福島県福島市　《別称》大本山　〔日蓮法華宗〕
正福寺　しょうふくじ〔寺〕
　福島県いわき市　《本尊》大日如来
　　　　　　　　　　　　　　　　〔真言宗智山派〕
正福寺　しょうふくじ〔寺〕
　栃木県小山市　《別称》迫間田不動様　《本
　尊》不動明王　　　　　　　　〔真言宗豊山派〕
正福寺　しょうふくじ〔寺〕
　栃木県那須郡那須町　《本尊》聖観世音菩
　薩　　　　　　　　　　　　　〔真言宗智山派〕
正福寺　しょうふくじ〔寺〕
　群馬県山田郡大間々町　《別称》小平正福寺
　《本尊》阿弥陀如来　　　　　　　　〔天台宗〕
正福寺　しょうふくじ〔寺〕
　埼玉県幸手市　《別称》中曾根　《本尊》不動
　明王　　　　　　　　　　　　〔真言宗智山派〕
正福寺　しょうふくじ〔寺〕
　埼玉県大里郡川本町　《本尊》阿弥陀如来
　　　　　　　　　　　　　　　　〔真言宗豊山派〕
正福寺　しょうふくじ〔寺〕
　千葉県木更津市　《本尊》不動明王
　　　　　　　　　　　　　　　　〔真言宗豊山派〕
正福寺　しょうふくじ〔寺〕
　千葉県袖ヶ浦市　《別称》かさがみ観音　《本
　尊》聖観世音菩薩　　　　　　〔真言宗智山派〕
正福寺　しょうふくじ〔寺〕
　千葉県山武郡成東町　《本尊》阿弥陀如来
　　　　　　　　　　　　　　　　〔真言宗智山派〕
正福寺　しょうふくじ〔寺〕
　千葉県安房郡千倉町　《本尊》不動明王・地
　蔵菩薩・聖徳太子　　　　　　〔真言宗智山派〕
正福寺　しょうふくじ〔寺〕
　東京都墨田区　《別称》猫寺　《本尊》薬師如
　来　　　　　　　　　　　　　〔真言宗智山派〕
正福寺　しょうふくじ〔寺〕
　東京都東村山市　《本尊》聖観世音菩薩
　　　　　　　　　　　　　　　　〔臨済宗建長寺派〕
正福寺　しょうふくじ〔寺〕
　神奈川県川崎市高津区　《本尊》大日如来
　　　　　　　　　　　　　　　　〔真言宗智山派〕
正福寺　しょうふくじ〔寺〕
　新潟県新潟市　《本尊》阿弥陀如来
　　　　　　　　　　　　　　　　〔真宗大谷派〕

正福寺　しょうふくじ〔寺〕
　富山県高岡市　《本尊》阿弥陀如来
　　　　　　　　　　　　　　　　〔真宗大谷派〕
正福寺　しょうふくじ〔寺〕
　石川県珠洲市　《本尊》阿弥陀如来
　　　　　　　　　　　　　　　　〔真宗大谷派〕
正福寺　しょうふくじ〔寺〕
　山梨県富士吉田市　《本尊》阿弥陀如来
　　　　　　　　　　　　　　　　〔浄土真宗本願寺派〕
正福寺　しょうふくじ〔寺〕
　岐阜県大垣市　《本尊》阿弥陀如来
　　　　　　　　　　　　　　　　〔真宗大谷派〕
正福寺　しょうふくじ〔寺〕
　静岡県御前崎市　《本尊》釈迦如来　〔曹洞宗〕
正福寺　しょうふくじ〔寺〕
　愛知県名古屋市中区　《本尊》阿弥陀如来
　　　　　　　　　　　　　　　　〔真宗大谷派〕
正福寺　しょうふくじ〔寺〕
　愛知県一宮市　《本尊》阿弥陀如来
　　　　　　　　　　　　　　　　〔真宗大谷派〕
正福寺　しょうふくじ〔寺〕
　愛知県豊明市　《本尊》阿弥陀如来
　　　　　　　　　　　　　　　　〔真宗大谷派〕
正福寺　しょうふくじ〔寺〕
　三重県上野市　《本尊》阿弥陀如来
　　　　　　　　　　　　　　　　〔真言宗豊山派〕
正福寺　しょうふくじ〔寺〕
　三重県亀山市　《別称》西寺　《本尊》阿弥陀
　如来　　　　　　　　　　　　　　〔浄土宗〕
正福寺　しょうふくじ〔寺〕
　三重県鳥羽市　《本尊》十一面観世音菩薩
　　　　　　　　　　　　　　　　〔高野山真言宗〕
正福寺　しょうふくじ〔寺〕
　滋賀県近江八幡市　《本尊》阿弥陀如来
　　　　　　　　　　　　　　　　〔浄土宗〕
正福寺　しょうふくじ〔寺〕
　滋賀県甲賀郡甲西町　《別称》だいにちさん
　《本尊》大日如来・阿弥陀如来　　〔浄土宗〕
正福寺　しょうふくじ〔寺〕
　滋賀県甲賀郡甲南町　《別称》北向の観音
　《本尊》十一面観世音菩薩・釈迦如来・子安
　地蔵菩薩　　　　　　　　　　〔臨済宗妙心寺派〕
正福寺　しょうふくじ〔寺〕
　滋賀県神崎郡能登川町　《本尊》阿弥陀如
　来　　　　　　　　　　　　　〔浄土真宗本願寺派〕
正福寺　しょうふくじ〔寺〕
　京都府八幡市　《本尊》阿弥陀如来　〔浄土宗〕
正福寺　しょうふくじ〔寺〕
　兵庫県赤穂市　《別称》義士の寺　《本尊》如
　意輪観世音菩薩　　　　　　　　　〔曹洞宗〕

正福寺　しょうふくじ〔寺〕
　兵庫県多可郡中町　《本尊》阿弥陀如来
　　　　　　　　　　　〔浄土真宗本願寺派〕
正福寺　しょうふくじ〔寺〕
　兵庫県宍粟郡山崎町　《本尊》阿弥陀如来
　　　　　　　　　　　〔浄土真宗本願寺派〕
正福寺　しょうふくじ〔寺〕
　広島県山県郡加計町　《本尊》阿弥陀如来
　　　　　　　　　　　〔浄土真宗本願寺派〕
正福寺　しょうふくじ〔寺〕
　山口県防府市　《本尊》三尊仏　〔曹洞宗〕
正福寺　しょうふくじ〔寺〕
　愛媛県松山市　《本尊》十一面観世音菩薩
　　　　　　　　　　　〔真言宗豊山派〕
正福寺　しょうふくじ〔寺〕
　熊本県熊本市　《別称》聖天さん　《本尊》大
　日如来・歓喜天　　　〔高野山真言宗〕
正福院　しょうふくいん〔寺〕
　福島県いわき市　《本尊》大日如来
　　　　　　　　　　　〔真言宗智山派〕
正福院　しょうふくいん〔寺〕
　埼玉県南埼玉郡白岡町　《本尊》薬師如来・地
　蔵菩薩　　　　　　　〔真言宗智山派〕
正蓮寺　しょうれんじ〔寺〕
　青森県弘前市　《本尊》阿弥陀如来
　　　　　　　　　　　〔真宗大谷派〕
正蓮寺　しょうれんじ〔寺〕
　大阪府大阪市此花区　《本尊》一塔両尊四
　士　　　　　　　　　〔日蓮宗〕
正蓮寺　しょうれんじ〔寺〕
　奈良県橿原市　《本尊》阿弥陀如来
　　　　　　　　　　　〔真宗興正派〕
正蓮寺　しょうれんじ〔寺〕
　島根県那賀郡旭町　《本尊》阿弥陀如来
　　　　　　　　　　　〔浄土真宗本願寺派〕
正蓮寺　しょうれんじ〔寺〕
　香川県坂出市　《本尊》阿弥陀如来
　　　　　　　　　　　〔真宗興正派〕
正蓮寺　しょうれんじ〔寺〕
　福岡県宗像郡福間町　《本尊》阿弥陀如来
　　　　　　　　　　　〔浄土真宗本願寺派〕
正蓮寺　しょうれんじ〔寺〕
　熊本県天草郡五和町　《本尊》阿弥陀如来
　　　　　　　　　　　〔浄土真宗本願寺派〕
14正徳寺　しょうとくじ〔寺〕
　岩手県陸前高田市　《本尊》阿弥陀如来
　　　　　　　　　　　〔真宗大谷派〕
正徳寺　しょうとくじ〔寺〕
　山形県酒田市　《本尊》釈迦如来　〔曹洞宗〕

正徳寺　しょうとくじ〔寺〕
　茨城県猿島郡五霞町　《本尊》阿弥陀如来
　　　　　　　　　　　〔浄土宗〕
正徳寺　しょうとくじ〔寺〕
　東京都品川区　《本尊》阿弥陀如来
　　　　　　　　　　　〔真宗大谷派〕
正徳寺　しょうとくじ〔寺〕
　滋賀県栗東市　《本尊》阿弥陀如来　〔浄土宗〕
正暦寺　しょうりゃくじ〔寺〕
　京都府綾部市　《本尊》聖観世音菩薩
　　　　　　　　　　　〔高野山真言宗〕
正暦寺　しょうりゃくじ〔寺〕
　奈良県奈良市　《本尊》薬師如来
　　　　　　　　　　　〔菩提山真言宗〕
15正慶寺　しょうきょうじ〔寺〕
　福島県二本松市　《本尊》阿弥陀如来
　　　　　　　　　　　〔真宗大谷派〕
正慶寺　しょうけいじ〔寺〕
　山梨県南巨摩郡身延町　《別称》粟飯霊場
　《本尊》日蓮聖人奠定の大曼荼羅
　　　　　　　　　　　〔日蓮宗〕
正蔵寺　しょうぞうじ〔寺〕
　神奈川県川崎市幸区　《本尊》阿弥陀如来
　　　　　　　　　　　〔浄土宗〕
正蔵寺　しょうぞうじ〔寺〕
　佐賀県多久市　《本尊》釈迦如来　〔曹洞宗〕
正蔵院　しょうぞういん〔寺〕
　千葉県成田市　《別称》江弁須の虚空蔵様
　《本尊》虚空蔵菩薩　〔真言宗豊山派〕
正蔵院　しょうぞういん〔寺〕
　東京都大田区　《本尊》不動明王
　　　　　　　　　　　〔真言宗智山派〕
正蔵院　しょうぞういん〔寺〕
　東京都江戸川区　《本尊》阿弥陀如来
　　　　　　　　　　　〔真言宗豊山派〕
正養寺　しょうようじ〔寺〕
　岩手県紫波郡紫波町　《本尊》阿弥陀如来
　　　　　　　　　　　〔真宗大谷派〕
16正樹院　しょうじゅいん〔寺〕
　埼玉県さいたま市　《本尊》阿弥陀如来
　　　　　　　　　　　〔浄土宗〕
正賢寺　しょうけんじ〔寺〕
　愛媛県温泉郡中島町　《本尊》阿弥陀如来
　　　　　　　　　　　〔浄土真宗本願寺派〕
18正観寺　しょうかんじ〔寺〕
　栃木県黒磯市　《本尊》阿弥陀如来
　　　　　　　　　　　〔真言宗智山派〕
正観寺　しょうかんじ〔寺〕
　埼玉県本庄市　《本尊》正観世音菩薩
　　　　　　　　　　　〔真言宗豊山派〕

5画（母，永）

正観寺　しょうかんじ〔寺〕
　神奈川県横浜市保土ヶ谷区　《本尊》正観世音菩薩
　　　　　　　　　　　　　　〔曹洞宗〕
正観寺　しょうかんじ〔寺〕
　神奈川県横須賀市　《本尊》阿弥陀如来
　　　　　　　　　　　　　　〔浄土宗〕
正観寺　しょうかんじ〔寺〕
　愛媛県松山市　《本尊》薬師如来　〔天台宗〕
正観寺　しょうかんじ〔寺〕
　熊本県菊池市　《本尊》釈迦如来
　　　　　　　　　　　〔臨済宗南禅寺派〕
正観院　しょうかんいん〔寺〕
　滋賀県大津市　　　　　　　　　〔天台宗〕
19正願寺　しょうがんじ〔寺〕
　長野県諏訪市　《別称》桑原山　《本尊》阿弥陀如来
　　　　　　　　　　　　　　　　〔浄土宗〕
正願寺　しょうがんじ〔寺〕
　岐阜県可児郡御嵩町　《本尊》十一面観世音菩薩
　　　　　　　　　　　　　〔臨済宗妙心寺派〕
正願寺　しょうがんじ〔寺〕
　滋賀県大津市　《本尊》阿弥陀如来　〔浄土宗〕
正願寺　しょうがんじ〔寺〕
　兵庫県姫路市　《本尊》阿弥陀如来
　　　　　　　　　　　　　　〔真宗大谷派〕
正願寺　しょうがんじ〔寺〕
　広島県東広島市　《本尊》阿弥陀如来
　　　　　　　　　　　　　〔浄土真宗本願寺派〕
正願寺　しょうがんじ〔寺〕
　熊本県下益城郡松橋町　《本尊》阿弥陀如来
　　　　　　　　　　　　　　　　〔浄土宗〕
22正讃寺　しょうさんじ〔寺〕
　山口県熊毛郡大和町　《本尊》阿弥陀如来
　　　　　　　　　　　　〔浄土真宗本願寺派〕
24正麟寺　しょうりんじ〔寺〕
　茨城県古河市　《本尊》釈迦如来　〔曹洞宗〕
正麟寺　しょうりんじ〔寺〕
　長野県松本市　《別称》木沢の寺　《本尊》釈迦如来
　　　　　　　　　　　　　　　　〔曹洞宗〕

【母】

12母智丘神社　もちおかじんじゃ〔社〕
　宮崎県都城市　《祭神》豊受毘売神〔他〕
　　　　　　　　　　　　　　〔神社本庁〕

【永】

3永久寺　えいきゅうじ〔寺〕
　東京都台東区　《本尊》阿弥陀如来・目黄不動明王
　　　　　　　　　　　　　　　　〔天台宗〕

永久寺東京別院《称》　えいきゅうじとうきょうべついん〔寺〕
　東京都世田谷区・身延報恩教会　《本尊》日蓮聖人
　　　　　　　　　　　　　　〔日蓮宗〕
永山神社　ながやまじんじゃ〔社〕
　北海道旭川市　《祭神》天照大神〔他〕
　　　　　　　　　　　　　　〔神社本庁〕
4永元寺　えいげんじ〔寺〕
　大阪府大阪市天王寺区　《別称》民芸の寺　《本尊》地蔵菩薩　〔臨済宗妙心寺派〕
永天寺　えいてんじ〔寺〕
　兵庫県美嚢郡吉川町　《本尊》十一面観音菩薩
　　　　　　　　　　　　　　　〔曹洞宗〕
永木寺　えいぼくじ〔寺〕
　三重県松阪市　《本尊》阿弥陀如来　〔浄土宗〕
5永代寺　えいたいじ〔寺〕
　埼玉県狭山市　《本尊》虚空蔵菩薩
　　　　　　　　　　　　　〔真言宗智山派〕
永台寺　えいたいじ〔寺〕
　栃木県安蘇郡田沼町　《本尊》釈迦如来
　　　　　　　　　　　　　　　〔曹洞宗〕
永台寺　えいたいじ〔寺〕
　千葉県香取郡多古町　《本尊》大日如来
　　　　　　　　　　　　　〔真言宗智山派〕
永平寺　えいへいじ〔寺〕
　福井県吉田郡永平寺町　《別称》大本山　《本尊》過去迦葉仏・現在釈迦牟尼仏・未来弥勒仏
　　　　　　　　　　　　　　　　〔曹洞宗〕
永平寺名古屋別院　えいへいじなごやべついん〔寺〕
　愛知県名古屋市東区　《本尊》釈迦如来
　　　　　　　　　　　　　　　〔曹洞宗〕
永平寺東京別院　えいへいじとうきょうべついん〔寺〕
　東京都港区　《別称》長谷寺　《本尊》釈迦如来
　　　　　　　　　　　　　　　〔曹洞宗〕
永弘院　ようこういん〔寺〕
　愛知県名古屋市千種区　《本尊》薬師如来
　　　　　　　　　　　　　〔臨済宗妙心寺派〕
永正寺　えいしょうじ〔寺〕
　愛知県江南市　《本尊》釈迦如来
　　　　　　　　　　　　　〔臨済宗妙心寺派〕
永正寺　えいしょうじ〔寺〕
　滋賀県蒲生郡竜王町　《本尊》阿弥陀如来
　　　　　　　　　　　　　　　〔浄土宗〕
永正寺　えいしょうじ〔寺〕
　和歌山県海南市　《本尊》阿弥陀如来
　　　　　　　　　　　　　　　〔浄土宗〕
永正寺　えいしょうじ〔寺〕
　和歌山県海草郡下津町　《本尊》阿弥陀如来
　　　　　　　　　　　　　　〔西山浄土宗〕

神社・寺院名よみかた辞典　185

5画（永）

永正寺　えいしょうじ〔寺〕
　高知県安芸郡芸西村　《本尊》阿弥陀如来・不動明王　〔真言宗智山派〕

6 永伝寺　えいでんじ〔寺〕
　茨城県結城郡千代川村　《本尊》阿弥陀如来　〔浄土宗〕

永光寺　えいこうじ〔寺〕
　茨城県猿島郡三和町　《本尊》不動明王　〔真言宗豊山派〕

永光寺　ようこうじ〔寺〕
　石川県羽咋市　《本尊》釈迦如来　〔曹洞宗〕

永光寺　えいこうじ〔寺〕
　長崎県北松浦郡鷹島町　《本尊》釈迦如来・十一面観世音菩薩・不動明王　〔曹洞宗〕

永安寺　えいあんじ〔寺〕
　秋田県北秋田郡鷹巣町　《本尊》聖観世音菩薩　〔曹洞宗〕

永安寺　えいあんじ〔寺〕
　東京都世田谷区　《本尊》千手千眼観世音菩薩　〔天台宗〕

永安寺　えいあんじ〔寺〕
　静岡県磐田郡豊岡村　《本尊》釈迦如来　〔臨済宗妙心寺派〕

永安寺　えいあんじ〔寺〕
　愛知県名古屋市東区　《本尊》釈迦如来　〔曹洞宗〕

永安寺　えいあんじ〔寺〕
　滋賀県神崎郡永源寺町　《本尊》延命地蔵菩薩　〔臨済宗永源寺派〕

永江院　ようこういん〔寺〕
　静岡県掛川市　《本尊》釈迦如来　〔曹洞宗〕

7 永寿寺　えいじゅじ〔寺〕
　岐阜県大垣市　《本尊》阿弥陀如来　〔真宗大谷派〕

永寿寺　えいじゅじ〔寺〕
　佐賀県藤津郡嬉野町　《本尊》釈迦如来　〔曹洞宗〕

永寿院　えいじゅいん〔寺〕
　茨城県筑波郡伊奈町　《本尊》釈迦如来　〔曹洞宗〕

永尾神社　えいのおじんじゃ〔社〕
　熊本県宇土郡不知火町　《別称》剣さん　《祭神》海童神［他］　〔神社本庁〕

永沢寺　ようたくじ〔寺〕
　兵庫県三田市　《別称》摂丹境　《本尊》釈迦如来　〔曹洞宗〕

永見寺　えいけんじ〔寺〕
　東京都台東区　《本尊》聖観世音菩薩　〔曹洞宗〕

永谷寺　ようこくじ〔寺〕
　新潟県中蒲原郡村松町　《本尊》阿弥陀如来　〔曹洞宗〕

8 永享寺　えいきょうじ〔寺〕
　千葉県匝瑳郡光町　《別称》世貴の寺　《本尊》聖観世音菩薩　〔真言宗智山派〕

永国寺　えいこくじ〔寺〕
　熊本県人吉市　《本尊》釈迦三尊　〔曹洞宗〕

永念寺　えいねんじ〔寺〕
　富山県東礪波郡福野町　《本尊》阿弥陀如来　〔浄土真宗本願寺派〕

永昌寺　えいしょうじ〔寺〕
　北海道芦別市　《本尊》釈迦如来・承陽大師・常済大師　〔曹洞宗〕

永昌寺　えいしょうじ〔寺〕
　岩手県北上市　《本尊》釈迦如来　〔曹洞宗〕

永昌寺　えいしょうじ〔寺〕
　宮城県仙台市青葉区　《本尊》千手観世音菩薩　〔曹洞宗〕

永昌寺　えいしょうじ〔寺〕
　山形県西村山郡河北町　《本尊》聖観世音菩薩　〔曹洞宗〕

永昌寺　えいしょうじ〔寺〕
　東京都台東区　《別称》講道館のお寺　《本尊》阿弥陀如来　〔浄土宗〕

永昌寺　えいしょうじ〔寺〕
　東京都杉並区　《本尊》釈迦如来　〔曹洞宗〕

永昌寺　えいしょうじ〔寺〕
　神奈川県横浜市港北区　《本尊》地蔵菩薩　〔曹洞宗〕

永昌寺　えいしょうじ〔寺〕
　神奈川県厚木市　《別称》鰻観音　《本尊》観世音菩薩　〔曹洞宗〕

永昌寺　えいしょうじ〔寺〕
　長野県木曽郡山口村　《別称》万福寺　《本尊》釈迦如来　〔臨済宗妙心寺派〕

永昌寺　えいしょうじ〔寺〕
　岐阜県武儀郡武芸川町　《本尊》釈迦如来　〔臨済宗妙心寺派〕

永昌寺　えいしょうじ〔寺〕
　岐阜県吉城郡上宝村　《本尊》釈迦如来　〔臨済宗妙心寺派〕

永昌寺　えいしょうじ〔寺〕
　滋賀県甲賀郡水口町　《本尊》地蔵菩薩　〔天台宗〕

永昌寺　えいしょうじ〔寺〕
　兵庫県神戸市兵庫区　《本尊》釈迦如来　〔曹洞宗〕

永昌寺　えいしょうじ〔寺〕
　長崎県長崎市　《本尊》釈迦如来　〔曹洞宗〕

永昌院　えいしょういん〔寺〕
　神奈川県小田原市　《本尊》釈迦如来
　　　　　　　　　　　　　　　　〔曹洞宗〕
永昌院　えいしょういん〔寺〕
　山梨県山梨市　《本尊》三尊仏　〔曹洞宗〕
永昌庵　えいしょうあん〔寺〕
　新潟県南魚沼郡六日町　《本尊》阿弥陀如来　　　　　　　　　　　　　　　　〔曹洞宗〕
永明寺　えいめいじ〔寺〕
　群馬県館林市　《本尊》十一面観世音菩薩
　　　　　　　　　　　　　　　　〔単立〕
永明寺　えいみょうじ〔寺〕
　群馬県邑楽郡邑楽町　《本尊》足利尊氏かぶと守　　　　　　　　　　　　　〔曹洞宗〕
永明寺　ようめいじ〔寺〕
　埼玉県羽生市　《本尊》不動明王
　　　　　　　　　　　　　　〔真言宗豊山派〕
永明寺　ようめいじ〔寺〕
　岐阜県多治見市　《本尊》十一面観世音菩薩
　　　　　　　　　　　　　　〔臨済宗妙心寺派〕
永明寺　ようめいじ〔寺〕
　静岡県沼津市　《別称》松の寺　《本尊》釈迦如来　　　　　　　　　　〔臨済宗妙心寺派〕
永明寺　ようめいじ〔寺〕
　静岡県富士市　《本尊》聖観世音菩薩
　　　　　　　　　　　　　　　　〔曹洞宗〕
永明寺　ようめいじ〔寺〕
　島根県鹿足郡津和野町　《本尊》釈迦如来
　　　　　　　　　　　　　　　　〔曹洞宗〕
永明寺　えいみょうじ〔寺〕
　広島県比婆郡東城町　《別称》帝釈さん　《本尊》帝釈天　　　　　　　　〔真言宗醍醐派〕
永明寺　えいみょうじ〔寺〕
　福岡県北九州市八幡東区　《本尊》阿弥陀如来　　　　　　　　　　　〔浄土真宗本願寺派〕
永明院　ようめいいん〔寺〕
　東京都八王子市　《本尊》釈迦如来
　　　　　　　　　　　　　　〔臨済宗南禅寺派〕
永明院　えいみょういん〔寺〕
　京都府京都市東山区　《本尊》地蔵菩薩
　　　　　　　　　　　　　　〔臨済宗東福寺派〕
永松寺　えいしょうじ〔寺〕
　岐阜県土岐市　《本尊》十一面観世音菩薩
　　　　　　　　　　　　　　〔臨済宗妙心寺派〕
永林寺　えいりんじ〔寺〕
　岩手県上閉伊郡宮守村　《本尊》阿弥陀如来　　　　　　　　　　　　　〔真宗大谷派〕
永林寺　えいりんじ〔寺〕
　東京都八王子市　《別称》由木の豊川　《本尊》釈迦如来　　　　　　　　　〔曹洞宗〕

永林寺　えいりんじ〔寺〕
　新潟県北魚沼郡堀之内町　《別称》根小屋の御寺　《本尊》釈迦如来　〔曹洞宗〕
永林寺　えいりんじ〔寺〕
　愛知県名古屋市中区　《本尊》聖観世音菩薩　　　　　　　　　　　　　　〔曹洞宗〕
永法寺　えいほうじ〔寺〕
　新潟県長岡市　《本尊》阿弥陀如来
　　　　　　　　　　　　　　　〔真宗大谷派〕
9 永保寺　えいほうじ〔寺〕
　岐阜県多治見市　《別称》虎渓さん　《本尊》釈迦如来・聖観世音菩薩　〔臨済宗南禅寺派〕
永建寺　えいけんじ〔寺〕
　福井県敦賀市　《本尊》釈迦如来　〔曹洞宗〕
永泉寺　ようせんじ〔寺〕
　青森県弘前市　《本尊》阿弥陀如来　〔曹洞宗〕
永泉寺　えいせんじ〔寺〕
　岩手県盛岡市　《本尊》釈迦如来・聖観世音菩薩　　　　　　　　　　　　　　〔曹洞宗〕
永泉寺　ようせんじ〔寺〕
　秋田県本荘市　《別称》仁王様の寺　《本尊》聖観世音菩薩　　　　　　　　〔曹洞宗〕
永泉寺　ようせんじ〔寺〕
　山形県飽海郡遊佐町　《別称》落伏の寺　《本尊》薬王菩薩　　　　　　　　　〔曹洞宗〕
永泉寺　えいせんじ〔寺〕
　群馬県高崎市　《本尊》釈迦如来　〔曹洞宗〕
永泉寺　えいせんじ〔寺〕
　岐阜県多治見市　《本尊》聖観世音菩薩・十一面観世音菩薩・千手観世音菩薩　〔曹洞宗〕
永泉寺　えいせんじ〔寺〕
　愛知県犬山市　《本尊》釈迦如来
　　　　　　　　　　　　　　〔臨済宗妙心寺派〕
永泉寺　えいせんじ〔寺〕
　長崎県対馬市　《本尊》釈迦如来　〔曹洞宗〕
10 永案寺　えいあんじ〔寺〕
　岡山県津山市　《本尊》地蔵菩薩　〔天台宗〕
永泰寺　えいたいじ〔寺〕
　山梨県西八代郡上九一色村　《本尊》釈迦如来　　　　　　　　　　　〔臨済宗建長寺派〕
永祥寺　えいしょうじ〔寺〕
　北海道帯広市　《本尊》釈迦如来　〔曹洞宗〕
永祥寺　えいしょうじ〔寺〕
　岡山県井原市　《本尊》釈迦如来　〔曹洞宗〕
永祥院　えいしょういん〔寺〕
　岩手県盛岡市　《本尊》釈迦如来　〔曹洞宗〕
永称寺　えいしょうじ〔寺〕
　東京都台東区　《別称》鳩のお寺　《本尊》阿弥陀如来　　　　　　〔浄土真宗本願寺派〕

5画（永）

永竜寺　えいりゅうじ〔寺〕
　愛知県中島郡祖父江町　《別称》尾州苔寺
　《本尊》阿弥陀如来　〔真宗大谷派〕
11永教寺　えいきょうじ〔寺〕
　栃木県黒磯市　《本尊》阿弥陀如来
　　〔浄土真宗本願寺派〕
永盛寺　えいじょうじ〔寺〕
　北海道中川郡幕別町　《本尊》阿弥陀如来
　　〔真宗大谷派〕
永隆寺　えいりゅうじ〔寺〕
　東京都目黒区　《本尊》阿弥陀三尊　〔天台宗〕
12永勝寺　えいしょうじ〔寺〕
　神奈川県横浜市戸塚区　《別称》面掛の寺
　《本尊》阿弥陀如来・面掛阿弥陀如来
　　〔真宗大谷派〕
永勝寺　えいしょうじ〔寺〕
　神奈川県藤沢市　《本尊》阿弥陀如来
　　〔浄土真宗本願寺派〕
永善寺　えいぜんじ〔寺〕
　三重県一志郡三雲町　《本尊》阿弥陀如来・観
　世音菩薩　〔曹洞宗〕
永雲寺　えいうんじ〔寺〕
　滋賀県甲賀郡土山町　《本尊》聖観世音菩
　薩　〔臨済宗大徳寺派〕
永順寺　えいじゅんじ〔寺〕
　滋賀県大津市　《本尊》阿弥陀如来
　　〔浄土真宗本願寺派〕
13永源寺　えいげんじ〔寺〕
　埼玉県坂戸市　《別称》坂戸のお釈迦さま
　《本尊》釈迦如来　〔曹洞宗〕
永源寺　えいげんじ〔寺〕
　山梨県中巨摩郡玉穂町　《別称》満願観音
　《本尊》釈迦如来　〔曹洞宗〕
永源寺　えいげんじ〔寺〕
　滋賀県神崎郡永源寺町　《別称》大本山　《本
　尊》聖観世音菩薩　〔臨済宗永源寺派〕
永源寺　えいげんじ〔寺〕
　兵庫県養父市　《本尊》釈迦如来　〔曹洞宗〕
永源寺　えいげんじ〔寺〕
　高知県南国市　《本尊》聖観世音菩薩
　　〔曹洞宗〕
永照寺　えいしょうじ〔寺〕
　石川県河北郡津幡町　《別称》太田御坊　《本
　尊》阿弥陀如来　〔真宗大谷派〕
永照寺　えいしょうじ〔寺〕
　岐阜県羽島市　《本尊》阿弥陀如来
　　〔真宗大谷派〕
永照寺　えいしょうじ〔寺〕
　滋賀県甲賀郡甲西町　《別称》彗日寺　《本
　尊》阿弥陀如来　〔浄土宗〕

永照寺　えいしょうじ〔寺〕
　福岡県北九州市小倉北区　《別称》御坊　《本
　尊》阿弥陀如来　〔浄土真宗本願寺派〕
永禅寺　えいぜんじ〔寺〕
　静岡県賀茂郡松崎町　《本尊》釈迦如来
　　〔臨済宗建長寺派〕
永福寺　えいふくじ〔寺〕
　北海道留萌市　《本尊》阿弥陀如来
　　〔浄土真宗本願寺派〕
永福寺　えいふくじ〔寺〕
　岩手県盛岡市　《別称》十和田さん・盛岡大
　師　《本尊》大日如来・不動明王・歓喜天
　　〔真言宗豊山派〕
永福寺　えいふくじ〔寺〕
　宮城県遠田郡涌谷町　《本尊》阿弥陀如来
　　〔時宗〕
永福寺　えいふくじ〔寺〕
　茨城県東茨城郡美野里町　《別称》かみの寺
　《本尊》阿弥陀如来　〔天台宗〕
永福寺　えいふくじ〔寺〕
　埼玉県北葛飾郡杉戸町　《別称》せがきでら
　《本尊》阿弥陀如来　〔真言宗豊山派〕
永福寺　えいふくじ〔寺〕
　千葉県成田市　《本尊》薬師如来
　　〔真言宗智山派〕
永福寺　えいふくじ〔寺〕
　東京都新宿区　《別称》大久保山　《本尊》釈
　迦如来　〔曹洞宗〕
永福寺　えいふくじ〔寺〕
　東京都杉並区　《本尊》十一面観世音菩薩・不
　動明王・毘沙門天　〔曹洞宗〕
永福寺　えいふくじ〔寺〕
　東京都国立市　《別称》養福寺　《本尊》釈迦
　如来　〔臨済宗建長寺派〕
永福寺　ようふくじ〔寺〕
　富山県富山市　《別称》松寺　《本尊》阿弥陀
　如来　〔真宗大谷派〕
永福寺　えいふくじ〔寺〕
　長野県塩尻市　《本尊》大日如来
　　〔高野山真言宗〕
永福寺　ようふくじ〔寺〕
　静岡県磐田郡水窪町　《本尊》聖観世音菩
　薩　〔曹洞宗〕
永福寺　えいふくじ〔寺〕
　滋賀県近江八幡市　《本尊》阿弥陀如来
　　〔浄土宗〕
永福寺　えいふくじ〔寺〕
　滋賀県愛知郡湖東町　《本尊》阿弥陀如来
　　〔浄土宗〕

5画（氷）

永福寺　えいふくじ〔寺〕
　京都府久世郡久御山町　《本尊》阿弥陀如来
　　　　　　　　　　　　　　　〔真宗大谷派〕
永福寺　えいふくじ〔寺〕
　大阪府泉佐野市　《本尊》阿弥陀如来
　　　　　　　　　　　　　　　〔浄土宗〕
永福寺　えいふくじ〔寺〕
　和歌山県東牟婁郡熊野川町　《別称》山本の
　寺　《本尊》観世音菩薩　　　〔曹洞宗〕
永福寺　えいふくじ〔寺〕
　広島県豊田郡本郷町　《本尊》阿弥陀如来
　　　　　　　　　　　　　〔臨済宗妙心寺派〕
永福寺　えいふくじ〔寺〕
　山口県下関市　《別称》一七夜観音　《本尊》
　千手観世音菩薩　　　　　〔臨済宗南禅寺派〕
永福寺　えいふくじ〔寺〕
　山口県山口市　《本尊》釈迦如来　〔曹洞宗〕
永福寺　えいふくじ〔寺〕
　佐賀県小城郡牛津町　《別称》ぎゅうこう山
　《本尊》毘盧舎那仏・弥勒菩薩・観世音菩薩
　　　　　　　　　　　　　〔臨済宗南禅寺派〕
永聖寺　えいしょうじ〔寺〕
　広島県神石郡油木町　《本尊》聖観世音菩
　薩　　　　　　　　　　　〔臨済宗永源寺派〕
14 永徳寺　えいとくじ〔寺〕
　岩手県胆沢郡金ヶ崎町　《本尊》観世音菩薩
　　　　　　　　　　　　　　　〔曹洞宗〕
永徳寺　えいとくじ〔寺〕
　群馬県新田郡尾島町　《本尊》薬師如来
　　　　　　　　　　　　　　　〔天台宗〕
永徳寺　えいとくじ〔寺〕
　岐阜県安八郡神戸町　《本尊》阿弥陀如来
　　　　　　　　　　　　　　　〔真宗高田派〕
永徳寺　えいとくじ〔寺〕
　兵庫県神戸市北区　《別称》木津の寺　《本
　尊》十一面観世音菩薩　　　　　〔曹洞宗〕
永徳寺　えいとくじ〔寺〕
　島根県簸川郡斐川町　《本尊》十一面観世音
　菩薩　　　　　　　　　　〔臨済宗妙心寺派〕
永徳院　ようとくいん〔寺〕
　広島県三原市　《本尊》観世音菩薩
　　　　　　　　　　　　　〔臨済宗仏通寺派〕
15 永慶寺　えいけいじ〔寺〕
　奈良県大和郡山市　《本尊》釈迦如来
　　　　　　　　　　　　　　　〔黄檗宗〕
永蔵寺　えいぞうじ〔寺〕
　福島県白河市　《別称》もとまち観音さま
　《本尊》千手観世音菩薩　　　　〔天台宗〕
永賞寺　えいしょうじ〔寺〕
　福井県敦賀市　《本尊》釈迦如来　〔曹洞宗〕

16 永興寺　えいこうじ〔寺〕
　茨城県つくば市　《本尊》十一面観世音菩
　薩　　　　　　　　　　　　　　〔曹洞宗〕
永興寺　ようこうじ〔寺〕
　千葉県香取郡神崎町　《本尊》薬師如来
　　　　　　　　　　　　　　　〔真言宗豊山派〕
永興寺　えいこうじ〔寺〕
　大分県日田市　《別称》慈眼山の観音様　《本
　尊》十一面観世音菩薩・阿弥陀如来
　　　　　　　　　　　　　　　〔浄土宗〕
18 永臨寺　えいりんじ〔寺〕
　福井県あわら市　《本尊》阿弥陀如来
　　　　　　　　　　　　　　　〔真宗大谷派〕
19 永願寺　えいがんじ〔寺〕
　東京都世田谷区　《別称》横河山　《本尊》阿
　弥陀如来　　　　　　　　　　〔真宗大谷派〕
永願寺　えいがんじ〔寺〕
　富山県高岡市　《本尊》阿弥陀如来
　　　　　　　　　　　　　　　〔真宗大谷派〕
20 永巌寺　えいがんじ〔寺〕
　宮城県石巻市　《本尊》聖観世音菩薩
　　　　　　　　　　　　　　　〔曹洞宗〕
永巌寺　えいがんじ〔寺〕
　秋田県湯沢市　《本尊》釈迦如来　〔曹洞宗〕

【氷】

3 氷上神社　ひのかみじんじゃ〔社〕
　岩手県陸前高田市　《祭神》理訓許段神［他］
　　　　　　　　　　　　　　　〔神社本庁〕
氷川八幡神社　ひかわはちまんじんじゃ
〔社〕
　埼玉県鴻巣市　《祭神》応神天皇［他］
　　　　　　　　　　　　　　　〔神社本庁〕
氷川女体神社　ひかわにょたいじんじゃ
〔社〕
　埼玉県さいたま市　《別称》女体社　《祭神》
　奇稲田姫命［他］　　　　　　　〔神社本庁〕
氷川神社　ひかわじんじゃ〔社〕
　北海道新冠郡新冠町　《祭神》素盞嗚尊
　　　　　　　　　　　　　　　〔神社本庁〕
氷川神社　ひかわじんじゃ〔社〕
　埼玉県さいたま市　《祭神》須佐之男命［他］
　　　　　　　　　　　　　　　〔神社本庁〕
氷川神社　ひかわじんじゃ〔社〕
　埼玉県川越市　《別称》お氷川さま・川越氷川
　神社　《祭神》素盞嗚尊［他］　　〔神社本庁〕
氷川神社　ひかわじんじゃ〔社〕
　埼玉県鳩ヶ谷市　《別称》氷川さま　《祭神》
　素盞嗚尊［他］　　　　　　　　〔神社本庁〕

神社・寺院名よみかた辞典　189

5画（玄）

氷川神社　ひかわじんじゃ〔社〕
　埼玉県八潮市大瀬　《別称》大瀬氷川様　《祭神》素戔鳴尊〔他〕　〔神社本庁〕
氷川神社　ひかわじんじゃ〔社〕
　埼玉県八潮市木曽根　《別称》木曾根御氷川様　《祭神》建速須佐之男命〔他〕　〔神社本庁〕
氷川神社　ひかわじんじゃ〔社〕
　埼玉県北足立郡伊奈町　《祭神》素盞鳴尊〔他〕
　　　　　　　　　　　　　　　　〔神社本庁〕
氷川神社　ひかわじんじゃ〔社〕
　東京都港区白金　《祭神》素盞雄尊〔他〕
　　　　　　　　　　　　　　　　〔神社本庁〕
氷川神社　ひかわじんじゃ〔社〕
　東京都港区元麻布　《別称》麻布の氷川さま　《祭神》素盞鳴尊〔他〕　〔神社本庁〕
氷川神社　ひかわじんじゃ〔社〕
　東京都港区赤坂　《祭神》素盞鳴尊〔他〕
　　　　　　　　　　　　　　　　〔神社本庁〕
氷川神社　ひかわじんじゃ〔社〕
　東京都目黒区　《祭神》大国主尊〔他〕
　　　　　　　　　　　　　　　　〔神社本庁〕
氷川神社　ひかわじんじゃ〔社〕
　東京都世田谷区　《別称》ひかわさま　《祭神》素盞鳴尊　　　　〔神社本庁〕
氷川神社　ひかわじんじゃ〔社〕
　東京都渋谷区東　《別称》渋谷氷川神社　《祭神》素盞鳴尊〔他〕　〔神社本庁〕
氷川神社　ひかわじんじゃ〔社〕
　東京都渋谷区本町　《祭神》素盞鳴尊〔他〕
　　　　　　　　　　　　　　　　〔神社本庁〕
氷川神社　ひかわじんじゃ〔社〕
　東京都中野区東中野　《祭神》素盞鳴尊〔他〕
　　　　　　　　　　　　　　　　〔神社本庁〕
氷川神社　ひかわじんじゃ〔社〕
　東京都中野区沼袋　《別称》お氷川さま　《祭神》須佐之男命　　　〔神社本庁〕
氷川神社　ひかわじんじゃ〔社〕
　東京都中野区弥生町　《別称》神明氷川神社　《祭神》素盞鳴命〔他〕　〔神社本庁〕
氷川神社　ひかわじんじゃ〔社〕
　東京都豊島区　《別称》池袋氷川神社　《祭神》建速須佐之男命〔他〕　〔神社本庁〕
氷川神社　ひかわじんじゃ〔社〕
　東京都板橋区氷川町　《祭神》素盞男命〔他〕
　　　　　　　　　　　　　　　　〔神社本庁〕
氷川神社　ひかわじんじゃ〔社〕
　東京都板橋区双葉町　《祭神》素盞鳴命〔他〕
　　　　　　　　　　　　　　　　〔神社本庁〕
氷川神社　ひかわじんじゃ〔社〕
　東京都練馬区氷川台　《別称》練馬大氷川　《祭神》須佐之男尊　　〔神社本庁〕

氷川神社　ひかわじんじゃ〔社〕
　東京都練馬区石神井台　《別称》石神井の氷川さま　《祭神》須佐之男命〔他〕　〔神社本庁〕
氷川神社　ひかわじんじゃ〔社〕
　東京都練馬区大泉町　《別称》大泉氷川神社　《祭神》素盞鳴尊〔他〕　〔神社本庁〕
氷川様　《称》　ひかわさま〔社〕
　埼玉県川口市・川口神社　《祭神》氷川大神〔他〕　　　　　　　〔神社本庁〕
7氷見神社　ひみじんじゃ〔社〕
　山口県周南市　《祭神》闇於加美神〔他〕
　　　　　　　　　　　　　　　　〔神社本庁〕
9氷室神社　ひむろじんじゃ〔社〕
　山梨県南巨摩郡増穂町　《祭神》鷹尾山　《祭神》御食津神〔他〕　〔神社本庁〕
氷室神社　ひむろじんじゃ〔社〕
　奈良県天理市　《祭神》闘鶏稲置大山主命〔他〕　〔神社本庁〕
氷室御所　《称》　ひむろごしょ〔寺〕
　奈良県奈良市・法華寺　《本尊》十一面観世音菩薩　〔真言律宗〕

【玄】

4玄太寺　げんたいじ〔寺〕
　群馬県多野郡吉井町　《別称》吉井の観音様　《本尊》釈迦如来　〔曹洞宗〕
5玄立寺　げんりゅうじ〔寺〕
　長野県上伊那郡長谷村　《本尊》日蓮聖人奠定の大曼荼羅　〔日蓮宗〕
6玄向寺　げんこうじ〔寺〕
　長野県松本市　《本尊》阿弥陀如来　〔浄土宗〕
玄江院　げんこういん〔寺〕
　長野県小諸市　《本尊》釈迦如来　〔曹洞宗〕
7玄妙寺　げんみょうじ〔寺〕
　山形県山形市　《本尊》十界大曼荼羅　〔日蓮宗〕
玄妙寺　げんみょうじ〔寺〕
　静岡県磐田市　《本尊》日蓮聖人奠定の大曼荼羅　〔日蓮宗〕
8玄国寺　げんこくじ〔寺〕
　東京都新宿区　《本尊》阿弥陀如来・田植地蔵菩薩　〔真言宗豊山派〕
玄性寺　げんしょうじ〔寺〕
　栃木県大田原市　《別称》那須与一公の寺　《本尊》薬師如来　〔曹洞宗〕
玄忠寺　げんちゅうじ〔寺〕
　静岡県浜松市　《本尊》阿弥陀如来　〔浄土宗〕
玄忠寺　げんちゅうじ〔寺〕
　三重県伊勢市　《本尊》阿弥陀如来　〔浄土宗〕

玄忠寺　げんちゅうじ〔寺〕
　鳥取県鳥取市　《本尊》阿弥陀如来　〔浄土宗〕
玄明寺　げんみょうじ〔寺〕
　北海道天塩郡遠別町　《別称》お東の寺　《本尊》阿弥陀如来　〔真宗大谷派〕
玄武神社　げんぶじんじゃ〔社〕
　京都府京都市北区　《別称》亀の宮　《祭神》惟喬親王　〔神社本庁〕
玄法院　げんぽういん〔寺〕
　山梨県甲府市　〔真言宗醍醐派〕
10玄祥寺　げんじょうじ〔寺〕
　広島県福山市　《別称》玄祥坊　《本尊》日蓮聖人・七面大菩薩　〔日蓮宗〕
玄祥坊《称》　げんしょうぼう〔寺〕
　広島県福山市・玄祥寺　《本尊》日蓮聖人・七面大菩薩　〔日蓮宗〕
玄竜寺　げんりゅうじ〔寺〕
　香川県仲多度郡琴平町　《本尊》阿弥陀如来　〔真宗興正派〕
11玄授院　げんじゅいん〔寺〕
　千葉県市川市　《別称》一本松の寺　《本尊》一塔両尊・日蓮聖人　〔日蓮宗〕
玄清寺　げんせいじ〔寺〕
　大阪府東大阪市　《本尊》阿弥陀如来　〔浄土宗〕
13玄照寺　げんしょうじ〔寺〕
　長野県上高井郡小布施町　《本尊》釈迦如来・十一面観世音菩薩　〔曹洞宗〕
14玄徳寺　げんとくじ〔寺〕
　青森県南津軽郡浪岡町　《本尊》阿弥陀如来　〔真宗大谷派〕
玄徳寺　げんとくじ〔寺〕
　三重県度会郡玉城町　《本尊》阿弥陀如来　〔真宗大谷派〕
15玄賓庵　げんぴんあん〔寺〕
　奈良県桜井市　《本尊》不動明王・大日如来・阿弥陀如来　〔真言宗醍醐派〕

【玉】

0玉の井神社　たまのいじんじゃ〔社〕
　岐阜県岐阜市　《祭神》彦火火出見命　〔神社本庁〕
玉の宮《称》　たまのみや〔社〕
　岡山県岡山市・玉井宮　〔神社本庁〕
3玉川大師《称》　たまがわだいし〔寺〕
　東京都世田谷区・玉真院　《本尊》阿弥陀如来・弘法大師　〔真言宗智山派〕
玉川寺　ぎょくせんじ〔寺〕
　山形県東田川郡羽黒町　《別称》くにめの玉川寺　《本尊》聖観世音菩薩　〔曹洞宗〕
玉川寺　ぎょくせんじ〔寺〕
　長野県飯田市　《本尊》普賢菩薩　〔臨済宗妙心寺派〕
玉川神社　たまがわじんじゃ〔社〕
　東京都世田谷区　《祭神》伊弉諾尊［他］　〔神社本庁〕
玉川御坊《称》　たまがわごぼう〔寺〕
　兵庫県龍野市・円光寺　《本尊》阿弥陀如来　〔真宗大谷派〕
4玉井寺　ぎょくせいじ〔寺〕
　静岡県駿東郡清水町　《本尊》釈迦如来　〔臨済宗妙心寺派〕
玉井宮　たまいぐう〔社〕
　岡山県岡山市　《別称》玉の宮　〔神社本庁〕
玉円寺　ぎょくえんじ〔寺〕
　大阪府堺市　《本尊》阿弥陀如来　〔浄土宗〕
玉比咩神社　たまひめじんじゃ〔社〕
　岡山県玉野市　《祭神》豊玉姫命［他］　〔神社本庁〕
5玉出御堂《称》　たまでみどう〔寺〕
　大阪府大阪市西成区・光福寺　《本尊》阿弥陀如来　〔真宗仏光寺派〕
玉台寺　ぎょくたいじ〔寺〕
　長崎県長崎市　《本尊》阿弥陀如来　〔浄土宗〕
玉正寺　ぎょくしょうじ〔寺〕
　栃木県下都賀郡大平町　《別称》下の寺　《本尊》不動明王・地蔵菩薩　〔真言宗豊山派〕
玉生八幡大神社　たまうはちまんだいじんじゃ〔社〕
　愛媛県伊予郡松前町　《祭神》誉田別尊［他］　〔神社本庁〕
玉生八幡神社　たまうはちまんじんじゃ〔社〕
　愛媛県越智郡波方町　《祭神》品陀和気命［他］　〔神社本庁〕
玉田寺　ぎょくでんじ〔寺〕
　群馬県高崎市　《本尊》大日如来　〔真言宗豊山派〕
玉田神社　たまたじんじゃ〔社〕
　京都府久世郡久御山町　《祭神》武甕槌神［他］　〔神社本庁〕
6玉伝寺　ぎょくでんじ〔寺〕
　神奈川県小田原市　《別称》三宝院　《本尊》釈迦如来・多宝如来　〔単立〕
玉名大神宮　たまなだいじんぐう〔社〕
　熊本県玉名市　《別称》遙拝宮　《祭神》天照皇大神［他］　〔神社本庁〕
7玉作神社　たまつくりじんじゃ〔社〕
　静岡県沼津市　《別称》玉作さん　《祭神》玉祖命［他］　〔神社本庁〕

神社・寺院名よみかた辞典　191

5画（玉）

玉作神社　たまつくりじんじゃ〔社〕
　滋賀県伊香郡木之本町　《祭神》玉祖命
　　　　　　　　　　　　　　　　〔神社本庁〕

玉作湯神社　たまつくりゆじんじゃ〔社〕
　島根県八束郡玉湯町　《別称》湯船大明神
　《祭神》櫛明玉命［他］　　　　〔神社本庁〕

玉村八幡宮　たまむらはちまんぐう〔社〕
　群馬県佐波郡玉村町　《祭神》誉田別命［他］
　　　　　　　　　　　　　　　　〔神社本庁〕

8 玉垂宮　たまたれぐう〔社〕
　福岡県久留米市　《祭神》武内宿禰［他］
　　　　　　　　　　　　　　　　〔神社本庁〕

玉垂宮《称》　たまたれぐう〔社〕
　福岡県三井郡大刀洗町・高良玉垂神社　《祭神》武内宿禰［他］　　　　　　〔神社本庁〕

玉宝寺　ぎょほうじ〔寺〕
　神奈川県小田原市　《別称》五百羅漢の寺
　《本尊》釈迦如来　　　　　　　　〔曹洞宗〕

玉林寺　ぎょくりんじ〔寺〕
　秋田県大館市　《本尊》釈迦如来　〔曹洞宗〕

玉林寺　ぎょくりんじ〔寺〕
　東京都台東区　《本尊》釈迦如来　〔曹洞宗〕

玉林寺　ぎょくりんじ〔寺〕
　神奈川県川崎市多摩区　《本尊》薬師如来
　　　　　　　　　　　　　　　〔臨済宗建長寺派〕

玉林寺　ぎょくりんじ〔寺〕
　愛知県小牧市　《本尊》釈迦如来・如意輪観世音菩薩　　　　　　　　　　　〔曹洞宗〕

玉林寺　ぎょくりんじ〔寺〕
　兵庫県朝来郡山東町　《本尊》釈迦如来
　　　　　　　　　　　　　　　〔臨済宗妙心寺派〕

玉林寺　ぎょくりんじ〔寺〕
　佐賀県佐賀郡大和町　《本尊》薬師如来
　　　　　　　　　　　　　　　　〔曹洞宗〕

玉林院　ぎょくりんいん〔寺〕
　京都府京都市北区　《本尊》釈迦如来
　　　　　　　　　　　　　　　〔臨済宗大徳寺派〕

玉若酢命神社　たまわかすのみことじんじゃ〔社〕
　島根県隠岐郡西郷町　《祭神》玉若酢命
　　　　　　　　　　　　　　　　〔神社本庁〕

9 玉保院　ぎょくほういん〔寺〕
　三重県津市　《本尊》阿弥陀如来
　　　　　　　　　　　　　　　　〔真宗高田派〕

玉前神社　たまさきじんじゃ〔社〕
　千葉県長生郡一宮町　《別称》上総国一之宮
　《祭神》玉依姫命　　　　　　　　〔神社本庁〕

玉泉寺　ぎょくせんじ〔寺〕
　岩手県和賀郡沢内村　《別称》和尚さん　《本尊》釈迦三尊　　　　　　　　〔曹洞宗〕

玉泉寺　ぎょくせんじ〔寺〕
　群馬県利根郡月夜野町　《本尊》釈迦三尊
　　　　　　　　　　　　　　　　〔曹洞宗〕

玉泉寺　ぎょくせんじ〔寺〕
　東京都八王子市　《本尊》不動明王
　　　　　　　　　　　　　　　〔真言宗智山派〕

玉泉寺　ぎょくせんじ〔寺〕
　東京都青梅市　《本尊》十一面観世音菩薩・釈迦如来　　　　　　　　　　〔臨済宗建長寺派〕

玉泉寺　ぎょくせんじ〔寺〕
　東京都狛江市　《本尊》薬師如来　〔天台宗〕

玉泉寺　ぎょくせんじ〔寺〕
　東京都あきる野市　《本尊》阿弥陀如来
　　　　　　　　　　　　　　　　〔天台宗〕

玉泉寺　ぎょくせんじ〔寺〕
　神奈川県横浜市南区　《本尊》薬師如来
　　　　　　　　　　　　　　　〔高野山真言宗〕

玉泉寺　ぎょくせんじ〔寺〕
　新潟県栃尾市　《本尊》地蔵菩薩　〔曹洞宗〕

玉泉寺　ぎょくせんじ〔寺〕
　新潟県刈羽郡刈羽村　《本尊》日蓮聖人奠定の大曼荼羅　　　　　　　　　　〔日蓮宗〕

玉泉寺　ぎょくせんじ〔寺〕
　長野県北安曇郡小谷村　《別称》ひかげ寺
　《本尊》延命地蔵菩薩　　　　　　〔曹洞宗〕

玉泉寺　ぎょくせんじ〔寺〕
　静岡県下田市　《本尊》釈迦如来　〔曹洞宗〕

玉泉寺　ぎょくせんじ〔寺〕
　愛知県豊田市　《本尊》阿弥陀如来　〔浄土宗〕

玉泉寺　ぎょくせんじ〔寺〕
　愛知県海部郡立田村　《本尊》阿弥陀如来
　　　　　　　　　　　　　　　　〔真宗大谷派〕

玉泉寺　ぎょくせんじ〔寺〕
　滋賀県東浅井郡虎姫町　《別称》三川元三大師　《本尊》元三大師　　　　　〔天台宗〕

玉泉寺　ぎょくせんじ〔寺〕
　滋賀県高島郡安曇川町　《本尊》阿弥陀如来
　　　　　　　　　　　　　　　　〔天台真盛宗〕

玉泉寺　ぎょくせんじ〔寺〕
　大阪府大阪市東住吉区　《本尊》阿弥陀如来
　　　　　　　　　　　　　　　　〔真宗大谷派〕

玉泉寺　ぎょくせんじ〔寺〕
　和歌山県那賀郡粉河町　《本尊》薬師如来
　　　　　　　　　　　　　　　〔高野山真言宗〕

玉泉寺　ぎょくせんじ〔寺〕
　高知県安芸郡東洋町　《本尊》延命大曼荼羅　　　　　　　　　　　　〔真言宗豊山派〕

玉泉院　ぎょくせんいん〔寺〕
　埼玉県越谷市　《本尊》阿弥陀如来
　　　　　　　　　　　　　　　〔真言宗豊山派〕

5画（玉）

玉泉院　ぎょくせんいん〔寺〕
　香川県善通寺市　《本尊》阿弥陀如来
　　　　　　　　　　　　　　　〔真言宗〕
玉津岡神社　たまつおかじんじゃ〔社〕
　京都府綴喜郡井手町　《祭神》下照比売命［他］
　　　　　　　　　　　　　　　〔神社本庁〕
玉津島神社　たまつしまじんじゃ〔社〕
　和歌山県和歌山市　《祭神》稚日女尊［他］
　　　　　　　　　　　　　　　〔神社本庁〕
玉祖神社　たまのおやじんじゃ〔社〕
　大阪府八尾市　《別称》たかやす明神　《祭
　神》天明玉命［他］　　　　　〔神社本庁〕
玉祖神社　たまそじんじゃ〔社〕
　山口県防府市西浦　《祭神》玉屋命
　　　　　　　　　　　　　　　〔神社本庁〕
玉祖神社　たまのやじんじゃ〔社〕
　山口県防府市右田　《別称》たまっさま　《祭
　神》玉祖命［他］　　　　　　〔神社本庁〕
玉祖神社　たまのおやじんじゃ〔社〕
　山口県防府市田島　《祭神》玉屋命
　　　　　　　　　　　　　　　〔神社本庁〕
玉祖神社　たまのやじんじゃ〔社〕
　山口県防府市大字切畑　《祭神》天玉屋命
　　　　　　　　　　　　　　　〔神社本庁〕
10 玉宮様《称》　たまみやさま〔社〕
　山梨県塩山市・玉諸神社　《祭神》天羽明玉
　命　　　　　　　　　　　　　〔神社本庁〕
玉峰寺　ぎょくほうじ〔寺〕
　長崎県南高来郡口之津町　《本尊》釈迦如
　来　　　　　　　　　　　　　〔曹洞宗〕
玉滝寺　ぎょくせんじ〔寺〕
　三重県久居市　《本尊》阿弥陀如来
　　　　　　　　　　　　　　　〔天台真盛宗〕
玉真院　ぎょくしんいん〔寺〕
　東京都世田谷区　《別称》玉川大師　《本尊》
　阿弥陀如来・弘法大師　　〔真言宗智山派〕
玉竜寺　ぎょくりゅうじ〔寺〕
　石川県金沢市　《本尊》釈迦如来〔曹洞宗〕
玉竜寺　ぎょくりゅうじ〔寺〕
　岐阜県下呂市　《本尊》薬師如来
　　　　　　　　　　　　　　〔臨済宗妙心寺派〕
玉竜院　ぎょくりゅういん〔寺〕
　山形県東置賜郡高畠町　《本尊》釈迦如来
　　　　　　　　　　　　　　　〔曹洞宗〕
玉竜院　ぎょくりゅういん〔寺〕
　京都府京都市上京区　《本尊》釈迦如来
　　　　　　　　　　　　　　〔臨済宗相国寺派〕
玉竜院　ぎょくりゅういん〔寺〕
　京都府京都市右京区　《本尊》地蔵菩薩
　　　　　　　　　　　　　　〔臨済宗妙心寺派〕

玉造稲荷神社　たまつくりいなりじんじゃ
　〔社〕
　大阪府大阪市中央区　《別称》玉造稲荷　《祭
　神》宇迦之御魂大神［他］　　〔神社本庁〕
11 玉崎神社　たまさきじんじゃ〔社〕
　千葉県海上郡飯岡町　《別称》飯岡の明神様
　《祭神》玉依比売命［他］　　〔神社本庁〕
玉崎駒形神社　さまさきこまがたじんじゃ
　〔社〕
　岩手県江刺市　《祭神》保食神［他］
　　　　　　　　　　　　　　　〔神社本庁〕
玉窓寺　ぎょくそうじ〔寺〕
　東京都港区　《本尊》釈迦如来　〔曹洞宗〕
12 玉運寺　ぎょくうんじ〔寺〕
　北海道士別市　《本尊》釈迦如来〔曹洞宗〕
玉雲寺　ぎょくうんじ〔寺〕
　三重県伊勢市　《本尊》十一面観世音菩薩
　　　　　　　　　　　　　　〔臨済宗妙心寺派〕
玉雲寺　ぎょくうんじ〔寺〕
　京都府船井郡丹波町　《別称》滝の寺　《本
　尊》釈迦如来　　　　　　　　〔曹洞宗〕
玉雲院　ぎょくうんいん〔寺〕
　大阪府東大阪市　《本尊》阿弥陀如来
　　　　　　　　　　　　　　　〔単立〕
13 玉置神社　たまきじんじゃ〔社〕
　奈良県吉野郡十津川村　《祭神》国常立尊［他］
　　　　　　　　　　　　　　　〔神社本庁〕
玉蓮寺　ぎょくれんじ〔寺〕
　宮城県遠田郡南郷町　《本尊》阿弥陀如来
　　　　　　　　　　　　　　　〔真宗大谷派〕
玉蓮院　ぎょくれんいん〔寺〕
　滋賀県大津市　《本尊》不動明王・矜迦羅童
　子・制多迦童子　　　　　　　〔天台宗〕
14 玉鳳院　ぎょくほういん〔寺〕
　京都府京都市右京区　《本尊》無相大師・花
　園法皇　　　　　　　　　　〔臨済宗妙心寺派〕
15 玉敷神社　たましきじんじゃ〔社〕
　埼玉県北埼玉郡騎西町　《別称》騎西の明神
　様　《祭神》大己貴命［他］　　〔神社本庁〕
玉蔵寺　ぎょくぞうじ〔寺〕
　秋田県山本郡琴丘町　《本尊》不動明王
　　　　　　　　　　　　　　〔真言宗智山派〕
玉蔵院　ぎょくぞういん〔寺〕
　埼玉県さいたま市　《本尊》大日如来
　　　　　　　　　　　　　　　〔真言宗豊山派〕
玉蔵院　ぎょくぞういん〔寺〕
　埼玉県春日部市　《別称》岩光坊　《本尊》阿
　弥陀如来・不動明王・虚空蔵菩薩
　　　　　　　　　　　　　　〔真言宗智山派〕

神社・寺院名よみかた辞典　193

5画(瓦,甘,生)

玉蔵院　ぎょくぞういん〔寺〕
　埼玉県三郷市　《本尊》阿弥陀如来・不動明王
　　　　　　　　　　　　　　〔真言宗豊山派〕
玉諸神社　たまもろじんじゃ〔社〕
　山梨県甲府市　《別称》国玉明神　《祭神》大国魂大神
　　　　　　　　　　　　　　〔神社本庁〕
玉諸神社　たまもろじんじゃ〔社〕
　山梨県塩山市　《別称》玉宮様　《祭神》天羽明玉命
　　　　　　　　　　　　　　〔神社本庁〕

【瓦】

9 瓦屋寺　かわらやじ〔寺〕
　滋賀県八日市市　《本尊》千手観世音菩薩・安産地蔵菩薩・四天王・聖徳太子
　　　　　　　　　　　　　〔臨済宗妙心寺派〕

【甘】

9 甘南美寺　かんなみじ〔寺〕
　岐阜県山県市　《本尊》十一面千手観世音菩薩
　　　　　　　　　　　　　〔臨済宗妙心寺派〕
甘南備寺　かんなみじ〔寺〕
　島根県邑智郡桜江町　《別称》明星参り　《本尊》虚空蔵菩薩　〔高野山真言宗〕
甘南備神社　かんなびじんじゃ〔社〕
　広島県府中市　《別称》大明神　《祭神》事代主神〔他〕　　〔神社本庁〕
甘泉寺　かんせんじ〔寺〕
　愛知県南設楽郡作手村　《本尊》釈迦如来
　　　　　　　　　　　　　〔臨済宗永源寺派〕
12 甘棠院　かんとういん〔寺〕
　埼玉県久喜市　《本尊》釈迦如来
　　　　　　　　　　　　　〔臨済宗円覚寺派〕
20 甘露寺　かんろじ〔寺〕
　三重県度会郡南島町　《本尊》釈迦如来
　　　　　　　　　　　　　〔臨済宗妙心寺派〕
甘露寺　かんろじ〔寺〕
　大阪府南河内郡南河内町　《本尊》薬師如来
　　　　　　　　　　　　　　　〔黄檗宗〕
甘露寺　かんろじ〔寺〕
　兵庫県尼崎市　《本尊》阿弥陀如来・薬師如来
　　　　　　　　　　　　　　　〔浄土宗〕

【生】

5 生出神社　いきでじんじゃ〔社〕
　山梨県都留市　《祭神》建御名方命〔他〕
　　　　　　　　　　　　　　〔神社本庁〕
生玉さん《称》　いくたまさん〔社〕
　大阪府大阪市天王寺区・生国魂神社　《祭神》生島神〔他〕

生玉稲荷神社　いくたまいなりじんじゃ〔社〕
　愛知県名古屋市守山区　《祭神》倉稲魂神〔他〕
　　　　　　　　　　　　　　〔神社本庁〕
生田神社　いくたじんじゃ〔社〕
　愛知県一宮市　《祭神》稚日女尊　〔神社本庁〕
生田神社　いくたじんじゃ〔社〕
　兵庫県神戸市中央区　《別称》生田さん　《祭神》稚日女尊　　〔神社本庁〕
生目神社　いきめじんじゃ〔社〕
　宮崎県宮崎市　《別称》生目様　《祭神》品陀和気命〔他〕　　〔神社本庁〕
生石神社　おおしこじんじゃ〔社〕
　兵庫県高砂市　《別称》いしのほうでん　《祭神》大穴牟遅命〔他〕　〔神社本庁〕
7 生見八幡宮　いきみはちまんぐう〔社〕
　山口県玖珂郡美和町　《祭神》応神天皇〔他〕
　　　　　　　　　　　　　　〔神社本庁〕
生身天満宮　いきみてんまんぐう〔社〕
　京都府船井郡園部町　《別称》天神さん　《祭神》菅原道真
8 生国魂神社　いくくにたまじんじゃ〔社〕
　大阪府大阪市天王寺区　《別称》生玉さん　《祭神》生島神〔他〕　〔神社本庁〕
生岡神社　いくおかじんじゃ〔社〕
　栃木県日光市　《祭神》大己貴命〔他〕
　　　　　　　　　　　　　　〔神社本庁〕
生往寺　しょうおうじ〔寺〕
　神奈川県高座郡寒川町　《本尊》阿弥陀如来　　　　　　　　　〔浄土宗〕
生往院　しょうおういん〔寺〕
　長野県南佐久郡佐久町　《本尊》阿弥陀如来・薬師如来　　　　　〔浄土宗〕
9 生品神社　いくしなじんじゃ〔社〕
　群馬県新田郡新田町　《祭神》大穴牟遅神〔他〕
　　　　　　　　　　　　　　〔神社本庁〕
10 生島足島神社　いくしまたるしまじんじゃ〔社〕
　長野県上田市　《祭神》生島大神〔他〕
　　　　　　　　　　　　　　〔神社本庁〕
生島神社　いくしまじんじゃ〔社〕
　兵庫県尼崎市　《祭神》生島神〔他〕
　　　　　　　　　　　　　　〔神社本庁〕
生根神社　いくねじんじゃ〔社〕
　大阪府大阪市住吉区　《別称》奥の天神　《祭神》少彦名命　　〔神社本庁〕
生根神社　いくねじんじゃ〔社〕
　大阪府大阪市西成区　《別称》上の天神　《祭神》少彦名命〔他〕　〔神社本庁〕

194　神社・寺院名よみかた辞典

5画（用，甲，田）

生祠明治宮《称》　せいしめいじのみや〔社〕
　長野県上伊那郡辰野町・矢彦神社　《祭神》大己貴命［他］
　　　　　　　　　　　　　　　　　　　〔神社本庁〕
生馬神社　いくまじんじゃ〔社〕
　島根県松江市　《祭神》八尋鉾長依日子命
　　　　　　　　　　　　　　　　　　　〔神社本庁〕
11 生野神社　いくのじんじゃ〔社〕
　京都府福知山市　　　　　　　　　　　〔神社本庁〕
12 生雲八幡宮　いくもはちまんぐう〔社〕
　山口県阿武郡阿東町　《祭神》応神天皇［他］
　　　　　　　　　　　　　　　　　　　〔神社本庁〕
13 生源寺　しょうげんじ〔寺〕
　滋賀県大津市　《本尊》十一面観世音菩薩
　　　　　　　　　　　　　　　　　　　〔天台宗〕
生福寺　しょうふくじ〔寺〕
　栃木県宇都宮市　　　　　　　　〔真言宗智山派〕
生蓮寺　しょうれんじ〔寺〕
　滋賀県近江八幡市　《別称》蓮の大仏　《本尊》阿弥陀如来　　　　　　　　　〔天台真盛宗〕
生蓮寺　しょうれんじ〔寺〕
　滋賀県八日市市　《本尊》地蔵菩薩
　　　　　　　　　　　　　　　　〔臨済宗永源寺派〕
生蓮寺　しょうれんじ〔寺〕
　奈良県五條市　《別称》よらせ寺　《本尊》子安地蔵菩薩・雨晴地蔵菩薩　〔高野山真言宗〕
14 生魂神社　いくたまじんじゃ〔社〕
　青森県南津軽郡田舎館村　《祭神》生島神［他］
　　　　　　　　　　　　　　　　　　　〔神社本庁〕
15 生駒宝徳寺《称》　いこまほうとくじ〔寺〕
　奈良県生駒市・宝徳寺　《本尊》釈迦三尊・不動明王・毘沙門天・地蔵菩薩・阿弥陀如来
　　　　　　　　　　　　　　　　　　　〔曹溪宗〕
生駒聖天《称》　いこましょうてん〔寺〕
　奈良県生駒市・宝山寺　《本尊》不動明王・歓喜天　　　　　　　　　　　　　〔真言律宗〕

【用】

12 用賀観音《称》　ようがかんのん〔寺〕
　東京都世田谷区・無量寺　《本尊》阿弥陀如来・十一面観世音菩薩　　　　　　〔浄土宗〕

【甲】

2 甲八幡神社　かぶとはちまんじんじゃ〔社〕
　兵庫県姫路市　《祭神》品太別命［他］
　　　　　　　　　　　　　　　　　　　〔神社本庁〕
3 甲子大国社《称》　きのえねだいこくしゃ〔社〕
　福島県相馬郡小高町・益多嶺神社　《祭神》大国主命［他］　　　　　　　　　〔神社本庁〕

甲山寺　こうやまじ〔寺〕
　香川県善通寺市　《別称》四国第七四番霊場　《本尊》薬師如来・不動明王・大日如来・毘沙門天　　　　　　　　　　　　　　〔真言宗〕
6 甲州善光寺《称》　こうしゅうぜんこうじ〔寺〕
　山梨県甲府市・善光寺　《本尊》阿弥陀三尊
　　　　　　　　　　　　　　　　　　　〔浄土宗〕
7 甲佐岳観音《称》　こうさだけかんのん〔寺〕
　熊本県下益城郡砥用町・福城寺　《本尊》十一面観世音菩薩・馬頭観世音菩薩　〔天台宗〕
甲佐神社　こうさじんじゃ〔社〕
　熊本県上益城郡甲佐町　《祭神》八井耳玉尊［他］　　　　　　　　　　　　　〔神社本庁〕
甲良神社　こうらじんじゃ〔社〕
　滋賀県犬上郡甲良町　《別称》高良明神　《祭神》武内宿禰　　　　　　　　　〔神社本庁〕
8 甲宗八幡神社　こうそうはちまんじんじゃ〔社〕
　福岡県北九州市門司区　《別称》門司八幡宮　《祭神》応神天皇［他］　　　　〔神社本庁〕
甲波宿禰神社　かわすくねじんじゃ〔社〕
　群馬県渋川市　《祭神》速秋津彦神［他］
　　　　　　　　　　　　　　　　　　　〔神社本庁〕
12 甲斐奈神社　かいなじんじゃ〔社〕
　山梨県甲府市　《別称》おせんげんさま　《祭神》菊理姫命［他］　　　　　　〔神社本庁〕
甲賀八幡《称》　かがはちまん〔社〕
　愛媛県東予市・護運玉甲甲賀益八幡神社　《祭神》誉田別尊［他］　　　　　　〔神社本庁〕
甲陽園信光寺《称》　こうようえんしんこうじ〔寺〕
　兵庫県西宮市・信光寺　《本尊》釈迦如来
　　　　　　　　　　　　　　　　　　　〔曹溪宗〕
15 甲箭神社　こうせんじんじゃ〔社〕
　山形県山形市　《別称》明神さま　《祭神》速玉男命　　　　　　　　　　　　〔神社本庁〕

【田】

2 お田乃神様《称》　おたのかみさま〔社〕
　宮城県気仙沼市・大島神社　《祭神》倉稲魂命　　　　　　　　　　　　　　　〔神社本庁〕
3 田上不動《称》　たなかみふどう〔寺〕
　滋賀県大津市・不動寺　《本尊》不動明王
　　　　　　　　　　　　　　　　　　　〔天台寺門宗〕
田丸神社　たまるじんじゃ〔社〕
　三重県度会郡玉城町　《祭神》菅原道真［他］
　　　　　　　　　　　　　　　　　　　〔神社本庁〕
田川神社　たがわじんじゃ〔社〕
　兵庫県神崎郡香寺町　《祭神》息長足姫命［他］
　　　　　　　　　　　　　　　　　　　〔神社本庁〕

神社・寺院名よみかた辞典　195

5画（田）

田川護国神社　たがわごこくじんじゃ〔社〕
　福岡県田川市　《祭神》護国の神霊
　　　　　　　　　　　　　　　〔神社本庁〕
4田中の坊《称》　たなかのぼう〔寺〕
　香川県丸亀市・光善寺　《本尊》阿弥陀如来
　　　　　　　　　　　　　　　〔真宗興正派〕
田中の観音《称》　たなかのかんのん〔寺〕
　神奈川県横須賀市・東福寺　《本尊》延命地
　蔵菩薩　　　　　　　　　　　　〔曹洞宗〕
田中八幡神社《称》　たなかはちまんじ
　ゃ〔社〕
　兵庫県神戸市西区・八幡神社　《祭神》玉依
　姫命[他]　　　　　　　　　　〔神社本庁〕
田中地蔵尊《称》　たなかじぞうそん〔寺〕
　京都府京都市左京区・福蔵寺　《本尊》地蔵
　菩薩　　　　　　　　　　　　　〔浄土宗〕
田中寺　でんちゅうじ〔寺〕
　北海道上川郡鷹栖町　《本尊》釈迦如来
　　　　　　　　　　　　　〔臨済宗妙心寺派〕
田中神社　たなかじんじゃ〔社〕
　滋賀県高島郡安曇川町　《別称》天王さま
　《祭神》建速素戔嗚尊[他]　　〔神社本庁〕
5田代山神社　たしろさんじんじゃ〔社〕
　秋田県北秋田郡田代町　《別称》霊峯・白髭
　様　《祭神》白髭大神　　　　〔神社本庁〕
田代半僧坊《称》　たしろはんそうぼう〔寺〕
　神奈川県愛甲郡愛川町・勝楽寺　《本尊》釈
　迦如来　　　　　　　　　　　　〔曹洞宗〕
田代神社　たしろじんじゃ〔社〕
　岐阜県養老郡養老町　《別称》田代さん　《祭
　神》加茂神[他]　　　　　　　〔神社本庁〕
田代神社　たしろじんじゃ〔社〕
　宮崎県東臼杵郡西郷村　《別称》霧島大権現
　《祭神》彦火火出見尊[他]　　〔神社本庁〕
田代観音《称》　たしろかんのん〔寺〕
　神奈川県鎌倉市・安養院　《本尊》千手観世
　音菩薩・阿弥陀如来　　　　　　〔浄土宗〕
田出宇賀神社　たでうかじんじゃ〔社〕
　福島県南会津郡田島町　《別称》天王社　《祭
　神》宇迦之御魂命[他]　　　　〔神社本庁〕
田立建埋根命神社　たたちたけうまりねの
　みことじんじゃ〔社〕
　島根県邑智郡大和村　《別称》田立神社　《祭
　神》建埋根命[他]　　　　　　〔神社本庁〕
田立神社　たたちじんじゃ〔社〕
　島根県邑智郡大和村・田立建埋根命神社
　《祭神》建埋根命[他]　　　　〔神社本庁〕
田辺大師《称》　たなべだいし〔寺〕
　和歌山県田辺市・高山寺　《本尊》阿弥陀如
　来　　　　　　　　　　　　〔真言宗御室派〕

6田名部神社　たなぶじんじゃ〔社〕
　青森県むつ市　《別称》めおじんさま　《祭
　神》味粗高比古根命[他]　　　〔神社本庁〕
7田村大元神社　たむらたいげんじんじゃ〔
　社〕
　福島県田村郡三春町　《別称》明王さま　《祭
　神》国常立命　　　　　　　　〔神社本庁〕
田村神社　たむらじんじゃ〔社〕
　宮城県白石市　《祭神》坂上田村麿[他]
　　　　　　　　　　　　　　　〔神社本庁〕
田村神社　たむらじんじゃ〔社〕
　福島県郡山市田村町　《別称》明王様　《祭
　神》天之御中主神[他]　　　　〔神社本庁〕
田村神社　たむらじんじゃ〔社〕
　滋賀県甲賀郡土山町　《別称》坂上田村麿命
　[他]　　　　　　　　　　　　〔神社本庁〕
田村神社　たむらじんじゃ〔社〕
　香川県高松市　《別称》一宮さん　《祭神》倭
　迹迹日百襲姫命[他]　　　　　〔神社本庁〕
8田所八幡神社《称》　たどころはちまんじ
　んじゃ〔社〕
　島根県邑智郡瑞穂町・八幡神社　《祭神》天
　照大神[他]　　　　　　　　　〔神社本庁〕
9田県神社　たがたじんじゃ〔社〕
　愛知県小牧市　《祭神》御歳神[他]
　　　　　　　　　　　　　　　〔神社本庁〕
田神社　たじんじゃ〔社〕
　岡山県津山市　《別称》八幡様　《祭神》応神
　天皇[他]　　　　　　　　　　〔神社本庁〕
10田原文殊《称》　たわらもんじゅ〔寺〕
　兵庫県神崎郡福崎町・神積寺　《本尊》薬師
　如来　　　　　　　　　　　　　〔天台宗〕
田原本御坊《称》　たわらもとごぼう〔寺〕
　奈良県磯城郡田原本町・浄照寺　《本尊》阿
　弥陀如来　　　　　　　　〔浄土真宗本願寺派〕
田原神社　たはらじんじゃ〔社〕
　島根県松江市奥谷町　《別称》春日神社　《祭
　神》天御雷之男命[他]　　　　〔神社本庁〕
田原神明社《称》　たはらしんめいしゃ〔社〕
　愛知県田原市・神明社　《祭神》天照皇大御
　神　　　　　　　　　　　　　〔神社本庁〕
田島の御嶽山《称》　たじまのおんたけさ
　ん〔社〕
　埼玉県さいたま市・御嶽神社　《祭神》国常
　立命[他]　　　　　　　　　　　　〔単立〕
田島神社　たしまじんじゃ〔社〕
　佐賀県東松浦郡呼子町　《別称》お田島様
　《祭神》多紀理毘売命[他]　　〔神社本庁〕
田浦阿蘇神社　たのうらあそじんじゃ〔社〕
　熊本県葦北郡田浦町　《別称》阿蘇宮　《祭
　神》健磐竜命[他]　　　　　　〔神社本庁〕

196　神社・寺院名よみかた辞典

5画（由，疋，白）

11 田部地蔵《称》　たべじぞう〔寺〕
　千葉県香取郡山田町・西雲寺　《本尊》地蔵
　菩薩・阿弥陀如来　　　　　　〔天台宗〕
12 田遊さん《称》　たあそびさん〔社〕
　静岡県志太郡大井川町・大井八幡宮　《祭神》
　品陀和気命［他］　　　　　　〔神社本庁〕
13 田楽の大八幡《称》　たらがのおおはちま
　ん〔社〕
　愛知県春日井市・伊多波刀神社　《祭神》高
　皇産霊尊［他］　　　　　　　〔神社本庁〕
　田蓑神社　たみのじんじゃ〔社〕
　大阪府大阪市西淀川区　《祭神》底筒之男命
　［他］
15 田潮八幡神社　たしおはちまんじんじゃ〔
　社〕
　香川県丸亀市　《祭神》誉田別命　〔神社本庁〕

【由】

4 由仁神社　ゆにじんじゃ〔社〕
　北海道夕張郡由仁町　《祭神》天照大神［他］
　　　　　　　　　　　　　　　〔神社本庁〕
5 由加神社　ゆがじんじゃ〔社〕
　岡山県倉敷市　《祭神》手置帆負命［他］
　　　　　　　　　　　　　　　〔神社本庁〕
　由加神社　ゆがじんじゃ〔社〕
　岡山県和気郡和気町　《別称》西久保さま
　《祭神》由加大神［他］　　　　〔神社本庁〕
7 由岐神社　ゆきじんじゃ〔社〕
　京都府京都市左京区　《祭神》大己貴命［他］
　　　　　　　　　　　　　　　〔神社本庁〕
　由岐宮《称》　ゆきのみや〔社〕
　滋賀県栗東市・高野神社　《祭神》大名草彦
　命　　　　　　　　　　　　　〔神社本庁〕
　由来八幡宮　ゆきはちまんぐう〔社〕
　島根県飯石郡頓原町　《祭神》誉田別命［他］
　　　　　　　　　　　　　　　〔神社本庁〕
　由良の宮《称》　ゆらのみや〔社〕
　鳥取県東伯郡大栄町・高江神社　《祭神》天
　鏡尊［他］　　　　　　　　　〔神社本庁〕
　由良比女神社　ゆらひめじんじゃ〔社〕
　島根県隠岐郡西ノ島町　《別称》明神　《祭
　神》由良比女命　　　　　　　〔神社本庁〕
　由良神社　ゆらじんじゃ〔社〕
　京都府宮津市　《祭神》伊弉諾命
　　　　　　　　　　　　　　　〔神社本庁〕
　由良湊神社　ゆらみなとじんじゃ〔社〕
　兵庫県洲本市　《祭神》速秋津日子神［他］
　　　　　　　　　　　　　　　〔神社本庁〕

　由豆佐売神社　ゆずさめじんじゃ〔社〕
　山形県鶴岡市　《祭神》溝樴姫命［他］
　　　　　　　　　　　　　　　〔神社本庁〕

【疋】

11 疋野神社　ひきのじんじゃ〔社〕
　熊本県玉名市　《祭神》波比岐神［他］
　　　　　　　　　　　　　　　〔神社本庁〕

【白】

2 白人の宮《称》　うらどのみや〔社〕
　愛媛県松山市・勝岡八幡神社　《祭神》小千
　御子［他］　　　　　　　　　〔神社本庁〕
　白人神社　しらひとじんじゃ〔社〕
　徳島県美馬郡穴吹町　《祭神》伊邪那岐大神
　［他］　　　　　　　　　　　〔神社本庁〕
　白八幡宮　しろはちまんぐう〔社〕
　青森県西津軽郡鰺ヶ沢町　《祭神》誉田別命
　［他］　　　　　　　　　　　〔神社本庁〕
3 白久志山御祖神社　しらくしやまみおやじ
　んじゃ〔社〕
　石川県鹿島郡鹿島町　《祭神》奇稲田比咩命
　［他］　　　　　　　　　　　〔神社本庁〕
　白子子安観音《称》　しろこやすかんのん
　〔寺〕
　三重県鈴鹿市・観音寺　《本尊》白衣観世音
　菩薩　　　　　　　　　　　〔高野山真言宗〕
　白子神社　しろこじんじゃ〔社〕
　山形県米沢市　《祭神》火産霊神［他］
　　　　　　　　　　　　　　　〔神社本庁〕
　白子神社　しらこじんじゃ〔社〕
　千葉県長生郡白子町　《祭神》大己貴命［他］
　　　　　　　　　　　　　　　〔神社本庁〕
　白山大権現《称》　はくさんだいごんげん
　〔社〕
　岐阜県揖斐郡久瀬村・白山神社　《祭神》伊
　邪那岐神［他］　　　　　　　〔神社本庁〕
　白山中居神社　はくさんちゅうきょじんじ
　ゃ〔社〕
　岐阜県郡上市　《祭神》伊弉諾命［他］
　　　　　　　　　　　　　　　〔神社本庁〕
　白山比咩神社　しらやまひめじんじゃ〔社〕
　石川県石川郡鶴来町　《別称》白山さん　《祭
　神》白山比咩大神［他］　　　〔神社本庁〕
　白山比咩神社　しらやまひめじんじゃ〔社〕
　三重県一志郡白山町　《祭神》菊理比売命［他］
　　　　　　　　　　　　　　　〔神社本庁〕
　白山比咩神社　しらやまひめじんじゃ〔社〕
　山口県岩国市　《別称》白山さま　《祭神》菊
　理姫命［他］　　　　　　　　〔神社本庁〕

神社・寺院名よみかた辞典　197

5画（白）

白山別宮神社　はくさんべつくうじんじゃ〔社〕
　石川県石川郡鳥越村　《祭神》白山比咩神[他]
〔神社本庁〕
白山社　はくさんしゃ〔社〕
　愛知県名古屋市昭和区　《祭神》菊理媛尊
〔神社本庁〕
白山社　はくさんしゃ〔社〕
　愛知県碧南市　《祭神》伊弉冉命[他]
〔神社本庁〕
白山社　はくさんしゃ〔社〕
　愛知県稲沢市　《祭神》菊理姫命　〔神社本庁〕
白山社　はくさんしゃ〔社〕
　愛知県岩倉市　《祭神》伊弉冉尊[他]
〔神社本庁〕
白山長滝神社《称》　はくさんながたきじんじゃ〔社〕
　岐阜県郡上市・白山神社　《祭神》伊弉諾尊[他]　〔神社本庁〕
白山神社　はくさんじんじゃ〔社〕
　岩手県紫波郡紫波町　《祭神》伊弉冉命
〔神社本庁〕
白山神社　はくさんじんじゃ〔社〕
　岩手県西磐井郡平泉町　《祭神》伊弉諾尊[他]
〔神社本庁〕
白山神社　はくさんじんじゃ〔社〕
　宮城県仙台市若林区　《祭神》菊理媛神[他]
〔神社本庁〕
白山神社　はくさんじんじゃ〔社〕
　宮城県栗原郡金成町　《別称》白山様　《祭神》菊理比咩神[他]　〔神社本庁〕
白山神社　はくさんじんじゃ〔社〕
　千葉県八日市場市　《祭神》伊弉冉尊[他]
〔神社本庁〕
白山神社　はくさんじんじゃ〔社〕
　千葉県君津市　《別称》白山さま　《祭神》大友皇子[他]　〔神社本庁〕
白山神社　はくさんじんじゃ〔社〕
　東京都文京区　《別称》白山さま　《祭神》菊理比咩命[他]　〔神社本庁〕
白山神社　はくさんじんじゃ〔社〕
　新潟県新潟市一番堀通町　《別称》白山さま　《祭神》菊理媛大神[他]　〔神社本庁〕
白山神社　はくさんじんじゃ〔社〕
　新潟県新潟市沼垂東　《祭神》菊理媛命[他]
〔神社本庁〕
白山神社　はくさんじんじゃ〔社〕
　新潟県佐渡市　《祭神》伊弉諾尊[他]
〔神社本庁〕

白山神社　はくさんじんじゃ〔社〕
　新潟県西頸城郡能生町　《別称》能生白山社　《祭神》奴奈川姫命[他]　〔神社本庁〕
白山神社　はくさんじんじゃ〔社〕
　石川県小松市　《祭神》伊弉諾命[他]
〔神社本庁〕
白山神社　はくさんじんじゃ〔社〕
　石川県加賀市　《祭神》菊理姫命[他]
〔神社本庁〕
白山神社　はくさんじんじゃ〔社〕
　石川県江沼郡山中町　《祭神》菊理媛神
〔神社本庁〕
白山神社　はくさんじんじゃ〔社〕
　石川県鳳至郡能都町　《別称》棚木の宮　《祭神》伊邪那岐命[他]　〔神社本庁〕
白山神社　はくさんじんじゃ〔社〕
　石川県鳳至郡柳田村　《別称》五社権現・総社明神　《祭神》久久利姫尊[他]　〔神社本庁〕
白山神社　はくさんじんじゃ〔社〕
　福井県福井市　《祭神》白山比咩大神
〔神社本庁〕
白山神社　はくさんじんじゃ〔社〕
　福井県武生市大屋町　《別称》白山さん　《祭神》伊邪那美尊[他]　〔神社本庁〕
白山神社　はくさんじんじゃ〔社〕
　福井県武生市二階堂　《祭神》伊佐那美尊
〔神社本庁〕
白山神社　はくさんじんじゃ〔社〕
　福井県勝山市　《別称》平泉寺　《祭神》伊弉冊尊　〔神社本庁〕
白山神社　はくさんじんじゃ〔社〕
　福井県南条郡今庄町　《祭神》伊弉冊尊[他]
〔神社本庁〕
白山神社　はくさんじんじゃ〔社〕
　山梨県南都留郡富士河口湖町　《別称》白山権現　《祭神》伊佐那命[他]　〔神社本庁〕
白山神社　はくさんじんじゃ〔社〕
　岐阜県岐阜市　《祭神》伊弉冉命[他]
〔神社本庁〕
白山神社　はくさんじんじゃ〔社〕
　岐阜県本巣市　《祭神》伊弉冉神[他]
〔神社本庁〕
白山神社　はくさんじんじゃ〔社〕
　岐阜県本巣市　《祭神》伊弉冉命[他]
〔神社本庁〕
白山神社　はくさんじんじゃ〔社〕
　岐阜県郡上市　《祭神》伊弉冉尊[他]
〔神社本庁〕
白山神社　はくさんじんじゃ〔社〕
　岐阜県郡上市　《別称》白山長滝神社　《祭神》伊弉諾尊[他]　〔神社本庁〕

白山神社　はくさんじんじゃ〔社〕
　岐阜県郡上市　《祭神》伊弉冉命〔他〕
　　　　　　　　　　　　　　　〔神社本庁〕
白山神社　はくさんじんじゃ〔社〕
　岐阜県揖斐郡久瀬村　《別称》白山大権現
　《祭神》伊邪那岐神〔他〕　〔神社本庁〕
白山神社　はくさんじんじゃ〔社〕
　岐阜県揖斐郡藤橋村　《祭神》白山明神
　　　　　　　　　　　　　　　〔神社本庁〕
白山神社　はくさんじんじゃ〔社〕
　静岡県湖西市　　　　　　　〔神社本庁〕
白山神社　はくさんじんじゃ〔社〕
　静岡県磐田郡龍山村　《祭神》伊弉冉命〔他〕
　　　　　　　　　　　　　　　〔神社本庁〕
白山神社　はくさんじんじゃ〔社〕
　愛知県名古屋市中村区　《祭神》菊理姫命
　　　　　　　　　　　　　　　〔神社本庁〕
白山神社　はくさんじんじゃ〔社〕
　愛知県名古屋市中区　《祭神》菊理媛命
　　　　　　　　　　　　　　　〔神社本庁〕
白山神社　はくさんじんじゃ〔社〕
　愛知県名古屋市守山区小幡　《祭神》伊邪那
　美命〔他〕　　　　　　　　〔神社本庁〕
白山神社　はくさんじんじゃ〔社〕
　愛知県名古屋市守山区守山　《祭神》菊理姫
　命〔他〕　　　　　　　　　〔神社本庁〕
白山神社　はくさんじんじゃ〔社〕
　愛知県岡崎市　《祭神》白山姫命〔他〕
　　　　　　　　　　　　　　　〔神社本庁〕
白山神社　はくさんじんじゃ〔社〕
　愛知県春日井市　《祭神》伊邪那岐命〔他〕
　　　　　　　　　　　　　　　〔神社本庁〕
白山神社　はくさんじんじゃ〔社〕
　愛知県安城市　《祭神》伊弉諾命〔他〕
　　　　　　　　　　　　　　　〔神社本庁〕
白山神社　はくさんじんじゃ〔社〕
　愛知県葉栗郡木曽川町　《祭神》大己貴命〔他〕
　　　　　　　　　　　　　　　〔神社本庁〕
白山神社　はくさんじんじゃ〔社〕
　愛知県東加茂郡旭町　《祭神》菊理姫命〔他〕
　　　　　　　　　　　　　　　〔神社本庁〕
白山神社　はくさんじんじゃ〔社〕
　京都府宇治市　《祭神》伊邪那美尊
　　　　　　　　　　　　　　　〔神社本庁〕
白山神社　しろやまじんじゃ〔社〕
　大阪府大阪市城東区　《祭神》菊理媛神
　　　　　　　　　　　　　　　〔神社本庁〕
白山神社　はくさんじんじゃ〔社〕
　奈良県桜井市　《祭神》白山大権現
　　　　　　　　　　　　　　　〔神社本庁〕

白山神社　はくさんじんじゃ〔社〕
　愛媛県新居浜市　《別称》水谷さん　《祭神》
　伊邪那岐命〔他〕　　　　　〔神社本庁〕
白山神社　はくさんじんじゃ〔社〕
　高知県土佐清水市　《祭神》伊弉諾神〔他〕
　　　　　　　　　　　　　　　〔神社本庁〕
白山神社　はくさんじんじゃ〔社〕
　福岡県北九州市若松区白山　《別称》若松白
　山　《祭神》伊弉冉命〔他〕　〔神社本庁〕
白山神社　はくさんじんじゃ〔社〕
　福岡県北九州市若松区小竹　《祭神》伊弉冉
　尊〔他〕　　　　　　　　　〔神社本庁〕
白山神社　はくさんじんじゃ〔社〕
　佐賀県伊万里市　《祭神》伊弉諾命〔他〕
　　　　　　　　　　　　　　　〔神社本庁〕
白山姫神社　しろやまひめじんじゃ〔社〕
　山形県酒田市　《別称》白山宮　《祭神》伊弉
　諾命〔他〕　　　　　　　　〔神社本庁〕
白山宮《称》　しろやまぐう〔社〕
　山形県酒田市・白山姫神社　《祭神》伊弉諾
　命〔他〕　　　　　　　　　〔神社本庁〕
白山宮　はくさんぐう〔社〕
　愛知県日進市　《別称》白山さん　《祭神》菊
　理姫命〔他〕　　　　　　　〔神社本庁〕
白山道場《称》　はくさんどうじょう〔寺〕
　東京都文京区・竜雲院　《本尊》釈迦如来
　　　　　　　　　　　　　〔臨済宗円覚寺派〕
白山様《称》　はくさんさま〔社〕
　長野県小県郡真田町・山家神社　《祭神》大
　国主命〔他〕　　　　　　　〔神社本庁〕
白山権現《称》　はくさんごんげん〔社〕
　山梨県南都留郡富士河口湖町・白山神社
　《祭神》伊佐那岐命〔他〕　　〔神社本庁〕
白川八幡神社　しらかわはちまんじんじゃ
　〔社〕
　岐阜県大野郡白川村　《別称》荻町八幡神社
　《祭神》応神天皇
白川神社　しらかわじんじゃ〔社〕
　兵庫県姫路市　《別称》船場の白河さん・眼の
　お宮　《祭神》倉稲魂神〔他〕　〔神社本庁〕
4白井神社　しらいじんじゃ〔社〕
　兵庫県尼崎市　《別称》歯神さん　《祭神》天
　之手力男命　　　　　　　　〔神社本庁〕
白水寺　はくすいじ〔寺〕
　兵庫県赤穂郡上郡町　《本尊》大日如来
　　　　　　　　　　　　　〔高野山真言宗〕
5白加美神社　しらかみじんじゃ〔社〕
　岡山県津山市　《祭神》天照皇大神〔他〕
　　　　　　　　　　　　　　　〔神社本庁〕

5画（白）

白石のぎおんさん《称》　しろいしのぎおんさん〔社〕
　佐賀県杵島郡白石町・白石八坂神社　《祭神》素盞嗚尊〔他〕　〔神社本庁〕

白石八坂神社　しろいしやさかじんじゃ〔社〕
　佐賀県杵島郡白石町　《別称》白石のぎおんさん　《祭神》素盞嗚尊〔他〕〔神社本庁〕

白石神社　しらいしじんじゃ〔社〕
　大分県東国東郡武蔵町　《別称》竜神《祭神》八大竜王神　〔神社本庁〕

6 白羽大明神《称》　しろわだいみょうじん〔社〕
　静岡県磐田郡竜洋町・白羽神社　《祭神》長白羽命〔他〕　〔神社本庁〕

白羽火雷神社　しらはほのいかずちじんじゃ〔社〕
　鹿児島県川内市　《祭神》大山咋尊　〔神社本庁〕

白羽神社　しろわじんじゃ〔社〕
　静岡県浜松市白羽町　《祭神》武甕槌神〔他〕〔神社本庁〕

白羽神社　しろわじんじゃ〔社〕
　静岡県御前崎市　《別称》お白羽さま　《祭神》天津日高日子穂穂出見尊〔他〕〔神社本庁〕

白羽神社　しろわじんじゃ〔社〕
　静岡県磐田郡竜洋町　《別称》白羽大明神《祭神》長白羽命〔他〕　〔神社本庁〕

白羽神社　しらはじんじゃ〔社〕
　香川県木田郡牟礼町　《祭神》誉田別之命〔他〕〔神社本庁〕

白老八幡神社《称》　しらおいはちまんじんじゃ〔社〕
　北海道白老郡白老町・八幡神社　《祭神》誉田別神〔他〕　〔神社本庁〕

白老神社《称》　しらおいじんじゃ〔社〕
　北海道白老郡白老町・八幡神社　《祭神》誉田別神〔他〕　〔神社本庁〕

7 白沙八幡神社　はくさはちまんじんじゃ〔社〕
　長崎県壱岐市　《別称》筒城八幡　《祭神》応神天皇〔他〕　〔神社本庁〕

白角折神社　しらとりじんじゃ〔社〕
　福岡県久留米市　《祭神》日本武尊〔他〕〔神社本庁〕

8 白兎神社　はくとじんじゃ〔社〕
　鳥取県鳥取市　《祭神》白兎神〔他〕〔神社本庁〕

白和瀬神社　しらわせじんじゃ〔社〕
　福島県福島市　《祭神》日本武尊〔他〕〔神社本庁〕

白国神社　しらくにじんじゃ〔社〕
　兵庫県姫路市　《別称》おさんの宮　《祭神》神吾田津比売神〔他〕　〔神社本庁〕

白岡八幡宮《称》　しらおかはちまんぐう〔社〕
　埼玉県南埼玉郡白岡町・八幡神社　《祭神》仲哀天皇〔他〕　〔神社本庁〕

白岳神社　しらたけじんじゃ〔社〕
　大分県大分郡挾間町　《別称》権現さま　《祭神》伊邪那美命〔他〕　〔神社本庁〕

白岩観音　しらいわかんのん〔寺〕
　群馬県群馬郡榛名町・長谷寺　《本尊》十一面観世音菩薩　〔金峯山修験本宗〕

白林寺　はくりんじ〔寺〕
　愛知県名古屋市中区　《本尊》釈迦如来〔臨済宗妙心寺派〕

9 白泉寺　はくせんじ〔寺〕
　東京都豊島区　《本尊》釈迦如来・朝日観世音菩薩　〔曹洞宗〕

白神社　しらかみしゃ〔社〕
　広島県広島市中区　《祭神》伊邪那伎神〔他〕〔神社本庁〕

10 白峰宮　しろみねぐう〔社〕
　香川県坂出市　《別称》天皇さん　《祭神》崇徳天皇

白峯寺　しろみねじ〔寺〕
　香川県坂出市　《別称》白峯さん・四国第八一番霊場　《本尊》千手観世音菩薩・白峯大権現　〔真言宗御室派〕

白峯神宮　しらみねじんぐう〔社〕
　京都府京都市上京区　《祭神》崇徳天皇〔他〕〔神社本庁〕

白根神社　しらねじんじゃ〔社〕
　群馬県吾妻郡草津町　《祭神》日本武尊〔神社本庁〕

白浜の虚空蔵尊《称》　しらはまのこくぞうそん〔寺〕
　茨城県行方郡麻生町・成光寺　《本尊》不動明王・厄除弘法大師・虚空蔵菩薩〔真言宗豊山派〕

白浜神社《称》　しらはまじんじゃ〔社〕
　静岡県下田市・伊古奈比咩命神社　《祭神》伊古奈比咩命〔他〕　〔神社本庁〕

白竜寺　はくりゅうじ〔寺〕
　秋田県能代市　《本尊》阿弥陀如来〔真宗大谷派〕

白竜神社　はくりゅうじんじゃ〔社〕
　愛知県名古屋市中村区　《別称》白竜様　《祭神》高靇神〔他〕　〔神社本庁〕

白竜様《称》　はくりゅうさま〔社〕
　愛知県名古屋市中村区・白竜神社　《祭神》高
　龗神［他］　　　　　　　　　　〔神社本庁〕
白華寺　はっかじ〔寺〕
　広島県安芸郡倉橋町　《本尊》十一面観世音
　菩薩　　　　　　　　　　　　〔真言宗御室派〕
11白崎八幡宮　しらさきはちまんぐう〔社〕
　山口県岩国市　《別称》今津八幡　《祭神》応
　神天皇［他］　　　　　　　　　　〔神社本庁〕
白毫寺　びゃくごうじ〔寺〕
　北海道根室市　《本尊》阿弥陀如来
　　　　　　　　　　　　　　〔浄土真宗本願寺派〕
白毫寺　びゃくごうじ〔寺〕
　愛知県名古屋市南区　《本尊》阿弥陀如来
　　　　　　　　　　　　　　　　　　〔曹洞宗〕
白毫寺　びゃくごうじ〔寺〕
　奈良県奈良市　《別称》一切経寺　《本尊》阿
　弥陀如来　　　　　　　　　　　　〔真言律宗〕
白笹稲荷神社　いらささいなりじんじゃ〔
　社〕
　神奈川県秦野市　《祭神》宇迦之御魂命
　　　　　　　　　　　　　　　　　〔神社本庁〕
白菊稲荷《称》　しらぎくいなり〔社〕
　愛知県知多郡南知多町・丸山稲荷教会　《祭
　神》豊受大神　　　　　　　　　　　　〔単立〕
白鳥八幡宮　しらとりはちまんぐう〔社〕
　山口県大島郡橘町　《祭神》応神天皇［他］
　　　　　　　　　　　　　　　　　〔神社本庁〕
白鳥大明神《称》　しらとりだいみょうじ
　ん〔社〕
　宮城県刈田郡蔵王町・刈田嶺神社　《祭神》日
　本武尊　　　　　　　　　　　　　〔神社本庁〕
白鳥神社　しらとりじんじゃ〔社〕
　宮城県柴田郡村田町　《祭神》日本武尊［他］
　　　　　　　　　　　　　　　　　〔神社本庁〕
白鳥神社　しらとりじんじゃ〔社〕
　宮城県柴田郡柴田町　《別称》合社　《祭神》
　日本武尊［他］　　　　　　　　　　〔神社本庁〕
白鳥神社　しらとりじんじゃ〔社〕
　富山県婦負郡八尾町　《祭神》日本武尊
　　　　　　　　　　　　　　　　　〔神社本庁〕
白鳥神社　しろとりじんじゃ〔社〕
　長野県東御市　《祭神》日本武尊［他］
　　　　　　　　　　　　　　　　　〔神社本庁〕
白鳥神社　しらとりじんじゃ〔社〕
　岐阜県土岐市鶴里町　《祭神》日本武尊
　　　　　　　　　　　　　　　　　〔神社本庁〕
白鳥神社　しらとりじんじゃ〔社〕
　岐阜県瑞穂市　《祭神》日本武尊［他］
　　　　　　　　　　　　　　　　　〔神社本庁〕

白鳥神社　しらとりじんじゃ〔社〕
　岐阜県郡上市　《祭神》伊弉冉尊［他］
　　　　　　　　　　　　　　　　　〔神社本庁〕
白鳥神社　しらとりじんじゃ〔社〕
　岐阜県揖斐郡池田町　《祭神》日本武尊
　　　　　　　　　　　　　　　　　〔神社本庁〕
白鳥神社　しらとりじんじゃ〔社〕
　愛知県愛知郡東郷町　《祭神》日本武尊
　　　　　　　　　　　　　　　　　〔神社本庁〕
白鳥神社　しらとりじんじゃ〔社〕
　愛知県南設楽郡作手村　《別称》本地宮　《祭
　神》日本武尊　　　　　　　　　　〔神社本庁〕
白鳥神社　しらとりじんじゃ〔社〕
　広島県東広島市　《祭神》日本武尊［他］
　　　　　　　　　　　　　　　　　〔神社本庁〕
白鳥神社　しらとりじんじゃ〔社〕
　山口県熊毛郡平生町　《祭神》倭武命［他］
　　　　　　　　　　　　　　　　　〔神社本庁〕
白鳥神社　しろとりじんじゃ〔社〕
　香川県東かがわ市　《祭神》日本武尊［他］
　　　　　　　　　　　　　　　　　〔神社本庁〕
白鳥神社　しらとりじんじゃ〔社〕
　福岡県田川市　《祭神》日本武尊　〔神社本庁〕
白鳥神社　しらとりじんじゃ〔社〕
　長崎県南松浦郡玉之浦町　《祭神》日本武
　尊　　　　　　　　　　　　　　　〔神社本庁〕
白鳥神社　しらとりじんじゃ〔社〕
　大分県豊後高田市　《祭神》日本武命［他］
　　　　　　　　　　　　　　　　　〔神社本庁〕
白鳥神社　しらとりじんじゃ〔社〕
　宮崎県えびの市　《祭神》日本武尊
　　　　　　　　　　　　　　　　　〔神社本庁〕
12白道寺　びゃくどうじ〔寺〕
　福井県坂井郡丸岡町　《本尊》阿弥陀如来
　　　　　　　　　　　　　　　　　　〔浄土宗〕
白雲寺　はくうんじ〔寺〕
　東京都品川区　《本尊》釈迦如来　　〔単立〕
白雲寺　はくうんじ〔寺〕
　愛知県丹羽郡扶桑町　《本尊》釈迦如来
　　　　　　　　　　　　　　　〔臨済宗妙心寺派〕
白雲寺　はくうんじ〔寺〕
　大阪府枚方市　《本尊》阿弥陀如来　〔浄土宗〕
白雲庵　はくうんあん〔寺〕
　神奈川県鎌倉市　《別称》白雲　《本尊》釈迦
　如来　　　　　　　　　　　　〔臨済宗円覚寺派〕
13白業寺　びゃくごうじ〔寺〕
　愛媛県北宇和郡三間町　《本尊》阿弥陀如
　来　　　　　　　　　　　　　〔臨済宗妙心寺派〕
白滝宮《称》　しらたきぐう〔社〕
　大分県大分市中戸次・熊野神社　《祭神》伊
　邪那美命　　　　　　　　　　　　〔神社本庁〕

5画（目）

白禅寺　はくぜんじ〔寺〕
　福井県福井市　《本尊》阿弥陀如来
　　　　　　　　　　　　　〔真宗大谷派〕
14白旗八幡大神　しらはたはちまんおおかみ
　〔社〕
　神奈川県川崎市宮前区　《祭神》玉依姫命〔他〕
　　　　　　　　　　　　　〔神社本庁〕
白旗神社　しらはたじんじゃ〔社〕
　神奈川県藤沢市　《祭神》寒川比古命〔他〕
　　　　　　　　　　　　　〔神社本庁〕
白旗稲荷神社　しらはたいなりじんじゃ
　〔社〕
　東京都中央区　《祭神》宇迦之御魂神
　　　　　　　　　　　　　〔神社本庁〕
白銀岳《称》　しろがねだけ〔社〕
　奈良県吉野郡西吉野村・波宝神社　《祭神》底筒男命〔他〕　　　　　〔神社本庁〕
お白髪さん《称》　おしらがさん〔社〕
　熊本県球磨郡あさぎり町・上村白髪神社
　《祭神》鸕鶿草葺不合尊〔他〕〔神社本庁〕
白髪神社　しらがみじんじゃ〔社〕
　高知県土佐郡土佐町　《別称》おしらがさま
　《祭神》猿田彦神　　　　〔神社本庁〕
15白髭さん《称》　しらひげさん〔社〕
　兵庫県津名郡津名町・賀茂神社　《祭神》賀茂別雷大神〔他〕　　　　〔神社本庁〕
白髭大明神《称》　しらひげだいみょうじん〔社〕
　島根県松江市・許曾志神社　《祭神》猨田毘古命〔他〕　　　　　　　〔神社本庁〕
白髭神社　しらひげじんじゃ〔社〕
　山形県上山市　《祭神》久延毘古命
　　　　　　　　　　　　　〔神社本庁〕
白髭神社　しらひげじんじゃ〔社〕
　岐阜県揖斐郡久瀬村　《祭神》猿田彦命
　　　　　　　　　　　　　〔神社本庁〕
白髭神社　しらひげじんじゃ〔社〕
　福岡県北九州市小倉南区　《祭神》猿田彦命〔他〕　　　　　　　　　〔神社本庁〕
白髭神社　しらひげじんじゃ〔社〕
　大分県中津市　《祭神》大己貴命〔他〕
　　　　　　　　　　　　　〔神社本庁〕
白髭様《称》　しらひげさま〔社〕
　秋田県北秋田郡田代町・田代山神社　《祭神》白髭大神　　　　　　　〔神社本庁〕
18白瀑神社　しらたきじんじゃ〔社〕
　秋田県山本郡八森町　《別称》不動一　《祭神》火産霊神〔他〕　　　〔神社本庁〕

22白鬚大明神《称》　しらひげだいみょうじん〔社〕
　三重県上野市・須智荒木神社　《祭神》猿田彦命〔他〕　　　　　　　〔神社本庁〕
白鬚田原神社　しらひげたはらじんじゃ〔社〕
　大分県西国東郡大田村　《祭神》天津日高彦穂瓊瓊杵命〔他〕　　　　〔神社本庁〕
白鬚神社　しらひげじんじゃ〔社〕
　東京都墨田区　《祭神》猿田彦大神
　　　　　　　　　　　　　〔神社本庁〕
白鬚神社　しらひげじんじゃ〔社〕
　神奈川県小田原市　《祭神》猿田彦命
　　　　　　　　　　　　　〔神社本庁〕
白鬚神社　しらひげじんじゃ〔社〕
　福井県南条郡今庄町　《別称》下の宮　《祭神》猿田彦命〔他〕　　　〔神社本庁〕
白鬚神社　しらひげじんじゃ〔社〕
　岐阜県可児市　《祭神》猿田彦大神〔他〕
　　　　　　　　　　　　　〔神社本庁〕
白鬚神社　しらひげじんじゃ〔社〕
　滋賀県高島郡高島町　《別称》明神さん　《祭神》猿田彦命　　　　　〔神社本庁〕
白鬚神社　しらひげじんじゃ〔社〕
　宮崎県児湯郡川南町　《別称》白鬚さま　《祭神》伊邪那岐之大神〔他〕〔神社本庁〕
24白鷺神社　しらさぎじんじゃ〔社〕
　栃木県河内郡上三川町　《祭神》日本武尊
　　　　　　　　　　　　　〔神社本庁〕
白鷺宮《称》　しらさぎぐう〔社〕
　兵庫県姫路市・兵庫県姫路護国神社　《祭神》護国の神霊　　　　　　〔神社本庁〕

【目】

5目白山不動院　めじろさんふどういん〔寺〕
　熊本県熊本市　《別称》目白不動　《本尊》目白不動明王　　　　　　〔八宗兼学真修教〕
目白不動《称》　めじろふどう〔寺〕
　熊本県熊本市・目白山不動院　《本尊》目白不動明王　　　　　　　　〔八宗兼学真修教〕
目白不動尊《称》　めじろふどうそん〔寺〕
　東京都豊島区・金乗院　《本尊》聖観世音菩薩　　　　　　　　　　　〔真言宗豊山派〕
6目名神社　めなじんじゃ〔社〕
　青森県下北郡東通村　《祭神》大日靈貴尊
7目赤不動《称》　めあかふどう〔寺〕
　東京都文京区・南谷寺　《本尊》不動明王
　　　　　　　　　　　　　〔天台宗〕

202　神社・寺院名よみかた辞典

5画（矢, 石）

8目青不動《称》　めあおふどう〔寺〕
　東京都世田谷区・教学院　《本尊》阿弥陀如来・不動明王　〔天台宗〕
11目黄不動《称》　めぎふどう〔寺〕
　東京都江戸川区・最勝寺　《本尊》釈迦如来・大日如来・目黄不動明王　〔天台宗〕
目黒のお酉さん《称》　めぐろのおとりさん〔社〕
　東京都目黒区・大鳥神社　《祭神》日本武尊［他］　〔神社本庁〕
目黒の鬼子母神様《称》　めぐろのきしもじんさま〔寺〕
　東京都目黒区・正覚寺　《本尊》日蓮聖人奠定の大曼荼羅・日蓮聖人・鬼子母神　〔日蓮宗〕
目黒不動《称》　めぐろふどう〔寺〕
　東京都目黒区・滝泉寺　《本尊》不動明王　〔天台宗〕

【矢】

0矢ノ根森八幡《称》　やのねもりはちまん〔社〕
　青森県下北郡佐井村・八幡宮　《祭神》誉田別命　〔神社本庁〕
3矢上神社　やがみじんじゃ〔社〕
　長崎県長崎市　《別称》大旺社　《祭神》素盞嗚尊［他］　〔神社本庁〕
矢川神社　やがわじんじゃ〔社〕
　滋賀県甲賀郡甲南町　《祭神》大己貴命［他］　〔神社本庁〕
4矢之堂《称》　やのどう〔寺〕
　埼玉県秩父市・観音寺　《本尊》聖観世音菩薩　〔真言宗豊山派〕
5矢代寸神社　やしろぎじんじゃ〔社〕
　大阪府岸和田市　《祭神》武内宿禰［他］　〔神社本庁〕
矢田八幡神社　やたはちまんじんじゃ〔社〕
　京都府京丹後市　《別称》八幡宮　《祭神》応神天皇［他］　〔神社本庁〕
矢田寺　やたでら〔寺〕
　京都府京都市中京区　《別称》矢田地蔵　《本尊》矢田地蔵菩薩　〔西山浄土宗〕
7矢作神社　やはぎじんじゃ〔社〕
　愛知県岡崎市　《別称》天王様　《祭神》素盞嗚命［他］　〔神社本庁〕
矢作神社　やはぎじんじゃ〔社〕
　大阪府八尾市　《祭神》経津主命［他］　〔神社本庁〕
矢尾天王神社《称》　やびてんのうじんじゃ〔社〕
　島根県出雲市矢尾町・来阪神社　《祭神》素盞嗚尊［他］

矢村社《称》　やむらしゃ〔社〕
　熊本県阿蘇郡高森町・高森阿蘇神社　《祭神》健磐竜命［他］　〔神社本庁〕
矢来のお釈迦さま《称》　やらいのおしゃかさま〔寺〕
　東京都新宿区・宗柏寺　《本尊》釈迦如来・十界曼荼羅・日蓮聖人　〔日蓮宗〕
8矢奈比売神社　やなひめじんじゃ〔社〕
　静岡県磐田市　《別称》見付天神社　《祭神》矢奈比売命　〔神社本庁〕
9矢彦神社　やひこじんじゃ〔社〕
　長野県上伊那郡辰野町　《別称》生祠明治宮　《祭神》大己貴命［他］　〔神社本庁〕
矢柄神社　やがらじんじゃ〔社〕
　静岡県小笠郡大東町　《祭神》神漏美命［他］　〔神社本庁〕
矢矧神社　やはぎじんじゃ〔社〕
　愛媛県越智郡朝倉村　《祭神》天狭貫王［他］　〔神社本庁〕
10矢倉神社　やぐらじんじゃ〔社〕
　静岡県静岡市　《祭神》日本武尊［他］　〔神社本庁〕
矢原神明宮　やはらしんめいぐう〔社〕
　長野県南安曇郡穂高町　《祭神》天照皇大神　〔神社本庁〕
矢宮神社　やのみやじんじゃ〔社〕
　和歌山県和歌山市　《祭神》賀茂建津之身命［他］　〔神社本庁〕
11矢掛神社　やかけじんじゃ〔社〕
　岡山県小田郡矢掛町　《別称》丑寅様　《祭神》吉備津彦命　〔神社本庁〕

【石】

2石刀神社　いわとじんじゃ〔社〕
　愛知県一宮市　《祭神》手力雄命［他］　〔神社本庁〕
3石上布都魂神社　いそのかみふつのみたまじんじゃ〔社〕
　岡山県赤磐郡吉井町　《別称》神社さま　《祭神》素盞嗚命　〔神社本庁〕
石上寺　せきじょうじ〔寺〕
　埼玉県熊谷市　《本尊》千手観世音菩薩　〔真言宗智山派〕
石上神宮　いそのかみじんぐう〔社〕
　奈良県天理市　《別称》布留社　《祭神》布都御魂大神［他］　〔神社本庁〕
石山寺　いしやまでら〔寺〕
　滋賀県大津市　《別称》西国第一三番霊場　《本尊》二臂如意輪観世音菩薩　〔真言宗東寺派〕

神社・寺院名よみかた辞典　203

5画（石）

石川神社　いしかわじんじゃ〔社〕
　新潟県新津市　《別称》石川いなり　《祭神》孝元天皇［他］　〔単立〕

石川護国神社　いしかわごくじんじゃ〔社〕
　石川県金沢市　《祭神》護国の神霊
　　〔神社本庁〕

4石中寺　せきちゅうじ〔寺〕
　愛媛県今治市　《別称》総本山　〔石土宗〕

石切剣箭神社　いしきりつるぎやじんじゃ〔社〕
　大阪府東大阪市　《別称》石切さん　《祭神》饒速日尊［他］　〔神道石切教〕

石戸八幡神社　いわとはちまんじんじゃ〔社〕
　愛媛県四国中央市　《祭神》応神天皇［他］
　　〔神社本庁〕

石手寺　いしてじ〔寺〕
　愛媛県松山市　《別称》石手のお大師さん・四国第五一番霊場　《本尊》薬師如来
　　〔真言宗豊山派〕

石水寺　せきすいじ〔寺〕
　熊本県人吉市　《別称》花の寺　《本尊》聖観世音菩薩　〔曹洞宗〕

5石札堂《称》　いしふだどう〔寺〕
　埼玉県秩父郡荒川村・長泉院　《本尊》聖観世音菩薩　〔曹洞宗〕

石田八幡《称》　いしだはちまん〔社〕
　福井県鯖江市・石田神社　《祭神》大日孁貴尊［他］　〔神社本庁〕

石田神社　いしだじんじゃ〔社〕
　福井県鯖江市　《別称》石田八幡　《祭神》大日孁貴尊［他］　〔神社本庁〕

石田神社　いわたじんじゃ〔社〕
　大阪府東大阪市　《別称》八幡宮　《祭神》誉田別尊［他］　〔単立〕

石田神社　いしだじんじゃ〔社〕
　香川県さぬき市　《祭神》品陀和気命［他］
　　〔神社本庁〕

石立神社　いわたてじんじゃ〔社〕
　岡山県備前市　《別称》春日神社　《祭神》石立神［他］　〔神社本庁〕

6石光寺　しゃっこうじ〔寺〕
　奈良県北葛城郡當麻町　《別称》石光寺染寺　《本尊》弥勒菩薩・阿弥陀如来　〔浄土宗〕

7石作神社　いしつくりじんじゃ〔社〕
　岐阜県羽島郡岐南町　《祭神》建真利根命
　　〔神社本庁〕

石作神社　やざこじんじゃ〔社〕
　愛知県愛知郡長久手町　《祭神》建真利根命　〔神社本庁〕

石作神社　いしつくりじんじゃ〔社〕
　滋賀県伊香郡木之本町　《祭神》天火明命
　　〔神社本庁〕

石応寺　せきおうじ〔寺〕
　岩手県釜石市　《本尊》釈迦如来　〔曹洞宗〕

石見一宮《称》　いわみいちのみや〔社〕
　島根県大田市・物部神社　《祭神》宇摩志麻遅命　〔神社本庁〕

石見八幡宮　いわみはちまんぐう〔社〕
　島根県邇摩郡仁摩町　《祭神》品陀和気命［他］
　　〔神社本庁〕

石見寺　いしみでら〔寺〕
　高知県中村市　《本尊》薬師如来
　　〔真言宗豊山派〕

8石和川神社《称》　いさわがわじんじゃ〔社〕
　山梨県東八代郡石和町・諏訪神社　《祭神》建御名方命　〔神社本庁〕

石武雄神社　いわたけおじんじゃ〔社〕
　富山県東礪波郡福野町　《祭神》石武雄神［他］
　　〔神社本庁〕

9石垣神社　いしがきじんじゃ〔社〕
　福岡県浮羽郡田主丸町　《別称》新宮　《祭神》応神天皇［他］　〔神社本庁〕

石城寺　せきじょうじ〔寺〕
　大分県別府市　《本尊》十一面観世音菩薩
　　〔臨済宗東福寺派〕

石城神社　いわきじんじゃ〔社〕
　山口県熊毛郡大和町　《祭神》大山祇神［他］
　　〔神社本庁〕

石城問答霊場《称》　せきじょうもんどうれいじょう〔寺〕
　福岡県福岡市博多区・妙典寺　《本尊》十界大曼荼羅　〔日蓮宗〕

石屋神社　いわやじんじゃ〔社〕
　兵庫県津名郡淡路町　《別称》天地大明神　《祭神》国常立命［他］　〔神社本庁〕

石巻神社　いしまきじんじゃ〔社〕
　愛知県豊橋市　《祭神》大己貴命　〔神社本庁〕

石海神社　せっかいじんじゃ〔社〕
　兵庫県揖保郡太子町　《祭神》舎人親王御夫婦二柱

石津寺　せきしんじ〔寺〕
　滋賀県草津市　《本尊》薬師如来
　　〔真言宗智山派〕

石神《称》　いしがみ〔社〕
　宮城県加美郡加美町・飯豊神社　《祭神》保食神［他］　〔神社本庁〕

石神さま《称》　いしがみさま〔社〕
　宮城県登米郡石越町・遠流志別石神社　《祭神》倭建命　〔神社本庁〕

5画（石）

石神山精神社　いわがみやまずみじんじゃ〔社〕
　宮城県黒川郡大和町　《別称》岩神さま　《祭神》大山祇命［他］　　　　　〔神社本庁〕
石神井の氷川さま《称》　しゃくじいのひかわさま〔社〕
　東京都練馬区石神井台・氷川神社　《祭神》須佐之男命［他］　　　　　　〔神社本庁〕
石神井神社　いしがみいじんじゃ〔社〕
　埼玉県越谷市　《別称》おしゃもじ様　《祭神》大己貴命［他］　　　　　〔神社本庁〕
石神社　いそのじんじゃ〔社〕
　宮城県桃生郡雄勝町　《別称》権現さま　《祭神》多伎津比咩神　　　　　〔神社本庁〕
石神社　いしがみしゃ〔社〕
　東京都青梅市　《祭神》磐長比売命
　　　　　　　　　　　　　　　　〔神社本庁〕
石神社《称》　いしがみしゃ〔社〕
　島根県浜田市・天豊足柄姫命神社　《祭神》天豊足柄姫命［他］　　　　　〔神社本庁〕
石背国造神社　いわせこくぞうじんじゃ〔社〕
　福島県岩瀬郡長沼町　《祭神》建弥依米命［他］　　　　　　　　　　　　〔神社本庁〕
10 石倉比古神社　いわくらひこじんじゃ〔社〕
　石川県輪島市　《別称》比古神社　《祭神》天手力男神［他］　　　　　　〔神社本庁〕
石原の観音さん《称》　いさのかんのんさん〔寺〕
　京都府福知山市・観音寺　《本尊》千手千眼観世音菩薩　　　　　〔高野山真言宗〕
石峯寺　せきほうじ〔寺〕
　京都府京都市伏見区　《本尊》地蔵菩薩
　　　　　　　　　　　　　　　　　　〔単立〕
石峯寺　しゃくぶじ〔寺〕
　兵庫県神戸市北区　《別称》しゃくぶんじ　《本尊》延命地蔵菩薩・大日如来・薬師如来
　　　　　　　　　　　　　　　　〔高野山真言宗〕
石座神社　いわくらじんじゃ〔社〕
　愛知県新城市　《祭神》天之御中主命［他］
　　　　　　　　　　　　　　　　〔神社本庁〕
石浦神社　いしうらじんじゃ〔社〕
　石川県金沢市　《祭神》大物主神［他］
　　　　　　　　　　　　　　　　〔神社本庁〕
石浜神社　いしはまじんじゃ〔社〕
　東京都荒川区　《別称》朝日神明　《祭神》天照皇大神［他］　　　　　　〔神社本庁〕
石馬寺　いしばじ〔寺〕
　滋賀県神崎郡五個荘町　《本尊》十一面千手観世音菩薩・毘沙門天・地蔵菩薩・阿弥陀如来　　　　　　　　〔臨済宗妙心寺派〕

11 石堂の観音様《称》　いしどうのかんのんさま〔寺〕
　千葉県安房郡丸山町・石堂寺　《本尊》十一面観世音菩薩　　　　　　　　〔天台宗〕
石堂寺　いしどうじ〔寺〕
　千葉県安房郡丸山町　《別称》石堂の観音様　《本尊》十一面観世音菩薩　〔天台宗〕
石堂神社　いしどうじんじゃ〔社〕
　徳島県美馬郡半田町　《祭神》天神七代［他］
　　　　　　　　　　　　　　　　〔神社本庁〕
石清水八幡神社　いわしみずはちまんじんじゃ〔社〕
　愛媛県越智郡玉川町　《別称》やわたの八幡様　《祭神》品陀和気命［他］　〔神社本庁〕
石清水八幡神社　いわしみずはちまんじんじゃ〔社〕
　福岡県豊前市　《祭神》神功皇后［他］
　　　　　　　　　　　　　　　　〔神社本庁〕
石清水八幡宮　いわしみずはちまんぐう〔社〕
　京都府八幡市　《別称》男山八幡宮　《祭神》誉田別尊［他］　　　　　　〔神社本庁〕
石清水神社　いわしみずじんじゃ〔社〕
　香川県さぬき市　《別称》津田八幡宮　《祭神》誉田別尊［他］　　　　　〔神社本庁〕
石清水神社　いわしみずじんじゃ〔社〕
　香川県東かがわ市　《祭神》誉田別尊［他］
　　　　　　　　　　　　　　　　〔神社本庁〕
石清尾八幡神社　いわしおはちまんじんじゃ〔社〕
　香川県高松市　《祭神》仲哀天皇［他］
　　　　　　　　　　　　　　　　〔神社本庁〕
石船神社　いわふねじんじゃ〔社〕
　新潟県村上市　《別称》明神様　《祭神》水波女命［他］　　　　　　　　〔神社本庁〕
石船神社　いしふねじんじゃ〔社〕
　山梨県都留市　《祭神》表筒男命［他］
　　　　　　　　　　　　　　　　〔神社本庁〕
石船様《称》　いしふねさま〔社〕
　高知県香美郡香我美町・天忍穂別神社　《祭神》正哉吾勝勝速日天忍穂耳尊［他］
　　　　　　　　　　　　　　　　〔神社本庁〕
石都都古別神社　いわつつこわけじんじゃ〔社〕
　福島県石川郡石川町　《祭神》味鉏高日子根命　　　　　　　　　　　　　〔神社本庁〕
石部神社　いそべじんじゃ〔社〕
　石川県小松市　《別称》府南社　《祭神》櫛日方別命　　　　　　　　　　〔神社本庁〕
石部神社　いしべじんじゃ〔社〕
　滋賀県愛知郡愛知川町　《別称》いそべのみや　《祭神》天照大御神［他］　〔神社本庁〕

神社・寺院名よみかた辞典　205

5画（示, 礼, 穴）

石部神社　いそべじんじゃ〔社〕
　兵庫県加西市　《祭神》市杵島姫命[他]
　　　　　　　　　　　　　　〔神社本庁〕
石部神社　いそべじんじゃ〔社〕
　兵庫県出石郡出石町　《別称》おいそべさん
　《祭神》奇日方命　　　　　〔神社本庁〕
12石勝神社《称》　いわかつじんじゃ〔社〕
　島根県益田市・染羽天石勝神社　《祭神》天
　石勝命[他]　　　　　　　　〔神社本庁〕
石塚薬師《称》　いしずかやくし〔寺〕
　茨城県東茨城郡常北町・薬師寺　《本尊》薬
　師三尊　　　　　　　　　　　〔天台宗〕
石塔寺　いしどうじ〔寺〕
　滋賀県蒲生郡蒲生町　《別称》宝塔さん　《本
　尊》聖観世音菩薩・阿育王塔　〔天台宗〕
石塔寺　せきとうじ〔寺〕
　京都府向日市　　　　　　　〔本化日蓮宗〕
石塔寺権現《称》　いしとうじごんげん〔社〕
　島根県益田市・豊田神社　《祭神》天津大神
　[他]　　　　　　　　　　　〔神社本庁〕
石裂山《称》　おざくさん〔社〕
　栃木県鹿沼市・加蘇山神社　《祭神》磐裂命
　[他]　　　　　　　　　　　〔神社本庁〕
石道寺　せきどうじ〔寺〕
　滋賀県伊香郡木之本町　　〔真言宗豊山派〕
石間稲荷神社　いしまいなりじんじゃ〔社〕
　宮城県亘理郡亘理町　　　　〔神社本庁〕
石雲寺　せきうんじ〔寺〕
　福島県安達郡本宮町　《本尊》釈迦如来
　　　　　　　　　　　　　　　〔曹洞宗〕
石雲院　せきうんいん〔寺〕
　静岡県榛原郡榛原町　《別称》遠州高尾山
　《本尊》釈迦如来　　　　　　〔曹洞宗〕
13石園座多久虫玉神社　いわそのにますたく
　むしたまじんじゃ〔社〕
　奈良県大和高田市　《別称》竜王宮　《祭神》
　建玉依比古命[他]　　　　　〔神社本庁〕
石楯尾神社　いわたておのじんじゃ〔社〕
　神奈川県津久井郡藤野町　《別称》名倉の権
　現さま　《祭神》石楯尾大神　〔神社本庁〕
14石像寺　しゃくぞうじ〔寺〕
　京都府京都市上京区　《別称》くぎぬき地蔵
　《本尊》釘抜地蔵菩薩　　　　〔浄土宗〕
石像寺　せきぞうじ〔寺〕
　兵庫県氷上郡市島町　《本尊》釈迦如来
　　　　　　　　　　　　　　　〔曹洞宗〕
15石蔵院　せきぞういん〔寺〕
　静岡県静岡市　《本尊》地蔵菩薩　〔曹洞宗〕
16石薬師寺　いしやくしじ〔寺〕
　三重県鈴鹿市　《本尊》薬師如来
　　　　　　　　　　　　　　〔真言宗東寺派〕

17石鎚神社　いしずちじんじゃ〔社〕
　愛媛県西条市　《祭神》石土毘古神
　　　　　　　　　　　　　　〔神社本庁〕
18石観音《称》　いしかんのん〔寺〕
　三重県松阪市・瑞巌寺　《本尊》阿弥陀如来・
　十一面観世音菩薩　　　　　　〔浄土宗〕
19石瀬比古神社　いわせひこじんじゃ〔社〕
　石川県輪島市　《祭神》石瀬比古神[他]
　　　　　　　　　　　　　　〔神社本庁〕
22石龕寺　せきがんじ〔寺〕
　兵庫県氷上郡山南町　《本尊》毘沙門天
　　　　　　　　　　　　　　〔高野山真言宗〕

【示】

11示現寺　じげんじ〔寺〕
　福島県耶麻郡熱塩加納村　《本尊》虚空蔵菩
　薩　　　　　　　　　　　　　〔曹洞宗〕
示現寺　じげんじ〔寺〕
　福島県耶麻郡西会津町　《別称》高目の清水
　寺　《本尊》大日如来　　　〔真言宗豊山派〕
示現神社　じげんじんじゃ〔社〕
　栃木県安蘇郡田沼町　《祭神》衣通姫命[他]
　　　　　　　　　　　　　　〔神社本庁〕

【礼】

6礼行寺　らいぎょうじ〔寺〕
　富山県婦負郡婦中町　《本尊》阿弥陀如来
　　　　　　　　　　　　　　〔真宗大谷派〕

【穴】

2穴八幡社　あなはちまんじんじゃ〔社〕
　東京都新宿区　《祭神》応神天皇[他]
　　　　　　　　　　　　　　〔神社本庁〕
4穴切大神社　あなぎりだいじんじゃ〔社〕
　山梨県甲府市　《祭神》大己貴命[他]
　　　　　　　　　　　　　　〔神社本庁〕
穴太寺　あなおじ〔寺〕
　京都府亀岡市　《別称》あなおさん・西国第
　二一番霊場　《本尊》薬師如来・聖観世音
　菩薩　　　　　　　　　　　　〔天台宗〕
穴水大宮《称》　あなみずおおみや〔社〕
　石川県鳳至郡穴水町・辺津比咩神社　《祭神》
　田心姫命[他]　　　　　　　〔神社本庁〕
6穴守弁天《称》　あなもりべんてん〔寺〕
　東京都練馬区・円明寺　《本尊》不動明王
　　　　　　　　　　　　　　〔真言宗豊山派〕
穴守稲荷神社　あなもりいなりじんじゃ
　〔社〕
　東京都大田区　《別称》穴守さん　《祭神》豊
　受姫命　　　　　　　　　　〔神社本庁〕

5画（立）

7穴妙見《称》　あなみょうけん〔社〕
　長崎県佐世保市・須佐神社　《祭神》素盞嗚
　尊［他］　〔神社本庁〕

穴沢天神社　あなさわてんじんじゃ〔社〕
　東京都稲城市　《祭神》少彦名命［他］
　　　　　　　　　　　　　　　　〔神社本庁〕

8穴門山神社　あなとやまじんじゃ〔社〕
　岡山県吉備郡真備町　《別称》高山様　《祭
　神》穴門武姫命［他］　〔神社本庁〕

穴門山神社　あなとやまじんじゃ〔社〕
　岡山県川上郡川上町　《別称》名方浜宮　《祭
　神》天照大神［他］　〔神社本庁〕

10穴師坐兵主神社　あなしにますひょうずじ
　んじゃ〔社〕
　奈良県桜井市　《別称》大兵主神社　《祭神》
　若御魂神［他］　〔神社本庁〕

穴馬興正寺別院　あなうまこうしょうじべ
　ついん〔寺〕
　福井県大野郡和泉村　《本尊》阿弥陀如来
　　　　　　　　　　　　　　　　〔真宗興正派〕

15穴穂の宮《称》　あなほのみや〔社〕
　三重県上野市・神戸神社　《祭神》大日孁貴
　尊［他］　〔神社本庁〕

【立】

3立山寺　りゅうせんじ〔寺〕
　富山県中新川郡上市町　《別称》さっかの寺
　《本尊》釈迦如来　〔曹洞宗〕

立山神社　たてやまじんじゃ〔社〕
　高知県香美郡野市町　《祭神》国常立命［他］
　　　　　　　　　　　　　　　　〔神社本庁〕

立川熊野さま《称》　たちかわくまのさま
　〔社〕
　東京都立川市・熊野神社　《祭神》須佐之男
　命［他］　〔神社本庁〕

4立木神社　たちきじんじゃ〔社〕
　滋賀県草津市　《祭神》武甕槌神　〔神社本庁〕

立木観音堂《称》　たちかんのんどう〔寺〕
　栃木県日光市・中禅寺　《本尊》千手観世音
　菩薩　〔天台宗〕

5立本寺　りゅうほんじ〔寺〕
　山梨県甲府市　《本尊》日蓮聖人奠定の大曼
　荼羅　〔日蓮宗〕

立本寺　りゅうほんじ〔寺〕
　京都府京都市上京区　《別称》由緒寺院　《本
　尊》十界大曼荼羅　〔日蓮宗〕

立正寺　りゅうしょうじ〔寺〕
　山梨県東山梨郡勝沼町　《本尊》日蓮聖人
　　　　　　　　　　　　　　　　〔日蓮宗〕

立正寺　りっしょうじ〔寺〕
　兵庫県神戸市須磨区　《本尊》日蓮聖人奠定
　の大曼荼羅　〔顕本法華宗〕

立正佼成会　りっしょうこうせいかい〔教〕
　東京都杉並区　《本尊》久遠実成大恩教主釈
　迦尼世尊　〔立正佼成会〕

立田の筋の神様《称》　たつたのすじのか
　みさま〔社〕
　熊本県熊本市・立田阿蘇三宮神社　《祭神》国
　竜神［他］　〔神社本庁〕

立田阿蘇三宮神社　たつたあそさんのみや
　じんじゃ〔社〕
　熊本県熊本市　《別称》立田の筋の神様　《祭
　神》国竜神［他］　〔神社本庁〕

立石八幡《称》　たていしはちまん〔社〕
　高知県高知市・八幡宮　《祭神》応神天皇［他］
　　　　　　　　　　　　　　　　〔神社本庁〕

立石天満社《称》　たていしてんましゃ〔社〕
　大分県速見郡山香町・天満社　《祭神》菅原
　道真［他］　〔神社本庁〕

立石寺　りっしゃくじ〔寺〕
　山形県山形市　《別称》やまでら　《本尊》薬
　師如来　〔天台宗〕

6立光寺　りゅうこうじ〔寺〕
　兵庫県城崎郡日高町　《本尊》日蓮聖人奠定
　の大曼荼羅　〔日蓮宗〕

立江のお地蔵さん《称》　たつえのおじぞ
　うさん〔寺〕
　徳島県小松島市・立江寺　《本尊》延命地蔵
　菩薩　〔高野山真言宗〕

立江寺　たつえじ〔寺〕
　徳島県小松島市　《別称》立江のお地蔵さん
　・四国第一九番霊場　《本尊》延命地蔵菩
　薩　〔高野山真言宗〕

立江寺　たちえじ〔寺〕
　福岡県筑紫郡那珂川町　《別称》筑紫耶馬渓・
　おさすり地蔵　《本尊》地蔵菩薩
　　　　　　　　　　　　　　　　〔卍教団〕

7立坂神社　たちさかじんじゃ〔社〕
　三重県桑名市　《別称》八幡さま　《祭神》大
　日孁貴尊［他］　〔神社本庁〕

8立河神社　たつかわじんじゃ〔社〕
　岡山県岡山市　《祭神》国常立神［他］
　　　　　　　　　　　　　　　　〔神社本庁〕

立法寺　りゅうほうじ〔寺〕
　富山県氷見市　《別称》久保の御坊　《本尊》
　阿弥陀如来　〔真宗大谷派〕

立法寺　りゅうほうじ〔寺〕
　福岡県北九州市小倉北区　《本尊》十界大曼
　荼羅　〔日蓮宗〕

神社・寺院名よみかた辞典　207

5画（辻,辺） **6画**（両,亘）

立法寺　りゅうほうじ〔寺〕
　大分県津久見市　《本尊》阿弥陀如来
　　　　　　　　　　　　　　〔真宗大谷派〕
9立政寺　りゅうしょうじ〔寺〕
　岐阜県岐阜市　《本尊》阿弥陀如来
　　　　　　　　　　　　〔浄土宗西山禅林寺派〕
立泉寺　りゅうせんじ〔寺〕
　滋賀県甲賀郡水口町　《別称》法華寺　《本
　尊》一塔両尊　　　　　　　　　〔日蓮宗〕
立神社　たてがみしゃ〔社〕
　和歌山県有田市　《祭神》大屋彦神［他］
　　　　　　　　　　　　　　　　〔神社本庁〕
11立野明神《称》　たちのみょうじん《称》
　三重県松阪市・松尾神社　《祭神》大山咋命
　［他］　　　　　　　　　　　　〔神社本庁〕
立野神社　たてのじんじゃ〔社〕
　茨城県那珂郡緒川村　《祭神》級長津彦命［他］
　　　　　　　　　　　　　　　　〔神社本庁〕
13立源寺　りゅうげんじ〔寺〕
　岐阜県大垣市　《本尊》阿弥陀如来
　　　　　　　　　　　　　　〔真宗大谷派〕
14立像寺　りゅうぞうじ〔寺〕
　石川県金沢市　《別称》充洽園　《本尊》十界
　大曼荼羅　　　　　　　　　　　〔日蓮宗〕
立鉾鹿島神社　たちほこかしまじんじゃ
　〔社〕
　福島県いわき市　《祭神》武甕槌命
　　　　　　　　　　　　　　　　〔神社本庁〕
15立磐神社　たていわじんじゃ〔社〕
　宮崎県日向市　《祭神》底筒男命［他］
　　　　　　　　　　　　　　　　〔神社本庁〕

【辻】
0辻のお大師さん《称》　つじのおだいしさ
　ん〔寺〕
　滋賀県大津市・真迎寺　《本尊》阿弥陀如来
　　　　　　　　　　　　　　　　　〔天台宗〕
辻の不動様《称》　つじのふどうさま〔寺〕
　埼玉県秩父郡長瀞町・洞昌院　《本尊》不動
　明王　　　　　　　　　　　〔真言宗智山派〕
14辻徳法寺　つじとくほうじ〔寺〕
　富山県黒部市　《本尊》十字名号
　　　　　　　　　　　　　　〔真宗大谷派〕

【辺】
5辺田見若宮神社　へたみわかみやじんじゃ
　〔社〕
　熊本県上益城郡御船町　《祭神》阿蘇健磐竜
　神［他］　　　　　　　　　　　〔神社本庁〕

9辺津比咩神社　へつひめじんじゃ〔社〕
　石川県鳳至郡穴水町　《別称》穴水大宮　《祭
　神》田心姫命［他］　　　　　　〔神社本庁〕

6画

【両】
3両子寺　ふたごでら〔寺〕
　大分県東国東郡安岐町　《別称》子授け観音
　《本尊》千手観世音菩薩・不動明王
　　　　　　　　　　　　　　　　　〔天台宗〕
6両光寺　りょうこうじ〔寺〕
　静岡県浜松市　《別称》厄除観音　《本尊》大
　日如来　　　　　　　　　　〔臨済宗方広寺派〕
両全寺　りょうぜんじ〔寺〕
　岐阜県飛騨市　《本尊》千手観世音菩薩
　　　　　　　　　　　　　　〔臨済宗妙心寺派〕
7両社八幡宮《称》　りょうしゃはちまんぐ
　う〔社〕
　香川県三豊郡山本町・菅生神社　《祭神》邇
　邇杵命［他］　　　　　　　　　　　〔単立〕
両社山神社　りょうしゃさんじんじゃ〔社〕
　秋田県鹿角市　《祭神》大山祇命［他］
　　　　　　　　　　　　　　　　〔神社本庁〕
両社宮神社　りょうしゃぐうじんじゃ〔社〕
　愛知県春日井市　《祭神》誉田別尊［他］
　　　　　　　　　　　　　　　　〔神社本庁〕
両足院　りょうそくいん〔寺〕
　京都府京都市東山区　《本尊》阿弥陀如来
　　　　　　　　　　　　　　〔臨済宗建仁寺派〕
両足院　りょうそくいん〔寺〕
　広島県三原市　《本尊》釈迦如来
　　　　　　　　　　　　　　〔臨済宗仏通寺派〕
8両延神社　りょうのべじんじゃ〔社〕
　広島県広島市安佐北区　《別称》西の宮　《祭
　神》神倭伊波礼毘古命［他］　　〔神社本庁〕
両所神社　りょうしょじんじゃ〔社〕
　山形県東田川郡藤島町　《祭神》豊受比売神
　［他］　　　　　　　　　　　　〔神社本庁〕
両松寺　りょうしょうじ〔寺〕
　兵庫県養父市　《本尊》薬師如来
　　　　　　　　　　　　　　〔高野山真言宗〕

【亘】
11亘理神社　わたりじんじゃ〔社〕
　宮城県亘理郡亘理町　《別称》おたて　《祭
　神》武早智雄命　　　　　　　　〔神社本庁〕

208　神社・寺院名よみかた辞典

6画（亥, 交, 伊）

【亥】
0亥の子宮《称》 いのこぐう〔社〕
　岡山県久米郡柵原町・上山宮　《祭神》素盞嗚尊［他］　〔神社本庁〕

【交】
10交通神社《称》 こうつうじんじゃ〔社〕
　京都府京都市左京区・須賀神社　《祭神》須佐之男神［他］　〔神社本庁〕
交通観音《称》 こうつうかんのん〔寺〕
　京都府綾部市・心田院　《本尊》釈迦如来・護世観世音菩薩　〔臨済宗妙心寺派〕
11交野天神社　かたのあまつかみのやしろ〔社〕
　大阪府枚方市　《別称》交野天神社(かたのてんじんしゃ)　《祭神》光仁天皇［他］　〔神社本庁〕

【伊】
3伊万里神社　いまりじんじゃ〔社〕
　佐賀県伊万里市　《別称》香橘神社　《祭神》橘諸兄［他］　〔神社本庁〕
4伊予豆比古命神社　いよつひこのみことじんじゃ〔社〕
　愛媛県松山市　《別称》椿神社　《祭神》伊予豆比古命［他］　〔神社本庁〕
伊予岡八幡神社　いよおかはちまんじんじゃ〔社〕
　愛媛県伊予市　《別称》八陵の森　《祭神》誉田別尊［他］　〔神社本庁〕
伊予神社　いよじんじゃ〔社〕
　愛媛県伊予郡松前町　《祭神》彦狭島命［他］　〔神社本庁〕
伊予稲荷神社　いよいなりじんじゃ〔社〕
　愛媛県伊予市　《別称》お稲荷さん　《祭神》宇迦能御魂神［他］　〔神社本庁〕
伊太祁曾神社　いたきそじんじゃ〔社〕
　和歌山県和歌山市　《別称》山東の宮　《祭神》五十猛命［他］　〔神社本庁〕
伊夫岐神社　いぶきじんじゃ〔社〕
　滋賀県坂田郡伊吹町　《祭神》伊富岐大神　〔神社本庁〕
伊文神社　いもんじんじゃ〔社〕
　愛知県西尾市　《祭神》素盞嗚尊［他］　〔神社本庁〕
5伊加加志大明神《称》 いかがしだいみょうじん〔社〕
　徳島県麻植郡川島町・伊加加志神社　《祭神》伊加賀色許売命［他］　〔神社本庁〕
伊加加志神社　いかがしじんじゃ〔社〕
　徳島県麻植郡川島町　《別称》伊加加志大明神　《祭神》伊加賀色許売命［他］　〔神社本庁〕
伊古乃速御玉姫神社　いこのはやみたまひめじんじゃ〔社〕
　埼玉県比企郡滑川町　《祭神》気長足姫命［他］　〔神社本庁〕
伊古奈比咩命神社　いこなひめのみことじんじゃ〔社〕
　静岡県下田市　《別称》白浜神社　《祭神》伊古奈比咩命［他］　〔神社本庁〕
伊古部神社　いこべじんじゃ〔社〕
　愛知県豊橋市　《祭神》五男三女神［他］　〔神社本庁〕
伊奴神社　いぬじんじゃ〔社〕
　愛知県名古屋市西区　《別称》稲生さん　《祭神》伊怒比売命［他］　〔神社本庁〕
伊尼神社　いちじんじゃ〔社〕
　兵庫県氷上郡氷上町　《別称》いちの宮　《祭神》彦火瓊瓊杵尊［他］　〔神社本庁〕
6伊多波刀神社　いたはとじんじゃ〔社〕
　愛知県春日井市　《別称》田楽の大八幡　《祭神》高皇産霊尊［他］　〔神社本庁〕
7伊佐具神社　いさぐじんじゃ〔社〕
　兵庫県尼崎市　《祭神》伊狭城入彦皇子［他］　〔神社本庁〕
伊佐奈岐宮　いざなぎのみや〔社〕
　三重県伊勢市(月読宮域内)　伊勢神宮・皇大宮の別宮　《祭神》伊弉諾尊
伊佐奈弥宮　いざなみのみや〔社〕
　三重県伊勢市(月読宮域内)　伊勢神宮・皇大宮の別宮　《祭神》伊弉冉尊
伊佐智佐神社　いさちさじんじゃ〔社〕
　鹿児島県鹿児島市　《別称》和田権現　《祭神》伊弉冉尊［他］　〔神社本庁〕
伊佐須美神社　いさすみじんじゃ〔社〕
　福島県大沼郡会津高田町　《祭神》伊弉諾尊［他］　〔神社本庁〕
伊佐爾波神社　いさにわじんじゃ〔社〕
　愛媛県松山市　《別称》湯月八幡宮　《祭神》仲哀天皇［他］　〔神社本庁〕
伊吹八幡《称》 いぶきはちまん〔社〕
　愛媛県宇和島市・八幡神社　《祭神》誉田天皇［他］　〔神社本庁〕
伊岐神社　いきじんじゃ〔社〕
　岐阜県関市　《祭神》伊邪那岐大神［他］　〔神社本庁〕
伊沢神社　いさわじんじゃ〔社〕
　徳島県阿波郡阿波町　《祭神》誉田別天皇［他］　〔神社本庁〕

神社・寺院名よみかた辞典　209

6画（伊）

伊良林稲荷神社　いらばやしいなりじんじゃ〔社〕
　長崎県長崎市　《別称》若宮稲荷　《祭神》保食大神［他］　〔単立〕

伊良湖神社　いらこじんじゃ〔社〕
　愛知県渥美郡渥美町　《祭神》栲幡千千姫命　〔神社本庁〕

伊豆山神社　いずさんじんじゃ〔社〕
　静岡県熱海市　《別称》伊豆権現・走湯権現　《祭神》伊豆山神［他］　〔神社本庁〕

伊豆木八幡宮《称》　いずきはちまんぐう〔社〕
　長野県飯田市・八幡宮　《祭神》誉田別尊　〔神社本庁〕

伊豆毛神社　いずもじんじゃ〔社〕
　長野県上水内郡豊野町　《祭神》素盞嗚命［他］　〔神社本庁〕

伊豆国分寺　いずこくぶんじ〔寺〕
　静岡県三島市　《本尊》十界曼荼羅・釈迦如来　〔日蓮宗〕

伊豆美神社　いずみじんじゃ〔社〕
　東京都狛江市　《祭神》大国魂大神［他］　〔神社本庁〕

伊豆権現《称》　いずごんげん〔社〕
　静岡県熱海市・伊豆山神社　《祭神》伊豆山神［他］　〔神社本庁〕

伊那下神社　いなしもじんじゃ〔社〕
　静岡県賀茂郡松崎町　《別称》下の宮　《祭神》彦火火出見尊［他］　〔神社本庁〕

伊那上神社　いなかみじんじゃ〔社〕
　静岡県賀茂郡松崎町　《別称》かみのみや　《祭神》積羽八重事代主神　〔神社本庁〕

8伊和志津神社　いわしずじんじゃ〔社〕
　兵庫県宝塚市　《別称》いそしのみや　《祭神》須佐男命［他］　〔神社本庁〕

伊和神社　いわじんじゃ〔社〕
　兵庫県宍粟郡一宮町　《別称》いちのみや　《祭神》大己貴神［他］　〔神社本庁〕

伊和都比売神社　いわつひめじんじゃ〔社〕
　兵庫県赤穂市　《別称》御崎神社　《祭神》伊和都比売　〔神社本庁〕

伊奈西波岐神社　いなせはぎじんじゃ〔社〕
　島根県簸川郡大社町　《別称》鷺大明神社　《祭神》稲背脛命［他］　〔神社本庁〕

伊奈波神社　いなばじんじゃ〔社〕
　岐阜県岐阜市　《祭神》五十瓊敷入彦命［他］　〔神社本庁〕

伊奈冨神社　いのうじんじゃ〔社〕
　三重県鈴鹿市　《祭神》保食神［他］　〔神社本庁〕

伊居太神社　いけだじんじゃ〔社〕
　大阪府池田市　《別称》池田上の宮　穴織大神［他］　〔単立〕

伊河麻大明神《称》　いかまだいみょうじん〔社〕
　静岡県静岡市・伊河麻神社　《祭神》応神天皇　〔神社本庁〕

伊河麻神社　いかまじんじゃ〔社〕
　静岡県静岡市　《別称》伊河麻大明神　《祭神》応神天皇　〔神社本庁〕

伊知多神社　いちたじんじゃ〔社〕
　愛知県豊川市　《祭神》須佐之男命［他］　〔神社本庁〕

伊舎那院　いしゃないん〔寺〕
　香川県三豊郡財田町　《別称》子授け観音　《本尊》如意輪観世音菩薩　〔高野山真言宗〕

9伊津岐神社《称》　いつきじんじゃ〔社〕
　兵庫県美方郡村岡町・黒野神社　《祭神》黒野坐大神［他］　〔神社本庁〕

伊美別宮社《称》　いびべつぐうしゃ〔社〕
　大分県東国東郡国見町・別宮社　《祭神》誉田別尊［他］　〔神社本庁〕

伊香具神社　いかぐじんじゃ〔社〕
　滋賀県伊香郡木之本町　《祭神》伊香津臣命　〔神社本庁〕

伊香保神社　いかほじんじゃ〔社〕
　群馬県北群馬郡伊香保町　《祭神》大己貴命［他］　〔神社本庁〕

10伊倉北八幡宮　いくらきたはちまんぐう〔社〕
　熊本県玉名市　《別称》北社　《祭神》応神天皇［他］　〔神社本庁〕

伊倉南八幡宮　いくらみなみはちまんぐう〔社〕
　熊本県玉名市　《祭神》八幡大神［他］　〔神社本庁〕

伊射奈伎神社　いざなぎじんじゃ〔社〕
　福井県大飯郡大飯町　《祭神》伊弉諾尊［他］　〔神社本庁〕

伊射奈岐神社　いざなぎじんじゃ〔社〕
　大阪府吹田市　《祭神》伊射奈岐命　〔神社本庁〕

伊射奈美神社　いざなみじんじゃ〔社〕
　徳島県美馬郡穴吹町　《祭神》伊邪那美命　〔神社本庁〕

伊弉冊神社　いざなみじんじゃ〔社〕
　兵庫県明石市　《別称》さなぎさん　《祭神》伊弉冊大神［他］　〔神社本庁〕

伊弉諾神宮　いざなぎじんぐう〔社〕
　兵庫県津名郡一宮町　《別称》いっくさん　《祭神》伊弉諾大神［他］　〔神社本庁〕

6画（伊）

11 伊崎寺　いさきじ〔寺〕
　滋賀県近江八幡市　《別称》伊崎棹飛の不動　《本尊》不動明王・大黒天・巌石不動明王
〔天台宗〕

伊都伎神社　いつきじんじゃ〔社〕
　兵庫県氷上郡市島町　《祭神》淤母陀琉神[他]
〔神社本庁〕

12 伊富利部神社　いぶりべじんじゃ〔社〕
　愛知県葉栗郡木曽川町　《別称》八幡様　《祭神》若都保命[他]
〔神社本庁〕

伊富岐神社　いぶきじんじゃ〔社〕
　岐阜県不破郡垂井町　《祭神》多多美彦命
〔神社本庁〕

伊富神社　いふじんじゃ〔社〕
　岐阜県安八郡安八町　《祭神》天火明命
〔神社本庁〕

伊曾乃神社　いそのじんじゃ〔社〕
　愛媛県西条市　《別称》お伊曾乃さん　《祭神》伊曾乃神
〔神社本庁〕

伊曾野神社　いそのじんじゃ〔社〕
　愛媛県伊予市　《別称》吹上明神　《祭神》天照皇大神[他]
〔神社本庁〕

伊満福寺　いまふくじ〔寺〕
　宮崎県宮崎市　《別称》古城の観音様　《本尊》聖観世音菩薩
〔真言宗智山派〕

伊賀の大仏《称》　いがのだいぶつ〔寺〕
　三重県阿山郡大山田村・新大仏寺　《本尊》毘盧舎那仏・不動明王
〔真言宗智山派〕

伊賀一宮《称》　いがいちのみや〔社〕
　三重県上野市・敢国神社　《祭神》大彦命[他]
〔神社本庁〕

伊賀八幡宮　いがはちまんぐう〔社〕
　愛知県岡崎市　《祭神》応神天皇[他]
〔神社本庁〕

伊賀多気神社　いがたきじんじゃ〔社〕
　島根県仁多郡横田町　《別称》五十猛大明神　《祭神》五十猛命
〔神社本庁〕

伊賀留我神社　いかるがじんじゃ〔社〕
　三重県四日市市羽津戌　《祭神》天照皇大神・荒御魂神
〔神社本庁〕

伊賀留我神社　いかるがじんじゃ〔社〕
　三重県四日市市茂福　《祭神》大日霎尊
〔神社本庁〕

伊達神社　だてじんじゃ〔社〕
　北海道伊達市　《別称》鹿島国足神社　《祭神》武甕槌大神[他]
〔神社本庁〕

伊達神社　いだてじんじゃ〔社〕
　宮城県加美郡色麻町　《別称》香取様　《祭神》五十猛神[他]
〔神社本庁〕

伊達神社　いたてじんじゃ〔社〕
　和歌山県和歌山市　《別称》園部一の宮　《祭神》五十猛命[他]
〔神社本庁〕

伊須流岐比古神社　いするぎひこじんじゃ〔社〕
　石川県鹿島郡鹿島町　《別称》五社大権現　《祭神》伊須流岐比古神[他]
〔神社本庁〕

13 お伊勢さま《称》　おいせさま〔社〕
　宮崎県宮崎市・加江田神社　《祭神》天照大神[他]
〔神社本庁〕

お伊勢さん《称》　おいせさん〔社〕
　三重県伊勢市(神宮司庁)・神宮
〔神社本庁〕

伊勢の宮《称》　いせのみや〔社〕
　岡山県岡山市・伊勢神社　《祭神》天照大神[他]
〔神社本庁〕

伊勢の宮《称》　いせのみや〔社〕
　熊本県熊本市・新開大神宮　《祭神》天照坐皇大御神[他]
〔神社本庁〕

伊勢一ノ宮《称》　いせいちのみや〔社〕
　三重県鈴鹿市・都波岐神社
〔神社本庁〕

伊勢一ノ宮《称》　いせいちのみや〔社〕
　三重県鈴鹿市・奈加等神社
〔神社本庁〕

伊勢久留麻神社　いせくるまじんじゃ〔社〕
　兵庫県津名郡東浦町　《祭神》天照皇大神
〔神社本庁〕

伊勢山皇大神宮　いせやまこうたいじんぐう〔社〕
　神奈川県横浜市西区　《祭神》天照大御神
〔神社本庁〕

伊勢天照御祖神社　いせあまてらすみおやじんじゃ〔社〕
　福岡県久留米市　《別称》大石大神宮　《祭神》天火明命
〔神社本庁〕

伊勢本大明神《称》　いせもとだいみょうじん〔社〕
　大分県南海部郡蒲江町・伊勢本社　《祭神》神日本磐余彦尊[他]
〔神社本庁〕

伊勢本社　いせもとしゃ〔社〕
　大分県南海部郡蒲江町　《別称》伊勢本大明神　《祭神》神日本磐余彦尊[他]
〔神社本庁〕

伊勢玉神社　いせたまじんじゃ〔社〕
　富山県氷見市　《祭神》天照皇大御神[他]
〔神社本庁〕

伊勢寺　いせじ〔寺〕
　大阪府高槻市　《別称》象王窟　《本尊》聖観世音菩薩
〔曹洞宗〕

伊勢命神社　いせみことじんじゃ〔社〕
　島根県隠岐郡五箇村　《別称》内宮さん　《祭神》伊勢命
〔神社本庁〕

神社・寺院名よみかた辞典　211

6画（会, 休, 仰, 仲）

伊勢廻寺　いせえじ〔寺〕
　滋賀県甲賀郡甲南町　《本尊》十一面観世音菩薩・毘沙門天・不動明王　〔真言宗泉涌寺派〕

伊勢神社　いせじんじゃ〔社〕
　栃木県足利市　《別称》大神宮　《祭神》天照皇大神　〔神社本庁〕

伊勢神社　いせじんじゃ〔社〕
　岡山県岡山市　《別称》伊勢の宮　《祭神》天照大神［他］　〔神社本庁〕

伊勢神社　いせじんじゃ〔社〕
　佐賀県佐賀市　《別称》太神宮　《祭神》天照皇大神　〔神社本庁〕

伊勢神社　いせじんじゃ〔社〕
　鹿児島県国分市　《祭神》天照皇大神［他］　〔神社本庁〕

伊勢神社　いせじんじゃ〔社〕
　鹿児島県西之表市　《別称》御伊勢様　《祭神》天照皇大神［他］　〔神社本庁〕

伊勢神明神社　いせしんめいじんじゃ〔社〕
　山梨県南巨摩郡身延町　《祭神》天照大神　〔神社本庁〕

伊勢神宮《称》　いせじんぐう〔社〕
　三重県伊勢市(神宮司庁)・神宮　〔神社本庁〕

伊勢神宮内宮《称》　いせじんぐうないくう〔社〕
　三重県伊勢市・皇大神宮　《祭神》天照坐皇大御神［他］　〔神社本庁〕

伊勢神宮外宮《称》　いせじんぐうげくう〔社〕
　三重県伊勢市・豊受大神宮　《祭神》豊受大御神［他］　〔神社本庁〕

お伊勢堂《称》　おいせどう〔社〕
　秋田県仙北郡角館町・神明社　《祭神》天照皇大神　〔神社本庁〕

伊勢崎神社　いせさきじんじゃ〔社〕
　群馬県伊勢崎市　《別称》いいふくさま　《祭神》保食神［他］　〔神社本庁〕

伊勢部柿本神社　いせべかきもとじんじゃ〔社〕
　和歌山県海南市　《祭神》天照大神［他］　〔神社本庁〕

お伊勢様《称》　おいせさま〔社〕
　千葉県旭市・鎌数伊勢大神宮　《祭神》天照皇大神　〔神社本庁〕

伊福部神社　いふくべじんじゃ〔社〕
　兵庫県出石郡出石町　《祭神》素盞嗚命　〔神社本庁〕

14伊雑宮　いざわのみや〔社〕
　三重県志摩郡磯部町　伊勢神宮・皇大神宮の別宮　《祭神》天照坐皇大御神御魂［他］　〔神社本庁〕

16伊興の子育観音《称》　いこうのこそだてかんのん〔寺〕
　東京都足立区・実相院　《本尊》正観世音菩薩　〔真言宗豊山派〕

18伊邇色神社　いにしきじんじゃ〔社〕
　鹿児島県鹿児島市　《祭神》伊邇色入彦命　〔神社本庁〕

伊馥寺　いふくじ〔寺〕
　三重県松阪市　《本尊》阿弥陀如来　〔浄土宗〕

19伊蘇乃佐只神社　いそのさきじんじゃ〔社〕
　鳥取県八頭郡八東町　《祭神》神直毘神［他］　〔神社本庁〕

【会】

3会三寺　えさんじ〔寺〕
　栃木県黒磯市　《本尊》聖観世音菩薩　〔真言宗智山派〕

8会林寺　えりんじ〔寺〕
　山形県新庄市　《本尊》釈迦如来　〔曹洞宗〕

9会津大仏《称》　あいずだいぶつ〔寺〕
　福島県喜多方市・願成寺　《本尊》阿弥陀三尊　〔浄土宗〕

会津中田観世音　あいずなかだかんぜおん〔寺〕
　福島県大沼郡新鶴村・弘安寺　《本尊》釈迦如来・十一面観世音菩薩・不動明王・地蔵菩薩　〔曹洞宗〕

会津高野《称》　あいずこうや〔寺〕
　福島県河沼郡河東町・八葉寺　《本尊》阿弥陀如来　〔真言宗室生寺派〕

12会勝寺　えしょうじ〔寺〕
　滋賀県蒲生郡安土町　《本尊》千手観世音菩薩　〔天台宗〕

【休】

4休天神《称》　やすみてんじん〔社〕
　兵庫県明石市・天神社　〔神社本庁〕

8休宝寺　きゅうほうじ〔寺〕
　秋田県男鹿市　《本尊》阿弥陀如来　〔真宗大谷派〕

【仰】

8仰明寺　ごうみょうじ〔寺〕
　福井県鯖江市　《本尊》阿弥陀如来　〔真宗大谷派〕

【仲】

11仲宿不動尊《称》　なかじゅくふどうそん〔寺〕
　東京都板橋区・遍照寺　《本尊》不動明王・修行大師　〔真言宗智山派〕

13仲源寺　ちゅうげんじ〔寺〕
　　京都府京都市東山区　《別称》めやみ地蔵
　　《本尊》地蔵菩薩　　　　　　〔浄土宗〕

【伝】

4伝心寺　でんしんじ〔寺〕
　　神奈川県横浜市金沢区　《本尊》釈迦如来
　　　　　　　　　　　　　　　　〔曹洞宗〕
　伝心庵　でんしんあん〔寺〕
　　神奈川県小田原市　《本尊》釈迦如来
　　　　　　　　　　　　　　〔臨済宗大徳寺派〕
　伝心庵　でんしんあん〔寺〕
　　佐賀県小城郡小城町　《本尊》薬師如来
　　　　　　　　　　　　　　〔臨済宗南禅寺派〕
5伝正寺　でんしょうじ〔寺〕
　　茨城県真壁郡真壁町　《別称》どっこい真壁
　　伝正寺　《本尊》釈迦如来　　〔曹洞宗〕
6伝光院　でんこういん〔寺〕
　　愛知県名古屋市名東区　《本尊》阿弥陀如
　　来　　　　　　　　　　　　　〔浄土宗〕
　伝灯寺　でんどうじ〔寺〕
　　石川県金沢市　《別称》勅願寺　《本尊》釈迦
　　如来　　　　　　　　　　〔臨済宗妙心寺派〕
　伝灯寺　でんとうじ〔寺〕
　　鳥取県日野郡溝口町　《本尊》薬師如来・十
　　一面観世音菩薩　　　　　　　〔曹洞宗〕
　伝西寺　でんさいじ〔寺〕
　　香川県さぬき市　《別称》森の伝西寺　《本
　　尊》阿弥陀如来　　　　　　　〔真宗大谷派〕
8伝宗寺　でんしゅうじ〔寺〕
　　群馬県富岡市　《本尊》釈迦如来・薬師如来
　　　　　　　　　　　　　　〔臨済宗妙心寺派〕
　伝宗寺　でんしゅうじ〔寺〕
　　愛媛県伊予市　　　　　　〔真言宗智山派〕
　伝宗寺　でんそうじ〔寺〕
　　愛媛県西宇和郡三崎町　《本尊》阿弥陀如
　　来　　　　　　　　　　　〔臨済宗妙心寺派〕
　伝宗庵　でんしゅうあん〔寺〕
　　神奈川県鎌倉市　《本尊》地蔵菩薩・南山志
　　雲和尚　　　　　　　　　　〔臨済宗円覚寺派〕
　伝往寺　でんのうじ〔寺〕
　　愛知県津島市　《本尊》阿弥陀如来
　　　　　　　　　　　　　　　　〔真宗大谷派〕
　伝法の住吉さん《称》　でんぽうのすみよ
　　しさん〔社〕
　　大阪府大阪市此花区・澪標住吉神社　《祭神》
　　住吉大神〔他〕　　　　　　　〔神社本庁〕
　伝法寺　でんぽうじ〔寺〕
　　栃木県宇都宮市　《本尊》釈迦如来　〔曹洞宗〕

伝法寺　でんぽうじ〔寺〕
　　岐阜県羽島市　《本尊》阿弥陀如来
　　　　　　　　　　　　　　　　〔真宗大谷派〕
9伝乗寺　でんじょうじ〔寺〕
　　東京都世田谷区　《本尊》阿弥陀如来
　　　　　　　　　　　　　　　　〔浄土宗〕
　伝香寺　でんこうじ〔寺〕
　　奈良県奈良市　《本尊》釈迦如来　〔律宗〕
10伝称寺　でんしょうじ〔寺〕
　　佐賀県三養基郡北茂安町　《本尊》阿弥陀如
　　来　　　　　　　　　　　〔浄土真宗本願寺派〕
　伝通院　でんつういん〔寺〕
　　東京都文京区　《本尊》阿弥陀如来　〔浄土宗〕
13伝嗣院　でんしいん〔寺〕
　　山梨県南アルプス市　《本尊》釈迦如来
　　　　　　　　　　　　　　　　〔曹洞宗〕
　伝福寺　でんぷくじ〔寺〕
　　神奈川県横須賀市　《本尊》阿弥陀如来
　　　　　　　　　　　　　　　　〔浄土宗〕
　伝福寺　でんぷくじ〔寺〕
　　広島県広島市中区　《本尊》正観世音菩薩
　　　　　　　　　　　　　　　　〔曹洞宗〕
14伝肇寺　でんじょうじ〔寺〕
　　神奈川県小田原市　《本尊》阿弥陀如来
　　　　　　　　　　　　　　　　〔浄土宗〕
　伝誓寺　でんせいじ〔寺〕
　　新潟県白根市　《別称》臼井本坊　《本尊》阿
　　弥陀如来　　　　　　　　　　〔真宗大谷派〕

【任】

13任聖寺　にんせいじ〔寺〕
　　大分県宇佐市　《本尊》地蔵菩薩　〔曹洞宗〕

【伏】

7伏見正法寺《称》　ふしみしょうほうじ〔寺〕
　　京都府京都市伏見区・正法寺　《本尊》阿弥
　　陀三尊　　　　　　　　　　　〔浄土宗〕
　伏見桃山乃木神社《称》　ふしみももやま
　　のぎじんじゃ〔社〕
　　京都府京都市伏見区・乃木神社　《祭神》乃
　　木希典〔他〕　　　　　　　　〔神社本教〕
　伏見御坊《称》　ふしみごぼう〔寺〕
　　京都府京都市伏見区・東本願寺伏見別院
　　《本尊》阿弥陀如来　　　　　〔真宗大谷派〕
　伏見稲荷大社　ふしみいなりたいしゃ〔社〕
　　京都府京都市伏見区　《別称》お稲荷さん
　　《祭神》稲荷大神　　　　　　〔単立〕
　伏見稲荷神社　ふしみいなりじんじゃ〔社〕
　　北海道札幌市中央区　《祭神》倉稲魂命
　　　　　　　　　　　　　　　　〔神社本庁〕

【光】

3 光久寺　こうきゅうじ〔寺〕
　　富山県氷見市　《別称》飯久保御坊　《本尊》阿弥陀如来　〔真宗大谷派〕

光久寺　こうきゅうじ〔寺〕
　　兵庫県宍粟郡安富町　〔真言宗醍醐派〕

光山寺　こうさんじ〔寺〕
　　富山県新湊市　《別称》千体仏の寺　《本尊》阿弥陀如来・丈六の大仏　〔浄土宗〕

光山寺　こうさんじ〔寺〕
　　山口県萩市　《本尊》阿弥陀如来　〔浄土真宗本願寺派〕

4 光円寺　こうえんじ〔寺〕
　　北海道札幌市豊平区　《本尊》阿弥陀如来　〔浄土真宗本願寺派〕

光円寺　こうえんじ〔寺〕
　　岩手県紫波郡紫波町　《別称》ひきうすでら　《本尊》阿弥陀如来　〔真宗大谷派〕

光円寺　こうえんじ〔寺〕
　　福島県いわき市　《別称》地蔵さんの寺　《本尊》大日如来・延命地蔵菩薩　〔真言宗智山派〕

光円寺　こうえんじ〔寺〕
　　千葉県鎌ヶ谷市　《本尊》阿弥陀如来　〔真宗大谷派〕

光円寺　こうえんじ〔寺〕
　　新潟県柏崎市　《本尊》阿弥陀如来　〔真宗大谷派〕

光円寺　こうえんじ〔寺〕
　　新潟県中蒲原郡横越町　《別称》お寺様　《本尊》阿弥陀如来　〔真宗大谷派〕

光円寺　こうえんじ〔寺〕
　　京都府京都市下京区　《別称》西洞院御坊　《本尊》阿弥陀如来　〔真宗大谷派〕

光円寺　こうえんじ〔寺〕
　　奈良県吉野郡大塔村　《本尊》阿弥陀如来　〔浄土真宗本願寺派〕

光円寺　こうえんじ〔寺〕
　　福岡県北九州市門司区　《本尊》阿弥陀如来　〔浄土真宗本願寺派〕

光円寺　こうえんじ〔寺〕
　　福岡県福岡市中央区　《本尊》阿弥陀如来　〔浄土真宗本願寺派〕

光円寺　こうえんじ〔寺〕
　　熊本県上益城郡清和村　《本尊》阿弥陀如来　〔浄土真宗本願寺派〕

光心寺　こうしんじ〔寺〕
　　群馬県多野郡吉井町　《別称》義民の寺　《本尊》阿弥陀如来　〔浄土宗〕

光心寺　こうしんじ〔寺〕
　　神奈川県横須賀市　《本尊》阿弥陀如来　〔単立〕

光心寺　こうしんじ〔寺〕
　　静岡県焼津市　《本尊》阿弥陀如来　〔浄土宗〕

5 光丘神社　ひかりがおかじんじゃ〔社〕
　　山形県酒田市　《祭神》本間光丘　〔神社本庁〕

光台寺　こうだいじ〔寺〕
　　岩手県盛岡市　《本尊》阿弥陀如来　〔浄土宗〕

光台寺　こうだいじ〔寺〕
　　滋賀県神崎郡能登川町　《本尊》阿弥陀如来　〔浄土真宗本願寺派〕

光台院　こうだいいん〔寺〕
　　京都府京都市伏見区　《本尊》毘沙門天　〔真言宗醍醐派〕

光台院　こうだいいん〔寺〕
　　和歌山県伊都郡高野町　《別称》高野御室　《本尊》阿弥陀如来　〔高野山真言宗〕

光正寺　こうしょうじ〔寺〕
　　大阪府大阪市天王寺区　《別称》無量寺　《本尊》阿弥陀如来　〔浄土宗〕

光正院　こうしょういん〔寺〕
　　愛知県名古屋市千種区　《別称》古井の光正院　《本尊》釈迦如来　〔曹洞宗〕

光永寺　こうえいじ〔寺〕
　　富山県西礪波郡福岡町　《別称》沢川の寺　《本尊》阿弥陀如来　〔真宗大谷派〕

光永寺　こうえいじ〔寺〕
　　大阪府大阪市平野区　《本尊》阿弥陀如来　〔浄土真宗本願寺派〕

光永寺　こうえいじ〔寺〕
　　兵庫県城崎郡香住町　《本尊》阿弥陀如来　〔浄土真宗本願寺派〕

光永寺　こうえいじ〔寺〕
　　長崎県長崎市　《本尊》阿弥陀如来　〔真宗大谷派〕

光永寺　こうえいじ〔寺〕
　　鹿児島県川内市　《本尊》阿弥陀如来　〔浄土真宗本願寺派〕

光用寺　こうようじ〔寺〕
　　大阪府大阪市淀川区　《別称》つつじ寺　〔真宗仏光寺派〕

6 光伝寺　こうでんじ〔寺〕
　　東京都練馬区　《本尊》不動明王　〔真言宗豊山派〕

光伝寺　こうでんじ〔寺〕
　　神奈川県横浜市金沢区　《別称》西寺　《本尊》阿弥陀如来　〔浄土宗〕

光伝寺　こうでんじ〔寺〕
　　富山県氷見市　《本尊》阿弥陀如来　〔真宗大谷派〕

光伝寺　こうでんじ〔寺〕
　滋賀県草津市　《本尊》阿弥陀如来　〔浄土宗〕

光伝寺　こうでんじ〔寺〕
　大阪府大阪市天王寺区　《別称》淡嶋堂　《本尊》阿弥陀如来　〔浄土宗〕

光伝寺　こうでんじ〔寺〕
　岡山県川上郡備中町　《本尊》阿弥陀如来
　〔浄土真宗本願寺派〕

光伝寺　こうでんじ〔寺〕
　福岡県浮羽郡田主丸町　〔真宗大谷派〕

光伝寺　こうでんじ〔寺〕
　長崎県島原市　《本尊》十界大曼荼羅
　〔日蓮宗〕

光安寺　こうあんじ〔寺〕
　兵庫県氷上郡氷上町　《本尊》阿弥陀如来
　〔浄土真宗本願寺派〕

光行寺　こうぎょうじ〔寺〕
　兵庫県豊岡市　《本尊》阿弥陀如来
　〔浄土真宗本願寺派〕

光西寺　こうさいじ〔寺〕
　富山県氷見市　《本尊》延命地蔵菩薩
　〔曹洞宗〕

光西寺　こうさいじ〔寺〕
　富山県小矢部市　《本尊》阿弥陀如来
　〔真宗大谷派〕

光西寺　こうさいじ〔寺〕
　愛知県知多郡阿久比町　《本尊》阿弥陀如来　〔真宗大谷派〕

光西寺　こうさいじ〔寺〕
　鳥取県米子市　《別称》亀の寺　《本尊》阿弥陀如来・薬師如来　〔浄土宗〕

光西寺　こうさいじ〔寺〕
　鳥取県日野郡日野町　《本尊》阿弥陀如来
　〔浄土宗〕

光西寺　こうさいじ〔寺〕
　大分県大分市　《本尊》阿弥陀如来
　〔真宗大谷派〕

光西寺　こうさいじ〔寺〕
　大分県竹田市　《本尊》阿弥陀如来
　〔真宗大谷派〕

7光寿院　こうじゅいん〔寺〕
　宮城県仙台市若林区　《本尊》釈迦如来
　〔曹洞宗〕

光沢寺御坊《称》　こうたくじごぼう〔寺〕
　山梨県甲府市・東本願寺甲府別院光沢寺
　《本尊》阿弥陀如来　〔真宗大谷派〕

8光国寺　こうこくじ〔寺〕
　新潟県上越市　《別称》西山光国寺　《本尊》阿弥陀如来　〔浄土真宗本願寺派〕

光国寺　こうこくじ〔寺〕
　岐阜県岐阜市　《本尊》観世音菩薩
　〔臨済宗妙心寺派〕

光国寺　こうこくじ〔寺〕
　愛知県瀬戸市　《本尊》阿弥陀如来
　〔真宗大谷派〕

光宗寺　こうしゅうじ〔寺〕
　岐阜県加茂郡富加町　《本尊》阿弥陀如来
　〔浄土真宗本願寺派〕

光宝寺　こうほうじ〔寺〕
　東京都港区　《本尊》釈迦如来　〔曹洞宗〕

光岳寺　こうがくじ〔寺〕
　長野県小諸市　《本尊》阿弥陀如来　〔浄土宗〕

光岳寺　こうがくじ〔寺〕
　三重県鳥羽市　《別称》殿様寺　《本尊》十一面観世音菩薩　〔曹洞宗〕

光性寺　こうしょうじ〔寺〕
　群馬県桐生市　《別称》愛染寺　《本尊》阿弥陀如来・愛染明王　〔曹洞宗〕

光念寺　こうねんじ〔寺〕
　京都府京都市北区　《本尊》阿弥陀如来・常盤地蔵菩薩　〔浄土宗〕

光念寺　こうねんじ〔寺〕
　兵庫県加古川市　《本尊》阿弥陀如来
　〔真宗大谷派〕

光念寺　こうねんじ〔寺〕
　熊本県下益城郡小川町　《本尊》阿弥陀如来　〔浄土真宗本願寺派〕

光昌寺　こうしょうじ〔寺〕
　青森県上北郡六戸町　《本尊》釈迦如来
　〔曹洞宗〕

光明さん《称》　こうみょうさん〔社〕
　東京都あきる野市・高明神社　《祭神》天之御中主尊〔他〕　〔神社本庁〕

光明寺　こうみょうじ〔寺〕
　北海道札幌市北区　《本尊》日蓮聖人奠定の大曼荼羅　〔日蓮宗〕

光明寺　こうみょうじ〔寺〕
　北海道留萌市　《別称》お東の寺　《本尊》阿弥陀如来　〔真宗大谷派〕

光明寺　こうみょうじ〔寺〕
　北海道上川郡美瑛町　《本尊》大日如来
　〔高野山真言宗〕

光明寺　こうみょうじ〔寺〕
　岩手県江刺市　《本尊》釈迦如来　〔曹洞宗〕

光明寺　こうみょうじ〔寺〕
　宮城県仙台市青葉区　〔臨済宗東福寺派〕

光明寺　こうみょうじ〔寺〕
　宮城県栗原郡若柳町　《本尊》一塔両尊四士　〔日蓮宗〕

6画（光）

光明寺　こうみょうじ〔寺〕
　宮城県桃生郡河南町　《本尊》釈迦如来
　　　　　　　　　　　　　　　　〔曹洞宗〕
光明寺　こうみょうじ〔寺〕
　秋田県秋田市　《本尊》阿弥陀如来　〔曹洞宗〕
光明寺　こうみょうじ〔寺〕
　秋田県横手市　《本尊》阿弥陀如来　〔浄土宗〕
光明寺　こうみょうじ〔寺〕
　茨城県下妻市　《本尊》阿弥陀如来
　　　　　　　　　　　　　　　〔真宗大谷派〕
光明寺　こうみょうじ〔寺〕
　茨城県取手市　《別称》縁結地蔵　《本尊》阿弥陀如来　　　　　　〔真言宗豊山派〕
光明寺　こうみょうじ〔寺〕
　栃木県足利市　《本尊》延命地蔵菩薩・不動明王　　　　　　　　　　　〔天台宗〕
光明寺　こうみょうじ〔寺〕
　栃木県鹿沼市　《本尊》阿弥陀如来　〔曹洞宗〕
光明寺　こうみょうじ〔寺〕
　栃木県下都賀郡都賀町　《本尊》不動明王
　　　　　　　　　　　　　　　〔真言宗豊山派〕
光明寺　こうみょうじ〔寺〕
　群馬県高崎市柴崎町　《本尊》薬師如来
　　　　　　　　　　　　　　　〔高野山真言宗〕
光明寺　こうみょうじ〔寺〕
　群馬県高崎市若松町　《別称》愛染さま　《本尊》不動明王　　　　　〔高野山真言宗〕
光明寺　こうみょうじ〔寺〕
　群馬県多野郡神流町　《本尊》阿弥陀如来
　　　　　　　　　　　　　　　〔真言宗豊山派〕
光明寺　こうみょうじ〔寺〕
　埼玉県加須市　《本尊》阿弥陀如来　〔浄土宗〕
光明寺　こうみょうじ〔寺〕
　埼玉県久喜市　《本尊》薬師如来
　　　　　　　　　　　　　　　〔真言宗豊山派〕
光明寺　こうみょうじ〔寺〕
　埼玉県児玉郡神川町　《別称》新里善光寺　《本尊》阿弥陀如来　　〔真言宗豊山派〕
光明寺　こうみょうじ〔寺〕
　千葉県船橋市　《本尊》大日如来・阿弥陀如来　　　　　　　　　　　〔真言宗豊山派〕
光明寺　こうみょうじ〔寺〕
　千葉県木更津市　《本尊》日蓮聖人奠定の大曼荼羅　　　　　　　　　　　〔日蓮宗〕
光明寺　こうみょうじ〔寺〕
　千葉県旭市　《本尊》大日如来
　　　　　　　　　　　　　　　〔真言宗智山派〕
光明寺　こうみょうじ〔寺〕
　千葉県市原市　《本尊》阿弥陀如来
　　　　　　　　　　　　　　　〔新義真言宗〕

光明寺　こうみょうじ〔寺〕
　千葉県香取郡干潟町　《別称》鏑木光明寺　《本尊》阿弥陀如来　　　　　　〔浄土宗〕
光明寺　こうみょうじ〔寺〕
　千葉県山武郡成東町　《本尊》阿弥陀如来・元三大師　　　　　　　　　　〔天台宗〕
光明寺　こうみょうじ〔寺〕
　千葉県夷隅郡大原町　《本尊》十界曼荼羅
　　　　　　　　　　　　　　　　〔日蓮宗〕
光明寺　こうみょうじ〔寺〕
　東京都江東区　《本尊》阿弥陀如来　〔天台宗〕
光明寺　こうみょうじ〔寺〕
　東京都大田区　《本尊》阿弥陀三尊・善導大師　　　　　　　　　　　〔浄土宗〕
光明寺　こうみょうじ〔寺〕
　東京都江戸川区　《別称》船堀不動　《本尊》不動明王　　　　　　〔真言宗豊山派〕
光明寺　こうみょうじ〔寺〕
　神奈川県横浜市南区　《別称》久保山光明寺　《本尊》阿弥陀如来　　　　　〔浄土宗〕
光明寺　こうみょうじ〔寺〕
　神奈川県横浜市栄区　《本尊》阿弥陀如来
　　　　　　　　　　　　　　〔浄土真宗本願寺派〕
光明寺　こうみょうじ〔寺〕
　神奈川県平塚市　《別称》金目（かなめ）観音・坂東第七番霊場　《本尊》聖観世音菩薩
　　　　　　　　　　　　　　　　〔天台宗〕
光明寺　こうみょうじ〔寺〕
　神奈川県鎌倉市　《本尊》阿弥陀如来
　　　　　　　　　　　　　　　　〔浄土宗〕
光明寺　こうみょうじ〔寺〕
　神奈川県小田原市　《本尊》阿弥陀如来
　　　　　　　　　　　　　　　　〔時宗〕
光明寺　こうみょうじ〔寺〕
　新潟県上越市　《別称》いなだの御坊　《本尊》阿弥陀如来　　　　　〔真宗大谷派〕
光明寺　こうみょうじ〔寺〕
　富山県中新川郡立山町　《本尊》阿弥陀如来　　　　　　　　　　　〔真宗大谷派〕
光明寺　こうみょうじ〔寺〕
　石川県金沢市　《別称》川原　《本尊》阿弥陀如来　　　　　　　　　〔真宗大谷派〕
光明寺　こうみょうじ〔寺〕
　山梨県山梨市　《本尊》阿弥陀如来　〔浄土宗〕
光明寺　こうみょうじ〔寺〕
　長野県飯山市　《本尊》阿弥陀如来　〔浄土宗〕
光明寺　こうみょうじ〔寺〕
　岐阜県揖斐郡春日村　《本尊》阿弥陀如来
　　　　　　　　　　　　　　　　〔浄土宗〕
光明寺　こうみょうじ〔寺〕
　静岡県天竜市　《本尊》虚空蔵菩薩　〔曹洞宗〕

216　神社・寺院名よみかた辞典

6画（光）

光明寺　こうみょうじ〔寺〕
　愛知県一宮市　《本尊》阿弥陀如来　〔浄土宗〕

光明寺　こうみょうじ〔寺〕
　愛知県知多郡南知多町　《本尊》阿弥陀如来
　　　　　　　　　　　　　　　〔西山浄土宗〕

光明寺　こうみょうじ〔寺〕
　三重県四日市市泊　《別称》泊山観音　《本尊》聖観世音菩薩・不動明王・愛染明王
　　　　　　　　　　　　　　　〔真言宗豊山派〕

光明寺　こうみょうじ〔寺〕
　三重県四日市市羽津町　《本尊》阿弥陀如来
　　　　　　　　　　　　　〔浄土真宗本願寺派〕

光明寺　こうみょうじ〔寺〕
　三重県伊勢市　《本尊》阿弥陀如来
　　　　　　　　　　　　　〔臨済宗東福寺派〕

光明寺　こうみょうじ〔寺〕
　三重県名張市　《本尊》阿弥陀如来
　　　　　　　　　　　　〔浄土真宗本願寺派〕

光明寺　こうみょうじ〔寺〕
　三重県いなべ市　《本尊》阿弥陀如来
　　　　　　　　　　　　　　〔真宗大谷派〕

光明寺　こうみょうじ〔寺〕
　三重県一志郡美杉村　《別称》須淵のお寺　《本尊》釈迦如来　〔曹洞宗〕

光明寺　こうみょうじ〔寺〕
　三重県南牟婁郡御浜町　《別称》阿田和の寺　《本尊》十一面観世音菩薩　〔曹洞宗〕

光明寺　こうみょうじ〔寺〕
　滋賀県大津市　《本尊》阿弥陀三尊　〔浄土宗〕

光明寺　こうみょうじ〔寺〕
　滋賀県八日市市　《別称》羽田光明寺　《本尊》阿弥陀如来　〔浄土宗〕

光明寺　こうみょうじ〔寺〕
　滋賀県甲賀郡甲賀町　《本尊》阿弥陀如来
　　　　　　　　　　　　　　　　〔浄土宗〕

光明寺　こうみょうじ〔寺〕
　滋賀県蒲生郡蒲生町　《本尊》阿弥陀如来
　　　　　　　　　　　　　　　　〔浄土宗〕

光明寺　こうみょうじ〔寺〕
　京都府綾部市　《別称》きみのおさん　《本尊》千手観世音菩薩　〔真言宗醍醐派〕

光明寺　こうみょうじ〔寺〕
　京都府長岡京市　《別称》総本山・円光大師霊場第一六番　《本尊》法然上人
　　　　　　　　　　　　　　　〔西山浄土宗〕

光明寺　こうみょうじ〔寺〕
　京都府加佐郡大江町　《本尊》釈迦如来
　　　　　　　　　　　　　　　　〔曹洞宗〕

光明寺　こうみょうじ〔寺〕
　京都府与謝郡加悦町　《別称》丹後善光寺　《本尊》聖観世音菩薩・阿弥陀如来
　　　　　　　　　　　　　〔臨済宗妙心寺派〕

光明寺　こうみょうじ〔寺〕
　大阪府大阪市天王寺区上本町　《本尊》阿弥陀如来　〔浄土宗〕

光明寺　こうみょうじ〔寺〕
　大阪府大阪市天王寺区下寺町　《本尊》阿弥陀如来　〔浄土宗〕

光明寺　こうみょうじ〔寺〕
　大阪府岸和田市　《本尊》阿弥陀如来
　　　　　　　　　　　　　　　　〔浄土宗〕

光明寺　こうみょうじ〔寺〕
　大阪府守口市　《本尊》十一面観世音菩薩
　　　　　　　　　　　　　　〔真言宗御室派〕

光明寺　こうみょうじ〔寺〕
　兵庫県姫路市　《本尊》阿弥陀如来　〔浄土宗〕

光明寺　こうみょうじ〔寺〕
　兵庫県尼崎市難波町　《本尊》阿弥陀如来
　　　　　　　　　　　　　　　　〔浄土宗〕

光明寺　こうみょうじ〔寺〕
　兵庫県尼崎市尾浜　《本尊》阿弥陀如来
　　　　　　　　　　　　　　　　〔浄土宗〕

光明寺　こうみょうじ〔寺〕
　兵庫県明石市　《別称》浜光明寺　《本尊》阿弥陀三尊　〔浄土宗〕

光明寺　こうみょうじ〔寺〕
　兵庫県伊丹市　《別称》地蔵寺　《本尊》阿弥陀如来　〔浄土宗〕

光明寺　こうみょうじ〔寺〕
　兵庫県加東郡滝野町　《本尊》十一面千手観世音菩薩・阿弥陀如来・文殊菩薩・仁王像
　　　　　　　　　　　　　　〔高野山真言宗〕

光明寺　こうみょうじ〔寺〕
　奈良県奈良市　《本尊》阿弥陀如来
　　　　　　　　　　　　　　　〔融通念仏宗〕

光明寺　こうみょうじ〔寺〕
　奈良県大和郡山市　《本尊》阿弥陀三尊
　　　　　　　　　　　　　　　　〔浄土宗〕

光明寺　こうみょうじ〔寺〕
　奈良県宇陀郡大宇陀町　《本尊》天得如来
　　　　　　　　　　　　　　　〔融通念仏宗〕

光明寺　こうみょうじ〔寺〕
　奈良県吉野郡西吉野村　《本尊》阿弥陀如来・不動明王・観世音菩薩・弘法大師
　　　　　　　　　　　　　　〔高野山真言宗〕

光明寺　こうみょうじ〔寺〕
　和歌山県御坊市　《本尊》阿弥陀如来
　　　　　　　　　　　　　　　　〔浄土宗〕

神社・寺院名よみかた辞典　217

6画（光）

光明寺　こうみょうじ〔寺〕
　鳥取県東伯郡北条町　《本尊》釈迦如来
　　　　　　　　　　　　　　　　〔曹洞宗〕
光明寺　こうみょうじ〔寺〕
　島根県出雲市　《本尊》阿弥陀如来
　　　　　　　　　　　　〔浄土真宗本願寺派〕
光明寺　こうみょうじ〔寺〕
　島根県大原郡加茂町　《本尊》釈迦如来・十
　一面観世音菩薩　　　　　　　　〔曹洞宗〕
光明寺　こうみょうじ〔寺〕
　広島県広島市安芸区　《本尊》阿弥陀如来
　　　　　　　　　　　　〔浄土真宗本願寺派〕
光明寺　こうみょうじ〔寺〕
　広島県呉市　《本尊》阿弥陀如来
　　　　　　　　　　　　〔浄土真宗本願寺派〕
光明寺　こうみょうじ〔寺〕
　広島県尾道市　《本尊》阿弥陀如来
　　　　　　　　　　　　〔浄土宗西山禅林寺派〕
光明寺　こうみょうじ〔寺〕
　広島県因島市　《別称》総本山・備後石土山
　《本尊》石土蔵王大権現・不動明王・役行者
　　　　　　　　　　　　　　　　〔験乗宗〕
光明寺　こうみょうじ〔寺〕
　広島県大竹市　《本尊》阿弥陀如来
　　　　　　　　　　　　〔浄土真宗本願寺派〕
光明寺　こうみょうじ〔寺〕
　広島県甲奴郡総領町　《本尊》釈迦如来
　　　　　　　　　　　　　　　　〔曹洞宗〕
光明寺　こうみょうじ〔寺〕
　山口県美祢市　《別称》大日　《本尊》阿弥陀
　如来・大日如来　　　　　　〔西山浄土宗〕
光明寺　こうみょうじ〔寺〕
　香川県東かがわ市　《本尊》阿弥陀如来
　　　　　　　　　　　　　　　　〔浄土宗〕
光明寺　こうみょうじ〔寺〕
　香川県小豆郡池田町　《本尊》無量寿如来
　　　　　　　　　　　　　　　　〔真言宗〕
光明寺　こうみょうじ〔寺〕
　愛媛県上浮穴郡美川村　《本尊》釈迦如来
　　　　　　　　　　　　　〔臨済宗妙心寺派〕
光明寺　こうみょうじ〔寺〕
　愛媛県伊予郡広田村　《本尊》薬師三尊
　　　　　　　　　　　　　　〔真言宗智山派〕
光明寺　こうみょうじ〔寺〕
　高知県土佐清水市　《本尊》阿弥陀如来・如意
　輪観世音菩薩・毘沙門天　　〔高野山真言宗〕
光明寺　こうみょうじ〔寺〕
　福岡県直方市　《本尊》阿弥陀如来・観世音
　菩薩・勢至菩薩　　　　　　　　〔浄土宗〕

光明寺　こうみょうじ〔寺〕
　福岡県八女市　《本尊》阿弥陀如来
　　　　　　　　　　　　　　〔真宗大谷派〕
光明寺　こうみょうじ〔寺〕
　福岡県筑後市　《別称》いま寺　《本尊》千手
　観世音菩薩　　　　　　　〔真言宗大覚寺派〕
光明寺　こうみょうじ〔寺〕
　福岡県行橋市　《本尊》阿弥陀如来
　　　　　　　　　　　　〔浄土真宗本願寺派〕
光明寺　こうみょうじ〔寺〕
　福岡県遠賀郡芦屋町　《本尊》阿弥陀如来
　　　　　　　　　　　　　　　　〔浄土宗〕
光明寺　こうみょうじ〔寺〕
　福岡県鞍手郡宮田町　《本尊》阿弥陀如来
　　　　　　　　　　　　　　　　〔浄土宗〕
光明寺　こうみょうじ〔寺〕
　佐賀県杵島郡白石町　《本尊》阿弥陀如来・観
　世音菩薩・勢至菩薩　　　　　　〔浄土宗〕
光明寺　こうみょうじ〔寺〕
　長崎県平戸市　《本尊》阿弥陀如来
　　　　　　　　　　　　〔浄土真宗本願寺派〕
光明寺　こうみょうじ〔寺〕
　長崎県南高来郡国見町　《本尊》阿弥陀如
　来　　　　　　　　　　　　　　〔浄土宗〕
光明寺　こうみょうじ〔寺〕
　大分県竹田市　《本尊》阿弥陀如来
　　　　　　　　　　　　〔浄土真宗本願寺派〕
光明寺　こうみょうじ〔寺〕
　鹿児島県指宿市　《別称》高野山　《本尊》弘
　法大師・弥勒菩薩・不動明王
　　　　　　　　　　　　　　〔高野山真言宗〕
光明寺別院　こうみょうじべついん〔寺〕
　鹿児島県枕崎市　《別称》高野山　《本尊》弘
　法大師・大日如来　　　　　〔高野山真言宗〕
光明坊　こうみょうぼう〔寺〕
　岡山県笠岡市　《本尊》阿弥陀如来
　　　　　　　　　　　　　　〔真宗大谷派〕
光明坊　こうみょうぼう〔寺〕
　広島県豊田郡瀬戸田町　〔広島県真言宗教団〕
光明宝院　こうみょうほういん〔寺〕
　和歌山県東牟婁郡那智勝浦町　《別称》大本
　山　　　　　　　　　　　　〔光明真言宗〕
光明院　こうみょういん〔寺〕
　群馬県富岡市　《本尊》阿弥陀如来　〔天台宗〕
光明院　こうみょういん〔寺〕
　埼玉県越谷市　《本尊》阿弥陀如来
　　　　　　　　　　　　　　〔真言宗豊山派〕
光明院　こうみょういん〔寺〕
　東京都杉並区　《別称》荻窪観音　《本尊》千
　手観世音菩薩　　　　　　　〔真言宗豊山派〕

6画（光）

光明院　こうみょういん〔寺〕
　東京都府中市　《本尊》不動明王
　　　　　　　　　　　　〔真言宗豊山派〕
光明院　こうみょういん〔寺〕
　神奈川県横浜市金沢区　《本尊》地蔵菩薩
　　　　　　　　　　　　〔真言律宗〕
光明院　こうみょういん〔寺〕
　神奈川県川崎市多摩区　《本尊》大日如来
　　　　　　　　　　　　〔真言宗豊山派〕
光明院　こうみょういん〔寺〕
　神奈川県秦野市　《本尊》地蔵菩薩　〔天台宗〕
光明院　こうみょういん〔寺〕
　神奈川県伊勢原市　《本尊》不動明王
　　　　　　　　　　　　〔高野山真言宗〕
光明院　こうみょういん〔寺〕
　愛知県名古屋市中川区　《本尊》阿弥陀如来
　　　　　　　　　　　　〔真言宗智山派〕
光明院　こうみょういん〔寺〕
　滋賀県蒲生郡日野町　《本尊》阿弥陀如来
　　　　　　　　　　　　〔浄土宗〕
光明院　こうみょういん〔寺〕
　滋賀県坂田郡山東町　《別称》松ヶ鼻の寺
　《本尊》阿弥陀三尊　　〔真言宗智山派〕
光明院　こうみょういん〔寺〕
　和歌山県伊都郡高野町　〔高野山真言宗〕
光明院　こうみょういん〔寺〕
　岡山県岡山市　《本尊》薬師如来
　　　　　　　　　　　　〔高野山真言宗〕
光明院　こうみょういん〔寺〕
　広島県佐伯郡宮島町　《本尊》阿弥陀如来
　　　　　　　　　　　　〔浄土宗〕
光明善導寺《称》　こうみょうぜんどうじ
〔寺〕
　兵庫県加東郡滝野町・大慈院　《本尊》阿弥陀如来　　　　〔高野山真言宗〕
光林寺　こうりんじ〔寺〕
　岩手県稗貫郡石鳥谷町　《本尊》阿弥陀如来　　　　　　　　　　　〔時宗〕
光林寺　こうりんじ〔寺〕
　東京都港区　《本尊》釈迦如来
　　　　　　　　　　　　〔臨済宗妙心寺派〕
光林寺　こうりんじ〔寺〕
　新潟県新潟市　《本尊》阿弥陀如来
　　　　　　　　　　　　〔浄土真宗本願寺派〕
光林寺　こうりんじ〔寺〕
　長野県長野市　《本尊》阿弥陀如来　〔浄土宗〕
光林寺　こうりんじ〔寺〕
　岡山県高梁市　《本尊》聖如意輪観世音菩薩　　　　　　　　　　〔高野山真言宗〕

光林寺　こうりんじ〔寺〕
　愛媛県越智郡玉川町　《別称》奈良原山　《本尊》不動明王・十一面観世音菩薩・奈良原権現・釈迦如来　　〔高野山真言宗〕
光林寺　こうりんじ〔寺〕
　福岡県築上郡新吉富村　《本尊》阿弥陀如来　　　　　　　　　　〔浄土真宗本願寺派〕
光林寺　こうりんじ〔寺〕
　熊本県阿蘇郡一の宮町　《本尊》阿弥陀如来　　　　　　　　　　〔真宗大谷派〕
光林寺　こうりんじ〔寺〕
　大分県玖珠郡玖珠町　《本尊》阿弥陀如来
　　　　　　　　　　　　〔浄土真宗本願寺派〕
光長寺　こうちょうじ〔寺〕
　静岡県沼津市　《別称》大本山　《本尊》日蓮聖人奠定の十界勧請大曼荼羅
　　　　　　　　　　　　〔法華宗(本門流)〕
9光乗院　こうじょういん〔寺〕
　岡山県岡山市　《別称》大工町稲荷　《本尊》三宝荒神　　　　　　　　　〔天台宗〕
光信寺　こうしんじ〔寺〕
　滋賀県東浅井郡浅井町　《別称》大日堂　《本尊》大日如来　　〔浄土真宗本願寺派〕
光前寺　こうぜんじ〔寺〕
　長野県駒ヶ根市　《本尊》不動明王　〔天台宗〕
光則寺　こうそくじ〔寺〕
　神奈川県鎌倉市　《本尊》十界大曼荼羅
　　　　　　　　　　　　〔日蓮宗〕
光品寺　こうほんじ〔寺〕
　熊本県下益城郡富合町　《本尊》阿弥陀如来　　　　　　　　　　〔真宗大谷派〕
光専寺　こうせんじ〔寺〕
　東京都武蔵野市　《本尊》阿弥陀如来
　　　　　　　　　　　　〔浄土宗〕
光専寺　こうせんじ〔寺〕
　富山県富山市　《本尊》阿弥陀如来
　　　　　　　　　　　　〔浄土真宗本願寺派〕
光専寺　こうせんじ〔寺〕
　石川県金沢市　《本尊》阿弥陀如来
　　　　　　　　　　　　〔真宗大谷派〕
光専寺　こうせんじ〔寺〕
　石川県かほく市　《本尊》阿弥陀如来
　　　　　　　　　　　　〔真宗大谷派〕
光専寺　こうせんじ〔寺〕
　長野県下伊那郡高森町　《本尊》阿弥陀如来　　　　　　　　　　〔浄土宗〕
光専寺　こうせんじ〔寺〕
　京都府京都市西京区　《本尊》阿弥陀如来
　　　　　　　　　　　　〔真宗大谷派〕

6画（光）

光専寺 《称》　こうせんじ〔寺〕
　大阪府大阪市住吉区・仏光寺大阪別院　《本尊》阿弥陀如来
　　　　　　　　　　　　　　〔真宗仏光寺派〕
光専寺　こうせんじ〔寺〕
　奈良県橿原市　《本尊》阿弥陀如来
　　　　　　　　　　　　　　〔真宗興正派〕
光専寺　こうせんじ〔寺〕
　長崎県南高来郡国見町　《本尊》阿弥陀如来
　　　　　　　　　　　　　　〔浄土真宗本願寺派〕
光昭寺　こうしょうじ〔寺〕
　大分県玖珠郡九重町　《本尊》阿弥陀如来
　　　　　　　　　　　　　　〔真宗大谷派〕
光栄寺　こうえいじ〔寺〕
　群馬県山田郡大間々町　《別称》柿薬師　《本尊》薬師如来
　　　　　　　　　　　　　　〔真言宗智山派〕
光栄寺　こうえいじ〔寺〕
　新潟県上越市　《別称》藩公善提寺　《本尊》大日如来　　　　　　　〔曹洞宗〕
光栄寺　こうえいじ〔寺〕
　富山県氷見市　《本尊》阿弥陀如来
　　　　　　　　　　　　　　〔真宗大谷派〕
光栄寺　こうえいじ〔寺〕
　富山県下新川郡朝日町　《本尊》阿弥陀如来
　　　　　　　　　　　　　　〔真宗大谷派〕
光栄寺　こうえいじ〔寺〕
　石川県輪島市　《別称》熊野寺　《本尊》阿弥陀如来　　　　　　　〔真宗大谷派〕
光栄寺　こうえいじ〔寺〕
　石川県鳳至郡柳田村　《本尊》阿弥陀如来
　　　　　　　　　　　　　　〔真宗大谷派〕
光栄寺　こうえいじ〔寺〕
　島根県簸川郡斐川町　《本尊》阿弥陀如来
　　　　　　　　　　　　　　〔浄土真宗本願寺派〕
光栄寺　こうえいじ〔寺〕
　岡山県後月郡芳井町　《本尊》阿弥陀如来
　　　　　　　　　　　　　　〔浄土真宗本願寺派〕
光浄院　こうじょういん〔寺〕
　滋賀県大津市　《本尊》大日如来　　〔単立〕
光泉寺　こうせんじ〔寺〕
　群馬県吾妻郡草津町　《本尊》薬師如来
　　　　　　　　　　　　　　〔真言宗豊山派〕
光泉寺　こうせんじ〔寺〕
　富山県下新川郡入善町　《本尊》阿弥陀如来
　　　　　　　　　　　　　　〔真宗大谷派〕
光泉寺　こうせんじ〔寺〕
　岐阜県瑞穂市　《本尊》阿弥陀如来
　　　　　　　　　　　　　　〔浄土真宗本願寺派〕
光泉寺　こうせんじ〔寺〕
　滋賀県坂田郡伊吹町　《別称》吉槻之寺　《本尊》阿弥陀如来
　　　　　　　　　　　　　　〔真宗大谷派〕

光泉寺　こうせんじ〔寺〕
　大阪府泉佐野市　《別称》古御坊　《本尊》阿弥陀如来
　　　　　　　　　　　　　　〔真宗大谷派〕
光泉寺　こうせんじ〔寺〕
　大阪府東大阪市　《本尊》阿弥陀如来
　　　　　　　　　　　　　　〔真宗大谷派〕
光祐寺　こうゆうじ〔寺〕
　鳥取県境港市　《本尊》阿弥陀如来　〔浄土宗〕
光音寺　こうおんじ〔寺〕
　埼玉県日高市　《本尊》阿弥陀如来・薬師如来
　　　　　　　　　　　　　　〔真言宗智山派〕
10光悦寺　こうえつじ〔寺〕
　京都府京都市北区　《本尊》十界大曼荼羅
　　　　　　　　　　　　　　〔日蓮宗〕
光恩寺　こうおんじ〔寺〕
　和歌山県和歌山市　《本尊》阿弥陀如来
　　　　　　　　　　　　　　〔浄土宗〕
光桂寺　こうけいじ〔寺〕
　佐賀県藤津郡塩田町　《本尊》釈迦如来
　　　　　　　　　　　　　　〔臨済宗妙心寺派〕
光真寺　こうしんじ〔寺〕
　栃木県大田原市　《別称》お地蔵さまの寺　《本尊》釈迦如来　　　　　〔曹洞宗〕
光竜寺　こうりゅうじ〔寺〕
　青森県八戸市　《本尊》三尊仏　〔曹洞宗〕
光竜寺　こうりゅうじ〔寺〕
　神奈川県横須賀市　《別称》日向の寺　《本尊》阿弥陀如来　　　　　〔真宗大谷派〕
11光堂寺　こうどうじ〔寺〕
　兵庫県神戸市長田区　《本尊》阿弥陀如来
　　　　　　　　　　　　　　〔浄土宗〕
光得寺　こうとくじ〔寺〕
　岐阜県羽島郡笠松町　《本尊》阿弥陀如来
　　　　　　　　　　　　　　〔真宗大谷派〕
光接寺　こうしょうじ〔寺〕
　鹿児島県阿久根市　《本尊》阿弥陀如来
　　　　　　　　　　　　　　〔浄土真宗本願寺派〕
光教寺　こうきょうじ〔寺〕
　愛媛県西予市　《本尊》釈迦如来
　　　　　　　　　　　　　　〔臨済宗妙心寺派〕
光教寺　こうきょうじ〔寺〕
　福岡県浮羽郡浮羽町　《本尊》阿弥陀如来
　　　　　　　　　　　　　　〔真宗大谷派〕
光済寺　こうさいじ〔寺〕
　新潟県村上市　《本尊》阿弥陀如来
　　　　　　　　　　　　　　〔真宗大谷派〕
光済寺　こうさいじ〔寺〕
　石川県羽咋郡志賀町　《本尊》阿弥陀如来
　　　　　　　　　　　　　　〔真宗大谷派〕

6画（光）

光清寺　こうせいじ〔寺〕
　京都府京都市上京区　《本尊》聖観世音菩薩
　　　　　　　　　　　　　〔臨済宗建仁寺派〕
光清寺　こうせいじ〔寺〕
　香川県高松市　《本尊》阿弥陀如来
　　　　　　　　　　　　　〔真宗興正派〕
光清寺　こうせいじ〔寺〕
　長崎県対馬市　《本尊》阿弥陀如来
　　　　　　　　　　　　〔浄土真宗本願寺派〕
光現寺　こうげんじ〔寺〕
　福島県二本松市　《本尊》釈迦如来　〔曹洞宗〕
光現寺　こうげんじ〔寺〕
　石川県河北郡津幡町　《別称》寺尾の御坊
　《本尊》阿弥陀如来　　　　〔真宗大谷派〕
光盛寺　こうじょうじ〔寺〕
　大阪府富田林市　《本尊》阿弥陀如来
　　　　　　　　　　　　〔浄土真宗本願寺派〕
12 光勝寺　こうしょうじ〔寺〕
　岩手県気仙郡住田町　《本尊》阿弥陀如来
　　　　　　　　　　　　　〔真言宗智山派〕
光勝寺　こうしょうじ〔寺〕
　埼玉県児玉郡美里町　《本尊》白衣観世音菩薩
　　　　　　　　　　　　　〔真言宗豊山派〕
光勝寺　こうしょうじ〔寺〕
　愛媛県西予市　《別称》福聖山　《本尊》聖観世音菩薩・四天王　〔臨済宗妙心寺派〕
光勝寺　こうしょうじ〔寺〕
　佐賀県小城郡小城町　《別称》由緒寺院　《本尊》十界大曼荼羅　　　　〔日蓮宗〕
光勝寺　こうしょうじ〔寺〕
　宮崎県延岡市　《本尊》阿弥陀如来
　　　　　　　　　　　　　〔真宗大谷派〕
光勝寺　こうしょうじ〔寺〕
　宮崎県東臼杵郡椎葉村　《本尊》阿弥陀如来
　　　　　　　　　　　　〔浄土真宗本願寺派〕
光勝院　こうしょういん〔寺〕
　徳島県鳴門市　《本尊》白衣観世音菩薩
　　　　　　　　　　　　〔臨済宗妙心寺派〕
光善寺　こうぜんじ〔寺〕
　北海道松前郡松前町　《本尊》阿弥陀如来
　　　　　　　　　　　　　　〔浄土宗〕
光善寺　こうぜんじ〔寺〕
　福島県相馬市　《本尊》阿弥陀如来
　　　　　　　　　　　　〔浄土真宗本願寺派〕
光善寺　こうぜんじ〔寺〕
　福島県田村郡三春町　《本尊》阿弥陀如来
　　　　　　　　　　　　〔浄土真宗本願寺派〕
光善寺　こうぜんじ〔寺〕
　千葉県市原市　《別称》市原の寅薬師　《本尊》薬師如来　　　　〔真言宗豊山派〕

光善寺　こうぜんじ〔寺〕
　千葉県夷隅郡大多喜町　《別称》上総小身延
　《本尊》十界の大曼荼羅・日蓮聖人
　　　　　　　　　　　　　　〔日蓮宗〕
光善寺　こうぜんじ〔寺〕
　新潟県南蒲原郡栄町　《本尊》阿弥陀如来
　　　　　　　　　　　　　〔真宗大谷派〕
光善寺　こうぜんじ〔寺〕
　富山県富山市　《本尊》阿弥陀如来
　　　　　　　　　　　　〔浄土真宗本願寺派〕
光善寺　こうぜんじ〔寺〕
　石川県金沢市　《本尊》阿弥陀如来
　　　　　　　　　　　　　〔真宗大谷派〕
光善寺　こうぜんじ〔寺〕
　福井県武生市　《本尊》阿弥陀如来
　　　　　　　　　　　　　〔真宗仏光寺派〕
光善寺　こうぜんじ〔寺〕
　三重県津市　《本尊》阿弥陀如来
　　　　　　　　　　　　　〔真宗高田派〕
光善寺　こうぜんじ〔寺〕
　大阪府枚方市　《別称》出口坊　《本尊》阿弥陀如来　　　　　〔真宗大谷派〕
光善寺　こうぜんじ〔寺〕
　兵庫県龍野市　《本尊》阿弥陀如来
　　　　　　　　　　　　〔浄土真宗本願寺派〕
光善寺　こうぜんじ〔寺〕
　岡山県岡山市　《本尊》阿弥陀如来
　　　　　　　　　　　　〔浄土真宗本願寺派〕
光善寺　こうぜんじ〔寺〕
　広島県三次市　《本尊》十界大曼荼羅
　　　　　　　　　　　　　　〔日蓮宗〕
光善寺　こうぜんじ〔寺〕
　香川県丸亀市　《別称》田中の坊　《本尊》阿弥陀如来　　　　　〔真宗興正派〕
光善院　こうぜんいん〔寺〕
　埼玉県岩槻市　《本尊》不動明王
　　　　　　　　　　　　　〔真言宗豊山派〕
光尊寺　こうそんじ〔寺〕
　栃木県那須郡西那須野町　《本尊》阿弥陀如来　　　　　　　　　〔浄土真宗本願寺派〕
光尊寺　こうそんじ〔寺〕
　熊本県菊池郡大津町　《本尊》阿弥陀如来
　　　　　　　　　　　　〔浄土真宗本願寺派〕
光暁寺　こうきょうじ〔寺〕
　北海道滝川市　《別称》朝日寺　《本尊》阿弥陀如来　　　　　〔浄土真宗本願寺派〕
光暁寺　こうぎょうじ〔寺〕
　熊本県宇土郡不知火町　《本尊》阿弥陀如来　　　　　　　　　〔浄土真宗本願寺派〕

神社・寺院名よみかた辞典

6画（光）

光琳寺　こうりんじ〔寺〕
　栃木県宇都宮市　《本尊》阿弥陀如来
　　　　　　　　　　　　　　　〔浄土宗〕
光琳寺　こうりんじ〔寺〕
　富山県小矢部市　《本尊》阿弥陀如来
　　　　　　　　　　　　　　〔真宗大谷派〕
光琳寺　こうりんじ〔寺〕
　石川県鳳至郡門前町　《本尊》阿弥陀如来
　　　　　　　　　　　　　　〔真宗大谷派〕
光貴寺　こうきじ〔寺〕
　香川県綾歌郡綾南町　《別称》菩提院　《本
　尊》阿弥陀如来　　　　〔真言宗御室派〕
光運寺　こううんじ〔寺〕
　三重県四日市市　《本尊》阿弥陀如来
　　　　　　　　　　　　　　　〔浄土宗〕
光運寺　こううんじ〔寺〕
　宮崎県西諸県郡野尻町　《本尊》阿弥陀如
　来　　　　　　　　　〔浄土真宗本願寺派〕
光遍寺　こうへんじ〔寺〕
　奈良県吉野郡天川村　《本尊》阿弥陀如来
　　　　　　　　　　　　　〔浄土真宗本願寺派〕
光陽寺　こうようじ〔寺〕
　愛知県犬山市　《本尊》聖観世音菩薩
　　　　　　　　　　　　　〔臨済宗妙心寺派〕
光雲寺　こううんじ〔寺〕
　群馬県高崎市　《本尊》釈迦如来　〔曹洞宗〕
光雲寺　こううんじ〔寺〕
　東京都文京区　《本尊》阿弥陀如来　〔浄土宗〕
光雲寺　こううんじ〔寺〕
　岐阜県郡上市　《別称》萩寺　《本尊》阿弥陀
　如来　　　　　　　　　　〔真宗大谷派〕
光雲寺　こううんじ〔寺〕
　静岡県浜松市　《本尊》薬師如来・黄金地蔵
　菩薩　　　　　　　　　〔臨済宗妙心寺派〕
光雲寺　こううんじ〔寺〕
　京都府京都市左京区　《別称》南禅寺北之坊
　《本尊》釈迦如来　　　〔臨済宗南禅寺派〕
光雲寺　こううんじ〔寺〕
　佐賀県伊万里市　《本尊》阿弥陀如来
　　　　　　　　　　　　　〔浄土真宗本願寺派〕
光雲寺　こううんじ〔寺〕
　長崎県長崎市　《本尊》釈迦如来　〔曹洞宗〕
光雲神社　てるもじんじゃ〔社〕
　福岡県福岡市中央区　《祭神》黒田孝高［他］
　　　　　　　　　　　　　　　〔神社本庁〕
13 光楽寺　こうらくじ〔寺〕
　富山県氷見市　《別称》床鍋の御坊　《本尊》
　阿弥陀如来　　　　　　〔真宗大谷派〕
光源寺　こうげんじ〔寺〕
　北海道紋別市　《本尊》阿弥陀如来
　　　　　　　　　　　　　〔浄土真宗本願寺派〕

光源寺　こうげんじ〔寺〕
　福島県東白川郡矢祭町　《本尊》阿弥陀如
　来　　　　　　　　　　　〔真宗大谷派〕
光源寺　こうげんじ〔寺〕
　東京都調布市　《本尊》阿弥陀如来
　　　　　　　　　　　　　〔浄土真宗本願寺派〕
光源寺　こうげんじ〔寺〕
　新潟県上越市　《別称》国府御坊　《本尊》阿
　弥陀如来　　　　　　　　〔真宗大谷派〕
光源寺　こうげんじ〔寺〕
　新潟県三島郡与板町　《本尊》阿弥陀如来
　　　　　　　　　　　　　〔浄土真宗本願寺派〕
光源寺　こうげんじ〔寺〕
　富山県氷見市　《本尊》阿弥陀如来
　　　　　　　　　　　　　〔真宗大谷派〕
光源寺　こうげんじ〔寺〕
　富山県西礪波郡福岡町　《本尊》阿弥陀如
　来　　　　　　　　　　〔浄土真宗本願寺派〕
光源寺　こうげんじ〔寺〕
　長崎県北高来郡高来町　《本尊》阿弥陀如
　来　　　　　　　　　　〔浄土真宗本願寺派〕
光源坊　こうげんぼう〔寺〕
　広島県世羅郡世羅西町　《本尊》阿弥陀如
　来　　　　　　　　　　〔浄土真宗本願寺派〕
光源院　こうげんいん〔寺〕
　埼玉県秩父郡小鹿野町　《本尊》釈迦如来
　　　　　　　　　　　　　　　〔曹洞宗〕
光源院　こうげんいん〔寺〕
　京都府京都市上京区　《本尊》釈迦如来
　　　　　　　　　　　　〔臨済宗相国寺派〕
光照寺　こうしょうじ〔寺〕
　北海道岩内郡岩内町　《別称》お西の寺　《本
　尊》阿弥陀如来　　　〔浄土真宗本願寺派〕
光照寺　こうしょうじ〔寺〕
　北海道浦河郡浦河町　《別称》山寺　《本尊》
　釈迦如来　　　　　　　　　〔曹洞宗〕
光照寺　こうしょうじ〔寺〕
　岩手県盛岡市　《本尊》阿弥陀如来
　　　　　　　　　　　　　　〔真宗大谷派〕
光照寺　こうしょうじ〔寺〕
　岩手県陸前高田市　《本尊》釈迦如来
　　　　　　　　　　　　　　　〔曹洞宗〕
光照寺　こうしょうじ〔寺〕
　福島県いわき市　《本尊》大日如来
　　　　　　　　　　　　　〔真言宗智山派〕
光照寺　こうしょうじ〔寺〕
　福島県河沼郡会津坂下町　《本尊》阿弥陀
　来　　　　　　　　　　　〔真宗大谷派〕
光照寺　こうしょうじ〔寺〕
　茨城県下妻市　《本尊》阿弥陀如来
　　　　　　　　　　　　　〔真宗大谷派〕

6画（光）

光照寺　こうしょうじ〔寺〕
　茨城県笠間市　《別称》笠間御草庵・真宗二四
　輩旧跡　《本尊》阿弥陀如来　〔真宗大谷派〕
光照寺　こうしょうじ〔寺〕
　茨城県行方郡麻生町　《本尊》阿弥陀如来・観
　世音菩薩・勢至菩薩　　　　　　　〔天台宗〕
光照寺　こうしょうじ〔寺〕
　東京都新宿区　《本尊》阿弥陀如来　〔浄土宗〕
光照寺　こうしょうじ〔寺〕
　東京都台東区　《本尊》阿弥陀如来
　　　　　　　　　　　　　　　　〔真宗大谷派〕
光照寺　こうしょうじ〔寺〕
　東京都調布市　《別称》柴崎でら　《本尊》阿
　弥陀如来　　　　　　　　　　　　〔浄土宗〕
光照寺　こうしょうじ〔寺〕
　新潟県西蒲原郡巻町　《本尊》阿弥陀如来
　　　　　　　　　　　　　　　　〔真宗大谷派〕
光照寺　こうしょうじ〔寺〕
　新潟県三島郡出雲崎町　《本尊》阿弥陀如
　来　　　　　　　　　　　　　　〔真宗大谷派〕
光照寺　こうしょうじ〔寺〕
　富山県下新川郡朝日町　《別称》月山の寺
　《本尊》阿弥陀如来　　　　　　〔真宗大谷派〕
光照寺　こうしょうじ〔寺〕
　石川県羽咋郡押水町　《本尊》阿弥陀如来
　　　　　　　　　　　　　　　　〔真宗大谷派〕
光照寺　こうしょうじ〔寺〕
　福井県福井市　《別称》福井大仏　《本尊》阿
　弥陀如来　　　　　　　　　　　　〔天台宗〕
光照寺　こうしょうじ〔寺〕
　岐阜県羽島市　《本尊》阿弥陀如来
　　　　　　　　　　　　　　〔浄土宗西山禅林寺派〕
光照寺　こうしょうじ〔寺〕
　静岡県田方郡韮山町　《本尊》阿弥陀如来
　　　　　　　　　　　　　　　　　〔浄土宗〕
光照寺　こうしょうじ〔寺〕
　愛知県名古屋市南区　《本尊》阿弥陀如来
　　　　　　　　　　　　　　　　　〔浄土宗〕
光照寺　こうしょうじ〔寺〕
　愛知県半田市　《別称》一八番　《本尊》阿弥
　陀如来・十一面観世音菩薩　　　　〔時宗〕
光照寺　こうしょうじ〔寺〕
　三重県鈴鹿市　　　　　　〔臨済宗東福寺派〕
光照寺　こうしょうじ〔寺〕
　滋賀県近江八幡市　《本尊》薬師如来
　　　　　　　　　　　　　　　　〔天台真盛宗〕
光照寺　こうしょうじ〔寺〕
　滋賀県守山市　《本尊》阿弥陀如来
　　　　　　　　　　　　　　　　〔真宗大谷派〕

光照寺　こうしょうじ〔寺〕
　京都府京都市山科区　《別称》南殿光照寺
　《本尊》阿弥陀如来　　　　　　〔真宗大谷派〕
光照寺　こうしょうじ〔寺〕
　広島県沼隈郡沼隈町　《本尊》阿弥陀如来
　　　　　　　　　　　　　　　〔浄土真宗本願寺派〕
光照寺　こうしょうじ〔寺〕
　佐賀県佐賀市　《本尊》阿弥陀如来　〔浄土宗〕
光照院　こうしょういん〔寺〕
　愛知県半田市　《本尊》阿弥陀如来
　　　　　　　　　　　　　　　　〔西山浄土宗〕
光照院門跡　こうしょういんもんぜき〔寺〕
　京都府京都市上京区　《別称》旧常磐御所・本
　山・尼門跡　《本尊》釈迦如来　　〔浄土宗〕
光禅寺　こうぜんじ〔寺〕
　北海道川上郡標茶町　《本尊》釈迦如来
　　　　　　　　　　　　　　　　　〔曹洞宗〕
光禅寺　こうぜんじ〔寺〕
　山形県山形市　《本尊》釈迦如来　〔曹洞宗〕
光禅寺　こうぜんじ〔寺〕
　富山県氷見市　《本尊》釈迦如来　〔曹洞宗〕
光禅寺　こうぜんじ〔寺〕
　大阪府大阪市西区　《本尊》阿弥陀如来
　　　　　　　　　　　　　　　　〔真宗大谷派〕
光禅寺　こうぜんじ〔寺〕
　広島県広島市佐伯区　《本尊》阿弥陀如来
　　　　　　　　　　　　　　　〔浄土真宗本願寺派〕
光福寺　こうふくじ〔寺〕
　北海道磯谷郡蘭越町　《本尊》阿弥陀如来
　　　　　　　　　　　　　　　　〔真宗大谷派〕
光福寺　こうふくじ〔寺〕
　埼玉県東松山市　《本尊》如意輪観世音菩
　薩　　　　　　　　　　　　　　　〔曹洞宗〕
光福寺　こうふくじ〔寺〕
　埼玉県児玉郡児玉町太駄　《本尊》延命地蔵
　菩薩　　　　　　　　　　　　〔真言宗豊山派〕
光福寺　こうふくじ〔寺〕
　埼玉県児玉郡児玉町宮内　《本尊》釈迦如
　来　　　　　　　　　　　　　　　〔曹洞宗〕
光福寺　こうふくじ〔寺〕
　千葉県木更津市　《本尊》不動明王
　　　　　　　　　　　　　　　〔真言宗豊山派〕
光福寺　こうふくじ〔寺〕
　千葉県佐原市　《本尊》釈迦如来
　　　　　　　　　　　　　　　〔臨済宗妙心寺派〕
光福寺　こうふくじ〔寺〕
　千葉県八日市場市　《別称》飯塚本寺　《本
　尊》十界大曼荼羅　　　　　　　　〔日蓮宗〕
光福寺　こうふくじ〔寺〕
　東京都港区　《本尊》阿弥陀如来　〔浄土宗〕

神社・寺院名よみかた辞典　223

6画（光）

光福寺　こうふくじ〔寺〕
　東京都品川区　《本尊》阿弥陀如来
　　　　　　　　　　　　　　〔真宗大谷派〕

光福寺　こうふくじ〔寺〕
　東京都江戸川区　《別称》五分一不動尊　《本尊》阿弥陀如来　　　　〔新義真言宗〕

光福寺　こうふくじ〔寺〕
　神奈川県厚木市　《別称》ほんでら　《本尊》阿弥陀如来　〔浄土真宗本願寺派〕

光福寺　こうふくじ〔寺〕
　山梨県甲府市横根町　《本尊》阿弥陀如来
　　　　　　　　　　　　　　　　〔浄土宗〕

光福寺　こうふくじ〔寺〕
　山梨県甲府市上石田　《別称》あやめでら
　《本尊》阿弥陀如来　　　　　　〔曹洞宗〕

光福寺　こうふくじ〔寺〕
　岐阜県羽島市　《本尊》阿弥陀如来
　　　　　　　　　　　　　　〔真宗大谷派〕

光福寺　こうふくじ〔寺〕
　岐阜県本巣市　《本尊》阿弥陀如来
　　　　　　　　　　　　〔浄土真宗本願寺派〕

光福寺　こうふくじ〔寺〕
　三重県熊野市　《本尊》三尊仏　〔曹洞宗〕

光福寺　こうふくじ〔寺〕
　京都府京都市左京区　《別称》ほしな寺　《本尊》阿弥陀如来　　　　　〔浄土宗〕

光福寺　こうふくじ〔寺〕
　大阪府大阪市西成区　《別称》玉出御堂　《本尊》阿弥陀如来　　　　〔真宗仏光寺派〕

光福寺　こうふくじ〔寺〕
　兵庫県朝来郡和田山町　《本尊》聖観世音菩薩　　　　　　　　　〔臨済宗妙心寺派〕

光福寺　こうふくじ〔寺〕
　島根県出雲市　《本尊》阿弥陀如来
　　　　　　　　　　　　〔臨済宗妙心寺派〕

光福寺　こうふくじ〔寺〕
　徳島県板野郡北島町　《本尊》阿弥陀如来・大日如来　　　　　　〔高野山真言宗〕

光福寺　こうふくじ〔寺〕
　徳島県板野郡土成町　《本尊》阿弥陀如来・不動明王・弘法大師　　〔高野山真言宗〕

光福寺　こうふくじ〔寺〕
　福岡県直方市　《本尊》阿弥陀如来
　　　　　　　　　　　　〔浄土真宗本願寺派〕

光福寺　こうふくじ〔寺〕
　佐賀県佐賀市　《本尊》十一面観世音菩薩
　　　　　　　　　　　　　　　　〔曹洞宗〕

光蓮寺　こうれんじ〔寺〕
　長野県長野市　《本尊》阿弥陀如来
　　　　　　　　　　　　　　〔真宗大谷派〕

光蓮寺　こうれんじ〔寺〕
　長野県下伊那郡松川町　《本尊》釈迦如来
　　　　　　　　　　　　　　　　〔日蓮宗〕

光蓮寺　こうれんじ〔寺〕
　大阪府八尾市　《本尊》阿弥陀如来
　　　　　　　　　　　　〔浄土真宗本願寺派〕

光蓮寺　こうれんじ〔寺〕
　兵庫県出石郡但東町　《別称》くばたのお寺　《本尊》阿弥陀如来　〔浄土真宗本願寺派〕

光蓮寺　こうれんじ〔寺〕
　奈良県天理市　《本尊》阿弥陀如来
　　　　　　　　　　　　　　〔真宗興正派〕

光蓮寺　こうれんじ〔寺〕
　福岡県朝倉郡三輪町　《本尊》阿弥陀如来
　　　　　　　　　　　　〔浄土真宗本願寺派〕

光蓮寺　こうれんじ〔寺〕
　熊本県本渡市　《本尊》阿弥陀如来
　　　　　　　　　　　　　　〔真宗大谷派〕

光触寺　こうそくじ〔寺〕
　神奈川県鎌倉市　《本尊》阿弥陀三尊
　　　　　　　　　　　　　　　　〔時宗〕

光触寺　こうしょくじ〔寺〕
　兵庫県明石市　《本尊》阿弥陀如来
　　　　　　　　　　　　　　〔真宗興正派〕

14光徳寺　こうとくじ〔寺〕
　茨城県下館市　《本尊》阿弥陀如来
　　　　　　　　　　　　〔浄土真宗本願寺派〕

光徳寺　こうとくじ〔寺〕
　栃木県宇都宮市　《本尊》阿弥陀如来・虚空蔵菩薩　　　　　　　　　〔天台宗〕

光徳寺　こうとくじ〔寺〕
　群馬県高崎市　《別称》成田山　《本尊》不動明王　　　　　　　〔真言宗智山派〕

光徳寺　こうとくじ〔寺〕
　東京都新宿区　《本尊》大日如来
　　　　　　　　　　　　　　〔真言宗豊山派〕

光徳寺　こうとくじ〔寺〕
　神奈川県三浦郡葉山町　《本尊》阿弥陀三尊　　　　　　　　　　　〔浄土宗〕

光徳寺　こうとくじ〔寺〕
　新潟県中頸城郡柿崎町　《本尊》阿弥陀如来　　　　　　　　　　〔真宗大谷派〕

光徳寺　こうとくじ〔寺〕
　石川県七尾市　《別称》七尾の光徳さま　《本尊》阿弥陀如来　〔浄土真宗本願寺派〕

光徳寺　こうとくじ〔寺〕
　長野県北佐久郡立科町　《本尊》釈迦如来
　　　　　　　　　　　　　　　　〔曹洞宗〕

光徳寺　こうとくじ〔寺〕
　岐阜県美濃加茂市　〔臨済宗妙心寺派〕

6画（光）

光徳寺　こうとくじ〔寺〕
　京都府京都市中京区　《本尊》阿弥陀如来
　　　　　　　　　　　　　　　　〔浄土宗〕
光徳寺　こうとくじ〔寺〕
　大阪府大阪市都島区　《本尊》阿弥陀如来
　　　　　　　　　　　　　　〔浄土真宗本願寺派〕
光徳寺　こうとくじ〔寺〕
　大阪府柏原市　《別称》松谷御堂　《本尊》阿
　弥陀如来　　　　　　　　　　　〔真宗大谷派〕
光徳寺　こうとくじ〔寺〕
　奈良県生駒郡斑鳩町　《別称》西光徳寺　《本
　尊》阿弥陀如来　　　　　　〔浄土真宗本願寺派〕
光徳寺　こうとくじ〔寺〕
　鳥取県日野郡日野町　《本尊》阿弥陀如来
　　　　　　　　　　　　　　　　〔真宗大谷派〕
光徳寺　こうとくじ〔寺〕
　福岡県北九州市若松区　《本尊》阿弥陀如
　来　　　　　　　　　　　　　　〔真宗木辺派〕
光徳寺　こうとくじ〔寺〕
　大分県西国東郡真玉町　《本尊》阿弥陀如
　来　　　　　　　　　　　　〔浄土真宗本願寺派〕
光徳院　こうとくいん〔寺〕
　東京都中野区　《本尊》大日如来
　　　　　　　　　　　　　　　〔真言宗豊山派〕
光誓寺　こうせいじ〔寺〕
　富山県氷見市　《別称》谷内の御坊　《本尊》
　阿弥陀如来　　　　　　　　〔浄土真宗本願寺派〕
光誓寺　こうせいじ〔寺〕
　熊本県八代郡千丁町　《本尊》阿弥陀如来
　　　　　　　　　　　　　　　　〔真宗大谷派〕
15 光慶寺　こうきょうじ〔寺〕
　岐阜県揖斐郡池田町　《本尊》阿弥陀如来
　　　　　　　　　　　　　　　　〔真宗大谷派〕
光縁寺　こうえんじ〔寺〕
　京都府京都市下京区　《本尊》阿弥陀如来
　　　　　　　　　　　　　　　　　〔浄土宗〕
光蔵寺　こうぞうじ〔寺〕
　埼玉県所沢市　《本尊》阿弥陀如来
　　　　　　　　　　　　　　　〔真言宗豊山派〕
光蔵寺　こうぞうじ〔寺〕
　東京都江戸川区　《本尊》阿弥陀如来・勢至菩
　薩・弥勒菩薩・観世音菩薩　　〔真言宗豊山派〕
光蔵院　こうぞういん〔寺〕
　東京都港区　《別称》飯倉大師　《本尊》弘法
　大師　　　　　　　　　　　　　〔真言宗智山派〕
光輪寺　こうりんじ〔寺〕
　北海道網走市　《本尊》阿弥陀如来
　　　　　　　　　　　　　　〔浄土真宗本願寺派〕
光輪寺　こうりんじ〔寺〕
　神奈川県横浜市港北区　《本尊》阿弥陀如来
　　　　　　　　　　　　　　〔浄土真宗本願寺派〕

光輪寺　こうりんじ〔寺〕
　三重県三重郡川越町　《本尊》阿弥陀如来
　　　　　　　　　　　　　　〔浄土真宗本願寺派〕
光養寺　こうようじ〔寺〕
　大阪府東大阪市　《本尊》阿弥陀如来
　　　　　　　　　　　　　　〔浄土真宗本願寺派〕
16 光薗院　こうおんいん〔寺〕
　京都府京都市下京区　《別称》新坊　《本尊》
　阿弥陀如来　　　　　　　　　〔真宗仏光寺派〕
光賢寺　こうげんじ〔寺〕
　新潟県柏崎市　《本尊》阿弥陀如来
　　　　　　　　　　　　　　　　〔真宗大谷派〕
17 光厳寺　こうごんじ〔寺〕
　栃木県那須郡黒羽町　《本尊》釈迦如来
　　　　　　　　　　　　　　　〔臨済宗妙心寺派〕
光厳寺　こうごんじ〔寺〕
　千葉県銚子市　《本尊》薬師如来・大日如来
　　　　　　　　　　　　　　　〔真言宗智山派〕
光厳寺　こうごんじ〔寺〕
　東京都あきる野市　《本尊》釈迦如来
　　　　　　　　　　　　　　　〔臨済宗建長寺派〕
光厳寺　こうごんじ〔寺〕
　富山県富山市　《本尊》釈迦如来　〔曹洞宗〕
光厳寺　こうごんじ〔寺〕
　静岡県沼津市　《本尊》地蔵菩薩・不動明王・
　弘法大師　　　　　　　　　　　〔高野山真言宗〕
光厳寺　こうごんじ〔寺〕
　熊本県八代市　《別称》おかでら　《本尊》阿
　弥陀如来　　　　　　　　　〔浄土真宗本願寺派〕
18 光顔寺　こうげんじ〔寺〕
　富山県魚津市　《別称》かくまの寺　《本尊》
　阿弥陀如来　　　　　　　　〔浄土真宗本願寺派〕
光顔寺　こうげんじ〔寺〕
　広島県豊田郡本郷町　《本尊》阿弥陀如来
　　　　　　　　　　　　　　〔浄土真宗本願寺派〕
光顕寺　こうけんじ〔寺〕
　北海道北広島市　《本尊》阿弥陀如来
　　　　　　　　　　　　　　〔浄土真宗本願寺派〕
光顕寺　こうけんじ〔寺〕
　富山県中新川郡上市町　《本尊》阿弥陀如
　来　　　　　　　　　　　　　　〔真宗大谷派〕
光顕寺　こうけんじ〔寺〕
　岐阜県安八郡安八町　《本尊》阿弥陀如来
　　　　　　　　　　　　　　　　〔真宗大谷派〕
光顕寺　こうけんじ〔寺〕
　佐賀県神埼郡千代田町　《本尊》阿弥陀如
　来　　　　　　　　　　　　〔浄土真宗本願寺派〕
光顕寺　こうけんじ〔寺〕
　熊本県山鹿市　《本尊》阿弥陀如来
　　　　　　　　　　　　　　〔浄土真宗本願寺派〕

神社・寺院名よみかた辞典　225

6画（充, 先, 全）

19光鏡院　こうきょういん〔寺〕
　　静岡県静岡市　《本尊》文殊菩薩　〔曹洞宗〕
　光願寺　こうがんじ〔寺〕
　　福岡県田川郡香春町　《本尊》阿弥陀如来
　　　　　　　　　　　　　　　　　　〔浄土宗〕
20光厳寺　こうがんじ〔寺〕
　　群馬県前橋市　《本尊》釈迦如来・文殊菩薩・
　　普賢菩薩　　　　　　　　　　　　〔天台宗〕
　光厳寺　こうごんじ〔寺〕
　　千葉県安房郡富浦町　《本尊》釈迦如来・阿
　　難尊者・迦葉尊者　　　　　　　　〔曹洞宗〕
　光耀寺　こうようじ〔寺〕
　　愛知県海部郡八開村　《本尊》阿弥陀如来
　　　　　　　　　　　　　　　　〔真宗大谷派〕
　光闡寺　こうせんじ〔寺〕
　　富山県黒部市　《本尊》阿弥陀如来
　　　　　　　　　　　　　　　〔浄土真宗本願寺派〕

【充】

12充満寺　じゅうまんじ〔寺〕
　　滋賀県伊香郡高月町　《別称》西野薬師堂
　　《本尊》阿弥陀如来　　　　　〔真宗大谷派〕

【先】

7先求院　せんぐいん〔寺〕
　　京都府京都市東山区　《本尊》阿弥陀如来
　　　　　　　　　　　　　　　　　　〔浄土宗〕
10先宮神社　さきみやじんじゃ〔社〕
　　静岡県静岡市　《祭神》保食神〔他〕
　　　　　　　　　　　　　　　　　　〔神社本庁〕

【全】

3全久院　ぜんきゅういん〔寺〕
　　長野県松本市　《本尊》釈迦三尊・十一面観
　　世音菩薩・吒枳尼真天　　　　　　〔曹洞宗〕
　全久院　ぜんきゅういん〔寺〕
　　愛知県豊橋市　《本尊》釈迦如来　〔曹洞宗〕
5全生庵　ぜんしょうあん〔寺〕
　　東京都台東区　《別称》鉄舟寺　《本尊》葵正
　　観世音菩薩　　　　　　　　　〔臨済宗国泰寺派〕
6全光院　ぜんこういん〔寺〕
　　和歌山県伊都郡高野町　《本尊》愛染明王
　　　　　　　　　　　　　　　　　〔高野山真言宗〕
7全玖院　ぜんきゅういん〔寺〕
　　宮城県仙台市青葉区　《本尊》釈迦如来
　　　　　　　　　　　　　　　　　　〔曹洞宗〕
　全良寺　ぜんりょうじ〔寺〕
　　秋田県秋田市　《本尊》釈迦如来
　　　　　　　　　　　　　　　〔臨済宗妙心寺派〕

　全芳院　ぜんぽういん〔寺〕
　　長野県小県郡丸子町　《本尊》三尊仏
　　　　　　　　　　　　　　　　　　〔曹洞宗〕
8全性寺　ぜんしょうじ〔寺〕
　　群馬県新田郡藪塚本町　《本尊》大日如来
　　　　　　　　　　　　　　　　〔真言宗豊山派〕
　全性寺　ぜんしょうじ〔寺〕
　　石川県金沢市　《別称》赤門でら　《本尊》十
　　界大曼荼羅　　　　　　　　　　　〔日蓮宗〕
　全性寺　ぜんしょうじ〔寺〕
　　京都府京丹後市　《本尊》聖観世音菩薩
　　　　　　　　　　　　　　　〔臨済宗天竜寺派〕
　全忠寺　ぜんちゅうじ〔寺〕
　　愛知県知多郡美浜町　《本尊》釈迦如来
　　　　　　　　　　　　　　　　　　〔曹洞宗〕
　全昌寺　ぜんしょうじ〔寺〕
　　岐阜県大垣市　《本尊》釈迦如来　〔曹洞宗〕
　全長寺　ぜんちょうじ〔寺〕
　　東京都新宿区　《本尊》釈迦如来　〔曹洞宗〕
　全長寺　ぜんちょうじ〔寺〕
　　滋賀県伊香郡余呉町　《本尊》阿弥陀如来
　　　　　　　　　　　　　　　　　　〔曹洞宗〕
　全長寺　ぜんちょうじ〔寺〕
　　宮崎県東臼杵郡北郷村　《別称》宇納間地蔵
　　尊　《本尊》観世音菩薩・地蔵菩薩・薬師
　　如来　　　　　　　　　　　　　　〔曹洞宗〕
9全香寺　ぜんこうじ〔寺〕
　　愛知県名古屋市中区　《本尊》千手観世音菩
　　薩　　　　　　　　　　　　　　　〔曹洞宗〕
10全修寺　ぜんしゅうじ〔寺〕
　　北海道岩内郡岩内町　《別称》身替地蔵尊の
　　寺　《本尊》釈迦如来　　　　　　〔曹洞宗〕
　全竜寺　ぜんりゅうじ〔寺〕
　　北海道赤平市　《本尊》釈迦如来　〔曹洞宗〕
　全竜寺　ぜんりゅうじ〔寺〕
　　青森県西津軽郡木造町　《別称》蓮川の寺
　　《本尊》釈迦如来　　　　　　　　　〔曹洞宗〕
　全竜寺　ぜんりゅうじ〔寺〕
　　富山県下新川郡宇奈月町　《別称》おりたて
　　の寺　《本尊》釈迦如来　　　　　〔曹洞宗〕
　全竜寺　ぜんりゅうじ〔寺〕
　　島根県松江市　《本尊》釈迦如来　〔曹洞宗〕
　全透院　ぜんとういん〔寺〕
　　群馬県群馬郡倉渕村　《本尊》釈迦如来
　　　　　　　　　　　　　　　　　　〔曹洞宗〕
12全雄寺　ぜんゆうじ〔寺〕
　　岐阜県恵那郡明智町　《本尊》観世音菩薩
　　　　　　　　　　　　　　　〔臨済宗妙心寺派〕
15全慶寺　ぜんけいじ〔寺〕
　　宮城県本吉郡志津川町　《本尊》釈迦如来
　　　　　　　　　　　　　　　　　　〔曹洞宗〕

6画（共, 印, 各, 吉）

16全興寺　ぜんこうじ〔寺〕
　大阪府大阪市平野区　《本尊》薬師如来
　　　　　　　　　　　　　　　〔高野山真言宗〕

【共】

9共栄寺　きょうえいじ〔寺〕
　愛知県津島市　《本尊》阿弥陀如来　〔浄土宗〕

【印】

7印岐志呂神社　いぎしろじんじゃ〔社〕
　滋賀県草津市　《祭神》大己貴命　〔神社本庁〕
8印定寺　いんじょうじ〔寺〕
　和歌山県日高郡印南町　《本尊》阿弥陀如
　来　　　　　　　　　　　　　　　〔浄土宗〕
9印南寺　いんなんじ〔寺〕
　兵庫県加古郡稲美町　《本尊》聖観世音菩
　薩　　　　　　　　　　　　〔臨済宗妙心寺派〕
12印勝寺　いんしょうじ〔寺〕
　石川県七尾市　《別称》さくら寺　《本尊》日
　蓮聖人奠定の十界勧請大曼荼羅
　　　　　　　　　　　　　　〔法華宗（陣門流）〕
25印鑰神社　いんにゃくじんじゃ〔社〕
　熊本県八代郡鏡町　《祭神》石川宿禰
　　　　　　　　　　　　　　　　〔神社本庁〕
　印鑰神明宮　いんやくしんめいぐう〔社〕
　山形県山形市　《祭神》天照皇大神〔他〕
　　　　　　　　　　　　　　　　〔神社本庁〕

【各】

4各方寺　かくほうじ〔寺〕
　愛知県一宮市　《本尊》十一面観世音菩薩
　　　　　　　　　　　　　　　　　〔曹洞宗〕
19各願寺　かくがんじ〔寺〕
　富山県婦負郡婦中町　《本尊》薬師如来
　　　　　　　　　　　　　　　〔高野山真言宗〕

【吉】

3吉川八幡宮　よしかわはちまんぐう〔社〕
　岡山県上房郡賀陽町　《祭神》仲哀天皇〔他〕
　　　　　　　　　　　　　　　　〔神社本庁〕
4吉井の観音様《称》　よしいのかんのんさ
　ま〔寺〕
　群馬県多野郡吉井町・玄太寺　《本尊》釈迦
　如来　　　　　　　　　　　　　　〔曹洞宗〕
　吉水神社　よしみずじんじゃ〔社〕
　奈良県吉野郡吉野町　《祭神》後醍醐天皇〔他〕
　　　　　　　　　　　　　　　　〔神社本庁〕
5吉田のお薬師《称》　よしだのおやくし〔寺〕
　徳島県板野郡土成町・神宮寺　《本尊》薬師
　如来　　　　　　　　　　　　〔高野山真言宗〕

　吉田のお薬師様《称》　よしだのおやくし
　さま〔寺〕
　茨城県水戸市・薬王院　《本尊》薬師如来・阿
　弥陀如来　　　　　　　　　　　　〔天台宗〕
　吉田の八幡宮《称》　よしだのはちまんぐ
　う〔社〕
　山口県下関市大字吉田・八幡宮　《祭神》応
　神天皇〔他〕　　　　　　　　　　〔神社本庁〕
　吉田の宮《称》　よしだのみや〔社〕
　長野県長野市・皇足穂吉田大御神宮　《祭神》
　天照皇大神〔他〕　　　　　　　　〔神社本庁〕
　吉田八幡宮《称》　よしだはちまんぐう〔社〕
　栃木県河内郡南河内町・八幡宮　《祭神》誉
　田別命　　　　　　　　　　　　〔神社本庁〕
　吉田八幡宮　よしだはちまんぐう〔社〕
　大分県竹田市大字吉田　《祭神》玉依姫〔他〕
　　　　　　　　　　　　　　　　〔神社本庁〕
　吉田不動《称》　よしだふどう〔寺〕
　愛知県豊橋市・不動院　《本尊》不動明王
　　　　　　　　　　　　　　　　　〔単立〕
　吉田寺　きちでんじ〔寺〕
　奈良県生駒郡斑鳩町　《別称》しみずさん
　《本尊》阿弥陀如来　　　　　　　　〔浄土宗〕
　吉田神社　よしだじんじゃ〔社〕
　茨城県水戸市　《祭神》日本武尊〔神社本庁〕
　吉田神社　よしだじんじゃ〔社〕
　新潟県西蒲原郡吉田町・諏訪神社　《祭神》大
　山祇命〔他〕　　　　　　　　　　〔神社本庁〕
　吉田神社　よしだじんじゃ〔社〕
　愛知県豊橋市　《別称》天王社　《祭神》素盞
　鳴尊　　　　　　　　　　　　　〔神社本庁〕
　吉田神社　よしだじんじゃ〔社〕
　愛知県幡豆郡吉良町　《祭神》天照大御神〔他〕
　　　　　　　　　　　　　　　　〔神社本庁〕
　吉田神社　よしだじんじゃ〔社〕
　京都府京都市左京区　《祭神》健御賀豆知命
　〔他〕　　　　　　　　　　　　　〔神社本庁〕
　吉田御坊《称》　よしだごぼう〔寺〕
　愛知県豊橋市・東本願寺豊橋別院　《本尊》阿
　弥陀如来　　　　　　　　　　　〔真宗大谷派〕
7吉利神社　よしとしじんじゃ〔社〕
　鹿児島県日置郡日吉町　《別称》ごゑんど
　《祭神》御霊大明神　　　　　　　〔神社本庁〕
　吉坂稲荷神社　きちざかいなりじん
　じゃ〔社〕
　京都府舞鶴市・稲荷神社　《祭神》宇迦之御
　魂大神〔他〕　　　　　　　　　　〔神社本庁〕
　吉見さん《称》　よしみさん〔社〕
　熊本県阿蘇郡高森町・草部吉見神社　《祭神》
　日子八井命〔他〕　　　　　　　　〔神社本庁〕

神社・寺院名よみかた辞典　227

6画（吉）

吉見神社　よしみじんじゃ〔社〕
埼玉県大里郡大里町　《祭神》天照大御神
〔神社本庁〕

吉見観音《称》　よしみかんのん〔寺〕
埼玉県比企郡吉見町・安楽寺　《本尊》聖観世音菩薩
〔真言宗智山派〕

9 吉保八幡《称》　きっぽはちまん〔社〕
千葉県鴨川市・八幡神社　《祭神》誉田別命
〔他〕〔神社本庁〕

吉香神社　きっこうじんじゃ〔社〕
山口県岩国市　《祭神》吉川元春〔他〕
〔神社本庁〕

10 吉峰寺　きっぽうじ〔寺〕
福井県吉田郡上志比村　《本尊》釈迦如来
〔曹洞宗〕

吉浦神社　よしうらじんじゃ〔社〕
佐賀県藤津郡塩田町　《別称》お山さん　《祭神》鍋島直澄
〔神社本庁〕

吉祥寺　きちじょうじ〔寺〕
岩手県江刺市　《別称》歌書の寺　《本尊》釈迦如来
〔曹洞宗〕

吉祥寺　きっしょうじ〔寺〕
岩手県東磐井郡藤沢町　《本尊》不動明王
〔真言宗智山派〕

吉祥寺　きちじょうじ〔寺〕
岩手県上閉伊郡大槌町　《本尊》釈迦如来
〔曹洞宗〕

吉祥寺　きちじょうじ〔寺〕
宮城県石巻市　《本尊》聖観世音菩薩
〔曹洞宗〕

吉祥寺　きちじょうじ〔寺〕
茨城県猿島郡総和町　《本尊》阿弥陀如来
〔時宗〕

吉祥寺　きちじょうじ〔寺〕
栃木県足利市　《別称》安産子育の観音様　《本尊》十一面観世音菩薩
〔天台宗〕

吉祥寺　きちじょうじ〔寺〕
群馬県甘楽郡南牧村　《本尊》多聞天
〔天台宗〕

吉祥寺　きちじょうじ〔寺〕
群馬県利根郡川場村　《本尊》釈迦如来
〔臨済宗建長寺派〕

吉祥寺　きちじょうじ〔寺〕
埼玉県さいたま市　《本尊》阿弥陀如来
〔天台宗〕

吉祥寺　きちじょうじ〔寺〕
埼玉県熊谷市　《本尊》大日如来
〔真言宗智山派〕

吉祥寺　きちじょうじ〔寺〕
埼玉県川口市　《本尊》地蔵菩薩・正観世音菩薩
〔真言宗智山派〕

吉祥寺　きちじょうじ〔寺〕
埼玉県加須市　《本尊》不動明王・矜迦羅童子・制多迦童子
〔真言宗智山派〕

吉祥寺　きちじょうじ〔寺〕
埼玉県深谷市　《本尊》阿弥陀如来　〔天台宗〕

吉祥寺　きちじょうじ〔寺〕
千葉県印旛郡酒々井町　《本尊》摩耶夫人
〔真言宗智山派〕

吉祥寺　きちじょうじ〔寺〕
東京都文京区　《別称》駒込吉祥寺　《本尊》釈迦如来
〔曹洞宗〕

吉祥寺　きちじょうじ〔寺〕
東京都西多摩郡檜原村　《本尊》釈迦如来
〔臨済宗建長寺派〕

吉祥寺　きちじょうじ〔寺〕
新潟県佐渡市　《本尊》地蔵菩薩
〔真言宗豊山派〕

吉祥寺　きっしょうじ〔寺〕
富山県黒部市　《本尊》釈迦如来　〔曹洞宗〕

吉祥寺　きっしょうじ〔寺〕
愛知県津島市　《本尊》不動明王
〔真言宗智山派〕

吉祥寺　きっしょうじ〔寺〕
滋賀県蒲生郡竜王町　《本尊》阿弥陀如来
〔浄土宗〕

吉祥寺　きちじょうじ〔寺〕
京都府与謝郡加悦町　《本尊》聖観世音菩薩
〔臨済宗妙心寺派〕

吉祥寺　きっしょうじ〔寺〕
大阪府大阪市天王寺区　《別称》義士の寺　《本尊》釈迦如来　〔曹洞宗〕

吉祥寺　きちじょうじ〔寺〕
兵庫県三木市　《本尊》毘沙門天・十一面観世音菩薩
〔高野山真言宗〕

吉祥寺　きっしょうじ〔寺〕
奈良県五條市　《本尊》毘沙門天
〔高野山真言宗〕

吉祥寺　きちじょうじ〔寺〕
和歌山県有田郡清水町　《本尊》阿弥陀如来
〔浄土宗〕

吉祥寺　きちじょうじ〔寺〕
岡山県後月郡芳井町　《別称》東坊・香谷山　《本尊》阿弥陀如来・観世音菩薩・勢至菩薩・弘法大師・金剛力士・不動明王・四天王
〔真言宗御室派〕

吉祥寺　きちじょうじ〔寺〕
岡山県真庭郡久世町　《本尊》十一面観世音菩薩
〔真言宗御室派〕

吉祥寺　きちじょうじ〔寺〕
広島県豊田郡瀬戸田町　《本尊》延命地蔵菩薩
〔曹洞宗〕

6画(吉)

吉祥寺　きちじょうじ〔寺〕
　山口県萩市　《本尊》阿弥陀如来　〔浄土宗〕

吉祥寺　きちじょうじ〔寺〕
　徳島県鳴門市瀬戸町　《本尊》正観世音菩薩　〔高野山真言宗〕

吉祥寺　きっしょうじ〔寺〕
　徳島県鳴門市大麻町　《本尊》薬師如来　〔高野山真言宗〕

吉祥寺　きちじょうじ〔寺〕
　香川県三豊郡三野町　〔真言宗醍醐派〕

吉祥寺　きちじょうじ〔寺〕
　愛媛県今治市　《本尊》聖観世音菩薩・薬師如来　〔臨済宗妙心寺派〕

吉祥寺　きちじょうじ〔寺〕
　愛媛県西条市　《別称》四国第六三番霊場　《本尊》毘沙門天　〔真言宗東寺派〕

吉祥寺　きちじょうじ〔寺〕
　福岡県北九州市若松区　《本尊》聖観世音菩薩　〔曹洞宗〕

吉祥寺　きちじょうじ〔寺〕
　福岡県北九州市八幡西区　《本尊》阿弥陀如来　〔浄土宗〕

吉祥寺　きちじょうじ〔寺〕
　福岡県福岡市中央区　《本尊》釈迦三尊　〔曹洞宗〕

吉祥寺　きちじょうじ〔寺〕
　佐賀県伊万里市　《本尊》釈迦如来　〔曹洞宗〕

吉祥寺　きちじょうじ〔寺〕
　佐賀県三養基郡基山町　《別称》仁恩の滝　《本尊》大日如来・不動明王・弘法大師　〔真言宗〕

吉祥寺　きちじょうじ〔寺〕
　大分県大分市光吉　《本尊》聖観世音菩薩　〔臨済宗妙心寺派〕

吉祥寺　きちじょうじ〔寺〕
　大分県大分市日岡向原　《本尊》釈迦如来・迦葉尊者・阿難尊者・延命地蔵菩薩・掌善童子・掌悪童子　〔臨済宗東福寺派〕

吉祥寺　きちじょうじ〔寺〕
　大分県大野郡緒方町　《本尊》観世音菩薩　〔臨済宗妙心寺派〕

吉祥寺　きっしょうじ〔寺〕
　宮崎県宮崎郡佐土原町　《別称》佐土原鬼子母神　《本尊》日蓮聖人奠定の久遠常住輪円具足の南無妙法蓮華経　〔法華宗(本門流)〕

吉祥草寺　きちじょうそうじ〔寺〕
　奈良県御所市　《別称》茅原の行者さん・総本山　《本尊》五大明王・役行者　〔本修験宗〕

吉祥院　きちじょういん〔寺〕
　山形県山形市　《別称》出羽一仏千手堂　《本尊》千手観世音菩薩・阿弥陀如来・薬師如来　〔天台宗〕

吉祥院　きちじょういん〔寺〕
　茨城県新治郡八郷町　《本尊》延命地蔵菩薩　〔真言宗豊山派〕

吉祥院　きちじょういん〔寺〕
　茨城県猿島郡境町　〔真言宗豊山派〕

吉祥院　きちじょういん〔寺〕
　埼玉県さいたま市　《本尊》薬師如来　〔真言宗智山派〕

吉祥院　きちじょういん〔寺〕
　埼玉県川口市　《本尊》毘沙門天　〔真言宗智山派〕

吉祥院　きちじょういん〔寺〕
　埼玉県児玉郡上里町　《本尊》大日如来　〔真言宗智山派〕

吉祥院　きちじょういん〔寺〕
　埼玉県南埼玉郡菖蒲町　《本尊》不動明王　〔真言宗智山派〕

吉祥院　きちじょういん〔寺〕
　千葉県船橋市　《別称》西の寺　《本尊》毘沙門天　〔真言宗豊山派〕

吉祥院　きちじょういん〔寺〕
　東京都世田谷区　《本尊》不動明王　〔真言宗智山派〕

吉祥院　きちじょういん〔寺〕
　東京都足立区　《別称》本寺　《本尊》金剛界大日如来　〔真言宗豊山派〕

吉祥院　きちじょういん〔寺〕
　東京都八王子市　《別称》二十三夜　《本尊》金剛界大日如来　〔真言宗智山派〕

吉祥院　きちじょういん〔寺〕
　東京都多摩市　《本尊》不動明王　〔真言宗智山派〕

吉祥院　きちじょういん〔寺〕
　新潟県新潟市　《別称》片桐さん　《本尊》薬師如来・不動明王　〔高野山真言宗〕

吉祥院　きちじょういん〔寺〕
　三重県北牟婁郡海山町　《本尊》釈迦如来　〔曹洞宗〕

吉祥院　きっしょういん〔寺〕
　京都府京都市南区　〔浄土宗西山禅林寺派〕

吉祥院　きちじょういん〔寺〕
　鳥取県倉吉市　《別称》弘法さんの寺　《本尊》釈迦如来　〔曹洞宗〕

吉祥院　きちじょういん〔寺〕
　広島県三次市　《本尊》千手観世音菩薩　〔真言宗御室派〕

6画（吸, 向）

吉祥院　きちじょういん〔寺〕
　山口県周南市　《本尊》毘沙門天　〔曹洞宗〕
吉祥院天満宮《称》　きっしょういんてんまんぐう〔社〕
　京都府京都市南区・天満宮　《祭神》菅原道真　〔神社本庁〕
11吉崎寺　よしざきじ〔寺〕
　福井県あわら市　《別称》嫁おどし肉付面の本坊　《本尊》阿弥陀如来　〔浄土真宗本願寺派〕
吉崎御坊《称》　よしざきごぼう〔寺〕
　福井県あわら市・西本願寺吉崎別院　《本尊》阿弥陀如来　〔浄土真宗本願寺派〕
吉部八幡宮《称》　きべはちまんぐう〔社〕
　山口県厚狭郡楠町・八幡宮　《祭神》応神天皇〔他〕　〔神社本庁〕
吉部八幡宮　きべはちまんぐう〔社〕
　山口県阿武郡むつみ村　《祭神》応神天皇〔他〕　〔神社本庁〕
吉野大仏《称》　よしのだいぶつ〔寺〕
　奈良県吉野郡吉野町・西蓮寺　《本尊》阿弥陀如来　〔浄土宗〕
吉野大宮《称》　よしのおおみや〔社〕
　香川県仲多度郡満濃町・大宮神社　《祭神》倭姫命〔他〕　〔神社本庁〕
吉野水分神社　よしのみくまりじんじゃ〔社〕
　奈良県吉野郡吉野町　《祭神》天水分命〔他〕　〔神社本庁〕
吉野神宮　よしのじんぐう〔社〕
　奈良県吉野郡吉野町　《祭神》後醍醐天皇〔他〕　〔神社本庁〕
吉野聖天《称》　よしのしょうでん〔寺〕
　奈良県吉野郡吉野町・桜本坊　《本尊》役小角　〔金峰山修験本宗〕
12吉備寺　きびじ〔寺〕
　岡山県吉備郡真備町　《別称》きびでら　《本尊》薬師如来　〔真言宗御室派〕
吉備津彦神社　きびつひこじんじゃ〔社〕
　岡山県岡山市一宮　《別称》備前一宮　《祭神》大吉備津彦命〔他〕　〔神社本庁〕
吉備津神社　きびつじんじゃ〔社〕
　岡山県岡山市吉備津　《祭神》大吉備津彦大神〔他〕　〔神社本庁〕
吉備津神社　きびつじんじゃ〔社〕
　広島県福山市　《別称》一宮さん　《祭神》大吉備津彦命　〔神社本庁〕
吉善寺　きちぜんじ〔寺〕
　滋賀県蒲生郡蒲生町　《本尊》阿弥陀如来　〔浄土宗〕

15吉蔵寺　きつぞうじ〔寺〕
　新潟県小千谷市　《別称》一の宮の寺　《本尊》釈迦如来　〔曹洞宗〕
16吉橋大師《称》　よしはしだいし〔寺〕
　千葉県八千代市・貞福寺　《本尊》地蔵菩薩　〔真言宗豊山派〕

【吸】
6吸江寺　きゅうこうじ〔寺〕
　高知県高知市　《本尊》正観世音菩薩　〔臨済宗妙心寺派〕

【向】
3向上寺　こうじょうじ〔寺〕
　広島県豊田郡瀬戸田町　《本尊》聖観世音菩薩　〔曹洞宗〕
4向日神社　むこうじんじゃ〔社〕
　京都府向日市向日町　《別称》明神さん　《祭神》向日神〔他〕　〔神社本庁〕
5向本折白山神社　むかいもとおりしらやまじんじゃ〔社〕
　石川県小松市　《別称》蛇の宮　《祭神》伊弉那岐神〔他〕　〔神社本庁〕
8向性院　こうしょういん〔寺〕
　秋田県南秋田郡若美町　《本尊》釈迦如来　〔臨済宗妙心寺派〕
9向泉院　こうせんいん〔寺〕
　宮城県多賀城市　《本尊》釈迦如来　〔臨済宗妙心寺派〕
10向原寺　こうげんじ〔寺〕
　奈良県高市郡明日香村　《本尊》阿弥陀如来　〔浄土真宗本願寺派〕
12向陽寺　こうようじ〔寺〕
　愛知県岩倉市　《本尊》十一面観世音菩薩　〔曹洞宗〕
向陽寺　こうようじ〔寺〕
　奈良県北葛城郡広陵町　《本尊》阿弥陀如来　〔真宗大谷派〕
向陽寺　こうようじ〔寺〕
　熊本県上天草市　《本尊》釈迦如来　〔曹洞宗〕
向陽寺　こうようじ〔寺〕
　長野県小県郡丸子町　《本尊》釈迦如来　〔曹洞宗〕
向陽院　こうよういん〔寺〕
　静岡県下田市　《別称》高根の地蔵尊　《本尊》虚空蔵菩薩・高根地蔵菩薩　〔臨済宗建長寺派〕
向雲寺　こううんじ〔寺〕
　群馬県高崎市　《本尊》釈迦三尊　〔曹洞宗〕

6画（合, 同, 名, 因）

向雲寺　こううんじ〔寺〕
　東京都西多摩郡奥多摩町　《本尊》釈迦如来
　　　　　　　　　　　　　　　　〔曹洞宗〕
13向源寺　こうげんじ〔寺〕
　滋賀県伊香郡高月町　《別称》渡岸寺観音堂
　《本尊》十一面観世音菩薩・大日如来・阿弥
　陀如来　　　　　　　　　　　〔真宗大谷派〕
14向徳寺　こうとくじ〔寺〕
　山口県大津郡油谷町　《本尊》薬師如来・釈
　迦如来　　　　　　　　　　　　〔曹洞宗〕
17向嶽寺　こうがくじ〔寺〕
　山梨県塩山市　《別称》大本山塩山　《本尊》
　釈迦如来　　　　　　　　　〔臨済宗向嶽寺派〕

【合】

4合元寺　ごうがんじ〔寺〕
　大分県中津市　《別称》赤壁　《本尊》阿弥陀
　如来　　　　　　　　　　　　〔西山浄土宗〕
合月の法華寺《称》　あいずきのほっけじ
〔寺〕
　福井県吉田郡松岡町・円寿寺　《本尊》日蓮
　聖人奠定の大曼荼羅　　　　　　　〔日蓮宗〕
7合社《称》　ごうしゃ〔社〕
　宮城県柴田郡柴田町・白鳥神社　《祭神》日
　本武尊[他]　　　　　　　　　　〔神社本庁〕

【同】

14同聚院　どうじゅいん〔寺〕
　群馬県伊勢崎市　《本尊》釈迦如来　〔曹洞宗〕
同聚院　どうじゅいん〔寺〕
　京都府京都市東山区　《別称》東福寺五大堂
　《本尊》十一面観世音菩薩
　　　　　　　　　　　　　　〔臨済宗東福寺派〕
15同慶寺　どうけいじ〔寺〕
　福島県相馬郡小高町　《本尊》釈迦如来
　　　　　　　　　　　　　　　　〔曹洞宗〕
同慶寺　どうけいじ〔寺〕
　鳥取県米子市　《本尊》聖観世音菩薩
　　　　　　　　　　　　　　　　〔曹洞宗〕

【名】

4名手八幡神社　なてはちまんじんじゃ〔社〕
　和歌山県那賀郡那賀町　《祭神》誉田別命[他]
　　　　　　　　　　　　　　　　〔神社本庁〕
名木林神社　なぎばやしじんじゃ〔社〕
　岐阜県安八郡安八町　《祭神》天照大神[他]
　　　　　　　　　　　　　　　　〔神社本庁〕
5名古屋善光寺別院《称》　なごやぜんこう
じべついん〔寺〕
　愛知県名古屋市西区・願王寺　《本尊》薬師
　如来・善光寺如来　　　　　　　　〔天台宗〕

名石神社　めいしじんじゃ〔社〕
　熊本県玉名郡長洲町　《祭神》景行天皇[他]
　　　　　　　　　　　　　　　　〔神社本庁〕
名立寺　みょうりゅうじ〔寺〕
　新潟県西頸城郡名立町　《別称》なだてでら
　《本尊》聖観世音菩薩　　　　　　〔曹洞宗〕
8名和神社　なわじんじゃ〔社〕
　鳥取県西伯郡名和町　《祭神》名和長年[他]
　　　　　　　　　　　　　　　　〔神社本庁〕
9名草神社　なぐさじんじゃ〔社〕
　兵庫県養父市　《別称》妙見さま　《祭神》名
　草彦命[他]　　　　　　　　　　〔神社本庁〕
10名倉の権現さま《称》　なぐらのごんげん
さま〔社〕
　神奈川県津久井郡藤野町・石楯尾神社　《祭
　神》石楯尾大神　　　　　　　　〔神社本庁〕
名島神社　なじまじんじゃ〔社〕
　福岡県福岡市東区　《祭神》田心姫神[他]
　　　　　　　　　　　　　　　　〔神社本庁〕
名称寺　みょうしょうじ〔寺〕
　奈良県大和高田市　《本尊》阿弥陀如来
　　　　　　　　　　　　　　　〔浄土真宗本願寺派〕
11名寄神社　なよろじんじゃ〔社〕
　北海道名寄市　《祭神》天照皇大御神[他]
　　　　　　　　　　　　　　　　〔神社本庁〕
名張聖天《称》　なばりしょうてん〔寺〕
　三重県名張市・宝満寺　《本尊》十一面観世
　音菩薩　　　　　　　　　　　〔真言宗豊山派〕
12名超寺　めいちょうじ〔寺〕
　滋賀県長浜市　《本尊》阿弥陀如来　〔天台宗〕
19名願寺　みょうがんじ〔寺〕
　北海道上川郡下川町　《本尊》阿弥陀如来
　　　　　　　　　　　　　　　〔真宗大谷派〕
名願寺　みょうがんじ〔寺〕
　富山県高岡市　《本尊》阿弥陀如来
　　　　　　　　　　　　　　〔浄土真宗本願寺派〕

【因】

8因念寺　いんねんじ〔寺〕
　石川県鳳至郡能都町　《本尊》阿弥陀如来
　　　　　　　　　　　　　　　〔真宗大谷派〕
因念寺　いんねんじ〔寺〕
　兵庫県揖保郡揖保川町　《本尊》阿弥陀如
　来　　　　　　　　　　　　　〔真宗大谷派〕
10因速寺　いんそくじ〔寺〕
　東京都江東区　《本尊》阿弥陀如来
　　　　　　　　　　　　　　　〔真宗大谷派〕
15因幡薬師《称》　いなばやくし〔寺〕
　京都府京都市下京区・平等寺　《本尊》薬師
　如来　　　　　　　　　　　　〔真言宗智山派〕

神社・寺院名よみかた辞典　231

6画（回, 在, 地）

【回】
6回向院　えこういん〔寺〕
　東京都墨田区　《本尊》阿弥陀如来　〔浄土宗〕
回向院　えこういん〔寺〕
　東京都荒川区　《本尊》阿弥陀如来　〔浄土宗〕
回向院　えこういん〔寺〕
　愛知県岡崎市　《本尊》阿弥陀如来　〔浄土宗〕

【在】
10在家日蓮宗浄風会　ざいけにちれんしゅうじょうふうかい〔寺〕
　東京都新宿区　《別称》本部
　　　　　　　〔在家日蓮宗浄風会〕

【地】
5地主神社　じしゅじんじゃ〔社〕
　京都府京都市東山区　《別称》えんむすびの神　《祭神》大国主命［他］　〔神社本教〕
地主神社　じぬしじんじゃ〔社〕
　福岡県八女郡立花町　《祭神》大国主命［他］
　　　　　　　　　　　　　〔神社本庁〕
6地安寺　じあんじ〔寺〕
　滋賀県甲賀郡土山町　《本尊》聖観世音菩薩　〔黄檗宗〕
9地持院　じじいん〔寺〕
　静岡県庵原郡由比町　《本尊》地蔵菩薩
　　　　　　　　　　　　　〔臨済宗妙心寺派〕
13地福寺　じふくじ〔寺〕
　宮城県本吉郡唐桑町　《本尊》延命地蔵菩薩　〔曹洞宗〕
地福寺　じふくじ〔寺〕
　埼玉県和光市　《本尊》阿弥陀如来　〔天台宗〕
地福寺　じふくじ〔寺〕
　千葉県香取郡多古町　《本尊》地蔵菩薩
　　　　　　　　　　　　　〔真言宗智山派〕
地福寺　じふくじ〔寺〕
　東京都北区　《本尊》薬師如来
　　　　　　　　　　　〔真言宗智山派〕
地福寺　じふくじ〔寺〕
　東京都足立区　《本尊》地蔵菩薩　〔単立〕
地福寺　じふくじ〔寺〕
　神奈川県足柄上郡大井町　《本尊》延命地蔵菩薩　〔臨済宗建長寺派〕
地福寺　じふくじ〔寺〕
　滋賀県大津市　《本尊》釈迦如来
　　　　　　　　　　　〔臨済宗妙心寺派〕
地福寺　じふくじ〔寺〕
　京都府京都市上京区　《本尊》薬師如来
　　　　　　　　　　　　　〔真言宗醍醐派〕

地福寺　じふくじ〔寺〕
　和歌山県有田市　《本尊》阿弥陀如来
　　　　　　　　　　　　　〔浄土宗〕
地福寺　じふくじ〔寺〕
　島根県隠岐郡西ノ島町　《本尊》阿弥陀如来
　　　　　　　　　　　　　〔浄土宗〕
地福寺　じふくじ〔寺〕
　岡山県笠岡市　《本尊》地蔵菩薩
　　　　　　　　　　　〔高野山真言宗〕
地福寺　じふくじ〔寺〕
　香川県丸亀市　《別称》東寺　《本尊》延命地蔵菩薩　〔真言宗〕
地福寺　じふくじ〔寺〕
　高知県土佐郡土佐町　《別称》もりごうの三宝様　《本尊》延命地蔵菩薩・三宝大権現
　　　　　　　　　　　　　〔真言宗豊山派〕
地福院　じふくいん〔寺〕
　福島県いわき市　《本尊》大日如来
　　　　　　　　　　　〔真言宗智山派〕
地福院　じふくいん〔寺〕
　福島県双葉郡楢葉町　《別称》上繁岡の寺　《本尊》大日如来　〔真言宗豊山派〕
地福庵　じふくあん〔寺〕
　滋賀県高島郡マキノ町　《別称》観音堂　《本尊》十一面千手観世音菩薩　〔曹洞宗〕
15地蔵寺　じぞうじ〔寺〕
　栃木県塩谷郡高根沢町　《本尊》釈迦如来
　　　　　　　　　　　　　〔曹洞宗〕
地蔵寺　じぞうじ〔寺〕
　群馬県邑楽郡明和町　《別称》ぎょうばん様　《本尊》地蔵菩薩　〔真言宗豊山派〕
地蔵寺　じぞうじ〔寺〕
　千葉県印西市　《本尊》地蔵菩薩・阿弥陀如来　〔天台宗〕
地蔵寺　じぞうじ〔寺〕
　長野県諏訪市　《別称》鯉の寺　《本尊》延命地蔵菩薩　〔曹洞宗〕
地蔵寺　じぞうじ〔寺〕
　愛知県名古屋市天白区　《別称》島田地蔵　《本尊》無量寿仏・毛替地蔵菩薩　〔曹洞宗〕
地蔵寺　じぞうじ〔寺〕
　愛知県一宮市　《本尊》延命地蔵菩薩
　　　　　　　　　　　〔真言宗豊山派〕
地蔵寺　じぞうじ〔寺〕
　愛知県春日井市　《本尊》釈迦如来
　　　　　　　　　　　〔臨済宗東福寺派〕
地蔵寺　じぞうじ〔寺〕
　愛知県中島郡平和町　《別称》地蔵堂　《本尊》地蔵菩薩　〔真言宗智山派〕

232　神社・寺院名よみかた辞典

6画（地）

地蔵寺　じぞうじ〔寺〕
　愛知県海部郡甚目寺町　《別称》鼻取地蔵
　《本尊》鼻取地蔵菩薩　〔真言宗智山派〕

地蔵寺　じぞうじ〔寺〕
　愛知県海部郡蟹江町　《別称》蟹江大師　《本尊》火伏地蔵菩薩　〔真言宗智山派〕

地蔵寺　じぞうじ〔寺〕
　三重県飯南郡飯南町　《本尊》延命地蔵菩薩　〔曹洞宗〕

地蔵寺　じぞうじ〔寺〕
　京都府京都市西京区　《別称》かつら六地蔵
　《本尊》地蔵菩薩・薬師如来　〔浄土宗〕

地蔵寺　じぞうじ〔寺〕
　大阪府泉佐野市　《別称》野々地蔵寺　《本尊》阿弥陀如来　〔浄土宗〕

地蔵寺　じぞうじ〔寺〕
　大阪府河内長野市　〔真言宗御室派〕

地蔵寺　じぞうじ〔寺〕
　兵庫県三木市　《本尊》延命地蔵菩薩
　〔曹洞宗〕

地蔵寺　じぞうじ〔寺〕
　兵庫県加東郡滝野町　《本尊》観世音菩薩・延命地蔵菩薩　〔臨済宗妙心寺派〕

地蔵寺　じぞうじ〔寺〕
　奈良県五條市　《本尊》地蔵菩薩
　〔高野山真言宗〕

地蔵寺　じぞうじ〔寺〕
　和歌山県有田市　《別称》佐山　《本尊》阿弥陀如来　〔浄土宗〕

地蔵寺　じぞうじ〔寺〕
　香川県高松市　《本尊》地蔵菩薩・弘法大師
　〔高野山真言宗〕

地蔵寺　じぞうじ〔寺〕
　大分県北海部郡佐賀関町　《別称》関の奥寺
　《本尊》延命地蔵菩薩　〔臨済宗妙心寺派〕

地蔵峰寺　じぞうぶじ〔寺〕
　和歌山県海草郡下津町　《別称》峠地蔵さん
　《本尊》地蔵菩薩　〔天台宗〕

地蔵院　じぞういん〔寺〕
　岩手県東磐井郡千厩町　《別称》水引地蔵
　《本尊》延命地蔵菩薩　〔曹洞宗〕

地蔵院　じぞういん〔寺〕
　秋田県男鹿市　《別称》小増川地蔵院　《本尊》阿弥陀如来・観世音菩薩・子安地蔵菩薩　〔真言宗智山派〕

地蔵院　じぞういん〔寺〕
　福島県いわき市　《本尊》不動明王
　〔真言宗智山派〕

地蔵院　じぞういん〔寺〕
　福島県双葉郡富岡町　《本尊》金剛界大日如来　〔真言宗豊山派〕

地蔵院　じぞういん〔寺〕
　福島県双葉郡川内村　《本尊》大日如来
　〔真言宗豊山派〕

地蔵院　じぞういん〔寺〕
　栃木県芳賀郡益子町　《本尊》延命地蔵菩薩　〔真言宗智山派〕

地蔵院　じぞういん〔寺〕
　埼玉県鳩ヶ谷市　《本尊》地蔵菩薩
　〔真言宗智山派〕

地蔵院　じぞういん〔寺〕
　埼玉県入間郡大井町　《本尊》延命地蔵菩薩　〔真言宗智山派〕

地蔵院　じぞういん〔寺〕
　千葉県佐原市　《本尊》延命地蔵菩薩
　〔真言宗豊山派〕

地蔵院　じぞういん〔寺〕
　千葉県香取郡干潟町　《本尊》子安地蔵菩薩　〔真言宗豊山派〕

地蔵院　じぞういん〔寺〕
　東京都台東区　《本尊》地蔵菩薩
　〔真言宗智山派〕

地蔵院　じぞういん〔寺〕
　新潟県加茂市　《別称》後須田の大日様比丘様　《本尊》金剛界大日如来　〔高野山真言宗〕

地蔵院　じぞういん〔寺〕
　長野県諏訪市　《別称》お地蔵さま　《本尊》延命子安地蔵菩薩　〔曹洞宗〕

地蔵院　じぞういん〔寺〕
　愛知県名古屋市熱田区　《本尊》地蔵菩薩
　〔真言宗豊山派〕

地蔵院　じぞういん〔寺〕
　三重県津市　《別称》子安さん　《本尊》子安地蔵菩薩　〔真言宗醍醐派〕

地蔵院　じぞういん〔寺〕
　三重県鈴鹿郡関町　《別称》関の地蔵　《本尊》地蔵菩薩・愛染明王　〔真言宗御室派〕

地蔵院　じぞういん〔寺〕
　三重県度会郡南島町　《本尊》阿弥陀如来
　〔曹洞宗〕

地蔵院　じぞういん〔寺〕
　京都府京都市北区　《別称》椿寺　《本尊》阿弥陀如来　〔浄土宗〕

地蔵院　じぞういん〔寺〕
　京都府京都市右京区梅ヶ畑高雄町　《本尊》世継地蔵菩薩　〔高野山真言宗〕

地蔵院　じぞういん〔寺〕
　京都府京都市右京区花園扇野町　《別称》叶地蔵　《本尊》地蔵菩薩　〔律宗〕

地蔵院　じぞういん〔寺〕
　京都府京都市西京区　《別称》竹の寺　《本尊》地蔵菩薩　〔臨済宗天竜寺派〕

神社・寺院名よみかた辞典　233

6画（多）

地蔵院　じぞういん〔寺〕
　京都府宇治市小倉町　《本尊》阿弥陀如来
〔浄土宗〕

地蔵院　じぞういん〔寺〕
　京都府宇治市白川　《本尊》阿弥陀如来
〔浄土宗〕

地蔵院　じぞういん〔寺〕
　大阪府大阪市天王寺区　《本尊》阿弥陀如来
〔和宗〕

地蔵院　じぞういん〔寺〕
　大阪府高槻市　《本尊》延命地蔵菩薩・掌善童子・持国天・掌悪童子・多聞天
〔真言宗大覚寺派〕

地蔵院　じぞういん〔寺〕
　兵庫県加西市　《別称》百石寺　《本尊》阿弥陀如来
〔天台宗〕

地蔵院　じぞういん〔寺〕
　奈良県奈良市　《本尊》地蔵菩薩・千体地蔵菩薩
〔霊山寺真言宗〕

地蔵院　じぞういん〔寺〕
　奈良県山辺郡都祁村　《本尊》地蔵菩薩
〔高野山真言宗〕

地蔵院　じぞういん〔寺〕
　和歌山県伊都郡高野町　《本尊》地蔵菩薩
〔高野山真言宗〕

地蔵院　じぞういん〔寺〕
　岡山県邑久郡邑久町　《本尊》地蔵菩薩
〔高野山真言宗〕

地蔵院《称》　じぞういん〔寺〕
　岡山県上房郡北房町・善徳寺　《本尊》地蔵菩薩・不動明王
〔高野山真言宗〕

地蔵院　じぞういん〔寺〕
　広島県御調郡向島町　《本尊》阿弥陀如来
〔曹洞宗〕

地蔵院　じぞういん〔寺〕
　山口県美祢郡美東町　《本尊》延命地蔵菩薩
〔臨済宗東福寺派〕

地蔵院　じぞういん〔寺〕
　徳島県徳島市
〔真言宗大覚寺派〕

地蔵院　じぞういん〔寺〕
　愛媛県松山市　《本尊》地蔵菩薩
〔真言宗豊山派〕

地蔵院　じぞういん〔寺〕
　熊本県菊池市　《別称》深川の地蔵　《本尊》地蔵菩薩・阿弥陀如来
〔浄土宗〕

地蔵院　じぞういん〔寺〕
　大分県宇佐市　《本尊》釈迦如来　〔曹洞宗〕

地蔵堂《称》　じぞうどう〔寺〕
　北海道室蘭市・仙海寺別院　《本尊》阿弥陀如来
〔浄土宗〕

地蔵堂《称》　じぞうどう〔寺〕
　愛知県中島郡平和町・地蔵寺　《本尊》地蔵菩薩
〔真言宗智山派〕

地蔵堂《称》　じぞうどう〔寺〕
　滋賀県草津市・蓮海寺　《本尊》地蔵菩薩
〔浄土宗〕

地蔵堂《称》　じぞうどう〔寺〕
　奈良県奈良市・福智院　《本尊》地蔵菩薩
〔真言律宗〕

地蔵庵　じぞうあん〔寺〕
　大阪府大阪市城東区　《本尊》阿弥陀如来
〔浄土宗〕

地蔵尊《称》　じぞうそん〔寺〕
　北海道上川郡風連町・長谷寺　《本尊》十一面観世音菩薩・六地蔵菩薩　〔真言宗豊山派〕

【多】

3 多久比礼志神社　たくひれしじんじゃ〔社〕
　富山県上新川郡大沢野町　《祭神》彦火火出見命［他］
〔神社本庁〕

多久神社　たくじんじゃ〔社〕
　島根県平田市　《別称》大船大明神　《祭神》多伎都彦命［他］
〔神社本庁〕

多久頭魂神社　たくずたまじんじゃ〔社〕
　長崎県対馬市　《祭神》天照大御神［他］
〔神社本庁〕

4 多太神社　ただじんじゃ〔社〕
　石川県小松市　《別称》八幡様　《祭神》衝桙等乎而留比古命［他］
〔神社本庁〕

多太神社　たふとじんじゃ〔社〕
　兵庫県川西市　《祭神》日本武尊［他］
〔神社本庁〕

多夫施神社　たぶせじんじゃ〔社〕
　鹿児島県日置郡金峰町　《祭神》塩椎命
〔神社本庁〕

5 多加牟久神社　たかむくじんじゃ〔社〕
　鳥取県八頭郡河原町　《祭神》大己貴神［他］
〔神社本庁〕

多加意加美神社　たかおがみじんじゃ〔社〕
　広島県比婆郡口和町　《別称》やくろびさん　《祭神》高龗神［他］
〔神社本庁〕

多田寺　ただじ〔寺〕
　福井県小浜市　《別称》多田薬師　《本尊》薬師如来
〔高野山真言宗〕

多田幸寺　ただこうじ〔寺〕
　滋賀県長浜市　《本尊》薬師如来
〔臨済宗妙心寺派〕

多田神社　ただじんじゃ〔社〕
　兵庫県川西市　《別称》多田満仲さん　《祭神》源満仲［他］
〔神社本庁〕

6画（多）

多田満仲さん《称》　ただのまんじゅうさん〔社〕
　　兵庫県川西市・多田神社　《祭神》源満仲[他]
　　　　　　　　　　　　　　　　　　〔神社本庁〕
多田薬師《称》　ただやくし〔寺〕
　　福井県小浜市・多田寺　《本尊》薬師如来
　　　　　　　　　　　　　　　　〔高野山真言宗〕
6多伎芸神社　たききじんじゃ〔社〕
　　島根県簸川郡多伎町　《別称》雷大明神　《祭神》多伎伎比売命[他]　　　〔神社本庁〕
多伎神社　たきじんじゃ〔社〕
　　島根県簸川郡多伎町　《祭神》阿陀加夜努志多伎吉毘売命　　　　　　　〔神社本庁〕
多伎神社　たきじんじゃ〔社〕
　　愛媛県越智郡朝倉村　《別称》滝の宮　《祭神》須佐之男命[他]　　　　　　〔神社本庁〕
多自枯鴨神社　たじこかもじんじゃ〔社〕
　　岡山県御津郡建部町　《別称》鴨神社　《祭神》鴨事代主命　　　　　　　〔神社本庁〕
7多坐弥志理都比古神社　おおにますみしりつひこじんじゃ〔社〕
　　奈良県磯城郡田原本町　《別称》多神社　《祭神》神武天皇[他]　　　　　〔神社本庁〕
多岐神社　たぎじんじゃ〔社〕
　　岐阜県養老郡養老町　《別称》大菩薩　《祭神》倉稲魂神[他]　　　　　　〔神社本庁〕
多祁御奈刀弥神社　たけみなとみじんじゃ〔社〕
　　徳島県名西郡石井町　《別称》お諏訪さん　《祭神》建御名方命[他]　　　〔神社本庁〕
多良嶽神社　たらだけじんじゃ〔社〕
　　佐賀県藤津郡太良町　《祭神》瓊瓊杵尊[他]
8多和神社　たわじんじゃ〔社〕
　　香川県さぬき市　《別称》八幡さん　《祭神》速秋津比売尊[他]　　　　　〔神社本庁〕
多宝寺　たほうじ〔寺〕
　　埼玉県秩父郡長瀞町　《本尊》十一面観世音菩薩　　　　　　　　　　〔真言宗智山派〕
多宝寺　たほうじ〔寺〕
　　鳥取県八頭郡船岡町　《本尊》大日如来・薬師如来　　　　　　　〔高野山真言宗〕
多宝院　たほういん〔寺〕
　　茨城県下妻市　《本尊》釈迦如来　〔曹洞宗〕
多宝院　たほういん〔寺〕
　　東京都台東区　《本尊》多宝如来・弘法大師・興教大師　　　　　　　　〔真言宗智山派〕
多武峯《称》　とうのみね〔社〕
　　奈良県桜井市・談山神社　《祭神》藤原鎌足　　　　　　　　　　　〔神社本庁〕

多武峯内藤神社　たうのみねないとうじんじゃ〔社〕
　　東京都新宿区　《祭神》藤原鎌足[他]
　　　　　　　　　　　　　　　　　　〔神社本庁〕
多治神社　たじじんじゃ〔社〕
　　京都府船井郡日吉町　《祭神》天太玉命[他]
　　　　　　　　　　　　　　　　　　〔神社本庁〕
多治速比売神社　たじはやひめじんじゃ〔社〕
　　大阪府堺市　《別称》荒山宮　《祭神》多治速比売命　　　　　　　　　〔神社本庁〕
多陀寺　ただじ〔寺〕
　　島根県浜田市　《別称》初午寺　《本尊》十一面観世音菩薩　　　　　　〔高野山真言宗〕
9お多度さん《称》　おたどさん〔社〕
　　三重県桑名郡多度町・多度神社　《祭神》天津日子根命[他]　　　　　　　〔神社本庁〕
多度志神社　たどしじんじゃ〔社〕
　　北海道深川市　《祭神》菅原道真　〔神社本庁〕
多度神社　たどじんじゃ〔社〕
　　三重県桑名郡多度町　《別称》お多度さん　《祭神》天津日子根命[他]　　〔神社本庁〕
多神社《称》　おおじんじゃ〔社〕
　　奈良県磯城郡田原本町・多坐弥志理都比古神社　《祭神》神武天皇[他]　　〔神社本庁〕
10多倍神社　たべじんじゃ〔社〕
　　島根県簸川郡佐田町　《別称》剣大明神　《祭神》須佐之男命　　　　　〔神社本庁〕
多家神社　たけじんじゃ〔社〕
　　広島県安芸郡府中町　《別称》えのみや　《祭神》神武天皇　　　　　　〔神社本庁〕
12お多賀さま《称》　おたがさま〔社〕
　　北海道小樽市・水天宮　《祭神》弥津波能売神[他]　　　　　　　　　　〔神社本庁〕
お多賀さま《称》　おたがさま〔社〕
　　山口県山口市・多賀神社　《祭神》伊佐奈岐尊[他]　　　　　　　　　　〔神社本庁〕
お多賀さん《称》　おたがさん〔社〕
　　滋賀県犬上郡多賀町・多賀大社　《祭神》伊邪那岐命[他]　　　　　　　〔神社本庁〕
多賀大社　たがたいしゃ〔社〕
　　滋賀県犬上郡多賀町　《別称》お多賀さん　《祭神》伊邪那岐命[他]　　　〔神社本庁〕
多賀神社　たがじんじゃ〔社〕
　　宮城県名取市　《祭神》伊弉諾尊[他]
　　　　　　　　　　　　　　　　　　〔神社本庁〕
多賀神社　たがじんじゃ〔社〕
　　愛知県常滑市　《祭神》伊弉諾尊　〔神社本庁〕
多賀神社　たがじんじゃ〔社〕
　　山口県山口市　《別称》お多賀さま　《祭神》伊佐奈岐尊[他]　　　　　　〔神社本庁〕

神社・寺院名よみかた辞典　235

6画（夷, 好）

多賀神社　たがじんじゃ〔社〕
　福岡県直方市　《祭神》伊邪那岐命［他］
　　　　　　　　　　　　　　　　〔神社本庁〕
多賀神社　たがじんじゃ〔社〕
　福岡県嘉穂郡穎田町　《祭神》伊弉諾命［他］
　　　　　　　　　　　　　　　　〔神社本庁〕
多賀神社　たがじんじゃ〔社〕
　鹿児島県鹿児島市　《祭神》伊邪那岐命［他］
　　　　　　　　　　　　　　　　〔神社本庁〕
多賀宮　たかのみや〔社〕
　三重県伊勢市(豊受大神宮域内)　伊勢神宮・
　豊受大神宮の別宮　《祭神》豊受大神荒御
　魂　　　　　　　　　　　　　　〔神社本庁〕
13 多福寺　たふくじ〔寺〕
　大分県臼杵市　《本尊》釈迦如来
　　　　　　　　　　　　　　〔臨済宗妙心寺派〕
多福院　たふくいん〔寺〕
　山形県最上郡鮭川村　《本尊》釈迦如来
　　　　　　　　　　　　　　　　　〔曹洞宗〕
多鳩神社　たはとじんじゃ〔社〕
　島根県江津市二宮町　《祭神》積羽八重事代
　主命　　　　　　　　　　　　　〔神社本庁〕
14 多聞寺　たもんじ〔寺〕
　埼玉県北本市　《本尊》毘沙門天
　　　　　　　　　　　　　　　〔真言宗智山派〕
多聞寺　たもんじ〔寺〕
　東京都墨田区　《本尊》毘沙門天
　　　　　　　　　　　　　　　〔真言宗智山派〕
多聞寺　たもんじ〔寺〕
　神奈川県川崎市中原区　《本尊》不動明王
　　　　　　　　　　　　　　　〔真言宗智山派〕
多聞寺　たもんじ〔寺〕
　滋賀県野洲郡野洲町　《本尊》阿弥陀如来
　　　　　　　　　　　　　　　　　〔浄土宗〕
多聞寺　たもんじ〔寺〕
　兵庫県神戸市垂水区　《別称》多聞の毘沙門
　さん　《本尊》毘沙門天・阿弥陀如来
　　　　　　　　　　　　　　　　　〔天台宗〕
多聞寺　たもんじ〔寺〕
　兵庫県神戸市北区　《本尊》毘沙門天
　　　　　　　　　　　　　　　　　〔曹洞宗〕
多聞寺　たもんじ〔寺〕
　兵庫県加西市　《本尊》釈迦三尊　〔曹洞宗〕
多聞寺　たもんじ〔寺〕
　岡山県津山市　《本尊》毘沙門天　〔天台宗〕
多聞寺　たもんじ〔寺〕
　香川県小豆郡土庄町　《本尊》薬師如来
　　　　　　　　　　　　　　　〔高野山真言宗〕
多聞寺　たもんじ〔寺〕
　香川県綾歌郡宇多津町　《本尊》毘沙門天
　　　　　　　　　　　　　　　〔真言宗御室派〕

多聞坊《称》　たもんぼう〔寺〕
　千葉県市川市・浄光寺　《本尊》大曼荼羅・日
　蓮聖人　　　　　　　　　　　　　〔日蓮宗〕
多聞院　たもんいん〔寺〕
　埼玉県さいたま市　《本尊》聖徳太子
　　　　　　　　　　　　　　　〔真言宗智山派〕
多聞院　たもんいん〔寺〕
　埼玉県所沢市　《本尊》毘沙門天
　　　　　　　　　　　　　　　〔真言宗豊山派〕
多聞院　たもんいん〔寺〕
　千葉県印西市　《本尊》毘沙門天・吉祥天・善
　膩童子・阿弥陀如来　　　　　　　〔天台宗〕
多聞院　たもんいん〔寺〕
　東京都港区　《本尊》阿弥陀如来　〔浄土宗〕
多聞院　たもんいん〔寺〕
　東京都世田谷区　《本尊》地蔵菩薩
　　　　　　　　　　　　　　　〔真言宗豊山派〕
多聞院　たもんいん〔寺〕
　神奈川県横浜市中区　《本尊》多聞天
　　　　　　　　　　　　　　　〔高野山真言宗〕
多聞院　たもんいん〔寺〕
　神奈川県鎌倉市　《本尊》毘沙門天・十一面
　観世音菩薩　　　　　　　　〔真言宗大覚寺派〕
多聞院　たもんいん〔寺〕
　奈良県奈良市　《本尊》毘沙門天・阿弥陀如
　来　　　　　　　　　　　　　　〔融通念仏宗〕
多聞院　たもんいん〔寺〕
　和歌山県伊都郡高野町　《本尊》多聞天
　　　　　　　　　　　　　　　〔高野山真言宗〕
多聞院　たもんいん〔寺〕
　愛媛県松山市　《本尊》毘沙門天
　　　　　　　　　　　　　　　〔真言宗豊山派〕
15 多稼津神社　たかつじんじゃ〔社〕
　宮城県志田郡松山町　《別称》羽黒神社　《祭
　神》倉稲魂命［他］　　　　　　　〔神社本庁〕
18 多禰神社　たねじんじゃ〔社〕
　福井県坂井郡丸岡町　《祭神》倉稲魂命［他］
　　　　　　　　　　　　　　　　〔神社本庁〕

【夷】

0 夷のすわさん《称》　えびすのすわさん〔社〕
　新潟県佐渡市・諏訪神社　《祭神》建御名方
　命［他］　　　　　　　　　　　　〔神社本庁〕
24 夷瀇神社　いずみじんじゃ〔社〕
　千葉県夷隅郡大多喜町　《別称》天王様　《祭
　神》須佐男命　　　　　　　　　　〔神社本庁〕

【好】

8 好国寺　こうこくじ〔寺〕
　福島県福島市　《別称》山田の寺　《本尊》釈
　迦如来　　　　　　　　　　　　　〔曹洞宗〕

6画（如）

12好善寺　こうぜんじ〔寺〕
　島根県飯石郡掛合町　《本尊》阿弥陀如来
　　　　　　　　　　　　　〔浄土真宗本願寺派〕
　好運寺　こううんじ〔寺〕
　静岡県小笠郡小笠町　《本尊》聖観世音菩
　薩　　　　　　　　　　　〔臨済宗妙心寺派〕
14好嶋熊野神社《称》　よしまくまのじんじ
　ゃ〔社〕
　福島県いわき市好間町・熊野神社　《祭神》速
　玉之男命〔他〕　　　　　　　　〔神社本庁〕

【如】

7如来寺　にょらいじ〔寺〕
　福島県いわき市四倉町　《別称》上の寺　《本
　尊》弘法大師・大日如来　　〔真言宗智山派〕
　如来寺　にょらいじ〔寺〕
　福島県いわき市平山崎　《本尊》阿弥陀三
　尊　　　　　　　　　　　　　　　〔浄土宗〕
　如来寺　にょらいじ〔寺〕
　茨城県新治郡八郷町　《別称》真宗二四輩旧
　跡　《本尊》阿弥陀如来　　　〔真宗大谷派〕
　如来寺　にょらいじ〔寺〕
　栃木県今市市　《本尊》阿弥陀如来　〔浄土宗〕
　如来寺　にょらいじ〔寺〕
　三重県鈴鹿市　《別称》如来さん　《本尊》三
　尊仏　　　　　　　　　　　　　〔真宗高田派〕
　如来寺　にょらいじ〔寺〕
　兵庫県龍野市　《本尊》阿弥陀如来
　　　　　　　　　　　　　　　　〔西山浄土宗〕
　如来寺　にょらいじ〔寺〕
　奈良県高市郡高取町　《本尊》阿弥陀如来
　　　　　　　　　　　　　　　　　　〔浄土宗〕
　如来院　にょらいいん〔寺〕
　京都府加佐郡大江町　《別称》仏性寺　《本
　尊》薬師如来　　　　　　　　〔高野山真言宗〕
　如来院　にょらいいん〔寺〕
　兵庫県尼崎市　《別称》円光大師霊場第四番
　《本尊》阿弥陀如来　　　　　　　　〔浄土宗〕
　如来堂《称》　にょらいどう〔寺〕
　東京都足立区・阿弥陀院　《本尊》阿弥陀如
　来　　　　　　　　　　　　　　　　〔単立〕
　如来庵　にょらいあん〔寺〕
　石川県金沢市　《別称》本部教会　《本尊》釈
　迦如来　　　　　　　　　　　　　〔一尊教団〕
8如宝寺　にょほうじ〔寺〕
　福島県郡山市　《本尊》大日如来・馬頭観世
　音菩薩・不動明王　　　　　　〔真言宗豊山派〕
　如宝寺　にょほうじ〔寺〕
　茨城県土浦市　《本尊》阿弥陀如来
　　　　　　　　　　　　　　　〔真言宗豊山派〕

如法寺　にょほうじ〔寺〕
　福島県耶麻郡西会津町　《本尊》不動明王・聖
　観世音菩薩　　　　　　　　　〔真言宗室生寺派〕
如法寺　にょほうじ〔寺〕
　新潟県三条市　《別称》長嶺薬師　《本尊》聖
　観世音菩薩・薬師如来　　　〔真言宗智山派〕
如法寺　にょほうじ〔寺〕
　長野県中野市　《本尊》千手観世音菩薩
　　　　　　　　　　　　　　　〔真言宗智山派〕
如法寺　にょほうじ〔寺〕
　愛媛県大洲市　《本尊》十一面観世音菩薩
　　　　　　　　　　　　　　　〔臨済宗妙心寺派〕
9如城寺　にょじょうじ〔寺〕
　京都府船井郡八木町　《別称》巴寺　《本尊》
　阿弥陀如来　　　　　　　　　〔臨済宗妙心寺派〕
　如是院　にょぜいん〔寺〕
　京都府京都市右京区　《本尊》観世音菩薩・大
　慈慧光禅師　　　　　　　　　〔臨済宗妙心寺派〕
13如意寺　にょいじ〔寺〕
　群馬県高崎市　《本尊》大日如来
　　　　　　　　　　　　　　　　〔高野山真言宗〕
　如意寺　にょいじ〔寺〕
　群馬県北群馬郡小野上村　《本尊》如意輪観
　世音菩薩　　　　　　　　　　〔臨済宗永源寺派〕
　如意寺　にょいじ〔寺〕
　愛知県豊田市　《本尊》阿弥陀如来
　　　　　　　　　　　　　　　〔真宗大谷派〕
　如意寺　にょいじ〔寺〕
　愛知県知多市　《別称》地蔵さん　《本尊》地
　蔵菩薩　　　　　　　　　　　〔真言宗豊山派〕
　如意寺　にょいじ〔寺〕
　滋賀県大津市　《本尊》阿弥陀如来　〔浄土宗〕
　如意寺　にょいじ〔寺〕
　京都府宮津市　《本尊》薬師如来
　　　　　　　　　　　　　　　〔真言宗東寺派〕
　如意寺　にょいじ〔寺〕
　宮崎県串間市　《別称》如意庵　《本尊》釈迦
　如来　　　　　　　　　　　　　　　〔曹洞宗〕
　如意庵　にょいあん〔寺〕
　神奈川県鎌倉市　《本尊》釈迦如来
　　　　　　　　　　　　　　　〔臨済宗円覚寺派〕
　如意庵《称》　にょいあん〔寺〕
　宮崎県串間市・如意寺　《本尊》釈迦如来
　　　　　　　　　　　　　　　　　　〔曹洞宗〕
　如意輪寺　にょいりんじ〔寺〕
　福島県東白川郡棚倉町　《本尊》如意輪観世
　音菩薩　　　　　　　　　　　〔真言宗智山派〕
　如意輪寺　にょいりんじ〔寺〕
　茨城県東茨城郡茨城町　《別称》かんのんで
　ら　《本尊》阿弥陀如来・如意輪観世音菩
　薩　　　　　　　　　　　　　　　　〔天台宗〕

神社・寺院名よみかた辞典　237

6画（存, 安）

如意輪寺　にょいりんじ〔寺〕
　茨城県西茨城郡友部町　《本尊》阿弥陀如来・如意輪観世音菩薩　〔天台宗〕

如意輪寺　にょいりんじ〔寺〕
　茨城県那珂郡東海村　《本尊》如意輪観世音菩薩　〔真言宗豊山派〕

如意輪寺　にょいりんじ〔寺〕
　栃木県栃木市　《本尊》大日如来　〔真言宗豊山派〕

如意輪寺　にょいりんじ〔寺〕
　東京都墨田区　《別称》牛島太子堂　《本尊》如意輪観世音菩薩・聖徳太子　〔天台宗〕

如意輪寺　にょいりんじ〔寺〕
　愛知県知多郡南知多町　《本尊》如意輪観世音菩薩　〔真言宗豊山派〕

如意輪寺　にょいりんじ〔寺〕
　奈良県吉野郡吉野町　《別称》如意輪堂　《本尊》如意輪観世音菩薩　〔浄土宗〕

如意輪寺　にょいりんじ〔寺〕
　和歌山県伊都郡高野町　《本尊》如意輪観世音菩薩　〔高野山真言宗〕

如意輪寺　にょいりんじ〔寺〕
　徳島県徳島市　《別称》中津峰の観音さん・総本山　《本尊》如意輪観世音菩薩　〔宝珠真言宗〕

如意輪堂《称》　にょいりんどう〔寺〕
　奈良県吉野郡吉野町・如意輪寺　《本尊》如意輪観世音菩薩　〔浄土宗〕

19如願寺　にょがんじ〔寺〕
　京都府宮津市　《本尊》薬師如来　〔高野山真言宗〕

【存】

8存林寺　ぞんりんじ〔寺〕
　千葉県安房郡鋸南町　《本尊》釈迦如来　〔曹洞宗〕

存法寺　ぞんぽうじ〔寺〕
　滋賀県伊香郡高月町　《本尊》阿弥陀如来　〔真宗大谷派〕

14存徳寺　ぞんとくじ〔寺〕
　岐阜県海津郡南濃町　《本尊》阿弥陀如来　〔真宗大谷派〕

【安】

3安久美神戸神明社　あくみかんべしんめいしゃ〔社〕
　愛知県豊橋市　《別称》八町神明社　《祭神》天照皇大神[他]　〔神社本庁〕

4安井金比羅宮　やすいこんぴらぐう〔社〕
　京都府京都市東山区　《祭神》崇徳天皇[他]　〔神社本庁〕

安仁神社　あにじんじゃ〔社〕
　岡山県岡山市　《祭神》彦五瀬命[他]　〔神社本庁〕

安心院　あんしんいん〔寺〕
　愛知県岡崎市　《別称》明大寺観音　《本尊》十一面観世音菩薩　〔曹洞宗〕

5安弘見神社　あびろみじんじゃ〔社〕
　岐阜県恵那郡蛭川村　《祭神》建速須佐之男命[他]　〔神社本庁〕

安正寺　あんしょうじ〔寺〕
　熊本県玉名市　《別称》上の寺　《本尊》阿弥陀如来　〔真宗大谷派〕

安田の神さん《称》　やすたのかみさん〔社〕
　石川県松任市・上安田八幡神社　《祭神》八幡大神[他]　〔神社本庁〕

安田春日神社　やすだかすがじんじゃ〔社〕
　石川県松任市　《祭神》武甕槌命[他]　〔神社本庁〕

安立寺　あんりゅうじ〔寺〕
　静岡県静岡市　《別称》虫封じの寺　《本尊》日蓮聖人奠定の十界大曼荼羅　〔日蓮宗〕

安立院　あんりゅういん〔寺〕
　東京都台東区　《本尊》阿弥陀如来　〔単立〕

6安休寺　あんきゅうじ〔寺〕
　愛知県幡豆郡一色町　《本尊》阿弥陀如来　〔真宗大谷派〕

安全寺　あんぜんじ〔寺〕
　東京都町田市　《本尊》地蔵菩薩　〔曹洞宗〕

安宅でら《称》　あたかでら〔寺〕
　石川県小松市・勝楽寺　《本尊》阿弥陀如来　〔浄土真宗本願寺派〕

安宅の住吉さん《称》　あたかのすみよしさん〔社〕
　石川県小松市・安宅住吉神社　《祭神》表筒男命[他]　〔神社本庁〕

安宅住吉神社　あたかすみよしじんじゃ〔社〕
　石川県小松市　《別称》安宅の住吉さん　《祭神》表筒男命[他]　〔神社本庁〕

安成寺　あんじょうじ〔寺〕
　群馬県新田郡新田町　《本尊》薬師如来　〔真言宗豊山派〕

安成寺　あんじょうじ〔寺〕
　石川県羽咋郡富来町　《本尊》阿弥陀如来　〔真宗大谷派〕

安江八幡宮　やすえはちまんぐう〔社〕
　石川県金沢市　《別称》鍛冶八幡宮　《祭神》誉田別尊[他]　〔神社本庁〕

7安住寺　あんじゅうじ〔寺〕
　新潟県柏崎市　《本尊》釈迦如来　〔曹洞宗〕

6画（安）

安住寺　あんじゅうじ〔寺〕
　岐阜県恵那郡明智町　《別称》すぎだいらの寺　《本尊》釈迦如来　〔臨済宗妙心寺派〕
安住寺　あんじゅうじ〔寺〕
　大分県杵築市　《本尊》釈迦如来
　　　　　　　　　　　　　〔臨済宗南禅寺派〕
安住院　あんじゅういん〔寺〕
　岡山県岡山市　　　　　　　　　〔真言宗〕
安良神社　やすらじんじゃ〔社〕
　鹿児島県始良郡横川町　《祭神》安良姫命
　　　　　　　　　　　　　　　〔神社本庁〕
安芸国分寺《称》　あきこくぶんじ〔寺〕
　広島県東広島市・国分寺　《本尊》薬師如来
　　　　　　　　　　　　　　　〔真言宗御室派〕
8安国寺　あんこくじ〔寺〕
　宮城県古川市　《本尊》阿弥陀如来
　　　　　　　　　　　　　〔臨済宗妙心寺派〕
安国寺　あんこくじ〔寺〕
　山形県東村山郡山辺町　《本尊》釈迦如来
　　　　　　　　　　　　　　　〔曹洞宗〕
安国寺　あんこくじ〔寺〕
　茨城県西茨城郡岩間町　《本尊》三尊仏
　　　　　　　　　　　　　　　〔曹洞宗〕
安国寺　あんこくじ〔寺〕
　栃木県河内郡南河内町　《本尊》薬師如来
　　　　　　　　　　　　　　　〔真言宗智山派〕
安国寺　あんこくじ〔寺〕
　群馬県高崎市　《本尊》阿弥陀如来　〔浄土宗〕
安国寺　あんこくじ〔寺〕
　千葉県市川市　《別称》曾谷の妙見さま　《本尊》十界大曼荼羅　〔日蓮宗〕
安国寺　あんこくじ〔寺〕
　千葉県鴨川市　《本尊》正観世音菩薩・地蔵菩薩　〔曹洞宗〕
安国寺　あんこくじ〔寺〕
　千葉県香取郡小見川町　《本尊》日蓮聖人奠定の大曼荼羅　〔日蓮宗〕
安国寺　あんこくじ〔寺〕
　神奈川県小田原市　《本尊》日蓮聖人奠定の大曼荼羅　〔日蓮宗〕
安国寺　あんこくじ〔寺〕
　新潟県佐渡市　《本尊》阿弥陀如来　〔浄土宗〕
安国寺　あんこくじ〔寺〕
　長野県茅野市　《本尊》釈迦如来
　　　　　　　　　　　　　〔臨済宗妙心寺派〕
安国寺　あんこくじ〔寺〕
　岐阜県揖斐郡池田町　《本尊》釈迦如来
　　　　　　　　　　　　　〔臨済宗妙心寺派〕
安国寺　あんこくじ〔寺〕
　岐阜県吉城郡国府町　《本尊》釈迦如来
　　　　　　　　　　　　　〔臨済宗妙心寺派〕

安国寺　あんこくじ〔寺〕
　滋賀県草津市　《本尊》阿弥陀如来　〔天台宗〕
安国寺　あんこくじ〔寺〕
　京都府綾部市　《本尊》釈迦三尊
　　　　　　　　　　　　　〔臨済宗東福寺派〕
安国寺　あんこくじ〔寺〕
　兵庫県加東郡東条町　《本尊》十一面観世音菩薩　〔臨済宗妙心寺派〕
安国寺　あんこくじ〔寺〕
　鳥取県米子市　《本尊》釈迦如来　〔曹洞宗〕
安国寺　あんこくじ〔寺〕
　島根県松江市　《本尊》薬師如来・十一面観世音菩薩　〔臨済宗南禅寺派〕
安国寺　あんこくじ〔寺〕
　島根県浜田市　　　　　〔臨済宗東福寺派〕
安国寺　あんこくじ〔寺〕
　広島県福山市　《別称》釈迦堂大寺　《本尊》阿弥陀三尊　〔臨済宗妙心寺派〕
安国寺　あんこくじ〔寺〕
　愛媛県温泉郡川内町　《本尊》薬師如来
　　　　　　　　　　　　　〔臨済宗妙心寺派〕
安国寺　あんこくじ〔寺〕
　福岡県福岡市中央区　《本尊》釈迦如来
　　　　　　　　　　　　　　　〔曹洞宗〕
安国寺　あんこくじ〔寺〕
　福岡県久留米市　《本尊》釈迦如来
　　　　　　　　　　　　　〔臨済宗南禅寺派〕
安国寺　あんこくじ〔寺〕
　福岡県山田市　《本尊》千手観世音菩薩
　　　　　　　　　　　　　　　〔天台宗〕
安国寺　あんこくじ〔寺〕
　長崎県壱岐市　《本尊》延命地蔵菩薩
　　　　　　　　　　　　　〔臨済宗大徳寺派〕
安国寺　あんこくじ〔寺〕
　熊本県熊本市　《本尊》釈迦如来　〔曹洞宗〕
安国寺　あんこくじ〔寺〕
　大分県東国東郡国東町　《本尊》釈迦如来・延命地蔵菩薩　〔臨済宗妙心寺派〕
安国寺　あんこくじ〔寺〕
　沖縄県那覇市　《本尊》不動明王
　　　　　　　　　　　　　〔臨済宗妙心寺派〕
安国神社　やすくにじんじゃ〔社〕
　長野県下高井郡木島平村　《祭神》健御名方命〔他〕　〔神社本庁〕
安国論寺　あんこくろんじ〔寺〕
　神奈川県鎌倉市　《別称》松葉ヶ谷お祖師様　《本尊》十界勧請曼荼羅・日蓮聖人
　　　　　　　　　　　　　　　〔日蓮宗〕
安居寺　あんこうじ〔寺〕
　富山県東礪波郡福野町　《別称》やっすいの寺　《本尊》聖観世音菩薩　〔高野山真言宗〕

神社・寺院名よみかた辞典　239

6画（安）

安居院　あごいん〔寺〕
　奈良県高市郡明日香村　《別称》飛鳥寺　《本尊》釈迦如来　〔真言宗豊山派〕

安房神社　あわじんじゃ〔社〕
　栃木県小山市　《祭神》天太玉命〔他〕
　　　　　　　　　　　　　〔神社本庁〕

安房神社　あわじんじゃ〔社〕
　千葉県館山市　《別称》大神宮さま　《祭神》天太玉命〔他〕　〔神社本庁〕

安昌寺　あんしょうじ〔寺〕
　東京都台東区　《本尊》釈迦如来　〔曹洞宗〕

9安海寺　あんかいじ〔寺〕
　兵庫県多可郡八千代町　《別称》あまふねの寺　《本尊》阿弥陀如来・釈迦如来・薬師如来　〔高野山真言宗〕

安浄寺　あんじょうじ〔寺〕
　新潟県三島郡越路町　《本尊》阿弥陀如来　〔真宗大谷派〕

安泉寺　あんせんじ〔寺〕
　石川県鹿島郡中島町　《別称》ふるえの寺　《本尊》阿弥陀如来　〔真宗大谷派〕

安神寺　あんしんじ〔寺〕
　岐阜県郡上市　《本尊》阿弥陀如来　〔真宗大谷派〕

安神社　やすじんじゃ〔社〕
　広島県広島市安佐南区　《祭神》須佐之男命〔他〕　〔神社本庁〕

10安倍の文殊《称》　あべのもんじゅ〔寺〕
　奈良県桜井市・文殊院　《本尊》文殊菩薩・脇士　〔華厳宗〕

安孫子神社　あびこじんじゃ〔社〕
　滋賀県愛知郡秦荘町　《祭神》天稚彦命　〔神社本庁〕

安泰寺　あんたいじ〔寺〕
　京都府京都市北区　《別称》紫竹林　《本尊》釈迦如来　〔曹洞宗〕

安祥寺　あんじょうじ〔寺〕
　山形県酒田市　《本尊》阿弥陀如来　〔真宗大谷派〕

安祥寺　あんじょうじ〔寺〕
　京都府京都市山科区　《別称》高野寺・門跡寺院　《本尊》十一面観世音菩薩　〔高野山真言宗〕

安祥寺　あんじょうじ〔寺〕
　愛媛県松山市　《別称》医王院　《本尊》薬師如来　〔真言宗智山派〕

安祥院　あんじょういん〔寺〕
　福島県いわき市　《本尊》金剛界大日如来・観世音菩薩・薬師如来　〔真言宗智山派〕

安祥院　あんしょういん〔寺〕
　京都府京都市東山区　《別称》ひぎり地蔵尊　《本尊》阿弥陀如来・地蔵菩薩　〔浄土宗〕

安竜寺　あんりゅうじ〔寺〕
　新潟県南蒲原郡田上町　《別称》湯川のお寺　《本尊》阿弥陀如来・承陽大師・大権菩薩・達磨大師　〔曹洞宗〕

安通寺　あんつうじ〔寺〕
　大阪府門真市　《本尊》阿弥陀如来　〔真宗大谷派〕

11安産不動尊《称》　あんざんふどうそん〔寺〕
　茨城県土浦市・神国寺　《本尊》不動明王　〔真言宗豊山派〕

安産薬師《称》　あんざんやくし〔寺〕
　愛知県一宮市・薬師寺　《本尊》薬師如来　〔曹洞宗〕

安産観世音《称》　あんざんかんぜおん〔寺〕
　滋賀県蒲生郡日野町・金剛定寺　《本尊》十一面観世音菩薩・馬頭観世音菩薩・阿弥陀如来・聖徳太子　〔天台宗〕

安産観音《称》　あんざんかんのん〔寺〕
　神奈川県横浜市港北区・興禅寺　《本尊》十一面観世音菩薩　〔天台宗〕

安隆寺　あんりゅうじ〔寺〕
　新潟県佐渡市　《本尊》日蓮聖人奠定の十界互具大曼荼羅　〔日蓮宗〕

12安勝寺　あんしょうじ〔寺〕
　群馬県邑楽郡板倉町　《別称》亀の子寺　《本尊》大日如来・不動明王　〔真言宗豊山派〕

安勝寺　あんしょうじ〔寺〕
　新潟県五泉市　《本尊》阿弥陀如来　〔浄土宗〕

安善寺　あんぜんじ〔寺〕
　栃木県芳賀郡益子町　《本尊》阿弥陀如来　〔浄土宗〕

安善寺　あんぜんじ〔寺〕
　新潟県長岡市　《本尊》釈迦如来・吒枳尼尊天　〔曹洞宗〕

安塚神社　やすずかじんじゃ〔社〕
　新潟県東頸城郡安塚町　《祭神》天照皇大神〔他〕　〔神社本庁〕

安賀多神社　あがたじんじゃ〔社〕
　宮崎県延岡市　《祭神》大日孁貴命〔他〕　〔神社本庁〕

安達太良神社　あだたらじんじゃ〔社〕
　福島県安達郡本宮町　《祭神》高皇産霊神〔他〕　〔神社本庁〕

安閑寺　あんかんじ〔寺〕
　東京都文京区　《別称》安閑寺灸治所　《本尊》阿弥陀如来　〔真宗大谷派〕

13安楽寺　あんらくじ〔寺〕
　北海道室蘭市　《本尊》三尊仏　〔曹洞宗〕

6画（安）

安楽寺　あんらくじ〔寺〕
岩手県北上市　《本尊》十一面観世音菩薩
〔真言宗智山派〕

安楽寺　あんらくじ〔寺〕
山形県天童市　《本尊》阿弥陀如来　〔浄土宗〕

安楽寺　あんらくじ〔寺〕
栃木県芳賀郡茂木町　《本尊》阿弥陀如来
〔浄土宗〕

安楽寺　あんらくじ〔寺〕
埼玉県さいたま市　《本尊》阿弥陀如来
〔真宗大谷派〕

安楽寺　あんらくじ〔寺〕
埼玉県比企郡吉見町　《別称》吉見(よしみ)観音・坂東第一一番霊場　《本尊》聖観世音菩薩
〔真言宗智山派〕

安楽寺　あんらくじ〔寺〕
埼玉県南埼玉郡白岡町　《別称》新井薬師　《本尊》不動明王
〔真言宗智山派〕

安楽寺　あんらくじ〔寺〕
東京都港区芝1-28-4　《本尊》阿弥陀如来
〔浄土真宗本願寺派〕

安楽寺　あんらくじ〔寺〕
東京都港区芝1-12-28　《本尊》阿弥陀如来
〔浄土真宗本願寺派〕

安楽寺　あんらくじ〔寺〕
東京都品川区　《本尊》阿弥陀如来　〔天台宗〕

安楽寺　あんらくじ〔寺〕
東京都青梅市　《本尊》愛染明王・不動明王・軍陀利明王
〔単立〕

安楽寺　あんらくじ〔寺〕
神奈川県横浜市保土ヶ谷区　《本尊》阿弥陀如来
〔高野山真言宗〕

安楽寺　あんらくじ〔寺〕
神奈川県相模原市　《別称》国分山　《本尊》阿弥陀如来
〔真言宗智山派〕

安楽寺　あんらくじ〔寺〕
新潟県新発田市　《本尊》不動明王
〔真言宗智山派〕

安楽寺　あんらくじ〔寺〕
新潟県中頸城郡中郷村　《本尊》阿弥陀如来
〔浄土真宗本願寺派〕

安楽寺《称》　あんらくじ〔寺〕
長野県松本市・大安楽寺　《本尊》大日如来・観世音菩薩
〔真言宗智山派〕

安楽寺　あんらくじ〔寺〕
長野県上田市　《本尊》釈迦如来　〔曹洞宗〕

安楽寺　あんらくじ〔寺〕
長野県駒ヶ根市　《本尊》阿弥陀如来
〔浄土宗〕

安楽寺　あんらくじ〔寺〕
岐阜県大垣市　《本尊》阿弥陀如来　〔浄土宗〕

安楽寺　あんらくじ〔寺〕
岐阜県加茂郡坂祝町　《本尊》聖観世音菩薩
〔臨済宗妙心寺派〕

安楽寺　あんらくじ〔寺〕
静岡県伊豆市　《本尊》釈迦如来　〔曹洞宗〕

安楽寺　あんらくじ〔寺〕
愛知県蒲郡市　《本尊》阿弥陀如来
〔浄土宗西山深草派〕

安楽寺　あんらくじ〔寺〕
愛知県稲沢市奥田町　《本尊》阿弥陀三尊
〔真言宗豊山派〕

安楽寺　あんらくじ〔寺〕
愛知県稲沢市船橋町　《別称》船橋観音　《本尊》十一面観世音菩薩　〔臨済宗妙心寺派〕

安楽寺　あんらくじ〔寺〕
愛知県海部郡蟹江町　《本尊》薬師如来
〔真言宗智山派〕

安楽寺　あんらくじ〔寺〕
三重県松阪市　《本尊》阿弥陀如来　〔浄土宗〕

安楽寺　あんらくじ〔寺〕
三重県一志郡一志町　《本尊》薬師三尊
〔曹洞宗〕

安楽寺　あんらくじ〔寺〕
滋賀県大津市　《本尊》阿弥陀如来　〔浄土宗〕

安楽寺　あんらくじ〔寺〕
滋賀県守山市　《別称》勝部の観音様　《本尊》十一面千手眼観世音菩薩　〔黄檗宗〕

安楽寺　あんらくじ〔寺〕
滋賀県野洲郡野洲町　《本尊》阿弥陀如来
〔浄土宗〕

安楽寺　あんらくじ〔寺〕
滋賀県蒲生郡日野町　《本尊》薬師如来・阿弥陀如来・増長天　〔真言宗御室派〕

安楽寺　あんらくじ〔寺〕
滋賀県東浅井郡びわ町　《本尊》釈迦如来・達磨大師
〔臨済宗妙心寺派〕

安楽寺　あんらくじ〔寺〕
京都府京都市左京区　《本尊》阿弥陀如来
〔浄土宗西山禅林寺派〕

安楽寺　あんらくじ〔寺〕
京都府船井郡日吉町　《別称》霊験薬師のてら　《本尊》阿弥陀如来
〔浄土宗〕

安楽寺　あんらくじ〔寺〕
大阪府豊中市　《本尊》阿弥陀如来　〔浄土宗〕

安楽寺　あんらくじ〔寺〕
大阪府泉大津市　《本尊》阿弥陀如来
〔浄土宗〕

安楽寺　あんらくじ〔寺〕
兵庫県芦屋市　《本尊》阿弥陀如来　〔浄土宗〕

6画（安）

安楽寺　あんらくじ〔寺〕
　兵庫県三木市　《本尊》阿弥陀如来
　　　　　　　　　　　　〔浄土真宗本願寺派〕
安楽寺　あんらくじ〔寺〕
　兵庫県養父市　《本尊》阿弥陀如来
　　　　　　　　　　　　〔浄土真宗本願寺派〕
安楽寺　あんらくじ〔寺〕
　兵庫県宍粟郡一宮町　《本尊》阿弥陀如来
　　　　　　　　　　　　〔浄土真宗本願寺派〕
安楽寺　あんらくじ〔寺〕
　奈良県奈良市　《本尊》阿弥陀如来
　　　　　　　　　　　　〔浄土真宗本願寺派〕
安楽寺　あんらくじ〔寺〕
　奈良県橿原市　《本尊》阿弥陀如来　〔浄土宗〕
安楽寺　あんらくじ〔寺〕
　鳥取県東伯郡羽合町　《本尊》阿弥陀如来
　　　　　　　　　　　　〔真宗大谷派〕
安楽寺　あんらくじ〔寺〕
　島根県仁多郡横田町　《本尊》阿弥陀如来・薬師如来　　　　　　　　　　〔浄土宗〕
安楽寺　あんらくじ〔寺〕
　広島県広島市安佐北区　《本尊》阿弥陀如来　　　　　　　　　　　　〔浄土真宗本願寺派〕
安楽寺　あんらくじ〔寺〕
　徳島県板野郡上板町　《別称》四国第六番霊場　《本尊》薬師如来　〔高野山真言宗〕
安楽寺　あんらくじ〔寺〕
　愛媛県松山市　《本尊》十一面観世音菩薩
　　　　　　　　　　　　〔真言宗智山派〕
安楽寺　あんらくじ〔寺〕
　愛媛県北宇和郡吉田町　《本尊》釈迦如来
　　　　　　　　　　　　〔臨済宗妙心寺派〕
安楽寺　あんらくじ〔寺〕
　高知県高知市　《別称》三谷観音堂・四国第三〇番霊場奥院　《本尊》阿弥陀如来
　　　　　　　　　　　　〔真言宗豊山派〕
安楽寺　あんらくじ〔寺〕
　佐賀県唐津市　《本尊》阿弥陀如来
　　　　　　　　　　　　〔真宗大谷派〕
安楽寺　あんらくじ〔寺〕
　大分県玖珠郡玖珠町　《別称》子安の観音
　《本尊》聖観世音菩薩　　　　〔曹洞宗〕
安楽寿院　あんらくじゅいん〔寺〕
　京都府京都市伏見区　《本尊》卍阿弥陀如来　　　　　　　　　　　　〔真言宗智山派〕
安楽律院　あんらくりついん〔寺〕
　滋賀県大津市　《本尊》阿弥陀如来　〔天台宗〕
安楽院　あんらくいん〔寺〕
　山形県西置賜郡白鷹町　《本尊》不動明王・歓喜天　　　　　　　　　　〔真言宗豊山派〕

安楽院　あんらくいん〔寺〕
　神奈川県小田原市　《本尊》不動明王
　　　　　　　　　　　　〔真言宗東寺派〕
安楽院　あんらくいん〔寺〕
　岡山県倉敷市　《本尊》千手千眼観世音菩薩　　　　　　　　　　　　〔真言宗御室派〕
安楽院　あんらくいん〔寺〕
　岡山県邑久郡邑久町　《別称》横尾の不動　《本尊》阿弥陀如来・不動明王・愛染明王
　　　　　　　　　　　　〔高野山真言宗〕
安楽院　あんらくいん〔寺〕
　大分県宇佐市　《本尊》三尊仏　〔曹洞宗〕
安源寺の八幡さん《称》　あんげんじのはちまんさん〔社〕
　長野県中野市・小内八幡神社　《祭神》応神天皇〔他〕　　　　　　　〔神社本庁〕
安照寺　あんしょうじ〔寺〕
　福島県南会津郡南郷村　《本尊》阿弥陀如来　　　　　　　　　　　　〔真宗高田派〕
安禅寺　あんぜんじ〔寺〕
　東京都新宿区　《本尊》釈迦如来　〔天台宗〕
安禅寺　あんぜんじ〔寺〕
　新潟県長岡市　《別称》毘沙門堂　《本尊》多聞天　　　　　　　　　　　　〔天台宗〕
安福寺　あんぷくじ〔寺〕
　茨城県つくば市　《別称》厄除の寺　《本尊》阿弥陀如来・不動明王・地蔵菩薩
　　　　　　　　　　　　〔真言宗豊山派〕
安福寺　あんぷくじ〔寺〕
　大阪府柏原市　《本尊》阿弥陀如来　〔浄土宗〕
安福寺　あんぷくじ〔寺〕
　佐賀県杵島郡白石町　《別称》水堂さん　《本尊》阿弥陀如来・聖観世音菩薩・薬師如来
　　　　　　　　　　　　〔天台宗〕
安福河伯神社　あふくかはくじんじゃ〔社〕
　宮城県亘理郡亘理町　《祭神》速秋津比売命〔他〕　　　　　　　　　〔神社本庁〕
安蓮社　あんれんしゃ〔寺〕
　東京都港区　《本尊》阿弥陀如来　〔浄土宗〕
14安寧寺　あんねいじ〔寺〕
　静岡県浜名郡雄踏町　《本尊》聖観世音菩薩　　　　　　　　　　　　〔臨済宗妙心寺派〕
安徳寺　あんとくじ〔寺〕
　愛知県知多郡東浦町　《本尊》釈迦如来
　　　　　　　　　　　　　　　〔曹洞宗〕
安隠寺　あんのんじ〔寺〕
　東京都世田谷区　《本尊》不動明王
　　　　　　　　　　　　〔真言宗智山派〕
15安養寺　あんようじ〔寺〕
　岩手県水沢市　《本尊》釈迦如来　〔曹洞宗〕

6画（安）

安養寺　あんようじ〔寺〕
　岩手県東磐井郡東山町　《本尊》釈迦如来・阿弥陀如来
　　　　　　　　　　　　　　　　　〔曹洞宗〕
安養寺　あんようじ〔寺〕
　岩手県東磐井郡川崎村　《別称》薄衣の成田山　《本尊》阿弥陀如来　〔曹洞宗〕
安養寺　あんようじ〔寺〕
　宮城県栗原郡若柳町　《本尊》釈迦如来
　　　　　　　　　　　　　　　　　〔曹洞宗〕
安養寺　あんようじ〔寺〕
　秋田県大曲市　《本尊》阿弥陀如来
　　　　　　　　　　　　　　　〔真宗大谷派〕
安養寺　あんようじ〔寺〕
　山形県鶴岡市　《本尊》阿弥陀如来　〔浄土宗〕
安養寺　あんようじ〔寺〕
　福島県安達郡岩代町　《別称》杉沢の寺　《本尊》阿弥陀如来・大日如来　〔真言宗豊山派〕
安養寺　あんようじ〔寺〕
　茨城県水海道市　《本尊》阿弥陀如来
　　　　　　　　　　　　　　　　　〔浄土宗〕
安養寺　あんにょうじ〔寺〕
　栃木県宇都宮市　《別称》真宗二四輩旧跡　《本尊》阿弥陀如来　〔浄土真宗本願寺派〕
安養寺　あんようじ〔寺〕
　千葉県市川市　《本尊》阿弥陀如来
　　　　　　　　　　　　　　　〔真言宗豊山派〕
安養寺　あんようじ〔寺〕
　千葉県八日市場市　《別称》ひがしや山　《本尊》阿弥陀如来　〔真言宗智山派〕
安養寺　あんようじ〔寺〕
　千葉県印西市　《本尊》阿弥陀如来　〔天台宗〕
安養寺　あんようじ〔寺〕
　東京都大田区　《別称》古川薬師　《本尊》五智如来　〔真言宗智山派〕
安養寺　あんようじ〔寺〕
　東京都江戸川区　《別称》平井弁天　《本尊》阿弥陀如来　〔真言宗豊山派〕
安養寺　あんようじ〔寺〕
　東京都八王子市　《本尊》不動明王
　　　　　　　　　　　　　　　〔真言宗智山派〕
安養寺　あんようじ〔寺〕
　東京都武蔵野市　《本尊》不動明王
　　　　　　　　　　　　　　　〔真言宗豊山派〕
安養寺　あんようじ〔寺〕
　東京都府中市　《本尊》阿弥陀如来　〔天台宗〕
安養寺　あんようじ〔寺〕
　神奈川県横浜市鶴見区　《本尊》阿弥陀三尊　〔浄土宗〕
安養寺　あんようじ〔寺〕
　神奈川県川崎市中原区　《別称》新城のお灸の寺　《本尊》大日如来　〔真言宗智山派〕

安養寺　あんにょうじ〔寺〕
　新潟県佐渡市　《本尊》阿弥陀如来
　　　　　　　　　　　　　　　〔真言宗豊山派〕
安養寺　あんようじ〔寺〕
　新潟県中蒲原郡村松町　《本尊》阿弥陀三尊　〔曹洞宗〕
安養寺　あんようじ〔寺〕
　新潟県西蒲原郡巻町　《本尊》阿弥陀如来
　　　　　　　　　　　　　〔浄土真宗本願寺派〕
安養寺　あんようじ〔寺〕
　新潟県東蒲原郡鹿瀬町　《別称》深戸観音　《本尊》聖観世音菩薩　〔真言宗豊山派〕
安養寺　あんようじ〔寺〕
　福井県福井市　《本尊》阿弥陀如来
　　　　　　　　　　　　　〔浄土宗西山禅林寺派〕
安養寺　あんようじ〔寺〕
　福井県敦賀市　《本尊》阿弥陀如来　〔浄土宗〕
安養寺　あんようじ〔寺〕
　長野県長野市　《本尊》阿弥陀如来　〔浄土宗〕
安養寺　あんようじ〔寺〕
　長野県佐久市　《本尊》阿弥陀如来
　　　　　　　　　　　　　　〔臨済宗妙心寺派〕
安養寺　あんにょうじ〔寺〕
　長野県下伊那郡高森町　《本尊》阿弥陀如来　〔臨済宗妙心寺派〕
安養寺　あんようじ〔寺〕
　長野県下伊那郡喬木村　《別称》藤の寺　《本尊》不動明王・毘沙門天　〔真言宗智山派〕
安養寺　あんようじ〔寺〕
　長野県東筑摩郡波田町　《別称》さみぞ安養寺　《本尊》阿弥陀如来　〔浄土真宗本願寺派〕
安養寺　あんようじ〔寺〕
　岐阜県多治見市　《本尊》阿弥陀如来
　　　　　　　　　　　　　　　　　〔曹洞宗〕
安養寺　あんにょうじ〔寺〕
　岐阜県郡上市　《本尊》阿弥陀如来
　　　　　　　　　　　　　　　〔真宗大谷派〕
安養寺　あんにょうじ〔寺〕
　三重県桑名市　《別称》中の寺　《本尊》阿弥陀如来　〔浄土真宗本願寺派〕
安養寺　あんようじ〔寺〕
　滋賀県大津市石山南郷町　《別称》立木の観音　《本尊》阿弥陀如来・聖観世音菩薩
　　　　　　　　　　　　　　　　　〔浄土宗〕
安養寺　あんようじ〔寺〕
　滋賀県大津市瀬田神領町　《本尊》阿弥陀如来　〔浄土宗〕
安養寺　あんにょうじ〔寺〕
　滋賀県大津市逢坂　《別称》上関寺　《本尊》阿弥陀如来　〔浄土真宗本願寺派〕

神社・寺院名よみかた辞典　243

6画（安）

安養寺　あんようじ〔寺〕
　滋賀県栗東市　《本尊》薬師如来
　　　　　　　　　　　〔真言宗大覚寺派〕

安養寺　あんにょうじ〔寺〕
　滋賀県栗東市　《本尊》阿弥陀如来
　　　　　　　　　　　〔真宗大谷派〕

安養寺　あんようじ〔寺〕
　滋賀県滋賀郡志賀町　《本尊》阿弥陀如来
　　　　　　　　　　　〔浄土宗〕

安養寺　あんようじ〔寺〕
　滋賀県神崎郡永源寺町　《本尊》阿弥陀如来
　　　　　　　　　　　〔浄土宗〕

安養寺　あんようじ〔寺〕
　滋賀県高島郡マキノ町　《本尊》聖観世音菩薩
　　　　　　　　　　　〔真言宗智山派〕

安養寺　あんようじ〔寺〕
　京都府京都市上京区　《別称》太子堂安養寺
　《本尊》阿弥陀如来　〔浄土真宗本願寺派〕

安養寺　あんようじ〔寺〕
　京都府京都市中京区　《別称》倒蓮華　《本尊》阿弥陀如来　〔浄土宗西山禅林寺派〕

安養寺　あんようじ〔寺〕
　京都府京都市東山区　《本尊》阿弥陀如来
　　　　　　　　　　　〔時宗〕

安養寺　あんようじ〔寺〕
　京都府宇治市　《本尊》阿弥陀如来　〔浄土宗〕

安養寺　あんようじ〔寺〕
　京都府船井郡園部町　《本尊》阿弥陀如来
　　　　　　　　　　　〔浄土真宗本願寺派〕

安養寺　あんようじ〔寺〕
　兵庫県神戸市垂水区　《本尊》釈迦如来
　　　　　　　　　　　〔曹洞宗〕

安養寺　あんようじ〔寺〕
　兵庫県神戸市中央区　《本尊》阿弥陀如来
　　　　　　　　　　　〔浄土宗〕

安養寺　あんようじ〔寺〕
　兵庫県川辺郡猪名川町　《本尊》阿弥陀如来
　　　　　　　　　　　〔浄土宗〕

安養寺　あんようじ〔寺〕
　奈良県奈良市　《本尊》阿弥陀三尊
　　　　　　　　　　　〔西山浄土宗〕

安養寺　あんようじ〔寺〕
　奈良県生駒市　《本尊》阿弥陀如来
　　　　　　　　　　　〔融通念仏宗〕

安養寺　あんようじ〔寺〕
　奈良県磯城郡田原本町　《本尊》阿弥陀如来
　　　　　　　　　　　〔浄土宗〕

安養寺　あんようじ〔寺〕
　和歌山県有田市　《本尊》十一面観世音菩薩
　　　　　　　　　　　〔真言宗御室派〕

安養寺　あんにょうじ〔寺〕
　鳥取県米子市　《本尊》阿弥陀如来　〔時宗〕

安養寺　あんようじ〔寺〕
　島根県那賀郡金城町　《本尊》阿弥陀如来
　　　　　　　　　　　〔浄土真宗本願寺派〕

安養寺　あんようじ〔寺〕
　岡山県岡山市　《本尊》千手千眼観世音菩薩
　　　　　　　　　　　〔臨済宗建仁寺派〕

安養寺　あんようじ〔寺〕
　岡山県倉敷市　《別称》浅原の毘沙門天　《本尊》毘沙門天・吉祥天・禅尼師童子・阿弥陀如来　〔高野山真言宗〕

安養寺　あんようじ〔寺〕
　岡山県新見市　《本尊》釈迦如来　〔曹洞宗〕

安養寺　あんようじ〔寺〕
　山口県防府市　《本尊》如意輪観世音菩薩
　　　　　　　　　　　〔曹洞宗〕

安養寺　あんようじ〔寺〕
　山口県豊浦郡豊浦町　《別称》黒ぼとけ　《本尊》阿弥陀如来　〔曹洞宗〕

安養寺　あんにょうじ〔寺〕
　山口県豊浦郡豊北町　《本尊》阿弥陀如来
　　　　　　　　　　　〔浄土真宗本願寺派〕

安養寺　あんようじ〔寺〕
　香川県高松市　《本尊》阿弥陀如来
　　　　　　　　　　　〔真宗興正派〕

安養寺　あんようじ〔寺〕
　愛媛県新居浜市　《別称》阿島のお大師さん　《本尊》薬師如来・弘法大師
　　　　　　　　　　　〔臨済宗妙心寺派〕

安養寺　あんようじ〔寺〕
　愛媛県温泉郡中島町　《本尊》阿弥陀如来
　　　　　　　　　　　〔真言宗豊山派〕

安養寺　あんようじ〔寺〕
　福岡県北九州市若松区　《本尊》阿弥陀三尊
　　　　　　　　　　　〔浄土宗〕

安養寺　あんようじ〔寺〕
　大分県大分市　《本尊》阿弥陀如来
　　　　　　　　　　　〔臨済宗妙心寺派〕

安養寺　あんようじ〔寺〕
　大分県豊後高田市　《本尊》聖観世音菩薩
　　　　　　　　　　　〔臨済宗東福寺派〕

安養寺　あんようじ〔寺〕
　鹿児島県鹿屋市　《本尊》聖観世音菩薩
　　　　　　　　　　　〔曹洞宗〕

安養院　あんにょういん〔寺〕
　福島県いわき市　《本尊》阿弥陀如来
　　　　　　　　　　　〔真言宗智山派〕

安養院　あんにょういん〔寺〕
　栃木県那須郡黒羽町　《本尊》阿弥陀如来
　　　　　　　　　　　〔真言宗智山派〕

6画（宇）

安養院　あんよういん〔寺〕
　栃木県安蘇郡葛生町　《本尊》阿弥陀如来
　　　　　　　　　　　　　　　〔真言宗豊山派〕
安養院　あんよういん〔寺〕
　埼玉県本庄市　《本尊》阿弥陀三尊　〔曹洞宗〕
安養院　あんよういん〔寺〕
　埼玉県北本市　《本尊》十一面観世音菩薩
　　　　　　　　　　　　　　　〔真言宗智山派〕
安養院　あんよういん〔寺〕
　千葉県八千代市　《本尊》阿弥陀如来
　　　　　　　　　　　　　　　〔真言宗豊山派〕
安養院　あんよういん〔寺〕
　東京都港区　《本尊》阿弥陀如来　〔浄土宗〕
安養院　あんよういん〔寺〕
　東京都品川区　《別称》ねはん像　《本尊》釈
　迦如来・如意輪観世音菩薩　　〔天台宗〕
安養院　あんよういん〔寺〕
　東京都板橋区　《本尊》阿弥陀如来
　　　　　　　　　　　　　　　〔真言宗豊山派〕
安養院　あんよういん〔寺〕
　東京都足立区　《本尊》阿弥陀如来
　　　　　　　　　　　　　　　〔真言宗豊山派〕
安養院　あんよういん〔寺〕
　東京都葛飾区　《本尊》弘法大師
　　　　　　　　　　　　　　　〔高野山真言宗〕
安養院　あんよういん〔寺〕
　神奈川県川崎市高津区　《本尊》阿弥陀如
　来　　　　　　　　　　　　　〔真言宗智山派〕
安養院　あんよういん〔寺〕
　神奈川県鎌倉市　《別称》田代観音・坂東第
　三番霊場　《本尊》千手観世音菩薩・阿弥
　陀如来　　　　　　　　　　　　　〔浄土宗〕
安養院　あんよういん〔寺〕
　神奈川県海老名市　《本尊》釈迦如来
　　　　　　　　　　　　　　　　　〔曹洞宗〕
安養院　あんよういん〔寺〕
　愛知県知多郡美浜町　《本尊》阿弥陀三尊
　　　　　　　　　　　　　　　〔真言宗豊山派〕
安養院　あんよういんじ〔寺〕
　和歌山県伊都郡高野町　《本尊》大日如来
　　　　　　　　　　　　　　　〔高野山真言宗〕
安養院　あんよういんじ〔寺〕
　岡山県倉敷市　《本尊》阿弥陀如来　〔天台宗〕
安養院　あんよういんじ〔寺〕
　岡山県笠岡市　《本尊》愛染明王・薬師如来
　　　　　　　　　　　　　　　〔高野山真言宗〕
16安穏寺　あんのんじ〔寺〕
　茨城県結城市　《本尊》薬師如来　〔曹洞宗〕
安穏寺　あんのんじ〔寺〕
　静岡県静岡市　《別称》伊佐布の七面山　《本
　尊》大曼荼羅・一塔両尊四士　　〔日蓮宗〕

安積国造神社　あさかくにつこじんじゃ〔社〕
　福島県郡山市　《別称》はちまんさま　《祭
　神》和久産巣日命[他]　　　　〔神社本庁〕
安興寺　あんこうじ〔寺〕
　千葉県香取郡栗源町　《本尊》一塔両尊四菩
　薩　　　　　　　　　　　　　　　〔日蓮宗〕
19安羅見天神《称》　あらみてんじん〔社〕
　京都府城陽市・荒見神社　《祭神》天火明櫛
　玉饒速日尊[他]　　　　　　　〔神社本庁〕

【宇】

4宇太水分神社　うだみくまりじんじゃ〔社〕
　奈良県宇陀郡榛原町　《祭神》天水分神[他]
　　　　　　　　　　　　　　　　〔神社本庁〕
宇夫階神社　うぶしなじんじゃ〔社〕
　香川県綾歌郡宇多津町　《別称》小烏さん
　《祭神》大己貴命　　　　　　　〔神社本庁〕
5宇田川神社　うたがわじんじゃ〔社〕
　鳥取県西伯郡淀江町　《祭神》伊弉諾尊[他]
　　　　　　　　　　　　　　　　〔神社本庁〕
6宇多賀神社　うたかじんじゃ〔社〕
　徳島県三好郡山城町　　　　　　〔神社本庁〕
宇多須神社　うだすじんじゃ〔社〕
　石川県金沢市　《祭神》高皇産霊神[他]
　　　　　　　　　　　　　　　　〔神社本庁〕
7お宇佐さま《称》　おうささま〔社〕
　大分県宇佐市・宇佐神宮　《祭神》八幡大神
　[他]　　　　　　　　　　　　　〔神社本庁〕
宇佐八幡神社　うさはちまんじんじゃ〔社〕
　徳島県鳴門市　《祭神》仲哀天皇
　　　　　　　　　　　　　　　　〔神社本庁〕
宇佐八幡神社　うさはちまんじんじゃ〔社〕
　徳島県名西郡神山町　《別称》辰乃宮　《祭
　神》応神天皇[他]　　　　　　　〔神社本庁〕
宇佐八幡神社　うさはちまんじんじゃ〔社〕
　愛媛県北条市　《別称》北向八幡　《祭神》天
　照大神[他]　　　　　　　　　　〔神社本庁〕
宇佐八幡宮　うさはちまんぐう〔社〕
　富山県西礪波郡福光町　《別称》福光八幡宮
　《祭神》誉田別命[他]　　　　　〔神社本庁〕
宇佐八幡宮　うさはちまんぐう〔社〕
　岡山県和気郡佐伯町　《祭神》応神天皇[他]
　　　　　　　　　　　　　　　　〔神社本庁〕
宇佐神社　うさじんじゃ〔社〕
　広島県呉市　《別称》八幡宮　《祭神》品陀和
　気命[他]　　　　　　　　　　　〔神社本庁〕
宇佐神社　うさじんじゃ〔社〕
　香川県高松市　《別称》八幡さま　《祭神》応
　神天皇[他]　　　　　　　　　　〔神社本庁〕

神社・寺院名よみかた辞典　245

6画（宇）

宇佐神社　うさじんじゃ〔社〕
　香川県さぬき市　《別称》長尾八幡宮　《祭神》応神天皇〔他〕　〔神社本庁〕

宇佐神宮　うさじんぐう〔社〕
　大分県宇佐市　《別称》お宇佐さま　《祭神》八幡大神〔他〕　〔神社本庁〕

宇志比古神社　うしひこじんじゃ〔社〕
　徳島県鳴門市　《祭神》宇志比古尊　〔神社本庁〕

宇良神社　うらじんじゃ〔社〕
　京都府与謝郡伊根町　《別称》浦島　《祭神》浦島子〔他〕　〔神社本庁〕

宇芸神社　うげじんじゃ〔社〕
　群馬県富岡市　《祭神》倉稲魂神〔他〕　〔神社本庁〕

8宇受賀命神社　うつかみことじんじゃ〔社〕
　島根県隠岐郡海士町　《祭神》宇受賀命　〔神社本庁〕

宇和津彦神社　うわつひこじんじゃ〔社〕
　愛媛県宇和島市　《別称》一宮様　《祭神》宇和津彦神〔他〕　〔神社本庁〕

宇奈己呂別神社　うなころわけじんじゃ〔社〕
　福島県郡山市三穂田町　《祭神》瀬織津比売命〔他〕　〔神社本庁〕

宇奈多理坐高御魂神社　うなたりにますたかみむすびじんじゃ〔社〕
　奈良県奈良市　《祭神》高御魂大神〔他〕　〔神社本庁〕

宇奈多理神社　うなだりじんじゃ〔社〕
　福島県大沼郡金山町　《祭神》高皇産霊尊〔他〕　〔神社本庁〕

宇奈岐日女神社　うなぎひめじんじゃ〔社〕
　大分県大分郡湯布院町　《別称》六所宮　《祭神》国常立尊〔他〕　〔神社本庁〕

宇奈為神社　うないじんじゃ〔社〕
　徳島県那賀郡木沢村　《別称》十二社　《祭神》豊玉彦命〔他〕　〔神社本庁〕

宇治上神社　うじかみじんじゃ〔社〕
　京都府宇治市　《祭神》応神天皇〔他〕　〔神社本庁〕

宇治神社　うじじんじゃ〔社〕
　京都府宇治市　《祭神》菟道稚郎子命　〔神社本庁〕

宇治瀬神社　うじせじんじゃ〔社〕
　鹿児島県鹿児島市・鹿児島郡　《祭神》豊玉彦命〔他〕　〔神社本庁〕

宇波刀神社　うわとじんじゃ〔社〕
　山梨県甲府市　《祭神》玉依比売命〔他〕　〔神社本庁〕

宇波刀神社　うわとじんじゃ〔社〕
　山梨県北巨摩郡明野村　《祭神》建御名方斗美命〔他〕　〔神社本庁〕

宇波刀神社　うわとじんじゃ〔社〕
　岐阜県安八郡神戸町　《祭神》宇波刀大神　〔神社本庁〕

宇波西さん　《称》　うわせさん〔社〕
　福井県三方郡三方町・宇波西神社　《祭神》鵜草葺不合尊　〔神社本庁〕

宇波西神社　うわせじんじゃ〔社〕
　福井県三方郡三方町　《別称》宇波西さん　《祭神》鵜草葺不合尊　〔神社本庁〕

9宇南寺　うなんじ〔寺〕
　岡山県真庭郡美甘村　《本尊》両界大日如来　〔高野山真言宗〕

宇美八幡宮　うみはちまんぐう〔社〕
　福岡県前原市　《別称》八幡様　《祭神》八幡大神〔他〕　〔神社本庁〕

宇美八幡宮　うみはちまんぐう〔社〕
　福岡県糟屋郡宇美町　《祭神》応神天皇〔他〕　〔神社本庁〕

宇美神社　うみじんじゃ〔社〕
　島根県平田市　《祭神》布都御魂神〔他〕　〔神社本庁〕

10宇倍神社　うべじんじゃ〔社〕
　鳥取県岩美郡国府町　《別称》一の宮さん　《祭神》武内宿禰　〔神社本庁〕

宇原神社　うはらじんじゃ〔社〕
　福岡県京都郡苅田町　《祭神》彦波瀲武鸕鶿草葺不合尊〔他〕　〔神社本庁〕

宇流冨志禰神社　うるふしねじんじゃ〔社〕
　三重県名張市　《別称》春日　《祭神》宇奈根大神〔他〕　〔神社本庁〕

宇納間地蔵尊　《称》　うなまじぞうそん〔寺〕
　宮崎県東臼杵郡北郷村・全長寺　《本尊》観世音菩薩・地蔵菩薩・薬師如来　〔曹洞宗〕

11宇都母知神社　うつもちじんじゃ〔社〕
　神奈川県藤沢市　《祭神》天照大御神〔他〕　〔神社本庁〕

宇都宮神社　うつのみやじんじゃ〔社〕
　愛知県小牧市　《別称》浪人の神　《祭神》大名持命〔他〕　〔神社本庁〕

宇都宮神社　うつのみやじんじゃ〔社〕
　広島県山県郡豊平町　《祭神》天照皇大神〔他〕　〔神社本庁〕

宇都宮神社　うつのみやじんじゃ〔社〕
　愛媛県大洲市　《祭神》大己貴命〔他〕　〔神社本庁〕

宇都宮神社　うつのみやじんじゃ〔社〕
　愛媛県喜多郡五十崎町　《別称》森ノ宮　《祭神》大己貴命〔他〕　〔神社本庁〕

246　神社・寺院名よみかた辞典

6画（守, 宅, 寺, 帆, 庄, 式, 当）

宇都野神社　うつのじんじゃ〔社〕
　兵庫県美方郡浜坂町　《別称》川下神社　《祭神》素盞嗚尊［他］　〔神社本庁〕
宇閇神社　うえじんじゃ〔社〕
　香川県綾歌郡綾歌町　《別称》天神さん　《祭神》武内宿禰［他］　〔神社本庁〕
12宇智神社　うちじんじゃ〔社〕
　奈良県五條市　《別称》国生大明神　《祭神》彦太忍信命　〔神社本庁〕
宇賀神社　うがじんじゃ〔社〕
　千葉県香取郡山田町
宇賀神社　うがじんじゃ〔社〕
　長野県上水内郡信濃町　《別称》弁天さま　《祭神》倉稲魂命［他］　〔神社本庁〕
宇賀神社　うがじんじゃ〔社〕
　三重県桑名郡多度町　《別称》椎の宮　《祭神》宇賀之御魂神［他］　〔神社本庁〕
宇賀部神社　うかべじんじゃ〔社〕
　和歌山県海南市　《別称》おこべ神社　《祭神》軻遇突智命［他］　〔神社本庁〕
宇賀福神社　うがふくじんじゃ〔社〕
　神奈川県鎌倉市　《別称》銭洗弁財天　《祭神》市杵島姫命　〔神社本庁〕

【守】
3守山八幡宮　もりやまはちまんぐう〔社〕
　熊本県下益城郡小川町　《祭神》応神天皇［他］
5守田神社　もりたじんじゃ〔社〕
　長野県長野市　《祭神》守達神　〔神社本庁〕
7守芳院　しゅほういん〔寺〕
　長野県佐久市　《本尊》釈迦如来　〔曹洞宗〕
9守屋宮　《称》　もりやぐう〔社〕
　奈良県磯城郡田原本町・村屋坐弥冨都比売神社　《祭神》三穂津姫命［他］　〔神社本庁〕
11守皎寺　しゅこうじ〔寺〕
　京都府京都市左京区　《本尊》阿弥陀如来　〔浄土宗〕
14守綱寺　しゅこうじ〔寺〕
　愛知県豊田市　《別称》寺部の守綱寺　《本尊》阿弥陀如来　〔真宗大谷派〕

【宅】
10宅原寺　たくげんじ〔寺〕
　兵庫県神戸市北区　《別称》えいばら寺　《本尊》釈迦如来　〔曹洞宗〕
宅宮神社　えのみやじんじゃ〔社〕
　徳島県徳島市　《祭神》大苫辺尊［他］　〔神社本庁〕

【寺】
7寺尾の御坊　《称》　てらおのごぼう〔寺〕
　石川県河北郡津幡町・光現寺　《本尊》阿弥陀如来　〔真宗大谷派〕
8寺泊の観音　《称》　てらどまりのかんのん〔寺〕
　新潟県三島郡寺泊町・照明寺　《本尊》聖観世音菩薩　〔真言宗智山派〕
11寺部の守綱寺　《称》　てらべのしゅこうじ〔寺〕
　愛知県豊田市・守綱寺　《本尊》阿弥陀如来　〔真宗大谷派〕

【帆】
9帆柱観音　《称》　ほばしらかんのん〔寺〕
　滋賀県守山市・慈眼寺　《本尊》十一面観世音菩薩　〔天台宗〕

【庄】
0庄のお宮　《称》　しょうのおみや〔社〕
　富山県東礪波郡庄川町・雄神神社　《祭神》高靇神　〔神社本庁〕
庄ノ宮　《称》　しょうのみや〔社〕
　香川県綾歌郡綾歌町・八幡神社　《祭神》品田天皇［他］　〔神社本庁〕
5庄田八幡神社　《称》　しょうだはちまんじんじゃ〔社〕
　兵庫県三原郡緑町倭文庄田・八幡神社　《祭神》誉田別命［他］　〔神社本庁〕

【式】
4式内猪鼻湖神社　《称》　しきないいのはなこじんじゃ〔社〕
　静岡県引佐郡三ヶ日町・猪鼻湖神社　《祭神》武甕槌命　〔神社本庁〕

【当】
5当古天王　《称》　とうごてんのう〔社〕
　愛知県豊川市・進雄神社　《祭神》素盞嗚命［他］　〔神社本庁〕
9当信寺　とうしんじ〔寺〕
　宮城県白石市　《本尊》阿弥陀如来　〔浄土宗〕
当信神社　たぎしなじんじゃ〔社〕
　長野県上水内郡信州新町　《祭神》大年神［他］　〔神社本庁〕
11当麻寺　たいまでら〔寺〕
　奈良県北葛城郡當麻町　《本尊》弥勒菩薩・当麻曼陀羅・十一面観世音菩薩　〔高野山真言宗〕

6画（成）

当麻神社　とうまじんじゃ〔社〕
　北海道上川郡当麻町　《祭神》天照皇大神［他］
〔神社本庁〕

13当福寺　とうふくじ〔寺〕
　秋田県秋田市　《別称》曼陀羅堂　《本尊》阿弥陀如来
〔浄土宗〕

【成】

4成円寺　じょうえんじ〔寺〕
　京都府京都市中京区　《本尊》阿弥陀如来・地蔵菩薩
〔浄土宗〕

成心寺　せいしんじ〔寺〕
　東京都大田区　《別称》市の倉成田山　《本尊》不動明王
〔真言宗智山派〕

5成正寺　じょうしょうじ〔寺〕
　大阪府大阪市北区　《本尊》十界大曼荼羅
〔日蓮宗〕

成田さん《称》　なりたさん〔寺〕
　北海道小樽市・不動院　《本尊》成田山不動明王・延命地蔵菩薩
〔真言宗豊山派〕

成田さん《称》　なりたさん〔寺〕
　北海道増毛郡増毛町・天真寺　《本尊》不動明王・日蓮聖人
〔真言宗智山派〕

成田のお不動様《称》　なりたのおふどうさま〔寺〕
　東京都北区・不動教会　《本尊》不動明王
〔真言宗醍醐派〕

成田の不動様《称》　なりたのふどうさま〔寺〕
　千葉県銚子市・真福寺　《本尊》不動明王
〔真言宗智山派〕

成田山《称》　なりたさん〔寺〕
　北海道登別市・滝泉寺　《本尊》不動明王
〔真言宗智山派〕

成田山《称》　なりたさん〔寺〕
　茨城県常陸太田市・真福寺　《本尊》不動明王
〔真言宗智山派〕

成田山《称》　なりたさん〔寺〕
　群馬県高崎市・光徳寺　《本尊》不動明王
〔真言宗智山派〕

成田山大森不動尊《称》　なりたさんおおもりふどうそん〔寺〕
　東京都大田区・円能寺　《本尊》不動明王
〔真言宗智山派〕

成田山水上大教会　なりたさんみなかみだいきょうかい〔寺〕
　群馬県利根郡水上町　《別称》水上不動尊　《本尊》不動明王
〔真言宗智山派〕

成田山名古屋別院《称》　なりたさんなごやべついん〔寺〕
　愛知県犬山市・大聖寺　《本尊》不動明王
〔真言宗智山派〕

成田山成田不動《称》　なりたさんなりたふどう〔寺〕
　千葉県成田市・新勝寺　《本尊》不動明王・矜迦羅童子・制多迦童子
〔真言宗智山派〕

成田山横浜別院《称》　なりたさんよこはまべついん〔寺〕
　神奈川県横浜市西区・延命院　《本尊》不動明王
〔真言宗智山派〕

成石神社　なるいしじんじゃ〔社〕
　愛知県半田市　《祭神》天穂日尊［他］
〔神社本庁〕

6成光寺　じょうこうじ〔寺〕
　茨城県行方郡麻生町　《別称》白浜の虚空蔵尊　《本尊》不動明王・厄除弘法大師・虚空蔵菩薩
〔真言宗豊山派〕

7成身院　じょうしんいん〔寺〕
　埼玉県児玉郡児玉町　《別称》百体観音堂　《本尊》不動明王
〔真言宗豊山派〕

8成東不動《称》　なるとうふどう〔寺〕
　千葉県山武郡成東町・不動院　《本尊》不動明王
〔真言宗智山派〕

成林寺　じょうりんじ〔寺〕
　福島県伊達郡霊山町　《本尊》虚空蔵菩薩
〔曹洞宗〕

9成信坊　じょうしんぼう〔寺〕
　愛知県津島市　《別称》津島御坊　《本尊》阿弥陀如来
〔真宗大谷派〕

成海神社　なるみじんじゃ〔社〕
　愛知県名古屋市緑区　《祭神》日本武尊［他］
〔神社本庁〕

成相寺　なりあいじ〔寺〕
　京都府宮津市　《別称》成相山・西国第二八番霊場　《本尊》聖観世音菩薩
〔高野山真言宗〕

成相寺　じょうそうじ〔寺〕
　兵庫県三原郡三原町　《別称》成相薬師　《本尊》薬師如来
〔高野山真言宗〕

成相寺　じょうそうじ〔寺〕
　島根県松江市　《本尊》大日如来・如意輪観世音菩薩
〔高野山真言宗〕

10成高寺　じょうこうじ〔寺〕
　栃木県宇都宮市　《別称》田中成高寺　《本尊》釈迦如来
〔曹洞宗〕

11成菩提院　じょうぼだいいん〔寺〕
　滋賀県坂田郡山東町　《別称》柏原観音　《本尊》十一面観世音菩薩・不動明王・毘沙門天
〔天台宗〕

6画（成）

12 成勝寺　じょうしょうじ〔寺〕
　　東京都世田谷区　《本尊》阿弥陀如来
　　　　　　　　　　　　　　〔浄土真宗本願寺派〕
　成善寺　じょうぜんじ〔寺〕
　　愛知県西尾市　《本尊》阿弥陀如来
　　　　　　　　　　　　　　〔浄土真宗本願寺派〕
　成就寺　じょうじゅじ〔寺〕
　　千葉県木更津市　《本尊》十界勧請大曼荼
　　羅　　　　　　　　　　　　　〔顕本法華宗〕
　成就寺　じょうじゅじ〔寺〕
　　和歌山県橋本市　《別称》大師堂　《本尊》厄
　　除弘法大師　　　　　　　　〔高野山真言宗〕
　成就寺　じょうじゅじ〔寺〕
　　和歌山県東牟婁郡古座町　《本尊》薬師如
　　来　　　　　　　　　　　　〔臨済宗東福寺派〕
　成就寺　じょうじゅじ〔寺〕
　　岡山県御津郡建部町　《本尊》日蓮聖人奠定
　　の大曼荼羅　　　　　　　　　　　〔日蓮宗〕
　成就院　じょうじゅいん〔寺〕
　　宮城県仙台市太白区　《本尊》薬師如来
　　　　　　　　　　　　　　　　　　〔曹洞宗〕
　成就院　じょうじゅいん〔寺〕
　　山形県米沢市　《本尊》大日如来・薬師如来
　　　　　　　　　　　　　　　　〔真言宗智山派〕
　成就院　じょうじゅいん〔寺〕
　　福島県いわき市　《本尊》不動明王
　　　　　　　　　　　　　　　　〔真言宗智山派〕
　成就院　じょうじゅいん〔寺〕
　　栃木県栃木市　《本尊》大日如来
　　　　　　　　　　　　　　　　〔真言宗豊山派〕
　成就院　じょうじゅいん〔寺〕
　　栃木県大田原市　《本尊》薬師如来
　　　　　　　　　　　　　　　　〔真言宗智山派〕
　成就院　じょうじゅいん〔寺〕
　　埼玉県春日部市　《本尊》阿弥陀如来
　　　　　　　　　　　　　　　　〔真言宗智山派〕
　成就院　じょうじゅいん〔寺〕
　　埼玉県越谷市　《別称》伊原の寺　《本尊》阿
　　弥陀如来　　　　　　　　　　〔真言宗智山派〕
　成就院　じょうじゅいん〔寺〕
　　東京都台東区東上野　《別称》蒿店成就院
　　《本尊》胎蔵界大日如来　　　〔真言宗智山派〕
　成就院　じょうじゅいん〔寺〕
　　東京都台東区元浅草　《本尊》大日如来
　　　　　　　　　　　　　　　　〔真言宗智山派〕
　成就院　じょうじゅいん〔寺〕
　　東京都目黒区　《別称》蛸薬師　《本尊》薬師
　　如来・秋葉三尺坊大権現　　　　　〔天台宗〕
　成就院（称）　じょうじゅいん〔寺〕
　　東京都江戸川区・妙勝寺　《本尊》十界大曼
　　荼羅　　　　　　　　　　　　　　〔日蓮宗〕

　成就院　じょうじゅいん〔寺〕
　　神奈川県鎌倉市　《本尊》不動明王
　　　　　　　　　　　　　　　　〔真言宗大覚寺派〕
　成就院　じょうじゅいん〔寺〕
　　新潟県小千谷市　《本尊》胎蔵界大日如来
　　　　　　　　　　　　　　　　〔真言宗智山派〕
　成就院　じょうじゅいん〔寺〕
　　滋賀県坂田郡伊吹町　《本尊》薬師如来
　　　　　　　　　　　　　　　　〔真言宗豊山派〕
　成就院　じょうじゅいん〔寺〕
　　京都府京都市東山区　《本尊》観世音菩薩
　　　　　　　　　　　　　　　　　　〔北法相宗〕
　成就院　じょうじゅいん〔寺〕
　　和歌山県伊都郡高野町　《本尊》地蔵菩薩
　　　　　　　　　　　　　　　　〔高野山真言宗〕
　成就院　じょうじゅいん〔寺〕
　　福岡県福岡市南区　《本尊》聖観世音菩薩
　　　　　　　　　　　　　　　　　　〔天台宗〕
　成満寺　じょうまんじ〔寺〕
　　東京都多摩市　《本尊》阿弥陀如来
　　　　　　　　　　　　　　　　〔真宗大谷派〕
　成覚寺　じょうかくじ〔寺〕
　　宮城県仙台市若林区　《本尊》阿弥陀如来
　　　　　　　　　　　　　　　　　　〔浄土宗〕
　成道寺　じょうどうじ〔寺〕
　　静岡県焼津市　《本尊》釈迦如来　〔曹洞宗〕
　成道寺　じょうどうじ〔寺〕
　　和歌山県西牟婁郡上富田町　《本尊》釈迦如
　　来　　　　　　　　　　　　〔臨済宗妙心寺派〕
　成道寺　じょうどうじ〔寺〕
　　岡山県津山市　《本尊》阿弥陀如来　〔浄土宗〕
　成道寺　じょうどうじ〔寺〕
　　福岡県福岡市中央区　《本尊》阿弥陀如来
　　　　　　　　　　　　　　　　　　〔浄土宗〕
　成道寺　じょうどうじ〔寺〕
　　熊本県熊本市　《本尊》釈迦如来
　　　　　　　　　　　　　　　　〔臨済宗南禅寺派〕
13 成福寺　じょうふくじ〔寺〕
　　神奈川県鎌倉市　《本尊》阿弥陀如来
　　　　　　　　　　　　　　〔浄土真宗本願寺派〕
　成福寺　じょうふくじ〔寺〕
　　福井県福井市　《本尊》阿弥陀如来
　　　　　　　　　　　　　　　　〔真宗大谷派〕
　成福寺　じょうふくじ〔寺〕
　　愛知県名古屋市北区　《別称》るり薬師　《本
　　尊》薬師如来　　　　　　　　　　〔曹洞宗〕
　成福寺　じょうふくじ〔寺〕
　　奈良県生駒郡斑鳩町　《本尊》聖徳太子
　　　　　　　　　　　　　　　　　　〔聖徳宗〕

6画（旭, 早）

成福寺　じょうふくじ〔寺〕
　岡山県後月郡芳井町　《本尊》不動明王
　　　　　　　　　　　　　　〔高野山真言宗〕
成福院　じょうふくいん〔寺〕
　和歌山県伊都郡高野町　《別称》藤之坊　《本尊》大随求明王・弁財天・釈迦如来
　　　　　　　　　　　　　　〔高野山真言宗〕
成蓮寺　じょうれんじ〔寺〕
　石川県七尾市　《別称》法華谷奥の寺　《本尊》一尊四士・日蓮聖人　　〔日蓮宗〕
成蓮院　じょうれんいん〔寺〕
　和歌山県伊都郡高野町　《本尊》地蔵菩薩
　　　　　　　　　　　　　　〔高野山真言宗〕
14成徳寺　じょうとくじ〔寺〕
　福島県双葉郡広野町　《本尊》阿弥陀如来
　　　　　　　　　　　　　　　　〔浄土宗〕
15成慶院　せいけいいん〔寺〕
　和歌山県伊都郡高野町　《本尊》阿弥陀如来　　　　　　　　　　〔高野山真言宗〕
16成興寺　じょうこうじ〔寺〕
　岡山県苫田郡加茂町　《本尊》聖観世音菩薩　　　　　　　　　　　　　〔曹洞宗〕
18成顕寺　じょうけんじ〔寺〕
　千葉県流山市　《別称》駒木の諏訪様　《本尊》日蓮聖人・釈迦如来・鬼子母神・妙法諏訪大明神　　　　　　　　〔日蓮宗〕
19成願寺　じょうがんじ〔寺〕
　福島県郡山市　《本尊》阿弥陀三尊　〔天台宗〕
成願寺　じょうがんじ〔寺〕
　栃木県宇都宮市　《本尊》胎蔵界大日如来
　　　　　　　　　　　　　　〔真言宗智山派〕
成願寺　じょうがんじ〔寺〕
　千葉県君津市　《本尊》不動明王
　　　　　　　　　　　　　　〔真言宗智山派〕
成願寺　じょうがんじ〔寺〕
　東京都中野区　《別称》長者の寺　《本尊》釈迦如来　　　　　　　　　　　　〔単立〕
成願寺　じょうがんじ〔寺〕
　神奈川県横浜市鶴見区　《本尊》釈迦如来・薬師如来　　　　　　　　　　〔曹洞宗〕
成願寺　じょうがんじ〔寺〕
　神奈川県小田原市　《本尊》釈迦如来
　　　　　　　　　　　　　　　　〔曹洞宗〕
成願寺　じょうがんじ〔寺〕
　三重県一志郡白山町　《本尊》阿弥陀如来
　　　　　　　　　　　　　　　〔天台真盛宗〕
成願寺　じょうがんじ〔寺〕
　大阪府岸和田市　《本尊》阿弥陀如来
　　　　　　　　　　　　　　　　〔浄土宗〕
成願寺　じょうがんじ〔寺〕
　岡山県岡山市　《本尊》薬師如来　〔天台宗〕

成願寺　じょうがんじ〔寺〕
　愛媛県松山市　《別称》万景山　《本尊》虚空蔵菩薩　　　　　　　　〔真言宗豊山派〕

【旭】

3旭山神社《称》　あさひやまじんじゃ〔社〕
　宮城県桃生郡河南町・朝日山計仙麻神社　《祭神》倉稲魂命〔他〕　　〔神社本庁〕
旭川神社　あさひかわじんじゃ〔社〕
　北海道旭川市　《祭神》天照大神〔他〕
　　　　　　　　　　　　　　　　〔神社本庁〕
5旭田寺　きょくでんじ〔寺〕
　福島県南会津郡下郷町　《本尊》大日如来
　　　　　　　　　　　　　　〔真言宗豊山派〕
8旭岡大明神《称》　あさひおかだいみょうじん〔社〕
　秋田県横手市・旭岡山神社　《祭神》天忍穂耳命〔他〕　　　　　　　　〔神社本庁〕
旭岡山神社　あさひおかやまじんじゃ〔社〕
　秋田県横手市　《別称》旭岡大明神　《祭神》天忍穂耳命〔他〕　　　　　　〔神社本庁〕
9旭神社　あさひじんじゃ〔社〕
　長野県飯山市　《祭神》健御名方命
　　　　　　　　　　　　　　　　〔神社本庁〕

【早】

3早川厳島神社　そうがわいつくしまじんじゃ〔社〕
　熊本県上益城郡甲佐町　《祭神》市杵島姫命〔他〕　　　　　　　　　　〔神社本庁〕
6早吸日女神社　はやすいひめじんじゃ〔社〕
　大分県北海部郡佐賀関町　《別称》お関様　《祭神》八十枉津日神〔他〕　〔神社本庁〕
早吸日女神社　はやすいひめじんじゃ〔社〕
　大分県南海部郡蒲江町　《別称》権現さま　《祭神》上筒男命〔他〕　　〔神社本庁〕
早池峯神社　はやちねじんじゃ〔社〕
　岩手県稗貫郡大迫町　《祭神》瀬織津姫神
　　　　　　　　　　　　　　　　〔神社本庁〕
8早苗の森《称》　さなえのもり〔社〕
　大阪府池田市・八坂神社　《祭神》素盞嗚尊
　　　　　　　　　　　　　　　　〔神社本庁〕
早長八幡宮　はやおさはちまんぐう〔社〕
　山口県光市　《祭神》応神天皇〔他〕
　　　　　　　　　　　　　　　　〔神社本庁〕
12早雲寺　そううんじ〔寺〕
　神奈川県足柄下郡箱根町　《本尊》釈迦如来・文殊菩薩・普賢菩薩　　〔臨済宗大徳寺派〕
14早稲八幡　《称》　わせはちまん〔社〕
　宮城県栗原郡瀬峰町・八幡神社　《祭神》応神天皇〔他〕　　　　　　　　〔神社本庁〕

250　神社・寺院名よみかた辞典

6画（有, 朱, 気, 汲, 江）

早鞆さん《称》　はやともさん〔社〕
　福岡県北九州市門司区・和布刈神社　《祭神》
　比売大神[他]

【有】

5有玉神社　ありたまじんじゃ〔社〕
　静岡県浜松市有玉南町　《別称》八幡さま
　《祭神》天照意保比留売貴命[他]
　　　　　　　　　　　　　　〔神社本庁〕

7有尾八幡宮《称》　ありおはちまんぐう〔社〕
　長野県飯山市・飯笠山神社　《祭神》誉田別
　尊[他]　　　　　　　　　　〔神社本庁〕

10有浦薬師《称》　ありうらやくし〔寺〕
　佐賀県東松浦郡玄海町・東光寺　《本尊》薬
　師如来　　　　　　　　　　　〔曹洞宗〕

有馬稲荷神社《称》　ありまいなりじんじゃ〔社〕
　兵庫県神戸市北区・稲荷神社　《祭神》倉稲
　魂之命　　　　　　　　　　〔神社本庁〕

11有鹿神社　あるかじんじゃ〔社〕
　神奈川県海老名市　《祭神》大日孁貴命
　　　　　　　　　　　　　　〔神社本庁〕

12有賀神社　ありがじんじゃ〔社〕
　茨城県東茨城郡内原町　《祭神》布津主命[他]
　　　　　　　　　　　　　　〔神社本庁〕

有間神社　ありまじんじゃ〔社〕
　兵庫県神戸市北区　《別称》山王さま　《祭
　神》天御中主神[他]　　　　〔神社本庁〕

17有磯正八幡宮　ありそしょうはちまんぐう
　〔社〕
　富山県高岡市　《祭神》有磯神[他]
　　　　　　　　　　　　　　〔神社本庁〕

【朱】

12朱智神社　しゅちじんじゃ〔社〕
　京都府京田辺市　《祭神》迦爾米雷命[他]
　　　　　　　　　　　　　　〔神社本庁〕

【気】

4お気比さん《称》　おけいさん〔社〕
　福井県敦賀市・気比神宮　《祭神》伊奢沙別
　命[他]　　　　　　　　　　〔神社本庁〕

気比神社　けひじんじゃ〔社〕
　青森県上北郡下田町　《別称》蒼前（そうぜん）
　さま　《祭神》足仲彦尊　　〔神社本庁〕

気比神宮　けひじんぐう〔社〕
　福井県敦賀市　《別称》お気比さん　《祭神》
　伊奢沙別命[他]　　　　　　〔神社本庁〕

6気多本宮《称》　けたほんぐう〔社〕
　石川県七尾市・能登生国玉比古神社　《祭神》
　大己貴命[他]　　　　　　　〔神社本庁〕

気多若宮神社　けたわかみやじんじゃ〔社〕
　岐阜県飛騨市　《別称》杉本様　《祭神》大国
　主神[他]　　　　　　　　　〔神社本庁〕

気多神社　けたじんじゃ〔社〕
　富山県高岡市　《祭神》大己貴命[他]　〔単立〕

気多神社　けたじんじゃ〔社〕
　石川県羽咋市　《祭神》大己貴命　〔神社本庁〕

気多神社　けたじんじゃ〔社〕
　兵庫県城崎郡日高町　《祭神》大己貴命
　　　　　　　　　　　　　　〔神社本庁〕

気多御子神社　けたみこじんじゃ〔社〕
　石川県小松市　《祭神》大己貴尊[他]
　　　　　　　　　　　　　　〔神社本庁〕

【汲】

3汲上観音堂《称》　くみあげかんのんどう
　〔寺〕
　茨城県鹿島郡大洋村・華徳院　《本尊》阿弥
　陀如来・如意輪観世音菩薩　　〔天台宗〕

【江】

0江ヶ崎明神さま《称》　えがさきみょうじ
　んさま〔社〕
　埼玉県蓮田市江ヶ崎・久伊豆神社　《祭神》大
　己貴命　　　　　　　　　　〔神社本庁〕

4江戸小日向本法寺支坊《称》　えどこひな
　たほんぽうじしぼう〔寺〕
　愛知県幡豆郡一色町・本法寺　《本尊》阿弥
　陀如来　　　　　　　　　　〔真宗大谷派〕

江戸崎不動尊《称》　えどさきふどうそん
　〔寺〕
　茨城県稲敷郡江戸崎町・不動院　《本尊》不
　動明王　　　　　　　　　　　〔単立〕

江戸袋不動《称》　えどふくろふどう〔寺〕
　埼玉県川口市・東光院　《本尊》不動明王・十
　一面観世音菩薩　　　　　　〔真言宗智山派〕

江月院　こうげついん〔寺〕
　静岡県焼津市　《別称》子安観音　《本尊》十
　一面観世音菩薩　　　　　　　〔曹洞宗〕

5江弁須の虚空蔵様《称》　えべすのこくう
　ぞうさま〔寺〕
　千葉県成田市・正蔵院　《本尊》虚空蔵菩薩
　　　　　　　　　　　　　　〔真言宗豊山派〕

江田神社　えだじんじゃ〔社〕
　宮崎県宮崎市　《別称》産母神社　《祭神》伊
　邪那岐尊[他]　　　　　　　〔神社本庁〕

6画（池）

6江西寺　こうせいじ〔寺〕
　京都府宮津市　《本尊》釈迦如来
　　　　　　　　　　　　〔臨済宗妙心寺派〕

江西禅寺　こうぜいぜんじ〔寺〕
　三重県鈴鹿市　《別称》こうぜい寺　《本尊》
　釈迦如来・観世音菩薩・朝日稲荷大明神・
　地蔵菩薩　　　　　　　〔臨済宗妙心寺派〕

7江別神社　えべつじんじゃ〔社〕
　北海道江別市　《祭神》天照大神〔他〕
　　　　　　　　　　　　　　　〔神社本庁〕

8江国寺　こうこくじ〔寺〕
　大阪府大阪市中央区　《本尊》釈迦如来
　　　　　　　　　　　　〔臨済宗妙心寺派〕

江国寺　こうこくじ〔寺〕
　大分県佐伯市　《別称》柏江の寺　《本尊》釈
　迦如来・文殊菩薩・普賢菩薩
　　　　　　　　　　　　〔臨済宗妙心寺派〕

江岸寺　こうがんじ〔寺〕
　岩手県上閉伊郡大槌町　《別称》しもの寺
　《本尊》釈迦三尊　　　　　　　〔曹洞宗〕

江岸寺　こうがんじ〔寺〕
　東京都文京区　《本尊》釈迦如来　〔曹洞宗〕

江岸寺　こうがんじ〔寺〕
　山梨県西八代郡上九一色村　《別称》本栖寺
　《本尊》阿弥陀如来　　　　　　〔曹洞宗〕

江岸寺　こうがんじ〔寺〕
　熊本県天草郡倉岳町　《本尊》阿弥陀如来
　　　　　　　　　　　　　　　　〔浄土宗〕

江東寺　こうとうじ〔寺〕
　長崎県島原市　《本尊》釈迦如来　〔曹洞宗〕

江沼神社　えぬまじんじゃ〔社〕
　石川県加賀市　《別称》天満さん　《祭神》前
　田利治〔他〕　　　　　　　　〔神社本庁〕

10江原寺　こうげんじ〔寺〕
　岡山県久米郡旭町　《本尊》金剛界大日如
　来　　　　　　　　　　　　〔高野山真言宗〕

江原神明社　えはらしんめいしゃ〔社〕
　愛知県西尾市　《祭神》天照大御神〔他〕
　　　　　　　　　　　　　　　〔神社本庁〕

江宮《称》　えのみや〔社〕
　山口県周南市・山﨑八幡宮　《祭神》応神天
　皇〔他〕　　　　　　　　　　〔神社本庁〕

江島弁財天《称》　えのしまべんざいてん
　〔社〕
　神奈川県藤沢市・江島神社　《祭神》田寸津
　比売命〔他〕　　　　　　　　〔神社本庁〕

江島神社　えしまじんじゃ〔社〕
　神奈川県藤沢市　《別称》江島弁財天　《祭
　神》田寸津比売命〔他〕　　　〔神社本庁〕

江島神社　えしまじんじゃ〔社〕
　鳥取県八頭郡若桜町　《別称》若桜弁天　《祭
　神》神日本磐余彦命〔他〕　　〔神社本庁〕

11江野神社　えのうじんじゃ〔社〕
　新潟県西頸城郡名立町　《別称》大宮　《祭
　神》素佐能男命〔他〕　　　　〔神社本庁〕

12江雲庵　こううんあん〔寺〕
　富山県高岡市　《本尊》釈迦如来
　　　　　　　　　　　　　〔臨済宗国泰寺派〕

【池】

0池の宮《称》　いけのみや〔社〕
　滋賀県草津市・小槻神社　《祭神》於知別命
　〔他〕　　　　　　　　　　　〔神社本庁〕

2お池八幡《称》　おいけはちまん〔社〕
　京都府京都市中京区・御所八幡宮　《祭神》応
　神天皇〔他〕　　　　　　　　〔神社本庁〕

3池上院　ちじょういん〔寺〕
　東京都調布市　《本尊》阿弥陀如来　〔天台宗〕

池上鬼子母神様《称》　いけがみきしもじ
　んさま〔寺〕
　東京都大田区・厳定院　《本尊》大曼荼羅・鬼
　子母神・三宝尊・日蓮聖人　　　〔日蓮宗〕

5池尻稲荷神社《称》　いけじりいなりじん
　じゃ〔社〕
　東京都世田谷区・稲荷神社　《祭神》倉稲魂
　神　　　　　　　　　　　　　〔神社本庁〕

池田の本堂《称》　いけだのほんどう〔寺〕
　香川県小豆郡池田町・明王寺　《本尊》不動
　明王・釈迦如来・弘法大師・毘沙門天
　　　　　　　　　　　　　　〔真言宗御室派〕

池田上の宮《称》　いけだかみのみや〔社〕
　大阪府池田市・伊居太神社　《祭神》穴織大
　神〔他〕　　　　　　　　　　　　〔単立〕

池田神社　いけだじんじゃ〔社〕
　北海道中川郡池田町　《祭神》大国魂神〔他〕
　　　　　　　　　　　　　　　〔神社本庁〕

池田惣社《称》　いけだそうしゃ〔社〕
　福井県今立郡池田町・須波阿須疑神社　《祭
　神》倉稲魂命〔他〕　　　　　〔神社本庁〕

池辺観音寺《称》　いけべかんのんじ〔寺〕
　神奈川県横浜市緑区・観音寺　《本尊》正観
　世音菩薩　　　　　　　　　〔高野山真言宗〕

7池坐朝霧黄幡比売神社　いけにますあさぎ
　りきはたひめじんじゃ〔社〕
　奈良県磯城郡田原本町　《祭神》天万栲幡黄
　幡比売命〔他〕　　　　　　　〔神社本庁〕

9池神社　いけじんじゃ〔社〕
　奈良県吉野郡下北山村　《祭神》市杵島姫
　命　　　　　　　　　　　　　〔神社本庁〕

6画（灯, 牟, 百, 竹）

10 池宮神社　いけみやじんじゃ〔社〕
　　静岡県御前崎市　《別称》桜ヶ池　《祭神》瀬織津比咩神［他］　　〔神社本庁〕
11 池袋氷川神社《称》　いけぶくろひかわじんじゃ〔社〕
　　東京都豊島区・氷川神社　《祭神》建速須佐之男命［他］　　〔神社本庁〕

【灯】

8 灯明寺　とうみょうじ〔寺〕
　　東京都台東区　《本尊》阿弥陀三尊　〔天台宗〕
　灯明寺　とうみょうじ〔寺〕
　　京都府京都市上京区　《本尊》十界大曼荼羅　　〔日蓮宗〕
　灯明寺　とうみょうじ〔寺〕
　　京都府相楽郡加茂町　《本尊》日蓮聖人奠定の大曼荼羅　　〔日蓮宗〕

【牟】

5 牟田寺　むでんじ〔寺〕
　　奈良県吉野郡吉野町　《本尊》阿弥陀如来　　〔浄土宗〕
7 牟呂八幡社　むろはちまんしゃ〔社〕
　　愛知県豊橋市　《別称》八幡さま　《祭神》品陀和気命［他］　　〔神社本庁〕

【百】

3 百万遍《称》　ひゃくまんべん〔寺〕
　　京都府京都市左京区・知恩寺　《本尊》釈迦如来・毘沙門天・不動明王　　〔浄土宗〕
5 百代寺　ひゃくだいじ〔寺〕
　　兵庫県加西市　《本尊》薬師如来　　〔高野山真言宗〕
6 百舌鳥八幡宮《称》　もずはちまんぐう〔社〕
　　大阪府堺市・百舌鳥神社　《祭神》誉田別尊［他］　　〔神社本庁〕
　百舌鳥神社　もずじんじゃ〔社〕
　　大阪府堺市　《別称》百舌鳥八幡宮　《祭神》誉田別尊［他］　　〔神社本庁〕
7 百体観音《称》　ひゃくたいかんのん〔寺〕
　　大阪府大阪市北区・鶴満寺　《本尊》阿弥陀如来・善光寺如来・聖観世音菩薩・波切不動明王　　〔天台真盛宗〕
　百体観音堂《称》　ひゃくたいかんのんどう〔寺〕
　　埼玉県児玉郡児玉町・成身院　《本尊》不動明王　　〔真言宗豊山派〕
　百社《称》　ひゃくしゃ〔社〕
　　大分県宇佐院内町・高並神社　《祭神》菟道大明神［他］　　〔神社本庁〕

8 百沼比古神社　ももぬまひこじんじゃ〔社〕
　　石川県羽咋郡志賀町　《祭神》賀茂別雷神［他］　　〔神社本庁〕
11 百済寺　ひゃくさいじ〔寺〕
　　滋賀県愛知郡愛東町　《本尊》十一面観世音菩薩　　〔天台宗〕
　百済寺　くだらじ〔寺〕
　　奈良県北葛城郡広陵町　《本尊》毘沙門天・大日如来　　〔高野山真言宗〕

【竹】

0 竹の内御殿《称》　たけのうちごてん〔寺〕
　　京都府京都市左京区・曼殊院　《本尊》阿弥陀如来　　〔天台宗〕
　竹の寺《称》　たけのてら〔寺〕
　　京都府京都市右京区・直指庵　《本尊》阿弥陀如来　　〔単立〕
　竹の寺《称》　たけのてら〔寺〕
　　京都府京都市西京区・地蔵院　《本尊》地蔵菩薩　　〔臨済宗天竜寺派〕
　竹の宮地蔵尊《称》　たけのみやじぞうそん〔寺〕
　　愛媛県松山市・西竜寺　《本尊》釈迦如来　　〔曹洞宗〕
4 竹之御所《称》　たけのごしょ〔寺〕
　　京都府京都市右京区・曇華院　《本尊》十一面観世音菩薩　　〔単立〕
　竹内神社　たけのうちじんじゃ〔社〕
　　千葉県我孫子市　《祭神》天之迦具土命［他］　　〔神社本庁〕
5 竹生神社　たけおじんじゃ〔社〕
　　愛知県新城市　《別称》天神様　《祭神》菅原道真［他］　　〔神社本庁〕
　竹生島の弁天さん《称》　ちくぶじまのべんてんさん〔寺〕
　　滋賀県東浅井郡びわ町・宝厳寺　《本尊》弁才天・千手千眼観世音菩薩　　〔真言宗豊山派〕
　竹生島神社《称》　ちくぶしまじんじゃ〔社〕
　　滋賀県東浅井郡びわ町・都久夫須麻神社　《祭神》市杵島姫命［他］　　〔神社本庁〕
　竹田神社　たけだじんじゃ〔社〕
　　鹿児島県加世田市　《祭神》日新偉霊彦命　　〔神社本庁〕
7 竹谷神社　たけのやじんじゃ〔社〕
　　愛知県蒲郡市　《祭神》伊邪那美命［他］　　〔神社本庁〕
8 竹林寺　ちくりんじ〔寺〕
　　京都府京都市左京区　《本尊》聖観世音菩薩　　〔臨済宗相国寺派〕

神社・寺院名よみかた辞典　253

6画（米，糸，羽）

竹林寺　ちくりんじ〔寺〕
　大阪府大阪市西区　《本尊》阿弥陀如来
　　　　　　　　　　　　　　　〔浄土宗〕
竹林寺　ちくりんじ〔寺〕
　大阪府大阪市中央区　《本尊》阿弥陀如来
　　　　　　　　　　　　　　　〔浄土宗〕
竹林寺　ちくりんじ〔寺〕
　広島県賀茂郡河内町　《本尊》千手観世音菩
　薩・不動明王・十王尊　〔真言宗御室派〕
竹林寺　ちくりんじ〔寺〕
　高知県高知市　《別称》土佐の文殊・四国第
　三一番霊場　《本尊》文殊菩薩・侍者像
　　　　　　　　　　　　　〔真言宗智山派〕
竹林院　ちくりんいん〔寺〕
　奈良県吉野郡吉野町　《本尊》弘法大師
　　　　　　　　　　　　　　　　〔単立〕
竹迫日吉神社　たかばひよしじんじゃ〔社〕
　熊本県菊池郡合志町　《祭神》大己貴命〔他〕
　　　　　　　　　　　　　　　〔神社本庁〕
9 竹屋神社　たかやじんじゃ〔社〕
　鹿児島県加世田市　《祭神》彦火火出見命〔他〕
　　　　　　　　　　　　　　　〔神社本庁〕
竹屋神社　たけやじんじゃ〔社〕
　鹿児島県川辺郡川辺町　《祭神》彦火火出見
　尊〔他〕　　　　　　　　　　〔神社本庁〕
竹神社　たけじんじゃ〔社〕
　三重県多気郡明和町　《祭神》長白羽神〔他〕
　　　　　　　　　　　　　　　〔神社本庁〕
10 竹島天神《称》　たけしまてんじん〔社〕
　鳥取県鳥取市・稲荷神社　《祭神》保食神〔他〕
　　　　　　　　　　　　　　　〔神社本庁〕
竹島弁天《称》　たけしまべんてん〔社〕
　愛知県蒲郡市・八百富神社　《祭神》市杵島
　姫命　　　　　　　　　　　　〔神社本庁〕
11 竹野神社　たけのじんじゃ〔社〕
　京都府京丹後市　《祭神》天照皇大神
　　　　　　　　　　　　　　　〔神社本庁〕
13 竹園社　ちくえんしゃ〔寺〕
　和歌山県海草郡下津町　《本尊》阿弥陀三尊・
　弘法大師　　　　　　　　　　〔西山浄土宗〕
14 竹嶋さん《称》　たけしまさん〔社〕
　愛媛県新居浜市・萩岡神社　《祭神》倉稲魂
　命〔他〕　　　　　　　　　　〔神社本庁〕
15 竹駒寺　たけこまでら〔寺〕
　宮城県岩沼市　《別称》志引の寺　《本尊》不
　動明王・薬師如来・日月天　　〔真言宗智山派〕
竹駒神社　たけこまじんじゃ〔社〕
　岩手県陸前高田市　《別称》お稲荷さま　《祭
　神》倉稲魂命〔他〕　　　　　〔神社本庁〕

竹駒神社　たけこまじんじゃ〔社〕
　宮城県岩沼市　《別称》竹駒稲荷　《祭神》倉
　稲魂神〔他〕　　　　　　　　〔神社本庁〕
竹駒稲荷《称》　たけこまいなり〔社〕
　宮城県岩沼市・竹駒神社　《祭神》倉稲魂神
　〔他〕　　　　　　　　　　　〔神社本庁〕

【米】

3 米山寺　べいさんじ〔寺〕
　広島県三原市　《本尊》釈迦如来　〔曹洞宗〕
4 米之宮《称》　よねのみや〔社〕
　静岡県富士市・米之宮浅間神社　《祭神》木
　花開耶姫命　　　　　　　　　〔神社本庁〕
米之宮浅間神社　よねのみやせんげんじん
　じゃ〔社〕
　静岡県富士市　《別称》米之宮　《祭神》木花
　開耶姫命　　　　　　　　　　〔神社本庁〕
米内沢神社　よないさわじんじゃ〔社〕
　秋田県北秋田郡森吉町　《別称》薬師さん
　《祭神》天照大神〔他〕　　　　〔神社本庁〕
5 米永菅原神社　よねながすがわらじんじゃ
　〔社〕
　石川県松任市　《祭神》菅原大神〔他〕
　　　　　　　　　　　　　　　〔神社本庁〕
7 米来神社　めきじんじゃ〔社〕
　岡山県真庭郡久世町　《祭神》大己貴命〔他〕
　　　　　　　　　　　　　　　〔神社本庁〕
米良神社　めらじんじゃ〔社〕
　宮崎県児湯郡西米良村　《別称》市の宮さ
　ま　《祭神》大山祇命〔他〕　　〔神社本庁〕
10 米倉寺　べいそうじ〔寺〕
　神奈川県足柄上郡中井町　《本尊》釈迦如
　来　　　　　　　　　　　　　〔曹洞宗〕

【糸】

10 糸島の苔寺《称》　いとしまのこけでら〔寺〕
　福岡県糸島郡二丈町・竜国寺　《本尊》観世
　音菩薩　　　　　　　　　　　〔曹洞宗〕
13 糸碕神社　いとさきじんじゃ〔社〕
　広島県三原市　《祭神》帯中津日子命〔他〕
　　　　　　　　　　　　　　　〔神社本庁〕

【羽】

3 羽山積神社　はやまずみじんじゃ〔社〕
　宮崎県えびの市　《別称》狗留孫神社　《祭
　神》伊邪那岐命〔他〕　　　　　〔神社本庁〕
5 羽生田の地蔵さま《称》　はにゅうだのじ
　ぞうさま〔寺〕
　新潟県南蒲原郡田上町・定福寺　《本尊》釈
　迦如来・延命地蔵菩薩　　　　〔曹洞宗〕

254　神社・寺院名よみかた辞典

6画（老）

羽田八幡宮　はだはちまんぐう〔社〕
　愛知県豊橋市　《祭神》品陀和気命
　　　　　　　　　　　　　　　　〔神社本庁〕
羽田光明寺　はねだこうみょうじ〔寺〕
　滋賀県八日市市・光明寺　《本尊》阿弥陀如来
　　　　　　　　　　　　　　　　〔浄土宗〕
羽田神社　はだじんじゃ〔社〕
　宮城県気仙沼市　《祭神》倉稲魂命〔他〕
　　　　　　　　　　　　　　　　〔神社本庁〕
羽田薬師《称》　はねだやくし〔寺〕
　東京都大田区・竜王院　《本尊》薬師如来
　　　　　　　　　　　　　　〔真言宗智山派〕
7羽利神社　はりじんじゃ〔社〕
　愛知県幡豆郡吉良町　《別称》針の宮　《祭神》建稲種命〔他〕　　　　　〔神社本庁〕
羽束師坐高御産日神社　はずかしにますたかみむすびじんじゃ〔社〕
　京都府京都市伏見区　《別称》羽束師神社　《祭神》高皇産霊神〔他〕　　〔神社本庁〕
羽束師神社《称》　はずかじんじゃ〔社〕
　京都府京都市伏見区・羽束師坐高御産日神社　《祭神》高皇産霊神〔他〕　〔神社本庁〕
羽豆神社　はずじんじゃ〔社〕
　愛知県知多郡南知多町　《祭神》建稲種命
　　　　　　　　　　　　　　　　〔神社本庁〕
8羽咋神社　はくいじんじゃ〔社〕
　石川県羽咋市　《祭神》石衝別命〔他〕
　　　　　　　　　　　　　　　　〔神社本庁〕
10羽浦神社　はのうらじんじゃ〔社〕
　徳島県那賀郡羽ノ浦町　《祭神》誉田別命〔他〕
　　　　　　　　　　　　　　　　〔神社本庁〕
11羽梨山神社　はなしやまじんじゃ〔社〕
　茨城県西茨城郡岩間町　《祭神》木花咲也比売命　　　　　　　　　　　〔神社本庁〕
お羽黒さま《称》　おはぐろさま〔社〕
　千葉県君津市・常代神社　《祭神》倉稲魂命
　　　　　　　　　　　　　　　　〔神社本庁〕
羽黒さん《称》　はぐろさん〔社〕
　宮城県石巻市・鳥屋神社　《祭神》猿田彦神〔他〕
お羽黒さん《称》　おはぐろさん〔社〕
　茨城県下館市・羽黒神社　《祭神》大己貴命〔他〕　　　　　　　　　　〔神社本庁〕
羽黒さん《称》　はぐろさん〔社〕
　新潟県佐渡市・羽黒神社　《祭神》倉稲魂命〔他〕　　　　　　　　　　〔神社本庁〕
羽黒三田神社　はぐろみたじんじゃ〔社〕
　東京都西多摩郡奥多摩町　《祭神》高皇産霊神〔他〕　　　　　　　　　〔神社本庁〕

羽黒山神社　はぐろさんじんじゃ〔社〕
　栃木県河内郡上河内町　《別称》河内山《祭神》宇迦之御魂命　　　　　〔神社本庁〕
羽黒山荒沢寺《称》　はぐろさんこうたくじ〔寺〕
　山形県東田川郡羽黒町・荒沢寺　《本尊》三十三観世音菩薩　　　　　〔羽黒山修験本宗〕
羽黒山湯上神社　はぐろさんゆがみじんじゃ〔社〕
　福島県会津若松市　《祭神》玉依姫大神〔他〕　　　　　　　　　　　　〔神社本庁〕
羽黒神社　はぐろじんじゃ〔社〕
　青森県黒石市　《別称》羽黒宮　《祭神》倉稲魂命〔他〕　　　　　　　〔神社本庁〕
羽黒神社　はぐろじんじゃ〔社〕
　宮城県角田市　《祭神》倉稲魂命　〔神社本庁〕
羽黒神社《称》　はぐろじんじゃ〔社〕
　宮城県志田郡松山町・多稼津神社　《祭神》倉稲魂命〔他〕　　　　　　〔神社本庁〕
羽黒神社　はぐろじんじゃ〔社〕
　山形県米沢市関根　《祭神》倉稲魂命〔他〕
　　　　　　　　　　　　　　　　〔神社本庁〕
羽黒神社　はぐろじんじゃ〔社〕
　山形県米沢市赤芝町　《祭神》倉稲魂命
　　　　　　　　　　　　　　　　〔神社本庁〕
羽黒神社　はぐろじんじゃ〔社〕
　山形県南陽市　《祭神》倉稲魂命　〔神社本庁〕
羽黒神社　はぐろじんじゃ〔社〕
　山形県西置賜郡白鷹町　《祭神》保食神〔他〕　　　　　　　　　　　　〔神社本庁〕
羽黒神社　はぐろじんじゃ〔社〕
　茨城県下館市　《別称》お羽黒さん　《祭神》大己貴命〔他〕　　　　　〔神社本庁〕
羽黒神社　はぐろじんじゃ〔社〕
　新潟県佐渡市　《別称》羽黒さん　《祭神》倉稲魂命〔他〕　　　　　　〔神社本庁〕
羽黒神社　はぐろじんじゃ〔社〕
　岡山県倉敷市　《祭神》玉依姫命〔他〕
　　　　　　　　　　　　　　　　〔神社本庁〕
羽黒宮《称》　はぐろぐう〔社〕
　青森県黒石市・羽黒神社　《祭神》倉稲魂命〔他〕　　　　　　　　　　〔神社本庁〕
12羽賀寺　はがじ〔寺〕
　福井県小浜市　《別称》本浄山羽賀寺　《本尊》十一面観世音菩薩　〔高野山真言宗〕
13羽幌神社　はぼろじんじゃ〔社〕
　北海道苫前郡羽幌町　《祭神》豊御食津神
　　　　　　　　　　　　　　　　〔神社本庁〕

【老】
7老尾神社　おいおじんじゃ〔社〕

神社・寺院名よみかた辞典　255

6画（耳, 自）

千葉県八日市場市　《別称》そうしゃさま
《祭神》阿佐比古之命［他］　　〔神社本庁〕

8 老岳神社　おいたけじんじゃ〔社〕
熊本県天草郡有明町　《祭神》猿田彦命
〔神社本庁〕

老松天満社　おいまつてんまんしゃ〔社〕
大分県日田郡前津江村　《祭神》菅原道真
〔神社本庁〕

老松神社　おいまつじんじゃ〔社〕
山口県防府市　《祭神》素盞嗚尊［他］
〔神社本庁〕

老松神社　おいまつじんじゃ〔社〕
長崎県北高来郡高来町　《祭神》菅原道真
〔神社本庁〕

9 老津神社　おいつじんじゃ〔社〕
愛知県豊橋市　《別称》八王子さま　《祭神》
天忍穂耳命［他］　　〔神社本庁〕

【耳】

6 耳成山口神社　みみなしやまくちじんじゃ
〔社〕
奈良県橿原市　《祭神》大山祇神［他］
〔神社本庁〕

【自】

6 自在寺　じざいじ〔寺〕
千葉県木更津市　《本尊》十一面観世音菩薩
〔真言宗豊山派〕

自成寺　じじょうじ〔寺〕
長野県南佐久郡佐久町　《本尊》釈迦如来・文殊菩薩・普賢菩薩　　〔曹洞宗〕

8 自性寺　じしょうじ〔寺〕
栃木県足利市　《本尊》胎蔵界大日如来
〔真言宗豊山派〕

自性寺　じしょうじ〔寺〕
群馬県安中市　《本尊》大日如来
〔真言宗豊山派〕

自性寺　じしょうじ〔寺〕
大分県中津市　《別称》大雅堂　《本尊》釈迦如来　　〔臨済宗妙心寺派〕

自性院　じしょういん〔寺〕
岩手県花巻市　《別称》弘法大師の寺　《本尊》大日如来・十一面観世音菩薩・不動明王　　〔真言宗智山派〕

自性院　じしょういん〔寺〕
秋田県南秋田郡天王町　《本尊》釈迦如来
〔曹洞宗〕

自性院　じしょういん〔寺〕
千葉県佐原市　《別称》談議所の寺　《本尊》不動明王　　〔真言宗豊山派〕

自性院　じしょういん〔寺〕
千葉県成田市　《本尊》釈迦如来・千体地蔵菩薩・弘法大師・興教大師　〔真言宗智山派〕

自性院　じしょういん〔寺〕
千葉県安房郡和田町海発　《別称》浪切寺
《本尊》不動明王　　〔真言宗智山派〕

自性院　じしょういん〔寺〕
千葉県安房郡和田町松田　〔臨済宗建長寺派〕

自性院　じしょういん〔寺〕
東京都新宿区　《別称》猫寺　《本尊》阿弥陀如来　　〔真言宗豊山派〕

自性院　じしょういん〔寺〕
東京都台東区　《別称》愛染かつらのお寺
《本尊》両部大日如来　　〔新義真言宗〕

自性院　じしょういん〔寺〕
東京都江戸川区　《本尊》大日如来
〔真言宗豊山派〕

自性院　じしょういん〔寺〕
静岡県賀茂郡東伊豆町　《本尊》薬師如来
〔曹洞宗〕

自性院　じしょういん〔寺〕
兵庫県豊岡市　《別称》一畑薬師の寺　《本尊》釈迦如来　　〔曹洞宗〕

自性院　じしょういん〔寺〕
島根県松江市　《本尊》延命地蔵菩薩
〔高野山真言宗〕

自性院　じしょういん〔寺〕
岡山県笠岡市　《本尊》薬師如来
〔高野山真言宗〕

9 自泉院　じせんいん〔寺〕
神奈川県足柄下郡真鶴町　《本尊》釈迦如来　　〔曹洞宗〕

11 自得寺　じとくじ〔寺〕
神奈川県横須賀市　《本尊》聖観世音菩薩
〔臨済宗建長寺派〕

自得寺　じとくじ〔寺〕
富山県富山市　《本尊》釈迦如来　〔曹洞宗〕

自得寺　じとくじ〔寺〕
京都府綾部市　《別称》高屋寺　《本尊》阿弥陀如来・釈迦如来　　〔臨済宗妙心寺派〕

12 自証院　じしょういん〔寺〕
東京都新宿区　《別称》こぶ寺　《本尊》阿弥陀如来　　〔天台宗〕

13 自照寺　じしょうじ〔寺〕
鳥取県日野郡日南町　《別称》伯耆小早川公
《本尊》釈迦如来　　〔曹洞宗〕

14 自徳寺　じとくじ〔寺〕
山梨県大月市　《本尊》十一面観世音菩薩
〔臨済宗妙心寺派〕

6画（臼, 舟, 艮, 芋, 虫, 行）

【臼】

4 臼井本坊 《称》　うすいほんぼう〔寺〕
　新潟県白根市・伝誓寺　《本尊》阿弥陀如来
　　　　　　　　　　　　　　　　〔真宗大谷派〕

8 臼杵石仏 《称》　うすきせきぶつ〔寺〕
　大分県臼杵市・月桂寺　〔臨済宗妙心寺派〕

【舟】

4 舟戸天満宮 《称》　ふなとてんまんぐう〔社〕
　栃木県芳賀郡芳賀町・天満宮　《祭神》菅原
　道真　　　　　　　　　　　　　〔神社本庁〕

9 舟城寺　しゅうじょうじ〔寺〕
　新潟県佐渡市　《本尊》阿弥陀如来　〔浄土宗〕

舟津神社　ふなつじんじゃ〔社〕
　福井県鯖江市　《祭神》大彦命［他］
　　　　　　　　　　　　　　　　〔神社本庁〕

【艮】

9 艮神社　うしとらじんじゃ〔社〕
　広島県尾道市　《祭神》伊邪那岐命［他］
　　　　　　　　　　　　　　　　〔神社本庁〕

艮神社　うしとらじんじゃ〔社〕
　広島県福山市　《祭神》伊邪那岐大神［他］
　　　　　　　　　　　　　　　　〔神社本庁〕

【芋】

5 芋代官さま 《称》　いもだいかんさま〔社〕
　島根県大田市・井戸神社　《祭神》井戸平左
　衛門正明　　　　　　　　　　　〔神社本庁〕

【虫】

2 虫八幡 《称》　むしはちまん〔社〕
　京都府京都市左京区・三宅八幡社　《祭神》応
　神天皇　　　　　　　　　　　　〔神社本庁〕

5 虫加持観音 《称》　むしかじかんのん〔寺〕
　神奈川県横浜市瀬谷区・宝蔵寺　《本尊》不
　動明王・観世音菩薩　　　　〔高野山真言宗〕

9 虫封じ中山観音 《称》　むしふうじなかや
　まかんのん〔寺〕
　岡山県倉敷市・宝島寺　《本尊》十一面観世
　音菩薩　　　　　　　　　　〔真言宗御室派〕

11 虫野神社　むしのじんじゃ〔社〕
　島根県松江市　《祭神》大穴貴尊［他］
　　　　　　　　　　　　　　　　〔神社本庁〕

虫鹿神社　むしがじんじゃ〔社〕
　愛知県犬山市　《祭神》国常立尊［他］
　　　　　　　　　　　　　　　　〔神社本庁〕

【行】

4 行元寺　ぎょうがんじ〔寺〕
　千葉県夷隅郡夷隅町　《本尊》阿弥陀如来
　　　　　　　　　　　　　　　　　〔天台宗〕

5 行田八幡神社　ぎょうだはちまんじんじゃ
　〔社〕
　埼玉県行田市　《祭神》品陀別命［他］
　　　　　　　　　　　　　　　　〔神社本庁〕

6 行伝寺　ぎょうでんじ〔寺〕
　埼玉県川越市　《本尊》十界曼荼羅　〔日蓮宗〕

行合寺　ぎょうごうじ〔寺〕
　福島県郡山市　《本尊》阿弥陀如来　〔天台宗〕

7 行住院　ぎょうじゅいん〔寺〕
　京都府京都市南区　《本尊》阿弥陀如来
　　　　　　　　　　　　　　　　　〔浄土宗〕

9 行泉寺　ぎょうせんじ〔寺〕
　栃木県小山市　《本尊》阿弥陀如来
　　　　　　　　　　　　　　〔浄土真宗本願寺派〕

11 行基寺　ぎょうぎじ〔寺〕
　岐阜県海津郡南濃町　《本尊》阿弥陀如来
　　　　　　　　　　　　　　　　　〔浄土宗〕

12 行善寺　ぎょうぜんじ〔寺〕
　東京都世田谷区　《本尊》阿弥陀如来
　　　　　　　　　　　　　　　　　〔浄土宗〕

行善寺　ぎょうぜんじ〔寺〕
　石川県松任市　《本尊》日蓮聖人奠定の大曼
　荼羅　　　　　　　　　　　　　　〔日蓮宗〕

行善寺　ぎょうぜんじ〔寺〕
　山梨県南アルプス市　《本尊》十界大曼荼
　羅　　　　　　　　　　　　　　　〔日蓮宗〕

行満寺　ぎょうまんじ〔寺〕
　福岡県遠賀郡遠賀町　《本尊》阿弥陀如来
　　　　　　　　　　　　　　〔浄土真宗本願寺派〕

行過天満宮　ゆきすぎてんまんぐう〔社〕
　滋賀県高島郡今津町　　　　　〔神社本庁〕

行雲寺　ぎょううんじ〔寺〕
　愛知県名古屋市中川区　《本尊》阿弥陀如
　来　　　　　　　　　　　　　〔真宗大谷派〕

行順寺　ぎょうじゅんじ〔寺〕
　三重県いなべ市　《本尊》阿弥陀如来
　　　　　　　　　　　　　　　〔真宗大谷派〕

13 行勧寺　ぎょうかんじ〔寺〕
　石川県石川郡白峰村　《本尊》阿弥陀如来
　　　　　　　　　　　　　　　〔真宗大谷派〕

14 行徳寺　ぎょうとくじ〔寺〕
　富山県東礪波郡上平村　《別称》赤尾道宗寺
　《本尊》阿弥陀如来　　　　　〔真宗大谷派〕

行徳寺　ぎょうとくじ〔寺〕
　愛知県豊田市　《本尊》阿弥陀如来
　　　　　　　　　　　　　　　〔真宗大谷派〕

神社・寺院名よみかた辞典　257

6画（衣，西）

行徳寺　ぎょうとくじ〔寺〕
　滋賀県坂田郡伊吹町　《本尊》阿弥陀如来
　　　　　　　　　　　　　　　〔真宗大谷派〕
15 行蔵寺　ぎょうぞうじ〔寺〕
　滋賀県栗東市　《本尊》阿弥陀如来
　　　　　　　　　　　　　　　〔真宗大谷派〕
16 行縢神社　むかばきじんじゃ〔社〕
　宮崎県延岡市　《祭神》伊弉冉尊〔他〕
　　　　　　　　　　　　　　　〔神社本庁〕
行興寺　ぎょうこうじ〔寺〕
　静岡県磐田郡豊田町　《別称》ゆやでら　《本尊》阿弥陀如来　　　　　　〔時宗〕
19 行願寺　ぎょうがんじ〔寺〕
　滋賀県彦根市　《本尊》阿弥陀如来
　　　　　　　　　　　　　　〔浄土真宗本願寺派〕
行願寺　ぎょうがんじ〔寺〕
　京都府京都市中京区　《別称》革堂・西国第一九番霊場　《本尊》千手観世音菩薩
　　　　　　　　　　　　　　　〔天台宗〕

【衣】

8 衣奈八幡神社　えなはちまんじんじゃ〔社〕
　和歌山県日高郡由良町　《祭神》応神天皇〔他〕
　　　　　　　　　　　　　　　〔神社本庁〕

【西】

0 西の本山《称》　にしのほんざん〔寺〕
　山口県豊浦郡菊川町・快友寺　《本尊》阿弥陀如来　　　　　　　〔西山浄土宗〕
西の坊《称》　にしのぼう〔寺〕
　大分県東国東郡国東町・興導寺　《本尊》火燃地蔵菩薩　　　　　　　〔天台宗〕
西の宮《称》　にしのみや〔社〕
　富山県滑川市・加積雪嶋神社　《祭神》大山咋命　　　　　　　　　〔神社本庁〕
西の宮《称》　にしのみや〔社〕
　広島県広島市安佐北区・両延神社　《祭神》神倭伊波礼毘古命〔他〕　　〔神社本庁〕
西の宮《称》　にしのみや〔社〕
　広島県御調郡向島町・八幡神社　《祭神》品陀和気命〔他〕　　　　　〔神社本庁〕
西の宮《称》　にしのみや〔社〕
　山口県豊浦郡豊田町・西八幡社　《祭神》誉田別命〔他〕　　　　　　〔神社本庁〕
西の宮八幡宮《称》　にしのみやはちまんぐう〔社〕
　佐賀県三養基郡三根町・八幡神社　《祭神》誉田別命〔他〕　　　　　〔神社本庁〕
西の高野《称》　にしのこうや〔寺〕
　山口県山口市・禅昌寺　《本尊》釈迦如来
　　　　　　　　　　　　　　　〔曹洞宗〕

西の高野《称》　にしのこうや〔寺〕
　徳島県阿南市・太竜寺　《本尊》虚空蔵菩薩
　　　　　　　　　　　　　　　〔高野山真言宗〕
西ノ坊《称》　にしのぼう〔寺〕
　京都府京都市下京区・長性院　《本尊》阿弥陀如来　　　　　　　〔真宗仏光寺派〕
西ノ神《称》　にしのかみ〔社〕
　福井県遠敷郡上中町・須部神社　《祭神》蛭子大神〔他〕　　　　　〔神社本庁〕
西ノ宮神社　にしのみやじんじゃ〔社〕
　群馬県桐生市　美和神社末社　《祭神》事代主命　　　　　　　　　〔神社本庁〕
2 西八幡宮《称》　にしはちまんぐう〔社〕
　島根県能義郡伯太町・八幡宮　《祭神》誉田別命〔他〕　　　　　　〔神社本庁〕
西八幡宮　にしはちまんぐう〔社〕
　山口県美祢市　《別称》大乃宮　《祭神》品陀別命〔他〕　　　　　〔神社本庁〕
西八幡宮　にしはちまんぐう〔社〕
　山口県豊浦郡豊田町　《別称》西の宮　《祭神》誉田別命〔他〕　　〔神社本庁〕
3 西上寺　さいじょうじ〔寺〕
　大阪府泉佐野市　《本尊》阿弥陀如来
　　　　　　　　　　　　　　　〔浄土宗〕
西久保さま《称》　にしくぼさま〔社〕
　岡山県和気郡和気町・由加神社　《祭神》由加大神〔他〕　　　　　〔神社本庁〕
西久保八幡さま《称》　にしくぼはちまんさま〔社〕
　東京都港区・八幡神社　《祭神》品陀和気命〔他〕　　　　　　　　〔神社本庁〕
西大寺　さいだいじ〔寺〕
　奈良県奈良市　《別称》総本山・南都七大寺　《本尊》釈迦如来　　　〔真言律宗〕
西大寺　さいだいじ〔寺〕
　岡山県岡山市　《別称》西大寺観音　《本尊》千手観世音菩薩　　　〔高野山真言宗〕
西大寺観音《称》　さいだいじかんのん〔寺〕
　岡山県岡山市・西大寺　《本尊》千手観世音菩薩　　　　　　　　　〔高野山真言宗〕
西大谷《称》　にしおたに〔寺〕
　京都府京都市東山区・西本願寺大谷本廟　《本尊》親鸞聖人　　〔浄土真宗本願寺派〕
西大野八幡神社　にしおおのはちまんじんじゃ〔社〕
　福岡県北九州市小倉南区　《祭神》息長帯比売命〔他〕　　　　　　〔神社本庁〕
西小松川香取神社《称》　にしこまつがわかとりじんじゃ〔社〕
　東京都江戸川区・香取神社　《祭神》経津主命〔他〕　　　　　　　〔神社本庁〕

西山のお薬師様《称》　にしやまのおやく
　しさま〔寺〕
　　新潟県東蒲原郡上川村・日光寺　《本尊》薬
　　師如来・阿弥陀如来　　　　　　〔天台宗〕
西山の観音《称》　にしやまのかんのん〔寺〕
　　愛媛県松山市・真光寺　《本尊》十一面観世
　　音菩薩　　　　　　　　　　〔高野山真言宗〕
西山光国寺《称》　にしやまこうごくじ〔寺〕
　　新潟県上越市・光国寺　《本尊》阿弥陀如来
　　　　　　　　　　　　　〔浄土真宗本願寺派〕
西山御坊《称》　にしやまごぼう〔寺〕
　　京都府京都市西京区・西本願寺西山別院
　　《本尊》阿弥陀如来　　〔浄土真宗本願寺派〕
西山観音《称》　にしやまかんのん〔寺〕
　　愛媛県周桑郡丹原町・興隆寺　《本尊》千手
　　観世音菩薩・歓喜天・石鎚大権現・文殊菩
　　薩・弘法大師・不動明王　　〔真言宗醍醐派〕
4西之内の宮《称》　にしのうちのみや〔社〕
　　大阪府岸和田市・兵主神社　《祭神》天照大
　　神〔他〕　　　　　　　　　　　〔神社本庁〕
西之坊　にしのぼう〔寺〕
　　静岡県沼津市　《本尊》日蓮聖人奠定の十界
　　勧請大曼荼羅　　　　　　　〔法華宗(本門流)〕
西元寺　さいげんじ〔寺〕
　　滋賀県坂田郡山東町　《本尊》阿弥陀如来
　　　　　　　　　　　　　　　　〔真宗大谷派〕
西円寺　さいえんじ〔寺〕
　　宮城県伊具郡丸森町　《本尊》釈迦如来
　　　　　　　　　　　　　　　　　〔曹洞宗〕
西円寺　さいえんじ〔寺〕
　　福島県耶麻郡猪苗代町　《本尊》阿弥陀如
　　来　　　　　　　　　　　〔浄土真宗本願寺派〕
西円寺　さいえんじ〔寺〕
　　富山県婦負郡婦中町　《本尊》阿弥陀如来
　　　　　　　　　　　　　　　　〔真宗大谷派〕
西円寺　さいえんじ〔寺〕
　　愛知県田原市　《本尊》阿弥陀如来
　　　　　　　　　　　　　　　　〔真宗大谷派〕
西円寺　さいえんじ〔寺〕
　　滋賀県坂田郡近江町　　　　　　〔黄檗宗〕
西円寺　さいえんじ〔寺〕
　　兵庫県龍野市　《本尊》阿弥陀如来
　　　　　　　　　　　　　〔浄土真宗本願寺派〕
西円寺　さいえんじ〔寺〕
　　広島県福山市　《本尊》阿弥陀如来
　　　　　　　　　　　　　〔浄土真宗本願寺派〕
西方尼寺　さいほうにじ〔寺〕
　　京都府京都市上京区　《別称》しんせい　《本
　　尊》阿弥陀如来　　　　　　　〔天台真盛宗〕

西方尼院　さいほうにいん〔寺〕
　　大阪府南河内郡太子町　《本尊》阿弥陀如
　　来　　　　　　　　　　　　　　〔浄土宗〕
西方寺　さいほうじ〔寺〕
　　宮城県仙台市青葉区　《別称》じょうぎ如来
　　《本尊》阿弥陀如来　　　　　　〔浄土宗〕
西方寺　さいほうじ〔寺〕
　　福島県郡山市　《本尊》阿弥陀如来・大日如
　　来・薬師如来・蛇骨地蔵菩薩・不動明王
　　　　　　　　　　　　　　　　〔天台宗〕
西方寺　さいほうじ〔寺〕
　　群馬県桐生市　《本尊》阿弥陀如来
　　　　　　　　　　　　　　〔臨済宗建長寺派〕
西方寺　さいほうじ〔寺〕
　　埼玉県川口市　《本尊》阿弥陀三尊　〔浄土宗〕
西方寺　さいほうじ〔寺〕
　　東京都杉並区　《本尊》阿弥陀如来　〔浄土宗〕
西方寺　さいほうじ〔寺〕
　　東京都豊島区　《別称》土手の道哲・なげこ
　　み寺　《本尊》阿弥陀如来　　　　〔浄土宗〕
西方寺　さいほうじ〔寺〕
　　神奈川県横浜市港北区　《別称》大本山・黒
　　本尊のお寺　《本尊》阿弥陀如来
　　　　　　　　　　　　　　　　〔神変真言宗〕
西方寺　さいほうじ〔寺〕
　　新潟県新潟市　《別称》さかさだけ御旧跡
　　《本尊》阿弥陀如来・親鸞聖人
　　　　　　　　　　　　　　　　〔真宗大谷派〕
西方寺　さいほうじ〔寺〕
　　新潟県長岡市　《本尊》阿弥陀如来
　　　　　　　　　　　　　　　　〔真宗大谷派〕
西方寺　さいほうじ〔寺〕
　　新潟県柏崎市　《本尊》阿弥陀如来
　　　　　　　　　　　　　　　　〔真宗大谷派〕
西方寺　さいほうじ〔寺〕
　　新潟県上越市　《別称》本坊　《本尊》阿弥陀
　　如来　　　　　　　　　　　　〔真宗大谷派〕
西方寺　さいほうじ〔寺〕
　　新潟県佐渡市　《本尊》大日如来
　　　　　　　　　　　　　　　　〔真言宗豊山派〕
西方寺　さいほうじ〔寺〕
　　富山県砺波市　《本尊》阿弥陀如来
　　　　　　　　　　　　　　　　〔真宗大谷派〕
西方寺　さいほうじ〔寺〕
　　山梨県富士吉田市　《本尊》阿弥陀如来
　　　　　　　　　　　　　　　　〔浄土宗〕
西方寺　さいほうじ〔寺〕
　　長野県長野市　《本尊》阿弥陀如来　〔浄土宗〕
西方寺　さいほうじ〔寺〕
　　長野県佐久市　《本尊》阿弥陀如来　〔浄土宗〕

神社・寺院名よみかた辞典　259

6画（西）

西方寺　さいほうじ〔寺〕
　岐阜県岐阜市　《本尊》阿弥陀如来　〔浄土宗〕
西方寺　さいほうじ〔寺〕
　岐阜県羽島市　《別称》太子寺　《本尊》阿弥陀如来　〔真宗大谷派〕
西方寺　さいほうじ〔寺〕
　愛知県名古屋市熱田区　《本尊》阿弥陀如来　〔真宗大谷派〕
西方寺　さいほうじ〔寺〕
　愛知県安城市　《本尊》阿弥陀如来　〔真宗大谷派〕
西方寺　さいほうじ〔寺〕
　愛知県西春日井郡西枇杷島町　《本尊》阿弥陀如来　〔真宗大谷派〕
西方寺　さいほうじ〔寺〕
　三重県松阪市　《本尊》阿弥陀如来　〔浄土宗〕
西方寺　さいほうじ〔寺〕
　三重県一志郡嬉野町　《本尊》阿弥陀如来　〔真宗高田派〕
西方寺　さいほうじ〔寺〕
　滋賀県大津市松本　《本尊》阿弥陀如来　〔浄土宗〕
西方寺　さいほうじ〔寺〕
　滋賀県大津市田上里町　《本尊》阿弥陀如来　〔浄土宗〕
西方寺　さいほうじ〔寺〕
　滋賀県大津市北大路　《本尊》阿弥陀如来　〔真宗興正派〕
西方寺　さいほうじ〔寺〕
　滋賀県近江八幡市　《本尊》阿弥陀如来　〔天台真盛派〕
西方寺　さいほうじ〔寺〕
　滋賀県草津市　《本尊》阿弥陀如来　〔浄土宗〕
西方寺　さいほうじ〔寺〕
　滋賀県甲賀郡水口町　《本尊》阿弥陀如来　〔浄土宗〕
西方寺　さいほうじ〔寺〕
　京都府京都市北区　《本尊》阿弥陀如来　〔浄土宗〕
西方寺　さいほうじ〔寺〕
　京都府京都市左京区　《別称》東山西方寺　《本尊》阿弥陀如来　〔浄土宗〕
西方寺　さいほうじ〔寺〕
　京都府京都市伏見区　《本尊》阿弥陀如来　〔真宗大谷派〕
西方寺　さいほうじ〔寺〕
　京都府宇治市　《別称》弥陀次郎　《本尊》阿弥陀如来　〔浄土宗〕
西方寺　さいほうじ〔寺〕
　京都府京田辺市　《別称》山城善光寺さん　《本尊》阿弥陀三尊　〔黒谷浄土宗〕

西方寺　さいほうじ〔寺〕
　京都府京丹後市　《本尊》阿弥陀如来　〔浄土宗〕
西方寺　さいほうじ〔寺〕
　大阪府大阪市天王寺区　《本尊》阿弥陀如来　〔浄土宗〕
西方寺　さいほうじ〔寺〕
　大阪府大阪市浪速区　《別称》合邦辻閻魔堂　《本尊》阿弥陀如来・閻魔法王　〔融通念仏宗〕
西方寺　さいほうじ〔寺〕
　大阪府岸和田市　《本尊》阿弥陀如来　〔浄土宗〕
西方寺　さいほうじ〔寺〕
　大阪府茨木市　《本尊》阿弥陀如来　〔浄土真宗本願寺派〕
西方寺　さいほうじ〔寺〕
　大阪府泉佐野市　《別称》北出の西方寺　《本尊》阿弥陀如来　〔真宗大谷派〕
西方寺　さいほうじ〔寺〕
　大阪府富田林市　《別称》谷の寺　《本尊》阿弥陀如来　〔浄土宗〕
西方寺　さいほうじ〔寺〕
　兵庫県西宮市　《本尊》阿弥陀如来　〔浄土宗〕
西方寺　さいほうじ〔寺〕
　兵庫県三田市　《本尊》阿弥陀如来　〔浄土真宗本願寺派〕
西方寺　さいほうじ〔寺〕
　兵庫県宍粟郡千種町　《本尊》十一面観世音菩薩　〔高野山真言宗〕
西方寺　さいほうじ〔寺〕
　奈良県奈良市　《本尊》阿弥陀如来　〔西山浄土宗〕
西方寺　さいほうじ〔寺〕
　奈良県大和郡山市　《別称》抜け寺　《本尊》阿弥陀如来　〔浄土宗〕
西方寺　さいほうじ〔寺〕
　奈良県五條市　《本尊》厄除弘法大師　〔高野山真言宗〕
西方寺　さいほうじ〔寺〕
　奈良県香芝市　《本尊》阿弥陀如来　〔浄土宗〕
西方寺　さいほうじ〔寺〕
　和歌山県和歌山市　《本尊》阿弥陀如来　〔浄土宗〕
西方寺　さいほうじ〔寺〕
　和歌山県田辺市　《本尊》阿弥陀如来　〔浄土宗〕
西方寺　さいほうじ〔寺〕
　鳥取県八頭郡若桜町　《本尊》阿弥陀如来　〔浄土宗西山禅林寺派〕

6画（西）

西方寺　さいほうじ〔寺〕
　島根県安来市　《本尊》阿弥陀如来　〔浄土宗〕
西方寺　さいほうじ〔寺〕
　島根県江津市　《本尊》阿弥陀如来
　　　　　　　　　　　　　　〔浄土真宗本願寺派〕
西方寺　さいほうじ〔寺〕
　島根県大原郡大東町　《別称》やけどの寺
　《本尊》阿弥陀三尊　　　〔臨済宗妙心寺派〕
西方寺　さいほうじ〔寺〕
　岡山県真庭郡新庄村　《本尊》阿弥陀如来
　　　　　　　　　　　　　　〔臨済宗妙心寺派〕
西方寺　さいほうじ〔寺〕
　広島県竹原市　《本尊》阿弥陀如来　〔浄土宗〕
西方寺　さいほうじ〔寺〕
　山口県熊毛郡上関町　《本尊》阿弥陀如来
　　　　　　　　　　　　　　　　　〔浄土宗〕
西方寺　さいほうじ〔寺〕
　香川県高松市　《別称》西方寺山遊園地　《本
　尊》阿弥陀如来　　　　　　　　　〔浄土宗〕
西方寺　さいほうじ〔寺〕
　福岡県福岡市博多区　《本尊》阿弥陀如来
　　　　　　　　　　　　　　　　　〔浄土宗〕
西方寺　さいほうじ〔寺〕
　福岡県久留米市　《別称》赤塀の寺　《本尊》
　阿弥陀如来・観世音菩薩・勢至菩薩
　　　　　　　　　　　　　　　　　〔浄土宗〕
西方寺　さいほうじ〔寺〕
　福岡県柳川市　《本尊》阿弥陀如来
　　　　　　　　　　　　　　〔浄土真宗本願寺派〕
西方寺　さいほうじ〔寺〕
　福岡県三井郡北野町　《本尊》阿弥陀如来
　　　　　　　　　　　　　　　　　〔浄土宗〕
西方寺　さいほうじ〔寺〕
　長崎県佐世保市　《本尊》釈迦如来　〔曹洞宗〕
西方寺　さいほうじ〔寺〕
　長崎県島原市　《本尊》阿弥陀如来
　　　　　　　　　　　　　　〔浄土真宗本願寺派〕
西方寺　さいほうじ〔寺〕
　鹿児島県川内市　《本尊》釈迦如来　〔曹洞宗〕
西方院　さいほういん〔寺〕
　埼玉県南埼玉郡宮代町　《別称》赤門　《本
　尊》阿弥陀如来　　　　　　〔真言宗智山派〕
西方院　さいほういん〔寺〕
　愛知県名古屋市南区　《本尊》不動明王
　　　　　　　　　　　　　　　〔真言宗智山派〕
西方院　さいほういん〔寺〕
　兵庫県神戸市垂水区　《本尊》地蔵菩薩
　　　　　　　　　　　　　　　〔高野山真言宗〕
西方院　さいほういん〔寺〕
　奈良県奈良市　《別称》唐招提寺奥の院　《本
　尊》阿弥陀如来　　　　　　　　　　〔律宗〕

西方院　さいほういん〔寺〕
　岡山県小田郡矢掛町　《本尊》不動明王・阿
　弥陀如来　　　　　　　　　　〔高野山真言宗〕
5西丘神社　にしおかじんじゃ〔社〕
　群馬県邑楽郡板倉町　《別称》子赤城明神
　《祭神》豊城入彦命〔他〕　　　　〔神社本庁〕
西古渡神社　にしふるわたりじんじゃ〔社〕
　愛知県名古屋市中川区　《祭神》須佐之男大
　神〔他〕　　　　　　　　　　　　〔神社本庁〕
西広寺　さいこうじ〔寺〕
　群馬県安中市　《本尊》阿弥陀如来
　　　　　　　　　　　　　　　　〔真宗大谷派〕
西弘寺　さいこうじ〔寺〕
　三重県松阪市　《本尊》阿弥陀如来
　　　　　　　　　　　　　　　　〔真宗大谷派〕
西本願寺《称》　にしほんがんじ〔寺〕
　京都府京都市下京区・本願寺　《本尊》阿弥
　陀如来　　　　　　　　　　〔浄土真宗本願寺派〕
西本願寺人吉別院　にしほんがんじひとよ
　しべついん〔寺〕
　熊本県人吉市　《本尊》阿弥陀如来
　　　　　　　　　　　　　　〔浄土真宗本願寺派〕
西本願寺三条別院　にしほんがんじさんじ
　ょうべついん〔寺〕
　新潟県三条市　《別称》三条西別院　《本尊》
　阿弥陀如来　　　　　　　　〔浄土真宗本願寺派〕
西本願寺三河別院　にしほんがんじみかわ
　べついん〔寺〕
　愛知県岡崎市　《別称》西別院　《本尊》阿弥
　陀如来　　　　　　　　　　〔浄土真宗本願寺派〕
西本願寺与板別院　にしほんがんじよいた
　べついん〔寺〕
　新潟県三島郡与板町　《本尊》阿弥陀如来
　　　　　　　　　　　　　　〔浄土真宗本願寺派〕
西本願寺大牟田別院　にしほんがんじおお
　むたべついん〔寺〕
　福岡県大牟田市　《別称》お西さん　《本尊》
　阿弥陀如来　　　　　　　　〔浄土真宗本願寺派〕
西本願寺大谷本廟　にしほんがんじおおた
　にほんびょう〔寺〕
　京都府京都市東山区　《別称》西大谷　《本
　尊》親鸞聖人　　　　　　　〔浄土真宗本願寺派〕
西本願寺小樽別院　にしほんがんじおたる
　べついん〔寺〕
　北海道小樽市　《別称》西別院　《本尊》阿弥
　陀如来　　　　　　　　　　〔浄土真宗本願寺派〕
西本願寺山科別院　にしほんがんじやまし
　なべついん〔寺〕
　京都府京都市山科区　《別称》西御坊　《本
　尊》阿弥陀如来　　　　　　〔浄土真宗本願寺派〕

西本願寺井波別院　にしほんがんじいなみべついん〔寺〕
　富山県東礪波郡井波町　《別称》西別院　《本尊》阿弥陀如来　〔浄土真宗本願寺派〕
西本願寺日高別院　にしほんがんじひだかべついん〔寺〕
　和歌山県御坊市　《別称》御坊御堂　《本尊》阿弥陀如来　〔浄土真宗本願寺派〕
西本願寺日野別堂誕生院　にしほんがんじひのべつどうたんじょういん〔寺〕
　京都府京都市伏見区　《別称》誕生院　《本尊》阿弥陀如来・親鸞聖人　〔浄土真宗本願寺派〕
西本願寺仙台別院　にしほんがんじせんだいべついん〔寺〕
　宮城県仙台市青葉区　《本尊》阿弥陀如来　〔浄土真宗本願寺派〕
西本願寺北山別院　にしほんがんじきたやまべついん〔寺〕
　京都府京都市左京区　《別称》北山御坊　《本尊》阿弥陀如来　〔浄土真宗本願寺派〕
西本願寺四日市別院　にしほんがんじよっかいちべついん〔寺〕
　大分県宇佐市　《別称》四日市御坊　《本尊》阿弥陀如来　〔浄土真宗本願寺派〕
西本願寺広島別院　にしほんがんじひろしまべついん〔寺〕
　広島県広島市中区　《本尊》阿弥陀如来　〔浄土真宗本願寺派〕
西本願寺札幌別院　にしほんがんじさっぽろべついん〔寺〕
　北海道札幌市中央区　《別称》西別院　《本尊》阿弥陀如来　〔浄土真宗本願寺派〕
西本願寺吉崎別院　にしほんがんじよしざきべついん〔寺〕
　福井県あわら市　《別称》吉崎御坊　《本尊》阿弥陀如来　〔浄土真宗本願寺派〕
西本願寺名古屋別院　にしほんがんじなごやべついん〔寺〕
　愛知県名古屋市中区　《別称》西別院　《本尊》阿弥陀如来　〔浄土真宗本願寺派〕
西本願寺江差別院　にしほんがんじえさしべついん〔寺〕
　北海道檜山郡江差町　《別称》西別院　《本尊》阿弥陀如来　〔浄土真宗本願寺派〕
西本願寺西山別院　にしほんがんじにしやまべついん〔寺〕
　京都府京都市西京区　《別称》西山御坊　《本尊》阿弥陀如来　〔浄土真宗本願寺派〕
西本願寺兵庫別院　にしほんがんじひょうごべついん〔寺〕
　兵庫県神戸市中央区　《本尊》阿弥陀如来　〔浄土真宗本願寺派〕
西本願寺別府別院　にしほんがんじべっぷべついん〔寺〕
　大分県別府市　《別称》本願寺　《本尊》阿弥陀如来　〔浄土真宗本願寺派〕
西本願寺尾崎別院　にしほんがんじおさきべついん〔寺〕
　大阪府阪南市　《別称》尾崎御坊　《本尊》阿弥陀如来　〔浄土真宗本願寺派〕
西本願寺岐阜別院　にしほんがんじぎふべついん〔寺〕
　岐阜県岐阜市　《別称》西別院　《本尊》阿弥陀如来　〔浄土真宗本願寺派〕
西本願寺角坊別院　にしほんがんじすみのぼうべついん〔寺〕
　京都府京都市右京区　《別称》角の御坊　《本尊》阿弥陀如来　〔浄土真宗本願寺派〕
西本願寺赤野井別院　にしほんがんじあかのいべついん〔寺〕
　滋賀県守山市　《別称》西別院　《本尊》阿弥陀如来　〔浄土真宗本願寺派〕
西本願寺近松別院　にしほんがんじちかまつべついん〔寺〕
　滋賀県大津市　《別称》近松御坊　《本尊》阿弥陀如来　〔浄土真宗本願寺派〕
西本願寺函館別院　にしほんがんじはこだてべついん〔寺〕
　北海道函館市　《本尊》阿弥陀如来　〔浄土真宗本願寺派〕
西本願寺国府別院　にしほんがんじこくぶべついん〔寺〕
　新潟県上越市　《別称》小丸山別院　《本尊》阿弥陀如来　〔浄土真宗本願寺派〕
西本願寺松本別院　にしほんがんじまつもとべついん〔寺〕
　長野県松本市　《別称》本願寺　《本尊》阿弥陀如来　〔浄土真宗本願寺派〕
西本願寺金沢別院　にしほんがんじかなざわべついん〔寺〕
　石川県金沢市　《本尊》阿弥陀如来　〔浄土真宗本願寺派〕
西本願寺長浜別院　にしほんがんじながはまべついん〔寺〕
　滋賀県長浜市　《本尊》阿弥陀如来　〔浄土真宗本願寺派〕
西本願寺長野別院　にしほんがんじながのべついん〔寺〕
　長野県長野市　《別称》別院　《本尊》阿弥陀如来　〔浄土真宗本願寺派〕

6画（西）

西本願寺津村別院　にしほんがんじつむらべついん〔寺〕
　大阪府大阪市中央区　《別称》北御堂　《本尊》阿弥陀如来　〔浄土真宗本願寺派〕

西本願寺神戸別院　にしほんがんじこうべべついん〔寺〕
　兵庫県神戸市中央区　《本尊》阿弥陀如来
　　　　　　　　　　〔浄土真宗本願寺派〕

西本願寺帯広別院　にしほんがんじおびひろべついん〔寺〕
　北海道帯広市　《別称》西別院　《本尊》阿弥陀如来　〔浄土真宗本願寺派〕

西本願寺高知別院　にしほんがんじこうちべついん〔寺〕
　高知県高知市　《本尊》阿弥陀如来
　　　　　　　　　　〔浄土真宗本願寺派〕

西本願寺笠松別院　にしほんがんじかさまつべついん〔寺〕
　岐阜県羽島郡笠松町　《別称》西別院　《本尊》阿弥陀如来　〔浄土真宗本願寺派〕

西本願寺鹿児島別院　にしほんがんじかごしまべついん〔寺〕
　鹿児島県鹿児島市　《別称》西別院　《本尊》阿弥陀如来　〔浄土真宗本願寺派〕

西本願寺黒野別院　にしほんがんじくろのべついん〔寺〕
　岐阜県岐阜市　《本尊》阿弥陀如来
　　　　　　　　　　〔浄土真宗本願寺派〕

西本願寺富山別院　にしほんがんじとやまべついん〔寺〕
　富山県富山市　《別称》富山本願寺　《本尊》阿弥陀如来　〔浄土真宗本願寺派〕

西本願寺萩別院　にしほんがんじはぎべついん〔寺〕
　山口県萩市　《別称》別院　《本尊》阿弥陀如来　〔浄土真宗本願寺派〕

西本願寺福井別院　にしほんがんじふくいべついん〔寺〕
　福井県福井市　《別称》西別院　《本尊》阿弥陀如来　〔浄土真宗本願寺派〕

西本願寺熊本別院　にしほんがんじくまもとべついん〔寺〕
　熊本県熊本市　《本尊》阿弥陀如来
　　　　　　　　　　〔浄土真宗本願寺派〕

西本願寺築地別院　にしほんがんじつきじべついん〔寺〕
　東京都中央区　《別称》築地本願寺　《本尊》阿弥陀如来　〔浄土真宗本願寺派〕

西本願寺鎮西別院　にしほんがんじちんぜいべついん〔寺〕
　福岡県北九州市門司区　《本尊》阿弥陀如来　〔浄土真宗本願寺派〕

西本願寺鷺森別院　にしほんがんじさぎのもりべついん〔寺〕
　和歌山県和歌山市　《別称》御坊さん　《本尊》阿弥陀如来　〔浄土真宗本願寺派〕

西本願寺鷺森別院岡崎支坊　にしほんがんじさぎのもりべついんおかざきしぼう〔寺〕
　和歌山県和歌山市　《別称》岡崎御坊　《本尊》阿弥陀如来　〔浄土真宗本願寺派〕

西正寺　さいしょうじ〔寺〕
　兵庫県尼崎市　《本尊》阿弥陀如来
　　　　　　　　　　〔浄土真宗本願寺派〕

西正寺　さいしょうじ〔寺〕
　兵庫県神崎郡福崎町　《本尊》阿弥陀如来
　　　　　　　　　　〔浄土真宗本願寺派〕

西正寺　さいしょうじ〔寺〕
　愛媛県新居浜市　《本尊》阿弥陀如来
　　　　　　　　　　〔浄土真宗本願寺派〕

西正寺　さいしょうじ〔寺〕
　鹿児島県曽於郡財部町　《本尊》阿弥陀如来　〔真宗木辺派〕

西生寺　さいじょうじ〔寺〕
　新潟県三島郡寺泊町　《別称》弘智法印霊場　《本尊》阿弥陀如来・弘智法印肉身仏
　　　　　　　　　　〔真言宗智山派〕

西生寺　さいしょうじ〔寺〕
　岐阜県中津川市　《本尊》阿弥陀如来
　　　　　　　　　　〔真宗大谷派〕

西生寺　さいしょうじ〔寺〕
　福岡県北九州市門司区　《本尊》阿弥陀如来　〔西山浄土宗〕

西白寺　さいはくじ〔寺〕
　大分県東国東郡安岐町　《本尊》聖観世音菩薩　〔臨済宗妙心寺派〕

西立寺　さいりゅうじ〔寺〕
　神奈川県横浜市戸塚区　《本尊》阿弥陀如来　〔浄土宗〕

6 西休寺　さいきゅうじ〔寺〕
　大分県竹田市　《本尊》阿弥陀如来
　　　　　　　　　　〔真宗大谷派〕

西伝寺　せいでんじ〔寺〕
　静岡県浜松市　《本尊》阿弥陀如来　〔浄土宗〕

西光寺　さいこうじ〔寺〕
　北海道稚内市　《本尊》阿弥陀如来　〔浄土宗〕

西光寺　さいこうじ〔寺〕
　岩手県一関市　《本尊》釈迦三尊　〔曹洞宗〕

西光寺　さいこうじ〔寺〕
　宮城県古川市　《本尊》釈迦如来　〔曹洞宗〕

西光寺　さいこうじ〔寺〕
　宮城県遠田郡涌谷町　《本尊》不動明王
　　　　　　　　　　〔真言宗智山派〕

神社・寺院名よみかた辞典　263

6画（西）

西光寺　さいこうじ〔寺〕
　秋田県由利郡西目町　《本尊》阿弥陀如来
　　　　　　　　　　　　　　　〔真宗大谷派〕
西光寺　さいこうじ〔寺〕
　山形県米沢市　《本尊》聖観世音菩薩
　　　　　　　　　　　　　　〔真言宗豊山派〕
西光寺　さいこうじ〔寺〕
　福島県福島市　《本尊》阿弥陀如来
　　　　　　　　　　　　　　〔真言宗豊山派〕
西光寺　さいこうじ〔寺〕
　福島県郡山市富田町　《本尊》釈迦如来
　　　　　　　　　　　　　　　　〔曹洞宗〕
西光寺　さいこうじ〔寺〕
　福島県郡山市三穂田町　《本尊》釈迦如来
　　　　　　　　　　　　　　　　〔曹洞宗〕
西光寺　さいこうじ〔寺〕
　福島県耶麻郡西会津町　《本尊》阿弥陀如来　　　　　　　　　　　　　　　　〔浄土宗〕
西光寺　さいこうじ〔寺〕
　茨城県常陸太田市　《別称》真宗二四輩旧跡　《本尊》阿弥陀如来　　〔真宗大谷派〕
西光寺　さいこうじ〔寺〕
　茨城県東茨城郡茨城町　《本尊》金剛界大日如来　　　　　　　　　　〔真言宗豊山派〕
西光寺　さいこうじ〔寺〕
　栃木県宇都宮市　《本尊》阿弥陀如来
　　　　　　　　　　　　　　　　〔天台宗〕
西光寺　さいこうじ〔寺〕
　群馬県群馬郡群馬町　《本尊》阿弥陀如来
　　　　　　　　　　　　　　　　〔浄土宗〕
西光寺　さいこうじ〔寺〕
　群馬県佐波郡境町　《本尊》大日如来
　　　　　　　　　　　　　　〔真言宗豊山派〕
西光寺　さいこうじ〔寺〕
　埼玉県秩父市　《別称》秩父第一六番霊場　《本尊》千手観世音菩薩　〔真言宗豊山派〕
西光寺　さいこうじ〔寺〕
　埼玉県飯能市　《本尊》阿弥陀如来　〔曹洞宗〕
西光寺　さいこうじ〔寺〕
　埼玉県上尾市　《本尊》阿弥陀三尊　〔天台宗〕
西光寺　さいこうじ〔寺〕
　埼玉県坂戸市　《本尊》聖観世音菩薩
　　　　　　　　　　　　　　　　〔曹洞宗〕
西光寺　さいこうじ〔寺〕
　埼玉県比企郡小川町　《別称》おおてら　《本尊》釈迦如来　　　　　　　〔曹洞宗〕
西光寺　さいこうじ〔寺〕
　千葉県八日市場市　《本尊》阿弥陀如来・不動明王　　　　　　　　　〔真言宗智山派〕
西光寺　さいこうじ〔寺〕
　東京都港区　《本尊》阿弥陀如来　〔浄土宗〕

西光寺　さいこうじ〔寺〕
　東京都墨田区　《本尊》阿弥陀如来　〔浄土宗〕
西光寺　さいこうじ〔寺〕
　東京都荒川区　《本尊》阿弥陀如来　〔単立〕
西光寺　さいこうじ〔寺〕
　東京都板橋区　《本尊》正観世音菩薩
　　　　　　　　　　　　　　〔真言宗豊山派〕
西光寺　さいこうじ〔寺〕
　東京都足立区　《本尊》阿弥陀如来　〔浄土宗〕
西光寺　さいこうじ〔寺〕
　東京都葛飾区　《本尊》阿弥陀如来　〔天台宗〕
西光寺　さいこうじ〔寺〕
　東京都調布市　《本尊》阿弥陀如来　〔天台宗〕
西光寺　さいこうじ〔寺〕
　神奈川県横浜市緑区　《本尊》不動明王
　　　　　　　　　　　　　　〔真言宗豊山派〕
西光寺　さいこうじ〔寺〕
　神奈川県秦野市　《本尊》阿弥陀如来
　　　　　　　　　　　　　　　　〔浄土宗〕
西光寺　さいこうじ〔寺〕
　新潟県柏崎市　《本尊》阿弥陀如来　〔浄土宗〕
西光寺　さいこうじ〔寺〕
　新潟県刈羽郡西山町　《本尊》阿弥陀如来・薬師如来　　　　　　　　〔真言宗豊山派〕
西光寺　さいこうじ〔寺〕
　富山県富山市　《本尊》釈迦如来　〔曹洞宗〕
西光寺　さいこうじ〔寺〕
　富山県高岡市　《本尊》阿弥陀如来
　　　　　　　　　　　　　　　〔真宗大谷派〕
西光寺　さいこうじ〔寺〕
　石川県金沢市　《別称》橘ノ上御坊　《本尊》阿弥陀如来　　　　　　〔真宗大谷派〕
西光寺　さいこうじ〔寺〕
　福井県敦賀市　《本尊》阿弥陀如来　〔浄土宗〕
西光寺　さいこうじ〔寺〕
　福井県鯖江市　《別称》じゃぽんこでら　《本尊》阿弥陀如来　　　〔浄土真宗本願寺派〕
西光寺　さいこうじ〔寺〕
　福井県坂井郡三国町　《本尊》阿弥陀如来
　　　　　　　　　　　　　　　　〔浄土宗〕
西光寺　さいこうじ〔寺〕
　山梨県北都留郡上野原町　《本尊》虚空蔵菩薩　　　　　　　　　〔臨済宗建長寺派〕
西光寺　さいこうじ〔寺〕
　長野県長野市　《別称》刈萱山　《本尊》阿弥陀如来　　　　　　　　　　　〔浄土宗〕
西光寺　さいこうじ〔寺〕
　静岡県田方郡大仁町　《本尊》阿弥陀如来
　　　　　　　　　　　　　　〔浄土真宗本願寺派〕

264　神社・寺院名よみかた辞典

西光寺　さいこうじ〔寺〕
愛知県豊橋市　《本尊》釈迦如来　〔曹洞宗〕
西光寺　さいこうじ〔寺〕
愛知県田原市　《本尊》阿弥陀如来
〔真宗高田派〕
西光寺　さいこうじ〔寺〕
愛知県海部郡佐屋町　《本尊》阿弥陀如来
〔真宗大谷派〕
西光寺　さいこうじ〔寺〕
三重県松阪市　《本尊》阿弥陀如来　〔浄土宗〕
西光寺　さいこうじ〔寺〕
三重県上野市　　　　　〔真言宗豊山派〕
西光寺　さいこうじ〔寺〕
三重県阿山郡伊賀町　《本尊》阿弥陀如来
〔浄土宗〕
西光寺　さいこうじ〔寺〕
滋賀県近江八幡市　《本尊》阿弥陀如来
〔浄土宗〕
西光寺　さいこうじ〔寺〕
滋賀県蒲生郡竜王町　《本尊》阿弥陀如来
〔浄土宗〕
西光寺　さいこうじ〔寺〕
京都府京都市東山区　《本尊》阿弥陀如来
〔浄土宗〕
西光寺　さいこうじ〔寺〕
京都府京都市下京区　《別称》九条西光寺
《本尊》阿弥陀如来　〔浄土真宗本願寺派〕
西光寺　さいこうじ〔寺〕
京都府与謝郡岩滝町　《本尊》阿弥陀如来
〔浄土宗〕
西光寺　さいこうじ〔寺〕
大阪府大阪市東住吉区　《本尊》阿弥陀如来　　　　　〔浄土真宗本願寺派〕
西光寺　さいこうじ〔寺〕
大阪府池田市　《本尊》阿弥陀如来　〔浄土宗〕
西光寺　さいこうじ〔寺〕
兵庫県神戸市西区　《本尊》阿弥陀如来・不動明王・弘法大師　〔真言宗大覚寺派〕
西光寺　さいこうじ〔寺〕
兵庫県明石市　《本尊》阿弥陀如来
〔真宗興正派〕
西光寺　さいこうじ〔寺〕
兵庫県篠山市　《別称》お薬師さん　《本尊》薬師如来　　　　　〔曹洞宗〕
西光寺　さいこうじ〔寺〕
兵庫県多可郡黒田庄町　《本尊》阿弥陀如来　　　　　〔臨済宗妙心寺派〕
西光寺　さいこうじ〔寺〕
兵庫県神崎郡神崎町　《本尊》阿弥陀如来
〔臨済宗妙心寺派〕

西光寺　さいこうじ〔寺〕
兵庫県赤穂郡上郡町　《本尊》阿弥陀如来
〔浄土真宗本願寺派〕
西光寺　さいこうじ〔寺〕
兵庫県三原郡南淡町　《本尊》阿弥陀如来
〔浄土宗〕
西光寺　さいこうじ〔寺〕
鳥取県八頭郡智頭町　《本尊》薬師如来
〔高野山真言宗〕
西光寺　さいこうじ〔寺〕
島根県松江市　《本尊》阿弥陀如来
〔真宗大谷派〕
西光寺　さいこうじ〔寺〕
岡山県井原市　　　　　〔真言宗大覚寺派〕
西光寺　さいこうじ〔寺〕
広島県三原市　《本尊》阿弥陀如来・薬師如来　　　　　〔浄土真宗本願寺派〕
西光寺　さいこうじ〔寺〕
広島県安芸高田市　《本尊》阿弥陀如来
〔浄土真宗本願寺派〕
西光寺　さいこうじ〔寺〕
山口県下関市　《別称》黒嶋観音　《本尊》阿弥陀如来　　　　　〔真言宗御室派〕
西光寺　さいこうじ〔寺〕
山口県宇部市　《本尊》阿弥陀如来
〔浄土真宗本願寺派〕
西光寺　さいこうじ〔寺〕
山口県岩国市　《本尊》釈迦如来・阿弥陀如来　　　　　〔浄土真宗本願寺派〕
西光寺　さいこうじ〔寺〕
山口県周南市　《本尊》阿弥陀如来
〔浄土真宗本願寺派〕
西光寺　さいこうじ〔寺〕
徳島県海部郡宍喰町　《本尊》薬師如来・馬頭観世音菩薩　　　　　〔高野山真言宗〕
西光寺　さいこうじ〔寺〕
徳島県阿波郡阿波町　《本尊》阿弥陀如来
〔高野山真言宗〕
西光寺　さいこうじ〔寺〕
香川県小豆郡土庄町　《本尊》千手観世音菩薩・秘鍵大師　　〔高野山真言宗〕
西光寺　さいこうじ〔寺〕
愛媛県宇和島市　《本尊》薬師如来
〔臨済宗妙心寺派〕
西光寺　さいこうじ〔寺〕
愛媛県越智郡上浦町　《本尊》十一面観世音菩薩　　　　　〔臨済宗仏通寺派〕
西光寺　さいこうじ〔寺〕
福岡県北九州市門司区　《本尊》阿弥陀如来　　　　　〔浄土宗〕

6画（西）

西光寺　さいこうじ〔寺〕
　福岡県遠賀郡岡垣町　《本尊》阿弥陀如来
　　　　　　　　　　　　　　　　　〔浄土宗〕
西光寺　さいこうじ〔寺〕
　福岡県三井郡大刀洗町　《本尊》阿弥陀三尊　　　　　　　　　　　　　　　　〔浄土宗〕
西光寺　さいこうじ〔寺〕
　佐賀県神埼郡東脊振村　《本尊》阿弥陀如来　　　　　　　　　　　　　　　　〔浄土宗〕
西光寺　さいこうじ〔寺〕
　熊本県熊本市　《本尊》阿弥陀如来
　　　　　　　　　　　　　〔浄土真宗本願寺派〕
西光院　さいこういん〔寺〕
　栃木県大田原市　《本尊》阿弥陀如来
　　　　　　　　　　　　　　　〔真言宗智山派〕
西光院　さいこういん〔寺〕
　埼玉県川越市　《本尊》阿弥陀如来
　　　　　　　　　　　　　　　〔真言宗豊山派〕
西光院　さいこういん〔寺〕
　埼玉県草加市　《別称》不動様　《本尊》不動明王　　　　　　　　　　　　〔真言宗智山派〕
西光院　さいこういん〔寺〕
　埼玉県南埼玉郡宮代町　《別称》御影供寺　《本尊》阿弥陀三尊　　　　　〔真言宗智山派〕
西光院　さいこういん〔寺〕
　千葉県野田市　《別称》愛宕様のお寺　《本尊》聖観世音菩薩　　　　　〔真言宗豊山派〕
西光院　さいこういん〔寺〕
　東京都板橋区　《本尊》阿弥陀如来
　　　　　　　　　　　　　　　〔真言宗豊山派〕
西光院　さいこういん〔寺〕
　東京都足立区　《本尊》十一面観世音菩薩
　　　　　　　　　　　　　　　〔真言宗豊山派〕
西光院　さいこういん〔寺〕
　東京都八王子市　《本尊》聖観世音菩薩
　　　　　　　　　　　　　　　〔真言宗智山派〕
西光院　さいこういん〔寺〕
　神奈川県横浜市南区　《本尊》延命地蔵菩薩　　　　　　　　　　　　　〔高野山真言宗〕
西光院　さいこういん〔寺〕
　神奈川県横浜市港北区　《本尊》薬師如来
　　　　　　　　　　　　　　　　　〔天台宗〕
西光院　さいこういん〔寺〕
　愛知県名古屋市昭和区　《別称》赤門寺　《本尊》阿弥陀如来　　〔浄土宗西山禅林寺派〕
西光院　さいこういん〔寺〕
　滋賀県草津市　《本尊》阿弥陀三尊　〔浄土宗〕
西光院　さいこういん〔寺〕
　滋賀県伊香郡余呉町　《本尊》阿弥陀如来
　　　　　　　　　　　　　　　　　〔浄土宗〕

西光院　さいこういん〔寺〕
　大阪府大阪市天王寺区　《本尊》阿弥陀如来　　　　　　　　　　　　　　　　〔浄土宗〕
西光院　さいこういん〔寺〕
　奈良県奈良市　《本尊》十一面観世音菩薩
　　　　　　　　　　　　　　　　　〔華厳宗〕
西光院　さいこういん〔寺〕
　奈良県北葛城郡當麻町　《本尊》阿弥陀如来・地蔵菩薩・十一面観世音菩薩・薬師如来
　　　　　　　　　　　　　　　　　〔浄土宗〕
西光密寺　さいこうみつじ〔寺〕
　佐賀県杵島郡山内町　《本尊》千手観世音菩薩・薬師如来・阿弥陀如来
　　　　　　　　　　　　　〔真言宗大覚寺派〕
西光庵　さいこうあん〔寺〕
　東京都新宿区　《本尊》阿弥陀如来・善導大師・円光大師　　　　　　　　〔浄土宗〕
西向寺　さいこうじ〔寺〕
　奈良県大和郡山市　《別称》五丁目の寺　《本尊》阿弥陀如来・観世音菩薩・勢至菩薩・善導大師・元祖大師・聖観世音菩薩　〔浄土宗〕
西向寺　さいこうじ〔寺〕
　奈良県橿原市　《本尊》阿弥陀如来
　　　　　　　　　　　　　〔浄土真宗本願寺派〕
西向寺　さいこうじ〔寺〕
　鳥取県東伯郡東郷町　《本尊》阿弥陀如来
　　　　　　　　　　　　　　　　　〔浄土宗〕
西安寺　さいあんじ〔寺〕
　千葉県銚子市　《本尊》大日如来
　　　　　　　　　　　　　　　〔真言宗智山派〕
西安寺　さいあんじ〔寺〕
　兵庫県西宮市　《本尊》阿弥陀如来　〔浄土宗〕
西安寺　さいあんじ〔寺〕
　福岡県北九州市小倉北区　《本尊》釈迦如来
　　　　　　　　　　　　　　　　　〔曹洞宗〕
西寺　さいじ〔寺〕
　京都府京都市南区　《本尊》阿弥陀如来
　　　　　　　　　　　　　〔浄土宗西山禅林寺派〕
西有寺　さいゆうじ〔寺〕
　神奈川県横浜市中区　《本尊》釈迦如来
　　　　　　　　　　　　　　　　　〔曹洞宗〕
西江寺　せいごうじ〔寺〕
　滋賀県高島郡今津町　《本尊》釈迦如来
　　　　　　　　　　　　　〔臨済宗東福寺派〕
西江寺　せいごうじ〔寺〕
　愛媛県宇和島市　《別称》えんまさま　《本尊》釈迦如来・大黒天・十王・千手観世音菩薩・大日如来・地蔵菩薩　〔臨済宗妙心寺派〕

6画（西）

西牟田の誓光院 《称》 にしむたのせいこういん〔寺〕
　福岡県三潴郡三潴町・誓願寺　《本尊》大日如来・皇円上人・弘法大師・毘沙門天
　　　　　　　　　　　　　　　〔真言律宗〕

西行寺　さいぎょうじ〔寺〕
　千葉県館山市　《本尊》阿弥陀如来・薬師如来・西行法師　〔浄土宗〕

7 西住院　せいじゅういん〔寺〕
　愛知県一宮市　《別称》塔の寺　《本尊》聖観世音菩薩・釈迦如来　〔臨済宗妙心寺派〕

西住院　さいじゅういん〔寺〕
　京都府京都市左京区　《本尊》阿弥陀如来
　　　　　　　　　　　　　　　〔浄土宗〕

西別院 《称》　にしべついん〔寺〕
　北海道札幌市中央区・西本願寺札幌別院
　《本尊》阿弥陀如来　〔浄土真宗本願寺派〕

西別院《称》　にしべついん〔寺〕
　北海道小樽市・西本願寺小樽別院　《本尊》阿弥陀如来　〔浄土真宗本願寺派〕

西別院《称》　にしべついん〔寺〕
　北海道帯広市・西本願寺帯広別院　《本尊》阿弥陀如来　〔浄土真宗本願寺派〕

西別院《称》　にしべついん〔寺〕
　北海道檜山郡江差町・西本願寺江差別院
　《本尊》阿弥陀如来　〔浄土真宗本願寺派〕

西別院《称》　にしべついん〔寺〕
　富山県東礪波郡井波町・西本願寺井波別院
　《本尊》阿弥陀如来　〔浄土真宗本願寺派〕

西別院《称》　にしべついん〔寺〕
　福井県福井市・西本願寺福井別院　《本尊》阿弥陀如来　〔浄土真宗本願寺派〕

西別院《称》　にしべついん〔寺〕
　岐阜県岐阜市・西本願寺岐阜別院　《本尊》阿弥陀如来　〔浄土真宗本願寺派〕

西別院《称》　にしべついん〔寺〕
　岐阜県羽島郡笠松町・西本願寺笠松別院
　《本尊》阿弥陀如来　〔浄土真宗本願寺派〕

西別院《称》　にしべついん〔寺〕
　愛知県名古屋市中区・西本願寺名古屋別院
　《本尊》阿弥陀如来　〔浄土真宗本願寺派〕

西別院《称》　にしべついん〔寺〕
　愛知県岡崎市・西本願寺三河別院　《本尊》阿弥陀如来　〔浄土真宗本願寺派〕

西別院《称》　にしべついん〔寺〕
　滋賀県守山市・西本願寺赤野井別院　《本尊》阿弥陀如来　〔浄土真宗本願寺派〕

西別院《称》　にしべついん〔寺〕
　鹿児島県鹿児島市・西本願寺鹿児島別院
　《本尊》阿弥陀如来　〔浄土真宗本願寺派〕

西利太神社　せりたじんじゃ〔社〕
　島根県大原郡大東町　《祭神》金山比古命
　　　　　　　　　　　　　　　〔神社本庁〕

西寿寺　さいじゅじ〔寺〕
　京都府京都市右京区　《本尊》阿弥陀如来
　　　　　　　　　　　　　　　〔浄土宗〕

西応寺　さいおうじ〔寺〕
　東京都港区　《別称》たなかいなり　《本尊》阿弥陀如来　〔浄土宗〕

西応寺　さいおうじ〔寺〕
　東京都新宿区　《本尊》阿弥陀如来
　　　　　　　　　　　　　　　〔真宗大谷派〕

西応寺　さいおうじ〔寺〕
　滋賀県甲賀郡甲西町　《本尊》阿弥陀如来
　　　　　　　　　　　　　　　〔真宗大谷派〕

西応寺　さいおうじ〔寺〕
　大阪府羽曳野市　《本尊》阿弥陀如来
　　　　　　　　　　　　　　　〔真宗大谷派〕

西応寺　さいおうじ〔寺〕
　大分県大分市　《本尊》阿弥陀如来　〔浄土宗〕

西村の宮《称》　にしむらのみや〔社〕
　滋賀県犬上郡豊郷町・阿自岐神社　《祭神》味耜高彦根神［他］　〔神社本庁〕

西来寺　さいらいじ〔寺〕
　長野県飯山市　《本尊》阿弥陀如来
　　　　　　　　　　　　　　　〔真宗大谷派〕

西来寺　せいらいじ〔寺〕
　愛知県名古屋市北区　《本尊》地蔵菩薩
　　　　　　　　　　　　　　　〔曹洞宗〕

西来寺　さいらいじ〔寺〕
　三重県津市　《本尊》阿弥陀如来
　　　　　　　　　　　　　　　〔天台真盛宗〕

西来寺　せいらいじ〔寺〕
　滋賀県近江八幡市　《本尊》阿弥陀如来
　　　　　　　　　　　　　　　〔天台真盛宗〕

西来寺　せいらいじ〔寺〕
　兵庫県洲本市　《本尊》阿弥陀如来
　　　　　　　　　　　　　　　〔高野山真言宗〕

西来寺　せいらいじ〔寺〕
　岡山県新見市　《本尊》釈迦如来　〔曹洞宗〕

西来院　さいらいいん〔寺〕
　秋田県秋田市　《別称》羅漢さん　《本尊》釈迦如来　〔曹洞宗〕

西来院　せいらいいん〔寺〕
　山形県最上郡大蔵村　《本尊》観世音菩薩
　　　　　　　　　　　　　　　〔曹洞宗〕

西来院　せいらいいん〔寺〕
　沖縄県那覇市　《本尊》阿弥陀如来
　　　　　　　　　　　　　　　〔臨済宗妙心寺派〕

6画（西）

西芳寺　さいほうじ〔寺〕
　京都府京都市西京区　《別称》苔寺　《本尊》
　阿弥陀如来・夢窓国師　　〔臨済宗天竜寺派〕
西谷八幡神社　にしたにはちまんじんじゃ
〔社〕
　香川県香川郡塩江町　《別称》八幡　《祭神》
　応神天皇〔他〕　　　　　　　〔神社本庁〕
西谷寺　さいこうじ〔寺〕
　福井県福井市　《別称》勝家の寺　《本尊》阿
　弥陀如来　　　　　　　　　　〔天台真盛宗〕
西身延《称》　にしみのぶ〔寺〕
　福岡県浮羽郡浮羽町・本仏寺　《本尊》十界
　曼荼羅　　　　　　　　　　　　〔日蓮宗〕
西迎寺　さいこうじ〔寺〕
　長野県下水内郡豊田村　《本尊》阿弥陀如
　来　　　　　　　　　　　　　　〔浄土宗〕
8西国寺　さいこくじ〔寺〕
　広島県尾道市　《別称》本山　《本尊》薬師如
　来　　　　　　　　　　　〔真言宗西国寺派〕
西奈弥羽黒神社　せなみはぐろじんじゃ〔
社〕
　新潟県村上市　《祭神》奈都比売大神〔他〕
　　　　　　　　　　　　　　　　〔神社本庁〕
西宗寺　さいしゅうじ〔寺〕
　京都府京都市山科区　《本尊》阿弥陀如来
　　　　　　　　　　　　　　〔浄土真宗本願寺派〕
西宗寺　さいしゅうじ〔寺〕
　大阪府茨木市　《本尊》阿弥陀如来
　　　　　　　　　　　　　　〔浄土真宗本願寺派〕
西宗寺　さいしゅうじ〔寺〕
　福岡県朝倉郡杷木町　《本尊》阿弥陀如来
　　　　　　　　　　　　　　〔浄土真宗本願寺派〕
西宝寺　さいほうじ〔寺〕
　北海道美唄市　《本尊》阿弥陀如来
　　　　　　　　　　　　　　　　〔真宗興正派〕
西宝寺　さいほうじ〔寺〕
　栃木県那須郡小川町　《本尊》阿弥陀如来
　　　　　　　　　　　　　　　　〔真宗大谷派〕
西宝寺　さいほうじ〔寺〕
　兵庫県姫路市　《本尊》阿弥陀如来
　　　　　　　　　　　　　　　　〔真宗大谷派〕
西岡の薬師《称》　にしおかのやくし〔寺〕
　兵庫県明石市・薬師院　《本尊》薬師如来
　　　　　　　　　　　　　　　〔高野山真言宗〕
西岡神宮　にしおかじんぐう〔社〕
　熊本県宇土市　《別称》お三宮さん　《祭神》
　春日大神〔他〕　　　　　　　〔神社本庁〕
西岸寺　さいがんじ〔寺〕
　東京都江東区　《本尊》阿弥陀如来
　　　　　　　　　　　　　　〔浄土真宗本願寺派〕

西岸寺　せいがんじ〔寺〕
　長野県上伊那郡飯島町　《本尊》無量寿如
　来　　　　　　　　　　　〔臨済宗妙心寺派〕
西岸寺　さいがんじ〔寺〕
　愛知県安城市　《本尊》阿弥陀如来
　　　　　　　　　　　　　　　　〔真宗大谷派〕
西岸寺　さいがんじ〔寺〕
　三重県鈴鹿市　《本尊》阿弥陀如来
　　　　　　　　　　　　　　　　〔真宗高田派〕
西岸寺　さいがんじ〔寺〕
　三重県亀山市　《本尊》阿弥陀如来　〔浄土宗〕
西岸寺　さいがんじ〔寺〕
　滋賀県滋賀郡志賀町　《本尊》阿弥陀如来
　　　　　　　　　　　　　　　　〔浄土宗〕
西岸寺　さいがんじ〔寺〕
　京都府京都市伏見区　《別称》玉日の寺・深
　草小御堂　《本尊》阿弥陀如来
　　　　　　　　　　　　　　〔浄土真宗本願寺派〕
西岸寺　せいがんじ〔寺〕
　和歌山県和歌山市　《本尊》阿弥陀如来
　　　　　　　　　　　　　　　　〔浄土宗〕
西岸寺　さいがんじ〔寺〕
　愛媛県西予市　《本尊》釈迦如来　〔曹洞宗〕
西岸寺　さいがんじ〔寺〕
　福岡県行橋市　《本尊》阿弥陀如来・観世音
　菩薩　　　　　　　　　　　　〔真宗木辺派〕
西岸寺　さいがんじ〔寺〕
　熊本県熊本市　《本尊》阿弥陀如来　〔浄土宗〕
西幸神社　さいこうじんじゃ〔社〕
　岡山県久米郡中央町　《祭神》少彦名命〔他〕
　　　　　　　　　　　　　　　　〔神社本庁〕
西往寺　さいおうじ〔寺〕
　富山県黒部市　《本尊》阿弥陀如来　〔浄土宗〕
西往寺　さいおうじ〔寺〕
　京都府京都市下京区　《本尊》阿弥陀如来
　　　　　　　　　　　　　　　　〔浄土宗〕
西往寺　さいおうじ〔寺〕
　佐賀県神埼郡東脊振村　《本尊》阿弥陀如
　来　　　　　　　　　　　　　　〔浄土宗〕
西性寺　さいしょうじ〔寺〕
　新潟県西頸城郡能生町　《本尊》阿弥陀如
　来　　　　　　　　　　　　　　〔真宗大谷派〕
西性寺　さいしょうじ〔寺〕
　和歌山県和歌山市　《本尊》阿弥陀如来・観
　世音菩薩・勢至菩薩　　　　　　〔浄土宗〕
西性寺　さいしょうじ〔寺〕
　島根県大田市　《本尊》阿弥陀如来
　　　　　　　　　　　　　　〔浄土真宗本願寺派〕
西念寺　さいねんじ〔寺〕
　福島県安達郡岩代町　《本尊》阿弥陀如来
　　　　　　　　　　　　　　　　〔浄土宗〕

6画（西）

西念寺　さいねんじ〔寺〕
　福島県河沼郡柳津町　《本尊》阿弥陀如来
　　　　　　　　　　　　　　〔浄土真宗本願寺派〕
西念寺　さいねんじ〔寺〕
　茨城県笠間市　《別称》稲田御坊　《本尊》阿
　弥陀如来　　　　　　　　　　　　　〔単立〕
西念寺　さいねんじ〔寺〕
　茨城県岩井市　《別称》真宗二四輩旧跡　《本
　尊》阿弥陀如来　　　　　　　　〔真宗大谷派〕
西念寺　さいねんじ〔寺〕
　栃木県河内郡上三川町　《本尊》十一面観世
　音菩薩　　　　　　　　　　　〔真言宗智山派〕
西念寺　さいねんじ〔寺〕
　東京都新宿区　《本尊》阿弥陀如来　〔浄土宗〕
西念寺　さいねんじ〔寺〕
　東京都豊島区　《本尊》阿弥陀如来　〔浄土宗〕
西念寺　さいねんじ〔寺〕
　東京都葛飾区　《別称》武蔵国葛西の西念寺
　《本尊》阿弥陀如来　　　　　　　　〔浄土宗〕
西念寺　さいねんじ〔寺〕
　神奈川県南足柄市　《本尊》阿弥陀三尊
　　　　　　　　　　　　　　　　　　〔浄土宗〕
西念寺　さいねんじ〔寺〕
　富山県高岡市　《本尊》阿弥陀如来
　　　　　　　　　　　　　　　　〔真宗大谷派〕
西念寺　さいねんじ〔寺〕
　富山県氷見市南上町　《本尊》阿弥陀如来
　　　　　　　　　　　　　　　　　　〔浄土宗〕
西念寺　さいねんじ〔寺〕
　富山県氷見市赤毛　《別称》赤毛の御寺　《本
　尊》阿弥陀如来　　　　　　　　〔真宗大谷派〕
西念寺　さいねんじ〔寺〕
　富山県氷見市森寺　《別称》滝野坊　《本尊》
　阿弥陀如来　　　　　　　　　　〔真宗大谷派〕
西念寺　さいねんじ〔寺〕
　福井県勝山市　《本尊》阿弥陀如来
　　　　　　　　　　　　　　〔浄土真宗本願寺派〕
西念寺　さいねんじ〔寺〕
　山梨県富士吉田市　《本尊》阿弥陀如来
　　　　　　　　　　　　　　　　　　　〔時宗〕
西念寺　さいねんじ〔寺〕
　長野県佐久市　《本尊》阿弥陀如来　〔浄土宗〕
西念寺　さいねんじ〔寺〕
　長野県埴科郡坂城町　《本尊》阿弥陀如来
　　　　　　　　　　　　　　　　　　〔浄土宗〕
西念寺　さいねんじ〔寺〕
　岐阜県不破郡垂井町　《本尊》阿弥陀如来
　　　　　　　　　　　　　　　　〔真宗大谷派〕
西念寺　さいねんじ〔寺〕
　岐阜県可児郡兼山町　《本尊》阿弥陀如来
　　　　　　　　　　　　　　　　〔真宗大谷派〕

西念寺　さいねんじ〔寺〕
　静岡県伊豆市　《本尊》阿弥陀如来
　　　　　　　　　　　　　　　　〔真宗大谷派〕
西念寺　さいねんじ〔寺〕
　三重県鳥羽市　《本尊》阿弥陀如来　〔浄土宗〕
西念寺　さいねんじ〔寺〕
　滋賀県大津市　《本尊》阿弥陀如来　〔浄土宗〕
西念寺　さいねんじ〔寺〕
　滋賀県甲賀郡信楽町　《本尊》阿弥陀如来
　　　　　　　　　　　　　　　　　　〔浄土宗〕
西念寺　さいねんじ〔寺〕
　滋賀県伊香郡余呉町　《本尊》阿弥陀如来
　　　　　　　　　　　　　　　　　〔黒谷浄土宗〕
西念寺　さいねんじ〔寺〕
　京都府京都市下京区　《本尊》阿弥陀如来
　　　　　　　　　　　　　　〔浄土宗西山禅林寺派〕
西念寺　さいねんじ〔寺〕
　京都府京田辺市　《本尊》阿弥陀如来
　　　　　　　　　　　　　　　　　　〔浄土宗〕
西念寺　さいねんじ〔寺〕
　京都府京田辺市　《本尊》阿弥陀如来
　　　　　　　　　　　　　　　　　　〔浄土宗〕
西念寺　さいねんじ〔寺〕
　大阪府大阪市天王寺区　《別称》山の西念寺
　《本尊》阿弥陀如来　　　　　　　　〔浄土宗〕
西念寺　さいねんじ〔寺〕
　兵庫県神崎郡香寺町　《本尊》阿弥陀如来
　　　　　　　　　　　　　　　　　　〔浄土宗〕
西念寺　さいねんじ〔寺〕
　奈良県天理市　《本尊》阿弥陀如来
　　　　　　　　　　　　　　　　〔融通念仏宗〕
西念寺　さいねんじ〔寺〕
　鳥取県米子市　《本尊》阿弥陀如来
　　　　　　　　　　　　　　　　〔真宗大谷派〕
西念寺　さいねんじ〔寺〕
　島根県邇摩郡温泉津町　《本尊》阿弥陀如
　来　　　　　　　　　　　　　　　　〔浄土宗〕
西念寺　さいねんじ〔寺〕
　広島県大竹市　《本尊》阿弥陀如来　〔浄土宗〕
西念寺　さいねんじ〔寺〕
　山口県長門市　《本尊》阿弥陀如来
　　　　　　　　　　　　　　〔浄土真宗本願寺派〕
西念寺　さいねんじ〔寺〕
　山口県厚狭郡山陽町　《本尊》阿弥陀如来
　　　　　　　　　　　　　　　　　　〔浄土宗〕
西念寺　さいねんじ〔寺〕
　香川県仲多度郡満濃町　《本尊》阿弥陀三尊・
　善導大師・円光大師・釈迦如来　　〔浄土宗〕
西念寺　さいねんじ〔寺〕
　愛媛県今治市　《本尊》薬師如来
　　　　　　　　　　　　　　〔臨済宗東福寺派〕

神社・寺院名よみかた辞典　269

西念寺　さいねんじ〔寺〕
　福岡県北九州市若松区　《本尊》阿弥陀如
　来　　　　　　　　　〔浄土真宗本願寺派〕
西念寺　さいねんじ〔寺〕
　福岡県糟屋郡志免町　《本尊》阿弥陀如来
　　　　　　　　　　　　　　　　〔浄土宗〕
西念寺　さいねんじ〔寺〕
　佐賀県佐賀市　《本尊》阿弥陀如来　〔浄土宗〕
西念寺　さいねんじ〔寺〕
　佐賀県三養基郡三根町　《本尊》阿弥陀如来・
　釈迦如来　　　　　　　　　　　〔浄土宗〕
西念寺　さいねんじ〔寺〕
　佐賀県東松浦郡呼子町　《本尊》阿弥陀如
　来　　　　　　　　　　　　　　〔浄土宗〕
西念寺　さいねんじ〔寺〕
　熊本県水俣市　《本尊》阿弥陀如来
　　　　　　　　　　　　〔浄土真宗本願寺派〕
西念寺　さいねんじ〔寺〕
　鹿児島県姶良郡福山町　《本尊》阿弥陀如
　来　　　　　　　　　〔浄土真宗本願寺派〕
西招寺　さいちょうじ〔寺〕
　香川県坂出市　《本尊》阿弥陀如来
　　　　　　　　　　　　〔浄土真宗本願寺派〕
西明寺　さいみょうじ〔寺〕
　栃木県芳賀郡益子町　《別称》坂東第二〇番
　霊場・西明寺観音様　《本尊》十一面観世
　音菩薩　　　　　　　　　　〔真言宗豊山派〕
西明寺　さいみょうじ〔寺〕
　神奈川県川崎市中原区　《本尊》大日如来
　　　　　　　　　　　　　　〔真言宗智山派〕
西明寺　さいみょうじ〔寺〕
　愛知県豊川市　《本尊》阿弥陀如来　〔曹洞宗〕
西明寺　さいみょうじ〔寺〕
　滋賀県蒲生郡日野町　《別称》大寺　《本尊》
　十一面観世音菩薩　　　　〔臨済宗永源寺派〕
西明寺　さいみょうじ〔寺〕
　滋賀県犬上郡甲良町　《本尊》薬師如来
　　　　　　　　　　　　　　　　〔天台宗〕
西明寺　さいみょうじ〔寺〕
　京都府京都市右京区　《別称》まきのをさん
　《本尊》釈迦如来　　　　　〔真言宗大覚寺派〕
西明寺　さいみょうじ〔寺〕
　京都府相楽郡加茂町　《本尊》薬師如来
　　　　　　　　　　　　　　〔真言宗五智教団〕
西明寺　さいみょうじ〔寺〕
　兵庫県尼崎市　《本尊》阿弥陀如来　〔浄土宗〕
西明寺　さいみょうじ〔寺〕
　兵庫県津名郡津名町　《別称》中寺　《本尊》
　聖観世音菩薩　　　　　　　　〔高野山真言宗〕

西明寺　さいみょうじ〔寺〕
　岡山県総社市　《別称》義民のお寺　《本尊》
　阿弥陀如来　　　　　　　　　〔高野山真言宗〕
西明寺　さいめいじ〔寺〕
　宮崎県南那珂郡南郷町　《本尊》不動明王・阿
　弥陀如来・虚空蔵菩薩・弘法大師
　　　　　　　　　　　　　　〔高野山真言宗〕
西明寺観音様　《称》さいみょうじかんの
　んさま〔寺〕
　栃木県芳賀郡益子町・西明寺　《本尊》十一
　面観世音菩薩　　　　　　　〔真言宗豊山派〕
西明院　さいみょういん〔寺〕
　岡山県笠岡市　《本尊》阿弥陀三尊
　　　　　　　　　　　　　　〔高野山真言宗〕
西林寺　さいりんじ〔寺〕
　秋田県由利郡大内町　《本尊》釈迦如来
　　　　　　　　　　　　　　　　〔曹洞宗〕
西林寺　さいりんじ〔寺〕
　山形県西村山郡大江町　《本尊》金剛界大日
　如来・不動明王・阿弥陀如来・地蔵菩
　薩　　　　　　　　　　　　〔真言宗豊山派〕
西林寺　さいりんじ〔寺〕
　茨城県守谷市　《別称》一茶の遺跡　《本尊》
　阿弥陀如来　　　　　　　　　　〔天台宗〕
西林寺　さいりんじ〔寺〕
　栃木県小山市　《本尊》阿弥陀如来
　　　　　　　　　　　　〔浄土真宗本願寺派〕
西林寺　さいりんじ〔寺〕
　栃木県安蘇郡田沼町　《本尊》釈迦如来
　　　　　　　　　　　　　　　　〔曹洞宗〕
西林寺　さいりんじ〔寺〕
　滋賀県野洲郡野洲町　《本尊》阿弥陀如来
　　　　　　　　　　　　　　　　〔浄土宗〕
西林寺　さいりんじ〔寺〕
　京都府与謝郡野田川町　《本尊》釈迦如来
　　　　　　　　　　　　　　〔臨済宗妙心寺派〕
西林寺　さいりんじ〔寺〕
　大阪府泉南郡岬町　《別称》東の寺　《本尊》
　阿弥陀如来　　　　　　　　　　〔浄土宗〕
西林寺　さいりんじ〔寺〕
　兵庫県神戸市兵庫区　《本尊》阿弥陀如来
　　　　　　　　　　　　　　　〔真宗大谷派〕
西林寺　さいりんじ〔寺〕
　広島県尾道市　《本尊》釈迦如来　〔曹洞宗〕
西林寺　さいりんじ〔寺〕
　山口県阿武郡旭村　《本尊》釈迦如来・薬師
　如来　　　　　　　　　　　〔臨済宗建仁寺派〕
西林寺　さいりんじ〔寺〕
　愛媛県松山市　《別称》四国第四八番霊場
　《本尊》十一面観世音菩薩　　〔真言宗豊山派〕

6画（西）

西林寺　さいりんじ〔寺〕
　福岡県糸島郡志摩町　《本尊》阿弥陀如来
　　　　　　　　　　　　　　　　〔浄土宗〕
西林寺　さいりんじ〔寺〕
　熊本県八代市　《本尊》阿弥陀如来
　　　　　　　　　　　　　　〔真宗大谷派〕
西林寺　さいりんじ〔寺〕
　大分県日田郡大山町　《本尊》阿弥陀如来・火
　生座仏如来　　　　　　　　〔真宗大谷派〕
西林院　さいりんいん〔寺〕
　愛知県岡崎市　《本尊》阿弥陀如来　〔浄土宗〕
西沼寺　さいじょうじ〔寺〕
　愛媛県伊予郡松前町　《本尊》地蔵菩薩
　　　　　　　　　　　　　　〔真宗豊山派〕
西法寺　さいほうじ〔寺〕
　岐阜県揖斐郡池田町　《本尊》阿弥陀如来
　　　　　　　　　　　　　　〔真宗大谷派〕
西法寺　さいほうじ〔寺〕
　京都府京都市上京区　《別称》あぐい　《本
　尊》阿弥陀如来　　〔浄土真宗本願寺派〕
西法寺　さいほうじ〔寺〕
　大阪府柏原市　《本尊》阿弥陀如来
　　　　　　　　　　　　　〔浄土真宗本願寺派〕
西法寺　さいほうじ〔寺〕
　大阪府門真市　《本尊》阿弥陀如来
　　　　　　　　　　　　　〔浄土真宗本願寺派〕
西法寺　さいほうじ〔寺〕
　愛媛県松山市　《本尊》薬師如来　〔天台宗〕
西法寺　さいほうじ〔寺〕
　長崎県北高来郡飯盛町　《本尊》阿弥陀如
　来　　　　　　　　　　　　　〔真宗興正派〕
西法寺　さいほうじ〔寺〕
　大分県別府市　《本尊》阿弥陀如来
　　　　　　　　　　　　　〔浄土真宗本願寺派〕
西法院　さいほういん〔寺〕
　岡山県備前市　《別称》滝の寺　《本尊》十一
　面千手観世音菩薩・愛染明王
　　　　　　　　　　　　　　〔高野山真言宗〕
西金寺　さいこんじ〔寺〕
　広島県尾道市　《本尊》釈迦如来・観世音菩
　薩　　　　　　　　　　　　　　〔曹洞宗〕
西金砂神社　にしかなさじんじゃ〔社〕
　茨城県久慈郡金砂郷町　《別称》金砂権現
　《祭神》大己貴命〔他〕　　　　〔神社本庁〕
西門寺　さいもんじ〔寺〕
　東京都足立区　《別称》竜宝院　《本尊》阿弥
　陀如来　　　　　　　　　　　　〔浄土宗〕
西門院　さいもんいん〔寺〕
　和歌山県伊都郡高野町　《本尊》阿弥陀如
　来　　　　　　　　　　　　〔高野山真言宗〕

9西乗寺　さいじょうじ〔寺〕
　熊本県球磨郡錦町　《本尊》阿弥陀如来
　　　　　　　　　　　　　〔浄土真宗本願寺派〕
西信寺　さいしんじ〔寺〕
　東京都文京区　《別称》犬猫供養の寺　《本
　尊》阿弥陀如来　　　　　　　　〔浄土宗〕
西南寺　さいなんじ〔寺〕
　兵庫県宝塚市　《別称》総本山　《本尊》薬師
　如来　　　　　　　　　　　〔新仏教空海宗〕
西南院　さいないん〔寺〕
　奈良県北葛城郡當麻町　《本尊》十一面観世
　音菩薩　　　　　　　　　　〔高野山真言宗〕
西南院　さいなんいん〔寺〕
　和歌山県伊都郡高野町　《別称》大元帥護国
　の寺　《本尊》大元帥明王・大日如来
　　　　　　　　　　　　　　〔高野山真言宗〕
西室院　にしむろいん〔寺〕
　和歌山県伊都郡高野町　《本尊》不動明王
　　　　　　　　　　　　　　〔高野山真言宗〕
西栄寺　さいえいじ〔寺〕
　千葉県流山市　《本尊》阿弥陀如来・不動明
　王・聖観世音菩薩　　　　　　〔真言宗豊山派〕
西栄寺　さいえいじ〔寺〕
　石川県加賀市　《本尊》阿弥陀如来
　　　　　　　　　　　　　　〔真宗大谷派〕
西栄寺　さいえいじ〔寺〕
　滋賀県大津市　《本尊》阿弥陀如来
　　　　　　　　　　　　　〔浄土真宗本願寺派〕
西栄寺　さいえいじ〔寺〕
　滋賀県甲賀郡水口町　《本尊》阿弥陀如来
　　　　　　　　　　　　　　　　〔浄土宗〕
西海総社住吉宮《称》　さいかいそうしゃ
すみよしぐう〔社〕
　長崎県佐世保市・住吉神社　《祭神》底筒男
　命〔他〕　　　　　　　　　　　〔神社本庁〕
西浄寺　さいじょうじ〔寺〕
　埼玉県北埼玉郡大利根町　《別称》すなはら
　寺　《本尊》阿弥陀如来・薬師如来・地蔵
　菩薩・大日如来・釈迦如来・阿弥陀如来
　　　　　　　　　　　　　　〔真言宗豊山派〕
西泉寺　さいせんじ〔寺〕
　兵庫県津名郡五色町　《本尊》大日如来
　　　　　　　　　　　　　　〔高野山真言宗〕
西洞院御坊《称》　にしのとういんごぼう
〔寺〕
　京都府京都市下京区・光円寺　《本尊》阿弥
　陀如来　　　　　　　　　　　〔真宗大谷派〕
西祐寺　さいゆうじ〔寺〕
　愛知県名古屋市中村区　《本尊》阿弥陀如
　来　　　　　　　　　　　　　〔真宗大谷派〕

神社・寺院名よみかた辞典　271

6画（西）

西重寺　さいじゅうじ〔寺〕
　岐阜県大垣市　《本尊》阿弥陀如来
　　　　　　　　　　　　　〔真宗大谷派〕

西音寺　さいおんじ〔寺〕
　千葉県香取郡小見川町　《本尊》阿弥陀如来
　　　　　　　　　　　　　〔浄土宗〕

西音寺　さいおんじ〔寺〕
　東京都北区　《本尊》不動明王
　　　　　　　　　　　　　〔真言宗智山派〕

西音寺　さいおんじ〔寺〕
　滋賀県犬上郡多賀町　《本尊》阿弥陀如来
　　　　　　　　　　　　　〔真宗大谷派〕

10 西宮成田山《称》　にしのみやなりたさん〔寺〕
　兵庫県西宮市・円満寺　《本尊》薬師如来・成田山不動尊・毘沙門天
　　　　　　　　　　　　　〔高野山真言宗〕

西宮社　にしのみやしゃ〔社〕
　佐賀県佐賀市　《別称》えびすさん　《祭神》蛭子尊〔他〕
　　　　　　　　　　　　　〔神社本庁〕

西宮神社　にしのみやじんじゃ〔社〕
　栃木県足利市　《別称》恵比寿様　《祭神》事代主命〔他〕
　　　　　　　　　　　　　〔神社本庁〕

西宮神社　にしのみやじんじゃ〔社〕
　富山県新湊市　《別称》えびすさん　《祭神》事代主神
　　　　　　　　　　　　　〔神社本庁〕

西宮神社　にしのみやじんじゃ〔社〕
　静岡県湖西市
　　　　　　　　　　　　　〔神社本庁〕

西宮神社　にしのみやじんじゃ〔社〕
　兵庫県西宮市　《別称》えびすさん　《祭神》西宮大神〔他〕
　　　　　　　　　　　　　〔神社本庁〕

西宮聖天《称》　にしのみやしょうてん〔寺〕
　兵庫県西宮市・聖天寺　《本尊》歓喜天
　　　　　　　　　　　　　〔高野山真言宗〕

西恩寺　さいおんじ〔寺〕
　富山県小矢部市　《本尊》阿弥陀如来
　　　　　　　　　　　　　〔真宗大谷派〕

西恩寺　さいおんじ〔寺〕
　大阪府南河内郡千早赤阪村　《本尊》阿弥陀三尊
　　　　　　　　　　　　　〔融通念仏宗〕

西珠院　さいしゅいん〔寺〕
　新潟県南魚沼郡六日町　《本尊》阿弥陀如来
　　　　　　　　　　　　　〔真言宗智山派〕

西称寺　さいしょうじ〔寺〕
　山形県山形市　《本尊》阿弥陀如来
　　　　　　　　　　　　　〔真宗大谷派〕

西称寺　さいしょうじ〔寺〕
　福井県鯖江市　《本尊》阿弥陀如来
　　　　　　　　　　　　　〔浄土真宗本願寺派〕

西称寺　さいしょうじ〔寺〕
　三重県一志郡白山町　《本尊》阿弥陀如来
　　　　　　　　　　　　　〔浄土宗〕

西竜寺　さいりゅうじ〔寺〕
　愛媛県松山市　《別称》竹の宮地蔵尊　《本尊》釈迦如来
　　　　　　　　　　　　　〔曹洞宗〕

西翁院　さいおういん〔寺〕
　京都府京都市左京区　《別称》よどみの寺　《本尊》阿弥陀如来
　　　　　　　　　　　　　〔黒谷浄土宗〕

11 西得寺　さいとくじ〔寺〕
　滋賀県野洲郡中主町　《別称》薬師堂　《本尊》薬師如来
　　　　　　　　　　　　　〔天台真盛宗〕

西教寺　さいきょうじ〔寺〕
　岩手県遠野市　《本尊》阿弥陀如来
　　　　　　　　　　　　　〔真宗大谷派〕

西教寺　さいきょうじ〔寺〕
　神奈川県横浜市中区　《本尊》阿弥陀如来
　　　　　　　　　　　　　〔真宗大谷派〕

西教寺　さいきょうじ〔寺〕
　神奈川県横浜市南区　《本尊》阿弥陀如来
　　　　　　　　　　　　　〔真宗大谷派〕

西教寺　さいきょうじ〔寺〕
　石川県羽咋郡志賀町　《別称》倉垣の寺　《本尊》阿弥陀如来
　　　　　　　　　　　　　〔浄土真宗本願寺派〕

西教寺　さいきょうじ〔寺〕
　愛知県知立市　《本尊》阿弥陀如来
　　　　　　　　　　　　　〔真宗大谷派〕

西教寺　さいきょうじ〔寺〕
　滋賀県大津市　《別称》総本山　《本尊》阿弥陀如来
　　　　　　　　　　　　　〔天台真盛宗〕

西教寺　さいきょうじ〔寺〕
　京都府京都市伏見区竹田狩賀町　《本尊》阿弥陀如来
　　　　　　　　　　　　　〔浄土真宗本願寺派〕

西教寺　さいきょうじ〔寺〕
　京都府京都市伏見区周防町　《本尊》阿弥陀如来
　　　　　　　　　　　　　〔浄土真宗本願寺派〕

西教寺　さいきょうじ〔寺〕
　兵庫県養父市　《本尊》阿弥陀如来
　　　　　　　　　　　　　〔浄土真宗本願寺派〕

西教寺　さいきょうじ〔寺〕
　奈良県生駒市　《本尊》阿弥陀如来
　　　　　　　　　　　　　〔浄土真宗本願寺派〕

西教寺　さいきょうじ〔寺〕
　広島県呉市　《本尊》阿弥陀如来
　　　　　　　　　　　　　〔浄土真宗本願寺派〕

西教寺　さいきょうじ〔寺〕
　広島県三次市　《本尊》阿弥陀如来
　　　　　　　　　　　　　〔浄土真宗本願寺派〕

西教寺　さいきょうじ〔寺〕
　香川県さぬき市　《本尊》阿弥陀三尊
　　　　　　　　　　　　　〔真言宗〕

西教院　さいきょういん〔寺〕
　埼玉県越谷市　《本尊》阿弥陀如来　〔浄土宗〕

6画（西）

西清寺　さいせいじ〔寺〕
　佐賀県鳥栖市　《本尊》阿弥陀如来　〔浄土宗〕

西涼寺　さいりょうじ〔寺〕
　山梨県都留市　《本尊》阿弥陀如来　〔浄土宗〕

西郷寺　さいごうじ〔寺〕
　広島県尾道市　《別称》鳴竜の寺　《本尊》阿弥陀如来・観世音菩薩・勢至菩薩　〔時宗〕

西部の観音《称》　にしべのかんのん〔寺〕
　愛媛県越智郡岩城村・祥雲寺　《本尊》釈迦如来　〔曹洞宗〕

西部神社　にしべじんじゃ〔社〕
　岐阜県揖斐郡大野町　《祭神》応神天皇［他］　〔神社本庁〕

西野田高野山《称》　にしのだこうやさん〔寺〕
　大阪府大阪市福島区・弘法寺　《本尊》弘法大師　〔高野山真言宗〕

西野薬師堂《称》　にしのやくしどう〔寺〕
　滋賀県伊香郡高月町・充満寺　《本尊》阿弥陀如来　〔真宗大谷派〕

12西勤寺　さいごんじ〔寺〕
　新潟県上越市　《本尊》阿弥陀如来　〔浄土真宗本願寺派〕

西勝寺　さいしょうじ〔寺〕
　福島県耶麻郡猪苗代町　《本尊》不動明王　〔真言宗豊山派〕

西勝寺　さいしょうじ〔寺〕
　富山県婦負郡八尾町　《本尊》阿弥陀如来　〔浄土真宗本願寺派〕

西勝寺　さいしょうじ〔寺〕
　富山県東礪波郡利賀村　《別称》利賀の御坊　《本尊》阿弥陀如来　〔真宗大谷派〕

西勝寺　さいしょうじ〔寺〕
　石川県珠洲市　《本尊》阿弥陀如来　〔真宗大谷派〕

西勝寺　さいしょうじ〔寺〕
　愛知県稲沢市　《本尊》阿弥陀如来　〔真宗大谷派〕

西勝院　さいしょういん〔寺〕
　埼玉県入間市　《本尊》薬師如来　〔真言宗豊山派〕

西善寺　さいぜんじ〔寺〕
　秋田県秋田市　《本尊》阿弥陀如来　〔真宗大谷派〕

西善寺　さいぜんじ〔寺〕
　埼玉県秩父郡横瀬町　《別称》秩父第八番霊場　《本尊》十一面観世音菩薩・阿弥陀三尊・半僧坊大権現　〔臨済宗南禅寺派〕

西善寺　さいぜんじ〔寺〕
　長野県松本市　《本尊》阿弥陀如来　〔天台宗〕

西善寺　さいぜんじ〔寺〕
　大阪府大阪市北区　《本尊》阿弥陀如来　〔浄土真宗本願寺派〕

西善寺　さいぜんじ〔寺〕
　島根県大原郡木次町　《本尊》阿弥陀如来　〔真宗大谷派〕

西善寺　さいぜんじ〔寺〕
　香川県さぬき市　《本尊》阿弥陀如来　〔浄土真宗本願寺派〕

西善院　さいぜんいん〔寺〕
　埼玉県三郷市　《本尊》阿弥陀如来　〔真言宗豊山派〕

西堤寺　さいだいじ〔寺〕
　広島県尾道市　《本尊》聖観世音菩薩　〔曹洞宗〕

西堤神社　にしずつみじんじゃ〔社〕
　大阪府東大阪市　《祭神》天照皇大神［他］　〔単立〕

西報寺　さいほうじ〔寺〕
　鹿児島県出水郡高尾野町　《別称》西の寺　《本尊》阿弥陀如来　〔浄土真宗本願寺派〕

西寒多神社　ささむたじんじゃ〔社〕
　大分県大分市　《別称》豊後一の宮　《祭神》天照皇大御神［他］　〔神社本庁〕

西御坊《称》　にしごぼう〔寺〕
　京都府京都市山科区・西本願寺山科別院　《本尊》阿弥陀如来　〔浄土真宗本願寺派〕

西敬寺　さいきょうじ〔寺〕
　長野県飯山市　《別称》太子の寺　《本尊》阿弥陀如来　〔真宗大谷派〕

西敬寺　さいきょうじ〔寺〕
　岐阜県海津郡南濃町　《本尊》阿弥陀如来　〔真宗大谷派〕

西敬寺　さいきょうじ〔寺〕
　静岡県静岡市　《本尊》阿弥陀如来　〔真宗大谷派〕

西暁寺　さいきょうじ〔寺〕
　島根県江津市　《本尊》阿弥陀如来　〔浄土宗〕

西森さま《称》　にしもりさま〔社〕
　東京都足立区・千住神社　《祭神》須佐之男命［他］　〔神社本庁〕

西覚寺　さいかくじ〔寺〕
　広島県三次市　《本尊》阿弥陀如来　〔浄土真宗本願寺派〕

西覚寺　さいかくじ〔寺〕
　徳島県麻植郡鴨島町　《本尊》阿弥陀如来　〔浄土真宗本願寺派〕

西覚寺　さいかくじ〔寺〕
　福岡県築上郡椎田町　《本尊》阿弥陀如来　〔真宗木辺派〕

西証寺　さいしょうじ〔寺〕
　大阪府高槻市　《本尊》阿弥陀如来
　　　　　　　　　　　　〔浄土真宗本願寺派〕
西運寺　さいうんじ〔寺〕
　埼玉県深谷市　《別称》三夜さんのお寺　《本尊》阿弥陀如来　〔浄土宗〕
西運寺　さいうんじ〔寺〕
　神奈川県茅ヶ崎市　《別称》お十夜の寺　《本尊》阿弥陀如来　〔浄土宗〕
西運寺　さいうんじ〔寺〕
　岐阜県養老郡養老町　《本尊》阿弥陀如来
　　　　　　　　　　　　〔真宗大谷派〕
西運寺　さいうんじ〔寺〕
　愛知県西加茂郡小原村　《本尊》阿弥陀如来　〔浄土宗〕
西運寺　さいうんじ〔寺〕
　兵庫県尼崎市　《本尊》阿弥陀如来　〔浄土宗〕
西遊寺　さいゆうじ〔寺〕
　京都府八幡市　《別称》橋本寺　〔黒谷浄土宗〕
西雲寺　さいうんじ〔寺〕
　埼玉県川越市　《本尊》阿弥陀三尊・善導大師・円光大師　〔浄土宗〕
西雲寺　さいうんじ〔寺〕
　千葉県香取郡山田町　《別称》田部地蔵　《本尊》地蔵菩薩・阿弥陀如来　〔天台宗〕
西雲寺　さいうんじ〔寺〕
　福井県敦賀市　《本尊》阿弥陀如来
　　　　　　　　　　　　〔真宗大谷派〕
西雲院　さいうんいん〔寺〕
　京都府京都市左京区　《別称》紫雲石　《本尊》阿弥陀如来　〔黒谷浄土宗〕
13西園寺　さいえんじ〔寺〕
　宮城県多賀城市　《本尊》釈迦如来
　　　　　　　　　　　　〔臨済宗妙心寺派〕
西園寺　さいおんじ〔寺〕
　京都府京都市上京区　《本尊》阿弥陀如来
　　　　　　　　　　　　〔浄土宗〕
西新井大師《称》　にしあらいだいし〔寺〕
　東京都足立区・総持寺　《本尊》十一面観世音菩薩・弘法大師　〔真言宗豊山派〕
西楽寺　さいらくじ〔寺〕
　長野県長野市　《本尊》阿弥陀如来　〔浄土宗〕
西楽寺　さいらくじ〔寺〕
　静岡県袋井市　《本尊》阿弥陀如来・薬師如来・釈迦如来・不動明王　〔真言宗智山派〕
西楽寺　さいらくじ〔寺〕
　京都府京都市山科区　《本尊》阿弥陀如来
　　　　　　　　　　　　〔浄土宗〕
西楽寺　さいらくじ〔寺〕
　島根県出雲市　《別称》本坊　《本尊》阿弥陀如来　〔浄土真宗本願寺派〕

西楽寺　さいらくじ〔寺〕
　島根県益田市　《本尊》阿弥陀如来
　　　　　　　　　　　　〔浄土真宗本願寺派〕
西楽寺　さいらくじ〔寺〕
　島根県江津市　《本尊》阿弥陀如来
　　　　　　　　　　　　〔浄土真宗本願寺派〕
西楽寺　さいらくじ〔寺〕
　島根県邇摩郡温泉津町　《本尊》阿弥陀如来　〔浄土真宗本願寺派〕
西楽寺　さいらくじ〔寺〕
　広島県広島市西区　《本尊》阿弥陀如来
　　　　　　　　　　　　〔浄土真宗本願寺派〕
西楽寺　さいらくじ〔寺〕
　山口県下関市　《本尊》阿弥陀如来
　　　　　　　　　　　　〔浄土真宗本願寺派〕
西源寺　さいげんじ〔寺〕
　富山県東礪波郡福野町　《別称》八塚の御坊　《本尊》阿弥陀如来　〔真宗大谷派〕
西源寺　さいげんじ〔寺〕
　愛知県小牧市　《本尊》阿弥陀如来
　　　　　　　　　　　　〔真宗大谷派〕
西源寺　さいげんじ〔寺〕
　三重県津市　《本尊》阿弥陀如来
　　　　　　　　　　　　〔真宗高田派〕
西源院　せいげんいん〔寺〕
　京都府京都市右京区　《本尊》釈迦如来
　　　　　　　　　　　　〔臨済宗妙心寺派〕
西照寺　さいしょうじ〔寺〕
　東京都台東区　《本尊》阿弥陀如来
　　　　　　　　　　　　〔真宗大谷派〕
西照寺　さいしょうじ〔寺〕
　東京都目黒区　《本尊》阿弥陀如来
　　　　　　　　　　　　〔真宗大谷派〕
西照寺　さいしょうじ〔寺〕
　東京都杉並区　《本尊》釈迦如来　〔曹洞宗〕
西照寺　さいしょうじ〔寺〕
　新潟県三島郡三島町　《本尊》阿弥陀如来
　　　　　　　　　　　　〔真宗大谷派〕
西照寺　さいしょうじ〔寺〕
　新潟県刈羽郡高柳町　《本尊》阿弥陀如来
　　　　　　　　　　　　〔浄土宗〕
西照寺　さいしょうじ〔寺〕
　富山県西礪波郡福岡町　《本尊》阿弥陀如来　〔真宗大谷派〕
西照寺　さいしょうじ〔寺〕
　静岡県榛原郡金谷町　《別称》川越御坊　《本尊》阿弥陀如来　〔真宗大谷派〕
西照寺　さいしょうじ〔寺〕
　愛知県名古屋市中村区　《本尊》阿弥陀如来　〔真宗大谷派〕

6画（西）

西照寺　さいしょうじ〔寺〕
　愛知県海部郡佐屋町　《別称》弘法寺　《本尊》薬師如来・聖観世音菩薩　〔真言宗智山派〕

西照寺　さいしょうじ〔寺〕
　滋賀県八日市市　《別称》浜野　《本尊》阿弥陀三尊　〔浄土宗〕

西照寺　さいしょうじ〔寺〕
　滋賀県守山市　《本尊》阿弥陀如来
　〔真宗大谷派〕

西照寺　さいしょうじ〔寺〕
　滋賀県甲賀郡甲西町　《本尊》阿弥陀如来・聖観世音菩薩　〔浄土宗〕

西照寺　さいしょうじ〔寺〕
　京都府京都市下京区　《別称》雑炊寺　《本尊》阿弥陀如来　〔浄土宗〕

西照寺　さいしょうじ〔寺〕
　大阪府大阪市天王寺区　《本尊》阿弥陀三尊　〔浄土宗〕

西照寺　さいしょうじ〔寺〕
　大阪府八尾市　《本尊》阿弥陀如来
　〔浄土真宗本願寺派〕

西照寺　さいしょうじ〔寺〕
　鹿児島県出水市　《本尊》阿弥陀如来
　〔浄土真宗本願寺派〕

西照神社　にしてるじんじゃ〔社〕
　徳島県美馬郡脇町　《別称》大滝山　《祭神》月読尊［他］　〔神社本庁〕

西禅寺　さいぜんじ〔寺〕
　京都府与謝郡野田川町　《別称》中寺　《本尊》阿弥陀如来　〔臨済宗妙心寺派〕

西禅寺　さいぜんじ〔寺〕
　愛媛県大洲市　《本尊》如意輪観世音菩薩
　〔臨済宗東福寺派〕

西禅院　さいぜんいん〔寺〕
　和歌山県伊都郡高野町　《本尊》阿弥陀如来　〔高野山真言宗〕

西福寺　さいふくじ〔寺〕
　秋田県能代市　《本尊》阿弥陀如来　〔浄土宗〕

西福寺　さいふくじ〔寺〕
　福島県会津若松市　《本尊》大日如来
　〔真言宗豊山派〕

西福寺　さいふくじ〔寺〕
　福島県安達郡安達町　《本尊》大日如来
　〔真言宗豊山派〕

西福寺　さいふくじ〔寺〕
　茨城県東茨城郡大洗町　《本尊》阿弥陀如来　〔天台宗〕

西福寺　さいふくじ〔寺〕
　茨城県結城郡石下町　《本尊》阿弥陀如来
　〔浄土宗〕

西福寺　さいふくじ〔寺〕
　群馬県勢多郡粕川村　《別称》天王坊　《本尊》阿弥陀如来　〔真言宗豊山派〕

西福寺　さいふくじ〔寺〕
　群馬県新田郡藪塚本町　《本尊》阿弥陀如来・赤子地蔵菩薩　〔曹洞宗〕

西福寺　さいふくじ〔寺〕
　埼玉県川口市西立野　《別称》立野の百観音　《本尊》阿弥陀如来・如意輪観世音菩薩
　〔真言宗豊山派〕

西福寺　さいふくじ〔寺〕
　埼玉県川口市北町　《本尊》阿弥陀如来
　〔浄土宗〕

西福寺　さいふくじ〔寺〕
　埼玉県岩槻市　《別称》平野のお寺　《本尊》阿弥陀如来　〔真言宗智山派〕

西福寺　さいふくじ〔寺〕
　埼玉県鴻巣市　《本尊》阿弥陀如来
　〔真言宗豊山派〕

西福寺　さいふくじ〔寺〕
　埼玉県三郷市　《本尊》阿弥陀如来
　〔真言宗豊山派〕

西福寺　さいふくじ〔寺〕
　埼玉県北足立郡吹上町　《別称》袋観音　《本尊》不動明王・正観世音菩薩
　〔真言宗智山派〕

西福寺　さいふくじ〔寺〕
　千葉県船橋市　《別称》えんま寺　《本尊》阿弥陀如来　〔真言宗豊山派〕

西福寺　さいふくじ〔寺〕
　千葉県野田市　《本尊》不動明王
　〔真言宗豊山派〕

西福寺　さいふくじ〔寺〕
　千葉県成田市　《本尊》阿弥陀如来　〔天台宗〕

西福寺　さいふくじ〔寺〕
　千葉県夷隅郡夷隅町　《本尊》阿弥陀如来
　〔天台宗〕

西福寺　さいふくじ〔寺〕
　東京都港区　《本尊》阿弥陀如来
　〔真宗大谷派〕

西福寺　さいふくじ〔寺〕
　東京都台東区　《別称》松平西福寺　《本尊》阿弥陀如来　〔浄土宗〕

西福寺　さいふくじ〔寺〕
　東京都世田谷区　《本尊》薬師如来
　〔真言宗豊山派〕

西福寺　さいふくじ〔寺〕
　東京都豊島区　《本尊》阿弥陀如来
　〔真言宗豊山派〕

神社・寺院名よみかた辞典　275

6画（西）

西福寺　さいふくじ〔寺〕
　東京都北区　《別称》六阿弥陀一番の寺　《本尊》阿弥陀如来　〔真言宗豊山派〕
西福寺　さいふくじ〔寺〕
　神奈川県厚木市　《本尊》阿弥陀如来
　　〔浄土宗〕
西福寺　さいふくじ〔寺〕
　神奈川県足柄上郡開成町　《本尊》釈迦如来　〔曹洞宗〕
西福寺　さいふくじ〔寺〕
　新潟県新潟市　《本尊》阿弥陀如来　〔浄土宗〕
西福寺　さいふくじ〔寺〕
　新潟県長岡市　《本尊》阿弥陀如来
　　〔真言宗智山派〕
西福寺　さいふくじ〔寺〕
　新潟県柏崎市　《本尊》阿弥陀如来　〔浄土宗〕
西福寺　さいふくじ〔寺〕
　新潟県燕市　《本尊》阿弥陀如来
　　〔真宗大谷派〕
西福寺　さいふくじ〔寺〕
　新潟県北魚沼郡小出町　《別称》大浦開山堂　《本尊》阿弥陀如来　〔曹洞宗〕
西福寺　さいふくじ〔寺〕
　福井県敦賀市　《別称》原の寺　《本尊》阿弥陀三尊・法然上人　〔浄土宗〕
西福寺　さいふくじ〔寺〕
　長野県塩尻市　《本尊》釈迦如来　〔曹洞宗〕
西福寺　さいふくじ〔寺〕
　岐阜県岐阜市　《本尊》阿弥陀如来
　　〔浄土真宗本願寺派〕
西福寺　さいふくじ〔寺〕
　岐阜県可児市　《本尊》阿弥陀如来
　　〔臨済宗妙心寺派〕
西福寺　さいふくじ〔寺〕
　岐阜県養老郡養老町　《本尊》阿弥陀如来
　　〔真宗大谷派〕
西福寺　さいふくじ〔寺〕
　愛知県岡崎市　《本尊》阿弥陀如来
　　〔浄土真宗本願寺派〕
西福寺　さいふくじ〔寺〕
　愛知県一宮市　《本尊》阿弥陀如来
　　〔真宗大谷派〕
西福寺　さいふくじ〔寺〕
　三重県四日市市　《別称》東寺　《本尊》阿弥陀如来　〔真宗大谷派〕
西福寺　さいふくじ〔寺〕
　三重県桑名市　《本尊》阿弥陀如来
　　〔真宗大谷派〕
西福寺　さいふくじ〔寺〕
　滋賀県滋賀郡志賀町　《本尊》阿弥陀如来
　　〔浄土真宗本願寺派〕

西福寺　さいふくじ〔寺〕
　京都府京都市東山区　《別称》六道の辻　《本尊》阿弥陀如来・地蔵菩薩　〔浄土宗〕
西福寺　さいふくじ〔寺〕
　京都府京都市伏見区　《本尊》阿弥陀如来
　　〔浄土宗〕
西福寺　さいふくじ〔寺〕
　京都府綴喜郡井手町　《本尊》阿弥陀如来
　　〔真言宗智山派〕
西福寺　さいふくじ〔寺〕
　大阪府岸和田市　《別称》大寺　《本尊》阿弥陀如来　〔浄土宗〕
西福寺　さいふくじ〔寺〕
　大阪府豊中市　《別称》松の寺・若冲寺　《本尊》阿弥陀如来　〔浄土真宗本願寺派〕
西福寺　さいふくじ〔寺〕
　兵庫県明石市　《本尊》観世音菩薩
　　〔臨済宗妙心寺派〕
西福寺　さいふくじ〔寺〕
　兵庫県西宮市　《本尊》阿弥陀如来
　　〔浄土真宗本願寺派〕
西福寺　さいふくじ〔寺〕
　兵庫県龍野市　《本尊》阿弥陀如来
　　〔浄土真宗本願寺派〕
西福寺　さいふくじ〔寺〕
　奈良県奈良市　《本尊》阿弥陀如来　〔浄土宗〕
西福寺　さいふくじ〔寺〕
　島根県邑智郡邑智町　《本尊》阿弥陀如来
　　〔浄土真宗本願寺派〕
西福寺　さいふくじ〔寺〕
　広島県沼隈郡沼隈町　《別称》温泉でら　《本尊》阿弥陀如来　〔真宗大谷派〕
西福寺　さいふくじ〔寺〕
　広島県深安郡神辺町　《本尊》不動明王
　　〔高野山真言宗〕
西福寺　さいふくじ〔寺〕
　福岡県行橋市　《本尊》阿弥陀如来　〔浄土宗〕
西福寺　さいふくじ〔寺〕
　佐賀県武雄市　《本尊》阿弥陀如来　〔浄土宗〕
西福寺　さいふくじ〔寺〕
　佐賀県東松浦郡浜玉町　《本尊》阿弥陀如来　〔浄土宗〕
西福寺　さいふくじ〔寺〕
　長崎県北松浦郡大島村　《本尊》阿弥陀如来　〔浄土宗〕
西福寺　さいふくじ〔寺〕
　熊本県八代郡坂本村　《別称》そうみお寺　《本尊》阿弥陀如来・薬師如来
　　〔浄土真宗本願寺派〕

276　神社・寺院名よみかた辞典

6画（西）

西福院　さいふくいん〔寺〕
　千葉県香取郡東庄町　《本尊》聖観世音菩薩
　　　　　　　　　　　　　　　〔真言宗豊山派〕
西福院　さいふくいん〔寺〕
　愛知県名古屋市南区　《本尊》不動明王
　　　　　　　　　　　　　　　〔真言宗智山派〕
西福院　さいふくいん〔寺〕
　愛知県稲沢市　《別称》疵気薬師　《本尊》聖観世音菩薩・薬師如来　〔真言宗智山派〕
西福院　さいふくいん〔寺〕
　京都府綾部市　《本尊》釈迦如来
　　　　　　　　　　　　　　　〔臨済宗妙心寺派〕
西福院　さいふくいん〔寺〕
　広島県広島市西区　《別称》淡島明神　《本尊》淡島明神　〔広島県真言宗教団〕
西蓮寺　さいれんじ〔寺〕
　山形県米沢市　《本尊》阿弥陀如来　〔浄土宗〕
西蓮寺　さいれんじ〔寺〕
　福島県会津若松市　《本尊》阿弥陀如来
　　　　　　　　　　　　　　　〔真宗大谷派〕
西蓮寺　さいれんじ〔寺〕
　茨城県行方郡玉造町　《別称》常陸高野　《本尊》薬師如来・阿弥陀如来　〔天台宗〕
西蓮寺　さいれんじ〔寺〕
　千葉県松戸市　《本尊》阿弥陀如来
　　　　　　　　　　　　　　　〔真言宗豊山派〕
西蓮寺　さいれんじ〔寺〕
　千葉県匝瑳郡光町　《本尊》大日如来・聖観世音菩薩・地蔵菩薩　〔真言宗智山派〕
西蓮寺　さいれんじ〔寺〕
　東京都世田谷区　《本尊》阿弥陀如来
　　　　　　　　　　　　　　　〔真宗大谷派〕
西蓮寺　さいれんじ〔寺〕
　東京都北区　《本尊》阿弥陀如来
　　　　　　　　　　　　　　　〔真言宗智山派〕
西蓮寺　さいれんじ〔寺〕
　東京都八王子市石川町　《本尊》大日如来
　　　　　　　　　　　　　　　〔真言宗智山派〕
西蓮寺　さいれんじ〔寺〕
　東京都八王子市大楽寺町　《本尊》不動明王・薬師如来　〔真言宗智山派〕
西蓮寺　さいれんじ〔寺〕
　新潟県豊栄市　《本尊》阿弥陀如来
　　　　　　　　　　　　　　　〔真宗大谷派〕
西蓮寺　さいれんじ〔寺〕
　新潟県西蒲原郡岩室村　《本尊》阿弥陀如来
　　　　　　　　　　　　　　　〔真宗大谷派〕
西蓮寺　さいれんじ〔寺〕
　富山県東礪波郡庄川町庄　《別称》金剛寺の寺　《本尊》阿弥陀如来　〔浄土真宗本願寺派〕

西蓮寺　さいれんじ〔寺〕
　富山県東礪波郡庄川町三谷　《本尊》阿弥陀如来　　　　　　　　　　〔真宗大谷派〕
西蓮寺　さいれんじ〔寺〕
　福井県福井市　《本尊》阿弥陀如来
　　　　　　　　　　　　　　　〔浄土真宗本願寺派〕
西蓮寺　さいれんじ〔寺〕
　福井県敦賀市　《本尊》阿弥陀如来　〔浄土宗〕
西蓮寺　さいれんじ〔寺〕
　愛知県名古屋市東区　《本尊》阿弥陀如来
　　　　　　　　　　　　　　　〔浄土宗〕
西蓮寺　さいれんじ〔寺〕
　愛知県豊明市　《本尊》阿弥陀如来
　　　　　　　　　　　　　　　〔真宗大谷派〕
西蓮寺　さいれんじ〔寺〕
　三重県上野市　《本尊》阿弥陀如来
　　　　　　　　　　　　　　　〔天台真盛宗〕
西蓮寺　さいれんじ〔寺〕
　滋賀県草津市　《本尊》阿弥陀如来
　　　　　　　　　　　　　　　〔真宗大谷派〕
西蓮寺　さいれんじ〔寺〕
　大阪府大阪市西成区　《本尊》不動明王
　　　　　　　　　　　　　　　〔高野山真言宗〕
西蓮寺　さいれんじ〔寺〕
　大阪府岸和田市　《別称》西之内寺　《本尊》阿弥陀如来　〔真宗大谷派〕
西蓮寺　さいれんじ〔寺〕
　兵庫県姫路市　《本尊》阿弥陀如来
　　　　　　　　　　　　　　　〔真宗大谷派〕
西蓮寺　さいれんじ〔寺〕
　兵庫県西宮市　《本尊》阿弥陀如来　〔浄土宗〕
西蓮寺　さいれんじ〔寺〕
　兵庫県宍粟郡千種町　《別称》念仏寺　《本尊》阿弥陀三尊・教信上人　〔浄土宗〕
西蓮寺　さいれんじ〔寺〕
　奈良県北葛城郡王寺町　《本尊》阿弥陀如来　〔浄土真宗本願寺派〕
西蓮寺　さいれんじ〔寺〕
　奈良県吉野郡吉野町　《別称》吉野大仏・竜門大仏　《本尊》阿弥陀如来　〔浄土宗〕
西蓮寺　さいれんじ〔寺〕
　山口県大島郡大島町　《本尊》阿弥陀如来
　　　　　　　　　　　　　　　〔浄土宗〕
西蓮寺　さいれんじ〔寺〕
　香川県綾歌郡飯山町　《本尊》阿弥陀如来
　　　　　　　　　　　　　　　〔真宗興正派〕
西蓮寺　さいれんじ〔寺〕
　長崎県佐世保市　《本尊》阿弥陀如来・十一面観世音菩薩　〔曹洞宗〕

神社・寺院名よみかた辞典　277

6画（西）

西蓮寺　さいれんじ〔寺〕
　熊本県熊本市　《本尊》阿弥陀如来
　　　　　　　　　　　　　〔真宗大谷派〕
西蓮寺　さいれんじ〔寺〕
　大分県大分郡湯布院町　《本尊》阿弥陀如来　　　　　　　　　　〔浄土真宗本願寺派〕
西蓮院　さいれんいん〔寺〕
　大阪府大阪市天王寺区　《本尊》阿弥陀如来　　　　　　　　　　　　　〔浄土宗〕
14西徳寺　さいとくじ〔寺〕
　千葉県鴨川市　《別称》あまつらの善光寺
　《本尊》不動明王　　　〔真言宗智山派〕
西徳寺　さいとくじ〔寺〕
　東京都台東区　《別称》仏光寺東京別院　《本尊》阿弥陀如来・親鸞聖人・聖徳太子
　　　　　　　　　　　　〔真宗仏光寺派〕
西徳寺　さいとくじ〔寺〕
　神奈川県横須賀市　《本尊》阿弥陀如来
　　　　　　　　　　　　　　　〔浄土宗〕
西徳寺　さいとくじ〔寺〕
　富山県黒部市　《本尊》阿弥陀如来　〔浄土宗〕
西徳寺　さいとくじ〔寺〕
　福井県丹生郡越前町　《別称》やまでら　《本尊》阿弥陀如来　　　　　〔天台真盛宗〕
西徳寺　さいとくじ〔寺〕
　滋賀県犬上郡多賀町　《本尊》阿弥陀如来
　　　　　　　　　　　　　〔真宗大谷派〕
西徳寺　さいとくじ〔寺〕
　福岡県直方市　《本尊》阿弥陀如来
　　　　　　　　　　　　〔浄土真宗本願寺派〕
西徳院　さいとくいん〔寺〕
　滋賀県野洲郡中主町　《本尊》阿弥陀如来
　　　　　　　　　　　　　　　〔浄土宗〕
西端寺　さいたんじ〔寺〕
　北海道釧路市　　　　〔高野山真言宗〕
15西導寺　さいどうじ〔寺〕
　栃木県塩谷郡氏家町　《本尊》阿弥陀如来
　　　　　　　　　　　　　　　〔浄土宗〕
西導寺　さいどうじ〔寺〕
　愛知県海部郡八開村　《別称》立田坊　《本尊》阿弥陀如来　　　　　　〔真宗大谷派〕
西導寺　さいどうじ〔寺〕
　三重県多気郡勢和村　《本尊》阿弥陀如来
　　　　　　　　　　　　　　　〔浄土宗〕
西導寺　さいどうじ〔寺〕
　京都府宇治市　《本尊》阿弥陀如来　〔浄土宗〕
西慶寺　さいけいじ〔寺〕
　和歌山県和歌山市　《本尊》阿弥陀如来
　　　　　　　　　　　　〔浄土真宗本願寺派〕
西澄寺　さいちょうじ〔寺〕
　東京都世田谷区　　　　〔真言宗智山派〕

西蔵院　さいぞういん〔寺〕
　東京都港区　《本尊》阿弥陀如来　〔天台宗〕
西蔵院　さいぞういん〔寺〕
　東京都台東区　《本尊》大日如来
　　　　　　　　　　　　　〔真言宗智山派〕
西蔵院　さいぞういん〔寺〕
　東京都府中市　《別称》鼻取地蔵尊　《本尊》金剛界大日如来　　　〔真言宗豊山派〕
西養寺　さいようじ〔寺〕
　石川県金沢市　《本尊》阿弥陀如来　〔天台宗〕
西養寺　さいようじ〔寺〕
　岐阜県羽島郡川島町　《本尊》阿弥陀如来
　　　　　　　　　　　　〔浄土真宗本願寺派〕
西養寺　さいようじ〔寺〕
　熊本県荒尾市　《本尊》阿弥陀如来
　　　　　　　　　　　　〔浄土真宗本願寺派〕
17西厳寺　さいごんじ〔寺〕
　新潟県栃尾市　《本尊》阿弥陀如来
　　　　　　　　　　　　　〔真宗大谷派〕
18西観音寺　にしかんのんじ〔寺〕
　大阪府吹田市　《本尊》阿弥陀如来　〔浄土宗〕
19西鏡寺　さいきょうじ〔寺〕
　兵庫県川辺郡猪名川町　《別称》ゆうだ十二薬師　《本尊》阿弥陀如来・薬師如来・十二神将　　　　　　　　　　　〔浄土宗〕
西願寺　さいがんじ〔寺〕
　北海道砂川市　《本尊》阿弥陀如来
　　　　　　　　　　　　〔浄土真宗本願寺派〕
西願寺　さいがんじ〔寺〕
　埼玉県草加市　《本尊》阿弥陀如来　〔浄土宗〕
西願寺　さいがんじ〔寺〕
　千葉県市原市　《本尊》阿弥陀如来　〔天台宗〕
西願寺　さいがんじ〔寺〕
　新潟県長岡市　《別称》釜沢観音堂
　　　　　　　　　　　　　〔真宗高田派〕
西願寺　さいがんじ〔寺〕
　富山県魚津市　《別称》赤門の寺　《本尊》阿弥陀如来　　　　　　　　　〔浄土宗〕
西願寺　さいがんじ〔寺〕
　静岡県磐田市　《本尊》阿弥陀如来
　　　　　　　　　　　　　〔真宗大谷派〕
西願寺　さいがんじ〔寺〕
　三重県亀山市　《本尊》阿弥陀如来
　　　　　　　　　　　　　〔真宗高田派〕
西願寺　さいがんじ〔寺〕
　三重県桑名郡多度町　《本尊》阿弥陀如来
　　　　　　　　　　　　　〔真宗大谷派〕
西願寺　さいがんじ〔寺〕
　滋賀県近江八幡市　　　〔天台真盛宗〕

西願寺　さいがんじ〔寺〕
　京都府京都市東山区　《本尊》阿弥陀如来
　　　　　　　　　　　　　　　　〔浄土宗〕
西願寺　さいがんじ〔寺〕
　広島県尾道市　《本尊》聖観世音菩薩
　　　　　　　　　　　　　〔臨済宗仏通寺派〕
20西巌殿寺　さいがんでんじ〔寺〕
　熊本県阿蘇郡阿蘇町　《別称》阿蘇山の寺
　《本尊》十一面観世音菩薩　　　〔天台宗〕

7画

【串】
12串間神社　くしまじんじゃ〔社〕
　宮崎県串間市　《祭神》彦火火出見尊
　　　　　　　　　　　　　　　　〔神社本庁〕

【位】
12位登八幡神社　いとはちまんじんじゃ〔社〕
　福岡県田川市　《祭神》豊日別命〔他〕
　　　　　　　　　　　　　　　　〔神社本庁〕

【伽】
9伽耶院　がやいん〔寺〕
　兵庫県三木市　《別称》大谷の寺　《本尊》毘
　沙門天　　　　　　　　　　　　〔単立〕

【佐】
3佐久良太神社　さくらたじんじゃ〔社〕
　岐阜県加茂郡白川町　《別称》とりのにわ
　《祭神》菊理比咩命〔他〕　　　〔神社本庁〕
佐久奈度神社　さくなどじんじゃ〔社〕
　滋賀県大津市　《別称》桜谷社　《祭神》天瀬
　織都比咩神〔他〕　　　　　　　〔神社本庁〕
佐久神社　さくじんじゃ〔社〕
　山梨県東八代郡石和町　《祭神》天手力雄命
　〔他〕　　　　　　　　　　　　〔神社本庁〕
佐久神社　さくじんじゃ〔社〕
　山梨県東八代郡中道町　《祭神》土本毘古王
　〔他〕　　　　　　　　　　　　〔神社本庁〕
佐久神社　さくじんじゃ〔社〕
　兵庫県城崎郡日高町　《祭神》手力男神
佐土原鬼子母神《称》　さどわらきしもじ
　ん〔寺〕
　宮崎県宮崎郡佐土原町・吉祥寺　《本尊》日
　蓮聖人奠定の久遠常住輪円具足の南無妙
　法蓮華経　　　　　　〔法華宗（本門流）〕

佐川の鬼子母神様《称》　さがわのきしも
　じんさま〔寺〕
　高知県高岡郡佐川町・妙像寺　《本尊》大曼
　荼羅　　　　　　　　　　　　　〔日蓮宗〕
4佐井寺　さいでら〔寺〕
　大阪府吹田市　《別称》佐井寺観音　《本尊》
　十一面観世音菩薩・不動明王・薬師如来・
　地蔵菩薩・阿弥陀如来・金輪仏頂尊
　　　　　　　　　　　　　　〔高野山真言宗〕
佐井寺観音《称》　さいでらかんのん〔寺〕
　大阪府吹田市・佐井寺　《本尊》十一面観世
　音菩薩・不動明王・薬師如来・地蔵菩薩・
　阿弥陀如来・金輪仏頂尊　〔高野山真言宗〕
佐太本山《称》　さたほんざん〔寺〕
　大阪府守口市・来迎寺　《本尊》天筆如来
　　　　　　　　　　　　　　　　〔浄土宗〕
佐太神社　さだじんじゃ〔社〕
　島根県八束郡鹿島町　《祭神》佐太大神〔他〕
　　　　　　　　　　　　　　　　〔神社本庁〕
佐比売山神社　さひめやまじんじゃ〔社〕
　島根県大田市　《別称》山神宮　《祭神》金山
　彦命　　　　　　　　　　　　　〔神社本庁〕
5佐世神社　させじんじゃ〔社〕
　島根県大原郡大東町　《祭神》須佐能袁命〔他〕
　　　　　　　　　　　　　　　　〔神社本庁〕
佐用都比売神社　さよつひめじんじゃ〔社〕
　兵庫県佐用郡佐用町　《別称》さよひめさま
　《祭神》市杵島姫命〔他〕　　　〔神社本庁〕
佐田神社　さたじんじゃ〔社〕
　徳島県阿南市　《祭神》猿田彦命〔他〕
　　　　　　　　　　　　　　　　〔神社本庁〕
佐田神社　さだじんじゃ〔社〕
　大分県宇佐郡安心院町　《別称》善神王宮
　《祭神》武内宿禰〔他〕　　　　〔神社本庁〕
6佐伎治神社　さきちじんじゃ〔社〕
　福井県大飯郡高浜町　《祭神》素盞嗚尊〔他〕
　　　　　　　　　　　　　　　　〔神社本庁〕
佐地神社　さちじんじゃ〔社〕
　兵庫県氷上郡青垣町　《祭神》天宇受売命
　　　　　　　　　　　　　　　　〔神社本庁〕
佐竹寺　さたけじ〔寺〕
　茨城県常陸太田市　《別称》坂東第二二番霊
　場・佐竹観音　《本尊》十一面観世音菩薩
　　　　　　　　　　　　　　〔真言宗豊山派〕
佐竹観音《称》　さたけかんのん〔寺〕
　茨城県常陸太田市・佐竹寺　《本尊》十一面
　観世音菩薩　　　　　　　　〔真言宗豊山派〕
7佐佐伎神社　ささきじんじゃ〔社〕
　兵庫県出石郡但東町　《祭神》少彦命〔他〕
　　　　　　　　　　　　　　　　〔神社本庁〕

神社・寺院名よみかた辞典　279

7画（作）

佐佐牟志さん《称》　ささむしさん〔社〕
　福井県丹生郡朝日町・佐佐牟志神社　《祭神》
　彦波瀲武鸕鷀草葺不合尊［他］　〔神社本庁〕

佐佐牟志神社　ささむしじんじゃ〔社〕
　福井県丹生郡朝日町　《別称》佐佐牟志さん
　《祭神》彦波瀲武鸕鷀草葺不合尊［他］
　　　　　　　　　　　　　　　〔神社本庁〕

佐佐婆神社　ささばじんじゃ〔社〕
　兵庫県篠山市　《祭神》正哉吾勝勝速日天之
　忍穂耳尊［他］　　　　　　　〔神社本庁〕

佐伯の薬師《称》　さえきのやくし〔寺〕
　京都府亀岡市・神蔵寺　《本尊》薬師如来・日
　光菩薩・月光菩薩　　　〔臨済宗妙心寺派〕

佐助稲荷神社　さすけいなりじんじゃ〔社〕
　神奈川県鎌倉市　《祭神》宇迦之御魂命
　　　　　　　　　　　　　　　〔神社本庁〕

佐志能神社　さしのうじんじゃ〔社〕
　茨城県石岡市　《祭神》豊城入彦命［他］
　　　　　　　　　　　　　　　〔神社本庁〕

佐良志奈神社　さらしなじんじゃ〔社〕
　長野県千曲市　《祭神》誉田別尊［他］
　　　　　　　　　　　　　　　〔神社本庁〕

佐那神社　さなじんじゃ〔社〕
　三重県多気郡多気町　《別称》中宮　《祭神》
　天手力男神［他］　　　　　　〔神社本庁〕

8 佐佳枝廼社　さかえのやしろ〔社〕
　福井県福井市　《別称》さかえみやさん　《祭
　神》結城秀康［他］　　　　　〔神社本庁〕

佐味の宮《称》　さみのみや〔社〕
　奈良県御所市・高鴨神社　《祭神》阿治須岐
　詫彦根命　　　　　　　　　　〔神社本庁〕

佐和八幡宮《称》　さわはちまんぐう〔社〕
　島根県邑智郡邑智町・八幡宮　《祭神》誉田
　別尊［他］　　　　　　　　　〔神社本庁〕

佐奇神社　さきじんじゃ〔社〕
　石川県金沢市　《祭神》息長帯比売命［他］
　　　　　　　　　　　　　　　〔神社本庁〕

佐波加刀神社　さわかとじんじゃ〔社〕
　滋賀県伊香郡木之本町　《祭神》日子坐王［他］
　　　　　　　　　　　　　　　〔神社本庁〕

佐波良神社　さわらじんじゃ〔社〕
　岡山県真庭郡湯原町　《祭神》佐波良命
　　　　　　　　　　　　　　　〔神社本庁〕

佐波波地祇神社　さわわくにつかみじんじゃ〔社〕
　茨城県北茨城市大津町　《別称》唐帰山　《祭
　神》天日方奇日方命［他］　　〔神社本庁〕

佐波波地祇神社　さわわくにつかみじんじゃ〔社〕
　茨城県北茨城市上小津田　《祭神》天日方奇
　日方命　　　　　　　　　　　〔神社本庁〕

佐波神社　さわじんじゃ〔社〕
　静岡県賀茂郡西伊豆町　《祭神》積羽八重事
　代主命［他］　　　　　　　　〔神社本庁〕

佐波神社　さばじんじゃ〔社〕
　山口県防府市　《祭神》天照皇大神［他］
　　　　　　　　　　　　　　　〔神社本庁〕

9 佐保神社　さほじんじゃ〔社〕
　兵庫県加東郡社町社　《祭神》天児屋根命［他］
　　　　　　　　　　　　　　　〔神社本庁〕

佐保神社　さほじんじゃ〔社〕
　兵庫県加東郡社町東実　《祭神》天児屋根命
　［他］　　　　　　　　　　　〔神社本庁〕

佐為神社　さいじんじゃ〔社〕
　島根県八束郡宍道町　《祭神》猿田彦命［他］
　　　　　　　　　　　　　　　〔神社本庁〕

佐香神社　さかじんじゃ〔社〕
　島根県平田市小境町　《別称》出雲松尾神社
　《祭神》久斯之神［他］　　　〔神社本庁〕

10 佐倍乃神社　さえのじんじゃ〔社〕
　宮城県名取市　《別称》道祖神社　《祭神》猿
　田彦大神［他］　　　　　　　〔神社本庁〕

佐脇神社　さわきじんじゃ〔社〕
　愛知県宝飯郡御津町　《祭神》伊弉冉尊［他］
　　　　　　　　　　　　　　　〔神社本庁〕

11 佐麻久嶺神社　さまくみねじんじゃ〔社〕
　福島県いわき市　《祭神》五十猛命
　　　　　　　　　　　　　　　〔神社本庁〕

12 佐賀八幡宮《称》　さがはちまんぐう〔社〕
　佐賀県佐賀市・竜造寺八幡宮　《祭神》応神
　天皇［他］　　　　　　　　　〔神社本庁〕

佐賀県護国神社　さがけんごこくじんじゃ〔社〕
　佐賀県佐賀市　《祭神》護国の神霊
　　　　　　　　　　　　　　　〔神社本庁〕

佐須の薬師《称》　さずのやくし〔寺〕
　東京都調布市・祇園寺　《本尊》阿弥陀如来
　　　　　　　　　　　　　　　〔天台宗〕

14 佐嘉神社　さがじんじゃ〔社〕
　佐賀県佐賀市　《祭神》鍋島直正［他］
　　　　　　　　　　　　　　　〔神社本庁〕

15 佐敷諏訪神社　さしきすわじんじゃ〔社〕
　熊本県葦北郡芦北町　《別称》おすわさん
　《祭神》武御名方命［他］　　〔神社本庁〕

18 佐藤ヶ池の明蔵寺《称》　さとうがいけの
　みょうぞうじ〔寺〕
　新潟県柏崎市・明蔵寺　《本尊》大日如来
　　　　　　　　　　　　　〔真言宗豊山派〕

【作】

6 作州滝の宮《称》　さくしゅうたきのみや
　〔社〕

岡山県英田郡英田町・天石門別神社　《祭神》
　天手力男命　　　　　　　　　〔神社本庁〕
8作東高野山《称》　さくとうこうやさん〔寺〕
　岡山県英田郡作東町・法輪寺　《本尊》阿弥
　陀如来・弘法大師　　　　　〔高野山真言宗〕
13作楽神社　さくらじんじゃ〔社〕
　岡山県津山市　《祭神》後醍醐天皇〔他〕
　　　　　　　　　　　　　　　〔神社本庁〕

【似】

13似禅寺　じぜんじ〔寺〕
　大阪府吹田市　《本尊》釈迦如来
　　　　　　　　　　　　　〔臨済宗妙心寺派〕

【住】

4住心院　じゅうしんいん〔寺〕
　岡山県倉敷市　《別称》木見の不動尊　《本
　尊》薬師如来・不動明王　　〔高野山真言宗〕
6住吉八幡宮《称》　すみよしはちまんぐう
　〔社〕
　山口県豊浦郡豊北町・八幡宮　《祭神》住吉
　大神〔他〕　　　　　　　　　　〔神社本庁〕
　住吉大伴神社　すみよしおおともじんじゃ
　〔社〕
　京都府京都市右京区　《祭神》底筒男命〔他〕
　　　　　　　　　　　　　　　　　〔単立〕
　住吉大社　すみよしたいしゃ〔社〕
　大阪府大阪市住吉区　《祭神》底筒男命〔他〕
　　　　　　　　　　　　　　　〔神社本庁〕
　住吉日吉神社　すみよしひよしじんじゃ
　〔社〕
　熊本県菊池郡泗水町　《別称》山王宮　《祭
　神》大山咋神〔他〕　　　　　　〔神社本庁〕
　住吉寺　じゅうきちじ〔寺〕
　千葉県安房郡千倉町　《別称》中嶋のお寺
　《本尊》阿弥陀如来・聖観世音菩薩
　　　　　　　　　　　　　　〔真言宗智山派〕
　住吉社　すみよししゃ〔社〕
　愛知県豊明市　《祭神》天照大御神〔他〕
　住吉神社　すみよしじんじゃ〔社〕
　北海道小樽市　《別称》すみよしさん　《祭
　神》底筒男神〔他〕　　　　　　〔神社本庁〕
　住吉神社　すみよしじんじゃ〔社〕
　北海道様似郡様似町　《別称》住吉さん　《祭
　神》底筒男命〔他〕　　　　　　〔神社本庁〕
　住吉神社　すみよしじんじゃ〔社〕
　北海道幌泉郡えりも町　《祭神》底筒之男命
　〔他〕　　　　　　　　　　　　〔神社本庁〕

住吉神社《称》　すみよしじんじゃ〔社〕
　宮城県石巻市・大島神社　《祭神》底筒男神
　〔他〕　　　　　　　　　　　　〔神社本庁〕
住吉神社　すみよしじんじゃ〔社〕
　福島県いわき市　《祭神》表筒之男命〔他〕
　　　　　　　　　　　　　　　〔神社本庁〕
住吉神社　すみよしじんじゃ〔社〕
　福島県安達郡東和町　《祭神》底筒男命〔他〕
　　　　　　　　　　　　　　　〔神社本庁〕
住吉神社　すみよしじんじゃ〔社〕
　東京都中央区　《祭神》底筒之男命〔他〕
　　　　　　　　　　　　　　　〔神社本庁〕
住吉神社　すみよしじんじゃ〔社〕
　東京都青梅市　《祭神》上筒之男命〔他〕
　　　　　　　　　　　　　　　〔神社本庁〕
住吉神社　すみよしじんじゃ〔社〕
　新潟県佐渡市　《祭神》表筒男命〔他〕
　　　　　　　　　　　　　　　〔神社本庁〕
住吉神社　すみよしじんじゃ〔社〕
　新潟県中蒲原郡村松町　《別称》殿さまのお
　宮　《祭神》表筒男命〔他〕　　〔神社本庁〕
住吉神社　すみよしじんじゃ〔社〕
　新潟県東蒲原郡津川町　《別称》住吉様　《祭
　神》底筒男命〔他〕　　　　　　〔神社本庁〕
住吉神社　すみよしじんじゃ〔社〕
　石川県輪島市　《別称》大宮　《祭神》神功皇
　后〔他〕　　　　　　　　　　　〔神社本庁〕
住吉神社　すみよしじんじゃ〔社〕
　山梨県甲府市　《祭神》底筒男命〔他〕
　　　　　　　　　　　　　　　〔神社本庁〕
住吉神社　すみよしじんじゃ〔社〕
　長野県南安曇郡三郷村　《祭神》表筒男命〔他〕
　　　　　　　　　　　　　　　〔神社本庁〕
住吉神社　すみよしじんじゃ〔社〕
　岐阜県本巣市　《祭神》表筒男命〔他〕
　　　　　　　　　　　　　　　〔神社本庁〕
住吉神社　すみよしじんじゃ〔社〕
　岐阜県大野郡丹生川村　《祭神》住吉大神
　　　　　　　　　　　　　　　〔神社本庁〕
住吉神社　すみよしじんじゃ〔社〕
　静岡県静岡市　《祭神》表筒男命〔他〕
　　　　　　　　　　　　　　　〔神社本庁〕
住吉神社　すみよしじんじゃ〔社〕
　静岡県沼津市　《祭神》表筒男之命〔他〕
　　　　　　　　　　　　　　　〔神社本庁〕
住吉神社《称》　すみよしじんじゃ〔社〕
　静岡県榛原郡吉田町・片岡神社　《祭神》底
　筒男命〔他〕　　　　　　　　　〔神社本庁〕
住吉神社　すみよしじんじゃ〔社〕
　愛知県半田市　《別称》住吉さん　《祭神》上
　筒男命〔他〕　　　　　　　　　〔神社本庁〕

7画（但）

住吉神社　すみよしじんじゃ〔社〕
　大阪府大阪市西淀川区　《祭神》底筒男命［他］
〔神社本庁〕
住吉神社　すみよしじんじゃ〔社〕
　大阪府大阪市東住吉区　《別称》湯里住吉神社　《祭神》中筒男命［他］　〔神社本庁〕
住吉神社　すみよしじんじゃ〔社〕
　大阪府交野市　《祭神》表筒男命［他］
〔神社本庁〕
住吉神社　すみよしじんじゃ〔社〕
　兵庫県神戸市兵庫区　《別称》兵庫住吉の宮　《祭神》底筒男命［他］　〔神社本庁〕
住吉神社　すみよしじんじゃ〔社〕
　兵庫県神戸市西区　《祭神》底筒男命［他］
〔神社本庁〕
住吉神社　すみよしじんじゃ〔社〕
　兵庫県明石市魚住町　《祭神》底筒男命［他］
〔神社本庁〕
住吉神社　すみよしじんじゃ〔社〕
　兵庫県明石市大久保町　《別称》住吉さん　《祭神》底筒男命［他］　〔神社本庁〕
住吉神社　すみよしじんじゃ〔社〕
　兵庫県小野市　《祭神》底筒之男命［他］
〔神社本庁〕
住吉神社　すみよしじんじゃ〔社〕
　兵庫県加西市　《祭神》酒見神［他］
〔神社本庁〕
住吉神社　すみよしじんじゃ〔社〕
　兵庫県加東郡東条町　《別称》垣田大明神　《祭神》表筒男命［他］　〔神社本庁〕
住吉神社　すみよしじんじゃ〔社〕
　兵庫県加古郡稲美町　《祭神》表筒男命［他］
〔神社本庁〕
住吉神社　すみよしじんじゃ〔社〕
　鳥取県西伯郡名和町　《祭神》底筒之男命［他］
〔神社本庁〕
住吉神社　すみよしじんじゃ〔社〕
　山口県下関市　《別称》長門国一の宮　《祭神》表筒男命［他］　〔神社本庁〕
住吉神社　すみよしじんじゃ〔社〕
　山口県萩市浜崎町　《祭神》表筒男命［他］
〔神社本庁〕
住吉神社　すみよしじんじゃ〔社〕
　山口県萩市見島　《祭神》表筒男命［他］
〔神社本庁〕
住吉神社　すみよしじんじゃ〔社〕
　徳島県板野郡藍住町　《祭神》表筒男命［他］
〔神社本庁〕
住吉神社　すみよしじんじゃ〔社〕
　愛媛県喜多郡長浜町　《祭神》表筒男命［他］
〔神社本庁〕

住吉神社　すみよしじんじゃ〔社〕
　高知県幡多郡大月町　《祭神》三筒男大神
〔神社本庁〕
住吉神社　すみよしじんじゃ〔社〕
　福岡県福岡市博多区　《別称》住吉宮　《祭神》底筒男命［他］　〔神社本庁〕
住吉神社　すみよしじんじゃ〔社〕
　福岡県福岡市西区　《祭神》住吉三神［他］
〔神社本庁〕
住吉神社　すみよしじんじゃ〔社〕
　佐賀県東松浦郡肥前町　《祭神》底筒男命［他］
〔神社本庁〕
住吉神社　すみよしじんじゃ〔社〕
　長崎県佐世保市　《別称》西海総社住吉宮　《祭神》底筒男命［他］　〔神社本庁〕
住吉神社　すみよしじんじゃ〔社〕
　長崎県壱岐市　《祭神》底筒男命［他］
〔神社本庁〕
住吉神社　すみよしじんじゃ〔社〕
　熊本県宇土市　《祭神》底筒男之命［他］
〔神社本庁〕
住吉神社　すみよしじんじゃ〔社〕
　大分県大分市　《祭神》底筒男神［他］
〔神社本庁〕
住吉神社　すみよしじんじゃ〔社〕
　鹿児島県曽於郡末吉町　《祭神》表筒之男命［他］　〔神社本庁〕
住吉宮《称》　すみよしぐう〔社〕
　福岡県福岡市博多区・住吉神社　《祭神》底筒男命［他］　〔神社本庁〕
住吉様《称》　すみよしさま〔社〕
　新潟県東蒲原郡津川町・住吉神社　《祭神》底筒男命［他］　〔神社本庁〕
12住雲寺　じゅううんじ〔寺〕
　鳥取県西伯郡名和町　《本尊》聖観世音菩薩　〔曹洞宗〕

【但】

10但馬妙見《称》　たじまみょうけん〔寺〕
　兵庫県養父市・日光院　《本尊》妙見大菩薩
〔高野山真言宗〕
但馬高野《称》　たじまこうや〔寺〕
　兵庫県城崎郡竹野町・蓮華寺　《本尊》聖観世音菩薩　〔高野山真言宗〕
但馬清水《称》　たじまきよみず〔寺〕
　兵庫県城崎郡日高町・観音寺　《本尊》十一面観世音菩薩　〔天台宗〕
但馬興宗寺《称》　たじまこうしゅうじ〔寺〕
　石川県小松市・興宗寺　《本尊》阿弥陀如来
〔真宗大谷派〕

282　神社・寺院名よみかた辞典

7画（伯, 余, 児, 兵, 冷, 初）

【伯】
8伯東寺　はくとうじ〔寺〕
　福岡県筑紫野市　《本尊》阿弥陀如来
　　　　　　　　　　　　〔浄土真宗本願寺派〕
10伯耆一の宮《称》　ほうきいちのみや〔社〕
　鳥取県東伯郡東郷町・倭文神社　《祭神》建葉槌命[他]　　　　　　　　　〔神社本庁〕
伯耆神社《称》　ほうきじんじゃ〔社〕
　鳥取県倉吉市・波波伎神社　《祭神》事代主神
　　　　　　　　　　　　　　　　〔神社本庁〕
伯耆稲荷神社《称》　ほうきいなりじんじゃ〔社〕
　鳥取県東伯郡赤碕町・稲荷神社　《祭神》倉稲霊尊[他]　　　　　　　　　　　　〔単立〕

【余】
3余川白山神社　よかわはくさんじんじゃ〔社〕
　新潟県南魚沼郡六日町　《別称》鎮守さま　《祭神》伊弉諾尊[他]　　　　　　　〔単立〕
5余市神社　よいちじんじゃ〔社〕
　北海道余市郡余市町　《祭神》天照大神[他]
　　　　　　　　　　　　　　　　〔神社本庁〕
余目八幡神社《称》　あまるめはちまんじんじゃ〔社〕
　山形県東田川郡余目町・八幡神社　《祭神》玉依姫命[他]　　　　　　　　〔神社本庁〕
15余慶寺　よけいじ〔寺〕
　岡山県邑久郡邑久町　《本尊》千手観世音菩薩・薬師如来　　　　　　　　〔天台宗〕

【児】
5児玉神社　こだまじんじゃ〔社〕
　山口県周南市　《祭神》児玉源太郎
　　　　　　　　　　　　　　　　〔神社本庁〕
10児原稲荷神社　こはらいなりじんじゃ〔社〕
　宮崎県児湯郡西米良村　《祭神》倉稲魂命[他]
　　　　　　　　　　　　　　　　〔神社本庁〕
児島山伏《称》　こじまやまぶし〔寺〕
　岡山県倉敷市・五流尊滝院　《本尊》熊野権現・不動明王・神変大菩薩・聖徳太子・観世音菩薩・地蔵菩薩　　　〔修験道〕

【兵】
5兵主神社　ひょうすじんじゃ〔社〕
　青森県むつ市　《別称》明神さま　《祭神》伊弉諾命　　　　　　　　　　〔神社本庁〕
兵主神社　ひょうずじんじゃ〔社〕
　滋賀県野洲郡中主町　《別称》ひょうずさん　《祭神》国作大己貴神[他]　〔神社本庁〕

兵主神社　ひょうずじんじゃ〔社〕
　大阪府岸和田市　《別称》西之内の宮　《祭神》天照大神[他]　　　　　　〔神社本庁〕
兵主神社　ひょうずじんじゃ〔社〕
　兵庫県多可郡黒田庄町　《祭神》大己貴命[他]
　　　　　　　　　　　　　　　　〔神社本庁〕
兵主神社　ひょうずじんじゃ〔社〕
　兵庫県氷上郡春日町　《祭神》大名持大神[他]
　　　　　　　　　　　　　　　　〔神社本庁〕
10兵庫大仏《称》　ひょうごだいぶつ〔寺〕
　兵庫県神戸市兵庫区・能福寺　《本尊》薬師如来　　　　　　　　　　　〔天台宗〕
兵庫住吉の宮《称》　ひょうごすみよしのみや〔社〕
　兵庫県神戸市兵庫区・住吉神社　《祭神》底筒男命[他]　　　　　　　〔神社本庁〕
兵庫県神戸護国神社　ひょうごけんこうべごこくじんじゃ〔社〕
　兵庫県神戸市灘区　《祭神》護国の神霊
　　　　　　　　　　　　　　　　〔神社本庁〕
兵庫県姫路護国神社　ひょうごけんひめじごこくじんじゃ〔社〕
　兵庫県姫路市　《別称》白鷺宮　《祭神》護国の神霊　　　　　　　　　　〔神社本庁〕

【冷】
9冷泉寺　れいせんじ〔寺〕
　福島県いわき市　《別称》岩井戸不動　《本尊》大日如来・不動明王　〔高野山真言宗〕
冷泉寺　れいせんじ〔寺〕
　滋賀県近江八幡市　《本尊》千手観世音菩薩　　　　　　　　　　　　〔曹洞宗〕

【初】
2初八坂社　そめやさかしゃ〔社〕
　大分県東国東郡国東町　《祭神》建速須佐之男命[他]　　　　　　　〔神社本庁〕
4お初天神《称》　おはつてんじん〔社〕
　大阪府大阪市北区・露天神社　《祭神》少彦名大神[他]　　　　　　〔神社本庁〕
5初生衣神社　うぶぎぬじんじゃ〔社〕
　静岡県引佐郡三ヶ日町　《別称》おんぞさま　《祭神》天棚機姫命　〔神社本庁〕
9初音森神社　はつねもりじんじゃ〔社〕
　東京都墨田区　《祭神》宇賀之御魂之神[他]
　　　　　　　　　　　　　　　　〔神社本庁〕
10初姫神社　はつひめじんじゃ〔社〕
　静岡県田方郡函南町　《祭神》金村五百村咩命　　　　　　　　　　〔神社本庁〕

神社・寺院名よみかた辞典　283

7画（判, 別, 利, 助, 医）

19 初瀬観音堂《称》　はつせかんのんどう〔寺〕
　山口県山口市・神福寺　《本尊》十一面観世音菩薩
　　　　　　　　　　　　　　　〔真言宗御室派〕

【判】

8 判官様《称》　はんがんさま〔社〕
　岩手県宮古市・稲荷神社　《祭神》豊受姫命
　　　　　　　　　　　　　　　〔神社本庁〕

【別】

8 別府善光寺《称》　べっぷぜんこうじ〔寺〕
　大分県別府市・新善光寺　《本尊》善光寺如来三尊　〔浄土宗〕
　別所の観音《称》　べっしょのかんのん〔寺〕
　三重県一志郡白山町・常福寺　《本尊》十一面千手観世音菩薩　〔天台真盛宗〕
　別所の観音《称》　べっしょのかんのん〔寺〕
　和歌山県海南市・願成寺　《本尊》千手千眼観世音菩薩　〔天台宗〕
　別所琴平神社　べっしょことひらじんじゃ〔社〕
　熊本県熊本市　《別称》こんぴらさん　《祭神》大物主神〔他〕　〔神社本庁〕
　別所薬師《称》　べっしょやくし〔寺〕
　東京都八王子市・長楽寺　《本尊》不動明王
　　　　　　　　　　　　　　　〔真言宗智山派〕
10 別宮さん《称》　べっくさん〔社〕
　愛媛県今治市・別宮大山祇神社　《祭神》大山積大神　〔神社本庁〕
　別宮八幡社　べつぐうはちまんしゃ〔社〕
　大分県西国東郡香々地町　《祭神》誉田別命〔他〕　〔神社本庁〕
　別宮八幡神社　べっくはちまんじんじゃ〔社〕
　徳島県徳島市応神町　《祭神》仲哀天皇〔他〕
　　　　　　　　　　　　　　　〔神社本庁〕
　別宮大山祇神社　べっくおおやまずみじんじゃ〔社〕
　愛媛県今治市　《別称》別宮さん　《祭神》大山積大神　〔神社本庁〕
　別宮社　べつぐうしゃ〔社〕
　大分県東国東郡国見町　《別称》伊美別宮社　《祭神》誉田別尊〔他〕　〔神社本庁〕
13 別雷大神　わけいかずちすめおおかみ〔社〕
　茨城県水戸市　《別称》雷神さま　《祭神》別雷神　〔神社本庁〕
　別雷神社　べつらいじんじゃ〔社〕
　茨城県つくば市　《別称》金村様　《祭神》別雷大神　〔神社本庁〕

別雷神社　わけいいかずちじんじゃ〔社〕
　静岡県静岡市　《別称》いかずちさま　《祭神》別雷神〔他〕　〔神社本庁〕

【利】

3 利川神社　はやかわじんじゃ〔社〕
　鳥取県気高郡青谷町　《別称》大森大明神　《祭神》速開津比咩命〔他〕　〔神社本庁〕
5 利生院　りしょういん〔寺〕
　岩手県西磐井郡平泉町　《本尊》阿弥陀如来　〔天台宗〕
9 利海寺　りかいじ〔寺〕
　愛知県名古屋市守山区　《本尊》観世音菩薩　〔臨済宗妙心寺派〕
　利神社　としじんじゃ〔社〕
　静岡県掛川市　《別称》戸神様　《祭神》大年神〔他〕　〔神社本庁〕
12 利賀の御坊《称》　とがのごぼう〔寺〕
　富山県東礪波郡利賀村・西勝寺　《本尊》阿弥陀如来　〔真宗大谷派〕

【助】

4 助六寺《称》　すけろくでら〔寺〕
　東京都足立区・易行院　《本尊》阿弥陀如来　〔浄土宗〕
8 助松神社　すけまつじんじゃ〔社〕
　大阪府泉大津市　《祭神》春日大神〔他〕
　　　　　　　　　　　　　　　〔神社本庁〕

【医】

4 医王寺　いおうじ〔寺〕
　福島県福島市　《別称》鯖野の薬師　《本尊》大日如来・薬師如来　〔真言宗豊山派〕
　医王寺　いおうじ〔寺〕
　茨城県結城郡八千代町　《本尊》不動明王　〔真言宗豊山派〕
　医王寺　いおうじ〔寺〕
　栃木県足利市稲岡町　《別称》稲岡薬師　《本尊》阿弥陀如来　〔真言宗豊山派〕
　医王寺　いおうじ〔寺〕
　栃木県足利市田中町　《本尊》薬師如来　〔真言宗豊山派〕
　医王寺　いおうじ〔寺〕
　栃木県上都賀郡粟野町　《本尊》薬師如来・弥勒菩薩　〔真言宗豊山派〕
　医王寺　いおうじ〔寺〕
　千葉県柏市　《本尊》薬師如来
　　　　　　　　　　　　　　　〔真言宗豊山派〕

7画（即）

医王寺　いおうじ〔寺〕
　東京都世田谷区　《本尊》大日如来
　　　　　　　　　　　　〔真言宗智山派〕
医王寺　いおうじ〔寺〕
　神奈川県川崎市川崎区　《本尊》薬師如来
　　　　　　　　　　　　〔天台宗〕
医王寺　いおうじ〔寺〕
　石川県江沼郡山中町　《別称》お薬師　《本尊》薬師如来　　　　〔高野山真言宗〕
医王寺　いおうじ〔寺〕
　岐阜県中津川市　《別称》やまなか薬師　《本尊》薬師如来　　　　　　〔浄土宗〕
医王寺　いおうじ〔寺〕
　静岡県三島市　《本尊》薬師如来　〔曹洞宗〕
医王寺　いおうじ〔寺〕
　静岡県島田市　《本尊》釈迦如来　〔曹洞宗〕
医王寺　いおうじ〔寺〕
　静岡県磐田市　《別称》金剛院　《本尊》薬師如来　　　　　　　〔真言宗智山派〕
医王寺　いおうじ〔寺〕
　静岡県引佐郡細江町　《本尊》薬師如来
　　　　　　　　　　　〔臨済宗妙心寺派〕
医王寺　いおうじ〔寺〕
　愛知県名古屋市千種区　《本尊》薬師如来
　　　　　　　　　　　　〔真言宗豊山派〕
医王寺　いおうじ〔寺〕
　愛知県南設楽郡鳳来町　《本尊》薬師如来・阿弥陀如来　　　　　　　　〔曹洞宗〕
医王寺　いおうじ〔寺〕
　愛知県渥美郡渥美町　《本尊》薬師三尊
　　　　　　　　　　　　　　　　〔曹洞宗〕
医王寺　いおうじ〔寺〕
　三重県飯南郡飯南町　《別称》やくし寺　《本尊》薬師如来　　　　　　〔黄檗宗〕
医王寺　いおうじ〔寺〕
　滋賀県伊香郡木之本町　《本尊》十一面観世音菩薩　　　　　　〔真言宗豊山派〕
医王寺　いおうじ〔寺〕
　福岡県古賀市　《本尊》薬師如来　〔曹洞宗〕
医王寺　いおうじ〔寺〕
　佐賀県東松浦郡相知町　《別称》愛染明王の寺　《本尊》薬師如来・愛染明王　〔曹洞宗〕
医王寺　いおうじ〔寺〕
　佐賀県杵島郡有明町　《本尊》薬師如来
　　　　　　　　　　　　　　　　〔曹洞宗〕
医王寺　いおうじ〔寺〕
　熊本県八代市　《別称》足手荒神　《本尊》薬師如来　　　　　　〔高野山真言宗〕
医王院　いおういん〔寺〕
　茨城県龍ヶ崎市　《別称》砂薬師　《本尊》釈迦三尊　　　　　　　　　〔曹洞宗〕

医王院　いおういん〔寺〕
　埼玉県南埼玉郡宮代町　《別称》道仏のお寺　《本尊》不動明王・薬師如来
　　　　　　　　　　　　〔真言宗智山派〕
医王院《称》　いおういん〔寺〕
　三重県上野市・薬師寺　《本尊》薬師如来
　　　　　　　　　　　　〔真言宗豊山派〕
医王院《称》　いおういん〔寺〕
　愛媛県松山市・安祥寺　《本尊》薬師如来
　　　　　　　　　　　　〔真言宗智山派〕
医王密寺　いおうみつじ〔寺〕
　福岡県福岡市東区　《別称》恵光院　《本尊》薬師如来・不動明王・釈迦如来
　　　　　　　　　　　　〔高野山真言宗〕
6医光寺　いこうじ〔寺〕
　群馬県勢多郡黒保根村　《別称》湧丸のお寺　《本尊》千手観世音菩薩・薬師如来
　　　　　　　　　　　　〔高野山真言宗〕
医光寺　いこうじ〔寺〕
　愛知県名古屋市昭和区　《本尊》薬師如来・釈迦如来　　　　　　　　〔曹洞宗〕
医光寺　いこうじ〔寺〕
　島根県益田市　《本尊》薬師如来
　　　　　　　　　　　〔臨済宗東福寺派〕
医光院　いこういん〔寺〕
　岡山県岡山市　《本尊》薬師如来
　　　　　　　　　　　〔高野山真言宗〕
10医家神社　いけじんじゃ〔社〕
　徳島県三好郡池田町　《祭神》大国主神［他］
　　　　　　　　　　　　　　　〔神社本庁〕
14医徳寺　いとくじ〔寺〕
　福島県原町市　《本尊》妙見大菩薩・薬師如来・大日如来　〔真言宗豊山派〕
医徳寺　いとくじ〔寺〕
　鳥取県西伯郡中山町　《本尊》薬師如来
　　　　　　　　　　　　　　　〔曹洞宗〕
医徳院　いとくいん〔寺〕
　愛知県知多郡南知多町　《本尊》薬師如来
　　　　　　　　　　　〔真言宗豊山派〕
16医薬神社　いやくじんじゃ〔社〕
　神奈川県横浜市緑区　《祭神》大国主命［他］
　　　　　　　　　　　　　　　〔神社本庁〕

【即】

6即成院　そくじょういん〔寺〕
　京都府京都市東山区　《別称》那須与一さん　《本尊》阿弥陀如来・二十五菩薩
　　　　　　　　　　　〔真言宗泉涌寺派〕
7即応寺　そくおうじ〔寺〕
　大阪府大阪市阿倍野区　《本尊》阿弥陀如来　　　　　　　　　　〔真宗大谷派〕

7画（含, 吟, 呉, 吾, 吹, 呈, 呑, 坐）

11即得寺　そくとくじ〔寺〕
　石川県能美郡寺井町　《本尊》阿弥陀如来
　　　　　　　　　　　　　　　　〔真宗大谷派〕

　即得寺　そくとくじ〔寺〕
　愛知県一宮市　《本尊》阿弥陀如来
　　　　　　　　　　　　　　　　〔真宗大谷派〕

　即清寺　そくせいじ〔寺〕
　東京都青梅市　《別称》愛宕山・百観音寺
　《本尊》不空羂索観世音菩薩
　　　　　　　　　　　　　　　　〔真言宗豊山派〕

19即願寺　そくがんじ〔寺〕
　大分県大分郡挾町　《本尊》阿弥陀如来
　　　　　　　　　　　　　　　　〔真宗大谷派〕

【含】

10含笑寺　がんしょうじ〔寺〕
　愛知県名古屋市東区　《本尊》釈迦如来
　　　　　　　　　　　　　　　　〔曹洞宗〕

15含蔵寺　がんぞうじ〔寺〕
　熊本県阿蘇郡高森町　《本尊》釈迦如来
　　　　　　　　　　　　　　　　〔曹洞宗〕

【吟】

8吟松寺　ぎんしょうじ〔寺〕
　京都府京都市北区　《本尊》阿弥陀如来
　　　　　　　　　　　　　　　　〔浄土宗〕

【呉】

8呉服神社　くれはとりじんじゃ〔社〕
　大阪府池田市　《祭神》呉服比売神〔他〕
　　　　　　　　　　　　　　　　〔神社本庁〕

【吾】

5吾平津神社　あひらつじんじゃ〔社〕
　宮崎県日南市　《別称》乙姫神社　《祭神》吾平津比売命
　　　　　　　　　　　　　　　　〔神社本庁〕

8吾妻神社　あがつまじんじゃ〔社〕
　群馬県吾妻郡中之条町　《祭神》大穴牟遅神〔他〕
　　　　　　　　　　　　　　　　〔神社本庁〕

　吾妻神社　あずまじんじゃ〔社〕
　千葉県木更津市　《祭神》日本武尊〔他〕
　　　　　　　　　　　　　　　　〔神社本庁〕

12吾勝神社　あがちじんじゃ〔社〕
　岩手県一関市　《別称》保呂羽権現　《祭神》正哉吾勝勝速日天忍穂耳尊〔他〕
　　　　　　　　　　　　　　　　〔神社本庁〕

　吾勝神社　あかつじんじゃ〔社〕
　兵庫県佐用郡南光町　《祭神》天忍穂耳尊〔他〕
　　　　　　　　　　　　　　　　〔神社本庁〕

【吹】

3吹上水門神社　ふきあげみなとじんじゃ〔社〕
　和歌山県和歌山市　《別称》恵比寿神社　《祭神》五瀬命
　　　　　　　　　　　　　　　　〔神社本庁〕

　吹上明神《称》　ふきあげみょうじん〔社〕
　愛媛県伊予市・伊曾野神社　《祭神》天照皇大神
　　　　　　　　　　　　　　　　〔神社本庁〕

5吹田大社《称》　すいたたいしゃ〔社〕
　大阪府吹田市・高浜神社　《祭神》素盞嗚尊〔他〕
　　　　　　　　　　　　　　　　〔単立〕

　吹田泉殿神社　すいたいずどのじんじゃ〔社〕
　大阪府吹田市　《別称》泉殿神社　《祭神》建速須佐之男大神〔他〕
　　　　　　　　　　　　　　　　〔神社本庁〕

12吹揚神社　ふきあげじんじゃ〔社〕
　愛媛県今治市　《祭神》天照大神〔他〕
　　　　　　　　　　　　　　　　〔神社本庁〕

【呈】

13呈蓮寺　ていれんじ〔寺〕
　長野県上田市　《本尊》阿弥陀如来　〔浄土宗〕

【呑】

9呑海寺　どんかいじ〔寺〕
　岡山県岡山市　《本尊》一塔両尊四菩薩
　　　　　　　　　　　　　　　　〔日蓮宗〕

　呑海寺　どんかいじ〔寺〕
　徳島県板野郡松茂町　《本尊》地蔵菩薩
　　　　　　　　　　　　　　　　〔臨済宗妙心寺派〕

　呑香稲荷神社　とんこういなりじんじゃ〔社〕
　岩手県二戸市　《別称》稲荷山　《祭神》宇迦之御霊命〔他〕
　　　　　　　　　　　　　　　　〔神社本庁〕

10呑竜さま《称》　どんりゅうさま〔寺〕
　長野県下伊那郡高森町・明照寺　《本尊》阿弥陀如来・呑竜
　　　　　　　　　　　　　　　　〔浄土宗〕

　呑竜さん《称》　どんりゅうさん〔寺〕
　千葉県館山市・海雲寺　《本尊》阿弥陀如来
　　　　　　　　　　　　　　　　〔浄土宗〕

　呑竜様《称》　どんりゅうさま〔寺〕
　埼玉県本庄市・円心寺　《本尊》阿弥陀如来・観世音菩薩・勢至菩薩
　　　　　　　　　　　　　　　　〔浄土宗〕

【坐】

15坐摩神社　いかすりじんじゃ〔社〕
　大阪府大阪市中央区　《別称》ざま神社　《祭神》生井神〔他〕
　　　　　　　　　　　　　　　　〔神社本庁〕

7画（坂, 壱, 売, 妓, 妙）

【坂】

4坂戸のお釈迦さま《称》　さかどのおしゃかさま〔寺〕
　埼玉県坂戸市・永源寺　《本尊》釈迦如来
　　　　　　　　　　　　　　　　〔曹洞宗〕

坂戸神社　さかとじんじゃ〔社〕
　千葉県袖ヶ浦市　《祭神》手力男命
　　　　　　　　　　　　　　　〔神社本庁〕

坂手神社　さかてじんじゃ〔社〕
　愛知県一宮市　《祭神》高水上神　〔神社本庁〕

5坂本神社　さかもとじんじゃ〔社〕
　静岡県磐田市　《別称》山王さま　《祭神》大山咋神
　　　　　　　　　　　　　　　〔神社本庁〕

坂田の薬師《称》　さかたのやくし〔寺〕
　奈良県高市郡明日香村・金剛寺　《本尊》阿弥陀如来・薬師如来
　　　　　　　　　　　　　　　　〔浄土宗〕

坂田神明宮　さかたしんめいぐう〔社〕
　滋賀県坂田郡近江町　《祭神》天照皇大神[他]
　　　　　　　　　　　　　　　〔神社本庁〕

8坂東報恩寺《称》　ばんどうほうおんじ〔寺〕
　東京都台東区・報恩寺　《本尊》阿弥陀如来
　　　　　　　　　　　　　　　〔真宗大谷派〕

9坂城神社　さかきじんじゃ〔社〕
　長野県埴科郡坂城町　《別称》大宮さん　《祭神》大己貴命[他]　〔神社本庁〕

坂祝神社　さかほぎじんじゃ〔社〕
　岐阜県加茂郡坂祝町　《別称》加茂様　《祭神》正勝山祇神　〔神社本庁〕

11坂部神社　さかべじんじゃ〔社〕
　静岡県榛原郡榛原町　《祭神》誉田別命[他]
　　　　　　　　　　　　　　　〔神社本庁〕

19坂瀬川神社　さかせがわじんじゃ〔社〕
　熊本県天草郡苓北町　《別称》十五社　《祭神》天照皇大神[他]　〔神社本庁〕

【壱】

7壱岐神社　いきじんじゃ〔社〕
　長崎県壱岐市　　　　　〔神社本庁〕

壱岐護国神社　いきごこくじんじゃ〔社〕
　長崎県壱岐市　　　　　〔神社本庁〕

10壱宮神社　いちのみやじんじゃ〔社〕
　鳥取県西伯郡大山町　《別称》一宮さん　《祭神》天忍穂耳命[他]　〔神社本庁〕

【売】

4売太神社　めたじんじゃ〔社〕
　奈良県大和郡山市　《祭神》稗田阿礼
　　　　　　　　　　　　　　　〔神社本庁〕

5売布神社　めふじんじゃ〔社〕
　兵庫県宝塚市　《祭神》高比売神[他]
　　　　　　　　　　　　　　　〔神社本庁〕

売布神社　めふじんじゃ〔社〕
　島根県松江市　《別称》橋姫社　《祭神》速秋津比売神[他]　〔神社本庁〕

7売豆紀神社　めずきじんじゃ〔社〕
　島根県松江市　《祭神》下照比売命
　　　　　　　　　　　　　　　〔神社本庁〕

8売沼神社　めぬまじんじゃ〔社〕
　鳥取県八頭郡河原町　《祭神》八上比売命
　　　　　　　　　　　　　　　〔神社本庁〕

【妓】

4妓王寺　ぎおうじ〔寺〕
　滋賀県野洲郡野洲町　《本尊》阿弥陀如来・妓王・妓女・仏御前　〔浄土宗〕

【妙】

2妙了寺　みょうりょうじ〔寺〕
　山梨県南アルプス市　《本尊》十界大曼荼羅　〔日蓮宗〕

3妙久寺　みょうきゅうじ〔寺〕
　東京都江東区　《本尊》三宝尊・日蓮聖人
　　　　　　　　　　　　　　　〔日蓮宗〕

妙久寺　みょうきゅうじ〔寺〕
　岐阜県岐阜市　《本尊》十界大曼荼羅
　　　　　　　　　　　　　　　〔日蓮宗〕

妙久寺　みょうきゅうじ〔寺〕
　京都府京丹後市　《別称》本谷の鬼子母神　《本尊》二尊四士　〔日蓮宗〕

妙山寺　みょうさんじ〔寺〕
　高知県安芸市　《本尊》阿弥陀如来
　　　　　　　　　　〔浄土宗西山禅林寺派〕

4妙円寺　みょうえんじ〔寺〕
　山形県米沢市　《本尊》日蓮聖人奠定の大曼荼羅　〔日蓮宗〕

妙円寺　みょうえんじ〔寺〕
　新潟県栃尾市　《別称》下塩の金神寺　《本尊》釈迦如来　〔真言宗豊山派〕

妙円寺　みょうえんじ〔寺〕
　山梨県八代郡下部町　《本尊》十界大曼荼羅　〔日蓮宗〕

妙円寺　みょうえんじ〔寺〕
　岐阜県揖斐郡大野町　《本尊》阿弥陀如来
　　　　　　　　　　　〔浄土真宗本願寺派〕

妙円寺　みょうえんじ〔寺〕
　愛知県豊橋市　《別称》豊橋の日蓮宗　《本尊》本門の教主釈尊　〔顕本法華宗〕

神社・寺院名よみかた辞典　287

7画（妙）

妙円寺　みょうえんじ〔寺〕
　京都府京都市左京区　《別称》松ヶ崎大黒天
　《本尊》大黒天　　　　　　　　　〔日蓮宗〕
妙円寺　みょうえんじ〔寺〕
　京都府宮津市　《本尊》日蓮聖人奠定の大曼
　荼羅　　　　　　　　　　　　　　〔日蓮宗〕
妙円寺　みょうえんじ〔寺〕
　大阪府豊能郡能勢町　《本尊》日蓮聖人奠定
　の大曼荼羅　　　　　　　　　　　〔日蓮宗〕
妙円寺　みょうえんじ〔寺〕
　奈良県桜井市　《本尊》阿弥陀如来
　　　　　　　　　　　　　　　〔融通念仏宗〕
妙円寺　みょうえんじ〔寺〕
　岡山県真庭郡勝山町　《本尊》一塔両尊
　　　　　　　　　　　　　　　　　〔日蓮宗〕
妙円寺　みょうえんじ〔寺〕
　山口県玖珂郡大畠町　《別称》月性師の寺
　《本尊》阿弥陀如来　　　〔浄土真宗本願寺派〕
妙円寺　みょうえんじ〔寺〕
　福岡県福岡市博多区　《本尊》阿弥陀如来・観
　世音菩薩・勢至菩薩　　　　　　　〔浄土宗〕
妙円寺さま《称》　みょうえんじさま〔社〕
　鹿児島県日置郡伊集院町・徳重神社　《祭神》
　島津義弘　　　　　　　　　　　〔神社本庁〕
妙心寺　みょうしんじ〔寺〕
　長野県大町市　《本尊》日蓮聖人奠定の大曼
　荼羅　　　　　　　　　　　　　　〔日蓮宗〕
妙心寺　みょうしんじ〔寺〕
　京都府京都市中京区　《別称》蛸薬師堂　《本
　尊》阿弥陀如来・薬師如来
　　　　　　　　　　　　　〔浄土宗西山深草派〕
妙心寺　みょうしんじ〔寺〕
　京都府京都市右京区　《別称》大本山　《本
　尊》釈迦如来　　　　　　〔臨済宗妙心寺派〕
妙日寺　みょうにちじ〔寺〕
　静岡県袋井市　《本尊》日蓮聖人　〔日蓮宗〕
5妙仙寺　みょうせんじ〔寺〕
　兵庫県加東郡社町　《本尊》聖観世音菩薩
　　　　　　　　　　　　　　　　　〔曹洞宗〕
妙台寺　みょうだいじ〔寺〕
　和歌山県海南市　《本尊》十界大曼荼羅・日
　蓮聖人　　　　　　　　　　　　　〔日蓮宗〕
妙広寺　みょうこうじ〔寺〕
　石川県羽咋郡志賀町　《本尊》日蓮聖人奠定
　の大曼荼羅　　　　　　　　　　　〔日蓮宗〕
妙広寺　みょうこうじ〔寺〕
　岡山県岡山市　《本尊》十界勧請大曼荼羅
　　　　　　　　　　　　　　　　　〔日蓮宗〕

妙本寺　みょうほんじ〔寺〕
　千葉県安房郡鋸南町　《別称》本山　《本尊》
　日蓮聖人所顕の十界大曼荼羅・日蓮聖人
　　　　　　　　　　　　　　　　〔日蓮正宗〕
妙本寺　みょうほんじ〔寺〕
　神奈川県鎌倉市　《別称》比企谷の妙本寺・
　由緒寺院　《本尊》日蓮聖人奠定の大曼荼
　羅　　　　　　　　　　　　　　　〔日蓮宗〕
妙本寺　みょうほんじ〔寺〕
　新潟県新津市　《本尊》十界勧請大曼荼羅
　　　　　　　　　　　　　　　　　〔日蓮宗〕
妙本寺　みょうほんじ〔寺〕
　静岡県伊豆市　《本尊》十界大曼荼羅
　　　　　　　　　　　　　　　　　〔日蓮宗〕
妙本寺　みょうほんじ〔寺〕
　愛知県名古屋市東区　《本尊》十界勧請大曼
　荼羅　　　　　　　　　　　〔法華宗(陣門流)〕
妙本寺　みょうほんじ〔寺〕
　岡山県上房郡賀陽町　《別称》野山西身延
　《本尊》日蓮聖人奠定の大曼荼羅・日蓮聖
　人　　　　　　　　　　　　　　　〔日蓮宗〕
妙正寺　みょうしょうじ〔寺〕
　石川県金沢市　《本尊》一塔両尊四菩薩
　　　　　　　　　　　　　　　　　〔日蓮宗〕
妙正寺　みょうしょうじ〔寺〕
　広島県三原市　《本尊》十界大曼荼羅
　　　　　　　　　　　　　　　　　〔日蓮宗〕
妙正寺　みょうしょうじ〔寺〕
　福岡県福岡市東区　《本尊》阿弥陀如来
　　　　　　　　　　　　　〔浄土真宗本願寺派〕
妙永寺　みょうえいじ〔寺〕
　静岡県富士市　《本尊》大曼荼羅　〔日蓮宗〕
妙永寺　みょうえいじ〔寺〕
　広島県福山市　《本尊》十界大曼荼羅
　　　　　　　　　　　　　　　　　〔日蓮宗〕
妙永寺　みょうえいじ〔寺〕
　徳島県徳島市　《別称》妙見さん　《本尊》日
　蓮聖人奠定の大曼荼羅　　　　　　〔日蓮宗〕
妙永寺　みょうえいじ〔寺〕
　熊本県熊本市　《別称》清正公母堂廟所　《本
　尊》釈迦如来・四菩薩・日蓮聖人　〔日蓮宗〕
妙玄寺　みょうげんじ〔寺〕
　神奈川県横浜市西区　《本尊》阿弥陀如来
　　　　　　　　　　　　　　　　〔真宗大谷派〕
妙玄寺　みょうげんじ〔寺〕
　岡山県岡山市　《本尊》一塔両尊四菩薩・日
　蓮聖人　　　　　　　　　　　　　〔日蓮宗〕
妙玉寺　みょうぎょくじ〔寺〕
　佐賀県佐賀市　《本尊》十界大曼荼羅
　　　　　　　　　　　　　　　　　〔日蓮宗〕

7画（妙）

妙生寺　みょうしょうじ〔寺〕
　静岡県静岡市　《本尊》阿弥陀如来
　　　　　　　　　　　　　〔浄土真宗本願寺派〕
妙立寺　みょうりゅうじ〔寺〕
　石川県金沢市　《本尊》十界大曼荼羅
　　　　　　　　　　　　　　　　〔日蓮宗〕
妙立寺　みょうりゅうじ〔寺〕
　静岡県湖西市　《別称》由緒寺院　《本尊》日
　蓮聖人奠定の大曼荼羅　　　　　〔日蓮宗〕
妙立寺　みょうりゅうじ〔寺〕
　滋賀県長浜市　《別称》霊亀山　《本尊》日蓮
　聖人奠定の大曼荼羅　　　　　　〔日蓮宗〕
妙立寺　みょうりゅうじ〔寺〕
　京都府宮津市　《本尊》日蓮聖人奠定の大曼
　荼羅　　　　　　　　　　　　　〔日蓮宗〕
妙立寺　みょうりゅうじ〔寺〕
　岡山県岡山市　《別称》和井元のお寺　《本
　尊》日蓮聖人奠定の大曼荼羅　　〔日蓮宗〕
妙立寺　みょうりゅうじ〔寺〕
　福岡県大牟田市　《本尊》一体三宝・上行菩
　薩・文殊菩薩・鬼子母神・大黒天　〔日蓮宗〕
6妙伝寺　みょうでんじ〔寺〕
　栃木県芳賀郡益子町　《本尊》阿弥陀如来
　　　　　　　　　　　　　〔浄土真宗本願寺派〕
妙伝寺　みょうでんじ〔寺〕
　神奈川県厚木市　《別称》ほしくだり　《本
　尊》十界大曼荼羅・日蓮聖人　　〔日蓮宗〕
妙伝寺　みょうでんじ〔寺〕
　富山県高岡市　《本尊》十界大曼荼羅
　　　　　　　　　　　　　　　　〔日蓮宗〕
妙伝寺　みょうでんじ〔寺〕
　静岡県沼津市　《本尊》十界勧請大曼荼羅
　　　　　　　　　　　　　　〔法華宗(本門流)〕
妙伝寺　みょうでんじ〔寺〕
　京都府京都市左京区　《別称》由緒寺院　《本
　尊》日蓮聖人奠定の大曼荼羅　　〔日蓮宗〕
妙伝寺　みょうでんじ〔寺〕
　島根県出雲市　《本尊》日蓮聖人奠定の大曼
　荼羅　　　　　　　　　　　　　〔日蓮本宗〕
妙光寺　みょうこうじ〔寺〕
　北海道苫小牧市　《本尊》十界大曼荼羅・三
　宝尊　　　　　　　　　　　　　〔日蓮宗〕
妙光寺　みょうこうじ〔寺〕
　青森県三戸郡三戸町　《本尊》日蓮聖人奠定
　の大曼荼羅　　　　　　　　　　〔日蓮宗〕
妙光寺　みょうこうじ〔寺〕
　福島県いわき市　《本尊》釈迦如来
　　　　　　　　　　　　　　〔臨済宗妙心寺派〕
妙光寺　みょうこうじ〔寺〕
　茨城県潮来市　《別称》ついじの寺　《本尊》
　十界曼荼羅　　　　　　　　　　〔日蓮宗〕

妙光寺　みょうこうじ〔寺〕
　埼玉県深谷市　《本尊》薬師如来
　　　　　　　　　　　　　　〔高野山真言宗〕
妙光寺　みょうこうじ〔寺〕
　千葉県千葉市　《本尊》釈迦如来・日蓮聖人
　　　　　　　　　　　　　　　　〔日蓮宗〕
妙光寺　みょうこうじ〔寺〕
　千葉県香取郡多古町　《本尊》釈迦如来・日
　蓮聖人　　　　　　　　　　　　〔日蓮宗〕
妙光寺　みょうこうじ〔寺〕
　千葉県夷隅郡大多喜町　《別称》熊野原　《本
　尊》十界大曼荼羅　　　　　　　〔日蓮宗〕
妙光寺　みょうこうじ〔寺〕
　神奈川県横浜市瀬谷区　《本尊》日蓮聖人奠
　定の大曼荼羅　　　　　　　　　〔日蓮宗〕
妙光寺　みょうこうじ〔寺〕
　神奈川県川崎市幸区　《本尊》十界大曼荼羅・
　日蓮聖人　　　　　　　　　　　〔日蓮宗〕
妙光寺　みょうこうじ〔寺〕
　新潟県西蒲原郡巻町　《別称》角田さん　《本
　尊》日蓮聖人奠定の大曼荼羅　　〔日蓮宗〕
妙光寺　みょうこうじ〔寺〕
　福井県大飯郡高浜町　《別称》ようらくの寺
　《本尊》日蓮聖人奠定の大曼荼羅
　　　　　　　　　　　　　　　　〔日蓮宗〕
妙光寺　みょうこうじ〔寺〕
　愛知県一宮市　《本尊》釈迦如来・観世音菩
　薩　　　　　　　　　　　　〔臨済宗妙心寺派〕
妙光寺　みょうこうじ〔寺〕
　滋賀県大津市　《本尊》宝塔・釈迦如来・日
　蓮聖人　　　　　　　　　　　　〔日蓮宗〕
妙光寺　みょうこうじ〔寺〕
　京都府京都市右京区　《本尊》釈迦如来
　　　　　　　　　　　　　　〔臨済宗建仁寺派〕
妙光寺　みょうこうじ〔寺〕
　大阪府大阪市東成区　《本尊》本門八品所顕
　本因下種の大曼荼羅　　　　　〔本門仏立宗〕
妙光寺　みょうこうじ〔寺〕
　大阪府泉佐野市　《本尊》十界大曼荼羅
　　　　　　　　　　　　　　　　〔日蓮宗〕
妙光寺　みょうこうじ〔寺〕
　兵庫県尼崎市　《本尊》阿弥陀如来
　　　　　　　　　　　　　〔浄土真宗本願寺派〕
妙光寺　みょうこうじ〔寺〕
　島根県大田市　《本尊》一塔両尊四菩薩
　　　　　　　　　　　　　　　　〔日蓮宗〕
妙光寺　みょうこうじ〔寺〕
　岡山県赤磐郡吉井町　《別称》大松の市　《本
　尊》阿弥陀如来　　　　　　〔高野山真言宗〕

神社・寺院名よみかた辞典　289

7画（妙）

妙光寺　みょうこうじ〔寺〕
　愛媛県北宇和郡三間町　《本尊》釈迦如来
　　　　　　　　　　　　　　　　〔天台宗〕
妙光寺　みょうこうじ〔寺〕
　熊本県玉名市　《本尊》阿弥陀如来
　　　　　　　　　　　　〔浄土真宗本願寺派〕
妙光寺　みょうこうじ〔寺〕
　宮崎県延岡市　《本尊》十一面観世音菩薩
　　　　　　　　　　　　　　　　〔曹洞宗〕
妙光院　みょうこういん〔寺〕
　群馬県安中市　《本尊》大日如来
　　　　　　　　　　　　　　　〔新義真言宗〕
妙光院　みょうこういん〔寺〕
　東京都府中市　《本尊》延命地蔵菩薩
　　　　　　　　　　　　　　〔真言宗豊山派〕
妙光院（称）　みょうこういん〔寺〕
　神奈川県小田原市・浄永寺　《本尊》一塔両
　尊・日蓮聖人　　　　　　　　　〔日蓮宗〕
妙光院　みょうこういん〔寺〕
　兵庫県神戸市中央区　《別称》神戸の馬頭さ
　ん　《本尊》毘沙門天・馬頭観世音菩薩・歓
　喜天　　　　　　　　　　　　　〔天台宗〕
妙好寺　みょうこうじ〔寺〕
　千葉県市川市　《本尊》十界大曼荼羅
　　　　　　　　　　　　　　　　〔日蓮宗〕
妙安寺　みょうあんじ〔寺〕
　茨城県猿島郡境町　《別称》真宗二四輩旧跡
　《本尊》阿弥陀如来　　　　　〔真宗大谷派〕
妙安寺　みょうあんじ〔寺〕
　群馬県前橋市　《別称》御里御坊・真宗二四輩
　旧跡　《本尊》阿弥陀如来　　〔真宗大谷派〕
妙安寺　みょうあんじ〔寺〕
　東京都大田区　《本尊》一尊四士・日蓮聖人
　　　　　　　　　　　　　　　　〔日蓮宗〕
妙安寺　みょうあんじ〔寺〕
　佐賀県佐賀市　《本尊》十一面観世音菩薩
　　　　　　　　　　　　　　　　〔曹洞宗〕
妙成寺　みょうじょうじ〔寺〕
　石川県羽咋市　《別称》滝谷寺由緒寺院　《本
　尊》日蓮聖人奠定の大曼荼羅　　〔日蓮宗〕
妙行寺　みょうぎょうじ〔寺〕
　茨城県稲敷郡河内町　《本尊》阿弥陀如来
　　　　　　　　　　　　　　　　〔天台宗〕
妙行寺　みょうぎょうじ〔寺〕
　千葉県市川市　《別称》原木山　《本尊》久遠
　実成本師釈迦如来　　　　　　　　〔単立〕
妙行寺　みょうぎょうじ〔寺〕
　東京都港区　《本尊》阿弥陀如来
　　　　　　　　　　　　〔浄土真宗本願寺派〕

妙行寺　みょうぎょうじ〔寺〕
　東京都豊島区　《別称》お岩さまの寺　《本
　尊》日蓮聖人奠定の大曼荼羅
　　　　　　　　　　　　　〔法華宗(陣門流)〕
妙行寺　みょうぎょうじ〔寺〕
　新潟県柏崎市　《本尊》十界大曼荼羅
　　　　　　　　　　　　　　　　〔日蓮宗〕
妙行寺　みょうぎょうじ〔寺〕
　福井県武生市　《本尊》日蓮聖人奠定の大曼
　荼羅　　　　　　　　　　　　　〔日蓮宗〕
妙行寺　みょうぎょうじ〔寺〕
　福岡県福岡市南区　《本尊》阿弥陀如来
　　　　　　　　　　　　　　　〔真宗大谷派〕
妙行寺　みょうぎょうじ〔寺〕
　鹿児島県鹿児島市　《本尊》阿弥陀如来
　　　　　　　　　　　　〔浄土真宗本願寺派〕
妙行寺番神堂　みょうぎょうじばんしんど
　う〔寺〕
　新潟県柏崎市　《別称》柏崎の番神様　《本
　尊》日蓮聖人勧請の三十番神　　〔日蓮宗〕
妙行院　みょうぎょういん〔寺〕
　滋賀県大津市　《別称》頬焼地蔵　《本尊》地
　蔵菩薩　　　　　　　　　　　　〔天台宗〕
妙西寺　みょうさいじ〔寺〕
　茨城県下館市　《本尊》釈迦如来　〔曹洞宗〕
7妙寿寺　みょうじゅうじ〔寺〕
　東京都世田谷区　《本尊》十界勧請大曼荼
　羅　　　　　　　　　　　〔法華宗(本門流)〕
妙寿寺　みょうじゅじ〔寺〕
　大阪府大阪市福島区　《本尊》釈迦如来
　　　　　　　　　　　　　　　　〔曹洞宗〕
妙寿寺　みょうじゅじ〔寺〕
　大阪府大阪市中央区　《別称》鬼子母神さん
　《本尊》十界大曼荼羅　　　　　〔日蓮宗〕
妙寿寺　みょうじゅじ〔寺〕
　大分県豊後高田市　《本尊》阿弥陀如来
　　　　　　　　　　　　〔浄土真宗本願寺派〕
妙寿院　みょうじゅいん〔寺〕
　山口県佐波郡徳地町　《本尊》釈迦如来
　　　　　　　　　　　　　　　　〔曹洞宗〕
妙応寺　みょうおうじ〔寺〕
　北海道函館市　《別称》日持さんの寺　《本
　尊》十界大曼荼羅　　　　　　　〔日蓮宗〕
妙応寺　みょうおうじ〔寺〕
　岐阜県不破郡関ヶ原町　《本尊》釈迦如来
　　　　　　　　　　　　　　　　〔曹洞宗〕
妙応寺　みょうおうじ〔寺〕
　京都府京都市山科区　《別称》赤門の寺　《本
　尊》観世音菩薩　　　　　　　　〔黄檗宗〕

7画（妙）

妙忍寺　みょうにんじ〔寺〕
　神奈川県横須賀市　《本尊》日蓮聖人奠定の
　大曼荼羅　　　　　　　　　　　　〔日蓮宗〕
妙玖寺　みょうきゅうじ〔寺〕
　埼玉県さいたま市　《本尊》阿弥陀如来・聖
　徳太子　　　　　　　　　　　　〔真宗大谷派〕
妙見さま《称》　みょうけんさま〔社〕
　福島県相馬郡小高町・相馬小高神社　《祭神》
　天御中主大神　　　　　　　　　　〔神社本庁〕
妙見さま《称》　みょうけんさま〔寺〕
　愛知県犬山市・本光寺　《本尊》一塔二尊・日
　蓮聖人　　　　　　　　　　　　　〔日蓮宗〕
妙見さま《称》　みょうけんさま〔社〕
　兵庫県養父市・名草神社　《祭神》名草彦命
　〔他〕　　　　　　　　　　　　　〔神社本庁〕
妙見さま《称》　みょうけんさま〔社〕
　山口県大島郡大島町・志度石神社　《祭神》国
　常立尊〔他〕　　　　　　　　　　〔神社本庁〕
妙見さま《称》　みょうけんさま〔社〕
　高知県幡多郡十和村・星神社　《祭神》天之
　御中主神〔他〕　　　　　　　　　〔神社本庁〕
妙見さま《称》　みょうけんさま〔社〕
　佐賀県唐津市・妙見神社　《祭神》天之御中
　主大神　　　　　　　　　　　　　〔神社本庁〕
妙見さん《称》　みょうけんさん〔社〕
　千葉県千葉市・千葉神社　《祭神》天之御中
　主神〔他〕　　　　　　　　　　　〔神社本庁〕
妙見さん《称》　みょうけんさん〔寺〕
　福井県小浜市・妙厳寺　《本尊》日蓮聖人奠
　定の大曼荼羅　　　　　　　　　　〔日蓮宗〕
妙見さん《称》　みょうけんさん〔寺〕
　徳島県徳島市・妙永寺　《本尊》日蓮聖人奠
　定の大曼荼羅　　　　　　　　　　〔日蓮宗〕
妙見さん《称》　みょうけんさん〔社〕
　熊本県八代市・八代神社　《祭神》天御中主
　神〔他〕　　　　　　　　　　　　〔神社本庁〕
妙見さんの寺《称》　みょうけんさんのて
　ら〔寺〕
　兵庫県尼崎市・長遠寺　《本尊》一塔両尊四
　士　　　　　　　　　　　　　　　〔日蓮宗〕
妙見のたき《称》　みょうけんのたき〔寺〕
　大阪府豊能郡能勢町・本滝寺　《本尊》釈迦
　如来・妙見大菩薩・常富大菩薩　　〔妙見宗〕
妙見寺　みょうけんじ〔寺〕
　宮城県白石市　《別称》妙見さま　《本尊》十
　界大曼荼羅　　　　　　　　　　　〔日蓮宗〕
妙見寺　みょうけんじ〔寺〕
　栃木県上都賀郡粟野町　《本尊》釈迦如来・薬
　師如来・妙見大菩薩　　　　　　　〔曹洞宗〕

妙見寺　みょうけんじ〔寺〕
　福井県あわら市　《別称》芦原妙見さん　《本
　尊》釈迦如来・妙見大菩薩・大曼荼羅
　　　　　　　　　　　　　　　　　〔単立〕
妙見寺　みょうけんじ〔寺〕
　長野県小県郡武石村　《本尊》胎蔵界大日如
　来　　　　　　　　　　　　　〔真言宗智山派〕
妙見寺　みょうけんじ〔寺〕
　静岡県伊豆市　《本尊》十界曼荼羅　〔日蓮宗〕
妙見寺　みょうけんじ〔寺〕
　愛知県豊田市　《別称》豊田妙見山　《本尊》
　日蓮聖人・妙見大菩薩　　　　　　〔日蓮宗〕
妙見寺　みょうけんじ〔寺〕
　大阪府南河内郡太子町　《別称》妙見さん
　《本尊》十一面観世音菩薩　　　　〔曹洞宗〕
妙見寺　みょうけんじ〔寺〕
　愛媛県松山市　《別称》平田の妙見さま　《本
　尊》十界曼荼羅・妙見大菩薩・鬼子母神
　　　　　　　　　　　　　　　　　〔日蓮宗〕
妙見社《称》　みょうけんしゃ〔寺〕
　山口県山口市・興隆寺　《本尊》釈迦三尊・四
　天王・北辰妙見大菩薩　　　　　　〔天台宗〕
妙見神社《称》　みょうけんじんじゃ〔社〕
　青森県青森市・大星神社　《祭神》天之御中
　主神　　　　　　　　　　　　　　〔神社本庁〕
妙見神社　みょうけんじんじゃ〔社〕
　徳島県鳴門市　《祭神》天御中主神〔他〕
　　　　　　　　　　　　　　　　　〔神社本庁〕
妙見神社《称》　みょうけんじんじゃ〔社〕
　福岡県北九州市小倉北区・御祖神社　《祭神》
　造化三神〔他〕　　　　　　　　　〔神社本庁〕
妙見神社　みょうけんじんじゃ〔社〕
　佐賀県唐津市　《別称》妙見さま　《祭神》天
　之御中主大神　　　　　　　　　　〔神社本庁〕
妙見神社《称》　みょうけんじんじゃ〔社〕
　宮崎県東臼杵郡北川町・長井神社　《祭神》天
　御中主命〔他〕　　　　　　　　　〔神社本庁〕
妙見宮《称》　みょうけんぐう〔社〕
　岡山県倉敷市・阿智神社　《祭神》多紀理毘
　売命〔他〕　　　　　　　　　　　〔神社本庁〕
妙見宮《称》　みょうけんぐう〔社〕
　愛媛県上浮穴郡小田町・広瀬神社　《祭神》天
　御中主神〔他〕　　　　　　　　　〔神社本庁〕
妙見宮《称》　みょうけんぐう〔社〕
　福岡県築上郡椎田町・葛城神社　《祭神》高
　皇産霊神〔他〕　　　　　　　　　〔神社本庁〕
妙見宮《称》　みょうけんぐう〔社〕
　熊本県八代市・八代神社　《祭神》天御中主
　神〔他〕　　　　　　　　　　　　〔神社本庁〕

神社・寺院名よみかた辞典　291

7画（妙）

妙見宮《称》　みょうけんぐう〔社〕
　大分県下毛郡本耶馬渓町・御祖神社　《祭神》造化三神〔他〕　　　　　　　　　〔神社本庁〕

妙見御崎神社《称》　みょうけんみさきじんじゃ〔社〕
　福岡県北九州市八幡西区・御崎神社　《祭神》国常立命〔他〕　　　　　　　　〔神社本庁〕

妙見様《称》　みょうけんさま〔社〕
　岩手県九戸郡九戸村・九戸神社　《祭神》天之御中主大神〔他〕　　　　　　　〔神社本庁〕

妙見様《称》　みょうけんさま〔社〕
　千葉県君津市・久留里神社　《祭神》大御中主命〔他〕　　　　　　　　　　　〔神社本庁〕

妙見様《称》　みょうけんさま〔社〕
　岐阜県郡上市・明建神社　《祭神》国常立神　　　　　　　　　　　　　　　〔神社本庁〕

妙見様《称》　みょうけんさま〔社〕
　高知県高知市・星神社　《祭神》伊弉諾尊　　　　　　　　　　　　　　　〔神社本庁〕

妙見様のお寺《称》　みょうけんさまのおてら〔寺〕
　岡山県御津郡御津町・道林寺　《本尊》日蓮聖人奠定の大曼荼羅　　〔日蓮宗〕

8妙京寺　みょうきょうじ〔寺〕
　兵庫県津名郡一宮町　《別称》淳仁天皇の寺　《本尊》十界曼荼羅　〔法華宗(本門流)〕

妙典寺　みょうてんじ〔寺〕
　東京都大田区　《本尊》日蓮聖人奠定の大曼荼羅　　　　　　　　　〔日蓮宗〕

妙典寺　みょうでんじ〔寺〕
　京都府宮津市　《本尊》十界勧請大曼荼羅　　　　　　　　　　　　〔日蓮宗〕

妙典寺　みょうでんじ〔寺〕
　岡山県井原市　《本尊》十界大曼荼羅　　　　　　　　　　　　　　〔日蓮宗〕

妙典寺　みょうてんじ〔寺〕
　福岡県福岡市博多区　《別称》石城問答霊場　《本尊》十界大曼荼羅　〔日蓮宗〕

妙国寺　みょうこくじ〔寺〕
　福島県会津若松市　《別称》由緒寺院　《本尊》日蓮聖人奠定の曼陀羅　〔日蓮宗〕

妙国寺　みょうこくじ〔寺〕
　茨城県結城市　《本尊》釈迦如来　〔日蓮宗〕

妙国寺　みょうこくじ〔寺〕
　東京都品川区　《本尊》日蓮聖人奠定の大曼荼羅　〔顕本法華宗〕

妙国寺　みょうこくじ〔寺〕
　新潟県上越市　《本尊》日蓮聖人奠定の大曼荼羅　〔日蓮宗〕

妙国寺　みょうこくじ〔寺〕
　富山県富山市　《別称》じょうかんでら　《本尊》日蓮聖人奠定の大曼荼羅　〔日蓮宗〕

妙国寺　みょうこくじ〔寺〕
　富山県高岡市　《本尊》日蓮聖人奠定の大曼荼羅　〔日蓮宗〕

妙国寺　みょうこくじ〔寺〕
　福井県福井市　《別称》関東妙国寺　《本尊》日蓮聖人奠定の大曼荼羅　〔日蓮宗〕

妙国寺　みょうこくじ〔寺〕
　福井県武生市　《本尊》十界大曼荼羅　〔日蓮宗〕

妙国寺　みょうこくじ〔寺〕
　大阪府堺市　《別称》蘇鉄の寺・由緒寺院　《本尊》十界大曼荼羅　〔日蓮宗〕

妙国寺　みょうこくじ〔寺〕
　高知県高知市　《本尊》十界大曼荼羅　〔日蓮宗〕

妙国寺　みょうこくじ〔寺〕
　宮崎県日向市　〔単立〕

妙宗寺　みょうしゅうじ〔寺〕
　新潟県長岡市　《本尊》阿弥陀如来　〔真宗大谷派〕

妙定院　みょうじょういん〔寺〕
　東京都港区　《本尊》阿弥陀如来　〔浄土宗〕

妙岩寺　みょうがんじ〔寺〕
　島根県八束郡宍道町　《本尊》阿弥陀如来　〔曹洞宗〕

妙延寺　みょうえんじ〔寺〕
　東京都町田市　《別称》森野祖師　《本尊》日蓮聖人奠定の大曼荼羅・日蓮聖人　〔日蓮宗〕

妙延寺　みょうえんじ〔寺〕
　静岡県富士市　《本尊》日蓮聖人奠定の十界曼荼羅　〔日蓮宗〕

妙性寺　みょうしょうじ〔寺〕
　京都府京丹後市　《本尊》釈迦如来　〔曹洞宗〕

妙昌寺　みょうしょうじ〔寺〕
　神奈川県中郡大磯町　《本尊》日蓮聖人奠定の大曼荼羅　〔日蓮宗〕

妙昌寺　みょうしょうじ〔寺〕
　山梨県東八代郡八代町　《本尊》十界曼荼羅　〔日蓮宗〕

妙昌寺　みょうしょうじ〔寺〕
　三重県上野市　《本尊》日蓮聖人奠定の十界勧請大曼荼羅　〔法華宗(本門流)〕

妙昌寺　みょうしょうじ〔寺〕
　愛媛県西条市　《本尊》日蓮聖人奠定の大曼荼羅・釈迦如来　〔日蓮宗〕

妙松寺　みょうしょうじ〔寺〕
　静岡県庵原郡富士川町　《本尊》日蓮聖人奠定の大曼荼羅　〔顕本法華宗〕

7画（妙）

妙林寺　みょうりんじ〔寺〕
　岡山県岡山市　《本尊》日蓮聖人奠定の大曼荼羅
　　　　　　　　　　　　　　　　　〔日蓮宗〕
妙法寺　みょうほうじ〔寺〕
　北海道旭川市　《本尊》大曼荼羅・釈迦如来
　　　　　　　　　　　　　　　　　〔日蓮宗〕
妙法寺　みょうほうじ〔寺〕
　北海道天塩郡天塩町　《別称》法華の寺　《本尊》日蓮聖人奠定の大曼荼羅
　　　　　　　　　　　　　　　　〔法華宗(陣門流)〕
妙法寺　みょうほうじ〔寺〕
　山形県酒田市　《本尊》十界勧請大曼荼羅
　　　　　　　　　　　　　　　　〔法華宗(陣門流)〕
妙法寺　みょうほうじ〔寺〕
　福島県会津若松市　《別称》別格山　《本尊》釈迦如来　　　　　　　〔顕本法華宗〕
妙法寺　みょうほうじ〔寺〕
　茨城県西茨城郡岩瀬町　《本尊》地蔵菩薩
　　　　　　　　　　　　　　　　　〔天台宗〕
妙法寺　みょうほうじ〔寺〕
　茨城県真壁郡明野町　《別称》村田の日蓮様　《本尊》日蓮聖人　　　　〔日蓮宗〕
妙法寺　みょうほうじ〔寺〕
　東京都台東区　《本尊》日蓮聖人・七裏大善神　　　　　　　　　　　　〔日蓮宗〕
妙法寺　みょうほうじ〔寺〕
　東京都杉並区　《別称》堀之内お祖師様・由緒寺院　《本尊》十界曼荼羅
妙法寺　みょうほうじ〔寺〕
　神奈川県横浜市磯子区　《本尊》一尊四菩薩　　　　　　　　　　　　〔日蓮宗〕
妙法寺　みょうほうじ〔寺〕
　神奈川県横浜市戸塚区　《本尊》日蓮聖人奠定の大曼荼羅・日蓮聖人〔日蓮宗〕
妙法寺　みょうほうじ〔寺〕
　神奈川県鎌倉市　《別称》松葉ヶ谷　《本尊》一塔両尊四菩薩・釈迦如来・日蓮聖人
妙法寺　みょうほうじ〔寺〕
　新潟県佐渡市　《本尊》釈迦如来　〔日蓮宗〕
妙法寺　みょうほうじ〔寺〕
　新潟県三島郡和島村　《別称》由緒寺院　《本尊》日蓮聖人奠定の十界大曼荼羅
　　　　　　　　　　　　　　　　　〔日蓮宗〕
妙法寺　みょうほうじ〔寺〕
　山梨県南巨摩郡増穂町　《別称》小室さん・由緒寺院　《本尊》日蓮聖人奠定の大曼荼羅　　　　　　　　　　　〔日蓮宗〕
妙法寺　みょうほうじ〔寺〕
　山梨県南都留郡富士河口湖町
　　　　　　　　　　　　　　　〔法華宗(本門流)〕

妙法寺　みょうほうじ〔寺〕
　岐阜県大垣市　《本尊》日蓮聖人奠定の十界大曼荼羅　　　　　　　　〔日蓮宗〕
妙法寺　みょうほうじ〔寺〕
　岐阜県恵那郡岩村町　《本尊》十界大曼荼羅　　　　　　　　　　　〔日蓮宗〕
妙法寺　みょうほうじ〔寺〕
　静岡県藤枝市　《本尊》日蓮聖人奠定の大曼荼羅　　　　　　　　　　〔日蓮宗〕
妙法寺　みょうほうじ〔寺〕
　滋賀県長浜市　《本尊》日蓮聖人奠定の大曼荼羅　　　　　　　　　　〔日蓮宗〕
妙法寺　みょうほうじ〔寺〕
　大阪府大阪市中央区　〔法華宗(本門流)〕
妙法寺　みょうほうじ〔寺〕
　大阪府堺市　《別称》二条半　《本尊》大曼荼羅・本師釈迦如来・日蓮聖人　〔日蓮宗〕
妙法寺　みょうほうじ〔寺〕
　兵庫県神戸市須磨区　《本尊》毘沙門天
　　　　　　　　　　　　　　　　〔高野山真言宗〕
妙法寺　みょうほうじ〔寺〕
　兵庫県神崎郡福崎町　《本尊》十界大曼荼羅　　　　　　　　　　　〔日蓮宗〕
妙法寺　みょうほうじ〔寺〕
　奈良県橿原市　《別称》御厨子観音　《本尊》十一面観世音菩薩　〔高野山真言宗〕
妙法寺　みょうほうじ〔寺〕
　岡山県岡山市　《本尊》日蓮聖人奠定の大曼荼羅　　　　　　　　　　〔日蓮宗〕
妙法寺　みょうほうじ〔寺〕
　岡山県津山市　《本尊》十界大曼荼羅
　　　　　　　　　　　　　　　　　〔日蓮宗〕
妙法寺　みょうほうじ〔寺〕
　岡山県都窪郡早島町　《本尊》十界大曼荼羅　　　　　　　　　　　〔日蓮宗〕
妙法寺　みょうほうじ〔寺〕
　山口県下松市　《本尊》初薬師・御開帳
　　　　　　　　　　　　　　　　　〔曹洞宗〕
妙法寺　みょうほうじ〔寺〕
　徳島県那賀郡上那賀町　《本尊》観世音菩薩・薬師如来　〔高野山真言宗〕
妙法寺　みょうほうじ〔寺〕
　香川県丸亀市　《別称》蕪村寺・元三大師　《本尊》大日如来・元三大師　〔天台宗〕
妙法華寺　みょうほっけじ〔寺〕
　静岡県三島市　《別称》由緒寺院　《本尊》日蓮聖人奠定の大曼荼羅　〔日蓮宗〕
妙法院　みょうほういん〔寺〕
　新潟県北蒲原郡中条町　《本尊》弥勒菩薩　　　　　　　　　　　〔真言宗智山派〕

7画（妙）

妙法院　みょうほういん〔寺〕
　京都府京都市東山区　《別称》三十三間堂本坊・門跡　《本尊》普賢延命菩薩・千手観世音菩薩　〔天台宗〕

妙法教会　みょうほうきょうかい〔寺〕
　徳島県麻植郡川島町　《本尊》十界勧請大曼荼羅　〔法華宗(本門流)〕

妙法輪寺　みょうほうりんじ〔寺〕
　石川県羽咋郡押水町　《本尊》十界大曼荼羅　〔日蓮宗〕

妙金寺　みょうきんじ〔寺〕
　栃木県宇都宮市　《本尊》十界大曼荼羅　〔日蓮宗〕

妙長寺　みょうちょうじ〔寺〕
　千葉県君津市　《本尊》十界曼荼羅・三宝尊・日蓮聖人・鬼子母神　〔日蓮宗〕

妙長寺　みょうちょうじ〔寺〕
　千葉県夷隅郡大多喜町　《本尊》釈迦如来・日蓮聖人・鬼子母神　〔日蓮宗〕

妙長寺　みょうちょうじ〔寺〕
　神奈川県鎌倉市　《別称》伊豆法難船出霊跡　《本尊》一塔両尊四士・日蓮聖人　〔日蓮宗〕

妙長寺　みょうちょうじ〔寺〕
　福井県福井市　《別称》鬼子母神　《本尊》十界勧請大曼荼羅　〔日蓮宗〕

妙長寺　みょうちょうじ〔寺〕
　福井県大飯郡高浜町　《本尊》日蓮聖人奠定の大曼荼羅　〔日蓮宗〕

9妙乗寺　みょうじょうじ〔寺〕
　岡山県笠岡市　《本尊》十界大曼荼羅　〔日蓮宗〕

妙乗寺　みょうじょうじ〔寺〕
　福岡県北九州市小倉北区　《別称》小倉の中本寺　《本尊》十界大曼荼羅　〔日蓮宗〕

妙圀寺　みょうこくじ〔寺〕
　石川県七尾市　《別称》開運様　《本尊》十界大曼荼羅　〔日蓮宗〕

妙圀寺　みょうこくじ〔寺〕
　岡山県備前市　《本尊》一塔両尊四士四天王　〔日蓮宗〕

妙宣寺　みょうせんじ〔寺〕
　新潟県佐渡市　《別称》阿仏房・由緒寺院　《本尊》女人成仏顕示曼荼羅・嘉齢延命曼荼羅　〔日蓮宗〕

妙宣寺　みょうせんじ〔寺〕
　兵庫県伊丹市　《別称》大覚さん　《本尊》十界曼荼羅・釈迦如来　〔法華宗(本門流)〕

妙宣寺　みょうせんじ〔寺〕
　岡山県津山市　《本尊》法華経・十界勧請大曼荼羅　〔法華宗(真門流)〕

妙宣寺　みょうせんじ〔寺〕
　長崎県大村市　《本尊》日蓮聖人奠定の大曼荼羅　〔日蓮宗〕

妙専寺　みょうせんじ〔寺〕
　長野県飯山市　《本尊》阿弥陀如来　〔浄土真宗本願寺派〕

妙建寺　みょうけんじ〔寺〕
　栃木県小山市　《本尊》一塔両尊四士　〔日蓮宗〕

妙栄寺　みょうえいじ〔寺〕
　静岡県伊東市　《本尊》南無妙法蓮華経　〔本門仏立宗〕

妙栄寺　みょうえいじ〔寺〕
　愛知県一宮市　《本尊》一塔両尊四菩薩・日蓮聖人　〔日蓮宗〕

妙栄寺　みょうえいじ〔寺〕
　広島県三次市　《本尊》日蓮聖人奠定の大曼荼羅　〔日蓮宗〕

妙海寺　みょうかいじ〔寺〕
　神奈川県川崎市中原区　《本尊》日蓮聖人奠定の十界曼荼羅　〔日蓮宗〕

妙海寺　みょうかいじ〔寺〕
　福井県坂井郡三国町　《本尊》日蓮聖人奠定の大曼荼羅　〔日蓮宗〕

妙海寺　みょうかいじ〔寺〕
　静岡県沼津市　《本尊》日蓮聖人奠定の大曼荼羅　〔日蓮宗〕

妙海寺　みょうかいじ〔寺〕
　愛知県犬山市　《本尊》十界大曼荼羅　〔日蓮宗〕

妙海寺　みょうかいじ〔寺〕
　福岡県山門郡大和町　《本尊》十界曼荼羅　〔日蓮宗〕

妙浄寺　みょうじょうじ〔寺〕
　千葉県君津市　《本尊》日蓮聖人奠定の大曼荼羅　〔日蓮宗〕

妙浄寺　みょうじょうじ〔寺〕
　山梨県南巨摩郡南部町　《本尊》日蓮聖人奠定の大曼荼羅　〔日蓮宗〕

妙浄寺　みょうじょうじ〔寺〕
　大阪府泉佐野市　《本尊》日蓮聖人奠定の大曼荼羅　〔日蓮宗〕

妙泉寺　みょうせんじ〔寺〕
　千葉県木更津市　《本尊》釈迦如来　〔曹洞宗〕

妙泉寺　みょうせんじ〔寺〕
　東京都台東区　《別称》赤門寺　《本尊》日蓮聖人奠定の大曼荼羅　〔法華宗(本門流)〕

妙泉寺　みょうせんじ〔寺〕
　静岡県静岡市　《本尊》日蓮聖人奠定の大曼荼羅　〔日蓮宗〕

7画（妙）

妙泉寺　みょうせんじ〔寺〕
　静岡県沼津市　《別称》おおのさん　《本尊》日蓮聖人奠定の大曼荼羅　〔法華宗(本門流)〕

妙泉寺　みょうせんじ〔寺〕
　愛知県名古屋市東区　《本尊》一塔両尊・日蓮聖人　〔日蓮宗〕

妙泉寺　みょうせんじ〔寺〕
　京都府京都市中京区　《本尊》阿弥陀如来
　〔浄土宗〕

妙泉寺　みょうせんじ〔寺〕
　大阪府貝塚市　《別称》貝塚の妙見さん　《本尊》十界勧請大曼荼羅　〔日蓮宗〕

妙泉寺　みょうせんじ〔寺〕
　大阪府和泉市　《別称》和気のお祖師様　《本尊》日蓮聖人奠定の大曼荼羅　〔日蓮宗〕

妙泉寺　みょうせんじ〔寺〕
　岡山県岡山市　《本尊》日蓮聖人奠定の大曼荼羅　〔日蓮宗〕

妙皇寺　みょうこうじ〔寺〕
　広島県福山市　〔本門法華宗〕

妙相寺　みょうそうじ〔寺〕
　岩手県下閉伊郡普代村　《本尊》釈迦如来
　〔曹洞宗〕

妙相寺　みょうそうじ〔寺〕
　神奈川県秦野市　《本尊》聖観世音菩薩
　〔天台宗〕

妙祐久遠寺　みょうゆうくおんじ〔寺〕
　京都府京都市右京区　《別称》にっきょうでら　《本尊》十界大曼荼羅　〔顕本法華宗〕

妙祐寺　みょうゆうじ〔寺〕
　東京都世田谷区　《本尊》阿弥陀如来
　〔浄土真宗本願寺派〕

妙胤寺　みょういん〔寺〕
　千葉県印旛郡酒々井町　《別称》清正公堂　《本尊》十界勧請曼荼羅・日蓮聖人
　〔日蓮宗〕

妙音寺　みょうおんじ〔寺〕
　茨城県岩井市　《本尊》金剛界大日如来
　〔真言宗豊山派〕

妙音寺　みょうおんじ〔寺〕
　栃木県佐野市　《本尊》久遠実成釈迦如来
　〔日蓮宗〕

妙音寺　みょうおんじ〔寺〕
　群馬県高崎市　《本尊》釈迦如来　〔天台宗〕

妙音寺　みょうおんじ〔寺〕
　埼玉県熊谷市　《本尊》大日如来・如意輪観世音菩薩・不動明王　〔真言宗智山派〕

妙音寺　みょうおんじ〔寺〕
　埼玉県秩父市　《別称》四万部寺(しまぶでら)・秩父第一番霊場　《本尊》聖観世音菩薩
　〔曹洞宗〕

妙音寺　みょうおんじ〔寺〕
　千葉県夷隅郡御宿町　《別称》御宿寺　《本尊》阿弥陀如来　〔天台宗〕

妙音寺　みょうおんじ〔寺〕
　東京都江戸川区　《本尊》十一面観世音菩薩　〔真言宗豊山派〕

妙音寺　みょうおんじ〔寺〕
　新潟県新潟市　《本尊》阿弥陀如来
　〔真宗大谷派〕

妙音寺　みょうおんじ〔寺〕
　新潟県長岡市　《本尊》日蓮聖人奠定の大曼荼羅　〔日蓮宗〕

妙音寺　みょうおんじ〔寺〕
　静岡県静岡市　《別称》金山の寺　《本尊》日蓮聖人奠定の大曼荼羅　〔単立〕

妙音寺　みょうおんじ〔寺〕
　滋賀県甲賀郡甲賀町　《本尊》聖観世音菩薩・如意輪観世音菩薩　〔浄土宗〕

妙音寺　みょうおんじ〔寺〕
　京都府京丹後市　《本尊》日蓮聖人奠定の大曼荼羅　〔日蓮宗〕

妙音寺　みょうおんじ〔寺〕
　大阪府泉南郡田尻町　《本尊》釈迦如来
　〔日蓮宗〕

妙音寺　みょうおんじ〔寺〕
　岡山県上房郡賀陽町　《別称》奥之院　《本尊》日蓮聖人・釈迦如来・多宝如来　〔日蓮宗〕

妙音寺　みょうおんじ〔寺〕
　広島県尾道市　《本尊》十一面観世音菩薩
　〔臨済宗仏通寺派〕

妙音寺　みょうおんじ〔寺〕
　香川県三豊郡豊中町　《別称》宝積院　《本尊》阿弥陀如来　〔単立〕

妙音寺　みょうおんじ〔寺〕
　佐賀県東松浦郡相知町　《本尊》聖観世音菩薩　〔曹洞宗〕

妙風寺　みょうふうじ〔寺〕
　広島県広島市中区　《本尊》久遠実成釈迦如来　〔日蓮宗〕

妙香寺　みょうこうじ〔寺〕
　神奈川県横浜市中区　《本尊》観心本尊鈔所見十戒の曼陀羅　〔中山妙宗〕

妙香院　みょうこういん〔寺〕
　大阪府大阪市北区　《本尊》毘沙門天
　〔浄土宗〕

10 妙恩寺　みょうおんじ〔寺〕
　静岡県浜松市　《本尊》日蓮聖人奠定の十界大曼荼羅　〔日蓮宗〕

妙泰寺　みょうたいじ〔寺〕
　石川県金沢市　《本尊》十界大曼荼羅
　〔日蓮宗〕

神社・寺院名よみかた辞典　295

7画（妙）

妙泰寺　みょうたいじ〔寺〕
　福井県南条郡南条町　《別称》北国身延　《本尊》十界大曼荼羅　〔日蓮宗〕

妙珠寺　みょうしゅうじ〔寺〕
　石川県珠洲市　《本尊》十界大曼荼羅　〔日蓮宗〕

妙真寺　みょうしんじ〔寺〕
　京都府京都市伏見区　《本尊》十界大曼荼羅　〔日蓮宗〕

妙祥教会　みょうしょうきょうかい〔寺〕
　岐阜県岐阜市　《本尊》妙見大菩薩・常富大菩薩・聖徳太子・日蓮聖人・最上位経大菩薩　〔妙見式〕

妙竜寺　みょうりゅうじ〔寺〕
　北海道小樽市　《別称》商大通り法華寺　《本尊》日蓮聖人奠定の大曼荼羅　〔日蓮宗〕

妙竜寺　みょうりゅうじ〔寺〕
　静岡県小笠郡大須賀町　《本尊》十界勧請諸尊　〔日蓮宗〕

妙竜寺　みょうりゅうじ〔寺〕
　京都府天田郡夜久野町　《本尊》三宝尊・日蓮聖人奠定の大曼荼羅　〔日蓮宗〕

妙竜寺　みょうりゅうじ〔寺〕
　岡山県岡山市　《本尊》日蓮聖人奠定の大曼荼羅　〔日蓮宗〕

妙笑寺　みょうしょうじ〔寺〕
　長野県長野市　《本尊》釈迦如来　〔曹洞宗〕

妙純寺　みょうじゅんじ〔寺〕
　神奈川県厚木市　《別称》星下り御霊跡　《本尊》十界曼荼羅・日蓮聖人　〔日蓮宗〕

妙華寺　みょうけじ〔寺〕
　北海道空知郡南幌町　《本尊》阿弥陀如来　〔浄土真宗本願寺派〕

妙華寺　みょうけいじ〔寺〕
　三重県久居市　《本尊》阿弥陀如来　〔真宗高田派〕

妙高寺　みょうこうじ〔寺〕
　新潟県小千谷市　《別称》川井の愛染さま　《本尊》愛染明王　〔曹洞宗〕

妙高院　みょうこういん〔寺〕
　神奈川県鎌倉市　《本尊》聖観世音菩薩　〔臨済宗建長寺派〕

11妙唱寺　みょうしょうじ〔寺〕
　栃木県栃木市　《本尊》日蓮聖人奠定の大曼荼羅　〔日蓮宗〕

妙常寺　みょうじょうじ〔寺〕
　佐賀県佐賀市　《本尊》十界大曼荼羅・日蓮聖人　〔日蓮宗〕

妙情寺　みょうじょうじ〔寺〕
　東京都台東区　《本尊》大曼荼羅　〔日蓮宗〕

妙教寺　みょうきょうじ〔寺〕
　岡山県岡山市　《別称》総本山・高松最上稲荷　《本尊》最上位経王大菩薩・七十七末舎天王・八大竜王・大黒天　〔最上稲荷教〕

妙深寺　みょうしんじ〔寺〕
　神奈川県横浜市西区　《本尊》法華経本門八品所顕の大曼荼羅　〔本門仏立宗〕

妙現寺　みょうげんじ〔寺〕
　神奈川県相模原市　《本尊》日蓮聖人奠定の十界曼荼羅　〔本門仏立宗〕

妙現寺　みょうげんじ〔寺〕
　山梨県西八代郡六郷町　《本尊》日蓮聖人奠定の大曼荼羅　〔日蓮宗〕

妙経寺　みょうきょうじ〔寺〕
　千葉県夷隅郡大原町　《本尊》日蓮聖人奠定の大曼荼羅　〔日蓮宗〕

妙経寺　みょうきょうじ〔寺〕
　神奈川県小田原市　《本尊》日蓮聖人奠定の大曼荼羅　〔日蓮宗〕

妙経寺　みょうきょうじ〔寺〕
　新潟県佐渡市　《本尊》日蓮聖人奠定の大曼荼羅　〔日蓮宗〕

妙経寺　みょうきょうじ〔寺〕
　福井県福井市　《本尊》曼荼羅・三宝像・日蓮聖人　〔顕本法華宗〕

妙経寺　みょうきょうじ〔寺〕
　京都府京丹後市　《本尊》一塔両尊・日蓮聖人　〔日蓮宗〕

妙経寺　みょうきょうじ〔寺〕
　兵庫県豊岡市　《本尊》日蓮聖人・三宝尊四菩薩・鬼子母神・妙見大菩薩・番神　〔法華宗(真門流)〕

妙経寺　みょうきょうじ〔寺〕
　長崎県西彼杵郡西彼町　《本尊》日蓮聖人奠定の大曼荼羅　〔日蓮宗〕

妙経寺　みょうきょうじ〔寺〕
　大分県杵築市　《本尊》十界曼荼羅　〔日蓮宗〕

妙経寺　みょうきょうじ〔寺〕
　宮崎県宮崎市　《別称》堂山の寺　《本尊》日蓮聖人奠定の十界勧請大曼荼羅　〔法華宗(本門流)〕

妙隆寺　みょうりゅうじ〔寺〕
　栃木県足利市　《別称》厄よけの祖師　《本尊》十界曼荼羅・日蓮聖人　〔日蓮宗〕

妙隆寺　みょうりゅうじ〔寺〕
　千葉県佐倉市　《本尊》日蓮聖人奠定の大曼荼羅　〔日蓮宗〕

妙隆寺　みょうりゅうじ〔寺〕
　千葉県夷隅郡夷隅町　《別称》峯の薬師　《本尊》十界勧請大曼荼羅　〔日蓮宗〕

7画（妙）

妙隆寺　みょうりゅうじ〔寺〕
　神奈川県鎌倉市　《別称》なべかむり　《本尊》十界大曼荼羅　〔日蓮宗〕

妙頂寺　みょうちょうじ〔寺〕
　広島県広島市中区　《本尊》日蓮聖人奠定の大曼荼羅　〔日蓮宗〕

12妙勝寺　みょうしょうじ〔寺〕
　東京都江戸川区北篠崎町　《本尊》十界大曼荼羅　〔日蓮宗〕

妙勝寺　みょうしょうじ〔寺〕
　東京都江戸川区江戸川　《別称》成就院　《本尊》十界大曼荼羅　〔日蓮宗〕

妙勝寺　みょうしょうじ〔寺〕
　愛知県豊田市　《本尊》阿弥陀如来　〔真宗大谷派〕

妙勝寺　みょうしょうじ〔寺〕
　兵庫県宍粟郡山崎町　《本尊》十界大曼荼羅　〔日蓮宗〕

妙喜寺　みょうきじ〔寺〕
　山口県山口市　《本尊》千手観世音菩薩　〔曹洞宗〕

妙喜庵　みょうきあん〔寺〕
　京都府乙訓郡大山崎町　《本尊》聖観世音菩薩　〔臨済宗東福寺派〕

妙善寺　みょうぜんじ〔寺〕
　千葉県東金市　《別称》御門の寺　《本尊》日蓮聖人奠定の大曼荼羅　〔顕本法華宗〕

妙善寺　みょうぜんじ〔寺〕
　東京都世田谷区　《本尊》阿弥陀如来　〔浄土真宗本願寺派〕

妙善寺　みょうぜんじ〔寺〕
　山梨県塩山市　《本尊》日蓮聖人奠定の大曼荼羅　〔日蓮宗〕

妙善寺　みょうぜんじ〔寺〕
　山梨県南アルプス市　《本尊》日蓮聖人奠定の大曼荼羅　〔日蓮宗〕

妙善寺　みょうぜんじ〔寺〕
　山梨県南巨摩郡増穂町　《本尊》日蓮聖人奠定の十界大曼荼羅　〔日蓮宗〕

妙善寺　みょうぜんじ〔寺〕
　愛知県名古屋市中区　《別称》橘町の七面様　《本尊》十界大曼荼羅　〔日蓮宗〕

妙善寺　みょうぜんじ〔寺〕
　岡山県岡山市　《本尊》日奥聖人親写の文字曼荼羅　〔日蓮宗不受不施派〕

妙善寺　みょうぜんじ〔寺〕
　岡山県後月郡芳井町　《本尊》十界曼荼羅　〔日蓮宗〕

妙堯寺　みょうぎょうじ〔寺〕
　京都府京都市上京区　《本尊》日蓮聖人　〔日蓮宗〕

妙堯寺　みょうぎょうじ〔寺〕
　大阪府大阪市中央区　《別称》火除けの祖師　〔本門法華宗〕

妙敬寺　みょうきょうじ〔寺〕
　富山県西礪波郡福光町　《別称》西野堂　《本尊》阿弥陀如来　〔真宗大谷派〕

妙智会教団　みょうちかいきょうだん〔寺〕
　東京都渋谷区　〔妙智会教団〕

妙智寺　みょうちじ〔寺〕
　新潟県柏崎市　《本尊》釈迦如来・聖観世音菩薩　〔曹洞宗〕

妙智寺　みょうちじ〔寺〕
　島根県浜田市　《別称》殿さんの寺　《本尊》日蓮聖人奠定の大曼荼羅・日蓮聖人　〔日蓮宗〕

妙智院　みょうちいん〔寺〕
　京都府京都市右京区　《本尊》地蔵菩薩　〔臨済宗天竜寺派〕

妙朝寺　みょうちょうじ〔寺〕
　香川県高松市　《本尊》十界大曼荼羅　〔日蓮宗〕

妙満寺　みょうまんじ〔寺〕
　新潟県刈羽郡刈羽村　《本尊》十界大曼荼羅　〔日蓮宗〕

妙満寺　みょうまんじ〔寺〕
　京都府京都市左京区　《別称》総本山　《本尊》日蓮聖人奠定の大曼荼羅　〔顕本法華宗〕

妙覚寺　みょうかくじ〔寺〕
　北海道上川郡清水町　《本尊》阿弥陀如来　〔浄土真宗本願寺派〕

妙覚寺　みょうかくじ〔寺〕
　千葉県勝浦市　《別称》由緒寺院　《本尊》日蓮聖人奠定の大曼荼羅　〔日蓮宗〕

妙覚寺　みょうかくじ〔寺〕
　東京都江戸川区　《別称》等覚院　《本尊》十界大曼荼羅　〔日蓮宗〕

妙覚寺　みょうかくじ〔寺〕
　神奈川県平塚市　《別称》中吉沢のお寺　《本尊》阿弥陀如来・観世音菩薩・勢至菩薩　〔天台宗〕

妙覚寺　みょうかくじ〔寺〕
　新潟県新潟市　《本尊》日蓮聖人奠定の大曼荼羅　〔日蓮宗〕

妙覚寺　みょうかくじ〔寺〕
　静岡県沼津市　《別称》下大寺　《本尊》十界大曼荼羅　〔日蓮宗〕

妙覚寺　みょうかくじ〔寺〕
　京都府京都市上京区　《別称》由緒寺院　《本尊》日蓮聖人奠定の大曼荼羅　〔日蓮宗〕

7画（妙）

妙覚寺　みょうかくじ〔寺〕
　大阪府堺市　《本尊》阿弥陀如来
　　　　　　　　　　　　　　〔真宗大谷派〕
妙覚寺　みょうかくじ〔寺〕
　岡山県御津郡御津町　《別称》祖山　《本尊》
　日蓮聖人奠定の十界常住文字曼荼羅
　　　　　　　　　　　　〔日蓮宗不受不施派〕
妙覚寺　みょうかくじ〔寺〕
　佐賀県鳥栖市　《本尊》阿弥陀如来
　　　　　　　　　　　　　〔浄土真宗本願寺派〕
妙覚寺　みょうかくじ〔寺〕
　佐賀県多久市　《本尊》不動明王・聖観世音
　菩薩　　　　　　　　　　　　　〔天台宗〕
妙覚寺　みょうかくじ〔寺〕
　大分県豊後高田市　《本尊》釈迦如来
　　　　　　　　　　　　　　　　〔曹洞宗〕
妙覚寺　みょうかくじ〔寺〕
　大分県大野郡千歳村　《本尊》観世音菩薩
　　　　　　　　　　　　　　〔臨済宗妙心寺派〕
妙覚院　みょうがくいん〔寺〕
　山口県岩国市　《本尊》阿弥陀三尊　〔浄土宗〕
妙覚院　みょうかくいん〔寺〕
　福岡県久留米市　《本尊》薬師如来・十一面
　観世音菩薩・阿弥陀如来　　　　〔天台宗〕
妙詠寺　みょうえいじ〔寺〕
　広島県広島市南区　《本尊》一塔二尊四士
　　　　　　　　　　　　　　　〔顕本法華宗〕
妙運寺　みょううんじ〔寺〕
　神奈川県茅ヶ崎市　《本尊》大曼荼羅[他]
　　　　　　　　　　　　　　　　〔日蓮宗〕
妙達寺　みょうたつじ〔寺〕
　千葉県安房郡和田町　《本尊》十界大曼荼
　羅　　　　　　　　　　　　　　〔日蓮宗〕
妙道会教団　みょうどうかいきょうだん
〔寺〕
　大阪府大阪市天王寺区　《別称》本部
　　　　　　　　　　　　　　　〔妙道会教団〕
妙雲寺　みょううんじ〔寺〕
　栃木県那須郡塩原町　《本尊》釈迦如来
　　　　　　　　　　　　　　〔臨済宗妙心寺派〕
妙雲寺　みょううんじ〔寺〕
　東京都大田区　《本尊》十界大曼荼羅
　　　　　　　　　　　　　　　　〔日蓮宗〕
妙雲寺　みょううんじ〔寺〕
　静岡県引佐郡引佐町　《本尊》虚空蔵菩薩
　　　　　　　　　　　　　　〔臨済宗妙心寺派〕
妙雲寺　みょううんじ〔寺〕
　島根県益田市　《本尊》阿弥陀如来　〔浄土宗〕
妙順寺　みょうじゅんじ〔寺〕
　富山県婦負郡婦中町　《本尊》阿弥陀如来
　　　　　　　　　　　　　〔浄土真宗本願寺派〕

妙順寺　みょうじゅんじ〔寺〕
　京都府京都市東山区　《本尊》阿弥陀如来
　　　　　　　　　　　　　〔浄土真宗本願寺派〕
13妙勧寺　みょうかんじ〔寺〕
　福井県武生市　《別称》竜華別院　《本尊》日
　蓮聖人奠定の大曼荼羅　　　　　〔日蓮宗〕
妙感寺　みょうかんじ〔寺〕
　愛知県犬山市　《別称》山寺　《本尊》日蓮聖
　人奠定の大曼荼羅　　　　　　　〔日蓮宗〕
妙感寺　みょうかんじ〔寺〕
　滋賀県近江八幡市　《本尊》略十界曼荼羅
　　　　　　　　　　　　　　　　〔日蓮宗〕
妙感寺　みょうかんじ〔寺〕
　滋賀県甲賀郡甲西町　《別称》までの小路
　《本尊》十一面千手観世音菩薩
　　　　　　　　　　　　　　〔臨済宗妙心寺派〕
妙楽寺　みょうらくじ〔寺〕
　埼玉県鴻巣市　《本尊》延命地蔵菩薩
　　　　　　　　　　　　　　　〔真言宗智山派〕
妙楽寺　みょうらくじ〔寺〕
　新潟県長岡市　《本尊》阿弥陀如来
　　　　　　　　　　　　　　　　〔真宗大谷派〕
妙楽寺　みょうらくじ〔寺〕
　福井県小浜市　《本尊》千手観世音菩薩
　　　　　　　　　　　　　　　〔高野山真言宗〕
妙楽寺　みょうらくじ〔寺〕
　愛知県知多市　《本尊》大日如来
　　　　　　　　　　　　　　　〔真言宗豊山派〕
妙楽寺　みょうらくじ〔寺〕
　滋賀県神崎郡能登川町　《本尊》阿弥陀如
　来　　　　　　　　　　　〔浄土真宗本願寺派〕
妙楽寺　みょうらくじ〔寺〕
　奈良県吉野郡大淀町　《別称》梓寺　《本尊》
　阿弥陀如来・薬師如来　　　　　〔浄土宗〕
妙楽寺　みょうらくじ〔寺〕
　和歌山県橋本市　　　　　　　〔真言律宗〕
妙楽寺　みょうらくじ〔寺〕
　島根県能義郡広瀬町　《本尊》聖観世音菩
　薩　　　　　　　　　　　　　　〔曹洞宗〕
妙楽寺　みょうらくじ〔寺〕
　広島県神石郡豊松村　《別称》前寺　《本尊》
　十界曼荼羅　　　　　　　　　　〔日蓮宗〕
妙楽寺　みょうらくじ〔寺〕
　福岡県福岡市博多区　　　　〔臨済宗大徳寺派〕
妙楽院　みょうらくいん〔寺〕
　新潟県栃尾市　《別称》上の寺　《本尊》阿弥
　陀如来　　　　　　　　　　　〔真言宗豊山派〕
妙源寺　みょうげんじ〔寺〕
　東京都葛飾区　《本尊》十界大曼荼羅
　　　　　　　　　　　　　　　　〔日蓮宗〕

7画（妙）

妙源寺　みょうげんじ〔寺〕
　愛知県岡崎市　《本尊》阿弥陀如来
　　　　　　　　　　　　　　〔真宗高田派〕
妙源寺　みょうげんじ〔寺〕
　滋賀県彦根市　《本尊》日蓮聖人　〔日蓮宗〕
妙照寺　みょうしょうじ〔寺〕
　千葉県東葛飾郡沼南町　《本尊》三宝尊・日蓮聖人　〔日蓮宗〕
妙照寺　みょうしょうじ〔寺〕
　新潟県佐渡市　《別称》いちのさわ妙照寺・由緒寺院　《本尊》十界大曼荼羅　〔日蓮宗〕
妙照寺　みょうしょうじ〔寺〕
　石川県金沢市　《本尊》十界大曼荼羅
　　　　　　　　　　　　　　　〔日蓮宗〕
妙照寺　みょうしょうじ〔寺〕
　長崎県平戸市　《本尊》一尊四士・鬼子母神
　　　　　　　　　　　　　　　〔日蓮宗〕
妙福寺　みょうふくじ〔寺〕
　千葉県安房郡富浦町　《本尊》十界大曼荼羅　〔日蓮宗〕
妙福寺　みょうふくじ〔寺〕
　東京都大田区　《別称》ごしょう庵　《本尊》日蓮聖人奠定の曼荼羅　〔日蓮宗〕
妙福寺　みょうふくじ〔寺〕
　東京都練馬区　《本尊》大恩教主釈迦如来
　　　　　　　　　　　　　　　〔日蓮宗〕
妙福寺　みょうふくじ〔寺〕
　東京都町田市　《本尊》日蓮聖人　〔日蓮宗〕
妙福寺　みょうふくじ〔寺〕
　長野県上水内郡三水村　《本尊》阿弥陀如来　〔真宗大谷派〕
妙福寺　みょうふくじ〔寺〕
　静岡県静岡市　《本尊》一塔両尊四菩薩
　　　　　　　　　　　　　　　〔日蓮宗〕
妙福寺　みょうふくじ〔寺〕
　三重県鈴鹿市　《別称》徳居のやくし　《本尊》薬師如来・阿弥陀如来　〔真言宗東寺派〕
妙福寺　みょうふくじ〔寺〕
　京都府京都市伏見区　《本尊》日蓮聖人奠定の大曼荼羅　〔日蓮宗〕
妙福寺　みょうふくじ〔寺〕
　大阪府大阪市北区　《本尊》題目・宝塔・釈迦如来　〔日蓮宗〕
妙福寺　みょうふくじ〔寺〕
　兵庫県篠山市　《本尊》十界大曼荼羅
　　　　　　　　　　　　　　　〔日蓮宗〕
妙福寺　みょうふくじ〔寺〕
　岡山県御津郡建部町　《本尊》一塔両尊
　　　　　　　　　　　　　　　〔日蓮宗〕

妙福寺　みょうふくじ〔寺〕
　佐賀県佐賀市　《別称》大日さん　《本尊》大日如来　〔臨済宗東福寺派〕
妙義寺　みょうぎじ〔寺〕
　島根県益田市　《本尊》釈迦如来　〔曹洞宗〕
妙義神社　みょうぎじんじゃ〔社〕
　群馬県甘楽郡妙義町　《祭神》日本武尊[他]
　　　　　　　　　　　　　　　〔神社本庁〕
妙蓮寺　みょうれんじ〔寺〕
　千葉県我孫子市　《本尊》一塔両尊四士・日蓮聖人　〔日蓮宗〕
妙蓮寺　みょうれんじ〔寺〕
　千葉県安房郡天津小湊町　《本尊》日蓮聖人　〔日蓮宗〕
妙蓮寺　みょうれんじ〔寺〕
　東京都足立区　《本尊》十界大曼荼羅
　　　　　　　　　　　　　　　〔日蓮宗〕
妙蓮寺　みょうれんじ〔寺〕
　神奈川県横浜市保土ヶ谷区　《本尊》大曼荼羅　〔日蓮宗〕
妙蓮寺　みょうれんじ〔寺〕
　神奈川県小田原市　《本尊》日蓮聖人奠定の大曼荼羅・一塔両尊四士　〔日蓮宗〕
妙蓮寺　みょうれんじ〔寺〕
　新潟県新津市　《別称》島の妙蓮寺　《本尊》日蓮聖人奠定の大曼荼羅　〔日蓮宗〕
妙蓮寺　みょうれんじ〔寺〕
　静岡県静岡市　《本尊》十界曼荼羅・日蓮聖人　〔日蓮宗〕
妙蓮寺　みょうれんじ〔寺〕
　静岡県浜北市　《本尊》日蓮聖人奠定の大曼荼羅　〔日蓮宗〕
妙蓮寺　みょうれんじ〔寺〕
　京都府京都市上京区　《別称》大本山　《本尊》釈迦如来・十界勧請の輪円具足の大曼荼羅　〔本門法華宗〕
妙蓮寺　みょうれんじ〔寺〕
　広島県福山市　《本尊》十界大曼荼羅
　　　　　　　　　　　　　　　〔日蓮宗〕
妙蓮寺　みょうれんじ〔寺〕
　山口県厚狭郡山陽町　《本尊》日蓮聖人奠定の大曼荼羅　〔日蓮宗〕
妙蓮寺　みょうれんじ〔寺〕
　鹿児島県垂水市　《本尊》阿弥陀如来
　　　　　　　　　　　　　〔浄土真宗本願寺派〕
妙誠寺　みょうじょうじ〔寺〕
　神奈川県愛甲郡愛川町　《別称》御堂　《本尊》十界大曼荼羅　〔日蓮宗〕
妙詮寺　みょうせんじ〔寺〕
　千葉県長生郡長南町　《本尊》二菩薩
　　　　　　　　　　　　　　　〔日蓮宗〕

神社・寺院名よみかた辞典　299

7画（妙）

妙遠寺　みょうおんじ〔寺〕
　山梨県甲府市　《別称》たますだれ　《本尊》
　日蓮聖人奠定の十界曼荼羅　〔日蓮宗〕
妙頓寺　みょうとんじ〔寺〕
　福島県福島市　《本尊》阿弥陀如来
　　　　　　　　　　　　〔浄土真宗本願寺派〕
14 妙像寺　みょうぞうじ〔寺〕
　東京都港区　《本尊》十界曼荼羅　〔日蓮宗〕
妙像寺　みょうぞうじ〔寺〕
　大阪府大阪市中央区　《本尊》日蓮聖人奠定
　の大曼荼羅　　　　　　　　　　　〔日蓮宗〕
妙像寺　みょうぞうじ〔寺〕
　高知県高岡郡佐川町　《別称》佐川の鬼子母
　神様　《本尊》大曼荼羅　　　　　〔日蓮宗〕
妙徳寺　みょうとくじ〔寺〕
　福島県白河市　《本尊》阿弥陀如来
　　　　　　　　　　　　　　　〔真宗大谷派〕
妙徳寺　みょうとくじ〔寺〕
　茨城県水戸市　《本尊》日蓮聖人　〔日蓮宗〕
妙徳寺　みょうとくじ〔寺〕
　栃木県大田原市　《本尊》文殊菩薩
　　　　　　　　　　　　　　　〔真言宗智山派〕
妙徳寺　みょうとくじ〔寺〕
　岐阜県岐阜市　《本尊》阿弥陀如来
　　　　　　　　　　　　〔浄土真宗本願寺派〕
妙徳寺　みょうとくじ〔寺〕
　愛知県丹羽郡大口町　《本尊》薬師如来
　　　　　　　　　　　　　　〔臨済宗妙心寺派〕
妙徳寺　みょうとくじ〔寺〕
　京都府京都市上京区　《本尊》日蓮聖人奠定
　の大曼荼羅　　　　　　　　　　　〔日蓮宗〕
妙徳寺　みょうとくじ〔寺〕
　山口県厚狭郡山陽町　《本尊》十界勧請大曼
　荼羅　　　　　　　　　　　　　　〔日蓮宗〕
妙徳寺　みょうとくじ〔寺〕
　福岡県福岡市東区　《本尊》釈迦如来
　　　　　　　　　　　　　　　　　　〔曹洞宗〕
妙徳教会　みょうとくきょうかい〔寺〕
　北海道常呂郡訓子府町　《別称》法華山　《本
　尊》曼陀羅・日蓮聖人・鬼子母神
　　　　　　　　　　　　　　　〔法華宗(真門流)〕
15 妙慶寺　みょうけいじ〔寺〕
　秋田県由利郡岩城町　《本尊》日蓮聖人奠定
　の十界大曼荼羅　　　　　　　　　〔日蓮宗〕
妙慶寺　みょうけいじ〔寺〕
　石川県金沢市　《本尊》阿弥陀如来　〔浄土宗〕
妙慶寺　みょうけいじ〔寺〕
　静岡県静岡市　《本尊》一塔両尊四菩薩・日
　蓮聖人　　　　　　　　　　　　　〔日蓮宗〕

妙慶寺《称》　みょうけいじ〔寺〕
　兵庫県赤穂市・東本願寺赤穂別院妙慶寺
　《本尊》阿弥陀如来　　　　　　〔真宗大谷派〕
妙慶寺　みょうきょうじ〔寺〕
　和歌山県和歌山市　《本尊》阿弥陀如来
　　　　　　　　　　　　〔浄土真宗本願寺派〕
妙慶院　みょうけいいん〔寺〕
　広島県広島市中区　《本尊》阿弥陀三尊
　　　　　　　　　　　　　　　　　　〔浄土宗〕
妙権寺　みょうごんじ〔寺〕
　埼玉県大里郡岡部町　《本尊》延命地蔵菩
　薩　　　　　　　　　　　　　〔新義真言宗〕
妙蔵寺　みょうぞうじ〔寺〕
　埼玉県川口市　《本尊》十界曼荼羅　〔日蓮宗〕
妙蔵寺　みょうぞうじ〔寺〕
　神奈川県横須賀市　《本尊》日蓮聖人奠定の
　大曼荼羅　　　　　　　　　　　　　〔単立〕
妙蔵寺　みょうぞうじ〔寺〕
　静岡県伊豆市　《本尊》十界曼荼羅・釈迦如
　来　　　　　　　　　　　　　　　〔日蓮宗〕
妙輪寺　みょうりんじ〔寺〕
　富山県下新川郡朝日町　《本尊》十界大曼荼
　羅　　　　　　　　　　　　　　　〔日蓮宗〕
妙輪寺　みょうりんじ〔寺〕
　岐阜県揖斐郡坂内村　《本尊》阿弥陀如来
　　　　　　　　　　　　　　　〔真宗大谷派〕
16 妙興寺　みょうこうじ〔寺〕
　千葉県千葉市　《別称》由緒寺院　《本尊》日
　蓮聖人奠定の大曼荼羅　　　　　　〔日蓮宗〕
妙興寺　みょうこうじ〔寺〕
　愛知県一宮市　《別称》杉田の妙興寺　《本
　尊》如意輪観世音菩薩・釈迦如来
　　　　　　　　　　　　　　〔臨済宗妙心寺派〕
妙興寺　みょうこうじ〔寺〕
　岡山県邑久郡長船町　《本尊》釈迦如来
　　　　　　　　　　　　　　　　　　〔日蓮宗〕
17 妙厳寺　みょうごんじ〔寺〕
　石川県珠洲市　《本尊》阿弥陀如来
　　　　　　　　　　　　　　　〔真宗大谷派〕
妙厳寺　みょうごんじ〔寺〕
　福井県小浜市　《別称》妙見さん　《本尊》日
　蓮聖人奠定の大曼荼羅　　　　　　〔日蓮宗〕
妙厳寺　みょうごんじ〔寺〕
　愛知県豊川市　《別称》豊川稲荷・豊川閣
　《本尊》千手観世音菩薩・豊川吒枳尼真天
　　　　　　　　　　　　　　　　　　〔曹洞宗〕
妙厳寺　みょうごんじ〔寺〕
　愛知県蒲郡市　《本尊》阿弥陀如来
　　　　　　　　　　　　　　　〔真宗大谷派〕

7画（孝, 宏, 宋, 寿）

妙厳院　みょうごんいん〔寺〕
　京都府京都市下京区　《本尊》阿弥陀如来
　　　　　　　　　　　　　　　　〔浄土宗〕
18妙観寺　みょうかんじ〔寺〕
　東京都八王子市　《本尊》不動明王
　　　　　　　　　　　　　　〔真言宗智山派〕
妙顕寺　みょうけんじ〔寺〕
　栃木県佐野市　《別称》由緒寺院　《本尊》日
　蓮聖人奠定の大曼荼羅　　　　　〔日蓮宗〕
妙顕寺　みょうけんじ〔寺〕
　埼玉県戸田市　《別称》新曾　《本尊》釈迦如
　来　　　　　　　　　　　　　　〔日蓮宗〕
妙顕寺　みょうけんじ〔寺〕
　福井県敦賀市　《別称》最初妙顕寺　《本尊》
　十界大曼荼羅　　　　　　　　　〔日蓮宗〕
妙顕寺　みょうけんじ〔寺〕
　京都府京都市上京区　《別称》霊跡寺院　《本
　尊》日蓮聖人奠定の大曼荼羅・釈迦如来
　　　　　　　　　　　　　　　　〔日蓮宗〕
妙顕寺　みょうけんじ〔寺〕
　広島県福山市　《別称》西竜華　《本尊》十界
　大曼荼羅　　　　　　　　　　　〔日蓮宗〕
妙顕寺　みょうけんじ〔寺〕
　佐賀県伊万里市　《本尊》十界大曼荼羅
　　　　　　　　　　　　　　　　〔日蓮宗〕
妙顕庵　みょうけんあん〔寺〕
　兵庫県龍野市　《別称》真砂庵寺　《本尊》阿
　弥陀如来　　　　　　　　〔浄土宗西山禅林寺派〕

【孝】
10孝恩寺　こうおんじ〔寺〕
　大阪府貝塚市　《別称》釘無堂　《本尊》阿弥
　陀如来　　　　　　　　　　　　〔浄土宗〕
12孝勝寺　こうしょうじ〔寺〕
　宮城県仙台市若林区　《別称》政岡の寺　《本
　尊》十界大曼荼羅　　　　　　　〔日蓮宗〕
孝道教団　こうどうきょうだん〔寺〕
　神奈川県横浜市神奈川区　《別称》孝道山
　《本尊》正法大曼荼羅　　　　〔孝道教団〕
孝順寺　こうじゅんじ〔寺〕
　新潟県阿賀野市　《本尊》阿弥陀如来
　　　　　　　　　　　　　　　〔真宗大谷派〕
18孝顕寺　こうけんじ〔寺〕
　茨城県結城市　《本尊》釈迦如来　〔曹洞宗〕
孝顕寺　こうけんじ〔寺〕
　福井県福井市　　　　　　　　　〔単立〕

【宏】
12宏善寺　こうぜんじ〔寺〕
　東京都町田市　《本尊》十界勧請大曼荼羅
　　　　　　　　　　　　　　　　〔日蓮宗〕

【宋】
6宋吉寺　そうきちじ〔寺〕
　愛知県名古屋市中区　《本尊》如意輪観世音
　菩薩　　　　　　　　　　　　　〔曹洞宗〕
12宋雲院　そううんいん〔寺〕
　東京都台東区　《別称》虚空蔵堂　《本尊》虚
　空蔵菩薩　　　　　　　　〔臨済宗大徳寺派〕

【寿】
5寿仙寺　じゅせんじ〔寺〕
　秋田県北秋田郡比内町　《本尊》釈迦如来
　　　　　　　　　　　　　　　　〔曹洞宗〕
寿仙寺　じゅせんじ〔寺〕
　山形県上山市　《本尊》薬師如来　〔曹洞宗〕
寿仙院　じゅせんいん〔寺〕
　京都府京都市左京区　《本尊》阿弥陀如来
　　　　　　　　　　　　　　　　〔浄土宗〕
寿仙院　じゅせんいん〔寺〕
　高知県高知市　《別称》種崎のお寺　《本尊》
　日蓮聖人奠定の大曼荼羅　　　　〔日蓮宗〕
6寿光寺　じゅこうじ〔寺〕
　埼玉県児玉郡神泉村　《本尊》大日如来
　　　　　　　　　　　　　　〔真言宗豊山派〕
寿光院　じゅこういん〔寺〕
　東京都江戸川区　《本尊》阿弥陀如来
　　　　　　　　　　　　　　　　〔浄土宗〕
8寿命寺　じゅみょうじ〔寺〕
　茨城県東茨城郡御前山村　《別称》真宗二四
　輩旧跡　《本尊》阿弥陀如来
　　　　　　　　　　　　　〔浄土真宗本願寺派〕
寿命寺　じゅみょうじ〔寺〕
　大阪府池田市　《本尊》阿弥陀如来　〔浄土宗〕
寿命院　じゅみょういん〔寺〕
　埼玉県北本市　《本尊》大日如来・十一面観
　世音菩薩　　　　　　　　　〔真言宗智山派〕
寿命院の薬師《称》　じゅみょういんのやく
　し〔寺〕
　大阪府茨木市・忍頂寺　《本尊》薬師如来・聖観
　世音菩薩・厄除不動明王　　〔高野山真言宗〕
寿命殿長仙寺　じゅめいでんちょうせんじ
　〔寺〕
　愛知県田原市　《本尊》如意輪観世音菩薩
　　　　　　　　　　　　　　　　〔単立〕
寿宝寺　じゅほうじ〔寺〕
　京都府京田辺市　《別称》山本の寺　《本尊》
　十一面千手観世音菩薩　　　〔高野山真言宗〕
寿宝寺　じゅほうじ〔寺〕
　長崎県南松浦郡新魚目町　《本尊》阿弥陀如
　来　　　　　　　　　　　〔浄土真宗本願寺派〕

神社・寺院名よみかた辞典　301

7画（対）

寿延寺　じゅうえんじ〔寺〕
　京都府京都市東山区　《別称》あらい地蔵
　《本尊》十界大曼荼羅　〔日蓮宗〕
寿昌寺　じゅしょうじ〔寺〕
　神奈川県小田原市　《本尊》十一面観世音菩
　薩　〔曹洞宗〕
寿昌院　じゅしょういん〔寺〕
　東京都江戸川区　《別称》松本弁財天　《本
　尊》千手観世音菩薩　〔黄檗宗〕
寿松寺　じゅしょうじ〔寺〕
　栃木県芳賀郡二宮町　《別称》中の寺　《本
　尊》阿弥陀如来　〔真宗高田派〕
寿林寺　じゅりんじ〔寺〕
　東京都調布市　《本尊》阿弥陀如来
　　　　　　　　　　　　　　〔真宗高田派〕
寿法寺　じゅうほうじ〔寺〕
　大阪府大阪市天王寺区　《別称》もみじ寺
　　　　　　　　　　　　　　　　〔浄土宗〕
11寿経寺　じゅきょうじ〔寺〕
　神奈川県伊勢原市　《本尊》阿弥陀如来
　　　　　　　　　　　　　　　　〔浄土宗〕
寿都神社　すっつじんじゃ〔神社〕
　北海道寿都郡寿都町　《祭神》市杵島比売
　命　〔神社本庁〕
12寿覚院　じゅかくいん〔寺〕
　香川県丸亀市　《本尊》阿弥陀如来　〔浄土宗〕
寿量院　じゅりょういん〔寺〕
　長野県諏訪市　《本尊》阿弥陀如来　〔浄土宗〕
寿量院　じゅりょういん〔寺〕
　滋賀県大津市　《本尊》阿弥陀如来　〔天台宗〕
13寿福寺　じゅふくじ〔寺〕
　宮城県石巻市　《本尊》大日如来
　　　　　　　　　　　　　　〔真言宗智山派〕
寿福寺　じゅふくじ〔寺〕
　東京都目黒区　《別称》宿山寺　《本尊》阿弥
　陀如来　〔天台宗〕
寿福寺　じゅふくじ〔寺〕
　神奈川県川崎市幸区　《本尊》阿弥陀如来
　　　　　　　　　　　　　　　　〔浄土宗〕
寿福寺　じゅふくじ〔寺〕
　神奈川県川崎市多摩区　《本尊》虚空蔵菩
　薩　〔臨済宗建長寺派〕
寿福寺　じゅふくじ〔寺〕
　神奈川県鎌倉市　《本尊》釈迦如来
　　　　　　　　　　　　　〔臨済宗建長寺派〕
寿福寺　じゅふくじ〔寺〕
　長崎県北松浦郡江迎町　《別称》水掛け地蔵
　《本尊》釈迦如来　〔真言宗智山派〕
寿福寺　じゅふくじ〔寺〕
　大分県中津市　《別称》文殊様の寺　《本尊》
　文殊菩薩　〔曹洞宗〕

寿福院　じゅふくいん〔寺〕
　大阪府大阪市天王寺区　《別称》ことぶき文
　庫　《本尊》阿弥陀如来　〔浄土宗〕
寿福院　じゅふくいん〔寺〕
　佐賀県鹿島市　《本尊》延命地蔵菩薩
　　　　　　　　　　　　　　　　〔曹洞宗〕
寿聖寺　じゅしょうじ〔寺〕
　愛媛県東予市　《本尊》阿弥陀如来・子安観
　世音菩薩　〔臨済宗東福寺派〕
14寿徳寺　じゅとくじ〔寺〕
　宮城県仙台市青葉区　《別称》丸門寺　《本
　尊》阿弥陀如来　〔曹洞宗〕
寿徳寺　じゅとくじ〔寺〕
　茨城県鹿島郡鉾田町　《本尊》阿弥陀如来
　　　　　　　　　　　　　　　　〔曹洞宗〕
寿徳寺　じゅとくじ〔寺〕
　東京都北区　《別称》谷津観音　《本尊》聖観
　世音菩薩　〔真言宗豊山派〕
寿徳寺　じゅとくじ〔寺〕
　東京都日野市　《本尊》薬師如来・大日如来
　　　　　　　　　　　　　　〔真言宗智山派〕
寿徳寺　じゅとくじ〔寺〕
　神奈川県秦野市　《本尊》釈迦如来　〔曹洞宗〕
寿徳寺　じゅとくじ〔寺〕
　山梨県南都留郡山中湖村　《本尊》開運地蔵
　菩薩　〔臨済宗妙心寺派〕
寿徳寺　じゅとくじ〔寺〕
　広島県三原市　《本尊》十界勧請大曼荼羅
　　　　　　　　　　　　　　　　〔日蓮宗〕
寿徳院　じゅとくいん〔寺〕
　埼玉県北葛飾郡鷲宮町　《本尊》不動明王
　　　　　　　　　　　　　　〔真言宗豊山派〕
寿徳庵　じゅとくあん〔寺〕
　神奈川県鎌倉市　《本尊》聖観世音菩薩
　　　　　　　　　　　　　〔臨済宗円覚寺派〕
15寿慶寺　じゅきょうじ〔寺〕
　秋田県由利郡矢島町　《本尊》十界大曼荼
　羅　〔法華宗(本門流)〕
16寿薬寺　じゅやくじ〔寺〕
　千葉県安房郡富山町　《本尊》薬師如来
　　　　　　　　　　　　　　〔真言宗智山派〕

【対】

9対泉院　たいせんいん〔寺〕
　青森県八戸市　《別称》悲願一代堂　《本尊》
　釈迦如来　〔曹洞宗〕
10対馬の観音《称》　つしまのかんのん〔寺〕
　長崎県対馬市・修林寺　《本尊》聖観世音菩薩・
　釈迦如来・阿弥陀如来　〔臨済宗南禅寺派〕

7画（尾, 岐, 床, 形）

対馬一の宮《称》　つしまいちのみや〔社〕
　長崎県対馬市・海神神社　《祭神》豊玉姫命
　〔他〕　　　　　　　　　　　　〔神社本庁〕
15対潮院　たいちょういん〔寺〕
　広島県因島市　《本尊》如意輪観世音菩薩
　　　　　　　　　　　　　〔臨済宗妙心寺派〕

【尾】

3尾上神社　おのえじんじゃ〔社〕
　兵庫県加古川市　《祭神》表筒男命〔他〕
　　　　　　　　　　　　　　　　〔神社本庁〕
尾久八幡神社《称》　おくはちまんじんじゃ〔社〕
　東京都荒川区・八幡神社　《祭神》応神天皇
　　　　　　　　　　　　　　　　〔神社本庁〕
尾山神社　おやまじんじゃ〔社〕
　石川県金沢市　《祭神》前田利家　〔神社本庁〕
6尾州苔寺《称》　びしゅうこけでら〔寺〕
　愛知県中島郡祖父江町・永竜寺　《本尊》阿弥陀如来
　　　　　　　　　　　　　　　　〔真宗大谷派〕
7尾形八幡大神　おがたはちまんおおがみ〔社〕
　愛媛県越智郡宮窪町　《祭神》品陀和気命〔他〕
　　　　　　　　　　　　　　　　〔神社本庁〕
尾村神社　おむらじんじゃ〔社〕
　高知県安芸市　《祭神》神武天皇　〔神社本庁〕
8尾垂観音《称》　おだれかんのん〔寺〕
　千葉県匝瑳郡光町・新隆寺　《本尊》十一面観世音菩薩
　　　　　　　　　　　　　〔真言宗智山派〕
11尾崎神社　おさきじんじゃ〔社〕
　岩手県大船渡市　《祭神》倉稲魂命
　　　　　　　　　　　　　　　　〔神社本庁〕
尾崎神社　おさきじんじゃ〔社〕
　岩手県釜石市　《祭神》日本武尊〔他〕
　　　　　　　　　　　　　　　　〔神社本庁〕
尾崎神社　おざきじんじゃ〔社〕
　石川県金沢市　《祭神》天照大神〔他〕
　　　　　　　　　　　　　　　　〔神社本庁〕
尾崎神社　おざきじんじゃ〔社〕
　広島県広島市安芸区　《祭神》誉田天皇〔他〕
　　　　　　　　　　　　　　　　〔神社本庁〕
尾崎御坊《称》　おさきごぼう〔寺〕
　大阪府阪南市・西本願寺尾崎別院　《本尊》阿弥陀如来
　　　　　　　　　　　　　〔浄土真宗本願寺派〕
尾張八幡神社《称》　おわりはちまんじんじゃ〔社〕
　愛知県知多市・八幡神社　《祭神》誉田別命〔他〕
　　　　　　　　　　　　　　　　〔神社本庁〕

尾張大国霊神社　おわりおおくにたまじんじゃ〔社〕
　愛知県稲沢市　《別称》国府宮　《祭神》尾張大国霊神
　　　　　　　　　　　　　　　　〔神社本庁〕
尾張不動《称》　おわりふどう〔寺〕
　愛知県知多郡阿久比町・平泉寺　《本尊》不動明王
　　　　　　　　　　　　　　　　〔天台宗〕
尾張戸神社　おわりべじんじゃ〔社〕
　愛知県瀬戸市　《別称》とうごくさん　《祭神》天火明命〔他〕
　　　　　　　　　　　　　　　　〔神社本庁〕
尾張国分寺《称》　おわりこくぶんじ〔寺〕
　愛知県稲沢市・国分寺　《本尊》薬師如来
　　　　　　　　　　　　　〔臨済宗妙心寺派〕
尾張高野《称》　おわりこうや〔寺〕
　愛知県名古屋市昭和区・興正寺　《本尊》胎蔵界大日如来
　　　　　　　　　　　　　　　　〔高野山真言宗〕
尾野神社　おのじんじゃ〔社〕
　三重県桑名市　《別称》船着大明神　《祭神》天押甘日子命〔他〕
　　　　　　　　　　　　　　　　〔神社本庁〕
12尾陽神社　びようじんじゃ〔社〕
　愛知県名古屋市昭和区　《祭神》天照大御神〔他〕
　　　　　　　　　　　　　　　　〔神社本庁〕
15尾蔵寺　びぞうじ〔寺〕
　滋賀県大津市　《別称》笠ぬげの観音　《本尊》十一面観世音菩薩
　　　　　　　　　　　　　　　　〔天台寺門宗〕
23尾鷲神社　おわせじんじゃ〔社〕
　三重県尾鷲市　《別称》天王　《祭神》建速須佐之男命〔他〕
　　　　　　　　　　　　　　　　〔神社本庁〕

【岐】

5岐尼神社　きねじんじゃ〔社〕
　大阪府豊能郡能勢町　《祭神》瓊瓊杵尊〔他〕
　　　　　　　　　　　　　　　　〔神社本庁〕
7岐佐神社　きさじんじゃ〔社〕
　静岡県浜名郡舞阪町　《祭神》蚶貝比売命〔他〕
　　　　　　　　　　　　　　　　〔神社本庁〕
8岐阜護国神社　ぎふごこくじんじゃ〔社〕
　岐阜県岐阜市　《祭神》護国の神霊〔他〕
　　　　　　　　　　　　　　　　〔神社本庁〕
11岐部社　きべしゃ〔社〕
　大分県東国東郡国見町　《祭神》経津主命〔他〕
　　　　　　　　　　　　　　　　〔神社本庁〕

【床】

17床鍋の御坊《称》　とこなべのごぼう〔寺〕
　富山県氷見市・光楽寺　《本尊》阿弥陀如来
　　　　　　　　　　　　　〔浄土真宗本願寺派〕

【形】

10形原神社　かたのはらじんじゃ〔社〕

神社・寺院名よみかた辞典

7画（応，快，忌，志）

　　愛知県蒲郡市　《別称》春日さん　《祭神》埴安神[他]　　　　　　　　　　〔神社本庁〕
11 形部神社　かたべじんじゃ〔社〕
　　岡山県真庭郡湯原町　《祭神》阿多津比売命　　　　　　　　　　　　　〔神社本庁〕
15 形蔵院　ぎょうぞういん〔寺〕
　　新潟県刈羽郡西山町　《本尊》延命地蔵菩薩　　　　　　　　　　　　〔真言宗豊山派〕

【応】

5 応正寺　おうしょうじ〔寺〕
　　埼玉県大里郡川本町　《本尊》不動明王　　　　　　　　　　　〔真言宗豊山派〕
　　応永寺　おうえいじ〔寺〕
　　群馬県吾妻郡吾妻町　《本尊》釈迦如来　　　　　　　　　　　　　　〔曹洞宗〕
7 応声教院　おうしょうきょういん〔寺〕
　　静岡県小笠郡菊川町　《別称》桜ケ池奥ノ院　《本尊》阿弥陀如来・愛染明王　〔浄土宗〕
8 応其寺　おうごうじ〔寺〕
　　和歌山県橋本市　《本尊》十一面観世音菩薩　　　　　　　　　　〔高野山真言宗〕
9 応春寺　おうしゅんじ〔寺〕
　　愛知県碧南市　《本尊》阿弥陀如来　　　　　　　　　　　〔真宗大谷派〕
12 応満寺　おうまんじ〔寺〕
　　新潟県西頸城郡能生町　《本尊》阿弥陀如来　　　　　　　　　〔真宗大谷派〕
14 応徳寺　おうとくじ〔寺〕
　　岐阜県郡上市　《本尊》阿弥陀如来　　　　　　　　　　　〔真宗大谷派〕
　　応徳寺　おうとくじ〔寺〕
　　滋賀県東浅井郡びわ町　《本尊》阿弥陀如来　　　　　　　　　〔真宗大谷派〕
　　応徳寺　おうとくじ〔寺〕
　　岡山県岡山市　《本尊》釈迦如来・薬師如来・観世音菩薩　　〔臨済宗東福寺派〕
　　応暦寺　おうれきじ〔寺〕
　　大分県西国東郡真玉町　《本尊》不動明王　　　　　　　　　　　　〔天台宗〕
16 応興寺　おうこうじ〔寺〕
　　長野県小諸市　《本尊》阿弥陀如来　　　　　　　　　　　〔真宗大谷派〕

【快】

4 快友寺　かいゆうじ〔寺〕
　　山口県豊浦郡菊川町　《別称》西の本山　《本尊》阿弥陀如来　　〔西山浄土宗〕

8 快念寺　かいねんじ〔寺〕
　　山口県大島郡橘町　《本尊》阿弥陀如来　　　　　　　　　　〔浄土宗〕

【忌】

10 忌宮神社　いみのみやじんじゃ〔社〕
　　山口県下関市　《別称》二の宮　《祭神》仲哀天皇[他]　　　　　　　　〔神社本庁〕
　　忌浪神社　いみなみじんじゃ〔社〕
　　石川県加賀市　《別称》穂の宮　《祭神》倉稲魂神　　　　　　　　　〔神社本庁〕
11 忌部神社　いんべじんじゃ〔社〕
　　島根県松江市　《祭神》天照大御神[他]　　　　　　　　　　　　〔神社本庁〕
　　忌部神社　いんべじんじゃ〔社〕
　　徳島県徳島市　《祭神》天日鷲命　　　　〔神社本庁〕

【志】

4 志文のお大師さん《称》　しぶんのおだいしさん〔寺〕
　　北海道岩見沢市・高徳寺　《本尊》不動明王　　　　　　　　　　〔高野山真言宗〕
　　志方道場《称》　しかたどうじょう〔寺〕
　　兵庫県加古川市・東本願寺志方教会　《本尊》阿弥陀如来　　　　〔真宗大谷派〕
5 志乎神社　しおじんじゃ〔社〕
　　石川県羽咋郡志雄町　《別称》鍵取神社　《祭神》須佐之男命[他]　〔神社本庁〕
　　志加奴神社　しかぬじんじゃ〔社〕
　　鳥取県気高郡気高町　《別称》勝嶋大明神　《祭神》大己貴命[他]　〔神社本庁〕
　　志布比神社　しふひじんじゃ〔社〕
　　京都府京丹後市　《別称》みくりやさん　《祭神》櫛八玉比女命[他]　〔神社本庁〕
　　志氐神社　しでじんじゃ〔社〕
　　三重県四日市市　《祭神》気吹戸主神[他]　　　　　　　　〔神社本庁〕
6 志自岐羽黒神社　しじきはぐろじんじゃ〔社〕
　　長崎県南松浦郡奈良尾町　《別称》氏神様　《祭神》倉稲魂命[他]　〔神社本庁〕
7 志呂神社　しろじんじゃ〔社〕
　　岡山県御津郡建部町　《別称》志呂宮　《祭神》事代主命[他]　　〔神社本庁〕
　　志呂宮《称》　しろみや〔社〕
　　岡山県御津郡建部町・志呂神社　《祭神》事代主命[他]　　　　　〔神社本庁〕
　　志志乃村神社　ししのむらじんじゃ〔社〕
　　島根県飯石郡頓原町　《祭神》瀛津島比売命[他]　　　　　　　　〔神社本庁〕

7画（忍, 戒）

志志伎神社　ししきじんじゃ〔社〕
　長崎県平戸市　《祭神》十城別命〔他〕
　　　　　　　　　　　　　〔神社本庁〕
8志和古稲荷神社　しわこいなりじんじゃ
　〔社〕
　岩手県紫波郡紫波町　《別称》古稲荷　《祭
　神》宇迦御魂命　　　　〔神社本庁〕
志和稲荷神社　しわいなりじんじゃ〔社〕
　岩手県紫波郡紫波町　《祭神》宇迦之御魂大
　神〔他〕　　　　　　　〔神社本庁〕
志奈尾神社　しなおじんじゃ〔社〕
　鹿児島県川内市　《祭神》志奈津比古命〔他〕
　　　　　　　　　　　　　〔神社本庁〕
志奈禰様　しなねさま〔称〕
　高知県高知市・土佐神社　《祭神》味鉏高彦
　根命　　　　　　　　　〔神社本庁〕
志明院　しみょういん〔寺〕
　京都府京都市北区　《別称》鳴神・岩屋不動
　《本尊》不動明王　　　　　　　〔単立〕
志波彦神社　しばひこじんじゃ〔社〕
　宮城県塩竈市　《祭神》志波彦神〔神社本庁〕
志波姫神社　しわひめじんじゃ〔社〕
　宮城県古川市　《祭神》天鈿女命〔他〕
　　　　　　　　　　　　　〔神社本庁〕
9志度石神社　しどいしじんじゃ〔社〕
　山口県大島郡大島町　《別称》妙見さま　《祭
　神》国常立尊〔他〕　　　〔神社本庁〕
志度寺　しどじ〔寺〕
　香川県さぬき市　《別称》四国八六番霊場
　《本尊》十一面観世音菩薩・不動明王・毘沙
　門天　　　　　　　　　　〔真言宗〕
志紀長吉神社　しきながよしじんじゃ〔社〕
　大阪府大阪市平野区　《祭神》長江襲津彦命
　〔他〕　　　　　　　　　〔神社本庁〕
11志都岐山神社　しずきやまじんじゃ〔社〕
　山口県萩市　《別称》お城山　《祭神》毛利元
　就〔他〕　　　　　　　　〔神社本庁〕
12志登神社　しとじんじゃ〔社〕
　福岡県前原市　《祭神》豊玉姫命〔他〕
　　　　　　　　　　　　　〔神社本庁〕
志筑神社　しずきじんじゃ〔社〕
　兵庫県津名郡津名町　《別称》天神さん　《祭
　神》少彦名命　　　　　　〔神社本庁〕
お志賀さま　《称》　おしかさま〔社〕
　福岡県福岡市東区・志賀海神社　《祭神》底
　津綿津見神〔他〕　　　　〔神社本庁〕
志賀の薬師　《称》　しがのやくし〔寺〕
　宮城県岩沼市・岩蔵寺　《本尊》薬師如来・日
　光菩薩・月光菩薩　　　　　〔天台宗〕

志賀海神社　しかうみじんじゃ〔社〕
　福岡県福岡市東区　《別称》お志賀さま　《祭
　神》底津綿津見神〔他〕　〔神社本庁〕
志賀神社　しがじんじゃ〔社〕
　佐賀県佐賀郡川副町　《祭神》上筒男命〔他〕
　　　　　　　　　　　　　〔神社本庁〕
志賀理和気神社　しがりわけじんじゃ〔社〕
　岩手県紫波郡紫波町　《別称》赤石神社・南部
　一之宮　《祭神》経津主命〔他〕　〔神社本庁〕
14志駄岸神社　しだぎしじんじゃ〔社〕
　山口県大島郡大島町　《別称》産土神社　《祭
　神》応神天皇〔他〕　　　〔神社本庁〕
15志摩坊　しまぼう〔寺〕
　山梨県南巨摩郡身延町　《本尊》日蓮聖人奠
　定の大曼荼羅　　　　　　〔日蓮宗〕
16志磨神社　しまじんじゃ〔社〕
　和歌山県和歌山市　《別称》中之島明神　《祭
　神》中津島姫命〔他〕　　〔神社本庁〕

【忍】

6忍成寺　にんじょうじ〔寺〕
　熊本県球磨郡錦町　《本尊》阿弥陀如来
　　　　　　　　　　　〔浄土真宗本願寺派〕
11忍頂寺　にんじょうじ〔寺〕
　大阪府茨木市　《別称》寿命院の薬師　《本
　尊》薬師如来・聖観世音菩薩・厄除不動明
　王　　　　　　　　　　　〔高野山真言宗〕
12忍順寺　にんじゅんじ〔寺〕
　愛知県中島郡平和町　《本尊》阿弥陀如来
　　　　　　　　　　　　　〔真宗大谷派〕
13忍路神社　おしょろじんじゃ〔社〕
　北海道小樽市　《祭神》大国主命〔他〕
　　　　　　　　　　　　　〔神社本庁〕
14忍誓寺　にんせいじ〔寺〕
　福岡県築上郡築城町　《本尊》阿弥陀如来
　　　　　　　　　　　　　〔真宗大谷派〕

【戒】

6戒光寺　かいこうじ〔寺〕
　京都府京都市東山区　《別称》丈六さん　《本
　尊》釈迦如来　　　　〔真言宗泉涌寺派〕
12戒善寺　かいぜんじ〔寺〕
　広島県広島市中区　《本尊》阿弥陀如来
　　　　　　　　　　　　　〔浄土宗〕
戒善寺　かいぜんじ〔寺〕
　山口県玖珂郡大畠町　《本尊》阿弥陀如来
　　　　　　　　　　　　　〔浄土宗〕
14戒誓寺　かいせいじ〔寺〕
　千葉県市原市　《本尊》阿弥陀如来
　　　　　　　　　　　　〔真言宗豊山派〕

神社・寺院名よみかた辞典　　305

7画（折, 投, 抜, 更, 杉）

15 戒蔵院　かいぞういん〔寺〕
　愛知県小牧市　《別称》火伏観音　《本尊》薬師如来
　　　　　　　　　　　　　　　〔真言宗智山派〕
16 戒壇院　かいだんいん〔寺〕
　奈良県奈良市　《本尊》千手観世音菩薩・釈迦如来
　　　　　　　　　　　　　　　〔華厳宗〕
　戒壇院　かいだんいん〔寺〕
　福岡県太宰府市　《別称》西戒壇　《本尊》廬遮那仏
　　　　　　　　　　　　　　〔臨済宗妙心寺派〕

【折】
3 折上神社　おりがみじんじゃ〔社〕
　京都府京都市山科区　《別称》やましな稲荷　《祭神》倉稲魂神〔他〕　〔神社本教〕

【投】
5 投込寺《称》　なげこみでら〔寺〕
　東京都荒川区・浄閑寺　《本尊》阿弥陀如来
　　　　　　　　　　　　　　　〔浄土宗〕
7 投谷八幡宮《称》　なげたにはちまんぐう〔社〕
　鹿児島県曽於郡大隅町・投谷神社　《祭神》仁徳天皇〔他〕　〔神社本庁〕
　投谷神社　なげたにじんじゃ〔社〕
　鹿児島県曽於郡大隅町　《別称》投谷八幡宮　《祭神》仁徳天皇〔他〕　〔神社本庁〕

【抜】
0 抜け寺《称》　ぬけでら〔寺〕
　奈良県大和郡山市・西方寺　《本尊》阿弥陀如来　　　　　　　　〔浄土宗〕

【更】
11 更雀寺　きょうじゃくじ〔寺〕
　京都府京都市中京区　《別称》雀寺　《本尊》阿弥陀如来・地蔵菩薩
　　　　　　　　　　　　　〔浄土宗西山禅林寺派〕

【杉】
3 杉大明神《称》　すぎだいみょうじん〔社〕
　佐賀県神埼郡三瀬村・杉神社　《祭神》神功皇后〔他〕　〔神社本庁〕
　杉大明神様《称》　すぎだいみょうじんさま〔社〕
　愛知県額田郡幸田町・大草神社　《祭神》大己貴命〔他〕　〔神社本庁〕
　杉山神社　すぎやまじんじゃ〔社〕
　神奈川県横浜市鶴見区　《祭神》日本武尊　　　　　　　　　〔神社本庁〕

杉山神社　すぎやまじんじゃ〔社〕
　神奈川県横浜市西区　《祭神》大己貴神
　　　　　　　　　　　　　　　〔神社本庁〕
杉山神社　すぎやまじんじゃ〔社〕
　神奈川県横浜市港北区勝田町　《祭神》日本武尊〔他〕　〔神社本庁〕
杉山神社　すぎやまじんじゃ〔社〕
　神奈川県横浜市港北区新吉田町　《祭神》五十猛命　　　　　〔神社本庁〕
杉山神社　すぎやまじんじゃ〔社〕
　神奈川県横浜市緑区　《祭神》五十猛命〔他〕　〔神社本庁〕
4 杉之御坊《称》　すぎのごぼう〔寺〕
　山梨県東山梨郡勝沼町・万福寺　《本尊》阿弥陀如来　〔浄土真宗本願寺派〕
　杉戸安産不動《称》　すぎとあんざんふどう〔寺〕
　埼玉県北葛飾郡杉戸町・宝性院　《本尊》大日如来・安産不動尊・厄除不動尊
　　　　　　　　　　　　　〔真言宗智山派〕
5 杉本寺　すぎもとでら〔寺〕
　神奈川県鎌倉市　《別称》杉本観音・坂東第一番霊場　《本尊》十一面観世音菩薩
　　　　　　　　　　　　　　　〔天台宗〕
　杉本様《称》　すぎもとさま〔社〕
　岐阜県飛騨市・気多若宮神社　《祭神》大国主神〔他〕　〔神社本庁〕
　杉本観音《称》　すぎもとかんのん〔寺〕
　神奈川県鎌倉市・杉本寺　《本尊》十一面観世音菩薩　　　　〔天台宗〕
　杉生神社　すぎうじんじゃ〔社〕
　岐阜県海津郡南濃町　《祭神》須佐之男命　　　　　　　　〔神社本庁〕
7 杉尾山《称》　すぎおさん〔社〕
　徳島県徳島市・天石門別八倉比売神社　《祭神》大日孁命　　〔神社本庁〕
　杉尾神社　すぎおじんじゃ〔社〕
　徳島県麻植郡鴨島町　《祭神》水沼比古命〔他〕　　　　　〔神社本庁〕
　杉杜白髭神社　すぎのもりしらひげじんじゃ〔社〕
　福井県福井市　《祭神》猿田彦大神　　　　　　　　　〔神社本庁〕
　杉谷神社　すぎたにじんじゃ〔社〕
　三重県名張市　《別称》大屋戸の天神さん　《祭神》天之穂日命〔他〕　〔神社本庁〕
9 杉神社　すぎじんじゃ〔社〕
　鳥取県八頭郡智頭町　《祭神》椙乃久久能智神　　　　　〔神社本庁〕

306　神社・寺院名よみかた辞典

7画（村, 杜, 来）

杉神社　すぎじんじゃ〔社〕
　　佐賀県神埼郡三瀬村　《別称》杉大明神　《祭神》神功皇后［他］　　〔神社本庁〕
10杉桙別之命神社　すぎほこわけのみことじんじゃ〔社〕
　　静岡県賀茂郡河津町　《別称》河津来宮神社　《祭神》杉桙別之命［他］　　〔神社本庁〕
12杉森八幡社　すぎもりはちまんしゃ〔社〕
　　愛知県宝飯郡音羽町　《祭神》天照大御神［他］　　〔神社本庁〕
16杉薬師　《称》　すぎやくし〔寺〕
　　宮城県栗原郡築館町・双林寺　《本尊》薬師如来　　〔曹洞宗〕

【村】

3村山浅間神社　むらやませんげんじんじゃ〔社〕
　　静岡県富士宮市　《別称》浅間様　《祭神》木花佐久夜毘売命［他］　　〔神社本庁〕
村山神社　むらやまじんじゃ〔社〕
　　愛媛県四国中央市　《別称》長津宮　《祭神》天照皇大神［他］　　〔神社本庁〕
8村国神社　むらくにじんじゃ〔社〕
　　岐阜県各務原市各務町　《祭神》天之火明命［他］　　〔神社本庁〕
村国真墨田神社　むらくにますみだじんじゃ〔社〕
　　岐阜県各務原市鵜沼山崎町　《別称》南宮様　《祭神》天火明命［他］　　〔神社本庁〕
村松大神宮　《称》　むらまつだいじんぐう〔社〕
　　茨城県那珂郡東海村・大神宮　《祭神》天照皇大神［他］　　〔神社本庁〕
9村屋坐弥冨都比売神社　むらやにますみふつひめじんじゃ〔社〕
　　奈良県磯城郡田原本町　《別称》守屋宮　《祭神》三穂津姫命［他］　　〔神社本庁〕
17村檜神社　むらひじんじゃ〔社〕
　　栃木県下都賀郡岩舟町　《別称》八幡さま　《祭神》誉田別命［他］　　〔神社本庁〕

【杜】

5杜本神社　もりもとじんじゃ〔社〕
　　大阪府羽曳野市　《祭神》経津主神［他］　　〔神社本庁〕
8杜若寺　とじゃくじ〔寺〕
　　兵庫県伊丹市　《別称》やけのとじゃくあん　《本尊》阿弥陀如来　　〔浄土宗〕

9杜屋神社　もりやじんじゃ〔社〕
　　山口県豊浦郡豊浦町　《別称》長門国三の宮　《祭神》三穂津姫命　　〔神社本庁〕

【来】

2来入寺　らいにゅうじ〔寺〕
　　岐阜県海津郡南濃町　《本尊》阿弥陀如来　　〔真宗大谷派〕
5来生寺　らいしょうじ〔寺〕
　　青森県西津軽郡鰺ヶ沢町　《本尊》阿弥陀如来　　〔真宗大谷派〕
来生寺　らいしょうじ〔寺〕
　　滋賀県東浅井郡浅井町　《本尊》阿弥陀如来　　〔真宗大谷派〕
6来光寺　らいこうじ〔寺〕
　　熊本県玉名市　《本尊》阿弥陀如来　　〔浄土真宗本願寺派〕
来次神社　きすきじんじゃ〔社〕
　　島根県大原郡木次町　《祭神》大己貴命［他］　　〔神社本庁〕
7来応寺　らいおうじ〔寺〕
　　東京都台東区　《本尊》阿弥陀如来　　〔真宗大谷派〕
来応寺　らいおうじ〔寺〕
　　愛媛県宇和島市　《本尊》薬師如来　　〔臨済宗妙心寺派〕
来見寺　らいけんじ〔寺〕
　　茨城県北相馬郡利根町　《本尊》釈迦如来　　〔曹洞宗〕
来迎寺　らいこうじ〔寺〕
　　青森県八戸市　《本尊》阿弥陀如来　〔浄土宗〕
来迎寺　らいこうじ〔寺〕
　　秋田県秋田市　《本尊》阿弥陀如来・観世音菩薩・勢至菩薩　　〔浄土宗〕
来迎寺　らいこうじ〔寺〕
　　山形県山形市　《本尊》阿弥陀如来　〔浄土宗〕
来迎寺　らいこうじ〔寺〕
　　福島県西白河郡中島村　《別称》かんだの寺　《本尊》阿弥陀如来　　〔真言宗豊山派〕
来迎寺　らいこうじ〔寺〕
　　千葉県千葉市　《本尊》阿弥陀如来　〔単立〕
来迎寺　らいこうじ〔寺〕
　　千葉県木更津市　《本尊》阿弥陀如来　　〔真言宗豊山派〕
来迎寺　らいこうじ〔寺〕
　　東京都足立区　《本尊》阿弥陀三尊　　〔真言宗豊山派〕
来迎寺　らいこうじ〔寺〕
　　神奈川県横浜市戸塚区　《別称》どんりゅう様の寺　《本尊》阿弥陀三尊　〔浄土宗〕

神社・寺院名よみかた辞典　307

7画（来）

来迎寺　らいこうじ〔寺〕
　新潟県長岡市　《別称》すもんざきの寺　《本尊》阿弥陀三尊・賓頭盧尊　〔真言宗智山派〕

来迎寺　らいこうじ〔寺〕
　新潟県三条市　《別称》東の寺・井栗観音　《本尊》阿弥陀如来・聖観世音菩薩
　〔真言宗智山派〕

来迎寺　らいこうじ〔寺〕
　新潟県十日町市　《本尊》阿弥陀三尊
　〔時宗〕

来迎寺　らいこうじ〔寺〕
　新潟県佐渡市　《別称》お寺　《本尊》不動明王
　〔真言宗豊山派〕

来迎寺　らいごうじ〔寺〕
　富山県富山市　《本尊》阿弥陀如来　〔浄土宗〕

来迎寺　らいこうじ〔寺〕
　長野県飯田市　《別称》飯田観音　《本尊》阿弥陀如来・正観世音菩薩　〔浄土宗〕

来迎寺　らいこうじ〔寺〕
　長野県諏訪郡下諏訪町　《本尊》阿弥陀如来
　〔浄土宗〕

来迎寺　らいこうじ〔寺〕
　三重県飯南郡飯南町　《本尊》阿弥陀如来
　〔浄土宗〕

来迎寺　らいこうじ〔寺〕
　滋賀県彦根市　《本尊》阿弥陀如来　〔浄土宗〕

来迎寺　らいこうじ〔寺〕
　滋賀県野洲郡野洲町　《本尊》阿弥陀如来
　〔浄土宗〕

来迎寺　らいこうじ〔寺〕
　滋賀県愛知郡湖東町　《本尊》阿弥陀如来
　〔浄土宗〕

来迎寺　らいこうじ〔寺〕
　京都府京都市中京区　《本尊》阿弥陀如来
　〔浄土宗西山禅林寺派〕

来迎寺　らいこうじ〔寺〕
　京都府向日市　《本尊》阿弥陀如来
　〔西山浄土宗〕

来迎寺　らいこうじ〔寺〕
　大阪府岸和田市　《本尊》阿弥陀如来
　〔浄土宗〕

来迎寺　らいこうじ〔寺〕
　大阪府守口市　《別称》佐太本山　《本尊》天筆如来　〔浄土宗〕

来迎寺　らいこうじ〔寺〕
　大阪府松原市　《本尊》阿弥陀如来
　〔融通念仏宗〕

来迎寺　らいこうじ〔寺〕
　兵庫県神戸市兵庫区　《別称》築島寺　《本尊》十一面観世音菩薩　〔浄土宗西山禅林寺派〕

来迎寺　らいこうじ〔寺〕
　兵庫県豊岡市　《本尊》阿弥陀如来　〔浄土宗〕

来迎寺　らいごうじ〔寺〕
　兵庫県小野市　《本尊》阿弥陀如来
　〔浄土宗西山禅林寺派〕

来迎寺　らいこうじ〔寺〕
　兵庫県篠山市　《本尊》阿弥陀如来　〔浄土宗〕

来迎寺　らいこうじ〔寺〕
　奈良県奈良市　《本尊》阿弥陀如来　〔浄土宗〕

来迎寺　らいごうじ〔寺〕
　奈良県桜井市　《本尊》天得如来
　〔融通念仏宗〕

来迎寺　らいこうじ〔寺〕
　奈良県御所市　《本尊》阿弥陀如来　〔浄土宗〕

来迎寺　らいこうじ〔寺〕
　島根県松江市　《本尊》阿弥陀如来　〔浄土宗〕

来迎寺　こいこうじ〔寺〕
　福岡県山門郡瀬高町　《本尊》阿弥陀如来・二十五菩薩　〔浄土宗〕

来迎寺　らいこうじ〔寺〕
　佐賀県佐賀市　《本尊》阿弥陀如来　〔浄土宗〕

来迎寺　らいこうじ〔寺〕
　佐賀県唐津市　《本尊》阿弥陀如来　〔浄土宗〕

来迎寺　らいこうじ〔寺〕
　熊本県葦北郡芦北町　《本尊》阿弥陀如来
　〔浄土宗〕

来迎寺　らいこうじ〔寺〕
　宮崎県延岡市　《本尊》阿弥陀如来・両大師
　〔浄土宗〕

来迎院　らいこういん〔寺〕
　愛知県岡崎市　《本尊》阿弥陀如来・地蔵菩薩　〔浄土宗〕

来迎院　らいこういん〔寺〕
　滋賀県八日市市　《本尊》阿弥陀如来
　〔浄土宗〕

来迎院　らいこういん〔寺〕
　滋賀県東浅井郡湖北町　《本尊》阿弥陀如来　〔真言宗豊山派〕

来迎院　らいこういん〔寺〕
　京都府京都市左京区　《別称》薬師さん　《本尊》薬師如来　〔天台宗〕

来迎院　らいこういん〔寺〕
　京都府京都市東山区泉涌寺山内町　《別称》お大師さんのお水の寺　《本尊》阿弥陀三尊・三宝荒神　〔真言宗泉涌寺派〕

来迎院　らいこういん〔寺〕
　京都府京都市東山区清水　《別称》経書堂　《本尊》聖徳太子　〔北法相宗〕

来迎院　らいこういん〔寺〕
　大阪府泉大津市　《本尊》阿弥陀如来
　〔浄土宗〕

7画（李, 杣, 沖, 求）

来阪神社　きさかじんじゃ〔社〕
　島根県出雲市矢尾町　《別称》矢尾天王神社
　《祭神》素盞嗚尊[他]
8来昌寺　らいしょうじ〔寺〕
　岐阜県美濃市　《本尊》阿弥陀如来
　　　　　　　　　　　〔浄土宗西山禅林寺派〕
来法寺　らいほうじ〔寺〕
　兵庫県姫路市　《本尊》阿弥陀如来
　　　　　　　　　　　　　　〔真宗大谷派〕
9来待神社　きまちじんじゃ〔社〕
　島根県八束郡宍道町　《祭神》大物主櫛瓶玉
　命[他]　　　　　　　　　　　〔神社本庁〕
10来宮神社　きのみやじんじゃ〔社〕
　静岡県熱海市　《祭神》大己貴命[他]
　　　　　　　　　　　　　　〔神社本庁〕
来宮神社《称》　きのみやじんじゃ〔社〕
　静岡県伊東市・八幡宮来宮神社　《祭神》誉
　田別命[他]　　　　　　　　　〔神社本庁〕
来宮神社　きのみやじんじゃ〔社〕
　静岡県伊豆市　《祭神》五十猛〔神社本庁〕
来振寺　きぶるじ〔寺〕
　岐阜県揖斐郡大野町　《本尊》十一面観世音
　菩薩　　　　　　　　　　　〔真言宗智山派〕
来振神社　きぶりじんじゃ〔社〕
　岐阜県揖斐郡大野町　《別称》権現様　《祭
　神》伊弉那岐尊[他]　　　　　〔神社本庁〕
来浦八坂神社《称》　くのうらやさかじん
　じゃ〔社〕
　大分県東国東郡国東町来浦・八坂神社　《祭
　神》建速須佐之男命[他]　　　〔神社本庁〕
来称寺　らいしょうじ〔寺〕
　大阪府守口市　《本尊》阿弥陀如来〔浄土宗〕
来通寺　らいつうじ〔寺〕
　岐阜県郡上市　《本尊》阿弥陀如来
　　　　　　　　　　　　　　〔真宗大谷派〕
11来教寺　らいきょうじ〔寺〕
　石川県金沢市　《別称》卯辰の金毘羅さん
　《本尊》阿弥陀三尊・毘沙門天・金毘羅大権
　現　　　　　　　　　　　　　〔天台真盛宗〕
来現寺　らいげんじ〔寺〕
　滋賀県東浅井郡びわ町　《本尊》阿弥陀如
　来　　　　　　　　　　　　〔真宗大谷派〕
12来遊寺　らいゆうじ〔寺〕
　岐阜県中津川市　《本尊》阿弥陀如来
　　　　　　　　　　　　　　〔真宗大谷派〕
来遊寺　らいゆうじ〔寺〕
　三重県桑名市　《本尊》阿弥陀如来
　　　　　　　　　　　　　　〔真宗大谷派〕
13来福寺　らいふくじ〔寺〕
　千葉県館山市　《別称》長須賀薬師様　《本
　尊》薬師如来　　　　　　　　〔真言宗智山派〕

来福寺　らいふくじ〔寺〕
　千葉県印旛郡印旛村　《本尊》薬師如来
　　　　　　　　　　　　　　〔真言宗豊山派〕
来福寺　らいふくじ〔寺〕
　東京都品川区　《本尊》延命地蔵菩薩
　　　　　　　　　　　　　　〔真言宗智山派〕
来福寺　らいふくじ〔寺〕
　神奈川県三浦市　《本尊》阿弥陀如来
　　　　　　　　　　　　　　〔真宗大谷派〕
来福寺　らいふくじ〔寺〕
　島根県浜田市　　　　　　　〔高野山真言宗〕
来鉢神社　くばちじんじゃ〔社〕
　大分県大分郡挾間町　《別称》和尚様　《祭
　神》武内宿禰[他]　　　　　　〔神社本庁〕

【李】

8李岱神社　すももだいじんじゃ〔社〕
　秋田県北秋田郡合川町　《祭神》応神天皇[他]
　　　　　　　　　　　　　　〔神社本庁〕

【杣】

3杣山神社　そまやまじんじゃ〔社〕
　福井県南条郡南条町　《祭神》瓜生保および
　一族[他]　　　　　　　　　　〔神社本庁〕

【沖】

0沖の宮《称》　おきのみや〔社〕
　長崎県平戸市・三輪神社　《祭神》大物主神
　　　　　　　　　　　　　　〔神社本庁〕
5沖田神社　おきたじんじゃ〔社〕
　岡山県岡山市　《祭神》天照皇大神[他]
　　　　　　　　　　　　　　〔神社本庁〕
15沖縄県護国神社　おきなわけんごこくじん
　じゃ〔社〕
　沖縄県那覇市　《祭神》沖縄戦で戦死した旧
　軍人軍属の霊　　　　　　　　〔神社本庁〕

【求】

8求法寺　ぐほうじ〔寺〕
　滋賀県大津市　《別称》走井堂　《本尊》元三
　大師　　　　　　　　　　　　〔天台宗〕
11求菩提山権現《称》　ぐぼだいさんごんげ
　ん〔社〕
　福岡県豊前市・国玉神社　《祭神》顕国霊神
　[他]　　　　　　　　　　　　〔神社本庁〕
14求聞寺　ぐもんじ〔寺〕
　青森県中津軽郡岩木町　《別称》虚空蔵様
　《本尊》虚空蔵菩薩・聖観世音菩薩
　　　　　　　　　　　　　　〔真言宗智山派〕

神社・寺院名よみかた辞典　309

7画（沙, 沢, 汾, 牡, 玖, 男, 町, 社, 秀, 禿, 究）

【沙】

5沙田神社　いさごだじんじゃ〔社〕
　長野県松本市　《祭神》彦火火出見尊〔他〕
　　　　　　　　　　　　　　　　　　〔神社本庁〕

7沙沙貴神社　ささきじんじゃ〔社〕
　滋賀県蒲生郡安土町　《別称》ささき大明神
　《祭神》少彦名命〔他〕　　　〔神社本庁〕

【沢】

2沢八幡《称》　さわはちまん〔社〕
　広島県豊田郡瀬戸田町・八幡神社　《祭神》品
　陀和気命〔他〕　　　　　　　　　〔神社本庁〕

7沢村神社　さわむらじんじゃ〔社〕
　福島県いわき市　《祭神》沢村勝為
　　　　　　　　　　　　　　　　　〔神社本庁〕

【汾】

12汾陽寺　ふんようじ〔寺〕
　岐阜県武儀郡武芸川町　　〔臨済宗妙心寺派〕

【牡】

4牡丹でら《称》　ぼたんでら〔寺〕
　兵庫県城崎郡日高町・隆国寺　《本尊》釈迦
　如来・聖観世音菩薩　　　　　　　　〔曹洞宗〕

牡丹の寺《称》　ぼたんのてら〔寺〕
　京都府京都市伏見区・本教寺　《本尊》十界
　大曼荼羅　　　　　　　　　　　　　〔日蓮宗〕

牡丹の寺《称》　ぼたんのてら〔寺〕
　大阪府南河内郡河南町・大念寺　《本尊》天
　得如来・二五菩薩　　　　　　　　〔融通念仏宗〕

牡丹寺《称》　ぼたんでら〔寺〕
　千葉県野田市・実相寺　《本尊》十界曼荼羅
　　　　　　　　　　　　　　　　　　〔日蓮宗〕

【玖】

8玖延寺　きゅうえんじ〔寺〕
　静岡県天竜市　《本尊》釈迦如来　　〔曹洞宗〕

15玖潭神社　くたみじんじゃ〔社〕
　島根県平田市　《祭神》大穴牟遅大神〔他〕
　　　　　　　　　　　　　　　　　　〔神社本庁〕

【男】

2男乃宇刀神社　おのうとじんじゃ〔社〕
　大阪府和泉市　《祭神》彦五瀬命〔他〕
　　　　　　　　　　　　　　　　　〔神社本庁〕

3男山八幡神社　おとこやまはちまんじんじ
　ゃ〔社〕
　福島県相馬郡鹿島町　《別称》安産の神《祭
　神》誉田別命〔他〕　　　　　　　〔神社本庁〕

男山八幡宮《称》　おとこやまはちまんぐ
　う〔社〕
　京都府八幡市・石清水八幡宮　《祭神》誉田
　別尊〔他〕　　　　　　　　　　　〔神社本庁〕

男山神社　おとこやまじんじゃ〔社〕
　広島県安芸高田市　《祭神》住吉大明神〔他〕
　　　　　　　　　　　　　　　　　　〔神社本庁〕

6男成神社　おとこなりじんじゃ〔社〕
　熊本県上益城郡矢部町　《別称》ぎおん宮
　《祭神》天照皇大神〔他〕　　　　〔神社本庁〕

9男神社　おかみしゃ〔社〕
　静岡県榛原郡相良町　《祭神》伊邪那岐命
　　　　　　　　　　　　　　　　　〔神社本庁〕

男神社　おのじんじゃ〔社〕
　大阪府泉南市　《祭神》彦五瀬命〔他〕
　　　　　　　　　　　　　　　　　〔神社本庁〕

【町】

9町屋不動尊《称》　まちやふどうそん〔寺〕
　東京都荒川区・竜福寺　《本尊》不動明王
　　　　　　　　　　　　　　　　〔真言宗智山派〕

【社】

4社日様《称》　しゃにちさま〔社〕
　新潟県佐渡市・飯持神社　《祭神》保食神〔他〕
　　　　　　　　　　　　　　　　　　〔神社本庁〕

【秀】

4秀円寺　しゅうえんじ〔寺〕
　香川県さぬき市　《本尊》阿弥陀如来
　　　　　　　　　　　　　　　　〔真宗興正派〕

8秀長寺　しゅうちょうじ〔寺〕
　福島県会津若松市　《本尊》釈迦如来
　　　　　　　　　　　　　　　　　　〔曹洞宗〕

10秀翁寺　しゅうおうじ〔寺〕
　新潟県南蒲原郡下田村　《別称》鹿峠の寺
　《本尊》阿弥陀如来　　　　　　　　〔浄土宗〕

15秀蔵院　しゅうぞういん〔寺〕
　栃木県芳賀郡茂木町　《本尊》大日如来・不
　動明王　　　　　　　　　　　　〔真言宗豊山派〕

【禿】

3禿山薬師《称》　はげやまやくし〔寺〕
　山口県吉敷郡秋穂町・長徳寺　《本尊》薬師
　如来　　　　　　　　　　　　　　　〔曹洞宗〕

【究】

11究竟寺　くきょうじ〔寺〕
　大阪府東大阪市　《本尊》阿弥陀如来
　　　　　　　　　　　　　　　　〔真宗大谷派〕

310　神社・寺院名よみかた辞典

7画（良, 芦, 花）

【良】

4 良心寺　りょうしんじ〔寺〕
　神奈川県横須賀市　《本尊》阿弥陀如来
　　　　　　　　　　　　　　　〔浄土宗〕

5 良正院　りょうしょういん〔寺〕
　京都府京都市東山区　《本尊》阿弥陀如来
　　　　　　　　　　　　　　　〔浄土宗〕

8 良忠寺　りょうちゅうじ〔寺〕
　神奈川県横浜市鶴見区　《別称》虫封のお寺
　《本尊》阿弥陀如来・開山記主禅師
　　　　　　　　　　　　　　　〔浄土宗〕

良念寺　りょうねんじ〔寺〕
　愛知県岩倉市　《本尊》阿弥陀如来
　　　　　　　　　　　　　〔真宗大谷派〕

良長院　りょうちょういん〔寺〕
　神奈川県横須賀市　《本尊》三尊仏〔曹洞宗〕

9 良信寺　りょうしんじ〔寺〕
　群馬県藤岡市　《別称》原の寺　《本尊》釈迦如来
　　　　　　　　　　　　　　　〔曹洞宗〕

良信院　りょうしんいん〔寺〕
　東京都江東区　《本尊》阿弥陀如来　〔浄土宗〕

良珊寺　りょうさんじ〔寺〕
　群馬県渋川市　《本尊》如意輪観世音菩薩
　　　　　　　　　　　　　　　〔曹洞宗〕

10 良恩寺　りょうおんじ〔寺〕
　京都府京都市東山区　《本尊》阿弥陀如来
　　　　　　　　　　　　〔浄土宗西山禅林寺派〕

良珠院　りょうしゅいん〔寺〕
　三重県鈴鹿市　《本尊》阿弥陀如来
　　　　　　　　　　　　　〔真宗高田派〕

12 良勝寺　りょうしょうじ〔寺〕
　兵庫県神戸市西区　《本尊》観世音菩薩
　　　　　　　　　　　　〔臨済宗妙心寺派〕

良疇寺　りょうちゅうじ〔寺〕
　滋賀県長浜市　《別称》大仏さん　《本尊》阿弥陀如来
　　　　　　　　　　　　〔臨済宗妙心寺派〕

13 良感寺　りょうかんじ〔寺〕
　東京都豊島区　《本尊》阿弥陀如来　〔浄土宗〕

18 良観寺　りょうかんじ〔寺〕
　東京都葛飾区　《本尊》観世音菩薩
　　　　　　　　　　　　　〔真言宗豊山派〕

【芦】

3 芦山寺　ろさんじ〔寺〕
　長崎県南松浦郡奈良尾町　《本尊》地蔵菩薩・薬師如来・観世音菩薩
　　　　　　　　　　　　　　　〔曹洞宗〕

7 芦別神社　あしべつじんじゃ〔社〕
　北海道芦別市　《祭神》天照大御神
　　　　　　　　　　　　　　〔神社本庁〕

9 芦屋神社　あしやじんじゃ〔社〕
　兵庫県芦屋市　《祭神》天穂日命［他］
　　　　　　　　　　　　　　〔神社本庁〕

10 芦原妙見さん《称》　あわらみょうけんさん〔寺〕
　福井県あわら市・妙見寺　《本尊》釈迦如来・妙見大菩薩・大曼荼羅　〔単立〕

芦浦観音寺《称》　あうらかんのんじ〔寺〕
　滋賀県草津市・観音寺　《本尊》十一面観世音菩薩
　　　　　　　　　　　　　　　〔天台宗〕

【花】

0 花の観音寺《称》　はなのかんのんじ〔寺〕
　群馬県藤岡市・観音寺　《本尊》不動明王・薬師如来
　　　　　　　　　　　　　　　〔単立〕

3 花山寺　かざんじ〔寺〕
　三重県松阪市　《本尊》阿弥陀如来
　　　　　　　　　　　　　〔真宗高田派〕

4 花井寺　かせいじ〔寺〕
　山梨県大月市　《本尊》弥勒菩薩
　　　　　　　　　　　　〔臨済宗向嶽寺派〕

花井寺　はないでら〔寺〕
　愛知県豊川市　《本尊》聖観世音菩薩
　　　　　　　　　　　　　　　〔曹洞宗〕

5 花台寺　けだいじ〔寺〕
　群馬県佐波郡玉村町　《本尊》阿弥陀如来
　　　　　　　　　　　　　〔真言宗豊山派〕

6 花光院　けこういん〔寺〕
　埼玉県北葛飾郡庄和町　《本尊》阿弥陀如来
　　　　　　　　　　　　　〔真言宗豊山派〕

花光院　けこういん〔寺〕
　千葉県野田市　《本尊》不動明王
　　　　　　　　　　　　　〔真言宗豊山派〕

7 花尾八幡宮　はなおはちまんぐう〔社〕
　山口県佐波郡徳地町　《祭神》応神天皇［他］
　　　　　　　　　　　　　　〔神社本庁〕

8 花岡八幡宮　はなおかはちまんぐう〔社〕
　山口県下松市　《祭神》応神天皇［他］
　　　　　　　　　　　　　　〔神社本庁〕

花岡神社　はなおかじんじゃ〔社〕
　三重県飯南郡飯高町　《祭神》正勝吾勝勝速日天忍穂耳命［他］　〔神社本庁〕

花岳寺　かがくじ〔寺〕
　兵庫県赤穂市　《別称》赤穂義士の寺　《本尊》釈迦如来　〔曹洞宗〕

花岳院　かがくいん〔寺〕
　東京都港区　《本尊》阿弥陀三尊　〔浄土宗〕

花岳院　かがくいん〔寺〕
　静岡県伊東市　《本尊》聖観世音菩薩
　　　　　　　　　　　　　　　〔曹洞宗〕

神社・寺院名よみかた辞典　311

7画（芝，芳）

花松神社　はなまつじんじゃ〔社〕
　青森県上北郡天間林村　《祭神》保食命
　　　　　　　　　　　　　　　　〔神社本庁〕
花長下神社　はなながしたじんじゃ〔社〕
　岐阜県揖斐郡谷汲村　《祭神》赤衾伊農意保
　須美比古佐和気命　　　　　　〔神社本庁〕
花長上神社　はなながかみじんじゃ〔社〕
　岐阜県揖斐郡谷汲村　《別称》花長神社　《祭
　神》花長の神　　　　　　　　〔神社本庁〕
花長神社《称》　はなながじんじゃ〔社〕
　岐阜県揖斐郡谷汲村・花長上神社　《祭神》花
　長の神　　　　　　　　　　　〔神社本庁〕
13花園さま《称》　はなぞのさま〔社〕
　東京都台東区・花園稲荷神社　《祭神》倉稲
　魂命　　　　　　　　　　　　〔神社本庁〕
花園神社　はなぞのじんじゃ〔社〕
　東京都新宿区　《祭神》倉稲魂神[他]
　　　　　　　　　　　　　　　　〔神社本庁〕
花園稲荷神社　はなぞのいなりじんじゃ
〔社〕
　東京都台東区　《別称》花園さま　《祭神》倉
　稲魂命　　　　　　　　　　　〔神社本庁〕
15花蔵院　けぞういん〔寺〕
　群馬県邑楽郡板倉町　《別称》除川観音　《本
　尊》不動明王・観世音菩薩・地蔵菩薩
　　　　　　　　　　　　　　　〔真言宗豊山派〕
花蔵院　けぞういん〔寺〕
　埼玉県加須市　《本尊》不動明王
　　　　　　　　　　　　　　　〔真言宗智山派〕
花蔵院　けぞういん〔寺〕
　埼玉県北葛飾郡庄和町　《本尊》不動明王・十
　一面観世音菩薩　　　　　　　〔真言宗豊山派〕
花蔵院　けぞういん〔寺〕
　千葉県松戸市　《本尊》聖観世音菩薩
　　　　　　　　　　　　　　　〔真言宗豊山派〕
花蔵院　けぞういん〔寺〕
　東京都荒川区　《本尊》正観世音菩薩・薬師
　如来　　　　　　　　　　　　〔真言宗豊山派〕
花蔵院　けぞういん〔寺〕
　東京都青梅市　《本尊》十一面観世音菩薩
　　　　　　　　　　　　　　　〔真言宗豊山派〕
花蔵院　けぞういん〔寺〕
　東京都府中市　《本尊》地蔵菩薩
　　　　　　　　　　　　　　　〔真言宗豊山派〕
花蔵院　けぞういん〔寺〕
　神奈川県愛甲郡清川村　《本尊》大日如来
　　　　　　　　　　　　　　　〔真言宗東寺派〕
17花厳院　けごんいん〔寺〕
　千葉県君津市　《本尊》大日如来
　　　　　　　　　　　　　　　〔真言宗豊山派〕

【芝】

0芝の薬師《称》　しばのやくし〔寺〕
　京都府京都市左京区・大興寺　《本尊》薬師
　如来・十二神将　　　　〔臨済宗東福寺派〕
3芝大神宮　しばだいじんぐう〔社〕
　東京都港区　《別称》芝神明宮　《祭神》天照
　皇大神[他]　　　　　　　　　〔神社本庁〕
芝山仁王尊《称》　しばやまにおうそん〔寺〕
　千葉県山武郡芝山町・観音教寺　《本尊》十
　一面観世音菩薩　　　　　　　　〔天台宗〕
9芝神明宮《称》　しばしんめいぐう〔社〕
　東京都港区・芝大神宮　《祭神》天照皇大神
　[他]　　　　　　　　　　　　〔神社本庁〕
10芝原善光寺《称》　しばはらぜんこうじ〔寺〕
　大分県宇佐市・善光寺　《本尊》善光寺如来
　　　　　　　　　　　　　　　　〔浄土宗〕

【芳】

4芳心寺　ほうしんじ〔寺〕
　鳥取県鳥取市　《別称》山の芳心寺・山陰身
　延　《本尊》日蓮聖人奠定の大曼荼羅
　　　　　　　　　　　　　　　　〔日蓮宗〕
芳心院　ほうしんいん〔寺〕
　東京都八王子市　《本尊》釈迦如来
　　　　　　　　　　　　〔臨済宗妙心寺派〕
5芳司八幡様《称》　ほうじはちまんさま〔社〕
　福岡県山門郡瀬高町・八幡宮　《祭神》応神
　天皇[他]　　　　　　　　　　〔神社本庁〕
6芳全寺　ほうぜんじ〔寺〕
　栃木県芳賀郡二宮町　《本尊》釈迦如来
　　　　　　　　　　　　　　　　〔曹洞宗〕
8芳林寺　ほうりんじ〔寺〕
　埼玉県岩槻市　《本尊》釈迦如来　〔曹洞宗〕
9芳春寺　ほうしゅんじ〔寺〕
　福井県武生市　《本尊》大日如来
　　　　　　　　　　　　〔臨済宗大徳寺派〕
芳春寺　ほうしゅんじ〔寺〕
　福井県三方郡美浜町　《本尊》十一面観世音
　菩薩　　　　　　　　　　　　　〔曹洞宗〕
芳春院　ほうしゅんいん〔寺〕
　京都府京都市北区　《本尊》釈迦如来
　　　　　　　　　　　　〔臨済宗大徳寺派〕
芳泉寺　ほうせんじ〔寺〕
　長野県上田市　《本尊》阿弥陀如来　〔浄土宗〕
10芳珠寺　ほうしゅじ〔寺〕
　愛知県名古屋市千種区　《本尊》延命地蔵菩
　薩　　　　　　　　　　〔臨済宗妙心寺派〕

7画（芬, 見, 角, 谷）

14芳徳寺　ほうとくじ〔寺〕
　奈良県奈良市　　　　〔臨済宗大徳寺派〕

【芬】
8芬陀院　ふんだいん〔寺〕
　京都府京都市東山区　《別称》雪舟寺　《本尊》阿弥陀如来　　〔臨済宗東福寺派〕

【見】
5見付天神社《称》　みつけてんじんしゃ〔社〕
　静岡県磐田市・矢奈比売神社　《祭神》矢奈比売命［他］　　　　〔神社本庁〕
　見本寺　けんぽんじ〔寺〕
　山梨県北巨摩郡須玉町　《本尊》日蓮聖人奠定の大曼荼羅　　〔日蓮宗〕
　見正寺　けんしょうじ〔寺〕
　岡山県勝田郡勝央町　《本尊》正観世音菩薩　　〔高野山真言宗〕
8見性寺　けんしょうじ〔寺〕
　北海道旭川市　《本尊》十一面観世音菩薩　　〔臨済宗妙心寺派〕
　見性寺　けんしょうじ〔寺〕
　秋田県山本郡山本町　《本尊》釈迦如来　　〔曹洞宗〕
　見性寺　けんしょうじ〔寺〕
　山梨県北巨摩郡須玉町　《本尊》地蔵菩薩　　〔臨済宗妙心寺派〕
　見性寺　けんしょうじ〔寺〕
　岐阜県不破郡垂井町　《本尊》釈迦如来・観世音菩薩　　〔臨済宗妙心寺派〕
　見性寺　けんしょうじ〔寺〕
　岐阜県加茂郡八百津町　《別称》あさぎでら　《本尊》薬師如来　　〔臨済宗妙心寺派〕
　見性寺　けんしょうじ〔寺〕
　三重県いなべ市　《本尊》聖観世音菩薩　　〔臨済宗妙心寺派〕
　見性寺　けんしょうじ〔寺〕
　三重県三重郡菰野町　《本尊》釈迦如来　　〔臨済宗妙心寺派〕
　見性寺　けんしょうじ〔寺〕
　京都府京都市左京区　《本尊》阿弥陀如来　　〔浄土宗〕
　見性寺　けんしょうじ〔寺〕
　兵庫県加西市　《別称》だるまでら　《本尊》聖観世音菩薩　　〔曹洞宗〕
　見性寺　けんしょうじ〔寺〕
　兵庫県揖保郡御津町　　〔臨済宗相国寺派〕
　見性寺　けんしょうじ〔寺〕
　広島県因島市　《本尊》薬師如来　　〔曹洞宗〕

　見性寺　けんしょうじ〔寺〕
　香川県高松市　《本尊》三尊仏　　〔曹洞宗〕
　見性寺　けんしょうじ〔寺〕
　熊本県熊本市　《本尊》釈迦如来　　〔臨済宗妙心寺派〕
　見性院　けんしょういん〔寺〕
　埼玉県熊谷市　《本尊》阿弥陀如来　　〔曹洞宗〕
　見性庵　けんしょうあん〔寺〕
　滋賀県甲賀郡土山町　《本尊》十一面観世音菩薩　　〔臨済宗南禅寺派〕
　見明戸八幡神社《称》　みあけどはちまんじんじゃ〔社〕
　岡山県真庭郡湯原町・八幡神社　《祭神》息長帯姫命［他］　　〔神社本庁〕
　見法寺　けんぽうじ〔寺〕
　山梨県北巨摩郡長坂町　《本尊》日蓮聖人奠定の大曼荼羅　　〔日蓮宗〕
10見島神社　みしまじんじゃ〔社〕
　山口県萩市　《祭神》応神天皇［他〕　　〔神社本庁〕
　見桃寺　けんとうじ〔寺〕
　神奈川県三浦市　《別称》桃の御所　《本尊》釈迦如来・聖観世音菩薩・薬師如来　　〔臨済宗妙心寺派〕
　見竜寺　けんりゅうじ〔寺〕
　宮城県遠田郡涌谷町　《本尊》如意輪観世音菩薩　　〔臨済宗妙心寺派〕
　見竜寺　けんりゅうじ〔寺〕
　山形県東田川郡立川町　《本尊》聖観世音菩薩　　〔曹洞宗〕
　見竜寺　けんりゅうじ〔寺〕
　山口県豊浦郡豊田町　《本尊》阿弥陀如来　　〔浄土真宗本願寺派〕
14見徳寺　けんとくじ〔寺〕
　千葉県八日市場市　《本尊》開運不動明王　　〔真言宗智山派〕

【角】
0角の御坊《称》　すみのごぼう〔寺〕
　京都府京都市右京区・西本願寺角坊別院　《本尊》阿弥陀如来　　〔浄土真宗本願寺派〕
5角田八幡神社　すだはちまんじんじゃ〔社〕
　福岡県豊前市　《祭神》応神天皇［他］　　〔神社本庁〕
　角田神社　かくたじんじゃ〔社〕
　北海道夕張郡栗山町　《祭神》天照大御神［他］　　〔神社本庁〕

【谷】
3谷山神社　たにやまじんじゃ〔社〕

神社・寺院名よみかた辞典　313

7画（豆, 貝, 赤）

鹿児島県鹿児島市　《祭神》懐良親王
〔神社本庁〕

4谷内の御坊《称》　やちのごぼう〔寺〕
富山県氷見市・光誓寺　《本尊》阿弥陀如来
〔浄土真宗本願寺派〕

谷内権現《称》　たにないごんげん〔社〕
岩手県和賀郡東和町・丹内山神社　《祭神》多邇知比古神［他］
〔神社本庁〕

6谷地八幡宮　やじはちまんぐう〔社〕
山形県西村山郡河北町　《祭神》応神天皇
〔神社本庁〕

8谷性寺　こくしょうじ〔寺〕
愛知県知多郡阿久比町　《本尊》阿弥陀如来
〔浄土宗〕

9谷保天神《称》　やほてんじん〔社〕
東京都国立市・天満宮　《祭神》菅原道真［他］
〔神社本庁〕

17谷厳寺　こくごんじ〔寺〕
長野県中野市　《別称》山の寺　《本尊》釈迦三尊
〔曹洞宗〕

【豆】

12豆塚神社　まめずかじんじゃ〔社〕
静岡県田方郡伊豆長岡町　《祭神》石徳高命
〔神社本庁〕

【貝】

9貝洲加藤神社　かいずかとうじんじゃ〔社〕
熊本県八代郡鏡町　《別称》清正公さん　《祭神》加藤清正

12貝塚の妙見さん《称》　かいずかのみょうけんさん〔寺〕
大阪府貝塚市・妙泉寺　《本尊》十界勧請大曼荼羅
〔日蓮宗〕

貝塚御坊《称》　かいずかごぼう〔寺〕
大阪府貝塚市・願泉寺　《本尊》阿弥陀如来
〔浄土真宗本願寺派〕

【赤】

2赤八幡社　あかはちまんしゃ〔社〕
大分県津久見市　《祭神》応神天皇［他］
〔神社本庁〕

3赤山禅院　せきざんぜんいん〔寺〕
京都府京都市左京区　《別称》赤山　《本尊》赤山明神
〔天台宗〕

4赤不動《称》　あかふどう〔寺〕
東京都足立区・明王院　《本尊》不動明王
〔真言宗豊山派〕

赤不動祈禱所《称》　あかふどうきとうしょ〔寺〕
和歌山県伊都郡高野町・明王院　《本尊》不動明王
〔高野山真言宗〕

赤井称名寺《称》　あかいしょうみょうじ〔寺〕
石川県小松市・称名寺　《本尊》阿弥陀如来
〔真宗大谷派〕

赤日子神社　あかひこじんじゃ〔社〕
愛知県蒲郡市　《祭神》産火火出見尊［他］
〔神社本庁〕

5赤平神社　あかびらじんじゃ〔社〕
北海道赤平市　《祭神》天照皇大神［他］
〔神社本庁〕

赤田神社　あかだじんじゃ〔社〕
山口県山口市　《別称》四の宮　《祭神》大己貴命［他］
〔神社本庁〕

赤石神社《称》　あかいしじんじゃ〔社〕
岩手県紫波郡紫波町・志賀理和気神社　《祭神》経津主命［他］
〔神社本庁〕

赤穴八幡宮　あかなはちまんぐう〔社〕
島根県飯石郡赤来町　《祭神》別雷神［他］
〔神社本庁〕

6赤池神社　あかいけじんじゃ〔社〕
宮崎県東諸県郡国富町　《祭神》五男三女神
〔神社本庁〕

7赤坂の虚空蔵さん《称》　あかさかのこくうぞうさん〔寺〕
岐阜県大垣市・明星輪寺　《本尊》虚空蔵菩薩
〔単立〕

赤坂八幡社　あかさかはちまんしゃ〔社〕
福岡県田川郡方城町　《祭神》応神天皇［他］

赤坂呑竜大士《称》　あかさかどんりゅうたいし〔寺〕
岐阜県大垣市・天清院　《本尊》阿弥陀如来
〔浄土宗〕

赤尾の薬師《称》　あかおのやくし〔寺〕
和歌山県那賀郡打田町・薬師寺　《本尊》薬師三尊・十二神将
〔真言宗東寺派〕

赤尾渋垂郡辺神社　あかおしぶたりこおりべじんじゃ〔社〕
静岡県袋井市　《祭神》息長足姫命［他］
〔神社本庁〕

8赤岩の不動様《称》　あかいわのふどうさま〔寺〕
埼玉県北葛飾郡松伏町・東陽寺　《本尊》日限不動明王
〔真言宗豊山派〕

赤岩寺　せきがんじ〔寺〕
愛知県豊橋市　《別称》赤岩　《本尊》阿弥陀如来
〔高野山真言宗〕

7画（赤）

赤松院　せきしょういん〔寺〕
　和歌山県伊都郡高野町　《本尊》十一面観世音菩薩　〔高野山真言宗〕

赤沼薬師《称》　あかぬまやくし〔寺〕
　埼玉県春日部市・常楽寺　《本尊》阿弥陀如来　〔真言宗豊山派〕

赤門《称》　あかもん〔寺〕
　青森県弘前市・本行寺　《本尊》日蓮聖人奠定の大曼荼羅　〔日蓮宗〕

赤門《称》　あかもん〔寺〕
　埼玉県南埼玉郡宮代町・西方院　《本尊》阿弥陀如来　〔真言宗智山派〕

赤門《称》　あかもん〔寺〕
　東京都港区・竜泉寺　《本尊》阿弥陀如来　〔浄土宗〕

赤門《称》　あかもん〔寺〕
　東京都豊島区・根生院　《本尊》薬師如来　〔真言宗豊山派〕

赤門《称》　あかもん〔寺〕
　神奈川県横須賀市・聖徳寺　《本尊》阿弥陀如来　〔浄土宗〕

赤門《称》　あかもん〔寺〕
　神奈川県逗子市・海宝院　《本尊》十一面観世音菩薩　〔曹洞宗〕

赤門《称》　あかもん〔寺〕
　新潟県上越市・常敬寺　《本尊》阿弥陀如来　〔真宗大谷派〕

赤門《称》　あかもん〔寺〕
　長野県長野市・正信坊　《本尊》円光大師・善光寺如来　〔浄土宗〕

赤門《称》　あかもん〔寺〕
　京都府京都市中京区・正覚寺　《本尊》阿弥陀如来・弁財天　〔浄土宗〕

赤門でら《称》　あかもんでら〔寺〕
　東京都墨田区・福厳寺　《本尊》釈迦如来　〔曹洞宗〕

赤門でら《称》　あかもんでら〔寺〕
　石川県金沢市・全性寺　《本尊》十界大曼荼羅　〔日蓮宗〕

赤門でら《称》　あかもんでら〔寺〕
　岐阜県羽島郡笠松町・瑞応寺　《本尊》観世音菩薩　〔臨済宗妙心寺派〕

赤門でら《称》　あかもんでら〔寺〕
　愛知県知多郡美浜町・密蔵院　《本尊》不動明王　〔真言宗豊山派〕

赤門でら《称》　あかもんでら〔寺〕
　和歌山県和歌山市・護念寺　《本尊》阿弥陀三尊　〔西山浄土宗〕

赤門でら《称》　あかもんでら〔寺〕
　徳島県美馬郡美馬町・真楽寺　《本尊》阿弥陀如来　〔真言宗大覚寺派〕

赤門の寺《称》　あかもんのてら〔寺〕
　秋田県横手市・正平寺　《本尊》十一面観世音菩薩　〔曹洞宗〕

赤門の寺《称》　あかもんのてら〔寺〕
　茨城県鹿島郡波崎町・宝蔵院　《本尊》大日如来　〔真言宗智山派〕

赤門の寺《称》　あかもんのてら〔寺〕
　栃木県栃木市・宝樹寺　《本尊》阿弥陀如来　〔真言宗豊山派〕

赤門の寺《称》　あかもんのてら〔寺〕
　千葉県船橋市・東福寺　《本尊》薬師如来　〔真言宗豊山派〕

赤門の寺《称》　あかもんのてら〔寺〕
　東京都文京区・円通寺　《本尊》釈迦如来　〔臨済宗妙心寺派〕

赤門の寺《称》　あかもんのてら〔寺〕
　東京都大田区・宝珠院　《本尊》阿弥陀如来・聖観世音菩薩　〔真言宗智山派〕

赤門の寺《称》　あかもんのてら〔寺〕
　東京都大田区・理境院　《本尊》十界曼荼羅　〔日蓮宗〕

赤門の寺《称》　あかもんのてら〔寺〕
　東京都中野区・蓮華寺　《本尊》十界曼荼羅　〔日蓮宗〕

赤門の寺《称》　あかもんのてら〔寺〕
　富山県魚津市・西願寺　《本尊》阿弥陀如来　〔浄土宗〕

赤門の寺《称》　あかもんのてら〔寺〕
　京都府京都市東山区・養福寺　《本尊》阿弥陀如来　〔浄土宗西山禅林寺派〕

赤門の寺《称》　あかもんのてら〔寺〕
　京都府京都市山科区・妙応寺　《本尊》観世音菩薩　〔黄檗宗〕

赤門の寺《称》　あかもんのてら〔寺〕
　兵庫県尼崎市・専念寺　《本尊》阿弥陀如来・十一面観世音菩薩　〔浄土宗〕

赤門仁王《称》　あかもんにおう〔寺〕
　東京都荒川区・養福寺　《本尊》如意輪観世音菩薩・阿弥陀如来　〔真言宗豊山派〕

赤門寺《称》　あかもんでら〔寺〕
　宮城県仙台市青葉区・称念寺　《本尊》阿弥陀如来　〔浄土真宗本願寺派〕

赤門寺《称》　あかもんでら〔寺〕
　茨城県つくば市・道林寺　《本尊》阿弥陀如来・聖観世音菩薩　〔浄土宗〕

赤門寺《称》　あかもんでら〔寺〕
　千葉県船橋市・大覚院　《本尊》大日如来　〔真言宗豊山派〕

赤門寺《称》　あかもんでら〔寺〕
　東京都港区・承教寺　《本尊》十界勧請大曼荼羅　〔日蓮宗〕

7画（赤）

赤門寺《称》　あかもんでら〔寺〕
　東京都台東区・妙泉寺　《本尊》日蓮聖人奠定の大曼荼羅　〔法華宗(本門流)〕
赤門寺《称》　あかもんでら〔寺〕
　東京都墨田区・円徳寺　《本尊》薬師如来
　　　　　　　　　　　　　　　　〔曹洞宗〕
赤門寺《称》　あかもんでら〔寺〕
　東京都江東区・浄心寺　《本尊》阿弥陀三尊
　　　　　　　　　　　　　　　　〔浄土宗〕
赤門寺《称》　あかもんでら〔寺〕
　東京都世田谷区・真福寺　《本尊》大日如来
　　　　　　　　　　　　　　〔真言宗智山派〕
赤門寺《称》　あかもんでら〔寺〕
　東京都世田谷区・勝国寺　《本尊》不動明王・薬師如来　　　　　　〔真言宗豊山派〕
赤門寺《称》　あかもんでら〔寺〕
　東京都豊島区・捻禅寺　《本尊》釈迦如来
　　　　　　　　　　　　　　　　〔曹洞宗〕
赤門寺《称》　あかもんでら〔寺〕
　東京都江戸川区・円照寺　《本尊》不動明王
　　　　　　　　　　　　　　　〔新義真言宗〕
赤門寺《称》　あかもんでら〔寺〕
　神奈川県横浜市西区・東福寺　《本尊》聖観世音菩薩　　　　　　　〔高野山真言宗〕
赤門寺《称》　あかもんでら〔寺〕
　新潟県長岡市・正覚寺　《本尊》阿弥陀如来
　　　　　　　　　　　　〔浄土真宗本願寺派〕
赤門寺《称》　あかもんでら〔寺〕
　愛知県名古屋市東区・法輪寺　《本尊》一塔両尊四士　　　　　　　　　　〔日蓮宗〕
赤門寺《称》　あかもんでら〔寺〕
　愛知県名古屋市昭和区・西光院　《本尊》阿弥陀如来　　　　　　〔浄土宗西山禅林寺派〕
赤門寺《称》　あかもんでら〔寺〕
　愛知県名古屋市熱田区・弥勒院　《本尊》弥勒菩薩　　　　　　　　〔真言宗豊山派〕
赤門寺《称》　あかもんでら〔寺〕
　愛知県常滑市・洞仙寺　《本尊》阿弥陀如来
　　　　　　　　　　　　　　　　〔浄土宗〕
赤門寺《称》　あかもんでら〔寺〕
　滋賀県彦根市・宗安寺　《本尊》阿弥陀如来
　　　　　　　　　　　　　　　　〔浄土宗〕
赤門寺《称》　あかもんでら〔寺〕
　和歌山県和歌山市・本光寺　《本尊》日蓮聖人奠定の十界大曼荼羅　　　〔日蓮宗〕
9 赤城さま《称》　あかぎさま〔社〕
　群馬県太田市・赤城神社　《祭神》大穴牟遅神　　　　　　　　　　　〔神社本庁〕
赤城さん《称》　あかぎさん〔社〕
　東京都新宿区・赤城神社　《祭神》岩筒雄命
　　　　　　　　　　　　　　　　〔神社本庁〕

赤城山赤城神社《称》　あかぎさんあかぎじんじゃ〔社〕
　群馬県勢多郡富士見村赤城山大洞・赤城神社　《祭神》赤城大明神〔他〕　〔神社本庁〕
赤城神社　あかぎじんじゃ〔社〕
　栃木県佐野市　《祭神》彦狭島王命〔他〕
　　　　　　　　　　　　　　　　〔神社本庁〕
赤城神社　あかぎじんじゃ〔社〕
　群馬県伊勢崎市　《祭神》大己貴命〔他〕
　　　　　　　　　　　　　　　　〔神社本庁〕
赤城神社　あかぎじんじゃ〔社〕
　群馬県太田市　《別称》赤城さま　《祭神》大穴牟遅神　　　　　　　〔神社本庁〕
赤城神社　あかぎじんじゃ〔社〕
　群馬県館林市　《祭神》大己貴命〔他〕
　　　　　　　　　　　　　　　　〔神社本庁〕
赤城神社　あかぎじんじゃ〔社〕
　群馬県勢多郡富士見村横室　《別称》十二山　《祭神》豊城入日子命〔他〕　〔神社本庁〕
赤城神社　あかぎじんじゃ〔社〕
　群馬県勢多郡富士見村赤城山大洞　《別称》赤城山赤城神社　《祭神》赤城大明神〔他〕
　　　　　　　　　　　　　　　　〔神社本庁〕
赤城神社　あかぎじんじゃ〔社〕
　群馬県勢多郡宮城村　《祭神》大己貴命〔他〕
　　　　　　　　　　　　　　　　〔神社本庁〕
赤城神社　あかぎじんじゃ〔社〕
　東京都新宿区　《別称》赤城さん　《祭神》岩筒雄命　　　　　　　　〔神社本庁〕
赤神様《称》　あかがみさま〔社〕
　秋田県男鹿市・真山神社　《祭神》邇邇杵命〔他〕
10 赤倉神社　あかくらじんじゃ〔社〕
　石川県鹿島郡田鶴浜町　《別称》赤蔵権現　《祭神》大山津見神　　　〔神社本庁〕
11 赤崎神社　あかさきじんじゃ〔社〕
　山口県小野田市　《祭神》大己貴神〔他〕
　　　　　　　　　　　　　　　　〔神社本庁〕
赤淵神社　あかぶちじんじゃ〔社〕
　兵庫県朝来郡和田山町　《別称》あかぶつさん　《祭神》赤淵足尼命〔他〕　〔神社本庁〕
赤麻寺　あかまじ〔寺〕
　栃木県下都賀郡藤岡町　《本尊》不動明王
　　　　　　　　　　　　　　〔真言宗豊山派〕
12 赤堤の不動《称》　あかつつみのふどう〔寺〕
　東京都世田谷区・善性寺　《本尊》不動明王
　　　　　　　　　　　　　　〔真言宗豊山派〕
赤間神宮　あかまじんぐう〔社〕
　山口県下関市　《祭神》安徳天皇　〔神社本庁〕

316　神社・寺院名よみかた辞典

7画（走, 足, 身）

赤須賀神明社　あかすかしんめいしゃ〔社〕
　三重県桑名市　《別称》神明さん　《祭神》天照大御神〔他〕
　　　　　　　　　　　　　〔神社本庁〕
13赤碕荒神宮《称》　あかさきこうじんぐう〔社〕
　鳥取県東伯郡赤碕町・神崎神社　《祭神》素盞嗚尊
　　　　　　　　　　　　　〔神社本庁〕
15赤幡八幡宮《称》　あかはたはちまんぐう〔社〕
　福岡県築上郡築城町・八幡神社　《祭神》神功皇后〔他〕
　　　　　　　　　　　　　〔神社本庁〕
赤穂八幡宮《称》　あこうはちまんぐう〔社〕
　兵庫県赤穂市尾崎・八幡神社　《祭神》仲哀天皇〔他〕
　　　　　　　　　　　　　〔神社本庁〕
赤蔵権現《称》　あかくらごんげん〔社〕
　石川県鹿島郡鶴浜町・赤倉神社　《祭神》大山津見神
　　　　　　　　　　　　　〔神社本庁〕
16赤壁《称》　あかかべ〔寺〕
　大分県中津市・合元寺　《本尊》阿弥陀如来
　　　　　　　　　　　　　〔西山浄土宗〕
赤壁の九品仏《称》　あかかべのくほんぶつ〔寺〕
　大阪府大阪市北区・九品寺　《本尊》阿弥陀如来
　　　　　　　　　　　　　〔浄土宗〕
赤壁無量寺《称》　あかかべむりょうじ〔寺〕
　大阪府大阪市中央区・無量寺　《本尊》阿弥陀如来
　　　　　　　　　　　　　〔浄土宗〕

【走】

4走水神社　はしりみずじんじゃ〔社〕
　神奈川県横須賀市　《祭神》日本武尊〔他〕
　　　　　　　　　　　　　〔神社本庁〕
走水神社　はしうどじんじゃ〔社〕
　兵庫県神戸市中央区元町通　《祭神》天照皇大神〔他〕
　　　　　　　　　　　　　〔神社本庁〕
5走出薬師《称》　はしりでやくし〔寺〕
　岡山県笠岡市・持宝院　《本尊》薬師如来・弘法大師
　　　　　　　　　　　　　〔高野山真言宗〕
走田神社　はせだじんじゃ〔社〕
　京都府亀岡市　《祭神》彦波瀲武鸕鷀草葺不合尊
　　　　　　　　　　　　　〔神社本庁〕
12走湯権現《称》　はしりゆごんげん〔社〕
　静岡県熱海市・伊豆山神社　《祭神》伊豆山神〔他〕
　　　　　　　　　　　　　〔神社本庁〕

【足】

6足守八幡神社《称》　あしもりはちまんじんじゃ〔社〕
　岡山県岡山市下足守・八幡神社　《祭神》応神天皇〔他〕
　　　　　　　　　　　　　〔神社本庁〕

足次山神社　あすはやまじんじゃ〔社〕
　岡山県井原市井原町　《別称》郷社　《祭神》阿波波神〔他〕
　　　　　　　　　　　　　〔神社本庁〕
足羽神社　あすわじんじゃ〔社〕
　福井県福井市　《祭神》継体天皇〔他〕
　　　　　　　　　　　　　〔神社本庁〕
7足助八幡宮　あすけはちまんぐう〔社〕
　愛知県東加茂郡足助町　《祭神》品陀和気命〔他〕
　　　　　　　　　　　　　〔神社本庁〕
足坏神社　あべじんじゃ〔社〕
　静岡県静岡市　《祭神》蛭子大神〔他〕
　　　　　　　　　　　　　〔神社本庁〕
足尾成田山《称》　あしおなりたさん〔寺〕
　栃木県上都賀郡足尾町・竜泉寺　《本尊》不動明王
　　　　　　　　　　　　　〔真言宗豊山派〕
足尾神社　あしおじんじゃ〔社〕
　茨城県新治郡八郷町　《祭神》国常立命〔他〕
　　　　　　　　　　　　　〔神社本庁〕
9足柄神社　あしがらじんじゃ〔社〕
　神奈川県南足柄市　《別称》明神さま　《祭神》瓊瓊杵尊〔他〕
　　　　　　　　　　　　　〔神社本庁〕
10足高神社　あしたかじんじゃ〔社〕
　岡山県倉敷市　《別称》足高さま　《祭神》大山津見命〔他〕
　　　　　　　　　　　　　〔神社本庁〕

【身】

5身代り観音《称》　みがわりかんのん〔寺〕
　佐賀県杵島郡江北町・東照寺　《本尊》薬師如来・身代救苦観世音菩薩
　　　　　　　　　　　　　〔曹洞宗〕
身代わり不動《称》　みがわりふどう〔寺〕
　神奈川県川崎市高津区・大明王院　《本尊》身代不動明王
　　　　　　　　　　　　　〔真言宗醍醐派〕
身代わり弘法めがね大師《称》　みがわりこうぼうめがねだいし〔寺〕
　愛知県知多市・大智院　《本尊》聖観世音菩薩・馬頭観世音菩薩
　　　　　　　　　　　　　〔真言宗智山派〕
身代不動尊《称》　みがわりふどうそん〔寺〕
　東京都港区・鏡照院　《本尊》身代不動明王
　　　　　　　　　　　　　〔真言宗智山派〕
身代観音《称》　みがわりかんのん〔寺〕
　群馬県藤岡市・一行寺　《本尊》阿弥陀如来
　　　　　　　　　　　　　〔浄土宗〕
8身延山《称》　みのぶさん〔寺〕
　山梨県南巨摩郡身延町・久遠寺　《本尊》日蓮聖人奠定の大曼荼羅
　　　　　　　　　　　　　〔日蓮宗〕
身延日照教会　みのぶにっしょうきょうかい〔寺〕
　大阪府大阪市住吉区　《別称》鬼子母神講　《本尊》日蓮聖人奠定の大曼荼羅
　　　　　　　　　　　　　〔日蓮宗〕

神社・寺院名よみかた辞典　317

7画（車, 辛, 辰, 近, 迎, 那）

身延報恩教会　みのぶほうおんきょうかい〔寺〕
　東京都世田谷区　《別称》永久寺東京別院
　《本尊》日蓮聖人　〔日蓮宗〕
13身照寺　しんしょうじ〔寺〕
　岩手県花巻市　《別称》ほっけでら　《本尊》
　日蓮聖人奠定の大曼荼羅　〔日蓮宗〕

【車】

7車折神社　くるまざきじんじゃ〔社〕
　京都府京都市右京区　《祭神》清原頼業
　〔単立〕

【辛】

9辛科神社　からしなじんじゃ〔社〕
　群馬県多野郡吉井町　《祭神》速須佐之男命
　[他]　〔神社本庁〕

【辰】

2辰乃宮《称》　たつのみや〔社〕
　徳島県名西郡神山町・宇佐八幡神社　《祭神》
　応神天皇[他]　〔神社本庁〕
3辰口八幡神社　たつのくちはちまんじんじゃ〔社〕
　岡山県川上郡成羽町　《祭神》応神天皇[他]
　〔神社本庁〕
辰山神社　たつやまじんじゃ〔社〕
　広島県府中市　《別称》清竜社　《祭神》田凝
　姫神[他]　〔神社本庁〕

【近】

6近江の観音寺《称》　おうみのかんのんじ〔寺〕
　滋賀県蒲生郡安土町・観音正寺　《本尊》千
　手観世音菩薩　〔単立〕
近江寺　きんこうじ〔寺〕
　兵庫県神戸市西区　《本尊》十一面千手観世
　音菩薩　〔高野山真言宗〕
近江神宮　おおみじんぐう〔社〕
　滋賀県大津市　《祭神》天智天皇　〔神社本庁〕
8近松寺　ごんしょうじ〔寺〕
　滋賀県大津市　《別称》高観音　《本尊》十一
　面観世音菩薩　〔天台寺門宗〕
近松寺　きんしょうじ〔寺〕
　佐賀県唐津市　《本尊》釈迦如来・津守観世
　音菩薩　〔臨済宗南禅寺派〕
近松御坊《称》　ちかまつごぼう〔寺〕
　滋賀県大津市・西本願寺近松別院　《本尊》阿
　弥陀如来　〔浄土真宗本願寺派〕

近長谷寺　きんちょうこくじ〔寺〕
　三重県多気郡多気町　《別称》長谷の観音
　《本尊》十一面観世音菩薩　〔真言宗山階派〕
9近津神社　ちかつじんじゃ〔社〕
　茨城県久慈郡大子町町付　《祭神》面足命[他]
　〔神社本庁〕
近津神社　ちかつじんじゃ〔社〕
　茨城県久慈郡大子町下野宮　《祭神》級長津
　彦命[他]　〔神社本庁〕
近津神社　ちかつじんじゃ〔社〕
　栃木県上都賀郡西方町　《祭神》武甕槌命[他]
　〔神社本庁〕
10近竜寺　きんりゅうじ〔寺〕
　栃木県栃木市　《本尊》阿弥陀三尊　〔浄土宗〕

【迎】

9迎乗寺　こうじょうじ〔寺〕
　奈良県天理市　《本尊》阿弥陀如来　〔浄土宗〕
11迎接寺　こうしょうじ〔寺〕
　山形県山形市　《本尊》阿弥陀如来　〔浄土宗〕
迎接寺　こうしょうじ〔寺〕
　千葉県香取郡下総町　《別称》冬父寺　《本
　尊》阿弥陀如来　〔浄土宗〕
迎接寺　こうしょうじ〔寺〕
　京都府久世郡久御山町　《別称》下津屋のお
　寺　《本尊》阿弥陀如来　〔浄土宗〕
迎接院　こうしょういん〔寺〕
　埼玉県越谷市　《本尊》阿弥陀如来
　〔真言宗豊山派〕
迎接院　こうじょういん〔寺〕
　東京都練馬区　《別称》十一ヵ寺　《本尊》阿
　弥陀如来　〔浄土宗〕
12迎富士浅間神社　むかえふじあさまじんじゃ〔社〕
　山梨県東八代郡御坂町　《別称》浅間社　《祭
　神》木花開耶姫命　〔神社本庁〕
13迎摂院　こうしょういん〔寺〕
　埼玉県三郷市　《本尊》不動明王・矜迦羅童子・
　制多迦童子・阿弥陀如来　〔真言宗豊山派〕

【那】

4那比本社　なびほんしゃ〔社〕
　岐阜県郡上市　〔神社本庁〕
5那古寺　なごじ〔寺〕
　千葉県館山市　《別称》坂東第三三番霊場・那
　古観音　《本尊》千手観世音菩薩
　〔真言宗智山派〕
那古野神社　なごやじんじゃ〔社〕
　愛知県名古屋市中区　《祭神》須佐之男命[他]
　〔神社本庁〕

7画（邦, 邑, 酉, 防）8画（並, 乳, 事, 京）

　那古観音《称》　なごかんのん〔寺〕
　　千葉県館山市・那古寺　《本尊》千手観世音
　　菩薩　　　　　　　　　　　　〔真言宗智山派〕
7那岐神社　なぎじんじゃ〔社〕
　　鳥取県八頭郡智頭町　《祭神》伊邪那岐神〔他〕
　　　　　　　　　　　　　　　　　〔神社本庁〕
　那谷の観音《称》　なたのかんのん〔寺〕
　　石川県小松市・那谷寺　《本尊》千手観世音
　　菩薩　　　　　　　　　　　　〔高野山真言宗〕
　那谷寺　なたでら〔寺〕
　　石川県小松市　《別称》那谷の観音　《本尊》
　　千手観世音菩薩　　　　　　　〔高野山真言宗〕
8那波八幡《称》　なばはちまん〔社〕
　　兵庫県相生市・八幡神社　《祭神》応神天皇
　　　　　　　　　　　　　　　　　〔神社本庁〕
11那閉神社　なへじんじゃ〔社〕
　　静岡県焼津市　《祭神》事代主命〔他〕
　　　　　　　　　　　　　　　　　〔神社本庁〕
12那智山《称》　なちさん〔社〕
　　宮城県名取市・熊野那智神社　《祭神》事解
　　男命〔他〕　　　　　　　　　　〔神社本庁〕
　那智山《称》　なちさん〔寺〕
　　和歌山県東牟婁郡那智勝浦町・青岸渡寺
　　《本尊》如意輪観世音菩薩　　　　　〔天台宗〕
　那智山熊野権現《称》　なちさんくまのご
　　んげん〔社〕
　　和歌山県東牟婁郡那智勝浦町・熊野那智大社
　　《祭神》熊野夫須美大神〔他〕　〔神社本庁〕
　那賀都神社　なかつじんじゃ〔社〕
　　山梨県東山梨郡三富村　《別称》大嶽山　《祭
　　神》大山祇神〔他〕　　　　　　〔神社本庁〕
　那須大師《称》　なすだいし〔寺〕
　　栃木県那須郡西那須野町・雲照寺　《本尊》大
　　日如来　　　　　　　　　　　〔真言宗東寺派〕
　那須神社　なすじんじゃ〔社〕
　　栃木県大田原市　《別称》金丸八幡　《祭神》
　　応神天皇　　　　　　　　　　　〔神社本庁〕
　那須嶽さま《称》　なすだけさま〔寺〕
　　栃木県黒磯市・法界寺中性院　《本尊》大日
　　如来・不動明王　　　　　　　〔真言宗大覚寺派〕
19那覇の本願寺《称》　なはのほんがんじ〔寺〕
　　沖縄県那覇市・真教寺　《本尊》阿弥陀如来
　　　　　　　　　　　　　　　　　〔真宗大谷派〕

【邦】
13邦福寺　ほうふくじ〔寺〕
　　大阪府大阪市天王寺区　《別称》雲水寺　《本
　　尊》釈迦如来　　　　　　　　　　〔黄檗派〕

【邑】
13邑勢神社　ゆうせいじんじゃ〔社〕

　　静岡県浜松市　《祭神》豊受大神　〔神社本庁〕

【酉】
5酉甲さま《称》　とりかぶとさま〔社〕
　　高知県安芸郡馬路村・熊野三山神社　《祭神》
　　熊野三山神　　　　　　　　　　〔神社本庁〕
7酉谷寺　ゆうこくじ〔寺〕
　　山口県下関市　《本尊》阿弥陀如来　　〔浄土宗〕
14お酉様《称》　おとりさま〔社〕
　　埼玉県北葛飾郡鷲宮町・鷲宮神社　《祭神》天
　　穂日命〔他〕　　　　　　　　　〔神社本庁〕

【防】
8防府天満宮　ほうふてんまんぐう〔社〕
　　山口県防府市　《別称》宮市天神　《祭神》菅
　　原道真〔他〕　　　　　　　　　〔神社本庁〕

8 画

【並】
4並木の八幡さま《称》　なみきのはちまん
　　さま〔社〕
　　神奈川県津久井郡城山町・八幡神社　《祭神》
　　応神天皇　　　　　　　　　　　〔神社本庁〕

【乳】
0乳の宮《称》　ちちのみや〔社〕
　　兵庫県氷上郡市島町・鴨神社　《祭神》鴨別
　　雷命　　　　　　　　　　　　　〔神社本庁〕
4乳井神社　にゅういじんじゃ〔社〕
　　青森県弘前市　《別称》毘沙門さま　《祭神》
　　武甕槌命〔他〕　　　　　　　　〔神社本庁〕
5乳母薬師《称》　うばやくし〔寺〕
　　愛媛県松山市・大宝寺　《本尊》薬師如来・阿
　　弥陀如来・釈迦如来　　　　　〔真言宗豊山派〕

【事】
4事比羅神社　ことひらじんじゃ〔社〕
　　北海道瀬棚郡瀬棚町　《別称》こんぴら様
　　《祭神》大物主神　　　　　　　〔神社本庁〕
5事代主神社　ことしろぬしじんじゃ〔社〕
　　徳島県阿波郡市場町　《祭神》事代神〔他〕
　　　　　　　　　　　　　　　　　〔神社本庁〕
6事任八幡宮　ことのままはちまんぐう〔社〕
　　静岡県掛川市　《別称》日坂八幡宮　《祭神》
　　誉田別命〔他〕　　　　　　　　〔神社本庁〕

【京】
9京春日《称》　きょうかすが〔社〕

神社・寺院名よみかた辞典　319

8画（兎，免，典，函，刺，到，受，周，味，和）

京都府京都市西京区・大原野神社　《祭神》建御賀豆智命［他］　〔神社本庁〕
11京都神社《称》　きょうとじんじゃ〔社〕
京都府京都市東山区・京都霊山護国神社　《祭神》護国の神霊　〔神社本庁〕
京都霊山護国神社　きょうとりょうぜんごこくじんじゃ〔社〕
京都府京都市東山区　《別称》京都神社　《祭神》護国の神霊　〔神社本庁〕
14京徳寺　きょうとくじ〔寺〕
青森県弘前市　《本尊》竜負観世音菩薩　〔曹洞宗〕

【兎】

3兎川霊瑞寺　とせんれいずいじ〔寺〕
長野県松本市　《別称》二年詣りの寺　《本尊》千手観世音菩薩　〔真言宗智山派〕

【免】

5免田高野山《称》　めんだこうやさん〔寺〕
熊本県球磨郡あさぎり町・遍照寺　《本尊》薬師如来　〔真宗大覚寺派〕

【典】

12典厩寺　てんきゅうじ〔寺〕
長野県長野市　《本尊》釈迦如来・観世音菩薩　〔曹洞宗〕

【函】

16函館八幡宮　はこだてはちまんぐう〔社〕
北海道函館市　《別称》はちまんさん　《祭神》品陀和気命［他］　〔神社本庁〕
函館護国神社　はこだてごこくじんじゃ〔社〕
北海道函館市　《祭神》護国の神霊　〔神社本庁〕

【刺】

5刺田比古神社　さだひこじんじゃ〔社〕
和歌山県和歌山市　《別称》岡の宮　《祭神》大伴刺氏比古命［他］　〔神社本庁〕

【到】

9到津八幡神社　いとうずはちまんじんじゃ〔社〕
福岡県北九州市小倉北区　《祭神》息長帯比売命［他］　〔神社本庁〕

【受】

4受円寺　じゅえんじ〔寺〕

岐阜県大垣市　《別称》乳授堂　《本尊》阿弥陀如来　〔真宗大谷派〕
14受徳寺　じゅとくじ〔寺〕
岐阜県安八郡安八町　《本尊》阿弥陀如来　〔真宗大谷派〕
受誓寺　じゅせいじ〔寺〕
福井県福井市　《本尊》阿弥陀如来　〔真宗大谷派〕
16受頭院　じゅとういん〔寺〕
愛知県安城市　《本尊》阿弥陀如来　〔浄土宗〕

【周】

4周方さま《称》　すわさま〔社〕
山口県周南市・周方神社　《祭神》健御名方命［他］　〔神社本庁〕
周方神社　すわのじんじゃ〔社〕
山口県周南市　《別称》周方さま　《祭神》健御名方命［他］　〔神社本庁〕
7周防国分寺《称》　すおうこくぶんじ〔寺〕
山口県防府市・国分寺　《本尊》薬師如来　〔高野山真言宗〕
8周参見不動教会　すさみふどうきょうかい〔寺〕
和歌山県西牟婁郡すさみ町　《本尊》不動明王　〔真言宗醍醐派〕
15周慶寺　しゅうけいじ〔寺〕
山口県下松市　《本尊》阿弥陀如来　〔浄土宗〕
周慶院　しゅうけいいん〔寺〕
東京都西多摩郡奥多摩町　《本尊》薬師如来　〔曹洞宗〕
周敷神社　すうじんじゃ〔社〕
愛媛県東予市　《祭神》天忍男命［他］　〔神社本庁〕
周敷神社　すうじんじゃ〔社〕
愛媛県東予市周布　《祭神》火明命［他］　〔神社本庁〕
24周鷹寺　しゅうようじ〔寺〕
山口県萩市　《本尊》釈迦如来・三宝大荒神　〔曹洞宗〕

【味】

6味舌天満宮　ましたてんまんぐう〔社〕
大阪府摂津市　《祭神》菅原道真［他］　〔神社本庁〕

【和】

5和布刈神社　めかりじんじゃ〔社〕
福岡県北九州市門司区　《別称》早鞆さん　《祭神》比売大神［他］　〔神社本庁〕

320　神社・寺院名よみかた辞典

8画（和）

和田の薬師《称》　わだのやくし〔寺〕
　神奈川県大和市・信法寺　《本尊》阿弥陀如来
　　　　　　　　　　　　　　　　　〔浄土宗〕
和田八幡神社《称》　わだはちまんじんじゃ〔社〕
　兵庫県氷上郡山南町・狭宮神社　《祭神》若沙那売命［他］　　　　　　　　〔神社本庁〕
和田寺　わでんじ〔寺〕
　兵庫県篠山市　《本尊》千手観世音菩薩
　　　　　　　　　　　　　　　　　〔天台宗〕
和田神社　わだじんじゃ〔社〕
　静岡県焼津市　《祭神》神倭伊波礼毘古命［他］
　　　　　　　　　　　　　　　　〔神社本庁〕
和田神社　わだじんじゃ〔社〕
　兵庫県神戸市兵庫区　《別称》和田宮　《祭神》天御中主大神［他］　　　　〔神社本庁〕
和田神社　わだじんじゃ〔社〕
　岡山県御津郡建部町　《別称》二の宮　《祭神》品陀和気命［他］　　　　　〔神社本庁〕
和田宮《称》　わだみや〔社〕
　兵庫県神戸市兵庫区・和田神社　《祭神》天御中主大神［他］　　　　　　　〔神社本庁〕
和田御崎神社　わだみさきじんじゃ〔社〕
　鳥取県米子市　《祭神》素盞嗚命［他］
　　　　　　　　　　　　　　　　〔神社本庁〕
和田権現《称》　わだごんげん〔社〕
　鹿児島県鹿児島市・伊佐智佐神社　《祭神》伊弉冉尊［他］　　　　　　　　〔神社本庁〕
和田薬師《称》　わだやくし〔寺〕
　福井県大飯郡高浜町・真乗寺　《本尊》延命地蔵菩薩・薬師如来　〔臨済宗相国寺派〕
6和光寺　わこうじ〔寺〕
　大阪府大阪市西区　《別称》阿弥陀池　《本尊》阿弥陀三尊　　　　　　　〔浄土宗〕
和光院　わこういん〔寺〕
　山形県東置賜郡高畠町　《別称》中の寺　《本尊》大日如来　　　　　　〔真言宗智山派〕
和光院　わこういん〔寺〕
　埼玉県さいたま市　《本尊》不動明王
　　　　　　　　　　　　　　　〔真言宗豊山派〕
和多都美神社　わたずみじんじゃ〔社〕
　長崎県対馬市　《祭神》彦火火出見尊［他］
　　　　　　　　　　　　　　　　〔神社本庁〕
和気のお祖師様《称》　わけのおそしさま〔寺〕
　大阪府和泉市・妙泉寺　《本尊》日蓮聖人奠定の大曼荼羅　　　　　　　〔日蓮宗〕
和気神社　わけじんじゃ〔社〕
　岡山県和気郡和気町　《祭神》鐸石別命［他］
　　　　　　　　　　　　　　　　〔神社本庁〕

和気神社　わきじんじゃ〔社〕
　鹿児島県姶良郡牧園町　《祭神》和気清麿
　　　　　　　　　　　　　　　　〔神社本庁〕
7和岐坐天乃夫伎売神社　わきにますあめのふきめじんじゃ〔社〕
　京都府相楽郡山城町　《別称》わきでの宮　《祭神》天之夫支売命［他］　〔神社本庁〕
和志取神社　わしどりじんじゃ〔社〕
　愛知県岡崎市　《祭神》五十狭城入彦皇子［他］
　　　　　　　　　　　　　　　　〔神社本庁〕
和束天満宮《称》　わずかてんまんぐう〔社〕
　京都府相楽郡和束町・天満宮　《祭神》菅原道真　　　　　　　　　　〔神社本庁〕
8和尚様《称》　おしょうさま〔社〕
　大分県大分郡挾間町・来鉢神社　《祭神》武内宿禰［他］　　　　　　　〔神社本庁〕
9和泉神社　いずみじんじゃ〔社〕
　静岡県浜松市　《祭神》白山比売命
　　　　　　　　　　　　　　　　〔神社本庁〕
和泉神社　いずみじんじゃ〔社〕
　滋賀県東浅井郡湖北町　《祭神》大山祇大神　　　　　　　　　　　　〔神社本庁〕
11和理比売神社　わりひめじんじゃ〔社〕
　広島県世羅郡世羅町　《祭神》櫛名田比売命　　　　　　　　　　　　〔神社本庁〕
12和賀神社　わかじんじゃ〔社〕
　広島県竹原市　《別称》小早神社　《祭神》小早川隆景　　　　　　　　〔神社本庁〕
和貴宮神社　わきのみやじんじゃ〔社〕
　京都府宮津市　《祭神》豊受毘売神［他］
　　　　　　　　　　　　　　　　〔神社本庁〕
和間神社　わまじんじゃ〔社〕
　大分県宇佐市　《祭神》八幡大神［他］
　　　　　　　　　　　　　　　　〔神社本庁〕
13和楽備神社　わらびじんじゃ〔社〕
　埼玉県蕨市　《祭神》誉田別尊　〔神社本庁〕
14和歌山県護国神社　わかやまけんごこくじんじゃ〔社〕
　和歌山県和歌山市　《祭神》護国の神霊
　　　　　　　　　　　　　　　　〔神社本庁〕
和歌宮神社　わかみやじんじゃ〔社〕
　静岡県庵原郡蒲原町　《祭神》木之花佐久夜毘売命　　　　　　　　　〔神社本庁〕
和歌浦天満宮　わかうらてんまんぐう〔社〕
　和歌山県和歌山市　《別称》天神さん　《祭神》菅原道真　　　　　　　〔神社本庁〕
和爾賀波神社　わにかわじんじゃ〔社〕
　香川県木田郡三木町　《別称》井戸八幡　《祭神》豊玉比売命［他］　　〔神社本庁〕

神社・寺院名よみかた辞典　*321*

8画（国）

15 和霊神社　われいじんじゃ〔社〕
　愛媛県宇和島市　《祭神》山家清兵衛公頼〔他〕
　　　　　　　　　　　　　　　　　〔神社本庁〕
　和霊神社　われいじんじゃ〔社〕
　愛媛県越智郡玉川町　《別称》みこたまさん
　《祭神》山家清兵衛公頼〔他〕　〔神社本庁〕

【国】

3 国上寺　こくじょうじ〔寺〕
　青森県南津軽郡碇ヶ関村　《別称》古懸不動
　尊　《本尊》不動明王・正観世音菩薩
　　　　　　　　　　　　　　　〔真言宗智山派〕
　国上寺　こくじょうじ〔寺〕
　新潟県西蒲原郡分水町　《別称》くがみ寺
　《本尊》阿弥陀如来　　　　　〔真言宗豊山派〕
　国土安穏寺　こくどあんのんじ〔寺〕
　東京都足立区　《別称》誦経のお祖師さま
　《本尊》久遠実成本師釈迦如来・日蓮聖人
　　　　　　　　　　　　　　　　　〔日蓮宗〕

4 国中神社　くになかじんじゃ〔社〕
　福井県今立郡今立町中津山　《祭神》国霊彦
　神〔他〕　　　　　　　　　　　〔神社本庁〕
　国中神社　くになかじんじゃ〔社〕
　福井県今立郡今立町国中　《祭神》越比古神
　〔他〕　　　　　　　　　　　　〔神社本庁〕
　国中神社　くになかじんじゃ〔社〕
　徳島県徳島市　《別称》東の宮　《祭神》唯一
　真神〔他〕　　　　　　　　　　　〔単立〕
　国分八幡宮　こくぶはちまんぐう〔社〕
　香川県綾歌郡国分寺町　《別称》岩川さん
　《祭神》応神天皇〔他〕　　　　〔神社本庁〕
　国分尼寺　こんぶんにじ〔寺〕
　宮城県仙台市若林区　《本尊》観世音菩薩
　　　　　　　　　　　　　　　　　〔曹洞宗〕
　国分尼寺《称》　こくぶんにじ〔寺〕
　香川県綾歌郡国分寺町・法華寺　《本尊》阿
　弥陀如来　　　　　　　　　　〔真宗興正派〕
　国分寺　こくぶんじ〔寺〕
　宮城県仙台市若林区　《別称》薬師堂・陸奥国
　分寺　《本尊》薬師如来　　　〔真言宗智山派〕
　国分寺　こくぶんじ〔寺〕
　千葉県市川市　《本尊》薬師如来
　　　　　　　　　　　　　　　〔真言宗豊山派〕
　国分寺　こくぶんじ〔寺〕
　千葉県館山市　　　　　　　　〔真言宗智山派〕
　国分寺　こくぶんじ〔寺〕
　千葉県市原市　《別称》上総国分寺　《本尊》
　薬師如来　　　　　　　　　　〔真言宗豊山派〕
　国分寺　こくぶんじ〔寺〕
　東京都国分寺市　《別称》武蔵国分寺　《本
　尊》薬師如来　　　　　　　　〔真言宗豊山派〕

　国分寺　こくぶんじ〔寺〕
　神奈川県海老名市　《本尊》薬師如来
　　　　　　　　　　　　　　　〔真言宗東寺派〕
　国分寺　こくぶんじ〔寺〕
　新潟県上越市　《別称》五智さん　《本尊》五
　智如来　　　　　　　　　　　　　〔天台宗〕
　国分寺　こくぶんじ〔寺〕
　新潟県佐渡市　《本尊》薬師如来
　　　　　　　　　　　　　　　〔真言宗醍醐派〕
　国分寺　こくぶんじ〔寺〕
　福井県武生市　《別称》お耳の薬師・甘茶のお
　寺　《本尊》薬師如来・歓喜天　　〔天台宗〕
　国分寺　こくぶんじ〔寺〕
　福井県小浜市　《本尊》釈迦如来　〔曹洞宗〕
　国分寺　こくぶんじ〔寺〕
　山梨県東八代郡一宮町　《本尊》薬師如来
　　　　　　　　　　　　　　　〔臨済宗妙心寺派〕
　国分寺　こくぶんじ〔寺〕
　長野県上田市　《別称》八日堂　《本尊》薬師
　如来　　　　　　　　　　　　　　〔天台宗〕
　国分寺　こくぶんじ〔寺〕
　岐阜県大垣市　《本尊》薬師如来
　　　　　　　　　　　　　　　〔高野山真言宗〕
　国分寺　こくぶんじ〔寺〕
　岐阜県高山市　《別称》飛騨国分寺　《本尊》
　薬師如来・聖観世音菩薩　〔高野山真言宗〕
　国分寺　こくぶんじ〔寺〕
　愛知県豊川市　《別称》三河国分寺　《本尊》
　薬師如来　　　　　　　　　　　　〔曹洞宗〕
　国分寺　こくぶんじ〔寺〕
　愛知県稲沢市　《別称》尾張国分寺　《本尊》
　薬師如来　　　　　　　　　　〔臨済宗妙心寺派〕
　国分寺　こくぶんじ〔寺〕
　三重県松阪市　《別称》伊勢寺
　　　　　　　　　　　　　　　〔真言宗御室派〕
　国分寺　こくぶんじ〔寺〕
　三重県鈴鹿市　《本尊》薬師如来　〔浄土宗〕
　国分寺　こくぶんじ〔寺〕
　三重県志摩郡阿児町　《本尊》薬師如来
　　　　　　　　　　　　　　　　　〔単立〕
　国分寺　こくぶんじ〔寺〕
　京都府宮津市　《別称》丹後国分寺　《本尊》
　薬師如来・日光菩薩・月光菩薩
　　　　　　　　　　　　　　　〔高野山真言宗〕
　国分寺　こくぶんじ〔寺〕
　京都府亀岡市　《本尊》薬師如来　〔浄土宗〕
　国分寺　こくぶんじ〔寺〕
　大阪府大阪市天王寺区　《本尊》観世音菩
　薩　　　　　　　　　　　　　　　〔黄檗宗〕

322　神社・寺院名よみかた辞典

8画（国）

国分寺　こくぶんじ〔寺〕
　大阪府大阪市北区　《別称》長柄寺・大本山
　　《本尊》薬師如来　　　〔真言宗国分寺派〕
国分寺　こくぶんじ〔寺〕
　大阪府和泉市　　　　　　　〔高野山真言宗〕
国分寺　こくぶんじ〔寺〕
　兵庫県姫路市　《本尊》薬師如来
　　　　　　　　　　　　　　〔高野山真言宗〕
国分寺　こくぶんじ〔寺〕
　兵庫県三原郡三原町　《別称》お釈迦様の寺
　《本尊》釈迦如来　　　　　　　　　　〔律宗〕
国分寺　こくぶんじ〔寺〕
　奈良県橿原市　《本尊》阿弥陀三尊　〔浄土宗〕
国分寺　こくぶんじ〔寺〕
　鳥取県岩美郡国府町　《本尊》薬師如来
　　　　　　　　　　　　　　　　　〔黄檗宗〕
国分寺　こくぶんじ〔寺〕
　岡山県津山市　《本尊》薬師如来　〔天台宗〕
国分寺　こくぶんじ〔寺〕
　岡山県総社市　　　　　　　〔真言宗御室派〕
国分寺　こくぶんじ〔寺〕
　広島県東広島市　《別称》安芸国分寺　《本
　尊》薬師如来　　　　　　　〔真言宗御室派〕
国分寺　こくぶんじ〔寺〕
　広島県深安郡神辺町　《本尊》薬師如来
　　　　　　　　　　　　　　〔真言宗大覚寺派〕
国分寺　こくぶんじ〔寺〕
　山口県下関市　《別称》長門国分寺　《本尊》
　薬師如来　　　　　　　　　〔高野山真言宗〕
国分寺　こくぶんじ〔寺〕
　山口県防府市　《別称》周防国分寺　《本尊》
　薬師如来　　　　　　　　　〔高野山真言宗〕
国分寺　こくぶんじ〔寺〕
　徳島県徳島市　《別称》四国第一五番霊場
　《本尊》薬師如来　　　　　　　　　〔曹洞宗〕
国分寺　こくぶんじ〔寺〕
　香川県綾歌郡国分寺町　《別称》国分の観音・
　四国第八〇番霊場　《本尊》十一面千手観
　世音菩薩　　　　　　　　　〔真言宗御室派〕
国分寺　こくぶんじ〔寺〕
　愛媛県今治市　《別称》別格本山・四国第五
　九番霊場　《本尊》薬師如来　　　〔真言律宗〕
国分寺　こくぶんじ〔寺〕
　高知県南国市　《別称》四国第二九番霊場
　《本尊》千手観世音菩薩　　　〔真言宗智山派〕
国分寺　こくぶんじ〔寺〕
　福岡県久留米市　《別称》元三大師　《本尊》
　聖観世音菩薩　　　　　　　　　　　〔天台宗〕
国分寺　こくぶんじ〔寺〕
　福岡県太宰府市　《別称》筑前国分寺　《本
　尊》薬師如来　　　　　　　〔高野山真言宗〕

国分寺　こくぶんじ〔寺〕
　福岡県京都郡豊津町　《別称》豊前国分寺
　《本尊》薬師如来・日光菩薩・月光菩薩・十二
　神将・愛染明王・弘法大師　　〔高野山真言宗〕
国分寺　こくぶんじ〔寺〕
　長崎県対馬市　《本尊》三尊仏　　　〔曹洞宗〕
国分寺　こくぶんじ〔寺〕
　長崎県壱岐市　　　　　　　〔臨済宗大徳寺派〕
国分寺　こくぶんじ〔寺〕
　大分県大分市　《本尊》薬師如来　〔天台宗〕
5国庁裏神社　こくちょうりじんじゃ〔社〕
　鳥取県倉吉市国分寺　《別称》総社　《祭神》
　大己貴命［他］　　　　　　　　　〔神社本庁〕
国玉明神《称》　くにたまみょうじん〔社〕
　山梨県甲府市・玉諸神社　《祭神》大国魂大
　神　　　　　　　　　　　　　　　〔神社本庁〕
国玉神社　くにたまじんじゃ〔社〕
　愛知県名古屋市中川区　　　　　〔神社本庁〕
国玉神社　くにたまじんじゃ〔社〕
　大阪府泉南郡岬町　《祭神》大国玉大神［他］
　　　　　　　　　　　　　　　　　〔神社本庁〕
国玉神社　くにたまじんじゃ〔社〕
　福岡県豊前市　《別称》求菩提山権現　《祭
　神》顕国霊神［他］　　　　　　　〔神社本庁〕
国玉様《称》　くにたまさま〔社〕
　山梨県南巨摩郡身延町・子守神社　《祭神》大
　国主命　　　　　　　　　　　　　〔神社本庁〕
国生大明神《称》　こくしょうだいみょう
　じん〔社〕
　奈良県五條市・宇智神社　《祭神》彦太忍信
　命　　　　　　　　　　　　　　　〔神社本庁〕
国生寺　こくしょうじ〔寺〕
　京都府京都市上京区　《本尊》阿弥陀如来・千
　手観世音菩薩・聖徳太子・延命地蔵菩薩・
　歓喜天　　　　　　　　　　　　　　〔浄土宗〕
7国坂神社　くにさかじんじゃ〔社〕
　鳥取県東伯郡北条町　《別称》四宮大明神
　《祭神》少彦名神　　　　　　　　〔神社本庁〕
8国府八幡宮《称》　こくふはちまんぐう〔社〕
　長野県松本市・筑摩神社　《祭神》誉田別命
　［他］　　　　　　　　　　　　　　〔神社本庁〕
国府阿弥陀《称》　こうあみだ〔寺〕
　三重県鈴鹿市・府南寺　《本尊》阿弥陀三尊・
　千手観世音菩薩　　　　　　　〔真言宗御室派〕
国府宮《称》　こくふぐう〔社〕
　愛知県稲沢市・尾張大国霊神社　《祭神》尾
　張大国霊神　　　　　　　　　　　〔神社本庁〕
国府御坊《称》　こくふごぼう〔寺〕
　新潟県上越市・光源寺　《本尊》阿弥陀如来
　　　　　　　　　　　　　　　　〔真宗大谷派〕

神社・寺院名よみかた辞典　323

8画（垂, 夜, 奈）

国武社《称》　こくぶしゃ〔社〕
　佐賀県小城郡小城町・岡山神社　《祭神》鍋島元茂[他]　〔神社本庁〕
9国前寺　こくぜんじ〔寺〕
　広島県広島市東区　《別称》由緒寺院　《本尊》日蓮聖人奠定の大曼荼羅　〔日蓮宗〕
国柱会　こくちゅうかい〔寺〕
　東京都江戸川区　〔国柱会〕
国柱命神社　くにはしらみことじんじゃ〔社〕
　静岡県賀茂郡松崎町　《別称》神明社　《祭神》国柱姫命　〔神社本庁〕
国津比古命神社　くにつひこのみことじんじゃ〔社〕
　愛媛県北条市　《祭神》天照国照彦火明櫛玉饒速日尊[他]　〔神社本庁〕
国津姫神社　くにつひめじんじゃ〔社〕
　山口県防府市　《祭神》田心姫命[他]　〔神社本庁〕
国神神社　くにがみじんじゃ〔社〕
　福井県坂井郡丸岡町　《別称》神明宮　《祭神》椀子皇子　〔神社本庁〕
国祐寺　こくゆうじ〔寺〕
　香川県三豊郡豊浜町　《本尊》十界大曼荼羅　〔法華宗(本門流)〕
国貞寺　こくじょうじ〔寺〕
　群馬県太田市　《本尊》五大明王　〔真言宗豊山派〕
10国泰寺　こくたいじ〔寺〕
　北海道厚岸郡厚岸町　〔臨済宗南禅寺派〕
国泰寺　こくたいじ〔寺〕
　富山県高岡市　《別称》大本山　《本尊》釈迦如来　〔臨済宗国泰寺派〕
国泰寺　こくたいじ〔寺〕
　福井県勝山市　〔黄檗宗〕
国泰寺　こくたいじ〔寺〕
　広島県広島市中区　《本尊》釈迦如来　〔曹洞宗〕
国造神社　くにのみやつこじんじゃ〔社〕
　熊本県阿蘇郡一の宮町　《別称》北宮　《祭神》国造速瓶玉命[他]　〔神社本庁〕
11国清寺　こくしょうじ〔寺〕
　静岡県田方郡韮山町　《本尊》観世音菩薩　〔臨済宗円覚寺派〕
国清寺　こくせいじ〔寺〕
　京都府宮津市　《本尊》釈迦如来　〔臨済宗妙心寺派〕
国清寺　こくせいじ〔寺〕
　岡山県岡山市　《本尊》釈迦如来　〔臨済宗妙心寺派〕

12国渭地祇神社　くにいちぎじんじゃ〔社〕
　埼玉県所沢市　〔神社本庁〕
13国照寺　こくしょうじ〔寺〕
　愛知県一宮市　《本尊》一塔両尊　〔日蓮宗〕
国照寺　こくしょうじ〔寺〕
　熊本県天草郡苓北町　《本尊》釈迦如来・迦葉尊者・阿難尊者　〔曹洞宗〕
国瑞彦神社　くにたまひこじんじゃ〔社〕
　徳島県徳島市　《別称》くにたまさん　《祭神》蜂須賀家政[他]　〔神社本庁〕
14魂神社　くにたまじんじゃ〔社〕
　福島県いわき市　《祭神》大己貴命[他]　〔神社本庁〕
15国蔵様《称》　こくぞうさま〔社〕
　秋田県大館市花岡町・大国主神社　《祭神》大国主神　〔神社本庁〕
20国懸神宮　くにかかすじんぐう〔社〕
　和歌山県和歌山市　《祭神》国懸大神　〔単立〕

【垂】
4垂水神社　たるみじんじゃ〔社〕
　大阪府吹田市　《祭神》豊城入彦命[他]　〔神社本庁〕
垂水神社　たるみじんじゃ〔社〕
　岡山県真庭郡落合町　《祭神》大己貴神[他]　〔神社本庁〕

【夜】
4夜支布山口神社　やぎゅうやまぐちじんじゃ〔社〕
　奈良県奈良市　《別称》神野宮　《祭神》素盞嗚命　〔神社本庁〕
夜比良神社　やひらじんじゃ〔社〕
　兵庫県龍野市　《別称》いぼのみや　《祭神》国作大己貴命　〔神社本庁〕

【奈】
5奈加等神社　なかとじんじゃ〔社〕
　三重県鈴鹿市　《別称》伊勢一ノ宮　〔神社本庁〕
6奈多宮　なだぐう〔社〕
　大分県杵築市　《祭神》比売大神[他]　〔神社本庁〕
7奈良の大仏《称》　ならのだいぶつ〔寺〕
　奈良県奈良市・東大寺　《本尊》毘盧舎那仏　〔華厳宗〕
奈良尾神社　ならおじんじゃ〔社〕
　長崎県南松浦郡奈良尾町　《別称》七社宮　《祭神》国常立尊[他]　〔神社本庁〕

324　神社・寺院名よみかた辞典

8画（奉, 妻, 始, 姉, 学, 宛, 宜, 実）

奈良県護国神社　ならけんごこくじんじゃ〔社〕
　奈良県奈良市　《祭神》護国の神霊
　　　　　　　　　　　　　　　〔神社本庁〕

【奉】

6奉安寺《称》　ほうあんじ〔寺〕
　熊本県阿蘇郡小国町・長蓮寺　《本尊》阿弥陀如来
　　　　　　　　　　　　　　〔真宗大谷派〕

【妻】

3妻万様《称》　つまさま〔社〕
　宮崎県西都市・都万神社　《祭神》木花開耶姫命
　　　　　　　　　　　　　　　〔神社本庁〕
妻山さん《称》　つまやまさん〔社〕
　佐賀県杵島郡白石町・妻山神社　《祭神》抓津姫命〔他〕
　　　　　　　　　　　　　　　〔神社本庁〕
妻山神社　つまやまじんじゃ〔社〕
　佐賀県杵島郡白石町　《別称》妻山さん　《祭神》抓津姫命〔他〕
　　　　　　　　　　　　　　　〔神社本庁〕
8妻沼聖天《称》　めぬましょうてん〔寺〕
　埼玉県大里郡妻沼町・歓喜寺　《本尊》十一面観世音菩薩・歓喜天
　　　　　　　　　　　　　〔高野山真言宗〕
9妻垣神社　つまがけじんじゃ〔社〕
　大分県宇佐郡安心院町　《別称》八幡さま　《祭神》比咩大神〔他〕
　　　　　　　　　　　　　　　〔神社本庁〕
妻科神社　つましなじんじゃ〔社〕
　長野県長野市　《祭神》八坂刀売命
　　　　　　　　　　　　　　　〔神社本庁〕

【始】

12始覚寺　しかくじ〔寺〕
　福岡県北九州市小倉南区　《本尊》阿弥陀如来
　　　　　　　　　　　　　　〔西山浄土宗〕

【姉】

10姉倉比売神社　あねくらひめじんじゃ〔社〕
　富山県富山市　《祭神》姉倉比売命〔他〕
　　　　　　　　　　　　　　　〔単立〕
11姉崎神社　あねさきじんじゃ〔社〕
　千葉県市原市　《別称》姉崎明神　《祭神》級長戸辺神
　　　　　　　　　　　　　　　〔神社本庁〕
姉崎明神《称》　あねさきみょうじん〔社〕
　千葉県市原市・姉埼神社　《祭神》級長戸辺神
　　　　　　　　　　　　　　　〔神社本庁〕

【学】

5学仙寺　がくせんじ〔寺〕
　鳥取県倉吉市　《別称》法華の寺　《本尊》釈迦如来
　　　　　　　　　　　　　　　〔日蓮宗〕

6学行院　がくぎょういん〔寺〕
　鳥取県岩美郡国府町　《別称》土堂薬師　《本尊》薬師如来
　　　　　　　　　　　　　〔真言宗醍醐派〕
8学法寺　がくほうじ〔寺〕
　秋田県仙北郡角館町　《本尊》一塔両尊
　　　　　　　　　　　　　　　〔日蓮宗〕
12学童寺　がくどうじ〔寺〕
　福岡県北九州市小倉南区　《別称》温室寺　《本尊》阿弥陀如来　〔浄土真宗本願寺派〕
15学蔵寺　がくぞうじ〔寺〕
　埼玉県岩槻市　《本尊》日蓮聖人　〔日蓮宗〕

【宛】

11宛陵寺　えんりょうじ〔寺〕
　長崎県松浦市　《本尊》釈迦如来　〔曹洞宗〕

【宜】

9宜春院　ぎしゅんいん〔寺〕
　大阪府交野市　《別称》滝の不動　《本尊》不動明王
　　　　　　　　　　　　〔臨済宗妙心寺派〕
12宜雲寺　ぎうんじ〔寺〕
　東京都江東区　《本尊》釈迦如来
　　　　　　　　　　　　〔臨済宗妙心寺派〕

【実】

6実光寺　じっこうじ〔寺〕
　京都府京都市南区　《別称》北寺　《本尊》三宝尊・日蓮聖人　〔日蓮宗〕
実成寺　じつじょうじ〔寺〕
　静岡県伊豆市　《別称》由緒寺院　《本尊》十界曼荼羅　〔日蓮宗〕
実行寺　じつぎょうじ〔寺〕
　北海道函館市　《別称》ほつけん寺　《本尊》十界曼荼羅　〔日蓮宗〕
実行寺　じつぎょうじ〔寺〕
　兵庫県養父市　《別称》八木山　《本尊》題目・宝塔・日蓮聖人　〔日蓮宗〕
8実性寺　じっしょうじ〔寺〕
　東京都足立区　《本尊》阿弥陀如来　〔浄土宗〕
9実城院　じつじょういん〔寺〕
　秋田県秋田市　《本尊》十界曼荼羅・三菩薩・鬼子母神　〔日蓮宗〕
実相安国禅寺　じっそうあんこくぜんじ〔寺〕
　愛知県西尾市　《別称》西野町のお釈迦さん　《本尊》釈迦如来・如意輪観世音菩薩
　　　　　　　　　　　　〔臨済宗妙心寺派〕
実相寺　じっそうじ〔寺〕
　北海道夕張市　《本尊》釈迦如来　〔曹洞宗〕

神社・寺院名よみかた辞典　325

8画（実）

実相寺　じっそうじ〔寺〕
　北海道河東郡士幌町　《本尊》釈迦如来
　　　　　　　　　　　　　〔臨済宗妙心寺派〕
実相寺　じっそうじ〔寺〕
　青森県西津軽郡木造町　《本尊》大曼荼羅
　　　　　　　　　　　　　　　　〔日蓮宗〕
実相寺　じっそうじ〔寺〕
　岩手県九戸郡軽米町　《本尊》釈迦如来
　　　　　　　　　　　　　　　　〔曹洞宗〕
実相寺　じっそうじ〔寺〕
　岩手県二戸郡一戸町　《本尊》阿弥陀如来
　　　　　　　　　　　　　　　　〔浄土宗〕
実相寺　じっそうじ〔寺〕
　秋田県大館市　《本尊》釈迦如来　〔曹洞宗〕
実相寺　じっそうじ〔寺〕
　山形県山形市　《本尊》阿弥陀如来　〔浄土宗〕
実相寺　じっそうじ〔寺〕
　福島県会津若松市　　　〔臨済宗妙心寺派〕
実相寺　じっそうじ〔寺〕
　群馬県邑楽郡板倉町　《本尊》不動明王
　　　　　　　　　　　　　　〔真言宗智山派〕
実相寺　じっそうじ〔寺〕
　埼玉県川口市　《本尊》久遠実成本師釈迦如
　来・日蓮聖人　　　　　　　　　〔日蓮宗〕
実相寺　じっそうじ〔寺〕
　埼玉県児玉郡児玉町　《本尊》阿弥陀三尊
　　　　　　　　　　　　　　　　〔浄土宗〕
実相寺　じっそうじ〔寺〕
　千葉県野田市　《別称》牡丹寺　《本尊》十界
　曼荼羅　　　　　　　　　　　　〔日蓮宗〕
実相寺　じっそうじ〔寺〕
　東京都港区　《本尊》阿弥陀如来　〔浄土宗〕
実相寺　じっそうじ〔寺〕
　東京都目黒区　《本尊》地蔵菩薩　〔天台宗〕
実相寺　じっそうじ〔寺〕
　神奈川県鎌倉市　《本尊》一塔両尊四士
　　　　　　　　　　　　　　　　〔日蓮宗〕
実相寺　じっそうじ〔寺〕
　神奈川県足柄上郡山北町　《本尊》聖観世音
　菩薩　　　　　　　　　　　　　〔黄檗宗〕
実相寺　じっそうじ〔寺〕
　新潟県佐渡市　《別称》お松さん　《本尊》釈
　迦如来・四菩薩・日蓮聖人　　　〔日蓮宗〕
実相寺　じっそうじ〔寺〕
　富山県氷見市　《本尊》釈迦如来
　　　　　　　　　　　　　〔臨済宗国泰寺派〕
実相寺　じっそうじ〔寺〕
　山梨県北巨摩郡武川村　《別称》じんだい桜の
　寺　《本尊》日蓮聖人奠定の十界曼荼羅
　　　　　　　　　　　　　　　　〔日蓮宗〕

実相寺　じっそうじ〔寺〕
　岐阜県大垣市　《別称》法華寺　《本尊》十界
　大曼荼羅　　　　　　　　　　　〔日蓮宗〕
実相寺　じっそうじ〔寺〕
　静岡県静岡市　《本尊》阿弥陀三尊　〔浄土宗〕
実相寺　じっそうじ〔寺〕
　静岡県富士市　《別称》由緒寺院　《本尊》釈
　迦如来・日蓮聖人　　　　　　　〔日蓮宗〕
実相寺　じっそうじ〔寺〕
　静岡県引佐郡引佐町　《本尊》釈迦三尊
　　　　　　　　　　　　　〔臨済宗方広寺派〕
実相寺　じっそうじ〔寺〕
　京都府京都市南区　《本尊》大曼荼羅
　　　　　　　　　　　　　　　　〔日蓮宗〕
実相寺　じっそうじ〔寺〕
　京都府与謝郡加悦町　《本尊》十界大曼荼
　羅　　　　　　　　　　　　　　〔日蓮宗〕
実相寺　じっそうじ〔寺〕
　大阪府大阪市天王寺区　《本尊》阿弥陀如
　来　　　　　　　　　　　　　　〔浄土宗〕
実相寺　じっそうじ〔寺〕
　兵庫県神戸市垂水区　《本尊》阿弥陀如来
　　　　　　　　　　　　　　　　〔天台宗〕
実相寺　じっそうじ〔寺〕
　兵庫県西脇市　《本尊》阿弥陀如来・三宝荒
　神　　　　　　　　　　　　〔高野山真言宗〕
実相寺　じっそうじ〔寺〕
　奈良県大和郡山市　《本尊》阿弥陀如来
　　　　　　　　　　　　　　　　〔浄土宗〕
実相寺　じっそうじ〔寺〕
　広島県広島市中区　《本尊》阿弥陀如来
　　　　　　　　　　　　　〔浄土真宗本願寺派〕
実相寺　じっそうじ〔寺〕
　香川県さぬき市　《本尊》地蔵童形菩薩
　　　　　　　　　　　　　　　　〔真言宗〕
実相寺　じっそうじ〔寺〕
　福岡県小郡市　《本尊》阿弥陀如来　〔浄土宗〕
実相寺　じっそうじ〔寺〕
　長崎県西彼杵郡西海町　《本尊》一塔両尊
　　　　　　　　　　　　　　　　〔日蓮宗〕
実相寺　じっそうじ〔寺〕
　熊本県熊本市　《本尊》阿弥陀如来
　　　　　　　　　　　　　　　〔真宗大谷派〕
実相院　じっそういん〔寺〕
　山形県西村山郡大江町　《本尊》不動明王
　　　　　　　　　　　　　　〔真言宗智山派〕
実相院　じっそういん〔寺〕
　茨城県猿島郡五霞町　《別称》五霞観音　《本
　尊》千手観世音菩薩　　　　〔真言宗豊山派〕
実相院　じっそういん〔寺〕
　埼玉県川越市　《本尊》阿弥陀如来　〔天台宗〕

326　神社・寺院名よみかた辞典

8画（宗）

実相院　じっそういん〔寺〕
　東京都世田谷区　《本尊》薬師如来　〔曹洞宗〕
実相院　じっそういん〔寺〕
　東京都中野区　　　　　　　　〔真言宗豊山派〕
実相院　じっそういん〔寺〕
　東京都足立区　《別称》伊興の子育観音　《本尊》正観世音菩薩　　　〔真言宗豊山派〕
実相院　じっそういん〔寺〕
　新潟県西頸城郡能生町　《本尊》大日如来・多聞天・青面金剛　　　　〔真言宗豊山派〕
実相院　じっそういん〔寺〕
　長野県小県郡真田町　《別称》かなずなさん　《本尊》釈迦如来・馬頭観世音菩薩・十一面観世音菩薩　　　　　　　　　　〔天台宗〕
実相院　じっそういん〔寺〕
　京都府京都市左京区　《別称》いわくら御殿　《本尊》不動明王　　　　　　　〔単立〕
実相院　じっそういん〔寺〕
　兵庫県神戸市西区　《本尊》阿弥陀如来
　　　　　　　　　　　　　　　　〔高野山真言宗〕
実相院　しっそういん〔寺〕
　岡山県備前市　《別称》大滝さん　《本尊》十一面千手観世音菩薩・薬師如来
　　　　　　　　　　　　　　　　〔高野山真言宗〕
実相院　《称》じっそういん〔寺〕
　佐賀県佐賀郡大和町・神通密寺　《本尊》薬師如来　　　　　　　　　〔真言宗御室派〕
14実際寺　じっさいじ〔寺〕
　兵庫県宍粟郡一宮町　《本尊》釈迦如来
　　　　　　　　　　　　　　　　〔臨済宗妙心寺派〕
15実蔵坊　じつぞうぼう〔寺〕
　滋賀県大津市　《本尊》阿弥陀如来・観世音菩薩・勢至菩薩　　　　　　　〔天台宗〕
実蔵院　じつぞういん〔寺〕
　埼玉県所沢市　《本尊》大日如来
　　　　　　　　　　　　　　　〔真言宗豊山派〕
実蔵院　じつぞういん〔寺〕
　埼玉県志木市　《本尊》阿弥陀如来
　　　　　　　　　　　　　　　〔真言宗智山派〕

【宗】

3宗三寺　そうさんじ〔寺〕
　神奈川県川崎市川崎区　《本尊》釈迦如来
　　　　　　　　　　　　　　　　〔曹洞宗〕
宗川寺　そうせんじ〔寺〕
　神奈川県横浜市瀬谷区　《本尊》日蓮聖人奠定の大曼荼羅　　　　　　　〔日蓮宗〕
4宗円寺　そうえんじ〔寺〕
　北海道小樽市　《別称》五百羅漢　《本尊》三尊仏　　　　　　　　　　　〔曹洞宗〕

宗円寺　そうえんじ〔寺〕
　東京都新宿区　《別称》地蔵寺　《本尊》阿弥陀如来　　　　　　　　　　　　〔浄土宗〕
宗円寺　そうえんじ〔寺〕
　東京都世田谷区　《本尊》釈迦如来　〔曹洞宗〕
宗円寺　そうえんじ〔寺〕
　神奈川県横須賀市　《本尊》阿弥陀如来
　　　　　　　　　　　　　　　　　〔浄土宗〕
宗円寺　そうえんじ〔寺〕
　愛知県名古屋市昭和区　《本尊》十一面観世音菩薩　　　　　　　　　〔曹洞宗〕
宗円寺　そうえんじ〔寺〕
　大阪府大阪市天王寺区　《本尊》阿弥陀如来　　　　　　　　　　　　〔浄土宗〕
宗円寺　そうえんじ〔寺〕
　大阪府大阪市鶴見区　《本尊》阿弥陀如来
　　　　　　　　　　　　　　　　〔真宗大谷派〕
宗円寺　そうえんじ〔寺〕
　奈良県吉野郡西吉野村　《本尊》阿弥陀如来　　　　　　　　　〔浄土真宗本願寺派〕
5宗仙寺　そうせんじ〔寺〕
　京都府京都市下京区　《本尊》釈迦如来
　　　　　　　　　　　　　　　　〔曹洞宗〕
宗本寺　そうほんじ〔寺〕
　群馬県吾妻郡中之条町　《本尊》阿弥陀如来・観世音菩薩・勢至菩薩　　〔浄土宗〕
宗正寺　そうしょうじ〔寺〕
　滋賀県高島郡マキノ町　《本尊》十一面観世音菩薩　　　　　　　〔真言宗山派〕
宗玄寺　そうげんじ〔寺〕
　島根県簸川郡斐川町　《本尊》阿弥陀如来
　　　　　　　　　　　　　　　〔浄土真宗本願寺派〕
宗生寺　そうしょうじ〔寺〕
　福井県武生市　《本尊》釈迦如来　〔曹洞宗〕
6宗休寺　そうきゅうじ〔寺〕
　岐阜県関市　《別称》関善光寺　《本尊》阿弥陀三尊・善光寺如来三尊　〔単立〕
宗仲寺　そうちゅうじ〔寺〕
　神奈川県座間市　《本尊》阿弥陀如来
　　　　　　　　　　　　　　　　〔浄土宗〕
宗光寺　そうこうじ〔寺〕
　栃木県芳賀郡二宮町　《本尊》阿弥陀如来
　　　　　　　　　　　　　　　　〔天台宗〕
宗光寺　そうこうじ〔寺〕
　広島県三原市　《本尊》釈迦如来　〔曹洞宗〕
宗安寺　そうあんじ〔寺〕
　滋賀県彦根市　《別称》赤門寺　《本尊》阿弥陀如来　　　　　　　　　〔浄土宗〕
宗安寺　そうあんじ〔寺〕
　高知県高知市　《別称》川上不動
　　　　　　　　　　　　　　〔臨済宗妙心寺派〕

神社・寺院名よみかた辞典

8画（宗）

7宗佐厄神《称》　そうさやくじん〔社〕
　　兵庫県加古川市八幡町・八幡神社　《祭神》品陀別命［他］
　　　　　　　　　　　　　　　　〔神社本庁〕
宗寿寺　そうじゅうじ〔寺〕
　　石川県加賀市　《本尊》日蓮聖人・鬼子母神
　　　　　　　　　　　　　　　　　〔日蓮宗〕
宗形神社　むなかたじんじゃ〔社〕
　　鳥取県米子市　《別称》宗形さん　《祭神》多岐津毘売命［他］
　　　　　　　　　　　　　　　　〔神社本庁〕
宗形神社　むなかたじんじゃ〔社〕
　　岡山県岡山市　《祭神》田心姫命［他］
　　　　　　　　　　　　　　　　〔神社本庁〕
宗形神社　むなかたじんじゃ〔社〕
　　岡山県赤磐郡吉井町　《別称》大宮　《祭神》多紀理比売命［他］
　　　　　　　　　　　　　　　　〔神社本庁〕
宗我神社　そうがじんじゃ〔社〕
　　神奈川県小田原市　《祭神》宗我都比古命［他］
　　　　　　　　　　　　　　　　〔神社本庁〕
8宗参寺　そうさんじ〔寺〕
　　東京都新宿区　《本尊》釈迦如来　〔曹洞宗〕
宗周院　そうしゅういん〔寺〕
　　東京都練馬区　《別称》十一ヵ寺の呑竜様　《本尊》阿弥陀如来・子育呑竜　〔浄土宗〕
宗岳寺　そうがくじ〔寺〕
　　福岡県筑後市　《本尊》阿弥陀如来　〔浄土宗〕
宗忠神社　むねただじんじゃ〔社〕
　　京都府京都市左京区　《祭神》宗忠神［他］
　　　　　　　　　　　　　　　　　〔単立〕
宗忠神社　むねただじんじゃ〔社〕
　　岡山県岡山市　《祭神》宗忠神　〔黒住教〕
宗念寺　そうねんじ〔寺〕
　　大阪府大阪市天王寺区　《本尊》阿弥陀如来　　　　　　　　　　　　　　　〔浄土宗〕
宗念寺　そうねんじ〔寺〕
　　長崎県福江市　《本尊》阿弥陀如来　〔浄土宗〕
宗昌寺　そうしょうじ〔寺〕
　　愛媛県北宇和郡吉田町　《本尊》観世音菩薩・釈迦如来　　〔臨済宗妙心寺派〕
宗松寺　そうしょうじ〔寺〕
　　岩手県東磐井郡東山町　《本尊》釈迦如来　　　　　　　　　　　　　　　〔曹洞宗〕
宗林寺　そうりんじ〔寺〕
　　東京都台東区　《別称》谷中の萩寺　《本尊》日蓮聖人奠定の大曼荼羅による一塔両尊四士像　　　　　　　　　　　〔単立〕
宗林寺　そうりんじ〔寺〕
　　富山県東礪波郡城端町　《本尊》阿弥陀如来　　　　　　　　　　　〔真宗大谷派〕
宗林寺　しゅうりんじ〔寺〕
　　岡山県御津郡加茂川町　《本尊》聖観世音菩薩　　　　　　　　　　〔真言宗御室派〕

宗英寺　そうえいじ〔寺〕
　　福島県会津若松市　《本尊》阿弥陀如来
　　　　　　　　　　　　　　　　　〔曹洞宗〕
宗金寺　そうきんじ〔寺〕
　　群馬県太田市　《別称》名号様　《本尊》不動明王　　　　　　　　　　　〔曹洞宗〕
宗金寺　そうきんじ〔寺〕
　　愛媛県伊予郡松前町　《本尊》延命地蔵菩薩　　　　　　　　　　〔真言宗豊山派〕
宗青寺　そうせいじ〔寺〕
　　岩手県花巻市　《本尊》釈迦如来　〔曹洞宗〕
9宗保院　しゅうほういん〔寺〕
　　東京都町田市　《本尊》千手観世音菩薩
　　　　　　　　　　　　　　　　　〔曹洞宗〕
宗専寺　そうせんじ〔寺〕
　　島根県大原郡大東町　《本尊》阿弥陀如来　　　　　　　　　　〔真宗大谷派〕
宗建寺　そうけんじ〔寺〕
　　東京都青梅市　《本尊》毘沙門天
　　　　　　　　　　　　　　〔臨済宗建長寺派〕
宗柏寺　そうはくじ〔寺〕
　　東京都新宿区　《別称》矢来のお釈迦さま　《本尊》釈迦如来・十界曼荼羅・日蓮聖人
　　　　　　　　　　　　　　　　　〔日蓮宗〕
宗泉寺　そうせんじ〔寺〕
　　栃木県足利市　《本尊》延命地蔵菩薩
　　　　　　　　　　　　　　　　　〔曹洞宗〕
宗泉寺　そうせんじ〔寺〕
　　東京都北区　《本尊》阿弥陀如来
　　　　　　　　　　　　　　　〔真宗大谷派〕
宗泉寺　そうせんじ〔寺〕
　　神奈川県横浜市鶴見区　《本尊》阿弥陀如来　　　　　　　　　　　　　　　〔浄土宗〕
宗泉寺　そうせんじ〔寺〕
　　岐阜県中津川市　《本尊》釈迦如来・阿弥陀如来・弥勒菩薩　　〔曹洞宗〕
宗泉寺　そうせんじ〔寺〕
　　滋賀県野洲郡野洲町　《本尊》阿弥陀如来・薬師如来・不動明王　〔浄土宗〕
宗泉寺　そうせんじ〔寺〕
　　島根県松江市　《本尊》十一面観世音菩薩
　　　　　　　　　　　　　　　　　〔曹洞宗〕
宗泉院　そうせんいん〔寺〕
　　山梨県韮崎市　《別称》山ん寺　《本尊》釈迦如来　　　　　　　　　　　〔曹洞宗〕
宗祖寺　しゅうそじ〔寺〕
　　大阪府茨木市　《別称》本山　〔本派日蓮宗〕
宗祐寺　そうゆうじ〔寺〕
　　神奈川県相模原市　《別称》滝の寺　《本尊》虚空蔵菩薩・釈迦如来　〔曹洞宗〕

8画（宗）

宗祐寺　そうゆうじ〔寺〕
　奈良県宇陀郡榛原町　《本尊》多聞天
　　　　　　　　　　　　　　〔融通念仏宗〕
10宗恩寺　そうおんじ〔寺〕
　兵庫県養父市　《本尊》釈迦如来　〔曹洞宗〕
宗恵寺　そうけいじ〔寺〕
　宮城県登米郡南方町　《本尊》釈迦如来
　　　　　　　　　　　　　　　　〔曹洞宗〕
宗悟寺　そうごじ〔寺〕
　埼玉県東松山市　《本尊》釈迦如来　〔曹洞宗〕
宗泰院　そうたいいん〔寺〕
　東京都杉並区　《本尊》釈迦如来　〔曹洞宗〕
宗真寺　そうしんじ〔寺〕
　群馬県高崎市　《本尊》阿弥陀如来
　　　　　　　　　　　　　　〔高野山真言宗〕
宗真寺　そうしんじ〔寺〕
　愛媛県喜多郡河辺村　《本尊》聖観世音菩薩・
　毘沙門天・不動明王　　　　　〔曹洞宗〕
宗通寺　そうつうじ〔寺〕
　岩手県稗貫郡大迫町　《本尊》阿弥陀如来
　　　　　　　　　　　　　　　〔真宗大谷派〕
11宗清寺　そうせいじ〔寺〕
　埼玉県児玉郡美里町　《本尊》正観世音菩
　薩　　　　　　　　　　　〔臨済宗妙心寺派〕
宗清寺　そうせいじ〔寺〕
　静岡県庵原郡富士川町　《別称》富士山観音
　《本尊》虚空蔵菩薩　　　　　〔曹洞宗〕
宗清寺　そうせいじ〔寺〕
　福岡県筑後市　《本尊》阿弥陀如来・観世音
　菩薩・勢至菩薩　　　　　　　〔浄土宗〕
宗淵寺　そうえんじ〔寺〕
　神奈川県秦野市　《本尊》釈迦如来　〔曹洞宗〕
12宗敦寺　そうとんじ〔寺〕
　岐阜県恵那郡付知町　《本尊》聖観世音菩
　薩　　　　　　　　　　　〔臨済宗妙心寺派〕
宗覚寺　そうかくじ〔寺〕
　熊本県下益城郡松橋町　《本尊》阿弥陀如
　来　　　　　　　　　　　　　〔真宗大谷派〕
宗覚院　そうかくいん〔寺〕
　山形県西村山郡朝日町　《本尊》安産子育地
　蔵菩薩　　　　　　　　　　〔真言宗智山派〕
宗運寺　そううんじ〔寺〕
　佐賀県藤津郡嬉野町　《本尊》阿弥陀如来
　　　　　　　　　　　　　　　　〔浄土宗〕
宗雲寺　そううんじ〔寺〕
　京都府京丹後市　《本尊》観世音菩薩
　　　　　　　　　　　　　　〔臨済宗南禅寺派〕
13宗源寺　そうげんじ〔寺〕
　滋賀県草津市　《本尊》阿弥陀如来　〔浄土宗〕

宗源院　そうげんいん〔寺〕
　静岡県浜松市　《別称》山寺　《本尊》釈迦如
　来・虚空蔵菩薩　　　　　　　〔曹洞宗〕
宗獣寺　そうゆうじ〔寺〕
　岐阜県高山市　《本尊》釈迦如来
　　　　　　　　　　　　　　〔臨済宗妙心寺派〕
宗禅寺　そうぜんじ〔寺〕
　東京都羽村市　《本尊》釈迦如来
　　　　　　　　　　　　　　〔臨済宗建長寺派〕
宗福寺　そうふくじ〔寺〕
　秋田県大館市　《本尊》釈迦如来　〔曹洞宗〕
宗福寺　そうふくじ〔寺〕
　埼玉県坂戸市　《本尊》阿弥陀如来　〔曹洞宗〕
宗福寺　そうふくじ〔寺〕
　東京都新宿区　《本尊》釈迦如来　〔曹洞宗〕
宗福寺　そうふくじ〔寺〕
　東京都大田区　《本尊》阿弥陀如来　〔単立〕
宗福寺　そうふくじ〔寺〕
　東京都八丈町　《本尊》阿弥陀如来　〔浄土宗〕
宗福寺　そうふくじ〔寺〕
　神奈川県小田原市　《本尊》釈迦如来
　　　　　　　　　　　　　　　　〔曹洞宗〕
宗福寺　そうふくじ〔寺〕
　長野県東筑摩郡山形村　《本尊》阿弥陀如
　来　　　　　　　　　　　　　〔曹洞宗〕
宗福寺　そうふくじ〔寺〕
　大阪府泉南市　《本尊》阿弥陀如来　〔浄土宗〕
宗福寺　そうふくじ〔寺〕
　和歌山県日高郡川辺町　《本尊》阿弥陀如
　来　　　　　　　　　　　　　〔浄土宗〕
宗蓮寺　そうれんじ〔寺〕
　岡山県岡山市　《本尊》十界大曼荼羅
　　　　　　　　　　　　　　　　〔日蓮宗〕
14宗像神社　むなかたじんじゃ〔社〕
　千葉県印旛郡印旛村吉高　《祭神》田心姫命
　[他]　　　　　　　　　　　〔神社本庁〕
宗像神社　むなかたじんじゃ〔社〕
　千葉県印旛郡印旛村吉田　《祭神》市杵島姫
　命[他]　　　　　　　　　　〔神社本庁〕
宗像神社　むなかたじんじゃ〔社〕
　福井県小浜市　《別称》弁天社　《祭神》田心
　姫命[他]　　　　　　　　　　〔神社本庁〕
宗像神社　むなかたじんじゃ〔社〕
　京都府京都市上京区　《祭神》宗像三姫神[他]
　　　　　　　　　　　　　　〔神社本庁〕
宗像神社　むなかたじんじゃ〔社〕
　愛媛県新居浜市　《別称》八雲さん　《祭神》
　市杵島姫命[他]　　　　　　　〔神社本庁〕
宗像神社　むなかたじんじゃ〔社〕
　福岡県北九州市小倉南区　《祭神》多岐都比
　売命[他]　　　　　　　　　　〔神社本庁〕

神社・寺院名よみかた辞典　329

8画（定）

宗像神社　むなかたじんじゃ〔社〕
　福岡県宗像市　《祭神》田心姫神［他］
　　　　　　　　　　　　　　　〔神社本庁〕

宗像神社　むなかたじんじゃ〔社〕
　長崎県北松浦郡田平町　《祭神》湍津姫命［他］
　　　　　　　　　　　　　　　〔神社本庁〕

宗徳寺　そうとくじ〔寺〕
　千葉県佐倉市　《本尊》般若船観世音菩薩
　　　　　　　　　　　　　　　〔曹洞宗〕

宗徳寺　そうとくじ〔寺〕
　東京都青梅市　《本尊》地蔵菩薩
　　　　　　　　　　　　　〔臨済宗建長寺派〕

宗徳寺　そうとくじ〔寺〕
　長野県南安曇郡穂高町　《本尊》千手観世音菩薩
　　　　　　　　　　　　　　　〔曹洞宗〕

宗徳寺　そうとくじ〔寺〕
　京都府京都市下京区　《別称》粟島堂　《本尊》阿弥陀如来・粟島明神　〔西山浄土宗〕

宗徳院　そうとくいん〔寺〕
　神奈川県足柄下郡湯河原町　《本尊》如意輪観世音菩薩　〔曹洞宗〕

宗徳院　そうとくいん〔寺〕
　静岡県静岡市　《別称》山寺　《本尊》聖観世音菩薩・釈迦如来・承陽大師・常済大師
　　　　　　　　　　　　　　　〔曹洞宗〕

宗関寺　そうかんじ〔寺〕
　東京都八王子市　《本尊》三尊仏　〔曹洞宗〕

15 宗慶寺　そうけいじ〔寺〕
　新潟県南蒲原郡田上町　《本尊》釈迦如来
　　　　　　　　　　　　　　　〔曹洞宗〕

16 宗繁寺　そうはんじ〔寺〕
　神奈川県小田原市　《本尊》釈迦如来
　　　　　　　　　　　　　　　〔曹洞宗〕

宗興寺　そうこうじ〔寺〕
　神奈川県横浜市神奈川区　《本尊》聖観世音菩薩　〔曹洞宗〕

宗賢寺　そうけんじ〔寺〕
　新潟県中蒲原郡横越町　《本尊》釈迦如来
　　　　　　　　　　　　　　　〔曹洞宗〕

宗賢院　そうけんいん〔寺〕
　神奈川県藤沢市　《本尊》釈迦如来　〔曹洞宗〕

宗隣寺　そうりんじ〔寺〕
　山口県宇部市　《別称》御山　《本尊》阿弥陀如来・如意輪観世音菩薩　〔臨済宗東福寺派〕

18 宗顕寺　そうげんじ〔寺〕
　広島県佐伯郡大柿町　《本尊》阿弥陀如来
　　　　　　　　　　　　　〔浄土真宗本願寺派〕

19 宗鏡寺　そうきょうじ〔寺〕
　兵庫県出石郡出石町　〔臨済宗大徳寺派〕

宗願寺　そうがんじ〔寺〕
　茨城県古河市　《別称》真宗二四輩旧跡　《本尊》阿弥陀如来　〔浄土真宗本願寺派〕

宗願寺　そうがんじ〔寺〕
　奈良県大和高田市　《本尊》阿弥陀如来
　　　　　　　　　　　　　〔浄土真宗本願寺派〕

【定】

5 定正院　じょうしょういん〔寺〕
　新潟県長岡市　《本尊》釈迦如来　〔曹洞宗〕

6 定光寺　じょうこうじ〔寺〕
　北海道釧路市　《本尊》釈迦如来　〔曹洞宗〕

定光寺　じょうこうじ〔寺〕
　神奈川県横浜市南区　《本尊》阿弥陀如来
　　　　　　　　　　　　　　〔高野山真言宗〕

定光寺　じょうこうじ〔寺〕
　新潟県加茂市　《本尊》釈迦如来　〔曹洞宗〕

定光寺　じょうこうじ〔寺〕
　愛知県瀬戸市　《本尊》延命地蔵菩薩・十一面観世音菩薩　〔臨済宗妙心寺派〕

定光寺　じょうこうじ〔寺〕
　鳥取県倉吉市　《本尊》釈迦如来　〔曹洞宗〕

定年寺　じょうねんじ〔寺〕
　栃木県足利市　《本尊》釈迦如来　〔曹洞宗〕

8 定念寺　じょうねんじ〔寺〕
　山口県防府市　《本尊》阿弥陀如来　〔浄土宗〕

定林寺　じょうりんじ〔寺〕
　福島県河沼郡会津坂下町　《本尊》大日如来　〔曹洞宗〕

定林寺　じょうりんじ〔寺〕
　埼玉県秩父市　《別称》林寺（はやしでら）観音・秩父第一七番霊場　《本尊》十一面観世音菩薩　〔曹洞宗〕

定林寺　じょうりんじ〔寺〕
　奈良県高市郡明日香村　《本尊》聖徳太子
　　　　　　　　　　　　　　　〔浄土宗〕

定林寺　じょうりんじ〔寺〕
　佐賀県杵島郡山内町　《別称》下坊　《本尊》阿弥陀如来　〔真言宗大覚寺派〕

9 定信院　じょうしんいん〔寺〕
　京都府京都市東山区　《本尊》阿弥陀如来
　　　　　　　　　　　　　　　〔浄土宗〕

定泉寺　じょうせんじ〔寺〕
　東京都文京区　《別称》矢場　《本尊》阿弥陀如来　〔浄土宗〕

定泉寺　じょうせんじ〔寺〕
　神奈川県横浜市栄区　《別称》田谷の洞窟　《本尊》阿弥陀如来・弘法大師
　　　　　　　　　　　　　〔真言宗大覚寺派〕

8画（宝）

定津院　じょうしんいん〔寺〕
　長野県東御市　《本尊》釈迦如来　〔曹洞宗〕

10 定恵寺　じょうえいじ〔寺〕
　岐阜県岐阜市　《本尊》阿弥陀如来
　　　　　　　　　　　　　〔臨済宗妙心寺派〕

定泰寺　じょうたいじ〔寺〕
　埼玉県加須市　《本尊》阿弥陀如来
　　　　　　　　　　　　　〔真言宗智山派〕

12 定勝寺　じょうしょうじ〔寺〕
　埼玉県吉川市　《本尊》不動明王・十一面観
　世音菩薩・薬師如来　〔真言宗豊山派〕

定勝寺　じょうしょうじ〔寺〕
　長野県木曽郡大桑村　《別称》須原のお寺
　《本尊》釈迦三尊・馬頭観世音菩薩
　　　　　　　　　　　　　〔臨済宗妙心寺派〕

定善寺　じょうぜんじ〔寺〕
　群馬県桐生市　《本尊》阿弥陀如来　〔浄土宗〕

定善寺　じょうぜんじ〔寺〕
　鳥取県岩美郡岩美町　《本尊》阿弥陀如来
　　　　　　　　　　　　　〔浄土宗〕

定善寺　じょうぜんじ〔寺〕
　宮崎県日向市　《別称》本山　《本尊》十界大
　曼荼羅　　　　　　　　〔日蓮正宗〕

13 定福寺　じょうふくじ〔寺〕
　新潟県佐渡市　《本尊》大日如来
　　　　　　　　　　　　　〔真言宗豊山派〕

定福寺　じょうふくじ〔寺〕
　新潟県南蒲原郡田上町　《別称》羽生田の地
　蔵さま　《本尊》釈迦如来・延命地蔵菩薩
　　　　　　　　　　　　　〔曹洞宗〕

定福寺　じょうふくじ〔寺〕
　高知県長岡郡大豊町　《別称》粟生聖天　《本
　尊》阿弥陀如来　　　〔真言宗智山派〕

定福院　じょうふくいん〔寺〕
　山形県鶴岡市　《本尊》聖徳太子・大日如来
　　　　　　　　　　　　　〔真言宗豊山派〕

15 定輪寺　じょうりんじ〔寺〕
　静岡県裾野市　《本尊》釈迦如来　〔曹洞宗〕

18 定額寺　じょうがくじ〔寺〕
　兵庫県姫路市　　　　　　　〔黄檗宗〕

19 定願寺　じょうがんじ〔寺〕
　栃木県栃木市　《本尊》阿弥陀如来　〔天台宗〕

【宝】

2 宝八幡《称》　たからはちまん〔社〕
　大分県玖珠郡九重町・八幡神社　《祭神》品
　陀和気命〔他〕　　　　〔神社本庁〕

3 宝山寺　ほうざんじ〔寺〕
　奈良県生駒市　《別称》大本山・生駒聖天
　《本尊》不動明王・歓喜天　〔真言律宗〕

4 宝円寺　ほうえんじ〔寺〕
　石川県金沢市　《本尊》釈迦如来　〔曹洞宗〕

宝円寺　ほうえんじ〔寺〕
　福井県武生市　《本尊》釈迦如来　〔曹洞宗〕

宝円寺　ほうえんじ〔寺〕
　岐阜県高山市　《本尊》阿弥陀如来
　　　　　　　　　　　　　〔真宗大谷派〕

宝心寺　ほうしんじ〔寺〕
　神奈川県横浜市泉区　《本尊》阿弥陀三尊
　　　　　　　　　　　　　〔浄土宗〕

宝王寺　ほうおうじ〔寺〕
　愛媛県上浮穴郡柳谷村　《本尊》薬師如来
　　　　　　　　　　　　　〔曹洞宗〕

5 宝仙寺　ほうせんじ〔寺〕
　東京都中野区　《本尊》不動明王
　　　　　　　　　　　　　〔真言宗豊山派〕

宝仙院　ほうせんいん〔寺〕
　兵庫県西脇市　《本尊》大日如来
　　　　　　　　　　　　　〔高野山真言宗〕

宝台寺　ほうだいじ〔寺〕
　新潟県東頸城郡浦川原村　《本尊》釈迦如
　来　　　　　　　　　　〔曹洞宗〕

宝台寺　ほうだいいん〔寺〕
　静岡県静岡市　《本尊》阿弥陀如来　〔浄土宗〕

宝正院　ほうしょういん〔寺〕
　埼玉県越谷市　《別称》とうしょうじ　《本尊》
　大日如来　　　　　　〔真言宗豊山派〕

宝生寺　ほうしょうじ〔寺〕
　群馬県館林市　《別称》観音様　《本尊》延命
　地蔵菩薩・十一面観世音菩薩
　　　　　　　　　　　　　〔真言宗豊山派〕

宝生寺　ほうしょうじ〔寺〕
　東京都八王子市　《別称》大幡不動　《本尊》
　身代不動明王・十一面観世音菩薩
　　　　　　　　　　　　　〔真言宗智山派〕

宝生寺　ほうしょうじ〔寺〕
　神奈川県横浜市南区　《本尊》金剛界大日如
　来　　　　　　　　　　〔高野山真言宗〕

宝生寺　ほうしょうじ〔寺〕
　新潟県長岡市　《別称》白鳥のお寺　《本尊》
　阿弥陀如来　　　　　〔真言宗豊山派〕

宝生寺　ほうしょうじ〔寺〕
　愛知県瀬戸市　《本尊》釈迦如来　〔曹洞宗〕

宝生寺　ほうしょうじ〔寺〕
　兵庫県津名郡津名町　《別称》里の寺　《本
　尊》日限地蔵菩薩　　〔高野山真言宗〕

宝生寺　ほうしょうじ〔寺〕
　高知県南国市　《本尊》阿弥陀如来
　　　　　　　　　　　　　〔高野山真言宗〕

8画（宝）

宝生寺　ほうしょうじ〔寺〕
　大分県大野郡清川村　《本尊》釈迦如来
　　　　　　　　　　　　　〔臨済宗妙心寺派〕
宝生院　ほうしょういん〔寺〕
　埼玉県岩槻市　《本尊》阿弥陀如来
　　　　　　　　　　　　　〔真言宗智山派〕
宝生院　ほうしょういん〔寺〕
　東京都港区　《本尊》大日如来
　　　　　　　　　　　　　〔真言宗智山派〕
宝生院　ほうしょういん〔寺〕
　東京都葛飾区　《別称》大黒山　《本尊》不動
　　明王・大黒天　　　　　〔真言宗智山派〕
宝生院　ほうしょういん〔寺〕
　愛知県名古屋市中区　《別称》大須観音・別
　　格本山　《本尊》聖観世音菩薩
　　　　　　　　　　　　　〔真言宗智山派〕
宝生院　ほうしょういん〔寺〕
　京都府京都市東山区　《別称》毘沙門堂　《本
　　尊》毘沙門天　　　　　　　　〔天台宗〕
宝生院　ほうしょういん〔寺〕
　香川県小豆郡土庄町　　　〔高野山真言宗〕
宝田寺　ほうでんじ〔寺〕
　秋田県男鹿市　《本尊》釈迦如来　〔曹洞宗〕
宝田神社　たからだじんじゃ〔社〕
　東京都中央区　《祭神》恵比寿神　〔神社本庁〕
宝田院　ほうでんいんじ〔寺〕
　広島県沼隈郡沼隈町　《本尊》阿弥陀如来
　　　　　　　　　　　　　〔真宗大谷派〕
⁶宝伝寺　ほうでんじ〔寺〕
　新潟県糸魚川市　《本尊》金剛界大日如来・十
　　一面観世音菩薩　　　　〔高野山真言宗〕
宝光寺　ほうこうじ〔寺〕
　福島県郡山市　《別称》荒井のお寺　《本尊》
　　大日如来　　　　　　　　〔真言宗豊山派〕
宝光寺　ほうこうじ〔寺〕
　東京都豊島区　《本尊》阿弥陀如来
　　　　　　　　　　　　　〔真宗興正派〕
宝光寺　ほうこうじ〔寺〕
　神奈川県横浜市中区　《別称》桜木町本願寺
　　《本尊》阿弥陀如来　〔浄土真宗本願寺派〕
宝光寺　ほうこうじ〔寺〕
　神奈川県相模原市　《本尊》釈迦如来
　　　　　　　　　　　　　　　　〔曹洞宗〕
宝光寺　ほうこうじ〔寺〕
　新潟県佐渡市　《本尊》千手十一面観世音菩
　　薩　　　　　　　　　　　〔真言宗豊山派〕
宝光寺　ほうこうじ〔寺〕
　富山県氷見市　《本尊》釈迦如来
　　　　　　　　　　　　　〔臨済宗国泰寺派〕

宝光寺　ほうこうじ〔寺〕
　福井県福井市寺前町　《本尊》阿弥陀如来
　　　　　　　　　　　　　〔真宗大谷派〕
宝光寺《称》　ほうこうじ〔寺〕
　福井県福井市・持宝院　《本尊》薬師如来・歓
　　喜天　　　　　　　　　〔真言宗智山派〕
宝光寺　ほうこうじ〔寺〕
　福井県大野市　《本尊》阿弥陀如来
　　　　　　　　　　　　　〔真宗大谷派〕
宝光寺　ほうこうじ〔寺〕
　岐阜県瑞穂市　《本尊》阿弥陀如来
　　　　　　　　　　　　　〔浄土真宗本願寺派〕
宝光寺　ほうこうじ〔寺〕
　愛知県一宮市　《本尊》釈迦如来
　　　　　　　　　　　　　〔真言宗豊山派〕
宝光寺　ほうこうじ〔寺〕
　愛知県葉栗郡木曽川町　《本尊》聖観世音菩
　　薩　　　　　　　　　　〔臨済宗妙心寺派〕
宝光寺　ほうこうじ〔寺〕
　滋賀県大津市　《別称》元真如堂　《本尊》阿
　　弥陀如来　　　　　　　　〔天台真盛宗〕
宝光寺　ほうこうじ〔寺〕
　滋賀県草津市　《本尊》薬師如来　〔天台宗〕
宝光寺　ほうこうじ〔寺〕
　岡山県邑久郡牛窓町　《本尊》虚空蔵菩薩
　　　　　　　　　　　　　〔高野山真言宗〕
宝光寺　ほうこうじ〔寺〕
　香川県三豊郡高瀬町　《本尊》地蔵菩薩・正
　　観世音菩薩　　　　　　〔真言宗大覚寺派〕
宝光院　ほうこういん〔寺〕
　秋田県男鹿市　《本尊》釈迦如来
　　　　　　　　　　　　　〔臨済宗妙心寺派〕
宝光院　ほうこういん〔寺〕
　埼玉県春日部市　《本尊》大日如来
　　　　　　　　　　　　　〔真言宗智山派〕
宝光院　ほうこういん〔寺〕
　千葉県松戸市　《本尊》不動明王
　　　　　　　　　　　　　〔真言宗豊山派〕
宝光院　ほうこういん〔寺〕
　新潟県栃尾市　《本尊》大日如来
　　　　　　　　　　　　　〔真言宗豊山派〕
宝光院　ほうこういん〔寺〕
　三重県阿山郡阿山町　《本尊》不動明王
　　　　　　　　　　　　　〔真言宗豊山派〕
宝光院　ほうこういん〔寺〕
　兵庫県西脇市　《別称》高松の大師様　《本
　　尊》金剛界大日如来　　〔高野山真言宗〕
宝地院　ほうちいん〔寺〕
　佐賀県小城郡小城町　《別称》清水の観音
　　《本尊》千手千眼観世音菩薩　　〔天台宗〕

332　神社・寺院名よみかた辞典

8画（宝）

宝安寺　ほうあんじ〔寺〕
　神奈川県小田原市　《本尊》釈迦如来
　　　　　　　　　　　　　　　〔曹洞宗〕
宝池寺　ほうちじ〔寺〕
　静岡県駿東郡清水町　《本尊》聖観世音菩薩
　　　　　　　　　　　　　〔臨済宗妙心寺派〕
7宝住寺　ほうじゅうじ〔寺〕
　京都府綾部市　《本尊》釈迦如来
　　　　　　　　　　　　　〔臨済宗妙心寺派〕
宝妙寺　ほうみょうじ〔寺〕
　岡山県上房郡有漢町　《本尊》阿弥陀如来・不動明王
　　　　　　　　　　　　　　〔真言宗御室派〕
宝寿寺　ほうじゅじ〔寺〕
　岩手県胆沢郡胆沢町　《本尊》釈迦如来
　　　　　　　　　　　　　　　〔曹洞宗〕
宝寿寺　ほうじゅじ〔寺〕
　茨城県土浦市　《本尊》薬師如来
　　　　　　　　　　　　　　〔新義真言宗〕
宝寿寺　ほうじゅじ〔寺〕
　神奈川県小田原市　《別称》石橋山佐奈田　《本尊》不動明王　〔真言宗東寺派〕
宝寿寺　ほうじゅうじ〔寺〕
　愛知県名古屋市中村区　《別称》中村のお聖天　《本尊》歓喜天　〔真言宗智山派〕
宝寿寺　ほうじゅじ〔寺〕
　兵庫県神崎郡神崎町　《本尊》薬師如来
　　　　　　　　　　　　　〔臨済宗妙心寺派〕
宝寿寺　ほうじゅじ〔寺〕
　島根県八束郡美保関町　《本尊》釈迦如来
　　　　　　　　　　　　　　　〔曹洞宗〕
宝寿寺　ほうじゅじ〔寺〕
　愛媛県周桑郡小松町　《別称》一の宮・四国第六二番霊場　《本尊》十一面観世音菩薩・千手観世音菩薩・随求明王・六観世音菩薩
　　　　　　　　　　　　　　〔高野山真言宗〕
宝寿寺　ほうじゅじ〔寺〕
　高知県安芸郡東洋町　《本尊》延命地蔵菩薩
　　　　　　　　　　　　　　〔真言宗豊山派〕
宝寿院　ほうじゅいん〔寺〕
　福島県北会津郡北会津村　《本尊》延命地蔵菩薩
　　　　　　　　　　　　　　〔真言宗豊山派〕
宝寿院　ほうじゅいん〔寺〕
　福島県田村郡常葉町　《別称》西向寺　《本尊》阿弥陀如来　〔真言宗豊山派〕
宝寿院　ほうじゅいん〔寺〕
　栃木県那須郡湯津上村　《別称》汗かき阿弥陀　《本尊》不動明王・阿弥陀三尊
　　　　　　　　　　　　　　〔真言宗豊山派〕

宝寿院　ほうじゅいん〔寺〕
　千葉県印旛郡栄町　《別称》須賀の虚空蔵様　《本尊》大日如来・虚空蔵菩薩
　　　　　　　　　　　　　　〔真言宗豊山派〕
宝寿院　ほうじゅいん〔寺〕
　東京都足立区　《本尊》不動明王
　　　　　　　　　　　　　　〔真言宗豊山派〕
宝寿院　ほうじゅいん〔寺〕
　新潟県中頸城郡板倉町　《本尊》薬師如来・釈迦如来　〔曹洞宗〕
宝寿院　ほうじゅいん〔寺〕
　富山県上新川郡大山町　《別称》文殊寺　《本尊》大日如来　〔高野山真言宗〕
宝寿院　ほうじゅいん〔寺〕
　愛知県津島市　《本尊》阿閦羅尊
　　　　　　　　　　　　　　〔真言宗智山派〕
宝寿院　ほうじゅいん〔寺〕
　愛知県海部郡佐屋町　《本尊》不動明王
　　　　　　　　　　　　　　〔真言宗智山派〕
宝寿院　ほうじゅいん〔寺〕
　和歌山県伊都郡高野町　《本尊》無量寿如来　〔高野山真言宗〕
宝応寺　ほうおうじ〔寺〕
　千葉県香取郡大栄町　《本尊》地蔵菩薩
　　　　　　　　　　　　　　〔曹洞宗〕
宝戒寺　ほうかいじ〔寺〕
　神奈川県鎌倉市　《本尊》地蔵菩薩　〔天台宗〕
宝来山神社　ほうらいさんじんじゃ〔社〕
　和歌山県伊都郡かつらぎ町　《祭神》八幡大神〔他〕　〔神社本庁〕
宝秀寺　ほうしゅうじ〔寺〕
　群馬県館林市　《本尊》阿弥陀如来
　　　　　　　　　　　　　　〔真言宗豊山派〕
宝秀寺　ほうしゅうじ〔寺〕
　神奈川県横浜市神奈川区　《本尊》阿弥陀如来　〔浄土宗〕
8宝典寺　ほうでんじ〔寺〕
　福岡県北九州市小倉北区　《本尊》阿弥陀如来　〔浄土宗〕
宝周寺　ほうしゅうじ〔寺〕
　愛知県名古屋市西区　《本尊》阿弥陀如来・観世音菩薩　〔浄土宗〕
宝命寺　ほうめいじ〔寺〕
　大分県東国東郡武蔵町　《別称》小城山観音　《本尊》六観世音菩薩　〔天台宗〕
宝国寺　ほうこくじ〔寺〕
　青森県下北郡大畑町　《本尊》阿弥陀如来　〔浄土宗〕
宝国寺　ほうこくじ〔寺〕
　京都府綴喜郡宇治田原町　《本尊》阿弥陀如来　〔浄土宗〕

神社・寺院名よみかた辞典　333

8画（宝）

宝国寺　ほうこくじ〔寺〕
　大阪府大阪市天王寺区　《本尊》阿弥陀如来
　　　　　　　　　　　　　　　　　〔浄土宗〕
宝国院《称》　ほうこくいん〔寺〕
　群馬県富岡市・竜光寺　《本尊》阿弥陀如来・観世音菩薩・勢至菩薩　　〔浄土宗〕
宝性寺　ほうしょうじ〔寺〕
　千葉県君津市　《本尊》地蔵菩薩
　　　　　　　　　　　　　　　〔真言宗智山派〕
宝性寺　ほうしょうじ〔寺〕
　東京都世田谷区　《本尊》大日如来
　　　　　　　　　　　　　　　〔真言宗智山派〕
宝性寺　ほうしょうじ〔寺〕
　岡山県苫田郡鏡野町　《別称》やくよけのてら　《本尊》延命地蔵菩薩　〔高野山真言宗〕
宝性寺　ほうしょうじ〔寺〕
　長崎県西彼杵郡三和町　《本尊》阿弥陀如来
　　　　　　　　　　　　　　　　　〔曹洞宗〕
宝性院　ほうしょういん〔寺〕
　宮城県本吉郡津山町　《別称》虚空蔵さん　《本尊》虚空蔵菩薩　〔真言宗智山派〕
宝性院　ほうしょういん〔寺〕
　群馬県邑楽郡板倉町　《本尊》不動明王
　　　　　　　　　　　　　　　〔真言宗豊山派〕
宝性院　ほうしょういん〔寺〕
　埼玉県北葛飾郡杉戸町　《別称》杉戸安産不動　《本尊》大日如来・安産不動尊・厄除不動尊　　　　　　　〔真言宗智山派〕
宝性院　ほうしょういん〔寺〕
　千葉県安房郡和田町　《本尊》薬師如来・虚空蔵菩薩　　　　　　〔真言宗智山派〕
宝昌寺　ほうしょうじ〔寺〕
　岐阜県瑞浪市　《本尊》釈迦如来
　　　　　　　　　　　　　　　〔臨済宗妙心寺派〕
宝昌寺　ほうしょうじ〔寺〕
　愛知県一宮市　《本尊》薬師如来
　　　　　　　　　　　　　　　〔真言宗豊山派〕
宝松院　ほうしょういん〔寺〕
　東京都港区　《本尊》阿弥陀如来　〔浄土宗〕
宝林寺　ほうりんじ〔寺〕
　群馬県前橋市　《本尊》千手観世音菩薩
　　　　　　　　　　　　　　　　　〔曹洞宗〕
宝林寺　ほうりんじ〔寺〕
　群馬県邑楽郡千代田町　《本尊》釈迦如来・阿難尊者・迦葉尊者　　　　〔黄檗宗〕
宝林寺　ほうりんじ〔寺〕
　千葉県市原市　《本尊》釈迦如来　〔曹洞宗〕
宝林寺　ほうりんじ〔寺〕
　東京都江戸川区　《本尊》不動明王
　　　　　　　　　　　　　　　〔真言宗豊山派〕

宝林寺　ほうりんじ〔寺〕
　神奈川県横浜市南区　《本尊》釈迦如来
　　　　　　　　　　　　　　　〔臨済宗円覚寺派〕
宝林寺　ほうりんじ〔寺〕
　新潟県小千谷市　《本尊》阿弥陀如来
　　　　　　　　　　　　　　　〔真宗大谷派〕
宝林寺　ほうりんじ〔寺〕
　新潟県南魚沼郡塩沢町　《本尊》阿弥陀如来　　　　　　　　　　　　〔曹洞宗〕
宝林寺　ほうりんじ〔寺〕
　富山県東礪波郡庄川町　《本尊》阿弥陀如来　　　　　　　　　〔浄土真宗本願寺派〕
宝林寺　ほうりんじ〔寺〕
　山梨県大月市　《本尊》延命地蔵菩薩
　　　　　　　　　　　　　　　〔臨済宗妙心寺派〕
宝林寺　ほうりんじ〔寺〕
　静岡県引佐郡細江町　《本尊》釈迦如来・迦葉尊者・阿難尊者　　　　　〔黄檗宗〕
宝林寺　ほうりんじ〔寺〕
　愛知県豊橋市　《本尊》釈迦如来　〔曹洞宗〕
宝林寺　ほうりんじ〔寺〕
　三重県桑名郡長島町　《本尊》阿弥陀如来
　　　　　　　　　　　　　　　〔真宗大谷派〕
宝林寺　ほうりんじ〔寺〕
　京都府亀岡市　《本尊》観世音菩薩
　　　　　　　　　　　　　　　〔臨済宗大徳寺派〕
宝林寺　ほうりんじ〔寺〕
　兵庫県龍野市　《本尊》釈迦如来
　　　　　　　　　　　　　　　〔臨済宗大徳寺派〕
宝林寺　ほうりんじ〔寺〕
　島根県松江市　《本尊》薬師如来　〔曹洞宗〕
宝林寺　ほうりんじ〔寺〕
　香川県三豊郡詫間町　《別称》西の寺　《本尊》如意輪観世音菩薩　〔高野山真言宗〕
宝金剛寺　ほうこんごうじ〔寺〕
　神奈川県小田原市　《本尊》地蔵菩薩
　　　　　　　　　　　　　　　〔真言宗東寺派〕
宝金剛院　ほうこんごういん〔寺〕
　茨城県常陸太田市　《本尊》大日如来・梵天・不動明王　　　　　〔真言宗豊山派〕
宝陀官寺　ほうだかんじ〔寺〕
　大分県西国東郡大田村　《本尊》釈迦如来
　　　　　　　　　　　　　　　〔臨済宗東福寺派〕
9宝乗寺　ほうじょうじ〔寺〕
　石川県金沢市　《別称》車の七面様・車の寺　《本尊》日蓮聖人奠定の大曼荼羅
　　　　　　　　　　　　　　　　　〔日蓮宗〕
宝乗院　ほうじょういん〔寺〕
　愛知県知多郡南知多町　《本尊》十一面観世音菩薩・歓喜天・金毘羅権現・弘法大師
　　　　　　　　　　　　　　　〔真言宗豊山派〕

8画（宝）

宝城寺　ほうじょうじ〔寺〕
　東京都豊島区　《本尊》一塔両尊四菩薩・日蓮聖人　〔日蓮宗〕

宝城坊　ほうじょうぼう〔寺〕
　神奈川県伊勢原市　《別称》日向薬師　《本尊》薬師三尊　〔高野山真言宗〕

宝城院　ほうじょういん〔寺〕
　和歌山県伊都郡高野町　〔高野山真言宗〕

宝持寺　ほうじじ〔寺〕
　埼玉県幸手市　《別称》浪寄でら　《本尊》釈迦如来　〔曹洞宗〕

宝持院　ほうじいん〔寺〕
　埼玉県草加市　《本尊》十一面観世音菩薩　〔真言宗豊山派〕

宝持院　ほうじいん〔寺〕
　愛知県名古屋市熱田区　《本尊》薬師如来　〔真言宗豊山派〕

宝持院　ほうじいん〔寺〕
　滋賀県東浅井郡浅井町　《本尊》聖観世音菩薩　〔真言宗豊山派〕

宝持院　ほうじいん〔寺〕
　兵庫県小野市　《本尊》不動明王　〔高野山真言宗〕

宝海寺　ほうかいじ〔寺〕
　福島県石川郡石川町　《別称》四天王様　《本尊》不動明王・四天王　〔真言宗智山派〕

宝泉寺　ほうせんじ〔寺〕
　北海道小樽市　《本尊》阿弥陀如来　〔真宗大谷派〕

宝泉寺　ほうせんじ〔寺〕
　宮城県仙台市太白区　《本尊》不動明王・大日如来　〔真言宗智山派〕

宝泉寺　ほうせんじ〔寺〕
　秋田県仙北郡西仙北町　《本尊》聖観世音菩薩　〔曹洞宗〕

宝泉寺　ほうせんじ〔寺〕
　秋田県雄勝郡羽後町　《本尊》延命地蔵菩薩　〔曹洞宗〕

宝泉寺　ほうせんじ〔寺〕
　福島県双葉郡富岡町　《本尊》大日如来　〔真言宗智山派〕

宝泉寺　ほうせんじ〔寺〕
　埼玉県所沢市　《本尊》薬師如来　〔真言宗豊山派〕

宝泉寺　ほうせんじ〔寺〕
　埼玉県飯能市　《本尊》十一面観世音菩薩・地蔵菩薩　〔曹洞宗〕

宝泉寺　ほうせんじ〔寺〕
　千葉県安房郡白浜町　《本尊》聖観世音菩薩　〔真言宗智山派〕

宝泉寺　ほうせんじ〔寺〕
　東京都新宿区　《本尊》薬師如来　〔天台宗〕

宝泉寺　ほうせんじ〔寺〕
　東京都大田区　《本尊》大日如来　〔真言宗智山派〕

宝泉寺　ほうせんじ〔寺〕
　東京都渋谷区　《本尊》阿弥陀如来・薬師如来　〔天台宗〕

宝泉寺　ほうせんじ〔寺〕
　東京都中野区　《本尊》釈迦如来　〔曹洞宗〕

宝泉寺　ほうせんじ〔寺〕
　東京都東久留米市　《本尊》阿弥陀如来　〔天台宗〕

宝泉寺　ほうせんじ〔寺〕
　神奈川県横浜市鶴見区　《本尊》釈迦如来　〔曹洞宗〕

宝泉寺　ほうせんじ〔寺〕
　神奈川県藤沢市　《本尊》釈迦如来　〔曹洞宗〕

宝泉寺　ほうせんじ〔寺〕
　富山県高岡市　《本尊》大日如来　〔高野山真言宗〕

宝泉寺　ほうせんじ〔寺〕
　愛知県名古屋市中川区　《本尊》阿弥陀如来　〔真宗大谷派〕

宝泉寺　ほうせんじ〔寺〕
　愛知県瀬戸市　《本尊》三尊仏　〔曹洞宗〕

宝泉寺　ほうせんじ〔寺〕
　愛知県海部郡甚目寺町　《本尊》延命地蔵菩薩　〔真言宗豊山派〕

宝泉寺　ほうせんじ〔寺〕
　愛知県海部郡十四山村　《別称》一四山御坊　《本尊》阿弥陀如来　〔真宗大谷派〕

宝泉寺　ほうせんじ〔寺〕
　三重県名張市　《本尊》千手観世音菩薩　〔真言宗豊山派〕

宝泉寺　ほうせんじ〔寺〕
　大阪府大阪市此花区　《本尊》阿弥陀如来　〔浄土宗〕

宝泉寺　ほうせんじ〔寺〕
　大阪府大阪市中央区　《本尊》十界大曼荼羅　〔日蓮宗〕

宝泉寺　ほうせんじ〔寺〕
　大阪府堺市　《本尊》阿弥陀如来　〔浄土宗〕

宝泉寺　ほうせんじ〔寺〕
　兵庫県宝塚市　《本尊》釈迦如来・薬師如来　〔曹洞宗〕

宝泉寺　ほうせんじ〔寺〕
　奈良県吉野郡東吉野村　《本尊》聖観世音菩薩　〔曹洞宗〕

宝泉寺　ほうせんじ〔寺〕
　鳥取県鳥取市　《本尊》薬師如来　〔曹洞宗〕

神社・寺院名よみかた辞典　335

8画（宝）

宝泉寺　ほうせんじ〔寺〕
　島根県鹿足郡日原町　《本尊》千手千眼観世
　音菩薩　〔曹洞宗〕
宝泉院　ほうせいいん〔寺〕
　千葉県鎌ヶ谷市　《別称》佐津間の寺　《本尊》
　薬師如来　〔真言宗豊山派〕
宝泉院　ほうせんいん〔寺〕
　東京都多摩市　《本尊》十一面観世音菩薩
　〔真言宗智山派〕
宝皇寺　ほうおうじ〔寺〕
　北海道函館市　《本尊》阿弥陀如来
　〔真言大谷派〕
10宝島寺　ほうとうじ〔寺〕
　岡山県倉敷市　《別称》虫封じ中山観音　《本
　尊》十一面観世音菩薩　〔真言宗御室派〕
宝晃院　ほうこういん〔寺〕
　東京都西東京市　《別称》明王寺　《本尊》不
　動明王　〔真言宗智山派〕
宝泰寺　ほうたいじ〔寺〕
　静岡県静岡市　《本尊》釈迦如来
　〔臨済宗妙心寺派〕
宝珠寺　ほうしゅじ〔寺〕
　北海道紋別郡上湧別町　《本尊》弘法大師
　〔高野山真言宗〕
宝珠寺　ほうしゅじ〔寺〕
　群馬県佐波郡赤堀町　《本尊》聖観世音菩
　薩　〔曹洞宗〕
宝珠寺　ほうしゅじ〔寺〕
　静岡県浜松市　《別称》厄除観音寺　《本尊》
　延命子育地蔵菩薩・岩戸観世音菩薩
　〔臨済宗方広寺派〕
宝珠寺　ほうしゅうじ〔寺〕
　静岡県磐田市　《本尊》地蔵菩薩
　〔臨済宗妙心寺派〕
宝珠寺　ほうしゅうじ〔寺〕
　滋賀県近江八幡市　《別称》円山毘沙門　《本
　尊》毘沙門天　〔天台宗〕
宝珠寺　ほうしゅうじ〔寺〕
　兵庫県神戸市西区　《本尊》聖観世音菩薩
　〔曹洞宗〕
宝珠寺　ほうしゅうじ〔寺〕
　奈良県奈良市　《本尊》阿弥陀如来
　〔浄土真宗本願寺派〕
宝珠寺　ほうしゅじ〔寺〕
　徳島県鳴門市　《別称》岡崎のお薬師さん
　《本尊》薬師如来　〔高野山真言宗〕
宝珠寺　ほうしゅうじ〔寺〕
　愛媛県越智郡上浦町　《本尊》聖観世音菩
　薩　〔曹洞宗〕

宝珠寺　ほうじゅじ〔寺〕
　高知県香美郡香北町　《本尊》地蔵菩薩
　〔真言宗智山派〕
宝珠院　ほうしゅいん〔寺〕
　埼玉県行田市　《本尊》地蔵菩薩
　〔真言宗智山派〕
宝珠院　ほうしゅいん〔寺〕
　千葉県安房郡三芳村　《本尊》地蔵菩薩
　〔真言宗智山派〕
宝珠院　ほうしゅういん〔寺〕
　東京都大田区　《別称》赤門の寺　《本尊》阿
　弥陀如来・聖観世音菩薩　〔真言宗智山派〕
宝珠院　ほうじゅいん〔寺〕
　神奈川県鎌倉市　《本尊》釈迦如来
　〔臨済宗建長寺派〕
宝珠院　ほうじゅいん〔寺〕
　神奈川県足柄下郡箱根町　《本尊》聖観世音
　菩薩　〔曹洞宗〕
宝珠院　ほうしゅいん〔寺〕
　新潟県南魚沼郡六日町　《別称》余川の本寺
　《本尊》阿弥陀如来　〔真言宗智山派〕
宝珠院　ほうじゅいん〔寺〕
　新潟県刈羽郡小国町　《本尊》観世音菩薩
　〔真言宗豊山派〕
宝珠院　ほうじゅういん〔寺〕
　静岡県天竜市　《本尊》虚空蔵菩薩　〔曹洞宗〕
宝珠院　ほうしゅういん〔寺〕
　愛知県名古屋市中川区　《別称》中郷不動
　《本尊》地蔵菩薩・不動明王
　〔真言宗智山派〕
宝珠院　ほうしゅいん〔寺〕
　大阪府大阪市北区　《本尊》観世音菩薩
　〔真言宗御室派〕
宝珠院　ほうしゅいん〔寺〕
　奈良県生駒郡斑鳩町　《本尊》文殊菩薩
　〔聖徳宗〕
宝珠院　ほうしゅいん〔寺〕
　鳥取県鳥取市　《本尊》眼白不動明王
　〔高野山真言宗〕
宝珠庵　ほうじゅあん〔寺〕
　新潟県南魚沼郡湯沢町　《本尊》釈迦如来
　〔臨済宗円覚寺派〕
宝竜寺　ほうりゅうじ〔寺〕
　栃木県佐野市　《本尊》阿弥陀如来　〔浄土宗〕
宝竜寺　ほうりゅうじ〔寺〕
　大阪府大阪市旭区　《別称》楠の寺・総本山
　《本尊》日蓮聖人奠定の曼荼羅・日蓮聖人・
　楠太天　〔法華日蓮宗〕
宝高明神〔称〕　ほうこうみょうじん〔社〕
　群馬県沼田市・榛名神社　《祭神》埴山姫命
　〔他〕　〔神社本庁〕

8画（宝）

11 宝亀院　ほうきいん〔寺〕
　　新潟県新潟市　《本尊》不動明王
　　　　　　　　　　　　　〔真言宗智山派〕
　宝亀院　ほうきいん〔寺〕
　　和歌山県伊都郡高野町　《別称》弘法大師御衣でら　《本尊》十一面観世音菩薩・弁財天
　　　　　　　　　　　　　〔高野山真言宗〕
　宝清寺　ほうせいじ〔寺〕
　　東京都あきる野市　《本尊》日蓮聖人奠定の十界勧請大曼荼羅
　　　　　　　　　　　　　〔日蓮宗〕
　宝菩提院　ほうぼだいいん〔寺〕
　　京都府京都市南区　《別称》張子大師　《本尊》張子大師
　　　　　　　　　　　　　〔単立〕
　宝菩提院　ほうぼだいいん〔寺〕
　　京都府向日市　《本尊》如意輪観世音菩薩
　　　　　　　　　　　　　〔天台宗〕
　宝隆寺　ほうりゅうじ〔寺〕
　　北海道余市郡余市町　《本尊》阿弥陀如来
　　　　　　　　　　　　　〔浄土宗〕
12 宝勝寺　ほうしょうじ〔寺〕
　　秋田県北秋田郡鷹巣町　《本尊》延命地蔵菩薩
　　　　　　　　　　　　　〔曹洞宗〕
　宝勝寺　ほうしょうじ〔寺〕
　　群馬県多野郡新町　《本尊》延命地蔵菩薩
　　　　　　　　　　　　　〔真言宗豊山派〕
　宝勝寺　ほうしょうじ〔寺〕
　　京都府与謝郡加悦町　《本尊》文殊菩薩
　　　　　　　　　　　　　〔臨済宗妙心寺派〕
　宝勝寺　ほうしょうじ〔寺〕
　　和歌山県西牟婁郡日置川町　《本尊》十一面観世音菩薩
　　　　　　　　　　　　　〔臨済宗妙心寺派〕
　宝善寺　ほうぜんじ〔寺〕
　　新潟県糸魚川市　《本尊》阿弥陀如来
　　　　　　　　　　　　　〔真宗大谷派〕
　宝善院　ほうぜんいん〔寺〕
　　神奈川県平塚市　《別称》宝善さん　《本尊》不動明王
　　　　　　　　　　　　　〔真言宗東寺派〕
　宝善院　ほうぜんいん〔寺〕
　　神奈川県鎌倉市　《別称》観音さん　《本尊》薬師如来
　　　　　　　　　　　　　〔真言宗大覚寺派〕
　宝塚稲荷《称》　たからずかいなり〔寺〕
　　兵庫県宝塚市・最上位経王山妙見寺　《本尊》日蓮聖人・顕満大菩薩
　　　　　　　　　　　　　〔本化日蓮宗〕
　宝塔寺　ほうとうじ〔寺〕
　　東京都品川区　《本尊》阿弥陀如来・元三大師
　　　　　　　　　　　　　〔天台宗〕
　宝塔寺　ほうとうじ〔寺〕
　　京都府京都市伏見区　《別称》七面山　《本尊》十界曼荼羅・日蓮聖人・日像上人
　　　　　　　　　　　　　〔日蓮宗〕

　宝塔院　ほうとういん〔寺〕
　　新潟県三条市　《別称》八月十日の観音　《本尊》聖観世音菩薩
　　　　　　　　　　　　　〔真言宗智山派〕
　宝満さま《称》　ほうまんさま〔社〕
　　福岡県太宰府市・竈門神社　《祭神》玉依姫命［他］
　　　　　　　　　　　　　〔神社本庁〕
　宝満寺　ほうまんじ〔寺〕
　　三重県名張市　《別称》名張聖天　《本尊》十一面観世音菩薩
　　　　　　　　　　　　　〔真言宗豊山派〕
　宝満寺　ほうまんじ〔寺〕
　　滋賀県愛知郡愛知川町　《本尊》阿弥陀如来
　　　　　　　　　　　　　〔真宗大谷派〕
　宝満寺　ほうまんじ〔寺〕
　　京都府綾部市　《本尊》毘沙門天
　　　　　　　　　　　　　〔高野山真言宗〕
　宝満寺　ほうまんじ〔寺〕
　　岡山県浅口郡船穂町　《別称》うえでら　《本尊》薬師如来
　　　　　　　　　　　　　〔高野山真言宗〕
　宝満神社　ほうまんじんじゃ〔社〕
　　福岡県三池郡高田町　《祭神》玉依姫命［他］
　　　　　　　　　　　　　〔神社本庁〕
　宝満宮　ほうまんぐう〔社〕
　　福岡県筑紫野市　《祭神》神功皇后［他］
　　　　　　　　　　　　　〔神社本庁〕
　宝琳寺　ほうりんじ〔寺〕
　　岡山県岡山市　《別称》天神坊　《本尊》千手観世音菩薩・薬師如来
　　　　　　　　　　　　　〔高野山真言宗〕
　宝登山《称》　ほどさん〔社〕
　　埼玉県秩父郡長瀞町・宝登山神社　《祭神》神日本磐余彦尊［他］
　　　　　　　　　　　　　〔神社本庁〕
　宝登山神社　ほどさんじんじゃ〔社〕
　　埼玉県秩父郡長瀞町　《別称》宝登山　《祭神》神日本磐余彦尊［他］
　　　　　　　　　　　　　〔神社本庁〕
　宝集寺　ほうじゅうじ〔寺〕
　　石川県金沢市　《本尊》千手観世音菩薩
　　　　　　　　　　　　　〔高野山真言宗〕
13 宝慈院　ほうじいん〔寺〕
　　京都府京都市上京区　《別称》門跡・千代野御所　《本尊》阿弥陀如来
　　　　　　　　　　　　　〔単立〕
　宝福寺　ほうふくじ〔寺〕
　　青森県三戸郡五戸町　《本尊》釈迦如来
　　　　　　　　　　　　　〔曹洞宗〕
　宝福寺　ほうふくじ〔寺〕
　　群馬県邑楽郡板倉町
　　　　　　　　　　　　　〔真言宗豊山派〕
　宝福寺　ほうふくじ〔寺〕
　　東京都中野区　《別称》中野観音　《本尊》如意輪観世音菩薩
　　　　　　　　　　　　　〔真言宗豊山派〕
　宝福寺　ほうふくじ〔寺〕
　　静岡県下田市　《別称》お吉のおてら　《本尊》阿弥陀如来
　　　　　　　　　　　　　〔浄土真宗本願寺派〕

神社・寺院名よみかた辞典　337

8画（宝）

宝福寺　ほうふくじ〔寺〕
　岡山県総社市　《別称》井山の大寺・雪舟寺
　《本尊》虚空蔵菩薩　　〔臨済宗東福寺派〕

宝福寺　ほうふくじ〔寺〕
　大分県大野郡大野町　《本尊》釈迦三尊
　　　　　　　　　　　　〔臨済宗妙心寺派〕

宝聖寺　ほうしょうじ〔寺〕
　埼玉県幸手市　《本尊》大日如来
　　　　　　　　　　　　〔真言宗豊山派〕

宝蓮寺　ほうれんじ〔寺〕
　埼玉県三郷市　《本尊》阿弥陀如来
　　　　　　　　　　　　〔真言宗豊山派〕

宝蓮寺　ほうれんじ〔寺〕
　東京都江東区　《本尊》虚空蔵菩薩
　　　　　　　　　　　　〔真言宗智山派〕

宝蓮寺　ほうれんじ〔寺〕
　愛媛県四国中央市　《本尊》阿弥陀如来
　　　　　　　　　　　　〔浄土真宗本願寺派〕

宝蓮寺　ほうれんじ〔寺〕
　福岡県築上郡築城町　《本尊》阿弥陀如来
　　　　　　　　　　　　〔浄土真宗本願寺派〕

宝蓮坊　ほうれんぼう〔寺〕
　大分県中津市　《本尊》阿弥陀如来
　　　　　　　　　　　　〔真宗大谷派〕

宝蓮禅寺　ほうれんぜんじ〔寺〕
　神奈川県秦野市　《別称》茶湯寺　《本尊》薬師如来・一字金輪仏頂尊　〔臨済宗建長寺派〕

14 宝増寺　ほうぞうじ〔寺〕
　栃木県上都賀郡足尾町　《本尊》阿弥陀如来
　　　　　　　　　　　　〔天台宗〕

宝徳寺　ほうとくじ〔寺〕
　岩手県岩手郡玉山村　《本尊》釈迦如来
　　　　　　　　　　　　〔曹洞宗〕

宝徳寺　ほうとくじ〔寺〕
　奈良県生駒市　《別称》生駒宝徳寺　《本尊》釈迦三尊・不動明王・毘沙門天・地蔵菩薩・阿弥陀如来　　〔曹渓宗〕

宝聚院　ほうじゅいん〔寺〕
　福島県いわき市　《本尊》正観世音菩薩・大日如来　　　　　　　　　〔真言宗智山派〕

15 宝幢寺　ほうどうじ〔寺〕
　埼玉県加須市　《別称》おおごいかみでら
　《本尊》阿弥陀如来　　〔真言宗豊山派〕

宝幢寺　ほうどうじ〔寺〕
　埼玉県志木市　《本尊》延命地蔵菩薩
　　　　　　　　　　　　〔真言宗智山派〕

宝幢寺　ほうどうじ〔寺〕
　埼玉県八潮市　《本尊》不動明王
　　　　　　　　　　　　〔真言宗豊山派〕

宝幢寺　ほうどうじ〔寺〕
　千葉県千葉市　　　　〔真言宗豊山派〕

宝幢寺　ほうどうじ〔寺〕
　千葉県富津市　《本尊》不動明王
　　　　　　　　　　　　〔真言宗智山派〕

宝幢寺　ほうどうじ〔寺〕
　奈良県生駒市　《別称》くずれ堂　《本尊》地蔵菩薩・四天王　　〔融通念仏宗〕

宝幢寺　ほうどうじ〔寺〕
　広島県福山市　《本尊》地蔵菩薩
　　　　　　　　　　　　〔高野山真言宗〕

宝幢院　ほうどういん〔寺〕
　茨城県東茨城郡常北町　《本尊》聖観世音菩薩　　　　　　　　　　〔真言宗豊山派〕

宝幢院　ほうどういん〔寺〕
　群馬県伊勢崎市　《本尊》胎蔵界大日如来
　　　　　　　　　　　　〔真言宗豊山派〕

宝幢院　ほうどういん〔寺〕
　千葉県千葉市　《本尊》如意輪観世音菩薩
　　　　　　　　　　　　〔真言宗豊山派〕

宝幢院　ほうどういん〔寺〕
　東京都大田区　《本尊》阿弥陀如来・大日如来　　　　　　　　　　〔真言宗智山派〕

宝幢院　ほうどういん〔寺〕
　滋賀県高島郡マキノ町　《本尊》薬師如来
　　　　　　　　　　　　〔真言宗智山派〕

宝幢院　ほうどういん〔寺〕
　岡山県倉敷市　《本尊》阿弥陀如来
　　　　　　　　　　　　〔高野山真言宗〕

宝幢院　ほうどういん〔寺〕
　高知県香美郡香我美町　《本尊》毘沙門天
　　　　　　　　　　　　〔真言宗智山派〕

宝慶寺　ほうきょうじ〔寺〕
　福井県大野市　《本尊》釈迦如来　〔曹洞宗〕

宝篋院　ほうきょういん〔寺〕
　京都府京都市右京区　《本尊》観世音菩薩
　　　　　　　　　　　　〔臨済宗天竜寺派〕

宝蔵寺　ほうぞうじ〔寺〕
　秋田県仙北郡神岡町　《本尊》三尊仏
　　　　　　　　　　　　〔曹洞宗〕

宝蔵寺　ほうぞうじ〔寺〕
　山形県西村山郡大江町　《別称》月布山　《本尊》大日如来　　〔真言宗豊山派〕

宝蔵寺　ほうぞうじ〔寺〕
　山形県飽海郡松山町　《本尊》釈迦如来
　　　　　　　　　　　　〔曹洞宗〕

宝蔵寺　ほうぞうじ〔寺〕
　福島県相馬郡鹿島町　《別称》海老の虚空蔵
　《本尊》不動明王　　　〔真言宗豊山派〕

宝蔵寺　ほうぞうじ〔寺〕
　茨城県水戸市　《本尊》金剛界大日如来
　　　　　　　　　　　　〔真言宗豊山派〕

338　神社・寺院名よみかた辞典

8画（宝）

宝蔵寺　ほうぞうじ〔寺〕
　茨城県猿島郡三和町　《本尊》不動明王
　　　　　　　　　　　　　〔真言宗豊山派〕
宝蔵寺　ほうぞうじ〔寺〕
　栃木県鹿沼市　《本尊》阿弥陀如来・不動明王
　　　　　　　　　　　　　〔高野山真言宗〕
宝蔵寺　ほうぞうじ〔寺〕
　栃木県下都賀郡大平町　《本尊》金剛界大日如来
　　　　　　　　　　　　　〔真言宗豊山派〕
宝蔵寺　ほうぞうじ〔寺〕
　埼玉県川口市　《本尊》金剛界大日如来
　　　　　　　　　　　　　〔真言宗豊山派〕
宝蔵寺　ほうぞうじ〔寺〕
　埼玉県行田市　《本尊》不動明王
　　　　　　　　　　　　　〔真言宗豊山派〕
宝蔵寺　ほうぞうじ〔寺〕
　埼玉県深谷市　《本尊》十一面観世音菩薩
　　　　　　　　　　　　　〔真言宗智山派〕
宝蔵寺　ほうぞうじ〔寺〕
　千葉県君津市　《本尊》不動明王・地蔵菩薩
　　　　　　　　　　　　　〔真言宗豊山派〕
宝蔵寺　ほうぞうじ〔寺〕
　東京都墨田区　《本尊》阿弥陀如来
　　　　　　　　　　　　　〔真言宗智山派〕
宝蔵寺　ほうぞうじ〔寺〕
　東京都西多摩郡檜原村　《本尊》不動明王
　　　　　　　　　　　　　〔真言宗豊山派〕
宝蔵寺　ほうぞうじ〔寺〕
　神奈川県横浜市瀬谷区　《別称》虫加持観音　《本尊》不動明王・観世音菩薩
　　　　　　　　　　　　　〔高野山真言宗〕
宝蔵寺　ほうぞうじ〔寺〕
　新潟県三条市　《本尊》十一面観世音菩薩・薬師如来・地蔵菩薩・不動明王
　　　　　　　　　　　　　〔真言宗智山派〕
宝蔵寺　ほうぞうじ〔寺〕
　新潟県佐渡市　《本尊》大日如来
　　　　　　　　　　　　　〔真言宗豊山派〕
宝蔵寺　ほうぞうじ〔寺〕
　新潟県刈羽郡刈羽村　《別称》越後五番子安観音　《本尊》阿弥陀如来
　　　　　　　　　　　　　〔真言宗豊山派〕
宝蔵寺　ほうぞうじ〔寺〕
　石川県鳳至郡能都町　《本尊》阿弥陀如来
　　　　　　　　　　　　　〔真言宗大谷派〕
宝蔵寺　ほうぞうじ〔寺〕
　山梨県北都留郡丹波山村　《別称》かみの寺　《本尊》金剛界大日如来
　　　　　　　　　　　　　〔真言宗智山派〕
宝蔵寺　ほうぞうじ〔寺〕
　岐阜県加茂郡八百津町　《本尊》聖観世音菩薩
　　　　　　　　　　　　　〔臨済宗妙心寺派〕

宝蔵寺　ほうぞうじ〔寺〕
　愛知県常滑市　《本尊》千手観世音菩薩
　　　　　　　　　　　　　〔真言宗智山派〕
宝蔵寺　ほうぞうじ〔寺〕
　兵庫県明石市　《別称》毘沙門様　《本尊》毘沙門天・吉祥天・善貳師童子
　　　　　　　　　　　　　〔真言宗大覚寺派〕
宝蔵寺　ほうぞうじ〔寺〕
　兵庫県加古川市　《本尊》阿弥陀如来
　　　　　　　　　　　　　〔高野山真言宗〕
宝蔵寺　ほうぞうじ〔寺〕
　奈良県吉野郡東吉野村　《本尊》延命地蔵菩薩・虚空蔵菩薩　〔曹洞宗〕
宝蔵寺　ほうぞうじ〔寺〕
　広島県庄原市　《本尊》阿弥陀如来・弘法大師
　　　　　　　　　　　　　〔真言宗御室派〕
宝蔵寺　ほうぞうじ〔寺〕
　徳島県名東郡佐那河内村　《本尊》地蔵菩薩
　　　　　　　　　　　　　〔高野山真言宗〕
宝蔵院　ほうぞういん〔寺〕
　山形県寒河江市　《別称》慈恩寺　《本尊》胎蔵界大日如来
　　　　　　　　　　　　　〔真言宗智山派〕
宝蔵院　ほうぞういん〔寺〕
　茨城県鹿島郡波崎町　《別称》赤門の寺　《本尊》大日如来
　　　　　　　　　　　　　〔真言宗智山派〕
宝蔵院　ほうぞういん〔寺〕
　千葉県佐原市　《本尊》大日如来・聖観世音菩薩
　　　　　　　　　　　　　〔真言宗智山派〕
宝蔵院　ほうぞういん〔寺〕
　東京都葛飾区　《別称》縁呼寺　《本尊》阿弥陀如来
　　　　　　　　　　　　　〔真言宗豊山派〕
宝蔵院　ほうぞういん〔寺〕
　神奈川県横浜市鶴見区　《本尊》大日如来・聖観世音菩薩・虚空蔵菩薩・薬師如来
　　　　　　　　　　　　　〔真言宗智山派〕
宝蔵院　ほうぞういん〔寺〕
　神奈川県横浜市戸塚区　《別称》金比羅さん　《本尊》大日如来・宝蔵不動明王
　　　　　　　　　　　　　〔真言宗大覚寺派〕
宝蔵院　ほうぞういん〔寺〕
　静岡県伊豆市　《本尊》釈迦如来　〔曹洞宗〕
宝蔵院　ほうぞういん〔寺〕
　愛知県名古屋市中川区　《本尊》地蔵菩薩
　　　　　　　　　　　　　〔真言宗智山派〕
宝蔵院　ほうぞういん〔寺〕
　京都府宇治市　《本尊》釈迦如来　〔黄檗宗〕
宝蔵院　《称》　ほうぞういん〔寺〕
　香川県さぬき市・極楽寺　《本尊》薬師如来・月光菩薩・日光菩薩
　　　　　　　　　　　　　〔真言宗大覚寺派〕

8画（宝）

16宝樹寺　ほうじゅじ〔寺〕
　　岩手県釜石市　《別称》門徒でら　《本尊》阿
　　弥陀如来　　　　　　　　　　〔真宗大谷派〕

宝樹寺　ほうじゅじ〔寺〕
　　栃木県栃木市　《別称》赤門の寺　《本尊》阿
　　弥陀如来　　　　　　　　　　〔真言宗豊山派〕

宝樹寺　ほうじゅじ〔寺〕
　　東京都八王子市　《別称》植木市の寺　《本
　　尊》阿弥陀如来　　　　　　　　　　〔時宗〕

宝樹寺　ほうじゅじ〔寺〕
　　富山県上新川郡大沢野町　《本尊》阿弥陀如
　　来　　　　　　　　　　　　　　　〔浄土宗〕

宝樹寺　ほうじゅじ〔寺〕
　　福井県丹生郡越前町　《本尊》阿弥陀如来
　　　　　　　　　　　　　　　　〔天台真盛宗〕

宝樹寺　ほうじゅじ〔寺〕
　　静岡県静岡市　《本尊》釈迦如来
　　　　　　　　　　　　　　　〔臨済宗妙心寺派〕

宝樹寺　ほうじゅじ〔寺〕
　　大阪府大阪市住吉区　《本尊》阿弥陀如来
　　　　　　　　　　　　　　　　　　　〔浄土宗〕

宝樹寺　ほうじゅうじ〔寺〕
　　奈良県香芝市　《本尊》阿弥陀如来　〔浄土宗〕

宝樹寺　ほうじゅじ〔寺〕
　　岡山県苫田郡奥津町　《本尊》聖観世音菩
　　薩　　　　　　　　　　　　　　　〔曹洞宗〕

宝樹院　ほうじゅいん〔寺〕
　　岐阜県岐阜市　《本尊》阿弥陀如来　〔浄土宗〕

宝樹院　ほうじゅいん〔寺〕
　　京都府京都市南区　《本尊》阿弥陀如来
　　　　　　　　　　　　　　　　　　　〔浄土宗〕

宝樹院　ほうじゅいん〔寺〕
　　兵庫県尼崎市　《本尊》阿弥陀如来　〔浄土宗〕

宝樹院　ほうじゅいん〔寺〕
　　福岡県遠賀郡岡垣町　《本尊》阿弥陀如来・観
　　世音菩薩・勢至菩薩　　　　　　　〔浄土宗〕

宝積寺　ほうしゃくじ〔寺〕
　　岩手県岩手郡葛巻町　《本尊》釈迦如来
　　　　　　　　　　　　　　　　　　　〔曹洞宗〕

宝積寺　ほうしゃくじ〔寺〕
　　山形県新庄市　《本尊》釈迦如来　〔曹洞宗〕

宝積寺　ほうしゃくじ〔寺〕
　　埼玉県行田市　《本尊》大日如来
　　　　　　　　　　　　　　　　〔真言宗智山派〕

宝積寺　ほうしゃくじ〔寺〕
　　東京都昭島市　《別称》郷地のお寺　《本尊》
　　薬師如来　　　　　　　　　　　　〔天台宗〕

宝積寺　ほうしゃくじ〔寺〕
　　新潟県新発田市　《本尊》聖観世音菩薩
　　　　　　　　　　　　　　　　　　　〔曹洞宗〕

宝積寺　ほうしゃくじ〔寺〕
　　新潟県北魚沼郡川口町　《本尊》胎蔵界大日
　　如来　　　　　　　　　　　　〔真言宗智山派〕

宝積寺　ほうしゃくじ〔寺〕
　　三重県飯南郡飯南町　《本尊》十一面観世音
　　菩薩　　　　　　　　　　　　　　〔曹洞宗〕

宝積寺　ほうしゃくじ〔寺〕
　　滋賀県近江八幡市　《本尊》阿弥陀如来
　　　　　　　　　　　　　　　　　　　〔浄土宗〕

宝積寺　ほうしゃくじ〔寺〕
　　京都府乙訓郡大山崎町　《別称》宝寺　《本
　　尊》十一面観世音菩薩　　　　〔真言宗智山派〕

宝積寺　ほうしゃくじ〔寺〕
　　兵庫県養父市　《本尊》聖観世音菩薩
　　　　　　　　　　　　　　　〔臨済宗妙心寺派〕

宝積寺　ほうしゃくじ〔寺〕
　　兵庫県揖保郡揖保川町　《本尊》聖観世音菩
　　薩・如意輪観世音菩薩　　　　〔臨済宗妙心寺派〕

宝積寺　ほうしゃくじ〔寺〕
　　広島県呉市　《別称》観音さん　《本尊》十一
　　面観世音菩薩　　　　　　　　　　〔浄土宗〕

宝積寺　ほうしゃくじ〔寺〕
　　愛媛県松山市　《本尊》聖観世音菩薩
　　　　　　　　　　　　　　　　〔真言宗智山派〕

宝積院　ほうしゃくいん〔寺〕
　　東京都江戸川区　《本尊》阿弥陀如来
　　　　　　　　　　　　　　　　〔真言宗豊山派〕

宝積院　ほうしゃくいん〔寺〕
　　神奈川県中郡大磯町　《本尊》地蔵菩薩
　　　　　　　　　　　　　　　　〔真言宗東寺派〕

宝積院　ほうしゃくいん〔寺〕
　　新潟県南蒲原郡下田村　《本尊》大日如来
　　　　　　　　　　　　　　　　〔真言宗智山派〕

宝積院　ほうしゃくいん〔寺〕
　　大阪府堺市　《別称》長生きの寺　《本尊》薬
　　師如来・大日如来・宝起菩薩・弘法大師
　　　　　　　　　　　　　　　　　〔高野山真言宗〕

宝積院　ほうしゃくいん〔寺〕
　　岡山県岡山市　《本尊》薬師如来
　　　　　　　　　　　　　　　　　〔高野山真言宗〕

宝蘭寺　ほうおんじ〔寺〕
　　茨城県新治郡八郷町　《本尊》聖観世音菩
　　薩　　　　　　　　　　　　　〔真言宗豊山派〕

17宝厳寺　ほうごんじ〔寺〕
　　三重県名賀郡青山町　《本尊》子安地蔵菩薩・
　　十一面観世音菩薩　　　　　　　〔真宗律宗〕

宝厳寺　ほうごんじ〔寺〕
　　滋賀県東浅井郡びわ町　《別称》竹生島の弁
　　天さん・西国第三〇番霊場　《本尊》弁才
　　天・千手千眼観世音菩薩　　　〔真言宗豊山派〕

8画（居，岡）

宝厳寺　ほうごんじ〔寺〕
　徳島県板野郡板野町　《本尊》阿弥陀如来・弁
　　財天　　　　　　　　　　　　〔高野山真言宗〕
宝厳寺　ほうごんじ〔寺〕
　愛媛県松山市　《本尊》阿弥陀如来　　〔時宗〕
19宝鏡寺　ほうきょうじ〔寺〕
　山形県村山市　《本尊》釈迦如来　　〔曹洞宗〕
宝鏡寺　ほうきょうじ〔寺〕
　山梨県都留市　《別称》内森の宝鏡寺　《本
　　尊》釈迦三尊・豊川吒枳尼尊天　〔曹洞宗〕
宝鏡寺　ほうきょうじ〔寺〕
　京都府京都市上京区　《別称》門跡・百々御
　　所・人形寺　《本尊》聖観世音菩薩　〔単立〕
20宝厳寺　ほうがんじ〔寺〕
　京都府与謝郡加悦町　《別称》宝寺　《本尊》
　　阿弥陀如来　　　　　　　　　　〔浄土宗〕

【居】
5居世神社　こせじんじゃ〔社〕
　鹿児島県垂水市　《祭神》居世神　〔神社本庁〕
6居合神社《称》　いあいじんじゃ〔社〕
　山形県村山市林崎・熊野・居合両神社　《祭
　　神》伊弉諾命［他］　　　　　　〔神社本庁〕
居多神社　こたじんじゃ〔社〕
　新潟県上越市　《祭神》大国主命［他］
　　　　　　　　　　　　　　　　〔神社本庁〕
9居神神社　いがみじんじゃ〔社〕
　神奈川県小田原市　《祭神》三浦義意［他］
　　　　　　　　　　　　　　　　〔神社本庁〕

【岡】
0岡の天王《称》　おかのてんのう〔社〕
　滋賀県坂田郡山東町・岡神社　《祭神》高皇
　　産霊神　　　　　　　　　　　〔神社本庁〕
岡の宮《称》　おかのみや〔社〕
　兵庫県赤穂郡上郡町・八保神社　《祭神》豊
　　受姫命［他］　　　　　　　　　〔神社本庁〕
岡の宮《称》　おかのみや〔社〕
　和歌山県和歌山市・剌田比古神社　《祭神》大
　　伴剌氏比古命［他］　　　　　　〔神社本庁〕
岡の宮《称》　おかのみや〔社〕
　徳島県板野郡板野町・岡上神社　《祭神》豊
　　受姫神［他］　　　　　　　　　〔神社本庁〕
2岡八幡神社　おかはちまんじんじゃ〔社〕
　三重県上野市　《祭神》誉田別尊［他］
　　　　　　　　　　　　　　　　〔神社本庁〕
3岡上神社　おかのえじんじゃ〔社〕
　徳島県板野郡板野町　《別称》岡の宮　《祭
　　神》豊受姫神［他］　　　　　　〔神社本庁〕

岡山寺　おかやまでら〔寺〕
　岡山県岡山市　《本尊》十一面千手観世音菩
　　薩・阿弥陀如来　　　　　　　　〔天台宗〕
岡山県護国神社　おかやまけんごこくじん
　じゃ〔社〕
　岡山県岡山市門田奥市　《別称》護国神社
　　《祭神》護国の神霊　　　　　　〔神社本庁〕
岡山神社　おかやまじんじゃ〔社〕
　岡山県岡山市石関町　《祭神》倭迹迹日百襲
　　比売命［他］　　　　　　　　　〔神社本庁〕
岡山神社　おかやまじんじゃ〔社〕
　佐賀県小城郡小城町　《別称》国武社　《祭
　　神》鍋島元茂［他］　　　　　　〔神社本庁〕
4岡太神社　おかふとじんじゃ〔社〕
　福井県今立郡今立町粟田部　《祭神》建角身
　　命［他］　　　　　　　　　　　〔神社本庁〕
岡太神社　おかもとじんじゃ〔社〕
　福井県今立郡今立町　《祭神》川上御前
　　　　　　　　　　　　　　　　〔神社本庁〕
岡太神社　おかだじんじゃ〔社〕
　兵庫県西宮市　《別称》おかしの宮　《祭神》
　　天御中主大神［他］　　　　　　〔神社本庁〕
5岡田本坊《称》　おかだほんぼう〔寺〕
　愛知県知多市・慈雲寺　《本尊》千手観世音
　　菩薩　　　　　　　　　　〔臨済宗妙心寺派〕
岡田国神社　おかだくにじんじゃ〔社〕
　京都府相楽郡木津町　《別称》天神社　《祭
　　神》天神立尊［他］　　　　　　〔神社本庁〕
岡田神社　おかだじんじゃ〔社〕
　長野県松本市　《祭神》保食神　〔神社本庁〕
岡田神明社《称》　おかだしんめいしゃ〔社〕
　愛知県知多市・神明社　《祭神》天照大御神
　　［他］　　　　　　　　　　　　〔神社本庁〕
岡田鴨神社　おかだかもじんじゃ〔社〕
　京都府相楽郡加茂町　《祭神》建角身命
　　　　　　　　　　　　　　　　〔神社本庁〕
7岡村天神《称》　おかむらてんじん〔社〕
　神奈川県横浜市磯子区・岡村天満宮　《祭神》
　　天照皇大神［他］　　　　　　　〔神社本庁〕
岡村天満宮　おかむらてんまんぐう〔社〕
　神奈川県横浜市磯子区　《別称》岡村天神
　　《祭神》天照皇大神［他］　　　〔神社本庁〕
岡谷稲荷神社　おやかいなりじんじゃ〔社〕
　岩手県九戸郡種市町　《祭神》宇迦能御魂
　　命　　　　　　　　　　　　　〔神社本庁〕
9岡神社　おかじんじゃ〔社〕
　滋賀県坂田郡山東町　《別称》岡の天王　《祭
　　神》高皇産霊神　　　　　　　　〔神社本庁〕
岡神社　おかじんじゃ〔社〕
　大分県竹田市　《祭神》迦具土神［他］
　　　　　　　　　　　　　　　　〔神社本庁〕

神社・寺院名よみかた辞典　*341*

8画（岳, 岸, 岩）

10 岡宮神社　おかみやじんじゃ〔社〕
　長野県松本市　《祭神》健御名方命［他］
　　　　　　　　　　　　　　　　〔神社本庁〕
　岡高天神《称》　おかたかてんじん〔社〕
　滋賀県東浅井郡浅井町・岡高神社　《祭神》菅
　原道真［他］　　　　　　　　　　〔神社本庁〕
　岡高神社　おかたかじんじゃ〔社〕
　滋賀県東浅井郡浅井町　《別称》岡高天神
　　《祭神》菅原道真［他］　　　　〔神社本庁〕
11 岡崎のお薬師さん《称》　おかざきのおや
　くしさん〔寺〕
　徳島県鳴門市・宝珠寺　《本尊》薬師如来
　　　　　　　　　　　　　　　〔高野山真言宗〕
　岡崎八幡宮　おかざきはちまんぐう〔社〕
　山口県厚狭郡楠町　《祭神》応神天皇［他］
　　　　　　　　　　　　　　　　〔神社本庁〕
　岡崎天満宮　おかざきてんまんぐう〔社〕
　愛知県岡崎市　《別称》天満天神　《祭神》菅
　原道真［他］　　　　　　　　　　〔神社本庁〕
　岡崎神社　おかざきじんじゃ〔社〕
　京都府京都市左京区　《別称》天王さん　《祭
　神》素盞鳴尊［他］　　　　　　　〔神社本庁〕
　岡崎御坊《称》　おかざきごぼう〔寺〕
　京都府京都市左京区・東本願寺岡崎別院
　　《本尊》阿弥陀如来　　　　　　〔真宗大谷派〕
　岡崎御坊《称》　おかざきごぼう〔寺〕
　和歌山県和歌山市・西本願寺鷺森別院岡崎支
　坊　《本尊》阿弥陀如来
　　　　　　　　　　　　　　〔浄土真宗本願寺派〕

【岳】

0 お岳さん《称》　おたけさん〔社〕
　熊本県球磨郡水上村・市房山神宮　《祭神》彦
　火火出見命［他］　　　　　　　　〔神社本庁〕
3 岳山寺　がくさんじ〔寺〕
　新潟県加茂市　《本尊》阿弥陀如来・聖観世
　音菩薩　　　　　　　　　　　　〔真言宗智山派〕
8 岳林寺　がくりんじ〔寺〕
　大分県日田市　《本尊》弥勒菩薩・釈迦三尊
　　　　　　　　　　　　　　　〔臨済宗妙心寺派〕
9 岳神社　おかじんじゃ〔社〕
　兵庫県龍野市　《祭神》日本武尊［他］
　　　　　　　　　　　　　　　　〔神社本庁〕

【岸】

4 岸之坊　きしのぼう〔寺〕
　山梨県南巨摩郡身延町　《本尊》十界大曼荼
　羅　　　　　　　　　　　　　　　　〔日蓮宗〕
9 岸城神社　きしきじんじゃ〔社〕
　大阪府岸和田市　《別称》ちぎりの宮　《祭
　神》素盞鳴命［他］　　　　　　　〔神社本庁〕

10 岸剣神社　きしつるぎじんじゃ〔社〕
　岐阜県郡上市　《祭神》伊邪那岐命［他］
　　　　　　　　　　　　　　　　〔神社本庁〕

【岩】

3 岩上堂別当所　いわのうえどうべっとうし
　ょ〔寺〕
　埼玉県秩父市　《別称》秩父第二〇番霊場
　　《本尊》聖観世音菩薩・開帳仏聖観世音菩薩・
　阿弥陀如来・薬師如来　　　　〔臨済宗南禅寺派〕
　岩山神社　いわやまじんじゃ〔社〕
　岡山県高梁市　《祭神》神武天皇
　　　　　　　　　　　　　　　　〔神社本庁〕
　岩川さん《称》　いわかわさん〔社〕
　香川県綾歌郡国分寺町・国分八幡宮　《祭神》
　応神天皇［他］　　　　　　　　　〔神社本庁〕
　岩川八幡神社《称》　いわかわはちまんじ
　んじゃ〔社〕
　鹿児島県曽於郡大隅町・八幡神社　《祭神》応
　神天皇［他］　　　　　　　　　　〔神社本庁〕
4 岩井戸不動《称》　いわいどふどう〔寺〕
　福島県いわき市・冷泉寺　《本尊》大日如来・
　不動明王　　　　　　　　　　〔高野山真言宗〕
　岩井寺　がんしょうじ〔寺〕
　静岡県掛川市　《別称》子安観音　《本尊》聖
　観世音菩薩・不動明王　　　　〔高野山真言宗〕
　岩井神社　いわいじんじゃ〔社〕
　千葉県安房郡富山町　《別称》天王様　《祭
　神》素戔鳴尊［他］　　　　　　　〔神社本庁〕
　岩井堂《称》　いわいどう〔寺〕
　埼玉県秩父市・円融寺　《本尊》聖観世音菩
　薩　　　　　　　　　　　　　〔臨済宗建長寺派〕
　岩内神社　いわないじんじゃ〔社〕
　北海道岩内郡岩内町　《祭神》応神天皇［他］
　　　　　　　　　　　　　　　　〔神社本庁〕
　岩戸大明神《称》　いわとだいみょうじん
　〔社〕
　高知県室戸市・岩戸神社　《祭神》天照皇大
　神［他］　　　　　　　　　　　　〔神社本庁〕
　岩戸寺　いわとじ〔寺〕
　兵庫県氷上郡市島町　《別称》岩戸の観音
　　《本尊》十一面千手観世音菩薩・大日如来
　　　　　　　　　　　　　　　〔高野山真言宗〕
　岩戸寺　いわとじ〔寺〕
　大分県東国東郡国東町　《別称》奥の寺　《本
　尊》薬師如来　　　　　　　　　　　〔天台宗〕
　岩戸見神社　いわとみじんじゃ〔社〕
　福岡県築上郡築城町　《別称》本宮　《祭神》
　天照大神［他］　　　　　　　　　〔神社本庁〕

342　神社・寺院名よみかた辞典

8画（岩）

岩戸神社　いわとじんじゃ〔社〕
　高知県室戸市　《別称》岩戸大明神　《祭神》
　天照皇大神[他]　　　　　　〔神社本庁〕

岩戸神社　いわとじんじゃ〔社〕
　鹿児島県鹿屋市　《別称》いわどさめ　《祭
　神》天乃日別尊[他]　　　　〔神社本庁〕

岩戸観音《称》　いわとかんのん〔寺〕
　熊本県熊本市・雲巌寺　《本尊》四面馬頭観
　世音菩薩　　　　　　　　　　〔曹洞宗〕

岩手山神社　いわてさんじんじゃ〔社〕
　岩手県岩手郡雫石町　《別称》神山　《祭神》
　宇迦魂命[他]　　　　　　　〔神社本庁〕

岩手護国神社　いわてごこくじんじゃ〔社〕
　岩手県盛岡市　《祭神》護国の神霊
　　　　　　　　　　　　　　〔神社本庁〕

お岩木さん《称》　おいわきさん〔社〕
　青森県中津軽郡岩木町・岩木山神社　《祭神》
　顕国魂神[他]　　　　　　　〔神社本庁〕

岩木山神社　いわきやまじんじゃ〔社〕
　青森県中津軽郡岩木町　《別称》お岩木さん
　《祭神》顕国魂神[他]　　　〔神社本庁〕

岩王寺　しゃこうじ〔寺〕
　京都府綾部市　《本尊》薬師如来
　　　　　　　　　　　　　　〔高野山真言宗〕

5岩仙寺　がんせんじ〔寺〕
　岐阜県可児郡御嵩町　《本尊》釈迦如来
　　　　　　　　　　　　　〔臨済宗妙心寺派〕

岩出大宮さん《称》　いわでおおみやさん
　〔社〕
　和歌山県那賀郡岩出町・大宮神社　《祭神》日
　本武尊[他]　　　　　　　　〔神社本庁〕

岩本寺　いわもとじ〔寺〕
　高知県高岡郡窪川町　《別称》四国第三七番
　霊場　《本尊》阿弥陀如来・薬師如来・観
　世音菩薩・地蔵菩薩・不動明王
　　　　　　　　　　　　　　〔真言宗智山派〕

岩永八幡宮　いわながはちまんぐう〔社〕
　山口県美祢郡秋芳町　《別称》八幡様　《祭
　神》応神天皇[他]　　　　　〔神社本庁〕

岩田さま《称》　いわたさま〔社〕
　静岡県磐田市・岩田神社　《祭神》大国主命
　[他]　　　　　　　　　　　〔神社本庁〕

岩田寺　いわたじ〔寺〕
　千葉県君津市　《別称》おさかの寺　《本尊》
　不動明王　　　　　　　　　〔真言宗智山派〕

岩田神社　いわたじんじゃ〔社〕
　静岡県磐田市　《別称》岩田さま　《祭神》大
　国主命[他]　　　　　　　　〔神社本庁〕

岩田神社　いわたじんじゃ〔社〕
　静岡県藤枝市　《祭神》天照皇大御神
　　　　　　　　　　　　　　〔神社本庁〕

岩田神社　いわたじんじゃ〔社〕
　香川県高松市　《別称》飯田宮　《祭神》誉田
　別天皇[他]　　　　　　　　〔神社本庁〕

6岩光坊《称》　がんこうぼう〔寺〕
　埼玉県春日部市・玉蔵院　《本尊》阿弥陀如
　来・不動明王・虚空蔵菩薩　〔真言宗智山派〕

7岩尾社《称》　いわおしゃ〔社〕
　兵庫県神崎郡福崎町・岩尾神社　《祭神》天
　八意思兼神[他]　　　　　　〔神社本庁〕

岩尾神社　いわおじんじゃ〔社〕
　兵庫県神崎郡福崎町　《別称》岩尾社　《祭
　神》天八意思兼神[他]　　　〔神社本庁〕

岩見沢神社　いわみざわじんじゃ〔社〕
　北海道岩見沢市　《別称》空知一の宮　《祭
　神》天照大神[他]　　　　　〔神社本庁〕

岩谷寺　いわやじ〔寺〕
　茨城県笠間市　《本尊》薬師如来
　　　　　　　　　　　　　　〔真言宗智山派〕

8岩岡神社　いわおかじんじゃ〔社〕
　兵庫県神戸市西区　《祭神》素盞嗚命[他]
　　　　　　　　　　　　　　〔神社本庁〕

岩松寺　がんしょうじ〔寺〕
　埼玉県羽生市　《本尊》釈迦如来　〔曹洞宗〕

岩松院　がんしょういん〔寺〕
　長野県上高井郡小布施町　《別称》福島正則
　霊廟　《本尊》釈迦如来・迦葉尊者・阿難
　尊者　　　　　　　　　　　　〔曹洞宗〕

9岩城八幡神社　いわきはちまんじんじゃ
　〔社〕
　愛媛県越智郡岩城村　《祭神》誉田別命[他]
　　　　　　　　　　　　　　〔神社本庁〕

岩屋不動《称》　いわやふどう〔寺〕
　京都府京都市北区・志明院　《本尊》不動明
　王　　　　　　　　　　　　　　〔単立〕

岩屋不動尊《称》　いわやふどうそん〔寺〕
　愛知県名古屋市中村区・不動教会　《本尊》不
　動明王　　　　　　　　　　　　〔不動教〕

岩屋弁天《称》　いわやべんてん〔寺〕
　東京都目黒区・蟠竜寺　《本尊》阿弥陀如来
　　　　　　　　　　　　　　〔浄土宗〕

岩屋寺　いわやじ〔寺〕
　愛知県知多郡南知多町　《別称》総本山　《本
　尊》千手観世音菩薩・身代弘法大師
　　　　　　　　　　　　　　〔尾張高野山〕

岩屋寺　いわやじ〔寺〕
　京都府京都市山科区　《本尊》不動明王
　　　　　　　　　　　　　　〔曹洞宗〕

岩屋寺　いわやじ〔寺〕
　兵庫県姫路市　《本尊》毘沙門天　〔天台宗〕

神社・寺院名よみかた辞典　343

8画（幸）

岩屋寺　いわやじ〔寺〕
　島根県八束郡宍道町　《本尊》金剛界大日如来・弘法大師
　　　　　　　　　　〔高野山真言宗〕

岩屋寺　いわやじ〔寺〕
　山口県周南市　《本尊》聖観世音菩薩・不動明王
　　　　　　　　　　〔真言宗御室派〕

岩屋寺　いわやじ〔寺〕
　愛媛県上浮穴郡美川村　《別称》四国第四五番霊場　《本尊》不動明王
　　　　　　　　　　〔真言宗豊山派〕

岩屋戎《称》　いわやえびす〔社〕
　兵庫県明石市・岩屋神社　《祭神》伊弉諾尊［他］
　　　　　　　　　　〔神社本庁〕

岩屋神社　いわやじんじゃ〔社〕
　京都府京都市山科区　《祭神》天忍穂耳命［他］
　　　　　　　　　　〔神社本庁〕

岩屋神社　いわやじんじゃ〔社〕
　兵庫県明石市　《別称》岩屋戎　《祭神》伊弉諾尊［他］
　　　　　　　　　　〔神社本庁〕

岩屋堂《称》　いわやどう〔寺〕
　鳥取県八頭郡若桜町・不動院　《本尊》不動明王
　　　　　　　　　　〔真言宗醍醐派〕

岩屋観音《称》　いわやかんのん〔寺〕
　愛知県豊橋市・大岩寺　《本尊》千手観世音菩薩
　　　　　　　　　　〔曹洞宗〕

岩津天神《称》　いわずてんじん〔社〕
　愛知県岡崎市・岩津天満宮　《祭神》菅原道真
　　　　　　　　　　〔神社本庁〕

岩津天満宮　いわずてんまんぐう〔社〕
　愛知県岡崎市　《別称》岩津天神　《祭神》菅原道真
　　　　　　　　　　〔神社本庁〕

岩神さま《称》　いわがみさま〔社〕
　宮城県黒川郡大和町・石神山精神社　《祭神》大山祇命［他］
　　　　　　　　　　〔神社本庁〕

10 岩倉観音《称》　いわくらかんのん〔寺〕
　京都府京都市左京区・大雲寺　《本尊》十一面観世音菩薩
　　　　　　　　　　〔単立〕

岩剣神社　いわつるぎじんじゃ〔社〕
　鹿児島県姶良郡姶良町　《祭神》大己貴命［他］
　　　　　　　　　　〔神社本庁〕

岩根神社　いわねじんじゃ〔社〕
　島根県大原郡大東町　《祭神》国常立尊［他］
　　　　　　　　　　〔神社本庁〕

11 岩崎の弁天さん《称》　いわさきのべんてんさん〔称〕
　愛知県日進市・大応寺　《本尊》阿弥陀如来
　　　　　　　　　　〔浄土宗〕

岩崎寺　がんきじ〔寺〕
　山口県小野田市　《本尊》釈迦如来　〔曹洞宗〕

岩崎神社　いわさきじんじゃ〔社〕
　福岡県糟屋郡志免町　《祭神》海津見命［他］
　　　　　　　　　　〔神社本庁〕

岩崎神社　いわさきじんじゃ〔社〕
　大分県宇佐市　《祭神》誉田別命［他］
　　　　　　　　　　〔神社本庁〕

岩清水八幡宮《称》　いわしみずはちまんぐう〔社〕
　京都府綾部市高津町・八幡宮　《祭神》応神天皇［他］
　　　　　　　　　　〔神社本庁〕

岩船地蔵《称》　いわふねじぞう〔寺〕
　栃木県下都賀郡岩舟町・高勝寺　《本尊》生身地蔵菩薩
　　　　　　　　　　〔天台宗〕

岩船寺　がんせんじ〔寺〕
　京都府相楽郡加茂町　《本尊》阿弥陀如来
　　　　　　　　　　〔真言律宗〕

岩部八幡神社《称》　いわべはちまんじんじゃ〔社〕
　香川県香川郡塩江町・八幡神社　《祭神》応神天皇［他］
　　　　　　　　　　〔神社本庁〕

12 岩湧寺　いわわきじ〔寺〕
　大阪府河内長野市　《別称》岩湧の観音　《本尊》十一面観世音菩薩
　　　　　　　　　　〔融通念仏宗〕

岩隈八幡宮　いわくまはちまんぐう〔社〕
　山口県玖珂郡玖珂町　《祭神》仲哀天皇［他］
　　　　　　　　　　〔神社本庁〕

13 岩殿寺　がんでんじ〔寺〕
　神奈川県逗子市　《別称》岩殿観音・坂東第二番霊場　《本尊》十一面観世音菩薩
　　　　　　　　　　〔曹洞宗〕

岩殿寺　がんでんじ〔寺〕
　長野県東筑摩郡坂北村　《別称》富蔵山　《本尊》馬頭観世音菩薩
　　　　　　　　　　〔天台宗〕

岩殿観音《称》　いわどのかんのん〔寺〕
　埼玉県東松山市・正法寺　《本尊》千手観世音菩薩
　　　　　　　　　　〔真言宗智山派〕

岩殿観音《称》　いわとのかんのん〔寺〕
　神奈川県逗子市・岩殿寺　《本尊》十一面観世音菩薩
　　　　　　　　　　〔曹洞宗〕

岩滝神社　いわたきじんじゃ〔社〕
　三重県度会郡大宮町　《祭神》国狭槌神［他］
　　　　　　　　　　〔神社本庁〕

15 岩槻薬師《称》　いわつきやくし〔寺〕
　埼玉県岩槻市・弥勒寺　《本尊》不動明王
　　　　　　　　　　〔真言宗智山派〕

岩蔵寺　がんぞうじ〔寺〕
　宮城県岩沼市　《別称》志賀の薬師　《本尊》薬師如来・日光菩薩・月光菩薩　〔天台宗〕

岩蔵寺　がんぞうじ〔寺〕
　滋賀県野洲郡野洲町　《別称》篠原薬師　《本尊》薬師如来　〔天台宗〕

【幸】

4 幸天社《称》　こうてんしゃ〔社〕

8画（庚, 府, 延）

長崎県長崎市・深堀神社　《祭神》猿田彦命
〔他〕　　　　　　　　　　　　　　〔神社本庁〕
8幸国寺　こうこくじ〔寺〕
東京都新宿区　《本尊》十界曼荼羅・日蓮聖
人　　　　　　　　　　　　　　　　〔日蓮宗〕
幸松寺　こうしょうじ〔寺〕
福井県敦賀市　《本尊》釈迦如来　　〔曹洞宗〕
幸松寺　こうしょうじ〔寺〕
大阪府高槻市　《本尊》日蓮聖人奠定の大曼
荼羅　　　　　　　　　　　　　　　〔日蓮宗〕
9幸神社　さいのかみしゃ〔社〕
三重県度会郡玉城町　《別称》さいの神　《祭
神》猿田彦命〔他〕　　　　　　　〔神社本庁〕
幸神神社　さちがみじんじゃ〔社〕
東京都西多摩郡日の出町　《祭神》猿田毘古
大神　　　　　　　　　　　　　　〔神社本庁〕
10幸宮神社　さちのみやじんじゃ〔社〕
埼玉県幸手市　《祭神》誉田別命〔他〕
　　　　　　　　　　　　　　　　〔神社本庁〕
幸竜寺　こうりゅうじ〔寺〕
東京都世田谷区　《本尊》十界大曼荼羅
　　　　　　　　　　　　　　　　　〔日蓮宗〕
11幸盛寺　こうせいじ〔寺〕
鳥取県気高郡鹿野町　《別称》ゆきもりの寺
《本尊》阿弥陀如来　　　　　　　　〔浄土宗〕
13幸福寺　こうふくじ〔寺〕
埼玉県南埼玉郡菖蒲町　《本尊》十一面観世
音菩薩・道了大薩埵　　　　　　　　〔曹洞宗〕
幸福寺　こうふくじ〔寺〕
神奈川県川崎市川崎区　《本尊》阿弥陀如
来　　　　　　　　　　　　　　　　〔天台宗〕
幸福寺　こうふくじ〔寺〕
岡山県岡山市　《別称》菅野寺　《本尊》十界
大曼荼羅　　　　　　　　　　　　　〔日蓮宗〕
14幸徳院　こうとくいん〔寺〕
山形県米沢市　《別称》笹野観音　《本尊》千
手千眼観世音菩薩　　　　　　　〔真言宗豊山派〕
幸稲荷神社　さきわいいなりじんじゃ〔社〕
秋田県鹿角市　《祭神》産土様　《祭神》豊受
姫命〔他〕　　　　　　　　　　　　〔神社本庁〕
15幸蔵寺　こうぞうじ〔寺〕
千葉県旭市　《別称》大坊　《本尊》大日如
来　　　　　　　　　　　　　　〔真言宗智山派〕

【庚】
5庚申寺　こうしんじ〔寺〕
静岡県浜北市　《別称》猿寺　《本尊》庚申
天　　　　　　　　　　　　　〔臨済宗方広寺派〕

【府】
2府八幡宮　ふはちまんぐう〔社〕
静岡県磐田市　《別称》八幡様　《祭神》足仲
彦命〔他〕　　　　　　　　　　　　〔神社本庁〕
4府中の宮《称》　ふちゅうのみや〔社〕
徳島県徳島市・大御和神社　《祭神》大己貴
命　　　　　　　　　　　　　　　〔神社本庁〕
府中八幡神社　ふちゅうはちまんじんじゃ
〔社〕
広島県府中市　《別称》八幡さん　《祭神》品
陀和気命〔他〕　　　　　　　　　〔神社本庁〕
9府南寺　ふなんじ〔寺〕
三重県鈴鹿市　《別称》国府阿弥陀　《本尊》
阿弥陀三尊・千手観世音菩薩
　　　　　　　　　　　　　　〔真言宗御室派〕
府南社《称》　ふなんしゃ〔社〕
石川県小松市・石部神社　《祭神》櫛日方別
命　　　　　　　　　　　　　　　〔神社本庁〕

【延】
4延仁寺　えんにんじ〔寺〕
京都府京都市東山区　《本尊》阿弥陀如来
　　　　　　　　　　　　　　　〔真宗大谷派〕
5延台寺　えんだいじ〔寺〕
神奈川県中郡大磯町　《本尊》日蓮聖人奠定
の大曼荼羅　　　　　　　　　　　　〔日蓮宗〕
6延光寺　えんこうじ〔寺〕
高知県宿毛市　《別称》寺山さん・四国第三九
番霊場　《本尊》薬師如来　〔真言宗智山派〕
7延寿寺　えんじゅじ〔寺〕
東京都台東区　《別称》足の神様日荷さま
《本尊》十界曼荼羅　　　　　　　　〔日蓮宗〕
延寿寺　えんじゅじ〔寺〕
神奈川県三浦市　《別称》宮田鬼子母神　《本
尊》日蓮聖人奠定の大曼荼羅　　　　〔日蓮宗〕
延寿寺　えんじゅじ〔寺〕
徳島県板野郡吉野町　《本尊》阿弥陀如来
　　　　　　　　　　　　　　　〔真宗興正派〕
延寿寺　えんじゅじ〔寺〕
熊本県熊本市　《本尊》阿弥陀如来
　　　　　　　　　　　　　　　〔真宗大谷派〕
延寿院　えんじゅいん〔寺〕
三重県名張市　《別称》滝寺　《本尊》不動経
王　　　　　　　　　　　　　　　　〔天台宗〕
8延命寺　えんめいじ〔寺〕
宮城県白石市　《本尊》大日如来・歓喜天
　　　　　　　　　　　　　　〔真言宗智山派〕
延命寺　えんめいじ〔寺〕
秋田県鹿角市　《本尊》釈迦如来　　〔曹洞宗〕

神社・寺院名よみかた辞典　345

8画（延）

延命寺　えんめいじ〔寺〕
　福島県郡山市　《本尊》延命地蔵菩薩
　　　　　　　　　　　　　〔真言宗豊山派〕

延命寺　えんめいじ〔寺〕
　福島県河沼郡河東町　《別称》藤倉二階堂
　《本尊》大日如来・延命地蔵菩薩
　　　　　　　　　　　　　〔真言宗豊山派〕

延命寺　えんめいじ〔寺〕
　栃木県下都賀郡大平町　《本尊》延命地蔵菩
　薩・両界大日如来・身代不動明王
　　　　　　　　　　　　　〔真言宗豊山派〕

延命寺　えんめいじ〔寺〕
　群馬県伊勢崎市　《別称》荒神様　《本尊》阿
　弥陀如来・三宝大荒神　　　　〔天台宗〕

延命寺　えんめいじ〔寺〕
　埼玉県さいたま市　《本尊》延命地蔵菩薩
　　　　　　　　　　　　　　　〔天台宗〕

延命寺　えんめいじ〔寺〕
　埼玉県羽生市　《本尊》不動明王
　　　　　　　　　　　　　〔真言宗豊山派〕

延命寺　えんめいじ〔寺〕
　埼玉県吉川市　《本尊》延命地蔵菩薩
　　　　　　　　　　　　　〔真言宗智山派〕

延命寺　えんめいじ〔寺〕
　千葉県市川市　《別称》新井の延命寺　《本
　尊》大日如来　　　　　　〔真言宗豊山派〕

延命寺　えんめいじ〔寺〕
　千葉県我孫子市　《本尊》虚空蔵菩薩
　　　　　　　　　　　　　〔真言宗豊山派〕

延命寺　えんめいじ〔寺〕
　千葉県君津市　《本尊》地蔵菩薩
　　　　　　　　　　　　　〔真言宗豊山派〕

延命寺　えんめいじ〔寺〕
　千葉県富津市　《本尊》大日如来
　　　　　　　　　　　　　〔真言宗智山派〕

延命寺　えんめいじ〔寺〕
　千葉県安房郡三芳村　《本尊》釈迦如来
　　　　　　　　　　　　　　　〔曹洞宗〕

延命寺　えんめいじ〔寺〕
　東京都北区　《本尊》地蔵菩薩
　　　　　　　　　　　　　〔真言宗豊山派〕

延命寺　えんめいじ〔寺〕
　東京都板橋区志村　《本尊》地蔵菩薩
　　　　　　　　　　　　　〔真言宗豊山派〕

延命寺　えんめいじ〔寺〕
　東京都板橋区中台　《本尊》如意輪観世音菩
　薩　　　　　　　　　　　〔真言宗豊山派〕

延命寺　えんめいじ〔寺〕
　東京都葛飾区白鳥　《本尊》阿弥陀如来
　　　　　　　　　　　　　　　〔天台宗〕

延命寺　えんめいじ〔寺〕
　東京都葛飾区水本小合町　《本尊》地蔵菩
　薩　　　　　　　　　　　〔真言宗豊山派〕

延命寺　えんめいじ〔寺〕
　東京都小平市　《本尊》延命地蔵菩薩
　　　　　　　　　　　　　〔真言宗豊山派〕

延命寺　えんめいじ〔寺〕
　東京都日野市　《本尊》延命地蔵菩薩
　　　　　　　　　　　　　〔真言宗智山派〕

延命寺　えんめいじ〔寺〕
　東京都多摩市　《本尊》阿弥陀如来・地蔵菩
　薩　　　　　　　　　　　　　〔時宗〕

延命寺　えんめいじ〔寺〕
　神奈川県川崎市幸区　《本尊》延命地蔵菩
　薩　　　　　　　　　　　〔真言宗智山派〕

延命寺　えんめいじ〔寺〕
　神奈川県逗子市　《別称》ずしでら　《本尊》
　大日如来　　　　　　　　〔高野山真言宗〕

延命寺　えんめいじ〔寺〕
　神奈川県足柄上郡松田町　《本尊》聖観世音
　菩薩　　　　　　　　　　　　〔曹洞宗〕

延命寺　えんめいじ〔寺〕
　新潟県長岡市　《本尊》延命地蔵菩薩
　　　　　　　　　　　　　〔真言宗豊山派〕

延命寺　えんめいじ〔寺〕
　新潟県柏崎市　《別称》護摩堂　《本尊》延命
　地蔵菩薩　　　　　　　　〔高野山真言宗〕

延命寺　えんめいじ〔寺〕
　新潟県五泉市　《別称》丸田寺　《本尊》延命
　地蔵菩薩　　　　　　　　〔真言宗智山派〕

延命寺　えんめいじ〔寺〕
　新潟県佐渡市　《本尊》大日如来
　　　　　　　　　　　　　〔真言宗豊山派〕

延命寺　えんめいじ〔寺〕
　新潟県中蒲原郡村松町　《別称》田中のお寺
　《本尊》子育地蔵菩薩　　　　　〔曹洞宗〕

延命寺　えんめいじ〔寺〕
　山梨県東八代郡豊富村　《別称》木原延命寺
　《本尊》安産子安地蔵菩薩　〔真言宗智山派〕

延命寺　えんめいじ〔寺〕
　静岡県藤枝市　《本尊》延命地蔵菩薩
　　　　　　　　　　　　　　　〔曹洞宗〕

延命寺　えんめいじ〔寺〕
　静岡県庵原郡由比町　《本尊》阿弥陀如来
　　　　　　　　　　　　　　　〔浄土宗〕

延命寺　えんめいじ〔寺〕
　三重県松阪市　《本尊》阿弥陀如来　〔浄土宗〕

延命寺　えんめいじ〔寺〕
　京都府京都市上京区　《本尊》延命地蔵菩
　薩　　　　　　　　　　　　　〔浄土宗〕

8画（弥）

延命寺　えんめいじ〔寺〕
　大阪府堺市　《本尊》阿弥陀如来　〔浄土宗〕

延命寺　えんめいじ〔寺〕
　大阪府河内長野市　《本尊》聖如意輪観世音菩薩
　　　　　　　　　　　〔真言宗御室派〕

延命寺　えんめいじ〔寺〕
　兵庫県姫路市　《本尊》薬師如来　〔天台宗〕

延命寺　えんめいじ〔寺〕
　兵庫県氷上郡山南町　《本尊》地蔵菩薩
　　　　　　　　　　　〔高野山真言宗〕

延命寺　えんめいじ〔寺〕
　兵庫県三原郡三原町　《本尊》延命地蔵菩薩
　　　　　　　　　　　〔高野山真言宗〕

延命《称》　えんめいじ〔寺〕
　徳島県徳島市・常楽寺　《本尊》弥勒菩薩
　　　　　　　　　　　〔高野山真言宗〕

延命寺　えんめいじ〔寺〕
　徳島県海部郡由岐町　《本尊》阿弥陀如来
　　　　　　　　　　　〔高野山真言宗〕

延命寺　えんめいじ〔寺〕
　愛媛県今治市　《別称》四国第五四番霊場　《本尊》不動明王　〔真言宗豊山派〕

延命寺　えんめいじ〔寺〕
　愛媛県四国中央市　《別称》いざり松千枚通し本坊　《本尊》地蔵菩薩・弘法大師
　　　　　　　　　　　〔真言宗御室派〕

延命寺　えんめいじ〔寺〕
　福岡県北九州市小倉北区　《別称》延命寺の観音　《本尊》延命地蔵菩薩・十一面観世音菩薩・如意輪観世音菩薩　〔黄檗宗〕

延命寺　えんめいじ〔寺〕
　大分県大分市　《本尊》延命地蔵菩薩
　　　　　　　　　　　〔臨済宗妙心寺派〕

延命院　えんめいいん〔寺〕
　茨城県岩井市　《別称》上の寺不動さま　《本尊》延命地蔵菩薩　〔真言宗智山派〕

延命院　えんめいいん〔寺〕
　栃木県宇都宮市　《本尊》大日如来・延命地蔵菩薩　〔真言宗智山派〕

延命院　えんめいいん〔寺〕
　栃木県河内郡上三川町　《本尊》大日如来
　　　　　　　　　　　〔真言宗智山派〕

延命院　えんめいいん〔寺〕
　埼玉県三郷市　《本尊》不動明王・虚空蔵菩薩　〔真言宗豊山派〕

延命院　えんめいいん〔寺〕
　埼玉県北葛飾郡庄和町　《本尊》阿弥陀如来
　　　　　　　　　　　〔真言宗豊山派〕

延命院　えんめいいん〔寺〕
　東京都荒川区　《本尊》日蓮聖人奠定の大曼荼羅　〔日蓮宗〕

延命院　えんめいいん〔寺〕
　神奈川県横浜市西区　《別称》野毛山不動尊・成田山横浜別院　《本尊》不動明王
　　　　　　　　　　　〔真言宗智山派〕

延命院　えんめいいん〔寺〕
　山梨県塩山市　《本尊》延命地蔵菩薩・賞善童子・賞悪童子　〔臨済宗向嶽寺派〕

延命院　えんめいいん〔寺〕
　愛知県名古屋市中区　《本尊》薬師如来・十一面観世音菩薩　〔真言宗豊山派〕

延命院　えんめいいん〔寺〕
　佐賀県佐賀市　《本尊》不動明王　〔天台宗〕

延命密院　えんめいみついん〔寺〕
　群馬県多野郡吉井町　《本尊》延命地蔵菩薩　〔真言宗豊山派〕

延明院　えんみょういん〔寺〕
　山形県東置賜郡高畠町　《別称》小其塚の寺　《本尊》大日如来　〔真言宗豊山派〕

延長寺　えんちょうじ〔寺〕
　岐阜県大垣市　《本尊》阿弥陀如来
　　　　　　　　　　　〔浄土真宗本願寺派〕

12延喜観音《称》　えんぎかんのん〔寺〕
　愛媛県今治市・乗禅寺　《本尊》如意輪観世音菩薩　〔真言宗豊山派〕

13延福寺　えんぷくじ〔寺〕
　京都府亀岡市　《本尊》薬師如来
　　　　　　　　　　　〔高野山真言宗〕

14延暦寺　えんりゃくじ〔寺〕
　富山県氷見市　《別称》堀田の観音　《本尊》釈迦如来　〔曹洞宗〕

延暦寺　えんりゃくじ〔寺〕
　滋賀県大津市　《別称》総本山・比叡山延暦寺　《本尊》薬師如来・大日如来・釈迦如来　〔天台宗〕

延算寺　えんざんじ〔寺〕
　岐阜県岐阜市　《別称》岩井山瘡神　《本尊》薬師如来・瘡神薬師如来　〔高野山真言宗〕

15延慶寺　えんけいじ〔寺〕
　熊本県本渡市　《本尊》阿弥陀如来
　　　　　　　　　　　〔真宗大谷派〕

延蔵寺　えんぞうじ〔寺〕
　栃木県鹿沼市　《本尊》大日如来・不動明王
　　　　　　　　　　　〔真言宗智山派〕

延養寺　えんようじ〔寺〕
　群馬県高崎市　《本尊》薬師如来
　　　　　　　　　　　〔高野山真言宗〕

【弥】

2弥刀神社　みとじんじゃ〔社〕
　大阪府東大阪市　《祭神》速秋津日子神[他]
　　　　　　　　　　　〔単立〕

神社・寺院名よみかた辞典　347

8画（弥）

3 弥久賀神社　みくがじんじゃ〔社〕
　　島根県簸川郡湖陵町　《祭神》天之御中主大神
　　　　　　　　　　　　　　　　　　　　　〔神社本庁〕

弥山大聖院　みせんだいしょういん〔寺〕
　　広島県佐伯郡宮島町　《別称》弥山の三鬼さん　《本尊》波切不動明王・虚空蔵菩薩・三鬼大権現
　　　　　　　　　　　　　　　　　　〔真言宗御室派〕

5 弥加宜神社　やかぎじんじゃ〔社〕
　　京都府舞鶴市　《祭神》天御蔭命　〔神社本庁〕

弥尼布理神社　いねふりじんじゃ〔社〕
　　三重県安芸郡芸町　《祭神》倉稲魂命［他］
　　　　　　　　　　　　　　　　　　　　　〔神社本庁〕

7 弥谷寺　いやだにじ〔寺〕
　　香川県三豊郡三野町　《別称》四国第七一番霊場　《本尊》千手観世音菩薩・大日如来・地蔵菩薩
　　　　　　　　　　　　　　　　　　　　　〔真言宗〕

9 弥彦神社　いやひこじんじゃ〔社〕
　　北海道札幌市中央区　《祭神》天之香語山命
　　　　　　　　　　　　　　　　　　　　　〔神社本庁〕

弥彦神社　いやひこじんじゃ〔社〕
　　新潟県西蒲原郡弥彦村　《別称》お弥彦様　《祭神》天香山命
　　　　　　　　　　　　　　　　　　　　　〔神社本庁〕

お弥彦様　《称》　おやひこさま〔社〕
　　新潟県西蒲原郡弥彦村・弥彦神社　《祭神》天香山命
　　　　　　　　　　　　　　　　　　　　　〔神社本庁〕

弥栄神社　やえいじんじゃ〔社〕
　　大阪府岸和田市　《祭神》素盞嗚尊
　　　　　　　　　　　　　　　　　　　　　〔神社本庁〕

弥栄神社　やさかじんじゃ〔社〕
　　島根県鹿足郡津和野町　《祭神》須佐之男命［他］
　　　　　　　　　　　　　　　　　　　　　〔神社本庁〕

弥栄神社　やさかじんじゃ〔社〕
　　大分県大分市上野　《祭神》素盞嗚尊［他］
　　　　　　　　　　　　　　　　　　　　　〔神社本庁〕

弥美神社　みみじんじゃ〔社〕
　　福井県三方郡美浜町　《祭神》室比古王
　　　　　　　　　　　　　　　　　　　　　〔神社本庁〕

10 弥高神社　いやたかじんじゃ〔社〕
　　秋田県秋田市　《祭神》平田篤胤［他］
　　　　　　　　　　　　　　　　　　　　　〔神社本庁〕

弥高護国寺　《称》　やたかごこくじ〔寺〕
　　滋賀県坂田郡伊吹町・悉地院
　　　　　　　　　　　　　　　　　　〔真言宗豊山派〕

11 弥勒寺　みろくじ〔寺〕
　　福島県会津若松市　《本尊》大日如来
　　　　　　　　　　　　　　　　　　〔真言宗豊山派〕

弥勒寺　みろくじ〔寺〕
　　群馬県多野郡吉井町　《本尊》釈迦如来
　　　　　　　　　　　　　　　　　　〔臨済宗妙心寺派〕

弥勒寺　みろくじ〔寺〕
　　埼玉県岩槻市　《別称》岩槻薬師　《本尊》不動明王
　　　　　　　　　　　　　　　　　　〔真言宗智山派〕

弥勒寺　みろくじ〔寺〕
　　東京都墨田区　《別称》おやくしさま　《本尊》薬師如来・弘法大師　〔新義真言宗〕

弥勒寺　みろくじ〔寺〕
　　福井県福井市　《別称》高木之寺　《本尊》阿弥陀如来・聖徳太子
　　　　　　　　　　　　　　　　　　〔真言大谷派〕

弥勒寺　みろくじ〔寺〕
　　長野県南佐久郡臼田町　《別称》お大師さん　《本尊》弥勒菩薩・釈迦如来　〔天台宗〕

弥勒寺　みろくじ〔寺〕
　　岐阜県関市　《本尊》聖観世音菩薩
　　　　　　　　　　　　　　　　　　〔天台寺門宗〕

弥勒寺　みろくじ〔寺〕
　　三重県名張市　《別称》月山弥勒寺　《本尊》薬師如来
　　　　　　　　　　　　　　　　　　〔真言宗豊山派〕

弥勒寺　みろくじ〔寺〕
　　兵庫県飾磨郡夢前町　《本尊》弥勒菩薩・日天尊・月天尊　〔天台宗〕

弥勒院　みろくいん〔寺〕
　　山形県西村山郡河北町　《本尊》大日如来
　　　　　　　　　　　　　　　　　　〔真言宗智山派〕

弥勒院　みろくいん〔寺〕
　　茨城県鹿島郡神栖町　《別称》子安観音　《本尊》聖観世音菩薩・大日如来・地蔵菩薩
　　　　　　　　　　　　　　　　　　〔真言宗豊山派〕

弥勒院　みろくいん〔寺〕
　　愛知県名古屋市熱田区　《別称》赤門寺　《本尊》弥勒菩薩
　　　　　　　　　　　　　　　　　　〔真言宗豊山派〕

弥勒堂　みろくどう〔寺〕
　　茨城県笠間市　《本尊》弥勒菩薩
　　　　　　　　　　　　　　　　　　〔真言宗豊山派〕

【往】

5 往生寺　おうじょうじ〔寺〕
　　宮城県栗原郡栗駒町　《別称》まねうし寺　《本尊》阿弥陀如来・円光大師　〔浄土宗〕

往生寺　おうじょうじ〔寺〕
　　長野県長野市　《別称》刈萱堂　《本尊》阿弥陀如来　〔浄土宗〕

往生寺　おうじょうじ〔寺〕
　　愛知県一宮市　《本尊》釈迦如来
　　　　　　　　　　　　　　　　　　〔臨済宗妙心寺派〕

往生院　おうじょういん〔寺〕
　　新潟県新潟市　《本尊》阿弥陀如来　〔浄土宗〕

往生院　《称》　おうじょういん〔寺〕
　　京都府京都市西京区・三鈷寺　《本尊》西山善慧上人像・西山歯骨舎利・不動明王・歓

8画（彼, 忽, 性, 忠, 念）

喜天・だきとめ阿弥陀如来・如法仏眼曼茶羅　　　　　　　　　　　　〔西山宗〕
往生院　おうじょういん〔寺〕
　大阪府東大阪市　《別称》六万寺
　　　　　　　　　　　　　　〔単立〕
往生院《称》　おうじょういん〔寺〕
　熊本県熊本市・泰安寺　《本尊》阿弥陀如来・鎮西像　　　　　　〔浄土宗〕
10往馬大社《称》　いこまたいしゃ〔社〕
　奈良県生駒市・往馬坐伊古麻都比古神社
　《祭神》伊古麻都比古神［他］　〔神社本庁〕
往馬坐伊古麻都比古神社　いこまにますいこまつひこじんじゃ〔社〕
　奈良県生駒市　《別称》往馬大社　《祭神》伊古麻都比古神［他］　〔神社本庁〕
16往還寺　おうげんじ〔寺〕
　岐阜県大野郡宮村　《本尊》阿弥陀如来
　　　　　　　　　　　　　〔真宗大谷派〕

【彼】
8彼杵神社　そのぎじんじゃ〔社〕
　長崎県東彼杵郡東彼杵町　《別称》新宮さま　《祭神》健速須佐之男命［他］　〔神社本庁〕

【忽】
7忽那七島鎮守《称》　くつなしちとうちんじゅ〔社〕
　愛媛県温泉郡中島町・八幡神社　《祭神》稲田姫命［他］　　　〔神社本庁〕

【性】
3性山寺　しょうざんじ〔寺〕
　茨城県つくば市　《本尊》釈迦如来　〔曹洞宗〕
7性応寺　しょうおうじ〔寺〕
　鹿児島県姶良郡加治木町　《本尊》阿弥陀如来　　　　　　〔浄土真宗本願寺派〕
9性海寺　しょうかいじ〔寺〕
　福井県坂井郡三国町　〔真言宗智山派〕
性海寺　しょうかいじ〔寺〕
　愛知県稲沢市　《別称》大塚の愛染様　《本尊》善光寺如来三尊・愛染明王
　　　　　　　　　　　　　〔真言宗智山派〕
10性翁寺　しょうおうじ〔寺〕
　東京都足立区　《別称》木余り　《本尊》阿弥陀像　　　　　　　　〔浄土宗〕
性高院　しょうこういん〔寺〕
　愛知県名古屋市千種区　《本尊》阿弥陀如来　　　　　　　　　〔浄土宗〕
13性源寺　しょうげんじ〔寺〕
　福島県いわき市　《本尊》釈迦如来　〔曹洞宗〕

性源寺　しょうげんじ〔寺〕
　愛知県豊田市　《本尊》阿弥陀如来　〔浄土宗〕
14性徳院　しょうとくいん〔寺〕
　愛知県海部郡甚目寺町　《本尊》弘法大師　　　　　　　　　〔真言宗智山派〕
18性顕寺　しょうけんじ〔寺〕
　岐阜県安八郡神戸町　《本尊》阿弥陀如来
　　　　　　　　　　　〔浄土真宗本願寺派〕

【忠】
6忠安寺　ちゅうあんじ〔寺〕
　山梨県中巨摩郡竜王町　《本尊》日蓮聖人奠定の大曼荼羅　　　　〔日蓮宗〕
9忠専寺　ちゅうせんじ〔寺〕
　秋田県秋田市　《本尊》阿弥陀如来
　　　　　　　　　　　　　〔真宗大谷派〕
10忠恩寺　ちゅうおんじ〔寺〕
　長野県長野市　《別称》お観音さま　《本尊》阿弥陀如来　　　　〔浄土宗〕
忠恩寺　ちゅうおんじ〔寺〕
　長野県飯山市　《本尊》阿弥陀如来　〔浄土宗〕
11忠堂院　ちゅうどういん〔寺〕
　東京都青梅市　《本尊》文殊菩薩
　　　　　　　　　　　　　〔真言宗豊山派〕
14忠綱寺　ちゅうこうじ〔寺〕
　東京都台東区　《本尊》阿弥陀如来
　　　　　　　　　　　　　〔真宗大谷派〕

【念】
4念仏寺　ねんぶつじ〔寺〕
　山形県飽海郡松山町　《本尊》阿弥陀如来　　　　　　　　　　　〔浄土宗〕
念仏寺　ねんぶつじ〔寺〕
　新潟県新潟市　《本尊》阿弥陀如来
　　　　　　　　　　　　　〔真宗大谷派〕
念仏寺　ねんぶつじ〔寺〕
　三重県上野市　《本尊》阿弥陀如来　〔浄土宗〕
念仏寺　ねんぶつじ〔寺〕
　滋賀県八日市市　《本尊》阿弥陀如来
　　　　　　　　　　　　　　〔浄土宗〕
念仏寺　ねんぶつじ〔寺〕
　京都府京都市右京区嵯峨鳥居本化野町　《別称》あだしの念仏寺　《本尊》阿弥陀如来
　　　　　　　　　　　　　　〔浄土宗〕
念仏寺　ねんぶつじ〔寺〕
　京都府京都市右京区山ノ内宮前町　《本尊》阿弥陀如来　〔浄土宗西山禅林寺派〕
念仏寺　ねんぶつじ〔寺〕
　京都府宇治市　《本尊》阿弥陀如来　〔浄土宗〕

神社・寺院名よみかた辞典　*349*

8画（押, 承, 招, 担, 放）

念仏寺　ねんぶつじ〔寺〕
　京都府亀岡市　《別称》柏原のお釈迦さん
　《本尊》阿弥陀如来　　　　　　〔浄土宗〕
念仏寺　ねんぶつじ〔寺〕
　京都府城陽市　《本尊》阿弥陀如来〔浄土宗〕
念仏寺　ねんぶつじ〔寺〕
　京都府綴喜郡井手町　《本尊》阿弥陀如来
　　　　　　　　　　　　　　　　〔浄土宗〕
念仏寺　ねんぶつじ〔寺〕
　奈良県奈良市　《本尊》阿弥陀如来〔浄土宗〕
念仏寺　ねんぶつじ〔寺〕
　奈良県天理市　《本尊》釈迦如来〔浄土宗〕
念仏院　ねんぶついん〔寺〕
　東京都台東区　《別称》中将姫のお寺　《本尊》阿弥陀如来・中将法如毛髪織名号
　　　　　　　　　　　　　　　　〔浄土宗〕
念仏院　ねんぶついん〔寺〕
　東京都八王子市　《別称》時の鐘　《本尊》阿弥陀如来　　　　　　〔時宗〕
7念声寺　ねんしょうじ〔寺〕
　奈良県奈良市　《本尊》阿弥陀如来〔浄土宗〕
8念空寺　ねんくうじ〔寺〕
　東京都世田谷区　《本尊》阿弥陀如来
　　　　　　　　　　　　　　　　〔単立〕
10念速寺　ねんそくじ〔寺〕
　東京都文京区　《本尊》阿弥陀如来
　　　　　　　　　　　　　　〔真宗大谷派〕
念通寺　ねんつうじ〔寺〕
　山形県尾花沢市　《本尊》阿弥陀如来
　　　　　　　　　　　　　　〔真宗大谷派〕
11念教寺　ねんきょうじ〔寺〕
　岐阜県安八郡神戸町　《本尊》阿弥陀如来
　　　　　　　　　　　　　　〔真宗大谷派〕
12念覚寺　ねんかくじ〔寺〕
　新潟県見附市　《本尊》阿弥陀如来
　　　　　　　　　　　　　　〔真宗大谷派〕

【押】
5押立神社　おしたてじんじゃ〔社〕
　滋賀県愛知郡湖東町　《別称》きゃくじんのみや　《祭神》火産霊大神〔他〕〔神社本庁〕

【承】
4承元寺　しょうげんじ〔寺〕
　静岡県静岡市　《本尊》薬師如来
　　　　　　　　　　　　　〔臨済宗妙心寺派〕
承天寺　じょうてんじ〔寺〕
　福岡県福岡市博多区　《本尊》釈迦如来
　　　　　　　　　　　　　〔臨済宗東福寺派〕

11承教寺　じょうきょうじ〔寺〕
　東京都港区　《別称》赤門寺　《本尊》十界勧請大曼荼羅　　　　　〔日蓮宗〕
13承福寺　じょうふくじ〔寺〕
　福岡県宗像市　《本尊》釈迦如来・文殊菩薩・普賢菩薩　　　　　〔臨済宗大徳寺派〕

【招】
12招善寺　しょうぜんじ〔寺〕
　京都府京都市北区　《本尊》阿弥陀如来
　　　　　　　　　　　　　　　　〔浄土宗〕
招提寺《称》　　しょうだいじ〔寺〕
　奈良県奈良市・唐招提寺　《本尊》盧舎那仏・千手観世音菩薩・梵天・帝釈天・四天王・薬師如来(光背中に七仏薬師)・日光菩薩・月光菩薩・十二神将和上　　　〔律宗〕
14招魂社《称》　　しょうこんしゃ〔社〕
　栃木県大田原市・大田原護国神社　《祭神》護国の神霊　　　　　　〔神社本庁〕
招魂社《称》　　しょうこんしゃ〔社〕
　山梨県南都留郡富士河口湖町・天上山護国神社　《祭神》護国の神霊　〔神社本庁〕
招魂社《称》　　しょうこんしゃ〔社〕
　高知県高知市・高知県護国神社　《祭神》護国の神霊　　　　　　　〔神社本庁〕

【担】
12担景寺　たんけいじ〔寺〕
　埼玉県幸手市　《本尊》阿弥陀如来
　　　　　　　　　　　　　〔浄土真宗本願寺派〕

【放】
5放生寺　ほうしょうじ〔寺〕
　東京都新宿区　《本尊》聖観世音菩薩
　　　　　　　　　　　　　　　〔高野山真言宗〕
放生津八幡宮　ほうじょうつはちまんぐう〔社〕
　富山県新湊市　《祭神》応神天皇〔神社本庁〕
放生院　ほうじょういん〔寺〕
　京都府宇治市　《別称》橋寺　《本尊》地蔵菩薩　　　　　　　　　〔真言律宗〕
6放光寺　ほうこうじ〔寺〕
　山梨県塩山市　《本尊》金剛界大日如来・愛染明王・大野不動明王・薬師如来
　　　　　　　　　　　　　　〔真言宗智山派〕
放光寺　ほうこうじ〔寺〕
　愛知県瀬戸市　《別称》弘法堂　《本尊》阿弥陀如来　　　　　　　〔浄土宗〕

8画（於，易，昆，昇，昌）

放光寺　ほうこうじ〔寺〕
　奈良県北葛城郡王寺町　《本尊》観世音菩
　薩　　　　　　　　　　　　　　〔黄檗宗〕
放光院　ほうこういん〔寺〕
　埼玉県上尾市　《別称》陣屋寺　《本尊》阿弥
　陀如来・地蔵菩薩・不動明王
　　　　　　　　　　　　　　〔真言宗智山派〕

【於】
7於呂神社　おろじんじゃ〔社〕
　静岡県浜北市　《祭神》天津日高日子穂穂出
　見命　　　　　　　　　　　　　〔神社本庁〕
9於保多神社　おほたじんじゃ〔社〕
　富山県富山市　《別称》天神様　《祭神》菅原
　道真〔他〕　　　　　　　　　　〔神社本庁〕

【易】
6易行寺　いぎょうじ〔寺〕
　滋賀県犬上郡甲良町　《本尊》阿弥陀如来
　　　　　　　　　　　　　　〔浄土真宗本願寺派〕
易行院　いぎょういん〔寺〕
　東京都足立区　《別称》助六寺　《本尊》阿弥
　陀如来　　　　　　　　　　　　〔浄土宗〕
8易往寺　いおうじ〔寺〕
　大阪府柏原市　《本尊》阿弥陀如来
　　　　　　　　　　　　　　〔真宗大谷派〕

【昆】
5昆布森神社　こんぶもりじんじゃ〔社〕
　北海道釧路郡釧路町　《祭神》豊受大神〔他〕
　　　　　　　　　　　　　　　　〔神社本庁〕
12昆陽寺　こやじ〔寺〕
　兵庫県伊丹市　《別称》行基さん　《本尊》薬
　師如来・行基　　　　　　　〔高野山真言宗〕

【昇】
12昇覚寺　しょうかくじ〔寺〕
　東京都江戸川区　《本尊》阿弥陀如来
　　　　　　　　　　　　　　〔真言宗豊山派〕

【昌】
6昌伝庵　しょうでんあん〔寺〕
　宮城県仙台市若林区　《本尊》釈迦如来
　　　　　　　　　　　　　　　　〔曹洞宗〕
昌伝庵　しょうでんあん〔寺〕
　山形県米沢市　《本尊》釈迦如来　〔曹洞宗〕
昌光律寺　しょうこうりつじ〔寺〕
　愛知県岡崎市　《本尊》阿弥陀如来　〔浄土宗〕

7昌住寺　しょうじゅうじ〔寺〕
　徳島県鳴門市　《本尊》阿弥陀如来
　　　　　　　　　　　　　　〔西山浄土宗〕
8昌学寺　しょうがくじ〔寺〕
　宮城県登米郡石越町　《本尊》釈迦如来
　　　　　　　　　　　　　　　　〔曹洞宗〕
昌岩寺　しょうがんじ〔寺〕
　兵庫県加古川市　《本尊》釈迦如来
　　　　　　　　　　　　　　〔臨済宗妙心寺派〕
昌念寺　しょうねんじ〔寺〕
　兵庫県出石郡出石町　《本尊》阿弥陀如来
　　　　　　　　　　　　　　　　〔浄土宗〕
昌林寺　しょうりんじ〔寺〕
　兵庫県西宮市　《別称》頼光の寺　《本尊》阿
　弥陀如来　　　　　　　　　　　〔浄土宗〕
9昌泉寺　しょうせんじ〔寺〕
　山口県豊浦郡豊北町　《本尊》阿弥陀如来
　　　　　　　　　　　　　　　　〔浄土宗〕
昌泉院　しょうせんいん〔寺〕
　静岡県焼津市　《本尊》三尊仏　〔曹洞宗〕
10昌原寺　しょうげんじ〔寺〕
　静岡県沼津市　《別称》七面さん　《本尊》一
　塔両尊・日蓮聖人　　　　　　　〔日蓮宗〕
昌峰院　しょうぼういん〔寺〕
　滋賀県大津市　《本尊》阿弥陀如来　〔浄土宗〕
11昌渓院　しょうけいいん〔寺〕
　静岡県田方郡韮山町　《本尊》聖観世音菩
　薩　　　　　　　　　　　　　　〔曹洞宗〕
昌清寺　しょうせいじ〔寺〕
　東京都文京区　《本尊》阿弥陀如来　〔浄土宗〕
12昌雄寺　しょうおうじ〔寺〕
　宮崎県東臼杵郡北浦町　《本尊》十七面観世
　音菩薩　　　　　　　　　　　　〔曹洞宗〕
13昌禅寺　しょうぜんじ〔寺〕
　長野県長野市　《別称》和合の寺　《本尊》釈
　迦如来　　　　　　　　　　　　〔曹洞宗〕
昌福寺　しょうふくじ〔寺〕
　千葉県野田市　《本尊》大日如来
　　　　　　　　　　　　　　〔真言宗豊山派〕
昌福寺　しょうふくじ〔寺〕
　千葉県富里市　《本尊》聖観世音菩薩
　　　　　　　　　　　　　　　　〔曹洞宗〕
昌福寺　しょうふくじ〔寺〕
　新潟県長岡市　《本尊》観世音菩薩　〔曹洞宗〕
昌福寺　しょうふくじ〔寺〕
　山梨県南巨摩郡増穂町　《本尊》日蓮聖人奠
　定の大曼荼羅　　　　　　　　　〔日蓮宗〕
昌福寺　しょうふくじ〔寺〕
　愛知県刈谷市　《本尊》阿弥陀如来　〔浄土宗〕

神社・寺院名よみかた辞典　351

8画（明）

昌福寺　しょうふくじ〔寺〕
　山口県佐波郡徳地町　《本尊》釈迦如来
　　　　　　　　　　　　　　　　〔曹洞宗〕
15昌歓寺　しょうかんじ〔寺〕
　岩手県花巻市　《本尊》釈迦如来　〔曹洞宗〕
昌蔵院　しょうぞういん〔寺〕
　滋賀県草津市　《別称》角坊　《本尊》阿弥陀
　如来　　　　　　　　　　　〔真宗仏光寺派〕
昌蔵院　しょうぞういん〔寺〕
　京都府京都市下京区　《別称》角坊　《本尊》
　阿弥陀如来　　　　　　　　〔真宗仏光寺派〕

【明】

4明円寺　みょうえんじ〔寺〕
　岩手県岩手郡岩手町　《本尊》釈迦如来
　　　　　　　　　　　　　　　　〔曹洞宗〕
明円寺　みょうえんじ〔寺〕
　岐阜県養老郡養老町　《本尊》阿弥陀如来
　　　　　　　　　　　　　　　〔真宗大谷派〕
明円寺　みょうえんじ〔寺〕
　大阪府貝塚市　《本尊》阿弥陀如来
　　　　　　　　　　　　　　〔浄土真宗本願寺派〕
明円寺　みょうえんじ〔寺〕
　島根県簸川郡佐田町　《本尊》阿弥陀如来
　　　　　　　　　　　　　　〔浄土真宗本願寺派〕
明円寺　みょうえんじ〔寺〕
　山口県下関市　《本尊》阿弥陀如来
　　　　　　　　　　　　　　〔浄土真宗本願寺派〕
明円寺　みょうえんじ〔寺〕
　福岡県嘉穂郡筑穂町　《本尊》阿弥陀如来
　　　　　　　　　　　　　　〔浄土真宗本願寺派〕
明月院　めいげついん〔寺〕
　神奈川県鎌倉市　《別称》あじさい寺　《本
　尊》如意輪観世音菩薩　　　〔臨済宗建長寺派〕
明王さま《称》　みょうおうさま〔社〕
　福島県田村郡三春町・田村大元神社　《祭神》
　国常立命　　　　　　　　　　　〔神社本庁〕
明王さん《称》　みょうおうさん〔寺〕
　愛知県名古屋市中区・大光院　《本尊》釈迦
　如来　　　　　　　　　　　　　　〔曹洞宗〕
明王寺　みょうおうじ〔寺〕
　北海道歌志内市　《別称》禅寺　《本尊》不動
　明王・釈迦如来　　　　　　　　　〔曹洞宗〕
明王寺　みょうおうじ〔寺〕
　山梨県南巨摩郡増穂町　《本尊》不動明王
　　　　　　　　　　　　　　　〔真言宗智山派〕
明王寺　みょうおうじ〔寺〕
　香川県小豆郡池田町　《別称》池田の本堂
　《本尊》不動明王・釈迦如来・弘法大師・毘
　沙門天　　　　　　　　　　　〔真言宗御室派〕

明王院　みょうおういん〔寺〕
　群馬県邑楽郡邑楽町　《本尊》不動明王
　　　　　　　　　　　　　　　〔真言宗豊山派〕
明王院　みょうおういん〔寺〕
　東京都港区　《別称》厄除大師　《本尊》不動
　明王・厄除弘法大師　　　　〔真言宗豊山派〕
明王院　みょうおういん〔寺〕
　東京都足立区　《別称》赤不動　《本尊》不動
　明王　　　　　　　　　　　〔真言宗豊山派〕
明王院　みょうおういん〔寺〕
　神奈川県川崎市高津区　《本尊》大日如来・不
　動明王　　　　　　　　　　〔真言宗智山派〕
明王院　みょうおういん〔寺〕
　神奈川県平塚市　《本尊》白衣観世音菩薩
　　　　　　　　　　　　　　　　〔天台宗〕
明王院　みょうおういん〔寺〕
　京都府京都市下京区　《本尊》不動明王
　　　　　　　　　　　　　　　〔西山浄土宗〕
明王院　みょうおういん〔寺〕
　京都府加佐郡大江町　《本尊》十一面観世音
　菩薩　　　　　　　　　　　〔高野山真言宗〕
明王院　みょうおういん〔寺〕
　大阪府寝屋川市　　　　　　〔真言宗智山派〕
明王院　みょうおういん〔寺〕
　和歌山県伊都郡高野町　《別称》赤不動祈祷
　所　《本尊》不動明王　　　〔高野山真言宗〕
明王院　みょうおういん〔寺〕
　和歌山県有田郡広川町　《本尊》十一面観世
　音菩薩　　　　　　　　　　〔高野山真言宗〕
明王院　みょうおういん〔寺〕
　岡山県笠岡市　　　　　　　〔高野山真言宗〕
明王院　みょうおういん〔寺〕
　岡山県邑久郡邑久町　《本尊》阿弥陀如来・
　十一面観世音菩薩・不動明王・地蔵菩薩
　　　　　　　　　　　　　　　　〔天台宗〕
明王院　みょうおういん〔寺〕
　岡山県浅口郡鴨方町　《本尊》阿弥陀如来
　　　　　　　　　　　　　　　　〔天台宗〕
明王院　みょうおういん〔寺〕
　広島県福山市　《別称》別格本山・萩寺　《本
　尊》十一面観世音菩薩・大日如来・阿弥陀
　如来・不動明王　　　　　　〔真言宗大覚寺派〕
明王院　みょうおういん〔寺〕
　徳島県麻植郡山川町　《本尊》不動明王・六
　地蔵菩薩　　　　　　　　　〔高野山真言宗〕
明王院　みょうおういん〔寺〕
　香川県仲多度郡多度津町・道隆寺　《本尊》薬
　師如来　　　　　　　　　　〔真言宗醍醐派〕
明王様《称》　みょうおうさま〔社〕
　福島県郡山市田村町・田村神社　《祭神》天
　之御中主神［他］　　　　　　　　〔神社本庁〕

352　神社・寺院名よみかた辞典

8画（明）

5明正寺　みょうしょうじ〔寺〕
　福岡県飯塚市　《本尊》阿弥陀如来
　　　　　　　　　　　　　〔浄土真宗本願寺派〕
明永寺　みょうえいじ〔寺〕
　福岡県八女市　《本尊》阿弥陀如来
　　　　　　　　　　　　　〔真宗大谷派〕
明石寺　めいせきじ〔寺〕
　愛媛県西予市　《別称》明石(あげいし)さん・
　四国第四三番霊場　《本尊》千手観世音菩
　薩　　　　　　　　　　〔天台寺門宗〕
明石神社　あかしじんじゃ〔社〕
　兵庫県明石市　《祭神》徳川家康〔他〕
　　　　　　　　　　　　　〔神社本庁〕
6明伝寺　みょうでんじ〔寺〕
　岐阜県不破郡垂井町　《本尊》阿弥陀如来
　　　　　　　　　　　　　〔真宗大谷派〕
明光寺　みょうこうじ〔寺〕
　北海道紋別郡上湧別町　《本尊》釈迦如来
　　　　　　　　　　　　　〔曹洞宗〕
明光寺　みょうこうじ〔寺〕
　埼玉県狭山市　《別称》高尾山出張
　地蔵菩薩・飯縄大権現　《本尊》
　　　　　　　　　　　　〔真言宗智山派〕
明光寺　みょうこうじ〔寺〕
　東京都あきる野市　《本尊》薬師如来
　　　　　　　　　　　　〔臨済宗建長寺派〕
明光寺　みょうこうじ〔寺〕
　愛知県知多郡東浦町　《本尊》薬師如来
　　　　　　　　　　　　　〔曹洞宗〕
明光寺　みょうこうじ〔寺〕
　兵庫県加西市　《本尊》阿弥陀如来
　　　　　　　　　　　　　〔高野山真言宗〕
明光寺　みょうこうじ〔寺〕
　島根県那賀郡三隅町　《本尊》阿弥陀如来
　　　　　　　　　　　　　〔浄土真宗本願寺派〕
明光寺　みょうこうじ〔寺〕
　山口県美祢市　《本尊》阿弥陀如来
　　　　　　　　　　　　　〔浄土真宗本願寺派〕
明光寺　みょうこうじ〔寺〕
　福岡県福岡市中央区　《本尊》阿弥陀如来
　　　　　　　　　　　　　〔曹洞宗〕
明光院　みょうこういん〔寺〕
　宮城県亘理郡山元町　《本尊》不動明王
　　　　　　　　　　　　〔真言宗智山派〕
明光院　みょうこういん〔寺〕
　千葉県匝瑳郡光町　《本尊》阿弥陀如来
　　　　　　　　　　　　〔真言宗智山派〕
明合神社　あけあいじんじゃ〔社〕
　三重県安芸郡安濃町　《祭神》健速須佐之男
　命〔他〕　　　　　　　　〔神社本庁〕

明安寺　みょうあんじ〔寺〕
　新潟県上越市　《別称》池部のお寺　《本尊》
　阿弥陀如来　　　　　　　〔浄土真宗本願寺派〕
明行寺　みょうぎょうじ〔寺〕
　石川県金沢市　《本尊》阿弥陀如来
　　　　　　　　　　　　　〔真宗大谷派〕
明西寺　みょうさいじ〔寺〕
　東京都調布市　《本尊》阿弥陀如来
　　　　　　　　　　　　　〔浄土真宗本願寺派〕
明西寺　みょうさいじ〔寺〕
　広島県呉市　《本尊》阿弥陀如来
　　　　　　　　　　　　　〔浄土真宗本願寺派〕
7明寿院　みょうじゅいん〔寺〕
　滋賀県愛知郡秦荘町　《本尊》阿弥陀如来
　　　　　　　　　　　　　〔天台宗〕
明応寺　みょうおうじ〔寺〕
　福井県遠敷郡上中町　《本尊》阿弥陀如来
　　　　　　　　　　　　　〔浄土真宗本願寺派〕
明応寺　みょうおうじ〔寺〕
　岐阜県美濃加茂市　《別称》盆栽寺　《本尊》
　阿弥陀如来　　　　　　　〔浄土真宗本願寺派〕
明秀寺　みょうしゅうじ〔寺〕
　滋賀県坂田郡山東町　《別称》南寺　《本尊》
　阿弥陀如来　　　　　　　〔真宗大谷派〕
明秀寺　みょうしゅうじ〔寺〕
　和歌山県海草郡下津町　《本尊》阿弥陀如
　来　　　　　　　　　　　〔西山浄土宗〕
明言院　みょうごんいん〔寺〕
　熊本県八代市　《本尊》千手千眼観世音菩
　薩　　　　　　　　　　　〔真言宗醍醐派〕
8明性寺　みょうしょうじ〔寺〕
　滋賀県蒲生郡日野町　《本尊》阿弥陀如来
　　　　　　　　　　　　　〔真宗大谷派〕
明松寺　みょうしょうじ〔寺〕
　長野県上水内郡小川村　《本尊》釈迦如来
　　　　　　　　　　　　　〔曹洞宗〕
明治川神社　めいじがわじんじゃ〔社〕
　愛知県安城市　《別称》水神社　《祭神》大水
　上祖神〔他〕　　　　　　〔神社本庁〕
明治神宮　めいじじんぐう〔社〕
　東京都渋谷区　《祭神》明治天皇〔他〕
　　　　　　　　　　　　　〔神社本庁〕
明法寺　みょうほうじ〔寺〕
　兵庫県津名郡五色町　《別称》浜の寺　《本
　尊》大日如来・弁財天　　〔高野山真言宗〕
明長寺　みょうちょうじ〔寺〕
　神奈川県川崎市川崎区　《本尊》十一面観世
　音菩薩　　　　　　　　　〔天台宗〕
9明信院《称》　みょうしんいん〔寺〕
　広島県広島市中区・東本願寺広島別院明信院
　《本尊》阿弥陀如来　　　〔真宗大谷派〕

神社・寺院名よみかた辞典　353

8画（明）

明専寺　みょうせんじ〔寺〕
　長野県上水内郡信濃町　《別称》一茶菩提寺
　《本尊》阿弥陀如来　　〔浄土真宗本願寺派〕
明専寺　みょうせんじ〔寺〕
　愛知県安城市　《本尊》阿弥陀如来
　　　　　　　　　　　　　　　〔真宗大谷派〕
明専寺　めいせんじ〔寺〕
　愛媛県越智郡大西町　《本尊》阿弥陀如来
　　　　　　　　　　　　　〔浄土真宗本願寺派〕
明専寺　みょうせんじ〔寺〕
　福岡県鞍手郡若宮町　《本尊》阿弥陀如来
　　　　　　　　　　　　　　　〔真宗大谷派〕
明専寺　みょうせんじ〔寺〕
　熊本県熊本市　《本尊》阿弥陀如来
　　　　　　　　　　　　　〔浄土真宗本願寺派〕
明専寺　みょうせんじ〔寺〕
　大分県大野郡朝地町　《本尊》阿弥陀如来
　　　　　　　　　　　　　　　〔真宗大谷派〕
明建神社　みょうけんじんじゃ〔社〕
　岐阜県郡上市　《別称》妙見様　《祭神》国常
　立神　　　　　　　　　　　　　　〔神社本庁〕
明星寺　みょうじょうじ〔寺〕
　岡山県井原市　《別称》準別格本山　《本尊》
　虚空蔵菩薩・大日如来　〔真言宗大覚寺派〕
明星院　みょうじょういん〔寺〕
　栃木県塩谷郡喜連川町　《本尊》虚空蔵菩
　薩　　　　　　　　　　　　　〔真言宗智山派〕
明星院　みょうじょういん〔寺〕
　埼玉県桶川市　《別称》倉田明星院　《本尊》
　虚空蔵菩薩　　　　　　　　　〔真言宗智山派〕
明星院　みょうじょういん〔寺〕
　広島県広島市東区　《本尊》阿弥陀如来
　　　　　　　　　　　　　　　〔真言宗御室派〕
明星輪寺　みょうじょうりんじ〔寺〕
　岐阜県大垣市　《別称》赤坂の虚空蔵さん
　《本尊》虚空蔵菩薩　　　　　　　　　〔単立〕
明泉寺　みょうせんじ〔寺〕
　長野県佐久市　《別称》香坂観音　《本尊》千
　手観世音菩薩　　　　　　　　　　〔天台宗〕
明泉寺　みょうせんじ〔寺〕
　愛知県西尾市　《本尊》阿弥陀如来
　　　　　　　　　　　　　　　〔真宗大谷派〕
明泉寺　みょうせんじ〔寺〕
　兵庫県姫路市　《本尊》阿弥陀如来
　　　　　　　　　　　　　　　〔真宗大谷派〕
明泉寺　みょうせんじ〔寺〕
　広島県福山市　《本尊》阿弥陀如来
　　　　　　　　　　　　　　　〔真宗大谷派〕
明神《称》　みょうじん〔社〕
　三重県松阪市・神山神社　《祭神》猿田彦命
　[他]　　　　　　　　　　　　　　〔神社本庁〕

明神《称》　みょうじん〔社〕
　島根県隠岐郡西ノ島町・由良比女神社　《祭
　神》由良比女命　　　　　　　　〔神社本庁〕
明神さま《称》　みょうじんさま〔社〕
　青森県むつ市・兵主神社　《祭神》伊弉諾命
　　　　　　　　　　　　　　　　　〔神社本庁〕
明神さま《称》　みょうじんさま〔社〕
　青森県上北郡六ヶ所村・諏訪神社　《祭神》建
　御名方神　　　　　　　　　　　　〔神社本庁〕
明神さま《称》　みょうじんさま〔社〕
　岩手県上閉伊郡大槌町・小鎚神社　《祭神》日
　本武尊　　　　　　　　　　　　　〔神社本庁〕
お明神さま《称》　おみょうじんさま〔社〕
　山形県山形市・大鷹神社　《祭神》日本武尊
　　　　　　　　　　　　　　　　　〔神社本庁〕
明神さま《称》　みょうじんさま〔社〕
　山形県山形市・甲箭神社　《祭神》速玉男命
　　　　　　　　　　　　　　　　　〔神社本庁〕
明神さま《称》　みょうじんさま〔社〕
　福島県田村郡常葉町・子松神社　《祭神》素
　戔嗚命[他]　　　　　　　　　　　〔神社本庁〕
明神さま《称》　みょうじんさま〔社〕
　栃木県宇都宮市・智賀都神社　《祭神》大己
　貴命[他]　　　　　　　　　　　　〔神社本庁〕
明神さま《称》　みょうじんさま〔社〕
　栃木県下都賀郡壬生町・雄琴神社　《祭神》天
　照大神[他]　　　　　　　　　　　〔神社本庁〕
明神さま《称》　みょうじんさま〔社〕
　栃木県塩谷郡氏家町・今宮神社　《祭神》素
　戔嗚尊[他]　　　　　　　　　　　〔神社本庁〕
明神さま《称》　みょうじんさま〔社〕
　東京都小平市・小平神明宮　《祭神》大日孁
　貴尊[他]　　　　　　　　　　　　〔神社本庁〕
明神さま《称》　みょうじんさま〔社〕
　東京都新島村・十三社神社　《祭神》事代主
　命[他]　　　　　　　　　　　　　〔神社本庁〕
明神さま《称》　みょうじんさま〔社〕
　東京都神津島村・物忌奈命神社　《祭神》物
　忌奈命　　　　　　　　　　　　　〔神社本庁〕
明神さま《称》　みょうじんさま〔社〕
　神奈川県南足柄市・足柄神社　《祭神》瓊瓊
　杵尊[他]　　　　　　　　　　　　〔神社本庁〕
明神さま《称》　みょうじんさま〔社〕
　長野県飯田市・大宮諏訪神社　《祭神》建御
　名方命[他]　　　　　　　　　　　〔神社本庁〕
明神さま《称》　みょうじんさま〔社〕
　静岡県志太郡岡部町・神神社　《祭神》大物
　主命　　　　　　　　　　　　　　〔神社本庁〕
明神さん《称》　みょうじんさん〔社〕
　栃木県宇都宮市・二荒山神社　《祭神》豊城
　入彦命[他]　　　　　　　　　　　〔神社本庁〕

8画（明）

お明神さん《称》　おみょうじんさん〔社〕
　神奈川県小田原市・松原神社　《祭神》日本
　武命［他］　　　　　　　　　　〔神社本庁〕

明神さん《称》　みょうじんさん〔社〕
　新潟県佐渡市・二宮神社　《祭神》玉島姫命
　　　　　　　　　　　　　　　　〔神社本庁〕

明神さん《称》　みょうじんさん〔社〕
　福井県吉田郡松岡町・明神社　《祭神》天照
　皇大神［他］　　　　　　　　　〔神社本庁〕

明神さん《称》　みょうじんさん〔社〕
　滋賀県高島郡高島町・白鬚神社　《祭神》猿
　田彦命　　　　　　　　　　　　〔神社本庁〕

明神さん《称》　みょうじんさん〔社〕
　京都府向日市向日町・向日神社　《祭神》向
　日神［他］　　　　　　　　　　〔神社本庁〕

明神さん《称》　みょうじんさん〔社〕
　島根県隠岐郡五箇村・水若酢神社　《祭神》水
　若酢命［他］　　　　　　　　　〔神社本庁〕

明神さん《称》　みょうじんさん〔社〕
　佐賀県唐津市・唐津神社　《祭神》底筒男命
　［他］　　　　　　　　　　　　〔神社本庁〕

明神社　みょうじんしゃ〔社〕
　福井県吉田郡松岡町　《別称》明神さん　《祭
　神》天照皇大神［他］　　　　　〔神社本庁〕

明神様《称》　みょうじんさま〔社〕
　福島県福島市松川町・黒沼神社　《祭神》淳
　中太珠敷命　　　　　　　　　　〔神社本庁〕

明神様《称》　みょうじんさま〔社〕
　福島県相馬郡鹿島町・浮洲神社　《祭神》木
　像神　　　　　　　　　　　　　　　〔単立〕

明神様《称》　みょうじんさま〔社〕
　埼玉県熊谷市・高城神社　《祭神》高皇産霊
　尊　　　　　　　　　　　　　　〔神社本庁〕

明神様《称》　みょうじんさま〔社〕
　埼玉県入間郡毛呂山町・出雲伊波比神社
　《祭神》大名牟遅命［他］　　　〔神社本庁〕

明神様《称》　みょうじんさま〔社〕
　埼玉県北葛飾郡鷲宮町・鷲宮神社　《祭神》天
　穂日命［他］　　　　　　　　　〔神社本庁〕

明神様《称》　みょうじんさま〔社〕
　千葉県船橋市・二宮神社　《祭神》速須佐之
　男命［他］　　　　　　　　　　〔神社本庁〕

明神様《称》　みょうじんさま〔社〕
　千葉県勝浦市・遠見崎神社　《祭神》天富命
　　　　　　　　　　　　　　　　〔神社本庁〕

お明神様《称》　おみょうじんさま〔社〕
　神奈川県座間市・鈴鹿明神社　《祭神》伊佐
　那岐命［他］　　　　　　　　　〔神社本庁〕

明神様《称》　みょうじんさま〔社〕
　新潟県村上市・石船神社　《祭神》水波女命
　［他］　　　　　　　　　　　　〔神社本庁〕

明神様《称》　みょうじんさま〔社〕
　広島県深安郡神辺町・天別豊姫神社　《祭神》
　豊玉姫命［他］　　　　　　　　〔神社本庁〕

明音寺　みょうおんじ〔寺〕
　長野県上伊那郡箕輪町　《本尊》正観世音菩
　薩　　　　　　　　　　　　　　　〔曹洞宗〕

10 明桂寺　みょうけいじ〔寺〕
　長野県長野市　《本尊》釈迦如来　〔曹洞宗〕

明真寺　みょうしんじ〔寺〕
　長野県長野市　《別称》清滝観世音　《本尊》
　大日如来・千手千眼観世音菩薩
　　　　　　　　　　　　　　〔真言宗豊山派〕

明称寺　みょうしょうじ〔寺〕
　東京都港区　《本尊》阿弥陀如来
　　　　　　　　　　　　　　　〔真宗大谷派〕

明通寺　みょうつうじ〔寺〕
　新潟県中頸城郡板倉町　《本尊》阿弥陀如
　来　　　　　　　　　　　〔浄土真宗本願寺派〕

明通寺　みょうつうじ〔寺〕
　福井県小浜市　《本尊》薬師如来・不動明王
　　　　　　　　　　　　　　〔真言宗御室派〕

明通寺　みょうつうじ〔寺〕
　岐阜県各務原市　《本尊》阿弥陀如来
　　　　　　　　　　　　　　　〔真宗大谷派〕

明通寺　みょうつうじ〔寺〕
　愛知県海部郡佐屋町　《別称》宝光山　《本
　尊》阿弥陀如来　　　　　　　〔真宗大谷派〕

11 明教寺　みょうきょうじ〔寺〕
　大阪府寝屋川市　《本尊》阿弥陀如来
　　　　　　　　　　　　　〔浄土真宗本願寺派〕

明教寺　みょうきょうじ〔寺〕
　島根県簸川郡佐田町　《本尊》阿弥陀如来
　　　　　　　　　　　　　〔浄土真宗本願寺派〕

明教寺　みょうきょうじ〔寺〕
　愛媛県新居浜市　《本尊》阿弥陀如来
　　　　　　　　　　　　　〔浄土真宗本願寺派〕

明淳寺　みょうじゅんじ〔寺〕
　岐阜県関市　《本尊》阿弥陀如来
　　　　　　　　　　　　　〔浄土真宗本願寺派〕

12 明善寺　みょうぜんじ〔寺〕
　群馬県館林市　《別称》寄居の薬師様　《本
　尊》大日如来・薬師如来　　〔真言宗豊山派〕

明善寺　みょうぜんじ〔寺〕
　福井県あわら市　《別称》上の寺　《本尊》阿
　弥陀如来　　　　　　　　〔浄土真宗本願寺派〕

明善寺　みょうぜんじ〔寺〕
　岐阜県大野郡白川村　《別称》荻町の東寺
　《本尊》阿弥陀如来　　　　　〔真宗大谷派〕

明善寺　みょうぜんじ〔寺〕
　滋賀県東浅井郡湖北町　《本尊》阿弥陀如
　来　　　　　　　　　　　　　〔真宗大谷派〕

神社・寺院名よみかた辞典　355

8画（明）

明善寺　みょうぜんじ〔寺〕
　山口県防府市　《本尊》阿弥陀如来
　　　　　　　　　　　　〔浄土真宗本願寺派〕

明覚寺　みょうかくじ〔寺〕
　北海道旭川市　《本尊》十一面観世音菩薩
　　　　　　　　　　　　〔臨済宗相国寺派〕

明覚寺　みょうかくじ〔寺〕
　新潟県見附市　《本尊》阿弥陀如来
　　　　　　　　　　　　〔真宗大谷派〕

明覚寺　みょうかくじ〔寺〕
　富山県高岡市　《別称》六十歩御坊　《本尊》
　阿弥陀如来　　　　　〔浄土真宗本願寺派〕

明覚寺　めいかくじ〔寺〕
　京都府京都市下京区　《本尊》阿弥陀如来
　　　　　　　　　　　　〔浄土真宗本願寺派〕

明覚寺　みょうかくじ〔寺〕
　佐賀県藤津郡嬉野町　《本尊》阿弥陀如来
　　　　　　　　　　　　〔浄土真宗本願寺派〕

明覚院　みょうかくいん〔寺〕
　千葉県君津市　《本尊》不動明王
　　　　　　　　　　　　〔真言宗智山派〕

明達寺　みょうたつじ〔寺〕
　石川県松任市　《本尊》阿弥陀如来
　　　　　　　　　　　　〔真宗大谷派〕

明道寺　みょうどうじ〔寺〕
　埼玉県熊谷市　《本尊》阿弥陀如来　〔浄土宗〕

13明楽寺　みょうらくじ〔寺〕
　石川県鳳至郡穴水町　《本尊》阿弥陀如来
　　　　　　　　　　　　〔真宗大谷派〕

明楽寺　みょうらくじ〔寺〕
　滋賀県伊香郡木之本町　《本尊》阿弥陀如
　来　　　　　　　　　　　〔真宗大谷派〕

明源寺　みょうげんじ〔寺〕
　福井県福井市　《別称》羽坂のお寺　《本尊》
　阿弥陀如来　　　　　　　〔真宗大谷派〕

明源寺　みょうげんじ〔寺〕
　愛知県尾西市　《本尊》阿弥陀如来
　　　　　　　　　　　　〔真宗大谷派〕

明源寺　みょうげんじ〔寺〕
　兵庫県宍粟郡山崎町　《本尊》阿弥陀如来
　　　　　　　　　　　　〔浄土真宗本願寺派〕

明照寺　めいしょうじ〔寺〕
　長野県下伊那郡高森町　《別称》呑竜さま
　　《本尊》阿弥陀如来・呑竜　　〔浄土宗〕

明照寺　みょうしょうじ〔寺〕
　静岡県榛原郡榛原町　《本尊》阿弥陀如来
　　　　　　　　　　　　〔真宗大谷派〕

明照寺　めいしょうじ〔寺〕
　滋賀県彦根市　《本尊》阿弥陀如来
　　　　　　　　　　　　〔浄土真宗本願寺派〕

明照寺　みょうしょうじ〔寺〕
　福岡県豊前市　《本尊》阿弥陀如来
　　　　　　　　　　　　〔真宗大谷派〕

明照寺　みょうしょうじ〔寺〕
　熊本県鹿本郡鹿本町　《本尊》阿弥陀如来
　　　　　　　　　　　　〔浄土真宗本願寺派〕

明福寺　みょうふくじ〔寺〕
　東京都江戸川区　《本尊》阿弥陀如来・聖徳
　太子・親鸞聖人　　　　　　　〔浄土宗〕

明福寺　みょうふくじ〔寺〕
　大阪府泉佐野市　《本尊》阿弥陀三尊・善導
　大師・円光大師　　　　　　　〔浄土宗〕

明福寺　みょうふくじ〔寺〕
　大阪府大東市　《本尊》阿弥陀如来
　　　　　　　　　　　　〔真宗大谷派〕

明福寺　みょうふくじ〔寺〕
　大分県南海部郡蒲江町　《本尊》阿弥陀如
　来　　　　　　　　　　〔浄土真宗本願寺派〕

明福院　みょうふくいん〔寺〕
　福島県伊達郡保原町　《本尊》大日如来
　　　　　　　　　　　　〔真言宗豊山派〕

明義寺　みょうぎじ〔寺〕
　岩手県岩手郡松尾村　《本尊》釈迦如来
　　　　　　　　　　　　〔曹洞宗〕

14明徳寺　みょうとくじ〔寺〕
　群馬県利根郡月夜野町　《本尊》聖観世音菩
　薩　　　　　　　　　　　　　〔曹洞宗〕

明徳寺　めいとくじ〔寺〕
　長野県長野市　《別称》蛙合戦の寺　《本尊》
　釈迦如来　　　　　　　　　　〔曹洞宗〕

明徳寺　みょうとくじ〔寺〕
　愛知県知多郡東浦町　《本尊》阿弥陀如来
　　　　　　　　　　　　〔浄土宗〕

明徳寺　みょうとくじ〔寺〕
　兵庫県西宮市　《本尊》阿弥陀如来
　　　　　　　　　　　　〔真宗大谷派〕

明徳寺　みょうとくじ〔寺〕
　熊本県本渡市　《本尊》三尊仏　〔曹洞宗〕

明徳院　みょうとくいん〔寺〕
　滋賀県大津市　《本尊》不動明王　〔天台宗〕

明静院　みょうじょういん〔寺〕
　新潟県上越市　《別称》岩殿山　《本尊》大日
　如来・諏訪明神　　　　　　　〔天台宗〕

15明導寺　みょうどうじ〔寺〕
　熊本県球磨郡湯前町　《本尊》阿弥陀如来
　　　　　　　　　　　　〔浄土真宗本願寺派〕

明慶寺　みょうけいじ〔寺〕
　富山県氷見市　《本尊》阿弥陀如来
　　　　　　　　　　　　〔浄土真宗本願寺派〕

8画（昊, 服, 杵, 杭, 枝, 松）

明慶寺　みょうけいじ〔寺〕
　広島県佐伯郡大柿町　《本尊》阿弥陀如来
　　　　　　　　　　　　　　　〔真宗大谷派〕
明慧寺　めいけいじ〔寺〕
　埼玉県岩槻市　《本尊》不動明王
　　　　　　　　　　　　　　　〔真言宗智山派〕
明蔵寺　みょうぞうじ〔寺〕
　新潟県柏崎市　《別称》佐藤ヶ池の明蔵寺
　《本尊》大日如来　　　　　〔真言宗豊山派〕
16明賢寺　みょうけんじ〔寺〕
　福島県いわき市　《本尊》阿弥陀如来
　　　　　　　　　　　　　　　〔真宗大谷派〕
17明厳寺　みょうごんじ〔寺〕
　山口県美祢郡秋芳町　《本尊》阿弥陀如来
　　　　　　　　　　　　　　〔浄土真宗本願寺派〕
18明観寺　みょうかんじ〔寺〕
　神奈川県津久井郡城山町　《別称》穴川不動
　《本尊》不動明王　　　　　〔真言宗智山派〕
明顕寺　みょうけんじ〔寺〕
　島根県出雲市　《本尊》阿弥陀如来
　　　　　　　　　　　　　　〔浄土真宗本願寺派〕
明顕寺　みょうけんじ〔寺〕
　島根県益田市　《本尊》阿弥陀如来
　　　　　　　　　　　　　　〔浄土真宗本願寺派〕
19明鏡寺　みょうきょうじ〔寺〕
　神奈川県川崎市高津区　《本尊》阿弥陀如来・
　不動明王　　　　　　　　　　　〔天台宗〕
明鏡寺　みょうきょうじ〔寺〕
　新潟県三島郡越路町　《本尊》阿弥陀如来
　　　　　　　　　　　　　　〔浄土真宗本願寺派〕
明鏡寺　みょうきょうじ〔寺〕
　岐阜県加茂郡八百津町　《本尊》釈迦如来・聖
　観世音菩薩・不動明王　〔臨済宗妙心寺派〕
明願寺　みょうがんじ〔寺〕
　新潟県中蒲原郡小須戸町　《本尊》阿弥陀如
　来　　　　　　　　　　　　　〔真宗大谷派〕
明願寺　みょうがんじ〔寺〕
　愛知県岡崎市　《本尊》阿弥陀如来
　　　　　　　　　　　　　　〔浄土真宗本願寺派〕
明願寺　みょうがんじ〔寺〕
　広島県安芸高田市　《本尊》阿弥陀如来
　　　　　　　　　　　　　　〔浄土真宗本願寺派〕
明願寺　みょうがんじ〔寺〕
　福岡県中間市　《本尊》阿弥陀如来　〔浄土宗〕
明願寺　みょうがんじ〔寺〕
　福岡県小郡市　《本尊》阿弥陀如来
　　　　　　　　　　　　　　　〔真宗大谷派〕

【昊】
4昊天宮　こうてんぐう〔社〕

　長崎県大村市　《別称》昊天様　《祭神》伊邪
　那岐命〔他〕　　　　　　　　　〔神社本庁〕
昊天様《称》　こうてんさま〔社〕
　長崎県大村市・昊天宮　《祭神》伊邪那岐命
　〔他〕　　　　　　　　　　　　〔神社本庁〕

【服】
11服部天神社　はっとりてんじんしゃ〔社〕
　大阪府豊中市　《別称》はっとり天神　《祭神》
　菅原道真〔他〕　　　　　　　　〔神社本庁〕
服部神社　はっとりじんじゃ〔社〕
　石川県加賀市　《祭神》天羽槌雄神〔他〕
　　　　　　　　　　　　　　　　〔神社本庁〕
18服織田神社　はとりだじんじゃ〔社〕
　静岡県榛原郡榛原町　《別称》十二社さん
　《祭神》麻立比古命〔他〕　　　〔神社本庁〕
服織神社　はとりじんじゃ〔社〕
　静岡県浜松市　《祭神》天之穂日命〔他〕
　　　　　　　　　　　　　　　　〔神社本庁〕

【杵】
16杵築大社《称》　きつきのおおやしろ〔社〕
　島根県簸川郡大社町・出雲大社　《祭神》大
　国主大神　　　　　　　　　　　〔神社本庁〕

【杭】
6杭全神社　くまたじんじゃ〔社〕
　大阪府大阪市平野区　《祭神》素盞嗚尊〔他〕
　　　　　　　　　　　　　　　　〔神社本庁〕

【枝】
6枝光八幡宮　えだみつはちまんぐう〔社〕
　福岡県北九州市八幡東区　《祭神》応神天皇
　〔他〕　　　　　　　　　　　　〔神社本庁〕
8枝幸弁天社《称》　えさしべんてんしゃ〔社〕
　北海道枝幸郡枝幸町・厳島神社　《祭神》市
　杵島姫命　　　　　　　　　　　〔神社本庁〕
10枝宮《称》　えだみや〔社〕
　広島県山県郡大朝町・枝宮八幡神社　《祭神》
　足仲津彦命〔他〕　　　　　　　〔神社本庁〕
枝宮八幡神社　えだみやはちまんじんじゃ
　〔社〕
　広島県山県郡大朝町　《別称》枝宮　《祭神》
　足仲津彦命〔他〕　　　　　　　〔神社本庁〕

【松】
0松ヶ崎大黒天《称》　まつがさきだいこく
　てん〔寺〕
　京都府京都市左京区・妙円寺　《本尊》大黒
　天　　　　　　　　　　　　　　〔日蓮宗〕

神社・寺院名よみかた辞典　357

8画（松）

3 松上大明神《称》　まつがみだいみょうじん〔社〕
　鳥取県八頭郡若桜町・若桜神社　《祭神》国常立尊〔他〕　　〔神社本庁〕
松上神社　まつがみじんじゃ〔社〕
　鳥取県鳥取市　《祭神》国常立尊〔他〕
　　　　　　　　　　　　　　〔神社本庁〕
松山寺　しょうざんじ〔寺〕
　岩手県胆沢郡衣川村　《本尊》聖観世音菩薩　　　　　　　　　　　　　〔曹洞宗〕
松山寺　しょうざんじ〔寺〕
　福島県いわき市　《本尊》大日如来・阿弥陀如来・十一面観世音菩薩　〔真言宗智山派〕
松山寺　しょうざんじ〔寺〕
　石川県金沢市　《本尊》釈迦如来　〔曹洞宗〕
松山神社　まつやまじんじゃ〔社〕
　埼玉県東松山市　《祭神》須佐之男命〔他〕
　　　　　　　　　　　　　　〔神社本庁〕
松山神社　まつやまじんじゃ〔社〕
　愛知県名古屋市東区　《別称》お天道さん　《祭神》天照皇大神〔他〕　〔神社本庁〕
松山神社　まつやまじんじゃ〔社〕
　大阪府大阪市東淀川区　《別称》東淀川の天神さん　《祭神》菅原道真〔他〕〔神社本庁〕
松山神社　まつやまじんじゃ〔社〕
　鹿児島県曽於郡松山町　《別称》八幡様　《祭神》応神天皇〔他〕　〔神社本庁〕
4 松井神社　まついじんじゃ〔社〕
　熊本県八代市　《祭神》松井康之〔他〕
　　　　　　　　　　　　　　〔神社本庁〕
松月寺　しょうげつじ〔寺〕
　福井県三方郡美浜町　《本尊》釈迦如来　　　　　　　　　　　　　〔曹洞宗〕
松月院　しょうげついん〔寺〕
　東京都板橋区　《本尊》釈迦如来　〔曹洞宗〕
松月院　しょうげついん〔寺〕
　静岡県伊東市　《本尊》釈迦如来　〔曹洞宗〕
松月院　しょうげついん〔寺〕
　京都府京都市上京区　《本尊》阿弥陀如来　　　　　　　　　　　　　〔浄土宗〕
5 松平西福寺《称》　まつだいらさいふくじ〔寺〕
　東京都台東区・西福寺　《本尊》阿弥陀如来　　　　　　　　　　　　〔浄土宗〕
松本のお天狗さん《称》　まつもとのおてんぐさん〔社〕
　山梨県東八代郡石和町・山神宮　《祭神》大山祇命〔他〕　　〔神社本庁〕
松本の明神《称》　まつもとのみょうじん〔社〕
　滋賀県大津市・平野神社　《祭神》平野大明神〔他〕　　　　〔神社本庁〕
松本弁財天《称》　まつもとべんざいてん〔寺〕
　東京都江戸川区・寿昌院　《本尊》千手観世音菩薩　　　　　　　　　〔黄檗宗〕
松本寺　しょうほんじ〔寺〕
　愛知県田原市　《別称》青津の観音さん　《本尊》十一面観世音菩薩　〔高野山真言宗〕
松本神社　まつもとじんじゃ〔社〕
　長野県松本市　《別称》五社　《祭神》一色義遠〔他〕　　　〔神社本庁〕
松生院　しょうじょういん〔寺〕
　和歌山県和歌山市　《別称》芦辺寺　《本尊》不動明王　　　　　　〔単立〕
松田寺　しょうでんじ〔寺〕
　埼玉県北葛飾郡杉戸町　《本尊》大日如来　　　　　　　　　　　　〔真言宗智山派〕
6 松任金剣宮　まつとうかなつるぎぐう〔社〕
　石川県松任市　《祭神》素盞嗚尊〔他〕
　　　　　　　　　　　　　　〔神社本庁〕
松光寺　しょうこうじ〔寺〕
　北海道釧路市　《別称》おふどうさん　《本尊》大日如来・不動明王・薬師如来・宗祖像・立江地蔵菩薩　〔真言宗智山派〕
松帆神社　まつほじんじゃ〔社〕
　兵庫県津名郡東浦町　《別称》八幡さま　《祭神》応神天皇〔他〕　〔神社本庁〕
松江神社　まつえじんじゃ〔社〕
　島根県松江市殿町1　《祭神》松平直政〔他〕
　　　　　　　　　　　　　　〔神社本庁〕
松江護国神社　まつえごこくじんじゃ〔社〕
　島根県松江市殿町1の15　《祭神》護国の神霊　　　　　　　　　　　〔神社本庁〕
松虫寺　まつむしでら〔寺〕
　千葉県印旛郡印旛村　《別称》姫寺　《本尊》薬師如来　　〔真言宗豊山派〕
7 松吟寺　しょうぎんじ〔寺〕
　茨城県那珂郡大宮町　《本尊》如意輪観世音菩薩　〔臨済宗東福寺派〕
松吟庵　しょうぎんあん〔寺〕
　宮城県宮城郡松島町　《本尊》薬師如来　　　　　　　　　〔臨済宗妙心寺派〕
松寿寺　しょうじゅじ〔寺〕
　広島県三原市　《本尊》釈迦如来　〔曹洞宗〕
松寿院　しょうじゅいん〔寺〕
　岩手県東磐井郡室根村　《別称》山居寺　《本尊》聖観世音菩薩　〔真言宗智山派〕
松寿院　しょうじゅういん〔寺〕
　滋賀県大津市　《本尊》阿弥陀如来　〔天台宗〕

8画（松）

松尾の観音 《称》　まつおのかんのん〔寺〕
　静岡県下田市・満昌寺　《本尊》聖観世音菩
　薩　　　　　　　　　　　〔臨済宗建長寺派〕
松尾八幡宮　まつおはちまんぐう〔社〕
　高知県土佐市　《祭神》足仲津尊〔他〕
　　　　　　　　　　　　　　　〔神社本庁〕
松尾大社　まつのおたいしゃ〔社〕
　京都府京都市西京区　《祭神》大山咋神〔他〕
　　　　　　　　　　　　　　　〔神社本庁〕
松尾山八幡宮　まつおやまはちまんぐう
　〔社〕
　島根県邑智郡大和村　《別称》都賀の宮　《祭
　神》応神天皇〔他〕　　　　　〔神社本庁〕
松尾寺　まつおじ〔寺〕
　滋賀県坂田郡伊吹町　　　　　　〔黄檗宗〕
松尾寺　まつおじ〔寺〕
　滋賀県坂田郡米原町　《本尊》十一面観世音
　菩薩　　　　　　　　　　　　　〔天台宗〕
松尾寺　まつのおでら〔寺〕
　京都府舞鶴市　《別称》西国第二九番霊場
　《本尊》馬頭観世音菩薩　　〔真言宗醍醐派〕
松尾寺　まつのおでら〔寺〕
　大阪府和泉市　《別称》松尾観音　《本尊》如
　意輪観世音菩薩　　　　　　　　〔天台宗〕
松尾寺　まつおでら〔寺〕
　奈良県大和郡山市　《別称》厄除観音・まつ
　のおさん　《本尊》千手千眼観世音菩薩
　　　　　　　　　　　　　　〔真言宗醍醐派〕
松尾寺　まつおじ〔寺〕
　香川県仲多度郡琴平町　《別称》普門院　《本
　尊》釈迦如来　　　　　　　〔高野山真言宗〕
松尾神社　まつおじんじゃ〔社〕
　岩手県江刺市　《別称》こんぴらさま　《祭
　神》大山咋命〔他〕　　　　　〔神社本庁〕
松尾神社　まつおじんじゃ〔社〕
　宮城県仙台市青葉区　《祭神》大己貴神〔他〕
　　　　　　　　　　　　　　　〔神社本庁〕
松尾神社　まつおじんじゃ〔社〕
　山梨県塩山市　《別称》六所大神　《祭神》大
　山咋命〔他〕　　　　　　　　〔神社本庁〕
松尾神社　まつおじんじゃ〔社〕
　山梨県中巨摩郡敷島町　《祭神》大山咋命〔他〕
　　　　　　　　　　　　　　　〔神社本庁〕
松尾神社　まつのおじんじゃ〔社〕
　静岡県浜松市　《祭神》大山咋尊〔他〕
　　　　　　　　　　　　　　　〔神社本庁〕
松尾神社　まつおじんじゃ〔社〕
　三重県松阪市　《別称》立野明神　《祭神》大
　山咋命〔他〕　　　　　　　　〔神社本庁〕

松尾神社　まつおじんじゃ〔社〕
　岡山県御津郡加茂川町　《別称》御前宮　《祭
　神》市杵島姫命〔他〕　　　　〔神社本庁〕
松尾神社　まつおじんじゃ〔社〕
　鹿児島県薩摩郡宮之城町　《祭神》大山咋
　神　　　　　　　　　　　　　〔神社本庁〕
松尾観音　《称》　まつおかんのん〔寺〕
　大阪府和泉市・松尾寺　《本尊》如意輪観世
　音菩薩　　　　　　　　　　　　〔天台宗〕
松尾観音寺　まつおかんのんじ〔寺〕
　三重県伊勢市　《本尊》十一面観世音菩薩
　　　　　　　　　　　　　　　　　〔単立〕
松応寺　しょうおうじ〔寺〕
　愛知県岡崎市　《本尊》阿弥陀如来・阿弥陀
　三尊　　　　　　　　　　　　　〔浄土宗〕
松杜天神社　まつもりてんじんしゃ〔社〕
　愛知県江南市　《祭神》少名毘古那神
　　　　　　　　　　　　　　　〔神社本庁〕
松沢神社　まつざわじんじゃ〔社〕
　岩手県東磐井郡千厩町　《別称》お白さんさ
　ま　《祭神》伊弉冉命〔他〕　〔神社本庁〕
松阪天神　《称》　まつざかてんじん〔寺〕
　三重県松阪市・菅相寺　《本尊》十一面観世
　音菩薩・天満大自在天神　〔臨済宗妙心寺派〕
松阪神社　まつさかじんじゃ〔社〕
　三重県松阪市　《祭神》誉田別命〔他〕
　　　　　　　　　　　　　　　〔神社本庁〕
8松岡寺　しょうこうじ〔寺〕
　石川県珠洲郡内浦町　《本尊》阿弥陀如来
　　　　　　　　　　　　　　〔浄土真宗本願寺派〕
松岡神社　まつおかじんじゃ〔社〕
　佐賀県鹿島市　《別称》祇園さん　《祭神》日
　本武尊〔他〕　　　　　　　　〔神社本庁〕
松岸寺　しょうがんじ〔寺〕
　鳥取県東伯郡北条町　《本尊》釈迦如来
　　　　　　　　　　　　　　　　　〔曹洞宗〕
松岩寺　しょうがんじ〔寺〕
　岩手県江刺市　《本尊》阿弥陀如来　〔浄土宗〕
松岬神社　まつがさきじんじゃ〔社〕
　山形県米沢市　《祭神》春日大神〔他〕
　　　　　　　　　　　　　　　〔神社本庁〕
松明院　しょうみょういん〔寺〕
　愛知県岡崎市　《本尊》阿弥陀如来　〔浄土宗〕
松林寺　しょうりんじ〔寺〕
　埼玉県所沢市　《本尊》釈迦如来　〔曹洞宗〕
松林寺　しょうりんじ〔寺〕
　千葉県佐倉市　《本尊》阿弥陀如来　〔浄土宗〕
松林寺　しょうりんじ〔寺〕
　東京都杉並区　《本尊》千手観世音菩薩
　　　　　　　　　　　　　　　　　〔曹洞宗〕

8画（松）

松林寺　しょうりんじ〔寺〕
　岐阜県揖斐郡揖斐川町　《本尊》釈迦如来
　　　　　　　　　　　　　〔臨済宗妙心寺派〕
松林寺　しょうりんじ〔寺〕
　静岡県浜松市　《別称》円明大師古道場　《本尊》地蔵菩薩　〔臨済宗方広寺派〕
松林寺　しょうりんじ〔寺〕
　愛知県岡崎市　《本尊》阿弥陀如来
　　　　　　　　　　　　　〔浄土真宗本願寺派〕
松林寺　しょうりんじ〔寺〕
　愛知県岩倉市　《本尊》薬師如来
　　　　　　　　　　　　　　〔真言宗智山派〕
松林寺　しょうりんじ〔寺〕
　愛知県西春日井郡西春町　《本尊》阿弥陀如来　　　　　　　　　　　〔真宗大谷派〕
松林寺　しょうりんじ〔寺〕
　愛知県額田郡幸田町　《本尊》日蓮聖人奠定の大曼荼羅　　　　〔日蓮宗〕
松林寺　しょうりんじ〔寺〕
　岡山県岡山市　《別称》殿様の寺　《本尊》地蔵菩薩　　　　　　　〔臨済宗東福寺派〕
松林寺　しょうりんじ〔寺〕
　香川県小豆郡土庄町　《本尊》薬師如来
　　　　　　　　　　　　　　　　　〔真言宗〕
松林院　しょうりんいん〔寺〕
　東京都江東区　《別称》華厳院　《本尊》阿弥陀如来　　　　　　　　〔浄土宗〕
松林院　しょうりんいん〔寺〕
　京都府京都市上京区　《本尊》阿弥陀如来
　　　　　　　　　　　　　　　　〔浄土宗〕
松林院　しょうりんいん〔寺〕
　京都府京都市下京区　《別称》東大坊　《本尊》一塔両尊　　　　　　〔日蓮宗〕
松林院　しょうりんいん〔寺〕
　京都府京都市伏見区　《本尊》阿弥陀如来
　　　　　　　　　　　　　　　　〔浄土宗〕
松門寺　しょうもんじ〔寺〕
　東京都八王子市　《本尊》虚空蔵菩薩
　　　　　　　　　　　　　　　　〔曹洞宗〕
松阜神社　まつがおかじんじゃ〔社〕
　福井県鯖江市　《祭神》間部詮房［他］
　　　　　　　　　　　　　　　〔神社本庁〕
9松前神社　まつまえじんじゃ〔社〕
　北海道松前郡松前町　《祭神》武田信広
　　　　　　　　　　　　　　　〔神社本庁〕
松前神社　まつざきじんじゃ〔社〕
　新潟県佐渡市　《別称》春日大明神　《祭神》武甕槌命［他］　　　〔神社本庁〕
松屋寺　しょうおくじ〔寺〕
　大分県速見郡山香町　《別称》蘇鉄の寺　《本尊》聖観世音菩薩　　　　〔曹洞宗〕

松峡八幡宮　まつのおはちまんぐう〔社〕
　福岡県朝倉郡三輪町　《祭神》応神天皇［他］
　　　　　　　　　　　　　　　〔神社本庁〕
松栄寺　しょうえいじ〔寺〕
　埼玉県北葛飾郡杉戸町　《本尊》不動明王
　　　　　　　　　　　　　　〔真言宗智山派〕
松栄神社　しょうえいじんじゃ〔社〕
　大分県大分市　《祭神》松平近正［他］
　　　　　　　　　　　　　　　〔神社本庁〕
松泉寺　しょうせんじ〔寺〕
　東京都渋谷区　《本尊》釈迦如来
　　　　　　　　　　　　　〔臨済宗妙心寺派〕
松音寺　しょういん〔寺〕
　愛知県豊橋市　《本尊》延命地蔵菩薩
　　　　　　　　　　　　　　　　〔曹洞宗〕
松風寺　しょうふうじ〔寺〕
　愛媛県松山市　《別称》本門さん　《本尊》日蓮聖人奠定の大曼荼羅　　〔本門仏立宗〕
10松倉神社　まつくらじんじゃ〔社〕
　青森県五所川原市　《祭神》大山祇神［他］
　　　　　　　　　　　　　　　〔神社本庁〕
松原さま《称》　まつばらさま〔社〕
　東京都あきる野市・阿伎留神社　《祭神》大物主神［他］　　　　　〔神社本庁〕
松原八幡神社　まつばらはちまんじんじゃ〔社〕
　兵庫県姫路市白浜町　《祭神》品陀和気命［他］
　　　　　　　　　　　　　　　〔神社本庁〕
松原不動《称》　まつばらふどう〔寺〕
　京都府京都市下京区・不動寺　《本尊》不動明王　　　　　　　　〔真言宗東寺派〕
松原天神宮《称》　まつばらてんじんぐう〔社〕
　高知県高岡郡檮原町・天神宮　《祭神》菅原道真　　　　　　　　　〔神社本庁〕
松原神社　まつばらじんじゃ〔社〕
　神奈川県小田原市　《別称》お明神さん　《祭神》日本武命［他］　　　〔神社本庁〕
松原神社　まつばらじんじゃ〔社〕
　佐賀県佐賀市　《別称》日峯さん　《祭神》鍋島直茂［他］　　　　　〔神社本庁〕
松原神社　まつばらじんじゃ〔社〕
　鹿児島県鹿児島市　《別称》大中島　《祭神》島津貴久　　　　　　　〔神社本庁〕
松原諏訪神社《称》　まつばらすわじんじゃ〔社〕
　長野県南佐久郡小海町・諏方社上下二座　《祭神》建御名方命［他］　〔神社本庁〕
松原観音《称》　まつばらかんのん〔社〕
　秋田県仙北郡千畑町・善知鳥坂神社　《祭神》保食神［他］　　　　　〔神社本庁〕

8画（松）

松峯神社　まつみねじんじゃ〔社〕
　秋田県大館市　《祭神》月夜見大神[他]
　　　　　　　　　　　　　　　〔神社本庁〕
松浦寺　まつうらじ〔寺〕
　香川県坂出市　《別称》遍照院　《本尊》弥勒菩薩・弘法大師　　　〔真言宗御室派〕
松竜寺　しょうりゅうじ〔寺〕
　千葉県松戸市　《本尊》阿弥陀如来　〔浄土宗〕
松竜寺　しょうりゅうじ〔寺〕
　福井県あわら市　《別称》おしょうさま　《本尊》阿弥陀如来　　　　〔浄土宗〕
松竜院　しょうりゅういん〔寺〕
　静岡県静岡市　《本尊》釈迦如来
　　　　　　　　　　　　　〔臨済宗妙心寺派〕
松翁院　しょうおういん〔寺〕
　千葉県富津市　《別称》十夜寺　《本尊》阿弥陀如来　　　　　　　　　〔浄土宗〕
11松崎八幡宮　まつざきはちまんぐう〔社〕
　山口県阿武郡須佐町　《祭神》応神天皇[他]
　　　　　　　　　　　　　　　〔神社本庁〕
松崎神社　まつさきじんじゃ〔社〕
　千葉県香取郡多古町　《別称》松崎稲荷様　《祭神》倉稲魂命[他]　〔神社本庁〕
松崎稲荷様《称》　まつざきいなりさま〔社〕
　千葉県香取郡多古町・松崎神社　《祭神》倉稲魂命[他]　　　　　〔神社本庁〕
松庵寺　しょうあんじ〔寺〕
　秋田県山本郡琴丘町　《本尊》釈迦如来
　　　　　　　　　　　　　　　　〔曹洞宗〕
松窓寺　しょうそうじ〔寺〕
　宮城県玉造郡岩出山町　《本尊》釈迦如来
　　　　　　　　　　　　　　　　〔曹洞宗〕
松陰神社　しょういんじんじゃ〔社〕
　東京都世田谷区　《祭神》吉田寅次郎
　　　　　　　　　　　　　　　〔神社本庁〕
松陰神社　しょういんじんじゃ〔社〕
　山口県萩市　《祭神》吉田松陰　〔神社本庁〕
12松景院　しょうけいいん〔寺〕
　宮城県遠田郡小牛田町　《別称》上寺　《本尊》不動明王　　　〔真言宗智山派〕
松智院　しょうちいん〔寺〕
　山梨県東山梨郡大和村　《本尊》阿弥陀如来　　　　　　　　　　　　〔浄土宗〕
松葉ヶ谷《称》　まつばがやつ〔寺〕
　神奈川県鎌倉市・妙法寺　《本尊》一塔両尊四菩薩・釈迦如来・日蓮聖人　〔日蓮宗〕
松葉ヶ谷お祖師様《称》　まつばがやつおそしさま〔寺〕
　神奈川県鎌倉市・安国論寺　《本尊》十界勧請曼荼羅・日蓮聖人　　〔日蓮宗〕

松葉寺　しょうようじ〔寺〕
　山形県飽海郡遊佐町　《別称》権現様　《本尊》不動明王・薬師如来・阿弥陀如来　　　　　　　　　　　　〔真言宗智山派〕
松雲寺　しょううんじ〔寺〕
　静岡県三島市　《本尊》一塔両尊　〔日蓮宗〕
松雲寺《称》　しょううんじ〔寺〕
　滋賀県愛知郡愛東町・松雲禅寺　《本尊》聖観世音菩薩　　〔臨済宗永源寺派〕
松雲寺　しょううんじ〔寺〕
　佐賀県唐津市　《本尊》釈迦如来
　　　　　　　　　　　　　〔臨済宗妙心寺派〕
松雲禅寺　しょううんぜんじ〔寺〕
　滋賀県愛知郡愛東町　《別称》松雲寺　《本尊》聖観世音菩薩　〔臨済宗永源寺派〕
13松源寺　しょうげんじ〔寺〕
　青森県西津軽郡鰺ヶ沢町　《本尊》釈迦如来　　　　　　　　　　　　〔曹洞宗〕
松源寺　しょうげんじ〔寺〕
　宮城県仙台市青葉区　《本尊》釈迦如来
　　　　　　　　　　　　　　　　〔曹洞宗〕
松源寺　しょうげんじ〔寺〕
　東京都台東区　《本尊》釈迦如来　〔曹洞宗〕
松源寺　しょうげんじ〔寺〕
　東京都中野区　《別称》さる寺　《本尊》釈迦如来　　　　　　〔臨済宗妙心寺派〕
松源寺　しょうげんじ〔寺〕
　長野県南佐久郡小海町　《本尊》阿弥陀三尊　　　　　　　　　　　　〔天台宗〕
松源寺　しょうげんじ〔寺〕
　長野県下伊那郡高森町　《本尊》釈迦如来
　　　　　　　　　　　　　〔臨済宗妙心寺派〕
松源寺　しょうげんじ〔寺〕
　岐阜県中津川市　《本尊》聖観世音菩薩
　　　　　　　　　　　　　〔臨済宗妙心寺派〕
松源寺　しょうげんじ〔寺〕
　静岡県静岡市　《本尊》十一面観世音菩薩
　　　　　　　　　　　　　〔臨済宗妙心寺派〕
松源寺　しょうげんじ〔寺〕
　島根県安来市　《本尊》釈迦如来　〔曹洞宗〕
松源院　しょうげんいん〔寺〕
　秋田県山本郡八森町　《本尊》釈迦如来
　　　　　　　　　　　　　　　　〔曹洞宗〕
松禅寺　しょうぜんじ〔寺〕
　兵庫県出石郡但東町　《本尊》延命地蔵菩薩・薬師如来　　　　〔臨済宗妙心寺派〕
松福寺　しょうふくじ〔寺〕
　福井県小浜市　《本尊》釈迦如来　〔曹洞宗〕
14松熊神社　まつくまじんじゃ〔社〕
　高知県高知市　《祭神》大高坂松熊命
　　　　　　　　　　　　　　　〔神社本庁〕

神社・寺院名よみかた辞典　361

8画（東）

松蔭寺　しょういんじ〔寺〕
　神奈川県横浜市鶴見区　《本尊》釈迦如来
　　　　　　　　　　　　　　　〔臨済宗建長寺派〕
松蔭寺　しょういんじ〔寺〕
　静岡県沼津市　《別称》白隠さん　《本尊》釈迦如来
　　　　　　　　　　　　　　　〔臨済宗妙心寺派〕
松蔭神社　まつかげじんじゃ〔社〕
　佐賀県鹿島市　《祭神》鍋島忠茂[他]
　　　　　　　　　　　　　　　〔神社本庁〕
16松樹院　しょうじゅいん〔寺〕
　福井県坂井郡三国町　《別称》だけの寺　《本尊》阿弥陀如来　　〔真宗高田派〕
17松嶺院　しょうれいいん〔寺〕
　神奈川県鎌倉市　《本尊》釈迦如来
　　　　　　　　　　　　　　　〔臨済宗円覚寺派〕
20松巌寺　しょうがんじ〔寺〕
　宮城県石巻市　《別称》石巻寺　《本尊》釈迦如来　　　　　　　　　〔曹洞宗〕
松巌寺　しょうがんじ〔寺〕
　山形県新庄市　《本尊》釈迦如来　〔天台宗〕
松巌寺　しょうがんじ〔寺〕
　東京都新宿区　《本尊》釈迦如来
　　　　　　　　　　　　　　　〔臨済宗妙心寺派〕
松巌寺　しょうがんじ〔寺〕
　長野県上水内郡鬼無里村　《本尊》釈迦如来　　　　　　　　　　　〔曹洞宗〕
松巌寺　しょうがんじ〔寺〕
　大分県中津市　《本尊》釈迦如来・観世音菩薩　　　　　　　　〔臨済宗妙心寺派〕
松巌寺　しょうがんじ〔寺〕
　大分県大野郡犬飼町　《本尊》釈迦如来
　　　　　　　　　　　　　　　〔臨済宗妙心寺派〕

【東】

0東の宮《称》　ひがしのみや〔社〕
　富山県滑川市・櫟原神社　《祭神》素盞鳴命[他]　　　　　　　　〔神社本庁〕
東の宮《称》　ひがしのみや〔社〕
　石川県金沢市・南新保八幡神社　《祭神》誉田別命[他]　　　　　〔神社本庁〕
東の宮《称》　ひがしのみや〔社〕
　島根県美濃郡匹見町・八幡宮　《祭神》誉田別命[他]　　　　　　〔神社本庁〕
東の宮《称》　ひがしのみや〔社〕
　徳島県徳島市・国中神社　《祭神》唯一真神[他]　　　　　　　　　〔単立〕
2東八幡神社　ひがしはちまんじんじゃ〔社〕
　徳島県小松島市中田町　《祭神》誉田別命[他]　　　　　　　　　〔神社本庁〕

3東丸神社　あずままろじんじゃ〔社〕
　京都府京都市伏見区　《祭神》荷田東丸命　　　　　　　　　　　〔神社本教〕
東大寺　とうだいじ〔寺〕
　奈良県奈良市　《別称》総本山・奈良の大仏・南都七大寺　《本尊》毘盧舎那仏　〔華厳宗〕
東大寺別院《称》　とうだいじべついん〔寺〕
　山口県防府市・阿弥陀寺　《本尊》阿弥陀如来　　　　　　　　　　〔華厳宗〕
東大坊《称》　とうだいぼう〔寺〕
　京都府京都市下京区・松林院　《本尊》一塔両尊　　　　　　　〔日蓮宗〕
東大社　とうだいしゃ〔社〕
　千葉県香取郡東庄町　《別称》おうじん様　《祭神》玉依姫命　　〔神社本庁〕
東大谷《称》　ひがしおおたに〔寺〕
　京都府京都市東山区・東本願寺大谷本廟　《本尊》親鸞聖人　　〔真宗大谷派〕
東大野八幡神社　ひがしおおのはちまんじんじゃ〔社〕
　福岡県北九州市小倉南区　《別称》大野さま　《祭神》応神天皇[他]　〔神社本庁〕
東山弁天《称》　ひがしやまべんてん〔寺〕
　愛知県名古屋市千種区・桃巌寺　《本尊》聖観世音菩薩・弁財天　〔真言宗〕
東山本廟《称》　ひがしやまほんびょう〔寺〕
　京都府京都市東山区・仏光寺本廟　《本尊》阿弥陀如来　　　〔真宗仏光寺派〕
東山寺　とうざんじ〔寺〕
　新潟県南蒲原郡栄町　《別称》大面の東山寺　《本尊》釈迦如来　〔曹洞宗〕
東山寺　とうざんじ〔寺〕
　京都府舞鶴市　《本尊》釈迦如来
　　　　　　　　　　　　　　　〔臨済宗妙心寺派〕
東山西方寺《称》　ひがしやまさいほうじ〔寺〕
　京都府京都市左京区・西方寺　《本尊》阿弥陀如来　　　　　　〔浄土宗〕
東山聖天尊《称》　ひがしやましょうてんそん〔寺〕
　京都府京都市東山区・香雪院　《本尊》歓喜天　　　　　　　　〔天台宗〕
東川院　とうせんいん〔寺〕
　岩手県東磐井郡大東町　《本尊》釈迦如来　　　　　　　　　　〔曹洞宗〕
4東円寺　とうえんじ〔寺〕
　東京都杉並区　《本尊》薬師如来
　　　　　　　　　　　　　　　〔真言宗豊山派〕
東円寺　とうえんじ〔寺〕
　東京都青梅市　《本尊》阿弥陀如来
　　　　　　　　　　　　　　　〔真言宗豊山派〕

8画（東）

東円寺　とうえんじ〔寺〕
　岐阜県中津川市　《別称》後ろ向薬師　《本尊》薬師如来
〔曹洞宗〕

東天神社　とうてんじんじゃ〔社〕
　岐阜県海津郡南濃町　《祭神》東天の大神
〔神社本庁〕

東天神社　ひがしてんじんしゃ〔社〕
　兵庫県伊丹市　《祭神》伊弉諾尊〔他〕
〔神社本庁〕

東方寺　とうほうじ〔寺〕
　静岡県沼津市　《本尊》薬師如来
〔臨済宗妙心寺派〕

5東北大本山《称》　とうほくだいほんざん〔寺〕
　岩手県西磐井郡平泉町・中尊寺　《本尊》阿弥陀三尊・地蔵菩薩・二天王・観世音菩薩・地蔵菩薩・一字金輪・他諸仏像　〔天台宗〕

東北寺　とうぼくじ〔寺〕
　東京都渋谷区　《本尊》釈迦如来
〔臨済宗妙心寺派〕

東北院　とうほくいん〔寺〕
　京都府京都市左京区　《本尊》弁財天
〔時宗〕

東弘寺　とうこうじ〔寺〕
　茨城県結城郡石下町　《別称》真宗二四輩旧跡　《本尊》阿弥陀如来　〔真宗大谷派〕

東弘寺　とうこうじ〔寺〕
　富山県高岡市　《本尊》阿弥陀如来
〔浄土真宗本願寺派〕

東本徳寺　ひがしほんとくじ〔寺〕
　静岡県浜松市　《別称》東の寺　《本尊》十界大曼荼羅
〔日蓮宗〕

東本願寺《称》　ひがしほんがんじ〔寺〕
　京都府京都市下京区・本願寺　《本尊》阿弥陀如来
〔真宗大谷派〕

東本願寺《称》　ひがしほんがんじ〔寺〕
　長崎県佐世保市・東本願寺佐世保別院　《本尊》阿弥陀如来
〔真宗大谷派〕

東本願寺三条別院　ひがしほんがんじさんじょうべついん〔寺〕
　新潟県三条市　《本尊》阿弥陀如来
〔真宗大谷派〕

東本願寺三河別院　ひがしほんがんじみかわべついん〔寺〕
　愛知県岡崎市　《別称》東別院　《本尊》阿弥陀如来
〔真宗大谷派〕

東本願寺土佐別院　ひがしほんがんじとさべついん〔寺〕
　高知県高知市　《別称》東別院　《本尊》阿弥陀如来
〔真宗大谷派〕

東本願寺大谷本廟　ひがしほんがんじおおたにほんびょう〔寺〕
　京都府京都市東山区　《別称》東大谷　《本尊》親鸞聖人
〔真宗大谷派〕

東本願寺大和大谷別院　ひがしほんがんじやまとおおたにべついん〔寺〕
　奈良県大和高田市　《別称》大谷御坊　《本尊》阿弥陀如来
〔真宗大谷派〕

東本願寺大垣別院開闡寺　ひがしほんがんじおおがきべついんかいせんじ〔寺〕
　岐阜県大垣市　《別称》御坊様・開闡寺　《本尊》阿弥陀如来
〔真宗大谷派〕

東本願寺大津別院　ひがしほんがんじおおつべついん〔寺〕
　滋賀県大津市　《別称》御坊　《本尊》阿弥陀如来
〔真宗大谷派〕

東本願寺山科別院長福寺　ひがしほんがんじやましなべついんちょうふくじ〔寺〕
　京都府京都市山科区　《別称》山科東御坊・長福寺　《本尊》阿弥陀如来
〔真宗大谷派〕

東本願寺五村別院　ひがしほんがんじごむらべついん〔寺〕
　滋賀県東浅井郡虎姫町　《別称》五村御坊　《本尊》阿弥陀如来
〔真宗大谷派〕

東本願寺天満別院　ひがしほんがんじてんまべついん〔寺〕
　大阪府大阪市北区　《別称》本願寺天満御坊　《本尊》阿弥陀如来
〔真宗大谷派〕

東本願寺四日市別院　ひがしほんがんじよっかいちべついん〔寺〕
　大分県宇佐市　《本尊》阿弥陀如来
〔真宗大谷派〕

東本願寺広島別院明信院　ひがしほんがんじひろしまべついんみょうしんいん〔寺〕
　広島県広島市中区　《別称》明信院　《本尊》阿弥陀如来
〔真宗大谷派〕

東本願寺札幌別院　ひがしほんがんじさっぽろべついん〔寺〕
　北海道札幌市中央区　《別称》東別院　《本尊》阿弥陀如来
〔真宗大谷派〕

東本願寺甲府別院光沢寺　ひがしほんがんじこうふべついんこうたくじ〔寺〕
　山梨県甲府市　《別称》光沢寺御坊　《本尊》阿弥陀如来
〔真宗大谷派〕

東本願寺伏見別院　ひがしほんがんじふしみべついん〔寺〕
　京都府京都市伏見区　《別称》伏見御坊　《本尊》阿弥陀如来
〔真宗大谷派〕

東本願寺吉崎別院　ひがしほんがんじよしざきべついん〔寺〕
　福井県あわら市　《本尊》阿弥陀如来
〔真宗大谷派〕

神社・寺院名よみかた辞典　363

8画（東）

東本願寺名古屋別院　ひがしほんがんじなごやべついん〔寺〕
　愛知県名古屋市中区　《別称》東別院　《本尊》阿弥陀如来　　　　　〔真宗大谷派〕
東本願寺旭川別院　ひがしほんがんじあさひかわべついん〔寺〕
　北海道旭川市　《本尊》阿弥陀如来
　　　　　　　　　　　　　　　〔真宗大谷派〕
東本願寺江差別院　ひがしほんがんじえさしべついん〔寺〕
　北海道檜山郡江差町　《別称》東別院　《本尊》阿弥陀如来　　　　　〔真宗大谷派〕
東本願寺竹鼻別院　ひがしほんがんじたけはなべついん〔寺〕
　岐阜県羽島市　《本尊》阿弥陀如来
　　　　　　　　　　　　　　　〔真宗大谷派〕
東本願寺佐世保別院　ひがしほんがんじさせぼべついん〔寺〕
　長崎県佐世保市　《別称》東本願寺　《本尊》阿弥陀如来　　　　　　〔真宗大谷派〕
東本願寺岐阜別院　ひがしほんがんじぎふべついん〔寺〕
　岐阜県岐阜市　《別称》東別院　《本尊》阿弥陀如来　　　　　　　〔真宗大谷派〕
東本願寺志方教会　ひがしほんがんじしかたきょうかい〔寺〕
　兵庫県加古川市　《別称》志方道場　《本尊》阿弥陀如来　　　　　　〔真宗大谷派〕
東本願寺赤羽別院親宣寺　ひがしほんがんじあかばねべついんしんせんじ〔寺〕
　愛知県幡豆郡一色町　《別称》親宣寺　《本尊》阿弥陀如来　　　　　〔真宗大谷派〕
東本願寺赤野井別院　ひがしほんがんじあかのいべついん〔寺〕
　滋賀県守山市　《本尊》阿弥陀如来
　　　　　　　　　　　　　　　〔真宗大谷派〕
東本願寺赤穂別院妙慶寺　ひがしほんがんじあこうべついんみょうけいじ〔寺〕
　兵庫県赤穂市　《別称》妙慶寺　《本尊》阿弥陀如来　　　　　　　　〔真宗大谷派〕
東本願寺函館別院　ひがしほんがんじはこだてべついん〔寺〕
　北海道函館市　《別称》浄玄寺　《本尊》阿弥陀如来　　　　　　　　〔真宗大谷派〕
東本願寺岡崎別院　ひがしほんがんじおかざきべついん〔寺〕
　京都府京都市左京区　《別称》岡崎御坊　《本尊》阿弥陀如来　　　　〔真宗大谷派〕
東本願寺東北別院　ひがしほんがんじとうほくべついん〔寺〕
　宮城県仙台市宮城野区　《本尊》阿弥陀如来　　　　　　　　　〔真宗大谷派〕

東本願寺金沢別院　ひがしほんがんじかなざわべついん〔寺〕
　石川県金沢市　《別称》御末寺様　《本尊》阿弥陀如来　　　　　　　〔真宗大谷派〕
東本願寺長浜別院大通寺　ひがしほんがんじながはまべついんだいつうじ〔寺〕
　滋賀県長浜市　《別称》大通寺　《本尊》阿弥陀如来　　　　　　　　〔真宗大谷派〕
東本願寺長野教会　ひがしほんがんじながのきょうかい〔寺〕
　長野県長野市　《別称》城山本願寺　《本尊》阿弥陀如来　　　　　　〔真宗大谷派〕
東本願寺城端別院善徳寺　ひがしほんがんじじょうはなべついんぜんとくじ〔寺〕
　富山県東礪波郡城端町　《別称》善徳寺　《本尊》阿弥陀如来　　　　〔真宗大谷派〕
東本願寺神戸別院　ひがしほんがんじこうべべついん〔寺〕
　兵庫県神戸市兵庫区　《本尊》阿弥陀如来　　　　　　　　　　〔真宗大谷派〕
東本願寺茨木別院　ひがしほんがんじいばらぎべついん〔寺〕
　大阪府茨木市　《本尊》阿弥陀如来
　　　　　　　　　　　　　　　〔真宗大谷派〕
東本願寺原町別院　ひがしほんがんじはらまちべついん〔寺〕
　福島県原町市　《本尊》阿弥陀如来
　　　　　　　　　　　　　　　〔真宗大谷派〕
東本願寺帯広別院　ひがしほんがんじおびひろべついん〔寺〕
　北海道帯広市　《別称》帯広東別院　《本尊》阿弥陀如来　　　　　　〔真宗大谷派〕
東本願寺根室別院　ひがしほんがんじねむろべついん〔寺〕
　北海道根室市　《別称》東別院　《本尊》阿弥陀如来　　　　　　　〔真宗大谷派〕
東本願寺高山別院照蓮寺　ひがしほんがんじたかやまべついんしょうれんじ〔寺〕
　岐阜県高山市　《別称》飛騨御坊・照蓮寺　《本尊》阿弥陀如来　　　〔真宗大谷派〕
東本願寺高田別院　ひがしほんがんじたかだべついん〔寺〕
　新潟県上越市　《別称》高田御坊　《本尊》阿弥陀如来　　　　　　　〔真宗大谷派〕
東本願寺高須別院　ひがしほんがんじたかすべついん〔寺〕
　岐阜県海津郡海津町　《別称》二恩寺　《本尊》阿弥陀如来　　　　　〔真宗大谷派〕
東本願寺笠松別院　ひがしほんがんじかさまつべついん〔寺〕
　岐阜県羽島郡笠松町　《本尊》阿弥陀如来　　　　　　　　〔浄土真宗本願寺派〕

8画（東）

東本願寺鹿児島別院　ひがしほんがんじかごしまべついん〔寺〕
　鹿児島県鹿児島市　《別称》東別院　《本尊》阿弥陀如来
〔真宗大谷派〕
東本願寺富山別院　ひがしほんがんじとやまべついん〔寺〕
　富山県富山市　《本尊》阿弥陀如来
〔真宗大谷派〕
東本願寺新井別院　ひがしほんがんじあらいべついん〔寺〕
　新潟県新井市　《別称》新井御坊　《本尊》阿弥陀如来
〔真宗大谷派〕
東本願寺福井別院本瑞寺　ひがしほんがんじふくいべついんほんずいじ〔寺〕
　福井県福井市　《別称》福井東別院・本瑞寺　《本尊》阿弥陀如来
〔真宗大谷派〕
東本願寺豊橋別院　ひがしほんがんじとよはしべついん〔寺〕
　愛知県豊橋市　《別称》吉田御坊　《本尊》阿弥陀如来
〔真宗大谷派〕
東本願寺静岡別院　ひがしほんがんじしずおかべついん〔寺〕
　静岡県静岡市　《本尊》阿弥陀如来
〔真宗大谷派〕
東本願寺横浜別院　ひがしほんがんじよこはまべついん〔寺〕
　神奈川県横浜市中区　《本尊》阿弥陀如来
〔真宗大谷派〕
東本願寺難波別院　ひがしほんがんじなんばべついん〔寺〕
　大阪府大阪市中央区　《別称》南御堂　《本尊》阿弥陀如来
〔真宗大谷派〕
東本願寺鶴来別院　ひがしほんがんじつるぎべついん〔寺〕
　石川県石川郡鶴来町　《本尊》阿弥陀如来
〔真宗大谷派〕
東正寺　とうしょうじ〔寺〕
　山形県南陽市　《本尊》釈迦如来　〔曹洞宗〕
東正寺　とうしょうじ〔寺〕
　三重県南牟婁郡鵜殿村　《本尊》薬師三尊
〔曹洞宗〕
東田寺　とうでんじ〔寺〕
　千葉県君津市　《本尊》釈迦如来・十一面観世音菩薩
〔曹洞宗〕
東田神明宮　あずまだしんめいぐう〔社〕
　愛知県豊橋市　《祭神》天照皇大神
〔神社本庁〕
6東伝寺　とうでんじ〔寺〕
　秋田県南秋田郡飯田川町　《本尊》釈迦如来
〔曹洞宗〕

東伏見稲荷神社　ひがしふしみいなりじんじゃ〔社〕
　東京都西東京市　《祭神》宇迦之御魂大神[他]
〔神社本庁〕
東光寺　とうこうじ〔寺〕
　岩手県花巻市　《本尊》釈迦如来　〔曹洞宗〕
東光寺　とうこうじ〔寺〕
　宮城県黒川郡大郷町　《本尊》観世音菩薩
〔臨済宗妙心寺派〕
東光寺　とうこうじ〔寺〕
　宮城県遠田郡南郷町　《本尊》釈迦如来
〔曹洞宗〕
東光寺　とうこうじ〔寺〕
　福島県東白川郡鮫川村　《本尊》不動明王
〔真言宗智山派〕
東光寺　とうこうじ〔寺〕
　茨城県つくば市　《本尊》阿弥陀如来
〔真言宗豊山派〕
東光寺　とうこうじ〔寺〕
　茨城県猿島郡総和町　《本尊》大日如来
〔真言宗豊山派〕
東光寺　とうこうじ〔寺〕
　栃木県佐野市　《別称》植野の薬師　《本尊》薬師如来　〔臨済宗建長寺派〕
東光寺　とうこうじ〔寺〕
　栃木県下都賀郡岩舟町　《別称》静和寺　《本尊》不動明王
〔真言宗豊山派〕
東光寺　とうこうじ〔寺〕
　群馬県太田市　《本尊》薬師如来
〔高野山真言宗〕
東光寺　とうこうじ〔寺〕
　群馬県沼田市　《本尊》釈迦如来・薬師如来
〔曹洞宗〕
東光寺　とうこうじ〔寺〕
　群馬県群馬郡榛名町　《本尊》薬師如来
〔真言宗豊山派〕
東光寺　とうこうじ〔寺〕
　埼玉県さいたま市　《本尊》薬師如来
〔曹洞宗〕
東光寺　とうこうじ〔寺〕
　埼玉県川口市　《本尊》薬師如来
〔真言宗智山派〕
東光寺　とうこうじ〔寺〕
　埼玉県飯能市　《本尊》薬師如来　〔曹洞宗〕
東光寺　とうこうじ〔寺〕
　埼玉県鴻巣市　《本尊》不動明王
〔真言宗智山派〕
東光寺　とうこうじ〔寺〕
　埼玉県比企郡玉川村　《本尊》大曼荼羅・釈迦如来・多宝如来・日蓮聖人　〔日蓮宗〕

神社・寺院名よみかた辞典　365

8画（東）

東光寺　とうこうじ〔寺〕
　埼玉県大里郡岡部町　《本尊》薬師如来
　　　　　　　　　　　　　　〔新義真言宗〕
東光寺　とうこうじ〔寺〕
　千葉県成田市　《本尊》阿弥陀如来・薬師如来
　　　　　　　　　　　　　〔真言宗智山派〕
東光寺　とうこうじ〔寺〕
　東京都品川区　《別称》地蔵寺　《本尊》阿弥陀如来・地蔵菩薩・不動明王・釈迦如来・毘沙門天・大黒天・伝教大師　〔天台宗〕
東光寺　とうこうじ〔寺〕
　東京都目黒区　《本尊》釈迦如来　〔曹洞宗〕
東光寺　とうこうじ〔寺〕
　東京都中野区　《本尊》薬師三尊
　　　　　　　　　　　　　〔真言宗豊山派〕
東光寺　とうこうじ〔寺〕
　神奈川県横浜市神奈川区　《本尊》薬師如来
　　　　　　　　　　　　　〔真言宗智山派〕
東光寺　とうこうじ〔寺〕
　神奈川県横浜市南区　《本尊》薬師如来
　　　　　　　　　　　　　〔高野山真言宗〕
東光寺　とうこうじ〔寺〕
　神奈川県横浜市保土ヶ谷区　《本尊》薬師如来
　　　　　　　　　　　　　　　〔曹洞宗〕
東光寺　とうこうじ〔寺〕
　福井県小浜市　《本尊》薬師如来
　　　　　　　　　　　　　〔臨済宗妙心寺派〕
東光寺　とうこうじ〔寺〕
　山梨県甲府市　《本尊》釈迦如来
　　　　　　　　　　　　　〔臨済宗妙心寺派〕
東光寺　とうこうじ〔寺〕
　岐阜県山県市　《本尊》聖観世音菩薩
　　　　　　　　　　　　　〔臨済宗妙心寺派〕
東光寺　とうこうじ〔寺〕
　岐阜県揖斐郡揖斐川町　《別称》ちちやくし　《本尊》薬師如来　〔臨済宗妙心寺派〕
東光寺　とうこうじ〔寺〕
　静岡県浜松市　《本尊》薬師如来・阿弥陀如来
　　　　　　　　　　　　　〔臨済宗妙心寺派〕
東光寺　とうこうじ〔寺〕
　静岡県富士市　《本尊》一塔両尊四士・日蓮聖人　〔日蓮宗〕
東光寺　とうこうじ〔寺〕
　静岡県庵原郡富士川町　《本尊》薬師如来
　　　　　　　　　　　　　〔臨済宗妙心寺派〕
東光寺　とうこうじ〔寺〕
　愛知県常滑市　《本尊》釈迦如来　〔曹洞宗〕
東光寺　とうこうじ〔寺〕
　愛知県田原市　《本尊》薬師如来　〔曹洞宗〕

東光寺　とうこうじ〔寺〕
　愛知県知多郡阿久比町　《本尊》阿弥陀如来
　　　　　　　　　　　　　〔真宗大谷派〕
東光寺　とうこうじ〔寺〕
　滋賀県大津市　《本尊》阿弥陀如来　〔天台宗〕
東光寺　とうこうじ〔寺〕
　滋賀県近江八幡市　《別称》薬師　《本尊》薬師如来　〔天台宗〕
東光寺　とうこうじ〔寺〕
　滋賀県愛知郡愛東町　《別称》はつかせ薬師の東光寺　《本尊》阿弥陀如来・薬師如来
　　　　　　　　　　　　　　　〔浄土宗〕
東光寺　とうこうじ〔寺〕
　京都府舞鶴市　《本尊》釈迦如来・薬師如来
　　　　　　　　　　　　　〔臨済宗東福寺派〕
東光寺　とうこうじ〔寺〕
　京都府天田郡夜久野町　《本尊》不動明王
　　　　　　　　　　　　　〔高野山真言宗〕
東光寺　とうこうじ〔寺〕
　兵庫県姫路市　《本尊》薬師如来
　　　　　　　　　　　　　〔臨済宗妙心寺派〕
東光寺　とうこうじ〔寺〕
　兵庫県尼崎市　《本尊》阿弥陀如来　〔浄土宗〕
東光寺　とうこうじ〔寺〕
　兵庫県加西市　《本尊》薬師如来
　　　　　　　　　　　　　〔高野山真言宗〕
東光寺　とうこうじ〔寺〕
　兵庫県津名郡五色町　《別称》上の寺　《本尊》薬師如来　〔高野山真言宗〕
東光寺　とうこうじ〔寺〕
　和歌山県田辺市　《本尊》釈迦如来
　　　　　　　　　　　　　〔臨済宗妙心寺派〕
東光寺　とうこうじ〔寺〕
　広島県三原市　《本尊》薬師如来　〔曹洞宗〕
東光寺　とうこうじ〔寺〕
　山口県下関市　《本尊》薬師如来　〔曹洞宗〕
東光寺　とうこうじ〔寺〕
　山口県萩市　《本尊》釈迦如来　〔黄檗宗〕
東光寺　とうこうじ〔寺〕
　徳島県徳島市　《本尊》阿弥陀如来
　　　　　　　　　　　　　〔浄土真宗本願寺派〕
東光寺　とうこうじ〔寺〕
　愛媛県上浮穴郡美川村　《本尊》不動明王・薬師如来　〔真言宗豊山派〕
東光寺　とうこうじ〔寺〕
　高知県南国市　《別称》ひがしでら　《本尊》阿弥陀如来　〔浄土真宗本願寺派〕
東光寺　とうこうじ〔寺〕
　高知県長岡郡本山町　《本尊》延命地蔵菩薩
　　　　　　　　　　　　　〔真言宗智山派〕

8画（東）

東光寺　とうこうじ〔寺〕
　佐賀県東松浦郡玄海町　《別称》有浦薬師
　《本尊》薬師如来
　　　　　　　　　　　　　　　〔曹洞宗〕
東光寺　とうこうじ〔寺〕
　長崎県北松浦郡佐々町　《本尊》薬師如来
　　　　　　　　　　　　　　　〔曹洞宗〕
東光寺　とうこうじ〔寺〕
　大分県南海部郡蒲江町　《別称》蒲江薬師
　《本尊》釈迦如来・薬師如来
　　　　　　　　　　　　　〔臨済宗妙心寺派〕
東光院　とうこういん〔寺〕
　群馬県安中市　《本尊》阿弥陀如来　〔天台宗〕
東光院　とうこういん〔寺〕
　埼玉県川口市　《別称》江戸袋不動　《本尊》
　不動明王・十一面観世音菩薩
　　　　　　　　　　　　　　〔真言宗智山派〕
東光院　とうこういん〔寺〕
　埼玉県東松山市　《本尊》阿弥陀如来
　　　　　　　　　　　　　　　〔天台宗〕
東光院　とうこういん〔寺〕
　埼玉県三郷市　《別称》かみでら　《本尊》不
　動明王
　　　　　　　　　　　　　　〔真言宗豊山派〕
東光院　とうこういん〔寺〕
　千葉県白井市　《本尊》聖観世音菩薩
　　　　　　　　　　　　　　〔真言宗豊山派〕
東光院　とうこういん〔寺〕
　東京都台東区　《本尊》薬師如来　〔天台宗〕
東光院　とうこういん〔寺〕
　東京都大田区　《別称》上の寺　《本尊》大日
　如来・弘法大師・興教大師　〔真言宗智山派〕
東光院　とうこういん〔寺〕
　東京都清瀬市　《本尊》薬師如来　〔天台宗〕
東光院　とうこういん〔寺〕
　神奈川県川崎市麻生区　《本尊》大日如来
　　　　　　　　　　　　　　　　〔単立〕
東光院　とうこういん〔寺〕
　岐阜県恵那郡岩村町　《本尊》十一面観世音
　菩薩・青面金剛童子　　〔臨済宗妙心寺派〕
東光院　とうこういん〔寺〕
　愛知県名古屋市南区　《別称》笠寺天満宮
　《本尊》不動明王・出世神・酒天神
　　　　　　　　　　　　　　〔真言宗智山派〕
東光院　とうこういん〔寺〕
　大阪府豊中市　《別称》萩の寺　《本尊》薬師
　如来
　　　　　　　　　　　　　　　〔曹洞宗〕
東光院　とうこういん〔寺〕
　奈良県奈良市　《本尊》不動明王
　　　　　　　　　　　　　　〔霊山寺真言宗〕
東光院　とうこういん〔寺〕
　福岡県福岡市博多区　《本尊》薬師如来
　　　　　　　　　　　　　　〔真言宗御室派〕

東光禅寺　とうこうぜんじ〔寺〕
　栃木県上都賀郡粟野町　《本尊》釈迦如来
　　　　　　　　　　　　　　　〔曹洞宗〕
東光禅寺　とうこうぜんじ〔寺〕
　神奈川県横浜市金沢区　《本尊》薬師如来
　　　　　　　　　　　　　〔臨済宗建長寺派〕
東向寺　とうこうじ〔寺〕
　長崎県南高来郡有明町　《本尊》釈迦如来
　　　　　　　　　　　　　　　〔曹洞宗〕
東向寺　とうこうじ〔寺〕
　熊本県本渡市　《本尊》三尊仏　〔曹洞宗〕
東安寺　とうあんじ〔寺〕
　岩手県東磐井郡川崎村　《別称》薄衣の地蔵
　様　《本尊》阿弥陀如来　　　　〔曹洞宗〕
東安寺　とうあんじ〔寺〕
　福島県福島市　《本尊》三尊仏　〔曹洞宗〕
東寺《称》　とうじ〔寺〕
　京都府京都市南区・教王護国寺　《本尊》薬
　師三尊
　　　　　　　　　　　　　　　〔単立〕
東竹院　とうちくいん〔寺〕
　埼玉県熊谷市　《別称》だる石のお寺　《本
　尊》釈迦如来　　　　　　　　　〔曹洞宗〕
7東別院《称》　ひがしべついん〔寺〕
　北海道札幌市中央区・東本願寺札幌別院
　《本尊》阿弥陀如来　　　　　〔真宗大谷派〕
東別院《称》　ひがしべついん〔寺〕
　北海道根室市・東本願寺根室別院　《本尊》阿
　弥陀如来　　　　　　　　　　〔真宗大谷派〕
東別院《称》　ひがしべついん〔寺〕
　北海道檜山郡江差町・東本願寺江差別院
　《本尊》阿弥陀如来　　　　　〔真宗大谷派〕
東別院《称》　ひがしべついん〔寺〕
　岐阜県岐阜市・東本願寺岐阜別院　《本尊》阿
　弥陀如来　　　　　　　　　　〔真宗大谷派〕
東別院《称》　ひがしべついん〔寺〕
　愛知県名古屋市中区・東本願寺名古屋別院
　《本尊》阿弥陀如来　　　　　〔真宗大谷派〕
東別院《称》　ひがしべついん〔寺〕
　愛知県岡崎市・東本願寺三河別院　《本尊》阿
　弥陀如来　　　　　　　　　　〔真宗大谷派〕
東別院《称》　ひがしべついん〔寺〕
　高知県高知市・東本願寺土佐別院　《本尊》阿
　弥陀如来　　　　　　　　　　〔真宗大谷派〕
東別院《称》　ひがしべついん〔寺〕
　鹿児島県鹿児島市・東本願寺鹿児島別院
　《本尊》阿弥陀如来　　　　　〔真宗大谷派〕
東妙寺　とうみょうじ〔寺〕
　佐賀県神埼郡三田川町　《本尊》釈迦如来・聖
　観世音菩薩　　　　　　　　　〔真言律宗〕

神社・寺院名よみかた辞典　367

8画（東）

東寿院　とうじゅいん〔寺〕
　静岡県静岡市　《本尊》釈迦如来
　　　　　　　　　　　　〔臨済宗妙心寺派〕
東寿院　とうじゅいん〔寺〕
　岡山県邑久郡牛窓町　《本尊》阿弥陀如来
　　　　　　　　　　　　〔高野山真言宗〕
東村山不動尊《称》　ひがしむらやまふどうそん〔寺〕
　東京都東村山市・大善院　《本尊》阿弥陀如来・不動明王　　　　〔天台宗〕
東町皇大神宮《称》　ひがしまちこうたいじんぐう〔社〕
　山形県米沢市本町・皇大神宮　《祭神》天照皇大神［他］　　　　〔神社本庁〕
東谷寺　とうこくじ〔寺〕
　茨城県取手市　《本尊》大日如来・如意輪観世音菩薩　　　　〔真言宗豊山派〕
東身延《称》　ひがしみのぶ〔寺〕
　神奈川県鎌倉市・本覚寺　《本尊》釈迦三尊　　　　　　　　　　〔日蓮宗〕
8 東京大神宮　とうきょうだいじんぐう〔社〕
　東京都千代田区　《別称》飯田橋大神宮　《祭神》天照皇大神［他］　〔神社本庁〕
東京本願寺　とうきょうほんがんじ〔寺〕
　東京都台東区　《別称》浅草門跡　《本尊》阿弥陀如来　　　〔真宗大谷派〕
東京別院《称》　とうきょうべついん〔寺〕
　東京都世田谷区・誠照寺別院満足院　《本尊》阿弥陀如来　　　〔真宗誠照寺派〕
東国女人高野山《称》　とうごくにょにんこうやさん〔寺〕
　埼玉県秩父郡大滝村・太陽寺　《本尊》釈迦如来　　　　　　〔臨済宗建長寺派〕
東国寺　とうこくじ〔寺〕
　長野県千曲市　《別称》上山田お薬師さん　《本尊》薬師如来　　〔天台宗〕
東国寺　とうこくじ〔寺〕
　静岡県藤枝市　《本尊》薬師如来
　　　　　　　　　　　　〔臨済宗妙心寺派〕
東学寺　とうがくじ〔寺〕
　千葉県浦安市　《別称》薬師様　《本尊》薬師如来　　　〔真言宗豊山派〕
東学寺　とうがくじ〔寺〕
　神奈川県小田原市　《本尊》釈迦如来
　　　　　　　　　　　　〔臨済宗建長寺派〕
東岸寺　とうがんじ〔寺〕
　福岡県北九州市小倉北区　《本尊》阿弥陀如来　　　　　　　〔西山浄土宗〕
東性寺　とうしょうじ〔寺〕
　茨城県笠間市　《本尊》十一面観世音菩薩　　　　〔真言宗豊山派〕

東昌寺　とうしょうじ〔寺〕
　宮城県仙台市青葉区　《本尊》釈迦如来　　　　　　　〔臨済宗東福寺派〕
東昌寺　とうしょうじ〔寺〕
　茨城県猿島郡五霞町　《本尊》釈迦如来　　　　　　　　　　　〔曹洞宗〕
東昌寺　とうしょうじ〔寺〕
　長野県上田市　《本尊》釈迦如来　〔曹洞宗〕
東明寺　とうみょうじ〔寺〕
　埼玉県久喜市　《本尊》阿弥陀如来　〔浄土宗〕
東明寺　とうみょうじ〔寺〕
　千葉県富津市　《本尊》地蔵菩薩・薬師如来　　　　〔真言宗智山派〕
東明寺　とうみょうじ〔寺〕
　神奈川県川崎市幸区　《本尊》阿弥陀如来　　　　　　　　　　　〔浄土宗〕
東明寺　とうみょうじ〔寺〕
　奈良県大和郡山市　《本尊》薬師如来　　　　　　　〔高野山真言宗〕
東明院　とうめいいん〔寺〕
　静岡県静岡市　《本尊》釈迦如来
　　　　　　　　　　　　〔臨済宗妙心寺派〕
東林寺　とうりんじ〔寺〕
　北海道虻田郡倶知安町　《本尊》阿弥陀如来　　　　　〔浄土真宗本願寺派〕
東林寺　とうりんじ〔寺〕
　秋田県本荘市　《本尊》釈迦如来　〔曹洞宗〕
東林寺　とうりんじ〔寺〕
　茨城県古河市　《本尊》阿弥陀如来　〔浄土宗〕
東林寺　とうりんじ〔寺〕
　千葉県市原市　《本尊》釈迦如来　〔曹洞宗〕
東林寺　とうりんじ〔寺〕
　神奈川県横浜市港北区　《本尊》十一面観世音菩薩　　　　　　　　　　〔曹洞宗〕
東林寺　とうりんじ〔寺〕
　神奈川県川崎市麻生区　《本尊》阿弥陀如来　　　　　　　　　　　〔曹洞宗〕
東林寺　とうりんじ〔寺〕
　神奈川県横須賀市　《本尊》阿弥陀如来
　　　　　　　　　　　　　　　　〔浄土宗〕
東林寺　とうりんじ〔寺〕
　静岡県伊東市　《本尊》地蔵菩薩・阿弥陀三尊　　　　　　　　　　　　〔曹洞宗〕
東林寺　とうりんじ〔寺〕
　愛知県一宮市　《別称》島のお観音様　《本尊》千手観世音菩薩　〔臨済宗妙心寺派〕
東林寺　とうりんじ〔寺〕
　大阪府大阪市大正区　《本尊》阿弥陀如来　　　　　　　　　　　　〔浄土宗〕

8画（東）

東林寺　とうりんじ〔寺〕
　奈良県桜井市　《本尊》阿弥陀如来
　　　　　　　　　　〔浄土真宗本願寺派〕
東林寺　とうりんじ〔寺〕
　島根県松江市　《本尊》阿弥陀如来　〔浄土宗〕
東林寺　とうりんじ〔寺〕
　福岡県福岡市中央区　《本尊》釈迦如来
　　　　　　　　　　　　　　　　〔曹洞宗〕
東林寺　とうりんじ〔寺〕
　福岡県福岡市西区　《別称》上の寺　《本尊》
　薬師如来・観世音菩薩・阿弥陀如来
　　　　　　　　　　　　〔臨済宗妙心寺派〕
東林院　とうりんいん〔寺〕
　京都府京都市右京区　《本尊》聖観世音菩
　薩　　　　　　　　　　〔臨済宗妙心寺派〕
東林院　とうりんいん〔寺〕
　徳島県鳴門市　《別称》大谷の種蒔大師　《本
　尊》薬師如来・愛染明王　〔高野山真言宗〕
東牧寺　とうぼくじ〔寺〕
　新潟県北蒲原郡黒川村　《本尊》聖観世音菩
　薩　　　　　　　　　　　　　　〔曹洞宗〕
東金砂神社　ひがしかなさじんじゃ〔社〕
　茨城県久慈郡水府村　《別称》金砂権現さま
　《祭神》大己貴命［他］　　　〔神社本庁〕
東長寺　とうちょうじ〔寺〕
　岩手県九戸郡種市町　《本尊》釈迦如来
　　　　　　　　　　　　　　　　〔曹洞宗〕
東長寺　とうちょうじ〔寺〕
　東京都新宿区　《本尊》聖観世音菩薩
　　　　　　　　　　　　　　　　〔曹洞宗〕
東長寺　とうちょうじ〔寺〕
　福岡県福岡市博多区　《別称》東長密寺本山
　《本尊》弘法大師　　　〔真言宗九州教団〕
東長密寺本山《称》　とうちょうみつじほ
　んざん〔寺〕
　福岡県福岡市博多区・東長寺　《本尊》弘法
　大師　　　　　　　　　〔真言宗九州教団〕
東門院　とうもんいん〔寺〕
　滋賀県守山市　《本尊》十一面観世音菩薩・千
　手観世音菩薩　　　　　　　　　〔天台宗〕
9東南寺　とうなんじ〔寺〕
　滋賀県大津市　《本尊》釈迦如来・阿弥陀如
　来　　　　　　　　　　　　　　〔天台宗〕
東南寺　とうなんじ〔寺〕
　滋賀県蒲生郡安土町　《本尊》阿弥陀如来
　　　　　　　　　　　　　　　　〔天台宗〕
東南院　とうなんいん〔寺〕
　奈良県吉野郡吉野町　　　　〔金峰山修験本宗〕
東南院　とうなんいん〔寺〕
　福岡県北九州市若松区　《別称》九州別院
　《本尊》弘法大師　　　　　〔高野山真言宗〕

東専寺　とうせんじ〔寺〕
　山口県玖珂郡美川町　《本尊》阿弥陀如来
　　　　　　　　　　　　〔浄土真宗本願寺派〕
東持寺　とうじじ〔寺〕
　茨城県結城市　《別称》うめでら　《本尊》十
　一面観世音菩薩　　　　　　　　〔曹洞宗〕
東栄寺　とうえいじ〔寺〕
　千葉県八日市場市　《本尊》阿弥陀如来
　　　　　　　　　　　　　　　　〔天台宗〕
東栄寺　とうえいじ〔寺〕
　千葉県香取郡干潟町　《本尊》聖観世音菩
　薩　　　　　　　　　　　　　　〔天台宗〕
東栄寺　とうえいじ〔寺〕
　愛知県名古屋市瑞穂区　《本尊》十一面観世
　音菩薩・阿弥陀如来・大日如来
　　　　　　　　　　　　　　〔真言宗豊山派〕
東海寺　とうかいじ〔寺〕
　岩手県九戸郡種市町　《本尊》釈迦如来
　　　　　　　　　　　　　　　　〔曹洞宗〕
東海寺　とうかいじ〔寺〕
　千葉県柏市　《別称》布施弁天　《本尊》八臂
　弁財天　　　　　　　　　　〔真言宗豊山派〕
東海寺　とうかいじ〔寺〕
　東京都品川区　《本尊》釈迦如来
　　　　　　　　　　　　　〔臨済宗大徳寺派〕
東海寺　とうかいじ〔寺〕
　三重県津市　《本尊》阿弥陀如来
　　　　　　　　　　　　　　　〔真宗高田派〕
東海庵　とうかいあん〔寺〕
　京都府京都市右京区　《本尊》観世音菩薩
　　　　　　　　　　　　〔臨済宗妙心寺派〕
東浄寺　とうじょうじ〔寺〕
　福島県東白川郡塙町　《別称》かわかみてら
　《本尊》大日如来　　　　　〔真言宗智山派〕
東泉寺　とうせんじ〔寺〕
　神奈川県横浜市泉区　《本尊》釈迦如来
　　　　　　　　　　　　　　　　〔曹洞宗〕
東泉寺　とうせんじ〔寺〕
　神奈川県川崎市宮前区　《本尊》聖観世音菩
　薩　　　　　　　　　　　　　　〔曹洞宗〕
東泉寺　とうせんじ〔寺〕
　岐阜県下呂市　《本尊》薬師如来
　　　　　　　　　　　　　〔臨済宗妙心寺派〕
東泉寺　とうせんじ〔寺〕
　静岡県静岡市　《本尊》薬師如来
　　　　　　　　　　　　　〔臨済宗妙心寺派〕
東泉寺　とうせんじ〔寺〕
　島根県八束郡東出雲町　《本尊》薬師如来・
　十一面観世音菩薩・毘沙門天・弘法大師
　　　　　　　　　　　　　　〔高野山真言宗〕

神社・寺院名よみかた辞典　369

8画（東）

東泉寺　とうせんじ〔寺〕
　佐賀県佐賀郡川副町　《本尊》薬師如来
　　　　　　　　　　　〔臨済宗東福寺派〕

東泉院　とうせんいん〔寺〕
　神奈川県小田原市　《本尊》観世音菩薩
　　　　　　　　　　　　　　　〔曹洞宗〕

東泉院　とうせんいん〔寺〕
　静岡県賀茂郡東伊豆町　《別称》浜の寺　《本尊》聖観世音菩薩　　　　〔曹洞宗〕

東泉院　とうせんいん〔寺〕
　愛知県名古屋市中区　《本尊》薬師如来
　　　　　　　　　　　　　　　〔曹洞宗〕

東珍寺　とうちんじ〔寺〕
　福井県吉田郡松岡町　《別称》東珍坊　《本尊》阿弥陀如来　　　〔真宗大谷派〕

東珍坊《称》　とうちんぼう〔寺〕
　福井県吉田郡松岡町・東珍寺　《本尊》阿弥陀如来　　　　　　　〔真宗大谷派〕

東界寺　とうかいじ〔寺〕
　愛知県名古屋市東区　《本尊》薬師如来
　　　　　　　　　　　　　〔真言宗豊山派〕

東香寺　とうこうじ〔寺〕
　岐阜県加茂郡富加町　《本尊》釈迦如来・聖観世音菩薩　　　　〔臨済宗妙心寺派〕

10 東宮神社　とうぐうじんじゃ〔社〕
　栃木県栃木市　《祭神》武甕槌命〔他〕
　　　　　　　　　　　　　　〔神社本庁〕

東根のお薬師様《称》　ひがしねのおやくしさま〔寺〕
　山形県東根市・薬師寺　《本尊》薬師如来・地蔵菩薩・不動明王　〔真言宗智山派〕

東竜寺　とうりゅうじ〔寺〕
　新潟県南蒲原郡田上町　《本尊》不動明王
　　　　　　　　　　　　　　　〔曹洞宗〕

11 東済寺　とうさいじ〔寺〕
　茨城県つくば市　《本尊》大日如来・地蔵菩薩　　　　　　　　　〔真言宗豊山派〕

東淀川の天神さん《称》　ひがしよどがわのてんじんさん〔社〕
　大阪府大阪市東淀川区・松山神社　《祭神》菅原道真〔他〕　　　　〔神社本庁〕

東郷神社　とうごうじんじゃ〔社〕
　東京都渋谷区　《祭神》東郷平八郎
　　　　　　　　　　　　　　〔神社本庁〕

東郷神社　とうごうじんじゃ〔社〕
　鳥取県東伯郡東郷町　《祭神》誉田別命〔他〕
　　　　　　　　　　　　　　〔神社本庁〕

12 東勝寺　とうしょうじ〔寺〕
　千葉県成田市　《別称》佐倉宗吾様　《本尊》大日如来・佐倉宗吾尊　〔真言宗豊山派〕

東勝寺　とうしょうじ〔寺〕
　愛知県名古屋市名東区　《別称》灸寺　《本尊》阿弥陀如来　　　〔真宗大谷派〕

東善寺　とうぜんじ〔寺〕
　群馬県群馬郡倉渕村　《本尊》釈迦如来
　　　　　　　　　　　　　　　〔曹洞宗〕

東善寺　とうぜんじ〔寺〕
　埼玉県熊谷市　　　　　　　　〔曹洞宗〕

東善寺　とうぜんじ〔寺〕
　東京都江戸川区松江　《本尊》阿弥陀如来
　　　　　　　　　　　〔真言宗豊山派〕

東善寺　とうぜんじ〔寺〕
　東京都江戸川区長島町　《別称》長島薬師　《本尊》薬師如来　〔真言宗豊山派〕

東善寺　とうぜんじ〔寺〕
　新潟県東蒲原郡津川町　《別称》田沢のお寺　《本尊》大日如来　〔真言宗豊山派〕

東善院　とうぜんいん〔寺〕
　山形県最上郡最上町　《別称》かんのんさま　《本尊》不動明王・馬頭観世音菩薩
　　　　　　　　　　　　　　　〔天台宗〕

東御坊《称》　ひがしごぼう〔寺〕
　香川県丸亀市・善竜寺　《本尊》阿弥陀如来
　　　　　　　　　　　〔真宗大谷派〕

東湖八坂神社　とうこやさかじんじゃ〔社〕
　秋田県南秋田郡天王町　《別称》天王さん　《祭神》素盞嗚尊　〔神社本庁〕

東覚寺　とうかくじ〔寺〕
　東京都江東区　《別称》亀戸不動　《本尊》大日如来　〔真言宗智山派〕

東覚寺　とうがくじ〔寺〕
　東京都北区　《別称》赤紙仁王　《本尊》不動明王　　　　〔真言宗智山派〕

東覚寺　とうかくじ〔寺〕
　東京都葛飾区　《本尊》阿弥陀如来
　　　　　　　　　　　〔真言宗豊山派〕

東覚院　とうがくいん〔寺〕
　東京都世田谷区　《別称》冨士薬師　《本尊》薬師如来　　　〔真言宗智山派〕

東運寺　とううんじ〔寺〕
　東京都杉並区　《別称》釜寺　《本尊》阿弥陀如来・身代地蔵菩薩　〔浄土宗〕

東運寺　とううんじ〔寺〕
　京都府京都市伏見区　《本尊》釈迦如来・薬師如来　　　　　　〔曹洞宗〕

東陽寺　とうようじ〔寺〕
　宮城県登米郡東和町　《本尊》釈迦如来
　　　　　　　　　　　　　　　〔曹洞宗〕

東陽寺　とうようじ〔寺〕
　埼玉県大里郡岡部町　《本尊》不動明王・薬師如来　　　　　〔真言宗豊山派〕

8画（東）

東陽寺　とうようじ〔寺〕
　埼玉県北葛飾郡松伏町　《別称》赤岩の不動様
　《本尊》日限不動明王　　〔真言宗豊山派〕
東陽寺　とうようじ〔寺〕
　東京都足立区　《本尊》釈迦如来　　〔単立〕
東陽寺　とうようじ〔寺〕
　新潟県新潟市　《本尊》釈迦如来　〔曹洞宗〕
東陽院　とうよういん〔寺〕
　東京都大田区　《本尊》如意輪観世音菩薩
　　　　　　　　　　　　　　〔真言宗智山派〕
東雲寺　とううんじ〔寺〕
　宮城県石巻市　《本尊》阿弥陀如来　〔天台宗〕
東雲寺　とううんじ〔寺〕
　群馬県新田郡新田町　《本尊》薬師如来
　　　　　　　　　　　　　　　　　〔曹洞宗〕
東雲寺　とううんじ〔寺〕
　三重県津市　《本尊》阿弥陀如来　〔曹洞宗〕
東雲寺　とううんじ〔寺〕
　滋賀県東浅井郡びわ町　《本尊》釈迦如来
　　　　　　　　　　　　　　　　　〔天台宗〕
東雲神社　しののめじんじゃ〔社〕
　愛媛県松山市　《別称》東雲さん　《祭神》天
　照皇大神［他］　　　　　　　〔神社本庁〕
13東園寺　とうえんじ〔寺〕
　宮城県塩竈市　《本尊》釈迦如来・薬師如来
　　　　　　　　　　　　　〔臨済宗妙心寺派〕
東慈寺　とうじじ〔寺〕
　岩手県岩手郡西根町　《本尊》釈迦如来
　　　　　　　　　　　　　　　　　〔曹洞宗〕
東楽寺　とうらくじ〔寺〕
　岩手県岩手郡玉山村　《本尊》釈迦如来
　　　　　　　　　　　　　　　　　〔曹洞宗〕
東楽寺　とうらくじ〔寺〕
　兵庫県豊岡市　《別称》豊岡聖天　《本尊》薬
　師如来・歓喜天　　　　　〔高野山真言宗〕
東極楽寺　ひがしごくらくじ〔寺〕
　兵庫県神戸市中央区　《本尊》阿弥陀如来
　　　　　　　　　　　　　　　　　〔浄土宗〕
東源寺　とうげんじ〔寺〕
　秋田県仙北郡田沢湖町　《本尊》釈迦如来
　　　　　　　　　　　　　　　　　〔曹洞宗〕
東源寺　とうげんじ〔寺〕
　福井県大飯郡大飯町　《本尊》阿弥陀三尊
　　　　　　　　　　　　　〔臨済宗相国寺派〕
東源寺　とうげんじ〔寺〕
　京都府天田郡夜久野町　《本尊》聖観世音菩
　薩　　　　　　　　　　〔臨済宗妙心寺派〕
東照寺　とうしょうじ〔寺〕
　東京都品川区　《別称》座禅道場　《本尊》釈
　迦如来　　　　　　　　　　　　〔曹洞宗〕

東照寺　とうしょうじ〔寺〕
　神奈川県横浜市港北区　《本尊》薬師如来
　　　　　　　　　　　　　　　　　〔曹洞宗〕
東照寺　とうしょうじ〔寺〕
　長野県飯田市　《本尊》薬師如来
　　　　　　　　　　　　　〔臨済宗妙心寺派〕
東照寺　とうしょうじ〔寺〕
　徳島県徳島市　《本尊》地蔵菩薩
　　　　　　　　　　　　　〔真言宗大覚寺派〕
東照寺　とうしょうじ〔寺〕
　佐賀県杵島郡江北町　《別称》身代り観音
　《本尊》薬師如来・身代救苦観世音菩薩
　　　　　　　　　　　　　　　　　〔曹洞宗〕
東照宮　とうしょうぐう〔社〕
　北海道函館市　《祭神》徳川家康　〔神社本庁〕
東照宮　とうしょうぐう〔社〕
　青森県弘前市　《別称》津軽国東照宮・弘前東
　照宮　《祭神》徳川家康［他］　〔神社本庁〕
東照宮　とうしょうぐう〔社〕
　宮城県仙台市青葉区　《別称》仙台東照宮
　《祭神》徳川家康　　　　　　〔神社本庁〕
東照宮　とうしょうぐう〔社〕
　茨城県水戸市　《別称》権現さん　《祭神》徳
　川家康［他］　　　　　　　　〔神社本庁〕
東照宮　とうしょうぐう〔社〕
　栃木県日光市　《祭神》徳川家康［他］
　　　　　　　　　　　　　　　　〔神社本庁〕
東照宮　とうしょうぐう〔社〕
　群馬県前橋市　《別称》権現様　《祭神》徳川
　家康［他］　　　　　　　　　〔神社本庁〕
東照宮　とうしょうぐう〔社〕
　群馬県新田郡尾島町　《別称》世良田東照宮
　《祭神》徳川家康［他］　　　　〔神社本庁〕
東照宮　とうしょうぐう〔社〕
　東京都港区　《祭神》徳川家康　　〔神社本庁〕
東照宮　とうしょうぐう〔社〕
　東京都台東区　《別称》おみくじの権現さま
　《祭神》徳川家康［他］　　　　〔神社本庁〕
東照宮　とうしょうぐう〔社〕
　岐阜県高山市　《祭神》徳川家康［他］
　　　　　　　　　　　　　　　　〔神社本庁〕
東照宮　とうしょうぐう〔社〕
　愛知県名古屋市中区　《別称》権現さま　《祭
　神》徳川家康　　　　　　　　〔神社本庁〕
東照宮　とうしょうぐう〔社〕
　愛知県南設楽郡鳳来町　《別称》鳳来山東照
　宮　《祭神》徳川家康　　　　〔神社本庁〕
東照宮　とうしょうぐう〔社〕
　和歌山県和歌山市　《別称》権現　《祭神》徳
　川家康［他］　　　　　　　　〔神社本庁〕

神社・寺院名よみかた辞典　371

8画（東）

東照宮　とうしょうぐう〔社〕
　岡山県岡山市　《別称》権現様　〔神社本庁〕

東照宮　とうしょうぐう〔社〕
　広島県広島市東区　《別称》ごんげんさん　《祭神》徳川家康　〔神社本庁〕

東禅寺　とうぜんじ〔寺〕
　福島県安達郡岩代町　《本尊》釈迦如来
　〔曹洞宗〕

東禅寺　とうぜんじ〔寺〕
　群馬県桐生市　《本尊》阿弥陀如来・虫封不動尊　〔臨済宗建長寺派〕

東禅寺　とうぜんじ〔寺〕
　千葉県千葉市　《別称》千葉薬師　《本尊》薬師如来　〔曹洞宗〕

東禅寺　とうぜんじ〔寺〕
　東京都港区　《本尊》釈迦如来
　〔臨済宗妙心寺派〕

東禅寺　とうぜんじ〔寺〕
　東京都台東区　《本尊》釈迦如来　〔曹洞宗〕

東禅寺　とうぜんじ〔寺〕
　東京都西東京市　《本尊》釈迦如来　〔曹洞宗〕

東禅寺　とうぜんじ〔寺〕
　静岡県静岡市　《本尊》釈迦如来
　〔臨済宗妙心寺派〕

東禅寺　とうぜんじ〔寺〕
　三重県尾鷲市　《本尊》薬師如来　〔曹洞宗〕

東禅寺　とうぜんじ〔寺〕
　愛媛県今治市　《別称》きのもと薬師　《本尊》薬師如来　〔真言宗醍醐派〕

東福寺　とうふくじ〔寺〕
　青森県東津軽郡平内町　《本尊》釈迦如来
　〔曹洞宗〕

東福寺　とうふくじ〔寺〕
　岩手県西磐井郡平泉町　《本尊》如意輪観世音菩薩　〔天台宗〕

東福寺　とうふくじ〔寺〕
　福島県石川郡玉川村　《別称》薬師様　《本尊》大日如来　〔真言宗智山派〕

東福寺　とうふくじ〔寺〕
　茨城県日立市　《本尊》阿弥陀如来
　〔真言宗豊山派〕

東福寺　とうふくじ〔寺〕
　茨城県筑波郡谷和原村　《本尊》金剛界大日如来・胎蔵界大日如来　〔真言宗豊山派〕

東福寺　とうふくじ〔寺〕
　群馬県前橋市　《本尊》阿弥陀如来
　〔真言宗豊山派〕

東福寺　とうふくじ〔寺〕
　埼玉県行田市　《本尊》金剛界大日如来
　〔真言宗豊山派〕

東福寺　とうふくじ〔寺〕
　埼玉県所沢市　《別称》本郷不動様　《本尊》不動明王　〔真言宗豊山派〕

東福寺　とうふくじ〔寺〕
　埼玉県春日部市　《本尊》阿弥陀如来・薬師如来　〔真言宗智山派〕

東福寺　とうふくじ〔寺〕
　埼玉県越谷市　《別称》小林の寺　《本尊》虚空蔵菩薩　〔真言宗豊山派〕

東福寺　とうふくじ〔寺〕
　千葉県船橋市　《別称》赤門の寺　《本尊》薬師如来　〔真言宗豊山派〕

東福寺　とうふくじ〔寺〕
　千葉県流山市　《別称》薬師さま　《本尊》薬師如来・不動明王　〔真言宗豊山派〕

東福寺　とうふくじ〔寺〕
　千葉県香取郡多古町　《別称》ほうざくの寺　《本尊》十界大曼荼羅　〔日蓮宗〕

東福寺　とうふくじ〔寺〕
　東京都渋谷区　《本尊》阿弥陀如来　〔天台宗〕

東福寺　とうふくじ〔寺〕
　東京都中野区　《本尊》不動明王
　〔真言宗豊山派〕

東福寺　とうふくじ〔寺〕
　東京都豊島区　《本尊》十一面観世音菩薩
　〔真言宗豊山派〕

東福寺　とうふくじ〔寺〕
　東京都国分寺市　《本尊》大日如来
　〔真言宗豊山派〕

東福寺　とうふくじ〔寺〕
　神奈川県横浜市鶴見区　《別称》子育観音　《本尊》如意輪観世音菩薩　〔真言宗智山派〕

東福寺　とうふくじ〔寺〕
　神奈川県横浜市西区　《別称》赤門寺　《本尊》聖観世音菩薩　〔高野山真言宗〕

東福寺　とうふくじ〔寺〕
　神奈川県横浜市戸塚区　《本尊》釈迦如来
　〔臨済宗円覚寺派〕

東福寺　とうふくじ〔寺〕
　神奈川県川崎市中原区　《本尊》大日如来
　〔真言宗智山派〕

東福寺　とうふくじ〔寺〕
　神奈川県横須賀市　《別称》田中の観音　《本尊》延命地蔵菩薩　〔曹洞宗〕

東福寺　とうふくじ〔寺〕
　滋賀県守山市　《別称》薬師堂　〔天台真盛宗〕

東福寺　とうふくじ〔寺〕
　京都府京都市東山区　《別称》大本山　《本尊》釈迦如来　〔臨済宗東福寺派〕

8画（東）

東福寺　とうふくじ〔寺〕
　兵庫県神戸市兵庫区　《本尊》阿弥陀如来
　　　　　　　　　　　　　　　　〔浄土宗〕
東福寺　とうふくじ〔寺〕
　兵庫県神戸市中央区　《別称》小野善光寺
　《本尊》善光寺如来　　　　　〔曹洞宗〕
東福寺　とうふくじ〔寺〕
　徳島県美馬郡貞光町　《本尊》不動明王
　　　　　　　　　　　　　〔真言宗御室派〕
東福寺　とうふくじ〔寺〕
　熊本県菊池市　　　　　　　　〔天台宗〕
東福寺　とうふくじ〔寺〕
　熊本県上益城郡御船町　《別称》おざかの寺
　《本尊》阿弥陀如来　〔浄土真宗本願寺派〕
東福寺大阪別院　とうふくじおおさかべつ
　いん〔寺〕
　大阪府大阪市生野区　《別称》東福寺別院
　《本尊》聖観世音菩薩・弁財天
　　　　　　　　　　　　　〔臨済宗東福寺派〕
東福寺五大堂《称》　とうふくじごだいど
　う〔寺〕
　京都府京都市東山区・同聚院　《本尊》十一
　　面観世音菩薩　　　　〔臨済宗東福寺派〕
東福寺別院《称》　とうふくじべついん〔寺〕
　大阪府大阪市生野区・東福寺大阪別院　《本
　尊》聖観世音菩薩・弁財天
　　　　　　　　　　　　〔臨済宗東福寺派〕
東福院　とうふくいん〔寺〕
　福島県いわき市　《本尊》延命地蔵菩薩
　　　　　　　　　　　　　　〔真言宗智山派〕
東福院　とうふくいん〔寺〕
　東京都江戸川区　《別称》おやくし様　《本
　尊》薬師如来　　　　　　〔真言宗豊山派〕
東福院　とうふくいん〔寺〕
　新潟県刈羽郡刈羽村　《本尊》聖観世音菩
　薩　　　　　　　　　　　　〔曹洞宗〕
東福院　とうふくいん〔寺〕
　愛知県名古屋市緑区　《別称》鳴海成田山不
　動尊　《本尊》大日如来・不動明王
　　　　　　　　　　　　　　〔真言宗智山派〕
東福院　とうふくいん〔寺〕
　佐賀県佐賀市川副町　《本尊》阿弥陀如来・観
　世音菩薩・勢至菩薩　　　　〔浄土宗〕
東聖寺　とうしょうじ〔寺〕
　茨城県ひたちなか市　《本尊》胎蔵界大日如
　来　　　　　　　　　　　〔真言宗豊山派〕
14東徳寺　とうとくじ〔寺〕
　千葉県海上郡海上町　《本尊》阿弥陀如来
　　　　　　　　　　　　　〔真言宗豊山派〕

東漸寺　とうぜんじ〔寺〕
　北海道岩見沢市　《本尊》日蓮聖人奠定の大
　　曼荼羅　　　　　　　　　　〔日蓮宗〕
東漸寺　とうぜんじ〔寺〕
　宮城県仙台市若林区　《別称》谷風の寺　《本
　尊》阿弥陀如来　　　　　　〔曹洞宗〕
東漸寺　とうぜんじ〔寺〕
　茨城県取手市　《本尊》阿弥陀如来・馬頭観
　　世音菩薩　　　　　　　　〔天台宗〕
東漸寺　とうぜんじ〔寺〕
　千葉県松戸市　《本尊》阿弥陀如来　〔浄土宗〕
東漸寺　とうぜんじ〔寺〕
　千葉県旭市　《本尊》大日如来
　　　　　　　　　　　　　　〔真言宗智山派〕
東漸寺　とうぜんじ〔寺〕
　千葉県習志野市　　　　　〔真言宗豊山派〕
東漸寺　とうぜんじ〔寺〕
　千葉県長生郡一宮町　《本尊》不動明王
　　　　　　　　　　　　　　　〔曹洞宗〕
東漸寺　とうぜんじ〔寺〕
　東京都墨田区　《本尊》阿弥陀如来　〔天台宗〕
東漸寺　とうぜんじ〔寺〕
　神奈川県横浜市磯子区　《本尊》釈迦如来
　　　　　　　　　　　　〔臨済宗建長寺派〕
東漸寺　とうぜんじ〔寺〕
　神奈川県横浜市緑区　《本尊》不動明王
　　　　　　　　　　　　　　〔高野山真言宗〕
東漸寺　とうぜんじ〔寺〕
　山梨県都留市　《本尊》十界大曼荼羅
　　　　　　　　　　　　　　　〔日蓮宗〕
東漸寺　とうぜんじ〔寺〕
　愛知県丹羽郡扶桑町　《本尊》釈迦如来
　　　　　　　　　　　　〔臨済宗妙心寺派〕
東漸寺　とうぜんじ〔寺〕
　愛知県宝飯郡小坂井町　《本尊》三尊仏
　　　　　　　　　　　　　　〔曹洞宗〕
東漸寺　とうぜんじ〔寺〕
　京都府京都市中京区　《本尊》二尊仏
　　　　　　　　　　　　　〔真宗大谷派〕
東漸寺　とうぜんじ〔寺〕
　岡山県岡山市　《本尊》薬師如来
　　　　　　　　　　　　　〔真言宗御室派〕
東漸院　とうぜんいん〔寺〕
　埼玉県草加市　《本尊》大日如来・不動明王
　　　　　　　　　　　　　〔真言宗豊山派〕
東隠院　とういんいん〔寺〕
　静岡県引佐郡引佐町　《本尊》千手観世音菩
　薩　　　　　　　　　　〔臨済宗方広寺派〕
15東慶寺　とうけいじ〔寺〕
　神奈川県鎌倉市　《別称》駆け込み寺・縁切
　寺　《本尊》釈迦如来　〔臨済宗円覚寺派〕

神社・寺院名よみかた辞典　373

8画（板, 枚, 枕, 林）

東輪寺　とうりんじ〔寺〕
　栃木県塩谷郡喜連川町　《本尊》不動明王
　　　　　　　　　　　　　　〔真言宗智山派〕
16東叡山本坊《称》　とうえいさんほんぼう
　〔寺〕
　茨城県真壁郡関城町・千妙寺　《本尊》釈迦
　如来　　　　　　　　　　　　　〔天台宗〕
17東嶺寺　とうれいじ〔寺〕
　石川県鹿島郡田鶴浜町　《本尊》釈迦如来
　　　　　　　　　　　　　　　　〔曹洞宗〕
18東観音寺　とうかんのんじ〔寺〕
　愛知県豊橋市　《別称》小松原観音　《本尊》
　馬頭観世音菩薩　　　　〔臨済宗妙心寺派〕
東顕寺　とうけんじ〔寺〕
　岩手県盛岡市　《本尊》釈迦如来　〔曹洞宗〕
19東霧島大権現宮《称》　つまきりしまだい
　ごんげんぐう〔社〕
　宮崎県北諸県郡高原町・東霧島神社　《祭神》
　伊弉諾尊[他]　　　　　　　　〔神社本庁〕
東霧島神社　つまきりしまじんじゃ〔社〕
　宮崎県北諸県郡高原町　《別称》東霧島大権
　現宮　《祭神》伊弉諾尊[他]　〔神社本庁〕
20東耀寺　とうようじ〔寺〕
　茨城県石岡市　《本尊》阿弥陀如来　〔天台宗〕
東耀寺　とうようじ〔寺〕
　埼玉県北埼玉郡大利根町　《本尊》阿弥陀如
　来・不動明王　　　　　　　〔真言宗豊山派〕

【板】

4板井神社　いたいじんじゃ〔社〕
　鳥取県気高郡気高町　《祭神》天明玉命
　　　　　　　　　　　　　　　　〔神社本庁〕
6板列八幡神社　いたなみはちまんじんじゃ
　〔社〕
　京都府与謝郡岩滝町　《祭神》誉田別命[他]
　　　　　　　　　　　　　　　　〔神社本庁〕
10板倉様《称》　いたくらさま〔社〕
　群馬県邑楽郡板倉町・雷電神社　《祭神》火
　雷大神[他]　　　　　　　　　〔神社本庁〕
16板橋出世不動《称》　いたばししゅっせふど
　う〔寺〕
　東京都板橋区・観明寺　《本尊》正観世音菩
　薩・不動明王　　　　　　　〔真言宗豊山派〕
板橋安産不動《称》　いたばしあんざんふ
　どう〔寺〕
　茨城県筑波郡伊奈町・不動院　《本尊》不動
　明王　　　　　　　　　　　〔真言宗豊山派〕

【枚】

8枚岡神社　ひらおかじんじゃ〔社〕

　大阪府東大阪市　《祭神》天児屋根大神[他]
　　　　　　　　　　　　　　　　〔神社本庁〕
14枚聞神社　ひらききじんじゃ〔社〕
　鹿児島県阿久根市　《別称》おけもんさま
　　《祭神》大日孁貴命　　　　〔神社本庁〕
枚聞神社　ひらききじんじゃ〔社〕
　鹿児島県揖宿郡開聞町　《別称》おかいもん
　さま　《祭神》大日孁貴命[他]　〔神社本庁〕

【枕】

5枕石寺　ちんせきじ〔寺〕
　茨城県常陸太田市　《別称》真宗二四輩旧跡
　《本尊》阿弥陀如来　　　　　〔真宗大谷派〕

【林】

5林丘寺　りんきゅうじ〔寺〕
　京都府京都市左京区　《別称》尼門跡　《本
　尊》聖観世音菩薩　　　　　　　　〔単立〕
林広院　りんこういん〔寺〕
　岐阜県郡上市　《本尊》釈迦如来　〔曹洞宗〕
林正寺　りんしょうじ〔寺〕
　新潟県白根市　《別称》いがしま林正寺　《本
　尊》阿弥陀如来　　　　　　　〔真宗大谷派〕
林正寺　りんしょうじ〔寺〕
　岐阜県養老郡上石津町　《本尊》阿弥陀如
　来　　　　　　　　　　　　　〔真宗大谷派〕
6林光寺　りんこうじ〔寺〕
　埼玉県さいたま市　《本尊》阿弥陀如来
　　　　　　　　　　　　　　〔真言宗智山派〕
林光寺　りんこうじ〔寺〕
　東京都新宿区　《本尊》阿弥陀如来
　　　　　　　　　　　　　〔浄土真宗本願寺派〕
林光寺　りんこうじ〔寺〕
　静岡県三島市　《本尊》阿弥陀如来　〔浄土宗〕
林光寺　りんこうじ〔寺〕
　三重県鈴鹿市　《別称》えんまの寺　《本尊》
　千手千眼観世音菩薩・閻魔大王
　　　　　　　　　　　　　　〔真言宗智山派〕
林光寺　りんこうじ〔寺〕
　大阪府南河内郡太子町　《本尊》阿弥陀如
　来　　　　　　　　　　　　　〔真宗大谷派〕
林光院　りんこういん〔寺〕
　京都府京都市上京区　《本尊》地蔵菩薩
　　　　　　　　　　　　　　〔臨済宗相国寺派〕
林寺観音《称》　はやしでらかんのん〔寺〕
　埼玉県秩父市・定林寺　《本尊》十一面観世
　音菩薩　　　　　　　　　　　　〔曹洞宗〕
林西寺　りんさいじ〔寺〕
　石川県石川郡白峰村　《本尊》阿弥陀如来
　　　　　　　　　　　　　　〔真宗大谷派〕

8画（杲, 枡, 欣）

8 林宝院　りんぽういん〔寺〕
　静岡県磐田市　《本尊》地蔵菩薩　〔曹洞宗〕
林昌寺　りんしょうじ〔寺〕
　山形県酒田市　《本尊》阿弥陀如来　〔浄土宗〕
林昌寺　りんしょうじ〔寺〕
　群馬県吾妻郡中之条町伊勢町　《本尊》釈迦如来　〔曹洞宗〕
林昌寺　りんしょうじ〔寺〕
　埼玉県蓮田市　《本尊》地蔵菩薩　〔曹洞宗〕
林昌寺　りんしょうじ〔寺〕
　新潟県北魚沼郡小出町　《別称》四日町の寺　《本尊》釈迦如来　〔曹洞宗〕
林昌寺　りんしょうじ〔寺〕
　長野県木曽郡日義村　《本尊》釈迦如来　〔臨済宗妙心寺派〕
林昌寺　りんしょうじ〔寺〕
　岐阜県飛騨市　《本尊》釈迦如来　〔曹洞宗〕
林昌寺　りんしょうじ〔寺〕
　岐阜県郡上市　《本尊》阿弥陀如来　〔真宗大谷派〕
林昌院　りんしょういん〔寺〕
　宮城県登米郡迫町　《本尊》三尊仏　〔曹洞宗〕
林昌院　りんしょういん〔寺〕
　群馬県吾妻郡中之条町平　《別称》宇妻のお寺　《本尊》釈迦如来　〔曹洞宗〕
林松寺　りんしょうじ〔寺〕
　秋田県湯沢市　《別称》森のお寺　《本尊》釈迦如来　〔曹洞宗〕
林松寺　りんしょうじ〔寺〕
　栃木県宇都宮市　《別称》川向寺　《本尊》釈迦如来・如意輪観世音菩薩　〔曹洞宗〕
林松寺　りんしょうじ〔寺〕
　岡山県総社市　《本尊》十一面観世音菩薩　〔真言宗御室派〕
林松寺　りんしょうじ〔寺〕
　福岡県糟屋郡須恵町　《本尊》阿弥陀如来　〔浄土宗〕
林松寺　りんしょうじ〔寺〕
　福岡県三潴郡城島町　《本尊》阿弥陀如来　〔真宗大谷派〕
9 林泉寺　りんせんじ〔寺〕
　山形県米沢市　《本尊》釈迦如来　〔曹洞宗〕
林泉寺　りんせんじ〔寺〕
　新潟県上越市　《別称》春日山の林泉寺　《本尊》釈迦如来　〔曹洞宗〕
林泉寺　りんせんじ〔寺〕
　愛知県碧南市　《本尊》聖観世音菩薩　〔曹洞宗〕
林泉庵　りんせんあん〔寺〕
　新潟県北魚沼郡小出町　《別称》おおてら　《本尊》釈迦如来　〔曹洞宗〕

林神社　はやしじんじゃ〔社〕
　富山県砺波市　《祭神》道臣命　〔神社本庁〕
林神社　はやしじんじゃ〔社〕
　兵庫県明石市　《祭神》少童海神〔他〕　〔神社本庁〕
林香寺　りんこうじ〔寺〕
　神奈川県横浜市磯子区　《本尊》釈迦三尊　〔臨済宗建長寺派〕
10 林叟院　りんそういん〔寺〕
　静岡県焼津市　《別称》おいげ　《本尊》如意輪観世音菩薩　〔曹洞宗〕
林浦寺　りんぽじ〔寺〕
　東京都大島町　《本尊》地蔵菩薩　〔曹洞宗〕
林祥寺　りんしょうじ〔寺〕
　千葉県市原市　《本尊》釈迦如来　〔曹洞宗〕
11 林郷八幡神社　はやしごうはちまんじんじゃ〔社〕
　石川県石川郡野々市町　《祭神》応神天皇　〔神社本庁〕
林野神社　はやしのじんじゃ〔社〕
　岡山県英田郡美作町　《祭神》天照大御神〔他〕　〔神社本庁〕
12 林森神社　はやしもりじんじゃ〔社〕
　静岡県引佐郡引佐町　《祭神》林森大明神　〔神社本庁〕
林覚寺　りんかくじ〔寺〕
　新潟県上越市　《本尊》阿弥陀如来　〔真宗大谷派〕
林証寺　りんしょうじ〔寺〕
　愛知県西春日井郡西春町　《本尊》阿弥陀如来　〔真宗大谷派〕
13 林照寺　りんしょうじ〔寺〕
　長野県南安曇郡奈川村　《本尊》釈迦如来・観世音菩薩　〔臨済宗妙心寺派〕
14 林徳寺　りんとくじ〔寺〕
　群馬県渋川市　《本尊》釈迦如来　〔曹洞宗〕

【杲】
10 杲泰寺　こうたいじ〔寺〕
　茨城県新治郡霞ヶ浦町　《本尊》釈迦如来　〔曹洞宗〕

【枡】
7 枡形教会　ますがたきょうかい〔寺〕
　神奈川県川崎市多摩区　《本尊》不動明王　〔新義真言宗〕

【欣】
9 欣浄寺　ごんじょうじ〔寺〕

神社・寺院名よみかた辞典　375

8画（武, 河）

東京都大田区　《別称》お寺の幼稚園　《本尊》阿弥陀如来
〔浄土宗〕

欣浄寺　ごんじょうじ〔寺〕
三重県伊勢市　《別称》円光大師霊場第一二番・日の丸寺　《本尊》阿弥陀如来
〔浄土宗〕

欣浄寺　ごんじょうじ〔寺〕
京都府京都市中京区　《本尊》阿弥陀如来
〔浄土宗〕

【武】

3 武大神社　ぶだいじんじゃ〔社〕
徳島県三好郡三野町　《別称》天王さま　《祭神》素戔嗚命［他］　〔神社本庁〕

武山不動院《称》　たけやまふどういん〔寺〕
神奈川県横須賀市・持経寺　《本尊》不動明王　〔浄土宗〕

4 武水別神社　たけみずわけじんじゃ〔社〕
長野県千曲市　《別称》八幡さま　《祭神》武水別神［他］　〔神社本庁〕

5 武田八幡神社　たけだはちまんじんじゃ〔社〕
山梨県韮崎市　《祭神》武田武ノ大神［他］　〔神社本庁〕

武田神社　たけだじんじゃ〔社〕
山梨県甲府市　《祭神》武田信玄［他］　〔神社本庁〕

6 武多都社　たけたづしゃ〔社〕
大分県東国東郡国見町　《別称》権現さま　《祭神》伊弉諾神［他］　〔神社本庁〕

7 武芸八幡神社《称》　むげはちまんじんじゃ〔社〕
岐阜県武儀郡武芸川町・八幡神社　《祭神》応神天皇　〔神社本庁〕

8 武並神社　たけなみじんじゃ〔社〕
岐阜県恵那市　《祭神》大己貴命［他］
〔神社本庁〕

11 武部八幡宮《称》　たけべはちまんぐう〔社〕
長野県上水内郡小川村・小川八幡宮　《祭神》日本武尊［他］　〔神社本庁〕

12 武雄神社　たけおじんじゃ〔社〕
愛知県知多郡武豊町　《別称》月詠之森　《祭神》須佐之男尊［他］　〔神社本庁〕

武雄神社　たけおじんじゃ〔社〕
佐賀県武雄市　《別称》五社大明神　《祭神》仲哀天皇［他］　〔神社本庁〕

15 武蔵国分寺《称》　むさしこくぶんじ〔寺〕
東京都国分寺市・国分寺　《本尊》薬師如来
〔真言宗豊山派〕

武蔵神社　むさしじんじゃ〔社〕
広島県世羅郡甲山町　《別称》お城　《祭神》武蔵守忠信命［他］　〔日本神宮本庁〕

武蔵野八幡宮　むさしのはちまんぐう〔社〕
東京都武蔵野市　《祭神》誉田別命［他］
〔神社本庁〕

武蔵御嶽神社　むさしみたけじんじゃ〔社〕
東京都青梅市　《別称》みたけさん　《祭神》櫛真智命［他］　〔単立〕

【河】

3 河上神社　かわかみじんじゃ〔社〕
兵庫県津名郡五色町　《別称》鮎原の天神　《祭神》河上大神［他］　〔神社本庁〕

河上神社《称》　かわかみじんじゃ〔社〕
佐賀県伊万里市・淀姫神社　《祭神》与止日女命［他］　〔神社本庁〕

河上神社《称》　かわかみじんじゃ〔社〕
佐賀県佐賀郡大和町・与止日女神社　《祭神》与止日女命　〔神社本庁〕

河上神社　かわかみじんじゃ〔社〕
鹿児島県肝属郡大根占町　《祭神》鵜草葺不合尊［他］　〔神社本庁〕

4 河内山《称》　かわちやま〔社〕
栃木県河内郡上河内町・羽黒山神社　《祭神》宇迦之御魂命

河内五社神社　かわちごしゃじんじゃ〔社〕
高知県高岡郡東津野村　《別称》五社様　《祭神》大山祇神　〔神社本庁〕

河内国魂神社　かわちくにたまじんじゃ〔社〕
兵庫県神戸市灘区　《別称》五毛天神　《祭神》大己貴命［他］　〔神社本庁〕

河内阿蘇神社　かわちあそじんじゃ〔社〕
熊本県熊本市　《祭神》健磐竜命［他］
〔神社本庁〕

河内神社　かううちじんじゃ〔社〕
山形県東田川郡朝日村　《別称》産土神　《祭神》積羽八重事代主命［他］　〔神社本庁〕

河内神社　かわうつじんじゃ〔社〕
山形県西田川郡温海町　《祭神》事代主命［他］　〔神社本庁〕

河内神社　かわちじんじゃ〔社〕
群馬県沼田市　《別称》三峰様　《祭神》大己貴命［他］　〔神社本庁〕

河内神社　かわちじんじゃ〔社〕
兵庫県揖保郡新宮町　《祭神》応神天皇［他］
〔神社本庁〕

河内神社　かわちじんじゃ〔社〕
山口県玖珂郡美川町　《祭神》句句廼馳命［他］　〔神社本庁〕

河内神社　かわちじんじゃ〔社〕
大分県豊後高田市　《祭神》天忍穂耳命［他］
〔神社本庁〕

8画（治, 沼, 泥, 波）

河分神社　かわわけじんじゃ〔社〕
　奈良県吉野郡黒滝村　《祭神》武甕槌命［他］
　　　　　　　　　　　　　　　　〔神社本庁〕
5河尻神宮　かわしりじんぐう〔社〕
　熊本県熊本市　《別称》若宮様　《祭神》天照皇大神［他］
　　　　　　　　　　　　　　　　〔神社本庁〕
河辺七種神社　かわべななくさじんじゃ〔社〕
　三重県伊勢市　《別称》天王さん　《祭神》須佐之男命［他］
　　　　　　　　　　　　　　　　〔神社本庁〕
6河合天王《称》　かわいてんのう〔社〕
　三重県阿山郡阿山町・陽夫多神社　《祭神》健速須佐之男命［他］
　　　　　　　　　　　　　　　　〔神社本庁〕
河合寺　かごうじ〔寺〕
　大阪府河内長野市　《本尊》十一面観世音菩薩・毘沙門天
　　　　　　　　　　　　　　〔真言宗御室派〕
河守神社　かわもりじんじゃ〔社〕
　福岡県遠賀郡水巻町　《祭神》水波乃売神［他］
　　　　　　　　　　　　　　　　〔神社本庁〕
河牟奈備神社　かむなびじんじゃ〔社〕
　京都府綾部市　《別称》大宮　《祭神》天下春命
　　　　　　　　　　　　　　　　〔神社本庁〕
9河津来宮神社《称》　かわずきのみやじんじゃ〔社〕
　静岡県賀茂郡河津町・杉桙別之命神社　《祭神》杉桙別之命［他］
　　　　　　　　　　　　　　　　〔神社本庁〕
10河原神社　かわらじんじゃ〔社〕
　愛知県西春日井郡新川町　《別称》星の宮　《祭神》伊弉諾命［他］
　　　　　　　　　　　　　　　　〔神社本庁〕
河原部さん《称》　かわらべさん〔社〕
　山梨県韮崎市・若宮八幡宮　《祭神》大鶺鴒命
　　　　　　　　　　　　　　　　〔神社本庁〕
河桁御河辺神社　かわけたみかべじんじゃ〔社〕
　滋賀県八日市市　《別称》みかべさん　《祭神》天湯川桁命［他］
　　　　　　　　　　　　　　　　〔神社本庁〕
11河崎神社　かわさきじんじゃ〔社〕
　愛媛県上浮穴郡美川村　《祭神》五男三女神
　　　　　　　　　　　　　　　　〔神社本庁〕
河野円城寺　かわのえんじょうじ〔寺〕
　岐阜県羽島郡笠松町　《本尊》阿弥陀如来
　　　　　　　　　　　　　　　〔真宗大谷派〕
河野西入坊　かわのさいにゅうぼう〔寺〕
　岐阜県各務原市　《別称》蓮如様　《本尊》阿弥陀如来
　　　　　　　　　　　　　　　〔真宗大谷派〕
河野妙性坊　かわのみょうしょうぼう〔寺〕
　愛知県一宮市
　　　　　　　　　　　　　　　〔真宗大谷派〕
河野栄泉寺　かわのえいせんじ〔寺〕
　愛知県一宮市　《別称》大毛五坊　《本尊》阿弥陀如来
　　　　　　　　　　　　　　　〔真宗大谷派〕

14河嶋山神社　かわしまやまじんじゃ〔社〕
　高知県吾川郡池川町　《別称》大宮　《祭神》神世七代神
　　　　　　　　　　　　　　　　〔神社本庁〕
19河瀬神社　かわせじんじゃ〔社〕
　滋賀県彦根市　《祭神》大名牟遅神［他］
　　　　　　　　　　　　　　　　〔神社本庁〕

【治】

4治水神社　ちすいじんじゃ〔社〕
　岐阜県海津郡海津町　《別称》千本松　《祭神》平田靱負正輔［他］
　　　　　　　　　　　　　　　　〔神社本庁〕
5治田神社　はるたじんじゃ〔社〕
　長野県千曲市　《祭神》治田大神［他］
　　　　　　　　　　　　　　　　〔神社本庁〕

【沼】

2沼八幡宮　ぬまはちまんぐう〔社〕
　山口県熊毛郡平生町　《祭神》応神天皇［他］
　　　　　　　　　　　　　　　　〔神社本庁〕
5沼田神社　ぬまたじんじゃ〔社〕
　北海道雨竜郡沼田町　《祭神》天照皇大神
　　　　　　　　　　　　　　　　〔神社本庁〕
沼田観音《称》　ぬまたかんのん〔寺〕
　東京都足立区・慈眼寺　《本尊》如意輪観世音菩薩
　　　　　　　　　　　　　　　〔真言宗豊山派〕
6沼名前神社　ぬなくまじんじゃ〔社〕
　広島県福山市　《別称》鞆祇園宮　《祭神》大綿津見命［他］
　　　　　　　　　　　　　　　　〔神社本庁〕
13沼福寺　しょうふくじ〔寺〕
　岩手県岩手郡岩手町　《本尊》三尊仏
　　　　　　　　　　　　　　　　〔曹洞宗〕
沼蓮寺　じゅうれんじ〔寺〕
　千葉県安房郡和田町　《別称》赤坂の寺　《本尊》地蔵菩薩
　　　　　　　　　　　　　　　〔真言宗智山派〕

【泥】

4泥牛庵　でいぎゅうあん〔寺〕
　神奈川県横浜市金沢区　《本尊》聖観世音菩薩・延命地蔵菩薩
　　　　　　　　　　　　　　　〔臨済宗円覚寺派〕
6泥江県神社　ひじえあがたじんじゃ〔社〕
　愛知県名古屋市中区　《別称》八幡神社　《祭神》三女神［他］
　　　　　　　　　　　　　　　　〔神社本庁〕

【波】

3波上宮　なみのうえぐう〔社〕
　沖縄県那覇市　《別称》ナンミー・はじょうぐう　《祭神》伊弉冉尊［他］
　　　　　　　　　　　　　　　　〔神社本庁〕
波久奴神社　はぐぬじんじゃ〔社〕
　滋賀県東浅井郡浅井町　《祭神》高皇産霊命［他］
　　　　　　　　　　　　　　　　〔神社本庁〕

神社・寺院名よみかた辞典　377

8画（泊，法）

4波切不動《称》　なみきりふどう〔寺〕
　千葉県夷隅郡大原町・大聖寺　《本尊》阿弥陀如来・不動明王
　　　　　　　　　　　　　　　　〔天台宗〕
波切不動のお寺《称》　なみきりふどうのおてら〔寺〕
　東京都文京区・本伝寺　《本尊》久遠実成釈迦如来
　　　　　　　　　　　　　　　　〔日蓮宗〕
波切不動堂《称》　なみきりふどうどう〔寺〕
　和歌山県伊都郡高野町・南院　《本尊》不動明王
　　　　　　　　　　　　　　〔高野山真言宗〕
波切神社　なきりじんじゃ〔社〕
　三重県志摩郡大王町　《祭神》国狭槌神〔他〕
　　　　　　　　　　　　　　　　〔神社本庁〕
波太神社　はたじんじゃ〔社〕
　大阪府阪南市　《祭神》角凝命〔他〕
　　　　　　　　　　　　　　　　〔神社本庁〕
5波布比咩命神社　はぶひめのみことじんじゃ〔社〕
　東京都大島町　《祭神》波布比咩命〔他〕
　　　　　　　　　　　　　　　　〔神社本庁〕
波立寺　はりゅうじ〔寺〕
　福島県いわき市　《別称》はったち薬師　《本尊》薬師如来　　〔臨済宗妙心寺派〕
6波多八幡神社　はたはちまんじんじゃ〔社〕
　佐賀県東松浦郡北波多村　《祭神》息長帯姫命〔他〕
　　　　　　　　　　　　　　　　〔神社本庁〕
波多岐神社　はたきじんじゃ〔社〕
　三重県上野市　《別称》三の宮　《祭神》大鷦鷯尊
　　　　　　　　　　　　　　　　〔神社本庁〕
波多神社　はたじんじゃ〔社〕
　三重県一志郡一志町　《祭神》宇賀神〔他〕
　　　　　　　　　　　　　　　　〔神社本庁〕
波多神社　はたじんじゃ〔社〕
　岡山県久米郡久米南町　《祭神》速玉之男命〔他〕
　　　　　　　　　　　　　　　　〔神社本庁〕
波自加弥神社　はじかみじんじゃ〔社〕
　石川県金沢市　《別称》やわた宮　《祭神》波自加弥神〔他〕
　　　　　　　　　　　　　　　　〔神社本庁〕
8波宝神社　はほうじんじゃ〔社〕
　奈良県吉野郡西吉野村　《別称》白銀岳　《祭神》底筒男命〔他〕
　　　　　　　　　　　　　　　　〔神社本庁〕
波波伎神社　ははきじんじゃ〔社〕
　鳥取県倉吉市　《別称》伯耆神社　《祭神》事代主神
　　　　　　　　　　　　　　　　〔神社本庁〕
波波伯部神社　ははかべじんじゃ〔社〕
　兵庫県篠山市　《祭神》素盞嗚命　〔神社本庁〕
波知加麻神社　はちかまじんじゃ〔社〕
　東京都大島町　《祭神》大広祇命　〔神社本庁〕
12波賀八幡《称》　はがはちまん〔社〕
　兵庫県宍粟郡波賀町・八幡神社　《祭神》応神天皇〔他〕
　　　　　　　　　　　　　　　　〔神社本庁〕

波須波神社　はすはじんじゃ〔社〕
　島根県簸川郡佐田町　《祭神》意冨斗能知神〔他〕
　　　　　　　　　　　　　　　　〔神社本庁〕
14波爾布神社　はにふじんじゃ〔社〕
　滋賀県高島郡新旭町　《別称》はぶさん　《祭神》弥都波乃売神〔他〕
　　　　　　　　　　　　　　　　〔神社本庁〕

【泊】

3泊山観音《称》　とまりやまかんのん〔寺〕
　三重県四日市市・光明寺　《本尊》聖観世音菩薩・不動明王・愛染明王　〔真言宗豊山派〕
9泊神社　とまりじんじゃ〔社〕
　兵庫県加古川市　《別称》きむらのみや　《祭神》天照皇大神〔他〕
　　　　　　　　　　　　　　　　〔神社本庁〕
11泊船軒　はくせんけん〔寺〕
　東京都荒川区　《本尊》釈迦如来
　　　　　　　　　　　　　　〔臨済宗妙心寺派〕

【法】

3法山寺　ほうざんじ〔寺〕
　宮城県石巻市　《本尊》釈迦如来　〔曹洞宗〕
4法元寺　ほうげんじ〔寺〕
　佐賀県西松浦郡有田町　《本尊》十界大曼荼羅
　　　　　　　　　　　　　　　　〔日蓮宗〕
法円寺　ほうえんじ〔寺〕
　山形県上山市　《本尊》阿弥陀如来
　　　　　　　　　　　　　〔浄土真宗本願寺派〕
法円寺　ほうえんじ〔寺〕
　福島県伊達郡桑折町　《本尊》毘盧舎那仏
　　　　　　　　　　　　　　　〔真言宗豊山派〕
法円寺　ほうえんじ〔寺〕
　茨城県筑波郡伊奈町　《本尊》阿弥陀如来
　　　　　　　　　　　　　　　　〔浄土宗〕
法円寺　ほうえんじ〔寺〕
　新潟県西蒲原郡弥彦村　《本尊》阿弥陀如来
　　　　　　　　　　　　　　　〔真宗仏光寺派〕
法円寺　ほうえんじ〔寺〕
　滋賀県守山市　《本尊》阿弥陀如来
　　　　　　　　　　　　　　　〔真宗大谷派〕
法円寺　ほうえんじ〔寺〕
　福岡県北九州市小倉南区　《本尊》阿弥陀如来　　〔浄土真宗本願寺派〕
法心寺　ほうしんじ〔寺〕
　兵庫県西宮市　《本尊》十一面観世音菩薩
　　　　　　　　　　　　　　　〔高野山真言宗〕
法心寺　ほうしんじ〔寺〕
　大分県大分市　《別称》鶴崎清正公　《本尊》日蓮聖人奠定の大曼荼羅　〔日蓮宗〕

8画（法）

法王寺　ほおうじ〔寺〕
　青森県西津軽郡鰺ヶ沢町　《別称》じょうど
　でら　《本尊》阿弥陀如来　〔浄土宗〕

5法台寺　ほうだいじ〔寺〕
　兵庫県神戸市灘区　《本尊》阿弥陀如来
　　　　　　　　　　　　　〔浄土真宗本願寺派〕

法弘寺　ほうこうじ〔寺〕
　北海道名寄市　《本尊》不動明王
　　　　　　　　　　　　　　〔真言宗智山派〕

法正寺　ほっしょうじ〔寺〕
　神奈川県小田原市　《本尊》法華経本門八品
　所顕本因下種の大曼荼羅　〔本門仏立宗〕

法正寺　ほっしょうじ〔寺〕
　長野県伊那市　《本尊》無量寿如来　〔曹洞宗〕

法正寺　ほっしょうじ〔寺〕
　大阪府大阪市東淀川区　《別称》上の寺　《本
　尊》阿弥陀如来　〔浄土真宗本願寺派〕

法正院　ほうしょういん〔寺〕
　山口県下関市　《本尊》十界大曼荼羅
　　　　　　　　　　　　　　　〔日蓮宗〕

法永寺　ほうえいじ〔寺〕
　福井県足羽郡美山町　《本尊》阿弥陀如来
　　　　　　　　　　　　〔浄土真宗本願寺派〕

法永寺　ほうえいじ〔寺〕
　静岡県浜松市　《本尊》阿弥陀如来　〔浄土宗〕

法立寺　ほうりゅうじ〔寺〕
　青森県弘前市　《本尊》一塔両尊四士二菩薩
　二明王四天王　〔日蓮宗〕

法立寺　ほうりゅうじ〔寺〕
　大阪府八尾市　《別称》ほうりょさん　《本尊》
　阿弥陀如来　〔融通念仏宗〕

法立寺　ほうりゅうじ〔寺〕
　熊本県玉名郡三加和町　《本尊》阿弥陀如
　来　〔浄土真宗本願寺派〕

6法伝寺　ほうでんじ〔寺〕
　岐阜県羽島郡笠松町　《本尊》阿弥陀如来
　　　　　　　　　　　　　　　〔真宗大谷派〕

法伝寺　ほうでんじ〔寺〕
　静岡県静岡市　《本尊》阿弥陀如来　〔浄土宗〕

法光寺　ほうこうじ〔寺〕
　青森県南津軽郡藤崎町　《本尊》十界大曼荼
　羅　〔日蓮宗〕

法光寺　ほうこうじ〔寺〕
　青森県三戸郡名川町　《本尊》釈迦如来
　　　　　　　　　　　　　　　〔曹洞宗〕

法光寺　ほうこうじ〔寺〕
　埼玉県北足立郡伊奈町　〔真言宗智山派〕

法光寺　ほうこうじ〔寺〕
　千葉県東金市　《本尊》日蓮聖人奠定の大曼
　荼羅　〔顕本法華宗〕

法光寺　ほうこうじ〔寺〕
　千葉県市原市　《別称》にいほりでら　《本
　尊》十界勧請大曼荼羅　〔日蓮宗〕

法光寺　ほうこうじ〔寺〕
　富山県高岡市　《本尊》十界大曼荼羅
　　　　　　　　　　　　　　　〔日蓮宗〕

法光寺　ほうこうじ〔寺〕
　滋賀県大津市　《別称》苗鹿薬師　《本尊》薬
　師如来・釈迦如来　〔天台宗〕

法光寺　ほうこうじ〔寺〕
　滋賀県蒲生郡日野町　《本尊》薬師如来
　　　　　　　　　　　　　　　〔曹洞宗〕

法光寺　ほうこうじ〔寺〕
　兵庫県美嚢郡吉川町　《本尊》阿弥陀如来・持
　国天・多聞天　〔高野山真言宗〕

法光寺　ほうこうじ〔寺〕
　広島県尾道市　《本尊》阿弥陀如来
　　　　　　　　　　　　〔浄土真宗本願寺派〕

法光寺　ほうこうじ〔寺〕
　広島県福山市　《本尊》阿弥陀如来
　　　　　　　　　　　　　　〔高野山真言宗〕

法光寺　ほうこうじ〔寺〕
　福岡県田川郡添田町　《本尊》阿弥陀如来
　　　　　　　　　　　　〔浄土真宗本願寺派〕

法光寺　ほうこうじ〔寺〕
　熊本県上益城郡御船町　《本尊》阿弥陀如
　来　〔浄土真宗本願寺派〕

法吉神社　ほっきじんじゃ〔社〕
　島根県松江市　《別称》大森大明神　《祭神》
　宇武加比比売命　〔神社本庁〕

法因寺　ほういんじ〔寺〕
　三重県亀山市　《本尊》阿弥陀如来
　　　　　　　　　　　　　　　〔真宗大谷派〕

法安寺　ほうあんじ〔寺〕
　神奈川県横浜市栄区　《本尊》阿弥陀如来
　　　　　　　　　　　　　　　〔浄土宗〕

法安寺　ほうあんじ〔寺〕
　愛媛県周桑郡小松町　《本尊》薬師如来
　　　　　　　　　　　　　　〔高野山真言宗〕

法成寺　ほうじょうじ〔寺〕
　東京都豊島区　《本尊》日蓮聖人奠定の大曼
　荼羅　〔顕本法華宗〕

7法住寺　ほうじゅうじ〔寺〕
　石川県珠洲市　《本尊》不動明王・弘法大師
　　　　　　　　　　　　　　〔高野山真言宗〕

法住寺　ほうじゅうじ〔寺〕
　長野県小県郡丸子町　《別称》虚空蔵様　《本
　尊》虚空蔵菩薩・阿弥陀如来・不動明王・
　仁王尊・拾禅師菩薩　〔天台宗〕

神社・寺院名よみかた辞典　379

8画（法）

法住寺　ほうじゅうじ〔寺〕
　静岡県伊豆市　《別称》西の寺　《本尊》日蓮聖人奠定の大曼荼羅
　　　　　　　　　　　　　　　　　〔日蓮宗〕

法住寺　ほうじゅうじ〔寺〕
　愛知県宝飯郡御津町　《本尊》千手観世音菩薩
　　　　　　　　　　　　　　　　　〔曹洞宗〕

法住寺　ほうじゅうじ〔寺〕
　大阪府大阪市北区　《別称》日限地蔵　《本尊》阿弥陀如来・地蔵菩薩　〔浄土宗〕

法妙寺　ほうみょうじ〔寺〕
　大阪府大阪市中央区　《別称》近松寺　《本尊》日蓮聖人奠定の大曼荼羅　〔日蓮宗〕

法妙寺　ほうみょうじ〔寺〕
　長崎県西彼杵郡長与町　《本尊》日蓮聖人奠定の大曼荼羅　〔日蓮宗〕

法忍寺　ほうにんじ〔寺〕
　北海道雨竜郡妹背牛町　《別称》お西さん　《本尊》阿弥陀如来　〔浄土真宗本願寺派〕

法忍寺　ほうにんじ〔寺〕
　岐阜県不破郡関ヶ原町　《本尊》阿弥陀如来　〔真宗大谷派〕

法花寺　ほっけじ〔寺〕
　山口県防府市　《本尊》地蔵菩薩　〔高野山真言宗〕

法花院　ほっけいん〔寺〕
　愛知県海部郡甚目寺町　《本尊》聖観世音菩薩　〔真言宗智山派〕

法身院　ほっしんいん〔寺〕
　広島県府中市　《別称》西山寺　《本尊》大日如来・不動明王・愛染明王・弘法大師　〔真言宗御室派〕

8法国寺　ほうこくじ〔寺〕
　北海道札幌市東区　《本尊》阿弥陀如来　〔真宗大谷派〕

法定寺　ほうじょうじ〔寺〕
　新潟県東頸城郡浦川原村　《本尊》阿弥陀如来　〔真宗大谷派〕

法性寺　ほうしょうじ〔寺〕
　福島県西白河郡中島村　《本尊》阿弥陀如来　〔真言宗豊山派〕

法性寺　ほうしょうじ〔寺〕
　茨城県水海道市　《別称》横曾根の観音　《本尊》如意輪観世音菩薩・阿弥陀如来　〔浄土宗〕

法性寺　ほうしょうじ〔寺〕
　埼玉県秩父郡小鹿野町　《別称》般若お舟観音・秩父第三二番霊場　《本尊》聖観世音菩薩・薬師如来　〔曹洞宗〕

法性寺　ほうしょうじ〔寺〕
　千葉県館山市　《本尊》十界大曼荼羅　〔日蓮宗〕

法性寺　ほっしょうじ〔寺〕
　東京都墨田区　《別称》柳島の妙見さま　《本尊》日蓮聖人奠定の大曼荼羅　〔日蓮宗〕

法性寺　ほっしょうじ〔寺〕
　山梨県北都留郡上野原町　《本尊》阿弥陀如来　〔天台宗〕

法性寺　ほっしょうじ〔寺〕
　愛知県海部郡甚目寺町　《別称》お薬師様　《本尊》薬師如来　〔真言宗豊山派〕

法性寺　ほっしょうじ〔寺〕
　京都府京都市左京区　《別称》お猿畠の法性寺　《本尊》十界大曼荼羅　〔日蓮宗〕

法性寺　ほっしょうじ〔寺〕
　京都府京都市東山区　《本尊》千手観世音菩薩　〔浄土宗西山禅林寺派〕

法性寺　ほっしょうじ〔寺〕
　大阪府豊能郡豊能町　《本尊》十界大曼荼羅・一塔二尊四士・日蓮聖人　〔日蓮宗〕

法性寺　ほっしょうじ〔寺〕
　福岡県福岡市博多区　《本尊》日蓮聖人奠定の曼荼羅　〔日蓮宗〕

法性寺　ほっしょうじ〔寺〕
　熊本県熊本市　《本尊》阿弥陀如来　〔浄土宗〕

法昌寺　ほうしょうじ〔寺〕
　東京都台東区　《本尊》日蓮聖人奠定の十界勧請大曼荼羅　〔法華宗(本門流)〕

法明寺　ほうみょうじ〔寺〕
　東京都豊島区　《別称》雑司ヶ谷鬼子母神　《本尊》日蓮聖人所顕の大曼荼羅・鬼子母神　〔日蓮宗〕

法明寺　ほうみょうじ〔寺〕
　京都府相楽郡南山城村　《本尊》釈迦如来　〔真言宗豊山派〕

法明寺　ほうみょうじ〔寺〕
　大阪府大阪市平野区　〔融通念仏宗〕

法明院　ほうみょういん〔寺〕
　滋賀県大津市　《本尊》阿弥陀如来・不動明王　〔天台寺門宗〕

法明院　ほうみょういん〔寺〕
　山口県山口市　《本尊》釈迦如来　〔曹洞宗〕

法林寺　ほうりんじ〔寺〕
　群馬県多野郡吉井町　《本尊》阿弥陀如来　〔浄土宗〕

法林寺　ほうりんじ〔寺〕
　東京都台東区　《本尊》阿弥陀如来　〔浄土宗〕

法林寺　ほうりんじ〔寺〕
　東京都葛飾区　《本尊》阿弥陀三尊　〔浄土宗〕

法林寺　ほうりんじ〔寺〕
　福井県鯖江市　《本尊》阿弥陀如来　〔真宗誠照寺派〕

8画（法）

法林寺　ほうりんじ〔寺〕
　静岡県浜松市　《別称》納豆寺　《本尊》阿弥
　陀如来　　　　　　　　　　〔臨済宗方広寺派〕
法林寺　ほうりんじ〔寺〕
　滋賀県甲賀郡信楽町　《本尊》阿弥陀三尊
　　　　　　　　　　　　　　　　　　〔浄土宗〕
法林寺　ほうりんじ〔寺〕
　京都府福知山市　《本尊》阿弥陀如来
　　　　　　　　　　　　　　　　〔真宗大谷派〕
法林寺　ほうりんじ〔寺〕
　京都府亀岡市　《本尊》釈迦如来
　　　　　　　　　　　　　　〔臨済宗妙心寺派〕
法林寺　ほうりんじ〔寺〕
　奈良県天理市　《本尊》阿弥陀如来
　　　　　　　　　　　　　　〔浄土真宗本願寺派〕
法林寺　ほうりんじ〔寺〕
　福岡県前原市　《本尊》阿弥陀如来
　　　　　　　　　　　　　　〔浄土真宗本願寺派〕
法林寺　ほうりんじ〔寺〕
　福岡県浮羽郡田主丸町　《本尊》阿弥陀如
　来　　　　　　　　　　　　　　　　〔浄土宗〕
法金剛院　ほうこんごういん〔寺〕
　京都府京都市右京区　《本尊》阿弥陀如来
　　　　　　　　　　　　　　　　　　〔律宗〕
法長寺　ほうちょうじ〔寺〕
　群馬県伊勢崎市　《本尊》聖観世音菩薩
　　　　　　　　　　　　　　　　　　〔曹洞宗〕
法長寺　ほうちょうじ〔寺〕
　埼玉県秩父郡横瀬町　《別称》牛伏(うしぶせ)
　堂・秩父第七番霊場　《本尊》十一面観世
　音菩薩・釈迦如来・大黒天　　　　〔曹洞宗〕
9法乗寺　ほうじょうじ〔寺〕
　山梨県東八代郡豊富村　《本尊》一塔両尊四
　菩薩　　　　　　　　　　　　　　〔日蓮宗〕
法乗院　ほうじょういん〔寺〕
　東京都江東区　《別称》えんま堂　《本尊》大
　日如来　　　　　　　　　　　　〔真言宗豊山派〕
法城寺　ほうじょうじ〔寺〕
　埼玉県川越市　《本尊》十一面観音菩薩
　　　　　　　　　　　　　　　　　　〔曹洞宗〕
法城寺　ほうじょうじ〔寺〕
　鳥取県米子市　《本尊》釈迦如来　〔曹洞宗〕
法宣寺　ほうせんじ〔寺〕
　千葉県八街市　《別称》塩古の御祖師様　《本
　尊》十界勧請諸尊　　　　　　　　〔日蓮宗〕
法宣寺　ほうせんじ〔寺〕
　千葉県山武郡成東町　《別称》湯坂のしちめ
　んさま　《本尊》日蓮聖人奠定の曼荼羅
　　　　　　　　　　　　　　　　　　〔日蓮宗〕

法宣寺　ほうせんじ〔寺〕
　広島県福山市　《本尊》十界勧請大曼荼羅
　　　　　　　　　　　　　　　　　　〔日蓮宗〕
法専寺　ほうせんじ〔寺〕
　茨城県那珂郡大宮町　《別称》山臥弁円の寺・
　真宗二四輩旧跡　《本尊》阿弥陀如来
　　　　　　　　　　　　　　　　〔真宗大谷派〕
法専寺　ほうせんじ〔寺〕
　東京都三鷹市　《本尊》阿弥陀如来
　　　　　　　　　　　　　　　　〔真宗大谷派〕
法専寺　ほうせんじ〔寺〕
　兵庫県姫路市　《別称》鉄筋の寺　《本尊》阿
　弥陀如来　　　　　　　　　〔浄土真宗本願寺派〕
法専寺　ほうせんじ〔寺〕
　兵庫県伊丹市　《本尊》阿弥陀如来
　　　　　　　　　　　　　　〔浄土真宗本願寺派〕
法専寺　ほうせんじ〔寺〕
　島根県大田市　《本尊》阿弥陀如来
　　　　　　　　　　　　　　〔浄土真宗本願寺派〕
法専寺　ほうせんじ〔寺〕
　広島県三次市　《本尊》阿弥陀如来
　　　　　　　　　　　　　　〔浄土真宗本願寺派〕
法専寺　ほうせんじ〔寺〕
　広島県安芸郡音戸町　《本尊》阿弥陀如来
　　　　　　　　　　　　　　〔浄土真宗本願寺派〕
法専寺　ほうせんじ〔寺〕
　香川県木田郡三木町　《本尊》阿弥陀如来
　　　　　　　　　　　　　　　　〔真宗興正派〕
法専寺　ほうせんじ〔寺〕
　香川県綾歌郡綾上町　《本尊》阿弥陀如来
　　　　　　　　　　　　　　　　〔真宗興正派〕
法専寺　ほうせんじ〔寺〕
　佐賀県佐賀市　《本尊》阿弥陀如来
　　　　　　　　　　　　　　〔浄土真宗本願寺派〕
法持寺　ほうじじ〔寺〕
　新潟県三島郡出雲崎町　《本尊》釈迦如来
　　　　　　　　　　　　　　　　　　〔曹洞宗〕
法持寺　ほうじじ〔寺〕
　愛知県名古屋市熱田区　《本尊》延命地蔵菩
　薩　　　　　　　　　　　　　　　〔曹洞宗〕
法持院《称》　ほうじいん〔寺〕
　広島県豊田郡本郷町・楽音寺　《本尊》薬師
　如来　　　　　　　　　　　　　〔真言宗御室派〕
法栄寺　ほうえいじ〔寺〕
　神奈川県川崎市川崎区　《本尊》薬師如来
　　　　　　　　　　　　　　　　　　〔天台宗〕
法海寺　ほうかいじ〔寺〕
　福島県いわき市　《別称》湯岳観音堂別当
　《本尊》十一面観世音菩薩・阿弥陀如来
　　　　　　　　　　　　　　　　〔真言宗智山派〕

神社・寺院名よみかた辞典　　*381*

8画（法）

法泉寺　ほうせんじ〔寺〕
　北海道根室市　《本尊》釈迦如来　〔曹洞宗〕
法泉寺　ほうせんじ〔寺〕
　青森県三戸郡三戸町　《別称》六日町の寺
　《本尊》釈迦如来　　〔臨済宗妙心寺派〕
法泉寺　ほうせんじ〔寺〕
　宮城県栗原郡志波姫町　《本尊》釈迦如来・観
　世音菩薩　　　　　　　　　　　〔曹洞宗〕
法泉寺　ほうせんじ〔寺〕
　茨城県土浦市　《本尊》蓑笠不動明王
　　　　　　　　　　　　　〔真言宗豊山派〕
法泉寺　ほうせんじ〔寺〕
　群馬県館林市　《別称》館林仏教センター
　《本尊》釈迦如来・馬頭観世音菩薩
　　　　　　　　　　　　〔臨済宗円覚寺派〕
法泉寺　ほうせんじ〔寺〕
　東京都墨田区　《本尊》釈迦如来　〔曹洞宗〕
法泉寺　ほうせんじ〔寺〕
　山梨県甲府市　《本尊》弥勒菩薩
　　　　　　　　　　　　〔臨済宗妙心寺派〕
法泉寺　ほうせんじ〔寺〕
　長野県長野市　《本尊》釈迦如来　〔曹洞宗〕
法泉寺　ほうせんじ〔寺〕
　岐阜県安八郡神戸町　《本尊》阿弥陀如来
　　　　　　　　　　　　　　〔真宗大谷派〕
法泉寺　ほうせんじ〔寺〕
　静岡県静岡市　《本尊》十界勧請大曼荼羅
　　　　　　　　　　　　　　　　〔日蓮宗〕
法泉寺　ほうせんじ〔寺〕
　静岡県駿東郡清水町　《本尊》聖観世音菩
　薩　　　　　　　　　　〔臨済宗妙心寺派〕
法泉寺　ほうせんじ〔寺〕
　三重県桑名郡多度町　《別称》海崎山宝泉寺
　《本尊》阿弥陀如来　　　　〔真宗大谷派〕
法泉寺　ほうせんじ〔寺〕
　三重県度会郡南勢町　《別称》こんさの寺
　《本尊》釈迦如来　　　〔臨済宗妙心寺派〕
法泉寺　ほうせんじ〔寺〕
　京都府京田辺市　《本尊》十一面観世音菩
　薩　　　　　　　　　　　　〔真言宗智山派〕
法泉寺　ほうせんじ〔寺〕
　京都府相楽郡木津町　《本尊》十一面観世音
　菩薩　　　　　　　　　　　〔真言宗御室派〕
法泉寺　ほうせんじ〔寺〕
　大阪府松原市　《本尊》阿弥陀如来
　　　　　　　　　　　　〔浄土真宗本願寺派〕
法泉寺　ほうせんじ〔寺〕
　大阪府箕面市　《別称》粟生のお寺　《本尊》
　阿弥陀如来　　　　　　　　　　〔浄土宗〕

法泉寺　ほうせんじ〔寺〕
　兵庫県朝来郡和田山町　《本尊》聖観世音菩
　薩　　　　　　　　　　〔臨済宗妙心寺派〕
法泉寺　ほうせんじ〔寺〕
　岡山県和気郡和気町　《本尊》日蓮聖人奠定の
　十界常住文字曼荼羅　　〔日蓮宗不受不施派〕
法泉寺　ほうせんじ〔寺〕
　香川県高松市　《本尊》釈迦如来
　　　　　　　　　　　　〔臨済宗妙心寺派〕
法泉寺　ほうせんじ〔寺〕
　愛媛県新居浜市　《別称》はぶのお寺　《本
　尊》弥勒菩薩　　　　　　　　　　〔単立〕
法泉寺　ほうせんじ〔寺〕
　福岡県甘木市　《本尊》阿弥陀如来・観世音
　菩薩　　　　　　　　　　　　　〔浄土宗〕
法泉寺　ほうせんじ〔寺〕
　熊本県八代郡泉村　《本尊》阿弥陀如来
　　　　　　　　　　　　〔浄土真宗本願寺派〕
法界寺　ほうかいじ〔寺〕
　埼玉県さいたま市　《本尊》阿弥陀如来
　　　　　　　　　　　　　　　　〔浄土宗〕
法界寺　ほうかいじ〔寺〕
　石川県小松市　《別称》彼岸寺　《本尊》阿弥
　陀如来　　　　　　　　　　　　〔浄土宗〕
法界寺　ほうかいじ〔寺〕
　岐阜県恵那郡福岡町　《本尊》阿弥陀如来
　　　　　　　　　　　　〔臨済宗妙心寺派〕
法界寺　ほうかいじ〔寺〕
　京都府京都市伏見区　《別称》日野薬師　《本
　尊》薬師如来　　　　　　　〔真言宗醍醐派〕
法界寺　ほうかいじ〔寺〕
　大阪府大阪市北区　《本尊》阿弥陀如来
　　　　　　　　　　　　　　　　〔浄土宗〕
法界寺中性院　ほうかいじちゅうせんいん〔
　寺〕
　栃木県黒磯市　《別称》那須嶽さま　《本尊》
　大日如来・不動明王　　　　〔真言宗大覚寺派〕
法界院　ほうかいいん〔寺〕
　岡山県岡山市　《本尊》聖観世音菩薩
　　　　　　　　　　　　　　〔真言宗御室派〕
法要寺　ほうようじ〔寺〕
　埼玉県鴻巣市　　　　　　〔真言宗智山派〕
法重寺　ほうじゅうじ〔寺〕
　東京都中央区　《本尊》阿弥陀如来
　　　　　　　　　　　　〔浄土真宗本願寺派〕
法音寺　ほうおんじ〔寺〕
　山形県米沢市　《本尊》大日如来
　　　　　　　　　　　　　　〔真言宗豊山派〕
法音寺　ほうおんじ〔寺〕
　栃木県下都賀郡野木町　《本尊》胎蔵界大日
　如来　　　　　　　　　　　〔真言宗豊山派〕

8画（法）

法音寺　ほうおんじ〔寺〕
　東京都府中市　《別称》中河原観音　《本尊》
　十一面観世音菩薩・不動明王
〔真言宗豊山派〕

法音寺　ほうおんじ〔寺〕
　新潟県南魚沼郡六日町　　〔真言宗智山派〕

法音寺　ほうおんじ〔寺〕
　和歌山県有田郡金屋町　《本尊》阿弥陀如来・
　十一面観世音菩薩　　　　　　　　〔浄土宗〕

法音寺　ほうおんじ〔寺〕
　香川県丸亀市　《本尊》阿弥陀如来・観世音
　菩薩・勢至菩薩　〔浄土宗西山禅林寺派〕

法音寺　ほうおんじ〔寺〕
　大分県臼杵市　《本尊》日蓮聖人奠定の大曼
　荼羅　　　　　　　　　　　　　　〔日蓮宗〕

10法師会教団　ほうしかいきょうだん〔寺〕
　岩手県一関市　　　　　　　　〔法師会教団〕

法恩寺　ほうおんじ〔寺〕
　埼玉県入間郡越生町　《本尊》大日如来
〔真言宗智山派〕

法恩寺　ほうおんじ〔寺〕
　東京都墨田区　《本尊》久遠実成釈迦如来
〔日蓮宗〕

法恩寺　ほうおんじ〔寺〕
　滋賀県近江八幡市　《本尊》阿弥陀如来
〔浄土宗〕

法恩寺　ほうおんじ〔寺〕
　広島県比婆郡東城町　《別称》猿渡山密厳院
　《本尊》阿弥陀如来　　　　〔真言宗御室派〕

法恩寺　ほうおんじ〔寺〕
　香川県高松市　《本尊》阿弥陀如来
〔真宗興正派〕

法晃寺　ほうこうじ〔寺〕
　北海道斜里郡小清水町　《本尊》阿弥陀如
　来　　　　　　　　　　　　　〔真宗大谷派〕

法案寺　ほうあんじ〔寺〕
　大阪府大阪市中央区　《別称》南坊　《本尊》
　聖観世音菩薩　　　　　　　〔高野山真言宗〕

法流寺　ほうりゅうじ〔寺〕
　大阪府東大阪市　《本尊》阿弥陀如来
〔浄土真宗本願寺派〕

法真寺　ほうしんじ〔寺〕
　東京都北区　《別称》いんきょ寺　《本尊》十
　界曼荼羅　　　　　　　　　　　　〔日蓮宗〕

法真寺　ほっしんじ〔寺〕
　岐阜県揖斐郡大野町　《本尊》十一面観世音
　菩薩　　　　　　　　　　　　　　〔天台宗〕

法真寺　ほうしんじ〔寺〕
　広島県福山市　《本尊》阿弥陀如来
〔浄土真宗本願寺派〕

法祥寺　ほうしょうじ〔寺〕
　山形県山形市　《本尊》釈迦如来　〔曹洞宗〕

法竜寺　ほうりゅうじ〔寺〕
　愛媛県松山市　《別称》殿様寺　《本尊》釈迦
　如来　　　　　　　　　　　　　　〔曹洞宗〕

法華寺　ほっけじ〔寺〕
　北海道帯広市　《本尊》日蓮聖人奠定の大曼
　荼羅　　　　　　　　　　　　　　〔日蓮宗〕

法華寺　ほっけいじ〔寺〕
　北海道檜山郡江差町　《本尊》日蓮聖人奠定
　の大曼荼羅　　　　　　　　　　　〔日蓮宗〕

法華寺　ほっけじ〔寺〕
　北海道厚岸郡浜中町　《本尊》日蓮聖人奠定
　の大曼荼羅　　　　　　　　　　　〔日蓮宗〕

法華寺　ほっけじ〔寺〕
　神奈川県横浜市港北区　《本尊》阿弥陀三
　尊　　　　　　　　　　　　　　　〔天台宗〕

法華寺　ほっけじ〔寺〕
　新潟県新発田市　《本尊》十界勧請大曼荼
　羅　　　　　　　　　　　　　　　〔日蓮宗〕

法華寺　ほっけじ〔寺〕
　新潟県三島郡三島町　《本尊》如意輪観世音
　菩薩　　　　　　　　　　　〔真言宗豊山派〕

法華寺　ほっけじ〔寺〕
　富山県富山市　《本尊》日蓮聖人奠定の大曼
　荼羅　　　　　　　　　　　　　　〔日蓮宗〕

法華寺　ほっけじ〔寺〕
　福井県丹生郡宮崎村　《本尊》日蓮聖人奠定
　の大曼荼羅　　　　　　　　　　　〔日蓮宗〕

法華寺　ほっけじ〔寺〕
　長野県諏訪市　《本尊》釈迦如来
〔臨済宗妙心寺派〕

法華寺　ほっけじ〔寺〕
　岐阜県岐阜市三田洞町　《別称》三田洞弘法
　《本尊》聖観世音菩薩・弘法大師
〔高野山真言宗〕

法華寺　ほっけじ〔寺〕
　岐阜県岐阜市矢island町　《本尊》日蓮聖人奠定
　の大曼荼羅　　　　　　　　　　　〔日蓮宗〕

法華寺　ほっけいじ〔寺〕
　岐阜県高山市　《本尊》日蓮聖人奠定の大曼
　荼羅　　　　　　　　　　〔法華宗(陣門流)〕

法華寺　ほっけじ〔寺〕
　静岡県沼津市　《本尊》十界大曼荼羅
〔日蓮宗〕

法華寺　ほっけじ〔寺〕
　愛知県稲沢市　《本尊》薬師如来　〔曹洞宗〕

法華寺　ほっけじ〔寺〕
　京都府京都市上京区　《本尊》日蓮聖人奠定
　の大曼荼羅　　　　　　　　　　　〔日蓮宗〕

8画（法）

法華寺　ほっけじ〔寺〕
　大阪府豊中市　《本尊》十界大曼荼羅
　　　　　　　　　　　　　　　　〔日蓮宗〕
法華寺　ほっけいじ〔寺〕
　兵庫県姫路市御国野町　《本尊》十界大曼荼羅
　　　　　　　　　　　　　　　　〔日蓮宗〕
法華寺　ほっけいじ〔寺〕
　兵庫県姫路市五軒邸　《別称》痔封治鬼子母神　《本尊》十界大曼荼羅　〔日蓮宗〕
法華寺　ほっけじ〔寺〕
　兵庫県養父市　《本尊》釈迦如来・日蓮聖人・妙見大菩薩　　　　　　〔日蓮宗〕
法華寺　ほっけいじ〔寺〕
　兵庫県津名郡一宮町　《別称》平見の寺　《本尊》大日如来・千手観世音菩薩・薬師如来・弘法大師　　　　　　　　〔高野山真言宗〕
法華寺　ほっけいじ〔寺〕
　兵庫県三原郡南淡町　《別称》大日寺　《本尊》大日如来　　　　　〔高野山真言宗〕
法華寺　ほっけじ〔寺〕
　奈良県奈良市　《別称》門跡・氷室御所　《本尊》十一面観世音菩薩　〔真言律宗〕
法華寺　ほっけじ〔寺〕
　山口県萩市　《本尊》日蓮聖人奠定の大曼荼羅・日蓮聖人・加藤清正　〔日蓮宗〕
法華寺　ほっけじ〔寺〕
　香川県綾歌郡国分寺町　《別称》国分尼寺　《本尊》阿弥陀如来　　〔真宗興正派〕
法華寺　ほっけじ〔寺〕
　愛媛県今治市　《別称》別格本山　《本尊》十一面観世音菩薩　　　〔真言律宗〕
法華寺　ほっけじ〔寺〕
　福岡県大牟田市　《本尊》日蓮聖人奠定の大曼荼羅　　　　　　　　〔日蓮宗〕
法華真宗本部道場　ほっけしんしゅうほんぶどうじょう〔寺〕
　東京都品川区　　　　　　　　　　〔法華真宗〕
法華堂　《称》　ほっけどう〔寺〕
　京都府京都市上京区・十如寺　《本尊》日蓮聖人奠定の大曼荼羅　　〔日蓮宗〕
法華経寺　ほけきょうじ〔寺〕
　千葉県市川市　《別称》大本山　《本尊》日蓮聖人奠定の大曼荼羅　〔中山妙宗〕
法華経寺奥之院　ほけきょうじおくのいん〔寺〕
　千葉県市川市　《別称》奥之院　〔中山妙宗〕
法起寺　ほっきじ〔寺〕
　奈良県生駒郡斑鳩町　《別称》本山　《本尊》聖徳太子　　　　　　〔聖徳宗〕

法高寺　ほうこうじ〔寺〕
　新潟県刈羽郡西山町　《本尊》延命地蔵菩薩　　　　　　　　　　　〔真言宗豊山派〕
11 法啓寺　ほうけいじ〔寺〕
　岐阜県羽島市　《本尊》阿弥陀如来
　　　　　　　　　　　　　　　　〔真宗大谷派〕
法常寺　ほうじょうじ〔寺〕
　宮城県岩沼市　《本尊》釈迦如来　〔曹洞宗〕
法常寺　ほうじょうじ〔寺〕
　京都府亀岡市　《本尊》釈迦如来
　　　　　　　　　　　　　　　　〔臨済宗妙心寺派〕
法常寺　ほうじょうじ〔寺〕
　広島県三原市　《本尊》釈迦如来　〔曹洞宗〕
法得寺　ほうとくじ〔寺〕
　栃木県下都賀郡野木町　《別称》真宗二四輩旧跡　《本尊》阿弥陀如来
　　　　　　　　　　　　　　　　〔浄土真宗本願寺派〕
法盛寺　ほうじょうじ〔寺〕
　三重県桑名市　《本尊》阿弥陀如来
　　　　　　　　　　　　　　　　〔浄土真宗本願寺派〕
法眼寺　ほうげんじ〔寺〕
　青森県黒石市　《本尊》大日如来　〔黄檗宗〕
法眼寺　ほうげんじ〔寺〕
　山形県東田川郡藤島町　《別称》因幡称の寺・石頭山　《本尊》釈迦如来　〔曹洞宗〕
法眼寺　ほうげんじ〔寺〕
　静岡県賀茂郡西伊豆町　《別称》浜の寺　《本尊》釈迦如来・阿弥陀如来・薬師如来
　　　　　　　　　　　　　　　　〔臨済宗建長寺派〕
法眼寺　ほうげんじ〔寺〕
　島根県松江市　《本尊》釈迦如来・迦葉尊者・阿難尊者　　　　　　〔曹洞宗〕
法眼院　ほうげんいん〔寺〕
　愛媛県西宇和郡保内町　《別称》妙光山　《本尊》日蓮聖人奠定の大曼荼羅　〔日蓮宗〕
法船寺　ほうせんじ〔寺〕
　神奈川県小田原市　《別称》お手引地蔵さん　《本尊》日蓮聖人奠定の大曼荼羅・日蓮聖人・お手引地蔵菩薩　　　〔日蓮宗〕
法船寺　ほうせんじ〔寺〕
　石川県金沢市　《本尊》阿弥陀如来　〔浄土宗〕
法隆寺　ほうりゅうじ〔寺〕
　奈良県生駒郡斑鳩町　《別称》総本山・南都七大寺・斑鳩寺　《本尊》薬師如来・釈迦三尊・阿弥陀三尊　　〔聖徳宗〕
法隆寺　ほうりゅうじ〔寺〕
　愛媛県越智郡大西町　《本尊》延命地蔵菩薩　　　　　　　　　　　〔真言宗豊山派〕
12 法勝寺　ほうしょうじ〔寺〕
　神奈川県逗子市　《本尊》十界勧請大曼荼羅・日蓮聖人　　　　　　〔日蓮宗〕

8画（法）

法勝寺　ほうしょうじ〔寺〕
　福井県勝山市　《別称》勝山長勝寺　《本尊》阿弥陀如来　〔浄土真宗本願寺派〕

法勝寺　ほっしょうじ〔寺〕
　徳島県鳴門市　《本尊》阿弥陀如来
　　　　　　　　　　〔浄土宗西山禅林寺派〕

法善寺　ほうぜんじ〔寺〕
　山形県東根市　《本尊》阿弥陀如来
　　　　　　　　　　　　　〔真宗大谷派〕

法善寺　ほうぜんじ〔寺〕
　東京都杉並区　《本尊》阿弥陀如来
　　　　　　　　　　　〔浄土真宗本願寺派〕

法善寺　ほうぜんじ〔寺〕
　東京都北区　《本尊》阿弥陀如来
　　　　　　　　　　　　　〔真宗大谷派〕

法善寺　ほうぜんじ〔寺〕
　神奈川県小田原市　《本尊》大曼荼羅
　　　　　　　　　　　　　　　〔日蓮宗〕

法善寺　ほうぜんじ〔寺〕
　富山県魚津市　《本尊》阿弥陀如来　〔浄土宗〕

法善寺　ほうぜんじ〔寺〕
　山梨県南アルプス市　　〔高野山真言宗〕

法善寺　ほうぜんじ〔寺〕
　長野県飯山市　《本尊》釈迦如来　〔曹洞宗〕

法善寺　ほうぜんじ〔寺〕
　長野県東御市　《本尊》十界曼荼羅　〔日蓮宗〕

法善寺　ほうぜんじ〔寺〕
　長野県東筑摩郡麻績村　《本尊》三尊仏
　　　　　　　　　　　　〔臨済宗妙心寺派〕

法善寺　ほうぜんじ〔寺〕
　滋賀県坂田郡米原町　《別称》大寺　《本尊》阿弥陀如来　　　　〔真宗大谷派〕

法善寺　ほうぜんじ〔寺〕
　大阪府大阪市阿倍野区　《本尊》釈迦如来
　　　　　　　　　　　　　　　〔浄土宗〕

法善寺　ほうぜんじ〔寺〕
　大阪府大阪市中央区　《本尊》阿弥陀如来
　　　　　　　　　　　　　　　〔浄土宗〕

法善寺　ほうぜんじ〔寺〕
　奈良県葛城郡當麻町　《別称》太子寺　《本尊》阿弥陀如来　　　〔真宗大谷派〕

法善寺　ほうぜんじ〔寺〕
　長崎県北松浦郡生月町　《本尊》阿弥陀如来　　　　　　　　　　　　〔浄土宗〕

法善寺　ほうぜんじ〔寺〕
　熊本県上益城郡清和村　《本尊》阿弥陀如来　　　　　　　　〔浄土真宗本願寺派〕

法満寺　ほうまんじ〔寺〕
　奈良県香芝市　《本尊》阿弥陀如来
　　　　　　　　　　　〔浄土真宗本願寺派〕

法然寺　ほうねんじ〔寺〕
　茨城県常陸太田市　《別称》三夜さん　《本尊》阿弥陀如来　　　　　　〔浄土宗〕

法然寺　ほうねんじ〔寺〕
　愛知県名古屋市中区　《本尊》阿弥陀如来
　　　　　　　　　　　　　　　〔西山浄土宗〕

法然寺　ほうねんじ〔寺〕
　京都府京都市右京区　《別称》極楽殿　《本尊》法然上人　　　　　　〔浄土宗〕

法然寺　ほうねんじ〔寺〕
　奈良県橿原市　《別称》円光大師霊場第一〇番　《本尊》阿弥陀如来　〔浄土宗〕

法然寺　ほうねんじ〔寺〕
　和歌山県海南市　《本尊》阿弥陀如来・観世音菩薩・勢至菩薩　　〔浄土宗〕

法然寺　ほうねんじ〔寺〕
　広島県豊田郡瀬戸田町　《本尊》阿弥陀如来　　　　　　　　　　　〔浄土宗〕

法然寺　ほうねんじ〔寺〕
　香川県高松市　《別称》仏生山・円光大師霊場第二番　《本尊》阿弥陀如来　〔浄土宗〕

法然寺　ほうねんじ〔寺〕
　愛媛県上浮穴郡久万町　《本尊》阿弥陀如来　　　　　　　　　　　〔浄土宗〕

法覚寺　ほうかくじ〔寺〕
　福岡県豊前市　《本尊》阿弥陀如来
　　　　　　　　　　　　　〔真宗大谷派〕

法覚院　ほうがくいん〔寺〕
　奈良県香芝市　《本尊》釈迦如来　〔単立〕

法運寺　ほううんじ〔寺〕
　青森県上北郡百石町　《本尊》阿弥陀三尊
　　　　　　　　　　　　　　　〔浄土宗〕

法運寺　ほううんじ〔寺〕
　長野県中野市　《本尊》阿弥陀如来　〔浄土宗〕

法運寺　ほううんじ〔寺〕
　岐阜県岐阜市　《本尊》阿弥陀如来
　　　　　　　　　　　　　〔真宗大谷派〕

法道寺　ほうどうじ〔寺〕
　大阪府堺市　《本尊》薬師三尊
　　　　　　　　　　　　　〔高野山真言宗〕

法道寺　ほうどうじ〔寺〕
　香川県綾歌郡綾上町　《本尊》地蔵菩薩
　　　　　　　　　　　　　〔高野山真言宗〕

法随院　ほうずいいん〔寺〕
　東京都足立区　《本尊》阿弥陀如来　〔浄土宗〕

法雲寺　ほううんじ〔寺〕
　岩手県胆沢郡金ヶ崎町　《本尊》正観世音菩薩　　　　　　　　　　　〔曹洞宗〕

法雲寺　ほううんじ〔寺〕
　茨城県新治郡新治村　〔臨済宗建長寺派〕

神社・寺院名よみかた辞典　　385

8画（法）

法雲寺　ほううんじ〔寺〕
　埼玉県秩父郡荒川村　《別称》深谷(ふかたに)寺・秩父第三〇番霊場　《本尊》如意輪観世音菩薩　　〔臨済宗建長寺派〕

法雲寺　ほううんじ〔寺〕
　富山県西礪波郡福光町　《本尊》日蓮聖人奠定の大曼荼羅　　　　　　　〔日蓮宗〕

法雲寺　ほううんじ〔寺〕
　福井県丹生郡越廼村　《別称》大味御坊　《本尊》阿弥陀如来　　　　〔真宗大谷派〕

法雲寺　ほううんじ〔寺〕
　長野県上伊那郡辰野町　《本尊》無量寿如来　　　　　　　　　　　　〔曹洞宗〕

法雲寺　ほううんじ〔寺〕
　静岡県静岡市　《別称》紺屋町のお寺　《本尊》聖観世音菩薩　〔臨済宗妙心寺派〕

法雲寺　ほううんじ〔寺〕
　静岡県富士市　《本尊》釈迦如来
　　　　　　　　　　　　　　〔臨済宗妙心寺派〕

法雲寺　ほううんじ〔寺〕
　三重県鈴鹿市　《本尊》釈迦如来
　　　　　　　　　　　　　　〔臨済宗東福寺派〕

法雲寺　ほううんじ〔寺〕
　滋賀県蒲生郡蒲生町　《本尊》帝釈天
　　　　　　　　　　　　　　　　〔天台宗〕

法雲寺　ほううんじ〔寺〕
　滋賀県蒲生郡日野町　《本尊》阿弥陀如来　　　　　　　　　　　　〔浄土宗〕

法雲寺　ほううんじ〔寺〕
　大阪府南河内郡美原町　《別称》本寺　《本尊》木彫三千仏　　　　〔黄檗宗〕

法雲寺　ほううんじ〔寺〕
　島根県安来市　《本尊》釈迦如来　〔曹洞宗〕

法雲寺　ほううんじ〔寺〕
　愛媛県松山市　《本尊》阿弥陀如来
　　　　　　　　　　　　　　　〔真言宗豊山派〕

法雲寺　ほううんじ〔寺〕
　大分県大分市　《本尊》聖観世音菩薩
　　　　　　　　　　　　　　〔臨済宗妙心寺派〕

法順寺　ほうじゅんじ〔寺〕
　福井県遠敷郡上中町　《本尊》阿弥陀如来　　　　　　　　　　　　〔真宗大谷派〕

13法園寺　ほうおんじ〔寺〕
　大阪府池田市　《本尊》阿弥陀如来　〔浄土宗〕

法楽寺　ほうらくじ〔寺〕
　福島県安達郡岩代町　《本尊》阿弥陀如来
　　　　　　　　　　　　　　　〔浄土真宗本願寺派〕

法楽寺　ほうらくじ〔寺〕
　群馬県桐生市　《本尊》十一面観世音菩薩
　　　　　　　　　　　　　　　〔真言宗豊山派〕

法楽寺　ほうらくじ〔寺〕
　滋賀県大津市　《別称》寅薬師　《本尊》薬師如来　　　　　　　　　　　〔天台宗〕

法楽寺　ほうらくじ〔寺〕
　大阪府大阪市東住吉区　《本尊》不動明王
　　　　　　　　　　　　　　〔真言宗泉涌寺派〕

法楽寺　ほうらくじ〔寺〕
　兵庫県神崎郡神崎町　《別称》犬寺　《本尊》十一面千手観世音菩薩　〔高野山真言宗〕

法楽寺　ほうらくじ〔寺〕
　奈良県生駒市　《本尊》薬師三尊　〔華厳宗〕

法楽寺　ほうらくじ〔寺〕
　広島県深安郡神辺町　《本尊》薬師如来
　　　　　　　　　　　　　　〔高野山真言宗〕

法源寺　ほうげんじ〔寺〕
　岐阜県羽島市　《本尊》阿弥陀如来
　　　　　　　　　　　　　　〔真宗大谷派〕

法源寺　ほうげんじ〔寺〕
　静岡県富士市　《本尊》阿弥陀如来　〔浄土宗〕

法源寺　ほうげんじ〔寺〕
　愛知県名古屋市西区　《本尊》釈迦如来
　　　　　　　　　　　　　　〔臨済宗妙心寺派〕

法源寺　ほうげんじ〔寺〕
　佐賀県佐賀市川副町　《本尊》阿弥陀如来
　　　　　　　　　　　　　　　〔浄土宗〕

法照寺　ほっしょうじ〔寺〕
　福岡県糸島郡志摩町　《本尊》阿弥陀如来
　　　　　　　　　　　　　　〔真宗大谷派〕

法瑞寺　ほうずいじ〔寺〕
　愛知県西春日井郡春日村　《本尊》阿弥陀如来　　　　　　　　　　〔真宗大谷派〕

法禅寺　ほうぜんじ〔寺〕
　東京都品川区　《本尊》阿弥陀如来　〔浄土宗〕

法禅寺　ほうぜんじ〔寺〕
　新潟県柏崎市　《本尊》薬師如来
　　　　　　　　　　　　　　　〔真言宗豊山派〕

法禅寺　ほうぜんじ〔寺〕
　長野県佐久市　《本尊》愛染明王
　　　　　　　　　　　　　　　〔真言宗智山派〕

法禅寺　ほうぜんじ〔寺〕
　岐阜県恵那郡加子母村　《本尊》釈迦如来・延命地蔵菩薩　　　　　〔曹洞宗〕

法禅寺　ほうぜんじ〔寺〕
　大阪府泉南郡熊取町　《本尊》薬師如来
　　　　　　　　　　　　　　〔臨済宗妙心寺派〕

法福寺　ほうふくじ〔寺〕
　新潟県三島郡寺泊町　《本尊》日蓮聖人奠定の大曼荼羅　　　　　　　〔日蓮宗〕

8画（法）

法福寺　ほうふくじ〔寺〕
　富山県下新川郡宇奈月町　《別称》あけびの法福寺　《本尊》十一面観世音菩薩
〔高野山真言宗〕

法福寺　ほうふくじ〔寺〕
　滋賀県蒲生郡安土町　《本尊》阿弥陀如来
〔真宗大谷派〕

法福寺　ほうふくじ〔寺〕
　大阪府阪南市　《別称》お菊寺　《本尊》阿弥陀三尊・高祖像・元祖像・お菊　〔浄土宗〕

法福寺　ほうふくじ〔寺〕
　山口県下関市　《本尊》聖観世音菩薩
〔臨済宗東福寺派〕

法蓮寺　ほうれんじ〔寺〕
　青森県十和田市　《本尊》釈迦如来　〔曹洞宗〕

法蓮寺　ほうれんじ〔寺〕
　山形県東田川郡朝日村　《別称》大本山
〔新義真言宗湯殿山派〕

法蓮寺　ほうれんじ〔寺〕
　千葉県市川市　《本尊》日蓮聖人　〔日蓮宗〕

法蓮寺　ほうれんじ〔寺〕
　東京都品川区　《本尊》日蓮聖人十界大曼荼羅
〔日蓮宗〕

法蓮寺　ほうれんじ〔寺〕
　新潟県長岡市　《本尊》阿弥陀如来
〔真宗大谷派〕

法蓮寺　ほうれんじ〔寺〕
　静岡県伊豆市　《本尊》日蓮聖人奠定の大曼荼羅
〔日蓮宗〕

法蓮寺　ほうれんじ〔寺〕
　愛知県葉栗郡木曽川町　《別称》黒田の妙見様　《本尊》日蓮聖人奠定の大曼荼羅
〔日蓮宗〕

法蓮寺　ほうれんじ〔寺〕
　滋賀県神崎郡五個荘町　《別称》さつき寺　《本尊》阿弥陀三尊・千手千眼観世音菩薩
〔天台真盛宗〕

法蓮寺《称》　ほうれんじ〔寺〕
　和歌山県田辺市・法輪寺　《本尊》観世音菩薩
〔曹洞宗〕

法蓮寺　ほうれんじ〔寺〕
　香川県三豊郡高瀬町　《別称》歓喜院　《本尊》無量寿三尊　〔真言宗〕

法蓮寺　ほうれんじ〔寺〕
　愛媛県温泉郡重信町　《本尊》十一面観世音菩薩
〔真言宗豊山派〕

法蓮寺　ほうれんじ〔寺〕
　福岡県糟屋郡久山町　《本尊》阿弥陀如来
〔浄土宗本願寺派〕

法蓮寺　ほうれんじ〔寺〕
　佐賀県唐津市　《本尊》一塔両尊四菩薩
〔日蓮宗〕

14法徳寺　ほうとくじ〔寺〕
　北海道紋別郡上湧別町　《本尊》阿弥陀如来
〔真宗大谷派〕

法徳寺　ほうとくじ〔寺〕
　東京都世田谷区　《本尊》阿弥陀如来
〔浄土宗〕

法徳寺　ほうとくじ〔寺〕
　奈良県奈良市　《本尊》阿弥陀如来
〔融通念仏宗〕

法誓寺　ほうせいじ〔寺〕
　岐阜県加茂郡八百津町　《本尊》阿弥陀如来
〔真宗大谷派〕

法静寺　ほうしょうじ〔寺〕
　山口県下松市　《本尊》阿弥陀如来　〔浄土宗〕

15法幢寺　ほうどうじ〔寺〕
　北海道松前郡松前町　《別称》とのさまの寺　《本尊》釈迦如来　〔曹洞宗〕

法幢寺　ほうどうじ〔寺〕
　福島県大沼郡会津高田町　《本尊》阿弥陀如来
〔浄土宗〕

法幢寺　ほうどうじ〔寺〕
　岐阜県山県市　《別称》岡寺　《本尊》安座地蔵菩薩
〔臨済宗妙心寺派〕

法幢寺　ほうどうじ〔寺〕
　兵庫県多可郡中町　《本尊》聖観世音菩薩
〔臨済宗妙心寺派〕

法蔵寺　ほうぞうじ〔寺〕
　宮城県栗原郡栗駒町　《本尊》大日如来
〔真言宗智山派〕

法蔵寺　ほうぞうじ〔寺〕
　茨城県新治郡霞ヶ浦町　《本尊》十一面観世音菩薩
〔真言宗豊山派〕

法蔵寺　ほうぞうじ〔寺〕
　石川県輪島市　《別称》あまのてら　《本尊》阿弥陀如来
〔浄土宗〕

法蔵寺　ほうぞうじ〔寺〕
　長野県長野市　《本尊》阿弥陀如来　〔浄土宗〕

法蔵寺　ほうぞうじ〔寺〕
　岐阜県羽島市　《別称》川並六坊　《本尊》阿弥陀如来
〔真宗大谷派〕

法蔵寺　ほうぞうじ〔寺〕
　岐阜県各務原市　《本尊》阿弥陀如来
〔真宗大谷派〕

法蔵寺　ほうぞうじ〔寺〕
　静岡県静岡市　《本尊》三尊仏　〔曹洞宗〕

法蔵寺　ほうぞうじ〔寺〕
　静岡県富士市　《本尊》曼荼羅・日蓮聖人
〔日蓮宗〕

神社・寺院名よみかた辞典　387

法蔵寺　ほうぞうじ〔寺〕
　愛知県名古屋市千種区　《本尊》阿弥陀如来　〔浄土宗〕
法蔵寺　ほうぞうじ〔寺〕
　愛知県名古屋市西区　《本尊》阿弥陀如来　〔真宗大谷派〕
法蔵寺　ほうぞうじ〔寺〕
　愛知県岡崎市　《別称》大神光二村山　《本尊》阿弥陀如来　〔浄土宗西山深草派〕
法蔵寺　ほうぞうじ〔寺〕
　三重県四日市市　《本尊》阿弥陀如来　〔真宗大谷派〕
法蔵寺　ほうぞうじ〔寺〕
　滋賀県彦根市　《本尊》阿弥陀如来　〔浄土真宗本願寺派〕
法蔵寺　ほうぞうじ〔寺〕
　滋賀県八日市市　《本尊》阿弥陀如来　〔浄土宗〕
法蔵寺　ほうぞうじ〔寺〕
　滋賀県野洲郡中主町　《別称》こんこう山医王院　《本尊》阿弥陀如来　〔浄土宗〕
法蔵寺　ほうぞうじ〔寺〕
　滋賀県甲賀郡信楽町　《別称》こやまのてら　《本尊》阿弥陀如来　〔浄土宗〕
法蔵寺　ほうぞうじ〔寺〕
　鳥取県米子市　《本尊》釈迦如来　〔曹洞宗〕
法蔵院　ほうぞういん〔寺〕
　東京都文京区　《本尊》阿弥陀如来　〔浄土宗〕
法蔵院　ほうぞういん〔寺〕
　福岡県行橋市　《本尊》阿弥陀如来　〔西山浄土宗〕
法輪寺　ほうりんじ〔寺〕
　北海道美唄市　《本尊》阿弥陀如来　〔真宗大谷派〕
法輪寺　ほうりんじ〔寺〕
　栃木県那須郡湯津上村　《本尊》大日如来・釈迦如来　〔天台宗〕
法輪寺　ほうりんじ〔寺〕
　群馬県高崎市　《別称》二十三夜様　《本尊》阿弥陀如来・勢至菩薩　〔天台宗〕
法輪寺　ほうりんじ〔寺〕
　群馬県館林市　《本尊》釈迦如来　〔曹洞宗〕
法輪寺　ほうりんじ〔寺〕
　東京都新宿区　《本尊》十界勧請曼荼羅　〔日蓮宗〕
法輪寺　ほうりんじ〔寺〕
　神奈川県小田原市　《別称》西の寺　《本尊》釈迦三尊　〔臨済宗建長寺派〕
法輪寺　ほうりんじ〔寺〕
　神奈川県大和市　《別称》お不動さん　《本尊》不動明王　〔真言宗泉涌寺派〕

法輪寺　ほうりんじ〔寺〕
　愛知県名古屋市東区　《別称》赤門寺　《本尊》一塔両尊四士　〔日蓮宗〕
法輪寺　ほうりんじ〔寺〕
　愛知県名古屋市北区　《本尊》阿弥陀如来　〔真宗大谷派〕
法輪寺　ほうりんじ〔寺〕
　愛知県名古屋市守山区　《本尊》釈迦三尊　〔曹洞宗〕
法輪寺　ほうりんじ〔寺〕
　京都府京都市上京区　《別称》だるま寺　《本尊》釈迦如来・達磨大師　〔臨済宗妙心寺派〕
法輪寺　ほうりんじ〔寺〕
　京都府京都市西京区　《別称》嵯峨虚空蔵　《本尊》虚空蔵菩薩　〔真言宗五智教団〕
法輪寺　ほうりんじ〔寺〕
　兵庫県三木市　《本尊》馬頭観世音菩薩　〔高野山真言宗〕
法輪寺　ほうりんじ〔寺〕
　奈良県生駒郡斑鳩町　《別称》本山　《本尊》薬師如来・十一面観世音菩薩　〔聖徳宗〕
法輪寺　ほうりんじ〔寺〕
　和歌山県和歌山市　《別称》聖天宮　《本尊》不動明王・歓喜天・毘沙門天・弘法大師　〔真言宗御室派〕
法輪寺　ほうりんじ〔寺〕
　和歌山県田辺市　《別称》法蓮寺　《本尊》観世音菩薩　〔曹洞宗〕
法輪寺　ほうりんじ〔寺〕
　岡山県倉敷市　《別称》日間薬師　《本尊》薬師如来　〔真言宗御室派〕
法輪寺　ほうりんじ〔寺〕
　岡山県英田郡作東町　《別称》作東高野山　《本尊》阿弥陀如来・弘法大師　〔高野山真言宗〕
法輪寺　ほうりんじ〔寺〕
　広島県広島市中区　《本尊》阿弥陀如来　〔真宗木辺派〕
法輪寺　ほうりんじ〔寺〕
　徳島県板野郡土成町　《別称》四国第九番霊場　《本尊》釈迦如来　〔高野山真言宗〕
法輪寺　ほうりんじ〔寺〕
　熊本県八代市　《別称》直心禅道場　《本尊》釈迦如来　〔臨済宗妙心寺派〕
法養寺　ほうようじ〔寺〕
　群馬県桐生市　《別称》如来堂の不動様　《本尊》不動明王　〔真言宗豊山派〕
法養寺　ほうようじ〔寺〕
　群馬県佐波郡境町　《別称》雨乞観世音　《本尊》十一面観世音菩薩・雨乞観世音菩薩　〔真言宗豊山派〕

8画（油，炎，物，牧，狗，疝）

法養寺　ほうようじ〔寺〕
　埼玉県児玉郡児玉町　《本尊》薬師如来
　　　　　　　　　　　　　　　〔真言宗豊山派〕
16法樹院　ほうじゅいん〔寺〕
　東京都墨田区　《本尊》弘法大師
　　　　　　　　　　　　　　　〔新義真言宗〕
法積寺　ほうしゃくじ〔寺〕
　山口県阿武郡阿武町　《本尊》阿弥陀如来
　　　　　　　　　　　　　　　〔浄土宗〕
法興寺　ほっこうじ〔寺〕
　千葉県夷隅郡岬町　《別称》寅薬師　《本尊》
　薬師如来・阿弥陀如来　　　　〔天台宗〕
法興寺　ほうこうじ〔寺〕
　山梨県北都留郡丹波山村　《本尊》金剛界大
　日如来　　　　　　　　　　　〔真言宗智山派〕
法融寺　ほうゆうじ〔寺〕
　東京都練馬区　《本尊》阿弥陀如来
　　　　　　　　　　　　　　　〔真宗大谷派〕
法融寺　ほうゆうじ〔寺〕
　石川県珠洲郡内浦町　《本尊》阿弥陀如来
　　　　　　　　　　　　　　　〔真宗大谷派〕
法融寺　ほうゆうじ〔寺〕
　愛知県海部郡佐織町　《本尊》阿弥陀如来
　　　　　　　　　　　　　　　〔真宗大谷派〕
法融寺　ほうゆうじ〔寺〕
　奈良県奈良市　《別称》子安地蔵　《本尊》阿
　弥陀如来　　　　　　　　　　〔融通念仏宗〕
17法厳寺　ほうごんじ〔寺〕
　京都府京都市山科区　《別称》牛王観音　《本
　尊》十一面千手観世音菩薩　　〔単立〕
18法観寺　ほうかんじ〔寺〕
　京都府京都市東山区　《別称》八坂の塔　《本
　尊》五智如来　　　　　　　　〔臨済宗建仁寺派〕
法顕寺　ほうけんじ〔寺〕
　新潟県上越市　《別称》鬼子母神の寺　《本
　尊》日蓮聖人奠定の大曼荼羅・鬼子母神
　　　　　　　　　　　　　　　〔日蓮宗〕
20法巌寺　ほうがんじ〔寺〕
　兵庫県伊丹市　《別称》楠寺　《本尊》阿弥陀
　如来　　　　　　　　　　　　〔浄土宗〕
22法讃寺　ほうさんじ〔寺〕
　熊本県八代郡坂本村　《本尊》阿弥陀如来
　　　　　　　　　　　　　　　〔真宗大谷派〕
23法鷲寺　ほうじゅうじ〔寺〕
　京都府福知山市　《本尊》阿弥陀如来
　　　　　　　　　　　　　　　〔浄土宗〕
法鷲院　ほうじゅういん〔寺〕
　茨城県多賀郡十王町　《別称》厄除大師　《本
　尊》大日如来・弘法大師・興教大師
　　　　　　　　　　　　　　　〔真言宗豊山派〕

【油】
3油山寺　ゆうざんじ〔寺〕
　静岡県袋井市　《本尊》薬師如来
　　　　　　　　　　　　　　　〔真言宗智山派〕
4油日神社　あぶらひじんじゃ〔社〕
　滋賀県甲賀郡甲賀町　《祭神》油日神［他］
　　　　　　　　　　　　　　　〔神社本庁〕

【炎】
4炎天寺　えんてんじ〔寺〕
　東京都足立区　《本尊》阿弥陀如来
　　　　　　　　　　　　　　　〔真言宗豊山派〕

【物】
7物忌奈命神社　ものいみなのみことじんじ
　ゃ〔社〕
　東京都神津島村　《別称》明神さま　《祭神》
　物忌奈命　　　　　　　　　　〔神社本庁〕
11物部天神社　もののべてんじんじゃ〔社〕
　埼玉県所沢市　　　　　　　　〔神社本庁〕
物部神社　もののべじんじゃ〔社〕
　新潟県佐渡市　《祭神》宇摩志麻治命
　　　　　　　　　　　　　　　〔神社本庁〕
物部神社　もののべじんじゃ〔社〕
　新潟県刈羽郡西山町　《別称》二田大明神
　《祭神》二田天物部命［他］　　〔神社本庁〕
物部神社　もののべじんじゃ〔社〕
　岐阜県岐阜市　《祭神》宇麻志麻遅命
　　　　　　　　　　　　　　　〔神社本庁〕
物部神社　もののべじんじゃ〔社〕
　岐阜県本巣市　《別称》でこ芝居の宮　《祭
　神》物部十千根命［他］　　　　〔神社本庁〕
物部神社　もののべじんじゃ〔社〕
　島根県大田市　《別称》石見一宮　《祭神》宇
　摩志麻遅命　　　　　　　　　〔神社本庁〕

【牧】
9牧洞寺　ぼくとうじ〔寺〕
　山梨県山梨市　《本尊》観世音菩薩
　　　　　　　　　　　　　　　〔臨済宗向嶽寺派〕

【狗】
10狗留孫神社　《称》　くるそんじんじゃ〔社〕
　宮崎県えびの市・羽山積神社　《祭神》伊邪
　那岐命［他］　　　　　　　　　〔神社本庁〕

【疝】
6疝気薬師《称》　せんきやくし〔寺〕

神社・寺院名よみかた辞典　389

8画（直, 知, 祈, 祇）

愛知県稲沢市・西福院　《本尊》聖観世音菩薩・薬師如来　（真言宗智山派）

【直】

4直心庵　じきしんあん〔寺〕
東京都稲城市　《別称》般若堂　〔曹洞宗〕

6直行寺　じきぎょうじ〔寺〕
北海道小樽市　《別称》金子の寺　《本尊》阿弥陀如来　〔浄土宗〕

9直乗寺　じきじょうじ〔寺〕
石川県金沢市　《別称》清水谷さま　《本尊》十界大曼荼羅　〔日蓮宗〕

直指庵　じきしあん〔寺〕
京都府京都市右京区　《別称》竹の寺　《本尊》阿弥陀如来　〔単立〕

10直純寺　じきじゅんじ〔寺〕
宮崎県宮崎市　《本尊》阿弥陀如来　〔浄土真宗本願寺派〕

【知】

4知之宮《称》　ちのみや〔社〕
島根県出雲郡知井宮町・智伊神社　《祭神》高皇産霊神[他]　〔神社本庁〕

5知立の明神様《称》　ちりゅうのみょうじんさま〔社〕
愛知県知立市・知立神社　《祭神》彦火火出見尊[他]　〔神社本庁〕

知立神社　ちりゅうじんじゃ〔社〕
愛知県知立市　《別称》知立の明神様　《祭神》彦火火出見尊[他]　〔神社本庁〕

7知利別不動尊《称》　ちりべつふどうそん〔寺〕
北海道室蘭市・清滝寺　《本尊》不動明王　〔真言宗醍醐派〕

知足寺　ちそくじ〔寺〕
神奈川県中郡二宮町　《本尊》阿弥陀如来　〔浄土宗〕

知足院　ちそくいん〔寺〕
埼玉県桶川市　《本尊》弥勒菩薩・十一面観世音菩薩　〔真言宗智山派〕

知足院　ちそくいん〔寺〕
千葉県佐原市　《別称》矢作の寺　《本尊》阿弥陀如来　〔真言宗豊山派〕

8知宝寺　ちほうじ〔寺〕
兵庫県姫路市　《別称》御幸堂　《本尊》阿弥陀如来　〔浄土宗〕

知波夜比古神社　ちはやひこじんじゃ〔社〕
広島県三次市　《別称》備後二ノ宮　《祭神》日子穂穂出見尊[他]　〔神社本庁〕

10知原神社　ちはらじんじゃ〔社〕
福井県福井市　《祭神》武甕槌命[他]　〔神社本庁〕

知恩寺　ちおんじ〔寺〕
京都府京都市左京区　《別称》大本山・百万遍・円光大師霊場第二二番　《本尊》釈迦如来・毘沙門天・不動明王　〔浄土宗〕

知恩院　ちおんいん〔寺〕
千葉県安房郡三芳村　《別称》こやつの寺　《本尊》不動明王・地蔵菩薩　〔真言宗智山派〕

知恩院　ちおんいん〔寺〕
京都府京都市東山区　《別称》総本山・円光大師霊場第二五番　《本尊》阿弥陀如来　〔浄土宗〕

12知善院　ちぜんいん〔寺〕
滋賀県長浜市　《本尊》十一面観世音菩薩　〔天台真盛宗〕

【祈】

6祈年神社　きねんじんじゃ〔社〕
高知県南国市　《別称》お祈年様　《祭神》大年神[他]　〔神社本庁〕

お祈年様《称》　おきねんさま〔社〕
高知県南国市・祈年神社　《祭神》大年神[他]　〔神社本庁〕

【祇】

4祇王寺　ぎおうじ〔寺〕
京都府京都市右京区　《本尊》大日如来　〔真言宗大覚寺派〕

8祇陀寺　ぎだじ〔寺〕
岩手県盛岡市　《本尊》釈迦如来　〔曹洞宗〕

13祇園《称》　ぎおん〔社〕
静岡県小笠郡大東町・八坂神社　《祭神》素戔嗚尊　〔神社本庁〕

祇園《称》　ぎおん〔社〕
鳥取県日野郡日野町・根雨神社　《祭神》素盞嗚尊　〔神社本庁〕

祇園《称》　ぎおん〔社〕
徳島県海部郡宍喰町・八阪神社　《祭神》須佐之男命[他]　〔神社本庁〕

祇園《称》　ぎおん〔社〕
高知県吾川郡吾北村・八坂神社　《祭神》素戔嗚尊[他]　〔神社本庁〕

祇園《称》　ぎおん〔社〕
大分県東国東郡国東町富来中村・八坂社　《祭神》素盞嗚尊[他]　〔神社本庁〕

祇園さま《称》　ぎおんさま〔社〕
山口県山口市・八坂神社　《祭神》素盞嗚尊[他]　〔神社本庁〕

8画（祇, 空）

祇園さま《称》　ぎおんさま〔社〕
　大分県臼杵市・八坂神社　《祭神》建速須佐
　之男神〔他〕　　　　　　　　　〔神社本庁〕
祇園さま《称》　ぎおんさま〔社〕
　大分県南海部郡弥生町・八坂神社　《祭神》素
　戔嗚尊〔他〕　　　　　　　　　〔神社本庁〕
祇園さん《称》　ぎおんさん〔社〕
　京都府京都市東山区・八坂神社　《祭神》素
　戔尊〔他〕　　　　　　　　　　〔神社本庁〕
祇園さん《称》　ぎおんさん〔社〕
　島根県江津市・山辺神社　《祭神》布都之御
　魂〔他〕　　　　　　　　　　　〔神社本庁〕
祇園さん《称》　ぎおんさん〔社〕
　佐賀県鹿島市・松岡神社　《祭神》日本武尊
　〔他〕　　　　　　　　　　　　〔神社本庁〕
祇園さん《称》　ぎおんさん〔社〕
　熊本県阿蘇郡白水村・八坂神社　《祭神》須
　佐之男命〔他〕　　　　　　　　〔神社本庁〕
祇園八坂神社　ぎおんやさかじんじゃ〔社〕
　宮城県古川市　《祭神》素戔雄神〔他〕
　　　　　　　　　　　　　　　　〔神社本庁〕
祇園寺　ぎおんじ〔寺〕
　茨城県水戸市　《本尊》釈迦如来　〔曹洞宗〕
祇園寺　ぎおんじ〔寺〕
　東京都調布市　《別称》佐須の薬師　《本尊》
　阿弥陀如来　　　　　　　　　　　〔天台宗〕
祇園寺　ぎおんじ〔寺〕
　愛知県名古屋市緑区　《本尊》釈迦如来
　　　　　　　　　　　　　　　　　〔曹洞宗〕
祇園寺　ぎおんじ〔寺〕
　岡山県高梁市　《別称》ぎおん・別格本山
　《本尊》千手観世音菩薩・愛染明王・祇園牛
　頭天王　　　　　　　　　　　　　〔真言宗〕
祇園社《称》　ぎおんしゃ〔社〕
　宮城県柴田郡柴田町・八雲神社　《祭神》速
　須佐廼男命〔他〕　　　　　　　　〔神社本庁〕
祇園社《称》　ぎおんしゃ〔社〕
　神奈川県鎌倉市・八雲神社　《祭神》須佐之
　男命〔他〕　　　　　　　　　　　〔神社本庁〕
祇園社《称》　ぎおんしゃ〔社〕
　京都府宮津市・八坂神社　《祭神》素盞嗚命
　〔他〕　　　　　　　　　　　　　〔神社本庁〕
祇園社《称》　ぎおんしゃ〔社〕
　大分県東国東郡安岐町糸長・八坂社　《祭神》
　素盞嗚尊〔他〕　　　　　　　　　〔神社本庁〕
祇園社《称》　ぎおんしゃ〔社〕
　鹿児島県鹿児島市・八坂神社　《祭神》素盞
　嗚尊〔他〕　　　　　　　　　　　〔神社本庁〕
祇園神社　ぎおんじんじゃ〔社〕
　兵庫県神戸市兵庫区　《祭神》素盞嗚尊〔他〕
　　　　　　　　　　　　　　　　　〔神社本庁〕

祇園神社《称》　ぎおんじんじゃ〔社〕
　鳥取県米子市祇園町・深浦神社　《祭神》素
　盞嗚尊〔他〕　　　　　　　　　　〔神社本庁〕
祇園神社　ぎおんじんじゃ〔社〕
　愛媛県大洲市　《別称》お祇園様　《祭神》素
　戔嗚命〔他〕　　　　　　　　　　〔神社本庁〕
祇園神社《称》　ぎおんじんじゃ〔社〕
　福岡県山門郡瀬高町・八坂神社　《祭神》素
　盞嗚尊〔他〕　　　　　　　　　　〔神社本庁〕
祇園宮《称》　ぎおんぐう〔社〕
　大分県東国東郡安岐町朝来・八坂社　《祭神》
　速須佐男命〔他〕　　　　　　　　〔神社本庁〕
祇園宮《称》　ぎおんぐう〔社〕
　大分県大野郡大野町・八坂神社　《祭神》素
　盞嗚尊〔他〕　　　　　　　　　　〔神社本庁〕
祇園様《称》　ぎおんさま〔社〕
　山口県長門市・八坂神社　《祭神》素盞嗚命
　〔他〕　　　　　　　　　　　　　〔神社本庁〕
お祇園様《称》　おぎおんさま〔社〕
　愛媛県大洲市・祇園神社　《祭神》素戔嗚命
　〔他〕　　　　　　　　　　　　　〔神社本庁〕
祇園様《称》　ぎおんさま〔社〕
　熊本県熊本市・北岡神社　《祭神》健速須盞
　嗚尊〔他〕　　　　　　　　　　　〔神社本庁〕

【秖】
10秖荷神社　ぜんかじんじゃ〔社〕
　宮城県登米郡東和町　《別称》お秖荷山　《祭
　神》経津主命〔他〕　　　　　　　〔神社本庁〕

【空】
3空也堂《称》　くうやどう〔寺〕
　京都府京都市中京区・空也堂極楽院　《本尊》
　空也上人　　　　　　　　　　　　〔天台宗〕
空也堂極楽院　くうやどうごくらくいん〔
　寺〕
　京都府京都市中京区　《別称》空也堂　《本
　尊》空也上人　　　　　　　　　　〔天台宗〕
6空印寺　くういんじ〔寺〕
　福井県小浜市　《本尊》釈迦如来　〔曹洞宗〕
空安寺　くうあんじ〔寺〕
　岐阜県各務原市　《本尊》阿弥陀如来
　　　　　　　　　　　　　　　　〔真宗大谷派〕
8空念寺　くうねんじ〔寺〕
　滋賀県東浅井郡びわ町　《本尊》阿弥陀如
　来　　　　　　　　　　　　　　〔真宗大谷派〕
空知一の宮《称》　そらちいちのみや〔社〕
　北海道岩見沢市・岩見沢神社　《祭神》天照
　大神〔他〕　　　　　　　　　　　〔神社本庁〕

神社・寺院名よみかた辞典　391

8画（肯，臥，舎，苔，英，芽，茅，若）

空知神社　そらちじんじゃ〔社〕
　北海道美唄市　《祭神》天照大御神〔他〕
　　　　　　　　　　　　　　　〔神社本庁〕
9空海寺　くうかいじ〔寺〕
　奈良県奈良市　《別称》弘法大師南都草庵
　《本尊》地蔵菩薩・不動明王・聖徳太子・弘
　法大師　　　　　　　　　　　〔華厳宗〕
10空恵寺　くうえいじ〔寺〕
　群馬県北群馬郡子持村　《本尊》虚空蔵菩薩・
　釈迦如来　　　　　　　　〔臨済宗永源寺派〕
11空寂院　くうじゃくいん〔寺〕
　熊本県葦北郡田浦町　《別称》山寺　《本尊》
　阿弥陀三尊　　　　　　　　　〔浄土宗〕
13空楽寺　くうらくじ〔寺〕
　大阪府大阪市淀川区　《本尊》阿弥陀如来
　　　　　　　　　　　　　　〔真宗大谷派〕
15空蔵寺　くうぞうじ〔寺〕
　大分県中津市　《本尊》阿弥陀如来
　　　　　　　　　　　　　　〔真宗大谷派〕

【肯】
4肯心院　こうしんいん〔寺〕
　広島県三原市　《本尊》地蔵菩薩
　　　　　　　　　　　　　〔臨済宗仏通寺派〕

【臥】
10臥竜院　がりゅういん〔寺〕
　青森県西津軽郡鰺ヶ沢町　《本尊》釈迦如来
　　　　　　　　　　　　　　　〔曹洞宗〕
　臥竜庵　がりゅうあん〔寺〕
　神奈川県鎌倉市　《本尊》釈迦如来
　　　　　　　　　　　　　〔臨済宗円覚寺派〕
12臥雲院　がうんいん〔寺〕
　岐阜県岐阜市　《本尊》釈迦如来
　　　　　　　　　　　　　〔臨済宗妙心寺派〕
　臥雲院　がうんいん〔寺〕
　静岡県引佐郡引佐町　　　〔臨済宗方広寺派〕

【舎】
7舎利尊勝寺　しゃりそんしょうじ〔寺〕
　大阪府大阪市生野区　《別称》舎利寺　《本
　尊》釈迦如来　　　　　　　　〔黄檗宗〕
　舎那院　しゃないん〔寺〕
　滋賀県長浜市　《本尊》愛染明王・阿弥陀如
　来　　　　　　　　　　　〔真言宗豊山派〕

【苔】
11苔野神社　くさのじんじゃ〔社〕
　福岡県双葉郡浪江町　《別称》あんばさま
　《祭神》闇淤加美神〔他〕　　〔神社本庁〕

【英】
9英信寺　えいしんじ〔寺〕
　東京都台東区　《本尊》阿弥陀如来　〔浄土宗〕
　英彦山神宮　ひこさんじんぐう〔社〕
　福岡県田川郡添田町　《別称》彦山権現　《祭
　神》天忍穂耳命〔他〕　　　　〔神社本庁〕
12英勝寺　えいしょうじ〔寺〕
　神奈川県鎌倉市　《本尊》阿弥陀如来
　　　　　　　　　　　　　　　〔浄土宗〕
　英賀神社　あがじんじゃ〔社〕
　兵庫県姫路市　《祭神》英賀彦神〔他〕
　　　　　　　　　　　　　　　〔神社本庁〕
15英潮院　えいちょういん〔寺〕
　神奈川県足柄下郡湯河原町　《別称》中寺
　《本尊》正観世音菩薩　　　　〔曹洞宗〕

【芽】
9芽室神社　めむろじんじゃ〔社〕
　北海道河西郡芽室町　《祭神》天照大御神
　　　　　　　　　　　　　　　〔神社本庁〕

【茅】
11茅部神社　かやべじんじゃ〔社〕
　岡山県真庭郡川上村　《別称》磐座宮　《祭
　神》天照大神〔他〕　　　　　〔神社本庁〕

【若】
1若一王子社《称》　にゃくいちおうじしゃ
　〔社〕
　山口県厚狭郡楠町・広矛神社　《祭神》大己
　貴神〔他〕　　　　　　　　　〔神社本庁〕
　若一王子神社　にゃくいちおうじじんじゃ
　〔社〕
　長野県大町市　《祭神》伊弉冉尊〔他〕
　　　　　　　　　　　　　　　〔神社本庁〕
　若一王子神社　にゃくいちおうじじんじゃ
　〔社〕
　静岡県榛原郡相良町　《祭神》伊弉諾尊〔他〕
　　　　　　　　　　　　　　　〔神社本庁〕
　若一王子神社　にゃくいちおうじじんじゃ
　〔社〕
　徳島県板野郡藍住町　《別称》大宮さま　《祭
　神》国常立尊〔他〕　　　　　〔神社本庁〕
　若一王子宮　にゃくいちおうじぐう〔社〕
　高知県香美郡香我美町　《祭神》天照皇大神
　〔他〕　　　　　　　　　　　〔神社本庁〕
　若一王子宮　にゃくいちおうじぐう〔社〕
　高知県長岡郡本山町　《祭神》大宮様　《祭
　神》天照皇大神〔他〕　　　　〔神社本庁〕

若一王子宮　にゃくいちおうじぐう〔社〕
　高知県長岡郡大豊町　《別称》奥の宮　《祭神》天照皇大神　　　　　　　　〔神社本庁〕
若一社　にゃくいちしゃ〔社〕
　京都府京都市下京区　《別称》若一神社　《祭神》若一王子　　　　　　　　　〔神社本庁〕
若一神社《称》　にゃくいちじんじゃ〔社〕
　京都府京都市下京区・若一社　《祭神》若一王子　　　　　　　　　　　　　〔神社本庁〕
2若八幡《称》　わかはちまん〔社〕
　大分県日田市有田町・若八幡社　《祭神》大雀命[他]　　　　　　　　　　　〔神社本庁〕
若八幡社　わかはちまんしゃ〔社〕
　大分県日田市有田町　《別称》若八幡　《祭神》大雀命[他]　　　　　　　　〔神社本庁〕
若八幡神社　わかはちまんじんじゃ〔社〕
　福岡県嘉穂郡稲築町　《祭神》仁徳天皇[他]　　　　　　　　　　　　　　〔神社本庁〕
若八幡神社　わかはちまんじんじゃ〔社〕
　大分県日田市北友田町　《祭神》足仲彦命[他]　　　　　　　　　　　　　　〔神社本庁〕
若八幡神社　わかはちまんじんじゃ〔社〕
　大分県宇佐市大字江須賀　《別称》若宮さま　《祭神》大鷦鷯尊[他]　　　　〔神社本庁〕
若八幡神社　わかはちまんじんじゃ〔社〕
　大分県玖珠郡玖珠町　《別称》若宮さん　《祭神》大鷦鷯命[他]　　　　　　〔神社本庁〕
4若王寺　にゃくおうじ〔寺〕
　滋賀県大津市　《本尊》阿弥陀如来　〔浄土宗〕
若王寺　にゃくおうじ〔寺〕
　滋賀県甲賀郡土山町　《本尊》阿弥陀如来・薬師如来　　　　　　　　　　　　〔浄土宗〕
若王寺　にゃくおうじ〔寺〕
　京都府相楽郡精華町　《本尊》阿弥陀如来　　　　　　　　　〔浄土宗西山禅林寺派〕
若王寺　にゃくおうじ〔寺〕
　香川県東かがわ市　《別称》王子坊　《本尊》阿弥陀如来　　　　　　　　〔真言宗御室派〕
6若冲寺《称》　じゃくちゅうじ〔寺〕
　大阪府豊中市・西福寺　《本尊》阿弥陀如来　　　　　　　　　　　〔浄土真宗本願寺派〕
若江神社　わかえじんじゃ〔社〕
　岐阜県岐阜市　《別称》若江様　《祭神》応神天皇[他]　　　　　　　　　〔神社本庁〕
若江様《称》　わかえさま〔社〕
　岐阜県岐阜市・若江神社　《祭神》応神天皇[他]　　　　　　　　　　　　〔神社本庁〕
若江鏡神社　わかえかがみじんじゃ〔社〕
　大阪府東大阪市　《祭神》大雷槌大神[他]　　　　　　　　　　　　　　　〔神社本庁〕

8若松おえびすさん《称》　わかまつおえびすさん〔社〕
　福岡県北九州市若松区・恵比須神社　《祭神》事代主命[他]　　　　　　　〔神社本庁〕
若松白山《称》　わかまつはくさん〔社〕
　福岡県北九州市若松区・白山神社　《祭神》伊弉冉命[他]　　　　　　　　〔神社本庁〕
若松寺　じゃくしょうじ〔寺〕
　東京都港区　《本尊》日蓮聖人奠定の大曼荼羅　　　　　　　　　　〔日蓮宗不受不施派〕
若松神社　わかまつじんじゃ〔社〕
　長崎県南松浦郡若松町　《祭神》天御中主神　　　　　　　　　　　　　　〔神社本庁〕
9若狭彦神社　わかさひこじんじゃ〔社〕
　福井県小浜市　《別称》上下宮　《祭神》彦火火出見尊[他]　　　　　　　〔神社本庁〕
若狭姫神社　わかさひめじんじゃ〔社〕
　福井県小浜市　《祭神》若狭姫神　〔神社本庁〕
若草稲荷神社　わかくさいなりじんじゃ〔社〕
　宮城県登米郡東和町　《祭神》倉稲魂之神[他]　　　　　　　　　　　　　〔神社本庁〕
10若宮《称》　わかみや〔社〕
　熊本県熊本市・高橋西神社　《祭神》天照皇大神[他]　　　　　　　　　　〔神社本庁〕
若宮さま《称》　わかみやさま〔社〕
　三重県一志郡美杉村・若宮八幡神社　《祭神》大鷦鷯命[他]　　　　　　　〔神社本庁〕
若宮さま《称》　わかみやさま〔社〕
　大分県大分市大字南・若宮八幡社　《祭神》大鷦鷯尊[他]　　　　　　　　〔神社本庁〕
若宮さま《称》　わかみやさま〔社〕
　大分県豊後高田市大字高田御玉・若宮八幡神社　《祭神》大鷦鷯尊[他]　　〔神社本庁〕
若宮さま《称》　わかみやさま〔社〕
　大分県杵築市・若宮八幡社　《祭神》大雀命[他]　　　　　　　　　　　　〔神社本庁〕
若宮さま《称》　わかみやさま〔社〕
　大分県宇佐市大字江須賀・若八幡神社　《祭神》大鷦鷯尊[他]　　　　　　〔神社本庁〕
若宮さん《称》　わかみやさん〔社〕
　石川県松任市・若宮八幡宮　《祭神》応神天皇　　　　　　　　　　　　　〔神社本庁〕
若宮さん《称》　わかみやさん〔社〕
　愛知県名古屋市中区・若宮八幡社　《祭神》仁徳天皇[他]　　　　　　　　〔神社本庁〕
若宮さん《称》　わかみやさん〔社〕
　滋賀県甲賀郡水口町・柏木神社　《祭神》大己貴命[他]　　　　　　　　　〔神社本庁〕

若宮さん《称》　わかみやさん〔社〕
　大分県玖珠郡玖珠町・若八幡神社　《祭神》大鷦鷯命［他］　〔神社本庁〕
若宮八幡社　わかみやはちまんしゃ〔社〕
　愛知県名古屋市中区　《別称》若宮さん　《祭神》仁徳天皇［他］　〔神社本庁〕
若宮八幡社　わかみやはちまんしゃ〔社〕
　愛知県宝飯郡小坂井町　《祭神》仁徳天皇［他］　〔神社本庁〕
若宮八幡社　わかみやはちまんしゃ〔社〕
　大分県大分市上野町　《祭神》帯中津比古命［他］　〔神社本庁〕
若宮八幡社　わかみやはちまんしゃ〔社〕
　大分県大分市大字南　《別称》若宮さま　《祭神》大鷦鷯尊［他］　〔神社本庁〕
若宮八幡社　わかみやはちまんしゃ〔社〕
　大分県杵築市　《別称》若宮さま　《祭神》大雀命［他］　〔神社本庁〕
若宮八幡社　わかみやはちまんしゃ〔社〕
　大分県西国東郡大田村　《祭神》神功皇后［他］　〔神社本庁〕
若宮八幡神社　わかみやはちまんじんじゃ〔社〕
　宮城県志田郡三本木町　《別称》若宮様　《祭神》応神天皇［他］　〔神社本庁〕
若宮八幡神社　わかみやはちまんじんじゃ〔社〕
　宮城県遠田郡小牛田町　《祭神》誉田別命［他］　〔神社本庁〕
若宮八幡神社　わかみやはちまんじんじゃ〔社〕
　山形県東根市　《祭神》応神天皇　〔神社本庁〕
若宮八幡神社　わかみやはちまんじんじゃ〔社〕
　福島県南会津郡只見町　《祭神》大雀之命　〔神社本庁〕
若宮八幡神社《称》　わかみやはちまんじんじゃ〔社〕
　福島県相馬郡鹿島町・八幡神社　《祭神》誉田別命　〔単立〕
若宮八幡神社　わかみやはちまんじんじゃ〔社〕
　石川県鳳至郡門前町　《別称》黒島若宮八幡神社　《祭神》大雀命［他］　〔神社本庁〕
若宮八幡神社　わかみやはちまんじんじゃ〔社〕
　山梨県南巨摩郡中富町　《祭神》応神天皇　〔神社本庁〕
若宮八幡神社　わかみやはちまんじんじゃ〔社〕
　山梨県北巨摩郡白州町　《別称》氏神　《祭神》仁徳天皇［他］　〔神社本庁〕
若宮八幡神社　わかみやはちまんじんじゃ〔社〕
　長野県佐久市　《祭神》大雀命［他］　〔神社本庁〕
若宮八幡神社　わかみやはちまんじんじゃ〔社〕
　岐阜県瑞浪市　《祭神》大鷦鷯尊　〔神社本庁〕
若宮八幡神社　わかみやはちまんじんじゃ〔社〕
　岐阜県郡上市　《祭神》仲哀天皇［他］　〔神社本庁〕
若宮八幡神社　わかみやはちまんじんじゃ〔社〕
　三重県一志郡美杉村　《別称》川上山・若宮さま・川上山若宮八幡神社　《祭神》大鷦鷯命［他］　〔神社本庁〕
若宮八幡神社　わかみやはちまんじんじゃ〔社〕
　滋賀県大津市　《祭神》仁徳天皇［他］　〔神社本庁〕
若宮八幡神社　わかみやはちまんじんじゃ〔社〕
　福岡県築上郡椎田町　《別称》若宮八幡宮　《祭神》仲哀天皇［他］　〔神社本庁〕
若宮八幡神社　わかみやはちまんじんじゃ〔社〕
　大分県豊後高田市大字高田御玉　《別称》若宮さま　《祭神》大鷦鷯尊［他］　〔神社本庁〕
若宮八幡神社　わかみやはちまんじんじゃ〔社〕
　大分県速見郡日出町　《別称》日出八幡社・日出若宮八幡神社　《祭神》大雀命［他］　〔神社本庁〕
若宮八幡宮　わかみやはちまんぐう〔社〕
　岩手県久慈市　《祭神》大鷦鷯命　〔神社本庁〕
若宮八幡宮　わかみやはちまんぐう〔社〕
　茨城県常陸太田市　《別称》太田八幡宮　《祭神》大鷦鷯命［他］　〔神社本庁〕
若宮八幡宮《称》　わかみやはちまんぐう〔社〕
　東京都世田谷区・駒留八幡神社　《祭神》応神天皇［他］　〔神社本庁〕
若宮八幡宮　わかみやはちまんぐう〔社〕
　石川県松任市　《別称》若宮さん　《祭神》応神天皇　〔神社本庁〕
若宮八幡宮　わかみやはちまんぐう〔社〕
　山梨県韮崎市　《別称》河原部さん　《祭神》大鷦鷯命　〔神社本庁〕

8画（苔，苦）

若宮八幡宮　わかみやはちまんぐう〔社〕
　静岡県志太郡岡部町　《祭神》大雀命[他]
　　　　　　　　　　　　　　　〔神社本庁〕
若宮八幡宮　わかみやはちまんぐう〔社〕
　静岡県磐田郡豊田町　《祭神》大鷦鷯命[他]
　　　　　　　　　　　　　　　〔神社本庁〕
若宮八幡宮《称》　わかみやはちまんぐう
　〔社〕
　兵庫県美嚢郡吉川町・若宮神社　《祭神》仁
　徳天皇　　　　　　　　　　　〔神社本庁〕
若宮八幡宮　わかみやはちまんぐう〔社〕
　高知県高知市　《祭神》応神天皇[他]
　　　　　　　　　　　　　　　〔神社本庁〕
若宮八幡宮　わかみやはちまんぐう〔社〕
　高知県吾川郡伊野町　《祭神》応神天皇
　　　　　　　　　　　　　　　〔神社本庁〕
若宮八幡宮　わかみやはちまんぐう〔社〕
　福岡県小郡市八坂　《祭神》応神天皇[他]
　　　　　　　　　　　　　　　〔神社本庁〕
若宮八幡宮　わかみやはちまんぐう〔社〕
　福岡県鞍手郡若宮町　《祭神》応神天皇[他]
　　　　　　　　　　　　　　　〔神社本庁〕
若宮八幡宮《称》　わかみやはちまんぐう
　〔社〕
　福岡県浮羽郡吉井町・八幡神社　《祭神》応
　神天皇　　　　　　　　　　　〔神社本庁〕
若宮八幡宮《称》　わかみやはちまんぐう
　〔社〕
　福岡県築上郡椎田町・若宮八幡神社　《祭
　神》仲哀天皇[他]　　　　　　〔神社本庁〕
若宮八幡宮《称》　わかみやはちまんぐう
　〔社〕
　佐賀県多久市・八幡神社　《祭神》応神天皇
　[他]　　　　　　　　　　　　〔神社本庁〕
若宮八幡宮　わかみやはちまんぐう〔社〕
　大分県大分市大字森　《祭神》仁徳天皇[他]
　　　　　　　　　　　　　　　〔神社本庁〕
若宮八幡宮　わかみやはちまんぐう〔社〕
　大分県佐伯市大字鶴望　《祭神》誉田別尊[他]
　　　　　　　　　　　　　　　〔神社本庁〕
若宮寺　わかみやじ〔寺〕
　山形県西村山郡朝日町　《本尊》大日如来・不
　動明王　　　　　　　　　　〔真言宗豊山派〕
若宮社　わかみやしゃ〔社〕
　大分県宇佐郡安心院町　《祭神》応神天皇
　　　　　　　　　　　　　　　〔神社本庁〕
若宮神社　わかみやじんじゃ〔社〕
　滋賀県高島郡安曇川町　《祭神》大己貴命
　　　　　　　　　　　　　　　〔神社本庁〕
若宮神社　わかみやじんじゃ〔社〕
　京都府綾部市　《祭神》仁徳天皇〔神社本庁〕

若宮神社　わかみやじんじゃ〔社〕
　兵庫県美嚢郡吉川町　《別称》若宮八幡宮
　《祭神》仁徳天皇　　　　　　〔神社本庁〕
若宮神社　わかみやじんじゃ〔社〕
　佐賀県神埼郡千代田町　《祭神》忍穂耳尊[他]
　　　　　　　　　　　　　　　〔神社本庁〕
若宮神社　わかみやじんじゃ〔社〕
　熊本県下益城郡中央町　《祭神》阿蘇大神[他]
　　　　　　　　　　　　　　　〔神社本庁〕
若宮神社　わかみやじんじゃ〔社〕
　熊本県八代郡東陽村　《祭神》健磐竜命[他]
　　　　　　　　　　　　　　　〔神社本庁〕
若宮神社　わかみやじんじゃ〔社〕
　鹿児島県鹿児島市　《祭神》応神天皇[他]
　　　　　　　　　　　　　　　〔神社本庁〕
若宮神明社　わかみやしんめいしゃ〔社〕
　愛知県一宮市奥町　《祭神》天照皇大神[他]
　　　　　　　　　　　　　　　〔神社本庁〕
若宮様《称》　わかみやさま〔社〕
　宮城県志田郡三本木町・若宮八幡神社　《祭
　神》応神天皇[他]　　　　　　〔神社本庁〕
若宮様《称》　わかみやさま〔社〕
　熊本県熊本市・河尻神宮　《祭神》天照皇大
　神[他]　　　　　　　　　　　〔神社本庁〕
若宮稲荷《称》　わかみやいなり〔社〕
　長崎県長崎市・伊良林稲荷神社　《祭神》保
　食大神[他]　　　　　　　　　　　〔単立〕
若栗神社　わかくりじんじゃ〔社〕
　岐阜県武儀郡武儀町　《別称》弓取様　《祭
　神》若栗大神　　　　　　　　〔神社本庁〕
若栗神社　わかぐりじんじゃ〔社〕
　愛知県一宮市島村　　　　　　〔神社本庁〕
若桜弁天《称》　わかざべんてん〔社〕
　鳥取県八頭郡若桜町・江島神社　《祭神》神
　日本磐余彦命[他]　　　　　　〔神社本庁〕
若桜神社　わかさじんじゃ〔社〕
　鳥取県八頭郡若桜町　《別称》松上大明神
　《祭神》国常立尊[他]　　　　〔神社本庁〕

【苔】
6 苔寺《称》　こけでら〔寺〕
　京都府京都市西京区・西芳寺　《本尊》阿弥
　陀如来・夢窓国師　　　　　〔臨済宗天竜寺派〕

【苦】
9 苦前神社　とままえじんじゃ〔社〕
　北海道苫前郡苫前町　《祭神》市岐嶋姫命[他]
　　　　　　　　　　　　　　　〔神社本庁〕

神社・寺院名よみかた辞典　395

8画（苗, 茂, 虎, 虱, 表, 迦, 金）

【苗】

5 苗代神社　なわしろじんじゃ〔社〕
　三重県三重郡朝日町　《祭神》少彦名命［他］
　　　　　　　　　　　　　　　〔神社本庁〕

7 苗村神社　なむらじんじゃ〔社〕
　滋賀県蒲生郡竜王町　《別称》なむらさん
　《祭神》那牟羅彦神［他］　〔神社本庁〕

【茂】

8 茂林寺　もりんじ〔寺〕
　福島県伊達郡月舘町　《本尊》釈迦如来
　　　　　　　　　　　　　　　　〔曹洞宗〕

茂林寺　もりんじ〔寺〕
　群馬県館林市　《別称》分福茶釜の寺　《本尊》釈迦如来　〔曹洞宗〕

【虎】

8 虎狛神社　こはくじんじゃ〔社〕
　東京都調布市　《祭神》大歳御祖神［他］
　　　　　　　　　　　　　　　〔神社本庁〕

9 虎柏神社　とらかしわじんじゃ〔社〕
　東京都青梅市　《祭神》大年御祖神［他］
　　　　　　　　　　　　　　　〔神社本庁〕

【虱】

4 虱井神社　むしいじんじゃ〔社〕
　鳥取県八頭郡智頭町　《祭神》瀬織津姫命［他］
　　　　　　　　　　　　　　　〔神社本庁〕

【表】

8 表門神社　うわとじんじゃ〔社〕
　山梨県東八代郡中道町　《祭神》木花開耶姫命［他］　　　　　〔神社本庁〕

表門神社　うわとじんじゃ〔社〕
　山梨県西八代郡三珠町　《別称》市川文殊
　《祭神》天照大神［他］　〔神社本庁〕

【迦】

12 迦葉院　かしょういん〔寺〕
　埼玉県北葛飾郡鷲宮町　《本尊》釈迦如来
　　　　　　　　　　　　　　　　〔曹洞宗〕

【金】

0 金ケ崎神社　かねがさきじんじゃ〔社〕
　岩手県胆沢郡金ヶ崎町　《別称》お諏訪さん
　《祭神》建御名方命［他］　〔神社本庁〕

2 金刀比羅神社　ことひらじんじゃ〔社〕
　北海道根室市　《祭神》大物主神［他］
　　　　　　　　　　　　　　　〔神社本庁〕

金刀比羅神社　ことひらじんじゃ〔社〕
　岩手県久慈市　《別称》金比羅山　《祭神》大物主命　　　　　〔神社本庁〕

金刀比羅神社　ことひらじんじゃ〔社〕
　茨城県石岡市　《祭神》経津主大神［他］
　　　　　　　　　　　　　　　〔神社本庁〕

金刀比羅神社　ことひらじんじゃ〔社〕
　千葉県山武郡松尾町　《別称》こんぴら様
　《祭神》大名持命［他］　〔神社本庁〕

金刀比羅神社　ことひらじんじゃ〔社〕
　京都府京丹後市　《祭神》大物主神
　　　　　　　　　　　　　　　〔神社本庁〕

金刀比羅神社　ことひらじんじゃ〔社〕
　徳島県徳島市勢見町　《祭神》大物主命
　　　　　　　　　　　　　　　〔神社本庁〕

金刀比羅神社　ことひらじんじゃ〔社〕
　徳島県徳島市川内町　《祭神》大己貴命［他］
　　　　　　　　　　　　　　　〔神社本庁〕

金刀比羅神社　ことひらじんじゃ〔社〕
　徳島県鳴門市　《祭神》大物主命［他］
　　　　　　　　　　　　　　　〔神社本庁〕

金刀比羅神社　ことひらじんじゃ〔社〕
　徳島県阿南市　《祭神》大物主命［他］
　　　　　　　　　　　　　　　〔神社本庁〕

金刀比羅宮　ことひらぐう〔社〕
　東京都港区　《別称》こんぴらさん　《祭神》大物主大神［他］　〔神社本庁〕

金刀比羅宮　ことひらぐう〔社〕
　香川県仲多度郡琴平町　《別称》こんぴらさん　《祭神》大物主神［他］　〔神社本庁〕

3 金丸八幡《称》　かなまるはちまん〔社〕
　栃木県大田原市・那須神社　《祭神》応神天皇　　　　　　　　〔神社本庁〕

金山寺　かなやまじ〔寺〕
　岡山県岡山市　《本尊》十一面千手観世音菩薩　　　　　　　　　〔天台宗〕

金山神社　かなやまじんじゃ〔社〕
　宮城県伊具郡丸森町　《祭神》天照皇大神
　　　　　　　　　　　　　　　〔神社本庁〕

金山神社　きんざんじんじゃ〔社〕
　秋田県仙北郡田沢湖町　《祭神》金山彦大神　　　　　　　　　　〔神社本庁〕

金山神社　かなやまじんじゃ〔社〕
　愛知県名古屋市熱田区　《祭神》金山彦命
　　　　　　　　　　　　　　　〔神社本庁〕

4 金心寺　きんしんじ〔寺〕
　兵庫県三田市　《本尊》弥勒菩薩
　　　　　　　　　　　　　　〔真言宗御室派〕

金比羅《称》　こんぴら〔寺〕
　滋賀県近江八幡市・円満寺　《本尊》十一面観世音菩薩　　　　〔臨済宗永源寺派〕

8画（金）

金比羅さん《称》　こんぴらさん〔寺〕
　神奈川県横浜市戸塚区・宝蔵院　《本尊》大
　日如来・宝蔵不動明王　〔真言宗大覚寺派〕
金比羅山《称》　こんぴらさん〔社〕
　岩手県久慈市・金刀比羅神社　《祭神》大物
　主命　〔神社本庁〕
金王八幡宮《称》　こんのうはちまんぐう
〔社〕
　東京都渋谷区渋谷・八幡神社　《祭神》応神
　天皇　〔神社本庁〕
5金仙寺　こんせんじ〔寺〕
　埼玉県所沢市　《本尊》阿弥陀如来
　〔真言宗豊山派〕
金台寺　こんたいじ〔寺〕
　千葉県館山市　《本尊》阿弥陀如来　〔天台宗〕
金台寺　こんだいじ〔寺〕
　滋賀県愛知郡秦荘町　《別称》矢取地蔵尊
　《本尊》矢取地蔵菩薩　〔臨済宗永源寺派〕
金台寺　こんたいじ〔寺〕
　大阪府大阪市天王寺区　《本尊》阿弥陀如
　来　〔浄土宗〕
金台寺　こんたいじ〔寺〕
　大阪府大阪市北区　《本尊》阿弥陀如来
　〔浄土真宗本願寺派〕
金台寺　こんたいじ〔寺〕
　奈良県橿原市　《本尊》阿弥陀如来
　〔浄土真宗本願寺派〕
金台寺　こんたいじ〔寺〕
　福岡県遠賀郡芦屋町　《本尊》阿弥陀三尊
　〔時宗〕
金生山神社　かなぶさんじんじゃ〔社〕
　岐阜県大垣市　《祭神》安閑天皇　〔神社本庁〕
金生院　こんしょういん〔寺〕
　高知県中村市　《別称》具同高野山　《本尊》
　弘法大師　〔高野山真言宗〕
金田天神《称》　かなだてんじん〔社〕
　岡山県岡山市・天満宮　《祭神》菅原道真［他］
　〔神社本庁〕
金田宮《称》　かなたぐう〔社〕
　大阪府堺市・金岡神社　《祭神》底筒男命［他］
　〔神社本庁〕
金目観音《称》　かなめかんのん〔寺〕
　神奈川県平塚市・光明寺　《本尊》聖観世音
　菩薩　〔天台宗〕
金石神社　かねいしじんじゃ〔社〕
　愛知県西尾市　《祭神》国常立尊［他］
　〔神社本庁〕
金立神社　きんりゅうじんじゃ〔社〕
　佐賀県佐賀市　《祭神》保食神［他］
　〔神社本庁〕

6金光寺　きんこうじ〔寺〕
　茨城県結城市　《本尊》大日如来
　〔真言宗豊山派〕
金光寺　こんこうじ〔寺〕
　長野県長野市　《本尊》薬師如来
　〔真言宗豊山派〕
金光寺　こんこうじ〔寺〕
　京都府京都市下京区　《別称》市屋道場　《本
　尊》阿弥陀如来　〔時宗〕
金光寺　きんこうじ〔寺〕
　京都府福知山市　《本尊》不動明王・十一面
　観世音菩薩　〔高野山真言宗〕
金地院　こんちいん〔寺〕
　東京都港区　《別称》南禅寺東京出張所　《本
　尊》聖観世音菩薩　〔臨済宗南禅寺派〕
金地院　こんちいん〔寺〕
　静岡県引佐郡細江町　《本尊》薬師如来
　〔臨済宗妙心寺派〕
金地院　こんちいん〔寺〕
　京都府京都市左京区　《本尊》地蔵菩薩
　〔臨済宗南禅寺派〕
7金佐奈神社　かなさなじんじゃ〔社〕
　埼玉県本庄市　《別称》産泰様　《祭神》天照
　皇大神［他］　〔神社本庁〕
金戒光明寺　こんかいこうみょうじ〔寺〕
　京都府京都市左京区　《別称》黒谷・大本山・円
　光大師霊場第二四番　《本尊》法然上人・阿
　弥陀如来・千手観世音菩薩　〔黒谷浄土宗〕
金村様《称》　かなむらさま〔社〕
　茨城県つくば市・別雷神社　《祭神》別雷大
　神　〔神社本庁〕
金沢八幡《称》　かなざわはちまん〔社〕
　神奈川県横浜市金沢区寺前町・八幡神社
　《祭神》応神天皇　〔神社本庁〕
金沢大神宮　かなざわだいじんぐう〔社〕
　石川県金沢市　《祭神》天照皇大神［他］
　〔神社本庁〕
金沢山八幡神社《称》　かねざわさんはち
まんじんじゃ〔社〕
　秋田県横手市・八幡神社　《祭神》誉田別命
　［他］　〔神社本庁〕
金沢神社　かなざわじんじゃ〔社〕
　石川県金沢市　《祭神》菅原道真［他］
　〔神社本庁〕
金秀寺　きんしゅうじ〔寺〕
　宮城県本吉郡志津川町　《本尊》釈迦如来
　〔曹洞宗〕
金谷神社　かなやじんじゃ〔社〕
　千葉県富津市　《別称》鉄尊　《祭神》豊受姫
　命［他］　〔神社本庁〕

8画（金）

金谷神社　かねたにじんじゃ〔社〕
　山口県萩市　《別称》萩天満宮　《祭神》菅原道真　〔神社本庁〕
8金宝寺　こんぽうじ〔寺〕
　京都府京都市下京区　《本尊》阿弥陀如来
　〔浄土真宗本願寺派〕
金岡神社　かなおかじんじゃ〔社〕
　大阪府堺市　《別称》金田宮　《祭神》底筒男命〔他〕　〔神社本庁〕
金性寺　きんしょうじ〔寺〕
　福島県相馬郡小高町　《本尊》妙見大菩薩・二三夜尊・足尾権現　〔真言宗豊山派〕
金性寺　きんしょうじ〔寺〕
　熊本県上天草市　《本尊》釈迦三尊　〔曹洞宗〕
金念寺　こんねんじ〔寺〕
　滋賀県八日市市　《本尊》阿弥陀三尊
　〔浄土宗〕
金昌寺　きんしょうじ〔寺〕
　埼玉県秩父市　《別称》新木寺(あらきでら)・秩父第四番霊場　《本尊》十一面観世音菩薩　〔曹洞宗〕
金明寺　きんめいじ〔寺〕
　広島県深安郡神辺町　《本尊》不動明王
　〔天台寺門宗〕
金松寺　きんしょうじ〔寺〕
　長野県南安曇郡梓川村　《本尊》正観世音菩薩　〔曹洞宗〕
9金乗院　こんじょういん〔寺〕
　山形県米沢市　《本尊》大日如来・薬師如来
　〔真言宗豊山派〕
金乗院　こんじょういん〔寺〕
　埼玉県所沢市　《別称》山口観音　《本尊》千手観世音菩薩・聖観世音菩薩・不動明王・大日如来・二十五菩薩・布袋尊
　〔真言宗豊山派〕
金乗院　こんじょういん〔寺〕
　埼玉県比企郡川島町　《本尊》大日如来
　〔真言宗豊山派〕
金乗院　こんじょういん〔寺〕
　千葉県野田市　《本尊》薬師如来・不動明王
　〔真言宗豊山派〕
金乗院　こんじょういん〔寺〕
　千葉県鴨川市　《別称》大日の寺　《本尊》不動明王・大日如来　〔真言宗智山派〕
金乗院　こんじょういん〔寺〕
　東京都豊島区　《別称》目白不動尊　《本尊》聖観世音菩薩　〔真言宗豊山派〕
金乗院　こんじょういん〔寺〕
　東京都練馬区　《別称》本寺　《本尊》愛染明王　〔真言宗豊山派〕

金前寺　こんぜんじ〔寺〕
　福井県敦賀市　《本尊》十一面観世音菩薩
　〔高野山真言宗〕
金南寺　こんなんじ〔寺〕
　東京都八王子市　《本尊》阿弥陀如来
　〔真言宗智山派〕
金屋神社　かなやじんじゃ〔社〕
　長崎県東彼杵郡波佐見町　《祭神》金山彦命〔他〕　〔神社本庁〕
金毘羅さん《称》　こんぴらさん〔寺〕
　兵庫県明石市・竜谷寺　《本尊》延命地蔵菩薩　〔臨済宗妙心寺派〕
金毘羅大本院　こんぴらだいほんいん〔寺〕
　北海道小樽市　《本尊》金毘羅大権現
　〔高野山真言宗〕
金毘羅山《称》　こんぴらさん〔寺〕
　山口県萩市・円政寺　《本尊》地蔵菩薩・金毘羅神　〔真言宗御室派〕
金毘羅山《称》　こんぴらさん〔寺〕
　愛媛県越智郡朝倉村・満願寺　《本尊》薬師如来・金毘羅大権現・不動明王・阿弥陀如来・弘法大師　〔高野山真言宗〕
金毘羅寺　こんぴらじ〔寺〕
　北海道虻田郡倶知安町　《別称》こんぴらさん　《本尊》金毘羅大権現・浪切不動明王・弘法大師・遍照尊　〔高野山真言宗〕
金毘羅寺《称》　こんぴらじ〔寺〕
　東京都文京区・竜光寺　《本尊》釈迦如来
　〔臨済宗東福寺派〕
金毘羅院　こんぴらいん〔寺〕
　岡山県阿哲郡大佐町　《本尊》金毘羅大権現　〔単立〕
金泉寺　きんせんじ〔寺〕
　宮城県亘理郡山元町　《本尊》不動明王・弘法大師・興教大師・観世音菩薩
　〔真言宗智山派〕
金泉寺　こんせんじ〔寺〕
　埼玉県和光市　《本尊》阿弥陀如来
　〔臨済宗建長寺派〕
金泉寺　きんせんじ〔寺〕
　新潟県加茂市　《別称》狭口薬師　《本尊》薬師如来　〔真言宗智山派〕
金泉寺　こんせんじ〔寺〕
　徳島県板野郡板野町　《別称》四国第三番霊場　《本尊》釈迦如来・阿弥陀如来・薬師如来　〔高野山真言宗〕
金津神社　かなづじんじゃ〔社〕
　福井県あわら市　《別称》総社・春日さん　《祭神》天津児屋根命〔他〕　〔神社本庁〕

398　神社・寺院名よみかた辞典

8画（金）

金相寺　こんそうじ〔寺〕
　東京都荒川区　《本尊》阿弥陀如来
　　　　　　　　　　　　　〔真宗大谷派〕
金砂権現〔称〕　かなさごんげん〔社〕
　茨城県久慈郡金砂郷町・西金砂神社　《祭神》
　大己貴命〔他〕　　　　　　〔神社本庁〕
金砂権現さま《称》　かなさごんげんさま
　〔社〕
　茨城県久慈郡水府村・東金砂神社　《祭神》大
　己貴命〔他〕　　　　　　　〔神社本庁〕
金神社　こがねじんじゃ〔社〕
　岐阜県岐阜市　《祭神》金大神〔他〕
　　　　　　　　　　　　　　〔神社本庁〕
金胎寺　こんたいじ〔寺〕
　三重県鳥羽市　《別称》観音山　《本尊》千手
　観世音菩薩　　　　　　　〔高野山真言宗〕
金胎寺　こんたいじ〔寺〕
　滋賀県栗東市　《本尊》阿弥陀如来　〔浄土宗〕
金胎寺　こんたいじ〔寺〕
　京都府相楽郡和束町　《本尊》弥勒菩薩・愛
　染明王　　　　　　　　　〔真言宗醍醐派〕
10金倉寺　こんぞうじ〔寺〕
　香川県善通寺市　《別称》四国第七六番霊場
　《本尊》薬師如来　　　　　〔天台寺門宗〕
金剣神社　かなつるぎじんじゃ〔社〕
　福井県福井市　《別称》御剣様　《祭神》級長
　津彦命　　　　　　　　　　〔神社本庁〕
金剣宮　かなつるぎのみや〔社〕
　石川県石川郡鶴来町　《祭神》瓊瓊杵尊
　　　　　　　　　　　　　　〔神社本庁〕
金剛三昧院　こんごうさんまいいん〔寺〕
　和歌山県伊都郡高野町　《本尊》十一面観世
　音菩薩　　　　　　　　　〔高野山真言宗〕
金剛山寺　こんごうさんじ〔寺〕
　奈良県大和郡山市　《別称》矢田寺　《本尊》
　延命地蔵菩薩　　　　　　〔高野山真言宗〕
金剛山葛木神社　こんごうさんかつらぎじ
　んじゃ〔社〕
　奈良県御所市　《別称》こんごせ　《祭神》葛
　木一言主大神〔他〕　　　　〔神社本庁〕
金剛心院　こんごうしんいん〔寺〕
　京都府宮津市　　　　　　　　　〔単立〕
金剛王院　こんごうおういん〔寺〕
　京都府京都市伏見区　《別称》観音さん　《本
　尊》千手観世音菩薩　　　〔真言宗醍醐派〕
金剛光寺　こんごうこうじ〔寺〕
　新潟県三島郡越路町　《本尊》大日如来
　　　　　　　　　　　　　〔真言宗豊山派〕
金剛寺　こんごうじ〔寺〕
　北海道檜山郡江差町　《本尊》阿弥陀如来
　　　　　　　　　　　　　　　　〔浄土宗〕

金剛寺　こんごうじ〔寺〕
　北海道虻田郡倶知安町　《本尊》金剛界大日
　如来　　　　　　　　　　〔高野山真言宗〕
金剛寺　こんごうじ〔寺〕
　岩手県陸前高田市　《本尊》如意輪観世音菩
　薩・大日如来　　　　　　〔真言宗智山派〕
金剛寺　こんごうじ〔寺〕
　宮城県栗原郡鶯沢町　《別称》鶯沢山　《本
　尊》釈迦如来　　　　　　　　　〔曹洞宗〕
金剛寺　こんごうじ〔寺〕
　山形県酒田市　《本尊》大日如来
　　　　　　　　　　　　　〔真言宗智山派〕
金剛寺　こんごうじ〔寺〕
　福島県郡山市　《本尊》延命地蔵菩薩・不動
　明王・薬師如来　　　　　〔真言宗豊山派〕
金剛寺　こんごうじ〔寺〕
　茨城県笠間市　《本尊》延命地蔵菩薩
　　　　　　　　　　　　　〔真言宗豊山派〕
金剛寺　こんごうじ〔寺〕
　茨城県新治郡霞ヶ浦町　《本尊》阿弥陀如来
　　　　　　　　　　　　　〔真言宗豊山派〕
金剛寺　こんごうじ〔寺〕
　群馬県勢多郡宮城村　《本尊》十一面観世音
　菩薩　　　　　　　　　　〔真言宗豊山派〕
金剛寺　こんごうじ〔寺〕
　群馬県多野郡鬼石町　《本尊》地蔵菩薩
　　　　　　　　　　　　　　　　〔単立〕
金剛寺　こんごうじ〔寺〕
　埼玉県さいたま市　《本尊》聖観世音菩薩
　　　　　　　　　　　　　〔真言宗智山派〕
金剛寺　こんごうじ〔寺〕
　埼玉県さいたま市　《本尊》阿弥陀如来
　　　　　　　　　　　　　〔真言宗智山派〕
金剛寺　こんごうじ〔寺〕
　千葉県勝浦市　《本尊》虚空蔵菩薩　〔曹洞宗〕
金剛寺　こんごうじ〔寺〕
　東京都世田谷区　《別称》北向薬師　《本尊》
　大日如来　　　　　　　　〔真言宗智山派〕
金剛寺　こんごうじ〔寺〕
　東京都中野区　《本尊》釈迦如来　〔曹洞宗〕
金剛寺　こんごうじ〔寺〕
　東京都北区　《別称》もみじ寺　《本尊》不動
　明王　　　　　　　　　　〔真言宗豊山派〕
金剛寺　こんごうじ〔寺〕
　東京都青梅市　《別称》青梅寺　《本尊》白不
　動明王　　　　　　　　　〔真言宗豊山派〕
金剛寺　こんごうじ〔寺〕
　東京都日野市　《別称》高幡不動尊　《本尊》金
　剛界大日如来・不動明王　〔真言宗智山派〕

神社・寺院名よみかた辞典　399

8画（金）

金剛寺　こんごうじ〔寺〕
　神奈川県秦野市　《本尊》釈迦如来・薬師如来・阿弥陀如来・観世音菩薩
　　　　　　　　　　　　　〔臨済宗建長寺派〕
金剛寺　こんごうじ〔寺〕
　新潟県西蒲原郡西川町　《本尊》大日如来
　　　　　　　　　　　　　〔真言宗智山派〕
金剛寺　こんごうじ〔寺〕
　三重県尾鷲市　《本尊》十一面観世音菩薩
　　　　　　　　　　　　　　　　〔曹洞宗〕
金剛寺　こんごうじ〔寺〕
　滋賀県蒲生郡日野町　《別称》山寺・さつき寺　　　　　　　　　〔臨済宗永源寺派〕
金剛寺　こんごうじ〔寺〕
　京都府京都市東山区下河原四金園町　《別称》八坂の庚申　《本尊》青面金剛　〔天台宗〕
金剛寺　こんごうじ〔寺〕
　京都府京都市東山区三条通田川橋東入　《別称》矢田地蔵　《本尊》阿弥陀如来
　　　　　　　　　　　　　　　　〔浄土宗〕
金剛寺　こんごうじ〔寺〕
　京都府亀岡市　《別称》応挙寺　《本尊》釈迦如来　　　　　　　〔臨済宗天竜寺派〕
金剛寺　こんごうじ〔寺〕
　大阪府大阪市鶴見区　《別称》総本山　《本尊》阿弥陀如来　　　　　　　〔念法真教〕
金剛寺　こんごうじ〔寺〕
　大阪府河内長野市　《別称》女人高野天野山　《本尊》大日如来・不動明王・降三世明王
　　　　　　　　　　　　　〔真言宗御室派〕
金剛寺　こんごうじ〔寺〕
　奈良県高市郡明日香村　《別称》坂田の薬師　《本尊》阿弥陀如来・薬師如来　〔浄土宗〕
金剛寺　こんごうじ〔寺〕
　和歌山県海草郡野上町　《別称》釜滝薬師　《本尊》薬師如来・大日如来
　　　　　　　　　　　　　　〔高野山真言宗〕
金剛寺　こんごうじ〔寺〕
　岡山県岡山市　《本尊》延命地蔵菩薩
　　　　　　　　　　　　　　〔高野山真言宗〕
金剛寺　こんごうじ〔寺〕
　山口県柳井市　　　　〔真言宗御室派〕
金剛寺　こんごうじ〔寺〕
　愛媛県越智郡大三島町　《本尊》聖観世音菩薩　　　　　　　　　　　　　〔曹洞宗〕
金剛寺　こんごうじ〔寺〕
　福岡県築上郡築城町　《本尊》阿弥陀如来
　　　　　　　　　　　　　〔浄土真宗本願寺派〕
金剛寺　こんごうじ〔寺〕
　鹿児島県曽於郡志布志町　《本尊》阿弥陀如来
　　　　　　　　　　　　　〔浄土真宗本願寺派〕

金剛定寺　こんごうじょうじ〔寺〕
　栃木県宇都宮市　《本尊》大日如来
　　　　　　　　　　　　　〔真言宗智山派〕
金剛定寺　こんごうじょうじ〔寺〕
　滋賀県蒲生郡日野町　《別称》安産観世音　《本尊》十一面観世音菩薩・馬頭観世音菩薩・阿弥陀如来・聖徳太子　〔天台宗〕
金剛宝寺護国院　こんごうほうじごこくいん〔寺〕
　和歌山県和歌山市　《別称》護国院・総本山・紀三井寺・西国第二番霊場　《本尊》十一面観世音菩薩　　　　〔救世観音宗〕
金剛宝戒寺　こんごうほうかいじ〔寺〕
　大分県大分市　《本尊》釈迦如来
　　　　　　　　　　　　　　〔高野山真言宗〕
金剛乗寺　こんごうじょうじ〔寺〕
　熊本県山鹿市　《別称》談議所　《本尊》薬師如来　　　　　　　〔高野山真言宗〕
金剛城寺　こんごうじょうじ〔寺〕
　兵庫県神崎郡福崎町　《別称》なぐさの寺　《本尊》十一面観世音菩薩　〔高野山真言宗〕
金剛峯寺　こんごうぶじ〔寺〕
　和歌山県伊都郡高野町　《別称》高野山・総本山　《本尊》胎蔵界大日如来・弘法大師・薬師如来　　　　　　〔高野山真言宗〕
金剛院　こんごういん〔寺〕
　福島県いわき市　《本尊》弘法大師
　　　　　　　　　　　　　〔真言宗智山派〕
金剛院　こんごういん〔寺〕
　群馬県沼田市　《別称》沼田成田山　《本尊》阿弥陀如来・成田不動尊　〔天台宗〕
金剛院　こんごういん〔寺〕
　埼玉県さいたま市　《本尊》不動明王
　　　　　　　　　　　　　〔真言宗智山派〕
金剛院　こんごういん〔寺〕
　埼玉県岩槻市　《本尊》虚空蔵菩薩
　　　　　　　　　　　　　〔真言宗豊山派〕
金剛院　こんごういん〔寺〕
　埼玉県狭山市　《本尊》不動明王
　　　　　　　　　　　　　〔真言宗豊山派〕
金剛院　こんごういん〔寺〕
　埼玉県鴻巣市　《本尊》大日如来
　　　　　　　　　　　　　〔真言宗智山派〕
金剛院　こんごういん〔寺〕
　埼玉県戸田市　《本尊》不動明王
　　　　　　　　　　　　　〔真言宗智山派〕
金剛院　こんごういん〔寺〕
　埼玉県比企郡吉見町　《本尊》不動明王
　　　　　　　　　　　　　〔真言宗智山派〕

8画（金）

金剛院　こんごういん〔寺〕
　埼玉県秩父郡吉田町　《本尊》釈迦如来
　　　　　　　　　　　　　　　〔曹洞宗〕
金剛院　こんごういん〔寺〕
　千葉県鴨川市　《本尊》薬師如来・阿弥陀如来
　　　　　　　　　　　　　　〔真言宗智山派〕
金剛院　こんごういん〔寺〕
　東京都大田区　《本尊》大日如来
　　　　　　　　　　　　　　〔真言宗智山派〕
金剛院　こんごういん〔寺〕
　東京都豊島区　　　　　　〔真言宗豊山派〕
金剛院　こんごういん〔寺〕
　東京都八王子市　《本尊》不動明王
　　　　　　　　　　　　　　〔高野山真言宗〕
金剛院　こんごういん〔寺〕
　新潟県西頸城郡能生町　《本尊》大日如来
　　　　　　　　　　　　　　〔真言宗豊山派〕
金剛院《称》　こんごういん〔寺〕
　静岡県磐田市・医王寺　《本尊》薬師如来
　　　　　　　　　　　　　　〔真言宗智山派〕
金剛院　こんごういん〔寺〕
　静岡県周智郡森町　《別称》大日さん　《本尊》胎蔵界大日如来　　〔真言宗御室派〕
金剛院　こんごういん〔寺〕
　京都府舞鶴市　《本尊》不動明王
　　　　　　　　　　　　　　〔真言宗東寺派〕
金剛院《称》　こんごういん〔寺〕
　兵庫県朝来郡朝来町・正法寺　《本尊》大日如来・阿閦如来・宝生如来・阿弥陀如来・釈迦如来　　　　　　　〔高野山真言宗〕
金剛院　こんごういん〔寺〕
　岡山県倉敷市　《別称》富田のお寺　《本尊》愛染明王・不動明王・弘法大師
　　　　　　　　　　　　　　〔高野山真言宗〕
金剛頂寺　こんごうちょうじ〔寺〕
　神奈川県平塚市　《本尊》大日如来
　　　　　　　　　　　　　　〔真言宗東寺派〕
金剛頂寺　こんごうちょうじ〔寺〕
　高知県室戸市　《別称》西寺・四国第二六番霊場　《本尊》薬師如来　〔真言宗豊山派〕
金剛証寺　こんごうしょうじ〔寺〕
　三重県伊勢市　《別称》朝熊岳　《本尊》虚空蔵菩薩　　　　　　　〔臨済宗南禅寺派〕
金剛禅寺　こんごうぜんじ〔寺〕
　神奈川県南足柄市　《本尊》延命地蔵菩薩
　　　　　　　　　　　　　　〔臨済宗円覚寺派〕
金剛福寺　こんごうふくじ〔寺〕
　兵庫県神戸市灘区　《本尊》十一面観世音菩薩　　　　　　　　　　〔高野山真言宗〕

金剛福寺　こんごうふくじ〔寺〕
　高知県土佐清水市　《別称》足摺さん・四国第三八番霊場　《本尊》三面千手千眼観世音菩薩　　　　　　〔真言宗豊山派〕
金剛輪寺　こんごうりんじ〔寺〕
　滋賀県愛知郡秦荘町　《別称》松尾寺　《本尊》聖観世音菩薩　　　　〔天台宗〕
金宮《称》　かねみや〔社〕
　京都府綾部市・阿須須伎神社　《祭神》天御中主神〔他〕　　　　　〔神社本庁〕
金峰山寺　きんぷせんじ〔寺〕
　奈良県吉野郡吉野町　《別称》総本山・蔵王堂　《本尊》金剛蔵王権現　〔金峰山修験本宗〕
金峰寺　こんぽうじ〔寺〕
　北海道旭川市　《本尊》大日如来
　　　　　　　　　　　　　　〔高野山真言宗〕
金峰神社　きんぽうじんじゃ〔社〕
　秋田県雄勝郡雄勝町　《別称》蓮池観音　《祭神》安閑天皇〔他〕　　〔神社本庁〕
金峯神社　きんぽうじんじゃ〔社〕
　山形県鶴岡市　《祭神》少彦名命〔他〕
　　　　　　　　　　　　　　〔神社本庁〕
金峯神社　きんぷじんじゃ〔社〕
　新潟県長岡市　《別称》蔵王さま　《祭神》金山彦命　　　　　　　〔神社本庁〕
金峯神社　きんぷじんじゃ〔社〕
　奈良県吉野郡吉野町　《祭神》金山毘古神　　　　　　　　　　　　〔神社本庁〕
金峯神社　きんぷじんじゃ〔社〕
　鳥取県岩美郡岩美町　《祭神》天之水分神〔他〕　　　　　　　　　〔神社本庁〕
金桜神社　かなざくらじんじゃ〔社〕
　山梨県甲府市　《祭神》少彦名命〔他〕
　　　　　　　　　　　　　　〔神社本庁〕
金竜寺　きんりゅうじ〔寺〕
　茨城県龍ヶ崎市　《本尊》如意輪観世音菩薩　　　　　　　　　　　〔曹洞宗〕
金竜寺　きんりゅうじ〔寺〕
　群馬県太田市　《本尊》釈迦如来　〔曹洞宗〕
金竜寺　きんりゅうじ〔寺〕
　長野県南安曇郡豊科町　《本尊》正観世音菩薩　　　　　　〔臨済宗妙心寺派〕
金竜寺　きんりゅうじ〔寺〕
　愛知県北設楽郡津具村　《本尊》虚空蔵菩薩・釈迦如来　　　　　　〔曹洞宗〕
金竜寺　こんりゅうじ〔寺〕
　大阪府高槻市　《本尊》普賢菩薩・大日如来・阿弥陀如来　　　　　〔天台宗〕
金竜寺　こんりゅうじ〔寺〕
　大阪府守口市　《本尊》十一面観世音菩薩　　　　　　　　　　　　〔曹洞宗〕

神社・寺院名よみかた辞典　*401*

8画（金）

金竜寺　きんりゅうじ〔寺〕
　奈良県山辺郡都祁村　《別尊》高山　《本尊》
　延命地蔵菩薩　　　　　　　　　〔華厳宗〕
金竜寺　きんりゅうじ〔寺〕
　奈良県吉野郡吉野町　《本尊》阿弥陀如来
　　　　　　　　　　　　　　　　〔浄土宗〕
金竜寺　きんりゅうじ〔寺〕
　和歌山県和歌山市　《本尊》釈迦如来
　　　　　　　　　　　　　〔臨済宗妙心寺派〕
金竜寺　きんりゅうじ〔寺〕
　岡山県総社市　《本尊》金輪仏頂如来
　　　　　　　　　　　　　　〔高野山真言宗〕
金竜寺　きんりゅうじ〔寺〕
　広島県広島市中区　《本尊》釈迦如来
　　　　　　　　　　　　　〔臨済宗妙心寺派〕
金竜寺　きんりゅうじ〔寺〕
　福岡県福岡市中央区　《別尊》妙清地蔵　《本
　尊》釈迦如来・地蔵菩薩　　　　〔曹洞宗〕
金竜寺　きんりゅうじ〔寺〕
　宮崎県東臼杵郡北方町　《本尊》阿弥陀如
　来　　　　　　　　　　　　　　〔曹洞宗〕
金竜院　きんりゅういん〔寺〕
　滋賀県甲賀郡甲南町　《本尊》阿弥陀如来
　　　　　　　　　　　　　　　　〔浄土宗〕
金華山《称》　きんかざん〔社〕
　宮城県牡鹿郡牡鹿町・黄金山神社　《祭神》金
　山毘古神[他]　　　　　　　　〔神社本庁〕
金華神社　きんかじんじゃ〔社〕
　秋田県雄勝郡稲川町　《祭神》金山彦神[他]
　　　　　　　　　　　　　　　〔神社本庁〕
11金崎宮　かねがさきぐう〔社〕
　福井県敦賀市　《別尊》親王さま　《祭神》尊
　良親王[他]　　　　　　　　　〔神社本庁〕
金野八幡《称》　かねのはちまん〔社〕
　石川県小松市・八幡神社　《祭神》応神天皇
　[他]　　　　　　　　　　　　〔神社本庁〕
12金勝寺　こんしょうじ〔寺〕
　山形県山形市　《本尊》釈迦如来　〔曹洞宗〕
金勝寺　こんしょうじ〔寺〕
　愛知県刈谷市　《本尊》阿弥陀如来
　　　　　　　　　　　　　　　〔真宗大谷派〕
金勝寺　こんしょうじ〔寺〕
　滋賀県栗東市　《本尊》釈迦如来・毘沙門天・
　軍荼利明王　　　　　　　　　　〔天台宗〕
金勝寺　きんしょうじ〔寺〕
　兵庫県神戸市西区　《本尊》阿弥陀如来
　　　　　　　　　　　　　〔浄土真宗本願寺派〕
金勝寺　きんしょうじ〔寺〕
　奈良県生駒郡平群町　《本尊》薬師三尊・十
　二神将　　　　　　　　　〔真言宗室生寺派〕

金富神社　きんどみじんじゃ〔社〕
　福岡県築上郡椎田町　《別尊》湊八幡　《祭
　神》仲哀天皇[他]　　　　　　〔神社本庁〕
金衆寺　きんしゅうじ〔寺〕
　兵庫県尼崎市　《本尊》阿弥陀如来
　　　　　　　　　　　　　〔浄土真宗本願寺派〕
金覚寺　きんかくじ〔寺〕
　兵庫県神戸市西区　《本尊》阿弥陀如来
　　　　　　　　　　　　　〔浄土真宗本願寺派〕
金躰寺　こんたいじ〔寺〕
　奈良県奈良市　《別尊》南光坊　《本尊》阿弥
　陀如来　　　　　　　　　　　　〔浄土宗〕
13金勢大明神《称》　こんせいだいみょうじ
　ん〔社〕
　岩手県岩手郡玉山村・巻堀神社　《祭神》猿
　田彦之命[他]　　　　　　　　〔神社本庁〕
金楽寺　きんらくじ〔寺〕
　兵庫県神戸市長田区　《本尊》阿弥陀如来
　　　　　　　　　　　　　〔浄土真宗本願寺派〕
金楽寺　きんらくじ〔寺〕
　兵庫県篠山市　《本尊》阿弥陀如来
　　　　　　　　　　　　　〔浄土真宗本願寺派〕
金照寺　こんしょうじ〔寺〕
　新潟県新潟市　《本尊》阿弥陀如来
　　　　　　　　　　　　　〔浄土真宗本願寺派〕
金照院　こんしょういん〔寺〕
　栃木県下都賀郡都賀町　《本尊》大日如来
　　　　　　　　　　　　　　　〔真言宗豊山派〕
金福寺　きんぷくじ〔寺〕
　岐阜県関市　《本尊》十一面観世音菩薩
　　　　　　　　　　　　　〔臨済宗妙心寺派〕
金福寺　こんぷくじ〔寺〕
　京都府京都市左京区　《本尊》正観世音菩
　薩　　　　　　　　　　　〔臨済宗南禅寺派〕
金福寺　こんぷくじ〔寺〕
　京都府船井郡丹波町　《本尊》阿弥陀如来
　　　　　　　　　　　　　〔浄土真宗本願寺派〕
金福寺　きんぷくじ〔寺〕
　長崎県南松浦郡岐宿町　《本尊》阿弥陀三
　尊　　　　　　　　　　　　　　〔曹洞宗〕
金蓮寺　こんれんじ〔寺〕
　愛知県幡豆郡吉良町　《別尊》饗庭不動尊
　《本尊》不動明王・阿弥陀如来　〔曹洞宗〕
金蓮寺　こんれんじ〔寺〕
　京都府京都市北区　《別尊》大本山　《本尊》
　阿弥陀如来　　　　　　　　　　〔時宗〕
金蓮寺　こんれんじ〔寺〕
　愛媛県伊予松前町　《本尊》薬師如来
　　　　　　　　　　　　　　　〔真言宗智山派〕

402　神社・寺院名よみかた辞典

8画（金）

金蓮寺　こんれんじ〔寺〕
　高知県吾川郡伊野町　《本尊》大日如来・如意輪観世音菩薩
　　　　　　　　　　　　〔真言宗智山派〕
金蓮寺　こんれんじ〔寺〕
　熊本県鹿本郡植木町　《本尊》阿弥陀如来
　　　　　　　　　　　　〔真宗大谷派〕
金蓮院　こんれんいん〔寺〕
　東京都葛飾区　《別称》金町の本寺　《本尊》大日如来
　　　　　　　　　　　　〔真言宗豊山派〕
14 金閣寺《称》　きんかくじ〔寺〕
　京都府京都市北区・鹿苑寺　《本尊》聖観世音菩薩
　　　　　　　　　　　　〔臨済宗相国寺派〕
金鳳寺　きんぽうじ〔寺〕
　長野県伊那市　《本尊》聖観世音菩薩
　　　　　　　　　　　　〔曹洞宗〕
15 金幣社《称》　きんぺいしゃ〔社〕
　岐阜県関市・春日神社　《祭神》武甕槌神［他］
　　　　　　　　　　　　〔神社本庁〕
金幣社《称》　きんぺいしゃ〔社〕
　岐阜県加茂郡白川町・大山白山神社　《祭神》菊理姫神［他］
　　　　　　　　　　　　〔神社本庁〕
金幣社桂本《称》　きんぺいしゃかつらもと〔社〕
　岐阜県吉城郡上宝村・桂本神社　《祭神》天津彦彦穂出見尊［他］
　　　　　　　　　　　　〔神社本庁〕
金慶寺　きんけいじ〔寺〕
　熊本県本渡市　《本尊》三尊仏　〔曹洞宗〕
金蔵寺　こんぞうじ〔寺〕
　山形県東置賜郡高畠町　《本尊》釈迦如来
　　　　　　　　　　　　〔曹洞宗〕
金蔵寺　こんぞうじ〔寺〕
　千葉県船橋市　《本尊》不動明王
　　　　　　　　　　　　〔真言宗豊山派〕
金蔵寺　こんぞうじ〔寺〕
　千葉県木更津市　《本尊》十一面観世音菩薩・薬師如来
　　　　　　　　　　　　〔真言宗豊山派〕
金蔵寺　こんぞうじ〔寺〕
　東京都台東区　《本尊》阿弥陀三尊　〔天台宗〕
金蔵寺　こんぞうじ〔寺〕
　神奈川県横浜市港北区　《本尊》不動明王・矜迦羅童子・制多迦童子
　　　　　　　　　　　　〔天台宗〕
金蔵寺　こんぞうじ〔寺〕
　新潟県三島郡和島村　《本尊》日蓮聖人奠定の大曼荼羅・日蓮聖人
　　　　　　　　　　　　〔日蓮宗〕
金蔵寺　こんぞうじ〔寺〕
　三重県三重郡菰野町　《本尊》阿弥陀如来
　　　　　　　　　　　　〔真宗大谷派〕
金蔵寺　こんぞうじ〔寺〕
　三重県度会郡紀勢町　《本尊》阿弥陀三尊
　　　　　　　　　　　　〔曹洞宗〕

金蔵寺　こんぞうじ〔寺〕
　京都府京都市西京区　《別称》岩倉　《本尊》十一面千手観世音菩薩・愛宕大権現
　　　　　　　　　　　　〔天台宗〕
金蔵寺　こんぞうじ〔寺〕
　兵庫県多可郡加美町　《別称》かなくらさん　《本尊》薬師如来・阿弥陀如来
　　　　　　　　　　　　〔高野山真言宗〕
金蔵寺　こんぞうじ〔寺〕
　兵庫県朝来郡生野町　《本尊》阿弥陀如来
　　　　　　　　　　　　〔浄土真宗本願寺派〕
金蔵寺　こんぞうじ〔寺〕
　広島県神石郡三和町　《本尊》阿弥陀如来
　　　　　　　　　　　　〔浄土真宗本願寺派〕
金蔵寺　こんぞうじ〔寺〕
　長崎県壱岐市　《別称》かみだけさん　《本尊》釈迦如来　〔真言宗智山派〕
金蔵院　こんぞういん〔寺〕
　栃木県安蘇郡葛生町　《本尊》不動明王
　　　　　　　　　　　　〔真言宗智山派〕
金蔵院　こんぞういん〔寺〕
　千葉県千葉市　《本尊》大日如来
　　　　　　　　　　　　〔真言宗豊山派〕
金蔵院　こんぞういん〔寺〕
　千葉県富津市　《本尊》地蔵菩薩
　　　　　　　　　　　　〔真言宗豊山派〕
金蔵院　こんぞういん〔寺〕
　東京都小金井市　《別称》萩寺　《本尊》十一面観世音菩薩　〔真言宗豊山派〕
金蔵院　こんぞういん〔寺〕
　神奈川県横浜市神奈川区　《本尊》阿弥陀如来
　　　　　　　　　　　　〔真言宗智山派〕
金蔵院　こんぞういん〔寺〕
　新潟県糸魚川市　《別称》山の寺　《本尊》千手観世音菩薩　〔高野山真言宗〕
金蔵院　こんぞういん〔寺〕
　兵庫県加東郡東条町　《別称》蓮大師・不動明王　《本尊》大日如来　〔高野山真言宗〕
金蔵院　こんぞういん〔寺〕
　和歌山県伊都郡高野町　《本尊》愛染明王
　　　　　　　　　　　　〔高野山真言宗〕
金輪寺　きんりんじ〔寺〕
　京都府亀岡市　《本尊》阿弥陀如来・薬師如来・如意輪観世音菩薩　〔真言宗智山派〕
16 金凝神社　かなこりじんじゃ〔社〕
　大分県日田市天瀬町　《別称》上宮　《祭神》綏靖天皇［他］　〔神社本庁〕
17 金嶺寺　こんれいじ〔寺〕
　東京都台東区　《本尊》阿弥陀如来　〔天台宗〕

神社・寺院名よみかた辞典　403

8画（長）

23金鑽神社　かなさなじんじゃ〔社〕
　埼玉県本庄市　《祭神》天照大神〔他〕
　　　　　　　　　　　　　　　〔神社本庁〕
　金鑽神社　かなさなじんじゃ〔社〕
　埼玉県児玉郡神川町　《別称》二宮さま　《祭神》天照大神〔他〕　　　〔神社本庁〕

【長】
3長久寺　ちょうきゅうじ〔寺〕
　福島県東白川郡棚倉町　《本尊》十界大曼荼羅　　　　　　　　　　　〔日蓮宗〕
　長久寺　ちょうきゅうじ〔寺〕
　茨城県つくば市　《本尊》薬師如来・釈迦如来・大日如来　　　　　〔真言宗豊山派〕
　長久寺　ちょうきゅうじ〔寺〕
　栃木県那須郡烏山町　《本尊》不動明王
　　　　　　　　　　　　　　〔真言宗智山派〕
　長久寺　ちょうきゅうじ〔寺〕
　埼玉県行田市　《本尊》大日如来
　　　　　　　　　　　　　　〔真言宗智山派〕
　長久寺　ちょうきゅうじ〔寺〕
　埼玉県入間市　《別称》めみょう様　《本尊》馬鳴大士・薬師如来　〔真言宗豊山派〕
　長久寺　ちょうきゅうじ〔寺〕
　千葉県野田市　《本尊》不動明王
　　　　　　　　　　　　　　〔真言宗豊山派〕
　長久寺　ちょうきゅうじ〔寺〕
　東京都三鷹市　《本尊》大日如来
　　　　　　　　　　　　　　〔新義真言宗〕
　長久寺　ちょうきゅうじ〔寺〕
　富山県高岡市　《本尊》釈迦如来　〔曹洞宗〕
　長久寺　ちょうきゅうじ〔寺〕
　長野県飯田市　《本尊》聖観世音菩薩
　　　　　　　　　　　　　　〔臨済宗妙心寺派〕
　長久寺　ちょうきゅうじ〔寺〕
　岐阜県土岐市　《本尊》釈迦如来
　　　　　　　　　　　　　　〔臨済宗妙心寺派〕
　長久寺　ちょうきゅうじ〔寺〕
　愛知県名古屋市東区　　〔真言宗智山派〕
　長久寺　ちょうきゅうじ〔寺〕
　滋賀県彦根市　《別称》彦根きよみず　《本尊》千手観世音菩薩　〔真言宗豊山派〕
　長久寺　ちょうきゅうじ〔寺〕
　京都府北桑田郡美山町　《本尊》日蓮聖人奠定の大曼荼羅　　　　　〔日蓮宗〕
　長久寺　ちょうきゅうじ〔寺〕
　大阪府大阪市中央区　《本尊》日蓮聖人奠定の大曼荼羅　　　　　　〔単立〕

長久寺　ちょうきゅうじ〔寺〕
　奈良県山辺郡山添村　《別称》毛原の大師　《本尊》地蔵菩薩・弘法大師
　　　　　　　　　　　　　　〔真言宗東寺派〕
長久寺　ちょうきゅうじ〔寺〕
　山口県阿武郡福栄村　《本尊》地蔵菩薩
　　　　　　　　　　　　　〔臨済宗建仁寺派〕
長久寺　ちょうきゅうじ〔寺〕
　大分県中津市　《本尊》阿弥陀如来
　　　　　　　　　　　　〔浄土宗本願寺派〕
長川寺　ちょうせんじ〔寺〕
　岡山県浅口郡鴨方町　《本尊》釈迦如来
　　　　　　　　　　　　　　　　〔曹洞宗〕
長弓寺　ちょうきゅうじ〔寺〕
　奈良県生駒市　《本尊》十一面観世音菩薩
　　　　　　　　　　　　　　〔真言宗御室派〕
4長井神社　ながいじんじゃ〔社〕
　宮崎県東臼杵郡北川町　《別称》妙見神社　《祭神》天御中主命〔他〕　〔神社本庁〕
長円寺　ちょうえんじ〔寺〕
　岩手県陸前高田市　《別称》長部の寺　《本尊》大日如来　〔真言宗智山派〕
長円寺　ちょうえんじ〔寺〕
　千葉県長生郡長南町　《本尊》一塔両尊四士四天王・日蓮聖人　　〔日蓮宗〕
長円寺　ちょうえんじ〔寺〕
　東京都世田谷区　《本尊》大日如来
　　　　　　　　　　　　　　〔真言宗智山派〕
長円寺　ちょうえんじ〔寺〕
　東京都武蔵村山市　《本尊》釈迦如来
　　　　　　　　　　　　　　　　〔曹洞宗〕
長円寺　ちょうえんじ〔寺〕
　静岡県三島市　《本尊》阿弥陀如来　〔浄土宗〕
長円寺　ちょうえんじ〔寺〕
　愛知県名古屋市中区　《別称》青年の寺　《本尊》阿弥陀如来　〔浄土真宗本願寺派〕
長円寺　ちょうえんじ〔寺〕
　愛知県名古屋市中川区　《本尊》阿弥陀如来　　　　　　　　　〔真宗大谷派〕
長円寺　ちょうえんじ〔寺〕
　愛知県西尾市　《本尊》十一面観世音菩薩
　　　　　　　　　　　　　　　　〔曹洞宗〕
長円寺　ちょうえんじ〔寺〕
　滋賀県甲賀郡土山町　《本尊》阿弥陀如来・弥勒菩薩　　　　　　　〔浄土宗〕
長円寺　ちょうえんじ〔寺〕
　滋賀県坂田郡伊吹町　《本尊》阿弥陀如来
　　　　　　　　　　　　　　　〔真宗大谷派〕
長円寺　ちょうえんじ〔寺〕
　京都府京都市下京区　《本尊》阿弥陀如来
　　　　　　　　　　　　　　　　〔浄土宗〕

8画（長）

長円寺　ちょうえんじ〔寺〕
　兵庫県飾磨郡家島町　《本尊》阿弥陀如来
　　　　　　　　　　　　　　　〔真宗大谷派〕
長円寺　ちょうえんじ〔寺〕
　福岡県福岡市中央区　《本尊》釈迦如来
　　　　　　　　　　　　　　　〔曹洞宗〕
長友地蔵尊《称》　ながともじぞうそん〔寺〕
　福島県いわき市・長隆寺　《本尊》阿弥陀如
　来・大日如来　　　　　　　〔真言宗智山派〕
長天寺　ちょうてんじ〔寺〕
　神奈川県横浜市瀬谷区　《本尊》釈迦如来
　　　　　　　　　　　　　　〔臨済宗建長寺派〕
長水寺　ちょうすいじ〔寺〕
　宮城県遠田郡田尻町　《別称》下の寺　《本
　尊》釈迦如来　　　　　　　　　〔曹洞宗〕
5長仙寺　ちょうせんじ〔寺〕
　東京都杉並区　　　　　　　〔真言宗豊山派〕
長令寺　ちょうれいじ〔寺〕
　石川県七尾市　《別称》山の寺　《本尊》三尊
　仏　　　　　　　　　　　　　　〔曹洞宗〕
長本寺　ちょうほんじ〔寺〕
　愛媛県越智郡菊間町　《本尊》地蔵菩薩
　　　　　　　　　　　　　　〔真言宗豊山派〕
長母寺　ちょうぼじ〔寺〕
　愛知県名古屋市東区　《本尊》阿弥陀如来・観
　世音菩薩　　　　　　　　　〔臨済宗東福寺派〕
長永寺　ちょうえいじ〔寺〕
　静岡県御前崎市　《本尊》聖観世音菩薩
　　　　　　　　　　　　　　〔臨済宗妙心寺派〕
長生寺　ちょうせいじ〔寺〕
　神奈川県横浜市鶴見区　《別称》総本山
　　　　　　　　　　　　　　　〔真宗長生派〕
長生寺　ちょうしょうじ〔寺〕
　神奈川県横浜市金沢区　《別称》六浦自然園
　《本尊》阿弥陀如来　　　　〔浄土真宗本願寺派〕
長生寺　ちょうしょうじ〔寺〕
　山梨県都留市　《本尊》釈迦如来　〔曹洞宗〕
長生寺　ちょうしょうじ〔寺〕
　大阪府泉大津市　《別称》大津の大師　《本
　尊》薬師如来　　　　　　　　〔高野山真言宗〕
長生寺　ちょうせいじ〔寺〕
　佐賀県多久市　《本尊》阿弥陀如来・観世音
　菩薩・勢至菩薩　　　　　　〔臨済宗南禅寺派〕
長田さん《称》　ながたさん〔社〕
　兵庫県神戸市長田区・長田神社　《祭神》事
　代主神　　　　　　　　　　　〔神社本庁〕
長田神社　おさだじんじゃ〔社〕
　福井県坂井郡春江町　《祭神》継体天皇
　　　　　　　　　　　　　　　〔神社本庁〕

長田神社　ながたじんじゃ〔社〕
　兵庫県神戸市長田区　《別称》長田さん　《祭
　神》事代主神　　　　　　　　〔神社本庁〕
長田神社　ながたじんじゃ〔社〕
　鳥取県鳥取市　《祭神》猿田彦神［他］
　　　　　　　　　　　　　　　〔神社本庁〕
長田神社　ながたじんじゃ〔社〕
　鳥取県西伯郡西伯町　《別称》八幡様　《祭
　神》多古理比売命［他］　　　　〔神社本庁〕
長田神社　ながたじんじゃ〔社〕
　岡山県和気郡和気町　《別称》八幡宮　《祭
　神》事代主命［他］　　　　　　〔神社本庁〕
長田神社　ながたじんじゃ〔社〕
　岡山県真庭郡八束村　《祭神》事代主命［他］
　　　　　　　　　　　　　　　〔神社本庁〕
長田神社　ながたじんじゃ〔社〕
　鹿児島県鹿児島市　《祭神》事代主命
　　　　　　　　　　　　　　　〔神社本庁〕
長田観音《称》　ながたかんのん〔寺〕
　和歌山県那賀郡粉河町・観音寺　《本尊》如
　意輪観世音菩薩　　　　　　　〔真言宗山階派〕
6長伝寺　ちょうでんじ〔寺〕
　山形県西村山郡大江町　《本尊》釈迦如来
　　　　　　　　　　　　　　　〔曹洞宗〕
長伝寺　ちょうでんじ〔寺〕
　群馬県安中市　《本尊》釈迦如来　〔曹洞宗〕
長伝寺　ちょうでんじ〔寺〕
　埼玉県さいたま市　《別称》かみでら　《本
　尊》阿弥陀三尊　　　　　　　　〔浄土宗〕
長伝寺　ちょうでんじ〔寺〕
　愛知県名古屋市中川区　《本尊》十界大曼荼
　羅　　　　　　　　　　　　　　〔日蓮宗〕
長光寺　ちょうこうじ〔寺〕
　群馬県佐波郡境町　《別称》西之寺　《本尊》
　阿弥陀如来・十一面観世音菩薩　　〔天台宗〕
長光寺　ちょうこうじ〔寺〕
　埼玉県飯能市　《本尊》釈迦三尊　〔曹洞宗〕
長光寺　ちょうこうじ〔寺〕
　東京都新宿区　《本尊》釈迦如来　〔曹洞宗〕
長光寺　ちょうこうじ〔寺〕
　新潟県西蒲原郡巻町　《本尊》阿弥陀如来
　　　　　　　　　　　　　　〔浄土真宗本願寺派〕
長光寺　ちょうこうじ〔寺〕
　石川県輪島市　《別称》鈴屋様　《本尊》阿弥
　陀如来　　　　　　　　　　　〔真宗大谷派〕
長光寺　ちょうこうじ〔寺〕
　石川県羽咋郡富来町　《本尊》阿弥陀如来
　　　　　　　　　　　　　　　〔真宗大谷派〕
長光寺　ちょうこうじ〔寺〕
　山梨県中巨摩郡敷島町　《本尊》釈迦如来
　　　　　　　　　　　　　　〔臨済宗妙心寺派〕

神社・寺院名よみかた辞典　405

8画（長）

長光寺　ちょうこうじ〔寺〕
　岐阜県瑞穂市　《本尊》阿弥陀如来
　　　　　　　　　　〔浄土真宗本願寺派〕
長光寺　ちょうこうじ〔寺〕
　静岡県静岡市　《本尊》聖観世音菩薩
　　　　　　　　　　　　　　〔曹洞宗〕
長光寺　ちょうこうじ〔寺〕
　静岡県榛原郡金谷町　《本尊》十界大曼荼羅
　　　　　　　　　　　　　　〔日蓮宗〕
長光寺　ちょうこうじ〔寺〕
　愛知県稲沢市　《別称》長光寺地蔵堂　《本尊》延命地蔵菩薩　〔臨済宗妙心寺派〕
長光寺　ちょうこうじ〔寺〕
　滋賀県近江八幡市長光寺町　《別称》長光寺の観音　《本尊》千手観世音菩薩
　　　　　　　　　　　〔高野山真言宗〕
長光寺　ちょうこうじ〔寺〕
　滋賀県近江八幡市江頭町　《本尊》阿弥陀如来　　　　　　　　〔浄土宗〕
長光寺　ちょうこうじ〔寺〕
　大阪府岸和田市　《別称》たね薬師　《本尊》薬師如来・千手観世音菩薩　〔高野山真言宗〕
長光寺　ちょうこうじ〔寺〕
　大分県大分市　《本尊》阿弥陀如来
　　　　　　　　　　〔浄土真宗本願寺派〕
長光寺　ちょうこうじ〔寺〕
　鹿児島県薩摩郡下甑村　《本尊》住立空中仏　　　　　　　〔真宗大谷派〕
長光寺　ちょうこうじ〔寺〕
　鹿児島県出水郡長島町　　　　〔曹洞宗〕
長全寺　ちょうぜんじ〔寺〕
　千葉県柏市　《本尊》釈迦如来　〔曹洞宗〕
長存寺　ちょうそんじ〔寺〕
　岐阜県揖斐郡揖斐川町　《本尊》阿弥陀如来　　　　　　　　〔真宗大谷派〕
長存寺　ちょうぞんじ〔寺〕
　愛知県蒲郡市　《本尊》十界大曼荼羅
　　　　　　　　　　　〔法華宗（陣門流）〕
長安八幡宮《称》　ながやすはちまんぐう〔社〕
　島根県那賀郡弥栄村・八幡宮　《祭神》神功皇后〔他〕　　〔神社本庁〕
長安寺　ちょうあんじ〔寺〕
　岩手県大船渡市　《本尊》阿弥陀如来
　　　　　　　　　　　〔真宗大谷派〕
長安寺　ちょうあんじ〔寺〕
　岩手県下閉伊郡岩泉町　《本尊》釈迦如来　　　　　　　　　〔曹洞宗〕
長安寺　ちょうあんじ〔寺〕
　群馬県佐波郡東村　《本尊》阿弥陀如来
　　　　　　　　　　　　　　〔天台宗〕

長安寺　ちょうあんじ〔寺〕
　埼玉県児玉郡上里町　《本尊》阿弥陀如来
　　　　　　　　　　　　　　〔浄土宗〕
長安寺　ちょうあんじ〔寺〕
　東京都台東区　《本尊》千手観世音菩薩
　　　　　　　　　　〔臨済宗妙心寺派〕
長安寺　ちょうあんじ〔寺〕
　神奈川県川崎市宮前区　《本尊》阿弥陀如来　　　　　　　〔真宗仏光寺派〕
長安寺　ちょうあんじ〔寺〕
　神奈川県横須賀市　《本尊》阿弥陀如来
　　　　　　　　　　　　　　〔浄土宗〕
長安寺　ちょうあんじ〔寺〕
　神奈川県小田原市　《本尊》十界曼荼羅
　　　　　　　　　　　　　　〔日蓮宗〕
長安寺　ちょうあんじ〔寺〕
　新潟県佐渡市　《本尊》阿弥陀如来
　　　　　　　　　　〔真言宗豊山派〕
長安寺　ちょうあんじ〔寺〕
　新潟県佐渡市　《本尊》不動明王
　　　　　　　　　　〔真言宗豊山派〕
長安寺　ちょうあんじ〔寺〕
　新潟県中魚沼郡川西町　《本尊》釈迦如来
　　　　　　　　　　　　　　〔曹洞宗〕
長安寺　ちょうあんじ〔寺〕
　島根県大原郡大東町　《本尊》釈迦如来
　　　　　　　　　　　　　　〔曹洞宗〕
長安寺　ちょうあんじ〔寺〕
　福岡県直方市　《本尊》阿弥陀如来・観世音菩薩・勢至菩薩　　〔浄土宗〕
長安寺　ちょうあんじ〔寺〕
　大分県豊後高田市　《本尊》阿弥陀如来
　　　　　　　　　　　　　　〔天台宗〕
長安院　ちょうあんいん〔寺〕
　京都府京都市左京区　《本尊》阿弥陀如来
　　　　　　　　　　　　　　〔浄土宗〕
長安院　ちょうあんいん〔寺〕
　島根県浜田市　《本尊》善光寺如来　〔浄土宗〕
長年寺　ちょうねんじ〔寺〕
　秋田県鹿角市　《本尊》釈迦如来・聖観世音菩薩・楊柳観世音菩薩　〔曹洞宗〕
長年寺　ちょうねんじ〔寺〕
　群馬県群馬郡榛名町　《別称》井戸の長年寺　《本尊》釈迦如来　　〔曹洞宗〕
長江寺　ちょうこうじ〔寺〕
　大分県南海部郡蒲江町　《本尊》薬師如来・観世音菩薩　〔臨済宗妙心寺派〕
7長寿寺　ちょうじゅじ〔寺〕
　岩手県一関市　《本尊》薬師如来　〔単立〕

8画（長）

長寿寺　ちょうじゅじ〔寺〕
　愛知県名古屋市緑区　《本尊》阿弥陀如来
　　　　　　　　　　　　　　〔臨済宗永源寺派〕
長寿寺　ちょうじゅじ〔寺〕
　滋賀県甲賀郡石部町　《本尊》子安地蔵菩薩・
　聖観世音菩薩・毘沙門天　　　　〔天台宗〕
長寿寺　ちょうじゅじ〔寺〕
　島根県飯石郡吉田村　《別称》ちや観音　《本
　尊》聖観世音菩薩・無量寿如来　　〔曹洞宗〕
長寿寺　ちょうじゅじ〔寺〕
　山口県山口市　《本尊》阿弥陀如来
　　　　　　　　　　　　　　〔浄土宗西山禅林寺派〕
長寿寺　ちょうじゅじ〔寺〕
　徳島県鳴門市　《本尊》阿弥陀如来
　　　　　　　　　　　　　　〔高野山真言宗〕
長寿寺　ちょうじゅうじ〔寺〕
　熊本県下益城郡富合町　《別称》木原不動尊
　《本尊》不動明王　　　　　　　　〔天台宗〕
長寿寺《称》　ちょうじゅじ〔寺〕
　宮崎県串間市・禅源長寿寺　《本尊》釈迦如
　来・観世音菩薩　　　　〔臨済宗相国寺派〕
長寿宮《称》　ちょうじゅぐう〔社〕
　沖縄県那覇市・浮島神社　《祭神》天照皇大
　神〔他〕　　　　　　　　　　　〔神社本庁〕
長寿院　ちょうじゅいん〔寺〕
　青森県黒石市　《本尊》阿弥陀如来　〔浄土宗〕
長寿院　ちょうじゅいん〔寺〕
　福島県白河市　《別称》官軍寺　《本尊》釈迦
　如来　　　　　　　　　　　　　　〔曹洞宗〕
長寿院　ちょうじゅいん〔寺〕
　群馬県沼田市　《本尊》阿弥陀如来　〔天台宗〕
長寿院　ちょうじゅいん〔寺〕
　東京都台東区　《本尊》阿弥陀如来　〔浄土宗〕
長尾の宮《称》　ながおのみや〔社〕
　奈良県北葛城郡當麻町・長尾神社　《祭神》水
　光姫命〔他〕　　　　　　　　　〔神社本庁〕
長尾八幡宮　ながおはちまんぐう〔社〕
　山口県大島郡橘町　《別称》八幡様　《祭神》
　誉田別尊〔他〕　　　　　　　　〔神社本庁〕
長尾八幡宮《称》　ながおはちまんぐう〔社〕
　香川県さぬき市・宇佐神社　《祭神》応神天
　皇〔他〕　　　　　　　　　　　〔神社本庁〕
長尾大明神《称》　ながおだいみょうじん
　〔社〕
　広島県山県郡加計町・長尾神社　《祭神》栂
　節明神〔他〕　　　　　　　　　〔神社本庁〕
長尾寺　ちょうびじ〔寺〕
　広島県福山市　《本尊》十一面千手千眼観世
　音菩薩　　　　　　　　　〔真言宗大覚寺派〕

長尾寺　ながおじ〔寺〕
　香川県さぬき市　《別称》長尾の観音さん・四
　国第八七番霊場　《本尊》聖観世音菩薩・不
　動明王・毘沙門天　　　　　　　〔天台宗〕
長尾神社　ながおじんじゃ〔社〕
　奈良県北葛城郡當麻町　《別称》長尾の宮
　《祭神》水光姫命〔他〕　　　　　〔神社本庁〕
長尾神社　ながおじんじゃ〔社〕
　広島県山県郡加計町　《別称》長尾大明神
　《祭神》栂節明神〔他〕　　　　　〔神社本庁〕
長応寺　ちょうおうじ〔寺〕
　秋田県大曲市　《本尊》阿弥陀如来・聖徳太
　子　　　　　　　　　　　　　〔真宗大谷派〕
長沢御坊《称》　ながさわごぼう〔寺〕
　滋賀県坂田郡近江町・福田寺　《本尊》阿弥
　陀如来　　　　　　　　　〔浄土真宗本願寺派〕
長良さま《称》　ながらさま〔社〕
　群馬県館林市・長良神社　《祭神》藤原長良
　〔他〕　　　　　　　　　　　　〔神社本庁〕
長良天神《称》　ながらてんじん〔社〕
　岐阜県岐阜市・天神神社　《祭神》菅原道真
　　　　　　　　　　　　　　　〔神社本庁〕
長良神社　ながらじんじゃ〔社〕
　群馬県太田市　《祭神》藤原長良〔他〕
　　　　　　　　　　　　　　　〔神社本庁〕
長良神社　ながらじんじゃ〔社〕
　群馬県館林市　《別称》長良さま　《祭神》藤
　原長良〔他〕　　　　　　　　　〔神社本庁〕
長良神社　ながらじんじゃ〔社〕
　群馬県邑楽郡千代田町　《祭神》藤原長良〔他〕
　　　　　　　　　　　　　　　〔神社本庁〕
長良神社　ながらじんじゃ〔社〕
　群馬県邑楽郡邑楽町中野　《祭神》藤原長良
　〔他〕　　　　　　　　　　　　〔神社本庁〕
長見寺　ちょうけんじ〔寺〕
　静岡県富士郡芝川町　《本尊》久遠実成本師
　釈迦如来　　　　　　　　　　　〔日蓮宗〕
長見神社　ながみじんじゃ〔社〕
　島根県松江市長海町　《祭神》天津彦彦火瓊
　瓊杵尊〔他〕　　　　　　　　　〔神社本庁〕
長谷の観音《称》　はせのかんのん〔寺〕
　三重県多気郡多気町・近長谷寺　《本尊》十
　一面観世音菩薩　　　　　　〔真言宗山階派〕
長谷の観音《称》　はせのかんのん〔寺〕
　福岡県鞍手郡鞍手町・長谷寺　《本尊》阿弥
　陀如来・十一面観世音菩薩　　　〔浄土宗〕
長谷本寺　はせもとでら〔寺〕
　奈良県大和高田市　《別称》観音堂　《本尊》
　十一面観世音菩薩　　　　　〔真言宗豊山派〕

神社・寺院名よみかた辞典　407

8画(長)

長谷寺　はせでら〔寺〕
　北海道上川郡風連町　《別称》地蔵尊　《本尊》十一面観世音菩薩・六地蔵菩薩
　　　　　　　　　　　　　　〔真言宗豊山派〕
長谷寺　ちょうこくじ〔寺〕
　秋田県湯沢市　《本尊》釈迦如来　〔曹洞宗〕
長谷寺　ちょうこくじ〔寺〕
　山形県山形市青柳　《本尊》大日如来
　　　　　　　　　　　　　　〔真言宗智山派〕
長谷寺　ちょうこくじ〔寺〕
　山形県山形市大字中野　《本尊》釈迦三尊
　　　　　　　　　　　　　　　　〔曹洞宗〕
長谷寺　ちょうこくじ〔寺〕
　山形県西村山郡河北町　《別称》出羽のはせ寺　《本尊》聖観世音菩薩　〔曹洞宗〕
長谷寺　ちょうこくじ〔寺〕
　福島県伊達郡保原町　《本尊》五智如来
　　　　　　　　　　　　　　〔真言宗豊山派〕
長谷寺　ちょうこくじ〔寺〕
　茨城県岩井市　《別称》ながやの観音　《本尊》不動明王　　〔真言宗智山派〕
長谷寺　はせでら〔寺〕
　群馬県群馬郡榛名町　《別称》白岩観音・坂東第一五番霊場　《本尊》十一面観世音菩薩　　　　　〔金峯山修験本宗〕
長谷寺　ちょうこくじ〔寺〕
　千葉県勝浦市　《別称》観音堂　《本尊》十一面観世音菩薩　　〔真言宗智山派〕
長谷寺《称》　はせでら〔寺〕
　東京都港区・永平寺東京別院　《本尊》釈迦如来　　　　　　　　　　〔曹洞宗〕
長谷寺　はせでら〔寺〕
　神奈川県鎌倉市　《別称》長谷観音・坂東第四番霊場　《本尊》十一面観世音菩薩
　　　　　　　　　　　　　　　　〔単立〕
長谷寺　はせでら〔寺〕
　神奈川県厚木市　《別称》飯山観音・坂東第六番霊場　《本尊》如意輪観世音菩薩・十一面観世音菩薩　　〔高野山真言宗〕
長谷寺　ちょうこくじ〔寺〕
　新潟県佐渡市　《別称》長谷観音　《本尊》十一面観世音菩薩　　〔真言宗豊山派〕
長谷寺　はせでら〔寺〕
　山梨県南アルプス市　《本尊》十一面観世音菩薩　　　　　　　〔真言宗智山派〕
長谷寺　ちょうこくじ〔寺〕
　山梨県東山梨郡春日居町　《本尊》十一面観世音菩薩　　〔真言宗智山派〕
長谷寺　ちょうこくじ〔寺〕
　長野県長野市　《本尊》十一面観世音菩薩　　　　　　　〔真言宗智山派〕

長谷寺　ちょうこくじ〔寺〕
　長野県北安曇郡白馬村　《本尊》十一面観世音菩薩　　　　　　　　〔曹洞宗〕
長谷寺　ちょうこくじ〔寺〕
　静岡県熱海市　《別称》はせ観音　《本尊》聖観世音菩薩　　　　　　〔曹洞宗〕
長谷寺　ちょうこくじ〔寺〕
　静岡県下田市　《本尊》阿弥陀如来　〔曹洞宗〕
長谷寺　はせでら〔寺〕
　三重県津市　《別称》長谷観音　《本尊》十一面観世音菩薩　〔臨済宗相国寺派〕
長谷寺　ちょうこくじ〔寺〕
　滋賀県高島郡高島町　《本尊》観世音菩薩　　　　　　　　　　〔天台真盛宗〕
長谷寺　はせでら〔寺〕
　大阪府堺市　《別称》宿院観音さん　《本尊》十一面観世音菩薩　〔真言宗豊山派〕
長谷寺　はせでら〔寺〕
　兵庫県城崎郡香住町　《別称》ちょうこく寺　《本尊》聖観世音菩薩　〔高野山真言宗〕
長谷寺　はせでら〔寺〕
　奈良県桜井市　《別称》総本山・初瀬寺・西国第八番霊場　《本尊》十一面観世音菩薩　　　　　　　〔真言宗豊山派〕
長谷寺　ちょうこくじ〔寺〕
　徳島県鳴門市　《本尊》十一面観世音菩薩　　　　　　　〔高野山真言宗〕
長谷寺　ちょうこくじ〔寺〕
　高知県香美郡夜須町　《別称》牧寺　《本尊》十一面観世音菩薩　〔臨済宗妙心寺派〕
長谷寺　はせでら〔寺〕
　福岡県鞍手郡鞍手町　《別称》長谷の観音　《本尊》阿弥陀如来・十一面観世音菩薩
　　　　　　　　　　　　　　　　〔浄土宗〕
長谷寺　はせでら〔寺〕
　熊本県熊本市　《別称》清水観音　《本尊》千手観世音菩薩・十一面観世音菩薩　〔天台宗〕
長谷沢神社　ながいざわじんじゃ〔社〕
　青森県黒石市　《祭神》日本武尊　〔神社本庁〕
長谷部さま《称》　はせべさま〔社〕
　石川県鳳至郡穴水町・長谷部神社　《祭神》長谷部信連　　　　　〔神社本庁〕
長谷部神社　はせべじんじゃ〔社〕
　石川県鳳至郡穴水町　《別称》長谷部さま　《祭神》長谷部信連　〔神社本庁〕
長谷観音　はせかんのん〔寺〕
　福島県安達郡安達町　《本尊》十一面長谷観世音菩薩　　　　　　　　〔単立〕
長谷観音《称》　はせかんのん〔寺〕
　神奈川県鎌倉市・長谷寺　《本尊》十一面観世音菩薩　　　　　　　　〔単立〕

408　神社・寺院名よみかた辞典

8画（長）

長谷観音《称》　はせかんのん〔寺〕
　新潟県佐渡市・長谷寺　《本尊》十一面観世音菩薩　〔真言宗豊山派〕
長谷観音《称》　はせかんのん〔寺〕
　三重県津市・長谷寺　《本尊》十一面観世音菩薩　〔臨済宗相国寺派〕
8長命寺　ちょうめいじ〔寺〕
　宮城県気仙沼市　《本尊》十一面観世音菩薩　〔真言宗智山派〕
長命寺　ちょうめいじ〔寺〕
　福島県会津若松市　《本尊》阿弥陀如来　〔真宗大谷派〕
長命寺　ちょうめいじ〔寺〕
　福島県郡山市　《本尊》大日如来・阿弥陀如来・虚空蔵菩薩・地蔵菩薩　〔真言宗豊山派〕
長命寺　ちょうめいじ〔寺〕
　福島県相馬市　《本尊》不動明王・夕顔観世音菩薩・聖観世音菩薩　〔真言宗豊山派〕
長命寺　ちょうめいじ〔寺〕
　茨城県猿島郡三和町　《本尊》阿弥陀如来　〔浄土真宗本願寺派〕
長命寺　ちょうめいじ〔寺〕
　東京都墨田区　《本尊》阿弥陀如来　〔天台宗〕
長命寺　ちょうめいじ〔寺〕
　東京都板橋区　《本尊》薬師如来　〔真言宗豊山派〕
長命寺　ちょうめいじ〔寺〕
　東京都練馬区　《別称》東高野山　《本尊》十一面観世音菩薩　〔真言宗豊山派〕
長命寺　ちょうめいじ〔寺〕
　東京都清瀬市　《別称》上寺　《本尊》阿弥陀三尊・薬師如来　〔浄土宗〕
長命寺　ちょうめいじ〔寺〕
　新潟県東頸城郡松代町　《本尊》釈迦如来　〔曹洞宗〕
長命寺　ちょうめいじ〔寺〕
　長野県長野市　《別称》真宗二四輩旧跡・堀のお寺　《本尊》阿弥陀如来　〔浄土真宗本願寺派〕
長命寺　ちょうめいじ〔寺〕
　長野県東御市　《本尊》延命地蔵菩薩　〔真言宗智山派〕
長命寺　ちょうめいじ〔寺〕
　滋賀県近江八幡市　《別称》西国第三一番霊場　《本尊》千手十一面聖観世音菩薩三尊　〔単立〕
長命寺　ちょうめいじ〔寺〕
　京都府福知山市　《本尊》阿弥陀如来　〔浄土真宗本願寺派〕

長命寺　ちょうめいじ〔寺〕
　兵庫県神戸市北区　《本尊》千手観世音菩薩　〔曹洞宗〕
長命寺　ちょうめいじ〔寺〕
　奈良県生駒市　《本尊》十一面観世音菩薩　〔真言律宗〕
長命寺　ちょうめいじ〔寺〕
　愛媛県喜多郡肱川町　《本尊》釈迦如来　〔曹洞宗〕
長国寺　ちょうこくじ〔寺〕
　茨城県潮来市　《本尊》聖観世音菩薩　〔曹洞宗〕
長国寺　ちょうこくじ〔寺〕
　東京都台東区　《別称》田甫酉の寺　《本尊》日蓮聖人奠定の大曼荼羅　〔法華宗(本門流)〕
長国寺　ちょうこくじ〔寺〕
　長野県長野市　《本尊》釈迦如来　〔曹洞宗〕
長学寺　ちょうがくじ〔寺〕
　群馬県富岡市　《本尊》釈迦如来　〔曹洞宗〕
長宝寺　ちょうほうじ〔寺〕
　富山県黒部市　《本尊》阿弥陀如来　〔真宗大谷派〕
長宝寺　ちょうほうじ〔寺〕
　福井県今立郡今立町　《本尊》阿弥陀如来　〔浄土真宗本願寺派〕
長宝寺　ちょうほうじ〔寺〕
　岐阜県揖斐郡大野町　《本尊》阿弥陀如来　〔浄土真宗本願寺派〕
長宝寺　ちょうほうじ〔寺〕
　滋賀県神崎郡五個荘町　《本尊》阿弥陀三尊・三十三観世音菩薩　〔浄土宗〕
長宝寺　ちょうほうじ〔寺〕
　大阪府大阪市平野区　〔高野山真言宗〕
長宝寺　ちょうほうじ〔寺〕
　熊本県阿蘇郡一の宮町　《本尊》阿弥陀如来　〔真宗大谷派〕
長岡の天神さん《称》　ながおかのてんじんさん〔社〕
　京都府長岡京市・長岡天満宮　《祭神》菅原道真　〔神社本庁〕
長岡天満宮　ながおかてんまんぐう〔社〕
　京都府長岡京市　《別称》長岡の天神さん　《祭神》菅原道真　〔神社本庁〕
長岡神社　ながおかじんじゃ〔社〕
　富山県小矢部市　《祭神》鵜鸕草葺不合尊　〔神社本庁〕
長岡神社　ながおかじんじゃ〔社〕
　福井県丹生郡宮崎村　《別称》布須麻廼宮　《祭神》天御中主大神［他］　〔神社本庁〕

神社・寺院名よみかた辞典　409

8画（長）

長岳寺　ちょうがくじ〔寺〕
　奈良県天理市　《別称》釜口大師　《本尊》阿弥陀三尊・弘法大師　〔高野山真言宗〕

長岸寺　ちょうがんじ〔寺〕
　福岡県遠賀郡遠賀町　《本尊》阿弥陀如来　〔浄土宗〕

長延寺　ちょうえんじ〔寺〕
　栃木県那須郡西那須野町　《本尊》阿弥陀如来　〔浄土真宗本願寺派〕

長延寺　ちょうえんじ〔寺〕
　東京都港区　《本尊》地蔵菩薩　〔真言宗豊山派〕

長延寺　ちょうえんじ〔寺〕
　神奈川県横浜市緑区　《本尊》阿弥陀如来　〔浄土真宗本願寺派〕

長延寺　ちょうえんじ〔寺〕
　新潟県長岡市　《本尊》阿弥陀如来　〔真宗大谷派〕

長性寺　ちょうしょうじ〔寺〕
　福岡県福岡市東区　《本尊》釈迦三尊・観世音菩薩　〔臨済宗妙心寺派〕

長性院　ちょうしょういん〔寺〕
　京都府京都市下京区　《別称》西ノ坊　《本尊》阿弥陀如来　〔真宗仏光寺派〕

長念寺　ちょうねんじ〔寺〕
　山形県寒河江市　《本尊》十一面観世音菩薩　〔真言宗智山派〕

長念寺　ちょうねんじ〔寺〕
　群馬県太田市　《本尊》阿弥陀如来　〔浄土宗〕

長念寺　ちょうねんじ〔寺〕
　新潟県南蒲原郡栄町　《本尊》阿弥陀如来　〔浄土真宗本願寺派〕

長念《称》　ちょうねんじ〔寺〕
　長野県北佐久郡浅科村・高樹院　《本尊》阿弥陀如来　〔浄土宗〕

長昌寺　ちょうしょうじ〔寺〕
　東京都台東区　《別称》橋場の観音様　《本尊》日蓮聖人奠定の大曼荼羅　〔日蓮宗〕

長昌寺　ちょうしょうじ〔寺〕
　長野県小県郡丸子町　《本尊》釈迦三尊　〔臨済宗妙心寺派〕

長昌寺　ちょうしょうじ〔寺〕
　鳥取県日野郡溝口町　《本尊》阿弥陀如来　〔天台宗〕

長昌寺　ちょうしょうじ〔寺〕
　大分県杵築市　《本尊》阿弥陀如来　〔浄土宗〕

長昌寺　ちょうしょうじ〔寺〕
　大分県南海部郡宇目町　《本尊》釈迦如来　〔臨済宗妙心寺派〕

長昌院　ちょうしょういん〔寺〕
　静岡県田方郡韮山町　《本尊》薬師如来　〔臨済宗円覚寺派〕

長明寺　ちょうみょうじ〔寺〕
　秋田県仙北郡六郷町　《本尊》阿弥陀如来　〔真宗大谷派〕

長明寺　ちょうめいじ〔寺〕
　東京都台東区　《本尊》日蓮聖人奠定の大曼荼羅　〔日蓮宗〕

長明寺　ちょうめいじ〔寺〕
　長野県長野市　《別称》六字の石庭　《本尊》阿弥陀如来　〔浄土宗〕

長明寺　ちょうみょうじ〔寺〕
　三重県四日市市　《別称》まいたの寺　《本尊》阿弥陀如来　〔浄土真宗本願寺派〕

長明寺　ちょうめいじ〔寺〕
　兵庫県西脇市　《本尊》十一面観世音菩薩　〔高野山真言宗〕

長明寺　ちょうみょうじ〔寺〕
　福岡県田川郡川崎町　《本尊》阿弥陀如来　〔真宗大谷派〕

長松寺　ちょうしょうじ〔寺〕
　岩手県盛岡市　《本尊》釈迦如来　〔曹洞宗〕

長松寺　ちょうしょうじ〔寺〕
　茨城県北茨城市　《本尊》釈迦如来　〔天台宗〕

長松寺　ちょうしょうじ〔寺〕
　群馬県高崎市　《本尊》釈迦如来　〔曹洞宗〕

長松寺　ちょうしょうじ〔寺〕
　群馬県碓氷郡松井田町　《本尊》釈迦如来　〔臨済宗妙心寺派〕

長松寺　ちょうしょうじ〔寺〕
　埼玉県日高市　《本尊》薬師如来　〔曹洞宗〕

長松寺　ちょうしょうじ〔寺〕
　東京都港区　《別称》荻生徂徠の寺　《本尊》阿弥陀如来　〔浄土宗〕

長松寺　ちょうしょうじ〔寺〕
　神奈川県川崎市多摩区　《本尊》延命地蔵菩薩　〔臨済宗建長寺派〕

長松寺　ちょうしょうじ〔寺〕
　新潟県佐渡市　《本尊》大日如来・釈迦如来・不動明王・三尊地蔵菩薩　〔真言宗豊山派〕

長松寺　ちょうしょうじ〔寺〕
　福井県福井市　《本尊》阿弥陀如来　〔浄土真宗本願寺派〕

長松寺　ちょうしょうじ〔寺〕
　愛知県名古屋市中村区　《本尊》観世音菩薩　〔臨済宗妙心寺派〕

長松寺　ちょうしょうじ〔寺〕
　滋賀県甲賀郡土山町　《本尊》聖観世音菩薩・大日如来　〔臨済宗永源寺派〕

8画（長）

長松寺　ちょうしょうじ〔寺〕
　京都府京都市下京区　《別称》宥清寺奥の院
　《本尊》日蓮聖人一遍次第・日扇上人
　　　　　　　　　　　　　　　〔本門仏立宗〕
長松寺　ちょうしょうじ〔寺〕
　兵庫県豊岡市　《本尊》釈迦如来　〔曹洞宗〕
長松寺　ちょうしょうじ〔寺〕
　愛媛県西宇和郡瀬戸町　《本尊》釈迦如来
　　　　　　　　　　　　　　〔臨済宗妙心寺派〕
長松寺　ちょうしょうじ〔寺〕
　大分県別府市　《本尊》阿弥陀如来　〔曹洞宗〕
長松院　ちょうしょういん〔寺〕
　福島県須賀川市　《本尊》釈迦如来　〔曹洞宗〕
長松院　ちょうしょういん〔寺〕
　愛知県名古屋市中区　《本尊》十一面観世音
　菩薩　　　　　　　　　　　　　　〔曹洞宗〕
長松院　ちょうしょういん〔寺〕
　広島県三原市　《本尊》観世音菩薩
　　　　　　　　　　　　　　〔臨済宗仏通寺派〕
長林寺　ちょうりんじ〔寺〕
　岩手県大船渡市　《本尊》釈迦如来　〔曹洞宗〕
長林寺　ちょうりんじ〔寺〕
　栃木県足利市　《別称》山川公園のお寺　《本
　尊》釈迦如来・文殊菩薩・普賢菩薩
　　　　　　　　　　　　　　　　　〔曹洞宗〕
長林寺　ちょうりんじ〔寺〕
　奈良県北葛城郡河合町　《別称》宮寺　《本尊》
　十一面観世音菩薩・聖徳太子・大日如来・
　吉祥天　　　　　　　　　　　　　〔黄檗宗〕
長沼八幡宮　ながぬまはちまんぐう〔社〕
　栃木県芳賀郡二宮町　《別称》長沼正八幡大
　神宮　《祭神》誉田別命〔他〕　〔神社本庁〕
長沼正八幡大神宮《称》　ながぬましょう
　はちまんだいじんぐう〔社〕
　栃木県芳賀郡二宮町・長沼八幡宮　《祭神》誉
　田別命〔他〕　　　　　　　　　〔神社本庁〕
長沼寺　ながぬまでら〔寺〕
　北海道夕張郡長沼町　《別称》真言でら　《本
　尊》大日如来　　　　　　　〔高野山真言宗〕
長沼神社　ながぬまじんじゃ〔社〕
　北海道夕張郡長沼町　《祭神》大国魂神〔他〕
　　　　　　　　　　　　　　　　〔神社本庁〕
長法寺　ちょうほうじ〔寺〕
　福島県田村郡船引町　《本尊》大日如来・薬
　師如来　　　　　　　　　　　〔真言宗豊山派〕
長法寺　ちょうほうじ〔寺〕
　福井県あわら市　《本尊》阿弥陀如来
　　　　　　　　　　　　　　〔浄土真宗本願寺派〕
長法寺　ちょうほうじ〔寺〕
　京都府長岡京市　《本尊》十一面観世音菩
　薩　　　　　　　　　　　　　　　〔天台宗〕

長法寺　ちょうほうじ〔寺〕
　岡山県笠岡市　《本尊》薬師如来
　　　　　　　　　　　　　　〔高野山真言宗〕
長法寺　ちょうほうじ〔寺〕
　岡山県備前市　《本尊》阿弥陀如来
　　　　　　　　　　　　　　〔高野山真言宗〕
長門国一の宮《称》　ながとのくにいちの
　みや〔社〕
　山口県下関市・住吉神社　《祭神》表筒男命
　〔他〕　　　　　　　　　　　　〔神社本庁〕
長門国三の宮《称》　ながとのくにさんの
　みや〔社〕
　山口県豊浦郡豊浦町・杜屋神社　《祭神》三
　穂津姫命　　　　　　　　　　　〔神社本庁〕
長門国分寺《称》　ながとこくぶんじ〔寺〕
　山口県下関市・国分寺　《本尊》薬師如来
　　　　　　　　　　　　　　〔高野山真言宗〕
9 長保寺　ちょうほうじ〔寺〕
　和歌山県海草郡下津町　《本尊》釈迦如来
　　　　　　　　　　　　　　　　〔天台宗〕
長専寺　ちょうせんじ〔寺〕
　北海道札幌市豊平区　《本尊》阿弥陀如来
　　　　　　　　　　　　　　　　〔浄土宗〕
長専寺　ちょうせんじ〔寺〕
　東京都調布市　《別称》真宗二四輩旧跡　《本
　尊》阿弥陀如来　　　　〔浄土真宗本願寺派〕
長専寺　ちょうせんじ〔寺〕
　熊本県熊本市　《本尊》阿弥陀如来
　　　　　　　　　　　　　　　〔真宗大谷派〕
長専院　ちょうせんいん〔寺〕
　東京都江東区　《別称》出世不動　《本尊》阿
　弥陀如来・出世不動尊　　　　　　〔浄土宗〕
長屋神社　ながやじんじゃ〔社〕
　岐阜県本巣市　《別称》お天王さま　《祭神》
　建速須佐男大神〔他〕　　　　　〔神社本庁〕
長建寺　ちょうけんじ〔寺〕
　京都府京都市伏見区　《別称》中書島の弁天
　さん　《本尊》弁財天・弘法大師
　　　　　　　　　　　　　　〔真言宗醍醐派〕
長建寺　ちょうけんじ〔寺〕
　広島県竹原市　《本尊》阿弥陀如来　〔浄土宗〕
長彦神社　ながひこじんじゃ〔社〕
　岐阜県養老郡上石津町　《祭神》志那都比古
　神〔他〕　　　　　　　　　　　〔神社本庁〕
長栄寺　ちょうえいじ〔寺〕
　青森県三戸郡三戸町　《本尊》阿弥陀如来
　　　　　　　　　　　　　　　　〔浄土宗〕
長栄寺　ちょうえいじ〔寺〕
　栃木県小山市　《本尊》釈迦如来　〔天台宗〕

神社・寺院名よみかた辞典　411

長栄寺　ちょうえいじ〔寺〕
　埼玉県所沢市　《本尊》十一面観世音菩薩
　　　　　　　　　　　　　〔真言宗豊山派〕
長栄寺　ちょうえいじ〔寺〕
　埼玉県入間郡毛呂山町　《本尊》釈迦如来
　　　　　　　　　　　　　　　　〔曹洞宗〕
長栄寺　ちょうえいじ〔寺〕
　東京都新島村　《本尊》十界曼荼羅・本師釈
　迦如来　　　　　　　　　　　　〔日蓮宗〕
長栄寺　ちょうえいじ〔寺〕
　岐阜県恵那市　《本尊》聖観世音菩薩
　　　　　　　　　　　　　　　　〔曹洞宗〕
長栄寺　ちょうえいじ〔寺〕
　愛知県名古屋市中区　《本尊》日蓮聖人奠定
　の大曼荼羅　　　　　　　　〔法華宗(本門流)〕
長栄寺　ちょうえいじ〔寺〕
　愛知県豊橋市　《本尊》釈迦如来・観世音菩
　薩　　　　　　　　　　　　〔臨済宗妙心寺派〕
長栄寺　ちょうえいじ〔寺〕
　愛知県西春日井郡師勝町　《本尊》十界大曼
　荼羅　　　　　　　　　　　　　〔日蓮宗〕
長栄寺　ちょうえいじ〔寺〕
　大阪府東大阪市　《別称》総本山　〔新真言宗〕
長栄寺　ちょうえいじ〔寺〕
　兵庫県朝来郡山東町　《本尊》阿弥陀如来
　　　　　　　　　　　　　　　　〔浄土宗〕
長栄寺　ちょうえいじ〔寺〕
　長崎県壱岐市　《本尊》地蔵菩薩・聖観世音
　菩薩　　　　　　　　　　　　　〔曹洞宗〕
長柄の八幡さん《称》　ながらのはちまん
さん〔社〕
　大阪府大阪市北区・長柄八幡宮　《祭神》応
　神天皇[他]　　　　　　　　　〔神社本庁〕
長柄八幡宮　ながらはちまんぐう〔社〕
　大阪府大阪市北区　《別称》長柄の八幡さん
　《祭神》応神天皇[他]　　　　　〔神社本庁〕
長柄神社　ながらじんじゃ〔社〕
　群馬県邑楽郡邑楽町篠塚　《祭神》八重事代
　主命[他]　　　　　　　　　　　〔神社本庁〕
長洲神社　ながすじんじゃ〔社〕
　大分県宇佐市　《別称》加茂社　《祭神》賀茂
　別雷命　　　　　　　　　　　　〔神社本庁〕
長泉寺　ちょうせんじ〔寺〕
　青森県三戸郡新郷村　《本尊》釈迦如来
　　　　　　　　　　　　　　　　〔曹洞宗〕
長泉寺　ちょうせんじ〔寺〕
　岩手県久慈市　《別称》門前のてら　《本尊》
　釈迦如来　　　　　　　　　　　〔曹洞宗〕
長泉寺　ちょうせんじ〔寺〕
　岩手県一関市　《本尊》延命地蔵菩薩・十一
　面観世音菩薩　　　　　　　　　〔曹洞宗〕

長泉寺　ちょうせんじ〔寺〕
　岩手県東磐井郡大東町　《本尊》釈迦如来
　　　　　　　　　　　　　　　　〔曹洞宗〕
長泉寺　ちょうせんじ〔寺〕
　岩手県上閉伊郡宮守村　《本尊》釈迦如来
　　　　　　　　　　　　　　〔臨済宗妙心寺派〕
長泉寺　ちょうせんじ〔寺〕
　宮城県仙台市青葉区　《本尊》薬師如来
　　　　　　　　　　　　　　　　〔曹洞宗〕
長泉寺　ちょうせんじ〔寺〕
　宮城県角田市　《本尊》釈迦如来　〔曹洞宗〕
長泉寺　ちょうせんじ〔寺〕
　秋田県山本郡峰浜村　《本尊》釈迦如来
　　　　　　　　　　　　　　　　〔曹洞宗〕
長泉寺　ちょうせんじ〔寺〕
　福島県郡山市　《本尊》釈迦如来・阿弥陀三
　尊　　　　　　　　　　　　　　〔曹洞宗〕
長泉寺　ちょうせんじ〔寺〕
　福島県安達郡岩代町　《本尊》釈迦如来
　　　　　　　　　　　　　　　　〔曹洞宗〕
長泉寺　ちょうせんじ〔寺〕
　福島県石川郡石川町　《本尊》延命地蔵菩
　薩　　　　　　　　　　　　　　〔曹洞宗〕
長泉寺　ちょうせんじ〔寺〕
　栃木県河内郡上三川町　《本尊》十一面観世
　音菩薩　　　　　　　　　　　　〔曹洞宗〕
長泉寺　ちょうせんじ〔寺〕
　群馬県高崎市　《本尊》釈迦如来　〔曹洞宗〕
長泉寺　ちょうせんじ〔寺〕
　群馬県太田市　《本尊》地蔵菩薩　〔曹洞宗〕
長泉寺　ちょうせんじ〔寺〕
　埼玉県入間市　《本尊》釈迦如来　〔曹洞宗〕
長泉寺　ちょうせんじ〔寺〕
　埼玉県児玉郡児玉町　《本尊》釈迦三尊
　　　　　　　　　　　　　　　　〔曹洞宗〕
長泉寺　ちょうせんじ〔寺〕
　千葉県君津市　《本尊》不動明王
　　　　　　　　　　　　　　〔真言宗智山派〕
長泉寺　ちょうせんじ〔寺〕
　千葉県安房郡富浦町　《本尊》阿弥陀如来
　　　　　　　　　　　　　　　　〔浄土宗〕
長泉寺　ちょうせんじ〔寺〕
　千葉県安房郡和田町　《別称》望洋閣　《本
　尊》聖観世音菩薩　　　　　〔真言宗智山派〕
長泉寺　ちょうせんじ〔寺〕
　東京都文京区　《本尊》釈迦如来　〔曹洞宗〕
長泉寺　ちょうせんじ〔寺〕
　東京都台東区　《本尊》阿弥陀如来
　　　　　　　　　　　　　　　〔真宗大谷派〕

8画（長）

長泉寺　ちょうせんじ〔寺〕
東京都渋谷区　《本尊》釈迦如来・薬師如来
〔曹洞宗〕

長泉寺　ちょうせんじ〔寺〕
神奈川県小田原市　《本尊》釈迦如来
〔臨済宗建長寺派〕

長泉寺　ちょうせんじ〔寺〕
新潟県三条市　《本尊》阿弥陀如来
〔真宗大谷派〕

長泉寺　ちょうせんじ〔寺〕
静岡県三島市　《本尊》薬師如来　〔曹洞宗〕

長泉寺　ちょうせんじ〔寺〕
愛知県蒲郡市　《本尊》薬師如来・釈迦如来
〔曹洞宗〕

長泉寺　ちょうせんじ〔寺〕
三重県阿山郡伊賀町　《本尊》阿弥陀如来
〔浄土宗〕

長泉寺　ちょうせんじ〔寺〕
滋賀県甲賀郡土山町　《別称》市場の地蔵さん
《本尊》阿弥陀如来・地蔵菩薩　〔浄土宗〕

長泉寺　ちょうせんじ〔寺〕
京都府京都市右京区　《本尊》阿弥陀如来
〔浄土宗〕

長泉寺　ちょうせんじ〔寺〕
大阪府堺市　《別称》南十万　《本尊》阿弥陀
如来　〔浄土宗〕

長泉寺　ちょうせんじ〔寺〕
兵庫県津名郡一宮町　《本尊》大日如来
〔高野山真言宗〕

長泉寺　ちょうせんじ〔寺〕
鳥取県気高郡気高町　《本尊》釈迦如来
〔曹洞宗〕

長泉寺　ちょうせんじ〔寺〕
島根県出雲市　《本尊》阿弥陀如来
〔浄土真宗本願寺派〕

長泉寺　ちょうせんじ〔寺〕
愛媛県伊予市　《本尊》十一面観世音菩薩
〔真言宗智山派〕

長泉寺　ちょうせんじ〔寺〕
愛媛県越智郡波方町　《本尊》如意輪観世音
菩薩　〔真言宗豊山派〕

長泉寺　ちょうせんじ〔寺〕
長崎県平戸市　《本尊》千手観音菩薩
〔曹洞宗〕

長泉寺　ちょうせんじ〔寺〕
大分県津久見市　《本尊》阿弥陀如来
〔浄土宗〕

長泉院　ちょうせんいん〔寺〕
埼玉県秩父郡荒川村　《別称》石札(いしふだ)
堂・秩父第二九番霊場　《本尊》聖観世音
菩薩　〔曹洞宗〕

長泉院　ちょうせんいん〔寺〕
東京都目黒区　《別称》新寺　《本尊》阿弥陀
如来　〔浄土宗〕

長泉院　ちょうせんいん〔寺〕
神奈川県南足柄市　《本尊》釈迦如来
〔曹洞宗〕

長泉院　ちょうせんいん〔寺〕
愛知県北設楽郡東栄町　《本尊》大日如来
〔曹洞宗〕

長津宮　《称》　ながつぐう〔社〕
愛媛県四国中央市・村山神社　《祭神》天照
皇大神［他］　〔神社本庁〕

長音寺　ちょうおんじ〔寺〕
新潟県新潟市　《本尊》阿弥陀如来
〔浄土真宗本願寺派〕

長香寺　ちょうこうじ〔寺〕
京都府京都市下京区　《本尊》阿弥陀如来
〔浄土宗〕

10長倉神社　ながくらじんじゃ〔社〕
三重県四日市市　《祭神》応神天皇［他］
〔神社本庁〕

長姫神社　おさひめじんじゃ〔社〕
長野県飯田市　《別称》三霊社　《祭神》堀秀
政［他］　〔神社本庁〕

長島薬師　《称》　ながしまやくし〔寺〕
東京都江戸川区・東善寺　《本尊》薬師如来
〔真言宗豊山派〕

長恩寺　ちょうおんじ〔寺〕
新潟県南魚沼郡塩沢町　《本尊》阿弥陀如
来　〔浄土宗〕

長恩寺　ちょうおんじ〔寺〕
富山県西礪波郡福光町　《本尊》阿弥陀如
来　〔真宗大谷派〕

長朔寺　ちょうさくじ〔寺〕
富山県新湊市　《本尊》釈迦如来　〔曹洞宗〕

長桂寺　ちょうけいじ〔寺〕
群馬県勢多郡富士見村　《別称》漆窪ノ寺
《本尊》釈迦如来　〔曹洞宗〕

長桂寺　ちょうけいじ〔寺〕
長野県伊那市　《本尊》聖観世音菩薩
〔曹洞宗〕

長根寺　ちょうこんじ〔寺〕
岩手県宮古市　《本尊》不動明王
〔真言宗智山派〕

長泰寺　ちょうたいじ〔寺〕
東京都新宿区　《本尊》釈迦如来　〔曹洞宗〕

長浜さま《称》　ながはまさま〔社〕
東京都神津島村・阿波命神社　《祭神》阿波
咩命　〔神社本庁〕

神社・寺院名よみかた辞典　413

8画（長）

長浜八幡宮　ながはまはちまんぐう〔社〕
　　滋賀県長浜市　《別称》はちまんさま　《祭神》誉田別尊[他]
　　　　　　　　　　　　　　　　　〔神社本庁〕
長浜神社　ながはまじんじゃ〔社〕
　　島根県出雲市　《祭神》八束水臣津野神
　　　　　　　　　　　　　　　　　〔神社本庁〕
長浜神社　ながはまじんじゃ〔社〕
　　大分県大分市　《祭神》少彦名命[他]
　　　　　　　　　　　　　　　　　〔神社本庁〕
長流寺　ちょうりゅうじ〔寺〕
　　大分県速見郡山香町　《本尊》釈迦如来
　　　　　　　　　　　　　　　　　〔曹洞宗〕
長称寺　ちょうしょうじ〔寺〕
　　長野県松本市　《別称》長称念仏寺・真宗二四輩旧跡　《本尊》阿弥陀如来　〔真宗大谷派〕
長念念仏寺《称》　ちょうしょうねんぶつじ〔寺〕
　　長野県松本市・長称寺　《本尊》阿弥陀如来
　　　　　　　　　　　　　　　　　〔真宗大谷派〕
長竜寺　ちょうりゅうじ〔寺〕
　　茨城県守谷市　《本尊》釈迦如来　〔曹洞宗〕
長竜寺　ちょうりゅうじ〔寺〕
　　埼玉県南埼玉郡菖蒲町　《別称》施餓鬼寺
　　《本尊》十一面観世音菩薩　　〔曹洞宗〕
長竜寺　ちょうりゅうじ〔寺〕
　　東京都杉並区　《本尊》釈迦如来　〔曹洞宗〕
長竜寺　ちょうりゅうじ〔寺〕
　　石川県羽咋郡志賀町　《別称》谷屋の寺　《本尊》阿弥陀如来　　　　〔真宗大谷派〕
長竜寺　ちょうりゅうじ〔寺〕
　　石川県鳳至郡能都町　《別称》みやちでら
　　《本尊》阿弥陀如来　　　　〔真宗大谷派〕
長純寺　ちょうじゅんじ〔寺〕
　　群馬県群馬郡箕郷町　《別称》箕輪城主の菩提所　《本尊》釈迦如来　　〔曹洞宗〕
長翁寺　ちょうおうじ〔寺〕
　　愛知県名古屋市緑区　《本尊》釈迦如来・薬師如来　　　　　　　　　　〔曹洞宗〕
長高寺　ちょうこうじ〔寺〕
　　北海道岩見沢市　《本尊》十一面観世音菩薩　　　　　　　　　　　〔真言宗豊山派〕
11長崎県護国神社　ながさきけんごこくじんじゃ〔社〕
　　長崎県長崎市　《祭神》護国の神霊
　　　　　　　　　　　　　　　　　〔神社本庁〕
長崎神社　ながさきじんじゃ〔社〕
　　東京都豊島区　《祭神》須佐之男命[他]
　　　　　　　　　　　　　　　　　〔神社本庁〕
長得寺　ちょうとくじ〔寺〕
　　佐賀県唐津市　《本尊》釈迦如来　〔曹洞宗〕

長得院　ちょうとくいん〔寺〕
　　京都府京都市上京区　《本尊》釈迦如来
　　　　　　　　　　　　　　〔臨済宗相国寺派〕
長教寺　ちょうきょうじ〔寺〕
　　富山県魚津市　《別称》二王様の寺　《本尊》十界大曼荼羅　　　　　　〔日蓮宗〕
長教寺　ちょうきょうじ〔寺〕
　　大阪府大阪市淀川区　《本尊》阿弥陀如来
　　　　　　　　　　　　　　　　〔真宗大谷派〕
長淵寺　ちょうえんじ〔寺〕
　　山形県酒田市　《本尊》阿弥陀如来　〔曹洞宗〕
長盛寺　ちょうせいじ〔寺〕
　　三重県多気郡多気町　《本尊》阿弥陀如来
　　　　　　　　　　　　　　　　〔真宗高田派〕
長野水神社《称》　ながのすいじんしゃ〔社〕
　　福岡県浮羽郡吉井町・水神社　《祭神》弥都波能売神[他]　　　　　　〔神社本庁〕
長野半僧坊教会　ながのはんそうぼうきょうかい〔寺〕
　　長野県長野市　《別称》半僧坊長野別院　《本尊》半僧坊大権現・釈迦如来・観世音菩薩
　　　　　　　　　　　　　　〔臨済宗方広寺派〕
長野県護国神社　ながのけんごこくじんじゃ〔社〕
　　長野県松本市　《祭神》護国の神霊
　　　　　　　　　　　　　　　　　〔神社本庁〕
長野神社　ながのじんじゃ〔社〕
　　大阪府河内長野市　《別称》えびすさん　《祭神》素盞嗚尊[他]　　　　〔神社本庁〕
長野宮《称》　ながののみや〔社〕
　　熊本県下益城郡砥用町・穂積阿蘇神社　《祭神》健磐竜命[他]　　　　〔神社本庁〕
長隆寺　ちょうりゅうじ〔寺〕
　　福島県いわき市　《別称》長友地蔵尊　《本尊》阿弥陀如来・大日如来　〔真言宗智山派〕
長隆寺　ちょうりゅうじ〔寺〕
　　三重県上野市　《本尊》大日如来　〔真言律宗〕
12長勝寺　ちょうしょうじ〔寺〕
　　青森県弘前市　《別称》禅林　《本尊》釈迦如来　　　　　　　　　　〔曹洞宗〕
長勝寺　ちょうしょうじ〔寺〕
　　茨城県潮来市　　　　　　〔臨済宗妙心寺派〕
長勝寺　ちょうしょうじ〔寺〕
　　群馬県太田市　《本尊》薬師如来
　　　　　　　　　　　　　　　　〔高野山真言宗〕
長勝寺　ちょうしょうじ〔寺〕
　　東京都足立区　《本尊》三宝尊・日蓮聖人奠定の大曼荼羅　　　　　　〔日蓮宗〕
長勝寺　ちょうしょうじ〔寺〕
　　神奈川県鎌倉市　《別称》鎌倉松葉ヶ谷帝釈天　《本尊》一塔両尊四菩薩　〔日蓮宗〕

414　神社・寺院名よみかた辞典

8画（長）

長勝寺　ちょうしょうじ〔寺〕
　長野県長野市　《別称》さみずの仁王山　《本尊》薬師如来・仁王尊　　〔真言宗豊山派〕
長勝寺　ちょうしょうじ〔寺〕
　香川県小豆郡池田町　《本尊》大日如来
　　　　　　　　　　　　　　〔真言宗御室派〕
長善寺　ちょうぜんじ〔寺〕
　岩手県盛岡市　《本尊》釈迦如来　〔曹洞宗〕
長善寺　ちょうぜんじ〔寺〕
　東京都新宿区　《別称》笹寺　《本尊》釈迦如来　　　　　　　　　　　　　〔曹洞宗〕
長善寺　ちょうぜんじ〔寺〕
　東京都杉並区　《本尊》日蓮聖人奠定の大曼荼羅　　　　　　　　　　　　　〔日蓮宗〕
長善寺　ちょうぜんじ〔寺〕
　神奈川県平塚市　《本尊》阿弥陀如来
　　　　　　　　　　　　　　　　〔浄土宗〕
長善寺　ちょうぜんじ〔寺〕
　新潟県新潟市　《本尊》阿弥陀如来　〔浄土宗〕
長善寺　ちょうぜんじ〔寺〕
　滋賀県東浅井郡びわ町　《本尊》阿弥陀如来　　　　　　　　　　　〔真宗大谷派〕
長善寺　ちょうぜんじ〔寺〕
　徳島県阿南市　《本尊》阿弥陀如来
　　　　　　　　　　　　　　〔高野山真言宗〕
長善寺　ちょうぜんじ〔寺〕
　徳島県三好郡三加茂町　《本尊》虚空蔵菩薩　　　　　　　　　　〔真言宗御室派〕
長善寺　ちょうぜんじ〔寺〕
　大分県日田市　《本尊》阿弥陀如来
　　　　　　　　　　　　　　〔真宗大谷派〕
長善院　ちょうぜんいん〔寺〕
　千葉県佐原市　《別称》加藤洲の観音　《本尊》十一面観世音菩薩　〔真言宗智山派〕
長満寺　ちょうまんじ〔寺〕
　愛知県額田郡幸田町　《本尊》一塔両尊四菩薩　　　　　　　　　　　　〔日蓮宗〕
長禄寺　ちょうろくじ〔寺〕
　福島県須賀川市　《本尊》釈迦如来　〔曹洞宗〕
長等神社　ながらじんじゃ〔社〕
　滋賀県大津市　《祭神》建速須佐之男大神[他]
　　　　　　　　　　　　　　　〔神社本庁〕
長運寺　ちょううんじ〔寺〕
　群馬県太田市　《本尊》釈迦如来　〔曹洞宗〕
長雲寺　ちょううんじ〔寺〕
　長野県千曲市　《本尊》五大明王
　　　　　　　　　　　　　　〔真言宗智山派〕
長順寺　ちょうじゅんじ〔寺〕
　滋賀県高島郡マキノ町　《本尊》阿弥陀如来　　　　　　　　　　　〔真宗大谷派〕

長須賀薬師様《称》　ながすかやくしさま〔寺〕
　千葉県館山市・来福寺　《本尊》薬師如来
　　　　　　　　　　　　　　〔真言宗智山派〕
13長楽寺　ちょうらくじ〔寺〕
　青森県東津軽郡蟹田町　《本尊》阿弥陀如来　　　　　　　　　　　〔真宗大谷派〕
長楽寺　ちょうらくじ〔寺〕
　栃木県那須郡那須町　《本尊》薬師如来
　　　　　　　　　　　　　　〔真言宗智山派〕
長楽寺　ちょうらくじ〔寺〕
　群馬県新田郡尾島町　《本尊》釈迦三尊・阿弥陀三尊・弥勒三尊　　〔天台宗〕
長楽寺　ちょうらくじ〔寺〕
　埼玉県秩父郡皆野町　《本尊》観世音菩薩
　　　　　　　　　　　　　　　　〔曹洞宗〕
長楽寺　ちょうらくじ〔寺〕
　千葉県木更津市　《本尊》薬師如来
　　　　　　　　　　　　　　〔真言宗豊山派〕
長楽寺　ちょうらくじ〔寺〕
　千葉県白井市　《別称》七宝山　《本尊》阿弥陀如来　　　　　　　　　　　　　〔天台宗〕
長楽寺　ちょうらくじ〔寺〕
　東京都八王子市　《別称》別所薬師　《本尊》不動明王　　　　　　〔真言宗智山派〕
長楽寺　ちょうらくじ〔寺〕
　東京都日野市　《本尊》不動明王
　　　　　　　　　　　　　　〔真言宗豊山派〕
長楽寺　ちょうらくじ〔寺〕
　東京都八丈町　《本尊》聖観世音菩薩
　　　　　　　　　　　　　　　　〔浄土宗〕
長楽寺　ちょうらくじ〔寺〕
　神奈川県平塚市　《本尊》不動明王
　　　　　　　　　　　　　　〔高野山真言宗〕
長楽寺　ちょうらくじ〔寺〕
　富山県高岡市　《本尊》阿弥陀如来
　　　　　　　　　　　　　〔浄土真宗本願寺派〕
長楽寺　ちょうらくじ〔寺〕
　石川県鹿島郡鹿西町　《別称》長楽さん　《本尊》胎蔵界大日如来　〔高野山真言宗〕
長楽寺　ちょうらくじ〔寺〕
　福井県大飯郡大飯町　《本尊》阿弥陀如来
　　　　　　　　　　　　　　〔高野山真言宗〕
長楽寺　ちょうらくじ〔寺〕
　長野県千曲市　《別称》姨捨の観音　《本尊》聖観世音菩薩　　　　〔天台宗〕
長楽寺　ちょうらくじ〔寺〕
　静岡県下田市　《本尊》薬師如来
　　　　　　　　　　　　　　〔高野山真言宗〕
長楽寺　ちょうらくじ〔寺〕
　滋賀県八日市市　《本尊》薬師如来
　　　　　　　　　　　　　〔臨済宗妙心寺派〕

神社・寺院名よみかた辞典　*415*

8画（長）

長楽寺　ちょうらくじ〔寺〕
　京都府京都市東山区　《本尊》十一面観世音菩薩
　　　　　　　　　　　　　　　　　　〔時宗〕
長楽寺　ちょうらくじ〔寺〕
　大阪府貝塚市　《本尊》阿弥陀如来　〔浄土宗〕
長楽寺　ちょうらくじ〔寺〕
　兵庫県加古川市　《別称》谷の地蔵　《本尊》延命子安地蔵菩薩　〔浄土宗西山禅林寺派〕
長楽寺　ちょうらくじ〔寺〕
　兵庫県城崎郡日高町　《別称》みずのおさん　《本尊》薬師如来・十一面観世音菩薩
　　　　　　　　　　　　　　　　〔高野山真言宗〕
長楽寺　ちょうらくじ〔寺〕
　兵庫県美方郡村岡町　《本尊》薬師如来
　　　　　　　　　　　　　　　　〔高野山真言宗〕
長楽寺　ちょうらくじ〔寺〕
　奈良県生駒郡平群町　《別称》かちでの観音　《本尊》聖観世音菩薩　〔真言宗豊山派〕
長楽寺　ちょうらくじ〔寺〕
　鳥取県日野郡日南町　《本尊》薬師三尊
　　　　　　　　　　　　　　　　　　〔曹洞宗〕
長楽寺　ちょうらくじ〔寺〕
　島根県出雲市　《本尊》阿弥陀如来
　　　　　　　　　　　　　　　〔浄土真宗本願寺派〕
長楽寺　ちょうらくじ〔寺〕
　山口県岩国市　《本尊》地蔵菩薩　〔黄檗宗〕
長楽寺　ちょうらくじ〔寺〕
　徳島県三好郡井川町　《本尊》阿弥陀三尊
　　　　　　　　　　　　　　　　　〔真言宗御室派〕
長楽寺　ちょうらくじ〔寺〕
　愛媛県松山市　《本尊》阿弥陀如来
　　　　　　　　　　　　　　　　〔真言宗智山派〕
長源寺　ちょうげんじ〔寺〕
　岩手県大船渡市　《本尊》大日如来・不動明王
　　　　　　　　　　　　　　　　〔真言宗智山派〕
長源寺　ちょうげんじ〔寺〕
　宮城県登米郡米山町　《本尊》釈迦如来
　　　　　　　　　　　　　　　　　　〔曹洞宗〕
長源寺　ちょうげんじ〔寺〕
　山形県山形市　《本尊》釈迦如来　〔曹洞宗〕
長源寺　ちょうげんじ〔寺〕
　埼玉県狭山市　《本尊》千手観世音菩薩
　　　　　　　　　　　　　　　　　　〔曹洞宗〕
長源寺　ちょうげんじ〔寺〕
　千葉県佐倉市　《本尊》善光寺如来三尊
　　　　　　　　　　　　　　　　　　〔浄土宗〕
長源寺　ちょうげんじ〔寺〕
　東京都新宿区　《本尊》釈迦如来　〔曹洞宗〕
長源寺　ちょうげんじ〔寺〕
　東京都文京区　《本尊》阿弥陀如来
　　　　　　　　　　　　　　　　〔真宗大谷派〕

長源寺　ちょうげんじ〔寺〕
　神奈川県横浜市旭区　《別称》川井の長源寺　《本尊》大日如来　〔高野山真言宗〕
長源寺　ちょうげんじ〔寺〕
　福井県小浜市　《本尊》釈迦如来・日蓮聖人
　　　　　　　　　　　　　　　　　　〔日蓮宗〕
長源寺　ちょうげんじ〔寺〕
　長野県飯田市　《別称》おふじ様の寺　《本尊》釈迦如来　〔日蓮宗〕
長源寺　ちょうげんじ〔寺〕
　岐阜県関市　《本尊》釈迦如来
　　　　　　　　　　　　　　　〔臨済宗妙心寺派〕
長源寺　ちょうげんじ〔寺〕
　愛知県東海市　《本尊》釈迦如来　〔曹洞宗〕
長源寺　ちょうげんじ〔寺〕
　京都府京都市左京区　《別称》薬師さん　《本尊》阿弥陀如来・薬師如来・地蔵菩薩・十一面観世音菩薩　〔浄土宗〕
長源寺　ちょうげんじ〔寺〕
　京都府船井郡和知町　《別称》いでのの寺　《本尊》釈迦如来　〔臨済宗妙心寺派〕
長源寺　ちょうげんじ〔寺〕
　大阪府大阪市西成区　《本尊》阿弥陀如来
　　　　　　　　　　　　　　　　〔真宗大谷派〕
長源寺　ちょうげんじ〔寺〕
　大阪府堺市　《本尊》十界大曼荼羅　〔日蓮宗〕
長源寺　ちょうげんじ〔寺〕
　兵庫県宍粟郡波賀町　《別称》引原ダムの寺　《本尊》聖如意輪観世音菩薩・不動明王・弁財天・弘法大師　〔高野山真言宗〕
長源院　ちょうげんいん〔寺〕
　静岡県静岡市　《本尊》観世音菩薩　〔曹洞宗〕
長照寺　ちょうしょうじ〔寺〕
　宮城県登米郡迫町　《本尊》聖観世音菩薩
　　　　　　　　　　　　　　　　　　〔曹洞宗〕
長照寺　ちょうしょうじ〔寺〕
　東京都大田区　《本尊》一塔両尊　〔日蓮宗〕
長照寺　ちょうしょうじ〔寺〕
　岐阜県岐阜市　《本尊》日蓮聖人奠定の大曼荼羅　〔日蓮宗〕
長照寺　ちょうしょうじ〔寺〕
　滋賀県彦根市　《別称》大久保　《本尊》阿弥陀如来　〔浄土真宗本願寺派〕
長照寺　ちょうしょうじ〔寺〕
　山口県美祢市　《本尊》阿弥陀如来
　　　　　　　　　　　　　　　〔浄土真宗本願寺派〕
長照寺　ちょうしょうじ〔寺〕
　長崎県長崎市　《本尊》一塔両尊四士・鬼子母神・最上位経王大菩薩　〔日蓮宗〕

8画（長）

長禅寺　ちょうぜんじ〔寺〕
　茨城県新治郡霞ヶ浦町　《別称》歩崎の観音さん　《本尊》釈迦如来・十一面観世音菩薩
　　　　　　　　　　　　　　　　〔真如苑〕

長禅寺　ちょうぜんじ〔寺〕
　新潟県南蒲原郡下田村　《本尊》釈迦如来
　　　　　　　　　　　　　　　　〔曹洞宗〕

長禅寺　ちょうぜんじ〔寺〕
　山梨県甲府市　《本尊》釈迦如来　〔単立〕

長福寺　ちょうふくじ〔寺〕
　青森県西津軽郡柏村　《本尊》阿弥陀如来
　　　　　　　　　　　　　　　　〔浄土宗〕

長福寺　ちょうふくじ〔寺〕
　青森県下北郡佐井村　《本尊》釈迦如来
　　　　　　　　　　　　　　　　〔曹洞宗〕

長福寺　ちょうふくじ〔寺〕
　岩手県久慈市　《本尊》釈迦如来　〔曹洞宗〕

長福寺　ちょうふくじ〔寺〕
　秋田県大曲市　《本尊》釈迦如来　〔曹洞宗〕

長福寺　ちょうふくじ〔寺〕
　山形県鶴岡市　《本尊》十一面観世音菩薩
　　　　　　　　　　　　　　　〔真言宗豊山派〕

長福寺　ちょうふくじ〔寺〕
　福島県いわき市　《本尊》延命地蔵菩薩
　　　　　　　　　　　　　　　　〔真言律宗〕

長福寺　ちょうふくじ〔寺〕
　福島県喜多方市　《本尊》阿弥陀如来
　　　　　　　　　　　　　　　　〔浄土宗〕

長福寺　ちょうふくじ〔寺〕
　茨城県北茨城市　《本尊》延命地蔵菩薩
　　　　　　　　　　　　　　　〔真言宗豊山派〕

長福寺　ちょうふくじ〔寺〕
　茨城県稲敷郡桜川村　《本尊》聖観世音菩薩
　　　　　　　　　　　　　　　〔真言宗豊山派〕

長福寺　ちょうふくじ〔寺〕
　埼玉県川越市　《本尊》釈迦如来　〔曹洞宗〕

長福寺　ちょうふくじ〔寺〕
　埼玉県行田市　《本尊》不動明王・大日如来
　　　　　　　　　　　　　　　〔真言宗豊山派〕

長福寺　ちょうふくじ〔寺〕
　埼玉県比企郡小川町　《本尊》阿弥陀如来
　　　　　　　　　　　　　　　　〔天台宗〕

長福寺　ちょうふくじ〔寺〕
　千葉県千葉市　《本尊》阿弥陀如来
　　　　　　　　　　　　　　　〔真言宗豊山派〕

長福寺　ちょうふくじ〔寺〕
　千葉県佐倉市　《本尊》十界大曼荼羅
　　　　　　　　　　　　　　　　〔日蓮宗〕

長福寺　ちょうふくじ〔寺〕
　千葉県八日市場市　《本尊》十界曼荼羅
　　　　　　　　　　　　　　　　〔日蓮宗〕

長福寺　ちょうふくじ〔寺〕
　千葉県八千代市　《別称》萱田の赤寺　《本尊》阿弥陀如来　〔真言宗豊山派〕

長福寺　ちょうふくじ〔寺〕
　千葉県君津市　《本尊》阿弥陀如来・薬師如来・地蔵菩薩　〔真言宗豊山派〕

長福寺　ちょうふくじ〔寺〕
　東京都大田区　《本尊》白衣観世音菩薩
　　　　　　　　　　　　　　　〔真言宗智山派〕

長福寺　ちょうふくじ〔寺〕
　東京都北区　《本尊》阿弥陀如来　〔浄土宗〕

長福寺　ちょうふくじ〔寺〕
　東京都八王子市　《別称》萩の寺　《本尊》不動明王　〔真言宗智山派〕

長福寺　ちょうふくじ〔寺〕
　東京都府中市　《本尊》阿弥陀如来　〔時宗〕

長福寺　ちょうふくじ〔寺〕
　東京都町田市　《本尊》釈迦如来　〔曹洞宗〕

長福寺　ちょうふくじ〔寺〕
　神奈川県横浜市港北区篠原町　《本尊》薬師如来・弘法大師・滝坂不動明王・釈迦如来
　　　　　　　　　　　　　　　〔真言宗大覚寺派〕

長福寺　ちょうふくじ〔寺〕
　神奈川県横浜市港北区南綱島　《本尊》阿弥陀如来　〔真宗大谷派〕

長福寺　ちょうふくじ〔寺〕
　新潟県柏崎市　《本尊》不動明王
　　　　　　　　　　　　　　　〔真言宗豊山派〕

長福寺　ちょうふくじ〔寺〕
　新潟県白根市　《本尊》阿弥陀如来
　　　　　　　　　　　　　　　〔真宗大谷派〕

長福寺　ちょうふくじ〔寺〕
　新潟県東蒲原郡三川村　《別称》細越の寺　《本尊》不動明王　〔真言宗豊山派〕

長福寺　ちょうふくじ〔寺〕
　新潟県中魚沼郡川西町　《本尊》釈迦如来
　　　　　　　　　　　　　　　　〔曹洞宗〕

長福寺　ちょうふくじ〔寺〕
　富山県小矢部市　《本尊》阿弥陀如来
　　　　　　　　　　　　　　　〔真宗大谷派〕

長福寺　ちょうふくじ〔寺〕
　長野県木曽郡木曽福島町　《本尊》釈迦如来　〔臨済宗妙心寺派〕

長福寺　ちょうふくじ〔寺〕
　静岡県静岡市　《本尊》釈迦如来
　　　　　　　　　　　　　　　〔臨済宗妙心寺派〕

長福寺　ちょうふくじ〔寺〕
　静岡県浜松市　《別称》北堂　《本尊》薬師如来・子安地蔵菩薩　〔黄檗宗〕

長福寺　ちょうふくじ〔寺〕
　静岡県掛川市　《本尊》聖観世音菩薩
　　　　　　　　　　　　　〔曹洞宗〕
長福寺　ちょうふくじ〔寺〕
　愛知県名古屋市千種区　《別称》御寺　《本尊》千手観世音菩薩　　〔黄檗宗〕
長福寺　ちょうふくじ〔寺〕
　愛知県岡崎市　《本尊》一塔両尊・日蓮聖人奠定の大曼荼羅　　〔法華宗(陣門流)〕
長福寺　ちょうふくじ〔寺〕
　愛知県一宮市　《本尊》聖観世音菩薩
　　　　　　　　　　　　　〔曹洞宗〕
長福寺　ちょうふくじ〔寺〕
　愛知県中島郡平和町　《別称》三宅長福寺　《本尊》千手観世音菩薩　〔真言宗智山派〕
長福寺　ちょうふくじ〔寺〕
　愛知県海部郡美和町　《別称》お聖天　《本尊》愛染明王・歓喜天　〔真言宗豊山派〕
長福寺　ちょうふくじ〔寺〕
　滋賀県甲賀郡甲賀町大原中　《本尊》阿弥陀如来　　　　　　　〔黒谷浄土宗〕
長福寺　ちょうふくじ〔寺〕
　滋賀県甲賀郡甲賀町田堵野　《本尊》阿弥陀如来　　　　　　　〔浄土宗〕
長福寺　ちょうふくじ〔寺〕
　滋賀県蒲生郡日野町　《別称》毘沙門堂　《本尊》十一面観世音菩薩　〔黄檗宗〕
長福寺　ちょうふくじ〔寺〕
　京都府京都市右京区　《別称》洛西大寺　《本尊》阿弥陀如来・釈迦三尊
　　　　　　　　　　　　〔臨済宗南禅寺派〕
長福寺《称》　ちょうふくじ〔寺〕
　京都府京都市山科区・東本願寺山科別院長福寺　《本尊》阿弥陀如来　〔真宗大谷派〕
長福寺　ちょうふくじ〔寺〕
　兵庫県神戸市西区　《本尊》阿弥陀如来
　　　　　　　　　　　〔臨済宗妙心寺派〕
長福寺　ちょうふくじ〔寺〕
　奈良県生駒市　《本尊》阿弥陀如来
　　　　　　　　　　　　〔真言律宗〕
長福寺　ちょうふくじ〔寺〕
　奈良県北葛城郡広陵町　《本尊》阿弥陀如来　　　　　　　　〔真宗大谷派〕
長福寺　ちょうふくじ〔寺〕
　島根県浜田市　《本尊》薬師如来
　　　　　　　　　　　〔臨済宗東福寺派〕
長福寺　ちょうふくじ〔寺〕
　島根県大田市　《本尊》阿弥陀如来　〔浄土宗〕
長福寺　ちょうふくじ〔寺〕
　岡山県笠岡市　《本尊》阿弥陀如来
　　　　　　　　　　　〔高野山真言宗〕

長福寺　ちょうふくじ〔寺〕
　岡山県英田郡英田町　《別称》真木山　《本尊》十一面観世音菩薩　〔真言宗御室派〕
長福寺　ちょうふくじ〔寺〕
　広島県御調郡向島町　《別称》津部長　《本尊》釈迦如来　　〔曹洞宗〕
長福寺　ちょうふくじ〔寺〕
　徳島県勝浦郡勝浦町　《本尊》薬師如来・地蔵菩薩　　　〔高野山真言宗〕
長福寺　ちょうふくじ〔寺〕
　香川県さぬき市　《本尊》千手観世音菩薩
　　　　　　　　　　　　　〔真言宗〕
長福寺　ちょうふくじ〔寺〕
　愛媛県東予市　《本尊》釈迦如来・迦葉尊者・阿難尊者　〔臨済宗妙心寺派〕
長福寿寺　ちょうふくじゅじ〔寺〕
　千葉県長生郡長南町　《本尊》阿弥陀如来
　　　　　　　　　　　　　〔天台宗〕
長福院　ちょうふくいん〔寺〕
　秋田県北秋田郡阿仁町　《別称》山寺　《本尊》正観世音菩薩　〔真言宗智山派〕
長蓮寺　ちょうれんじ〔寺〕
　熊本県阿蘇郡小国町　《別称》奉安寺　《本尊》阿弥陀如来　　〔真宗大谷派〕
長遠寺　ちょうおんじ〔寺〕
　東京都大田区　《本尊》不動明王・十一面観世音菩薩・薬師如来　〔真言宗智山派〕
長遠寺　じょうおんじ〔寺〕
　新潟県上越市　《別称》高田の赤門の寺　《本尊》日蓮聖人奠定の十界大曼荼羅
　　　　　　　　　　　　　〔日蓮宗〕
長遠寺　じょうおんじ〔寺〕
　山梨県南アルプス市　《本尊》十界大曼荼羅　　　　　　　〔日蓮宗〕
長遠寺　じょうおんじ〔寺〕
　兵庫県尼崎市　《別称》妙見さんの寺　《本尊》一塔両尊四士　〔日蓮宗〕
14長徳寺　ちょうとくじ〔寺〕
　群馬県邑楽郡板倉町　《別称》雲切不動　《本尊》不動明王　〔真言宗豊山派〕
長徳寺　ちょうとくじ〔寺〕
　埼玉県川越市　《本尊》阿弥陀如来　〔天台宗〕
長徳寺　ちょうとくじ〔寺〕
　埼玉県川口市　《本尊》釈迦如来
　　　　　　　　　　　〔臨済宗建長寺派〕
長徳寺　ちょうとくじ〔寺〕
　千葉県八日市場市　《本尊》延命地蔵菩薩
　　　　　　　　　　　〔真言宗智山派〕

8画（長）

長徳寺　ちょうとくじ〔寺〕
　千葉県山武郡山武町　《別称》いなりさま
　《本尊》日蓮聖人奠定の大曼荼羅・一尊四
　士　　　　　　　　　　　　　〔日蓮宗〕
長徳寺　ちょうとくじ〔寺〕
　東京都板橋区　《本尊》大日如来
　　　　　　　　　　　　　〔真言宗豊山派〕
長徳寺　ちょうとくじ〔寺〕
　東京都福生市　《本尊》十一面観世音菩薩・不
　動明王・多聞天　　　　〔臨済宗建長寺派〕
長徳寺　ちょうとくじ〔寺〕
　神奈川県横須賀市　《本尊》阿弥陀如来
　　　　　　　　　　　　〔浄土真宗本願寺派〕
長徳寺　ちょうとくじ〔寺〕
　神奈川県相模原市　《本尊》釈迦如来
　　　　　　　　　　　　　　　〔曹洞宗〕
長徳寺　ちょうとくじ〔寺〕
　神奈川県厚木市　《本尊》阿弥陀如来
　　　　　　　　　　　　　　〔真宗大谷派〕
長徳寺　ちょうとくじ〔寺〕
　新潟県新発田市　《本尊》阿弥陀如来
　　　　　　　　　　　　　　〔真宗大谷派〕
長徳寺　ちょうとくじ〔寺〕
　石川県金沢市　《本尊》阿弥陀如来
　　　　　　　　　　　　　　〔真宗大谷派〕
長徳寺　ちょうとくじ〔寺〕
　石川県輪島市　《別称》惣道場　《本尊》阿弥
　陀如来　　　　　　　　　　〔真宗大谷派〕
長徳寺　ちょうとくじ〔寺〕
　岐阜県大垣市　《本尊》阿弥陀如来
　　　　　　　　　　　　　　〔真宗大谷派〕
長徳寺　ちょうとくじ〔寺〕
　静岡県島田市　《本尊》釈迦如来　〔曹洞宗〕
長徳寺　ちょうとくじ〔寺〕
　静岡県田方郡韮山町　《本尊》延命地蔵菩
　薩　　　　　　　　　　〔臨済宗円覚寺派〕
長徳寺　ちょうとくじ〔寺〕
　滋賀県大津市　《本尊》阿弥陀如来
　　　　　　　　　　　　　　〔真宗仏光寺派〕
長徳寺　ちょうとくじ〔寺〕
　滋賀県甲賀郡甲南町　《本尊》阿弥陀如来
　　　　　　　　　　　　　　　〔浄土宗〕
長徳寺　ちょうとくじ〔寺〕
　京都府京都市上京区　《別称》歯刺　《本尊》
　阿弥陀如来　　　　　　　　〔真宗大谷派〕
長徳寺　ちょうとくじ〔寺〕
　京都府京都市左京区　《別称》柳の寺　《本
　尊》阿弥陀三尊・北向地蔵菩薩　〔浄土宗〕
長徳寺　ちょうとくじ〔寺〕
　大阪府岸和田市　《本尊》阿弥陀如来
　　　　　　　　　　　　　　　〔浄土宗〕

長徳寺　ちょうとくじ〔寺〕
　山口県吉敷郡秋穂町　《別称》禿山薬師　《本
　尊》薬師如来　　　　　　　　〔曹洞宗〕
長徳寺　ちょうとくじ〔寺〕
　福岡県北九州市八幡西区　《本尊》阿弥陀如
　来　　　　　　　　　　　　　〔浄土宗〕
長徳寺　ちょうとくじ〔寺〕
　佐賀県鹿島市　《本尊》阿弥陀如来　〔浄土宗〕
長徳寺　ちょうとくじ〔寺〕
　佐賀県杵島郡大町町　《本尊》釈迦如来
　　　　　　　　　　　　　　　〔曹洞宗〕
長徳寺　ちょうとくじ〔寺〕
　長崎県壱岐市　《本尊》阿弥陀如来　〔曹洞宗〕
長徳院　ちょうとくいん〔寺〕
　茨城県結城市　《本尊》阿弥陀如来　〔曹洞宗〕
長徳院　ちょうとくいん〔寺〕
　岐阜県美濃市　《本尊》十一面観世音菩薩
　　　　　　　　　　　　　　　〔曹洞宗〕
長徳院　ちょうとくいん〔寺〕
　京都府京都市上京区　《本尊》阿弥陀如来
　　　　　　　　　　　　　　〔黒谷浄土宗〕
長誓寺　ちょうせいじ〔寺〕
　愛知県一宮市　《別称》小嶋山　《本尊》阿弥
　陀如来　　　　　　　　　　〔真宗大谷派〕
15長導寺　ちょうどうじ〔寺〕
　神奈川県横浜市神奈川区　《本尊》三宝尊
　　　　　　　　　　　　　　　〔日蓮宗〕
長幡寺　ちょうばんじ〔寺〕
　愛知県江南市　《本尊》不動明王
　　　　　　　　　　　　　〔真言宗豊山派〕
長慶寺　ちょうけいじ〔寺〕
　秋田県能代市　《本尊》十一面観世音菩薩
　　　　　　　　　　　　　　　〔曹洞宗〕
長慶寺　ちょうけいじ〔寺〕
　埼玉県東松山市　《別称》下寺　《本尊》不動
　明王　　　　　　　　　　〔真言宗智山派〕
長慶寺　ちょうけいじ〔寺〕
　千葉県勝浦市　《別称》樫寺　《本尊》日蓮聖
　人奠定の大曼荼羅　　　　　　〔日蓮宗〕
長慶寺　ちょうけいじ〔寺〕
　東京都江東区　《別称》残木山(こっぱざん)・
　楠寺　《本尊》釈迦如来　　　〔曹洞宗〕
長慶寺　ちょうけいじ〔寺〕
　神奈川県横浜市栄区　《本尊》阿弥陀如来
　　　　　　　　　　　　　　〔真宗大谷派〕
長慶寺　ちょうけいじ〔寺〕
　富山県富山市　《別称》桜谷五百羅漢　《本
　尊》釈迦如来　　　　　　　　〔曹洞宗〕
長慶寺　ちょうけいじ〔寺〕
　静岡県藤枝市　《本尊》釈迦如来
　　　　　　　　　　　　〔臨済宗妙心寺派〕

神社・寺院名よみかた辞典　419

8画（門）

長慶寺　ちょうけいじ〔寺〕
　愛知県豊川市　《本尊》観世音菩薩
　　　　　　　　　　　〔臨済宗妙心寺派〕
長慶寺　ちょうけいじ〔寺〕
　愛知県豊田市　《本尊》阿弥陀如来
　　　　　　　　　　　〔真宗大谷派〕
長慶院　ちょうけいいん〔寺〕
　京都府京都市右京区　《本尊》薬師如来
　　　　　　　　　　　〔臨済宗妙心寺派〕
長慶院　ちょうけいいん〔寺〕
　兵庫県氷上郡山南町　《本尊》聖観世音菩薩
　　　　　　　　　　　〔臨済宗妙心寺派〕
長縁寺　ちょうえんじ〔寺〕
　滋賀県伊香郡西浅井町　《本尊》阿弥陀如来
　　　　　　　　　　　〔真宗仏光寺派〕
長蔵寺　ちょうぞうじ〔寺〕
　岐阜県美濃市　《本尊》延命地蔵菩薩
　　　　　　　　　　　〔臨済宗妙心寺派〕
長養寺　ちょうようじ〔寺〕
　愛知県名古屋市千種区　《本尊》十一面観世音菩薩
　　　　　　　　　　　〔天台宗〕
長養寺　ちょうようじ〔寺〕
　愛媛県西宇和郡瀬戸町　《本尊》阿弥陀如来・釈迦如来
　　　　　　　　　　　〔臨済宗妙心寺派〕
16長興寺　ちょうこうじ〔寺〕
　埼玉県秩父郡横瀬町　《別称》語歌（ごか）堂・秩父第五番霊場　《本尊》準胝観世音菩薩・地蔵菩薩
　　　　　　　　　　　〔臨済宗南禅寺派〕
長興寺　ちょうこうじ〔寺〕
　埼玉県秩父郡皆野町　《本尊》不動明王
　　　　　　　　　　　〔真言宗智山派〕
長興寺　ちょうこうじ〔寺〕
　新潟県長岡市　《本尊》釈迦如来　〔曹洞宗〕
長興寺　ちょうこうじ〔寺〕
　福井県大野市　《本尊》釈迦如来
　　　　　　　　　　　〔臨済宗妙心寺派〕
長興寺　ちょうこうじ〔寺〕
　長野県塩尻市　《本尊》釈迦如来　〔曹洞宗〕
長興寺　ちょうこうじ〔寺〕
　静岡県榛原郡榛原町　《本尊》釈迦如来
　　　　　　　　　　　〔曹洞宗〕
長興寺　ちょうこうじ〔寺〕
　静岡県引佐郡引佐町　《本尊》聖観世音菩薩
　　　　　　　　　　　〔臨済宗方広寺派〕
長興寺　ちょうこうじ〔寺〕
　愛知県豊田市　《本尊》十一面観世音菩薩
　　　　　　　　　　　〔臨済宗東福寺派〕
長興寺　ちょうこうじ〔寺〕
　愛知県田原市　《本尊》釈迦如来　〔曹洞宗〕

長興寺　ちょうこうじ〔寺〕
　愛知県額田郡額田町　《本尊》阿弥陀如来
　　　　　　　　　　　〔真宗大谷派〕
長興院　ちょうこういん〔寺〕
　京都府京都市右京区　《本尊》釈迦如来
　　　　　　　　　　　〔臨済宗妙心寺派〕
17長厳寺　ちょうごんじ〔寺〕
　佐賀県東松浦郡厳木町　《本尊》三尊仏
　　　　　　　　　　　〔曹洞宗〕
長嶺薬師《称》　ながみねやくし〔寺〕
　新潟県三条市・如法寺　《本尊》聖観世音菩薩・薬師如来　〔真言宗智山派〕
長講堂　ちょうこうどう〔寺〕
　京都府京都市下京区　《本尊》阿弥陀三尊
　　　　　　　　　　　〔西山浄土宗〕
19長瀬八幡宮　ながせはちまんぐう〔社〕
　愛知県岡崎市　《祭神》応神天皇[他]
　　　　　　　　　　　〔神社本庁〕
長瀬神社　ながせじんじゃ〔社〕
　新潟県加茂市　《別称》八幡のはちまん様　《祭神》瀬織津姫命[他]　〔神社本庁〕
長瀬神社　ながせじんじゃ〔社〕
　大阪府東大阪市　《祭神》伊弉諾命[他]
　　　　　　　　　　　〔単立〕
長瀬聖天《称》　ながせしょうてん〔寺〕
　三重県名張市・不動寺　《本尊》不動明王
　　　　　　　　　　　〔真言宗豊山派〕
長願寺　ちょうがんじ〔寺〕
　新潟県新発田市　《本尊》阿弥陀如来
　　　　　　　　　　　〔真宗大谷派〕
長願寺　ちょうがんじ〔寺〕
　石川県鳳至郡能都町　《別称》御坊様　《本尊》阿弥陀如来　〔真宗大谷派〕

【門】

3門川神社　かどがわじんじゃ〔社〕
　宮崎県東臼杵郡門川町　《別称》大将軍神社　《祭神》宇気母智神[他]　〔神社本庁〕
5門司の高野山《称》　もじのこうやさん〔寺〕
　福岡県北九州市門司区・大光明院　《本尊》延命地蔵菩薩　〔高野山真言宗〕
門司八幡宮《称》　もじはちまんぐう〔社〕
　福岡県北九州市門司区・甲宗八幡神社　《祭神》応神天皇[他]　〔神社本庁〕
8門昌庵　もんしょうあん〔寺〕
　北海道爾志郡熊石町　《本尊》三尊仏
　　　　　　　　　　　〔曹洞宗〕
10門徒でら《称》　もんとでら〔寺〕
　岩手県釜石市・宝樹寺　《本尊》阿弥陀如来
　　　　　　　　　　　〔真宗大谷派〕

門徒の本願寺《称》　もんとのほんがんじ
〔寺〕
　北海道北見市・本願寺　《本尊》阿弥陀如来
　　　　　　　　　　　　　　　〔門徒宗一味派〕
門徒寺《称》　もんとでら〔寺〕
　群馬県碓氷郡松井田町・本照寺　《本尊》阿
　弥陀如来　　　　　　　　　　　〔真宗大谷派〕
門徒宗のお寺《称》　もんとしゅうのおてら〔寺〕
　群馬県勢多郡大胡町・勝念寺　《本尊》阿弥
　陀如来　　　　　　　　　　　　〔真宗大谷派〕
門真神社　かどまじんじゃ〔社〕
　大阪府門真市　《別称》四番のお宮　《祭神》
　素盞嗚尊　　　　　　　　　　　〔神社本庁〕

【阿】

3阿万亀岡八幡宮《称》　あまかめおかはちまんぐう〔社〕
　兵庫県三原郡南淡町阿万上町・八幡神社
　《祭神》応神天皇〔他〕　　　　〔神社本庁〕
4阿仏房《称》　あぶつぼう〔寺〕
　新潟県佐渡市・妙宣寺　《本尊》女人成仏顕
　示曼荼羅・嘉齢延命曼荼羅　　　　〔日蓮宗〕
阿太加夜神社　あだかやじんじゃ〔社〕
　島根県八束郡東出雲町　《祭神》阿陀加夜奴
　志多伎喜比売命〔他〕　　　　　〔神社本庁〕
阿夫志奈神社　あぶしなじんじゃ〔社〕
　岐阜県加茂郡川辺町　《祭神》伊耶那岐大神
　〔他〕　　　　　　　　　　　　〔神社本庁〕
阿日寺　あにちじ〔寺〕
　奈良県香芝市　《別称》恵心さんの寺　《本
　尊》阿弥陀如来　　　　　　　　　　〔浄土宗〕
阿比多神社　あひたじんじゃ〔社〕
　新潟県上越市　《祭神》菅原道真〔他〕
　　　　　　　　　　　　　　　　〔神社本庁〕
5阿礼神社　あれいじんじゃ〔社〕
　長野県塩尻市　《祭神》素盞嗚尊〔他〕
　　　　　　　　　　　　　　　　〔神社本庁〕
6阿伎留神社　あきるじんじゃ〔社〕
　東京都あきる野市　《別称》松原さま　《祭
　神》大物主神〔他〕　　　　　　〔神社本庁〕
阿名院　あないん〔寺〕
　岐阜県郡上市　《本尊》大日三尊・釈迦三尊・
　阿弥陀三尊　　　　　　　　　　　　〔天台宗〕
阿多由太神社　あだゆだじんじゃ〔社〕
　岐阜県吉城郡国府町　《祭神》大年御祖神〔他〕
　　　　　　　　　　　　　　　　〔神社本庁〕
阿字賀神社　あじかじんじゃ〔社〕
　鹿児島県薩摩郡宮之城町　《祭神》玉依姫命
　〔他〕　　　　　　　　　　　　〔神社本庁〕

阿自岐神社　あじきじんじゃ〔社〕
　滋賀県犬上郡豊郷町　《別称》西村の宮　《祭
　神》味耜高彦根神〔他〕　　　　〔神社本庁〕
7阿吽寺　あうんじ〔寺〕
　北海道松前郡松前町　《本尊》不動明王
　　　　　　　　　　　　　　〔高野山真言宗〕
阿吽洞《称》　あうんどう〔寺〕
　京都府京都市右京区・大心院　《本尊》如意
　輪観世音菩薩　　　　　　〔臨済宗妙心寺派〕
阿志神社　あしじんじゃ〔社〕
　愛知県田原市　《祭神》木花開耶姫神
　　　　　　　　　　　　　　　　〔神社本庁〕
阿志都弥神社　あしずみじんじゃ〔社〕
　滋賀県高島郡今津町　　　　　　〔神社本庁〕
阿良加志比古神社　あらかしひこじんじゃ〔社〕
　石川県七尾市　《別称》大呑六合総社　《祭
　神》阿良加志比古神　　　　　　〔神社本庁〕
阿豆佐味天神社　あずさみてんじんじゃ〔社〕
　東京都西多摩郡瑞穂町　《祭神》少彦名命〔他〕
　　　　　　　　　　　　　　　　〔神社本庁〕
8阿奈志神社　あなしじんじゃ〔社〕
　福井県小浜市　《祭神》大己貴命〔神社本庁〕
阿宗神社　あそじんじゃ〔社〕
　兵庫県龍野市　《祭神》神功皇后〔他〕
　　　　　　　　　　　　　　　　〔神社本庁〕
阿弥陀寺　あみだじ〔寺〕
　北海道岩見沢市　《本尊》阿弥陀如来
　　　　　　　　　　　　　　　　　〔浄土宗〕
阿弥陀寺　あみだじ〔寺〕
　北海道檜山郡江差町　《本尊》阿弥陀如来
　　　　　　　　　　　　　　　　　〔浄土宗〕
阿弥陀寺　あみだじ〔寺〕
　山形県山形市　《別称》十文字の寺　《本尊》
　阿弥陀如来　　　　　　　　　　　　〔浄土宗〕
阿弥陀寺　あみだじ〔寺〕
　福島県郡山市　《本尊》阿弥陀如来
　　　　　　　　　　　　　　〔真言宗室生寺派〕
阿弥陀寺　あみだじ〔寺〕
　茨城県水海道市　《本尊》阿弥陀如来
　　　　　　　　　　　　　　　　〔真宗大谷派〕
阿弥陀寺　あみだじ〔寺〕
　茨城県岩井市　《本尊》阿弥陀如来
　　　　　　　　　　　　　　　　〔真宗大谷派〕
阿弥陀寺　あみだじ〔寺〕
　茨城県那珂郡那珂町　《別称》大山禅坊・真
　宗二四輩旧跡　《本尊》阿弥陀如来
　　　　　　　　　　　　　　　　〔真宗大谷派〕

8画（阿）

阿弥陀寺　あみだじ〔寺〕
　茨城県稲敷郡新利根町　《本尊》阿弥陀如来・
　釈迦如来　　　　　　　　　　　　〔時宗〕
阿弥陀寺　あみだじ〔寺〕
　東京都港区　《本尊》阿弥陀如来　〔浄土宗〕
阿弥陀寺　あみだじ〔寺〕
　東京都昭島市　《本尊》阿弥陀如来
　　　　　　　　　　　　　　　〔真言宗智山派〕
阿弥陀寺　あみだじ〔寺〕
　神奈川県平塚市　《本尊》阿弥陀如来
　　　　　　　　　　　　　　　　　〔浄土宗〕
阿弥陀寺　あみだじ〔寺〕
　神奈川県足柄下郡箱根町　《本尊》阿弥陀如
　来　　　　　　　　　　　　　　　〔浄土宗〕
阿弥陀寺　あみだじ〔寺〕
　福井県今立郡池田町　《本尊》阿弥陀如来
　　　　　　　　　　　　　　　　　〔曹洞宗〕
阿弥陀寺　あみだじ〔寺〕
　長野県飯田市　《本尊》阿弥陀如来　〔浄土宗〕
阿弥陀寺　あみだじ〔寺〕
　長野県諏訪市　《別称》唐沢寺　《本尊》阿弥
　陀如来　　　　　　　　　　　　　〔浄土宗〕
阿弥陀寺　あみだじ〔寺〕
　愛知県稲沢市　《本尊》阿弥陀如来
　　　　　　　　　　　　　　　　〔真宗大谷派〕
阿弥陀寺　あみだじ〔寺〕
　愛知県西春日井郡新川町　《本尊》阿弥陀如
　来　　　　　　　　　　　　　　〔真宗大谷派〕
阿弥陀寺　あみだじ〔寺〕
　三重県津市　《本尊》阿弥陀如来　〔浄土宗〕
阿弥陀寺　あみだじ〔寺〕
　滋賀県栗東市　《本尊》阿弥陀如来　〔浄土宗〕
阿弥陀寺　あみだじ〔寺〕
　滋賀県甲賀郡甲賀町　《本尊》阿弥陀如来・聖
　観世音菩薩　　　　　　　　　　〔黒谷浄土宗〕
阿弥陀寺　あみだじ〔寺〕
　滋賀県東浅井郡湖北町　《本尊》阿弥陀如
　来　　　　　　　　　　　　　　　〔浄土宗〕
阿弥陀寺　あみだじ〔寺〕
　京都府京都市上京区　《本尊》阿弥陀如来
　　　　　　　　　　　　　　　　　〔浄土宗〕
阿弥陀寺　あみだじ〔寺〕
　京都府京都市左京区　《別称》古知谷　《本
　尊》阿弥陀如来　　　　　　　　　〔浄土宗〕
阿弥陀寺　あみだじ〔寺〕
　京都府京都市伏見区　《本尊》阿弥陀如来
　　　　　　　　　　　　　　　　　〔浄土宗〕
阿弥陀寺　あみだじ〔寺〕
　大阪府堺市　《本尊》阿弥陀如来　〔浄土宗〕

阿弥陀寺　あみだじ〔寺〕
　大阪府岸和田市　《本尊》阿弥陀三尊
　　　　　　　　　　　　　　　　　〔浄土宗〕
阿弥陀寺　あみだじ〔寺〕
　大阪府高槻市　《本尊》阿弥陀如来　〔浄土宗〕
阿弥陀寺　あみだじ〔寺〕
　大阪府箕面市　《本尊》阿弥陀如来　〔浄土宗〕
阿弥陀寺　あみだじ〔寺〕
　兵庫県神戸市東灘区　《本尊》阿弥陀如来・六
　臂観世音菩薩　　　　　　　　　　〔浄土宗〕
阿弥陀寺　あみだじ〔寺〕
　兵庫県神戸市中央区　《別称》法然松の寺
　《本尊》阿弥陀三尊　　　　　　　〔浄土宗〕
阿弥陀寺　あみだじ〔寺〕
　兵庫県川西市　《本尊》阿弥陀如来　〔浄土宗〕
阿弥陀寺　あみだじ〔寺〕
　兵庫県加西市　《本尊》阿弥陀如来
　　　　　　　　　　　　　　　　〔高野山真言宗〕
阿弥陀寺　あみだじ〔寺〕
　奈良県橿原市見瀬町　《本尊》阿弥陀如来
　　　　　　　　　　　　　　　　　〔浄土宗〕
阿弥陀寺　あみだじ〔寺〕
　奈良県橿原市山之坊町　《本尊》阿弥陀如
　来　　　　　　　　　　　　〔浄土宗本願寺派〕
阿弥陀寺　あみだじ〔寺〕
　奈良県生駒市　《本尊》阿弥陀如来　〔浄土宗〕
阿弥陀寺　あみだじ〔寺〕
　広島県福山市　《別称》鞆の大仏　《本尊》阿
　弥陀如来　　　　　　　　　　　　〔浄土宗〕
阿弥陀寺　あみだじ〔寺〕
　山口県防府市　《別称》東大寺別院　《本尊》
　阿弥陀如来　　　　　　　　　　　〔華厳宗〕
阿弥陀寺　あみだじ〔寺〕
　山口県大島郡久賀町　《本尊》阿弥陀如来
　　　　　　　　　　　　　　　　　〔浄土宗〕
阿弥陀寺　あみだじ〔寺〕
　山口県熊毛郡上関町　《本尊》阿弥陀如来
　　　　　　　　　　　　　　　　　〔浄土宗〕
阿弥陀寺　あみだじ〔寺〕
　愛媛県新居浜市　《別称》北の坊　《本尊》阿
　弥陀如来　　　　　　　　　　　〔高野山真言宗〕
阿弥陀寺　あみだじ〔寺〕
　福岡県北九州市小倉南区　《本尊》阿弥陀如
　来　　　　　　　　　　　　　　〔西山浄土宗〕
阿弥陀寺　あみだじ〔寺〕
　長崎県北松浦郡小値賀町　《本尊》阿弥陀如
　来　　　　　　　　　　　　　　　〔浄土宗〕
阿弥陀寺　あみだじ〔寺〕
　熊本県熊本市　《本尊》阿弥陀如来　〔浄土宗〕

8画（阿）

阿弥陀院　あみだいん〔寺〕
　北海道余市郡余市町　《本尊》阿弥陀如来
　　　　　　　　　　　　　　　〔高野山真言宗〕

阿弥陀院　あみだいん〔寺〕
　茨城県那珂郡緒川村　《本尊》阿弥陀如来・勢
　至菩薩・観世音菩薩　　　〔真言宗豊山派〕

阿弥陀院　あみだいん〔寺〕
　東京都足立区保木間町　《本尊》阿弥陀如
　来　　　　　　　　　　　　　〔新義真言宗〕

阿弥陀院　あみだいん〔寺〕
　東京都足立区北鹿浜町　《別称》如来堂　《本
　尊》阿弥陀如来　　　　　　　　　〔単立〕

阿弥陀院　あみだいん〔寺〕
　山口県豊浦郡豊浦町　《本尊》阿弥陀三尊
　　　　　　　　　　　　　　　　　〔浄土宗〕

阿弥陀堂《称》　あみだどう〔寺〕
　京都府京都市右京区・棲霞寺　《本尊》阿弥
　陀如来・観世音菩薩・勢至菩薩　〔浄土宗〕

阿弥神社　あみじんじゃ〔社〕
　茨城県稲敷郡阿見町阿見　《祭神》豊城入彦
　命　　　　　　　　　　　　　　〔神社本庁〕

阿弥神社　あみじんじゃ〔社〕
　茨城県稲敷郡阿見町竹来　《祭神》建御雷之
　男命[他]　　　　　　　　　　　〔神社本庁〕

阿治古神社　あじこじんじゃ〔社〕
　静岡県熱海市　《祭神》天照大神[他]
　　　　　　　　　　　　　　　　〔神社本庁〕

阿沼美神社　あぬみじんじゃ〔社〕
　愛媛県松山市味酒町　《祭神》大山積命[他]
　　　　　　　　　　　　　　　　〔神社本庁〕

阿沼美神社　あぬみじんじゃ〔社〕
　愛媛県松山市平田町　《祭神》大山祇命[他]
　　　　　　　　　　　　　　　　〔神社本庁〕

阿波山上神社　あわさんしょうじんじゃ
〔社〕
　茨城県東茨城郡桂村　《祭神》少彦名命
　　　　　　　　　　　　　　　　〔神社本庁〕

阿波井神社　あわいじんじゃ〔社〕
　徳島県鳴門市　《祭神》天太玉命[他]
　　　　　　　　　　　　　　　　〔神社本庁〕

阿波手の杜《称》　あわでのもり〔社〕
　愛知県海部郡甚目寺町・萱津神社　《祭神》鹿
　屋野比売神　　　　　　　　　　〔神社本庁〕

阿波命神社　あわのみことじんじゃ〔社〕
　東京都神津島村　《別称》長浜さま　《祭神》
　阿波咩命　　　　　　　　　　　〔神社本庁〕

阿波波神社　あわわじんじゃ〔社〕
　静岡県掛川市　《別称》粟ケ岳　《祭神》阿波
　比売命　　　　　　　　　　　　〔神社本庁〕

阿波神社　あわじんじゃ〔社〕
　三重県阿山郡大山田村　《祭神》稚日女神[他]
　　　　　　　　　　　　　　　　〔神社本庁〕

阿波神社　あわじんじゃ〔社〕
　徳島県鳴門市　《祭神》土御門天皇
　　　　　　　　　　　　　　　　〔神社本庁〕

阿邪訶根神社　あさかねじんじゃ〔社〕
　福島県郡山市　《祭神》猿田彦大神[他]
　　　　　　　　　　　　　　　　〔神社本庁〕

阿陀岡神社　あだおかじんじゃ〔社〕
　兵庫県氷上郡春日町　《祭神》吾田鹿葦津比
　売命　　　　　　　　　　　　　〔神社本庁〕

9阿南神社　あなんじんじゃ〔社〕
　大分県大分郡庄内町　《祭神》国常立尊[他]
　　　　　　　　　　　　　　　　〔神社本庁〕

阿紀神社　あきじんじゃ〔社〕
　奈良県宇陀郡大宇陀町　《祭神》天照皇大神
　[他]　　　　　　　　　　　　　〔神社本庁〕

10阿倍王子神社　あべおうじじんじゃ〔社〕
　大阪府大阪市阿倍野区　《別称》王子神社
　《祭神》伊弉諾命[他]　　　　　〔神社本庁〕

11阿理莫神社　ありまかじんじゃ〔社〕
　大阪府貝塚市　《別称》久保神社　《祭神》饒
　速日命[他]　　　　　　　　　　〔神社本庁〕

阿部野神社　あべのじんじゃ〔社〕
　大阪府大阪市阿倍野区　《祭神》北畠顕家[他]
　　　　　　　　　　　　　　　　〔神社本庁〕

阿閇神社　あえじんじゃ〔社〕
　兵庫県加古郡播磨町　《祭神》底筒男命[他]
　　　　　　　　　　　　　　　　〔神社本庁〕

阿麻美許曾神社　あまみこそじんじゃ〔社〕
　大阪府大阪市東住吉区　《別称》天岸の宮
　《祭神》素盞嗚尊[他]　　　　　〔神社本庁〕

12阿智神社　あちじんじゃ〔社〕
　岡山県倉敷市　《別称》妙見宮　《祭神》多紀
　理毘売命[他]　　　　　　　　　〔神社本庁〕

阿賀神社　あがじんじゃ〔社〕
　滋賀県八日市市　《別称》太郎坊宮　《祭神》
　正哉吾勝勝速日天忍穂耳尊　　　〔神社本庁〕

阿遅加神社　あじかじんじゃ〔社〕
　岐阜県羽島市　《別称》八剣宮　《祭神》日本
　武尊　　　　　　　　　　　　　〔神社本庁〕

阿遅速雄神社　あちはやおじんじゃ〔社〕
　大阪府大阪市鶴見区　《別称》八剣の宮　《祭
　神》阿遅鉏高日子根神[他]　　　〔神社本庁〕

阿須伎神社　あすきじんじゃ〔社〕
　島根県簸川郡大社町　《祭神》阿遅須枳高日
　子根命　　　　　　　　　　　　〔神社本庁〕

阿須利神社　あすりじんじゃ〔社〕
　島根県出雲市　《祭神》豊玉比古神[他]
　　　　　　　　　　　　　　　　〔神社本庁〕

神社・寺院名よみかた辞典　423

阿須賀神社　あすかじんじゃ〔社〕
　和歌山県新宮市　《別称》熊野阿須賀神社
　《祭神》熊野夫須美大神〔他〕〔神社本庁〕
阿須須伎神社　あすすきじんじゃ〔社〕
　京都府綾部市　《別称》金宮　《祭神》天御中
　主神〔他〕〔神社本庁〕
14阿遮院　あしゃいん〔寺〕
　東京都荒川区　《本尊》不動明王・地蔵菩薩
　〔真言宗豊山派〕
19阿羅波比神社　あらわひじんじゃ〔社〕
　島根県松江市　《別称》中原照牀社　《祭神》
　天照大御神〔他〕〔神社本庁〕
阿蘇社　あそしゃ〔社〕
　大分県杵築市　《別称》阿蘇宮　《祭神》建磐
　竜命〔他〕〔神社本庁〕
阿蘇神社　あそじんじゃ〔社〕
　熊本県阿蘇郡一の宮町　《祭神》健磐竜命〔他〕
　〔神社本庁〕
阿蘇宮《称》　あそみや〔社〕
　熊本県葦北郡田浦町・田浦阿蘇神社　《祭神》
　健磐竜命〔他〕〔神社本庁〕
阿蘇宮《称》　あそみや〔社〕
　大分県杵築市・阿蘇社　《祭神》建磐竜命〔他〕
　〔神社本庁〕
阿願寺　あがんじ〔寺〕
　岐阜県岐阜市　《別称》安願寺　《本尊》釈迦
　如来〔臨済宗妙心寺派〕

【雨】

3雨乞観世音《称》　あまごいかんぜおん〔寺〕
　群馬県佐波郡境町・法養寺　《本尊》十一面
　観世音菩薩・雨乞観世音菩薩
　〔真言宗豊山派〕
8雨垂布勢神社　あまだれふせじんじゃ〔社〕
　岡山県赤磐郡瀬戸町　《祭神》大己貴命
　〔神社本庁〕
雨祈神社　あまごいじんじゃ〔社〕
　兵庫県宍粟郡山崎町　《祭神》高龗神〔他〕
　〔神社本庁〕
10雨宮《称》　あめみや〔社〕
　香川県丸亀市・神野神社　《祭神》天穂日命
　〔他〕〔神社本庁〕
雨宮社　あまみやしゃ〔社〕
　愛知県名古屋市中川区　《祭神》高龗神
雨師の明神《称》　あめしのみょうじん〔社〕
　奈良県吉野郡東吉野村・丹生川上神社　《祭
　神》罔象女神〔他〕〔神社本庁〕
雨桜神社　あめさくらじんじゃ〔社〕
　静岡県掛川市　《別称》天王さま　《祭神》素
　盞男命〔他〕〔神社本庁〕

雨竜神社　うりゅうじんじゃ〔社〕
　北海道雨竜郡雨竜町　《祭神》天照皇大神〔他〕
　〔神社本庁〕
雨降神社《称》　あめふりじんじゃ〔社〕
　大阪府岸和田市・意賀美神社　《祭神》闇意
　賀美大神〔他〕〔神社本庁〕
雨降宮《称》　あめふりのみや〔社〕
　長野県北安曇郡白馬村・諏訪社　《祭神》健
　御名方命〔他〕〔神社本庁〕

【青】

3青大悲寺　せいだいひじ〔寺〕
　愛知県名古屋市熱田区　《本尊》本山
　〔如来教〕
青山八幡宮　あおやまはちまんぐう〔社〕
　静岡県藤枝市　《祭神》誉田別命〔他〕
　〔神社本庁〕
青山神社　あおやまじんじゃ〔社〕
　山形県東田川郡三川町　《祭神》五十猛命〔他〕
　〔神社本庁〕
青山善光寺《称》　あおやまぜんこうじ〔寺〕
　東京都港区・善光寺　《本尊》阿弥陀三尊
　〔浄土宗〕
4青井さん《称》　あおいさん〔社〕
　熊本県人吉市・青井阿蘇神社　《祭神》健磐
　竜神〔他〕〔神社本庁〕
青井阿蘇神社　あおいあそじんじゃ〔社〕
　熊本県人吉市　《別称》青井さん　《祭神》健
　磐竜神〔他〕〔神社本庁〕
青方神社　あおかたじんじゃ〔社〕
　長崎県南松浦郡上五島町　《別称》山王宮
　《祭神》大己貴命〔他〕〔神社本庁〕
青木さん《称》　あおきさん〔社〕
　滋賀県坂田郡近江町・山津照神社　《祭神》国
　常立尊
青木天満宮《称》　あおきてんまんぐう〔社〕
　福岡県三潴郡城島町・天満宮　《祭神》菅原
　道真〔神社本庁〕
青木地蔵堂《称》　あおきじぞうどう〔寺〕
　愛媛県越智郡菊間町・円福寺　《本尊》十一
　面観世音菩薩・不動明王・毘沙門天・青木
　地蔵菩薩〔真言宗豊山派〕
青木神社　あおきじんじゃ〔社〕
　鳥取県米子市　《祭神》句句廼馳命〔他〕
　〔神社本庁〕
6青光院　せいこういん〔寺〕
　滋賀県高島郡マキノ町　《本尊》阿弥陀如
　来〔浄土宗〕
青色寺　せいしょくじ〔寺〕
　徳島県三好郡池田町　《本尊》延命地蔵菩
　薩〔真言宗御室派〕

8画（青）

8青岸寺　せいがんじ〔寺〕
　滋賀県坂田郡米原町　《本尊》聖観世音菩
　薩　　　　　　　　　　　　　〔曹洞宗〕
青岸渡寺　せいがんとじ〔寺〕
　和歌山県東牟婁郡那智勝浦町　《別称》那智
　山・西国第一番霊場　《本尊》如意輪観世
　音菩薩　　　　　　　　　　　〔天台宗〕
青松寺　せいしょうじ〔寺〕
　東京都港区　《本尊》三尊仏　〔曹洞宗〕
青松寺　せいしょうじ〔寺〕
　神奈川県厚木市　《本尊》釈迦如来・盧舎那
　仏　　　　　　　　　　　〔臨済宗建長寺派〕
青林院　せいりんいん〔寺〕
　京都府八幡市　《本尊》阿弥陀如来　〔浄土宗〕
青苔寺　せいたいじ〔寺〕
　山梨県北都留郡上野原町　《別称》下の寺
　《本尊》薬師如来　　　　〔臨済宗南禅寺派〕
9青柳大神宮《称》あおやぎだいじんぐう
　〔社〕
　茨城県水戸市・鹿島香取神社　《祭神》武甕
　槌命〔他〕　　　　　　　　　〔神社本庁〕
青柳大師《称》あおやぎだいし〔寺〕
　群馬県前橋市・竜蔵寺　《本尊》釈迦三尊・阿
　弥陀三尊・薬師三尊　　　　　〔天台宗〕
青柳寺　せいりゅうじ〔寺〕
　神奈川県相模原市　《本尊》日蓮聖人奠定の
　大曼荼羅　　　　　　　　　　〔日蓮宗〕
青柳寺　せいりゅうじ〔寺〕
　兵庫県姫路市　《本尊》法華経本門八品所顕
　の大曼荼羅　　　　　　　　〔本門仏立宗〕
青海神社　あおみじんじゃ〔社〕
　新潟県加茂市　《別称》加茂の明神さま　《祭
　神》椎根津彦命〔他〕　　　　〔神社本庁〕
青海神社　おうみじんじゃ〔社〕
　新潟県西頸城郡青海町　《祭神》椎根津彦命
　〔他〕　　　　　　　　　　　〔神社本庁〕
青海神社　せいかいじんじゃ〔社〕
　福井県大飯郡高浜町　《別称》大森さん　《祭
　神》椎根津彦命　　　　　　　〔神社本庁〕
10青原寺　せいげんじ〔寺〕
　東京都中野区　《本尊》釈迦如来　〔曹洞宗〕
青島神社　あおしまじんじゃ〔社〕
　宮崎県宮崎市　《祭神》天津日高彦火火出見
　命〔他〕　　　　　　　　　　〔神社本庁〕
青峯寺　せいほうじ〔寺〕
　愛知県名古屋市中川区　《本尊》十一面観世
　音菩薩　　　　　　　　　　〔真言宗智山派〕
青竜寺　しょうりゅうじ〔寺〕
　山形県鶴岡市　《別称》学頭・金峯　《本尊》
　如意輪観世音菩薩・普賢菩薩
　　　　　　　　　　　　　〔真言宗豊山派〕

青竜寺　しょうりゅうじ〔寺〕
　新潟県西蒲原郡岩室村　《本尊》大日如来・薬
　師如来　　　　　　　　　〔真言宗豊山派〕
青竜寺　せいりゅうじ〔寺〕
　静岡県御殿場市　《本尊》阿弥陀三尊
　　　　　　　　　　　　　〔臨済宗建長寺派〕
青竜寺　せいりゅうじ〔寺〕
　三重県鈴鹿市　《本尊》阿弥陀如来
　　　　　　　　　　　　　　〔真宗高田派〕
青竜寺　せいりょうじ〔寺〕
　三重県度会郡南勢町　《本尊》聖観世音菩
　薩　　　　　　　　　　　〔臨済宗妙心寺派〕
青竜寺　せいりゅうじ〔寺〕
　滋賀県大津市坂本本町　《別称》元黒谷青竜
　寺　《本尊》阿弥陀如来　　　〔天台宗〕
青竜寺　せいりゅうじ〔寺〕
　滋賀県大津市長等　《別称》義士の寺　《本
　尊》釈迦如来　　　　　　　　〔曹洞宗〕
青竜寺　せいりゅうじ〔寺〕
　鳥取県八頭郡郡家町　《別称》因幡の成田山
　《本尊》不動明王　　　　〔真言宗醍醐派〕
青竜寺　しょうりゅうじ〔寺〕
　高知県土佐市　《別称》竜のお不動さま・四
　国第三六番霊場　《本尊》波切不動明王
　　　　　　　　　　　　　〔真言宗豊山派〕
11青麻神社　あおそじんじゃ〔社〕
　宮城県仙台市宮城野区　《別称》青麻権現
　《祭神》天照大神〔他〕　　　〔神社本庁〕
青麻権現《称》あおそごんげん〔社〕
　宮城県仙台市宮城野区・青麻神社　《祭神》天
　照大神〔他〕　　　　　　　　〔神社本庁〕
12青森県護国神社　あおもりけんごくじん
　じゃ〔社〕
　青森県弘前市　《祭神》護国の神霊　〔単立〕
青渭神社　あおいじんじゃ〔社〕
　東京都青梅市　《別称》そうがくさま　《祭
　神》大国主命　　　　　　　　〔神社本庁〕
青渭神社　あおいじんじゃ〔社〕
　東京都調布市　《別称》あおなみさま　《祭
　神》青渭大神　　　　　　　　〔神社本庁〕
青渭神社　あおいじんじゃ〔社〕
　東京都稲城市　《祭神》青渭神　〔神社本庁〕
青葉神社　あおばじんじゃ〔社〕
　宮城県仙台市青葉区　《祭神》武振彦命
　　　　　　　　　　　　　　〔神社本庁〕
青雲寺　せいうんじ〔寺〕
　東京都荒川区　《別称》花見寺　《本尊》釈迦
　如来　　　　　　　　　　〔臨済宗妙心寺派〕
13青蓮寺　しょうれんじ〔寺〕
　茨城県久慈郡水府村　《別称》真宗二四輩旧跡
　《本尊》阿弥陀如来　　　〔浄土真宗本願寺派〕

神社・寺院名よみかた辞典　425

9画（乗）

青蓮寺　しょうれんじ〔寺〕
　群馬県新田郡尾島町　　　　　〔時宗〕
青蓮寺　しょうれんじ〔寺〕
　埼玉県加須市　《本尊》不動明王
　　　　　　　　　　　　〔真言宗智山派〕
青蓮寺　しょうれんじ〔寺〕
　千葉県君津市　《本尊》阿弥陀如来
　　　　　　　　　　　　〔真言宗豊山派〕
青蓮寺　しょうれんじ〔寺〕
　東京都板橋区　《本尊》薬師如来
　　　　　　　　　　　　〔真言宗智山派〕
青蓮寺　しょうれんじ〔寺〕
　神奈川県鎌倉市　《別称》鎖大師　《本尊》不
　動明王・鎖大師　　　　〔高野山真言宗〕
青蓮寺　しょうれんじ〔寺〕
　三重県鈴鹿市　《本尊》阿弥陀如来
　　　　　　　　　　　　〔真宗高田派〕
青蓮寺　せいれんじ〔寺〕
　大阪府大阪市天王寺区　《本尊》大日如来
　　　　　　　　　　　　〔高野山真言宗〕
青蓮寺　せいれんじ〔寺〕
　奈良県宇陀郡菟田野町　《別称》ひばり山
　《本尊》阿弥陀如来・中将法如　〔浄土宗〕
青蓮寺　しょうれんじ〔寺〕
　熊本県球磨郡多良木町　《本尊》阿弥陀如
　来　　　　　　　　　　〔真言宗智山派〕
青蓮院　しょうれんいん〔寺〕
　京都府京都市東山区　《別称》粟田口御所・門
　跡寺院　《本尊》阿弥陀如来　〔天台宗〕
15青嶹寺　せいきょうじ〔寺〕
　滋賀県大津市　《別称》瀬田の善光寺　《本尊》
　阿弥陀如来・善光寺如来　〔天台真盛宗〕
青幡神社　あおはたじんじゃ〔社〕
　佐賀県伊万里市　《祭神》源融〔他〕
　　　　　　　　　　　　〔神社本庁〕
17青厳寺　せいごんじ〔寺〕
　三重県一志郡一志町　《本尊》阿弥陀如来
　　　　　　　　　　　　〔真宗高田派〕
22青欒寺　せいらんじ〔寺〕
　東京都大田区　《本尊》正観世音菩薩
　　　　　　　　　　　　〔曹洞宗〕

9 画

【乗】

5乗台寺　じょうだいじ〔寺〕
　高知県高岡郡佐川町　《本尊》不動明王
　　　　　　　　　　　　〔真言宗智山派〕

乗永寺　じょうえいじ〔寺〕
　富山県小矢部市　《別称》島の寺　《本尊》阿
　弥陀如来・聖徳太子・十二光阿弥陀如来
　　　　　　　　　　　　〔真宗大谷派〕
6乗光寺　じょうこうじ〔寺〕
　富山県富山市　《本尊》略式曼荼羅　〔日蓮宗〕
乗光寺　じょうこうじ〔寺〕
　富山県小矢部市　《本尊》阿弥陀如来
　　　　　　　　　　　　〔真宗大谷派〕
乗光寺　じょうこうじ〔寺〕
　島根県簸川郡大社町　《別称》出雲大社御坊
　《本尊》阿弥陀如来　〔浄土宗本願寺派〕
乗西寺　じょうさいじ〔寺〕
　愛知県名古屋市千種区　《本尊》阿弥陀如
　来　　　　　　　　　　〔真宗大谷派〕
8乗国寺　じょうこくじ〔寺〕
　茨城県結城市　《本尊》釈迦如来　〔曹洞宗〕
乗国寺　じょうこくじ〔寺〕
　新潟県上越市　《本尊》釈迦如来　〔曹洞宗〕
乗国寺　じょうこくじ〔寺〕
　福井県福井市　《本尊》観世音菩薩　〔曹洞宗〕
乗実院　じょうじついん〔寺〕
　滋賀県大津市　《本尊》阿弥陀如来　〔天台宗〕
乗宝寺　じょうほうじ〔寺〕
　兵庫県氷上郡柏原町　　〔高野山真言宗〕
乗性寺　じょうしょうじ〔寺〕
　岐阜県郡上市　《本尊》阿弥陀如来
　　　　　　　　　　　　〔真宗大谷派〕
乗念寺　じょうねんじ〔寺〕
　滋賀県大津市　《本尊》聖観世音菩薩
　　　　　　　　　　　　〔浄土宗〕
9乗泉寺　じょうせんじ〔寺〕
　東京都渋谷区　《本尊》法華経本門八品所顕
　本因下種の大曼荼羅　　〔本門仏立宗〕
11乗得寺　じょうとくじ〔寺〕
　三重県三重郡菰野町　《本尊》阿弥陀如来
　　　　　　　　　　　　〔真宗大谷派〕
乗船寺　じょうせんじ〔寺〕
　岐阜県岐阜市　《別称》乗船護国之寺　《本
　尊》阿弥陀如来　　　　〔真宗木辺派〕
12乗善寺　じょうぜんじ〔寺〕
　石川県金沢市　《本尊》阿弥陀如来
　　　　　　　　　　　　〔真宗大谷派〕
乗満寺　じょうまんじ〔寺〕
　東京都世田谷区　《本尊》阿弥陀如来
　　　　　　　　　　　　〔真宗大谷派〕
乗運寺　じょううんじ〔寺〕
　静岡県沼津市　《別称》千本山　《本尊》阿弥
　陀如来　　　　　　　　〔浄土宗〕

9画（亮, 信）

13乗禅寺　じょうぜんじ〔寺〕
　　愛媛県今治市　《別称》延喜観音　《本尊》如意輪観世音菩薩　〔真言宗豊山派〕
乗福寺　じょうふくじ〔寺〕
　　新潟県三条市　《本尊》阿弥陀如来
　　　　　　　　　　　　〔真言宗智山派〕
乗蓮寺　じょうれんじ〔寺〕
　　東京都板橋区　《本尊》阿弥陀如来　〔単立〕
乗蓮寺　じょうれんじ〔寺〕
　　神奈川県横浜市南区　《別称》尼将軍の寺　《本尊》不動明王・千手観世音菩薩・弘法大師　〔高野山真言宗〕
乗蓮寺　じょうれんじ〔寺〕
　　神奈川県平塚市　《本尊》十一面観世音菩薩　〔高野山真言宗〕
乗蓮寺　じょうれんじ〔寺〕
　　岐阜県大垣市　《本尊》阿弥陀如来
　　　　　　　　　　　　　　〔真宗大谷派〕
乗蓮寺　じょうれんじ〔寺〕
　　滋賀県愛知郡愛知川町　《本尊》阿弥陀如来　〔真宗大谷派〕
乗蓮寺　じょうれんじ〔寺〕
　　鳥取県東伯郡泊村　《別称》宇谷寺　《本尊》阿弥陀如来　〔真宗大谷派〕
14乗誓寺　じょうせいじ〔寺〕
　　神奈川県横須賀市　《本尊》阿弥陀如来
　　　　　　　　　　　　〔浄土真宗本願寺派〕
15乗慶院　じょうけいいん〔寺〕
　　山形県鶴岡市　《本尊》安産地蔵菩薩
　　　　　　　　　　　　　　　〔曹洞宗〕
乗蔵院　じょうぞういん〔寺〕
　　埼玉県加須市　《本尊》延命地蔵菩薩
　　　　　　　　　　　　　〔真言宗智山派〕
19乗願寺　じょうがんじ〔寺〕
　　三重県鈴鹿市　《本尊》阿弥陀如来
　　　　　　　　　　　　　　〔真宗高田派〕
乗願院　じょうがんいん〔寺〕
　　京都府京都市左京区　《本尊》阿弥陀如来
　　　　　　　　　　　　　　　〔浄土宗〕

【亮】
8亮昌寺　りょうしょうじ〔寺〕
　　北海道虻田郡虻田町　《別称》お大師さん　《本尊》厄除秘鍵大師　〔高野山真言宗〕

【信】
4信太の明神さん《称》しのだのみょうじんさん〔社〕
　　大阪府和泉市・聖神社　《祭神》聖大神
　　　　　　　　　　　　　　〔神社本庁〕

5信広寺　しんこうじ〔寺〕
　　長野県小県郡武石村　《本尊》釈迦如来
　　　　　　　　　　　　　　　〔曹洞宗〕
信正寺　しんしょうじ〔寺〕
　　秋田県大館市　《本尊》千手観世音菩薩
　　　　　　　　　　　　　　　〔曹洞宗〕
信立寺　しんりゅうじ〔寺〕
　　山梨県甲府市　《本尊》日蓮聖人奠定の大曼荼羅　〔日蓮宗〕
6信光寺　しんこうじ〔寺〕
　　静岡県田方郡韮山町　《本尊》十一面観世音菩薩　〔曹洞宗〕
信光寺　しんこうじ〔寺〕
　　愛知県豊田市　《本尊》阿弥陀如来
　　　　　　　　　　　　　〔真宗大谷派〕
信光寺　しんこうじ〔寺〕
　　大阪府大阪市西成区　《本尊》法華経本門八品所顕本因下種の大曼荼羅　〔本門仏立宗〕
信光寺　しんこうじ〔寺〕
　　兵庫県西宮市　《別称》甲陽園信光寺　《本尊》釈迦如来　〔曹溪宗〕
信光寺　しんこうじ〔寺〕
　　山口県宇部市　《本尊》観世音菩薩　〔卍教団〕
信光明寺　しんこうみょうじ〔寺〕
　　愛知県岡崎市　《別称》岩津山　《本尊》阿弥陀如来　〔浄土宗〕
信行寺　しんぎょうじ〔寺〕
　　東京都台東区　《別称》がんまん様　《本尊》塔中三尊・日蓮聖人　〔日蓮宗〕
信行寺　しんぎょうじ〔寺〕
　　東京都練馬区　《本尊》阿弥陀如来
　　　　　　　　　　　　〔浄土真宗本願寺派〕
信行寺　しんぎょうじ〔寺〕
　　福井県三方郡三方町　《本尊》阿弥陀如来
　　　　　　　　　　　　〔浄土真宗本願寺派〕
信行寺　しんぎょうじ〔寺〕
　　三重県桑名郡長島町　《本尊》阿弥陀如来
　　　　　　　　　　　　　〔真宗大谷派〕
信行寺　しんぎょうじ〔寺〕
　　京都府京都市上京区　《本尊》阿弥陀如来
　　　　　　　　　　　　　　　〔浄土宗〕
信行寺　しんぎょうじ〔寺〕
　　大阪府大阪市平野区　《本尊》阿弥陀如来
　　　　　　　　　　　　〔浄土真宗本願寺派〕
信行寺　しんぎょうじ〔寺〕
　　大阪府豊中市　《本尊》阿弥陀如来
　　　　　　　　　　　　〔浄土真宗本願寺派〕
信行寺　しんぎょうじ〔寺〕
　　山口県宇部市　《本尊》阿弥陀如来
　　　　　　　　　　　　〔浄土真宗本願寺派〕

神社・寺院名よみかた辞典　*427*

9画（保）

信行寺　しんぎょうじ〔寺〕
　徳島県那賀郡那賀川町　《本尊》阿弥陀如来
　　　　　　　　　　　　〔浄土真宗本願寺派〕
信行寺　しんぎょうじ〔寺〕
　大分県別府市　《本尊》阿弥陀如来　〔浄土宗〕
8信定寺　しんじょうじ〔寺〕
　長野県小県郡和田村　《本尊》釈迦如来
　　　　　　　　　　　　　　　　〔曹洞宗〕
信松院　しんしょういん〔寺〕
　東京都八王子市　《別称》松姫さまのお寺
　《本尊》釈迦如来　　　　　　〔曹洞宗〕
信法寺　しんぽうじ〔寺〕
　神奈川県大和市　《別称》和田の薬師　《本尊》阿弥陀如来　　　　　　〔浄土宗〕
9信城寺　しんじょうじ〔寺〕
　岡山県岡山市　《本尊》十界大曼荼羅・一尊四士　　　　　　　　　　〔日蓮宗〕
信香院　しんこういん〔寺〕
　静岡県焼津市　《別称》十一面観音さん　《本尊》十一面観世音菩薩　　　〔曹洞宗〕
11信常寺　しんじょうじ〔寺〕
　神奈川県横須賀市　《本尊》妙法曼荼羅・日蓮聖人　　　　　　　〔本門仏立宗〕
12信証院《称》　しんしょういん〔寺〕
　大阪府堺市・本願寺堺別院　《本尊》阿弥陀如来　　　　　　　〔浄土真宗本願寺派〕
信貴山の毘沙門さん《称》　しぎさんのびしゃもんさん〔寺〕
　奈良県生駒郡平群町・朝護孫子寺　《本尊》毘沙門天　　　　　　〔信貴山真言宗〕
信順寺　しんじゅんじ〔寺〕
　熊本県球磨郡湯前町　《本尊》阿弥陀如来
　　　　　　　　　　　　　　　〔真宗大谷派〕
13信楽寺　しんぎょうじ〔寺〕
　兵庫県豊岡市　《本尊》阿弥陀如来
　　　　　　　　　　　　〔浄土真宗本願寺派〕
信楽寺　しんぎょうじ〔寺〕
　島根県松江市　《本尊》阿弥陀如来　〔浄土宗〕
信楽院　しんぎょういん〔寺〕
　東京都三鷹市　《本尊》阿弥陀三尊　〔浄土宗〕
信楽院　しんぎょういん〔寺〕
　滋賀県蒲生郡日野町　《本尊》阿弥陀三尊
　　　　　　　　　　　　　　　　〔浄土宗〕
信遠寺　しんおんじ〔寺〕
　福島県会津若松市　《本尊》法華経本門八品所顕の大曼荼羅　　　〔本門仏立宗〕
14信綱寺　しんこうじ〔寺〕
　長野県小県郡真田町　《本尊》釈迦如来
　　　　　　　　　　　　　　　　〔曹洞宗〕
15信養院　しんよういん〔寺〕
　京都府京都市下京区　《本尊》阿弥陀如来
　　　　　　　　　　　　　　　　〔浄土宗〕
16信濃の善光寺《称》　しなののぜんこうじ〔寺〕
　長野県長野市・善光寺　《本尊》阿弥陀三尊
　　　　　　　　　　　　　　　　〔単立〕
信濃国二之宮《称》　しなののくににのみや〔社〕
　長野県塩尻市・小野神社　《祭神》建御名方命　　　　　　　　　〔神社本庁〕
19信願寺　しんがんじ〔寺〕
　茨城県水戸市　《別称》真宗二四輩旧跡　《本尊》阿弥陀如来　　　〔浄土真宗本願寺派〕
20信露貴彦神社　しろきひこじんじゃ〔社〕
　福井県敦賀市　《別称》おとこみや　《祭神》邇邇芸命〔他〕　　　　　〔神社本庁〕

【保】

3保久良神社　ほくらじんじゃ〔社〕
　兵庫県神戸市東灘区　《別称》天王さん　《祭神》須佐之男命〔他〕　　〔神社本庁〕
4保元寺　ほうげんじ〔寺〕
　東京都台東区　《本尊》阿弥陀如来　〔浄土宗〕
保内八幡神社　ほないはちまんじんじゃ〔社〕
　愛媛県東予市　《祭神》応神天皇〔他〕
　　　　　　　　　　　　　　　〔神社本庁〕
6保安寺　ほあんじ〔寺〕
　東京都港区　《本尊》釈迦如来　　〔曹洞宗〕
保安寺　ほあんじ〔寺〕
　山口県周南市　《本尊》聖観世音菩薩
　　　　　　　　　　　　　　　　〔曹洞宗〕
保安寺　ほあんじ〔寺〕
　愛媛県八幡浜市　《本尊》観世音菩薩
　　　　　　　　　　　　　　　　〔曹洞宗〕
7保呂羽三嶽神社　ほろはみたけじんじゃ〔社〕
　岩手県東磐井郡東山町　《別称》保呂羽山　《祭神》伊邪那岐尊〔他〕　　〔神社本庁〕
保呂羽山《称》　ほろはさん〔社〕
　岩手県東磐井郡東山町・保呂羽三嶽神社　《祭神》伊邪那岐尊〔他〕　　　〔神社本庁〕
保呂羽山波宇志別神社　ほろわさんはうしわけじんじゃ〔社〕
　秋田県平鹿郡大森町　《祭神》安閑天皇〔他〕
　　　　　　　　　　　　　　　〔神社本庁〕
保呂羽神社　ほろはじんじゃ〔社〕
　岩手県東磐井郡藤沢町　《別称》ほろはさん　《祭神》大名持命〔他〕　　〔神社本庁〕

9画（冠, 前）

保呂羽権現 《称》　ほろはごんげん〔社〕
　岩手県一関市・吾勝神社　《祭神》正哉吾勝
　勝速日天忍穂耳尊［他］　　　〔神社本庁〕
保寿寺　ほじゅじ〔寺〕
　岩手県東磐井郡藤沢町　《本尊》釈迦如来
　　　　　　　　　　　　　　　〔曹洞宗〕
保寿寺　ほじゅじ〔寺〕
　栃木県小山市　《本尊》大日如来
　　　　　　　　　　　　〔真言宗豊山派〕
保寿寺　ほうじゅじ〔寺〕
　長野県飯田市　《本尊》馬頭観世音菩薩
　　　　　　　　　　　　〔臨済宗妙心寺派〕
保寿寺　ほうじゅじ〔寺〕
　静岡県富士市　《別称》長大門の寺　《本尊》
　延命地蔵菩薩　　　　　　　　〔曹洞宗〕
保寿院　ほうじゅいん〔寺〕
　岐阜県多治見市　《本尊》釈迦如来
　　　　　　　　　　　　〔臨済宗南禅寺派〕
8保国寺　ほうこくじ〔寺〕
　愛媛県西条市　《本尊》阿弥陀如来
　　　　　　　　　　　　〔臨済宗東福寺派〕
保昌寺　ほしょうじ〔寺〕
　宮城県登米郡中田町　《本尊》釈迦如来
　　　　　　　　　　　　　　　〔曹洞宗〕
9保春院　ほしゅんいん〔寺〕
　宮城県仙台市若林区　《本尊》聖観世音菩
　薩　　　　　　　　　　〔臨済宗妙心寺派〕
保泉寺　ほうせんじ〔寺〕
　静岡県富士市　《本尊》阿弥陀如来〔曹洞宗〕
保泉寺　ほうせんじ〔寺〕
　広島県府中市　《本尊》十一面観世音菩薩
　　　　　　　　　　　　〔臨済宗永源寺派〕
保食神社　うけもちじんじゃ〔社〕
　秋田県河辺郡雄和町　《祭神》豊受姫大神［他］
　　　　　　　　　　　　　　　〔神社本庁〕
保食神社　ほしょくじんじゃ〔社〕
　大分県南海部郡本匠村　《祭神》保食神［他］
　　　　　　　　　　　　　　　〔神社本庁〕
11保野神社　ほうのじんじゃ〔社〕
　愛媛県西条市　《祭神》高靇神　〔神社本庁〕
12保智院　ほうちいん〔寺〕
　三重県鈴鹿市　《本尊》阿弥陀如来
　　　　　　　　　　　　　　　〔真宗高田派〕
13保福寺　ほうふくじ〔寺〕
　青森県黒石市　《別称》禅寺　《本尊》釈迦如
　来　　　　　　　　　　　　　〔曹洞宗〕
保福寺　ほうふくじ〔寺〕
　宮城県牡鹿郡女川町　《本尊》釈迦如来
　　　　　　　　　　　　　　　〔曹洞宗〕
保福寺　ほうふくじ〔寺〕
　福島県郡山市　《本尊》釈迦如来〔曹洞宗〕

保福寺　ほふくじ〔寺〕
　神奈川県横浜市港北区　《本尊》阿弥陀如
　来　　　　　　　　　　　　　〔曹洞宗〕
保福寺　ほうふくじ〔寺〕
　神奈川県南足柄市　《本尊》薬師如来
　　　　　　　　　　　　　　　〔曹洞宗〕
保福寺　ほうふくじ〔寺〕
　山梨県北都留郡上野原町　《別称》甲州月見
　寺　《本尊》地蔵菩薩　　　　〔曹洞宗〕
保福寺　ほうふくじ〔寺〕
　長野県松本市　《別称》松の寺　《本尊》弥勒
　菩薩　　　　　　　　　〔臨済宗妙心寺派〕
保福寺　ほうふくじ〔寺〕
　長野県東筑摩郡四賀村　《本尊》千手観世音
　菩薩　　　　　　　　　　　　〔曹洞宗〕
保福寺　ほうふくじ〔寺〕
　岐阜県武儀郡洞戸村　《本尊》薬師如来・地
　蔵菩薩・普賢菩薩　　　〔臨済宗妙心寺派〕
保福寺　ほふくじ〔寺〕
　滋賀県高島郡新旭町　《本尊》釈迦如来
　　　　　　　　　　　　　　　〔曹洞宗〕

【冠】

4冠天神《称》　かんむりてんじん〔社〕
　山口県光市・冠天満宮　《祭神》菅原道真［他］
　　　　　　　　　　　　　　　〔神社本庁〕
冠天満宮　かんむりてんまんぐう〔社〕
　山口県光市　《別称》冠天神　《祭神》菅原道
　真［他］　　　　　　　　　　〔神社本庁〕
14冠稲荷神社　かんむりいなりじんじゃ〔社〕
　群馬県太田市　《祭神》宇迦之御魂命［他］
　　　　　　　　　　　　　　　〔神社本庁〕
23冠纓神社　かんえいじんじゃ〔社〕
　香川県香川郡香南町　《別称》冠尾・かむろ
　《祭神》仲哀天皇［他］　　　　〔神社本庁〕

【前】

3前山寺　ぜんさんじ〔寺〕
　長野県上田市　《本尊》金剛界大日如来
　　　　　　　　　　　　　〔真言宗智山派〕
前山寺　ぜんざんじ〔寺〕
　長野県佐久市　《本尊》大日如来・不動明王・
　普賢菩薩　　　　　　　　〔真言宗智山派〕
5前玉神社　さきたまじんじゃ〔社〕
　埼玉県行田市　《別称》埼玉の浅間様　《祭
　神》前玉彦命［他］　　　　　〔神社本庁〕
前田八幡神社《称》　まえだはちまんじん
　じゃ〔社〕
　香川県高松市前田西町・八幡神社　《祭神》品
　陀和気命［他］　　　　　　　〔神社本庁〕

神社・寺院名よみかた辞典　429

9画（則, 勅, 勇, 南）

7 前利神社　さきとじんじゃ〔社〕
　愛知県丹羽郡扶桑町　《祭神》神八井耳命
　　　　　　　　　　　　　　　　〔神社本庁〕
8 前松寺　ぜんしょうじ〔寺〕
　長野県上田市　《本尊》釈迦如来　〔曹洞宗〕
9 前神寺　まえがみじ〔寺〕
　愛媛県西条市　《別称》石鈇さん・四国第六
　　四番霊場　《本尊》阿弥陀如来・石鎚蔵王
　　大権現・薬師如来・弘法大師
　　　　　　　　　　　　　　　〔真言宗石鈇派〕
11 前鳥大明神《称》　さきとりだいみょうじ
　ん〔社〕
　神奈川県平塚市・前鳥神社　《祭神》菟道稚
　　郎子命[他]　　　　　　　〔神社本庁〕
　前鳥神社　さきとりじんじゃ〔社〕
　神奈川県平塚市　《別称》前鳥大明神　《祭
　　神》菟道稚郎子命[他]　　〔神社本庁〕
16 前橋成田山《称》　まえばしなりたさん〔寺〕
　群馬県前橋市・清浄院　《本尊》不動明王
　　　　　　　　　　　　　〔真言宗智山派〕

【則】

12 則善寺　そくぜんじ〔寺〕
　福岡県大川市　《本尊》阿弥陀如来
　　　　　　　　　　　　　　〔真宗大谷派〕

【勅】

8 勅使八幡宮《称》　ちょくしはちまんぐう
　〔社〕
　愛媛県東予市・徳威神社　《祭神》大日霎貴
　　神[他]　　　　　　　　　〔神社本庁〕
9 勅宣日宮駒形根神社《称》　ちょくせんひ
　るみやこまがたねじんじゃ〔社〕
　宮城県栗原郡栗駒町・駒形根神社　《祭神》天
　　日霎尊[他]　　　　　　　〔神社本庁〕
19 勅願寺《称》　ちょくがんじ〔寺〕
　石川県金沢市・伝灯寺　《本尊》釈迦如来
　　　　　　　　　　　　　〔臨済宗妙心寺派〕

【勇】

3 勇山寺　いざやまじ〔寺〕
　岡山県真庭郡落合町　《別称》鹿田の不動様
　　《本尊》薬師如来・不動明王・矜迦羅童子・
　　制多迦童子　　　　　　〔高野山真言宗〕

【南】

0 南の天王さま《称》　みなみのてんのうさ
　ま〔社〕
　東京都品川区北品川・荏原神社　《祭神》高
　　靇神[他]　　　　　　　　〔神社本庁〕

2 南八幡宮《称》　みなみはちまんぐう〔社〕
　島根県大田市大田町大田口1384・八幡宮
　　《祭神》気長足姫命[他]　〔神社本庁〕
　南八幡様《称》　みなみはちまんさま〔社〕
　岐阜県揖斐郡大野町・八幡神社　《祭神》応
　　神天皇　　　　　　　　　〔神社本庁〕
3 南山八幡神社《称》　みなみやまはちまん
　じんじゃ〔社〕
　愛媛県北宇和郡吉田町・八幡神社　《祭神》多
　　紀理毘売命[他]　　　　　〔神社本庁〕
4 南予護国神社　なんよごこくじんじゃ〔社〕
　愛媛県宇和島市　《祭神》伊達秀宗[他]
　　　　　　　　　　　　　　　〔神社本庁〕
　南円堂《称》　なんえんどう〔寺〕
　奈良県奈良市・興福寺南円堂　《本尊》不空
　　羂索観世音菩薩　　　　　　〔法相宗〕
　南方八幡宮　みなみがたはちまんぐう〔社〕
　山口県宇部市　《祭神》応神天皇[他]
　　　　　　　　　　　　　　　〔神社本庁〕
　南方神社　みなかたじんじゃ〔社〕
　鹿児島県鹿児島市　《祭神》建御名方刀美命
　　[他]　　　　　　　　　　〔神社本庁〕
　南方神社　みなかたじんじゃ〔社〕
　鹿児島県川内市　《別称》お諏訪さま　《祭
　　神》健御名方命[他]　　　〔神社本庁〕
　南方神社　みなかたじんじゃ〔社〕
　鹿児島県枕崎市　《別称》おすわさま　《祭
　　神》建御名方命[他]　　　〔神社本庁〕
　南方神社　みなかたじんじゃ〔社〕
　鹿児島県揖宿郡喜入町　《別称》お諏訪
　　《祭神》建御名方神[他]　〔神社本庁〕
　南方神社　みなかたじんじゃ〔社〕
　鹿児島県出水郡東町　《別称》おすわさま
　　《祭神》建御名方富命[他]　〔神社本庁〕
5 南台寺　なんだいじ〔寺〕
　青森県北津軽郡金木町　《本尊》阿弥陀如
　　来　　　　　　　　　　　　〔真宗大谷派〕
　南正寺　なんしょうじ〔寺〕
　島根県八束郡鹿島町　《本尊》釈迦如来・文
　　殊菩薩・普賢菩薩　　　　　〔曹洞宗〕
6 南光寺　なんこうじ〔寺〕
　東京都足立区　《本尊》不動明王
　　　　　　　　　　　　　〔真言宗豊山派〕
　南光寺　なんこうじ〔寺〕
　神奈川県相模原市　《本尊》釈迦如来
　　　　　　　　　　　　　〔臨済宗建長寺派〕
　南光寺　なんこうじ〔寺〕
　三重県安芸郡安濃町　《本尊》阿弥陀如来
　　　　　　　　　　　　　　〔天台真盛宗〕

9画（南）

南光坊《称》　なんこうぼう〔寺〕
　奈良県奈良市・金躰寺　《本尊》阿弥陀如来
　　　　　　　　　　　　　　　　〔浄土宗〕
南光坊　なんこうぼう〔寺〕
　広島県沼隈郡沼隈町　《本尊》阿弥陀如来
　　　　　　　　　　　　　〔浄土真宗本願寺派〕
南光坊　なんこうぼう〔寺〕
　愛媛県今治市　《別称》四国第五五番霊場
　《本尊》大通智勝仏　　　　　〔真言宗御室派〕
南光院　なんこういん〔寺〕
　埼玉県草加市　《本尊》大日如来
　　　　　　　　　　　　　　〔真言宗智山派〕
南光院　なんこういん〔寺〕
　神奈川県横須賀市　《本尊》阿弥陀三尊
　　　　　　　　　　　　　　　　〔浄土宗〕
7南谷寺　なんこくじ〔寺〕
　東京都文京区　《別称》目赤不動　《本尊》不動明王　　　　　　　　　　　　　〔天台宗〕
8南宗寺　なんしゅうじ〔寺〕
　青森県八戸市　《本尊》釈迦如来
　　　　　　　　　　　　　〔臨済宗妙心寺派〕
南宗寺　なんしゅうじ〔寺〕
　大阪府堺市　　　　　　　〔臨済宗大徳寺派〕
南明寺　なんめいじ〔寺〕
　山梨県南巨摩郡増穂町　《本尊》聖観世音菩薩　　　　　　　　　　　　　　　　〔曹洞宗〕
南明寺　なんみょうじ〔寺〕
　奈良県奈良市　《別称》阪原の室堂　《本尊》薬師如来　　　　　　　　　　〔真言宗御室派〕
南明寺　なんみょうじ〔寺〕
　山口県萩市　《本尊》聖観世音菩薩　〔天台宗〕
南明院　なんめいいん〔寺〕
　京都府京都市東山区　《本尊》聖観世音菩薩・釈迦如来　　　　　　　　　〔臨済宗東福寺派〕
南松院　なんしょういん〔寺〕
　山梨県南巨摩郡身延町　《本尊》釈迦如来
　　　　　　　　　　　　　〔臨済宗妙心寺派〕
南法華寺　みなみほっけじ〔寺〕
　奈良県高市郡高取町　《別称》壷坂寺・西国第六番霊場　《本尊》千手千眼観世音菩薩・大日如来　　　　　　　　〔真言宗豊山派〕
南苑寺　なんえんじ〔寺〕
　鳥取県東伯郡三朝町　《本尊》薬師如来・弁財天　　　　　　　　　　　〔臨済宗相国寺派〕
9南海身延《称》　なんかいみのぶ〔寺〕
　和歌山県和歌山市・感応寺　《本尊》日蓮聖人覚定の大曼荼羅　　　　　　〔日蓮宗〕
南海第一日の御崎大明神《称》　なんかいだいいちひのみさきだいみょうじん〔社〕
　和歌山県日高郡美浜町・御崎神社　《祭神》猿田彦大神〔他〕　　　　　　　〔神社本庁〕

南海道善光寺《称》　なんかいどうぜんこうじ〔寺〕
　和歌山県田辺市・報恩寺　《本尊》阿弥陀三尊・薬師如来　　　　　　　〔臨済宗妙心寺派〕
南洲寺　なんしゅうじ〔寺〕
　鹿児島県鹿児島市　《本尊》釈迦如来
　　　　　　　　　　　　　〔臨済宗相国寺派〕
南洲神社　なんしゅうじんじゃ〔社〕
　鹿児島県鹿児島市　《祭神》西郷隆盛〔他〕
　　　　　　　　　　　　　　　　〔神社本庁〕
南泉寺　なんせんじ〔寺〕
　福島県南会津郡田島町　《本尊》阿弥陀如来　　　　　　　　　　　　　〔真宗高田派〕
南泉寺　なんせんじ〔寺〕
　岐阜県山県市　《別称》子供のお寺　《本尊》観世音菩薩・地蔵菩薩　〔臨済宗妙心寺派〕
南紀男山《称》　なんきおとこやま〔社〕
　和歌山県有田郡広川町・広八幡神社　《祭神》仲哀天皇〔他〕　　　　　　　〔神社本庁〕
10南宮さん《称》　なんぐうさん〔社〕
　岐阜県不破郡垂井町・南宮神社　《祭神》金山彦命〔他〕　　　　　　　　　〔神社本庁〕
南宮大神宮　なんぐうだいじんぐう〔社〕
　山梨県韮崎市　《別称》神部神社　《祭神》建御名方命〔他〕　　　　　　　〔神社本庁〕
南宮神社　なんぐうじんじゃ〔社〕
　岐阜県不破郡垂井町　《別称》南宮さん　《祭神》金山彦命〔他〕　　　　　　〔神社本庁〕
南宮神社　なんぐうじんじゃ〔社〕
　岐阜県武儀郡武儀町　《祭神》金山彦神〔他〕
　　　　　　　　　　　　　　　　〔神社本庁〕
南宮神社　なんぐうじんじゃ〔社〕
　岐阜県恵那郡明智町　《祭神》金山彦神〔他〕
　　　　　　　　　　　　　　　　〔神社本庁〕
南宮神社　なんぐうじんじゃ〔社〕
　静岡県周智郡春野町　《祭神》金山彦命
　　　　　　　　　　　　　　　　〔神社本庁〕
南宮神社　なんぐうじんじゃ〔社〕
　広島県府中市　《祭神》孝霊天皇〔他〕
　　　　　　　　　　　　　　　　〔神社本庁〕
南宮様《称》　なんぐうさま〔社〕
　岐阜県各務原市鵜沼山崎町・村国真墨田神社　《祭神》天火明命〔他〕　　〔神社本庁〕
南桂寺　なんけいじ〔寺〕
　大阪府大阪市福島区　《本尊》阿弥陀如来
　　　　　　　　　　　　　　　　〔真宗大谷派〕
南流寺　なんりゅうじ〔寺〕
　滋賀県東浅井郡浅井町　《本尊》阿弥陀如来　　　　　　　　　　　　　〔真宗大谷派〕

神社・寺院名よみかた辞典　*431*

9画（厚, 哆, 品）

南真経寺　みなみしんきょうじ〔寺〕
　京都府向日市　《本尊》十界大曼荼羅
　　　　　　　　　　　　　　　〔日蓮宗〕
南竜寺　なんりゅうじ〔寺〕
　千葉県柏市　《本尊》阿弥陀如来　〔浄土宗〕
南通寺　なんつうじ〔寺〕
　大阪府堺市　《本尊》阿弥陀如来
　　　　　　　　　　　　　　　〔真宗大谷派〕
南院　みなみいん〔寺〕
　和歌山県伊都郡高野町　《別称》波切不動堂
　《本尊》不動明王　　　　　〔高野山真言宗〕
11南淋寺　なんりんじ〔寺〕
　福岡県朝倉郡朝倉町　《本尊》薬師如来
　　　　　　　　　　　　　　〔真言宗大覚派〕
南都七大寺《称》　なんとしちおおでら〔寺〕
　奈良県奈良市・大安寺　《本尊》十一面観世音菩薩　　　　　　　　　　　〔高野山真言宗〕
南部一之宮《称》　なんぶいちのみや〔社〕
　岩手県紫波郡紫波町・志賀理和気神社　《祭神》経津主命〔他〕　　　　　〔神社本庁〕
南部神社　なんぶじんじゃ〔社〕
　岩手県遠野市　《別称》鍋倉さま　《祭神》南部実長〔他〕　　　　　　　〔神社本庁〕
南隆寺　なんりゅうじ〔寺〕
　香川県綾歌郡宇多津町　《本尊》釈迦如来
　　　　　　　　　　　　　　　〔曹洞宗〕
12南御堂《称》　みなみみどう〔寺〕
　大阪府大阪市中央区・東本願寺難波別院
　《本尊》阿弥陀如来　　　〔真宗大谷派〕
南湖神社　なんこじんじゃ〔社〕
　福島県白河市　《祭神》松平定信〔神社本庁〕
南陽院　なんよういん〔寺〕
　千葉県印旛郡本埜村　《本尊》阿弥陀如来
　　　　　　　　　　　　　　　〔天台宗〕
南陽院　なんよういん〔寺〕
　奈良県生駒市　《別称》生駒の清滝　《本尊》不動明王　　　　　　　　〔高野山真言宗〕
13南新保八幡神社　みなみしんぽはちまんじんじゃ〔社〕
　石川県金沢市　《別称》東の宮　《祭神》誉田別命〔他〕　　　　　　　〔神社本庁〕
南殿光照寺《称》　なんでんこうしょうじ〔寺〕
　京都府京都市山科区・光照寺　《本尊》阿弥陀如来　　　　　　　　　　〔真宗大谷派〕
南照院　なんしょういん〔寺〕
　山梨県東八代郡御坂町　《本尊》三尊仏
　　　　　　　　　　　　　　　〔曹洞宗〕
南禅寺　なんぜんじ〔寺〕
　京都府京都市左京区　《別称》大本山・最勝院　《本尊》釈迦如来　〔臨済宗南禅寺派〕

南禅寺北之坊《称》　なんぜんじきたのぼう〔寺〕
　京都府京都市左京区・光雲寺　《本尊》釈迦如来　　　　　　　　　　〔臨済宗南禅寺派〕
南禅寺東京出張所《称》　なんぜんじとうきょうしゅっちょうしょ〔寺〕
　東京都港区・金地院　《本尊》聖観世音菩薩
　　　　　　　　　　　　　　〔臨済宗南禅寺派〕
南禅僧堂《称》　なんぜんそうどう〔寺〕
　京都府京都市左京区・舊蔔林寺　《本尊》阿弥陀如来　　　　　　　　〔臨済宗南禅寺派〕
15南蔵院　なんぞういん〔寺〕
　千葉県東葛飾郡沼南町　《別称》片山寺　《本尊》大日如来・不動明王・地蔵菩薩
　　　　　　　　　　　　　　　〔真言宗豊山派〕
南蔵院　なんぞういん〔寺〕
　東京都豊島区　《本尊》薬師如来
　　　　　　　　　　　　　　　〔真言宗豊山派〕
南蔵院　なんぞういん〔寺〕
　東京都板橋区　《本尊》十一面観世音菩薩・不動明王　　　　　　　　〔真言宗智山派〕
南蔵院　なんぞういん〔寺〕
　東京都練馬区　《本尊》薬師如来
　　　　　　　　　　　　　　　〔真言宗豊山派〕
南蔵院　なんぞういん〔寺〕
　福岡県糟屋郡篠栗町　《本尊》阿弥陀如来
　　　　　　　　　　　　　　〔高野山真言宗〕
南養寺　なんようじ〔寺〕
　東京都国立市　《本尊》釈迦如来・千手観世音菩薩　　　　　　　　　〔臨済宗建長寺派〕

【厚】
4厚木神社　あつぎじんじゃ〔社〕
　神奈川県厚木市　《別称》天王社　《祭神》建速須佐之男命　　　　　　〔神社本庁〕
8厚岸神社　あっけしじんじゃ〔社〕
　北海道厚岸郡厚岸町　《祭神》天照皇大神〔他〕　　　　　　　　　　〔神社本庁〕
13厚源寺　こうげんじ〔寺〕
　三重県津市　《本尊》阿弥陀如来
　　　　　　　　　　　　　　　〔真宗高田派〕

【哆】
9哆胡神社　たごじんじゃ〔社〕
　静岡県賀茂郡西伊豆町　《祭神》積羽八重事代主命〔他〕　　　　　　　〔神社本庁〕

【品】
3品川不動堂《称》　しながわふどうどう〔寺〕
　東京都品川区・一心寺　《本尊》不動明王
　　　　　　　　　　　　　　　〔真言宗智山派〕

9画（圀, 垣, 城）

品川寺　ほんせんじ〔寺〕
　東京都品川区　《別称》品川の観音・別格本山　《本尊》水月観世音菩薩・聖観世音菩薩　　　　　　　　　　　〔真言宗醍醐派〕
品川神社　しながわじんじゃ〔社〕
　東京都品川区　《別称》北の天王社　《祭神》天比理乃咩命［他］　　　〔神社本庁〕
8品治別神社　ほんじわけじんじゃ〔社〕
　広島県福山市　《祭神》品牟佗和気命
　　　　　　　　　　　　　　　〔神社本庁〕
13品福寺　ほんぷくじ〔寺〕
　香川県三豊郡財田町　《本尊》阿弥陀如来
　　　　　　　　　　　〔浄土真宗本願寺派〕

【圀】
12圀勝寺　こくしょうじ〔寺〕
　岡山県小田郡矢掛町　《本尊》地蔵菩薩
　　　　　　　　　　　　　〔高野山真言宗〕

【垣】
5垣田大明神《称》　かきただいみょうじん〔社〕
　兵庫県加東郡東条町・住吉神社　《祭神》表筒男命［他］　　　　　　〔神社本庁〕
垣田神社　かきたじんじゃ〔社〕
　兵庫県小野市　《祭神》表筒男命［他］
　　　　　　　　　　　　　　　〔神社本庁〕
11垣野神社　かきのじんじゃ〔社〕
　岐阜県山県市　《別称》柿野大明神　《祭神》日本武尊［他］　　　　　〔神社本庁〕

【城】
お城《称》　おしろ〔社〕
　広島県世羅郡甲山町・武蔵神社　《祭神》武蔵守玄信命［他］　　　〔日本宮本庁〕
0城の八幡《称》　しろのはちまん〔社〕
　鹿児島県姶良郡姶良町・八幡神社　《祭神》応神天皇［他］　　　　　〔神社本庁〕
3城上神社　きがみじんじゃ〔社〕
　島根県大田市　《祭神》大物主命〔神社本庁〕
お城山《称》　おしろやま〔社〕
　山口県萩市・志都岐山神社　《祭神》毛利元就［他］　　　　　　　　〔神社本庁〕
城山さん《称》　きやまさん〔社〕
　香川県坂出市・城山神社　《祭神》神櫛王
　　　　　　　　　　　　　　　〔神社本庁〕
城山の観音《称》　しろやまのかんのん〔寺〕
　滋賀県甲賀郡水口町・大岡寺　《本尊》十一面千手観世音菩薩　　　　　〔単立〕

城山八幡宮　しろやまはちまんぐう〔社〕
　愛知県名古屋市千種区　《祭神》応神天皇［他］　　　　　　　　　〔神社本庁〕
城山本願寺《称》　しろやまほんがんじ〔寺〕
　長野県長野市・東本願寺長野教会　《本尊》阿弥陀如来　　　　　　〔真宗大谷派〕
城山神社　しろやまじんじゃ〔社〕
　山梨県西八代郡六郷町　《祭神》宇賀御魂神［他］　　　　　　　　　〔神社本庁〕
城山神社　きやまじんじゃ〔社〕
　香川県坂出市　《別称》城山さん　《祭神》神櫛王　　　　　　　　　〔神社本庁〕
城山神社　しろやまじんじゃ〔社〕
　長崎県福江市　《祭神》保食神［他］
　　　　　　　　　　　　　　　〔神社本庁〕
城山御坊《称》　しろやまごぼう〔寺〕
　岐阜県高山市・照蓮寺　《本尊》阿弥陀如来　　　　　　　　　〔真宗大谷派〕
城山熊野さま《称》　しろやまくまのさま〔社〕
　東京都板橋区・熊野神社　《祭神》伊弉諾尊［他］　　　　　　　　　〔神社本庁〕
城山稲荷神社《称》　じょうざんいなりじんじゃ〔社〕
　島根県松江市殿町・稲荷神社　《祭神》宇迦之御魂神［他］　　　　　〔神社本庁〕
4城井八幡《称》　しろいはちまん〔社〕
　大分県下毛郡耶馬渓町平田・八幡社　《祭神》応神天皇［他］　　　　〔神社本庁〕
城内神社　じょうないじんじゃ〔社〕
　徳島県阿南市　《祭神》誉田別命〔神社本庁〕
城内教会　じょうないきょうかい〔寺〕
　福井県坂井郡丸岡町　《別称》十日講　《本尊》阿弥陀如来　　　　　〔真宗大谷派〕
城王神社　じょうおうじんじゃ〔社〕
　徳島県阿波郡市場町　《祭神》天照大神［他］　　　　　　　　　　〔神社本庁〕
6城安寺　じょうあんじ〔寺〕
　島根県能義郡広瀬町　《本尊》聖観世音菩薩・増長天・多聞天　　〔臨済宗南禅寺派〕
8城官寺　じょうかんじ〔寺〕
　東京都北区　《本尊》阿弥陀如来
　　　　　　　　　　　　　　〔真言宗豊山派〕
城宝寺　じょうほうじ〔寺〕
　栃木県鹿沼市　《本尊》十一面観世音菩薩
　　　　　　　　　　　　　　〔真言宗智山派〕
城宝寺　じょうほうじ〔寺〕
　愛知県田原市　《別称》かざんの寺　《本尊》阿弥陀如来　　　　　　　〔浄土宗〕

神社・寺院名よみかた辞典　433

9画（威, 姥, 孤, 客, 室）

9城南宮　じょうなんぐう〔社〕
　京都府京都市伏見区　《別称》真幡木神社
　《祭神》国常立尊［他］　〔神社本庁〕

城神山稲荷神社　じょうしんやまいなりじんじゃ〔社〕
　秋田県雄勝郡羽後町　《祭神》豊受姫大神
　〔神社本庁〕

10城原八幡社　きばるはちまんしゃ〔社〕
　大分県竹田市　《祭神》大帯日子淤斯呂和気命［他］　〔神社本庁〕

城峰神社　しろみねじんじゃ〔社〕
　埼玉県児玉郡神泉村　《祭神》大山祇命［他］　〔神社本庁〕

城恩寺　じょうおんじ〔寺〕
　埼玉県東松山市　《本尊》阿弥陀如来
　〔浄土宗〕

13城福寺　じょうふくじ〔寺〕
　福井県武生市　《本尊》阿弥陀如来
　〔真宗出雲路派〕

城福寺　じょうふくじ〔寺〕
　広島県比婆郡比和町　《本尊》阿弥陀如来・薬師如来　〔真言宗御室派〕

14城徳寺　じょうとくじ〔寺〕
　佐賀県佐賀郡大和町　《本尊》観世音菩薩
　〔臨済宗東福寺派〕

城端神明宮　じょうはなしんめいぐう〔社〕
　富山県東礪波郡城端町　《別称》大神明　《祭神》天照皇大神［他］　〔神社本庁〕

15城慶寺　じょうけいじ〔寺〕
　愛媛県今治市　《別称》湊のお寺　《本尊》観世音菩薩・迦葉尊者　〔曹洞宗〕

城輪神社　きのわじんじゃ〔社〕
　山形県酒田市　《別称》二の宮　《祭神》倉稲魂神　〔神社本庁〕

16城興寺　じょうこうじ〔寺〕
　栃木県芳賀郡芳賀町　《別称》のぶ地蔵　《本尊》延命地蔵菩薩　〔天台宗〕

19城願寺　じょうがんじ〔寺〕
　神奈川県足柄下郡湯河原町　《本尊》聖観世音菩薩　〔曹洞宗〕

【威】

6威光寺　いこうじ〔寺〕
　東京都稲城市　《本尊》両部大日如来
　〔真言宗豊山派〕

威光院　いこういん〔寺〕
　東京都台東区　《本尊》大日如来
　〔真言宗智山派〕

9威音院　いおんいん〔寺〕
　愛知県名古屋市中区　《本尊》釈迦如来
　〔曹洞宗〕

14威徳寺　いとくじ〔寺〕
　宮城県白石市　《本尊》大日如来
　〔真言宗智山派〕

威徳寺　いとくじ〔寺〕
　山形県東村山郡山辺町　《本尊》大日如来・弘法大師・興教大師・観世音菩薩
　〔真言宗智山派〕

威徳寺　いとくじ〔寺〕
　岐阜県郡上市　《本尊》阿弥陀如来
　〔真宗大谷派〕

威徳寺　いとくじ〔寺〕
　兵庫県洲本市　《別称》三宝荒神　《本尊》三宝荒神　〔真言宗荒神派〕

威徳寺　いとくじ〔寺〕
　大分県大分市　《本尊》阿弥陀如来
　〔浄土真宗本願寺派〕

威徳院　いとくいん〔寺〕
　千葉県野田市　《本尊》不動明王
　〔真言宗豊山派〕

威徳院　いとくいん〔寺〕
　兵庫県明石市　《本尊》大日如来
　〔高野山真言宗〕

威徳森神社　いとくもりじんじゃ〔社〕
　兵庫県神崎郡香寺町　《祭神》素盞嗚神［他］
　〔神社本庁〕

【姥】

9姥神さん《称》　うばがみさん〔社〕
　北海道檜山郡江差町・姥神大神宮　《祭神》天照皇大御神［他］　〔神社本庁〕

姥神大神宮　うばがみだいじんぐう〔社〕
　北海道檜山郡江差町　《別称》姥神さん　《祭神》天照皇大御神［他］　〔神社本庁〕

【孤】

17孤篷庵　こほうあん〔寺〕
　京都府京都市北区　《本尊》釈迦如来
　〔臨済宗大徳寺派〕

【客】

9客神社　きゃくじんじゃ〔社〕
　愛媛県喜多郡肱川町　《別称》客神宮　《祭神》伊弉諾大神［他］　〔神社本庁〕

客神宮《称》　きゃくじんぐう〔社〕
　愛媛県喜多郡肱川町・客神社　《祭神》伊弉諾大神［他］　〔神社本庁〕

【室】

5室生寺　むろうじ〔寺〕

9画（宣，宥，専）

奈良県宇陀郡室生村　《別称》大本山・女人高野　《本尊》釈迦如来・十一面観世音菩薩・如意輪観世音菩薩・文殊菩薩
〔真言宗室生寺派〕

室生神社　むろうじんじゃ〔社〕
神奈川県足柄上郡山北町　《祭神》建御名方命［他］
〔神社本庁〕

8 室明神《称》　むろみょうじん〔社〕
兵庫県揖保郡御津町・賀茂神社　《祭神》賀茂別雷命［他］
〔神社本庁〕

9 室泉寺　しつせんじ〔寺〕
東京都渋谷区　《本尊》阿弥陀如来・聖観世音菩薩
〔高野山真言宗〕

10 室原神社　むろはらじんじゃ〔社〕
広島県豊田郡豊浜町　《祭神》息長帯比売神［他］
〔神社本庁〕

室根神社　むろねじんじゃ〔社〕
岩手県東磐井郡室根村　《祭神》伊弉冉命［他］
〔神社本庁〕

16 室積普賢《称》　むろずみふげん〔寺〕
山口県光市・普賢寺　《本尊》普賢菩薩
〔臨済宗建仁寺派〕

19 室蘭八幡宮　むろらんはちまんぐう〔社〕
北海道室蘭市　《祭神》誉田別命［他］
〔神社本庁〕

【宣】

6 宣光寺　せんこうじ〔寺〕
大阪府大阪市阿倍野区　《本尊》阿弥陀如来
〔浄土真宗本願寺派〕

11 宣経寺　せんきょうじ〔寺〕
和歌山県和歌山市　《別称》新町の妙見さま　《本尊》十界大曼荼羅
〔日蓮宗〕

12 宣勝寺　せんしょうじ〔寺〕
兵庫県津名郡北淡町　《本尊》阿弥陀如来
〔浄土真宗本願寺派〕

【宥】

11 宥清寺　ゆうせいじ〔寺〕
京都府京都市上京区　《別称》本山・本門さん　《本尊》日蓮聖人
〔本門仏立宗〕

宥清寺奥の院《称》　ゆうせいじおくのいん〔寺〕
京都府京都市下京区・長松寺　《本尊》日蓮聖人一遍第・日扇上人
〔本門仏立宗〕

12 宥勝寺　ゆうしょうじ〔寺〕
埼玉県本庄市　《本尊》不動明王
〔真言宗智山派〕

【専】

4 専心寺　せんしんじ〔寺〕
東京都港区　《本尊》阿弥陀如来　〔浄土宗〕

5 専正寺　せんしょうじ〔寺〕
秋田県鹿角市　《本尊》阿弥陀如来
〔浄土真宗本願寺派〕

専正寺　せんしょうじ〔寺〕
新潟県小千谷市　《別称》横町の寺　《本尊》阿弥陀如来
〔真宗大谷派〕

専正寺　せんしょうじ〔寺〕
新潟県南蒲原郡中之島町　《本尊》阿弥陀如来
〔浄土真宗本願寺派〕

専正寺　せんしょうじ〔寺〕
兵庫県尼崎市　《本尊》阿弥陀如来
〔浄土真宗本願寺派〕

専立寺　せんりゅうじ〔寺〕
奈良県大和高田市　《別称》高田御坊　《本尊》阿弥陀如来
〔浄土真宗本願寺派〕

専立寺　せんりゅうじ〔寺〕
福岡県福岡市中央区　《別称》春吉寺町中の寺　《本尊》阿弥陀如来
〔浄土真宗本願寺派〕

6 専休寺　せんきゅうじ〔寺〕
香川県木田郡庵治町　《本尊》阿弥陀如来
〔真宗興正派〕

専光寺　せんこうじ〔寺〕
富山県魚津市　《本尊》阿弥陀如来　〔浄土宗〕

専光寺　せんこうじ〔寺〕
石川県金沢市　《本尊》阿弥陀如来
〔真宗大谷派〕

専光寺　せんこうじ〔寺〕
福井県鯖江市　《本尊》阿弥陀如来
〔真宗大谷派〕

専光寺　せんこうじ〔寺〕
岐阜県大垣市　《本尊》阿弥陀如来
〔浄土真宗本願寺派〕

専光寺　せんこうじ〔寺〕
愛知県額田郡幸田町　《別称》花寺　《本尊》阿弥陀如来
〔浄土真宗本願寺派〕

専光寺　せんこうじ〔寺〕
広島県広島市東区　《本尊》阿弥陀如来
〔浄土真宗本願寺派〕

専光寺　せんこうじ〔寺〕
広島県山県郡芸北町　《本尊》阿弥陀如来
〔真宗大谷派〕

専光寺　せんこうじ〔寺〕
山口県防府市　《本尊》阿弥陀如来　〔浄土宗〕

専光寺　せんこうじ〔寺〕
徳島県板野郡板野町　《本尊》阿弥陀如来
〔浄土真宗本願寺派〕

神社・寺院名よみかた辞典　435

専光寺　せんこうじ〔寺〕
　香川県高松市　《本尊》阿弥陀如来
　　　　　　　　　　　　　〔真宗興正派〕
専光寺　せんこうじ〔寺〕
　福岡県中間市　《本尊》阿弥陀如来
　　　　　　　　　　　　〔浄土真宗本願寺派〕
専光寺　せんこうじ〔寺〕
　福岡県糸島郡志摩町　《本尊》阿弥陀如来
　　　　　　　　　　　　〔浄土真宗本願寺派〕
専安寺　せんなんじ〔寺〕
　福井県敦賀市　《本尊》阿弥陀如来　〔浄土宗〕
専行寺　せんぎょうじ〔寺〕
　大阪府大阪市天王寺区　《本尊》阿弥陀如来
　　　　　　　　　　　　　〔真宗大谷派〕
専行寺　せんぎょうじ〔寺〕
　熊本県荒尾市　《本尊》三国伝来仏
　　　　　　　　　　　　　〔真宗大谷派〕
専行寺　せんぎょうじ〔寺〕
　熊本県下益城郡小川町　《本尊》阿弥陀如来
　　　　　　　　　　　〔浄土真宗本願寺派〕
専行院　せんぎょいん〔寺〕
　奈良県天理市　《本尊》阿弥陀如来　〔浄土宗〕
専西寺　せんさいじ〔寺〕
　福井県丹生郡越廼村　《別称》しろりの寺
　　《本尊》阿弥陀如来　　〔真宗三門徒派〕
専西寺　せんさいじ〔寺〕
　熊本県八代市　《本尊》阿弥陀如来
　　　　　　　　　　　　　〔真宗大谷派〕
7専妙寺　せんみょうじ〔寺〕
　福岡県北九州市小倉南区　《本尊》阿弥陀如来
　　　　　　　　　　　　〔浄土真宗本願寺派〕
専求寺　せんぐうじ〔寺〕
　京都府京都市下京区　《本尊》阿弥陀如来
　　　　　　　　　　　〔浄土宗西山禅林寺派〕
専求院　せんぐいん〔寺〕
　静岡県榛原郡金谷町　《本尊》阿弥陀如来
　　　　　　　　　　　　　　　　〔浄土宗〕
8専宗寺　せんしゅうじ〔寺〕
　大阪府大阪市淀川区　《本尊》阿弥陀如来
　　　　　　　　　　　　〔浄土真宗本願寺派〕
専宗寺　せんしゅうじ〔寺〕
　大阪府東大阪市　《本尊》阿弥陀如来
　　　　　　　　　　　　〔浄土真宗本願寺派〕
専宗寺　せんそうじ〔寺〕
　福岡県福岡市博多区　《本尊》阿弥陀如来
　　　　　　　　　　　　〔浄土真宗本願寺派〕
専念寺　せんねんじ〔寺〕
　北海道松前郡松前町　《本尊》阿弥陀如来
　　　　　　　　　　　　　〔真宗大谷派〕

専念寺　せんねんじ〔寺〕
　青森県東津軽郡蟹田町　《別称》かみのてら
　　《本尊》阿弥陀如来　　　　　　〔浄土宗〕
専念寺　せんねんじ〔寺〕
　青森県三戸郡五戸町　《本尊》阿弥陀如来
　　　　　　　　　　　　　　　　〔浄土宗〕
専念寺　せんねんじ〔寺〕
　岩手県花巻市　《本尊》阿弥陀如来
　　　　　　　　　　　　〔浄土真宗本願寺派〕
専念寺　せんねんじ〔寺〕
　岩手県胆沢郡前沢町　《本尊》阿弥陀如来
　　　　　　　　　　　　　　　　〔浄土宗〕
専念寺　せんねんじ〔寺〕
　宮城県白石市　《本尊》阿弥陀如来
　　　　　　　　　　　　〔浄土真宗本願寺派〕
専念寺　せんねんじ〔寺〕
　宮城県亘理郡亘理町　《本尊》阿弥陀如来
　　　　　　　　　　　　　　　　　〔時宗〕
専念寺　せんねんじ〔寺〕
　山形県鶴岡市　《本尊》阿弥陀如来　〔浄土宗〕
専念寺　せんねんじ〔寺〕
　山形県東村山郡山辺町　《本尊》阿弥陀如来
　　　　　　　　　　　　〔浄土真宗本願寺派〕
専念寺　せんねんじ〔寺〕
　福島県白河市　《本尊》阿弥陀如来　〔浄土宗〕
専念寺　せんねんじ〔寺〕
　神奈川県横浜市鶴見区　《本尊》阿弥陀如来
　　　　　　　　　　　　　　　　〔浄土宗〕
専念寺　せんねんじ〔寺〕
　新潟県佐渡市　《本尊》阿弥陀如来
　　　　　　　　　　　　　〔真宗大谷派〕
専念寺　せんねんじ〔寺〕
　富山県砺波市　《本尊》阿弥陀如来
　　　　　　　　　　　　　〔真宗大谷派〕
専念寺　せんねんじ〔寺〕
　福井県福井市　《本尊》阿弥陀如来
　　　　　　　　　　　　　〔真宗三門徒派〕
専念寺　せんねんじ〔寺〕
　長野県上田市　《本尊》阿弥陀如来　〔浄土宗〕
専念寺　せんねんじ〔寺〕
　岐阜県本巣市　《本尊》阿弥陀如来
　　　　　　　　　　　　　〔真宗誠照寺派〕
専念寺　せんねんじ〔寺〕
　岐阜県養老郡養老町　《本尊》阿弥陀如来
　　　　　　　　　　　　　〔真宗大谷派〕
専念寺　せんねんじ〔寺〕
　愛知県西尾市　《本尊》阿弥陀如来
　　　　　　　　　　　　　〔真宗大谷派〕
専念寺　せんねんじ〔寺〕
　滋賀県大津市大石淀町　《本尊》阿弥陀如来
　　　　　　　　　　　　　　　　〔浄土宗〕

9画（専）

専念寺　せんねんじ〔寺〕
　滋賀県大津市仰木町　《本尊》阿弥陀如来・薬師如来　〔浄土真宗本願寺派〕
専念寺　せんねんじ〔寺〕
　京都府京都市右京区　《別称》西谷祖廟　《本尊》阿弥陀三尊　〔浄土宗西山禅林寺派〕
専念寺　せんねんじ〔寺〕
　京都府亀岡市　《本尊》阿弥陀如来　〔浄土宗〕
専念寺　せんねんじ〔寺〕
　京都府久世郡久御山町　《本尊》阿弥陀如来　〔浄土宗〕
専念寺　せんねんじ〔寺〕
　大阪府大阪市東淀川区　《本尊》阿弥陀如来　〔浄土宗〕
専念寺　せんねんじ〔寺〕
　大阪府大阪市平野区　《本尊》阿弥陀如来　〔真宗大谷派〕
専念寺　せんねんじ〔寺〕
　大阪府大阪市中央区　《本尊》阿弥陀如来　〔浄土宗〕
専念寺　せんねんじ〔寺〕
　大阪府茨木市　《本尊》阿弥陀如来　〔浄土真宗本願寺派〕
専念寺　せんねんじ〔寺〕
　兵庫県尼崎市寺町　《別称》赤門の寺　《本尊》阿弥陀如来・十一面観世音菩薩　〔浄土宗〕
専念寺　せんねんじ〔寺〕
　兵庫県尼崎市森　《本尊》阿弥陀如来　〔浄土真宗本願寺派〕
専念寺　せんねんじ〔寺〕
　兵庫県篠山市　《本尊》阿弥陀如来　〔浄土宗〕
専念寺　せんねんじ〔寺〕
　奈良県吉野郡下市町　《別称》新住下の寺　《本尊》阿弥陀如来　〔浄土宗〕
専念寺　せんねんじ〔寺〕
　和歌山県御坊市　《本尊》阿弥陀如来　〔臨済宗妙心寺派〕
専念寺　せんねんじ〔寺〕
　島根県邇摩郡温泉津町　《本尊》阿弥陀三尊　〔浄土宗〕
専念寺　せんねんじ〔寺〕
　山口県下関市　《本尊》阿弥陀如来　〔時宗〕
専念寺　せんねんじ〔寺〕
　福岡県久留米市　《別称》九州日光　《本尊》阿弥陀如来　〔浄土宗〕
専念寺　せんねんじ〔寺〕
　佐賀県佐賀郡諸富町　《本尊》阿弥陀如来　〔浄土真宗本願寺派〕
専念寺　せんねんじ〔寺〕
　大分県大分市　《本尊》阿弥陀如来　〔浄土宗〕

専念寺　せんねんじ〔寺〕
　鹿児島県肝属郡東串良町　《本尊》阿弥陀如来　〔浄土宗〕
専明寺　せんみょうじ〔寺〕
　新潟県北魚沼郡広神村　《本尊》阿弥陀如来　〔真宗大谷派〕
専明寺　せんみょうじ〔寺〕
　滋賀県蒲生郡日野町　《本尊》阿弥陀如来　〔真宗大谷派〕
専明寺　せんみょうじ〔寺〕
　滋賀県東浅井郡びわ町　《本尊》阿弥陀如来　〔真宗大谷派〕
9専故院　せんこいん〔寺〕
　京都府京都市下京区　《本尊》阿弥陀如来　〔浄土宗〕
専栄寺　せんえいじ〔寺〕
　千葉県佐倉市　《本尊》阿弥陀如来　〔真言宗豊山派〕
10専修寺　せんじゅじ〔寺〕
　栃木県芳賀郡二宮町　《別称》高田山・真宗二四輩旧跡　《本尊》阿弥陀三尊　〔真宗高田派〕
専修寺　せんじゅじ〔寺〕
　新潟県柏崎市　《本尊》阿弥陀如来　〔真宗大谷派〕
専修寺　せんじゅじ〔寺〕
　三重県津市　《別称》高田本山・真宗二四輩旧跡　《本尊》阿弥陀如来　〔真宗高田派〕
専修寺《称》　せんじゅじ〔寺〕
　三重県鈴鹿市・真宗高田派神戸別院専修寺　《本尊》阿弥陀如来　〔真宗高田派〕
専修寺　せんしゅうじ〔寺〕
　大阪府大阪市此花区　《本尊》阿弥陀如来　〔浄土宗〕
専修寺　せんじゅうじ〔寺〕
　香川県木田郡三木町　《別称》せんじゅっさん　《本尊》阿弥陀如来　〔浄土宗〕
専修寺　せんじゅうじ〔寺〕
　福岡県久留米市　《本尊》阿弥陀如来　〔浄土宗〕
専修寺　せんじゅうじ〔寺〕
　宮崎県日向市　《本尊》阿弥陀如来　〔浄土宗〕
専修寺名古屋別院　せんじゅじなごやべついん〔寺〕
　愛知県名古屋市西区　《別称》高田本坊　《本尊》阿弥陀如来　〔真宗高田派〕
専修寺京都別院　せんじゅじきょうとべついん〔寺〕
　京都府京都市右京区　《本尊》阿弥陀三尊　〔真宗高田派〕

神社・寺院名よみかた辞典　437

9画（専）

専修寺福井別院　せんじゅじふくいべついん〔寺〕
　福井県福井市　《別称》高田別院　《本尊》阿弥陀如来
　　　　　　　　　　　　　　　〔真宗高田派〕
専修坊　せんじゅうぼう〔寺〕
　愛知県高浜市　《本尊》阿弥陀如来
　　　　　　　　　　　　　　　〔真宗大谷派〕
専修院　せんしゅういん〔寺〕
　東京都豊島区　《本尊》阿弥陀如来　〔浄土宗〕
専修院　せんじゅいん〔寺〕
　愛知県名古屋市千種区　《本尊》阿弥陀如来
　　　　　　　　　　　　　〔浄土宗西山禅林寺派〕
専修院　せんじゅいん〔寺〕
　滋賀県大津市　《本尊》阿弥陀如来　〔浄土宗〕
専修院　せんじゅいん〔寺〕
　滋賀県蒲生郡蒲生町　《本尊》阿弥陀如来
　　　　　　　　　　　　　　　〔浄土宗〕
専称寺　せんしょうじ〔寺〕
　山形県山形市　《本尊》阿弥陀如来
　　　　　　　　　　　　　　　〔真宗大谷派〕
専称寺　せんしょうじ〔寺〕
　福島県いわき市　《本尊》阿弥陀如来
　　　　　　　　　　　　　　　〔浄土宗〕
専称寺　せんしょうじ〔寺〕
　茨城県下館市　《本尊》阿弥陀如来　〔浄土宗〕
専称寺　せんしょうじ〔寺〕
　栃木県那須郡那須町　《別称》しょうにんでら　《本尊》阿弥陀如来・勢至菩薩　〔時宗〕
専称寺　せんしょうじ〔寺〕
　神奈川県横浜市神奈川区　《本尊》阿弥陀三尊・如意輪観世音菩薩　〔浄土宗〕
専称寺　せんしょうじ〔寺〕
　神奈川県南足柄市　《別称》三竹のお寺　《本尊》阿弥陀如来　〔浄土宗〕
専称寺　せんしょうじ〔寺〕
　富山県高岡市　《本尊》阿弥陀如来
　　　　　　　　　　　　　　　〔真宗大谷派〕
専称寺　せんしょうじ〔寺〕
　石川県加賀市　《本尊》阿弥陀如来
　　　　　　　　　　　　　〔浄土真宗本願寺派〕
専称寺　せんしょうじ〔寺〕
　岐阜県揖斐郡久瀬村　《本尊》阿弥陀如来
　　　　　　　　　　　　　　　〔真宗大谷派〕
専称寺　せんしょうじ〔寺〕
　三重県名張市　《本尊》阿弥陀如来
　　　　　　　　　　　　　　　〔真宗大谷派〕
専称寺　せんしょうじ〔寺〕
　滋賀県近江八幡市　《本尊》阿弥陀如来
　　　　　　　　　　　　　　　〔浄土宗〕

専称寺　せんしょうじ〔寺〕
　大阪府泉大津市　《本尊》阿弥陀如来
　　　　　　　　　　　　　　　〔浄土宗〕
専称寺　せんしょうじ〔寺〕
　大阪府寝屋川市　《本尊》阿弥陀如来
　　　　　　　　　　　　　　　〔浄土宗〕
専称寺　せんしょうじ〔寺〕
　大阪府高石市　《別称》綾井の寺　《本尊》阿弥陀如来　〔浄土宗〕
専称寺　せんしょうじ〔寺〕
　山口県柳井市　《別称》つつじの寺　《本尊》阿弥陀如来・毘沙門天　〔浄土宗〕
専称寺　せんしょうじ〔寺〕
　香川県丸亀市　《本尊》阿弥陀如来　〔浄土宗〕
専称寺　せんしょうじ〔寺〕
　福岡県三井郡北野町　《本尊》阿弥陀如来
　　　　　　　　　　　　　　　〔浄土宗〕
専称寺　せんしょうじ〔寺〕
　佐賀県多久市　《本尊》阿弥陀如来　〔浄土宗〕
専称院　せんしょういん〔寺〕
　東京都板橋区　《本尊》阿弥陀如来・地蔵菩薩　〔浄土宗〕
専竜寺　せんりゅうじ〔寺〕
　兵庫県龍野市　《本尊》阿弥陀如来
　　　　　　　　　　　　　〔浄土真宗本願寺派〕
専竜寺　せんりゅうじ〔寺〕
　島根県益田市　《本尊》阿弥陀如来
　　　　　　　　　　　　　　　〔真宗大谷派〕
専能寺　せんのうじ〔寺〕
　福岡県糟屋郡須恵町　《本尊》阿弥陀如来
　　　　　　　　　　　　　〔浄土真宗本願寺派〕
11専教寺　せんきょうじ〔寺〕
　福井県あわら市　《本尊》阿弥陀如来
　　　　　　　　　　　　　　　〔真宗三門徒派〕
専教寺　せんきょうじ〔寺〕
　広島県安芸郡音戸町　《本尊》阿弥陀如来
　　　　　　　　　　　　　〔浄土真宗本願寺派〕
専教院　せんきょういん〔寺〕
　東京都文京区　《本尊》地蔵菩薩
　　　　　　　　　　　　　　　〔真言宗豊山派〕
12専勝寺　せんしょうじ〔寺〕
　埼玉県行田市　《本尊》阿弥陀如来
　　　　　　　　　　　　　　　〔真宗大谷派〕
専勝寺　せんしょうじ〔寺〕
　石川県羽咋郡志雄町　《本尊》阿弥陀如来
　　　　　　　　　　　　　　　〔真宗大谷派〕
専勝寺　せんしょうじ〔寺〕
　岐阜県大垣市　《本尊》阿弥陀如来
　　　　　　　　　　　　　　　〔真宗大谷派〕

9画（専）

専勝寺　せんしょうじ〔寺〕
　岐阜県飛騨市　《本尊》阿弥陀如来
　　　　　　　　　　　　　〔浄土真宗本願寺派〕
専勝寺　せんしょうじ〔寺〕
　福岡県八女郡黒木町　《本尊》阿弥陀如来
　　　　　　　　　　　　　〔真宗大谷派〕
専敬寺　せんきょうじ〔寺〕
　新潟県東頸城郡安塚町　《本尊》阿弥陀如
　来　　　　　　　　　　　〔真宗大谷派〕
専琳寺　せんりんじ〔寺〕
　富山県富山市　《本尊》阿弥陀如来
　　　　　　　　　　　　　〔真宗大谷派〕
専証寺　せんしょうじ〔寺〕
　北海道上川郡鷹栖町　《本尊》阿弥陀如来
　　　　　　　　　　　　　〔浄土真宗本願寺派〕
13専想寺　せんそうじ〔寺〕
　大分県大分市　《本尊》阿弥陀如来
　　　　　　　　　　　　　〔浄土真宗本願寺派〕
専照寺　せんしょうじ〔寺〕
　茨城県日立市　《本尊》阿弥陀如来
　　　　　　　　　　　　　〔真宗大谷派〕
専照寺　せんしょうじ〔寺〕
　新潟県加茂市　《本尊》阿弥陀如来
　　　　　　　　　　　　　〔真宗大谷派〕
専照寺　せんしょうじ〔寺〕
　福井県福井市　《別称》福井・中野本山　《本
　尊》阿弥陀如来　　　　　〔真宗三門徒派〕
専照寺　せんしょうじ〔寺〕
　長野県長野市　《本尊》大日如来・五大明王
　　　　　　　　　　　　　〔真言宗豊山派〕
専照寺　せんしょうじ〔寺〕
　山口県周南市　《本尊》阿弥陀如来
　　　　　　　　　　　　　〔浄土真宗本願寺派〕
専福寺　せんぷくじ〔寺〕
　福島県会津若松市　《本尊》阿弥陀如来
　　　　　　　　　　　　　〔浄土真宗本願寺派〕
専福寺　せんぷくじ〔寺〕
　東京都港区　《別称》ぎんなん寺　《本尊》阿
　弥陀如来　　　　　　　　〔浄土真宗本願寺派〕
専福寺　せんぷくじ〔寺〕
　東京都新宿区　《本尊》阿弥陀如来
　　　　　　　　　　　　　〔真宗大谷派〕
専福寺　せんぷくじ〔寺〕
　東京都江戸川区　《別称》新小岩寺　《本尊》
　阿弥陀如来　　　　　　　〔単立〕
専福寺　せんぷくじ〔寺〕
　新潟県長岡市　《本尊》阿弥陀如来・四八光
　仏絵　　　　　　　　　　〔真宗大谷派〕
専福寺　せんぷくじ〔寺〕
　福井県大野市　《本尊》阿弥陀如来
　　　　　　　　　　　　　〔真宗高田派〕

専福寺　せんぷくじ〔寺〕
　岐阜県岐阜市　《本尊》阿弥陀如来
　　　　　　　　　　　　　〔真宗大谷派〕
専福寺　せんぷくじ〔寺〕
　岐阜県羽島市　《別称》木瀬御坊　《本尊》阿
　弥陀如来　　　　　　　　〔真宗大谷派〕
専福寺　せんぷくじ〔寺〕
　愛知県額田郡幸田町　《本尊》阿弥陀如来
　　　　　　　　　　　　　〔真宗大谷派〕
専福寺　せんぷくじ〔寺〕
　京都府天田郡夜久野町　《本尊》阿弥陀如
　来　　　　　　　　　　　〔浄土真宗本願寺派〕
専福寺　せんぷくじ〔寺〕
　兵庫県出石郡但東町　《別称》ほごやさん
　《本尊》阿弥陀如来　　　〔浄土真宗本願寺派〕
14専徳寺　せんとくじ〔寺〕
　青森県弘前市　《本尊》阿弥陀如来
　　　　　　　　　　　　　〔真宗大谷派〕
専徳寺　せんとくじ〔寺〕
　新潟県燕市　《本尊》阿弥陀如来
　　　　　　　　　　　　　〔真宗大谷派〕
専徳寺　せんとくじ〔寺〕
　新潟県刈羽郡刈羽村　《本尊》阿弥陀如来
　　　　　　　　　　　　　〔真宗大谷派〕
専徳寺　せんとくじ〔寺〕
　新潟県中頸城郡吉川町　《別称》おてら　《本
　尊》阿弥陀如来　　　　　〔真宗大谷派〕
専徳寺　せんとくじ〔寺〕
　富山県下新川郡入善町　《本尊》阿弥陀如
　来　　　　　　　　　　　〔真宗大谷派〕
専徳寺　せんとくじ〔寺〕
　愛知県海部郡立田村　《本尊》阿弥陀如来
　　　　　　　　　　　　　〔真宗大谷派〕
専徳寺　せんとくじ〔寺〕
　広島県呉市　《本尊》阿弥陀如来
　　　　　　　　　　　　　〔浄土真宗本願寺派〕
専徳寺　せんとくじ〔寺〕
　山口県下関市　《本尊》阿弥陀如来
　　　　　　　　　　　　　〔浄土真宗本願寺派〕
15専慶寺　せんけいじ〔寺〕
　岐阜県岐阜市　《別称》蓮如様の寺　《本尊》
　阿弥陀如来　　　　　　　〔真宗大谷派〕
専蔵院　せんぞういん〔寺〕
　三重県津市　《別称》今井の観音　《本尊》十
　一面観世音菩薩・不動明王・毘沙門天
　　　　　　　　　　　　　〔真言宗醍醐派〕
専養寺　せんにょうじ〔寺〕
　新潟県燕市　《別称》燕御坊　《本尊》阿弥陀
　如来　　　　　　　　　　〔真宗大谷派〕

神社・寺院名よみかた辞典　439

9画（屋, 屏, 峠, 巻, 帝, 度, 建）

専養寺　せんようじ〔寺〕
　岐阜県可児郡兼山町　《本尊》十界大曼荼
　羅　　　　　　　　　　　　　　〔日蓮宗〕
専養寺　せんようじ〔寺〕
　愛知県一宮市　《本尊》阿弥陀如来
　　　　　　　　　　　　　　　〔真宗大谷派〕

【屋】

10屋島寺　やしまじ〔寺〕
　香川県高松市　《別称》四国第八四番霊場
　《本尊》十一面千手観世音菩薩
　　　　　　　　　　　　　　〔真言宗御室派〕
屋島神社　やしまじんじゃ〔社〕
　香川県高松市　《別称》讃岐東照宮　《祭神》
　東照大神〔他〕　　　　　　　　〔神社本庁〕

【屏】

9屏風浦の大師《称》　びょうぶうらのだい
　し〔寺〕
　香川県仲多度郡多度津町・海岸寺　《本尊》聖
　観世音菩薩・弘法大師　　　　〔真言宗醍醐派〕

【峠】

0峠さま《称》　とうげさま〔社〕
　長野県北佐久郡軽井沢町・熊野皇大神社
　《祭神》伊邪那美命〔他〕　　　　〔神社本庁〕
峠の宮《称》　とうげのみや〔社〕
　高知県吾川郡吾川村・葉野川神社　《祭神》応
　神天皇　　　　　　　　　　　　〔神社本庁〕
6峠地蔵さん《称》　とうげじぞうさん〔寺〕
　和歌山県海草郡下津町・地蔵峰寺　《本尊》地
　蔵菩薩　　　　　　　　　　　　　〔天台宗〕

【巻】

11巻堀神社　まきほりじんじゃ〔社〕
　岩手県岩手郡玉山村　《別称》金勢大明神
　《祭神》猿田彦之命〔他〕　　　　〔神社本庁〕

【帝】

11帝釈さん《称》　たいしゃくさん〔寺〕
　広島県比婆郡東城町・永明寺　《本尊》帝釈
　天　　　　　　　　　　　　　〔真言宗醍醐派〕
帝釈寺　たいしゃくじ〔寺〕
　兵庫県城崎郡香住町　《本尊》帝釈天・観世
　音菩薩・薬師如来　　　　　　〔高野山真言宗〕
帝釈寺　たいしゃくじ〔寺〕
　宮崎県宮崎市　《本尊》釈迦如来　〔曹洞宗〕

【度】

6度会宮《称》　わたらいぐう〔社〕

　三重県伊勢市・豊受大神宮　別宮として多賀
　宮,土宮,月夜見宮,風宮がある　《祭神》豊
　受大御神〔他〕　　　　　　　　〔神社本庁〕
9度津神社　わたつじんじゃ〔社〕
　新潟県佐渡市　《別称》一の宮　《祭神》五十
　猛命〔他〕　　　　　　　　　　〔神社本庁〕

【建】

4建中寺　けんちゅうじ〔寺〕
　愛知県名古屋市東区　《本尊》阿弥陀如来
　　　　　　　　　　　　　　　　　〔浄土宗〕
建仁寺　けんにんじ〔寺〕
　京都府京都市東山区　《別称》大本山　《本
　尊》釈迦如来　　　　　　　　〔臨済宗建仁寺派〕
建仁専門道場《称》　けんにんせんもんど
　うじょう〔寺〕
　京都府京都市東山区・霊洞院　《本尊》千手
　観世音菩薩・文殊菩薩　　　　〔臨済宗建仁寺派〕
建水分神社　たけみくまりじんじゃ〔社〕
　大阪府南河内郡千早赤阪村　《別称》水分神
　社　《祭神》天御中主神〔他〕　　〔神社本庁〕
5建市神社　たけいちじんじゃ〔社〕
　千葉県市原市　《祭神》武甕槌命〔他〕
　　　　　　　　　　　　　　　　〔神社本庁〕
建布都神社　たけふつじんじゃ〔社〕
　徳島県阿波郡市場町　《別称》おへーしさん
　《祭神》武甕槌神〔他〕　　　　　〔神社本庁〕
建石勝神社　たていわかつじんじゃ〔社〕
　富山県魚津市　《祭神》武甕槌命　〔神社本庁〕
建立寺　こんりゅうじ〔寺〕
　山口県玖珂郡本郷村　《本尊》阿弥陀三尊・薬
　師如来・十一面観世音菩薩　　　　　〔浄土宗〕
8建岡神社　たておかじんじゃ〔社〕
　山梨県北巨摩郡長坂町　《祭神》建御名方
　命　　　　　　　　　　　　　　〔神社本庁〕
建明寺　けんめいじ〔寺〕
　群馬県利根郡水上町　《本尊》延命地蔵菩
　薩　　　　　　　　　　　　　　　〔曹洞宗〕
建治寺　こんじじ〔寺〕
　徳島県徳島市　《別称》建治の滝　《本尊》金
　剛蔵王大権現・弘法大師　　　　〔高野山真言宗〕
建長寺　けんちょうじ〔寺〕
　神奈川県鎌倉市　《別称》大本山　《本尊》地
　蔵菩薩　　　　　　　　　　　〔臨済宗建長寺派〕
10建高寺　けんこうじ〔寺〕
　岩手県東磐井郡室根村　《本尊》聖観世音菩
　薩　　　　　　　　　　　　　　　〔曹洞宗〕
11建部大社　たけべたいしゃ〔社〕
　滋賀県大津市　《別称》建部明神　《祭神》日
　本武尊〔他〕　　　　　　　　　〔神社本庁〕

9画（彦, 後, 待, 律, 恒, 持）

建部大宮《称》　たけべおおみや〔社〕
　滋賀県八日市市・日吉神社　《祭神》大山咋命［他］　　　　　　　　　　〔神社本庁〕
建部明神《称》　たけべみょうじん〔社〕
　滋賀県大津市・建部大社　《祭神》日本武尊
　［他］　　　　　　　　　　　〔神社本庁〕
建部神社　たけべじんじゃ〔社〕
　石川県羽咋郡富来町　《祭神》日本武尊
　　　　　　　　　　　　　　　〔神社本庁〕
建部神社　たけべじんじゃ〔社〕
　山梨県北巨摩郡高根町　《別称》諏訪明神
　《祭神》建御名方命　　　　　〔神社本庁〕
建部神社　たけべじんじゃ〔社〕
　岡山県真庭郡湯原町　《祭神》日本武尊［他］
　　　　　　　　　　　　　　　〔神社本庁〕
13建福寺　けんぷくじ〔寺〕
　埼玉県羽生市　《別称》田舎教師の寺　《本尊》釈迦如来　　　　　　　　　〔曹洞宗〕
建福寺　けんぷくじ〔寺〕
　長野県上伊那郡高遠町　《本尊》釈迦如来
　　　　　　　　　　　　　　〔臨済宗妙心寺派〕
建聖寺　けんせいじ〔寺〕
　石川県小松市　《本尊》薬師如来　〔曹洞宗〕
14建徳寺　けんとくじ〔寺〕
　神奈川県厚木市　《本尊》釈迦如来
　　　　　　　　　　　　　　〔臨済宗建長寺派〕
建暦寺　けんりゃくじ〔寺〕
　千葉県君津市　　　　　　　〔真言宗豊山派〕
15建勲さん《称》　けんくんさん〔社〕
　京都府京都市北区・建勲神社　《祭神》織田信長［他］　　　　　　　　　　〔神社本庁〕
建勲神社　たけいさおじんじゃ〔社〕
　山形県天童市　《別称》たけさま　《祭神》織田信長　　　　　　　　　　　〔神社本庁〕
建勲神社　たけいさおじんじゃ〔社〕
　京都府京都市北区　《別称》建勲さん　《祭神》織田信長［他］　　　　　　〔神社本庁〕
建幢寺　けんどうじ〔寺〕
　栃木県下都賀郡都賀町　《本尊》釈迦如来
　　　　　　　　　　　　　　　〔曹洞宗〕
建穂神社　たけほじんじゃ〔社〕
　静岡県静岡市　《別称》馬鳴明神　《祭神》保食神［他］　　　　　　　　　〔神社本庁〕

【彦】

0彦の宮《称》　ひこのみや〔社〕
　広島県甲奴郡総領町・意加美神社　《祭神》高龗神［他］　　　　　　　　　〔神社本庁〕
3彦山権現《称》　ひこさんごんげん〔社〕
　福岡県田川郡添田町・英彦山神宮　《祭神》天忍穂耳尊［他］　　　　　　　〔神社本庁〕

5彦田の八幡宮《称》　ひこだのはちまんぐう〔社〕
　青森県北津軽郡中里町・中里八幡宮　《祭神》誉田別尊　　　　　　　　　　〔神社本庁〕
10彦根きよみず《称》　ひこねきよみず〔寺〕
　滋賀県彦根市・長久寺　《本尊》千手観世音菩薩　　　　　　　　　　　〔真言宗豊山派〕

【後】

0後ろ向薬師《称》　うしろむきやくし〔寺〕
　岐阜県中津川市・東円寺　《本尊》薬師如来
　　　　　　　　　　　　　　　〔曹洞宗〕

【待】

8待乳山聖天《称》　まつちやまさんしょうてん〔寺〕
　東京都台東区・本竜院　《本尊》歓喜天・十一面観世音菩薩　　　　　　〔聖観音宗〕

【律】

6律寺《称》　りつじ〔寺〕
　京都府八幡市・善法律寺　《本尊》八幡大菩薩・不動明王・愛染明王　　　　〔律宗〕
10律院《称》　りついん〔寺〕
　栃木県日光市・興雲院　《本尊》阿弥陀如来
　　　　　　　　　　　　　　　〔天台宗〕

【恒】

7恒見八幡神社　つねみはちまんじんじゃ〔社〕
　福岡県北九州市門司区　《祭神》品陀和気命
　［他］　　　　　　　　　　　〔神社本庁〕
12恒富八幡神社　つねとみはちまんじんじゃ〔社〕
　福岡県行橋市　《祭神》応神天皇［他］
　　　　　　　　　　　　　　　〔神社本庁〕
恒富神社《称》　つねとみじんじゃ〔社〕
　宮崎県延岡市・春日神社　《祭神》天児屋根命［他］　　　　　　　　　　〔神社本庁〕

【持】

5持田神社　もちたじんじゃ〔社〕
　島根県松江市　《別称》丸山神社　《祭神》大宮比売命［他］　　　　　　　〔神社本庁〕
6持光寺　じこうじ〔寺〕
　三重県いなべ市　《本尊》阿弥陀如来
　　　　　　　　　　　　　〔浄土真宗本願寺派〕
持地院　じちいん〔寺〕
　山形県酒田市　《本尊》三尊仏　　〔曹洞宗〕

9画（政, 施, 春）

8 持宝寺　じほうじ〔寺〕
　栃木県小山市　《本尊》不動明王
　　　　　　　　　　　　　〔新義真言宗〕

持宝寺　じほうじ〔寺〕
　滋賀県甲賀郡水口町　《別称》善光寺　《本尊》如意輪観世音菩薩　〔天台真盛宗〕

持宝寺　じほうじ〔寺〕
　和歌山県西牟婁郡すさみ町　《別称》坊地の寺　《本尊》阿弥陀如来　〔臨済宗妙心寺派〕

持宝院　じほういん〔寺〕
　東京都江東区　《本尊》薬師如来・弘法大師
　　　　　　　　　　　　　〔真言宗智山派〕

持宝院　じほういん〔寺〕
　福井県福井市　《別称》宝光寺　《本尊》薬師如来・歓喜天　〔真言宗智山派〕

持宝院　じほういん〔寺〕
　愛知県知多郡南知多町　《別称》山寺　《本尊》如意輪観世音菩薩　〔真言宗豊山派〕

持宝院　じほういん〔寺〕
　岡山県笠岡市　《別称》走出薬師　《本尊》薬師如来・弘法大師　〔高野山真言宗〕

持明院　じみょういん〔寺〕
　山形県東置賜郡高畠町　《別称》福沢の寺　《本尊》弘法大師　〔真言宗豊山派〕

持明院　じみょういん〔寺〕
　茨城県猿島郡三和町　《本尊》不動明王
　　　　　　　　　　　　　〔真言宗豊山派〕

持明院　じみょういん〔寺〕
　栃木県塩谷郡塩谷町　《本尊》不動明王
　　　　　　　　　　　　　〔真言宗智山派〕

持明院　じみょういん〔寺〕
　神奈川県横浜市金沢区　《本尊》大日如来
　　　　　　　　　　　　　〔真言宗御室派〕

持明院　じみょういん〔寺〕
　石川県金沢市　《別称》蓮でら　《本尊》不動明王　〔高野山真言宗〕

持明院　じみょういん〔寺〕
　大阪府大阪市天王寺区　《別称》縁結縁切り寺　《本尊》阿弥陀如来　〔真言宗御室派〕

持明院　じみょういん〔寺〕
　兵庫県加東郡東条町　《別称》下の寺　《本尊》阿弥陀如来　〔高野山真言宗〕

持明院　じみょういん〔寺〕
　和歌山県伊都郡高野町　《本尊》延命地蔵菩薩・不動明王　〔高野山真言宗〕

10 持珠院　じしゅいん〔寺〕
　静岡県三島市　《本尊》地蔵菩薩
　　　　　　　　　　　　〔臨済宗円覚寺派〕

11 持経寺　じきょうじ〔寺〕
　神奈川県横須賀市　《別称》武山不動院　《本尊》不動明王　〔浄土宗〕

【政】

7 政秀寺　せいしゅうじ〔寺〕
　愛知県名古屋市中区　《本尊》十一面観世音菩薩　〔臨済宗妙心寺派〕

【施】

12 施無畏寺　せむいじ〔寺〕
　和歌山県有田郡湯浅町　《本尊》千手観世音菩薩　〔真言宗御室派〕

13 施福寺　せふくじ〔寺〕
　京都府綾部市　《本尊》千手観世音菩薩
　　　　　　　　　　　　〔高野山真言宗〕

施福寺　せふくじ〔寺〕
　大阪府和泉市　《別称》槇尾寺・西国第四番霊場　《本尊》千手観世音菩薩・弥勒菩薩・観世音菩薩・文殊菩薩　〔天台宗〕

【春】

4 春日〔称〕　かすが〔社〕
　三重県名張市・宇流冨志禰神社　《祭神》宇奈根大神［他］　〔神社本庁〕

春日さま《称》　かすがさま〔社〕
　岐阜県可児郡御嵩町・春日神社　《祭神》武甕槌大神［他］　〔神社本庁〕

春日さん《称》　かすがさん〔社〕
　福井県あわら市・金津神社　《祭神》天津児屋根命［他］　〔神社本庁〕

春日さん《称》　かすがさん〔社〕
　福井県吉田郡松岡町・柴神社　《祭神》天児屋根命［他］　〔神社本庁〕

春日さん《称》　かすがさん〔社〕
　愛知県蒲郡市・形原神社　《祭神》埴安神［他］　〔神社本庁〕

春日さん《称》　かすがさん〔社〕
　京都府京都市右京区・春日神社　《祭神》建御賀豆智命［他］　〔神社本教〕

春日さん《称》　かすがさん〔社〕
　京都府船井郡八木町・船井神社　《祭神》表筒男命［他］　〔神社本庁〕

お春日さん《称》　おかすがさん〔社〕
　和歌山県海南市・春日神社　《祭神》天押帯日子命［他］　〔神社本庁〕

春日大社　かすがたいしゃ〔社〕
　奈良県奈良市　《祭神》武甕槌命［他］
　　　　　　　　　　　　　〔神社本庁〕

9画（春）

春日大明神《称》　かすがだいみょうじん〔社〕
　新潟県佐渡市・松前神社　《祭神》武甕槌命[他]
　　　　　　　　　　　　　　　　　〔神社本庁〕

春日山《称》　かすがやま〔社〕
　大阪府和泉市・春日神社　《祭神》天之児屋根命[他]
　　　　　　　　　　　　　　　　　〔神社本庁〕

春日山の林泉寺《称》　かすがやまのりんせんじ〔寺〕
　新潟県上越市・林泉寺　《本尊》釈迦如来
　　　　　　　　　　　　　　　　　〔曹洞宗〕

春日山神社　かすがやまじんじゃ〔社〕
　新潟県上越市　《祭神》上杉謙信　〔神社本庁〕

春日神社　かすがじんじゃ〔社〕
　宮城県仙台市青葉区　《祭神》天児屋根命[他]
　　　　　　　　　　　　　　　　　〔神社本庁〕

春日神社　かすがじんじゃ〔社〕
　山形県鶴岡市加茂　《祭神》武甕槌神[他]
　　　　　　　　　　　　　　　　　〔神社本庁〕

春日神社　かすがじんじゃ〔社〕
　山形県鶴岡市神明町　《祭神》建御槌神[他]
　　　　　　　　　　　　　　　　　〔神社本庁〕

春日神社　かすがじんじゃ〔社〕
　山形県東田川郡櫛引町　《祭神》建御賀豆智命[他]
　　　　　　　　　　　　　　　　　〔神社本庁〕

春日神社　かすがじんじゃ〔社〕
　福島県伊達郡川俣町　《祭神》武甕槌命[他]
　　　　　　　　　　　　　　　　　〔神社本庁〕

春日神社　かすがじんじゃ〔社〕
　千葉県袖ヶ浦市　《別称》氏神さま　《祭神》天児屋根命
　　　　　　　　　　　　　　　　　〔神社本庁〕

春日神社　かすがじんじゃ〔社〕
　千葉県山武郡芝山町　《祭神》天児屋根命[他]
　　　　　　　　　　　　　　　　　〔神社本庁〕

春日神社　かすがじんじゃ〔社〕
　千葉県夷隅郡御宿町　《祭神》天児屋根命
　　　　　　　　　　　　　　　　　〔神社本庁〕

春日神社　かすがじんじゃ〔社〕
　東京都港区　《祭神》天児屋根命　〔神社本庁〕

春日神社　かすがじんじゃ〔社〕
　東京都大田区　《祭神》天児屋根命[他]
　　　　　　　　　　　　　　　　　〔神社本庁〕

春日神社　かすがじんじゃ〔社〕
　東京都西多摩郡日の出町　《祭神》武甕槌命[他]
　　　　　　　　　　　　　　　　　〔神社本庁〕

春日神社　かすがじんじゃ〔社〕
　石川県金沢市　《別称》つばきのみや　《祭神》武甕槌命[他]
　　　　　　　　　　　　　　　　　〔神社本庁〕

春日神社　かすがじんじゃ〔社〕
　石川県珠洲市　《祭神》天児屋根神[他]
　　　　　　　　　　　　　　　　　〔神社本庁〕

春日神社　かすがじんじゃ〔社〕
　福井県福井市　《祭神》武甕槌命[他]
　　　　　　　　　　　　　　　　　〔神社本庁〕

春日神社　かすがじんじゃ〔社〕
　福井県鯖江市　《別称》鳥井のお春日さん　《祭神》武甕槌命[他]
　　　　　　　　　　　　　　　　　〔神社本庁〕

春日神社　かすがじんじゃ〔社〕
　福井県あわら市　《祭神》天児屋根命[他]
　　　　　　　　　　　　　　　　　〔神社本庁〕

春日神社　かすがじんじゃ〔社〕
　福井県あわら市　《別称》本荘の春日さん　《祭神》武甕槌命[他]
　　　　　　　　　　　　　　　　　〔神社本庁〕

春日神社　かすがじんじゃ〔社〕
　福井県あわら市　《祭神》天児屋根命
　　　　　　　　　　　　　　　　　〔神社本庁〕

春日神社　かすがじんじゃ〔社〕
　福井県坂井郡坂井町　《祭神》天児屋根命[他]
　　　　　　　　　　　　　　　　　〔神社本庁〕

春日神社　かすがじんじゃ〔社〕
　福井県丹生郡越廼村　《祭神》天照皇大神[他]
　　　　　　　　　　　　　　　　　〔神社本庁〕

春日神社　かすがじんじゃ〔社〕
　山梨県東山梨郡春日居町　〔神社本庁〕

春日神社　かすがじんじゃ〔社〕
　岐阜県大垣市　《祭神》武甕槌命[他]
　　　　　　　　　　　　　　　　　〔神社本庁〕

春日神社　かすがじんじゃ〔社〕
　岐阜県関市　《別称》金幣社　《祭神》武甕槌神[他]
　　　　　　　　　　　　　　　　　〔神社本庁〕

春日神社　かすがじんじゃ〔社〕
　岐阜県本巣市　《祭神》建御賀豆智命[他]
　　　　　　　　　　　　　　　　　〔神社本庁〕

春日神社　かすがじんじゃ〔社〕
　岐阜県本巣市　《祭神》武甕槌命[他]
　　　　　　　　　　　　　　　　　〔神社本庁〕

春日神社　かすがじんじゃ〔社〕
　岐阜県揖斐郡久瀬村　《祭神》天照大御神[他]
　　　　　　　　　　　　　　　　　〔神社本庁〕

春日神社　かすがじんじゃ〔社〕
　岐阜県可児郡御嵩町　《別称》春日さま　《祭神》武甕槌大神[他]
　　　　　　　　　　　　　　　　　〔神社本庁〕

春日神社　かすがじんじゃ〔社〕
　静岡県浜松市笠井町　《祭神》武甕槌祭[他]
　　　　　　　　　　　　　　　　　〔神社本庁〕

春日神社　かすがじんじゃ〔社〕
　静岡県浜松市白羽町　《祭神》武甕槌命[他]
　　　　　　　　　　　　　　　　　〔神社本庁〕

春日神社　かすがじんじゃ〔社〕
　静岡県小笠郡小笠町　《祭神》武甕槌神[他]
　　　　　　　　　　　　　　　　　〔神社本庁〕

9画（春）

春日神社　かすがじんじゃ〔社〕
　愛知県名古屋市中区　《祭神》武甕槌命［他］
　　　　　　　　　　　　　　　　〔神社本庁〕

春日神社　かすがじんじゃ〔社〕
　愛知県高浜市　《祭神》天津児屋根命［他］
　　　　　　　　　　　　　　　　〔神社本庁〕

春日神社　かすがじんじゃ〔社〕
　愛知県幡豆郡吉良町　《祭神》天屋根命［他］
　　　　　　　　　　　　　　　　〔神社本庁〕

春日神社　かすがじんじゃ〔社〕
　三重県阿山郡伊賀町　《別称》かすがさん
　《祭神》武甕槌命［他］　　　　〔神社本庁〕

春日神社　かすがじんじゃ〔社〕
　滋賀県愛知郡秦荘町　《祭神》天児屋根命［他］
　　　　　　　　　　　　　　　　〔神社本庁〕

春日神社　かすがじんじゃ〔社〕
　滋賀県伊香郡高月町　《祭神》武甕槌命
　　　　　　　　　　　　　　　　〔神社本庁〕

春日神社　かすがじんじゃ〔社〕
　京都府京都市右京区　《別称》春日さん　《祭神》建御賀豆智命［他］　〔神社本教〕

春日神社　かすがじんじゃ〔社〕
　京都府船井郡園部町　《祭神》武甕槌命［他］
　　　　　　　　　　　　　　　　〔神社本庁〕

春日神社　かすがじんじゃ〔社〕
　大阪府豊中市　《祭神》天照皇大神［他］
　　　　　　　　　　　　　　　　〔単立〕

春日神社　かすがじんじゃ〔社〕
　大阪府泉佐野市　《祭神》武甕槌神［他］
　　　　　　　　　　　　　　　　〔神社本庁〕

春日神社　かすがじんじゃ〔社〕
　大阪府和泉市　《別称》春日山　《祭神》天之児屋根命［他］　　　〔神社本庁〕

春日神社　かすがじんじゃ〔社〕
　兵庫県姫路市　《祭神》武甕槌神［他］
　　　　　　　　　　　　　　　　〔神社本庁〕

春日神社　かすがじんじゃ〔社〕
　兵庫県篠山市　《別称》ささやまのおかすがさん　《祭神》健甕槌命［他］〔神社本庁〕

春日神社　かすがじんじゃ〔社〕
　兵庫県加東郡滝野町　《祭神》経津主命［他］
　　　　　　　　　　　　　　　　〔神社本庁〕

春日神社　かすがじんじゃ〔社〕
　兵庫県神崎郡神崎町　《祭神》武雷命［他］
　　　　　　　　　　　　　　　　〔神社本庁〕

春日神社　かすがじんじゃ〔社〕
　兵庫県津名郡津名町　《祭神》天児屋根命［他］
　　　　　　　　　　　　　　　　〔神社本庁〕

春日神社　かすがじんじゃ〔社〕
　和歌山県海南市　《別称》お春日さん　《祭神》天押帯日子命［他］　〔神社本庁〕

春日神社《称》かすがじんじゃ〔社〕
　島根県松江市奥谷町・田原神社　《祭神》天御雷之男命［他］　　　　〔神社本庁〕

春日神社　かすがじんじゃ〔社〕
　島根県鹿足郡日原町　《祭神》経津主神［他］
　　　　　　　　　　　　　　　　〔神社本庁〕

春日神社　かすがじんじゃ〔社〕
　岡山県岡山市　《祭神》天児屋根命［他］
　　　　　　　　　　　　　　　　〔神社本庁〕

春日神社《称》かすがじんじゃ〔社〕
　岡山県備前市・石立神社　《祭神》石立神［他］
　　　　　　　　　　　　　　　　〔神社本庁〕

春日神社　かすがじんじゃ〔社〕
　岡山県和気郡日生町　《祭神》武甕槌命［他］
　　　　　　　　　　　　　　　　〔神社本庁〕

春日神社　かすがじんじゃ〔社〕
　岡山県真庭郡勝山町　《祭神》天児屋根命［他］
　　　　　　　　　　　　　　　　〔神社本庁〕

春日神社　かすがじんじゃ〔社〕
　岡山県英田郡作東町　《祭神》天児屋根神
　　　　　　　　　　　　　　　　〔神社本庁〕

春日神社　かすがじんじゃ〔社〕
　山口県萩市　《祭神》天児屋根命［他］
　　　　　　　　　　　　　　　　〔神社本庁〕

春日神社　かすがじんじゃ〔社〕
　山口県防府市　《祭神》武甕槌命［他］
　　　　　　　　　　　　　　　　〔神社本庁〕

春日神社　かすがじんじゃ〔社〕
　徳島県徳島市　《祭神》武甕槌神［他］
　　　　　　　　　　　　　　　　〔神社本庁〕

春日神社　かすがじんじゃ〔社〕
　徳島県鳴門市　《祭神》武甕槌命［他］
　　　　　　　　　　　　　　　　〔神社本庁〕

春日神社　かすがじんじゃ〔社〕
　徳島県板野郡松茂町　《祭神》天児屋根命
　　　　　　　　　　　　　　　　〔神社本庁〕

春日神社　かすがじんじゃ〔社〕
　香川県坂出市　《祭神》天児屋根命［他］
　　　　　　　　　　　　　　　　〔神社本庁〕

春日神社　かすがじんじゃ〔社〕
　香川県善通寺市　《祭神》天児屋根命［他］
　　　　　　　　　　　　　　　　〔神社本庁〕

春日神社　かすがじんじゃ〔社〕
　愛媛県西予市　《祭神》武甕槌命［他］
　　　　　　　　　　　　　　　　〔神社本庁〕

春日神社　かすがじんじゃ〔社〕
　高知県土佐清水市　《祭神》天津児屋根命
　　　　　　　　　　　　　　　　〔神社本庁〕

春日神社　かすがじんじゃ〔社〕
　高知県幡多郡大月町　《祭神》天児屋根命［他］
　　　　　　　　　　　　　　　　〔神社本庁〕

9画（昭, 是, 星）

春日神社　かすがじんじゃ〔社〕
　福岡県北九州市八幡西区　《祭神》武甕槌命
　〔他〕　　　　　　　　　　　　〔神社本庁〕
春日神社　かすがじんじゃ〔社〕
　福岡県田川市　《祭神》豊櫛弓削高魂産霊尊
　〔他〕　　　　　　　　　　　　〔神社本庁〕
春日神社　かすがじんじゃ〔社〕
　福岡県春日市　《祭神》天児屋根命〔他〕
　　　　　　　　　　　　　　　　〔神社本庁〕
春日神社　かすがじんじゃ〔社〕
　大分県大分市　《祭神》武甕槌命〔他〕
　　　　　　　　　　　　　　　　〔神社本庁〕
春日神社　かすがじんじゃ〔社〕
　大分県豊後高田市　《祭神》武甕槌命〔他〕
　　　　　　　　　　　　　　　　〔神社本庁〕
春日神社　かすがじんじゃ〔社〕
　宮崎県延岡市　《別称》恒富神社　《祭神》天
　児屋根命〔他〕　　　　　　　　〔神社本庁〕
春日神社　かすがじんじゃ〔社〕
　鹿児島県鹿児島市　《祭神》武甕槌命〔他〕
　　　　　　　　　　　　　　　　〔神社本庁〕
春日神社　かすがじんじゃ〔社〕
　鹿児島県姶良郡加治木町　《祭神》武甕槌命
　〔他〕　　　　　　　　　　　　〔神社本庁〕
春日部八幡神社《称》　かすかべはちまん
　じんじゃ〔社〕
　埼玉県春日部市・八幡神社　《祭神》誉田別
　尊〔他〕　　　　　　　　　　　〔神社本庁〕
6春光寺　しゅんこうじ〔寺〕
　千葉県館山市　《本尊》釈迦如来　〔曹洞宗〕
春光寺　しゅんこうじ〔寺〕
　三重県いなべ市　《本尊》阿弥陀如来
　　　　　　　　　　　　　　　　〔真宗大谷派〕
春光寺　しゅんこうじ〔寺〕
　京都府相楽郡南山城村　《別称》お薬師さん
　《本尊》薬師如来　　　　　　〔真言宗智山派〕
春光院　しゅんこういんじ〔寺〕
　神奈川県小田原市　《本尊》阿弥陀如来
　　　　　　　　　　　　　　　　　〔浄土宗〕
春光院　しゅんこういん〔寺〕
　京都府京都市右京区　《本尊》釈迦如来
　　　　　　　　　　　　　　　〔臨済宗妙心寺派〕
春江院　しゅんこういん〔寺〕
　愛知県名古屋市緑区　《本尊》三尊仏
　　　　　　　　　　　　　　　　　〔曹洞宗〕
8春性院　しゅんしょういん〔寺〕
　東京都台東区　《本尊》釈迦如来　〔天台宗〕
春昌寺　しゅんしょうじ〔寺〕
　群馬県館林市　《本尊》聖観世音菩薩
　　　　　　　　　　　　　　　　　〔曹洞宗〕

春長寺　しゅんちょうじ〔寺〕
　京都府京都市下京区　《本尊》阿弥陀如来
　　　　　　　　　　　　　　　　　〔浄土宗〕
春雨寺　しゅんうじ〔寺〕
　東京都品川区　《本尊》釈迦如来　〔単立〕
10春宮神社　とうぐうじんじゃ〔社〕
　高知県吾川郡吾北村　《祭神》大己貴命〔他〕
　　　　　　　　　　　　　　　　〔神社本庁〕
春桃院　しゅんとういん〔寺〕
　東京都港区　《本尊》釈迦如来
　　　　　　　　　　　　　　　〔臨済宗妙心寺派〕
春浦院　しゅんぽいん〔寺〕
　京都府京都市右京区　《本尊》勢至菩薩
　　　　　　　　　　　　　　　〔臨済宗妙心寺派〕
12春覚寺　しゅんかくじ〔寺〕
　奈良県宇陀郡室生村　《本尊》阿弥陀如来
　　　　　　　　　　　　　　　　　〔融通念仏宗〕
14春徳寺　しゅんとくじ〔寺〕
　長崎県長崎市　《本尊》釈迦如来・十一面観
　世音菩薩　　　　　　　　　〔臨済宗建仁寺派〕

【昭】

8昭和院　しょうわいん〔寺〕
　千葉県鴨川市　《本尊》不動明王・阿弥陀如
　来・薬師如来・地蔵菩薩　　　〔真言宗智山派〕

【是】

3是三寺　ぜさんじ〔寺〕
　大阪府高槻市　《本尊》阿弥陀如来
　　　　　　　　　　　　　　　　〔真宗大谷派〕
4是心寺　ぜしんじ〔寺〕
　京都府京都市左京区　《本尊》釈迦如来
　　　　　　　　　　　　　　　〔臨済宗相国寺派〕
7是住院　ぜいじゅいん〔寺〕
　京都府京都市下京区　《本尊》阿弥陀如来
　　　　　　　　　　　　　　　　　〔浄土宗〕
13是照院　ぜしょういん〔寺〕
　東京都文京区　《本尊》釈迦如来
　　　　　　　　　　　　　　　〔臨済宗妙心寺派〕

【星】

0星の宮《称》　ほしのみや〔社〕
　愛知県西春日井郡新川町・河原神社　《祭神》
　伊弉諾命〔他〕　　　　　　　　〔神社本庁〕
星ケ岡神社　ほしがおかじんじゃ〔社〕
　愛媛県松山市　《祭神》土居道増〔他〕
　　　　　　　　　　　　　　　　〔神社本庁〕
3星川神社　ほしかわじんじゃ〔社〕
　三重県桑名市　《祭神》天照皇大神〔他〕
　　　　　　　　　　　　　　　　〔神社本庁〕

神社・寺院名よみかた辞典　445

9画（栄，柿）

5星田神社　ほしだじんじゃ〔社〕
　大阪府交野市　《祭神》表筒男命〔他〕
　　　　　　　　　　　　　　〔神社本庁〕
7星谷寺　しょうこくじ〔寺〕
　神奈川県座間市　《別称》星の谷観音・坂東第八番霊場　《本尊》聖観世音菩薩・薬師如来・虚空蔵菩薩　〔真言宗大覚寺派〕
8星取り薬師《称》　ほしとりやくし〔寺〕
　三重県名張市・竜性院　《本尊》薬師如来
　　　　　　　　　　　　　　〔真言宗豊山派〕
9星神社　ほしじんじゃ〔社〕
　高知県高知市　《別称》妙見様　《祭神》伊弉諾尊　〔神社本庁〕
　星神社　ほしじんじゃ〔社〕
　高知県吾川郡春野町　《祭神》天之御中主神〔他〕　　　　　　　　　　〔神社本庁〕
　星神社　ほしじんじゃ〔社〕
　高知県幡多郡十和村　《別称》妙見さま　《祭神》天之御中主神〔他〕　〔神社本庁〕
10星宮寺　せいぐうじ〔寺〕
　茨城県下館市　《本尊》三宝尊・日蓮聖人
　　　　　　　　　　　　　　〔日蓮宗〕
　星宮神社　ほしのみやじんじゃ〔社〕
　栃木県栃木市　《祭神》磐裂命〔他〕
　　　　　　　　　　　　　　〔神社本庁〕

【栄】

0栄の宮《称》　さかえのみや〔社〕
　兵庫県龍野市・崇道神社　《祭神》早良太子
　　　　　　　　　　　　　　〔神社本庁〕
3栄久寺　えいきゅうじ〔寺〕
　大阪府茨木市　《本尊》阿弥陀如来・薬師如来　　　　　　　　　　〔真宗大谷派〕
　栄山寺　えいさんじ〔寺〕
　奈良県五條市　《本尊》薬師如来
　　　　　　　　　　　　　　〔真言宗豊山派〕
5栄正寺　えいしょうじ〔寺〕
　京都府京都市中京区　《本尊》阿弥陀如来
　　　　　　　　　　　　　　〔真宗大谷派〕
6栄光寺　えいこうじ〔寺〕
　香川県小豆郡内海町　《本尊》無量寿如来
　　　　　　　　　　　　　　〔真言宗〕
　栄光院　えいこう〔寺〕
　埼玉県北葛飾郡松伏町　《別称》貝塚　《本尊》不動明王　〔真言宗豊山派〕
　栄行寺　えいぎょうじ〔寺〕
　新潟県中魚沼郡川西町　《本尊》阿弥陀如来
　　　　　　　　　　　　　　〔真宗大谷派〕
8栄国寺　えいこくじ〔寺〕
　愛知県名古屋市中区　《別称》大仏火伏の弥陀　《本尊》阿弥陀如来　〔西山浄土宗〕

栄明寺　えいみょうじ〔寺〕
　宮城県仙台市宮城野区　《本尊》阿弥陀如来　　　　　　　　　　〔真宗大谷派〕
栄松寺　えいしょうじ〔寺〕
　千葉県松戸市　《本尊》阿弥陀如来
　　　　　　　　　　　　　　〔臨済宗大徳寺派〕
栄松寺　えいしょうじ〔寺〕
　大阪府堺市　《本尊》阿弥陀如来　〔浄土宗〕
栄林寺　えいりんじ〔寺〕
　埼玉県川越市　《本尊》釈迦如来　〔曹洞宗〕
栄林寺　えいりんじ〔寺〕
　東京都大田区　《本尊》日蓮聖人奠定の大曼荼羅　〔日蓮宗〕
栄林寺　えいりんじ〔寺〕
　三重県名張市　《本尊》阿弥陀如来　〔浄土宗〕
10栄泰寺　えいたいじ〔寺〕
　山口県山口市　《本尊》薬師如来・稚児大師誕生仏　〔真言宗御室派〕
栄竜寺　えいりゅうじ〔寺〕
　岐阜県羽島市　《本尊》阿弥陀如来
　　　　　　　　　　　　　　〔真宗大谷派〕
11栄涼寺　えいりょうじ〔寺〕
　新潟県長岡市　《本尊》阿弥陀如来　〔浄土宗〕
12栄雲寺　えいうんじ〔寺〕
　新潟県南蒲原郡下田村　《本尊》虚空蔵菩薩　　　　　　　　　　〔曹洞宗〕
13栄源寺　えいげんじ〔寺〕
　静岡県伊豆市　《本尊》十界大曼荼羅
　　　　　　　　　　　　　　〔日蓮宗〕
栄照寺　えいしょうじ〔寺〕
　滋賀県高島郡マキノ町　《本尊》阿弥陀如来　　　　　　　　　　〔真宗大谷派〕
栄福寺　えいふくじ〔寺〕
　埼玉県秩父市　《別称》童子堂(わらべどう)・秩父第二二番霊場　《本尊》聖観世音菩薩・阿弥陀如来　〔真言宗豊山派〕
栄福寺　えいふくじ〔寺〕
　千葉県千葉市　《別称》坂尾の寺　《本尊》阿弥陀如来　〔天台宗〕
栄福寺　えいふくじ〔寺〕
　愛媛県越智郡玉川町　《別称》八幡宮・四国第五七番霊場　《本尊》阿弥陀如来・十一面観世音菩薩・不動明王・薬師如来　　　　　　　　　　〔高野山真言宗〕
15栄潤寺　えいじゅんじ〔寺〕
　兵庫県西宮市　《別称》越木岩大師　《本尊》弘法大師　〔高野山真言宗〕

【柿】

5柿本神社　かきのもとじんじゃ〔社〕

9画（柴, 染, 栃, 柏, 柳）

兵庫県明石市　《別称》人丸神社　《祭神》柿本人麿
柿本神社　かきもとじんじゃ〔社〕
島根県益田市　《別称》人麿社　《祭神》柿本人麿　〔神社本庁〕
11柿野大明神《称》　かきのだいみょうじん〔社〕
岐阜県山県市・垣野神社　《祭神》日本武尊［他］　〔神社本庁〕
16柿薬師《称》　かきやくし〔寺〕
群馬県山田郡大間々町・光栄寺　《本尊》薬師如来　〔真言宗智山派〕

【柴】
2柴又の帝釈天《称》　しばまたのたいしゃくてん〔寺〕
東京都葛飾区・題経寺　《本尊》大曼荼羅・釈迦如来・帝釈天　〔日蓮宗〕
3柴山八幡社　しばやまはちまんしゃ〔社〕
大分県大野郡千歳村　《祭神》応神天皇［他］　〔神社本庁〕
9柴屋寺　さいおくじ〔寺〕
静岡県静岡市　《別称》吐月峯　《本尊》十一面観世音菩薩　〔臨済宗妙心寺派〕
柴神社　しばじんじゃ〔社〕
福井県吉田郡松岡町　《別称》春日さん　《祭神》天児屋根命［他］　〔神社本庁〕
10柴宮神社　しばみやじんじゃ〔社〕
山梨県甲府市　《祭神》櫛稲田媛命［他］　〔神社本庁〕
柴島神社　くにじまじんじゃ〔社〕
大阪府大阪市東淀川区　《祭神》八幡大神［他］　〔神社本庁〕
11柴崎でら《称》　しばさきでら〔寺〕
東京都調布市・光照寺　《本尊》阿弥陀如来　〔浄土宗〕
16柴橋寺　さいきょうじ〔寺〕
山形県寒河江市　《本尊》大日如来　〔真言宗智山派〕

【染】
6染羽天石勝神社　そめはあめのいわかつじんじゃ〔社〕
島根県益田市　《別称》石勝神社　《祭神》天石勝命［他］　〔神社本庁〕
11染黒寺　ぜんこくじ〔寺〕
岩手県北上市　《本尊》釈迦如来　〔曹洞宗〕
13染殿院　そめどのいん〔寺〕
京都府京都市中京区　《別称》そめどの安産地蔵　《本尊》延命地蔵菩薩　〔時宗〕

【栃】
4栃木県護国神社　とちぎけんごこくじんじゃ〔社〕
栃木県宇都宮市　《祭神》護国の神霊　〔神社本庁〕

【柏】
3柏山寺　はくさんじ〔寺〕
山形県山形市　《本尊》阿弥陀如来・薬師如来　〔天台宗〕
4柏木神社　かしわぎじんじゃ〔社〕
滋賀県甲賀郡水口町　《別称》若宮さん　《祭神》大己貴命［他］　〔神社本庁〕
5柏正八幡宮　かしわしょうはちまんぐう〔社〕
青森県西津軽郡柏村　《祭神》誉田別尊　〔神社本庁〕
10柏原観音《称》　かしわばらかんのん〔寺〕
滋賀県坂田郡山東町・成菩提院　《本尊》十一面観世音菩薩・不動明王・毘沙門天　〔天台宗〕

【柳】
4柳戸の観音《称》　やなどのかんのん〔寺〕
千葉県東葛飾郡沼南町・弘誓院　《本尊》聖観世音菩薩・不動明王・毘沙門天　〔真言宗豊山派〕
5柳生院　りゅうしょういん〔寺〕
福島県いわき市　《本尊》大日如来　〔真言宗智山派〕
柳田神社　やないだじんじゃ〔社〕
石川県珠洲市　《祭神》天児屋根命［他］　〔神社本庁〕
7柳沢神社　やなぎさわじんじゃ〔社〕
奈良県大和郡山市　《祭神》柳沢吉保　〔神社本庁〕
柳谷寺　りゅうこくじ〔寺〕
兵庫県養父市　《本尊》阿弥陀如来　〔浄土宗〕
8柳岸寺　りゅうがんじ〔寺〕
滋賀県坂田郡伊吹町　《本尊》阿弥陀如来　〔真宗大谷派〕
柳青院　りゅうしょういん〔寺〕
岡山県備前市　《別称》東寺　《本尊》聖観世音菩薩　〔高野山真言宗〕
9柳廼社　やなぎのやしろ〔社〕
福井県大野市　《祭神》土井利忠　〔神社本庁〕
柳泉寺　りゅうせんじ〔寺〕
兵庫県神戸市兵庫区　《本尊》阿弥陀如来　〔真宗大谷派〕

神社・寺院名よみかた辞典　447

9画（柞、毘、海）

柳津の虚空蔵《称》　やないずのこくうぞう〔寺〕
　福島県河沼郡柳津町・円蔵寺　《本尊》虚空蔵菩薩　　　　　　　　〔臨済宗妙心寺派〕
10柳原のえびすさん《称》　やなぎわらのえびすさん〔社〕
　兵庫県神戸市兵庫区・蛭子神社　《祭神》蛭子命〔他〕　　　　　　　　〔神社本庁〕
柳原天神社《称》　やなぎわらてんじんしゃ〔社〕
　兵庫県神戸市兵庫区・天神社　《祭神》菅原道真〔他〕　　　　　　　　〔神社本庁〕
14柳徳寺　りゅうとくじ〔寺〕
　宮城県栗原郡若柳町　《本尊》釈迦如来
　　　　　　　　　　　　　　　　〔曹洞宗〕
19柳瀬御坊《称》　やなぜごぼう〔寺〕
　富山県砺波市・万遊寺　《本尊》阿弥陀如来
　　　　　　　　　　　　　　〔真宗大谷派〕

【柞】

10柞原八幡宮　ゆすはらはちまんぐう〔社〕
　大分県大分市　《別称》いすはら　《祭神》仲哀天皇〔他〕　　　　　　　〔神社本庁〕

【毘】

7毘沙門さま《称》　びしゃもんさま〔社〕
　青森県弘前市・乳井神社　《祭神》武甕槌命〔他〕　　　　　　　　　〔神社本庁〕
毘沙門堂《称》　びしゃもんどう〔寺〕
　岩手県北上市・万福寺　《本尊》毘沙門天
　　　　　　　　　　　　　　　　〔修験道〕
毘沙門堂　びしゃもんどう〔寺〕
　岩手県和賀郡東和町　《本尊》毘沙門天
　　　　　　　　　　　　　　　　〔単立〕
毘沙門堂《称》　びしゃもんどう〔寺〕
　新潟県長岡市・安禅寺　《本尊》多聞天
　　　　　　　　　　　　　　　　〔天台宗〕
毘沙門堂《称》　びしゃもんどう〔寺〕
　滋賀県蒲生郡日野町・長福寺　《本尊》十一面観世音菩薩　　　　　　〔黄檗宗〕
毘沙門堂《称》　びしゃもんどう〔寺〕
　京都府京都市東山区・宝生院　《本尊》毘沙門天　　　　　　　　　　〔天台宗〕
毘沙門堂　びしゃもんどう〔寺〕
　京都府京都市山科区　《別称》山科毘沙門天・門跡寺院　《本尊》毘沙門天　〔天台宗〕
毘沙門堂《称》　びしゃもんどう〔寺〕
　京都府舞鶴市・興禅寺　《本尊》釈迦如来
　　　　　　　　　　　　　　〔臨済宗天竜寺派〕

19毘廬遮那寺　びるしゃなじ〔寺〕
　茨城県那珂郡那珂町　《本尊》大日如来・十一面観世音菩薩　　　　　〔真言宗豊山派〕

【海】

3海上八幡宮　うなかみはちまんぐう〔社〕
　千葉県銚子市　《祭神》八幡大神〔他〕
　　　　　　　　　　　　　　　　〔神社本庁〕
海山道神社《称》　かいさんどうじんじゃ〔社〕
　三重県四日市市・洲崎浜宮神明神社　《祭神》天照大御神〔他〕　　　〔神社本庁〕
4海円寺　かいえんじ〔寺〕
　宮城県本吉郡志津川町　《本尊》薬師如来・十二神将　　　　　　〔真言宗智山派〕
海円寺　かいえんじ〔寺〕
　新潟県三島郡出雲崎町　《本尊》薬師如来
　　　　　　　　　　　　　　〔真言宗豊山派〕
海月寺　かいげつじ〔寺〕
　秋田県男鹿市　《本尊》聖観世音菩薩
　　　　　　　　　　　　　　〔臨済宗妙心寺派〕
5海田のお大師さん《称》　かいたのおだいしさん〔寺〕
　広島県安芸郡海田町・大師寺　《本尊》弘法大師・毘沙門天・地蔵菩薩　〔高野山真言宗〕
6海印寺　かいいんじ〔寺〕
　岐阜県可児市　《本尊》聖観世音菩薩
　　　　　　　　　　　　　　〔臨済宗妙心寺派〕
海安寺　かいあんじ〔寺〕
　福井県敦賀市　《本尊》阿弥陀如来　〔浄土宗〕
海老江御坊《称》　えびえごぼう〔寺〕
　富山県新湊市・大宝寺　《本尊》阿弥陀如来
　　　　　　　　　　　　　　〔真宗大谷派〕
7海住山寺　かいじゅうせんじ〔寺〕
　京都府相楽郡加茂町　《別称》海山　《本尊》十一面観世音菩薩　　〔真言宗智山派〕
海応院　かいおういん〔寺〕
　山形県米沢市　《本尊》釈迦如来　〔曹洞宗〕
海応院　かいおういん〔寺〕
　長野県小諸市　《本尊》釈迦如来　〔曹洞宗〕
8海国寺　かいこくじ〔寺〕
　愛知県名古屋市熱田区　《本尊》釈迦如来
　　　　　　　　　　　　　　〔臨済宗妙心寺派〕
海宝寺　かいほうじ〔寺〕
　千葉県旭市　《本尊》聖観世音菩薩
　　　　　　　　　　　　　　〔真言宗智山派〕
海宝寺　かいほうじ〔寺〕
　神奈川県平塚市　《別称》お十夜の寺　《本尊》阿弥陀如来　　　　　〔浄土宗〕

9画（海）

海宝寺　かいほうじ〔寺〕
　静岡県庵原郡蒲原町　《本尊》釈迦如来
　　　　　　　　　　　　　　〔臨済宗妙心寺派〕
海宝寺　かいほうじ〔寺〕
　京都府京都市伏見区　《本尊》聖観世音菩薩
　　　　　　　　　　　　　　〔黄檗宗〕
海宝寺　かいほうじ〔寺〕
　大阪府大阪市中央区　《別称》七面山の寺
　《本尊》日蓮聖人奠定の大曼荼羅・七面天女　　　　　　　　　　　　　　〔日蓮宗〕
海宝院　かいほういん〔寺〕
　神奈川県逗子市　《別称》赤門　《本尊》十一面観世音菩薩　　　　　　　〔曹洞宗〕
海岸寺　かいがんじ〔寺〕
　東京都小平市　《本尊》聖観世音菩薩
　　　　　　　　　　　　　　〔臨済宗妙心寺派〕
海岸寺　かいがんじ〔寺〕
　新潟県糸魚川市　《本尊》金剛界大日如来
　　　　　　　　　　　　　　〔真言宗豊山派〕
海岸寺　かいがんじ〔寺〕
　富山県富山市　《本尊》薬師如来初詣
　　　　　　　　　　　　　　〔曹洞宗〕
海岸寺　かいがんじ〔寺〕
　山梨県北巨摩郡須玉町　《別称》十三番観音さん　《本尊》釈迦如来・千手観世音菩薩
　　　　　　　　　　　　　　〔臨済宗妙心寺派〕
海岸寺　かいがんじ〔寺〕
　大阪府堺市　《本尊》大随求明王・正観世音菩薩　　　　　　　　　　　　〔黄檗宗〕
海岸寺　かいがんじ〔寺〕
　山口県大津郡日置町　《本尊》阿弥陀如来
　　　　　　　　　　　　　　〔浄土真宗本願寺派〕
海岸寺　かいがんじ〔寺〕
　香川県仲多度郡多度津町　《別称》屏風浦の大師　《本尊》聖観世音菩薩・弘法大師
　　　　　　　　　　　　　　〔真言宗醍醐派〕
海岸寺　かいがんじ〔寺〕
　大分県東国東郡姫島村　《本尊》阿弥陀如来
　　　　　　　　　　　　　　〔浄土宗〕
海長寺　かいちょうじ〔寺〕
　静岡県静岡市　《別称》由緒寺院　《本尊》十界大曼荼羅・日蓮聖人
　　　　　　　　　　　　　　〔日蓮宗〕
海門寺　かいもんじ〔寺〕
　山口県下関市　《本尊》聖観世音菩薩
　　　　　　　　　　　　　　〔臨済宗東福寺派〕
海門寺　かいもんじ〔寺〕
　大分県別府市　《本尊》延命地蔵菩薩
　　　　　　　　　　　　　　〔曹洞宗〕
9海南寺　かいなんじ〔寺〕
　愛媛県越智郡宮窪町　《本尊》千手観世音菩薩　　　　　　　　　　　　〔真言宗御室派〕

海南神社　かいなんじんじゃ〔社〕
　神奈川県三浦市　《祭神》藤原資盈［他］
　　　　　　　　　　　　　　〔神社本庁〕
海泉寺　かいせんじ〔寺〕
　大阪府大阪市浪速区　《本尊》阿弥陀如来
　　　　　　　　　　　　　　〔浄土宗〕
海泉寺　かいせんじ〔寺〕
　兵庫県神戸市長田区　《本尊》阿弥陀三尊
　　　　　　　　　　　　　　〔臨済宗南禅寺派〕
海津見神社　わだつみじんじゃ〔社〕
　高知県高岡郡檮原町　《別称》竜王さま　《祭神》豊玉姫之命　　　　　　〔神社本庁〕
海神社　わたつみじんじゃ〔社〕
　兵庫県神戸市垂水区　《祭神》上津綿津見神［他］　　　　　　　　　　　〔神社本庁〕
海神社　かいじんじゃ〔社〕
　和歌山県那賀郡打田町　《別称》うながみ　《祭神》豊玉彦命［他］　　　〔神社本庁〕
海神神社　かいじんじんじゃ〔社〕
　長崎県対馬市　《別称》わだずみ神社・対馬一の宮　《祭神》豊玉姫命［他］　〔神社本庁〕
10海恵寺　かいえじ〔寺〕
　富山県滑川市　《本尊》釈迦如来　〔曹洞宗〕
海晏寺　かいあんじ〔寺〕
　山形県酒田市　《本尊》釈迦如来　〔曹洞宗〕
海晏寺　かいあんじ〔寺〕
　東京都品川区　《本尊》鮫州観世音菩薩
　　　　　　　　　　　　　　〔曹洞宗〕
海晏寺　かいあんじ〔寺〕
　山口県下関市　《本尊》三尊仏　〔曹洞宗〕
海竜王寺　かいりゅうおうじ〔寺〕
　奈良県奈良市　《別称》隅寺　《本尊》十一面観世音菩薩　　　　　　　　〔真言律宗〕
海竜寺　かいりゅうじ〔寺〕
　静岡県浜松市　《本尊》延命地蔵菩薩
　　　　　　　　　　　　　　〔臨済宗妙心寺派〕
11海清寺　かいせいじ〔寺〕
　兵庫県西宮市　《別称》南天棒道場　《本尊》釈迦如来　　　　　　　　　〔臨済宗妙心寺派〕
12海善寺　かいぜんじ〔寺〕
　福井県丹生郡越前町　《本尊》阿弥陀如来
　　　　　　　　　　　　　　〔浄土宗〕
海善寺　かいぜんじ〔寺〕
　静岡県下田市　《本尊》阿弥陀如来　〔浄土宗〕
海椙神社　うすぎじんじゃ〔社〕
　愛知県常滑市　《祭神》健速須佐之男命
　　　　　　　　　　　　　　〔神社本庁〕
海童神社　わたつみじんじゃ〔社〕
　佐賀県佐賀郡川副町　《祭神》表津綿津見神［他］　　　　　　　　　　　〔神社本庁〕

神社・寺院名よみかた辞典　*449*

9画（海）

海雲寺　かいうんじ〔寺〕
　千葉県館山市　《別称》呑竜さん　《本尊》阿弥陀如来　〔浄土宗〕
海雲寺　かいうんじ〔寺〕
　東京都品川区　《別称》千体荒神　《本尊》十一面観世音菩薩・千体三宝荒神　〔曹洞宗〕
海雲寺　かいうんじ〔寺〕
　東京都杉並区　《本尊》釈迦如来　〔曹洞宗〕
海雲寺　かいうんじ〔寺〕
　滋賀県近江八幡市　《本尊》阿弥陀如来　〔浄土宗〕
海雲寺　かいうんじ〔寺〕
　島根県益田市　《本尊》釈迦如来・阿弥陀如来　〔曹洞宗〕
海雲寺　かいうんじ〔寺〕
　大分県別府市　《本尊》釈迦如来　〔曹洞宗〕
13海照寺　かいしょうじ〔寺〕
　神奈川県横浜市磯子区　《本尊》地蔵菩薩・薬師如来　〔高野山真言宗〕
海禅吉祥寺　かんぜんきちしょうじ〔寺〕
　長野県上田市　《別称》海禅寺　《本尊》大日如来・不動明王・歓喜天　〔真言宗智山派〕
海禅寺　かいぜんじ〔寺〕
　秋田県秋田市　《本尊》釈迦如来　〔臨済宗妙心寺派〕
海禅寺　かいぜんじ〔寺〕
　東京都台東区　《本尊》釈迦如来　〔単立〕
海禅寺　かいぜんじ〔寺〕
　東京都青梅市　《本尊》三尊仏　〔曹洞宗〕
海禅寺　かいぜんじ〔寺〕
　富山県富山市　《本尊》大日如来　〔高野山真言宗〕
海禅寺《称》　かいぜんじ〔寺〕
　長野県上田市・海禅吉祥寺　《本尊》大日如来・不動明王・歓喜天　〔真言宗智山派〕
海禅寺　かいぜんじ〔寺〕
　三重県度会郡南勢町　《本尊》聖観世音菩薩　〔臨済宗妙心寺派〕
海禅寺　かいぜんじ〔寺〕
　岡山県倉敷市　《別称》殿様の寺　《本尊》釈迦如来　〔臨済宗妙心寺派〕
海福寺　かいふくじ〔寺〕
　北海道松前郡福島町　《別称》奥の寺　《本尊》阿弥陀如来　〔浄土宗〕
海福寺　かいふくじ〔寺〕
　静岡県熱海市　《本尊》阿弥陀如来　〔浄土宗〕
海福寺　かいふくじ〔寺〕
　静岡県御前崎市　《本尊》聖観世音菩薩　〔曹洞宗〕

海福寺　かいふくじ〔寺〕
　愛知県名古屋市西区　《本尊》釈迦如来　〔臨済宗妙心寺派〕
海福寺　かいふくじ〔寺〕
　大分県佐伯市　《本尊》釈迦如来　〔臨済宗妙心寺派〕
14海徳寺　かいとくじ〔寺〕
　茨城県北茨城市　《本尊》阿弥陀如来　〔真言宗智山派〕
海徳寺　かいとくじ〔寺〕
　京都府京都市伏見区　《別称》芹川のお寺　《本尊》善光寺阿弥陀三尊　〔浄土宗〕
海徳寺　かいとくじ〔寺〕
　大分県津久見市　《本尊》阿弥陀如来　〔浄土宗〕
15海潮寺　かいちょうじ〔寺〕
　新潟県佐渡市　《本尊》聖観世音菩薩　〔曹洞宗〕
海潮寺　かいちょうじ〔寺〕
　山口県萩市　《別称》お地蔵様の寺　《本尊》千手観世音菩薩　〔曹洞宗〕
海潮神社　うしおじんじゃ〔社〕
　島根県大原郡大東町　《別称》大森大明神　《祭神》宇能活比古命　〔神社本庁〕
海蔵寺　かいぞうじ〔寺〕
　青森県弘前市　《本尊》釈迦如来　〔曹洞宗〕
海蔵寺　かいぞうじ〔寺〕
　岩手県下閉伊郡山田町　《本尊》釈迦如来　〔曹洞宗〕
海蔵寺　かいぞうじ〔寺〕
　群馬県利根郡利根村　《本尊》釈迦如来　〔曹洞宗〕
海蔵寺　かいぞうじ〔寺〕
　千葉県千葉市　《本尊》観世音菩薩・弁財天　〔曹洞宗〕
海蔵寺　かいぞうじ〔寺〕
　東京都文京区　《本尊》三尊仏　〔曹洞宗〕
海蔵寺　かいぞうじ〔寺〕
　東京都三宅村　《本尊》阿弥陀如来　〔浄土宗〕
海蔵寺　かいぞうじ〔寺〕
　神奈川県鎌倉市　《本尊》薬師如来・釈迦如来・阿閦如来　〔臨済宗建長寺派〕
海蔵寺　かいぞうじ〔寺〕
　神奈川県小田原市　《本尊》釈迦如来　〔曹洞宗〕
海蔵寺　かいぞうじ〔寺〕
　山梨県南都留郡富士河口湖町　《別称》大石寺　《本尊》聖観世音菩薩　〔臨済宗妙心寺派〕
海蔵寺　かいぞうじ〔寺〕
　静岡県熱海市　《本尊》十一面観世音菩薩　〔臨済宗妙心寺派〕

9画（洪，洲，浄）

海蔵寺　かいぞうじ〔寺〕
　静岡県賀茂郡南伊豆町　《本尊》弥勒菩薩・十一面観世音菩薩　　〔臨済宗建長寺派〕
海蔵寺　かいぞうじ〔寺〕
　愛知県半田市　《本尊》釈迦如来　〔曹洞宗〕
海蔵寺　かいぞうじ〔寺〕
　三重県桑名市　《本尊》三尊仏　〔曹洞宗〕
海蔵寺　かいぞうじ〔寺〕
　和歌山県田辺市　《本尊》釈迦如来
　　　　　　　　　　　　〔臨済宗妙心寺派〕
海蔵寺　かいぞうじ〔寺〕
　和歌山県東牟婁郡那智勝浦町　《本尊》十一面観世音菩薩　　〔臨済宗妙心寺派〕
海蔵寺　かいぞうじ〔寺〕
　岡山県倉敷市　《本尊》阿弥陀如来　〔天台宗〕
海蔵寺　かいぞうじ〔寺〕
　山口県防府市　《本尊》阿弥陀如来　〔浄土宗〕
海蔵寺　かいぞうじ〔寺〕
　佐賀県杵島郡白石町　《別称》ついきりの御大師　《本尊》如意輪観世音菩薩　〔曹洞宗〕
海蔵院　かいぞういん〔寺〕
　福井県敦賀市　《本尊》阿弥陀如来　〔浄土宗〕
海蔵院　かいぞういん〔寺〕
　京都府京都市東山区　《本尊》正観世音菩薩　　　　　　　　　〔臨済宗東福寺派〕
海蔵院　かいぞういん〔寺〕
　高知県土佐清水市　《本尊》聖観世音菩薩
　　　　　　　　　　　　　　〔真言宗豊山派〕
16海隣寺　かいりんじ〔寺〕
　愛知県名古屋市南区　《本尊》阿弥陀如来
　　　　　　　　　　　　　　〔真宗高田派〕
17海嶽寺　かいがくじ〔寺〕
　福島県いわき市　《本尊》釈迦如来　〔曹洞宗〕
18海臨寺　かいりんじ〔寺〕
　京都府舞鶴市　《本尊》釈迦如来
　　　　　　　　　　　　〔臨済宗東福寺派〕

【洪】
10洪竜寺　こうりゅうじ〔寺〕
　宮城県本吉郡唐桑町　《本尊》釈迦如来
　　　　　　　　　　　　　　　　〔曹洞宗〕
13洪福寺　こうふくじ〔寺〕
　青森県西津軽郡木造町　《本尊》釈迦如来
　　　　　　　　　　　　　　　　〔曹洞宗〕
洪福寺　こうふくじ〔寺〕
　神奈川県横浜市西区　《本尊》薬師如来・釈迦如来　　　　　　〔臨済宗建長寺派〕
14洪徳寺　こうとくじ〔寺〕
　長崎県佐世保市　《本尊》三尊仏　〔曹洞宗〕

【洲】
5洲本八幡《称》　すのもとはちまん〔社〕
　兵庫県州本市山手・八幡神社　《祭神》誉田別尊[他]　　　　　　　〔神社本庁〕
10洲原神社　すはらじんじゃ〔社〕
　岐阜県美濃市　《祭神》伊邪那岐命[他]
　　　　　　　　　　　　　　〔神社本庁〕
洲宮神社　すのみやじんじゃ〔社〕
　千葉県館山市　《祭神》天比理乃咩命
　　　　　　　　　　　　　　〔神社本庁〕
11洲崎大神　すさきだいじん〔社〕
　神奈川県横浜市神奈川区　《祭神》天太玉命[他]
洲崎神社　すのさきじんじゃ〔社〕
　千葉県館山市　《祭神》天比理乃咩命[他]
　　　　　　　　　　　　　　〔神社本庁〕
洲崎神社　すさきじんじゃ〔社〕
　愛知県名古屋市中区　《別称》天王様　《祭神》須佐之男命[他]　　〔神社本庁〕
洲崎浜宮神明神社　すざきはまみやしんめいじんじゃ〔社〕
　三重県四日市市　《別称》海山道神社　《祭神》天照大御神[他]　〔神社本庁〕

【浄】
3浄久寺　じょうきゅうじ〔寺〕
　長野県下伊那郡阿智村　《本尊》阿弥陀如来　　　　　　　　　　　〔浄土宗〕
浄久寺　じょうきゅうじ〔寺〕
　広島県比婆郡西城町　《本尊》聖観世音菩薩　　　　　　　　　　　〔曹洞宗〕
浄久寺　じょうきゅうじ〔寺〕
　福岡県鞍手郡若宮町　《本尊》阿弥陀如来
　　　　　　　　　　　　　　　　〔浄土宗〕
浄土寺　じょうどじ〔寺〕
　宮城県仙台市若林区　《本尊》阿弥陀如来
　　　　　　　　　　　　　　　　〔浄土宗〕
浄土寺　じょうどじ〔寺〕
　山形県東村山郡山辺町　《本尊》阿弥陀如来
　　　　　　　　　　　　　　　　〔浄土宗〕
浄土寺　じょうどじ〔寺〕
　福島県いわき市　《本尊》阿弥陀如来・不動明王　　　　　　　〔真言宗智山派〕
浄土寺　じょうどじ〔寺〕
　茨城県新治郡八郷町　《本尊》阿弥陀如来
　　　　　　　　　　　　　　　　〔浄土宗〕
浄土寺　じょうどじ〔寺〕
　東京都港区　《別称》六地尊の寺　《本尊》阿弥陀如来・地蔵菩薩　　　　〔浄土宗〕

神社・寺院名よみかた辞典　451

9画（浄）

浄土寺　じょうどじ〔寺〕
　神奈川県座間市　《本尊》阿弥陀如来
　　　　　　　　　　　　　　　〔浄土宗〕
浄土寺　じょうどじ〔寺〕
　新潟県柏崎市　《本尊》阿弥陀如来　〔浄土宗〕
浄土寺　じょうどじ〔寺〕
　新潟県見附市　《別称》かたぎりのお寺
　　　　　　　　　　　　　　　〔浄土宗〕
浄土寺　じょうどじ〔寺〕
　富山県高岡市　《本尊》阿弥陀如来　〔浄土宗〕
浄土寺　じょうどじ〔寺〕
　岐阜県岐阜市　《本尊》阿弥陀如来
　　　　　　　　　　　　　　〔真宗大谷派〕
浄土寺　じょうどじ〔寺〕
　静岡県榛原郡吉田町　《別称》小山のお寺
　《本尊》阿弥陀如来　　　　　　〔浄土宗〕
浄土寺　じょうどじ〔寺〕
　滋賀県神崎郡永源寺町　《本尊》阿弥陀如
　来　　　　　　　　　　　　　　〔浄土宗〕
浄土寺　じょうどじ〔寺〕
　京都府綴喜郡宇治田原町　《別称》菊の寺
　《本尊》阿弥陀如来　　　　　　〔浄土宗〕
浄土寺　じょうどじ〔寺〕
　大阪府枚方市　《本尊》阿弥陀如来　〔浄土宗〕
浄土寺　じょうどじ〔寺〕
　兵庫県小野市　《本尊》薬師如来・阿弥陀三
　尊・重源上人・阿弥陀如来　〔高野山真言宗〕
浄土寺　じょうどじ〔寺〕
　奈良県御所市　《本尊》阿弥陀三尊　〔浄土宗〕
浄土寺　じょうどじ〔寺〕
　島根県邑智郡邑智町　《別称》佐波小原の御坊
　《本尊》阿弥陀如来　　　　〔浄土真宗本願寺派〕
浄土寺　じょうどじ〔寺〕
　岡山県岡山市　《別称》湯迫さん　《本尊》薬
　師如来　　　　　　　　　　　　〔天台宗〕
浄土寺　じょうどじ〔寺〕
　広島県尾道市　《本尊》十一面観世音菩薩
　　　　　　　　　　　　〔広島県真言宗教団〕
浄土寺　じょうどじ〔寺〕
　山口県長門市　《本尊》阿弥陀如来
　　　　　　　　　　　　　〔浄土真宗本願寺派〕
浄土寺　じょうどじ〔寺〕
　山口県豊浦郡豊北町　《本尊》阿弥陀如来
　　　　　　　　　　　　　　　〔浄土宗〕
浄土寺　じょうどじ〔寺〕
　愛媛県松山市　《別称》四国第四九番霊場
　《本尊》釈迦如来　　　　　　〔真言宗豊山派〕
浄土寺　じょうどじ〔寺〕
　福岡県北九州市戸畑区　《本尊》阿弥陀如
　来　　　　　　　　　　　　　　〔浄土宗〕

浄土寺　じょうどじ〔寺〕
　福岡県北九州市小倉南区　《本尊》阿弥陀如
　来　　　　　　　　　　　　　〔西山浄土宗〕
浄土寺　じょうどじ〔寺〕
　福岡県甘木市　《本尊》阿弥陀如来　〔浄土宗〕
浄土寺　じょうどじ〔寺〕
　大分県大分市　《本尊》阿弥陀如来　〔浄土宗〕
浄土院　じょうどいん〔寺〕
　山形県山形市　《本尊》阿弥陀如来　〔浄土宗〕
浄土院《称》　じょうどいん〔寺〕
　群馬県多野郡鬼石町・浄法寺　《本尊》阿弥
　陀如来　　　　　　　　　　　　〔天台宗〕
浄土院　じょうどいん〔寺〕
　京都府京都市上京区　《別称》茶くれん寺
　《本尊》阿弥陀如来　　　　　　〔浄土宗〕
浄土院　じょうどいん〔寺〕
　京都府宇治市　《本尊》阿弥陀如来　〔浄土宗〕
浄土院　じょうどいん〔寺〕
　大阪府枚方市　《本尊》阿弥陀如来　〔浄土宗〕
浄土院　じょうどいん〔寺〕
　福岡県古賀市　《本尊》阿弥陀如来　〔浄土宗〕
4浄元寺　じょうげんじ〔寺〕
　静岡県静岡市　《本尊》十一面観世音菩薩
　　　　　　　　　　　　　　　〔曹洞宗〕
浄元寺　じょうげんじ〔寺〕
　愛知県名古屋市昭和区　《本尊》聖観世音菩
　薩　　　　　　　　　　　　　　〔曹洞宗〕
浄元寺　じょうがんじ〔寺〕
　兵庫県尼崎市　《本尊》阿弥陀如来
　　　　　　　　　　　　　〔浄土真宗本願寺派〕
浄円寺　じょうえんじ〔寺〕
　青森県西津軽郡柏村　《本尊》阿弥陀如来
　　　　　　　　　　　　　　　〔浄土宗〕
浄円寺　じょうえんじ〔寺〕
　秋田県秋田市　《本尊》阿弥陀如来
　　　　　　　　　　　　　　〔真宗大谷派〕
浄円寺　じょうえんじ〔寺〕
　茨城県筑波郡伊奈町　《本尊》阿弥陀如来
　　　　　　　　　　　　　　　〔浄土宗〕
浄円寺　じょうえんじ〔寺〕
　千葉県夷隅郡大多喜町　《本尊》日蓮聖人
　　　　　　　　　　　　　　　〔日蓮宗〕
浄円寺　じょうえんじ〔寺〕
　神奈川県秦野市　《本尊》薬師如来　〔曹洞宗〕
浄円寺　じょうえんじ〔寺〕
　新潟県三条市　《別称》別院旧地浄円寺　《本
　尊》阿弥陀如来　　　　　　〔真宗大谷派〕
浄円寺　じょうえんじ〔寺〕
　富山県射水郡大門町　《本尊》阿弥陀如来
　　　　　　　　　　　　　〔浄土真宗本願寺派〕

9画（浄）

浄円寺　じょうえんじ〔寺〕
　静岡県静岡市　《本尊》阿弥陀如来
　　　　　　　　　　　　　　〔真宗高田派〕
浄円寺　じょうえんじ〔寺〕
　静岡県伊東市　《本尊》阿弥陀如来　〔浄土宗〕
浄円寺　じょうえんじ〔寺〕
　愛知県額田郡幸田町　《本尊》十界大曼荼
　羅　　　　　　　　　　　　　　〔日蓮宗〕
浄円寺　じょうえんじ〔寺〕
　滋賀県野洲郡野洲町　《本尊》阿弥陀如来・薬
　師如来・聖観世音菩薩　　　　〔真宗大谷派〕
浄円寺　じょうえんじ〔寺〕
　京都府城陽市　《本尊》阿弥陀如来
　　　　　　　　　　　　　　〔真宗興正派〕
浄円寺　じょうえんじ〔寺〕
　大阪府大阪市淀川区　《本尊》阿弥陀如来
　　　　　　　　　　　　　　〔真宗大谷派〕
浄円寺　じょうえんじ〔寺〕
　大阪府高槻市　《本尊》阿弥陀如来
　　　　　　　　　　　　〔浄土宗西山禅林寺派〕
浄円寺　じょうえんじ〔寺〕
　島根県益田市　《本尊》阿弥陀如来
　　　　　　　　　　　　　〔浄土真宗本願寺派〕
浄円寺　じょうえんじ〔寺〕
　島根県八束郡東出雲町　《本尊》阿弥陀如
　来　　　　　　　　　　　　〔真宗大谷派〕
浄円寺　じょうえんじ〔寺〕
　広島県三次市　《本尊》阿弥陀如来
　　　　　　　　　　　　　〔浄土真宗本願寺派〕
浄円寺　じょうえんじ〔寺〕
　広島県佐伯郡大柿町　《本尊》阿弥陀如来
　　　　　　　　　　　　　〔浄土真宗本願寺派〕
浄円寺　じょうえんじ〔寺〕
　愛媛県松山市　《別称》溝辺のお寺　《本尊》
　正観世音菩薩　　　　　　　〔真言宗豊山派〕
浄円寺　じょうえんじ〔寺〕
　鹿児島県出水市　《本尊》阿弥陀如来
　　　　　　　　　　　　　　　　〔浄土宗〕
浄心寺　じょうしんじ〔寺〕
　東京都文京区　《本尊》阿弥陀如来　〔浄土宗〕
浄心寺　じょうしんじ〔寺〕
　東京都江東区深川平野町　《本尊》十界の曼
　荼羅　　　　　　　　　　　　　〔日蓮宗〕
浄心寺　じょうしんじ〔寺〕
　東京都江東区亀戸　《別称》赤門寺　《本尊》
　阿弥陀三尊　　　　　　　　　　〔浄土宗〕
浄心寺　じょうしんじ〔寺〕
　石川県羽咋市　《本尊》日蓮聖人奠定の大曼
　荼羅　　　　　　　　　　　　　〔日蓮宗〕
浄心寺　じょうしんじ〔寺〕
　島根県松江市　《本尊》釈迦如来　〔曹洞宗〕

浄心院　じょうしんいん〔寺〕
　兵庫県加古川市　《本尊》不動明王　〔天台宗〕
浄心院　じょうしんいん〔寺〕
　福岡県大牟田市　《本尊》阿弥陀如来
　　　　　　　　　　　　　　　　〔浄土宗〕
5浄仙寺　じょうせんじ〔寺〕
　福井県勝山市　《本尊》阿弥陀如来
　　　　　　　　　　　　　〔浄土真宗本願寺派〕
浄仙寺　じょうせんじ〔寺〕
　愛知県知多郡美浜町　《本尊》阿弥陀如来
　　　　　　　　　　　　　　〔真宗大谷派〕
浄広寺　じょうこうじ〔寺〕
　新潟県柏崎市　《本尊》釈迦如来　〔曹洞宗〕
浄弘寺　じょうぐじ〔寺〕
　秋田県秋田市　《本尊》阿弥陀如来
　　　　　　　　　　　　　　〔真宗大谷派〕
浄正寺　じょうしょうじ〔寺〕
　兵庫県尼崎市　《別称》常松の寺　《本尊》阿
　弥陀如来　　　　　　　　　〔真宗大谷派〕
浄永寺　じょうえいじ〔寺〕
　神奈川県小田原市　《別称》妙光院　《本尊》
　一塔両尊・日蓮聖人　　　　　　〔日蓮宗〕
浄永寺　じょうえいじ〔寺〕
　富山県黒部市　《別称》金屋の寺　《本尊》阿
　弥陀如来　　　　　　　　　〔真宗大谷派〕
浄玄寺〈称〉　じょうげんじ〔寺〕
　北海道函館市・東本願寺函館別院　《本尊》阿
　弥陀如来　　　　　　　　　〔真宗大谷派〕
浄玄寺　じょうげんじ〔寺〕
　愛知県安城市　《本尊》阿弥陀如来
　　　　　　　　　　　　　　〔真宗大谷派〕
浄玄寺　じょうげんじ〔寺〕
　愛媛県温泉郡中島町　《本尊》阿弥陀如来
　　　　　　　　　　　　　〔浄土真宗本願寺派〕
6浄光寺　じょうこうじ〔寺〕
　秋田県横手市　《本尊》阿弥陀如来
　　　　　　　　　　　　　〔浄土真宗本願寺派〕
浄光寺　じょうこうじ〔寺〕
　秋田県仙北郡六郷町　《本尊》阿弥陀如来
　　　　　　　　　　　　　　〔真宗大谷派〕
浄光寺　じょうこうじ〔寺〕
　山形県山形市相生町　《本尊》阿弥陀如来
　　　　　　　　　　　　　　　　〔浄土宗〕
浄光寺　じょうこうじ〔寺〕
　山形県山形市八日町　《別称》ほっけでら
　《本尊》一塔両尊・日蓮聖人　　〔日蓮宗〕
浄光寺　じょうこうじ〔寺〕
　山形県上山市　《本尊》阿弥陀如来　〔浄土宗〕
浄光寺　じょうこうじ〔寺〕
　福島県会津若松市南千石町　《本尊》阿弥陀
　如来　　　　　　　　　　〔浄土真宗本願寺派〕

9画（浄）

浄光寺　じょうこうじ〔寺〕
　福島県会津若松市宝町　《本尊》十界大曼荼
　羅　　　　　　　　　　　　　　〔日蓮宗〕

浄光寺　じょうこうじ〔寺〕
　茨城県ひたちなか市　《別称》常陸御坊・真
　宗二四輩旧跡　《本尊》阿弥陀如来
　　　　　　　　　　　　　　〔浄土真宗本願寺派〕

浄光寺　じょうこうじ〔寺〕
　栃木県日光市　《別称》菅笠日限地蔵尊　《本
　尊》阿弥陀三尊・菅笠日限地蔵菩薩・三十
　三観世音菩薩・十王　　　　　　〔天台宗〕

浄光寺　じょうこうじ〔寺〕
　埼玉県越谷市　《本尊》正観世音菩薩・不動
　明王　　　　　　　　　　　〔真言宗豊山派〕

浄光寺　じょうこうじ〔寺〕
　千葉県市川市　《別称》多聞坊　《本尊》大曼
　荼羅・日蓮聖人　　　　　　　　〔日蓮宗〕

浄光寺　じょうこうじ〔寺〕
　東京都荒川区　《別称》雪見寺　《本尊》薬師
　如来　　　　　　　　　　　〔真言宗豊山派〕

浄光寺　じょうこうじ〔寺〕
　東京都葛飾区　《別称》きね川薬師　《本尊》
　薬師如来　　　　　　　　　　　〔天台宗〕

浄光寺　じょうこうじ〔寺〕
　神奈川県横浜市南区　《別称》遊行寺　《本
　尊》阿弥陀如来　　　　　　　　〔時宗〕

浄光寺　じょうこうじ〔寺〕
　新潟県新潟市西堀通5386　《別称》北山浄光
　寺・鳥屋野院　《本尊》阿弥陀如来
　　　　　　　　　　　　　　〔浄土真宗本願寺派〕

浄光寺　じょうこうじ〔寺〕
　新潟県新潟市西堀通10-1618　《別称》蒲原浄
　光寺　《本尊》阿弥陀如来
　　　　　　　　　　　　　　〔浄土真宗本願寺派〕

浄光寺　じょうこうじ〔寺〕
　新潟県中頸城郡板倉町　《本尊》阿弥陀如
　来　　　　　　　　　　　〔浄土真宗本願寺派〕

浄光寺　じょうこうじ〔寺〕
　福井県福井市　《本尊》阿弥陀如来
　　　　　　　　　　　　　　　　〔真宗大谷派〕

浄光寺　じょうこうじ〔寺〕
　山梨県北巨摩郡高根町　《別称》蔵原の観音
　《本尊》十一面観世音菩薩
　　　　　　　　　　　　　　〔臨済宗妙心寺派〕

浄光寺　じょうこうじ〔寺〕
　長野県上高井郡小布施町　《別称》雁田薬師
　《本尊》薬師如来　　　　　〔真言宗豊山派〕

浄光寺　じょうこうじ〔寺〕
　岐阜県安八郡輪之内町　《本尊》阿弥陀如
　来　　　　　　　　　　　　　〔真宗大谷派〕

浄光寺　じょうこうじ〔寺〕
　愛知県津島市　《本尊》阿弥陀如来
　　　　　　　　　　　　　　　　〔真宗大谷派〕

浄光寺　じょうこうじ〔寺〕
　三重県安芸郡河芸町　《本尊》阿弥陀如来
　　　　　　　　　　　　　　　　〔真宗高田派〕

浄光寺　じょうこうじ〔寺〕
　滋賀県八日市市　《本尊》阿弥陀如来
　　　　　　　　　　　　　　　　〔真宗木辺派〕

浄光寺　じょうこうじ〔寺〕
　滋賀県守山市　《本尊》阿弥陀如来
　　　　　　　　　　　　　　〔浄土真宗本願寺派〕

浄光寺　じょうこうじ〔寺〕
　滋賀県栗東市　《本尊》阿弥陀如来
　　　　　　　　　　　　　　　〔真宗仏光寺派〕

浄光寺　じょうこうじ〔寺〕
　大阪府高槻市　《本尊》阿弥陀如来
　　　　　　　　　　　　　　〔浄土真宗本願寺派〕

浄光寺　じょうこうじ〔寺〕
　兵庫県神戸市兵庫区　《本尊》阿弥陀如来
　　　　　　　　　　　　　　　　〔真宗大谷派〕

浄光寺　じょうこうじ〔寺〕
　兵庫県尼崎市　《本尊》聖観世音菩薩
　　　　　　　　　　　　　　　　　〔真言宗〕

浄光寺　じょうこうじ〔寺〕
　島根県江津市　《別称》千田浄光寺　《本尊》
　阿弥陀如来　　　　　　　〔浄土真宗本願寺派〕

浄光寺　じょうこうじ〔寺〕
　山口県柳井市　《本尊》阿弥陀如来
　　　　　　　　　　　　　　〔浄土真宗本願寺派〕

浄光寺　じょうこうじ〔寺〕
　福岡県福岡市東区　《別称》総本山　《本尊》
　阿弥陀如来　　　　　　　〔浄土真信宗浄光寺派〕

浄光寺　じょうこうじ〔寺〕
　福岡県久留米市　《本尊》阿弥陀如来
　　　　　　　　　　　　　　　　〔真宗大谷派〕

浄光明寺　じょうこうみょうじ〔寺〕
　神奈川県鎌倉市　《本尊》阿弥陀三尊
　　　　　　　　　　　　　　〔真言宗泉涌寺派〕

浄光明寺　じょうこうみょうじ〔寺〕
　鹿児島県鹿児島市　《本尊》阿弥陀如来
　　　　　　　　　　　　　　　　　〔時宗〕

浄光院　じょうこういん〔寺〕
　福島県いわき市　《別称》開虎山　《本尊》胎蔵
　界大日如来・観世音菩薩　　〔真言宗智山派〕

浄光院　じょうこういん〔寺〕
　栃木県小山市　《本尊》正観世音菩薩
　　　　　　　　　　　　　　〔真言宗豊山派〕

浄光院　じょうこういん〔寺〕
　栃木県矢板市　《本尊》阿弥陀如来
　　　　　　　　　　　　　　〔真言宗智山派〕

9画（浄）

浄光院　じょうこういん〔寺〕
　栃木県下都賀郡藤岡町　《別称》願成寺浄光院　《本尊》不動明王　〔真言宗豊山派〕

浄光院　じょうこういん〔寺〕
　東京都葛飾区　《本尊》阿弥陀如来
　〔真言宗豊山派〕

浄光院　じょうこういん〔寺〕
　東京都西多摩郡奥多摩町　《本尊》不動明王
　〔臨済宗建長寺派〕

浄名院　じょうみょういん〔寺〕
　東京都台東区　《別称》八万四千体喘息地蔵寺　《本尊》地蔵菩薩・阿弥陀三尊・八万四千体石地蔵尊　〔天台宗〕

浄因寺　じょういんじ〔寺〕
　栃木県足利市　《本尊》聖観世音菩薩
　〔臨済宗妙心寺派〕

浄因寺　じょういんじ〔寺〕
　東京都世田谷区　《本尊》阿弥陀如来
　〔浄土真宗本願寺派〕

浄安寺　じょうあんじ〔寺〕
　岐阜県岐阜市　《本尊》阿弥陀如来
　〔真宗大谷派〕

浄安寺　じょうあんじ〔寺〕
　三重県鈴鹿市　《本尊》阿弥陀如来　〔浄土宗〕

浄安寺　じょうあんじ〔寺〕
　滋賀県草津市　《本尊》阿弥陀如来
　〔真宗大谷派〕

浄安寺　じょうあんじ〔寺〕
　京都府久世郡久御山町　《本尊》阿弥陀如来　〔浄土宗〕

浄行寺　じょうぎょうじ〔寺〕
　東京都世田谷区　《本尊》阿弥陀如来
　〔真宗大谷派〕

浄行寺　じょうぎょうじ〔寺〕
　熊本県熊本市坪井　《本尊》阿弥陀如来
　〔浄土真宗本願寺派〕

浄行寺　じょうぎょうじ〔寺〕
　熊本県熊本市川尻町　《本尊》阿弥陀如来
　〔浄土真宗本願寺派〕

浄行寺　じょうぎょうじ〔寺〕
　熊本県阿蘇郡一の宮町　《本尊》阿弥陀如来　〔真宗大谷派〕

7浄住寺　じょうじゅうじ〔寺〕
　石川県金沢市　《本尊》三尊仏　〔曹洞宗〕

浄住寺　じょうじゅうじ〔寺〕
　京都府京都市西京区　《本尊》釈迦如来
　〔黄檗宗〕

浄妙寺　じょうみょうじ〔寺〕
　神奈川県鎌倉市　《本尊》釈迦如来
　〔臨済宗建長寺派〕

浄妙寺　じょうみょうじ〔寺〕
　愛知県岡崎市　《本尊》阿弥陀如来
　〔真宗大谷派〕

浄妙寺　じょうみょうじ〔寺〕
　和歌山県有田市　《本尊》薬師如来
　〔臨済宗妙心寺派〕

浄妙寺　じょうみょうじ〔寺〕
　福岡県田川郡香春町　《本尊》阿弥陀如来
　〔浄土真宗本願寺派〕

浄応寺　じょうおうじ〔寺〕
　秋田県大館市　《別称》中の寺　《本尊》阿弥陀如来　〔真宗大谷派〕

浄沢寺　じょうたくじ〔寺〕
　滋賀県長浜市　《本尊》阿弥陀如来
　〔真宗大谷派〕

浄玖寺　じょうきゅうじ〔寺〕
　滋賀県栗東市　《本尊》阿弥陀如来　〔浄土宗〕

浄秀寺　じょうしゅうじ〔寺〕
　北海道小樽市　《本尊》阿弥陀如来
　〔真宗大谷派〕

浄秀寺　じょうしゅうじ〔寺〕
　滋賀県守山市　《本尊》阿弥陀如来
　〔真宗大谷派〕

浄見寺　じょうけんじ〔寺〕
　神奈川県茅ヶ崎市　《別称》大岡様の寺　《本尊》阿弥陀如来　〔浄土宗〕

浄見原神社　きよみはらじんじゃ〔社〕
　奈良県吉野郡吉野町　《祭神》天武天皇
　〔神社本庁〕

8浄国寺　じょうこくじ〔寺〕
　山形県東根市　《本尊》阿弥陀如来　〔浄土宗〕

浄国寺　じょうこくじ〔寺〕
　茨城県岩井市　《本尊》阿弥陀如来
　〔浄土真宗本願寺派〕

浄国寺　じょうこくじ〔寺〕
　埼玉県岩槻市　《本尊》阿弥陀如来　〔浄土宗〕

浄国寺　じょうこくじ〔寺〕
　千葉県銚子市　《本尊》阿弥陀如来　〔浄土宗〕

浄国寺　じょうこくじ〔寺〕
　滋賀県長浜市　《本尊》阿弥陀如来　〔浄土宗〕

浄国寺　じょうこくじ〔寺〕
　滋賀県蒲生郡蒲生町　《本尊》阿弥陀三尊・善導大師・元祖大師・鎮西大師　〔浄土宗〕

浄国寺　じょうこくじ〔寺〕
　京都府京都市下京区　《本尊》阿弥陀如来
　〔浄土宗〕

浄国寺　じょうこくじ〔寺〕
　大阪府大阪市天王寺区　《本尊》阿弥陀如来　〔浄土宗〕

浄国寺　じょうこくじ〔寺〕
　大阪府貝塚市　《本尊》阿弥陀如来　〔浄土宗〕

神社・寺院名よみかた辞典　455

浄国寺　じょうこくじ〔寺〕
　奈良県橿原市　《本尊》阿弥陀如来　〔浄土宗〕
浄国寺　じょうこくじ〔寺〕
　和歌山県海南市　《別称》黒江御坊　《本尊》
　阿弥陀如来　　　　　〔浄土真宗本願寺派〕
浄国寺　じょうこくじ〔寺〕
　広島県広島市中区　《本尊》阿弥陀如来
〔浄土宗〕
浄国寺　じょうこくじ〔寺〕
　山口県熊毛郡大和町　《本尊》阿弥陀如来
〔浄土宗〕
浄国寺　じょうこくじ〔寺〕
　熊本県熊本市　《本尊》釈迦如来・観世音菩
　薩　　　　　　　　　　　　　〔曹洞宗〕
浄国院　じょうこくいん〔寺〕
　奈良県奈良市　《本尊》阿弥陀如来　〔浄土宗〕
浄宝寺　じょうほうじ〔寺〕
　岐阜県大垣市　《本尊》阿弥陀如来
〔真宗大谷派〕
浄宝寺　じょうほうじ〔寺〕
　鹿児島県串木野市　《本尊》阿弥陀如来
〔真宗大谷派〕
浄居寺　じょうごじ〔寺〕
　栃木県那須郡黒羽町　《本尊》薬師如来
〔臨済宗妙心寺派〕
浄居寺　じょうごじ〔寺〕
　兵庫県多可郡加美町　《本尊》聖観世音菩
　薩　　　　　　　　　　〔臨済宗妙心寺派〕
浄往寺《称》　じょうおうじ〔寺〕
　埼玉県草加市・浄捷寺　《本尊》阿弥陀如来・
　地蔵菩薩　　　　　　　　　　〔浄土宗〕
浄性寺　じょうしょうじ〔寺〕
　静岡県賀茂郡南伊豆町　《本尊》阿弥陀如
　来　　　　　　　　　〔浄土真宗本願寺派〕
浄忠寺　じょうちゅうじ〔寺〕
　大阪府泉大津市　《別称》虫取寺　《本尊》阿
　弥陀如来　　　　　　　　　　〔浄土宗〕
浄念寺　じょうねんじ〔寺〕
　宮城県気仙沼市　《本尊》阿弥陀如来
〔浄土宗〕
浄念寺　じょうねんじ〔寺〕
　東京都台東区　《本尊》阿弥陀如来　〔浄土宗〕
浄念寺　じょうねんじ〔寺〕
　富山県氷見市　《別称》一刎の御坊　《本尊》
　阿弥陀如来　　　　　　　　〔真宗大谷派〕
浄念寺　じょうねんじ〔寺〕
　長野県須坂市　《本尊》阿弥陀如来　〔浄土宗〕
浄念寺　じょうねんじ〔寺〕
　岐阜県多治見市　《本尊》阿弥陀如来
〔真宗大谷派〕

浄念寺　じょうねんじ〔寺〕
　岐阜県各務原市　《本尊》阿弥陀如来
〔真宗大谷派〕
浄念寺　じょうねんじ〔寺〕
　愛知県稲沢市　《本尊》阿弥陀如来
〔真宗大谷派〕
浄念寺　じょうねんじ〔寺〕
　滋賀県八日市市　《本尊》阿弥陀如来
〔真宗大谷派〕
浄念寺　じょうねんじ〔寺〕
　京都府京都市左京区　《本尊》阿弥陀如来
〔浄土宗〕
浄念寺　じょうねんじ〔寺〕
　京都府亀岡市　《本尊》阿弥陀如来　〔浄土宗〕
浄念寺　じょうねんじ〔寺〕
　大阪府岸和田市　《本尊》阿弥陀如来
〔浄土真宗本願寺派〕
浄念寺　じょうねんじ〔寺〕
　大阪府吹田市　《本尊》阿弥陀如来
〔浄土真宗本願寺派〕
浄念寺　じょうねんじ〔寺〕
　島根県那賀郡旭町　《本尊》阿弥陀如来
〔浄土真宗本願寺派〕
浄念寺　じょうねんじ〔寺〕
　福岡県北九州市小倉北区　《本尊》阿弥陀如
　来　　　　　　　　　〔浄土真宗本願寺派〕
浄念寺　じょうねんじ〔寺〕
　福岡県嘉穂郡稲築町　《本尊》阿弥陀如来
〔浄土真宗本願寺派〕
浄念寺　じょうねんじ〔寺〕
　大分県東国東郡東国東町　《本尊》阿弥陀如
　来　　　　　　　　　〔浄土真宗本願寺派〕
浄明寺　じょうみょうじ〔寺〕
　秋田県能代市桧山　《本尊》阿弥陀如来
〔真宗大谷派〕
浄明寺　じょうみょうじ〔寺〕
　秋田県能代市萩の台　《本尊》阿弥陀如来
〔真宗大谷派〕
浄明寺　じょうみょうじ〔寺〕
　石川県輪島市　《本尊》阿弥陀如来
〔真宗大谷派〕
浄明寺　じょうみょうじ〔寺〕
　福井県丹生郡清水町　《本尊》阿弥陀如来
〔真宗大谷派〕
浄明寺　じょうみょうじ〔寺〕
　岐阜県瑞穂市　《本尊》阿弥陀如来
〔浄土真宗本願寺派〕
浄明院　じょうみょういん〔寺〕
　三重県津市　《本尊》釈迦如来
〔臨済宗興聖寺派〕

9画（浄）

浄明院　じょうみょういん〔寺〕
　愛媛県松山市　《本尊》薬師如来
　　　　　　　　　　　　　〔真言宗豊山派〕

浄林寺　じょうりんじ〔寺〕
　神奈川県横須賀市　《本尊》阿弥陀三尊・十一
　面観世音菩薩・馬頭観世音菩薩　〔浄土宗〕

浄林寺　じょうりんじ〔寺〕
　神奈川県茅ヶ崎市　《本尊》阿弥陀如来
　　　　　　　　　　　　　〔浄土宗〕

浄林寺　じょうりんじ〔寺〕
　福井県三方郡三方町　《本尊》延命地蔵菩
　薩　　　　　　　　　　　〔曹洞宗〕

浄林寺　じょうりんじ〔寺〕
　山梨県北巨摩郡明野村　《本尊》釈迦如来
　　　　　　　　　　　　　〔曹洞宗〕

浄林寺　じょうりんじ〔寺〕
　長野県松本市　《本尊》阿弥陀如来　〔浄土宗〕

浄林寺　じょうりんじ〔寺〕
　岐阜県不破郡垂井町　《本尊》阿弥陀如来
　　　　　　　　　　　　　〔真宗大谷派〕

浄林寺　じょうりんじ〔寺〕
　三重県松阪市　《本尊》阿弥陀如来　〔浄土宗〕

浄法寺　じょうぼうじ〔寺〕
　群馬県多野郡鬼石町　《別称》浄土院　《本
　尊》阿弥陀如来　　　　　〔天台宗〕

浄法寺　じょうほうじ〔寺〕
　新潟県糸魚川市　《別称》お西寺　《本尊》阿
　弥陀如来　　　　　　〔浄土真宗本願寺派〕

浄法寺　じょうぼうじ〔寺〕
　新潟県上越市　《本尊》日蓮聖人奠定の大曼
　荼羅　　　　　　　　　　〔日蓮宗〕

浄牧院　じょうぼくいん〔寺〕
　東京都東久留米市　《本尊》釈迦如来
　　　　　　　　　　　　　〔曹洞宗〕

浄空院　じょうくういん〔寺〕
　埼玉県東松山市　《本尊》釈迦如来　〔曹洞宗〕

9浄信寺　じょうしんじ〔寺〕
　愛知県名古屋市中村区　《本尊》阿弥陀如
　来　　　　　　　　　　　〔真宗大谷派〕

浄信寺　じょうしんじ〔寺〕
　滋賀県伊香郡木之本町　《別称》木之本地蔵
　《本尊》延命地蔵菩薩　　　〔時宗〕

浄信寺　じょうしんじ〔寺〕
　熊本県阿蘇郡阿蘇町　《本尊》日蓮聖人奠定
　の大曼荼羅　　　　　　　〔日蓮宗〕

浄専寺　じょうせんじ〔寺〕
　新潟県西蒲原郡岩室村　《本尊》阿弥陀如
　来　　　　　　　　　　　〔真宗大谷派〕

浄専寺　じょうせんじ〔寺〕
　愛知県岡崎市　《別称》蓮如様の寺　《本尊》
　阿弥陀如来　　　　　　　〔真宗大谷派〕

浄専寺　じょうせんじ〔寺〕
　兵庫県姫路市　《本尊》阿弥陀如来
　　　　　　　　　　　〔浄土真宗本願寺派〕

浄専寺　じょうせんじ〔寺〕
　熊本県熊本市　《本尊》阿弥陀如来
　　　　　　　　　　　〔浄土真宗本願寺派〕

浄専寺　じょうせんじ〔寺〕
　宮崎県西臼杵郡五ヶ瀬町　《本尊》阿弥陀如
　来　　　　　　　　　〔浄土真宗本願寺派〕

浄幽寺　じょうゆうじ〔寺〕
　埼玉県吉川市　《本尊》不動明王・阿弥陀如
　来　　　　　　　　　　　〔真言宗豊山派〕

浄泉寺　じょうせんじ〔寺〕
　福島県河沼郡会津坂下町　《本尊》三尊仏
　　　　　　　　　　　　　〔曹洞宗〕

浄泉寺　じょうせんじ〔寺〕
　栃木県黒磯市　《本尊》聖観世音菩薩
　　　　　　　　　　　　　〔真言宗智山派〕

浄泉寺　じょうせんじ〔寺〕
　群馬県多野郡新町　《本尊》阿弥陀如来
　　　　　　　　　　　　　〔浄土宗〕

浄泉寺　じょうせんじ〔寺〕
　山梨県都留市　《本尊》阿弥陀如来
　　　　　　　　　　　〔浄土真宗本願寺派〕

浄泉寺　じょうせんじ〔寺〕
　静岡県小笠郡大須賀町　《本尊》日蓮聖人奠定
　の久遠常住輪円具足の南無妙法蓮華経
　　　　　　　　　　　　〔法華宗(陣門流)〕

浄泉寺　じょうせんじ〔寺〕
　愛知県名古屋市緑区　《本尊》阿弥陀如来
　　　　　　　　　　　　　〔真宗高田派〕

浄泉寺　じょうせんじ〔寺〕
　広島県福山市　《別称》関阿弥陀寺　《本尊》
　阿弥陀如来　　　　　　　〔浄土宗〕

浄泉寺　じょうせんじ〔寺〕
　山口県玖珂郡周東町　《本尊》阿弥陀如来
　　　　　　　　　　　　　〔浄土宗〕

浄泉寺　じょうせんじ〔寺〕
　山口県熊毛郡大和町　《本尊》阿弥陀如来
　　　　　　　　　　　〔浄土真宗本願寺派〕

浄泉寺　じょうせんじ〔寺〕
　山口県大津郡油谷町　《本尊》阿弥陀如来
　　　　　　　　　　　〔浄土真宗本願寺派〕

浄発願寺　じょうほつがんじ〔寺〕
　神奈川県伊勢原市　《本尊》阿弥陀如来
　　　　　　　　　　　　　〔天台宗〕

浄貞寺　じょうていじ〔寺〕
　三重県多気郡勢和村　《本尊》阿弥陀如来
　　　　　　　　　　　〔浄土真宗本願寺派〕

神社・寺院名よみかた辞典　457

9画（浄）

浄音寺　じょうおんじ〔寺〕
岐阜県可児郡兼山町　《本尊》阿弥陀如来
〔浄土宗〕

浄音寺　じょうおんじ〔寺〕
愛知県小牧市　《本尊》阿弥陀如来　〔浄土宗〕

浄音寺　じょうおんじ〔寺〕
島根県松江市　《本尊》十一面観世音菩薩
〔高野山真言宗〕

浄香寺　じょうこうじ〔寺〕
長崎県北松浦郡田平町　《本尊》聖観世音菩薩
〔曹洞宗〕

10 浄宮寺　じょうぐうじ〔寺〕
新潟県燕市　《本尊》阿弥陀如来
〔真宗大谷派〕

浄恩寺　じょうおんじ〔寺〕
新潟県豊栄市　《本尊》阿弥陀如来
〔真宗大谷派〕

浄恩寺　じょうおんじ〔寺〕
愛知県名古屋市港区　《本尊》阿弥陀如来
〔真宗大谷派〕

浄恩寺　じょうおんじ〔寺〕
三重県四日市市　《別称》斑鳩の寺　《本尊》阿弥陀如来・聖徳太子　〔浄土真宗本願寺派〕

浄恩寺　じょうおんじ〔寺〕
和歌山県田辺市　《本尊》阿弥陀如来
〔浄土宗〕

浄泰寺　じょうたいじ〔寺〕
佐賀県唐津市　《別称》えんまでら　《本尊》阿弥陀如来・閻魔大王　〔浄土宗〕

浄流寺　じょうりゅうじ〔寺〕
神奈川県横浜市港北区　《本尊》阿弥陀如来
〔浄土宗〕

浄流寺　じょうりゅうじ〔寺〕
滋賀県東浅井郡湖北町　《本尊》阿弥陀如来
〔真宗大谷派〕

浄珠院　じょうしゅいん〔寺〕
岩手県和賀郡東和町　《本尊》釈迦如来・地蔵菩薩
〔曹洞宗〕

浄真寺　じょうしんじ〔寺〕
茨城県土浦市　《本尊》阿弥陀如来　〔浄土宗〕

浄真寺　じょうしんじ〔寺〕
東京都世田谷区　《別称》九品仏　《本尊》釈迦如来
〔浄土宗〕

浄真寺　じょうしんじ〔寺〕
愛知県一宮市　《本尊》阿弥陀如来
〔真宗大谷派〕

浄竜寺　じょうりゅうじ〔寺〕
大分県大分市　《本尊》阿弥陀如来
〔真宗大谷派〕

11 浄得寺　じょうとくじ〔寺〕
福井県福井市　《本尊》阿弥陀如来
〔真宗大谷派〕

浄得寺　じょうとくじ〔寺〕
大阪府堺市　《別称》海船御堂　《本尊》阿弥陀如来
〔真宗大谷派〕

浄捷寺　じょうしょうじ〔寺〕
埼玉県草加市　《別称》浄往寺　《本尊》阿弥陀如来・地蔵菩薩　〔浄土宗〕

浄教寺　じょうきょうじ〔寺〕
三重県桑名郡多度町　《本尊》阿弥陀如来
〔浄土真宗本願寺派〕

浄教寺　じょうきょうじ〔寺〕
京都府京都市下京区　《本尊》阿弥陀如来
〔浄土宗〕

浄教寺　じょうきょうじ〔寺〕
兵庫県揖保郡揖保川町　《本尊》阿弥陀如来
〔浄土真宗本願寺派〕

浄教寺　じょうきょうじ〔寺〕
奈良県奈良市　《本尊》阿弥陀如来
〔浄土真宗本願寺派〕

浄教寺　じょうきょうじ〔寺〕
奈良県吉野郡下市町　《本尊》阿弥陀如来
〔真宗大谷派〕

浄教寺　じょうきょうじ〔寺〕
和歌山県有田郡吉備町　《本尊》阿弥陀三尊
〔西山浄土宗〕

浄清寺　じょうしょうじ〔寺〕
群馬県吾妻郡吾妻町　《本尊》阿弥陀如来
〔浄土宗〕

浄眼寺　じょうがんじ〔寺〕
三重県松阪市　《別称》国司の寺　《本尊》釈迦如来
〔曹洞宗〕

浄経寺　じょうきょうじ〔寺〕
新潟県佐渡市　《本尊》阿弥陀如来・親鸞聖人・蓮如上人・七高僧・聖徳太子・御代善知識
〔真宗大谷派〕

浄菩提院　じょうぼだいいん〔寺〕
和歌山県伊都郡高野町　《本尊》不動明王・出世聖天
〔高野山真言宗〕

12 浄勝寺　じょうしょうじ〔寺〕
千葉県船橋市　《別称》十夜寺　《本尊》阿弥陀如来
〔単立〕

浄勝寺　じょうしょうじ〔寺〕
福井県丹生郡朝日町　《本尊》阿弥陀如来
〔真宗大谷派〕

浄勝寺　じょうしょうじ〔寺〕
滋賀県野洲郡野洲町　《本尊》阿弥陀如来
〔浄土宗〕

9画（浄）

浄喜寺　じょうきじ〔寺〕
　福岡県行橋市　《本尊》阿弥陀如来
　　　　　　　　　　　　　〔真宗大谷派〕

浄喜寺　じょうきじ〔寺〕
　熊本県八代市　《本尊》阿弥陀如来
　　　　　　　　　　　　〔浄土真宗本願寺派〕

浄喜寺　じょうきじ〔寺〕
　熊本県下益城郡城南町　《本尊》阿弥陀如来
　　　　　　　　　　　　〔浄土真宗本願寺派〕

浄善寺　じょうぜんじ〔寺〕
　新潟県三島郡和島村　《本尊》阿弥陀如来
　　　　　　　　　　　　　〔真宗大谷派〕

浄善寺　じょうぜんじ〔寺〕
　新潟県中頸城郡柿崎町　《本尊》阿弥陀如来
　　　　　　　　　　　　〔浄土真宗本願寺派〕

浄敬寺　じょうきょうじ〔寺〕
　熊本県下益城郡豊野町　《本尊》阿弥陀如来
　　　　　　　　　　　　〔浄土真宗本願寺派〕

浄暁寺　じょうきょうじ〔寺〕
　北海道小樽市　《別称》高田のお寺　《本尊》阿弥陀如来　　　　　〔真宗高田派〕

浄智寺　じょうちじ〔寺〕
　神奈川県鎌倉市　《本尊》釈迦如来・阿弥陀如来・弥勒菩薩　〔臨済宗円覚寺派〕

浄智寺　じょうちじ〔寺〕
　徳島県徳島市　《本尊》阿弥陀三尊　〔浄土宗〕

浄満寺　じょうまんじ〔寺〕
　青森県青森市　《本尊》阿弥陀如来　〔浄土宗〕

浄満寺　じょうまんじ〔寺〕
　滋賀県守山市　《本尊》阿弥陀如来
　　　　　　　　　　　　〔浄土真宗本願寺派〕

浄満寺　じょうまんじ〔寺〕
　滋賀県蒲生郡竜王町　《本尊》薬師如来
　　　　　　　　　　　　　〔真宗仏光寺派〕

浄満寺　じょうまんじ〔寺〕
　山口県下関市　《本尊》阿弥陀如来
　　　　　　　　　　　　〔浄土真宗本願寺派〕

浄満寺　じょうまんじ〔寺〕
　福岡県福岡市中央区　《本尊》阿弥陀如来
　　　　　　　　　　　　〔浄土真宗本願寺派〕

浄琳寺　じょうりんじ〔寺〕
　栃木県下都賀郡岩舟町　《本尊》阿弥陀如来　　　　　　　　　　〔真宗高田派〕

浄琳寺　じょうりんじ〔寺〕
　大阪府大阪市東成区　《本尊》阿弥陀如来
　　　　　　　　　　　　　〔真宗大谷派〕

浄覚寺　じょうかくじ〔寺〕
　新潟県刈羽郡西山町　《本尊》阿弥陀如来
　　　　　　　　　　　　　〔真宗大谷派〕

浄覚寺　じょうかくじ〔寺〕
　滋賀県栗東市　《本尊》阿弥陀如来
　　　　　　　　　　　　〔浄土真宗本願寺派〕

浄覚寺　じょうかくじ〔寺〕
　香川県綾歌郡綾南町　《本尊》阿弥陀如来
　　　　　　　　　　　　〔浄土真宗本願寺派〕

浄覚寺　じょうかくじ〔寺〕
　佐賀県神埼郡千代田町　《本尊》阿弥陀如来　　　　　　　　〔浄土真宗本願寺派〕

浄証寺　じょうしょうじ〔寺〕
　兵庫県龍野市　《本尊》阿弥陀如来
　　　　　　　　　　　　〔浄土真宗本願寺派〕

浄運寺　じょううんじ〔寺〕
　秋田県北秋田郡鷹巣町　《本尊》聖観世音菩薩・釈迦如来　　　　　〔曹洞宗〕

浄運寺　じょううんじ〔寺〕
　群馬県桐生市　《本尊》阿弥陀三尊　〔浄土宗〕

浄運寺　じょううんじ〔寺〕
　東京都新宿区　《本尊》阿弥陀如来　〔浄土宗〕

浄運寺　じょううんじ〔寺〕
　長野県須坂市　《本尊》阿弥陀三尊　〔浄土宗〕

浄運寺　じょううんじ〔寺〕
　滋賀県草津市　《本尊》阿弥陀如来　〔浄土宗〕

浄閑寺　じょうかんじ〔寺〕
　東京都荒川区　《別称》投込寺　《本尊》阿弥陀如来　　　　　　　　　　〔浄土宗〕

浄閑寺　じょうかんじ〔寺〕
　奈良県吉野郡東吉野村　《本尊》阿弥陀如来・善導大師・法然上人・和順大師　〔浄土宗〕

浄雲寺　じょううんじ〔寺〕
　東京都台東区　《本尊》阿弥陀如来
　　　　　　　　　　　　〔浄土真宗本願寺派〕

浄雲寺　じょううんじ〔寺〕
　京都府京都市東山区　《本尊》阿弥陀如来　　　　　　　　　　　　〔浄土宗〕

浄雲寺　じょううんじ〔寺〕
　大阪府貝塚市　《本尊》阿弥陀如来　〔浄土宗〕

浄雲寺　じょううんじ〔寺〕
　大分県大分市　《本尊》阿弥陀如来
　　　　　　　　　　　　　〔真宗大谷派〕

13浄感寺　じょうかんじ〔寺〕
　静岡県賀茂郡松崎町　《本尊》阿弥陀如来
　　　　　　　　　　　　〔浄土真宗本願寺派〕

浄慈院　じょうじいん〔寺〕
　愛知県豊橋市　《本尊》釈迦如来
　　　　　　　　　　　　〔浄土宗西山禅林寺派〕

浄楽寺　じょうらくじ〔寺〕
　東京都江東区　《本尊》阿弥陀如来
　　　　　　　　　　　　〔浄土真宗本願寺派〕

神社・寺院名よみかた辞典　*459*

9画（浄）

浄楽寺　じょうらくじ〔寺〕
　神奈川県横須賀市　《本尊》阿弥陀三尊
　　　　　　　　　　　　　　　〔浄土宗〕
浄業寺　じょうごうじ〔寺〕
　兵庫県神戸市須磨区　《本尊》阿弥陀如来
　　　　　　　　　　　　　　　〔浄土宗〕
浄源寺　じょうげんじ〔寺〕
　神奈川県中郡二宮町　《本尊》阿弥陀如来
　　　　　　　　　　　　　　　〔浄土宗〕
浄滝寺　じょうりゅうじ〔寺〕
　山梨県東八代郡御坂町　《別称》嵐山若宮寺
　《本尊》不動明王・千手観世音菩薩
　　　　　　　　　　　　　　〔真言宗智山派〕
浄照寺　じょうしょうじ〔寺〕
　千葉県鴨川市　《別称》上の寺　《本尊》阿弥
　陀如来・大日如来　　　　　〔真言宗智山派〕
浄照寺　じょうしょうじ〔寺〕
　新潟県小千谷市　《本尊》阿弥陀如来
　　　　　　　　　　　　　　〔真宗大谷派〕
浄照寺　じょうしょうじ〔寺〕
　石川県金沢市　《別称》土室御坊　《本尊》阿
　弥陀如来　　　　　　　　　〔真宗大谷派〕
浄照寺　じょうしょうじ〔寺〕
　奈良県磯城郡田原本町　《別称》田原本御坊
　《本尊》阿弥陀如来　　〔浄土真宗本願寺派〕
浄照寺　じょうしょうじ〔寺〕
　熊本県熊本市　《本尊》阿弥陀如来
　　　　　　　　　　　　　　〔真宗大谷派〕
浄禅寺　じょうぜんじ〔寺〕
　京都府京都市南区　《別称》恋塚寺・鳥羽地蔵
　《本尊》地蔵菩薩　　　〔浄土宗西山禅林寺派〕
浄福寺　じょうふくじ〔寺〕
　秋田県仙北郡千畑町　《本尊》阿弥陀如来
　　　　　　　　　　　　　〔浄土真宗本願寺派〕
浄福寺　じょうふくじ〔寺〕
　山形県酒田市　《本尊》阿弥陀如来
　　　　　　　　　　　　　　〔真宗大谷派〕
浄福寺　じょうふくじ〔寺〕
　埼玉県大里郡寄居町　《本尊》阿弥陀如来
　　　　　　　　　　　　　　　〔浄土宗〕
浄福寺　じょうふくじ〔寺〕
　千葉県香取郡小見川町　《本尊》阿弥陀三
　尊　　　　　　　　　　　　　〔浄土宗〕
浄福寺　じょうふくじ〔寺〕
　東京都八王子市　《本尊》大日如来
　　　　　　　　　　　　　　〔真言宗智山派〕
浄福寺　じょうふくじ〔寺〕
　新潟県長岡市　《本尊》阿弥陀如来
　　　　　　　　　　　　　　〔真宗大谷派〕

浄福寺　じょうふくじ〔寺〕
　新潟県西蒲原郡巻町　《本尊》阿弥陀如来
　　　　　　　　　　　　　　〔真宗大谷派〕
浄福寺　じょうふくじ〔寺〕
　新潟県三島郡三島町　《本尊》阿弥陀如来
　　　　　　　　　　　　　　〔真宗大谷派〕
浄福寺　じょうふくじ〔寺〕
　新潟県中頸城郡柿崎町　《本尊》阿弥陀如
　来　　　　　　　　　　〔浄土真宗本願寺派〕
浄福寺　じょうふくじ〔寺〕
　福井県福井市　《本尊》阿弥陀如来
　　　　　　　　　　　　　〔浄土真宗本願寺派〕
浄福寺　じょうふくじ〔寺〕
　岐阜県下呂市　《本尊》阿弥陀如来
　　　　　　　　　　　　　　〔真宗大谷派〕
浄福寺　じょうふくじ〔寺〕
　滋賀県甲賀郡甲南町　《別称》峯の堂　《本
　尊》十一面千手観世音菩薩　　　〔天台宗〕
浄福寺　じょうふくじ〔寺〕
　京都府京都市上京区　《本尊》阿弥陀如来・釈
　迦如来　　　　　　　　　　　　〔浄土宗〕
浄福寺　じょうふくじ〔寺〕
　京都府亀岡市　《別称》竜王山　《本尊》阿弥
　陀如来　　　　　　　　　　　　〔浄土宗〕
浄福寺　じょうふくじ〔寺〕
　大阪府岸和田市　《本尊》阿弥陀如来
　　　　　　　　　　　　　〔浄土真宗本願寺派〕
浄福寺　じょうふくじ〔寺〕
　大阪府泉南市　《本尊》阿弥陀如来　〔浄土宗〕
浄福寺　じょうふくじ〔寺〕
　兵庫県神戸市中央区　《本尊》阿弥陀如来
　　　　　　　　　　　　　　　〔浄土宗〕
浄福寺　じょうふくじ〔寺〕
　兵庫県川西市　《本尊》阿弥陀如来
　　　　　　　　　　　　　〔浄土真宗本願寺派〕
浄福寺　じょうふくじ〔寺〕
　兵庫県赤穂郡上郡町　《本尊》阿弥陀如来
　　　　　　　　　　　　　〔浄土真宗本願寺派〕
浄福寺　じょうふくじ〔寺〕
　奈良県奈良市　《別称》げんこぼう　《本尊》
　阿弥陀如来　　　　　　　　　　〔浄土宗〕
浄福寺　じょうふくじ〔寺〕
　鳥取県西伯郡淀江町　《本尊》阿弥陀如来
　　　　　　　　　　　　　　〔真宗大谷派〕
浄福寺　じょうふくじ〔寺〕
　広島県豊田郡安芸津町　《本尊》薬師如来
　　　　　　　　　　　　　　〔臨済宗妙心寺派〕
浄福寺　じょうふくじ〔寺〕
　山口県山口市　《本尊》阿弥陀如来・不動明
　王・愛染明王　　　　　　　〔高野山真言宗〕

浄福寺　じょうふくじ〔寺〕
　愛媛県北宇和郡三間町　《本尊》阿弥陀如
　来　　　　　　　　　〔浄土真宗本願寺派〕
浄蓮寺　じょうれんじ〔寺〕
　北海道小樽市　《本尊》阿弥陀如来
　　　　　　　　　　　　　　〔真宗大谷派〕
浄蓮寺　じょうれんじ〔寺〕
　北海道上川郡清水町　《本尊》阿弥陀如来
　　　　　　　　　　　　　　〔真宗大谷派〕
浄蓮寺　じょうれんじ〔寺〕
　秋田県大曲市　《本尊》阿弥陀如来　〔浄土宗〕
浄蓮寺　じょうれんじ〔寺〕
　山形県山形市　《本尊》阿弥陀如来
　　　　　　　　　　　　　　〔真宗大谷派〕
浄蓮寺　じょうれんじ〔寺〕
　茨城県北茨城市　《本尊》阿弥陀如来
　　　　　　　　　　　　　　　　〔天台宗〕
浄蓮寺　じょうれんじ〔寺〕
　栃木県佐野市　《本尊》十一面観世音菩薩・阿
　弥陀如来・地蔵菩薩　　　　〔真言宗豊山派〕
浄蓮寺　じょうれんじ〔寺〕
　栃木県塩谷郡高根沢町　《本尊》阿弥陀如来・
　不動明王　　　　　　　　　〔真言宗智山派〕
浄蓮寺　じょうれんじ〔寺〕
　埼玉県秩父郡東秩父村　《本尊》十界曼荼羅・
　日蓮聖人　　　　　　　　　　　　〔日蓮宗〕
浄蓮寺　じょうれんじ〔寺〕
　千葉県安房郡鋸南町　《本尊》阿弥陀如来
　　　　　　　　　　　　　　　　〔浄土宗〕
浄蓮寺　じょうれんじ〔寺〕
　神奈川県川崎市幸区　《本尊》日蓮聖人奠定
　の大曼荼羅　　　　　　　　　　　〔日蓮宗〕
浄蓮寺　じょうれんじ〔寺〕
　神奈川県横須賀市　《別称》蓮着山　《本尊》
　十界勧請大曼荼羅・釈迦如来・日蓮聖人
　　　　　　　　　　　　　　　　　〔単立〕
浄蓮寺　じょうれんじ〔寺〕
　神奈川県小田原市　《別称》桑原道場　《本
　尊》阿弥陀如来　　　　　　　　　〔浄土宗〕
浄蓮寺　じょうれんじ〔寺〕
　富山県新湊市　《本尊》阿弥陀如来
　　　　　　　　　　　　　　〔真宗大谷派〕
浄蓮寺　じょうれんじ〔寺〕
　富山県砺波市　《別称》五郎丸の寺　《本尊》
　阿弥陀如来　　　　　　　　　〔真宗大谷派〕
浄蓮寺　じょうれんじ〔寺〕
　石川県羽咋郡志賀町　《本尊》阿弥陀如来
　　　　　　　　　　　　　　〔真宗大谷派〕
浄蓮寺　じょうれんじ〔寺〕
　福井県三方郡三方町　《本尊》阿弥陀如来
　　　　　　　　　　　　　　〔真宗大谷派〕

浄蓮寺　じょうれんじ〔寺〕
　愛知県一宮市　《本尊》阿弥陀如来
　　　　　　　　　　　　　　〔真宗大谷派〕
浄蓮寺　じょうれんじ〔寺〕
　三重県安芸郡芸濃町　《本尊》阿弥陀如来
　　　　　　　　　　　　　　　〔天台真盛宗〕
浄蓮寺　じょうれんじ〔寺〕
　香川県仲多度郡多度津町　《本尊》阿弥陀如
　来　　　　　　　　　　　　〔真宗興正派〕
浄蓮寺　じょうれんじ〔寺〕
　福岡県北九州市八幡西区　《本尊》阿弥陀如
　来　　　　　　　　　　　　　　〔浄土宗〕
浄蓮寺　じょうれんじ〔寺〕
　福岡県宗像市　《本尊》阿弥陀如来
　　　　　　　　　　　　〔浄土真宗本願寺派〕
浄蓮院　じょうれんいん〔寺〕
　神奈川県足柄上郡開成町　《本尊》十一面観
　世音菩薩　　　　　　　　　　〔真言東寺派〕
14浄徳寺　じょうとくじ〔寺〕
　岐阜県揖斐郡池田町　《本尊》阿弥陀如来
　　　　　　　　　　　　　　〔真宗大谷派〕
浄徳寺　じょうとくじ〔寺〕
　大阪府大阪市西区　《本尊》阿弥陀如来
　　　　　　　　　　　　〔浄土真宗本願寺派〕
浄徳寺　じょうとくじ〔寺〕
　大阪府八尾市　《本尊》阿弥陀如来
　　　　　　　　　　　　　　〔真宗大谷派〕
浄瑠璃寺　じょうるりじ〔寺〕
　三重県上野市　《別称》薬師院　《本尊》薬師
　如来　　　　　　　　　　　〔真言宗豊山派〕
浄瑠璃寺　じょうるりじ〔寺〕
　京都府相楽郡加茂町　《別称》九体寺　《本
　尊》阿弥陀如来・薬師如来　　　〔真言律宗〕
浄瑠璃寺　じょうるりじ〔寺〕
　愛媛県松山市　《別称》四国第四六番霊場
　《本尊》薬師如来・日月天　　〔真言宗豊山派〕
浄誓寺　じょうせいじ〔寺〕
　石川県小松市　《本尊》阿弥陀如来
　　　　　　　　　　　　　　〔真宗大谷派〕
浄誓寺　じょうせいじ〔寺〕
　岐阜県養老郡養老町　《本尊》阿弥陀如来
　　　　　　　　　　　　　　〔真宗大谷派〕
15浄慶寺　じょうけいじ〔寺〕
　奈良県大和郡山市　《本尊》阿弥陀如来
　　　　　　　　　　　　　　　　〔浄土宗〕
浄慶院　じょうけいいん〔寺〕
　山口県柳井市　《本尊》阿弥陀如来　〔浄土宗〕
16浄橋寺　じょうきょうじ〔寺〕
　兵庫県西宮市　《本尊》阿弥陀三尊
　　　　　　　　　　　　　　　〔西山浄土宗〕

9画（泉）

浄興寺　じょうこうじ〔寺〕
　新潟県上越市　《別称》本山　《本尊》阿弥陀如来
　　　　　　　　　　　　　　　〔真宗浄興寺派〕
浄賢寺　じょうけんじ〔寺〕
　愛知県稲沢市　《本尊》阿弥陀如来
　　　　　　　　　　　　　　　〔真宗大谷派〕
17浄厳寺　じょうごんじ〔寺〕
　福岡県京都郡苅田町　《本尊》阿弥陀如来
　　　　　　　　　　　　　　　〔真宗大谷派〕
浄厳院　じょうごんいん〔寺〕
　滋賀県蒲生郡安土町　《本尊》阿弥陀如来
　　　　　　　　　　　　　　　〔浄土宗〕
18浄観寺　じょうかんじ〔寺〕
　千葉県流山市　《本尊》薬師如来
　　　　　　　　　　　　　　　〔真言宗豊山派〕
浄顕寺　じょうけんじ〔寺〕
　愛知県半田市　《本尊》阿弥陀如来
　　　　　　　　　　　　　　　〔真宗大谷派〕
浄顕寺　じょうけんじ〔寺〕
　滋賀県甲賀郡信楽町　《本尊》阿弥陀如来
　　　　　　　　　　　　　　　〔浄土宗〕
19浄願寺　じょうがんじ〔寺〕
　新潟県新潟市　《別称》割野の御坊様　《本尊》阿弥陀如来　　〔真宗大谷派〕
浄願寺　じょうがんじ〔寺〕
　新潟県長岡市　《本尊》阿弥陀如来
　　　　　　　　　　　　　　　〔真宗大谷派〕
浄願寺　じょうがんじ〔寺〕
　石川県金沢市　《本尊》阿弥陀如来
　　　　　　　　　　　　　　　〔真宗大谷派〕
浄願寺　じょうがんじ〔寺〕
　石川県輪島市　《別称》矢の花寺　《本尊》阿弥陀如来・親鸞聖人・蓮如上人
　　　　　　　　　　　　　　　〔真宗大谷派〕
浄願寺　じょうがんじ〔寺〕
　石川県石川郡美川町　《本尊》阿弥陀如来
　　　　　　　　　　　　　　　〔真宗大谷派〕
浄願寺　じょうがんじ〔寺〕
　岐阜県大野郡丹生川村　《別称》猿寺　《本尊》阿弥陀如来　　　〔真宗大谷派〕
浄願寺　じょうがんじ〔寺〕
　愛知県名古屋市千種区　《本尊》阿弥陀如来
　　　　　　　　　　　　　　　〔真宗大谷派〕
浄願寺　じょうがんじ〔寺〕
　京都府福知山市　《別称》上寺　《本尊》阿弥陀如来　　　　〔浄土真宗本願寺派〕
浄願寺　じょうがんじ〔寺〕
　大阪府大阪市旭区　《本尊》阿弥陀如来
　　　　　　　　　　　　　〔浄土真宗本願寺派〕

浄願寺　じょうがんじ〔寺〕
　奈良県北葛城郡新庄町　《本尊》阿弥陀如来・善導大師・地蔵菩薩・法然上人　〔浄土宗〕
浄願寺　じょうがんじ〔寺〕
　香川県高松市　《本尊》阿弥陀如来　〔浄土宗〕

【泉】

0泉の観音様《称》　いずみのかんのんさま〔寺〕
　新潟県佐渡市・本光寺　《本尊》十界大曼荼羅
　　　　　　　　　　　　　　　〔日蓮宗〕
泉ヶ森《称》　いずみがもり〔社〕
　茨城県日立市・泉神社　《祭神》天速玉姫命
　　　　　　　　　　　　　　　〔神社本庁〕
3泉久寺　せんきゅうじ〔寺〕
　福井県武生市　《本尊》十界大曼荼羅
　　　　　　　　　　　　　　　〔日蓮宗〕
4泉井上神社　いずみいぬこじんじゃ〔社〕
　大阪府和泉市　《別称》いずみ大社　《祭神》神功皇后［他］　〔神社本庁〕
5泉正寺　せんしょうじ〔寺〕
　愛知県刈谷市　《本尊》阿弥陀如来
　　　　　　　　　　　　　　　〔真宗大谷派〕
泉永寺　せんえいじ〔寺〕
　愛媛県松山市　《本尊》十一面観世音菩薩
　　　　　　　　　　　　　　　〔真言宗豊山派〕
泉穴師神社　いずみあなしじんじゃ〔社〕
　大阪府泉大津市　《祭神》天忍穂耳尊［他］
　　　　　　　　　　　　　　　〔神社本庁〕
泉立寺　せんりゅうじ〔寺〕
　香川県高松市　《本尊》日蓮聖人奠定の大曼荼羅　　　　　　〔日蓮宗〕
6泉光寺　せんこうじ〔寺〕
　大阪府岸和田市　《本尊》釈迦如来・如意輪観世音菩薩　〔臨済宗妙心寺派〕
泉光寺　せんこうじ〔寺〕
　島根県益田市　《本尊》阿弥陀如来
　　　　　　　　　　　　　〔浄土真宗本願寺派〕
7泉沢寺　せんたくじ〔寺〕
　神奈川県川崎市中原区　《本尊》阿弥陀如来　〔浄土宗〕
泉谷寺　せんこくじ〔寺〕
　神奈川県横浜市港北区　《本尊》阿弥陀三尊　〔浄土宗〕
8泉岡一言神社　いずみおかひとことじんじゃ〔社〕
　福井県遠敷郡上中町　《祭神》一言主大神
　　　　　　　　　　　　　　　〔神社本庁〕
泉岳寺　せんがくじ〔寺〕
　東京都港区　《本尊》釈迦如来　〔曹洞宗〕

9画（泉）

泉性院　せんしょういん〔寺〕
　福島県福島市　《本尊》大日如来
　　　　　　　　　　　　　〔真言宗豊山派〕
泉昌寺　せんしょうじ〔寺〕
　愛知県新城市　《本尊》十一面観世音菩薩
　　　　　　　　　　　　　〔曹洞宗〕
9泉柳寺　せんりゅうじ〔寺〕
　愛知県東海市　《本尊》阿弥陀如来　〔曹洞宗〕
泉洞寺　せんとうじ〔寺〕
　長野県北佐久郡軽井沢町　《本尊》釈迦如来
　　　　　　　　　　　　　〔曹洞宗〕
泉神社　いずみじんじゃ〔社〕
　茨城県日立市　《別称》泉ヶ森　《祭神》天速玉姫命
　　　　　　　　　　　　　〔神社本庁〕
泉神社　いずみじんじゃ〔社〕
　大分県宇佐市　《祭神》仲哀天皇〔他〕
　　　　　　　　　　　　　〔神社本庁〕
泉秋寺　せんしゅうじ〔寺〕
　神奈川県秦野市　《本尊》釈迦如来　〔曹洞宗〕
10泉倉寺　せんぞうじ〔寺〕
　千葉県印西市　《本尊》阿弥陀如来・延命地蔵菩薩・釈迦如来・十六羅漢　〔天台宗〕
泉涌寺　せんにゅうじ〔寺〕
　京都府京都市東山区　《別称》大本山・みてら　《本尊》釈迦三尊・阿弥陀三尊・弥勒三尊
　　　　　　　　　　　　　〔真言宗泉涌寺派〕
泉流寺　せんりゅうじ〔寺〕
　秋田県本荘市　《本尊》釈迦如来　〔曹洞宗〕
泉竜寺　せんりゅうじ〔寺〕
　青森県下北郡川内町　《本尊》釈迦如来
　　　　　　　　　　　　　〔曹洞宗〕
泉竜寺　せんりゅうじ〔寺〕
　栃木県小山市　《別称》乙女不動尊　《本尊》不動明王　〔真言宗豊山派〕
泉竜寺　せんりゅうじ〔寺〕
　栃木県矢板市　《本尊》釈迦如来　〔曹洞宗〕
泉竜寺　せんりゅうじ〔寺〕
　栃木県安蘇郡田沼町　《本尊》不空羂索観音菩薩　〔曹洞宗〕
泉竜寺　せんりゅうじ〔寺〕
　群馬県伊勢崎市　《別称》いなふくみ様　《本尊》釈迦如来　〔臨済宗円覚寺派〕
泉竜寺　せんりゅうじ〔寺〕
　東京都府中市　《本尊》阿弥陀如来　〔天台宗〕
泉竜寺　せんりゅうじ〔寺〕
　東京都狛江市　《本尊》釈迦如来　〔曹洞宗〕
泉竜寺　せんりゅうじ〔寺〕
　神奈川県相模原市　《本尊》釈迦三尊
　　　　　　　　　　　　　〔曹洞宗〕

泉竜寺　せんりゅうじ〔寺〕
　新潟県中魚沼郡中里村　《本尊》釈迦如来
　　　　　　　　　　　　　〔曹洞宗〕
泉竜寺　せんりゅうじ〔寺〕
　長野県下高井郡木島平村　《本尊》釈迦如来
　　　　　　　　　　　　　〔曹洞宗〕
泉竜寺　せんりゅうじ〔寺〕
　静岡県庵原郡蒲原町　《本尊》観世音菩薩
　　　　　　　　　　　　　〔曹洞宗〕
泉竜院　せんりゅういん〔寺〕
　長野県南佐久郡臼田町　《本尊》薬師如来
　　　　　　　　　　　　　〔曹洞宗〕
泉竜院　せんりゅういん〔寺〕
　長野県下伊那郡豊丘村　《本尊》十一面観世音菩薩
　　　　　　　　　　　　　〔曹洞宗〕
泉通寺　せんつうじ〔寺〕
　福井県福井市　《本尊》阿弥陀三尊　〔浄土宗〕
泉高寺　《称》　せんこうじ〔寺〕
　茨城県西茨城郡岩間町・竜泉院　《本尊》釈迦如来
　　　　　　　　　　　　　〔曹洞宗〕
11泉渓寺　せんけいじ〔寺〕
　栃木県那須郡烏山町　《本尊》三尊仏
　　　　　　　　　　　　　〔曹洞宗〕
泉渋院　せんじゅういん〔寺〕
　長野県茅野市　《本尊》阿弥陀如来　〔浄土宗〕
泉盛寺　せんじょうじ〔寺〕
　新潟県南魚沼郡塩沢町　《別称》泉盛寺観世音　《本尊》大日如来・十一面観世音菩薩
　　　　　　　　　　　　　〔真言宗豊山派〕
泉盛寺観世音《称》　せんじょうじかんぜおん〔寺〕
　新潟県南魚沼郡塩沢町・泉盛寺　《本尊》大日如来・十一面観世音菩薩　〔真言宗豊山派〕
泉野菅原神社　いずみのすがはらじんじゃ〔社〕
　石川県金沢市　《別称》広見天神　《祭神》菅原道真〔他〕　　　　　　〔神社本庁〕
12泉勝寺　せんしょうじ〔寺〕
　大阪府大東市　《本尊》阿弥陀如来
　　　　　　　　　　　　　〔真宗大谷派〕
泉勝院　せんしょういん〔寺〕
　岡山県浅口郡金光町　《本尊》千手観世音菩薩　〔天台宗〕
泉嵓神社　いずみいわじんじゃ〔社〕
　岡山県苫田郡奥津町　《別称》権現さま　《祭神》大山祇命〔他〕　　　　〔神社本庁〕
13泉殿神社《称》　いずどのじんじゃ〔社〕
　大阪府吹田市・吹田泉殿神社　《祭神》建速須佐之男大神〔他〕　　〔神社本庁〕

神社・寺院名よみかた辞典　*463*

9画（浅）

泉福寺　せんぷくじ〔寺〕
　山形県天童市　《本尊》聖観世音菩薩
　　　　　　　　　　　　〔臨済宗妙心寺派〕
泉福寺　せんぷくじ〔寺〕
　福島県伊達郡保原町　《本尊》大日如来・薬
　師如来　　　　　　　　　　〔真言宗豊山派〕
泉福寺　せんぷくじ〔寺〕
　群馬県太田市　《本尊》釈迦如来　〔曹洞宗〕
泉福寺　せんぷくじ〔寺〕
　埼玉県桶川市　《本尊》地蔵菩薩　〔天台宗〕
泉福寺　せんぷくじ〔寺〕
　埼玉県比企郡滑川町　《本尊》阿弥陀如来
　　　　　　　　　　　　　　〔真言宗智山派〕
泉福寺　せんぷくじ〔寺〕
　埼玉県大里郡寄居町　《本尊》釈迦三尊・薬
　師如来　　　　　　　　　〔臨済宗妙心寺派〕
泉福寺　せんぷくじ〔寺〕
　千葉県印旛郡印旛村　《本尊》千手観世音菩
　薩　　　　　　　　　　　　〔真言宗豊山派〕
泉福寺　せんぷくじ〔寺〕
　東京都江戸川区　《本尊》観世音菩薩
　　　　　　　　　　　　　　〔真言宗豊山派〕
泉福寺　せんぷくじ〔寺〕
　神奈川県川崎市宮前区　《別称》いちょう寺
　《本尊》不動明王・薬師如来　　〔天台宗〕
泉福寺　せんぷくじ〔寺〕
　神奈川県横須賀市　《別称》毘沙門天　《本
　尊》日蓮聖人奠定の大曼荼羅　　〔日蓮宗〕
泉福寺　せんぷくじ〔寺〕
　石川県羽咋郡押水町　《本尊》阿弥陀如来
　　　　　　　　　　　　　　　〔真宗大谷派〕
泉福寺　せんぷくじ〔寺〕
　長野県東筑摩郡明科町　《本尊》薬師如来
　　　　　　　　　　　　　　〔高野山真言宗〕
泉福寺　せんぷくじ〔寺〕
　滋賀県大津市　《本尊》阿弥陀如来
　　　　　　　　　　　　　　　〔真宗大谷派〕
泉福寺　せんぷくじ〔寺〕
　滋賀県甲賀郡水口町　《本尊》延命地蔵菩
　薩　　　　　　　　　　　　　　〔天台宗〕
泉福寺　せんぷくじ〔寺〕
　京都府向日市　《別称》三目観音　《本尊》不
　空羂索観世音菩薩　　　　　　〔西山浄土宗〕
泉福寺　せんぷくじ〔寺〕
　大阪府八尾市　《本尊》天得阿弥陀如来
　　　　　　　　　　　　　　　〔融通念仏宗〕
泉福寺　せんぷくじ〔寺〕
　兵庫県西宮市　《本尊》阿弥陀如来　〔浄土宗〕
泉福寺　せんぷくじ〔寺〕
　奈良県高市郡明日香村　《本尊》阿弥陀如
　来　　　　　　　　　　　〔浄土真宗本願寺派〕

泉福寺　せんぷくじ〔寺〕
　福岡県宗像市　《本尊》阿弥陀如来
　　　　　　　　　　　　　　　〔西山浄土宗〕
泉福寺　せんぷくじ〔寺〕
　大分県東国東郡国東町　《本尊》釈迦如来
　　　　　　　　　　　　　　　　　〔曹洞宗〕
14 泉増院　せんぞういん〔寺〕
　愛知県名古屋市南区　《別称》玉照姫　《本
　尊》大日如来　　　　　　　〔真言宗智山派〕
泉徳寺　せんとくじ〔寺〕
　岩手県北上市　《本尊》釈迦如来　〔曹洞宗〕
泉徳寺　せんとくじ〔寺〕
　奈良県吉野郡大淀町　《本尊》薬師如来・蔵
　王権現　　　　　　　　　　〔高野山真言宗〕
泉徳寺　せんとくじ〔寺〕
　愛媛県大洲市　《本尊》釈迦如来・観世音菩
　薩　　　　　　　　　　　〔臨済宗妙心寺派〕
15 泉蔵寺　せんぞうじ〔寺〕
　群馬県前橋市　《本尊》地蔵菩薩　〔天台宗〕
泉蔵寺　せんぞうじ〔寺〕
　埼玉県朝霞市　《本尊》地蔵菩薩
　　　　　　　　　　　　　　〔真言宗智山派〕
泉蔵寺　せんぞうじ〔寺〕
　神奈川県藤沢市　《本尊》不動明王
　　　　　　　　　　　　　　〔高野山真言宗〕
泉蔵寺　せんぞうじ〔寺〕
　新潟県長岡市　《本尊》聖観世音菩薩
　　　　　　　　　　　　　　　〔真言宗豊山派〕
泉蔵寺　せんぞうじ〔寺〕
　静岡県磐田市　《別称》しみずのお寺　《本
　尊》阿弥陀如来　　　　　〔臨済宗妙心寺派〕
泉蔵院　せんぞういん〔寺〕
　埼玉県入間郡三芳町　《本尊》不動明王
　　　　　　　　　　　　　　〔真言宗智山派〕
泉蔵院　せんぞういん〔寺〕
　東京都小平市　《本尊》如意輪観世音菩薩・薬
　師如来　　　　　　　　　　　　〔天台宗〕
泉蔵院　せんぞういん〔寺〕
　神奈川県平塚市　《本尊》不動明王
　　　　　　　　　　　　　　〔高野山真言宗〕
泉養寺　せんようじ〔寺〕
　千葉県市川市　《本尊》阿弥陀如来　〔天台宗〕
16 泉橋寺　せんきょうじ〔寺〕
　京都府相楽郡山城町　《本尊》阿弥陀如来・地
　蔵菩薩　　　　　　　　　　　　〔浄土宗〕

【浅】

4 浅井神社　あさいじんじゃ〔社〕
　富山県高岡市　《別称》川端の宮　《祭神》水
　波能女命　　　　　　　　　　〔神社本庁〕

浅井神社　あさいじんじゃ〔社〕
　富山県西礪波郡福岡町　《祭神》八河江比売
　神〔他〕　　　　　　　　　　　　〔神社本庁〕
浅木神社　あさきじんじゃ〔社〕
　福岡県遠賀郡遠賀町　《祭神》日本武尊〔他〕
　　　　　　　　　　　　　　　　〔神社本庁〕
5浅生八幡宮《称》　あそうはちまんぐう〔社〕
　福岡県北九州市戸畑区・八幡神社　《祭神》神
　功皇后〔他〕　　　　　　　　　　〔神社本庁〕
6浅江神社　あさなえじんじゃ〔社〕
　山口県光市　《別称》あいおいさま　《祭神》
　別雷公尊〔他〕　　　　　　　　　〔神社本庁〕
浅羽三社《称》　あさばさんじゃ〔社〕
　静岡県磐田郡浅羽町梅山・八幡神社　《祭神》
　帯仲日子命〔他〕　　　　　　　　〔神社本庁〕
7浅見内神明社　あさみないしんめいしゃ〔
　社〕
　秋田県南秋田郡五城目町　《祭神》天照皇大
　神〔他〕　　　　　　　　　　　　〔神社本庁〕
9浅草八幡社　あさくさはちまんしゃ〔社〕
　大分県大野郡大野町　《別称》浅草さま　《祭
　神》月夜見尊〔他〕　　　　　　　〔神社本庁〕
浅草寺　せんそうじ〔寺〕
　東京都台東区　《別称》総本山・浅草観音・坂
　東第一三番霊場　《本尊》聖観世音菩薩
　　　　　　　　　　　　　　　　　〔聖観音宗〕
浅草門跡《称》　あさくさもんぜき〔寺〕
　東京都台東区・東京本願寺　《本尊》阿弥陀
　如来　　　　　　　　　　　　　〔真宗大谷派〕
浅草神社　あさくさじんじゃ〔社〕
　東京都台東区　《別称》三社さま　《祭神》土
　師真仲知〔他〕　　　　　　　　　〔神社本庁〕
浅草観音《称》　あさくさかんのん〔寺〕
　東京都台東区・浅草寺　《本尊》聖観世音菩
　薩　　　　　　　　　　　　　　　〔聖観音宗〕
10浅原の毘沙門天《称》　あさばらのひさも
　んてん〔寺〕
　岡山県倉敷市・安養寺　《本尊》毘沙門天・吉
　祥天・禅尼師童子・阿弥陀如来
　　　　　　　　　　　　　　　　〔高野山真言宗〕
11浅野山王《称》　あさのさんのう〔社〕
　石川県金沢市・浅野神社　《祭神》大山咋神
　〔他〕　　　　　　　　　　　　　　〔神社本庁〕
浅野神社　あさのじんじゃ〔社〕
　石川県金沢市　《別称》浅野山王　《祭神》大
　山咋神〔他〕　　　　　　　　　　〔神社本庁〕
12浅間さん《称》　せんげんさん〔社〕
　静岡県袋井市・冨士浅間宮　《祭神》木花開
　耶姫命　　　　　　　　　　　　　〔神社本庁〕

浅間社《称》　あさましゃ〔社〕
　山梨県東八代郡御坂町・迎富士浅間神社
　《祭神》木花開耶姫命　　　　　　〔神社本庁〕
浅間社　せんげんしゃ〔社〕
　愛知県名古屋市中川区　《祭神》木花咲耶姫
　命　　　　　　　　　　　　　　　〔神社本庁〕
浅間神社　あさまじんじゃ〔社〕
　埼玉県深谷市　《祭神》木花咲耶姫命
　　　　　　　　　　　　　　　　　〔神社本庁〕
浅間神社　せんげんじんじゃ〔社〕
　千葉県木更津市　《祭神》木花開耶姫命〔他〕
　　　　　　　　　　　　　　　　　〔神社本庁〕
浅間神社　せんげんじんじゃ〔社〕
　東京都江戸川区　《別称》せんげんさま　《祭
　神》木花開耶尊〔他〕　　　　　　〔神社本庁〕
浅間神社　あさまじんじゃ〔社〕
　山梨県東八代郡一宮町　《別称》一宮さん
　《祭神》木花開耶姫命　　　　　　〔神社本庁〕
浅間神社　あさまじんじゃ〔社〕
　山梨県西八代郡六郷町　《祭神》木花開耶姫
　命〔他〕　　　　　　　　　　　　〔神社本庁〕
浅間神社　あさまじんじゃ〔社〕
　山梨県南都留郡西桂町下暮地　《祭神》木花
　開耶姫命　　　　　　　　　　　　〔神社本庁〕
浅間神社　せんげんじんじゃ〔社〕
　山梨県南都留郡富士河口湖町　《祭神》木華
　開耶姫命　　　　　　　　　　　　〔神社本庁〕
浅間神社　あさまじんじゃ〔社〕
　静岡県静岡市　《別称》静岡浅間神社　《祭
　神》木花咲耶姫命　　　　　　　　〔神社本庁〕
浅間神社　せんげんじんじゃ〔社〕
　静岡県浜松市　《祭神》木花之佐久夜毘売
　命　　　　　　　　　　　　　　　〔神社本庁〕
浅間神社　せんげんじんじゃ〔社〕
　静岡県沼津市千本郷林　《祭神》磐長姫尊
　　　　　　　　　　　　　　　　　〔神社本庁〕
浅間神社　あさまじんじゃ〔社〕
　静岡県沼津市本浅間　　　　　　　〔神社本庁〕
浅間神社　せんげんじんじゃ〔社〕
　静岡県裾野市茶畑　《祭神》木花開耶比売命
　〔他〕　　　　　　　　　　　　　　〔神社本庁〕
浅間神社　せんげんじんじゃ〔社〕
　静岡県裾野市須山　《祭神》木花開耶姫命
　　　　　　　　　　　　　　　　　〔神社本庁〕
浅間神社　せんげんじんじゃ〔社〕
　静岡県賀茂郡松崎町　《祭神》磐長姫命
　　　　　　　　　　　　　　　　　〔神社本庁〕
浅間神社　せんげんじんじゃ〔社〕
　静岡県榛原郡中川根町　《祭神》木之花佐久
　夜毘売命〔他〕　　　　　　　　　〔神社本庁〕

9画（洗, 津）

浅間様《称》　せんげんさま〔社〕
　静岡県富士宮市・村山浅間神社　《祭神》木花佐久夜毘売命［他］　〔神社本庁〕

【洗】

4洗心寺　せんしんじ〔寺〕
　大阪府大阪市東成区　《本尊》阿弥陀如来
　　　　　　　　　　　　　　　　　　〔浄土宗〕

洗心教団本部教会　せんしんきょうだんほんぶきょうかい〔寺〕
　三重県三重郡菰野町　《別称》菰野観音《本尊》千手観世音菩薩　〔洗心教団〕

17洗磯崎神社　あらいそぎじんじゃ〔社〕
　青森県北津軽郡市浦村　《別称》やくしさま《祭神》大己貴命［他］　〔神社本庁〕

【津】

0津の宮《称》　つのみや〔社〕
　兵庫県姫路市・魚吹八幡神社　《祭神》品陀和気命［他］　〔神社本庁〕

4津毛利神社　つもりじんじゃ〔社〕
　静岡県浜松市参野町　《別称》四十六所神社《祭神》底筒男之命［他］　〔神社本庁〕

5津田八幡宮《称》　つだはちまんぐう〔社〕
　香川県さぬき市・石清水神社　《祭神》誉田別尊［他］　〔神社本庁〕

6津江神社　つえじんじゃ〔社〕
　福岡県八女郡黒木町　《別称》丑の宮《祭神》国常立神［他］　〔神社本庁〕

津江神社　つえじんじゃ〔社〕
　大分県日田郡中津江村　《別称》宮園神社《祭神》国常立尊［他］　〔神社本庁〕

7津社《称》　つしゃ〔社〕
　岐阜県岐阜市・津社　《祭神》県須身命［他］　〔神社本庁〕

8津具八幡宮　つぐはちまんぐう〔社〕
　愛知県北設楽郡津具村　《祭神》品陀和気命　〔神社本庁〕

津和野おいなりさん《称》　つわのおいなりさん〔社〕
　島根県鹿足郡津和野町・太鼓谷稲成神社《祭神》宇迦之御魂大神［他］　〔神社本庁〕

津和野神社　つわのじんじゃ〔社〕
　島根県鹿足郡津和野町　《別称》元武社《祭神》埴山比売神［他］　〔神社本庁〕

津金寺　つがねじ〔寺〕
　長野県北佐久郡立科町　《本尊》聖観世音菩薩・阿弥陀三尊・地蔵菩薩・北辰妙見菩薩・日吉山王権現　〔天台宗〕

9津神社　つじんじゃ〔社〕
　岐阜県岐阜市　《別称》津社　《祭神》県須身命［他］　〔神社本庁〕

10津島神社　つしまじんじゃ〔社〕
　宮城県登米郡迫町　《別称》御天王様《祭神》素盞嗚命　〔神社本庁〕

津島神社　つしまじんじゃ〔社〕
　岐阜県瑞穂市　《祭神》素盞嗚尊　〔神社本庁〕

津島神社　つしまじんじゃ〔社〕
　岐阜県飛騨市　《別称》牛頭天王宮《祭神》健速須佐之男神［他］　〔神社本庁〕

津島神社　つしまじんじゃ〔社〕
　静岡県榛原郡吉田町　〔神社本庁〕

津島神社　つしまじんじゃ〔社〕
　愛知県津島市　《別称》天王さま《祭神》建速須佐之男命［他］　〔神社本庁〕

津島神社　つしまじんじゃ〔社〕
　愛知県豊田市　《別称》牛頭天王《祭神》素盞嗚尊　〔神社本庁〕

津島神社　つしまじんじゃ〔社〕
　愛知県北設楽郡豊根村　《祭神》須佐之男命［他］　〔神社本庁〕

津島御坊《称》　つしまごぼう〔寺〕
　愛知県津島市・成信坊　《本尊》阿弥陀如来　〔真宗大谷派〕

津峯神社　つのみねじんじゃ〔社〕
　徳島県阿南市　《祭神》賀志波比売命　〔神社本庁〕

津竜院　しんりゅういん〔寺〕
　宮城県本吉郡歌津町　《別称》館の寺《本尊》十一面観世音菩薩　〔曹洞宗〕

11津野神社　つのじんじゃ〔社〕
　滋賀県高島郡今津町　《祭神》紀角宿禰命［他］　〔神社本庁〕

12津森神宮　つもりじんぐう〔社〕
　熊本県上益城郡益城町　《祭神》神日本磐余彦命［他］　〔神社本庁〕

津賀田神社　つがたじんじゃ〔社〕
　愛知県名古屋市瑞穂区　《別称》長森《祭神》仁徳天皇［他］　〔神社本庁〕

津軽国東照宮《称》　つがるのくにとうしょうぐう〔社〕
　青森県弘前市・東照宮　《祭神》徳川家康［他］　〔神社本庁〕

13津照寺　しんしょうじ〔寺〕
　高知県室戸市　《別称》津寺・四国第二五番霊場　《本尊》延命地蔵菩薩　〔真言宗豊山派〕

14津嶋部神社　つしまべじんじゃ〔社〕
　大阪府守口市　《別称》大宮天神　《祭神》津嶋部大神［他］　〔神社本庁〕

466　神社・寺院名よみかた辞典

9画（洞）

【洞】

3 洞川院　どうせんいん〔寺〕
　宮城県玉造郡鳴子町　《本尊》釈迦如来
　　　　　　　　　　　　　　　〔曹洞宗〕

5 洞仙寺　とうせんじ〔寺〕
　愛知県名古屋市中区　《本尊》釈迦如来
　　　　　　　　　　　　　　　〔曹洞宗〕

　洞仙寺　とうせんじ〔寺〕
　愛知県常滑市　《別称》赤門寺　《本尊》阿弥
　陀如来　　　　　　　　　　　〔浄土宗〕

6 洞光寺　とうこうじ〔寺〕
　山形県寒河江市　《本尊》大日如来
　　　　　　　　　　　　　　〔真言宗智山派〕

　洞光寺　とうこうじ〔寺〕
　兵庫県篠山市　《本尊》十一面観世音菩薩
　　　　　　　　　　　　　　　〔曹洞宗〕

　洞光寺　とうこうじ〔寺〕
　鳥取県倉吉市　《本尊》聖観世音菩薩
　　　　　　　　　　　　　　　〔曹洞宗〕

　洞光寺　とうこうじ〔寺〕
　島根県松江市　《本尊》釈迦如来　〔曹洞宗〕

　洞光寺　とうこうじ〔寺〕
　島根県能義郡広瀬町　《本尊》釈迦如来
　　　　　　　　　　　　　　　〔曹洞宗〕

7 洞寿院　とうじゅいん〔寺〕
　滋賀県伊香郡余呉町　《本尊》三尊仏
　　　　　　　　　　　　　　　〔曹洞宗〕

8 洞岩寺　とうがんじ〔寺〕
　長野県下伊那郡豊丘村　《本尊》聖観世音菩
　薩　　　　　　　　　　　　　〔曹洞宗〕

　洞昌寺　とうしょうじ〔寺〕
　山形県米沢市　《本尊》三尊仏　〔曹洞宗〕

　洞昌院　とうしょういん〔寺〕
　埼玉県秩父郡長瀞町　《別称》辻の不動様
　《本尊》不動明王　　　　〔真言宗智山派〕

　洞昌院　とうしょういん〔寺〕
　神奈川県伊勢原市　《本尊》釈迦如来
　　　　　　　　　　　　　　　〔曹洞宗〕

　洞明寺　とうみょうじ〔寺〕
　大分県南海部郡弥生町　《本尊》釈迦如来
　　　　　　　　　　　　　〔臨済宗妙心寺派〕

　洞松寺　とうしょうじ〔寺〕
　岡山県小田郡矢掛町　《本尊》釈迦如来
　　　　　　　　　　　　　　　〔曹洞宗〕

　洞林寺　とうりんじ〔寺〕
　宮城県仙台市若林区　《本尊》聖観世音菩
　薩　　　　　　　　　　　　　〔曹洞宗〕

　洞林寺　どうりんじ〔寺〕
　岐阜県武儀郡板取村　《本尊》十一面観世音
　菩薩・薬師如来　　　　　〔臨済宗妙心寺派〕

9 洞春院　とうしゅんいん〔寺〕
　山口県山口市　《本尊》十一面観世音菩薩
　　　　　　　　　　　　　〔臨済宗建仁寺派〕

　洞泉寺　とうせんじ〔寺〕
　岩手県北上市　《本尊》延命地蔵菩薩
　　　　　　　　　　　　　〔臨済宗妙心寺派〕

　洞泉寺　どうせんじ〔寺〕
　岐阜県山県市　《本尊》聖観世音菩薩
　　　　　　　　　　　　　〔臨済宗妙心寺派〕

　洞泉寺　どうせんじ〔寺〕
　岐阜県揖斐郡久瀬村　《別称》小津寺　《本
　尊》聖観世音菩薩　　　　〔臨済宗妙心寺派〕

　洞泉寺　とうせんじ〔寺〕
　大阪府大阪市天王寺区　《本尊》阿弥陀如
　来　　　　　　　　　　　　　〔浄土宗〕

　洞泉寺　とうせんじ〔寺〕
　奈良県大和郡山市　《別称》源九郎さんの寺
　《本尊》阿弥陀三尊　　　　　〔浄土宗〕

　洞泉寺　とうせんじ〔寺〕
　島根県浜田市　《本尊》観世音菩薩
　　　　　　　　　　　　　　〔臨済宗東福寺派〕

　洞泉寺　とうせんじ〔寺〕
　佐賀県唐津市　《本尊》地蔵菩薩　〔曹洞宗〕

　洞泉院　どうせんいん〔寺〕
　宮城県栗原郡栗駒町　《本尊》釈迦如来
　　　　　　　　　　　　　　　〔曹洞宗〕

　洞泉院　とうせんいん〔寺〕
　栃木県大田原市　《本尊》釈迦如来・文殊菩
　薩・普賢菩薩・厄除迦葉尊仏　〔曹洞宗〕

12 洞善院　とうぜんいん〔寺〕
　静岡県榛原郡金谷町　《本尊》三尊仏
　　　　　　　　　　　　　　　〔曹洞宗〕

　洞覚院　とうがくいん〔寺〕
　滋賀県近江八幡市　《本尊》阿弥陀如来
　　　　　　　　　　　　　　　〔浄土宗〕

　洞雲寺　とううんじ〔寺〕
　岩手県大船渡市　《本尊》三尊仏　〔曹洞宗〕

　洞雲寺　どううんじ〔寺〕
　宮城県仙台市泉区　《別称》山の寺　《本尊》
　釈迦如来　　　　　　　　　　〔曹洞宗〕

　洞雲寺　とううんじ〔寺〕
　秋田県北秋田郡田代町　《別称》山田の寺
　《本尊》釈迦如来　　　　　　〔曹洞宗〕

　洞雲寺　とううんじ〔寺〕
　福島県相馬市　《本尊》釈迦如来　〔曹洞宗〕

　洞雲寺　とううんじ〔寺〕
　東京都豊島区　《本尊》釈迦如来　〔黄檗宗〕

　洞雲寺　どううんじ〔寺〕
　福井県大野市　《本尊》釈迦如来　〔曹洞宗〕

　洞雲寺　とううんじ〔寺〕
　岐阜県飛騨市　《本尊》釈迦如来　〔曹洞宗〕

9画（為，炭，狭，狩，独，珉，珍，珀）

洞雲寺　とううんじ〔寺〕
　岐阜県加茂郡白川町　《本尊》聖観世音菩薩・地蔵菩薩・毘沙門天　〔曹洞宗〕
洞雲寺　とううんじ〔寺〕
　静岡県浜松市　《別称》本寺　《本尊》薬師如来　〔臨済宗方広寺派〕
洞雲寺　とううんじ〔寺〕
　静岡県藤枝市　《本尊》釈迦如来　〔曹洞宗〕
洞雲寺　とううんじ〔寺〕
　愛知県新城市　《別称》松陽山　《本尊》薬師如来　〔真言宗御室派〕
洞雲寺　とううんじ〔寺〕
　京都府京都市東山区　《本尊》阿弥陀如来　〔浄土宗〕
洞雲寺　どううんじ〔寺〕
　広島県廿日市市　《本尊》聖観世音菩薩　〔曹洞宗〕
13洞照寺　とうしょうじ〔寺〕
　滋賀県高島郡朽木村　《本尊》阿弥陀如来　〔曹洞宗〕
15洞慶寺　とうけいじ〔寺〕
　静岡県静岡市　《本尊》如意輪観世音菩薩　〔臨済宗妙心寺派〕
16洞興寺　とうこうじ〔寺〕
　岐阜県可児郡御嵩町　《本尊》釈迦如来　〔臨済宗妙心寺派〕

【為】
12為朝神社　ためともじんじゃ〔社〕
　東京都八丈町　《祭神》源為朝　〔神社本庁〕

【炭】
10炭礦神社《称》　たんこうじんじゃ〔社〕
　北海道夕張市・夕張神社　《祭神》大山積大神〔他〕　〔神社本庁〕

【狭】
3狭口薬師《称》　せばぐちやくし〔寺〕
　新潟県加茂市・金泉寺　《本尊》薬師如来　〔真言宗智山派〕
狭山神社　さやまじんじゃ〔社〕
　大阪府大阪狭山市　《祭神》天照大神〔他〕　〔神社本庁〕
8狭長神社　さながじんじゃ〔社〕
　島根県飯石郡掛合町　《祭神》正哉吾勝勝速日天忍穂耳命　〔神社本庁〕
10狭宮神社　さみやじんじゃ〔社〕
　兵庫県氷上郡山南町　《別称》和田八幡神社　《祭神》若沙那売命〔他〕　〔神社本庁〕

11狭野神社　さのじんじゃ〔社〕
　石川県能美郡寺井町　《祭神》狭野尊〔他〕　〔神社本庁〕
狭野神社　さぬじんじゃ〔社〕
　宮崎県西諸県郡高原町　《祭神》神倭伊波礼彦天皇〔他〕　〔神社本庁〕

【狩】
3狩山八幡宮　かりやまはちまんぐう〔社〕
　島根県大原郡大東町　《祭神》誉田別命〔他〕　〔神社本庁〕
7狩尾神社　かりおじんじゃ〔社〕
　福岡県遠賀郡芦屋町　《祭神》大己貴命〔他〕　〔神社本庁〕

【独】
12独証寺　どくしょうじ〔寺〕
　京都府京都市左京区　《別称》北の寺　《本尊》阿弥陀如来　〔真宗大谷派〕

【珉】
6珉光院　みんこういん〔寺〕
　愛知県名古屋市中区　《本尊》阿弥陀如来　〔真宗大谷派〕
14珉徳寺　みんとくじ〔寺〕
　岐阜県羽島市　《本尊》阿弥陀如来　〔真宗大谷派〕

【珍】
9珍皇寺《称》　ちんこうじ〔寺〕
　京都府京都市東山区・六道珍皇寺　《本尊》薬師如来　〔臨済宗建仁寺派〕
珍相寺　ちんそうじ〔寺〕
　新潟県刈羽郡小国町　《本尊》阿弥陀如来　〔真宗大谷派〕
10珍宮《称》　うずみや〔社〕
　大分県北海部郡佐賀関町・椎根津彦神社　《祭神》椎根津彦命〔他〕　〔神社本庁〕
15珍蔵寺　ちんぞうじ〔寺〕
　山形県南陽市　《本尊》釈迦如来　〔曹洞宗〕

【珀】
8珀明寺　はくみょうじ〔寺〕
　富山県婦負郡八尾町　《本尊》阿弥陀如来　〔浄土真宗本願寺派〕
珀明寺　はくみょうじ〔寺〕
　大分県下毛郡山国町　《本尊》阿弥陀如来　〔真宗大谷派〕

11珀清寺　はくしょうじ〔寺〕
　滋賀県東浅井郡浅井町　《本尊》阿弥陀如来・
　薬師如来　　　　　　　　　　〔真宗大谷派〕

【甚】

4甚日寺　じんにちじ〔寺〕
　福島県郡山市　《本尊》薬師如来
　　　　　　　　　　　　　　〔真言宗智山派〕

5甚目寺　じもくじ〔寺〕
　愛知県海部郡甚目寺町　《別称》甚目寺観音
　《本尊》聖観世音菩薩　　　〔真言宗智山派〕

6甚行寺　じんぎょうじ〔寺〕
　神奈川県横浜市神奈川区　《本尊》阿弥陀如
　来　　　　　　　　　　　　　〔真宗高田派〕

【畑】

6畑寺聖天《称》　はたでらしょうてん〔寺〕
　愛媛県松山市・繁多寺　《本尊》薬師如来
　　　　　　　　　　　　　　〔真言宗豊山派〕

【疫】

9疫神宮《称》　やくじんぐう〔社〕
　佐賀県唐津市・八坂神社　《祭神》須佐廼男
　命[他]　　　　　　　　　　　　〔神社本庁〕

【発】

4発心寺　ほっしんじ〔寺〕
　神奈川県足柄下郡真鶴町　《本尊》阿弥陀如
　来　　　　　　　　　　　　　　　〔浄土宗〕

　発心寺　ほっしんじ〔寺〕
　福井県小浜市　《本尊》十一面観世音菩薩
　　　　　　　　　　　　　　　　　〔曹洞宗〕

　発心寺　ほっしんじ〔寺〕
　岐阜県揖斐郡春日村　《本尊》阿弥陀如来
　　　　　　　　　　　　　　　〔真宗大谷派〕

5発生寺　ほっしょうじ〔寺〕
　高知県須崎市　《本尊》阿弥陀如来　〔浄土宗〕

7発志院　はっしいん〔寺〕
　奈良県大和郡山市　《本尊》聖観世音菩薩
　　　　　　　　　　　　　　　　　〔黄檗宗〕

19発願寺　ほつがんじ〔寺〕
　福井県足羽郡美山町　《本尊》阿弥陀如来
　　　　　　　　　　　　　　〔浄土真宗本願寺派〕

　発願寺　ほつがんじ〔寺〕
　岐阜県大垣市　《本尊》半眼本尊
　　　　　　　　　　　　　　　〔真宗大谷派〕

【皆】

4皆中稲荷神社　かいちゅういなりじんじゃ
〔社〕

　東京都新宿区　《別称》かいちゅう神社　《祭
　神》宇賀能魂神[他]　　　　　　〔神社本庁〕

6皆向社《称》　みなみしゃ〔社〕
　大分県大分郡挾間町・皆向神社　《祭神》別
　雷神[他]　　　　　　　　　　　〔神社本庁〕

　皆向神社　みなみじんじゃ〔社〕
　大分県大分郡挾間町　《別称》皆向社　《祭
　神》別雷神[他]　　　　　　　　〔神社本庁〕

7皆応寺　かいおうじ〔寺〕
　新潟県新潟市　《本尊》阿弥陀如来
　　　　　　　　　　　　　　　〔真宗大谷派〕

9皆乗寺　かいじょうじ〔寺〕
　和歌山県那賀郡粉河町　《本尊》阿弥陀如来・
　薬師如来　　　　　　　　　　　　〔浄土宗〕

13皆福寺　かいふくじ〔寺〕
　愛知県豊田市　《本尊》阿弥陀如来
　　　　　　　　　　　　　　　〔真宗大谷派〕

【皇】

3皇大明神社　こうだいみょうじんしゃ〔社〕
　愛知県中島郡祖父江町　《祭神》日本武尊[他]
　　　　　　　　　　　　　　　　〔神社本庁〕

　皇大神社　こうたいじんじゃ〔社〕
　山形県米沢市中央　《祭神》天照皇大神
　　　　　　　　　　　　　　　　〔神社本庁〕

　皇大神社　こうたいじんじゃ〔社〕
　山形県酒田市　《別称》神明さん　《祭神》大
　日孁貴命　　　　　　　　　　　〔神社本庁〕

　皇大神社　こうたいじんじゃ〔社〕
　山形県東田川郡櫛引町　《祭神》大日孁命
　　　　　　　　　　　　　　　　〔神社本庁〕

　皇大神社　こうたいじんじゃ〔社〕
　静岡県田方郡韮山町　《祭神》天照大神[他]
　　　　　　　　　　　　　　　　〔神社本庁〕

　皇大神社　こうたいじんじゃ〔社〕
　京都府加佐郡大江町　《別称》元伊勢内宮
　《祭神》天照皇大神[他]　　　　　〔神社本庁〕

　皇大神社　こうたいじんじゃ〔社〕
　兵庫県尼崎市　《祭神》天照大神[他]
　　　　　　　　　　　　　　　　〔神社本庁〕

　皇大神宮　こうたいじんぐう〔社〕
　山形県米沢市本町　《別称》東町皇大神宮
　《祭神》天照皇大神[他]　　　　　〔神社本庁〕

　皇大神宮　こうたいじんぐう〔社〕
　神奈川県藤沢市　《別称》烏森の神明宮　《祭
　神》天照皇大神[他]　　　　　　〔神社本庁〕

　皇大神宮　こうたいじんぐう〔社〕
　三重県伊勢市　《別称》伊勢神宮内宮・天照
　皇大神宮・天照大神宮・大神宮・五十鈴宮・
　内宮　別宮として荒祭宮,月讀宮,月讀荒御

9画（盈, 看, 県, 省, 相）

魂宮,伊佐奈岐宮,伊佐奈弥宮,滝原宮,滝原
竝宮,伊雑宮,風日祈宮,倭姫宮がある　《祭
神》天照坐皇大御神[他]　　〔神社本庁〕

皇大神宮神社　こうだいじんぐうじんじゃ
〔社〕
　長崎県大村市　《祭神》天照大御神[他]
　　　　　　　　　　　　　　〔神社本庁〕

7皇足穂吉田大御神宮　すめたるほよしだお
おみかみぐう〔社〕
　長野県長野市　《別称》吉田の宮　《祭神》天
照皇大神[他]　　　　　　　　〔神社本庁〕

11皇産霊神社　こうさんれいじんじゃ〔社〕
　千葉県山武郡九十九里町　《祭神》天之御中
主大神[他]　　　　　　　　　〔神社本庁〕

14皇徳寺　こうとくじ〔寺〕
　茨城県行方郡麻生町　《本尊》釈迦如来
　　　　　　　　　　　　　　　〔曹洞宗〕

【盈】

8盈岡神社　みつおかじんじゃ〔社〕
　兵庫県朝来郡和田山町　《祭神》大日靈貴尊
[他]　　　　　　　　　　　〔神社本庁〕

【看】

12看景寺　かんけいじ〔寺〕
　福井県丹生郡越前町　《本尊》阿弥陀如来
　　　　　　　　　　　　　　〔真宗大谷派〕

【県】

5県主神社　あがたぬしじんじゃ〔社〕
　岐阜県美濃加茂市　《別称》加茂さま　《祭
神》彦坐王命　　　　　　　　〔神社本庁〕

8県居神社　あがたいじんじゃ〔社〕
　静岡県浜松市　《祭神》賀茂真淵〔神社本庁〕

9県神社　あがたじんじゃ〔社〕
　京都府宇治市　《祭神》木花開耶姫命
　　　　　　　　　　　　　　　〔神社本庁〕

15県諏訪神社　あがたすわじんじゃ〔社〕
　長野県東御市　《別称》するすの宮　《祭神》
健御名方神[他]　　　　　　　〔神社本庁〕

【省】

2省了寺　しょうりょうじ〔寺〕
　東京都墨田区　《本尊》阿弥陀如来　〔単立〕

【相】

4相円寺　そうえんじ〔寺〕
　新潟県新発田市　《本尊》釈迦如来　〔曹洞宗〕

5相玉の庚申《称》　あいたまのこうしん〔寺〕
　静岡県下田市・竜門院　《本尊》青面金剛明
王　　　　　　　　　　　　　　〔曹洞宗〕

7相即寺　そうそくじ〔寺〕
　東京都八王子市　《本尊》阿弥陀如来
　　　　　　　　　　　　　　　〔浄土宗〕

相応寺　そうおうじ〔寺〕
　福島県安達郡大玉村　《本尊》大日如来
　　　　　　　　　　　　　　〔新義真宗〕

相応寺　そうおうじ〔寺〕
　神奈川県横浜市神奈川区　《本尊》阿弥陀如
来　　　　　　　　　　　　　　〔浄土宗〕

相応寺　そうおうじ〔寺〕
　愛知県名古屋市千種区　《本尊》阿弥陀如
来　　　　　　　　　　　　　　〔浄土宗〕

相応寺　そうおうじ〔寺〕
　兵庫県佐用郡佐用町　《本尊》千手千眼観世
音菩薩・大日如来　　　〔高野山真言宗〕

相応峰寺　そうおうぶじ〔寺〕
　兵庫県美方郡浜坂町　《別称》観音山　《本
尊》十一面観世音菩薩　　　　　〔天台宗〕

相応院　そうおういん〔寺〕
　山形県西置賜郡白鷹町　《本尊》大日如来
　　　　　　　　　　　　　　〔真言宗豊山派〕

相良寺　あいらじ〔寺〕
　熊本県鹿本郡菊鹿町　《別称》相良観音　《本
尊》千手観世音菩薩　　　　　　〔天台宗〕

相良神社　さがらじんじゃ〔社〕
　熊本県人吉市　《別称》人吉神社　《祭神》相
良長頼[他]　　　　　　　　　〔神社本庁〕

相良観音《称》　あいらかんのん〔寺〕
　熊本県鹿本郡菊鹿町・相良寺　《本尊》千手
観世音菩薩　　　　　　　　　　〔天台宗〕

8相国寺　そうこくじ〔寺〕
　新潟県中魚沼郡川西町　《本尊》釈迦三尊
　　　　　　　　　　　　　　　〔曹洞宗〕

相国寺　しょうこくじ〔寺〕
　京都府京都市上京区　《別称》大本山　《本
尊》釈迦如来　　　　　〔臨済宗相国寺派〕

相国寺専門道場《称》　しょうこくじせん
もんどうじょう〔寺〕
　京都府京都市上京区・大通院　《本尊》釈迦
如来　　　　　　　　　〔臨済宗相国寺派〕

10相馬の妙見様《称》　そうまのみょうけん
さま〔寺〕
　福島県相馬市・歓喜寺　《本尊》阿弥陀如来・
相馬妙見大菩薩・歓喜天　〔真言宗豊山派〕

相馬小高神社　そうまおだかじんじゃ〔社〕
　福島県相馬郡小高町　《別称》妙見さま　《祭
神》天御中主大神　　　　　　〔神社本庁〕

9画（砂, 祝, 神）

相馬中村神社　そうまなかむらじんじゃ〔社〕
　福島県相馬市　《祭神》天之御中主神
〔神社本庁〕
相馬神社　そうまじんじゃ〔社〕
　福島県相馬市　《祭神》相馬師常　〔神社本庁〕
11相鹿上神社　おおかがみじんじゃ〔社〕
　三重県多気郡多気町　《祭神》天児屋根命[他]
〔神社本庁〕
12相賀八幡神社　あうがはちまんじんじゃ
〔社〕
　和歌山県橋本市　《祭神》誉田別之命
〔神社本庁〕
13相福寺　そうふくじ〔寺〕
　神奈川県三浦郡葉山町　《本尊》阿弥陀如来
〔浄土宗〕
14相模分院様《称》さがみぶんいんさま〔社〕
　神奈川県秦野市・出雲大社相模教会　《祭神》大国主之命[他]　〔出雲大社教〕
相模国総社六所神社《称》さがみのくにそうしゃろくしょじんじゃ〔社〕
　神奈川県中郡大磯町・六所神社　《祭神》櫛稲田姫命[他]　〔神社本庁〕

【砂】

3砂川神社　すながわじんじゃ〔社〕
　北海道砂川市　《祭神》天照皇大神
〔神社本庁〕
16砂薬師《称》　すなやくし〔寺〕
　茨城県龍ヶ崎市・医王院　《本尊》釈迦三尊
〔曹洞宗〕

【祝】

5祝田神社　はふりたじんじゃ〔社〕
　兵庫県姫路市　《祭神》高靇神[他]
〔神社本庁〕
7祝言寺　しゅうげんじ〔寺〕
　東京都台東区　《本尊》釈迦如来　〔曹洞宗〕
13祝園神社　ほうそのじんじゃ〔社〕
　京都府相楽郡精華町　《祭神》武甕槌命[他]
〔神社本庁〕

【神】

3神上寺　じんじょうじ〔寺〕
　山口県豊浦郡豊田町　《別称》華山の寺　《本尊》愛染明王　〔高野山真言宗〕
神上神社　こうのうえじんじゃ〔社〕
　山口県周南市　《祭神》神武天皇[他]
〔神社本庁〕

神山神社　かみやまじんじゃ〔社〕
　神奈川県小田原市　《祭神》伊弉諾尊[他]
〔神社本庁〕
神山神社　こうやまじんじゃ〔社〕
　三重県松阪市　《別称》明神　《祭神》猿田彦命[他]　〔神社本庁〕
4神戸山王さん《称》　ごうどさんのうさん〔社〕
　岐阜県安八郡神戸町・日吉神社　《祭神》大己貴神[他]　〔神社本庁〕
神戸宗社《称》　かんべそうしゃ〔社〕
　三重県鈴鹿市・神館飯野高市神社　《祭神》天照大御神[他]　〔神社本庁〕
神戸神社　かんべじんじゃ〔社〕
　三重県上野市　《別称》穴穂の宮　《祭神》大日靇貴尊[他]　〔神社本庁〕
5神代神社　かくみじんじゃ〔社〕
　石川県羽咋郡志賀町　《祭神》宇迦之魂神[他]
〔神社本庁〕
神代神社　かんしろじんじゃ〔社〕
　島根県簸川郡斐川町　《別称》郷社神代神社　《祭神》宇夜都弁命[他]　〔神社本庁〕
神出社　かんでじんじゃ〔社〕
　兵庫県神戸市西区　《祭神》素盞嗚命[他]
〔神社本庁〕
神功皇后神社　じんぐうこうごうじんじゃ
〔社〕
　山口県美祢市　《祭神》神功皇后　〔神社本庁〕
神本寺　じんぽんじ〔寺〕
　兵庫県三原郡三原町　《別称》下幡多の寺　《本尊》阿弥陀如来　〔高野山真言宗〕
神田さん《称》　かんださん〔社〕
　広島県賀茂郡福富町・久武八幡神社　《祭神》帯仲津日子命[他]　〔神祇本庁〕
神田の宮《称》　こうだのみや〔社〕
　大阪府池田市・八坂神社　《祭神》素盞嗚尊
〔神社本庁〕
神田白山神社　かんだはくさんじんじゃ
〔社〕
　石川県石川郡鶴来町　《祭神》伊邪那岐命[他]
〔神社本庁〕
神田寺　かんだでら〔寺〕
　東京都千代田区　《本尊》仏法僧の三宝
〔単立〕
神田明神《称》　かんだみょうじん〔社〕
　東京都千代田区・神田神社　《祭神》大己貴命[他]　〔神社本庁〕
神田神社　かんだじんじゃ〔社〕
　東京都千代田区　《別称》神田明神　《祭神》大己貴命[他]　〔神社本庁〕

神社・寺院名よみかた辞典　471

9画（神）

神田神社　かんだじんじゃ〔社〕
　石川県松任市　《祭神》饒速日命［他］
　　　　　　　　　　　　　　　〔神社本庁〕
神田神社　かんだじんじゃ〔社〕
　岐阜県加茂郡東白川村　《祭神》伊邪那岐命
　［他］　　　　　　　　　　　〔神社本庁〕
神田神社　かんだじんじゃ〔社〕
　滋賀県大津市　《祭神》彦国葺命［他］
　　　　　　　　　　　　　　　〔神社本庁〕
神田神社　こうだじんじゃ〔社〕
　兵庫県篠山市　《祭神》大己貴命　〔神社本庁〕
6 神光寺　じんこうじ〔寺〕
　群馬県邑楽郡邑楽町　《本尊》阿弥陀如来
　　　　　　　　　　　　　　　〔浄土宗〕
神光寺　じんこうじ〔寺〕
　大阪府八尾市　《本尊》薬師如来　〔曹洞宗〕
神光寺　しんこうじ〔寺〕
　和歌山県有田市　《別称》星尾寺　〔天台宗〕
神光寺　しんこうじ〔寺〕
　島根県簸川郡大社町　《本尊》釈迦如来
　　　　　　　　　　　　　　　〔曹洞宗〕
神光院　じんこういん〔寺〕
　京都府京都市北区　《別称》上の弘法さん
　《本尊》弘法大師　　　　　　〔単立〕
神池寺　じんちじ〔寺〕
　兵庫県氷上郡市島町　《別称》中本山　《本
　尊》千手観世音菩薩　　　　　〔天台宗〕
7 神応寺　じんおうじ〔寺〕
　京都府八幡市　《本尊》三尊仏　〔曹洞宗〕
神杉伊豆牟比咩神社　かんすぎいずむひめ
　じんじゃ〔社〕
　石川県鳳至郡穴水町　《別称》六所さま　《祭
　神》大名持命［他］　　　　　〔神社本庁〕
神角寺　じんかくじ〔寺〕
　大分県大野郡朝地町　《本尊》千手観世音菩
　薩　　　　　　　　　　　　　〔高野山真言宗〕
神谷神社　かみたにじんじゃ〔社〕
　京都府京丹後市　《別称》太刀宮　《祭神》八
　千矛神［他］　　　　　　　　〔神社本庁〕
神谷神社　かみたにじんじゃ〔社〕
　香川県坂出市　《祭神》火結命［他］
　　　　　　　　　　　　　　　〔神社本庁〕
8 神呪寺　かんのうじ〔寺〕
　兵庫県西宮市　《別称》甲山大師　《本尊》如意
　輪観世音菩薩・甲山大師　〔真言宗御室派〕
神国寺　じんこくじ〔寺〕
　茨城県土浦市　《別称》安産不動尊　《本尊》
　不動明王　　　　　　　　　〔真言宗豊山派〕
神妻神社　かずまじんじゃ〔社〕
　静岡県磐田郡佐久間町　《祭神》武甕槌神
　　　　　　　　　　　　　　　〔神社本庁〕

神明さま《称》　しんめいさま〔社〕
　青森県三戸郡三戸町・三戸大神宮　《祭神》天
　照坐皇大神　　　　　　　　　〔神社本庁〕
神明さま《称》　しんめいさま〔社〕
　岩手県岩手郡雫石町・三社座神社　《祭神》天
　照大神［他］　　　　　　　　〔神社本庁〕
お神明さま《称》　おしんめいさま〔社〕
　東京都江東区・深川神明宮　《祭神》天照皇
　大御神　　　　　　　　　　　〔神社本庁〕
神明さま《称》　しんめいさま〔社〕
　東京都板橋区・天祖神社　《祭神》天照大御
　神［他］　　　　　　　　　　〔神社本庁〕
神明さん《称》　しんめいさん〔社〕
　山形県酒田市・皇大神社　《祭神》大日孁貴
　命　　　　　　　　　　　　　〔神社本庁〕
お神明さん《称》　おしんめいさん〔社〕
　石川県金沢市・神明宮　《祭神》天照皇大神
　［他］　　　　　　　　　　　〔神社本庁〕
お神明さん《称》　おしんめいさん〔社〕
　福井県福井市・神明神社　《祭神》天照皇大
　神　　　　　　　　　　　　　〔神社本庁〕
お神明さん《称》　おしんめいさん〔社〕
　福井県鯖江市・神明神社　《祭神》天照皇大神
　［他］　　　　　　　　　　　〔神社本庁〕
神明さん《称》　しんめいさん〔社〕
　三重県桑名市・赤須賀神明社　《祭神》天照
　大御神［他］　　　　　　　　〔神社本庁〕
神明大一社　しんめいだいいちしゃ〔社〕
　愛知県岩倉市　《別称》神明太一宮　《祭神》
　天照皇大神［他］　　　　　　〔神社本庁〕
神明太一宮《称》　しんめいだいいちぐう
　〔社〕
　愛知県岩倉市・神明大一社　《祭神》天照皇
　大神［他］　　　　　　　　　〔神社本庁〕
神明氷川神社《称》　しんめいひかわじん
　じゃ〔社〕
　東京都中野区弥生町・氷川神社　《祭神》素
　盞嗚命［他］　　　　　　　　〔神社本庁〕
神明寺　しんめいじ〔寺〕
　千葉県市川市　《本尊》不動明王
　　　　　　　　　　　　　　　〔真言宗豊山派〕
神明寺　しんめいじ〔寺〕
　東京都江戸川区　《本尊》地蔵菩薩
　　　　　　　　　　　　　　　〔真言宗豊山派〕
神明社《称》　しんめいしゃ〔社〕
　宮城県気仙沼市・五十鈴神社　《祭神》天照
　大神　　　　　　　　　　　　〔神社本庁〕
神明社　しんめいしゃ〔社〕
　宮城県白石市　《祭神》天照皇大神［他］
　　　　　　　　　　　　　　　〔神社本庁〕

472　神社・寺院名よみかた辞典

9画(神)

神明社　しんめいしゃ〔社〕
　宮城県角田市　《祭神》天照皇大神［他］
　　　　　　　　　　　　　　　〔神社本庁〕

神明社　しんめいしゃ〔社〕
　秋田県秋田市　《祭神》天照大御神
　　　　　　　　　　　　　　　〔神社本庁〕

神明社　しんめいしゃ〔社〕
　秋田県横手市　《祭神》天照皇大神［他］
　　　　　　　　　　　　　　　〔神社本庁〕

神明社　しんめいしゃ〔社〕
　秋田県大館市釈迦内字館　《祭神》天照大御
　神［他］　　　　　　　　　　〔神社本庁〕

神明社　しんめいしゃ〔社〕
　秋田県大館市花岡町　《別称》おいせさま
　《祭神》天照大神［他］　　　〔神社本庁〕

神明社　しんめいしゃ〔社〕
　秋田県本荘市　《祭神》天照大御神［他］
　　　　　　　　　　　　　　　〔神社本庁〕

神明社　しんめいしゃ〔社〕
　秋田県男鹿市　《祭神》天照大御神［他］
　　　　　　　　　　　　　　　〔神社本庁〕

神明社　しんめいしゃ〔社〕
　秋田県湯沢市　《祭神》天照皇大神［他］
　　　　　　　　　　　　　　　〔神社本庁〕

神明社　しんめいしゃ〔社〕
　秋田県北秋田郡鷹巣町　《祭神》天照大神［他］
　　　　　　　　　　　　　　　〔神社本庁〕

神明社　しんめいしゃ〔社〕
　秋田県北秋田郡比内町独鈷字大日堂前　《別
　称》大日堂　《祭神》大日靇貴命［他］
　　　　　　　　　　　　　　　〔神社本庁〕

神明社　しんめいしゃ〔社〕
　秋田県北秋田郡比内町扇田本道端　《祭神》
　天照皇大神　　　　　　　　　〔神社本庁〕

神明社　しんめいしゃ〔社〕
　秋田県南秋田郡五城目町　《別称》お勢堂
　《祭神》天照皇大神［他］　　〔神社本庁〕

神明社　しんめいしゃ〔社〕
　秋田県河辺郡河辺町　《別称》戸島神明社
　《祭神》天照大神［他］　　　〔神社本庁〕

神明社　しんめいしゃ〔社〕
　秋田県河辺郡雄和町　《祭神》天照皇大神［他］
　　　　　　　　　　　　　　　〔神社本庁〕

神明社　しんめいしゃ〔社〕
　秋田県由利郡矢島町　《祭神》天照皇大神［他］
　　　　　　　　　　　　　　　〔神社本庁〕

神明社　しんめいしゃ〔社〕
　秋田県仙北郡角館町　《別称》お伊勢堂　《祭
　神》天照皇大神　　　　　　　〔神社本庁〕

神明社　しんめいしゃ〔社〕
　秋田県仙北郡田沢湖町　《祭神》天照大神［他］
　　　　　　　　　　　　　　　〔神社本庁〕

神明社《称》　しんめいしゃ〔社〕
　埼玉県南埼玉郡菖蒲町・神明神社　《祭神》天
　照皇大神［他］　　　　　　　〔神社本庁〕

神明社《称》　しんめいしゃ〔社〕
　千葉県千葉市・寒川神社　《祭神》寒川比古
　命［他］　　　　　　　　　　〔神社本庁〕

神明社　しんめいしゃ〔社〕
　神奈川県横浜市保土ヶ谷区　《祭神》天照皇
　大神　　　　　　　　　　　　〔神社本庁〕

神明社　しんめいしゃ〔社〕
　神奈川県伊勢原市　《祭神》天照大神［他］
　　　　　　　　　　　　　　　〔神社本庁〕

神明社　しんめいしゃ〔社〕
　神奈川県海老名市　《祭神》天照大神［他］
　　　　　　　　　　　　　　　〔神社本庁〕

神明社　しんめいしゃ〔社〕
　福井県鯖江市　《別称》お神明さん　《祭神》
　天照皇大神［他］　　　　　　〔神社本庁〕

神明社　しんめいしゃ〔社〕
　福井県坂井郡三国町　《祭神》天照皇御神
　　　　　　　　　　　　　　　〔神社本庁〕

神明社《称》　しんめいしゃ〔社〕
　静岡県賀茂郡松崎町・国柱命神社　《祭神》国
　柱姫命　　　　　　　　　　　〔神社本庁〕

神明社　しんめいしゃ〔社〕
　愛知県名古屋市千種区　《別称》丸山神明社
　《祭神》天照皇大神　　　　　〔神社本庁〕

神明社　しんめいしゃ〔社〕
　愛知県名古屋市東区　《祭神》天照大神
　　　　　　　　　　　　　　　〔神社本庁〕

神明社　しんめいしゃ〔社〕
　愛知県名古屋市北区　　　　　〔神社本庁〕

神明社　しんめいしゃ〔社〕
　愛知県名古屋市中村区　《祭神》天照大御
　神　　　　　　　　　　　　　〔神社本庁〕

神明社　しんめいしゃ〔社〕
　愛知県名古屋市港区南陽町春田野　《祭神》
　国常立神　　　　　　　　　　〔神社本庁〕

神明社　しんめいしゃ〔社〕
　愛知県名古屋市港区南陽町茶屋新田一番割
　《祭神》天照皇大神　　　　　〔神社本庁〕

神明社　しんめいしゃ〔社〕
　愛知県名古屋市港区南陽町茶屋後新田ヨノ割
　《祭神》天照皇大神　　　　　〔神社本庁〕

神明社　しんめいしゃ〔社〕
　愛知県名古屋市名東区　《祭神》天照大神［他］
　　　　　　　　　　　　　　　〔神社本庁〕

神社・寺院名よみかた辞典　473

9画（神）

神明社　しんめいしゃ〔社〕
　愛知県豊橋市湊町　《祭神》天照皇大神
　　　　　　　　　　　　　　　〔神社本庁〕
神明社　しんめいしゃ〔社〕
　愛知県豊橋市大岩町　《祭神》天照大神
　　　　　　　　　　　　　　　〔神社本庁〕
神明社　しんめいしゃ〔社〕
　愛知県碧南市　《祭神》豊受大神〔他〕
　　　　　　　　　　　　　　　〔神社本庁〕
神明社　しんめいしゃ〔社〕
　愛知県安城市　　　　　　　〔神社本庁〕
神明社　しんめいしゃ〔社〕
　愛知県西尾市　《祭神》天照大御神〔他〕
　　　　　　　　　　　　　　　〔神社本庁〕
神明社　しんめいしゃ〔社〕
　愛知県常滑市　《別称》常滑神明社　《祭神》
　天照皇大神〔他〕　　　　　　〔神社本庁〕
神明社　しんめいしゃ〔社〕
　愛知県小牧市　《別称》小牧神明社　《祭神》
　天照大御神〔他〕　　　　　　〔神社本庁〕
神明社　しんめいしゃ〔社〕
　愛知県知多市　《別称》岡田神明社　《祭神》
　天照大御神〔他〕　　　　　　〔神社本庁〕
神明社　しんめいしゃ〔社〕
　愛知県高浜市　《祭神》天照大御神
　　　　　　　　　　　　　　　〔神社本庁〕
神明社　しんめいしゃ〔社〕
　愛知県田原市　《別称》田原神明社　《祭神》
　天照皇大御神　　　　　　　　〔神社本庁〕
神明社　しんめいしゃ〔社〕
　愛知県中島郡祖父江町　《祭神》豊受大神〔他〕
　　　　　　　　　　　　　　　〔神社本庁〕
神明社　しんめいしゃ〔社〕
　愛知県海部郡蟹江町　《祭神》天照皇大神
　　　　　　　　　　　　　　　〔神社本庁〕
神明社　しんめいしゃ〔社〕
　愛知県知多郡南知多町　《祭神》天照大神〔他〕
　　　　　　　　　　　　　　　〔神社本庁〕
神明社　しんめいしゃ〔社〕
　愛知県幡豆郡幡豆町　《祭神》天照大神
　　　　　　　　　　　　　　　〔神社本庁〕
神明社　しんめいしゃ〔社〕
　大分県大分市　《祭神》天照皇大神〔他〕
　　　　　　　　　　　　　　　〔神社本庁〕
神明神社　しんめいじんじゃ〔社〕
　埼玉県南埼玉郡菖蒲町　《別称》神明社　《祭
　神》天照皇大神〔他〕　　　　〔神社本庁〕
神明神社　しんめいじんじゃ〔社〕
　千葉県安房郡天津小湊町　《別称》天津神明
　神社　《祭神》天照皇大神〔他〕〔神社本庁〕

神明神社　しんめいじんじゃ〔社〕
　東京都世田谷区　《祭神》天照皇大神
　　　　　　　　　　　　　　　〔神社本庁〕
神明神社　しんめいじんじゃ〔社〕
　福井県福井市　《別称》お神明さん　《祭神》
　天照皇大神　　　　　　　　　〔神社本庁〕
神明神社　しんめいじんじゃ〔社〕
　福井県武生市　《祭神》天照皇大神
　　　　　　　　　　　　　　　〔神社本庁〕
神明神社　しんめいじんじゃ〔社〕
　福井県大野市　《祭神》天照皇大神〔他〕
　　　　　　　　　　　　　　　〔神社本庁〕
神明神社　しんめいじんじゃ〔社〕
　福井県勝山市　《祭神》天照大神〔他〕
神明神社　しんめいじんじゃ〔社〕
　岐阜県中津川市　《祭神》天照皇大神〔他〕
　　　　　　　　　　　　　　　〔神社本庁〕
神明神社　しんめいじんじゃ〔社〕
　岐阜県羽島市　《祭神》天照大神　〔神社本庁〕
神明神社　しんめいじんじゃ〔社〕
　岐阜県可児市　《祭神》天照大神　〔神社本庁〕
神明神社　しんめいじんじゃ〔社〕
　岐阜県飛騨市　《別称》神明様　《祭神》天照
　大神〔他〕　　　　　　　　　〔神社本庁〕
神明神社　しんめいじんじゃ〔社〕
　岐阜県羽島郡川島町　《別称》御鍬様　《祭
　神》天照大神　　　　　　　　〔神社本庁〕
神明神社　しんめいじんじゃ〔社〕
　岐阜県海津郡平田町　《祭神》天照大神〔他〕
　　　　　　　　　　　　　　　〔神社本庁〕
神明神社　しんめいじんじゃ〔社〕
　岐阜県揖斐郡池田町　《祭神》天照皇大神
　　　　　　　　　　　　　　　〔神社本庁〕
神明神社　しんめいじんじゃ〔社〕
　岐阜県土岐郡笠原町　《祭神》天照大神
　　　　　　　　　　　　　　　〔神社本庁〕
神明神社　しんめいじんじゃ〔社〕
　静岡県掛川市　《別称》増田神明　《祭神》天
　照大神　　　　　　　　　　　〔神社本庁〕
神明神社　しんめいじんじゃ〔社〕
　静岡県湖西市白須賀848　《祭神》豊受姫大
　神　　　　　　　　　　　　　〔神社本庁〕
神明神社　しんめいじんじゃ〔社〕
　静岡県引佐郡三ヶ日町　《祭神》天照皇大神
　〔他〕　　　　　　　　　　　〔神社本庁〕
神明神社　しんめいじんじゃ〔社〕
　愛知県刈谷市　《祭神》天照皇大神〔他〕
　　　　　　　　　　　　　　　〔神社本庁〕

9画（神）

神明神社　しんめいじんじゃ〔社〕
　愛知県安城市　《祭神》大日孁貴尊
　　　　　　　　　　　　　　〔神社本庁〕
神明神社　しんめいじんじゃ〔社〕
　愛知県蒲郡市　《祭神》大日孁尊〔神社本庁〕
神明神社　しんめいじんじゃ〔社〕
　愛知県東加茂郡旭町　《祭神》天照大御神[他]
　　　　　　　　　　　　　　〔神社本庁〕
神明神社　しんめいじんじゃ〔社〕
　兵庫県小野市　《祭神》豊受皇大神[他]
　　　　　　　　　　　　　　〔神社本庁〕
神明宮《称》　しんめいぐう〔社〕
　北海道函館市・山上大神宮　《祭神》天照皇大神[他]　　　　　〔神社本庁〕
神明宮　しんめいぐう〔社〕
　青森県弘前市　《別称》弘前神明宮　《祭神》天照大御神　　　　　〔神社本庁〕
神明宮　しんめいぐう〔社〕
　青森県黒石市　《祭神》天照大神〔神社本庁〕
神明宮　しんめいぐう〔社〕
　青森県五所川原市　《祭神》天照太神
　　　　　　　　　　　　　　〔神社本庁〕
神明宮　しんめいぐう〔社〕
　青森県西津軽郡深浦町　《祭神》天照大御神　　　　　　　　　　〔神社本庁〕
神明宮　しんめいぐう〔社〕
　青森県南津軽郡田舎館村　《祭神》天照皇太神　　　　　　　　　〔神社本庁〕
神明宮　しんめいぐう〔社〕
　青森県上北郡七戸町　《別称》七戸神明宮　《祭神》大日孁貴尊　〔神社本庁〕
神明宮《称》　しんめいぐう〔社〕
　岩手県大船渡市・天照御祖神社　《祭神》天照大神　　　　　　〔神社本庁〕
神明宮　しんめいぐう〔社〕
　福島県伊達郡保原町　《祭神》撞賢木厳之御魂[他]　　　　　　〔神社本庁〕
神明宮《称》　しんめいぐう〔社〕
　福島県田村郡三春町・三春大神宮　《祭神》天照皇大神[他]　　〔神社本庁〕
神明宮　しんめいぐう〔社〕
　茨城県東茨城郡大洗町　《祭神》大日孁貴尊[他]　　　　　　　〔神社本庁〕
神明宮　しんめいぐう〔社〕
　栃木県栃木市　《別称》神明様　《祭神》天照皇大神[他]　　　〔神社本庁〕
神明宮　しんめいぐう〔社〕
　群馬県藤岡市　《祭神》大日孁命[他]
　　　　　　　　　　　　　　〔神社本庁〕

神明宮　しんめいぐう〔社〕
　群馬県新田郡藪塚本町　《祭神》大日孁命
　　　　　　　　　　　　　　〔神社本庁〕
神明宮　しんめいぐう〔社〕
　群馬県山田郡大間々町　《祭神》大日孁命[他]
　　　　　　　　　　　　　　〔神社本庁〕
神明宮　しんめいぐう〔社〕
　富山県富山市　《別称》土手神明　《祭神》天照皇大神　　　　　〔神社本庁〕
神明宮　しんめいぐう〔社〕
　富山県砺波市　《別称》でまちの神明さん
　《祭神》天照皇大御神　　　　〔神社本庁〕
神明宮　しんめいぐう〔社〕
　石川県金沢市　《別称》お神明さん　《祭神》天照皇大神[他]　〔神社本庁〕
神明宮《称》　しんめいぐう〔社〕
　福井県坂井郡丸岡町・国神神社　《祭神》椀子皇子　　　　　　〔神社本庁〕
神明宮　しんめいぐう〔社〕
　長野県東筑摩郡四賀村　《祭神》天照皇大神　　　　　　　　　〔神社本庁〕
神明宮　しんめいぐう〔社〕
　長野県東筑摩郡麻績村　《祭神》天照皇大神　　　　　　　　　〔神社本庁〕
神明宮　しんめいぐう〔社〕
　長野県北安曇郡美麻村　《祭神》天照大神[他]
　　　　　　　　　　　　　　〔神社本庁〕
神明宮《称》　しんめいぐう〔社〕
　静岡県浜松市・須倍神社　《祭神》天照皇大神[他]　　　　　　〔神社本庁〕
神明宮　しんめいぐう〔社〕
　静岡県焼津市　《祭神》天照皇大御神
　　　　　　　　　　　　　　〔神社本庁〕
神明宮　しんめいぐう〔社〕
　静岡県湖西市白須賀4167　《祭神》天照皇大御神　　　　　　〔神社本庁〕
神明宮　しんめいぐう〔社〕
　愛知県岡崎市　《別称》能見神明　《祭神》天照皇大御神[他]　〔神社本庁〕
神明宮　しんめいぐう〔社〕
　愛知県豊田市　《別称》高岡町新馬場神明宮　《祭神》大日孁貴命[他]　〔神社本庁〕
神明様《称》　しんめいさま〔社〕
　北海道室蘭市・中嶋神社　《祭神》天照皇大神[他]　　　　　　〔神社本庁〕
神明様《称》　しんめいさま〔社〕
　岩手県久慈市・大神宮　《祭神》天照皇大神[他]　　　　　　　〔神社本庁〕
神明様《称》　しんめいさま〔社〕
　秋田県河辺郡雄和町・鶴ヶ崎神社　《祭神》天照皇大神[他]　　〔神社本庁〕

神社・寺院名よみかた辞典　475

9画（神）

神明様《称》　しんめいさま〔社〕
　栃木県栃木市・神明宮　《祭神》天照皇大神
　［他］　〔神社本庁〕
神明様《称》　しんめいさま〔社〕
　東京都杉並区・天祖神社　《祭神》天照大御
　神　〔神社本庁〕
神明様《称》　しんめいさま〔社〕
　岐阜県飛騨市・神明神社　《祭神》天照大神
　［他］　〔神社本庁〕
神明様《称》　しんめいさま〔社〕
　岐阜県下呂市・宮谷神明宮　《祭神》天照大
　御神［他］　〔神社本庁〕
神明様《称》　しんめいさま〔社〕
　岐阜県海津郡平田町・今尾神社　《祭神》豊
　受姫大神［他］　〔神社本庁〕
神武さま《称》　じんむさま〔社〕
　宮崎県宮崎市・宮崎神宮　《祭神》神日本磐
　余彦尊［他］　〔神社本庁〕
神武天皇社　じんむてんのうしゃ〔社〕
　福岡県遠賀郡芦屋町　《祭神》神武天皇［他］
　〔神社本庁〕
神武寺　じんむじ〔寺〕
　神奈川県逗子市　《本尊》薬師如来　〔天台宗〕
神武様《称》　じんむさま〔社〕
　岡山県岡山市・雄神川神社　《祭神》神日本
　磐余彦火火出見尊［他］　〔神社本庁〕
神波多神社　かんはたじんじゃ〔社〕
　奈良県山辺郡山添村　《祭神》須佐之男命
　〔神社本庁〕
神炊館神社　おたきやじんじゃ〔社〕
　福島県須賀川市　《別称》お諏訪さま　《祭
　神》建弥依米命［他］　〔神社本庁〕
神門寺　かんどうじ〔寺〕
　島根県出雲市　《別称》いろは寺　《本尊》阿
　弥陀如来　〔浄土宗〕
神門神社　みかどじんじゃ〔社〕
　宮崎県東臼杵郡南郷村　《祭神》伊弉冉命［他］
　〔神社本庁〕
9神前神社　かみさきじんじゃ〔社〕
　愛知県半田市　《祭神》神倭磐余彦尊
　〔神社本庁〕
神前神社　かんざきじんじゃ〔社〕
　鳥取県気高郡青谷町　《祭神》猿田毘古神［他］
　〔神社本庁〕
神威神社　かむいじんじゃ〔社〕
　北海道積丹郡積丹町　《祭神》大綿津見神［他］
　〔神社本庁〕
神屋天神社《称》　かみやてんじんしゃ〔社〕
　兵庫県姫路市・九所御霊天神社　《祭神》少
　彦名命［他］　〔神社本庁〕

神度神社　かんとじんじゃ〔社〕
　富山県中新川郡上市町　《祭神》神度神［他］
　〔神社本庁〕
神柱神社《称》　かんばしらじんじゃ〔社〕
　宮崎県都城市・神柱宮　《祭神》天照皇大神
　［他］　〔神社本庁〕
神柱宮　かんばしらぐう〔社〕
　宮崎県都城市　《別称》神柱神社　《祭神》天
　照皇大神［他］　〔神社本庁〕
神泉苑　しんぜんえん〔寺〕
　京都府京都市中京区　〔真言宗東寺派〕
神神社　みわじんじゃ〔社〕
　静岡県志太郡岡部町　《別称》明神さま・三
　輪明神　《祭神》大物主命　〔神社本庁〕
神神社　みわじんじゃ〔社〕
　岡山県岡山市　《祭神》大物主命［他］
　〔神社本庁〕
10神原八幡宮　かみのはらはちまんぐう〔社〕
　佐賀県伊万里市　《祭神》誉田別尊［他］
　〔単立〕
神宮　じんぐう〔社〕
　三重県伊勢市(神宮司庁)　《別称》伊勢神宮・
　お伊勢さん　皇大神宮(内宮)と豊受大神宮
　(外宮)の総称　〔神社本庁〕
神宮さま《称》　じんぐうさま〔社〕
　新潟県新潟市・新潟大神宮　《祭神》天照皇
　大神［他］　〔神社本庁〕
神宮寺　じんぐうじ〔寺〕
　宮城県柴田郡柴田町　《別称》大光院　《本
　尊》不動明王　〔真言宗智山派〕
神宮寺　じんぐうじ〔寺〕
　福島県安達郡本宮町　《本尊》阿弥陀如来
　〔真言宗豊山派〕
神宮寺　じんぐうじ〔寺〕
　茨城県稲敷郡桜川村　《本尊》阿弥陀三尊
　〔天台宗〕
神宮寺　じんぐうじ〔寺〕
　茨城県新治郡新治村　《本尊》十一面観世音
　菩薩　〔新義真言宗〕
神宮寺　じんぐうじ〔寺〕
　千葉県勝浦市　《本尊》日蓮聖人奠定の大曼
　荼羅　〔日蓮宗〕
神宮寺　じんぐうじ〔寺〕
　新潟県佐渡市　〔真言宗醍醐派〕
神宮寺　じんぐうじ〔寺〕
　福井県小浜市　《本尊》阿弥陀如来　〔天台宗〕
神宮寺　じんぐうじ〔寺〕
　山梨県山梨市　《本尊》阿弥陀如来
　〔真言宗智山派〕

9画（神）

神宮寺　じんぐうじ〔寺〕
　愛知県名古屋市昭和区　《本尊》薬師如来
　　　　　　　　　　　　　　〔真言宗豊山派〕
神宮寺　じんぐうじ〔寺〕
　三重県鈴鹿市　《本尊》薬師如来
　　　　　　　　　　　　　　〔高野山真言宗〕
神宮寺　じんぐうじ〔寺〕
　三重県多気郡勢和村　《別称》女人高野山・丹
　生大師　《本尊》十一面観世音菩薩・弘法
　大師　　　　　　　　　　　〔真言宗山階派〕
神宮寺　じんぐうじ〔寺〕
　滋賀県甲賀郡甲賀町　《本尊》阿弥陀如来
　　　　　　　　　　　　　　　　　〔浄土宗〕
神宮寺　じんぐうじ〔寺〕
　大阪府八尾市　　　　　　　〔高野山真言宗〕
神宮寺　じんぐうじ〔寺〕
　兵庫県三原郡南淡町阿万上町　《本尊》延命
　地蔵菩薩　　　　　　　　　〔高野山真言宗〕
神宮寺　じんぐうじ〔寺〕
　兵庫県三原郡南淡町沼島　《別称》宮寺　《本
　尊》金剛界大日如来　　　　〔高野山真言宗〕
神宮寺　じんぐうじ〔寺〕
　岡山県井原市　《本尊》不動明王・金剛夜叉
　明王　　　　　　　　　　　　〔天台寺門宗〕
神宮寺　じんぐうじ〔寺〕
　岡山県勝田郡勝田町　《本尊》十一面観世音
　菩薩　　　　　　　　　　　〔高野山真言宗〕
神宮寺　じんぐうじ〔寺〕
　徳島県板野郡土成町　《別称》吉田のお薬師
　《本尊》薬師如来　　　　　〔高野山真言宗〕
神宮寺　じんぐうじ〔寺〕
　徳島県美馬郡半田町　《別称》半田の御寺
　《本尊》薬師三尊・十二神将・如意輪観世音
　菩薩　　　　　　　　　　　〔真言宗御室派〕
神宮寺　じんぐうじ〔寺〕
　沖縄県宜野湾市　《本尊》聖観世音菩薩
　　　　　　　　　　　　　　〔真言宗東寺派〕
神峰山寺　かぶざんじ〔寺〕
　大阪府高槻市　《別称》神峯山の毘沙門天
　《本尊》毘沙門天・十一面観世音菩薩
　　　　　　　　　　　　　　　　　〔天台宗〕
神峰寺　こうのみねじ〔寺〕
　高知県安芸郡安田町　《別称》四国第二七番
　霊場　《本尊》十一面観世音菩薩
　　　　　　　　　　　　　　〔真言宗豊山派〕
神峯神社　こうのみねじんじゃ〔社〕
　高知県安芸郡安田町　《祭神》大山祇大神〔他〕
　　　　　　　　　　　　　　　　〔神社本庁〕
神恵院　じんねいん〔寺〕
　香川県観音寺市　《別称》八幡宮・四国第六
　八番霊場　《本尊》阿弥陀如来

神根神社　こうねじんじゃ〔社〕
　岡山県和気郡吉永町　《別称》氏神さま　《祭
　神》木花開耶姫命〔他〕　　　　〔神社本庁〕
神竜寺　じんりゅうじ〔寺〕
　茨城県土浦市　《本尊》白衣観世音菩薩
　　　　　　　　　　　　　　　　　〔曹洞宗〕
神竜寺　しんりゅうじ〔寺〕
　愛知県豊田市　《本尊》釈迦如来　〔曹洞宗〕
神通密寺　じんつうみつじ〔寺〕
　佐賀県佐賀郡大和町　《別称》実相院　《本
　尊》薬師如来　　　　　　　〔真言宗御室派〕
11神崎寺　かんざきじ〔寺〕
　茨城県水戸市　　　　　　　〔真言宗豊山派〕
神崎神社　こうざきじんじゃ〔社〕
　千葉県香取郡神崎町　《祭神》大鳥船命〔他〕
　　　　　　　　　　　　　　　　〔神社本庁〕
神崎神社　かんざきじんじゃ〔社〕
　鳥取県東伯郡赤碕町　《別称》赤碕荒神宮
　《祭神》素盞嗚尊　　　　　　　〔神社本庁〕
神崇寺　じんそうじ〔寺〕
　静岡県浜松市　《別称》ひがしでら　《本尊》
　阿弥陀如来　　　　　　　　　　　〔浄土宗〕
神淵神社　かぶちじんじゃ〔社〕
　岐阜県加茂郡七宗町　《別称》御佩の宮神淵
　神社　《祭神》須佐之男命〔他〕　〔神社本庁〕
神貫神社　かんぬきじんじゃ〔社〕
　鹿児島県垂水市　《祭神》神貫神　〔神社本庁〕
神部神社　かんべじんじゃ〔社〕
　山梨県塩山市　《祭神》祓戸九柱　〔神社本庁〕
神部神社《称》　　かんべじんじゃ〔社〕
　山梨県韮崎市・南宮大神宮　《祭神》建御名
　方命〔他〕　　　　　　　　　　〔神社本庁〕
神部神社　かんべじんじゃ〔社〕
　山梨県南アルプス市　《祭神》大物主命
　　　　　　　　　　　　　　　　〔神社本庁〕
神部神社　かんべじんじゃ〔社〕
　静岡県静岡市　《祭神》大己貴命　〔神社本庁〕
神野寺　じんやじ〔寺〕
　千葉県君津市　《本尊》薬師如来・軍陀利明
　王　　　　　　　　　　　　〔真言宗智山派〕
神野寺　こうのじ〔寺〕
　奈良県山辺郡山添村　《本尊》薬師如来
　　　　　　　　　　　　　　〔真言宗豊山派〕
神野神社《称》　　かんのうじんじゃ〔社〕
　京都府亀岡市・宮川神社　《祭神》伊賀古夜
　姫命〔他〕　　　　　　　　　　〔神社本庁〕
神野神社　かみのじんじゃ〔社〕
　香川県丸亀市　《別称》雨宮　《祭神》天穂日
　命〔他〕　　　　　　　　　　　　〔神社本庁〕

9画（祖, 祐）

神野宮《称》　こうのみや〔社〕
　奈良県奈良市・夜支布山口神社　《祭神》素
　盞嗚命　〔神社本庁〕
12 神童寺　じんどうじ〔寺〕
　京都府相楽郡山城町　《本尊》蔵王権現
　〔真言宗智山派〕
13 神楽寺　じんらくじ〔寺〕
　群馬県佐波郡玉村町　《本尊》阿弥陀如来
　〔天台宗〕
神照寺　じんしょうじ〔寺〕
　滋賀県長浜市　《本尊》大日如来・神照稲荷
　〔真言宗智山派〕
神照院　じんしょういん〔寺〕
　兵庫県朝来郡朝来町　《本尊》如意輪観世音
　菩薩　〔臨済宗妙心寺派〕
神福寺　じんぷくじ〔寺〕
　兵庫県宍粟郡一宮町　《本尊》大日如来・弘
　法大師・弁財天　〔高野山真言宗〕
神福寺　しんぷくじ〔寺〕
　山口県山口市　《別称》初瀬観音堂　《本尊》
　十一面観世音菩薩　〔真言宗御室派〕
14 神嶋神社　こうじまじんじゃ〔社〕
　長崎県北松浦郡小値賀町　《別称》大山様
　《祭神》鴨一速王命〔他〕　〔神社本庁〕
神徳寺　しんとくじ〔寺〕
　沖縄県那覇市　《別称》八幡の寺　《本尊》不
　動明王　〔真言宗東寺派〕
神魂神社　かもすじんじゃ〔社〕
　島根県松江市　《別称》大庭大宮　《祭神》伊
　弉冊神〔他〕　〔神社本庁〕
15 神蔵寺　じんぞうじ〔寺〕
　京都府亀岡市　《別称》佐伯の薬師　《本尊》
　薬師如来・日光菩薩・月光菩薩
　〔臨済宗妙心寺派〕
16 神積寺　しんしゃくじ〔寺〕
　兵庫県神崎郡福崎町　《別称》田原文殊　《本
　尊》薬師如来　〔天台宗〕
神館神社　かんたちじんじゃ〔社〕
　三重県桑名市　《祭神》天照皇大神〔他〕
　〔神社本庁〕
神館飯野高市神社　こうだちいいのたかい
　ちじんじゃ〔社〕
　三重県鈴鹿市　《別称》神戸宗社　《祭神》天
　照大御神〔他〕　〔神社本庁〕
20 神護寺　じんごじ〔寺〕
　埼玉県和光市　《本尊》不動明王
　〔真言宗智山派〕
神護寺　じんごじ〔寺〕
　岐阜県安八郡神戸町　《別称》善学院　《本尊》
　阿弥陀如来・歓喜天・元三大師　〔天台宗〕

神護寺　じんごじ〔寺〕
　京都府京都市右京区　《別称》高雄　《本尊》
　薬師如来　〔高野山真言宗〕

【祖】

4 祖父江善光寺《称》　そぶえぜんこうじ〔寺〕
　愛知県中島郡祖父江町・善光寺　《本尊》阿
　弥陀三尊・青不動明王　〔単立〕
祖父君神社　おじぎみじんじゃ〔社〕
　長崎県南松浦郡新魚目町　《別称》浦の宮
　《祭神》伊弉諾尊〔他〕　〔神社本庁〕
5 祖母君神社　うばぎみじんじゃ〔社〕
　長崎県南松浦郡有川町　《別称》下の宮　《祭
　神》伊邪奈美命　〔神社本庁〕
祖母神社　そぼじんじゃ〔社〕
　愛知県刈谷市　《祭神》伊邪那美命
　〔神社本庁〕
祖母嶽神社　そぼたけじんじゃ〔社〕
　宮崎県西臼杵郡高千穂町　《祭神》彦火火出
　見命〔他〕　〔神社本庁〕
6 祖式八幡宮《称》　そじきはちまんぐう〔社〕
　島根県大田市祖式町・八幡宮　《祭神》応神
　天皇〔他〕　〔神社本庁〕
10 祖師野の宮《称》　そしののみや〔社〕
　岐阜県下呂市・八幡神社　《祭神》応神天皇
　〔神社本庁〕
祖院《称》　そいん〔寺〕
　石川県鳳至郡門前町・大本山総持寺能登別院
　《本尊》釈迦如来　〔曹洞宗〕
12 祖道さん《称》　そどうさん〔社〕
　兵庫県姫路市・祖道神社　《祭神》石上大神
　〔他〕　〔祖道教〕
祖道神社　そどうじんじゃ〔社〕
　兵庫県姫路市　《別称》祖道さん　《祭神》石
　上大神〔他〕　〔祖道教〕

【祐】

4 祐天寺　ゆうてんじ〔寺〕
　東京都目黒区　《本尊》阿弥陀如来・祐天上
　人　〔浄土宗〕
5 祐正寺　ゆうしょうじ〔寺〕
　京都府京都市上京区　《本尊》阿弥陀如来
　〔浄土宗〕
8 祐宝寺　ゆうほうじ〔寺〕
　滋賀県甲賀郡甲賀町　《別称》梅田山　《本
　尊》阿弥陀三尊　〔浄土宗〕
祐念寺　ゆうねんじ〔寺〕
　大阪府枚方市　《本尊》阿弥陀如来
　〔真宗大谷派〕

9画（科, 秋, 籾, 紀）

祐林寺　ゆうりんじ〔寺〕
　山形県寒河江市　《本尊》釈迦如来　〔曹洞宗〕
9祐信寺　ゆうしんじ〔寺〕
　鹿児島県出水郡野田町　《本尊》阿弥陀如来　〔浄土真宗本願寺派〕
祐専寺　ゆうせんじ〔寺〕
　富山県小矢部市　《別称》長村のお寺　《本尊》阿弥陀如来　〔真宗大谷派〕
祐専寺　ゆうせんじ〔寺〕
　愛知県中島郡祖父江町　《別称》太子寺　《本尊》阿弥陀如来　〔真宗大谷派〕
祐泉寺　ゆうせんじ〔寺〕
　岐阜県美濃加茂市　《本尊》聖観世音菩薩　〔臨済宗妙心寺派〕
13祐福寺　ゆうふくじ〔寺〕
　愛知県愛知郡東郷町　《本尊》阿弥陀三尊　〔浄土宗西山禅林寺派〕
14祐徳寺　ゆうとくじ〔寺〕
　兵庫県養父市　《本尊》阿弥陀如来　〔臨済宗大徳寺派〕
祐徳稲荷神社　ゆうとくいなりじんじゃ〔社〕
　佐賀県鹿島市　《別称》日本三大稲荷・鎮西日光　《祭神》倉稲魂大神〔他〕　〔神社本庁〕
祐徳稲荷神社　ゆうとくいなりじんじゃ〔社〕
　長崎県西彼杵郡時津町　《別称》時津祐徳院　《祭神》倉稲魂大神〔他〕　〔神社本庁〕

【科】
8科長神社　しながじんじゃ〔社〕
　大阪府南河内郡太子町　《祭神》級長津彦命〔他〕　〔神社本庁〕
科長神社　しながじんじゃ〔社〕
　宮崎県都城市　《別称》天神さま　《祭神》科津彦神〔他〕　〔神社本庁〕
11科野大宮社　しなのおおみやしゃ〔社〕
　長野県上田市　《祭神》大己貴命〔他〕　〔神社本庁〕

【秋】
4秋月院　しゅうげついん〔寺〕
　山梨県南アルプス市　《本尊》釈迦如来　〔曹洞宗〕
5秋田県護国神社　あきたけんごこくじんじゃ〔社〕
　秋田県秋田市　《祭神》護国の神霊〔他〕　〔神社本庁〕

12秋葉山三尺坊《称》　あきばさんさんじゃくぼう〔寺〕
　静岡県周智郡春野町・秋葉寺　《本尊》聖観世音菩薩・秋葉三尺坊大権現　〔曹洞宗〕
秋葉山本宮秋葉神社　あきはさんほんぐうあきはじんじゃ〔社〕
　静岡県周智郡春野町　《祭神》火之迦具土大神　〔神社本庁〕
秋葉寺　しゅうようじ〔寺〕
　静岡県周智郡春野町　《別称》秋葉山三尺坊　《本尊》聖観世音菩薩・秋葉三尺坊大権現　〔曹洞宗〕
秋葉神社　あきばじんじゃ〔社〕
　宮城県栗原郡一迫町　《祭神》火産霊命　〔神社本庁〕
秋葉神社　あきはじんじゃ〔社〕
　東京都台東区　《祭神》火産霊神〔他〕　〔神社本庁〕
秋葉神社《称》　あきばじんじゃ〔社〕
　福井県福井市・火産霊神社　《祭神》火産霊大神　〔神社本庁〕
秋葉神社　あきばじんじゃ〔社〕
　静岡県浜松市　《祭神》迦具土神〔他〕　〔神社本庁〕
秋葉神社　あきばじんじゃ〔社〕
　愛知県西加茂郡藤岡町　《祭神》迦具土命　〔神社本庁〕
秋葉総本殿《称》　あきばそうほんでん〔寺〕
　静岡県袋井市・可睡斎　《本尊》聖観世音菩薩・秋葉三尺坊大権現　〔曹洞宗〕
15秋穂八幡宮《称》　あいおはちまんぐう〔社〕
　山口県吉敷郡秋穂町・正八幡宮　《祭神》応神天皇〔他〕　〔神社本庁〕
17秋篠寺　あきしのでら〔寺〕
　奈良県奈良市　《本尊》薬師三尊　〔単立〕

【籾】
3籾山八幡社　もみやまはちまんしゃ〔社〕
　大分県直入郡直入町　《別称》籾山様　《祭神》直入物部神〔他〕　〔神社本庁〕
籾山生子神社　もみやまいきこじんじゃ〔社〕
　栃木県鹿沼市　《祭神》瓊瓊杵神　〔神社本庁〕
籾山様《称》　もみやまさま〔社〕
　大分県直入郡直入町・籾山八幡社　《祭神》直入物部神〔他〕　〔神社本庁〕

【紀】
3紀三井寺《称》　きみいでら〔寺〕
　和歌山県和歌山市・金剛宝寺護国院　《本尊》十一面観世音菩薩　〔救世観音宗〕

神社・寺院名よみかた辞典　479

9画（紅, 美, 胡, 胎, 茜, 茨）

10紀倍神社　きべじんじゃ〔社〕
　福井県坂井郡坂井町　《祭神》別雷神
　　　　　　　　　　　　　　〔神社本庁〕

【紅】
12紅葉八幡宮　もみじはちまんぐう〔社〕
　福岡県福岡市早良区　《祭神》神功皇后[他]
　　　　　　　　　　　　　　〔神社本庁〕

【美】
3美女ヶ森《称》　びじょがもり〔社〕
　長野県駒ヶ根市・大御食神社　《祭神》日本
　武尊[他]　　　　　　　　　〔神社本庁〕
美川八幡宮《称》　みかわはちまんぐう〔社〕
　島根県浜田市内村町・八幡宮　《祭神》誉田
　別命[他]　　　　　　　　　〔神社本庁〕
6美江寺　みえじ〔寺〕
　岐阜県岐阜市　《別称》美江寺観音　《本尊》
　十一面観世音菩薩　　　　　　〔天台宗〕
7美作二宮《称》　みまさかにのみや〔社〕
　岡山県津山市二宮・高野神社　《祭神》鸕鷀
　草葺不合尊[他]　　　　　　〔神社本庁〕
美作総社宮《称》　みまさかそうしゃぐう
〔社〕
　岡山県津山市・総社　《祭神》惣社大明神
　　　　　　　　　　　　　　〔神社本庁〕
8美具久留御魂神社　みぐくるみたまじん
じゃ〔社〕
　大阪府富田林市　《別称》喜志宮　《祭神》美
　具久留御魂大神　　　　　　　〔神社本庁〕
美取神社　みどりじんじゃ〔社〕
　鳥取県岩美郡岩美町　《祭神》大物主神[他]
　　　　　　　　　　　　　　〔神社本庁〕
美和神社　みわじんじゃ〔社〕
　群馬県桐生市　末社に西ノ宮神社がある
　《祭神》大物主奇甕玉命[他]　〔神社本庁〕
美和神社　びわじんじゃ〔社〕
　山梨県東八代郡御坂町　《別称》二之宮さん
　《祭神》大物主命　　　　　　〔神社本庁〕
美和神社　みわじんじゃ〔社〕
　岡山県邑久郡長船町　《祭神》大物主神
　　　　　　　　　　　　　　〔神社本庁〕
美奈宜神社　みなぎじんじゃ〔社〕
　福岡県甘木市蜷城町　《祭神》素戔嗚尊[他]
　　　　　　　　　　　　　　〔神社本庁〕
美奈宜神社　みなぎじんじゃ〔社〕
　福岡県甘木市荷原　《祭神》天照大神[他]
　　　　　　　　　　　　　　〔神社本庁〕
9美保神社　みほじんじゃ〔社〕
　島根県八束郡美保関町　《別称》えびす様
　《祭神》事代主神[他]　　　　〔神社本庁〕

11美教寺　びきょうじ〔寺〕
　北海道網走郡美幌町　《別称》お西さん　《本
　尊》阿弥陀如来　　〔浄土真宗本願寺派〕
美麻奈比古神社　みまなひこじんじゃ〔社〕
　石川県鳳至郡穴水町　《祭神》美麻奈比古神
　[他]　　　　　　　　　　　〔神社本庁〕
15美幣奴神社　みてくらじんじゃ〔社〕
　鳥取県八頭郡郡家町　《祭神》太玉命[他]
　　　　　　　　　　　　　　〔神社本庁〕
16美濃輪稲荷神社　みのわいなりじんじゃ〔
社〕
　静岡県静岡市　《祭神》宇迦之御魂大神[他]
　　　　　　　　　　　　　　〔神社本庁〕

【胡】
5胡四王神社　こしおうじんじゃ〔社〕
　岩手県花巻市　《祭神》大己貴命[他]
　　　　　　　　　　　　　　〔神社本庁〕
10胡宮神社　このみやじんじゃ〔社〕
　滋賀県犬上郡多賀町　《別称》このみやさん
　《祭神》伊邪那岐命[他]　　　〔神社本庁〕
胡桃下稲荷《称》　くるみしたいなり〔社〕
　茨城県笠間市・笠間稲荷神社　《祭神》宇迦
　之御魂命　　　　　　　　　　〔神社本庁〕
16胡録神社　ころくじんじゃ〔社〕
　東京都荒川区　《別称》第六天　《祭神》面足
　尊[他]　　　　　　　　　　〔神社本庁〕

【胎】
9胎泉寺　たいせんじ〔寺〕
　島根県出雲市　《本尊》阿弥陀如来
　　　　　　　　　　　　　〔真宗大谷派〕
15胎蔵寺　たいぞうじ〔寺〕
　大分県東国東郡国見町　《本尊》阿弥陀三
　尊　　　　　　　　　　　　〔西山浄土宗〕
胎養寺　たいようじ〔寺〕
　群馬県新田郡藪塚本町　《本尊》断臂不動明
　王・不動明王　　　　　　〔真言宗豊山派〕

【茜】
7茜社　あこねしゃ〔社〕
　三重県伊勢市　《祭神》蛭子神　〔神社本庁〕
11茜部神社　あかなべじんじゃ〔社〕
　岐阜県岐阜市　《別称》八幡様　《祭神》応神
　天皇[他]　　　　　　　　　〔神社本庁〕

【茨】
4茨木神社　いばらきじんじゃ〔社〕
　大阪府茨木市　《祭神》建速素盞嗚尊[他]
　　　　　　　　　　　　　　〔神社本庁〕

480　神社・寺院名よみかた辞典

9画（荏,荒）

茨木虚空蔵《称》 いばらきこくうぞう〔寺〕
　大阪府茨木市・慧光院　《本尊》阿弥陀如来・
　虚空蔵菩薩　　　　　　　　　　　〔浄土宗〕
7茨住吉神社　いばらすみよしじんじゃ〔社〕
　大阪府大阪市西区　《祭神》底筒男命［他］
　　　　　　　　　　　　　　　　〔神社本庁〕
9茨城県護国神社　いばらぎけんごこくじん
　じゃ〔社〕
　茨城県水戸市　《祭神》護国の神霊
　　　　　　　　　　　　　　　　〔神社本庁〕

【荏】

6荏名神社　えなじんじゃ〔社〕
　岐阜県高山市　《祭神》高皇産霊神［他］
　　　　　　　　　　　　　　　　〔神社本庁〕
9荏柄天神社　えがらてんじんしゃ〔社〕
　神奈川県鎌倉市　《別称》天神さま　《祭神》
　菅原道真　　　　　　　　　　　　〔神社本庁〕
10荏原金刀比羅神社　えばらことひらじんじ
　ゃ〔社〕
　東京都品川区荏原　《祭神》大物主神［他］
　　　　　　　　　　　　　　　　〔神社本庁〕

荏原神社　えばらじんじゃ〔社〕
　東京都品川区北品川　《別称》南の天王さま
　《祭神》高龗神［他］　　　　　　〔神社本庁〕

【荒】

3荒山宮《称》　あらやまぐう〔社〕
　大阪府堺市・多治速比売神社　《祭神》多治
　速比売命［他］　　　　　　　　　〔神社本庁〕
荒川神社　あらかわじんじゃ〔社〕
　兵庫県姫路市　《祭神》水波能女命［他］
　　　　　　　　　　　　　　　　〔神社本庁〕
4荒井神社　あらいじんじゃ〔社〕
　長野県伊那市　《祭神》伊弉冉尊［他］
　　　　　　　　　　　　　　　　〔神社本庁〕
荒井神社　あらいじんじゃ〔社〕
　兵庫県高砂市荒井町　《別称》だいこくさん
　《祭神》大己貴神［他］　　　　　〔神社本庁〕
荒戸神社　あらとじんじゃ〔社〕
　滋賀県大津市　《祭神》天児屋根命［他］
　　　　　　　　　　　　　　　　〔神社本庁〕
荒木神社　あらきじんじゃ〔社〕
　静岡県田方郡韮山町　《祭神》天津日子根
　命　　　　　　　　　　　　　　　〔神社本庁〕
5荒田八幡《称》　あらたはちまん〔社〕
　鹿児島県鹿児島市・荒田八幡宮　《祭神》応
　神天皇［他］　　　　　　　　　　〔神社本庁〕
荒田八幡宮　あらたはちまんぐう〔社〕
　鹿児島県鹿児島市　《別称》荒田八幡　《祭
　神》応神天皇［他］　　　　　　　〔神社本庁〕

荒田神社　あらだじんじゃ〔社〕
　兵庫県多可郡加美町　《別称》二の宮　《祭
　神》少彦名命［他］　　　　　　　〔神社本庁〕
6荒行堂《称》　あらぎょうどう〔寺〕
　千葉県市川市・遠寿院　《本尊》日蓮聖人・鬼
　子母神　　　　　　　　　　　　　〔日蓮宗〕
7荒沢寺　こうたくじ〔寺〕
　山形県東田川郡羽黒町　《別称》羽黒山荒沢
　寺　《本尊》三十三観世音菩薩
　　　　　　　　　　　　　　〔羽黒山修験本宗〕
荒見神社　あらみじんじゃ〔社〕
　京都府城陽市　《別称》安羅見天神　《祭神》
　天火明櫛玉饒速日尊［他］　　　　〔神社本庁〕
9荒城神社　あらきじんじゃ〔社〕
　岐阜県吉城郡国府町　《祭神》大荒木之命［他］
　　　　　　　　　　　　　　　　〔神社本庁〕
荒巻さま《称》　あらまきさま〔社〕
　岡山県英田郡大原町・讃甘神社　《祭神》大
　己貴命［他］　　　　　　　　　　〔神社本庁〕
荒神さん《称》　こうじんさん〔社〕
　滋賀県彦根市・荒神山神社　《祭神》火産霊
　神［他］　　　　　　　　　　　　〔神社本庁〕
荒神山神社　こうじんやまじんじゃ〔社〕
　滋賀県彦根市　《別称》荒神さん　《祭神》火
　産霊神［他］　　　　　　　　　　〔神社本庁〕
荒神社　あらかみしゃ〔社〕
　岩手県下閉伊郡山田町　《祭神》素戔雄命［他］
　　　　　　　　　　　　　　　　〔神社本庁〕
荒神社　こうじんしゃ〔社〕
　長野県上伊那郡辰野町　《祭神》奥津比古神
　［他］　　　　　　　　　　　　　〔神社本庁〕
荒神社　こうじんしゃ〔社〕
　奈良県吉野郡野迫川村　《祭神》火産霊神［他］
　　　　　　　　　　　　　　　　〔神社本庁〕
荒神堂　こうじんどう〔寺〕
　長野県長野市　《別称》村山の荒神さま　《本
　尊》阿弥陀如来・三宝荒神　　　　〔浄土宗〕
10荒倉神社　あらくらじんじゃ〔社〕
　高知県吾川郡春野町　《祭神》天闇龗大神［他］
　　　　　　　　　　　　　　　　〔神社本庁〕
11荒祭宮　あらまつりのみや〔社〕
　三重県伊勢市(皇大神宮域内)　伊勢神宮・皇
　大神宮の別宮　《祭神》天照坐皇大御神荒
　御魂　　　　　　　　　　　　　　〔神社本庁〕
荒船山神社　あらふねやまじんじゃ〔社〕
　長野県佐久市　《祭神》建御名方命
　　　　　　　　　　　　　　　　〔神社本庁〕
15荒穂神社　あらほじんじゃ〔社〕
　福岡県嘉穂郡嘉穂町　《祭神》瓊瓊杵尊
　　　　　　　　　　　　　　　　〔神社本庁〕

神社・寺院名よみかた辞典　*481*

9画（草, 荘, 茶, 茗, 要）

荒穂神社　あらほじんじゃ〔社〕
　佐賀県三養基郡基山町　《祭神》瓊瓊杵尊［他］
　　　　　　　　　　　　　　　　〔神社本庁〕
荒穂神社　あらほじんじゃ〔社〕
　佐賀県藤津郡太良町　《別称》荒穂権現　《祭神》瓊瓊杵尊　〔神社本庁〕
荒穂権現《称》　あらほごんげん〔社〕
　佐賀県藤津郡太良町・荒穂神社　《祭神》瓊瓊杵尊　　　　〔神社本庁〕
17荒樫神社　あらかしじんじゃ〔社〕
　栃木県芳賀郡茂木町　《祭神》国常立尊［他］
　　　　　　　　　　　　　　　　〔神社本庁〕
19荒瀬神社　あらせじんじゃ〔社〕
　鹿児島県大口市　《別称》でめじんさあ　《祭神》豊玉毘売命［他］　　〔神社本庁〕

【草】

4草戸稲荷神社　くさどいなりじんじゃ〔社〕
　広島県福山市　《祭神》保食神［他］　〔単立〕
7草谷寺　そうこくじ〔寺〕
　奈良県五條市　《別称》竜尾寺
　　　　　　　　　　　　〔高野山真言宗〕
8草岡神社　くさおかじんじゃ〔社〕
　富山県新湊市　《祭神》大己貴命［他］
　　　　　　　　　　　　　〔神社本庁〕
草岡神社　くさおかじんじゃ〔社〕
　滋賀県伊香郡余呉町　《別称》天満天神　《祭神》高皇産霊神［他］　〔神社本庁〕
9草香八幡神社《称》　くさかはちまんじんじゃ〔社〕
　兵庫県津名郡一宮町草香・八幡神社　《祭神》誉田別命　　　　〔神社本庁〕
草八幡宮《称》　くさかはちまんぐう〔社〕
　兵庫県津名郡一宮町草香・八幡神社　《祭神》誉田別命　　　　〔神社本庁〕
11草堂寺　そうどうじ〔寺〕
　和歌山県西牟婁郡白浜町　《別称》芦雪寺・絵の寺　《本尊》地蔵菩薩　〔臨済宗東福寺派〕
草部吉見神社　くさかべよしみじんじゃ〔社〕
　熊本県阿蘇郡高森町　《別称》吉見さん　《祭神》日子八井命［他］　〔神社本庁〕
12草場神社　くさばじんじゃ〔社〕
　福岡県行橋市　《別称》豊日別宮・官幣太神宮　《祭神》豊日別命　　〔神社本庁〕
16草薙神社　くさなぎじんじゃ〔社〕
　静岡県静岡市　《祭神》日本武尊　〔神社本庁〕

【荘】

2荘八幡神社　そうはちまんじんじゃ〔社〕
　福岡県北九州市小倉南区　《祭神》息長帯比売命［他］　　　　　　〔神社本庁〕
4荘内神社　しょうないじんじゃ〔社〕
　山形県鶴岡市　《祭神》酒井忠次［他］
　　　　　　　　　　　　　　　〔神社本庁〕
17荘厳寺　しょうごんじ〔寺〕
　青森県西津軽郡深浦町　《別称》じょうでら　《本尊》阿弥陀如来　〔浄土宗〕
荘厳寺　しょうごんじ〔寺〕
　東京都練馬区　《本尊》不動明王
　　　　　　　　　　　　〔真言宗豊山派〕
荘厳寺　しょうごんじ〔寺〕
　神奈川県平塚市　《別称》高根のお寺　《本尊》不動明王・地蔵菩薩　〔天台宗〕
荘厳寺　しょうごんじ〔寺〕
　滋賀県近江八幡市　《本尊》阿弥陀如来
　　　　　　　　　　　　　　　〔浄土宗〕
荘厳寺　しょうごんじ〔寺〕
　京都府舞鶴市　《本尊》阿弥陀如来　〔曹洞宗〕
荘厳寺　しょうごんじ〔寺〕
　広島県安芸郡蒲刈町　《本尊》阿弥陀如来
　　　　　　　　　　　　〔浄土真宗本願寺派〕
荘厳寺　しょうごんじ〔寺〕
　熊本県宇土市　《本尊》阿弥陀如来
　　　　　　　　　　　　〔浄土真宗本願寺派〕
荘厳院《称》　しょうごんいん〔寺〕
　京都府京都市東山区・荘厳蔵院　《本尊》釈迦如来　〔臨済宗東福寺派〕
荘厳院　しょうごんいん〔寺〕
　徳島県板野郡板野町　《別称》地蔵寺・羅漢さん・四国第五番霊場　《本尊》勝軍地蔵菩薩　〔真言宗御室派〕
荘厳蔵院　しょうごんぞういん〔寺〕
　京都府京都市東山区　《別称》荘厳院　《本尊》釈迦如来　〔臨済宗東福寺派〕

【茶】

0茶くれん寺《称》　ちゃくれんじ〔寺〕
　京都府京都市上京区・浄土院　《本尊》阿弥陀如来　〔浄土宗〕

【茗】

10茗荷の宮《称》　みょうがのみや〔社〕
　兵庫県美方郡温泉町・面沼神社　《祭神》美尼布命［他］　〔神社本庁〕

【要】

5要玄寺　ようげんじ〔寺〕
　鳥取県米子市　《本尊》釈迦如来
　　　　　　　　　　　　〔臨済宗妙心寺派〕

9画（計, 訂, 貞, 軍, 逆, 退）

8要法寺　ようほうじ〔寺〕
　京都府京都市左京区　《別称》大本山・松の寺　《本尊》妙法大曼荼羅　〔日蓮本宗〕
要法寺　ようほうじ〔寺〕
　高知県高知市　《別称》黒門要法寺　《本尊》十界大曼荼羅　〔日蓮宗〕
要金寺　ようきんじ〔寺〕
　栃木県那須郡塩原町　《本尊》大日如来
　　　　　　　　　　　〔真言宗智山派〕
9要津寺　ようしんじ〔寺〕
　東京都墨田区　《本尊》釈迦如来
　　　　　　　　　〔臨済宗妙心寺派〕
11要眼寺　ようげんじ〔寺〕
　大阪府貝塚市　《本尊》阿弥陀如来
　　　　　　　　　〔浄土真宗本願寺派〕
14要誓寺　ようせいじ〔寺〕
　滋賀県東浅井郡びわ町　《本尊》阿弥陀如来　〔真宗大谷派〕

【計】
5計仙麻大嶋神社　けせんまおおしまじんじゃ〔社〕
　宮城県本吉郡歌津町　《別称》たつがね神社　《祭神》天津日高日子番能邇邇芸命
　　　　　　　　　　　　　　　〔神社本庁〕

【訂】
4訂心寺　ていしんじ〔寺〕
　島根県浜田市　《本尊》十一面観世音菩薩
　　　　　　　　　　　　〔曹洞宗〕

【貞】
5貞永寺　ていえいじ〔寺〕
　静岡県小笠郡大東町　《本尊》釈迦如来
　　　　　　　　　〔臨済宗妙心寺派〕
8貞宗寺　ていそうじ〔寺〕
　神奈川県鎌倉市　《本尊》阿弥陀三尊
　　　　　　　　　　　　〔浄土宗〕
貞昌寺　ていしょうじ〔寺〕
　青森県弘前市　《本尊》阿弥陀如来　〔浄土宗〕
貞昌寺　ていしょうじ〔寺〕
　山口県周南市　《本尊》釈迦如来　〔曹洞宗〕
貞昌院　ていしょういん〔寺〕
　神奈川県横浜市港南区　《本尊》十一面観世音菩薩　〔曹洞宗〕
貞松寺　ていしょうじ〔寺〕
　三重県松阪市　《本尊》阿弥陀如来　〔浄土宗〕
貞松院　ていしょういん〔寺〕
　長野県諏訪市　《本尊》阿弥陀如来　〔浄土宗〕

貞林寺　ていりんじ〔寺〕
　東京都港区　《本尊》阿弥陀如来　〔浄土宗〕
9貞祖院　ていそいん〔寺〕
　愛知県名古屋市東区　《本尊》阿弥陀如来
　　　　　　　　　　　　〔浄土宗〕
10貞祥寺　ていしょうじ〔寺〕
　長野県佐久市　《本尊》釈迦如来　〔曹洞宗〕
12貞善院　ていぜんいん〔寺〕
　静岡県焼津市　《本尊》十一面観世音菩薩
　　　　　　　　　　　　〔曹洞宗〕
13貞照寺　ていしょうじ〔寺〕
　岐阜県各務原市　《本尊》不動明王
　　　　　　　　　〔真言宗智山派〕
貞照院　ていしょういん〔寺〕
　静岡県島田市　《本尊》阿弥陀如来　〔浄土宗〕
貞照院　ていしょういん〔寺〕
　愛知県碧南市　《本尊》阿弥陀如来　〔浄土宗〕
貞福寺　じょうふくじ〔寺〕
　千葉県八千代市　《別称》吉橋大師　《本尊》地蔵菩薩　〔真言宗豊山派〕
24貞麟寺　ていりんじ〔寺〕
　長野県北安曇郡白馬村　《本尊》聖観世音菩薩　〔曹洞宗〕

【軍】
2軍刀利神社　ぐんとうりじんじゃ〔社〕
　山梨県北都留郡上野原町　《別称》ぐんだり神社　《祭神》日本武尊　〔神社本庁〕

【逆】
7逆谷仁王さま《称》　さかしだにおうさま〔寺〕
　新潟県三島郡三島町・寛益寺　《本尊》薬師如来　〔真言宗豊山派〕

【退】
6退休寺　たいきゅうじ〔寺〕
　鳥取県西伯郡中山町　《別称》玄翁和尚寺　《本尊》聖観世音菩薩　〔曹洞宗〕
10退耕庵　たいこうあん〔寺〕
　京都府京都市東山区　《本尊》地蔵菩薩
　　　　　　　　　〔臨済宗東福寺派〕
15退蔵寺　たいぞうじ〔寺〕
　滋賀県神崎郡永源寺町　《本尊》大恩教主釈迦如来　〔臨済宗永源寺派〕
退蔵院　たいぞういん〔寺〕
　京都府京都市右京区　《本尊》釈迦如来
　　　　　　　　　〔臨済宗妙心寺派〕

神社・寺院名よみかた辞典　*483*

9画（追, 郊, 重, 面, 革, 音, 風, 飛）

21退魔寺　たいまじ〔寺〕
　群馬県伊勢崎市　《別称》お不動様　《本尊》胎蔵界大日如来・不動明王　〔真言宗豊山派〕

【追】
4追分の本門さん《称》　おいわけのほんもんさん〔寺〕
　滋賀県大津市・仏立寺　《本尊》法華経本門八品所顕本因下種の大曼荼羅　〔本門仏立宗〕

【郊】
4郊戸神社　ごうとじんじゃ〔社〕
　長野県飯田市　《別称》今宮　《祭神》誉田別尊［他］　〔神社本庁〕

【重】
7重秀寺　ちょうしゅうじ〔寺〕
　東京都港区　《別称》じゅうしゅう寺　《本尊》聖観世音菩薩　〔臨済宗妙心寺派〕
8重林寺　じゅうりんじ〔寺〕
　東京都豊島区　《本尊》不動明王　〔真言宗豊山派〕
重林寺　じゅうりんじ〔寺〕
　静岡県富士宮市　《別称》大宮秋葉山の寺　《本尊》釈迦如来　〔曹洞宗〕
14重誓寺　じゅうせいじ〔寺〕
　大阪府大阪市旭区　《本尊》阿弥陀如来　〔浄土真宗本願寺派〕
15重蔵神社　じゅうぞうじんじゃ〔社〕
　石川県輪島市　《別称》重蔵宮　《祭神》天冬衣命［他］　〔神社本庁〕
重蔵宮《称》　じゅうぞうぐう〔社〕
　石川県輪島市・重蔵神社　《祭神》天冬衣命［他］　〔神社本庁〕
18重顕寺　ちょうけんじ〔寺〕
　広島県福山市　《本尊》日蓮聖人奠定の大曼荼羅　〔日蓮宗〕
19重願寺　じゅうがんじ〔寺〕
　東京都江東区　《本尊》阿弥陀如来　〔浄土宗〕

【面】
8面沼神社　めぬまじんじゃ〔社〕
　兵庫県美方郡温泉町　《別称》茗荷の宮　《祭神》美尼布命［他］　〔神社本庁〕

【革】
7革秀寺　かくしゅうじ〔寺〕
　青森県弘前市　《本尊》三尊仏　〔曹洞宗〕

【音】
6音羽護国寺《称》　おとわごこくじ〔寺〕
　東京都文京区・護国寺　《本尊》如意輪観世音菩薩　〔真言宗豊山派〕
12音無神社　おとなしじんじゃ〔社〕
　静岡県伊東市　《別称》音無さま　《祭神》豊玉姫命　〔神社本庁〕

【風】
0風の森《称》　かぜのもり〔社〕
　和歌山県那賀郡粉河町・風市森神社　《祭神》級長戸辺尊［他］　〔神社本庁〕
4風日祈宮　かざひのみのみや〔社〕
　三重県伊勢市(皇大神宮域内)　伊勢神宮・皇大神宮の別宮　《祭神》級長津彦命［他］　〔神社本庁〕
5風市森神社　かぜいちもりじんじゃ〔社〕
　和歌山県那賀郡粉河町　《別称》風の森　《祭神》級長戸辺尊［他］　〔神社本庁〕
7風伯神社　ふうはくじんじゃ〔社〕
　愛媛県西条市　《祭神》級津彦神［他］　〔神社本庁〕
8風治八幡神社　ふうじはちまんじんじゃ〔社〕
　福岡県田川市　《別称》風治宮　《祭神》応神天皇［他］　〔神社本庁〕
風治宮《称》　ふうじぐう〔社〕
　福岡県田川市・風治八幡神社　《祭神》応神天皇［他］　〔神社本庁〕
9風巻神社　かざまきじんじゃ〔社〕
　新潟県中頸城郡三和村　《祭神》級長津彦神［他］　〔神社本庁〕
10風宮　かぜのみや〔社〕
　三重県伊勢市(豊受大神宮域内)　伊勢神宮・豊受大神宮の別宮　《祭神》級長津彦命［他］　〔神社本庁〕
風浪宮　ふうろうぐう〔社〕
　福岡県大川市　《別称》おふろうさん　《祭神》少童命［他］　〔神社本庁〕
12風間神社　かざまじんじゃ〔社〕
　長野県長野市　《祭神》伊勢津彦命［他］　〔神社本庁〕

【飛】
3飛川神社　とびかわじんじゃ〔社〕
　山梨県南巨摩郡増穂町　《祭神》木花咲耶姫命　〔神社本庁〕
6飛行観音《称》　ひぎょうかんのん〔寺〕
　滋賀県坂田郡米原町・松尾寺　《本尊》十一面観世音菩薩　〔天台宗〕

484　神社・寺院名よみかた辞典

7飛沢神社　とびさわじんじゃ〔社〕
　山形県飽海郡八幡町　《別称》権現様　《祭神》豊受姫命〔他〕　　〔神社本庁〕
11飛鳥川上坐宇須多岐比売神社　あすかのかわかみにますうすたきひめじんじゃ〔社〕
　奈良県高市郡明日香村　《祭神》宇須多岐比売命　　　　　　　〔神社本庁〕
飛鳥寺　《称》　あすかでら〔寺〕
　奈良県高市郡明日香村・安居院　《本尊》釈迦如来　　　　　　〔真言宗豊山派〕
飛鳥坐神社　あすかにいますじんじゃ〔社〕
　奈良県高市郡明日香村　《祭神》事代主命〔他〕　　　　　　　〔神社本庁〕
飛鳥神社　あすかじんじゃ〔社〕
　山形県飽海郡平田町　《祭神》八重事代主命〔他〕　　　　　　〔神社本庁〕
飛鳥神社　あすかじんじゃ〔社〕
　三重県熊野市　《別称》五郷飛鳥神社・みやさま　《祭神》事代主命〔他〕　〔神社本庁〕
飛鳥神社　あすかじんじゃ〔社〕
　和歌山県東牟婁郡太地町　《祭神》予母津事解男神　　　　　　〔神社本庁〕
19飛騨一宮水無神社　ひだいちのみやみなしじんじゃ〔社〕
　岐阜県大野郡宮村　《別称》一宮さん・水無さん　《祭神》水無大神　〔神社本庁〕
飛騨天満宮　ひだてんまんぐう〔社〕
　岐阜県高山市　《別称》天満森　《祭神》菅原道真〔他〕　　　〔神社本庁〕
飛騨国分寺　《称》　ひだこくぶんじ〔寺〕
　岐阜県高山市・国分寺　《本尊》薬師如来・聖観世音菩薩　　　〔高野山真言宗〕
飛騨御坊　《称》　ひだごぼう〔寺〕
　岐阜県高山市・東本願寺高山別院照蓮寺　《本尊》阿弥陀如来　〔真宗大谷派〕
飛騨総社　ひだそうしゃ〔社〕
　岐阜県高山市　《別称》総産森　《祭神》水無大神〔他〕　　　〔神社本庁〕
飛騨護国神社　ひだごこくじんじゃ〔社〕
　岐阜県高山市　《祭神》護国の神霊　　　　　　　　　　　　　〔神社本庁〕

【首】
7首里観音堂　《称》　しゅりかんのんどう〔寺〕
　沖縄県那覇市・慈眼院　《本尊》千手観世音菩薩・薬師如来・地蔵菩薩　〔臨済宗妙心寺派〕
10首途八幡宮　かどではちまんぐう〔社〕
　京都府京都市上京区　《別称》八幡さま　《祭神》誉田別尊〔他〕〔神社本庁〕

【香】
3香下神社　こうしたじんじゃ〔社〕
　大分県宇佐郡院内町　《祭神》天御中主神〔他〕　〔神社本庁〕
香川県護国神社《称》　かがわけんごこくじんじゃ〔社〕
　香川県善通寺市・讃岐宮　《祭神》護国の神霊　〔神社本庁〕
4香仏寺　こうぶつじ〔寺〕
　高知県土佐清水市　《本尊》阿弥陀如来・十一面観世音菩薩　〔浄土宗〕
5香正寺　こうしょうじ〔寺〕
　福岡県福岡市中央区　《本尊》十界曼荼羅　〔日蓮宗〕
6香伝寺　こうでんじ〔寺〕
　新潟県新発田市　《本尊》阿閦如来　〔曹洞宗〕
香西寺　こうざいじ〔寺〕
　香川県高松市　《別称》香西のお四国　《本尊》地蔵菩薩　〔真言宗大覚寺派〕
7香住神社　かすみじんじゃ〔社〕
　兵庫県城崎郡香住町　《祭神》天御中主命〔他〕　〔神社本庁〕
香坂観音　《称》　こうさかんのん〔寺〕
　長野県佐久市・明泉寺　《本尊》千手観世音菩薩　〔天台宗〕
香良洲神社　からすじんじゃ〔社〕
　三重県一志郡香良洲町　《祭神》稚日女命〔他〕　〔神社本庁〕
8香具波志神社　かぐはしじんじゃ〔社〕
　大阪府大阪市淀川区　《別称》ごんのかみ　《祭神》宇迦之御魂神〔他〕　〔神社本庁〕
香取さま　《称》　かとりさま〔社〕
　千葉県佐原市・香取神宮　《祭神》経津主神〔他〕・　〔神社本庁〕
香取社　かとりしゃ〔社〕
　埼玉県北葛飾郡庄和町　《祭神》経津主命〔他〕　〔神社本庁〕
香取神社　かとりじんじゃ〔社〕
　福島県南会津郡伊南村　《別称》一の宮　《祭神》水用清成大神〔他〕　〔神社本庁〕
香取神社　かとりじんじゃ〔社〕
　埼玉県三郷市　《祭神》経津主之命　〔神社本庁〕
香取神社　かとりじんじゃ〔社〕
　千葉県野田市　《祭神》経津主神　〔神社本庁〕
香取神社　かとりじんじゃ〔社〕
　千葉県流山市　《別称》桐明神　《祭神》経津主命〔他〕　〔神社本庁〕

9画（香）

香取神社　かとりじんじゃ〔社〕
　東京都江東区　《別称》亀戸香取大神宮　《祭神》経津主命[他]　〔神社本庁〕

香取神社　かとりじんじゃ〔社〕
　東京都葛飾区　《別称》三社明神　《祭神》経津主命[他]　〔神社本庁〕

香取神社　かとりじんじゃ〔社〕
　東京都江戸川区　《別称》新小岩の香取さま・西小松川香取神社　《祭神》経津主命[他]　〔神社本庁〕

香取神宮　かとりじんぐう〔社〕
　千葉県佐原市　《別称》香取さま　《祭神》経津主神[他]　〔神社本庁〕

香取様《称》　かとりさま〔社〕
　宮城県加美郡色麻町・伊達神社　《祭神》五十猛神[他]　〔神社本庁〕

香岳寺　こうがくじ〔寺〕
　鳥取県倉吉市　《本尊》千手観世音菩薩　〔曹洞宗〕

香岩寺　こうがんじ〔寺〕
　埼玉県三郷市　《本尊》阿弥陀如来　〔浄土宗〕

香松寺　こうしょうじ〔寺〕
　長野県下伊那郡大鹿村　《本尊》十一面観世音菩薩　〔曹洞宗〕

香林寺　こうりんじ〔寺〕
　宮城県柴田郡大河原町　《本尊》釈迦如来　〔曹洞宗〕

香林寺　こうりんじ〔寺〕
　埼玉県熊谷市　《本尊》釈迦如来　〔曹洞宗〕

香林寺　こうりんじ〔寺〕
　神奈川県川崎市麻生区　《本尊》十一面観世音菩薩　〔臨済宗建長寺派〕

香林寺　こうりんじ〔寺〕
　神奈川県小田原市　《本尊》薬師如来　〔曹洞宗〕

香林寺　こうりんじ〔寺〕
　岐阜県関市　《本尊》聖観世音菩薩　〔臨済宗妙心寺派〕

香林寺　こうりんじ〔寺〕
　京都府宮津市　《本尊》普賢菩薩　〔臨済宗妙心寺派〕

香林寺　こうりんじ〔寺〕
　京都府船井郡園部町　《本尊》釈迦如来　〔曹洞宗〕

香林院　こうりんいん〔寺〕
　岐阜県安八郡神戸町　《別称》お薬師さん　《本尊》薬師如来・阿弥陀如来　〔浄土宗〕

9香春神社　かわらじんじゃ〔社〕
　福岡県田川郡香春町　《祭神》辛国息長大姫大目命[他]　〔神社本庁〕

香美虚空蔵《称》　かがみこくうぞう〔寺〕
　徳島県阿波郡市場町・大野寺　《本尊》大日如来・虚空蔵菩薩・阿弥陀如来　〔高野山真言宗〕

11香雪院　こうせついん〔寺〕
　京都府京都市東山区　《別称》東山聖天尊　《本尊》歓喜天　〔天台宗〕

12香椎神社　かしいじんじゃ〔社〕
　佐賀県佐賀郡久保田町　《祭神》神功皇后[他]　〔神社本庁〕

香椎宮　かしいぐう〔社〕
　福岡県福岡市東区　《祭神》仲哀天皇[他]　〔神社本庁〕

香焼大師《称》　こうやぎだいし〔寺〕
　長崎県西彼杵郡香焼町・円福寺　《本尊》十一面観世音菩薩　〔曹洞宗〕

香覚寺　こうかくじ〔寺〕
　熊本県熊本市　《本尊》阿弥陀如来　〔浄土宗本願寺派〕

香象院　こうぞういん〔寺〕
　神奈川県横浜市保土ヶ谷区　《本尊》不動明王　〔高野山真言宗〕

香雲寺　こううんじ〔寺〕
　岡山県御津郡御津町　《別称》願満のお寺　《本尊》日蓮聖人奠定の大曼荼羅　〔日蓮宗〕

13香園寺　こうおんじ〔寺〕
　愛媛県周桑郡小松町　《別称》子安大師・四国第六一番霊場　《本尊》大日如来・地蔵菩薩・不動明王　〔真言宗御室派〕

16香橘神社《称》　こうきつじんじゃ〔社〕
　佐賀県伊万里市・伊万里神社　《祭神》橘諸兄[他]　〔神社本庁〕

香積寺　こうしゃくじ〔寺〕
　宮城県桃生郡桃生町　《別称》峯の寺　《本尊》釈迦如来　〔曹洞宗〕

香積寺　こうしゃくじ〔寺〕
　新潟県柏崎市　《本尊》聖観世音菩薩　〔曹洞宗〕

香積寺　こうじゃくじ〔寺〕
　愛知県東加茂郡足助町　《本尊》聖観世音菩薩　〔曹洞宗〕

香積寺　こうじゃくじ〔寺〕
　広島県三原市　《本尊》釈迦如来　〔曹洞宗〕

香積寺　こうじゃくじ〔寺〕
　広島県三次市　《本尊》釈迦三尊　〔臨済宗妙心寺派〕

香積寺　こうしゃくじ〔寺〕
　愛媛県温泉郡重信町　《別称》かたで薬師　《本尊》薬師如来　〔高野山真言宗〕

香積院　こうしゃくいん〔寺〕
　愛知県名古屋市昭和区　《本尊》三尊仏
　　　　　　　　　　　　　　　　〔曹洞宗〕

10 画

【倶】
7倶利伽羅不動《称》　くりからふどう〔寺〕
　石川県河北郡津幡町・不動寺　《本尊》不動明王
　　　　　　　　　　　　　　　〔高野山真言宗〕
8倶知安神社　くっちゃんじんじゃ〔社〕
　北海道虻田郡倶知安町　《祭神》誉田別命〔他〕
　　　　　　　　　　　　　　　　〔神社本庁〕

【修】
5修広寺　しゅこうじ〔寺〕
　神奈川県川崎市麻生区　《本尊》釈迦如来
　　　　　　　　　　　　　　　　〔曹洞宗〕
6修行院《称》　しゅぎょういん〔寺〕
　福島県双葉郡広野町・朝見寺　《本尊》大日如来
　　　　　　　　　　　　　　　〔真言宗智山派〕
8修林寺　しゅうりんじ〔寺〕
　長崎県対馬市　《別称》対馬の観音　《本尊》聖観世音菩薩・釈迦如来・阿弥陀如来
　　　　　　　　　　　　　　　〔臨済宗南禅寺派〕
12修善寺　しゅぜんじ〔寺〕
　山口県豊浦郡豊田町　《別称》御嶽観音
　　　　　　　　　　　　　　　〔真言宗御室派〕
修善院　しゅうぜんいん〔寺〕
　茨城県東茨城郡小川町　《本尊》虚空蔵菩薩・不動明王
　　　　　　　　　　　　　　　〔真言宗豊山派〕
修善院　しゅうぜんいん〔寺〕
　佐賀県小城郡三日月町　《本尊》十界曼荼羅
　　　　　　　　　　　　　　　　〔日蓮宗〕
13修禅寺　しゅぜんじ〔寺〕
　静岡県伊豆市　《別称》お弘法さん　《本尊》大日如来
　　　　　　　　　　　　　　　　〔曹洞宗〕
修福寺　しゅうふくじ〔寺〕
　静岡県賀茂郡南伊豆町　《別称》大寺　《本尊》薬師如来・千手観世音菩薩・釈迦如来
　　　　　　　　　　　　　　　　〔曹洞宗〕
14修徳院　しゅうとくいん〔寺〕
　千葉県香取郡山田町　《本尊》薬師如来
　　　　　　　　　　　　　　　　〔天台宗〕

【倉】
5倉田八幡宮　くらたはちまんぐう〔社〕
　鳥取県鳥取市　《祭神》品陀和気尊〔他〕
　　　　　　　　　　　　　　　　〔神社本庁〕

倉田明星院《称》　くらたみょうじょういん〔寺〕
　埼玉県桶川市・明星院　《本尊》虚空蔵菩薩
　　　　　　　　　　　　　　　〔真言宗智山派〕
8倉岡神社　くらおかじんじゃ〔社〕
　宮崎県宮崎市　《祭神》伊弉冉尊〔他〕
　　　　　　　　　　　　　　　　〔神社本庁〕
11倉常寺　そうじょうじ〔寺〕
　埼玉県北葛飾郡杉戸町　《別称》下椿のお寺
　《本尊》阿弥陀如来　　　　　　　〔浄土宗〕

【俵】
16俵積神社　たわらずみじんじゃ〔社〕
　大分県大野郡朝地町　《祭神》宇奈岐比古命〔他〕　　　　　　　　　　　〔神社本庁〕

【倫】
12倫勝寺　りんしょうじ〔寺〕
　秋田県能代市　《本尊》三尊仏　〔曹洞宗〕

【倭】
4倭文神社　しとりじんじゃ〔社〕
　群馬県伊勢崎市　《別称》しとりさま　《祭神》天羽槌雄命〔他〕　　　　　〔神社本庁〕
倭文神社　しずりじんじゃ〔社〕
　山梨県韮崎市　《別称》降宮大明神　《祭神》天羽槌雄命〔他〕　　　　　〔神社本庁〕
倭文神社　しどりじんじゃ〔社〕
　京都府与謝郡野田川町　《祭神》天羽槌雄神　　　　　　　　　　　　　〔神社本庁〕
倭文神社　しどりじんじゃ〔社〕
　鳥取県倉吉市　《別称》三の宮さま　《祭神》経津主神〔他〕　　　　　　〔神社本庁〕
倭文神社　しとりじんじゃ〔社〕
　鳥取県東伯郡東郷町　《別称》伯耆一の宮　《祭神》建葉槌命〔他〕　　　〔神社本庁〕
10倭姫宮　やまとひめのみや〔社〕
　三重県伊勢市　伊勢神宮・皇大神宮の別宮　《祭神》倭姫命　　　　　　〔神社本庁〕

【兼】
3兼山神社　けんざんじんじゃ〔社〕
　高知県高知市　《祭神》野中伝右衛門良継
　　　　　　　　　　　　　　　　〔神社本庁〕

【凌】
12凌雲寺　りょううんじ〔寺〕
　愛知県名古屋市中村区　《本尊》十一面観世音菩薩　　　　　　　〔臨済宗妙心寺派〕

神社・寺院名よみかた辞典　487

10画（剣, 原, 唐, 埋, 姫）

【剣】

0 お剣さん《称》　おつるぎさん〔社〕
　徳島県三好郡東祖谷山村・剣神社　《祭神》安徳天皇［他］　〔神社本庁〕

　剣さん《称》　つるぎさん〔社〕
　熊本県宇土郡不知火町・永尾神社　《祭神》海童神［他］　〔神社本庁〕

2 剣八幡宮　けんはちまんぐう〔社〕
　大分県大分市　《別称》剣宮　《祭神》誉田別尊［他］　〔神社本庁〕

3 剣大明神《称》　つるぎだいみょうじん〔社〕
　島根県簸川郡佐田町・多倍神社　《祭神》須佐之男命　〔神社本庁〕

　剣山《称》　つるぎさん〔寺〕
　徳島県三好郡東祖谷山村・円福寺　《本尊》不動明王・弘法大師・阿弥陀如来
　　〔真言宗醍醐派〕

9 剣神社　つるぎじんじゃ〔社〕
　福井県鯖江市　《祭神》天利剣神［他］　〔神社本庁〕

　剣神社　つるぎじんじゃ〔社〕
　福井県丹生郡越前町　《祭神》天津児屋根命［他］　〔神社本庁〕

　剣神社　つるぎじんじゃ〔社〕
　福井県丹生郡織田町　《別称》織田明神さん　《祭神》素盞鳴大神［他］　〔神社本庁〕

　剣神社　つるぎじんじゃ〔社〕
　山口県防府市　《祭神》素盞鳴尊　〔神社本庁〕

　剣神社　つるぎじんじゃ〔社〕
　徳島県美馬郡木屋平村　《別称》剣山本宮　《祭神》素盞之男命［他］　〔神社本庁〕

　剣神社　つるぎじんじゃ〔社〕
　徳島県三好郡東祖谷山村　《別称》お剣さん　《祭神》安徳天皇［他］　〔神社本庁〕

　剣神社　つるぎじんじゃ〔社〕
　鹿児島県国分市　《別称》大明神様　《祭神》日本武尊［他］　〔神社本庁〕

10 剣宮《称》　けんぐう〔社〕
　大分県大分市・剣八幡宮　《祭神》誉田別尊［他］　〔神社本庁〕

　剣竜神社　けんりゅうじんじゃ〔社〕
　山形県飽海郡遊佐町　《祭神》大己貴神　〔神社本庁〕

13 剣福寺　けんぷくじ〔寺〕
　愛知県一宮市　《本尊》不動明王　〔真言宗豊山派〕

16 剣積寺　けんしゃくじ〔寺〕
　山形県飽海郡遊佐町　《本尊》薬師如来　〔真言宗智山派〕

【原】

6 原江寺　げんこうじ〔寺〕
　山口県周南市　《本尊》聖観世音菩薩・愛染明王　〔曹洞宗〕

【唐】

7 唐沢山神社　からさわやまじんじゃ〔社〕
　栃木県佐野市　《祭神》藤原秀郷　〔神社本庁〕

8 唐招提寺　とうしょうだいじ〔寺〕
　奈良県奈良市　《別称》総本山・招提寺　《本尊》廬舎那仏・千手観世音菩薩・梵天・帝釈天・四天王・薬師如来(光背中に七仏薬師・日光菩薩・月光菩薩・十二神将和上　〔律宗〕

　唐招提寺奥の院《称》　とうしょうだいじおくのいん〔寺〕
　奈良県奈良市・西方院　《本尊》阿弥陀如来　〔律宗〕

9 唐津天満宮《称》　からつてんまんぐう〔社〕
　佐賀県唐津市・天満神社　《祭神》菅原道真　〔神社本庁〕

　唐津神社　からつじんじゃ〔社〕
　佐賀県唐津市　《別称》明神さん　《祭神》底筒男命［他］　〔神社本庁〕

【埋】

5 埋田神社　うめだじんじゃ〔社〕
　兵庫県神崎郡神崎町　《祭神》鵜草葺不合命［他］　〔神社本庁〕

【姫】

0 お姫の神様《称》　おひめのかみさま〔社〕
　宮城県黒川郡大和町・姫宮神社　《祭神》倉稲魂神［他］　〔神社本庁〕

　姫の宮《称》　ひめのみや〔社〕
　愛知県犬山市・大県神社　《祭神》大県大神　〔神社本庁〕

3 姫子陽神社　ひめこじまじんじゃ〔社〕
　愛媛県越智郡関前村　《祭神》木花開耶姫命　〔神社本庁〕

　姫山宮《称》　ひめやまぐう〔社〕
　兵庫県姫路市・姫路神社　《祭神》酒井正親［他］　〔神社本庁〕

7 姫坂神社　ひめさかじんじゃ〔社〕
　愛媛県今治市　《祭神》市杵島比売命　〔神社本庁〕

10 姫宮さま《称》　ひめみやさま〔社〕
　静岡県榛原郡金谷町・巌室神社　《祭神》瓊瓊杵尊［他］　〔神社本庁〕

10画（家, 宮）

姫宮神社　ひめみやじんじゃ〔社〕
　宮城県黒川郡大和町　《別称》お姫の神様
　《祭神》倉稲魂神〔他〕　　　〔神社本庁〕
姫宮神社　ひめみやじんじゃ〔社〕
　栃木県鹿沼市　《祭神》稲田姫命　〔神社本庁〕
姫宮神社　ひめみやじんじゃ〔社〕
　兵庫県朝来郡生野町　《祭神》豊玉姫命〔他〕
　　　　　　　　　　　　　　　　〔神社本庁〕
13姫路神社　ひめじじんじゃ〔社〕
　兵庫県姫路市　《別称》姫山宮　《祭神》酒井
　正親〔他〕　　　　　　　　　〔神社本庁〕
14姫嶋神社　ひめじまじんじゃ〔社〕
　大阪府大阪市西淀川区　《祭神》阿迦留比売
　命〔他〕　　　　　　　　　　〔神社本庁〕

【家】
10家原寺　えばらじ〔寺〕
　大阪府堺市　《別称》家原文殊さん　《本尊》
　文殊菩薩・普賢菩薩・釈迦如来
　　　　　　　　　　　　　　〔高野山真言宗〕
家島神社　いえしまじんじゃ〔社〕
　兵庫県飾磨郡家島町　《別称》天神社　《祭
　神》大己貴命〔他〕　　　　　〔神社本庁〕

【宮】
0宮の大仏《称》　みやのだいぶつ〔寺〕
　栃木県宇都宮市・善願寺　《本尊》阿弥陀如
　来　　　　　　　　　　　　　　〔天台宗〕
3宮川神社　みやがわじんじゃ〔社〕
　新潟県柏崎市　《祭神》天照大御神〔他〕
　　　　　　　　　　　　　　　　〔神社本庁〕
宮川神社　みやかわじんじゃ〔社〕
　京都府亀岡市　《別称》神野神社　《祭神》伊
　賀古夜姫命〔他〕　　　　　　　〔神社本庁〕
4宮内神社　みやうちじんじゃ〔社〕
　愛媛県東予市　《祭神》大山祇神〔他〕
　　　　　　　　　　　　　　　　〔神社本庁〕
宮水神社　みやみずじんじゃ〔社〕
　宮崎県西臼杵郡日之影町　《別称》親武さん
　《祭神》三田井親武〔他〕　　　〔神社本庁〕
5宮処野神社　みやこのじんじゃ〔社〕
　大分県直入郡久住町　《別称》嵯峨宮　《祭
　神》景行天皇〔他〕　　　　　　〔神社本庁〕
宮市天神《称》　きゅうしてんじん〔社〕
　山口県防府市・防府天満宮　《祭神》菅原道
　真〔他〕　　　　　　　　　　　〔神社本庁〕
宮本寺　みやもとじ〔寺〕
　新潟県佐渡市　《別称》宮本　《本尊》地蔵菩
　薩・阿弥陀如来　　　　　　　〔真言宗智山派〕

宮永八幡神社　みやながはちまんじんじゃ
　〔社〕
　石川県松任市　《祭神》応神天皇　〔神社本庁〕
宮田鬼子母神《称》　みやたきしもじん〔寺〕
　神奈川県三浦市・延寿寺　《本尊》日蓮聖人
　奠定の大曼荼羅　　　　　　　　〔日蓮宗〕
6宮地神社　みやじじんじゃ〔社〕
　熊本県下益城郡城南町　《別称》七所宮　《祭
　神》健磐竜命〔他〕　　　　　　〔神社本庁〕
宮地嶽神社　みやじだけじんじゃ〔社〕
　福岡県宗像郡津屋崎町　《祭神》息長足比売
　命〔他〕　　　　　　　　　　　〔神社本庁〕
宮寺《称》　みやでら〔寺〕
　滋賀県甲賀郡水口町・智禅院　《本尊》地蔵
　菩薩　　　　　　　　　　　　　〔天台宗〕
宮寺《称》　みやでら〔寺〕
　兵庫県三原郡南淡町・神宮寺　《本尊》金剛
　界大日如来　　　　　　　　　〔高野山真言宗〕
宮寺《称》　みやでら〔寺〕
　奈良県北葛城郡河合町・長林寺　《本尊》十
　一面観世音菩薩・聖徳太子・大日如来・吉
　祥天　　　　　　　　　　　　　〔黄檗宗〕
7宮坂神社　みやさかじんじゃ〔社〕
　鹿児島県揖宿郡喜入町　《祭神》天照皇大
　神　　　　　　　　　　　　　　〔神社本庁〕
宮村御坊《称》　みやむらごぼう〔寺〕
　富山県砺波市・景完教寺　《本尊》阿弥陀如
　来　　　　　　　　　　　　　　〔真宗大谷派〕
宮谷神明宮　みやたにしんめいぐう〔社〕
　岐阜県下呂市　《別称》川西総社・神明様
　《祭神》天照大御神〔他〕　　　〔神社本庁〕
9宮保八幡神社　みやほはちまんじんじゃ〔
　社〕
　石川県松任市　《祭神》応神天皇　〔神社本庁〕
宮前寺　ぐうぜんじ〔寺〕
　奈良県吉野郡下市町　《本尊》阿弥陀如来
　　　　　　　　　　　　　　〔浄土真宗本願寺派〕
宮城県護国神社　みやぎけんごこくじんじ
　ゃ〔社〕
　宮城県仙台市青葉区　《祭神》護国の神霊
　　　　　　　　　　　　　　　　〔神社本庁〕
宮泉寺　くうせんじ〔寺〕
　山形県鶴岡市　《本尊》大日如来・文殊菩薩
　　　　　　　　　　　　　　　〔真言宗智山派〕
10宮原三神宮　みやはらさんじんぐう〔社〕
　熊本県八代郡宮原町　《祭神》天照大神〔他〕
　　　　　　　　　　　　　　　　〔神社本庁〕
宮原両神社　みやのはるりょうじんじゃ
　〔社〕
　熊本県阿蘇郡小国町　《別称》小国両神社
　《祭神》高橋大明神〔他〕　　　〔神社本庁〕

神社・寺院名よみかた辞典　*489*

10画（宰, 射, 将, 島）

宮原観音《称》　みやばらかんのん〔寺〕
　山梨県甲府市・興蔵寺　《本尊》十一面観世音菩薩　〔真言宗智山派〕
宮島さん《称》　みやじまさん〔社〕
　広島県佐伯郡宮島町・厳島神社　《祭神》市杵島姫命[他]　〔神社本庁〕
宮島の弁財天《称》　みやじまのべんざいてん〔寺〕
　広島県佐伯郡宮島町・大願寺　《本尊》弁財天　〔高野山真言宗〕
宮浦神社　みやうらじんじゃ〔社〕
　鹿児島県姶良郡福山町　《祭神》天神七代[他]　〔神社本庁〕
宮砥皇神《称》　みやとこうじん〔社〕
　大分県竹田市次倉・八幡社　《祭神》応神天皇[他]　〔神社本庁〕
宮陣神社　みやのじんじんじゃ〔社〕
　福岡県久留米市　《別称》将軍梅さん　《祭神》良成親王[他]　〔神社本庁〕
11宮崎さん《称》　みやざきさん〔社〕
　愛知県幡豆郡吉良町・幡頭神社　《祭神》建稲種命[他]　〔神社本庁〕
宮崎八幡宮　みやざきはちまんぐう〔社〕
　宮崎県宮崎市　《別称》八幡様　《祭神》誉田別尊[他]　〔神社本庁〕
宮崎大明神《称》　みやざきだいみょうじん〔社〕
　島根県大原郡木次町・斐伊神社　《祭神》素盞嗚尊[他]　〔神社本庁〕
宮崎県護国神社　みやざきけんごくじんじゃ〔社〕
　宮崎県宮崎市　《祭神》護国の神霊　〔神社本庁〕
宮崎神社　みやざきじんじゃ〔社〕
　鳥取県東伯郡大栄町　《祭神》伊弉諾尊[他]　〔神社本庁〕
宮崎神宮　みやざきじんぐう〔社〕
　宮崎県宮崎市　《別称》神武さま　《祭神》神日本磐余彦尊[他]　〔神社本庁〕
12宮道天神社　みやじてんじんしゃ〔社〕
　愛知県宝飯郡音羽町　《祭神》建貝児王命[他]　〔神社本庁〕
13宮園神社《称》　みやぞのじんじゃ〔社〕
　大分県日田郡中津江村・津江神社　《祭神》国常立尊[他]　〔神社本庁〕
宮殿寺　きゅうでんじ〔寺〕
　宮城県石巻市　《本尊》正観世音菩薩　〔曹洞宗〕

【宰】
8宰府天神《称》　さいふてんじん〔社〕
　福岡県太宰府市・太宰府天満宮　《祭神》菅原道真　〔神社本庁〕

【射】
4射手引神社　いでびきじんじゃ〔社〕
　福岡県山田市　《祭神》仲哀天皇[他]　〔神社本庁〕
射手神社　いでじんじゃ〔社〕
　三重県上野市　《祭神》応神天皇[他]　〔神社本庁〕
射水神社　いみずじんじゃ〔社〕
　富山県高岡市　《別称》いみずさん　《祭神》二上神　〔神社本庁〕
13射楯兵主神社　いたてひょうずじんじゃ〔社〕
　兵庫県姫路市　《別称》はりまの国総社　《祭神》射楯大神[他]　〔神社本庁〕
15射穂神社　いほじんじゃ〔社〕
　愛知県豊田市　《祭神》広国押武金日命[他]　〔神社本庁〕

【将】
9将軍さん《称》　しょうぐんさん〔社〕
　熊本県八代市・八代宮　《祭神》懐良親王[他]　〔神社本庁〕
将軍梅さん《称》　しょうぐんばいさん〔社〕
　福岡県久留米市・宮陣神社　《祭神》良成親王[他]　〔神社本庁〕

【島】
3島上寺　とうしょうじ〔寺〕
　静岡県沼津市　《本尊》観世音菩薩　〔臨済宗妙心寺派〕
島山八幡宮《称》　しまやまはちまんぐう〔社〕
　島根県美濃郡美都町・八幡宮　《祭神》誉田別命[他]　〔神社本庁〕
5島田地蔵《称》　しまだじぞう〔寺〕
　愛知県名古屋市天白区・地蔵寺　《本尊》無量寿仏・毛替地蔵菩薩　〔曹洞宗〕
島田神社　しまだじんじゃ〔社〕
　大分県中津市　《別称》元貴船神社　《祭神》高龗神[他]　〔神社本庁〕
9島津稲荷《称》　しまずいなり〔社〕
　鹿児島県鹿児島市・稲荷神社　《祭神》宇迦御霊[他]　〔神社本庁〕
10島原藩総社《称》　しまばらはんそうしゃ〔社〕
　長崎県島原市・猛島神社　《祭神》大屋津姫神[他]　〔神社本庁〕

490　神社・寺院名よみかた辞典

10画（峰，峯，帰，帯，庫，座，従，恩）

20島護産泰神社　とうごさんたいじんじゃ〔社〕
　埼玉県大里郡岡部町　《別称》産泰さま　《祭神》瓊瓊杵尊[他]　〔神社本庁〕

【峰】

8峰定寺　ぶじょうじ〔寺〕
　京都府京都市左京区　《別称》大悲山　《本尊》十一面千手観世音菩薩　〔単立〕
10峰俐富神社　おりいぶじんじゃ〔社〕
　香川県小豆郡内海町　《別称》オリーブ神殿　《祭神》伊邪諾命[他]　〔神社本庁〕
峰高寺　ほうこうじ〔寺〕
　長野県飯田市　《本尊》阿弥陀如来　〔浄土宗〕
16峰錫さま《称》　ほうしゃくさま〔社〕
　鳥取県八頭郡用瀬町・三角山神社　《祭神》猿田彦大神　〔神社本庁〕

【峯】

0峯の薬師《称》　みねのやくし〔寺〕
　千葉県夷隅郡夷隅町・妙隆寺　《本尊》十界勧請大曼荼羅　〔日蓮宗〕
峯ヶ岡八幡神社　みねがおかはちまんじんじゃ〔社〕
　埼玉県川口市　《別称》峯八幡宮　《祭神》応神天皇[他]　〔神社本庁〕
2峯八王子宮　みねはちおうじぐう〔社〕
　高知県香美郡香我美町　《祭神》五男三女神　〔神社本庁〕
峯八幡宮《称》　みねはちまんぐう〔社〕
　埼玉県川口市・峯ヶ岡八幡神社　《祭神》応神天皇[他]　〔神社本庁〕
6峯寺　みねでら〔寺〕
　島根県飯石郡三刀屋町　《本尊》大日如来　〔真言宗御室派〕
16峯薬師《称》　みねやくし〔寺〕
　愛知県南設楽郡鳳来町・鳳来寺　《本尊》薬師如来　〔真言宗五智教団〕

【帰】

1帰一寺　きいちじ〔寺〕
　静岡県賀茂郡松崎町　《本尊》観世音菩薩　〔臨済宗建長寺派〕
5帰白院　きはくいん〔寺〕
　京都府京都市上京区　《本尊》阿弥陀如来　〔浄土宗〕
8帰命寺　きみょうじ〔寺〕
　長崎県西彼杵郡西海町　《本尊》阿弥陀如来　〔真宗大谷派〕

12帰雲院　きうんいん〔寺〕
　京都府京都市左京区　《別称》創建開山堂　《本尊》如意輪観世音菩薩　〔臨済宗南禅寺派〕
13帰源院　きげんいん〔寺〕
　神奈川県鎌倉市　《本尊》釈迦如来　〔臨済宗円覚寺派〕

【帯】

5帯広東別院《称》　おびひろひがしべついん〔寺〕
　北海道帯広市・東本願寺帯広別院　《本尊》阿弥陀如来　〔真宗大谷派〕
帯広神社　おびひろじんじゃ〔社〕
　北海道帯広市　《祭神》大国魂神[他]　〔神社本庁〕
13帯解寺　おびとけじ〔寺〕
　奈良県奈良市　《別称》帯解地蔵　《本尊》子安地蔵菩薩　〔華厳宗〕

【庫】

15庫蔵寺　こうぞうじ〔寺〕
　三重県鳥羽市　《別称》丸山　《本尊》虚空蔵菩薩　〔真言宗御室派〕

【座】

6座光如来寺《称》　ざこうにょらいじ〔寺〕
　長野県飯田市・元善光寺　《本尊》阿弥陀三尊　〔天台宗〕
12座間神社　ざまじんじゃ〔社〕
　神奈川県座間市　《別称》いいづな権現　《祭神》日本武尊　〔神社本庁〕
13座禅道場《称》　ざぜんどうじょう〔寺〕
　東京都品川区・東照寺　《本尊》釈迦如来　〔曹洞宗〕

【従】

15従縁寺　じゅうえんじ〔寺〕
　滋賀県栗東市　《本尊》阿弥陀如来　〔浄土宗〕

【恩】

3恩山寺　おんざんじ〔寺〕
　徳島県小松島市　《別称》四国第一八番霊場　《本尊》薬師如来　〔高野山真言宗〕
8恩林寺　おんりんじ〔寺〕
　岐阜県高山市　《本尊》聖観世音菩薩　〔黄檗宗〕
10恩通寺　おんつうじ〔寺〕
　滋賀県神崎郡永源寺町　《本尊》阿弥陀如来　〔真宗大谷派〕

神社・寺院名よみかた辞典　*491*

10画（恐, 恵）

12 恩善寺　おんぜんじ〔寺〕
　岐阜県郡上市　《本尊》阿弥陀如来
　　　　　　　　　　　　　〔真宗大谷派〕

　恩智神社　おんちじんじゃ〔社〕
　大阪府八尾市　《祭神》大御食津彦大神［他］
　　　　　　　　　　　　　〔神社本庁〕

14 恩徳寺　おんとくじ〔寺〕
　山形県西置賜郡飯豊町　《別称》仏山　《本
　尊》御黒箱如意宝珠・金剛界大日如来
　　　　　　　　　　　　　〔真言宗豊山派〕

15 恩慶寺　おんけいじ〔寺〕
　宮城県仙台市青葉区　《本尊》阿弥陀如来
　　　　　　　　　　　　　〔浄土真宗本願寺派〕

【恐】

3 恐山《称》　おそれざん〔寺〕
　青森県むつ市・円通寺　《本尊》釈迦如来
　　　　　　　　　　　　　〔曹洞宗〕

【恵】

4 恵心院　えしんいん〔寺〕
　滋賀県大津市　《本尊》阿弥陀如来　〔天台宗〕

　恵日寺　えにちじ〔寺〕
　福島県いわき市　《別称》岡本　《本尊》阿弥
　陀如来・地蔵菩薩・阿弥陀三尊
　　　　　　　　　　　　　〔真言宗智山派〕

　恵日寺　えにちじ〔寺〕
　福島県耶麻郡磐梯町　《本尊》千手観世音菩
　薩　　　　　　　　　　　〔真言宗豊山派〕

　恵日寺　えにちじ〔寺〕
　千葉県勝浦市　《別称》浜七カ寺　《本尊》十
　界勧請一塔両尊四士　　　　　〔日蓮宗〕

　恵日寺　えにちじ〔寺〕
　高知県香美郡香我美町　《別称》観音堂　《本
　尊》十一面観世音菩薩　　　〔真言宗智山派〕

　恵日寺　えにちじ〔寺〕
　佐賀県唐津市　《別称》きょうざん　《本尊》
　聖観世音菩薩　　　　　　　〔曹洞宗〕

　恵日院　えにちいん〔寺〕
　滋賀県大津市　《本尊》慈眼大師　〔天台宗〕

　恵比寿神社《称》　えびすじんじゃ〔社〕
　和歌山県和歌山市・吹上水門神社　《祭神》五
　瀬命　　　　　　　　　　　〔神社本庁〕

　恵比寿様《称》　えびすさま〔社〕
　栃木県足利市・西宮神社　《祭神》事代主命
　［他］　　　　　　　　　　〔神社本庁〕

　恵比須神社《称》　えびすじんじゃ〔社〕
　福井県遠敷郡上中町・須部神社　《祭神》蛭
　子大神［他］　　　　　　　〔神社本庁〕

　恵比須神社　えびすじんじゃ〔社〕
　福岡県北九州市若松区　《別称》若松おえび
　すさん　《祭神》事代主命［他］〔神社本庁〕

　恵比須様《称》　えびすさま〔社〕
　福岡県三潴郡大木町・三島神社　《祭神》事
　代主神　　　　　　　　　　〔神社本庁〕

5 恵生院　えしょういん〔寺〕
　栃木県下都賀郡岩舟町　《本尊》金剛界大日
　如来　　　　　　　　　　　〔真言宗豊山派〕

6 恵光寺　えこうじ〔寺〕
　福井県福井市　《本尊》阿弥陀如来
　　　　　　　　　　　　　〔真宗大谷派〕

　恵光寺　えこうじ〔寺〕
　大阪府八尾市　《別称》萱振御坊　《本尊》阿
　弥陀如来　　　　　　　　　〔浄土真宗本願寺派〕

　恵光寺　えこうじ〔寺〕
　兵庫県神戸市中央区　《本尊》阿弥陀如来
　　　　　　　　　　　　　〔真宗仏光寺派〕

　恵光院　えこういん〔寺〕
　長野県松本市　《本尊》不動明王・釈迦如来
　　　　　　　　　　　　　〔臨済宗妙心寺派〕

　恵光院　えこういん〔寺〕
　滋賀県大津市　《本尊》不動明王　〔天台宗〕

　恵光院　えこういん〔寺〕
　大阪府大阪市西成区・大乗寺恵光院　《本尊》
　阿弥陀如来　　　　　　　　〔高野山真言宗〕

　恵光院　えこういん〔寺〕
　和歌山県伊都郡高野町　　　〔高野山真言宗〕

　恵光院《称》　けいこういん〔寺〕
　福岡県福岡市東区・医王密寺　《本尊》薬師如
　来・不動明王・釈迦如来　　〔高野山真言宗〕

7 恵利寺　えりじ〔寺〕
　岐阜県武儀郡武芸川町　《本尊》釈迦如来・十
　一面観世音菩薩　　　　　　〔臨済宗妙心寺派〕

　恵良神社　えらじんじゃ〔社〕
　大分県宇佐郡院内町　《別称》権現宮　《祭
　神》天照大御神［他］　　　〔神社本庁〕

　恵那神社　えなじんじゃ〔社〕
　岐阜県中津川市　《祭神》伊邪那岐大神［他］
　　　　　　　　　　　　　〔神社本庁〕

8 恵性院　えしょういん〔寺〕
　栃木県足利市　《本尊》不動明王
　　　　　　　　　　　　　〔真言宗豊山派〕

　恵明寺　えみょうじ〔寺〕
　東京都足立区　《別称》六阿弥陀の二番目
　《本尊》阿弥陀如来・不動明王　〔単立〕

　恵明寺　えみょうじ〔寺〕
　東京都葛飾区　《本尊》不動明王
　　　　　　　　　　　　　〔真言宗智山派〕

10画（悟, 息, 恋, 扇, 挙, 敏）

恵明寺　えみょうじ〔寺〕
　愛知県稲沢市　《本尊》不動明王
　　　　　　　　　　　　〔真言宗智山派〕
恵林寺　えいりんじ〔寺〕
　青森県弘前市　《本尊》釈迦如来・高祖大師
　　　　　　　　　　　　〔曹洞宗〕
恵林寺　えりんじ〔寺〕
　富山県東礪波郡城端町　《本尊》阿弥陀如来
　　　　　　　　　　　　〔真宗大谷派〕
恵林寺　えりんじ〔寺〕
　山梨県塩山市　《本尊》観世音菩薩
　　　　　　　　　　　　〔臨済宗妙心寺派〕
9恵浄寺　えじょうじ〔寺〕
　大阪府大阪市平野区　《本尊》阿弥陀如来
　　　　　　　　　　　　〔浄土真宗本願寺派〕
恵美酒宮　《称》　えびすのみや〔社〕
　兵庫県姫路市・天満神社　《祭神》菅原道真
　〔他〕　　　　　　　　　　〔神社本庁〕
恵美須神社　えびすじんじゃ〔社〕
　京都府京都市東山区　《別称》京のえびすさん　《祭神》八代言代主大神〔他〕〔単立〕
恵美須神社　えびすじんじゃ〔社〕
　大阪府大阪市福島区　《別称》野田戎　《祭神》事代主大神〔他〕　　　〔神社本庁〕
10恵珖寺　えこうじ〔寺〕
　島根県邇摩郡温泉津町　《本尊》一塔両尊四菩薩　　　　　　　　　　〔日蓮宗〕
11恵隆寺　えりゅうじ〔寺〕
　福島県河沼郡会津坂下町　《別称》たちき観音　《本尊》大日如来・千手観音菩薩
　　　　　　　　　　　　〔真言宗豊山派〕
12恵善坊　えぜんぼう〔寺〕
　山梨県南巨摩郡身延町　《本尊》十界大曼荼羅　　　　　　　　　　　〔日蓮宗〕
恵暁寺　えきょうじ〔寺〕
　北海道虻田郡倶知安町　《本尊》阿弥陀如来
　　　　　　　　　　　　〔真宗大谷派〕
13恵聖院　けいしょういん〔寺〕
　京都府京都市上京区　《別称》瑞華院　《本尊》阿弥陀如来　　　　　〔浄土宗〕
14恵徳寺　えとくじ〔寺〕
　群馬県高崎市　《本尊》釈迦如来　〔曹洞宗〕
16恵曇神社　えともじんじゃ〔社〕
　島根県八束郡鹿島町　《祭神》磐坂彦命
　　　　　　　　　　　　〔神社本庁〕
19恵蘇八幡宮　えそはちまんぐう〔社〕
　福岡県朝倉郡朝倉町　《別称》木の丸殿　《祭神》応神天皇〔他〕　　〔神社本庁〕

【悟】
10悟真寺　ごしんじ〔寺〕

　青森県三戸郡三戸町　《本尊》阿弥陀如来
　　　　　　　　　　　　〔浄土宗〕
悟真寺　ごしんじ〔寺〕
　愛知県豊橋市　《本尊》三尊仏　〔浄土宗〕
悟真寺　ごしんじ〔寺〕
　三重県鈴鹿市　《本尊》阿弥陀如来〔浄土宗〕
悟真寺　ごしんじ〔寺〕
　広島県沼隈郡沼隈町　《本尊》阿弥陀如来
　　　　　　　　　　　　〔浄土宗〕
悟真寺　ごしんじ〔寺〕
　長崎県長崎市　《本尊》阿弥陀三尊〔浄土宗〕
悟真寺　ごしんじ〔寺〕
　熊本県八代市　《本尊》釈迦如来　〔曹洞宗〕

【息】
9息神社　おきじんじゃ〔社〕
　静岡県浜名郡雄踏町　《別称》氏神さま　《祭神》志那都比古神〔他〕〔神社本庁〕
10息栖神社　いきすじんじゃ〔社〕
　茨城県鹿島郡神栖町　《祭神》岐神〔他〕
　　　　　　　　　　　　〔神社本庁〕
14息障明王院　そくしょうみょうおういん〔寺〕
　滋賀県大津市　《本尊》毘沙門天・不動明王・千手観世音菩薩　　　　〔天台宗〕
息障院　そくしょういん〔寺〕
　埼玉県比企郡吉見町　《本尊》不動明王
　　　　　　　　　　　　〔真言宗智山派〕

【恋】
12恋塚寺　こいずかでら〔寺〕
　京都府京都市伏見区　《本尊》阿弥陀如来
　　　　　　　　　　　　〔浄土宗〕

【扇】
10扇宮八幡《称》　おうぎのみやはちまん〔社〕
　山形県飽海郡遊佐町・八幡神社　《祭神》誉田別命〔他〕　　　　　　〔神社本庁〕

【挙】
5挙母神社　ころもじんじゃ〔社〕
　愛知県豊田市　《別称》子守神社　《祭神》高皇産霊神〔他〕　　　　〔神社本庁〕

【敏】
4敏太神社　みぬだじんじゃ〔社〕
　三重県松阪市　《祭神》応神天皇〔他〕
　　　　　　　　　　　　〔神社本庁〕

神社・寺院名よみかた辞典　493

10画（時, 格, 栢, 桐, 栗, 桑, 桂）

10敏馬神社　みぬめじんじゃ〔社〕
　　兵庫県神戸市灘区　《祭神》素盞嗚命［他］
　　　　　　　　　　　　　　　　　〔神社本庁〕

【時】
6時光寺　じこうじ〔寺〕
　　兵庫県高砂市　《別称》播磨の善光寺　《本尊》阿弥陀如来・毘廬舎那仏
　　　　　　　　　　　　　　〔浄土宗西山禅林寺派〕
9時津祐徳院《称》　ときつゆうとくいん〔社〕
　　長崎県西彼杵郡時津町・祐徳稲荷神社　《祭神》倉稲魂大神［他］　〔神社本庁〕

【格】
8格岩寺　かくがんじ〔寺〕
　　佐賀県伊万里市　《本尊》釈迦如来・観世音菩薩・阿弥陀如来　〔臨済宗妙心寺派〕

【栢】
0栢の森《称》　かやのもり〔社〕
　　京都府京都市西京区・大歳神社　《祭神》大歳神［他］　　　　　〔神社本庁〕

【桐】
8桐岳寺　とうかくじ〔寺〕
　　島根県松江市　《本尊》釈迦如来　〔曹洞宗〕
桐明神《称》　きりみょうじん〔社〕
　　千葉県流山市・香取神社　《祭神》経津主命［他］　　　　　　　〔神社本庁〕
10桐原牧神社　きりはらまきじんじゃ〔社〕
　　長野県長野市　《祭神》保食命［他］
　　　　　　　　　　　　　　　　〔神社本庁〕
11桐盛院　とうじょういん〔寺〕
　　新潟県刈羽郡小国町　《本尊》釈迦如来
　　　　　　　　　　　　　　　　　〔曹洞宗〕

【栗】
5栗田神社　くりたじんじゃ〔社〕
　　秋田県秋田市　《祭神》栗田定之丞如茂
　　　　　　　　　　　　　　　　〔神社本庁〕
7栗沢神社　くりさわじんじゃ〔社〕
　　北海道空知郡栗沢町　《祭神》天照皇大神［他］
　　　　　　　　　　　　　　　　〔神社本庁〕
8栗東寺　りっとうじ〔寺〕
　　大阪府大阪市北区　《本尊》釈迦如来
　　　　　　　　　　　　　　　　　〔曹洞宗〕
10栗原の妙見様《称》　くりはらのみょうけんさま〔寺〕
　　茨城県つくば市・北斗星寺　《本尊》北斗妙見大菩薩・薬師如来　〔新義真言宗〕

栗原神社　くりはらじんじゃ〔社〕
　　岐阜県吉城郡上宝村　《祭神》五十猛神
　　　　　　　　　　　　　　　　〔神社本庁〕
11栗渓神社　くりたにじんじゃ〔社〕
　　鳥取県鳥取市　《別称》牛頭天王　《祭神》須佐之男神［他］　　〔神社本庁〕
12栗棘庵　りっきょくあん〔寺〕
　　京都府京都市東山区　《本尊》地蔵菩薩・観世音菩薩　〔臨済宗東福寺派〕

【桑】
5桑田山神社　くわたやまじんじゃ〔社〕
　　高知県須崎市　《別称》御藪さま　《祭神》天津瓊瓊杵尊［他］　〔神社本庁〕
6桑名神社　くわなじんじゃ〔社〕
　　三重県桑名市　《祭神》天津彦根命［他］
　　　　　　　　　　　　　　　　〔神社本庁〕
8桑実寺　くわのみでら〔寺〕
　　滋賀県蒲生郡安土町　《別称》桑峯薬師　《本尊》薬師如来　〔天台宗〕
10桑原八幡神社　くわばらはちまんじんじゃ〔社〕
　　愛媛県松山市　《祭神》誉田別尊［他］
　　　　　　　　　　　　　　　　〔神社本庁〕
桑原神社　くわばらじんじゃ〔社〕
　　茨城県結城郡石下町　《祭神》天熊大人命［他］
　　　　　　　　　　　　　　　　〔神社本庁〕
桑原神社　くわばらじんじゃ〔社〕
　　静岡県磐田郡浅羽町　《祭神》誉田別命
　　　　　　　　　　　　　　　　〔神社本庁〕
桑原道場《称》　くわはらどうじょう〔寺〕
　　神奈川県小田原市・浄蓮寺　《本尊》阿弥陀如来　〔浄土宗〕
桑峯薬師《称》　くわみねやくし〔寺〕
　　滋賀県蒲生郡安土町・桑実寺　《本尊》薬師如来　〔天台宗〕

【桂】
5桂本神社　かつらもとじんじゃ〔社〕
　　岐阜県吉城郡上宝村　《別称》金幣社桂本　《祭神》天津彦火穂穂出見尊［他］
　　　　　　　　　　　　　　　　〔神社本庁〕
6桂光院　けいこういん〔寺〕
　　山口県阿武郡阿東町　《本尊》釈迦如来　〔曹洞宗〕
7桂住寺　けいじゅうじ〔寺〕
　　鳥取県米子市　《本尊》釈迦如来　〔曹洞宗〕
桂秀院　けいしゅういん〔寺〕
　　佐賀県佐賀市久保田町　《本尊》薬師如来・聖観世音菩薩　〔曹洞宗〕

10画（根）

8桂国寺　けいこくじ〔寺〕
　徳島県阿南市　《本尊》釈迦如来　〔曹洞宗〕
桂岸寺　けいがんじ〔寺〕
　茨城県水戸市　《別称》二三夜尊
　　　　　　　　　　　　　　　〔真言宗豊山派〕
桂昌寺　けいしょうじ〔寺〕
　群馬県勢多郡北橘村　《本尊》釈迦如来
　　　　　　　　　　　　　　　　〔曹洞宗〕
桂昌寺　けいしょうじ〔寺〕
　愛知県豊橋市　《本尊》聖観世音菩薩
　　　　　　　　　　　　　　〔臨済宗妙心寺派〕
桂昌寺　けいしょうじ〔寺〕
　福岡県北九州市八幡東区　《本尊》三尊仏
　　　　　　　　　　　　　　　　〔曹洞宗〕
桂昌院　けいしょういん〔寺〕
　京都府京都市東山区　《本尊》釈迦如来
　　　　　　　　　　　　　　〔臨済宗東福寺派〕
桂松院　けいしょういん〔寺〕
　福島県会津若松市　《別称》大町不動　《本尊》竜造寺不動明王　〔真言宗智山派〕
桂林寺　けいりんじ〔寺〕
　栃木県宇都宮市　《本尊》釈迦如来　〔曹洞宗〕
桂林寺　けいりんじ〔寺〕
　東京都文京区　《本尊》聖観世音菩薩
　　　　　　　　　　　　　　〔臨済宗妙心寺派〕
桂林寺　けいりんじ〔寺〕
　山梨県都留市　《本尊》薬師如来
　　　　　　　　　　　　　　〔臨済宗妙心寺派〕
桂林寺　けいりんじ〔寺〕
　岐阜県下呂市　《本尊》阿弥陀如来
　　　　　　　　　　　　　　　〔真宗大谷派〕
桂林寺　けいりんじ〔寺〕
　岐阜県海津郡南濃町　《本尊》阿弥陀如来
　　　　　　　　　　　　　　　〔真宗大谷派〕
桂林寺　けいりんじ〔寺〕
　愛知県丹羽郡大口町　《本尊》聖観世音菩薩　　　　　　　　　　　　　　〔曹洞宗〕
桂林寺　けいりんじ〔寺〕
　京都府舞鶴市　《本尊》阿弥陀如来・薬師如来　　　　　　　　　　　　　　〔曹洞宗〕
桂林寺　けいりんじ〔寺〕
　徳島県小松島市　《本尊》聖観世音菩薩
　　　　　　　　　　　　　　　〔高野山真言宗〕
9桂城神社　かつらぎじんじゃ〔社〕
　滋賀県犬上郡甲良町　《祭神》少彦名命
　　　　　　　　　　　　　　　〔神社本庁〕
桂春院　けいしゅんいん〔寺〕
　京都府京都市右京区　《本尊》薬師如来
　　　　　　　　　　　　　　〔臨済宗妙心寺派〕

10桂峰寺　けいほうじ〔寺〕
　岐阜県吉城郡上宝村　《別称》百観音の寺
　《本尊》釈迦如来・補陀落観世音菩薩
　　　　　　　　　　　　　　〔臨済宗妙心寺派〕
桂根八幡宮　かつらねはちまんぐう〔社〕
　島根県邑智郡邑智町　《祭神》応神天皇[他]
　　　　　　　　　　　　　　　〔神社本庁〕
桂浜神社　かつらはまじんじゃ〔社〕
　広島県安芸郡倉橋町　《別称》八幡さん　《祭神》応神天皇[他]　　　　　〔神社本庁〕
12桂雲寺　けいうんじ〔寺〕
　佐賀県西松浦郡有田町　《本尊》薬師如来・岩谷飛手観世音菩薩　〔臨済宗南禅寺派〕
14桂徳寺　けいとくじ〔寺〕
　秋田県横手市　《本尊》阿弥陀如来
　　　　　　　　　　　　　　　〔真宗大谷派〕
桂徳院　けいとくいん〔寺〕
　東京都練馬区　《別称》ふりかえ地蔵　《本尊》釈迦如来・ふりかえ地蔵菩薩
　　　　　　　　　　　　　　〔臨済宗大徳寺派〕
15桂輪寺　けいりんじ〔寺〕
　長崎県対馬市　《本尊》観世音菩薩　〔曹洞宗〕
桂霄寺　けいしょうじ〔寺〕
　長野県南佐久郡佐久町　《本尊》釈迦如来
　　　　　　　　　　　　　　　　〔曹洞宗〕

【根】

4根方八幡《称》　ねかたはちまん〔社〕
　東京都大田区仲池上・八幡神社　《祭神》品陀和気命　　　　　　　　〔神社本庁〕
5根本寺　こんぽんじ〔寺〕
　茨城県鹿嶋市　《本尊》薬師如来
　　　　　　　　　　　　　　〔臨済宗妙心寺派〕
根本寺　こんぽんじ〔寺〕
　新潟県佐渡市　《別称》霊跡寺院　《本尊》日蓮聖人奠定の大曼荼羅　〔日蓮宗〕
根生院　こんしょういん〔寺〕
　東京都豊島区　《別称》赤門　《本尊》薬師如来　　　　　　　　　〔真言宗豊山派〕
7根来寺　ねごろじ〔寺〕
　和歌山県那賀郡岩出町　《別称》総本山・根来山　《本尊》大日如来・不動明王・興教大師　　　　　　　　　　　　〔新義真言宗〕
8根岸八幡神社《称》　ねぎしはちまんじんじゃ〔社〕
　神奈川県横浜市磯子区西町・八幡神社　《祭神》誉田別命　　　　　　　　〔神社本庁〕
根雨神社　ねうじんじゃ〔社〕
　鳥取県日野郡日野町　《別称》祇園　《祭神》素盞嗚尊　　　　　　　　　〔神社本庁〕

神社・寺院名よみかた辞典　*495*

10画（栽, 桜）

9根津神社　ねずじんじゃ〔社〕
　　東京都文京区　《別称》根津権現　《祭神》須
　　佐之男命[他]　　　　　　　　　　〔神社本庁〕
　根津権現《称》　ねずごんげん〔社〕
　　東京都文京区・根津神社　《祭神》須佐之男
　　命[他]　　　　　　　　　　　　　〔神社本庁〕
　根香寺　ねごろじ〔寺〕
　　香川県高松市　《別称》四国第八二番霊場
　　《本尊》千手観世音菩薩　　　　　　〔単立〕

【栽】

8栽松寺　さいしょうじ〔寺〕
　　岐阜県岐阜市　《別称》伊奈波の禅寺　《本
　　尊》無量寿仏　　　　　　　〔臨済宗妙心寺派〕
　栽松院　さいしょういん〔寺〕
　　宮城県仙台市若林区　《本尊》釈迦如来
　　　　　　　　　　　　　　　　　　〔曹洞宗〕

【桜】

0桜ケ池奥ノ院《称》　さくらがいけおくの
　　いん〔寺〕
　　静岡県小笠郡菊川町・応声教院　《本尊》阿
　　弥陀如来・愛染明王　　　　　　　　〔浄土〕
　桜ヶ丘神社　さくらがおかじんじゃ〔社〕
　　千葉県四街道市　《祭神》天之御中主神[他]
　　　　　　　　　　　　　　　　　　　〔単立〕
　桜ヶ池《称》　さくらがいけ〔社〕
　　静岡県御前崎市・池宮神社　《祭神》瀬織津
　　比咩神[他]　　　　　　　　　　　〔神社本庁〕
　桜ヶ岡八幡神社　さくらがおかはちまんじ
　　ゃ〔社〕
　　岐阜県高山市　《祭神》応神天皇〔神社本庁〕
2桜八幡神社　さくらはちまんじんじゃ〔社〕
　　香川県木田郡庵治町　《祭神》誉田天皇[他]
　　　　　　　　　　　　　　　　　〔神社本庁〕
　桜八幡神社　さくらはちまんじんじゃ〔社〕
　　大分県東国東郡国東町　《別称》八幡さま
　　《祭神》応神天皇[他]　　　　　　〔神社本庁〕
3桜山八幡宮《称》　さくらやまはちまんぐ
　　う〔社〕
　　岐阜県高山市・八幡神社　《祭神》応神天皇
　　[他]　　　　　　　　　　　　　　〔神社本庁〕
　桜山神社　さくらやまじんじゃ〔社〕
　　岩手県盛岡市　《祭神》南部光行[他]
　　　　　　　　　　　　　　　　　〔神社本庁〕
4桜井八幡宮　さくらいはちまんぐう〔社〕
　　山口県豊浦郡菊川町　《祭神》応神天皇[他]
　　　　　　　　　　　　　　　　　〔神社本庁〕
　桜井寺　さくらいじ〔寺〕
　　奈良県五條市　《本尊》阿弥陀如来　〔浄土宗〕

桜井神社　さくらいじんじゃ〔社〕
　　愛知県安城市　《祭神》天照皇大神[他]
　　　　　　　　　　　　　　　　　〔神社本庁〕
　桜井神社　さくらいじんじゃ〔社〕
　　大阪府堺市　《別称》にわだに八幡宮　《祭
　　神》誉田別命[他]　　　　　　　　〔神社本庁〕
　桜井神社　さくらいじんじゃ〔社〕
　　兵庫県尼崎市　《別称》桜井さん　《祭神》桜
　　井信定[他]　　　　　　　　　　　〔神社本庁〕
　桜井神社　さくらいじんじゃ〔社〕
　　福岡県糸島郡志摩町　《別称》与止妃宮　《祭
　　神》神直日神[他]　　　　　　　　〔神社本庁〕
　桜天神社　さくらてんじんしゃ〔社〕
　　愛知県名古屋市中区・天神社　《祭神》菅原
　　道真　　　　　　　　　　　　　〔神社本庁〕
　桜木町本願寺《称》　さくらぎちょうほん
　　がんじ〔寺〕
　　神奈川県横浜市中区・宝光寺　《本尊》阿弥
　　陀如来　　　　　　　　　　〔浄土真宗本願寺派〕
　桜木神社　さくらぎじんじゃ〔社〕
　　奈良県吉野郡吉野町　《別称》桜木さん　《祭
　　神》大己貴命[他]　　　　　　　　〔神社本庁〕
　桜木神社　さくらぎじんじゃ〔社〕
　　香川県高松市　《祭神》応神天皇[他]
　　　　　　　　　　　　　　　　　〔神社本庁〕
5桜本坊　さくらもとぼう〔寺〕
　　奈良県吉野郡吉野町　《別称》吉野聖天　《本
　　尊》役小角　　　　　　　　〔金峰山修験本宗〕
　桜田八幡宮　さくらだはちまんぐう〔社〕
　　山口県周南市　《祭神》応神天皇[他]
　　　　　　　　　　　　　　　　　〔神社本庁〕
　桜田神社　さくらだじんじゃ〔社〕
　　山口県周南市　《祭神》伊弉諾尊[他]
　　　　　　　　　　　　　　　　　〔神社本庁〕
6桜池院　ようちいん〔寺〕
　　和歌山県伊都郡高野町　《本尊》阿弥陀如来・
　　毘沙門天　　　　　　　　　　〔高野山真言宗〕
7桜谷社《称》　さくらだにしゃ〔社〕
　　滋賀県大津市・佐久奈度神社　《祭神》天瀬
　　織都比咩神[他]　　　　　　　　　〔神社本庁〕
8桜岡大神宮　さくらがおかだいじんぐう
　　〔社〕
　　宮城県仙台市青葉区　《別称》おしんめさん
　　《祭神》天照皇大神[他]　　　　　〔神社本庁〕
　桜岡神社　さくらおかじんじゃ〔社〕
　　大分県宇佐市　《別称》天神さま　《祭神》事
　　代主命[他]　　　　　　　　　　　〔神社本庁〕
　桜松神社　さくらまつじんじゃ〔社〕
　　岩手県岩手郡安代町　《祭神》瀬織津姫命
　　　　　　　　　　　　　　　　　〔神社本庁〕

496　神社・寺院名よみかた辞典

10画（栖, 桃, 梅）

9桜神社　さくらじんじゃ〔社〕
　　山形県米沢市　《祭神》大宮姫大神［他］
　　　　　　　　　　　　　　　　〔神社本庁〕
10桜宮　さくらのみや〔社〕
　　大阪府大阪市都島区　《祭神》天照皇大神［他］
　　　　　　　　　　　　　　　　〔神社本庁〕

【栖】

2栖了院　せいりょういん〔寺〕
　　愛知県渥美郡渥美町　《本尊》阿弥陀如来
　　　　　　　　　　　　　　　　〔浄土宗〕
5栖本諏訪神社《称》　すもとすわじんじゃ
　　〔社〕
　　熊本県天草郡栖本町・湯船原諏訪神社　《祭
　　神》建御名方命　　　　　　〔神社本庁〕
8栖岸寺　せいがんじ〔寺〕
　　鳥取県鳥取市　《別称》因幡の回向寺　《本
　　尊》阿弥陀如来　　　　　　　　〔浄土宗〕
12栖雲寺　せいうんじ〔寺〕
　　群馬県富岡市　《本尊》釈迦如来・薬師如来
　　　　　　　　　　　　　　〔臨済宗妙心寺派〕
栖雲寺　せいうんじ〔寺〕
　　福井県小浜市　《本尊》釈迦如来
　　　　　　　　　　　　　　〔臨済宗妙心寺派〕
16栖賢寺　せいけんじ〔寺〕
　　京都府京都市左京区　《本尊》薬師如来
　　　　　　　　　　　　　　〔臨済宗大徳寺派〕

【桃】

4桃太郎神社　ももたろうじんじゃ〔社〕
　　愛知県犬山市　《祭神》大神実命〔神社本庁〕
7桃沢神社　ももざわじんじゃ〔社〕
　　静岡県沼津市　《別称》愛鷹明神　《祭神》建
　　御名方神　　　　　　　　　　〔神社本庁〕
8桃林寺　とうりんじ〔寺〕
　　沖縄県石垣市　《本尊》観世音菩薩
　　　　　　　　　　　　　　〔臨済宗妙心寺派〕
10桃原寺　とうげんじ〔寺〕
　　長崎県諫早市　《本尊》阿弥陀如来
　　　　　　　　　　　　　　〔浄土真宗本願寺派〕
12桃雲寺　とううんじ〔寺〕
　　石川県金沢市　《別称》九万坊　《本尊》釈迦
　　如来　　　　　　　　　　　　　〔曹洞宗〕
13桃園神社　ももぞのじんじゃ〔社〕
　　山梨県南アルプス市　《別称》院宮　《祭神》
　　貞純親王［他］　　　　　　　〔神社本庁〕
桃源寺　とうげんじ〔寺〕
　　静岡県庵原郡由比町　《本尊》聖観世音菩
　　薩　　　　　　　　　　　〔臨済宗妙心寺派〕

20桃巌寺　とうがんじ〔寺〕
　　愛知県名古屋市千種区　《別称》東山弁天
　　《本尊》聖観世音菩薩・弁財天　〔曹洞宗〕

【梅】

4梅戸の宮《称》　うめとのみや〔社〕
　　長野県上伊那郡飯島町・梅戸神社　《祭神》建
　　御名方神［他］　　　　　　　〔神社本庁〕
梅戸神社　うめとじんじゃ〔社〕
　　長野県上伊那郡飯島町　《別称》梅戸の宮
　　《祭神》建御名方神［他］　　〔神社本庁〕
梅木寺　ばいぼくじ〔寺〕
　　福島県安達郡岩代町　《本尊》大日如来
　　　　　　　　　　　　　　〔真言宗豊山派〕
5梅田春日神社　うめだかすがじんじゃ〔社〕
　　京都府船井郡瑞穂町　《祭神》武甕槌命［他］
　　　　　　　　　　　　　　　　〔神社本庁〕
梅田釈迦堂《称》　うめだしゃかどう〔寺〕
　　和歌山県海草郡下津町・善福院　《本尊》釈
　　迦如来　　　　　　　　　　　　〔天台宗〕
8梅岳寺　ばいがくじ〔寺〕
　　福岡県糟屋郡新宮町　《本尊》聖観世音菩
　　薩　　　　　　　　　　　　　　〔曹洞宗〕
梅松寺　ばいしょうじ〔寺〕
　　長野県上高井郡小布施町　《別称》六川の天
　　神さん　《本尊》胎蔵界大日如来
　　　　　　　　　　　　　　〔真言宗豊山派〕
梅林寺　ばいりんじ〔寺〕
　　福島県いわき市　《本尊》大日如来
　　　　　　　　　　　　　　〔真言宗智山派〕
梅林寺　ばいりんじ〔寺〕
　　京都府京都市下京区　《本尊》阿弥陀如来
　　　　　　　　　　　　　　　〔西山浄土宗〕
梅林寺　ばいりんじ〔寺〕
　　福岡県久留米市　《別称》梅林僧堂　《本尊》
　　如意輪観世音菩薩　　　　　〔臨済宗妙心寺派〕
梅林院　ばいりんいん〔寺〕
　　静岡県志太郡岡部町　《本尊》十一面観世音
　　菩薩　　　　　　　　　　　　　〔曹洞宗〕
梅英寺　ばいえいじ〔寺〕
　　岐阜県本巣市　《本尊》釈迦如来・地蔵菩薩・
　　観世音菩薩　　　　　　　　〔臨済宗妙心寺派〕
9梅洞寺　ばいとうじ〔寺〕
　　東京都八王子市　《本尊》釈迦如来
　　　　　　　　　　　　　　〔臨済宗南禅寺派〕
梅香寺　ばいこうじ〔寺〕
　　三重県伊勢市　《別称》蓮随さん　《本尊》阿
　　弥陀如来　　　　　　　　　　　〔浄土宗〕
10梅宮　うめのみや〔社〕
　　京都府京都市右京区・梅宮大社　《祭神》酒
　　解神［他］　　　　　　　　　　　〔単立〕

神社・寺院名よみかた辞典　497

10画（梅, 残, 浦, 浩, 泰）

梅宮大社　うめのみやたいしゃ〔社〕
　京都府京都市右京区　《別称》梅宮　《祭神》酒解神［他］　　　　　　　　〔単立〕
梅竜寺　ばいりゅうじ〔寺〕
　岐阜県関市　《本尊》文殊菩薩
　　　　　　　　　　　〔臨済宗妙心寺派〕
梅竜寺　ばいりゅうじ〔寺〕
　滋賀県伊香郡高月町　《本尊》阿弥陀如来
　　　　　　　　　　　　　　〔真宗大谷派〕
梅翁寺　ばいおうじ〔寺〕
　鳥取県米子市　《本尊》聖観世音菩薩
　　　　　　　　　　　　　　　　〔曹洞宗〕
梅翁院　ばいおういん〔寺〕
　鳥取県鳥取市　《本尊》薬師如来・釈迦如来・白衣観世音菩薩　　　　　　〔曹洞宗〕
11梅渓寺　ばいけいじ〔寺〕
　宮城県石巻市　《別称》牧山の観音　《本尊》竜乗聖観世音菩薩　　　　〔曹洞宗〕
梅窓院　ばいそういん〔寺〕
　東京都港区　《別称》観音さま　《本尊》阿弥陀如来　　　　　　　　　〔浄土宗〕
12梅雲寺　ばいうんじ〔寺〕
　神奈川県茅ヶ崎市　《本尊》阿弥陀如来
　　　　　　　　　　　　　　　　〔浄土宗〕
梅雲寺　ばいうんじ〔寺〕
　愛知県名古屋市瑞穂区　《本尊》釈迦如来
　　　　　　　　　　　　　　　　〔曹洞宗〕
13梅照院　ばいしょういん〔寺〕
　茨城県常陸太田市　《本尊》阿弥陀如来・十一面観世音菩薩　　　　〔真言宗豊山派〕
梅照院　ばいしょういん〔寺〕
　埼玉県岩槻市　《本尊》十界曼荼羅　〔日蓮宗〕
梅照院　ばいしょういん〔寺〕
　東京都中野区　《別称》新井薬師　《本尊》薬師如来　　　　　　〔真言宗豊山派〕
14梅蔭寺　ばいいんじ〔寺〕
　静岡県静岡市　《本尊》地蔵菩薩
　　　　　　　　　　　〔臨済宗妙心寺派〕
20梅巌寺　ばいがんじ〔寺〕
　三重県亀山市　《本尊》阿弥陀如来　〔浄土宗〕
梅護寺　ばいごじ〔寺〕
　新潟県阿賀野市　《別称》小島御坊　《本尊》阿弥陀如来　　　　〔浄土真宗本願寺派〕

【栫】

15栫衡神社　ほこつきじんじゃ〔社〕
　福島県岩瀬郡長沼町　《別称》かしまさま　《祭神》日本武尊［他］　〔神社本庁〕

【残】

4残木山《称》　こっぱざん〔寺〕
　東京都江東区・長慶寺　《本尊》釈迦如来　　　　　　　　　　　〔曹洞宗〕

【浦】

0浦の宮《称》　うらのみや〔社〕
　富山県富山市・諏訪神社　《祭神》建御名方命　　　　　　　　　〔神社本庁〕
浦の宮《称》　うらのみや〔社〕
　長崎県南松浦郡新魚目町・祖父君神社　《祭神》伊弉諾尊［他］　〔神社本庁〕
5浦田神社　うらたじんじゃ〔社〕
　秋田県北秋田郡森吉町　《祭神》応神天皇［他］　　　　　　　　〔神社本庁〕
7浦佐の毘沙門天《称》　うらさのびしゃもんてん〔寺〕
　新潟県南魚沼郡大和町・普光寺　《本尊》毘沙門天・大日如来　〔真言宗豊山派〕
8浦和東本願寺《称》　うらわひがしほんがんじ〔寺〕
　埼玉県さいたま市・一心寺　《本尊》阿弥陀如来　　　　　　　〔真宗大谷派〕
浦河神社　うらかわじんじゃ〔社〕
　北海道浦河郡浦河町　《祭神》保食神［他］　　　　　　　　　〔神社本庁〕
10浦島《称》　うらしま〔社〕
　京都府与謝郡伊根町・宇良神社　《祭神》浦島子［他］　　　　〔神社本庁〕
12浦渡神社　うらどじんじゃ〔社〕
　愛媛県新居浜市　《祭神》大山祇神［他］　　　　　　　　　　〔神社本庁〕

【浩】

7浩妙寺　こうみょうじ〔寺〕
　東京都文京区　《別称》本郷追分七面さま　《本尊》十界曼荼羅　〔日蓮宗〕

【泰】

3泰三寺　たいさんじ〔寺〕
　長崎県長崎市　《本尊》釈迦如来　〔曹洞宗〕
泰山寺　たいざんじ〔寺〕
　愛媛県今治市　《別称》四国第五六番霊場　《本尊》地蔵菩薩　〔真言宗醍醐派〕
4泰心寺　たいしんじ〔寺〕
　岐阜県下呂市　《本尊》釈迦如来・青面金剛明王　　　　　　〔臨済宗妙心寺派〕
5泰正寺　たいしょうじ〔寺〕
　熊本県荒尾市　《本尊》阿弥陀如来
　　　　　　　　　　　　　　〔真宗木辺派〕

10画（浜）

6泰安寺　たいあんじ〔寺〕
　岡山県津山市　《本尊》阿弥陀三尊
　　　　　　　　　　　　　　　〔浄土宗〕
泰安寺　たいあんじ〔寺〕
　熊本県熊本市　《別称》往生院　《本尊》阿弥
　陀如来・鎮西像　　　　　　　〔浄土宗〕
8泰宗寺　たいそうじ〔寺〕
　東京都豊島区　《本尊》薬師如来　〔曹洞宗〕
10泰叟寺　たいそうじ〔寺〕
　新潟県新潟市　《別称》船江地蔵尊　《本尊》
　阿弥陀如来　　　　　　　　　〔浄土宗〕
11泰教寺　たいきょうじ〔寺〕
　佐賀県佐賀市　《本尊》十界大曼荼羅
　　　　　　　　　　　　　　　〔日蓮宗〕
泰産寺　たいさんじ〔寺〕
　京都府京都市東山区　《別称》子安観音　《本
　尊》十一面千手観世音菩薩　　〔北法相宗〕
12泰智寺　たいちじ〔寺〕
　佐賀県鹿島市　《本尊》釈迦如来・聖観世音
　菩薩・大日如来　　　　　　　〔曹洞宗〕
泰運寺　たいうんじ〔寺〕
　三重県飯南郡飯高町　《別称》くちすぼでら
　《本尊》聖観世音菩薩　　　　〔曹洞宗〕
泰雲寺　たいうんじ〔寺〕
　山口県山口市　《本尊》釈迦如来　〔曹洞宗〕
泰雲院　たいうんいん〔寺〕
　和歌山県伊都郡高野町　《本尊》不動明王
　　　　　　　　　　　　　　〔高野山真言宗〕
14泰増寺　たいぞうじ〔寺〕
　愛知県名古屋市中区　《本尊》釈迦如来・阿
　難尊者・迦葉尊者・十六羅漢　〔曹洞宗〕
15泰澄大師《称》　たいちょうだいし〔寺〕
　福井県福井市・泰澄寺　《本尊》大日如来・十
　一面観世音菩薩　　　　　　〔真言宗智山派〕
泰澄寺　たいちょうじ〔寺〕
　福井県福井市　《別称》泰澄大師　《本尊》大日
　如来・十一面観世音菩薩　　　〔真言宗智山派〕
泰蔵寺　たいぞうじ〔寺〕
　兵庫県神戸市北区　《本尊》十一面観世音菩
　薩　　　　　　　　　　　　　〔曹洞宗〕
泰蔵院　たいぞういん〔寺〕
　埼玉県熊谷市　《本尊》釈迦如来　〔曹洞宗〕
20泰巌寺　たいがんじ〔寺〕
　熊本県熊本市　《本尊》釈迦如来　〔曹洞宗〕

【浜】

0浜の八幡《称》　はまのはちまん〔社〕
　島根県益田市・櫛代賀姫神社　《祭神》櫛代
　賀姫命[他]　　　　　　　　　〔神社本庁〕

浜の市錦織寺別院　はまのいちきんしょく
　じべついん〔寺〕
　鹿児島県姶良郡隼人町　《本尊》阿弥陀如
　来　　　　　　　　　　　　〔真宗木辺派〕
浜の妙見さん《称》　はまのみょうけんさ
　ん〔寺〕
　兵庫県明石市・本立寺　《本尊》一塔両尊四
　菩薩四士・日蓮上人奠定の大曼荼羅
　　　　　　　　　　　　　　　〔日蓮宗〕
浜の宮《称》　はまのみや〔社〕
　兵庫県姫路市・天満社　《祭神》菅原道真
　　　　　　　　　　　　　　　〔神社本庁〕
浜の宮《称》　はまのみや〔社〕
　兵庫県州本市安乎町・八幡神社　《祭神》仲
　哀天皇[他]　　　　　　　　　〔神社本庁〕
浜の宮《称》　はまのみや〔社〕
　福岡県築上郡椎田町・綱敷天満宮　《祭神》菅
　原道真[他]　　　　　　　　　〔神社本庁〕
浜の宮神社《称》　はまのみやじんじゃ〔社〕
　兵庫県加古川市・浜宮天神社　《祭神》菅原
　道真[他]　　　　　　　　　　〔神社本庁〕
浜の御坊《称》　はまのごぼう〔寺〕
　富山県滑川市・称永寺　《本尊》阿弥陀如来
　　　　　　　　　　　　　　〔真宗大谷派〕
2浜八幡宮　はまはちまんぐう〔社〕
　熊本県水俣市　《祭神》応神天皇[他]
　　　　　　　　　　　　　　　〔神社本庁〕
4浜之堂《称》　はまのどう〔寺〕
　大阪府吹田市・常光円満寺　《本尊》聖観世
　音菩薩　　　　　　　　　　〔高野山真言宗〕
5浜田の鉈切神社《称》　はまだのなたぎり
　じんじゃ〔社〕
　千葉県館山市・船越鉈切神社　《祭神》豊玉
　姫命　　　　　　　　　　　　〔神社本庁〕
浜田護国神社　はまだごこくじんじゃ〔社〕
　島根県浜田市殿町　《祭神》護国の神霊
　　　　　　　　　　　　　　　〔神社本庁〕
6浜名鬼子母神《称》　はまなきしもじん〔寺〕
　静岡県湖西市・正住院　《本尊》十界勧請大
　曼荼羅　　　　　　　　　　　〔日蓮宗〕
浜名惣社神明宮　はまなそうじゃしんめい
　ぐう〔社〕
　静岡県引佐郡三ヶ日町　《別称》三ヶ日神明
　宮　《祭神》天照皇大神　　　　〔神社本庁〕
8浜松八幡宮《称》　はままつはちまんぐう
　〔社〕
　静岡県浜松市・八幡宮　《祭神》応神天皇[他]
　　　　　　　　　　　　　　　〔神社本庁〕
浜松御坊《称》　はままつごぼう〔寺〕
　静岡県浜松市・本称寺　《本尊》阿弥陀如来
　　　　　　　　　　　　　〔浄土真宗本願寺派〕

神社・寺院名よみかた辞典　499

10画（浮, 涌, 流, 浪, 烏, 狸）

10浜宮天神社　はまのみやてんじんしゃ〔社〕
　兵庫県加古川市　《別称》浜の宮神社　《祭神》菅原道真[他]　〔神社本庁〕

【浮】

4浮木寺　ふぼくじ〔寺〕
　青森県八戸市　《本尊》三十三観世音菩薩
　〔曹洞宗〕

9浮洲神社　うきすじんじゃ〔社〕
　福島県相馬郡鹿島町　《別称》明神様　《祭神》木像神　〔単立〕

10浮島の森《称》　うきしまのもり〔社〕
　愛知県岡崎市・小園神明社　《祭神》豊宇気姫命　〔神社本庁〕

浮島神社　うきしまじんじゃ〔社〕
　秋田県仙北郡西仙北町　《祭神》大名持命[他]
　〔神社本庁〕

浮島神社　うきしまじんじゃ〔社〕
　沖縄県那覇市　《別称》長寿宮・ういしさま　《祭神》天照皇大神[他]　〔神社本庁〕

12浮間観音《称》　うきまかんのん〔寺〕
　東京都北区・観音寺　《本尊》不動明王・観世音菩薩　〔真言宗智山派〕

14浮嶋神社　うきしまじんじゃ〔社〕
　愛媛県温泉郡重信町　《別称》浮嶋さん　《祭神》浮嶋上神[他]　〔神社本庁〕

浮嶋稲荷神社　うきしまいなりじんじゃ〔社〕
　山形県西村山郡朝日町　《祭神》宇迦御魂命[他]　〔神社本庁〕

17浮嶽神社　うきだけじんじゃ〔社〕
　福岡県糸島郡二丈町　《別称》浮嶽権現　《祭神》伊邪那岐命[他]　〔神社本庁〕

浮嶽権現《称》　うきだけごんげん〔社〕
　福岡県糸島郡二丈町・浮嶽神社　《祭神》伊邪那岐命[他]　〔神社本庁〕

【涌】

7涌谷神社　わくやじんじゃ〔社〕
　宮城県遠田郡涌谷町　《祭神》赤心猛雄命
　〔神社本庁〕

9涌泉寺　ゆうせんじ〔寺〕
　京都府京都市左京区　《本尊》日蓮聖人奠定の大曼荼羅　〔日蓮宗〕

【流】

8流長院　りゅうちょういん〔寺〕
　熊本県熊本市　《本尊》観世音菩薩　〔曹洞宗〕

9流泉寺　りゅうせんじ〔寺〕
　東京都立川市　《本尊》千手観世音菩薩・不動明王・毘沙門天・薬師如来
　〔臨済宗建長寺派〕

10流通寺　るつうじ〔寺〕
　山梨県西八代郡市川大門町　《本尊》一塔両尊四菩薩　〔日蓮宗〕

【浪】

4浪切不動《称》　なみきりふどう〔寺〕
　千葉県山武郡成東町・不動院　《本尊》不動明王　〔真言宗智山派〕

5浪打八幡神社　なみうちはちまんじんじゃ〔社〕
　香川県三豊郡詫間町　《別称》浪打八幡宮　《祭神》応神天皇[他]　〔神社本庁〕

浪打八幡宮《称》　なみうちはちまんぐう〔社〕
　香川県三豊郡詫間町・浪打八幡神社　《祭神》応神天皇[他]　〔神社本庁〕

【烏】

3烏丸の天神さん《称》　からすまのてんじんさん〔社〕
　京都府京都市上京区・菅原院天満宮神社　《祭神》菅原道真[他]　〔神社本庁〕

9烏峠稲荷神社　からすとうげいなりじんじゃ〔社〕
　福島県西白河郡泉崎村　《祭神》倉稲魂命
　〔神社本庁〕

12烏帽子山八幡宮　えぼしやまはちまんぐう〔社〕
　山形県南陽市　《祭神》応神天皇〔神社本庁〕

烏帽子杜三島神社　えぼしもりみしまじんじゃ〔社〕
　愛媛県伊予郡中山町　《祭神》大山積大神
　〔神社本庁〕

烏森の神明宮《称》　からすもりのしんめいぐう〔社〕
　神奈川県藤沢市・皇大神宮　《祭神》天照皇大神[他]　〔神社本庁〕

烏森神社　からすもりじんじゃ〔社〕
　東京都港区　《祭神》倉稲魂命[他]
　〔神社本庁〕

【狸】

6狸寺《称》　たぬきでら〔寺〕
　千葉県木更津市・証誠寺　《本尊》阿弥陀如来　〔浄土真宗本願寺派〕

10画（狼、珠、班、畝、畠、留、益、真）

【狼】
10 狼宮《称》　おおかみぐう〔社〕
　　岡山県久米郡久米町・貴布禰神社　《祭神》高
　　龗神［他］　　　　　　　　　　〔神社本庁〕
14 狼様《称》　おおかみさま〔社〕
　　福井県今立郡池田町・日野宮神社　《祭神》天
　　照大神［他］　　　　　　　　　〔神社本庁〕

【珠】
8 珠明寺　しゅめいじ〔寺〕
　　神奈川県南足柄市　《本尊》釈迦如来
　　　　　　　　　　　　　　〔臨済宗円覚寺派〕

【班】
11 班渓寺　はんけいじ〔寺〕
　　埼玉県比企郡嵐山町　《本尊》釈迦如来
　　　　　　　　　　　　　　　　　　〔曹洞宗〕

【畝】
4 畝火山口神社　うねびやまぐちじんじゃ
　　〔社〕
　　奈良県橿原市　《別称》おむねやま　《祭神》
　　気長足姫命［他］　　　　　　　〔神社本庁〕

【畠】
9 畠神社　はたけじんじゃ〔社〕
　　愛知県渥美郡渥美町　《祭神》八王子神［他］
　　　　　　　　　　　　　　　　〔神社本庁〕

【留】
11 留萌神社　るもいじんじゃ〔社〕
　　北海道留萌市　《祭神》市杵島姫命
　　　　　　　　　　　　　　　　〔神社本庁〕

【益】
6 益多嶺神社　ますたみねじんじゃ〔社〕
　　福島県相馬郡小高町　《別称》甲子大国社
　　《祭神》大国主命［他］　　　　〔神社本庁〕
11 益救神社　やくじんじゃ〔社〕
　　鹿児島県熊毛郡上屋久町　《別称》権現さん
　　《祭神》天津日高彦穂穂出見尊［他］
　　　　　　　　　　　　　　　　〔神社本庁〕

【真】
2 真了寺　しんりょうじ〔寺〕
　　東京都品川区　《本尊》釈迦如来・多宝如来
　　　　　　　　　　　　　　　　　　〔日蓮宗〕
　真入寺　しんにゅうじ〔寺〕
　　石川県小松市　《本尊》阿弥陀如来
　　　　　　　　　　　　　　　　〔真宗大谷派〕
3 真山寺　しんざんじ〔寺〕
　　秋田県仙北郡西木村　《本尊》聖観世音菩
　　薩　　　　　　　　　　　　〔真言宗智山派〕
　真山神社　しんざんじんじゃ〔社〕
　　秋田県男鹿市　《別称》赤神様　《祭神》邇邇
　　杵命［他］　　　　　　　　　〔神社本庁〕
4 真仏寺　しんぶつじ〔寺〕
　　茨城県水戸市　《別称》平太郎の寺　《本尊》
　　阿弥陀如来　　　　　　　　　〔真宗大谷派〕
　真止戸山神社　まつばさじんじゃ〔社〕
　　岡山県浅口郡鴨方町　《別称》天王宮　《祭
　　神》素盞嗚尊［他］　　　　　　〔神社本庁〕
5 真広寺　しんこうじ〔寺〕
　　愛知県名古屋市中区　　　〔浄土真宗本願寺派〕
　真広寺　しんこうじ〔寺〕
　　滋賀県坂田郡米原町　《本尊》阿弥陀如来
　　　　　　　　　　　　　　　　〔真宗大谷派〕
　真正寺　しんしょうじ〔寺〕
　　東京都荒川区　《本尊》聖観世音菩薩
　　　　　　　　　　　　　　　　　　〔曹洞宗〕
　真正寺　しんしょうじ〔寺〕
　　三重県いなべ市　《本尊》阿弥陀如来
　　　　　　　　　　　　　　　　〔真宗大谷派〕
　真正極楽寺　しんしょうごくらくじ〔寺〕
　　京都府京都市左京区　《別称》真如堂　《本
　　尊》阿弥陀如来　　　　　　　　　〔天台宗〕
　真玉八幡宮《称》　またまはちまんぐう〔社〕
　　大分県西国東郡真玉町・八幡神社　《祭神》足
　　仲彦尊［他］　　　　　　　　〔神社本庁〕
6 真光寺　しんこうじ〔寺〕
　　秋田県仙北郡六郷町　《別称》真宗二四輩旧
　　跡　《本尊》阿弥陀如来　　　　〔真宗大谷派〕
　真光寺　しんこうじ〔寺〕
　　群馬県渋川市　《本尊》阿弥陀如来　〔天台宗〕
　真光寺　しんこうじ〔寺〕
　　埼玉県大里郡江南町　《本尊》正観世音菩
　　薩　　　　　　　　　　　　　〔真言宗智山派〕
　真光寺　しんこうじ〔寺〕
　　千葉県野田市　《本尊》十一面観世音菩薩
　　　　　　　　　　　　　　　〔真言宗豊山派〕
　真光寺　しんこうじ〔寺〕
　　東京都世田谷区　《本尊》薬師如来　〔天台宗〕
　真光寺　しんこうじ〔寺〕
　　新潟県新潟市　《本尊》阿弥陀如来
　　　　　　　　　　　　　　　　〔真宗大谷派〕
　真光寺　しんこうじ〔寺〕
　　富山県東礪波郡井口村　《本尊》阿弥陀如
　　来　　　　　　　　　　　　　〔真宗大谷派〕
　真光寺　しんこうじ〔寺〕
　　長野県松本市　《本尊》阿弥陀如来　〔浄土宗〕

神社・寺院名よみかた辞典　501

10画（真）

真光寺　しんこうじ〔寺〕
　長野県南安曇郡三郷村　《別称》一日市場のお寺　《本尊》釈迦如来　〔曹洞宗〕

真光寺　しんこうじ〔寺〕
　長野県上水内郡信濃町　《本尊》阿弥陀如来　〔浄土真宗本願寺派〕

真光寺　しんこうじ〔寺〕
　岐阜県岐阜市　《本尊》阿弥陀如来　〔真宗大谷派〕

真光寺　しんこうじ〔寺〕
　岐阜県大垣市　《本尊》阿弥陀如来　〔真宗大谷派〕

真光寺　しんこうじ〔寺〕
　岐阜県加茂郡七宗町　《本尊》薬師如来　〔臨済宗妙心寺派〕

真光寺　しんこうじ〔寺〕
　愛知県一宮市　《本尊》釈迦如来　〔臨済宗妙心寺派〕

真光寺　しんこうじ〔寺〕
　滋賀県大津市　《本尊》延命地蔵菩薩　〔天台宗〕

真光寺　しんこうじ〔寺〕
　滋賀県近江八幡市　《本尊》阿弥陀如来　〔浄土宗〕

真光寺　しんこうじ〔寺〕
　滋賀県守山市　《本尊》阿弥陀如来　〔真宗大谷派〕

真光寺　しんこうじ〔寺〕
　大阪府大阪市大正区　《本尊》阿弥陀如来　〔浄土真宗本願寺派〕

真光寺　しんこうじ〔寺〕
　大阪府堺市　《本尊》阿弥陀如来　〔浄土宗〕

真光寺　しんこうじ〔寺〕
　兵庫県神戸市兵庫区　《本尊》阿弥陀如来・一遍上人　〔時宗〕

真光寺　しんこうじ〔寺〕
　兵庫県三原郡南淡町　《本尊》阿弥陀如来　〔浄土真宗本願寺派〕

真光寺　しんこうじ〔寺〕
　和歌山県和歌山市　《本尊》阿弥陀如来　〔浄土真宗本願寺派〕

真光寺　しんこうじ〔寺〕
　広島県呉市　《本尊》阿弥陀如来　〔浄土真宗本願寺派〕

真光寺　しんこうじ〔寺〕
　山口県熊毛郡田布施町　《本尊》阿弥陀如来　〔浄土真宗本願寺派〕

真光寺　しんこうじ〔寺〕
　山口県豊浦郡豊田町　《本尊》阿弥陀如来　〔浄土真宗本願寺派〕

真光寺　しんこうじ〔寺〕
　山口県大津郡油谷町　《本尊》阿弥陀如来　〔浄土真宗本願寺派〕

真光寺　しんこうじ〔寺〕
　愛媛県松山市　《別称》西山の観音　《本尊》十一面観世音菩薩　〔高野山真言宗〕

真光寺　しんこうじ〔寺〕
　愛媛県新居浜市　《本尊》釈迦如来　〔曹洞宗〕

真光寺　しんこうじ〔寺〕
　高知県安芸市　《本尊》阿弥陀如来　〔浄土真宗本願寺派〕

真光寺　しんこうじ〔寺〕
　福岡県北九州市門司区　《本尊》阿弥陀如来　〔浄土宗〕

真光寺　しんこうじ〔寺〕
　長崎県西彼杵郡大瀬戸町　《本尊》阿弥陀如来　〔真宗大谷派〕

真光院　しんこういん〔寺〕
　東京都江戸川区　《本尊》阿弥陀如来　〔真言宗豊山派〕

真光院　しんこういん〔寺〕
　岡山県邑久郡牛窓町　《別称》西寺　《本尊》千手観世音菩薩　〔高野山真言宗〕

真名井さん《称》　まないさん〔社〕
　京都府京丹後市・比沼麻奈為神社　《祭神》豊受大神〔他〕　〔神社本庁〕

真如寺　しんにょじ〔寺〕
　千葉県木更津市　《本尊》釈迦如来　〔曹洞宗〕

真如寺　しんにょじ〔寺〕
　静岡県掛川市　《本尊》十一面観世音菩薩　〔曹洞宗〕

真如寺　しんにょうじ〔寺〕
　愛知県渥美郡渥美町　《本尊》阿弥陀如来　〔浄土宗〕

真如寺　しんにょじ〔寺〕
　滋賀県犬上郡多賀町　《本尊》阿弥陀如来　〔浄土宗〕

真如寺　しんにょうじ〔寺〕
　京都府京都市北区　《本尊》釈迦如来　〔臨済宗相国寺派〕

真如寺　しんにょじ〔寺〕
　大阪府高槻市　《本尊》阿弥陀如来　〔浄土宗〕

真如寺　しんにょじ〔寺〕
　大阪府泉南市　《本尊》阿弥陀如来　〔浄土宗〕

真如寺　しんにょじ〔寺〕
　大阪府豊能郡能勢町　《別称》能勢妙見山・関西身延　《本尊》日蓮聖人奠定の大曼荼羅・妙見大菩薩　〔日蓮宗〕

真如寺　しんにょじ〔寺〕
　高知県高知市　《本尊》釈迦如来　〔曹洞宗〕

10画（真）

真如寺　しんにょじ〔寺〕
　福岡県直方市　《本尊》阿弥陀如来・観世音菩薩・勢至菩薩　〔浄土宗〕

真如寺　しんにょじ〔寺〕
　福岡県八女市　《本尊》阿弥陀如来　〔浄土宗〕

真如院　しんにょいん〔寺〕
　京都府京都市下京区　《本尊》日蓮聖人奠定の大曼荼羅　〔日蓮宗〕

真如院《称》　しんにょいん〔寺〕
　岡山県倉敷市・聖運寺　《本尊》十一面観世音菩薩　〔高野山真言宗〕

真如堂《称》　しんにょどう〔寺〕
　京都府京都市左京区・真正極楽寺　《本尊》阿弥陀如来　〔天台宗〕

真成寺　しんじょうじ〔寺〕
　富山県魚津市　《本尊》日蓮聖人奠定の大曼荼羅　〔日蓮宗〕

真成寺　しんじょうじ〔寺〕
　石川県金沢市　《別称》卯辰の鬼子母神さん　《本尊》日蓮聖人奠定の大曼荼羅・子安鬼子母神　〔日蓮宗〕

真成寺　しんじょうじ〔寺〕
　石川県石川郡白峰村　《本尊》阿弥陀如来　〔真宗大谷派〕

真成寺　しんじょうじ〔寺〕
　愛知県西尾市　《本尊》虚空蔵菩薩　〔曹洞宗〕

真成院　しんじょういん〔寺〕
　東京都新宿区　《別称》四谷観音　《本尊》薬師如来・汐干観世音菩薩　〔高野山真言宗〕

真行寺　しんぎょうじ〔寺〕
　埼玉県川越市　《本尊》阿弥陀如来　〔真宗大谷派〕

真行寺　しんぎょうじ〔寺〕
　石川県小松市　《本尊》阿弥陀如来　〔真宗大谷派〕

真行寺　しんぎょうじ〔寺〕
　大阪府大阪市東成区　《本尊》阿弥陀如来　〔浄土真宗本願寺派〕

真行寺　しんぎょうじ〔寺〕
　大阪府東大阪市　《本尊》阿弥陀如来　〔浄土真宗本願寺派〕

真行寺　しんぎょうじ〔寺〕
　岡山県倉敷市　《本尊》阿弥陀如来　〔真宗興正派〕

真行寺　しんぎょうじ〔寺〕
　香川県高松市　《本尊》阿弥陀如来　〔真宗大谷派〕

真行寺　しんぎょうじ〔寺〕
　福岡県田川郡香春町　《本尊》阿弥陀如来　〔浄土真宗本願寺派〕

真西寺　しんさいじ〔寺〕
　滋賀県伊香郡高月町　《本尊》阿弥陀如来　〔真宗大谷派〕

7真言寺　しんごんじ〔寺〕
　北海道深川市　〔高野山真言宗〕

真言寺　しんごんじ〔寺〕
　北海道紋別郡遠軽町　《本尊》大日如来　〔真言宗智山派〕

真言院　しんごんいん〔寺〕
　北海道虻田郡真狩村　《本尊》大日如来　〔高野山真言宗〕

真言院　しんごんいん〔寺〕
　山形県西置賜郡白鷹町　《本尊》大日如来　〔真言宗豊山派〕

真言院　しんごんいん〔寺〕
　千葉県安房郡和田町　《本尊》阿弥陀如来　〔真言宗智山派〕

真言院　しんごんいん〔寺〕
　奈良県奈良市　《本尊》地蔵菩薩　〔華厳宗〕

真迎寺　しんこうじ〔寺〕
　滋賀県大津市　《別称》辻のお大師さん　《本尊》阿弥陀如来　〔天台宗〕

8真宗寺　しんしゅうじ〔寺〕
　北海道函館市　《本尊》阿弥陀如来　〔真宗高田派〕

真宗寺　しんしゅうじ〔寺〕
　北海道苫小牧市　《本尊》阿弥陀如来　〔浄土真宗本願寺派〕

真宗寺　しんしゅうじ〔寺〕
　福井県鯖江市　《別称》橘立真宗寺　《本尊》阿弥陀如来　〔浄土真宗本願寺派〕

真宗寺　しんしゅうじ〔寺〕
　大阪府堺市　《本尊》阿弥陀如来　〔真宗大谷派〕

真宗寺　しんしゅうじ〔寺〕
　兵庫県姫路市　《本尊》阿弥陀如来　〔浄土真宗本願寺派〕

真宗院　しんじゅういん〔寺〕
　京都府京都市伏見区　《別称》根本山　《本尊》阿弥陀如来　〔浄土宗西山深草派〕

真宗高田派神戸別院専修寺　しんしゅうたかだはかんべべついんせんじゅじ〔寺〕
　三重県鈴鹿市　《別称》専修寺　《本尊》阿弥陀如来　〔真宗高田派〕

真宗興正派郡家別院　しんしゅうこうしょうはぐんげべついん〔寺〕
　香川県丸亀市　《本尊》阿弥陀如来　〔真宗興正派〕

真宗興正派塚口別院　しんしゅうこうしょうはつかぐちべついん〔寺〕
　兵庫県尼崎市　《別称》正玄寺　〔真宗興正派〕

10画（真）

真宝寺　しんぼうじ〔寺〕
　愛媛県南宇和郡城辺町　《本尊》阿弥陀三尊
　　　　　　　　　　　　　　　　〔浄土宗〕
真性寺　しんしょうじ〔寺〕
　東京都豊島区　《本尊》薬師如来・江戸六地蔵尊
　　　　　　　　　　　　　　〔真言宗豊山派〕
真念寺　しんねんじ〔寺〕
　石川県鳳至郡柳田村　《本尊》阿弥陀如来
　　　　　　　　　　　　　　　〔真宗大谷派〕
真念寺　しんねんじ〔寺〕
　滋賀県近江八幡市　《本尊》阿弥陀如来
　　　　　　　　　　　　　　　〔真宗大谷派〕
真昌寺　しんしょうじ〔寺〕
　東京都荒川区　《本尊》阿弥陀如来
　　　　　　　　　　　　　〔浄土真宗本願寺派〕
真明寺　しんみょうじ〔寺〕
　東京都小金井市　《本尊》胎蔵界大日如来
　　　　　　　　　　　　　　〔真言宗豊山派〕
真明院　しんみょういん〔寺〕
　大分県別府市　《本尊》釈迦如来・観世音菩薩・不動明王　　〔卍教団〕
真東寺　しんとうじ〔寺〕
　埼玉県児玉郡美里町　《本尊》延命地蔵菩薩
　　　　　　　　　　　　　　〔真言宗智山派〕
真法寺　しんぽうじ〔寺〕
　福島県伊達郡月舘町　《本尊》釈迦如来
　　　　　　　　　　　　　　　　〔曹洞宗〕
真法院　しんぽういん〔寺〕
　新潟県佐渡市　《本尊》大日如来
　　　　　　　　　　　　　　〔真言宗豊山派〕
真金寺　しんこんじ〔寺〕
　長野県上伊那郡辰野町　《本尊》阿弥陀三尊
　　　　　　　　　　　　　　　　〔曹洞宗〕
真長寺　しんちょうじ〔寺〕
　岐阜県岐阜市　《本尊》釈迦如来
　　　　　　　　　　　　　　〔高野山真言宗〕
9 真乗寺　しんじょうじ〔寺〕
　福井県大飯郡高浜町　《別称》和田薬師　《本尊》延命地蔵菩薩・薬師如来
　　　　　　　　　　　　　　〔臨済宗相国寺派〕
真乗寺　しんじょうじ〔寺〕
　和歌山県和歌山市　《別称》雑賀堂　《本尊》阿弥陀如来
　　　　　　　　　　　　　　　〔真宗大谷派〕
真乗院　しんじょういん〔寺〕
　埼玉県幸手市　《本尊》阿弥陀如来
　　　　　　　　　　　　　　〔真言宗智山派〕
真城寺　しんじょうじ〔寺〕
　岩手県水沢市　《本尊》阿弥陀如来　〔浄土宗〕
真城寺　しんじょうじ〔寺〕
　東京都あきる野市　《本尊》延命地蔵菩薩
　　　　　　　　　　　　　　〔臨済宗建長寺派〕

真城院　しんじょういん〔寺〕
　新潟県新潟市　《本尊》胎蔵界大日如来
　　　　　　　　　　　　　　〔真言宗智山派〕
真昼山三輪神社　まひるさんみわじんじゃ〔社〕
　秋田県仙北郡千畑町　《祭神》大物主神
　　　　　　　　　　　　　　　　〔神社本庁〕
真浄寺　しんじょうじ〔寺〕
　茨城県笠間市　《本尊》十界大曼荼羅・日蓮聖人・七面大天女　　〔日蓮宗〕
真浄寺　しんじょうじ〔寺〕
　埼玉県蓮田市　《本尊》釈迦如来・御腹籠竜宮仏　　　　　　　〔曹洞宗〕
真浄寺　しんじょうじ〔寺〕
　千葉県香取郡栗源町　《別称》沢の寺　《本尊》一塔両尊四士　　〔日蓮宗〕
真浄寺　しんじょうじ〔寺〕
　東京都文京区　《本尊》阿弥陀如来
　　　　　　　　　　　　　　　〔真宗大谷派〕
真浄寺　しんじょうじ〔寺〕
　東京都青梅市　《本尊》虚空蔵菩薩
　　　　　　　　　　　　　　〔真言宗豊山派〕
真浄寺　しんじょうじ〔寺〕
　新潟県新潟市　《本尊》阿弥陀如来
　　　　　　　　　　　　　　　〔真宗大谷派〕
真浄寺　しんじょうじ〔寺〕
　新潟県長岡市　《本尊》一塔両尊四菩薩
　　　　　　　　　　　　　　　　〔日蓮宗〕
真浄寺　しんじょうじ〔寺〕
　長野県下伊那郡喬木村　《本尊》聖観世音菩薩　　　　　　　　　〔曹洞宗〕
真浄寺　しんじょうじ〔寺〕
　岡山県御津郡建部町　《本尊》一塔三尊
　　　　　　　　　　　　　　　　〔日蓮宗〕
真浄寺　しんじょうじ〔寺〕
　福岡県北九州市小倉北区　《別称》鬼子母神寺　《本尊》日蓮聖人奠定の大曼荼羅
　　　　　　　　　　　　　　　　〔日蓮宗〕
真浄院　しんじょういん〔寺〕
　福島県福島市　《別称》羽黒山　《本尊》金剛界大日如来・胎蔵界大日如来
　　　　　　　　　　　　　　〔真言宗室生寺派〕
真浄院　しんじょういん〔寺〕
　新潟県十日町市　《本尊》釈迦如来　〔曹洞宗〕
真相寺　しんしょうじ〔寺〕
　香川県丸亀市　《本尊》阿弥陀如来
　　　　　　　　　　　　　〔浄土真宗本願寺派〕
10 真浦神社　もうらじんじゃ〔社〕
　千葉県安房郡和田町　《祭神》表筒男命〔他〕
　　　　　　　　　　　　　　　　〔神社本庁〕

10画（真）

真珠院　しんじゅいん〔寺〕
　岩手県西磐井郡平泉町　《別称》大林坊　《本尊》阿弥陀如来　〔天台宗〕

真珠院　しんじゅういん〔寺〕
　新潟県柏崎市　《本尊》延命地蔵菩薩
　　　　　　　　　　　　〔真言宗豊山派〕

真珠院　しんじゅいん〔寺〕
　静岡県田方郡韮山町　《本尊》釈迦如来
　　　　　　　　　　　　　　　〔曹洞宗〕

真珠院　しんじゅいん〔寺〕
　愛知県一宮市　《本尊》薬師如来
　　　　　　　　　　　　〔真言宗豊山派〕

真珠庵　しんじゅあん〔寺〕
　京都府京都市北区　《本尊》一休禅師
　　　　　　　　　　　　〔臨済宗大徳寺派〕

真称寺　しんしょうじ〔寺〕
　新潟県新発田市　《本尊》阿弥陀如来
　　　　　　　　　　　　〔浄土真宗本願寺派〕

真通寺　しんつうじ〔寺〕
　富山県婦負郡八尾町　《本尊》阿弥陀如来
　　　　　　　　　　　　〔浄土真宗本願寺派〕

真高寺　しんこうじ〔寺〕
　北海道旭川市　《別称》高田さん　《本尊》阿弥陀如来　　　　　　　〔真宗高田派〕

11 真教寺　しんきょうじ〔寺〕
　青森県弘前市　《本尊》阿弥陀如来
　　　　　　　　　　　　〔真宗大谷派〕

真教寺　しんきょうじ〔寺〕
　東京都杉並区　《本尊》阿弥陀如来
　　　　　　　　　　　　〔浄土真宗本願寺派〕

真教寺　しんきょうじ〔寺〕
　岐阜県揖斐郡揖斐川町　《本尊》阿弥陀如来　　　　　　　　〔真宗大谷派〕

真教寺　しんきょうじ〔寺〕
　大阪府大阪市淀川区　《本尊》阿弥陀如来
　　　　　　　　　　　　〔浄土真宗本願寺派〕

真教寺　しんきょうじ〔寺〕
　鳥取県鳥取市　《本尊》阿弥陀如来　〔浄土宗〕

真教寺　しんきょうじ〔寺〕
　福岡県北九州市若松区　《本尊》阿弥陀如来　　　　　　　　〔浄土真宗本願寺派〕

真教寺　しんきょうじ〔寺〕
　長崎県北松浦郡大島村　《本尊》阿弥陀如来　　　　　　　　〔浄土真宗本願寺派〕

真教寺　しんきょうじ〔寺〕
　沖縄県那覇市　《別称》那覇の本願寺　《本尊》阿弥陀如来　　　〔真宗大谷派〕

真清田神社　ますみだじんじゃ〔社〕
　青森県三戸郡田子町　《祭神》高照姫之命
　　　　　　　　　　　　　　〔神社本庁〕

真清田神社　ますみだじんじゃ〔社〕
　愛知県一宮市　《祭神》天火明命　〔神社本庁〕

真盛寺　しんせいじ〔寺〕
　東京都杉並区　《別称》三井寺　《本尊》阿弥陀如来・元三大師　　〔天台真盛宗〕

真野寺　まのじ〔寺〕
　千葉県安房郡丸山町　《本尊》千手観世音菩薩　　　　　　　〔真言宗智山派〕

真野宮　まのぐう〔社〕
　新潟県佐渡市　《祭神》順徳天皇〔他〕
　　　　　　　　　　　　　　〔神社本庁〕

真隆寺　しんりゅうじ〔寺〕
　千葉県松戸市　《別称》あかもんでら　《本尊》十界大曼荼羅　　〔日蓮宗〕

真隆寺　しんりゅうじ〔寺〕
　石川県石川郡鶴来町　《本尊》阿弥陀如来
　　　　　　　　　　　　〔真宗大谷派〕

12 真勝寺　しんしょうじ〔寺〕
　神奈川県中郡大磯町　《別称》馬場の観音さん　《本尊》大日如来・如意輪観世音菩薩　　〔真言宗東寺派〕

真勝寺　しんしょうじ〔寺〕
　長野県長野市　《本尊》阿弥陀如来
　　　　　　　　　　　　〔浄土真宗本願寺派〕

真勝院　しんしょういん〔寺〕
　栃木県安蘇郡田沼町　《本尊》大日如来
　　　　　　　　　　　　〔真言宗豊山派〕

真善寺　しんぜんじ〔寺〕
　石川県鳳至郡門前町　《別称》四村様　《本尊》阿弥陀如来　　〔真宗大谷派〕

真善寺　しんぜんじ〔寺〕
　福井県敦賀市　《別称》祇園さん　《本尊》阿弥陀如来　　　〔天台真盛宗〕

真敬寺　しんきょうじ〔寺〕
　京都府京都市上京区　《本尊》阿弥陀如来
　　　　　　　　　　　　〔真宗大谷派〕

真覚寺　しんかくじ〔寺〕
　東京都台東区　《本尊》阿弥陀如来
　　　　　　　　　　　　〔真宗大谷派〕

真覚寺　しんかくじ〔寺〕
　東京都八王子市　《別称》蛙合戦の寺　《本尊》不動明王　〔真言宗智山派〕

真覚寺　しんかくじ〔寺〕
　東京都昭島市　《本尊》阿弥陀如来　〔天台宗〕

真覚寺　しんかくじ〔寺〕
　富山県東礪波郡城端町　《本尊》阿弥陀如来　　　　　　　　〔真宗大谷派〕

真覚寺　しんかくじ〔寺〕
　熊本県下益城郡小川町　《本尊》阿弥陀如来　　　　　　　　〔浄土真宗本願寺派〕

10画（真）

真証寺　しんしょうじ〔寺〕
　宮城県遠田郡小牛田町　《本尊》釈迦如来
　　　　　　　　　　　　　　　　〔曹洞宗〕

真証寺　しんしょうじ〔寺〕
　石川県七尾市　《本尊》阿弥陀如来
　　　　　　　　　　　　　　　〔真宗大谷派〕

13真楽寺　しんらくじ〔寺〕
　神奈川県小田原市　《本尊》阿弥陀如来
　　　　　　　　　　　　　　　〔真宗大谷派〕

真楽寺　しんらくじ〔寺〕
　長野県北佐久郡御代田町　《別称》頼朝厄除観音　《本尊》普賢菩薩・聖観世音菩薩・大日如来・歓喜天・阿弥陀如来　〔真言宗智山派〕

真楽寺　しんらくじ〔寺〕
　大阪府高槻市　《本尊》阿弥陀如来
　　　　　　　　　　　　　〔浄土真宗本願寺派〕

真楽寺　しんらくじ〔寺〕
　徳島県美馬郡脇町　《別称》赤門でら　《本尊》阿弥陀如来　　〔真言宗大覚寺派〕

真楽寺　しんらくじ〔寺〕
　香川県仲多度郡琴平町　《本尊》阿弥陀如来　　　　　　　　　　〔真宗大谷派〕

真源寺　しんげんじ〔寺〕
　宮城県志田郡松山町　《本尊》観世音菩薩
　　　　　　　　　　　　　　　　〔曹洞宗〕

真源寺　しんげんじ〔寺〕
　東京都台東区　《別称》入谷鬼子母神　《本尊》日蓮聖人奠定の大曼荼羅・日蓮聖人
　　　　　　　　　　　　　　　〔法華宗(本門流)〕

真照寺　しんしょうじ〔寺〕
　北海道虻田郡喜茂別町　《本尊》阿弥陀如来　　　　　　　　　〔真宗大谷派〕

真照寺　しんしょうじ〔寺〕
　新潟県中頸城郡吉川町　《本尊》阿弥陀如来　　　　　　　　〔浄土真宗本願寺派〕

真照院　しんしょういん〔寺〕
　山口県山口市　《本尊》千手観世音菩薩
　　　　　　　　　　　　　　〔真言宗御室派〕

真禅寺　しんぜんじ〔寺〕
　宮城県遠田郡小牛田町　《本尊》釈迦如来
　　　　　　　　　　　　　　　　〔曹洞宗〕

真禅寺　しんぜんじ〔寺〕
　岐阜県可児市　《本尊》聖観世音菩薩
　　　　　　　　　　　　　　〔臨済宗妙心寺派〕

真禅院　しんぜんいん〔寺〕
　岐阜県不破郡垂井町　《別称》朝倉寺　《本尊》無量寿如来　　　〔天台宗〕

真福寺　しんぷくじ〔寺〕
　茨城県常陸太田市　《別称》成田山　《本尊》不動明王　　　　〔真言宗智山派〕

真福寺　しんぷくじ〔寺〕
　埼玉県さいたま市　《本尊》不動明王
　　　　　　　　　　　　　　〔真言宗豊山派〕

真福寺　しんぷくじ〔寺〕
　埼玉県秩父市　《別称》秩父第二番霊場　《本尊》聖観世音菩薩　　　〔曹洞宗〕

真福寺　しんぷくじ〔寺〕
　埼玉県鳩ヶ谷市　《本尊》不動明王
　　　　　　　　　　　　　　〔真言宗智山派〕

真福寺　しんぷくじ〔寺〕
　埼玉県児玉郡児玉町　《本尊》不動明王
　　　　　　　　　　　　　　〔真言宗豊山派〕

真福寺　しんぷくじ〔寺〕
　埼玉県北埼玉郡川里町　《本尊》大日如来・不動明王　　　　　〔真言宗智山派〕

真福寺　しんぷくじ〔寺〕
　千葉県銚子市　《別称》成田の不動様　《本尊》不動明王　　　〔真言宗智山派〕

真福寺　しんぷくじ〔寺〕
　千葉県山武郡芝山町　《本尊》弘法大師
　　　　　　　　　　　　　　〔真言宗智山派〕

真福寺　しんぷくじ〔寺〕
　東京都港区　《別称》愛宕薬師　《本尊》薬師如来　　　　　　　〔真言宗智山派〕

真福寺　しんぷくじ〔寺〕
　東京都台東区　《本尊》阿弥陀如来
　　　　　　　　　　　　　　〔真宗大谷派〕

真福寺　しんぷくじ〔寺〕
　東京都世田谷区　《別称》赤門寺　《本尊》大日如来　　　　　〔真言宗智山派〕

真福寺　しんぷくじ〔寺〕
　東京都足立区
　　　　　　　　　　　　　　〔真言宗豊山派〕

真福寺　しんぷくじ〔寺〕
　東京都江戸川区　《本尊》不動明王
　　　　　　　　　　　　　　〔真言宗豊山派〕

真福寺　しんぷくじ〔寺〕
　東京都八王子市　《本尊》大日如来・弁財天
　　　　　　　　　　　　　　〔真言宗智山派〕

真福寺　しんぷくじ〔寺〕
　東京都武蔵村山市　　　　〔真言宗豊山派〕

真福寺　しんぷくじ〔寺〕
　神奈川県横浜市保土ヶ谷区　《本尊》不動明王　　　　　　　　　〔高野山真言宗〕

真福寺　しんぷくじ〔寺〕
　神奈川県横浜市緑区　《別称》観音堂　《本尊》千手観世音菩薩・釈迦如来　　〔真言宗豊山派〕

真福寺　しんぷくじ〔寺〕
　神奈川県川崎市川崎区　《本尊》薬師如来
　　　　　　　　　　　　　　〔真言宗智山派〕

10画（真）

真福寺　しんぷくじ〔寺〕
　神奈川県横須賀市　《別称》吉井さん　《本尊》阿弥陀如来　〔浄土宗〕

真福寺　しんぷくじ〔寺〕
　新潟県長岡市　《別称》法印さま　《本尊》阿弥陀如来・不動明王・毘沙門天
　　〔真言宗豊山派〕

真福寺　しんぷくじ〔寺〕
　新潟県小千谷市千谷川西　《本尊》阿弥陀三尊
　　〔真言宗智山派〕

真福寺　しんぷくじ〔寺〕
　新潟県小千谷市片貝町　《別称》池津の観音　《本尊》正観世音菩薩　〔真言宗豊山派〕

真福寺　しんぷくじ〔寺〕
　新潟県北魚沼郡広神村　《本尊》釈迦如来・薬師如来　〔曹洞宗〕

真福寺　しんぷくじ〔寺〕
　長野県諏訪郡富士見町　《別称》蔦木寺　《本尊》十界大曼荼羅　〔日蓮宗〕

真福寺　しんぷくじ〔寺〕
　岐阜県岐阜市　《別称》観音さん　《本尊》十一面観世音菩薩　〔臨済宗妙心寺派〕

真福寺　しんぷくじ〔寺〕
　静岡県静岡市　《本尊》聖観世音菩薩　〔臨済宗妙心寺派〕

真福寺　しんぷくじ〔寺〕
　愛知県豊橋市　《本尊》虚空蔵菩薩・聖観世音菩薩　〔臨済宗妙心寺派〕

真福寺　しんぷくじ〔寺〕
　愛知県小牧市　《本尊》如意輪観世音菩薩　〔臨済宗妙心寺派〕

真福寺　しんぷくじ〔寺〕
　三重県松阪市　《本尊》阿弥陀如来　〔天台真盛宗〕

真福寺　しんぷくじ〔寺〕
　滋賀県野洲郡野洲町　〔天台真盛宗〕

真福寺　しんぷくじ〔寺〕
　岡山県新見市新見　《本尊》阿弥陀三尊　〔浄土宗〕

真福寺　しんぷくじ〔寺〕
　岡山県新見市上熊谷　《本尊》釈迦如来・毘沙門天　〔臨済宗永源寺派〕

真福寺　しんぷくじ〔寺〕
　岡山県勝田郡勝央町　《本尊》聖観世音菩薩　〔高野山真言宗〕

真福寺　しんぷくじ〔寺〕
　広島県福山市　《本尊》阿弥陀如来　〔浄土真宗本願寺派〕

真福寺　しんぷくじ〔寺〕
　山口県周南市　《本尊》三尊仏　〔曹洞宗〕

真福寺　しんぷくじ〔寺〕
　徳島県鳴門市　《本尊》聖観世音菩薩　〔高野山真言宗〕

真福寺　しんぷくじ〔寺〕
　徳島県阿南市　《本尊》阿弥陀如来・十一面観世音菩薩　〔高野山真言宗〕

真福寺　しんぷくじ〔寺〕
　徳島県美馬郡脇町　《本尊》薬師如来・青面金剛　〔真言宗大覚寺派〕

真福寺　しんぷくじ〔寺〕
　愛媛県松山市　《本尊》十一面観世音菩薩　〔真言宗智山派〕

真福寺　しんぷくじ〔寺〕
　福岡県飯塚市　《本尊》阿弥陀如来・釈迦如来　〔浄土宗〕

真福寺　しんぷくじ〔寺〕
　福岡県三潴郡大木町　《本尊》阿弥陀如来　〔真宗大谷派〕

真聖寺　しんしょうじ〔寺〕
　岐阜県岐阜市　《本尊》十一面観世音菩薩　〔黄檗宗〕

真蓮寺　しんれんじ〔寺〕
　京都府京都市中京区　《本尊》阿弥陀如来　〔真宗大谷派〕

14真徳寺　しんとくじ〔寺〕
　岐阜県大垣市　《本尊》阿弥陀如来　〔浄土真宗本願寺派〕

真徳寺　しんとくじ〔寺〕
　滋賀県甲賀郡水口町　《本尊》阿弥陀如来　〔浄土宗〕

15真幡木神社《称》　まはたぎじんじゃ〔社〕
　京都府京都市伏見区・城南宮　《祭神》国常立尊〔他〕　〔神社本庁〕

真慶寺　しんけいじ〔寺〕
　長野県飯田市　《本尊》聖観世音菩薩　〔臨済宗妙心寺派〕

真慶寺　しんけいじ〔寺〕
　長野県上伊那郡宮田村　《本尊》延命地蔵菩薩　〔曹洞宗〕

真澄寺　しんちょうじ〔寺〕
　東京都立川市　《別称》総本部　《本尊》釈迦如来・不動明王　〔真如苑〕

真蔵寺　しんぞうじ〔寺〕
　岐阜県岐阜市　《別称》真蔵坊　《本尊》阿弥陀如来　〔浄土真宗本願寺派〕

真蔵寺　しんぞうじ〔寺〕
　長崎県南高来郡北有馬町　《本尊》阿弥陀如来　〔浄土真宗本願寺派〕

真蔵坊《称》　しんぞうぼう〔寺〕
　岐阜県岐阜市・真蔵寺　《本尊》阿弥陀如来　〔浄土真宗本願寺派〕

10画（砥, 破, 祥）

真蔵院　しんぞういん〔寺〕
　埼玉県春日部市　　　　　　　〔真言宗智山派〕
真蔵院　しんぞういん〔寺〕
　埼玉県草加市　《本尊》阿弥陀如来
　　　　　　　　　　　　　　　〔真言宗智山派〕
真蔵院　しんぞういん〔寺〕
　埼玉県南埼玉郡宮代町　《別称》薬師様　《本尊》不動明王・薬師如来　〔真言宗智山派〕
真蔵院　しんぞういん〔寺〕
　東京都江戸川区　《別称》雷(いかずち)不動　《本尊》不動明王　〔真言宗豊山派〕
真蔵院　しんぞういん〔寺〕
　東京都小金井市　《本尊》聖観世音菩薩
　　　　　　　　　　　　　　　〔真言宗豊山派〕
真蔵院　しんぞういん〔寺〕
　山梨県大月市　《本尊》十一面観世音菩薩
　　　　　　　　　　　　　　　〔真言宗智山派〕
真養寺　しんようじ〔寺〕
　三重県いなべ市　《別称》楚原の寺　《本尊》阿弥陀如来　〔真言大谷派〕
18真観寺　しんかんじ〔寺〕
　群馬県館林市　《本尊》十一面観世音菩薩
　　　　　　　　　　　　　　　〔真言宗豊山派〕
真観寺　しんかんじ〔寺〕
　神奈川県川崎市川崎区　《本尊》聖観世音菩薩　〔真言宗智山派〕
真観寺　しんかんじ〔寺〕
　広島県三原市　《本尊》十一面観世音菩薩
　　　　　　　　　　　　　　　〔曹洞宗〕
真観寺　しんかんじ〔寺〕
　愛媛県四国中央市　《本尊》聖観世音菩薩・毘沙門天・不動明王・弘法大師
　　　　　　　　　　　　　　　〔高野山真言宗〕
19真願寺　しんがんじ〔寺〕
　滋賀県長浜市　《本尊》阿弥陀如来
　　　　　　　　　　　　　　　〔真宗大谷派〕
20真巌寺　しんがんじ〔寺〕
　三重県尾鷲市　《本尊》薬師如来　〔曹洞宗〕

【砥】
9砥神社　とかみじんじゃ〔社〕
　愛知県蒲郡市　《祭神》木花咲耶姫命〔他〕
　　　　　　　　　　　　　　　〔神社本庁〕
11砥鹿神社　とがじんじゃ〔社〕
　愛知県宝飯郡一宮町　《別称》一宮様　《祭神》大己貴命　〔神社本庁〕

【破】
15破磐神社　はばんじんじゃ〔社〕
　兵庫県姫路市　《祭神》神功皇后〔他〕

　　　　　　　　　　　　　　　〔神社本庁〕

【祥】
6祥光寺　しょうこうじ〔寺〕
　茨城県真壁郡大和村　《別称》やべの寺　《本尊》阿弥陀如来　〔臨済宗建長寺派〕
12祥雲寺　しょううんじ〔寺〕
　宮城県玉造郡鳴子町　《本尊》釈迦如来
　　　　　　　　　　　　　　　〔曹洞宗〕
祥雲寺　しょううんじ〔寺〕
　栃木県宇都宮市　《本尊》釈迦如来　〔曹洞宗〕
祥雲寺　しょううんじ〔寺〕
　群馬県桐生市　《本尊》三尊仏　〔曹洞宗〕
祥雲寺　しょううんじ〔寺〕
　東京都渋谷区　《本尊》釈迦如来・伽葉尊者・阿難尊者　〔臨済宗大徳寺派〕
祥雲寺　しょううんじ〔寺〕
　静岡県沼津市　《本尊》釈迦如来
　　　　　　　　　　　　　　　〔臨済宗妙心寺派〕
祥雲寺　しょううんじ〔寺〕
　愛知県豊橋市　《本尊》釈迦如来
　　　　　　　　　　　　　　　〔臨済宗妙心寺派〕
祥雲寺　しょううんじ〔寺〕
　三重県志摩郡大王町　《本尊》延命地蔵菩薩　〔曹洞宗〕
祥雲寺　しょううんじ〔寺〕
　大阪府堺市　　　　　〔臨済宗大徳寺派〕
祥雲寺　しょううんじ〔寺〕
　島根県大原郡大東町　《本尊》阿弥陀如来
　　　　　　　　　　　　　　　〔浄土宗〕
祥雲寺　しょううんじ〔寺〕
　山口県周南市　《別称》祥雲庵　《本尊》十一面観世音菩薩　〔曹洞宗〕
祥雲寺　しょううんじ〔寺〕
　愛媛県越智郡岩城村　《別称》西部の観音　《本尊》釈迦如来　〔曹洞宗〕
祥雲寺　しょううんじ〔寺〕
　沖縄県平良市　《本尊》釈迦如来・達磨大師・開山月山和尚　〔臨済宗妙心寺派〕
13祥瑞寺　しょうずいじ〔寺〕
　滋賀県大津市　《本尊》釈迦如来
　　　　　　　　　　　　　　　〔臨済宗大徳寺派〕
祥禅寺　しょうぜんじ〔寺〕
　静岡県富士郡芝川町　《本尊》聖観世音菩薩　〔臨済宗妙心寺派〕
祥福寺　しょうふくじ〔寺〕
　兵庫県神戸市兵庫区　《本尊》釈迦如来
　　　　　　　　　　　　　　　〔臨済宗妙心寺派〕

【称】
4称仏寺　しょうぶつじ〔寺〕
　石川県能美郡寺井町　《本尊》阿弥陀如来
〔真宗大谷派〕
5称永寺　しょうえいじ〔寺〕
　富山県滑川市　《別称》浜の御坊　《本尊》阿弥陀如来
〔真宗大谷派〕
6称名寺　しょうみょうじ〔寺〕
　北海道函館市　《本尊》阿弥陀三尊　〔浄土宗〕
称名寺　しょうみょうじ〔寺〕
　岩手県北上市　《別称》東寮　《本尊》阿弥陀如来
〔曹洞宗〕
称名寺　しょうみょうじ〔寺〕
　山形県西置賜郡白鷹町　《本尊》大日如来
〔新義真言宗〕
称名寺　しょうみょうじ〔寺〕
　茨城県結城市　《別称》真宗二四輩旧跡　《本尊》阿弥陀如来　〔浄土真宗本願寺派〕
称名寺　しょうみょうじ〔寺〕
　東京都府中市　《本尊》阿弥陀如来・観世音菩薩・勢至菩薩　〔時宗〕
称名寺　しょうみょうじ〔寺〕
　神奈川県横浜市金沢区　《本尊》弥勒菩薩
〔真言律宗〕
称名寺　しょうみょうじ〔寺〕
　神奈川県横須賀市　《本尊》阿弥陀如来・正観世音菩薩　〔浄土真宗本願寺派〕
称名寺　しょうみょうじ〔寺〕
　神奈川県鎌倉市　《別称》今泉不動　《本尊》阿弥陀如来・不動明王　〔浄土宗〕
称名寺　しょうみょうじ〔寺〕
　新潟県柏崎市　《本尊》阿弥陀如来　〔浄土宗〕
称名寺　しょうみょうじ〔寺〕
　石川県小松市　《別称》赤井称名寺　《本尊》阿弥陀如来　〔真宗大谷派〕
称名寺　しょうみょうじ〔寺〕
　石川県加賀市　《本尊》阿弥陀如来
〔真宗大谷派〕
称名寺　しょうみょうじ〔寺〕
　福井県福井市　《別称》東の寺　《本尊》阿弥陀如来　〔真宗大谷派〕
称名寺　しょうみょうじ〔寺〕
　福井県坂井郡三国町　《本尊》阿弥陀如来
〔真宗高田派〕
称名寺　しょうみょうじ〔寺〕
　愛知県碧南市　《本尊》阿弥陀如来　〔時宗〕
称名寺　しょうみょうじ〔寺〕
　滋賀県大津市　《本尊》阿弥陀如来　〔浄土宗〕

称名寺　しょうみょうじ〔寺〕
　滋賀県甲賀郡甲賀町　《本尊》阿弥陀如来
〔浄土宗〕
称名寺　しょうみょうじ〔寺〕
　滋賀県東浅井郡湖北町　《本尊》阿弥陀如来
〔浄土宗〕
称名寺　しょうみょうじ〔寺〕
　京都府京都市右京区　《本尊》阿弥陀如来・薬師如来　〔浄土宗〕
称名寺　しょうみょうじ〔寺〕
　京都府宇治市　《本尊》阿弥陀如来
〔真宗仏光寺派〕
称名寺　しょうみょうじ〔寺〕
　京都府久世郡久御山町　《本尊》薬師如来
〔浄土宗〕
称名寺　しょうみょうじ〔寺〕
　兵庫県伊丹市　《本尊》阿弥陀如来
〔浄土真宗本願寺派〕
称名寺　しょうみょうじ〔寺〕
　兵庫県加古川市　《本尊》阿弥陀如来
〔高野山真言宗〕
称名寺　しょうみょうじ〔寺〕
　兵庫県氷上郡春日町　《本尊》阿弥陀如来
〔浄土宗〕
称名寺　しょうみょうじ〔寺〕
　奈良県奈良市　《本尊》阿弥陀如来・釈迦如来・光煙光仏　〔西山浄土宗〕
称名寺　しょうみょうじ〔寺〕
　奈良県磯城郡三宅町　《本尊》阿弥陀如来
〔浄土宗〕
称名寺　しょうみょうじ〔寺〕
　和歌山県海南市　《本尊》阿弥陀三尊
〔西山浄土宗〕
称名寺　しょうみょうじ〔寺〕
　和歌山県日高郡日高町　《本尊》阿弥陀如来
〔浄土宗〕
称名寺　しょうみょうじ〔寺〕
　愛媛県伊予市　《本尊》阿弥陀如来
〔真言宗智山派〕
称名院　しょうみょういん〔寺〕
　奈良県橿原市　《別称》五井のしょうめん　《本尊》阿弥陀如来　〔浄土宗〕
8称往院　しょうおういん〔寺〕
　東京都世田谷区　《本尊》阿弥陀如来
〔浄土宗〕
称念寺　しょうねんじ〔寺〕
　宮城県仙台市青葉区　《別称》赤門寺・真宗二四輩旧跡　《本尊》阿弥陀如来
〔浄土真宗本願寺派〕
称念寺　しょうねんじ〔寺〕
　宮城県角田市　《本尊》阿弥陀如来　〔浄土宗〕

10画（秭，竜）

称念寺　しょうねんじ〔寺〕
　山形県上山市　《本尊》阿弥陀如来　〔浄土宗〕
称念寺　しょうねんじ〔寺〕
　栃木県小山市　《本尊》阿弥陀如来　〔浄土宗〕
称念寺　しょうねんじ〔寺〕
　千葉県佐倉市　《本尊》阿弥陀如来　〔浄土宗〕
称念寺　しょうねんじ〔寺〕
　千葉県長生郡長南町　《別称》千田の如来様　《本尊》竜宮出現歯吹如来　〔浄土宗〕
称念寺　しょうねんじ〔寺〕
　富山県射水郡大島町　《別称》小林さん　《本尊》阿弥陀如来　〔浄土真宗本願寺派〕
称念寺　しょうねんじ〔寺〕
　福井県坂井郡丸岡町　《別称》新田さん　《本尊》阿弥陀如来　〔時宗〕
称念寺　しょうねんじ〔寺〕
　長野県飯山市　《本尊》阿弥陀如来
　　　　　　　　　　　　　　〔真宗大谷派〕
称念寺　しょうねんじ〔寺〕
　静岡県富士市　《別称》庚申さんの寺　《本尊》阿弥陀如来　〔浄土宗〕
称念寺　しょうねんじ〔寺〕
　大阪府大阪市天王寺区　《本尊》阿弥陀如来　〔浄土宗〕
称念寺　しょうねんじ〔寺〕
　大阪府枚方市　《別称》長尾西の寺　《本尊》阿弥陀如来　〔浄土宗〕
称念寺　しょうねんじ〔寺〕
　大阪府阪南市　《本尊》阿弥陀三尊　〔浄土宗〕
称念寺　しょうねんじ〔寺〕
　兵庫県三木市　《本尊》阿弥陀如来　〔浄土宗〕
称念寺　しょうねんじ〔寺〕
　奈良県奈良市　《本尊》阿弥陀如来　〔浄土宗〕
称念寺　しょうねんじ〔寺〕
　奈良県橿原市　《別称》今井御坊　《本尊》阿弥陀如来　〔浄土真宗本願寺派〕
称念寺　しょうねんじ〔寺〕
　奈良県高市郡明日香村　《本尊》阿弥陀如来　〔浄土宗〕
称念寺　しょうねんじ〔寺〕
　香川県高松市　《本尊》阿弥陀如来　〔浄土宗〕
称念寺　しょうねんじ〔寺〕
　佐賀県佐賀市　《本尊》阿弥陀如来　〔浄土宗〕
9称専寺　しょうせんじ〔寺〕
　宮崎県児湯郡高鍋町　《別称》たかなべの寺　《本尊》阿弥陀如来　〔浄土真宗本願寺派〕
13称福寺　しょうふくじ〔寺〕
　東京都台東区　《別称》火除の太子　《本尊》阿弥陀如来　〔浄土真宗本願寺派〕

称福寺　しょうふくじ〔寺〕
　滋賀県伊香郡西浅井町　《別称》真宗二四輩旧跡　《本尊》阿弥陀如来
　　　　　　　　　　　〔浄土真宗本願寺派〕
15称養寺　しょうようじ〔寺〕
　福岡県北九州市八幡西区　《別称》馬場の寺　《本尊》阿弥陀如来　〔浄土宗〕
22称讃寺　しょうさんじ〔寺〕
　奈良県橿原市　《本尊》阿弥陀如来
　　　　　　　　　　　〔浄土真宗本願寺派〕
称讃寺　しょうさんじ〔寺〕
　鹿児島県枕崎市　《別称》お東さん　《本尊》阿弥陀如来　〔真宗大谷派〕

【秩】

4秩父神社　ちちぶじんじゃ〔社〕
　埼玉県秩父市　《祭神》八意思金命［他］
　　　　　　　　　　　　　　〔神社本庁〕

【竜】

3竜口寺　りゅうこうじ〔寺〕
　神奈川県藤沢市　《別称》竜ノ口のお祖師様・霊跡寺院　《本尊》日蓮聖人奠定の大曼荼羅・日蓮聖人　〔日蓮宗〕
竜山八幡神社　たつやまはちまんじんじゃ〔社〕
　広島県山県郡大朝町　《祭神》応神天皇［他］
　　　　　　　　　　　　　　〔神社本庁〕
竜川寺　りゅうせんじ〔寺〕
　大分県日田市　《本尊》阿弥陀如来　〔浄土宗〕
4竜天寺　りゅうてんじ〔寺〕
　奈良県磯城郡三宅町　《本尊》阿弥陀如来
　　　　　　　　　　　　　　〔浄土宗〕
竜文寺　りゅうもんじ〔寺〕
　山口県周南市　《本尊》三尊仏　〔曹洞宗〕
竜王さま《称》　りゅうおうさま〔社〕
　高知県高岡郡檮原町・海津見神社　《祭神》豊玉姫之命　〔神社本庁〕
竜王寺　りゅうおうじ〔寺〕
　滋賀県蒲生郡竜王町　《別称》野寺　《本尊》薬師如来・日光菩薩・月光菩薩・一二神将
　　　　　　　　　　　　　　〔天台宗〕
竜王社《称》　りゅうおうしゃ〔社〕
　福岡県北九州市小倉南区・綿都美神社　《祭神》綿都美神［他］　〔神社本庁〕
竜王神社　りゅうおうじんじゃ〔社〕
　山口県下関市　《祭神》玉依姫命［他］
　　　　　　　　　　　　　　〔神社本庁〕
竜王神社　りゅうおうじんじゃ〔社〕
　徳島県那賀郡相生町　《祭神》豊玉彦命［他］
　　　　　　　　　　　　　　〔神社本庁〕

10画（竜）

竜王宮 《称》　りゅうおうぐう〔社〕
　奈良県大和高田市・石園座多久虫玉神社
　《祭神》建玉依比古命［他］　〔神社本庁〕
竜王宮 《称》　りゅうおうぐう〔社〕
　大分県中津市・闇無浜神社　《祭神》豊日別
　国魂神［他］　　　　　　　　〔神社本庁〕
竜王院　りゅうおういん〔寺〕
　東京都大田区　《別称》羽田薬師　《本尊》薬
　師如来　　　　　　　　　　〔真言宗智山派〕
竜王教会　りゅうおうきょうかい〔寺〕
　栃木県下都賀郡藤岡町　《本尊》日蓮聖人・鬼
　子母神・八大竜王　　　　　　　〔日蓮宗〕
5竜広寺　りゅうこうじ〔寺〕
　群馬県高崎市　《本尊》釈迦如来　〔曹洞宗〕
竜本寺　りゅうほんじ〔寺〕
　神奈川県横須賀市　《本尊》日蓮聖人
　　　　　　　　　　　　　　　　〔日蓮宗〕
竜正寺　りゅうしょうじ〔寺〕
　奈良県御所市　《本尊》阿弥陀如来　〔浄土宗〕
竜正院　りゅうしょういん〔寺〕
　千葉県香取郡下総町　《別称》坂東第二八番
　霊場・滑川(なめがわ)観音　《本尊》十一面
　観世音菩薩・地蔵菩薩　　　　　〔天台宗〕
竜玄寺　りゅうげんじ〔寺〕
　北海道釧路市　《本尊》阿弥陀如来
　　　　　　　　　　　　　　〔真宗大谷派〕
竜生院　りゅうしょういん〔寺〕
　東京都港区　《本尊》弘法大師
　　　　　　　　　　　　　　〔高野山真言宗〕
竜田大社　たつたたいしゃ〔社〕
　奈良県生駒郡三郷町　《別称》竜田明神　《祭
　神》天御柱命［他］　　　　　〔神社本庁〕
竜田寺　りゅうでんじ〔寺〕
　佐賀県佐賀郡東与賀町　《本尊》聖観世音菩
　薩　　　　　　　　　　　　　　〔曹洞宗〕
竜田明神 《称》　たつたみょうじん〔社〕
　奈良県生駒郡三郷町・竜田大社　《祭神》天
　御柱命［他］　　　　　　　　〔神社本庁〕
竜田神社　たつたじんじゃ〔社〕
　奈良県生駒郡斑鳩町　《祭神》天御柱命［他］
　　　　　　　　　　　　　　　〔神社本庁〕
竜石寺　りゅうせきじ〔寺〕
　埼玉県秩父市　《別称》秩父第一九番霊場
　《本尊》千手観世音菩薩・三尊仏　〔曹洞宗〕
竜穴神社　りゅうけつじんじゃ〔社〕
　奈良県宇陀郡室生村　《祭神》高龗神
　　　　　　　　　　　　　　　〔神社本庁〕
6竜伝寺　りゅうでんじ〔寺〕
　群馬県渋川市　《本尊》釈迦如来　〔曹洞宗〕

竜光不動 《称》　りゅうこうふどう〔寺〕
　山梨県塩山市・竜光院　《本尊》不動明王
　　　　　　　　　　　　　　〔真言宗智山派〕
竜光寺　りゅうこうじ〔寺〕
　福島県東白川郡矢祭町　《本尊》大日如来
　　　　　　　　　　　　　　〔真言宗智山派〕
竜光寺　りゅうこうじ〔寺〕
　栃木県塩谷郡喜連川町　《本尊》釈迦如来
　　　　　　　　　　　　　〔臨済宗円覚寺派〕
竜光寺　りゅうこうじ〔寺〕
　群馬県富岡市　《別称》宝国院　《本尊》阿弥
　陀如来・観世音菩薩・勢至菩薩　〔浄土宗〕
竜光寺　りゅうこうじ〔寺〕
　群馬県勢多郡粕川村　《別称》粕川の豊川様
　《本尊》薬師如来　　　　　　　〔曹洞宗〕
竜光寺　りゅうこうじ〔寺〕
　東京都文京区　《別称》金毘羅寺　《本尊》釈
　迦如来　　　　　　　　　　〔臨済宗東福寺派〕
竜光寺　りゅうこうじ〔寺〕
　東京都江戸川区　《本尊》不動明王
　　　　　　　　　　　　　　〔真言宗豊山派〕
竜光寺　りゅうこうじ〔寺〕
　東京都八王子市　《本尊》大日如来
　　　　　　　　　　　　　　〔真言宗智山派〕
竜光寺　りゅうこうじ〔寺〕
　東京都府中市　《本尊》阿弥陀如来　〔天台宗〕
竜光寺　りょうこうじ〔寺〕
　三重県鈴鹿市　《別称》神戸のお釈迦　《本
　尊》釈迦如来　　　　　　　〔臨済宗東福寺派〕
竜光寺　りゅうこうじ〔寺〕
　島根県益田市　《本尊》阿弥陀如来
　　　　　　　　　　　　　〔浄土真宗本願寺派〕
竜光寺　りゅうこうじ〔寺〕
　愛媛県北宇和郡三間町　《別称》三間のお稲
　荷さん・稲荷山・四国第四一番霊場　《本
　尊》十一面観世音菩薩　　　　〔真言宗御室派〕
竜光寺　りゅうこうじ〔寺〕
　鹿児島県出水市　《本尊》釈迦如来　〔曹洞宗〕
竜光院　りゅうこういん〔寺〕
　北海道紋別郡興部町　《本尊》弘法大師
　　　　　　　　　　　　　　〔高野山真言宗〕
竜光院　りゅうこういん〔寺〕
　山梨県塩山市　《別称》竜光不動　《本尊》不
　動明王　　　　　　　　　　〔真言宗智山派〕
竜光院　りゅうこういん〔寺〕
　愛知県加茂郡稲武町　《本尊》十一面観世
　音菩薩　　　　　　　　　　　　〔曹洞宗〕
竜光院　りゅうこういん〔寺〕
　京都府京都市北区　　　　　〔臨済宗大徳寺派〕

神社・寺院名よみかた辞典　*511*

10画（竜）

竜光院　りゅうこういん〔寺〕
　和歌山県伊都郡高野町　《別称》中院御坊
　《本尊》兜跋毘沙門天　　〔高野山真言宗〕
竜光院　りゅうこいん〔寺〕
　愛媛県宇和島市　《本尊》十一面観世音菩薩
　　　　　　　　　　　　　〔高野山真言宗〕
竜安寺　りゅうあんじ〔寺〕
　神奈川県川崎市多摩区　《本尊》阿弥陀三尊
　　　　　　　　　　　　　　　　〔浄土宗〕
竜安寺　りゅうあんじ〔寺〕
　岐阜県美濃加茂市　《本尊》釈迦如来
　　　　　　　　　　　　　〔臨済宗妙心寺派〕
竜安寺　りょうあんじ〔寺〕
　京都府京都市右京区　《本尊》釈迦如来
　　　　　　　　　　　　　〔臨済宗妙心寺派〕
竜江寺　りゅうこうじ〔寺〕
　愛知県刈谷市　《本尊》千手千眼観世音菩薩
　　　　　　　　　　　　　　　　〔曹洞宗〕
竜江院　りゅうこういん〔寺〕
　栃木県佐野市　《本尊》釈迦如来　〔曹洞宗〕
7竜吟寺　りゅうぎんじ〔寺〕
　北海道函館市　《別称》真中寺　《本尊》釈迦如来　　　　　　　　　　　　　〔曹洞宗〕
竜吟寺　りゅうぎんじ〔寺〕
　新潟県佐渡市　《別称》観音院　《本尊》聖観世音菩薩　　　　　　　　　　　　　〔単立〕
竜吟庵　りょうぎんあん〔寺〕
　京都府京都市東山区　《本尊》聖観世音菩薩
　　　　　　　　　　　　　〔臨済宗東福寺派〕
竜尾神社　たつおじんじゃ〔社〕
　静岡県掛川市　《別称》掛川天王　《祭神》素戔嗚尊[他]　　　　　　　　　〔神社本庁〕
竜沢寺　りゅうたくじ〔寺〕
　岩手県一関市　《本尊》釈迦如来　〔曹洞宗〕
竜沢寺　りゅうたくじ〔寺〕
　神奈川県中郡二宮町　《本尊》釈迦如来
　　　　　　　　　　　　　　　　〔曹洞宗〕
竜沢寺　りゅうたくじ〔寺〕
　新潟県北魚沼郡入広瀬村　《本尊》釈迦如来
　　　　　　　　　　　　　　　　〔曹洞宗〕
竜沢寺　りゅうたくじ〔寺〕
　新潟県南魚沼郡塩沢町　《本尊》文殊菩薩
　　　　　　　　　　　　　〔臨済宗円覚寺派〕
竜沢寺　りゅうたくじ〔寺〕
　福井県あわら市　《別称》御簾尾寺　《本尊》聖観世音菩薩・釈迦如来　　〔曹洞宗〕
竜沢寺　りゅうたくじ〔寺〕
　福井県三方郡美浜町　《別称》野寺　《本尊》釈迦如来　　　　　　　　　　　　　〔曹洞宗〕

竜沢寺　りゅうたくじ〔寺〕
　静岡県三島市　《本尊》子安観世音菩薩
　　　　　　　　　　　　　〔臨済宗妙心寺派〕
竜沢宮《称》　りゅうざわぐう〔社〕
　山形県飽海郡遊佐町・御嶽神社　《祭神》大己貴命[他]　　　　　　　　　〔神社本庁〕
竜秀院　りゅうしゅういん〔寺〕
　静岡県浜松市　《本尊》釈迦如来　〔曹洞宗〕
竜芳寺　りゅうほうじ〔寺〕
　岐阜県海津郡南濃町　《本尊》阿弥陀如来
　　　　　　　　　　　　　　　〔真宗大谷派〕
竜角寺　りゅうかくじ〔寺〕
　福島県郡山市　《本尊》阿弥陀如来
　　　　　　　　　　　　　　　〔真言宗豊山派〕
竜角寺　りゅうかくじ〔寺〕
　千葉県印旛郡栄町　《本尊》薬師如来
　　　　　　　　　　　　　　　　〔天台宗〕
竜言寺　りゅうごんじ〔寺〕
　山形県米沢市　《本尊》釈迦如来　〔曹洞宗〕
竜谷寺　りゅうこくじ〔寺〕
　東京都台東区　《本尊》釈迦如来　〔曹洞宗〕
竜谷寺　りゅうこくじ〔寺〕
　新潟県南魚沼郡大和町　《別称》大崎の観音
　《本尊》阿弥陀如来・十一面観世音菩薩
　　　　　　　　　　　　　　　　〔曹洞宗〕
竜谷寺　りょうこくじ〔寺〕
　静岡県浜名郡新居町　《本尊》聖観世音菩薩　　　　　　　　　　　　　〔臨済宗妙心寺派〕
竜谷寺　りゅうこくじ〔寺〕
　兵庫県明石市　《別称》金毘羅さん　《本尊》延命地蔵菩薩　　　　　〔臨済宗妙心寺派〕
8竜国寺　りゅうこくじ〔寺〕
　福岡県糸島郡二丈町　《別称》糸島の苔寺
　《本尊》観世音菩薩　　　　　　　〔曹洞宗〕
竜宝寺　りゅうほうじ〔寺〕
　宮城県仙台市青葉区　《別称》竜宝寺のお釈迦様　《本尊》釈迦如来　〔真言宗御室派〕
竜宝寺　りゅうほうじ〔寺〕
　福島県伊達郡梁川町　《別称》八幡のお寺
　《本尊》金剛界大日如来　　〔真言宗豊山派〕
竜宝寺　りゅうほうじ〔寺〕
　神奈川県鎌倉市　《本尊》釈迦如来　〔曹洞宗〕
竜宝寺　りゅうほうじ〔寺〕
　高知県幡多郡西土佐村　《本尊》薬師如来
　　　　　　　　　　　　　　　　〔曹洞宗〕
竜宝院《称》　りゅうほういん〔寺〕
　東京都足立区・西門寺　《本尊》阿弥陀如来
　　　　　　　　　　　　　　　　〔浄土宗〕
竜岸寺　りゅうがんじ〔寺〕
　京都府京都市下京区　《本尊》阿弥陀如来
　　　　　　　　　　　　　　　　〔浄土宗〕

10画（竜）

竜岩寺　りゅうがんじ〔寺〕
　岩手県二戸市　《別称》禅寺　《本尊》釈迦如来
　　　　　　　　　　　　　　　　　〔曹洞宗〕
竜性院　りゅうしょういん〔寺〕
　山形県米沢市　《別称》赤芝寺　《本尊》大日如来・聖観世音菩薩　〔真言宗豊山派〕
竜性院　りゅうしょういん〔寺〕
　埼玉県比企郡吉見町　《本尊》不動明王・聖観世音菩薩　〔真言宗智山派〕
竜性院　りゅうしょういん〔寺〕
　三重県名張市　《別称》星取り薬師　《本尊》薬師如来　〔真言宗豊山派〕
竜拈寺　りゅうねんじ〔寺〕
　愛知県豊橋市　《別称》豊橋浅草観音　《本尊》釈迦如来　〔曹洞宗〕
竜昌寺　りゅうしょうじ〔寺〕
　岩手県下閉伊郡山田町　《本尊》釈迦如来
　　　　　　　　　　　　　　　　　〔曹洞宗〕
竜昌寺　りゅうしょうじ〔寺〕
　栃木県小山市　《本尊》釈迦如来　〔曹洞宗〕
竜昌寺　りゅうしょうじ〔寺〕
　埼玉県熊谷市　《本尊》地蔵菩薩
　　　　　　　　　　　　　　　　〔真言宗智山派〕
竜昌寺　りゅうしょうじ〔寺〕
　東京都中野区　《本尊》釈迦如来　〔曹洞宗〕
竜昌寺　りゅうしょうじ〔寺〕
　岐阜県美濃市　《本尊》釈迦如来
　　　　　　　　　　　　　　　〔臨済宗妙心寺派〕
竜昌寺　りゅうしょうじ〔寺〕
　島根県大田市　《本尊》釈迦如来　〔曹洞宗〕
竜昌院　りゅうしょういん〔寺〕
　秋田県横手市　《本尊》釈迦如来　〔曹洞宗〕
竜松寺　りゅうしょうじ〔寺〕
　北海道札幌市豊平区　《本尊》釈迦如来
　　　　　　　　　　　　　　　　　〔曹洞宗〕
竜松寺　りゅうしょうじ〔寺〕
　鳥取県鳥取市　《本尊》聖観世音菩薩
　　　　　　　　　　　　　　　　　〔曹洞宗〕
竜松寺　りゅうしょうじ〔寺〕
　香川県仲多度郡琴平町　《本尊》延命地蔵菩薩　〔真言宗御室派〕
竜松院　りゅうしょういん〔寺〕
　神奈川県横浜市港北区　《本尊》釈迦如来
　　　　　　　　　　　　　　　　　〔曹洞宗〕
竜長院　りゅうちょういん〔寺〕
　神奈川県横浜市戸塚区　《本尊》釈迦如来
　　　　　　　　　　　　　　　　　〔曹洞宗〕
竜門寺　りゅうもんじ〔寺〕
　岩手県東磐井郡大東町　《本尊》釈迦如来
　　　　　　　　　　　　　　　　　〔曹洞宗〕

竜門寺　りゅうもんじ〔寺〕
　秋田県由利郡岩城町　《本尊》釈迦如来
　　　　　　　　　　　　　　　　　〔曹洞宗〕
竜門寺　りゅうもんじ〔寺〕
　福島県いわき市　《本尊》釈迦如来　〔曹洞宗〕
竜門寺　りゅうもんじ〔寺〕
　群馬県群馬郡箕郷町　《本尊》釈迦如来
　　　　　　　　　　　　　　　　　〔曹洞宗〕
竜門寺　りゅうもんじ〔寺〕
　埼玉県岩槻市　《本尊》阿弥陀如来　〔曹洞宗〕
竜門寺　りゅうもんじ〔寺〕
　東京都新宿区　《本尊》釈迦如来　〔曹洞宗〕
竜門寺　りゅうもんじ〔寺〕
　神奈川県秦野市　《本尊》阿弥陀如来
　　　　　　　　　　　　　　　　　〔天台宗〕
竜門寺　りゅうもんじ〔寺〕
　福井県武生市　《本尊》釈迦如来　〔曹洞宗〕
竜門寺　りょうもんじ〔寺〕
　長野県飯田市　《本尊》聖観世音菩薩
　　　　　　　　　　　　　　　〔臨済宗妙心寺派〕
竜門寺　りゅうもんじ〔寺〕
　岐阜県加茂郡七宗町　《本尊》釈迦如来
　　　　　　　　　　　　　　　〔臨済宗妙心寺派〕
竜門寺　りゅうもんじ〔寺〕
　兵庫県姫路市　《本尊》十一面観世音菩薩
　　　　　　　　　　　　　　　〔臨済宗妙心寺派〕
竜門院　りゅうもんいん〔寺〕
　静岡県下田市　《別称》相玉の庚申　《本尊》青面金剛明王　〔曹洞宗〕
9竜城神社　たつきじんじゃ〔社〕
　愛知県岡崎市　《別称》権現さま　《祭神》徳川家康〔他〕　〔神社本庁〕
竜城院　りゅうじょういん〔寺〕
　岡山県浅口郡寄島町　《本尊》阿弥陀如来
　　　　　　　　　　　　　　　　　〔天台宗〕
竜専寺　りゅうせんじ〔寺〕
　富山県小矢部市　《別称》きょうでんの寺　《本尊》阿弥陀如来　〔真宗大谷派〕
竜春寺　りゅうしゅんじ〔寺〕
　福島県いわき市　《本尊》釈迦如来
　　　　　　　　　　　　　　　〔臨済宗妙心寺派〕
竜海寺　りゅうかいじ〔寺〕
　北海道稚内市　《本尊》釈迦如来　〔曹洞宗〕
竜海寺　りゅうかいじ〔寺〕
　兵庫県城崎郡竹野町　《本尊》聖観世音菩薩・阿弥陀如来・十一面観世音菩薩
　　　　　　　　　　　　　　　　〔高野山真言宗〕
竜海院　りゅうかいいん〔寺〕
　群馬県前橋市　《別称》是字寺　《本尊》釈迦如来　〔曹洞宗〕

神社・寺院名よみかた辞典　513

10画（竜）

竜海院　りゅうかいいん〔寺〕
　愛知県岡崎市　《別称》ぜのじでら　《本尊》
　釈迦如来　　　　　　　　　　　〔曹洞宗〕
竜泉寺　りゅうせんじ〔寺〕
　青森県五所川原市　《本尊》釈迦如来
　　　　　　　　　　　　　　　　〔曹洞宗〕
竜泉寺　りゅうせんじ〔寺〕
　岩手県陸前高田市　《本尊》釈迦如来
　　　　　　　　　　　　　　　　〔曹洞宗〕
竜泉寺　りゅうせんじ〔寺〕
　岩手県東磐井郡大東町　《本尊》釈迦如来
　　　　　　　　　　　　　　　　〔曹洞宗〕
竜泉寺　りゅうせんじ〔寺〕
　岩手県下閉伊郡山田町　《本尊》釈迦如来
　　　　　　　　　　　　　　　　〔曹洞宗〕
竜泉寺　りゅうせんじ〔寺〕
　秋田県秋田市　《本尊》阿弥陀如来　〔時宗〕
竜泉寺　りゅうせんじ〔寺〕
　秋田県北秋田郡鷹巣町　《本尊》聖観世音菩
　薩　　　　　　　　　　　　　　〔曹洞宗〕
竜泉寺　りゅうせんじ〔寺〕
　福島県二本松市　《本尊》釈迦如来〔曹洞宗〕
竜泉寺　りゅうせんじ〔寺〕
　栃木県佐野市　《本尊》延命地蔵菩薩・阿弥
　陀如来　　　　　　　　　　〔新義真言宗〕
竜泉寺　りゅうせんじ〔寺〕
　栃木県大田原市　《本尊》不動明王・胎蔵界
　大日如来　　　　　　　　　〔真言宗智山派〕
竜泉寺　りゅうせんじ〔寺〕
　栃木県上都賀郡足尾町　《別称》足尾成田山
　《本尊》不動明王　　　　　〔真言宗豊山派〕
竜泉寺　りゅうせんじ〔寺〕
　埼玉県熊谷市　《別称》三ヶ尻の観音様　《本
　尊》不動明王　　　　　　　〔真言宗豊山派〕
竜泉寺　りゅうせんじ〔寺〕
　東京都港区　《別称》赤門　《本尊》阿弥陀如
　来　　　　　　　　　　　　　　〔浄土宗〕
竜泉寺　りゅうせんじ〔寺〕
　東京都文京区　《本尊》阿弥陀三尊　〔天台宗〕
竜泉寺　りゅうせんじ〔寺〕
　東京都台東区竜泉　《本尊》大日如来
　　　　　　　　　　　　　　〔真言宗智山派〕
竜泉寺　りゅうせんじ〔寺〕
　東京都台東区谷中　《本尊》日蓮聖人
　　　　　　　　　　　　　　　　〔日蓮宗〕
竜泉寺　りゅうせんじ〔寺〕
　東京都八王子市　《本尊》阿弥陀如来
　　　　　　　　　　　　　　　　〔浄土宗〕
竜泉寺　りゅうせんじ〔寺〕
　神奈川県横浜市鶴見区　《本尊》不動明王
　　　　　　　　　　　　　　　〔高野山真言宗〕

竜泉寺　りゅうせんじ〔寺〕
　岐阜県下呂市　《本尊》正観世音菩薩
　　　　　　　　　　　　　〔臨済宗妙心寺派〕
竜泉寺　りゅうせんじ〔寺〕
　静岡県浜松市半田町　《別称》山寺　《本尊》
　釈迦如来・阿弥陀如来　　　　　〔曹洞宗〕
竜泉寺　りゅうせんじ〔寺〕
　静岡県浜松市飯田町　《本尊》釈迦如来
　　　　　　　　　　　　　　　　〔曹洞宗〕
竜泉寺　りょうせんじ〔寺〕
　静岡県駿東郡清水町　《本尊》釈迦如来
　　　　　　　　　　　　　〔臨済宗妙心寺派〕
竜泉寺　りょうせんじ〔寺〕
　愛知県名古屋市瑞穂区　《本尊》薬師如来
　　　　　　　　　　　　　　　　〔曹洞宗〕
竜泉寺　りゅうせんじ〔寺〕
　愛知県名古屋市守山区　《別称》竜泉寺観音
　《本尊》馬頭観世音菩薩　　　　〔天台宗〕
竜泉寺　りょうせんじ〔寺〕
　愛知県丹羽郡扶桑町　《本尊》聖観世音菩
　薩　　　　　　　　　　　〔臨済宗妙心寺派〕
竜泉寺　りゅうせんじ〔寺〕
　三重県四日市市　《本尊》阿弥陀如来
　　　　　　　　　　　　　　　〔真宗高田派〕
竜泉寺　りゅうせんじ〔寺〕
　三重県松阪市　《本尊》愛宕大権現・愛染明
　王　　　　　　　　　　　　〔高野山真言宗〕
竜泉寺　りゅうせんじ〔寺〕
　三重県度会郡南勢町　《本尊》延命地蔵菩
　薩　　　　　　　　　　　〔臨済宗妙心寺派〕
竜泉寺　りゅうせんじ〔寺〕
　滋賀県彦根市　《本尊》阿弥陀如来
　　　　　　　　　　　　　　〔浄土真宗本願寺派〕
竜泉寺　りゅうせんじ〔寺〕
　大阪府大阪市住之江区　《本尊》釈迦如来・不
　動明王・七星画・地蔵画　　　　〔曹溪宗〕
竜泉寺　りゅうせんじ〔寺〕
　大阪府富田林市　《本尊》薬師如来
　　　　　　　　　　　　　　〔高野山真言宗〕
竜泉寺　りゅうせんじ〔寺〕
　兵庫県明石市　《本尊》釈迦如来
　　　　　　　　　　　　　〔臨済宗妙心寺派〕
竜泉寺　りゅうせんじ〔寺〕
　兵庫県加古川市　《本尊》阿弥陀如来
　　　　　　　　　　　　　〔浄土宗西山禅林寺派〕
竜泉寺　りゅうせんじ〔寺〕
　兵庫県赤穂市　《本尊》阿弥陀如来
　　　　　　　　　　　　　　　〔真宗大谷派〕
竜泉寺　りゅうせんじ〔寺〕
　奈良県吉野郡天川村　　　　〔真言宗醍醐派〕

514　神社・寺院名よみかた辞典

10画（竜）

竜泉寺　りゅうせんじ〔寺〕
　和歌山県田辺市　《本尊》阿弥陀如来
　　　　　　　　　　　　　　　〔浄土宗〕
竜泉寺　りゅうせんじ〔寺〕
　和歌山県海草郡下津町　《本尊》虚空蔵菩薩・
　聖観世音菩薩・弁財天　　　　〔天台宗〕
竜泉寺　りゅうせんじ〔寺〕
　鳥取県境港市　《本尊》三尊仏　〔曹洞宗〕
竜泉寺　りゅうせんじ〔寺〕
　岡山県岡山市　《別称》総本山　《本尊》大曼
　茶羅・最上位経王大菩薩・鬼子母神・八大
　竜王　　　　　　　　　〔日蓮宗最上教〕
竜泉寺　りゅうせんじ〔寺〕
　広島県三原市　《別称》白竜山観音　《本尊》
　十一面観世音菩薩　　　　　　〔曹洞宗〕
竜泉寺　りゅうせんじ〔寺〕
　山口県熊毛郡田布施町　《本尊》釈迦如来
　　　　　　　　　　　　　　　〔曹洞宗〕
竜泉寺　りゅうせんじ〔寺〕
　佐賀県東松浦郡鎮西町　《本尊》阿弥陀三
　尊　　　　　　　　　　　　　〔曹洞宗〕
竜泉寺　りゅうせんじ〔寺〕
　佐賀県東松浦郡西有田町　〔真言宗大覚寺派〕
竜泉寺　りゅうせんじ〔寺〕
　長崎県南高来郡西有家町　《本尊》三尊仏
　　　　　　　　　　　　　　　〔曹洞宗〕
竜泉寺　りゅうせんじ〔寺〕
　熊本県球磨郡水上村　《本尊》釈迦如来
　　　　　　　　　　　　　　　〔曹洞宗〕
竜泉寺　りゅうせんじ〔寺〕
　大分県大分市　《本尊》阿弥陀如来　〔浄土宗〕
竜泉院　りゅうせんいん〔寺〕
　茨城県西茨城郡岩間町　《別称》泉高寺　《本
　尊》釈迦如来　　　　　　　　〔曹洞宗〕
竜泉院　りゅうせんいん〔寺〕
　群馬県邑楽郡大泉町　《本尊》釈迦如来
　　　　　　　　　　　　　　　〔曹洞宗〕
竜泉院　りゅうせんいん〔寺〕
　千葉県東葛飾郡沼南町　《本尊》釈迦如来
　　　　　　　　　　　　　　　〔曹洞宗〕
竜泉院　りゅうせんいん〔寺〕
　新潟県南魚沼郡塩沢町　《別称》木六のお寺
　《本尊》阿弥陀如来　　　　　〔曹洞宗〕
竜泉院　りゅうせんいん〔寺〕
　静岡県静岡市　《本尊》聖観世音菩薩
　　　　　　　　　　　　〔臨済宗妙心寺派〕
竜泉院　りゅうせんいん〔寺〕
　三重県度会郡南勢町　《本尊》釈迦如来
　　　　　　　　　　　　〔臨済宗妙心寺派〕

竜泉院　りゅうせんいん〔寺〕
　和歌山県伊都郡高野町　《本尊》薬師如来
　　　　　　　　　　　　　〔高野山真言宗〕
竜泉庵　りゅうせんあん〔寺〕
　京都府京都市北区　　　〔臨済宗大徳寺派〕
竜泉庵　りょうせんあん〔寺〕
　京都府京都市右京区　《本尊》景川宗隆禅
　師　　　　　　　　　　〔臨済宗妙心寺派〕
竜津寺　りゅうしんじ〔寺〕
　東京都昭島市　《本尊》釈迦如来　〔曹洞宗〕
竜津寺　りゅうしんじ〔寺〕
　三重県津市　《本尊》釈迦如来
　　　　　　　　　　　　〔臨済宗妙心寺派〕
竜洞寺　りょうとうじ〔寺〕
　岐阜県加茂郡川辺町　《別称》英霊地蔵の寺
　《本尊》釈迦如来・平和英霊地蔵菩薩
　　　　　　　　　　　　〔臨済宗妙心寺派〕
竜洞院　りゅうとういん〔寺〕
　宮城県石巻市　《本尊》延命地蔵菩薩
　　　　　　　　　　　　　　　〔曹洞宗〕
竜洞院　りゅうとういん〔寺〕
　神奈川県綾瀬市　《本尊》釈迦如来　〔曹洞宗〕
竜洞院　りゅうとういん〔寺〕
　長野県千曲市　《本尊》三尊仏　〔曹洞宗〕
竜神　（称）　りゅうじん〔社〕
　大分県東国東郡武蔵町・白石神社　《祭神》八
　大竜王神　　　　　　　　　〔神社本庁〕
竜神社　りゅうじんしゃ〔社〕
　愛媛県今治市　《祭神》彦火火出見命〔他〕
　　　　　　　　　　　　　　〔神社本庁〕
竜音寺　りゅうおんじ〔寺〕
　愛知県小牧市　《別称》まま観音　《本尊》阿
　弥陀如来・千手観世音菩薩　　〔浄土宗〕
竜音寺　りゅうおんじ〔寺〕
　滋賀県大津市　《本尊》阿弥陀如来　〔浄土宗〕
10竜原寺　りゅうげんじ〔寺〕
　東京都港区　《本尊》阿弥陀如来　〔浄土宗〕
竜原寺　りゅうげんじ〔寺〕
　大分県臼杵市　《本尊》阿弥陀如来　〔浄土宗〕
竜宮神社　りゅうぐうじんじゃ〔社〕
　北海道小樽市　《祭神》底津和田都美神〔他〕
　　　　　　　　　　　　　　〔神社本庁〕
竜島院　りゅうとういん〔寺〕
　宮城県柴田郡村田町　《本尊》釈迦如来
　　　　　　　　　　　　　　　〔曹洞宗〕
竜峰寺　りゅうほうじ〔寺〕
　神奈川県海老名市　《別称》国分水堂　《本
　尊》釈迦如来　　　　　　〔臨済宗建長寺派〕
竜峯寺　りゅうほうじ〔寺〕
　鳥取県鳥取市　《本尊》薬師如来
　　　　　　　　　　　　〔臨済宗妙心寺派〕

神社・寺院名よみかた辞典　515

10画（竜）

竜栖寺　りゅうせいじ〔寺〕
　群馬県甘楽郡下仁田町　《本尊》不動明王
　　　　　　　　　　　　　〔真言宗豊山派〕
竜泰寺　りゅうたいじ〔寺〕
　宮城県柴田郡村田町　《本尊》聖観世音菩薩
　　　　　　　　　　　　　〔曹洞宗〕
竜泰院　りゅうたいいん〔寺〕
　茨城県久慈郡大子町　《本尊》釈迦如来
　　　　　　　　　　　　　〔曹洞宗〕
竜珠院　りゅうしゅいん〔寺〕
　千葉県市川市　《本尊》不動明王
　　　　　　　　　　　　　〔真言宗豊山派〕
竜珠院　りゅうしゅいん〔寺〕
　東京都あきる野市　《本尊》如意輪観世音菩薩
　　　　　　　　　　　　　〔臨済宗建長寺派〕
竜珠院　りゅうじゅいん〔寺〕
　神奈川県横浜市磯子区　《本尊》十一面観世音菩薩
　　　　　　　　　　　　　〔曹洞宗〕
竜祥寺　りゅうしょうじ〔寺〕
　三重県度会郡大宮町　《本尊》薬師如来
　　　　　　　　　　　　　〔曹洞宗〕
竜祥寺　りゅうしょうじ〔寺〕
　大分県大分郡挾間町　《本尊》釈迦如来・観世音菩薩
　　　　　　　　　　　　　〔臨済宗建仁寺派〕
竜華寺　りゅうげじ〔寺〕
　神奈川県横浜市金沢区　《本尊》大日如来
　　　　　　　　　　　　　〔真言宗御室派〕
竜華寺　りゅうげじ〔寺〕
　静岡県静岡市　《本尊》釈迦如来　〔日蓮宗〕
竜華院　りゅうげいん〔寺〕
　群馬県沼田市　《別称》お天狗さま・中峰さま　《本尊》聖観世音菩薩・釈迦如来・迦葉仏・中峰大菩薩・弥勒菩薩　〔曹洞宗〕
竜華院　りゅうげいん〔寺〕
　山梨県東八代郡中道町　《別称》竜げん　《本尊》釈迦如来・観世音菩薩・歓喜天
　　　　　　　　　　　　　〔曹洞宗〕
竜華院　りゅうげいん〔寺〕
　京都府京都市右京区　《本尊》釈迦如来
　　　　　　　　　　　　　〔臨済宗妙心寺派〕
竜造寺八幡宮　りゅうぞうじはちまんぐう〔社〕
　佐賀県佐賀市　《別称》佐賀八幡宮　《祭神》応神天皇[他]　〔神社本庁〕
竜造権現《称》　りゅうぞうごんげん〔社〕
　千葉県銚子市・銚港神社　《祭神》闇淤加美神[他]　〔神社本庁〕
11竜巣院　りゅうそういん〔寺〕
　静岡県袋井市　《本尊》釈迦如来　〔曹洞宗〕

竜淵寺　りゅうえんじ〔寺〕
　北海道増毛郡増毛町　《本尊》釈迦如来
　　　　　　　　　　　　　〔曹洞宗〕
竜淵寺　りゅうえんじ〔寺〕
　青森県北津軽郡板柳町　《別称》大般若の寺　《本尊》釈迦如来　〔曹洞宗〕
竜淵寺　りゅうえんじ〔寺〕
　秋田県北秋田郡森吉町　《本尊》釈迦如来
　　　　　　　　　　　　　〔曹洞宗〕
竜淵寺　りゅうえんじ〔寺〕
　埼玉県熊谷市　《本尊》釈迦如来　〔曹洞宗〕
竜淵寺　りゅうえんじ〔寺〕
　新潟県長岡市　《本尊》阿弥陀如来
　　　　　　　　　　　　　〔浄土真宗本願寺派〕
竜淵寺　りゅうえんじ〔寺〕
　三重県鈴鹿郡関町　《本尊》釈迦如来・聖観世音菩薩　〔臨済宗東福寺派〕
竜淵寺　りゅうえんじ〔寺〕
　岡山県御津郡建部町　《本尊》日蓮聖人奠定の大曼荼羅　〔日蓮宗〕
竜皐院　りゅうこういん〔寺〕
　新潟県村上市　《別称》山居林　《本尊》釈迦如来　〔曹洞宗〕
竜眼寺　りゅうげんじ〔寺〕
　東京都江東区　《別称》亀戸萩寺　《本尊》聖観世音菩薩　〔天台宗〕
竜野神社　たつのじんじゃ〔社〕
　兵庫県龍野市　《祭神》建安治主命
　　　　　　　　　　　　　〔神社本庁〕
12竜勝寺　りゅうしょうじ〔寺〕
　長野県上伊那郡高遠町　《本尊》聖観世音菩薩　〔曹洞宗〕
竜勝寺　りゅうしょうじ〔寺〕
　京都府舞鶴市　　〔臨済宗東福寺派〕
竜善寺　りゅうぜんじ〔寺〕
　千葉県君津市　《本尊》釈迦如来
　　　　　　　　　　　　　〔真言宗智山派〕
竜善寺　りゅうぜんじ〔寺〕
　東京都新宿区　《本尊》阿弥陀如来
　　　　　　　　　　　　　〔真宗大谷派〕
竜善院　りゅうぜんいん〔寺〕
　千葉県市原市　《本尊》不動明王
　　　　　　　　　　　　　〔真言宗豊山派〕
竜満寺　りゅうまんじ〔寺〕
　兵庫県美方郡浜坂町　《本尊》釈迦如来
　　　　　　　　　　　　　〔曹洞宗〕
竜登院　りゅうとういん〔寺〕
　静岡県掛川市　《本尊》聖観世音菩薩
　　　　　　　　　　　　　〔曹洞宗〕

10画（竜）

竜翔寺　りゅうしょうじ〔寺〕
　岐阜県岐阜市　《本尊》地蔵菩薩
　　　　　　　　　　　　〔臨済宗妙心寺派〕
竜翔寺　りゅうしょうじ〔寺〕
　京都府京都市北区　《別称》大徳寺僧堂　《本尊》釈迦如来　〔臨済宗大徳寺派〕
竜覚寺　りゅうかくじ〔寺〕
　山形県鶴岡市　《本尊》不動明王
　　　　　　　　　　　　〔真言宗豊山派〕
竜運寺　りゅううんじ〔寺〕
　愛知県豊橋市　《本尊》阿弥陀如来　〔浄土宗〕
竜雲寺　りゅううんじ〔寺〕
　宮城県柴田郡川崎町　《本尊》釈迦如来
　　　　　　　　　　　　〔曹洞宗〕
竜雲寺　りゅううんじ〔寺〕
　宮城県栗原郡一迫町　《本尊》聖観世音菩薩　〔曹洞宗〕
竜雲寺　りゅううんじ〔寺〕
　福島県いわき市　《本尊》釈迦如来　〔曹洞宗〕
竜雲寺　りゅううんじ〔寺〕
　東京都世田谷区　《別称》野沢竜雲寺　《本尊》聖観世音菩薩　〔臨済宗妙心寺派〕
竜雲寺　りゅううんじ〔寺〕
　東京都青梅市　《別称》黒沢観音　《本尊》阿弥陀如来　　　〔曹洞宗〕
竜雲寺　りゅううんじ〔寺〕
　神奈川県横浜市緑区　《別称》上の寺　《本尊》阿弥陀如来　　　〔浄土宗〕
竜雲寺　りゅううんじ〔寺〕
　新潟県新潟市　《本尊》聖観世音菩薩・不動明王・毘沙門天・釈迦如来・地蔵菩薩
　　　　　　　　　　　　〔曹洞宗〕
竜雲寺　りゅううんじ〔寺〕
　富山県高岡市　《本尊》釈迦如来　〔曹洞宗〕
竜雲寺　りゅううんじ〔寺〕
　福井県あわら市　《本尊》観世音菩薩
　　　　　　　　　　　　〔曹洞宗〕
竜雲寺　りゅううんじ〔寺〕
　山梨県南巨摩郡身延町　《本尊》聖十一面観世音菩薩・降魔不動明王　〔曹洞宗〕
竜雲寺　りゅううんじ〔寺〕
　長野県佐久市　《本尊》三尊仏　〔曹洞宗〕
竜雲寺　りゅううんじ〔寺〕
　長野県上高井郡小布施町　《本尊》阿弥陀如来　　　　　　　　　　〔浄土宗〕
竜雲寺　りょううんじ〔寺〕
　静岡県浜松市　《本尊》阿弥陀如来
　　　　　　　　　　　〔臨済宗妙心寺派〕
竜雲寺　りゅううんじ〔寺〕
　静岡県島田市　《本尊》阿弥陀如来　〔曹洞宗〕

竜雲寺　りゅううんじ〔寺〕
　静岡県小笠郡菊川町　《本尊》釈迦如来
　　　　　　　　　　　　〔曹洞宗〕
竜雲寺　りょううんじ〔寺〕
　愛知県常滑市　《本尊》釈迦如来　〔黄檗宗〕
竜雲寺　りょううんじ〔寺〕
　三重県いなべ市　《本尊》阿弥陀如来
　　　　　　　　　　　〔臨済宗妙心寺派〕
竜雲寺　りょううんじ〔寺〕
　京都府福知山市　《本尊》聖観世音菩薩
　　　　　　　　　　　〔臨済宗妙心寺派〕
竜雲寺　りゅううんじ〔寺〕
　兵庫県美方郡浜坂町　《本尊》釈迦如来
　　　　　　　　　　　　〔曹洞宗〕
竜雲寺　りゅううんじ〔寺〕
　島根県松江市　《本尊》聖観世音菩薩
　　　　　　　　　　　　〔曹洞宗〕
竜雲寺　りゅううんじ〔寺〕
　島根県那賀郡三隅町　《本尊》釈迦如来
　　　　　　　　　　　　〔曹洞宗〕
竜雲寺　りゅううんじ〔寺〕
　広島県神石郡神石町　《本尊》十一面大曼荼羅・千手観世音菩薩　〔曹洞宗〕
竜雲寺　りゅううんじ〔寺〕
　佐賀県東松浦郡呼子町　《本尊》薬師如来
　　　　　　　　　　　　〔曹洞宗〕
竜雲院　りゅううんいん〔寺〕
　北海道松前郡松前町　《本尊》釈迦如来
　　　　　　　　　　　　〔曹洞宗〕
竜雲院　りゅううんいん〔寺〕
　宮城県仙台市青葉区　《別称》林子平の寺　《本尊》観世音菩薩　〔曹洞宗〕
竜雲院　りゅううんいん〔寺〕
　東京都文京区　《別称》白山道場　《本尊》釈迦如来　〔臨済宗円覚寺派〕
竜雲院　りゅううんいん〔寺〕
　愛知県知多市　《別称》古見竜　《本尊》聖観世音菩薩・善財童子・竜如尊者　〔曹洞宗〕
13竜源寺　りゅうげんじ〔寺〕
　宮城県登米郡登米町　《本尊》釈迦如来
　　　　　　　　　　　　〔曹洞宗〕
竜源寺　りゅうげんじ〔寺〕
　秋田県由利郡矢島町　《本尊》三尊仏
　　　　　　　　　　　　〔曹洞宗〕
竜源寺　りゅうげんじ〔寺〕
　栃木県佐野市　《本尊》釈迦如来　〔曹洞宗〕
竜源寺　りゅうげんじ〔寺〕
　群馬県藤岡市　《別称》三夜寺・さんやさま　《本尊》釈迦如来・勢至菩薩　〔曹洞宗〕
竜源寺　りゅうげんじ〔寺〕
　東京都三鷹市　《本尊》釈迦如来　〔曹洞宗〕

神社・寺院名よみかた辞典　517

10画（竜）

竜源寺　りゅうげんじ〔寺〕
　愛知県宝飯郡音羽町　《本尊》釈迦如来・阿弥陀如来・弥勒菩薩
　　　　　　　　　　　　　　　〔曹洞宗〕
竜源院　りゅうげんいん〔寺〕
　神奈川県座間市　《本尊》釈迦如来　〔曹洞宗〕
竜源院　りゅうげんいん〔寺〕
　福井県三方郡美浜町　《本尊》釈迦如来
　　　　　　　　　　　　　　　〔曹洞宗〕
竜源院　りゅうげんいん〔寺〕
　静岡県袋井市　《本尊》高王白衣観世音菩薩
　　　　　　　　　　　　　　　〔曹洞宗〕
竜源院　りょうげんいん〔寺〕
　京都府京都市北区　《本尊》釈迦如来
　　　　　　　　　　　　　〔臨済宗大徳寺派〕
竜照院　りゅうしょういん〔寺〕
　愛知県海部郡蟹江町　《本尊》十一面観世音菩薩
　　　　　　　　　　　　　　〔真言宗智山派〕
竜禅寺　りゅうぜんじ〔寺〕
　茨城県取手市　《本尊》阿弥陀如来・地蔵菩薩・十一面観世音菩薩　〔天台宗〕
竜福寺　りゅうふくじ〔寺〕
　福島県南会津郡田島町　《本尊》阿弥陀如来
　　　　　　　　　　　　　　〔真言宗豊山派〕
竜福寺　りゅうふくじ〔寺〕
　茨城県新治郡霞ヶ浦町　《本尊》十一面観世音菩薩　　　　　　　〔真言宗豊山派〕
竜福寺　りゅうふくじ〔寺〕
　埼玉県坂戸市　《本尊》不動明王
　　　　　　　　　　　　　　〔真言宗智山派〕
竜福寺　りゅうふくじ〔寺〕
　千葉県海上郡海上町　《本尊》不動明王
　　　　　　　　　　　　　　〔真言宗智山派〕
竜福寺　りゅうふくじ〔寺〕
　東京都荒川区　《別称》町屋不動尊　《本尊》不動明王　　　　　〔真言宗智山派〕
竜福寺　りゅうふくじ〔寺〕
　東京都板橋区　《本尊》大日如来
　　　　　　　　　　　　　　〔真言宗智山派〕
竜福寺　りゅうふくじ〔寺〕
　神奈川県愛甲郡愛川町　《本尊》釈迦如来
　　　　　　　　　　　　　　　〔曹洞宗〕
竜福寺　りょうふくじ〔寺〕
　岐阜県加茂郡富加町　《本尊》聖観世音菩薩　　　　　　　　　〔臨済宗妙心寺派〕
竜福寺　りゅうふくじ〔寺〕
　滋賀県甲賀郡甲賀町　《別称》滝の薬師　《本尊》薬師如来　　　〔天台宗〕
竜福寺　りゅうふくじ〔寺〕
　京都府城陽市　《本尊》阿弥陀如来　〔浄土宗〕

竜福寺　りゅうふくじ〔寺〕
　広島県庄原市　《本尊》聖観世音菩薩
　　　　　　　　　　　　　〔臨済宗妙心寺派〕
竜福寺　りゅうふくじ〔寺〕
　山口県山口市　《本尊》釈迦如来　〔曹洞宗〕
竜蓋寺　りゅうがいじ〔寺〕
　奈良県高市郡明日香村　《別称》岡寺・西国第七番霊場　《本尊》二臂如意輪観世音菩薩　　　　　　　　　　　　　〔真言宗豊山派〕
14竜像寺　りゅうぞうじ〔寺〕
　神奈川県相模原市　《別称》竜の寺　《本尊》釈迦如来　　　　　　　　　〔曹洞宗〕
竜徳寺　りゅうとくじ〔寺〕
　北海道小樽市　《本尊》釈迦如来　〔曹洞宗〕
竜徳寺　りゅうとくじ〔寺〕
　岐阜県揖斐郡池田町　〔臨済宗妙心寺派〕
竜徳寺　りゅうとくじ〔寺〕
　鳥取県東伯郡東郷町　《本尊》釈迦如来
　　　　　　　　　　　　　　　〔曹洞宗〕
竜鳳寺　りゅうほうじ〔寺〕
　福島県福島市　《本尊》聖観世音菩薩
　　　　　　　　　　　　　　　〔曹洞宗〕
15竜潜寺　りゅうせんじ〔寺〕
　福岡県北九州市八幡東区　《別称》日諦さん　《本尊》日蓮聖人奠定の大曼荼羅
　　　　　　　　　　　　　　　〔日蓮宗〕
竜潭寺　りょうたんじ〔寺〕
　静岡県引佐郡引佐町　《本尊》虚空蔵菩薩
　　　　　　　　　　　　　〔臨済宗妙心寺派〕
竜潭寺　りゅうたんじ〔寺〕
　愛知県名古屋市中川区　《本尊》釈迦如来・除災風神真天　　　　〔曹洞宗〕
竜潭寺　りょうたんじ〔寺〕
　愛知県岩倉市　《本尊》阿弥陀如来　〔曹洞宗〕
竜潭寺　りょうたんじ〔寺〕
　滋賀県彦根市　《別称》庭の寺　《本尊》楊柳観世音菩薩・釈迦如来　〔臨済宗妙心寺派〕
竜潭寺　りょうたんじ〔寺〕
　京都府亀岡市　《本尊》正観世音菩薩
　　　　　　　　　　　　　〔臨済宗妙心寺派〕
竜潭寺　りょうたんじ〔寺〕
　愛媛県西宇和郡保内町　《本尊》釈迦如来
　　　　　　　　　　　　　〔臨済宗妙心寺派〕
竜蔵寺　りゅうぞうじ〔寺〕
　山形県鶴岡市　《本尊》聖観世音菩薩
　　　　　　　　　　　　　　　〔曹洞宗〕
竜蔵寺　りゅうぞうじ〔寺〕
　福島県白河市　《本尊》如意輪観世音菩薩
　　　　　　　　　　　　　　〔真言宗豊山派〕
竜蔵寺　りゅうぞうじ〔寺〕
　栃木県日光市　《本尊》阿弥陀如来　〔天台宗〕

10画（竜）

竜蔵寺　りゅうぞうじ〔寺〕
　群馬県前橋市　《別称》青柳大師　《本尊》釈迦三尊・阿弥陀三尊・薬師三尊　〔天台宗〕

竜蔵寺　りゅうぞうじ〔寺〕
　埼玉県加須市　《本尊》阿弥陀如来　〔浄土宗〕

竜蔵寺　りゅうぞうじ〔寺〕
　千葉県勝浦市　《別称》鰐口様・竜神様　《本尊》日蓮聖人奠定の大曼荼羅　〔日蓮宗〕

竜蔵寺　りゅうぞうじ〔寺〕
　新潟県長岡市　《本尊》薬師如来
　　〔真言宗豊山派〕

竜蔵寺　りゅうぞうじ〔寺〕
　新潟県東蒲原郡鹿瀬町　《本尊》虚空蔵菩薩　〔真言宗豊山派〕

竜蔵寺　りゅうぞうじ〔寺〕
　兵庫県篠山市　《別称》愛宕様の寺　《本尊》千手千眼観世音菩薩・薬師如来・勝軍愛宕大権現　〔天台宗〕

竜蔵寺　りゅうぞうじ〔寺〕
　和歌山県日高郡龍神村　《本尊》薬師如来
　　〔臨済宗妙心寺派〕

竜蔵寺　りゅうぞうじ〔寺〕
　和歌山県東牟婁郡那智勝浦町　《本尊》延命地蔵菩薩　〔臨済宗妙心寺派〕

竜蔵寺　りゅうぞうじ〔寺〕
　長崎県壱岐市　《本尊》延命地蔵菩薩
　　〔曹洞宗〕

竜蔵院　りゅうぞういん〔寺〕
　千葉県匝瑳郡野栄町　《本尊》千手観世音菩薩　〔真言宗智山派〕

16竜樹寺　りゅうじゅじ〔寺〕
　栃木県小山市　《本尊》大日如来
　　〔真言宗豊山派〕

竜穏寺　りゅうおんじ〔寺〕
　埼玉県入間郡越生町　《別称》関三ヶ寺　《本尊》釈迦如来　〔曹洞宗〕

竜穏寺　りょうおんじ〔寺〕
　京都府船井郡園部町　《本尊》釈迦如来
　　〔曹洞宗〕

竜穏寺　りゅうおんじ〔寺〕
　愛媛県松山市　《本尊》釈迦如来・阿難尊者・迦葉尊者　〔単立〕

竜穏院　りゅうおんいん〔寺〕
　福島県田村郡三春町　《本尊》釈迦如来
　　〔曹洞宗〕

竜穏院　りゅうおんいん〔寺〕
　新潟県長岡市　《別称》乙吉山寺　《本尊》阿弥陀三尊　〔曹洞宗〕

竜積寺　りゅうしゃくじ〔寺〕
　福島県福島市　《本尊》聖観世音菩薩
　　〔真言宗豊山派〕

竜興寺　りゅうこうじ〔寺〕
　福島県大沼郡会津高田町　《本尊》阿弥陀如来　〔天台宗〕

竜興寺　りゅうこうじ〔寺〕
　栃木県下都賀郡都賀町　《本尊》釈迦如来
　　〔臨済宗妙心寺派〕

竜興寺　りゅうこうじ〔寺〕
　群馬県館林市　《本尊》釈迦如来　〔曹洞宗〕

竜興寺　りゅうこうじ〔寺〕
　東京都中野区　《別称》やなぎ寺　《本尊》釈迦如来・観世音菩薩・地蔵菩薩
　　〔臨済宗妙心寺派〕

竜興寺　りゅうこうじ〔寺〕
　京都府船井郡八木町　《本尊》釈迦如来
　　〔臨済宗妙心寺派〕

竜興寺　りゅうこうじ〔寺〕
　大阪府大阪市北区　《本尊》阿弥陀如来
　　〔浄土宗〕

竜興寺　りゅうこうじ〔寺〕
　広島県福山市　《本尊》聖観世音菩薩
　　〔曹洞宗〕

竜興寺　りゅうこうじ〔寺〕
　福岡県糟屋郡久山町　《本尊》虚空蔵菩薩
　　〔曹洞宗〕

竜興寺　りゅうこうじ〔寺〕
　大分県大分市　《本尊》釈迦如来
　　〔臨済宗妙心寺派〕

竜頭寺　りゅうとうじ〔寺〕
　山形県飽海郡遊佐町　《本尊》薬師如来・十一面観世音菩薩　〔真言宗智山派〕

竜頭寺　りゅうとうじ〔寺〕
　千葉県八日市場市　《本尊》十一面観世音菩薩　〔真言宗智山派〕

竜頭神社　りゅうずじんじゃ〔社〕
　広島県山県郡豊平町　《祭神》天照大神［他］
　　〔神社本庁〕

17竜厳寺　りゅうごんじ〔寺〕
　山形県酒田市　《本尊》大日如来・阿弥陀如来・不動明王　〔真言宗智山派〕

竜厳寺　りゅうごんじ〔寺〕
　神奈川県川崎市多摩区　《別称》せきの大黒天　《本尊》大黒天・阿弥陀三尊　〔天台宗〕

竜厳寺　りゅうごんじ〔寺〕
　高知県宿毛市　《本尊》不動明王
　　〔真言宗国分寺派〕

竜嶽寺　りゅうがくじ〔寺〕
　長野県下伊那郡下條村　《本尊》聖観世音菩薩　〔臨済宗妙心寺派〕

18竜蟠寺　りゅうばんじ〔寺〕
　栃木県鹿沼市　《本尊》聖観世音菩薩
　　〔曹洞宗〕

10画（粉, 素, 納, 紋, 耕）

20竜巌寺　りゅうがんじ〔寺〕
　奈良県大和郡山市　《本尊》阿弥陀如来
　　　　　　　　　　　　　　　　〔浄土宗〕
　竜護寺　りゅうごじ〔寺〕
　石川県羽咋郡富来町　《本尊》釈迦如来
　　　　　　　　　　　　　　　　〔曹洞宗〕
　竜護寺　りょうごじ〔寺〕
　岐阜県恵那郡明智町　《本尊》釈迦如来
　　　　　　　　　　　　　〔臨済宗妙心寺派〕
23竜鑑寺　りゅうがんじ〔寺〕
　千葉県茂原市　《本尊》大曼荼羅　〔単立〕

【粉】
8粉河寺　こかわでら〔寺〕
　和歌山県那賀郡粉河町　《別称》施音寺・総本山・西国第三番霊場　《本尊》千手千眼観世音菩薩　　　　　　　〔粉河観音宗〕
　粉河産土神社　こかわうぶすなじんじゃ〔社〕
　和歌山県那賀郡粉河町　《別称》たのもしのみや　《祭神》丹生津比売尊〔神社本庁〕

【素】
13素盞雄神社　すさのおじんじゃ〔社〕
　東京都荒川区　《別称》千住天王　《祭神》須佐之男命〔他〕　　　　〔神社本庁〕
　素盞鳴《称》　すさのおしゃ〔社〕
　兵庫県加東郡東条町・一之宮神社　《祭神》素盞鳴命　　　　　　　〔神社本庁〕
　素盞鳴神社　すさのおじんじゃ〔社〕
　岡山県御津郡加茂川町　《別称》天王さま　《祭神》素盞鳴尊〔他〕〔神社本庁〕
　素盞鳴神社　すさのうじんじゃ〔社〕
　広島県福山市　《別称》天王社　《祭神》素盞鳴尊〔他〕　　　　　〔神社本庁〕
　素盞鳴神社　すさのおじんじゃ〔社〕
　福岡県久留米市　《祭神》素戔鳴命
　　　　　　　　　　　　　　　　〔神社本庁〕
18素鵞神社　すがじんじゃ〔社〕
　神奈川県足柄下郡湯河原町　《別称》天王さま　《祭神》素盞鳴命〔他〕〔神社本庁〕
　素鵞熊野神社　そがくまのじんじゃ〔社〕
　茨城県潮来市　《別称》天王様　《祭神》須佐男命〔他〕　　　　　〔神社本庁〕

【納】
4納内神社　おさむないじんじゃ〔社〕
　北海道深川市　《祭神》天照大神　〔神社本庁〕

9納祖八幡宮　のうそはちまんぐう〔社〕
　福岡県飯塚市　《別称》曩祖宮　《祭神》応神天皇〔他〕　　　　　〔神社本庁〕

【紋】
3紋三郎稲荷《称》　もんざぶろういなり〔社〕
　茨城県笠間市・笠間稲荷神社　《祭神》宇迦之御魂命　　　　　　　〔神社本庁〕

【耕】
3耕三寺　こうさんじ〔寺〕
　広島県豊田郡瀬戸田町　《本尊》阿弥陀如来　　　　　　　　〔浄土真宗本願寺派〕
　耕山寺　こうざんじ〔寺〕
　茨城県常陸太田市　《本尊》聖観世音菩薩
　　　　　　　　　　　　　　　　〔曹洞宗〕
4耕文寺　こうぶんじ〔寺〕
　新潟県糸魚川市　《本尊》釈迦如来〔曹洞宗〕
　耕月寺　こうげつじ〔寺〕
　静岡県三島市　《本尊》十一面観世音菩薩
　　　　　　　　　　　　　　　　〔曹洞宗〕
　耕月寺　こうげつじ〔寺〕
　和歌山県和歌山市　《本尊》釈迦如来
　　　　　　　　　　　　　〔臨済宗妙心寺派〕
5耕田寺　こうでんじ〔寺〕
　青森県三戸郡田子町　《本尊》釈迦如来
　　　　　　　　　　　　　　　　〔曹洞宗〕
　耕田寺　こうでんじ〔寺〕
　新潟県西頸城郡能生町　《本尊》釈迦如来
　　　　　　　　　　　　　　　　〔曹洞宗〕
9耕春院　こうしゅんいん〔寺〕
　静岡県藤枝市　《本尊》釈迦如来〔曹洞宗〕
10耕泰寺　こうたいじ〔寺〕
　新潟県加茂市　《本尊》釈迦如来〔曹洞宗〕
12耕雲寺　こううんじ〔寺〕
　北海道根室市　《本尊》釈迦如来〔曹洞宗〕
　耕雲寺　こううんじ〔寺〕
　東京都世田谷区　《本尊》釈迦如来〔曹洞宗〕
　耕雲寺　こううんじ〔寺〕
　新潟県村上市　《本尊》三尊仏　〔曹洞宗〕
　耕雲寺　こううんじ〔寺〕
　長野県小県郡真田町　《本尊》阿弥陀如来
　　　　　　　　　　　　　〔臨済宗妙心寺派〕
　耕雲寺　こううんじ〔寺〕
　長野県埴科郡坂城町　《本尊》釈迦如来・文殊菩薩・普賢菩薩　　　　〔曹洞宗〕
　耕雲寺　こううんじ〔寺〕
　静岡県静岡市　《本尊》釈迦如来
　　　　　　　　　　　　　〔臨済宗妙心寺派〕

10画（胸, 脊, 能）

13耕源寺　こうげんじ〔寺〕
　　山形県山形市　《本尊》釈迦如来　〔曹洞宗〕
　耕福寺　こうふくじ〔寺〕
　　山形県東田川郡三川町　《本尊》釈迦如来
　　　　　　　　　　　　　　　　　　〔曹洞宗〕
14耕徳院　こうとくいん〔寺〕
　　宮城県桃生郡河南町　《本尊》釈迦如来
　　　　　　　　　　　　　　　　　　〔曹洞宗〕

【胸】

7胸形神社　むなかたじんじゃ〔社〕
　　栃木県小山市　《祭神》田心姫命〔他〕
　　　　　　　　　　　　　　　　　〔神社本庁〕
8胸肩神社　むなかたじんじゃ〔社〕
　　青森県弘前市　《祭神》市杵嶋姫命〔他〕
　　　　　　　　　　　　　　　　　〔神社本庁〕

【脊】

10脊振弁財天《称》　せふりべんざいてん〔社〕
　　佐賀県神埼郡脊振村・脊振神社　《祭神》田
　　心姫命〔他〕　　　　　　　　　〔神社本庁〕
　脊振神社　せふりじんじゃ〔社〕
　　佐賀県神埼郡脊振村　《別称》脊振弁財天
　　《祭神》田心姫命〔他〕　　　　〔神社本庁〕

【能】

4能化院　のうけいん〔寺〕
　　京都府宇治市　《別称》不焼地蔵　《本尊》地
　　蔵菩薩　　　　　　　　　　　　　〔曹洞宗〕
　能仁寺　のうにんじ〔寺〕
　　茨城県高萩市　《本尊》釈迦如来・十一面観
　　世音菩薩　　　　　　　　　　　　〔天台宗〕
　能仁寺　のうにんじ〔寺〕
　　栃木県真岡市　《別称》お釈迦様の寺　《本
　　尊》釈迦如来　　　　　　　〔臨済宗妙心寺派〕
　能仁寺　のうにんじ〔寺〕
　　大分県大分市　《本尊》釈迦如来　〔曹洞宗〕
　能引寺　のういんじ〔寺〕
　　鳥取県八頭郡船岡町　《本尊》地蔵菩薩
　　　　　　　　　　　　　　　〔臨済宗妙心寺派〕
5能代鎮守《称》　のしろちんじゅ〔社〕
　　秋田県能代市・日吉神社　《祭神》大山咋神
　　〔他〕　　　　　　　　　　　　　〔神社本庁〕
　能正寺　のうしょうじ〔寺〕
　　島根県簸川郡多伎町　《本尊》阿弥陀如来
　　　　　　　　　　　　　　　　〔浄土真宗本願寺派〕
　能生白山神社《称》　のうはくさんじんじ
　　ゃ〔社〕
　　新潟県西頸城郡能生町・白山神社　《祭神》奴
　　奈川姫命〔他〕　　　　　　　　　〔神社本庁〕

6能光寺　のうこうじ〔寺〕
　　静岡県袋井市　《本尊》釈迦如来　〔曹洞宗〕
　能成寺　のうじょうじ〔寺〕
　　山梨県甲府市　《本尊》釈迦如来
　　　　　　　　　　　　　　　〔臨済宗妙心寺派〕
7能見神明《称》　のみしんめい〔社〕
　　愛知県岡崎市・神明宮　《祭神》天照皇大御
　　神〔他〕　　　　　　　　　　　　〔神社本庁〕
9能持院　のうじいん〔寺〕
　　栃木県芳賀郡茂木町　《本尊》十一面観世音
　　菩薩　　　　　　　　　　　　　　〔曹洞宗〕
10能称寺　のうしょうじ〔寺〕
　　滋賀県長浜市　《別称》東の寺　《本尊》阿弥
　　陀如来　　　　　　　　　　　　〔真宗大谷派〕
12能満寺　のうまんじ〔寺〕
　　福島県いわき市　《別称》虚空蔵尊寺　《本
　　尊》阿弥陀如来・虚空蔵菩薩　　　〔浄土宗〕
　能満寺　のうまんじ〔寺〕
　　福島県耶麻郡磐梯町　《本尊》不動明王
　　　　　　　　　　　　　　　　〔真言宗豊山派〕
　能満寺　のうまんじ〔寺〕
　　東京都練馬区　《本尊》不動明王
　　　　　　　　　　　　　　　　〔真言宗豊山派〕
　能満寺　のうまんじ〔寺〕
　　神奈川県横浜市神奈川区　《本尊》虚空蔵菩
　　薩　　　　　　　　　　　　　〔高野山真言宗〕
　能満寺　のうまんじ〔寺〕
　　神奈川県横須賀市　《本尊》虚空蔵菩薩
　　　　　　　　　　　　　　　　　　〔曹洞宗〕
　能満寺　のうまんじ〔寺〕
　　新潟県柏崎市　《本尊》虚空蔵菩薩　〔曹洞宗〕
　能満寺　のうまんじ〔寺〕
　　静岡県静岡市　《本尊》十界曼荼羅　〔日蓮宗〕
　能満院　のうまんいん〔寺〕
　　奈良県桜井市　《別称》日限地蔵　《本尊》地
　　蔵菩薩　　　　　　　　　　　〔真言宗豊山派〕
　能登三社の宮《称》　のとさんじゃのみや
　　〔社〕
　　奈良県桜井市・等弥神社　《祭神》大日霊貴
　　命〔他〕　　　　　　　　　　　　〔神社本庁〕
　能登比咩神社　のとひめじんじゃ〔社〕
　　石川県鹿島郡鹿西町　《祭神》能登比咩神〔他〕
　　　　　　　　　　　　　　　　　〔神社本庁〕
　能登生国玉比古神社　のといくくにたまひ
　　こじんじゃ〔社〕
　　石川県七尾市　《別称》気多本宮　《祭神》大
　　己貴神〔他〕　　　　　　　　　　〔神社本庁〕
　能登国総社《称》　のとのくにそうしゃ〔社〕
　　石川県七尾市・総社　《祭神》能登国式内四
　　三座神〔他〕　　　　　　　　　　〔神社本庁〕

神社・寺院名よみかた辞典　521

10画（脇, 般, 莵, 荻）

能登部神社　のとべじんじゃ〔社〕
　石川県鹿島郡鹿西町　《別称》兄の宮　《祭神》能登比古神［他］　〔神社本庁〕
能量寺　のうりょうじ〔寺〕
　北海道石狩市　《本尊》阿弥陀如来
　　　　　　　　　　　　　　　　〔真宗大谷派〕
13能勢の妙見さん《称》　のせのみょうけんさん〔寺〕
　東京都品川区・本立寺　《本尊》日蓮聖人図顕の十界大曼荼羅　〔日蓮宗〕
能勢妙見山《称》　のせみょうけんさん〔寺〕
　大阪府豊能郡能勢町・真如寺　《本尊》日蓮聖人奠定の大曼荼羅・妙見大菩薩　〔日蓮宗〕
能福寺　のうふくじ〔寺〕
　兵庫県神戸市兵庫区　《別称》兵庫大仏　《本尊》薬師如来　〔天台宗〕
能義神社　のきじんじゃ〔社〕
　島根県安来市　《祭神》天穂日命［他］
　　　　　　　　　　　　　　　　〔神社本庁〕
15能褒野神社　のぼのじんじゃ〔社〕
　三重県亀山市　《祭神》日本武尊［他］
　　　　　　　　　　　　　　　　〔神社本庁〕
20能護寺　のうごじ〔寺〕
　埼玉県大里郡妻沼町　《別称》本寺　《本尊》虚空蔵菩薩・大日如来　〔高野山真言宗〕

【脇】

3脇子八幡宮　わきごはちまんぐう〔社〕
　富山県下新川郡朝日町　《別称》八幡様　《祭神》応神天皇［他］　〔神社本庁〕
10脇浜戎大社《称》　わきはまえびすたいしゃ〔社〕
　大阪府貝塚市・高龗神社　《祭神》高龗大神［他］　〔神社本庁〕

【般】

6般舟院　はんじゅういん〔寺〕
　京都府京都市上京区　《本尊》阿弥陀如来
　　　　　　　　　　　　　　　　〔天台宗〕
8般若お舟観音《称》　はんにゃおふねかんのん〔寺〕
　埼玉県秩父郡小鹿野町・法性寺　《本尊》聖観世音菩薩・薬師如来　〔曹洞宗〕
般若でら《称》　はんにゃでら〔寺〕
　石川県羽咋市・豊財院　《本尊》釈迦如来
　　　　　　　　　　　　　　　　〔曹洞宗〕
般若寺　はんにゃじ〔寺〕
　山形県鶴岡市　《本尊》阿弥陀如来　〔曹洞宗〕
般若寺　はんにゃじ〔寺〕
　福島県田村郡船引町　《本尊》文殊菩薩
　　　　　　　　　　　　　　　〔真言宗豊山派〕
般若寺　はんにゃじ〔寺〕
　茨城県土浦市　《本尊》大日如来
　　　　　　　　　　　　　　　〔真言宗豊山派〕
般若寺　はんにゃじ〔寺〕
　栃木県真岡市　《本尊》阿弥陀如来　〔天台宗〕
般若寺　はんにゃじ〔寺〕
　神奈川県横浜市金沢区　《別称》満蔵院　《本尊》聖観世音菩薩　〔真言宗御室派〕
般若寺　はんにゃじ〔寺〕
　岐阜県山県市　《本尊》釈迦如来
　　　　　　　　　　　　　　　〔臨済宗妙心寺派〕
般若寺　はんにゃじ〔寺〕
　奈良県奈良市　《本尊》文殊菩薩　〔真言律宗〕
般若寺　はんにゃじ〔寺〕
　島根県出雲市　《別称》回向寺　《本尊》阿弥陀如来　〔浄土宗〕
般若寺　はんにゃじ〔寺〕
　山口県熊毛郡平生町　《本尊》聖観世音菩薩・延命地蔵菩薩　〔真言宗御室派〕
般若院　はんにゃいん〔寺〕
　静岡県熱海市　《本尊》伊豆山権現
　　　　　　　　　　　　　　　〔高野山真言宗〕
般若堂《称》　はんにゃどう〔寺〕
　東京都稲城市・直心庵　〔曹洞宗〕

【莵】

7莵足神社　うたりじんじゃ〔社〕
　愛知県宝飯郡小坂井町　《祭神》莵上足尼命　〔神社本庁〕
16莵橋神社　うはしじんじゃ〔社〕
　石川県小松市　《別称》諏訪さん　《祭神》建御名方命　〔神社本庁〕
莵頭神社　うがしらじんじゃ〔社〕
　愛知県豊橋市　《祭神》月読命　〔神社本庁〕

【荻】

0荻ノ堂《称》　おぎのどう〔寺〕
　埼玉県秩父郡横瀬町・卜雲寺　《本尊》聖観世音菩薩　〔曹洞宗〕
7荻町八幡神社《称》　おぎまちはちまんじんじゃ〔社〕
　岐阜県大野郡白川村・白川八幡神社　《祭神》応神天皇　〔神社本庁〕
11荻野神社　おぎのじんじゃ〔社〕
　神奈川県厚木市　《祭神》大己貴命
　　　　　　　　　　　　　　　　〔神社本庁〕
14荻窪八幡《称》　おぎくぼはちまん〔社〕
　東京都杉並区・八幡神社　《祭神》応神天皇
　　　　　　　　　　　　　　　　〔神社本庁〕

荻窪観音《称》　おぎくぼかんのん〔寺〕
　東京都杉並区・光明院　《本尊》千手観世音
　菩薩　　　　　　　　　　　　〔真言宗豊山派〕

【華】

6華光寺　けこうじ〔寺〕
　京都府京都市上京区　《別称》出水の毘沙門
　でら　《本尊》十界大曼荼羅　　　〔日蓮宗〕
華光寺　けこうじ〔寺〕
　長崎県壱岐市　《本尊》釈迦如来　〔曹洞宗〕
華光院　けごういん〔寺〕
　山梨県甲府市　《別称》愛宕さん　《本尊》三
　宝大荒神　　　　　　　　　　〔真言宗智山派〕
7華足寺　けそくじ〔寺〕
　宮城県登米郡東和町　《別称》鱒淵の観音さん
　《本尊》馬頭観世音菩薩　　　　〔真言宗智山派〕
8華岳寺　かがくじ〔寺〕
　山梨県北都留郡上野原町　《別称》日野の寺
　《本尊》阿弥陀三尊　　　　　〔臨済宗建長寺派〕
11華頂寺　かちょうじ〔寺〕
　福岡県北九州市八幡東区　《本尊》阿弥陀如
　来　　　　　　　　　　　　　　〔浄土宗〕
12華報寺　けほうじ〔寺〕
　新潟県阿賀野市　《別称》出湯の優婆様　《本
　尊》釈迦如来・優婆尊　　　　　〔曹洞宗〕
華開寺　けかいじ〔寺〕
　滋賀県大津市　《本尊》阿弥陀如来　〔天台宗〕
華階寺　けかいじ〔寺〕
　滋賀県大津市　《本尊》阿弥陀如来　〔浄土宗〕
13華園寺　けおんじ〔寺〕
　新潟県上越市　《本尊》花園観世音菩薩
　　　　　　　　　　　　　　　〔真言宗豊山派〕
14華徳院　けとくいん〔寺〕
　茨城県鹿島郡大洋村　《別称》汲上観音堂
　《本尊》阿弥陀如来・如意輪観音菩薩
　　　　　　　　　　　　　　　　〔天台宗〕
華徳院　けとくいん〔寺〕
　東京都杉並区　《本尊》閻魔大王　〔天台宗〕
15華蔵寺　けぞうじ〔寺〕
　岩手県陸前高田市　　　　　〔臨済宗妙心寺派〕
華蔵寺　けぞうじ〔寺〕
　茨城県結城市　《本尊》釈迦如来
　　　　　　　　　　　　　　〔臨済宗妙心寺派〕
華蔵寺　けぞうじ〔寺〕
　群馬県伊勢崎市　《本尊》釈迦如来・文殊菩
　薩・普賢菩薩　　　　　　　　　〔天台宗〕
華蔵寺　けぞうじ〔寺〕
　埼玉県深谷市　《本尊》金剛界大日如来
　　　　　　　　　　　　　　　〔真言宗豊山派〕

華蔵寺　けぞうじ〔寺〕
　島根県松江市　《別称》枕木山　《本尊》薬師
　如来　　　　　　　　　　　〔臨済宗南禅寺派〕
華蔵寺　はなくらじ〔寺〕
　島根県簸川郡多伎町　《本尊》大日如来
　　　　　　　　　　　　　　　　〔天台宗〕
華蔵寺　けぞうじ〔寺〕
　岡山県久米郡柵原町　《本尊》聖観世音菩
　薩　　　　　　　　　　　　　〔高野山真言宗〕
華蔵院　けぞういん〔寺〕
　茨城県ひたちなか市　《本尊》胎蔵界大日如
　来　　　　　　　　　　　　　〔真言宗智山派〕
華蔵院　けぞういん〔寺〕
　栃木県日光市　《本尊》阿弥陀如来　〔天台宗〕
華蔵院　けぞういん〔寺〕
　神奈川県相模原市　《本尊》阿弥陀如来・不
　動明王・薬師如来　　　　　　〔真言宗智山派〕
華蔵院　けぞういん〔寺〕
　新潟県柏崎市　《本尊》阿弥陀如来・正観世
　音菩薩　　　　　　　　　　　〔真言宗豊山派〕
華蔵院　けぞういん〔寺〕
　新潟県栃尾市　《本尊》大日如来
　　　　　　　　　　　　　　　〔真言宗豊山派〕
華蔵院　けぞういん〔寺〕
　愛知県額田郡額田町　《本尊》延命地蔵菩薩・
　勝軍千体地蔵菩薩　　　　　〔臨済宗妙心寺派〕
17華厳寺　けごんじ〔寺〕
　岐阜県揖斐郡谷汲村　《別称》谷汲山・西国
　第三三番霊場　《本尊》十一面観世音菩薩・
　不動明王・毘沙門天　　　　　　〔天台宗〕
華厳寺　けごんじ〔寺〕
　京都府京都市西京区　《別称》鈴虫の寺　《本
　尊》大日如来　　　　　　　〔臨済宗永源寺派〕
華厳院　けごんいん〔寺〕
　岩手県宮古市　《本尊》釈迦如来　〔曹洞宗〕
華厳院《称》　けごんいん〔寺〕
　東京都江東区・松林院　《本尊》阿弥陀如来
　　　　　　　　　　　　　　　　〔浄土宗〕
華厳院　けごんいん〔寺〕
　静岡県小笠郡大東町　《本尊》釈迦如来
　　　　　　　　　　　　　　　　〔曹洞宗〕

【莫】

12莫越山神社　なこしやまじんじゃ〔社〕
　千葉県安房郡丸山町沓見　《別称》莫越山
　《祭神》手置帆負命［他］　　　〔神社本庁〕
莫越山神社　なこしやまじんじゃ〔社〕
　千葉県安房郡丸山町宮下　《祭神》手置帆負
　命［他］　　　　　　　　　　　〔神社本庁〕

神社・寺院名よみかた辞典　523

10画（蚊, 蚕, 衾, 訓, 託, 財, 軒, 逢, 造, 速, 通）

【蚊】

7蚊里田八幡宮　かりだはちまんぐう〔社〕
　　長野県長野市　《別称》蚊里田さん　《祭神》
　　誉田別尊［他］　　　　　　　　〔神社本庁〕
9蚊屋島神社　かやしまじんじゃ〔社〕
　　鳥取県西伯郡日吉津村　《別称》大神宮　《祭
　　神》天照皇大御神［他］　　　　　〔神社本庁〕

【蚕】

15蚕養国神社　こがいくにじんじゃ〔社〕
　　福島県会津若松市　《別称》こがいさま　《祭
　　神》稚産霊大神［他］　　　　　　〔神社本庁〕
蚕養神社　こがいじんじゃ［社］
　　茨城県日立市　《祭神》稚産霊命［他］
　　　　　　　　　　　　　　　　　〔神社本庁〕

【衾】

5衾田神社　ふすまだじんじゃ〔社〕
　　宮崎県東諸県郡国富町　《別称》八幡宮　《祭
　　神》誉田別尊［他］　　　　　　　〔神社本庁〕

【訓】

10訓原神社　くにはらじんじゃ〔社〕
　　愛知県西春日井郡師勝町　《祭神》少彦名
　　命　　　　　　　　　　　　　　〔神社本庁〕

【託】

8託明寺　たくみょうじ〔寺〕
　　新潟県新発田市　《本尊》阿弥陀如来
　　　　　　　　　　　　　　　　　〔真宗大谷派〕
託明寺　たくみょうじ〔寺〕
　　大阪府池田市　《本尊》阿弥陀如来
　　　　　　　　　　　　　　　　〔浄土真宗本願寺派〕
託法寺　たくほうじ〔寺〕
　　東京都杉並区　《本尊》阿弥陀如来
　　　　　　　　　　　　　　　　　〔真宗大谷派〕
12託善寺　たくぜんじ〔寺〕
　　石川県鹿島郡鹿島町　《本尊》阿弥陀如来
　　　　　　　　　　　　　　　　　〔真宗大谷派〕
13託蓮寺　たくれんじ〔寺〕
　　大阪府柏原市　《本尊》阿弥陀如来
　　　　　　　　　　　　　　　　　〔真宗大谷派〕

【財】

12財賀寺　ざいがじ〔寺〕
　　愛知県豊川市　《別称》文殊様　《本尊》千手
　　観世音菩薩・文殊菩薩・五大明王
　　　　　　　　　　　　　　　　〔高野山真言宗〕

【軒】

4軒戸神社　のきどじんじゃ〔社〕
　　岡山県苫田郡加茂町　《祭神》天照大神［他］
　　　　　　　　　　　　　　　　　〔神社本庁〕

【逢】

7逢坂八幡神社　おうさかはちまんじんじゃ
　　〔社〕
　　鳥取県西伯郡中山町　《別称》逢坂八幡さん
　　《祭神》誉田別尊［他］　　　　　〔神社本庁〕
12逢善寺　ほうぜんじ〔寺〕
　　茨城県稲敷郡新利根町　《別称》小野の観音
　　《本尊》千手観世音菩薩　　　　　〔天台宗〕
19逢瀬神社　おうせじんじゃ〔社〕
　　長野県上高井郡小布施町　《祭神》健御名方
　　神［他］　　　　　　　　　　　〔神社本庁〕

【造】

5造田神社　ぞうたじんじゃ〔社〕
　　香川県さぬき市　《祭神》和多須美命［他］
　　　　　　　　　　　　　　　　　〔神社本庁〕
9造海神社《称》　つくろうみじんじゃ〔社〕
　　千葉県富津市・三柱神社　《祭神》天太玉命
　　［他］　　　　　　　　　　　　　〔神社本庁〕

【速】

2速入寺　そくにゅうじ〔寺〕
　　岐阜県高山市　《本尊》阿弥陀如来
　　　　　　　　　　　　　　　　　〔真宗大谷派〕
7速来宮　はやくぐう〔社〕
　　長崎県佐世保市　《祭神》素盞嗚尊［他］
　　　　　　　　　　　　　　　　　〔神社本庁〕
速谷神社　はやたにじんじゃ〔社〕
　　広島県廿日市市　《祭神》阿岐速玉男命
　　　　　　　　　　　　　　　　　〔神社本庁〕
8速念寺　そくねんじ〔寺〕
　　愛知県名古屋市中川区　《本尊》阿弥陀如
　　来　　　　　　　　　　　　　〔真宗大谷派〕
9速星神社　はやほしじんじゃ〔社〕
　　富山県婦負郡婦中町　《別称》みかど神社
　　《祭神》五百筒磐石尊　　　　　　〔単立〕

【通】

3通大寺　つうだいじ〔寺〕
　　宮城県栗原郡築館町　《別称》下寺　《本尊》
　　観世音菩薩　　　　　　　　　　　〔曹洞宗〕
5通玄寺　つうげんじ〔寺〕
　　山梨県南都留郡鳴沢村　《本尊》薬師如来
　　　　　　　　　　　　　　　　〔臨済宗妙心寺派〕

10画（連, 郡, 酒）

通玄寺　つうげんじ〔寺〕
　岐阜県瑞穂市　《本尊》観世音菩薩
　　　　　　　　　　　　　〔臨済宗妙心寺派〕
通玄院　つうげんいん〔寺〕
　京都府京都市右京区　《本尊》釈迦如来
　　　　　　　　　　　　　〔臨済宗妙心寺派〕
6通安寺　つうあんじ〔寺〕
　広島県福山市　《別称》あさひのお祖師様
　《本尊》日蓮聖人　　　　　　〔日蓮宗〕
7通町の八幡様《称》　とおりまちのはちまんさま〔社〕
　埼玉県川越市・川越八幡神社　《祭神》誉田別命
　　　　　　　　　　　　　　〔神社本庁〕
8通性寺　つうしょうじ〔寺〕
　岐阜県安八郡安八町　《本尊》阿弥陀如来
　　　　　　　　　　　　　　〔真宗大谷派〕
通念寺　つうねんじ〔寺〕
　三重県いなべ市　《本尊》阿弥陀如来
　　　　　　　　　　　　　　〔真宗大谷派〕
11通盛神社　みちもりじんじゃ〔社〕
　広島県沼隈郡沼隈町　《別称》平家の宮　《祭神》平通盛　　　　　〔誠心明会系〕
12通覚寺　つうかくじ〔寺〕
　秋田県平鹿郡増田町　《別称》かみのお寺　《本尊》阿弥陀如来　　〔真宗大谷派〕
13通福寺　つうふくじ〔寺〕
　長崎県南松浦郡岐宿町　《本尊》千手観世音菩薩　　　　　　　　〔曹洞宗〕
14通徳寺　つうとくじ〔寺〕
　滋賀県大津市　《本尊》阿弥陀如来
　　　　　　　　　　　　　　〔真宗大谷派〕

【連】

11連紹寺　れんじょうじ〔寺〕
　島根県出雲市　《本尊》十界勧請大曼荼羅
　　　　　　　　　　　　　　〔日蓮宗〕
連部の毘沙門《称》　つらべのびしゃもん〔寺〕
　三重県安芸郡安濃町・善福寺　《本尊》立体如来　　　　　　　　〔天台真盛宗〕
13連福寺　れんぷくじ〔寺〕
　静岡県磐田市　《本尊》釈迦如来
　　　　　　　　　　　　　〔臨済宗妙心寺派〕

【郡】

0郡の宮《称》　こおりのみや〔社〕
　島根県仁多郡仁多町・大領神社　《祭神》伊弉諾命〔他〕　　　　〔神社本庁〕

3郡山八幡神社　こうりやまはちまんじゃ〔社〕
　奈良県大和郡山市　《祭神》品陀別命
　　　　　　　　　　　　　　〔神社本庁〕
9郡神社　こおりじんじゃ〔社〕
　岡山県上房郡北房町　《祭神》大吉備津彦命〔他〕　　　　　　　〔神社本庁〕
郡祖二之宮神社《称》　ぐんそにのみやじんじゃ〔社〕
　兵庫県神崎郡福崎町・二之宮神社　《祭神》建石敷命〔他〕　　　〔神社本庁〕
10郡浦神社　こうのうらじんじゃ〔社〕
　熊本県宇土郡三角町　《別称》三宮さん　《祭神》蒲智比咩神〔他〕　　〔神社本庁〕
16郡頭神社　こおりずじんじゃ〔社〕
　高知県高知市　《別称》鴨部大国さま　《祭神》大国主命　　　　〔神社本庁〕
19郡瀬神社　ごうせじんじゃ〔社〕
　大分県宇佐市　《別称》瀬社宮　《祭神》仲哀天皇〔他〕　　　　〔神社本庁〕

【酒】

4酒井神社　さかいじんじゃ〔社〕
　三重県鈴鹿市　《祭神》豊宇迦能売命
　　　　　　　　　　　　　　〔神社本庁〕
5酒田神社　さかたじんじゃ〔社〕
　神奈川県足柄上郡開成町　《祭神》吉備津日子命　　　　　　　　〔神社本庁〕
6酒列磯前神社　さかつらいそざきじんじゃ〔社〕
　茨城県ひたちなか市　《別称》うばかみさま　《祭神》少彦名命〔他〕　　〔神社本庁〕
7酒折宮　さかおりのみや〔社〕
　山梨県甲府市　《祭神》日本武尊　〔神社本庁〕
酒見寺　さがみじ〔寺〕
　兵庫県加西市　《本尊》十一面観世音菩薩　　　　　　　　　　　〔高野山真言宗〕
酒見神社　さかみじんじゃ〔社〕
　愛知県一宮市　《祭神》天照大御神〔他〕
　　　　　　　　　　　　　　〔神社本庁〕
8酒垂神社　さかたるじんじゃ〔社〕
　石川県鳳至郡能都町　《祭神》大山祇神〔他〕　　　　　　　　　〔神社本庁〕
酒波寺　さなみじ〔寺〕
　滋賀県高島郡今津町　《別称》御祈祷寺　《本尊》千手観世音菩薩・不動明王・山王権現・愛宕権現・次郎坊太郎坊権現・善女竜王　　　〔真言宗智山派〕
酒波神社　さかなみじんじゃ〔社〕
　岐阜県瑞浪市日吉町　《別称》八幡様　《祭神》酒波大神〔他〕　　〔神社本庁〕

神社・寺院名よみかた辞典　525

10画（配，釜，針，院，降，除，隼，馬）

11酒瓶神社　さかべじんじゃ〔社〕
　静岡県静岡市　《祭神》大酒解大神［他］
　　　　　　　　　　　　　　　〔神社本庁〕
12酒賀神社　すがじんじゃ〔社〕
　鳥取県岩美郡国府町　《別称》菅原大明神
　《祭神》大穴牟遅命［他］　〔神社本庁〕
13酒解神社　さかとけじんじゃ〔社〕
　三重県阿山郡大山田村　《別称》さかげ神社
　《祭神》木花咲夜比売命［他］　〔神社本庁〕

【配】
7配志和神社　はいしわじんじゃ〔社〕
　岩手県一関市　《祭神》高皇産霊神［他］
　　　　　　　　　　　　　　　〔神社本庁〕

【釜】
6釜地蔵寺　かまじぞうじ〔寺〕
　愛知県海部郡佐織町　《本尊》釜地蔵菩薩
　　　　　　　　　　　　　　〔真言宗智山派〕
7釜沢観音堂《称》　かまざわかんのんどう
　〔寺〕
　新潟県長岡市・西願寺　　　〔真宗高田派〕
13釜滝薬師《称》　かまたきやくし〔寺〕
　和歌山県海草郡野上町・金剛寺　《本尊》薬
　師如来・大日如来　　　　　〔高野山真言宗〕

【針】
0針の宮《称》　はりのみや〔社〕
　愛知県幡豆郡吉良町・羽利神社　《祭神》建
　稲種命［他］　　　　　　　　〔神社本庁〕
6針名神社　はりなじんじゃ〔社〕
　愛知県名古屋市天白区　《祭神》尾治針名根
　連命　　　　　　　　　　　　〔神社本庁〕
7針谷寺　しんこくじ〔寺〕
　千葉県長生郡長柄町　《本尊》日蓮聖人奠定
　の大曼荼羅　　　　　　　　　　〔日蓮宗〕
14針綱神社　はりずなじんじゃ〔社〕
　愛知県犬山市　《祭神》建稲種命［他］
　　　　　　　　　　　　　　　〔神社本庁〕

【院】
8院林御坊《称》　いんりんごぼう〔寺〕
　富山県東礪波郡福野町・常願寺　《本尊》阿
　弥陀如来　　　　　　　　　〔真宗大谷派〕
10院宮《称》　いんのみや〔社〕
　山梨県南アルプス市・桃園神社　《祭神》貞
　純親王［他］　　　　　　　　〔神社本庁〕

【降】
8降松神社　くだまつじんじゃ〔社〕

　山口県下松市　《別称》妙見本宮社　《祭神》
　天之御中主神　　　　　　　　〔神社本庁〕
10降宮大明神《称》　ふるみやだいみょうじ
　ん《称》
　山梨県韮崎市・倭文神社　《祭神》天羽槌雄
　命［他］　　　　　　　　　　〔神社本庁〕

【除】
3除川観音《称》　よけがわかんのん〔寺〕
　群馬県邑楽郡板倉町・花蔵院　《本尊》不動明
　王・観世音菩薩・地蔵菩薩　〔真言宗豊山派〕

【隼】
9隼神社　はやぶさじんじゃ〔社〕
　京都府京都市中京区　《祭神》建甕槌神［他］
　　　　　　　　　　　　　　　〔神社本教〕

【馬】
4馬之宮《称》　うまのみや〔社〕
　茨城県東茨城郡小川町・鹿島神社　《祭神》武
　甕槌命　　　　　　　　　　　〔神社本庁〕
7馬見岡綿向神社　まみおかわたむきじんじ
　ゃ〔社〕
　滋賀県蒲生郡日野町　《別称》日野大宮　《祭
　神》天穂日命［他］　　　　　〔神社本庁〕
馬見神社　うまみじんじゃ〔社〕
　福岡県嘉穂郡嘉穂町　《祭神》瓊瓊岐尊［他］
　　　　　　　　　　　　　　　〔神社本庁〕
8馬岡新田神社　うまおかにったじんじゃ〔
　社〕
　徳島県三好郡井川町　《祭神》埴山比女命［他］
　　　　　　　　　　　　　　　〔神社本庁〕
13馬路石辺神社　うまじのいそべじんじゃ〔
　社〕
　滋賀県守山市　《祭神》建速素盞嗚命［他］
　　　　　　　　　　　　　　　〔神社本庁〕
14馬鳴明神《称》　まなりみょうじん〔社〕
　静岡県静岡市・建穂神社　《祭神》保食神［他］
　　　　　　　　　　　　　　　〔神社本庁〕
16馬橋稲荷神社　まばしいなりじんじゃ〔社〕
　東京都杉並区　《別称》馬橋稲荷　《祭神》宇
　迦之魂神［他］　　　　　　　〔神社本庁〕
馬蹄寺　ばていじ〔寺〕
　埼玉県上尾市　《本尊》阿弥陀如来　〔浄土宗〕
馬頭院　ばとういん〔寺〕
　栃木県那須郡馬頭町　《本尊》馬頭観世音菩
　薩　　　　　　　　　　　　〔真言宗智山派〕
馬頭院　ばとういん〔寺〕
　埼玉県北葛飾郡杉戸町　《本尊》馬頭観世音
　菩薩　　　　　　　　　　　〔真言宗智山派〕

【高】
0 高の宮《称》　たかのみや〔社〕
　富山県高岡市・高岡関野神社　《祭神》伊弉冉尊[他]　〔神社本庁〕
3 高千穂神社　たかちほじんじゃ〔社〕
　宮崎県西臼杵郡高千穂町　《別称》高千穂宮　《祭神》高千穂皇神[他]　〔神社本庁〕
　高千穂神社　たかちほじんじゃ〔社〕
　鹿児島県鹿屋市　《祭神》瓊瓊杵尊　〔神社本庁〕
　高千穂宮《称》　たかちほぐう〔社〕
　宮崎県西臼杵郡高千穂町・高千穂神社　《祭神》高千穂皇神[他]　〔神社本庁〕
　高山八幡宮　たかやまはちまんぐう〔社〕
　奈良県生駒市　《別称》八幡さん　《祭神》誉田別命[他]　〔単立〕
　高山寺　こうざんじ〔寺〕
　長野県上水内郡牟礼村　《別称》白鳥山高山寺　《本尊》阿弥陀如来　〔浄土真宗本願寺派〕
　高山寺　こうざんじ〔寺〕
　静岡県藤枝市　《本尊》聖観世音菩薩・阿弥陀如来　〔曹洞宗〕
　高山寺　こうざんじ〔寺〕
　京都府京都市右京区　《本尊》釈迦如来　〔単立〕
　高山寺　こうざんじ〔寺〕
　兵庫県氷上郡氷上町　〔真言宗大覚寺派〕
　高山寺　こうざんじ〔寺〕
　和歌山県田辺市　《別称》田辺大師　《本尊》阿弥陀如来　〔真言宗御室派〕
　高山寺　こうざんじ〔寺〕
　岡山県井原市　《別称》別格本山　《本尊》愛染明王　〔真言宗大覚寺派〕
　高山神社　たかやまじんじゃ〔社〕
　群馬県太田市　《祭神》高山彦九郎　〔神社本庁〕
　高山神社　こうざんじんじゃ〔社〕
　三重県津市　《祭神》藤堂高虎[他]　〔神社本庁〕
　高山様《称》　こうやまさま〔社〕
　岡山県吉備郡真備町・穴門山神社　《祭神》穴門武姫命[他]　〔神社本庁〕
　高山稲荷神社　たかやまいなりじんじゃ〔社〕
　青森県西津軽郡車力村　《祭神》宇迦之御魂命[他]　〔神社本庁〕
4 高井ヶ岡八幡宮《称》　たかいがおかはちまんぐう〔社〕
　島根県浜田市内村町・八幡宮　《祭神》誉田別命[他]　〔神社本庁〕

　高円寺　こうえんじ〔寺〕
　東京都杉並区　《本尊》聖観世音菩薩　〔曹洞宗〕
　高円寺　こうえんじ〔寺〕
　長野県千曲市　《本尊》釈迦如来　〔曹洞宗〕
　高円寺　こうえんじ〔寺〕
　島根県出雲市　《本尊》阿弥陀如来　〔臨済宗妙心寺派〕
　高天神社　たかてんじんしゃ〔社〕
　静岡県小笠郡大東町　《祭神》高皇産霊神[他]　〔神社本庁〕
　高木神社　たかきじんじゃ〔社〕
　岐阜県山県市　《祭神》高皇産霊神[他]　〔神社本庁〕
　高木神社　たかきじんじゃ〔社〕
　福岡県嘉穂郡嘉穂町　《祭神》高皇産霊命　〔神社本庁〕
　高木神社　たかきじんじゃ〔社〕
　福岡県田川郡添田町　《祭神》高皇産霊神[他]　〔神社本庁〕
　高爪神社　たかつめじんじゃ〔社〕
　石川県羽咋郡富来町　《別称》鷹の宮　《祭神》日本武命　〔神社本庁〕
5 高仙寺　こうせんじ〔寺〕
　兵庫県篠山市　《本尊》観世音菩薩　〔天台宗〕
　高台寺　こうだいじ〔寺〕
　北海道北見市　《本尊》釈迦如来　〔曹洞宗〕
　高台寺　こうだいじ〔寺〕
　京都府京都市東山区　《本尊》千手観世音菩薩　〔臨済宗建仁寺派〕
　高平寺　こうへいじ〔寺〕
　栃木県下都賀郡岩舟町　《本尊》薬師如来　〔真言宗豊山派〕
　高此野神社　たかしのじんじゃ〔社〕
　岡山県久米郡柵原町　《別称》天王さま　《祭神》素盞嗚尊[他]　〔神社本庁〕
　高正寺　こうしょうじ〔寺〕
　埼玉県入間市　《本尊》虚空蔵菩薩　〔曹洞宗〕
　高生寺　こうしょうじ〔寺〕
　千葉県安房郡天津小湊町　《別称》見返り霊場　《本尊》十界大曼荼羅　〔日蓮宗〕
　高田八幡宮　たかたはちまんぐう〔社〕
　島根県大田市　《祭神》品陀和気命[他]　〔神社本庁〕
　高田本山《称》　たかだほんざん〔寺〕
　三重県津市・専修寺　《本尊》阿弥陀如来　〔真宗高田派〕
　高田本坊《称》　たかだほんぼう〔寺〕
　愛知県名古屋市西区・専修寺名古屋別院　《本尊》阿弥陀如来　〔真宗高田派〕

神社・寺院名よみかた辞典　527

10画（高）

高田寺　こうでんじ〔寺〕
　愛知県西春日井郡師勝町　《別称》高田のお薬師様　《本尊》薬師如来　〔天台宗〕
高田別院《称》　たかだべついん〔寺〕
　福井県福井市・専修寺福井別院　《本尊》阿弥陀如来　〔真宗高田派〕
高田神社　たかだじんじゃ〔社〕
　茨城県稲敷郡江戸崎町　《別称》権現様　《祭神》伊邪奈岐命[他]　〔神社本庁〕
高田神社　たかだじんじゃ〔社〕
　岐阜県飛騨市　《祭神》高魂神[他]　〔神社本庁〕
高田神社　たかだじんじゃ〔社〕
　岡山県真庭郡勝山町　《別称》熊野さま　《祭神》伊弉諾尊[他]　〔神社本庁〕
高田御坊《称》　たかだごぼう〔寺〕
　新潟県上越市・東本願寺高田別院　《本尊》阿弥陀如来　〔真宗大谷派〕
高田御坊《称》　たかだごぼう〔寺〕
　奈良県大和高田市・専立寺　《本尊》阿弥陀如来　〔浄土真宗本願寺派〕
高石神社　たかいしじんじゃ〔社〕
　大阪府高石市　《祭神》少彦名神[他]　〔神社本庁〕
6高伝寺　こうでんじ〔寺〕
　岩手県紫波郡矢巾町　《本尊》釈迦如来　〔曹洞宗〕
高伝寺　こうでんじ〔寺〕
　佐賀県佐賀市　《本尊》薬師如来　〔曹洞宗〕
高光寺　こうこうじ〔寺〕
　兵庫県赤穂市　《本尊》日蓮聖人奠定の大曼荼羅　〔日蓮宗〕
高安寺　こうあんじ〔寺〕
　東京都府中市　《本尊》釈迦如来　〔曹洞宗〕
高寺院　たかでらいん〔寺〕
　熊本県球磨郡山江村　《別称》たかてら　《本尊》毘沙門天　〔高野山真言宗〕
高成寺　こうじょうじ〔寺〕
　福井県小浜市　《本尊》十一面千手観世音菩薩・本師釈迦如来　〔臨済宗南禅寺派〕
高江神社　たかえじんじゃ〔社〕
　鳥取県東伯郡大栄町　《別称》由良の宮　《祭神》天鏡尊[他]　〔神社本庁〕
高牟神社　たかむじんじゃ〔社〕
　愛知県名古屋市千種区　《別称》古井の八幡　《祭神》高皇産霊神[他]　〔神社本庁〕
高牟神社　たかむじんじゃ〔社〕
　愛知県名古屋市守山区　《祭神》高皇霊神[他]　〔神社本庁〕

高牟神社　たかむじんじゃ〔社〕
　愛知県名古屋市名東区　《別称》たかむね様　《祭神》応神天皇[他]　〔神社本庁〕
高西寺　こうさいじ〔寺〕
　埼玉県比企郡小川町　《本尊》地蔵菩薩　〔真言宗智山派〕
7高住神社　たかすみじんじゃ〔社〕
　福岡県田川郡添田町　《別称》豊前坊　《祭神》豊日別命[他]　〔神社本庁〕
高売布神社　たかめふじんじゃ〔社〕
　兵庫県三田市　《別称》いつきさん　《祭神》下照比売命[他]　〔神社本庁〕
高尾さま《称》　たかおさま〔社〕
　大分県大分市・高尾神社　《祭神》上筒男命[他]　〔神社本庁〕
高尾山《称》　たかおさん〔寺〕
　群馬県藤岡市・増信寺　《本尊》阿弥陀如来　〔浄土宗〕
高尾山《称》　たかおさん〔寺〕
　埼玉県本庄市・仏母寺　《本尊》准胝仏母観世音菩薩・飯縄大権現　〔高野山真言宗〕
高尾山《称》　たかおさん〔寺〕
　東京都八王子市・薬王院　《本尊》飯縄大権現　〔真言宗智山派〕
高尾山《称》　たかおさん〔寺〕
　山梨県南アルプス市・穂見神社　《祭神》保食神　〔神社本庁〕
高尾神社　たかおじんじゃ〔社〕
　秋田県河辺郡雄和町　《祭神》天照大神[他]　〔神社本庁〕
高尾神社　たかおじんじゃ〔社〕
　大分県大分市　《別称》高尾さま　《祭神》上筒男命[他]　〔神社本庁〕
高応神社　たかおじんじゃ〔社〕
　岡山県真庭郡勝山町　《祭神》少彦名命[他]　〔神社本庁〕
高志王神社　こしおうじんじゃ〔社〕
　新潟県東蒲原郡津川町　《祭神》大毘古命[他]　〔神社本庁〕
高志神社　たかしじんじゃ〔社〕
　佐賀県神埼郡千代田町　《祭神》素盞嗚命[他]　〔神社本庁〕
高忍日売神社　たかおしひめじんじゃ〔社〕
　愛媛県伊予郡松前町　《別称》高忍さま　《祭神》高忍日売命[他]　〔神社本庁〕
高来神社　たかくじんじゃ〔社〕
　神奈川県中郡大磯町　《別称》こま神社　《祭神》神皇産霊尊[他]　〔神社本庁〕
高良大社　こうらたいしゃ〔社〕
　福岡県久留米市　《祭神》高良玉垂命[他]　〔神社本庁〕

10画（高）

高良玉垂命神社　こうらたまたれのみことじんじゃ〔社〕
　　福岡県柳川市　《祭神》武内宿禰　〔神社本庁〕

高良玉垂神社　こうらたまたれじんじゃ〔社〕
　　福岡県三井郡大刀洗町　《別称》玉垂宮　《祭神》武内宿禰［他］　〔神社本庁〕

高良明神〈称〉　こうらみょうじん〔社〕
　　滋賀県犬上郡甲良町・甲良神社　《祭神》武内宿禰　〔神社本庁〕

高良神社　こうらじんじゃ〔社〕
　　鹿児島県日置郡金峰町　《別称》八幡社　《祭神》応神天皇［他］　〔神社本庁〕

高見さん〈称〉　たかみさん〔社〕
　　兵庫県宍粟郡一宮町・御形神社　《祭神》葦原志許男神　〔神社本庁〕

8高並神社　たかなみじんじゃ〔社〕
　　大分県宇佐郡院内町　《別称》百社　《祭神》菟道大明神〔他〕　〔神社本庁〕

高取神社　たかとりじんじゃ〔社〕
　　兵庫県神戸市長田区　《別称》高取稲荷　《祭神》武甕槌尊［他］　〔神社本庁〕

高取稲荷〈称〉　たかとりいなり〔社〕
　　兵庫県神戸市長田区・高取神社　《祭神》武甕槌尊［他］　〔神社本庁〕

高国寺　こうこくじ〔寺〕
　　福島県安達郡安達町　《本尊》釈迦如来　〔曹洞宗〕

高岡のお大師さん〈称〉　たかおかのおだいしさん〔寺〕
　　高知県土佐市・清滝寺　《本尊》薬師如来　〔真言宗豊山派〕

高岡大仏〈称〉　たかおかだいぶつ〔寺〕
　　富山県高岡市・大仏寺　《本尊》阿弥陀如来　〔浄土宗〕

高岡町新馬場神明宮〈称〉　たかおかちょうしんばばしんめいぐう〔社〕
　　愛知県豊田市・神明宮　《祭神》大日孁貴命［他］　〔神社本庁〕

高岡神社　たかおかじんじゃ〔社〕
　　岡山県上房郡北房町　《祭神》大倭根子日子賦斗邇命　〔神社本庁〕

高岡神社　たかおかじんじゃ〔社〕
　　高知県高岡郡窪川町　《別称》仁井田五社　《祭神》大日本根子彦大邇尊［他］　〔神社本庁〕

高岡神社　たかおかじんじゃ〔社〕
　　大分県大分郡庄内町　《祭神》天御中主命［他］　〔神社本庁〕

高岡関野神社　たかおかせきのじんじゃ〔社〕
　　富山県高岡市　《別称》高の宮　《祭神》伊弉冉尊［他］　〔神社本庁〕

高岳寺　こうがくじ〔寺〕
　　静岡県志太郡大井川町　《別称》石寺　《本尊》聖観世音菩薩　〔曹洞宗〕

高岳神社　たかおかじんじゃ〔社〕
　　兵庫県姫路市　《別称》はまぐりみや　《祭神》応神天皇［他］　〔神社本庁〕

高岳院　こうがくいん〔寺〕
　　愛知県名古屋市東区　《本尊》阿弥陀如来　〔浄土宗〕

高岸寺　こうがんじ〔寺〕
　　北海道亀田郡恵山町　《本尊》釈迦如来　〔曹洞宗〕

高岩寺　こうがんじ〔寺〕
　　東京都豊島区　《別称》とげぬき地蔵　《本尊》延命地蔵菩薩　〔曹洞宗〕

高念寺　こうねんじ〔寺〕
　　新潟県西蒲原郡味方村　《本尊》阿弥陀如来　〔真宗大谷派〕

高房神社　たかふさじんじゃ〔社〕
　　山形県東置賜郡高畠町　《別称》北和田　《祭神》武甕槌大神［他］　〔神社本庁〕

高明神社　こうみょうじんじゃ〔社〕
　　東京都あきる野市　《別称》光明さん　《祭神》天之御中主尊［他］　〔神社本庁〕

高松の大師様〈称〉　たかまつのだいしさま〔寺〕
　　兵庫県西脇市・宝光院　《本尊》金剛界大日如来　〔高野山真言宗〕

高松八幡宮　たかまつはちまんぐう〔社〕
　　山口県熊毛郡田布施町　《別称》八幡様　《祭神》誉田別尊［他］　〔神社本庁〕

高松寺　こうしょうじ〔寺〕
　　青森県三戸郡南郷村　《本尊》釈迦如来　〔臨済宗妙心寺派〕

高松寺　こうしょうじ〔寺〕
　　山形県山形市　《本尊》釈迦三尊・阿弥陀如来・弥勒菩薩　〔曹洞宗〕

高松寺　こうしょうじ〔寺〕
　　神奈川県横浜市戸塚区　《別称》高松庵　《本尊》聖観世音菩薩　〔臨済宗円覚寺派〕

高松寺　こうしょうじ〔寺〕
　　長野県松本市　《本尊》阿弥陀如来　〔浄土宗〕

高松寺　こうしょうじ〔寺〕
　　和歌山県西牟婁郡串本町　《本尊》聖観世音菩薩　〔曹洞宗〕

神社・寺院名よみかた辞典

10画（高）

高松神社　たかまつじんじゃ〔社〕
　静岡県御前崎市　《祭神》伊弉冊尊［他］
　　　　　　　　　　　　　　　〔神社本庁〕
高松興正寺別院　たかまつこうしょうじべついん〔寺〕
　香川県高松市　《別称》古御坊さん　《本尊》阿弥陀如来　　　　　　〔真宗興正派〕
高林寺　こうりんじ〔寺〕
　宮城県岩沼市　《本尊》釈迦如来　〔曹洞宗〕
高林寺　こうりんじ〔寺〕
　静岡県静岡市　《本尊》釈迦如来
　　　　　　　　　　　　　　〔臨済宗妙心寺派〕
高林寺　こうりんじ〔寺〕
　奈良県奈良市　《別称》たかん坊　《本尊》阿弥陀如来・藤原豊成・中将姫　〔融通念仏宗〕
高林寺　こうりんじ〔寺〕
　山口県下関市　《本尊》釈迦如来　〔曹洞宗〕
高泊神社　たかとまりじんじゃ〔社〕
　山口県小野田市　《祭神》大綿津見命［他］
　　　　　　　　　　　　　　　〔神社本庁〕
高知さん《称》　たかちさん〔社〕
　高知県宿毛市・高知坐神社　《祭神》都味歯八重代主神　　　　　　　〔神社本庁〕
高知八幡神社　こうちはちまんじんじゃ〔社〕
　愛媛県周桑郡丹原町　《祭神》品陀和気尊［他］
　　　　　　　　　　　　　　　〔神社本庁〕
高知八幡宮　こうちはちまんぐう〔社〕
　高知県高知市　《祭神》応神天皇［他］
　　　　　　　　　　　　　　　〔神社本庁〕
高知大神宮　こうちだいじんぐう〔社〕
　高知県高知市　《祭神》天照皇大神
　　　　　　　　　　　　　　　〔神社本庁〕
高知坐神社　たかちにますじんじゃ〔社〕
　高知県宿毛市　《別称》高知さん　《祭神》都味歯八重言代主神　　　〔神社本庁〕
高知県護国神社　こうちけんごこくじんじゃ〔社〕
　高知県高知市　《別称》招魂社　《祭神》護国の神霊　　　　　　　　〔神社本庁〕
高長寺　こうちょうじ〔寺〕
　神奈川県小田原市　《本尊》釈迦如来
　　　　　　　　　　　　　　　〔曹洞宗〕
9高乗寺　こうじょうじ〔寺〕
　東京都八王子市　《本尊》釈迦如来　〔曹洞宗〕
高信寺　こうしんじ〔寺〕
　広島県広島市中区　《本尊》十一面観世音菩薩　　　　　　　　　〔高野山真言宗〕
高城八幡宮　たかきはちまんぐう〔社〕
　青森県西津軽郡森田村　《祭神》誉田別尊［他］　　　　　　　　〔神社本庁〕

高城寺　こうじょうじ〔寺〕
　佐賀県佐賀郡大和町　《本尊》釈迦三尊
　　　　　　　　　　　　　〔臨済宗東福寺派〕
高城神社　たかぎじんじゃ〔社〕
　埼玉県熊谷市　《別称》明神様　《祭神》高皇産霊尊　　　　　　　〔神社本庁〕
高城神社　たかぎじんじゃ〔社〕
　長崎県諫早市　《別称》新宮　《祭神》竜造寺家晴　　　　　　　　〔神社本庁〕
高城神社　たかじょうじんじゃ〔社〕
　宮崎県北諸県郡高城町　《祭神》高皇産霊神　　　　　　　　　　〔神社本庁〕
高室院　たかむろいん〔寺〕
　和歌山県伊都郡高野町　《本尊》薬師如来
　　　　　　　　　　　　　　　〔高野山真言宗〕
高屋神社　たかやじんじゃ〔社〕
　鹿児島県肝属郡内之浦町　《祭神》日向三代神　　　　　　　　　〔神社本庁〕
高建寺　こうけんじ〔寺〕
　秋田県由利郡矢島町　《本尊》釈迦如来
　　　　　　　　　　　　　　　　〔曹洞宗〕
高昭寺　こうしょうじ〔寺〕
　北海道中川郡池田町　《本尊》阿弥陀如来
　　　　　　　　　　　　　　　〔真宗大谷派〕
高津さん《称》　こうずさん〔社〕
　大阪府大阪市中央区・高津宮　《祭神》仁徳天皇［他］　　　　　〔神社本庁〕
高津神社　たかつじんじゃ〔社〕
　岡山県久米郡久米町　《祭神》大日靈貴尊
　　　　　　　　　　　　　　　〔神社本庁〕
高津宮　こうずぐう〔社〕
　大阪府大阪市中央区　《別称》高津さん　《祭神》仁徳天皇［他］　〔神社本庁〕
高砂神社　たかさごじんじゃ〔社〕
　大阪府大阪市住之江区　《祭神》天水分神［他］
　　　　　　　　　　　　　　　〔神社本庁〕
高砂神社　たかさごじんじゃ〔社〕
　兵庫県高砂市　《別称》ぎおんさん　《祭神》素盞嗚尊［他］　　　〔神社本庁〕
高神社　たかじんじゃ〔社〕
　京都府綴喜郡井手町　《祭神》伊弉諾尊［他］
　　　　　　　　　　　　　　　〔神社本庁〕
高祖神社　たかすじんじゃ〔社〕
　福岡県前原市　《別称》高祖宮　《祭神》天津日高彦火火出見尊　　〔神社本庁〕
高祖神社　こうそじんじゃ〔社〕
　福岡県嘉穂郡穂波町　《祭神》玉依姫命
　　　　　　　　　　　　　　　〔神社本庁〕
高祖宮《称》　たかすぐう〔社〕
　福岡県前原市・高祖神社　《祭神》天津日高彦火火出見尊［他］　　〔神社本庁〕

10画（高）

10高倉山八幡宮　たかくらやまはちまんぐう
〔社〕
　島根県江津市　《祭神》応神天皇[他]
〔神社本庁〕

高倉寺　こうそうじ〔寺〕
　埼玉県入間市　《本尊》三尊仏　〔曹洞宗〕

高倉寺　たかくらじ〔寺〕
　大阪府堺市　《本尊》薬師如来・大日如来・宝
　起菩薩・弘法大師　〔高野山真言宗〕

高倉彦神社　たかくらひこじんじゃ〔社〕
　石川県珠洲市　《別称》山王宮　《祭神》高倉
　彦神[他]　〔神社本庁〕

高倉神社　たかくらじんじゃ〔社〕
　三重県上野市　《祭神》高倉下命　〔神社本庁〕

高倉神社　たかくらじんじゃ〔社〕
　福岡県遠賀郡岡垣町　《祭神》大倉主命[他]
〔神社本庁〕

高原寺　こうげんじ〔寺〕
　京都府京丹後市　《本尊》薬師如来
〔臨済宗妙心寺派〕

高家神社　たかべじんじゃ〔社〕
　千葉県安房郡千倉町　《祭神》磐鹿六雁命
〔神社本庁〕

高家神社　たけいじんじゃ〔社〕
　大分県宇佐市　《別称》山王さま　《祭神》田
　心姫命[他]　〔神社本庁〕

高宮寺　こうぐうじ〔寺〕
　滋賀県彦根市　《本尊》阿弥陀如来　〔時宗〕

高宮神社　たかみやじんじゃ〔社〕
　滋賀県彦根市　《別称》十禅師宮　《祭神》天
　津日高子番能邇邇芸命[他]　〔神社本庁〕

高宮神社　たかみやじんじゃ〔社〕
　大阪府寝屋川市　《祭神》天之闇風命
〔神社本庁〕

高座石寺　こうぞうじ〔寺〕
　福岡県田川郡香春町　《本尊》釈迦如来
〔曹洞宗〕

高桐院　こうとういん〔寺〕
　京都府京都市北区　《本尊》釈迦如来・玉甫
　禅師　〔臨済宗大徳寺派〕

高根の地蔵尊《称》　たかねのじぞうそん
〔寺〕
　静岡県下田市・向陽院　《本尊》虚空蔵菩薩・
　高根地蔵菩薩　〔臨済宗建長寺派〕

高根白山神社　たかねはくさんじんじゃ
〔社〕
　静岡県藤枝市　《別称》お高根さん　《祭神》
　伊邪那岐命[他]　〔神社本庁〕

高浜八幡神社　たかはまはちまんじんじゃ
〔社〕

愛媛県越智郡弓削町　《祭神》応神天皇[他]
〔神社本庁〕

高浜神社　たかはまじんじゃ〔社〕
　大阪府吹田市　《別称》吹田大社　《祭神》素
　盞嗚尊[他]　〔単立〕

高流寺　こうりゅうじ〔寺〕
　大分県竹田市　《本尊》釈迦如来・日光菩薩・
　月光菩薩　〔臨済宗妙心寺派〕

高竜寺　こうりゅうじ〔寺〕
　北海道函館市　《本尊》釈迦三尊　〔曹洞宗〕

高竜寺　こうりゅうじ〔寺〕
　山梨県北巨摩郡武川村　《本尊》薬師如来
〔曹洞宗〕

11高崎神社　たかさきじんじゃ〔社〕
　群馬県高崎市　《別称》おくまんさま　《祭
　神》伊弉冉命[他]　〔神社本庁〕

高都万神社　たかつまじんじゃ〔社〕
　宮崎県西諸県郡野尻町　《別称》大王権現
　《祭神》猿田彦命　〔神社本庁〕

高部屋神社　たかへやじんじゃ〔社〕
　神奈川県伊勢原市　《祭神》神倭磐余彦命[他]
〔神社本庁〕

高野山《称》　こうやさん〔寺〕
　千葉県四街道市・遍照寺　《本尊》弘法大師
〔高野山真言宗〕

高野山《称》　こうやさん〔寺〕
　東京都港区・高野山東京別院*　《本尊》弘法
　大師　〔高野山真言宗〕

高野山《称》　こうやさん〔寺〕
　和歌山県伊都郡高野町・金剛峯寺　《本尊》胎
　蔵界大日如来・弘法大師・薬師如来
〔高野山真言宗〕

高野山《称》　こうやさん〔寺〕
　鹿児島県鹿児島市・最大乗院　《本尊》不動
　明王　〔高野山真言宗〕

高野山《称》　こうやさん〔寺〕
　鹿児島県枕崎市・光明寺別院　《本尊》弘法
　大師・大日如来　〔高野山真言宗〕

高野山《称》　こうやさん〔寺〕
　鹿児島県指宿市・光明寺　《本尊》弘法大師・
　弥勒菩薩・不動明王　〔高野山真言宗〕

高野山《称》　こうやさん〔寺〕
　鹿児島県日置郡吹上町・天竜寺　《本尊》十
　一面観世音菩薩　〔真言宗醍醐派〕

高野山八葉閣　こうやさんはちようかく
〔寺〕
　福岡県久留米市　《別称》総本山　《本尊》十
　一面観世音菩薩・摩尼宝珠尊・浪切不動明
　王　〔卍教団〕

神社・寺院名よみかた辞典　531

10画（高）

高野山北海道別院《称》　こうやさんほっかいどうべついん〔寺〕
　北海道札幌市中央区・隆光寺　《本尊》大日如来
　　　　　　　　　　　　　〔高野山真言宗〕
高野山東京別院　こうやさんとうきょうべついん〔寺〕
　東京都港区　《別称》高野山　《本尊》弘法大師
　　　　　　　　　　　　　〔高野山真言宗〕
高野山法輪寺　こうやさんほうりんじ〔寺〕
　大阪府大阪市東成区　《別称》今里の三宝さん　《本尊》八面三宝大荒神　〔卍教団〕
高野山青森別院　こうやさんあおもりべついん〔寺〕
　青森県青森市　《本尊》弘法大師
　　　　　　　　　　　　　〔高野山真言宗〕
高野山真言宗福山別院　こうやさんしんごんしゅうふくやまべついん〔寺〕
　広島県福山市　《別称》福山高野山　《本尊》弘法大師　　　　　　〔高野山真言宗〕
高野寺　こうやじ〔寺〕
　北海道函館市　《本尊》大日如来
　　　　　　　　　　　　　〔高野山真言宗〕
高野寺　こうやじ〔寺〕
　島根県平田市　《本尊》聖観世音菩薩
　　　　　　　　　　　　　〔高野山真言宗〕
高野寺　こうやじ〔寺〕
　高知県高知市　《本尊》弘法大師
　　　　　　　　　　　　　〔高野山真言宗〕
高野寺　こうやじ〔寺〕
　福岡県甘木市　《本尊》弘法大師
　　　　　　　　　　　　　〔高野山真言宗〕
高野神社　たかのじんじゃ〔社〕
　滋賀県栗東市　《別称》由岐宮　《祭神》大名草彦命　　　　　　　〔神社本庁〕
高野神社　たかのじんじゃ〔社〕
　岡山県津山市二宮　《別称》美作二宮　《祭神》鸕鶿草葺不合尊〔他〕　〔神社本庁〕
高野神社　たかのじんじゃ〔社〕
　岡山県津山市高野本郷　《祭神》高野造祖神　　　　　　　　　　〔神社本庁〕
高野神社　たかのじんじゃ〔社〕
　佐賀県多久市　《祭神》丹生都比売命〔他〕
　　　　　　　　　　　　　〔神社本庁〕
高陰寺　こういんじ〔寺〕
　愛知県一宮市　《本尊》阿弥陀如来
　　　　　　　　　　　　　〔真宗大谷派〕
高鳥神社　たかとりじんじゃ〔社〕
　群馬県邑楽郡板倉町　《祭神》菅原道真
　　　　　　　　　　　　　〔神社本庁〕

12高勝寺　こうしょうじ〔寺〕
　栃木県下都賀郡岩舟町　《別称》岩船地蔵　《本尊》生身地蔵菩薩　　〔天台宗〕
高勝寺　こうしょうじ〔寺〕
　東京都稲城市　《本尊》正観世音菩薩・胎蔵界大日如来　　　　　〔真言宗豊山派〕
高善寺　こうぜんじ〔寺〕
　秋田県仙北郡協和町　《本尊》正観世音菩薩　　　　　　　　　　〔真言宗智山派〕
高善寺　こうぜんじ〔寺〕
　福井県今立郡今立町　《本尊》阿弥陀如来
　　　　　　　　　　　　　〔浄土真宗本願寺派〕
高椅神社　たかはしじんじゃ〔社〕
　栃木県小山市　《別称》鯉の明神さま　《祭神》磐鹿六雁命〔他〕　　〔神社本庁〕
高森八幡さま《称》　たかもりはちまんさま〔社〕
　山口県玖珂郡周東町・椙杜八幡宮　《祭神》応神天皇〔他〕　　　　　　　〔神社本庁〕
高森阿蘇神社　たかもりあそじんじゃ〔社〕
　熊本県阿蘇郡高森町　《別称》矢村社　《祭神》健磐竜命〔他〕　　　〔神社本庁〕
高森神社　たかもりじんじゃ〔社〕
　神奈川県伊勢原市　《祭神》阿遅志記高比古根命〔他〕　　　　　　　〔神社本庁〕
高森院　こうしんいん〔寺〕
　山梨県塩山市　《本尊》地蔵菩薩
　　　　　　　　　　　　　〔臨済宗向嶽寺派〕
高結さま《称》　たかむすびさま〔社〕
　高知県高知市・葛木男神社　《祭神》高皇産霊神〔他〕　　　　　　〔神社本庁〕
高賀神社　たかがじんじゃ〔社〕
　岐阜県武儀郡洞戸村　《別称》権現さま　《祭神》天之御中主神〔他〕　〔神社本庁〕
高貴寺　こうきじ〔寺〕
　大阪府南河内郡河南町　《別称》河内香花寺　《本尊》五大明王・慈雲尊者・弁財天・弘法大師　　　　　　　　　〔高野山真言宗〕
高越寺　こうつじ〔寺〕
　徳島県麻植郡山川町　《別称》お高越さん　《本尊》高越大権現　〔真言宗大覚寺派〕
高運寺　こううんじ〔寺〕
　山形県鶴岡市　《本尊》阿弥陀如来
　　　　　　　　　　　　　〔真宗大谷派〕
高雄《称》　たかお〔寺〕
　京都府京都市右京区・神護寺　《本尊》薬師如来　　　　　　　〔高野山真言宗〕
高雄寺　たかおじ〔寺〕
　奈良県北葛城郡當麻町　《本尊》観世音菩薩・薬師如来・阿弥陀如来
　　　　　　　　　　　　　〔浄土真宗本願寺派〕

10画（高）

高雲寺　こううんじ〔寺〕
　青森県三戸郡五戸町　《本尊》釈迦如来
　　　　　　　　　　　　　　　　〔曹洞宗〕
13高源寺　こうげんじ〔寺〕
　群馬県藤岡市　《本尊》釈迦如来　〔曹洞宗〕
高源寺　こうげんじ〔寺〕
　静岡県静岡市　《本尊》十一面観世音菩薩
　　　　　　　　　　　　　　〔臨済宗妙心寺派〕
高源寺　こうげんじ〔寺〕
　滋賀県犬上郡多賀町　《本尊》阿弥陀如来
　　　　　　　　　　　　　　〔臨済宗妙心寺派〕
高源寺　こうげんじ〔寺〕
　兵庫県氷上郡青垣町　《本尊》釈迦如来・遠
　谿祖雄禅師・普応国師　〔臨済宗妙心寺派〕
高源院　こうげんいん〔寺〕
　東京都文京区　《本尊》聖観世音菩薩
　　　　　　　　　　　　　　　　〔曹洞宗〕
高滝神社　たかたきじんじゃ〔社〕
　千葉県市原市　《祭神》瓊瓊杵尊〔他〕
　　　　　　　　　　　　　　　〔神社本庁〕
高照寺　こうしょうじ〔寺〕
　千葉県勝浦市　《別称》いちょうでら　《本尊》
　日蓮聖人奠定の大曼荼羅　　　〔日蓮宗〕
高照寺　こうしょうじ〔寺〕
　兵庫県養父市　《本尊》胎蔵界大日如来
　　　　　　　　　　　　　　〔高野山真言宗〕
高照神社　たかてるじんじゃ〔社〕
　青森県中津軽郡岩木町　《祭神》武甕槌神〔他〕
　　　　　　　　　　　　　　　〔神社本庁〕
高照院　こうしょういん〔寺〕
　香川県坂出市　《別称》天皇寺・四国第七九
　番霊場　《本尊》十一面観世音菩薩
　　　　　　　　　　　　　　〔真言宗御室派〕
高福寺　こうふくじ〔寺〕
　山形県東置賜郡川西町　《本尊》大日如来・歓
　喜天・鬼子母神　　　　　〔真言宗豊山派〕
高福寺　こうふくじ〔寺〕
　福島県伊達郡保原町　《本尊》五智如来・金
　剛界大日如来　　　　　　〔真言宗豊山派〕
高福寺　こうふくじ〔寺〕
　栃木県足利市　《本尊》釈迦如来・阿弥陀三
　尊　　　　　　　　　　　　　　〔曹洞宗〕
高福寺　こうふくじ〔寺〕
　栃木県那須郡那須町　《本尊》聖観世音菩
　薩　　　　　　　　　　　〔高野山真言宗〕
高福寺　こうふくじ〔寺〕
　千葉県銚子市　《本尊》薬師如来・弘法大師・
　興教大師　　　　　　　　〔真言宗智山派〕
高福寺　こうふくじ〔寺〕
　愛知県東加茂郡下山村　《別称》栃立の寺
　《本尊》阿弥陀如来　　　　　〔真宗大谷派〕

高福寺　こうふくじ〔寺〕
　三重県飯南郡飯南町　《本尊》阿弥陀如来
　　　　　　　　　　　　　　　　〔浄土宗〕
高福院　こうふくいん〔寺〕
　東京都品川区　《本尊》金剛界大日如来
　　　　　　　　　　　　　　〔高野山真言宗〕
14高徳寺　こうとくじ〔寺〕
　北海道岩見沢市　《別称》志文のお大師さん
　《本尊》不動明王　　　　〔高野山真言宗〕
高徳寺　こうとくじ〔寺〕
　山形県東置賜郡川西町　《本尊》釈迦如来
　　　　　　　　　　　　　　　　〔曹洞宗〕
高徳寺　こうとくじ〔寺〕
　茨城県久慈郡大子町　《本尊》釈迦如来
　　　　　　　　　　　　　　　　〔曹洞宗〕
高徳寺　こうとくじ〔寺〕
　茨城県北相馬郡藤代町　《本尊》阿弥陀如
　来　　　　　　　　　　　　　　〔浄土宗〕
高徳寺　こうとくじ〔寺〕
　栃木県足利市　《本尊》不動明王・弘法大師
　　　　　　　　　　　　　　〔真言宗豊山派〕
高徳寺　こうとくじ〔寺〕
　群馬県邑楽郡大泉町　　　〔高野山真言宗〕
高徳寺　こうとくじ〔寺〕
　東京都港区　《本尊》阿弥陀如来　〔浄土宗〕
高徳寺　こうとくじ〔寺〕
　長野県上伊那郡辰野町　《本尊》大日如来
　　　　　　　　　　　　　　〔高野山真言宗〕
高徳寺　こうとくじ〔寺〕
　岐阜県恵那郡蛭川村　《別称》奥渡観音　《本
　尊》十一面観世音菩薩・薬師如来
　　　　　　　　　　　　　　〔臨済宗妙心寺派〕
高徳寺　こうとくじ〔寺〕
　岡山県浅口郡船穂町　《本尊》毘沙門天・弘
　法大師　　　　　　　　　〔高野山真言宗〕
高徳寺　こうとくじ〔寺〕
　佐賀県唐津市　《別称》奥村五百子の寺　《本
　尊》阿弥陀如来　　　　　　〔真宗大谷派〕
高徳院　こうとくいん〔寺〕
　神奈川県鎌倉市　《別称》鎌倉大仏　《本尊》
　阿弥陀如来　　　　　　　　　　〔浄土宗〕
高徳院　こうとくいん〔寺〕
　愛知県豊明市　《本尊》高貴徳王大菩薩
　　　　　　　　　　　　　　　　　〔単立〕
高鉾神社　たかほこじんじゃ〔社〕
　奈良県吉野郡吉野町　《祭神》高皇産霊神
　　　　　　　　　　　　　　　〔神社本庁〕
15高幡不動尊《称》　たかはたふどうそん〔寺〕
　東京都日野市・金剛寺　《本尊》金剛界大日
　如来・不動明王　　　　　〔真言宗智山派〕

神社・寺院名よみかた辞典　533

10画(鬼)

高槻妙見 《称》 たかつきみょうけん〔寺〕
　大阪府高槻市・本行寺　《本尊》日蓮聖人奠
　定の大曼荼羅・妙見大菩薩　〔日蓮宗〕
高蔵寺　こうぞうじ〔寺〕
　宮城県角田市　《本尊》阿弥陀如来
　　　　　　　　　　　　　〔真言宗智山派〕
高蔵寺　こうぞうじ〔寺〕
　千葉県木更津市　《別称》坂東第三〇番霊場・
　高倉観音堂　《本尊》聖観世音菩薩
　　　　　　　　　　　　　〔真言宗豊山派〕
高蔵寺　こうぞうじ〔寺〕
　三重県伊勢市　《本尊》延命地蔵菩薩
　　　　　　　　　　　　　〔臨済宗妙心寺派〕
高蔵寺　こうぞうじ〔寺〕
　兵庫県篠山市　《本尊》十一面観世音菩薩
　　　　　　　　　　　　　〔天台宗〕
高蔵神社　たかくらじんじゃ〔社〕
　千葉県鴨川市　《別称》せきそんさま　《祭
　神》日本武尊　　　　　　〔神社本庁〕
高諸神社　たかもろじんじゃ〔社〕
　広島県福山市　《別称》おつるぎさん　《祭
　神》須佐之男神[他]　　　〔神社本庁〕
高輪寺　こうりんじ〔寺〕
　埼玉県久喜市　《本尊》不動明王
　　　　　　　　　　　　　〔真言宗智山派〕
高輪神社　たかなわじんじゃ〔社〕
　東京都港区　《祭神》宇迦之御魂神[他]
　　　　　　　　　　　　　〔神社本庁〕
16高橋西神社　たかはしにしじんじゃ〔社〕
　熊本県熊本市　《別称》若宮　《祭神》天照皇
　大神[他]　　　　　　　　〔神社本庁〕
高橋稲荷神社　たかはしいなりじんじゃ
　〔社〕
　熊本県熊本市　《祭神》宇迦之御魂神
　　　　　　　　　　　　　〔神社本庁〕
高樹神社　たかきじんじゃ〔社〕
　福岡県久留米市　《祭神》高皇産霊神
　　　　　　　　　　　　　〔神社本庁〕
高樹院　こうじゅいん〔寺〕
　長野県北佐久郡浅科村　《別称》長念寺　《本
　尊》阿弥陀如来　　　　　〔浄土宗〕
高頭神社　たかずじんじゃ〔社〕
　広島県安芸高田市　《別称》八幡様　《祭神》
　帯中津彦命[他]　　　　　〔神社本庁〕
高鴨神社　たかかもじんじゃ〔社〕
　奈良県御所市　《別称》佐味の宮　《祭神》阿
　治須岐詫彦根命　　　　　〔神社本庁〕
17高厳寺　こうごんじ〔寺〕
　長野県更級郡大岡村　《別称》けみの弁天様
　《本尊》十一面観世音菩薩　〔真言宗豊山派〕

高嶺神社　たかみねじんじゃ〔社〕
　兵庫県赤穂郡上郡町　《別称》天王　《祭神》
　須佐之男命[他]　　　　　〔神社本庁〕
18高顕寺　こうけんじ〔寺〕
　長野県須坂市　《本尊》聖観世音菩薩
　　　　　　　　　　　　　〔真言宗豊山派〕
高顕寺　こうけんじ〔寺〕
　愛知県名古屋市中区　《本尊》聖観世音菩
　薩　　　　　　　　　　　〔曹洞宗〕
高顕寺　こうけんじ〔寺〕
　岡山県和気郡吉永町　《本尊》不動明王
　　　　　　　　　　　　　〔高野山真言宗〕
19高瀬大坊《称》　たかせだいぼう〔寺〕
　香川県三豊郡三野町・本門寺　《本尊》板曼
　荼羅　　　　　　　　　　〔日蓮正宗〕
高瀬神社　たかせじんじゃ〔社〕
　富山県東礪波郡井波町　《別称》越中一の宮
　《祭神》大己貴命[他]　　〔神社本庁〕
高縄神社　たかなわじんじゃ〔社〕
　愛媛県北条市　《祭神》大山積神[他]
　　　　　　　　　　　　　〔神社本庁〕
高麗神社　こまじんじゃ〔社〕
　埼玉県日高市　《祭神》高麗王若光[他]
　　　　　　　　　　　　　〔神社本庁〕
33高龗神社　たかおかみじんじゃ〔社〕
　栃木県今市市　《祭神》大山祇命[他]
　　　　　　　　　　　　　〔神社本庁〕
高龗神社　たかおがみじんじゃ〔社〕
　大阪府貝塚市　《別称》脇浜戎大社　《祭神》
　高龗大神[他]　　　　　　〔神社本庁〕

【鬼】

3鬼子母神　きしもじんじ〔寺〕
　神奈川県足柄下郡湯河原町　《本尊》鬼子母
　神　　　　　　　　　　　〔中山妙宗〕
9鬼神社　きじんしゃ〔社〕
　青森県弘前市　《別称》おにがみさま　《祭
　神》高照姫神[他]　　　　〔神社本庁〕
10鬼骨寺　きこつじ〔寺〕
　徳島県鳴門市　《本尊》薬師如来・地蔵菩薩
　　　　　　　　　　　　　〔高野山真言宗〕
鬼骨寺　きこつじ〔寺〕
　香川県木田郡三木町　《別称》ひがし寺　《本
　尊》阿弥陀如来　　　　　〔浄土宗〕
18鬼鎮神社　きじんじんじゃ〔社〕
　埼玉県比企郡嵐山町　《祭神》衝立久那止命
　[他]　　　　　　　　　　〔神社本庁〕

11画

11画 (乾, 亀)

【乾】

14 乾徳寺　けんとくじ〔寺〕
　栃木県那須郡馬頭町　《本尊》釈迦如来
　　　　　　　　　　　　　　　　〔曹洞宗〕

乾徳寺　けんとくじ〔寺〕
　岐阜県岐阜市　《本尊》延命地蔵菩薩
　　　　　　　　　　　　〔臨済宗妙心寺派〕

乾徳寺　けんとくじ〔寺〕
　愛知県名古屋市中区　《別称》幸福印の寺
　《本尊》阿弥陀如来　　　　　　〔曹洞宗〕

乾徳寺　けんとくじ〔寺〕
　愛知県名古屋市瑞穂区　《本尊》釈迦如来・薬師如来
　　　　　　　　　　　　〔臨済宗妙心寺派〕

【亀】

0 亀の宮《称》　かめのみや〔社〕
　京都府京都市北区・玄武神社　《祭神》惟喬親王
　　　　　　　　　　　　　　　　〔神社本庁〕

亀ヶ森八幡神社《称》　かめがもりはちまんじんじゃ〔社〕
　宮城県桃生郡河北町・八幡神社　《祭神》誉田別命〔他〕
　　　　　　　　　　　　　　　　〔神社本庁〕

亀ヶ池八幡宮　かめがいけはちまんぐう〔社〕
　神奈川県相模原市　《祭神》誉田別尊
　　　　　　　　　　　　　　　　〔神社本庁〕

3 亀山さま《称》　かめやまさま〔社〕
　山口県下関市・亀山八幡宮　《祭神》応神天皇〔他〕
　　　　　　　　　　　　　　　　〔神社本庁〕

亀山八幡神社　かめやまはちまんじんじゃ〔社〕
　三重県亀山市　《祭神》品陀和気命〔他〕
　　　　　　　　　　　　　　　　〔神社本庁〕

亀山八幡神社　かめやまはちまんじんじゃ〔社〕
　広島県神石郡三和町　《祭神》仲哀天皇〔他〕
　　　　　　　　　　　　　　　　〔神社本庁〕

亀山八幡宮　かめやまはちまんぐう〔社〕
　山口県下関市　《別称》亀山さま　《祭神》応神天皇〔他〕
　　　　　　　　　　　　　　　　〔神社本庁〕

亀山八幡宮《称》　かめやまはちまんぐう〔社〕
　山口県周南市・八幡宮　《祭神》息長足姫尊〔他〕
　　　　　　　　　　　　　　　　〔神社本庁〕

亀山八幡宮　かめやまはちまんぐう〔社〕
　香川県小豆郡池田町　《祭神》品陀和気命〔他〕
　　　　　　　　　　　　　　　　〔神社本庁〕

亀山八幡宮　かめやまはちまんぐう〔社〕
　長崎県佐世保市　《別称》八幡さん　《祭神》応神天皇〔他〕
　　　　　　　　　　　　　　　　〔神社本庁〕

亀山神社　かめやまじんじゃ〔社〕
　千葉県君津市　《別称》滝の不動様　《祭神》日本武尊
　　　　　　　　　　　　　　　　〔神社本庁〕

亀山神社　かめやまじんじゃ〔社〕
　静岡県浜松市　《祭神》伊弉冉命〔他〕
　　　　　　　　　　　　　　　　〔神社本庁〕

亀山神社　かめやまじんじゃ〔社〕
　三重県亀山市　《別称》ますみさん　《祭神》天照皇太神〔他〕
　　　　　　　　　　　　　　　　〔神社本庁〕

亀山神社　かめやまじんじゃ〔社〕
　広島県呉市　《別称》八幡さま　《祭神》中津日子命〔他〕
　　　　　　　　　　　　　　　　〔神社本庁〕

亀山神社　かめやまじんじゃ〔社〕
　香川県綾歌郡飯山町　《祭神》息長帯比売尊〔他〕
　　　　　　　　　　　　　　　　〔神社本庁〕

亀山神社　かめやまじんじゃ〔社〕
　福岡県鞍手郡小竹町　《別称》総鎮守　《祭神》大歳神〔他〕
　　　　　　　　　　　　　　　　〔神社本庁〕

亀山御坊《称》　かめやまごぼう〔寺〕
　兵庫県姫路市・本徳寺　《本尊》阿弥陀如来
　　　　　　　　　　　　〔浄土真宗本願寺派〕

4 亀井神社　かめいじんじゃ〔社〕
　宮崎県延岡市　《別称》天神さん　《祭神》菅原道真〔他〕
　　　　　　　　　　　　　　　　〔神社本庁〕

亀戸不動《称》　かめいどふどう〔寺〕
　東京都江東区・東覚寺　《本尊》大日如来
　　　　　　　　　　　　　　　〔真言宗智山派〕

亀戸天神社　かめいどてんじんしゃ〔社〕
　東京都江東区　《別称》亀戸の天神さま　《祭神》菅原道真〔他〕
　　　　　　　　　　　　　　　　〔神社本庁〕

亀戸香取大神宮《称》　かめいどかとりだいじんぐう〔社〕
　東京都江東区・香取神社　《祭神》経津主命〔他〕
　　　　　　　　　　　　　　　　〔神社本庁〕

5 亀田八幡宮　かめだはちまんぐう〔社〕
　北海道函館市　《祭神》誉田別尊　〔神社本庁〕

7 亀尾山八幡神社　かめおやまはちまんじんじゃ〔社〕
　広島県山県郡千代田町　《祭神》足仲津彦命〔他〕
　　　　　　　　　　　　　　　　〔神社本庁〕

8 亀岡八幡宮　かめおかはちまんぐう〔社〕
　栃木県芳賀郡益子町　《祭神》誉田別命〔他〕
　　　　　　　　　　　　　　　　〔神社本庁〕

亀岡文殊《称》　かめおかもんじゅ〔寺〕
　山形県東置賜郡高畠町・大聖寺　《本尊》文殊菩薩
　　　　　　　　　　　　〔真言宗智山派〕

亀岡神社　かめおかじんじゃ〔社〕
　長崎県平戸市　《祭神》源大夫判官久命〔他〕
　　　　　　　　　　　　　　　　〔神社本庁〕

11画（健, 側, 冨, 副, 啓, 商, 唱）

10亀竜院　きりゅういん〔寺〕
　京都府京都市中京区　《別称》亀薬師堂　《本尊》薬師如来・不動明王　〔真言宗智山派〕
　亀翁寺　きおうじ〔寺〕
　愛知県稲沢市　《別称》虚空蔵様　《本尊》虚空蔵菩薩　〔曹洞宗〕
12亀森八幡宮《称》　かめもりはちまんぐう〔社〕
　広島県御調郡向島町・八幡神社　《祭神》品陀和気命〔他〕　〔神社本庁〕
13亀嵩の宮《称》　かめだけのみや〔社〕
　島根県仁多郡仁多町・湯野神社　《祭神》大己貴命〔他〕　〔神社本庁〕
　亀源寺　きげんじ〔寺〕
　石川県鹿島郡田鶴浜町　《本尊》釈迦如来　〔曹洞宗〕
16亀薬師堂《称》　かめやくしどう〔寺〕
　京都府京都市中京区・亀竜院　《本尊》薬師如来・不動明王　〔真言宗智山派〕
21亀鶴山八幡神社《称》　かめつるやまはちまんじんじゃ〔社〕
　広島県神石郡油木町・八幡神社　《祭神》神功皇后〔他〕　〔神社本庁〕

【健】
5健田須賀神社　たけだすがじんじゃ〔社〕
　茨城県結城市　《祭神》健田大神〔他〕　〔神社本庁〕
7健男霜凝日子神社　たけおしもこりひこじんじゃ〔社〕
　大分県竹田市　《別称》下宮さま　《祭神》健男霜凝日子大神〔他〕　〔神社本庁〕
　健男霜凝日子麓社　たけおしもこりひこふもとしゃ〔社〕
　大分県大野郡緒方町　《祭神》健男霜凝日子命〔他〕　〔神社本庁〕
8健武山《称》　たけぶさん〔社〕
　栃木県那須郡馬頭町・健武山神社　《祭神》日本武尊〔他〕　〔神社本庁〕
　健武山神社　たけぶやまじんじゃ〔社〕
　栃木県那須郡馬頭町　《別称》健武山　《祭神》日本武尊〔他〕　〔神社本庁〕
9健軍神社　けんぐんじんじゃ〔社〕
　熊本県熊本市　《祭神》健軍大神〔他〕　〔神社本庁〕
12健御名方富命彦神別神社　たけみなかたとみのみことひこかみわけじんじゃ〔社〕
　長野県長野市　《別称》水内大社（みのちたいしゃ）　《祭神》健御名方富命　〔神社本庁〕

健御名方富命彦神別神社　たけみなかたとみのみことひこかみわけじんじゃ〔社〕
　長野県飯山市　《別称》大宮　《祭神》健御名方富命〔他〕　〔神社本庁〕
13健福寺　けんぷくじ〔寺〕
　佐賀県佐賀郡大和町　《本尊》千手千眼観世音菩薩　〔真言宗御室派〕

【側】
10側高神社　そばたかじんじゃ〔社〕
　千葉県佐原市　《祭神》天日鷲命　〔神社本庁〕

【冨】
3冨士浅間神社　ふじせんげんじんじゃ〔社〕
　静岡県駿東郡小山町　《別称》須走浅間　《祭神》木花開耶姫命〔他〕　〔神社本庁〕
　冨士浅間神社　ふじせんげんじんじゃ〔社〕
　愛知県名古屋市西区　《別称》幅下浅間　《祭神》木花開耶姫命　〔神社本庁〕
　冨士浅間宮　ふじせんげんぐう〔社〕
　静岡県袋井市　《別称》浅間さん　《祭神》木花開耶姫命　〔神社本庁〕
　冨士薬師《称》　ふじやくし〔寺〕
　東京都世田谷区・東覚院　《本尊》薬師如来　〔真言宗智山派〕
12冨賀寺　ふかじ〔寺〕
　愛知県新城市　《本尊》子育十一面観世音菩薩　〔高野山真言宗〕

【副】
3副川神社　そいがわじんじゃ〔社〕
　秋田県南秋田郡八郎潟町　《別称》高岳山　《祭神》天照大御神〔他〕　〔神社本庁〕

【啓】
12啓運寺　けいうんじ〔寺〕
　東京都荒川区　《本尊》日蓮聖人奠定の大曼荼羅　〔法華宗（本門流）〕

【商】
3商大通り法華寺《称》　しょうだいどおりほっけじ〔寺〕
　北海道小樽市・妙竜寺　《本尊》日蓮聖人奠定の大曼荼羅　〔日蓮宗〕

【唱】
6唱行寺　しょうぎょうじ〔寺〕
　千葉県市川市　《別称》太鼓の霊場　《本尊》釈迦如来・日蓮聖人　〔日蓮宗〕

536　神社・寺院名よみかた辞典

11画（唯, 埼, 埴, 堂, 堀, 寄, 寂）

唱行院　しょうぎょういん〔寺〕
　東京都江東区　《本尊》久遠実成本師釈迦如来
　　　　　　　　　　　　　　　　〔日蓮宗〕

【唯】

8唯念寺　ゆいねんじ〔寺〕
　東京都台東区　《本尊》阿弥陀如来
　　　　　　　　　　　　　　　〔真宗高田派〕

唯念寺　ゆいねんじ〔寺〕
　滋賀県犬上郡豊郷町　《本尊》阿弥陀如来
　　　　　　　　　　　　　　　〔真宗大谷派〕

唯明寺　ゆいみょうじ〔寺〕
　富山県氷見市　《別称》鉾根の御坊　《本尊》阿弥陀如来
　　　　　　　　　　　　　　　〔真宗大谷派〕

9唯信寺　ゆいしんじ〔寺〕
　茨城県西茨城郡友部町　《別称》真宗二四輩旧跡　《本尊》阿弥陀如来　〔真宗大谷派〕

唯専寺　ゆいせんじ〔寺〕
　大阪府大阪市浪速区　《本尊》阿弥陀如来
　　　　　　　　　　　　　　　〔真宗大谷派〕

唯専寺　ゆいせんじ〔寺〕
　大分県中津市　《本尊》阿弥陀如来
　　　　　　　　　　　　　　　〔真宗大谷派〕

10唯称寺　ゆいしょうじ〔寺〕
　滋賀県甲賀郡水口町　《本尊》阿弥陀如来
　　　　　　　　　　　　　　　　〔浄土宗〕

12唯然寺　ゆいねんじ〔寺〕
　石川県加賀市　《本尊》阿弥陀如来
　　　　　　　　　　　　　　　〔真宗大谷派〕

13唯頓寺　ゆいとんじ〔寺〕
　岐阜県大垣市　《本尊》阿弥陀如来
　　　　　　　　　　　　　　　〔真宗大谷派〕

19唯願寺　ゆいがんじ〔寺〕
　滋賀県東浅井郡びわ町　《本尊》阿弥陀如来
　　　　　　　　　　　　　　　〔真宗大谷派〕

【埼】

5埼玉県護国神社　さいたまけんごこくじんじゃ〔社〕
　埼玉県さいたま市　《祭神》護国の神霊
　　　　　　　　　　　　　　　　〔神社本庁〕

【埴】

5埴生八幡《称》　はにゅうはちまん〔社〕
　富山県小矢部市・護国八幡宮　《祭神》誉田別天皇〔他〕　　　　　　〔神社本庁〕

埴生女屋神社《称》　はにふめやじんじゃ〔社〕
　徳島県名西郡神山町・上一宮大粟神社　《祭神》大宜都比売　　　　　　　〔神社本庁〕

埴生神社　はぶじんじゃ〔社〕
　千葉県成田市　《別称》三の宮　《祭神》埴山姫之命　　　　　　　　　〔神社本庁〕

【堂】

4堂之宮権現《称》　どうのみやごんげん〔寺〕
　大阪府東大阪市・十二社権現寺　《本尊》聖観世音菩薩・不動明王　　〔妙法宗〕

14堂閣寺　どうかくじ〔寺〕
　大阪府大阪市天王寺区　《本尊》日蓮聖人奠定の大曼荼羅　　　　　〔顕本法華宗〕

【堀】

3堀川えびす神社《称》　ほりかわえびすじんじゃ〔社〕
　大阪府大阪市北区・堀川神社　《祭神》蛭児大神〔他〕　　　　　　〔神社本庁〕

堀川神社　ほりかわじんじゃ〔社〕
　大阪府大阪市北区　《別称》堀川えびす神社　《祭神》蛭児大神〔他〕　　〔神社本庁〕

4堀之内お祖師様《称》　ほりのうちおそしさま〔寺〕
　東京都杉並区・妙法寺　《本尊》十界曼荼羅
　　　　　　　　　　　　　　　　〔日蓮宗〕

5堀田の観音《称》　ほりたのかんのん〔寺〕
　富山県氷見市・延暦寺　《本尊》釈迦如来
　　　　　　　　　　　　　　　　〔曹洞宗〕

6堀江大明神《称》　ほりえだいみょうじん〔社〕
　佐賀県佐賀市・堀江神社　《祭神》景行天皇〔他〕　　　　　　　　　〔神社本庁〕

堀江神社　ほりえじんじゃ〔社〕
　佐賀県佐賀市　《別称》堀江大明神　《祭神》景行天皇〔他〕　　　　　〔神社本庁〕

10堀兼神社　ほりかねじんじゃ〔社〕
　埼玉県狭山市　《祭神》木花開耶姫命
　　　　　　　　　　　　　　　　〔神社本庁〕

【寄】

6寄江神社　よりえじんじゃ〔社〕
　島根県江津市　《祭神》事代主大神
　　　　　　　　　　　　　　　　〔神社本庁〕

7寄言の宮《称》　よりことのみや〔社〕
　和歌山県田辺市・大神社　《祭神》天照大御神〔他〕　　　　　　　　〔神社本庁〕

【寂】

6寂光寺　じゃくこうじ〔寺〕
　京都府京都市左京区　《別称》本因坊の寺　《本尊》本門寿量の大曼荼羅　〔顕本法華宗〕

神社・寺院名よみかた辞典　537

11画（宿, 寅, 密）

寂光院　じゃくこういん〔寺〕
　群馬県桐生市　《別称》おとりさま　《本尊》
　日蓮聖人奠定の大曼荼羅　〔日蓮宗〕
寂光院　じゃくこういん〔寺〕
　京都府京都市左京区　《本尊》六万体地蔵菩
　薩　〔天台宗〕
8寂定寺　じゃくじょうじ〔寺〕
　山口県美祢市　《別称》西寺　《本尊》阿弥陀
　如来　〔浄土真宗本願寺派〕
12寂善寺　じゃくぜんじ〔寺〕
　福岡県三池郡高田町　《本尊》阿弥陀如来
　〔真宗大谷派〕
13寂照寺　じゃくしょうじ〔寺〕
　三重県伊勢市　《本尊》阿弥陀如来　〔浄土宗〕
寂照院　じゃくしょういん〔寺〕
　京都府長岡京市　《別称》海印寺　〔単立〕
14寂静寺　じゃくじょうじ〔寺〕
　福井県福井市　《別称》中村の寺　《本尊》阿
　弥陀如来　〔真宗大谷派〕

【宿】
4宿王院　しゅくおういん〔寺〕
　広島県福山市　《本尊》不動明王
　〔高野山真言宗〕
7宿那彦神像石神社　すくなひこのかみかた
　いしじんじゃ〔社〕
　石川県鹿島郡鹿西町　《祭神》少彦名命〔他〕
　〔神社本庁〕
11宿野の大宮《称》　しゅくやのおおみや〔社〕
　大阪府豊能郡能勢町・久佐佐神社　《祭神》賀
　茂別雷神〔他〕　〔神社本庁〕
12宿善寺　しゅくぜんじ〔寺〕
　滋賀県伊香郡高月町　《本尊》阿弥陀如来
　〔真宗大谷派〕
15宿縁寺　しゅくえんじ〔寺〕
　愛知県西尾市　《別称》浅井の蓮如様　《本
　尊》阿弥陀如来　〔真宗大谷派〕

【寅】
16寅薬師《称》　とらやくし〔寺〕
　千葉県夷隅郡岬町・法興寺　《本尊》薬師如
　来・阿弥陀如来　〔天台宗〕
寅薬師《称》　とらやくし〔寺〕
　滋賀県大津市・法楽寺　《本尊》薬師如来
　〔天台宗〕

【密】
15密蔵寺　みつぞうじ〔寺〕
　千葉県香取郡多古町　《別称》牛尾の寺　《本
　尊》金剛界大日如来　〔真言宗智山派〕

密蔵寺　みつぞうじ〔寺〕
　神奈川県藤沢市　《本尊》薬師如来・愛染明
　王　〔真言宗大覚寺派〕
密蔵院　みつぞういん〔寺〕
　福島県いわき市　《別称》沼之内弁財天　《本
　尊》大日如来　〔真言宗智山派〕
密蔵院　みつぞういん〔寺〕
　茨城県久慈郡水府村　《本尊》聖観世音菩
　薩　〔真言宗豊山派〕
密蔵院　みつぞういん〔寺〕
　茨城県結城郡千代川村　《別称》見田の寺
　《本尊》大日如来　〔真言宗豊山派〕
密蔵院　みつぞういん〔寺〕
　群馬県多野郡吉井町　《本尊》阿弥陀如来
　〔真言宗豊山派〕
密蔵院　みつぞういん〔寺〕
　東京都大田区　《別称》沼部の庚申様　《本
　尊》大日如来・青面金剛尊・観世音菩薩
　〔真言宗智山派〕
密蔵院　みつぞういん〔寺〕
　東京都世田谷区　《別称》観音堂
　〔真言宗豊山派〕
密蔵院　みつぞういん〔寺〕
　神奈川県横浜市磯子区　《本尊》不動明王
　〔高野山真言宗〕
密蔵院　みつぞういん〔寺〕
　神奈川県横浜市泉区　《本尊》不動明王
　〔高野山真言宗〕
密蔵院　みつぞういん〔寺〕
　新潟県中頸城郡柿崎町　《別称》米山薬師
　《本尊》薬師如来　〔真言宗豊山派〕
密蔵院　みつぞういん〔寺〕
　愛知県春日井市　《本尊》薬師如来　〔天台宗〕
密蔵院　みつぞういん〔寺〕
　愛知県刈谷市　《本尊》弘法大師・弥勒菩薩
　〔臨済宗永源寺派〕
密蔵院　みつぞういん〔寺〕
　愛知県知多郡美浜町　《別称》赤門でら・東
　山　《本尊》不動明王　〔真言宗豊山派〕
密蔵院　みつぞういん〔寺〕
　兵庫県明石市　《別称》船上の大地蔵　《本
　尊》大日如来　〔真言宗大覚寺派〕
17密厳寺　みつごんじ〔寺〕
　愛知県知多市　《本尊》十一面観世音菩薩
　〔真言宗豊山派〕
密厳寺　みつごんじ〔寺〕
　徳島県徳島市　《別称》新居お不動さん　《本
　尊》不動明王　〔高野山真言宗〕
密厳院　みつごんいん〔寺〕
　埼玉県吉川市　《本尊》子育安産地蔵菩薩・薬
　師如来・聖観世音菩薩　〔単立〕

11画（崖, 崇, 崋, 常）

密厳院　みつごんいん〔寺〕
　東京都大田区　《本尊》不動明王
　　　　　　　　　　　　　　〔真言宗智山派〕
密厳院　みつごんいん〔寺〕
　東京都荒川区　《別称》三河島大師　《本尊》
　如意輪観世音菩薩　　　〔真言宗豊山派〕
密厳院　みつごんいん〔寺〕
　和歌山県伊都郡高野町　〔高野山真言宗〕

【崖】
0崖の観音《称》　がけのかんのん〔寺〕
　千葉県館山市・大福寺　《本尊》十一面観世
　音菩薩　　　　　　　　　〔真言宗智山派〕

【崇】
4崇円寺　そうえんじ〔寺〕
　熊本県天草郡河浦町　《別称》たかでら　《本
　尊》阿弥陀如来　　　　　　　　〔浄土宗〕
崇円寺　そうえんじ〔寺〕
　大分県南海部郡宇目町　《本尊》釈迦如来
　　　　　　　　　　　　　〔臨済宗妙心寺派〕
8崇岸寺　そうがんじ〔寺〕
　熊本県玉名市　《本尊》阿弥陀如来
　　　　　　　　　　　　　　〔真宗大谷派〕
9崇信寺　そうしんじ〔寺〕
　静岡県周智郡森町　《本尊》釈迦如来
　　　　　　　　　　　　　　　　〔曹洞宗〕
10崇泰院　すうたいいん〔寺〕
　京都府京都市東山区　《本尊》阿弥陀如来
　　　　　　　　　　　　　　　　〔浄土宗〕
崇真寺　そうしんじ〔寺〕
　栃木県芳賀郡芳賀町　《本尊》大日如来・不
　動明王　　　　　　　　　　〔真言宗智山派〕
崇称寺　そうしょうじ〔寺〕
　宮崎県宮崎郡佐土原町　《別称》すしょうじ
　《本尊》阿弥陀如来　〔浄土真宗本願寺派〕
12崇道天皇社　すどうてんのうしゃ〔社〕
　奈良県奈良市　《別称》天皇さん　《祭神》早
　良親王　　　　　　　　　　　〔神社本教〕
崇道神社　すどうじんじゃ〔社〕
　兵庫県龍野市　《別称》栄の宮　《祭神》早良
　太子　　　　　　　　　　　　〔神社本庁〕
13崇禅寺　そうぜんじ〔寺〕
　石川県金沢市　《別称》天神様の寺　《本尊》
　釈迦如来　　　　　　　　　　　〔曹洞宗〕
崇禅寺　そうぜんじ〔寺〕
　岐阜県土岐市　《本尊》聖観世音菩薩
　　　　　　　　　　　　　〔臨済宗妙心寺派〕

崇禅寺　そうぜんじ〔寺〕
　大阪府大阪市東淀川区　《本尊》釈迦如来
　　　　　　　　　　　　　　　　〔曹洞宗〕
崇福寺　そうふくじ〔寺〕
　岐阜県岐阜市　《本尊》地蔵菩薩
　　　　　　　　　　　　　〔臨済宗妙心寺派〕
崇福寺　そうふくじ〔寺〕
　静岡県静岡市　《別称》鯖大師　《本尊》聖観
　世音菩薩　　　　　　　　〔臨済宗妙心寺派〕
崇福寺　そうふくじ〔寺〕
　愛知県岡崎市　《別称》ろ山　《本尊》阿弥陀
　三尊　　　　　　　　　　〔浄土宗西山深草派〕
崇福寺　そうふくじ〔寺〕
　福岡県福岡市博多区　《本尊》釈迦三尊
　　　　　　　　　　　　　〔臨済宗大徳寺派〕
崇福寺　そうふくじ〔寺〕
　長崎県長崎市　《別称》福州寺　　〔黄檗宗〕
崇福寺　そうふくじ〔寺〕
　大分県別府市　《本尊》釈迦如来
　　　　　　　　　　　　　〔臨済宗妙心寺派〕
崇蓮寺　そうれんじ〔寺〕
　奈良県桜井市　《本尊》阿弥陀如来　〔浄土宗〕
14崇徳寺　そうとくじ〔寺〕
　宮城県牡鹿郡牡鹿町　《本尊》釈迦如来
　　　　　　　　　　　　　　　　〔曹洞宗〕
崇徳寺　そうとくじ〔寺〕
　群馬県碓氷郡松井田町　《本尊》釈迦如来
　　　　　　　　　　　　　〔臨済宗妙心寺派〕
崇徳寺　そうとくじ〔寺〕
　愛知県名古屋市西区　《本尊》阿弥陀如来
　　　　　　　　　　　　　　　　〔浄土宗〕
崇徳寺　そうとくじ〔寺〕
　奈良県奈良市　《本尊》阿弥陀如来　〔浄土宗〕
崇徳寺　そうとくじ〔寺〕
　福岡県糟屋郡久山町　《本尊》十一面観世音
　菩薩　　　　　　　　　　　　　〔曹洞宗〕
18崇顕寺　そうけんじ〔寺〕
　三重県四日市市　《本尊》阿弥陀如来
　　　　　　　　　　　　　　〔真宗高田派〕

【崋】
3崋山神社　かざんじんじゃ〔社〕
　愛知県田原市　《祭神》渡辺登命　　〔単立〕

【常】
3常久寺　じょうきゅうじ〔寺〕
　岐阜県恵那市　《別称》花の寺　《本尊》聖観
　世音菩薩　　　　　　　　〔臨済宗妙心寺派〕

神社・寺院名よみかた辞典　539

11画（常）

4 常円寺　じょうえんじ〔寺〕
　福島県福島市　《別称》おはる地蔵の寺　《本尊》釈迦如来・御春地蔵菩薩　〔曹洞宗〕

常円寺　じょうえんじ〔寺〕
　東京都新宿区　《本尊》十界大曼荼羅
　　　　　　　　　　　　　　　〔日蓮宗〕

常円寺　じょうえんじ〔寺〕
　長野県伊那市　《本尊》十一面観世音菩薩
　　　　　　　　　　　　　　　〔曹洞宗〕

常円寺　じょうえんじ〔寺〕
　徳島県阿波郡阿波町　《本尊》阿弥陀如来
　　　　　　　　　　　　　〔真宗仏光寺派〕

5 常代神社　とこよじんじゃ〔社〕
　千葉県君津市　《別称》お羽黒さま　《祭神》倉稲魂命　〔神社本庁〕

常広寺　じょうこうじ〔寺〕
　群馬県勢多郡新里村　《別称》竜骨之寺　《本尊》釈迦如来　〔曹洞宗〕

常弘寺　じょうこうじ〔寺〕
　茨城県那珂郡大宮町　《別称》真宗二四輩旧跡
　《本尊》阿弥陀如来　〔浄土真宗本願寺派〕

常正寺　じょうしょうじ〔寺〕
　山口県大津郡油谷町　《本尊》阿弥陀如来
　　　　　　　　　　　〔浄土真宗本願寺派〕

常永寺　じょうえいじ〔寺〕
　滋賀県甲賀郡甲西町　《別称》東の寺　《本尊》阿弥陀如来　〔浄土宗〕

常永寺　じょうえいじ〔寺〕
　兵庫県神戸市東灘区　《別称》乳のお寺　《本尊》阿弥陀如来・薬師如来　〔真宗大谷派〕

常永寺　じょうえいじ〔寺〕
　熊本県熊本市　《本尊》阿弥陀如来
　　　　　　　　　　　　　〔真宗大谷派〕

常立寺　じょうりつじ〔寺〕
　神奈川県藤沢市　《本尊》日蓮聖人奠定の十界曼荼羅　〔日蓮宗〕

常立寺　じょうりゅうじ〔寺〕
　京都府京丹後市　《本尊》阿弥陀如来
　　　　　　　　　　　　　　　〔浄土宗〕

6 常休寺　じょうきゅうじ〔寺〕
　岐阜県海津郡海津町　《本尊》阿弥陀如来
　　　　　　　　　　　　　　〔真宗大谷派〕

常光円満寺　じょうこうえんまんじ〔寺〕
　大阪府吹田市　《別称》浜之堂　《本尊》聖観世音菩薩　〔高野山真言宗〕

常光寺　じょうこうじ〔寺〕
　青森県青森市　《本尊》釈迦如来　〔曹洞宗〕

常光寺　じょうこうじ〔寺〕
　岩手県陸前高田市　《本尊》不動明王
　　　　　　　　　　　　　〔真言宗智山派〕

常光寺　じょうこうじ〔寺〕
　福島県福島市　《本尊》虚空蔵菩薩　〔曹洞宗〕

常光寺　じょうこうじ〔寺〕
　栃木県小山市　《本尊》阿弥陀如来　〔浄土宗〕

常光寺　じょうこうじ〔寺〕
　群馬県藤岡市　《本尊》釈迦如来　〔曹洞宗〕

常光寺　じょうこうじ〔寺〕
　東京都江東区　《別称》六阿弥陀　《本尊》阿弥陀如来　〔曹洞宗〕

常光寺　じょうこうじ〔寺〕
　神奈川県藤沢市　《本尊》阿弥陀如来
　　　　　　　　　　　　　　　〔浄土宗〕

常光寺　じょうこうじ〔寺〕
　神奈川県三浦市　《本尊》阿弥陀如来
　　　　　　　　　　　〔浄土真宗本願寺派〕

常光寺　じょうこうじ〔寺〕
　滋賀県甲賀郡甲賀町　《本尊》十一面観世音菩薩　〔臨済宗妙心寺派〕

常光寺　じょうこうじ〔寺〕
　滋賀県高島郡マキノ町　《本尊》薬師如来
　　　　　　　　　　　　　〔真言宗智山派〕

常光寺　じょうこうじ〔寺〕
　大阪府八尾市　《別称》八尾地蔵尊　《本尊》延命地蔵菩薩　〔臨済宗南禅寺派〕

常光寺　じょうこうじ〔寺〕
　兵庫県加古川市　《本尊》釈迦如来
　　　　　　　　　　　　〔臨済宗妙心寺派〕

常光寺　じょうこうじ〔寺〕
　兵庫県朝来郡和田山町　《本尊》阿弥陀如来　〔真宗大谷派〕

常光寺　じょうこうじ〔寺〕
　岡山県小田郡矢掛町　《本尊》薬師如来
　　　　　　　　　　　　　〔高野山真言宗〕

常光寺　じょうこうじ〔寺〕
　徳島県阿南市　《本尊》阿弥陀如来
　　　　　　　　　　　〔浄土真宗本願寺派〕

常光寺　じょうこうじ〔寺〕
　香川県木田郡三木町　《本尊》阿弥陀如来
　　　　　　　　　　　　　　〔真宗興正派〕

常光寺　じょうこうじ〔寺〕
　愛媛県松山市　《本尊》釈迦如来　〔曹洞宗〕

常光寺　じょうこうじ〔寺〕
　佐賀県伊万里市　《本尊》阿弥陀如来
　　　　　　　　　　　　　　　〔浄土宗〕

常光院　じょうこういん〔寺〕
　福島県福島市　《本尊》大日如来
　　　　　　　　　　　　〔真言宗室生寺派〕

常光院　じょうこういん〔寺〕
　京都府京都市左京区　《別称》八ッはしでら　《本尊》阿弥陀如来　〔単立〕

常光院　じょうこういん〔寺〕
　兵庫県神戸市中央区　《本尊》十一面観世音菩薩・弘法大師・不動明王　〔高野山真言宗〕
常在寺　じょうざいじ〔寺〕
　東京都台東区　《本尊》日蓮聖人　〔日蓮宗〕
常在寺　じょうざいじ〔寺〕
　山梨県南都留郡富士河口湖町　《本尊》日蓮聖人奠定の大曼荼羅　〔法華宗(本門流)〕
常在寺　じょうざいじ〔寺〕
　岐阜県岐阜市　《本尊》日蓮聖人奠定の大曼荼羅　〔日蓮宗〕
常在寺　じょうざいじ〔寺〕
　山口県美祢郡秋芳町　《本尊》日蓮聖人奠定の大曼荼羅　〔日蓮宗〕
常安寺　じょうあんじ〔寺〕
　岩手県宮古市　《本尊》三尊仏　〔曹洞宗〕
常安寺　じょうあんじ〔寺〕
　新潟県栃尾市　《本尊》釈迦如来　〔曹洞宗〕
常安寺　じょうあんじ〔寺〕
　愛知県西春日井郡豊山町　《別称》豊場の根釈迦　《本尊》釈迦如来　〔曹洞宗〕
常安寺　じょうあんじ〔寺〕
　三重県鳥羽市　《本尊》釈迦三尊　〔曹洞宗〕
常安寺　じょうあんじ〔寺〕
　京都府京都市伏見区　《本尊》阿弥陀如来　〔浄土宗〕
常安寺　じょうあんじ〔寺〕
　大阪府堺市　《別称》はらおび観音　《本尊》阿弥陀如来　〔浄土宗〕
常行寺　じょうぎょうじ〔寺〕
　東京都品川区　《本尊》阿弥陀三尊　〔天台宗〕
常行寺　じょうぎょうじ〔寺〕
　和歌山県和歌山市　《本尊》阿弥陀三尊　〔西山浄土宗〕
常行寺　じょうぎょうじ〔寺〕
　香川県観音寺市　《本尊》日蓮聖人奠定の大曼荼羅　〔日蓮宗〕
7常住寺　じょうじゅうじ〔寺〕
　千葉県市原市　《本尊》大日如来　〔真言宗豊山派〕
常住寺　じょうじゅうじ〔寺〕
　石川県石川郡尾口村　《本尊》阿弥陀如来　〔真宗大谷派〕
常住寺　じょうじゅうじ〔寺〕
　兵庫県加古川市　《本尊》薬師如来　〔曹洞宗〕
常住寺　じょうじゅうじ〔寺〕
　高知県香美郡夜須町　《別称》上夜須の寺　《本尊》聖観世音菩薩　〔真言宗豊山派〕

常住院　じょうじゅいん〔寺〕
　岩手県西磐井郡平泉町　《別称》南谷坊　《本尊》釈迦三尊　〔天台宗〕
常声寺　じょうせいじ〔寺〕
　三重県尾鷲市　《別称》一応山　《本尊》薬師如来・観世音菩薩・釈迦如来　〔曹洞宗〕
常妙寺　じょうみょうじ〔寺〕
　山口県山口市　《本尊》十界大曼荼羅　〔日蓮宗〕
常妙寺　じょうみょうじ〔寺〕
　大分県大分市　《本尊》釈迦如来・大曼荼羅　〔日蓮宗〕
常忍寺　じょうにんじ〔寺〕
　鳥取県鳥取市　《別称》きこく寺　《本尊》一尊四菩薩　〔日蓮宗〕
8常国寺　じょうこくじ〔寺〕
　新潟県上越市　《別称》見付常国寺　《本尊》日蓮聖人奠定の大曼荼羅　〔日蓮宗〕
常国寺　じょうこくじ〔寺〕
　岐阜県岐阜市　《本尊》釈迦如来　〔臨済宗妙心寺派〕
常国寺　じょうこくじ〔寺〕
　大阪府大阪市中央区　《本尊》十界大曼荼羅　〔日蓮宗〕
常国寺　じょうこくじ〔寺〕
　広島県福山市　《本尊》日蓮聖人奠定の曼荼羅　〔日蓮宗〕
常定寺　じょうじょうじ〔寺〕
　愛媛県西予市　《本尊》薬師如来　〔臨済宗東福寺派〕
常念寺　じょうねんじ〔寺〕
　青森県むつ市　《本尊》阿弥陀如来　〔浄土宗〕
常念寺　じょうねんじ〔寺〕
　山形県山形市　《本尊》阿弥陀如来　〔浄土宗〕
常念寺　じょうねんじ〔寺〕
　山形県鶴岡市　《本尊》阿弥陀如来　〔浄土宗〕
常念寺　じょうねんじ〔寺〕
　栃木県那須郡黒羽町　《本尊》阿弥陀如来　〔浄土宗〕
常念寺　じょうねんじ〔寺〕
　新潟県佐渡市　《本尊》阿弥陀如来　〔浄土宗〕
常念寺　じょうねんじ〔寺〕
　三重県松阪市　《本尊》阿弥陀如来　〔真宗高田派〕
常念寺　じょうねんじ〔寺〕
　滋賀県野洲郡野洲町　《本尊》阿弥陀如来　〔浄土宗〕
常念寺　じょうねんじ〔寺〕
　奈良県北葛城郡広陵町　《別称》広瀬の寺　《本尊》阿弥陀如来　〔浄土宗〕

11画（常）

常念寺　じょうねんじ〔寺〕
　広島県広島市中区　《別称》御坊　《本尊》阿
　弥陀如来　　　　　　　　　　〔真宗大谷派〕
常念寺　じょうねんじ〔寺〕
　山口県萩市　《本尊》阿弥陀如来・観世音菩
　薩・勢至菩薩　　　　　　　　　　〔浄土宗〕
常念寺　じょうねんじ〔寺〕
　徳島県美馬郡美馬町　《本尊》阿弥陀如来
　　　　　　　　　　　　　　　　〔真宗興正派〕
常昌寺　じょうしょうじ〔寺〕
　愛知県小牧市　《本尊》釈迦如来　〔曹洞宗〕
常昌寺　じょうしょうじ〔寺〕
　滋賀県長浜市　《別称》小足の法華寺　《本
　尊》佐渡始顕の十界勧請大曼荼羅・一塔両
　尊・日蓮聖人　　　　　　　　　　〔日蓮宗〕
常明寺　じょうみょうじ〔寺〕
　福島県大沼郡会津高田町　《本尊》十一面観
　世音菩薩　　　　　　　　　　〔真言宗豊山派〕
常明寺　じょうみょうじ〔寺〕
　滋賀県甲賀郡土山町　《別称》瑞宝山　《本
　尊》阿弥陀如来　　　　　　〔臨済宗東福寺派〕
常林寺　じょうりんじ〔寺〕
　群馬県吾妻郡長野原町　《本尊》釈迦如来
　　　　　　　　　　　　　　　　　〔曹洞宗〕
常林寺　じょうりんじ〔寺〕
　静岡県三島市　《本尊》聖観世音菩薩
　　　　　　　　　　　　　　　　　〔曹洞宗〕
常法寺　じょうほうじ〔寺〕
　長野県北安曇郡小谷村　《本尊》釈迦如来
　　　　　　　　　　　　　　　　　〔曹洞宗〕
常法寺　じょうほうじ〔寺〕
　岐阜県養老郡上石津町　《別称》経蔵太子寺
　《本尊》阿弥陀如来　　　　　〔真宗大谷派〕
9常信寺　じょうしんじ〔寺〕
　愛媛県松山市　《本尊》阿弥陀三尊　〔天台宗〕
常保寺　じょうほうじ〔寺〕
　東京都青梅市　《本尊》釈迦如来
　　　　　　　　　　　　　　〔臨済宗建長寺派〕
常宣寺　じょうせんじ〔寺〕
　福島県白河市　《本尊》阿弥陀如来　〔浄土宗〕
常春寺　じょうしゅんじ〔寺〕
　茨城県石岡市　《本尊》釈迦如来　〔曹洞宗〕
常春院　じょうしゅんいん〔寺〕
　福島県いわき市　《本尊》釈迦如来・十一面
　観世音菩薩　　　　　　　　　　　〔曹洞宗〕
常栄寺　しょうえいじ〔寺〕
　東京都世田谷区　《本尊》阿弥陀如来
　　　　　　　　　　　　　　〔浄土真宗本願寺派〕

常栄寺　じょうえいじ〔寺〕
　神奈川県鎌倉市　《別称》ぼたもちでら　《本
　尊》日蓮聖人奠定の大曼荼羅・日蓮聖人
　　　　　　　　　　　　　　　　　〔日蓮宗〕
常栄寺　じょうえいじ〔寺〕
　島根県松江市　《本尊》薬師如来　〔曹洞宗〕
常栄寺　じょうえいじ〔寺〕
　島根県八束郡八雲村　《本尊》釈迦如来・十
　一面観世音菩薩　　　　　　　　　〔曹洞宗〕
常栄寺　じょうえいじ〔寺〕
　山口県山口市　《別称》雪舟の寺　《本尊》千
　手観世音菩薩　　　　　　　　〔臨済宗東福寺派〕
常泉寺　じょうせんじ〔寺〕
　福島県伊達郡川俣町　《本尊》釈迦如来
　　　　　　　　　　　　　　　　　〔曹洞宗〕
常泉寺　じょうせんじ〔寺〕
　埼玉県秩父市　《別称》秩父第三番霊場　《本
　尊》聖観世音菩薩・薬師如来　　　〔曹洞宗〕
常泉寺　じょうせんじ〔寺〕
　東京都墨田区　《本尊》日蓮聖人所顕の十界
　大曼荼羅　　　　　　　　　　　　〔日蓮正宗〕
常泉寺　じょうせんじ〔寺〕
　新潟県北魚沼郡堀之内町　《本尊》大日如来・
　薬師如来・阿弥陀如来　　　　〔真言宗智山派〕
常泉寺　じょうせんじ〔寺〕
　富山県魚津市　《本尊》釈迦如来　〔曹洞宗〕
常泉寺　じょうせんじ〔寺〕
　長野県北佐久郡浅科村　《本尊》釈迦如来
　　　　　　　　　　　　　　　　　〔曹洞宗〕
常泉寺　じょうせんじ〔寺〕
　兵庫県加古郡稲美町　《別称》北山の寺　《本
　尊》阿弥陀如来　　　　　　〔浄土真宗本願寺派〕
常泉院　じょうせんいん〔寺〕
　東京都文京区　《本尊》大日如来
　　　　　　　　　　　　　　　〔真言宗豊山派〕
常泉院　じょうせんいん〔寺〕
　神奈川県海老名市　《本尊》虚空蔵菩薩
　　　　　　　　　　　　　　　　　〔曹洞宗〕
常津寺　じょうしんじ〔寺〕
　福井県大飯郡高浜町　《本尊》聖観世音菩
　薩　　　　　　　　　　　　〔臨済宗相国寺派〕
10常倫寺　じょうりんじ〔寺〕
　神奈川県横浜市鶴見区　《別称》駒岡不動尊
　《本尊》釈迦如来　　　　　　　　〔曹洞宗〕
常宮神社　じょうぐうじんじゃ〔社〕
　福井県敦賀市　《別称》常宮さん　《祭神》天
　八百万比咩命〔他〕　　　　　　〔神社本庁〕
常泰寺　じょうたいじ〔寺〕
　京都府京都市伏見区　《本尊》阿弥陀如来
　　　　　　　　　　　　　　　　　〔浄土宗〕

542　神社・寺院名よみかた辞典

11画（常）

常称寺　じょうしょうじ〔寺〕
　福島県伊達郡桑折町　《本尊》阿弥陀如来
　　　　　　　　　　　　　　〔浄土真宗本願寺派〕
常竜山《称》　じょうりゅうさん〔社〕
　岩手県釜石市・天照御祖神社　《祭神》天照
　大御神　　　　　　　　　　　　〔神社本庁〕
常高寺　じょうこうじ〔寺〕
　福井県小浜市　《本尊》観世音菩薩
　　　　　　　　　　　　　　〔臨済宗妙心寺派〕
11常寂光寺　じょうじゃくこうじ〔寺〕
　京都府京都市右京区　《本尊》日蓮聖人奠定
　の大曼荼羅　　　　　　　　　　　〔日蓮宗〕
常情寺　じょうせいじ〔寺〕
　富山県高岡市　《本尊》阿弥陀如来
　　　　　　　　　　　　　　　〔真宗大谷派〕
常教寺　じょうきょうじ〔寺〕
　東京都港区　《本尊》阿弥陀如来
　　　　　　　　　　　　　　〔浄土真宗本願寺派〕
常教寺　じょうきょうじ〔寺〕
　山梨県南アルプス市　《別称》妙音さん　《本
　尊》十界大曼荼羅　　　　　　　　〔日蓮宗〕
常教寺　じょうきょうじ〔寺〕
　滋賀県草津市　《本尊》阿弥陀如来・聖観世
　音菩薩　　　　　　　　　　　〔真宗仏光寺派〕
常教寺　じょうきょうじ〔寺〕
　島根県松江市　《本尊》一塔両尊四士
　　　　　　　　　　　　　　　　　〔日蓮宗〕
常清寺　じょうせいじ〔寺〕
　神奈川県横浜市南区　《別称》清正公様　《本
　尊》大曼荼羅　　　　　　　　　　〔日蓮宗〕
常現寺　じょうげんじ〔寺〕
　青森県八戸市　《本尊》三尊仏　　〔曹洞宗〕
常陸国総社宮《称》　ひたちのくにそうし
　ゃぐう〔社〕
　茨城県石岡市・総社神社　《祭神》伊弉諾尊
　［他］　　　　　　　　　　　　　〔神社本庁〕
常陸高野《称》　ひたちこうや〔寺〕
　茨城県行方郡玉造町・西蓮寺　《本尊》薬師
　如来・阿弥陀如来　　　　　　　　〔天台宗〕
常陸御坊《称》　ひたちごぼう〔寺〕
　茨城県ひたちなか市・浄光寺　《本尊》阿弥
　陀如来　　　　　　　　　　　〔浄土真宗本願寺派〕
常隆寺　じょうりゅうじ〔寺〕
　福島県東白川郡棚倉町　《別称》流の観音
　《本尊》釈迦如来・十一面観世音菩薩
　　　　　　　　　　　　　　　　　〔曹洞宗〕
常隆寺　じょうりゅうじ〔寺〕
　兵庫県津名郡北淡町　《別称》じょろっさん
　《本尊》十一面千手観世音菩薩
　　　　　　　　　　　　　　〔高野山真言宗〕

12常勝寺　じょうしょうじ〔寺〕
　埼玉県鴻巣市　《本尊》大日如来
　　　　　　　　　　　　　　　〔真言宗智山派〕
常勝寺　じょうしょうじ〔寺〕
　兵庫県氷上郡山南町　《本尊》千手千眼観世
　音菩薩　　　　　　　　　　　　　〔天台宗〕
常喜院　じょうきいん〔寺〕
　和歌山県伊都郡高野町　《本尊》不動明王
　　　　　　　　　　　　　　〔高野山真言宗〕
常喜院　じょうきいん〔寺〕
　和歌山県西牟婁郡白浜町　《本尊》薬師如来・
　不動明王・弘法大師　　　　〔高野山真言宗〕
常善寺　じょうぜんじ〔寺〕
　滋賀県草津市　《本尊》四天王　　〔浄土宗〕
常堅寺　じょうけんじ〔寺〕
　岩手県遠野市　《本尊》釈迦如来　〔曹洞宗〕
常堅寺　じょうけんじ〔寺〕
　岩手県東磐井郡川崎村　《本尊》阿弥陀如
　来　　　　　　　　　　　　　　　〔曹洞宗〕
常惺寺　じょうせいじ〔寺〕
　北海道根室市　《本尊》日蓮聖人奠定の大曼
　荼羅　　　　　　　　　　　　　　〔日蓮宗〕
常敬寺　じょうきょうじ〔寺〕
　栃木県大田原市　《本尊》阿弥陀如来
　　　　　　　　　　　　　　　〔真宗大谷派〕
常敬寺　じょうきょうじ〔寺〕
　千葉県野田市　《別称》中戸の寺　《本尊》阿
　弥陀如来　　　　　　　　　〔浄土真宗本願寺派〕
常敬寺　じょうきょうじ〔寺〕
　新潟県上越市　《別称》赤門　《本尊》阿弥陀
　如来　　　　　　　　　　　　　〔真宗大谷派〕
常然寺　じょうねんじ〔寺〕
　長野県長野市　《本尊》阿弥陀三尊　〔浄土宗〕
常葉神社　ときわじんじゃ〔社〕
　岐阜県大垣市　《祭神》戸田一西［他］
　　　　　　　　　　　　　　　　〔神社本庁〕
常覚寺　じょうかくじ〔寺〕
　奈良県吉野郡西吉野村　《別称》ふげんさん
　《本尊》普賢菩薩　　　　　〔高野山真言宗〕
常超院　じょうちょういん〔寺〕
　三重県四日市市　《本尊》阿弥陀如来
　　　　　　　　　　　　　　　〔真宗高田派〕
常超院　じょうちょういん〔寺〕
　三重県鈴鹿市　《本尊》阿弥陀如来
　　　　　　　　　　　　　　　〔真宗高田派〕
常順寺　じょうじゅんじ〔寺〕
　兵庫県神戸市東灘区　《本尊》阿弥陀如来
　　　　　　　　　　　　　　　〔真宗大谷派〕
13常楽寺　じょうらくじ〔寺〕
　青森県むつ市　《本尊》不動明王
　　　　　　　　　　　　　　　〔真言宗豊山派〕

神社・寺院名よみかた辞典　543

11画（常）

常楽寺　じょうらくじ〔寺〕
　岩手県遠野市　《別称》町の寺　《本尊》阿弥陀三尊
　　　　　　　　　　〔臨済宗妙心寺派〕

常楽寺　じょうらくじ〔寺〕
　栃木県下都賀郡壬生町　《本尊》釈迦三尊・三日月尊天
　　　　　　　　　　〔曹洞宗〕

常楽寺　じょうらくじ〔寺〕
　群馬県太田市　《本尊》十一面観世音菩薩
　　　　　　　　　　〔真言宗豊山派〕

常楽寺　じょうらくじ〔寺〕
　群馬県館林市　《別称》六算除の常楽寺　《本尊》不動明王・阿弥陀如来・毘沙門天・薬師如来
　　　　　　　　　　〔真言宗豊山派〕

常楽寺　じょうらくじ〔寺〕
　埼玉県春日部市　《別称》赤沼薬師　《本尊》阿弥陀如来
　　　　　　　　　　〔真言宗豊山派〕

常楽寺　じょうらくじ〔寺〕
　埼玉県大里郡寄居町　《本尊》金剛界大日如来
　　　　　　　　　　〔真言宗智山派〕

常楽寺　じょうらくじ〔寺〕
　東京都足立区　《本尊》聖観世音菩薩
　　　　　　　　　　〔真言宗豊山派〕

常楽寺　じょうらくじ〔寺〕
　神奈川県鎌倉市　《別称》文殊様の寺　《本尊》阿弥陀三尊・釈迦如来・文殊菩薩
　　　　　　　　　　〔臨済宗建長寺派〕

常楽寺　じょうらくじ〔寺〕
　富山県婦負郡婦中町　《本尊》大日如来・観世音菩薩
　　　　　　　　　　〔高野山真言宗〕

常楽寺　じょうらくじ〔寺〕
　長野県上田市　《別称》北向観音　《本尊》千手観世音菩薩・妙観察智如来
　　　　　　　　　　〔天台宗〕

常楽寺　じょうらくじ〔寺〕
　長野県中野市　《本尊》釈迦如来　〔曹洞宗〕

常楽寺　じょうらくじ〔寺〕
　静岡県浜松市　《本尊》阿弥陀如来
　　　　　　　　　　〔高野山真言宗〕

常楽寺　じょうらくじ〔寺〕
　愛知県名古屋市千種区　《本尊》十界大曼荼羅
　　　　　　　　　　〔日蓮宗〕

常楽寺　じょうらくじ〔寺〕
　愛知県名古屋市中川区　《別称》お薬師さま　《本尊》薬師如来
　　　　　　　　　　〔真言宗智山派〕

常楽寺　じょうらくじ〔寺〕
　愛知県半田市　《本尊》阿弥陀如来
　　　　　　　　　　〔西山浄土宗〕

常楽寺　じょうらくじ〔寺〕
　三重県名賀郡青山町　《本尊》釈迦如来
　　　　　　　　　　〔真言宗豊山派〕

常楽寺　じょうらくじ〔寺〕
　滋賀県甲賀郡石部町　《別称》西寺の観音　《本尊》千手観世音菩薩　〔天台宗〕

常楽寺　じょうらくじ〔寺〕
　滋賀県甲賀郡土山町　《本尊》阿弥陀三尊
　　　　　　　　　　〔浄土宗〕

常楽寺　じょうらくじ〔寺〕
　京都府京都市下京区　《本尊》阿弥陀如来
　　　　　　　　　　〔浄土真宗本願寺派〕

常楽寺　じょうらくじ〔寺〕
　京都府天田郡三和町　《別称》敷符観音　《本尊》釈迦如来・聖観世音菩薩・阿弥陀如来
　　　　　　　　　　〔曹洞宗〕

常楽寺　じょうらくじ〔寺〕
　兵庫県明石市　《本尊》釈迦如来
　　　　　　　　　　〔臨済宗妙心寺派〕

常楽寺　じょうらくじ〔寺〕
　兵庫県加古川市上荘町　《本尊》薬師如来
　　　　　　　　　　〔高野山真言宗〕

常楽寺　じょうらくじ〔寺〕
　兵庫県加古川市加古川町　《本尊》薬師如来・聖観世音菩薩
　　　　　　　　　　〔高野山真言宗〕

常楽寺　じょうらくじ〔寺〕
　兵庫県小野市　《別称》はめずか寺　《本尊》大日如来　〔真言宗大覚寺派〕

常楽寺　じょうらくじ〔寺〕
　徳島県徳島市　《別称》延命寺・四国第一四番霊場　《本尊》弥勒菩薩　〔高野山真言宗〕

常楽寺　じょうらくじ〔寺〕
　愛媛県松山市　《別称》稲荷山六角堂　《本尊》金剛夜叉明王　〔天台寺門宗〕

常楽寺　じょうらくじ〔寺〕
　熊本県阿蘇郡一の宮町　《本尊》阿弥陀如来　〔浄土真宗本願寺派〕

常楽院　じょうらくいん〔寺〕
　福島県南会津郡田島町　《本尊》不動明王
　　　　　　　　　　〔真言宗豊山派〕

常楽院　じょうらくいん〔寺〕
　東京都板橋区　《本尊》不動明王
　　　　　　　　　　〔真言宗豊山派〕

常楽院　じょうらくいん〔寺〕
　東京都調布市　《本尊》阿弥陀如来　〔天台宗〕

常楽院　じょうらくいん〔寺〕
　京都府京都市右京区　《別称》鳴滝聖天　《本尊》釈迦如来　〔真言宗御室派〕

常楽院　じょうらくいん〔寺〕
　熊本県下益城郡豊野町　《本尊》不動明王・祇園牛頭天王　〔真言宗醍醐派〕

常楽院　じょうらくいん〔寺〕
　宮崎県日南市　《本尊》薬師如来・堅牢地天
　　　　　　　　　　〔天台宗〕

11画（常）

常椿寺　じょうちんじ〔寺〕
　石川県鳳至郡能都町　《本尊》釈迦如来
　　　　　　　　　　　　　　　　〔曹洞宗〕
常滑神明社《称》　とこなめしんめいしゃ
〔社〕
　愛知県常滑市・神明社　《祭神》天照皇大神
　〔他〕　　　　　　　　　　　　〔神社本庁〕
常源寺　じょうげんじ〔寺〕
　青森県弘前市　《本尊》釈迦如来　〔曹洞宗〕
常照寺　じょうしょうじ〔寺〕
　茨城県水戸市　《本尊》釈迦如来
　　　　　　　　　　　　　〔臨済宗大徳寺派〕
常照寺　じょうしょうじ〔寺〕
　神奈川県横浜市南区　《別称》鬼子母神　《本
　尊》一塔両尊・日蓮聖人・鬼子母神
　　　　　　　　　　　　　　　　〔日蓮宗〕
常照寺　じょうしょうじ〔寺〕
　神奈川県川崎市多摩区　《本尊》金剛界大日
　如来　　　　　　　　　　　　〔真言宗豊山派〕
常照寺　じょうしょうじ〔寺〕
　福井県福井市　　　　　　　　〔真宗出雲路派〕
常照寺　じょうしょうじ〔寺〕
　長野県松本市　《本尊》阿弥陀如来　〔浄土宗〕
常照寺　じょうしょうじ〔寺〕
　岐阜県可児郡兼山町　《本尊》阿弥陀如来
　　　　　　　　　　　　　　　〔真宗大谷派〕
常照寺　じょうしょうじ〔寺〕
　三重県津市　《本尊》阿弥陀如来
　　　　　　　　　　　　　　　〔天台真盛宗〕
常照寺　じょうしょうじ〔寺〕
　滋賀県近江八幡市　《本尊》阿弥陀如来
　　　　　　　　　　　　　　　　〔浄土宗〕
常照寺　じょうしょうじ〔寺〕
　京都府京都市北区　《別称》檀林の寺・吉野
　の寺　《本尊》釈迦如来・本化の四菩薩・日
　蓮聖人　　　　　　　　　　　　〔日蓮宗〕
常照皇寺　じょうしょうこうじ〔寺〕
　京都府北桑田郡京北町　《別称》花の寺　《本
　尊》釈迦如来　　　　　　　〔臨済宗天竜寺派〕
常照院　じょうしょういん〔寺〕
　山形県東置賜郡川西町　《本尊》金剛界大日
　如来　　　　　　　　　　　　〔真言宗豊山派〕
常照院　じょうしょういん〔寺〕
　東京都港区　《別称》あかん堂　《本尊》阿
　陀三尊・善光寺阿弥陀三尊　　　〔浄土宗〕
常照院　じょうしょういん〔寺〕
　山口県周南市　《本尊》釈迦如来・迦葉尊者・
　阿難尊者　　　　　　　　　　　〔曹洞宗〕
常照庵　じょうしょうあん〔寺〕
　滋賀県愛知郡秦荘町　《別称》お屋敷　《本
　尊》阿弥陀如来・不動明王　　　〔天台宗〕

常瑞寺　じょうずいじ〔寺〕
　福島県白河市　《別称》大網本寺奥之坊　《本
　尊》阿弥陀如来　　　　　〔浄土真宗本願寺派〕
常瑞寺　じょうずいじ〔寺〕
　愛知県海部郡立田村　《別称》梶島の寺　《本
　尊》阿弥陀如来　　　　　　　〔真宗大谷派〕
常禅寺　じょうぜんじ〔寺〕
　千葉県安房郡富浦町　《本尊》釈迦如来
　　　　　　　　　　　　　〔臨済宗円覚寺派〕
常禅寺　じょうぜんじ〔寺〕
　福井県大飯郡大飯町　《本尊》観世音菩薩
　　　　　　　　　　　　　〔臨済宗相国寺派〕
常福寺　じょうふくじ〔寺〕
　山形県東根市　《本尊》阿弥陀如来
　　　　　　　　　　　　　〔浄土真宗本願寺派〕
常福寺　じょうふくじ〔寺〕
　福島県いわき市　《別称》赤井嶽　《本尊》薬
　師如来　　　　　　　　　　　〔真言宗智山派〕
常福寺　じょうふくじ〔寺〕
　福島県原町市　《本尊》阿弥陀如来
　　　　　　　　　　　　　〔浄土真宗本願寺派〕
常福寺　じょうふくじ〔寺〕
　茨城県土浦市　《本尊》薬師如来
　　　　　　　　　　　　　　　〔真言宗豊山派〕
常福寺　じょうふくじ〔寺〕
　茨城県つくば市　《別称》御旧跡寺・真宗二四
　輩旧跡　《本尊》阿弥陀如来　〔真宗大谷派〕
常福寺　じょうふくじ〔寺〕
　茨城県那珂郡瓜連町　《別称》二六夜尊けい
　師の寺　《本尊》阿弥陀如来　　〔浄土宗〕
常福寺　じょうふくじ〔寺〕
　埼玉県戸田市　《本尊》阿弥陀如来　〔浄土宗〕
常福寺　じょうふくじ〔寺〕
　千葉県八日市場市　《本尊》十界曼荼羅
　　　　　　　　　　　　　　　　〔日蓮宗〕
常福寺　じょうふくじ〔寺〕
　東京都世田谷区　《本尊》日蓮聖人奠定の大
　曼荼羅　　　　　　　　　　　〔顕本法華宗〕
常福寺　じょうふくじ〔寺〕
　東京都足立区　《本尊》阿弥陀如来
　　　　　　　　　　　　　　　〔真宗大谷派〕
常福寺　じょうふくじ〔寺〕
　東京都西多摩郡日の出町　《本尊》不動明
　王　　　　　　　　　　　　　〔真言宗豊山派〕
常福寺　じょうふくじ〔寺〕
　神奈川県横須賀市　《別称》お閻魔さまの寺
　《本尊》阿弥陀如来　　　　　　〔浄土宗〕
常福寺　じょうふくじ〔寺〕
　富山県砺波市　《別称》大窪御坊　《本尊》阿
　弥陀如来　　　　　　　　　　〔真宗大谷派〕

神社・寺院名よみかた辞典　*545*

11画(常)

常福寺　じょうふくじ〔寺〕
　石川県金沢市　《本尊》阿弥陀如来
　　　　　　　　　　　　　　〔真宗大谷派〕
常福寺　じょうふくじ〔寺〕
　山梨県東八代郡中道町　《本尊》不動明王
　　　　　　　　　　　　　　〔真言宗智山派〕
常福寺　じょうふくじ〔寺〕
　長野県上伊那郡長谷村　《別称》宗良の寺
　《本尊》釈迦如来　　　　　　〔曹洞宗〕
常福寺　じょうふくじ〔寺〕
　岐阜県土岐市　《本尊》釈迦如来
　　　　　　　　　　　　　〔臨済宗妙心寺派〕
常福寺　じょうふくじ〔寺〕
　三重県上野市　《本尊》五大明王
　　　　　　　　　　　　　　〔真言宗豊山派〕
常福寺　じょうふくじ〔寺〕
　三重県一志郡白山町　《別称》別所の観音
　《本尊》十一面千手観世音菩薩
　　　　　　　　　　　　　　〔天台真盛宗〕
常福寺　じょうふくじ〔寺〕
　滋賀県愛知郡湖東町　《本尊》阿弥陀如来
　　　　　　　　　　　　　　〔浄土宗〕
常福寺　じょうふくじ〔寺〕
　大阪府池田市　《本尊》千手観世音菩薩
　　　　　　　　　　　　　〔高野山真言宗〕
常福寺　じょうふくじ〔寺〕
　兵庫県西宮市　《本尊》方便法身尊形・聖徳
　太子・親鸞聖人・八高祖　〔真宗仏光寺派〕
常福寺　じょうふくじ〔寺〕
　鳥取県日野郡日南町　《本尊》釈迦三尊
　　　　　　　　　　　　　　〔曹洞宗〕
常福寺　じょうふくじ〔寺〕
　島根県松江市　《本尊》十一面観世音菩薩
　　　　　　　　　　　　　　〔曹洞宗〕
常福寺　じょうふくじ〔寺〕
　島根県安来市　《本尊》観世音菩薩
　　　　　　　　　　　　　〔臨済宗妙心寺派〕
常福寺　じょうふくじ〔寺〕
　島根県江津市　《本尊》阿弥陀如来・如意輪
　観世音菩薩　　　　　　　〔臨済宗東福寺派〕
常福寺　じょうふくじ〔寺〕
　島根県那賀郡三隅町　《本尊》阿弥陀如来
　　　　　　　　　　　　　〔浄土真宗本願寺派〕
常福寺　じょうふくじ〔寺〕
　香川県高松市　《本尊》阿弥陀如来
　　　　　　　　　　　　　　〔真宗仏光寺派〕
常福寺　じょうふくじ〔寺〕
　愛媛県松山市　《別称》こんぴらさん　《本
　尊》聖観世音菩薩　　　　　〔真言宗智山派〕

常福寺　じょうふくじ〔寺〕
　愛媛県四国中央市　《別称》椿堂　《本尊》延
　命地蔵菩薩・弘法大師・不動明王
　　　　　　　　　　　　　　〔高野山真言宗〕
常福寺　じょうふくじ〔寺〕
　佐賀県小城郡牛津町　《別称》西山大師の寺
　《本尊》薬師如来・帝釈天
　　　　　　　　　　　　　〔臨済宗南禅寺派〕
常福院　じょうふくいん〔寺〕
　秋田県南秋田郡八郎潟町　《本尊》延命地蔵
　菩薩　　　　　　　　　　　〔真言宗智山派〕
常福院　じょうふくいん〔寺〕
　福島県大沼郡新鶴村　《本尊》大日如来
　　　　　　　　　　　　　　〔真言宗豊山派〕
常福院　じょうふくいん〔寺〕
　東京都青梅市　《本尊》不動明王
　　　　　　　　　　　　　　〔真言宗豊山派〕
常福院　じょうふくいん〔寺〕
　愛知県半田市　《本尊》阿弥陀如来
　　　　　　　　　　　　　　〔西山浄土宗〕
常蓮寺　じょうれんじ〔寺〕
　千葉県成田市　《本尊》阿弥陀如来・勢至菩
　薩・地蔵菩薩　　　　　　　〔天台宗〕
常蓮寺　じょうれんじ〔寺〕
　岐阜県飛騨市　《本尊》阿弥陀如来
　　　　　　　　　　　　　〔浄土真宗本願寺派〕
14 常徳寺　じょうとくじ〔寺〕
　東京都文京区　《本尊》阿弥陀如来　〔浄土宗〕
常徳寺　じょうとくじ〔寺〕
　富山県魚津市　《本尊》阿弥陀如来
　　　　　　　　　　　　　　〔真宗大谷派〕
常徳寺　じょうとくじ〔寺〕
　石川県羽咋郡富来町　《別称》つつじの寺
　《本尊》阿弥陀如来　　　　　〔真宗大谷派〕
常徳寺　じょうとくじ〔寺〕
　福井県三方郡三方町　《本尊》阿弥陀如来
　　　　　　　　　　　　　〔浄土真宗本願寺派〕
常徳寺　じょうとくじ〔寺〕
　三重県四日市市　《本尊》阿弥陀如来
　　　　　　　　　　　　　〔浄土真宗本願寺派〕
常徳寺　じょうとくじ〔寺〕
　京都府京都市北区　《本尊》日蓮聖人奠定の
　大曼荼羅・日蓮聖人　　　　　〔日蓮宗〕
常徳寺　じょうとくじ〔寺〕
　兵庫県氷上郡山南町　《本尊》聖観世音菩
　薩　　　　　　　　　　　〔臨済宗妙心寺派〕
常徳寺　じょうとくじ〔寺〕
　奈良県奈良市　《本尊》日蓮聖人奠定の大曼
　荼羅　　　　　　　　　　　〔日蓮宗〕

11画（康, 強, 得, 惟, 悉, 情, 捴）

常徳寺　じょうとくじ〔寺〕
　福岡県北九州市小倉北区　《本尊》十一面観
　世音菩薩　　　　　　　　　　　　〔曹洞宗〕
常徳院　じょうとくいん〔寺〕
　東京都世田谷区　《別称》観谷山　《本尊》十
　一面観世音菩薩　　　　　　　　　〔曹洞宗〕
15常慶院　じょうけいいん〔寺〕
　長野県下水内郡栄村　《別称》みつくり大寺
　《本尊》釈迦如来　　　　　　　　〔曹洞宗〕
常盤寺　ときわじ〔寺〕
　奈良県香芝市　《本尊》大日如来　〔浄土宗〕
常磐山《称》　ときわやま〔社〕
　島根県那賀郡金城町・八幡宮　《祭神》応神
　天皇〔他〕　　　　　　　　　　〔神社本庁〕
常磐神社　ときわじんじゃ〔社〕
　茨城県水戸市　《別称》ときわさん　《祭神》
　高譲味道根命〔他〕　　　　　　〔神社本庁〕
16常諦寺　じょうたいじ〔寺〕
　静岡県富士市　《別称》日朝さんのお寺　《本
　尊》日蓮聖人奠定の大曼荼羅　　　〔日蓮宗〕
17常厳寺　じょうごんじ〔寺〕
　兵庫県三木市　《本尊》聖観世音菩薩
　　　　　　　　　　　　　　　　　〔曹洞宗〕
19常願寺　じょうがんじ〔寺〕
　北海道美唄市　《本尊》阿弥陀如来
　　　　　　　　　　　　　　　　〔真宗大谷派〕
常願寺　じょうがんじ〔寺〕
　富山県東礪波郡福野町　《別称》院林御坊
　《本尊》阿弥陀如来　　　　　　〔真宗大谷派〕
常願寺　じょうがんじ〔寺〕
　愛媛県伊予市　《本尊》薬師如来
　　　　　　　　　　　　　　　〔真言宗智山派〕
20常護寺　じょうごじ〔寺〕
　東京都足立区　《別称》おかけ所　《本尊》阿
　弥陀如来　　　　　　　　　　　〔真宗大谷派〕

【康】
6康全寺　こうぜんじ〔寺〕
　愛知県西尾市　《本尊》聖観世音菩薩
　　　　　　　　　　　　　　　　　〔曹洞宗〕
康安寺　こうあんじ〔寺〕
　岐阜県大垣市　《本尊》阿弥陀如来
　　　　　　　　　　　　　　　　〔真宗大谷派〕
8康国寺　こうこくじ〔寺〕
　島根県平田市　　　　　　　　〔臨済宗妙心寺派〕
12康勝寺　こうしょうじ〔寺〕
　愛知県稲沢市　《本尊》阿弥陀如来　〔曹洞宗〕
康善寺　こうぜんじ〔寺〕
　福島県福島市　《別称》真宗二四輩旧跡・野
　球の寺　《本尊》阿弥陀如来
　　　　　　　　　　　　　　〔浄土真宗本願寺派〕

13康楽寺　こうらくじ〔寺〕
　長野県長野市　《本尊》阿弥陀如来
　　　　　　　　　　　　　　〔浄土真宗本願寺派〕

【強】
15強縁寺　ごうえんじ〔寺〕
　大阪府泉大津市　《本尊》阿弥陀如来
　　　　　　　　　　　　　　〔浄土真宗本願寺派〕

【得】
4得月寺　とくげつじ〔寺〕
　京都府舞鶴市　　　　　　　〔臨済宗天竜寺派〕
5得正寺　とくしょうじ〔寺〕
　岐阜県羽島郡岐南町　《本尊》阿弥陀如来
　　　　　　　　　　　　　　　　〔真宗大谷派〕
得生寺　とくしょうじ〔寺〕
　大阪府南河内郡河南町　《別称》大宝寺　《本
　尊》阿弥陀如来　　　　　　　　　〔浄土宗〕
得生寺　とくしょうじ〔寺〕
　和歌山県有田市　《別称》中将姫寺　《本尊》
　阿弥陀如来・中将姫　　　　　　〔西山浄土宗〕
6得成寺　とくじょうじ〔寺〕
　群馬県富岡市　《本尊》不動明王
　　　　　　　　　　　　　　　〔真言宗豊山派〕
9得浄明院　とくじょうみょういん〔寺〕
　京都府京都市東山区　《別称》善光寺別院
　《本尊》善光寺三尊　　　　　　　〔浄土宗〕

【惟】
13惟福禅寺　いふくぜんじ〔寺〕
　大分県大分郡挟間町　《本尊》釈迦如来
　　　　　　　　　　　　　　　〔臨済宗妙心寺派〕

【悉】
6悉地院　しっちいん〔寺〕
　滋賀県坂田郡伊吹町　《別称》弥高護国寺
　　　　　　　　　　　　　　　〔真言宗豊山派〕

【情】
7情妙寺　じょうみょうじ〔寺〕
　愛知県名古屋市東区　《本尊》十界大曼荼
　羅　　　　　　　　　　　　　　　〔日蓮宗〕
8情延院　じょうえんいん〔寺〕
　東京都台東区　《本尊》日蓮聖人　〔日蓮宗〕

【捴】
7捴見寺　そうけんじ〔寺〕
　滋賀県蒲生郡安土町　《本尊》聖観世音菩
　薩　　　　　　　　　　　　　〔臨済宗妙心寺派〕

11画（掛, 掲, 捧, 掟, 救, 教）

13捴禅寺　そうぜんじ〔寺〕
東京都豊島区　《別称》赤門寺　《本尊》釈迦如来
〔曹洞宗〕

【掛】

3掛川天王《称》　かけがわてんのう〔社〕
静岡県掛川市・竜尾神社　《祭神》素盞嗚尊
〔他〕　〔神社本庁〕

【掲】

16掲諦寺　ぎゃていじ〔寺〕
大分県速見郡日出町　《本尊》薬師如来
〔臨済宗妙心寺派〕

【捧】

7捧沢寺　ほうたくじ〔寺〕
岡山県小田郡矢掛町　《別称》中の院　《本尊》聖観世音菩薩　〔真言宗御室派〕

【掟】

6掟光寺　じょうこうじ〔寺〕
福井県武生市　《本尊》日蓮聖人奠定の大曼荼羅
〔日蓮宗〕

【救】

10救馬渓観音　ぐばけいかんのん〔寺〕
和歌山県西牟婁郡上富田町　《本尊》馬頭観世音菩薩　〔単立〕

【教】

4教円寺　きょうえんじ〔寺〕
愛知県稲沢市　《本尊》阿弥陀如来
〔真宗大谷派〕

教円寺　きょうえんじ〔寺〕
広島県広島市安佐北区　《別称》多賀山　《本尊》阿弥陀如来　〔浄土真宗本願寺派〕

教円寺　きょうえんじ〔寺〕
山口県熊毛郡田布施町　《本尊》阿弥陀如来
〔浄土真宗本願寺派〕

教円寺　きょうえんじ〔寺〕
愛媛県温泉郡中島町　《本尊》阿弥陀如来
〔浄土真宗本願寺派〕

教王寺　きょうおうじ〔寺〕
北海道余市郡赤井川村　《本尊》大日如来
〔真言宗豊山派〕

教王院　きょうおういん〔寺〕
群馬県館林市　《別称》地蔵様のお寺　《本尊》不動明王　〔真言宗豊山派〕

教王護国寺　きょうおうごこくじ〔寺〕
京都府京都市南区　《別称》東寺　《本尊》薬師三尊　〔単立〕

5教本寺　きょうほんじ〔寺〕
愛媛県松山市　《本尊》地蔵菩薩
〔真言宗智山派〕

教正寺　きょうしょうじ〔寺〕
岐阜県不破郡垂井町　《本尊》阿弥陀如来
〔真宗大谷派〕

教正寺　きょうしょうじ〔寺〕
兵庫県姫路市　《本尊》阿弥陀如来
〔浄土真宗本願寺派〕

6教安寺　きょうあんじ〔寺〕
神奈川県川崎市川崎区　《本尊》阿弥陀如来
〔浄土宗〕

教安寺　きょうあんじ〔寺〕
大阪府門真市　《本尊》阿弥陀如来
〔真宗大谷派〕

教安寺　きょうあんじ〔寺〕
奈良県磯城郡田原本町　《本尊》阿弥陀如来
〔浄土宗〕

教行寺　きょうぎょうじ〔寺〕
大阪府高槻市　《別称》富田御坊・富田殿　《本尊》阿弥陀如来　〔真宗大谷派〕

教行寺　きょうぎょうじ〔寺〕
兵庫県西宮市　《別称》なじお御坊　《本尊》阿弥陀如来　〔浄土真宗本願寺派〕

教行寺　きょうぎょうじ〔寺〕
奈良県北葛城郡広陵町　《別称》箸尾御坊　《本尊》阿弥陀如来　〔真宗大谷派〕

教行寺　きょうぎょうじ〔寺〕
奈良県北葛城郡河合町　《別称》御堂さん　《本尊》阿弥陀如来　〔真宗大谷派〕

教西寺　きょうさいじ〔寺〕
愛知県名古屋市昭和区　《本尊》阿弥陀如来
〔浄土真宗本願寺派〕

7教寿寺　きょうじゅじ〔寺〕
岐阜県岐阜市　《本尊》阿弥陀如来
〔浄土真宗本願寺派〕

8教学寺　きょうがくじ〔寺〕
大阪府箕面市　《本尊》阿弥陀如来
〔浄土真宗本願寺派〕

教学院　きょうがくいん〔寺〕
東京都世田谷区　《別称》目青不動　《本尊》阿弥陀如来・不動明王　〔天台宗〕

教学院　きょうがくいん〔寺〕
東京都練馬区　《本尊》十一面観世音菩薩
〔真言宗智山派〕

11画（教）

教学院別院《称》　きょうがくいんべついん〔寺〕
　東京都世田谷区・教学院教会　《本尊》聖観世音菩薩　〔天台宗〕
教学院教会　きょうがくいんきょうかい〔寺〕
　東京都世田谷区　《別称》教学院別院　《本尊》聖観世音菩薩　〔天台宗〕
教宗寺　きょうしゅうじ〔寺〕
　山口県下関市　《本尊》阿弥陀如来
　　　　　　　　　　　　〔浄土真宗本願寺派〕
教岸寺　きょうがんじ〔寺〕
　北海道上川郡風連町　《本尊》阿弥陀如来
　　　　　　　　　　　　〔浄土真宗本願寺派〕
教念寺　きょうねんじ〔寺〕
　長野県諏訪市　《本尊》阿弥陀如来　〔浄土宗〕
教念寺　きょうねんじ〔寺〕
　静岡県焼津市　《本尊》阿弥陀如来　〔浄土宗〕
教明寺　きょうめいじ〔寺〕
　愛媛県伊予郡松前町　《本尊》阿弥陀如来
　　　　　　　　　　　　〔真言宗智山派〕
教法寺　きょうほうじ〔寺〕
　広島県安芸郡江田島町　《本尊》阿弥陀如来　〔浄土真宗本願寺派〕
教法寺　きょうほうじ〔寺〕
　山口県下関市　《本尊》阿弥陀如来
　　　　　　　　　　　　〔浄土真宗本願寺派〕
教法寺　きょうほうじ〔寺〕
　徳島県三好郡三好町　《本尊》阿弥陀如来
　　　　　　　　　　　　〔浄土真宗本願寺派〕
教法寺　きょうほうじ〔寺〕
　熊本県菊池郡西合志町　《本尊》阿弥陀如来　〔浄土真宗本願寺派〕
教法寺　きょうぼうじ〔寺〕
　大分県宇佐市　《本尊》阿弥陀如来
　　　　　　　　　　　　〔真宗大谷派〕
9教信寺　きょうしんじ〔寺〕
　北海道士別市温根別町　《別称》真言寺　《本尊》馬頭観世音菩薩・日切地蔵菩薩・不動明王　〔真言宗豊山派〕
教信寺　きょうしんじ〔寺〕
　北海道士別市大通東　《本尊》阿弥陀如来
　　　　　　　　　　　　〔真宗大谷派〕
教信寺　きょうしんじ〔寺〕
　兵庫県加古川市　《別称》野口念仏　《本尊》阿弥陀如来・教信沙弥・聖観世音菩薩
　　　　　　　　　　　　〔天台宗〕
教専寺　きょうせんじ〔寺〕
　山口県阿武郡田万川町　《本尊》阿弥陀如来
　　　　　　　　　　　　〔浄土真宗本願寺派〕

教専寺　きょうせんじ〔寺〕
　長崎県北高来郡森山町　《本尊》阿弥陀如来
　　　　　　　　　　　　〔浄土真宗本願寺派〕
教栄寺　きょうえいじ〔寺〕
　愛知県刈谷市　《本尊》阿弥陀如来
　　　　　　　　　　　　〔真宗大谷派〕
教泉寺　きょうせんじ〔寺〕
　岐阜県瑞穂市　《本尊》阿弥陀如来
　　　　　　　　　　　　〔浄土真宗本願寺派〕
教泉寺　きょうせんじ〔寺〕
　京都府船井郡園部町　《本尊》阿弥陀如来
　　　　　　　　　　　　〔真宗大谷派〕
教相寺　きょうそうじ〔寺〕
　山口県熊毛郡平生町　《本尊》阿弥陀如来
　　　　　　　　　　　　〔浄土真宗本願寺派〕
教音院　きょうおんいん〔寺〕
　京都府京都市下京区　《別称》奥坊　《本尊》阿弥陀如来　〔真宗仏光寺派〕
11教深寺　きょうしんじ〔寺〕
　愛媛県伊予郡松前町　《別称》大間のお寺　《本尊》薬師如来・日光菩薩・月光菩薩・十二神将　〔真言宗豊山派〕
12教善寺　きょうぜんじ〔寺〕
　神奈川県平塚市　《本尊》聖観世音菩薩
　　　　　　　　　　　　〔時宗〕
教善寺　きょうぜんじ〔寺〕
　福井県武生市　《本尊》阿弥陀如来
　　　　　　　　　　　　〔浄土真宗本願寺派〕
教善寺　きょうぜんじ〔寺〕
　奈良県北葛城郡當麻町　《本尊》阿弥陀如来　〔浄土真宗本願寺派〕
教善寺　きょうぜんじ〔寺〕
　岡山県倉敷市　《本尊》阿弥陀如来
　　　　　　　　　　　　〔浄土真宗本願寺派〕
教善寺　きょうぜんじ〔寺〕
　山口県厚狭郡楠町　《本尊》阿弥陀如来
　　　　　　　　　　　　〔浄土真宗本願寺派〕
教善院　きょうぜんいん〔寺〕
　東京都台東区　《別称》猿寺　《本尊》阿弥陀如来・不動明王　〔聖観音宗〕
教覚寺　きょうかくじ〔寺〕
　福井県福井市　《別称》東の寺　《本尊》阿弥陀如来　〔真宗大谷派〕
教覚寺　きょうがくじ〔寺〕
　徳島県板野郡土成町　《本尊》阿弥陀如来
　　　　　　　　　　　　〔真宗興正派〕
教証寺　きょうしょうじ〔寺〕
　北海道深川市　《別称》お西のお寺　《本尊》阿弥陀如来　〔浄土真宗本願寺派〕

神社・寺院名よみかた辞典　549

11画（斎, 晧, 曹, 曼, 梶）

13教蓮寺　きょうれんじ〔寺〕
　兵庫県姫路市　《別称》開知の寺　《本尊》阿弥陀如来　〔浄土真宗本願寺派〕
　教蓮寺　きょうれんじ〔寺〕
　奈良県吉野郡西吉野村　《本尊》阿弥陀如来　〔浄土真宗本願寺派〕
　教蓮寺　きょうれんじ〔寺〕
　鳥取県鳥取市　《本尊》阿弥陀如来　〔浄土真宗本願寺派〕
14教誓寺　きょうせいじ〔寺〕
　北海道中川郡幕別町　《本尊》阿弥陀如来　〔真宗大谷派〕
　教誓寺　きょうせいじ〔寺〕
　滋賀県坂田郡山東町　《別称》西の寺　《本尊》阿弥陀如来　〔浄土真宗本願寺派〕
16教積院　きょうしゃくいん〔寺〕
　岡山県笠岡市　《本尊》聖観世音菩薩　〔高野山真言宗〕
　教興寺　きょうこうじ〔寺〕
　大阪府八尾市　《本尊》弥勒菩薩　〔真言律宗〕
19教願寺　きょうがんじ〔寺〕
　新潟県西蒲原郡吉田町　《本尊》阿弥陀如来　〔浄土真宗本願寺派〕
　教願寺　きょうがんじ〔寺〕
　福井県大野市　《本尊》阿弥陀如来　〔浄土真宗本願寺派〕

【斎】
3斎山稲荷社　いつきやまいなりしゃ〔社〕
　愛知県名古屋市緑区　《別称》さいやまさん　《祭神》日本武尊[他]　〔神社本庁〕
9斎神社　いつきじんじゃ〔社〕
　兵庫県養父市　《祭神》天太玉命[他]　〔神社本庁〕

【晧】
5晧台寺　こうたいじ〔寺〕
　長崎県長崎市　《本尊》盧舎那仏・釈迦三尊・文殊菩薩　〔曹洞宗〕

【曹】
7曹沢寺　そうたくじ〔寺〕
　滋賀県高島郡今津町　《本尊》釈迦如来　〔曹洞宗〕
9曹洞院　そうとういん〔寺〕
　静岡県下田市　《本尊》釈迦如来　〔曹洞宗〕
11曹渓寺　そうけいじ〔寺〕
　秋田県平鹿郡大森町　《別称》八沢木ノ寺　《本尊》聖観世音菩薩　〔曹洞宗〕

　曹渓寺　そうけいじ〔寺〕
　東京都港区　《本尊》釈迦如来　〔臨済宗妙心寺派〕
　曹渓院　そうけいいん〔寺〕
　愛媛県大洲市　《本尊》釈迦如来　〔臨済宗妙心寺派〕
13曹源寺　そうげんじ〔寺〕
　群馬県太田市　《別称》さざえ堂　《本尊》阿弥陀如来　〔曹洞宗〕
　曹源寺　そうげんじ〔寺〕
　埼玉県東松山市　《本尊》延命地蔵菩薩　〔曹洞宗〕
　曹源寺　そうげんじ〔寺〕
　東京都台東区　《別称》かっぱ寺　《本尊》釈迦如来　〔曹洞宗〕
　曹源寺　そうげんじ〔寺〕
　神奈川県横須賀市　《本尊》薬師如来　〔曹洞宗〕
　曹源寺　そうげんじ〔寺〕
　新潟県栃尾市　《別称》荷頃の曹源寺　《本尊》聖観世音菩薩　〔曹洞宗〕
　曹源寺　そうげんじ〔寺〕
　鳥取県東伯郡三朝町　《本尊》釈迦如来　〔曹洞宗〕
　曹源寺　そうげんじ〔寺〕
　岡山県岡山市　《本尊》十一面観世音菩薩　〔臨済宗妙心寺派〕

【曼】
8曼陀羅寺　まんだらじ〔寺〕
　愛知県江南市　《本尊》阿弥陀如来　〔西山浄土宗〕
　曼陀羅堂《称》　まんだらどう〔寺〕
　秋田県秋田市・当福寺　《本尊》阿弥陀如来　〔浄土宗〕
10曼殊院　まんしゅいん〔寺〕
　京都府京都市左京区　《別称》竹の内御殿・門跡寺院　《本尊》阿弥陀如来　〔天台宗〕
　曼荼羅寺　まんだらじ〔寺〕
　香川県善通寺市　《別称》四国第七二番霊場　《本尊》大日如来　〔真言宗〕
　曼荼羅寺御殿《称》　まんだらじごてん〔寺〕
　京都府京都市山科区・随心院　《本尊》如意輪観世音菩薩　〔真言宗〕

【梶】
4梶井門跡《称》　かじいもんせき〔寺〕
　京都府京都市左京区・三千院　《本尊》薬師如来　〔天台宗〕

11画（梨,梛,梵,毫,渓,済,渋,深）

8梶並神社　かじなみじんじゃ〔社〕
　岡山県勝田郡勝田町　《祭神》高靇神〔他〕
　　　　　　　　　　　　　　　〔神社本庁〕
梶取本山《称》　かんどりほんざん〔寺〕
　和歌山県和歌山市・総持寺　《本尊》阿弥陀
　三尊　　　　　　　　　　　　〔西山浄土宗〕

【梨】
4梨木神社　なしのきじんじゃ〔社〕
　京都府京都市上京区　《祭神》三条実万〔他〕
　　　　　　　　　　　　　　　〔神社本庁〕

【梛】
0梛ノ宮神社《称》　なぎのみやじんじゃ〔社〕
　京都府京都市中京区・梛神社　《祭神》素盞
　嗚命〔他〕　　　　　　　　　〔神社本教〕
2梛乃宮《称》　なぎのみや〔社〕
　香川県善通寺市・木熊野神社　《祭神》伊弉
　册尊〔他〕　　　　　　　　　〔神社本庁〕
梛八幡神社　なぎはちまんじんじゃ〔社〕
　兵庫県龍野市　《別称》なぎのみや　《祭神》
　足仲彦命〔他〕　　　　　　　〔神社本庁〕
9梛神社　なぎじんじゃ〔社〕
　京都府京都市中京区　《別称》元祇園社・梛ノ
　宮神社　《祭神》素盞嗚命〔他〕〔神社本教〕

【梵】
6梵行寺　ぼんぎょうじ〔寺〕
　山形県山形市　《本尊》阿弥陀如来　〔浄土宗〕
11梵釈寺　ぼんしゃくじ〔寺〕
　滋賀県蒲生郡蒲生町　　　　　　〔黄檗宗〕

【毫】
13毫摂寺　ごうしょうじ〔寺〕
　石川県加賀市　《本尊》阿弥陀如来
　　　　　　　　　　　　　　〔真宗大谷派〕
毫摂寺　ごうしょうじ〔寺〕
　福井県武生市　《別称》五分市本山・本山
　《本尊》阿弥陀如来　　　　〔真宗出雲路派〕
21毫攝寺　ごうしょうじ〔寺〕
　兵庫県宝塚市　《別称》小浜御坊　《本尊》阿
　弥陀如来　　　　　　　　〔浄土真宗本願寺派〕

【渓】
5渓永寺　けいえいじ〔寺〕
　山形県村山市　《別称》しもの寺　《本尊》釈
　迦如来　　　　　　　　　　　〔曹洞宗〕
7渓寿寺　けいじゅじ〔寺〕
　愛媛県大洲市　《本尊》釈迦如来　〔曹洞宗〕

12渓雲寺　けいうんじ〔寺〕
　茨城県西茨城郡岩瀬町　《本尊》阿弥陀如
　来　　　　　　　　　　　　〔真宗大谷派〕
渓雲寺　けいうんじ〔寺〕
　岐阜県土岐市　　　　　　〔臨済宗妙心寺派〕
13渓蓮寺　けいれんじ〔寺〕
　滋賀県甲賀郡水口町　《本尊》阿弥陀如来
　　　　　　　　　　　　　　　　〔浄土宗〕

【済】
6済年寺　さいねんじ〔寺〕
　愛知県常滑市　《別称》大野不動閣　《本尊》
　釈迦如来　　　　　　　　　　〔曹洞宗〕
8済松寺　さいしょうじ〔寺〕
　東京都新宿区　《本尊》釈迦如来
　　　　　　　　　　　　　〔臨済宗妙心寺派〕
済法寺　さいほうじ〔寺〕
　広島県尾道市　《別称》拳骨和尚の寺　《本
　尊》釈迦如来　　　　　　　　〔曹洞宗〕
9済乗院　さいじょういん〔寺〕
　愛知県知多郡阿久比町　《本尊》阿弥陀如
　来　　　　　　　　　　　　　　〔浄土宗〕
済海寺　さいかいじ〔寺〕
　東京都港区　《本尊》阿弥陀如来　〔浄土宗〕
12済運寺　さいうんじ〔寺〕
　神奈川県綾瀬市　《別称》吉岡寺　《本尊》釈
　迦如来・子育地蔵菩薩　　〔臨済宗建長寺派〕
14済蔭庵　さいいんあん〔寺〕
　神奈川県鎌倉市　《本尊》不動明王
　　　　　　　　　　　　　〔臨済宗円覚寺派〕
16済興寺　さいこうじ〔寺〕
　岡山県倉敷市　《本尊》阿弥陀如来
　　　　　　　　　　　　　　〔高野山真言宗〕

【渋】
3渋川神社　しぶかわじんじゃ〔社〕
　大阪府八尾市　《祭神》正哉吾勝勝速日天忍
　穂耳尊〔他〕　　　　　　　　〔神社本庁〕
4渋木八幡宮　しぶきはちまんぐう〔社〕
　山口県長門市　《祭神》高靇神〔他〕
　　　　　　　　　　　　　　　〔神社本庁〕
7渋谷氷川神社《称》　しぶやひかわじんじ
　ゃ〔社〕
　東京都渋谷区東・氷川神社　《祭神》素盞嗚
　尊〔他〕　　　　　　　　　　〔神社本庁〕

【深】
3深大寺　じんだいじ〔寺〕
　東京都調布市　《別称》厄除元三大師　《本
　尊》阿弥陀如来・元三大師　　　〔天台宗〕

神社・寺院名よみかた辞典　551

11画（清）

深山八幡社　ふかやまはちまんしゃ〔社〕
　大分県大野郡朝地町　《祭神》月弓尊[他]
　　　　　　　　　　　　　　　〔神社本庁〕
深川の地蔵《称》　ふかがわのじぞう〔寺〕
　熊本県菊池市・地蔵院　《本尊》地蔵菩薩・阿
　弥陀如来　　　　　　　　　　　〔浄土宗〕
深川神社　ふかがわじんじゃ〔社〕
　北海道深川市　《祭神》神武天皇[他]
　　　　　　　　　　　　　　　〔神社本庁〕
深川神社　ふかがわじんじゃ〔社〕
　愛知県瀬戸市　《祭神》五男三女神
　　　　　　　　　　　　　　　〔神社本庁〕
深川神明宮　ふかがわしんめいぐう〔社〕
　東京都江東区　《別称》お神明さま　《祭神》
　天照皇大御神　　　　　　　　　〔神社本庁〕
4 深戸観音《称》　ふかどかんのん〔寺〕
　新潟県東蒲原郡鹿瀬町・安養寺　《本尊》聖
　観世音菩薩　　　　　　　　〔真言宗豊山派〕
5 深広寺　じんこうじ〔寺〕
　京都府城陽市　《本尊》阿弥陀如来　〔浄土宗〕
深田神社　ふかだじんじゃ〔社〕
　三重県鈴鹿市　《祭神》豊宇迦能売命[他]
　　　　　　　　　　　　　　　〔神社本庁〕
6 深向院　しんこういん〔寺〕
　山梨県南アルプス市　《本尊》釈迦如来
　　　　　　　　　　　　　　　　〔曹洞宗〕
深江神社　ふかえじんじゃ〔社〕
　三重県桑名市　《祭神》天穂日命　〔神社本庁〕
7 深妙寺　しんみょうじ〔寺〕
　長野県伊那市　《本尊》日蓮聖人奠定の大曼
　荼羅　　　　　　　　　　　　　〔日蓮宗〕
深志神社　ふかしじんじゃ〔社〕
　長野県松本市　《別称》天神　《祭神》建御名
　方命[他]　　　　　　　　　　〔神社本庁〕
深見神社　ふかみじんじゃ〔社〕
　神奈川県大和市　《別称》鹿島さま　《祭神》
　武甕槌神[他]　　　　　　　　　〔神社本庁〕
8 深泥池地蔵《称》　みどろいけじぞう〔寺〕
　京都府京都市北区・上善寺　《本尊》地蔵菩
　薩　　　　　　　　　　　　　　〔浄土宗〕
9 深専寺　じんせんじ〔寺〕
　和歌山県有田郡湯浅町　《本尊》阿弥陀如
　来　　　　　　　　　　　　　〔西山浄土宗〕
深泉寺　じんせんじ〔寺〕
　大分県下毛郡三光村　《本尊》薬師如来
　　　　　　　　　　　　　　　　〔曹洞宗〕
深草聖天《称》　ふかくさしょうてん〔寺〕
　京都府京都市伏見区・嘉祥寺　《本尊》歓喜
　天　　　　　　　　　　　　　　〔天台宗〕

10 深浦神社　ふかうらじんじゃ〔社〕
　鳥取県米子市祇園町　《別称》祇園神社　《祭
　神》素盞嗚尊[他]　　　　　　　〔神社本庁〕
11 深堀神社　ふかほりじんじゃ〔社〕
　長崎県長崎市　《別称》幸天社　《祭神》猿田
　彦命[他]　　　　　　　　　　　〔神社本庁〕
深淵神社　ふかふちじんじゃ〔社〕
　高知県香美郡野市町　《祭神》深淵水夜礼花
　命　　　　　　　　　　　　　　〔神社本庁〕
13 深溝神社　ふこうずじんじゃ〔社〕
　愛知県額田郡幸田町　《祭神》素盞嗚命
　　　　　　　　　　　　　　　〔神社本庁〕

【清】

3 清久寺　せいきゅうじ〔寺〕
　東京都港区　《本尊》釈迦如来　　〔曹洞宗〕
清久寺　せいきゅうじ〔寺〕
　兵庫県加古郡稲美町　《本尊》釈迦三尊
　　　　　　　　　　　　　　　　〔曹洞宗〕
清川星神社　きよかわほしじんじゃ〔社〕
　高知県吾川郡吾北村　《別称》清川様　《祭
　神》天之御中主神[他]　　　　　〔神社本庁〕
清川神社　きよかわじんじゃ〔社〕
　高知県南国市　《祭神》天御中主命[他]
　　　　　　　　　　　　　　　〔神社本庁〕
4 清水のお寺《称》　きよみずのおてら〔寺〕
　高知県土佐清水市・蓮光寺　《本尊》阿弥陀
　三尊　　　　　　　　　　　　　〔浄土宗〕
清水の寺《称》　きよみずのてら〔寺〕
　神奈川県平塚市・薬師院　《本尊》薬師如来
　　　　　　　　　　　　　　〔真言宗東寺派〕
清水の観音《称》　きよみずのかんのん〔寺〕
　岩手県花巻市・清水寺　《本尊》不動明王・薬
　師如来・十一面観世音菩薩　　〔天台寺門宗〕
清水の観音《称》　きよみずのかんのん〔寺〕
　佐賀県小城郡小城町・宝地院　《本尊》千手
　千眼観世音菩薩　　　　　　　　〔天台宗〕
清水の観音様《称》　きよみずのかんのん
　さま〔寺〕
　群馬県高崎市・清水寺　《本尊》千手観世音
　菩薩　　　　　　　　　　　〔真言宗豊山派〕
清水寺　せいすいじ〔寺〕
　岩手県盛岡市　《本尊》釈迦如来　〔曹洞宗〕
清水寺　きよみずでら〔寺〕
　岩手県花巻市　《別称》清水の観音　《本尊》
　不動明王・薬師如来・十一面観世音菩薩
　　　　　　　　　　　　　　　〔天台寺門宗〕
清水寺　せいすいじ〔寺〕
　福島県福島市　《本尊》釈迦如来　〔曹洞宗〕

11画（清）

清水寺　きよみずでら〔寺〕
　福島県双葉郡浪江町　《別称》清水寺(せいすいじ)　《本尊》不動明王　〔真言宗豊山派〕
清水寺　せいすいじ〔寺〕
　茨城県西茨城郡友部町　《本尊》十一面観世音菩薩　〔真言宗豊山派〕
清水寺　きよみずでら〔寺〕
　群馬県高崎市　《別称》清水の観音様　《本尊》千手観世音菩薩　〔真言宗豊山派〕
清水寺　せいすいじ〔寺〕
　千葉県香取郡小見川町　《別称》清水観音　《本尊》十一面観世音菩薩　〔天台宗〕
清水寺　きよみずでら〔寺〕
　千葉県夷隅郡岬町　《別称》坂東第三二番霊場・清水観音　《本尊》千手観世音菩薩　〔天台宗〕
清水寺　せいすいじ〔寺〕
　新潟県佐渡市　《本尊》千手観世音菩薩　〔真言宗豊山派〕
清水寺　せいすいじ〔寺〕
　山梨県山梨市　《別称》観音　《本尊》千手観世音菩薩　〔真言宗智山派〕
清水寺　せいすいじ〔寺〕
　長野県長野市　《本尊》聖観世音菩薩・千手観世音菩薩　〔真言宗智山派〕
清水寺　きよみずでら〔寺〕
　岐阜県加茂郡富加町　《別称》清水観音　《本尊》十一面観世音菩薩　〔臨済宗妙心寺派〕
清水寺　せいすいじ〔寺〕
　静岡県藤枝市　《別称》きよみず観音様　《本尊》千手観世音菩薩　〔高野山真言宗〕
清水寺　きよみずでら〔寺〕
　京都府京都市東山区　《別称》大本山・西国第一六番霊場　《本尊》十一面千手千眼観世音菩薩　〔北法相宗〕
清水寺　きよみずでら〔寺〕
　兵庫県加東郡社町　《別称》西国第二五番霊場　《本尊》十一面千手観世音菩薩・千手千眼観世音菩薩　〔天台宗〕
清水寺　せいすいじ〔寺〕
　和歌山県有田郡清水町　《本尊》大日如来　〔高野山真言宗〕
清水寺　きよみずでら〔寺〕
　島根県安来市　《本尊》十一面観世音菩薩　〔天台宗〕
清水寺　せいすいじ〔寺〕
　岡山県上房郡賀陽町　《本尊》聖観世音菩薩・不動明王・毘沙門天　〔天台宗〕
清水寺　せいすいじ〔寺〕
　岡山県真庭郡落合町　《本尊》十一面観世音菩薩　〔高野山真言宗〕

清水寺　せいすいじ〔寺〕
　福岡県鞍手郡若宮町　《別称》清水観音　《本尊》十一面観世音菩薩　〔真言宗九州教団〕
清水寺　きよみずでら〔寺〕
　福岡県山門郡瀬高町　《本尊》千手観世音菩薩　〔天台宗〕
清水寺　きよみずでら〔寺〕
　熊本県阿蘇郡久木野村　《本尊》千手観世音菩薩　〔曹洞宗〕
清水神社　しみずじんじゃ〔社〕
　北海道上川郡清水町　《祭神》大国魂神［他］　〔神社本庁〕
清水神社　きよみずじんじゃ〔社〕
　岐阜県揖斐郡揖斐川町　《祭神》応神天皇［他］　〔神社本庁〕
清水観音《称》　きよみずかんのん〔寺〕
　千葉県香取郡小見川町・清水寺　《本尊》十一面観世音菩薩　〔天台宗〕
清水観音《称》　きよみずかんのん〔寺〕
　千葉県夷隅郡岬町・清水寺　《本尊》千手観世音菩薩　〔天台宗〕
清水観音《称》　きよみずかんのん〔寺〕
　岐阜県加茂郡富加町・清水寺　《本尊》十一面観世音菩薩　〔臨済宗妙心寺派〕
清水観音《称》　きよみずかんのん〔寺〕
　福岡県鞍手郡若宮町・清水寺　《本尊》十一面観世音菩薩　〔真言宗九州教団〕
清水観音《称》　きよみずかんのん〔寺〕
　熊本県熊本市・長谷寺　《本尊》千手観世音菩薩・十一面観世音菩薩　〔天台宗〕
5清末八幡宮　きよすえはちまんぐう〔社〕
　山口県下関市　《別称》八幡様　《祭神》応神天皇［他］　〔神社本庁〕
清正公さん《称》　せいしょうこうさん〔社〕
　熊本県八代郡鏡町・貝洲加藤神社　《祭神》加藤清正　〔神社本庁〕
清田八幡神社《称》　きよたはちまんじんじゃ〔社〕
　岡山県倉敷市・八幡神社　《祭神》応神天皇［他］　〔神社本庁〕
清白寺　せいはくじ〔寺〕
　山梨県山梨市　《本尊》釈迦如来　〔臨済宗妙心寺派〕
6清伝寺　せいでんじ〔寺〕
　新潟県西蒲原郡吉田町　《本尊》阿弥陀如来　〔真宗仏光寺派〕
清光寺　せいこうじ〔寺〕
　宮城県白石市　《本尊》大日如来　〔真言宗智山派〕

神社・寺院名よみかた辞典　553

11画（清）

清光寺　せいこうじ〔寺〕
　千葉県松戸市　《本尊》延命子育地蔵菩薩
　　　　　　　　　　　　　　　　〔天台宗〕
清光寺　せいこうじ〔寺〕
　千葉県印旛郡酒々井町　《本尊》阿弥陀如来
　　　　　　　　　　　　　　　　〔浄土宗〕
清光寺　せいこうじ〔寺〕
　東京都北区　《本尊》不動明王
　　　　　　　　　　　　　　〔真言宗豊山派〕
清光寺　せいこうじ〔寺〕
　東京都江戸川区　《本尊》阿弥陀如来
　　　　　　　　　　　　　　　　〔浄土宗〕
清光寺　せいこうじ〔寺〕
　山梨県北巨摩郡長坂町　《本尊》薬師如来
　　　　　　　　　　　　　　　　〔曹洞宗〕
清光寺　せいこうじ〔寺〕
　三重県松阪市　《本尊》阿弥陀如来　〔浄土宗〕
清光院　せいこういん〔寺〕
　島根県松江市　《本尊》釈迦如来　〔曹洞宗〕
清印寺　せいいんじ〔寺〕
　山形県尾花沢市　《本尊》釈迦如来　〔曹洞宗〕
清地神社　すがちじんじゃ〔社〕
　福岡県行橋市　《祭神》素戔嗚命［他］
　　　　　　　　　　　　　　　　〔神社本庁〕
清安寺　せいあんじ〔寺〕
　島根県松江市　《本尊》釈迦如来　〔曹洞宗〕
清安寺　せいあんじ〔寺〕
　山口県厚狭郡山陽町　《本尊》阿弥陀如来
　　　　　　　　　　　　　　　　〔浄土宗〕
清池八幡（称）　しょうげはちまん〔社〕
　山形県天童市・八幡神社　《祭神》誉田別尊
　［他］　　　　　　　　　　　　〔神社本庁〕
7清住寺　せいじゅうじ〔寺〕
　広島県広島市中区　《本尊》阿弥陀如来
　　　　　　　　　　　　　　　　〔浄土宗〕
清寿院　せいじゅいん〔寺〕
　大阪府大阪市天王寺区　《別称》なんきんでら
　《本尊》観世音菩薩・関帝聖君　〔黄檗宗〕
清来寺　せいらいじ〔寺〕
　神奈川県横浜市旭区　《本尊》阿弥陀如来
　　　　　　　　　　　　　　〔浄土真宗本願寺派〕
清来寺　せいらいじ〔寺〕
　岐阜県瑞浪市　《別称》巌谷不動　《本尊》不
　動明王・歓喜天・観世音菩薩・弘法大師
　　　　　　　　　　　　　　　　〔天台寺門宗〕
清見寺　せいけんじ〔寺〕
　群馬県吾妻郡中之条町　《本尊》阿弥陀如
　来　　　　　　　　　　　　　　〔浄土宗〕
清見寺　せいけんじ〔寺〕
　静岡県静岡市　《本尊》釈迦如来
　　　　　　　　　　　　　　〔臨済宗妙心寺派〕

清見寺　せいけんじ〔寺〕
　滋賀県近江八幡市　《本尊》阿弥陀如来
　　　　　　　　　　　　　　　　〔浄土宗〕
清見原神社　きよみはらじんじゃ〔社〕
　大阪府大阪市生野区　《祭神》天武天皇［他］
　　　　　　　　　　　　　　　　〔神社本庁〕
清谷寺　せいこくじ〔寺〕
　東京都中野区　《本尊》地蔵菩薩
　　　　　　　　　　　　　　〔真言宗豊山派〕
8清和寺　せいわじ〔寺〕
　岡山県後月郡芳井町　《別称》由緒寺院　《本
　尊》延命地蔵菩薩　　　〔臨済宗建仁寺派〕
清和院　せいわいん〔寺〕
　京都府京都市上京区　《本尊》地蔵菩薩
　　　　　　　　　　　　　　〔真言宗智山派〕
清学寺　せいがくじ〔寺〕
　愛知県名古屋市北区　《本尊》釈迦如来
　　　　　　　　　　　　　　　　〔曹洞宗〕
清岸寺　せいがんじ〔寺〕
　東京都渋谷区　《本尊》阿弥陀三尊　〔浄土宗〕
清岩寺　せいがんじ〔寺〕
　神奈川県足柄上郡中井町　《別称》淡嶋様
　《本尊》阿弥陀三尊　　　　　　〔浄土宗〕
清岩寺　せいがんじ〔寺〕
　福岡県甘木市　《本尊》聖観世音菩薩
　　　　　　　　　　　　　　　　〔曹洞宗〕
清岩寺　せいがんじ〔寺〕
　長崎県佐世保市　《別称》福石観音　《本尊》
　十一面観世音菩薩　　　　　〔真言宗智山派〕
清昌寺　せいしょうじ〔寺〕
　岐阜県土岐郡笠原町　《本尊》釈迦如来
　　　　　　　　　　　　　　〔臨済宗妙心寺派〕
清林寺　せいりんじ〔寺〕
　山形県最上郡戸沢村　《本尊》釈迦如来
　　　　　　　　　　　　　　　　〔曹洞宗〕
清林寺　せいりんじ〔寺〕
　東京都港区　《本尊》阿弥陀如来　〔浄土宗〕
清林寺　せいりんじ〔寺〕
　東京都文京区　《本尊》阿弥陀如来　〔浄土宗〕
清林寺　せいりんじ〔寺〕
　福岡県京都郡苅田町　《本尊》阿弥陀如来
　　　　　　　　　　　　　　　　〔浄土宗〕
清河神社　きよかわじんじゃ〔社〕
　山形県東田川郡立川町　《祭神》清河八郎正
　明　　　　　　　　　　　　　　〔神社本庁〕
9清信寺　せいしんじ〔寺〕
　愛知県岡崎市　《本尊》釈迦如来・十一面観
　世音菩薩　　　　　　　　　　　　〔単立〕
清浄心院　しょうじょうしんいん〔寺〕
　和歌山県伊都郡高野町　《本尊》二十日大
　師　　　　　　　　　　　　〔高野山真言宗〕

11画（清）

清浄光寺　しょうじょうこうじ〔寺〕
　神奈川県藤沢市　《別称》遊行寺・総本山
　《本尊》阿弥陀如来　　　　　　　〔時宗〕
清浄光寺　せいじょうこうじ〔寺〕
　大分県東国東郡国見町　《本尊》阿弥陀如
　来　　　　　　　　　　　　　　〔天台宗〕
清浄寺　しょうじょうじ〔寺〕
　愛知県名古屋市中区　《別称》やば地蔵　《本
　尊》阿弥陀如来　　　　　　　　〔浄土宗〕
清浄寺　しょうじょうじ〔寺〕
　福岡県北九州市小倉南区　《本尊》阿弥陀如
　来　　　　　　　　　　〔浄土真宗本願寺派〕
清浄華院　しょうじょうけいん〔寺〕
　京都府京都市上京区　《別称》大本山・円光大
　師霊場第二三番　《本尊》阿弥陀如来・法
　然上人　　　　　　　　　　　　〔浄土宗〕
清浄院　せいじょういん〔寺〕
　群馬県前橋市　《別称》前橋成田山　《本尊》
　不動明王　　　　　　　　　〔真言宗智山派〕
清浄院　しょうじょういん〔寺〕
　埼玉県越谷市　《別称》本寺清浄院　《本尊》
　阿弥陀如来　　　　　　　　　　〔浄土宗〕
清浄院　しょうじょういん〔寺〕
　長野県千曲市　《本尊》阿弥陀如来　〔浄土宗〕
清泉寺　せいせんじ〔寺〕
　群馬県甘楽郡下仁田町　《別称》ひがしざん
　《本尊》阿弥陀如来　　　　　　〔天台宗〕
清神社　すがじんじゃ〔社〕
　広島県安芸高田市　《祭神》須佐之男命
　　　　　　　　　　　　　　　〔神社本庁〕
清荒神《称》　きよしこうじん〔寺〕
　京都府京都市上京区・護浄院　《本尊》清三
　宝大荒神　　　　　　　　　　　〔天台宗〕
清荒神《称》　きよしこうじん〔寺〕
　兵庫県宝塚市・清澄寺　《本尊》金剛界大日
　如来・大勝金剛荒神王　　　　〔真言三宝宗〕
清音寺　せいおんじ〔寺〕
　茨城県東茨城郡常北町　《本尊》聖観世音菩
　薩　　　　　　　　　　　〔臨済宗南禅寺派〕
清風寺　せいふうじ〔寺〕
　大阪府大阪市北区　《別称》福島の本門さん
　《本尊》本門八品所顕本因下種の大曼荼
　羅　　　　　　　　　　　　〔本門仏立宗〕
10清泰寺　せいたいじ〔寺〕
　埼玉県飯能市　《本尊》阿弥陀如来・不動明
　王・十一面観世音菩薩　　　〔真言宗智山派〕
清泰寺　せいたいじ〔寺〕
　千葉県野田市　《別称》上の寺　《本尊》不動
　明王・大日如来　　　　　　〔真言宗豊山派〕

清泰寺　せいたいじ〔寺〕
　山梨県北巨摩郡白州町　《本尊》薬師如来・日
　光菩薩・月光菩薩　　　　　　　〔曹洞宗〕
清泰寺　せいたいじ〔寺〕
　岐阜県美濃市　《本尊》釈迦如来
　　　　　　　　　　　　　〔臨済宗妙心寺派〕
清流寺　せいりゅうじ〔寺〕
　新潟県新発田市　《別称》中山のお寺　《本
　尊》釈迦如来・阿弥陀如来　　　〔曹洞宗〕
清竜社《称》　せいりゅうしゃ〔社〕
　広島県府中市・辰山神社　《祭神》田凝姫神
　〔他〕　　　　　　　　　　　　〔神社本庁〕
11清梵寺　せいぼんじ〔寺〕
　静岡県沼津市　《別称》お地蔵さま　《本尊》
　千手観世音菩薩・地蔵菩薩
　　　　　　　　　　　　　〔臨済宗妙心寺派〕
清涼寺　せいりょうじ〔寺〕
　滋賀県彦根市　《本尊》観世音菩薩　〔曹洞宗〕
清涼寺　せいりょうじ〔寺〕
　滋賀県甲賀郡土山町　《別称》半僧坊　《本
　尊》釈迦如来　　　　　　　　　〔曹洞宗〕
清涼寺　せいりょうじ〔寺〕
　京都府京都市右京区　《別称》釈迦堂　《本
　尊》釈迦如来　　　　　　　　　〔浄土宗〕
清涼寺　せいりょうじ〔寺〕
　和歌山県新宮市　《本尊》聖観世音菩薩
　　　　　　　　　　　　　〔臨済宗妙心寺派〕
清涼院　せいりょういん〔寺〕
　兵庫県神戸市北区　《別称》薬師温泉寺・温
　泉寺　《本尊》薬師如来　　　　〔黄檗宗〕
12清善寺　せいぜんじ〔寺〕
　埼玉県行田市　《本尊》釈迦如来　〔曹洞宗〕
清普寺　せいふじ〔寺〕
　大阪府豊能郡能勢町　《別称》厄除の祖師寺
　《本尊》日蓮聖人奠定の大曼荼羅　〔日蓮宗〕
清証寺　せいしょうじ〔寺〕
　神奈川県川崎市川崎区　《本尊》法華経本門八
　品所顕本因下種の大曼荼羅　〔本門仏立宗〕
清道寺　せいどうじ〔寺〕
　長野県下高井郡野沢温泉村　《本尊》正観世
　音菩薩　　　　　　　　　　　　〔曹洞宗〕
清閑寺　せいかんじ〔寺〕
　京都府京都市東山区　《別称》歌の中山　《本
　尊》千手観世音菩薩　　　　〔真言宗智山派〕
清雄寺　せいおうじ〔寺〕
　東京都墨田区　《本尊》法華経本門八品所顕
　の大曼荼羅　　　　　　　　〔本門仏立宗〕
清雲寺　せいうんじ〔寺〕
　栃木県足利市　《本尊》千手観世音菩薩
　　　　　　　　　　　　　　　　〔曹洞宗〕

神社・寺院名よみかた辞典　555

11画(淡)

清雲寺　せいうんじ〔寺〕
　新潟県西頸城郡青海町　《別称》高畑の寺
　《本尊》阿弥陀如来　〔真宗大谷派〕
清雲寺　せいうんじ〔寺〕
　福井県大飯郡大飯町　《本尊》阿弥陀如来
　〔臨済宗相国寺派〕
13清園寺　せいおんじ〔寺〕
　京都府加佐郡大江町　《別称》河守のお大師
　様の寺　《本尊》薬師如来　〔高野山真言宗〕
清楽寺　せいらくじ〔寺〕
　愛媛県周桑郡小松町　《別称》御夢想観音
　《本尊》阿弥陀如来・観世音菩薩
　〔高野山真言宗〕
清源寺　せいげんじ〔寺〕
　東京都新宿区　《本尊》阿弥陀如来　〔浄土宗〕
清源院　せいげんいん〔寺〕
　神奈川県横浜市戸塚区　《本尊》阿弥陀如
　来　〔浄土宗〕
清源院　せいげんいん〔寺〕
　神奈川県厚木市　《本尊》薬師如来　〔曹洞宗〕
清滝不動尊《称》　きよたきふどうそん〔寺〕
　北海道室蘭市・清滝寺　《本尊》不動明王
　〔真言宗醍醐派〕
清滝寺　きよたきじ〔寺〕
　茨城県新治郡新治村　《別称》坂東第二六番
　霊場　《本尊》聖観世音菩薩
　〔真言宗豊山派〕
清滝寺　せいりゅうじ〔寺〕
　栃木県日光市　《別称》清滝観音　《本尊》千
　手観世音菩薩・阿弥陀如来　〔天台宗〕
清滝寺　せいりゅうじ〔寺〕
　栃木県上都賀郡粟野町　《本尊》薬師如来
　〔真言宗豊山派〕
清滝寺　せいりゅうじ〔寺〕
　岡山県倉敷市　《本尊》阿弥陀如来・十一面
　観世音菩薩・弁財天　〔天台宗〕
清滝寺　きよたきじ〔寺〕
　高知県土佐市　《別称》高岡のお大師さん・四
　国第三五番霊場　《本尊》薬師如来
　〔真言宗豊山派〕
清滝神社　きよたきじんじゃ〔社〕
　石川県金沢市　《祭神》素戔嗚尊　〔神社本庁〕
清滝神社　せいりゅうじんじゃ〔社〕
　福井県大野市　《祭神》大国主命　〔神社本庁〕
清滝観世音《称》　きよたきかんぜおん〔寺〕
　長野県長野市・明真寺　《本尊》大日如来・千
　手眼観世音菩薩　〔真言宗豊山派〕
清滝観音《称》　きよたきかんのん〔寺〕
　栃木県日光市・清滝寺　《本尊》千手観世
　音菩薩・阿弥陀如来　〔天台宗〕

清福寺　せいふくじ〔寺〕
　福井県遠敷郡名田庄村　《本尊》阿弥陀如
　来　〔曹洞宗〕
清福寺　せいふくじ〔寺〕
　山口県長門市　《本尊》阿弥陀如来
　〔浄土真宗本願寺派〕
清蓮寺　せいれんじ〔寺〕
　京都府京都市中京区　《別称》野口清蓮寺
　《本尊》阿弥陀如来　〔浄土宗〕
清蓮寺　せいれんじ〔寺〕
　大阪府高槻市　《本尊》阿弥陀如来　〔浄土宗〕
14清寥院　せいりょういん〔寺〕
　愛知県一宮市　《本尊》正観世音菩薩
　〔臨済宗妙心寺派〕
清徳院　せいとくいん〔寺〕
　滋賀県大津市　《本尊》阿弥陀如来　〔浄土宗〕
15清慶寺　せいけいじ〔寺〕
　福井県福井市　《本尊》阿弥陀如来
　〔真宗大谷派〕
清澄寺　せいちょうじ〔寺〕
　千葉県安房郡天津小湊町　《別称》きよすみ
　さん・霊跡寺院　《本尊》日蓮聖人・虚空蔵菩
　薩・妙見大菩薩・聖観世音菩薩　〔日蓮宗〕
清澄寺　せいちょうじ〔寺〕
　兵庫県宝塚市　《別称》清荒神・大本山　《本
　尊》金剛界大日如来・大勝金剛荒神王
　〔真言三宝宗〕
清澄院　せいちょういん〔寺〕
　愛知県名古屋市緑区　《本尊》阿弥陀如来
　〔浄土宗〕
清蔵寺　せいぞうじ〔寺〕
　岐阜県不破郡垂井町　《本尊》聖観世音菩
　薩　〔臨済宗妙心寺派〕
清蔵院　せいぞういん〔寺〕
　埼玉県越谷市　《本尊》十一面観世音菩薩
　〔真言宗智山派〕
清養院　せいよういん〔寺〕
　岩手県盛岡市　《本尊》釈迦如来　〔曹洞宗〕
20清巌寺　せいがんじ〔寺〕
　栃木県宇都宮市　《本尊》阿弥陀如来
　〔浄土宗〕
清巌院　せいがんいん〔寺〕
　東京都福生市　《本尊》釈迦如来
　〔臨済宗建長寺派〕

【淡】

9淡海国玉神社　おおみくにたまじんじゃ〔
　社〕
　静岡県磐田市　《別称》総社　《祭神》大国主
　神〔他〕　〔神社本庁〕

11画（添, 淵, 淀, 涼, 焔, 猪, 猫, 猛, 現, 琢）

10淡島神社　あわしまじんじゃ〔社〕
　和歌山県和歌山市　《祭神》少彦名命［他］
　〔単立〕

【添】

5添田神社　そえだじんじゃ〔社〕
　福岡県田川郡添田町　《別称》天満宮　《祭神》菅原道真［他］　〔神社本庁〕

12添景寺　てんけいじ〔寺〕
　新潟県東頸城郡安塚町　《本尊》阿弥陀如来　〔真宗大谷派〕

【淵】

9淵神社　ふちじんじゃ〔社〕
　長崎県長崎市　《別称》稲佐弁天社　《祭神》田心姫命［他］　〔神社本庁〕

10淵竜寺　えんりゅうじ〔寺〕
　埼玉県児玉郡児玉町　《本尊》虚空蔵菩薩
　〔真言宗豊山派〕

11淵崎八幡神社　ふちさきはちまんじんじゃ〔社〕
　香川県小豆郡土庄町　《別称》富丘神社　《祭神》品陀和気神［他］　〔神社本庁〕

【淀】

3淀川天神社《称》　よどがわてんじんしゃ〔社〕
　大阪府大阪市北区・天神社　《祭神》天穂日命　〔神社本庁〕

10淀姫さん《称》　よどひめさん〔社〕
　京都府京都市伏見区・与杼神社　《祭神》豊玉姫命［他］　〔神社本庁〕

　淀姫神社　よどひめじんじゃ〔社〕
　佐賀県伊万里市　《別称》河上神社　《祭神》与止日女命［他］　〔神社本庁〕

　淀姫神社　よどひめじんじゃ〔社〕
　佐賀県佐賀郡富士町　《祭神》豊玉姫命［他］
　〔神社本庁〕

　淀姫神社　よどひめじんじゃ〔社〕
　長崎県松浦市　《祭神》景行天皇［他］
　〔神社本庁〕

【涼】

0涼ヶ岡八幡神社《称》　すずみがおかはちまんじんじゃ〔社〕
　福島県相馬市・八幡神社　《祭神》品陀和気命［他］　〔神社本庁〕

12涼雲院　りょううんいん〔寺〕
　青森県八戸市　《本尊》釈迦如来　〔曹洞宗〕

16涼樹院　りょうじゅいん〔寺〕
　岐阜県加茂郡坂祝町　《本尊》聖観世音菩薩・十一面観世音菩薩　〔臨済宗妙心寺派〕

【焔】

21焔魔堂《称》　えんまどう〔寺〕
　滋賀県守山市・十王寺　《本尊》倶生尊・焔魔大王・地蔵菩薩・十王・阿弥陀如来　〔浄土宗〕

【猪】

5猪田神社　いだじんじゃ〔社〕
　三重県上野市　《祭神》猪田神［他］
　〔神社本庁〕

6猪名部神社　いなべじんじゃ〔社〕
　三重県員弁郡東員町　《祭神》伊香我色男命　〔神社本庁〕

　猪名野神社　いなのじんじゃ〔社〕
　兵庫県伊丹市　《祭神》猪名野坐大神［他］
　〔神社本庁〕

11猪鹿狼寺　いからじ〔寺〕
　大分県直入郡久住町　《本尊》十一面観世音菩薩　〔天台宗〕

14猪鼻湖神社　いのはなこじんじゃ〔社〕
　静岡県引佐郡三ヶ日町　《別称》式内猪鼻湖神社・大明神　《祭神》武甕槌命　〔神社本庁〕

【猫】

6猫寺《称》　ねこでら〔寺〕
　東京都新宿区・自性院　《本尊》阿弥陀如来
　〔真言宗豊山派〕

　猫寺《称》　ねこでら〔寺〕
　東京都墨田区・正福寺　《本尊》薬師如来
　〔真言宗智山派〕

【猛】

10猛島神社　たけしまじんじゃ〔社〕
　長崎県島原市　《別称》島原藩総社　《祭神》大屋津姫神［他］　〔神社本庁〕

【現】

2現人神社　あらひとじんじゃ〔社〕
　福岡県筑紫郡那珂川町　《祭神》表筒男命［他］
　〔神社本庁〕

6現光寺　げんこうじ〔寺〕
　京都府相楽郡加茂町　《本尊》十一面観世音菩薩　〔真言宗智山派〕

【琢】

11琢窓院　たくそういん〔寺〕

神社・寺院名よみかた辞典　557

11画（理, 産, 皎, 盛）

京都府京都市左京区　《本尊》阿弥陀如来
〔浄土宗〕

【理】

5 理正院　りしょういん〔寺〕
愛媛県伊予郡砥部町　《別称》麻生こんぴらさま　《本尊》大日如来・金毘羅大権現
〔真言宗智山派〕

8 理性寺　りしょうじ〔寺〕
東京都杉並区　《本尊》日蓮聖人奠定の大曼荼羅
〔法華宗(陣門流)〕

理性院　りしょういん〔寺〕
新潟県佐渡市　《本尊》虚空蔵菩薩
〔真言宗豊山派〕

理性院　りしょういん〔寺〕
京都府京都市伏見区　《別称》太元さん　《本尊》大元帥明王
〔真言宗醍醐派〕

理性院　りしょういん〔寺〕
兵庫県神戸市東灘区　《本尊》十一面観世音菩薩
〔高野山真言宗〕

理性院　りしょういん〔寺〕
岡山県和気郡吉永町　《別称》吉永薬師松本寺　《本尊》薬師如来
〔高野山真言宗〕

理昌院　りしょういん〔寺〕
東京都葛飾区　《本尊》釈迦如来　〔曹洞宗〕

14 理境院　りきょういん〔寺〕
東京都大田区　《別称》赤門の寺　《本尊》十界曼荼羅
〔日蓮宗〕

【産】

3 産土神《称》　うぶすながみ〔社〕
山形県東田川郡朝日村・河内神社　《祭神》積羽八重事代主命[他]
〔神社本庁〕

産土神《称》　うぶすながみ〔社〕
福岡県田川郡香春町・古宮八幡神社　《祭神》豊比咩命[他]
〔神社本庁〕

産土神社　うぶすなじんじゃ〔社〕
大阪府泉南郡岬町　《別称》うぶすなさん　《祭神》伊邪奈岐命[他]
〔神社本庁〕

産土神社《称》　うぶすなじんじゃ〔社〕
山口県大島郡大島町・志駄岸神社　《祭神》応神天皇[他]
〔神社本庁〕

産土様《称》　うぶすなさま〔社〕
秋田県鹿角市・幸稲荷神社　《祭神》豊受姫命[他]
〔神社本庁〕

5 産母神社《称》　やぼじんしゃ〔社〕
宮崎県宮崎市・江田神社　《祭神》伊邪那岐尊[他]
〔神社本庁〕

産田神社　うぶたじんじゃ〔社〕
三重県熊野市　《別称》うぶたさま　《祭神》伊弉諾尊[他]
〔神社本庁〕

10 産泰さま《称》　さんたいさま〔社〕
埼玉県大里郡岡部町・島護産泰神社　《祭神》瓊瓊杵尊[他]
〔神社本庁〕

産泰様《称》　さんたいさま〔社〕
埼玉県本庄市・金佐奈神社　《祭神》天照皇大神[他]
〔神社本庁〕

【皎】

12 皎善寺　こうぜんじ〔寺〕
宮城県遠田郡小牛田町　《本尊》釈迦如来
〔曹洞宗〕

【盛】

6 盛伝寺　せいでんじ〔寺〕
長野県長野市　《別称》押鐘の不動尊　《本尊》釈迦如来・不動明王
〔曹洞宗〕

盛光寺　せいこうじ〔寺〕
兵庫県洲本市　《別称》柏の森　《本尊》大日如来
〔高野山真言宗〕

盛安寺　せいあんじ〔寺〕
滋賀県大津市　《本尊》十一面観世音菩薩
〔天台真盛宗〕

8 盛岡八幡宮　もりおかはちまんぐう〔社〕
岩手県盛岡市　《祭神》誉田別命[他]
〔神社本庁〕

盛岡大師《称》　もりおかだいし〔寺〕
岩手県盛岡市・永福寺　《本尊》大日如来・不動明王・歓喜天
〔真言宗豊山派〕

盛岩寺　せいがんじ〔寺〕
岩手県釜石市　《本尊》釈迦如来　〔曹洞宗〕

9 盛屋寺　せいおくじ〔寺〕
愛知県名古屋市瑞穂区　《本尊》聖観世音菩薩
〔曹洞宗〕

盛泉寺　じょうせんじ〔寺〕
長野県東筑摩郡波田町　《別称》水沢観音　《本尊》釈迦如来・千手観世音菩薩・不動明王・薬師如来
〔曹洞宗〕

盛重寺　せいちょうじ〔寺〕
兵庫県豊岡市　《別称》森尾の寺　《本尊》千手観世音菩薩
〔臨済宗南禅寺派〕

11 盛隆寺　せいりゅうじ〔寺〕
長野県中野市　《本尊》釈迦如来　〔曹洞宗〕

盛隆寺　じょうりゅうじ〔寺〕
岡山県岡山市　《別称》妹尾の大寺　《本尊》日蓮聖人奠定の大曼荼羅
〔日蓮宗〕

12 盛景寺　じょうけいじ〔寺〕
福井県武生市　《本尊》釈迦如来　〔曹洞宗〕

11画（眼, 眺, 祭, 移, 窓, 笠, 笹）

盛景寺　じょうけいじ〔寺〕
　愛媛県伊予郡中山町　《本尊》十一面観世音菩薩　〔臨済宗妙心寺派〕
盛雲寺　せいうんじ〔寺〕
　東京都豊島区　《本尊》阿弥陀三尊　〔浄土宗〕
盛雲院　せいうんいん〔寺〕
　青森県弘前市　《本尊》釈迦如来　〔曹洞宗〕
13盛源寺　せいげんじ〔寺〕
　神奈川県川崎市多摩区　《本尊》釈迦如来　〔曹洞宗〕
盛福寺　せいふくじ〔寺〕
　神奈川県横須賀市　《本尊》聖観世音菩薩　〔臨済宗円覚寺派〕
盛福寺　せいふくじ〔寺〕
　福岡県福岡市中央区　《本尊》阿弥陀如来・善道大師・法然上人　〔浄土宗〕
14盛徳寺　せいとくじ〔寺〕
　埼玉県行田市　〔真言宗智山派〕
20盛巌寺　せいがんじ〔寺〕
　岐阜県恵那郡岩村町　《本尊》釈迦如来　〔曹洞宗〕

【眼】
0眼のお宮《称》　めのおみや〔社〕
　兵庫県姫路市・白川神社　《祭神》倉稲魂神〔他〕　〔神社本庁〕
15眼蔵寺　がんぞうじ〔寺〕
　千葉県長生郡長柄町　《本尊》釈迦如来　〔臨済宗妙心寺派〕
眼蔵寺　げんぞうじ〔寺〕
　神奈川県小田原市　《本尊》釈迦如来　〔曹洞宗〕

【眺】
9眺洋寺　ちょうようじ〔寺〕
　千葉県夷隅郡岬町　《別称》井沢不動尊　《本尊》不動明王　〔天台宗〕
12眺景寺　ちょうけいじ〔寺〕
　愛知県日進市　《本尊》阿弥陀如来　〔真宗大谷派〕

【祭】
8祭林寺　さいりんじ〔寺〕
　長野県上伊那郡辰野町　《本尊》釈迦如来　〔曹洞宗〕

【移】
5移田八幡宮　いかだはちまんぐう〔社〕
　富山県高岡市　《別称》中田の宮　《祭神》移田神〔他〕　〔神社本庁〕

【窓】
6窓安寺　そうあんじ〔寺〕
　福井県武生市　《本尊》阿弥陀如来・観世音菩薩・勢至菩薩・腹ごもり不動明王　〔天台宗〕

【笠】
0笠ぬげの観音《称》　かさぬげのかんのん〔寺〕
　滋賀県大津市・尾蔵寺　《本尊》十一面観世音菩薩　〔天台寺門宗〕
5笠石神社　かさいしじんじゃ〔社〕
　栃木県那須郡湯津上村　《別称》笠石《祭神》那須直韋提　〔神社本庁〕
7笠形神社　かさがたじんじゃ〔社〕
　兵庫県神崎郡市川町　《祭神》須佐之男命〔他〕　〔神社本庁〕
10笠原御坊《称》　かさはらごぼう〔寺〕
　新潟県上越市・本誓寺　《本尊》阿弥陀如来　〔真宗大谷派〕
12笠森寺　かさもりでら〔寺〕
　千葉県長生郡長南町　《別称》坂東第三一番霊場・笠森観音　《本尊》十一面観世音菩薩　〔天台宗〕
笠森稲荷《称》　かさもりいなり〔寺〕
　東京都台東区・大円寺　《本尊》日蓮聖人奠定の大曼荼羅・薬王菩薩　〔日蓮宗〕
笠間神社　かさまじんじゃ〔社〕
　石川県松任市　《祭神》大宮比咩神〔他〕　〔神社本庁〕
笠間稲荷神社　かさまいなりじんじゃ〔社〕
　茨城県笠間市　《別称》胡桃下稲荷・紋三郎稲荷　《祭神》宇迦之御魂命　〔神社本庁〕
13笠置寺　かさぎでら〔寺〕
　京都府相楽郡笠置町　《本尊》大磨崖仏弥勒菩薩　〔真言宗智山派〕
笠置神社　かさぎじんじゃ〔社〕
　岐阜県恵那市　《祭神》伊邪那岐命〔他〕　〔神社本庁〕
18笠覆寺　りゅうふくじ〔寺〕
　愛知県名古屋市南区　《別称》笠寺観音　《本尊》十一面観世音菩薩　〔真言宗智山派〕

【笹】
6笹寺《称》　ささでら〔寺〕
　東京都新宿区・長善寺　《本尊》釈迦如来　〔曹洞宗〕
11笹野観音《称》　ささのかんのん〔寺〕
　山形県米沢市・幸徳院　《本尊》千手千眼観世音菩薩　〔真言宗豊山派〕

神社・寺院名よみかた辞典　559

11画（第, 笛, 粒, 経, 細, 紫）

【第】
4第六天《称》　だいろくてん〔社〕
　東京都荒川区・胡録神社　《祭神》面足尊〔他〕
　　　　　　　　　　　　　　　　〔神社本庁〕
　第六天神社　だいろくてんじんしゃ〔社〕
　　埼玉県岩槻市　《祭神》面足命〔他〕
　　　　　　　　　　　　　　　　〔神社本庁〕
　第六天神社　だいろくてんじんじゃ〔社〕
　　神奈川県茅ヶ崎市　《祭神》淤母陀流神〔他〕
　　　　　　　　　　　　　　　　〔神社本庁〕
　第六天榊神社《称》　だいろくてんさかきじんじゃ〔社〕
　　東京都台東区・榊神社　《祭神》天神六代坐皇大御神〔他〕
　　　　　　　　　　　　　　　　〔神社本庁〕

【笛】
7笛吹神社《称》　ふえふきじんじゃ〔社〕
　奈良県北葛城郡新庄町・葛木坐火雷神社　《祭神》火雷大神〔他〕
　　　　　　　　　　　　　　　　〔神社本庁〕

【粒】
7粒坐天照神社　いいほにますあまてるじんじゃ〔社〕
　兵庫県龍野市　《別称》りゅうざてんしょう
　《祭神》天照国照彦火明神　〔神社本庁〕

【経】
3経久寺　きょうきゅうじ〔寺〕
　鳥取県西伯郡西伯町　《別称》肩引観音　《本尊》釈迦如来　〔臨済宗妙心寺派〕
4経王寺　きょうおうじ〔寺〕
　北海道札幌市豊平区　《本尊》日蓮聖人奠定の大曼荼羅　〔日蓮宗〕
　経王寺　きょうおうじ〔寺〕
　東京都荒川区　《本尊》十界曼荼羅　〔日蓮宗〕
　経王寺　きょうおうじ〔寺〕
　新潟県糸魚川市　《本尊》十界大曼荼羅　〔日蓮宗〕
　経王寺　きょうおうじ〔寺〕
　石川県金沢市　《本尊》一塔両尊四士　〔日蓮宗〕
　経王寺　けいおうじ〔寺〕
　山梨県南巨摩郡鰍沢町　《本尊》日蓮聖人奠定の大曼荼羅　〔日蓮宗〕
　経王寺　きょうおうじ〔寺〕
　大阪府堺市　《本尊》題目・宝塔・釈迦如来　〔日蓮宗〕
　経王寺　きょうおうじ〔寺〕
　兵庫県出石郡出石町　《本尊》十界大曼荼羅　〔日蓮宗〕

11経堂《称》　きょうどう〔寺〕
　東京都世田谷区・福昌寺　《本尊》釈迦如来　〔曹洞宗〕
12経覚寺　きょうがくじ〔寺〕
　東京都港区　《本尊》阿弥陀如来　〔浄土真宗本願寺派〕
15経蔵太子寺《称》　きょうぞうたいしじ〔寺〕
　岐阜県養老郡上石津町・常法寺　《本尊》阿弥陀如来　〔真宗大谷派〕
　経蔵寺　きょうぞうじ〔寺〕
　長野県飯田市　《本尊》日蓮聖人奠定の大曼荼羅　〔日蓮宗〕

【細】
5細田神社　さいたじんじゃ〔社〕
　兵庫県美嚢郡吉川町　《祭神》天之児屋根尊〔他〕　〔神社本庁〕
6細江神社　ほそえじんじゃ〔社〕
　静岡県引佐郡細江町　《別称》お天王さま　《祭神》素盞嗚尊〔他〕　〔神社本庁〕

【紫】
7紫尾神社　しびじんじゃ〔社〕
　鹿児島県薩摩郡鶴田町　《別称》紫尾権現　《祭神》瓊瓊杵命〔他〕　〔神社本庁〕
　紫尾神社　しびじんじゃ〔社〕
　鹿児島県出水郡高尾野町　《祭神》瓊瓊杵尊〔他〕　〔神社本庁〕
　紫尾権現《称》　しびごんげん〔社〕
　鹿児島県薩摩郡鶴田町・紫尾神社　《祭神》瓊瓊杵命〔他〕　〔神社本庁〕
9紫神社　むらさきじんじゃ〔社〕
　宮城県宮城郡松島町　《別称》紫さま　《祭神》天御中主神　〔神社本庁〕
11紫野大徳寺《称》　むらさきのだいとくじ〔寺〕
　京都府京都市北区・大徳寺　《本尊》大灯国師釈迦如来　〔臨済宗大徳寺派〕
12紫雲石《称》　しうんせき〔寺〕
　京都府京都市左京区・西雲院　《本尊》阿弥陀如来　〔黒谷浄土宗〕
　紫雲寺　しうんじ〔寺〕
　栃木県小山市　《本尊》阿弥陀如来　〔真宗大谷派〕
　紫雲寺　しうんじ〔寺〕
　千葉県安房郡白浜町　《本尊》阿弥陀如来　〔真言宗智山派〕
　紫雲寺　しうんじ〔寺〕
　新潟県北蒲原郡紫雲寺町　《本尊》阿弥陀如来　〔真宗大谷派〕

11画（紹，脚，船，菓）

紫雲閣《称》　しうんかく〔寺〕
　北海道芦別市・本誓寺　《本尊》阿弥陀如来
　　　　　　　　　　　　　　　〔浄土真宗本願寺派〕

【紹】
12紹運寺　しょううんじ〔寺〕
　福岡県大牟田市　《本尊》釈迦如来　〔曹洞宗〕

【脚】
6脚気の宮《称》　かっけのみや〔社〕
　富山県射水郡下村・加茂神社　《祭神》玉依姫命〔他〕　　　　　　　　　　〔神社本庁〕

【船】
4船井神社　ふないじんじゃ〔社〕
　京都府船井郡八木町　《別称》鹿野守住吉神社・春日さん　《祭神》表筒男命〔他〕
　　　　　　　　　　　　　　　　　　〔神社本庁〕
船引太神宮《称》　ふねひきだいじんぐう〔社〕
　福島県田村郡船引町・大鏑矢神社　《祭神》高皇産霊神〔他〕　　　　　　　〔神社本庁〕
6船江地蔵尊《称》　ふなえじぞうそん〔寺〕
　新潟県新潟市・泰叟寺　《本尊》阿弥陀如来
　　　　　　　　　　　　　　　　　　〔浄土宗〕
船江薬師《称》　ふなえやくし〔寺〕
　三重県松阪市・薬師寺　《本尊》薬師如来
　　　　　　　　　　　　　　　　　　〔天台宗〕
7船坂観音《称》　ふなさかかんのん〔寺〕
　京都府船井郡園部町・九品寺　《本尊》三面千手観世音菩薩　　〔真言宗御室派〕
船形山神社　ふながたさんじんじゃ〔社〕
　宮城県黒川郡大和町　《別称》御升沢様　《祭神》保食神　　　　　　　　　〔神社本庁〕
船形神社　ふながたじんじゃ〔社〕
　山梨県北巨摩郡高根町　《別称》氏神様　《祭神》建御名方之命　　　　　　〔神社本庁〕
8船岡神社　ふなおかじんじゃ〔社〕
　福井県武生市　《祭神》誉田別尊〔他〕
　　　　　　　　　　　　　　　　　　〔神社本庁〕
船附八幡神社《称》　ふなつきはちまんじんじゃ〔社〕
　岐阜県養老郡養老町・八幡神社　《祭神》応神天皇〔他〕　　　　　　　　　〔神社本庁〕
9船津八幡神社　ふなつはちまんじんじゃ〔社〕
　広島県呉市　《別称》広町東の宮　《祭神》八幡大神〔他〕　　　　　　　　〔神社本庁〕

船津神社　ふなつじんじゃ〔社〕
　愛知県東海市　《祭神》建甕槌神〔他〕
　　　　　　　　　　　　　　　　　　〔神社本庁〕
11船堀不動《称》　ふなぼりふどう〔寺〕
　東京都江戸川区・光明寺　《本尊》不動明王
　　　　　　　　　　　　　　　　〔真言宗豊山派〕
12船場の白河さん《称》　せんばのしらかわさん〔社〕
　兵庫県姫路市・白川神社　《祭神》倉稲魂神〔他〕　　　　　　　　　　　　〔神社本庁〕
船着大明神《称》　ふなつきだいみょうじん〔社〕
　三重県桑名市・尾野神社　《祭神》天押帯日子命〔他〕　　　　　　　　　　〔神社本庁〕
船越八幡宮《称》　ふなこしはちまんぐう〔社〕
　香川県三豊郡詫間町・八幡神社　《祭神》応神天皇〔他〕　　　　　　　　　〔神社本庁〕
船越八幡宮《称》　ふなこしはちまんぐう〔社〕
　愛媛県松山市・船越和気比売神社　《祭神》和気比売命〔他〕　　　　　　　〔神社本庁〕
船越和気比売神社　ふなこしわけひめじんじゃ〔社〕
　愛媛県松山市　《別称》船越八幡宮　《祭神》和気比売命〔他〕　　　　　　〔神社本庁〕
船越鉈切神社　ふなこしなたぎりじんじゃ〔社〕
　千葉県館山市　《別称》浜田の鉈切神社　《祭神》豊玉姫命　　　　　　　　〔神社本庁〕
13船詰神社　ふなずめじんじゃ〔社〕
　兵庫県尼崎市　《祭神》鳥之磐楠船命
　　　　　　　　　　　　　　　　　　〔神社本庁〕
船路八幡《称》　ふなじはちまん〔社〕
　山口県佐波郡徳地町・八幡宮　《祭神》道反大神〔他〕
15船穂神社　ふなほじんじゃ〔社〕
　岡山県浅口郡船穂町　《祭神》大己貴命
　　　　　　　　　　　　　　　　　　〔神社本庁〕
16船橋大神宮《称》　ふなばしだいじんぐう〔社〕
　千葉県船橋市・意冨比神社　《祭神》天照皇大神　　　　　　　　　　　　　〔神社本庁〕
船橋観音《称》　ふなばしかんのん〔寺〕
　愛知県稲沢市・安楽寺　《本尊》十一面観世音菩薩　　　　　　　〔臨済宗妙心寺派〕

【菓】
9菓城寺　かじょうじ〔寺〕
　新潟県新津市　《本尊》阿弥陀如来
　　　　　　　　　　　　　　　　〔真宗大谷派〕

神社・寺院名よみかた辞典　561

11画（菓, 菰, 菜, 菖, 菅）

菓祖中嶋神社《称》　かそなかしまじんじゃ〔社〕
　兵庫県豊岡市・中嶋神社　《祭神》田道間守命［他］　〔神社本庁〕

【菊】

4菊水寺　きくすいじ〔寺〕
　埼玉県秩父郡吉田町　《別称》秩父第三三番霊場　《本尊》聖観世音菩薩　〔曹洞宗〕
6菊池神社　きくちじんじゃ〔社〕
　福岡県福岡市城南区　《別称》菊池様　《祭神》菊池武時［他］　〔神社本庁〕
　菊池神社　きくちじんじゃ〔社〕
　熊本県菊池市　《祭神》菊池武時　〔神社本庁〕

【菰】

11菰野観音《称》　こものかんのん〔寺〕
　三重県三重郡菰野町・洗心教団本部教会　《本尊》千手観世音菩薩　〔洗心教団〕

【菜】

10菜流寺　さいりゅうじ〔寺〕
　静岡県静岡市　《本尊》延命地蔵菩薩　〔臨済宗妙心寺派〕
11菜野川神社　なのがわじんじゃ〔社〕
　高知県吾川郡吾川村　《別称》峠の宮　《祭神》応神天皇　〔神社本庁〕

【菖】

13菖蒲神社　しょうぶじんじゃ〔社〕
　鹿児島県鹿児島市　《祭神》天照大神　〔神社本庁〕

【菅】

3菅山寺　かんざんじ〔寺〕
　滋賀県伊香郡余呉町　〔真言宗豊山派〕
5菅布禰神社　すがふねじんじゃ〔社〕
　福島県郡山市田村町　《祭神》猿田毘古命
　菅布禰神社　すがふねじんじゃ〔社〕
　福島県郡山市中田町　《祭神》猿田彦命　〔神社本庁〕
　菅生八幡神社《称》　すごうはちまんじんじゃ〔社〕
　岐阜県岐阜市・八幡神社　《祭神》応神天皇［他］　〔神社本庁〕
　菅生石部神社　すごういそべじんじゃ〔社〕
　石川県加賀市　《別称》敷地天神　《祭神》菅生石部大神　〔神社本庁〕

菅生神社　すごうじんじゃ〔社〕
　宮城県柴田郡村田町　《別称》六社堂・六社の宮　《祭神》武甕槌命［他］　〔神社本庁〕
菅生神社　すがおじんじゃ〔社〕
　大阪府南河内郡美原町　《祭神》天児屋根命［他］　〔神社本庁〕
菅生神社　すがうじんじゃ〔社〕
　香川県三豊郡山本町　《別称》両社八幡宮　《祭神》邇邇杵命［他］　〔単立〕
菅生神社　すごうじんじゃ〔社〕
　大分県大野郡三重町　《祭神》品陀和気命［他］　〔神社本庁〕
菅田天神社　かんだてんじんしゃ〔社〕
　山梨県塩山市　《祭神》素戔嗚尊［他］　〔神社本庁〕
菅田神社　すがたじんじゃ〔社〕
　奈良県大和郡山市　《祭神》天櫛杵命［他］　〔神社本庁〕
7菅谷寺　かんこくじ〔寺〕
　新潟県新発田市　《本尊》不動明王　〔真言宗醍醐派〕
9菅相寺　かんしょうじ〔寺〕
　三重県松阪市　《別称》松阪天神　《本尊》十一面観世音菩薩・天満大自在天神　〔臨済宗妙心寺派〕
　菅相寺　かんしょうじ〔寺〕
　兵庫県津名郡五色町　《本尊》十一面観世音菩薩　〔高野山真言宗〕
10菅原神社　すがわらじんじゃ〔社〕
　秋田県男鹿市　《祭神》菅原道真［他］　〔神社本庁〕
　菅原神社　すがわらじんじゃ〔社〕
　埼玉県児玉郡上里町　《別称》天神様　《祭神》武夷鳥神［他］　〔神社本庁〕
　菅原神社　すがわらじんじゃ〔社〕
　神奈川県小田原市　《祭神》菅原道真　〔神社本庁〕
　菅原神社　すがはらじんじゃ〔社〕
　新潟県佐渡市　《別称》天神様　《祭神》菅原道真［他］　〔神社本庁〕
　菅原神社　すがはらじんじゃ〔社〕
　新潟県中頸城郡清里村　《祭神》天之穂日命　〔神社本庁〕
　菅原神社　すがはらじんじゃ〔社〕
　石川県羽咋郡志雄町　《祭神》菅原道真［他］　〔神社本庁〕
　菅原神社　すがわらじんじゃ〔社〕
　三重県上野市　《別称》上野天神宮　《祭神》菅原道真［他］　〔神社本庁〕

11画（菱, 菩, 虚, 蚶, 袋）

菅原神社　すがはらじんじゃ〔社〕
　滋賀県野洲郡野洲町　《祭神》菅原道真
　　　　　　　　　　　　　　　　〔神社本庁〕
菅原神社　すがはらじんじゃ〔社〕
　大阪府堺市　《別称》堺天神　《祭神》菅原道
　真〔他〕　　　　　　　　　　〔神社本庁〕
菅原神社　すがはらじんじゃ〔社〕
　大阪府東大阪市　《祭神》菅原道真
　　　　　　　　　　　　　　　　〔神社本庁〕
菅原神社　すがわらじんじゃ〔社〕
　大分県下毛郡山国町　《祭神》菅原道真
　　　　　　　　　　　　　　　　〔神社本庁〕
菅原神社　すがわらじんじゃ〔社〕
　宮崎県えびの市　《別称》天神様　《祭神》菅
　原道真　　　　　　　　　　　〔神社本庁〕
菅原神社　すがわらじんじゃ〔社〕
　鹿児島県川内市　《別称》天神　《祭神》菅原
　道真　　　　　　　　　　　　〔神社本庁〕
菅原神社　すがわらじんじゃ〔社〕
　鹿児島県薩摩郡東郷町　《別称》藤川天神
　《祭神》菅原道真　　　　　　〔神社本庁〕
菅原院天満宮神社　すがわらいんてんまん
　ぐうじんじゃ〔社〕
　京都府京都市上京区　《別称》烏丸の天神さ
　ん　《祭神》菅原道真〔他〕　　〔神社本庁〕
11 菅野大明神《称》　すがのだいみょうじん
　〔社〕
　鳥取県岩美郡国府町・酒賀神社　《祭神》大
　穴牟遅命〔他〕　　　　　　　〔神社本庁〕
菅野神社　すがのじんじゃ〔社〕
　岐阜県大垣市　　　　　　　　〔神社本庁〕

【菱】

8 菱妻神社　ひしずまじんじゃ〔社〕
　京都府京都市伏見区　《祭神》天児屋根命
　　　　　　　　　　　　　　　　〔神社本庁〕

【菩】

12 菩提寺　ぼだいじ〔寺〕
　北海道空知郡南幌町　《本尊》釈迦如来
　　　　　　　　　　　　　　　　〔曹洞宗〕
菩提寺　ぼだいじ〔寺〕
　愛知県安城市　《本尊》阿弥陀如来　〔浄土宗〕
菩提寺　ぼだいじ〔寺〕
　兵庫県三田市　《別称》花山の院・大本山
　《本尊》薬師如来　　　　〔真言宗花山院派〕
菩提寺《称》　ぼだいじ〔寺〕
　奈良県高市郡明日香村・橘寺　《本尊》聖徳
　太子　　　　　　　　　　　　　〔天台宗〕

菩提寺　ぼだいじ〔寺〕
　岡山県勝田郡奈義町　《本尊》十一面大曼荼
　羅　　　　　　　　　　　　　　〔浄土宗〕
菩提寺　ぼだいじ〔寺〕
　長崎県北高来郡高来町　《本尊》阿弥陀如来・
　観世音菩薩・勢至菩薩　　　　　〔浄土宗〕
菩提院　ぼだいいん〔寺〕
　福島県いわき市　《本尊》阿弥陀如来
　　　　　　　　　　　　　　　　〔浄土宗〕
菩提院《称》　ぼだいいん〔寺〕
　香川県綾歌郡綾南町・光貴寺　《本尊》阿弥
　陀如来　　　　　　　　　〔真言宗御室派〕
菩提禅寺　ぼだいぜんじ〔寺〕
　滋賀県甲賀郡甲西町　《別称》禅寺　《本尊》
　阿弥陀如来　　　　　　　　　　〔黄檗宗〕
菩提樹院　ぼだいじゅいん〔寺〕
　静岡県静岡市　《本尊》釈迦如来
　　　　　　　　　　　　　〔臨済宗妙心寺派〕

【虚】

8 虚空蔵さん《称》　こくぞうさん〔社〕
　熊本県荒尾市・四山神社　《祭神》天之御中
　主神〔他〕　　　　　　　　　〔神社本庁〕
虚空蔵堂　こくうぞうどう〔寺〕
　茨城県那珂郡東海村　《別称》日本三虚空蔵
　《本尊》虚空蔵菩薩・鐘馗・安産地蔵菩薩・
　稲荷明神・一二支本尊　　〔真言宗智山派〕
虚空蔵堂　こくうぞうどう〔寺〕
　東京都台東区・宋雲院　《本尊》虚空蔵菩薩
　　　　　　　　　　　　　〔臨済宗大徳寺派〕
虚空蔵尊寺《称》　こくうぞうそんじ〔寺〕
　福島県いわき市・能満寺　《本尊》阿弥陀如
　来・虚空蔵菩薩　　　　　　　　〔浄土宗〕

【蚶】

12 蚶満寺　かんまんじ〔寺〕
　秋田県由利郡象潟町　《本尊》釈迦如来
　　　　　　　　　　　　　　　　〔曹洞宗〕

【袋】

0 袋の宮《称》　ふくろのみや〔社〕
　青森県弘前市・熊野宮　《祭神》伊邪那岐命
　〔他〕　　　　　　　　　　　　〔神社本庁〕
袋の観音《称》　ふくろのかんのん〔寺〕
　埼玉県さいたま市・観音寺　《本尊》如意輪
　観世音菩薩　　　　　　　　〔真言宗智山派〕
4 袋中庵　たいちゅうあん〔寺〕
　京都府京都市東山区　《本尊》阿弥陀如来
　　　　　　　　　　　　　　　　〔浄土宗〕

神社・寺院名よみかた辞典　563

11画（許, 転, 逸, 進, 郷, 都）

6袋地蔵《称》　ふくろじぞう〔寺〕
　東京都北区・満蔵院　《本尊》地蔵菩薩
　　　　　　　　　　　　　　〔真言宗智山派〕
18袋観音《称》　ふくろかんのん〔寺〕
　埼玉県北足立郡吹上町・西福寺　《本尊》不
　動明王・正観世音菩薩　〔真言宗智山派〕

【許】
8許波多神社　こはたじんじゃ〔社〕
　京都府宇治市　《祭神》正哉吾勝勝速日天忍
　穂耳尊[他]　　　　　　　　　〔神社本教〕
11許乃兵主神社　こののひょうすじんじゃ
　〔社〕
　鳥取県岩美郡岩美町　《祭神》大国主命[他]
　　　　　　　　　　　　　　　〔神社本庁〕
　許麻神社　こまじんじゃ〔社〕
　大阪府八尾市　《祭神》素盞嗚命[他]
　　　　　　　　　　　　　　　〔神社本庁〕
12許斐神社　こひじんじゃ〔社〕
　福岡県飯塚市　《祭神》天太玉尊[他]
　　　　　　　　　　　　　　　〔神社本庁〕
　許曾志神社　こそしじんじゃ〔社〕
　島根県松江市　《別称》白髭大明神　《祭神》
　猨田毘古命[他]　　　　　　　〔神社本庁〕
18許禰神社　こねじんじゃ〔社〕
　静岡県袋井市　《別称》木原宮　《祭神》伊弉
　冉命[他]　　　　　　　　　　〔神社本庁〕
　許禰神社　こねじんじゃ〔社〕
　静岡県周智郡森町　《祭神》伊邪那伎命[他]
　　　　　　　　　　　　　　　〔神社本庁〕

【転】
8転法輪寺　てんぽうりんじ〔寺〕
　大阪府岸和田市　《本尊》阿弥陀如来
　　　　　　　　　　　　　　　　〔浄土宗〕
　転法輪寺　てんぽうりんじ〔寺〕
　兵庫県神戸市垂水区　《本尊》阿弥陀如来
　　　　　　　　　　　　　　〔高野山真言宗〕
　転法輪寺　てんぽうりんじ〔寺〕
　奈良県五條市　《別称》犬飼のお大師さん
　《本尊》弘法大師・不動明王・狩場明王
　　　　　　　　　　　　　　〔高野山真言宗〕
　転法輪寺　てんぽうりんじ〔寺〕
　奈良県御所市　《本尊》法起大菩薩
　　　　　　　　　　　　　　〔真言宗醍醐派〕

【逸】
7逸見神社　へみじんじゃ〔社〕
　山梨県北巨摩郡大泉村　《祭神》建御名方
　命　　　　　　　　　　　　　〔神社本庁〕

【進】
9進美寺　しんめいじ〔寺〕
　兵庫県城崎郡日高町　《別称》すすみの観音
　《本尊》聖観世音菩薩　　　　　　〔天台宗〕
12進雄社　すさのおしゃ〔社〕
　愛知県田原市　《祭神》牛頭天王　〔神社本庁〕
　進雄神社　すさのおじんじゃ〔社〕
　群馬県高崎市　《祭神》速須佐之男命[他]
　　　　　　　　　　　　　　　〔神社本庁〕
　進雄神社　すさのおじんじゃ〔社〕
　愛知県豊川市　《別称》当古天王　《祭神》素
　盞嗚命[他]　　　　　　　　　〔神社本庁〕
　進雄神社　すさのおじんじゃ〔社〕
　愛知県宝飯郡一宮町　《祭神》進雄命
　　　　　　　　　　　　　　　〔神社本庁〕

【郷】
7郷芳寺　ごうほうじ〔寺〕
　北海道滝川市　《別称》真言寺　《本尊》厄除
　弘法大師　　　　　　　　　〔高野山真言宗〕
9郷神様《称》　ごうがみさま〔社〕
　石川県小松市・滓上神社　《祭神》五十日帯
　彦命[他]　　　　　　　　　　〔神社本庁〕
13郷照寺　ごうしょうじ〔寺〕
　香川県綾歌郡宇多津町　《別称》道場寺・四
　国第七八番霊場　《本尊》阿弥陀如来
　　　　　　　　　　　　　　　　〔時宗〕

【都】
3都万神社　つまじんじゃ〔社〕
　宮崎県西都市　《別称》妻万様　《祭神》木花
　開耶姫命　　　　　　　　　　〔神社本庁〕
　都万神社　つまじんじゃ〔社〕
　鹿児島県曽於郡大崎町　《別称》おせまんさ
　ま　《祭神》木花開耶姫命[他]　〔神社本庁〕
　都久夫須麻神社　ちくぶしまじんじゃ〔社〕
　滋賀県東浅井郡びわ町　《別称》竹生島神社
　《祭神》市杵島姫命[他]　　　　〔神社本庁〕
6都牟自神社　つむじんじゃ〔社〕
　島根県簸川郡斐川町　《祭神》薦枕志都沼値
　命[他]　　　　　　　　　　　〔神社本庁〕
7都祁水分神社　つげみくまりじんじゃ〔社〕
　奈良県山辺郡都祁村　《祭神》速秋津彦命[他]
　　　　　　　　　　　　　　　〔神社本庁〕
8都武自神社　つむじんじゃ〔社〕
　島根県平田市国富町　《祭神》速都武自別命
　[他]　　　　　　　　　　　　〔神社本庁〕
　都治神社　つちじんじゃ〔社〕
　島根県江津市都治町　《祭神》誉田別尊[他]
　　　　　　　　　　　　　　　〔神社本庁〕

11画（部, 釈, 野）

都波岐神社　つばきじんじゃ〔社〕
　三重県鈴鹿市　《別称》伊勢一ノ宮
　　　　　　　　　　　　　　　　〔神社本庁〕
11都都古別神社　つつこわけじんじゃ〔社〕
　福島県東白川郡棚倉町大字八槻　《別称》八
　槻さま　《祭神》味耜高彦根命[他]
　　　　　　　　　　　　　　　　〔神社本庁〕
　都都古別神社　つつこわけじんじゃ〔社〕
　福島県東白川郡棚倉町馬場　《祭神》味耜高
　彦根命[他]　　　　　　　　　　〔神社本庁〕
　都野神社　つのじんじゃ〔社〕
　新潟県三島郡与板町　《別称》八幡さま　《祭
　神》多紀理姫命[他]　　　　　　〔神社本庁〕
12都筑神社　つづきじんじゃ〔社〕
　静岡県引佐郡三ヶ日町　《祭神》天照大神[他]
　　　　　　　　　　　　　　　　〔神社本庁〕
　都賀の宮《称》　つがのみや〔社〕
　島根県邑智郡大和村・松尾山八幡宮　《祭神》
　応神天皇[他]　　　　　　　　　〔神社本庁〕
13都農神社　つのじんじゃ〔社〕
　宮崎県児湯郡都農町　《別称》日向国一之宮
　《祭神》大己貴命[他]　　　　　〔神社本庁〕

【部】
5部田神社　へだじんじゃ〔社〕
　静岡県田方郡戸田村　《祭神》大国主命
　　　　　　　　　　　　　　　　〔神社本庁〕

【釈】
4釈王寺　しゃくおうじ〔寺〕
　香川県東かがわ市　《本尊》聖観世音菩薩
　　　　　　　　　　　　　　　　〔真言宗〕
　釈王寺　しゃくおうじ〔寺〕
　福岡県北九州市八幡西区　《別称》畑の観音・
　磐女観音　《本尊》木葉観世音菩薩・十一
　面観世音菩薩　　　　　　　　　〔浄土宗〕
8釈迦文院　しゃかもんいん〔寺〕
　和歌山県伊都郡高野町　《本尊》大日如来
　　　　　　　　　　　　　　　　〔高野山真言宗〕
　釈迦院　しゃかいん〔寺〕
　山形県西置賜郡白鷹町　《本尊》大日如来
　　　　　　　　　　　　　　　　〔真言宗豊山派〕
　釈迦院　しゃかいん〔寺〕
　大阪府大阪市港区　《別称》築港高野山　《本
　尊》弘法大師　　　　　　　　　〔高野山真言宗〕
　釈迦院　しゃかいん〔寺〕
　大阪府堺市　《本尊》不動明王
　　　　　　　　　　　　　　　　〔高野山真言宗〕
　釈迦院　しゃかいん〔寺〕
　熊本県八代郡泉村　《本尊》釈迦如来
　　　　　　　　　　　　　　　　〔天台宗〕

釈迦堂《称》　しゃかどう〔寺〕
　長野県長野市・世尊院　《本尊》釈迦如来
　　　　　　　　　　　　　　　　〔天台宗〕
釈迦堂《称》　しゃかどう〔寺〕
　京都府京都市右京区・清凉寺　《本尊》釈迦
　如来　　　　　　　　　　　　　〔浄土宗〕
釈迦堂《称》　しゃかどう〔寺〕
　大阪府枚方市・釈尊寺　《本尊》釈迦如来・阿
　弥陀如来　　　　　　　　　　　〔浄土宗〕
釈迦堂《称》　しゃかどう〔寺〕
　大阪府枚方市・久修園院　《本尊》釈迦如来
　　　　　　　　　　　　　　　　〔真言律宗〕
釈迦堂《称》　しゃかどう〔寺〕
　奈良県橿原市・本明寺　《本尊》釈迦如来
　　　　　　　　　　　　　　　　〔浄土宗〕
釈迦堂《称》　しゃかどう〔寺〕
　奈良県磯城郡田原本町・富貴寺　《本尊》釈
　迦如来　　　　　　　　　　　　〔真言宗豊山派〕
12釈尊寺　しゃくそんじ〔寺〕
　長野県小諸市　《別称》布引観音　《本尊》聖
　観世音菩薩・十一面観世音菩薩・馬頭観世
　音菩薩・阿弥陀如来・釈迦如来　〔天台宗〕
釈尊寺　しゃくそんじ〔寺〕
　大阪府枚方市　《別称》釈迦堂　《本尊》釈迦
　如来・阿弥陀如来　　　　　　　〔浄土宗〕
釈尊院　しゃくそんいん〔寺〕
　岩手県西磐井郡平泉町　《別称》上西谷坊
　《本尊》釈迦三尊　　　　　　　〔天台宗〕

【野】
3野上八幡宮　のかみはちまんぐう〔社〕
　和歌山県海草郡野上町　《別称》野上八幡
　《祭神》品田和気大神[他]　　　〔神社本庁〕
野上荘神社　のがみしょうじんじゃ〔社〕
　鳥取県日野郡溝口町　《別称》八幡様　《祭
　神》天照大神[他]　　　　　　　〔神社本庁〕
野口念仏《称》　のぐちねんぶつ〔寺〕
　兵庫県加古川市・教信寺　《本尊》阿弥陀如
　来・教信沙弥・聖観世音菩薩　　〔天台宗〕
野口神社　のぐちじんじゃ〔社〕
　兵庫県加古川市　《別称》五社宮　《祭神》大
　山咋命[他]　　　　　　　　　　〔神社本庁〕
野口神社　のぐちじんじゃ〔社〕
　兵庫県宍粟郡山崎町　《別称》八幡宮　《祭
　神》天照皇大神[他]　　　　　　〔神社本庁〕
野口清蓮寺《称》　のぐちせいれんじ〔寺〕
　京都府京都市中京区・清蓮寺　《本尊》阿弥
　陀如来　　　　　　　　　　　　〔浄土宗〕

神社・寺院名よみかた辞典　565

11画（野）

4野中寺　やちゅうじ〔寺〕
　大阪府羽曳野市　《別称》中の太子　《本尊》
　薬師如来・地蔵菩薩・弘法大師
　　　　　　　　　　　　　〔高野山真言宗〕

野井神社　のいじんじゃ〔社〕
　島根県大田市　《祭神》神皇産霊神
　　　　　　　　　　　　　〔神社本庁〕

野方本願寺《称》　のかたほんがんじ〔寺〕
　福岡県福岡市西区・本願寺　《本尊》阿弥陀
　如来　　　　　　　　　　　　　〔浄土宗〕

野木神社　のきじんじゃ〔社〕
　栃木県下都賀郡野木町　《祭神》菟道稚郎子
　命[他]　　　　　　　　　　　〔神社本庁〕

5野代虚空蔵《称》　のしろこくうぞう〔寺〕
　三重県桑名郡多度町・徳蓮寺　《本尊》虚空
　蔵菩薩　　　　　　　　　　　〔真言宗東寺派〕

野田八幡宮　のだはちまんぐう〔社〕
　愛知県刈谷市　《別称》今留ヶ森　《祭神》物
　部祖神[他]　　　　　　　　　〔神社本庁〕

野田戎《称》　のだえびす〔社〕
　大阪府大阪市福島区・恵美須神社　《祭神》事
　代主大神[他]　　　　　　　　〔神社本庁〕

野田神社　のだじんじゃ〔社〕
　山口県山口市　《祭神》毛利敬親[他]
　　　　　　　　　　　　　〔神社本庁〕

野田御坊《称》　のだごぼう〔寺〕
　大阪府大阪市福島区・円満寺　《本尊》阿弥
　陀如来　　　　　　　　　〔浄土真宗本願寺派〕

野田薬師《称》　のだやくし〔寺〕
　静岡県島田市・鵜田寺　《本尊》薬師如来・虚
　空蔵菩薩　　　　　　　　　〔真言宗泉涌寺派〕

野辺地八幡宮《称》　のへじはちまんぐう
　〔社〕
　青森県上北郡野辺地町・八幡宮　《祭神》応
　神天皇　　　　　　　　　　　〔神社本庁〕

野辺神社　のべじんじゃ〔社〕
　静岡県磐田郡豊岡村　《祭神》大山昨命
　　　　　　　　　　　　　〔神社本庁〕

野辺野神社　のべのじんじゃ〔社〕
　三重県久居市　《別称》八幡さま　《祭神》品
　陀和気命[他]　　　　　　　　〔神社本庁〕

6野寺本坊《称》　のでらほんぼう〔寺〕
　愛知県安城市・本証寺　《本尊》阿弥陀如来
　　　　　　　　　　　　　〔真宗大谷派〕

野江神社《称》　のえじんじゃ〔社〕
　大阪府大阪市城東区・水神社　《祭神》水波
　女大神　　　　　　　　　　　〔神社本庁〕

7野亨寺　やこうじ〔寺〕
　三重県桑名郡長島町　《本尊》阿弥陀如来
　　　　　　　　　　　　　〔真宗大谷派〕

野坂寺　のさかじ〔寺〕
　埼玉県秩父市　《別称》白華堂・秩父第一二
　番霊場　《本尊》聖観世音菩薩
　　　　　　　　　　　　　〔臨済宗南禅寺派〕

野坂社　のさかじんじゃ〔社〕
　大分県大分市三佐　《祭神》速玉男命[他]
　　　　　　　　　　　　　〔神社本庁〕

野村の聖天様《称》　のむらのしょうてん
　さま〔寺〕
　埼玉県行田市・満願寺　《本尊》不動明王
　　　　　　　　　　　　　〔真言宗智山派〕

野沢竜雲寺《称》　のざわりゅううんじ〔寺〕
　東京都世田谷区・竜雲寺　《本尊》聖観世音
　菩薩　　　　　　　　　　　〔臨済宗妙心寺派〕

野見神社　のみじんじゃ〔社〕
　愛知県豊田市　《別称》天王様　《祭神》甘美
　乾飯根命　　　　　　　　　　〔神社本庁〕

8野牧寺　のまきでら〔寺〕
　群馬県甘楽郡下仁田町　《本尊》阿弥陀如
　来　　　　　　　　　　　　　　〔天台宗〕

9野津原神社　のつはるじんじゃ〔社〕
　大分県大分郡野津原町　《祭神》素盞嗚尊[他]

10野原八幡宮　のばらはちまんぐう〔社〕
　熊本県荒尾市　《祭神》応神天皇[他]
　　　　　　　　　　　　　〔神社本庁〕

11野崎観音《称》　のざきかんのん〔寺〕
　大阪府大東市・慈眼寺　《本尊》十一面観世
　音菩薩　　　　　　　　　　　〔曹洞宗〕

野野宮社《称》　ののみやしゃ〔社〕
　京都府京都市右京区・野々宮神社　《祭神》天
　照皇大神　　　　　　　　　　〔神社本教〕

野々宮神社　ののみやじんじゃ〔社〕
　京都府京都市右京区　《別称》野宮社　《祭
　神》天照皇大神　　　　　　　〔神社本教〕

野々宮神社　ののみやじんじゃ〔社〕
　大阪府堺市　《祭神》進雄命　〔神社本庁〕

12野渡のかんのん様《称》　のわたのかんの
　んさま〔寺〕
　栃木県下都賀郡野木町・満福寺　《本尊》観
　世音菩薩　　　　　　　　　　〔曹洞宗〕

野登寺　やとうじ〔寺〕
　三重県亀山市　《別称》ののぼりさん　《本尊》
　十一面千手観世音菩薩　　〔真言宗御室派〕

野間大坊《称》　のまだいぼう〔寺〕
　愛知県知多郡美浜町・大御堂寺　《本尊》阿
　弥陀如来・開運地蔵菩薩・大日如来
　　　　　　　　　　　　　〔真言宗豊山派〕

野間神社　のまじんじゃ〔社〕
　石川県金沢市　《祭神》草野比売神[他]
　　　　　　　　　　　　　〔神社本庁〕

11画（釣, 陶, 陸, 隆, 雀, 雪）

野間神社　のまじんじゃ〔社〕
　大阪府豊能郡能勢町　《祭神》饒速日命〔他〕
　　　　　　　　　　　　　　　　〔神社本庁〕
野間神社　のまじんじゃ〔社〕
　愛媛県今治市　《別称》天王さん　《祭神》饒速玉命〔他〕　　　　　　〔神社本庁〕

【釣】
4釣月寺　ちょうげつじ〔寺〕
　静岡県沼津市　《本尊》観世音菩薩
　　　　　　　　　　　　　〔臨済宗妙心寺派〕
8釣学院　ちょうがくいん〔寺〕
　静岡県榛原郡榛原町　《本尊》釈迦如来
　　　　　　　　　　　　　　　　〔曹洞宗〕

【陶】
3陶山神社　すやまじんじゃ〔社〕
　佐賀県西松浦郡有田町　《別称》八幡宮　《祭神》品陀和気命　　　　　　〔神社本庁〕
9陶彦神社　すえひこじんじゃ〔社〕
　愛知県瀬戸市　《祭神》加藤景正〔神社本庁〕
陶荒田神社　すえあらたじんじゃ〔社〕
　大阪府堺市　《別称》陶器大宮　《祭神》高魂命〔他〕　　　　　　　　〔神社本庁〕
15陶器大宮《称》　とうきおおみや〔社〕
　大阪府堺市・陶荒田神社　《祭神》高魂命〔他〕　　　　　　　　　　　〔神社本庁〕

【陸】
4陸中一宮《称》　りくちゅういちのみや〔社〕
　岩手県水沢市（本宮）胆沢郡金ケ崎町（奥宮・里宮）・駒形神社　《祭神》宇迦能御魂大神〔他〕　　　　　　　　　〔神社本庁〕
12陸奥国分寺《称》　むつこくぶんじ〔寺〕
　宮城県仙台市若林区・国分寺　《本尊》薬師如来　　　　　　　　　〔真言宗智山派〕
陸奥総社宮　むつそうしゃのみや〔社〕
　宮城県多賀城市　《別称》総社宮　《祭神》陸奥国一百座の神　　　　〔神社本庁〕

【隆】
4隆円寺　りゅうえんじ〔寺〕
　山梨県南アルプス市　《本尊》釈迦如来
　　　　　　　　　　　　　　　　〔曹洞宗〕
5隆台寺　りゅうだいじ〔寺〕
　千葉県匝瑳郡光町　《本尊》阿弥陀三尊
　　　　　　　　　　　　　　〔真言宗智山派〕
6隆光寺　りゅうこうじ〔寺〕
　北海道札幌市中央区　《別称》高野山北海道別院　《本尊》大日如来　〔高野山真言宗〕

8隆国寺　りゅうこくじ〔寺〕
　兵庫県城崎郡日高町　《別称》牡丹でら　《本尊》釈迦如来・聖観世音菩薩　〔曹洞宗〕
隆岩寺　りゅうがんじ〔寺〕
　茨城県古河市　《別称》田町の呑竜さま　《本尊》阿弥陀如来　　　　〔浄土宗〕
隆昌院　りゅうしょういん〔寺〕
　山梨県南アルプス市　《本尊》千手観世音菩薩・不動明王・毘沙門天　〔曹洞宗〕
9隆泉寺　りゅうせんじ〔寺〕
　新潟県三島郡和島村　《別称》西証院　《本尊》阿弥陀如来　〔浄土真宗本願寺派〕
隆泉寺　りゅうせんじ〔寺〕
　兵庫県三原郡西淡町　《本尊》日蓮聖人奠定の十界勧請大曼荼羅　〔法華宗(本門流)〕
11隆崇院　りゅうそういん〔寺〕
　東京都品川区　《本尊》阿弥陀如来　〔浄土宗〕
12隆勝寺　りゅうしょうじ〔寺〕
　愛知県幡豆郡一色町　《本尊》阿弥陀如来
　　　　　　　　　　　　　　　　〔真宗大谷派〕
14隆徳寺　りゅうとくじ〔寺〕
　愛媛県新居浜市　《別称》浦堂寺　《本尊》不動明王・観世音菩薩　〔高野山真言宗〕
16隆興寺　りゅうこうじ〔寺〕
　島根県那賀郡金城町　《本尊》延命地蔵菩薩　　　　　　　　　〔臨済宗妙心寺派〕
22隆讃寺　りゅうさんじ〔寺〕
　滋賀県蒲生郡日野町　《本尊》阿弥陀如来
　　　　　　　　　　　　　　　　〔浄土宗〕

【雀】
6雀寺《称》　すずめでら〔寺〕
　京都府京都市中京区・更雀寺　《本尊》阿弥陀如来・地蔵菩薩　〔浄土宗西山禅林寺派〕
9雀神社　すずめじんじゃ〔社〕
　茨城県古河市　《別称》おすずめ様　《祭神》大己貴命〔他〕　　　　　〔神社本庁〕
10雀宮神社　すずめのみやじんじゃ〔社〕
　栃木県宇都宮市　《祭神》須菱鳴命〔他〕
　　　　　　　　　　　　　　　　〔神社本庁〕
雀宮神社　すずめのみやじんじゃ〔社〕
　山梨県東山梨郡勝沼町　《祭神》伊邪那伎命〔他〕　　　　　　　　　〔神社本庁〕

【雪】
10雪峰院　せっぽういん〔寺〕
　東京都北区　《別称》十条の尼寺　《本尊》阿弥陀如来　　　　　　　〔浄土宗〕

神社・寺院名よみかた辞典　567

11画（頂, 魚, 鳥）

17雪蹊寺　せっけいじ〔寺〕
　高知県高知市　《別称》四国第三三番霊場
　　《本尊》薬師三尊　　　　〔臨済宗妙心寺派〕

【頂】

7頂妙寺　ちょうみょうじ〔寺〕
　京都府京都市左京区　《別称》頂山・由緒寺
　院　《本尊》十界大曼荼羅　　　〔日蓮宗〕
8頂法寺　ちょうほうじ〔寺〕
　京都府京都市中京区　《別称》六角堂・西国第
　一八番霊場　《本尊》如意輪観世音菩薩
　　　　　　　　　　　　　　　　　〔天台宗〕
13頂蓮寺　ちょうれんじ〔寺〕
　栃木県那須郡湯津上村　《本尊》大日如来
　　　　　　　　　　　　　　　〔真言宗智山派〕

【魚】

3魚山寺　ぎょざんじ〔寺〕
　愛知県名古屋市中区　《本尊》阿弥陀如来
　　　　　　　　　　　　　　　　〔真宗大谷派〕
7魚吹八幡神社　うおふきはちまんじんじゃ
　〔社〕
　兵庫県姫路市　《別称》津の宮　《祭神》品陀
　和気命〔他〕　　　　　　　　　〔神社本庁〕
8魚沼神社　うおぬまじんじゃ〔社〕
　新潟県小千谷市　《別称》上弥彦大明神　《祭
　神》天香語山命　　　　　　　　〔神社本庁〕
9魚津神社　うおずじんじゃ〔社〕
　富山県魚津市　《祭神》天照皇太神〔他〕
　　　　　　　　　　　　　　　　〔神社本庁〕

【鳥】

3鳥子三之宮神社　とりのこさんのみやじん
　じゃ〔社〕
　熊本県阿蘇郡西原村　《祭神》国竜神〔他〕
　　　　　　　　　　　　　　　　〔神社本庁〕
4鳥井のお春日さん《称》　とりいのおかす
　がさん〔社〕
　福井県鯖江市・春日神社　《祭神》武甕槌神
　〔他〕　　　　　　　　　　　　〔神社本庁〕
5鳥出神社　とりでじんじゃ〔社〕
　三重県四日市市　《祭神》日本武尊〔他〕
　　　　　　　　　　　　　　　　〔神社本庁〕
6鳥羽地蔵《称》　とばじぞう〔寺〕
　京都府京都市南区・浄禅寺　《本尊》地蔵菩
　薩　　　　　　　　　　　〔浄土宗西山禅林寺派〕
7鳥見神社　とみじんじゃ〔社〕
　千葉県印西市　《祭神》櫛玉饒速日命〔他〕
　　　　　　　　　　　　　　　　〔神社本庁〕

鳥見神社　とりみじんじゃ〔社〕
　千葉県印西市　《祭神》饒速日命〔他〕
　　　　　　　　　　　　　　　　〔神社本庁〕
鳥見神社　とみじんじゃ〔社〕
　千葉県印旛郡本埜村　《祭神》饒速日命〔他〕
　　　　　　　　　　　　　　　　〔神社本庁〕
鳥谷崎神社　とやがさきじんじゃ〔社〕
　岩手県花巻市　《別称》三社山　《祭神》豊玉
　姫大神〔他〕　　　　　　　　　〔神社本庁〕
8鳥取山田神社　とっとりやまだじんじゃ
　〔社〕
　三重県員弁郡東員町　《別称》山田さん　《祭
　神》角凝魂命〔他〕　　　　　　〔神社本庁〕
鳥取県護国神社　とっとりけんごこくじん
　じゃ〔社〕
　鳥取県鳥取市　《祭神》護国の神霊
　　　　　　　　　　　　　　　　〔神社本庁〕
鳥居虚空蔵《称》　とりいこくうぞう〔寺〕
　山形県米沢市・館山寺　《本尊》釈迦如来・虚
　空蔵菩薩　　　　　　　　　　　　〔曹洞宗〕
9鳥屋比古神社　とりやひこじんじゃ〔社〕
　石川県鹿島郡鳥屋町　《祭神》鳥屋比古神
　　　　　　　　　　　　　　　　〔神社本庁〕
鳥屋神社　とやじんじゃ〔社〕
　宮城県石巻市　《別称》羽黒さん　《祭神》猿
　田彦神〔他〕　　　　　　　　　〔神社本庁〕
鳥屋野院《称》　とやのいん〔寺〕
　新潟県新潟市・浄光寺　《本尊》阿弥陀如来
　　　　　　　　　　　　　　　〔浄土真宗本願寺派〕
鳥海山《称》　ちょうかいさん〔社〕
　山形県飽海郡遊佐町・鳥海山大物忌神社
　《祭神》大物忌神　　　　　　　〔神社本庁〕
鳥海山大物忌神社　ちょうかいさんおおも
　のいみじんじゃ〔社〕
　山形県飽海郡遊佐町　《別称》鳥海山　《祭
　神》大物忌神　　　　　　　　　〔神社本庁〕
鳥海月山両所宮　ちょうかいがっさんりょ
　うしょぐう〔社〕
　山形県山形市　《祭神》倉稲魂命〔他〕
　　　　　　　　　　　　　　　　〔神社本庁〕
11鳥野神社　とりのじんじゃ〔社〕
　福岡県直方市　《別称》福智神社　《祭神》保
　食大神〔他〕　　　　　　　　　〔神社本庁〕
12鳥越神社　とりごえじんじゃ〔社〕
　東京都台東区　《別称》鳥越さま　《祭神》日
　本武尊〔他〕　　　　　　　　　〔神社本庁〕
13鳥飼八幡宮　とりがいはちまんぐう〔社〕
　兵庫県津名郡五色町　《祭神》応神天皇〔他〕
　　　　　　　　　　　　　　　　〔神社本庁〕

11画（鹿）

鳥飼八幡宮　とりかいはちまんぐう〔社〕
　福岡県福岡市中央区　《祭神》応神天皇[他]
　　　　　　　　　　　　　　　　〔神社本庁〕

【鹿】

4 鹿王院　ろくおういん〔寺〕
　京都府京都市右京区　《本尊》釈迦如来
　　　　　　　　　　　　　　〔臨済宗天竜寺派〕
5 鹿田の不動様《称》　かったのふどうさま
　〔寺〕
　岡山県真庭郡落合町・勇山寺　《本尊》薬師如
　来・不動明王・矜迦羅童子・制多迦童子
　　　　　　　　　　　　　　　〔高野山真言宗〕
7 鹿児神社　かこじんじゃ〔社〕
　高知県高知市　《祭神》上筒男神[他]
　　　　　　　　　　　　　　　　〔神社本庁〕
鹿児島県護国神社　かごしまけんごこくじ
　んじゃ〔社〕
　鹿児島県鹿児島市　《祭神》護国の神霊
　　　　　　　　　　　　　　　　〔神社本庁〕
鹿児島神社　かごしまじんじゃ〔社〕
　鹿児島県鹿児島市　《別称》宇治瀬神社　《祭
　神》豊玉彦命[他]　　　　　　〔神社本庁〕
鹿児島神宮　かごしまじんぐう〔社〕
　鹿児島県姶良郡隼人町　《別称》大隅国一之
　宮・正八幡　《祭神》天津日高彦穂穂出見
　尊[他]　　　　　　　　　　　〔神社本庁〕
鹿児島興正寺別院　かごしまこうしょうじ
　べついん〔寺〕
　鹿児島県鹿児島市　《本尊》阿弥陀如来
　　　　　　　　　　　　　　　　〔真宗興正派〕
8 鹿苑寺　ろくおんじ〔寺〕
　京都府京都市北区　《別称》金閣寺　《本尊》
　聖観世音菩薩　　　　　　〔臨済宗相国寺派〕
鹿苑神社　かそのじんじゃ〔社〕
　静岡県磐田市　《別称》ろくおん様　《祭神》
　大名牟遅命　　　　　　　　　〔神社本庁〕
9 鹿追寺　しかおいじ〔寺〕
　北海道河東郡鹿追町　《本尊》不動明王・弘
　法大師　　　　　　　　　　〔真宗豊山派〕
鹿追神社　しかおいじんじゃ〔社〕
　北海道河東郡鹿追町　《祭神》伊弉諾神[他]
　　　　　　　　　　　　　　　　〔神社本庁〕
10 鹿島さま《称》　かしまさま〔社〕
　神奈川県大和市・深見神社　《祭神》武甕槌
　神[他]　　　　　　　　　　　〔神社本庁〕
鹿島大明神《称》　かしまだいみょうじん
　〔社〕
　静岡県浜松市・曾許乃御立神社　《祭神》武
　甕槌命　　　　　　　　　　　〔神社本庁〕

鹿島大神宮　かしまだいじんぐう〔社〕
　福島県郡山市　《別称》鹿島様　《祭神》建御
　雷男命　　　　　　　　　　　〔神社本庁〕
鹿島天足和気神社　かしまあまたらしわけ
　じんじゃ〔社〕
　宮城県亘理郡亘理町　《別称》鹿島神社　《祭
　神》武甕槌神[他]　　　　　　〔神社本庁〕
鹿島国足神社《称》　かしまくにたらしじ
　んじゃ〔社〕
　北海道伊達市・伊達神社　《祭神》武甕槌大
　神[他]　　　　　　　　　　　〔神社本庁〕
鹿島神社《称》　かしまじんじゃ〔社〕
　宮城県亘理郡亘理町・鹿島天足和気神社
　《祭神》武甕槌神[他]　　　　　〔神社本庁〕
鹿島神社　かしまじんじゃ〔社〕
　宮城県加美郡加美町　《別称》お鹿島様　《祭
　神》武甕槌神[他]　　　　　　〔神社本庁〕
鹿島神社　かしまじんじゃ〔社〕
　福島県福島市　《祭神》武甕槌命[他]
　　　　　　　　　　　　　　　　〔神社本庁〕
鹿島神社　かしまじんじゃ〔社〕
　福島県白河市　《祭神》武甕槌命　〔神社本庁〕
鹿島神社　かしまじんじゃ〔社〕
　福島県喜多方市　《祭神》武甕槌神[他]
　　　　　　　　　　　　　　　　〔神社本庁〕
鹿島神社　かしまじんじゃ〔社〕
　福島県南会津郡南郷村　《祭神》武甕槌命
　　　　　　　　　　　　　　　　〔神社本庁〕
鹿島神社　かしまじんじゃ〔社〕
　茨城県水戸市　《祭神》武甕槌命　〔神社本庁〕
鹿島神社　かしまじんじゃ〔社〕
　茨城県東茨城郡小川町　《別称》馬之宮　《祭
　神》武甕槌命　　　　　　　　〔神社本庁〕
鹿島神社　かしまじんじゃ〔社〕
　千葉県成田市　《祭神》武甕槌之命
　　　　　　　　　　　　　　　　〔神社本庁〕
鹿島神社　かしまじんじゃ〔社〕
　東京都品川区　《祭神》武甕槌神　〔神社本庁〕
鹿島神社　かしまじんじゃ〔社〕
　兵庫県高砂市　《祭神》武甕槌命[他]
　　　　　　　　　　　　　　　　〔神社本庁〕
鹿島神社　かしまじんじゃ〔社〕
　和歌山県日高郡南部町　《別称》御鹿島様
　《祭神》武甕槌命[他]　　　　　〔神社本庁〕
鹿島神社　かしまじんじゃ〔社〕
　愛媛県八幡浜市　《祭神》武甕槌命[他]
　　　　　　　　　　　　　　　　〔神社本庁〕
鹿島神社　かしまじんじゃ〔社〕
　高知県土佐清水市　《祭神》健甕雷命[他]
　　　　　　　　　　　　　　　　〔神社本庁〕

神社・寺院名よみかた辞典　569

11画（麻, 黄）

鹿島神宮　かしまじんぐう〔社〕
　茨城県鹿嶋市　《祭神》武甕槌大神
　　　　　　　　　　　　　　〔神社本庁〕
鹿島香取神社　かしまかとりじんじゃ〔社〕
　茨城県水戸市　《別称》青柳大神宮　《祭神》
　武甕槌命［他］　　　　　　〔神社本庁〕
鹿島御子神社　かしまみこじんじゃ〔社〕
　福島県相馬郡鹿島町　《祭神》天足別命［他］
　　　　　　　　　　　　　　〔神社本庁〕
鹿島御児神社　かしまみこじんじゃ〔社〕
　宮城県石巻市　《別称》ひよりやま神社　《祭
　神》武甕槌命［他］　　　　　〔神社本庁〕
お鹿島様《称》　おかしまさま〔社〕
　宮城県加美郡加美町・鹿島神社　《祭神》武
　甕槌神［他］　　　　　　　　〔神社本庁〕
鹿島様《称》　かしまさま〔社〕
　福島県郡山市・鹿島大神宮　《祭神》建御雷
　男命　　　　　　　　　　　　〔神社本庁〕
11鹿野田神社　かのうだじんじゃ〔社〕
　宮崎県西都市　《別称》潮社　《祭神》彦火
　火出見尊　　　　　　　　　　〔神社本庁〕
鹿野守住吉神社《称》　おこのもりすみよ
　しじんじゃ〔社〕
　京都府船井郡八木町・船井神社　《祭神》表
　筒男命［他］　　　　　　　　〔神社本庁〕
13鹿園寺　ろくおんじ〔寺〕
　兵庫県朝来郡山東町　《本尊》薬師如来
　　　　　　　　　　　　　〔高野山真言宗〕
14鹿嶋天足別神社　かしまあまたりわけじん
　じゃ〔社〕
　宮城県黒川郡富谷町　《別称》大亀神社　《祭
　神》武甕槌命［他］　　　　　〔神社本庁〕
鹿嶋社　かしましゃ〔社〕
　愛知県豊明市　《祭神》建御雷神〔神社本庁〕
鹿嶋神社　かしまじんじゃ〔社〕
　青森県西津軽郡木造町　《祭神》武甕槌神
鹿嶋神社　かしまじんじゃ〔社〕
　茨城県日立市　《祭神》武甕槌命〔神社本庁〕
鹿嶋神社　かしまじんじゃ〔社〕
　富山県富山市　《祭神》武甕槌命［他］
　　　　　　　　　　　　　　〔神社本庁〕
鹿嶋神社　かしまじんじゃ〔社〕
　長野県小諸市　《祭神》武御雷神〔神社本庁〕
鹿嶋神社　かしまじんじゃ〔社〕
　滋賀県東浅井郡湖北町　《別称》鹿嶋さん
　《祭神》武甕槌命［他］　　　〔神社本庁〕

【麻】

5麻布の氷川さま《称》　あざぶのひかわさ
　ま〔社〕

東京都港区元麻布・氷川神社　《祭神》素盞
　鳴尊［他］　　　　　　　　　〔神社本庁〕
麻氐良布神社　まてらふじんじゃ〔社〕
　福岡県朝倉郡杷木町　《別称》までらごんげ
　ん　《祭神》伊弉諾尊［他］　〔神社本庁〕
麻生こんぴらさま《称》　あそうこんぴら
　さま〔寺〕
　愛媛県伊予郡砥部町・理正院　《本尊》大日
　如来・金毘羅大権現　　　〔真言宗智山派〕
麻生八幡社　あさおはちまんしゃ〔社〕
　兵庫県姫路市　《祭神》神功皇后［他］
　　　　　　　　　　　　　　〔神社本庁〕
麻生不動《称》　あさおふどう〔寺〕
　神奈川県川崎市麻生区・不動院　《本尊》不
　動明王　　　　　　　　　〔真言宗豊山派〕
麻生神社　あそうじんじゃ〔社〕
　大分県宇佐市　《祭神》仲哀天皇［他］
　　　　　　　　　　　　　　〔神社本庁〕
11麻部神社　あさべじんじゃ〔社〕
　香川県三豊郡高瀬町　《別称》ひよんの宮
　《祭神》天日鷲命［他］　　　〔神社本庁〕
12麻賀多神社　まがたじんじゃ〔社〕
　千葉県成田市　《祭神》稚産霊命〔神社本庁〕
麻賀多神社　まかたじんじゃ〔社〕
　千葉県佐倉市鏑木町　《別称》麻賀多さま
　《祭神》稚産霊命　　　　　　〔神社本庁〕
麻賀多神社　まがたじんじゃ〔社〕
　千葉県佐倉市城　《祭神》稚産霊命
　　　　　　　　　　　　　　〔神社本庁〕

【黄】

8黄金山神社　こがねやまじんじゃ〔社〕
　宮城県遠田郡涌谷町　《祭神》天照皇大神［他］
　　　　　　　　　　　　　　〔神社本庁〕
黄金山神社　こがねやまじんじゃ〔社〕
　宮城県牡鹿郡牡鹿町　《別称》金華山　《祭
　神》金山毘古神［他］　　　　〔神社本庁〕
10黄梅院　おうばいいん〔寺〕
　神奈川県鎌倉市　　　　〔臨済宗円覚寺派〕
黄梅院　おうばいいん〔寺〕
　京都府京都市北区　《本尊》釈迦如来
　　　　　　　　　　　　〔臨済宗大徳寺派〕
黄竜寺　おうりゅうじ〔寺〕
　愛知県名古屋市南区　《本尊》白衣観世音菩
　薩　　　　　　　　　　　　　〔曹洞宗〕
15黄幡さん《称》　おうばんさん〔社〕
　広島県広島市南区・比治山神社　《祭神》大
　国主神［他］　　　　　　　　〔神社本庁〕

570　神社・寺院名よみかた辞典

【黒】

3黒山八幡宮　くろやまはちまんぐう〔社〕
　山口県山口市　《祭神》応神天皇[他]
　　　　　　　　　　　　　　〔神社本庁〕

黒川神社　くろかわじんじゃ〔社〕
　宮城県黒川郡大和町　《別称》おやくし様
　《祭神》少彦名命[他]　〔神社本庁〕

4黒戸奈神社　くろとなじんじゃ〔社〕
　山梨県東山梨郡牧丘町　《祭神》素戔嗚尊
　　　　　　　　　　　　　　〔神社本庁〕

5黒田の妙見様《称》　くろだのみょうけん
　さま〔寺〕
　愛知県葉栗郡木曽川町・法蓮寺　《本尊》日
　蓮聖人奠定の大曼荼羅　　　　　〔日蓮宗〕

黒田神社　くろだじんじゃ〔社〕
　福岡県京都郡勝山町　《祭神》菅原道真[他]
　　　　　　　　　　　　　　〔神社本庁〕

黒石寺　こくせきじ〔寺〕
　岩手県水沢市　《別称》山内薬師　《本尊》薬
　師如来　　　　　　　　　　　　〔天台宗〕

黒石神社　くろいしじんじゃ〔社〕
　青森県黒石市　《祭神》津軽信英〔神社本庁〕

黒石稲荷《称》　くろいしいなり〔社〕
　青森県黒石市・稲荷神社　《祭神》倉稲魂命
　　　　　　　　　　　　　　〔神社本庁〕

6黒地蔵《称》　くろじぞう〔寺〕
　神奈川県鎌倉市・覚園寺　《本尊》薬師如来
　　　　　　　　　　　　〔真言宗泉涌寺派〕

黒江御坊《称》　くろえごぼう〔寺〕
　和歌山県海南市・浄国寺　《本尊》阿弥陀如
　来　　　　　　　　　　〔浄土真宗本願寺派〕

7黒沢観音《称》　くろさわかんのん〔寺〕
　東京都青梅市・竜雲寺　《本尊》阿弥陀如来
　　　　　　　　　　　　　　　　〔曹洞宗〕

黒谷《称》　くろたに〔寺〕
　京都府京都市左京区・金戒光明寺　《本尊》法
　然上人・阿弥陀如来・千手観音菩薩
　　　　　　　　　　　　　　〔黒谷浄土宗〕

黒谷見真院　くろだにけんしんいん〔寺〕
　京都府京都市左京区　《別称》黒谷の赤門
　《本尊》阿弥陀如来　　　　　　〔浄土宗〕

8黒岩虚空蔵《称》　くろいわこくうぞう〔寺〕
　福島県福島市・満願寺　《本尊》虚空蔵菩薩
　　　　　　　　　　　　　〔臨済宗妙心寺派〕

黒沼神社　くろのまじんじゃ〔社〕
　福島県福島市御山堂殿　《祭神》黒沼大神[他]
　　　　　　　　　　　　　　〔神社本庁〕

黒沼神社　くろのまじんじゃ〔社〕
　福島県福島市松川町　《別称》明神様　《祭
　神》渟中太珠敷命　　　　　　〔神社本庁〕

9黒津船権現《称》　くろつふなごんげん〔社〕
　石川県河北郡内灘町・小浜神社　《祭神》大
　己貴神[他]　　　　　　　　　〔神社本庁〕

10黒島若宮八幡神社《称》　くろしまわかみ
　やはちまんじんじゃ〔社〕
　石川県鳳至郡門前町・若宮八幡神社　《祭神》
　大雀命[他]　　　　　　　　　〔神社本庁〕

黒島神社　くろしまじんじゃ〔社〕
　鹿児島県姶良郡姶良町　《祭神》宇佐明神[他]
　　　　　　　　　　　　　　〔神社本庁〕

黒浜明神さま《称》　くろはまみょうじん
　さま〔社〕
　埼玉県蓮田市黒浜・久伊豆神社　《祭神》大
　己貴命[他]　　　　　　　　　〔神社本庁〕

黒竜宮《称》　くろたつみや〔社〕
　福井県福井市・毛谷黒竜神社　《祭神》高龗
　大神[他]　　　　　　　　　　〔神社本庁〕

11黒貫寺　くろぬきじ〔寺〕
　宮崎県西都市　《別称》観音寺　《本尊》聖観
　世音菩薩　　　　　　　　　〔真言宗智山派〕

黒野神社　くろのじんじゃ〔社〕
　兵庫県美方郡村岡町　《別称》伊津岐神社
　《祭神》黒野坐大神[他]　　　〔神社本庁〕

12黒隅寺　くろすみじ〔寺〕
　福岡県嘉穂郡嘉穂町　《別称》黒隅さん　《本
　尊》千手千眼観世音菩薩　　〔高野山真言宗〕

13黒滝不動《称》　くろたきふどう〔寺〕
　群馬県甘楽郡南牧村・不動寺　《本尊》不動
　明王・釈迦如来　　　　　　　　〔黄檗宗〕

14黒嶋神社　くろしまじんじゃ〔社〕
　香川県観音寺市　《祭神》闇山祇神[他]
　　　　　　　　　　　　　　〔神社本庁〕

黒嶋観音《称》　くろしまかんのん〔寺〕
　山口県下関市・西光寺　《本尊》阿弥陀如来
　　　　　　　　　　　　　〔真言宗御室派〕

黒髪神社　くろかみじんじゃ〔社〕
　佐賀県杵島郡山内町　《祭神》伊弉冉尊[他]
　　　　　　　　　　　　　　〔神社本庁〕

17黒磯神社　くろいそじんじゃ〔社〕
　栃木県黒磯市　《祭神》天照皇大御神[他]
　　　　　　　　　　　　　　〔神社本庁〕

12画

【備】

4備中高野山《称》　びっちゅうこうやさん
　〔寺〕
　岡山県新見市・三尾寺　《本尊》十一面千手
　観世音菩薩・不動明王・毘沙門天
　　　　　　　　　　　　　〔高野山真言宗〕

9 備前一宮《称》　びぜんいちのみや〔社〕
　岡山県岡山市一宮・吉備津彦神社　《祭神》大吉備津彦命［他］　　　　　〔神社本庁〕
　備前身延別院《称》　びぜんみのべついん〔寺〕
　岡山県玉野市・大聖寺　《本尊》大曼荼羅・鬼子母神　　　　　　　　　　　〔日蓮宗〕
　備後二ノ宮《称》　びんごにのみや〔社〕
　広島県三次市・知波夜比古神社　《祭神》日子穂穂出見命［他］　　〔神社本庁〕
　備後護国神社　びんごごこくじんじゃ〔社〕
　広島県福山市　《祭神》大彦命［他］
　　　　　　　　　　　　　　　　〔神社本庁〕

【創】

14 創徳寺　そうとくじ〔寺〕
　福島県東白川郡棚倉町　《本尊》延命地蔵菩薩　　　　　　　〔臨済宗妙心寺派〕

【勝】

2 勝入寺　しょうにゅうじ〔寺〕
　鳥取県倉吉市　《本尊》釈迦如来　〔曹洞宗〕
3 勝久寺　しょうきゅうじ〔寺〕
　三重県津市　《本尊》阿弥陀如来
　　　　　　　　　　　　　　　　〔天台真盛宗〕
　勝山八幡神社　かつやまはちまんじんじゃ〔社〕
　山梨県都留市　《別称》川棚八幡　《祭神》誉田別命［他］　　　　　　〔神社本庁〕
4 勝手大明神《称》　かってだいみょうじん〔社〕
　兵庫県多可郡中町・加都良神社　《祭神》加都良乃命　　　　　　　　　〔神社本庁〕
　勝手大明神《称》　かってだいみょうじん〔社〕
　奈良県吉野郡吉野町・勝手神社　《祭神》天忍穂耳命［他］　　　　　〔神社本庁〕
　勝手神社　かってじんじゃ〔社〕
　奈良県吉野郡吉野町　《別称》勝手大明神　《祭神》天忍穂耳命［他］　〔神社本庁〕
5 勝占神社　かつうらじんじゃ〔社〕
　徳島県徳島市　《祭神》大己貴命　〔神社本庁〕
　勝広寺　しょうこうじ〔寺〕
　新潟県佐渡市　《本尊》阿弥陀如来
　　　　　　　　　　　　　　　　〔真宗大谷派〕
　勝田神社　かんだじんじゃ〔社〕
　鳥取県米子市　《祭神》天之忍穂耳命［他］
　　　　　　　　　　　　　　　　〔神社本庁〕

　勝立寺　しょうりつじ〔寺〕
　福岡県福岡市中央区　《本尊》日蓮聖人奠定の大曼荼羅　　　　　　　　〔日蓮宗〕
6 勝光寺　しょうこうじ〔寺〕
　栃木県足利市　《別称》水竜権現様　《本尊》薬師如来　　　　　　〔真言宗豊山派〕
　勝光寺　しょうこうじ〔寺〕
　埼玉県所沢市　《本尊》白衣観世音菩薩
　　　　　　　　　　　　　　　〔臨済宗妙心寺派〕
　勝光寺　しょうこうじ〔寺〕
　石川県小松市　《本尊》阿弥陀如来
　　　　　　　　　　　　　　　　〔真宗大谷派〕
　勝光寺　しょうこうじ〔寺〕
　石川県加賀市　《本尊》阿弥陀如来
　　　　　　　　　　　　　　　〔浄土真宗本願寺派〕
　勝光寺　しょうこうじ〔寺〕
　大阪府大阪市西区　《本尊》阿弥陀如来
　　　　　　　　　　　　　　　　〔真宗大谷派〕
　勝光寺　しょうこうじ〔寺〕
　広島県庄原市　《本尊》阿弥陀如来
　　　　　　　　　　　　　　　〔浄土真宗本願寺派〕
　勝光寺　しょうこうじ〔寺〕
　香川県香川郡香川町　《本尊》阿弥陀如来
　　　　　　　　　　　　　　　　〔真宗興正派〕
　勝光寺　しょうこうじ〔寺〕
　長崎県南高来郡有明町　《別称》大野の寺　《本尊》阿弥陀如来　〔浄土真宗本願寺派〕
　勝光院　しょうこういん〔寺〕
　東京都世田谷区　《本尊》虚空蔵菩薩
　　　　　　　　　　　　　　　　　〔曹洞宗〕
　勝全寺　しょうぜんじ〔寺〕
　千葉県佐倉市　《本尊》釈迦如来　〔曹洞宗〕
　勝因寺　しょういんじ〔寺〕
　山形県山形市　《本尊》釈迦如来
　　　　　　　　　　　　　　　〔臨済宗妙心寺派〕
　勝因寺　しょういんじ〔寺〕
　三重県上野市　《別称》山出の虚空蔵　《本尊》虚空蔵菩薩　　　〔真言宗豊山派〕
　勝行院　しょうぎょういん〔寺〕
　岩手県花巻市　《本尊》阿弥陀如来　〔浄土〕
　勝行院　しょうぎょういん〔寺〕
　福島県いわき市　《別称》中の寺　《本尊》不動明王　　　　　　　〔真言宗智山派〕
7 勝妙寺　しょうみょうじ〔寺〕
　兵庫県豊岡市　《本尊》十界曼陀羅　〔日蓮宗〕
　勝尾寺　かつおうじ〔寺〕
　大阪府箕面市　《別称》西国第二三番霊場・円光大師霊場第五番　《本尊》十一面千手観世音菩薩　　　　　　　　〔高野山真言宗〕

572　神社・寺院名よみかた辞典

12画（勝）

8 勝国寺　しょうこくじ〔寺〕
東京都世田谷区　《別称》赤門寺　《本尊》不動明王・薬師如来　〔真言宗豊山派〕

勝国寺　しょうこくじ〔寺〕
神奈川県横浜市南区　《本尊》釈迦如来　〔曹洞宗〕

勝岡八幡神社　かつおかはちまんじんじゃ〔社〕
愛媛県松山市　《別称》白人の宮　《祭神》小千御子〔他〕　〔神社本庁〕

勝延寺　しょうえんじ〔寺〕
熊本県葦北郡芦北町　《本尊》阿弥陀如来　〔浄土真宗本願寺派〕

勝念寺　しょうねんじ〔寺〕
群馬県勢多郡大胡町　《別称》門徒宗のお寺　《本尊》阿弥陀如来　〔真宗大谷派〕

勝念寺　しょうねんじ〔寺〕
新潟県上越市　《本尊》阿弥陀如来　〔浄土真宗本願寺派〕

勝念寺　しょうねんじ〔寺〕
新潟県西蒲原郡月潟村　《本尊》阿弥陀如来　〔真宗大谷派〕

勝念寺　しょうねんじ〔寺〕
京都府京都市伏見区　《本尊》阿弥陀如来　〔浄土宗〕

勝明寺　しょうみょうじ〔寺〕
福井県福井市　《別称》松蔭の寺　《本尊》阿弥陀如来　〔真宗大谷派〕

勝明寺　しょうみょうじ〔寺〕
京都府京都市下京区　《本尊》阿弥陀如来　〔曹洞宗〕

勝明寺　しょうみょうじ〔寺〕
兵庫県神戸市西区　《本尊》観世音菩薩　〔曹洞宗〕

勝明寺　しょうみょうじ〔寺〕
熊本県菊池郡七城町　《別称》しょうこうざん　《本尊》阿弥陀如来　〔浄土真宗本願寺派〕

勝林寺　しょうりんじ〔寺〕
埼玉県春日部市　《本尊》阿弥陀如来　〔浄土宗〕

勝林寺　しょうりんじ〔寺〕
東京都豊島区　《本尊》釈迦如来　〔臨済宗妙心寺派〕

勝林寺　しょうりんじ〔寺〕
石川県加賀市　《本尊》阿弥陀如来　〔真宗大谷派〕

勝林寺　しょうりんじ〔寺〕
奈良県生駒郡斑鳩町　《本尊》聖観世音菩薩・十一面観世音菩薩・薬師如来　〔融通念仏宗〕

勝林院　しょうりんいん〔寺〕
京都府京都市左京区　《別称》大原問答証拠堂・円光大師霊場第二一番　《本尊》阿弥陀如来　〔天台宗〕

9 勝専寺　しょうせんじ〔寺〕
和歌山県日高郡南部町　《本尊》阿弥陀如来　〔浄土真宗本願寺派〕

勝持寺　しょうじじ〔寺〕
京都府京都市西京区　《別称》花の寺　《本尊》薬師如来・金剛力士　〔天台宗〕

勝泉寺　しょうせんじ〔寺〕
新潟県西蒲原郡吉田町　《本尊》阿弥陀如来　〔浄土真宗本願寺派〕

勝泉寺　しょうせんじ〔寺〕
三重県いなべ市　《本尊》阿弥陀如来　〔真宗大谷派〕

勝胤寺　しょういんじ〔寺〕
千葉県佐倉市　《本尊》聖観世音菩薩　〔曹洞宗〕

10 勝栗神社　かちぐりじんじゃ〔社〕
鹿児島県姶良郡栗野町　《別称》八幡様　《祭神》応神天皇〔他〕　〔神社本庁〕

勝竜寺　しょうりゅうじ〔寺〕
広島県山県郡千代田町　《本尊》阿弥陀如来　〔浄土真宗本願寺派〕

勝速神社　かちはやじんじゃ〔社〕
岐阜県瑞穂市　《祭神》素戔嗚尊〔他〕　〔神社本庁〕

11 勝常寺　しょうじょうじ〔寺〕
福島県河沼郡湯川村　《別称》勝常薬師　《本尊》薬師如来　〔真言宗豊山派〕

勝常薬師《称》　しょうじょうやくし〔寺〕
福島県河沼郡湯川村・勝常寺　《本尊》薬師如来　〔真言宗豊山派〕

勝授寺　しょうじゅじ〔寺〕
福井県坂井郡三国町　《本尊》阿弥陀如来　〔浄土真宗本願寺派〕

勝曼寺　しょうまんじ〔寺〕
東京都江戸川区　《本尊》阿弥陀如来・不動明王　〔真言宗豊山派〕

勝部の観音様《称》　かつべのかんのんさま〔寺〕
滋賀県守山市・安楽寺　《本尊》十一面千手千眼観世音菩薩　〔黄檗宗〕

勝部神社　かつべじんじゃ〔社〕
滋賀県守山市　《祭神》天火明命〔他〕　〔神社本庁〕

勝隆寺　しょうりゅうじ〔寺〕
千葉県富津市　《別称》三宝寺　《本尊》阿弥陀如来　〔浄土宗〕

神社・寺院名よみかた辞典　573

12画（勝）

12 勝善寺　しょうぜんじ〔寺〕
　　千葉県安房郡富山町　《別称》大寺　《本尊》
　　阿弥陀如来　　　　　　　　〔真宗大谷派〕

　勝善寺　しょうぜんじ〔寺〕
　　長野県須坂市　《本尊》阿弥陀如来
　　　　　　　　　　　　　　　〔真宗大谷派〕

　勝智院　しょうちいん〔寺〕
　　東京都江東区　《本尊》大日如来
　　　　　　　　　　　　　　〔真言宗智山派〕

　勝満寺　しょうまんじ〔寺〕
　　富山県小矢部市　《本尊》阿弥陀如来
　　　　　　　　　　　　　　　〔真宗大谷派〕

　勝覚寺　しょうがくじ〔寺〕
　　新潟県長岡市　《別称》上の寺　《本尊》阿弥
　　陀如来　　　　　　　　　　〔真宗大谷派〕

　勝覚寺　しょうかくじ〔寺〕
　　香川県東かがわ市　《本尊》阿弥陀如来
　　　　　　　　　　　　　　　〔真宗興正派〕

13 勝想寺　しょうそうじ〔寺〕
　　広島県広島市安佐南区　《本尊》阿弥陀如
　　来　　　　　　　　　〔浄土真宗本願寺派〕

　勝楽寺　しょうらくじ〔寺〕
　　山形県東田川郡三川町　《本尊》阿弥陀如
　　来　　　　　　　　　　　　〔真宗大谷派〕

　勝楽寺　しょうらくじ〔寺〕
　　神奈川県愛甲郡愛川町　《別称》田代半僧坊
　　《本尊》釈迦如来　　　　　　　　〔曹洞宗〕

　勝楽寺　しょうらくじ〔寺〕
　　新潟県新潟市　《別称》安宅山　《本尊》阿弥
　　陀如来　　　　　　　　　　〔真宗大谷派〕

　勝楽寺　しょうらくじ〔寺〕
　　石川県小松市　《別称》安宅でら　《本尊》阿
　　弥陀如来　　　　　　　〔浄土真宗本願寺派〕

　勝楽寺　しょうらくじ〔寺〕
　　石川県珠洲市　《本尊》阿弥陀如来
　　　　　　　　　　　　　　　〔真宗大谷派〕

　勝楽寺　しょうらくじ〔寺〕
　　長野県須坂市　《本尊》阿弥陀如来
　　　　　　　　　　　　　〔浄土真宗本願寺派〕

　勝楽寺　しょうらくじ〔寺〕
　　岐阜県大垣市　《本尊》阿弥陀如来
　　　　　　　　　　　　　　　〔真宗大谷派〕

　勝楽寺　しょうらくじ〔寺〕
　　愛知県新城市　《本尊》釈迦如来　〔曹洞宗〕

　勝楽寺　しょうらくじ〔寺〕
　　滋賀県犬上郡甲良町　《別称》正楽寺　《本
　　尊》十一面観世音菩薩・大日如来
　　　　　　　　　　　　　　〔臨済宗建仁寺派〕

　勝楽寺　しょうらくじ〔寺〕
　　和歌山県有田郡湯浅町　《本尊》阿弥陀如
　　来　　　　　　　　　　　　　〔西山浄土宗〕

　勝楽寺　しょうらくじ〔寺〕
　　福岡県福岡市東区　《本尊》阿弥陀如来
　　　　　　　　　　　　　　〔臨済宗妙心寺派〕

　勝福寺　しょうふくじ〔寺〕
　　埼玉県大里郡川本町　《本尊》地蔵菩薩
　　　　　　　　　　　　　　〔真言宗豊山派〕

　勝福寺　しょうふくじ〔寺〕
　　千葉県成田市　《本尊》聖観世音菩薩
　　　　　　　　　　　　　　〔真言宗豊山派〕

　勝福寺　しょうふくじ〔寺〕
　　神奈川県小田原市　《別称》飯泉（いいずみ）
　　観音・坂東第五番霊場　《本尊》十一面観
　　世音菩薩　　　　　　　　〔真言宗東寺派〕

　勝福寺　しょうふくじ〔寺〕
　　富山県魚津市　《本尊》阿弥陀如来
　　　　　　　　　　　　　　　〔真宗大谷派〕

　勝福寺　しょうふくじ〔寺〕
　　滋賀県長浜市　《本尊》阿弥陀如来
　　　　　　　　　　　　　　　〔真宗大谷派〕

　勝福寺　しょうふくじ〔寺〕
　　兵庫県川西市　《本尊》阿弥陀如来
　　　　　　　　　　　　　〔浄土真宗本願寺派〕

　勝福寺　しょうふくじ〔寺〕
　　兵庫県津名郡東浦町　《本尊》如意輪観世音
　　菩薩　　　　　　　　　　　〔高野山真言宗〕

　勝福寺　しょうふくじ〔寺〕
　　鳥取県東伯郡羽合町　《本尊》阿弥陀如来
　　　　　　　　　　　　　〔浄土真宗本願寺派〕

　勝福寺　しょうふくじ〔寺〕
　　徳島県鳴門市　《別称》薬師坊　《本尊》薬師
　　如来・無量寿如来　　　　　〔高野山真言宗〕

　勝福寺　しょうふくじ〔寺〕
　　福岡県福岡市西区　《別称》蛇松の寺　《本
　　尊》聖観世音菩薩・大覚禅師
　　　　　　　　　　　　　　〔臨済宗大徳寺派〕

　勝蓮寺　しょうれんじ〔寺〕
　　愛知県岡崎市　《別称》柳堂　《本尊》阿弥陀
　　如来　　　　　　　　　　　〔真宗大谷派〕

14 勝嶋大明神〈称〉　かつしまだいみょうじ
　　ん〔社〕
　　鳥取県気高郡気高町・志加奴神社　《祭神》大
　　己貴命［他］　　　　　　　　〔神社本庁〕

　勝誓寺　しょうせいじ〔寺〕
　　福島県須賀川市　《別称》かみの寺　《本尊》
　　阿弥陀如来　　　　　　　〔浄土真宗本願寺派〕

15 勝蔵院　しょうぞういん〔寺〕
　　千葉県印旛郡酒々井町　《別称》不動堂　《本
　　尊》不動明王　　　　　　　〔真言宗智山派〕

16 勝興寺　しょうこうじ〔寺〕
　　東京都新宿区　《別称》椿寺　《本尊》釈迦如
　　来　　　　　　　　　　　　　　〔曹洞宗〕

12画（博, 厨, 喜, 善）

勝興寺　しょうこうじ〔寺〕
　富山県高岡市　《別称》ふるこさん　《本尊》
　阿弥陀如来　　　　　　　〔浄土真宗本願寺派〕
17勝厳寺　しょうごんじ〔寺〕
　佐賀県小城郡三日月町　《本尊》十界大曼荼
　羅　　　　　　　　　　　　　　　　〔日蓮宗〕
19勝願寺　しょうがんじ〔寺〕
　茨城県猿島郡総和町　《本尊》阿弥陀如来
　　　　　　　　　　　　　　　　〔真宗大谷派〕
勝願寺　しょうがんじ〔寺〕
　埼玉県鴻巣市登戸　《本尊》不動明王
　　　　　　　　　　　　　　　〔真言宗豊山派〕
勝願寺　しょうがんじ〔寺〕
　埼玉県鴻巣市本町　《本尊》阿弥陀如来
　　　　　　　　　　　　　　　　　　〔浄土宗〕
20勝巌院　しょうがんいん〔寺〕
　京都府京都市上京区　《本尊》阿弥陀三尊
　　　　　　　　　　　　　　　　　　〔浄土宗〕
21勝鬘寺　しょうまんじ〔寺〕
　福井県福井市　《本尊》阿弥陀如来
　　　　　　　　　　　　　　　〔真宗高田派〕
勝鬘寺　しょうまんじ〔寺〕
　愛知県名古屋市中区　《本尊》阿弥陀如来
　　　　　　　　　　　　　　　〔真宗大谷派〕
勝鬘皇寺　しょうまんのうじ〔寺〕
　愛知県岡崎市　《本尊》阿弥陀如来
　　　　　　　　　　　　　　　〔真宗大谷派〕
勝鬘院　しょうまんいん〔寺〕
　大阪府大阪市天王寺区　《別称》愛染堂・四
　天王寺別院　《本尊》愛染明王・大勝金剛
　尊　　　　　　　　　　　　　　　　〔和宗〕

【博】
6博多善導寺《称》　はかたぜんどうじ〔寺〕
　福岡県福岡市博多区・善導寺　《本尊》善導
　大師　　　　　　　　　　　　　　　〔浄土宗〕

【厨】
9厨神社　くりやじんじゃ〔社〕
　岡山県久米郡久米南町　《祭神》宇気母智
　命　　　　　　　　　　　　　　　〔神社本庁〕

【喜】
3喜久沢神社　きくさわじんじゃ〔社〕
　栃木県鹿沼市　《祭神》藤原藤房〔神社本庁〕
6喜光寺　きこうじ〔寺〕
　奈良県奈良市　《別称》菅原寺　《本尊》阿弥
　陀三尊・薬師如来　　　　　　　　〔法相宗〕

喜光院　きこういん〔寺〕
　千葉県袖ヶ浦市　《別称》東寺　《本尊》不動
　明王　　　　　　　　　　　　　〔真言宗智山派〕
喜多の宮《称》　きたのみや〔社〕
　島根県大田市大田町大田イ2743・八幡宮
　《祭神》応神天皇[他]　　　　　〔神社本庁〕
喜多八幡宮《称》　きたはちまんぐう〔社〕
　島根県大田市大田町大田イ2743・八幡宮
　《祭神》応神天皇[他]　　　　　〔神社本庁〕
喜多浦八幡大神社　きたうらはちまんだい
　じんじゃ〔社〕
　愛媛県越智郡伯方町　《別称》八幡さん　《祭
　神》息長帯比売命[他]　　　　　〔神社本庁〕
喜多院　きたいん〔寺〕
　埼玉県川越市　《別称》川越大師　《本尊》阿
　弥陀如来・慈恵大師・慈眼大師　　　〔天台宗〕
7喜志宮《称》　きしみや〔社〕
　大阪府富田林市・美具久留御魂神社　《祭神》
　美具久留御魂大神　　　　　　　〔神社本庁〕
喜見寺　きみじ〔寺〕
　愛知県豊橋市　《本尊》三尊仏　　〔曹洞宗〕
9喜春庵　きしゅんあん〔寺〕
　京都府京都市西京区　《本尊》十一面観世音
　菩薩　　　　　　　　　　　　〔臨済宗南禅寺派〕
10喜連川神社　きつれがわじんじゃ〔社〕
　栃木県塩谷郡喜連川町　《祭神》素盞嗚命[他]
　　　　　　　　　　　　　　　　〔神社本庁〕
12喜覚寺　きかくじ〔寺〕
　山形県尾花沢市　《本尊》阿弥陀如来
　　　　　　　　　　　　　　　　〔真宗大谷派〕
13喜福寺　きふくじ〔寺〕
　東京都文京区　《別称》喜福寿寺　《本尊》釈
　迦如来・十一面観世音菩薩　　　　〔曹洞宗〕
15喜蔵院　きぞういん〔寺〕
　奈良県吉野郡吉野町　《本尊》役行者・不動
　明王・蔵王権現　　　　　　　〔本山修験宗〕

【善】
2善了寺　ぜんりょうじ〔寺〕
　新潟県刈羽郡西山町　《別称》池の浦のお寺
　《本尊》阿弥陀如来　　　　　　〔真宗大谷派〕
3善久寺　ぜんきゅうじ〔寺〕
　東京都足立区　《本尊》阿弥陀如来
　　　　　　　　　　　　　　〔浄土真宗本願寺派〕
4善水寺　ぜんすいじ〔寺〕
　滋賀県甲賀郡甲西町　《本尊》薬師三尊
　　　　　　　　　　　　　　　　　　〔天台宗〕
5善巧寺　ぜんぎょうじ〔寺〕
　秋田県仙北郡仙南村　《本尊》阿弥陀如来
　　　　　　　　　　　　　　〔浄土真宗本願寺派〕

神社・寺院名よみかた辞典　575

12画（善）

善正寺　ぜんしょうじ〔寺〕
　秋田県河辺郡雄和町　《別称》かみの寺　《本尊》阿弥陀如来　〔浄土宗〕

善正寺　ぜんしょうじ〔寺〕
　新潟県糸魚川市　《本尊》阿弥陀如来　〔真宗大谷派〕

善正寺　ぜんしょうじ〔寺〕
　静岡県浜松市　《本尊》阿弥陀如来　〔真宗大谷派〕

善正寺　ぜんしょうじ〔寺〕
　愛知県名古屋市中区　《本尊》阿弥陀如来　〔真宗大谷派〕

善正寺　ぜんしょうじ〔寺〕
　滋賀県蒲生郡竜王町　《本尊》阿弥陀如来　〔浄土宗〕

善正寺　ぜんしょうじ〔寺〕
　京都府京都市左京区　《本尊》十界大曼荼羅　〔日蓮宗〕

善正寺　ぜんしょうじ〔寺〕
　大阪府大阪市平野区　《本尊》阿弥陀如来　〔浄土真宗本願寺派〕

善正寺　ぜんしょうじ〔寺〕
　熊本県球磨郡あさぎり町　《本尊》阿弥陀如来　〔浄土真宗本願寺派〕

善正寺　ぜんしょうじ〔寺〕
　大分県下毛郡耶馬渓町　《本尊》阿弥陀如来　〔真宗大谷派〕

善正寺　ぜんしょうじ〔寺〕
　宮崎県延岡市　《本尊》阿弥陀如来　〔天台宗〕

善永寺　ぜんえいじ〔寺〕
　東京都大田区　《本尊》阿弥陀如来　〔浄土真宗本願寺派〕

善生寺　ぜんしょうじ〔寺〕
　山口県山口市　《別称》周慶寺　《本尊》阿弥陀如来　〔浄土宗〕

善立寺　ぜんりゅうじ〔寺〕
　東京都足立区　《本尊》十界大曼荼羅　〔日蓮宗〕

善立寺　ぜんりゅうじ〔寺〕
　静岡県静岡市　《別称》かみの寺　《本尊》日蓮聖人奠定の大曼荼羅　〔日蓮宗〕

善立寺　ぜんりゅうじ〔寺〕
　滋賀県守山市　《別称》金ヶ森道西坊　《本尊》阿弥陀如来　〔真宗大谷派〕

善立寺　ぜんりゅうじ〔寺〕
　大阪府大阪市旭区　《本尊》阿弥陀如来　〔浄土真宗本願寺派〕

善立寺　ぜんりゅうじ〔寺〕
　島根県隠岐郡西郷町　《本尊》阿弥陀如来　〔浄土宗〕

善立寺　ぜんりゅうじ〔寺〕
　福岡県京都郡苅田町　《本尊》阿弥陀三尊　〔西山浄土宗〕

6 善休寺　ぜんきゅうじ〔寺〕
　岐阜県各務原市　《本尊》阿弥陀如来　〔真宗大谷派〕

善光寺　ぜんこうじ〔寺〕
　北海道旭川市　《本尊》阿弥陀三尊　〔浄土宗〕

善光寺　ぜんこうじ〔寺〕
　北海道伊達市　《別称》うす善光寺　《本尊》阿弥陀三尊　〔浄土宗〕

善光寺　ぜんこうじ〔寺〕
　秋田県能代市　《本尊》阿弥陀如来　〔曹洞宗〕

善光寺　ぜんこうじ〔寺〕
　山形県米沢市　《別称》仏山善光寺　《本尊》大日如来・善光寺如来　〔真言宗豊山派〕

善光寺《称》　ぜんこうじ〔寺〕
　群馬県吾妻郡中之条町・善福寺　《本尊》善光寺如来　〔浄土宗〕

善光寺　ぜんこうじ〔寺〕
　埼玉県川口市　《本尊》阿弥陀三尊　〔真言宗智山派〕

善光寺　ぜんこうじ〔寺〕
　千葉県松戸市　《別称》五香の善光寺　《本尊》阿弥陀三尊　〔浄土宗〕

善光寺　ぜんこうじ〔寺〕
　千葉県香取郡小見川町　《本尊》阿弥陀如来・観世音菩薩・勢至菩薩　〔天台宗〕

善光寺　ぜんこうじ〔寺〕
　東京都港区　《別称》青山善光寺　《本尊》阿弥陀三尊　〔浄土宗〕

善光寺　ぜんこうじ〔寺〕
　東京都文京区　《本尊》阿弥陀三尊　〔浄土宗〕

善光寺《称》　ぜんこうじ〔寺〕
　神奈川県足柄上郡大井町・最明寺　《本尊》善光寺如来　〔真言宗東寺派〕

善光寺　ぜんこうじ〔寺〕
　山梨県甲府市　《別称》甲州善光寺　《本尊》阿弥陀三尊　〔浄土宗〕

善光寺　ぜんこうじ〔寺〕
　長野県長野市　《別称》信濃の善光寺　《本尊》阿弥陀三尊　〔単立〕

善光寺　ぜんこうじ〔寺〕
　愛知県中島郡祖父江町　《別称》祖父江善光寺　《本尊》阿弥陀三尊・青不動明王　〔単立〕

善光寺　ぜんこうじ〔寺〕
　愛知県海部郡飛島村　《本尊》一光三尊仏　〔天台宗〕

善光寺《称》　ぜんこうじ〔寺〕
　三重県伊勢市・嶺松院　《本尊》阿弥陀三尊　〔浄土宗〕

12画（善）

善光寺《称》　ぜんこうじ〔寺〕
　滋賀県甲賀郡水口町・持宝寺　《本尊》如意
　輪観世音菩薩　　　　　　　〔天台真盛宗〕
善光寺　ぜんこうじ〔寺〕
　京都府福知山市　《本尊》釈迦如来　〔曹洞宗〕
善光寺　ぜんこうじ〔寺〕
　兵庫県神戸市灘区　《本尊》阿弥陀如来
　　　　　　　　　　　　　　　　〔天台宗〕
善光寺《称》　ぜんこうじ〔寺〕
　兵庫県神戸市兵庫区・願成寺　《本尊》阿弥
　陀如来　　　　　　　　　　　　〔浄土宗〕
善光寺　ぜんこうじ〔寺〕
　島根県松江市　《本尊》阿弥陀如来　〔時宗〕
善光寺　ぜんこうじ〔寺〕
　大分県宇佐市　《別称》芝原善光寺　《本尊》
　善光寺如来　　　　　　　　　　〔浄土宗〕
善光寺大本願　ぜんこうじだいほんがん〔
　寺〕
　長野県長野市　《別称》大本山　《本尊》阿弥
　陀三尊　　　　　　　　　　　　〔浄土宗〕
善光寺大勧進　ぜんこうじだいかんじん
　〔寺〕
　長野県長野市　《別称》大本山　《本尊》阿弥
　陀三尊　　　　　　　　　　　　〔天台宗〕
善光寺別院《称》　ぜんこうじべついん〔寺〕
　京都府京都市東山区・得浄明院　《本尊》善
　光寺三尊　　　　　　　　　　　〔浄土宗〕
善光寺淵之坊　せんこうじふちのぼう〔寺〕
　長野県長野市　《本尊》阿弥陀如来〔浄土宗〕
善光寺薬王院《称》　ぜんこうじやくおう
　いん〔寺〕
　長野県長野市・薬王院　《本尊》阿弥陀如来
　　　　　　　　　　　　　　　　〔天台宗〕
善名寺　ぜんみょうじ〔寺〕
　静岡県伊豆市　《別称》子宝温泉の寺　《本
　尊》十界大曼荼羅　　　　　　　〔日蓮宗〕
善名称院　ぜんみょうしょういん〔寺〕
　和歌山県伊都郡九度山町　〔高野山真言宗〕
善行寺　ぜんぎょうじ〔寺〕
　山形県天童市　《別称》小路のお寺　《本尊》
　阿弥陀如来　　　　　　　〔浄土真宗本願寺派〕
善行寺　ぜんぎょうじ〔寺〕
　神奈川県横浜市中区　《本尊》大曼荼羅
　　　　　　　　　　　　　　　　〔日蓮宗〕
善行寺　ぜんぎょうじ〔寺〕
　新潟県見附市　《本尊》阿弥陀如来
　　　　　　　　　　　　　〔浄土真宗本願寺派〕
善行寺　ぜんぎょうじ〔寺〕
　岐阜県不破郡垂井町　《本尊》阿弥陀如来
　　　　　　　　　　　　　　　〔真宗大谷派〕

善行寺　ぜんぎょうじ〔寺〕
　愛知県名古屋市中川区　《本尊》阿弥陀如
　来　　　　　　　　　　　　　〔真宗大谷派〕
善行寺　ぜんぎょうじ〔寺〕
　三重県いなべ市　《本尊》阿弥陀如来
　　　　　　　　　　　　　　　〔真宗大谷派〕
善行寺　ぜんぎょうじ〔寺〕
　京都府福知山市　《本尊》十界大曼荼羅
　　　　　　　　　　　　　　　　〔日蓮宗〕
善行寺　ぜんぎょうじ〔寺〕
　大阪府寝屋川市　《本尊》阿弥陀如来
　　　　　　　　　　　　　〔浄土真宗本願寺派〕
善行寺　ぜんぎょうじ〔寺〕
　広島県世羅郡甲山町　《本尊》阿弥陀如来
　　　　　　　　　　　　　〔浄土真宗本願寺派〕
善行寺　ぜんぎょうじ〔寺〕
　熊本県宇土市　《別称》おともでら　《本尊》
　阿弥陀如来　　　　　　　〔浄土真宗本願寺派〕
7善住寺　ぜんじゅうじ〔寺〕
　静岡県磐田郡水窪町　《本尊》聖観世音菩
　薩　　　　　　　　　　　　　　〔曹洞宗〕
善住寺　ぜんじゅうじ〔寺〕
　愛知県宝飯郡音羽町　《本尊》釈迦如来
　　　　　　　　　　　　　〔臨済宗妙心寺派〕
善妙寺　ぜんみょうじ〔寺〕
　福井県敦賀市　《別称》亀の寺　《本尊》阿弥
　陀如来　　　　　　　　　　　　〔浄土宗〕
善応寺　ぜんのうじ〔寺〕
　秋田県本荘市　《本尊》阿弥陀如来
　　　　　　　　　　　　　　　〔真宗大谷派〕
善応寺　ぜんのうじ〔寺〕
　福島県相馬郡飯舘村　《本尊》不動明王
　　　　　　　　　　　　　　　〔真言宗豊山派〕
善応寺　ぜんおうじ〔寺〕
　東京都足立区　《本尊》聖観世音菩薩
　　　　　　　　　　　　　　　〔真言宗豊山派〕
善応寺　ぜんのうじ〔寺〕
　山梨県西八代郡六郷町　《別称》沖村の寺
　《本尊》如意輪観世音菩薩　　　〔曹洞宗〕
善応寺　ぜんのうじ〔寺〕
　山梨県中巨摩郡竜王町　《本尊》釈迦如来
　　　　　　　　　　　　　〔臨済宗妙心寺派〕
善応寺　ぜんのうじ〔寺〕
　愛知県稲沢市　《本尊》阿弥陀如来　〔浄土宗〕
善応寺　ぜんおうじ〔寺〕
　岡山県津山市　《本尊》聖観世音菩薩
　　　　　　　　　　　　　　　　〔天台宗〕
善応寺　ぜんのうじ〔寺〕
　広島県広島市中区　《別称》ふいごさん　《本
　尊》十一面観世音菩薩・釈迦如来
　　　　　　　　　　　　　〔臨済宗妙心寺派〕

神社・寺院名よみかた辞典　577

12画（善）

善応寺　ぜんおうじ〔寺〕
　愛媛県北条市　《本尊》釈迦如来
　　　　　　　　　　　〔臨済宗東福寺派〕
善玖院　ぜんきゅういん〔寺〕
　新潟県中魚沼郡津南町　《本尊》釈迦如来・承
　陽大師・常済大師　　　　　　　〔曹洞宗〕
善良寺　ぜんりょうじ〔寺〕
　新潟県北蒲原郡中条町　《本尊》阿弥陀如
　来　　　　　　　　　　　　〔真宗大谷派〕
8善和八幡宮　よしわはちまんぐう〔社〕
　山口県宇部市　《祭神》応神天皇〔他〕
　　　　　　　　　　　　　　〔神社本庁〕
善国寺　ぜんこくじ〔寺〕
　東京都新宿区　《別称》毘沙門様　《本尊》毘
　沙門天・日蓮聖人　　　　　　　〔日蓮宗〕
善国寺　ぜんこくじ〔寺〕
　山梨県東八代郡八代町　《本尊》十界曼荼
　羅　　　　　　　　　　　　　　〔日蓮宗〕
善国寺　ぜんこくじ〔寺〕
　和歌山県有田市　《本尊》阿弥陀三尊
　　　　　　　　　　　　　　　　〔浄土宗〕
善学院《称》　ぜんがくいん〔寺〕
　岐阜県安八郡神戸町・神護寺　《本尊》阿弥
　陀如来・歓喜天・元三大師　　　〔天台宗〕
善宗寺　ぜんそうじ〔寺〕
　群馬県太田市　《本尊》阿弥陀如来　〔曹洞宗〕
善宗寺　ぜんしゅうじ〔寺〕
　東京都世田谷区　《本尊》阿弥陀如来
　　　　　　　　　　　　〔浄土真宗本願寺派〕
善宗寺　ぜんしゅうじ〔寺〕
　大阪府大阪市港区　《本尊》阿弥陀如来
　　　　　　　　　　　　　　〔真宗大谷派〕
善定坊　ぜんじょうぼう〔寺〕
　愛知県海部郡佐屋町　《別称》市江山坊　《本
　尊》阿弥陀如来　　　　　　〔真宗大谷派〕
善宝寺　ぜんぽうじ〔寺〕
　山形県鶴岡市　《別称》竜神様の寺　《本尊》
　薬師如来・竜宮竜道大竜王・戒道大竜女
　　　　　　　　　　　　　　　　〔曹洞宗〕
善宝寺　ぜんぽうじ〔寺〕
　愛媛県松山市　《本尊》阿弥陀如来・聖観世
　音菩薩　　　　　　　　　　〔真言宗豊山派〕
善性寺　ぜんしょうじ〔寺〕
　北海道雨竜郡秩父別町　《本尊》阿弥陀如
　来　　　　　　　　　　　　〔真宗興正派〕
善性寺　ぜんしょうじ〔寺〕
　福島県二本松市根崎　《本尊》阿弥陀三尊
　　　　　　　　　　　　　　　　〔浄土宗〕
善性寺　ぜんしょうじ〔寺〕
　福島県二本松市中山田　《別称》山田の寺
　《本尊》阿弥陀如来　　　〔浄土真宗本願寺派〕

善性寺　ぜんしょうじ〔寺〕
　東京都世田谷区　《別称》赤堤の不動　《本
　尊》不動明王　　　　　　　〔真言宗豊山派〕
善性寺　ぜんしょうじ〔寺〕
　石川県金沢市　《別称》大寺　《本尊》阿弥陀
　如来　　　　　　　　　　　〔真宗大谷派〕
善性寺　ぜんしょうじ〔寺〕
　岐阜県養老郡上石津町　《本尊》阿弥陀如来
　　　　　　　　　　　　　　〔真宗大谷派〕
善性寺　ぜんしょうじ〔寺〕
　兵庫県美方郡村岡町　《本尊》大通智勝仏
　　　　　　　　　　　　　　〔高野山真言宗〕
善性寺　ぜんしょうじ〔寺〕
　広島県福山市　《本尊》阿弥陀如来
　　　　　　　　　　　　〔浄土真宗本願寺派〕
善念寺　ぜんねんじ〔寺〕
　新潟県上越市　《本尊》阿弥陀如来
　　　　　　　　　　　　　　〔真宗大谷派〕
善念寺　ぜんねんじ〔寺〕
　山口県豊浦郡豊浦町　《本尊》阿弥陀如来
　　　　　　　　　　　　　　　　〔浄土宗〕
善念寺　ぜんねんじ〔寺〕
　福岡県北九州市若松区　《本尊》阿弥陀如
　来　　　　　　　　　　　　　　〔浄土宗〕
善昌寺　ぜんしょうじ〔寺〕
　群馬県勢多郡新里村　《本尊》阿弥陀三尊
　　　　　　　　　　　　　　　　〔天台宗〕
善昌寺　ぜんしょうじ〔寺〕
　新潟県栃尾市　《本尊》釈迦如来　〔曹洞宗〕
善昌寺　ぜんしょうじ〔寺〕
　愛知県名古屋市中区　《本尊》釈迦如来
　　　　　　　　　　　　　　〔臨済宗妙心寺派〕
善昌寺　ぜんしょうじ〔寺〕
　岡山県倉敷市　《本尊》阿弥陀如来
　　　　　　　　　　　　　　〔高野山真言宗〕
善昌寺　ぜんしょうじ〔寺〕
　広島県三原市　《本尊》聖観世音菩薩
　　　　　　　　　　　　　　　　〔曹洞宗〕
善昌寺　ぜんしょうじ〔寺〕
　広島県府中市　《本尊》千手観世音菩薩
　　　　　　　　　　　　　　　　〔曹洞宗〕
善明寺　ぜんみょうじ〔寺〕
　東京都府中市　《別称》伊織屋敷　《本尊》阿
　弥陀如来・地蔵菩薩・不動明王　〔天台宗〕
善明寺　ぜんみょうじ〔寺〕
　岐阜県揖斐郡揖斐川町房島862　《別称》下善
　明寺　《本尊》阿弥陀如来
　　　　　　　　　　　　〔浄土真宗本願寺派〕
善明寺　ぜんみょうじ〔寺〕
　岐阜県揖斐郡揖斐川町房島844-1　《別称》上
　寺　《本尊》阿弥陀如来　　〔真宗大谷派〕

12画（善）

善明寺　ぜんみょうじ〔寺〕
　三重県桑名郡長島町　《本尊》阿弥陀如来
　　　　　　　　　　　　　　　〔真宗大谷派〕
善明寺　ぜんみょうじ〔寺〕
　滋賀県愛知郡湖東町　《別称》国法二尊仏
　《本尊》薬師如来　〔臨済宗永源寺派〕
善明院　ぜんみょういん〔寺〕
　山形県西村山郡大江町　《本尊》不動明王
　　　　　　　　　　　　　　　〔真言宗智山派〕
善明院　ぜんみょういん〔寺〕
　静岡県榛原郡相良町　《本尊》阿弥陀如来
　　　　　　　　　　　　　〔臨済宗妙心寺派〕
善林寺　ぜんりんじ〔寺〕
　福井県福井市　《本尊》阿弥陀三尊　〔天台宗〕
善林寺　ぜんりんじ〔寺〕
　大阪府交野市　《別称》なかのてら　《本尊》
　阿弥陀如来　　　　〔浄土真宗本願寺派〕
善法寺　ぜんぽうじ〔寺〕
　滋賀県蒲生郡竜王町　《本尊》阿弥陀如来
　　　　　　　　　　　　　　　　〔浄土宗〕
善法寺　ぜんぽうじ〔寺〕
　長崎県島原市　《本尊》阿弥陀如来
　　　　　　　　　　　　〔浄土真宗本願寺派〕
善法律寺　ぜんぽうりつじ〔寺〕
　京都府八幡市　《別称》律寺　《本尊》八幡大
　菩薩・不動明王・愛染明王　　　　〔律宗〕
善法院　ぜんぽういん〔寺〕
　滋賀県大津市　《本尊》不動明王
　　　　　　　　　　　　　　　〔天台寺門宗〕
善知鳥坂神社　うとうざかじんじゃ〔社〕
　秋田県仙北郡千畑町　《別称》松原観音　《祭
　神》保食神[他]　　　　　　　〔神社本庁〕
善知鳥神社　うとうじんじゃ〔社〕
　青森県青森市　《祭神》厳杵島姫命[他]
　　　　　　　　　　　　　　　〔神社本庁〕
善知鳥神社　うとうじんじゃ〔社〕
　新潟県佐渡市　《祭神》祓戸九柱神
　　　　　　　　　　　　　　　〔神社本庁〕
善空寺　ぜんくうじ〔寺〕
　茨城県筑波郡伊奈町　《別称》中寺　《本尊》
　阿弥陀如来　　　　　　　　　〔浄土宗〕
善長寺　ぜんちょうじ〔寺〕
　群馬県館林市　《本尊》延命地蔵菩薩
　　　　　　　　　　　　　　　　〔曹洞宗〕
善長寺　ぜんちょうじ〔寺〕
　埼玉県川越市　《本尊》聖観音菩薩
　　　　　　　　　　　　　　　　〔曹洞宗〕
善長寺　ぜんちょうじ〔寺〕
　宮崎県北諸県郡高崎町　《本尊》阿弥陀如
　来　　　　　　　　　〔浄土真宗本願寺派〕

9 善城寺　ぜんじょうじ〔寺〕
　愛媛県温泉郡川内町　《本尊》延命地蔵菩
　薩　　　　　　　　　　　　〔真言宗豊山派〕
善栄寺　ぜんえいじ〔寺〕
　神奈川県小田原市　《本尊》釈迦如来
　　　　　　　　　　　　　　　　〔曹洞宗〕
善神王宮《称》　ぜんじんおうぐう〔社〕
　大分県大分市・賀来神社　《祭神》建磐竜命
　[他]　　　　　　　　　　　〔神社本庁〕
善神王宮《称》　ぜんじんおうぐう〔社〕
　大分県宇佐郡安心院町・佐田神社　《祭神》武
　内宿禰[他]　　　　　　　　〔神社本庁〕
善重寺　ぜんじゅうじ〔寺〕
　茨城県水戸市　《別称》真宗二四輩旧跡　《本
　尊》阿弥陀如来　　　　　　　〔真宗大谷派〕
10 善峯寺　よしみねでら〔寺〕
　京都府京都市西京区　《別称》よしみねさん・
　西国第二〇番霊場　《本尊》千手観世音菩
　薩　　　　　　　　　　　　　〔天台宗〕
善晃院　ぜんこういん〔寺〕
　兵庫県朝来郡朝来町　《別称》立野寺　《本
　尊》阿弥陀如来　　　　　〔臨済宗妙心寺派〕
善祥密寺　ぜんしょうみつじ〔寺〕
　北海道芦別市　《本尊》不動明王・阿弥陀如
　来　　　　　　　　　　　〔真言宗醍醐派〕
善竜寺　ぜんりゅうじ〔寺〕
　秋田県雄勝郡稲川町　《本尊》聖観世音菩
　薩　　　　　　　　　　　　　〔曹洞宗〕
善竜寺　ぜんりゅうじ〔寺〕
　群馬県勢多郡新里村　《本尊》阿弥陀如来
　　　　　　　　　　　　　　　　〔天台宗〕
善竜寺　ぜんりゅうじ〔寺〕
　東京都台東区　《本尊》阿弥陀如来
　　　　　　　　　　　　　　　〔真宗大谷派〕
善竜寺　ぜんりゅうじ〔寺〕
　石川県輪島市　《本尊》阿弥陀如来
　　　　　　　　　　　　　　　〔真宗大谷派〕
善竜寺　ぜんりゅうじ〔寺〕
　静岡県御殿場市　《本尊》阿弥陀如来
　　　　　　　　　　　　　　　　〔浄土宗〕
善竜寺　ぜんりゅうじ〔寺〕
　香川県丸亀市　《別称》東御坊　《本尊》阿弥
　陀如来　　　　　　　　　　〔真宗大谷派〕
善能寺　ぜんのうじ〔寺〕
　新潟県新発田市　《本尊》不動明王
　　　　　　　　　　　　　　　〔真言宗智山派〕
善能寺　ぜんのうじ〔寺〕
　和歌山県和歌山市　《本尊》阿弥陀如来
　　　　　　　　　　　　〔浄土真宗本願寺派〕

神社・寺院名よみかた辞典　579

12画（善）

善逝寺　ぜんぜいじ〔寺〕
　広島県三次市　《別称》八八ヵ所の善逝寺
　《本尊》釈迦如来・弘法大師・達磨大師
　　　　　　　　　　　　〔臨済宗仏通寺派〕

善通寺　ぜんつうじ〔寺〕
　東京都港区　《本尊》阿弥陀如来
　　　　　　　　　　　　〔浄土真宗本願寺派〕

善通寺　ぜんつうじ〔寺〕
　石川県鳳至郡門前町　《本尊》阿弥陀如来
　　　　　　　　　　　　〔真宗大谷派〕

善通寺　ぜんつうじ〔寺〕
　広島県呉市　《本尊》阿弥陀如来
　　　　　　　　　　　　〔浄土真宗本願寺派〕

善通寺　ぜんつうじ〔寺〕
　香川県善通寺市　《別称》総本山・四国第七
　五番霊場　《本尊》薬師如来・瞬目大師
　　　　　　　　　　　　〔真言宗〕

善通寺　ぜんつうじ〔寺〕
　熊本県下益城郡砥用町　《本尊》阿弥陀如来
　　　　　　　　　　　　〔真宗大谷派〕

11善教寺　ぜんきょうじ〔寺〕
　福井県坂井郡三国町　《本尊》阿弥陀如来
　　　　　　　　　　　　〔真宗大谷派〕

善教寺　ぜんきょうじ〔寺〕
　岐阜県海津郡南濃町　《本尊》阿弥陀如来
　　　　　　　　　　　　〔浄土宗〕

善教寺　ぜんきょうじ〔寺〕
　三重県四日市市　《本尊》阿弥陀如来
　　　　　　　　　　　　〔真宗高田派〕

善教寺　ぜんきょうじ〔寺〕
　広島県東広島市　《本尊》阿弥陀如来
　　　　　　　　　　　　〔浄土真宗本願寺派〕

善教寺　ぜんきょうじ〔寺〕
　長崎県福江市　《本尊》阿弥陀如来
　　　　　　　　　　　　〔浄土真宗本願寺派〕

善教寺　ぜんきょうじ〔寺〕
　大分県佐伯市　《本尊》阿弥陀如来
　　　　　　　　　　　　〔真宗大谷派〕

善紹寺　ぜんしょうじ〔寺〕
　東京都葛飾区　《別称》大師様　《本尊》弘法大師
　　　　　　　　　　　　〔真言宗豊山派〕

善進寺　ぜんしんじ〔寺〕
　愛知県名古屋市瑞穂区　《本尊》十界大曼荼羅
　　　　　　　　　　　　〔日蓮宗〕

善隆寺　ぜんりゅうじ〔寺〕
　滋賀県甲賀郡石部町　《本尊》阿弥陀如来
　　　　　　　　　　　　〔浄土宗〕

善隆寺　ぜんりゅうじ〔寺〕
　滋賀県伊香郡西浅井町　《別称》和蔵堂　《本尊》十一面観世音菩薩　〔真言仏光寺派〕

12善勝寺　ぜんしょうじ〔寺〕
　岩手県宮古市　《本尊》釈迦如来　〔曹洞宗〕

善勝寺　ぜんしょうじ〔寺〕
　群馬県前橋市　《本尊》阿弥陀如来　〔天台宗〕

善勝寺　ぜんしょうじ〔寺〕
　千葉県千葉市　《本尊》日蓮聖人奠定の大曼荼羅
　　　　　　　　　　　　〔顕本法華宗〕

善勝寺　ぜんしょうじ〔寺〕
　神奈川県津久井郡相模湖町　《本尊》毘沙門天・不動明王・観世音菩薩　〔高野山真言宗〕

善勝寺　ぜんしょうじ〔寺〕
　長野県飯田市　《本尊》阿弥陀如来
　　　　　　　　　　　　〔真宗大谷派〕

善勝寺　ぜんしょうじ〔寺〕
　滋賀県栗東市　《本尊》薬師如来　〔浄土宗〕

善勝寺　ぜんしょうじ〔寺〕
　広島県尾道市　《本尊》萩観世音菩薩
　　　　　　　　　　　　〔高野山真言宗〕

善勝寺　ぜんしょうじ〔寺〕
　山口県下関市　《本尊》阿弥陀如来
　　　　　　　　　　　　〔浄土真宗本願寺派〕

善勝院　ぜんしょういん〔寺〕
　千葉県成田市　《本尊》十一面観世音菩薩
　　　　　　　　　　　　〔真言宗豊山派〕

善喜寺　ぜんきじ〔寺〕
　愛媛県松山市　《本尊》延命地蔵菩薩
　　　　　　　　　　　　〔真言宗智山派〕

善覚寺　ぜんかくじ〔寺〕
　福井県福井市　《別称》白方さん　《本尊》阿弥陀如来　〔真宗大谷派〕

善覚寺　ぜんかくじ〔寺〕
　三重県松阪市　《本尊》阿弥陀如来
　　　　　　　　　　　　〔浄土真宗本願寺派〕

善覚寺　ぜんかくじ〔寺〕
　滋賀県神崎郡五個荘町　《本尊》阿弥陀如来・善光寺如来　〔浄土宗〕

善覚寺《称》　ぜんかくじ〔寺〕
　岡山県真庭郡落合町・木山寺　《本尊》薬師如来・十一面観世音菩薩　〔高野山真言宗〕

善証寺　ぜんしょうじ〔寺〕
　秋田県仙北郡六郷町　《別称》真宗二四輩旧跡　《本尊》阿弥陀如来　〔浄土真宗本願寺派〕

善証寺　ぜんしょうじ〔寺〕
　富山県東礪波郡福野町　《別称》高堀の寺　《本尊》阿弥陀如来　〔真宗大谷派〕

善証寺　ぜんしょうじ〔寺〕
　兵庫県朝来郡和田山町　《本尊》阿弥陀如来　〔浄土真宗本願寺派〕

善道寺　ぜんどうじ〔寺〕
　福岡県久留米市　《別称》大本山・鎮西本山・九州本山　《本尊》阿弥陀如来　〔浄土宗〕

12画（善）

善随寺　ぜんずいじ〔寺〕
　京都府亀岡市　《別称》かなげでら　《本尊》阿弥陀如来　〔浄土真宗本願寺派〕
善集院　ぜんしゅういん〔寺〕
　和歌山県伊都郡高野町　〔高野山真言宗〕
善集院　ぜんじゅいん〔寺〕
　岡山県邑久郡牛窓町　《本尊》千手観世音菩薩・虚空蔵菩薩　〔高野山真言宗〕
13善想寺　ぜんそうじ〔寺〕
　京都府京都市中京区　《本尊》阿弥陀三尊　〔浄土宗〕
善楽寺　ぜんらくじ〔寺〕
　高知県高知市　《別称》一の宮・四国第三〇番霊場　《本尊》阿弥陀如来
善照寺　ぜんしょうじ〔寺〕
　千葉県市川市　《本尊》阿弥陀三尊・善導大師・円光大師　〔浄土宗〕
善照寺　ぜんしょうじ〔寺〕
　千葉県木更津市　《本尊》不動明王　〔真言宗豊山派〕
善照寺　ぜんしょうじ〔寺〕
　千葉県松戸市　《本尊》聖観世音菩薩・不動明王　〔真言宗豊山派〕
善照寺　ぜんしょうじ〔寺〕
　東京都台東区　《本尊》阿弥陀如来　〔真宗大谷派〕
善照寺　ぜんしょうじ〔寺〕
　東京都大田区　《本尊》阿弥陀如来　〔浄土真宗本願寺派〕
善照寺　ぜんしょうじ〔寺〕
　東京都江戸川区　《別称》小松川の相撲寺　《本尊》大日如来　〔真言宗豊山派〕
善照寺　ぜんしょうじ〔寺〕
　石川県羽咋郡富来町　《本尊》阿弥陀如来　〔真宗大谷派〕
善照寺　ぜんしょうじ〔寺〕
　福井県福井市　《本尊》阿弥陀如来　〔真宗大谷派〕
善照寺　ぜんしょうじ〔寺〕
　滋賀県彦根市　《本尊》阿弥陀如来　〔浄土真宗本願寺派〕
善照寺　ぜんしょうじ〔寺〕
　和歌山県東牟婁郡古座町　《本尊》阿弥陀如来　〔浄土真宗本願寺派〕
善照院　ぜんしょういん〔寺〕
　青森県八戸市　《別称》真言寺　《本尊》金剛界大日如来　〔真言宗豊山派〕
善福寺　ぜんぷくじ〔寺〕
　群馬県甘楽郡下仁田町　《本尊》阿弥陀如来　〔天台宗〕

善福寺　ぜんぷくじ〔寺〕
　群馬県吾妻郡中之条町　《別称》善光寺　《本尊》善光寺如来　〔浄土宗〕
善福寺　ぜんぷくじ〔寺〕
　埼玉県比企郡川島町　《本尊》不動明王・矜迦羅童子・制多迦童子　〔真言宗智山派〕
善福寺　ぜんぷくじ〔寺〕
　千葉県袖ヶ浦市　《本尊》阿弥陀如来　〔真言宗智山派〕
善福寺　ぜんぷくじ〔寺〕
　東京都港区　《別称》あざぶさん　《本尊》阿弥陀如来　〔浄土真宗本願寺派〕
善福寺　ぜんぷくじ〔寺〕
　神奈川県南足柄市　《本尊》阿弥陀如来　〔浄土真宗本願寺派〕
善福寺　ぜんぷくじ〔寺〕
　神奈川県中郡大磯町　《本尊》阿弥陀如来　〔浄土真宗本願寺派〕
善福寺　ぜんぷくじ〔寺〕
　新潟県中魚沼郡津南町　《別称》大井平の寺　《本尊》聖観世音菩薩　〔曹洞宗〕
善福寺　ぜんぷくじ〔寺〕
　石川県金沢市　《本尊》阿弥陀如来　〔真宗大谷派〕
善福寺　ぜんぷくじ〔寺〕
　長野県駒ヶ根市　《本尊》聖観世音菩薩　〔臨済宗妙心寺派〕
善福寺　ぜんぷくじ〔寺〕
　岐阜県岐阜市　《別称》千手堂善福寺　《本尊》阿弥陀如来・十一面千手観世音菩薩　〔浄土真宗本願寺派〕
善福寺　ぜんぷくじ〔寺〕
　三重県安芸郡安濃町　《別称》連部の毘沙門　《本尊》立体如来　〔天台真盛宗〕
善福寺　ぜんぷくじ〔寺〕
　三重県一志郡嬉野町　《本尊》毘沙門天・胎蔵界大日如来・薬師如来・弁財天　〔高野山真言宗〕
善福寺　ぜんぷくじ〔寺〕
　滋賀県甲賀郡水口町　《本尊》阿弥陀如来　〔浄土宗〕
善福寺　ぜんぷくじ〔寺〕
　京都府綾部市　《本尊》十一面観世音菩薩　〔高野山真言宗〕
善福寺　ぜんぷくじ〔寺〕
　京都府京丹後市　《本尊》無量寿如来・観世音菩薩・勢至菩薩　〔臨済宗南禅寺派〕
善福寺　ぜんぷくじ〔寺〕
　兵庫県神戸市長田区　《本尊》阿弥陀如来　〔浄土真宗本願寺派〕

神社・寺院名よみかた辞典　581

12画（善）

善福寺　ぜんぷくじ〔寺〕
　兵庫県神戸市北区　《本尊》阿弥陀如来
　　　　　　　　　　　　　　　　〔曹洞宗〕
善福寺　ぜんぷくじ〔寺〕
　奈良県天理市勾田町　《別称》ずこう寺　《本
　尊》阿弥陀如来　　　　　　　　〔浄土宗〕
善福寺　ぜんぷくじ〔寺〕
　奈良県天理市和爾町　《本尊》阿弥陀如来
　　　　　　　　　　　　　　　　〔浄土宗〕
善福寺　ぜんぷくじ〔寺〕
　和歌山県有田市　《本尊》阿弥陀如来・親鸞
　聖人　　　　　　　　　　　　〔真宗興正派〕
善福寺　ぜんぷくじ〔寺〕
　山口県宇部市　《本尊》阿弥陀如来
　　　　　　　　　　　　　　〔浄土真宗本願寺派〕
善福寺　ぜんぷくじ〔寺〕
　山口県萩市　《本尊》釈迦如来
　　　　　　　　　　　　　　〔臨済宗南禅寺派〕
善福寺　ぜんぷくじ〔寺〕
　高知県土佐市　《本尊》弘法大師
　　　　　　　　　　　　　　　〔真言宗豊山派〕
善福寺　ぜんぷくじ〔寺〕
　長崎県北松浦郡小値賀町　《別称》柳の寺
　《本尊》阿弥陀如来　　　　　　〔浄土宗〕
善福院　ぜんぷくいん〔寺〕
　東京都葛飾区　《本尊》十一面観世音菩薩
　　　　　　　　　　　　　　〔真言宗智山派〕
善福院　ぜんぷくいん〔寺〕
　和歌山県海草郡下津町　《別称》梅田釈迦堂
　《本尊》釈迦如来　　　　　　　〔天台宗〕
14善徳寺　ぜんとくじ〔寺〕
　茨城県那珂郡美和村　《別称》真宗二四輩旧跡
　《本尊》阿弥陀如来　　　　〔浄土真宗本願寺派〕
善徳寺　ぜんとくじ〔寺〕
　栃木県足利市　《本尊》薬師如来・聖観世音
　菩薩・乳房地蔵菩薩　　　〔臨済宗妙心寺派〕
善徳寺　ぜんとくじ〔寺〕
　東京都江東区　《本尊》釈迦如来　〔曹洞宗〕
善徳寺　ぜんとくじ〔寺〕
　東京都北区　《本尊》阿弥陀如来　〔浄土宗〕
善徳寺　ぜんとくじ〔寺〕
　東京都八王子市　《本尊》阿弥陀如来
　　　　　　　　　　　　　　　〔真宗高田派〕
善徳寺　ぜんとくじ〔寺〕
　神奈川県平塚市　《本尊》阿弥陀如来
　　　　　　　　　　　　　　　　〔浄土宗〕
善徳寺　ぜんとくじ〔寺〕
　神奈川県大和市　《本尊》阿弥陀如来
　　　　　　　　　　　　　　　〔真宗大谷派〕

善徳寺《称》　ぜんとくじ〔寺〕
　富山県東礪波郡城端町・東本願寺城端別院善
　徳寺　《本尊》阿弥陀如来　　〔真宗大谷派〕
善徳寺　ぜんとくじ〔寺〕
　愛知県一宮市　《本尊》阿弥陀如来
　　　　　　　　　　　　　　　〔真宗大谷派〕
善徳寺　ぜんとくじ〔寺〕
　大阪府大阪市北区　《本尊》日蓮聖人奠定の
　大曼荼羅　　　　　　　　　　　〔日蓮宗〕
善徳寺　ぜんとくじ〔寺〕
　兵庫県姫路市　《本尊》阿弥陀如来
　　　　　　　　　　　　　　　〔真宗大谷派〕
善徳寺　ぜんとくじ〔寺〕
　和歌山県田辺市　《本尊》阿弥陀如来
　　　　　　　　　　　　　　　〔西山浄土宗〕
善徳寺　ぜんとくじ〔寺〕
　岡山県上房郡北房町　《別称》地蔵院　《本
　尊》地蔵菩薩・不動明王　　　〔高野山真言宗〕
善徳寺　ぜんとくじ〔寺〕
　大分県臼杵市　《別称》末広善法寺　《本尊》
　阿弥陀如来　　　　　　　　　〔真宗大谷派〕
15善導寺　ぜんどうじ〔寺〕
　青森県北津軽郡中里町　《別称》深郷田ノ寺
　《本尊》阿弥陀如来　　　　　　〔浄土宗〕
善導寺　ぜんどうじ〔寺〕
　宮城県仙台市若林区　《本尊》阿弥陀如来
　　　　　　　　　　　　　　　　〔浄土宗〕
善導寺　ぜんどうじ〔寺〕
　山形県酒田市　《本尊》阿弥陀如来・善光寺
　如来　　　　　　　　　　　　　〔浄土宗〕
善導寺　ぜんどうじ〔寺〕
　福島県郡山市　《本尊》阿弥陀如来　〔浄土宗〕
善導寺　ぜんどうじ〔寺〕
　福島県安達郡東和町　《本尊》阿弥陀如来
　　　　　　　　　　　　　　　　〔浄土宗〕
善導寺　ぜんどうじ〔寺〕
　福島県南会津郡伊南村　《本尊》阿弥陀如
　来　　　　　　　　　　　　　　〔浄土宗〕
善導寺　ぜんどうじ〔寺〕
　群馬県館林市　《本尊》阿弥陀如来　〔浄土宗〕
善導寺　ぜんどうじ〔寺〕
　群馬県吾妻郡吾妻町　《別称》吾妻のぜんど
　う寺　《本尊》阿弥陀如来　　　〔浄土宗〕
善導寺　ぜんどうじ〔寺〕
　埼玉県大里郡寄居町　《別称》子育観音のお
　寺　《本尊》阿弥陀三尊　　　　〔浄土宗〕
善導寺　ぜんどうじ〔寺〕
　新潟県新潟市　《本尊》阿弥陀如来　〔浄土宗〕
善導寺　ぜんどうじ〔寺〕
　新潟県糸魚川市　《本尊》阿弥陀如来
　　　　　　　　　　　　　　　　〔浄土宗〕

12画（堺，塚，堤）

善導寺　ぜんどうじ〔寺〕
　新潟県上越市　《本尊》善導大師　〔浄土宗〕
善導寺　ぜんどうじ〔寺〕
　新潟県中頸城郡柿崎町　《本尊》阿弥陀如来　〔浄土宗〕
善導寺　ぜんどうじ〔寺〕
　福井県大野市　《本尊》阿弥陀如来　〔浄土宗〕
善導寺　ぜんどうじ〔寺〕
　長野県長野市　《本尊》阿弥陀如来　〔浄土宗〕
善導寺　ぜんどうじ〔寺〕
　岐阜県山県市　《本尊》阿弥陀三尊・妙見大菩薩　〔浄土宗西山禅林寺派〕
善導寺　ぜんどうじ〔寺〕
　静岡県磐田市　《別称》くすの木の寺　《本尊》阿弥陀三尊　〔浄土宗〕
善導寺　ぜんどうじ〔寺〕
　愛知県知多郡東浦町　《本尊》阿弥陀如来　〔浄土宗〕
善導寺　ぜんどうじ〔寺〕
　京都府京都市中京区　《別称》樋の口善導　《本尊》阿弥陀如来　〔浄土宗〕
善導寺　ぜんどうじ〔寺〕
　大阪府大阪市北区　《本尊》善光寺如来三尊　〔浄土宗〕
善導寺　ぜんどうじ〔寺〕
　愛媛県西条市　《本尊》阿弥陀如来・薬師如来　〔浄土宗〕
善導寺　ぜんどうじ〔寺〕
　福岡県福岡市博多区　《別称》博多善導寺　《本尊》善導大師　〔浄土宗〕
善導院　ぜんどういん〔寺〕
　京都府京都市左京区　《本尊》善導大師　〔浄土宗〕
善慶寺　ぜんけいじ〔寺〕
　茨城県新治郡八郷町　《本尊》釈迦如来　〔曹洞宗〕
善慶寺　ぜんけいじ〔寺〕
　福井県福井市　《本尊》大曼荼羅　〔顕本法華宗〕
善慶寺　ぜんけいじ〔寺〕
　愛知県一宮市　《本尊》阿弥陀如来　〔真宗大谷派〕
善慶寺　ぜんけいじ〔寺〕
　愛知県稲沢市　《本尊》阿弥陀如来　〔真宗大谷派〕
善慶寺　ぜんきょうじ〔寺〕
　滋賀県守山市　《本尊》阿弥陀如来　〔真宗大谷派〕
善慶寺　ぜんけいじ〔寺〕
　島根県八束郡八束町　《本尊》三尊仏　〔曹洞宗〕

善養寺　ぜんようじ〔寺〕
　東京都世田谷区　《別称》かやの寺　《本尊》大日如来　〔真言宗智山派〕
善養寺　ぜんようじ〔寺〕
　東京都豊島区　《別称》お閻魔様の寺　《本尊》薬師如来・閻魔大王　〔天台宗〕
善養寺　ぜんようじ〔寺〕
　東京都江戸川区　《別称》小岩不動　《本尊》地蔵菩薩・不動明王　〔真言宗豊山派〕
善養院　ぜんよういん〔寺〕
　東京都世田谷区　《別称》新町観音　《本尊》如意輪観世音菩薩　〔曹洞宗〕
16善篤寺　ぜんとくじ〔寺〕
　愛知県名古屋市千種区　《本尊》釈迦如来　〔曹洞宗〕
善興寺　ぜんこうじ〔寺〕
　広島県因島市　《本尊》聖観世音菩薩　〔曹洞宗〕
善賢寺　ぜんけんじ〔寺〕
　高知県高岡郡中土佐町　《本尊》十一面観世音菩薩　〔曹洞宗〕
19善願寺　ぜんがんじ〔寺〕
　栃木県宇都宮市　《別称》宮の大仏　《本尊》阿弥陀如来　〔天台宗〕
善願寺　ぜんがんじ〔寺〕
　京都府京都市伏見区　《別称》腹帯地蔵　《本尊》地蔵菩薩　〔天台宗〕

【堺】

4堺天神〈称〉　さかいてんじん〔社〕
　大阪府堺市・菅原神社　《祭神》菅原道真〔他〕　〔神社本庁〕

【塚】

7塚町の御祖師様《称》　つかまちのおそしさま〔寺〕
　福井県武生市・円明寺　《本尊》大曼荼羅・日蓮聖人　〔法華宗(真門流)〕
塚角神社《称》　つかつのじんじゃ〔社〕
　岡山県久米郡柵原町・上山宮　《祭神》素盞嗚尊〔他〕　〔神社本庁〕

【堤】

8堤治神社　つつみはりじんじゃ〔社〕
　愛知県尾西市　《別称》ていち神社　《祭神》埴安姫神〔他〕　〔神社本庁〕
12堤雄神社　つつみおじんじゃ〔社〕
　佐賀県杵島郡江北町　《祭神》成満公〔他〕　〔神社本庁〕

神社・寺院名よみかた辞典　583

【塔】

13 塔福寺　とうふくじ〔寺〕
　　熊本県下益城郡小川町　《本尊》阿弥陀如来
　　　　　　　　　　　　　　　〔真宗大谷派〕

【報】

3 報土寺　ほうどじ〔寺〕
　　岐阜県海津郡海津町　《別称》成戸本坊　《本尊》阿弥陀如来　〔真宗大谷派〕

報土寺　ほうどじ〔寺〕
　　京都府京都市上京区　《本尊》阿弥陀如来
　　　　　　　　　　　　　　　〔浄土宗〕

報土寺　ほうどじ〔寺〕
　　奈良県大和郡山市　《本尊》阿弥陀如来
　　　　　　　　　　　　　　　〔浄土宗〕

報土寺　ほうどじ〔寺〕
　　山口県熊毛郡上関町　《別称》戸津の報土寺
　　《本尊》阿弥陀如来　〔浄土真宗本願寺派〕

4 報仏寺　ほうぶつじ〔寺〕
　　茨城県水戸市　《本尊》阿弥陀如来
　　　　　　　　　　　　　　　〔真宗大谷派〕

6 報光寺　ほうこうじ〔寺〕
　　愛知県江南市　《本尊》阿弥陀如来
　　　　　　　　　　　　　　　〔真宗大谷派〕

7 報身寺　ほうしんじ〔寺〕
　　神奈川県小田原市　《本尊》阿弥陀如来
　　　　　　　　　　　　　　　〔浄土宗〕

8 報国寺　ほうこくじ〔寺〕
　　北海道紋別郡滝上町　《本尊》釈迦三尊・道元禅師・常済大師　〔曹洞宗〕

報国寺　ほうこくじ〔寺〕
　　茨城県水海道市　《本尊》阿弥陀如来
　　　　　　　　　　　　　　　〔浄土宗〕

報国寺　ほうこくじ〔寺〕
　　神奈川県鎌倉市　《本尊》釈迦如来
　　　　　　　　　　　　　〔臨済宗建長寺派〕

9 報専坊　ほうせんぼう〔寺〕
　　広島県広島市中区　《本尊》阿弥陀如来
　　　　　　　　　　　　　〔浄土真宗本願寺派〕

10 報恩寺　ほうおんじ〔寺〕
　　北海道紋別市　《本尊》釈迦三尊　〔曹洞宗〕

報恩寺　ほうおんじ〔寺〕
　　青森県弘前市　《本尊》釈迦三尊　〔天台宗〕

報恩寺　ほうおんじ〔寺〕
　　岩手県盛岡市　《本尊》釈迦如来　〔曹洞宗〕

報恩寺　ほうおんじ〔寺〕
　　宮城県登米郡中田町　《本尊》三尊仏
　　　　　　　　　　　　　　　〔曹洞宗〕

報恩寺　ほうおんじ〔寺〕
　　茨城県水海道市　《本尊》阿弥陀如来
　　　　　　　　　　　　　　　〔真宗大谷派〕

報恩寺　ほうおんじ〔寺〕
　　栃木県宇都宮市　《本尊》釈迦如来
　　　　　　　　　　　　　〔臨済宗妙心寺派〕

報恩寺　ほうおんじ〔寺〕
　　埼玉県熊谷市　《本尊》釈迦如来・迦葉尊者・阿難尊者　〔曹洞宗〕

報恩寺　ほうおんじ〔寺〕
　　千葉県佐倉市　《本尊》釈迦如来
　　　　　　　　　　　　　〔臨済宗妙心寺派〕

報恩寺　ほうおんじ〔寺〕
　　千葉県長生郡長南町　《本尊》阿弥陀如来・地蔵菩薩　〔真言宗豊山派〕

報恩寺　ほうおんじ〔寺〕
　　東京都台東区　《別称》坂東報恩寺・真宗二四輩旧跡　《本尊》阿弥陀如来　〔真宗大谷派〕

報恩寺　ほうおんじ〔寺〕
　　神奈川県綾瀬市　《別称》おたすけ観音　《本尊》釈迦如来・聖観世音菩薩　〔曹洞宗〕

報恩寺　ほうおんじ〔寺〕
　　新潟県柏崎市　《本尊》阿弥陀如来
　　　　　　　　　　　　　　〔真言宗豊山派〕

報恩寺　ほうおんじ〔寺〕
　　新潟県中頸城郡吉川町　《本尊》胎蔵界大日如来　〔真言宗豊山派〕

報恩寺　ほうおんじ〔寺〕
　　富山県高岡市　《別称》真宗二四輩旧跡　《本尊》阿弥陀如来　〔浄土真宗本願寺派〕

報恩寺　ほうおんじ〔寺〕
　　愛知県知多郡美浜町　《本尊》西方如来
　　　　　　　　　　　　　　　〔曹洞宗〕

報恩寺　ほうおんじ〔寺〕
　　滋賀県野洲郡野洲町　《本尊》阿弥陀如来
　　　　　　　　　　　　　　　〔浄土宗〕

報恩寺　ほうおんじ〔寺〕
　　京都府京都市上京区　《別称》なきとら　《本尊》阿弥陀如来　〔浄土宗〕

報恩寺　ほうおんじ〔寺〕
　　大阪府堺市　《本尊》阿弥陀如来
　　　　　　　　　　　　　　〔真宗仏光寺派〕

報恩寺　ほうおんじ〔寺〕
　　兵庫県神戸市西区　《本尊》地蔵菩薩
　　　　　　　　　　　　　〔臨済宗妙心寺派〕

報恩寺　ほうおんじ〔寺〕
　　兵庫県加古川市　《本尊》十一面観世音菩薩・不動明王　〔高野山真言宗〕

報恩寺　ほうおんじ〔寺〕
　　兵庫県加古郡稲美町　《本尊》阿弥陀如来
　　　　　　　　　　　　　〔浄土真宗本願寺派〕

12画（堯, 奥）

報恩寺　ほうおんじ〔寺〕
　兵庫県氷上郡青垣町　《本尊》薬師如来
　　　　　　　　　　　　〔臨済宗妙心寺派〕
報恩寺　ほうおんじ〔寺〕
　和歌山県和歌山市　《別称》白雲山・由緒寺院
　《本尊》久遠実成本師釈迦如来　　〔日蓮宗〕
報恩寺　ほうおんじ〔寺〕
　和歌山県田辺市　《別称》南海道善光寺　《本
　尊》阿弥陀三尊・薬師如来
　　　　　　　　　　　　〔臨済宗妙心寺派〕
報恩寺　ほうおんじ〔寺〕
　島根県大田市　《本尊》阿弥陀如来　〔浄土宗〕
報恩寺　ほうおんじ〔寺〕
　山口県小野田市　《本尊》阿弥陀如来
　　　　　　　　　　　　〔浄土真宗本願寺派〕
報恩寺　ほうおんじ〔寺〕
　山口県美祢市　《本尊》阿弥陀如来
　　　　　　　　　　　　〔浄土真宗本願寺派〕
報恩寺　ほうおんじ〔寺〕
　徳島県麻植郡鴨島町　《別称》飯尾の西の寺
　《本尊》愛染明王　　　　〔真言宗御室派〕
報恩寺　ほうおんじ〔寺〕
　愛媛県西予市　《本尊》釈迦如来　〔曹洞宗〕
報恩寺　ほうおんじ〔寺〕
　福岡県柳川市　《別称》地蔵寺　《本尊》釈迦
　如来・阿弥陀如来　　　　　　　〔曹洞宗〕
報恩寺　ほうおんじ〔寺〕
　佐賀県西松浦郡有田町　《本尊》釈迦如来
　　　　　　　　　　　　　　　　〔曹洞宗〕
報恩寺　ほうおんじ〔寺〕
　熊本県熊本市　《本尊》三尊仏　　〔曹洞宗〕
報恩院　ほうおんいん〔寺〕
　京都府京都市伏見区　《本尊》阿弥陀如来
　　　　　　　　　　　　〔真言宗醍醐派〕
報恩院　ほうおんいん〔寺〕
　和歌山県伊都郡高野町　　〔高野山真言宗〕
報恩講寺　ほうおんこうじ〔寺〕
　和歌山県和歌山市　《別称》円光大師霊場第
　八番・大川寺　《本尊》法然上人
　　　　　　　　　　　　　　　〔西山浄土宗〕
14報徳二宮神社　ほうとくにのみやじんじゃ
　〔社〕
　栃木県今市市　《別称》二宮さま・今市報徳二
　宮神社　《祭神》二宮尊徳［他］　〔神社本庁〕
報徳二宮神社　ほうとくにのみやじんじゃ
　〔社〕
　神奈川県小田原市　《別称》二宮さん　《祭
　神》二宮尊徳　　　　　　　　〔神社本庁〕

報徳寺　ほうとくじ〔寺〕
　北海道空知郡奈井江町　《本尊》阿弥陀如
　来　　　　　　　　　　〔真宗大谷派〕

【堯】

10堯翁院　ぎょうおういん〔寺〕
　長野県下伊那郡浪合村　《別称》浪合のお寺
　　《本尊》虚空蔵菩薩　　　　　　　〔曹洞宗〕
15堯範寺　ぎょうはんじ〔寺〕
　愛媛県八幡浜市　《本尊》延命地蔵菩薩
　　　　　　　　　　　　〔臨済宗妙心寺派〕

【奥】

0奥の天神《称》　おくのてんじん〔社〕
　大阪府大阪市住吉区・生根神社　《祭神》少
　彦名命　　　　　　　　　　　〔神社本庁〕
奥の宮《称》　おくのみや〔社〕
　高知県長岡郡大豊町・若一王子宮　《祭神》天
　照皇大神　　　　　　　　　　〔神社本庁〕
奥の高野《称》　おくのこうや〔寺〕
　山形県長井市・遍照寺　《本尊》大日如来
　　　　　　　　　　　　　　〔真言宗豊山派〕
3奥山半僧坊《称》　おくやまはんそうぼう
　〔寺〕
　静岡県引佐郡引佐町・方広寺　《本尊》釈迦如
　来・文殊菩薩・普賢菩薩　〔臨済宗方広寺派〕
奥山寺　おくさんじ〔寺〕
　兵庫県加西市　《本尊》十一面観世音菩薩
　　　　　　　　　　　　　　〔高野山真言宗〕
4奥之相善宮《称》　おくのそうぜんぐう〔社〕
　福島県相馬郡新地町・子眉嶺神社　《祭神》豊
　受比売之命［他］　　　　　　〔神社本庁〕
5奥平神社　おくだいらじんじゃ〔社〕
　大分県中津市　《別称》三所宮　《祭神》奥平
　貞能［他］　　　　　　　　　〔神社本庁〕
奥氷川神社　おくひかわじんじゃ〔社〕
　東京都西多摩郡奥多摩町　《祭神》素盞雄命
　［他］　　　　　　　　　　　　〔神社本庁〕
奥石神社　おいそじんじゃ〔社〕
　滋賀県蒲生郡安土町　《別称》鎌宮　《祭神》
　天津児屋根命　　　　　　　　〔神社本庁〕
6奥羽高野山《称》　おううこうやさん〔寺〕
　福島県福島市・極楽寺　《本尊》阿弥陀如来・
　如来三宝大荒神　　　　　　〔高野山真言宗〕
7奥沢神社　おくさわじんじゃ〔社〕
　東京都世田谷区　《別称》厄除の奥沢神社
　《祭神》誉田別命［他］　　　〔神社本庁〕
9奥津社　おきつしゃ〔社〕
　愛知県海部郡佐織町　《祭神》市杵島比売命
　［他］　　　　　　　　　　　　〔神社本庁〕

神社・寺院名よみかた辞典　585

12画（媛, 寒, 富）

奥津嶋神社　おくつしまじんじゃ〔社〕
　滋賀県近江八幡市　《祭神》奥津嶋比売命
〔神社本庁〕
10奥院　おくのいん〔寺〕
　奈良県北葛城郡當麻町　《別称》円光大師霊場第九番・奥之院　《本尊》法然上人
〔浄土宗〕
12奥渡観音《称》　おくどかんのん〔寺〕
　岐阜県恵那郡蛭川村・高徳寺　《本尊》十一面観世音菩薩・薬師如来　〔臨済宗妙心寺派〕
14奥稲荷《称》　おくいなり〔社〕
　岩手県花巻市・鼬幣稲荷神社　《祭神》宇迦之御魂命[他]　〔神社本庁〕

【媛】

7媛社神社　ひめこそじんじゃ〔社〕
　福岡県小郡市　《別称》七夕さん　《祭神》媛社神[他]　〔神社本庁〕

【寒】

3寒山寺　かんざんじ〔寺〕
　大阪府大阪市北区　《別称》薬師御殿　《本尊》釈迦如来　〔臨済宗妙心寺派〕
寒川の観音さま《称》　さんがわのかんのんさま〔寺〕
　愛媛県四国中央市・新長谷寺　《本尊》初瀬試観世音菩薩　〔高野山真言宗〕
寒川神社　さむがわじんじゃ〔社〕
　千葉県千葉市　《別称》神明社　《祭神》寒川比古命[他]　〔神社本庁〕
寒川神社　さむかわじんじゃ〔社〕
　神奈川県高座郡寒川町　《別称》寒川さん　《祭神》寒川比古命[他]　〔神社本庁〕
5寒田神社　さむたじんじゃ〔社〕
　神奈川県足柄上郡松田町　《祭神》倭建命[他]
〔神社本庁〕
6寒光寺　かんこうじ〔寺〕
　東京都江東区　《本尊》釈迦如来
〔臨済宗円覚寺派〕
8寒松院　かんしょういん〔寺〕
　三重県津市　《本尊》阿弥陀如来　〔天台宗〕
寒河江八幡宮　さがえはちまんぐう〔社〕
　山形県寒河江市　《祭神》誉田別命[他]
〔神社本庁〕
11寒窓寺　かんそうじ〔寺〕
　岐阜県海津郡南濃町　《本尊》観世音菩薩
〔臨済宗妙心寺派〕

【富】

3富士山大社小御嶽神社《称》　ふじさんたいしゃこみたけじんじゃ〔社〕
　山梨県富士吉田市・富士御嶽神社　《祭神》磐長姫命　〔神社本庁〕
富士山本宮浅間神社　ふじさんほんぐうせんげんじんじゃ〔社〕
　静岡県富士宮市宮町　《祭神》木花之佐久夜毘売命[他]
富士山観音《称》　ふじさんかんのん〔寺〕
　静岡県庵原郡富士川町・宗清寺　《本尊》虚空蔵菩薩　〔曹洞宗〕
富士浅間神社　ふじせんげんじんじゃ〔社〕
　山梨県富士吉田市明見町　《祭神》木花開耶姫命　〔神社本庁〕
富士浅間神社《称》　ふじせんげんじんじゃ〔社〕
　山梨県富士吉田市上吉田町・北口・本宮・富士浅間神社　《祭神》木花開耶姫命[他]
〔神社本庁〕
富士浅間神社　ふじせんげんじんじゃ〔社〕
　愛知県名古屋市中区　《祭神》木花咲耶姫命　〔神社本庁〕
富士浅間神社　ふじせんげんじんじゃ〔社〕
　愛知県愛知郡東郷町　《別称》おせんげんさん　《祭神》木花佐久夜毘売命　〔神社本庁〕
富士神社　ふじじんじゃ〔社〕
　茨城県龍ヶ崎市　《別称》浅間様　《祭神》木華開耶姫命　〔神社本庁〕
富士御室浅間神社　ふじおむろあさまじんじゃ〔社〕
　山梨県南都留郡富士河口湖町　《別称》御室様　《祭神》木花開耶姫命
富士御嶽神社　ふじみたけじんじゃ〔社〕
　山梨県富士吉田市　《別称》富士山大社小御嶽神社　《祭神》磐長姫命　〔神社本庁〕
お富士様《称》　おふじさま〔社〕
　愛知県犬山市・大宮浅間神社　《祭神》木花開耶姫命[他]　〔神社本庁〕
富士嶽神社　ふじたけじんじゃ〔社〕
　群馬県館林市　《別称》仙元さま　《祭神》木花佐久耶毘売命[他]　〔神社本庁〕
富山本願寺《称》　とやまほんがんじ〔寺〕
　富山県富山市・西本願寺富山別院　《本尊》阿弥陀如来　〔浄土真宗本願寺派〕
富山県護国神社　とやまけんごこくじんじゃ〔社〕
　富山県富山市　《祭神》護国の神霊
〔神社本庁〕

12画（富）

4富木八幡神社　とぎはちまんじんじゃ〔社〕
　　石川県羽咋郡富来町　《祭神》八幡大神
　　　　　　　　　　　　　　　　　〔神社本庁〕
5富丘神社《称》　とみおかじんじゃ〔社〕
　　香川県小豆郡土庄町・淵崎八幡神社　《祭神》
　　品陀和気神［他］　　　　　　　〔神社本庁〕
　富永神社　とみながじんじゃ〔社〕
　　愛知県新城市　《別称》天王様　《祭神》須佐
　　之男命　　　　　　　　　　　　〔神社本庁〕
　富田の八幡様《称》　とんだのはちまんさ
　ま〔社〕
　　山口県周南市・山崎八幡宮　《祭神》応神天
　　皇［他］　　　　　　　　　　　〔神社本庁〕
　富田八幡神社　とんだはちまんじんじゃ〔
　社〕
　　宮崎県児湯郡新富町　《別称》八幡様　《祭
　　神》帯中津彦命［他］　　　　　〔神社本庁〕
　富田八幡宮　とだはちまんぐう〔社〕
　　島根県能義郡広瀬町　《祭神》誉田別尊［他］
　　　　　　　　　　　　　　　　　〔神社本庁〕
　富田林興正寺別院　とんだばやしこうしょ
　うじべついん〔寺〕
　　大阪府富田林市　《別称》御坊　《本尊》阿弥
　　陀如来　　　　　　　　　　　〔真宗興正派〕
　富田神社　とみたじんじゃ〔社〕
　　香川県さぬき市　《祭神》品陀和気命［他］
　　　　　　　　　　　　　　　　　〔神社本庁〕
　富田御坊《称》　とんだごぼう〔寺〕
　　大阪府高槻市・本照寺　《本尊》阿弥陀如来
　　　　　　　　　　　　　　　〔浄土真宗本願寺派〕
　富田御坊《称》　とんだごぼう〔寺〕
　　大阪府高槻市・教行寺　《本尊》阿弥陀如来
　　　　　　　　　　　　　　　　〔真宗大谷派〕
　富田殿《称》　とんだどの〔寺〕
　　大阪府高槻市・教行寺　《本尊》阿弥陀如来
　　　　　　　　　　　　　　　　〔真宗大谷派〕
6富光寺　ふこうじ〔寺〕
　　宮城県古川市　《本尊》釈迦如来　〔曹洞宗〕
　富吉建速神社　とみよしたてはやじんじゃ
　〔社〕
　　愛知県海部郡蟹江町　《祭神》素盞嗚尊
　　　　　　　　　　　　　　　　　〔神社本庁〕
　富多神社　とみたじんじゃ〔社〕
　　埼玉県北葛飾郡庄和町　《祭神》石凝姥命［他］
　　　　　　　　　　　　　　　　　〔神社本庁〕
　富江神社　とみえじんじゃ〔社〕
　　長崎県南松浦郡富江町　《別称》護神さま
　　《祭神》八千矛大神［他］　　　〔神社本庁〕
　富西寺　ふさいじ〔寺〕
　　静岡県熱海市　《本尊》日蓮聖人奠定の大曼
　　荼羅　　　　　　　　　　　　　〔日蓮宗〕

7富尾神社　とびのおじんじゃ〔社〕
　　大分県南海部郡蒲江町　《別称》鴎尾権現社
　　《祭神》大己貴命　　　　　　　〔神社本庁〕
　富良野寺　ふらのでら〔寺〕
　　北海道富良野市　《別称》真言寺　《本尊》大
　　日如来・弘法大師・不動明王
　　　　　　　　　　　　　　　　〔高野山真言宗〕
　富良野神社　ふらのじんじゃ〔社〕
　　北海道富良野市　《祭神》大国魂神［他］
　　　　　　　　　　　　　　　　　〔神社本庁〕
　富谷観音《称》　とみやかんのん〔寺〕
　　茨城県西茨城郡岩瀬町・小山寺　《本尊》十
　　一面観世音菩薩　　　　　　　　〔天台宗〕
8富岡八幡宮　とみおかはちまんぐう〔社〕
　　東京都江東区富岡　《祭神》応神天皇［他］
　　　　　　　　　　　　　　　　　〔神社本庁〕
　富岡伊弉那伎神社　とみおかいざなぎじん
　じゃ〔社〕
　　熊本県天草郡苓北町　《別称》権現様　《祭
　　神》伊弉諾尊　　　　　　　　　〔神社本庁〕
　富岡稲荷《称》　とみおかいなり〔社〕
　　熊本県天草郡苓北町・稲荷神社　《祭神》宇
　　迦御魂神　　　　　　　　　　　〔神社本庁〕
　富松神社　とみまつじんじゃ〔社〕
　　長崎県大村市　《祭神》天児屋根命［他］
　　　　　　　　　　　　　　　　　〔神社本庁〕
　富知六所浅間神社　ふちろくしょせんげん
　じんじゃ〔社〕
　　静岡県富士市　《祭神》大山祇命　〔神社本庁〕
9富春院　ふしゅんいん〔寺〕
　　静岡県静岡市　《本尊》阿弥陀如来
　　　　　　　　　　　　　　　〔臨済宗妙心寺派〕
　富洞院　ふとういん〔寺〕
　　静岡県藤枝市　《本尊》釈迦如来　〔曹洞宗〕
10富家の大宮《称》　ふけのおおみや〔社〕
　　兵庫県加西市・日吉神社　《祭神》大山咋命
　　［他］
　富島八幡神社《称》　としまはちまんじん
　じゃ〔社〕
　　兵庫県津名郡北淡町石田・八幡神社　《祭神》
　　応神天皇［他］　　　　　　　　〔神社本庁〕
11富部神社　とべじんじゃ〔社〕
　　愛知県名古屋市南区　《祭神》須佐之男命［他］
　　　　　　　　　　　　　　　　　〔神社本庁〕
　富部御厨岡神明神社　とみべのみくりやお
　かしんめいじんじゃ〔社〕
　　長野県長野市　《祭神》大日孁尊［他］
　　　　　　　　　　　　　　　　　〔神社本庁〕
12富塚八幡宮　とみずかはちまんぐう〔社〕
　　神奈川県横浜市戸塚区　《別称》八幡様　《祭
　　神》誉田別命［他］　　　　　　〔神社本庁〕

神社・寺院名よみかた辞典　587

12画（尋, 尊, 嵐, 幅, 御）

富賀岡八幡宮　とみがおかはちまんぐう〔社〕
　東京都江東区南砂　《別称》もと八幡宮　《祭神》誉田天皇〔他〕
　　　　　　　　　　　　　　　　　〔神社本庁〕
富賀神社　とがじんじゃ〔社〕
　東京都三宅村　《別称》富賀様　《祭神》三島大明神
　　　　　　　　　　　　　　　　　〔神社本庁〕
富貴寺　ふきじ〔寺〕
　奈良県磯城郡田原本町　《別称》釈迦堂　《本尊》釈迦如来
　　　　　　　　　　　　　　　〔真言宗豊山派〕
富貴寺　ふきじ〔寺〕
　大分県豊後高田市　《別称》富貴寺大堂　《本尊》阿弥陀如来
　　　　　　　　　　　　　　　　　　〔天台宗〕
富陽庵　ふようあん〔寺〕
　神奈川県鎌倉市　《本尊》文殊菩薩・東岳文晁和尚
　　　　　　　　　　　　　　　〔臨済宗円覚寺派〕
14富徳寺　ふとくじ〔寺〕
　埼玉県羽生市　《本尊》釈迦如来　〔曹洞宗〕
15富蔵院　ふぞういん〔寺〕
　千葉県野田市　《本尊》不動明王
　　　　　　　　　　　　　　　〔真言宗豊山派〕

【尋】

7尋声寺　じんしょうじ〔寺〕
　和歌山県田辺市　《本尊》千手千眼観世音菩薩
　　　　　　　　　　　　　　　　　〔曹洞宗〕
11尋盛寺　じんせいじ〔寺〕
　愛知県名古屋市千種区　《別称》さいのかわらじぞうそん　《本尊》阿弥陀如来
　　　　　　　　　　　　　　　　　〔浄土宗〕

【尊】

3尊久老稲荷神社　そんくろういなりじんじゃ〔社〕
　宮城県亘理郡亘理町　《祭神》宇迦之御魂神〔他〕
　　　　　　　　　　　　　　　　〔神社本庁〕
5尊永寺　そんえいじ〔寺〕
　静岡県袋井市　《別称》法多の厄除観音　《本尊》聖観世音菩薩
　　　　　　　　　　　　　　　〔高野山真言宗〕
6尊光寺　そんこうじ〔寺〕
　福井県勝山市　《別称》惣坊　《本尊》阿弥陀如来
　　　　　　　　　　　　　　〔浄土真宗本願寺派〕
尊光寺　そんこうじ〔寺〕
　大阪府貝塚市　《本尊》阿弥陀如来
　　　　　　　　　　　　　　〔浄土真宗本願寺派〕
尊光寺　そんこうじ〔寺〕
　兵庫県西宮市　《本尊》阿弥陀如来
　　　　　　　　　　　　　　　〔真宗興正派〕
尊光寺　そんこうじ〔寺〕
　徳島県阿波郡市場町　《本尊》阿弥陀如来
　　　　　　　　　　　　　　〔浄土真宗本願寺派〕

尊光寺　そんこうじ〔寺〕
　香川県仲多度郡満濃町　《本尊》阿弥陀如来
　　　　　　　　　　　　　　　〔真宗興正派〕
7尊体寺　そんたいじ〔寺〕
　山梨県甲府市　《本尊》阿弥陀三尊　〔浄土宗〕
尊寿寺　そんじゅじ〔寺〕
　福岡県山門郡瀬高町　《本尊》日蓮聖人奠定の曼荼羅・二尊四士・日蓮聖人　〔日蓮宗〕
尊寿院　そんじゅいん〔寺〕
　京都府京都市右京区　　〔真言宗御室派〕
12尊勝院　そんしょういん〔寺〕
　茨城県古河市　《本尊》不動明王
　　　　　　　　　　　　　　　〔真言宗豊山派〕
14尊像寺　そんぞうじ〔寺〕
　茨城県下館市　《本尊》地蔵菩薩　〔天台宗〕

【嵐】

3嵐山大悲閣《称》　あらしやまだいひかく〔寺〕
　京都府京都市西京区・千光寺　《本尊》千手観世音菩薩・不動明王・毘沙門天　〔黄檗宗〕

【幅】

3幅下浅間《称》　はばしたせんげん〔社〕
　愛知県名古屋市西区・冨士浅間神社　《祭神》木花開耶姫命
　　　　　　　　　　　　　　　　　〔神社本庁〕

【御】

3御上神社　みかみじんじゃ〔社〕
　滋賀県野洲郡野洲町　《祭神》天之御影命
　　　　　　　　　　　　　　　　　〔神社本庁〕
御山八幡神社　みやまはちまんじんじゃ〔社〕
　香川県綾歌郡綾南町　《祭神》誉田天皇〔他〕
　　　　　　　　　　　　　　　　　〔神社本庁〕
4御井神社　みいじんじゃ〔社〕
　岐阜県各務原市　《祭神》木俣命〔他〕
　　　　　　　　　　　　　　　　　〔神社本庁〕
御井神社　みいじんじゃ〔社〕
　岐阜県養老郡養老町　《祭神》御井神
　　　　　　　　　　　　　　　　　〔神社本庁〕
御井神社　みいじんじゃ〔社〕
　奈良県宇陀郡榛原町　《別称》檜牧宮　《祭神》御井大神〔他〕　〔神社本庁〕
御井神社　みいじんじゃ〔社〕
　島根県簸川郡斐川町　《祭神》木俣神
　　　　　　　　　　　　　　　　　〔神社本庁〕
御升沢様《称》　おますざわさま〔社〕
　宮城県黒川郡大和町・船形山神社　《祭神》保食神
　　　　　　　　　　　　　　　　　〔神社本庁〕

588　神社・寺院名よみかた辞典

12画（御）

御天王様《称》　おてんのうさま〔社〕
　宮城県登米郡迫町・津島神社　《祭神》素盞嗚命
　　　　　　　　　　　　　　　　　〔神社本庁〕
御手判寺《称》　おてはんじ〔寺〕
　埼玉県秩父市・久昌寺　《本尊》聖観世音菩薩・阿弥陀如来　　　　　　　〔曹洞宗〕
御手洗神社　みたらいじんじゃ〔社〕
　大分県大分市　《祭神》誉田和気尊［他］
　　　　　　　　　　　　　　　　　〔神社本庁〕
5御田八幡神社　みたはちまんじんじゃ〔社〕
　東京都港区　《別称》八幡さま　《祭神》誉田別尊［他］　　　　　　　　〔神社本庁〕
御田八幡宮　おんだはちまんぐう〔社〕
　高知県室戸市　《祭神》応神天皇［他］
　　　　　　　　　　　　　　　　　〔神社本庁〕
御田神社　みたじんじゃ〔社〕
　富山県氷見市　《別称》八千堂　《祭神》大年大御神［他］　　　　　　　〔神社本庁〕
6御伊勢様《称》　おいせさま〔社〕
　鹿児島県西之表市・伊勢神社　《祭神》天照皇大神［他］　　　　　　　　〔神社本庁〕
御多峯様《称》　おたほうさま〔社〕
　宮城県桃生郡河北町・大日霎神社　《祭神》大日霎貴尊　　　　　　　　　〔神社本庁〕
御宇田神宮　みうたじんぐう〔社〕
　熊本県鹿本郡鹿本町　《祭神》天照皇大神［他］　　　　　　　　　　　　〔神社本庁〕
7御坂社　みさかしゃ〔社〕
　兵庫県三木市　《祭神》八戸掛須御諸命［他］
　　　　　　　　　　　　　　　　　〔神社本庁〕
御坊《称》　ごぼう〔寺〕
　滋賀県大津市・東本願寺大津別院　《本尊》阿弥陀如来　　　　　　　〔真宗大谷派〕
御坊《称》　ごぼう〔寺〕
　大阪府枚方市・願生坊　《本尊》阿弥陀如来
　　　　　　　　　　　　　　　　〔真宗大谷派〕
御坊《称》　ごぼう〔寺〕
　大阪府富田林市・富田林興正寺別院　《本尊》阿弥陀如来　　　　　　　〔真宗興正派〕
御坊《称》　ごぼう〔寺〕
　広島県広島市中区・常念寺　《本尊》阿弥陀如来　　　　　　　　　　〔真宗大谷派〕
御坊《称》　ごぼう〔寺〕
　福岡県北九州市小倉北区・永照寺　《本尊》阿弥陀如来　　　　　　〔浄土真宗本願寺派〕
御坊さん《称》　ごぼうさん〔寺〕
　和歌山県和歌山市・西本願寺鷺森別院　《本尊》阿弥陀如来　　　　　〔真宗大谷派〕
御坊御堂《称》　ごぼうごどう〔寺〕
　和歌山県御坊市・西本願寺日高別院　《本尊》阿弥陀如来　　　　　〔浄土真宗本願寺派〕

御坊様《称》　ごぼうさま〔寺〕
　石川県鳳至郡能都町・長願寺　《本尊》阿弥陀如来　　　　　　　　　〔真宗大谷派〕
御坊様《称》　ごぼうさま〔寺〕
　岐阜県大垣市・東本願寺大垣別院開闡寺　《本尊》阿弥陀如来　　　　〔真宗大谷派〕
御形神社　みかたじんじゃ〔社〕
　兵庫県宍粟郡一宮町　《別称》高見さん　《祭神》葦原志許男神　　　　〔神社本庁〕
御杖神社　みつえじんじゃ〔社〕
　奈良県宇陀郡御杖村　《祭神》久那斗大神［他］　　　　　　　　　　　〔神社本庁〕
8御佩の宮神淵神社《称》　みはえのみやかぶちじんじゃ〔社〕
　岐阜県加茂郡七宗町・神淵神社　《祭神》須佐之男命［他］　　　　　　〔神社本庁〕
御宝殿権現《称》　ごほうでんごんげん〔社〕
　福島県いわき市錦町・熊野神社　《祭神》伊弉那美命［他］　　　　　　〔神社本庁〕
御幸寺　みゆきじ〔寺〕
　愛媛県松山市　《本尊》蔵王権現
　　　　　　　　　　　　　　　　〔真言宗豊山派〕
御幸森天神宮《称》　みゆきのもりてんじんぐう〔社〕
　大阪府大阪市生野区・天神宮　《祭神》仁徳天皇［他］　　　　　　　　〔神社本庁〕
御庚申様《称》　おこうしんさま〔社〕
　栃木県上都賀郡足尾町・猿田彦神社　《祭神》猿田彦神［他］　　　　　〔神社本庁〕
御所八幡宮　ごしょはちまんぐう〔社〕
　京都府京都市中京区　《別称》お池八幡　《祭神》応神天皇［他］　　　〔神社本庁〕
御所神社　ごしょじんじゃ〔社〕
　山形県尾花沢市　《祭神》順徳天皇
　　　　　　　　　　　　　　　　　〔神社本庁〕
御所神社　ごしょじんじゃ〔社〕
　徳島県板野郡土成町　《祭神》土御門上皇［他］　　　　　　　　　　　〔神社本庁〕
御林神社　みはやしじんじゃ〔社〕
　高知県安芸郡芸西村　《祭神》天忍穂別命［他］　　　　　　　　　　　〔神社本庁〕
御油神社　ごゆじんじゃ〔社〕
　愛知県豊川市　《祭神》伊弉冊尊　〔神社本庁〕
9御前山観音《称》　ごぜんやまかんのん〔寺〕
　新潟県糸魚川市・雲台寺　《本尊》十一面観世音菩薩　　　　　　　　〔天台寺門宗〕
御前神社　みさきじんじゃ〔社〕
　青森県八戸市　《別称》みさきさん　《祭神》底筒男之命［他］　　　　〔神社本庁〕

神社・寺院名よみかた辞典　589

12画（御）

御前神社　おんさきじんじゃ〔社〕
　岡山県高梁市　《祭神》天照大神［他］
　　　　　　　　　　　　　　　　〔神社本庁〕
御室《称》　おむろ〔寺〕
　京都府京都市右京区・仁和寺　《本尊》阿弥
　陀三尊　　　　　　　　　　　〔真言宗御室派〕
御室様《称》　おむろさま〔社〕
　山梨県南都留郡富士河口湖町・富士御室浅間
　神社　《祭神》木花開耶姫命　〔神社本庁〕
御津神社　みとじんじゃ〔社〕
　愛知県宝飯郡御津町　《祭神》大国主命
　　　　　　　　　　　　　　　　〔神社本庁〕
御津宮　みつぐう〔社〕
　大阪府大阪市中央区　《祭神》応神天皇［他］
　　　　　　　　　　　　　　　　〔神社本庁〕
御祖神社　みおやじんじゃ〔社〕
　福岡県北九州市小倉北区　《別称》妙見神社
　《祭神》造化三神［他］　　　　〔神社本庁〕
御祖神社　みおやじんじゃ〔社〕
　大分県下毛郡本耶馬溪町　《別称》妙見宮
　《祭神》造化三神［他］　　　　〔神社本庁〕
御首神社　みくびじんじゃ〔社〕
　岐阜県大垣市　《祭神》平将門　〔神社本庁〕
御香宮神社　ごこうぐうじんじゃ〔社〕
　京都府京都市伏見区　《別称》御香宮　《祭
　神》神功皇后［他］　　　　　　〔神社本庁〕
10御剣様《称》　おつるぎさま〔社〕
　福井県福井市・金剣神社　《祭神》級長津彦
　命　　　　　　　　　　　　　　〔神社本庁〕
御酒神社　みさけじんじゃ〔社〕
　兵庫県三木市　《祭神》大日孁貴尊［他］
　　　　　　　　　　　　　　　　〔神社本庁〕
11御崎さま《称》　おさきさま〔社〕
　岡山県都窪郡早島町・鶴崎神社　《祭神》吉
　備津彦命荒魂　　　　　　　　　〔神社本庁〕
御崎神社　おさきじんじゃ〔社〕
　宮城県本吉郡唐桑町　《別称》御崎宮　《祭
　神》素盞嗚尊［他］　　　　　　〔神社本庁〕
御崎神社　みさきじんじゃ〔社〕
　山梨県甲府市　《別称》おみさきさん　《祭
　神》稚産霊大神［他］　　　　　〔神社本庁〕
御崎神社《称》　おさきじんじゃ〔社〕
　兵庫県赤穂市・伊和都比売神社　《祭神》伊
　和都比売神　　　　　　　　　　〔神社本庁〕
御崎神社　みさきじんじゃ〔社〕
　和歌山県日高郡美浜町　《別称》南海第一日
　の御崎大明神　《祭神》猿田彦大神［他］
　　　　　　　　　　　　　　　　〔神社本庁〕
御崎神社　みさきじんじゃ〔社〕
　福岡県北九州市八幡西区　《別称》妙見御崎
　神社　《祭神》国常立命［他］　〔神社本庁〕

御崎神社　みさきじんじゃ〔社〕
　鹿児島県肝属郡佐多町　《祭神》綿津見三神
　［他］　　　　　　　　　　　　〔神社本庁〕
御崎宮《称》　おさきぐう〔社〕
　宮城県本吉郡唐桑町・御崎神社　《祭神》素
　盞嗚尊［他］　　　　　　　　　〔神社本庁〕
御崎宮　おんざきぐう〔社〕
　岡山県岡山市　《祭神》猿田彦神［他］
　　　　　　　　　　　　　　　　〔神社本庁〕
御鹿島様《称》　おかしまさま〔社〕
　和歌山県日高郡南部町・鹿島神社　《祭神》武
　甕槌命［他］　　　　　　　　　〔神社本庁〕
12御厨神社　みくりやじんじゃ〔社〕
　栃木県足利市　《別称》大神宮様　《祭神》天
　照皇大神［他］　　　　　　　　〔神社本庁〕
御厨神社　みくりやじんじゃ〔社〕
　愛知県豊橋市　《祭神》宇迦之御魂神［他］
　　　　　　　　　　　　　　　　〔神社本庁〕
御厨神社　みくりやじんじゃ〔社〕
　三重県松阪市　《祭神》建速須佐之男命［他］
　　　　　　　　　　　　　　　　〔神社本庁〕
御厨神社　みくりやじんじゃ〔社〕
　兵庫県明石市　《別称》二見神社　《祭神》誉
　田別命［他］　　　　　　　　　〔神社本庁〕
御湯神社　みゆじんじゃ〔社〕
　鳥取県岩美郡岩美町　《祭神》大己貴命［他］
　　　　　　　　　　　　　　　　〔神社本庁〕
13御勢大霊石神社　みせたいれいせきじんじ
　ゃ〔社〕
　福岡県小郡市　《祭神》足仲彦天皇［他］
　　　　　　　　　　　　　　　　〔神社本庁〕
御新宮《称》　おしんぐう〔社〕
　福岡県山門郡三橋町・三柱神社　《祭神》立
　花宗茂　　　　　　　　　　　　〔神社本庁〕
御滝さま《称》　おたきさま〔社〕
　岡山県勝田郡奈義町・滝神社　《祭神》伊邪
　那美尊［他］　　　　　　　　　〔神社本庁〕
御猿田様《称》　おさるたさま〔社〕
　千葉県銚子市・猿田神社　《祭神》猿田彦大
　神［他］　　　　　　　　　　　〔神社本庁〕
御碕さん《称》　みさきさん〔社〕
　島根県簸川郡大社町・日御碕神社　《祭神》日
　沈宮［他］　　　　　　　　　　〔神社本庁〕
14御裳神社　みもじんじゃ〔社〕
　愛知県尾西市　《祭神》天照皇大神［他］
　　　　　　　　　　　　　　　　〔神社本庁〕
15御器所八幡宮　ごきそはちまんぐう〔社〕
　愛知県名古屋市昭和区　《別称》八所明神
　《祭神》五男三女神［他］　　　〔神社本庁〕

12画（復）

御穂神社　みほじんじゃ〔社〕
　静岡県静岡市　《別称》三保大明神　《祭神》大己貴命［他］　〔神社本庁〕

御諸皇子神社　ごしょのうじじんじゃ〔社〕
　山形県東田川郡立川町　《祭神》御諸別命
　　　　　　　　　　　　　　　　〔神社本庁〕

御調八幡宮　みつぎはちまんぐう〔社〕
　広島県三原市　《祭神》応神天皇［他］　〔単立〕

御霊さん《称》　ごりょうさん〔社〕
　福井県武生市・御霊神社　《祭神》崇道天皇［他］　　　　　　　　　　〔神社本庁〕

御霊さん《称》　ごりょうさん〔社〕
　奈良県奈良市・御霊神社　《祭神》井上内親王［他］　　　　　　　　　　〔神社本教〕

御霊社《称》　ごりょうしゃ〔社〕
　福岡県久留米市・篠山神社　《祭神》有馬豊氏［他］　　　　　　　　　　〔神社本庁〕

御霊神社　ごりょうじんじゃ〔社〕
　神奈川県鎌倉市　《別称》権五郎さま　《祭神》鎌倉権五郎景政　　〔神社本庁〕

御霊神社　ごりょうじんじゃ〔社〕
　福井県武生市　《別称》御霊さん　《祭神》崇道天皇［他］　　　　　　　〔神社本庁〕

御霊神社　ごりょうじんじゃ〔社〕
　京都府京都市上京区　《別称》上御霊さん　《祭神》崇道天皇［他］　　　　　〔神社本庁〕

御霊神社　ごりょうじんじゃ〔社〕
　京都府福知山市　《祭神》宇賀御霊大神
　　　　　　　　　　　　　　　　〔神社本庁〕

御霊神社　ごりょうじんじゃ〔社〕
　大阪府大阪市中央区　《祭神》天照大神荒魂・津布良彦神・津布良媛神・応神天皇・源正霊神　　　　　　　　　　　　〔神社本庁〕

御霊神社　ごりょうじんじゃ〔社〕
　兵庫県三田市　《祭神》伊弉諾命［他］
　　　　　　　　　　　　　　　　〔神社本庁〕

御霊神社　ごりょうじんじゃ〔社〕
　奈良県奈良市　《別称》御霊さん　《祭神》井上内親王［他］　　　　　　　　〔神社本教〕

御霊神社　ごりょうじんじゃ〔社〕
　奈良県五條市　《別称》御霊宮　《祭神》井上内親王　　　　　　　　〔神社本庁〕

御霊宮《称》　ごりょうぐう〔社〕
　奈良県五條市・御霊神社　《祭神》井上内親王　　　　　　　　　　〔神社本庁〕

16 御積島明神《称》　おしゃくじまみょうじん〔社〕
　山形県酒田市・遠賀美神社　《祭神》大海津見命［他］　　　　　　　　〔神社本庁〕

御鴨神社　みかもじんじゃ〔社〕
　岡山県真庭郡新庄村　《別称》一宮さん　《祭神》味鉏高彦根命［他］　〔神社本庁〕

17 御嶽　おんだけしゃ〔社〕
　大分県大野郡清川村　《別称》おんだけ　《祭神》彦火火出見命［他］　〔神社本庁〕

御嶽神社　みたけじんじゃ〔社〕
　宮城県本吉郡本吉町　《祭神》水分大神［他］　　　　　　　　　　〔神社本庁〕

御嶽神社　みたけじんじゃ〔社〕
　山形県飽海郡遊佐町　《別称》竜沢宮　《祭神》大己貴命［他］　　　〔神社本庁〕

御嶽神社　おんたけじんじゃ〔社〕
　埼玉県さいたま市　《別称》田島の御嶽山　《祭神》国常立命［他］　　〔単立〕

御嶽神社　みたけじんじゃ〔社〕
　千葉県千葉市　《祭神》菅戸神［他］
　　　　　　　　　　　　　　　　〔神社本庁〕

御嶽神社　みたけじんじゃ〔社〕
　東京都江東区　《別称》卯の神さま　《祭神》法性坊尊意　　　　　〔神社本庁〕

御嶽神社　おんたけじんじゃ〔社〕
　東京都大田区　《別称》みねのおんたけさん　《祭神》国常立命［他］　　〔神社本庁〕

御嶽神社　みたけじんじゃ〔社〕
　東京都豊島区　《祭神》倭建命［他］
　　　　　　　　　　　　　　　　〔神社本庁〕

御嶽神社　みたけじんじゃ〔社〕
　神奈川県秦野市　《別称》権現さま　《祭神》倭健之命［他］　　　　〔神社本庁〕

御嶽神社　みたけじんじゃ〔社〕
　山梨県大月市　《祭神》日本武尊［他］
　　　　　　　　　　　　　　　　〔神社本庁〕

御嶽神社　おんたけじんじゃ〔社〕
　長野県木曽郡王滝村　《別称》おんたけさん　《祭神》国常立尊［他］　〔神社本庁〕

御嶽神社　みたけじんじゃ〔社〕
　愛知県蒲郡市　《祭神》少彦名命　〔神社本庁〕

御嶽権現《称》　おたけごんげん〔社〕
　大分県別府市東山・火男火売神社　《祭神》火之加具土命［他］　　　〔神社本庁〕

御鍬様《称》　おくわさま〔社〕
　岐阜県羽島郡川島町・神明神社　《祭神》天照大神　　　　　　　　　〔神社本庁〕

18 御藪さま《称》　おやぶさま〔社〕
　高知県須崎市・桑山神社　《祭神》天津瓊瓊杵尊［他］　　　　　　　〔神社本庁〕

【復】

5 復古禅林《称》　ふっこぜんりん〔寺〕

12画（惣, 悲, 握, 提, 揖, 敢, 敬）

京都府京都市北区・源光庵　《本尊》釈迦如来
〔曹洞宗〕

【惣】
0惣のお大師さん《称》　そうのおだいしさん〔寺〕
京都府宮津市・観音寺　《本尊》釈迦如来・聖観世音菩薩
〔臨済宗妙心寺派〕
7惣坊《称》　そうぼう〔寺〕
福井県勝山市・尊光寺　《本尊》阿弥陀如来
〔浄土真宗本願寺派〕
惣社《称》　そうしゃ〔社〕
栃木県栃木市・大神神社　《祭神》倭大物主櫛甕玉命
〔神社本庁〕
惣社　そうしゃ〔社〕
兵庫県神戸市西区　《祭神》大己貴尊〔他〕
〔神社本庁〕
惣社八幡神社　そうしゃはちまんじんじゃ〔社〕
福岡県京都郡豊津町　《祭神》仲哀天皇〔他〕
〔神社本庁〕
惣社大明神社　そうしゃだいみょうじんしゃ〔社〕
愛媛県大洲市　《別称》惣社宮　《祭神》大国主命〔他〕
〔神社本庁〕
惣社神社　そうしゃじんじゃ〔社〕
滋賀県草津市　《別称》総社　《祭神》志那津彦命〔他〕
〔神社本庁〕
惣社宮《称》　そうしゃぐう〔社〕
愛媛県大洲市・惣社大明神社　《祭神》大国主命〔他〕
〔神社本庁〕
惣社宮　そうしゃぐう〔社〕
福岡県中間市　《祭神》素戔嗚命〔他〕
〔神社本庁〕
8惣官寺　そうかんじ〔寺〕
香川県三豊郡豊中町　《本尊》薬師如来・十二神将・阿弥陀如来
〔高野山真言宗〕
惣宗寺　そうそうじ〔寺〕
栃木県佐野市　《本尊》阿弥陀如来　〔天台宗〕
9惣持寺　そうじじ〔寺〕
愛媛県大洲市　《別称》お大師さん　《本尊》聖如意輪観世音菩薩・阿弥陀如来
〔真言宗御室派〕
惣持院　そうじいん〔寺〕
千葉県佐原市　《本尊》愛染明王
〔真言宗智山派〕
惣祖神社　みおやじんじゃ〔社〕
山梨県北都留郡上野原町　《別称》熊野権現　《祭神》伊弉諾岐命〔他〕
〔神社本庁〕

12惣道場《称》　そうどうじょう〔寺〕
石川県輪島市・長徳寺　《本尊》阿弥陀如来
〔真宗大谷派〕
13惣福寺　そうふくじ〔寺〕
和歌山県海草郡美里町　《本尊》十一面観世音菩薩・不動明王・毘沙門天
〔高野山真言宗〕

【悲】
5悲母観音《称》　ひぼかんのん〔寺〕
大阪府高槻市・興楽寺　《本尊》阿弥陀如来・十一面観世音菩薩
〔浄土宗〕
悲田院　ひでんいん〔寺〕
京都府京都市東山区　《本尊》阿弥陀如来・毘沙門天
〔真言宗泉涌寺派〕
19悲願一代堂《称》　ひがんいちだいどう〔寺〕
青森県八戸市・対泉院　《本尊》釈迦如来
〔曹洞宗〕

【握】
0握りの観音《称》　にぎりのかんのん〔寺〕
宮城県古川市・瑞川寺　《本尊》釈迦如来
〔曹洞宗〕

【提】
8提法寺　だいほうじ〔寺〕
大阪府大阪市北区　《本尊》阿弥陀如来
〔浄土宗〕

【揖】
8揖夜神社　いやじんじゃ〔社〕
島根県八束郡東出雲町　《祭神》伊邪那美命〔他〕
〔神社本庁〕
9揖保石見神社　いぼいわみじんじゃ〔社〕
兵庫県揖保郡御津町　《祭神》八幡大神
〔神社本庁〕
11揖宿神社　いぶすきじんじゃ〔社〕
鹿児島県指宿市　《別称》お新宮さま　《祭神》大日孁貴命〔他〕
〔神社本庁〕

【敢】
8敢国神社　あえくにじんじゃ〔社〕
三重県上野市　《別称》伊賀一宮　《祭神》大彦命〔他〕
〔神社本庁〕

【敬】
4敬円寺　きょうえんじ〔寺〕
愛知県名古屋市中区　《本尊》阿弥陀如来
〔真宗大谷派〕

5敬永寺　きょうえいじ〔寺〕
　滋賀県坂郡米原町　《本尊》阿弥陀如来
　　　　　　　　　　　　　　〔真宗大谷派〕
6敬光寺　きょうこうじ〔寺〕
　新潟県長岡市　《本尊》阿弥陀如来
　　　　　　　　　　　　　　〔真宗大谷派〕
　敬西寺　きょうさいじ〔寺〕
　新潟県中頸城郡清里村　《本尊》阿弥陀如
　来　　　　　　　　　　　〔浄土真宗本願寺派〕
8敬念寺　きょうねんじ〔寺〕
　岐阜県岐阜市　《本尊》阿弥陀如来
　　　　　　　　　　　　　　〔真宗大谷派〕
9敬専寺　きょうせんじ〔寺〕
　愛知県刈谷市　《本尊》阿弥陀如来
　　　　　　　　　　　　　　〔真宗大谷派〕
10敬恩寺　きょうおんじ〔寺〕
　滋賀県栗東市　《本尊》阿弥陀如来　〔浄土宗〕
12敬善寺　きょうぜんじ〔寺〕
　三重県いなべ市　《本尊》阿弥陀如来
　　　　　　　　　　　　　　〔真宗大谷派〕
　敬満大井神社　けいまんおおいじんじゃ
　〔社〕
　静岡県榛原郡本川根町　《祭神》伊弉冉尊[他]
　　　　　　　　　　　　　　〔神社本庁〕
　敬満神社　けいまんじんじゃ〔社〕
　静岡県島田市　《祭神》敬満神[他]
　　　　　　　　　　　　　　〔神社本庁〕
　敬覚寺　きょうがくじ〔寺〕
　東京都台東区　《本尊》阿弥陀如来
　　　　　　　　　　　　　　〔真宗大谷派〕
　敬覚寺　きょうかくじ〔寺〕
　愛知県額田郡幸田町　《本尊》阿弥陀如来
　　　　　　　　　　　　　　〔真宗大谷派〕
　敬覚寺　きょうかくじ〔寺〕
　広島県安芸高田市　《本尊》阿弥陀如来
　　　　　　　　　　　　　〔浄土真宗本願寺派〕
19敬願寺　きょうがんじ〔寺〕
　岐阜県郡上市　《別称》薬師温泉　《本尊》阿
　弥陀如来　　　　　　　　　〔真宗大谷派〕

【斑】

13斑鳩の寺〈称〉　いかるがのてら〔寺〕
　三重県四日市市・浄恩寺　《本尊》阿弥陀如
　来・聖徳太子　　　　　　〔浄土真宗本願寺派〕
　斑鳩寺　いかるがじ〔寺〕
　兵庫県揖保郡太子町　《別称》いかるがの太
　子　《本尊》釈迦如来・薬師如来・如意輪
　観世音菩薩・聖徳太子　　　　　〔天台宗〕

　斑鳩寺〈称〉　いかるがでら〔寺〕
　奈良県生駒郡斑鳩町・法隆寺　《本尊》薬師
　如来・釈迦三尊・阿弥陀三尊　　〔聖徳宗〕

【斐】

4斐太神社　ひだじんじゃ〔社〕
　新潟県新井市　《別称》八代　《祭神》大国主
　命[他]　　　　　　　　　　　〔神社本庁〕
6斐伊神社　ひいじんじゃ〔社〕
　島根県大原郡木次町　《別称》宮崎大明神
　《祭神》素盞嗚尊[他]　　　　　〔神社本庁〕

【暁】

2暁了寺　きょうりょうじ〔寺〕
　北海道小樽市　《本尊》阿弥陀如来
　　　　　　　　　　　　　　〔真宗大谷派〕

【景】

6景行天皇社　けいこうてんのうしゃ〔社〕
　愛知県愛知郡長久手町　《別称》天王様　《祭
　神》大帯日子於斯呂和気命　　　〔神社本庁〕
7景完教寺　けいかんきょうじ〔寺〕
　富山県砺波市　《別称》宮村御坊　《本尊》阿
　弥陀如来　　　　　　　　　〔真宗大谷派〕
9景政寺　けいしょうじ〔寺〕
　福島県西白河郡矢吹町　《別称》かげまさでら
　《本尊》薬師如来・聖観世音菩薩　〔天台宗〕
11景清社　かげきよしゃ〔社〕
　愛知県名古屋市熱田区　《祭神》悪七兵衛景
　清　　　　　　　　　　　　　〔神社本庁〕
12景雲寺　けいうんじ〔寺〕
　北海道亀田郡七飯町　《別称》もんと寺　《本
　尊》阿弥陀如来　　　　　　〔真宗大谷派〕
13景福寺　けいふくじ〔寺〕
　兵庫県姫路市　《本尊》釈迦三尊　〔曹洞宗〕
　景福寺　けいふくじ〔寺〕
　鳥取県鳥取市　《本尊》釈迦三尊　〔曹洞宗〕
　景福寺　けいふくじ〔寺〕
　山口県岩国市　《別称》かんのんさま　《本
　尊》観世音菩薩　　　　　　　　〔黄檗宗〕
14景徳寺　けいとくじ〔寺〕
　神奈川県横須賀市　《本尊》十一面観世音菩
　薩　　　　　　　　　　　〔臨済宗円覚寺派〕

【晴】

8晴明神社　せいめいじんじゃ〔社〕
　京都府京都市上京区　《別称》せいめいさん
　《祭神》安倍晴明御霊神　　　　〔神社本庁〕

神社・寺院名よみかた辞典　593

12画（智，普）

12晴雲寺　せいうんじ〔寺〕
　神奈川県平塚市　《本尊》阿弥陀如来
　　　　　　　　　　　　　　　　〔浄土宗〕
　晴雲寺　せいうんじ〔寺〕
　長崎県島原市　《本尊》釈迦如来　〔曹洞宗〕

【智】

5智広寺　ちこうじ〔寺〕
　神奈川県横浜市鶴見区　《本尊》阿弥陀如来　　　　　　　　　　　　　　　　〔真宗大谷派〕
　智弘院　ちこういん〔寺〕
　東京都杉並区　《本尊》十界曼荼羅・三宝尊
　　　　　　　　　　　　　　　　〔日蓮宗〕
6智伊神社　ちいじんじゃ〔社〕
　島根県出雲市知井宮町　《別称》知之宮　《祭神》高皇産霊神［他］　〔神社本庁〕
　智光院　ちこういん〔寺〕
　千葉県千葉市　《本尊》不動明王
　　　　　　　　　　　　　　　〔真言宗豊山派〕
9智泉寺　ちせんじ〔寺〕
　新潟県十日町市　《本尊》釈迦如来　〔曹洞宗〕
　智泉院　ちせんいん〔寺〕
　静岡県伊豆市　《本尊》釈迦如来　〔曹洞宗〕
　智音寺　ちおんじ〔寺〕
　栃木県鹿沼市　《本尊》阿弥陀如来・薬師如来　　　　　　　　　　　　　　　　　　〔天台宗〕
10智恩寺　ちおんじ〔寺〕
　京都府宮津市　《別称》切戸文殊堂　《本尊》文殊菩薩・善財童子・優天王
　　　　　　　　　　　　　　〔臨済宗妙心寺派〕
　智恵光寺　ちえこうじ〔寺〕
　北海道岩内郡岩内町　《本尊》阿弥陀如来
　　　　　　　　　　　　　　　　〔真宗大谷派〕
　智恵光院　ちえこういん〔寺〕
　京都府京都市上京区　《本尊》阿弥陀如来
　　　　　　　　　　　　　　　　　〔浄土宗〕
11智教院　ちきょういん〔寺〕
　茨城県常陸太田市　《本尊》阿弥陀如来・薬師如来　　　　　　　　　　　　　　〔真言宗豊山派〕
　智清寺　ちせいじ〔寺〕
　東京都板橋区　《本尊》阿弥陀三尊　〔浄土宗〕
12智勝院　ちしょういん〔寺〕
　京都府京都市右京区　《本尊》千手観世音菩薩　　　　　　　　　　　　　　〔臨済宗妙心寺派〕
　智満寺　ちまんじ〔寺〕
　静岡県島田市　《別称》千葉山　《本尊》千手観世音菩薩　　　　　　　　　　　　　　〔天台宗〕
　智満寺　ちまんじ〔寺〕
　静岡県榛原郡中川根町　《別称》川根の智満寺　《本尊》釈迦如来　　　　　〔曹洞宗〕

智賀尾神社　ちかおじんじゃ〔社〕
　鹿児島県日置郡郡山町　《別称》一の宮　《祭神》伊邪那美乃命　　　　　　　〔神社本庁〕
　智賀都神社　ちかつじんじゃ〔社〕
　栃木県宇都宮市　《別称》明神さま　《祭神》大己貴命［他］　　　　　　〔神社本庁〕
13智源寺　ちげんじ〔寺〕
　京都府宮津市　《本尊》聖観世音菩薩・釈迦三尊　　　　　　　　　　　　　　　　〔曹洞宗〕
　智禅院　ちぜんいん〔寺〕
　滋賀県甲賀郡水口町　《別称》宮寺　《本尊》地蔵菩薩　　　　　　　　　　　　〔天台宗〕
15智慧光院　ちえこういん〔寺〕
　三重県津市　《本尊》阿弥陀如来
　　　　　　　　　　　　　　　　〔真宗高田派〕
16智積院　ちしゃくいん〔寺〕
　京都府京都市東山区　《別称》総本山　《本尊》不動明王　　　　　　　〔真言宗智山派〕
　智興寺　ちこうじ〔寺〕
　愛知県名古屋市中村区　《本尊》阿弥陀如来　　　　　　　　　　　　　　　　〔真宗大谷派〕
　智賢様《称》　ちけんさま〔社〕
　新潟県長岡市・平潟神社　《祭神》建御名方富命　　　　　　　　　　　〔神社本庁〕
19智識寺　ちしきじ〔寺〕
　長野県千曲市　《別称》十一面　《本尊》十一面観世音菩薩　　　　　　〔真言宗智山派〕

【普】

3普大寺　ふだいじ〔寺〕
　和歌山県西牟婁郡上富田町　《本尊》釈迦如来　　　　　　　　　　　　〔臨済宗妙心寺派〕
4普天満権現《称》　ふてんまごんげん〔社〕
　沖縄県宜野湾市・普天間宮　《祭神》伊弉冉尊［他］　　　　　　　　　　〔神社本庁〕
　普天間宮　ふてんまぐう〔社〕
　沖縄県宜野湾市　《別称》普天満権現　《祭神》伊弉冉尊［他］　　　　　〔神社本庁〕
5普仙寺　ふせんじ〔寺〕
　愛知県豊橋市　《本尊》阿弥陀如来　〔浄土宗〕
　普広寺　ふこうじ〔寺〕
　新潟県柏崎市　《本尊》釈迦如来　〔曹洞宗〕
　普広院　ふこういん〔寺〕
　京都府京都市上京区　《本尊》地蔵菩薩
　　　　　　　　　　　　　　　　〔臨済宗相国寺派〕
6普光寺　ふこうじ〔寺〕
　東京都あきる野市　《本尊》聖観世音菩薩
　　　　　　　　　　　　　　　　〔臨済宗建長寺派〕

普光寺　ふこうじ〔寺〕
　新潟県南魚沼郡大和町　《別称》浦佐の毘沙門天　《本尊》毘沙門天・大日如来
〔真言宗豊山派〕
普光寺　ふこうじ〔寺〕
　愛知県名古屋市北区　《別称》塩釜の寺　《本尊》阿弥陀如来・十一面観世音菩薩
〔曹洞宗〕
普光寺　ふこうじ〔寺〕
　兵庫県宝塚市　《本尊》十一面千手観世音菩薩
〔真言宗大覚寺派〕
普光寺　ふこうじ〔寺〕
　兵庫県加西市　《本尊》千手観世音菩薩
〔天台宗〕
普光寺　ふこうじ〔寺〕
　兵庫県加古郡播磨町　《本尊》阿弥陀如来
〔浄土真宗本願寺派〕
普光明寺　ふこうみょうじ〔寺〕
　埼玉県新座市　《別称》大和田の千体地蔵尊　《本尊》不動明王・千体地蔵菩薩
〔真言宗智山派〕
7 普含寺　ふがんじ〔寺〕
　鳥取県岩美郡国府町　《本尊》聖観世音菩薩
〔曹洞宗〕
普応寺　ふおうじ〔寺〕
　福島県須賀川市　〔臨済宗円覚寺派〕
8 普明院　ふみょういん〔寺〕
　秋田県秋田市　《本尊》聖観世音菩薩
〔臨済宗妙心寺派〕
普明院　ふみょういん〔寺〕
　山梨県大月市　《本尊》阿弥陀如来
〔臨済宗妙心寺派〕
普明院　ふみょういん〔寺〕
　愛知県知多市　《本尊》釈迦如来・千手観世音菩薩
〔臨済宗妙心寺派〕
普門寺　ふもんじ〔寺〕
　岩手県陸前高田市　《本尊》聖観世音菩薩
〔曹洞宗〕
普門寺　ふもんじ〔寺〕
　茨城県下妻市　《本尊》十一面観世音菩薩
〔天台宗〕
普門寺　ふもんじ〔寺〕
　茨城県常陸太田市　《本尊》大日如来
〔真言宗豊山派〕
普門寺　ふもんじ〔寺〕
　茨城県つくば市　《本尊》阿弥陀如来
〔真言宗豊山派〕
普門寺　ふもんじ〔寺〕
　栃木県足利市　《本尊》大日如来
〔真言宗豊山派〕

普門寺　ふもんじ〔寺〕
　栃木県河内郡上三川町　《本尊》十一面観世音菩薩
〔天台宗〕
普門寺　ふもんじ〔寺〕
　埼玉県加須市　《本尊》十一面観世音菩薩
〔真言宗智山派〕
普門寺　ふもんじ〔寺〕
　埼玉県児玉郡美里町　《本尊》阿弥陀如来
〔真言宗豊山派〕
普門寺　ふもんじ〔寺〕
　東京都足立区　《本尊》十一面観世音菩薩
〔真言宗豊山派〕
普門寺　ふもんじ〔寺〕
　東京都府中市　《本尊》薬師如来
〔真言宗豊山派〕
普門寺　ふもんじ〔寺〕
　東京都西多摩郡奥多摩町　《本尊》十一面観世音菩薩・不動明王・毘沙門天
〔臨済宗建長寺派〕
普門寺　ふもんじ〔寺〕
　岐阜県恵那郡山岡町　《本尊》十一面観世音菩薩
〔曹洞宗〕
普門寺　ふもんじ〔寺〕
　静岡県藤枝市　《本尊》聖観世音菩薩・阿弥陀如来
〔臨済宗妙心寺派〕
普門寺　ふもんじ〔寺〕
　愛知県豊橋市　《本尊》聖観世音菩薩
〔高野山真言宗〕
普門寺　ふもんじ〔寺〕
　京都府加佐郡大江町　《本尊》十一面観世音菩薩
〔曹洞宗〕
普門寺　ふもんじ〔寺〕
　大阪府高槻市　《本尊》釈迦如来
〔臨済宗妙心寺派〕
普門寺　ふもんじ〔寺〕
　岡山県英田郡作東町　《本尊》十一面観世音菩薩
〔高野山真言宗〕
普門寺　ふもんじ〔寺〕
　山口県長門市　《本尊》日蓮聖人奠定の大曼荼羅
〔法華宗(本門流)〕
普門寺　ふもんじ〔寺〕
　徳島県勝浦郡上勝町　《本尊》観世音菩薩
〔高野山真言宗〕
普門寺　ふもんじ〔寺〕
　大分県東国東郡安岐町　《本尊》観世音菩薩
〔臨済宗妙心寺派〕
普門院　ふもんいん〔寺〕
　茨城県潮来市　《本尊》船越地蔵菩薩
〔真言宗豊山派〕

12画（普）

普門院　ふもんいん〔寺〕
　栃木県那須郡那須町　《本尊》釈迦如来
　　　　　　　　　　　　　　　　〔曹洞宗〕
普門院　ふもんいん〔寺〕
　埼玉県さいたま市　《本尊》聖観世音菩薩・釈
　迦如来　　　　　　　　　　　　〔曹洞宗〕
普門院　ふもんいん〔寺〕
　東京都江東区　《本尊》大日如来
　　　　　　　　　　　　　　〔真言宗智山派〕
普門院　ふもんいん〔寺〕
　東京都北区　《本尊》聖観世音菩薩
　　　　　　　　　　　　　　〔真言宗智山派〕
普門院　ふもんいん〔寺〕
　神奈川県横浜市南区西中町　《本尊》不動明
　王　　　　　　　　　　　　〔高野山真言宗〕
普門院　ふもんいん〔寺〕
　神奈川県横浜市南区別所町　《本尊》不動明
　王　　　　　　　　　　　　〔高野山真言宗〕
普門院　ふもんいん〔寺〕
　新潟県佐渡市　《本尊》薬師如来
　　　　　　　　　　　　　　〔真言宗豊山派〕
普門院　ふもんいん〔寺〕
　奈良県桜井市　《本尊》阿弥陀如来・不動明
　王・弘法大師　　　　　　　〔真言宗豊山派〕
普門院　ふもんいん〔寺〕
　奈良県生駒郡平群町　《本尊》聖観世音菩
　薩　　　　　　　　　　　　　　〔聖徳宗〕
普門院　ふもんいん〔寺〕
　和歌山県伊都郡高野町　《本尊》大日如来
　　　　　　　　　　　　　　〔高野山真言宗〕
普門院　ふもんいん〔寺〕
　島根県松江市　《本尊》不動明王・松平直政
　随身新左衛門稲荷尊　　　　　　〔天台宗〕
普門《称》　ふもんいん〔寺〕
　香川県仲多度郡琴平町・松尾寺　《本尊》釈
　迦如来　　　　　　　　　　〔高野山真言宗〕
普門院　ふもんいん〔寺〕
　福岡県朝倉郡杷木町　《本尊》十一面観世音
　菩薩　　　　　　　　　　〔真言宗大覚寺派〕
11 普救寺　ふきゅうじ〔寺〕
　岐阜県山県市　《本尊》聖如意輪観世音菩
　薩　　　　　　　　　　　〔臨済宗妙心寺派〕
普済寺　ふさいじ〔寺〕
　群馬県館林市　《本尊》三尊仏　　〔曹洞宗〕
普済寺　ふさいじ〔寺〕
　東京都立川市　《本尊》正観世音菩薩
　　　　　　　　　　　　　〔臨済宗建長寺派〕
普済寺　ふさいじ〔寺〕
　静岡県浜松市　《別称》北山稲荷　《本尊》釈
　迦如来　　　　　　　　　　　　〔曹洞宗〕

普済寺　ふさいじ〔寺〕
　愛知県東海市　《本尊》釈迦如来・薬師如来
　　　　　　　　　　　　　　　　〔曹洞宗〕
普済寺　ふさいじ〔寺〕
　京都府船井郡園部町　《本尊》聖観世音菩
　薩　　　　　　　　　　　　　　〔曹洞宗〕
普現寺　ふげんじ〔寺〕
　大分県大野郡野津町　《本尊》釈迦如来
　　　　　　　　　　　　　〔臨済宗妙心寺派〕
13 普舜院　ふしゅんいん〔寺〕
　茨城県猿島郡総和町　《別称》前の寺　《本
　尊》釈迦三尊　　　　　　　　　　〔曹洞宗〕
14 普誓寺　ふせいじ〔寺〕
　宮城県石巻市　《本尊》波除不動明王
　　　　　　　　　　　　　　〔真言宗智山派〕
15 普慶寺　ふけいじ〔寺〕
　山口県柳井市　《本尊》千手観世音菩薩
　　　　　　　　　　　　　　〔真言宗御室派〕
普慶院　ふけいいん〔寺〕
　埼玉県岩槻市　《本尊》不動明王・弁財天・薬
　師如来　　　　　　　　　　〔真言宗豊山派〕
普蔵寺　ふぞうじ〔寺〕
　愛知県名古屋市東区　《本尊》聖観世音菩
　薩　　　　　　　　　　　　　　〔曹洞宗〕
普蔵院　ふぞういん〔寺〕
　愛知県田原市　《本尊》十一面観世音菩薩
　　　　　　　　　　　　　　　　〔曹洞宗〕
16 普賢寺　ふげんじ〔寺〕
　福島県田村郡小野町　《本尊》十一面観世音
　菩薩　　　　　　　　　　〔臨済宗妙心寺派〕
普賢寺　ふげんじ〔寺〕
　東京都府中市　《本尊》不動明王　〔天台宗〕
普賢寺　ふげんじ〔寺〕
　岐阜県多治見市　《本尊》釈迦如来　〔曹洞宗〕
普賢寺　ふげんじ〔寺〕
　三重県多気郡多気町　《本尊》普賢菩薩
　　　　　　　　　　　　　　　　〔天台宗〕
普賢寺　ふげんじ〔寺〕
　山口県光市　《別称》室積普賢　《本尊》普賢
　菩薩　　　　　　　　　　〔臨済宗建仁寺派〕
普賢院　ふげんいん〔寺〕
　茨城県つくば市　《本尊》大日如来
　　　　　　　　　　　　　　〔真言宗豊山派〕
普賢院　ふげんいん〔寺〕
　茨城県西茨城郡岩間町　《本尊》十一面観世
　音菩薩・不動明王　　　　　　〔真言宗豊山派〕
普賢院　ふげんいん〔寺〕
　栃木県栃木市　《本尊》不動明王
　　　　　　　　　　　　　　〔真言宗豊山派〕

12画（最）

普賢院　ふげんいん〔寺〕
　愛知県東加茂郡旭町　《別称》二井寺　《本尊》十一面観世音菩薩　〔天台宗〕
普賢院　ふげんいん〔寺〕
　三重県阿山郡阿山町　《別称》玉滝大師　《本尊》不動明王　〔真言宗豊山派〕
普賢院　ふげんいん〔寺〕
　和歌山県伊都郡高野町　《本尊》普賢菩薩　〔高野山真言宗〕
19普願寺　ふがんじ〔寺〕
　長野県須坂市　《別称》小山のお寺　《本尊》阿弥陀如来　〔浄土真宗本願寺派〕

【最】

3最上寺　さいじょうじ〔寺〕
　東京都品川区　《本尊》阿弥陀如来　〔浄土宗〕
最上位経王山妙見寺　さいじょういきょうおうざんみょうけんじ〔寺〕
　兵庫県宝塚市　《別称》宝塚稲荷　《本尊》日蓮聖人・願満大菩薩　〔本化日蓮宗〕
最上様《称》さいじょうさま〔寺〕
　広島県福山市・福山最上教会　《本尊》日蓮聖人奠定の大曼荼羅・最上位経王大菩薩　〔日蓮宗〕
最上稲荷さん《称》さいじょういなりさん〔寺〕
　大阪府大阪市中央区・本長寺　《本尊》日蓮聖人奠定の大曼荼羅　〔日蓮宗〕
最大乗院　さいだいじょういん〔寺〕
　鹿児島県鹿児島市　《別称》高野山　《本尊》不動明王　〔高野山真言宗〕
5最玄寺　さいげんじ〔寺〕
　京都府北桑田郡京北町　《本尊》阿弥陀如来　〔天台宗〕
6最光寺　さいこうじ〔寺〕
　神奈川県横須賀市　《別称》浜の寺　《本尊》阿弥陀如来　〔真宗大谷派〕
7最初妙顕寺《称》さいしょみょうけんじ〔寺〕
　福井県敦賀市・妙顕寺　《本尊》十界大曼荼羅　〔日蓮宗〕
8最宝寺　さいほうじ〔寺〕
　神奈川県横須賀市　《本尊》阿弥陀如来　〔浄土真宗本願寺派〕
最岸寺　さいがんじ〔寺〕
　神奈川県横須賀市　《本尊》阿弥陀如来　〔浄土真宗本願寺派〕
最明寺　さいみょうじ〔寺〕
　千葉県夷隅郡御宿町　〔天台宗〕

最明寺　さいみょうじ〔寺〕
　神奈川県足柄上郡大井町　《別称》善光寺　《本尊》善光寺如来　〔真言宗東寺派〕
最明寺　さいみょうじ〔寺〕
　新潟県南蒲原郡下田村　《別称》院内のお寺様　《本尊》胎蔵界大日如来・千手観世音菩薩　〔真言宗智山派〕
最明寺　さいみょうじ〔寺〕
　静岡県田方郡伊豆長岡町　《本尊》十界勧請曼荼羅　〔日蓮宗〕
最明寺　さいみょうじ〔寺〕
　兵庫県神戸市西区　《本尊》大日如来　〔高野山真言宗〕
最明寺　さいみょうじ〔寺〕
　兵庫県佐用郡三日月町　〔真言宗御室派〕
最明寺　さいみょうじ〔寺〕
　山口県豊浦郡菊川町　《別称》湯元寺　《本尊》阿弥陀如来　〔卍教団〕
最明寺　さいみょうじ〔寺〕
　徳島県美馬郡脇町　《本尊》聖如意輪観世音菩薩・不動明王・地蔵菩薩　〔真言宗大覚寺派〕
9最乗寺　さいじょうじ〔寺〕
　神奈川県南足柄市　《別称》小田原の道了尊　《本尊》釈迦如来・道了大薩埵　〔曹洞宗〕
最乗寺　さいじょうじ〔寺〕
　岐阜県岐阜市　《本尊》阿弥陀如来　〔浄土真宗本願寺派〕
最乗寺　さいじょうじ〔寺〕
　岐阜県美濃加茂市　《本尊》阿弥陀如来　〔浄土真宗本願寺派〕
11最教寺　さいきょうじ〔寺〕
　東京都八王子市　《本尊》日蓮聖人奠定の大曼荼羅　〔日蓮宗〕
最教寺　さいきょうじ〔寺〕
　長崎県平戸市　《本尊》虚空蔵菩薩　〔真言宗智山派〕
12最勝王寺　さいしょうおうじ〔寺〕
　茨城県真壁郡真壁町　《本尊》阿弥陀如来　〔天台宗〕
最勝寺　さいしょうじ〔寺〕
　茨城県新治郡霞ヶ浦町　《本尊》阿弥陀如来　〔浄土宗〕
最勝寺　さいしょうじ〔寺〕
　栃木県足利市　《別称》大岩の毘沙門さま　《本尊》毘沙門天　〔真言宗山派〕
最勝寺　さいしょうじ〔寺〕
　埼玉県深谷市　《別称》不動様　《本尊》不動明王・千手観世音菩薩　〔真言宗豊山派〕
最勝寺　さいしょうじ〔寺〕
　東京都新宿区　《本尊》釈迦如来　〔真言宗豊山派〕

神社・寺院名よみかた辞典　597

12画（曾）

最勝寺　さいしょうじ〔寺〕
　東京都江戸川区　《別称》目黄不動　《本尊》
　釈迦如来・大日如来・目黄不動明王
　　　　　　　　　　　　　　　　〔天台宗〕
最勝寺　さいしょうじ〔寺〕
　神奈川県厚木市　《本尊》阿弥陀三尊
　　　　　　　　　　　　　　　　〔曹洞宗〕
最勝寺　さいしょうじ〔寺〕
　新潟県中頸城郡柿崎町　《別称》犀浜鎮守
　《本尊》十一面観世音菩薩　〔真言宗豊山派〕
最勝寺　さいしょうじ〔寺〕
　富山県富山市　《本尊》釈迦如来　〔曹洞宗〕
最勝寺　さいしょうじ〔寺〕
　石川県金沢市　《本尊》阿弥陀如来
　　　　　　　　　　　　　　　〔真宗大谷派〕
最勝寺　さいしょうじ〔寺〕
　福井県大野市　《別称》しがらみ最勝寺　《本
　尊》阿弥陀如来　　　　〔浄土真宗本願寺派〕
最勝寺　さいしょうじ〔寺〕
　山梨県南巨摩郡増穂町　《本尊》観世音菩
　薩　　　　　　　　　　　　〔高野山真言宗〕
最勝寺　さいしょうじ〔寺〕
　滋賀県高島郡高島町　《本尊》阿弥陀如来
　　　　　　　　　　　　　　　〔真宗大谷派〕
最勝寺　さいしょうじ〔寺〕
　大阪府大阪市西区　《本尊》阿弥陀如来
　　　　　　　　　　　　　　　〔真宗大谷派〕
最勝寺　さいしょうじ〔寺〕
　大阪府松原市　《本尊》阿弥陀如来
　　　　　　　　　　　　　　　〔真宗大谷派〕
最勝寺　さいしょうじ〔寺〕
　鳥取県八頭郡河原町　《本尊》薬師如来
　　　　　　　　　　　　　　〔真言宗御室派〕
最勝院　さいしょういん〔寺〕
　青森県弘前市　《別称》大円寺　《本尊》金剛
　界大日如来・牛頭天王　　　〔真言宗智山派〕
最勝院　さいしょういん〔寺〕
　宮城県柴田郡大河原町　《別称》西の寺　《本
　尊》大日如来　　　　　　　〔真言宗智山派〕
最勝院　さいしょういん〔寺〕
　福島県いわき市　《本尊》阿弥陀如来
　　　　　　　　　　　　　　　　〔浄土宗〕
最勝院　さいしょういん〔寺〕
　埼玉県川口市　《本尊》十一面観世音菩薩・不
　動明王・薬師如来・弘法大師・興教大師
　　　　　　　　　　　　　　〔真言宗智山派〕
最勝院　さいしょういん〔寺〕
　東京都北区　《本尊》阿弥陀如来
　　　　　　　　　　　　　〔浄土真宗本願寺派〕
最勝院　さいしょういん〔寺〕
　静岡県伊豆市　《本尊》釈迦如来　〔曹洞宗〕

最勝院　さいしょういん〔寺〕
　京都府京都市左京区・南禅寺　《本尊》釈迦
　如来　　　　　　　　　　　〔臨済宗南禅寺派〕
最勝院　さいしょういん〔寺〕
　鳥取県鳥取市　《別称》木山さま　《本尊》薬
　師如来　　　　　　　　　　〔高野山真言宗〕
最尊寺　さいそんじ〔寺〕
　新潟県上越市　《本尊》阿弥陀如来
　　　　　　　　　　　　　　　〔真宗大谷派〕
最御崎寺　ほつみさきじ〔寺〕
　高知県室戸市　《別称》東寺・四国第二四番霊
　場　《本尊》虚空蔵菩薩　　〔真言宗豊山派〕
最然寺　さいねんじ〔寺〕
　京都府京都市南区　《別称》犬猫寺　《本尊》
　二尊四師・文殊菩薩・普賢菩薩・四天王
　　　　　　　　　　　　　　〔法華宗(真門流)〕
13最禅寺　さいぜんじ〔寺〕
　秋田県湯沢市　《本尊》釈迦如来　〔曹洞宗〕
最福寺　さいふくじ〔寺〕
　千葉県東金市　《本尊》大曼荼羅　　〔単立〕
最福寺　さいふくじ〔寺〕
　静岡県掛川市　《本尊》聖観世音菩薩
　　　　　　　　　　　　　　　　〔曹洞宗〕
14最徳寺　さいとくじ〔寺〕
　東京都大田区　《本尊》阿弥陀如来
　　　　　　　　　　　　　〔浄土真宗本願寺派〕
16最賢寺　さいけんじ〔寺〕
　新潟県上越市　《本尊》阿弥陀如来
　　　　　　　　　　　　　　　〔真宗大谷派〕
19最願寺　さいがんじ〔寺〕
　神奈川県横浜市鶴見区　《本尊》阿弥陀如
　来　　　　　　　　　　　〔浄土真宗本願寺派〕

【曾】

7曾谷の妙見さま《称》　そやのみょうけん
さま〔寺〕
　千葉県市川市・安国寺　《本尊》十界大曼荼
　羅　　　　　　　　　　　　　　　〔日蓮宗〕
9曾屋神社　そやじんじゃ〔社〕
　神奈川県秦野市　《別称》井の宮　《祭神》水
　波能売命〔他〕　　　　　　　　〔神社本庁〕
曾枳能夜神社　そぎのやじんじゃ〔社〕
　島根県簸川郡斐川町　《祭神》伎比佐加美高
　日子命〔他〕　　　　　　　　　〔神社本庁〕
10曾根の宮《称》　そねのみや〔社〕
　兵庫県高砂市・天満神社　《祭神》菅原道真
　〔他〕　　　　　　　　　　　　　〔神社本庁〕
11曾許乃御立神社　そこのみたてじんじゃ〔
　社〕
　静岡県浜松市　《別称》鹿島大明神　《祭神》
　武甕槌命　　　　　　　　　　　〔神社本庁〕

598　神社・寺院名よみかた辞典

12画（朝, 梻, 植, 森）

【朝】

3山八幡宮　あさやまはちまんぐう〔社〕
　島根県出雲市松寄下町　《祭神》品陀和気尊
　〔他〕　　　　　　　　　　　　〔神社本庁〕
朝山神社　あさやまじんじゃ〔社〕
　島根県出雲市朝山町　《祭神》真玉着玉邑日
　女命　　　　　　　　　　　　〔神社本庁〕
朝川寺　ちょうせんじ〔寺〕
　大阪府豊能郡豊能町　《本尊》釈迦如来
　　　　　　　　　　　　　　　　〔曹洞宗〕
4日八幡神社　あさひはちまんじんじゃ
　〔社〕
　愛媛県松山市　《祭神》品陀和気命〔他〕
　　　　　　　　　　　　　　　　〔神社本庁〕
朝日大神宮　あさひだいじんぐう〔社〕
　岐阜県大野郡朝日村　《祭神》天照皇大御神
　〔他〕　　　　　　　　　　　　〔神社本庁〕
朝日山計仙麻神社　あさひやまけせまじん
　じゃ〔社〕
　宮城県桃生郡河南町　《別称》旭山神社　《祭
　神》倉稲魂命〔他〕　　　　　　〔神社本庁〕
朝日山観音《称》　あさひやまかんのん〔寺〕
　兵庫県姫路市・大日寺　　　〔真言宗御室派〕
朝日寺　ちょうにちじ〔寺〕
　大阪府茨木市　《本尊》阿弥陀如来　〔浄土宗〕
朝日寺　ちょうにちじ〔寺〕
　岡山県邑久郡邑久町　《本尊》薬師如来
　　　　　　　　　　　　　　　〔高野山真言宗〕
朝日寺　ちょうにちじ〔寺〕
　福岡県田川郡赤村　《別称》内田の観音　《本
　尊》聖観世音菩薩　　　　　　〔天台寺門宗〕
朝日神社　あさひじんじゃ〔社〕
　愛知県名古屋市中区　《別称》広小路の神明
　様　《祭神》天照皇大神〔他〕　〔神社本庁〕
朝日神社　あさひじんじゃ〔社〕
　岡山県真庭郡久世町　《祭神》素盞嗚尊
　　　　　　　　　　　　　　　　〔神社本庁〕
朝日神明《称》　あさひしんめい〔社〕
　東京都荒川区・石浜神社　《祭神》天照皇大
　神〔他〕　　　　　　　　　　　〔神社本庁〕
朝日神明社　あさひしんめいしゃ〔社〕
　大阪府大阪市此花区　《祭神》天照皇大神〔他〕
　　　　　　　　　　　　　　　　〔神社本庁〕
朝日森天満宮　あさひもりてんまんぐう
　〔社〕
　栃木県佐野市　《祭神》菅原道真〔他〕
　　　　　　　　　　　　　　　　〔神社本庁〕
5朝代神社　あさしろじんじゃ〔社〕
　京都府舞鶴市　《別称》朝代さま　《祭神》伊
　弉諾尊　　　　　　　　　　　　〔神社本庁〕

朝田寺　ちょうでんじ〔寺〕
　三重県松阪市　《別称》朝田地蔵　《本尊》延
　命地蔵菩薩　　　　　　　　　　　〔天台宗〕
朝田神社　あさだじんじゃ〔社〕
　山口県山口市　《祭神》罔象女神　〔神社本庁〕
6朝光寺　ちょうこうじ〔寺〕
　静岡県伊東市　《本尊》日蓮聖人奠定の十界
　大曼荼羅　　　　　　　　　　　　〔日蓮宗〕
朝光寺　ちょうこうじ〔寺〕
　兵庫県加東郡社町　《本尊》十一面千手観世
　音菩薩　　　　　　　　　　　〔高野山真言宗〕
朝光寺西の寺《称》　ちょうこうじにしの
　てら〔寺〕
　兵庫県加東郡社町・総持院　《本尊》大日如
　来　　　　　　　　　　　　　〔高野山真言宗〕
7朝見寺　ちょうけんじ〔寺〕
　福島県双葉郡広野町　《別称》修行院　《本
　尊》大日如来　　　　　　　　〔真言宗智山派〕
8和之宮《称》　あさわのみや〔社〕
　奈良県天理市・大和神社　《祭神》大和大国
　御魂大神〔他〕　　　　　　　　〔神社本庁〕
10朝倉神社　あさくらじんじゃ〔社〕
　高知県高知市　《別称》木の丸さま　《祭神》
　天津羽羽神〔他〕　　　　　　　〔神社本庁〕
朝峯神社　あさみねじんじゃ〔社〕
　高知県高知市　《祭神》木花佐久夜姫命〔他〕
　　　　　　　　　　　　　　　　〔神社本庁〕
12朝善寺　ちょうぜんじ〔寺〕
　静岡県伊東市　《別称》日朝さん　《本尊》日
　蓮聖人奠定の大曼荼羅　　　　　　〔日蓮宗〕
20朝護孫子寺　ちょうごそんしじ〔寺〕
　奈良県生駒郡平群町　《別称》総本山・信貴
　山の毘沙門さん　《本尊》毘沙門天
　　　　　　　　　　　　　　　〔信貴山真言宗〕

【梻】

11梻埜神社　しもとのじんじゃ〔社〕
　愛知県丹羽郡扶桑町　《別称》下野の大宮
　《祭神》表筒男命〔他〕　　　　〔神社本庁〕

【植】

4植木神社　うえきじんじゃ〔社〕
　三重県阿山郡大山田村　《祭神》建速須佐之
　男命〔他〕　　　　　　　　　　〔神社本庁〕
11植野の薬師《称》　うえののやくし〔寺〕
　栃木県佐野市・東光寺　《本尊》薬師如来
　　　　　　　　　　　　　　　〔臨済宗建長寺派〕

【森】

0森の宮《称》　もりのみや〔社〕

神社・寺院名よみかた辞典　599

12画（椙，棲，棚，椎）

　和歌山県御坊市・須佐神社　《祭神》素盞嗚大神　〔神社本庁〕
森ノ宮《称》　もりのみや〔社〕
　愛媛県喜多郡五十崎町・宇都宮神社　《祭神》大己貴命〔他〕　〔神社本庁〕
2森八幡神社《称》　もりはちまんじんじゃ〔社〕
　岐阜県下呂市・八幡神社　《祭神》応神天皇〔他〕　〔単立〕
3森上御坊《称》　もりかみごぼう〔寺〕
　愛知県中島郡祖父江町・正琳寺　《本尊》阿弥陀如来　〔真宗大谷派〕
森山八幡宮《称》　もりやまはちまんぐう〔社〕
　高知県吾川郡春野町森山・八幡宮　《祭神》藤原資朝〔他〕　〔神社本庁〕
4森戸大明神　もりとだいみょうじん〔社〕
　神奈川県三浦郡葉山町　《別称》森戸神社　《祭神》大山祇命〔他〕　〔神社本庁〕
森戸神社《称》　もりとじんじゃ〔社〕
　神奈川県三浦郡葉山町・森戸大明神　《祭神》大山祇命〔他〕　〔神社本庁〕
6森吉神社　もりよしじんじゃ〔社〕
　秋田県北秋田郡森吉町　《祭神》大己貴大神〔他〕　〔神社本庁〕
8森岳寺　しんがくじ〔寺〕
　秋田県山本郡山本町　《本尊》釈迦如来　〔曹洞宗〕
11森野祖師《称》　もりのそし〔寺〕
　東京都町田市・妙延寺　《本尊》日蓮聖人奠定の大曼荼羅・日蓮聖人　〔日蓮宗〕
13森福寺　しんぷくじ〔寺〕
　鳥取県鳥取市　《本尊》薬師如来　〔曹洞宗〕
14森稲荷《称》　もりいなり〔社〕
　兵庫県神戸市東灘区・稲荷神社　《祭神》倉稲魂命〔他〕　〔神社本庁〕
20森厳寺　しんがんじ〔寺〕
　東京都世田谷区　《別称》淡島さん　《本尊》阿弥陀三尊　〔浄土宗〕

【椙】
5椙本神社　すぎもとじんじゃ〔社〕
　高知県吾川郡伊野町　《別称》いの大国さま　《祭神》大国主命〔他〕　〔神社本庁〕
7椙尾神社　すぎおじんじゃ〔社〕
　山形県鶴岡市　《祭神》積羽八重事代主神〔他〕　〔神社本庁〕
椙杜八幡宮　すぎのもりはちまんぐう〔社〕
　山口県玖珂郡周東町　《別称》高森八幡さま　《祭神》応神天皇〔他〕　〔神社本庁〕

12椙森神社　すぎのもりじんじゃ〔社〕
　東京都中央区　《祭神》倉稲魂神〔他〕　〔神社本庁〕

【棲】
12棲雲寺　せいうんじ〔寺〕
　山梨県東山梨郡大和村　〔臨済宗建長寺派〕
17棲霞寺　せいかじ〔寺〕
　京都府京都市右京区　《別称》阿弥陀堂　《本尊》阿弥陀如来・観世音菩薩・勢至菩薩　〔浄土宗〕

【棚】
4棚木の宮《称》　たなぎのみや〔社〕
　石川県鳳至郡能都町・白山神社　《祭神》伊邪那岐命〔他〕　〔神社本庁〕
棚木観音《称》　たなきかんのん〔寺〕
　茨城県鹿嶋市・大福寺　《本尊》十一面観世音菩薩・地蔵菩薩　〔真言宗豊山派〕
10棚倉孫神社　たなくらひこじんじゃ〔社〕
　京都府京田辺市　《祭神》天香古山命　〔神社本庁〕

【椎】
0椎の宮《称》　しいのみや〔社〕
　三重県桑名郡多度町・宇賀神社　《祭神》宇賀之魂神〔他〕　〔神社本庁〕
椎ケ脇神社　しいがわきじんじゃ〔社〕
　静岡県天竜市二俣町　《祭神》闇淤加美神〔他〕
7椎尾八幡宮　しいのおはちまんぐう〔社〕
　山口県岩国市岩国町　《別称》椎尾様　《祭神》応神天皇〔他〕　〔神社本庁〕
椎八幡宮　しいのおはちまんぐう〔社〕
　山口県岩国市角　《祭神》応神天皇〔他〕　〔神社本庁〕
8椎泊神社　しいどまりじんじゃ〔社〕
　新潟県佐渡市　《祭神》伊弉那美命〔他〕　〔神社本庁〕
9椎津の文殊様《称》　しいずのもんじゅさま〔寺〕
　千葉県市原市・瑞安寺　《本尊》阿弥陀如来・文殊菩薩　〔浄土宗〕
10椎根津彦神社　しいねつひこじんじゃ〔社〕
　大分県北海部郡佐賀関町　《別称》珍宮　《祭神》椎根津彦命〔他〕　〔神社本庁〕
12椎葉円比咩神社　しいばのつぶらひめじんじゃ〔社〕
　石川県羽咋市　《祭神》椎葉円比咩大神　〔神社本庁〕

12画（椋, 棹, 欽, 歯, 温, 滋, 渡）

【椋】

9 椋神社　むくじんじゃ〔社〕
　埼玉県秩父郡吉田町　《別称》椋宮　《祭神》猿田彦大神［他］　〔神社本庁〕

10 椋宮《称》　むくみや〔社〕
　埼玉県秩父郡吉田町・椋神社　《祭神》猿田彦大神［他］　〔神社本庁〕

【棹】

4 棹之宮《称》　さおのみや〔社〕
　愛媛県四国中央市・三皇神社　《祭神》日本武尊［他］　〔神社本庁〕

【欽】

8 欽明寺　きんめいじ〔寺〕
　山口県玖珂郡玖珂町　《本尊》十界大曼荼羅　〔日蓮宗〕

【歯】

8 歯長寺　しちょうじ〔寺〕
　愛媛県西予市　《本尊》千手観世音菩薩・延命地蔵菩薩　〔天台宗〕

9 歯神さん《称》　はがみさん〔社〕
　兵庫県尼崎市・白井神社　《祭神》天之手力男命　〔神社本庁〕

【温】

9 温室寺《称》　おんしつでら〔寺〕
　福岡県北九州市小倉南区・学童寺　《本尊》阿弥陀如来　〔浄土真宗本願寺派〕

温泉でら《称》　おんせんでら〔寺〕
　広島県沼隈郡沼隈町・西福寺　《本尊》阿弥陀如来　〔真宗大谷派〕

温泉寺　おんせんじ〔寺〕
　長野県諏訪市　《本尊》釈迦如来・薬師如来　〔臨済宗妙心寺派〕

温泉寺　おんせんじ〔寺〕
　長野県下高井郡山ノ内町　《別称》渋湯の寺　《本尊》釈迦如来　〔曹洞宗〕

温泉寺　おんせんじ〔寺〕
　岐阜県下呂市　《本尊》薬師如来　〔臨済宗妙心寺派〕

温泉寺　おんせんじ〔寺〕
　静岡県熱海市　《本尊》如意輪観世音菩薩　〔臨済宗妙心寺派〕

温泉寺《称》　おんせんでら〔寺〕
　兵庫県神戸市北区・清涼院　《本尊》阿弥陀如来　〔黄檗宗〕

温泉寺　おんせんじ〔寺〕
　兵庫県城崎郡城崎町　《本尊》十一面観世音菩薩・十一面千手千眼観世音菩薩　〔高野山真言宗〕

温泉神社　おんせんじんじゃ〔社〕
　宮城県玉造郡鳴子町　《祭神》大己貴命［他］　〔神社本庁〕

温泉神社　おんせんじんじゃ〔社〕
　福島県いわき市　《別称》ゆぜんさま　《祭神》大己貴命［他］　〔神社本庁〕

温泉神社　おんせんじんじゃ〔社〕
　栃木県那須郡黒羽町　《別称》大宮　《祭神》大己貴命［他］　〔神社本庁〕

温泉神社　おんせんじんじゃ〔社〕
　栃木県那須郡那須町湯本　《別称》ゆぜん　《祭神》大己貴命［他］　〔神社本庁〕

温泉神社　おんせんじんじゃ〔社〕
　栃木県那須郡那須町伊王野さま　《祭神》大己貴命［他］　〔神社本庁〕

温泉神社《称》　おんせんじんじゃ〔社〕
　兵庫県神戸市北区・湯泉神社　《祭神》大己貴命［他］　〔神社本庁〕

温泉神社　うんぜんじんじゃ〔社〕
　長崎県南高来郡小浜町　《別称》四面宮　《祭神》白日別命［他］　〔神社本庁〕

温泉神社　おんせんじんじゃ〔社〕
　長崎県南高来郡加津佐町　《別称》四面宮　《祭神》白日別命［他］　〔神社本庁〕

温泉神社　おんせんじんじゃ〔社〕
　長崎県南高来郡有家町　《別称》四面宮　《祭神》白日別命［他］　〔神社本庁〕

温泉神社　おんせんじんじゃ〔社〕
　熊本県八代市　《別称》湯の神さま　《祭神》市杵島媛命　〔神社本庁〕

【滋】

12 滋賀県護国神社　しがけんごこくじんじゃ〔社〕
　滋賀県彦根市　《祭神》護国の神霊　〔神社本庁〕

滋賀院　しがいん〔寺〕
　滋賀県大津市　《本尊》阿弥陀如来　〔天台宗〕

【渡】

8 渡岸寺観音堂《称》　どうがんじかんのんどう〔寺〕
　滋賀県伊香郡高月町・向源寺　《本尊》十一面観世音菩薩・大日如来・阿弥陀如来　〔真宗大谷派〕

神社・寺院名よみかた辞典　　601

12画（湯, 満）

9 渡海神社　とかいじんじゃ〔社〕
　千葉県銚子市　《祭神》猿田彦大神〔他〕
　　　　　　　　　　　　　　　　〔神社本庁〕
11 渡部神社　わたなべじんじゃ〔社〕
　秋田県南秋田郡若美町　《別称》お不動さん
　《祭神》岩戸別命〔他〕　　　　〔神社本庁〕

【湯】

0 湯の神さま《称》　ゆのかみさま〔社〕
　熊本県八代市・温泉神社　《祭神》市杵島媛命
　　　　　　　　　　　　　　　　〔神社本庁〕
4 湯月八幡宮《称》　ゆずきはちまんぐう〔社〕
　愛媛県松山市・伊佐爾波神社　《祭神》仲哀天皇〔他〕　　　　〔神社本庁〕
　湯月大明神《称》　ゆずきだいみょうじん〔社〕
　愛媛県松山市・湯神社　《祭神》大己貴命〔他〕
　　　　　　　　　　　　　　　　〔神社本庁〕
6 湯次神社　ゆつぎじんじゃ〔社〕
　滋賀県東浅井郡浅井町　《祭神》御名方命〔他〕
　　　　　　　　　　　　　　　　〔神社本庁〕
7 湯谷神社　ゆたにじんじゃ〔社〕
　山梨県甲府市　《祭神》速玉男命〔他〕
　　　　　　　　　　　　　　　　〔神社本庁〕
　湯里住吉神社《称》　ゆさとすみよしじんじゃ〔社〕
　大阪府大阪市東住吉区・住吉神社　《祭神》中筒男命〔他〕　　　　〔神社本庁〕
9 湯泉神社　とうせんじんじゃ〔社〕
　兵庫県神戸市北区　《別称》温泉神社　《祭神》大己貴命〔他〕　　　　〔神社本庁〕
　湯神社　ゆじんじゃ〔社〕
　愛媛県松山市　《別称》湯月大明神　《祭神》大己貴命〔他〕　　　　〔神社本庁〕
　湯神様《称》　ゆがみさま〔社〕
　山形県山形市・酢川温泉神社　《祭神》大国主命〔他〕　　　　〔神社本庁〕
10 湯倉神社　ゆのくらじんじゃ〔社〕
　北海道函館市　《祭神》大己貴命〔他〕
　　　　　　　　　　　　　　　　〔神社本庁〕
　湯島天神《称》　ゆしまてんじん〔社〕
　東京都文京区・湯島神社　《祭神》天之手力雄命〔他〕　　　　〔神社本庁〕
　湯島神社　ゆしまじんじゃ〔社〕
　東京都文京区　《別称》湯島天神　《祭神》天之手力雄命〔他〕　　　　〔神社本庁〕
　湯島聖天《称》　ゆしましょうてん〔寺〕
　東京都文京区・心城院　《本尊》歓喜天・十一面観世音菩薩・弁財天　　　　〔天台宗〕

11 湯船大明神《称》　ゆふねだいみょうじん〔社〕
　島根県八束郡玉湯町・玉作湯神社　《祭神》櫛明玉命〔他〕　　　　〔神社本庁〕
　湯船原諏訪神社　ゆぶねはらすわじんじゃ〔社〕
　熊本県天草郡栖本町　《別称》栖本諏訪神社　《祭神》建御名方命　　〔神社本庁〕
　湯野神社　ゆのじんじゃ〔社〕
　島根県仁多郡仁多町　《別称》亀嵩の宮　《祭神》大己貴命〔他〕　　〔神社本庁〕
12 湯葉神社　ゆはじんじゃ〔社〕
　岐阜県養老郡上石津町　《別称》大宮様　《祭神》天鈿売命〔他〕　　〔神社本庁〕
13 湯殿山大日坊《称》　ゆどのさんだいにちぼう〔寺〕
　山形県東田川郡朝日村・大日坊　《本尊》金剛界大日如来・胎蔵界大日如来
　　　　　　　　　　　　　　〔真言宗豊山派〕
　湯殿山神社　ゆどのやまじんじゃ〔社〕
　山形県山形市　《祭神》大己貴命〔他〕
　　　　　　　　　　　　　　　　〔神社本庁〕
　湯殿山神社　ゆどのさんじんじゃ〔社〕
　山形県西村山郡西川町　《別称》権現様・口宮様　《祭神》大己貴命〔他〕　〔神社本庁〕
　湯殿山神社　ゆどのさんじんじゃ〔社〕
　山形県東田川郡羽黒町　《別称》出羽三山神社　《祭神》大山祇命〔他〕　〔神社本庁〕
　湯福神社　ゆふくじんじゃ〔社〕
　長野県長野市　《祭神》健御名方命〔他〕
　　　　　　　　　　　　　　　　〔神社本庁〕

【満】

4 満友寺　まんゆうじ〔寺〕
　秋田県大曲市　《本尊》釈迦如来　〔曹洞宗〕
　満月寺　まんげつじ〔寺〕
　滋賀県大津市　《別称》浮御堂　《本尊》聖観世音菩薩・阿弥陀千体仏　〔臨済宗大徳寺派〕
5 満正寺　まんしょうじ〔寺〕
　鳥取県倉吉市　《本尊》釈迦如来　〔曹洞宗〕
6 満光寺　まんこうじ〔寺〕
　東京都荒川区　《別称》二葉地蔵寺　《本尊》阿弥陀如来　　　　〔浄土宗〕
　満光寺　まんこうじ〔寺〕
　長野県上伊那郡高遠町　《別称》信濃の科寺　《本尊》阿弥陀如来　　〔浄土宗〕
　満行寺　まんぎょうじ〔寺〕
　群馬県安中市　《本尊》延命地蔵菩薩
　　　　　　　　　　　　　　〔真言宗豊山派〕

12画（満）

満行寺　まんぎょうじ〔寺〕
　埼玉県新座市　《本尊》不動明王・八幡大菩薩
　　　　　　　　　　　　　　〔真言宗智山派〕
満行寺　まんぎょうじ〔寺〕
　新潟県新潟市　《本尊》阿弥陀如来
　　　　　　　　　　　　　　〔真宗大谷派〕
満行寺　まんぎょうじ〔寺〕
　島根県邇摩郡仁摩町　《本尊》阿弥陀如来
　　　　　　　　　　　　　〔浄土真宗本願寺派〕
7満岡寺　まんけいじ〔寺〕
　北海道室蘭市　《別称》沢町のまんけいじ
　《本尊》阿弥陀如来　　　　　　〔浄土宗〕
満足院《称》　まんぞくいん〔寺〕
　東京都世田谷区・誠照寺別院満足院　《本尊》
　阿弥陀如来　　　　　　　　〔真宗誠照寺派〕
満足稲荷神社　まんぞくいなりじんじゃ〔社〕
　京都府京都市左京区　《祭神》倉稲魂命
　　　　　　　　　　　　　　　〔神社本庁〕
8満宝寺　まんぽうじ〔寺〕
　栃木県足利市　《本尊》大日如来
　　　　　　　　　　　　　　〔真言宗豊山派〕
満性寺　まんしょうじ〔寺〕
　愛知県岡崎市　《本尊》阿弥陀如来・聖徳太子
　　　　　　　　　　　　　　〔真宗高田派〕
満昌寺　まんしょうじ〔寺〕
　岩手県西磐井郡花泉町　《本尊》釈迦如来
　　　　　　　　　　　　　　　　〔曹洞宗〕
満昌寺　まんしょうじ〔寺〕
　神奈川県横須賀市　《別称》三浦大介の寺
　《本尊》釈迦如来　　　　〔臨済宗建長寺派〕
満昌寺　まんしょうじ〔寺〕
　静岡県下田市　《別称》松尾の観音　《本尊》
　聖観世音菩薩　　　　　　〔臨済宗建長寺派〕
10満島神社　みつしまじんじゃ〔社〕
　長野県下伊那郡天龍村　《祭神》天照皇大神
　〔他〕　　　　　　　　　　　　〔神社本庁〕
11満隆寺　まんりゅうじ〔寺〕
　千葉県君津市　《別称》八幡の寺　《本尊》大日如来
　　　　　　　　　　　　　　〔真言宗豊山派〕
12満勝寺　まんしょうじ〔寺〕
　静岡県小笠郡大東町　《本尊》十界大曼荼羅
　　　　　　　　　　　　　　　　〔日蓮宗〕
満覚寺　まんかくじ〔寺〕
　愛知県常滑市　《本尊》阿弥陀如来
　　　　　　　　　　　　　　〔真宗大谷派〕
満賀里神社　まがりじんじゃ〔社〕
　三重県松阪市　《祭神》建速須佐男命〔他〕
　　　　　　　　　　　　　　　〔神社本庁〕

13満照寺　まんしょうじ〔寺〕
　東京都台東区　《本尊》阿弥陀如来
　　　　　　　　　　　　　　〔真宗大谷派〕
満福寺　まんぷくじ〔寺〕
　秋田県平鹿郡増田町　《本尊》阿弥陀如来
　　　　　　　　　　　　　　　　〔曹洞宗〕
満福寺　まんぷくじ〔寺〕
　福島県会津若松市　《本尊》阿弥陀如来
　　　　　　　　　　　　　　〔真宗大谷派〕
満福寺　まんぷくじ〔寺〕
　福島県喜多方市　《本尊》大日如来
　　　　　　　　　　　　　　〔真言宗豊山派〕
満福寺　まんぷくじ〔寺〕
　福島県安達郡安達町　《本尊》阿弥陀如来
　　　　　　　　　　　　　　　　〔天台宗〕
満福寺　まんぷくじ〔寺〕
　福島県田村郡小野町　《別称》東堂山　《本尊》阿弥陀如来・正観世音菩薩　〔浄土宗〕
満福寺　まんぷくじ〔寺〕
　栃木県下都賀郡野木町　《別称》野渡のかんのん様　《本尊》観世音菩薩　〔曹洞宗〕
満福寺　まんぷくじ〔寺〕
　埼玉県さいたま市　《本尊》阿弥陀如来・聖観世音菩薩　　　　　　〔真言宗智山派〕
満福寺　まんぷくじ〔寺〕
　埼玉県幸手市　《別称》さって観音　《本尊》聖如意輪観世音菩薩・不動明王
　　　　　　　　　　　　　　〔真言宗智山派〕
満福寺　まんぷくじ〔寺〕
　埼玉県大里郡川本町　《本尊》不動明王
　　　　　　　　　　　　　　〔真言宗豊山派〕
満福寺　まんぷくじ〔寺〕
　千葉県野田市　《本尊》阿弥陀如来
　　　　　　　　　　　　　　〔真言宗豊山派〕
満福寺　まんぷくじ〔寺〕
　神奈川県茅ヶ崎市　　　　〔高野山真言宗〕
満福寺　まんぷくじ〔寺〕
　新潟県南蒲原郡中之島町　《本尊》薬師如来・地蔵菩薩　　　　　　〔真言宗智山派〕
満福寺　まんぷくじ〔寺〕
　岐阜県安八郡墨俣町　《別称》すのまた御坊
　《本尊》阿弥陀如来　　　　〔真宗大谷派〕
満福寺　まんぷくじ〔寺〕
　兵庫県神戸市長田区　《別称》かめのこうの寺　《本尊》聖観世音菩薩　〔曹洞宗〕
14満徳寺　まんとくじ〔寺〕
　熊本県阿蘇郡阿蘇町　《本尊》阿弥陀如来
　　　　　　　　　　　　　〔浄土真宗本願寺派〕
満徳寺　まんとくじ〔寺〕
　大分県竹田市　《本尊》阿弥陀如来
　　　　　　　　　　　　　　〔真宗大谷派〕

神社・寺院名よみかた辞典　603

12画（湊）

満徳寺　まんとくじ〔寺〕
　鹿児島県姶良郡蒲生町　《本尊》阿弥陀如来
　　　　　　　　　　　　　〔浄土真宗本願寺派〕

15満蔵寺　まんぞうじ〔寺〕
　青森県弘前市　《本尊》三尊仏　〔曹洞宗〕

満蔵寺　まんぞうじ〔寺〕
　岩手県気仙郡住田町　《本尊》釈迦如来
　　　　　　　　　　　　　　　〔曹洞宗〕

満蔵寺　まんぞうじ〔寺〕
　宮城県仙台市若林区　《本尊》不動明王・千体仏　　　　　　　　　　〔真言宗豊山派〕

満蔵寺　まんぞうじ〔寺〕
　秋田県河辺郡河辺町　《本尊》聖観世音菩薩　　　　　　　　　　　　　　　〔曹洞宗〕

満蔵寺　まんぞうじ〔寺〕
　福島県伊達郡桑折町　《別称》馬鳴如来堂　《本尊》金剛界大日如来　〔真言宗豊山派〕

満蔵寺　まんぞうじ〔寺〕
　福島県耶麻郡山都町　《本尊》大日如来・不動明王　　　　　　　　〔真言宗豊山派〕

満蔵寺　まんぞうじ〔寺〕
　埼玉県幸手市　《本尊》不動明王
　　　　　　　　　　　　　〔真言宗豊山派〕

満蔵寺　まんぞうじ〔寺〕
　千葉県野田市　《本尊》阿弥陀如来
　　　　　　　　　　　　　〔真言宗豊山派〕

満蔵寺　まんぞうじ〔寺〕
　千葉県市原市　《別称》五所の観音様　《本尊》十一面観世音菩薩　〔真言宗豊山派〕

満蔵院　まんぞういん〔寺〕
　東京都北区　《別称》袋地蔵　《本尊》地蔵菩薩　　　　　　　　　　〔真言宗智山派〕

満蔵院《称》　まんぞういん〔寺〕
　神奈川県横浜市金沢区・般若寺　《本尊》聖観世音菩薩　　　　　〔真言宗御室派〕

満蔵院　まんぞういん〔寺〕
　山梨県甲府市　《本尊》千手観世音菩薩
　　　　　　　　　　　　　〔真言宗智山派〕

19満願寺　まんがんじ〔寺〕
　福島県福島市　《別称》黒岩虚空蔵　虚空蔵菩薩　　　　　　〔臨済宗妙心寺派〕

満願寺　まんがんじ〔寺〕
　福島県白河市　《別称》奥州白河二所の関　《本尊》正観世音菩薩　〔真言宗智山派〕

満願寺　まんがんじ〔寺〕
　栃木県栃木市　《別称》坂東第一七番霊場・出流「いづる」観音千手院　《本尊》十一面千手観世音菩薩　　　　〔真言宗智山派〕

満願寺　まんがんじ〔寺〕
　栃木県佐野市　　　　〔臨済宗妙心寺派〕

満願寺　まんがんじ〔寺〕
　栃木県下都賀郡野木町　《本尊》大日如来
　　　　　　　　　　　　　〔真言宗豊山派〕

満願寺　まんがんじ〔寺〕
　埼玉県行田市　《別称》野村の聖天様　《本尊》不動明王　　　　　　〔真言宗智山派〕

満願寺　まんがんじ〔寺〕
　東京都世田谷区　《本尊》金剛界大日如来
　　　　　　　　　　　　　〔真言宗智山派〕

満願寺　まんがんじ〔寺〕
　東京都中野区　《本尊》阿弥陀如来
　　　　　　　　　　　　　　〔真宗大谷派〕

満願寺　まんがんじ〔寺〕
　東京都足立区　《本尊》延命地蔵菩薩
　　　　　　　　　　　　　〔真言宗豊山派〕

満願寺　まんがんじ〔寺〕
　京都府京都市左京区　《別称》岡崎の満願寺　《本尊》十界大曼荼羅　　〔日蓮宗〕

満願寺　まんがんじ〔寺〕
　大阪府大阪市平野区　《本尊》阿弥陀三尊
　　　　　　　　　　　　　　　　〔浄土宗〕

満願寺　まんがんじ〔寺〕
　兵庫県飾磨郡夢前町　《本尊》釈迦如来・十一面観世音菩薩　　　　　　　〔天台宗〕

満願寺　まんがんじ〔寺〕
　兵庫県宍粟郡波賀町　《本尊》大日如来
　　　　　　　　　　　　　〔高野山真言宗〕

満願寺　まんがんじ〔寺〕
　和歌山県和歌山市　　〔真言宗山階派〕

満願寺　まんがんじ〔寺〕
　島根県松江市　《本尊》聖観世音菩薩
　　　　　　　　　　　　　〔高野山真言宗〕

満願寺　まんがんじ〔寺〕
　愛媛県越智郡朝倉村　《別称》金毘羅山　《本尊》薬師如来・金毘羅大権現・不動明王・阿弥陀如来・弘法大師　〔高野山真言宗〕

満願寺　まんがんじ〔寺〕
　熊本県阿蘇郡南小国町　《本尊》毘沙門天・地蔵菩薩　　　　　　　〔高野山真言宗〕

満願寺別院　まんがんじべついん〔寺〕
　東京都世田谷区　《別称》等々力不動　《本尊》不動明王　　　　　〔真言宗智山派〕

満願観音《称》　まんがんかんのん〔寺〕
　山梨県中巨摩郡玉穂町・永源寺　《本尊》釈迦如来　　　　　　　　　　　〔曹洞宗〕

【湊】

2湊八幡《称》　みなとはちまん〔社〕
　福岡県築上郡椎田町・金富神社　《祭神》仲哀天皇〔他〕　　　　　　　〔神社本庁〕

12画（渭，焼，無）

湊八幡神社　みなとはちまんじんじゃ〔社〕
　福井県福井市　《別称》お八幡さん　《祭神》
　大鞆別命［他］　　　　　　　　〔神社本庁〕
湊八幡神社《称》　みなとはちまんじんじゃ〔社〕
　兵庫県神戸市兵庫区・八幡神社　《祭神》応
　神天皇　　　　　　　　　　　　〔神社本庁〕
湊八幡宮《称》　みなとはちまんぐう〔社〕
　島根県那賀郡三隅町・八幡宮　《祭神》田心
　姫命［他］　　　　　　　　　　〔神社本庁〕
3湊口神社　みなとぐちじんじゃ〔社〕
　兵庫県三原郡西淡町　《祭神》速秋津比古命
　［他］　　　　　　　　　　　　〔神社本庁〕
湊川神社　みなとがわじんじゃ〔社〕
　兵庫県神戸市中央区　《別称》楠公さん　《祭
　神》楠正成［他］　　　　　　　〔神社本庁〕
7湊迎寺　そうごうじ〔寺〕
　青森県北津軽郡市浦村　《本尊》阿弥陀如
　来　　　　　　　　　　　　　　　〔浄土宗〕
9湊神社　みなとじんじゃ〔社〕
　静岡県浜名郡新居町　《別称》みなとさま
　《祭神》建速須佐之男命　　　　〔神社本庁〕
湊神社　みなとじんじゃ〔社〕
　兵庫県姫路市　《祭神》素盞嗚尊［他］
　　　　　　　　　　　　　　　　〔神社本庁〕
湊神社　みなとじんじゃ〔社〕
　鳥取県東伯郡羽合町　《祭神》速秋津彦命［他］
　　　　　　　　　　　　　　　　〔神社本庁〕

【渭】

3渭川寺　いせんじ〔寺〕
　静岡県静岡市　《本尊》千手観世音菩薩
　　　　　　　　　　　　　　〔臨済宗妙心寺派〕
6渭伊神社　いいじんじゃ〔社〕
　静岡県引佐郡引佐町　《別称》八幡宮　《祭
　神》品陀和気命［他］　　　　　〔神社本庁〕
12渭雲寺　いうんじ〔寺〕
　群馬県桐生市　《本尊》阿弥陀如来
　　　　　　　　　　　　　　〔臨済宗建長寺派〕

【焼】

3焼山寺　しょうざんじ〔寺〕
　徳島県名西郡神山町　《別称》四国第一二番
　霊場　《本尊》虚空蔵菩薩　　〔高野山真言宗〕
4焼火神社　たくひじんじゃ〔社〕
　島根県隠岐郡西ノ島町　《別称》隠岐の権現
　さん　《祭神》大日霎貴尊　　　〔神社本庁〕
9焼津神社　やいずじんじゃ〔社〕
　静岡県焼津市　《別称》入江大明神　《祭神》
　日本武尊［他］　　　　　　　　〔神社本庁〕

焼畑八幡《称》　やきはたはちまん〔社〕
　大分県東国東郡安岐町・八幡社　《祭神》誉
　田別命［他］　　　　　　　　　〔神社本庁〕

【無】

2無二亦寺　むにやくじ〔寺〕
　茨城県ひたちなか市　《本尊》大曼荼羅
　　　　　　　　　　　　　　　　　〔日蓮宗〕
8無学寺　むがくじ〔寺〕
　京都府京都市上京区　《本尊》釈迦如来
　　　　　　　　　　　　　　　　　〔曹洞宗〕
9無為信寺　むいしんじ〔寺〕
　新潟県阿賀野市　《別称》真宗二四輩旧跡
　《本尊》阿弥陀如来　　　　　　〔真宗大谷派〕
10無能寺　むのうじ〔寺〕
　福島県伊達郡桑折町　《本尊》阿弥陀如来
　　　　　　　　　　　　　　　　　〔浄土宗〕
11無動寺　むどうじ〔寺〕
　三重県名張市　《本尊》不動明王
　　　　　　　　　　　　　　　〔真言宗醍醐派〕
無動寺　むどうじ〔寺〕
　兵庫県神戸市北区　《別称》福寺・普求寺
　　　　　　　　　　　　　　　〔高野山真言宗〕
12無量光寺　むりょうこうじ〔寺〕
　神奈川県相模原市　《別称》当麻寺・大本山
　《本尊》阿弥陀如来　　　　　　　　〔時宗〕
無量光寺　むりょうこうじ〔寺〕
　兵庫県明石市　《別称》源氏月見寺　《本尊》
　阿弥陀如来　　　　　　　　　　　〔浄土宗〕
無量光寺　むりょうこうじ〔寺〕
　和歌山県和歌山市　《本尊》阿弥陀如来
　　　　　　　　　　　　　　　　　〔浄土宗〕
無量光院　むりょうこういん〔寺〕
　愛知県稲沢市　《別称》満願寺　《本尊》阿弥
　陀三尊・宇賀之御魂命　　　　〔真言宗豊山派〕
無量光院　むりょうこういん〔寺〕
　和歌山県伊都郡高野町　《本尊》阿弥陀如来・
　不動明王・愛染明王　　　　　〔高野山真言宗〕
無量寺　むりょうじ〔寺〕
　山形県山形市　《本尊》聖観世音菩薩
　　　　　　　　　　　　　　　　　〔曹洞宗〕
無量寺　むりょうじ〔寺〕
　茨城県水海道市　《本尊》胎蔵界大日如来
　　　　　　　　　　　　　　　〔真言宗智山派〕
無量寺　むりょうじ〔寺〕
　埼玉県飯能市　《本尊》阿弥陀如来・弁財天
　　　　　　　　　　　　　　　〔真言宗智山派〕
無量寺　むりょうじ〔寺〕
　埼玉県比企郡吉見町　《本尊》不動明王
　　　　　　　　　　　　　　　〔真言宗智山派〕

神社・寺院名よみかた辞典　605

12画（無）

無量寺　むりょうじ〔寺〕
　千葉県市原市　《本尊》阿弥陀如来　〔浄土宗〕

無量寺　むりょうじ〔寺〕
　東京都世田谷区　《別称》用賀観音　《本尊》阿弥陀如来・十一面観世音菩薩　〔浄土宗〕

無量寺　むりょうじ〔寺〕
　東京都北区　《別称》六阿弥陀第三番　《本尊》不動明王・阿弥陀如来　〔真言宗豊山派〕

無量寺　むりょうじ〔寺〕
　神奈川県横浜市南区　《別称》蒔田不動尊　《本尊》鉄縛不動明王　〔高野山真言宗〕

無量寺　むりょうじ〔寺〕
　神奈川県横浜市緑区　《本尊》阿弥陀如来　〔高野山真言宗〕

無量寺　むりょうじ〔寺〕
　神奈川県川崎市中原区　《本尊》阿弥陀如来　〔真言宗智山派〕

無量寺　むりょうじ〔寺〕
　神奈川県横須賀市　《本尊》阿弥陀三尊　〔浄土宗〕

無量寺　むりょうじ〔寺〕
　神奈川県小田原市　《本尊》阿弥陀如来・十一面観世音菩薩　〔浄土宗〕

無量寺　むりょうじ〔寺〕
　愛知県海部郡飛島村　《本尊》阿弥陀如来　〔真宗大谷派〕

無量寺　むりょうじ〔寺〕
　京都府京都市上京区　《本尊》阿弥陀如来　〔浄土宗〕

無量寺　むりょうじ〔寺〕
　京都府福知山市　《本尊》無量寿光阿弥陀如来　〔臨済宗妙心寺派〕

無量寺《称》　むりょうじ〔寺〕
　大阪府大阪市天王寺区・光正寺　《本尊》阿弥陀如来　〔浄土宗〕

無量寺　むりょうじ〔寺〕
　大阪府大阪市中央区　《別称》赤壁無量寺　《本尊》阿弥陀如来　〔浄土宗〕

無量寺　むりょうじ〔寺〕
　和歌山県西牟婁郡串本町　《本尊》釈迦如来　〔臨済宗東福寺派〕

無量寺　むりょうじ〔寺〕
　広島県因島市　《本尊》阿弥陀如来　〔浄土真宗本願寺派〕

無量寺　むりょうじ〔寺〕
　山口県周南市　《本尊》阿弥陀如来　〔浄土宗〕

無量寺　むりょうじ〔寺〕
　福岡県久留米市　《本尊》阿弥陀如来　〔浄土宗〕

無量寺《称》　むりょうじ〔寺〕
　福岡県八女市・無量寿院　《本尊》阿弥陀如来　〔浄土宗〕

無量寺　むりょうじ〔寺〕
　大分県大野郡犬飼町　《本尊》地蔵菩薩　〔臨済宗妙心寺派〕

無量寿寺　むりょうじゅじ〔寺〕
　茨城県鹿島郡鉾田町鳥栖　《別称》真宗二四輩旧跡　《本尊》阿弥陀如来　〔浄土真宗本願寺派〕

無量寿寺　むりょうじゅじ〔寺〕
　茨城県鹿島郡鉾田町下富田　《別称》真宗二四輩旧跡　《本尊》阿弥陀如来　〔真宗大谷派〕

無量寿寺　むりょうじゅじ〔寺〕
　栃木県真岡市　《本尊》阿弥陀如来　〔天台宗〕

無量寿寺　むりょうじゅじ〔寺〕
　群馬県前橋市　《別称》つくばでら　《本尊》阿弥陀如来　〔真言宗豊山派〕

無量寿寺　むりょうじゅじ〔寺〕
　愛知県西尾市　《本尊》阿弥陀如来　〔真宗大谷派〕

無量寿寺　むりょうじゅじ〔寺〕
　愛知県知立市　〔臨済宗妙心寺派〕

無量寿院　むりょうじゅいん〔寺〕
　埼玉県北本市　《本尊》阿弥陀如来　〔真言宗智山派〕

無量寿院　むりょうじゅいん〔寺〕
　埼玉県北葛飾郡松伏町　《本尊》波切不動明王　〔真言宗豊山派〕

無量寿院　むりょうじゅいん〔寺〕
　京都府京都市伏見区　〔真言宗醍醐派〕

無量寿院　むりょうじゅいん〔寺〕
　岡山県岡山市　《別称》広谷山本坊　《本尊》薬師如来・聖徳太子　〔高野山真言宗〕

無量寿院　むりょうじゅいん〔寺〕
　香川県高松市　《本尊》聖観世音菩薩　〔真言宗御室派〕

無量寿院　むりょうじゅいん〔寺〕
　福岡県八女市　《別称》無量寺　《本尊》阿弥陀如来　〔浄土宗〕

無量院　むりょういん〔寺〕
　群馬県群馬郡榛名町　《本尊》阿弥陀如来・不動明王・弘法大師・興教大師　〔真言宗豊山派〕

無量院　むりょういん〔寺〕
　埼玉県春日部市　《本尊》阿弥陀如来　〔真言宗智山派〕

無量院　むりょういん〔寺〕
　神奈川県川崎市幸区　《本尊》阿弥陀如来・千手観世音菩薩　〔天台宗〕

12画（犀、瑛、琴、琳、登、皓、童、筑、等）

無量院　むりょういん〔寺〕
　滋賀県大津市　《本尊》阿弥陀如来　　〔天台宗〕
無量院　むりょういん〔寺〕
　岡山県赤磐郡吉井町　《本尊》聖観世音菩薩　　〔天台宗〕
無量院　むりょういん〔寺〕
　佐賀県鹿島市　《本尊》阿弥陀如来　〔浄土宗〕
13無極寺　むごくじ〔寺〕
　長野県松本市　《別称》ももくじ　《本尊》阿弥陀如来　　〔浄土宗〕

【犀】
3犀川神社　さいかわじんじゃ〔社〕
　石川県金沢市　《祭神》武甕槌命〔他〕
　　〔神社本庁〕

【瑛】
6瑛光寺　えいこうじ〔寺〕
　兵庫県尼崎市　《別称》神崎のお寺　《本尊》阿弥陀如来　　〔浄土真宗本願寺派〕

【琴】
5琴平神社　ことひらじんじゃ〔社〕
　高知県南国市　《祭神》大物主大神
　　〔神社本庁〕
7琴似神社　ことにじんじゃ〔社〕
　北海道札幌市西区　《祭神》天照大御神〔他〕
　　〔神社本庁〕
11琴崎八幡宮　ことざきはちまんぐう〔社〕
　山口県宇部市　《祭神》品陀和気命〔他〕
　　〔神社本庁〕
12琴弾八幡宮　ことひきはちまんぐう〔社〕
　香川県観音寺市　《祭神》品陀和気尊〔他〕
　　〔神社本庁〕
琴弾八幡宮　ことひきはちまんぐう〔社〕
　高知県土佐市　《祭神》安徳天皇〔他〕
　　〔神社本庁〕
13琴路神社　きんろじんじゃ〔社〕
　佐賀県鹿島市　《祭神》宇田大明神〔他〕
　　〔神社本庁〕

【琳】
6琳光寺　りんこうじ〔寺〕
　岐阜県養老郡上石津町　《本尊》阿弥陀如来　　〔真宗大谷派〕

【登】
4登戸神社《称》　のぶとじんじゃ〔社〕
　千葉県千葉市・登渡神社　《祭神》天御中主神〔他〕　　〔神社本庁〕

5登立菅原神社　のぼりたてすがわらじんじゃ〔社〕
　熊本県上天草市　《別称》天満宮　《祭神》菅原道真　　〔神社本庁〕
6登米神社　とよまじんじゃ〔社〕
　宮城県登米郡登米町　《別称》八幡様　《祭神》品陀別命〔他〕　　〔神社本庁〕
12登渡神社　とわたりじんじゃ〔社〕
　千葉県千葉市　《別称》登戸(のぶと)神社　《祭神》天御中主神〔他〕　〔神社本庁〕

【皓】
13皓聖寺　こうしょうじ〔寺〕
　北海道室蘭市　《別称》山寺　《本尊》釈迦如来　　〔曹洞宗〕

【童】
3童子堂《称》　わらべどう〔寺〕
　埼玉県秩父市・栄福寺　《本尊》聖観世音菩薩・阿弥陀如来　〔真言宗豊山派〕
8童学寺　どうがくじ〔寺〕
　徳島県名西郡石井町　《別称》いろは寺　《本尊》薬師如来・歓喜天　　〔真言宗〕

【筑】
8筑波山神社　つくばさんじんじゃ〔社〕
　茨城県つくば市　《祭神》筑波男大神〔他〕
　　〔神社本庁〕
9筑前国分寺《称》　ちくぜんこくぶんじ〔寺〕
　福岡県太宰府市・国分寺　《本尊》薬師如来　　〔高野山真言宗〕
11筑紫神社　ちくしじんじゃ〔社〕
　福岡県筑紫野市　《祭神》白日別尊〔他〕
　　〔神社本庁〕
筑紫耶馬渓《称》　ちくしやばけい〔寺〕
　福岡県筑紫郡那珂川町・立江寺　《本尊》地蔵菩薩　　〔卍教団〕
15筑摩神社　つかまじんじゃ〔社〕
　長野県松本市　《別称》国府八幡宮　《祭神》誉田別命〔他〕　　〔神社本庁〕
筑摩神社　ちくまじんじゃ〔社〕
　滋賀県坂田郡米原町　《祭神》大御饗津神〔他〕　　〔神社本庁〕

【等】
2等乃伎神社　とのぎじんじゃ〔社〕
　大阪府高石市　《祭神》天児屋根命〔他〕
　　〔神社本庁〕
6等光寺　とうこうじ〔寺〕
　東京都台東区　《別称》啄木の寺　《本尊》阿弥陀如来　　〔真宗大谷派〕

神社・寺院名よみかた辞典　607

12画（筒, 筏, 粟）

7 等妙寺　とうみょうじ〔寺〕
　愛媛県北宇和郡広見町　《本尊》如意輪観世音菩薩
　　　　　　　　　　　　　　　　　〔天台宗〕
8 等周寺　とうしゅうじ〔寺〕
　愛知県岡崎市　《本尊》阿弥陀如来・釈迦三尊
　　　　　　　　　　　　　　　　〔真宗大谷派〕
　等弥神社　とみじんじゃ〔社〕
　奈良県桜井市　《別称》能登三社の宮　《祭神》大日孁貴命〔他〕　　　　〔神社本庁〕
　等明寺　とうみょうじ〔寺〕
　千葉県八日市場市　《本尊》十一面観世音菩薩
　　　　　　　　　　　　　　　　〔真言宗智山派〕
9 等持院　とうじいん〔寺〕
　京都府京都市北区　《本尊》釈迦如来
　　　　　　　　　　　　　　　　〔臨済宗天竜寺派〕
10 等通寺　とうつうじ〔寺〕
　富山県中新川郡舟橋村　《別称》海老江の寺　《本尊》阿弥陀如来　　　〔真宗大谷派〕
12 等々力不動《称》　とどろきふどう〔寺〕
　東京都世田谷区・満願寺別院　《本尊》不動明王
　　　　　　　　　　　　　　　　〔真言宗智山派〕
　等覚寺　とうがくじ〔寺〕
　茨城県土浦市　《本尊》阿弥陀如来
　　　　　　　　　　　　　　　　〔真宗大谷派〕
　等覚寺　とうかくじ〔寺〕
　千葉県銚子市　《本尊》阿弥陀如来　〔曹洞宗〕
　等覚寺　とうかくじ〔寺〕
　富山県魚津市　《本尊》阿弥陀如来
　　　　　　　　　　　　　　　　〔真宗大谷派〕
　等覚寺　とうかくじ〔寺〕
　岡山県邑久郡邑久町　《別称》黒井山寺　《本尊》弘法大師・阿弥陀如来・不動明王・愛染明王　　　　　　　　　　〔高野山真言宗〕
　等覚寺　とうがくじ〔寺〕
　愛媛県宇和島市　《本尊》釈迦三尊
　　　　　　　　　　　　　　　　〔臨済宗妙心寺派〕
　等覚院　とうがくいん〔寺〕
　埼玉県東松山市　《別称》上寺　《本尊》十一面観世音菩薩　　　　　　　　　　〔天台宗〕
　等覚院《称》　とうかくいん〔寺〕
　東京都江戸川区・妙覚寺　《本尊》十界大曼荼羅　　　　　　　　　　　　　　〔日蓮宗〕
　等覚院　とうがくいん〔寺〕
　愛知県名古屋市熱田区　《別称》大瀬子観音　《本尊》十一面観世音菩薩　〔真言宗豊山派〕
　等順寺　とうじゅんじ〔寺〕
　愛知県東加茂郡下山村　《本尊》阿弥陀如来　　　　　　　　　　　　　　〔真宗大谷派〕

15 等澍院　とうじゅいん〔寺〕
　北海道様似郡様似町　《本尊》薬師如来・不動明王　　　　　　　　　　　〔天台宗〕

【筒】
4 筒井のおやくしさん《称》　つついのおやくしさん〔寺〕
　兵庫県三原郡南淡町・薬王寺　《本尊》薬師如来　　　　　　　　　　　〔高野山真言宗〕
9 筒城八幡《称》　つつきはちまん〔社〕
　長崎県壱岐市・白沙八幡神社　《祭神》応神天皇〔他〕　　　　　　　　〔神社本庁〕

【筏】
0 筏の仙人さま《称》　いかだのせんにんさま〔社〕
　秋田県平鹿郡山内村・筏隊山神社　《祭神》少名毘古那神〔他〕　　　　〔神社本庁〕
2 筏八幡宮　いかだはちまんぐう〔社〕
　山口県大島郡東和町　《祭神》応神天皇〔他〕　　　　　　　　　　　　〔神社本庁〕
12 筏隊山神社　ばったいさんじんじゃ〔社〕
　秋田県平鹿郡山内村　《別称》筏の仙人さま　《祭神》少名毘古那神〔他〕　　〔神社本庁〕

【粟】
0 粟ケ岳《称》　あわがたけ〔社〕
　静岡県掛川市・阿波波神社　《祭神》阿波比売命　　　　　　　　　　　〔神社本庁〕
4 粟井神社　あわいじんじゃ〔社〕
　香川県観音寺市　《別称》刈田大明神　《祭神》天太玉命　　　　　　　〔神社本庁〕
5 粟生寺　しょくしょうじ〔寺〕
　福井県今立郡今立町　《別称》あわふでら　《本尊》阿弥陀如来　〔天台真盛宗〕
　粟生聖天《称》　あおうしょうてん〔寺〕
　高知県長岡郡大豊町・定福寺　《本尊》阿弥陀如来　　　　　　　　　　〔真言宗智山派〕
　粟田口八大王子社《称》　あわたぐちはちだいおうじしゃ〔社〕
　京都府京都市東山区・粟田神社　《祭神》建速素盞嗚尊〔他〕　　　　　〔神社本教〕
　粟田口御所《称》　あわだぐちごしょ〔寺〕
　京都府京都市東山区・青蓮院　《本尊》阿弥陀如来　　　　　　　　　　〔天台宗〕
　粟田天王宮《称》　あわたてんのうぐう〔社〕
　京都府京都市東山区・粟田神社　《祭神》建速素盞嗚尊〔他〕　　　　　〔神社本教〕

608　神社・寺院名よみかた辞典

12画（粥, 結, 統, 舒, 葦, 葛）

粟田神社　あわたじんじゃ〔社〕
　京都府京都市東山区　《別称》粟田天王宮・粟田口八大王子社　《祭神》建速素盞嗚尊［他］　　　　　　　　〔神社本教〕
10粟島神社　あわしまじんじゃ〔社〕
　群馬県邑楽郡明和町　《祭神》少彦名命
　　　　　　　　　　　　　　　〔神社本庁〕
粟島神社　あわしまじんじゃ〔社〕
　大分県宇佐市　《別称》権現社　《祭神》少彦名命［他］　　　　　　〔神社本庁〕
11粟野名神社　あわのみょうじんじゃ〔社〕
　宮崎県延岡市　《別称》幣太さん　《祭神》太玉命［他］　　　　　　〔神社本庁〕
粟野神社　あわのじんじゃ〔社〕
　宮崎県東諸県郡高岡町　《祭神》大己貴尊［他］
　　　　　　　　　　　　　　　〔神社本庁〕
粟鹿明神《称》あわがみょうじん〔社〕
　兵庫県朝来郡山東町・粟鹿神社　《祭神》日子坐王　　　　　　　　〔神社本庁〕
粟鹿神社　あわがじんじゃ〔社〕
　兵庫県朝来郡山東町　《別称》粟鹿明神　《祭神》日子坐王　　　　　〔神社本庁〕
14粟嶋神社　あわしまじんじゃ〔社〕
　鳥取県米子市　《祭神》少彦名命　〔神社本庁〕
粟嶋神社　あわしまじんじゃ〔社〕
　大分県南海部郡米水津村　《祭神》大名持命［他］　　　　　　　　〔神社本庁〕

【粥】

7粥見神社　かゆみじんじゃ〔社〕
　三重県飯南郡飯南町　《祭神》建速須佐之男命［他］　　　　　　〔神社本庁〕

【結】

6結成寺　けつじょうじ〔寺〕
　静岡県静岡市　《本尊》延命地蔵菩薩
　　　　　　　　　　　　〔臨済宗妙心寺派〕
9結城神社　ゆうきじんじゃ〔社〕
　三重県津市　《祭神》結城宗広［他］
　　　　　　　　　　　　　　　〔神社本庁〕
15結縁寺　けちえんじ〔寺〕
　千葉県印西市　《本尊》不動明王
　　　　　　　　　　　　　〔真言宗豊山派〕

【統】

13統摂寺　とうしょうじ〔寺〕
　岐阜県海津郡海津町　《本尊》阿弥陀如来
　　　　　　　　　　　　　〔真宗大谷派〕

【舒】

8舒林寺　じょりんじ〔寺〕
　群馬県沼田市　《本尊》釈迦如来　〔曹洞宗〕

【葦】

7葦男大明神《称》あしおだいみょうじん〔社〕
　鳥取県八頭郡用瀬町・犬山神社　《祭神》国常立尊［他］　　　　　　〔神社本庁〕
10葦原神社　あしはらじんじゃ〔社〕
　鳥取県東伯郡赤碕町　《別称》新宮さん　《祭神》伊弉諾尊［他］　　〔神社本庁〕

【葛】

4葛井寺　ふじいでら〔寺〕
　大阪府藤井寺市　《別称》剛琳寺・藤井寺・西国第五番霊場　《本尊》十一面千手千眼観世音菩薩　　　　〔真言宗御室派〕
葛木二上神社　かつらぎふたかみじんじゃ〔社〕
　奈良県北葛城郡當麻町　《別称》二上権現　《祭神》豊布都魂神［他］　〔神社本庁〕
葛木坐火雷神社　かつらぎにいますほのいかずちじんじゃ〔社〕
　奈良県北葛城郡新庄町　《別称》笛吹神社　《祭神》火雷大神［他］　〔神社本庁〕
葛木男神社　かつらきおじんじゃ〔社〕
　高知県高知市　《別称》高結さま　《祭神》高皇産霊神［他］　　　〔神社本庁〕
葛木御歳神社　かつらぎみとしじんじゃ〔社〕
　奈良県御所市　《祭神》大年神［他］
　　　　　　　　　　　　　　　〔神社本庁〕
6葛西神社　かさいじんじゃ〔社〕
　東京都葛飾区　《祭神》経津主命［他］
　　　　　　　　　　　　　　　〔神社本庁〕
7葛見神社　くずみじんじゃ〔社〕
　静岡県伊東市　《祭神》葛見神［他］
　　　　　　　　　　　　　　　〔神社本庁〕
9葛城一言主神社　かつらぎひとことぬしじんじゃ〔社〕
　奈良県御所市　《別称》いちこんじ　《祭神》事代主命［他］　　　　〔神社本庁〕
葛城神社　かつらぎじんじゃ〔社〕
　京都府船井郡丹波町　《祭神》一言主神
　　　　　　　　　　　　　　　〔神社本庁〕
葛城神社　かつらぎじんじゃ〔社〕
　福岡県築上郡椎田町　《別称》妙見宮　《祭神》高皇産霊神［他］　　〔神社本庁〕

神社・寺院名よみかた辞典　*609*

12画（萱, 萩, 葺, 葉, 落, 葭, 蛭, 蛟, 蛯, 補）

10 葛原八幡神社　くずはらはちまんじんじゃ〔社〕
　　福岡県北九州市小倉南区　《祭神》息長帯姫命［他］　〔神社本庁〕
　　葛原岡神社　くずはらがおかじんじゃ〔社〕
　　神奈川県鎌倉市　《祭神》日野俊基　〔単立〕
13 葛飾八幡宮　かつしかはちまんぐう〔社〕
　　千葉県市川市　《祭神》誉田別命［他］　〔神社本庁〕

【萱】
9 萱津神社　かやずじんじゃ〔社〕
　　愛知県海部郡甚目寺町　《別称》阿波手の杜　《祭神》鹿屋野比売神　〔神社本庁〕
10 萱振御坊《称》　かやふりごぼう〔寺〕
　　大阪府八尾市・恵光寺　《本尊》阿弥陀如来　〔浄土真宗本願寺派〕

【萩】
4 萩天満宮《称》　はぎてんまんぐう〔社〕
　　山口県萩市・金谷神社　《祭神》菅原道真
　　萩日吉神社　はぎひえじんじゃ〔社〕
　　埼玉県比企郡都幾川村　《祭神》大山咋命［他］　〔神社本庁〕
8 萩岡神社　はぎおかじんじゃ〔社〕
　　愛媛県新居浜市　《別称》竹嶋さん　《祭神》倉稲魂命［他］　〔神社本庁〕
10 萩原寺　はぎわらじ〔寺〕
　　香川県三豊郡大野原町　《別称》萩寺地蔵院・別格本山　《本尊》火伏地蔵菩薩　〔真言宗大覚寺派〕

【葺】
5 葺田宮《称》　ふきたぐう〔社〕
　　香川県小豆郡内海町福田・八幡神社　《祭神》品陀和気命［他］　〔神社本庁〕

【葉】
3 葉山神社　はやまじんじゃ〔社〕
　　宮城県桃生郡雄勝町　《別称》薬師さま　《祭神》少彦名神　〔神社本庁〕
　　葉山神社　はやまじんじゃ〔社〕
　　山形県長井市　《祭神》保食神　〔神社本庁〕

【落】
5 落立神社　おちだちじんじゃ〔社〕
　　宮崎県西臼杵郡高千穂町　《祭神》伊邪那美命　〔神社本庁〕

【葭】
10 葭島神社　よしじまじんじゃ〔社〕
　　石川県小松市　《祭神》倉稲魂神［他］　〔神社本庁〕

【蛭】
3 蛭子神社　ひるこじんじゃ〔社〕
　　兵庫県神戸市兵庫区　《別称》柳原のえびすさん　《祭神》蛭子命　〔神社本庁〕
　　蛭子神社　ひるこじんじゃ〔社〕
　　徳島県那賀郡鷲敷町　《別称》おいべつさん　《祭神》天照大神［他］　〔神社本庁〕
7 蛭児神社　ひるこじんじゃ〔社〕
　　京都府京丹後市　《別称》日間宮　《祭神》火遠理命［他］　〔神社本庁〕

【蛟】
14 蛟蝄神社　みずちじんじゃ〔社〕
　　茨城県北相馬郡利根町　《別称》文間明神　《祭神》埴山比売命［他］　〔神社本庁〕

【蛯】
7 蛯沢稲荷神社《称》　えびさわいなりじんじゃ〔社〕
　　福島県相馬郡小高町・稲荷神社　《祭神》倉稲魂神　〔神社本庁〕

【補】
8 補岩寺　ほがんじ〔寺〕
　　鳥取県境港市　《本尊》聖観世音菩薩　〔曹洞宗〕
　　補陀寺　ふだじ〔寺〕
　　秋田県秋田市　《本尊》観世音菩薩　〔曹洞宗〕
　　補陀寺　ほだじ〔寺〕
　　群馬県碓氷郡松井田町　《本尊》釈迦如来・准胝観世音菩薩　〔曹洞宗〕
　　補陀寺　ほだじ〔寺〕
　　愛知県蒲郡市　《本尊》釈迦如来・馬頭観世音菩薩　〔曹洞宗〕
　　補陀洛山寺　ふだらくさんじ〔寺〕
　　和歌山県東牟婁郡那智勝浦町　《別称》補陀洛寺　《本尊》十一面千手観世音菩薩　〔天台宗〕
　　補陀洛寺　ふだらくじ〔寺〕
　　神奈川県鎌倉市　《本尊》十一面観世音菩薩　〔真言宗大覚寺派〕
　　補陀洛寺　ふだらくじ〔寺〕
　　愛媛県西条市　《本尊》十一面観世音菩薩　〔真言宗御室派〕

【覚】

2 覚了寺　かくりょうじ〔寺〕
　大阪府守口市　《本尊》阿弥陀如来
　　　　　　　　　　　　〔真宗大谷派〕

　覚了寺　かくりょうじ〔寺〕
　福岡県大川市　《本尊》阿弥陀如来
　　　　　　　　　　　　〔真宗大谷派〕

4 覚円寺　かくえんじ〔寺〕
　愛知県名古屋市中村区　《本尊》阿弥陀如来
　　　　　　　　　　　　〔真宗大谷派〕

　覚天寺　かくてんじ〔寺〕
　山口県小野田市　《本尊》薬師如来　〔曹洞宗〕

　覚王寺　かくおうじ〔寺〕
　千葉県船橋市　《本尊》大日如来・十一面観世音菩薩　　　　　〔真言宗豊山派〕

　覚王寺　かくおうじ〔寺〕
　千葉県柏市　《本尊》大日如来・弥勒菩薩
　　　　　　　　　　　　〔真言宗豊山派〕

　覚王寺　かくおうじ〔寺〕
　兵庫県津名郡津名町　《別称》あかんどの大日さん　《本尊》五智如来・愛染明王・歓喜天・不動明王・弘法大師　〔高野山真言宗〕

　覚王寺　かくおうじ〔寺〕
　奈良県天理市　《本尊》阿弥陀如来
　　　　　　　　　　　〔浄土真宗本願寺派〕

5 覚正寺　かくしょうじ〔寺〕
　富山県新湊市　《本尊》阿弥陀如来
　　　　　　　　　　　　〔真宗大谷派〕

　覚正寺　かくしょうじ〔寺〕
　福岡県中間市　《本尊》阿弥陀如来
　　　　　　　　　　　〔浄土真宗本願寺派〕

　覚永寺　かくえいじ〔寺〕
　宮城県白石市　《本尊》阿弥陀如来
　　　　　　　　　　　〔浄土真宗本願寺派〕

　覚永寺　かくえいじ〔寺〕
　福井県丹生郡清水町　《本尊》阿弥陀如来
　　　　　　　　　　　〔浄土真宗本願寺派〕

　覚永寺　かくえいじ〔寺〕
　島根県浜田市　《本尊》阿弥陀如来
　　　　　　　　　　　〔浄土真宗本願寺派〕

6 覚伝寺　かくでんじ〔寺〕
　滋賀県高島郡新旭町　《本尊》釈迦如来
　　　　　　　　　　　　〔曹洞宗〕

　覚成寺　かくじょうじ〔寺〕
　福井県遠敷郡上中町　《別称》かみの寺　《本尊》阿弥陀如来　　〔浄土真宗本願寺派〕

　覚成寺　かくじょうじ〔寺〕
　愛知県春日井市　《別称》覚正寺　《本尊》阿弥陀如来　　　　　〔真宗大谷派〕

7 覚応寺　かくおうじ〔寺〕
　京都府綾部市　《本尊》釈迦如来・迦葉尊者・阿難尊者　　　　〔臨済宗妙心寺派〕

　覚応寺　かくおうじ〔寺〕
　大阪府堺市　《本尊》阿弥陀如来
　　　　　　　　　　　〔浄土真宗本願寺派〕

　覚応寺　かくおうじ〔寺〕
　鳥取県鳥取市　《本尊》阿弥陀如来
　　　　　　　　　　　　〔真宗大谷派〕

　覚良寺　かくりょうじ〔寺〕
　北海道江別市　《本尊》弘法大師
　　　　　　　　　　　　〔高野山真言宗〕

8 覚岸寺　かくがんじ〔寺〕
　愛知県名古屋市西区　《本尊》阿弥陀如来
　　　　　　　　　　　　〔真宗大谷派〕

　覚性寺　かくしょうじ〔寺〕
　埼玉県東松山市　《本尊》薬師如来・阿弥陀如来　　　　　　〔真言宗智山派〕

　覚念寺　かくねんじ〔寺〕
　北海道夕張郡栗山町　《別称》学田の寺　《本尊》阿弥陀如来　　〔真宗大谷派〕

　覚念寺　かくねんじ〔寺〕
　茨城県日立市　〔真宗高田派〕

　覚林寺　かくりんじ〔寺〕
　東京都港区　《別称》白金の清正公　《本尊》十界大曼荼羅　〔日蓮宗〕

　覚林寺　かくりんじ〔寺〕
　京都府京都市下京区　《別称》魚山寺　《本尊》阿弥陀如来　〔浄土真宗本願寺派〕

　覚林坊　かくりんぼう〔寺〕
　山梨県南巨摩郡身延町　《別称》日朝様の寺　《本尊》十界大曼荼羅　〔日蓮宗〕

　覚林院　かくりんいん〔寺〕
　静岡県三島市　《別称》桜丘　《本尊》一塔両尊　　　　　　〔日蓮宗〕

　覚苑寺　かくおんじ〔寺〕
　山口県下関市　《本尊》釈迦如来　〔黄檗宗〕

9 覚城院　かくじょういん〔寺〕
　香川県三豊郡仁尾町・不動護国寺　《本尊》千手観音菩薩　〔真言宗御室派〕

　覚栄寺　かくえいじ〔寺〕
　神奈川県横須賀市　《本尊》阿弥陀如来
　　　　　　　　　　　　〔浄土宗〕

10 覚竜寺　かくりゅうじ〔寺〕
　石川県羽咋郡志賀町　《本尊》阿弥陀如来
　　　　　　　　　　　　〔真宗大谷派〕

　覚翁寺　かくおうじ〔寺〕
　千葉県勝浦市　《別称》茶水寺　《本尊》阿弥陀如来　　　　〔浄土宗〕

12画（証, 象, 賀）

覚通寺　かくつうじ〔寺〕
　三重県いなべ市　《本尊》阿弥陀如来
　　　　　　　　　　　　　　〔真宗大谷派〕
12覚勝寺　かくようじ〔寺〕
　三重県いなべ市　《本尊》阿弥陀如来
　　　　　　　　　　　　　　〔真宗大谷派〕
覚勝寺　かくしょうじ〔寺〕
　大分県大分郡庄内町　〔臨済宗妙心寺派〕
覚勝院　かくしょういん〔寺〕
　京都府京都市右京区　《本尊》十一面観世音
　菩薩　　　　　　　　　　〔真言宗大覚寺派〕
覚善寺　かくぜんじ〔寺〕
　広島県三次市　《本尊》阿弥陀如来
　　　　　　　　　　　　　〔浄土真宗本願寺派〕
覚証寺　かくしょうじ〔寺〕
　東京都品川区　《本尊》阿弥陀如来
　　　　　　　　　　　　　　〔真宗高田派〕
覚雲寺　かくうんじ〔寺〕
　大分県速見郡日出町　《本尊》十一面観世音
　菩薩・不動明王・毘沙門天・釈迦如来・阿
　弥陀如来　　　　　　　　　　　〔曹洞宗〕
13覚園寺　かくおんじ〔寺〕
　神奈川県鎌倉市　《別称》黒地蔵　《本尊》薬
　師如来　　　　　　　　　〔真言宗泉涌寺派〕
覚照寺　かくしょうじ〔寺〕
　富山県氷見市　《別称》指崎の寺　《本尊》阿
　弥陀如来　　　　　　　　　〔真宗大谷派〕
覚照寺　かくしょうじ〔寺〕
　石川県鳳至郡能都町　《本尊》阿弥陀如来
　　　　　　　　　　　　　　〔真宗大谷派〕
覚照寺　かくしょうじ〔寺〕
　愛知県岡崎市　《別称》羽根のお寺　《本尊》
　阿弥陀如来　　　　　　　　〔真宗大谷派〕
覚照寺　かくしょうじ〔寺〕
　鹿児島県曽於郡大隅町　《本尊》阿弥陀如
　来　　　　　　　　　　　〔浄土真宗本願寺派〕
15覚範寺　かくはんじ〔寺〕
　宮城県仙台市青葉区　《本尊》聖観世音菩
　薩　　　　　　　　　　　〔臨済宗妙心寺派〕
16覚樹院　かくじゅいん〔寺〕
　和歌山県和歌山市　《本尊》弘法大師
　　　　　　　　　　　　　　〔高野山真言宗〕
覚融寺　かくゆうじ〔寺〕
　島根県仁多郡仁多町　《本尊》釈迦如来・阿
　弥陀三尊　　　　　　　　〔臨済宗妙心寺派〕
19覚願寺　かくがんじ〔寺〕
　東京都世田谷区　《本尊》大日如来
　　　　　　　　　　　　　　〔真言宗智山派〕

【証】

4証円寺　しょうえんじ〔寺〕
　三重県四日市市　《本尊》阿弥陀如来
　　　　　　　　　　　　　〔浄土真宗本願寺派〕
8証明寺　しょうみょうじ〔寺〕
　岩手県盛岡市　《本尊》阿弥陀如来
　　　　　　　　　　　　　　〔真宗大谷派〕
証法寺　しょうほうじ〔寺〕
　北海道空知郡上砂川町　《本尊》阿弥陀如
　来　　　　　　　　　　　〔浄土真宗本願寺派〕
11証菩提寺　しょうぼだいじ〔寺〕
　神奈川県横浜市栄区　《本尊》阿弥陀如来
　　　　　　　　　　　　　　〔高野山真言宗〕
13証誠寺　しょうじょうじ〔寺〕
　山形県東置賜郡川西町　《本尊》胎蔵界大日
　如来　　　　　　　　　　　〔真言宗豊山派〕
証誠寺　しょうじょうじ〔寺〕
　千葉県木更津市　《別称》狸寺　《本尊》阿弥
　陀如来　　　　　　　　　〔浄土真宗本願寺派〕
証誠寺　しょうじょうじ〔寺〕
　東京都港区　《本尊》阿弥陀如来
　　　　　　　　　　　　　〔浄土真宗本願寺派〕
証誠寺　しょうじょうじ〔寺〕
　福井県鯖江市　《別称》横越本山　《本尊》阿
　弥陀如来　　　　　　　　　〔真宗山元派〕
証誠神社　しょうせいじんじゃ〔社〕
　兵庫県神戸市須磨区　《別称》権現さん　《祭
　神》五十猛命［他］　　　　　　〔神社本庁〕
19証願寺　しょうがんじ〔寺〕
　東京都葛飾区　《本尊》阿弥陀如来
　　　　　　　　　　　　　　〔真宗大谷派〕

【象】

3象山神社　ぞうざんじんじゃ〔社〕
　長野県長野市　《祭神》佐久間象山
　　　　　　　　　　　　　　〔神社本庁〕

【賀】

3賀久留神社　かくるじんじゃ〔社〕
　静岡県浜松市　《別称》八幡宮　《祭神》闇御
　津羽神［他］　　　　　　　　〔神社本庁〕
6賀多神社　かたじんじゃ〔社〕
　三重県鳥羽市　《祭神》五男三女神［他］
　　　　　　　　　　　　　　〔神社本庁〕
7賀来神社　かくじんじゃ〔社〕
　大分県大分市　《別称》善神王宮　《祭神》建
　磐竜命［他］　　　　　　　　〔神社本庁〕
8賀茂大宮　かもおおみや〔社〕
　石川県かほく市　《別称》大宮さん　《祭神》
　賀茂別雷神［他］　　　　　　〔神社本庁〕

12画（賀）

賀茂小鋭神社　かもおとじんじゃ〔社〕
　宮城県桃生郡河北町　《祭神》小田神［他］
　　　　　　　　　　　　　　　〔神社本庁〕
賀茂地神社　かもじんじゃ〔社〕
　鳥取県八頭郡佐治村　《祭神》別雷神［他］
　　　　　　　　　　　　　　　〔神社本庁〕
賀茂別雷神社　かもわけいかずちじんじゃ
〔社〕
　栃木県安蘇郡田沼町　《別称》雷電さま　《祭
　神》賀茂別雷命［他］　　　　〔神社本庁〕
賀茂別雷神社　かもわけいかずちじんじゃ
〔社〕
　京都府京都市北区　《別称》上賀茂神社　《祭
　神》賀茂別雷神　　　　　　　〔神社本庁〕
賀茂社　《称》　かもしゃ〔社〕
　広島県竹原市・賀茂神社　《祭神》賀茂別雷
　神［他］　　　　　　　　　　〔神社本庁〕
賀茂神社　かもじんじゃ〔社〕
　宮城県仙台市泉区　《別称》籾の社　《祭神》
　別雷神［他］　　　　　　　　〔神社本庁〕
賀茂神社　かもじんじゃ〔社〕
　秋田県河辺郡河辺町　《祭神》雷大神［他］
　　　　　　　　　　　　　　　〔神社本庁〕
賀茂神社　かもじんじゃ〔社〕
　群馬県桐生市　《祭神》賀茂別雷神［他］
　　　　　　　　　　　　　　　〔神社本庁〕
賀茂神社　かもじんじゃ〔社〕
　群馬県太田市　《別称》賀茂様　《祭神》別雷
　神　　　　　　　　　　　　　〔神社本庁〕
賀茂神社　かもじんじゃ〔社〕
　福井県丹生郡清水町　《祭神》別雷神［他］
　　　　　　　　　　　　　　　〔神社本庁〕
賀茂神社　かもじんじゃ〔社〕
　山梨県東山梨郡春日居町　　　〔神社本庁〕
賀茂神社　かもじんじゃ〔社〕
　長野県岡谷市　《別称》小井川賀茂神社　《祭
　神》別雷大神［他］　　　　　〔神社本庁〕
賀茂神社　かもじんじゃ〔社〕
　静岡県浜松市　《祭神》鴨建角身命［他］
　　　　　　　　　　　　　　　〔神社本庁〕
賀茂神社　かもじんじゃ〔社〕
　静岡県袋井市　《祭神》別雷神　〔神社本庁〕
賀茂神社　かもじんじゃ〔社〕
　愛知県豊橋市　《別称》大幡様　《祭神》賀茂
　別雷命［他］　　　　　　　　〔神社本庁〕
賀茂神社　かもじんじゃ〔社〕
　愛知県葉栗郡木曽川町　《祭神》賀茂別雷命
　［他］　　　　　　　　　　　〔神社本庁〕
賀茂神社　かもじんじゃ〔社〕
　滋賀県近江八幡市　《祭神》別雷神［他］
　　　　　　　　　　　　　　　〔神社本庁〕

賀茂神社　かもじんじゃ〔社〕
　京都府城陽市　《祭神》玉依姫命［他］
　　　　　　　　　　　　　　　〔神社本庁〕
賀茂神社　かもじんじゃ〔社〕
　兵庫県洲本市　《祭神》賀茂別雷命
　　　　　　　　　　　　　　　〔神社本庁〕
賀茂神社　かもじんじゃ〔社〕
　兵庫県揖保郡御津町　《別称》室明神　《祭
　神》賀茂別雷命［他］　　　　〔神社本庁〕
賀茂神社　かもじんじゃ〔社〕
　兵庫県津名郡津名町　《別称》白髭さん　《祭
　神》賀茂別雷大神［他］　　　〔神社本庁〕
賀茂神社　かもじんじゃ〔社〕
　鳥取県米子市　　　　　　　　〔神社本庁〕
賀茂神社　かもじんじゃ〔社〕
　鳥取県倉吉市　《祭神》賀茂別雷神
　　　　　　　　　　　　　　　〔神社本庁〕
賀茂神社　かもじんじゃ〔社〕
　鳥取県八頭郡郡家町　《祭神》瓊瓊杵尊［他］
　　　　　　　　　　　　　　　〔神社本庁〕
賀茂神社　かもじんじゃ〔社〕
　鳥取県東伯郡三朝町　《祭神》阿遅鉏高日子
　根神［他］　　　　　　　　　〔神社本庁〕
賀茂神社　かもじんじゃ〔社〕
　鳥取県西伯郡西伯町　《別称》新庄の宮　《祭
　神》別雷命［他］　　　　　　〔神社本庁〕
賀茂神社　かもじんじゃ〔社〕
　鳥取県西伯郡会見町　《祭神》阿遅鉏高彦根
　神［他］　　　　　　　　　　〔神社本庁〕
賀茂神社　かもじんじゃ〔社〕
　島根県安来市　《祭神》玉依姫命［他］
　　　　　　　　　　　　　　　〔神社本庁〕
賀茂神社　かもじんじゃ〔社〕
　島根県邑智郡羽須美村　《祭神》賀茂別雷
　神　　　　　　　　　　　　　〔神社本庁〕
賀茂神社　かもじんじゃ〔社〕
　島根県邑智郡石見町　《祭神》賀茂別雷命
　　　　　　　　　　　　　　　〔神社本庁〕
賀茂神社　かもじんじゃ〔社〕
　広島県竹原市　《別称》賀茂社　《祭神》賀茂
　別雷神［他］　　　　　　　　〔神社本庁〕
賀茂神社　かもじんじゃ〔社〕
　広島県福山市　《祭神》別雷命［他］
　　　　　　　　　　　　　　　〔神社本庁〕
賀茂神社　かもじんじゃ〔社〕
　山口県柳井市　《祭神》玉依姫命［他］
　　　　　　　　　　　　　　　〔神社本庁〕
賀茂神社　かもじんじゃ〔社〕
　徳島県阿波郡阿波町　《祭神》瓊瓊杵尊［他］
　　　　　　　　　　　　　　　〔神社本庁〕

12画（貴, 越）

賀茂神社　かもじんじゃ〔社〕
　香川県三豊郡仁尾町　《別称》仁尾の明神
　《祭神》賀茂別雷神　　　　〔神社本庁〕
賀茂神社　かもじんじゃ〔社〕
　高知県須崎市上分　《別称》上分の賀茂さま
　《祭神》賀茂建角身命［他］　〔神社本庁〕
賀茂神社　かもじんじゃ〔社〕
　高知県須崎市多ノ郷　《祭神》別雷神
　　　　　　　　　　　　　　〔神社本庁〕
賀茂神社　かもじんじゃ〔社〕
　佐賀県東松浦郡七山村　《祭神》健角見命［他］
　　　　　　　　　　　　　　〔神社本庁〕
賀茂御祖神社　かもみおやじんじゃ〔社〕
　京都府京都市左京区　《別称》下鴨神社　《祭神》玉依姫命［他］　〔神社本庁〕
賀茂様《称》　　かもさま〔社〕
　群馬県太田市・賀茂神社　《祭神》別雷神
　　　　　　　　　　　　　　〔神社本庁〕
11賀野神社　かやじんじゃ〔社〕
　兵庫県飾磨郡夢前町　《別称》賀野権現　《祭神》伊邪那岐命［他］　〔神社本庁〕
賀野権現《称》　　かやごんげん〔社〕
　兵庫県飾磨郡夢前町・賀野神社　《祭神》伊邪那岐命［他］　〔神社本庁〕
19賀蘇山神社　かそやまじんじゃ〔社〕
　栃木県上都賀郡粟野町　《別称》おざくさん
　《祭神》天照皇大御神［他］　〔神社本庁〕
20賀露神社　かろじんじゃ〔社〕
　鳥取県鳥取市　《祭神》大山祇命［他］
　　　　　　　　　　　　　　〔神社本庁〕

【貴】

5貴布禰神社　きぶねじんじゃ〔社〕
　静岡県浜北市　《祭神》高龗神　〔神社本庁〕
貴布禰神社　きぶねじんじゃ〔社〕
　兵庫県尼崎市　《祭神》高龗神［他］
　　　　　　　　　　　　　　〔神社本庁〕
貴布禰神社　きふねじんじゃ〔社〕
　岡山県久米郡久米町　《別称》狼宮　《祭神》高龗神［他］　〔神社本庁〕
11貴船神社　きぶねじんじゃ〔社〕
　山形県東田川郡羽黒町　《祭神》高龗命［他］
　　　　　　　　　　　　　　〔神社本庁〕
貴船神社　きふねじんじゃ〔社〕
　千葉県夷隅郡大多喜町　《祭神》高龗神
　　　　　　　　　　　　　　〔神社本庁〕
貴船神社　きふねじんじゃ〔社〕
　千葉県安房郡天津小湊町　《祭神》高龗神命［他］　　　　　　　　　〔神社本庁〕
貴船神社　きふねじんじゃ〔社〕
　東京都大田区　《祭神》高龗神　〔神社本庁〕

貴船神社　きぶねじんじゃ〔社〕
　神奈川県足柄下郡真鶴町　《祭神》大国主神
　［他］　　　　　　　　　　　〔神社本庁〕
貴船神社　きぶねじんじゃ〔社〕
　岐阜県関市　《祭神》美都波売之神［他］
　　　　　　　　　　　　　　〔神社本庁〕
貴船神社　きふねじんじゃ〔社〕
　岐阜県羽島市　《祭神》水波能女神
　　　　　　　　　　　　　　〔神社本庁〕
貴船神社　きぶねじんじゃ〔社〕
　岐阜県可児郡兼山町　《祭神》罔象女神
　　　　　　　　　　　　　　〔神社本庁〕
貴船神社　きぶねじんじゃ〔社〕
　静岡県浜松市　《祭神》高龗命［他］
　　　　　　　　　　　　　　〔神社本庁〕
貴船神社　きぶねじんじゃ〔社〕
　静岡県磐田郡竜洋町　《祭神》貴船大神
　　　　　　　　　　　　　　〔神社本庁〕
貴船神社　きぶねじんじゃ〔社〕
　京都府京都市左京区　《祭神》高龗神
　　　　　　　　　　　　　　〔神社本庁〕
貴船神社　きぶねじんじゃ〔社〕
　高知県中村市　《祭神》高龗別雷神［他］
　　　　　　　　　　　　　　〔神社本庁〕
貴船神社　きぶねじんじゃ〔社〕
　高知県香美郡土佐山田町　《祭神》弥都波能売神　　　　　　　　　　〔神社本庁〕
貴船神社　きぶねじんじゃ〔社〕
　福岡県北九州市小倉南区　《祭神》闇淤加美神［他］　　　　　　　　〔神社本庁〕
貴船神社　きぶねじんじゃ〔社〕
　佐賀県武雄市　《祭神》玉依姫命　〔神社本庁〕
貴船神明社　きふねしんめいしゃ〔社〕
　愛知県一宮市　《祭神》闇龗神［他］
　　　　　　　　　　　　　　〔神社本庁〕
14貴徳寺　きとくじ〔寺〕
　福島県河沼郡会津坂下町　《本尊》阿弥陀如来　　　　　　　　　　　〔浄土宗〕

【越】

4越中一の宮《称》　えっちゅういちのみや〔社〕
　富山県東礪波郡井波町・高瀬神社　《祭神》大己貴命［他］　　　　　　〔神社本庁〕
越中白山総社　えっちゅうはくさんそうしゃ〔社〕
　富山県富山市　《別称》中野の宮　《祭神》菊理姫命　　　　　　　　　　〔単立〕

越中桐山八尾御坊《称》　えっちゅうきりやまやつおごぼう〔寺〕
　富山県婦負郡八尾町・聞名寺　《本尊》阿弥陀如来　〔浄土真宗本願寺派〕
8越知神社　おちじんじゃ〔社〕
　福井県丹生郡朝日町　《祭神》伊邪那美神〔他〕
　〔神社本庁〕
11越崇寺　えっそうじ〔寺〕
　愛知県岡崎市　《本尊》阿弥陀如来
　〔臨済宗妙心寺派〕
14越境寺　おっきょうじ〔寺〕
　愛知県知多郡東浦町　《本尊》日蓮聖人奠定の十界曼荼羅　〔顕本法華宗〕

【超】
5超世寺　ちょうせいじ〔寺〕
　和歌山県日高郡南部川村　《本尊》阿弥陀如来　〔西山浄土宗〕
超正寺　ちょうしょうじ〔寺〕
　兵庫県姫路市　《本尊》阿弥陀如来
　〔浄土真宗本願寺派〕
6超光寺　ちょうこうじ〔寺〕
　大阪府豊中市　《別称》那須与一の寺　《本尊》阿弥陀如来　〔浄土真宗本願寺派〕
8超宗寺　ちょうしゅうじ〔寺〕
　岐阜県岐阜市　《本尊》阿弥陀如来
　〔浄土真宗本願寺派〕
9超泉寺　ちょうせんじ〔寺〕
　大阪府大阪市北区　《本尊》阿弥陀如来
　〔浄土宗〕
12超勝寺　ちょうしょうじ〔寺〕
　福井県福井市藤島町37-1　《別称》西超勝寺　《本尊》阿弥陀如来　〔浄土真宗本願寺派〕
超勝寺　ちょうしょうじ〔寺〕
　福井県福井市藤島町47-5　《別称》東超勝寺　《本尊》阿弥陀如来　〔真宗大谷派〕
超勝寺　ちょうしょうじ〔寺〕
　岐阜県岐阜市　《本尊》阿弥陀三尊　〔浄土宗〕
超善寺　ちょうぜんじ〔寺〕
　大阪府大阪市生野区　《本尊》阿弥陀如来
　〔浄土宗〕
14超誓寺　ちょうせいじ〔寺〕
　長野県上田市　《別称》かばたけのお寺　《本尊》阿弥陀如来　〔浄土宗〕
19超願寺　ちょうがんじ〔寺〕
　富山県高岡市　《本尊》阿弥陀如来
　〔真宗大谷派〕
超願寺　ちょうがんじ〔寺〕
　大阪府大阪市天王寺区　《別称》土塔の寺・義太夫の寺　《本尊》阿弥陀如来
　〔浄土真宗本願寺派〕

【軽】
9軽海神社　かるみじんじゃ〔社〕
　岐阜県本巣市　《祭神》武甕槌命〔他〕
　〔神社本庁〕
11軽野神社　かるのじんじゃ〔社〕
　静岡県伊豆市　《祭神》八重事代主ノ命
　〔神社本庁〕
軽野神社　かるのじんじゃ〔社〕
　滋賀県愛知郡秦荘町岩倉　《別称》かたいの大宮　《祭神》袁邪本王〔他〕　〔神社本庁〕
軽野神社　かるのじんじゃ〔社〕
　滋賀県愛知郡秦荘町蚊野　《祭神》袁邪本王〔他〕　〔神社本庁〕

【運】
5運正寺　うんしょうじ〔寺〕
　福井県福井市　《本尊》阿弥陀如来　〔浄土宗〕
6運行寺　うんぎょうじ〔寺〕
　和歌山県那賀郡粉河町　《別称》ゆきむら地蔵　《本尊》阿弥陀如来　〔浄土宗〕
9運信寺　うんしんじ〔寺〕
　富山県西礪波郡福岡町　《本尊》阿弥陀如来　〔真宗大谷派〕
運海寺　うんかいじ〔寺〕
　北海道滝川市　《本尊》阿弥陀如来　〔浄土宗〕
12運善寺　うんぜんじ〔寺〕
　愛知県一宮市　《別称》入信様　《本尊》阿弥陀如来　〔真宗大谷派〕
14運誓寺　うんせいじ〔寺〕
　富山県氷見市　《別称》十二町清水御坊　《本尊》阿弥陀如来　〔真宗大谷派〕

【達】
7達身寺　たっしんじ〔寺〕
　兵庫県氷上郡氷上町　《本尊》阿弥陀如来
　〔曹洞宗〕
16達磨寺　だるまじ〔寺〕
　群馬県高崎市　《別称》少林山　《本尊》北辰鎮宅霊符尊・達磨大師・十一面観世音菩薩
　〔黄檗宗〕
達磨寺《称》　だるまじ〔寺〕
　京都府与謝郡野田川町・福寿寺　《本尊》聖観世音菩薩・日光菩薩・月光菩薩・薬師如来　〔臨済宗妙心寺派〕
達磨寺　だるまじ〔寺〕
　奈良県北葛城郡王寺町　《別称》だるまでら　《本尊》千手観世音菩薩・達磨大師・聖徳太子　〔臨済宗南禅寺派〕

12画（道, 遍）

達磨堂《称》　だるまどう〔寺〕
　京都府八幡市・円福寺　《本尊》釈迦如来・文殊菩薩・普賢菩薩・十六善神
〔臨済宗妙心寺派〕

【道】

5 道弘寺　どうこうじ〔寺〕
　北海道空知郡上砂川町　《本尊》釈迦如来
〔曹洞宗〕

道玄寺　どうげんじ〔寺〕
　東京都中野区　《本尊》聖観世音菩薩
〔真言宗豊山派〕

6 道安菩提寺《称》　どうあんぼだいじ〔寺〕
　奈良県天理市・蔵輪寺　《本尊》延命地蔵菩薩
〔高野山真言宗〕

道成寺　どうじょうじ〔寺〕
　和歌山県日高郡川辺町　《本尊》千手観世音菩薩
〔天台宗〕

7 道住寺　どうじゅうじ〔寺〕
　愛知県豊田市　《本尊》阿弥陀如来
〔真宗大谷派〕

8 道明寺　どうみょうじ〔寺〕
　大阪府藤井寺市　《本尊》十一面観世音菩薩
〔真言宗御室派〕

道明寺　どうみょうじ〔寺〕
　徳島県阿南市　《別称》お不動さん　《本尊》阿弥陀如来・大日如来・十一面観世音菩薩・不動明王
〔高野山真言宗〕

道明寺天満宮　どうみょうじてんまんぐう〔社〕
　大阪府藤井寺市　《祭神》菅原道真[他]
〔神社本庁〕

道林寺　どうりんじ〔寺〕
　山形県鶴岡市　《本尊》日蓮聖人奠定の大曼荼羅
〔法華宗(陣門流)〕

道林寺　どうりんじ〔寺〕
　茨城県つくば市　《別称》赤門寺　《本尊》阿弥陀如来・聖観世音菩薩
〔浄土宗〕

道林寺　どうりんじ〔寺〕
　富山県小矢部市　《本尊》阿弥陀如来
〔真宗大谷派〕

道林寺　どうりんじ〔寺〕
　静岡県浜名郡雄踏町　《本尊》観世音菩薩
〔臨済宗妙心寺派〕

道林寺　どうりんじ〔寺〕
　岡山県御津郡御津町　《別称》妙見様のお寺　《本尊》日蓮聖人奠定の大曼荼羅
〔日蓮宗〕

9 道専寺　どうせんじ〔寺〕
　三重県飯南郡飯南町　《本尊》阿弥陀如来
〔真宗大谷派〕

道後神社　どうごじんじゃ〔社〕
　岐阜県大野郡高根村　《祭神》道後神
〔神社本庁〕

道相神社　どうそうじんじゃ〔社〕
　京都府北桑田郡美山町　《別称》一の宮神社　《祭神》神武天皇[他]
〔神社本庁〕

道神社　みちじんじゃ〔社〕
　富山県新湊市　《祭神》大彦命[他]
〔神社本庁〕

道祖神社《称》　どうそじんしゃ〔社〕
　宮城県名取市・佐倍乃神社　《祭神》猿田彦大神[他]
〔神社本庁〕

11 道教寺　どうきょうじ〔寺〕
　大阪府貝塚市　《本尊》阿弥陀如来
〔真宗大谷派〕

道隆寺　どうりゅうじ〔寺〕
　香川県仲多度郡多度津町　《別称》明王院・四国第七七番霊場　《本尊》薬師如来
〔真言宗醍醐派〕

12 道善寺　どうぜんじ〔寺〕
　埼玉県北葛飾郡庄和町　《本尊》阿弥陀如来
〔真言宗智山派〕

道場寺　どうじょうじ〔寺〕
　東京都練馬区　《本尊》釈迦如来　〔曹洞宗〕

道場院　どうじょういん〔寺〕
　神奈川県小田原市　《本尊》阿弥陀如来
〔浄土宗〕

道証寺　どうしょうじ〔寺〕
　広島県福山市　《本尊》阿弥陀如来
〔真宗大谷派〕

15 道澄寺　どうちょうじ〔寺〕
　京都府京都市伏見区　《別称》六丁目のお地蔵さん　《本尊》阿弥陀如来
〔浄土宗西山深草派〕

16 道樹寺　どうじゅじ〔寺〕
　岐阜県美濃市　〔臨済宗妙心寺派〕

【遍】

6 遍光寺　へんこうじ〔寺〕
　岐阜県揖斐郡春日村　《本尊》阿弥陀如来
〔真宗大谷派〕

8 遍性寺　へんしょうじ〔寺〕
　埼玉県行田市　《本尊》大日如来
〔真言宗智山派〕

遍明院　へんみょういん〔寺〕
　和歌山県伊都郡高野町　〔高野山真言宗〕

遍明院　へんみょういん〔寺〕
　岡山県邑久郡牛窓町　《本尊》五智如来
〔高野山真言宗〕

11遍崇寺　へんそうじ〔寺〕
　　三重県員弁郡東員町　《本尊》阿弥陀如来
　　　　　　　　　　　　　　　　　〔真宗大谷派〕
12遍智院　へんちいん〔寺〕
　　千葉県館山市　《別称》小塚大師　《本尊》弘
　　法大師・地蔵菩薩　　　　〔真言宗智山派〕
　遍満寺　へんまんじ〔寺〕
　　大阪府大阪市西淀川区　《本尊》阿弥陀如
　　来　　　　　　　　　　　〔真宗大谷派〕
13遍照光院　へんじょうこういん〔寺〕
　　和歌山県伊都郡高野町　《本尊》不動明王・多
　　聞天・持国天　　　　　　　〔高野山真言宗〕
　遍照寺　へんじょうじ〔寺〕
　　山形県長井市　《別称》奥の高野　《本尊》大
　　日如来　　　　　　　　　〔真言宗豊山派〕
　遍照寺　へんじょうじ〔寺〕
　　福島県いわき市　《本尊》大日如来・阿弥陀
　　如来　　　　　　　　　　〔真言宗智山派〕
　遍照寺　へんじょうじ〔寺〕
　　千葉県四街道市　《別称》高野山　《本尊》弘
　　法大師　　　　　　　　　　〔高野山真言宗〕
　遍照寺　へんじょうじ〔寺〕
　　東京都板橋区　《別称》仲ране不動尊　《本尊》
　　不動明王・修行大師　　　　〔真言宗智山派〕
　遍照寺　へんじょうじ〔寺〕
　　神奈川県横浜市保土ヶ谷区　《本尊》薬師如
　　来　　　　　　　　　　　　　　〔単立〕
　遍照寺　へんじょうじ〔寺〕
　　滋賀県近江八幡市　《別称》八木の灸寺　《本
　　尊》阿弥陀如来・親鸞聖人　〔真宗大谷派〕
　遍照寺　へんじょうじ〔寺〕
　　滋賀県草津市　《別称》お大師さん　《本尊》
　　弘法大師・宇宙大王　　〔真言宗泉涌寺派〕
　遍照寺　へんじょうじ〔寺〕
　　京都府京都市右京区　《本尊》十一面観世音
　　菩薩　　　　　　　　　　〔真言宗御室派〕
　遍照寺　へんじょうじ〔寺〕
　　兵庫県明石市　《別称》長坂寺の太子さん
　　《本尊》阿弥陀如来　　　　　　〔浄土宗〕
　遍照寺　へんじょうじ〔寺〕
　　島根県松江市　《別称》おおぼとけさん　《本
　　尊》十一面観世音菩薩・大日如来
　　　　　　　　　　　　　　　　　〔天台宗〕
　遍照寺　へんじょうじ〔寺〕
　　岡山県真庭郡落合町　《別称》下遍照寺　《本
　　尊》十一面観世音菩薩　　　〔高野山真言宗〕
　遍照寺　へんじょうじ〔寺〕
　　広島県深安郡神辺町　　　　〔高野山真言宗〕
　遍照寺　へんじょうじ〔寺〕
　　愛媛県周桑郡丹原町　《本尊》阿弥陀如来
　　　　　　　　　　　　　　　　　〔浄土宗〕

　遍照寺　へんじょうじ〔寺〕
　　熊本県球磨郡あさぎり町　《別称》免田高野
　　山　《本尊》薬師如来　　　〔真宗大覚寺派〕
　遍照院　へんじょういん〔寺〕
　　栃木県大田原市　《別称》大田原成田山　《本
　　尊》不動明王　　　　　　　〔真言宗智山派〕
　遍照院　へんじょういん〔寺〕
　　埼玉県行田市　《本尊》薬師如来・大日如来
　　　　　　　　　　　　　　　〔真言宗智山派〕
　遍照院　へんじょういん〔寺〕
　　埼玉県上尾市　《別称》かみ寺　《本尊》不動
　　明王　　　　　　　　　　　〔真言宗智山派〕
　遍照院　へんじょういん〔寺〕
　　千葉県野田市　《本尊》不動明王
　　　　　　　　　　　　　　　〔真言宗豊山派〕
　遍照院　へんじょういん〔寺〕
　　千葉県市原市　《本尊》不動明王
　　　　　　　　　　　　　　　〔真言宗豊山派〕
　遍照院　へんじょういん〔寺〕
　　東京都墨田区　《別称》弘法様のお灸の寺
　　《本尊》弘法大師　　　　　〔真言宗智山派〕
　遍照院　へんじょういん〔寺〕
　　東京都葛飾区　《別称》和銅寺　《本尊》不動
　　明王　　　　　　　　　　　〔真言宗豊山派〕
　遍照院　へんじょういん〔寺〕
　　神奈川県横浜市神奈川区　《本尊》不動明
　　王　　　　　　　　　　　　〔高野山真言宗〕
　遍照院　へんじょういん〔寺〕
　　新潟県栃尾市　《別称》わさび谷お寺　《本
　　尊》阿弥陀如来　　　　　　〔真言宗豊山派〕
　遍照院　へんじょういん〔寺〕
　　愛知県碧南市　《別称》三面大黒　《本尊》阿
　　弥陀如来　　　　　　　　　　　〔浄土宗〕
　遍照院　へんじょういん〔寺〕
　　愛知県知立市　《別称》知立の弘法山　《本
　　尊》見返弘法大師　　　　　〔真言宗豊山派〕
　遍照院　へんじょういん〔寺〕
　　岡山県倉敷市　《別称》備中の大寺　《本尊》
　　聖十一面観世音菩薩　　　　〔真言宗御室派〕
　遍照院《称》　へんじょういん〔寺〕
　　香川県坂出市・松浦寺　《本尊》弥勒菩薩・弘
　　法大師　　　　　　　　　　〔真言宗御室派〕
　遍照院　へんじょういん〔寺〕
　　福岡県北九州市若松区　《別称》三松園　《本
　　尊》大日如来　　　　　　　〔高野山真言宗〕
　遍照院　へんじょういん〔寺〕
　　熊本県上天草市　《本尊》三尊仏　〔曹洞宗〕
　遍照尊院　へんじょうそんいん〔寺〕
　　和歌山県伊都郡高野町　《本尊》両界大日如
　　来　　　　　　　　　　　　〔高野山真言宗〕

12画（酢，量，開，閑，隅，随）

【酢】
3 酢川温泉神社　すかわおんせんじんじゃ
〔社〕
　山形県山形市　《別称》湯神様　《祭神》大国主命［他］　〔神社本庁〕

【量】
9 量泉寺　りょうせんじ〔寺〕
　福井県敦賀市　《本尊》阿弥陀如来
〔真宗大谷派〕
12 量覚院　りょうがくいん〔寺〕
　神奈川県小田原市　《別称》秋葉山　《本尊》秋葉大権現・歓喜天　〔修験宗〕
14 量徳寺　りょうとくじ〔寺〕
　北海道小樽市　《本尊》阿弥陀如来
〔真宗大谷派〕
16 量興寺　りょうこうじ〔寺〕
　兵庫県多可郡中町　《本尊》薬師如来
〔高野山真言宗〕

【開】
3 開口神社　あぐちじんじゃ〔社〕
　大阪府堺市　《別称》おおてら　《祭神》塩土老翁大神［他］　〔神社本庁〕
4 開化寺　かいかじ〔寺〕
　三重県上野市　《本尊》阿弥陀如来・十一面観世音菩薩　〔浄土宗〕
　開元院　かいげんいん〔寺〕
　岐阜県瑞浪市　《本尊》聖観世音菩薩
〔曹洞宗〕
6 開成山大神宮　かいせいざんだいじんぐう
〔社〕
　福島県郡山市　《祭神》天照大御神［他］
〔神社本庁〕
8 開法寺　かいほうじ〔寺〕
　北海道根室市　《本尊》釈迦如来　〔曹洞宗〕
9 開栄寺　かいえいじ〔寺〕
　埼玉県日高市　《別称》開墾のお寺　《本尊》阿弥陀如来　〔真宗大谷派〕
12 開善寺　かいぜんじ〔寺〕
　長野県飯田市　《本尊》聖観世音菩薩
〔臨済宗妙心寺派〕
　開善寺　かいぜんじ〔寺〕
　福岡県北九州市小倉南区　《本尊》准胝観音菩薩　〔臨済宗妙心寺派〕
　開善院　かいぜんいん〔寺〕
　岐阜県岐阜市　《本尊》延命地蔵菩薩
〔臨済宗妙心寺派〕

　開雲寺　かいうんじ〔寺〕
　栃木県下都賀郡石橋町　《本尊》阿弥陀如来　〔真言宗智山派〕
13 開蓮寺　かいれんじ〔寺〕
　愛知県稲沢市　《別称》慈雲山　《本尊》聖観世音菩薩　〔真言宗智山派〕
20 開闢寺《称》　かいせんじ〔寺〕
　岐阜県大垣市・東本願寺大垣別院開闢寺
　《本尊》阿弥陀如来　〔真宗大谷派〕
21 開饒神社　ひらとみじんじゃ〔社〕
　鹿児島県大島郡大和村　《祭神》直川智翁
〔神社本庁〕

【閑】
5 閑田院　かんでんいん〔寺〕
　静岡県御前崎市　《別称》盗難よけ地蔵　《本尊》延命地蔵菩薩　〔曹洞宗〕
7 閑谷神社　しずたにじんじゃ〔社〕
　岡山県備前市　《祭神》池田輝政［他］
〔神社本庁〕
8 閑臥庵　かんがあん〔寺〕
　京都府京都市北区　《別称》曙寺　〔黄檗宗〕
9 閑送院　かんそういん〔寺〕
　福島県郡山市　《本尊》不動明王・矜迦羅童子・制多迦童子・延命地蔵菩薩
〔真言宗豊山派〕
11 閑窓寺　かんそうじ〔寺〕
　石川県鹿島郡田鶴浜町　《本尊》阿弥陀如来　〔真宗大谷派〕

【隅】
5 隅田八幡神社　すだはちまんじんじゃ〔社〕
　和歌山県橋本市　《別称》すだ八幡　《祭神》誉田別尊［他］　〔神社本庁〕
　隅田川神社　すみだがわじんじゃ〔社〕
　東京都墨田区　《別称》水神　《祭神》速秋津比古神［他］　〔神社本庁〕

【随】
4 随心院　ずいしんいん〔寺〕
　京都府京都市山科区　《別称》曼荼羅寺御殿・小野門跡　《本尊》如意輪観世音菩薩
〔真言宗〕
　随心院　ずいしんいん〔寺〕
　和歌山県伊都郡高野町　《本尊》薬師如来
〔高野山真言宗〕
7 随応寺　ずいおうじ〔寺〕
　東京都港区　《本尊》阿弥陀如来　〔浄土宗〕

12画（陽，雁）

随応寺　ずいおうじ〔寺〕
　山口県美祢市　《本尊》阿弥陀如来
　　　　　　　　　　　　〔浄土真宗本願寺派〕
随応院　ずいおういん〔寺〕
　愛知県豊田市　《本尊》阿弥陀如来　〔浄土宗〕
9随泉寺　ずいせんじ〔寺〕
　埼玉県川口市　《本尊》阿弥陀如来
　　　　　　　　　　　　　　〔真言宗智山派〕
随泉寺　ずいせんじ〔寺〕
　兵庫県朝来郡和田山町　《本尊》薬師如来
　　　　　　　　　　　　　　〔高野山真言宗〕
10随翁院　ずいおういん〔寺〕
　茨城県つくば市　《別称》山下寺　《本尊》聖
　観世音菩薩　　　　　　　　　　〔曹洞宗〕
15随縁寺　ずいえんじ〔寺〕
　静岡県浜松市　《別称》大日山　《本尊》毘盧
　遮那大日如来　　　　　　　　　〔曹洞宗〕
19随願寺　ずいがんじ〔寺〕
　兵庫県姫路市　《別称》増位　《本尊》薬師如
　来・毘沙門天・千手観世音菩薩　〔天台宗〕
22随鷗寺　ずいおうじ〔寺〕
　兵庫県赤穂市　《本尊》聖観世音菩薩
　　　　　　　　　　　　　　〔臨済宗妙心寺派〕

【陽】

3陽山寺　ようさんじ〔寺〕
　宮城県遠田郡田尻町　《本尊》釈迦如来
　　　　　　　　　　　　　　　　〔曹洞宗〕
陽山寺　ようざんじ〔寺〕
　宮城県牡鹿郡牡鹿町　《本尊》釈迦如来
　　　　　　　　　　　　　　　　〔曹洞宗〕
4陽夫多神社　やぶたじんじゃ〔社〕
　三重県阿山郡阿山町　《別称》河合天王　《祭
　神》健速須佐之男命〔他〕　〔神社本庁〕
5陽広寺　ようこうじ〔寺〕
　青森県三戸郡名川町　《本尊》釈迦如来
　　　　　　　　　　　　　　　　〔曹洞宗〕
7陽寿院　ようじゅいん〔寺〕
　東京都港区　《本尊》釈迦如来　〔曹洞宗〕
陽秀院　ようしゅういん〔寺〕
　愛知県名古屋市中区　《本尊》十一面観世音菩
　薩　　　　　　　　　　　　　　〔曹洞宗〕
8陽岳寺　ようがくじ〔寺〕
　東京都江東区　《本尊》観世音菩薩
　　　　　　　　　　　　　　〔臨済宗妙心寺派〕
陽林寺　ようりんじ〔寺〕
　福島県福島市　《別称》小倉の開山様　《本尊》
　釈迦如来・承陽大師・常済大師　〔曹洞宗〕
9陽屋院　ようおくいん〔寺〕
　岐阜県美濃市　《本尊》釈迦如来
　　　　　　　　　　　　　　〔臨済宗妙心寺派〕

陽泉寺　ようせんじ〔寺〕
　福島県福島市　《本尊》十一面観世音菩薩・釈
　迦如来　　　　　　　　　　　　〔曹洞宗〕
陽泉寺　ようせんじ〔寺〕
　愛知県名古屋市熱田区　《本尊》聖観世音菩
　薩　　　　　　　　　　　　　　〔曹洞宗〕
陽泉院　ようせんいん〔寺〕
　滋賀県八日市市　《別称》椿の寺　《本尊》阿
　弥陀如来　　　　　　　　　　　　〔浄土宗〕
10陽泰寺　ようたいじ〔寺〕
　長野県上田市　《本尊》釈迦如来　〔曹洞宗〕
11陽済寺　ようさいじ〔寺〕
　北海道紋別郡遠軽町　《別称》禅寺　《本尊》
　釈迦如来　　　　　　　　　　　〔曹洞宗〕
12陽報寺　ようほうじ〔寺〕
　静岡県浜松市　《別称》大松の寺　《本尊》釈
　迦如来・達磨大師・大現菩薩
　　　　　　　　　　　　　　〔臨済宗妙心寺派〕
陽雲寺　よううんじ〔寺〕
　宮城県仙台市宮城野区　《本尊》釈迦如来
　　　　　　　　　　　　　　　　　　〔単立〕
陽雲寺　よううんじ〔寺〕
　群馬県甘楽郡妙義町　《本尊》釈迦如来
　　　　　　　　　　　　　　　　〔曹洞宗〕
陽雲寺　よううんじ〔寺〕
　長野県南佐久郡臼田町　《本尊》阿弥陀如
　来　　　　　　　　　　　　　〔真宗大谷派〕
13陽源院　ようげんいん〔寺〕
　山形県東置賜郡川西町　《本尊》三尊仏
　　　　　　　　　　　　　　　　〔曹洞宗〕
14陽徳寺　ようとくじ〔寺〕
　岐阜県各務原市　《本尊》観世音菩薩
　　　　　　　　　　　　　　〔臨済宗妙心寺派〕
陽徳寺　ようとくじ〔寺〕
　岐阜県武儀郡武芸川町　《本尊》十一面観世
　音菩薩　　　　　　　　　　〔臨済宗妙心寺派〕
陽徳院　ようとくいん〔寺〕
　宮城県宮城郡松島町　《本尊》千手観世音菩
　薩　　　　　　　　　　　　〔臨済宗妙心寺派〕
16陽興寺　ようこうじ〔寺〕
　佐賀県杵島郡白石町　《本尊》釈迦如来
　　　　　　　　　　　　　　　　〔曹洞宗〕
19陽願寺　ようがんじ〔寺〕
　福井県武生市　《本尊》阿弥陀如来
　　　　　　　　　　　　　〔浄土真宗本願寺派〕

【雁】

5雁田薬師《称》　かりだやくし〔寺〕
　長野県上高井郡小布施町・浄光寺　《本尊》薬
　師如来　　　　　　　　　　　〔真言宗豊山派〕

神社・寺院名よみかた辞典　619

12画（集, 雄, 雲）

【集】

13 集福寺　しゅうふくじ〔寺〕
埼玉県熊谷市　《本尊》釈迦如来　〔曹洞宗〕

【雄】

3 雄山寺　おうざんじ〔寺〕
栃木県鹿沼市　《本尊》釈迦如来　〔曹洞宗〕

雄山神社　おやまじんじゃ〔社〕
富山県中新川郡立山町　《祭神》天之手力雄神［他］
〔神社本庁〕

9 雄神川神社　おがみがわじんじゃ〔社〕
岡山県岡山市　《別称》神武様　《祭神》神日本磐余彦火火出見尊［他］　〔神社本庁〕

雄神神社　おがみじんじゃ〔社〕
富山県東礪波郡庄川町　《別称》庄のお宮
《祭神》高靇神［他］　〔神社本庁〕

雄香寺　ゆうこうじ〔寺〕
長崎県平戸市　《本尊》釈迦如来
〔臨済宗妙心寺派〕

10 雄島さん《称》　おしまさん〔社〕
福井県坂井郡三国町・大湊神社　《祭神》事代主神［他］　〔神社本庁〕

雄郡神社　ゆうぐんじんじゃ〔社〕
愛媛県松山市　《祭神》天宇受売命［他］
〔神社本庁〕

12 雄琴神社　おことじんじゃ〔社〕
栃木県下都賀郡壬生町　《別称》明神さま
《祭神》天照大神［他］　〔神社本庁〕

雄琴神社　おごとじんじゃ〔社〕
滋賀県大津市　《祭神》大炊神今雄宿禰［他］
〔神社本庁〕

14 雄総観音《称》　おぶさかんのん〔寺〕
岐阜県岐阜市・護国之寺　《本尊》十一面千手観世音菩薩　〔高野山真言宗〕

15 雄鋭神社　おとのじんじゃ〔社〕
宮城県栗原郡栗駒町　《祭神》素盞嗚尊［他］
〔神社本庁〕

【雲】

2 雲八幡神社　くもはちまんじんじゃ〔社〕
大分県下毛郡耶馬渓町　《別称》お八幡様
《祭神》応神天皇［他］　〔神社本庁〕

4 雲井宮郷造神社　くもいのみやさとのみやつこじんじゃ〔社〕
茨城県真壁郡明野町　《祭神》武甕槌神［他］
〔神社本庁〕

雲切不動《称》　くもきりふどう〔寺〕
群馬県邑楽郡板倉町・長徳寺　《本尊》不動明王
〔真言宗豊山派〕

雲天寺　うんてんじ〔寺〕
茨城県守谷市　《本尊》阿弥陀如来　〔浄土宗〕

雲幻寺　うんげんじ〔寺〕
奈良県大和郡山市　《別称》雲幻禅寺　《本尊》釈迦如来・達磨大師・善光如来
〔臨済宗妙心寺派〕

雲心寺　うんしんじ〔寺〕
愛知県名古屋市熱田区　《本尊》阿弥陀如来・勢至菩薩　〔浄土宗〕

雲心寺　うんしんじ〔寺〕
福岡県直方市　《本尊》釈迦如来
〔臨済宗大徳寺派〕

5 雲台寺　うんだいじ〔寺〕
新潟県糸魚川市　《別称》御前山観音　《本尊》十一面観世音菩薩　〔天台寺門宗〕

雲辺寺　うんぺんじ〔寺〕
徳島県三好郡池田町　《別称》四国第六六番霊場　《本尊》千手観世音菩薩
〔真言宗御室派〕

6 雲光院　うんこういん〔寺〕
東京都江東区　《本尊》阿弥陀如来　〔浄土宗〕

雲気神社　くもけじんじゃ〔社〕
香川県善通寺市　《祭神》豊宇気大神［他］
〔神社本庁〕

7 雲住寺　うんじゅうじ〔寺〕
滋賀県大津市　《本尊》阿弥陀如来　〔浄土宗〕

8 雲居寺　うんきょじ〔寺〕
神奈川県津久井郡津久井町　《本尊》地蔵菩薩
〔臨済宗建長寺派〕

雲岸寺　うんがんじ〔寺〕
山梨県韮崎市　《本尊》聖観世音菩薩
〔曹洞宗〕

雲岩寺　うんがんじ〔寺〕
岩手県下閉伊郡岩泉町　《本尊》釈迦如来
〔曹洞宗〕

雲性寺　うんしょうじ〔寺〕
東京都東大和市　《本尊》阿弥陀如来
〔真言宗豊山派〕

雲昌寺　うんしょうじ〔寺〕
神奈川県藤沢市　《本尊》如意輪観世音菩薩
〔曹洞宗〕

雲松寺　うんしょうじ〔寺〕
兵庫県姫路市　《本尊》薬師如来　〔黄檗宗〕

雲松院　うんしょういん〔寺〕
神奈川県横浜市港北区　《本尊》虚空蔵菩薩
〔曹洞宗〕

雲林寺　うんりんじ〔寺〕
神奈川県横浜市戸塚区　《本尊》阿弥陀如来
〔曹洞宗〕

12画（雲）

雲林寺　うんりんじ〔寺〕
　山口県阿武郡むつみ村　《本尊》文殊菩薩
　　　　　　　　　　　　　　〔臨済宗南禅寺派〕
雲長寺　うんちょうじ〔寺〕
　福岡県八女郡黒木町　《本尊》阿弥陀如来
　　　　　　　　　　　　　　〔真宗大谷派〕
雲門寺　うんもんじ〔寺〕
　群馬県碓氷郡松井田町　《本尊》釈迦如来
　　　　　　　　　　　　　　〔曹洞宗〕
雲門寺　うんもんじ〔寺〕
　新潟県中頸城郡吉川町　《本尊》釈迦如来
　　　　　　　　　　　　　　〔曹洞宗〕
雲門寺　うんもんじ〔寺〕
　京都府舞鶴市　《本尊》地蔵菩薩
　　　　　　　　　　　　　〔臨済宗天竜寺派〕
雲門寺　うんもんじ〔寺〕
　兵庫県多可郡加美町　《本尊》十一面観世音
　菩薩　　　　　　　　　　　〔臨済宗妙心寺派〕
9雲乗寺　うんじょうじ〔寺〕
　福岡県宗像市　《本尊》阿弥陀如来
　　　　　　　　　　　　　〔浄土真宗本願寺派〕
雲泉寺　うんせんじ〔寺〕
　新潟県岩船郡関川村　《本尊》釈迦如来・地
　蔵菩薩　　　　　　　　　　〔曹洞宗〕
雲洞院　うんとういん〔寺〕
　宮城県仙台市宮城野区　《本尊》観世音菩
　薩　　　　　　　　　　　　〔曹洞宗〕
雲洞院　うんとういん〔寺〕
　三重県伊勢市　《本尊》千手観世音菩薩
　　　　　　　　　　　　　〔浄土宗〕
雲洞庵　うんとうあん〔寺〕
　新潟県南魚沼郡塩沢町　《本尊》釈迦如来
　　　　　　　　　　　　　　〔曹洞宗〕
10雲叟寺　うんそうじ〔寺〕
　栃木県上都賀郡粟野町　《別称》向寺　《本
　尊》釈迦如来　　　　　　　〔曹洞宗〕
雲峰寺　うんぽうじ〔寺〕
　山梨県塩山市　《本尊》十一面観世音菩薩
　　　　　　　　　　　　　〔臨済宗妙心寺派〕
雲祥寺　うんしょうじ〔寺〕
　青森県北津軽郡金木町　《本尊》釈迦如来
　　　　　　　　　　　　　　〔曹洞宗〕
雲祥寺　うんしょうじ〔寺〕
　群馬県桐生市　《本尊》釈迦如来〔曹洞宗〕
雲祥寺　うんしょうじ〔寺〕
　埼玉県北埼玉郡川里町　《本尊》釈迦如来
　　　　　　　　　　　　　　〔曹洞宗〕
雲祥寺　うんしょうじ〔寺〕
　岐阜県恵那郡明智町　《別称》吉良見のお寺
　《本尊》十一面観世音菩薩
　　　　　　　　　　　　　〔臨済宗妙心寺派〕

雲祥院　うんしょういん〔寺〕
　秋田県秋田市　《本尊》如意輪観世音菩薩
　　　　　　　　　　　　　〔臨済宗妙心寺派〕
雲竜寺　うんりゅうじ〔寺〕
　栃木県鹿沼市　《本尊》阿弥陀三尊〔浄土宗〕
雲竜寺　うんりゅうじ〔寺〕
　東京都八王子市　《別称》山田のお寺　《本
　尊》釈迦如来　　　　　　　〔曹洞宗〕
雲竜寺　うんりゅうじ〔寺〕
　石川県金沢市　《本尊》釈迦如来〔曹洞宗〕
雲竜寺　うんりゅうじ〔寺〕
　長野県上水内郡信濃町　《別称》黒姫山　《本
　尊》釈迦如来・黒姫弁財天　〔曹洞宗〕
雲竜寺　うんりょうじ〔寺〕
　岐阜県可児市　《本尊》延命地蔵菩薩
　　　　　　　　　　　　　〔臨済宗妙心寺派〕
雲竜寺　うんりゅうじ〔寺〕
　兵庫県三木市　《本尊》釈迦如来〔曹洞宗〕
雲竜寺　うんりゅうじ〔寺〕
　広島県比婆郡東城町　《本尊》如意輪観世音
　菩薩　　　　　　　　　　　〔曹洞宗〕
雲竜院　うんりゅういん〔寺〕
　京都府京都市東山区　《本尊》薬師如来
　　　　　　　　　　　　　〔真言宗泉涌寺派〕
11雲頂庵　うんちょうあん〔寺〕
　神奈川県鎌倉市　《本尊》釈迦如来
　　　　　　　　　　　　　〔臨済宗円覚寺派〕
12雲晴寺　うんせいじ〔寺〕
　兵庫県明石市　《本尊》釈迦如来〔曹洞宗〕
雲晴寺　うんしょうじ〔寺〕
　熊本県下益城郡城南町　《本尊》阿弥陀如
　来　　　　　　　　　　　〔浄土真宗本願寺派〕
雲閑寺　うんかんじ〔寺〕
　富山県氷見市　《別称》石保寺　《本尊》阿弥
　陀三尊　　　　　　　　　　〔真宗大谷派〕
13雲照寺　うんしょうじ〔寺〕
　茨城県新治郡八郷町　《本尊》不動明王・弁
　財天　　　　　　　　　　　〔真言宗豊山派〕
雲照寺　うんしょうじ〔寺〕
　栃木県那須郡西那須野町　《別称》那須大師
　《本尊》大日如来　　　　　〔真言宗東寺派〕
雲照寺　うんしょうじ〔寺〕
　東京都渋谷区　《本尊》不動明王
　　　　　　　　　　　　　〔真言宗東寺派〕
雲雷寺　うんらいじ〔寺〕
　大阪府大阪市中央区　《本尊》日蓮聖人奠定
　の大曼荼羅　　　　　　　　〔日蓮宗〕
14雲端寺　うんたんじ〔寺〕
　岐阜県岐阜市　《本尊》阿弥陀如来
　　　　　　　　　　　　　　〔真宗大谷派〕

神社・寺院名よみかた辞典　621

12画（順，須）

雲際寺　うんさいじ〔寺〕
　岩手県胆沢郡衣川村　《本尊》不動明王
　　　　　　　　　　　　　　　　〔曹洞宗〕
15雲蔵寺　うんぞうじ〔寺〕
　滋賀県守山市　《別称》ふけのみてら　《本
　尊》阿弥陀如来　　　　　〔真宗大谷派〕
16雲樹寺　うんじゅじ〔寺〕
　島根県安来市　《別称》つつじ寺　《本尊》拈
　華微笑仏　　　　　　　〔臨済宗妙心寺派〕
雲興寺　うんこうじ〔寺〕
　愛知県瀬戸市　《本尊》釈迦如来　〔曹洞宗〕
20雲巌寺　うんがんじ〔寺〕
　秋田県仙北郡角館町　《本尊》釈迦如来
　　　　　　　　　　　　　　　　〔曹洞宗〕
雲巌寺　うんがんじ〔寺〕
　栃木県那須郡黒羽町　《本尊》釈迦如来
　　　　　　　　　　　　　〔臨済宗妙心寺派〕
雲巌寺　うんがんじ〔寺〕
　熊本県熊本市　《別称》岩戸観音　《本尊》四
　面馬頭観世音菩薩　　　　　　　〔曹洞宗〕

【順】

4順天神社　じゅんてんじんじゃ〔社〕
　山形県米沢市　《祭神》天照皇大神［他］
　　　　　　　　　　　　　　　〔神社本庁〕
5順正寺　じゅんしょうじ〔寺〕
　愛知県半田市　《本尊》阿弥陀如来
　　　　　　　　　　　　　　〔真宗大谷派〕
順正寺　じゅんしょうじ〔寺〕
　熊本県熊本市　《本尊》阿弥陀如来
　　　　　　　　　　　　　〔浄土真宗本願寺派〕
順正寺　じゅんしょうじ〔寺〕
　大分県豊後高田市　《本尊》阿弥陀如来
　　　　　　　　　　　　　〔浄土真宗本願寺派〕
7順応寺　じゅんのうじ〔寺〕
　滋賀県近江八幡市　《本尊》阿弥陀如来
　　　　　　　　　　　　　　〔真宗大谷派〕
順忍寺　じゅんにんじ〔寺〕
　神奈川県横浜市西区　《本尊》阿弥陀如来
　　　　　　　　　　　　　　〔真宗大谷派〕
8順宝寺　じゅんぽうじ〔寺〕
　福井県福井市　《別称》竹生山随順三宝閣
　《本尊》阿弥陀如来　　　　〔真宗大谷派〕
11順教寺　じゅんきょうじ〔寺〕
　滋賀県守山市　《別称》小村のお寺　《本尊》
　阿弥陀如来　　　　　　　　〔真宗大谷派〕
12順覚寺　じゅんがくじ〔寺〕
　岩手県花巻市　《本尊》阿弥陀如来
　　　　　　　　　　　　　　〔真宗大谷派〕

順覚寺　じゅんかくじ〔寺〕
　広島県広島市安佐北区　《本尊》阿弥陀如
　来　　　　　　　　　　〔浄土真宗本願寺派〕
13順照寺　じゅんしょうじ〔寺〕
　大阪府大阪市住之江区　《本尊》阿弥陀如
　来　　　　　　　　　　〔浄土真宗本願寺派〕
16順興寺　じゅんこうじ〔寺〕
　京都府京都市上京区　《別称》やしよめの寺
　《本尊》阿弥陀如来　　　〔浄土真宗本願寺派〕

【須】

3須川南宮諏訪神社　すかわなんぐうすわじ
　んじゃ〔社〕
　福島県福島市　《別称》おすわさま　《祭神》
　建御名方神　　　　　　　　　〔神社本庁〕
4須天熊野神社　すあまくまのじんじゃ〔社〕
　石川県小松市　《別称》いぼ池　《祭神》伊弉
　冊命［他］　　　　　　　　　　〔神社本庁〕
7須佐大宮《称》　すさおおみや〔社〕
　島根県簸川郡佐田町・須佐神社　《祭神》須
　佐之男命［他］　　　　　　　　〔神社本庁〕
須佐之男社　すさのおしゃ〔社〕
　愛知県名古屋市東区　《祭神》須佐之男尊
　　　　　　　　　　　　　　　〔神社本庁〕
須佐神社　すさじんじゃ〔社〕
　和歌山県有田市　《別称》お千田さん　《祭
　神》素盞嗚尊　　　　　　　　〔神社本庁〕
須佐神社　すさじんじゃ〔社〕
　和歌山県御坊市　《別称》森の宮　《祭神》素
　盞嗚大神　　　　　　　　　　〔神社本庁〕
須佐神社　すさじんじゃ〔社〕
　島根県簸川郡佐田町　《別称》須佐大宮　《祭
　神》須佐之男命［他］　　　　　〔神社本庁〕
須佐神社　すさじんじゃ〔社〕
　広島県三次市　《別称》ひちの祇園さん　《祭
　神》素盞嗚尊　　　　　　　　〔神社本庁〕
須佐神社　すさじんじゃ〔社〕
　福岡県行橋市　《別称》今井の祇園さま　《祭
　神》素戔嗚大神［他］　　　　　〔神社本庁〕
須佐神社　すさじんじゃ〔社〕
　長崎県佐世保市　《別称》穴妙見　《祭神》素
　盞嗚尊［他］　　　　　　　　　〔神社本庁〕
須岐神社　すきじんじゃ〔社〕
　石川県金沢市　《別称》赤浜　《祭神》天児屋
　根命［他］　　　　　　　　　　〔神社本庁〕
須我神社　すがじんじゃ〔社〕
　島根県大原郡大東町　《祭神》須佐之男命［他］
　　　　　　　　　　　　　　　〔神社本庁〕
須走浅間《称》　すばしりせんげん〔社〕
　静岡県駿東郡小山町・富士浅間神社　《祭神》
　木花開耶姫命［他］　　　　　　〔神社本庁〕

622　神社・寺院名よみかた辞典

12画（飯）

8 須波阿須疑神社　すわあずきじんじゃ〔社〕
　福井県今立郡池田町　《別称》池田惣社　《祭神》倉稲魂命[他]　〔神社本庁〕

10 須倍神社　すべじんじゃ〔社〕
　静岡県浜松市　《別称》神明宮　《祭神》天照皇大神[他]　〔神社本庁〕

11 須崎八幡宮《称》　すさきはちまんぐう〔社〕
　高知県須崎市・八幡宮　《祭神》誉田別命　〔神社本庁〕

　須部神社　すべじんじゃ〔社〕
　福井県遠敷郡上中町　《別称》西ノ神・恵比須神社　《祭神》蛭子大神[他]　〔神社本庁〕

12 須智荒木神社　すちあらきじんじゃ〔社〕
　三重県上野市　《別称》白鬚大明神　《祭神》猿田彦命[他]　〔神社本庁〕

　須賀の明神さま《称》　すかのみょうじんさま〔社〕
　神奈川県平塚市・三島神社　《祭神》大山祇神[他]　〔神社本庁〕

　須賀の虚空蔵様《称》　すかのこくうぞうさま〔寺〕
　千葉県印旛郡栄町・宝寿院　《本尊》大日如来・虚空蔵菩薩　〔真言宗豊山派〕

　須賀神社　すがじんじゃ〔社〕
　宮城県本吉郡志津川町　《祭神》素盞嗚命[他]　〔神社本庁〕

　須賀神社　すがじんじゃ〔社〕
　栃木県小山市　《別称》天王様　《祭神》素戔嗚命[他]　〔神社本庁〕

　須賀神社　すがじんじゃ〔社〕
　群馬県沼田市　《祭神》素盞嗚尊[他]　〔神社本庁〕

　須賀神社　すがじんじゃ〔社〕
　東京都新宿区　《別称》天王さま　《祭神》建速須佐能男命[他]　〔神社本庁〕

　須賀神社　すがじんじゃ〔社〕
　静岡県浜松市　《別称》お天王様　《祭神》須佐之男命　〔神社本庁〕

　須賀神社　すがじんじゃ〔社〕
　滋賀県伊香郡西浅井町　《祭神》淳仁天皇[他]　〔神社本庁〕

　須賀神社　すがじんじゃ〔社〕
　京都府京都市左京区　《別称》交通神社　《祭神》須佐之男命[他]　〔神社本庁〕

　須賀神社　すがじんじゃ〔社〕
　高知県須崎市　《祭神》素盞嗚命　〔神社本庁〕

　須賀神社　すがじんじゃ〔社〕
　高知県香美郡土佐山田町　《祭神》素盞嗚命　〔神社本庁〕

　須賀神社　すがじんじゃ〔社〕
　福岡県直方市　《祭神》武速素盞嗚命[他]　〔神社本庁〕

　須賀神社　すがじんじゃ〔社〕
　佐賀県小城郡小城町　《祭神》健速須佐之男大神[他]　〔神社本庁〕

　須須岐水神社　すすきがわじんじゃ〔社〕
　長野県松本市　《祭神》健御名方命[他]　〔神社本庁〕

　須須岐水神社　すすきみずじんじゃ〔社〕
　長野県千曲市　《祭神》速秋津彦命[他]　〔神社本庁〕

　須須神社　すずじんじゃ〔社〕
　石川県珠洲市　《別称》三崎権現　《祭神》天津日高彦穂瓊瓊杵尊[他]　〔神社本庁〕

13 須義神社　すぎじんじゃ〔社〕
　兵庫県出石郡出石町　《別称》八幡さま　《祭神》菅竈由良度美命[他]　〔神社本庁〕

16 須衛都久神社　すえつぐじんじゃ〔社〕
　島根県松江市西茶町　《祭神》伊弉冉尊[他]　〔神社本庁〕

【飯】

3 飯久保御坊《称》　いいくぼごぼう〔寺〕
　富山県氷見市・光久寺　《本尊》阿弥陀如来　〔真宗大谷派〕

　飯山八幡宮　いいやまはちまんぐう〔社〕
　山口県長門市　《祭神》誉田別命[他]　〔神社本庁〕

　飯山観音《称》　いいやまかんのん〔寺〕
　神奈川県厚木市・長谷寺　《本尊》如意輪観世音菩薩・十一面観世音菩薩　〔高野山真言宗〕

5 飯田宮《称》　いいだぐう〔社〕
　香川県高松市・岩田神社　《祭神》誉田別天皇[他]　〔神社本庁〕

　飯田橋大神宮《称》　いいだばしだいじんぐう〔社〕
　東京都千代田区・東京大神宮　《祭神》天照皇大神[他]　〔神社本庁〕

　飯田観音《称》　いいだかんのん〔寺〕
　長野県飯田市・来迎寺　《本尊》阿弥陀如来・正観世音菩薩　〔浄土宗〕

　飯石神社　いいしじんじゃ〔社〕
　島根県飯石郡三刀屋町多久和　《祭神》伊毘志都幣命　〔神社本庁〕

　飯石神社　いいしじんじゃ〔社〕
　島根県飯石郡三刀屋町六重　《祭神》伊毘志都幣命　〔神社本庁〕

神社・寺院名よみかた辞典　623

13画（傑）

7 飯尾寺　いいおじ〔寺〕
　千葉県長生郡長柄町　《別称》飯尾の不動様
　　《本尊》十界勧請曼荼羅　　〔顕本法華宗〕

8 飯岡の明神様《称》　いいおかのみょうじんさま〔社〕
　千葉県海上郡飯岡町・玉崎神社　《祭神》玉依比売命〔他〕　　　　　　〔神社本庁〕

飯沼観音《称》　いいぬまかんのん〔寺〕
　千葉県銚子市・円福寺　《本尊》十一面観世音菩薩　　　　　　　　〔真言宗智山派〕

9 飯室乃神社　いいむろのじんじゃ〔社〕
　静岡県榛原郡榛原町　《別称》飯室山　《祭神》高皇産霊神

飯室山《称》　いいむろさん〔社〕
　静岡県榛原郡榛原町・飯室乃神社　《祭神》高皇産霊神　　　　　　　　〔神社本庁〕

飯持神社　いいもちじんじゃ〔社〕
　新潟県佐渡市　《別称》社日様　《祭神》保食神〔他〕　　　　　　　〔神社本庁〕

飯泉観音《称》　いいずみかんのん〔寺〕
　神奈川県小田原市・勝福寺　《本尊》十一面観世音菩薩　　　　　　〔真言宗東寺派〕

飯津佐和乃神社　はずさわのじんじゃ〔社〕
　静岡県榛原郡相良町　《別称》お天王さま
　《祭神》素盞嗚尊〔他〕　　　〔神社本庁〕

飯神社　いいじんじゃ〔社〕
　香川県丸亀市　《祭神》飯依比古命〔他〕
　　　　　　　　　　　　　　　〔神社本庁〕

飯香岡八幡宮　いいがおかはちまんぐう〔社〕
　千葉県市原市　《祭神》誉田別尊〔他〕
　　　　　　　　　　　　　　　〔神社本庁〕

10 飯倉大師《称》　いいくらだいし〔寺〕
　東京都港区・光蔵院　《本尊》弘法大師
　　　　　　　　　　　　　　〔真言宗智山派〕

飯倉神社　いいくらじんじゃ〔社〕
　鹿児島県川辺郡川辺町　《祭神》玉依姫命〔他〕
　　　　　　　　　　　　　　　〔神社本庁〕

飯高寺　はんこうじ〔寺〕
　千葉県八日市場市　《本尊》日蓮聖人奠定之大曼荼羅　　　　　　　　　〔日蓮宗〕

11 飯盛寺　はんじょうじ〔寺〕
　福井県小浜市　《本尊》薬師如来・千手観世音菩薩　　　　　　〔高野山真言宗〕

飯盛神社　いいもりじんじゃ〔社〕
　福岡県福岡市西区　《別称》飯盛権現　《祭神》伊弉冉命〔他〕　　　　〔神社本庁〕

飯盛神社　いいもりじんじゃ〔社〕
　長崎県佐世保市　《祭神》伊諾舞尊〔他〕
　　　　　　　　　　　　　　　〔神社本庁〕

飯盛権現《称》　いいもりごんげん〔社〕
　福岡県福岡市西区・飯盛神社　《祭神》伊弉冉命〔他〕　　　　　　　〔神社本庁〕

飯笠山神社　いいかさやまじんじゃ〔社〕
　長野県飯山市　《別称》有尾八幡宮　《祭神》誉田別尊〔他〕　　　　　〔神社本庁〕

飯野八幡宮　いいのはちまんぐう〔社〕
　福島県いわき市　《祭神》品陀別命〔他〕
　　　　　　　　　　　　　　　〔神社本庁〕

飯野山神社　いいのやまじんじゃ〔社〕
　宮城県桃生郡河北町　《祭神》稚産霊神〔他〕
　　　　　　　　　　　　　　　〔神社本庁〕

飯野神社　いいのじんじゃ〔社〕
　三重県鈴鹿市　《祭神》豊宇気毘売命〔他〕
　　　　　　　　　　　　　　　〔神社本庁〕

12 飯富寺　いいとみじ〔寺〕
　千葉県袖ヶ浦市　《本尊》不動明王・千手観世音菩薩・六地蔵菩薩　〔真言宗山派〕

飯富神社　いいとみじんじゃ〔社〕
　鹿児島県薩摩郡宮之城町　《祭神》倉稲魂命　　　　　　　　　　　〔神社本庁〕

飯富神社　いいとみじんじゃ〔社〕
　鹿児島県姶良郡牧園町　《祭神》倉稲魂命〔他〕
　　　　　　　　　　　　　　　〔神社本庁〕

飯道寺　はんどうじ〔寺〕
　滋賀県甲賀郡水口町　《本尊》阿弥陀如来
　　　　　　　　　　　　　　　　〔天台宗〕

飯開神社　いひらきじんじゃ〔社〕
　滋賀県東浅井郡湖北町　《祭神》宇賀魂命
　　　　　　　　　　　　　　　〔神社本庁〕

13 飯福田寺　いぶたじ〔寺〕
　三重県松阪市　《別称》伊勢山上飯福田寺　《本尊》役行者・薬師如来　〔真言宗醍醐派〕

飯豊神社　いいとよじんじゃ〔社〕
　宮城県加美郡加美町　《別称》石神　《祭神》保食神〔他〕　　　　　　〔神社本庁〕

14 飯綱神社　いいずなじんじゃ〔社〕
　静岡県富士市江尾町　《祭神》宇迦三御魂命〔他〕　　　　　　　　〔神社本庁〕

16 飯積神社　いいずみじんじゃ〔社〕
　愛媛県西条市　《別称》おいずみさん　《祭神》倉稲魂命〔他〕　　　　〔神社本庁〕

13画

【傑】

7 傑岑寺　けっしんじ〔寺〕
　栃木県栃木市　《本尊》聖観世音菩薩
　　　　　　　　　　　　　　　〔曹洞宗〕

13画（勧, 勢, 園, 塩）

【勧】
8勧学院　かんがくいん〔寺〕
　滋賀県大津市　《本尊》大日如来・不動明王
　　　　　　　　　　　　　　　　〔天台寺門宗〕
10勧修寺　かんじゅうじ〔寺〕
　京都府京都市山科区　《別称》大本山・南山
　科宮御殿　《本尊》千手観世音菩薩
　　　　　　　　　　　　　　　　〔真言宗山階派〕
　勧帰寺　かんきじ〔寺〕
　富山県東礪波郡庄川町　《本尊》阿弥陀如
　来　　　　　　　　　　　　　　〔真宗大谷派〕
　勧帰寺　かんきじ〔寺〕
　石川県小松市　《本尊》阿弥陀如来
　　　　　　　　　　　　　　　　〔真宗大谷派〕

【勢】
6勢至院　せいしいん〔寺〕
　東京都江東区　《本尊》勢至菩薩・阿弥陀如
　来　　　　　　　　　　　　　　〔浄土宗〕
　勢至院　せいしいん〔寺〕
　京都府京都市左京区　《別称》勢至堂　《本
　尊》阿弥陀如来　　　　　　　　〔浄土宗〕
　勢至堂《称》　せいしどう〔寺〕
　京都府京都市左京区・勢至院　《本尊》阿弥
　陀如来　　　　　　　　　　　　〔浄土宗〕
8勢国寺　せいこくじ〔寺〕
　千葉県夷隅郡夷隅町　《本尊》釈迦如来
　　　　　　　　　　　　　　　　〔曹洞宗〕
11お勢堂《称》　おせどう〔社〕
　秋田県南秋田郡五城目町・神明社　《祭神》天
　照皇大神［他］　　　　　　　　〔神社本庁〕

【園】
5園田聖天《称》　そのだしょうてん〔寺〕
　兵庫県尼崎市・福田寺　《本尊》不動明王・歓
　喜天・弘法大師　　　　　　　　〔真言聖天宗〕
9園城寺　おんじょうじ〔寺〕
　滋賀県大津市　《別称》総本山・三井寺・西
　国第一四番霊場　《本尊》弥勒菩薩・智証
　大師・黄不動明王　　　　　　　〔天台寺門宗〕
　園城寺内聖願寺　おんじょうじないしょう
　がんじ〔寺〕
　滋賀県大津市　《別称》聖願寺・西国第一四
　番霊場　《本尊》如意輪観世音菩薩
　　　　　　　　　　　　　　　　〔天台寺門宗〕
11園部一の宮《称》　そのべいちのみや〔社〕
　和歌山県和歌山市・伊達神社　《祭神》五十
　猛命［他］　　　　　　　　　　〔神社本庁〕

【塩】
0塩ケ峯公士方神社　しおがみねくじかたじ
　んじゃ〔社〕
　高知県香美郡物部村　《祭神》奇日方命［他］
　　　　　　　　　　　　　　　　〔神社本庁〕
3塩川の鬼子母神《称》　しおがわのきしも
　じん〔寺〕
　新潟県栃尾市・円隆寺　《本尊》十界大曼荼
　羅　　　　　　　　　　　　　　〔日蓮宗〕
5塩田八幡宮　しおたはちまんぐう〔社〕
　兵庫県神戸市北区　《祭神》応神天皇［他］
　　　　　　　　　　　　　　　　〔神社本庁〕
7塩冶神社　えんやじんじゃ〔社〕
　島根県出雲市　《祭神》塩冶比古命［他］
　　　　　　　　　　　　　　　　〔神社本庁〕
　塩沢寺　えんたくじ〔寺〕
　山梨県甲府市　《別称》やくよけじぞう　《本
　尊》厄除地蔵菩薩　　　　　　　〔真言宗智山派〕
　塩沢神社　しおざわじんじゃ〔社〕
　福島県二本松市　《別称》はたおりごぜんしゃ
　《祭神》栲幡千千姫尊　　　　　〔神社本庁〕
8塩松神社　しおまつじんじゃ〔社〕
　福島県安達郡岩代町　《祭神》事代主命
　　　　　　　　　　　　　　　　〔神社本庁〕
9塩屋八幡宮　しおやはちまんぐう〔社〕
　熊本県八代市　《祭神》応神天皇［他］
　　　　　　　　　　　　　　　　〔神社本庁〕
　塩屋神社　しおやじんじゃ〔社〕
　広島県広島市佐伯区　《祭神》猿田彦神［他］
　　　　　　　　　　　　　　　　〔神社本庁〕
　塩屋御坊《称》　しおやごぼう〔寺〕
　香川県丸亀市・本願寺塩屋別院　《本尊》阿
　弥陀如来　　　　　　　　　　　〔浄土真宗本願寺派〕
　塩津神社　しおつじんじゃ〔社〕
　滋賀県伊香郡西浅井町　《祭神》塩土老翁［他］
　　　　　　　　　　　　　　　　〔神社本庁〕
11塩船観音《称》　しおぶねかんのん〔寺〕
　東京都青梅市・観音寺　《本尊》千手観世音
　菩薩　　　　　　　　　　　　　〔真言宗醍醐派〕
12塩湯彦神社　しおゆひこじんじゃ〔社〕
　秋田県平鹿郡山内村　《別称》御嶽山　《祭
　神》速玉命［他］　　　　　　　　〔神社本庁〕
21塩竈神社　しおがまじんじゃ〔社〕
　宮城県塩竈市　《別称》塩竈さま　《祭神》塩
　土老翁神［他］　　　　　　　　〔神社本庁〕
　塩竈神社　しおがまじんじゃ〔社〕
　福島県田村郡小野町　《祭神》塩土老翁命
　　　　　　　　　　　　　　　　〔神社本庁〕

13画（寛, 嵯, 幕, 愛）

塩竈神社　しおがまじんじゃ〔社〕
　栃木県矢板市　《祭神》塩土翁命［他］
　　　　　　　　　　　　　　〔神社本庁〕
塩竈神社　しおがまじんじゃ〔社〕
　愛知県名古屋市中川区　《祭神》塩土老翁神
　［他］　　　　　　　　　　　〔神社本庁〕
塩竈神社　しおがまじんじゃ〔社〕
　和歌山県和歌山市　《祭神》塩槌翁尊［他］
　　　　　　　　　　　　　　〔神社本庁〕

【寛】
5寛永寺　かんえいじ〔寺〕
　東京都台東区　《本尊》薬師如来　〔天台宗〕
10寛益寺　かんにゃくじ〔寺〕
　新潟県三島郡三島町　《別称》逆谷仁王さま
　《本尊》薬師如来　　　　〔真言宗豊山派〕
15寛慶寺　かんけいじ〔寺〕
　長野県長野市　《本尊》阿弥陀如来　〔浄土宗〕

【嵯】
10嵯峨宮《称》　さがぐう〔社〕
　大分県直入郡久住町・宮処野神社　《祭神》景
　行天皇［他］　　　　　　　　　〔神社本庁〕
嵯峨虚空蔵《称》　さがこくうぞう〔寺〕
　京都府京都市西京区・法輪寺　《本尊》虚空
　蔵菩薩　　　　　　　　　〔真言宗五智教団〕
嵯峨御所《称》　さがごしょ〔寺〕
　京都府京都市右京区・大覚寺　《本尊》五大
　明王・勅封般若心経　　　〔真言宗大覚寺派〕

【幕】
3幕山神社　まくやまじんじゃ〔社〕
　兵庫県佐用郡上月町　《祭神》誉田別尊［他］
　　　　　　　　　　　　　　〔神社本庁〕

【愛】
8愛宕寺《称》　あたごじ〔寺〕
　京都府京都市右京区・愛宕念仏寺　《本尊》十
　一面千手観世音菩薩　　　　　　　〔天台宗〕
愛宕社　あたごしゃ〔社〕
　大分県南海部郡弥生町　《祭神》軻遇突智神
　［他］　　　　　　　　　　　〔神社本庁〕
愛宕花園神社　あたごはなぞのじんじゃ
　〔社〕
　福島県いわき市　《祭神》軻遇突智命［他］
　　　　　　　　　　　　　　〔神社本庁〕
愛宕念仏寺　あたごねんぶつじ〔寺〕
　京都府京都市右京区　《別称》愛宕寺　《本
　尊》十一面千手観世音菩薩　　　　〔天台宗〕

愛宕神社　あたごじんじゃ〔社〕
　秋田県湯沢市　《祭神》火産霊神　〔神社本庁〕
愛宕神社　あたごじんじゃ〔社〕
　秋田県雄勝郡雄勝町　《祭神》火産霊神
　　　　　　　　　　　　　　〔神社本庁〕
愛宕神社　あたごじんじゃ〔社〕
　山形県山形市小白川町　《祭神》火産霊命
　　　　　　　　　　　　　　〔神社本庁〕
愛宕神社　あたごじんじゃ〔社〕
　山形県米沢市　《祭神》軻遇突智命［他］
　　　　　　　　　　　　　　〔神社本庁〕
愛宕神社　あたごじんじゃ〔社〕
　山形県鶴岡市　《祭神》火産霊命［他］
　　　　　　　　　　　　　　〔神社本庁〕
愛宕神社　あたごじんじゃ〔社〕
　山形県酒田市　《祭神》火産霊命［他］
　　　　　　　　　　　　　　〔神社本庁〕
愛宕神社　あたごじんじゃ〔社〕
　山形県上山市　《祭神》軻具突智神
　　　　　　　　　　　　　　〔神社本庁〕
愛宕神社　あたごじんじゃ〔社〕
　山形県天童市　《祭神》火産霊大神
　　　　　　　　　　　　　　〔神社本庁〕
愛宕神社　あたごじんじゃ〔社〕
　山形県最上郡鮭川村　《祭神》迦具土命
　　　　　　　　　　　　　　〔神社本庁〕
愛宕神社　あたごじんじゃ〔社〕
　山形県東田川郡三川町　《祭神》火産霊神
　　　　　　　　　　　　　　〔神社本庁〕
愛宕神社　あたごじんじゃ〔社〕
　茨城県西茨城郡岩間町　《祭神》火之迦具土
　命　　　　　　　　　　　　〔神社本庁〕
愛宕神社　あたごじんじゃ〔社〕
　千葉県野田市　《別称》あたごさん　《祭神》
　迦具土命　　　　　　　　　　〔神社本庁〕
愛宕神社　あたごじんじゃ〔社〕
　千葉県香取郡山田町　《祭神》火産霊神［他］
　　　　　　　　　　　　　　〔神社本庁〕
愛宕神社　あたごじんじゃ〔社〕
　東京都港区　《別称》あたごさま　《祭神》火
　産霊命［他］　　　　　　　　〔神社本庁〕
愛宕神社　あたごじんじゃ〔社〕
　富山県富山市　《祭神》火之迦具土神［他］
　　　　　　　　　　　　　　〔神社本庁〕
愛宕神社　あたごじんじゃ〔社〕
　富山県小矢部市　《祭神》軻玖突智命［他］
　　　　　　　　　　　　　　〔神社本庁〕
愛宕神社　あたごじんじゃ〔社〕
　山梨県甲府市　《祭神》火之迦具土神［他］
　　　　　　　　　　　　　　〔神社本庁〕

13画（意, 感）

愛宕神社　あたごじんじゃ〔社〕
　愛知県東海市　《祭神》迦具土神　〔神社本庁〕
愛宕神社　あたごじんじゃ〔社〕
　京都府京都市右京区　《祭神》伊弉冉尊
　［他］　〔神社本庁〕
愛宕神社　あたごじんじゃ〔社〕
　京都府亀岡市　《別称》あたごほんぐう　《祭
　神》伊弉冉尊［他］　〔神社本庁〕
愛宕神社　あたごじんじゃ〔社〕
　宮崎県宮崎郡佐土原町　《祭神》火之迦具土
　神［他］　〔神社本庁〕
愛宕神社　あたごじんじゃ〔社〕
　宮崎県児湯郡高鍋町　《祭神》火産霊神
　　〔神社本庁〕
愛宕薬師《称》　あたごやくし〔寺〕
　東京都港区・真福寺　《本尊》薬師如来
　　〔真言宗智山派〕
愛知県護国神社　あいちけんごこくじんじ
　ゃ〔社〕
　愛知県名古屋市中区　《祭神》護国の神霊
　　〔神社本庁〕
愛知神社　えちじんじゃ〔社〕
　滋賀県犬上郡豊郷町　《祭神》天児屋根命［他］
　　〔神社本庁〕
9愛染寺　あいせんじ〔寺〕
　福島県郡山市　《本尊》愛染明王
　　〔真言宗智山派〕
愛染寺　あいせんじ〔寺〕
　香川県小豆郡池田町　《本尊》愛染明王
　　〔真言宗〕
愛染院　あいせんいん〔寺〕
　山形県西村山郡西川町　《本尊》大日如来・愛
　染明王　〔真言宗智山派〕
愛染院　あいぜんいん〔寺〕
　茨城県潮来市　《別称》水原の観音　《本尊》
　如意輪観世音菩薩・愛染明王
　　〔真言宗豊山派〕
愛染院　あいぜんいん〔寺〕
　群馬県佐波郡境町　《本尊》愛染明王
　　〔真言宗豊山派〕
愛染院　あいぜんいん〔寺〕
　千葉県木更津市　《本尊》薬師如来・愛染明
　王　〔真言宗豊山派〕
愛染院　あいぜんいん〔寺〕
　東京都新宿区　《本尊》大日如来
　　〔真言宗豊山派〕
愛染院　あいぜんいん〔寺〕
　東京都練馬区　《本尊》愛染明王
　　〔真言宗豊山派〕

愛染院　あいぜんいん〔寺〕
　三重県上野市　《本尊》愛染明王
　　〔真言宗豊山派〕
愛染院　あいぜんいん〔寺〕
　京都府京都市中京区　《別称》あいぜんさん
　《本尊》愛染明王　〔真言宗智山派〕
愛染堂《称》　あいぜんどう〔寺〕
　大阪府大阪市天王寺区・勝鬘院　《本尊》愛
　染明王・大勝金剛尊　〔和宗〕
12愛媛県護国神社　えひめけんごこくじんじ
　ゃ〔社〕
　愛媛県松山市　《祭神》護国の神霊
　　〔神社本庁〕
15愛蔵寺　あいぞうじ〔寺〕
　福島県安達郡東和町　《本尊》大日如来
　　〔真言宗豊山派〕
17愛嶽神社　あいだけじんじゃ〔社〕
　福岡県嘉穂郡穂波町　《別称》おだけ神社
　《祭神》愛嶽神　〔神社本庁〕
24鷹明神《称》　あしたかみょうじん〔社〕
　静岡県沼津市・桃沢神社　《祭神》建御名方
　神　〔神社本庁〕

【意】

5意加美神社　おかみじんじゃ〔社〕
　広島県甲奴郡総領町　《別称》彦の宮　《祭
　神》高龗神［他］　〔神社本庁〕
7意足寺　いそくじ〔寺〕
　福井県大飯郡大飯町　《本尊》十一面千手観
　世音菩薩　〔曹洞宗〕
8意非多神社　おいたじんじゃ〔社〕
　三重県松阪市　《祭神》伊毘志都幣命［他］
　　〔神社本庁〕
12意富比神社　おおひじんじゃ〔社〕
　千葉県船橋市　《別称》船橋大神宮　《祭神》
　天照皇大神　〔神社本庁〕
意富布良神社　おおふらじんじゃ〔社〕
　滋賀県伊香郡木之本町　《別称》田神の宮さ
　ん　《祭神》素戔嗚命［他］　〔神社本庁〕
意賀美神社　おがみじんじゃ〔社〕
　大阪府岸和田市　《別称》雨降神社　《祭神》
　闇意賀美大神［他］　〔神社本庁〕

【感】

5感田神社　かんだじんじゃ〔社〕
　大阪府貝塚市　《祭神》天照皇大神［他］
　　〔神社本庁〕
7感応寺　かんのうじ〔寺〕
　栃木県河内郡上三川町　《本尊》阿弥陀如
　来　〔天台宗〕

神社・寺院名よみかた辞典　627

13画（愚, 慈）

感応寺　かんのうじ〔寺〕
　東京都台東区　《本尊》釈迦如来・日蓮聖人奠定の大曼荼羅　〔日蓮宗〕

感応寺　かんのうじ〔寺〕
　東京都江戸川区　《別称》蓮光院　《本尊》十界大曼荼羅　〔日蓮宗〕

感応寺　かんのうじ〔寺〕
　福井県今立郡今立町　《本尊》日蓮聖人奠定の大曼荼羅　〔日蓮宗〕

感応寺　かんのうじ〔寺〕
　静岡県静岡市　《本尊》十界大曼荼羅　〔日蓮宗〕

感応寺　かんのうじ〔寺〕
　和歌山県和歌山市　《別称》南海身延　《本尊》日蓮聖人奠定の大曼荼羅　〔日蓮宗〕

感応寺　かんのうじ〔寺〕
　鳥取県米子市　《本尊》日蓮聖人奠定の大曼荼羅　〔日蓮宗〕

感応寺　かんおうじ〔寺〕
　鹿児島県出水郡野田町　〔臨済宗相国寺派〕

感応院　かんのういん〔寺〕
　福岡県柳川市　《本尊》十一面観世音菩薩・不動明王・毘沙門天　〔天台宗〕

感応院　かんのういん〔寺〕
　佐賀県武雄市　《別称》潮見薬師　《本尊》薬師如来　〔高野山真言宗〕

10 感通寺　かんつうじ〔寺〕
　東京都新宿区　《本尊》日蓮聖人奠定の大曼荼羅　〔日蓮宗〕

12 感随寺　かんずいじ〔寺〕
　青森県黒石市　《本尊》阿弥陀如来　〔真宗大谷派〕

【愚】

11 愚渓寺　ぐけいじ〔寺〕
　岐阜県可児郡御嵩町　《本尊》聖観世音菩薩　〔臨済宗妙心寺派〕

【慈】

4 慈心院　じしんいん〔寺〕
　京都府京都市東山区　《別称》随求堂　《本尊》随求菩薩　〔北法相宗〕

5 慈仙寺　じせんじ〔寺〕
　広島県広島市中区　《本尊》阿弥陀如来　〔浄土宗西山禅林寺派〕

6 慈光円福院　じこうえんぷくいん〔寺〕
　和歌山県和歌山市　《本尊》十一面観世音菩薩　〔高野山真言宗〕

慈光寺　じこうじ〔寺〕
　北海道札幌市中央区　《本尊》阿弥陀如来　〔真宗木辺派〕

慈光寺　じこうじ〔寺〕
　栃木県塩谷郡喜連川町　《本尊》不動明王・薬師如来　〔真言宗智山派〕

慈光寺　じこうじ〔寺〕
　埼玉県比企郡都幾川村　《別称》坂東第九番霊場　《本尊》千手観世音菩薩・阿弥陀如来　〔天台宗〕

慈光寺　じこうじ〔寺〕
　新潟県中蒲原郡村松町　《別称》滝谷　《本尊》聖観世音菩薩・白山権現・不動明王・慈戒大力生　〔曹洞宗〕

慈光寺　じこうじ〔寺〕
　新潟県三島郡越路町　《別称》ばけもの博士の寺　《本尊》阿弥陀如来　〔真宗大谷派〕

慈光寺　じこうじ〔寺〕
　愛知県知多市　《本尊》聖観世音菩薩　〔臨済宗妙心寺派〕

慈光寺　じこうじ〔寺〕
　長崎県松浦市　《本尊》如意輪観世音菩薩　〔曹洞宗〕

慈光院　じこういん〔寺〕
　静岡県沼津市　《本尊》阿弥陀如来・釈迦如来　〔浄土宗〕

慈光院　じこういん〔寺〕
　奈良県大和郡山市　《別称》わびの寺　《本尊》釈迦如来　〔臨済宗大徳寺派〕

7 慈芳院　じほういん〔寺〕
　京都府京都市東山区　《別称》庵町の不動さん　《本尊》薬師如来・不動明王・観世音菩薩・日光菩薩・月光菩薩・延命地蔵菩薩　〔臨済宗建仁寺派〕

8 慈受院　じじゅいん〔寺〕
　京都府京都市上京区　《別称》門跡・薄雲御所　《本尊》釈迦如来　〔単立〕

慈明寺　じみょうじ〔寺〕
　宮城県志田郡鹿島台町　《本尊》聖観世音菩薩　〔臨済宗妙心寺派〕

慈明院　じみょういん〔寺〕
　岐阜県山県市　《本尊》阿弥陀如来　〔天台宗〕

慈明禅寺　じみょうぜんじ〔寺〕
　奈良県橿原市　《別称》禅寺　《本尊》十一面観世音菩薩　〔黄檗宗〕

9 慈星院　じしょういん〔寺〕
　埼玉県川口市　《本尊》虚空蔵菩薩　〔天台宗〕

慈泉寺　じせんじ〔寺〕
　兵庫県明石市　《本尊》子安地蔵菩薩　〔臨済宗妙心寺派〕

628　神社・寺院名よみかた辞典

13画（慈）

慈泉寺　じせんじ〔寺〕
　香川県仲多度郡満濃町　《本尊》阿弥陀如来
　　　　　　　　　　　　　　〔真宗興正派〕
慈泉院　じせんいん〔寺〕
　山梨県東八代郡御坂町　《本尊》聖観世音菩薩
　　　　　　　　　　　　　　〔臨済宗建長寺派〕
慈音寺　じおんじ〔寺〕
　秋田県由利郡鳥海町　《本尊》観世音菩薩
　　　　　　　　　　　　　　〔曹洞宗〕
10慈恩寺　じおんじ〔寺〕
　岩手県陸前高田市　《本尊》釈迦如来
　　　　　　　　　　　　〔臨済宗妙心寺派〕
慈恩寺　じおんじ〔寺〕
　山形県寒河江市大字慈恩寺　《別称》本山
　《本尊》弥勒菩薩　〔天台真言両宗慈恩寺派〕
慈恩寺《称》　じおんじ〔寺〕
　山形県寒河江市・宝蔵院　《本尊》胎蔵界大日如来　　　　　　　　〔真言宗智山派〕
慈恩寺　じおんじ〔寺〕
　福島県福島市　《本尊》釈迦如来　〔単立〕
慈恩寺　じおんじ〔寺〕
　福島県郡山市　《本尊》聖観世音菩薩
　　　　　　　　　　　　　　〔曹洞宗〕
慈恩寺　じおんじ〔寺〕
　福島県伊達郡梁川町　《本尊》金剛界大日如来　　　　　　　　　　〔真言宗豊山派〕
慈恩寺　じおんじ〔寺〕
　埼玉県岩槻市　《別称》慈恩寺観音・坂東第一二番霊場　《本尊》千手観世音菩薩
　　　　　　　　　　　　　　〔天台宗〕
慈恩寺　じおんじ〔寺〕
　岐阜県岐阜市　《本尊》千手観世音菩薩
　　　　　　　　　　　　　　〔西山浄土宗〕
慈恩寺　じおんじ〔寺〕
　岐阜県郡上市　《本尊》釈迦如来
　　　　　　　　　　　　〔臨済宗妙心寺派〕
慈恩寺　じおんじ〔寺〕
　静岡県磐田市　《本尊》聖観世音菩薩
　　　　　　　　　　　　〔臨済宗妙心寺派〕
慈恩寺　じおんじ〔寺〕
　滋賀県神崎郡五個荘町　《本尊》十一面観世音菩薩　　　　　　　　　　　〔黄檗宗〕
慈恩寺観音《称》　じおんじかんのん〔寺〕
　埼玉県岩槻市・慈恩寺　《本尊》千手観世音菩薩　　　　　　　　　　　　〔天台宗〕
慈恩院　じおんいん〔寺〕
　千葉県館山市　《本尊》聖観世音菩薩
　　　　　　　　　　　　　　〔曹洞宗〕
慈恩院　じおんいん〔寺〕
　長野県下伊那郡豊丘村　《本尊》釈迦如来
　　　　　　　　　　　　　　〔曹洞宗〕

慈航寺　じこうじ〔寺〕
　三重県桑名郡長島町　《本尊》阿弥陀如来
　　　　　　　　　　　　　　〔真宗大谷派〕
11慈済寺　じさいじ〔寺〕
　愛媛県北宇和郡津島町　《本尊》如意輪観世音菩薩　　　　　　　　　　〔臨済宗妙心寺派〕
慈済院　じさいいん〔寺〕
　京都府京都市右京区　〔臨済宗天竜寺派〕
慈現寺　じげんじ〔寺〕
　北海道雨竜郡雨竜町　《別称》真言でら　《本尊》大日如来・弘法大師・地蔵菩薩・不動明王　　　　　　　　　　〔真言宗豊山派〕
慈眼寺　じげんじ〔寺〕
　山形県飽海郡八幡町　《本尊》聖観世音菩薩　　　　　　　　　　　　〔曹洞宗〕
慈眼寺　じげんじ〔寺〕
　福島県石川郡浅川町　《本尊》十一面観世音菩薩　　　　　　　　　　〔真言宗智山派〕
慈眼寺　じげんじ〔寺〕
　福島県双葉郡富岡町　《本尊》大日如来
　　　　　　　　　　　　　〔真言宗豊山派〕
慈眼寺　じげんじ〔寺〕
　茨城県東茨城郡内原町　《本尊》金剛界大日如来・毘沙門天　　　　　〔真言宗智山派〕
慈眼寺　じげんじ〔寺〕
　栃木県下都賀郡国分寺町　〔真言宗智山派〕
慈眼寺　じげんじ〔寺〕
　群馬県甘楽郡南牧村　《別称》千原観音　《本尊》阿弥陀如来・聖観世音菩薩・勢至菩薩・不動明王　　　　　　　　　　〔天台宗〕
慈眼寺　じげんじ〔寺〕
　埼玉県さいたま市　《別称》水波田の観音様　《本尊》一字金輪仏・千手観世音菩薩
　　　　　　　　　　　　　　〔天台宗〕
慈眼寺　じげんじ〔寺〕
　埼玉県秩父市　《別称》はけのした・秩父第一三番霊場　《本尊》聖観世音菩薩
　　　　　　　　　　　　　　〔曹洞宗〕
慈眼寺　じげんじ〔寺〕
　埼玉県坂戸市　《本尊》十一面観世音菩薩
　　　　　　　　　　　　　〔真言宗智山派〕
慈眼寺　じげんじ〔寺〕
　東京都世田谷区　《本尊》大日如来
　　　　　　　　　　　　　〔真言宗智山派〕
慈眼寺　じげんじ〔寺〕
　東京都足立区上沼田町　《別称》沼田観音　《本尊》如意輪観世音菩薩　〔真言宗豊山派〕
慈眼寺　じげんじ〔寺〕
　東京都足立区千住　《別称》巣兆寺　《本尊》聖観世音菩薩　　　　〔新義真言宗〕

神社・寺院名よみかた辞典　629

13画（慈）

慈眼寺　じげんじ〔寺〕
　新潟県柏崎市　《本尊》正観世音菩薩
　　　　　　　　　　　　〔真言宗豊山派〕
慈眼寺　じげんじ〔寺〕
　新潟県見附市　《本尊》千手観世音菩薩・不動明王・阿弥陀如来　〔真言宗豊山派〕
慈眼寺　じげんじ〔寺〕
　福井県南条郡今庄町　《別称》豆がら臼の寺
　《本尊》十一面観世音菩薩　　〔曹洞宗〕
慈眼寺　じげんじ〔寺〕
　山梨県東八代郡一宮町　《本尊》千手観世音菩薩・薬師如来　　〔真言宗智山派〕
慈眼寺　じげんじ〔寺〕
　岐阜県岐阜市　《本尊》聖観世音菩薩
　　　　　　　　　　　〔臨済宗妙心寺派〕
慈眼寺　じげんじ〔寺〕
　静岡県磐田郡豊岡村　《本尊》十一面観世音菩薩　　　　　　〔臨済宗妙心寺派〕
慈眼寺　じげんじ〔寺〕
　三重県度会郡南勢町　《本尊》聖観世音菩薩　　　　　　　　〔臨済宗妙心寺派〕
慈眼寺　じげんじ〔寺〕
　滋賀県大津市　《本尊》聖観世音菩薩
　　　　　　　　　　　　　　〔浄土宗〕
慈眼寺　じげんじ〔寺〕
　滋賀県八日市市　《本尊》聖観世音菩薩
　　　　　　　　　　　　　　〔曹洞宗〕
慈眼寺　じげんじ〔寺〕
　滋賀県守山市　《別称》帆柱観音　《本尊》十一面観世音菩薩　　　　　〔天台宗〕
慈眼寺　じげんじ〔寺〕
　京都府京都市上京区　《本尊》聖観世音菩薩・釈迦如来・阿難尊者・迦葉尊者　〔曹洞宗〕
慈眼寺　じげんじ〔寺〕
　京都府北桑田郡京北町　《本尊》聖観世音菩薩　　　　　　　　　　　〔曹洞宗〕
慈眼寺　じげんじ〔寺〕
　大阪府大東市　《別称》野崎観音　《本尊》十一面観世音菩薩　　　　　〔曹洞宗〕
慈眼寺　じげんじ〔寺〕
　兵庫県三木市　《本尊》十一面観世音菩薩
　　　　　　　　　　　　　　〔曹洞宗〕
慈眼寺　じげんじ〔寺〕
　兵庫県三原郡南淡町　《本尊》阿弥陀如来
　　　　　　　　　　　　　〔高野山真言宗〕
慈眼寺　じげんじ〔寺〕
　島根県大原郡木次町　《本尊》阿弥陀如来
　　　　　　　　　　　　〔浄土真宗本願寺派〕
慈眼寺　じげんじ〔寺〕
　愛媛県新居浜市　《別称》金子の寺　《本尊》聖観世音菩薩　　　　　　　〔曹洞宗〕

慈眼寺　じげんじ〔寺〕
　大分県臼杵市　《本尊》釈迦如来
　　　　　　　　　　　〔臨済宗妙心寺派〕
慈眼寺　じげんじ〔寺〕
　大分県宇佐市　《本尊》聖観世音菩薩
　　　　　　　　　　　　　　〔曹洞宗〕
慈眼寺　じげんじ〔寺〕
　宮崎県東臼杵郡北方町　《本尊》聖観世音菩薩　　　　　　　　　　　〔曹洞宗〕
慈眼院　じげんいん〔寺〕
　群馬県高崎市　《別称》高崎白衣観音　《本尊》聖観世音菩薩　〔高野山真言宗〕
慈眼院　じげんいん〔寺〕
　埼玉県比企郡川島町　《本尊》聖観世音菩薩　　　　　　　　〔真言宗豊山派〕
慈眼院　じげんいん〔寺〕
　東京都葛飾区　《本尊》阿弥陀如来
　　　　　　　　　　　〔真言宗豊山派〕
慈眼院　じげんいん〔寺〕
　大阪府泉佐野市　《別称》大井堰御坊　《本尊》大日如来　　〔真言宗御室派〕
慈眼院　じげんいん〔寺〕
　岡山県岡山市　《本尊》阿弥陀三尊
　　　　　　　　　　　〔高野山真言宗〕
慈眼院　じげんいん〔寺〕
　沖縄県那覇市　《別称》首里観音堂　《本尊》千手観世音菩薩・薬師如来・地蔵菩薩
　　　　　　　　　　　〔臨済宗妙心寺派〕
12 慈尊寺　じそんじ〔寺〕
　三重県上野市　《本尊》弥勒菩薩
　　　　　　　　　　　〔真言宗豊山派〕
慈尊院　じそんいん〔寺〕
　埼玉県草加市　《本尊》大日如来
　　　　　　　　　　　〔真言宗豊山派〕
慈尊院　じそんいん〔寺〕
　和歌山県伊都郡九度山町　《別称》大師母公の寺　《本尊》弥勒菩薩　〔高野山真言宗〕
慈敬寺　じきょうじ〔寺〕
　滋賀県高島郡高島町大字黒谷　《別称》新在家御坊　《本尊》阿弥陀如来
　　　　　　　　　　　〔浄土真宗本願寺派〕
慈敬寺　じきょうじ〔寺〕
　滋賀県高島郡高島町鴨　《本尊》阿弥陀如来
　　　　　　　　　　　　　〔真宗大谷派〕
慈智院　じちいん〔寺〕
　三重県津市　《本尊》阿弥陀如来
　　　　　　　　　　　　〔真宗高田派〕
慈雲寺　じうんじ〔寺〕
　宮城県多賀城市　《本尊》地蔵菩薩　〔曹洞宗〕

13画（慎, 想, 摂）

慈雲寺　じうんじ〔寺〕
　茨城県久慈郡大子町　《本尊》千手観世音菩薩
　　　　　　　　　　　　　〔真言宗智山派〕

慈雲寺　じうんじ〔寺〕
　千葉県船橋市　《別称》お釈迦寺　《本尊》釈迦如来　　　　　　　　　　　〔曹洞宗〕

慈雲寺　じうんじ〔寺〕
　神奈川県三浦市　《本尊》聖観世音菩薩・薬師如来　　　　　　　　〔臨済宗円覚寺派〕

慈雲寺　じうんじ〔寺〕
　新潟県新発田市　《本尊》大悲観世音菩薩
　　　　　　　　　　　　　　　　〔曹洞宗〕

慈雲寺　じうんじ〔寺〕
　長野県諏訪市　《本尊》千手観世音菩薩
　　　　　　　　　　　　〔臨済宗妙心寺派〕

慈雲寺　じうんじ〔寺〕
　岐阜県下呂市　《本尊》阿弥陀如来
　　　　　　　　　　　　　　〔真宗大谷派〕

慈雲寺　じうんじ〔寺〕
　静岡県静岡市　《本尊》千手観世音菩薩
　　　　　　　　　　　　〔臨済宗妙心寺派〕

慈雲寺　じうんじ〔寺〕
　愛知県津島市　《本尊》地蔵菩薩
　　　　　　　　　　　　　〔真言宗智山派〕

慈雲寺　じうんじ〔寺〕
　愛知県知多市　《別称》岡田本坊　《本尊》千手観世音菩薩　　　　　〔臨済宗妙心寺派〕

慈雲寺　じうんじ〔寺〕
　大阪府大阪市西淀川区　《別称》東寺　《本尊》阿弥陀如来　　　　　　〔真宗大谷派〕

慈雲寺　じうんじ〔寺〕
　島根県松江市　《本尊》日蓮聖人　〔日蓮宗〕

慈雲寺　じうんじ〔寺〕
　香川県高松市　《本尊》阿弥陀如来
　　　　　　　　　　　　〔浄土真宗本願寺派〕

慈雲寺　じうんじ〔寺〕
　香川県三豊郡大野原町　《別称》清正公寺　《本尊》日蓮聖人奠定の大曼荼羅
　　　　　　　　　　　　　　　　〔日蓮宗〕

慈雲院　じうんいん〔寺〕
　愛知県額田郡額田町　《別称》高寺　《本尊》聖観世音菩薩　　　　〔臨済宗妙心寺派〕

慈雲院　じうんいん〔寺〕
　京都府京都市上京区　《本尊》観世音菩薩
　　　　　　　　　　　　〔臨済宗相国寺派〕

13慈照寺　じしょうじ〔寺〕
　山梨県中巨摩郡竜王町　《本尊》釈迦如来・文殊菩薩・普賢菩薩　　　　　〔曹洞宗〕

慈照寺　じしょうじ〔寺〕
　京都府京都市左京区　《別称》銀閣寺　《本尊》釈迦如来　　　　　〔臨済宗相国寺派〕

慈照寺　じしょうじ〔寺〕
　大阪府泉南郡熊取町　《本尊》聖観世音菩薩　　　　　　　　　　〔臨済宗妙心寺派〕

慈照寺　じしょうじ〔寺〕
　兵庫県朝来郡山東町　《本尊》観世音菩薩
　　　　　　　　　　　　〔臨済宗妙心寺派〕

慈照院　じしょういん〔寺〕
　京都府京都市上京区　《本尊》観世音菩薩
　　　　　　　　　　　　〔臨済宗相国寺派〕

14慈徳寺　じとくじ〔寺〕
　福島県福島市　《本尊》釈迦如来　〔曹洞宗〕

慈徳寺　じとくじ〔寺〕
　滋賀県犬上郡豊郷町　《本尊》聖観世音菩薩　　　　　　　　　　〔臨済宗永源寺派〕

慈徳院　じとくいん〔寺〕
　山梨県塩山市　《本尊》釈迦如来
　　　　　　　　　　　　〔臨済宗向嶽寺派〕

慈徳院　じとくいん〔寺〕
　山梨県中巨摩郡敷島町　《別称》おおでら　《本尊》延命地蔵菩薩　〔臨済宗妙心寺派〕

慈徳院　じとくいん〔寺〕
　岐阜県土岐市　《本尊》十一面観世音菩薩
　　　　　　　　　　　　〔臨済宗妙心寺派〕

慈徳院　じとくいん〔寺〕
　京都府与謝郡加悦町　《本尊》聖観世音菩薩　　　　　　　　　　〔臨済宗妙心寺派〕

19慈願寺　じがんじ〔寺〕
　栃木県那須郡烏山町　《別称》真宗二四輩旧跡　《本尊》阿弥陀如来　〔真宗大谷派〕

慈願寺　じがんじ〔寺〕
　栃木県那須郡馬頭町　《別称》真宗二四輩旧跡　《本尊》阿弥陀如来　〔浄土真宗本願寺派〕

慈願寺　じがんじ〔寺〕
　大阪府八尾市　《本尊》阿弥陀如来
　　　　　　　　　　　　　　〔真宗大谷派〕

慈願寺　じがんじ〔寺〕
　熊本県球磨郡多良木町　《本尊》阿弥陀如来　　　　　　　　　〔浄土真宗本願寺派〕

【慎】

13慎福寺　しんぷくじ〔寺〕
　三重県鈴鹿市　《本尊》薬師如来
　　　　　　　　　　　　　〔真言宗豊山派〕

【想】

13想慈院　そうじいん〔寺〕
　静岡県御前崎市　《本尊》釈迦如来　〔曹洞宗〕

【摂】

8摂取院　せっしゅいん〔寺〕

神社・寺院名よみかた辞典　631

13画（斟, 新）

　山形県長井市　《本尊》大日如来
　　　　　　　　　　　　　〔真言宗豊山派〕
摂取院　せっしゅいん〔寺〕
　福島県相馬市　《別称》浜の寺　《本尊》聖観
　世音菩薩・大日如来　　　〔真言宗豊山派〕
摂取院　せっしゅいん〔寺〕
　三重県鈴鹿市　《本尊》阿弥陀如来
　　　　　　　　　　　　　〔真宗高田派〕
摂取院　せっしゅいん〔寺〕
　京都府京都市左京区　《別称》蛇道心寺　《本
　尊》阿弥陀如来　　　　　　　　〔浄土宗〕
摂取院　せっしゅいん〔寺〕
　京都府京都市伏見区　《本尊》阿弥陀如来
　　　　　　　　　　　　　　　　〔浄土宗〕
20摂護寺　せつごじ〔寺〕
　宮崎県都城市　《本尊》阿弥陀如来
　　　　　　　　　　　〔浄土真宗本願寺派〕

【斟】
10斟珠寺　しんしゅうじ〔寺〕
　東京都八王子市　《別称》時田の弁天様　《本
　尊》弥勒菩薩　　　　　〔臨済宗南禅寺派〕

【新】
2新十津川神社　しんとつかわじんじゃ〔社〕
　北海道樺戸郡新十津川町　《別称》旧玉置神
　社　《祭神》国常立尊〔他〕　〔神社本庁〕
3新大仏寺　しんだいぶつじ〔寺〕
　三重県阿山郡大山田村　《別称》伊賀の大仏
　《本尊》毘盧舎那仏・不動明王
　　　　　　　　　　　　　〔真言宗智山派〕
新小岩の香取さま《称》　しんこいわのかと
　りさま〔社〕
　東京都江戸川区・香取神社　《祭神》経津主
　命〔他〕　　　　　　　　　　〔神社本庁〕
新山神社　にいやまじんじゃ〔社〕
　宮城県栗原郡栗駒町　《別称》お不動様　《祭
　神》天之手力男神　　　　　　〔神社本庁〕
新山神社　にゅうやまじんじゃ〔社〕
　宮城県桃生郡雄勝町　《祭神》伊邪那岐命
　　　　　　　　　　　　　　　〔神社本庁〕
新山神社　しんざんじんじゃ〔社〕
　秋田県本荘市　《祭神》倉稲魂神〔他〕
　　　　　　　　　　　　　　　〔神社本庁〕
新山神社　にいやまじんじゃ〔社〕
　山形県飽海郡平田町　《祭神》日本武尊命〔他〕
　　　　　　　　　　　　　　　〔神社本庁〕
新川の権現さん《称》　にいかわのごんげ
　んさん〔社〕
　富山県富山市・新川神社　《祭神》大己貴神
　〔他〕　　　　　　　　　　　〔神社本庁〕

新川神社　にいかわじんじゃ〔社〕
　富山県富山市　《別称》新川の権現さん　《祭
　神》大己貴神〔他〕　　　　　〔神社本庁〕
新川神社　にいかわじんじゃ〔社〕
　滋賀県野洲郡野洲町　《祭神》新川命
　　　　　　　　　　　　　　　〔神社本庁〕
4新井神社　にいじんじゃ〔社〕
　兵庫県氷上郡柏原町　《祭神》高皇産霊神
　　　　　　　　　　　　　　　〔神社本庁〕
新井御坊《称》　あらいごぼう〔寺〕
　新潟県新井市・東本願寺新井別院　《本尊》阿
　弥陀如来　　　　　　　　　　〔真宗大谷派〕
新井薬師《称》　あらいやくし〔寺〕
　埼玉県南埼玉郡白岡町・安楽寺　《本尊》不
　動明王　　　　　　　　　〔真言宗智山派〕
新井薬師《称》　あらいやくし〔寺〕
　東京都中野区・梅照院　《本尊》薬師如来
　　　　　　　　　　　　　〔真言宗豊山派〕
新戸隠神社　しんとがくしじんじゃ〔社〕
　愛知県名古屋市昭和区　《別称》とがくしさ
　ん　《祭神》天地道祖神〔他〕　　〔単立〕
新方荘総社《称》　にいがたしょうそうしゃ
　〔社〕
　埼玉県春日部市・八幡神社　《祭神》誉田別
　尊〔他〕　　　　　　　　　　〔神社本庁〕
新日吉神宮　いまひえじんぐう〔社〕
　京都府京都市東山区　《別称》日吉さん　《祭
　神》後白河天皇〔他〕　　　　　　〔単立〕
新木寺《称》　あらきでら〔寺〕
　埼玉県秩父市・金昌寺　《本尊》十一面観世
　音菩薩　　　　　　　　　　　　〔曹洞宗〕
5新北神社　にきたじんじゃ〔社〕
　佐賀県佐賀郡諸富町　《祭神》素盞嗚尊〔他〕
　　　　　　　　　　　　　　　〔神社本庁〕
新田神社　にったじんじゃ〔社〕
　群馬県太田市　《祭神》新田義貞　〔神社本庁〕
新田神社　にったじんじゃ〔社〕
　東京都大田区　《祭神》新田義興　〔神社本庁〕
新田神社　にったじんじゃ〔社〕
　香川県三豊郡高瀬町　《祭神》新田義貞〔他〕
　　　　　　　　　　　　　　　〔神社本庁〕
新田神社　にったじんじゃ〔社〕
　宮崎県児湯郡新富町　《別称》八幡様　《祭
　神》彦火火出見命　　　　　　〔神社本庁〕
新田神社　にったじんじゃ〔社〕
　鹿児島県川内市　《祭神》天津日高彦火瓊瓊
　杵尊〔他〕　　　　　　　　　〔神社本庁〕
新田神社　にったじんじゃ〔社〕
　鹿児島県薩摩郡下甑村　《別称》八幡様　《祭
　神》瓊瓊杵尊〔他〕　　　　　〔神社本庁〕

13画（新）

6 新光寺　しんこうじ〔寺〕
　新潟県新発田市　《本尊》薬師如来・九万坊大権現　〔曹洞宗〕

新光明寺　しんこうみょうじ〔寺〕
　神奈川県小田原市　《別称》鎌倉光明寺別院　《本尊》阿弥陀如来・地蔵菩薩・弁財天　〔浄土宗〕

新名爪八幡宮　になづめはちまんぐう〔社〕
　宮崎県宮崎市　《祭神》誉田別命［他］　〔神社本庁〕

新庄の宮《称》　しんじょうのみや〔社〕
　鳥取県西伯郡西伯町・賀茂神社　《祭神》別雷命［他］　〔神社本庁〕

新庄神社　しんじょうじんじゃ〔社〕
　佐賀県佐賀市　《祭神》応神天皇［他］　〔神社本庁〕

新成寺　しんせいじ〔寺〕
　埼玉県岩槻市　《別称》不動様　《本尊》不動明王・四大明王　〔真言宗智山派〕

7 新坊《称》　しんぼう〔寺〕
　京都府京都市下京区・光薗院　《本尊》阿弥陀如来　〔真宗仏光寺派〕

新谷寺　しんこくじ〔寺〕
　新潟県東蒲原郡三川村　《本尊》不動明王　〔真言宗豊山派〕

8 新定院　しんじょういん〔寺〕
　静岡県静岡市　《本尊》釈迦如来　〔臨済宗妙心寺派〕

新府藤武神社《称》　しんぷふじたけじんじゃ〔社〕
　山梨県韮崎市・藤武神社　《祭神》倉稲魂命［他］　〔神社本庁〕

新治神社　にいはるじんじゃ〔社〕
　富山県黒部市　《祭神》誉田別尊［他］　〔神社本庁〕

新注連寺　しんちゅうれんじ〔寺〕
　北海道函館市　《本尊》大日如来　〔真言宗智山派〕

新波神社　あらなみじんじゃ〔社〕
　秋田県河辺郡雄和町　《別称》不動様　《祭神》大国主神［他］　〔神社本庁〕

新知恩院　しんちおんいん〔寺〕
　滋賀県大津市　《本尊》円光大師　〔浄土宗〕

新長谷寺　しんはせでら〔寺〕
　茨城県結城郡八千代町　《別称》八町観音　《本尊》十一面観世音菩薩　〔真言宗豊山派〕

新長谷寺　しんちょうこくじ〔寺〕
　岐阜県関市　《別称》きった観音　《本尊》十一面観世音菩薩　〔真言宗智山派〕

新長谷寺　しんちょうこくじ〔寺〕
　愛媛県四国中央市　《別称》寒川の観音さま　《本尊》初瀬国観世音菩薩　〔高野山真言宗〕

9 新城神社　しんじょうじんじゃ〔社〕
　長崎県壱岐市　《祭神》平景隆［他］　〔神社本庁〕

新海三社神社　しんがいさんしゃじんじゃ〔社〕
　長野県南佐久郡臼田町　《別称》新海社　《祭神》興波岐命［他］　〔神社本庁〕

新海社《称》　しんがいしゃ〔社〕
　長野県南佐久郡臼田町・新海三社神社　《祭神》興波岐命［他］　〔神社本庁〕

新泉寺　しんせんじ〔寺〕
　北海道上川郡新得町　《本尊》阿弥陀如来　〔浄土真宗本願寺派〕

新発田の鬼子母神《称》　しばたのきしもじん〔寺〕
　新潟県新発田市・顕法寺　《本尊》十界大曼荼羅・鬼子母神　〔日蓮宗〕

新神社　しんじんじゃ〔社〕
　滋賀県彦根市　《祭神》大物主大神　〔神社本庁〕

10 新家長福寺　しんけちょうふくじ〔寺〕
　奈良県北葛城郡広陵町　《別称》新家御坊　《本尊》阿弥陀如来　〔真宗大谷派〕

新家御坊《称》　しんけごぼう〔寺〕
　奈良県北葛城郡広陵町・新家長福寺　《本尊》阿弥陀如来　〔真宗大谷派〕

新宮《称》　しんぐう〔社〕
　石川県鹿島郡中島町・藤津比古神社　《祭神》藤津比古神［他］　〔神社本庁〕

新宮《称》　しんぐう〔社〕
　福岡県浮羽郡田主丸町・石垣神社　《祭神》応神天皇［他］　〔神社本庁〕

新宮《称》　しんぐう〔社〕
　長崎県諫早市・高城神社　《祭神》竜造寺家晴　〔神社本庁〕

新宮《称》　しんぐう〔社〕
　長崎県大村市・大村神社　《祭神》大村直澄［他］　〔神社本庁〕

新宮さま《称》　しんぐうさま〔社〕
　長崎県東彼杵郡東彼杵町・彼杵神社　《祭神》健速須佐之男命［他］　〔神社本庁〕

お新宮さま《称》　おしんぐうさま〔社〕
　鹿児島県指宿市・揖宿神社　《祭神》大日霊貴命［他］　〔神社本庁〕

新宮さん《称》　しんぐうさん〔社〕
　静岡県引佐郡引佐町・井伊谷宮　《祭神》宗良親王　〔神社本庁〕

神社・寺院名よみかた辞典　633

13画（新）

新宮さん《称》　しんぐうさん〔社〕
　滋賀県甲賀郡信楽町・新宮神社　《祭神》素
　盞嗚命［他］　　　　　　　　　　〔単立〕
新宮さん《称》　しんぐうさん〔社〕
　鳥取県東伯郡赤碕町・葦原神社　《祭神》伊
　弉諾尊［他］　　　　　　　　　〔神社本庁〕
新宮さん《称》　しんぐうさん〔社〕
　徳島県名西郡石井町・新宮本宮両神社　《祭
　神》伊邪那美命［他］　　　　　　〔神社本庁〕
新宮さん《称》　しんぐうさん〔社〕
　愛媛県周桑郡小松町・三嶋神社　《祭神》大
　山祇大神［他］　　　　　　　　　〔神社本庁〕
新宮本宮両神社　しんぐうほんぐうりょう
　じんじゃ〔社〕
　徳島県名西郡石井町　《別称》新宮さん　《祭
　神》伊邪那美命［他］　　　　　　〔神社本庁〕
新宮寺　しんぐうじ〔寺〕
　熊本県球磨郡錦町　《別称》新宮さん　《本
　尊》阿弥陀三尊・釈迦如来・観世音菩薩
　　　　　　　　　　　　　　　　　〔黄檗宗〕
新宮社　しんぐうしゃ〔社〕
　愛知県西春日井郡師勝町　《祭神》速玉男尊
　［他］　　　　　　　　　　　　〔神社本庁〕
新宮神社　しんぐうじんじゃ〔社〕
　福井県大飯郡高浜町　《祭神》伊弉冉尊［他］
　　　　　　　　　　　　　　　　〔神社本庁〕
新宮神社　しんぐうじんじゃ〔社〕
　滋賀県甲賀郡信楽町　《別称》新宮さん　《祭
　神》素盞嗚命［他］　　　　　　　　〔単立〕
新宮神社　しんぐうじんじゃ〔社〕
　兵庫県美嚢郡吉川町　《祭神》表筒男命［他］
　　　　　　　　　　　　　　　　〔神社本庁〕
新宮神社　しんぐうじんじゃ〔社〕
　島根県鹿足郡六日市町　《別称》新宮様　《祭
　神》宇賀御魂神［他］　　　　　　〔神社本庁〕
新宮神社　しんぐうじんじゃ〔社〕
　高知県南国市　《祭神》天照皇大神［他］
　　　　　　　　　　　　　　　　〔神社本庁〕
新宮様《称》　しんぐうさま〔社〕
　島根県鹿足郡六日市町・新宮神社　《祭神》宇
　賀御魂神［他］　　　　　　　　　〔神社本庁〕
新宮様《称》　しんぐうさま〔社〕
　山口県佐波郡徳地町・厳島神社　《祭神》市
　杵島姫命［他］　　　　　　　　　〔神社本庁〕
新祥寺　しんしょうじ〔寺〕
　福島県原町市　《本尊》釈迦如来　　〔曹洞宗〕
11新得神社　しんとくじんじゃ〔社〕
　北海道上川郡新得町　《祭神》天照皇大神
　　　　　　　　　　　　　　　　〔神社本庁〕

新隆寺　しんりゅうじ〔寺〕
　千葉県匝瑳郡光町　《別称》尾垂観音　《本
　尊》十一面観世音菩薩　　　〔真言宗智山派〕
12新勝寺　しんしょうじ〔寺〕
　茨城県稲敷郡河内町　《別称》兄不動　《本
　尊》大日如来・不動明王　　〔真言宗豊山派〕
新勝寺　しんしょうじ〔寺〕
　千葉県成田市　《別称》大本山・成田山成田
　不動　《本尊》不動明王・矜羯羅童子・制
　多迦童子　　　　　　　　　〔真言宗智山派〕
新善光寺　しんぜんこうじ〔寺〕
　北海道札幌市中央区　《本尊》阿弥陀如来
　　　　　　　　　　　　　　　　　〔浄土宗〕
新善光寺　しんぜんこうじ〔寺〕
　千葉県匝瑳郡光町　《本尊》阿弥陀三尊・不
　動明王・延命地蔵菩薩　　　〔真言宗智山派〕
新善光寺　しんぜんこうじ〔寺〕
　神奈川県横浜市南区　《別称》久保山の善光
　寺　《本尊》阿弥陀三尊　　　　〔天台真盛宗〕
新善光寺　しんぜんこうじ〔寺〕
　新潟県東蒲原郡津川町　《別称》大寺　《本
　尊》善光寺阿弥陀如来・観世音菩薩・勢至
　菩薩　　　　　　　　　　　　　　〔浄土宗〕
新善光寺　しんぜんこうじ〔寺〕
　滋賀県栗東市　《本尊》阿弥陀如来　〔浄土宗〕
新善光寺　しんぜんこうじ〔寺〕
　京都府京都市東山区　《本尊》阿弥陀如来
　　　　　　　　　　　　　　　〔真言宗泉涌寺派〕
新善光寺　しんぜんこうじ〔寺〕
　京都府京都市下京区　《本尊》善光寺如来
　　　　　　　　　　　　　　　　　〔浄土宗〕
新善光寺　しんぜんこうじ〔寺〕
　岡山県勝田郡勝北町　《別称》お大師様　《本
　尊》阿弥陀三尊　　　　　　　〔高野山真言宗〕
新善光寺　しんぜんこうじ〔寺〕
　大分県別府市　《別称》別府善光寺　《本尊》
　善光寺如来三尊　　　　　　　　　〔浄土宗〕
新開大神宮　しんかいだいじんぐう〔社〕
　熊本県熊本市　《別称》伊勢の宮　《祭神》天
　照坐皇大御神［他］　　　　　　〔神社本庁〕
13新殿神社　しんでんじんじゃ〔社〕
　京都府相楽郡精華町　《祭神》須佐男命［他］
　　　　　　　　　　　　　　　　〔神社本庁〕
新溝神社　にいみぞじんじゃ〔社〕
　愛知県岩倉市　《祭神》新溝大神　〔神社本庁〕
新福寺　しんぷくじ〔寺〕
　福島県南会津郡只見町　《別称》林光山　《本
　尊》聖観世音菩薩　　　　　　〔真言宗豊山派〕
新福寺　しんぷくじ〔寺〕
　千葉県佐原市　《本尊》十一面観世音菩薩
　　　　　　　　　　　　　　　　　〔曹洞宗〕

13画（楽，業，極）

新福寺　しんぷくじ〔寺〕
　千葉県香取郡山田町　《別称》冷泉窟　《本尊》聖観世音菩薩　〔臨済宗妙心寺派〕
新福寺　しんぷくじ〔寺〕
　大分県大野郡千歳村　《別称》金神堂　《本尊》聖観世音菩薩・十一面観世音菩薩・金神大王　〔臨済宗妙心寺派〕
新豊院　しんぽういん〔寺〕
　静岡県庵原郡富士川町　《本尊》観世音菩薩　〔曹洞宗〕
14 新徳寺　しんとくじ〔寺〕
　愛知県春日井市　《本尊》聖観世音菩薩　〔臨済宗妙心寺派〕
新熊野神社　いまくまのじんじゃ〔社〕
　京都府京都市東山区　《別称》今熊野権現　《祭神》伊弉册美命　〔神社本教〕
15 新潟大神宮　にいがただいじんぐう〔社〕
　新潟県新潟市　《別称》神宮さま　《祭神》天照皇大神［他］　〔神社本庁〕
新潟県護国神社　にいがたけんごこくじんじゃ〔社〕
　新潟県新潟市　《祭神》護国の神霊　〔神社本庁〕
新蔵院〔称〕　しんぞういん〔寺〕
　大分県大野郡三重町・大徳寺　《本尊》阿弥陀如来・不動明王　〔天台宗〕
16 新興寺　しんこうじ〔寺〕
　鳥取県八頭郡八東町　《本尊》延命観世音菩薩　〔真言宗醍醐派〕
新薬師寺　しんやくしじ〔寺〕
　奈良県奈良市　《別称》別格本山　《本尊》薬師如来　〔華厳宗〕
新館神社　にいだてじんじゃ〔社〕
　青森県上北郡上北町　《祭神》誉田別尊　〔神社本庁〕
19 新羅神社　しんらじんじゃ〔社〕
　青森県八戸市　《別称》長者山　《祭神》素盞嗚尊［他］　〔神社本庁〕
新羅神社　しんらじんじゃ〔社〕
　福井県南条郡今庄町　《別称》上の宮　《祭神》素盞嗚尊［他］　〔神社本庁〕
新羅神社　しんらじんじゃ〔社〕
　岐阜県多治見市　《祭神》素盞嗚命［他］　〔神社本庁〕
20 新護寺　しんごじ〔寺〕
　静岡県藤枝市　《別称》藤枝成田山　《本尊》不動明王　〔真言宗智山派〕

【楽】

5 楽田寺　がくでんじ〔寺〕
　奈良県磯城郡田原本町　《本尊》阿弥陀如来　〔融通念仏宗〕
7 楽邦寺　らくほうじ〔寺〕
　岐阜県養老郡養老町　《本尊》阿弥陀如来　〔真宗大谷派〕
8 楽法寺　らくほうじ〔寺〕
　茨城県真壁郡大和村　《別称》雨引観音・坂東第二四番霊場　《本尊》延命観世音菩薩　〔真言宗豊山派〕
楽法寺　らくほうじ〔寺〕
　愛知県豊橋市　《本尊》釈迦如来　〔曹洞宗〕
9 楽音寺　がくおんじ〔寺〕
　兵庫県朝来郡山東町　《本尊》薬師如来　〔高野山真言宗〕
楽音寺　らくおんじ〔寺〕
　広島県豊田郡本郷町　《別称》法持院　《本尊》薬師如来　〔真言宗御室派〕
11 楽常寺　らくじょうじ〔寺〕
　長崎県南高来郡南串山町　《本尊》阿弥陀如来　〔浄土真宗本願寺派〕
12 楽満寺　らくまんじ〔寺〕
　千葉県香取郡下総町　《別称》中里の観音様　《本尊》安産子育如意輪観世音菩薩　〔臨済宗妙心寺派〕
楽運寺　らくうんじ〔寺〕
　愛知県名古屋市中区　《本尊》阿弥陀如来　〔真宗大谷派〕
13 楽楽福神社　ささふくじんじゃ〔社〕
　鳥取県日野郡日南町　《祭神》若建吉備津彦命［他］　〔神社本庁〕
楽楽福神社　ささふくじんじゃ〔社〕
　鳥取県日野郡溝口町　《別称》ささふくさん　《祭神》大日本根子彦太瓊尊　〔神社本庁〕

【業】

12 業葉神社　なりはじんじゃ〔社〕
　愛知県半田市　《別称》八幡様　《祭神》応神天皇［他］　〔神社本庁〕

【極】

6 極成寺　ごくじょうじ〔寺〕
　富山県富山市　《本尊》阿弥陀如来　〔真宗大谷派〕
8 極性寺　ごくしょうじ〔寺〕
　富山県富山市　《本尊》阿弥陀如来　〔真宗大谷派〕
13 極楽寺　ごくらくじ〔寺〕
　岩手県北上市　《別称》かどおかでら　《本尊》阿弥陀如来　〔真言宗智山派〕

神社・寺院名よみかた辞典　635

13画（極）

極楽寺　ごくらくじ〔寺〕
　岩手県紫波郡紫波町　《本尊》阿弥陀如来
　　　　　　　　　　　　　　　　〔浄土宗〕
極楽寺　ごくらくじ〔寺〕
　山形県米沢市　《本尊》阿弥陀如来　〔浄土宗〕
極楽寺　ごくらくじ〔寺〕
　福島県福島市　《別称》奥羽高野山　《本尊》
　阿弥陀如来・如来三宝大荒神
　　　　　　　　　　　　　　　〔高野山真言宗〕
極楽寺　ごくらくじ〔寺〕
　茨城県下館市　《本尊》阿弥陀如来　〔天台宗〕
極楽寺　ごくらくじ〔寺〕
　千葉県山武郡蓮沼村　《本尊》阿弥陀如来
　　　　　　　　　　　　　　　　〔浄土宗〕
極楽寺　ごくらくじ〔寺〕
　東京都葛飾区　《本尊》阿弥陀如来　〔浄土宗〕
極楽寺　ごくらくじ〔寺〕
　東京都八王子市　《本尊》阿弥陀如来
　　　　　　　　　　　　　　　　〔浄土宗〕
極楽寺　ごくらくじ〔寺〕
　神奈川県横浜市緑区　《本尊》大日如来
　　　　　　　　　　　　　　　〔真言宗豊山派〕
極楽寺《称》　ごくらくじ〔寺〕
　神奈川県鎌倉市・極楽律寺　《本尊》釈迦如
　来　　　　　　　　　　　　　　〔真言律宗〕
極楽寺　ごくらくじ〔寺〕
　神奈川県秦野市　《本尊》釈迦如来　〔曹洞宗〕
極楽寺　ごくらくじ〔寺〕
　神奈川県南足柄市　《本尊》釈迦如来
　　　　　　　　　　　　　　〔臨済宗円覚寺派〕
極楽寺　ごくらくじ〔寺〕
　新潟県三条市　《本尊》阿弥陀如来　〔浄土宗〕
極楽寺　ごくらくじ〔寺〕
　新潟県小千谷市稗生　《本尊》阿弥陀如来
　　　　　　　　　　　　　　　〔真言宗智山派〕
極楽寺　ごくらくじ〔寺〕
　新潟県小千谷市寺町　《本尊》阿弥陀如来
　　　　　　　　　　　　　　〔浄土真宗本願寺派〕
極楽寺　ごくらくじ〔寺〕
　富山県高岡市　《別称》ごくらくさん　《本尊》
　阿弥陀如来・八ノ宮稲荷大明神　〔浄土宗〕
極楽寺　ごくらくじ〔寺〕
　石川県金沢市　《本尊》阿弥陀如来　〔浄土宗〕
極楽寺　ごくらくじ〔寺〕
　長野県千曲市　《本尊》阿弥陀如来　〔浄土宗〕
極楽寺　ごくらくじ〔寺〕
　長野県木曽郡木祖村　《本尊》釈迦如来
　　　　　　　　　　　　　　〔臨済宗妙心寺派〕
極楽寺　ごくらくじ〔寺〕
　静岡県小笠郡菊川町　《本尊》延命地蔵菩
　薩　　　　　　　　　　　　　　　〔曹洞宗〕

極楽寺　ごくらくじ〔寺〕
　愛知県西春日井郡新川町　《本尊》阿弥陀如
　来　　　　　　　　　　　　　　〔真宗大谷派〕
極楽寺　ごくらくじ〔寺〕
　三重県名張市　《本尊》不動明王
　　　　　　　　　　　　　　　〔真言宗豊山派〕
極楽寺　ごくらくじ〔寺〕
　三重県志摩郡浜島町　《別称》北向地蔵　《本
　尊》阿弥陀如来・北向地蔵菩薩
　　　　　　　　　　　　　　〔臨済宗南禅寺派〕
極楽寺　ごくらくじ〔寺〕
　京都府京都市山科区　《本尊》阿弥陀如来
　　　　　　　　　　　　　　　　〔浄土宗〕
極楽寺　ごくらくじ〔寺〕
　京都府綾部市　《本尊》観世音菩薩
　　　　　　　　　　　　　　〔臨済宗東福寺派〕
極楽寺　ごくらくじ〔寺〕
　京都府亀岡市　《別称》出雲の極楽寺　《本
　尊》十一面観世音菩薩　　　　　　〔浄土宗〕
極楽寺　ごくらくじ〔寺〕
　大阪府岸和田市　《本尊》阿弥陀如来
　　　　　　　　　　　　　　　　〔浄土宗〕
極楽寺　ごくらくじ〔寺〕
　大阪府守口市　《本尊》阿弥陀如来　〔浄土宗〕
極楽寺　ごくらくじ〔寺〕
　大阪府茨木市　《本尊》阿弥陀三尊　〔浄土宗〕
極楽寺　ごくらくじ〔寺〕
　大阪府河内長野市　《本尊》阿弥陀如来
　　　　　　　　　　　　　　　〔融通念仏宗〕
極楽寺　ごくらくじ〔寺〕
　兵庫県神戸市北区　《本尊》阿弥陀如来
　　　　　　　　　　　　　　　　〔浄土宗〕
極楽寺　ごくらくじ〔寺〕
　兵庫県三田市　《本尊》阿弥陀如来
　　　　　　　　　　　　　　〔浄土真宗本願寺派〕
極楽寺　ごくらくじ〔寺〕
　兵庫県多可郡加美町　《別称》庚申さん　《本
　尊》大日如来・青面金剛　〔高野山真言宗〕
極楽寺　ごくらくじ〔寺〕
　兵庫県多可郡八千代町　《別称》伊勢和　《本
　尊》千手観世音菩薩　　　　　　　〔天台宗〕
極楽寺　ごくらくじ〔寺〕
　兵庫県多可郡黒田庄町　《本尊》観世音菩
　薩　　　　　　　　　　　〔臨済宗妙心寺派〕
極楽寺　ごくらくじ〔寺〕
　奈良県奈良市　《本尊》阿弥陀如来
　　　　　　　　　　　　　　　〔融通念仏宗〕
極楽寺　ごくらくじ〔寺〕
　奈良県天理市　《本尊》阿弥陀如来　〔浄土宗〕

極楽寺　ごくらくじ〔寺〕
　奈良県御所市　《別称》はんだの寺　《本尊》
　阿弥陀如来・天得如来　　　　　　〔浄土宗〕
極楽寺　ごくらくじ〔寺〕
　奈良県生駒郡安堵町　《本尊》阿弥陀如来
　　　　　　　　　　　　　〔真言宗国分寺派〕
極楽寺　ごくらくじ〔寺〕
　奈良県北葛城郡新庄町　《本尊》阿弥陀如
　来　　　　　　　　　　　　　　〔浄土宗〕
極楽寺　ごくらくじ〔寺〕
　和歌山県御坊市　《本尊》阿弥陀如来
　　　　　　　　　　　　　　　　〔浄土宗〕
極楽寺　ごくらくじ〔寺〕
　和歌山県海草郡下津町　《本尊》阿弥陀如
　来　　　　　　　　　　　　　　〔浄土宗〕
極楽寺　ごくらくじ〔寺〕
　和歌山県那賀郡貴志川町　《本尊》阿弥陀如
　来　　　　　　　　　　　　〔高野山真言宗〕
極楽寺　ごくらくじ〔寺〕
　鳥取県八頭郡智頭町　《本尊》十一面観世音
　菩薩・薬師如来・阿弥陀如来
　　　　　　　　　　　　　　〔高野山真言宗〕
極楽寺　ごくらくじ〔寺〕
　島根県浜田市　《本尊》阿弥陀如来　〔浄土宗〕
極楽寺　ごくらくじ〔寺〕
　島根県邇摩郡温泉津町　《本尊》阿弥陀如
　来　　　　　　　　　　　　　　〔浄土宗〕
極楽寺　ごくらくじ〔寺〕
　岡山県赤磐郡吉井町　《別称》葛の寺　《本
　尊》阿弥陀如来　　　　　　〔高野山真言宗〕
極楽寺　ごくらくじ〔寺〕
　岡山県苫田郡鏡野町　《本尊》十一面千手観
　世音菩薩　　　　　　　　　〔高野山真言宗〕
極楽寺　ごくらくじ〔寺〕
　山口県防府市　《本尊》阿弥陀如来　〔曹洞宗〕
極楽寺　ごくらくじ〔寺〕
　山口県玖珂郡周東町　《本尊》十一面観世音
　菩薩　　　　　　　　　　　〔真言宗御室派〕
極楽寺　ごくらくじ〔寺〕
　徳島県鳴門市　《別称》安産寺・四国第二番霊
　場　《本尊》阿弥陀如来　　〔高野山真言宗〕
極楽寺　ごくらくじ〔寺〕
　香川県さぬき市　《別称》宝蔵院・別格本山
　《本尊》薬師如来・月光菩薩・日光菩薩
　　　　　　　　　　　　　　〔真言宗大覚寺派〕
極楽寺　ごくらくじ〔寺〕
　香川県香川郡直島町　《本尊》阿弥陀三尊
　　　　　　　　　　　　　　〔高野山真言宗〕
極楽寺　ごくらくじ〔寺〕
　愛媛県松山市鷹ノ子　《別称》潅頂山　《本
　尊》阿弥陀如来　　　　　　〔真言宗豊山派〕

極楽寺　ごくらくじ〔寺〕
　愛媛県松山市南吉田　《本尊》釈迦如来
　　　　　　　　　　　　　　　　〔曹洞宗〕
極楽寺　ごくらくじ〔寺〕
　愛媛県西条市　《別称》総本山　《本尊》阿弥
　陀三尊・石鎚山金剛蔵王大権現・波切不動
　明王・弘法大師　　　　　〔石鎚山真言宗〕
極楽寺　ごくらくじ〔寺〕
　高知県安芸郡奈半利町　《本尊》薬師如来
　　　　　　　　　　　　　　〔真言宗豊山派〕
極楽寺　ごくらくじ〔寺〕
　福岡県福岡市南区　《本尊》阿弥陀如来
　　　　　　　　　　　　　　　　〔単立〕
極楽寺　ごくらくじ〔寺〕
　福岡県鞍手郡宮田町　《本尊》阿弥陀如来
　　　　　　　　　　　　　　　　〔浄土宗〕
極楽寺　ごくらくじ〔寺〕
　長崎県南松浦郡若松町　《本尊》阿弥陀如
　来　　　　　　　　　　　　　　〔浄土宗〕
極楽寺　ごくらくじ〔寺〕
　大分県大分市　《本尊》阿弥陀如来・観世音
　菩薩・勢至菩薩　　　　〔臨済宗妙心寺派〕
極楽寺　ごくらくじ〔寺〕
　宮崎県延岡市　《本尊》阿弥陀如来　〔曹洞宗〕
極楽律寺　ごくらくりつじ〔寺〕
　神奈川県鎌倉市　《別称》極楽寺　《本尊》釈
　迦如来　　　　　　　　　　　〔真言律宗〕
極楽殿〈称〉　ごくらくでん〔寺〕
　京都府京都市右京区・法然寺　《本尊》法然
　上人　　　　　　　　　　　　　〔浄土宗〕

【榊】

2 榊八幡〈称〉　さかきはちまん〔社〕
　神奈川県横浜市磯子区西町・八幡神社　《祭
　神》誉田別命　　　　　　　　　〔神社本庁〕
榊八幡宮　さかきはちまんぐう〔社〕
　山口県玖珂郡由宇町　《祭神》応神天皇〔他〕
　　　　　　　　　　　　　　　　〔神社本庁〕
3 榊山神社　さかきやまじんじゃ〔社〕
　岐阜県恵那郡福岡町　《祭神》建速須佐之男
　命〔他〕　　　　　　　　　　　〔神社本庁〕
榊山稲荷神社　さかきやまいなりじんじゃ
　〔社〕
　岩手県盛岡市　《別称》旧桜山おいなりさん
　《祭神》豊受姫之命〔他〕　　　〔神社本庁〕
9 榊神社　さかきじんじゃ〔社〕
　東京都台東区　《別称》第六天榊神社　《祭
　神》天神六代坐皇大御神〔他〕　〔神社本庁〕
榊神社　さかきじんじゃ〔社〕
　新潟県上越市　《祭神》榊原康政〔他〕
　　　　　　　　　　　　　　　　〔神社本庁〕

神社・寺院名よみかた辞典　637

13画（楯, 椿, 楢, 楠, 楊, 楡）

10榊姫神社　さかきひめじんじゃ〔社〕
　　福岡県北九州市八幡西区　《祭神》玉依姫命
　　［他］　　　　　　　　　　　　　　〔神社本庁〕
12榊葉神社　さかきばじんじゃ〔社〕
　　岡山県久米郡中央町　《祭神》天児屋根命
　　　　　　　　　　　　　　　　　　〔神社本庁〕

【楯】
16楯縫神社　たてぬいじんじゃ〔社〕
　　茨城県稲敷郡美浦村　《祭神》経都主命［他］
　　　　　　　　　　　　　　　　　　〔神社本庁〕

【椿】
0お椿さま《称》　おつばきさま〔社〕
　　山口県萩市・椿八幡宮　《祭神》仲哀天皇［他］
　　　　　　　　　　　　　　　　　　〔神社本庁〕
　椿さま《称》　つばきさま〔社〕
　　大分県東国東郡武蔵町・椿八幡神社　《祭神》
　　応神天皇［他］　　　　　　　　　　〔神社本庁〕
　椿の寺《称》　つばきのてら〔寺〕
　　滋賀県八日市市・陽泉院　《本尊》阿弥陀如
　　来　　　　　　　　　　　　　　　　　〔浄土宗〕
2椿八幡神社　つばきはちまんじんじゃ〔社〕
　　大分県東国東郡武蔵町　《別称》椿さま　《祭
　　神》応神天皇［他］　　　　　　　　〔神社本庁〕
　椿八幡宮　つばきはちまんぐう〔社〕
　　山口県萩市　《別称》お椿さま　《祭神》仲哀
　　天皇［他］　　　　　　　　　　　　〔神社本庁〕
3椿大神社　つばきおおかみやしろ〔社〕
　　三重県鈴鹿市　《別称》猿田彦大本宮　《祭
　　神》猿田彦大神［他］　　　　　　　〔神社本庁〕
6椿寺《称》　つばきでら〔寺〕
　　東京都新宿区・勝興寺　《本尊》釈迦如来
　　　　　　　　　　　　　　　　　　　〔曹洞宗〕
　椿寺《称》　つばきでら〔寺〕
　　岐阜県瑞浪市・天獻寺　《本尊》聖観世音菩
　　薩　　　　　　　　　　　〔臨済宗妙心寺派〕
　椿寺《称》　つばきでら〔寺〕
　　京都府京都市北区・地蔵院　《本尊》阿弥陀
　　如来　　　　　　　　　　　　　　　　〔浄土宗〕
7椿沢寺　ちんたくじ〔寺〕
　　新潟県見附市　《本尊》阿弥陀如来
　　　　　　　　　　　　　　　　　〔真言宗智山派〕
9椿神社《称》　つばきじんじゃ〔社〕
　　愛媛県松山市・伊予豆比古命神社　《祭神》伊
　　予豆比古命［他］　　　　　　　　　〔神社本庁〕
10椿原天満宮　つばきはらてんまんぐう〔社〕
　　石川県金沢市　《祭神》天満天神　〔神社本庁〕

11椿堂《称》　つばきどう〔寺〕
　　愛媛県四国中央市・常福寺　《本尊》延命地蔵
　　菩薩・弘法大師・不動明王　　〔高野山真言宗〕

【楢】
5楢本神社　ならもとじんじゃ〔社〕
　　石川県松任市　《祭神》伊弉冉尊　〔神社本庁〕
7楢谷寺　ゆうこくじ〔寺〕
　　岐阜県大野郡清見村　《別称》楢谷御坊　《本
　　尊》阿弥陀如来　　　　　　　　　〔真宗大谷派〕
12楢葉八幡神社　ならははちまんじんじゃ〔
　　社〕
　　福島県双葉郡広野町　《祭神》品陀和気尊［他］
　　　　　　　　　　　　　　　　　　〔神社本庁〕

【楠】
4楠公さん《称》　なんこうさん〔社〕
　　兵庫県神戸市中央区・湊川神社　《祭神》楠
　　正成［他］　　　　　　　　　　　　〔神社本庁〕
7楠妣庵観音寺　なんぴあんかんのんじ〔寺〕
　　大阪府富田林市　《別称》楠妣庵　《本尊》千
　　手観世音菩薩・十一面観世音菩薩
　　　　　　　　　　　　　　　　〔臨済宗妙心寺派〕
　楠尾神社　くすおじんじゃ〔社〕
　　香川県綾歌郡国分寺町　《祭神》玉依姫［他］
　　　　　　　　　　　　　　　　　　〔神社本庁〕

【楊】
7楊谷寺　ようこくじ〔寺〕
　　神奈川県中郡大磯町　《別称》御薬師さま
　　《本尊》薬師如来・前立薬師如来　　〔天台宗〕
　楊谷寺　ようこくじ〔寺〕
　　京都府長岡京市　《別称》柳谷観音　《本尊》
　　十一面千手千眼観世音菩薩　　〔西山浄土宗〕
9楊柳寺　ようりゅうじ〔寺〕
　　岡山県新見市　《本尊》如意輪観世音菩薩
　　　　　　　　　　　　　　　　　　　〔曹洞宗〕
10楊原神社　やなぎはらじんじゃ〔社〕
　　静岡県沼津市　《別称》大宮様　《祭神》大山
　　祇命［他］　　　　　　　　　　　　〔神社本庁〕

【楡】
3楡山神社　にれやまじんじゃ〔社〕
　　埼玉県深谷市　《別称》熊野三社権現　《祭
　　神》伊邪奈美命　　　　　　　　　　〔神社本庁〕
4楡木神社　にれきじんじゃ〔社〕
　　栃木県鹿沼市　《祭神》磐裂命［他］
　　　　　　　　　　　　　　　　　　〔神社本庁〕

13画（楞, 歳, 殿, 滑, 漢, 源）

【楞】

17 楞厳寺　りょうごんじ〔寺〕
　茨城県笠間市　《本尊》大日如来
　　　　　　　　　　　〔臨済宗妙心寺派〕

楞厳寺　りょうごんじ〔寺〕
　愛知県刈谷市　《別称》お大様の寺　《本尊》釈迦如来・阿難尊者・迦葉尊者　〔曹洞宗〕

楞厳寺　りょうごんじ〔寺〕
　京都府綾部市　《本尊》薬師如来・千手千眼観世音菩薩　　　〔高野山真言宗〕

楞厳寺　りょうごんじ〔寺〕
　兵庫県美方郡浜坂町　《別称》大本山《本尊》釈迦如来　　　〔臨済宗天竜寺派〕

楞厳寺　りょうごんじ〔寺〕
　山口県周南市　《本尊》十一面観世音菩薩
　　　　　　　　　　　　　　　〔曹洞宗〕

楞厳院　りょうごんいん〔寺〕
　静岡県静岡市　《本尊》十一面観世音菩薩
　　　　　　　　　　　　　　　〔曹洞宗〕

楞厳院　りょうごんいん〔寺〕
　静岡県沼津市　《本尊》釈迦如来　〔曹洞宗〕

【歳】

8 歳苗神社　としなえじんじゃ〔社〕
　滋賀県神崎郡永源寺町　《別称》としないさん　《祭神》天児屋根命〔他〕　〔神社本庁〕

【殿】

0 殿さまのお宮《称》　とのさまのおみや〔社〕
　新潟県中蒲原郡村松町・住吉神社　《祭神》表筒男命〔他〕　　　　〔神社本庁〕

【滑】

3 滑川観音《称》　なめがわかんのん〔寺〕
　千葉県香取郡下総町・竜正院　《本尊》十一面観世音菩薩・地蔵菩薩　〔天台宗〕

【漢】

8 漢国神社　かんごうじんじゃ〔社〕
　奈良県奈良市　《別称》かんごさん　《祭神》大物主命〔他〕　　　　〔単立〕

12 漢陽寺　かんようじ〔寺〕
　山口県周南市　《別称》唐の漢陽寺　《本尊》聖観世音菩薩・釈迦如来　〔臨済宗南禅寺派〕

【源】

3 源久寺　げんきゅうじ〔寺〕
　山口県山口市　《本尊》釈迦如来　〔曹洞宗〕

4 源心寺　げんしんじ〔寺〕
　千葉県市川市　《本尊》阿弥陀如来　〔浄土宗〕

5 源正寺　げんしょうじ〔寺〕
　東京都世田谷区　《本尊》阿弥陀如来
　　　　　　　　　　　〔浄土真宗本願寺派〕

源正寺　げんしょうじ〔寺〕
　東京都武蔵野市　《本尊》阿弥陀如来
　　　　　　　　　　　〔浄土真宗本願寺派〕

源正寺　げんしょうじ〔寺〕
　東京都調布市　《本尊》如意輪観世音菩薩
　　　　　　　　　　　〔臨済宗建長寺派〕

源正寺　げんしょうじ〔寺〕
　大阪府大阪市阿倍野区　《本尊》阿弥陀如来　　　　　　　　　　〔浄土宗〕

源正寺　げんしょうじ〔寺〕
　島根県八束郡美保関町　《本尊》阿弥陀如来　　　　　　　　　　〔浄土宗〕

6 源光寺　げんこうじ〔寺〕
　京都府京都市右京区　《別称》常盤谷地蔵《本尊》乙子地蔵菩薩　〔臨済宗天竜寺派〕

源光寺　げんこうじ〔寺〕
　大阪府大阪市北区　《別称》浜本山　《本尊》天筆阿弥陀如来・阿弥陀如来　〔浄土宗〕

源光院　げんこういん〔寺〕
　静岡県伊東市　《本尊》延命地蔵菩薩
　　　　　　　　　　　　　　　〔曹洞宗〕

源光院　げんこういん〔寺〕
　京都府京都市東山区　《本尊》阿弥陀如来　　　　　　　　　　　〔浄土宗〕

源光院　げんこういん〔寺〕
　京都府京都市伏見区　《本尊》阿弥陀如来　　　　　　　　　　　〔浄土宗〕

源光庵　げんこうあん〔寺〕
　京都府京都市北区　《別称》復古禅林《本尊》釈迦如来　　　　〔曹洞宗〕

8 源昌寺　げんしょうじ〔寺〕
　東京都港区　《本尊》釈迦如来　〔曹洞宗〕

源昌寺　げんしょうじ〔寺〕
　佐賀県鹿島市　《本尊》阿弥陀如来　〔曹洞宗〕

源東寺　げんとうじ〔寺〕
　茨城県北茨城市　《本尊》阿弥陀如来
　　　　　　　　　　　　　　　〔曹洞宗〕

源東院　げんとういん〔寺〕
　神奈川県横浜市緑区　《本尊》阿弥陀如来　　　　　　　　　　　〔浄土宗〕

源空寺　げんくうじ〔寺〕
　群馬県北群馬郡子持村　《本尊》阿弥陀如来　　　　　　　　　　〔浄土宗〕

源空寺　げんくうじ〔寺〕
　京都府京都市伏見区　《別称》円光大師霊場第一五番　《本尊》円光大師　〔浄土宗〕

神社・寺院名よみかた辞典　639

13画（準, 滝）

10 源流寺　げんりゅうじ〔寺〕
　長野県木曽郡開田村　《本尊》釈迦如来・如意輪観世音菩薩・馬頭観世音菩薩
　　　　　　　　　　　　　　〔臨済宗妙心寺派〕
　源真寺　げんしんじ〔寺〕
　長野県上水内郡信州新町　《本尊》釈迦三尊
　　　　　　　　　　　　　　〔曹洞宗〕
12 源覚寺　げんかくじ〔寺〕
　東京都文京区　《別称》こんにゃくえんま　《本尊》阿弥陀如来　〔浄土宗〕
13 源照寺　げんしょうじ〔寺〕
　東京都世田谷区　《本尊》聖観世音菩薩
　　　　　　　　　　　　　　〔曹洞宗〕
　源照寺　げんしょうじ〔寺〕
　東京都葛飾区　《本尊》阿弥陀如来　〔浄土宗〕
　源照寺　げんしょうじ〔寺〕
　滋賀県大津市　《本尊》阿弥陀如来・地蔵菩薩・薬師如来・観世音菩薩・両大師　〔浄土宗〕
14 源徳寺　げんとくじ〔寺〕
　兵庫県龍野市　《本尊》阿弥陀如来
　　　　　　　　　　　　　　〔浄土真宗本願寺派〕
15 源慶寺　げんきょうじ〔寺〕
　東京都新宿区　《本尊》阿弥陀如来
　　　　　　　　　　　　　　〔真宗大谷派〕
　源慶寺　げんきょうじ〔寺〕
　三重県志摩郡阿児町　《本尊》阿弥陀如来
　　　　　　　　　　　　　　〔真宗大谷派〕

【準】

12 準提さん　《称》　じゅんていさん〔寺〕
　京都府京都市左京区・積善院　《本尊》准胝観世音菩薩・五大力菩薩　〔単立〕

【滝】

0 滝の不動　《称》　たきのふどう〔寺〕
　大阪府交野市・宜春院　《本尊》不動明王
　　　　　　　　　　　　　　〔臨済宗妙心寺派〕
　滝の不動様　《称》　たきのふどうさま〔社〕
　千葉県君津市・亀山神社　《祭神》日本武尊
　　　　　　　　　　　　　　〔神社本庁〕
　滝の宮　《称》　たきのみや〔社〕
　群馬県勢多郡北橘村・木曾三社神社　《祭神》須佐之男命〔他〕　〔神社本庁〕
　滝の宮　《称》　たきのみや〔社〕
　滋賀県犬上郡多賀町・大滝多賀神社　《祭神》高靇神〔他〕　〔神社本庁〕
　滝の宮　《称》　たきのみや〔社〕
　愛媛県越智郡朝倉村・多伎神社　《祭神》須佐之男命〔他〕　〔神社本庁〕

　滝の薬師　《称》　たきのやくし〔寺〕
　滋賀県甲賀郡甲賀町・竜福寺　《本尊》薬師如来　〔天台宗〕
3 滝上寺　りゅうじょうじ〔寺〕
　奈良県吉野郡下市町　《本尊》阿弥陀如来
　　　　　　　　　　　　　　〔浄土真宗本願寺派〕
　滝大明神　《称》　たきだいみょうじん〔社〕
　大阪府泉佐野市・火走神社　《祭神》軻遇突智神　〔神社本庁〕
　滝山寺　りゅうさんじ〔寺〕
　千葉県鴨川市　《本尊》不動明王・薬師如来
　　　　　　　　　　　　　　〔真言宗智山派〕
　滝山寺　ろうざんじ〔寺〕
　愛知県岡崎市　《本尊》薬師如来・日光菩薩・月光菩薩　〔天台宗〕
　滝川寺　りゅうせんじ〔寺〕
　奈良県吉野郡上北山村　《本尊》地蔵菩薩
　　　　　　　　　　　　　　〔曹洞宗〕
　滝川神社　たきがわじんじゃ〔社〕
　北海道滝川市　《祭神》天照皇大神
　　　　　　　　　　　　　　〔神社本庁〕
　滝川神社　たきがわじんじゃ〔社〕
　静岡県富士市　《祭神》木花之佐久夜毘売命　〔神社本庁〕
4 滝元八幡宮　《称》　たきもとはちまんぐう〔社〕
　島根県鹿足郡日原町滝元・八幡宮　《祭神》応神天皇〔他〕　〔神社本庁〕
5 滝仙寺　りゅうせんじ〔寺〕
　三重県名賀郡青山町　《本尊》阿弥陀如来・延命地蔵菩薩　〔真言宗豊山派〕
6 滝光寺　りゅうこうじ〔寺〕
　奈良県吉野郡黒滝村　《本尊》阿弥陀如来
　　　　　　　　　　　　　　〔真宗大谷派〕
　滝光徳寺　りゅうこうとくじ〔寺〕
　佐賀県三養基郡基山町　《別称》大本山・中山不動尊　《本尊》中山不動明王
　　　　　　　　　　　　　　〔中山身語正宗〕
　滝安寺　りゅうあんじ〔寺〕
　大阪府箕面市　《別称》箕面寺　《本尊》如意輪観世音菩薩　〔単立〕
　滝寺　たきでら〔寺〕
　徳島県三好郡三野町　《別称》万念山滝寺　《本尊》聖観世音菩薩　〔真言宗御室派〕
7 滝尾山　《称》　たきのおさん〔社〕
　栃木県今市市・滝尾神社　《祭神》田心姫命〔他〕　〔神社本庁〕
　滝尾神社　たきのおじんじゃ〔社〕
　栃木県今市市　《別称》滝尾山　《祭神》田心姫命〔他〕　〔神社本庁〕

640　神社・寺院名よみかた辞典

13画（滉, 照）

滝沢寺　りゅうたくじ〔寺〕
　岩手県和賀郡東和町　《本尊》釈迦如来
　　　　　　　　　　　　　　　　〔曹洞宗〕
滝沢寺　りゅうたくじ〔寺〕
　宮城県仙台市太白区　《本尊》十一面観世音
　菩薩・不動明王・承陽大師・常済大師
　　　　　　　　　　　　　　　　〔曹洞宗〕
滝沢寺　りゅうたくじ〔寺〕
　宮城県遠田郡涌谷町　《本尊》釈迦如来
　　　　　　　　　　　　　　　　〔曹洞宗〕
滝谷不動明王寺　たきたにふどうみょうおうじ〔寺〕
　大阪府富田林市　《別称》たきたに不動　《本尊》不動明王・矜迦羅童子・制多迦童子
　　　　　　　　　　　　　　　〔真言宗智山派〕
滝谷寺　りゅうこくじ〔寺〕
　福島県大沼郡金山町　《本尊》釈迦如来
　　　　　　　　　　　　　　　　〔曹洞宗〕
滝谷寺　たきだんじ〔寺〕
　福井県坂井郡三国町　《本尊》薬師如来・如意輪観世音菩薩　　　〔真言宗智山派〕
滝谷寺由緒寺院《称》　たきだにじゆいしょじいん〔寺〕
　石川県羽咋市・妙成寺　《本尊》日蓮聖人奨定の大曼荼羅　　　　　　〔日蓮宗〕
8滝法寺　りゅうほうじ〔寺〕
　和歌山県日高郡印南町　《別称》お滝寺　《本尊》虚空蔵菩薩・伊奈滝大権現・不空羂索観世音菩薩　　　　　　〔高野山真言宗〕
滝門寺　りゅうもんじ〔寺〕
　神奈川県足柄下郡真鶴町　《本尊》釈迦如来　　　　　　　　　　　　　　　　〔曹洞宗〕
9滝泉寺　りゅうせんじ〔寺〕
　北海道登別市　《別称》成田山　《本尊》不動明王　　　　　　　　　〔真言宗智山派〕
滝泉寺　りゅうせんじ〔寺〕
　茨城県土浦市　《本尊》十一面観世音菩薩
　　　　　　　　　　　　　　　〔真言宗豊山派〕
滝泉寺　りゅうせんじ〔寺〕
　埼玉県日高市　《本尊》千手観世音菩薩
　　　　　　　　　　　　　　　〔真言宗智山派〕
滝泉寺　りゅうせんじ〔寺〕
　千葉県夷隅郡大原町　《別称》貝須賀銀杏寺　《本尊》地蔵菩薩　　　　　　〔天台宗〕
滝泉寺　ろうせんじ〔寺〕
　東京都目黒区　《別称》目黒不動　《本尊》不動明王　　　　　　　　　　　　〔天台宗〕
滝神社　たきじんじゃ〔社〕
　岡山県勝田郡奈義町　《別称》御滝さま　《祭神》伊邪那美尊［他］　　〔神社本庁〕

滝神社　たきじんじゃ〔社〕
　愛媛県新居浜市　《祭神》高靇神［他］
　　　　　　　　　　　　　　　　〔神社本庁〕
10滝原宮　たきはらのみや〔社〕
　三重県度会郡大宮町　伊勢神宮・皇大神宮の別宮　《祭神》天照坐皇大御神御魂
　　　　　　　　　　　　　　　　〔神社本庁〕
滝原竝宮　たきはらならびのみや〔社〕
　三重県度会郡大宮町(滝原宮域内)　伊勢神宮・皇大神宮の別宮　《祭神》天照坐皇大御神御魂　　　　　　　　　　　　〔神社本庁〕
滝宮さん《称》　たきみやさん〔社〕
　徳島県板野郡上板町・八坂神社　《祭神》素戔嗚命　　　　　　　　　　　　〔神社本庁〕
滝宮八坂神社《称》　たきみややさかじんじゃ〔社〕
　徳島県板野郡上板町・八坂神社　《祭神》素戔嗚命　　　　　　　　　　　　〔神社本庁〕
滝宮神社　たきのみやじんじゃ〔社〕
　広島県三原市　《祭神》須佐之男命［他］
　　　　　　　　　　　　　　　〔神道大霊教〕
滝宮神社　たきみやじんじゃ〔社〕
　徳島県美馬郡木屋平村　《祭神》素盞男命
　　　　　　　　　　　　　　　　〔神社本庁〕
11滝野坊《称》　たきのぼう〔寺〕
　富山県氷見市・西念寺　《本尊》阿弥陀如来
　　　　　　　　　　　　　　　〔真宗大谷派〕
12滝湖寺　りょうこじ〔寺〕
　香川県小豆郡土庄町　《別称》笠ヶ滝の寺　《本尊》無量寿如来・不動明王
　　　　　　　　　　　　　　　〔高野山真言宗〕
15滝権現《称》　たきごんげん〔社〕
　山梨県北巨摩郡小淵沢町・大滝神社　《祭神》大国主命［他］　　　　　　〔神社本庁〕
16滝樹神社　たぎじんじゃ〔社〕
　滋賀県甲賀郡土山町　《別称》たぎのみや　《祭神》速秋津日子命［他］　〔神社本庁〕
滝興寺　りゅうこうじ〔寺〕
　群馬県勢多郡新里村　《本尊》釈迦如来
　　　　　　　　　　　　　　　〔真言宗豊山派〕

【滉】

3滉上神社　かすかみじんじゃ〔社〕
　石川県小松市　《別称》郷神様　《祭神》五十日帯彦命［他］　　　　　〔神社本庁〕

【照】

3照久寺　しょうきゅうじ〔寺〕
　奈良県北葛城郡當麻町　《本尊》阿弥陀如来　　　　　　　　　　　〔真宗興正派〕

神社・寺院名よみかた辞典　*641*

13画（照）

照大寺　しょうだいじ〔寺〕
　新潟県新潟市　《別称》石山の寺　《本尊》阿
　弥陀如来　　　　　　　　　〔真宗大谷派〕
4照円寺　しょうえんじ〔寺〕
　北海道河東郡士幌町　《本尊》阿弥陀如来
　　　　　　　　　　　　〔浄土真宗本願寺派〕
照円寺　しょうえんじ〔寺〕
　富山県東礪波郡井波町　《別称》竹部寺　《本
　尊》阿弥陀如来　　　　　　〔真宗大谷派〕
照円寺　しょうえんじ〔寺〕
　石川県金沢市　《本尊》阿弥陀如来
　　　　　　　　　　　　〔浄土真宗本願寺派〕
照円寺　しょうえんじ〔寺〕
　徳島県那賀郡那賀川町　《本尊》阿弥陀如
　来　　　　　　　　　　〔浄土真宗本願寺派〕
6照光寺　しょうこうじ〔寺〕
　茨城県石岡市　《本尊》阿弥陀如来　〔浄土宗〕
照光寺　しょうこうじ〔寺〕
　千葉県木更津市　《本尊》阿弥陀如来
　　　　　　　　　　　　　〔真言宗豊山派〕
照光寺　しょうこうじ〔寺〕
　新潟県新井市　《本尊》阿弥陀如来
　　　　　　　　　　　　〔浄土真宗本願寺派〕
照光寺　しょうこうじ〔寺〕
　長野県岡谷市　《本尊》大日如来
　　　　　　　　　　　　　〔真言宗智山派〕
照光寺　しょうこうじ〔寺〕
　山口県熊毛郡上関町　《本尊》阿弥陀如来
　　　　　　　　　　　　〔浄土真宗本願寺派〕
照光院　しょうこういん〔寺〕
　埼玉県越谷市　《別称》中寺　《本尊》阿弥陀
　如来　　　　　　　　　　〔真言宗豊山派〕
照江寺　しょうこうじ〔寺〕
　静岡県沼津市　《本尊》観世音菩薩・大日如
　来　　　　　　　　　　　〔臨済宗妙心寺派〕
照西寺　しょうさいじ〔寺〕
　岐阜県羽島市　《本尊》阿弥陀如来
　　　　　　　　　　　　　〔真宗大谷派〕
7照見寺　しょうけんじ〔寺〕
　北海道紋別郡興部町　《本尊》阿弥陀如来
　　　　　　　　　　　　〔浄土真宗本願寺派〕
照谷寺　しょうこくじ〔寺〕
　福島県会津若松市　《別称》山寺　《本尊》阿
　弥陀如来　　　　　　　　　　〔天台宗〕
8照国神社　てるくにじんじゃ〔社〕
　鳥取県東伯郡東伯町　《別称》日吉山王　《祭
　神》伊弉冊尊〔他〕　　　　　〔神社本庁〕
照国神社　てるくにじんじゃ〔社〕
　鹿児島県鹿児島市　《別称》照国さん　《祭
　神》照国大明神　　　　　　〔神社本庁〕

照明寺　しょうみょうじ〔寺〕
　東京都葛飾区　《本尊》阿弥陀如来・弘法大
　師　　　　　　　　　　　〔真言宗豊山派〕
照明寺　しょうみょうじ〔寺〕
　新潟県三島郡寺泊町　《別称》寺泊の観音
　《本尊》聖観世音菩薩　　　〔真言宗智山派〕
照明寺　しょうみょうじ〔寺〕
　石川県羽咋郡志賀町　《本尊》阿弥陀如来
　　　　　　　　　　　　　〔真宗大谷派〕
照明寺　しょうみょうじ〔寺〕
　岐阜県郡上市　《本尊》阿弥陀如来
　　　　　　　　　　　　　〔真宗大谷派〕
照明寺　しょうみょうじ〔寺〕
　兵庫県神戸市東灘区　《別称》東明の寺　《本
　尊》阿弥陀如来　　　　　　〔真宗大谷派〕
照林坊　しょうりんぼう〔寺〕
　広島県三次市　《本尊》阿弥陀如来
　　　　　　　　　　　　〔浄土真宗本願寺派〕
9照専寺　しょうせんじ〔寺〕
　新潟県小千谷市　《別称》おおでら　《本尊》
　阿弥陀如来　　　　　　　　　〔浄土宗〕
照栄院　しょうえいいん〔寺〕
　東京都大田区　《本尊》十界曼荼羅・日蓮聖
　人　　　　　　　　　　　　　〔日蓮宗〕
10照恩寺《称》　しょうおんじ〔寺〕
　東京都小平市・照恩教会　《本尊》阿弥陀如
　来　　　　　　　　　　〔浄土真宗本願寺派〕
照恩教会　しょうおんきょうかい〔寺〕
　東京都小平市　《別称》照恩寺　《本尊》阿弥
　陀如来　　　　　　　　〔浄土真宗本願寺派〕
照流寺　しょうりゅうじ〔寺〕
　大阪府大阪市此花区　《本尊》阿弥陀如来
　　　　　　　　　　　　〔浄土真宗本願寺派〕
11照教寺　しょうきょうじ〔寺〕
　石川県金沢市　《本尊》阿弥陀如来
　　　　　　　　　　　　　〔真宗大谷派〕
照経寺　しょうきょうじ〔寺〕
　北海道足寄郡足寄町　《本尊》阿弥陀如来
　　　　　　　　　　　　〔浄土真宗本願寺派〕
12照善寺　しょうぜんじ〔寺〕
　東京都大田区　《本尊》阿弥陀如来　〔浄土宗〕
照善寺　しょうぜんじ〔寺〕
　兵庫県神戸市中央区　《本尊》阿弥陀如来
　　　　　　　　　　　　〔浄土真宗本願寺派〕
照善坊　しょうぜんぼう〔寺〕
　広島県三次市　《本尊》阿弥陀如来
　　　　　　　　　　　　〔浄土真宗本願寺派〕
照運寺　しょううんじ〔寺〕
　愛知県名古屋市中区　《本尊》釈迦如来
　　　　　　　　　　　　　　〔曹洞宗〕

13画（猿, 獅, 瑞）

照陽寺　しょうようじ〔寺〕
　山形県米沢市　《本尊》釈迦如来　〔曹洞宗〕
13 照源寺　しょうげんじ〔寺〕
　宮城県牡鹿郡女川町　《別称》中山　《本尊》聖観世音菩薩　〔曹洞宗〕
照源寺　しょうげんじ〔寺〕
　福井県武生市　《本尊》阿弥陀如来　〔真宗三門徒派〕
照源寺　しょうげんじ〔寺〕
　三重県桑名市　《本尊》阿弥陀如来　〔浄土宗〕
照源寺　しょうげんじ〔寺〕
　愛媛県北宇和郡松野町　《本尊》観世音菩薩　〔臨済宗妙心寺派〕
照福寺　しょうふくじ〔寺〕
　石川県輪島市　《別称》安町の寺　《本尊》阿弥陀如来　〔真宗大谷派〕
照福寺　しょうふくじ〔寺〕
　京都府綾部市　《本尊》釈迦如来　〔臨済宗妙心寺派〕
照蓮寺　しょうれんじ〔寺〕
　岐阜県高山市堀端町　《別称》城山御坊　《本尊》阿弥陀如来　〔真宗大谷派〕
照蓮寺《称》　しょうれんじ〔寺〕
　岐阜県高山市・東本願寺高山別院照蓮寺　《本尊》阿弥陀如来　〔真宗大谷派〕
照蓮寺　しょうれんじ〔寺〕
　広島県竹原市　《本尊》阿弥陀如来　〔浄土真宗本願寺派〕
照蓮寺　しょうれんじ〔寺〕
　山口県豊浦郡豊北町　《本尊》阿弥陀如来　〔浄土真宗本願寺派〕
照蓮院　しょうれんいん〔寺〕
　埼玉県越谷市　《本尊》大日如来　〔真言宗豊山派〕
照遠寺　しょうおんじ〔寺〕
　愛知県名古屋市東区　《別称》御堂　《本尊》日蓮聖人　〔日蓮宗〕
17 照厳寺　しょうごんじ〔寺〕
　福井県あわら市　《本尊》阿弥陀如来　〔真宗大谷派〕
18 照顕寺　しょうけんじ〔寺〕
　富山県魚津市　《本尊》阿弥陀如来　〔浄土真宗本願寺派〕
19 照願寺　しょうがんじ〔寺〕
　茨城県那珂郡美和村　《別称》真宗二四輩旧跡　《本尊》阿弥陀如来　〔真宗大谷派〕
照願寺　しょうがんじ〔寺〕
　千葉県夷隅郡大原町　《別称》もんと寺　《本尊》阿弥陀如来　〔浄土真宗本願寺派〕

照願寺　しょうがんじ〔寺〕
　岐阜県郡上市　《本尊》阿弥陀如来　〔真宗大谷派〕
20 照護寺　しょうごじ〔寺〕
　青森県東津軽郡平内町　《別称》支院の寺　《本尊》阿弥陀如来　〔真宗大谷派〕
照護寺　しょうごじ〔寺〕
　福井県福井市　《別称》桂島坊　《本尊》阿弥陀如来　〔浄土真宗本願寺派〕

【猿】

5 猿田王子神社　さるたみこじんじゃ〔社〕
　鹿児島県鹿児島郡吉田町　《祭神》猿田王子神　〔神社本庁〕
猿田彦大本宮《称》　さるたひこだいほんぐう〔社〕
　三重県鈴鹿市・椿大神社　《祭神》猿田彦大神[他]　〔神社本庁〕
猿田彦神社　さるたひこじんじゃ〔社〕
　栃木県上都賀郡足尾町　《別称》御庚申様　《祭神》猿田彦神[他]　〔神社本庁〕
猿田彦神社　さるたひこじんじゃ〔社〕
　三重県伊勢市　《祭神》猿田彦大神[他]　〔神社本庁〕
猿田神社　さるたじんじゃ〔社〕
　千葉県銚子市　《別称》御猿田様　《祭神》猿田大神[他]　〔神社本庁〕
6 猿寺《称》　さるでら〔寺〕
　京都府京都市下京区・正行院　《本尊》阿弥陀如来　〔浄土宗捨世派〕
7 猿投神社　さなげじんじゃ〔社〕
　岐阜県可児市　《祭神》猿田彦大神　〔神社本庁〕
猿投神社　さなげじんじゃ〔社〕
　愛知県豊田市　《祭神》大碓命[他]　〔神社本庁〕
12 猿賀神社　さるかじんじゃ〔社〕
　青森県南津軽郡尾上町　《祭神》上毛君田道命[他]　〔神社本庁〕
猿賀神社　さるがじんじゃ〔社〕
　秋田県鹿角市　《祭神》猿田彦命[他]　〔神社本庁〕

【獅】

3 獅子窟寺　ししくつじ〔寺〕
　大阪府交野市　《別称》岩屋さん　《本尊》薬師如来　〔高野山真言宗〕

【瑞】

3 瑞川寺　ずいせんじ〔寺〕

神社・寺院名よみかた辞典　643

13画（瑞）

岩手県一関市　《本尊》延命地蔵菩薩
〔曹洞宗〕

瑞川寺　ずいせんじ〔寺〕
宮城県古川市　《別称》握りの観音　《本尊》釈迦如来
〔曹洞宗〕

4 瑞円寺　ずいえんじ〔寺〕
東京都渋谷区　《本尊》釈迦如来　〔曹洞宗〕

5 瑞仙寺　ずいせんじ〔寺〕
鳥取県米子市　《別称》米子の金毘羅さん　《本尊》釈迦如来
〔曹洞宗〕

瑞石寺　ずいせきじ〔寺〕
福岡県鞍手郡宮田町　《本尊》釈迦如来
〔曹洞宗〕

6 瑞光寺　ずいこうじ〔寺〕
秋田県由利郡由利町　《本尊》釈迦如来
〔曹洞宗〕

瑞光寺　ずいこうじ〔寺〕
栃木県真岡市　《本尊》勢至菩薩　〔天台宗〕

瑞光寺　ずいこうじ〔寺〕
埼玉県狭山市　《本尊》大日如来・観世音菩薩
〔真言宗智山派〕

瑞光寺　ずいこうじ〔寺〕
東京都新宿区　《本尊》十界大曼荼羅
〔日蓮宗〕

瑞光寺　ずいこうじ〔寺〕
長野県上伊那郡辰野町　《本尊》阿弥陀如来
〔臨済宗妙心寺派〕

瑞光寺　ずいこうじ〔寺〕
静岡県静岡市　《本尊》釈迦如来　〔曹洞宗〕

瑞光寺　ずいこうじ〔寺〕
愛知県名古屋市千種区　《本尊》阿弥陀如来
〔真宗大谷派〕

瑞光寺　ずいこうじ〔寺〕
京都府京都市伏見区　《別称》元政庵　《本尊》十界大曼荼羅
〔日蓮宗〕

瑞光寺　ずいこうじ〔寺〕
京都府舞鶴市　《本尊》阿弥陀如来
〔浄土真宗本願寺派〕

瑞光寺　ずいこうじ〔寺〕
京都府天田郡夜久野町　《別称》千原のお寺　《本尊》阿弥陀三尊
〔曹洞宗〕

瑞光寺　ずいこうじ〔寺〕
大阪府大阪市東淀川区　《本尊》聖観世音菩薩
〔臨済宗妙心寺派〕

瑞光寺　ずいこうじ〔寺〕
島根県邇摩郡温泉津町　《本尊》阿弥陀如来
〔浄土真宗本願寺派〕

瑞光寺　ずいこうじ〔寺〕
佐賀県藤津郡嬉野町　《本尊》薬師如来
〔臨済宗南禅寺派〕

瑞光院　ずいこういん〔寺〕
京都府京都市山科区　《本尊》釈迦如来
〔臨済宗大徳寺派〕

瑞安寺　ずいあんじ〔寺〕
千葉県市原市　《別称》椎津の文殊様　《本尊》阿弥陀如来・文殊菩薩
〔浄土宗〕

7 瑞応寺　ずいおうじ〔寺〕
長野県下伊那郡松川町　《本尊》千手観世音菩薩
〔臨済宗妙心寺派〕

瑞応寺　ずいおうじ〔寺〕
岐阜県羽島郡笠松町　《別称》赤門でら　《本尊》観世音菩薩
〔臨済宗妙心寺派〕

瑞応寺　ずいおうじ〔寺〕
静岡県浜北市　《本尊》十一面観世音菩薩
〔臨済宗方広寺派〕

瑞応寺　ずいおうじ〔寺〕
愛媛県新居浜市　《本尊》釈迦如来　〔曹洞宗〕

瑞応寺　ずいおうじ〔寺〕
高知県高知市　《別称》大本山　〔薫的宗〕

瑞応寺　ずいおうじ〔寺〕
長崎県対馬市　《本尊》釈迦如来
〔臨済宗南禅寺派〕

瑞花院　ずいけいん〔寺〕
奈良県橿原市　《別称》ずいけん寺　《本尊》阿弥陀如来
〔浄土宗〕

8 瑞岩寺　ずいがんじ〔寺〕
山形県東置賜郡高畠町　《本尊》釈迦如来
〔曹洞宗〕

瑞岩寺　ずいがんじ〔寺〕
栃木県芳賀郡茂木町　〔真言宗智山派〕

瑞延寺　ずいえんじ〔寺〕
神奈川県横浜市南区　《本尊》阿弥陀如来
〔真宗大谷派〕

瑞昌寺　ずいしょうじ〔寺〕
岐阜県岐阜市　《本尊》十一面観世音菩薩
〔臨済宗妙心寺派〕

瑞松寺　ずいしょうじ〔寺〕
福岡県北九州市小倉北区　《本尊》大日如来
〔曹洞宗〕

瑞松院　ずいしょういん〔寺〕
東京都台東区　《本尊》身代地蔵菩薩
〔臨済宗妙心寺派〕

瑞松庵　ずいしょうあん〔寺〕
山口県厚狭郡楠町　《本尊》釈迦如来
〔曹洞宗〕

瑞林寺　ずいりんじ〔寺〕
埼玉県大里郡妻沼町　《本尊》薬師如来・日限地蔵菩薩
〔曹洞宗〕

瑞林寺　ずいりんじ〔寺〕
岐阜県美濃加茂市　《本尊》聖観世音菩薩
〔臨済宗妙心寺派〕

13画（瑞）

瑞林寺　ずいりんじ〔寺〕
　静岡県富士市　《本尊》地蔵菩薩　〔黄檗宗〕
瑞林寺　ずいりんじ〔寺〕
　熊本県天草郡苓北町　《別称》たかでら　《本尊》釈迦如来　〔曹洞宗〕
瑞法寺　ずいほうじ〔寺〕
　北海道網走郡美幌町　《本尊》釈迦如来
　　　　　　　　　　　　　　　　　〔曹洞宗〕
9 瑞春院　ずいしゅんいん〔寺〕
　京都府京都市上京区　《本尊》阿弥陀如来
　　　　　　　　　　　　　　　〔臨済宗相国寺派〕
瑞泉寺　ずいせんじ〔寺〕
　神奈川県鎌倉市　《本尊》釈迦如来・地蔵菩薩・千手観世音菩薩　〔臨済宗円覚寺派〕
瑞泉寺　ずいせんじ〔寺〕
　新潟県新発田市　《本尊》釈迦如来　〔曹洞宗〕
瑞泉寺　ずいせんじ〔寺〕
　新潟県上越市　《本尊》阿弥陀如来
　　　　　　　　　　　　　　　〔浄土真宗本願寺派〕
瑞泉寺　ずいせんじ〔寺〕
　富山県東礪波郡城端町　《本尊》阿弥陀如来　〔浄土真宗本願寺派〕
瑞泉寺　ずいせんじ〔寺〕
　富山県東礪波郡井波町　《別称》井波の大御坊・井波別院　《本尊》阿弥陀如来・聖徳太子　〔真宗大谷派〕
瑞泉寺　ずいせんじ〔寺〕
　山梨県甲府市　《本尊》阿弥陀如来　〔浄土宗〕
瑞泉寺　ずいせんじ〔寺〕
　愛知県名古屋市緑区　《本尊》釈迦如来
　　　　　　　　　　　　　　　　　〔曹洞宗〕
瑞泉寺　ずいせんじ〔寺〕
　愛知県犬山市　《本尊》虚空蔵菩薩・身代地蔵菩薩　〔臨済宗妙心寺派〕
瑞泉寺　ずいせんじ〔寺〕
　愛知県常滑市　《本尊》薬師如来　〔曹洞宗〕
瑞泉寺　ずいせんじ〔寺〕
　京都府京都市中京区　《本尊》阿弥陀如来
　　　　　　　　　　　　　　〔浄土宗西山禅林寺派〕
瑞泉寺　ずいせんじ〔寺〕
　大阪府吹田市　《本尊》観世音菩薩
　　　　　　　　　　　　　　　〔臨済宗妙心寺派〕
瑞泉寺　ずいせんじ〔寺〕
　兵庫県朝来郡和田山町　《本尊》釈迦如来
　　　　　　　　　　　　　　　〔臨済宗妙心寺派〕
瑞泉寺　ずいせんじ〔寺〕
　和歌山県新宮市　《別称》おおでら　《本尊》阿弥陀如来　〔浄土宗〕
瑞泉院　ずいせんいん〔寺〕
　埼玉県入間市　《本尊》釈迦三尊　〔曹洞宗〕

瑞相寺　ずいそうじ〔寺〕
　山口県岩国市　《本尊》阿弥陀如来　〔浄土宗〕
瑞相寺　ずいそうじ〔寺〕
　山口県柳井市　《本尊》阿弥陀如来　〔浄土宗〕
10 瑞峰寺　ずいほうじ〔寺〕
　兵庫県豊岡市　《別称》みひらき山　《本尊》釈迦如来　〔曹洞宗〕
瑞峯院　ずいほういん〔寺〕
　京都府京都市北区　《本尊》観世音菩薩
　　　　　　　　　　　　　　　〔臨済宗大徳寺派〕
瑞竜寺　ずいりゅうじ〔寺〕
　北海道札幌市中央区　《別称》円山の瑞竜寺　《本尊》釈迦如来・十一面観世音菩薩
　　　　　　　　　　　　　　　〔臨済宗妙心寺派〕
瑞竜寺　ずいりゅうじ〔寺〕
　青森県上北郡七戸町　《本尊》釈迦如来
　　　　　　　　　　　　　　　　　〔曹洞宗〕
瑞竜寺　ずいりゅうじ〔寺〕
　福島県福島市　《別称》上の寺　《本尊》阿弥陀如来　〔浄土真宗本願寺派〕
瑞竜寺　ずいりゅうじ〔寺〕
　富山県高岡市　《本尊》釈迦三尊　〔曹洞宗〕
瑞竜寺　ずいりゅうじ〔寺〕
　岐阜県岐阜市　《本尊》薬師如来
　　　　　　　　　　　　　　　〔臨済宗妙心寺派〕
瑞竜寺　ずいりゅうじ〔寺〕
　静岡県静岡市　《本尊》聖観世音菩薩
　　　　　　　　　　　　　　　　　〔曹洞宗〕
瑞竜寺　ずいりゅうじ〔寺〕
　滋賀県近江八幡市　《別称》村雲御所・門跡・由緒寺院　《本尊》二尊四菩薩・日蓮聖人・鬼子母神　〔日蓮宗〕
瑞竜寺　ずいりゅうじ〔寺〕
　大阪府大阪市浪速区　《別称》鉄眼寺
　　　　　　　　　　　　　　　　　〔黄檗宗〕
瑞竜寺　ずいりゅうじ〔寺〕
　愛媛県喜多郡長浜町　《本尊》十一面観世音菩薩　〔臨済宗妙心寺派〕
瑞華院　ずいかいん〔寺〕
　東京都港区　《本尊》阿弥陀如来　〔浄土宗〕
12 瑞景寺　ずいけいじ〔寺〕
　奈良県奈良市　　　　　　　　　〔黄檗宗〕
瑞雲寺　ずいうんじ〔寺〕
　北海道斜里郡小清水町　《本尊》釈迦如来
　　　　　　　　　　　　　　　　　〔曹洞宗〕
瑞雲寺　ずいうんじ〔寺〕
　北海道勇払郡早来町　《本尊》釈迦如来・観世音菩薩・薬師如来　〔曹洞宗〕
瑞雲寺　ずいうんじ〔寺〕
　岩手県宮古市　《本尊》釈迦如来　〔曹洞宗〕

神社・寺院名よみかた辞典　645

13画（瑜, 碾, 碓）

瑞雲寺　ずいうんじ〔寺〕
　宮城県伊具郡丸森町　《本尊》釈迦如来
　　　　　　　　　　　　　　　　〔曹洞宗〕
瑞雲寺　ずいうんじ〔寺〕
　宮城県加美郡加美町　《本尊》三尊仏
　　　　　　　　　　　　　　　　〔曹洞宗〕
瑞雲寺　ずいうんじ〔寺〕
　神奈川県小田原市　《本尊》十一面観世音菩
　薩　　　　　　　　　　　　　　〔曹洞宗〕
瑞雲寺　ずいうんじ〔寺〕
　岐阜県大垣市　《本尊》釈迦如来
　　　　　　　　　　　　　　〔臨済宗妙心寺派〕
瑞雲寺　ずいうんじ〔寺〕
　愛知県春日井市　《本尊》薬師如来
　　　　　　　　　　　　　　〔臨済宗妙心寺派〕
瑞雲寺　ずいうんじ〔寺〕
　三重県伊勢市　《本尊》聖観世音菩薩
　　　　　　　　　　　　　　〔臨済宗妙心寺派〕
瑞雲寺　ずいうんじ〔寺〕
　京都府舞鶴市　《本尊》薬師三尊
　　　　　　　　　　　　　　〔臨済宗東福寺派〕
瑞雲寺　ずいうんじ〔寺〕
　兵庫県氷上郡青垣町　《本尊》釈迦如来
　　　　　　　　　　　　　　　　〔曹洞宗〕
瑞雲寺　ずいうんじ〔寺〕
　島根県平田市　《別称》平田薬師　《本尊》薬
　師如来　　　　　　　　　　　　〔天台宗〕
瑞雲寺　ずいうんじ〔寺〕
　広島県豊田郡安浦町　《本尊》阿弥陀如来
　　　　　　　　　　　　　　　　〔浄土宗〕
瑞雲院　ずいうんいん〔寺〕
　山形県米沢市　《本尊》釈迦如来　〔曹洞宗〕
瑞雲院　ずいうんいん〔寺〕
　山形県新庄市　《本尊》釈迦如来　〔曹洞宗〕
瑞雲院　ずいうんいん〔寺〕
　福井県小浜市　《本尊》延命地蔵菩薩
　　　　　　　　　　　　　　〔臨済宗南禅寺派〕
瑞雲院　ずいうんいん〔寺〕
　静岡県静岡市　《本尊》如意輪観世音菩薩
　　　　　　　　　　　　　　〔臨済宗妙心寺派〕
瑞雲院　ずいうんいん〔寺〕
　静岡県周智郡春野町　《本尊》聖観世音菩
　薩　　　　　　　　　　　　　　〔曹洞宗〕
瑞雲院　ずいうんいん〔寺〕
　京都府京都市下京区　《別称》百石寺　《本
　尊》一塔両尊四菩薩・日蓮聖人　〔日蓮宗〕
13瑞源寺　ずいげんじ〔寺〕
　福井県福井市　《本尊》十一面観世音菩薩
　　　　　　　　　　　　　　〔臨済宗妙心寺派〕
瑞聖寺　ずいしょうじ〔寺〕
　東京都港区　《本尊》釈迦如来　　〔単立〕

瑞蓮寺　ずいれんじ〔寺〕
　山梨県東八代郡一宮町　《本尊》阿弥陀如
　来　　　　　　　　　　　　　　〔浄土宗〕
瑞蓮寺　ずいれんじ〔寺〕
　京都府京都市中京区　《本尊》阿弥陀如来
　　　　　　　　　　　　　　　〔真宗大谷派〕
瑞蓮院　ずいれんいん〔寺〕
　東京都新宿区　《本尊》阿弥陀如来〔浄土宗〕
14瑞鳳寺　ずいほうじ〔寺〕
　宮城県仙台市青葉区　　〔臨済宗妙心寺派〕
15瑞輪寺　ずいりんじ〔寺〕
　東京都台東区　《本尊》日蓮聖人奠定の大曼
　荼羅　　　　　　　　　　　　　〔日蓮宗〕
瑞輪寺　ずいりんじ〔寺〕
　奈良県吉野郡下市町　《本尊》阿弥陀如来
　　　　　　　　　　　　　　〔浄土真宗本願寺派〕
20瑞巌寺　ずいがんじ〔寺〕
　北海道雨竜郡沼田町　《本尊》釈迦如来
　　　　　　　　　　　　　　　　〔単立〕
瑞巌寺　ずいがんじ〔寺〕
　宮城県宮城郡松島町　《別称》円福寺・松島
　寺　《本尊》聖観世音菩薩・胡像
　　　　　　　　　　　　　　〔臨済宗妙心寺派〕
瑞巌寺　ずいがんじ〔寺〕
　岐阜県山県市　《本尊》聖観世音菩薩・釈迦
　如来　　　　　　　　　　　〔臨済宗妙心寺派〕
瑞巌寺　ずいがんじ〔寺〕
　岐阜県揖斐郡揖斐川町　〔臨済宗妙心寺派〕
瑞巌寺　ずいがんじ〔寺〕
　三重県松阪市　《別称》石観音　《本尊》阿弥
　陀如来・十一面観世音菩薩　　　〔浄土宗〕
瑞巌寺　ずいがんじ〔寺〕
　京都府亀岡市　《本尊》釈迦如来
　　　　　　　　　　　　　　〔臨済宗東福寺派〕

【瑜】

7瑜伽神社　ゆうがじんじゃ〔社〕
　奈良県奈良市　《祭神》宇賀御魂神　〔単立〕

【碾】

16碾磑神社　みかじんじゃ〔社〕
　埼玉県児玉郡美里町　《別称》鎮守様　《祭
　神》櫛御気野命［他］　　　　〔神社本庁〕

【碓】

5碓氷権現　うすいごんげん〔社〕
　群馬県碓氷郡松井田町・熊野神社　《祭神》伊
　邪那美命［他］　　　　　　　〔神社本庁〕

【禅】

6 禅光院　ぜんこういん〔寺〕
　　山口県吉敷郡秋穂町　《本尊》阿弥陀如来
　　　　　　　　　　　　　　　〔高野山真言宗〕
7 禅床院　ぜんしょういん〔寺〕
　　島根県浜田市　《本尊》延命地蔵菩薩
　　　　　　　　　　　　　　　　　〔曹洞宗〕
8 禅定寺　ぜんじょうじ〔寺〕
　　京都府綴喜郡宇治田原町　《別称》観音妙智
　　院　《本尊》十一面観世音菩薩　〔曹洞宗〕
禅定寺　ぜんじょうじ〔寺〕
　　和歌山県海草郡下津町　《本尊》阿弥陀如
　　来　　　　　　　　　　　　　　〔浄土宗〕
禅定寺　ぜんじょうじ〔寺〕
　　島根県飯石郡三刀屋町　《本尊》聖観世音菩
　　薩　　　　　　　　　　　　　　〔天台宗〕
禅定院　ぜんじょういん〔寺〕
　　東京都中野区　《本尊》不動明王
　　　　　　　　　　　　　　　〔真言宗豊山派〕
禅定院　ぜんじょういん〔寺〕
　　東京都練馬区　《本尊》阿弥陀如来
　　　　　　　　　　　　　　　〔真言宗智山派〕
禅居庵　ぜんきょあん〔寺〕
　　京都府京都市東山区　《別称》摩利支尊天堂
　　《本尊》観音菩薩・摩利支天
　　　　　　　　　　　　　　〔臨済宗建仁寺派〕
禅昌寺　ぜんしょうじ〔寺〕
　　東京都あきる野市　《本尊》観世音菩薩
　　　　　　　　　　　　　　〔臨済宗建長寺派〕
禅昌寺　ぜんしょうじ〔寺〕
　　岐阜県下呂市　《別称》飛騨の勅願所　《本
　　尊》釈迦如来・聖観世音菩薩
　　　　　　　　　　　　　　〔臨済宗妙心寺派〕
禅昌寺　ぜんしょうじ〔寺〕
　　兵庫県神戸市須磨区　《別称》かえで寺　《本
　　尊》十一面観世音菩薩　〔臨済宗南禅寺派〕
禅昌寺　ぜんしょうじ〔寺〕
　　広島県広島市中区　《本尊》聖観世音菩薩
　　　　　　　　　　　　　　　　　〔曹洞宗〕
禅昌寺　ぜんしょうじ〔寺〕
　　山口県山口市　《別称》西の高野　《本尊》釈
　　迦如来　　　　　　　　　　　　〔曹洞宗〕
禅林寺　ぜんりんじ〔寺〕
　　秋田県由利郡仁賀保町　《本尊》釈迦如来・不
　　動明王　　　　　　　　　　　　〔曹洞宗〕
禅林寺　ぜんりんじ〔寺〕
　　東京都三鷹市　《本尊》釈迦如来　〔黄檗宗〕
禅林寺　ぜんりんじ〔寺〕
　　岐阜県可児市　《本尊》地蔵菩薩
　　　　　　　　　　　　　　〔臨済宗妙心寺派〕

禅林寺　ぜんりんじ〔寺〕
　　愛知県一宮市　《本尊》釈迦如来　〔曹洞宗〕
禅林寺　ぜんりんじ〔寺〕
　　三重県三重郡菰野町　《別称》禅寺　《本尊》
　　大日如来　　　　　　　　〔臨済宗妙心寺派〕
禅林寺　ぜんりんじ〔寺〕
　　京都府京都市左京区　《別称》総本山・永観堂
　　《本尊》阿弥陀如来　〔浄土宗西山禅林寺派〕
禅林寺　ぜんりんじ〔寺〕
　　大阪府大阪市中央区　《本尊》釈迦如来
　　　　　　　　　　　　　　　　　〔曹洞宗〕
禅林寺　ぜんりんじ〔寺〕
　　和歌山県和歌山市　《本尊》釈迦如来
　　　　　　　　　　　　　　〔臨済宗妙心寺派〕
禅林寺　ぜんりんじ〔寺〕
　　和歌山県海南市　《別称》幡川の薬師　《本
　　尊》薬師如来　　　　　　　〔高野山真言宗〕
禅林寺　ぜんりんじ〔寺〕
　　広島県広島市中区　《本尊》釈迦如来
　　　　　　　　　　　　　　〔臨済宗妙心寺派〕
禅林寺　ぜんりんじ〔寺〕
　　長崎県長崎市　《本尊》如意輪観世音菩薩
　　　　　　　　　　　　　　〔臨済宗妙心寺派〕
禅法寺　ぜんぽうじ〔寺〕
　　京都府京都市左京区　《本尊》阿弥陀如来
　　　　　　　　　　　　　　　　　〔浄土宗〕
禅長寺　ぜんちょうじ〔寺〕
　　福島県いわき市　《本尊》滝見観世音菩薩
　　　　　　　　　　　　　　〔臨済宗妙心寺派〕
9 禅海寺　ぜんかいじ〔寺〕
　　静岡県賀茂郡松崎町　《本尊》釈迦如来
　　　　　　　　　　　　　　〔臨済宗建長寺派〕
禅海寺　ぜんかいじ〔寺〕
　　京都府宮津市　《本尊》阿弥陀如来・勢至菩
　　薩・観世音菩薩・千手観世音菩薩
　　　　　　　　　　　　　　〔臨済宗妙心寺派〕
10 禅師峰寺　ぜんじぶじ〔寺〕
　　高知県南国市　《別称》峰寺・四国第三二番
　　霊場　《本尊》十一面観世音菩薩
　　　　　　　　　　　　　　　〔真言宗豊山派〕
禅竜寺　ぜんりゅうじ〔寺〕
　　北海道斜里郡斜里町　《本尊》釈迦如来
　　　　　　　　　　　　　　　　　〔曹洞宗〕
禅華院　ぜんけいん〔寺〕
　　京都府京都市左京区　《本尊》釈迦如来・地
　　蔵菩薩・観世音菩薩　　　〔臨済宗大徳寺派〕
禅通寺　ぜんつうじ〔寺〕
　　岐阜県吉城郡上宝村　《本尊》釈迦如来
　　　　　　　　　　　　　　〔臨済宗妙心寺派〕
禅透院　ぜんとういん〔寺〕
　　長野県千曲市　《本尊》釈迦如来　〔曹洞宗〕

13画（福）

11 禅隆寺　ぜんりゅうじ〔寺〕
　岐阜県美濃加茂市　《本尊》釈迦如来
　　　　　　　　　　　　〔臨済宗妙心寺派〕
12 禅智院　ぜんちいん〔寺〕
　滋賀県高島郡高島町　《別称》禅智院門跡
　《本尊》地蔵菩薩　〔臨済宗南禅寺派〕
　禅覚寺　ぜんかくじ〔寺〕
　福岡県北九州市若松区　《本尊》聖観世音菩
　薩　　　　　　　　　　　　　〔曹洞宗〕
13 禅源寺　ぜんげんじ〔寺〕
　山形県鶴岡市　《本尊》薬師如来　〔曹洞宗〕
　禅源寺　ぜんげんじ〔寺〕
　大分県宇佐市　《本尊》釈迦如来
　　　　　　　　　　　　〔臨済宗妙心寺派〕
　禅源長寿寺　ぜんげんちょうじゅじ〔寺〕
　宮崎県串間市　《別称》長寿寺　《本尊》釈迦
　如来・観世音菩薩　　〔臨済宗相国寺派〕
　禅照寺　ぜんしょうじ〔寺〕
　富山県射水郡小杉町　《本尊》阿弥陀如来
　　　　　　　　　　　　〔浄土真宗本願寺派〕
　禅福寺　ぜんぷくじ〔寺〕
　静岡県下田市　《本尊》釈迦如来　〔曹洞宗〕
14 禅徳寺　ぜんとくじ〔寺〕
　京都府綾部市　《別称》上杉の寺　《本尊》釈
　迦如来・千手千眼観世音菩薩
　　　　　　　　　　　　〔臨済宗東福寺派〕
15 禅蔵寺　ぜんぞうじ〔寺〕
　岐阜県揖斐郡池田町　《別称》きなかの地蔵
　《本尊》延命地蔵菩薩・稲荷大明神
　　　　　　　　　　　　〔臨済宗妙心寺派〕
18 禅叢寺　ぜんそうじ〔寺〕
　静岡県静岡市　《本尊》釈迦如来・薬師如来
　　　　　　　　　　　　〔臨済宗妙心寺派〕

【福】

2 福力荒神宮　ふくりきこうじんぐう〔社〕
　岡山県津山市　《祭神》素盞嗚尊　〔神社本庁〕
3 福千寺　ふくせんじ〔寺〕
　石川県金沢市　《本尊》阿弥陀如来
　　　　　　　　　　　　〔真宗大谷派〕
　福山八幡宮　ふくやまはちまんぐう〔社〕
　広島県福山市　《祭神》応神天皇〔他〕
　　　　　　　　　　　　〔神社本庁〕
　福山高野山《称》　ふくやまこうやさん〔寺〕
　広島県福山市・高野山真言宗福山別院　《本
　尊》弘法大師　　　　　〔高野山真言宗〕
　福山最上教会　ふくやまさいじょうきょう
　かい〔寺〕
　広島県福山市　《別称》最上様　《本尊》日蓮
　聖人奠定の大曼荼羅・最上位経王大菩薩
　　　　　　　　　　　　〔日蓮宗〕

4 福井八幡宮《称》　ふくいはちまんぐう〔社〕
　山口県阿武郡福栄村福井下・八幡宮　《祭神》
　応神天皇〔他〕　　　　〔神社本庁〕
　福井大仏《称》　ふくいだいぶつ〔寺〕
　福井県福井市・光照寺　《本尊》阿弥陀如来
　　　　　　　　　　　　　　　〔天台宗〕
　福井・中野本山《称》　ふくいなかのほん
　ざん〔寺〕
　福井県福井市・専照寺　《本尊》阿弥陀如来
　　　　　　　　　　　　〔真宗三門徒派〕
　福井東別院《称》　ふくいひがしべついん
　〔寺〕
　福井県福井市・東本願寺福井別院本瑞寺
　《本尊》阿弥陀如来　　〔真宗大谷派〕
　福井県護国神社　ふくいけんごこくじんじ
　ゃ〔社〕
　福井県福井市　《別称》護国さん　《祭神》護
　国の神霊　　　　　　　〔神社本庁〕
　福井神社　ふくいじんじゃ〔社〕
　福井県福井市　《祭神》松平慶永　〔神社本庁〕
　福円寺　ふくえんじ〔寺〕
　福岡県嘉穂郡嘉穂町　《本尊》阿弥陀如来
　　　　　　　　　　　　　　　〔浄土宗〕
　福王子神社　ふくおうじじんじゃ〔社〕
　京都府京都市右京区　《祭神》班子皇后
　　　　　　　　　　　　　　　〔神社本教〕
　福王寺　ふくおうじ〔寺〕
　北海道網走郡津別町　《本尊》大日如来・毘
　沙門天・不動明王　　　〔高野山真言宗〕
　福王寺　ふくおうじ〔寺〕
　長野県北佐久郡望月町　《本尊》阿弥陀如来・
　大日如来・不動明王　　〔真言宗智山派〕
　福王寺　ふくおうじ〔寺〕
　静岡県磐田市　《本尊》聖観世音菩薩
　　　　　　　　　　　　　　　〔曹洞宗〕
　福王寺　ふくおうじ〔寺〕
　島根県益田市　《本尊》阿弥陀如来　〔浄土宗〕
　福王寺　ふくおうじ〔寺〕
　広島県広島市安佐北区　《本尊》不動明王
　　　　　　　　　　　　〔広島県真言宗教団〕
　福王寺　ふくおうじ〔寺〕
　福岡県筑後市　《本尊》三宝尊　〔日蓮宗〕
5 福仙寺　ふくせんじ〔寺〕
　山口県下関市　《別称》日和山のお大師様
　《本尊》薬師如来　　　〔高野山真言宗〕
　福本八幡宮　ふくもとはちまんぐう〔社〕
　熊本県菊池郡泗水町　《別称》聖母八幡　《祭
　神》応神天皇〔他〕　　〔神社本庁〕
　福本寺　ふくほんじ〔寺〕
　神奈川県横須賀市　《本尊》阿弥陀如来
　　　　　　　　　　　　　　　〔浄土宗〕

648　神社・寺院名よみかた辞典

13画（福）

福正寺　ふくしょうじ〔寺〕
　山形県寒河江市　《本尊》阿弥陀如来
　　　　　　　　　　　　　　〔真宗大谷派〕
福正寺　ふくしょうじ〔寺〕
　埼玉県さいたま市　《本尊》薬師如来
　　　　　　　　　　　　　　〔天台宗〕
福正寺　ふくしょうじ〔寺〕
　東京都西多摩郡瑞穂町　《本尊》釈迦如来・聖
　観世音菩薩・不動明王・毘沙門天
　　　　　　　　　　　　〔臨済宗建長寺派〕
福正寺　ふくしょうじ〔寺〕
　山梨県大月市　《本尊》阿弥陀如来
　　　　　　　　　　　　〔浄土真宗本願寺派〕
福正寺　ふくしょうじ〔寺〕
　山口県大津郡日置町　《本尊》阿弥陀如来
　　　　　　　　　　　　〔浄土真宗本願寺派〕
福正寺　ふくしょうじ〔寺〕
　愛媛県松山市　《本尊》十一面観世音菩薩
　　　　　　　　　　　　　〔真言宗豊山派〕
福正寺　ふくしょうじ〔寺〕
　大分県北海部郡佐賀関町　《本尊》観世音菩
　薩　　　　　　　　　　〔臨済宗妙心寺派〕
福母八幡宮《称》　ふくもはちまんぐう〔社〕
　佐賀県杵島郡大町町・八幡宮　《祭神》応神
　天皇〔他〕　　　　　　　　　〔神社本庁〕
福永寺　ふくえいじ〔寺〕
　茨城県取手市　《別称》毘沙門様　《本尊》毘
　沙門天　　　　　　　　　〔真言宗豊山派〕
福生寺　ふくしょうじ〔寺〕
　東京都町田市　《本尊》不動明王・正観世音
　菩薩　　　　　　　　　　〔真言宗智山派〕
福生寺　ふくしょうじ〔寺〕
　和歌山県那賀郡粉河町　《本尊》弘法大師
　　　　　　　　　　　　　〔真言宗山階派〕
福生寺　ふくしょうじ〔寺〕
　岡山県備前市　《別称》大滝山　《本尊》十一
　面千手観世音菩薩　　　　　〔高野山真言宗〕
福生寺　ふくしょうじ〔寺〕
　佐賀県武雄市　《本尊》十一面観世音菩薩
　　　　　　　　　　　　　〔真言宗大覚寺派〕
福生院　ふくしょういん〔寺〕
　愛知県名古屋市中区　《別称》袋町のお聖天
　《本尊》薬師如来・歓喜天　〔真言宗智山派〕
福田寺　ふくでんじ〔寺〕
　宮城県本吉郡津山町　《本尊》阿弥陀如来
　　　　　　　　　　　　　　　〔曹洞宗〕
福田寺　ふくでんじ〔寺〕
　愛知県知多市　《本尊》釈迦如来　〔曹洞宗〕
福田寺　ふくでんじ〔寺〕
　愛知県北設楽郡設楽町　《本尊》地蔵菩薩
　　　　　　　　　　　　〔臨済宗妙心寺派〕

福田寺　ふくでんじ〔寺〕
　滋賀県坂田郡近江町　《別称》長沢御坊　《本
　尊》阿弥陀如来　　　　〔浄土真宗本願寺派〕
福田寺　ふくでんじ〔寺〕
　京都府京都市下京区　《本尊》阿弥陀如来
　　　　　　　　　　　　　　　〔時宗〕
福田寺　ふくでんじ〔寺〕
　京都府京都市南区　《本尊》阿弥陀如来
　　　　　　　　　　　　　　　〔浄土宗〕
福田寺　ふくでんじ〔寺〕
　大阪府寝屋川市　《本尊》阿弥陀如来
　　　　　　　　　　　　　　〔真宗大谷派〕
福田寺　ふくでんじ〔寺〕
　兵庫県尼崎市　《別称》園田聖天　《本尊》不
　動明王・歓喜天・弘法大師　〔真言聖天宗〕
福田寺　ふくでんじ〔寺〕
　兵庫県加古川市　《本尊》十一面観世音菩
　薩　　　　　　　　　　　　　〔曹洞宗〕
福田寺　ふくでんじ〔寺〕
　広島県福山市　《別称》福性院・準別格本山
　《本尊》十一面千手観世音菩薩
　　　　　　　　　　　　　〔真言宗大覚寺派〕
福田寺　ふくでんじ〔寺〕
　高知県安芸郡田野町　《本尊》阿弥陀如来
　　　　　　　　　　　　〔浄土宗西山禅林寺派〕
福田寺　ふくでんじ〔寺〕
　佐賀県小城郡芦刈町　《本尊》地蔵菩薩
　　　　　　　　　　　　　　　〔曹洞宗〕
福田寺　ふくでんじ〔寺〕
　熊本県球磨郡多良木町　《本尊》阿弥陀如
　来　　　　　　　　　　　　　〔浄土宗〕
福田海　ふくでんかい〔寺〕
　岡山県岡山市　《別称》本部・鼻ぐり寺　《本
　尊》御灯明　　　　　　　　　〔福田海〕
福田神社　ふくだじんじゃ〔社〕
　岡山県真庭郡八束村　《別称》大宮　《祭神》
　大己貴命〔他〕　　　　　　　〔神社本庁〕
福石観音《称》　ふくいしかんのん〔寺〕
　長崎県佐世保市・清岩寺　《本尊》十一面観
　世音菩薩　　　　　　　　〔真言宗智山派〕
6福伝寺　ふくでんじ〔寺〕
　東京都八王子市　《本尊》不動明王
　　　　　　　　　　　　　　〔真言宗智山派〕
福光八幡宮《称》　ふくみつはちまんぐう
　〔社〕
　富山県西礪波郡福光町・宇佐八幡宮　《祭神》
　誉田別命〔他〕　　　　　　　〔神社本庁〕
福光園寺　ふくこうおんじ〔寺〕
　山梨県東八代郡御坂町　《別称》大野さん
　《本尊》不動明王　　　　　〔真言宗智山派〕

神社・寺院名よみかた辞典　649

13画（福）

福地八幡神社　ふくちはちまんじんじゃ〔社〕
　山梨県韮崎市　《祭神》誉田別命［他］
　　　　　　　　　　　　　　　〔神社本庁〕

福成寺　ふくじょうじ〔寺〕
　滋賀県犬上郡多賀町　《本尊》阿弥陀如来
　　　　　　　　　　　　　〔浄土真宗本願寺派〕

福成寺　ふくじょうじ〔寺〕
　広島県東広島市　《本尊》千手観世音菩薩
　　　　　　　　　　　　　　〔真言宗御室派〕

福成寺　ふくじょうじ〔寺〕
　香川県綾歌郡綾歌町　《本尊》阿弥陀如来
　　　　　　　　　　　　　〔浄土真宗本願寺派〕

福成就寺　ふくしょうじゅじ〔寺〕
　三重県名張市　《別称》中村寺　《本尊》薬師如来
　　　　　　　　　　　　　　　〔真言宗室生寺派〕

7福寿寺　ふくじゅじ〔寺〕
　秋田県北秋田郡森吉町　《本尊》釈迦如来
　　　　　　　　　　　　　　　　〔曹洞宗〕

福寿寺　ふくじゅじ〔寺〕
　千葉県木更津市　《本尊》十一面観世音菩薩
　　　　　　　　　　　　　　〔真言宗豊山派〕

福寿寺　ふくじゅじ〔寺〕
　岐阜県武儀郡武芸川町　《本尊》十一面観世音菩薩
　　　　　　　　　　　　　　〔臨済宗妙心寺派〕

福寿寺　ふくじゅじ〔寺〕
　三重県伊勢市　《本尊》千手観世音菩薩・十一面観世音菩薩
　　　　　　　　　　　　　　〔臨済宗妙心寺派〕

福寿寺　ふくじゅじ〔寺〕
　滋賀県近江八幡市　　　　　　〔黄檗宗〕

福寿寺　ふくじゅじ〔寺〕
　滋賀県八日市市　《本尊》阿弥陀如来
　　　　　　　　　　　　　　　　〔浄土宗〕

福寿寺　ふくじゅじ〔寺〕
　京都府与謝郡野田川町　《別称》達磨寺　《本尊》聖観世音菩薩・日光菩薩・月光菩薩・薬師如来
　　　　　　　　　　　　　　〔臨済宗妙心寺派〕

福寿寺　ふくじゅじ〔寺〕
　長崎県北松浦郡福島町　《本尊》六導能化地蔵菩薩・磨迦薩延命地蔵菩薩　〔曹洞宗〕

福寿寺　ふくじゅうじ〔寺〕
　大分県大分市　《本尊》釈迦如来
　　　　　　　　　　　　　　〔臨済宗南禅寺派〕

福寿泉寺　ふくじゅせんじ〔寺〕
　愛知県海部郡七宝町　《本尊》阿弥陀如来
　　　　　　　　　　　　　　　〔真宗大谷派〕

福寿院　ふくじゅいん〔寺〕
　青森県弘前市　《本尊》釈迦三尊・大権菩薩・達磨大師
　　　　　　　　　　　　　　　　〔曹洞宗〕

福寿院　ふくじゅいん〔寺〕
　宮城県仙台市宮城野区　《本尊》観世音菩薩
　　　　　　　　　　　　　　　　〔曹洞宗〕

福寿院　ふくじゅいん〔寺〕
　茨城県新治郡八郷町　《本尊》不動明王
　　　　　　　　　　　　　　〔真言宗豊山派〕

福寿院　ふくじゅいん〔寺〕
　栃木県下都賀郡藤岡町　《本尊》金剛界大日如来
　　　　　　　　　　　　　　〔真言宗豊山派〕

福寿院　ふくじゅいん〔寺〕
　埼玉県北葛飾郡栗橋町　《本尊》不動明王
　　　　　　　　　　　　　　〔真言宗豊山派〕

福寿院　ふくじゅいん〔寺〕
　千葉県野田市　《別称》梅郷の薬師様　《本尊》不動明王
　　　　　　　　　　　　　　〔真言宗豊山派〕

福寿院　ふくじゅいん〔寺〕
　千葉県安房郡白浜町　《本尊》釈迦如来
　　　　　　　　　　　　　　　　〔曹洞宗〕

福寿院　ふくじゅいん〔寺〕
　東京都中野区　《本尊》薬師如来
　　　　　　　　　　　　　　〔真言宗豊山派〕

福寿院　ふくじゅいん〔寺〕
　東京都足立区　《本尊》不動明王
　　　　　　　　　　　　　　〔真言宗豊山派〕

福寿院　ふくじゅいん〔寺〕
　新潟県柏崎市　《別称》大沢のお寺　《本尊》千手観世音菩薩
　　　　　　　　　　　　　　〔真言宗豊山派〕

福寿院　ふくじゅいん〔寺〕
　愛知県名古屋市中区　《本尊》千手観世音菩薩
　　　　　　　　　　　　　　　　〔曹洞宗〕

福寿院　ふくじゅいん〔寺〕
　愛知県名古屋市熱田区　《別称》泉坊　《本尊》地蔵菩薩
　　　　　　　　　　　　　　〔真言宗豊山派〕

福寿院　ふくじゅいん〔寺〕
　愛知県一宮市　　　　　　〔真言宗豊山派〕

福寿院　ふくじゅいん〔寺〕
　岡山県倉敷市　《本尊》十一面観世音菩薩
　　　　　　　　　　　　　　　　〔天台宗〕

福寿院　ふくじゅいん〔寺〕
　岡山県備前市　《別称》大滝さん　《本尊》十一面千手観世音菩薩・聖観世音菩薩
　　　　　　　　　　　　　　〔高野山真言宗〕

福応寺　ふくおうじ〔寺〕
　京都府京都市山科区　《本尊》阿弥陀如来
　　　　　　　　　　　　　　　　〔浄土宗〕

福応寺　ふくおうじ〔寺〕
　奈良県香芝市　《別称》いたぶつさん　《本尊》三尊仏
　　　　　　　　　　　　　　　　〔浄土宗〕

福応寺　ふくおうじ〔寺〕
　島根県邑智郡桜江町　《本尊》聖観世音菩薩
　　　　　　　　　　　　　　　　〔曹洞宗〕

13画（福）

福応神社　ふくおうじんじゃ〔社〕
　兵庫県西宮市　《祭神》八重事代主神
　　　　　　　　　　　　　　　〔神社本庁〕

福良八幡神社《称》　ふくらはちまんじんじゃ〔社〕
　兵庫県三原郡南淡町福良・八幡神社　《祭神》誉田別尊
　　　　　　　　　　　　　　　〔神社本庁〕

福見寺　ふくみじ〔寺〕
　愛媛県温泉郡重信町　《本尊》水月観世音菩薩・聖観世音菩薩　〔真言宗豊山派〕

8 福定寺　ふくじょうじ〔寺〕
　宮城県塩竈市　《本尊》聖観世音菩薩
　　　　　　　　　　　　　　　〔曹洞宗〕

福岡県護国神社　ふくおかけんごこくじんじゃ〔社〕
　福岡県福岡市中央区　《祭神》護国の神霊
　　　　　　　　　　　　　　　〔神社本庁〕

福岡神社　ふくおかじんじゃ〔社〕
　岡山県岡山市　《祭神》武甕槌神《他》
　　　　　　　　　　　　　　　〔神社本庁〕

福性寺　ふくしょうじ〔寺〕
　茨城県新治郡千代田町　《本尊》阿弥陀三尊　〔真言宗豊山派〕

福性寺　ふくしょうじ〔寺〕
　東京都北区　《本尊》胎蔵界大日如来
　　　　　　　　　　　　　　〔真言宗豊山派〕

福性寺　ふくしょうじ〔寺〕
　島根県簸川郡大社町　《本尊》十一面観世音菩薩　〔曹洞宗〕

福性院　ふくしょういん〔寺〕
　山梨県北巨摩郡明野村　《本尊》薬師如来・日光菩薩・月光菩薩　〔真言宗智山派〕

福昌寺　ふくしょうじ〔寺〕
　青森県八戸市　《別称》しろがねのお寺　《本尊》釈迦如来　〔曹洞宗〕

福昌寺　ふくしょうじ〔寺〕
　秋田県大曲市　《本尊》釈迦如来　〔曹洞宗〕

福昌寺　ふくしょうじ〔寺〕
　東京都世田谷区　《別称》経堂　《本尊》釈迦如来　〔曹洞宗〕

福昌寺　ふくしょうじ〔寺〕
　東京都渋谷区　《本尊》阿弥陀如来　〔曹洞宗〕

福昌寺　ふくしょうじ〔寺〕
　山梨県富士吉田市　《本尊》釈迦如来
　　　　　　　　　　　　　　　〔曹洞宗〕

福昌寺　ふくしょうじ〔寺〕
　鹿児島県川内市　《本尊》釈迦如来　〔曹洞宗〕

福明講教会　ふくめいこうきょうかい〔寺〕
　福島県福島市　《別称》福島成田山　《本尊》不動明王　〔真言宗智山派〕

福林寺　ふくりんじ〔寺〕
　滋賀県守山市　《別称》木浜観音　《本尊》十一面観世音菩薩　〔天台宗〕

福林寺　ふくりんじ〔寺〕
　兵庫県神崎郡市川町　《別称》太子寺　《本尊》阿弥陀如来　〔曹洞宗〕

福法寺　ふくほうじ〔寺〕
　福岡県柳川市　《本尊》阿弥陀如来
　　　　　　　　　　　　　　　〔真宗大谷派〕

福知寺　ふくちじ〔寺〕
　島根県出雲市　《別称》福知薬師　《本尊》薬師如来　〔曹洞宗〕

福知薬師《称》　ふくちやくし〔寺〕
　島根県出雲市・福知寺　《本尊》薬師如来
　　　　　　　　　　　　　　　〔曹洞宗〕

9 福城寺　ふくじょうじ〔寺〕
　滋賀県近江八幡市　《本尊》阿弥陀如来
　　　　　　　　　　　　　　　〔浄土宗〕

福城寺　ふくじょうじ〔寺〕
　愛媛県上浮穴郡久万町　《本尊》釈迦如来
　　　　　　　　　　　　　　〔真言宗豊山派〕

福城寺　ふくじょうじ〔寺〕
　熊本県下益城郡砥用町　《別称》甲佐岳観音　《本尊》十一面観世音菩薩・馬頭観世音菩薩　〔天台宗〕

福専寺　ふくせんじ〔寺〕
　兵庫県揖保郡太子町　《別称》とうほう　《本尊》阿弥陀如来　〔浄土真宗本願寺派〕

福海寺　ふくかいじ〔寺〕
　兵庫県神戸市兵庫区　《本尊》釈迦如来・文殊菩薩・普賢菩薩　〔臨済宗南禅寺派〕

福浄寺　ふくじょうじ〔寺〕
　長崎県東彼杵郡川棚町　《本尊》阿弥陀如来　〔真宗大谷派〕

福泉寺　ふくせんじ〔寺〕
　岩手県遠野市　《本尊》不動明王・弘法大師・興教大師・十一面大観世音菩薩
　　　　　　　　　　　　　　〔真言宗豊山派〕

福泉寺　ふくせんじ〔寺〕
　福島県会津若松市　《本尊》阿弥陀如来
　　　　　　　　　　　　　〔浄土真宗本願寺派〕

福泉寺　ふくせんじ〔寺〕
　茨城県鹿島郡大洋村　《別称》穴寺　《本尊》釈迦如来　〔臨済宗妙心寺派〕

福泉寺　ふくせんじ〔寺〕
　千葉県夷隅郡大原町　《別称》かみでら　《本尊》十界曼荼羅　〔日蓮宗〕

福泉寺　ふくせんじ〔寺〕
　東京都渋谷区　《本尊》薬師如来　〔天台宗〕

神社・寺院名よみかた辞典　651

13画（福）

福泉寺　ふくせんじ〔寺〕
　神奈川県横浜市戸塚区　《本尊》釈迦如来・十
　一面観世音菩薩　　　　　　　　〔曹洞宗〕
福泉寺　ふくせんじ〔寺〕
　神奈川県横浜市旭区　《本尊》釈迦如来
　　　　　　　　　　　　　　　　〔曹洞宗〕
福泉寺　ふくせんじ〔寺〕
　神奈川県横浜市緑区　《本尊》薬師如来
　　　　　　　　　　　　　　〔高野山真言宗〕
福泉寺　ふくせんじ〔寺〕
　神奈川県小田原市　《本尊》釈迦如来
　　　　　　　　　　　　　　　　〔曹洞宗〕
福泉寺　ふくせんじ〔寺〕
　新潟県柏崎市　《本尊》十界大曼荼羅
　　　　　　　　　　　　　　　　〔日蓮宗〕
福泉寺　ふくせんじ〔寺〕
　新潟県燕市　《本尊》阿弥陀如来
　　　　　　　　　　　　　　　〔真宗大谷派〕
福泉寺　ふくせんじ〔寺〕
　福井県今立郡今立町　《本尊》阿弥陀如来
　　　　　　　　　　　　　〔浄土真宗本願寺派〕
福泉寺　ふくせんじ〔寺〕
　山梨県大月市猿橋町　《本尊》阿弥陀如来
　　　　　　　　　　　　　〔浄土真宗本願寺派〕
福泉寺　ふくせんじ〔寺〕
　山梨県大月市七保町　《本尊》釈迦如来
　　　　　　　　　　　　　　〔臨済宗建長寺派〕
福泉寺　ふくせんじ〔寺〕
　滋賀県長浜市　《本尊》阿弥陀如来
　　　　　　　　　　　　　　　〔真宗大谷派〕
福泉寺　ふくせんじ〔寺〕
　滋賀県野洲郡野洲町　《本尊》阿弥陀如来
　　　　　　　　　　　　　　　　〔浄土宗〕
福泉寺　ふくせんじ〔寺〕
　京都府船井郡園部町　《本尊》地蔵菩薩
　　　　　　　　　　　　　　　　〔曹洞宗〕
福泉寺　ふくせんじ〔寺〕
　大阪府大阪市中央区　《本尊》大曼荼羅
　　　　　　　　　　　　　　〔法華宗(真門流)〕
福泉寺　ふくせんじ〔寺〕
　岡山県苫田郡鏡野町　《別称》お寺の妙見さん
　《本尊》十一面観世音菩薩　〔高野山真言宗〕
福泉寺　ふくせんじ〔寺〕
　広島県福山市山野町　《本尊》薬師如来・観
　世音菩薩　　　　　　　　〔臨済宗仏通寺派〕
福泉寺　ふくせんじ〔寺〕
　広島県福山市駅家町　《本尊》阿弥陀如来
　　　　　　　　　　　　　〔浄土真宗本願寺派〕
福泉寺　ふくせんじ〔寺〕
　徳島県鳴門市　《本尊》阿弥陀如来
　　　　　　　　　　　　　〔浄土真宗本願寺派〕

福泉寺　ふくせんじ〔寺〕
　高知県香美郡物部村　《本尊》聖観世音菩
　薩　　　　　　　　　　　　　　〔曹洞宗〕
福泉寺　ふくせんじ〔寺〕
　佐賀県鹿島市　《本尊》阿弥陀如来　〔浄土宗〕
福泉寺　ふくせんじ〔寺〕
　佐賀県杵島郡有明町　《本尊》薬師如来
　　　　　　　　　　　　　〔臨済宗東福寺派〕
福泉寺　ふくせんじ〔寺〕
　大分県南海部郡蒲江町　《本尊》薬師如来
　　　　　　　　　　　　　〔臨済宗妙心寺派〕
10福島八幡宮《称》　ふくしまはちまんぐう
　〔社〕
　福岡県八女市・八幡宮　《祭神》応神天皇［他］
　　　　　　　　　　　　　　　〔神社本庁〕
福島大神宮　ふくしまだいじんぐう〔社〕
　北海道松前郡福島町　《別称》大神宮さん
　《祭神》天照皇大神［他］　　　〔神社本庁〕
福島天満宮　ふくしまてんまんぐう〔社〕
　大阪府大阪市福島区　《別称》上の天神　《祭
　神》菅原道真［他］　　　　　　〔神社本庁〕
福島県護国神社　ふくしまけんごこくじん
　じゃ〔社〕
　福島県福島市　《祭神》護国の神霊
　　　　　　　　　　　　　　　〔神社本庁〕
福島稲荷神社　ふくしまいなりじんじゃ〔
　社〕
　福島県福島市　《祭神》豊受比売命
　　　　　　　　　　　　　　　〔神社本庁〕
福恩寺　ふくおんじ〔寺〕
　島根県浜田市　《本尊》阿弥陀如来
　　　　　　　　　　　　　〔臨済宗東福寺派〕
福祥寺　ふくしょうじ〔寺〕
　兵庫県神戸市須磨区　《別称》大本山・須磨
　寺　《本尊》聖観世音菩薩・毘沙門天・不
　動明王　　　　　　　　　　〔真言宗須磨寺派〕
福竜寺　ふくりゅうじ〔寺〕
　滋賀県甲賀郡甲南町　《本尊》阿弥陀如来・十
　一面観世音菩薩　　　　　　　　〔浄土宗〕
11福常寺　ふくじょうじ〔寺〕
　岐阜県郡上市　《別称》那比の寺　《本尊》阿
　弥陀如来　　　　　　　　　　〔真宗大谷派〕
福済寺　ふくさいじ〔寺〕
　長崎県長崎市　《本尊》釈迦如来　〔黄檗宗〕
福隆寺　ふくりゅうじ〔寺〕
　新潟県阿賀野市　《本尊》大日如来
　　　　　　　　　　　　　〔真言宗智山派〕
12福善寺　ふくぜんじ〔寺〕
　青森県八戸市　《本尊》不動明王・聖観世音
　菩薩　　　　　　　　　　　〔真言宗豊山派〕

652　神社・寺院名よみかた辞典

13画（福）

福善寺　ふくぜんじ〔寺〕
　千葉県八日市場市　《別称》お大師様の寺
　《本尊》大日如来　　　　　〔真言宗智山派〕
福善寺　ふくぜんじ〔寺〕
　広島県尾道市　《本尊》阿弥陀如来
　　　　　　　　　　　〔浄土真宗本願寺派〕
福善寺　ふくぜんじ〔寺〕
　香川県高松市　《本尊》阿弥陀如来
　　　　　　　　　　　　　　〔真宗大谷派〕
福智神社《称》　ふくちじんじゃ〔社〕
　福岡県直方市・鞍手町　《祭神》保食大神
　〔他〕　　　　　　　　　　　　〔神社本庁〕
福智神社　ふくちじんじゃ〔社〕
　福岡県田川郡赤池町　《祭神》伊佐諾命〔他〕
　　　　　　　　　　　　　　　　〔神社本庁〕
福智院　ふくちいん〔寺〕
　福井県敦賀市　《本尊》阿弥陀如来　〔浄土宗〕
福智院　ふくちいん〔寺〕
　奈良県奈良市　《別称》地蔵堂　《本尊》地蔵
　菩薩　　　　　　　　　　　　　〔真言律宗〕
福智院　ふくちいん〔寺〕
　和歌山県伊都郡高野町　〔高野山真言宗〕
福満寺　ふくまんじ〔寺〕
　三重県津市　《本尊》延命地蔵菩薩
　　　　　　　　　　　　　　〔真言宗醍醐派〕
福満寺　ふくまんじ〔寺〕
　佐賀県佐賀市　《本尊》薬師如来
　　　　　　　　　　　　　　〔真言宗御室派〕
福琳寺　ふくりんじ〔寺〕
　和歌山県那賀郡粉河町　《本尊》釈迦如来・不
　動明王　　　　　　　　　　　〔真言宗山階派〕
福証寺　ふくしょうじ〔寺〕
　福島県会津若松市　《本尊》阿弥陀如来
　　　　　　　　　　　　〔浄土真宗本願寺派〕
福証寺　ふくしょうじ〔寺〕
　岐阜県羽島郡笠松町　《本尊》阿弥陀如来
　　　　　　　　　　　　　　　〔真宗大谷派〕
福道寺　ふくどうじ〔寺〕
　茨城県ひたちなか市　《本尊》日蓮聖人奠定
　の大曼荼羅・妙法佐七大霊神　　〔日蓮宗〕
福順寺　ふくじゅんじ〔寺〕
　滋賀県東浅井郡浅井町　《本尊》阿弥陀如
　来　　　　　　　　　　　　　〔真宗大谷派〕
13福楽寺　ふくらくじ〔寺〕
　新潟県東頸城郡牧村　《別称》かみの寺　《本
　尊》阿弥陀如来　　　　　　　〔真宗大谷派〕
福楽寺　ふくらくじ〔寺〕
　三重県いなべ市　《別称》上寺　《本尊》阿弥
　陀如来　　　　　　　　　　　〔真宗大谷派〕

福楽寺　ふくらくじ〔寺〕
　山口県柳井市　《別称》福楽坊・野寺　《本尊》
　十一面観世音菩薩　　　〔真言宗大覚寺派〕
福楽寺　ふくらくじ〔寺〕
　愛媛県西予市　《別称》大窪さん　《本尊》十
　一面観世音菩薩　　　　　　　　〔天台宗〕
福楽坊《称》　ふくらくぼう〔寺〕
　山口県柳井市・福楽寺　《本尊》十一面観世
　音菩薩　　　　　　　　〔真言宗大覚寺派〕
福源寺　ふくげんじ〔寺〕
　山梨県富士吉田市　《本尊》阿弥陀如来
　　　　　　　　　　　　〔浄土真宗本願寺派〕
福源寺　ふくげんじ〔寺〕
　岐阜県養老郡養老町　《本尊》聖観世音菩薩・
　大日如来　　　　　　　　　〔臨済宗妙心寺派〕
福源院　ふくげんいん〔寺〕
　山梨県都留市　《本尊》観世音菩薩　〔曹洞宗〕
福照寺　ふくしょうじ〔寺〕
　新潟県豊栄市　《本尊》阿弥陀如来
　　　　　　　　　　　　　　　〔真宗大谷派〕
福照寺　ふくしょうじ〔寺〕
　滋賀県甲賀郡水口町　《別称》大日寺　《本
　尊》大日如来　　　　　　　〔臨済宗妙心寺派〕
14福増寺　ふくぞうじ〔寺〕
　群馬県勢多郡赤城村　《本尊》釈迦如来
　　　　　　　　　　　　　　　　〔曹洞宗〕
福徳寺　ふくとくじ〔寺〕
　群馬県前橋市上新田町　《本尊》十一面観世
　音菩薩　　　　　　　　　　　〔高野山真言宗〕
福徳寺　ふくとくじ〔寺〕
　群馬県前橋市小坂子町　《本尊》十一面千手
　観世音菩薩　　　　　　　　　〔真言宗豊山派〕
福徳寺　ふくとくじ〔寺〕
　埼玉県飯能市　《本尊》阿弥陀如来
　　　　　　　　　　　　　　〔臨済宗建長寺派〕
福徳寺　ふくとくじ〔寺〕
　京都府北桑田郡京北町　《本尊》持国天・薬
　師如来・増長天・地蔵菩薩　　　〔曹洞宗〕
福徳院　ふくとくいん〔寺〕
　神奈川県横浜市港南区　《別称》日限地蔵尊
　《本尊》日限地蔵菩薩　　　〔高野山真言宗〕
福聚寺　ふくじゅうじ〔寺〕
　福島県田村郡三春町　《本尊》釈迦如来
　　　　　　　　　　　　　　〔臨済宗妙心寺派〕
福聚寺　ふくじゅじ〔寺〕
　栃木県下都賀郡大平町　《別称》聖天院　《本
　尊》金剛界大日如来・歓喜天
　　　　　　　　　　　　　　　〔真言宗豊山派〕
福聚寺　ふくじゅじ〔寺〕
　埼玉県東松山市　《別称》下寺　《本尊》阿弥
　陀如来　　　　　　　　　　　　〔天台宗〕

神社・寺院名よみかた辞典　653

13画（筠）

福聚寺　ふくじゅうじ〔寺〕
　埼玉県比企郡吉見町　《本尊》不動明王
　　　　　　　　　　　　　　　〔真言宗智山派〕
福聚寺　ふくじゅじ〔寺〕
　神奈川県横浜市保土ヶ谷区　《本尊》釈迦如来
　　　　　　　　　　　　　　〔臨済宗建長寺派〕
福聚寺　ふくじゅうじ〔寺〕
　愛知県額田郡額田町　《本尊》延命地蔵菩薩
　　　　　　　　　　　　　　〔臨済宗妙心寺派〕
福聚寺　ふくしゅうじ〔寺〕
　兵庫県神戸市長田区　《本尊》十一面観世音菩薩
　　　　　　　　　　　　　　〔臨済宗南禅寺派〕
福聚寺　ふくじゅうじ〔寺〕
　兵庫県多可郡黒田庄町　《本尊》十一面観世音菩薩
　　　　　　　　　　　　　　〔臨済宗妙心寺派〕
福聚寺　ふくじゅじ〔寺〕
　福岡県北九州市小倉北区　《本尊》釈迦如来・迦葉尊者・阿難尊者　　〔黄檗宗〕
福聚院　ふくじゅいん〔寺〕
　埼玉県熊谷市　《本尊》不動明王
　　　　　　　　　　　　　　〔真言宗智山派〕
福聚院　ふくじゅいん〔寺〕
　静岡県静岡市　《本尊》釈迦如来
　　　　　　　　　　　　　　〔臨済宗妙心寺派〕
福聚院　ふくじゅいん〔寺〕
　静岡県三島市　《本尊》正観世音菩薩
　　　　　　　　　　　　　　〔臨済宗建長寺派〕
福領寺　ふくりょうじ〔寺〕
　滋賀県大津市　《本尊》阿弥陀如来　〔浄土宗〕
15福蔵寺　ふくぞうじ〔寺〕
　岩手県二戸郡浄法寺町　《別称》猫塚の寺　《本尊》釈迦如来　　〔曹洞宗〕
福蔵寺　ふくぞうじ〔寺〕
　千葉県海上郡飯岡町　《本尊》薬師如来
　　　　　　　　　　　　　　〔真言宗智山派〕
福蔵寺　ふくぞうじ〔寺〕
　千葉県安房郡鋸南町　《別称》お寺　《本尊》阿弥陀如来　　　　〔真宗大谷派〕
福蔵寺　ふくぞうじ〔寺〕
　岐阜県羽島郡笠松町　《本尊》阿弥陀如来
　　　　　　　　　　　　　　〔真宗大谷派〕
福蔵寺　ふくぞうじ〔寺〕
　京都府京都市左京区　《別称》田中地蔵尊　《本尊》地蔵菩薩　　　　〔浄土宗〕
福蔵院　ふくぞういん〔寺〕
　山形県長井市　《本尊》大日如来
　　　　　　　　　　　　　　〔真言宗豊山派〕
福蔵院　ふくぞういん〔寺〕
　東京都中野区　　　　〔真言宗豊山派〕

17福厳寺　ふくごんじ〔寺〕
　秋田県北秋田郡阿仁町　《本尊》釈迦三尊
　　　　　　　　　　　　　　　〔曹洞宗〕
福厳寺　ふくごんじ〔寺〕
　福島県伊達郡伊達町　《本尊》大日如来
　　　　　　　　　　　　　　〔真言宗豊山派〕
福厳寺　ふくごんじ〔寺〕
　栃木県足利市　《本尊》釈迦如来
　　　　　　　　　　　　　　〔臨済宗建長寺派〕
福厳寺　ふくごんじ〔寺〕
　群馬県桐生市　《本尊》阿弥陀如来
　　　　　　　　　　　　　　〔真言宗豊山派〕
福厳寺　ふくごんじ〔寺〕
　群馬県甘楽郡甘楽町　《本尊》釈迦如来
　　　　　　　　　　　　　　　〔曹洞宗〕
福厳寺　ふくごんじ〔寺〕
　神奈川県小田原市　《別称》福門寺　《本尊》十一面観世音菩薩　　〔曹洞宗〕
福厳寺　ふくごんじ〔寺〕
　新潟県三島郡出雲崎町　《本尊》阿弥陀如来
　　　　　　　　　　　　　　〔真宗大谷派〕
福厳寺　ふくごんじ〔寺〕
　愛知県小牧市　《本尊》聖観世音菩薩
　　　　　　　　　　　　　　　〔曹洞宗〕
福厳寺　ふくごんじ〔寺〕
　兵庫県神戸市兵庫区　《別称》史跡の福厳寺　《本尊》聖観世音菩薩　〔臨済宗南禅寺派〕
福厳寺　ふくごんじ〔寺〕
　兵庫県神戸市北区　《本尊》釈迦如来
　　　　　　　　　　　　　　　〔曹洞宗〕
福厳寺　ふくごんじ〔寺〕
　愛媛県北宇和郡吉田町　《別称》法華山　《本尊》阿弥陀如来　〔臨済宗妙心寺派〕
福厳寺　ふくごんじ〔寺〕
　福岡県柳川市　《本尊》釈迦如来　　〔黄檗宗〕
福厳院　ふくごんいん〔寺〕
　鳥取県米子市　《本尊》釈迦如来　　〔曹洞宗〕
福厳院　ふくごんいん〔寺〕
　山口県阿武郡阿東町　《本尊》釈迦如来・薬師如来　　　　　　　　〔曹洞宗〕
19福願寺　ふくがんじ〔寺〕
　福井県武生市　《本尊》阿弥陀如来
　　　　　　　　　　　　　〔浄土真宗本願寺派〕
20福厳寺　ふくごんじ〔寺〕
　東京都墨田区　《別称》赤門でら　《本尊》釈迦如来　　　　　　〔曹洞宗〕

【筠】

11筠渓寺　いんけいじ〔寺〕
　京都府相楽郡和束町　《別称》竹谷山　《本尊》薬師如来　　〔真言宗智山派〕

13画（節，筥，継，絹，続，置，義，群，聖）

【節】
9節信院　せっしんいん〔寺〕
　福岡県福岡市博多区　《本尊》観世音菩薩
　　　　　　　　　　　　　　〔臨済宗妙心寺派〕

【筥】
11筥崎宮　はこざきぐう〔社〕
　福岡県福岡市東区　《祭神》応神天皇［他］
　　　　　　　　　　　　　　〔神社本庁〕

【継】
8継松寺　けいしょうじ〔寺〕
　三重県松阪市　《別称》厄除観音　《本尊》如意輪観世音菩薩　　〔高野山真言宗〕

【絹】
9絹巻神社　きぬまきじんじゃ〔社〕
　兵庫県豊岡市　《祭神》天火明命［他］
　　　　　　　　　　　　　　〔神社本庁〕

【続】
6続灯庵　ぞくとうあん〔寺〕
　神奈川県鎌倉市　　　　　〔臨済宗円覚寺派〕
7続芳院　ぞくほういん〔寺〕
　岐阜県多治見市　《本尊》釈迦如来
　　　　　　　　　　　　　　〔臨済宗南禅寺派〕

【置】
10置恩寺　ちおんじ〔寺〕
　奈良県北葛城郡新庄町　　　〔高野山真言宗〕

【義】
4義天寺　ぎてんじ〔寺〕
　大阪府守口市　《本尊》法華経本門八品所顕の大曼荼羅　　　　〔本門仏立宗〕
6義仲寺　ぎちゅうじ〔寺〕
　滋賀県大津市　《別称》よしなかでら　《本尊》聖観世音菩薩　　　　　〔単立〕
8義門寺　ぎもんじ〔寺〕
　宮崎県東諸県郡国富町　《本尊》阿弥陀如来　　　　　　　　　　　　　〔浄土宗〕
10義真寺　ぎしんじ〔寺〕
　愛知県安城市　《別称》山寺　《本尊》釈迦如来・勢至菩薩・観世音菩薩　〔曹洞宗〕
11義教寺　ぎきょうじ〔寺〕
　北海道中川郡幕別町　《本尊》阿弥陀如来
　　　　　　　　　　　　　　〔浄土真宗本願寺派〕

義経神社　よしつねじんじゃ〔社〕
　北海道沙流郡平取町　《祭神》源義経
　　　　　　　　　　　　　　〔神社本庁〕

【群】
10群馬県護国神社　ぐんまけんごこくじんじゃ〔社〕
　群馬県高崎市　《祭神》護国の神霊
　　　　　　　　　　　　　　〔神社本庁〕
13群鳩八幡宮《称》　むらばとはちまんぐう〔社〕
　島根県邑智郡桜江町川越・八幡宮　《祭神》応神天皇［他］　　〔神社本庁〕

【聖】
2聖九社《称》　ひじりくしゃ〔社〕
　兵庫県加東郡社町・木梨神社　《祭神》八十枉津日神［他］　〔神社本庁〕
4聖天さん《称》　しょうてんさん〔寺〕
　熊本県熊本市・正福寺　《本尊》大日如来・歓喜天　　　　〔高野山真言宗〕
聖天寺　しょうてんじ〔寺〕
　兵庫県西宮市　《別称》西宮聖天　《本尊》歓喜天　　　　〔高野山真言宗〕
聖天宮《称》　しょうてんぐう〔寺〕
　和歌山県和歌山市・法輪寺　《本尊》不動明王・歓喜天・毘沙門天・弘法大師　〔真言宗御室派〕
聖天院《称》　しょうてんいん〔寺〕
　栃木県下都賀郡大平町・福聚寺　《本尊》金剛界大日如来・歓喜天　〔真言宗豊山派〕
聖天院　しょうてんいん〔寺〕
　埼玉県日高市　《本尊》不動明王・歓喜天・阿弥陀如来　　　〔真言宗智山派〕
5聖母八幡《称》　せいぼはちまん〔社〕
　熊本県菊池郡泗水町・福本八幡宮　《祭神》応神天皇［他］　〔神社本庁〕
聖母神社　しょうもじんじゃ〔社〕
　長崎県壱岐市　《別称》しょうもんさま　《祭神》息長足姫尊［他］　〔神社本庁〕
6聖光寺　しょうこうじ〔寺〕
　京都府京都市下京区　《本尊》阿弥陀如来
　　　　　　　　　　　　　　〔浄土宗〕
聖光寺　しょうこうじ〔寺〕
　奈良県奈良市　《別称》はくさんの銀杏の寺　《本尊》阿弥陀如来　〔浄土宗〕
聖光寺　しょうこうじ〔寺〕
　広島県広島市中区　《本尊》十一面観世音菩薩　　　　　　　　〔曹洞宗〕

神社・寺院名よみかた辞典　655

13画（聖）

聖光寺　しょうこうじ〔寺〕
　熊本県熊本市　《本尊》阿弥陀如来・観世音菩薩・勢至菩薩　〔浄土宗〕

聖光院　しょうこういん〔寺〕
　北海道登別市　《別称》かんのんでら　《本尊》阿弥陀如来・聖観世音菩薩　〔浄土宗〕

聖安寺　しょうあんじ〔寺〕
　富山県高岡市　《本尊》阿弥陀如来
　　〔真宗大谷派〕

聖安寺　しょうあんじ〔寺〕
　石川県七尾市　《本尊》阿弥陀如来
　　〔真宗大谷派〕

7聖応寺　しょうおうじ〔寺〕
　滋賀県野洲郡野洲町　《別称》薬師　《本尊》薬師如来　〔天台宗〕

聖沢院　しょうたくいん〔寺〕
　京都府京都市右京区　《本尊》釈迦如来
　　〔臨済宗妙心寺派〕

8聖林寺　しょうりんじ〔寺〕
　奈良県桜井市　《本尊》子安延命地蔵菩薩
　　〔華厳宗〕

9聖泉寺　しょうせんじ〔寺〕
　富山県小矢部市　《本尊》阿弥陀如来
　　〔真宗大谷派〕

聖泉院　しょうせんいん〔寺〕
　熊本県人吉市　《本尊》千手観世音菩薩
　　〔臨済宗妙心寺派〕

聖神社　ひじりじんじゃ〔社〕
　大阪府和泉市　《別称》信太の明神さん　《祭神》聖大神　〔神社本庁〕

聖神社　ひじりじんじゃ〔社〕
　鳥取県鳥取市　《祭神》天津日高日子番能邇邇芸命〔他〕　〔神社本庁〕

聖神社　ひじりじんじゃ〔社〕
　鳥取県日野郡日野町　《祭神》大国魂命〔他〕
　　〔神社本庁〕

聖音寺　しょうおんじ〔寺〕
　高知県高岡郡葉山村　《本尊》釈迦如来
　　〔臨済宗妙心寺派〕

10聖通寺　しょうつうじ〔寺〕
　香川県綾歌郡宇多津町　《本尊》薬師如来
　　〔真言宗御室派〕

11聖眼寺　しょうがんじ〔寺〕
　群馬県桐生市　〔高野山真言宗〕

聖眼寺　しょうげんじ〔寺〕
　愛知県豊橋市　《本尊》阿弥陀如来
　　〔真宗高田派〕

12聖衆来迎寺　しょうじゅうらいこうじ〔寺〕
　滋賀県大津市　《別称》来迎寺　《本尊》阿弥陀如来・薬師如来・釈迦如来　〔天台宗〕

聖運寺　しょううんじ〔寺〕
　愛知県名古屋市中区　《本尊》十界大曼荼羅　〔日蓮宗〕

聖運寺　しょううんじ〔寺〕
　岡山県倉敷市　《別称》真如院　《本尊》十一面観世音菩薩　〔高野山真言宗〕

13聖福寺　しょうふくじ〔寺〕
　青森県上北郡下田町　《本尊》釈迦三尊
　　〔曹洞宗〕

聖福寺　しょうふくじ〔寺〕
　和歌山県西牟婁郡白浜町　《本尊》釈迦如来
　　〔臨済宗妙心寺派〕

聖福寺　しょうふくじ〔寺〕
　福岡県福岡市博多区　《本尊》観世音菩薩
　　〔臨済宗妙心寺派〕

聖福寺　しょうふくじ〔寺〕
　長崎県長崎市　《本尊》釈迦如来　〔黄檗宗〕

14聖徳寺　しょうとくじ〔寺〕
　北海道北見市　《本尊》阿弥陀如来
　　〔真宗大谷派〕

聖徳寺　しょうとくじ〔寺〕
　山形県鶴岡市　《別称》波止寺　《本尊》聖徳太子・弘法大師・延命地蔵菩薩・聖観世音菩薩　〔真言宗豊山派〕

聖徳寺　しょうとくじ〔寺〕
　茨城県筑波郡谷和原村　《本尊》阿弥陀三尊　〔真宗大谷派〕

聖徳寺　しょうとくじ〔寺〕
　埼玉県加須市　《本尊》阿弥陀如来　〔単立〕

聖徳寺　しょうとくじ〔寺〕
　東京都台東区　《本尊》阿弥陀如来　〔浄土宗〕

聖徳寺　しょうとくじ〔寺〕
　東京都墨田区　《別称》もんと寺　《本尊》阿弥陀如来
　　〔真宗大谷派〕

聖徳寺　しょうとくじ〔寺〕
　神奈川県横浜市神奈川区　《本尊》阿弥陀如来
　　〔真宗大谷派〕

聖徳寺　しょうとくじ〔寺〕
　神奈川県横須賀市　《別称》赤門　《本尊》阿弥陀如来　〔浄土宗〕

聖徳寺　しょうとくじ〔寺〕
　新潟県佐渡市　《別称》お太子さん　《本尊》聖徳太子　〔真言宗豊山派〕

聖徳寺　しょうとくじ〔寺〕
　石川県小松市　《別称》日末のお太子さん　《本尊》阿弥陀如来　〔真宗大谷派〕

聖徳寺　しょうとくじ〔寺〕
　福井県足羽郡美山町　〔真宗高田派〕

聖徳寺　しょうとくじ〔寺〕
　山梨県甲府市　《本尊》聖観世音菩薩
　　〔臨済宗妙心寺派〕

13画（腹, 蒲, 蒔, 蒼）

聖徳寺　しょうとくじ〔寺〕
　山梨県山梨市　《別称》大寺　《本尊》釈迦如来・聖観世音菩薩・聖徳太子
　　　　　　　　　　　　〔臨済宗向嶽寺派〕
聖徳寺　しょうとくじ〔寺〕
　長野県上伊那郡飯島町　《本尊》阿弥陀如来　　　　　　　　　　〔浄土宗〕
聖徳寺　しょうとくじ〔寺〕
　愛知県名古屋市中区　《本尊》阿弥陀如来
　　　　　　　　　　　　　　〔真宗大谷派〕
聖徳寺　しょうとくじ〔寺〕
　三重県松阪市　《別称》太子寺　《本尊》聖徳太子・阿弥陀如来　〔浄土宗〕
聖徳寺　しょうとくじ〔寺〕
　京都府京都市下京区　《本尊》阿弥陀如来
　　　　　　　　　　　　　　　　〔浄土宗〕
聖徳寺　しょうとくじ〔寺〕
　大阪府泉大津市　《本尊》阿弥陀如来
　　　　　　　　　　　　　〔高野山真言宗〕
聖徳寺　しょうとくじ〔寺〕
　島根県浜田市　《本尊》釈迦如来　〔曹洞宗〕
聖徳寺　しょうとくじ〔寺〕
　長崎県長崎市　《本尊》阿弥陀如来　〔浄土宗〕
聖徳寺　しょうとくじ〔寺〕
　鹿児島県加世田市　《本尊》阿弥陀如来
　　　　　　　　　　　　　〔真宗大谷派〕
15 聖輪寺　しょうりんじ〔寺〕
　東京都渋谷区　《本尊》如意輪観世音菩薩
　　　　　　　　　　　　　〔真言宗豊山派〕
18 聖観寺　しょうかんじ〔寺〕
　佐賀県鳥栖市　《別称》阿弥陀　《本尊》阿弥陀如来　　　　　　〔卍教団〕
19 聖願寺《称》　しょうがんじ〔寺〕
　滋賀県大津市・園城寺内聖願寺　《本尊》如意輪観世音菩薩　〔天台宗寺門派〕
20 聖護院　しょうごいん〔寺〕
　京都府京都市左京区　《別称》総本山・聖護院御殿　《本尊》不動明王　〔単立〕

【腹】
10 腹帯地蔵《称》　はらおびじぞう〔寺〕
　京都府京都市伏見区・善願寺　《本尊》地蔵菩薩　　　　　　　　〔天台宗〕
腹帯地蔵《称》　はらおびじぞう〔寺〕
　京都府京都市西京区・十輪寺　《本尊》延命腹帯地蔵菩薩　　　　〔天台宗〕

【蒲】
5 蒲生八幡《称》　がもうはちまん〔社〕
　鹿児島県姶良郡蒲生町・八幡神社　《祭神》仲哀天皇〔他〕　　　〔神社本庁〕

蒲生八幡神社　がもうはちまんじんじゃ〔社〕
　福岡県北九州市小倉南区　《祭神》多紀津姫命〔他〕　　　　　　〔神社本庁〕
蒲生神社　がもうじんじゃ〔社〕
　栃木県宇都宮市　《祭神》蒲生君平
　　　　　　　　　　　　　　　〔神社本庁〕
蒲田八幡神社《称》　かまたはちまんじんじゃ〔社〕
　東京都大田区蒲田・八幡神社　《祭神》誉田別尊　　　　　　　　〔神社本庁〕
6 蒲江薬師《称》　かまえやくし〔寺〕
　大分県南海部郡蒲江町・東光寺　《本尊》釈迦如来・薬師如来　〔臨済宗妙心寺派〕
9 蒲神明宮　かばしんめいぐう〔社〕
　静岡県浜松市　《祭神》天照皇大御神〔他〕
　　　　　　　　　　　　　　　〔神社本庁〕
10 蒲原浄光寺《称》　かんばらじょうこうじ〔寺〕
　新潟県新潟市・浄光寺　《本尊》阿弥陀如来　　　　　〔浄土真宗本願寺派〕
蒲原神社《称》　かんばらじんじゃ〔社〕
　新潟県新潟市・五社神社　《祭神》久久廼智命〔他〕　　　　　　〔神社本庁〕

【蒔】
5 蒔田不動尊《称》　まいたふどうそん〔寺〕
　神奈川県横浜市南区・無量寺　《本尊》鉄縛不動明王　　　　〔高野山真言宗〕

【蒼】
9 蒼前さま《称》　そうぜんさま〔社〕
　青森県上北郡下田町・気比神社　《祭神》足仲彦尊　　　　　　　〔神社本庁〕
お蒼前さま《称》　おそうぜんさま〔社〕
　岩手県岩手郡滝沢村・駒形神社　《祭神》保食命　　　　　　　　〔神社本庁〕
蒼前さん《称》　そうぜんさん〔社〕
　岩手県岩手郡玉山村・駒形神社　《祭神》駒形大神　　　　　　　〔神社本庁〕
蒼柴神社　あおふしじんじゃ〔社〕
　新潟県長岡市　《別称》悠久山お山さま　《祭神》事代主命〔他〕　〔神社本庁〕
10 蒼竜寺　そうりゅうじ〔寺〕
　秋田県秋田市　《本尊》釈迦如来・承陽大師・常済大師　　　　　〔曹洞宗〕
蒼竜寺　そうりゅうじ〔寺〕
　大阪府大阪市天王寺区　《別称》天王寺の聖天さん　《本尊》阿弥陀如来　〔浄土宗〕

神社・寺院名よみかた辞典　657

13画（蓬, 蓮）

【蓬】
7 蓬来院　ほうらいいん〔寺〕
　山形県南陽市　《本尊》釈迦如来　〔曹洞宗〕

【蓮】
3 蓮上院　れんじょういん〔寺〕
　神奈川県小田原市　《別称》花の木の護摩堂　《本尊》地蔵菩薩　〔真言宗東寺派〕
　蓮上院　れんじょういん〔寺〕
　和歌山県伊都郡高野町　《本尊》不動明王
　　〔高野山真言宗〕
　蓮久寺　れんきゅうじ〔寺〕
　神奈川県愛甲郡清川村　《別称》舟沢の寺
　《本尊》日蓮聖人奠定の大曼荼羅
　　〔日蓮宗〕
　蓮久寺　れんきゅうじ〔寺〕
　大阪府大阪市中央区　《本尊》阿弥陀如来
　　〔真宗大谷派〕
4 蓮心寺　れんしんじ〔寺〕
　青森県青森市　《本尊》阿弥陀如来
　　〔真宗大谷派〕
　蓮心寺　れんしんじ〔寺〕
　和歌山県和歌山市　《本尊》久遠実成釈迦如来・十界大曼荼羅・日蓮聖人　〔日蓮宗〕
5 蓮台寺　れんだいじ〔寺〕
　千葉県山武郡成東町　《本尊》十一面観世音菩薩　〔真言宗智山派〕
　蓮台寺　れんだいじ〔寺〕
　長野県長野市　《別称》九品仏さん　《本尊》九品仏　〔真言宗智山派〕
　蓮台寺　れんだいじ〔寺〕
　静岡県磐田郡豊岡村　《別称》お薬さん　《本尊》薬師如来　〔真言宗智山派〕
　蓮台寺　れんだいじ〔寺〕
　三重県上野市　《本尊》阿弥陀如来
　　〔真宗仏光寺派〕
　蓮台寺　れんだいじ〔寺〕
　滋賀県栗東市　《別称》薬師　《本尊》薬師如来　〔天台宗〕
　蓮台寺　れんだいじ〔寺〕
　和歌山県那賀郡桃山町　《本尊》阿弥陀如来　〔高野山真言宗〕
　蓮台寺　れんだいじ〔寺〕
　岡山県倉敷市　《別称》別格本山　《本尊》十一面観世音菩薩・瑜伽大権現
　　〔高野山真言宗〕
　蓮台寺　れんだいじ〔寺〕
　熊本県熊本市　《本尊》千体さん　《本尊》阿弥陀三尊　〔浄土宗西山禅林寺派〕

　蓮台寺　れんだいじ〔寺〕
　熊本県阿蘇郡小国町　《本尊》日蓮聖人・観世音菩薩　〔日蓮宗〕
　蓮正寺　れんしょうじ〔寺〕
　長崎県南高来郡加津佐町　《本尊》阿弥陀如来　〔浄土真宗本願寺派〕
　蓮永寺　れんえいじ〔寺〕
　静岡県静岡市　《別称》由緒寺院　《本尊》一塔両尊四菩薩・日蓮聖人　〔日蓮宗〕
　蓮生寺　れんしょうじ〔寺〕
　福島県東白川郡棚倉町　《別称》真宗二四輩旧跡　《本尊》阿弥陀如来　〔真宗大谷派〕
　蓮生寺　れんしょうじ〔寺〕
　神奈川県厚木市　《別称》根本星下霊場　《本尊》十界大曼荼羅・日蓮聖人　〔日蓮宗〕
　蓮生寺　れんしょうじ〔寺〕
　石川県金沢市　《本尊》阿弥陀如来
　　〔真宗大谷派〕
　蓮生寺　れんしょうじ〔寺〕
　長野県須坂市　《別称》秋葉さん　《本尊》大日如来・不動明王・秋葉三尺坊大権現
　　〔真言宗豊山派〕
　蓮生寺　れんしょうじ〔寺〕
　岐阜県瑞穂市　《本尊》阿弥陀如来
　　〔真宗大谷派〕
　蓮生寺　れんしょうじ〔寺〕
　静岡県藤枝市　《本尊》阿弥陀如来
　　〔真宗大谷派〕
　蓮生寺　れんしょうじ〔寺〕
　愛知県常滑市　《本尊》阿弥陀如来　〔浄土宗〕
　蓮生寺　れんしょうじ〔寺〕
　三重県松阪市　《本尊》尊像　〔天台真盛宗〕
　蓮生寺　れんしょうじ〔寺〕
　滋賀県守山市　《本尊》阿弥陀如来・薬師如来　〔真宗大谷派〕
　蓮生寺　れんしょうじ〔寺〕
　大阪府大阪市天王寺区　《別称》寝釈迦寺　《本尊》阿弥陀三尊　〔浄土宗〕
　蓮生寺　れんしょうじ〔寺〕
　大阪府大阪市生野区　《本尊》阿弥陀如来
　　〔浄土真宗本願寺派〕
　蓮生寺　れんしょうじ〔寺〕
　兵庫県城崎郡日高町　《別称》くまがいでら　《本尊》阿弥陀如来　〔浄土宗〕
　蓮生寺　れんしょうじ〔寺〕
　佐賀県佐賀市　《本尊》阿弥陀如来
　　〔浄土真宗本願寺派〕
6 蓮休寺　れんきゅうじ〔寺〕
　奈良県磯城郡田原本町　《本尊》阿弥陀如来　〔浄土真宗本願寺派〕

13画（蓮）

蓮光寺　れんこうじ〔寺〕
　茨城県鹿嶋市　《別称》奈良毛の仁王様　《本尊》阿弥陀如来　〔真言宗豊山派〕

蓮光寺　れんこうじ〔寺〕
　埼玉県大里郡寄居町　《本尊》阿弥陀如来　〔浄土宗〕

蓮光寺　れんこうじ〔寺〕
　千葉県山武郡蓮沼村　《本尊》阿弥陀如来　〔浄土宗〕

蓮光寺　れんこうじ〔寺〕
　東京都文京区　《本尊》阿弥陀如来　〔浄土宗〕

蓮光寺　れんこうじ〔寺〕
　東京都葛飾区　《本尊》阿弥陀如来　〔真宗大谷派〕

蓮光寺　れんこうじ〔寺〕
　神奈川県横浜市中区　《本尊》阿弥陀如来　〔真宗大谷派〕

蓮光寺　れんこうじ〔寺〕
　新潟県長岡市　《本尊》阿弥陀如来　〔真宗大谷派〕

蓮光寺　れんこうじ〔寺〕
　福井県鯖江市　《本尊》阿弥陀如来　〔真宗大谷派〕

蓮光寺　れんこうじ〔寺〕
　福井県南条郡今庄町　《本尊》阿弥陀如来　〔真宗大谷派〕

蓮光寺　れんこうじ〔寺〕
　長野県中野市　《本尊》阿弥陀如来　〔真宗大谷派〕

蓮光寺　れんこうじ〔寺〕
　岐阜県養老郡養老町　《本尊》阿弥陀如来　〔真宗大谷派〕

蓮光寺　れんこうじ〔寺〕
　岐阜県加茂郡富加町　《本尊》阿弥陀如来　〔浄土真宗本願寺派〕

蓮光寺　れんこうじ〔寺〕
　静岡県沼津市　《本尊》千手観世音菩薩・救世厄除地蔵菩薩　〔臨済宗妙心寺派〕

蓮光寺　れんこうじ〔寺〕
　愛知県尾西市　《本尊》阿弥陀如来　〔真宗大谷派〕

蓮光寺　れんこうじ〔寺〕
　滋賀県東浅井郡浅井町　《本尊》阿弥陀如来　〔真宗大谷派〕

蓮光寺　れんこうじ〔寺〕
　京都府京都市下京区　《本尊》阿弥陀如来　〔浄土宗〕

蓮光寺　れんこうじ〔寺〕
　大阪府大阪市中央区　《本尊》日蓮聖人奠定の大曼荼羅　〔日蓮宗〕

蓮光寺　れんこうじ〔寺〕
　岡山県御津郡建部町　《本尊》日蓮聖人奠定の大曼荼羅　〔日蓮宗〕

蓮光寺　れんこうじ〔寺〕
　高知県土佐清水市　《別称》清水のお寺　《本尊》阿弥陀三尊　〔浄土宗〕

蓮光寺　れんこうじ〔寺〕
　宮崎県宮崎郡佐土原町　《本尊》阿弥陀如来　〔浄土真宗本願寺派〕

蓮光院　れんこういん〔寺〕
　東京都大田区　《本尊》大日如来・薬師如来　〔真言宗智山派〕

蓮光院　れんこういん〔寺〕
　東京都豊島区　《別称》花の寺　《本尊》日蓮聖人御手顕の大曼荼羅　〔日蓮宗〕

蓮光院《称》　れんこういん〔寺〕
　東京都江戸川区・感応寺　《本尊》十界大曼荼羅　〔日蓮宗〕

蓮光院　れんこういん〔寺〕
　新潟県柏崎市　《本尊》胎蔵界大日如来　〔真言宗豊山派〕

蓮光院　れんこういん〔寺〕
　三重県津市　《別称》初馬寺　《本尊》馬頭観世音菩薩　〔真言宗御室派〕

蓮成寺　れんじょうじ〔寺〕
　滋賀県彦根市　《本尊》日蓮聖人奠定の大曼荼羅　〔日蓮宗〕

蓮成寺　れんじょうじ〔寺〕
　大阪府大阪市中央区　《本尊》釈迦如来・日蓮聖人奠定の大曼荼羅　〔顕本法華宗〕

蓮成寺　れんじょうじ〔寺〕
　山口県下関市　《本尊》十界大曼荼羅　〔日蓮宗〕

蓮江寺　れんこうじ〔寺〕
　石川県輪島市　《本尊》釈迦如来　〔曹洞宗〕

蓮池寺　れんちじ〔寺〕
　山口県熊毛郡田布施町　《別称》いけ寺　《本尊》阿弥陀如来・観世音菩薩　〔浄土宗〕

蓮池院　れんちいん〔寺〕
　京都府京都市左京区　《別称》熊谷堂　《本尊》阿弥陀如来・熊谷蓮生房　〔黒谷浄土宗〕

蓮池観音《称》　はすいけかんのん〔社〕
　秋田県雄勝郡雄勝町・金峰神社　《祭神》安閑天皇〔他〕　〔神社本庁〕

蓮舟寺　れんしゅうじ〔寺〕
　静岡県小笠郡大須賀町　《本尊》阿弥陀如来　〔浄土真宗本願寺派〕

7 蓮応寺　れんのうじ〔寺〕
　岐阜県海津郡海津町　《本尊》阿弥陀如来　〔真宗大谷派〕

神社・寺院名よみかた辞典　659

13画（蓮）

蓮沢寺　れんたくじ〔寺〕
　富山県氷見市　《本尊》阿弥陀如来
　　　　　　　　　　　　　〔真宗大谷派〕
蓮花寺　れんげじ〔寺〕
　茨城県岩井市　《別称》お地蔵さま　《本尊》
　腹帯地蔵菩薩　　　　　〔真言宗智山派〕
蓮花寺　れんげじ〔寺〕
　埼玉県八潮市　《別称》西袋薬師　《本尊》不
　動明王・薬師如来　　　〔真言宗豊山派〕
蓮花寺　れんげじ〔寺〕
　東京都墨田区　《本尊》弘法大師
　　　　　　　　　　　　〔真言宗智山派〕
蓮花寺　れんげじ〔寺〕
　東京都大田区　《別称》火除の観音　《本尊》
　十一面観世音菩薩　　　〔真言宗智山派〕
蓮花寺　れんげじ〔寺〕
　東京都東大和市　《本尊》不動明王
　　　　　　　　　　　　〔真言宗豊山派〕
蓮花寺　れんげじ〔寺〕
　神奈川県川崎市高津区　《本尊》聖観世音菩
　薩　　　　　　　　　　〔真言宗智山派〕
蓮花寺　れんげじ〔寺〕
　三重県名張市　《本尊》十一面観世音菩薩・大
　日如来　　　　　　　　〔真言宗智山派〕
蓮花寺　れんげじ〔寺〕
　兵庫県洲本市　《別称》五百羅漢の寺　《本
　尊》阿弥陀如来・釈迦如来・大日如来
　　　　　　　　　　　　〔高野山真言宗〕
蓮花寺　れんげじ〔寺〕
　兵庫県三田市　《本尊》阿弥陀如来
　　　　　　　　　　　〔真言宗大覚寺派〕
蓮花寺　れんげいじ〔寺〕
　兵庫県加古郡播磨町　《本尊》阿弥陀如来
　　　　　　　　　　　　〔高野山真言宗〕
蓮花寺　れんげじ〔寺〕
　和歌山県海南市　《本尊》地蔵菩薩
　　　　　　　　　　　　〔高野山真言宗〕
蓮花寺　れんげじ〔寺〕
　岡山県英田郡作東町　《本尊》薬師如来
　　　　　　　　　　　　〔高野山真言宗〕
蓮花寺　れんげじ〔寺〕
　徳島県鳴門市　《本尊》阿弥陀如来
　　　　　　　　　　　　〔高野山真言宗〕
蓮花院　《称》れんげいん〔寺〕
　群馬県前橋市・増田寺　《本尊》聖観世音菩
　薩　　　　　　　　　　〔真言宗智山派〕
蓮花院　れんげいん〔寺〕
　埼玉県北葛飾郡庄和町　《本尊》阿弥陀如
　来　　　　　　　　　　〔真言宗豊山派〕

蓮花院　れんげいん〔寺〕
　神奈川県横浜市南区　《本尊》十一面観世音
　菩薩　　　　　　　　　〔高野山真言宗〕
蓮花院　れんげいん〔寺〕
　和歌山県伊都郡高野町　《本尊》十一面観世
　音菩薩　　　　　　　　〔高野山真言宗〕
蓮花院　れんげいん〔寺〕
　岡山県倉敷市　《別称》岩滝山弘長寺　《本
　尊》十一面観世音菩薩・不動明王・毘沙門
　天　　　　　　　　　　〔高野山真言宗〕
8蓮宝寺　れんぽうじ〔寺〕
　東京都府中市　《本尊》阿弥陀如来　〔浄土宗〕
蓮尚寺　れんじょうじ〔寺〕
　福井県武生市　《本尊》十界大曼荼羅
　　　　　　　　　　　　　　　〔日蓮宗〕
蓮念寺　れんねんじ〔寺〕
　新潟県三島郡和島村　《本尊》日蓮聖人奠定
　の十界勧請大曼荼羅　　　　　〔日蓮宗〕
蓮承寺　れんしょうじ〔寺〕
　北海道帯広市　《本尊》日蓮聖人奠定の十界
　大曼荼羅　　　　　　　〔法華宗(本門流)〕
蓮昌寺　れんしょうじ〔寺〕
　東京都葛飾区　《本尊》宝塔・十界の諸尊
　　　　　　　　　　　　　　　〔日蓮宗〕
蓮昌寺　れんじょうじ〔寺〕
　石川県金沢市　《別称》大仏の寺　《本尊》十
　界大曼荼羅　　　　　　　　　〔日蓮宗〕
蓮昌寺　れんじょうじ〔寺〕
　岡山県岡山市　《本尊》久遠実成本師釈迦如
　来　　　　　　　　　　　　　〔日蓮宗〕
蓮法寺　れんぽうじ〔寺〕
　神奈川県横浜市神奈川区　《別称》浦島観音
　の寺　《本尊》日蓮聖人奠定の大曼荼羅
　　　　　　　　　　　　　　　〔日蓮宗〕
蓮長寺　れんちょうじ〔寺〕
　滋賀県野洲郡中主町　《本尊》阿弥陀如来
　　　　　　　　　　　〔浄土真宗本願寺派〕
蓮長寺　れんちょうじ〔寺〕
　兵庫県姫路市　《本尊》日蓮聖人奠定の大曼
　荼羅　　　　　　　　　　　　〔日蓮宗〕
蓮長寺　れんちょうじ〔寺〕
　奈良県奈良市　《本尊》十界大曼荼羅
　　　　　　　　　　　　　　　〔日蓮宗〕
9蓮乗寺　れんじょうじ〔寺〕
　東京都武蔵野市　《本尊》十界勧請大曼荼
　羅　　　　　　　　　　　　　〔日蓮宗〕
蓮乗寺　れんじょうじ〔寺〕
　神奈川県小田原市　《本尊》阿弥陀如来
　　　　　　　　　　　　　　　〔浄土宗〕
蓮乗寺　れんじょうじ〔寺〕
　富山県氷見市　《本尊》十界曼荼羅　〔日蓮宗〕

660　神社・寺院名よみかた辞典

13画（蓮）

蓮乗寺　れんじょうじ〔寺〕
　長野県長野市　《別称》七面山　《本尊》十界
　大曼荼羅　　　　　　　　　　　　〔日蓮宗〕
蓮乗寺　れんじょうじ〔寺〕
　三重県鈴鹿市　《本尊》阿弥陀如来
　　　　　　　　　　　　　　　　〔真宗高田派〕
蓮乗寺　れんじょうじ〔寺〕
　滋賀県野洲郡中主町　《本尊》阿弥陀如来・毘
　沙門天　　　　　　　　　　　　〔天台真盛宗〕
蓮乗寺　れんじょうじ〔寺〕
　京都府北桑田郡美山町　《別称》しもでら
　《本尊》十界大曼荼羅　　　　　　〔日蓮宗〕
蓮乗寺　れんじょうじ〔寺〕
　大阪府大阪市城東区　《別称》鳴かずが池
　《本尊》阿弥陀如来　　　　　　〔真宗大谷派〕
蓮乗寺　れんじょうじ〔寺〕
　山口県下関市　《本尊》阿弥陀如来
　　　　　　　　　　　　　　〔浄土真宗本願寺派〕
蓮乗院　れんじょういん〔寺〕
　青森県南津軽郡尾上町　《本尊》阿弥陀如
　来　　　　　　　　　　　　　　　　〔天台宗〕
蓮乗院　れんじょういん〔寺〕
　福島県いわき市　《本尊》釈迦如来・光明菩
　薩・大日如来　　　　　　　　　〔真言宗智山派〕
蓮乗院　れんじょういん〔寺〕
　東京都新宿区　《本尊》阿弥陀如来
　　　　　　　　　　　　　　　　〔真言宗豊山派〕
蓮乗院　れんじょういん〔寺〕
　神奈川県相模原市　《本尊》不動明王
　　　　　　　　　　　　　　　　〔真言宗智山派〕
蓮乗院　れんじょういん〔寺〕
　愛知県高浜市　《本尊》阿弥陀如来　〔浄土宗〕
蓮乗院　れんじょういん〔寺〕
　広島県深安郡神辺町　《本尊》聖観世音菩
　薩　　　　　　　　　　　　　〔真言宗大覚寺派〕
蓮信寺　れんしんじ〔寺〕
　大阪府東大阪市　《本尊》阿弥陀如来
　　　　　　　　　　　　　　　　〔真宗大谷派〕
蓮城寺　れんじょうじ〔寺〕
　大分県大野郡三重町　《別称》内山観音　《本
　尊》千手観世音菩薩　　　　　　〔高野山真言宗〕
蓮海寺　れんかいじ〔寺〕
　滋賀県草津市　《別称》地蔵堂　《本尊》地蔵
　菩薩　　　　　　　　　　　　　　〔浄土宗〕
蓮浄寺　れんじょうじ〔寺〕
　三重県松阪市　《本尊》阿弥陀如来　〔浄土宗〕
蓮浄寺　れんじょうじ〔寺〕
　兵庫県姫路市　《本尊》阿弥陀如来
　　　　　　　　　　　　　　〔浄土真宗本願寺派〕

蓮泉寺　れんせんじ〔寺〕
　兵庫県神崎郡市川町　《本尊》日蓮聖人奠定
　の大曼荼羅　　　　　　　　　　　〔日蓮宗〕
蓮荘寺　れんしょうじ〔寺〕
　秋田県大館市　《別称》下の寺　《本尊》十界
　大曼荼羅　　　　　　　　　　〔法華宗(本門流)〕
蓮香寺　れんこうじ〔寺〕
　長野県長野市　《本尊》子安荒神　〔浄土宗〕
10蓮家寺　れんげじ〔寺〕
　福島県東白川郡棚倉町　《本尊》阿弥陀如来・
　観世音菩薩・勢至菩薩・西国三十三所観世
　音菩薩　　　　　　　　　　　　　〔浄土宗〕
蓮容寺　れんにょうじ〔寺〕
　愛知県尾西市　《本尊》阿弥陀如来
　　　　　　　　　　　　　　　　〔真宗大谷派〕
蓮華三昧院　れんげさんまいいん〔寺〕
　和歌山県伊都郡高野町　　　　　〔高野山真言宗〕
蓮華寺　れんげじ〔寺〕
　青森県青森市　《本尊》大曼荼羅　〔日蓮宗〕
蓮華寺　れんげじ〔寺〕
　東京都中野区　《別称》赤門の寺　《本尊》十
　界曼荼羅　　　　　　　　　　　　〔日蓮宗〕
蓮華寺　れんげじ〔寺〕
　東京都板橋区　《本尊》薬師如来
　　　　　　　　　　　　　　　　〔真言宗智山派〕
蓮華寺　れんげじ〔寺〕
　東京都葛飾区　《本尊》法華経本門八品所顕
　本因下種の大曼荼羅　　　　　　〔本門仏立宗〕
蓮華寺　れんげいじ〔寺〕
　東京都江戸川区　《本尊》聖観世音菩薩
　　　　　　　　　　　　　　　　〔新義真言宗〕
蓮華寺　れんげじ〔寺〕
　神奈川県小田原市　《本尊》一塔両尊
　　　　　　　　　　　　　　　　　〔日蓮宗〕
蓮華寺　れんげじ〔寺〕
　新潟県新発田市　《本尊》釈迦如来　〔曹洞宗〕
蓮華寺　れんげじ〔寺〕
　富山県富山市　《本尊》釈迦如来
　　　　　　　　　　　　　　　〔臨済宗国泰寺派〕
蓮華寺　れんげじ〔寺〕
　福井県小浜市　《本尊》阿弥陀如来　〔曹洞宗〕
蓮華寺　れんげじ〔寺〕
　山梨県南都留郡富士河口湖町　《本尊》十界
　勧請大曼荼羅　　　　　　　　　　〔日蓮宗〕
蓮華寺　れんげじ〔寺〕
　岐阜県関市　《本尊》阿弥陀如来
　　　　　　　　　　　　　　　　〔真言宗智山派〕
蓮華寺　れんげじ〔寺〕
　岐阜県山県市　《本尊》聖観世音菩薩
　　　　　　　　　　　　　　　〔臨済宗妙心寺派〕

神社・寺院名よみかた辞典　661

13画（蓮）

蓮華寺　れんげじ〔寺〕
　静岡県浜松市　《本尊》阿弥陀如来
　　　　　　　　　　　　　〔真宗大谷派〕
蓮華寺　れんげじ〔寺〕
　静岡県田方郡戸田村　《本尊》日蓮聖人奠定
　の十界大曼荼羅　　　　　　　　〔日蓮宗〕
蓮華寺　れんげじ〔寺〕
　愛知県岡崎市　《本尊》薬師如来　〔曹洞宗〕
蓮華寺　れんげじ〔寺〕
　愛知県海部郡美和町　《別称》蜂須賀弘法
　《本尊》阿弥陀如来・弘法大師
　　　　　　　　　　　　　〔真言宗智山派〕
蓮華寺　れんげじ〔寺〕
　滋賀県彦根市　《本尊》十界大曼荼羅
　　　　　　　　　　　　　　　　〔日蓮宗〕
蓮華寺　れんげいじ〔寺〕
　滋賀県甲賀郡水口町　《本尊》阿弥陀如来
　　　　　　　　　　　　　〔真宗高田派〕
蓮華寺　れんげじ〔寺〕
　滋賀県坂田郡米原町　《別称》本山　《本尊》
　阿弥陀如来・釈迦如来　　　　　〔浄土宗〕
蓮華寺　れんげじ〔寺〕
　京都府京都市左京区　《本尊》釈迦如来
　　　　　　　　　　　　　　　　〔天台宗〕
蓮華寺　れんげじ〔寺〕
　大阪府豊能郡能勢町　《本尊》日蓮聖人奠定
　の大曼荼羅　　　　　　　　　　〔日蓮宗〕
蓮華寺　れんげいじ〔寺〕
　兵庫県多可郡加美町　《別称》大日さん　《本
　尊》胎蔵界大日如来　　　　　〔高野山真言宗〕
蓮華寺　れんげいじ〔寺〕
　兵庫県城崎郡竹野町　《別称》但馬高野　《本
　尊》聖観世音菩薩　　　　　　〔高野山真言宗〕
蓮華寺　れんげじ〔寺〕
　広島県福山市　《本尊》観自在王如来・不動
　明王　　　　　　　　　　　　　　〔単立〕
蓮華寺　れんげじ〔寺〕
　徳島県三好郡池田町　《本尊》十一面観世音
　菩薩　　　　　　　　　　　〔真言宗御室派〕
蓮華寺　れんげじ〔寺〕
　福岡県田川郡香春町　《本尊》十界曼荼羅
　　　　　　　　　　　　　　　　〔日蓮宗〕
蓮華谷本坊《称》　れんげだにほんぼう〔寺〕
　岡山県英田郡作東町・大聖寺　《本尊》不動
　明王・如意輪観世音菩薩・愛染明王
　　　　　　　　　　　　　〔真言宗大覚寺派〕
蓮華定院　れんげじょういん〔寺〕
　和歌山県伊都郡高野町　《本尊》阿弥陀如
　来　　　　　　　　　　　　〔高野山真言宗〕

蓮華峰寺　れんげぶじ〔寺〕
　新潟県佐渡市　《別称》こびえさん　《本尊》
　聖観世音菩薩　　　　　　　〔真言宗智山派〕
蓮華院　れんげいん〔寺〕
　群馬県群馬郡倉渕村　《別称》水沼観世音
　《本尊》阿弥陀如来　　　　　〔真言宗豊山派〕
蓮華院　れんげいん〔寺〕
　神奈川県中郡大磯町　《本尊》聖観世音菩
　薩　　　　　　　　　　　　〔真言宗東寺派〕
蓮華院《称》　れんげいん〔寺〕
　熊本県玉名市・蓮華院誕生寺　《本尊》大日
　如来・皇円上人　　　　　　　　〔真言律宗〕
蓮華院　れんげいん〔寺〕
　沖縄県糸満市　《本尊》千手観世音菩薩
　　　　　　　　　　　　　〔臨済宗妙心寺派〕
蓮華院誕生寺　れんげいんたんじょうじ〔
　寺〕
　熊本県玉名市　《別称》蓮華院　《本尊》大日
　如来・皇円上人　　　　　　　　〔真言律宗〕
蓮通寺　れんつうじ〔寺〕
　滋賀県伊香郡西浅井町　《本尊》阿弥陀如
　来　　　　　　　　　　　　　〔真宗大谷派〕
11蓮清寺　れんせいじ〔寺〕
　東京都町田市　《本尊》日蓮聖人　〔日蓮宗〕
蓮経寺　れんきょうじ〔寺〕
　山梨県南アルプス市　《本尊》十界勧請尊
　像　　　　　　　　　　　　　　〔日蓮宗〕
12蓮勝寺　れんしょうじ〔寺〕
　福島県安達郡岩代町　《本尊》大日如来・地
　蔵菩薩・不動明王　　　　　　〔真言宗豊山派〕
蓮勝寺　れんしょうじ〔寺〕
　神奈川県横浜市港北区　《本尊》阿弥陀如
　来　　　　　　　　　　　　　　〔浄土宗〕
蓮勝寺　れんしょうじ〔寺〕
　愛知県名古屋市千種区　《本尊》日蓮聖人奠
　定の大曼荼羅　　　　　　　　　〔日蓮宗〕
蓮着寺　れんちゃくじ〔寺〕
　静岡県伊東市　《別称》俎岩のお寺・霊跡別
　院　《本尊》日蓮聖人奠定の大曼荼羅
　　　　　　　　　　　　　〔法華宗(陣門流)〕
13蓮照寺　れんしょうじ〔寺〕
　福井県勝山市　《別称》華蔵閣　《本尊》阿弥
　陀如来　　　　　　　　　　　〔真宗大谷派〕
蓮照寺　れんしょうじ〔寺〕
　愛知県一宮市　《本尊》日蓮聖人奠定の十界
　大曼荼羅　　　　　　　　　　　〔日蓮宗〕
蓮福寺　れんぷくじ〔寺〕
　埼玉県北葛飾郡松伏町　《別称》鬼子母神
　《本尊》一尊四士　　　　　　　　〔日蓮宗〕

13画（蓮, 蜂, 解, 誠）

蓮福寺　れんぷくじ〔寺〕
　千葉県茂原市　《別称》本納の大寺　《本尊》
　日蓮聖人所顕本門寿量大曼荼羅
　　　　　　　　　　　　　　〔顕本法華宗〕
蓮福寺　れんぷくじ〔寺〕
　千葉県山武郡芝山町　《本尊》阿弥陀如来
　　　　　　　　　　　　　　〔真言宗智山派〕
蓮福寺　れんぷくじ〔寺〕
　愛媛県北条市　《本尊》延命地蔵菩薩・安産
　地蔵菩薩　　　　　　　　　〔真言宗醍醐派〕
14蓮徳寺　れんとくじ〔寺〕
　三重県上野市　《本尊》薬師如来・日光菩薩・
　月光菩薩　　　　　　　　　〔真言宗豊山派〕
15蓮慶寺　れんけいじ〔寺〕
　静岡県伊東市　《本尊》日蓮聖人奠定の大曼
　荼羅　　　　　　　　　　　〔日蓮宗〕
蓮蔵寺　れんぞうじ〔寺〕
　宮城県刈田郡蔵王町　《本尊》大日如来
　　　　　　　　　　　　　　〔真言宗智山派〕
蓮蔵寺　れんぞうじ〔寺〕
　福井県丹生郡朝日町　《本尊》日蓮聖人奠定
　の大曼荼羅　　　　　　　　〔日蓮宗〕
蓮蔵寺　れんぞうじ〔寺〕
　三重県久居市　《本尊》阿弥陀如来
　　　　　　　　　　　　　　〔天台真盛宗〕
蓮蔵院　れんぞういん〔寺〕
　千葉県市原市　《別称》引田の観音　《本尊》
　大日如来　　　　　　　　　〔真言宗豊山派〕
蓮蔵院　れんぞういん〔寺〕
　東京都葛飾区　《本尊》地蔵菩薩
　　　　　　　　　　　　　　〔真言宗豊山派〕
17蓮厳院　れんごんいん〔寺〕
　佐賀県鹿島市　《本尊》阿弥陀如来・薬師如
　来　　　　　　　　　　　　〔真言宗御室派〕
20蓮馨寺　れんけいじ〔寺〕
　埼玉県川越市　《別称》川越の呑竜様　《本
　尊》阿弥陀如来・呑竜上人　〔浄土宗〕

【蛸】
6蛸地蔵《称》　たこじぞう〔寺〕
　大阪府岸和田市・天性寺　《本尊》阿弥陀如
　来・延命地蔵菩薩　　　　　〔浄土宗〕
16蛸薬師《称》　たこやくし〔寺〕
　東京都目黒区・成就院　《本尊》薬師如来・秋
　葉三尺坊大権現　　　　　　〔天台宗〕
蛸薬師堂《称》　たこやくしどう〔寺〕
　京都府京都市中京区・妙心寺　《本尊》阿弥
　陀如来・薬師如来　　　　　〔浄土宗西山深草派〕

【蜂】
5蜂田神社　はちだじんじゃ〔社〕

大阪府堺市　《別称》お鈴の宮　《祭神》天児
屋根命　　　　　　　　　　　〔神社本庁〕
9蜂前神社　はちさきじんじゃ〔社〕
　静岡県引佐郡細江町　《祭神》火速日命〔他〕
　　　　　　　　　　　　　　〔神社本庁〕
蜂城天神社　はちしろてんじんしゃ〔社〕
　山梨県東八代郡一宮町　《祭神》菅原道真
　　　　　　　　　　　　　　〔神社本庁〕

【解】
11解脱会　げだつかい〔寺〕
　東京都新宿区　《別称》本部　《本尊》天神地
　祇・五智如来・解脱金剛尊者　〔解脱会〕
解脱寺　げだつじ〔寺〕
　茨城県つくば市　《別称》三夜様　《本尊》阿
　弥陀如来　　　　　　　　　〔浄土宗〕
解脱寺　げだつじ〔寺〕
　鳥取県日野郡日南町　《別称》あびれの高祖
　さん　《本尊》日蓮聖人　　〔日蓮宗〕
解脱寺《称》　げだつじ〔寺〕
　大分県津久見市・解脱闇寺　《本尊》釈迦如
　来　　　　　　　　　　　　〔臨済宗妙心寺派〕
解脱闇寺　げだつあんじ〔寺〕
　大分県津久見市　《別称》解脱寺　《本尊》釈
　迦如来　　　　　　　　　　〔臨済宗妙心寺派〕

【誠】
4誠心寺　せいしんじ〔寺〕
　福島県安達郡東和町　《別称》金山　《本尊》
　阿弥陀如来　　　　　　　　〔浄土宗〕
誠心院　せいしんいん〔寺〕
　京都府京都市中京区　《別称》和泉式部の寺
　《本尊》阿弥陀如来　　　　〔真言宗泉涌寺派〕
6誠光寺　せいこうじ〔寺〕
　熊本県下益城郡松橋町　《本尊》阿弥陀如
　来　　　　　　　　　　　　〔浄土真宗本願寺派〕
13誠照寺　じょうしょうじ〔寺〕
　福井県鯖江市　《別称》鯖江本山　《本尊》阿
　弥陀如来　　　　　　　　　〔真宗誠照寺派〕
誠照寺上野別堂　じょうしょうじうえのべ
　つどう〔寺〕
　福井県鯖江市　《別称》車の道場　《本尊》阿
　弥陀如来　　　　　　　　　〔真宗誠照寺派〕
誠照寺別院満足院　せいしょうじべついん
　まんぞくいん〔寺〕
　東京都世田谷区　《別称》東京別院・満足院
　《本尊》阿弥陀如来　　　　〔真宗誠照寺派〕

神社・寺院名よみかた辞典　663

13画（誉, 豊）

【誉】

5誉田八幡神社《称》　こんだはちまんじん
　　じゃ〔社〕
　　千葉県習志野市・八幡神社　《祭神》誉田別
　　之命
　　　　　　　　　　　　　　　〔神社本庁〕
誉田八幡宮　こんだはちまんぐう〔社〕
　　大阪府羽曳野市　《祭神》応神天皇〔他〕
　　　　　　　　　　　　　　　〔神社本庁〕
誉田神社　こんだじんじゃ〔社〕
　　香川県東かがわ市　《別称》八幡宮　《祭神》
　　誉田別命〔他〕　　　　　　〔神社本庁〕

【豊】

3豊山八幡神社　とよやまはちまんじんじゃ
　　〔社〕
　　福岡県北九州市八幡東区　《祭神》応神天皇
　　〔他〕　　　　　　　　　　〔神社本庁〕
豊川弁天《称》　とよかわべんてん〔寺〕
　　愛知県豊川市・三明寺　《本尊》豊川弁財天
　　　　　　　　　　　　　　　　　〔曹洞宗〕
豊川進雄神社　とよかわすさのおじんじゃ
　　〔社〕
　　愛知県豊川市　《祭神》進雄命　〔神社本庁〕
豊川稲荷《称》　とよかわいなり〔寺〕
　　愛知県豊川市・妙厳寺　《本尊》千手観世音
　　菩薩・豊川吒枳尼真天　　　　　〔曹洞宗〕
豊川稲荷別院《称》　とよかわいなりべつ
　　いん〔寺〕
　　大阪府大阪市天王寺区・観音寺　《本尊》十
　　一面観世音菩薩・吒枳真天　　　〔曹洞宗〕
豊川稲荷神社　とよかわいなりじんじゃ〔
　　社〕
　　兵庫県姫路市　《別称》豊川さん　《祭神》若
　　宇賀能売命〔他〕　　　　　　　〔祖道教〕
豊川閣《称》　とよかわかく〔寺〕
　　愛知県豊川市・妙厳寺　《本尊》千手観世音
　　菩薩・豊川吒枳尼真天　　　　　〔曹洞宗〕
4豊円寺　ほうえんじ〔寺〕
　　愛媛県伊予市　《本尊》阿弥陀如来
　　　　　　　　　　　　　〔浄土真宗本願寺派〕
豊日別宮《称》　とよひわけぐう〔社〕
　　福岡県行橋市・草場神社　《祭神》豊日別命
　　　　　　　　　　　　　　　　〔神社本庁〕
豊日孁神社　とよひるめじんじゃ〔社〕
　　鹿児島県薩摩郡祁答院町　《別称》大居神
　　《祭神》天照大神　　　　　　　〔神社本庁〕
5豊功神社　ほうこうじんじゃ〔社〕
　　山口県下関市　《祭神》応神天皇〔他〕
　　　　　　　　　　　　　　　　〔神社本庁〕

豊平神社　とよひらじんじゃ〔社〕
　　北海道札幌市豊平区　《祭神》上毛野田道命
　　〔他〕　　　　　　　　　　　〔神社本庁〕
豊玉姫神社　とよたまひめじんじゃ〔社〕
　　千葉県香取郡小見川町　《祭神》豊玉姫命
　　　　　　　　　　　　　　　〔神社本庁〕
豊玉姫神社　とよたまひめじんじゃ〔社〕
　　佐賀県藤津郡嬉野町　《祭神》豊玉姫大神〔他〕
　　　　　　　　　　　　　　　〔神社本庁〕
豊玉姫神社　とよたまひめじんじゃ〔社〕
　　鹿児島県川辺郡知覧町　《別称》でめじんさ
　　ま　《祭神》豊玉姫命〔他〕　　〔神社本庁〕
豊玉媛神社　とよたまひめじんじゃ〔社〕
　　鹿児島県指宿市　《別称》出水神堂　《祭神》
　　豊玉姫之命　　　　　　　　　〔神社本庁〕
豊田神社　とよたじんじゃ〔社〕
　　新潟県新発田市　《祭神》溝口秀勝〔他〕
　　　　　　　　　　　　　　　〔神社本庁〕
豊田神社　とよたじんじゃ〔社〕
　　島根県益田市　《別称》石塔寺権現　《祭神》
　　天津大神〔他〕　　　　　　　〔神社本庁〕
豊由気神社　とよゆきじんじゃ〔社〕
　　静岡県静岡市　《別称》氏神さま　《祭神》豊
　　受姫命　　　　　　　　　　　〔神社本庁〕
6豊光寺　ほうこうじ〔寺〕
　　京都府京都市上京区　《本尊》釈迦如来
　　　　　　　　　　　　　　〔臨済宗相国寺派〕
8豊受大神社　とようけだいじんじゃ〔社〕
　　京都府加佐郡大江町　《別称》元伊勢外宮
　　《祭神》豊受姫命〔他〕　　　　〔神社本庁〕
豊受大神宮　とようけだいじんぐう〔社〕
　　三重県伊勢市　《別称》伊勢神宮外宮・豊受
　　宮・度会宮(延喜式)・外宮　別宮として多賀
　　宮,土宮,月夜見宮,風宮がある　《祭神》豊
　　受大御神〔他〕　　　　　　　〔神社本庁〕
豊受神社　とようけじんじゃ〔社〕
　　愛媛県四国中央市　《別称》おといこさん
　　《祭神》登由宇気日売命〔他〕　〔神社本庁〕
豊受宮《称》　とようけぐう〔社〕
　　三重県伊勢市・豊受大神宮　《祭神》豊受大
　　御神〔他〕　　　　　　　　　〔神社本庁〕
豊国寺　ほうこくじ〔寺〕
　　北海道亀田郡恵山町　《本尊》阿弥陀如来
　　　　　　　　　　　　　　　　　〔浄土宗〕
豊国神社　とよくにじんじゃ〔社〕
　　石川県金沢市　《祭神》豊臣秀吉〔他〕
　　　　　　　　　　　　　　　〔神社本庁〕
豊国神社　とよくにじんじゃ〔社〕
　　長野県中野市　《祭神》健御名方命〔他〕
　　　　　　　　　　　　　　　〔神社本庁〕

664　神社・寺院名よみかた辞典

13画（遠）

豊国神社　とよくにじんじゃ〔社〕
　愛知県名古屋市中村区　《祭神》豊臣秀吉
　　　　　　　　　　　　　　　　〔神社本庁〕
豊国神社　とよくにじんじゃ〔社〕
　滋賀県長浜市　《祭神》豊臣秀吉〔他〕
　　　　　　　　　　　　　　　　〔神社本庁〕
豊国神社　とよくにじんじゃ〔社〕
　京都府京都市東山区　《別称》ほうこくさん
　《祭神》豊臣秀吉　　　　　　〔神社本庁〕
豊国神社　ほうこくじんじゃ〔社〕
　大阪府大阪市中央区　《別称》太閤さん　《祭神》豊臣秀吉〔他〕　　　　　〔神社本庁〕
豊国神社　とよくにじんじゃ〔社〕
　岡山県英田郡美作町　《別称》山王さま　《祭神》高淤迦美神〔他〕　　　　〔神社本庁〕
豊岡聖天《称》　とよおかしょうてん〔寺〕
　兵庫県豊岡市・東楽寺　《本尊》薬師如来・歓喜天　　　　　　　　　　〔高野山真言宗〕
9豊乗寺　ぶじょうじ〔寺〕
　鳥取県八頭郡智頭町　《本尊》無量寿如来・弘法大師・阿弥陀如来　　　〔高野山真言宗〕
豊前坊《称》　ぶぜんぼう〔社〕
　福岡県田川郡添田町・高住神社　《祭神》豊日別命〔他〕　　　　　　　　〔神社本庁〕
豊前国分寺　ぶぜんこくぶんじ〔寺〕
　福岡県京都郡豊津町・国分寺　《本尊》薬師如来・日光菩薩・月光菩薩・十二神将・愛染明王・弘法大師　　　　　〔高野山真言宗〕
豊後一の宮《称》　ぶんごいちのみや〔社〕
　大分県大分市・西寒多神社　《祭神》天照皇大御神〔他〕　　　　　　　〔神社本庁〕
豊栄神社　とよさかじんじゃ〔社〕
　北海道恵庭市　《祭神》大国魂神〔他〕
　　　　　　　　　　　　　　　　〔神社本庁〕
豊栄神社　とよさかじんじゃ〔社〕
　山口県山口市　《祭神》毛利元就〔神社本庁〕
豊洲神社　とよすじんじゃ〔社〕
　新潟県柏崎市　《祭神》建御名方命
　　　　　　　　　　　　　　　　〔神社本庁〕
豊津神社　とよつじんじゃ〔社〕
　福岡県京都郡豊津町　《別称》日吉神社　《祭神》事代主神〔他〕　　　　〔神社本庁〕
10豊原北島神社　とよはらきたじまじんじゃ〔社〕
　岡山県邑久郡邑久町　《祭神》応神天皇〔他〕
　　　　　　　　　　　　　　　　〔神社本庁〕
豊栖院　ほうせいいん〔寺〕
　栃木県下都賀郡壬生町　《別称》赤屋根　《本尊》虚空蔵菩薩　　　　　　〔曹洞宗〕

豊浜八幡神社　とよはまはちまんじんじゃ〔社〕
　香川県三豊郡豊浜町　《祭神》品陀和気命〔他〕
　　　　　　　　　　　　　　　　〔神社本庁〕
豊烈神社　ほうれつじんじゃ〔社〕
　山形県山形市　《別称》霊神様　《祭神》水野忠元〔他〕　　　　　　　〔神社本庁〕
豊財院　ぶざいいん〔寺〕
　石川県羽咋市　《別称》般若でら　《本尊》釈迦如来　　　　　　　　　　〔曹洞宗〕
11豊鹿島神社　とよかしまじんじゃ〔社〕
　東京都東大和市　《別称》かしまさま　《祭神》建御加豆智命　　　　　〔神社本庁〕
豊麻神社　とよあさじんじゃ〔社〕
　愛知県豊橋市　《別称》氏神様　《祭神》火産霊神　　　　　　　　　　〔神社本庁〕
12豊満神社　とよみつじんじゃ〔社〕
　滋賀県愛知郡愛知川町　《別称》はたがみ　《祭神》大国主命　　　　　　〔神社本庁〕
13豊楽寺　ぶらくじ〔寺〕
　岡山県御津郡建部町　《本尊》薬師如来・聖観世音菩薩　　　　　〔高野山真言宗〕
豊楽寺　ぶらくじ〔寺〕
　高知県長岡郡大豊町　《別称》柴折薬師　《本尊》薬師如来・阿弥陀如来・釈迦如来
　　　　　　　　　　　　　　　〔真言宗智山派〕
豊福阿蘇神社　とよふくあそじんじゃ〔社〕
　熊本県下益城郡松橋町　《祭神》阿蘇一二神　　　　　　　　　　　　〔神社本庁〕
14豊徳寺　ほうとくじ〔寺〕
　愛知県名古屋市南区　《本尊》阿弥陀如来
　　　　　　　　　　　　　　　　〔真宗大谷派〕
16豊橋浅草観音《称》　とよはしあさくさかんのん〔寺〕
　愛知県豊橋市・竜拈寺　《本尊》釈迦如来
　　　　　　　　　　　　　　　　〔曹洞宗〕
豊積神社　とよずみじんじゃ〔社〕
　静岡県庵原郡由比町　《祭神》木花佐久夜毘売命　　　　　　　　　　　〔神社本庁〕
18豊顕寺　ぶけんじ〔寺〕
　神奈川県横浜市神奈川区　《本尊》日蓮聖人奠定の十界勧請大曼荼羅　〔法華宗(陣門流)〕

【遠】

5遠生寺　おんじょうじ〔寺〕
　三重県四日市市　《本尊》阿弥陀如来
　　　　　　　　　　　　　　　　〔浄土宗〕
遠石八幡宮　とおいしはちまんぐう〔社〕
　山口県周南市　《祭神》応神天皇〔他〕
　　　　　　　　　　　　　　　　〔神社本庁〕

神社・寺院名よみかた辞典　665

13画（遺, 酬, 鉄, 鈴, 雉, 雷）

6 遠光寺　おんこうじ〔寺〕
　山梨県甲府市　《本尊》十界曼荼羅　〔日蓮宗〕
7 遠妙寺　えんみょうじ〔寺〕
　東京都豊島区　《本尊》法華経本門八品所顕本因下種の大曼荼羅　〔本門仏立宗〕
　遠妙寺　おんみょうじ〔寺〕
　山梨県東八代郡石和町　《別称》温泉のある寺　《本尊》日蓮聖人奠定の大曼荼羅
　　〔日蓮宗〕
　遠寿院　おんじゅいん〔寺〕
　千葉県市川市　《別称》荒行堂　《本尊》日蓮聖人・鬼子母神　〔日蓮宗〕
　遠見崎神社　とみさきじんじゃ〔社〕
　千葉県勝浦市　《別称》明神様　《祭神》天富命　〔神社本庁〕
10 遠流志別石神社　おるしわけのいわじんじゃ〔社〕
　宮城県登米郡石越町　《別称》石神さま　《祭神》倭建命　〔神社本庁〕
11 遠野郷八幡宮　とおのごうはちまんぐう〔社〕
　岩手県遠野市　《祭神》誉田別尊[他]　〔神社本庁〕
12 遠賀神社　おがじんじゃ〔社〕
　山形県鶴岡市　《祭神》豊岡比売神[他]　〔神社本庁〕
　遠賀美神社　おがみじんじゃ〔社〕
　山形県酒田市　《別称》御積島(おしゃくじま)明神　《祭神》大海津見命[他]　〔神社本庁〕
　遠軽神社　えんがるじんじゃ〔社〕
　北海道紋別郡遠軽町　《祭神》天照皇大神[他]　〔神社本庁〕
13 遠照寺　おんしょうじ〔寺〕
　長野県上伊那郡高遠町　《本尊》二尊四菩薩　〔日蓮宗〕
　遠照院　おんしょういん〔寺〕
　長崎県西彼杵郡西海町　《本尊》十界勧請大曼荼羅　〔日蓮宗〕

【遺】

7 遺迎院　けんこういん〔寺〕
　京都府京都市北区　《別称》本山　《本尊》釈迦如来・阿弥陀如来　〔浄土真宗遺迎院派〕

【酬】

10 酬恩庵　しゅおんあん〔寺〕
　京都府京田辺市　《別称》一休寺　《本尊》釈迦如来　〔臨済宗大徳寺派〕

【鉄】

3 鉄川さま《称》　てつかわさま〔社〕
　石川県鳳至郡門前町・諸岡比古神社　《祭神》天日鷲命[他]　〔神社本庁〕
6 鉄舟寺　てっしゅうじ〔寺〕
　静岡県静岡市　《本尊》千手観世音菩薩　〔臨済宗妙心寺派〕
10 鉄砲洲稲荷神社　てっぽうずいなりじんじゃ〔社〕
　東京都中央区　《祭神》稚産霊命[他]　〔神社本庁〕
12 鉄尊《称》　てっそん〔称〕
　千葉県富津市・金谷神社　《祭神》豊受姫命[他]　〔神社本庁〕

【鈴】

0 お鈴の宮《称》　おすずのみや〔社〕
　大阪府堺市・蜂田神社　《祭神》天児屋根命　〔神社本庁〕
4 鈴木神社　すずきじんじゃ〔社〕
　熊本県本渡市　《祭神》鈴木重成[他]　〔神社本庁〕
8 鈴岳神社　すずたけじんじゃ〔社〕
　岡山県上房郡有漢町　《祭神》吉備津彦命[他]　〔神社本庁〕
11 鈴鹿の権現さん《称》　すずかのごんげんさん〔社〕
　三重県鈴鹿郡関町・片山神社　《祭神》倭比売命[他]　〔神社本庁〕
　鈴鹿明神社　すずかみょうじんじゃ〔社〕
　神奈川県座間市　《別称》お明神様　《祭神》伊佐那岐命[他]　〔神社本庁〕
14 鈴熊寺　れいゆうじ〔寺〕
　福岡県築上郡吉富町　《別称》鈴熊山　《本尊》薬師如来　〔高野山真言宗〕

【雉】

3 雉子神社　きじんじゃ〔社〕
　東京都品川区　《祭神》日本武尊[他]　〔神社本庁〕

【雷】

3 雷大明神《称》　いかずちだいみょうじん〔社〕
　島根県簸川郡多伎町・多伎芸神社　《祭神》多伎伎比売命[他]　〔神社本庁〕
　雷大神　らいだいじん〔社〕
　千葉県海上郡海上町・雷神社　《祭神》天穂日命[他]　〔神社本庁〕

13画（零, 靖, 頓, 飽, 鳩, 鼓）14画（嘉, 境, 増）

4雷不動《称》　いかずちふどう〔寺〕
　東京都江戸川区・真蔵院　《本尊》不動明王
　　　　　　　　　　　　　　　　〔真言宗豊山派〕
9雷神さま《称》　らいじんさま〔社〕
　茨城県水戸市・別雷皇大神　《祭神》別雷神
　　　　　　　　　　　　　　　　〔神社本庁〕
　雷神社　らいじんじゃ〔社〕
　　千葉県海上郡海上町　《別称》雷大神　《祭神》天穂日命〔他〕　　　　〔神社本庁〕
　雷神社　いかずちじんじゃ〔社〕
　　神奈川県横須賀市　《別称》かみなり神社　《祭神》火雷神　　　　　　〔神社本庁〕
13雷電さま《称》　らいでんさま〔社〕
　栃木県安蘇郡田沼町・賀茂別雷神社　《祭神》賀茂別雷命〔他〕　　　　〔神社本庁〕
　雷電神社　らいでんじんじゃ〔社〕
　　山形県東田川郡羽黒町　《祭神》保食命　　　　　　　　　　　　　　〔神社本庁〕
　雷電神社　らいでんじんじゃ〔社〕
　　群馬県佐波郡境町　《祭神》大雷命〔他〕　　　　　　　　　　　　　〔神社本庁〕
　雷電神社　らいでんじんじゃ〔社〕
　　群馬県邑楽郡板倉町　《別称》板倉様　《祭神》火雷大神〔他〕　　　　〔神社本庁〕
　雷電宮　らいでんぐう〔社〕
　　青森県東津軽郡平内町　《祭神》別雷命　　　　　　　　　　　　　　〔神社本庁〕
　雷電宮《称》　らいでんぐう〔社〕
　　群馬県佐波郡赤堀町・大雷神社　《祭神》大雷命〔他〕　　　　　　　〔神社本庁〕
　雷電様《称》　らいでんさま〔社〕
　　栃木県宇都宮市・平出神社　《祭神》別雷命〔他〕　　　　　　　　　〔神社本庁〕

【零】
6零羊崎神社　ひつじさきじんじゃ〔社〕
　宮城県石巻市　《別称》まきやま神社　《祭神》豊玉彦命　　　　　　　〔神社本庁〕

【靖】
8靖国寺　やすくにじ〔寺〕
　京都府宇治市　《別称》全国英霊奉安所　《本尊》釈迦如来　　　　　　〔曹洞宗〕
　靖国神社　やすくにじんじゃ〔社〕
　　東京都千代田区　《祭神》護国の神霊
　　　　　　　　　　　　　　　　〔単立〕

【頓】
8頓受寺　とんじゅうじ〔寺〕
　愛知県一宮市　《本尊》阿弥陀如来
　　　　　　　　　　　　〔真宗大谷派〕

【飽】
8飽波神社　あくなみじんじゃ〔社〕
　静岡県藤枝市　《別称》川関さん　《祭神》少彦名命〔他〕　　　　　　〔神社本庁〕
12飽富神社　あきとみじんじゃ〔社〕
　千葉県袖ヶ浦市　《別称》おふのみや　《祭神》倉稲魂命〔他〕　　　　〔神社本庁〕

【鳩】
0鳩のお寺《称》　はとのおてら〔寺〕
　東京都台東区・永称寺　《本尊》阿弥陀如来
　　　　　　　　　　　　　　〔浄土真宗本願寺派〕
　鳩ヶ嶺八幡宮　はとがみねはちまんぐう〔社〕
　　長野県飯田市　《祭神》誉田別尊〔他〕
　　　　　　　　　　　　　　〔神社本庁〕
6鳩寺《称》　はとでら〔寺〕
　東京都豊島区・功雲院　《本尊》釈迦如来
　　　　　　　　　　　　　　　　〔曹洞宗〕
10鳩峯八幡様《称》　はとみねはちまんさま〔社〕
　埼玉県所沢市・八幡神社　《祭神》誉田別尊〔他〕　　　　　　　　　　〔神社本庁〕
12鳩森八幡《称》　はとのもりはちまん〔社〕
　東京都渋谷区千駄ヶ谷・八幡神社　《祭神》応神天皇〔他〕　　　　　　〔神社本庁〕

【鼓】
9鼓神社　つづみじんじゃ〔社〕
　岡山県岡山市　《祭神》吉備津彦命〔他〕　　　　　　　　　　　　　　〔神社本庁〕

14 画

【嘉】
10嘉祥寺　かしょうじ〔寺〕
　京都府京都市伏見区　《別称》深草聖天　《本尊》歓喜天　　　　　　　〔天台宗〕

【境】
2境八幡神社　さかいはちまんじんじゃ〔社〕
　香川県観音寺市　《祭神》品陀和気命〔他〕　　　　　　　　　　　　　〔神社本庁〕

【増】
3増上寺　ぞうじょうじ〔寺〕

神社・寺院名よみかた辞典　　*667*

14画（墨，嶋，彰，徳）

東京都港区　《別称》大本山・縁山
阿弥陀如来　　　　　　　〔浄土宗〕
5増田寺　ますだでら〔寺〕
　群馬県前橋市　《別称》蓮花院　《本尊》聖観
　世音菩薩　　　　　　　〔真言宗智山派〕
増田神明《称》　ますだしんめい〔社〕
　静岡県掛川市・神明神社　《祭神》天照皇大
　神　　　　　　　　　　〔神社本庁〕
7増尾八幡さん《称》　ますおはちまんさん
〔社〕
　千葉県柏市・広幡八幡宮　《祭神》誉田別命
　〔他〕　　　　　　　　〔神社本庁〕
8増林寺　ぞうりんじ〔寺〕
　東京都江東区　《本尊》釈迦如来　〔曹洞宗〕
増長寺　ぞうちょうじ〔寺〕
　岩手県水沢市　《本尊》聖観世音菩薩
　　　　　　　　　　　　〔臨済宗妙心寺派〕
9増信寺　ぞうしんじ〔寺〕
　群馬県藤岡市　《別称》高尾山　《本尊》阿弥
　陀如来　　　　　　　　〔浄土宗〕
増泉寺　ぞうせんじ〔寺〕
　長野県飯田市　《本尊》虚空蔵菩薩　〔曹洞宗〕
10増珠寺　ぞうしゅじ〔寺〕
　神奈川県津久井郡藤野町　《別称》関野の寺
　《本尊》延命地蔵菩薩　　〔曹洞宗〕
12増善寺　ぞうぜんじ〔寺〕
　静岡県静岡市　《本尊》地蔵菩薩　〔曹洞宗〕
13増福寺　ぞうふくじ〔寺〕
　東京都足立区　《本尊》阿弥陀如来
　　　　　　　　　　　　〔真言宗豊山派〕
増福寺　ぞうふくじ〔寺〕
　京都府京都市山科区　《本尊》薬師如来
　　　　　　　　　　　　〔浄土宗〕
増福院　ぞうふくいん〔寺〕
　大阪府大阪市西区　《本尊》弘法大師
　　　　　　　　　　　　〔高野山真言宗〕
増福院　ぞうふくいん〔寺〕
　和歌山県伊都郡高野町　《本尊》愛染明王・阿
　弥陀如来　　　　　　　〔高野山真言宗〕
14増徳院　ぞうとくいん〔寺〕
　神奈川県横浜市南区　《本尊》弘法大師・不
　動明王　　　　　　　　〔高野山真言宗〕
15増慶院　ぞうけいいん〔寺〕
　新潟県北蒲原郡黒川村　《本尊》千手観世音
　菩薩　　　　　　　　　〔曹洞宗〕

【墨】

7墨坂神社　すみさかじんじゃ〔社〕
　長野県須坂市　《祭神》墨坂大神〔他〕
　　　　　　　　　　　　〔神社本庁〕

墨坂神社　すみさかじんじゃ〔社〕
　長野県須坂市須坂　《祭神》墨坂神〔他〕
　　　　　　　　　　　　〔神社本庁〕
墨坂神社　すみさかじんじゃ〔社〕
　奈良県宇陀郡榛原町　《別称》天野の宮　《祭
　神》墨坂大神　　　　　〔神社本庁〕
9墨俣神社　すのまたじんじゃ〔社〕
　岐阜県安八郡墨俣町　《祭神》墨俣大神
　　　　　　　　　　　　〔神社本庁〕
墨染寺　ぼくせんじ〔寺〕
　京都府京都市伏見区　《本尊》日蓮聖人奠定
　の大曼荼羅　　　　　　〔日蓮宗〕
墨染寺　ぼくせんじ〔寺〕
　兵庫県伊丹市　《本尊》釈迦如来　〔曹洞宗〕

【嶋】

5嶋穴大明神《称》　しまあなだいみょうじ
ん〔社〕
　千葉県市原市・嶋穴神社　《祭神》志那都比
　古尊〔他〕　　　　　　〔神社本庁〕
嶋穴神社　しまあなじんじゃ〔社〕
　千葉県市原市　《別称》嶋穴大明神　《祭神》
　志那都比古尊〔他〕　　〔神社本庁〕
7嶋児神社　しまこじんじゃ〔社〕
　京都府京丹後市　《祭神》浦島大明神
　　　　　　　　　　　　〔神社本庁〕

【彰】

7彰見寺　しょうけんじ〔寺〕
　三重県津市　《本尊》阿弥陀如来
　　　　　　　　　　　　〔真宗高田派〕

【徳】

3徳大寺　とくだいじ〔寺〕
　東京都台東区　《別称》下谷摩利支天さん
　《本尊》十界曼荼羅・摩利支天　〔日蓮宗〕
徳山大神宮　とくやまだいじんぐう〔社〕
　北海道松前郡松前町　《祭神》天照大神〔他〕
　　　　　　　　　　　　〔神社本庁〕
徳山神社　とくやまじんじゃ〔社〕
　静岡県榛原郡中川根町　《別称》天王さん
　《祭神》建速須佐之男命〔他〕　〔神社本庁〕
4徳円寺　とくえんじ〔寺〕
　岐阜県大垣市　《本尊》阿弥陀如来
　　　　　　　　　　　　〔真宗大谷派〕
徳円寺　とくえんじ〔寺〕
　滋賀県八日市市　《本尊》阿弥陀如来
　　　　　　　　　　　　〔浄土宗〕

668　神社・寺院名よみかた辞典

14画（徳）

5徳本寺　とくほんじ〔寺〕
　宮城県亘理郡山元町　《本尊》釈迦如来
　　　　　　　　　　　　　　　　〔曹洞宗〕
徳本寺　とくほんじ〔寺〕
　東京都台東区　《本尊》阿弥陀如来
　　　　　　　　　　　　　　〔真宗大谷派〕
徳本寺　とくほんじ〔寺〕
　兵庫県神戸市東灘区　《別称》上人寺　《本尊》阿弥陀如来　　　　　　〔浄土宗〕
徳正寺　とくしょうじ〔寺〕
　愛知県稲沢市　《本尊》阿弥陀如来
　　　　　　　　　　　　　　〔真宗大谷派〕
徳正寺　とくしょうじ〔寺〕
　京都府京都市下京区　《本尊》阿弥陀如来
　　　　　　　　　　　　　　〔真宗大谷派〕
徳正寺　とくしょうじ〔寺〕
　福岡県福岡市西区　《本尊》阿弥陀如来
　　　　　　　　　　　　　〔浄土真宗本願寺派〕
徳永寺　とくえいじ〔寺〕
　岐阜県海津郡南濃町　《本尊》阿弥陀如来
　　　　　　　　　　　　　　〔真宗大谷派〕
徳永寺　とくえいじ〔寺〕
　三重県阿山郡伊賀町　《本尊》阿弥陀如来
　　　　　　　　　　　　　　　　〔浄土宗〕
徳玄寺　とくげんじ〔寺〕
　香川県香川郡塩江町　《本尊》阿弥陀如来
　　　　　　　　　　　　　　〔真宗興正派〕
6徳守神社　とくもりじんじゃ〔社〕
　岡山県津山市宮脇町　《祭神》天照大日孁命
　　　　　　　　　　　　　　　〔神社本庁〕
徳成寺　とくじょうじ〔寺〕
　大阪府大阪市中央区　《本尊》阿弥陀如来
　　　　　　　　　　　　　　〔真宗大谷派〕
徳成寺　とくじょうじ〔寺〕
　香川県高松市　《本尊》阿弥陀如来
　　　　　　　　　　　　　　〔真宗大谷派〕
徳成寺　とくじょうじ〔寺〕
　福岡県田川市　《本尊》阿弥陀如来
　　　　　　　　　　　　　　〔真宗大谷派〕
徳江観音〔称〕　とくえかんのん〔寺〕
　福島県伊達郡国見町・観音寺　《本尊》金剛界大日如来・胎蔵界大日如来
　　　　　　　　　　　　　　〔真言宗豊山派〕
徳行寺　とくぎょうじ〔寺〕
　広島県広島市安佐北区　《本尊》阿弥陀如来　　　　　　　　　　〔浄土真宗本願寺派〕
徳行寺　とくぎょうじ〔寺〕
　広島県東広島市　《本尊》阿弥陀如来
　　　　　　　　　　　　　〔浄土真宗本願寺派〕

7徳佐八幡宮　とくさはちまんぐう〔社〕
　山口県阿武郡阿東町　《祭神》応神天皇〔他〕
　　　　　　　　　　　　　　　〔神社本庁〕
徳寿院　とくじゅいん〔寺〕
　岩手県西磐井郡花泉町　《本尊》釈迦如来
　　　　　　　　　　　　　　　　〔曹洞宗〕
徳寿院　とくじゅいん〔寺〕
　千葉県匝瑳郡野栄町　《別称》八蔵坊　《本尊》聖不動明王　　　　〔真言宗智山派〕
徳寿院　とくじゅいん〔寺〕
　東京都墨田区　《本尊》阿弥陀如来　〔浄土宗〕
徳寿院　とくじゅいん〔寺〕
　東京都足立区　《本尊》阿弥陀如来
　　　　　　　　　　　　　　〔真言宗豊山派〕
徳応寺　とくおうじ〔寺〕
　新潟県新潟市　《本尊》阿弥陀如来
　　　　　　　　　　　　　〔浄土真宗本願寺派〕
徳応寺　とくおうじ〔寺〕
　山口県周南市　《本尊》阿弥陀如来
　　　　　　　　　　　　　〔浄土真宗本願寺派〕
8徳性寺　とくしょうじ〔寺〕
　埼玉県加須市　《別称》おおごい薬師　《本尊》薬師如来　　　　　〔真言宗豊山派〕
徳性寺　とくしょうじ〔寺〕
　山口県防府市　《本尊》阿弥陀如来　〔浄土宗〕
徳性寺　とくしょういん〔寺〕
　栃木県今市市　《別称》宝性寺　《本尊》阿弥陀如来　　　　　　　　　　　　　〔天台宗〕
徳性院　とくしょういん〔寺〕
　千葉県印旛郡印旛村　《別称》花の寺　《本尊》十一面観世音菩薩　〔真言宗豊山派〕
徳念寺　とくねんじ〔寺〕
　東京都葛飾区　《本尊》阿弥陀如来
　　　　　　　　　　　　　　〔真宗大谷派〕
徳念寺　とくねんじ〔寺〕
　愛知県豊田市　《本尊》阿弥陀如来
　　　　　　　　　　　　　〔浄土真宗本願寺派〕
徳念寺　とくねんじ〔寺〕
　京都府相楽郡木津町　《本尊》阿弥陀如来
　　　　　　　　　　　　　　〔真宗大谷派〕
徳念寺　とくねんじ〔寺〕
　福岡県北九州市門司区　《本尊》阿弥陀如来　　　　　　　　　〔浄土真宗本願寺派〕
徳昌寺　とくしょうじ〔寺〕
　福島県南会津郡田島町　《本尊》釈迦如来
　　　　　　　　　　　　　　　　〔曹洞宗〕
徳昌寺　とくしょうじ〔寺〕
　群馬県高崎市　《本尊》釈迦如来　〔曹洞宗〕
徳昌寺　とくしょうじ〔寺〕
　群馬県群馬郡群馬町　《本尊》不動明王
　　　　　　　　　　　　　　〔真言宗豊山派〕

14画（徳）

徳昌寺　とくしょうじ〔寺〕
　新潟県阿賀野市　《別称》鷲の寺　《本尊》釈迦如来
　　　　　　　　　　　　　　　　〔曹洞宗〕
徳昌寺　とくしょうじ〔寺〕
　愛知県西加茂郡藤岡町　《本尊》聖観世音菩薩
　　　　　　　　　　　　　　　　〔曹洞宗〕
徳昌寺　とくしょうじ〔寺〕
　滋賀県八日市市　《本尊》薬師如来
　　　　　　　　　　　　　〔臨済宗妙心寺派〕
徳林寺　とくりんじ〔寺〕
　静岡県静岡市　《本尊》薬師如来
　　　　　　　　　　　　　〔臨済宗妙心寺派〕
徳林寺　とくりんじ〔寺〕
　愛知県名古屋市昭和区　《本尊》阿弥陀如来
　　　　　　　　　　　　　〔浄土宗西山禅林寺派〕
徳林寺　とくりんじ〔寺〕
　愛知県名古屋市天白区　《本尊》釈迦如来
　　　　　　　　　　　　　　　　〔曹洞宗〕
徳林寺　とくりんじ〔寺〕
　愛知県丹羽郡大口町　《本尊》聖観世音菩薩
　　　　　　　　　　　　　〔臨済宗妙心寺派〕
徳林寺　とくりんじ〔寺〕
　京都府京都市右京区　《本尊》阿弥陀如来
　　　　　　　　　　　　　　　　〔浄土宗〕
徳林寺　とくりんじ〔寺〕
　鳥取県東伯郡三朝町　《本尊》釈迦如来
　　　　　　　　　　　　　　　　〔曹洞宗〕
徳林院　とくりんいん〔寺〕
　岐阜県多治見市　《本尊》聖観世音菩薩・毘沙門天
　　　　　　　　　　　　　〔臨済宗南禅寺派〕
徳林庵　とくりんあん〔寺〕
　京都府京都市山科区　《別称》山科の地蔵さん　《本尊》聖観世音菩薩・地蔵菩薩・大日如来
　　　　　　　　　　　　　〔臨済宗南禅寺派〕
徳法寺　とくほうじ〔寺〕
　岐阜県不破郡垂井町　《本尊》阿弥陀如来
　　　　　　　　　　　　　　〔真宗大谷派〕
徳法寺　とくほうじ〔寺〕
　高知県高知市　《本尊》阿弥陀如来
　　　　　　　　　　　　　〔浄土真宗本願寺派〕
9徳威神社　とくいじんじゃ〔社〕
　愛媛県東予市　《別称》勅使八幡宮　《祭神》大日孁貴神〔他〕　　〔神社本庁〕
徳専寺　とくせんじ〔寺〕
　愛知県一宮市　《本尊》阿弥陀如来
　　　　　　　　　　　　　　〔真宗大谷派〕
徳専寺　とくせんじ〔寺〕
　熊本県八代市　《別称》井ノ上の寺　《本尊》阿弥陀如来　　　　〔真宗大谷派〕

徳星寺　とくしょうじ〔寺〕
　茨城県古河市　《本尊》阿弥陀如来
　　　　　　　　　　　　　〔真言宗豊山派〕
徳星寺　とくしょうじ〔寺〕
　埼玉県上尾市　《本尊》阿弥陀如来　〔天台宗〕
徳栄寺　とくえいじ〔寺〕
　石川県金沢市　《別称》土蔵御坊　《本尊》阿弥陀如来
　　　　　　　　　　　　　　〔真宗大谷派〕
徳栄寺　とくえいじ〔寺〕
　愛知県名古屋市中区　《本尊》阿弥陀如来
　　　　　　　　　　　　　　〔真宗大谷派〕
徳栄寺　とくえいじ〔寺〕
　広島県安芸高田市　《本尊》阿弥陀如来
　　　　　　　　　　　　　　〔真宗大谷派〕
徳栄寺　とくえいじ〔寺〕
　香川県高松市　《本尊》阿弥陀如来
　　　　　　　　　　　　　　〔真宗興正派〕
徳浄寺　とくじょうじ〔寺〕
　東京都大田区　《本尊》阿弥陀如来
　　　　　　　　　　　　〔浄土真宗本願寺派〕
徳泉寺　とくせんじ〔寺〕
　神奈川県川崎市川崎区　《本尊》阿弥陀如来
　　　　　　　　　　　　　　〔真宗大谷派〕
徳泉寺　とくせんじ〔寺〕
　新潟県上越市　《別称》至徳寺　《本尊》釈迦如来
　　　　　　　　　　　　　　　　〔曹洞宗〕
徳泉寺　とくせんじ〔寺〕
　和歌山県西牟婁郡串本町　《本尊》聖観世音菩薩
　　　　　　　　　　　　　〔臨済宗妙心寺派〕
徳重神社　とくしげじんじゃ〔社〕
　鹿児島県日置郡伊集院町　《別称》妙円寺さま　《祭神》島津義弘　〔神社本庁〕
徳音寺　とくおんじ〔寺〕
　長野県木曽郡日義村　《本尊》聖観世音菩薩
　　　　　　　　　　　　　〔臨済宗妙心寺派〕
10徳島県護国神社　とくしまけんごこくじんじゃ〔社〕
　徳島県徳島市　《祭神》護国の神霊
　　　　　　　　　　　　　　　　〔神社本庁〕
徳祥寺　とくしょうじ〔寺〕
　山口県佐波郡徳地町　《本尊》釈迦如来
　　　　　　　　　　　　　　　　〔曹洞宗〕
11徳常寺　とくじょうじ〔寺〕
　佐賀県三養基郡北茂安町　《本尊》阿弥陀如来
　　　　　　　　　　　　〔浄土真宗本願寺派〕
徳常院　とくじょういん〔寺〕
　神奈川県小田原市　《本尊》虚空蔵菩薩
　　　　　　　　　　　　　　　　〔曹洞宗〕
12徳勝寺　とくしょうじ〔寺〕
　香川県さぬき市　《本尊》阿弥陀如来
　　　　　　　　　　　　〔浄土真宗本願寺派〕

14画（旗）

徳善寺　とくぜんじ〔寺〕
　秋田県能代市　《本尊》阿弥陀如来
　　　　　　　　　　　　　　〔真宗大谷派〕
徳善寺　とくぜんじ〔寺〕
　山口県下関市　《本尊》阿弥陀如来
　　　　　　　　　　　　　〔浄土真宗本願寺派〕
徳善寺　とくぜんじ〔寺〕
　香川県善通寺市　《別称》大和講総本部　《本
　尊》大日如来　　　　　　　〔真言宗東寺派〕
徳善寺　とくぜんじ〔寺〕
　熊本県玉名郡天水町　《本尊》阿弥陀如来
　　　　　　　　　　　　　〔浄土真宗本願寺派〕
徳善院　とくぜんいん〔寺〕
　福島県東白川郡棚倉町　《別称》山本不動尊
　《本尊》不動明王・阿弥陀如来
　　　　　　　　　　　　　　〔真言宗智山派〕
徳善院　とくぜんいん〔寺〕
　東京都日野市　《別称》高幡山の下寺　《本尊》
　大日如来・阿弥陀如来　　　〔真言宗智山派〕
徳証寺　とくしょうじ〔寺〕
　兵庫県姫路市　《本尊》阿弥陀如来
　　　　　　　　　　　　　〔浄土真宗本願寺派〕
徳運寺　とくうんじ〔寺〕
　長野県松本市　《本尊》千手観世音菩薩
　　　　　　　　　　　　　　　　　〔曹洞宗〕
徳雲寺　とくうんじ〔寺〕
　京都府京都市上京区　《本尊》阿弥陀如来
　　　　　　　　　　　　　　　　　〔浄土宗〕
徳雲寺　とくうんじ〔寺〕
　広島県比婆郡東城町　《別称》鬼臼　《本尊》
　釈迦如来　　　　　　　　　　　　〔曹洞宗〕
徳雲寺　とくうんじ〔寺〕
　福岡県北九州市若松区　《本尊》阿弥陀如
　来　　　　　　　　　　　　　　　〔浄土宗〕
徳雲寺　とくうんじ〔寺〕
　福岡県久留米市　《本尊》薬師如来・十一面
　観世音菩薩　　　　　　　〔臨済宗妙心寺派〕
13徳楽寺　とくらくじ〔寺〕
　岩手県九戸郡軽米町　《本尊》釈迦如来
　　　　　　　　　　　　　　　　　〔曹洞宗〕
徳源寺　とくげんじ〔寺〕
　静岡県沼津市　《本尊》釈迦如来・聖観世音
　菩薩・阿弥陀如来　　　　〔臨済宗妙心寺派〕
徳源寺　とくげんじ〔寺〕
　愛知県名古屋市東区　《本尊》釈迦如来
　　　　　　　　　　　　　〔臨済宗妙心寺派〕
徳源院　とくげんいん〔寺〕
　東京都文京区　《本尊》釈迦如来
　　　　　　　　　　　　　〔臨済宗妙心寺派〕

徳源院　とくげんいん〔寺〕
　滋賀県坂田郡山東町　《別称》おおでら　《本
　尊》聖観世音菩薩　　　　　　　　〔天台宗〕
徳照寺　とくしょうじ〔寺〕
　兵庫県神戸市中央区　《本尊》阿弥陀如来
　　　　　　　　　　　　　〔浄土真宗本願寺派〕
徳禅寺　とくぜんじ〔寺〕
　京都府京都市北区　《本尊》釈迦如来
　　　　　　　　　　　　　〔臨済宗大徳寺派〕
徳聖寺　とくしょうじ〔寺〕
　新潟県長岡市　《本尊》大日如来
　　　　　　　　　　　　　　〔真言宗豊山派〕
徳蓮寺　とくれんじ〔寺〕
　三重県桑名郡多度町　《別称》野代虚空蔵
　《本尊》虚空蔵菩薩　　　　〔真言宗東寺派〕
15徳蔵寺　とくぞうじ〔寺〕
　群馬県前橋市　《本尊》阿弥陀如来・観世音
　菩薩・勢至菩薩　　　　　　　　　〔天台宗〕
徳蔵寺　とくぞうじ〔寺〕
　千葉県木更津市　《本尊》聖観世音菩薩・不
　動明王・毘沙門天　　　　　〔真言宗豊山派〕
徳蔵寺　とくぞうじ〔寺〕
　東京都品川区　《本尊》阿弥陀如来　〔天台宗〕
徳蔵寺　とくぞうじ〔寺〕
　東京都東村山市　《本尊》白衣観世音菩薩
　　　　　　　　　　　　　〔臨済宗大徳寺派〕
徳蔵神社　とくぞうじんじゃ〔社〕
　岡山県御津郡御津町　《祭神》徳蔵神
　　　　　　　　　　　　　　　　〔神社本庁〕
徳蔵院　とくぞういん〔寺〕
　埼玉県秩父郡小鹿野町　《本尊》薬師如来
　　　　　　　　　　　　　　〔真言宗豊山派〕
徳蔵院　とくぞういん〔寺〕
　千葉県松戸市　《別称》日暮寺　《本尊》慈母
　観世音菩薩　　　　　　　　〔真言宗豊山派〕
16徳融寺　とくゆうじ〔寺〕
　奈良県奈良市　《本尊》子安観世音菩薩・毘
　沙門天　　　　　　　　　　　　〔融通念仏宗〕
徳隣院　とくりんいん〔寺〕
　静岡県田方郡韮山町　《本尊》釈迦如来
　　　　　　　　　　　　　　〔臨済宗円覚寺派〕
19徳願寺　とくがんじ〔寺〕
　千葉県市川市　《本尊》阿弥陀如来　〔浄土宗〕
徳願寺　とくがんじ〔寺〕
　静岡県静岡市　《本尊》千手千眼観世音菩
　薩　　　　　　　　　　　　　　　〔曹洞宗〕

【旗】

0旗ヶ岡八幡《称》　　はたがおかはちまん〔社〕
　東京都品川区旗の台・八幡神社　《祭神》誉
　田別命　　　　　　　　　　　　〔神社本庁〕

神社・寺院名よみかた辞典　671

14画(榎, 榛, 演, 漆, 熊)

16旗頭神社　はたがしらじんじゃ〔社〕
　　福岡県北九州市八幡西区　《祭神》武内宿禰
　　〔他〕　　　　　　　　　　　〔神社本庁〕

【榎】
10榎原神社　よはらじんじゃ〔社〕
　　宮崎県南那珂郡南郷町　《祭神》大日孁貴〔他〕
　　　　　　　　　　　　　　　　　　〔神社本庁〕

【榛】
6榛名のお薬師様《称》　はるなのおやくし
　さま〔寺〕
　　群馬県沼田市・円蔵院　《本尊》阿弥陀如来
　　　　　　　　　　　　　　　　　　〔天台宗〕
　榛名神社　はるなじんじゃ〔社〕
　　群馬県沼田市　《別称》宝高明神　《祭神》埴
　　山姫命〔他〕　　　　　　　　　　〔神社本庁〕
　榛名神社　はるなじんじゃ〔社〕
　　群馬県群馬郡榛名町　《祭神》火産霊神〔他〕
　　　　　　　　　　　　　　　　　　〔神社本庁〕
　榛名神社　はるなじんじゃ〔社〕
　　埼玉県富士見市　《祭神》埴山姫命〔他〕
　　　　　　　　　　　　　　　　　　〔神社本庁〕

【演】
5演仙寺　えんせんじ〔寺〕
　　福井県坂井郡坂井町　《本尊》阿弥陀如来
　　　　　　　　　　　　　　　　〔浄土真宗本願寺派〕

【漆】
11漆部神社　ぬりべじんじゃ〔社〕
　　愛知県海部郡甚目寺町　《祭神》三見宿禰〔他〕
　　　　　　　　　　　　　　　　　　〔神社本庁〕
14漆窪ノ寺《称》　うるくぼのてら〔寺〕
　　群馬県勢多郡富士見村・長桂寺　《本尊》釈
　　迦如来　　　　　　　　　　　　　〔曹洞宗〕

【熊】
4熊内八幡神社《称》　くもちはちまんじん
　じゃ〔社〕
　　兵庫県神戸市中央区熊内町・八幡神社　《祭
　　神》彦火火出見尊〔他〕　　　　　〔神社本庁〕
　熊手八幡宮　くまではちまんぐう〔社〕
　　香川県仲多度郡多度津町　《別称》八幡様
　　《祭神》品陀別尊〔他〕　　　　　〔神社本庁〕
　熊毛神社　くまげじんじゃ〔社〕
　　山口県周南市　《祭神》三毛入沼命〔他〕
　　　　　　　　　　　　　　　　　　〔神社本庁〕

5熊本大神宮　くまもとだいじんぐう〔社〕
　　熊本県熊本市　《祭神》天照皇大神〔他〕
　　　　　　　　　　　　　　　　　　〔神社本庁〕
　熊本県護国神社　くまもとけんごこくじん
　じゃ〔社〕
　　熊本県熊本市　《祭神》護国の神霊
　　　　　　　　　　　　　　　　　　〔神社本庁〕
　お熊甲《称》　おくまかぶと〔社〕
　　石川県鹿島郡中島町・久麻加夫都阿良加志比
　　古神社　《祭神》都奴賀阿良斯止神〔他〕
　　　　　　　　　　　　　　　　　　〔神社本庁〕
7熊谷不動様《称》　くまがやふどうさま〔寺〕
　　埼玉県熊谷市・円照寺　《本尊》阿弥陀如来・
　　不動明王　　　　　　　　　　　　〔天台宗〕
　熊谷寺　ゆうこくじ〔寺〕
　　埼玉県熊谷市　《別称》かみでら　《本尊》阿
　　弥陀如来　　　　　　　　　　　　〔浄土宗〕
　熊谷寺　くまがいじ〔寺〕
　　和歌山県伊都郡高野町　《本尊》阿弥陀如
　　来　　　　　　　　　　　　　　〔高野山真言宗〕
　熊谷寺　くまだにじ〔寺〕
　　徳島県板野郡土成町　《別称》四国第八番霊
　　場　《本尊》千手観世音菩薩・不動明王・毘
　　沙門天　　　　　　　　　　　　〔高野山真言宗〕
　熊谷堂《称》　くまがいどう〔寺〕
　　京都府京都市左京区・蓮池院　《本尊》阿弥
　　陀如来・熊谷蓮生房　　　　　　〔黒谷浄土宗〕
　熊谷稲荷《称》　くまがいいなり〔寺〕
　　東京都台東区・本法寺　《本尊》久遠実成釈
　　迦如来・熊谷稲荷　　　　　　　　〔日蓮宗〕
8熊岡八幡神社　くまおかはちまんじんじゃ
　〔社〕
　　香川県三豊郡豊中町　《別称》熊岡八幡宮
　　《祭神》誉田別命〔他〕　　　　　〔神社本庁〕
　熊岡八幡宮《称》　くまおかはちまんぐう
　〔社〕
　　香川県三豊郡豊中町・熊岡八幡神社　《祭神》
　　誉田別命〔他〕　　　　　　　　　〔神社本庁〕
　熊岡神社　くまおかじんじゃ〔社〕
　　広島県広島市安佐南区　《祭神》帯中津日子
　　命〔他〕　　　　　　　　　　　　〔神社本庁〕
11熊野さま《称》　くまのさま〔社〕
　　長野県木曽郡木祖村・藪原神社　《祭神》伊
　　弉諾尊〔他〕　　　　　　　　　　〔神社本庁〕
　熊野さま《称》　くまのさま〔社〕
　　岡山県真庭郡勝山町・高田神社　《祭神》伊
　　弉諾尊〔他〕　　　　　　　　　　〔神社本庁〕
　熊野さん《称》　くまのさん〔社〕
　　愛媛県四国中央市・熊野三所神社　《祭神》伊
　　邪那岐神〔他〕　　　　　　　　　〔神社本庁〕

熊野の権現さま《称》　くまののごんげん
さま〔社〕
　静岡県磐田郡佐久間町・熊野神社　《祭神》伊
　弉冉尊[他]　〔神社本庁〕
熊野十二社権現《称》　くまのじゅうにしゃ
ごんげん〔社〕
　岡山県倉敷市林町・熊野神社　《祭神》伊邪
　那岐命[他]　〔神社本庁〕
熊野三山神社　くまのさんざんじんじゃ
〔社〕
　高知県安芸郡馬路村　《別称》酉甲さま　《祭
　神》熊野三山神　〔神社本庁〕
熊野三社権現《称》　くまのさんじゃごん
げん〔社〕
　埼玉県深谷市・楡山神社　《祭神》伊邪奈美
　命　〔神社本庁〕
熊野三所神社　くまのみところじんじゃ
〔社〕
　愛媛県四国中央市　《別称》熊野さん　《祭
　神》伊邪那岐神[他]　〔神社本庁〕
熊野三神社　くまのさんじんじゃ〔社〕
　静岡県掛川市　《祭神》伊弉冉命[他]
　　〔神社本庁〕
熊野大社《称》　くまのたいしゃ〔社〕
　山形県南陽市・熊野神社　《祭神》伊弉冉命
　　〔神社本庁〕
熊野大社　くまのたいしゃ〔社〕
　島根県八束郡八雲村　《別称》日本火出初社・
　出雲国一宮　《祭神》素盞嗚尊
　　〔神社本庁〕
熊野大神社　くまのだいじんじゃ〔社〕
　埼玉県深谷市　《祭神》伊弉冉命[他]
　　〔神社本庁〕
熊野本宮《称》　くまのほんぐう〔社〕
　和歌山県東牟婁郡本宮町・熊野本宮大社
　《祭神》家津御子大神[他]　〔神社本庁〕
熊野本宮大社　くまのほんぐうたいしゃ
〔社〕
　和歌山県東牟婁郡本宮町　《別称》熊野本宮
　《祭神》家津御子大神[他]　〔神社本庁〕
熊野社　くまのしゃ〔社〕
　神奈川県綾瀬市　《祭神》黄泉津事解男命[他]
　　〔神社本庁〕
熊野那智大社　くまのなちたいしゃ〔社〕
　和歌山県東牟婁郡那智勝浦町　《別称》那智
　山熊野権現　《祭神》熊野夫須美大神[他]
　　〔神社本庁〕
熊野那智神社　くまのなちじんじゃ〔社〕
　宮城県名取市　《別称》那智山　《祭神》事解
　男命[他]　〔神社本庁〕

熊野・居合両神社　くまのいあいりょうじ
んじゃ〔社〕
　山形県村山市林崎　《祭神》伊弉諾命[他]
　　〔神社本庁〕
熊野阿須賀神社《称》　くまのあすかじん
じゃ〔社〕
　和歌山県新宮市・阿須賀神社　《祭神》熊野
　夫須美大神[他]　〔神社本庁〕
熊野皇大神社　くまのこうだいじんじゃ
〔社〕
　長野県北佐久郡軽井沢町　《別称》峠さま
　《祭神》伊邪那美命[他]　〔神社本庁〕
熊野神社　くまのじんじゃ〔社〕
　岩手県東磐井郡東山町　《祭神》伊諾命[他]
　　〔神社本庁〕
熊野神社　くまのじんじゃ〔社〕
　宮城県仙台市泉区　《祭神》伊弉那岐命[他]
　　〔神社本庁〕
熊野神社　くまのじんじゃ〔社〕
　宮城県名取市　《別称》お熊野様　《祭神》速
　玉男神[他]　〔神社本庁〕
熊野神社　くまのじんじゃ〔社〕
　宮城県柴田郡川崎町　《祭神》熊野加武呂岐
　櫛御気命[他]　〔神社本庁〕
熊野神社　くまのじんじゃ〔社〕
　宮城県伊具郡丸森町　《祭神》伊弉冉命[他]
　　〔神社本庁〕
熊野神社　くまのじんじゃ〔社〕
　宮城県加美郡加美町　《祭神》天照皇大神[他]
　　〔神社本庁〕
熊野神社　くまのじんじゃ〔社〕
　宮城県栗原郡栗駒町鳥矢崎　《祭神》伊邪那
　岐大神[他]　〔神社本庁〕
熊野神社　くまのじんじゃ〔社〕
　宮城県栗原郡栗駒町岩ケ崎　《祭神》伊邪那
　岐命[他]　〔神社本庁〕
熊野神社　くまのじんじゃ〔社〕
　秋田県由利郡象潟町　《祭神》伊邪那美神[他]
　　〔神社本庁〕
熊野神社　くまのじんじゃ〔社〕
　秋田県仙北郡六郷町　《祭神》伊邪那岐命[他]
　　〔神社本庁〕
熊野神社　くまのじんじゃ〔社〕
　秋田県雄勝郡雄勝町　《別称》くまのさま
　《祭神》伊邪那美命[他]　〔神社本庁〕
熊野神社　くまのじんじゃ〔社〕
　山形県山形市六日町　《祭神》須佐之男命[他]
　　〔神社本庁〕
熊野神社　くまのじんじゃ〔社〕
　山形県山形市前田　《祭神》素盞嗚尊
　　〔神社本庁〕

14画（熊）

熊野神社　くまのじんじゃ〔社〕
　山形県米沢市　《祭神》伊弉冉命　〔神社本庁〕

熊野神社　くまのじんじゃ〔社〕
　山形県寒河江市　《祭神》伊弉冉命［他］
　　　　　　　　　　　　　　　　〔神社本庁〕

熊野神社　くまのじんじゃ〔社〕
　山形県村山市大字湯野沢　《別称》おくまん様　《祭神》神伊邪那美命［他］〔神社本庁〕

熊野神社　くまのじんじゃ〔社〕
　山形県南陽市　《別称》熊野大社　《祭神》伊弉冉命　〔神社本庁〕

熊野神社　くまのじんじゃ〔社〕
　山形県東置賜郡川西町大舟　《祭神》伊弉冉尊［他］　〔神社本庁〕

熊野神社　くまのじんじゃ〔社〕
　山形県東置賜郡川西町大字堀金　《別称》お熊様　《祭神》速玉男命［他］　〔神社本庁〕

熊野神社　くまのじんじゃ〔社〕
　山形県西置賜郡白鷹町　《別称》お熊様　《祭神》伊弉諾尊［他］　〔神社本庁〕

熊野神社　くまのじんじゃ〔社〕
　山形県西田川郡温海町　《祭神》由豆佐売命［他］　〔神社本庁〕

熊野神社　くまのじんじゃ〔社〕
　福島県いわき市錦町　《別称》御宝殿権現　《祭神》伊弉那美命［他］　〔神社本庁〕

熊野神社　くまのじんじゃ〔社〕
　福島県いわき市田人町　《祭神》伊邪那美神　〔神社本庁〕

熊野神社　くまのじんじゃ〔社〕
　福島県いわき市好間町　《別称》好嶋熊野神社　《祭神》速玉之男命［他］　〔神社本庁〕

熊野神社　くまのじんじゃ〔社〕
　群馬県碓氷郡松井田町　《別称》碓氷権現　《祭神》伊邪那美命［他］　〔神社本庁〕

熊野神社　くまのじんじゃ〔社〕
　千葉県袖ヶ浦市　《祭神》伊邪那美尊　〔神社本庁〕

熊野神社　くまのじんじゃ〔社〕
　千葉県香取郡干潟町　《祭神》伊弉冉命［他］　〔神社本庁〕

熊野神社　くまのじんじゃ〔社〕
　千葉県匝瑳郡光町　《祭神》伊弉冉命［他］　〔神社本庁〕

熊野神社　くまのじんじゃ〔社〕
　千葉県長生郡長南町長南　《別称》くまんさま　《祭神》伊弉那美尊［他］　〔神社本庁〕

熊野神社　くまのじんじゃ〔社〕
　千葉県長生郡長南町市野々　《祭神》事解男命［他］　〔神社本庁〕

熊野神社　くまのじんじゃ〔社〕
　千葉県安房郡和田町　《別称》氏神さま　《祭神》伊弉諾命　〔神社本庁〕

熊野神社　くまのじんじゃ〔社〕
　東京都新宿区　《別称》十二社熊野さま　《祭神》伊邪那美命［他］　〔神社本庁〕

熊野神社　くまのじんじゃ〔社〕
　東京都板橋区　《別称》城山熊野さま　《祭神》伊弉諾命［他］　〔神社本庁〕

熊野神社　くまのじんじゃ〔社〕
　東京都立川市　《別称》立川熊野さま　《祭神》須佐之男命［他］　〔神社本庁〕

熊野神社　くまのじんじゃ〔社〕
　東京都国分寺市　《祭神》伊弉邪岐大神［他］　〔神社本庁〕

熊野神社　くまのじんじゃ〔社〕
　神奈川県横浜市鶴見区　《祭神》国常立尊［他］

熊野神社　くまのじんじゃ〔社〕
　神奈川県横浜市神奈川区　《別称》権現さま　《祭神》国常立尊［他］　〔神社本庁〕

熊野神社　くまのじんじゃ〔社〕
　神奈川県横浜市港北区　《祭神》伊邪那美尊［他］　〔神社本庁〕

熊野神社　くまのじんじゃ〔社〕
　神奈川県秦野市　《祭神》伊邪那美命［他］

熊野神社　くまのじんじゃ〔社〕
　福井県大野市　《別称》熊野宮　《祭神》伊弉冉命［他］　〔神社本庁〕

熊野神社　くまのじんじゃ〔社〕
　山梨県塩山市　《祭神》伊弉冉尊［他］　〔神社本庁〕

熊野神社　くまのじんじゃ〔社〕
　山梨県東八代郡八代町　《別称》熊野権現　《祭神》速玉男命［他］　〔神社本庁〕

熊野神社　くまのじんじゃ〔社〕
　山梨県東八代郡境川村　《祭神》熊野加茂呂命

熊野神社　くまのじんじゃ〔社〕
　岐阜県土岐市　《別称》日ぐらしの宮　《祭神》伊邪那美命　〔神社本庁〕

熊野神社　くまのじんじゃ〔社〕
　岐阜県郡上市　《祭神》素盞嗚命［他］　〔神社本庁〕

熊野神社　くまのじんじゃ〔社〕
　岐阜県揖斐郡池田町　《祭神》家津御子神［他］　〔神社本庁〕

熊野神社　くまのじんじゃ〔社〕
　静岡県静岡市　《祭神》伊邪那美命［他］　〔神社本庁〕

14画（熊）

熊野神社　くまのじんじゃ〔社〕
　静岡県浜松市　《祭神》伊佐奈伎命［他］
　　　　　　　　　　　　　　　　〔神社本庁〕
熊野神社　くまのじんじゃ〔社〕
　静岡県小笠郡大須賀町　《祭神》素佐之男命
　　　　　　　　　　　　　　　　〔神社本庁〕
熊野神社　くまのじんじゃ〔社〕
　静岡県磐田郡佐久間町　《別称》熊野の権現さま　《祭神》伊弉冉尊［他］〔神社本庁〕
熊野神社　くまのじんじゃ〔社〕
　愛知県豊川市　《別称》権現さま　《祭神》伊邪那美命［他］　　　　〔神社本庁〕
熊野神社　くまのじんじゃ〔社〕
　愛知県碧南市　《別称》権現さん　《祭神》伊弉諾命［他］　　　　　〔神社本庁〕
熊野神社　くまのじんじゃ〔社〕
　愛知県西尾市　《祭神》伊邪那美命［他］
　　　　　　　　　　　　　　　　〔神社本庁〕
熊野神社　くまのじんじゃ〔社〕
　愛知県常滑市　《別称》熊野権現　《祭神》伊弉冊尊［他］　　　　　〔神社本庁〕
熊野神社　くまのじんじゃ〔社〕
　京都府京都市左京区　《祭神》伊弉冉尊［他］
　　　　　　　　　　　　　　　　〔神社本庁〕
熊野神社《称》　くまのじんじゃ〔社〕
　大阪府大阪狭山市・三都神社　《祭神》伊邪那岐尊　　　　　　　　〔神社本庁〕
熊野神社　くまのじんじゃ〔社〕
　兵庫県神戸市兵庫区　《別称》権現さん　《祭神》伊弉諾命［他］　　〔神社本庁〕
熊野神社　くまのじんじゃ〔社〕
　兵庫県神崎郡神崎町　《別称》おちのみや　《祭神》熊野速玉神［他］〔神社本庁〕
熊野神社　くまのじんじゃ〔社〕
　兵庫県神崎郡福崎町　《別称》権現さん　《祭神》伊邪那美命［他］　〔神社本庁〕
熊野神社　くまのじんじゃ〔社〕
　岡山県倉敷市西阿知町　《別称》権現さま　《祭神》伊弉冊尊［他］　〔神社本庁〕
熊野神社　くまのじんじゃ〔社〕
　岡山県倉敷市林町　《別称》熊野十二社権現　《祭神》伊邪那命［他］〔神社本庁〕
熊野神社　くまのじんじゃ〔社〕
　岡山県真庭郡落合町　《別称》権現さま　《祭神》伊邪那命［他］　　〔神社本庁〕
熊野神社　くまのじんじゃ〔社〕
　広島県比婆郡西城町　《祭神》伊邪那美神
　　　　　　　　　　　　　　　　〔神社本庁〕
熊野神社　くまのじんじゃ〔社〕
　徳島県板野郡土成町　《祭神》伊弉那美命［他］

熊野神社　くまのじんじゃ〔社〕
　愛媛県四国中央市　《祭神》熊野一二社神
　　　　　　　　　　　　　　　　〔神社本庁〕
熊野神社　くまのじんじゃ〔社〕
　高知県吾川郡池川町　《別称》権現　《祭神》伊弉冉神　　　　　　　〔神社本庁〕
熊野神社　くまのじんじゃ〔社〕
　高知県幡多郡大正町　《祭神》伊弉冉大神［他］
　　　　　　　　　　　　　　　　〔神社本庁〕
熊野神社　くまのじんじゃ〔社〕
　福岡県宗像市　《祭神》事解男命［他］
　　　　　　　　　　　　　　　　〔神社本庁〕
熊野神社　くまのじんじゃ〔社〕
　福岡県八女郡黒木町　《別称》熊野宮　《祭神》伊弉冉尊［他］　　　〔神社本庁〕
熊野神社　くまのじんじゃ〔社〕
　大分県大分市津守　《祭神》熊野大神
　　　　　　　　　　　　　　　　〔神社本庁〕
熊野神社　くまのじんじゃ〔社〕
　大分県大分市中戸次　《別称》白滝宮　《祭神》伊邪那美命　　　　　〔神社本庁〕
熊野神社　くまのじんじゃ〔社〕
　鹿児島県揖宿郡山川町　《別称》権現様　《祭神》伊邪那美尊［他］　〔神社本庁〕
熊野神社　くまのじんじゃ〔社〕
　鹿児島県出水郡野田町　《別称》熊野権現　《祭神》伊邪那美命［他］〔神社本庁〕
熊野神社　くまのじんじゃ〔社〕
　鹿児島県熊毛郡中種子町　《別称》権現さあ　《祭神》伊邪那岐大神［他］〔神社本庁〕
熊野宮　くまのぐう〔社〕
　青森県弘前市鳥町　《祭神》伊邪那岐命［他］
　　　　　　　　　　　　　　　　〔神社本庁〕
熊野宮　くまのぐう〔社〕
　青森県弘前市樋の口町　《別称》袋の宮　《祭神》伊邪那岐命［他］　〔神社本庁〕
熊野宮《称》　くまのぐう〔社〕
　福井県大野市・熊野神社　《祭神》伊弉冉命［他］　　　　　　　　　〔神社本庁〕
熊野宮《称》　くまのぐう〔社〕
　福岡県八女郡黒木町・熊野神社　《祭神》伊弉冉尊［他］
熊野速玉大社　くまのはやたまたいしゃ〔社〕
　和歌山県新宮市　《別称》熊野権現　《祭神》熊野速玉大神［他］　　〔神社本庁〕
熊野速玉神社　くまのはやたまじんじゃ〔社〕
　福岡県八女市　《祭神》速玉男命［他］
　　　　　　　　　　　　　　　　〔神社本庁〕

神社・寺院名よみかた辞典　675

14画（爾, 瑠, 碩, 碧, 稲）

熊野奥照神社　くまのおくてるじんじゃ〔社〕
　青森県弘前市　《別称》くまのんさま　《祭神》伊邪那岐命［他］　〔神社本庁〕
熊野道祖神社　くまのどうそじんじゃ〔社〕
　福岡県福岡市南区　《祭神》伊邪那岐命［他］　〔神社本庁〕
熊野新宮神社　くまのしんぐうじんじゃ〔社〕
　兵庫県篠山市　《祭神》伊弉冉命［他］　〔神社本庁〕
熊野新宮神社　くまのしんぐうじんじゃ〔社〕
　広島県山県郡豊平町　《祭神》伊邪那美神　〔神社本庁〕
お熊野様《称》　おくまのさま〔社〕
　宮城県名取市・熊野神社　《祭神》速玉男神［他］　〔神社本庁〕
熊野権現《称》　くまのごんげん〔社〕
　山梨県東八代郡八代町・熊野神社　《祭神》速玉男命［他］　〔神社本庁〕
熊野権現《称》　くまのごんげん〔社〕
　山梨県北都留郡上野原町・惣祖神社　《祭神》伊弉諾岐命［他］　〔神社本庁〕
熊野権現《称》　くまのごんげん〔社〕
　愛知県常滑市・熊野神社　《祭神》伊弉冊尊［他］　〔神社本庁〕
熊野権現《称》　くまのごんげん〔社〕
　和歌山県新宮市・熊野速玉大社　《祭神》熊野速玉大神［他］　〔神社本庁〕
熊野権現《称》　くまのごんげん〔社〕
　鹿児島県出水郡野田町・熊野神社　《祭神》伊邪那美命［他］　〔神社本庁〕
14お熊様《称》　おくまさま〔社〕
　山形県東置賜郡川西町大字堀金・熊野神社　《祭神》速玉男命［他］　〔神社本庁〕
お熊様《称》　おくまさま〔社〕
　山形県西置賜郡白鷹町・熊野神社　《祭神》伊弉諾尊［他］　〔神社本庁〕

【爾】
7爾佐神社　にさじんじゃ〔社〕
　島根県八束郡美保関町　《別称》三社大明神　《祭神》都久頭美命［他］　〔神社本庁〕

【瑠】
15瑠璃光寺　るりこうじ〔寺〕
　山口県山口市　《別称》五重の塔の寺　《本尊》釈迦如来・阿弥陀如来　〔曹洞宗〕

瑠璃光院　るりこういん〔寺〕
　岩手県西磐井郡平泉町　《本尊》阿弥陀如来　〔天台宗〕
瑠璃寺　るりじ〔寺〕
　長野県下伊那郡高森町　《本尊》薬師如来・日光菩薩・月光菩薩　〔天台宗〕
瑠璃寺　るりじ〔寺〕
　兵庫県佐用郡南光町　《別称》ふなこしさん　《本尊》千手千眼観世音菩薩　〔高野山真言宗〕
瑠璃寺　るりじ〔寺〕
　香川県高松市　《別称》薬師さん　《本尊》薬師如来　〔真言宗修験派〕

【碩】
4碩水寺　せきすいじ〔寺〕
　長野県東筑摩郡坂北村　《本尊》阿弥陀如来　〔曹洞宗〕
12碩雲寺　せきうんじ〔寺〕
　東京都荒川区　《本尊》聖観世音菩薩　〔曹洞宗〕

【碧】
7碧岑寺　へきしんじ〔寺〕
　福井県丹生郡越前町　《本尊》阿弥陀如来　〔真宗大谷派〕
10碧流寺　へきりゅうじ〔寺〕
　大阪府高槻市　《本尊》阿弥陀如来　〔真宗大谷派〕
碧祥寺　へきしょうじ〔寺〕
　岩手県和賀郡沢内村　《本尊》阿弥陀如来　〔真宗大谷派〕
12碧雲寺　へきうんじ〔寺〕
　兵庫県姫路市　《別称》東寺　《本尊》十一面観世音菩薩　〔臨済宗妙心寺派〕
碧雲寺　へきうんじ〔寺〕
　大分県竹田市　《本尊》観世音菩薩　〔臨済宗妙心寺派〕
16碧還寺　へきげんじ〔寺〕
　岐阜県大垣市　《本尊》阿弥陀如来　〔真宗大谷派〕
20碧巌寺　へきがんじ〔寺〕
　熊本県菊池郡七城町　〔臨済宗東福寺派〕

【稲】
4稲毛神社　いなげじんじゃ〔社〕
　神奈川県川崎市川崎区　《別称》山王さま　《祭神》武甕槌神［他］　〔神社本庁〕

14画（稲）

稲毛観音《称》　いなげかんのん〔寺〕
　神奈川県川崎市多摩区・広福寺　《本尊》五智如来
　　　　　　　　　　　　　　　〔真言宗豊山派〕
稲爪神社　いなずめじんじゃ〔社〕
　兵庫県明石市　《祭神》大山祇大神［他］
　　　　　　　　　　　　　　　　〔神社本庁〕
5稲主神社　いなぬしじんじゃ〔社〕
　佐賀県杵島郡北方町　《祭神》倉稲魂命［他］
　　　　　　　　　　　　　　　　〔神社本庁〕
稲生さん《称》　いのうさん〔社〕
　愛知県名古屋市西区・伊奴神社　《祭神》伊怒比売命［他］　　　　　　〔神社本庁〕
稲生神社　いのうじんじゃ〔社〕
　千葉県山武郡大網白里町　《祭神》豊受姫命
　　　　　　　　　　　　　　　　〔神社本庁〕
稲生神社　いなりじんじゃ〔社〕
　広島県御調郡久井町　《別称》くいいなり
　　《祭神》宇迦之御魂神［他］　〔神社本庁〕
稲田寺　とうでんじ〔寺〕
　静岡県下田市　《本尊》阿弥陀如来　〔浄土宗〕
稲田神社　いなだじんじゃ〔社〕
　茨城県笠間市　《祭神》奇稲田姫命［他］
　　　　　　　　　　　　　　　　〔神社本庁〕
稲田神社　いなたじんじゃ〔社〕
　島根県仁多郡横田町　《祭神》稲田姫命
　　　　　　　　　　　　　　　　〔神社本庁〕
稲田御坊《称》　いなだごぼう〔寺〕
　茨城県笠間市・西念寺　《本尊》阿弥陀如来
　　　　　　　　　　　　　　　　　　〔単立〕
7稲佐弁天社《称》　いなさべんてんしゃ〔社〕
　長崎県長崎市・淵神社　《祭神》田心姫命［他］
　　　　　　　　　　　　　　　　〔神社本庁〕
稲佐神社　いなさじんじゃ〔社〕
　佐賀県杵島郡有明町　《祭神》五十猛命［他］
　　　　　　　　　　　　　　　　〔神社本庁〕
稲村神社　いなむらじんじゃ〔社〕
　茨城県常陸太田市　《祭神》饒速日尊［他］
　　　　　　　　　　　　　　　　〔神社本庁〕
稲村神社　いなむらじんじゃ〔社〕
　滋賀県彦根市　《祭神》伊弉冉命［他］
　　　　　　　　　　　　　　　　〔神社本庁〕
8稲岡神社　いなおかじんじゃ〔社〕
　兵庫県姫路市　《祭神》豊受姫大神［他］
　　　　　　　　　　　　　　　　〔神社本庁〕
稲岡神社　いなおかじんじゃ〔社〕
　岡山県久米郡久米南町　《祭神》伊弉冉尊［他］
　　　　　　　　　　　　　　　　〔神社本庁〕
稲岡薬師《称》　いなおかやくし〔寺〕
　栃木県足利市稲岡町・医王寺　《本尊》阿弥陀如来
　　　　　　　　　　　　　　　〔真言宗豊山派〕

10お稲荷さま《称》　おいなりさま〔社〕
　岩手県陸前高田市・竹駒神社　《祭神》倉稲魂命［他］　　　　　　　　　〔神社本庁〕
お稲荷さん《称》　おいなりさん〔社〕
　京都府京都市伏見区・伏見稲荷大社　《祭神》稲荷大神　　　　　　　　　　　〔単立〕
お稲荷さん《称》　おいなりさん〔社〕
　愛媛県伊予市・伊予稲荷神社　《祭神》宇迦能御魂神［他］　　　　　　〔神社本庁〕
稲荷大社　いなりたいしゃ〔社〕
　大阪府吹田市　《祭神》保食大神［他］
　　　　　　　　　　　　　　　　〔神社本庁〕
稲荷山《称》　いなりやま〔社〕
　岩手県二戸市・呑香稲荷神社　《祭神》宇迦之御霊命［他］　　　　　　〔神社本庁〕
稲荷社　いなりしゃ〔社〕
　愛知県碧南市　《祭神》保食神［他］
　　　　　　　　　　　　　　　　〔神社本庁〕
稲荷神社　いなりじんじゃ〔社〕
　北海道虻田郡虻田町　《祭神》保食神［他］
　　　　　　　　　　　　　　　　〔神社本庁〕
稲荷神社　いなりじんじゃ〔社〕
　青森県青森市　《別称》おきだて稲荷　《祭神》稲荷大神璽［他］　　　　　　　　〔単立〕
稲荷神社　いなりじんじゃ〔社〕
　青森県黒石市　《別称》黒石稲荷　《祭神》倉稲魂命　　　　　　　　　〔神社本庁〕
稲荷神社　いなりじんじゃ〔社〕
　青森県十和田市　《別称》三本木稲荷神社　《祭神》倉稲魂命　　　　　　　〔神社本庁〕
稲荷神社　いなりじんじゃ〔社〕
　青森県下北郡大間町　《祭神》稲荷大神
　　　　　　　　　　　　　　　　〔神社本庁〕
稲荷神社　いなりじんじゃ〔社〕
　青森県三戸郡五戸町　《祭神》倉稲魂命
　　　　　　　　　　　　　　　　〔神社本庁〕
稲荷神社　いなりじんじゃ〔社〕
　岩手県宮古市　《別称》判官様　《祭神》豊受姫命　　　　　　　　　　　　〔神社本庁〕
稲荷神社　いなりじんじゃ〔社〕
　岩手県岩手郡岩手町　《祭神》宇賀稲魂命
　　　　　　　　　　　　　　　　〔神社本庁〕
稲荷神社　いなりじんじゃ〔社〕
　秋田県鹿角市　《祭神》倉稲魂命［他］
　　　　　　　　　　　　　　　　〔神社本庁〕
稲荷神社　いなりじんじゃ〔社〕
　山形県米沢市　《別称》大明神　《祭神》倉稲魂命　　　　　　　　　　〔神社本庁〕
稲荷神社　いなりじんじゃ〔社〕
　福島県大沼郡三島町　《祭神》倉稲魂神［他］
　　　　　　　　　　　　　　　　〔神社本庁〕

神社・寺院名よみかた辞典　677

14画（稲）

稲荷神社　いなりじんじゃ〔社〕
　福島県相馬郡小高町　《別称》蛇沢稲荷神社
　《祭神》倉稲魂神　　　　　　　〔神社本庁〕
稲荷神社　いなりじんじゃ〔社〕
　茨城県水戸市　《別称》大串稲荷神社　《祭
　神》倉稲魂命　　　　　　　　　〔神社本庁〕
稲荷神社　いなりじんじゃ〔社〕
　栃木県小山市　《別称》篠塚稲荷神社　《祭
　神》倉稲魂神[他]　　　　　　　〔神社本庁〕
稲荷神社　いなりじんじゃ〔社〕
　東京都中央区　《別称》なみよけいなり　《祭
　神》倉稲魂命　　　　　　　　　〔神社本庁〕
稲荷神社　いなりじんじゃ〔社〕
　東京都台東区　《別称》せんぞく神社　《祭
　神》倉稲魂命　　　　　　　　　〔神社本庁〕
稲荷神社　いなりじんじゃ〔社〕
　東京都世田谷区　《別称》池尻稲荷神社　《祭
　神》倉稲魂神　　　　　　　　　〔神社本庁〕
稲荷神社　いなりじんじゃ〔社〕
　東京都渋谷区　《別称》とよさか稲荷　《祭
　神》田中稲荷大神[他]　　　　　〔神社本庁〕
稲荷神社　いなりじんじゃ〔社〕
　神奈川県鎌倉市　《別称》五社明神　《祭神》
　保食神[他]　　　　　　　　　　〔神社本庁〕
稲荷神社　いなりじんじゃ〔社〕
　神奈川県藤沢市　《別称》鵠沼伏見稲荷神社
　《祭神》宇賀之御魂大神[他]　　〔神社本庁〕
稲荷神社　いなりじんじゃ〔社〕
　福井県武生市　《祭神》宇賀之御魂神[他]
　　　　　　　　　　　　　　　　〔神社本庁〕
稲荷神社　いなりじんじゃ〔社〕
　岐阜県海津郡海津町　《祭神》倉稲魂命
　　　　　　　　　　　　　　　　〔神社本庁〕
稲荷神社　いなりじんじゃ〔社〕
　静岡県静岡市　《祭神》倉稲魂命　〔神社本庁〕
稲荷神社　いなりじんじゃ〔社〕
　静岡県浜松市　《祭神》倉稲魂命[他]
　　　　　　　　　　　　　　　　〔神社本庁〕
稲荷神社　いなりじんじゃ〔社〕
　静岡県焼津市　《祭神》宇迦之御魂命[他]
　　　　　　　　　　　　　　　　〔神社本庁〕
稲荷神社　いなりじんじゃ〔社〕
　愛知県岡崎市　《祭神》豊受姫命[他]
　　　　　　　　　　　　　　　　〔神社本庁〕
稲荷神社　いなりじんじゃ〔社〕
　愛知県豊川市　《祭神》素盞嗚命
　　　　　　　　　　　　　　　　〔神社本庁〕
稲荷神社　いなりじんじゃ〔社〕
　三重県津市　《祭神》倉稲魂命[他]
　　　　　　　　　　　　　　　　〔神社本庁〕

稲荷神社　いなりじんじゃ〔社〕
　三重県南牟婁郡御浜町　《別称》市木稲荷
　《祭神》倉稲魂命[他]　　　　　〔神社本庁〕
稲荷神社　いなりじんじゃ〔社〕
　京都府京都市南区　《別称》鎌達いなり神社
　《祭神》倉稲魂命[他]　　　　　〔神社本庁〕
稲荷神社　いなりじんじゃ〔社〕
　京都府舞鶴市　《別称》吉坂稲荷神社　《祭
　神》宇迦之御魂大神[他]　　　　〔神社本庁〕
稲荷神社　いなりじんじゃ〔社〕
　大阪府大阪市生野区　《別称》大阪東伏見稲
　荷神社　《祭神》稲荷大神[他]　　〔単立〕
稲荷神社　いなりじんじゃ〔社〕
　兵庫県神戸市東灘区　《別称》森稲荷　《祭
　神》倉稲魂命[他]　　　　　　　〔神社本庁〕
稲荷神社　いなりじんじゃ〔社〕
　兵庫県神戸市北区　《別称》有馬稲荷神社
　《祭神》倉稲魂之命　　　　　　〔神社本庁〕
稲荷神社　いなりじんじゃ〔社〕
　兵庫県多可郡中町　《祭神》若宇賀売大神[他]
　　　　　　　　　　　　　　　　〔神社本庁〕
稲荷神社　いなりじんじゃ〔社〕
　鳥取県鳥取市　《別称》竹島天神　《祭神》保
　食神[他]　　　　　　　　　　　〔神社本庁〕
稲荷神社　いなりじんじゃ〔社〕
　鳥取県東伯郡赤碕町　《別称》伯耆稲荷神社
　《祭神》倉稲霊命[他]　　　　　　　〔単立〕
稲荷神社　いなりじんじゃ〔社〕
　島根県松江市殿町　《別称》城山稲荷神社
　《祭神》宇迦之御魂命[他]　　　〔神社本庁〕
稲荷神社　いなりじんじゃ〔社〕
　島根県松江市寺町　《別称》出世稲荷神社
　《祭神》宇賀御魂神[他]　　　　〔神社本庁〕
稲荷神社　いなりじんじゃ〔社〕
　島根県大原郡大東町　《祭神》倉稲魂神[他]
　　　　　　　　　　　　　　　　〔神社本庁〕
稲荷神社　いなりじんじゃ〔社〕
　愛媛県大洲市　《祭神》伊弉諾之命[他]
　　　　　　　　　　　　　　　　〔神社本庁〕
稲荷神社　いなりじんじゃ〔社〕
　福岡県八女郡黒木町　《祭神》倉稲魂神[他]
　　　　　　　　　　　　　　　　〔神社本庁〕
稲荷神社　いなりじんじゃ〔社〕
　福岡県田川郡金田町　《祭神》伊弉諾命[他]
　　　　　　　　　　　　　　　　〔神社本庁〕
稲荷神社　いなりじんじゃ〔社〕
　熊本県天草郡苓北町　《別称》富岡稲荷　《祭
　神》宇迦御魂神　　　　　　　　〔神社本庁〕
稲荷神社　いなりじんじゃ〔社〕
　宮崎県北諸県郡三股町　《祭神》豊宇気之
　神　　　　　　　　　　　　　　〔神社本庁〕

14画（種, 稗, 窪, 端, 管, 箸, 箕, 篦, 精, 綾）

稲荷神社　いなりじんじゃ〔社〕
　鹿児島県鹿児島市　《別称》島津稲荷　《祭神》宇迦御霊［他］　　〔神社本庁〕
稲荷神社　いなりじんじゃ〔社〕
　鹿児島県日置郡東市来町　《祭神》倉稲魂命［他］　　　　　　　〔神社本庁〕
稲荷神社　いなりじんじゃ〔社〕
　鹿児島県日置郡山町　《別称》いないさあ　《祭神》豊受姫神　　〔神社本庁〕
12稲葉神社　いなばじんじゃ〔社〕
　岩手県北上市　《祭神》豊受姫命［他］　　　　　　　　　　　　〔神社本庁〕
16稲積神社　いなずみじんじゃ〔社〕
　山梨県甲府市　《別称》正ノ木稲荷　《祭神》宇気母智命［他］　〔神社本庁〕

【種】
4種月寺　しゅげつじ〔寺〕
　新潟県西蒲原郡岩室村　《別称》おおてら　《本尊》釈迦如来　　〔曹洞宗〕
7種里八幡宮　たねさとはちまんぐう〔社〕
　青森県西津軽郡鰺ヶ沢町　《祭神》誉田別尊［他］　　　　　　　〔神社本庁〕
12種間寺　たねまじ〔寺〕
　高知県吾川郡春野町　《別称》四国第三四番霊場　《本尊》薬師如来　〔真言宗豊山派〕

【稗】
5稗田神社　ひえたじんじゃ〔社〕
　兵庫県揖保郡太子町　《別称》かみのみや　《祭神》阿礼比売命［他］　〔神社本庁〕

【窪】
2窪八幡神社《称》　くぼはちまんじんじゃ〔社〕
　山梨県山梨市・大井俣窪八幡神社　《祭神》足仲彦尊［他］　　　〔神社本庁〕
窪八幡宮　くぼはちまんぐう〔社〕
　岡山県岡山市　《祭神》品陀和気命［他］　　　　　　　　　　　〔神社本庁〕

【端】
7端坊　はしのぼう〔寺〕
　山口県山口市　《本尊》阿弥陀如来　　　　　　　　　　　　　〔浄土真宗本願寺派〕

【管】
4管天寺　かんてんじ〔寺〕
　茨城県稲敷郡江戸崎町　《本尊》釈迦如来　　　　　　　　　　〔曹洞宗〕

【箸】
15箸蔵寺　はしくらじ〔寺〕
　徳島県三好郡池田町　《別称》琴平の奥之院　《本尊》金毘羅大権現・薬師如来　〔真言宗御室派〕

【箕】
6箕曲中松原神社　みのわなかまつはらじんじゃ〔社〕
　三重県伊勢市　《別称》みのやしろ　《祭神》大歳神　　　　　　〔神社本庁〕

【篦】
10篦峯寺　こんぽうじ〔寺〕
　宮城県遠田郡涌谷町　《別称》ののたけ観音　《本尊》十一面観世音菩薩・不動明王・毘沙門天　〔天台宗〕

【精】
5精矛神社　くわしほこじんじゃ〔社〕
　鹿児島県始良郡加治木町　《祭神》精矛厳健雄命　　　　　　　　〔神社本庁〕
8精周寺　せいしゅうじ〔寺〕
　北海道小樽市　《本尊》大日如来　　　　　　　　　　　　　　〔真言宗豊山派〕
精明寺　しょうみょうじ〔寺〕
　鳥取県西伯郡淀江町　《本尊》釈迦如来　　　　　　　　　　　〔曹洞宗〕

【綾】
8綾延神社　あやのべじんじゃ〔社〕
　愛媛県周桑郡丹原町　《祭神》品陀和気命［他］　　　　　　　　〔神社本庁〕
9綾神社　あやじんじゃ〔社〕
　宮崎県東諸県郡綾町　《祭神》足仲彦尊［他］　　　　　　　　　〔神社本庁〕
11綾部八幡神社　あやべはちまんじんじゃ〔社〕
　佐賀県三養基郡中原町　《別称》綾部さん　《祭神》応神天皇［他］　〔神社本庁〕
綾部神社　あやべじんじゃ〔社〕
　岡山県津山市　《祭神》誉田別命［他］　　　　　　　　　　　　〔神社本庁〕
綾野神社　あやのじんじゃ〔社〕
　滋賀県甲賀郡水口町　《別称》水口天満宮　《祭神》菅原道真　　〔神社本庁〕
19綾瀬薬師《称》　あやせやくし〔寺〕
　東京都足立区・薬師寺　《本尊》不動明王　　　　　　　　　　〔真言宗豊山派〕

神社・寺院名よみかた辞典　679

14画（綱, 総）

【綱】

4綱分八幡宮　つなわけはちまんぐう〔社〕
　福岡県嘉穂郡庄内町　《祭神》応神天皇[他]
　　　　　　　　　　　　　　　〔神社本庁〕
9綱神社　つなじんじゃ〔社〕
　栃木県芳賀郡益子町　《祭神》阿遅鉏高彦根命
　　　　　　　　　　　　　　　〔神社本庁〕
15綱敷天満神社　つなしきてんまんじんじゃ〔社〕
　愛媛県今治市　《祭神》菅原道真　〔神社本庁〕
綱敷天満宮　つなしきてんまんぐう〔社〕
　兵庫県神戸市須磨区　　　　　　〔神社本庁〕
綱敷天満宮　つなしきてんまんぐう〔社〕
　福岡県築上郡椎田町　《別称》浜の宮　《祭神》菅原道真[他]　　　　　　　〔神社本庁〕

【総】

5総世寺　そうせいじ〔寺〕
　神奈川県小田原市　《本尊》釈迦如来
　　　　　　　　　　　　　　　〔曹洞宗〕
6総光寺　そうこうじ〔寺〕
　山形県飽海郡松山町　《本尊》薬師如来
　　　　　　　　　　　　　　　〔曹洞宗〕
7総社　そうしゃ〔社〕
　石川県七尾市　《別称》能登国総社　《祭神》能登国式内四三座神[他]　〔神社本庁〕
総社《称》　そうしゃ〔社〕
　福井県あわら市・金津神社　《祭神》天津児屋根命[他]　　　　　　　〔神社本庁〕
総社《称》　そうしゃ〔社〕
　静岡県磐田市・淡海国玉神社　《祭神》大国主神[他]　　　　　　　〔神社本庁〕
総社　そうじゃ〔社〕
　愛知県豊川市　《別称》三河総社　《祭神》三河国総社神　　　　　　〔神社本庁〕
総社《称》　そうしゃ〔社〕
　滋賀県草津市・惣社神社　《祭神》志那津彦命[他]　　　　　　　〔神社本庁〕
総社《称》　そうしゃ〔社〕
　鳥取県倉吉市国分寺・国庁裏神社　《祭神》大己貴命[他]　　　　　　　〔神社本庁〕
総社《称》　そうじゃ〔社〕
　岡山県岡山市・総社宮　《祭神》大己貴命[他]　　　　　　　〔神社本庁〕
総社　そうしゃ〔社〕
　岡山県津山市　《別称》美作総社宮　《祭神》惣社大明神　　　　　　〔神社本庁〕
総社　そうじゃ〔社〕
　岡山県総社市　《別称》総社宮　《祭神》大名持命[他]　　　　　　　〔神社本庁〕

総社　そうしゃ〔社〕
　岡山県御津郡加茂川町　《祭神》大名持命[他]　　　　　　　〔神社本庁〕
総社大神宮　そうじゃだいじんぐう〔社〕
　福井県武生市　《祭神》大己貴命　〔神社本庁〕
総社明神《称》　そうしゃみょうじん〔社〕
　石川県鳳至郡柳田村・白山神社　《祭神》久久利姫尊[他]　　　　　〔神社本庁〕
総社神社　そうしゃじんじゃ〔社〕
　秋田県秋田市　《祭神》天照皇大神[他]
　　　　　　　　　　　　　　　〔神社本庁〕
総社神社　そうしゃじんじゃ〔社〕
　茨城県石岡市　《別称》常陸国総社宮　《祭神》伊弉諾尊[他]　　　　〔神社本庁〕
総社神社　そうじゃじんじゃ〔社〕
　香川県坂出市　《別称》讃岐総社　《祭神》伊弉諾尊[他]　　　　　　〔神社本庁〕
総社神社　そうしゃじんじゃ〔社〕
　長崎県北松浦郡田平町　《別称》総社宮　《祭神》伊邪那岐神[他]　　〔神社本庁〕
総社宮《称》　そうしゃのみや〔社〕
　宮城県多賀城市・陸奥総社宮　《祭神》陸奥国一百座の神　〔神社本庁〕
総社宮　そうじゃのみや〔社〕
　岡山県岡山市　《別称》総社　《祭神》大己貴命[他]　　　　　　　〔神社本庁〕
総社宮《称》　そうじゃのみや〔社〕
　岡山県総社市・総社　《祭神》大名持命[他]　〔神社本庁〕
総社宮《称》　そうしゃのみや〔社〕
　長崎県北松浦郡田平町・総社神社　《祭神》伊邪那岐神[他]　　　　〔神社本庁〕
総見寺　そうけんじ〔寺〕
　愛知県名古屋市中区　《別称》織田信長の寺　《本尊》薬師如来　〔臨済宗妙心寺派〕
総見院　そうけんいん〔寺〕
　京都府京都市北区　《本尊》釈迦如来
　　　　　　　　　　　　　〔臨済宗大徳寺派〕
9総持寺　そうじじ〔寺〕
　群馬県新田郡尾島町　《本尊》不動明王・十一面観世音菩薩　〔真言宗豊山派〕
総持寺　そうじじ〔寺〕
　東京都足立区　《別称》西新井大師　《本尊》十一面観世音菩薩・弘法大師
　　　　　　　　　　　　　〔真言宗豊山派〕
総持寺　そうじじ〔寺〕
　東京都西東京市　《本尊》不動明王
　　　　　　　　　　　　　〔真言宗智山派〕
総持寺　そうじじ〔寺〕
　神奈川県横浜市鶴見区　《別称》大本山　《本尊》釈迦牟尼世尊　〔曹洞宗〕

14画（綴，綿，網，緑）

総持寺　そうじじ〔寺〕
　富山県高岡市　《別称》観音でら　《本尊》大日如来・不動明王・歓喜天・地蔵菩薩
〔高野山真言宗〕
総持寺　そうじじ〔寺〕
　愛知県知立市　《別称》流汗不動　《本尊》流汗不動明王　〔天台寺門宗〕
総持寺　そうじじ〔寺〕
　滋賀県長浜市　《本尊》薬師如来
〔真言宗豊山派〕
総持寺　そうじじ〔寺〕
　大阪府茨木市　《別称》西国二二番霊場　《本尊》千手観世音菩薩　〔高野山真言宗〕
総持寺　そうじじ〔寺〕
　和歌山県和歌山市　《別称》梶取本山　《本尊》阿弥陀三尊　〔西山浄土宗〕
総持寺　そうじじ〔寺〕
　香川県観音寺市　〔真言宗大覚寺派〕
総持院　そうじいん〔寺〕
　千葉県館山市　《別称》沼の大寺　《本尊》不動明王　〔真言宗智山派〕
総持院　そうじいん〔寺〕
　東京都台東区　《本尊》阿弥陀三尊・不動明王・矜迦羅童子・制多迦童子　〔天台宗〕
総持院　そうじいん〔寺〕
　兵庫県加東郡社町　《別称》朝光寺西の寺　《本尊》大日如来　〔高野山真言宗〕
総持院　そうじいん〔寺〕
　和歌山県伊都郡高野町　《本尊》阿弥陀三尊　〔高野山真言宗〕
総泉寺　そうせんじ〔寺〕
　北海道足寄郡足寄町　《本尊》釈迦如来
〔曹洞宗〕
総泉寺　そうせんじ〔寺〕
　東京都板橋区　《本尊》釈迦如来　〔曹洞宗〕
10総宮神社　そうみやじんじゃ〔社〕
　山形県長井市　《祭神》日本武尊　〔神社本庁〕
総座森《称》　そうざのもり〔社〕
　岐阜県高山市・飛騨総社　《祭神》水無大神[他]
〔神社本庁〕
12総善寺　そうぜんじ〔寺〕
　静岡県志太郡岡部町　《本尊》聖観世音菩薩
〔曹洞宗〕
13総源寺　そうげんじ〔寺〕
　新潟県佐渡市　《本尊》釈迦如来　〔曹洞宗〕
総福寺　そうふくじ〔寺〕
　岐阜県大垣市　《本尊》阿弥陀如来
〔真宗大谷派〕
14総寧寺　そうねいじ〔寺〕
　千葉県市川市　《本尊》釈迦如来　〔曹洞宗〕

総徳寺　そうとくじ〔寺〕
　栃木県下都賀郡大平町　《本尊》釈迦如来
〔曹洞宗〕
総隠寺　そうおんじ〔寺〕
　山形県鶴岡市　《本尊》釈迦如来・迦葉尊者・阿難尊者　〔曹洞宗〕
18総鎮守《称》　そうちんじゅ〔社〕
　福岡県鞍手郡小竹町・亀山神社　《祭神》大歳神[他]　〔神社本庁〕
総鎮守さま《称》　そうちんじゅさま〔社〕
　愛媛県八幡浜市・八幡神社　《祭神》誉田天皇[他]　〔神社本庁〕
19総願寺　そうがんじ〔寺〕
　埼玉県加須市　《本尊》大日如来・不動明王
〔真言宗智山派〕

【綴】

3綴子神社　つずれこじんじゃ〔社〕
　秋田県北秋田郡鷹巣町　《別称》八幡宮　《祭神》八幡山大神[他]　〔神社本庁〕

【綿】

9綿津見神社　わたつみじんじゃ〔社〕
　福島県原町市　《祭神》大綿津見命
〔神社本庁〕
綿津見神社　わたつみじんじゃ〔社〕
　福島県相馬郡飯舘村　《別称》八竜大明神　《祭神》大海津持神[他]　〔神社本庁〕
綿神社　わたじんじゃ〔社〕
　愛知県名古屋市北区　《祭神》玉依比売命[他]
〔神社本庁〕
11綿都美神社　わだつみじんじゃ〔社〕
　福岡県北九州市小倉南区　《別称》竜王社　《祭神》綿都美神[他]　〔神社本庁〕
16綿積神社　わたつみじんじゃ〔社〕
　愛知県岡崎市　《祭神》綿積命[他]
〔神社本庁〕

【網】

7網走神社　あばしりじんじゃ〔社〕
　北海道網走市　《別称》弁天さま　《祭神》市杵島姫命[他]　〔神社本庁〕
11網野神社　あみのじんじゃ〔社〕
　京都府京丹後市　《祭神》日子坐王[他]
〔神社本庁〕

【緑】

0緑が丘の諏訪神社《称》　みどりがおかのすわじんじゃ〔社〕

神社・寺院名よみかた辞典　681

14画（練, 聞, 聚, 蔭, 蛸, 裳, 語, 誓）

　　　神奈川県横須賀市緑が丘・諏訪大神社　《祭
　　　神》建御名方命［他］　　　　　〔神社本庁〕
7緑芳寺　　りょくほうじ〔寺〕
　　　三重県鈴鹿市　《本尊》阿弥陀如来
　　　　　　　　　　　　　　　　　〔真宗大谷派〕
9緑浄寺　　ろくじょうじ〔寺〕
　　　鳥取県八頭郡河原町　《本尊》阿弥陀如来
　　　　　　　　　　　　　　　　　〔真宗大谷派〕
　緑泉寺　　りょくせんじ〔寺〕
　　　東京都台東区　《本尊》阿弥陀如来
　　　　　　　　　　　　　　　　　〔真宗大谷派〕
13緑照寺　　ろくしょうじ〔寺〕
　　　大阪府泉大津市　《本尊》阿弥陀如来
　　　　　　　　　　　　　　　〔浄土真宗本願寺派〕
16緑樹院　　りょくじゅいん〔寺〕
　　　京都府宇治市　《別称》潮音精舎　《本尊》観
　　　世音菩薩　　　　　　　　　　　　〔黄檗宗〕

【練】
10練馬大氷川《称》　ねりまおおひかわ〔社〕
　　　東京都練馬区氷川台・氷川神社　《祭神》須
　　　佐之男尊　　　　　　　　　　　〔神社本庁〕

【聞】
6聞光寺　　もんこうじ〔寺〕
　　　新潟県柏崎市　《本尊》阿弥陀如来
　　　　　　　　　　　　　　　　　〔真宗大谷派〕
　聞光寺　　もんこうじ〔寺〕
　　　長野県長野市　《本尊》阿弥陀如来
　　　　　　　　　　　　　　　〔浄土真宗本願寺派〕
　聞名寺　　もんみょうじ〔寺〕
　　　富山県婦負郡八尾町　《別称》越中桐山八尾
　　　御坊　《本尊》阿弥陀如来
　　　　　　　　　　　　　　　〔浄土真宗本願寺派〕
　聞名寺　　もんみょうじ〔寺〕
　　　愛知県豊田市　《本尊》阿弥陀如来
　　　　　　　　　　　　　　　　　〔真宗大谷派〕
　聞成寺　　もんじょうじ〔寺〕
　　　東京都台東区　《本尊》阿弥陀如来
　　　　　　　　　　　　　　　　　〔真宗大谷派〕
　聞行寺　　もんぎょうじ〔寺〕
　　　富山県氷見市　《本尊》阿弥陀如来
　　　　　　　　　　　　　　　　　〔真宗大谷派〕
8聞法寺　　もんぽうじ〔寺〕
　　　愛知県葉栗郡木曽川町　《本尊》阿弥陀如
　　　来　　　　　　　　　　　　　〔真宗大谷派〕
9聞信寺　　もんしんじ〔寺〕
　　　北海道空知郡上富良野町　《別称》上富良野
　　　お西　《本尊》阿弥陀如来
　　　　　　　　　　　　　　　〔浄土真宗本願寺派〕

　聞信寺　　もんしんじ〔寺〕
　　　滋賀県坂田郡米原町　《本尊》阿弥陀如来
　　　　　　　　　　　　　　　　　〔真宗大谷派〕
11聞得寺　　もんとくじ〔寺〕
　　　岐阜県羽島市　《本尊》阿弥陀如来
　　　　　　　　　　　　　　　　　〔真宗大谷派〕
　聞得寺　　もんとくじ〔寺〕
　　　熊本県上益城郡甲佐町　《本尊》阿弥陀如
　　　来　　　　　　　　　　　〔浄土真宗本願寺派〕
　聞教寺　　もんきょうじ〔寺〕
　　　大阪府大阪市西成区　《本尊》阿弥陀如来
　　　　　　　　　　　　　　　〔浄土真宗本願寺派〕
12聞善寺　　もんぜんじ〔寺〕
　　　石川県金沢市　《別称》ちりめん寺　《本尊》
　　　阿弥陀如来　　　　　　　　　　〔真宗大谷派〕
19聞願寺　　もんがんじ〔寺〕
　　　富山県砺波市　《別称》新明の寺　《本尊》阿
　　　弥陀如来　　　　　　　　　　　〔真宗大谷派〕

【聚】
6聚光院　　じゅこういん〔寺〕
　　　京都府京都市北区　《本尊》釈迦如来
　　　　　　　　　　　　　　　〔臨済宗大徳寺派〕

【蔭】
11蔭涼寺　　いんりょうじ〔寺〕
　　　島根県仁多郡仁多町　《本尊》延命地蔵菩薩・
　　　千手観世音菩薩　　　　　〔臨済宗妙心寺派〕

【蛸】
15蛸蛸神社　たこじんじゃ〔社〕
　　　島根県八束郡八束町　《別称》天王山　《祭
　　　神》素盞嗚尊　　　　　　　　　〔神社本庁〕

【裳】
8裳咋神社　もくいじんじゃ〔社〕
　　　愛知県稲沢市目比町　《祭神》裳咋臣船主
　　　　　　　　　　　　　　　　　〔神社本庁〕

【語】
14語歌堂《称》　ごかどう〔寺〕
　　　埼玉県秩父郡横瀬町・長興寺　《本尊》準胝
　　　観世音菩薩・地蔵菩薩　　〔臨済宗南禅寺派〕

【誓】
2誓了寺　　せいりょうじ〔寺〕
　　　滋賀県大津市　《本尊》阿弥陀如来
　　　　　　　　　　　　　　　〔浄土真宗本願寺派〕

14画（誓）

4誓元寺　せいげんじ〔寺〕
　三重県四日市市　《本尊》阿弥陀如来
　　　　　　　　　　　　　　〔真宗高田派〕

5誓立寺　せいりゅうじ〔寺〕
　富山県東礪波郡井波町　《本尊》阿弥陀如来
　　　　　　　　　　　　　　〔真宗大谷派〕

　誓立寺　せいりゅうじ〔寺〕
　大阪府大阪市東成区　《本尊》阿弥陀如来
　　　　　　　　　　　　　　〔真宗大谷派〕

6誓伝寺　せいでんじ〔寺〕
　福島県安達郡本宮町　《本尊》阿弥陀如来
　　　　　　　　　　　　　　〔浄土宗〕

　誓伝寺　せいでんじ〔寺〕
　滋賀県長浜市　《本尊》阿弥陀如来
　　　　　　　　　　　　　　〔真宗大谷派〕

　誓光寺　せいこうじ〔寺〕
　愛知県名古屋市南区　《別称》名古屋の誓光寺　《本尊》阿弥陀如来　〔真宗大谷派〕

　誓光寺　せいこうじ〔寺〕
　山口県柳井市　《別称》いちょうの寺　《本尊》阿弥陀如来　〔浄土真宗本願寺派〕

　誓安寺　せいあんじ〔寺〕
　滋賀県蒲生郡蒲生町　《本尊》阿弥陀如来・観世音菩薩・勢至菩薩　〔浄土宗〕

8誓岸寺　せいがんじ〔寺〕
　新潟県新潟市　《本尊》阿弥陀如来
　　　　　　　　　　　　　〔浄土真宗本願寺派〕

　誓念寺　せいねんじ〔寺〕
　滋賀県彦根市　《本尊》阿弥陀如来
　　　　　　　　　　　　　〔浄土真宗本願寺派〕

　誓念寺　せいねんじ〔寺〕
　山口県豊浦郡豊北町　《本尊》阿弥陀如来
　　　　　　　　　　　　　〔浄土真宗本願寺派〕

　誓招寺　せいしょうじ〔寺〕
　東京都墨田区　《本尊》阿弥陀如来
　　　　　　　　　　　　　〔浄土真宗本願寺派〕

　誓欣院　せいごういん〔寺〕
　静岡県熱海市　《別称》熱海観音　《本尊》阿弥陀如来　〔浄土宗〕

9誓祐寺　せいゆうじ〔寺〕
　京都府京都市南区　《別称》かやんどう　《本尊》阿弥陀如来

12誓善寺　せいぜんじ〔寺〕
　滋賀県蒲生郡日野町　《本尊》阿弥陀如来
　　　　　　　　　　　　　〔浄土宗〕

　誓報寺　せいほうじ〔寺〕
　北海道夕張郡長沼町　《本尊》阿弥陀如来
　　　　　　　　　　　　　〔浄土真宗本願寺派〕

　誓運寺　せいうんじ〔寺〕
　岐阜県大垣市　《本尊》阿弥陀如来
　　　　　　　　　　　　　〔真宗大谷派〕

13誓源寺　せいげんじ〔寺〕
　香川県三豊郡豊中町　《本尊》阿弥陀如来
　　　　　　　　　　　　　〔浄土真宗本願寺派〕

　誓福寺　せいふくじ〔寺〕
　兵庫県姫路市　《本尊》阿弥陀如来
　　　　　　　　　　　　　〔真宗大谷派〕

　誓蓮寺　せいれんじ〔寺〕
　滋賀県甲賀郡甲南町　《本尊》阿弥陀如来
　　　　　　　　　　　　　〔浄土宗〕

15誓澄寺　せいちょうじ〔寺〕
　京都府宇治市　《本尊》阿弥陀如来　〔浄土宗〕

16誓興寺　せいこうじ〔寺〕
　奈良県生駒郡斑鳩町　《本尊》阿弥陀如来
　　　　　　　　　　　　　〔浄土真宗本願寺派〕

　誓賢寺　せいけんじ〔寺〕
　山形県天童市　《本尊》阿弥陀如来
　　　　　　　　　　　　　〔真宗大谷派〕

19誓願寺　せいがんじ〔寺〕
　秋田県秋田市　《本尊》阿弥陀如来　〔浄土宗〕

　誓願寺　せいがんじ〔寺〕
　山形県山形市　《本尊》大日如来・阿弥陀如来・釈迦如来　〔真言宗智山派〕

　誓願寺　せいがんじ〔寺〕
　山形県寒河江市　《本尊》阿弥陀如来
　　　　　　　　　　　　　〔浄土宗〕

　誓願寺　せいがんじ〔寺〕
　福島県福島市　《本尊》阿弥陀如来　〔浄土宗〕

　誓願寺　せいがんじ〔寺〕
　東京都荒川区　《本尊》阿弥陀如来　〔浄土宗〕

　誓願寺　せいがんじ〔寺〕
　東京都府中市　《本尊》阿弥陀如来　〔単立〕

　誓願寺　せいがんじ〔寺〕
　神奈川県小田原市　《本尊》阿弥陀三尊
　　　　　　　　　　　　　〔浄土宗〕

　誓願寺　せいがんじ〔寺〕
　山梨県甲府市　《本尊》阿弥陀如来　〔浄土宗〕

　誓願寺　せいがんじ〔寺〕
　静岡県静岡市　《別称》おおだたらの不動尊　《本尊》阿弥陀如来　〔臨済宗妙心寺派〕

　誓願寺　せいがんじ〔寺〕
　愛知県名古屋市中区　《本尊》阿弥陀如来
　　　　　　　　　　　　　〔西山浄土宗〕

　誓願寺　せいがんじ〔寺〕
　愛知県名古屋市昭和区　《別称》桜誓願寺　《本尊》阿弥陀如来　〔浄土宗西山禅林寺派〕

　誓願寺　せいがんじ〔寺〕
　愛知県刈谷市　《本尊》阿弥陀如来
　　　　　　　　　　　　　〔真宗大谷派〕

　誓願寺　せいがんじ〔寺〕
　愛知県海部郡飛島村　《本尊》阿弥陀如来
　　　　　　　　　　　　　〔真宗大谷派〕

神社・寺院名よみかた辞典　683

14画（説, 豪, 遙, 銀, 銭, 銚, 銅, 鉾, 関）

誓願寺　せいがんじ〔寺〕
　京都府京都市中京区　《別称》総本山・円光大師霊場第二〇番　《本尊》阿弥陀如来
　　　　　　　　　　〔浄土宗西山深草派〕
誓願寺　せいがんじ〔寺〕
　大阪府大阪市此花区　《本尊》阿弥陀如来
　　　　　　　　　　〔真宗大谷派〕
誓願寺　せいがんじ〔寺〕
　大阪府大阪市旭区　《別称》はりの寺　《本尊》阿弥陀如来　〔浄土真宗本願寺派〕
誓願寺　せいがんじ〔寺〕
　大阪府大阪市中央区　《本尊》阿弥陀如来
　　　　　　　　　　〔浄土宗〕
誓願寺　せいがんじ〔寺〕
　兵庫県篠山市　《本尊》阿弥陀如来
　　　　　　　　　　〔浄土宗西山深草派〕
誓願寺　せいがんじ〔寺〕
　島根県松江市　《本尊》阿弥陀如来　〔浄土宗〕
誓願寺　せいがんじ〔寺〕
　岡山県倉敷市　《本尊》阿弥陀如来　〔浄土宗〕
誓願寺　せいがんじ〔寺〕
　広島県広島市西区　《本尊》阿弥陀如来
　　　　　　　　　　〔浄土宗西山深草派〕
誓願寺　せいがんじ〔寺〕
　福岡県福岡市西区　《別称》大泉坊　《本尊》毘沙門天　　〔真言宗御室派〕
誓願寺　せいがんじ〔寺〕
　福岡県三潴郡三潴町　《別称》西牟田の誓光院　《本尊》大日如来・皇円上人・弘法大師・毘沙門天　　　　〔真言律宗〕
誓願寺　せいがんじ〔寺〕
　長崎県平戸市　《本尊》阿弥陀如来　〔浄土宗〕

【説】
8説宗寺　せっしゅうじ〔寺〕
　兵庫県氷上郡山南町　《本尊》聖観世音菩薩・薬師如来　　〔臨済宗妙心寺派〕

【豪】
14豪徳寺　ごうとくじ〔寺〕
　東京都世田谷区　《本尊》釈迦如来　〔曹洞宗〕

【遙】
8遙拝宮《称》　ようはいぐう〔社〕
　熊本県玉名市・玉名大神宮　《祭神》天照皇大神［他］　　　　　〔神社本庁〕
11遙船寺　ようせんじ〔寺〕
　兵庫県神戸市中央区　《本尊》阿弥陀如来
　　　　　　　　　　〔真宗大谷派〕

【銀】
3銀山寺　ぎんざんじ〔寺〕
　大阪府大阪市天王寺区　《本尊》阿弥陀如来　　　　　〔浄土宗〕
7銀杏観音《称》　いちょうかんのん〔寺〕
　静岡県沼津市・大泉寺　《本尊》釈迦如来・聖観世音菩薩　　　　　〔曹洞宗〕
14銀閣《称》　ぎんかくじ〔寺〕
　京都府京都市左京区・慈照寺　《本尊》釈迦如来　　　　　　〔臨済宗相国寺派〕

【銭】
9銭洗弁財天《称》　ぜにあらいべんざいてん〔社〕
　神奈川県鎌倉市・宇賀福神社　《祭神》市杵島姫命　　　　　　〔神社本庁〕

【銚】
3銚子観音《称》　ちょうしかんのん〔寺〕
　千葉県銚子市・円福寺　《本尊》十一面観世音菩薩　　　　　〔真言宗智山派〕
12銚港神社　ちょうこうじんじゃ〔社〕
　千葉県銚子市　《別称》竜造権現　《祭神》闇淤加美神［他］　　〔神社本庁〕

【銅】
0銅の鳥居の八幡さん《称》　どうのとりいのはちまんさん〔社〕
　徳島県徳島市八万町・八幡神社　《祭神》応神天皇［他］　　　〔神社本庁〕

【鉾】
2鉾八幡神社　ほこはちまんじんじゃ〔社〕
　香川県三豊郡財田町　《祭神》大鞆別尊［他］
　　　　　　　　　　〔神社本庁〕
9鉾持神社　ほこじじんじゃ〔社〕
　長野県上伊那郡高遠町　《別称》権現様　《祭神》天津彦火瓊瓊杵尊・天津彦火火出見尊・大山祇命　　　　〔神社本庁〕
鉾神社　ほこじんじゃ〔社〕
　大分県玖珠郡九重町　《別称》大明神さま　《祭神》建岩竜命［他］　　〔神社本庁〕
15鉾衝神社　ほこつきじんじゃ〔社〕
　山梨県東八代郡八代町　《祭神》天宇受女命　　　　　　　　〔神社本庁〕

【関】
0関の地蔵《称》　せきのじぞう〔寺〕

684　神社・寺院名よみかた辞典

14画（隠，雑，静）

三重県鈴鹿郡関町・地蔵院　《本尊》地蔵菩薩・愛染明王　〔真言宗御室派〕
3 関口不動尊《称》　せきぐちふどうそん〔社〕
　岩手県下閉伊郡山田町・関口神社　《祭神》国常立命〔他〕　〔神社本庁〕
関口神社　せきぐちじんじゃ〔社〕
　岩手県下閉伊郡山田町　《別称》関口不動尊　《祭神》国常立命〔他〕　〔神社本庁〕
関山神社　せきやまじんじゃ〔社〕
　新潟県中頸城郡妙高村　《祭神》素盞嗚尊〔他〕　〔神社本庁〕
5 関田神社　せきたじんじゃ〔社〕
　静岡県静岡市　《祭神》大山祇神〔他〕　〔神社本庁〕
関白山神社　かんぱくさんじんじゃ〔社〕
　栃木県河内郡上河内町　《祭神》藤原利仁　〔神社本庁〕
6 関西身延《称》　かんさいみのぶ〔寺〕
　大阪府豊能郡能勢町・真如寺　《本尊》日蓮聖人奠定の大曼荼羅・妙見大菩薩　〔日蓮宗〕
8 関東妙国寺《称》　かんとうみょうこくじ〔寺〕
　福井県福井市・妙ит寺　《本尊》日蓮聖人奠定の大曼荼羅　〔日蓮宗〕
10 関原不動尊　せきばらふどうそん〔寺〕
　東京都足立区・大聖寺　《本尊》不動明王　〔真言宗豊山派〕
関通寺《称》　かんつうじ〔寺〕
　愛知県津島市・円成寺　《本尊》阿弥陀如来　〔浄土宗〕
14 お関様《称》　おせきさま〔社〕
　大分県北海部郡佐賀関町・早吸日女神社　《祭神》八十柱津日神〔他〕　〔神社本庁〕
15 関蝉丸神社　せきせみまるじんじゃ〔社〕
　滋賀県大津市　《祭神》猿田彦命〔他〕　〔神社本庁〕
16 関興寺　かんこうじ〔寺〕
　新潟県南魚沼郡塩沢町　《本尊》釈迦如来　〔臨済宗円覚寺派〕

【隠】

7 隠岐の権現さん《称》　おきのごんげんさん〔社〕
　島根県隠岐郡西ノ島町・焼火神社　《祭神》大日䰗貴尊　〔神社本庁〕
隠岐国分寺《称》　おきこくぶんじ〔寺〕
　島根県隠岐郡西郷町・護国寺　《本尊》釈迦如来・薬師如来　〔真言宗東寺派〕
隠岐神社　おきじんじゃ〔社〕
　島根県隠岐郡海士町　《祭神》後鳥羽天皇　〔神社本庁〕

隠里寺　いんりじ〔寺〕
　岩手県紫波郡紫波町　《本尊》阿弥陀如来　〔浄土宗〕
9 隠津島神社　おきつしまじんじゃ〔社〕
　福島県郡山市喜久田町　《祭神》建御雷之男神　〔神社本庁〕
隠津島神社　おきつしまじんじゃ〔社〕
　福島県安達郡東和町　《別称》木幡の弁天様　《祭神》隠津島姫命〔他〕　〔神社本庁〕
隠津嶋神社　おきつしまじんじゃ〔社〕
　福島県郡山市湖南町　《別称》おすげさま　《祭神》市杵島比売命〔他〕　〔神社本庁〕

【雑】

5 雑司ヶ谷鬼子母神《称》　ぞうしがやきしもじん〔寺〕
　東京都豊島区・法明寺　《本尊》宗祖所顕の大曼荼羅・鬼子母神　〔日蓮宗〕
10 雑華院　ざっけいん〔寺〕
　京都府京都市右京区　《本尊》釈迦如来　〔臨済宗妙心寺派〕
12 雑賀堂《称》　さいかどう〔寺〕
　和歌山県和歌山市・真乗寺　《本尊》阿弥陀如来　〔真宗大谷派〕

【静】

4 静内神社　しずないじんじゃ〔社〕
　北海道静内郡静内町　《祭神》神武天皇〔他〕　〔神社本庁〕
5 静仙院　じょうせんいん〔寺〕
　山梨県南巨摩郡身延町　《本尊》観世音菩薩　〔曹洞宗〕
8 静居寺　じょうこじ〔寺〕
　静岡県島田市　《別称》じょうこさん　《本尊》釈迦如来　〔曹洞宗〕
静岡浅間神社《称》　しずおかせんげんじんじゃ〔社〕
　静岡県静岡市・浅間神社　《祭神》木花咲耶姫命　〔神社本庁〕
静岡県護国神社　しずおかけんごこくじんじゃ〔社〕
　静岡県静岡市　《祭神》護国の神霊　〔神社本庁〕
静松寺　せいしょうじ〔寺〕
　山形県山形市　《別称》長寿山　《本尊》釈迦如来　〔臨済宗妙心寺派〕
静松寺　じょうしょうじ〔寺〕
　長野県長野市　《本尊》阿弥陀如来　〔浄土宗〕
9 静神社　しずじんじゃ〔社〕
　茨城県那珂郡瓜連町　《祭神》健葉槌命〔他〕　〔神社本庁〕

14画（鞆, 領, 駆, 鳳, 鳴）

10 静栖寺　じょうせいじ〔寺〕
　埼玉県北葛飾郡松伏町　〔真言宗智山派〕
　静翁寺　じょうおうじ〔寺〕
　神奈川県川崎市幸区　《本尊》釈迦如来
　　　　　　　　　　　　　　　〔曹洞宗〕
12 静間神社　しずまじんじゃ〔社〕
　島根県大田市　《祭神》大己貴命〔他〕
　　　　　　　　　　　　　　　〔神社本庁〕
13 静照寺　じょうしょうじ〔寺〕
　石川県能美郡辰口町　《本尊》阿弥陀如来
　　　　　　　　　　　　　　　〔真宗大谷派〕
　静照院　じょうしょういん〔寺〕
　新潟県三条市　《本尊》日蓮聖人奠定の大曼荼羅
　　　　　　　　　　　　　〔法華宗（陣門流）〕
　静福寺　じょうふくじ〔寺〕
　北海道上川郡鷹栖町　《本尊》阿弥陀如来
　　　　　　　　　　　　　　　〔真宗大谷派〕
18 静簡院　じょうかんいん〔寺〕
　埼玉県大里郡江南町　《本尊》釈迦如来
　　　　　　　　　　　　　　　〔曹洞宗〕

【鞆】

0 鞆の大仏《称》　とものだいぶつ〔寺〕
　広島県福山市・阿弥陀寺　《本尊》阿弥陀如来
　　　　　　　　　　　　　　　〔浄土宗〕
8 鞆祇園宮《称》　ともぎおんぐう〔社〕
　広島県福山市・沼名前神社　《祭神》大綿津見命〔他〕　〔神社本庁〕
11 鞆淵八幡神社　ともぶちはちまんじんじゃ〔社〕
　和歌山県那賀郡粉河町　《別称》八幡神社　《祭神》応神天皇〔他〕　〔神社本庁〕
12 鞆結神社　ともゆいじんじゃ〔社〕
　滋賀県高島郡マキノ町　〔神社本庁〕

【領】

5 領玄寺　りょうげんじ〔寺〕
　東京都台東区　《本尊》十界曼荼羅　〔日蓮宗〕

【駆】

0 駆け込み寺《称》　かけこみでら〔寺〕
　神奈川県鎌倉市・東慶寺　《本尊》釈迦如来
　　　　　　　　　　　　　　〔臨済宗円覚寺派〕

【鳳】

5 鳳台寺　ほうたいじ〔寺〕
　山形県米沢市　《本尊》釈迦如来　〔曹洞宗〕
　鳳台院　ほうだいいん〔寺〕
　茨城県笠間市　《本尊》釈迦如来　〔曹洞宗〕

　鳳生寺　ほうしょうじ〔寺〕
　東京都北区　《本尊》釈迦如来　〔曹洞宗〕
7 鳳来山東照宮《称》　ほうらいさんとうしょうぐう〔社〕
　愛知県南設楽郡鳳来町・東照宮　《祭神》徳川家康　〔神社本庁〕
　鳳来寺　ほうらいじ〔寺〕
　千葉県市原市　《本尊》薬師如来　〔曹洞宗〕
　鳳来寺　ほうらいじ〔寺〕
　愛知県南設楽郡鳳来町　《別称》大本山・峯薬師　《本尊》薬師如来　〔真言宗五智教団〕
　鳳来院　ほうらいいん〔寺〕
　秋田県山本郡八竜町　《本尊》釈迦如来
　　　　　　　　　　　　　　　〔曹洞宗〕
8 鳳林寺　ほうりんじ〔寺〕
　東京都杉並区　《別称》延命地蔵の寺　《本尊》釈迦如来　〔曹洞宗〕
　鳳林寺　ほうりんじ〔寺〕
　大阪府大阪市天王寺区　《本尊》釈迦如来
　　　　　　　　　　　　　　　〔曹洞宗〕
　鳳林寺　ほうりんじ〔寺〕
　愛媛県大洲市　《本尊》釈迦如来
　　　　　　　　　　　　〔臨済宗妙心寺派〕
　鳳林院　ほうりんいん〔寺〕
　茨城県東茨城郡美野里町　《本尊》釈迦如来
　　　　　　　　　　　　　　　〔曹洞宗〕
11 鳳凰寺　ほうおうじ〔寺〕
　岩手県胆沢郡胆沢町　《本尊》釈迦如来・十一面観世音菩薩・子安観世音菩薩　〔曹洞宗〕
　鳳凰堂《称》　ほうおうどう〔寺〕
　京都府宇治市・平等院　《本尊》阿弥陀如来
　　　　　　　　　　　　　　　〔単立〕
14 鳳閣寺真言院　ほうかくじしんごんいん〔寺〕
　奈良県吉野郡黒滝村　《別称》大本山　《本尊》聖如意輪観世音菩薩・理源大師
　　　　　　　　　　　　　〔真言宗鳳閣寺派〕

【鳴】

9 鳴海成田山不動尊《称》　なるみなりたさんふどうそん〔寺〕
　愛知県名古屋市緑区・東福院　《本尊》大日如来・不動明王　〔真言宗智山派〕
　鳴海杻神社　なるみてがしじんじゃ〔社〕
　愛知県犬山市　《祭神》山岬多良斯神〔他〕
　　　　　　　　　　　　　　　〔神社本庁〕
12 鳴無神社　おとなしじんじゃ〔社〕
　高知県須崎市　《祭神》味鉏高彦根命〔他〕
　　　　　　　　　　　　　　　〔神社本庁〕

13 鳴滝聖天《称》　なるたきしょうてん〔寺〕
　京都府京都市右京区・常楽院　《本尊》釈迦
　如来　　　　　　　　　　　　〔真言宗御室派〕

【鼻】

0 鼻ぐり寺《称》　はなぐりでら〔寺〕
　岡山県岡山市・福田海　《本尊》御灯明
　　　　　　　　　　　　　　　　〔福田海〕
13 鼻節神社　はなぶちじんじゃ〔社〕
　宮城県宮城郡七ヶ浜町　《祭神》猿田彦神
　　　　　　　　　　　　　　　　〔神社本庁〕

15 画

【儀】

6 儀光寺　ぎこうじ〔寺〕
　愛媛県松山市　《本尊》千体十一面観世音菩
　薩　　　　　　　　　　　　　〔真言宗豊山派〕
13 儀源寺　ぎげんじ〔寺〕
　群馬県新田郡尾島町　《本尊》釈迦如来
　　　　　　　　　　　　　　　　〔曹洞宗〕

【導】

9 導故寺　どうこじ〔寺〕
　京都府京都市上京区　《本尊》釈迦如来・弁
　財天・文殊菩薩・達磨大師　　〔曹洞宗〕

【幡】

3 幡川の薬師《称》　はたがわのやくし〔寺〕
　和歌山県海南市・禅林寺　《本尊》薬師如来
　　　　　　　　　　　　　　　〔高野山真言宗〕
5 幡生神社　はたさやじんじゃ〔社〕
　石川県小松市　《祭神》幡生神　〔神社本庁〕
9 幡屋神社　はたやじんじゃ〔社〕
　島根県大原郡大東町　《祭神》瓊瓊杵尊〔他〕
　　　　　　　　　　　　　　　　〔神社本庁〕
12 幡随院　ばんずいいん〔寺〕
　東京都小金井市　《本尊》阿弥陀如来
　　　　　　　　　　　　　　　　〔単立〕
16 幡頭神社　はずじんじゃ〔社〕
　愛知県幡豆郡吉良町　《別称》宮崎さん　《祭
　神》建稲種命〔他〕　　　　　〔神社本庁〕

【幣】

0 幣の宮《称》　へいのみや〔社〕
　兵庫県加古川市・平之荘神社　《祭神》建速
　素盞嗚尊〔他〕　　　　　　　〔神社本庁〕

4 幣太さん《称》　へいたさん〔社〕
　宮崎県延岡市・粟野名神社　《祭神》太玉命
　〔他〕　　　　　　　　　　　　〔神社本庁〕
5 幣立神社　へいたてじんじゃ〔社〕
　熊本県阿蘇郡蘇陽町　《別称》日の宮　《祭
　神》神漏岐命〔他〕　　　　　〔神社本庁〕
19 幣羅坂神社　へらさかじんじゃ〔社〕
　京都府相楽郡木津町　《祭神》天津比売命〔他〕
　　　　　　　　　　　　　　　　〔神社本庁〕

【影】

6 影向寺　ようごうじ〔寺〕
　神奈川県川崎市高津区　《本尊》薬師三尊
　　　　　　　　　　　　　　　　〔天台宗〕
　影向寺　おうごうじ〔寺〕
　愛知県知多郡南知多町　《別称》子安大師尊
　《本尊》十一面観世音菩薩　　〔曹洞宗〕

【慶】

4 慶円寺　きょうえんじ〔寺〕
　岐阜県安八郡神戸町　《本尊》阿弥陀如来
　　　　　　　　　　　　　　　〔真宗大谷派〕
　慶円寺　けいえんじ〔寺〕
　愛知県一宮市　《本尊》阿弥陀如来
　　　　　　　　　　　　　　　〔真宗大谷派〕
5 慶正寺　きょうしょうじ〔寺〕
　愛知県海部郡佐屋町　《本尊》阿弥陀如来
　　　　　　　　　　　　　　　〔真宗大谷派〕
　慶正寺　けいしょうじ〔寺〕
　愛媛県新居浜市　《本尊》釈迦如来　〔曹洞宗〕
　慶用寺　けいようじ〔寺〕
　島根県大原郡加茂町　《本尊》聖観世音菩
　薩　　　　　　　　　　　　　〔曹洞宗〕
　慶田寺　けいでんじ〔寺〕
　奈良県桜井市　《本尊》十一面観世音菩薩
　　　　　　　　　　　　　　　　〔曹洞宗〕
6 慶伝寺　けいでんじ〔寺〕
　大阪府大阪市天王寺区　《別称》北向地蔵
　《本尊》阿弥陀三尊　　　　　〔浄土宗〕
　慶光寺　けいこうじ〔寺〕
　兵庫県神戸市灘区　《本尊》阿弥陀如来
　　　　　　　　　　　　　　　　〔浄土宗〕
　慶先寺　きょうせんじ〔寺〕
　滋賀県守山市　《本尊》阿弥陀如来
　　　　　　　　　　　　　〔浄土真宗本願寺派〕
7 慶寿寺　けいじゅじ〔寺〕
　静岡県島田市　《本尊》大日如来・聖観世音
　菩薩・弘法大師　　　　　　〔真言宗泉涌寺派〕
　慶応寺　けいおうじ〔寺〕
　京都府亀岡市　《本尊》聖観世音菩薩
　　　　　　　　　　　　　　〔臨済宗妙心寺派〕

15画（慶）

8 慶岸寺　けいがんじ〔寺〕
　東京都狛江市　《本尊》阿弥陀如来　〔浄土宗〕

慶性寺　けいしょうじ〔寺〕
　東京都町田市　《本尊》大日如来
　　　　　　　　　　　　　　　〔新義真言宗〕

慶性院　けいしょういん〔寺〕
　東京都東大和市　《本尊》不動明王
　　　　　　　　　　　　　　〔真言宗豊山派〕

慶昌寺　けいしょうじ〔寺〕
　岩手県北上市　《本尊》釈迦如来　〔曹洞宗〕

慶昌院　けいしょういん〔寺〕
　愛知県瀬戸市　《本尊》釈迦如来・秋葉三尺坊大権現・十一面観世音菩薩　〔曹洞宗〕

慶明寺　けいめいじ〔寺〕
　兵庫県神戸市西区　《本尊》薬師如来
　　　　　　　　　　　　　　〔臨済宗妙心寺派〕

慶林寺　けいりんじ〔寺〕
　長野県松本市　《本尊》阿弥陀如来　〔浄土宗〕

慶林寺　けいりんじ〔寺〕
　長崎県南松浦郡有川町　《別称》法華でら　《本尊》一塔両尊　〔日蓮宗〕

慶法寺　きょうほうじ〔寺〕
　福井県坂井郡三国町　《本尊》阿弥陀如来
　　　　　　　　　　　　　　〔浄土真宗本願寺派〕

慶法寺　きょうほうじ〔寺〕
　三重県飯南郡飯高町　《本尊》阿弥陀如来
　　　　　　　　　　　　　　〔真宗大谷派〕

慶長院　けいちょういん〔寺〕
　山梨県甲府市　《本尊》釈迦如来　〔曹洞宗〕

9 慶信寺　きょうしんじ〔寺〕
　石川県珠洲市　《別称》ぜんきょうじしたでら　《本尊》阿弥陀如来　〔真宗大谷派〕

慶専寺　きょうせんじ〔寺〕
　滋賀県滋賀郡志賀町　《本尊》阿弥陀如来
　　　　　　　　　　　　　　〔浄土真宗本願寺派〕

慶栄寺　けいえいじ〔寺〕
　愛知県名古屋市西区　《本尊》阿弥陀如来
　　　　　　　　　　　　　　〔真宗大谷派〕

10 慶宮寺　けいぐうじ〔寺〕
　新潟県佐渡市　《本尊》大日如来
　　　　　　　　　　　　　　〔真言宗豊山派〕

慶恩寺　きょうおんじ〔寺〕
　石川県金沢市　《本尊》阿弥陀如来
　　　　　　　　　　　　　　〔真宗大谷派〕

慶恩寺　けいおんじ〔寺〕
　奈良県宇陀郡大宇陀町　《本尊》阿弥陀如来
　　　　　　　　　　　　　　〔浄土宗〕

慶祥寺　けいしょうじ〔寺〕
　秋田県由利郡由利町　《本尊》釈迦如来
　　　　　　　　　　　　　　〔曹洞宗〕

11 慶崇寺　きょうそうじ〔寺〕
　滋賀県栗東市　《本尊》阿弥陀如来
　　　　　　　　　　　　　　〔浄土真宗本願寺派〕

12 慶覚院　けいがくいん〔寺〕
　神奈川県中郡大磯町　《別称》高麗寺　《本尊》千手観世音菩薩　〔天台宗〕

慶運寺　けいうんじ〔寺〕
　神奈川県横浜市神奈川区　《別称》浦島寺　《本尊》阿弥陀如来　〔浄土宗〕

慶雲寺　けいうんじ〔寺〕
　東京都中野区　《本尊》大日如来・不動明王
　　　　　　　　　　　　　　〔真言宗豊山派〕

慶雲寺　けいうんじ〔寺〕
　静岡県静岡市　《本尊》聖観世音菩薩・阿弥陀如来　〔臨済宗妙心寺派〕

慶雲寺　けいうんじ〔寺〕
　静岡県掛川市　《本尊》釈迦如来　〔曹洞宗〕

慶雲寺　けいうんじ〔寺〕
　兵庫県姫路市　《本尊》延命地蔵菩薩
　　　　　　　　　　　　　　〔臨済宗妙心寺派〕

慶雲寺　けいうんじ〔寺〕
　広島県比婆郡比和町　《本尊》聖観世音菩薩　〔曹洞宗〕

13 慶楽寺　きょうらくじ〔寺〕
　三重県いなべ市　《本尊》阿弥陀如来
　　　　　　　　　　　　　　〔真宗大谷派〕

慶瑞寺　けいずいじ〔寺〕
　大阪府高槻市　《本尊》聖観世音菩薩
　　　　　　　　　　　　　　〔黄檗宗〕

慶福寺　けいふくじ〔寺〕
　埼玉県さいたま市　《本尊》阿弥陀如来
　　　　　　　　　　　　　　〔真言宗智山派〕

慶福寺　けいふくじ〔寺〕
　新潟県柏崎市　《本尊》釈迦如来　〔曹洞宗〕

慶福寺　きょうふくじ〔寺〕
　福井県福井市　《本尊》阿弥陀如来
　　　　　　　　　　　　　　〔真宗大谷派〕

14 慶徳寺　けいとくじ〔寺〕
　福島県相馬市　《本尊》釈迦如来　〔曹洞宗〕

慶徳寺　けいとくじ〔寺〕
　石川県加賀市　《本尊》阿弥陀如来
　　　　　　　　　　　　　　〔真宗大谷派〕

慶徳寺　けいとくじ〔寺〕
　山梨県東山梨郡牧丘町　《本尊》如意輪観世音菩薩　〔臨済宗妙心寺派〕

慶徳寺　けいとくじ〔寺〕
　兵庫県小野市　《本尊》釈迦如来　〔曹洞宗〕

慶徳寺　けいとくじ〔寺〕
　広島県東広島市　《本尊》阿弥陀如来
　　　　　　　　　　　　　　〔浄土真宗本願寺派〕

15画(慧, 撃, 摩, 敷, 穂, 横)

20慶巌寺　けいがんじ〔寺〕
　長崎県諫早市　《本尊》阿弥陀如来　〔浄土宗〕

【慧】

4慧日寺　えにちじ〔寺〕
　兵庫県氷上郡山南町　《本尊》釈迦三尊
　　　　　　　　　　　　　　　　〔臨済宗妙心寺派〕

慧日寺　えにちじ〔寺〕
　福岡県大牟田市　《本尊》聖観世音菩薩
　　　　　　　　　　　　　　　　　　　〔黄檗宗〕

6慧光寺　えこうじ〔寺〕
　大阪府大阪市平野区　《本尊》阿弥陀如来
　　　　　　　　　　　　　　　　　〔真宗大谷派〕

慧光院　えこういん〔寺〕
　大阪府茨木市　《別称》茨木虚空蔵　《本尊》
　阿弥陀如来・虚空蔵菩薩　　　　〔浄土宗〕

8慧林寺　えりんじ〔寺〕
　北海道札幌市豊平区　《本尊》阿弥陀如来
　　　　　　　　　　　　　　　　　〔真宗大谷派〕

慧林寺　えりんじ〔寺〕
　兵庫県朝来郡和田山町　《本尊》薬師如来
　　　　　　　　　　　　　　　　〔臨済宗妙心寺派〕

【撃】

13撃鼓神社　うちつずみじんじゃ〔社〕
　福岡県飯塚市　《祭神》天太玉命〔他〕
　　　　　　　　　　　　　　　　　　〔神社本庁〕

【摩】

5摩尼寺　まにでら〔寺〕
　鳥取県鳥取市　《別称》まにさん　《本尊》帝
　釈天　　　　　　　　　　　　　　　〔天台宗〕

摩尼珠院　まにしゅいん〔寺〕
　新潟県柏崎市　《別称》藤橋のお寺　《本尊》
　薬師如来・正観世音菩薩　〔真言宗豊山派〕

6摩気神社　まけじんじゃ〔社〕
　京都府船井郡園部町　《別称》まけさん　《祭
　神》大御饌津彦神　　　　　　　〔神社本庁〕

7摩利支尊天堂《称》　まりしそんてんどう
　〔寺〕
　京都府京都市東山区・禅居庵　《本尊》観世
　音菩薩・摩利支天　　　　　〔臨済宗建仁寺派〕

9摩耶の観音《称》　まやのかんのん〔寺〕
　兵庫県神戸市灘区・忉利天上寺　《本尊》十一
　面観世音菩薩・摩耶夫人　　〔高野山真言宗〕

摩耶寺　まやじ〔寺〕
　東京都品川区　《本尊》日蓮聖人　〔日蓮宗〕

12摩訶耶寺　まかやじ〔寺〕
　静岡県引佐郡三ヶ日町　《別称》厄除観音
　《本尊》聖観世音菩薩　　　　〔高野山真言宗〕

【敷】

6敷地天神《称》　しきちてんじん〔社〕
　石川県加賀市・菅生石部神社　《祭神》菅生
　石部大神　　　　　　　　　　　〔神社本庁〕

敷地神社　しきちじんじゃ〔社〕
　京都府京都市北区　《別称》わら天神　《祭
　神》木華咲耶姫命　　　　　　　〔神社本庁〕

【穂】

13穂触神社　くしふるじんじゃ〔社〕
　宮崎県西臼杵郡高千穂町　《祭神》天津彦火
　瓊瓊杵命〔他〕　　　　　　　　〔神社本庁〕

【横】

3横山八幡宮　よこやまはちまんぐう〔社〕
　岩手県宮古市　《祭神》品牟田和気命
　　　　　　　　　　　　　　　　　　〔神社本庁〕

横山神社　よこやまじんじゃ〔社〕
　福井県坂井郡丸岡町　《祭神》継体天皇
　　　　　　　　　　　　　　　　　　〔神社本庁〕

横山神社　よこやまじんじゃ〔社〕
　大分県宇佐市　《祭神》応神天皇〔他〕
　　　　　　　　　　　　　　　　　　〔神社本庁〕

7横尾の不動《称》　よこおのふどう〔寺〕
　岡山県邑久郡邑久町・安楽院　《本尊》阿弥陀
　如来・不動明王・愛染明王　　〔高野山真言宗〕

横尾寺　よこおじ〔寺〕
　福岡県山門郡瀬高町　《本尊》釈迦如来・不
　動明王　　　　　　　　　　　　　〔天台宗〕

9横津神社　よこずじんじゃ〔社〕
　大分県速見郡日出町　《祭神》木下俊長
　　　　　　　　　　　　　　　　　　〔神社本庁〕

10横倉神社　よこぐらじんじゃ〔社〕
　高知県高岡郡越知町越知丙　《別称》下ノ宮
　《祭神》伊弉那美神〔他〕　　　〔神社本庁〕

横倉宮　よこぐらぐう〔社〕
　高知県高岡郡越知町越知丁　《別称》本宮・上
　ノ宮　《祭神》安徳天皇　　　　〔神社本庁〕

横峰寺　よこみねでら〔寺〕
　愛媛県周桑郡小松町　《別称》横峰山・四国
　第六〇番霊場　《本尊》大日如来
　　　　　　　　　　　　　　　　〔真言宗御室派〕

横浜弁天《称》　よこはまべんてん〔社〕
　神奈川県横浜市中区・厳島神社　《祭神》市
　杵島姫尊〔他〕　　　　　　　　〔神社本庁〕

12横曾根の観音《称》　よこぞねのかんのん
　〔寺〕
　茨城県水海道市・法性寺　《本尊》如意輪観
　世音菩薩・阿弥陀如来　　　　　〔浄土宗〕

神社・寺院名よみかた辞典　689

15画（樺，権）

15 横蔵寺　よこくらじ〔寺〕
　　岐阜県揖斐郡谷汲村　《本尊》薬師如来
　　　　　　　　　　　　　　　　〔天台宗〕
　　横蔵寺　おうぞうじ〔寺〕
　　兵庫県加古川市　《本尊》釈迦如来　〔曹洞宗〕
19 横瀬八幡宮　よこせはちまんぐう〔社〕
　　山口県宇部市　《祭神》誉田別尊［他］
　　　　　　　　　　　　　　　　〔神社本庁〕
　　横瀬神社　よこせじんじゃ〔社〕
　　長崎県西彼杵郡西海町　《祭神》天照皇大神
　　［他］　　　　　　　　　　　　〔神社本庁〕

【樺】

2 樺八幡宮《称》　かばはちまんぐう〔社〕
　　福井県足羽郡美山町中手・八幡神社　《祭神》
　　応神天皇［他］　　　　　　　　〔神社本庁〕

【権】

4 権五郎さま《称》　ごんごろうさま〔社〕
　　神奈川県鎌倉市・御霊神社　《祭神》鎌倉権
　　五郎景政　　　　　　　　　　〔神社本庁〕
11 権現《称》　ごんげん〔社〕
　　和歌山県和歌山市・東照宮　《祭神》徳川家
　　康［他］　　　　　　　　　　　〔神社本庁〕
　　権現《称》　ごんげん〔社〕
　　高知県吾川郡池川町・熊野神社　《祭神》伊
　　弉冉神　　　　　　　　　　　　〔神社本庁〕
　　権現さあ《称》　ごんげんさあ〔社〕
　　鹿児島県熊毛郡中種子町・熊野神社　《祭神》
　　伊邪那岐大神［他］　　　　　　〔神社本庁〕
　　権現さま《称》　ごんげんさま〔社〕
　　宮城県桃生郡雄勝町・石神社　《祭神》多伎
　　津比咩神　　　　　　　　　　　〔神社本庁〕
　　権現さま《称》　ごんげんさま〔社〕
　　神奈川県横浜市神奈川区・熊野神社　《祭神》
　　国常立尊［他］　　　　　　　　〔神社本庁〕
　　権現さま《称》　ごんげんさま〔社〕
　　神奈川県秦野市・御嶽神社　《祭神》倭健之
　　命［他］　　　　　　　　　　　〔神社本庁〕
　　権現さま《称》　ごんげんさま〔社〕
　　岐阜県武儀郡洞戸村・高賀神社　《祭神》天
　　之御中主神［他］　　　　　　　〔神社本庁〕
　　権現さま《称》　ごんげんさま〔社〕
　　愛知県名古屋市中区・東照宮　《祭神》徳川
　　家康　　　　　　　　　　　　　〔神社本庁〕
　　権現さま《称》　ごんげんさま〔社〕
　　愛知県岡崎市・竜城神社　《祭神》徳川家康
　　［他］　　　　　　　　　　　　〔神社本庁〕

権現さま《称》　ごんげんさま〔社〕
　愛知県豊川市・熊野神社　《祭神》伊邪那美
　命［他］　　　　　　　　　　　〔神社本庁〕
権現さま《称》　ごんげんさま〔社〕
　岡山県倉敷市西阿知町・熊野神社　《祭神》伊
　弉冊尊［他］　　　　　　　　　〔神社本庁〕
権現さま《称》　ごんげんさま〔社〕
　岡山県真庭郡落合町・熊野神社　《祭神》伊
　邪那岐命［他］　　　　　　　　〔神社本庁〕
権現さま《称》　ごんげんさま〔社〕
　岡山県苫田郡奥津町・泉嵓神社　《祭神》大
　山祇命［他］　　　　　　　　　〔神社本庁〕
権現さま《称》　ごんげんさま〔社〕
　山口県周南市・四熊嶽神社　《祭神》神武天
　皇［他］　　　　　　　　　　　〔神社本庁〕
権現さま《称》　ごんげんさま〔社〕
　大分県東国東郡国見町・武多都社　《祭神》伊
　弉諾尊［他］　　　　　　　　　〔神社本庁〕
権現さま《称》　ごんげんさま〔社〕
　大分県大分郡挾間町・白岳神社　《祭神》伊
　邪那美命［他］　　　　　　　　〔神社本庁〕
権現さま《称》　ごんげんさま〔社〕
　大分県南海部郡蒲江町・早吸日女神社　《祭
　神》上筒男命［他］　　　　　　〔神社本庁〕
権現さま《称》　ごんげんさま〔社〕
　宮崎県西都市・山田神社　《祭神》伊弉冉尊
　　　　　　　　　　　　　　　　〔神社本庁〕
権現さん《称》　ごんげんさん〔社〕
　茨城県水戸市・東照宮　《祭神》徳川家康［他］
　　　　　　　　　　　　　　　　〔神社本庁〕
権現さん《称》　ごんげんさん〔社〕
　愛知県碧南市・熊野神社　《祭神》伊弉諾命
　［他］　　　　　　　　　　　　〔神社本庁〕
権現さん《称》　ごんげんさん〔社〕
　兵庫県神戸市兵庫区・熊野神社　《祭神》伊
　弉諾命［他］　　　　　　　　　〔神社本庁〕
権現さん《称》　ごんげんさん〔社〕
　兵庫県神戸市須磨区・証誠神社　《祭神》五
　十猛命［他］　　　　　　　　　〔神社本庁〕
権現さん《称》　ごんげんさん〔社〕
　兵庫県神戸市中央区熊内町・八幡神社　《祭
　神》彦火火出見尊［他］　　　　〔神社本庁〕
権現さん《称》　ごんげんさん〔社〕
　兵庫県神崎郡福崎町・熊野神社　《祭神》伊
　邪那美命［他］　　　　　　　　〔神社本庁〕
権現さん《称》　ごんげんさん〔社〕
　和歌山県田辺市・鬪雞神社　《祭神》伊邪那
　美命［他］　　　　　　　　　　〔神社本庁〕
権現さん《称》　ごんげんさん〔社〕
　鳥取県鳥取市・樗谿神社　《祭神》徳川家康
　［他］　　　　　　　　　　　　〔神社本庁〕

15画（樗，槻，標，歓）

権現さん《称》　ごんげんさん〔社〕
　宮崎県延岡市・大貫神社　《祭神》事解男命
　［他］　　　　　　　　　　　　〔神社本庁〕
権現さん《称》　ごんげんさん〔社〕
　鹿児島県熊毛郡上屋久町・益救神社　《祭神》
　天津日高彦穂穂出見尊［他］　〔神社本庁〕
権現寺　ごんげんじ〔寺〕
　京都府京都市下京区　《本尊》阿弥陀如来
　　　　　　　　　　　　　　　　　〔浄土宗〕
権現社《称》　ごんげんしゃ〔社〕
　大分県宇佐市・粟島神社　《祭神》少彦名命
　［他］　　　　　　　　　　　　〔神社本庁〕
権現神社《称》　ごんげんじんじゃ〔社〕
　東京都品川区・大井蔵王権現神社　《祭神》金
　山毘古命［他］　　　　　　　　　　〔単立〕
権現宮《称》　ごんげんぐう〔社〕
　島根県邑智郡瑞穂町・七神社　《祭神》伊邪
　那岐命［他］　　　　　　　　　〔神社本庁〕
権現宮《称》　ごんげんぐう〔社〕
　佐賀県東松浦郡鎮西町・古里神社　《祭神》伊
　邪那岐神［他］　　　　　　　　〔神社本庁〕
権現宮《称》　ごんげんぐう〔社〕
　大分県宇佐郡院内町・恵良神社　《祭神》天
　照大御神［他］　　　　　　　　〔神社本庁〕
権現様《称》　ごんげんさま〔社〕
　宮城県刈田郡蔵王町・刈田嶺神社　《祭神》天
　之水分之神［他］　　　　　　　〔神社本庁〕
権現様《称》　ごんげんさま〔社〕
　山形県西村山郡西川町・湯殿山神社　《祭神》
　大己貴命［他］　　　　　　　　〔神社本庁〕
権現様《称》　ごんげんさま〔社〕
　山形県飽海郡八幡町・飛沢神社　《祭神》豊
　受姫命［他］　　　　　　　　　〔神社本庁〕
権現様《称》　ごんげんさま〔社〕
　茨城県稲敷郡江戸崎町・高田神社　《祭神》伊
　邪奈岐命［他］　　　　　　　　〔神社本庁〕
権現様《称》　ごんげんさま〔社〕
　群馬県前橋市・東照宮　《祭神》徳川家康［他］
　　　　　　　　　　　　　　　　〔神社本庁〕
権現様《称》　ごんげんさま〔社〕
　埼玉県川越市・仙波東照宮　《祭神》徳川家
　康　　　　　　　　　　　　　　〔神社本庁〕
権現様《称》　ごんげんさま〔社〕
　長野県上伊那郡高遠町・鉾持神社　《祭神》天
　津彦火瓊瓊杵尊・天津彦火火出尊・大山
　祇命　　　　　　　　　　　　　〔神社本庁〕
権現様《称》　ごんげんさま〔社〕
　岐阜県揖斐郡大野町・来振神社　《祭神》伊
　弉那岐尊［他］　　　　　　　　〔神社本庁〕
権現様《称》　ごんげんさま〔社〕
　岡山県岡山市・東照宮　　　　　〔神社本庁〕

権現様《称》　ごんげんさま〔社〕
　熊本県天草郡苓北町・富岡伊弉那伎神社
　《祭神》伊弉諾尊　　　　　　　〔神社本庁〕
権現様《称》　ごんげんさま〔社〕
　鹿児島県川内市・久木原神社　《祭神》久木
　原神　　　　　　　　　　　　　〔神社本庁〕
権現様《称》　ごんげんさま〔社〕
　鹿児島県揖宿郡山川町・熊野神社　《祭神》伊
　邪那美尊［他］　　　　　　　　〔神社本庁〕

【樗】
17樗谿神社　おおちだにじんじゃ〔社〕
　鳥取県鳥取市　《別称》権現さん　《祭神》徳
　川家康［他］　　　　　　　　　〔神社本庁〕

【槻】
5槻本神社　つきもとじんじゃ〔社〕
　岐阜県大野郡丹生川村　《祭神》大山津見
　神　　　　　　　　　　　　　　〔神社本庁〕
9槻神社　つきじんじゃ〔社〕
　愛知県北設楽郡東栄町　《祭神》瀬織津姫命
　［他］　　　　　　　　　　　　〔神社本庁〕

【標】
12標葉神社　しねはじんじゃ〔社〕
　福島県双葉郡浪江町　《別称》天王宮　《祭
　神》神健速須佐之男大神［他］　〔神社本庁〕

【歓】
6歓成院　かんじょういん〔寺〕
　神奈川県横浜市港北区　《本尊》十一面観世
　音菩薩　　　　　　　　　　〔高野山真言宗〕
12歓喜光寺　かんきこうじ〔寺〕
　京都府京都市東山区　《本尊》阿弥陀如来
　　　　　　　　　　　　　　　　　〔時宗〕
歓喜寺　かんきじ〔寺〕
　山形県東田川郡立川町　《本尊》釈迦如来
　　　　　　　　　　　　　　　　　〔曹洞宗〕
歓喜寺　かんきじ〔寺〕
　福島県相馬市　《別称》相馬の妙見様　《本
　尊》阿弥陀如来・相馬妙見大菩薩・歓喜天
　　　　　　　　　　　　　　〔真言宗豊山派〕
歓喜寺　かんきじ〔寺〕
　福島県伊達郡桑折町　《本尊》阿弥陀如来
　　　　　　　　　　　　　　〔真言宗豊山派〕
歓喜寺　かんぎじ〔寺〕
　千葉県長生郡睦沢町　《本尊》阿弥陀如来・観
　世音菩薩・勢至菩薩　　　　　　　〔天台宗〕

神社・寺院名よみかた辞典　691

15画（潤, 澄, 潜, 潮）

歓喜寺　かんきじ〔寺〕
　兵庫県神戸市中央区　《本尊》十一面観世音菩薩
　　　　　　　　　　　　　　　　〔曹洞宗〕
歓喜寺　かんぎじ〔寺〕
　和歌山県有田郡金屋町　《本尊》阿弥陀如来
　　　　　　　　　　　　　　　　〔浄土宗〕
歓喜寺　かんきじ〔寺〕
　和歌山県西牟婁郡中辺路町　《本尊》如意輪観世音菩薩
　　　　　　　　　　　　　　〔臨済宗妙心寺派〕
歓喜寺　かんきじ〔寺〕
　鳥取県八頭郡智頭町　《本尊》釈迦如来
　　　　　　　　　　　　　　〔高野山真言宗〕
歓喜寺　かんきじ〔寺〕
　香川県小豆郡土庄町　《本尊》如意輪観世音菩薩・宗祖像
　　　　　　　　　　　　　　〔高野山真言宗〕
歓喜院　かんぎいん〔寺〕
　茨城県つくば市　《本尊》十一面観世音菩薩
　　　　　　　　　　　　　　〔真言宗豊山派〕
歓喜院　かんきいん〔寺〕
　茨城県真壁郡関城町　《本尊》釈迦如来
　　　　　　　　　　　　　　〔真言宗豊山派〕
歓喜院　かんぎいん〔寺〕
　栃木県下都賀郡壬生町　《本尊》大日如来
　　　　　　　　　　　　　　〔真言宗智山派〕
歓喜院　かんぎいん〔寺〕
　埼玉県大里郡妻沼町　《別称》妻沼聖天　《本尊》十一面観世音菩薩・歓喜天
　　　　　　　　　　　　　　〔高野山真言宗〕
歓喜院　かんきいん〔寺〕
　埼玉県北葛飾郡庄和町　《本尊》不動明王
　　　　　　　　　　　　　　〔真言宗豊山派〕
歓喜院　かんきいん〔寺〕
　長野県茅野市　《本尊》阿弥陀如来　〔浄土宗〕
歓喜院　かんぎいん〔寺〕
　愛知県豊橋市　《本尊》聖観世音菩薩
　　　　　　　　　　　　　　〔曹洞宗〕
歓喜院　かんきいん〔寺〕
　兵庫県小野市　《本尊》大日如来
　　　　　　　　　　　　　　〔高野山真言宗〕

【潤】

15潤澄寺　じゅんちょうじ〔寺〕
　北海道増毛郡増毛町　《本尊》阿弥陀如来
　　　　　　　　　　　　　　〔真宗大谷派〕

【澄】

4澄月寺　ちょうげつじ〔寺〕
　青森県十和田市　《本尊》釈迦如来　〔曹洞宗〕

【潜】

4潜戸大神宮《称》　くけどだいじんぐう〔社〕
　島根県八束郡島根町・加賀神社　《祭神》枳佐加比比売命［他］　　〔神社本庁〕
10潜竜寺　せんりゅうじ〔寺〕
　北海道小樽市　《本尊》阿弥陀如来
　　　　　　　　　　　　　　〔真宗木辺派〕
潜竜寺　せんりゅうじ〔寺〕
　石川県石川郡鶴来町　《本尊》阿弥陀如来
　　　　　　　　　　　　　　〔真宗大谷派〕

【潮】

3潮山寺　ちょうざんじ〔寺〕
　新潟県白根市　《別称》和尚様　《本尊》釈迦三尊
　　　　　　　　　　　　　　〔曹洞宗〕
4潮月寺　ちょうげつじ〔寺〕
　大分県南海部郡米水津村　《本尊》釈迦如来
　　　　　　　　　　　　〔臨済宗妙心寺派〕
6潮江天満宮《称》　うしおえてんまんぐう〔社〕
　高知県高知市・天満宮　《祭神》菅原道真［他］
　　　　　　　　　　　　　　〔神社本庁〕
7潮見神社　しおみじんじゃ〔社〕
　佐賀県武雄市　《祭神》伊弉諾命［他］
　　　　　　　　　　　　　　〔神社本庁〕
潮見薬師《称》　しおみやくし〔寺〕
　佐賀県武雄市・感応院　《本尊》薬師如来
　　　　　　　　　　　　　　〔高野山真言宗〕
潮谷寺　ちょうこくじ〔寺〕
　大分県佐伯市　《本尊》阿弥陀如来・観世音菩薩・勢至菩薩　　　　　〔浄土宗〕
8潮岬本之宮神社　しおのみさきもとのみやじんじゃ〔社〕
　和歌山県西牟婁郡串本町　《祭神》底筒男命［他］　　　　　　　　　　　〔神社本庁〕
潮明寺　ちょうめいじ〔寺〕
　徳島県鳴門市　《本尊》十一面観世音菩薩
　　　　　　　　　　　　　　〔高野山真言宗〕
9潮津神社　うしおつじんじゃ〔社〕
　石川県加賀市　《祭神》塩土老翁［他］
　　　　　　　　　　　　　　〔神社本庁〕
潮神社《称》　うしおじんじゃ〔社〕
　宮崎県西都市・鹿野田神社　《祭神》彦火火出見尊　　　　　　　　〔神社本庁〕
潮音寺　ちょうおんじ〔寺〕
　東京都大島町　《本尊》阿弥陀如来　〔浄土宗〕
潮音寺　ちょうおんじ〔寺〕
　神奈川県川崎市麻生区　《本尊》聖観世音菩薩
　　　　　　　　　　　　　〔臨済宗建長寺派〕

15画（熱, 璉, 盤, 磐, 穂）

潮音寺　ちょうおんじ〔寺〕
　新潟県小千谷市　《本尊》釈迦如来　〔曹洞宗〕
潮音寺　ちょうおんじ〔寺〕
　三重県鳥羽市　《本尊》薬師如来　〔曹洞宗〕
潮音寺　ちょうおんじ〔寺〕
　滋賀県蒲生郡日野町　《本尊》薬師如来
　　　　　　　　　　　　　　　　〔黄檗宗〕
潮音寺　ちょうおんじ〔寺〕
　和歌山県西牟婁郡すさみ町　《本尊》釈迦如来　　　　　　　　　　〔臨済宗妙心寺派〕
潮音寺　ちょうおんじ〔寺〕
　佐賀県佐賀市　《本尊》阿弥陀三尊　〔浄土宗〕
潮音寺　ちょうおんじ〔寺〕
　熊本県天草郡五和町　《本尊》釈迦如来
　　　　　　　　　　　　　　　　〔曹洞宗〕
潮音院　ちょうおんいん〔寺〕
　福井県大飯郡大飯町　《別称》館寺　《本尊》延命地蔵菩薩　〔臨済宗相国寺派〕

【熱】
4熱日高彦神社　あつひたかひこじんじゃ〔社〕
　宮城県角田市　《別称》お日高さん　《祭神》天津日高比古火瓊瓊杵命[他]　〔神社本庁〕
5熱田神社　あつたじんじゃ〔社〕
　静岡県湖西市　《別称》上之宮　《祭神》日本武尊[他]　〔神社本庁〕
熱田神宮　あつたじんぐう〔社〕
　愛知県名古屋市熱田区　《祭神》熱田大神[他]　〔神社本庁〕
7熱串彦神社　あつくしひこじんじゃ〔社〕
　新潟県佐渡市　《祭神》阿田都久志尼命
　　　　　　　　　　　　　　　　〔神社本庁〕
熱那神社　あつなじんじゃ〔社〕
　山梨県北巨摩郡高根町　《別称》八幡社　《祭神》誉田別命[他]　〔神社本庁〕
9熱海観音《称》　あたみかんのん〔寺〕
　静岡県熱海市・誓欣院　《本尊》阿弥陀如来
　　　　　　　　　　　　　　　　〔浄土宗〕

【璉】
6璉光院　れんこういん〔寺〕
　栃木県塩谷郡喜連川町　《本尊》阿弥陀如来　　　　　　　　　　　　〔曹洞宗〕
11璉城寺　れんじょうじ〔寺〕
　奈良県奈良市　《別称》紀寺　《本尊》阿弥陀如来　　　　　　〔浄土真宗遣迎院派〕

【盤】
5盤石寺　ばんせきじ〔寺〕
　静岡県志太郡大井川町　《本尊》釈迦如来
　　　　　　　　　　　　　　　　〔曹洞宗〕
11盤脚院　ばんきゃくいん〔寺〕
　静岡県藤枝市　《本尊》十一面観世音菩薩
　　　　　　　　　　　　　　　　〔曹洞宗〕

【磐】
4磐井神社　いわいじんじゃ〔社〕
　東京都大田区　《別称》八幡さま　《祭神》応神天皇[他]　〔神社本庁〕
5磐台寺　ばんだいじ〔寺〕
　広島県沼隈郡沼隈町　《別称》阿伏兎観音　《本尊》観世音菩薩　〔臨済宗妙心寺派〕
10磐座神社　いわくらじんじゃ〔社〕
　兵庫県相生市　《祭神》磐座神[他]
　　　　　　　　　　　　　　　　〔神社本庁〕
磐座宮《称》　いわくらぐう〔社〕
　岡山県真庭郡川上村・茅部神社　《祭神》天照大神[他]　〔神社本庁〕
12磐椅神社　いわはしじんじゃ〔社〕
　福島県耶麻郡猪苗代町　《祭神》大山祇神[他]
　　　　　　　　　　　　　　　　〔神社本庁〕

【穂】
0穂の宮《称》　ほのみや〔社〕
　石川県加賀市・忌浪神社　《祭神》倉稲魂神
　　　　　　　　　　　　　　　　〔神社本庁〕
7穂見神社　ほみじんじゃ〔社〕
　山梨県韮崎市　《祭神》建御名方命[他]
　　　　　　　　　　　　　　　　〔神社本庁〕
穂見神社　ほみじんじゃ〔社〕
　山梨県南アルプス市　《別称》高尾山　《祭神》保食神　〔神社本庁〕
穂見神社　ほみじんじゃ〔社〕
　山梨県中巨摩郡田富町　《祭神》倉稲魂命
　　　　　　　　　　　　　　　　〔神社本庁〕
10穂高神社　ほたかじんじゃ〔社〕
　長野県南安曇郡穂高町(本宮)　南安曇郡安曇村(奥宮)　《祭神》穂高見命[他]
　　　　　　　　　　　　　　　　〔神社本庁〕
16穂積阿蘇神社　ほずみあそじんじゃ〔社〕
　熊本県下益城郡砥用町　《別称》長野宮　《祭神》健磐竜命[他]　〔神社本庁〕
穂積神社　ほずみじんじゃ〔社〕
　静岡県静岡市　《祭神》大己貴命[他]
　　　　　　　　　　　　　　　　〔神社本庁〕
穂積神社　ほずみじんじゃ〔社〕
　三重県四日市市　《祭神》饒速日命[他]
　　　　　　　　　　　　　　　　〔神社本庁〕

神社・寺院名よみかた辞典　*693*

15画（箭，箱，縁，綏，舞，蔵）

【箭】

3箭山神社　ややまじんじゃ〔社〕
　大分県下毛郡三光村　《祭神》応神天皇〔他〕
　　　　　　　　　　　　　　　　〔神社本庁〕

箭弓神社　やぎゅうじんじゃ〔社〕
　山梨県北都留郡小菅村　《祭神》後土御門天皇〔他〕
　　　　　　　　　　　　　　　　〔神社本庁〕

箭弓稲荷神社　やきゅういなりじんじゃ〔社〕
　埼玉県東松山市　《祭神》保食神〔神社本庁〕

5箭代神社　やしろじんじゃ〔社〕
　富山県氷見市　《祭神》葛城襲津彦命〔他〕
　　　　　　　　　　　　　　　　〔神社本庁〕

【箱】

10箱根元宮　はこねもとみや〔社〕
　神奈川県足柄下郡箱根町元箱根駒岳山頂　《別称》元宮　《祭神》箱根大神〔単立〕

箱根神社　はこねじんじゃ〔社〕
　神奈川県足柄下郡箱根町元箱根80-1　《別称》箱根権現　《祭神》瓊瓊杵尊〔他〕
　　　　　　　　　　　　　　　　〔神社本庁〕

箱根権現《称》　はこねごんげん〔社〕
　神奈川県足柄下郡箱根町元箱根80-1・箱根神社　《祭神》瓊瓊杵尊〔他〕
　　　　　　　　　　　　　　　　〔神社本庁〕

11箱崎八幡神社　はこざきはちまんじんじゃ〔社〕
　鹿児島県出水市　《別称》八幡神社　《祭神》応神天皇　　　　　　〔神社本庁〕

箱崎八幡神社　はこざきやはたじんじゃ〔社〕
　鹿児島県姶良郡吉松町　《別称》八幡様　《祭神》応神天皇〔他〕
　　　　　　　　　　　　　　　　〔神社本庁〕

【縁】

4縁切寺《称》　えんきりでら〔寺〕
　神奈川県鎌倉市・東慶寺　《本尊》釈迦如来
　　　　　　　　　　　　　〔臨済宗円覚寺派〕

9縁城寺　えんじょうじ〔寺〕
　京都府京丹後市　《本尊》千手観世音菩薩
　　　　　　　　　　　　　〔高野山真言宗〕

【綏】

4綏木社　ゆるぎしゃ〔社〕
　大分県竹田市　《祭神》伊弉諾命〔他〕
　　　　　　　　　　　　　　　〔神社本庁〕

【舞】

8舞岡八幡宮　まいおかはちまんぐう〔社〕

神奈川県横浜市戸塚区　《別称》舞岡神社　《祭神》誉田別命〔他〕
　　　　　　　　　　　　　　　　〔神社本庁〕

舞岡神社《称》　まいおかじんじゃ〔社〕
　神奈川県横浜市戸塚区・舞岡八幡宮　《祭神》誉田別命〔他〕
　　　　　　　　　　　　　　　　〔神社本庁〕

21舞鶴神社　まいずるじんじゃ〔社〕
　宮崎県児湯郡高鍋町　《祭神》熊野三神〔他〕
　　　　　　　　　　　　　　　　〔神社本庁〕

【蔵】

4蔵六庵　ぞうろくあん〔寺〕
　神奈川県鎌倉市　《本尊》釈迦如来
　　　　　　　　　　　　　〔臨済宗円覚寺派〕

蔵王さま《称》　ざおうさま〔社〕
　新潟県長岡市・金峯神社　《祭神》金山彦命
　　　　　　　　　　　　　　　　〔神社本庁〕

お蔵王さま《称》　おざおうさま〔社〕
　愛知県名古屋市東区・片山神社　《祭神》蔵王大権現〔他〕
　　　　　　　　　　　　　　　　〔神社本庁〕

蔵王刈田嶺神社《称》　ざおうかったみねじんじゃ〔社〕
　宮城県刈田郡蔵王町・刈田嶺神社　《祭神》天之水分之神〔他〕
　　　　　　　　　　　　　　　　〔神社本庁〕

蔵王寺　ざおうじ〔寺〕
　宮城県刈田郡蔵王町　《本尊》延命地蔵菩薩・蔵王権現
　　　　　　　　　　　　　　　　〔単立〕

蔵王堂《称》　ざおうどう〔寺〕
　奈良県吉野郡吉野町・金峰山寺　《本尊》金剛蔵王権現　　〔金峰山修験本宗〕

5蔵田寺　ぞうでんじ〔寺〕
　神奈川県横浜市戸塚区　《本尊》阿弥陀如来
　　　　　　　　　　　　　　　　〔浄土宗〕

7蔵身寺　ぞうしんじ〔寺〕
　福井県大飯郡高浜町　《本尊》千手観世音菩薩
　　　　　　　　　　　　　〔臨済宗相国寺派〕

8蔵宝寺　ぞうほうじ〔寺〕
　岡山県勝田郡勝田町　《本尊》虚空蔵菩薩
　　　　　　　　　　　　　　〔高野山真言宗〕

9蔵前八幡《称》　くらまえはちまん〔社〕
　東京都台東区・蔵前神社　《祭神》誉田別天皇〔他〕
　　　　　　　　　　　　　　　　〔神社本庁〕

蔵前神社　くらまえじんじゃ〔社〕
　東京都台東区　《別称》蔵前八幡　《祭神》誉田別天皇〔他〕
　　　　　　　　　　　　　　　　〔神社本庁〕

蔵前院　ぞうぜんいん〔寺〕
　山梨県韮崎市　《別称》韮崎の大寺　《本尊》虚空蔵菩薩　　　　　〔曹洞宗〕

蔵持山神社　くらもちやまじんじゃ〔社〕
　福岡県京都郡犀川町　《祭神》伊弉諾命〔他〕
　　　　　　　　　　　　　　　　〔神社本庁〕

15画（蕃, 蕨, 蝮, 謁, 諸, 諏）

蔵春院　ぞうしゅんいん〔寺〕
　静岡県田方郡大仁町　《別称》大寺　《本尊》
　釈迦如来　　　　　　　　　　〔曹洞宗〕
蔵海軒　ぞうかいけん〔寺〕
　山口県萩市　《本尊》地蔵菩薩　〔曹洞宗〕
蔵泉院　ぞうせんいん〔寺〕
　静岡県浜松市　《本尊》虚空蔵菩薩
　　　　　　　　　　　　　〔臨済宗方広寺派〕
10蔵原の観音《称》　くらばらのかんのん〔寺〕
　山梨県北巨摩郡高根町・浄光寺　《本尊》十
　一面観世音菩薩　　　　　〔臨済宗妙心寺派〕
蔵珠寺　ぞうしゅじ〔寺〕
　静岡県静岡市　《本尊》延命地蔵菩薩
　　　　　　　　　　　　　〔臨済宗妙心寺派〕
蔵竜院　ぞうりゅういん〔寺〕
　山形県山形市　《本尊》釈迦如来
　　　　　　　　　　　　　〔臨済宗妙心寺派〕
蔵竜院　ぞうりゅういん〔寺〕
　静岡県引佐郡引佐町　　　〔臨済宗方広寺派〕
12蔵雲寺　ぞううんじ〔寺〕
　兵庫県出石郡但東町　《本尊》釈迦三尊
　　　　　　　　　　　　　〔臨済宗大徳寺派〕
蔵雲院　ぞううんいん〔寺〕
　静岡県周智郡森町　《本尊》虚空蔵菩薩
　　　　　　　　　　　　　　　　〔曹洞宗〕
13蔵福寺　ぞうふくじ〔寺〕
　茨城県稲敷郡阿見町　《本尊》薬師如来
　　　　　　　　　　　　　〔真言宗豊山派〕
14蔵徳寺　ぞうとくじ〔寺〕
　長崎県西彼杵郡野母崎町　《別称》臥津の御寺
　《本尊》阿弥陀如来・薬師如来　　〔浄土宗〕
15蔵輪寺　ぞうりんじ〔寺〕
　奈良県天理市　《別称》道安菩提寺　《本尊》
　延命地蔵菩薩　　　　　　〔高野山真言宗〕

【蕃】
8蕃松院　ばんしょういん〔寺〕
　長野県南佐久郡臼田町　《本尊》釈迦如来
　　　　　　　　　　　　　　　　〔曹洞宗〕

【蕨】
0蕨の毘沙門さん《称》　わらびのびしゃも
　んさん〔寺〕
　京都府船井郡丹波町・大福光寺　《本尊》毘
　沙門天　　　　　　　　　〔真言宗御室派〕

【蝮】
0蝮ヶ池八幡宮　まむしがいけはちまんぐう
　〔社〕

　愛知県名古屋市千種区　《祭神》応神天皇
　　　　　　　　　　　　　　　　〔神社本庁〕

【謁】
15謁播神社　あちはじんじゃ〔社〕
　愛知県岡崎市　《祭神》知波夜命〔他〕
　　　　　　　　　　　　　　　　〔神社本庁〕

【諸】
3諸上寺　しょじょうじ〔寺〕
　新潟県村上市　《本尊》釈迦如来　〔曹洞宗〕
4諸木八幡宮《称》　もろぎはちまんぐう〔社〕
　高知県吾川郡春野町東諸木・八幡宮　《祭神》
　応神天皇　　　　　　　　　　　〔神社本庁〕
6諸羽神社　もろはじんじゃ〔社〕
　京都府京都市山科区　《祭神》天児屋根命〔他〕
　　　　　　　　　　　　　　　　〔神社本教〕
7諸杉神社　もろすぎじんじゃ〔社〕
　兵庫県出石郡出石町　《祭神》多遅摩母呂須
　久神　　　　　　　　　　　　　〔神社本庁〕
8諸岡比古神社　もろがおかひこじんじゃ
　〔社〕
　石川県羽咋郡志賀町　《祭神》大中津日子命
　〔他〕　　　　　　　　　　　　〔神社本庁〕
諸岡比古神社　もろがおかひこじんじゃ
　〔社〕
　石川県鳳至郡門前町　《別称》鉄川さま　《祭
　神》天日鷲命〔他〕　　　　　　〔神社本庁〕
12諸塚神社　もろずかじんじゃ〔社〕
　宮崎県東臼杵郡諸塚村　《祭神》天之御中主
　命　　　　　　　　　　　　　　〔神社本庁〕
16諸橋稲荷神社　もろはしいなりじんじゃ
　〔社〕
　石川県鳳至郡穴水町　《別称》六郷大社　《祭
　神》神目伊豆岐比古神〔他〕　　〔神社本庁〕
26諸鑼神社　もろくわじんじゃ〔社〕
　愛知県犬山市　《別称》お諏訪様　《祭神》建
　身名方命　　　　　　　　　　　〔神社本庁〕

【諏】
4諏方社上下二座　すわしゃじょうげにざ
　〔社〕
　長野県南佐久郡小海町　《別称》松原諏訪神
　社　《祭神》建御名方命〔他〕　〔神社本庁〕
11お諏訪《称》　おすわ〔社〕
　鹿児島県揖宿郡喜入町・南方神社　《祭神》建
　御名方神〔他〕　　　　　　　　〔神社本庁〕
お諏訪さま《称》　おすわさま〔社〕
　福島県須賀川市・神炊館神社　《祭神》建弥
　依米命〔他〕　　　　　　　　　〔神社本庁〕

神社・寺院名よみかた辞典　695

15画（諏）

お諏訪さま《称》　おすわさま〔社〕
　千葉県館山市船形町・諏訪神社　《祭神》建
　御名方之神　　　　　　　　　　〔神社本庁〕
お諏訪さま《称》　おすわさま〔社〕
　神奈川県藤沢市・諏訪神社　《祭神》建御名
　方富命［他］　　　　　　　　　〔神社本庁〕
お諏訪さま《称》　おすわさま〔社〕
　静岡県湖西市・八幡神社　《祭神》建御名方
　命［他］　　　　　　　　　　　〔神社本庁〕
お諏訪さま《称》　おすわさま〔社〕
　静岡県浜名郡新居町・諏訪神社　《祭神》建
　御名方命［他］　　　　　　　　〔神社本庁〕
お諏訪さま《称》　おすわさま〔社〕
　鹿児島県川内市・南方神社　《祭神》健御名
　方命［他］　　　　　　　　　　〔神社本庁〕
お諏訪さん《称》　おすわさん〔社〕
　岩手県胆沢郡金ヶ崎町・金ケ崎神社　《祭神》
　建御名方命［他］　　　　　　　〔神社本庁〕
諏訪さん《称》　すわさん〔社〕
　石川県小松市・菟橋神社　《祭神》建御名方
　命　　　　　　　　　　　　　　〔神社本庁〕
お諏訪さん《称》　おすわさん〔社〕
　徳島県名西郡石井町・多祁御奈刀弥神社
　《祭神》建御名方命［他］　　　〔神社本庁〕
お諏訪さん《称》　おすわさん〔社〕
　熊本県本渡市・本渡諏訪神社　《祭神》健御
　名方神［他］　　　　　　　　　〔神社本庁〕
諏訪大社　すわたいしゃ〔社〕
　長野県諏訪市（上社本宮・下社）　茅野市（上
　社前宮）　《祭神》建御名方神［他］
　　　　　　　　　　　　　　　　〔神社本庁〕
諏訪大明神《称》　すわだいみょうじん〔社〕
　島根県邑智郡石見町・諏訪神社　《祭神》建
　御名方神［他］　　　　　　　　〔神社本庁〕
諏訪大神　すわだいじん〔社〕
　千葉県香取郡東庄町　《別称》諏訪様　《祭
　神》事代主命［他］　　　　　　〔神社本庁〕
諏訪大神社　すわおおかみのやしろ〔社〕
　神奈川県横須賀市緑が丘　《別称》緑が丘の
　諏訪神社　《祭神》建御名方命　〔神社本庁〕
お諏訪山《称》　おすわさん〔社〕
　静岡県静岡市・諏訪神社　《祭神》建御名方
　命［他］　　　　　　　　　　　〔神社本庁〕
諏訪山さん《称》　すわやまさん〔社〕
　兵庫県神戸市中央区・諏訪神社　《祭神》建
　御名方大神［他］　　　　　　　〔神社本庁〕
諏訪社　すわしゃ〔社〕
　長野県北安曇郡白馬村　《別称》雨降宮　《祭
　神》健御名方命［他］　　　　　〔神社本庁〕

諏訪社　すわしゃ〔社〕
　愛知県豊明市　《祭神》建御名方神［他］
　　　　　　　　　　　　　　　　〔神社本庁〕
諏訪明神《称》　すわみょうじん〔社〕
　山梨県北巨摩郡高根町・建部神社　《祭神》建
　御名方命　　　　　　　　　　　〔神社本庁〕
諏訪南宮大神社　すわなんぐうだいじんじ
　ゃ〔社〕
　山梨県東八代郡境川村　《祭神》建御名方命
　［他］　　　　　　　　　　　　〔神社本庁〕
諏訪神社　すわじんじゃ〔社〕
　北海道札幌市東区　《祭神》建御名方神［他］
　　　　　　　　　　　　　　　　〔神社本庁〕
諏訪神社　すわじんじゃ〔社〕
　青森県上北郡六ヶ所村　《別称》明神さま
　《祭神》建御名方神　　　　　　〔神社本庁〕
諏訪神社　すわじんじゃ〔社〕
　青森県三戸郡南部町　《祭神》健御名方富
　命　　　　　　　　　　　　　　〔神社本庁〕
諏訪神社　すわじんじゃ〔社〕
　岩手県北上市　《祭神》建御名方命［他］
　　　　　　　　　　　　　　　　〔神社本庁〕
諏訪神社　すわじんじゃ〔社〕
　宮城県仙台市青葉区　《祭神》健御名方命
　　　　　　　　　　　　　　　　〔神社本庁〕
諏訪神社　すわじんじゃ〔社〕
　宮城県仙台市太白区　《別称》おすわさま
　《祭神》健御名方命［他］　　　〔神社本庁〕
諏訪神社　すわじんじゃ〔社〕
　宮城県角田市　《別称》おすわさん　《祭神》
　建御名方神［他］　　　　　　　〔神社本庁〕
諏訪神社　すわじんじゃ〔社〕
　秋田県大曲市上大町　《祭神》建御名方神［他］
　　　　　　　　　　　　　　　　〔神社本庁〕
諏訪神社　すわじんじゃ〔社〕
　秋田県大曲市角間川町　《祭神》建御名方神
　［他］　　　　　　　　　　　　〔神社本庁〕
諏訪神社　すわじんじゃ〔社〕
　秋田県仙北郡六郷町　《祭神》健御名方富命
　［他］　　　　　　　　　　　　〔神社本庁〕
諏訪神社　すわじんじゃ〔社〕
　山形県山形市　《祭神》建御名方神［他］
　　　　　　　　　　　　　　　　〔神社本庁〕
諏訪神社　すわじんじゃ〔社〕
　山形県米沢市　《祭神》建御名方大神［他］
　　　　　　　　　　　　　　　　〔神社本庁〕
諏訪神社　すわじんじゃ〔社〕
　山形県尾花沢市　《祭神》建御名方命
　　　　　　　　　　　　　　　　〔神社本庁〕

15画（諏）

諏訪神社　すわじんじゃ〔社〕
　山形県東置賜郡川西町　《祭神》建御名方富命［他］　〔神社本庁〕
諏訪神社　すわじんじゃ〔社〕
　山形県西置賜郡白鷹町　《祭神》建身名方命［他］　〔神社本庁〕
諏訪神社　すわじんじゃ〔社〕
　山形県西置賜郡飯豊町　《祭神》建御名方命［他］　〔神社本庁〕
諏訪神社　すわじんじゃ〔社〕
　福島県会津若松市　《祭神》建御名方命［他］　〔神社本庁〕
諏訪神社　すわじんじゃ〔社〕
　福島県いわき市泉町　《別称》八幡さま　《祭神》建御名方命［他］　〔神社本庁〕
諏訪神社　すわじんじゃ〔社〕
　福島県いわき市渡辺町　《別称》かまとのおすわさま　《祭神》建御名方命　〔神社本庁〕
諏訪神社　すわじんじゃ〔社〕
　福島県伊達郡桑折町　《祭神》建御名方命［他］　〔神社本庁〕
諏訪神社　すわじんじゃ〔社〕
　福島県耶麻郡塩川町　《祭神》建御名方神［他］　〔神社本庁〕
諏訪神社　すわじんじゃ〔社〕
　福島県河沼郡会津坂下町　《祭神》建御名方神［他］　〔神社本庁〕
諏訪神社　すわじんじゃ〔社〕
　福島県田村郡小野町　《祭神》建御名方命［他］　〔神社本庁〕
諏訪神社　すわじんじゃ〔社〕
　栃木県下都賀郡大平町　《別称》磯山　《祭神》建御名方命　〔神社本庁〕
諏訪神社　すわじんじゃ〔社〕
　千葉県館山市船形町　《別称》お諏訪さま　《祭神》建御名方之神　〔神社本庁〕
諏訪神社　すわじんじゃ〔社〕
　千葉県館山市正木　《祭神》建御名方命　〔神社本庁〕
諏訪神社　すわじんじゃ〔社〕
　千葉県佐原市　《祭神》建御名方神　〔神社本庁〕
諏訪神社　すわじんじゃ〔社〕
　千葉県市原市　《祭神》建御名方命　〔神社本庁〕
諏訪神社　すわじんじゃ〔社〕
　千葉県流山市　《祭神》建御名方富命　〔神社本庁〕
諏訪神社　すわじんじゃ〔社〕
　千葉県鴨川市　《別称》諏訪様　《祭神》建御名方命　〔神社本庁〕

諏訪神社　すわじんじゃ〔社〕
　千葉県君津市　《祭神》建御名方命［他］　〔神社本庁〕
諏訪神社　すわじんじゃ〔社〕
　千葉県富津市　《祭神》建御名方主命　〔神社本庁〕
諏訪神社　すわじんじゃ〔社〕
　東京都新宿区　《祭神》大国主命［他］　〔神社本庁〕
諏訪神社　すわじんじゃ〔社〕
　東京都荒川区　《別称》おすわさま　《祭神》建御名方命　〔神社本庁〕
諏訪神社　すわじんじゃ〔社〕
　東京都立川市　《祭神》建御名方命［他］　〔神社本庁〕
諏訪神社　すわじんじゃ〔社〕
　東京都町田市　《別称》すわ明神　《祭神》建御名方命［他］　〔神社本庁〕
諏訪神社　すわじんじゃ〔社〕
　神奈川県横須賀市大津町　《別称》おすわさま　《祭神》建御名方命［他］　〔神社本庁〕
諏訪神社　すわじんじゃ〔社〕
　神奈川県横須賀市若松町　《祭神》建御名方命　〔神社本庁〕
諏訪神社　すわじんじゃ〔社〕
　神奈川県藤沢市　《別称》お諏訪さま　《祭神》建御名方富命［他］　〔神社本庁〕
諏訪神社　すわじんじゃ〔社〕
　神奈川県足柄下郡箱根町宮城野　《祭神》建御名方命　〔神社本庁〕
諏訪神社　すわじんじゃ〔社〕
　神奈川県足柄下郡箱根町仙石原　《祭神》建御名方命　〔神社本庁〕
諏訪神社　すわじんじゃ〔社〕
　新潟県新発田市　《別称》お諏訪様　《祭神》建御名方命［他］　〔神社本庁〕
諏訪神社　すわじんじゃ〔社〕
　新潟県十日町市　《祭神》建御名方命［他］　〔神社本庁〕
諏訪神社　すわじんじゃ〔社〕
　新潟県佐渡市　《別称》夷のすわさん　《祭神》建御名方命［他］　〔神社本庁〕
諏訪神社　すわじんじゃ〔社〕
　新潟県佐渡市　《祭神》建御名方命［他］　〔神社本庁〕
諏訪神社　すわじんじゃ〔社〕
　新潟県西蒲原郡吉田町　《別称》吉田神社　《祭神》大山祇命［他］　〔神社本庁〕
諏訪神社　すわじんじゃ〔社〕
　富山県富山市　《別称》浦の宮　《祭神》建御名方命　〔神社本庁〕

神社・寺院名よみかた辞典　697

15画（諏）

諏訪神社　すわじんじゃ〔社〕
　山梨県甲府市　《祭神》建御名方神
　　　　　　　　　　　　　　　〔神社本庁〕
諏訪神社　すわじんじゃ〔社〕
　山梨県南アルプス市　《祭神》建御名方命
　　　　　　　　　　　　　　　〔神社本庁〕
諏訪神社　すわじんじゃ〔社〕
　山梨県南アルプス市　《祭神》建御名方之命
　〔他〕　　　　　　　　　　　〔神社本庁〕
諏訪神社　すわじんじゃ〔社〕
　山梨県南アルプス市　《祭神》建御名方命〔他〕
　　　　　　　　　　　　　　　〔神社本庁〕
諏訪神社　すわじんじゃ〔社〕
　山梨県東山梨郡牧丘町　《祭神》武御名方命
　　　　　　　　　　　　　　　〔神社本庁〕
諏訪神社　すわじんじゃ〔社〕
　山梨県東八代郡石和町　《別称》石和川神社
　《祭神》建御名方命　　　　　〔神社本庁〕
諏訪神社　すわじんじゃ〔社〕
　山梨県東八代郡中道町　《祭神》建御名方命
　〔他〕　　　　　　　　　　　〔神社本庁〕
諏訪神社　すわじんじゃ〔社〕
　山梨県東八代郡豊富村　《祭神》健御名方命
　　　　　　　　　　　　　　　〔神社本庁〕
諏訪神社　すわじんじゃ〔社〕
　山梨県南巨摩郡増穂町　《祭神》建御名方命
　　　　　　　　　　　　　　　〔神社本庁〕
諏訪神社　すわじんじゃ〔社〕
　山梨県南巨摩郡南部町　《祭神》健御名方命
　〔他〕　　　　　　　　　　　〔神社本庁〕
諏訪神社　すわじんじゃ〔社〕
　山梨県北巨摩郡須玉町　《祭神》健御名方命
　〔他〕　　　　　　　　　　　〔神社本庁〕
諏訪神社　すわじんじゃ〔社〕
　山梨県南都留郡西桂町下暮地　《祭神》建御
　名方命　　　　　　　　　　　〔神社本庁〕
諏訪神社　すわじんじゃ〔社〕
　山梨県南都留郡西桂町小沼　《祭神》建御名
　方命　　　　　　　　　　　　〔神社本庁〕
諏訪神社　すわじんじゃ〔社〕
　山梨県南都留郡山中湖村　《別称》山中明神
　《祭神》豊玉姫命〔他〕　　　〔神社本庁〕
諏訪神社　すわじんじゃ〔社〕
　長野県南佐久郡八千穂村　《祭神》建御名方
　命〔他〕　　　　　　　　　　〔神社本庁〕
諏訪神社　すわじんじゃ〔社〕
　長野県諏訪郡富士見町　《別称》乙事諏訪神
　社　《祭神》建御名方命　　　〔神社本庁〕
諏訪神社　すわじんじゃ〔社〕
　長野県木曽郡山口村　《祭神》健御名方命
　　　　　　　　　　　　　　　〔神社本庁〕

諏訪神社　すわじんじゃ〔社〕
　岐阜県岐阜市　《祭神》建御名方神
　　　　　　　　　　　　　　　〔神社本庁〕
諏訪神社　すわじんじゃ〔社〕
　岐阜県瑞浪市　《祭神》建御名方命〔他〕
　　　　　　　　　　　　　　　〔神社本庁〕
諏訪神社　すわじんじゃ〔社〕
　岐阜県美濃加茂市　《祭神》建御名方命
　　　　　　　　　　　　　　　〔神社本庁〕
諏訪神社　すわじんじゃ〔社〕
　岐阜県安八郡神戸町　《祭神》建御名方神
　　　　　　　　　　　　　　　〔神社本庁〕
諏訪神社　すわじんじゃ〔社〕
　静岡県静岡市　《別称》お諏訪山　《祭神》建
　御名方命〔他〕　　　　　　　〔神社本庁〕
諏訪神社　すわじんじゃ〔社〕
　静岡県浜松市　《祭神》健御名方命〔他〕
　　　　　　　　　　　　　　　〔神社本庁〕
諏訪神社　すわじんじゃ〔社〕
　静岡県天竜市渡ヶ島　《祭神》建御名方命
　　　　　　　　　　　　　　　〔神社本庁〕
諏訪神社　すわじんじゃ〔社〕
　静岡県天竜市二俣町　《祭神》建御名方命
　　　　　　　　　　　　　　　〔神社本庁〕
諏訪神社　すわじんじゃ〔社〕
　静岡県磐田郡佐久間町　《祭神》建御名方命
　〔他〕　　　　　　　　　　　〔神社本庁〕
諏訪神社　すわじんじゃ〔社〕
　静岡県浜名郡新居町　《別称》お諏訪さま
　《祭神》建御名方命〔他〕　　〔神社本庁〕
諏訪神社　すわじんじゃ〔社〕
　愛知県幡豆郡一色町　《別称》一色の大提灯
　《祭神》建御名方命　　　　　〔神社本庁〕
諏訪神社　すわじんじゃ〔社〕
　三重県四日市市　《別称》おすわさん　《祭
　神》建御名方命〔他〕　　　　〔神社本庁〕
諏訪神社　すわじんじゃ〔社〕
　京都府北桑田郡美山町　《祭神》建御名方神
　〔他〕　　　　　　　　　　　〔神社本庁〕
諏訪神社　すわじんじゃ〔社〕
　大阪府大阪市城東区　《祭神》建御名方刀美
　命〔他〕　　　　　　　　　　〔神社本庁〕
諏訪神社　すわじんじゃ〔社〕
　兵庫県神戸市中央区　《別称》諏訪山さん
　《祭神》建御名方大神〔他〕　〔神社本庁〕
諏訪神社　すわじんじゃ〔社〕
　兵庫県神戸市西区　《祭神》誉田別尊〔他〕
　　　　　　　　　　　　　　　〔神社本庁〕
諏訪神社　すわじんじゃ〔社〕
　鳥取県八頭郡智頭町　《祭神》建御名方神〔他〕
　　　　　　　　　　　　　　　〔神社本庁〕

15画（諾, 誕, 談, 調, 輪）

諏訪神社　すわじんじゃ〔社〕
　鳥取県東伯郡東伯町　《祭神》建御名方神［他］
　　　　　　　　　　　　　　　　　〔神社本庁〕
諏訪神社　すわじんじゃ〔社〕
　島根県邑智郡石見町　《別称》諏訪大明神
　《祭神》建御名方神［他］　　　〔神社本庁〕
諏訪神社　すわじんじゃ〔社〕
　岡山県勝田郡勝央町　《祭神》建御名方命［他］
　　　　　　　　　　　　　　　　　〔神社本庁〕
諏訪神社　すわじんじゃ〔社〕
　徳島県徳島市　《祭神》建御名方命
　　　　　　　　　　　　　　　　　〔神社本庁〕
諏訪神社　すわじんじゃ〔社〕
　愛媛県南宇和郡城辺町　《祭神》建御名方命
　［他］　　　　　　　　　　　　〔神社本庁〕
諏訪神社　すわじんじゃ〔社〕
　福岡県山門郡瀬高町　《祭神》建御名方神
　　　　　　　　　　　　　　　　　〔神社本庁〕
諏訪神社　すわじんじゃ〔社〕
　佐賀県東松浦郡浜玉町　《祭神》建御名方命
　［他］　　　　　　　　　　　　〔神社本庁〕
諏訪神社　すわじんじゃ〔社〕
　長崎県長崎市上西山町　《別称》おすわさん
　《祭神》健御名方命［他］　　　〔神社本庁〕
諏訪神社　すわじんじゃ〔社〕
　長崎県長崎市相生町　《別称》大浦諏訪神社
　《祭神》建御名方大神　　　　　　　〔単立〕
諏訪神社　すわじんじゃ〔社〕
　宮崎県東諸県郡国富町　《祭神》事代主命［他］
　　　　　　　　　　　　　　　　　〔神社本庁〕
諏訪神社　すわじんじゃ〔社〕
　鹿児島県出水市　《祭神》建御名方命［他］
　　　　　　　　　　　　　　　　　〔神社本庁〕
諏訪神社　すわじんじゃ〔社〕
　鹿児島県肝属郡根占町　《祭神》建御名方命
　［他］　　　　　　　　　　　　〔神社本庁〕
諏訪様《称》　すわさま〔社〕
　千葉県鴨川市・諏訪神社　《祭神》建御名方
　命　　　　　　　　　　　　　　　〔神社本庁〕
諏訪様《称》　すわさま〔社〕
　千葉県香取郡東庄町・諏訪大神　《祭神》事
　代主命［他］　　　　　　　　　　〔神社本庁〕
お諏訪様《称》　おすわさま〔社〕
　新潟県新発田市・諏訪神社　《祭神》建御名
　方命［他］　　　　　　　　　　　〔神社本庁〕
お諏訪様《称》　おすわさま〔社〕
　愛知県犬山市・諸鍬神社　《祭神》建身名方
　命　　　　　　　　　　　　　　　〔神社本庁〕

【諾】
9諾神社　なぎじんじゃ〔社〕
　岡山県勝田郡奈義町　《祭神》伊弉諾尊［他］
　　　　　　　　　　　　　　　　　〔神社本庁〕

【誕】
5誕生寺　たんじょうじ〔寺〕
　茨城県那珂郡大宮町　《本尊》了誉聖けい禅
　師　　　　　　　　　　　　　　　　〔浄土宗〕
誕生寺　たんじょうじ〔寺〕
　千葉県安房郡天津小湊町　《別称》小湊誕生
　寺・霊跡寺院　《本尊》日蓮聖人奠定の大
　曼荼羅・日蓮聖人　　　　　　　　〔日蓮宗〕
誕生寺　たんじょうじ〔寺〕
　富山県射水郡大門町　《別称》日隆聖人御廟
　所　《本尊》日蓮聖人奠定の大曼荼羅
　　　　　　　　　　　　〔法華宗(本門流)〕
誕生寺　たんじょうじ〔寺〕
　京都府京都市中京区　《本尊》法華経本門八
　品所顕の大曼荼羅　　　　　　〔本門仏立宗〕
誕生寺　たんじょうじ〔寺〕
　京都府京都市伏見区　《本尊》千手観世音菩
　薩　　　　　　　　　　　　　　　〔曹洞宗〕
誕生寺　たんじょうじ〔寺〕
　岡山県久米郡久米南町　《別称》円光大師霊
　場第一番　《本尊》円光大師　　　〔浄土宗〕
誕生院　　　たんじょういん〔寺〕
　京都府京都市伏見区・西本願寺日野別堂誕生
　院　《本尊》阿弥陀如来・親鸞聖人
　　　　　　　　　　　　　〔浄土真宗本願寺派〕
誕生院　たんじょういん〔寺〕
　佐賀県鹿島市　《本尊》不動明王・興教大師
　　　　　　　　　　　　　　　　　　〔単立〕

【談】
3談山神社　だんざんじんじゃ〔社〕
　奈良県桜井市　《別称》多武峯　《祭神》藤原
　鎌足　　　　　　　　　　　　　　〔神社本庁〕

【調】
9調神社　つきじんじゃ〔社〕
　埼玉県さいたま市　《別称》つきのみや　《祭
　神》天照大御神［他］　　　　　　〔神社本庁〕

【輪】
4輪王寺　りんのうじ〔寺〕
　宮城県仙台市青葉区　《本尊》三尊仏
　　　　　　　　　　　　　　　　　〔曹洞宗〕
輪王寺　りんのうじ〔寺〕
　栃木県日光市　《別称》門跡寺院　《本尊》薬
　師如来　　　　　　　　　　　　　〔天台宗〕

神社・寺院名よみかた辞典　　699

15画（選, 霊）

輪王寺　りんのうじ〔寺〕
　東京都台東区　《別称》門跡寺院　《本尊》阿弥陀如来
〔天台宗〕

【選】

4選仏寺　せんぶつじ〔寺〕
　京都府京都市上京区　《本尊》釈迦如来・阿弥陀如来
〔臨済宗建長寺派〕

7選択寺　せんちゃくじ〔寺〕
　千葉県木更津市　《本尊》阿弥陀如来
〔浄土宗〕

【霊】

3霊山寺　れいざんじ〔寺〕
　東京都墨田区　《本尊》阿弥陀如来　〔浄土宗〕

霊山寺　れいざんじ〔寺〕
　神奈川県平塚市　《別称》淡島様　《本尊》阿弥陀如来
〔浄土宗〕

霊山寺　れいさんじ〔寺〕
　静岡県静岡市　《本尊》千手観世音菩薩
〔高野山真言宗〕

霊山寺　りょうぜんじ〔寺〕
　静岡県沼津市　《別称》れいざんじ　《本尊》釈迦如来
〔曹洞宗〕

霊山寺　りょうぜんじ〔寺〕
　愛知県名古屋市中区　《別称》じょうらんじ　《本尊》十界大曼荼羅・日蓮聖人
〔顕本法華宗〕

霊山寺　りょうぜんじ〔寺〕
　奈良県奈良市　《別称》大本山　《本尊》薬師三尊・弁財天
〔霊山寺真言宗〕

霊山寺　りょうぜんじ〔寺〕
　岡山県英田郡大原町　《本尊》如意輪観世音菩薩
〔高野山真言宗〕

霊山寺　りょうぜんじ〔寺〕
　徳島県鳴門市　《別称》一番さん・四国第一番霊場　《本尊》釈迦如来・不動明王・毘沙門天
〔高野山真言宗〕

霊山神社　りょうぜんじんじゃ〔神社〕
　福島県伊達郡霊山町　《祭神》北畠親房〔他〕
〔神社本庁〕

霊山院　りょうぜんいん〔寺〕
　埼玉県比企郡都幾川村　《別称》本寺　《本尊》釈迦如来・阿難尊者・迦葉尊者
〔臨済宗妙心寺派〕

霊山興正寺別院　りょうぜんこうしょうじべついん〔寺〕
　京都府京都市東山区　《別称》霊山本廟　《本尊》阿弥陀如来
〔真宗興正派〕

4霊友会教団　れいゆうかいきょうだん〔寺〕
　東京都港区　《別称》本部
〔霊友会教団〕

霊水寺　れいすいじ〔寺〕
　滋賀県坂田郡米原町　《本尊》釈迦如来
〔曹洞宗〕

5霊丘神社　れいきゅうじんじゃ〔社〕
　長崎県島原市　《祭神》徳川家康〔他〕
〔神社本庁〕

霊仙寺　りょうせんじ〔寺〕
　秋田県仙北郡仙北町　《別称》板見内の奥　《本尊》釈迦如来
〔曹洞宗〕

霊仙寺　りょうぜんじ〔寺〕
　茨城県水海道市　《本尊》阿弥陀如来
〔浄土宗〕

6霊光寺　れいこうじ〔寺〕
　神奈川県鎌倉市　《別称》雨乞のお祖師様　《本尊》日蓮聖人奠定の大曼荼羅
〔日蓮宗〕

霊光寺　れいこうじ〔寺〕
　静岡県田方郡函南町　《本尊》十界曼荼羅
〔日蓮宗〕

霊光寺　れいこうじ〔寺〕
　京都府京都市伏見区　《本尊》日蓮聖人奠定の大曼荼羅
〔日蓮宗〕

霊光寺　れいこうじ〔寺〕
　宮崎県延岡市　《別称》延岡不動山　《本尊》不動明王
〔真言宗〕

霊光院　れいこういん〔寺〕
　静岡県庵原郡蒲原町　《本尊》延命地蔵菩薩
〔臨済宗妙心寺派〕

7霊芝寺　れいしじ〔寺〕
　香川県さぬき市　《本尊》十一面観世音菩薩
〔高野山真言宗〕

8霊明寺　れいめいじ〔寺〕
　北海道瀬棚郡北檜山町　《本尊》馬頭観世音菩薩
〔高野山真言宗〕

霊松寺　れいしょうじ〔寺〕
　長野県大町市　《別称》大洞山　《本尊》釈迦如来
〔曹洞宗〕

霊松寺　れいしょうじ〔寺〕
　大阪府高槻市　《本尊》十一面観世音菩薩
〔曹洞宗〕

霊松院　れいしょういん〔寺〕
　岐阜県岐阜市　《本尊》正観世音菩薩
〔臨済宗妙心寺派〕

9霊泉寺　れいせんじ〔寺〕
　石川県七尾市　《本尊》釈迦如来　〔曹洞宗〕

霊泉寺　れいせんじ〔寺〕
　長野県小県郡丸子町　《本尊》釈迦如来
〔曹洞宗〕

霊泉寺　れいせんじ〔寺〕
　岐阜県高山市　《別称》愛染　《本尊》聖観世音菩薩
〔真言宗泉涌寺派〕

15画（鞍, 頤, 養）

霊泉院　れいせんいん〔寺〕
　東京都渋谷区　《本尊》聖観世音菩薩
　　　　　　　　　　　　〔臨済宗大徳寺派〕
霊洞院　れいとういん〔寺〕
　京都府京都市東山区　《別称》建仁専門道場
　《本尊》千手観世音菩薩・文殊菩薩
　　　　　　　　　　　　〔臨済宗建仁寺派〕
霊神様　《称》　りょうがみさま〔社〕
　山形県山形市・豊烈神社　《祭神》水野忠元
　〔他〕　　　　　　　　　　　〔神社本庁〕
10霊桃寺　れいとうじ〔寺〕
　岩手県胆沢郡前沢町　《別称》うるし寺　《本
　尊》釈迦如来　　　　　〔臨済宗妙心寺派〕
霊梅いじ〔寺〕
　東京都台東区　《別称》半僧坊　《本尊》釈迦
　如来　　　　　　　　　〔臨済宗妙心寺派〕
霊梅院　れいばいいん〔寺〕
　東京都台東区　《本尊》釈迦如来
　　　　　　　　　　　　〔臨済宗妙心寺派〕
12霊運院　れいうんいん〔寺〕
　東京都東村山市　《本尊》不動明王　〔曹洞宗〕
霊雲寺　れいうんじ〔寺〕
　東京都文京区　《別称》総本山
　　　　　　　　　　　　〔真言宗霊雲寺派〕
霊雲寺　れいうんじ〔寺〕
　新潟県上越市　《本尊》釈迦如来　〔曹洞宗〕
霊雲寺　れいうんじ〔寺〕
　兵庫県氷上郡山南町　《本尊》聖観世音菩
　薩　　　　　　　　　　〔臨済宗妙心寺派〕
霊雲院　れいうんいん〔寺〕
　京都府京都市東山区　《別称》霊雲の遺愛石
　《本尊》文殊菩薩　　　〔臨済宗東福寺派〕
霊雲院　れいうんいん〔寺〕
　京都府京都市右京区　《本尊》釈迦如来
　　　　　　　　　　　　〔臨済宗妙心寺派〕
13霊源寺　れいげんじ〔寺〕
　京都府京都市北区　《別称》霊源皇寺　《本
　尊》釈迦如来　　　　　　　　　　〔単立〕
霊源院　れいげんいん〔寺〕
　京都府京都市東山区　《本尊》地蔵菩薩
　　　　　　　　　　　　〔臨済宗東福寺派〕
18霊験寺　れいけんじ〔寺〕
　福岡県鞍手郡宮田町　《別称》くぎぬき地蔵
　《本尊》釘抜地蔵菩薩・阿弥陀三尊
　　　　　　　　　　　　　　　　　〔浄土宗〕
20霊巌寺　れいがんじ〔寺〕
　埼玉県日高市　《別称》箕輪の寺　《本尊》地
　蔵菩薩　　　　　　　　　〔真言宗智山派〕
霊巌寺　れいがんじ〔寺〕
　東京都江東区　《本尊》阿弥陀如来　〔浄土宗〕

霊巌寺　れいがんじ〔寺〕
　和歌山県東牟婁郡古座川町　《本尊》観世音
　菩薩　　　　　　　　　　　　　　〔曹洞宗〕
23霊鑑寺　れいかんじ〔寺〕
　京都府京都市左京区　《別称》谷御所・門跡
　寺院　《本尊》如意輪観世音菩薩
　　　　　　　　　　　　〔臨済宗南禅寺派〕
霊鷲院　りょうじゅいん〔寺〕
　愛知県江南市　《本尊》阿弥陀如来
　　　　　　　　　　　　　　　〔西山浄土宗〕
霊鷲院　りょうじゅいん〔寺〕
　愛知県日進市　《別称》山寺　《本尊》釈迦如
　来・金毘羅大権現　　　　　　　　〔曹洞宗〕

【鞍】

7鞍作寺　あんさくじ〔寺〕
　大阪府大阪市平野区　《本尊》阿弥陀如来
　　　　　　　　　　　　〔浄土真宗本願寺派〕
8鞍居神社　くらいじんじゃ〔社〕
　兵庫県赤穂郡上郡町　《祭神》帯中津比古命
　〔他〕　　　　　　　　　　　〔神社本庁〕
10鞍馬寺　くらまでら〔寺〕
　京都府京都市左京区　《別称》総本山・鞍馬
　山　《本尊》鞍馬山尊天　　　〔鞍馬弘教〕

【頤】

9頤神院　いしんいん〔寺〕
　東京都台東区　《本尊》大日如来
　　　　　　　　　　　　〔臨済宗妙心寺派〕

【養】

4養元寺　ようげんじ〔寺〕
　山口県山口市　《本尊》阿弥陀如来
　　　　　　　　　　　　〔浄土真宗本願寺派〕
養父神社　やぶじんじゃ〔社〕
　兵庫県養父市　《別称》やぶの明神　《祭神》
　倉稲魂命〔他〕　　　　　　　〔神社本庁〕
5養仙寺　ようせんじ〔寺〕
　京都府亀岡市　《別称》福智円満布袋寺　《本
　尊》釈迦如来　　　　　〔臨済宗妙心寺派〕
養玉院　ようぎょくいん〔寺〕
　東京都品川区　《別称》大井の大仏　《本尊》
　釈迦如来　　　　　　　　　　　　〔天台宗〕
養生寺　《称》　ようじょうじ〔社〕
　広島県山県郡大朝町・小山八幡神社　《祭神》
　仲哀天皇〔他〕　　　　　　　〔神社本庁〕
6養光院　ようこういん〔寺〕
　広島県三次市　《本尊》十一面観世音菩薩・阿
　弥陀如来・虚空蔵菩薩　〔臨済宗妙心寺派〕

神社・寺院名よみかた辞典　701

15画(養)

養因寺　よういんじ〔寺〕
　滋賀県野洲郡中主町　《本尊》阿弥陀如来
　　　　　　　　　　　　　　〔真宗大谷派〕
養老寺　ようろうじ〔寺〕
　岐阜県養老郡養老町　《本尊》阿弥陀如来
　　　　　　　　　　　　　　〔真宗大谷派〕
養老神社　ようろうじんじゃ〔社〕
　岐阜県養老郡養老町　《祭神》天神[他]
　　　　　　　　　　　　　　〔神社本庁〕
養行寺　ようぎょうじ〔寺〕
　福岡県福岡市博多区　《本尊》阿弥陀如来
　　　　　　　　　　　　　〔浄土真宗本願寺派〕
7養寿寺　ようじゅじ〔寺〕
　岩手県西磐井郡花泉町　《別称》奈良坂の寺
　《本尊》釈迦如来　　　　　　〔曹洞宗〕
養寿寺　ようじゅじ〔寺〕
　群馬県佐波郡東村　《別称》国定忠治の寺
　《本尊》阿弥陀如来　　　　　〔天台宗〕
養寿院　ようじゅいん〔寺〕
　埼玉県川越市　《本尊》釈迦如来　〔曹洞宗〕
養谷寺　ようこくじ〔寺〕
　大阪府箕面市　《本尊》阿弥陀如来　〔浄土宗〕
8養命寺　ようめいじ〔寺〕
　神奈川県藤沢市　《本尊》薬師如来　〔曹洞宗〕
養国寺　ようこくじ〔寺〕
　東京都文京区　《本尊》阿弥陀如来　〔浄土宗〕
養国寺　ようこくじ〔寺〕
　長崎県長崎市　《本尊》阿弥陀如来　〔浄土宗〕
養松院　ようしょういん〔寺〕
　宮城県宮城郡七ヶ浜町　《本尊》釈迦如来
　　　　　　　　　　　　　　〔曹洞宗〕
養林寺　ようりんじ〔寺〕
　香川県三豊郡山本町　《本尊》阿弥陀如来
　　　　　　　　　　　　　　〔真宗大谷派〕
9養専寺　ようせんじ〔寺〕
　滋賀県野洲郡野洲町　《本尊》阿弥陀如来
　　　　　　　　　　　　　〔浄土真宗本願寺派〕
養専寺　ようせんじ〔寺〕
　広島県広島市安佐北区　《本尊》阿弥陀如来
　　　　　　　　　　　　　〔浄土真宗本願寺派〕
養泉寺　ようせんじ〔寺〕
　群馬県桐生市　《本尊》釈迦如来　〔曹洞宗〕
養泉寺　ようせんじ〔寺〕
　新潟県北蒲原郡加治川村　《本尊》釈迦如来
　　　　　　　　　　　　　　〔曹洞宗〕
養泉寺　ようせんじ〔寺〕
　新潟県三島郡寺泊町　《本尊》阿弥陀如来
　　　　　　　　　　　　　　〔真宗大谷派〕
養泉寺　ようせんじ〔寺〕
　石川県七尾市　《本尊》阿弥陀如来
　　　　　　　　　　　　　　〔真宗大谷派〕

養泉寺　ようせんじ〔寺〕
　三重県松阪市　《本尊》釈迦如来　〔曹洞宗〕
養泉寺　ようせんじ〔寺〕
　三重県桑名市　《本尊》阿弥陀如来
　　　　　　　　　　　　　〔浄土真宗本願寺派〕
養泉寺　ようせんじ〔寺〕
　三重県鈴鹿市　《本尊》釈迦如来・文殊菩薩・
　普賢菩薩　　　　　　　　　〔曹洞宗〕
養泉寺　ようせんじ〔寺〕
　三重県いなべ市　《本尊》阿弥陀如来
　　　　　　　　　　　　　　〔真宗大谷派〕
養泉寺　ようせんじ〔寺〕
　兵庫県姫路市　《別称》播州八家地蔵尊の寺
　《本尊》阿弥陀如来　　　　〔浄土真宗本願寺派〕
10養泰寺　ようたいじ〔寺〕
　長野県上伊那郡箕輪町　《本尊》釈迦如来
　　　　　　　　　　　　　　〔曹洞宗〕
養珠寺　ようしゅじ〔寺〕
　和歌山県和歌山市　《別称》和歌浦妙見山
　《本尊》十界大曼荼羅　　　　〔日蓮宗〕
養託寺　ようたくじ〔寺〕
　神奈川県小田原市　《本尊》阿弥陀如来
　　　　　　　　　　　　　　〔真宗大谷派〕
11養基神社　やぎじんじゃ〔社〕
　岐阜県揖斐郡池田町　《祭神》市杵島姫命
　　　　　　　　　　　　　　〔神社本庁〕
12養勝寺　ようしょうじ〔寺〕
　兵庫県神戸市垂水区　《本尊》阿弥陀如来
　　　　　　　　　　　　　〔浄土真宗本願寺派〕
養運寺　ようううんじ〔寺〕
　広島県呉市　《本尊》日蓮聖人奠定の大曼荼
　羅　　　　　　　　　　　　〔日蓮宗〕
13養源寺　ようげんじ〔寺〕
　栃木県足利市　《本尊》釈迦如来
　　　　　　　　　　　　　〔臨済宗妙心寺派〕
養源寺　ようげんじ〔寺〕
　東京都文京区　《本尊》釈迦如来
　　　　　　　　　　　　　〔臨済宗妙心寺派〕
養源寺　ようげんじ〔寺〕
　愛知県津島市　《本尊》阿弥陀如来
　　　　　　　　　　　　　　〔真宗大谷派〕
養源寺　ようげんじ〔寺〕
　兵庫県豊岡市　《本尊》釈迦如来　〔曹洞宗〕
養源寺　ようげんじ〔寺〕
　和歌山県有田郡広川町　《別称》広の大黒天
　《本尊》一塔両尊四菩薩　　　　〔日蓮宗〕
養源院　ようげんいん〔寺〕
　京都府京都市上京区　《本尊》阿弥陀如来
　　　　　　　　　　　　　〔臨済宗相国寺派〕

養源院　ようげんいん〔寺〕
京都府京都市東山区　《別称》桃山御殿血天井　《本尊》阿弥陀如来・歓喜天
〔浄土真宗遣迎院派〕
養源院　ようげんいん〔寺〕
京都府京都市右京区　　〔臨済宗妙心寺派〕
養源院　ようげんいん〔寺〕
京都府与謝郡野田川町　《本尊》釈迦如来
〔臨済宗妙心寺派〕
養照寺　ようしょうじ〔寺〕
富山県滑川市　《本尊》阿弥陀如来
〔真宗大谷派〕
養福寺　ようふくじ〔寺〕
茨城県西茨城郡友部町　《本尊》十一面観世音菩薩　〔天台宗〕
養福寺　ようふくじ〔寺〕
東京都荒川区　《別称》赤門仁王　《本尊》如意輪観世音菩薩・阿弥陀如来
〔真言宗豊山派〕
養福寺《称》　ようふくじ〔寺〕
東京都国立市・永福寺　《本尊》釈迦如来
〔臨済宗建長寺派〕
養福寺　ようふくじ〔寺〕
福井県敦賀市　《本尊》阿弥陀三尊　〔浄土宗〕
養福寺　ようふくじ〔寺〕
京都府京都市東山区　《別称》赤門の寺　《本尊》阿弥陀如来　〔浄土宗西山禅林寺派〕
養福寺　ようふくじ〔寺〕
京都府宮津市　《別称》田井の寺　《本尊》薬師如来
〔臨済宗妙心寺派〕
養福寺　ようふくじ〔寺〕
佐賀県唐津市　《本尊》阿弥陀如来　〔浄土宗〕
養福寺　ようふくじ〔寺〕
大分県南海部郡米水津村　《本尊》阿弥陀如来
〔浄土宗〕
養福院　ようふくいん〔寺〕
栃木県大田原市　《本尊》阿弥陀如来
〔真言宗智山派〕
養蓮寺　ようれんじ〔寺〕
滋賀県草津市　《本尊》阿弥陀如来
〔真宗大谷派〕
14養徳寺　ようとくじ〔寺〕
茨城県行方郡玉造町　《本尊》阿弥陀如来
〔曹洞宗〕
養徳寺　ようとくじ〔寺〕
福井県武生市　《本尊》阿弥陀如来
〔真宗大谷派〕
養徳寺　ようとくじ〔寺〕
大分県杵築市　《本尊》聖観世音菩薩
〔臨済宗妙心寺派〕

養徳院　ようとくいん〔寺〕
京都府京都市北区　《本尊》釈迦如来
〔臨済宗大徳寺派〕
16養賢寺　ようけんじ〔寺〕
大分県佐伯市　《本尊》釈迦如来
〔臨済宗妙心寺派〕
19養願寺　ようがんじ〔寺〕
愛知県葉栗郡木曽川町　《本尊》阿弥陀如来
〔真宗大谷派〕

【駒】
0駒ヶ林八幡宮《称》　こまがばやしはちまんぐう〔社〕
兵庫県神戸市長田区・駒林神社　《祭神》応神天皇［他］　〔神社本庁〕
4駒木の諏訪様《称》　こまぎのすわさま〔寺〕
千葉県流山市・成顕寺　《本尊》日蓮聖人・釈迦如来・鬼子母神・妙法諏訪大明神
〔日蓮宗〕
5駒込吉祥寺《称》　こまごめきちじょうじ〔寺〕
東京都文京区・吉祥寺　《本尊》釈迦如来
〔曹洞宗〕
6駒宇佐八幡神社　こまうさはちまんじんじゃ〔社〕
兵庫県三田市　《祭神》応神天皇　〔神社本庁〕
7駒形神社　こまがたじんじゃ〔社〕
岩手県水沢市（本宮）　胆沢郡金ケ崎町（奥宮・里宮）　《別称》陸中一宮　《祭神》宇迦能御魂大神［他］　〔神社本庁〕
駒形神社　こまがたじんじゃ〔社〕
岩手県岩手郡滝沢村　《別称》お蒼前さま　《祭神》保食神　〔神社本庁〕
駒形神社　こまがたじんじゃ〔社〕
岩手県岩手郡玉山村　《別称》蒼前さん　《祭神》駒形大神　〔神社本庁〕
駒形神社　こまがたじんじゃ〔社〕
福島県耶麻郡塩川町　《祭神》宇気母智神
〔神社本庁〕
駒形神社　こまがたじんじゃ〔社〕
静岡県御前崎市　《祭神》天津日高日子穂穂出見尊［他］　〔神社本庁〕
駒形根神社　こまがたねじんじゃ〔社〕
宮城県栗原郡栗駒町　《別称》お駒様・勅宣日宮駒形根神社　《祭神》天日靈尊［他］
〔神社本庁〕
駒形嶽駒弓神社　こまがたたけこまゆみじんじゃ〔社〕
長野県長野市　《別称》こまがたけ　《祭神》大宜都姫命［他］　〔神社本庁〕

15画（黙）16画（儒, 叡, 嘯, 憶, 曇, 機, 橘, 橋）

8駒岡不動尊《称》　こまおかふどうそん〔寺〕
　　神奈川県横浜市鶴見区・常倫寺　《本尊》釈
　　迦如来　　　　　　　　　　　　　〔曹洞宗〕
　駒林神社　こまがばやしじんじゃ〔社〕
　　兵庫県神戸市長田区　《別称》駒ヶ林八幡宮
　　《祭神》応神天皇〔他〕　　　　〔神社本庁〕
10駒留八幡神社　こまどめはちまんじんじゃ
　〔社〕
　　東京都世田谷区　《別称》若宮八幡宮　《祭
　　神》応神天皇〔他〕　　　　　　〔神社本庁〕
12駒塚神社　こまずかじんじゃ〔社〕
　　岐阜県羽島市　《祭神》天照大神〔他〕
　　　　　　　　　　　　　　　　　〔神社本庁〕
14お駒様《称》　おこまさま〔社〕
　　宮城県栗原郡栗駒町・駒形根神社　《祭神》天
　　日霊尊〔他〕　　　　　　　　　〔神社本庁〕
17駒繋神社　こまつなぎじんじゃ〔社〕
　　東京都世田谷区　《祭神》大国主命
　　　　　　　　　　　　　　　　　〔神社本庁〕

【黙】

5黙仙寺　もくせんじ〔寺〕
　　神奈川県鎌倉市　《本尊》釈迦如来・聖観世
　　音菩薩・金剛尊天　　　　　　　〔曹洞宗〕

16画

【儒】

12儒童寺　じゅどうじ〔寺〕
　　青森県三戸郡倉石村　《本尊》釈迦如来・聖
　　観世音菩薩　　　　　　　　　　〔曹洞宗〕

【叡】

13叡福寺　えいふくじ〔寺〕
　　大阪府南河内郡太子町　《別称》上の太子
　　《本尊》聖如意輪観世音菩薩・聖徳太子
　　　　　　　　　　　　　　　　　　〔単立〕

【嘯】

7嘯吹八幡神社　うそぶきはちまんじんじゃ
　〔社〕
　　福岡県豊前市　《別称》本宮　《祭神》応神天
　　皇〔他〕　　　　　　　　　　　〔神社本庁〕

【憶】

8憶念寺　おくねんじ〔寺〕
　　富山県砺波市　《本尊》阿弥陀如来
　　　　　　　　　　　　　　　　　〔真宗大谷派〕

　憶念寺　おくねんじ〔寺〕
　　福井県南条郡南条町　《本尊》阿弥陀如来
　　　　　　　　　　　　　　　　　〔真宗大谷派〕
　憶念寺　おくねんじ〔寺〕
　　愛知県安城市　《本尊》阿弥陀如来
　　　　　　　　　　　　　　　　　〔真宗大谷派〕
　憶念寺　おくねんじ〔寺〕
　　滋賀県長浜市　《本尊》阿弥陀如来
　　　　　　　　　　　　　　　　　〔真宗大谷派〕

【曇】

10曇華院　どんけいん〔寺〕
　　京都府京都市右京区　《別称》竹之御所　《本
　　尊》十一面観世音菩薩　　　　　　〔単立〕

【機】

9機神様《称》　はたがみさま〔社〕
　　栃木県足利市・織姫神社　《祭神》八千千姫
　　命〔他〕　　　　　　　　　　　〔神社本庁〕

【橘】

6橘寺　たちばなでら〔寺〕
　　奈良県高市郡明日香村　《別称》菩提寺　《本
　　尊》聖徳太子　　　　　　　　　　〔天台宗〕
7橘社《称》　たちばなしゃ〔社〕
　　愛媛県松山市・井手神社　《祭神》大山積神
　　〔他〕　　　　　　　　　　　　〔神社本庁〕
9橘神社　たちばなじんじゃ〔社〕
　　長崎県南高来郡千々石町　《祭神》橘周太
　　　　　　　　　　　　　　　　　〔神社本庁〕
13橘禅寺　きつぜんじ〔寺〕
　　千葉県市原市　《別称》たちばな　《本尊》薬
　　師如来・釈迦如来　　　　　　　　〔単立〕
14橘様《称》　たちばなさま〔社〕
　　千葉県茂原市・橘樹神社　《祭神》弟橘比売
　　命〔他〕　　　　　　　　　　　〔神社本庁〕
16橘樹神社　たちばなじんじゃ〔社〕
　　千葉県茂原市　《別称》橘様　《祭神》弟橘比
　　売命〔他〕　　　　　　　　　　〔神社本庁〕
　橘樹神社　たちばなじんじゃ〔社〕
　　神奈川県横浜市保土ヶ谷区　《別称》天王様
　　《祭神》素盞嗚尊　　　　　　　〔神社本庁〕

【橋】

0橋ノ上御坊《称》　はしのうえごぼう〔寺〕
　　石川県金沢市・西光寺　《本尊》阿弥陀如来
　　　　　　　　　　　　　　　　　〔真宗大谷派〕
5橋本院　はしもといん〔寺〕
　　奈良県御所市　《本尊》十一面観世音菩薩・薬
　　師如来・弘法大師　　　　　　〔高野山真言宗〕

16画（樹, 樽, 濃, 澪, 燕, 瓢, 甑, 盧, 積, 穆, 築）

橋立堂　はしだてどう〔寺〕
　埼玉県秩父市　《別称》大淵寺橋立観音堂・秩父第二八番霊場　《本尊》馬頭観世音菩薩
　〔曹洞宗〕
8橋林寺　きょうりんじ〔寺〕
　群馬県前橋市　《本尊》釈迦如来　〔曹洞宗〕
10橋姫社《称》　はしひめしゃ〔社〕
　島根県松江市・売布神社　《祭神》速秋津比売神[他]
　〔神社本庁〕
12橋場の観音様《称》　はしばのかんのんさま〔寺〕
　東京都台東区・長昌寺　《本尊》日蓮聖人奠定の大曼荼羅
　〔日蓮宗〕
橋雲寺　きょううんじ〔寺〕
　青森県中津軽郡岩木町　《別称》愛宕様　《本尊》勝軍地蔵菩薩
　〔真言宗智山派〕

【樹】
3樹下神社　じゅげじんじゃ〔社〕
　滋賀県滋賀郡志賀町　《祭神》玉依比売命
　〔神社本庁〕
8樹昌院　じゅしょういん〔寺〕
　京都府京都市東山区　《本尊》阿弥陀如来
　〔浄土宗〕
樹林寺　じゅりんじ〔寺〕
　千葉県香取郡小見川町　《別称》夕顔観音　《本尊》千手千眼観世音菩薩
　〔臨済宗妙心寺派〕
12樹敬寺　じゅきょうじ〔寺〕
　三重県松阪市　《本尊》阿弥陀如来　〔浄土宗〕

【樽】
9樽前山神社　たるまえさんじんじゃ〔社〕
　北海道苫小牧市　《祭神》大山津見神[他]
　〔神社本庁〕

【濃】
9濃飛護国神社　のうひごこくじんじゃ〔社〕
　岐阜県大垣市　《祭神》護国の神霊
　〔神社本庁〕

【澪】
15澪標住吉神社　みおつくしすみよしじんじゃ〔社〕
　大阪府大阪市此花区　《別称》伝法の住吉さん　《祭神》住吉大神[他]
　〔神社本庁〕

【燕】
12燕御坊《称》　つばめごぼう〔寺〕

新潟県燕市・専養寺　《本尊》阿弥陀如来
　〔真宗大谷派〕

【瓢】
15瓢箪山稲荷神社　ひょうたんやまいなりじんじゃ〔社〕
　大阪府東大阪市　《祭神》倉稲魂神
　〔神社本庁〕

【甑】
10甑島神社　こしきしまじんじゃ〔社〕
　鹿児島県薩摩郡上甑村　《別称》こしき大明神　《祭神》少彦名命[他]　〔神社本庁〕

【盧】
3盧山寺　ろざんじ〔寺〕
　京都府京都市上京区　《別称》大本山　《本尊》元三大師
　〔円浄宗〕

【積】
3積川神社　つがわじんじゃ〔社〕
　大阪府岸和田市　《別称》五社　《祭神》生井神[他]
　〔神社本庁〕
5積田神社　せきたじんじゃ〔社〕
　三重県名張市　《祭神》武甕槌神[他]
　〔神社本庁〕
12積善院　しゃくぜんいん〔寺〕
　京都府京都市左京区　《別称》準提さん　《本尊》准胝観世音菩薩・五大力菩薩
　〔単立〕
積雲院　せきうんいん〔寺〕
　静岡県袋井市　《本尊》聖観世音菩薩
　〔曹洞宗〕
14積翠寺　せきすいじ〔寺〕
　山梨県甲府市　《本尊》阿弥陀如来
　〔臨済宗妙心寺派〕
積翠寺　せきすいじ〔寺〕
　兵庫県西宮市　《本尊》釈迦如来
　〔臨済宗東福寺派〕

【穆】
7穆佐神社　むかさじんじゃ〔社〕
　宮崎県東諸県郡高岡町　《祭神》応神天皇[他]
　〔神社本庁〕

【築】
3築山神社　つきやまじんじゃ〔社〕
　山口県山口市　《祭神》大内義隆[他]
　〔神社本庁〕

神社・寺院名よみかた辞典　705

16画（繁, 膳, 興）

6 築地本願寺《称》　つきじほんがんじ〔寺〕
　東京都中央区・西本願寺築地別院　《本尊》阿弥陀如来
　　　　　　　　　　　　　　　　〔浄土真宗本願寺派〕
　築地神社　ちくじじんじゃ〔社〕
　愛知県名古屋市港区　《祭神》素盞嗚尊
　　　　　　　　　　　　　　　　〔神社本庁〕
12 築港高野山《称》　ちくこうこうやさん〔寺〕
　大阪府大阪市港区・釈迦院　《本尊》弘法大師
　　　　　　　　　　　　　　　　〔高野山真言宗〕

【繁】

3 繁久寺　はんきゅうじ〔寺〕
　富山県高岡市　《本尊》釈迦如来　〔曹洞宗〕
6 繁多寺　はんたじ〔寺〕
　愛知県松山市　《別称》畑寺聖天・四国第五〇番霊場　《本尊》薬師如来　〔真言宗豊山派〕
　繁成寺　はんじょうじ〔寺〕
　東京都港区　《別称》かんかん寺　《本尊》阿弥陀三尊　　　　　　　〔浄土宗〕
8 繁昌院　はんしょういん〔寺〕
　宮城県柴田郡大河原町　《別称》ひがしの寺　《本尊》釈迦如来　　　　〔曹洞宗〕
　繁松院　はんしょういん〔寺〕
　福島県石川郡石川町　《本尊》釈迦如来
　　　　　　　　　　　　　　　　〔曹洞宗〕
10 繁桂寺　はんけいじ〔寺〕
　栃木県下都賀郡藤岡町　《本尊》釈迦如来
　　　　　　　　　　　　　　　　〔曹洞宗〕
　繁根木八幡宮　はねぎはちまんぐう〔社〕
　熊本県玉名市　《祭神》応神天皇［他］
　　　　　　　　　　　　　　　　〔神社本庁〕

【膳】

8 膳所神社　ぜぜじんじゃ〔社〕
　滋賀県大津市　《祭神》豊受比売命
　　　　　　　　　　　　　　　　〔神社本庁〕

【興】

4 興仁寺　こうにんじ〔寺〕
　福島県相馬市　《別称》西光寺　《本尊》阿弥陀如来　　　　　　　　〔浄土宗〕
　興元寺　こうがんじ〔寺〕
　山口県周南市　《本尊》三尊仏　〔曹洞宗〕
5 興仙寺　こうせんじ〔寺〕
　滋賀県蒲生郡日野町　《本尊》阿弥陀如来
　　　　　　　　　　　　　　〔浄土真宗本願寺派〕
　興正寺　こうしょうじ〔寺〕
　茨城県結城郡石下町　《本尊》延命地蔵菩薩
　　　　　　　　　　　　　　　　〔曹洞宗〕

　興正寺　こうしょうじ〔寺〕
　長野県千曲市　《本尊》阿弥陀如来　〔浄土宗〕
　興正寺　こうしょうじ〔寺〕
　愛知県名古屋市昭和区　《別称》八事山・尾張高野　《本尊》胎蔵界大日如来
　　　　　　　　　　　　　　　　〔高野山真言宗〕
　興正寺　こうしょうじ〔寺〕
　愛知県安城市　《本尊》阿弥陀如来
　　　　　　　　　　　　　　　　〔真宗興正派〕
　興正寺　こうしょうじ〔寺〕
　京都府京都市下京区　《別称》本山　《本尊》阿弥陀如来　　　　　　〔真宗興正派〕
　興生寺　こうしょうじ〔寺〕
　栃木県下都賀郡壬生町　《本尊》金剛界大日如来　　　　　　　　　　〔真言宗智山派〕
6 興因寺　こういんじ〔寺〕
　山梨県甲府市　《本尊》釈迦如来　〔曹洞宗〕
　興行寺　こうぎょうじ〔寺〕
　福井県吉田郡上志比村　《別称》荒川の寺　《本尊》阿弥陀如来　〔浄土真宗本願寺派〕
8 興国寺　こうこくじ〔寺〕
　富山県富山市　《本尊》釈迦如来
　　　　　　　　　　　　　　〔臨済宗国泰寺派〕
　興国寺　こうこくじ〔寺〕
　長野県須坂市　《別称》臥竜山の寺　《本尊》釈迦三尊　　　　　　　〔曹洞宗〕
　興国寺　こうこくじ〔寺〕
　和歌山県日高郡由良町　《別称》由良開山・大本山　《本尊》釈迦如来　〔臨済宗法燈派〕
　興国寺　こうこくじ〔寺〕
　福岡県田川郡赤池町　《本尊》釈迦如来・千手観世音菩薩　　　　　　〔曹洞宗〕
　興宗寺　こうしゅうじ〔寺〕
　北海道空知郡栗沢町　《本尊》阿弥陀如来
　　　　　　　　　　　　　　　　〔真宗興正派〕
　興宗寺　こうしゅうじ〔寺〕
　石川県小松市　《別称》但馬興宗寺　《本尊》阿弥陀如来　　　　　　〔真宗大谷派〕
　興宗寺　こうしゅうじ〔寺〕
　福井県福井市　《本尊》阿弥陀如来
　　　　　　　　　　　　　　〔浄土真宗本願寺派〕
　興宗寺　こうしゅうじ〔寺〕
　兵庫県姫路市　《本尊》阿弥陀如来
　　　　　　　　　　　　　　　　〔真宗大谷派〕
　興性寺　こうしょうじ〔寺〕
　岩手県江刺市　《本尊》大日如来
　　　　　　　　　　　　　　　　〔真言宗智山派〕
　興昌寺　こうしょうじ〔寺〕
　山口県阿武郡阿武町　《本尊》釈迦如来
　　　　　　　　　　　　　　　　〔曹洞宗〕

16画（興）

興昌寺　こうしょうじ〔寺〕
　香川県観音寺市　《本尊》釈迦如来
　　　　　　　　　　　　　〔臨済宗東福寺派〕
興林寺　こうりんじ〔寺〕
　東京都八王子市　《本尊》阿弥陀如来
　　　　　　　　　　　　　〔浄土宗〕
興法寺　こうほうじ〔寺〕
　栃木県小山市　《本尊》阿弥陀如来　〔天台宗〕
興法寺　こうほうじ〔寺〕
　大阪府東大阪市　《別称》鷲尾聖天　《本尊》
　三面十一面観世音菩薩　〔真言宗醍醐派〕
興長寺　こうちょうじ〔寺〕
　埼玉県比企郡鳩山町　《別称》小用観音　《本
　尊》阿弥陀三尊　　　　〔真言宗智山派〕
9興栄寺　こうえいじ〔寺〕
　石川県金沢市　《本尊》十界曼荼羅・日蓮聖
　人　　　　　　　　　　〔日蓮宗〕
興泉寺　こうせんじ〔寺〕
　新潟県五泉市　《本尊》釈迦如来　〔曹洞宗〕
10興竜寺　こうりゅうじ〔寺〕
　長野県塩尻市　《本尊》聖観世音菩薩
　　　　　　　　　　　　　〔曹洞宗〕
11興隆寺　こうりゅうじ〔寺〕
　北海道勇払郡厚真町　《本尊》釈迦如来
　　　　　　　　　　　　　〔曹洞宗〕
興隆寺　こうりゅうじ〔寺〕
　静岡県富士市　《本尊》聖観世音菩薩
　　　　　　　　　　　　　〔曹洞宗〕
興隆寺　こうりゅうじ〔寺〕
　三重県鈴鹿市　　　　　〔臨済宗東福寺派〕
興隆寺　こうりゅうじ〔寺〕
　兵庫県神戸市北区　《別称》大池聖天　《本
　尊》歓喜天　　　　　　〔高野山真言宗〕
興隆寺　こうりゅうじ〔寺〕
　山口県山口市　《別称》妙見社　《本尊》釈迦
　三尊・四天王・北辰妙見大菩薩　〔天台宗〕
興隆寺　こうりゅうじ〔寺〕
　愛媛県周桑郡丹原町　《別称》西山観音　《本
　尊》千手観世音菩薩・歓喜天・石鎚大権現・
　文殊菩薩・弘法大師・不動明王
　　　　　　　　　　　　　〔真言宗醍醐派〕
興隆寺　こうりゅうじ〔寺〕
　熊本県玉名郡玉東町　《本尊》阿弥陀如来
　　　　　　　　　　　　　〔真言仏光寺派〕
12興善寺　こうぜんじ〔寺〕
　埼玉県南埼玉郡白岡町　《本尊》釈迦如来
　　　　　　　　　　　　　〔曹洞宗〕
興善寺　こうぜんじ〔寺〕
　東京都文京区　《別称》霊夢祖師　《本尊》日
　蓮聖人・日蓮聖人奠定の十界大曼荼羅
　　　　　　　　　　　　　〔日蓮宗〕

興善寺　こうぜんじ〔寺〕
　新潟県新発田市　《本尊》聖観世音菩薩
　　　　　　　　　　　　　〔曹洞宗〕
興善寺　こうぜんじ〔寺〕
　長野県東御市　《本尊》釈迦如来　〔曹洞宗〕
興善寺　こうぜんじ〔寺〕
　愛知県名古屋市中区　《本尊》阿弥陀如来
　　　　　　　　　　　　　〔浄土真宗本願寺派〕
興善寺　こうぜんじ〔寺〕
　大阪府泉南郡岬町　《本尊》胎蔵界大日如
　来　　　　　　　　　　〔天台宗〕
興善寺　こうぜんじ〔寺〕
　岡山県真庭郡久世町　《本尊》十界大曼荼
　羅　　　　　　　　　　〔日蓮宗〕
興敬寺　こうきょうじ〔寺〕
　滋賀県蒲生郡日野町　《本尊》阿弥陀如来
　　　　　　　　　　　　　〔真宗大谷派〕
興雲寺　こううんじ〔寺〕
　岐阜県羽島市　《本尊》阿弥陀如来
　　　　　　　　　　　　　〔真宗大谷派〕
興雲寺　こううんじ〔寺〕
　京都府天田郡三和町　《本尊》聖観世音菩
　薩　　　　　　　　　　〔臨済宗妙心寺派〕
興雲院　こううんいん〔寺〕
　栃木県日光市　《別称》律院　《本尊》阿弥陀
　如来　　　　　　　　　〔天台宗〕
13興楽寺　こうらくじ〔寺〕
　大阪府高槻市　《別称》悲母観音　《本尊》阿
　弥陀如来・十一面観世音菩薩　〔浄土宗〕
興源寺　こうげんじ〔寺〕
　栃木県鹿沼市　《本尊》正観世音菩薩
　　　　　　　　　　　　　〔曹洞宗〕
興源寺　こうげんじ〔寺〕
　千葉県富津市　《本尊》不動明王
　　　　　　　　　　　　　〔真言宗智山派〕
興源寺　こうげんじ〔寺〕
　徳島県徳島市　《別称》蜂須賀家菩提寺　《本
　尊》正観世音菩薩　　　〔臨済宗妙心寺派〕
興照寺　こうしょうじ〔寺〕
　鹿児島県鹿児島市　《本尊》阿弥陀如来
　　　　　　　　　　　　　〔単立〕
興照院　こうしょういん〔寺〕
　東京都港区　《本尊》阿弥陀如来　〔浄土宗〕
興禅寺　こうぜんじ〔寺〕
　北海道滝川市　《別称》一の坂の御寺　《本
　尊》釈迦如来　　　　　〔曹洞宗〕
興禅寺　こうぜんじ〔寺〕
　青森県十和田市　《別称》深持の寺　《本尊》
　釈迦如来　　　　　　　〔臨済宗妙心寺派〕

神社・寺院名よみかた辞典　707

16画（興）

興禅寺　こうぜんじ〔寺〕
　群馬県高崎市　《別称》白竜さん　《本尊》釈
　迦如来　　　　　　　　　　　　〔曹洞宗〕
興禅寺　こうぜんじ〔寺〕
　群馬県勢多郡赤城村　《本尊》釈迦如来・不
　動明王　　　　　　　　　　　　〔天台宗〕
興禅寺　こうぜんじ〔寺〕
　千葉県安房郡富浦町　《別称》半僧さんの寺
　《本尊》釈迦如来　　　〔臨済宗円覚寺派〕
興禅寺　こうぜんじ〔寺〕
　東京都港区　《別称》上杉寺　《本尊》釈迦如
　来　　　　　　　　　　　〔臨済宗妙心寺派〕
興禅寺　こうぜんじ〔寺〕
　神奈川県横浜市南区　《本尊》聖観世音菩薩・
　観世音菩薩　　　　　　　　　　〔曹洞宗〕
興禅寺　こうぜんじ〔寺〕
　神奈川県横浜市港北区　《別称》安産観音
　《本尊》十一面観世音菩薩　　　〔天台宗〕
興禅寺　こうぜんじ〔寺〕
　長野県飯田市　《本尊》釈迦如来
　　　　　　　　　　　　　〔臨済宗妙心寺派〕
興禅寺　こうぜんじ〔寺〕
　長野県木曽郡木曽福島町　《別称》義仲の墓
　寺　《本尊》釈迦如来　　〔臨済宗妙心寺派〕
興禅寺　こうぜんじ〔寺〕
　静岡県熱海市　《本尊》十一面観世音菩薩
　　　　　　　　　　　　　〔臨済宗妙心寺派〕
興禅寺　こうぜんじ〔寺〕
　京都府舞鶴市　《別称》毘沙門堂　《本尊》釈
　迦如来　　　　　　　　　〔臨済宗天竜寺派〕
興禅寺　こうぜんじ〔寺〕
　兵庫県氷上郡春日町　《本尊》釈迦如来・迦
　葉尊者・阿難尊者　　　　　　　〔曹洞宗〕
興禅寺　こうぜんじ〔寺〕
　奈良県吉野郡東吉野村　《別称》薬師寺　《本
　尊》薬師如来　　　　　　　　　〔曹洞宗〕
興禅寺　こうぜんじ〔寺〕
　和歌山県西牟婁郡上富田町　《別称》だるま
　でら　《本尊》釈迦如来・達磨大師
　　　　　　　　　　　　　〔臨済宗妙心寺派〕
興禅寺　こうぜんじ〔寺〕
　鳥取県鳥取市　　　　　　　　　〔黄檗宗〕
興禅寺　こうぜんじ〔寺〕
　岡山県久米郡中央町　《別称》ぜんそく封じ
　観音　《本尊》聖観世音菩薩
　　　　　　　　　　　　　　〔高野山真言宗〕
興禅寺　こうぜんじ〔寺〕
　愛媛県南宇和郡御荘町　《本尊》十一面観世
　音菩薩　　　　　　　　　　　　〔曹洞宗〕

興禅院　こうぜんいん〔寺〕
　大分県大分郡湯布院町　《別称》禅海和尚得
　度の寺　《本尊》釈迦如来　　　〔曹洞宗〕
興福寺　こうふくじ〔寺〕
　宮城県気仙沼市　《本尊》釈迦如来　〔曹洞宗〕
興福寺　こうふくじ〔寺〕
　宮城県栗原郡志波姫町　《本尊》金剛界大日
　如来　　　　　　　　　　　〔真言宗智山派〕
興福寺《称》　こうふくじ〔寺〕
　福島県双葉郡楢葉町・大楽院　《本尊》薬師
　如来　　　　　　　　　　　〔真言宗豊山派〕
興福寺　こうふくじ〔寺〕
　栃木県佐野市　《本尊》阿弥陀如来・釈迦如
　来　　　　　　　　　　　　　　〔曹洞宗〕
興福寺　こうふくじ〔寺〕
　静岡県浜松市　《本尊》虚空蔵菩薩
　　　　　　　　　　　　　〔臨済宗妙心寺派〕
興福寺　こうふくじ〔寺〕
　滋賀県八日市市　《別称》五智如来　《本尊》
　大日如来・薬師如来・宝生如来・阿弥陀如
　来・釈迦如来　　　　　　〔臨済宗永源寺派〕
興福寺　こうふくじ〔寺〕
　奈良県奈良市　《別称》大本山・南都七大寺
　《本尊》釈迦如来・薬師如来・不空羂索観世
　音菩薩・弥勒菩薩　　　　　　　〔法相宗〕
興福寺　こうふくじ〔寺〕
　長崎県長崎市　《別称》南京寺　《本尊》釈迦
　如来・准胝観世音菩薩・地蔵菩薩　〔黄檗宗〕
興福寺南円堂　こうふくじなんえんどう〔
　寺〕
　奈良県奈良市　《別称》南円堂・西国第九番
　霊場　《本尊》不空羂索観世音菩薩
　　　　　　　　　　　　　　　　〔法相宗〕
興福院　こうふくいん〔寺〕
　神奈川県足柄下郡箱根町　《本尊》釈迦三
　尊　　　　　　　　　　　　　　〔曹洞宗〕
興福院　こんぶいん〔寺〕
　奈良県奈良市　《本尊》阿弥陀三尊　〔浄土宗〕
興聖寺　こうしょうじ〔寺〕
　栃木県安蘇郡田沼町　《本尊》釈迦如来
　　　　　　　　　　　　　　　　〔曹洞宗〕
興聖寺　こうしょうじ〔寺〕
　富山県氷見市　《別称》中の寺　《本尊》聖観
　世音菩薩　　　　　　　　〔臨済宗国泰寺派〕
興聖寺　こうしょうじ〔寺〕
　滋賀県高島郡朽木村　《本尊》釈迦如来
　　　　　　　　　　　　　　　　〔曹洞宗〕
興聖寺　こうしょうじ〔寺〕
　京都府京都市上京区　《別称》おりべ寺・大本
　山　《本尊》釈迦如来　　〔臨済宗興聖寺派〕

708　神社・寺院名よみかた辞典

16画（舊, 稗, 薗, 薫, 薦, 薬）

興聖寺　こうしょうじ〔寺〕
　京都府宇治市　《本尊》釈迦如来　〔曹洞宗〕
興聖寺　こうしょうじ〔寺〕
　福岡県宗像市　《本尊》釈迦如来
　　　　　　　　　　　　〔臨済宗大徳寺派〕
興聖寺　こうしょうじ〔寺〕
　大分県大分市　《本尊》釈迦如来
　　　　　　　　　　　　〔臨済宗妙心寺派〕
14興徳寺　こうとくじ〔寺〕
　福島県会津若松市　《本尊》聖観世音菩薩
　　　　　　　　　　　　〔臨済宗妙心寺派〕
興徳寺　こうとくじ〔寺〕
　長野県飯田市　《本尊》釈迦如来
　　　　　　　　　　　　〔臨済宗妙心寺派〕
興徳寺　こうとくじ〔寺〕
　岐阜県瑞浪市　《本尊》釈迦如来
　　　　　　　　　　　　〔臨済宗妙心寺派〕
興徳寺　こうとくじ〔寺〕
　愛知県名古屋市熱田区　《本尊》阿弥陀如
　来　　　　　　　　　　　〔真宗大谷派〕
興徳寺　こうとくじ〔寺〕
　京都府京都市上京区　《本尊》阿弥陀如来
　　　　　　　　　　　　〔浄土真宗本願寺派〕
興徳寺　こうとくじ〔寺〕
　大阪府大阪市天王寺区　《本尊》薬師如来
　　　　　　　　　　　　〔高野山真言宗〕
興徳寺　こうとくじ〔寺〕
　広島県広島市中区　《本尊》観世音菩薩
　　　　　　　　　　　　〔臨済宗妙心寺派〕
興徳寺　こうとくじ〔寺〕
　福岡県福岡市西区　《本尊》釈迦如来
　　　　　　　　　　　　〔臨済宗大徳寺派〕
15興導寺　こうどうじ〔寺〕
　大分県東国東郡国東町　《別称》西の坊　《本
　尊》火燃地蔵菩薩　　　　〔天台宗〕
興慶寺　こうけいじ〔寺〕
　東京都八王子市　《本尊》地蔵菩薩
　　　　　　　　　　　　〔臨済宗南禅寺派〕
興蔵寺　こうぞうじ〔寺〕
　山梨県甲府市　《別称》宮原観音　《本尊》十
　一面観世音菩薩　　　　〔真言宗智山派〕
17興嶽寺　こうがくじ〔寺〕
　静岡県小笠郡菊川町　《本尊》釈迦如来
　　　　　　　　　　　　〔曹洞宗〕
18興臨院　こうりんいん〔寺〕
　京都府京都市北区　《本尊》小渓和尚
　　　　　　　　　　　　〔臨済宗大徳寺派〕
19興願寺　こうがんじ〔寺〕
　愛媛県四国中央市　《別称》別格本山　《本
　尊》延命地蔵菩薩　　　〔真言宗大覚寺派〕

【舊】
14舊蔔林寺　せんぷくりんじ〔寺〕
　京都府京都市左京区　《別称》南禅僧堂　《本
　尊》阿弥陀如来　　　　〔臨済宗南禅寺派〕

【稗】
5稗田神社　ひえだじんじゃ〔社〕
　東京都大田区　《祭神》誉田別命［他］
　　　　　　　　　　　　〔神社本庁〕
稗田野神社　ひえだのじんじゃ〔社〕
　京都府亀岡市　《祭神》保食命［他］
　　　　　　　　　　　　〔神社本庁〕

【薗】
8薗林寺　えんりんじ〔寺〕
　京都府宇治市　《本尊》阿弥陀如来
　　　　　　　　　　　　〔浄土真宗本願寺派〕

【薫】
8薫的神社　くんてきじんじゃ〔社〕
　高知県高知市　《祭神》薫的大和尚
　　　　　　　　　　　　〔神社本庁〕

【薦】
9薦神社　こもじんじゃ〔社〕
　大分県中津市　《別称》大貞八幡　《祭神》応
　神天皇［他］　　　　　　〔神社本庁〕

【薬】
3薬上寺　やくじょうじ〔寺〕
　兵庫県飾磨郡夢前町　《別称》あびこ薬師
　《本尊》薬師如来　　　　〔高野山真言宗〕
4薬王寺　やくおうじ〔寺〕
　宮城県仙台市若林区　《本尊》大日如来・薬
　師如来・不動明王・正観世音菩薩
　　　　　　　　　　　　〔真言宗智山派〕
薬王寺《称》　やくおうじ〔寺〕
　宮城県角田市・薬真寺　《本尊》薬師如来
　　　　　　　　　　　　〔真言宗智山派〕
薬王寺　やくおうじ〔寺〕
　福島県いわき市　《本尊》文殊菩薩
　　　　　　　　　　　　〔真言宗智山派〕
薬王寺　やくおうじ〔寺〕
　茨城県真壁郡大和村　《本尊》阿弥陀如来
　　　　　　　　　　　　〔天台宗〕
薬王寺　やくおうじ〔寺〕
　栃木県鹿沼市　　　　　〔真言宗智山派〕

神社・寺院名よみかた辞典　709

16画（薬）

薬王寺　やくおうじ〔寺〕
　栃木県小山市　《本尊》阿弥陀如来
〔真言宗豊山派〕

薬王寺　やくおうじ〔寺〕
　栃木県真岡市　《本尊》薬王菩薩・阿弥陀如来
〔天台宗〕

薬王寺　やくおうじ〔寺〕
　栃木県塩谷郡氏家町　《本尊》大日如来
〔真言宗智山派〕

薬王寺　やくおうじ〔寺〕
　埼玉県川口市　《本尊》不動明王・薬師如来
〔真言宗豊山派〕

薬王寺　やくおうじ〔寺〕
　埼玉県所沢市　《本尊》薬師如来　〔曹洞宗〕

薬王寺　やくおうじ〔寺〕
　千葉県東金市　《本尊》大曼荼羅　〔単立〕

薬王寺　やくおうじ〔寺〕
　千葉県勝浦市　《本尊》不動明王
〔真言宗智山派〕

薬王寺　やくおうじ〔寺〕
　東京都港区　《本尊》日蓮聖人奠定の大曼荼羅
〔日蓮宗〕

薬王寺　やくおうじ〔寺〕
　東京都大田区　《本尊》薬師如来
〔真言宗智山派〕

薬王寺　やくおうじ〔寺〕
　東京都江戸川区　《本尊》阿弥陀如来
〔真言宗豊山派〕

薬王寺　やくおうじ〔寺〕
　東京都青梅市　《別称》七国山　《本尊》薬師如来
〔真言宗豊山派〕

薬王寺　やくおうじ〔寺〕
　神奈川県横浜市神奈川区　《本尊》薬師如来
〔高野山真言宗〕

薬王寺　やくおうじ〔寺〕
　神奈川県横浜市南区　《本尊》薬師如来
〔高野山真言宗〕

薬王寺　やくおうじ〔寺〕
　神奈川県横浜市磯子区　《本尊》薬師如来
〔浄土宗〕

薬王寺　やくおうじ〔寺〕
　神奈川県横浜市金沢区　《本尊》薬師如来
〔真言宗御室派〕

薬王寺　やくおうじ〔寺〕
　神奈川県横浜市旭区　《本尊》畠山重忠公の霊堂　《本尊》薬師如来　〔曹洞宗〕

薬王寺　やくおうじ〔寺〕
　新潟県南蒲原郡下田村　《別称》いもがわ薬師　《本尊》薬師如来
〔真言宗智山派〕

薬王寺　やくおうじ〔寺〕
　山梨県西八代郡三珠町　《本尊》毘沙門天
〔高野山真言宗〕

薬王寺　やくおうじ〔寺〕
　山梨県南巨摩郡中富町　《本尊》日蓮聖人奠定の十界大曼荼羅　〔日蓮宗〕

薬王寺　やくおうじ〔寺〕
　兵庫県三原郡南淡町　《別称》筒井のおやくしさん　《本尊》薬師如来　〔高野山真言宗〕

薬王寺　やくおうじ〔寺〕
　和歌山県和歌山市　《本尊》阿弥陀如来
〔浄土宗〕

薬王寺　やくおうじ〔寺〕
　広島県広島市西区　《別称》中広大師　《本尊》薬師如来　〔真言宗大覚寺派〕

薬王寺　やくおうじ〔寺〕
　徳島県海部郡日和佐町　《別称》四国第二三番霊場　《本尊》薬師如来　〔高野山真言宗〕

薬王寺　やくおうじ〔寺〕
　長崎県佐世保市　《本尊》薬師如来　〔曹洞宗〕

薬王院　やくおういん〔寺〕
　茨城県水戸市　《別称》吉田のお薬師様　《本尊》薬師如来・阿弥陀如来　〔天台宗〕

薬王院　やくおういん〔寺〕
　茨城県新治郡八郷町　《本尊》薬師如来
〔真言宗豊山派〕

薬王院　やくおういん〔寺〕
　千葉県君津市　《本尊》不動明王
〔真言宗智山派〕

薬王院　やくおういん〔寺〕
　東京都新宿区　《本尊》薬師如来
〔真言宗豊山派〕

薬王院　やくおういん〔寺〕
　東京都足立区　《本尊》薬師如来
〔真言宗豊山派〕

薬王院　やくおういん〔寺〕
　東京都八王子市　《別称》高尾山　《本尊》飯縄大権現　〔真言宗智山派〕

薬王院　やくおういん〔寺〕
　長野県長野市　《別称》善光寺薬王院　《本尊》阿弥陀如来　〔天台宗〕

薬王権現　《称》　やくおうごんげん〔社〕
　山梨県東八代郡御坂町・檜峯神社　《祭神》大己貴命〔他〕　〔神社本庁〕

5 薬仙寺　やくせんじ〔寺〕
　兵庫県神戸市兵庫区　《本尊》阿弥陀如来・薬師如来・観世音菩薩　〔時宗〕

6 薬光寺　やくこうじ〔寺〕
　山口県下関市　《本尊》阿弥陀如来
〔浄土真宗本願寺派〕

16画（薬）

9 薬研堀不動院　やげんぼりふどういん〔寺〕
　東京都中央区　《本尊》不動明王
　　　　　　　　　　　　　　　〔真言宗智山派〕
10 薬師さま《称》　やくしさま〔社〕
　宮城県桃生郡雄勝町・葉山神社　《祭神》少彦名神
　　　　　　　　　　　　　　　〔神社本庁〕
薬師さん《称》　やくしさん〔社〕
　秋田県北秋田郡森吉町・米内沢神社　《祭神》天照大神[他]
　　　　　　　　　　　　　　　〔神社本庁〕
薬師寺　やくしじ〔寺〕
　山形県長井市　《本尊》大日如来・薬師如来
　　　　　　　　　　　　　　　〔真言宗豊山派〕
薬師寺　やくしじ〔寺〕
　山形県東根市　《別称》東根のお薬師様　《本尊》薬師如来・地蔵菩薩・不動明王
　　　　　　　　　　　　　　　〔真言宗智山派〕
薬師寺　やくしじ〔寺〕
　福島県伊達郡月舘町　《本尊》大日如来
　　　　　　　　　　　　　　　〔真言宗豊山派〕
薬師寺　やくしじ〔寺〕
　福島県南会津郡田島町　《本尊》薬師如来・阿弥陀如来
　　　　　　　　　　　　　　　〔真言宗豊山派〕
薬師寺　やくしじ〔寺〕
　福島県大沼郡金山町　《本尊》薬師如来・十二神将・大日如来・如意輪観世音菩薩
　　　　　　　　　　　　　　　〔真言宗豊山派〕
薬師寺　やくしじ〔寺〕
　茨城県東茨城郡常北町　《別称》石塚薬師　《本尊》薬師三尊
　　　　　　　　　　　　　　　〔天台宗〕
薬師寺　やくしじ〔寺〕
　栃木県足利市　《本尊》延命地蔵菩薩・薬師如来
　　　　　　　　　　　　　　　〔真言宗豊山派〕
薬師寺　やくしじ〔寺〕
　千葉県成田市　《本尊》薬師如来
　　　　　　　　　　　　　　　〔真言宗豊山派〕
薬師寺　やくしじ〔寺〕
　千葉県習志野市　《別称》大久保薬師堂　《本尊》薬師如来
　　　　　　　　　　　　　　　〔真言宗豊山派〕
薬師寺　やくしじ〔寺〕
　千葉県匝瑳郡野栄町　《別称》川辺薬師　《本尊》大日如来・薬師如来
　　　　　　　　　　　　　　　〔真言宗智山派〕
薬師寺　やくしじ〔寺〕
　東京都足立区　《別称》綾瀬薬師　《本尊》不動明王
　　　　　　　　　　　　　　　〔真言宗豊山派〕
薬師寺　やくしじ〔寺〕
　新潟県三島郡出雲崎町　《本尊》薬師如来
　　　　　　　　　　　　　　　〔真言宗豊山派〕
薬師寺　やくしじ〔寺〕
　岐阜県美濃加茂市　《本尊》薬師如来
　　　　　　　　　　　　　　　〔臨済宗妙心寺派〕

薬師寺　やくしじ〔寺〕
　愛知県名古屋市瑞穂区　《本尊》薬師如来
　　　　　　　　　　　　　　　〔真言宗智山派〕
薬師寺　やくしじ〔寺〕
　愛知県一宮市丹陽町　《別称》安産薬師　《本尊》薬師如来
　　　　　　　　　　　　　　　〔曹洞宗〕
薬師寺　やくしじ〔寺〕
　愛知県一宮市大和町　《別称》おてんけす　《本尊》薬師如来・地蔵菩薩
　　　　　　　　　　　　　　　〔黄檗宗〕
薬師寺　やくしじ〔寺〕
　愛知県犬山市　《本尊》薬師如来
　　　　　　　　　　　　　　　〔真言宗豊山派〕
薬師寺　やくしじ〔寺〕
　三重県松阪市　《別称》船江薬師　《本尊》薬師如来
　　　　　　　　　　　　　　　〔天台宗〕
薬師寺　やくしじ〔寺〕
　三重県上野市　《別称》医王院　《本尊》薬師如来
　　　　　　　　　　　　　　　〔真言宗豊山派〕
薬師寺　やくしじ〔寺〕
　三重県一志郡嬉野町　《本尊》薬師如来
　　　　　　　　　　　　　　　〔曹洞宗〕
薬師寺　やくしじ〔寺〕
　京都府相楽郡加茂町　《別称》おやくしさん　《本尊》阿弥陀如来
　　　　　　　　　　　　　　　〔浄土宗〕
薬師寺　やくしじ〔寺〕
　京都府船井郡瑞穂町　《本尊》薬師如来・八幡菩薩
　　　　　　　　　　　　　　　〔臨済宗妙心寺派〕
薬師寺《称》　やくしじ〔寺〕
　兵庫県篠山市・大国寺　《本尊》大日如来・阿弥陀如来
　　　　　　　　　　　　　　　〔天台宗〕
薬師寺　やくしじ〔寺〕
　奈良県奈良市　《別称》大本山・南都七大寺　《本尊》薬師三尊・月光菩薩・聖観世音菩薩
　　　　　　　　　　　　　　　〔法相宗〕
薬師寺《称》　やくしじ〔寺〕
　奈良県吉野郡東吉野村・興禅寺　《本尊》薬師如来
　　　　　　　　　　　　　　　〔曹洞宗〕
薬師寺　やくしじ〔寺〕
　和歌山県那賀郡打田町　《別称》赤尾の薬師　《本尊》薬師三尊・十二神将
　　　　　　　　　　　　　　　〔真言宗東寺派〕
薬師寺　やくしじ〔寺〕
　広島県因島市　《別称》原の寺　《本尊》薬師如来
　　　　　　　　　　　　　　　〔高野山真言宗〕
薬師寺　やくしじ〔寺〕
　広島県福山市　《本尊》薬師如来・金剛界胎蔵界大日如来・不動明王　〔真言宗御室派〕
薬師寺　やくしじ〔寺〕
　徳島県徳島市　　　　　　　〔真言宗大覚寺派〕

神社・寺院名よみかた辞典　711

16画（薀, 融, 衡, 親）

薬師寺　やくじし〔寺〕
　愛媛県松山市泉町　《別称》おやくし　《本尊》薬師如来
　　　　　　　　　　　　　　　〔真言宗智山派〕
薬師寺　やくじし〔寺〕
　愛媛県松山市保免　《本尊》薬師如来
　　　　　　　　　　　　　　　〔真言宗豊山派〕
薬師坊《称》　やくしぼう〔寺〕
　徳島県鳴門市・勝福寺　《本尊》薬師如来・無量寿如来
　　　　　　　　　　　　　　　〔高野山真言宗〕
薬師神社　やくしじんじゃ〔社〕
　福井県吉田郡松岡町　《別称》薬師さん　《祭神》少彦名命〔他〕　　〔神社本庁〕
薬師院　やくしいん〔寺〕
　神奈川県平塚市　《別称》清水の寺　《本尊》薬師如来　　　　〔真言宗東寺派〕
薬師院　やくしいん〔寺〕
　静岡県三島市　《別称》三島の弘法　《本尊》薬師如来・観世音菩薩・不動明王
　　　　　　　　　　　　　　　〔高野山真言宗〕
薬師院《称》　やくしいん〔寺〕
　三重県上野市・浄瑠璃寺　《本尊》薬師如来
　　　　　　　　　　　　　　　〔真言宗豊山派〕
薬師院　やくしいん〔寺〕
　大阪府岸和田市　《別称》お薬師さん　《本尊》薬師如来・歓喜天　〔高野山真言宗〕
薬師院　やくしいん〔寺〕
　兵庫県明石市　《別称》あか寺・西岡の薬師・ぼたん寺　《本尊》薬師如来
　　　　　　　　　　　　　　　〔高野山真言宗〕
薬師院　やくしいん〔寺〕
　島根県八束郡鹿島町　《本尊》虚空蔵菩薩
　　　　　　　　　　　　　　　〔高野山真言宗〕
薬師院　やくしいん〔寺〕
　岡山県岡山市　《本尊》薬師如来　〔単立〕
薬師堂《称》　やくしどう〔寺〕
　宮城県仙台市若林区・国分寺　《本尊》薬師如来
　　　　　　　　　　　　　　　〔真言宗智山派〕
薬師堂《称》　やくしどう〔寺〕
　滋賀県守山市・東福寺　〔天台真盛宗〕
薬師堂《称》　やくしどう〔寺〕
　滋賀県野洲郡中主町・西得寺　《本尊》薬師如来　　　　　〔天台真盛宗〕
薬師御殿《称》　やくしごてん〔寺〕
　大阪府大阪市北区・寒山寺　《本尊》釈迦如来
　　　　　　　　　　　　　　　〔臨済宗妙心寺派〕
薬師温泉《称》　やくしおんせん〔寺〕
　岐阜県郡上市・敬願寺　《本尊》阿弥陀如来
　　　　　　　　　　　　　　　〔真宗大谷派〕
薬師温泉寺《称》　やくしおんせんじ〔寺〕
　兵庫県神戸市北区・清涼院　《本尊》薬師如来
　　　　　　　　　　　　　　　〔黄檗宗〕

薬真寺　やくしんじ〔寺〕
　宮城県角田市　《別称》薬王寺　《本尊》薬師如来　　〔真言宗智山派〕
11薬莱神社　やくらいじんじゃ〔社〕
　宮城県加美郡加美町　《祭神》大己貴命〔他〕　　〔神社本庁〕
12薬勝寺　やくしょうじ〔寺〕
　富山県砺波市　〔臨済宗国泰寺派〕
13薬園八幡神社　やくおんはちまんじんじゃ〔社〕
　奈良県大和郡山市　《別称》やこうさん　《祭神》八幡大神〔他〕　〔神社本庁〕
16薬樹王院　やくじゅおういん〔寺〕
　岩手県西磐井郡平泉町　《別称》北本坊　《本尊》阿弥陀如来　　〔天台宗〕
薬薗寺　やくおんじ〔寺〕
　京都府八幡市　《別称》薬師さん　《本尊》薬師如来　　　　〔浄土宗〕

【薀】
14薀徳寺　うんとくじ〔寺〕
　愛知県海部郡七宝町　《本尊》薬師如来・三尺坊大権現　　〔真言宗智山派〕

【融】
8融念寺　ゆうねんじ〔寺〕
　奈良県生駒郡斑鳩町　《本尊》地蔵菩薩・聖観世音菩薩　　〔融通念仏宗〕
12融雲寺　ゆううんじ〔寺〕
　京都府京都市伏見区　《本尊》阿弥陀三尊
　　　　　　　　　　　　〔浄土宗西山禅林寺派〕

【衡】
10衡梅院　こうばいいん〔寺〕
　京都府京都市右京区　〔臨済宗妙心寺派〕

【親】
4親友寺　しんゆうじ〔寺〕
　兵庫県龍野市　《本尊》阿弥陀如来　　　〔真宗大谷派〕
親王さま《称》　しんのうさま〔社〕
　福井県敦賀市・金崎宮　《祭神》尊良親王〔他〕　　〔神社本庁〕
親王院　しんおういん〔寺〕
　和歌山県伊都郡高野町　《本尊》不動明王　　〔高野山真言宗〕
6親合神社　おやあいじんじゃ〔社〕
　静岡県浜松市　《祭神》天照皇大神〔他〕　　〔神社本庁〕

16画（諦，諭，諫，賢，還，醍，鋸，錦）

8親武さん《称》　ちかたけさん〔社〕
　宮崎県西臼杵郡日之影町・宮水神社　《祭神》
　三田井親武［他］　　　　　　　〔神社本庁〕
9親宣寺《称》　しんせんじ〔寺〕
　愛知県幡豆郡一色町・東本願寺赤羽別院親宣
　寺　《本尊》阿弥陀如来　　　　〔真宗大谷派〕
12親敬寺　しんきょうじ〔寺〕
　大分県大野郡大野町　《本尊》十界大曼荼
　羅　　　　　　　　　　　　　　　〔日蓮宗〕
13親蓮寺　しんれんじ〔寺〕
　大分県大分市　《本尊》日蓮聖人奠定の大曼
　荼羅・釈迦如来・日親上人　　　　〔日蓮宗〕
15親縁寺　しんねんじ〔寺〕
　神奈川県横浜市戸塚区　《本尊》阿弥陀如来・
　日限地蔵菩薩・閻魔王・閻魔九王・薬師如
　来・日光童子・月光童子・十二神将　〔時宗〕

【諦】
17諦聴寺　たいちょうじ〔寺〕
　福井県福井市　《別称》西寺　《本尊》阿弥陀
　如来　　　　　　　　　　　　　〔真宗大谷派〕

【諭】
21諭鶴羽神社　ゆずるはじんじゃ〔社〕
　兵庫県三原郡南淡町　《別称》ゆずるはさん
　《祭神》伊弉冉尊［他］　　　　　〔神社本庁〕

【諫】
6諫早神社　いさはやじんじゃ〔社〕
　長崎県諫早市　《別称》お四面さん　《祭神》
　天照大神［他］　　　　　　　　　〔神社本庁〕

【賢】
6賢如院　けんにょういん〔寺〕
　愛媛県越智郡吉海町　《別称》総本山　《本
　尊》不動明王　　　　　　　　　　〔金剛宗〕
7賢見神社　けんみじんじゃ〔社〕
　徳島県三好郡山城町　　　　　　〔神社本庁〕
8賢忠寺　けんちゅうじ〔寺〕
　広島県福山市　《本尊》無量寿如来　〔曹洞宗〕
10賢竜寺　けんりゅうじ〔寺〕
　福井県大野市　《本尊》阿弥陀如来
　　　　　　　　　　　　　　　　〔真宗大谷派〕
13賢瑞院　けんずいいん〔寺〕
　福島県東白川郡塙町　《本尊》釈迦如来
　　　　　　　　　　　　　　　　　〔曹洞宗〕

【還】
7還来寺　げんらいじ〔寺〕

　千葉県海上郡海上町　《本尊》阿弥陀如来
　　　　　　　　　　　　　　　　〔真言宗智山派〕
還来寺　げんらいじ〔寺〕
　石川県鹿島郡鹿西町　《本尊》阿弥陀如来
　　　　　　　　　　　　　　　　〔真宗大谷派〕
8還国寺　げんこくじ〔寺〕
　東京都文京区　《別称》おえんまさまのお寺
　《本尊》阿弥陀如来　　　　　　　〔浄土宗〕

【醍】
16醍醐寺　だいごじ〔寺〕
　滋賀県東浅井郡浅井町　《本尊》不動明王
　　　　　　　　　　　　　　　　〔真言宗豊山派〕
醍醐寺　だいごじ〔寺〕
　京都府京都市伏見区　《別称》総本山・西国第
　一一番霊場　《本尊》薬師三尊・四天王
　　　　　　　　　　　　　　　　〔真言宗醍醐派〕
醍醐寺　だいごじ〔寺〕
　京都府福知山市　《本尊》薬師如来
　　　　　　　　　　　　　　　　〔臨済宗南禅寺派〕
醍醐寺　だいごじ〔寺〕
　兵庫県神崎郡香寺町　《別称》中寺　《本尊》
　十界大曼荼羅　　　　　　　　　　〔日蓮宗〕
醍醐寺　だいごじ〔寺〕
　大分県大野郡大野町　《別称》養老の寺　《本
　尊》釈迦如来　　　　　　　　〔臨済宗妙心寺派〕
醍醐院　だいごいん〔寺〕
　神奈川県足柄下郡湯河原町　《本尊》十一面
　観世音菩薩　　　　　　　　　　　〔曹洞宗〕

【鋸】
3鋸山日本寺《称》　のこぎりやまにほんじ
　〔寺〕
　千葉県安房郡鋸南町・日本寺　《本尊》薬師
　如来　　　　　　　　　　　　　　〔曹洞宗〕

【錦】
4錦天神《称》　にしきてんじん〔社〕
　京都府京都市中京区・錦天満宮　《祭神》菅
　原道真　　　　　　　　　　　　〔神社本教〕
錦天満神社《称》　にしきてんまんじんじ
　ゃ〔社〕
　京都府京都市中京区・錦天満宮　《祭神》菅
　原道真　　　　　　　　　　　　〔神社本教〕
錦天満宮　にしきてんまんぐう〔社〕
　京都府京都市中京区　《別称》錦天神・錦天
　満神社　《祭神》菅原道真　　　　〔神社本教〕
12錦着山護国神社　にしきぎざんごくじん
　じゃ〔社〕
　栃木県栃木市　《祭神》護国の神霊

神社・寺院名よみかた辞典　713

16画（錫、閼、隣、頭、頼、館、鮎、鴨）

13錦照寺　きんしょうじ〔寺〕
　福岡県北九州市八幡東区　《本尊》阿弥陀如来
　　　　　　　　　　　　　　　　〔真宗木辺派〕
18錦織寺　きんしょくじ〔寺〕
　滋賀県野洲郡中主町　《別称》木部本山　《本尊》阿弥陀如来　　　　　〔真宗木辺派〕
　錦織神社　にしきおりじんじゃ〔社〕
　大阪府富田林市　《祭神》建速素盞嗚命[他]
　　　　　　　　　　　　　　　　〔神社本庁〕
　錦織神社　にしこりじんじゃ〔社〕
　岡山県久米郡中央町　《祭神》栲幡千千姫命　　　　　　　　　　　　〔神社本庁〕

【錫】
7錫杖寺　しゃくじょうじ〔寺〕
　埼玉県川口市　《本尊》地蔵菩薩
　　　　　　　　　　　　　　　〔真言宗智山派〕
　錫杖院《称》　しゃくじょういん〔社〕
　宮崎県西諸県郡高原町・霧島東神社　《祭神》伊弉諾尊[他]　　　　　　〔神社本庁〕

【閼】
7閼伽井寺　あかいじ〔寺〕
　和歌山県那賀郡岩出町　《本尊》阿弥陀如来　　　　　　　　　　　　〔新義真言宗〕
　閼伽井坊　あかいぼう〔寺〕
　山口県下松市　《本尊》虚空蔵菩薩
　　　　　　　　　　　　　　　〔真言宗御室派〕

【隣】
8隣松寺　りんしょうじ〔寺〕
　愛知県豊田市　《本尊》阿弥陀如来　〔浄土宗〕
9隣政寺　りんしょうじ〔寺〕
　長野県下伊那郡大鹿村　《別称》山の寺　《本尊》千手観世音菩薩　　　〔天台宗〕
10隣峰寺　りんぽうじ〔寺〕
　熊本県天草郡天草町　《本尊》釈迦如来
　　　　　　　　　　　　　　　　〔曹洞宗〕
　隣華院　りんかいん〔寺〕
　京都府京都市右京区　《本尊》釈迦如来
　　　　　　　　　　　　　　〔臨済宗妙心寺派〕

【頭】
0頭さま《称》　こうべさま〔社〕
　岡山県勝田郡奈義町・三穂神社　《祭神》事代主命[他]　　　　　　　〔神社本庁〕
8頭陀寺　ずだじ〔寺〕
　福島県伊達郡川俣町　《本尊》釈迦如来
　　　　　　　　　　　　　　　　〔曹洞宗〕

頭陀寺　ずだじ〔寺〕
　静岡県浜松市　《本尊》薬師如来
　　　　　　　　　　　　　　　〔高野山真言宗〕

【頼】
3頼久寺　らいきゅうじ〔寺〕
　岡山県高梁市　《本尊》聖観世音菩薩
　　　　　　　　　　　　　　〔臨済宗永源寺派〕
4頼円寺　らいえんじ〔寺〕
　山形県東村山郡中山町　《本尊》阿弥陀如来　　　　　　　　　　　　〔真宗大谷派〕
8頼岳寺　らいがくじ〔寺〕
　長野県茅野市　《別称》少林山　《本尊》釈迦如来　　　　　　　　　　〔曹洞宗〕
12頼勝寺　らいしょうじ〔寺〕
　新潟県阿賀野市　《本尊》正観世音菩薩
　　　　　　　　　　　　　　　　〔曹洞宗〕

【館】
3館山寺　かんざんじ〔寺〕
　山形県米沢市　《別称》鳥居虚空蔵　《本尊》釈迦如来・虚空蔵菩薩　　〔曹洞宗〕
　館山寺　かんざんじ〔寺〕
　静岡県浜松市　《本尊》虚空蔵菩薩・秋葉三尺坊大権現　　　　　　　〔曹洞宗〕
13館腰神社　たてのこしじんじゃ〔社〕
　宮城県名取市　《祭神》倉稲魂命[他]
　　　　　　　　　　　　　　　　〔神社本庁〕

【鮎】
7鮎貝八幡宮　あゆかいはちまんぐう〔社〕
　山形県西置賜郡白鷹町　《祭神》応神天皇[他]　　　　　　　　　　　〔神社本庁〕
10鮎原の天神《称》　あゆはらのてんじん〔社〕
　兵庫県津名郡五色町・河上神社　《祭神》河上大神[他]　　　　　　　〔神社本庁〕

【鴨】
3鴨大神御子神主玉神社　かもおおかみみこかみぬしたまじんじゃ〔社〕
　茨城県西茨城郡岩瀬町　《別称》鴨神社　《祭神》太田田根子命[他]　　〔神社本庁〕
6鴨江寺　かもえじ〔寺〕
　静岡県浜松市　《別称》鴨江観音　《本尊》聖観世音菩薩　　　　　〔高野山真言宗〕
8鴨長尾神社　かもながおじんじゃ〔社〕
　岡山県赤磐郡山陽町　《祭神》大国主命
　　　　　　　　　　　　　　　　〔神社本庁〕

9鴨神社《称》　かもじんじゃ〔社〕
　茨城県西茨城郡岩瀬町・鴨大神御子神主玉神
　社　《祭神》太田田根子命[他]　〔神社本庁〕
鴨神社　かもじんじゃ〔社〕
　三重県いなべ市　《祭神》鴨別雷神[他]
　　　　　　　　　　　　　　　〔神社本庁〕
鴨神社　かもじんじゃ〔社〕
　兵庫県川西市　《祭神》別雷神　〔神社本庁〕
鴨神社　かもじんじゃ〔社〕
　兵庫県氷上郡市島町　《別称》乳の宮　《祭
　神》鴨別雷命　　　　　　　　　〔神社本庁〕
鴨神社　かもじんじゃ〔社〕
　岡山県玉野市　《祭神》味鉏高日子根命[他]
　　　　　　　　　　　　　　　〔神社本庁〕
鴨神社《称》　かもじんじゃ〔社〕
　岡山県御津郡建部町・多自枯鴨神社　《祭神》
　鴨事代主命　　　　　　　　　　〔神社本庁〕
鴨神社　かもじんじゃ〔社〕
　岡山県御津郡加茂町　《祭神》別雷命[他]
　　　　　　　　　　　　　　　〔神社本庁〕
鴨神社　かもじんじゃ〔社〕
　山口県厚狭郡山陽町　《祭神》鴨別雷神[他]
　　　　　　　　　　　　　　　〔神社本庁〕
鴨神社　かもじんじゃ〔社〕
　徳島県三好郡三加茂町　《祭神》別雷命
　　　　　　　　　　　　　　　〔神社本庁〕
11鴨都波神社　かもつばじんじゃ〔社〕
　奈良県御所市　《祭神》積羽八重事代主命[他]
　　　　　　　　　　　　　　　〔神社本庁〕
鴨部の八幡さん《称》　かべのはちまんさ
　ん〔社〕
　香川県さぬき市・鴨部神社　《祭神》誉田別
　尊[他]　　　　　　　　　　　　〔神社本庁〕
鴨部大国さま《称》　かもべだいこくさま
　〔社〕
　高知県高知市・郡頭神社　《祭神》大国主命
　　　　　　　　　　　　　　　〔神社本庁〕
鴨部神社　かべじんじゃ〔社〕
　香川県さぬき市　《別称》鴨部の八幡さん
　《祭神》誉田別尊[他]　　　　　〔神社本庁〕
鴨鳥五所神社　かもとりごしょじんじゃ
　〔社〕
　茨城県西茨城郡岩瀬町　《別称》かもとりさ
　ん　《祭神》伊弉諾尊[他]　　　〔神社本庁〕
12鴨御祖神社　かもみおやじんじゃ〔社〕
　鳥取県米子市　《別称》ただす神社　《祭神》
　玉依媛命　　　　　　　　　　　〔神社本庁〕

【鴫】
7鴫尾権現社《称》　しびごんげんしゃ〔社〕
　大分県南海部郡蒲江町・富尾神社　《祭神》大
　己貴命[他]　　　　　　　　　　〔神社本庁〕

17 画

【優】
11優婆夷宝明神社　うばいほうめいじんじゃ
　〔社〕
　東京都八丈町　《祭神》優婆夷大神[他]
　　　　　　　　　　　　　　　〔神社本庁〕

【厳】
5厳正寺　ごんしょうじ〔寺〕
　東京都大田区　《本尊》阿弥陀如来
　　　　　　　　　　　　　　〔浄土真宗本願寺派〕
6厳西寺　ごんさいじ〔寺〕
　愛知県西尾市　《本尊》阿弥陀如来
　　　　　　　　　　　　　　　〔真宗大谷派〕
8厳定院　ごんじょういん〔寺〕
　東京都大田区　《別称》池上鬼子母神様　《本
　尊》大曼荼羅・鬼子母神・三宝尊・日蓮聖
　人　　　　　　　　　　　　　　〔日蓮宗〕
9厳浄寺　ごんじょうじ〔寺〕
　大分県下毛郡耶馬渓町　《本尊》阿弥陀如
　来　　　　　　　　　　　　　　〔真宗大谷派〕
10厳原八幡宮神社《称》　いずはらはちまん
　ぐうじんじゃ〔社〕
　長崎県対馬市・八幡宮神社　《祭神》応神天
　皇[他]　　　　　　　　　　　　〔神社本庁〕
厳島神社　いつくしまじんじゃ〔社〕
　北海道釧路市　《別称》弁天様　《祭神》市杵
　島姫命[他]　　　　　　　　　　〔神社本庁〕
厳島神社　いつくしまじんじゃ〔社〕
　北海道紋別市　《祭神》市杵島姫大神
　　　　　　　　　　　　　　　〔神社本庁〕
厳島神社　いつくしまじんじゃ〔社〕
　北海道寿都郡寿都町　《祭神》市杵島姫命
　　　　　　　　　　　　　　　〔神社本庁〕
厳島神社　いつくしまじんじゃ〔社〕
　北海道古宇郡神恵内村　《別称》弁財天社
　《祭神》市杵島姫大神[他]　　　〔神社本庁〕
厳島神社　いつくしまじんじゃ〔社〕
　北海道増毛郡増毛町　《祭神》市杵島姫命
　　　　　　　　　　　　　　　〔神社本庁〕
厳島神社　いつくしまじんじゃ〔社〕
　北海道天塩郡天塩町　《祭神》市杵島姫命
　　　　　　　　　　　　　　　〔神社本庁〕

17画（嶺, 曙, 橿, 櫛）

厳島神社　いつくしまじんじゃ〔社〕
　北海道枝幸郡枝幸町　《別称》枝幸弁天社
　《祭神》市杵島姫命　　　　　〔神社本庁〕
厳島神社　いつくしまじんじゃ〔社〕
　山形県西田川郡温海町　《別称》弁天様　《祭
　神》市杵島姫命［他］　　　　〔神社本庁〕
厳島神社　いつくしまじんじゃ〔社〕
　福島県会津若松市　《別称》べんてんさま
　《祭神》市杵島姫命　　　　　〔神社本庁〕
厳島神社　いつくしまじんじゃ〔社〕
　茨城県つくば市　《別称》弁天様　《祭神》市
　杵島姫命　　　　　　　　　　〔神社本庁〕
厳島神社　いつくしまじんじゃ〔社〕
　神奈川県横浜市中区　《別称》横浜弁天　《祭
　神》市杵島姫尊［他］　　　　〔神社本庁〕
厳島神社　いつくしまじんじゃ〔社〕
　静岡県周智郡森町　《祭神》市杵島姫神［他］
　　　　　　　　　　　　　　　〔神社本庁〕
厳島神社　いつくしまじんじゃ〔社〕
　兵庫県神戸市兵庫区　《別称》弁天神社　《祭
　神》市杵嶋姫命　　　　　　　〔神社本庁〕
厳島神社　いつくしまじんじゃ〔社〕
　兵庫県洲本市　《別称》弁天神社　《祭神》市
　杵島姫命　　　　　　　　　　〔神社本庁〕
厳島神社　いつくしまじんじゃ〔社〕
　島根県益田市　《祭神》多岐都比売命［他］
　　　　　　　　　　　　　　　〔神社本庁〕
厳島神社　いつくしまじんじゃ〔社〕
　広島県佐伯郡宮島町　《別称》宮島さん　《祭
　神》市杵島姫命［他］　　　　〔神社本庁〕
厳島神社　いつくしまじんじゃ〔社〕
　山口県下関市　《祭神》市杵島姫命［他］
　　　　　　　　　　　　　　　〔神社本庁〕
厳島神社　いつくしまじんじゃ〔社〕
　山口県佐波郡徳地町　《別称》新宮様　《祭
　神》市杵島姫命［他］　　　　〔神社本庁〕
厳島神社　いつくしまじんじゃ〔社〕
　愛媛県松山市　《祭神》市杵島姫命［他］
　　　　　　　　　　　　　　　〔神社本庁〕
厳島神社　いつくしまじんじゃ〔社〕
　福岡県嘉穂郡穎田町　《別称》ううしんさま
　《祭神》市杵島姫命［他］　　〔神社本庁〕
11厳教寺　ごんきょうじ〔寺〕
　福井県福井市　《本尊》阿弥陀如来
　　　　　　　　　　　　　　〔浄土真宗本願寺派〕
13厳照寺　ごんしょうじ〔寺〕
　熊本県菊池市　《本尊》阿弥陀如来
　　　　　　　　　　　　　　〔浄土真宗本願寺派〕

17厳橿神社　いつかしじんじゃ〔社〕
　兵庫県津名郡北淡町　《別称》おくっつあん
　《祭神》厳橿大神［他］　　　〔神社本庁〕

【嶺】

8嶺松院　れいしょういん〔寺〕
　青森県弘前市　《本尊》釈迦如来　〔曹洞宗〕
嶺松院　れいしょういん〔寺〕
　三重県伊勢市　《別称》善光寺　《本尊》阿弥
　陀三尊　　　　　　　　　　　　　〔浄土宗〕
9嶺南寺　れいなんじ〔寺〕
　滋賀県甲賀郡甲南町　《別称》天神　《本尊》
　地蔵菩薩　　　　　　　　　　　　〔天台宗〕
10嶺梅院　れいばいいん〔寺〕
　秋田県秋田市　《本尊》観世音菩薩　〔曹洞宗〕
12嶺雲寺　れいうんじ〔寺〕
　東京都品川区　《本尊》釈迦如来　〔曹洞宗〕
13嶺照院　れいしょういん〔寺〕
　東京都台東区　《本尊》阿弥陀如来　〔天台宗〕
16嶺頭院　れいとういん〔寺〕
　長野県上伊那郡箕輪町　《本尊》釈迦如来
　　　　　　　　　　　　　　　　　〔曹洞宗〕

【曙】

6曙寺《称》　あけぼのでら〔寺〕
　京都府京都市北区・閑臥庵　　　　〔黄檗宗〕

【橿】

10橿原神社　かしわらじんじゃ〔社〕
　栃木県小山市　《祭神》神武天皇　〔神社本庁〕
橿原神宮　かしはらじんぐう〔社〕
　茨城県ひたちなか市　《別称》大明神さん
　《祭神》神武天皇［他］　　　〔神社本庁〕
橿原神宮　かしはらじんぐう〔社〕
　奈良県橿原市　《祭神》神武天皇［他］
　　　　　　　　　　　　　　　〔神社本庁〕

【櫛】

4櫛引八幡宮　くしびきはちまんぐう〔社〕
　青森県八戸市　《祭神》誉田別尊［他］
　　　　　　　　　　　　　　　〔神社本庁〕
5櫛代賀姫神社　くししろかひめじんじゃ
〔社〕
　島根県益田市　《別称》浜の八幡　《祭神》櫛
　代賀姫命［他］　　　　　　　〔神社本庁〕
櫛玉比売命神社　くしたまひめのみことじ
んじゃ〔社〕
　愛媛県北条市　《祭神》天道日女命［他］
　　　　　　　　　　　　　　　〔神社本庁〕

17画（檀, 檜, 濤, 磯, 篠）

櫛田神社　くしだじんじゃ〔社〕
　富山県射水郡大門町　《祭神》建速須佐之男命［他］
　　　　　　　　　　　　　　　　　　〔神社本庁〕
櫛田神社　くしだじんじゃ〔社〕
　福岡県福岡市博多区　《祭神》大幡主神［他］
　　　　　　　　　　　　　　　　　　〔神社本庁〕
櫛田宮　くしだぐう〔社〕
　佐賀県神埼郡神埼町　《祭神》素盞嗚命［他］
　　　　　　　　　　　　　　　　　　〔神社本庁〕
櫛石窓神社　くしいしまどじんじゃ〔社〕
　兵庫県篠山市　《別称》大宮　《祭神》櫛石窓命［他］
　　　　　　　　　　　　　　　　　　〔神社本庁〕
10 櫛原天満宮　くしはらてんまんぐう〔社〕
　福岡県久留米市　《別称》天満宮　《祭神》菅原道真
　　　　　　　　　　　　　　　　　　〔神社本庁〕
11 櫛梨神社　くしなしじんじゃ〔社〕
　香川県仲多度郡琴平町　《別称》大宮大明神　《祭神》神櫛皇子命
　　　　　　　　　　　　　　　　　　〔神社本庁〕

【檀】
4 檀王法林寺　だんのうほうりんじ〔寺〕
　京都府京都市左京区　《別称》だん王さん　《本尊》阿弥陀如来　〔浄土宗〕
7 檀那寺　だんなじ〔寺〕
　和歌山県東牟婁郡古座町　《本尊》聖観世音菩薩
　　　　　　　　　　　　　　　〔臨済宗妙心寺派〕
8 檀林寺　だんりんじ〔寺〕
　熊本県菊池市　《本尊》阿弥陀如来
　　　　　　　　　　　　　　　　　〔真宗大谷派〕

【檜】
3 檜川のごぼうさん《称》　ひかわのごぼうさん〔寺〕
　奈良県吉野郡西吉野村・円光寺　《本尊》阿弥陀如来　〔浄土真宗本願寺派〕
8 檜牧宮《称》　ひのまきぐう〔社〕
　奈良県宇陀郡榛原町・御井神社　《祭神》御井大神［他］
　　　　　　　　　　　　　　　　　　〔神社本庁〕
10 檜峯神社　ひみねじんじゃ〔社〕
　山梨県東八代郡御坂町　《別称》薬王権現　《祭神》大己貴命［他］
　　　　　　　　　　　　　　　　　　〔神社本庁〕

【濤】
20 濤響寺　とうこうじ〔寺〕
　東京都神津島村　《本尊》阿弥陀如来
　　　　　　　　　　　　　　　　　〔浄土宗〕

【磯】
3 磯山《称》　いそやま〔社〕

栃木県下都賀郡大平町・諏訪神社　《祭神》建御名方命
　　　　　　　　　　　　　　　　　　〔神社本庁〕
9 磯神社　いそじんじゃ〔社〕
　三重県伊勢市　《祭神》天照大神［他］
　　　　　　　　　　　　　　　　　　〔神社本庁〕
11 磯部大明神《称》　いそべだいみょうじん〔社〕
　茨城県西茨城郡岩瀬町・磯部稲村神社　《祭神》天照皇太神［他］
　　　　　　　　　　　　　　　　　　〔神社本庁〕
磯部稲村神社　いそべいなむらじんじゃ〔社〕
　茨城県西茨城郡岩瀬町　《別称》磯部大明神　《祭神》天照皇太神［他］
　　　　　　　　　　　　　　　　　　〔神社本庁〕

【篠】
3 篠山神社　ささやまじんじゃ〔社〕
　愛媛県南宇和郡一本松町　《祭神》伊邪那美命［他］
　　　　　　　　　　　　　　　　　　〔神社本庁〕
篠山神社　ささやまじんじゃ〔社〕
　福岡県久留米市　《別称》御霊社　《祭神》有馬豊氏［他］
　　　　　　　　　　　　　　　　　　〔神社本庁〕
7 篠東神社　しのつかじんじゃ〔社〕
　愛知県宝飯郡小坂井町　《祭神》素盞嗚尊［他］
　　　　　　　　　　　　　　　　　　〔神社本庁〕
9 篠津神社　しのずじんじゃ〔社〕
　滋賀県大津市　《別称》ごず天王　《祭神》素盞嗚尊
　　　　　　　　　　　　　　　　　　〔神社本庁〕
篠畑神社　ささはたじんじゃ〔社〕
　奈良県宇陀郡榛原町　《祭神》天照皇大神
　　　　　　　　　　　　　　　　　　〔神社本庁〕
10 篠倉神社　しのくらじんじゃ〔社〕
　岐阜県山県市　《別称》大宮　《祭神》大己貴命
　　　　　　　　　　　　　　　　　　〔神社本庁〕
篠原神社　しのはらじんじゃ〔社〕
　兵庫県三木市　《別称》ろくしょさん　《祭神》天照大神［他］
　　　　　　　　　　　　　　　　　　〔神社本庁〕
篠原薬師《称》　しのはらやくし〔寺〕
　滋賀県野洲郡野洲町・岩蔵寺　《本尊》薬師如来　〔天台宗〕
篠座神社　しのくらじんじゃ〔社〕
　福井県大野市　《祭神》大己貴命［他］
　　　　　　　　　　　　　　　　　　〔神社本庁〕
11 篠崎八幡神社　しのざきはちまんじんじゃ〔社〕
　福岡県北九州市小倉北区　《別称》篠崎神社・篠崎宮　《祭神》帯中津日子尊［他］
　　　　　　　　　　　　　　　　　　〔神社本庁〕
篠崎神社《称》　しのざきじんじゃ〔社〕
　福岡県北九州市小倉北区・篠崎八幡神社　《祭神》帯中津日子尊［他］　〔神社本庁〕

神社・寺院名よみかた辞典　717

17画（糠，糟，聴，聯，薩，講，蹉，鍬，鍵，鍛，鍋，闇，霞，韓）

篠崎宮《称》　しのざきぐう〔社〕　　　　　　　　　　　　〔神社本庁〕
　福岡県北九州市小倉北区・篠崎八幡神社
　　《祭神》帯中津日子尊〔他〕　　〔神社本庁〕
12篠塚稲荷神社《称》　しのずかいなりじんじゃ〔社〕
　栃木県小山市・稲荷神社　《祭神》倉稲魂神〔他〕　　　　　　　　　　　〔神社本庁〕
篠塚稲荷神社　しのずかいなりじんじゃ〔社〕
　東京都台東区　《祭神》倉穂魂神　〔神社本庁〕

【糠】
11糠部神社　ぬかべじんじゃ〔社〕
　青森県三戸郡三戸町　《別称》城山　《祭神》南部光行〔他〕　　　　　　　　　　〔神社本庁〕

【糟】
5糟目犬頭神社　かすめいぬがみじんじゃ〔社〕
　愛知県岡崎市　《祭神》彦火火出見尊〔他〕　　　　　　　　　　　　　〔神社本庁〕
糟目春日神社　かすめかすがじんじゃ〔社〕
　愛知県豊田市　《別称》かすめ大明神　《祭神》天宇受売命〔他〕　　〔神社本庁〕

【聴】
3聴川寺　ちょうせんじ〔寺〕
　三重県鈴鹿郡関町　《本尊》聖観世音菩薩　　　　　　　　　〔臨済宗東福寺派〕
8聴法寺　ちょうほうじ〔寺〕
　茨城県ひたちなか市　《別称》山の上寺　《本尊》阿弥陀如来　　　　〔真宗大谷派〕
9聴信寺　ちょうしんじ〔寺〕
　愛知県一宮市　《本尊》阿弥陀如来　　　　　　　　　〔真宗大谷派〕
14聴徳院　ちょうとくいん〔寺〕
　香川県高松市　《別称》大仏さん　《本尊》阿弥陀如来　　　〔真宗仏光寺派〕

【聯】
7聯芳寺　れんぽうじ〔寺〕
　福島県白河市　《本尊》釈迦如来　　　　　　　〔臨済宗妙心寺派〕
聯芳寺　れんぽうじ〔寺〕
　愛知県中島郡祖父江町　《本尊》阿弥陀如来　　　　　　　　　〔真宗大谷派〕

【薩】
11薩都神社　さつとじんじゃ〔社〕
　茨城県常陸太田市　《祭神》立速男命

【講】
6講安寺　こうあんじ〔寺〕
　東京都文京区　《本尊》阿弥陀如来　　〔浄土宗〕

【蹉】
12蹉跎神社　さだじんじゃ〔社〕
　大阪府枚方市　《別称》さだ天満宮　《祭神》菅原道真　　　　　　　　　〔神社本庁〕

【鍬】
3鍬山神社　くわやまじんじゃ〔社〕
　京都府亀岡市　《祭神》大己貴尊　〔神社本教〕
11鍬渓神社　くわたにじんじゃ〔社〕
　兵庫県小野市　《祭神》素盞嗚尊〔他〕　　　　　　　　　　〔神社本庁〕

【鍵】
8鍵取神社《称》　かぎとりじんじゃ〔社〕
　石川県羽咋郡志雄町・志乎神社　《祭神》須佐之男命〔他〕　　　　〔神社本庁〕

【鍛】
7鍛冶八幡宮《称》　かじはちまんぐう〔社〕
　石川県金沢市・安江八幡宮　《祭神》誉田別尊〔他〕　　　　　　　　　〔神社本庁〕

【鍋】
10鍋倉さま《称》　なべくらさま〔社〕
　岩手県遠野市・南部神社　《祭神》南部実長〔他〕　　　　　　　　　　〔神社本庁〕

【闇】
7闇見神社　くらみじんじゃ〔社〕
　福井県三方郡三方町　《別称》くらみの天神　《祭神》沙本大闇見戸売命〔他〕　〔神社本庁〕
12闇無浜神社　くらなしはまじんじゃ〔社〕
　大分県中津市　《別称》竜王宮　《祭神》豊日別国魂神〔他〕　　　〔神社本庁〕

【霞】
10霞浦神社　かすみうらじんじゃ〔社〕
　愛知県碧南市　《祭神》素盞嗚尊〔他〕　　　　　　　　　　〔神社本庁〕

【韓】
8韓国宇豆峯神社　からくにうずみねじんじゃ〔社〕

17画（鮭, 鴻, 齢） 18画（櫃, 瞽, 礒, 禰, 織, 臍, 臨）

鹿児島県国分市　《別称》韓国宮　《祭神》五十猛大神
〔神社本庁〕
韓国宮《称》　からくにぐう〔社〕
鹿児島県国分市・韓国宇豆峯神社　《祭神》五十猛大神〔神社本庁〕

【鮭】
8 鮭延寺　けいえんじ〔寺〕
茨城県猿島郡総和町　《本尊》釈迦如来
〔曹洞宗〕

【鴻】
2 鴻八幡宮　こうはちまんぐう〔社〕
岡山県倉敷市　《別称》鴻の宮　《祭神》誉田別尊[他]〔神社本庁〕
13 鴻照院　こうしょういん〔寺〕
埼玉県鴻巣市　《別称》お不動様　《本尊》不動明王　〔真言宗智山派〕

【齢】
5 齢仙寺　れいせんじ〔寺〕
滋賀県神崎郡五個荘町　《別称》出世・雷除観音　《本尊》釈迦如来・聖観世音菩薩
〔臨済宗妙心寺派〕

18 画

【櫃】
10 櫃倉神社　ひつのくらじんじゃ〔社〕
兵庫県神崎郡香寺町　《祭神》天神地祇[他]
〔神社本庁〕
15 櫃蔵神社　ひつくらじんじゃ〔社〕
兵庫県飾磨郡夢前町　《祭神》豊受姫大神[他]
〔神社本庁〕

【瞽】
3 瞽女観音《称》　こぜかんのん〔寺〕
福岡県北九州市八幡西区・釈王寺　《本尊》木葉観世音菩薩・十一面観世音菩薩
〔浄土宗〕

【礒】
10 礒宮八幡神社　いそのみやはちまんじんじゃ〔社〕
広島県竹原市　《祭神》誉田別尊[他]
〔神社本庁〕

【禰】
14 禰疑野神社　ねぎのじんじゃ〔社〕
大分県竹田市　《祭神》景行天皇[他]
〔神社本庁〕

【織】
5 織田明神さん《称》　おたみょうじんさん〔社〕
福井県丹生郡織田町・剣神社　《祭神》素盞嗚大神[他]　〔神社本庁〕
織田神社　おりたじんじゃ〔社〕
福井県三方郡美浜町　《祭神》国常立尊
〔神社本庁〕
10 織姫神社　おりひめじんじゃ〔社〕
栃木県足利市　《別称》機神様　《祭神》八千千姫命[他]　〔神社本庁〕
15 織幡神社　おりはたじんじゃ〔社〕
福岡県宗像市　《祭神》武内宿禰[他]
〔神社本庁〕

【臍】
10 臍帯寺　ほそおじ〔寺〕
岡山県上房郡有漢町　《別称》ほそおじ安産観音　《本尊》聖観世音菩薩・薬師如来
〔真言宗大覚寺派〕

【臨】
3 臨川寺　りんせんじ〔寺〕
東京都江東区　《本尊》釈迦如来
〔臨済宗妙心寺派〕
臨川寺　りんせんじ〔寺〕
長野県木曽郡上松町　《別称》浦島寺　《本尊》釈迦如来・弁財天　〔臨済宗妙心寺派〕
臨川寺　りんせんじ〔寺〕
京都府京都市右京区　《本尊》弥勒菩薩
〔臨済宗天竜寺派〕
6 臨江寺　りんこうじ〔寺〕
東京都台東区　《本尊》釈迦如来
〔臨済宗大徳寺派〕
臨江寺　りんこうじ〔寺〕
大阪府堺市　《別称》乳女郎さん・萩の寺　《本尊》観世音菩薩　〔臨済宗大徳寺派〕
9 臨南寺　りんなんじ〔寺〕
大阪府大阪市東住吉区　《本尊》釈迦如来
〔曹洞宗〕
11 臨済寺　りんざいじ〔寺〕
岩手県岩手郡雫石町　《本尊》釈迦如来
〔臨済宗妙心寺派〕
臨済寺　りんざいじ〔寺〕
静岡県静岡市　《本尊》阿弥陀如来
〔臨済宗妙心寺派〕

神社・寺院名よみかた辞典　719

18画（藤）

【藤】

0 藤の宮《称》　ふじのみや〔社〕
　和歌山県日高郡南部町・八幡神社　《祭神》誉田別命［他］　〔神社本庁〕

3 藤川天神《称》　ふじかわてんじん〔社〕
　鹿児島県薩摩郡東郷町・菅原神社　《祭神》菅原道真　〔神社本庁〕

4 藤之寺　ふじのじ〔寺〕
　兵庫県神戸市兵庫区　《本尊》阿弥陀如来
　　〔浄土宗〕

　藤井寺　とうせいじ〔寺〕
　大阪府豊中市　《本尊》十界曼荼羅
　　〔法華宗(本門流)〕

　藤井寺《称》　ふじいでら〔寺〕
　大阪府藤井寺市・葛井寺　《本尊》十一面千手千眼観世音菩薩　〔真言宗御室派〕

　藤井寺　ふじいでら〔寺〕
　徳島県麻植郡鴨島町　《別称》お薬師さん・四国第一一番霊場　《本尊》薬師如来
　　〔臨済宗妙心寺派〕

　藤戸大師《称》　ふじとだいし〔寺〕
　岡山県倉敷市・藤戸寺　《本尊》千手観音菩薩　〔高野山真言宗〕

　藤戸寺　ふじとでら〔寺〕
　岡山県倉敷市　《別称》藤戸大師　《本尊》千手観世音菩薩　〔高野山真言宗〕

5 藤白神社　ふじしろじんじゃ〔社〕
　和歌山県海南市　《別称》藤白権現　《祭神》饒速日命［他］　〔神社本庁〕

　藤白権現《称》　ふじしろごんげん〔社〕
　和歌山県海南市・藤白神社　《祭神》饒速日命［他］　〔神社本庁〕

6 藤先寺　とうせんじ〔寺〕
　青森県弘前市　《本尊》釈迦如来　〔曹洞宗〕

　藤次寺　とうじじ〔寺〕
　大阪府大阪市天王寺区　《別称》融通さん　《本尊》宝生如来・如意宝珠融通尊
　　〔高野山真言宗〕

7 藤尾八幡神社　ふじのおやはたのみやしろ〔社〕
　香川県高松市　《別称》藤尾さん　《祭神》応神天皇　〔神社本庁〕

　藤谷神社　ふじたにじんじゃ〔社〕
　静岡県小笠郡菊川町　《祭神》天児屋根命
　　〔神社本庁〕

8 藤並神社　ふじなみじんじゃ〔社〕
　和歌山県有田郡吉備町　《別称》天神社　《祭神》菅原道真［他］　〔神社本庁〕

　藤岡神社　ふじおかじんじゃ〔社〕
　栃木県下都賀郡藤岡町　《祭神》伊弉諾命［他］　〔神社本庁〕

　藤岡神社　ふじおかじんじゃ〔社〕
　愛知県西加茂郡藤岡町　《祭神》天神八神
　　〔神社本庁〕

　藤武神社　ふじたけじんじゃ〔社〕
　山梨県韮崎市　《別称》新府藤武神社　《祭神》倉稲魂命［他］　〔神社本庁〕

　藤長寺　とうちょうじ〔寺〕
　茨城県真壁郡協和町　《本尊》釈迦如来
　　〔曹洞宗〕

9 藤垣神社　ふじがきじんじゃ〔社〕
　福井県武生市　《祭神》本多伊豆守富正公
　　〔神社本庁〕

　藤巻様《称》　ふじまきさま〔社〕
　富山県小矢部市・比売神社　《祭神》田心姫命　〔神社本庁〕

　藤春院　とうしゅんいん〔寺〕
　岩手県水沢市　《本尊》釈迦如来　〔曹洞宗〕

　藤津比古神社　ふじつひこじんじゃ〔社〕
　石川県鹿島郡中島町　《別称》新宮　《祭神》藤津比古［他］　〔神社本庁〕

10 藤倉二階堂《称》　ふじくらにかいどう〔寺〕
　福島県河沼郡河東町・延命寺　《本尊》大日如来・延命地蔵菩薩　〔真言宗豊山派〕

　藤原八幡《称》　ふじわらはちまん〔社〕
　岡山県久米郡柵原町・八幡神社　《祭神》誉田別尊［他］　〔神社本庁〕

　藤原比古神社　ふじわらひこじんじゃ〔社〕
　石川県七尾市　《別称》鎌足宮　《祭神》天児屋根命　〔神社本庁〕

　藤原神社　ふじわらじんじゃ〔社〕
　愛媛県東予市　《祭神》素戔嗚尊［他］
　　〔神社本庁〕

　藤島神社　ふじしまじんじゃ〔社〕
　福井県福井市　《祭神》新田義貞［他］
　　〔神社本庁〕

　藤島神社　ふじしまじんじゃ〔社〕
　愛知県海部郡七宝町　《祭神》市杵島姫命
　　〔神社本庁〕

11 藤基神社　ふじもとじんじゃ〔社〕
　新潟県村上市本町　《祭神》内藤信成［他］
　　〔神社本庁〕

　藤崎八旛宮　ふじさきはちまんぐう〔社〕
　熊本県熊本市　《祭神》応神天皇［他］
　　〔神社本庁〕

12 藤塚神社　ふじつかじんじゃ〔社〕
　石川県石川郡美川町　《別称》日吉山王　《祭神》大山咋神［他］　〔神社本庁〕

18画（藪,蟠,覆,観）

藤森神社　ふじのもりじんじゃ〔社〕
　京都府京都市伏見区　《別称》藤森さん　《祭
　神》素盞嗚尊〔他〕　　　　　　〔神社本教〕
藤森神社　ふじのもりじんじゃ〔社〕
　大阪府摂津市　《祭神》崇道尽敬皇帝〔他〕
　　　　　　　　　　　　　　　　〔神社本庁〕
13藤源寺　とうげんじ〔寺〕
　岩手県東磐井郡藤沢町　《本尊》釈迦如来
　　　　　　　　　　　　　　　　　〔曹洞宗〕
16藤樹神社　とうじゅじんじゃ〔社〕
　滋賀県高島郡安曇川町　《祭神》中江与右衛
　門　　　　　　　　　　　　　　〔神社本庁〕

【藪】
10藪原神社　やぶはらじんじゃ〔社〕
　長野県木曽郡木祖村　《別称》熊野さま　《祭
　神》伊弉諾尊〔他〕　　　　　　〔神社本庁〕

【蟠】
10蟠竜寺　ばんりゅうじ〔寺〕
　東京都目黒区　《別称》岩屋弁天　《本尊》阿
　弥陀如来　　　　　　　　　　　　〔浄土宗〕
蟠竜庵　ばんりゅうあん〔寺〕
　兵庫県篠山市　　　　　　〔臨済宗大徳寺派〕

【覆】
11覆脱天満神社　くつぬぎてんまんじんじゃ
〔社〕
　愛媛県松山市　《祭神》菅原道真　〔神社本庁〕

【観】
4観天寺　かんてんじ〔寺〕
　静岡県榛原郡中川根町　《本尊》聖観世音菩
　薩　　　　　　　　　　　　　　　〔曹洞宗〕
観心寺　かんしんじ〔寺〕
　大阪府河内長野市　《本尊》如意輪観世音菩
　薩　　　　　　　　　　　　〔高野山真言宗〕
5観世寺　かんぜいじ〔寺〕
　福島県二本松市　《別称》安達ヶ原　《本尊》
　阿弥陀如来　　　　　　　　　　　〔天台宗〕
観世音寺　かんぜおんじ〔寺〕
　茨城県笠間市　《別称》坂東第二三番霊場・佐
　白観音・正福寺(旧称)　《本尊》十一面千手
　観世音菩薩　　　　　　　　　　　　〔単立〕
観世音寺　かんぜおんじ〔寺〕
　福岡県太宰府市　《本尊》聖観世音菩薩・阿
　弥陀如来　　　　　　　　　　　　〔天台宗〕
6観自在寺　かんじざいじ〔寺〕

　愛媛県南宇和郡御荘町　《別称》四国第四〇
　番霊場　《本尊》薬師如来・阿弥陀如来・十
　一面観世音菩薩　　　　　　〔真言宗大覚寺派〕
観行院　かんぎょういん〔寺〕
　山形県飽海郡八幡町　《本尊》阿弥陀如来
　　　　　　　　　　　　　　〔真言宗智山派〕
観行院　かんぎょういん〔寺〕
　千葉県船橋市　《別称》上寺　《本尊》弥勒菩
　薩・聖観世音菩薩　　　　　〔真言宗豊山派〕
8観念寺　かんねんじ〔寺〕
　山口県佐波郡徳地町　《本尊》阿弥陀如来
　　　　　　　　　　　　　　　　　〔浄土宗〕
観念寺　かんねんじ〔寺〕
　愛媛県東予市　《本尊》十一面観世音菩薩・釈
　迦如来　　　　　　　　　　〔臨済宗東福寺派〕
観昌寺　かんしょうじ〔寺〕
　愛知県西春日井郡西春町　《本尊》聖観世音
　菩薩　　　　　　　　　　　　　　〔曹洞宗〕
観明寺　かんみょうじ〔寺〕
　東京都板橋区　《別称》板橋出世不動　《本尊》
　正観世音菩薩・不動明王　　〔真言宗豊山派〕
観林寺　かんりんじ〔寺〕
　岩手県東磐井郡東山町　《本尊》楊柳観世音
　菩薩　　　　　　　　　　　　　　〔曹洞宗〕
9観乗寺　かんじょうじ〔寺〕
　東京都大田区　《本尊》日蓮聖人奠定の曼荼
　羅　　　　　　　　　　　　　　　〔日蓮宗〕
観乗院　かんじょういん〔寺〕
　埼玉県羽生市　《本尊》不動明王
　　　　　　　　　　　　　　〔真言宗豊山派〕
観専寺　かんせんじ〔寺〕
　栃木県宇都宮市　《別称》真宗二四輩旧跡・太
　子会館　《本尊》阿弥陀如来
　　　　　　　　　　　　　〔浄土真宗本願寺派〕
観海寺　かんかいじ〔寺〕
　大分県別府市　《本尊》薬師如来　〔曹洞宗〕
観泉寺　かんせんじ〔寺〕
　埼玉県本庄市　《本尊》十一面観世音菩薩
　　　　　　　　　　　　　　〔真言宗豊山派〕
観泉寺　かんせんじ〔寺〕
　東京都杉並区　《本尊》釈迦如来　〔曹洞宗〕
観泉院　かんせんいん〔寺〕
　新潟県十日町市　《本尊》聖観世音菩薩
　　　　　　　　　　　　　　　　　〔曹洞宗〕
観音でら《称》　かんのんでら〔寺〕
　富山県高岡市・総持寺　《本尊》大日如来・不
　動明王・歓喜天・地蔵菩薩　〔高野山真言宗〕
観音でら《称》　かんのんでら〔寺〕
　滋賀県甲賀郡甲西町・上乗寺　《本尊》十一面
　観世音菩薩・達磨大師　　　〔臨済宗妙心寺派〕

神社・寺院名よみかた辞典　721

18画（観）

観音正寺　かんのんしょうじ〔寺〕
　滋賀県蒲生郡安土町　《別称》近江の観音寺・西国第三二番霊場　《本尊》千手観世音菩薩
　　　　　　　　　　　　　　　　　〔単立〕

観音寺　かんのんじ〔寺〕
　北海道上川郡美瑛町　〔臨済宗妙心寺派〕

観音寺　かんおんじ〔寺〕
　北海道阿寒郡鶴居村　《本尊》薬師如来
　　　　　　　　　　　　〔臨済宗妙心寺派〕

観音寺　かんのんじ〔寺〕
　岩手県胆沢郡金ヶ崎町　《本尊》不動明王・聖観世音菩薩　〔真言宗智山派〕

観音寺　かんのんじ〔寺〕
　宮城県名取市　《本尊》観世音菩薩
　　　　　　　　　　　　　〔真言宗智山派〕

観音寺　かんのんじ〔寺〕
　宮城県栗原郡金成町　《本尊》釈迦如来
　　　　　　　　　　　　　　　　　〔曹洞宗〕

観音寺　かんのんじ〔寺〕
　秋田県雄勝郡稲川町　《本尊》薬師如来・聖観世音菩薩・歓喜天　〔真言宗智山派〕

観音寺　かんのんじ〔寺〕
　山形県上山市　《別称》湯の上の観音　《本尊》聖観世音菩薩・大日如来　〔真言宗智山派〕

観音寺　かんのんじ〔寺〕
　福島県福島市　《本尊》阿弥陀如来・不動明王・聖観世音菩薩・毘沙門天　〔天台宗〕

観音寺　かんのんじ〔寺〕
　福島県会津若松市大町　《本尊》大日如来
　　　　　　　　　　　　　　　〔真言宗豊山派〕

観音寺　かんのんじ〔寺〕
　福島県会津若松市湊町　《本尊》十一面観世音菩薩・阿弥陀如来　〔真言宗室生寺派〕

観音寺　かんのんじ〔寺〕
　福島県郡山市　《本尊》阿弥陀如来
　　　　　　　　　　　　　〔真言宗豊山派〕

観音寺　かんのんじ〔寺〕
　福島県伊達郡桑折町　《別称》坂町の観音さま　《本尊》阿弥陀如来　〔浄土宗〕

観音寺　かんのんじ〔寺〕
　福島県伊達郡国見町　《別称》徳江観音　《本尊》金剛界大日如来・胎蔵界大日如来
　　　　　　　　　　　　　　　〔真言宗豊山派〕

観音寺　かんのんじ〔寺〕
　福島県安達郡白沢村　《本尊》阿弥陀如来・薬師如来　〔天台宗〕

観音寺　かんのんじ〔寺〕
　福島県耶麻郡猪苗代町　《本尊》聖観世音菩薩　〔曹洞宗〕

観音寺　かんのんじ〔寺〕
　福島県田村郡船引町　《本尊》十一面観世音菩薩　〔真言宗室生寺派〕

観音寺　かんのんじ〔寺〕
　福島県双葉郡浪江町　《本尊》不動明王
　　　　　　　　　　　　　　　〔真言宗豊山派〕

観音寺　かんのんじ〔寺〕
　茨城県下館市　《別称》なかだて観音　《本尊》延命観世音菩薩　〔天台宗〕

観音寺　かんのんじ〔寺〕
　茨城県潮来市　《別称》上戸小町薬師　《本尊》聖観世音菩薩・大日如来・月光菩薩・興教大師・薬師如来・十二神将・不動明王・蚕霊尊　〔真言宗豊山派〕

観音寺　かんのんじ〔寺〕
　茨城県新治郡八郷町　《本尊》十一面観世音菩薩　〔真言宗智山派〕

観音寺　かんのんじ〔寺〕
　栃木県日光市　《本尊》阿弥陀如来・千手観世音菩薩　〔天台宗〕

観音寺　かんのんじ〔寺〕
　栃木県小山市　《本尊》馬頭観世音菩薩
　　　　　　　　　　　　　〔真言宗豊山派〕

観音寺　かんのんじ〔寺〕
　栃木県矢板市　《別称》沢観音寺　《本尊》千手千眼観世音菩薩　〔真言宗智山派〕

観音寺　かんのんじ〔寺〕
　栃木県芳賀郡益子町　《本尊》如意輪観世音菩薩　〔真言宗豊山派〕

観音寺　かんのんじ〔寺〕
　栃木県塩谷郡塩谷町　《本尊》阿弥陀如来
　　　　　　　　　　　　　　　〔高野山真言宗〕

観音寺　かんのんじ〔寺〕
　群馬県高崎市　《本尊》千手観世音菩薩・如意輪観世音菩薩　〔高野山真言宗〕

観音寺　かんのんじ〔寺〕
　群馬県藤岡市　《別称》花の観音寺　《本尊》不動明王・薬師如来　〔単立〕

観音寺　かんのんじ〔寺〕
　群馬県利根郡白沢村　《本尊》聖観世音菩薩　〔天台宗〕

観音寺　かんのんじ〔寺〕
　埼玉県さいたま市　《別称》袋の観音　《本尊》如意輪観世音菩薩　〔真言宗智山派〕

観音寺　かんのんじ〔寺〕
　埼玉県秩父市　《別称》矢之堂・秩父第二一番霊場　《本尊》聖観世音菩薩
　　　　　　　　　　　　　　　〔真言宗豊山派〕

観音寺　かんのんじ〔寺〕
　埼玉県飯能市　〔真言宗智山派〕

18画（観）

観音寺　かんのんじ〔寺〕
　埼玉県越谷市　《本尊》十一面観世音菩薩
　　　　　　　　　　　　　　　〔真言宗豊山派〕
観音寺　かんのんじ〔寺〕
　埼玉県戸田市　《本尊》如意輪観世音菩薩
　　　　　　　　　　　　　　　〔真言宗智山派〕
観音寺　かんのんじ〔寺〕
　埼玉県八潮市　《別称》ばんばのお寺　《本尊》十一面観世音菩薩・正観世音菩薩
　　　　　　　　　　　　　　　〔真言宗豊山派〕
観音寺　かんのんじ〔寺〕
　埼玉県北足立郡吹上町　《本尊》不動明王・聖観世音菩薩・歓喜天　〔真言宗豊山派〕
観音寺　かんのんじ〔寺〕
　千葉県市川市　《本尊》聖観世音菩薩
　　　　　　　　　　　　　　　〔真言宗豊山派〕
観音寺　かんのんじ〔寺〕
　千葉県木更津市　《本尊》如意輪観世音菩薩・弘法大師・興教大師　〔真言宗豊山派〕
観音寺　かんのんじ〔寺〕
　千葉県流山市　《本尊》十一面観世音菩薩
　　　　　　　　　　　　　　　〔真言宗豊山派〕
観音寺　かんのんじ〔寺〕
　東京都新宿区戸塚町1-147　《本尊》十一面観世音菩薩
　　　　　　　　　　　　　　　〔真言宗豊山派〕
観音寺　かんのんじ〔寺〕
　東京都新宿区戸塚町4-571　《本尊》聖観世音菩薩
　　　　　　　　　　　　　　　〔真言宗豊山派〕
観音寺　かんのんじ〔寺〕
　東京都台東区　《本尊》大日如来・阿弥陀如来
　　　　　　　　　　　　　　　〔新義真言宗〕
観音寺　かんのんじ〔寺〕
　東京都品川区　《本尊》釈迦如来・如意輪観世音菩薩　　　　　　　〔天台宗〕
観音寺　かんのんじ〔寺〕
　東京都北区　《別称》浮間観音　《本尊》不動明王・観世音菩薩　　〔真言宗智山派〕
観音寺　かんのんじ〔寺〕
　東京都荒川区　　　　　　　　〔真言宗豊山派〕
観音寺　かんのんじ〔寺〕
　東京都足立区　《本尊》十一面観世音菩薩
　　　　　　　　　　　　　　　〔真言宗豊山派〕
観音寺　かんのんじ〔寺〕
　東京都葛飾区　《本尊》十一面観世音菩薩・薬師如来　　　　　　　〔真言宗豊山派〕
観音寺　かんのんじ〔寺〕
　東京都八王子市　《本尊》十一面観世音菩薩　　　　　　　　　　　〔真言宗智山派〕
観音寺　かんのんじ〔寺〕
　東京都青梅市　《別称》塩船観音　《本尊》千手観世音菩薩　　　　〔真言宗醍醐派〕

観音寺　かんのんじ〔寺〕
　東京都昭島市　《本尊》十一面観世音菩薩
　　　　　　　　　　　　　　　〔天台宗〕
観音寺　かんのんじ〔寺〕
　東京都多摩市　《本尊》聖観世音菩薩
　　　　　　　　　　　　　　　〔真言宗豊山派〕
観音寺　かんのんじ〔寺〕
　神奈川県横浜市神奈川区　《別称》観音様　《本尊》聖観世音菩薩　〔天台宗〕
観音寺　かんのんじ〔寺〕
　神奈川県横浜市港北区　《本尊》十一面観世音菩薩　　　　　　　　〔真言宗智山派〕
観音寺　かんのんじ〔寺〕
　神奈川県横浜市緑区　《別称》池辺観音寺　《本尊》正観世音菩薩　〔高野山真言宗〕
観音寺　かんのんじ〔寺〕
　神奈川県横浜市泉区　《本尊》聖観世音菩薩　　　　　　　　　　　〔曹洞宗〕
観音寺　かんのんじ〔寺〕
　神奈川県横須賀市　《別称》船守観音　《本尊》十一面観世音菩薩　〔曹洞宗〕
観音寺　かんのんじ〔寺〕
　神奈川県大和市　《別称》鶴間の観音　《本尊》十一面観世音菩薩　〔高野山真言宗〕
観音寺　かんのんじ〔寺〕
　神奈川県津久井郡津久井町　《本尊》釈迦如来　〔臨済宗建長寺派〕
観音寺　かんのんじ〔寺〕
　新潟県栃尾市　《本尊》千手観世音菩薩
　　　　　　　　　　　　　　　〔真言宗豊山派〕
観音寺　かんのんじ〔寺〕
　新潟県阿賀野市　《本尊》聖観世音菩薩
　　　　　　　　　　　　　　　〔曹洞宗〕
観音寺　かんのんじ〔寺〕
　新潟県北魚沼郡小出町　《本尊》薬師如来・観世音菩薩　　　　　　〔曹洞宗〕
観音寺　かんのんじ〔寺〕
　富山県小矢部市　　　　　　　〔高野山真言宗〕
観音寺　かんのんじ〔寺〕
　岐阜県羽島市　《本尊》阿弥陀如来
　　　　　　　　　　　　　　　〔浄土宗西山禅林寺派〕
観音寺　かんのんじ〔寺〕
　岐阜県美濃加茂市　《別称》蜂観　《本尊》子安観世音菩薩　　　　〔臨済宗妙心寺派〕
観音寺　かんのんじ〔寺〕
　愛知県名古屋市北区　《本尊》十一面観世音菩薩　　　　　　　　　〔真言宗智山派〕
観音寺　かんのんじ〔寺〕
　愛知県名古屋市西区　《本尊》三尊仏
　　　　　　　　　　　　　　　〔曹洞宗〕

神社・寺院名よみかた辞典　　723

18画（観）

観音寺　かんのんじ〔寺〕
　愛知県名古屋市瑞穂区　《本尊》阿弥陀如来・観世音菩薩　〔浄土宗〕

観音寺　かんのんじ〔寺〕
　愛知県名古屋市中川区　《別称》荒子観音　《本尊》聖観世音菩薩　〔単立〕

観音寺　かんのんじ〔寺〕
　愛知県岡崎市　《本尊》釈迦如来・十一面観世音菩薩・毘沙門天　〔曹洞宗〕

観音寺　かんのんじ〔寺〕
　愛知県犬山市　《本尊》十一面観世音菩薩　〔真言宗智山派〕

観音寺　かんのんじ〔寺〕
　愛知県東海市　《別称》かけかんのん　《本尊》聖観世音菩薩・高祖像　〔真言宗智山派〕

観音寺　かんのんじ〔寺〕
　愛知県愛知郡東郷町　《本尊》阿弥陀如来　〔浄土宗西山禅林寺派〕

観音寺　かんのんじ〔寺〕
　愛知県海部郡蟹江町　《本尊》大日如来・十一面観世音菩薩　〔真言宗智山派〕

観音寺　かんのんじ〔寺〕
　三重県津市　《別称》津観音　《本尊》聖観世音菩薩　〔真言宗醍醐派〕

観音寺　かんのんじ〔寺〕
　三重県四日市市垂坂町　《別称》垂坂山の大師さん　《本尊》元三大師・歓喜天　〔天台宗〕

観音寺　かんのんじ〔寺〕
　三重県四日市市六呂見町　《本尊》阿弥陀三尊・如意輪観世音菩薩　〔浄土宗〕

観音寺　かんのんじ〔寺〕
　三重県上野市　《本尊》阿弥陀如来　〔真言宗豊山派〕

観音寺　かんのんじ〔寺〕
　三重県鈴鹿市寺家町　《別称》白子子安観音　《本尊》白衣観世音菩薩　〔高野山真言宗〕

観音寺　かんのんじ〔寺〕
　三重県鈴鹿市高塚町　《別称》荒神山　《本尊》十一面観世音菩薩　〔真言宗御室派〕

観音寺　かんおんじ〔寺〕
　三重県度会郡玉城町　《本尊》十一面観世音菩薩　〔曹洞宗〕

観音寺　かんのんじ〔寺〕
　滋賀県草津市　《別称》芦浦観音寺　《本尊》十一面観世音菩薩　〔天台宗〕

観音寺　かんのんじ〔寺〕
　滋賀県坂田郡山東町　《別称》観音さん　《本尊》十一面千手観世音菩薩　〔天台宗〕

観音寺　かんのんじ〔寺〕
　滋賀県伊香郡木之本町　《本尊》千手観世音菩薩　〔臨済宗妙心寺派〕

観音寺　かんのんじ〔寺〕
　京都府京都市上京区　《別称》東向観音　《本尊》十一面観世音菩薩　〔真言宗泉涌寺派〕

観音寺　かんのんじ〔寺〕
　京都府京都市東山区　《別称》今熊野・西国第一五番霊場　《本尊》十一面観世音菩薩・不動明王・毘沙門天　〔真言宗泉涌寺派〕

観音寺　かんのんじ〔寺〕
　京都府福知山市　《別称》石原の観音さん　《本尊》千手千眼観世音菩薩　〔高野山真言宗〕

観音寺　かんのんじ〔寺〕
　京都府宮津市　《別称》惣のお大師さん　《本尊》釈迦如来・聖観世音菩薩　〔臨済宗妙心寺派〕

観音寺　かんのんじ〔寺〕
　京都府京田辺市　《別称》大御堂　《本尊》十一面観世音菩薩　〔真言宗智山派〕

観音寺　かんのんじ〔寺〕
　京都府乙訓郡大山崎町　《別称》山崎聖天　《本尊》十一面千手観世音菩薩・歓喜天　〔単立〕

観音寺　かんのんじ〔寺〕
　京都府久世郡久御山町　《本尊》阿弥陀如来　〔浄土宗〕

観音寺　かんのんじ〔寺〕
　京都府相楽郡精華町　《本尊》十一面観世音菩薩　〔真言宗智山派〕

観音寺　かんのんじ〔寺〕
　大阪府大阪市天王寺区　《別称》豊川稲荷別院　《本尊》十一面観世音菩薩・吒枳真天　〔曹洞宗〕

観音寺　かんのんじ〔寺〕
　大阪府吹田市　《本尊》阿弥陀如来・観世音菩薩　〔浄土宗〕

観音寺　かんのんじ〔寺〕
　兵庫県明石市　《別称》あかかべのてら　《本尊》聖観世音菩薩　〔臨済宗妙心寺派〕

観音寺　かんのんじ〔寺〕
　兵庫県西宮市　《別称》中村のお寺　《本尊》阿弥陀如来　〔浄土宗〕

観音寺　かんのんじ〔寺〕
　兵庫県加古川市尾上町　《別称》白旗の観世音　《本尊》聖観世音菩薩　〔曹洞宗〕

観音寺　かんのんじ〔寺〕
　兵庫県加古川市志方町　《本尊》十一面観世音菩薩　〔曹洞宗〕

観音寺　かんのんじ〔寺〕
　兵庫県篠山市　《本尊》釈迦如来　〔曹洞宗〕

18画（観）

観音寺　かんのんじ〔寺〕
　兵庫県多可郡中町　《別称》中町の奥庭・花の寺　《本尊》十一面観世音菩薩
　　　　　　　　　　　　　　　　〔高野山真言宗〕

観音寺　かんのんじ〔寺〕
　兵庫県城崎郡日高町　《別称》但馬清水　《本尊》十一面観世音菩薩　〔天台宗〕

観音寺　かんのんじ〔寺〕
　兵庫県朝来郡和田山町　《本尊》聖観世音菩薩
　　　　　　　　　　　　　　　〔臨済宗妙心寺派〕

観音寺　かんおんじ〔寺〕
　兵庫県氷上郡春日町　《本尊》千手観世音菩薩
　　　　　　　　　　　　　　　　　　〔曹洞宗〕

観音寺　かんのんじ〔寺〕
　兵庫県津名郡淡路町　《別称》大寺　《本尊》十一面観世音菩薩　〔高野山真言宗〕

観音寺　かんのんじ〔寺〕
　奈良県橿原市　《別称》小房観音　《本尊》十一面観世音菩薩　〔高野山真言宗〕

観音寺　かんのんじ〔寺〕
　奈良県桜井市　《本尊》千手千眼観世音菩薩　　　　　　　　　〔融通念仏宗〕

観音寺　かんのんじ〔寺〕
　奈良県五條市　《本尊》阿弥陀如来　〔浄土宗〕

観音寺　かんのんじ〔寺〕
　奈良県香芝市　《別称》楠公矢受身替り観音　《本尊》千手千眼観世音菩薩・延命地蔵菩薩・弘法大師・役行者　〔高野山真言宗〕

観音寺　かんのんじ〔寺〕
　奈良県生駒郡三郷町　《本尊》地蔵菩薩
　　　　　　　　　　　　　　　　〔融通念仏宗〕

観音寺　かんのんじ〔寺〕
　和歌山県海草郡野上町　《本尊》阿弥陀如来　　　　　　　　　　〔浄土宗〕

観音寺　かんのんじ〔寺〕
　和歌山県那賀郡粉河町　《別称》長田観音　《本尊》如意輪観世音菩薩　〔真言宗山階派〕

観音寺　かんおんじ〔寺〕
　鳥取県米子市　《本尊》正観世音菩薩　〔曹洞宗〕

観音寺　かんのんじ〔寺〕
　鳥取県八頭郡河原町　《本尊》正観世音菩薩　　　　　　　　　〔高野山真言宗〕

観音寺　かんのんじ〔寺〕
　島根県浜田市　《本尊》十一面観世音菩薩　〔曹洞宗〕

観音寺　かんのんじ〔寺〕
　島根県出雲市　《本尊》十一面観世音菩薩　〔臨済宗妙心寺派〕

観音寺　かんのんじ〔寺〕
　島根県江津市　《本尊》十一面観世音菩薩　〔臨済宗東福寺派〕

観音寺　かんおんじ〔寺〕
　岡山県総社市　《本尊》聖観世音菩薩　〔高野山真言宗〕

観音寺　かんおんじ〔寺〕
　岡山県川上郡備中町　《本尊》聖観世音菩薩　〔曹洞宗〕

観音寺　かんのんじ〔寺〕
　岡山県勝田郡勝央町　《本尊》聖観世音菩薩　〔天台宗〕

観音寺　かんのんじ〔寺〕
　岡山県英田郡作東町　《別称》万善寺　《本尊》十一面観世音菩薩　〔高野山真言宗〕

観音寺　かんのんじ〔寺〕
　広島県三原市　《別称》三原観音寺　《本尊》十一面観世音菩薩　〔時宗〕

観音寺　かんのんじ〔寺〕
　広島県世羅郡甲山町　《本尊》十一面観世音菩薩　〔臨済宗仏通寺派〕

観音寺　かんのんじ〔寺〕
　山口県下関市　《本尊》千手観世音菩薩　〔高野山真言宗〕

観音寺　かんのんじ〔寺〕
　徳島県徳島市　《別称》四国第一六番霊場　《本尊》千手観世音菩薩　〔高野山真言宗〕

観音寺　かんのんじ〔寺〕
　徳島県鳴門市　《別称》里の観音さん　《本尊》地蔵菩薩・聖観世音菩薩　〔高野山真言宗〕

観音寺　かんおんじ〔寺〕
　徳島県美馬郡穴吹町　《別称》三谷の寺　《本尊》十一面観世音菩薩　〔真言宗大覚寺派〕

観音寺　かんのんじ〔寺〕
　香川県坂出市　《別称》かんのんさん　《本尊》十一面観世音菩薩　〔真言宗御室派〕

観音寺　かんのんじ〔寺〕
　香川県観音寺市　《別称》西金堂・琴弾八幡・四国第六九番霊場　《本尊》聖観世音菩薩　〔真言宗大覚寺派〕

観音寺　かんおんじ〔寺〕
　愛媛県松山市　《別称》唐人町観音寺　《本尊》如意輪観世音菩薩　〔真言宗智山派〕

観音寺　かんのんじ〔寺〕
　愛媛県今治市　《本尊》聖観世音菩薩　〔臨済宗妙心寺派〕

観音寺　かんのんじ〔寺〕
　高知県須崎市　《本尊》正観世音菩薩　〔真言宗智山派〕

神社・寺院名よみかた辞典　725

18画（観）

観音寺　かんのんじ〔寺〕
　福岡県浮羽郡田主丸町　《本尊》十一面観世音菩薩
　　　　　　　　　　　　　　　　　　〔天台宗〕
観音寺　かんのんじ〔寺〕
　長崎県西彼杵郡野母崎町　《別称》みさきの観音　《本尊》千手十一面観世音菩薩・釈迦如来　　　　　　　　　〔曹洞宗〕
観音寺　かんおんじ〔寺〕
　宮崎県日向市　《本尊》釈迦如来・承陽大師・常済大師　　　　　　　　　　　〔曹洞宗〕
観音妙智院《称》　かんのんみょうちいん〔寺〕
　京都府綴喜郡宇治田原町・禅定寺　《本尊》十一面観世音菩薩　　　　　　　　〔曹洞宗〕
観音院　かんのんいん〔寺〕
　茨城県日立市　《本尊》釈迦如来　〔曹洞宗〕
観音院　かんのんいん〔寺〕
　群馬県桐生市　《本尊》十一面観世音菩薩
　　　　　　　　　　　　　　　　〔真言宗豊山派〕
観音院　かんのんいん〔寺〕
　東京都武蔵野市　《本尊》准胝観世音菩薩
　　　　　　　　　　　　　　　　　　〔曹洞宗〕
観音院《称》　かんのんいん〔寺〕
　新潟県佐渡市・竜吟寺　《本尊》聖観世音菩薩　　　　　　　　　　　　　　　　　〔単立〕
観音院　かんのんいん〔寺〕
　長野県岡谷市　《別称》小坂観音　《本尊》十一面観世音菩薩・不動明王・毘沙門天
　　　　　　　　　　　　　　　　〔真言宗智山派〕
観音院　かんのんいん〔寺〕
　岐阜県瑞穂市　《本尊》阿弥陀如来・十一面観世音菩薩　　〔浄土宗西山禅林寺派〕
観音院　かんのんいん〔寺〕
　鳥取県鳥取市　《本尊》聖観世音菩薩・阿弥陀如来　　　　　　　　　　〔天台宗〕
観音堂《称》　かんのんどう〔寺〕
　北海道室蘭市・仙海寺本院　《本尊》千手観世音菩薩　　　　　　　　　　　〔浄土宗〕
観音堂《称》　かんのんどう〔寺〕
　千葉県勝浦市・長谷寺　《本尊》十一面観世音菩薩　　　　　　　　　　〔真言宗智山派〕
観音堂《称》　かんのんどう〔寺〕
　東京都世田谷区・密蔵院　〔真言宗豊山派〕
観音堂《称》　かんのんどう〔寺〕
　神奈川県横浜市緑区・真福寺　《本尊》千手観世音菩薩・釈迦如来　〔真言宗豊山派〕
観音堂《称》　かんのんどう〔寺〕
　滋賀県犬上郡豊郷町・千樹院　《本尊》阿弥陀如来・聖観世音菩薩・三十三観世音菩薩
　　　　　　　　　　　　　　〔臨済宗永源寺派〕

観音堂《称》　かんのんどう〔寺〕
　滋賀県高島郡マキノ町・地福庵　《本尊》十一面千手観世音菩薩　　　〔曹洞宗〕
観音堂《称》　かんのんどう〔寺〕
　奈良県大和高田市・長谷本寺　《本尊》十一面観世音菩薩　　　　　〔真言宗豊山派〕
観音堂《称》　かんのんどう〔寺〕
　岡山県総社市・円通寺　《本尊》聖観世音菩薩　　　　　　　　　　　〔高野山真言宗〕
観音堂《称》　かんのんどう〔寺〕
　高知県香美郡香我美町・恵日寺　《本尊》十一面観世音菩薩　　　　　〔真言宗智山派〕
観音教寺　かんのんきょうじ〔寺〕
　千葉県山武郡芝山町　《別称》芝山仁王尊　《本尊》十一面観世音菩薩　〔天台宗〕
観音様《称》　かんのんさま〔社〕
　秋田県仙北郡中仙町・水神社　《祭神》水波能売命［他］　　　　　〔神社本庁〕
10観竜寺　かんりゅうじ〔寺〕
　岡山県倉敷市　《本尊》胎蔵界大日如来・愛染明王・不動明王　〔真言宗御室派〕
11観現寺　かんげんじ〔寺〕
　広島県東広島市　《別称》勝谷観音　《本尊》聖観世音菩薩　　　〔真言宗御室派〕
観菩提寺　かんぼだいじ〔寺〕
　三重県阿山郡島ヶ原村　《別称》正月堂　《本尊》十一面観世音菩薩　〔真言宗豊山派〕
12観勝寺　かんしょうじ〔寺〕
　静岡県榛原郡金谷町　《本尊》薬師如来　　　　　　　　　　　　　　〔曹洞宗〕
観智坊　かんちぼう〔寺〕
　大阪府八尾市　《本尊》阿弥陀如来　　　　　　　　　　　〔真宗大谷派〕
観智院　かんちいん〔寺〕
　東京都港区　《本尊》阿弥陀如来　〔浄土宗〕
観智院　かんちいん〔寺〕
　東京都台東区　　　　　　　〔真言宗豊山派〕
観智院　かんちいん〔寺〕
　京都府京都市南区　《本尊》虚空蔵菩薩
　　　　　　　　　　　　　　　　　　　〔単立〕
観智院　かんちいん〔寺〕
　香川県善通寺市　《別称》子安観音　《本尊》十一面観世音菩薩　〔真言宗〕
観道寺　かんどうじ〔寺〕
　滋賀県彦根市　〔臨済宗妙心寺派〕
13観滝寺　かんりゅうじ〔寺〕
　京都府福知山市　《本尊》千手千眼観世音菩薩　　　　　　　　〔高野山真言宗〕
観照寺　かんしょうじ〔寺〕
　北海道網走郡美幌町　《本尊》阿弥陀如来
　　　　　　　　　　　　　　　　〔真宗大谷派〕

18画（邇, 鎧, 鎌）

観照寺　かんしょうじ〔寺〕
　福島県石川郡石川町　《本尊》大日如来
　　　　　　　　　　　　　　〔真言宗智山派〕
観照寺　かんしょうじ〔寺〕
　群馬県佐波郡玉村町　《本尊》不動明王
　　　　　　　　　　　　　　〔真言宗豊山派〕
観照寺　かんしょうじ〔寺〕
　石川県加賀市　《本尊》阿弥陀如来
　　　　　　　　　　　　　　〔真宗大谷派〕
観照院　かんしょういん〔寺〕
　青森県南津軽郡平賀町　《本尊》釈迦如来
　　　　　　　　　　　　　　〔曹洞宗〕
観照院　かんしょういん〔寺〕
　埼玉県越谷市　《本尊》阿弥陀如来
　　　　　　　　　　　　　　〔真言宗豊山派〕
観照院　かんしょういん〔寺〕
　岡山県笠岡市　《本尊》虚空蔵菩薩
　　　　　　　　　　　　　　〔高野山真言宗〕
観福寺　かんぷくじ〔寺〕
　岩手県一関市　《本尊》阿弥陀如来　〔天台宗〕
観福寺　かんぷくじ〔寺〕
　福島県双葉郡葛尾村　《本尊》大日如来・不動明王
　　　　　　　　　　　　　　〔真言宗豊山派〕
観福寺　かんぷくじ〔寺〕
　群馬県邑楽郡板倉町　《本尊》不動明王
　　　　　　　　　　　　　　〔真言宗豊山派〕
観福寺　かんぷくじ〔寺〕
　埼玉県川口市　　　　　　　〔真言宗智山派〕
観福寺　かんぷくじ〔寺〕
　埼玉県北埼玉郡南河原村　《本尊》大日如来
　　　　　　　　　　　　　　〔高野山真言宗〕
観福寺　かんぷくじ〔寺〕
　千葉県佐原市　《別称》牧野山　《本尊》聖観世音菩薩
　　　　　　　　　　　　　　〔真言宗豊山派〕
観福寺　かんぷくじ〔寺〕
　千葉県香取郡山田町　《別称》山倉山大六天王　《本尊》大六天王
　　　　　　　　　　　　　　〔真言宗豊山派〕
観福寺　かんぷくじ〔寺〕
　神奈川県横浜市緑区　《本尊》如意輪観世音菩薩
　　　　　　　　　　　　　　〔真言宗豊山派〕
観福寺　かんぷくじ〔寺〕
　愛知県東海市　《本尊》十一面観世音菩薩・阿弥陀如来　〔天台宗〕
観福寺　かんぷくじ〔寺〕
　兵庫県三田市　《本尊》聖観世音菩薩
　　　　　　　　　　　　　　〔真言宗大覚寺派〕
観福寺　かんぷくじ〔寺〕
　和歌山県西牟婁郡白浜町　《本尊》千手観世音菩薩
　　　　　　　　　　　　　　〔臨済宗妙心寺派〕

15観蔵寺　かんぞうじ〔寺〕
　千葉県富津市　《別称》おくぼの観音　《本尊》十一面観世音菩薩　〔真言宗智山派〕
観蔵院　かんぞういん〔寺〕
　東京都練馬区　《本尊》不動明王
　　　　　　　　　　　　　　〔真言宗智山派〕
観蔵院　かんぞういん〔寺〕
　東京都多摩市　《本尊》薬師如来　〔曹洞宗〕
観蔵院　かんぞういん〔寺〕
　三重県四日市市　《別称》小谷山不動尊　《本尊》不動明王・役行者・観世音菩薩・釈迦如来・弘法大師・毘沙門天　〔真言宗醍醐派〕
16観興寺　かんこうじ〔寺〕
　福岡県久留米市　《本尊》釈迦如来・千手観世音菩薩　〔曹洞宗〕

【邇】

18邇邇杵神社　ににぎじんじゃ〔社〕
　滋賀県高島郡朽木村　《祭神》瓊瓊杵命
　　　　　　　　　　　　　　〔神社本庁〕

【鎧】

9鎧神社　よろいじんじゃ〔社〕
　東京都新宿区　《別称》鎧様　《祭神》日本武尊〔他〕　〔神社本庁〕
11鎧掛の松《称》　よろいかけのまつ〔社〕
　愛媛県温泉郡中島町・三島大明神社　《祭神》大山祇命〔他〕　〔神社本庁〕

【鎌】

2鎌八幡《称》　かまはちまん〔寺〕
　大阪府大阪市天王寺区・円珠庵　《本尊》十一面観世音菩薩　〔真言宗豊山派〕
5鎌田神明宮　かまだしんめいぐう〔社〕
　静岡県磐田市　《祭神》豊受大神宮
　　　　　　　　　　　　　　〔神社本庁〕
7鎌足宮《称》　かまたりぐう〔社〕
　石川県七尾市・藤原比古神社　《祭神》天児屋根命　〔神社本庁〕
10鎌倉八幡宮《称》　かまくらはちまんぐう〔社〕
　神奈川県鎌倉市・鶴岡八幡宮　《祭神》応神天皇〔他〕
鎌倉大仏《称》　かまくらだいぶつ〔寺〕
　神奈川県鎌倉市・高徳院　《本尊》阿弥陀如来　〔浄土宗〕
鎌倉光明寺別院《称》　かまくらこうみょうじべついん〔寺〕
　神奈川県小田原市・新光明寺　《本尊》阿弥陀如来・地蔵菩薩・弁財天　〔浄土宗〕

神社・寺院名よみかた辞典　727

18画（鎮, 鎭, 難, 額, 顕）

鎌倉松葉ヶ谷帝釈天 《称》　かまくらまつばがやつたいしゃくてん〔寺〕
　神奈川県鎌倉市・長勝寺　《本尊》一塔両尊四菩薩　〔日蓮宗〕
鎌倉宮　かまくらぐう〔社〕
　神奈川県鎌倉市　《別称》大塔宮　《祭神》護良親王　〔単立〕
鎌宮《称》　かまみや〔社〕
　滋賀県蒲生郡安土町・奥石神社　《祭神》天津児屋根命　〔神社本庁〕
12鎌達いなり神社《称》　けんたついなりじんじゃ〔社〕
　京都府京都市南区・稲荷神社　《祭神》倉稲魂命〔他〕　〔神社本庁〕
13鎌数伊勢大神宮　かまかずいせだいじんぐう〔社〕
　千葉県旭市　《別称》お伊勢様　《祭神》天照皇大神　〔神社本庁〕

【鎖】

3鎖大師《称》　くさりだいし〔寺〕
　神奈川県鎌倉市・青蓮寺　《本尊》不動明王・鎖大師　〔高野山真言宗〕

【鎭】

5鎭札神社　ちんさつじんじゃ〔社〕
　静岡県静岡市　《祭神》猿田彦命〔他〕　〔神社本庁〕
6鎭守府八幡宮　ちんじゅふはちまんぐう〔社〕
　岩手県水沢市　《別称》八幡さま　《祭神》誉田別尊〔他〕　〔神社本庁〕
鎭西日光《称》　ちんぜいにっこう〔寺〕
　佐賀県鹿島市・祐徳稲荷神社　《祭神》倉稲魂大神〔他〕　〔神社本庁〕
鎭西本山《称》　ちんぜいほんざん〔寺〕
　福岡県久留米市・善道寺　《本尊》阿弥陀如来　〔浄土宗〕
8鎭国守国神社　ちんこくしゅこくじんじゃ〔社〕
　三重県桑名市　《別称》鎭国さん　《祭神》鎭国大明神〔他〕　〔神社本庁〕
鎭国寺　ちんこくじ〔寺〕
　福岡県宗像市　《本尊》大日如来・不動明王　〔真言宗御室派〕
鎭国社八幡《称》　ちんこくしゃはちまん〔社〕
　栃木県那須郡黒羽町・鎭国神社　《祭神》仲哀天皇〔他〕　〔神社本庁〕

鎭国神社　ちんこくじんじゃ〔社〕
　栃木県那須郡黒羽町　《別称》鎭国社八幡　《祭神》仲哀天皇〔他〕　〔神社本庁〕
鎭岡神社　しずめがおかじんじゃ〔社〕
　岩手県江刺市　《祭神》大己貴命　〔神社本庁〕
15鎭霊神社　しずみたまじんじゃ〔社〕
　鳥取県倉吉市　《祭神》護国の神霊　〔神社本庁〕

【難】

8難波八阪神社　なんばやさかじんじゃ〔社〕
　大阪府大阪市浪速区　《別称》難波祇園　《祭神》素盞嗚尊〔他〕　〔神社本庁〕
難波寺《称》　なにわじ〔寺〕
　大阪府大阪市天王寺区・四天王寺　《本尊》救世観世音菩薩　〔和宗〕
難波祇園《称》　なんばぎおん〔社〕
　大阪府大阪市浪速区・難波八阪神社　《祭神》素盞嗚尊〔他〕　〔神社本庁〕

【額】

5額田神社　ぬかたじんじゃ〔社〕
　三重県桑名市　《祭神》意富伊我都命　〔神社本庁〕
6額安寺　がくあんじ〔寺〕
　奈良県大和郡山市　〔真言律宗〕
8額東神社　ぬかひがしじんじゃ〔社〕
　石川県金沢市　《祭神》伊邪那岐命〔他〕　〔神社本庁〕

【顕】

5顕本寺　けんぽんじ〔寺〕
　大阪府堺市　〔法華宗(本門流)〕
顕正寺　けんしょうじ〔寺〕
　三重県四日市市　《本尊》阿弥陀如来　〔真宗高田派〕
顕正寺　けんしょうじ〔寺〕
　京都府京都市伏見区　《本尊》日蓮聖人奠定の大曼荼羅　〔日蓮宗〕
顕正寺　けんしょうじ〔寺〕
　島根県浜田市　《本尊》阿弥陀如来　〔真宗大谷派〕
6顕光院　けんこういん〔寺〕
　静岡県静岡市　《本尊》十一面観世音菩薩　〔曹洞宗〕
7顕妙寺　けんみょうじ〔寺〕
　埼玉県熊谷市　《本尊》法華経本門八品所顕本因下種の大曼荼羅　〔本門仏立宗〕

18画（題, 騎, 闘, 鯉, 鵜, 鵠, 鼬）

顕妙寺　けんみょうじ〔寺〕
　千葉県夷隅郡大原町　《本尊》十界大曼荼羅
　　　　　　　　　　　　　　　　〔日蓮宗〕
顕孝寺　けんこうじ〔寺〕
　京都府宮津市　　　　　〔臨済宗妙心寺派〕
8顕国神社　けんこくじんじゃ〔社〕
　和歌山県有田郡湯浅町　《祭神》大己貴命
　　　　　　　　　　　　　　　　〔神社本庁〕
顕実寺　けんじつじ〔寺〕
　千葉県香取郡多古町　《別称》だんじょうの寺　《本尊》十界大曼荼羅　〔日蓮宗〕
顕宝寺　けんぽうじ〔寺〕
　愛知県丹羽郡扶桑町　《本尊》観世音菩薩
　　　　　　　　　　　　　　〔臨済宗妙心寺派〕
顕性寺　けんしょうじ〔寺〕
　東京都新宿区　《本尊》大日如来・弘法大師・興教大師　　　　　　　〔真言宗豊山派〕
顕法寺　けんぽうじ〔寺〕
　福島県二本松市　《本尊》阿弥陀如来
　　　　　　　　　　　　　　〔浄土真宗本願寺派〕
顕法寺　けんぽうじ〔寺〕
　新潟県新発田市　《別称》新発田の鬼子母神
　《本尊》十界大曼荼羅・鬼子母神　〔日蓮宗〕
9顕海寺　けんかいじ〔寺〕
　福井県勝山市　《本尊》阿弥陀如来・観世音菩薩・勢至菩薩　　　　　　〔天台宗〕
10顕祥寺　けんしょうじ〔寺〕
　大阪府大阪市天王寺区　《別称》コンドルの寺　《本尊》阿弥陀如来　　〔浄土宗〕
12顕証寺　けんしょうじ〔寺〕
　大阪府八尾市　《別称》久宝寺御坊　《本尊》阿弥陀如来　　　　〔浄土真宗本願寺派〕
13顕聖寺　けんしょうじ〔寺〕
　新潟県東頸城郡浦川原村　《本尊》釈迦如来　　　　　　　　　　　　　〔曹洞宗〕

【題】
11題経寺　だいきょうじ〔寺〕
　東京都葛飾区　《別称》柴又の帝釈天　《本尊》大曼荼羅・釈迦如来・帝釈天　〔日蓮宗〕

【騎】
6騎西の明神様《称》　きさいのみょうじんさま〔社〕
　埼玉県北埼玉郡騎西町・玉敷神社　《祭神》大己貴命[他]　　　　　　〔神社本庁〕

【闘】
19闘鶏神社　とうけいじんじゃ〔社〕

　和歌山県田辺市　《別称》権現さん　《祭神》伊邪那美命[他]　　　　〔神社本庁〕

【鯉】
0鯉の明神さま《称》　こいのみょうじんさま〔社〕
　栃木県小山市・高椅神社　《祭神》磐鹿六雁命[他]　　　　　　　　　〔神社本庁〕

【鵜】
0鵜の宮《称》　うのみや〔社〕
　岡山県小田郡矢掛町・鵜江神社　《祭神》吉備津彦命　　　　　　　　〔神社本庁〕
鵜ノ森大厳寺《称》　うのもりだいがんじ〔寺〕
　千葉県千葉市・大厳寺　《本尊》阿弥陀三尊・不動明王　　　　　　　　〔浄土宗〕
4鵜戸神社　うどじんじゃ〔社〕
　鹿児島県肝属郡吾平町　《祭神》彦波瀲武鸕鷀草葺不合尊[他]　　　〔神社本庁〕
鵜戸神宮　うどじんぐう〔社〕
　宮崎県日南市　《別称》鵜戸さん　《祭神》鸕鷀草葺不合尊[他]　　　〔神社本庁〕
5鵜甘神社　うかんじんじゃ〔社〕
　福井県今立郡池田町　《別称》八幡宮　《祭神》応神天皇[他]　　　　〔神社本庁〕
鵜甘神社　うかんじんじゃ〔社〕
　福井県南条郡南条町　《別称》おさんのうさん　《祭神》鵜草葺不合尊[他]　〔神社本庁〕
鵜田寺　うだじ〔寺〕
　静岡県島田市　《別称》野田薬師　《本尊》薬師如来・虚空蔵菩薩　〔真言宗泉涌寺派〕
6鵜江神社　うのえじんじゃ〔社〕
　岡山県小田郡矢掛町　《別称》鵜の宮　《祭神》吉備津彦命　　　　　〔神社本庁〕
7鵜坂神社　うさかじんじゃ〔社〕
　富山県婦負郡婦中町　《別称》うさかの宮　《祭神》淤母陀流神[他]　〔神社本庁〕

【鵠】
8鵠沼伏見稲荷神社《称》　くげぬまふしみいなりじんじゃ〔社〕
　神奈川県藤沢市・稲荷神社　《祭神》宇賀之御魂大神[他]　　　　　　〔神社本庁〕

【鼬】
15鼬幣稲荷神社　いたちべいいなりじんじゃ〔社〕
　岩手県花巻市　《別称》奥稲荷　《祭神》宇迦之御魂命[他]　　　　　〔神社本庁〕

神社・寺院名よみかた辞典　729

19画（櫟, 瀬, 簸, 羅, 蘇, 藻, 蟹, 蟻）

19画

【櫟】

6 櫟江神社　いちのえじんじゃ〔社〕
　岐阜県羽島市　《祭神》豊受比売大神
　　　　　　　　　　　　　　　〔神社本庁〕
10 櫟原神社　いちはらじんじゃ〔社〕
　富山県滑川市　《別称》東の宮　《祭神》素盞鳴命〔他〕　〔神社本庁〕
11 櫟野寺　らくやじ〔寺〕
　滋賀県甲賀郡甲賀町　《別称》櫟野の観音
　《本尊》十一面観世音菩薩　〔天台宗〕

【瀬】

4 瀬戸八幡神社　せとはちまんじんじゃ〔社〕
　愛媛県越智郡上浦町　《祭神》誉田別命〔他〕
　　　　　　　　　　　　　　　〔神社本庁〕
　瀬戸比古神社　せとひこじんじゃ〔社〕
　石川県鹿島郡鳥屋町　《祭神》速秋津比古命　〔神社本庁〕
　瀬戸明神《称》　せとみょうじん〔社〕
　神奈川県横浜市金沢区・瀬戸神社　《祭神》大山祇命〔他〕　〔神社本庁〕
　瀬戸神社　せとじんじゃ〔社〕
　神奈川県横浜市金沢区　《別称》瀬戸明神
　《祭神》大山祇命〔他〕　〔神社本庁〕
　瀬戸観音《称》　せとかんのん〔寺〕
　山梨県西八代郡下部町・方外院　《本尊》如意輪観世音菩薩　〔曹洞宗〕
5 瀬田の善光寺《称》　せたのぜんこうじ〔寺〕
　滋賀県大津市・青蓮寺　《本尊》阿弥陀如来・善光寺如来　〔天台真盛宗〕
7 瀬社宮《称》　せしゃぐう〔社〕
　大分県宇佐市・郡瀬神社　《祭神》仲哀天皇〔他〕　〔神社本庁〕
8 瀬門神社　せとじんじゃ〔社〕
　愛知県幡豆郡吉良町　《祭神》天照大御神〔他〕　〔神社本庁〕
10 瀬峰八幡神社《称》　せみねはちまんじゃ〔社〕
　宮城県栗原郡瀬峰町・八幡神社　《祭神》応神天皇〔他〕　〔神社本庁〕

【簸】

3 簸川神社　ひかわじんじゃ〔社〕
　東京都文京区　《祭神》大己貴命〔他〕
　　　　　　　　　　　　　　　〔神社本庁〕

　簸川神社　ひかわじんじゃ〔社〕
　福井県福井市　《別称》お天王さん　《祭神》素盞嗚尊〔他〕　〔神社本庁〕

【羅】

13 羅漢寺　らかんじ〔寺〕
　東京都江東区　《本尊》釈迦如来　〔曹洞宗〕
　羅漢寺　らかんじ〔寺〕
　山梨県中巨摩郡敷島町　《別称》五百羅漢の寺　《本尊》釈迦如来　〔曹洞宗〕
　羅漢寺　らかんじ〔寺〕
　兵庫県加西市　《別称》北条五百羅漢　《本尊》薬師如来　〔天台宗〕
　羅漢寺　らかんじ〔寺〕
　和歌山県和歌山市　《本尊》釈迦如来
　　　　　　　　　　　　　　　〔曹洞宗〕
　羅漢寺　らかんじ〔寺〕
　大分県下毛郡本耶馬渓町　《別称》らかん　《本尊》仏舎利釈迦如来　〔曹洞宗〕

【蘇】

7 蘇我比咩神社　そがひめじんじゃ〔社〕
　千葉県千葉市　《祭神》蘇我比咩大神
　　　　　　　　　　　　　　　〔神社本庁〕
9 蘇美天神社　そみてんじゃ〔社〕
　愛知県額田郡幸田町　《祭神》建速須佐之男命〔他〕　〔神社本庁〕
19 蘇羅比古神社　そらひこじんじゃ〔社〕
　広島県庄原市　《祭神》天津日高日子穂穂出見尊〔他〕　〔神社本庁〕

【藻】

10 藻原寺　そうげんじ〔寺〕
　千葉県茂原市　《別称》由緒寺院　《本尊》日蓮聖人　〔日蓮宗〕

【蟹】

6 蟹江大師《称》　かにえだいし〔寺〕
　愛知県海部郡蟹江町・地蔵寺　《本尊》火伏地蔵菩薩　〔真言宗智山派〕
12 蟹満寺　かにまんじ〔寺〕
　京都府相楽郡山城町　《本尊》釈迦如来
　　　　　　　　　　　　　　　〔真言宗智山派〕
16 蟹薬師《称》　かにやくし〔寺〕
　岐阜県可児郡御嵩町・願興寺　《本尊》薬師如来・日光菩薩・月光菩薩　〔天台宗〕

【蟻】

10 蟻通さん《称》　ありとおしさん〔社〕

19画（警, 鏡, 鏑, 離, 霧, 願）

奈良県吉野郡東吉野村・丹生川上神社　《祭神》罔象女神[他]
〔神社本庁〕
蟻通神社　ありとおしじんじゃ〔社〕
大阪府泉佐野市　《祭神》大名持命
〔神社本庁〕

【警】
8警固神社　けこじんじゃ〔社〕
福岡県福岡市中央区　《祭神》神直日神[他]
〔神社本庁〕

【鏡】
4鏡円寺　きょうえんじ〔寺〕
佐賀県佐賀市　《本尊》阿弥陀如来　〔浄土宗〕
5鏡石寺　きょうせきじ〔寺〕
福島県二本松市　《本尊》阿弥陀如来・薬師如来・千手観世音菩薩　〔天台宗〕
7鏡作坐天照御魂神社　かがみつくりにますあまてるみたまじんじゃ〔社〕
奈良県磯城郡田原本町　《祭神》石凝姥命[他]
〔神社本庁〕
鏡忍寺　きょうにんじ〔寺〕
千葉県鴨川市　《別称》小松原霊跡寺院　《本尊》久遠実成本師釈迦如来　〔日蓮宗〕
9鏡神社　かがみじんじゃ〔社〕
佐賀県唐津市　《祭神》息長足姫命[他]
〔神社本庁〕
10鏡島弘法梅寺《称》　かがしまこうほうばいじ〔寺〕
岐阜県岐阜市・乙津寺　《本尊》十一面千手観世音菩薩・弘法大師　〔臨済宗妙心寺派〕
11鏡得寺　きょうとくじ〔寺〕
秋田県鹿角郡小坂町　《別称》村のお寺　《本尊》釈迦如来　〔曹洞宗〕
13鏡照院　きょうしょういん〔寺〕
東京都港区　《別称》身代不動尊　《本尊》身代不動明王　〔真言宗智山派〕
14鏡徳寺　きょうとくじ〔寺〕
茨城県久慈郡金砂郷町　《本尊》十一面観世音菩薩　〔真言宗智山派〕

【鏑】
4鏑木光明寺《称》　かぶらきこうみょうじ〔寺〕
千葉県香取郡干潟町・光明寺　《本尊》阿弥陀如来　〔浄土宗〕

【離】
10離宮八幡宮　りきゅうはちまんぐう〔社〕

京都府乙訓郡大山崎町　《祭神》応神天皇[他]
〔神社本庁〕

【霧】
10霧島大権現《称》　きりしまだいごんげん〔社〕
宮崎県東臼杵郡西郷村・田代神社　《祭神》彦火火出見尊　〔神社本庁〕
霧島岑神社　きりしまみねじんじゃ〔社〕
宮崎県小林市　《祭神》瓊瓊杵尊[他]
〔神社本庁〕
霧島東神社　きりしまひがしじんじゃ〔社〕
宮崎県西諸県郡高原町　《別称》錫杖院　《祭神》伊弉諾尊[他]　〔神社本庁〕
霧島神宮　きりしまじんぐう〔社〕
鹿児島県姶良郡霧島町　《祭神》天饒石国饒石天津日高彦火瓊瓊杵尊　〔神社本庁〕

【願】
2願了寺　がんりょうじ〔寺〕
福井県大野市　《本尊》阿弥陀如来
〔浄土真宗本願寺派〕
願入寺　がんにゅうじ〔寺〕
茨城県東茨城郡大洗町　《別称》大網門跡・大本山　《本尊》阿弥陀如来
〔単立(原始真宗)〕
4願王寺　がんおうじ〔寺〕
長野県飯田市　《本尊》大日如来　〔天台宗〕
願王寺　がんのうじ〔寺〕
愛知県名古屋市西区　《別称》名古屋善光寺別院　《本尊》薬師如来・善光寺如来
〔天台宗〕
願王寺　がんのうじ〔寺〕
京都府京都市右京区　《本尊》地蔵菩薩
〔臨済宗妙心寺派〕
5願正寺　がんしょうじ〔寺〕
新潟県西蒲原郡巻町　《本尊》阿弥陀如来
〔浄土真宗本願寺派〕
願正寺　がんしょうじ〔寺〕
富山県氷見市　《別称》論田下の御坊　《本尊》阿弥陀如来　〔浄土真宗本願寺派〕
願正寺　がんしょうじ〔寺〕
愛知県豊田市　《別称》御里の坊　《本尊》阿弥陀如来　〔真宗大谷派〕
願正寺　がんしょうじ〔寺〕
愛知県西尾市　《本尊》阿弥陀如来
〔真宗大谷派〕
願正寺　がんしょうじ〔寺〕
大阪府堺市　《本尊》阿弥陀如来
〔真宗大谷派〕

神社・寺院名よみかた辞典　731

19画（願）

願正寺　がんしょうじ〔寺〕
　兵庫県神戸市灘区　《本尊》阿弥陀如来
　　　　　　　　　　　　　　　〔真宗大谷派〕
願正寺　がんしょうじ〔寺〕
　佐賀県佐賀市　《本尊》阿弥陀如来
　　　　　　　　　　　　　〔浄土真宗本願寺派〕
願正寺　がんしょうじ〔寺〕
　熊本県熊本市　《本尊》阿弥陀如来
　　　　　　　　　　　　　　　〔真宗大谷派〕
願正坊　がんしょうぼう〔寺〕
　岐阜県岐阜市　《本尊》阿弥陀如来
　　　　　　　　　　　　　　　〔真宗大谷派〕
願生寺　がんしょうじ〔寺〕
　新潟県新井市　《本尊》阿弥陀如来
　　　　　　　　　　　　　　　〔真宗大谷派〕
願生寺　がんしょうじ〔寺〕
　新潟県西蒲原郡吉田町　《本尊》阿弥陀如来
　来　　　　　　　　　　　　　〔真宗大谷派〕
願生寺　がんしょうじ〔寺〕
　大阪府大阪市中央区　《本尊》阿弥陀如来
　　　　　　　　　　　　　　　　〔浄土宗〕
願生寺　がんしょうじ〔寺〕
　兵庫県神戸市北区　《別称》やなぎだにの寺
　《本尊》阿弥陀如来　〔浄土真宗本願寺派〕
願生寺　がんしょうじ〔寺〕
　兵庫県尼崎市　《本尊》阿弥陀如来　〔浄土宗〕
願生坊　がんしょうぼう〔寺〕
　大阪府枚方市　《別称》御坊　《本尊》阿弥陀
　如来　　　　　　　　　　　　〔真宗大谷派〕
6願全寺　がんぜんじ〔寺〕
　富山県西礪波郡福光町　《別称》新町の寺
　《本尊》阿弥陀如来　　　　　　〔真宗大谷派〕
願名寺　がんみょうじ〔寺〕
　茨城県牛久市　《本尊》阿弥陀如来　〔時宗〕
願因寺　がんいんじ〔寺〕
　石川県金沢市　《別称》赤土　《本尊》阿弥陀
　如来　　　　　　　　　　　　〔真宗大谷派〕
願成寺　がんじょうじ〔寺〕
　青森県八戸市　《本尊》阿弥陀如来　〔浄土宗〕
願成寺　がんじょうじ〔寺〕
　岩手県一関市　《本尊》釈迦如来　〔曹洞宗〕
願成寺　がんじょうじ〔寺〕
　福島県いわき市　《本尊》大日如来
　　　　　　　　　　　　　　　〔真言宗智山派〕
願成寺　がんじょうじ〔寺〕
　福島県喜多方市　《別称》国宝会津大仏　《本
　尊》阿弥陀三尊　　　　　　　　　〔浄土宗〕
願成寺　がんじょうじ〔寺〕
　神奈川県横浜市西区　《本尊》延命地蔵菩
　薩　　　　　　　　　　　　　〔高野山真言宗〕

願成寺　がんじょうじ〔寺〕
　新潟県五泉市　《本尊》延命地蔵菩薩
　　　　　　　　　　　　　　　　〔曹洞宗〕
願成寺　がんじょうじ〔寺〕
　石川県加賀市　《本尊》阿弥陀如来
　　　　　　　　　　　　　　　〔真宗大谷派〕
願成寺　がんじょうじ〔寺〕
　福井県武生市　《別称》土山の願成寺　《本
　尊》阿弥陀如来　　　　　　　　　〔曹洞宗〕
願成寺　がんじょうじ〔寺〕
　山梨県韮崎市　《本尊》薬師如来　〔曹洞宗〕
願成寺　がんじょうじ〔寺〕
　岐阜県岐阜市　《別称》おおほら観音　《本
　尊》十一面観世音菩薩　　　　〔真言宗智山派〕
願成寺　がんじょうじ〔寺〕
　愛知県岡崎市　《別称》石像の寺　《本尊》十
　界勧請大曼荼羅　　　　　　〔法華宗(陣門流)〕
願成寺　がんじょうじ〔寺〕
　滋賀県蒲生郡蒲生町　《本尊》観世音菩薩
　　　　　　　　　　　　　　　　〔曹洞宗〕
願成寺　がんじょうじ〔寺〕
　京都府京都市東山区　《本尊》釈迦如来
　　　　　　　　　　　　　　　〔臨済宗東福寺派〕
願成寺　がんじょうじ〔寺〕
　兵庫県神戸市兵庫区　《別称》善光寺　《本
　尊》阿弥陀如来　　　　　　　　　〔浄土宗〕
願成寺　がんじょうじ〔寺〕
　和歌山県海南市　《別称》別所の観音　《本
　尊》千手千眼観世音菩薩　　　　　〔天台宗〕
願成寺　がんじょうじ〔寺〕
　岡山県上房郡北房町　《本尊》阿弥陀如来
　　　　　　　　　　　　　　　〔真言宗御室派〕
願成寺　がんじょうじ〔寺〕
　徳島県阿波郡阿波町　《本尊》釈迦如来・弘
　法大師・不動明王　　　　　〔高野山真言宗〕
願成寺　がんじょうじ〔寺〕
　香川県木田郡庵治町　《本尊》薬師如来
　　　　　　　　　　　　　　　〔高野山真言宗〕
願成寺　がんじょうじ〔寺〕
　愛媛県周桑郡丹原町　《本尊》釈迦如来
　　　　　　　　　　　　　　　〔臨済宗東福寺派〕
願成寺　がんじょうじ〔寺〕
　高知県幡多郡十和村　《別称》小野のお寺
　《本尊》阿弥陀如来・十一面観世音菩薩・地
　蔵菩薩　　　　　　　　　　　　〔曹洞宗〕
願成寺　がんじょうじ〔寺〕
　熊本県人吉市　《本尊》阿弥陀如来
　　　　　　　　　　　　　　　〔真言宗大覚寺派〕
願成寺　がんじょうじ〔寺〕
　大分県佐伯市　《本尊》釈迦如来
　　　　　　　　　　　　　　　〔臨済宗妙心寺派〕

19画（願）

願成寺　がんじょうじ〔寺〕
　宮崎県延岡市　《本尊》釈迦如来　〔曹洞宗〕
願成就寺　がんじょうじゅじ〔寺〕
　滋賀県近江八幡市　《別称》日杖の観音山
　《本尊》十一面観世音菩薩・木之中地蔵菩薩
　　〔天台宗〕
願成就寺《称》　がんじょうじゅじ〔寺〕
　大阪府八尾市・大聖勝軍寺　《本尊》聖徳太子・四天王・毘沙門天　〔高野山真言宗〕
願成就院　がんじょうじゅいん〔寺〕
　静岡県田方郡韮山町　《本尊》阿弥陀如来・不動明王・毘沙門天　〔高野山真言宗〕
願行寺　がんぎょうじ〔寺〕
　山形県天童市　《本尊》阿弥陀如来
　　〔真宗大谷派〕
願行寺　がんぎょうじ〔寺〕
　東京都品川区　《本尊》阿弥陀三尊　〔浄土宗〕
願行寺　がんぎょうじ〔寺〕
　神奈川県横浜市磯子区　《本尊》阿弥陀如来　〔浄土宗〕
願行寺　がんぎょうじ〔寺〕
　長野県上田市　《本尊》阿弥陀三尊　〔浄土宗〕
願行寺　がんぎょうじ〔寺〕
　愛知県刈谷市　《本尊》阿弥陀如来　〔浄土宗〕
願行寺　がんぎょうじ〔寺〕
　京都府宇治市　《本尊》阿弥陀如来　〔浄土宗〕
願行寺　がんぎょうじ〔寺〕
　大阪府高槻市　《本尊》阿弥陀如来
　　〔浄土真宗本願寺派〕
願行寺　がんぎょうじ〔寺〕
　兵庫県城崎郡香住町　《本尊》阿弥陀如来
　　〔浄土宗〕
願行寺　がんぎょうじ〔寺〕
　奈良県吉野郡下市町　《別称》下市御坊　《本尊》阿弥陀如来　〔浄土真宗本願寺派〕
願行寺　がんぎょうじ〔寺〕
　鳥取県鳥取市　《本尊》阿弥陀如来　〔浄土宗〕
願行寺　がんぎょうじ〔寺〕
　佐賀県鹿島市　《本尊》阿弥陀如来　〔浄土宗〕
願行寺　がんぎょうじ〔寺〕
　大分県大分市　《本尊》釈迦如来
　　〔臨済宗妙心寺派〕
願西寺　がんさいじ〔寺〕
　神奈川県横浜市中区　《本尊》阿弥陀如来
　　〔真宗大谷派〕
7願応寺　がんのうじ〔寺〕
　愛知県中島郡平和町　《本尊》阿弥陀如来
　　〔真宗大谷派〕
8願性寺　がんしょうじ〔寺〕
　富山県高岡市　《本尊》阿弥陀如来
　　〔真宗大谷派〕

願念寺　がんねんじ〔寺〕
　新潟県西蒲原郡分水町　《本尊》阿弥陀如来
　　〔真宗大谷派〕
願念寺　がんねんじ〔寺〕
　石川県金沢市　《本尊》阿弥陀如来
　　〔真宗大谷派〕
願念寺　がんねんじ〔寺〕
　石川県松任市　《本尊》阿弥陀如来
　　〔真宗大谷派〕
願念寺　がんねんじ〔寺〕
　福井県福井市　《別称》石新保寺　《本尊》阿弥陀如来　〔真宗大谷派〕
願明寺　がんみょうじ〔寺〕
　岐阜県岐阜市　《本尊》阿弥陀如来
　　〔浄土真宗本願寺派〕
願林寺　がんりんじ〔寺〕
　滋賀県草津市　《本尊》阿弥陀如来
　　〔真宗大谷派〕
願林寺　がんりんじ〔寺〕
　島根県邇摩郡温泉津町　《別称》金泉山　《本尊》阿弥陀如来　〔浄土真宗本願寺派〕
願法寺　がんぽうじ〔寺〕
　長野県上水内郡牟礼村　《別称》信濃三勝　《本尊》阿弥陀如来　〔真宗大谷派〕
願長寺　がんちょうじ〔寺〕
　岐阜県岐阜市　《本尊》阿弥陀如来
　　〔真宗大谷派〕
願長寺　がんちょうじ〔寺〕
　福岡県筑後市　《本尊》阿弥陀如来
　　〔真宗大谷派〕
9願信寺　がんしんじ〔寺〕
　滋賀県草津市　《本尊》阿弥陀如来
　　〔真宗大谷派〕
願専寺　がんせんじ〔寺〕
　富山県氷見市　《本尊》阿弥陀如来
　　〔浄土真宗本願寺派〕
願栄寺　がんえいじ〔寺〕
　青森県八戸市　《本尊》阿弥陀如来
　　〔真宗大谷派〕
願海寺　がんかいじ〔寺〕
　東京都港区　《本尊》阿弥陀三尊　〔浄土宗〕
願海寺　がんかいじ〔寺〕
　富山県富山市　《本尊》阿弥陀如来
　　〔浄土真宗本願寺派〕
願海寺　がんかいじ〔寺〕
　滋賀県大津市　《本尊》阿弥陀如来　〔浄土宗〕
願浄寺　がんじょうじ〔寺〕
　福井県足羽郡美山町　《本尊》阿弥陀如来
　　〔真宗大谷派〕

神社・寺院名よみかた辞典　733

19画（願）

願浄寺　がんじょうじ〔寺〕
　滋賀県長浜市　《本尊》阿弥陀如来
　　　　　　　　　　　　〔真宗大谷派〕
願泉寺　がんせんじ〔寺〕
　大阪府大阪市浪速区　《本尊》阿弥陀如来
　　　　　　　　　　　　〔浄土真宗本願寺派〕
願泉寺　がんせんじ〔寺〕
　大阪府貝塚市　《別称》貝塚御坊　《本尊》阿弥陀如来　　　　〔浄土真宗本願寺派〕
願重寺　がんじゅうじ〔寺〕
　山形県山形市　《本尊》阿弥陀如来
　　　　　　　　　　　　〔真宗大谷派〕
願重寺　がんじゅうじ〔寺〕
　福井県足羽郡美山町　《別称》河原の寺　《本尊》阿弥陀如来　　〔真宗大谷派〕
10願称寺　がんしょうじ〔寺〕
　富山県小矢部市　《本尊》阿弥陀如来
　　　　　　　　　　　　〔浄土真宗本願寺派〕
願竜寺　がんりゅうじ〔寺〕
　東京都台東区　《本尊》阿弥陀如来
　　　　　　　　　　　　〔真宗大谷派〕
願竜寺　がんりゅうじ〔寺〕
　滋賀県高島郡高島町　《本尊》阿弥陀如来
　　　　　　　　　　　　〔真宗大谷派〕
11願得寺　がんとくじ〔寺〕
　滋賀県犬上郡甲良町　《本尊》阿弥陀如来
　　　　　　　　　　　　〔浄土真宗本願寺派〕
願得寺　がんとくじ〔寺〕
　大阪府門真市　《本尊》阿弥陀如来
　　　　　　　　　　　　〔真宗大谷派〕
願教寺　がんきょうじ〔寺〕
　岩手県盛岡市　《本尊》阿弥陀如来
　　　　　　　　　　　　〔浄土真宗本願寺派〕
願教寺　がんきょうじ〔寺〕
　滋賀県東浅井郡湖北町　《本尊》阿弥陀如来　　　　　　　　　〔真宗大谷派〕
願教寺　がんきょうじ〔寺〕
　京都府京都市下京区　《本尊》阿弥陀如来
　　　　　　　　　　　　〔真宗大谷派〕
願船寺　がんせんじ〔寺〕
　北海道旭川市　《本尊》阿弥陀如来
　　　　　　　　　　　　〔真宗大谷派〕
願船寺　がんせんじ〔寺〕
　茨城県那珂郡東海村　《本尊》阿弥陀如来
　　　　　　　　　　　　〔真宗大谷派〕
願船坊　がんせんぼう〔寺〕
　広島県広島市安佐北区　《別称》可部の願船坊　《本尊》阿弥陀如来　〔浄土真宗本願寺派〕
願隆寺　がんりゅうじ〔寺〕
　新潟県刈羽郡西山町　《本尊》阿弥陀如来
　　　　　　　　　　　　〔真宗大谷派〕

願隆寺　がんりゅうじ〔寺〕
　滋賀県甲賀郡水口町　《本尊》阿弥陀如来
　　　　　　　　　　　　〔天台宗〕
12願勝寺　がんしょうじ〔寺〕
　秋田県能代市　《本尊》阿弥陀如来
　　　　　　　　　　　　〔真宗大谷派〕
願勝寺　がんしょうじ〔寺〕
　千葉県香取郡干潟町　《本尊》釈迦如来
　　　　　　　　　　　　〔真言宗智山派〕
願勝寺　がんしょうじ〔寺〕
　島根県出雲市　《本尊》阿弥陀如来
　　　　　　　　　　　　〔浄土真宗本願寺派〕
願琳寺　がんりんじ〔寺〕
　三重県桑名郡多度町　《本尊》阿弥陀如来
　　　　　　　　　　　　〔真宗大谷派〕
願証寺　がんしょうじ〔寺〕
　岐阜県不破郡垂井町　《別称》平尾御坊　《本尊》阿弥陀如来　　〔真宗大谷派〕
願証寺　がんしょうじ〔寺〕
　三重県桑名郡長島町　《本尊》阿弥陀如来
　　　　　　　　　　　　〔浄土真宗本願寺派〕
願証寺　がんしょうじ〔寺〕
　滋賀県蒲生郡日野町　《本尊》阿弥陀如来
　　　　　　　　　　　　〔真宗大谷派〕
願随寺　がんずいじ〔寺〕
　愛知県碧南市　《別称》鷲塚御坊　《本尊》阿弥陀如来　　　　〔浄土真宗本願寺派〕
13願楽寺　がんぎょうじ〔寺〕
　島根県出雲市　《別称》出雲本山　《本尊》阿弥陀如来　　　　〔浄土真宗本願寺派〕
願照寺　がんしょうじ〔寺〕
　愛知県岡崎市　《別称》真宗二四輩旧跡　《本尊》阿弥陀如来　〔浄土真宗本願寺派〕
願福寺　がんぶくじ〔寺〕
　滋賀県近江八幡市　《本尊》薬師如来
　　　　　　　　　　　　〔天台宗〕
14願誓寺　がんせいじ〔寺〕
　滋賀県近江八幡市　《本尊》阿弥陀如来
　　　　　　　　　　　　〔浄土宗〕
願誓寺　がんせいじ〔寺〕
　香川県丸亀市　《本尊》阿弥陀如来
　　　　　　　　　　　　〔浄土真宗本願寺派〕
15願慶寺　がんきょうじ〔寺〕
　石川県石川郡吉野谷村　《本尊》阿弥陀如来　　　　　　　　　〔真宗大谷派〕
願慶寺　がんけいじ〔寺〕
　福井県あわら市　《別称》よしざきさん　《本尊》阿弥陀如来　　〔真宗大谷派〕
願蔵寺　がんぞうじ〔寺〕
　宮崎県都城市　《別称》東の寺　《本尊》阿弥陀如来　　　　　〔真宗大谷派〕

19画（鯖, 鶏, 鵲, 鶉, 麓）　20画（巌, 耀, 護）

願養寺　がんようじ〔寺〕
　岐阜県本巣市　《本尊》阿弥陀如来
　　　　　　　　　　　　　　〔真宗誠照寺派〕
願養寺　がんようじ〔寺〕
　滋賀県長浜市　《本尊》阿弥陀如来
　　　　　　　　　　　　　　〔真宗大谷派〕
16 願興寺　がんこうじ〔寺〕
　新潟県長岡市　《本尊》阿弥陀如来・阿弥陀
　　如来　　　　　　　　　　〔真宗大谷派〕
願興寺　がんこうじ〔寺〕
　岐阜県可児郡御嵩町　《別称》可児大寺・蟹
　　薬師　《本尊》薬師如来・日光菩薩・月光
　　菩薩　　　　　　　　　　　　〔天台宗〕
願興寺　がんこうじ〔寺〕
　愛知県名古屋市中川区　《本尊》阿弥陀如
　　来　　　　　　　　　　　〔真宗大谷派〕
願興寺　がんこうじ〔寺〕
　香川県さぬき市　《本尊》薬師如来　〔真言宗〕

【鯖】
3 鯖大師《称》　さばだいし〔寺〕
　静岡県静岡市・崇福寺　《本尊》聖観世音菩
　　薩　　　　　　　　　　　〔臨済宗妙心寺派〕
6 鯖江本山《称》　さばえほんざん〔寺〕
　福井県鯖江市・誠照寺　《本尊》阿弥陀如来
　　　　　　　　　　　　　　〔真宗誠照寺派〕

【鶏】
7 鶏足寺　けいそくじ〔寺〕
　栃木県足利市　《別称》本山　《本尊》五大明
　　王　　　　　　　　　　　　〔真言教団〕
鶏足寺　けいそくじ〔寺〕
　栃木県芳賀郡益子町　《別称》お灸の寺　《本
　　尊》迦葉尊者・十一面観世音菩薩
　　　　　　　　　　　　　　　　〔曹洞宗〕
鶏足寺　けいそくじ〔寺〕
　滋賀県伊香郡木之本町　《別称》こだかみの
　　観音　《本尊》十一面観世音菩薩・薬師如
　　来　　　　　　　　　　　〔真言宗豊山派〕

【鵲】
12 鵲森宮　かささぎもりのみや〔社〕
　大阪府大阪市中央区　《別称》もりのみや神
　　社　《祭神》用明天皇［他］　〔神社本庁〕

【鶉】
5 鶉田神社　うずらだじんじゃ〔社〕
　岐阜県岐阜市　《祭神》素盞嗚尊　〔神社本庁〕

【麓】
7 麓坊　ふもとぼう〔寺〕
　山梨県南巨摩郡身延町　《本尊》釈迦如来・四
　　菩薩　　　　　　　　　　　　〔日蓮宗〕

20 画

【巌】
3 巌山寺　がんざんじ〔寺〕
　兵庫県美方郡温泉町　《本尊》釈迦如来
　　　　　　　　　　　　　　　　〔天台宗〕
7 巌吼寺　がんくうじ〔寺〕
　長崎県南高来郡加津佐町　《別称》岩戸の寺
　　《本尊》釈迦如来　　　　　　〔曹洞宗〕
9 巌室神社　いわむろじんじゃ〔社〕
　静岡県榛原郡金谷町　《別称》姫宮さま　《祭
　　神》瓊瓊杵尊［他］　　　　　〔神社本庁〕
10 巌倉寺　いわくらじ〔寺〕
　島根県能義郡広瀬町　《本尊》聖観世音菩薩・
　　帝釈天　　　　　　　　　〔高野山真言宗〕
巌鬼山神社　がんきさんじんじゃ〔社〕
　青森県弘前市　《祭神》大山祇命　〔神社本庁〕

【耀】
9 耀海寺　ようかいじ〔寺〕
　静岡県静岡市　《別称》夏心さんのお寺　《本
　　尊》日蓮聖人奠定の大曼荼羅　〔日蓮宗〕

【護】
3 護山神社　もりやまじんじゃ〔社〕
　岐阜県恵那郡付知町　《祭神》大山祇神［他］
　　　　　　　　　　　　　　　　〔神社本庁〕
4 護王神社　ごおうじんじゃ〔社〕
　京都府京都市上京区　《祭神》護王大明神和
　　気清麻呂［他］　　　　　　　〔神社本庁〕
8 護国八幡宮　ごこくはちまんぐう〔社〕
　富山県小矢部市　《別称》埴生八幡　《祭神》
　　誉田別天皇［他］　　　　　　〔神社本庁〕
護国之寺　ごこくしじ〔寺〕
　岐阜県岐阜市　《別称》雄総観音　《本尊》十
　　一面千手観世音菩薩　　　〔高野山真言宗〕
護国寺　ごこくじ〔寺〕
　北海道室蘭市　《本尊》釈迦三尊
　　　　　　　　　　　　　〔臨済宗妙心寺派〕
護国寺　ごこくじ〔寺〕
　福島県郡山市　《別称》八幡寺　《本尊》虚空
　　蔵菩薩　　　　　　　　　〔真言宗豊山派〕

神社・寺院名よみかた辞典　735

20画 《醴, 露, 饗, 鰐》

護国寺　ごこくじ〔寺〕
　東京都文京区　《別称》大本山・音羽護国寺
　《本尊》如意輪観世音菩薩　〔真言宗豊山派〕
護国寺　ごこくじ〔寺〕
　長野県伊那市　《本尊》釈迦如来・地蔵菩薩
　　　　　　　　　　　　　〔臨済宗妙心寺派〕
護国寺　ごこくじ〔寺〕
　大阪府吹田市　《本尊》三尊仏　〔曹洞宗〕
護国寺　ごこくじ〔寺〕
　兵庫県三原郡南淡町　《本尊》胎蔵界大日如
　来　　　　　　　　　　　　　〔高野山真言宗〕
護国寺　ごこくじ〔寺〕
　和歌山県橋本市　《別称》大寺　《本尊》大日
　如来　　　　　　　　　　　　〔真言律宗〕
護国寺　ごこくじ〔寺〕
　島根県隠岐郡西郷町　《別称》隠岐国分寺
　《本尊》釈迦如来・薬師如来
　　　　　　　　　　　　　　　〔真言宗東寺派〕
護国寺　ごこくじ〔寺〕
　山口県下関市　《本尊》日蓮聖人奠定の大曼
　荼羅　　　　　　　　　　　　〔日蓮宗〕
護国寺　ごこくじ〔寺〕
　沖縄県那覇市　《別称》波の上の寺　《本尊》
　聖観世音菩薩　　　　　　　　〔真言宗東寺派〕
護国院　ごこくいん〔寺〕
　東京都台東区　《別称》上野大黒天　《本尊》
　釈迦如来　　　　　　　　　　〔天台宗〕
護国院　ごこくいん〔寺〕
　兵庫県三田市　《本尊》十一面観世音菩薩
　　　　　　　　　　　　　　　〔曹洞宗〕
護国院　ごこくいん〔寺〕
　奈良県奈良市　《本尊》不動明王　〔真言宗〕
護国院《称》　ごこくいん〔寺〕
　和歌山県和歌山市・金剛宝寺護国院　《本尊》
　十一面観世音菩薩　　　　　　〔救世観音宗〕
護念寺　ごねんじ〔寺〕
　京都府京都市上京区　《本尊》阿弥陀如来
　　　　　　　　　　　　　　　〔浄土宗〕
護念寺　ごねんじ〔寺〕
　和歌山県和歌山市　《別称》赤門でら　《本
　尊》阿弥陀三尊　　　　　　　〔西山浄土宗〕
護念寺　ごねんじ〔寺〕
　福岡県北九州市小倉南区　《本尊》阿弥陀如
　来　　　　　　　　　　　　　〔西山浄土宗〕
護念院　ごねんいん〔寺〕
　奈良県北葛城郡當麻町　《本尊》阿弥陀如
　来　　　　　　　　　　　　　〔浄土宗〕
護昌寺　ごしょうじ〔寺〕
　秋田県平鹿郡十文字町　《本尊》釈迦如来
　　　　　　　　　　　　　　　〔曹洞宗〕

9護浄院　ごじょういん〔寺〕
　京都府京都市上京区　《別称》清荒神　《本
　尊》清三宝大荒神　　　　　　〔天台宗〕
護神さま《称》　ごじんさま〔社〕
　長崎県南松浦郡富江町・富江神社　《祭神》八
　千矛大神〔他〕　　　　　　　〔神社本庁〕
12護運玉甲甲賀益八幡神社　ごうんたまかぶ
　とかがますはちまんじんじゃ〔社〕
　愛媛県東予市　《別称》甲賀八幡　《祭神》誉
　田別尊〔他〕　　　　　　　　〔神社本庁〕
13護聖寺　ごしょうじ〔寺〕
　福岡県北九州市小倉南区　《別称》梅の寺
　《本尊》釈迦如来　　　　　　〔曹洞宗〕
14護徳寺　ごとくじ〔寺〕
　新潟県東蒲原郡鹿瀬町　《本尊》大日如来・不
　動明王・愛染明王　　　　　　〔真言宗豊山派〕
15護摩堂《称》　ごまどう〔寺〕
　新潟県柏崎市・延命寺　《本尊》延命地蔵菩
　薩　　　　　　　　　　　　　〔高野山真言宗〕

【醴】
9醴泉院　れいせんいん〔寺〕
　長崎県対馬市　《別称》武家寺　《本尊》薬師
　如来・千手千眼観世音菩薩　　〔天台宗〕

【露】
4露天神社　つゆてんじんじゃ〔社〕
　大阪府大阪市北区　《別称》お初天神　《祭
　神》少彦名大神〔他〕　　　　〔神社本庁〕

【饗】
10饗庭不動尊《称》　あいばふどうそん〔寺〕
　愛知県幡豆郡吉良町・金蓮寺　《本尊》不動
　明王・阿弥陀如来　　　　　　〔曹洞宗〕

【鰐】
8鰐河神社　わにかわじんじゃ〔社〕
　香川県木田郡三木町下高岡　《別称》四条鰐河
　八幡宮　《祭神》豊玉姫命〔他〕〔神社本庁〕
11鰐淵寺　がくえんじ〔寺〕
　島根県平田市　《本尊》千手観世音菩薩・薬
　師如来　　　　　　　　　　　〔天台宗〕
14鰐鳴八幡宮　わになきはちまんぐう〔社〕
　山口県山口市　《別称》小鯖八幡宮　《祭神》
　応神天皇〔他〕　　　　　　　〔神社本庁〕

21 画

21画（曩, 竈, 轟, 鐸, 鑁, 饒, 鶴）

【曩】
9 曩祖宮《称》　のうそぐう〔社〕
　福岡県飯塚市・納祖八幡宮　《祭神》応神天皇[他]　　　　　　　　　　〔神社本庁〕

【竈】
2 竈八幡《称》　かまどはちまん〔社〕
　大分県府中市亀川町・八幡竈門神社　《祭神》応神天皇[他]　　　　　　　　　　〔神社本庁〕
　竈八幡宮　かまどはちまんぐう〔社〕
　山口県熊毛郡上関町　《祭神》誉田別尊[他]　　　　　　　　　　〔神社本庁〕
3 竈山神社　かまやまじんじゃ〔社〕
　和歌山県和歌山市　《祭神》五瀬命　　　　　　　　　　〔神社本庁〕
8 竈門神社　かまどじんじゃ〔社〕
　福岡県小郡市　《祭神》玉はは宮〔神社本庁〕
　竈門神社　かまどじんじゃ〔社〕
　福岡県太宰府市　《別称》宝満さま　《祭神》玉依姫命[他]　　　　　　　　〔神社本庁〕

【轟】
9 轟神社　とどろきじんじゃ〔社〕
　徳島県海部郡海南町　《別称》かれいだきさん・とどろきさん　《祭神》水波女命[他]　　　　　　　　　　〔神社本庁〕

【鐸】
4 鐸比古鐸比売神社　ぬでひこぬでひめじんじゃ〔社〕
　大阪府柏原市　《別称》おおがた神社　《祭神》鐸石別命[他]　　　　　　〔神社本庁〕

【鑁】
8 鑁阿寺　ばんなじ〔寺〕
　栃木県足利市　《本尊》大日如来　　　　　　　　　　〔真言宗大日派〕

【饒】
9 饒津神社　にぎつじんじゃ〔社〕
　広島県広島市東区　《祭神》浅野長政[他]　　　　　　　　　　〔神社本庁〕

【鶴】
0 鶴ヶ崎神社　つるがさきじんじゃ〔社〕
　秋田県河辺郡雄和町　《別称》神明様　《祭神》天照皇大神[他]　　　〔神社本庁〕
　鶴ヶ嶺《称》　つるがみね〔社〕
　山口県阿武郡阿武町・八幡宮　《祭神》品陀別命[他]　　　　　　　　　〔神社本庁〕
3 鶴山八幡宮《称》　つるやまはちまんぐう〔社〕
　岡山県津山市・八幡神社　《祭神》誉田別命[他]　　　　　　　　〔神社本庁〕
7 鶴坂神社　つるざかじんじゃ〔社〕
　岡山県久米郡久米町　《祭神》大日孁貴命[他]　　　　　　〔神社本庁〕
　鶴尾神社　つるおじんじゃ〔社〕
　香川県高松市　《別称》土居之宮　《祭神》応神天皇[他]　　　　　　　　〔神社本庁〕
　鶴見神社　つるみじんじゃ〔社〕
　大阪府大阪市鶴見区　《祭神》大山咋神荒魂[他]　　　　　　　　〔神社本庁〕
　鶴見神社　つるみじんじゃ〔社〕
　大分県宇佐郡安心院町　《祭神》伊弉諾尊[他]　　　　　　　　〔神社本庁〕
　鶴見権現《称》　つるみごんげん〔社〕
　大分県別府市大字鶴見・火男火売神社　《祭神》伊弉冉命[他]　　　　　　　　〔神社本庁〕
8 鶴岡八幡神社　つるおかはちまんじんじゃ〔社〕
　愛媛県東予市　《祭神》誉田別命[他]　　　　　　　　〔神社本庁〕
　鶴岡八幡神社　つるおかはちまんじんじゃ〔社〕
　福岡県田川郡香春町　《祭神》応神天皇[他]　　　　　　　　〔神社本庁〕
　鶴岡八幡宮　つるがおかはちまんぐう〔社〕
　神奈川県鎌倉市　《別称》鎌倉八幡宮　《祭神》応神天皇[他]　　　　　　〔神社本庁〕
　鶴岡八幡宮《称》　つるがおかはちまんぐう〔社〕
　島根県大田市大田町大田口1384・八幡宮　《祭神》気長足姫命[他]　　　　　　〔神社本庁〕
　鶴岡天満宮　つるおかてんまんぐう〔社〕
　山形県鶴岡市　《祭神》菅原道真　〔神社本庁〕
　鶴林寺　かくりんじ〔寺〕
　神奈川県大和市　《本尊》阿弥陀如来　　　　　　　　　　〔浄土宗〕
　鶴林寺　かくりんじ〔寺〕
　兵庫県加古川市　《別称》刀田の太子　《本尊》薬師如来・釈迦三尊・不動明王・阿弥陀如来・役行者　　　　〔天台宗〕
　鶴林寺　かくりんじ〔寺〕
　徳島県勝浦郡勝浦町　《別称》お鶴さん・つる山・四国第二〇番霊場　《本尊》地蔵菩薩　　　　　　　　　〔高野山真言宗〕

神社・寺院名よみかた辞典　737

22画（籠, 讃, 鰻） 23画（鷲）

9鶴城寺　かくじょうじ〔寺〕
　　愛知県半田市　《本尊》阿弥陀如来
　　　　　　　　　　　　　　　〔真宗大谷派〕
10鶴峯八幡神社　つるみねはちまんじんじゃ
　〔社〕
　　千葉県富津市　《祭神》誉田別命〔他〕
　　　　　　　　　　　　　　　〔神社本庁〕
11鶴崎神社　つるがさきじんじゃ〔社〕
　　千葉県安房郡鋸南町　《別称》元名　《祭神》
　　誉田別命　　　　　　　　　　〔神社本庁〕
　鶴崎神社　つるさきじんじゃ〔社〕
　　岡山県都窪郡早島町　《別称》御崎さま　《祭
　　神》吉備津彦命荒魂　　　　　〔神社本庁〕
12鶴棲院　かくせいいん〔寺〕
　　岐阜県岐阜市　《本尊》釈迦如来
　　　　　　　　　　　　　　〔臨済宗妙心寺派〕
　鶴満寺　かくまんじ〔寺〕
　　大阪府大阪市北区　《別称》百体観音・大阪
　　別院　《本尊》阿弥陀如来・善光寺如来・聖
　　観世音菩薩・波切不動明王　　〔天台真盛宗〕
　鶴間の観音《称》　つるまのかんのん〔寺〕
　　神奈川県大和市・観音寺　《本尊》十一面観
　　世音菩薩　　　　　　　　　〔高野山真言宗〕
15鶴舞八幡《称》　つるまいはちまん〔社〕
　　千葉県君津市・八幡神社　《祭神》誉田別命
　　　　　　　　　　　　　　　〔神社本庁〕
17鶴嶺八幡社　つるみねはちまんしゃ〔社〕
　　神奈川県茅ヶ崎市　《別称》八幡さま　《祭神》
　　誉田別命〔他〕　　　　　　　〔神社本庁〕
　鶴嶺神社　つるがねじんじゃ〔社〕
　　鹿児島県鹿児島市　《祭神》島津忠久〔他〕
　　　　　　　　　　　　　　　〔神社本庁〕

22 画

【籠】
6籠守勝手神社　こもりかってじんじゃ〔社〕
　　愛知県葉栗郡木曽川町　《別称》お籠守様
　　《祭神》瀬織津比咩命〔他〕　　〔神社本庁〕
9籠神社　このじんじゃ〔社〕
　　京都府宮津市　《別称》元伊勢大元宮・元伊勢
　　根本宮　《祭神》彦火明命〔他〕〔神社本庁〕

【讃】
5讃甘神社　さのもじんじゃ〔社〕
　　岡山県英田郡大原町　《別称》荒巻さま　《祭
　　神》大己貴命〔他〕　　　　　〔神社本庁〕

7讃岐東照宮《称》　さぬきとうしょうぐう
　〔社〕
　　香川県高松市・屋島神社　《祭神》東照大神
　　〔他〕　　　　　　　　　　　〔神社本庁〕
　讃岐宮　さぬきぐう〔社〕
　　香川県善通寺市　《別称》香川県護国神社
　　《祭神》護国の神霊　　　　　〔神社本庁〕
　讃岐総社　さぬきそうじゃ〔社〕
　　香川県坂出市・総社神社　《祭神》伊弉諾尊
　　〔他〕　　　　　　　　　　　〔神社本庁〕

【鰻】
18鰻観音《称》　うなぎかんのん〔寺〕
　　神奈川県厚木市・永昌寺　《本尊》観世音菩
　　薩　　　　　　　　　　　　　〔曹洞宗〕

23 画

【鷲】
3鷲子山上神社　とりこのさんじょうじんじ
　ゃ〔社〕
　　茨城県那珂郡美和村　《祭神》天日鷲命〔他〕
　　　　　　　　　　　　　　　〔神社本庁〕
　鷲子山上神社　とりのこさんじょうじんじ
　ゃ〔社〕
　　栃木県那須郡馬頭町　《祭神》天日鷲命〔他〕
　　　　　　　　　　　　　　　〔神社本庁〕
　鷲山寺　じゅせんじ〔寺〕
　　千葉県茂原市　《別称》鷲巣のお祖師様・大
　　本山　《本尊》日蓮聖人　　〔法華宗(本門流)〕
5鷲田神明宮　わしたしんめいぐう〔社〕
　　愛知県額田郡幸田町　《別称》大宮　《祭神》
　　天照大神〔他〕　　　　　　　〔神社本庁〕
7鷲住寺　じゅじゅうじ〔寺〕
　　兵庫県氷上郡氷上町　《本尊》如意輪観世音
　　菩薩　　　　　　　　　　　　〔曹洞宗〕
　鷲尾愛宕神社　わしおあたごじんじゃ〔社〕
　　福岡県福岡市西区　《祭神》伊弉諾尊〔他〕
　　　　　　　　　　　　　　　〔神社本庁〕
9鷲神社　おおとりじんじゃ〔社〕
　　東京都台東区　《別称》おとりさま　《祭神》
　　天之日鷲命〔他〕　　　　　　〔神社本庁〕
10鷲原八幡宮《称》　わしはらはちまんぐう
　〔社〕
　　島根県鹿足郡津和野町・八幡宮　《祭神》誉
　　田別命〔他〕　　　　　　　　〔神社本庁〕
　鷲原寺　わしはらじ〔寺〕
　　兵庫県朝来郡朝来町　《別称》いわやかんの
　　ん　《本尊》十一面千手観世音菩薩
　　　　　　　　　　　　　　〔高野山真言宗〕

24画（鱗，鷲，鷹，麟）

鷲宮神社　わしのみやじんじゃ〔社〕
　栃木県下都賀郡石橋町　《祭神》天日鷲命
　　　　　　　　　　　　　　　　〔神社本庁〕
鷲宮神社　わしのみやじんじゃ〔社〕
　埼玉県北葛飾郡鷲宮町　《別称》お酉様・明
　神様　《祭神》天穂日命［他］〔神社本庁〕
鷲峰寺　じゅうぶうじ〔寺〕
　香川県綾歌郡国分寺町　《本尊》千手観世音
　菩薩　　　　　　　　　　　　　〔天台宗〕
11鷲巣のお祖師様《称》　わしのすのおそし
　さま〔寺〕
　千葉県茂原市・鷲山寺　《本尊》日蓮聖人
　　　　　　　　　　　　　〔法華宗(本門流)〕
12鷲塚御坊《称》　わしずかごぼう〔寺〕
　愛知県碧南市・願随寺　《本尊》阿弥陀如来
　　　　　　　　　　　　　〔浄土真宗本願寺派〕
16鷲頭寺　じゅとうじ〔寺〕
　山口県下松市　　　　　〔真言宗御室派〕

24 画

【鱗】
12鱗勝院　りんしょういん〔寺〕
　秋田県秋田市　《本尊》釈迦如来　〔曹洞宗〕

【鷺】
3鷺大明神社《称》　さぎだいみょうじんしゃ
　〔社〕
　島根県簸川郡大社町・伊奈西波岐神社　《祭
　神》稲背脛命［他］　　　　　〔神社本庁〕
9鷺神社　さぎじんじゃ〔社〕
　岡山県英田郡美作町　《祭神》大穴牟遅神［他］
10鷺宮《称》　さぎのみや〔社〕
　東京都中野区・八幡神社　《祭神》誉田別命
　　　　　　　　　　　　　　　　〔神社本庁〕
鷺栖神社　さぎすじんじゃ〔社〕
　奈良県橿原市　《祭神》天児屋根命［他］
　　　　　　　　　　　　　　　　〔神社本庁〕

【鷹】
0鷹の宮《称》　たかのみや〔社〕
　石川県羽咋郡富来町・高爪神社　《祭神》日
　本武命
7鷹尾八幡宮《称》　たかおはちまんぐう〔社〕
　福岡県山門郡大和町・鷹尾神社　《祭神》応
　神天皇［他］　　　　　　　　　〔神社本庁〕

鷹尾山《称》　たかおさん〔社〕
　山梨県南巨摩郡増穂町・氷室神社　《祭神》御
　食津神［他］　　　　　　　　〔神社本庁〕
鷹尾神社　たかおじんじゃ〔社〕
　福岡県山門郡大和町　《別称》鷹尾八幡宮
　《祭神》応神天皇［他］　　　　〔神社本庁〕
鷹見本宮《称》　たかみほんぐう〔社〕
　福岡県北九州市八幡西区・鷹見神社　《祭神》
　素戔嗚尊［他］　　　　　　　〔神社本庁〕
鷹見神社　たかみじんじゃ〔社〕
　福岡県北九州市八幡西区穴生　《別称》鷹見
　権現・鷹見本宮　《祭神》素戔嗚尊［他］
　　　　　　　　　　　　　　　　〔神社本庁〕
鷹見神社　たかみじんじゃ〔社〕
　福岡県北九州市八幡西区南鷹見町　《祭神》
　素戔嗚尊［他］　　　　　　　〔神社本庁〕
鷹見権現《称》　たかみごんげん〔社〕
　福岡県北九州市八幡西区・鷹見神社　《祭神》
　素戔嗚尊［他］　　　　　　　〔神社本庁〕
8鷹居神社　たかいじんじゃ〔社〕
　大分県宇佐市　《祭神》応神天皇［他］
　　　　　　　　　　　　　　　　〔神社本庁〕
9鷹屋神社　たかやじんじゃ〔社〕
　鹿児島県始良郡溝辺町　《祭神》天津日高彦
　火火出見命　　　　　　　　　〔神社本庁〕
10鷹栖神社　たかすじんじゃ〔社〕
　北海道旭川市　《祭神》大己貴神［他］
　　　　　　　　　　　　　　　　〔神社本庁〕
11鷹巣神社　たかのすじんじゃ〔社〕
　秋田県北秋田郡鷹巣町　《祭神》天照大神［他］
　　　　　　　　　　　　　　　　〔神社本庁〕
鷹巣神社　たかのすじんじゃ〔社〕
　群馬県安中市　《別称》こんぴらさま　《祭
　神》大物主命［他］　　　　　　〔神社本庁〕
鷹野神社　たかのじんじゃ〔社〕
　兵庫県城崎郡竹野町　《祭神》武甕槌命［他］
　　　　　　　　　　　　　　　　〔神社本庁〕
鷹鳥屋社　たかとりやしゃ〔社〕
　大分県南海部郡宇目町　《祭神》伊弉冉尊
　　　　　　　　　　　　　　　　〔神社本庁〕

【麟】
10麟祥院　りんしょういん〔寺〕
　東京都文京区　《別称》からたち寺　《本尊》
　釈迦如来　　　　　　　〔臨済宗妙心寺派〕
麟祥院　りんしょういん〔寺〕
　京都府京都市右京区　《別称》春日寺　《本
　尊》釈迦如来・迦葉尊者・阿難尊者
　　　　　　　　　　　　〔臨済宗妙心寺派〕

麟翁寺　りんおうじ〔寺〕
　福岡県嘉穂郡嘉穂町　《本尊》三尊仏
〔曹洞宗〕

26 画

【籫】
19籫繰神社　わくぐりじんじゃ〔社〕
　愛知県宝飯郡一宮町　《祭神》保食神[他]
〔神社本庁〕

27 画

【鸕】
20鸕鷀嶋神社　うのしまじんじゃ〔社〕
　山梨県南都留郡富士河口湖町　《祭神》豊玉
　姫命　〔神社本庁〕

親字音訓ガイド

親字音訓ガイド

【あ】

ア	阿	421
	窪	679
	閼	714
アイ	愛	626
あい	相	470
あう	会	212
	合	231
	逢	524
あえて	敢	592
あお	青	424
	蒼	657
あおぐ	仰	212
あか	朱	251
	赤	314
あかがい	蚶	563
あかがね	銅	684
あかし	証	612
あがた	県	470
あかつき	暁	593
あかね	茜	480
あがめる	崇	539
あがる	上	43
あかるい	明	352
あき	秋	479
あきなう	商	536
あきらか	晃	375
	昭	445
	晧	550
あきらめる	諦	713
あきる	飽	667
アク	握	592
あく	開	618
あけぼの	曙	716
あげる	挙	493
あさ	麻	570
	朝	599
あさい	浅	464
あさひ	旭	250
あし	疋	197
	芦	311
	足	317
	脚	561
	葦	609
	葭	610
あじ	味	320
あずま	東	362
あたえる	与	48
あたたかい	温	601
あたま	頭	714
あたらしい	新	632
あたり	辺	208
あたる	当	247
あつい	厚	432
	熱	693
あつまる	聚	682
	蟠	721
あつめる	集	620
あて	宛	325
あてる	充	226
あと	後	441
あな	穴	206
あね	姉	325
あぶら	油	389
あま	天	120
	尼	155
あまい	甘	194
あまざけ	醴	736
あまる	余	283
あみ	網	681
	羅	730
あめ	天	120
	雨	424
あや	斐	593
	綾	679
あゆ	鮎	714
あらい	荒	481
あらう	洗	466
あらし	嵐	588
あらわす	表	396
あらわれる	現	557
	顕	728
	露	736
あり	蟻	730
ある	在	232
	有	251
あわ	粟	608
あわい	淡	556
アン	安	238
	鞍	701
	闇	718

【い】

イ	以	147
	伊	209
	夷	236
	衣	258
	位	279
	医	284
	易	351
	威	434
	為	468
	唯	537
	惟	547
	移	559
	渭	605
	葦	609
	意	627
	頤	701
い	井	99
	亥	209
いえ	家	489
いかだ	筏	608
イキ	鼞	740
いき	息	493
いきおい	勢	625
いきる	生	194
いく	行	257
	渭	605
いけ	池	252
いさお	功	150
いさましい	勇	430
いさめる	諫	713
いし	石	203
いずみ	泉	462
いそ	磯	717
	礒	719
いた	板	374
いただく	頂	568
いたち	鼬	729
いたる	到	320
イチ	一	1
	壱	287
いち	市	155
イツ	逸	564
いつくしむ	慈	628
いつつ	五	100
いと	糸	254
いとわく	鼞	740
いぬ	犬	146
	狗	389
いね	稲	676
いのしし	猪	557
いのる	祈	390
いばら	茨	480
いま	今	102
いましめ	戒	305
いましめる	警	731
いまわしい	忌	304
いも	芋	257
いる	居	341
	要	482
	射	490
いれる	入	9
いわ	岩	342
	磐	693

【う】

いわう	祝	471
イン	引	132
	印	227
	因	231
	院	526
	寅	538
	筠	654
	蔭	682
	隠	685
いん	院	526
ウ	宇	245
	有	251
	羽	254
	芋	257
	雨	424
	梻	498
	烏	500
う	卯	153
	鵜	729
うえ	上	43
うえる	栽	496
	植	599
うお	魚	568
うく	浮	500
うけたまわる	承	350
うける	受	320
うさぎ	兎	320
うし	丑	95
	牛	145
うしお	潮	692
うしとら	艮	257
うしろ	後	441
うす	臼	257
	碓	646
うずら	鶉	735
うそぶく	嘯	704
うち	内	117
うつ	打	163
	撃	689
うつくしい	美	480
うつる	移	559
うてな	台	154
うなぎ	鰻	738
うね	畝	501
うば	姥	434
うべなう	諾	699
うま	馬	526
うまれる	生	194
うみ	海	448
うむ	産	558

神社・寺院名よみかた辞典 743

親字音訓ガイド

うめ	梅	497		塩	625	おこる	興	706		迦	396
うめる	埋	488		猿	643	おさえる	押	350		科	479
うもれる	埋	488		遠	665	おさめる	治	377		家	489
うやまう	敬	592		演	672		修	487		華	523
うら	浦	498		縁	694		納	520		蚊	524
うらなう	卜	35		燕	705	おしえる	教	548		筆	539
うる	売	287		薗	709	おす	牡	310		掛	548
	得	547		閼	714		押	350		菓	561
うるおす	潤	692					雄	620		葭	610
うるし	漆	672	【お】			おそれる	恐	492		嘉	667
うるち	秈	391				おちる	落	610		樺	690
うれえる	切	163	オ		於	351	オツ	乙	4		鍋	718
うろこ	鱗	739	お		尾	303	おと	音	484		霞	718
ウン	運	615	おい		老	255	おとがい	頤	701	カ	乎	147
	雲	620	おいて		於	351	おとこ	男	310		蚊	524
	蕓	712	おいる		老	255	おどす	威	434	ガ	瓦	194
			オウ		王	146	おなじ	同	231		臥	392
					応	304	おに	鬼	534		芽	392
【え】					往	348	おのおの	各	227		賀	612
エ	衣	258			押	350	おび	帯	491	カイ	会	212
	恵	492			皇	469	おびる	帯	491		回	232
	慧	689			桜	496	おぼえる	覚	611		快	304
え	江	251			黄	570	おもい	重	484		戒	305
	荏	481			奥	585		惟	547		海	448
エイ	永	185			横	689	おもう	想	631		皆	469
	英	392			鴨	714		憶	704		堺	583
	栄	446			鷹	739	おもて	表	396		開	618
	盈	470	おう		追	484		面	484		解	663
	瑛	607	おうぎ		扇	493	おや	親	712		檜	717
	影	687	おおい		多	234	おり	澤	641		蟹	730
	叡	704	おう		幕	626	おりる	降	526	かい	貝	314
エキ	易	351			覆	721	おる	折	306	ガイ	外	155
	疫	469	おおかみ		狼	501		織	719		亥	209
	益	501	おおきい		大	54	おろか	愚	628		崖	539
えだ	枝	357			巨	155	おわす	坐	286		鎧	727
えだみち	岐	303			汾	310	おわる	了	6		蚕	524
エツ	越	614	おおざら		盤	693	オン	音	484	かいこ	省	470
	謁	695	おおとり		鳳	686		恩	491	かえりみる	帰	491
えのき	榎	672			鴻	719		温	601	かえる	復	591
えび	蛯	610	おおみず		洪	451		隠	685		還	713
えびす	夷	236	おおやけ		公	106	おん			がえんじる	肯	392
	胡	480	おか		岡	341	おんな	女	85	かおり	芬	313
えらぶ	選	700	おき		沖	309					香	485
える	得	547	おぎ		荻	522	【か】			かおる	薫	709
エン	円	107	おきて		掟	548	カ	下	35	かかげる	掲	548
	宛	325	おぎなう		補	610		化	102	かがみ	鏡	731
	延	345	オク		屋	440		火	144	かがやく	耀	735
	炎	389			奥	585		加	149	かかる	掛	548
	垣	433			憶	704		可	153	かかわる	関	684
	淵	557	おく		奥	585		伽	279	かき	垣	433
	焔	557			置	655		花	311		柿	446
	媛	586	おごそか		厳	715		河	376			
	園	625	おこなう		行	257				かぎ	鍵	718

親字音訓ガイド　き

カク	各	227	かのえ	庚	345		管	679		儀	687
	角	313	かば	樺	690		関	684		礒	719
	革	484	かぶらや	鏑	731		槵	689		蟻	730
	格	494	かま	釜	526		歓	691	キク	菊	562
	覚	611		鎌	727		綏	694	きく	利	284
	鶴	737		蒲	657		諫	713		聞	682
ガク	学	325	かまど	竃	737		還	713		聴	718
	岳	342	かみ	上	43		館	714	きし	岸	342
	楽	635		神	471		韓	718	きじ	雉	666
	額	728	かみなり	雷	666		観	721	きず	創	572
	鰐	736	かむろ	禿	310		丸	48	きずく	築	705
かくれる	隠	685	かめ	亀	535	ガン	元	105	きた	北	151
かげ	景	593	かも	鴨	714		含	286	きたえる	鍛	718
	蔭	682	かや	茅	392		岸	342	きたる	来	307
	影	687		栢	494		岩	342	キチ	吉	227
がけ	崖	539		萱	610		眼	559	キツ	吉	227
かける	掛	548	かゆ	粥	609		雁	619		橘	704
	駆	686	かよう	通	524		願	731	きぬ	衣	258
かご	籠	738	から	唐	488		巌	735		絹	655
かさ	笠	559		漢	639	かんじる	感	627	きね	杵	357
かささぎ	鵲	735	からい	辛	318	かんばしい	芳	312	きのえ	甲	195
かさなる	重	484	からす	烏	500	かんむり	冠	429	きびしい	厳	715
かし	樫	716	かり	狩	468				キャク	客	434
かじ	梶	550		雁	619	【き】			脚	561
かしこい	賢	713	かる	刈	117	キ	気	251	ギャク	逆	483
かしら	頭	714	かるい	軽	615		岐	303	キュウ	九	5
かしわ	柏	447	かれ	彼	349		忌	304		久	49
かす	滓	641	かわ	川	93		祈	390		弓	94
	糟	718		河	376		玘	479		休	212
				革	484		紀	479		吸	230
かすむ	霞	718					姫	488		汲	251
かぜ	風	484	がわ	側	536		帰	491		臼	257
かた	方	135	かわかす	乾	535		鬼	534		求	309
	片	145	かわら	瓦	194		亀	535		玖	310
かたち	形	303		代	148		埼	537		究	310
かたどる	象	612	かわる	代	148		寄	537		宮	489
かたる	語	682	カン	甘	194		喜	575		救	548
カツ	葛	609		甲	195		貴	614		鳩	667
	滑	639		亘	208		旗	671	ギュウ	牛	145
かつ	勝	572		串	279		箕	679	キョ	巨	155
ガツ	月	140		函	320		槻	691		居	341
かつぐ	担	350		冠	429		機	704		挙	493
かつて	曾	598		巻	440		磯	717		虚	563
かつら	桂	494		看	470		櫃	719		許	564
かど	角	313		乾	535		騎	729		筥	655
	門	420		菅	562		木	141		蛞	682
	楞	639		蚶	563		黄	570		鋸	713
かなう	叶	153		寒	586	き		樹	705	ギョ	魚	568
かなしい	悲	592		敢	592		黄	570		御	588
かなめ	要	482		閑	618	ギ	妓	287			
かに	蟹	730		勧	625		宜	325	きよい	浄	451
かね	金	396		寛	626		祇	390		清	552
かねる	兼	487		感	627		義	655		皎	558
				漢	639						

神社・寺院名よみかた辞典　745

キョウ	叶	153		駒	703		薫	709	幻	132
	共	227	グ	愚	628	グン	軍	483	玄	190
	京	319	くい	杭	357		郡	525	彦	441
	狭	468	クウ	空	391		群	655	原	488
	香	485	グウ	宮	489				現	557
	恐	492		隅	618	【け】			源	639
	胸	521		草	482		化	102	厳	715
	脇	522	くさ	薦	709	ケ	家	489		
	強	547	くさよもぎ	鎖	728	け	毛	143	【こ】	
	教	548	くさり	串	279	ゲ	下	35	コ	戸	134
	皎	558	くし	櫛	716	ケイ	形	303	乎	147
	経	560	くず	葛	609		計	483	古	153
	郷	564	くすのき	楠	638		恵	492	虎	396
	蛟	610	くすり	薬	709		桂	494	孤	434
	境	667	くだ	管	679		啓	536	胡	480
	橋	704	くち	口	54		掲	548	庫	491
	興	706	クツ	堀	537		渓	551	菰	562
	檀	716	くつがえす	覆	721		経	560	鼓	667
	鏡	731	くつろぐ	寛	626		敬	592	馨	719
	饗	736	くに	邦	319		景	593	子	85
ギョウ	仰	212		邑	319		軽	615	こ	木	141
	行	257		国	322		継	655	児	283
	形	303		圀	433		慶	687	粉	520
	堯	585	くぬぎ	櫟	730		慧	689	ゴ	五	100
	暁	593	くばる	配	526		鮭	719	呉	286
	業	635	くび	首	485		警	731	吾	286
キョク	旭	250	くぼ	窪	679		鶏	735	後	441
	極	635	くま	熊	672	ゲイ	迎	318	悟	493
ギョク	玉	191	くみする	与	48	ゲキ	撃	689	御	588
きり	桐	494	くむ	汲	251	ケツ	穴	206	語	682
	霧	731		斟	632		結	609	護	735
きる	切	117	くも	雲	620		傑	624	こい	濃	705
きわめる	究	310	くもる	曇	704		蕨	695	鯉	729
	極	635	くら	倉	487	ゲツ	月	140	こいしい	恋	493
キン	近	318		庫	491	けわしい	嵯	626	コウ	口	54
	欣	375		蔵	694		巌	735	公	106
	金	396		鞍	701	ケン	犬	146	功	150
	衾	524		位	279		見	313	尻	155
	欽	601	くらい	比	142		建	440	広	158
	琴	607	くらべる	栗	494		県	470	弘	161
	筐	679	くり	厨	575		兼	487	甲	195
	錦	713	くりや	来	307		剣	488	亘	208
	吟	286	くる	車	318		軒	524	交	209
ギン	銀	684	くるま	呉	286		健	536	光	214
			くれ	紅	480		萱	610	向	230
【く】			くれない	玄	190		絹	655	好	236
ク	九	5	くろ	黒	571		遣	666	江	251
	玖	310	くろがね	鉄	666		権	690	行	257
	狗	389	くわ	桑	494		賢	713	孝	301
	紅	480		鍬	718		鍵	718	宏	301
	倶	487	くわえる	加	149		顕	728	更	306
	駆	686	クン	訓	524	ゲン	元	105	岡	341

親字音訓ガイド　　　　　　　　　　　　　　　　　　　し

	幸 344	こころ	心 133		斎 550	さむらい		士 54
	庚 345	こころざす	志 304		済 551	さめる		冷 283
	昊 357	こころよい	快 304		祭 559			覚 611
	杭 357	こしき	甑 705		細 560	さら		更 306
	杲 375	こす	越 614		菜 562	さる		猿 643
	肯 392	こたえる	応 304		最 597	さわ		沢 310
	厚 432	コツ	忽 349		犀 607	サン		三 36
	後 441	こと	事 319		歳 639			山 89
	恒 441		琴 607		滓 641			杉 306
	洪 451	ごとく	如 237		騰 719			疝 389
	皇 469	ことごとく	悉 547	さい	犀 607			蚕 524
	紅 480	ことぶき	寿 301	ザイ	在 232			産 558
	荒 481	ことわり	理 558		財 524			讃 738
	郊 484	こな	粉 520	さいわい	幸 344	ザン		残 498
	香 485	このむ	好 236		祥 508			
	浩 498	こぼれる	零 667	さお	棹 601	【し】		
	耕 520	こま	駒 703	さか	坂 287			
	降 526	こまかい	細 560	さが	性 349	シ		士 54
	高 527	こめ	米 254	さかい	堺 583			子 85
	康 547	こも	薦 709		境 667			支 135
	晧 550	これ	是 445	さかえる	栄 446			止 142
	毫 551		惟 547	さかき	榊 637			四 154
	皎 558	ころがす	転 564	さかな	魚 568			市 155
	黄 570	ころぶ	転 564	さからう	逆 483			矢 203
	皓 607	ころも	衣 258	さかん	昌 351			示 206
	蛟 610	コン	今 102		盛 558			糸 254
	綱 680		艮 257	さき	先 226			志 304
	興 706		近 318		埼 537			芝 312
	衡 712		昆 351	さぎ	鷺 739			刺 320
	糠 718		建 440	さきに	曩 737			始 325
	講 718		根 495	サク	作 280			姉 325
	鴻 719	ゴン	欣 375		柞 448			枝 357
こう	講 718		権 690		酢 618			祇 390
ゴウ	合 231		厳 715	さくら	桜 496			咜 432
	晧 550			ざくろ	榴 599			施 442
	毫 551	【さ】		さけ	酒 525			柿 446
	業 635	サ	佐 279		鮭 719			柴 480
	豪 684		沙 310	さげる	提 592			砥 508
	轟 737		砂 471	ささ	笹 559			紫 560
こうばしい	芬 313		茶 482	ささえる	支 135			歯 601
こえる	越 614		嵯 626	ささげる	捧 548			滓 641
	超 615		蹉 718	さす	刺 320			獅 643
こおり	氷 189		鎖 728	さだめる	定 330			錫 714
	郡 525	ザ	坐 286	サツ	札 163			鴟 715
コク	石 203		座 491		薩 718	ジ		示 206
	谷 313	サイ	切 117	ザツ	雑 685			地 232
	国 322		西 258	さとい	慧 689			寺 247
	圀 433		妻 325	さとす	諭 713			耳 256
	黒 571		柴 447	さとる	悟 493			自 256
	鵠 729		宰 490	さば	鯖 735			似 281
こけ	苔 395		栽 496	さびしい	寂 537			児 283
ここのつ	九 5		財 524	さむい	寒 586			事 319

神社・寺院名よみかた辞典　747

し　　　　　　　　親字音訓ガイド

	治	377	しみる	染	447		住	281	勝	572
	持	441	しめす	示	206		重	484	焼	605
	時	494		呈	286		従	491	証	612
	滋	601	シャ	沙	310		渋	551	象	612
	慈	628		社	310	シュク	祝	471	照	641
	蒔	657		車	318		宿	538	聖	655
	雉	666		舎	392	シュツ	出	148	蛸	663
	爾	676		哆	432	シュン	春	442	彰	668
	邇	727		砂	471		隼	526	精	679
しあわせ	幸	344		射	490	ジュン	隼	526	裳	682
しい	椎	600		赤	314		順	622	箱	694
しお	塩	625	シャク	釈	565		楯	638	嘯	704
	潮	692		錫	714		準	640	篠	717
しか	鹿	569		鵲	735		潤	692	鯖	735
シキ	式	247	ジャク	若	392		鶉	735	ジョウ	上	43
	織	719		寂	537	ショ	疋	197	丈	45
ジキ	直	390		雀	567		初	283	成	248
しく	渭	605		楮	599		杵	357	定	330
	敷	689		鵲	735		舒	609	乗	426
しげる	茂	396	シュ	手	134		諸	695	城	433
	滋	601		守	247		曙	716	浄	451
	繁	706		朱	251	ジョ	女	85	常	539
しし	獅	643		狩	468		如	237	情	547
しずか	閑	618		首	485		助	284	掟	548
	静	685		珠	501		除	526	盛	558
しずめる	鎮	728		酒	525		舒	609	靖	667
した	下	35		種	679	ショウ	小	86	静	685
したがう	服	357		聚	682		井	99	饒	737
	従	491		諏	695		少	132	しょうぶ	菖	562
	随	618		寿	301		正	173	ショク	埴	537
したしい	親	712	ジュ	受	320		生	194	植	599
シチ	七	4		聚	682		庄	247	織	719
シツ	室	434		儒	704		床	303	しらせる	報	584
	悉	547		樹	705		性	349	しらべる	調	699
	蛭	610	シュウ	舟	257		承	350	しり	尻	155
	漆	672		秀	310		招	350	しりぞく	退	483
	嘯	704		周	320		昇	351	しる	知	390
	櫛	716		宗	327		昌	351	しるし	印	227
ジツ	日	136		洲	451		松	357	しろ	白	197
	実	325		秋	479		沼	377		城	433
しな	品	432		修	487		青	424	しろい	皎	558
	科	479		揖	592		昭	445		皓	607
しの	篠	717		萩	610		省	470	しろがね	銀	684
しのぐ	凌	487		葺	610		相	470	シン	心	133
しのだけ	篶	679		集	620		荘	482		身	317
しのぶ	忍	305		楢	638		将	490		辛	318
しば	芝	312		酬	666		祥	508		辰	318
	柴	447		聚	682		称	509		信	427
しぶい	渋	551		鍬	718		商	536		津	466
しま	洲	451		鷲	738		唱	536		神	471
	島	490	ジュウ	十	33		紹	561		真	501
	嶋	668		充	226		菖	562		針	526

親字音訓ガイド　そ

		深	551	すずしい	涼	557		棲	600		薦	709
		進	564	すすむ	進	564		犀	607	ゼン	全	226
		森	599	すずめ	雀	567		勢	625		前	429
		慎	631	すすめる	勧	625		歳	639		善	575
		榭	632		薦	709		聖	655		禅	647
		新	632	すな	砂	471		誠	663		膳	706
		榛	672	すなわち	乃	5		靖	667	ぜん	膳	706
		親	712		即	285		精	679		疝	389
ジン	人	9	すべて	総	680		誓	682				
	仁	103	すべる	捻	547		静	685	【そ】			
	壬	118		統	609		騰	719				
	甚	469		滑	639		鯖	735	ソ	疋	197
	神	471	すみ	角	313	せい	脊	521		祖	478
	荏	481		炭	468	ゼイ	説	684		素	520
	尋	588		隅	618	セキ	夕	54		曾	598
				墨	668		石	203		想	631
【す】			すみやか	速	524		赤	314		蘇	730
			すむ	住	281		脊	521	ソウ	双	118
ス	素	520		栖	497		寂	537		早	250
	須	622		済	551		碩	676		宋	301
	諏	695		棲	600		積	705		走	317
	藪	721		澄	692		関	684		宗	327
すず	酢	618	すめらぎ	皇	469	せき	切	117		相	470
	杜	307	すもも	李	309		折	306		草	482
	豆	314	する	摩	689	セツ	雪	567		荘	482
	厨	575	すわる	坐	286		摂	631		倉	487
	頭	714		座	491		節	655		桑	494
スイ	水	143					説	684		捻	547
	吹	286	【せ】			ぜに	銭	684		曹	550
	垂	324				せまい	狭	468		窓	559
	椎	600	セ	世	146	セン	千	51		創	572
	穂	693		施	442		川	93		惣	592
ズイ	随	618	せ	畝	625		仙	147		曽	598
	瑞	643		脊	521		亘	208		湊	604
スウ	崇	539		瀬	730		先	226		想	631
すう	吸	230	ゼ	是	445		串	279		蒼	657
すえ	末	173	セイ	井	99		疝	389		総	680
	陶	567		世	146		仙	391		箱	694
すぎ	杉	306		正	173		苫	395		甑	705
	椙	600		生	194		宣	435		糟	718
すくう	救	548		成	248		専	435		藪	721
すくない	少	132		西	258		染	447		藻	730
すぐれる	傑	624		性	349		泉	462		竈	737
	優	715		青	424		浅	464	そう	副	536
すけ	佐	279		政	442		洗	466	ゾウ	造	524
すげ	菅	562		星	445		扇	493		象	612
すこし	少	132		省	470		船	561		増	667
	毫	551		栖	497		銭	684		蔵	685
すこやか	健	536		済	551		潜	692		蔵	694
すず	鈴	666		清	552		箭	694	そうじて	惣	592
	錫	714		盛	558		選	700	そえる	添	557
	鐸	737		晴	593		簷	709	ソク	即	285
すすぐ	雪	567								足	317

た　　　　　　　　　　親字音訓ガイド

	則	430	たかい	高	527	たま	玉	191		沖	309
	息	493		堯	585		珠	501		忠	349
	速	524	たがやす	耕	520		霊	700		厨	575
	側	536	たから	宝	331	だまる	黙	704	チョ	猪	557
ゾク	粟	608		滝	640	たむろする	屯	132		箸	679
	続	655	たき	宅	247	ため	為	468		樗	691
そと	外	155	タク	沢	310	たもつ	保	428	チョウ	町	310
そなえる	備	571		度	440	たよる	頼	714		苫	392
その	園	625		託	524	たる	樽	705		長	404
	薗	709		琢	557	たれる	垂	324		重	484
そま	杣	309		棹	601	たわら	俵	487		眺	559
そめる	染	447		鐸	737	タン	丹	99		釣	567
そら	昊	357	ダク	諾	699		但	282		頂	568
	空	391	たけ	丈	45		担	350		鳥	568
ソン	存	238		竹	253		炭	468		塚	583
	村	307		岳	342		淡	556		朝	599
	尊	588	たけし	武	376		端	679		超	615
	樽	705		猛	557		誕	699		銚	684
ゾン	存	238	たけのこ	筍	679		檀	709		澄	692
			たこ	蛸	663		檀	717		潮	692
			たす	足	317		鍛	718		調	699
【た】			たすける	佐	279	ダン	男	310		聴	718
タ	太	118		助	284		談	699	チョク	直	390
	多	234		祐	478		檀	717		勅	430
	哆	432	たずねる	尋	588				チン	枕	374
た	田	195	ただ	唯	537	【ち】				珍	468
ダ	打	163		但	282					椿	638
	梛	551	たたかう	闘	729	チ	地	232		鎮	728
タイ	大	54	ただし	正	173		池	252			
	太	118	ただしい	訂	483		治	377	【つ】		
	代	148	ただす	直	390		知	390			
	台	154	ただちに	達	615		智	594	ツ	都	564
	対	302	ダチ	橘	704		置	655		津	466
	苔	395	たちばな	忽	349		雉	666	ツイ	対	302
	待	441	たちまち	達	615	ちいさい	千	51		追	484
	胎	480	タツ	立	207		小	86		椎	600
	退	483	たつ	辰	318	ちかい	近	318	ツウ	通	524
	帯	491		竜	510	ちかう	誓	682		塚	583
	泰	498	たっとぶ	尊	588	ちかし	邇	727	つかう	遣	666
	袋	563	たて	楯	638	チク	竹	253	つき	月	140
	碓	646	たていと	経	560		筑	607		槻	691
	諦	713	たてまつる	奉	325		築	705	つぐ	継	655
ダイ	乃	5	たてる	建	440	ちち	乳	319	つくる	作	280
	大	54	たな	棚	600	チツ	秩	510		造	524
	内	117	たに	谷	313	ちなむ	因	231	つじ	辻	208
	代	148		渓	551	チャ	茶	482	つたわる	伝	213
	台	154	たぬき	狸	500	ちゃ	茶	482	つち	土	54
	第	560	たね	種	679		茗	482	つつ	筒	608
	醍	713	たのしい	楽	635	チャク	嫡	679	つづく	続	655
	題	729	たのむ	頼	714	チュウ	丑	95	つつしむ	慎	631
たいら	平	156	たのもしい	頼	714		中	96	つつみ	堤	583
たえ	妙	287					仲	212	つづみ	鼓	667
たか	鷹	739	たび	度	440		虫	257	つづる	綴	681

750　神社・寺院名よみかた辞典

親字音訓ガイド　な

つどう	集	620	デン	田	195	とうげ	峠	440	【な】			
つな	綱	680		伝	213	とうとい	尊	588				
つね	恒	441		淀	557		貴	614	ナ	那	318	
	常	539		殿	639	十	遠	614	奈	324		
	角	313				とお	通	665	梛	551		
つのばき	椿	638	【と】			とおい	通	524	名	231		
つばめ	燕	705				とおす	通	524	な	菜	562	
つぶ	粒	560	ト	斗	135	とが	科	479	乃	5		
つま	妻	325		杜	307	とき	時	494	ナイ	内	117	
つまずく	蹉	718		兎	320	トク	禿	310	ない	無	605	
つむ	積	705		都	564		得	547	なえ	苗	396	
	薀	712		渡	601	とく	徳	668	なおす	直	390	
つめたい	冷	283		登	607		解	663	なか	中	96	
つゆ	露	736		戸	134		説	684	仲	212		
つよい	強	547		土	54	ドク	独	468	ながい	永	185	
つら	面	484		奴	155		解	663	長	404		
つらい	辛	318		度	440	とける	融	712	なかば	半	152	
つらなる	連	525		砥	508	とこ	床	303	眺	559		
	蓮	693		刎	163	とし	歳	303	ながめる	莫	523	
	聯	718	トゥ	当	247	とじる	綴	681	なかれ	流	500	
つる	釣	567		灯	253	とち	栃	447	ながれる	梛	551	
	鶴	737		投	306	とどまる	留	501	なぎ	鳴	686	
つるぎ	剣	488		豆	314	とどめる	闘	714	なく	投	306	
				到	320	とどろく	轟	737	なげる	和	320	
【て】				東	362	となえる	称	509	なごむ	情	547	
				唐	488	となり	隣	536	なさけ	梨	551	
て	手	134		島	490	との	殿	639	なし	為	468	
ティ	呈	286		桐	494	どのえる	殿	639	なす	等	607	
	定	330		桃	497	とび	調	699	など	七	4	
	帝	440		納	520	とぶ	鴎	715	ななつ	鍋	718	
	訂	483		掟	548	とま	苦	484	なべ	並	319	
	貞	483		陶	567	とまる	泊	395	なみ	波	377	
	砥	508		塔	584	とむ	冨	378	浪	500		
	掟	548		棹	601		富	586				
	堤	583		湯	602	とめる	止	142	なめらか	涛	717	
	提	592		登	607		留	501	楢	638		
	諦	713		等	607	とも	友	118	ならべる	並	319	
デイ	泥	377		筒	608		共	227	なり	也	51	
テキ	荻	522		統	609		鞆	686	成	248		
	笛	560		嶋	668	ともえ	巴	132	ナン	南	430	
	鏑	731		稲	676	ともに	倶	487	楠	638		
テツ	鉄	666		頭	714	とら	虎	396	難	728		
	綴	681		涛	717		寅	538	爾	676		
てら	寺	247		藤	720	とり	西	319	なんじ	楠	638	
てらす	照	641		闘	729		鳥	568				
でる	出	148		同	231	どろ	泥	377				
テン	天	120		洞	467	トン	屯	132				
	典	320		堂	537		頓	667				
	添	557		童	607		吞	286				
	淀	557		道	616	ドン	曇	704				
	転	564		銅	684							
	殿	639		導	687							
	鎮	728		嚢	737							

神社・寺院名よみかた辞典　751

【に】

読み	漢字	頁
ニ	二	7
	仁	103
	尼	155
	児	283
	邇	727
	丹	99
にぎる	握	592
にし	西	258
にしき	錦	713
ニチ	日	136
になう	担	350
ニャク	偌	599
ニュウ	入	9
	乳	319
	如	237
ニョ	饒	737
ニョウ	似	281
にる	楡	638
にれ	鶏	735
にわとり	鶏	735
ニン	人	9
	仁	103
	壬	118
	任	213
	忍	305
	荏	481

【ぬ】

ヌ	奴	155
ぬか	糠	718
ぬく	抜	306
ぬさ	幣	687
ぬの	布	156
ぬま	沼	377

【ね】

ネ	禰	719
ね	根	495
ねがう	願	731
ねこ	猫	557
ネツ	熱	693
ねる	練	682
ネン	念	349

【の】

の	乃	5
	野	565
ノウ	納	520
	能	521
	濃	705
のき	甍	737
	軒	524
のこぎり	鋸	713
のこる	残	498
のぞく	除	526
のぞむ	臨	719
のたまう	宣	435
のち	後	441
のっとる	則	430
のばす	延	345
のびる	延	345
のべる	舒	609
のぼる	上	43
	昇	351
	登	607
	呑	286
のむ	典	320
のり	紀	479
	乗	426
のる	騎	729

【は】

ハ	巴	132
	波	377
	破	508
	籏	730
	歯	601
	葉	610
は	馬	526
バ	配	526
ハイ	稗	679
	売	287
バイ	貝	314
	梅	497
はいる	入	9
はえる	栄	446
はかり	衡	712
はかる	計	483
	量	618
はぎ	萩	610
ハク	白	197
	伯	283
	泊	378
	柏	447
	珀	468
	栢	494
	博	575
バク	莫	523
	博	575
	幕	626
はげる	禿	310
ばける	化	102
はこ	函	320
	筥	655
	箱	694
はこぶ	運	615
	端	679
はし	箸	679
	橋	704
はしばみ	榛	672
はじまる	始	325
はじめて	初	283
はじめる	創	572
はしる	走	317
はす	蓮	658
はた	畑	469
	旗	671
	幡	687
	機	704
はたけ	畑	469
	畠	501
ハチ	八	9
	蜂	663
はち	蜂	663
ハツ	発	469
はつ	初	283
バツ	抜	306
	筏	608
はと	鳩	667
はな	花	311
	華	523
	鼻	687
はなつ	放	350
はなはだしい	甚	469
はなぶさ	英	392
はなやか	華	523
はなれる	離	731
はに	埴	537
はね	羽	254
はは	母	185
はば	幅	588
ははそ	柞	448
はぶく	省	470
はま	浜	499
はやい	早	250
	速	524
はやし	林	374
はやぶさ	隼	526
はら	原	488
	腹	657
はらむ	胎	480
はり	針	526
はる	春	442
はるか	遥	684
はれる	晴	593
ハン	半	152
	帆	247
	判	284
	坂	287
	板	374
	班	501
	般	522
	斑	593
	飯	623
	幡	687
	繁	706
	蟠	721
	万	45
バン	判	284
	板	374
	莵	522
	曼	550
	盤	693
	磐	693
	蕃	695
	蟠	721
	鑁	737

【ひ】

ヒ	比	142
	彼	349
	毘	448
	飛	484
	悲	592
	斐	593
	蕀	709
ひ	日	136
	火	144
	灯	253
	陽	619
ビ	尾	303
	弥	347
	毘	448
	美	480
	梶	550
	備	571
	鼻	687
ひいでる	秀	310
	英	392
ひえ	稗	679
ひえる	冷	283
ひがし	東	362
ひかる	光	214
	晧	550
	皓	607
ヒキ	匹	117
ひき	匹	117

親字音訓ガイド ほ

ひく	引	132	疋	197	【ふ】		ふとい	物	389	宝	331
ひげ	須	622	フ	不	95	ふね	太	118	放	350
ひこ	彦	441		布	156		舟	257	法	378
ひさご	瓢	705		府	345	ふみ	船	561	峰	491
ひさしい	久	49		浮	500	ふもと	文	135	峯	491
ひし	菱	563		釜	526	ふる	麓	735	逢	524
ひじり	聖	655		冨	536	ふるい	降	526	捧	548
ひそか	密	538		富	586	ふるさと	古	153	報	584
ひそむ	潜	692		普	594	フン	郷	564	棚	600
ひたい	額	728		敷	689		汾	310	蓬	658
ヒツ	匹	117	ブ	不	95		芬	313	蜂	663
ひつ	櫃	719		奉	325	ブン	粉	520	豊	664
ひと	人	9		武	376		文	135	飽	667
	仁	103		部	565		苑	522	鳳	686
ひとしい	等	607		無	605	【へ】	聞	682		
ひとつ	一	1		舞	694				ボウ	卯	153
	壱	287	フウ	風	484	ヘイ	平	156	牟	253
ひとり	独	468		梵	551		兵	283	防	319
ひのき	檜	717		笛	560		並	319	茅	392
ひめ	姫	488	ふえ	増	667		屏	440	桙	498
	媛	586	ふえる	深	551		幣	687	献	501
ヒャク	百	253	ふかい	伏	213	ベイ	米	254	鉾	684
	珀	468	フク	服	357		茗	482	ホク	北	151
	栢	494		副	536	ヘキ	碧	676	ボク	卜	35
ヒョウ	氷	189		幅	588	へそ	臍	719	木	141
	兵	283		復	591	ベツ	別	284	牧	389
	表	396		福	648	べに	紅	480	墨	668
	俵	487		腹	657	へり	縁	694	穆	705
	標	691		蝮	695		経	560	桙	498
	瓢	705		覆	721	ヘン	片	145	ほこ	鉾	684
ビョウ	苗	396	ふく	吹	286		辺	208	ほし	星	445
	屏	440		葺	610		遍	616	ほぞ	臍	719
	猫	557	ふくべ	瓠	705		弁	161	ほそい	細	560
ひら	平	156	ふくむ	含	286	ベン	苑	522	ほとけ	仏	103
ひらく	啓	536	ふくろ	袋	563				ほどこす	施	442
	開	618	ふける	老	255	【ほ】			ほのお	炎	389
ひる	蛭	610		更	306	ホ	保	428	焔	557
ひろ	尋	588	ふさぐ	総	680		浦	498	ほまれ	誉	664
ひろい	広	158		閇	714		献	501	ほめる	讃	738
	弘	161	ふし	節	655		補	610	ほら	洞	467
	宏	301	ふじ	藤	720		蒲	657	ほり	堀	537
	浩	498	ふす	臥	392	ほ	帆	247	ホン	本	163
	博	575	ふすま	衾	524		穂	693	ボン	梵	551
ヒン	品	432	ふせぐ	防	319		母	185		蟠	721
	浜	499	ふせる	伏	213	ボ	莫	523			
ビン	珉	468	ふた	双	118		菩	563			
	敏	493		札	163	ホウ	方	135			
			ふだ	二	7		芳	312			
			ふたつ	両	208		邦	319			
			ふち	淵	557		奉	325			
				縁	694						
			ブツ	仏	103						

神社・寺院名よみかた辞典 753

【ま】

マ	麻	570
	摩	689
マイ	米	254
	枚	374
	埋	488
まう	舞	694
まえ	前	429
まかせる	任	213
まき	牧	389
	幕	626
マク	巻	440
まく	蒔	657
まくら	枕	374
まこと	真	501
	誠	663
まこも	菰	562
まさる	将	490
	勝	572
まじわる	交	209
ます	枡	375
	益	501
	増	667
まず	先	226
また	復	591
まだら	斑	593
まち	町	310
マツ	末	173
まつ	松	357
	待	441
まったく	全	226
まっとうする	全	226
まつり	祭	559
まつりごと	政	442
まど	窓	559
まなこ	眼	559
まなぶ	学	325
まぬかれる	免	320
まねく	招	350
まぼろし	幻	132
まみえる	謁	695
まむし	蝮	695
まめ	豆	314
まもる	守	247
	護	735
まゆみ	檀	717
まる	丸	48
まるい	丸	48
	円	107
まわり	周	320
まわる	回	232
マン	万	45

	曼	550
	満	602
	鰻	738

【み】

ミ	味	320
	弥	347
み	身	317
	実	325
	箕	679
	澪	705
みお	澪	705
みがく	琢	557
みかど	帝	440
みず	水	143
	瑞	643
みずから	自	256
みずち	蛟	610
みずのえ	壬	118
	倫	487
	道	616
みちびく	導	687
みちる	盈	470
	満	602
	密	538
	三	36
	碧	676
	緑	681
みな	皆	469
	孤	434
みなと	湊	604
みなみ	南	430
みなもと	源	639
みね	峰	491
	峯	491
	嶺	716
みのる	実	325
みみ	耳	256
みや	宮	489
みやこ	京	319
	都	564
	名	231
	妙	287
	明	352
	苗	396
	茗	482
	猫	557
みる	見	313
	観	721
ミン	珉	468

【む】

ム	牟	253
	武	376
	無	605
	鉾	684
	霧	731
むかう	向	230
むかえる	迎	318
むく	椋	601
	樗	689
むくいる	報	584
むし	虫	257
むずかしい	難	728
むすぶ	結	609
むっつ	六	106
むなしい	虚	563
むね	宗	327
	胸	521
むら	村	307
	邑	319
むらさき	紫	560
むれ	群	655
むろ	室	434

【め】

メ	米	254
め	目	202
	芽	392
メイ	名	231
	明	352
	茗	482
	鳴	686
めぐむ	恵	492
めし	飯	623
めしい	瞽	719
めずらしい	珍	468
メン	免	320
	面	484
	綿	681

【も】

モ	茂	396
も	裳	682
	藻	730
モウ	毛	143
	猛	557
	網	681
モク	木	141
	目	202
	黙	704
	穆	705
もぐる	潜	692
もすそ	裳	682
もちいる	用	195
モツ	物	389
もつ	持	441
もって	以	147
もっとも	最	597
もっぱら	専	435
もてなす	饗	736
もと	元	105
	本	163
	素	520
もとめる	求	309
もの	物	389
ものいみ	斎	550
もみ	籾	479
もも	百	253
	桃	497
もり	杜	307
	森	599
	盛	558
もる	盛	558
もろもろ	諸	695
モン	文	135
	門	420
	紋	520
	聞	682

【や】

ヤ	也	51
	夜	324
	野	565
	矢	203
や	弥	347
	屋	440
	家	489
	館	714
やかた	館	714
ヤク	厄	117
	疫	469
	益	501
	薬	709
	焼	605
	易	351
	優	715
	養	701
やく	社	310
やさしい	安	238
やしなう	康	547
やしろ	休	212
やすい	靖	667
やすむ	奴	155
やすんじる	奴	155
やつ	八	9
やっこ		
やっつ		

親字音訓ガイド

やど	宿	538	【よ】			頼	714		鱗	739
やどる	舎	392	ヨ	与	48	瀬	730		麟	739
やなぎ	柳	447		余	283	醴	736			
	楊	638		誉	664	ラク	落	610			
やぶ	藪	721		與	714		楽	635	【る】		
やぶれる	破	508		世	146	ラン	嵐	588	ル	流	500
やま	山	89		代	148					留	501
やまと	倭	487		夜	324	【り】				瑠	676
やみ	闇	718	よい	吉	227	リ	利	284			
やわらぐ	和	320		好	236		李	309	【れ】		
	穆	705		良	311		狸	500	レイ	礼	206
				善	575		梨	551		冷	283
【ゆ】				義	655		理	558		鈴	666
ユ	油	389		嘉	667		鯉	729		零	667
	愉	638	ヨウ	用	195		離	731		領	686
	瑜	646		要	482	リク	六	106		霊	700
	諭	713		涌	500		陸	567		澪	705
	融	729		葉	610	リツ	立	207		嶺	716
ゆ	湯	602		陽	619		律	441		齢	719
ユイ	唯	537		楊	638		栗	494		醴	736
	惟	547		遙	684	リュウ	立	207	レキ	櫟	730
ユウ	友	118		養	701		柳	447	レン	恋	493
	由	197		耀	735		流	500		連	525
	有	251		鷹	739		留	501		蓮	658
	邑	319		甕	740		竜	510		練	682
	酉	319	ヨク	能	521		笠	559		璉	693
	勇	430	よくする	横	689		粒	560		聯	718
	宥	435	よこ	由	197		隆	567		鎌	727
	祐	478	よし	四	154		瑠	676			
	涌	500	よっつ	淀	557	リョ	盧	705	【ろ】		
	揖	592	よどむ	米	254	リョウ	了	6	ロ	芦	311
	雄	620	よね	蘇	730		両	208		盧	705
	楢	638	よみがえる	蓬	658		良	311		露	736
	熊	672	よもぎ	因	231		亮	427		鷺	739
	融	712	よる	夜	324		凌	487		鸕	740
	優	715		寄	537		涼	557	ロウ	老	255
	鯛	729	よろい	甲	195		菱	563		浪	500
ゆう	夕	54		鎧	727		椋	601		狼	501
ゆか	床	303	よろこぶ	欣	375		量	618		楞	639
ゆき	雪	567		喜	575		楞	639		滝	640
ゆく	行	257		慶	687		綾	679		櫟	730
	往	348		歓	691		領	686		籠	738
ゆずる	禅	647	よろしい	宜	325		霊	700	ロク	六	106
ゆたか	豊	664	よろず	万	45		嶺	716		鹿	569
	饒	737	よわい	齢	719		緑	681		緑	681
ゆみ	弓	94				リョク	林	374		麓	735
ゆるす	宥	435	【ら】			リン	倫	487			
	許	564	ラ	羅	730		琳	607			
ゆるやか	綏	694	ライ	礼	206		鈴	666			
				来	307		輪	699			
				雷	666		隣	714			
							臨	719			

神社・寺院名よみかた辞典

わ　　　　　　　　　　　親字音訓ガイド

【わ】		
ワ	和	320
	倭	487
	窪	679
わ	輪	699
わかい	若	392
わかれる	別	284
わき	脇	522
わきまえる	弁	161
ワク	籔	740
わく	涌	500
わざ	業	635
わざわい	厄	117
わし	鷲	738
わた	綿	681
わたる	渡	601
わに	鰐	736
わらじむし	蟠	721
わらび	蕨	695
わらべ	童	607
われ	吾	286

神社・寺院名よみかた辞典 普及版

2004年6月25日 第1刷発行

発 行 者／大髙利夫
編集・発行／日外アソシエーツ株式会社
〒143-8550 東京都大田区大森北1-23-8 第3下川ビル
電話(03)3763-5241(代表) FAX(03)3764-0845
URL http://www.nichigai.co.jp/

発 売 元／株式会社紀伊國屋書店
〒163-8636 東京都新宿区新宿3-17-7
電話(03)3354-0131(代表)
ホールセール部(営業) 電話(03)5469-5918

電算漢字処理／日外アソシエーツ株式会社
印刷・製本／株式会社平河工業社

不許複製・禁無断転載　　《中性紙三菱クリームエレガ使用》
〈落丁・乱丁本はお取り替えいたします〉
ISBN4-8169-1847-7　　Printed in Japan, 2004

本書はディジタルデータでご利用いただくことができます。詳細はお問い合わせください。

28,000件の読み方と簡単な説明や学名を収録
動植物名よみかた辞典 普及版　　A5・960頁　　2004.1刊
　　　　　　　　　　　　　　　　　　定価10,290円（本体9,800円）

古代から近世まで、あらゆるジャンルの13,400タイトル
古典文学作品名よみかた辞典　　A5・670頁　　2004.1刊
　　　　　　　　　　　　　　　　　　定価10,290円（本体9,800円）

20,700語収録、季節を読む
季語季題よみかた辞典　　A5・830頁　　1994.7刊
　　　　　　　　　　　　　　　定価20,184円（本体19,223円）

全国の地名117,300件と駅名8,500件
全国地名駅名よみかた辞典　　A5・1,380頁　　2000.9刊
　　　　　　　　　　　　　　　　　定価7,770円（本体7,400円）

全国の河川と湖沼26,600の読み方と簡単な説明
河川・湖沼名よみかた辞典 新訂版　　A5・580頁　　2004.2刊
　　　　　　　　　　　　　　　　　　　定価10,290円（本体9,800円）

読めそうで読めない日本史用語26,000語
歴史民俗用語よみかた辞典　　A5・750頁　　1998.12刊
　　　　　　　　　　　　　　　　定価15,750円（本体15,000円）

幕末以前の日本人名68,000件の読み方がわかる
日本史人名よみかた辞典　　A5・1,270頁　　1999.1刊
　　　　　　　　　　　　　　定価10,290円（本体9,800円）

日本人の苗字84,000種とそれらの読み方130,000種
苗字8万よみかた辞典　　A5・1,330頁　　1998.3刊
　　　　　　　　　　　　　定価7,770円（本体7,400円）

日本人の名前106,000種とそれらの読み方137,000種
名前10万よみかた辞典　　A5・1,040頁　　2002.12刊
　　　　　　　　　　　　　定価8,190円（本体7,800円）

各部9,000件収録、実在の人物例で読み方を確認できる
増補改訂 人名よみかた辞典
　　■姓の部　A5・510頁　定価4,741円（本体4,515円）　1994.10刊
　　■名の部　A5・570頁　定価5,077円（本体4,835円）　1994.12刊

外国人の姓や名のアルファベット表記(9万件)からカタカナ表記(14万件)を確認
アルファベットから引く 外国人名よみ方字典
　　　　　　A5・590頁　定価3,780円（本体3,600円）　2003.2刊

外国人の姓や名のカタカナ表記(11万件)からアルファベット表記(14万件)を確認
カタカナから引く 外国人名綴り方字典
　　　　　　A5・600頁　定価3,780円（本体3,600円）　2002.7刊

●お問い合わせ・資料請求は…　データベースカンパニー **日外アソシエーツ**
〒143-8550　東京都大田区大森北1-23-8
TEL.(03)3763-5241　FAX.(03)3764-0845

点訳・朗読ボランティアのための辞書SHOP　http://www.nichigai.co.jp/yomikata/　**点辞館**